개정판

자본시장법

[주석서 Ⅱ]

한국증권법학회

博英社

개정판 머리말

한국증권법학회 회원들이 공동 집필한 “자본시장법 주석서” 초판이 2009년 10월 발간되고 나서 학계, 업계 및 법조실무계로부터 분에 넘친 호평을 받았다. 그동안 한국증권법학회는 한국 증권분야의 정부정책과 산업에 중대한 법적 인프라 구축을 위하여 핵심적인 역할을 하여 왔는데, “자본시장법 주석서”도 그러한 역할의 일환이라 할 수 있다. 초판이 발간된 후 자본시장법 관련 법령이 수차례에 걸쳐 상당 부분 개정되었고 또한 많은 중요한 판례가 선고되었기 때문에 개정된 법령과 새로운 판례에 따라 초판의 내용을 수정할 필요가 있게 되었다. 그리고 초판이 발간된 후에 자본시장법과 관련하여 많은 단행본과 논문이 나왔으므로 이들 문헌에 포함된 중요한 내용을 포함시킬 필요도 있게 되었다.

이에 따라 “자본시장법 주석서” 개정판을 발간하기 위하여 한국증권법학회는 2013년 봄에 주석서 개정판 간행위원회를 구성하고 그 해 6월 한국증권법학회 회원들을 대상으로 집필신청을 받았다. 내용의 충실도와 객관성을 높이기 위하여 초판 원고 집필에 참여하지 않았던 회원들로부터 집필신청을 받은 결과 총 80명이 집필신청을 하였고, 각자의 집필범위를 확정한 후 각자 집필에 착수하였다. 1차 원고는 2014년 5월에 마감하였고 개정판 간행위원회 위원들이 분담하여 원고 내용을 감수하였고, 각 집필자들이 감수결과를 반영하여 완성한 최종 원고가 2014년 11월에 전부 취합되었다. 집필 기간이 장기화됨에 따라 집필 도중에 계속적으로 자본시장법과 그 시행령이 개정되었고, 심지어는 박영사에 최종 원고를 보낸 후인 작년 12월에도 매우 중요한 개정(시장질서 교란행위 도입)이 이루어져서 뒤늦게 원고를 수정, 보충한 경우도 많았다. 80인이라는 많은 집필진이 참여하여서 내용은 충실하게 되었지만 원고 수집과 감수 작업, 출판사의 교정 작업이 일반 서적에 비하여 비교할 수 없을 정도로 시일이 많이 소요되었고, 결국 처음 주석서 개정판 간행위원회를 구성한 때로부터 2년이 넘어서 발간이 이루어졌다. 당초의 예상보다 발간시기가 훨씬 늦어졌지만 늦은 만큼 내용이 충실해졌다고 믿는다.

개정판 발간을 위하여 처음 기획한 전임 송종준 회장님(충북대 법학전문대학원)은 기획단계에서 많은 정성을 기울였고, 개정판 원고 정리 과정에서 김병연 교수님(건국대 법학전문대학원), 김순석 교수님(전남대 법학전문대학원), 김정수 고문님(법무법인 율촌), 양호승 대표변호사님(법무법인 화우), 정윤모 연구위원님(자본시장연구원), 박임출 본부장님(한국예탁결제원) 등이 간행위원으로서 원고 정리는 물론 감수도 직접 하였고, 양호승 간행위원장님은 누락된 부분의 원고를 직접 보충하는 등 특히 많은 수고를 하였다. 본서는 집필자들과 간행위원들이 2년여 기간 동안 쏟은 노력의 소산이며, 한국증권법학회 회장 겸 개정판 편집대표로서 이 모든 분들에게 감사드린다. 아울러 80명에 이르는 대규모 집필진의 원고를 취합하고 정리하는 역할을 한 학회 사무국 김경미 국장님과, 조판 후에도 원고의 교체, 보충이 수차례 이루어져서 다른 도서에 비하면 훨씬 많은 고생을 하신 박영사 편집부 김선민 부장님에게도 감사드린다.

2015년 7월 15일
편집대표
한국증권법학회 회장
임 재 연

집 필 진

개정판 집필진	
강영기	고려대 법학연구소 전임연구원
강택신	한국상장회사협의회 과장
강희주	법무법인 광장 변호사
고동원	성균관대 교수
곽관훈	선문대 교수
김광록	충북대 교수
김동명	한국은행 부국장
김미정	금융감독원 변호사
김병연	건국대 교수
김선광	원광대 교수
김성용	성균관대 교수
김순석	전남대 교수
김연미	성균관대 교수
김영기	서울중앙지검 부부장검사
김영철	금융감독원 팀장
김영춘	한국거래소 부장
김 율	한국거래소 과장
김정수	법무법인 율촌 고문
김진억	금융투자협회 법무지원실장
김택주	국민대 교수
김학석	법무법인 율촌 변호사
김홍기	연세대 교수
남궁주현	법무법인 바른 변호사
남유선	국민대 교수
노태석	국회의원 비서관
류혁선	미래에셋증권 부문 대표
박선종	법무법인 나라 고문
박세화	충남대 교수
박승배	한국거래소 팀장
박임출	한국예탁결제원 본부장
박재현	법무법인 율촌 변호사

개정판 집필진	
박진욱	맥쿼리자산운용 전무
박휜일	경희대 교수
서동수	금융투자협회 대리
서완석	가천대 교수
성희활	인하대 교수
손영화	인하대 교수
송종준	충북대 교수
신영수	법무법인 율촌 변호사
신영재	법무법인 율촌 변호사
신현화	법무법인 율촌 변호사
심 영	연세대 교수
양호승	법무법인 화우 대표변호사
엄세용	한국거래소 부장
오성근	제주대 교수
오영표	신영증권 변호사
유석호	법무법인 화우 전문위원
유주선	강남대 교수
유호범	법무법인 율촌 전문위원
윤민섭	한국소비자원 선임연구원
은성욱	법무법인 율촌 변호사
이근영	한국거래소 팀장
이방우	금융감독원 선임조사역
이상복	서강대 교수
이서연	한국상장회사협의회 선임조사역
이서열	코리아에셋 이사
이숭희	법무법인 화우 변호사
이재혁	한국상장회사협의회 과장
이정수	김앤장 법률사무소 변호사
이정재	금융투자협회 대리
이진국	법무법인 율촌 변호사
이헌영	맥쿼리은행 서울지점 본부장

개정판 집필진	
이환기	부산지방법원 판사
임재연	법무법인 율촌 변호사
장근영	한양대 교수
장인봉	한국거래소 차장
정석호	한국거래소 부장
정순현	한국상장회사협의회 차장
정승화	한국예탁결제원 본부장
정윤모	자본시장연구원 연구위원
정은정	금융감독원 변호사
정준우	인하대 교수

개정판 집필진	
정지연	변호사
조아람	한국거래소 변호사
천창민	자본시장연구원 연구위원
최성근	영남대 교수
최승재	대법원 재판연구관
최윤상	테크앤로 법률사무소 변호사
하영태	동경대 정치법학연구과 객원연구원
황은아	삼성증권 법무팀장
황현영	국회입법조사처 입법조사관

초판 집필진	
강희주	법무법인 광장 변호사
강희철	법무법인 율촌 변호사
고창현	김앤장 법률사무소 변호사
권순일	대법원 대법관
권재열	경희대 교수
권종호	건국대 교수
김용재	고려대 교수
김정수	법무법인 율촌 고문
노태악	서울고등법원 부장판사
문경화	법무법인 세종 변호사
박임출	한국예탁결제원 본부장
박중민	금융투자협회 본부장
박철영	한국예탁결제원 부장
변제호	금융위원회 사무관

초판 집필진	
서종군	한국산업은행 사무국장
성희활	인하대 교수
송종준	충북대 교수
심 영	연세대 교수
안성포	전남대 교수
유석호	법무법인 화우 전문위원
윤영신	중앙대 교수
이진호	법무법인 리앤리파트너즈 변호사
장근영	한양대 교수
정윤모	자본시장연구원 연구위원
최문희	강원대 교수
최원진	기획재정부 과장
황호석	법무법인 세종 변호사

간행위원회

위원장: 양호승(법무법인 화우 대표변호사)

위 원: 김병연(건국대 교수) 김순석(전남대 교수)
김정수(법무법인 율촌 고문) 박임출(한국예탁결제원 본부장)
정윤모(자본시장연구원 연구위원)

(가나다 순)

집필분담표

주석서 집필분담표		
조 문	초 판	개 정 판
1-10조	고창현	강영기, 김홍기, 류혁선, 박선종
11-16조	정윤모	김동명
17-21조	정윤모	고동원
22-26조	심 영	은성욱
27-29조	심 영	서완석
30-36조	심 영	박세화, 남유선
37-40조	권순일	오성근
41-45조	권순일	신현화
46-46조의2	권순일	권순일
47-53조	권재열	이숭희
54-56조	김용재	황은아
57조	김용재	심영, 서동수
58-60조	김용재	황은아
61-65조	김용재	심영
66-70조	최문희	김택주
71-74조	최문희	김학석
75-78조	최문희	심영
79-82조	강희주	김미정
83-84조	강희주	박진욱
85조	강희주	김미정
86-91조	강희주	박진욱
92-95조	강희주	김미정
96-97조	안성포	신영재
98-100조	안성포	황은아
101조	안성포	신영재
102-109조	안성포	신영수
110-114조	안성포	오영표
115조	안성포	임재연

주석서 집필분담표		
조 문	초 판	개 정 판
116-117조	안성포	오영표
117조의2		오영표
118-121조	유석호	은성욱
122-124조	유석호	정은정
125-127조	유석호	남궁주현
128-132조	유석호	정은정
133-146조	송종준	강희주, 유호범
147-151조	유석호	곽관훈, 김선광, 신영재
152-158조	권종호	곽관훈, 김선광, 신영재
159-165조	권종호	김연미, 장인봉, 이근영
165조의2-3	권종호	김순석
165조의4-5	권종호	정준우
165조의6, 8, 9	권종호	이재혁
165조의7	권종호	이서연
165조의10	송종준	정순현
165조의11	송종준	김성용, 송종준
165조의12-14	송종준	황현영
165조의15	송종준	김순석
165조의16-18	송종준	강택신
165조의19		이서연
166-166조의2	송종준	강영기
166조의3	송종준	이헌영, 강영기
167조	송종준	강영기
168-171조	송종준	김연미
172조	노태악	양호승, 이정수
173-173조의2	노태악	장근영

174조	노태악	이상복
175조	노태악	이정수, 최승재
176조	김정수	성희활, 엄세용, 최성근
177조	김정수	이정수, 최성근
178조	김정수	박임출, 김병연, 김영기
178조의2-3		임재연
179조	김정수	김정수
제4장		김영기
180조	김정수	김정수
181-187조	서종군	윤민섭
188-193조	황호석	손영화
194-206조	문경화	하영태
207-212조	황호석	하영태
213-217조	문경화	하영태
217조의2-7		하영태
218-228조	강희철	양호승
229-234조	서종군	김광록
235-240조	서종군	최윤상
241조	서종군	임재연
242-243조	서종군	최윤상
244-248조	서종군	이방우
249-267조	박임출	유석호, 신영수, 이진국
268-269조	윤영신	유주선
270-271조	윤영신	박재현
272조	윤영신	유주선
272조의2		임재연

273조	윤영신	유주선
274-277조	윤영신	박재현
278조	윤영신	윤영신
278조의3		임재연
279-282조	박임출	유석호, 정지연
283-293조	박중민	김진억, 이정재
294-323조	박철영	천창민, 김택주, 정승화
323조의2-20		정석호
323조의21		이서열
324-335조	장근영	이서열
335조의2-15		박휜일
336-354조	장근영	박휜일
355-359조	권종호	박휜일
360-364조	강희주	박휜일
365-369조	최문희	정승화
370-372조	최문희	박휜일
373조	성희활	김율
373조의2-7		김율
374-378조	성희활	김율
379-389조	성희활	박승배
390-401조	성희활	조아람
402-414조	성희활	김영춘
415-425조	성희활	노태석
426-427조	성희활	김영철
427조의2		김영철
428-434조의4	성희활	정윤모
435-442조	최원진	이환기
443-449조	이진호	이환기

凡　例

※ 본 주석서의 이용안내

• 주석내용의 시점 : 본 주석서는 2007년 8월 3일 제정되고, 2009년 2월 4일 시행된 자본시장과 금융투자업에 관한 법률에 대한 주석을 그 내용으로 하고 있다. 동법은 제정된 이후 21차례에 걸쳐 개정되었으며, 그중 10차례는 타법률의 개정으로 인한 변경이다. 본 주석서는 2014년 12월 30일 기준으로 집필되었다.

• 주석서의 목차설명 : 본 주석서의 목차는 2가지 종류이며, 총목차는 자본시장법의 편, 장, 절, 관의 명칭에 따라서 작성되었고, 조문목차는 각 조문별 시작 페이지를 표시하고 있다.

• 인용문헌의 약어표 : 본 주석서는 다수의 집필자에 의해 주석서가 집필되는 과정에서 인용문헌의 표시가 완전히 통일적으로 이루어지기에는 어려운 점이 있었다. 따라서 단행본과 논문 및 자료의 인용은 각 집필자에 따라 약간의 차이가 있다는 점을 밝혀두며, 다만 법령 및 규칙에 대하여는 다음과 같은 약어표에 따라서 작성되었다.

원 어	약 어
자본시장과금융투자업에관한법률	법
자본시장과금융투자업에관한법률 시행령	법 시행령
자본시장과금융투자업에관한법률 시행규칙	법 시행규칙
자본시장조사업무규정	조사업무규정
금융투자업감독규정	금융투자업규정
증권거래법	구증권법
증권거래법 시행령	구증권법 시행령
증권거래법 시행규칙	구증권법 시행규칙
간접투자자산운용업법	구간투법
간접투자자산운용업법 시행령	구간투법 시행령
간접투자자산운용업법 시행규칙	구간투법 시행규칙
간접투자자산운용업감독규정	구간투법규정
간접투자자산운용업감독규정 시행세칙	구간투법세칙
신탁법	신탁법
신탁업법	구신탁업법

선물거래법	구선물법
선물거래법 시행령	구선물법 시행령
선물거래법 시행규칙	구선물법 시행규칙
선물업감독규정	구선물규정
선물업감독규정 시행세칙	구선물세칙
증권관련집단소송법	증권소송법
한국증권선물거래소법	구거래소법
한국증권선물거래소법 시행령	구거래소법 시행령
증권업감독규정	증감규정
증권의 발행 및 공시 등에 관한 규정	발행공시규정
증권의 발행 및 공시 등에 관한 규정 시행세칙	발행공시세칙
증권범죄조사사무처리규정	증권범죄규정
자본시장조사 업무규정	조사업무규정
단기매매차익 반환 및 불공정거래조사 · 신고 등에 관한 규정	조사신고규정
공인회계사법	회계사법
공사채등록법	공사채법
자산유동화에관한법률	유동화법
자산유동화에관한법률 시행령	유동화법 시행령
자산유동화업무감독규정	유동화규정
주식회사의외부감사에관한법률	외감법
주식회사의외부감사에관한법률 시행령	외감법 시행령
주식회사의외부감사에관한법률 시행규칙	외감법 시행규칙
The Securities Act of 1933	미국 1933년법
The Securities Exchange Act of 1934	미국 1934년법
The Securities and Exchange Commission	미SEC
日本 金融商品去來法	日金商法
日本 證券取引法	日舊證券法

총 목 차

자본시장법 I

제 1 편 총 칙

제 2 편 금융투자업

제 3 편 증권의 발행 및 유통

제 4 편 불공정거래의 규제

자본시장법 Ⅱ

제 5 편 집합투자기구

제 6 편 금융투자업관계기관

제 7 편 한국거래소

제 8 편 감독 및 처분

제 9 편 보 칙

제10편 벌 칙

세부 목차

제 5 편　집합투자기구

제 1 장　총　　칙

제 2 장　집합투자기구의 구성 등

제 9 장 집합투자기구의 관계회사

제10장 사모투자전문회사에 대한 특례

제 6 편 금융투자업관계기관

제 1 장 한국금융투자협회

제 2 장 한국예탁결제원

제 3 장 증권금융회사

제 3 장의2 신용평가회사

제 4 장 종합금융회사

제 5 장 자금중개회사

제 6 장 단기금융회사

제 7 장 명의개서대행회사

제 8 장 금융투자 관계 단체

제 7 편 한국거래소

제 1 장 총 칙

제2장 조직 등

제3장 시 장

제 4 장 시장감시 및 분쟁조정

제 5 장 소유 등에 대한 규제

제 6 장 감독 등

제 8 편 감독 및 처분

제 1 장 명령 및 승인 등

제 2 장 검사 및 조치

제3장 조사 등

제4장 과 징 금

제9편 보 칙

제10편 벌 칙

자본시장과
금융투자업에 관한 법률

제 5 편 집합투자기구

제1장 총 칙

제181조(관련 법률의 적용)

집합투자기구는 이 법에서 특별히 정한 경우를 제외하고는 「상법」 및 「민법」의 적용을 받는다.

Ⅰ. 총 설	Ⅱ. 상법 및 민법 등에 대한 특례

Ⅰ. 총 설

법제정 이전 '간접투자자산운용업법'은 집합투자기구를 신탁계약인 투자신탁, 주식회사형태인 투자회사 및 합자회사형태의 사모투자전문회사로 제한하고 있었으나, 법제정을 통해 비전형 집합투자기구를 포섭하고자 하는 취지에서 집합투자에 활용될 수 있는 모든 법적형태를 집합투자기구로 수용하였다. 또한 2011년 상법개정으로 추가된 유한책임회사와 합자조합의 내용을 반영하여 법 제9조 제18항은 집합투자기구를 아래와 같이 법적형태에 따라 8가지로 분류하고 있다.[1)]

① 신탁계약에 기초한 집합투자기구(투자신탁)

② 상법상 주식회사 형태의 집합투자기구(투자회사)

③ 상법상 유한회사 형태의 집합투자기구(투자유한회사)

④ 상법상 합자회사 형태의 집합투자기구(투자합자회사)

⑤ 상법상 유한책임회사 형태의 집합투자기구(투자유한책임회사)

⑥ 상법상 합자조합 형태의 집합투자기구(투자합자조합)[2)]

⑦ 상법상 익명조합 형태의 집합투자기구(투자익명조합)

⑧ 경영권 참여, 사업구조 또는 지배구조의 개선 등을 위하여 지분증권 등에 투자·운용하는 투자합자회사로서 지분증권을 사모로만 발행하는 집합투자기구(사모투자전문회사)

---

1) 무한책임사원만으로 구성되는 합명회사는 투자자의 유한책임을 전제로 하는 집합투자와는 본질적으로 일치하지 않기 때문에 집합투자기구형태에서 배제되었다(조상욱/이진국, "자본시장과 금융투자업에 관한 법률(안)상 집합투자규제의 주요내용 및 문제점," 「BFL」 제22호(2007. 3), 서울대학교 금융법센터, 30쪽).

2) 2013년 자본시장법 개정 이전에는 민법상 조합형태의 집합투자기구를 규정하고 있었으나, 2011년 상법 개정시 기업조직의 한 형태로 합자조합이 도입되면서, 근거규정이 민법에서 상법으로 변경되고, 집합투자기구의 명칭도 투자조합에서 투자합자조합으로 변경되었다.

합자조합의 도입으로 투자신탁 이 외의 집합투자기구는 그 법적 형태를 상법에만 근거를 두고 있지만, 합자조합은 상법에 규정이 없는 경우 민법 중 조합에 관한 규정을 준용하고 있어(상법 86조의8 4항), 이법에서 특별히 정한 경우를 제외하고는 상법 및 민법이 적용된다.

Ⅱ. 상법 및 민법 등에 대한 특례

회사 형태인 투자회사·투자유한회사·투자합자회사·투자유한책임회사와 조합 형태인 투자합자조합·투자익명조합에 대하여 이 법은 상법 및 민법의 규정을 준용 및 적용배제 하는 특례 규정을 두고 있다.

1. 투자회사에 대한 특례

(1) 준용 규정(법 206조 1항)

투자회사에 상법을 적용함에 있어서 상법 제259조 제4항, 제298조 제4항, 제299조, 제299조의2, 제300조, 제325조, 제422조, 제467조 제1항부터 제3항까지, 제536조, 제539조 및 제541조 중 "법원"은 각각 "금융위원회"로, 제176조 중 "검사"는 각각 "금융위원회"로 본다.

(2) 적용배제 규정(법 206조 2항)

상법 제19조, 제177조, 제288조, 제292조, 제298조 제1항부터 제3항까지, 제301조부터 제313조까지, 제330조, 제335조 제1항 단서, 제335조의2부터 제335조의7까지, 제341조, 제341조의2, 제341조의3, 제342조, 제342조의2, 제342조의3, 제343조, 제344조, 제344조의2, 제344조의3, 제345조부터 제351조까지, 제365조, 제374조의2, 제383조, 제389조 제1항, 제397조, 제408조의2부터 제408조의9까지, 제409조, 제409조의2, 제410조부터 제412조까지, 제412조의2부터 제412조의5까지, 제413조, 제413조의2, 제414조, 제415조, 제415조의2, 제417조부터 제420조까지, 제420조의2부터 제420조의5까지, 제438조, 제439조, 제449조, 제449조의2, 제450조, 제458조부터 제461조까지, 제461조의2 및 제604조는 투자회사에 적용하지 아니한다.

2. 투자유한회사에 대한 특례

(1) 준용 규정(법 212조 1항)

투자유한회사에 상법을 적용함에 있어서 같은 법 제582조, 제613조 제1항(259조 4항, 536조 2항 및 541조 2항을 준용하는 경우에 한한다) 및 같은 조 제2항(539조를 준용하는 경우에 한한다)

중 "법원"은 각각 "금융위원회"로 본다.

(2) 적용배제 규정(법 212조 2항)

상법 제543조 제3항, 제546조, 제560조(341조의3, 342조 및 343조 1항을 준용하는 경우에 한한다), 제568조부터 제570조까지, 제575조 단서, 제583조(449조 1항·2항, 450조, 458조부터 460조까지의 규정을 준용하는 경우에 한한다), 제584조부터 제592조까지, 제597조(439조 1항 및 2항을 준용하는 경우에 한한다) 및 제607조는 투자유한회사에는 적용하지 아니한다.

3. 투자합자회사에 대한 특례

(1) 준용 규정(법 217조 1항)

투자합자회사에 상법을 적용함에 있어서 같은 법 제200조의2, 제205조, 제259조 및 제277조 중 "법원"은 각각 "금융위원회"로 본다.

(2) 적용배제 규정(법 217조 2항)

상법 제198조, 제217조부터 제220조까지, 제224조, 제280조 및 제286조는 투자합자회사에 적용하지 아니한다.

(3) 유한책임사원의 책임한도 제한(법 217조 3항)

투자합자회사의 유한책임사원은 상법 제279조에 불구하고 투자합자회사의 채무에 대하여 출자를 이행한 금액을 한도로 하여 책임을 진다. 책임한도를 이행출자분으로 제한하여 상법상 규정보다 책임의 범위를 축소하고 있다.

(4) 이익배당시 배당률 또는 배당순서의 차등(법 217조 4항)

상법은 합자회사에 있어 이익배당에 관한 규정이 없어, 정관으로 자유롭게 설정할 수 있다. 따라서 이 법에서 이익배당시 무한책임사원과 유한책임사원의 배당률 또는 배당순서의 차등을 허용하는 것은 이를 재확인한 당연규정이라고 볼 수 있다.

(5) 손실배분시 배당률 또는 배당순서의 차등 불가(법 217조 5항)

이익배당과 동일하게 손실배분도 정관으로 자유롭게 정할 수 있는 것이 상법상 원칙이나, 유한책임사원인 투자자를 보호하기 위해 손실배분에 있어 무한책임사원과 유한책임사원을 차별하는 것을 금지하고 있다.

4. 투자유한책임회사에 대한 특례

(1) 준용 규정(법 217조의7 1항)

투자유한책임회사에 상법을 적용함에 있어서 같은 법 제287조의13(200조의2를 준용하는 경우로 한정한다), 제287조의14(277조를 준용하는 경우로 한정한다), 제287조의17(205조를 준용하는 경우로 한정한다), 제287조의45(259조 4항을 준용하는 경우로 한정한다) 중 "법원"은 각각 "금융위원회"로 본다.

(2) 적용배제 규정(법 217조의7 2항)

상법 제287조의9, 제287조의10, 제287조의12, 제287조의15, 제287조의16, 제287조의23 제 3 항, 제287조의24부터 제287조의44까지는 투자유한책임회사에는 적용하지 아니한다.

5. 투자합자조합에 대한 특례

(1) 준용 규정(법 223조 1항)

투자합자조합에 상법을 적용함에 있어서 같은 법 제86조의8 제 2 항(200조의2를 준용하는 경우로 한정한다), 같은 조 제 3 항(277조를 준용하는 경우로 한정한다) 중 "법원"은 각각 "금융위원회"로 본다.

(2) 상법 적용배제 규정(법 223조 2항)

상법 제86조의8 제 2 항(198조, 208조 제 2 항 및 287조를 준용하는 경우로 한정한다)은 투자합자조합에는 적용하지 아니한다.

(3) 민법 적용배제 규정(법 223조 3항)

민법 제703조, 제706조부터 제713조까지 및 제716조부터 제724조까지의 규정은 투자합자조합에 적용하지 아니한다.

(4) 조합가입 간주조항(법 223조 4항)

상법은 합자조합의 모든 조합원이 조합계약에 기명날인 또는 서명을 하도록 규정하고 있어, 투자합자조합의 지분증권 양도를 제한하는 등 투자자 보호상 문제점이 존재하여 이를 해소하기 위하여 지분증권의 매수만으로 투자합자조합에 가입하는 것으로 간주하는 규정을 두고 있다.

(5) 이익배당시 배당률 또는 배당순서의 차등(법 223조 5항)

상법은 합자조합에 있어 이익배당에 관한 규정이 없어, 조합계약으로 자유롭게 설정할 수 있다. 따라서 이 법에서 이익배당시 무한집행조합원과 유한책임조합원의 배당률 또는 배당순서의 차등을 허용하는 것은 이를 재확인한 당연규정이라고 볼 수 있다.

(6) 손실배분시 배당률 또는 배당순서의 차등 불가(법 223조 6항)

이익배당과 동일하게 손실배분도 정관으로 자유롭게 정할 수 있는 것이 상법상 원칙이나, 유한책임조합원인 투자자를 보호하기 위해 손실배분에 있어 무한책임조합원과 유한책임조합원을 차별하는 것을 금지하고 있다.

6. 투자익명조합에 대한 특례

(1) 상법 적용배제 규정(법 228조 1항)

상법 제82조 제 3 항, 제83조 및 제84조는 투자익명조합에 적용하지 아니한다.

(2) 신탁법 준용 규정(법 228조 2항)

신탁법 제3장은 투자익명조합에 준용한다. 이 경우 "신탁재산"은 "투자익명조합재산"으로, "수탁자"는 "영업자"로, "신탁"은 "투자익명조합 가입"으로, "위탁자" 및 "수익자"는 각각 "익명조합원"으로 본다.

(3) 조합가입 간주조항(법 223조 4항)

상법은 익명조합에 대한 출자지분의 양도의 방법에 대하여 규정하고 있지 않으며, 이 법에서도 증권을 '계약상 권리'로 규정하고 있어, 민법상 일반채권의 양도방식에 의한 매매를 하여야 한다. 이는 투자익명조합의 지분증권 양도를 제한하는 등 투자자보호상 문제점이 존재하여 이를 해소하기 위하여 지분증권의 매수만으로 투자익명조합에 가입하는 것으로 간주하는 규정을 두고 있다.

제182조(집합투자기구의 등록)

① 투자신탁이나 투자익명조합의 집합투자업자 또는 투자회사·투자유한회사·투자합자회사·투자유한책임회사 및 투자합자조합(이하 이 편에서 "투자회사등"이라 한다)은 집합투자기구가 설정·설립된 경우 그 집합투자기구를 금융위원회에 등록하여야 한다. 〈개정 2008. 2. 29, 2013. 5. 28〉

② 제 1 항에 따른 집합투자기구의 등록요건은 다음 각 호와 같다.

1. 다음 각 목의 자가 업무정지기간 중에 있지 아니할 것
   가. 그 집합투자재산을 운용하는 집합투자업자
   나. 그 집합투자재산을 보관·관리하는 신탁업자
   다. 그 집합투자증권을 판매하는 투자매매업자·투자중개업자
   라. 투자회사인 경우 그 투자회사로부터 제184조 제 6 항의 업무를 위탁받은 일반사무관리회사(제254조에 따른 일반사무관리회사를 말한다. 이하 같다)
2. 집합투자기구가 이 법에 따라 적법하게 설정·설립되었을 것
3. 집합투자규약이 법령을 위반하거나 투자자의 이익을 명백히 침해하지 아니할 것
4. 그 밖에 제 9 조 제18항 각 호의 집합투자기구의 형태 등을 고려하여 대통령령으로 정하는 요건을 갖출 것

③ 투자신탁이나 투자익명조합의 집합투자업자 또는 투자회사등은 집합투자기구를 등록하려는 경우에는 금융위원회에 등록신청서를 제출하여야 한다. 〈개정 2008. 2. 29〉

④ 금융위원회는 제 3 항의 등록신청서를 접수한 경우에는 그 내용을 검토하여 20일 이내에 등록 여부를 결정하고, 그 결과와 이유를 지체 없이 신청인에게 문서로 통지하여야 한다. 이 경우 등록신청서에 흠결이 있는 때에는 보완을 요구할 수 있다. 〈개정 2008. 2. 29〉

⑤ 제 4 항의 검토기간을 산정함에 있어서 등록신청서 흠결의 보완기간 등 총리령으로 정하는 기간은 검토기간에 산입하지 아니한다. 〈개정 2008. 2. 29〉

⑥ 금융위원회는 제 4 항의 등록 여부를 결정함에 있어서 다음 각 호의 어느 하나에 해당하는 사유가 없는 한 그 등록을 거부하여서는 아니 된다. 〈개정 2008. 2. 29〉

1. 제 2 항의 등록요건을 갖추지 아니한 경우
2. 제 3 항의 등록신청서를 거짓으로 작성한 경우
3. 제 4 항 후단의 보완요구를 이행하지 아니한 경우

⑦ 금융위원회는 제 4 항에 따라 등록을 결정한 경우 집합투자기구등록부에 필요한 사항을 기재하여야 하며, 등록내용을 인터넷 홈페이지 등에 공고하여야 한다. 〈개정 2008. 2. 29〉

⑧ 투자신탁이나 투자익명조합의 집합투자업자 또는 투자회사등은 제 1 항에 따라 등록된 사항이 변경된 경우에는 투자자 보호를 해할 우려가 없는 경우로서 대통령령으로 정하는 경우를 제외하고는 2주 이내에 그 내용을 금융위원회에 변경등록하여야 한다. 이 경우 제 2 항부터 제 7 항까지의 규정을 준용한다.

⑨ 제 1 항부터 제 8 항까지의 규정에 따른 등록신청서의 기재사항 및 첨부서류 등 등록 및 변경등록의 신청에 관한 사항과 등록검토의 방법·절차, 그 밖에 필요한 사항은 대통령령으로 정한다.

시행령 제**209**조(집합투자기구의 등록요건) 법 제182조 제 2 항 제 4 호에서 "대통령령으로 정하는 요건"이란 다음 각 호의 요건을 말한다.

1. 투자회사의 경우 : 다음 각 목의 요건. 다만, 법 제279조에 따라 등록하는 외국 집합투자기구 중 법 제279조 제 2 항 후단에 따라 등록하는 외국 집합투자기구의 경우에는 가목의 요건으로 한정한다.
   가. 감독이사가 법 제24조에 적합할 것
   나. 등록 신청 당시의 자본금이 1억원 이상으로서 금융위원회가 정하여 고시하는 금액 이상일 것
2. 투자유한회사, 투자합자회사, 투자유한책임회사, 투자합자조합 및 투자익명조합의 경우 : 등록 신청 당시의 자본금 또는 출자금이 1억원 이상으로서 금융위원회가 정하여 고시하는 금액 이상일 것. 다만, 법 제279조에 따라 등록하는 외국 집합투자기구 중 법 제279조 제 2 항 후단에 따라 등록하는 외국 집합투자기구는 그러하지 아니하다.

제**210**조(변경등록의 적용 제외) 법 제182조 제 8 항 전단에서 "대통령령으로 정하는 경우"란 다음 각 호의 어느 하나에 해당하는 경우를 말한다.

1. 법 및 이 영의 개정이나 금융위원회의 명령에 따라 등록한 사항을 변경하는 경우
2. 등록한 사항의 단순한 자구수정 등 금융위원회가 정하여 고시하는 경미한 사항을 변경하는 경우

제**211**조(등록의 방법 및 절차 등) ① 법 제182조 제 3 항에 따른 등록신청서에는 다음 각 호의 사항을 기재하여야 한다.

1. 집합투자기구의 명칭
2. 투자목적·투자방침 및 투자전략에 관한 사항

3. 권리의 내용 및 투자위험요소에 관한 사항
4. 운용보수, 판매수수료·판매보수, 그 밖의 비용에 관한 사항
5. 출자금에 관한 사항(투자신탁인 경우는 제외한다)
6. 재무에 관한 사항
7. 집합투자업자(투자회사인 경우에는 발기인과 감독이사를 포함한다)에 관한 사항
8. 투자운용인력에 관한 사항
9. 집합투자재산의 운용에 관한 사항
10. 집합투자증권의 판매 및 환매에 관한 사항
11. 집합투자재산의 평가 및 공시 등에 관한 사항
12. 손익분배 및 과세에 관한 사항
13. 신탁업자 및 일반사무관리회사(일반사무관리회사가 있는 경우만 해당한다)에 관한 사항
14. 법 제42조에 따른 업무위탁에 관한 사항(그 업무위탁이 있는 경우만 해당한다)
15. 그 밖에 투자자를 보호하기 위하여 필요한 사항으로서 금융위원회가 정하여 고시하는 사항

② 제1항에 따른 등록신청서에는 다음 각 호의 서류를 첨부하여야 한다. 이 경우 금융위원회는 「전자정부법」 제36조 제1항에 따른 행정정보의 공동이용을 통하여 법인 등기사항증명서를 확인하여야 한다. 〈개정 2010. 5. 4, 2010. 6. 11, 2010. 11. 2, 2013. 8. 27〉

1. 집합투자규약(부속서류를 포함한다)
2. 법인 등기사항증명서에 준하는 것으로서 법인 설립을 증명할 수 있는 서류(법인 등기사항증명서로 확인할 수 없는 경우로 한정하며, 투자신탁, 투자합자조합 및 투자익명조합의 경우는 제외한다)
3. 출자금의 납입을 증명할 수 있는 서류(투자신탁인 경우는 제외한다)
4. 다음 각 목의 자와 체결한 업무위탁계약서(부속서류를 포함한다)의 사본(집합투자기구 등록을 위하여 이미 제출한 업무위탁계약서와 다른 경우만 제출한다)
   가. 집합투자업자(투자신탁 및 투자익명조합인 경우는 제외한다)
   나. 신탁업자
   다. 일반사무관리회사(그 일반사무관리회사와 업무위탁계약을 체결한 경우만 해당한다)
   라. 법 제42조에 따른 업무수탁자(그 업무수탁자와 업무위탁계약을 체결한 경우만 해당한다)
5. 삭제 〈2010. 6. 11〉
6. 그 밖에 투자자를 보호하기 위하여 필요한 서류로서 금융위원회가 정하여 고시하는 서류

③ 법 제182조 제8항에 따른 변경등록의 신청서에는 금융위원회가 정하여 고시하는 방법에 따라 변경사유 및 변경내용을 기재하여야 하며, 변경결의를 한 집합투자자총회나 이사회의사록 사본, 집합투자규약, 등기부 등본, 주요계약서 사본 등 변경내용을 증명할 수 있는 서류를 첨부하여야 한다.

④ 금융위원회는 법 제182조 제1항에 따른 등록 및 같은 조 제8항에 따른 변경등록의 신청내용에 관한 사실 여부를 확인하고, 그 신청내용이 같은 조 제2항(같은 조 제8항에서 준용하는 경우를 포함한다)의 등록요건 및 변경등록요건을 충족하는지를 검토하여야 한다.

⑤ 투자신탁이나 투자익명조합의 집합투자업자 또는 투자회사등이 법 제182조 제3항에 따른 등록신청서를 증권신고서와 함께 제출하는 경우에는 그 증권신고의 효력이 발생하는 때에 해당 집합투자기구가 등록된 것으로 본다.

⑥ 투자신탁이나 투자익명조합의 집합투자업자 또는 투자회사등이 법 제122조 제1항에 따른 정정신고서를 제출한 경우에는 법 제182조 제8항에 따른 변경등록의 신청서를 제출한 것으로 본다. 이 경우 그 정정신고의 효력이 발생하는 때에 해당 집합투자기구가 변경등록된 것으로 본다.

⑦ 금융위원회는 사모집합투자기구의 등록에 관하여 제1항 또는 제3항에 따른 기재사항을 달리 정하여 고시할 수 있다.

⑧ 제1항부터 제7항까지에서 규정한 사항 외에 등록의 신청과 검토, 신청서의 서식과 작성방법 등에 관하여 필요한 사항은 금융위원회가 정하여 고시한다.

Ⅰ. 총 설

법 제182조는 집합투자업자에게 집합투자기구를 금융위원회에 등록하도록 규정하고 있다. 법 제 9 조 제18호는 집합투자기구를 “집합투자를 수행하기 위한 기구”로 정의하고 있고, 집합투자기구의 설정·설립에 관한 규정이 별도로 존재하며, 법 제182조 제 2 항 제 2 호에서 등록요건 중 하나로 ‘집합투자기구가 이 법에 따라 적법하게 설정·설립되었을 것’을 규정하고 있어, 등록은 집합투자업자가 집합투자업을 영위하기 위한 별도의 요건으로 해석하여야 한다. 따라서 집합투자기구는 등록하지 않더라도 설정·설립 및 법적인 규제가 가능하나, 집합투자재산 운용개시 전 사전등록을 의무화하고 있는 것은 집합투자기구의 경우 일반상품과 달리 사후적으로 투자자를 구제하는 것이 용이하지 않기 때문이다.[1] 전문사모집합투자기구에 대하여는 본조가 적용되지 않는다(법 249조의2).

Ⅱ. 집합투자기구의 등록

1. 등록의무의 내용

(1) 등록의무자(법 182조 1항)

법은 (i) 투자신탁이나 투자익명조합의 경우에는 집합투자업자가, (ii) 투자회사·투자유한회사·투자합자회사·투자유한책임회사 및 투자합자조합의 경우에는 그 집합투자기구가 등록의무를 부담하는 것으로 규정하고 있다. 그러나 (ii)의 경우 등록에 관한 업무는 운영기관인 집합투자업자가 수행하기 때문에 실질적인 등록의무자는 집합투자업자라고 할 수 있다.

금융위원회에 등록해야 하는 집합투자기구는 아래의 등록요건에서 이 법에 따라 설정·설립될 것을 요구하고 있기 때문에 자본시장법에 따른 집합투자기구로 한정되며, 다른 법률에 의하여 설립된 집합투자기구는 해당 법률에 따라 소관부처에 등록하면 되고, 금융위원회에 등록할 의무는 없다.[2]

(2) 등록기관(법 182조 1항)

등록의무자로 집합투자기구가 설정·설립된 경우 금융위원회에 등록하여야 한다. 법

1) 임재연, 「자본시장법」, 박영사, 2013, 1046쪽 각주 35.

2) 예를 들어, 문화관광진흥기본법상 집합투자기구인 ‘문화산업전문회사’는 금융위원회가 아닌 문화관광체육부에 등록하여야 한다.

시행령 제387조 제3항 및 별표 20 제59호에 따라 금융감독원이 등록업무를 수행하고 있다.

(3) 등록요건(법 182조 2항, 법 시행령 209조)

법에서 규정하는 집합투자기구의 등록요건은 다음과 같다.

① 집합투자기구의 운영에 관련된 자(집합투자업자, 신탁업자, 투자매매·중개업자, 일반사무관리회)가 업무정지기간에 있지 않을 것

② 집합투자기구가 이 법에 따라 적법하게 설정·설립되었을 것

③ 집합투자규약이 법령을 위반하거나 투자자의 이익을 명백히 침해하지 아니할 것

④ 그 밖에 집합투자기구의 형태 등을 고려하여 대통령령[1])으로 정하는 요건을 갖출 것

대통령령에서 정하는 요건이란 투자회사의 경우 감독이사가 법 제24조에서 정하는 임원결격사유에 해당하지 않아야 하며, 집합투자기구의 등록 신청 당시의 자본금 또는 출자금이 1억원 이상으로서 금융위원회가 정하여 고시하는 금액이상이어야 한다(법 시행령 209조). 다만 외국 집합투자기구에는 자본금 또는 출자금 요건은 적용하지 않는다.

위와 같은 등록요건을 살펴보면 집합재산의 운용은 집합투자업자가, 보관·관리는 신탁업자가, 판매는 투자매매업자 또는 투자중개업자가 담당하도록 규정하고 있는 집합투자기구의 운영구조를 규정하고 있다. 즉 등록요건이 집합투자기구의 운영구조를 규정하고 있는 것이다.

2. 등록신청

(1) 등록신청서의 기재사항(법 182조 3항, 법 시행령 211조 1항)

집합투자기구를 등록하기 위해서는 등록신청서를 금융위원회에 제출하여야 하는데, 그 기재사항은 법 시행령 제211조에서 규정하는 사항이 모두 기재되어야 한다. 다만 사모집합투자기구는 제1항 제2호 및 제3호의 사항은 기재하지 않아도 된다(금융투자업규정 7-5).

---

1) 제209조(집합투자기구의 등록요건) 법 제182조 제2항 제4호에서 "대통령령으로 정하는 요건"이란 다음 각 호의 요건을 말한다. 〈개정 2009. 12. 21, 2013. 8. 27〉
 1. 투자회사의 경우: 다음 각 목의 요건. 다만, 법 제279조에 따라 등록하는 외국 집합투자기구 중 법 제279조 제2항 후단에 따라 등록하는 외국 집합투자기구의 경우에는 가목의 요건으로 한정한다.
  가. 감독이사가 법 제24조에 적합할 것
  나. 등록 신청 당시의 자본금이 1억원 이상으로서 금융위원회가 정하여 고시하는 금액 이상일 것
 2. 투자유한회사, 투자합자회사, 투자유한책임회사, 투자합자조합 및 투자익명조합의 경우: 등록신청 당시의 자본금 또는 출자금이 1억원 이상으로서 금융위원회가 정하여 고시하는 금액 이상일 것. 다만, 법 제279조에 따라 등록하는 외국 집합투자기구 중 법 제279조 제2항 후단에 따라 등록하는 외국 집합투자기구는 그러하지 아니하다.

(2) 등록신청서 첨부서류(법 182조 3항, 법 시행령 211조 2항)

등록의무자는 등록신청서와 함께 등록신청서에 기재된 사항을 증빙할 수 있는 서류, 집합투자규약, 그 밖에 투자자를 보호하기 위하여 필요하다고 금융위원회가 정하여 고시하는 서류 등을 첨부하여 제출하여야 한다. 이 경우 금융위원회는 「전자정부법」 제36조 제 1 항에 따른 행정정보의 공동이용을 통하여 법인 등기사항증명서를 확인하여야 한다.

(3) 금융위원회의 검토, 통지 및 보완요구(법 제182조 4항부터 5항)

금융위원회는 등록신청서를 접수한 경우 그 내용을 검토하여 20일 이내에 등록여부를 결정하고, 그 결과와 이유를 지체 없이 신청인에게 문서로 통지하여야 한다. 금융위원회는 등록신청서에 흠결이 있는 경우 보완을 요구할 수 있다. 검토기간 20일은 기간의 산정에 있어서 다른 기관 등으로부터 자료를 제공받거나, 흠결보완시 보완기간 등을 제외하고 있어(법 시행규칙 19조),[1] 금융위원회가 순수하게 검토할 수 있는 시간이다.

(4) 등록의 거부(법 제182조 6항)

금융위원회는 등록여부를 결정함에 있어 (i) 등록요건을 갖추지 않은 경우, (ii) 등록신청서를 거짓으로 작성한 경우, (iii) 보완요구를 이행하지 아니한 경우를 제외하고는 등록을 거부하지 못한다. 즉, 금융위원회는 등록거부사유가 없는 이상 반드시 등록을 허용하여야 한다.

(5) 등록공고(법 제182조 7항, 규정 7－6)

금융위원회는 등록을 결정한 경우 집합투자기구등록부에 필요한 사항을 기재하여야 하며, 등록내용을 인터넷 홈페이지 등에 공고하여야 한다. 등록부에 지나치게 자세한 내용이 기재되는 경우 집합투자기구의 투자전략 등이 공개될 가능성이 있어 금융투자업규정에서 기재의 범위를 제한하고 있다.

(6) 등록의 효력발생시기(법 시행령 211조 5항)

투자신탁이나 투자익명조합의 집합투자업자 또는 투자회사등이 등록신청서를 증권신고서와 함께 제출하는 경우에는 그 증권신고의 효력이 발생하는 때에 해당 집합투자기구가 등록된 것으로 본다. 증권신고의 효력은 증권신고서의 수리 후 증권별로 5~15일간의 대기기간이 경과한 후 발생하는데, 법 제120조 제 2 항에서 "금융위원회는 증권신고서의 형식을 제대로 갖추지 아니한 경우 또는 그 증권신고서 중 중요사항에 관하여 거짓의 기재 또는 표시가 있거나 중요사항이 기재 또는 표시되지 아니한 경우를 제외하고는 그 수리를 거부하여서는 아니 된다"라고 규정하고 있으며, 실무상으로도 형식상의 미비점이

1) 20일의 산정과 관련하여 영업일수를 기준으로 하는지, 아니면 영업일에 해당하지 않는 날도 포함하는지에 대해서는 법규상 특별히 정한 바가 없다.

없으면 접수일에 수리를 하고 있다. 그렇다면 위 규정을 종합하면, 집합투자기구가 등록신청서와 증권신고서를 함께 제출하는 경우 증권신고서가 제출 당일 수리되고, 대기기간이 경과한 후 등록된 것으로 간주된다. 그 기간에 있어 법 제182조 제4항 등록검토기간이 줄어드는 효과를 가지고 있다.

(7) 미등록에 대한 제재(법 445조)

투자신탁이나 투자익명조합의 집합투자업자 또는 투자회사 등이 금융위원회에 등록되지 아니한 경우 3년 이하의 징역 또는 1억원 이하의 벌금을 처해진다.

3. 변경등록

(1) 변경등록 사유(법 182조 8항, 법 시행령 210조)

투자신탁이나 투자익명조합의 집합투자업자 또는 투자회사등은 등록된 사항이 변경된 경우에는 투자자보호를 해할 우려가 없는 경우[(i) 법 및 이 영의 개정이나 금융위원회의 명령에 따라 등록한 사항을 변경하는 경우, (ii) 등록한 사항의 단순한 자구수정 등 금융위원회가 정하여 고시하는 경미한 사항을 변경하는 경우]를 제외하고는 2주 이내에 그 내용을 변경등록하여야 한다. 이때, 신규등록에 관한 규정(법 182조 2항 내지 7항)은 변경등록에 그대로 적용된다.

(2) 변경등록신청서 기재사항 및 첨부서류(법 시행령 211조 3항)

변경등록의 신청서에는 금융위원회가 정하여 고시하는 방법에 따라 변경사유 및 변경내용을 기재하여야 하며, 변경결의를 한 집합투자자총회나 이사회의사록 사본, 집합투자규약, 등기부 등본, 주요계약서 사본 등 변경내용을 증명할 수 있는 서류를 첨부하여야 한다.

(3) 금융위원회의 검토(법 182조 8항, 법 시행령 211조 4항)

금융위원회는 변경등록의 신청내용에 관한 사실 여부를 확인하고, 그 신청내용이 등록요건 및 변경등록요건을 충족하는지를 검토하여야 한다. 이때 검토기간은 신규등록과 동일하게 20일 이내이다.

(4) 변경등록과 정정신고서(법 시행령 211조 6항)

투자신탁이나 투자익명조합의 집합투자업자 또는 투자회사등이 법 제122조 제1항에 따른 정정신고서를 제출한 경우에는 변경등록의 신청서를 제출한 것으로 본다. 이 경우 그 정정신고의 효력이 발생하는 때에 해당 집합투자기구가 변경등록된 것으로 본다.

정정신고의 효력은 정정신고서가 수리된 날로부터 3일이 경과한 날이지만(규칙 12조 2항 1호), 집합투자기구의 등록사항을 변경하기 위해 정정신고서가 제출된 경우에는 정정신고서가 수리된 날에 효력이 발생한다(규칙 12조 2항 2호). 정정신고서의 제출로 인한여 집합투자증권의 추가발행이나 환매가 중단되는 것을 방지하기 위한 것으로 보인다.[1)]

제183조(집합투자기구의 명칭)

① 집합투자기구는 그 상호 또는 명칭 중에 제229조 각 호의 집합투자기구의 종류를 표시하는 문자(증권·부동산·특별자산·혼합자산 및 단기금융을 말한다)를 사용하여야 한다.

② 이 법에 따른 집합투자기구가 아닌 자는 "집합투자," "간접투자," "투자신탁," "투자회사," "투자유한회사," "투자합자회사," "사모투자전문회사," "투자유한책임회사," "투자합자조합," "투자익명조합," 그 밖에 이와 유사한 명칭을 사용하여서는 아니 된다. 다만, 집합투자업자 및 제 6 조 제 5 항 제 1 호에 규정된 것의 경우에는 이를 사용할 수 있다.

Ⅰ. 취　　지	Ⅲ. 집합투자기구가 아닌 자의 명칭
Ⅱ. 집합투자기구의 종류 표시 사용	사용제한

Ⅰ. 취　　지

법은 투자자보호를 위해 집합투자기구의 명칭사용을 제한하고 있다. 집합투자기구는 투자대상자산의 종류 및 구성에 따라 다양한 수익구조를 창출할 수 있으나, 그 특징에 대해서 투자자가 쉽게 이해하는 것은 어렵기 때문에 투자자의 집합투자기구에 대한 이해도를 높이고, 혼란을 방지하기 위한 취지로 집합투자기구가 명칭을 사용하는 방법을 제한하고 있는 것이다.

Ⅱ. 집합투자기구의 종류 표시 사용(법 183조 1항)

집합투자기구는 그 상호 또는 명칭 중에 제229조 각 호의 집합투자기구의 종류를 표시하는 문자(증권·부동산·특별자산·혼합자산 및 단기금융을 말한다)를 사용하여야 한다. 집합투자재산의 운용대상을 기준으로 표시하도록 한 것은 집합투자기구의 운용에 대해 투자자가 쉽게 알 수 있도록 함으로써 투자자보호를 꾀하고 있는 것이다. 집합투자기구의 종류 표시와 관련 하여 세부적인 가이드라인으로는 금융감독원에서 제정한 "펀드명칭표기기준"과 금융투자협회에서 운용하는 자율 가이드라인인 "금융투자회사의 영업 및 업무에 관한 규정"이 있다.

1) 임재연, 전게서(2013), 1051쪽.

Ⅲ. 집합투자기구가 아닌 자의 명칭 사용제한(법 183조 2항)

집합투자기구가 아닌 자가 집합투자기구 또는 그와 유사하여 투자자의 오인을 유발할 수 있는 명칭을 사용하는 경우 투자자의 피해가 발생할 수 있으며, 피해발생시 집합투자기구의 성격상 피해를 받는 투자자의 수가 많을 뿐만 아니라 집합투자에 대한 투자자의 신뢰도도 저하될 수 있어, 집합투자기구가 아닌 자는 집합투자와 관련된 용어를 사용하지 못하게 제한하고 있다. 다만, 집합투자업자 및 법 제6조 제5항 제1호에서 규정하고 있는 것(집합투자이나, 다른 법률의 적용을 받아 이법의 적용이 배제된 사모집합투자기구)의 경우에는 투자자의 오인을 유발하거나, 투자자보호의 필요성이 없는 경우로서 명칭사용제한에 대한 예외를 인정한 것이다.

제184조(집합투자기구의 업무수행 등)

① 투자신탁재산 또는 투자익명조합재산에 속하는 지분증권(그 지분증권과 관련된 증권예탁증권을 포함한다. 이하 이 조에서 같다)의 의결권 행사는 그 투자신탁 또는 투자익명조합의 집합투자업자가 수행하여야 하며, 투자회사등의 집합투자재산에 속하는 지분증권의 의결권 행사는 그 투자회사등이 수행하여야 한다. 다만, 투자회사등은 그 투자회사등의 집합투자업자에게 그 투자회사등의 집합투자재산에 속하는 지분증권의 의결권 행사를 위탁할 수 있다.

② 투자신탁재산 또는 투자익명조합재산의 운용업무는 그 투자신탁 또는 투자익명조합의 집합투자업자가 이를 수행하며, 투자회사등의 집합투자재산 운용업무는 그 투자회사등의 법인이사·업무집행사원·업무집행자 또는 업무집행조합원인 집합투자업자가 이를 수행한다. 〈개정 2013. 5. 28〉

③ 투자신탁이나 투자익명조합의 집합투자업자 또는 투자회사등은 집합투자재산의 보관·관리업무를 신탁업자에게 위탁하여야 한다.

④ 집합투자업자는 자신이 운용하는 집합투자재산을 보관·관리하는 신탁업자가 되어서는 아니된다.

⑤ 투자신탁이나 투자익명조합의 집합투자업자 또는 투자회사등은 집합투자기구의 집합투자증권을 판매하고자 하는 경우 투자매매업자와 판매계약을 체결하거나 투자중개업자와 위탁판매계약을 체결하여야 한다. 다만, 투자신탁이나 투자익명조합의 집합투자업자가 투자매매업자 또는 투자중개업자로서 집합투자기구의 집합투자증권을 판매하는 경우에는 판매계약 또는 위탁판매계약을 체결하지 아니한다.

⑥ 투자회사는 다음 각 호의 업무를 일반사무관리회사에 위탁하여야 한다.

1. 투자회사 주식의 발행 및 명의개서(名義改書)
2. 투자회사재산의 계산
3. 법령 또는 정관에 의한 통지 및 공고
4. 이사회 및 주주총회의 소집·개최·의사록 작성 등에 관한 업무
5. 그 밖에 투자회사의 사무를 처리하기 위하여 필요한 업무로서 대통령령으로 정하는 업무

⑦ 투자회사등은 상근임원 또는 직원을 둘 수 없으며, 본점 외의 영업소를 설치할 수 없다.

Ⅰ. 본조의 취지	Ⅲ. 투자회사등의 인적·설비 제한
Ⅱ. 집합투자기구의 업무수행	

Ⅰ. 본조의 취지

집합투자기구는 2인 이상으로부터 모은 금전등을 운용하는 것이고, 법적 형태가 다양하기 때문에 그로 인하여 당사자들 간의 운영에 있어 혼란이 발생할 여지가 있다. 따라서 집합투자재산에 속하는 권리행사, 투자운용 등 업무의 수행주체를 법으로 명확히 규정하여 정리하고자 한 것이다.

Ⅱ. 집합투자기구의 업무수행

1. 의결권 행사(법 184조 1항)

집합투자재산의 소유권자는 집합투자기구의 법적 형태에 따라 달라지게 된다. 우선 투자신탁과 투자익명조합의 경우 투자신탁에서는 집합투자업자가 위탁자로서 신탁업자와 신탁계약을 체결하기 때문에 소유권은 신탁업자가 가지고 있으며, 투자익명조합에서는 상법상 익명조합규정에 따라 영업자인 집합투자업자가 소유권을 가지게 된다. 투자회사등은 투자회사등이 소유권을 보유한다. 이와 관련하여 법 제184조는 소유권의 소재 및 투자회사등이 실체가 없는 페이퍼컴퍼니라는 점을 고려하여 집합투자업자가 집합투자재산에 속하는 지분증권의 의결권 행사를 할 수 있도록 근거를 마련한 것으로 보인다.

투자신탁재산 또는 투자익명조합재산에 속하는 지분증권(그 지분증권과 관련된 증권예탁증권을 포함한다. 이하 이 조에서 같다)의 의결권 행사는 그 투자신탁 또는 투자익명조합의 집합투자업자가 수행하여야 하며, 투자회사등의 집합투자재산에 속하는 지분증권의 의결권 행사는 그 투자회사등이 수행하여야 한다. 다만, 투자회사등은 그 투자회사등의 집합투자업자에게 그 투자회사등의 집합투자재산에 속하는 지분증권의 의결권 행사를 위탁할 수 있다.

2. 집합투자재산의 운용(법 184조 1항)

법인격이 없는 투자신탁이나 투자익명조합의 경우 집합투자재산의 운용은 집합투자업자가 수행하는 것은 당연한 것이며, 집합투자기구의 등록요건에서도 운용업무를 집합투자업자가 수행함을 명시하고 있다. 그러나 투자회사등의 경우 상법상 회사에 근거를 두고 있기 때문에 상법상 경영진의 임명에 관한 규정을 적용하면 운영주체가 불확실해질 가능성이 높다. 따라서 투자회사등의 경우 법인이사·업무집행사원·업무집행자 또는 업무집행조합원인 집합투자업자가 운용업무를 담당하도록 명시하고 있다.

3. 집합투자재산의 보관·관리(법 184조 3항·4항)

투자신탁은 신탁의 법리에 의하여 신탁업자가 집합투자재산의 보관·관리업무를 수행하는 것은 당연한 일이나, 투자익명조합이나 투자회사등은 일반적인 법원칙에 따라 소유권자가 집합투자재산의 보관·관리업무의 수행을 할 수 있다. 그러나 투자자보호를 위해 운용, 보관·관리, 판매 업무의 수행주체를 분리할 필요가 있는데 특히 집합투자기구의 신탁업자는 집합투자업자의 운용업무 등에 대하여 감시자로서 의무를 부여받고 있기 때문에 운용과 보관·관리업무의 분리는 반드시 필수적이라고 할 것이다. 따라서 투자익명조합이나 투자회사등도 집합투자재산의 보관·관리업무를 신탁업자에게 위탁하도록 규정하고 있는 것이다.

또한 각 업무의 분리수행을 목적으로 하는 취지를 고려하여 법 제184조 제4항은 집합투자업자가 자신이 운용하는 집합투자재산에 대해서는 신탁업자가 되지 못하도록 금지하고 있다. 동 규정의 실효성을 제고를 위해 집합투자업자가 집합투자재산의 보관·관리업무를 위탁함에 있어 계열회사인 신탁업자에게 위탁하는 것도 금지된다(법 246조 1항).

4. 집합투자증권의 판매(법 184조 5항)

집합투자기구는 본인이 발행하는 집합투자증권을 투자자에게 판매하고자 하는 경우 투자매매업자와 판매계약을 체결하거나, 투자중개업자와 위탁판매계약을 체결하여야 한다. 다만, 투자신탁이나 투자익명조합의 집합투자업자가 투자매매업자 또는 투자중개업자인 경우 별도의 판매계약이나 위탁판매계약의 체결 없이 판매할 수 있다. 반면 투자회사등은 판매계약이나 위탁판매계약을 체결하여야 한다.

5. 투자회사의 일반사무관리업무 위탁(법 184조 6항)

투자회사는 상법상 주식회사이지만, 실체가 없는 페이퍼컴퍼니이기 때문에 당해 투자회사의 주식의 발행 및 명의개서, 이사회 및 주주총회의 소집 등 상법에서 규정하고 있는 필수업무를 수행할 자가 없다. 때문에 법 제184조는 그러한 문제를 해소하기 위해서 투자회사로 하여금 관련 업무를 일반사무관리회사에게 위탁하도록 규정하고 있는 것이다. 일반사무관리회사는 법 제184조 제6항 각호에서 규정하는 업무, 법 제238조 제8항에 따라 위탁받은 업무, 집합투자업자, 신탁업자가 수행하는 업무 이외의 투자회사 운영에 관한 업무를 수행한다.

Ⅲ. 투자회사등의 인적·설비 제한(법 184조 7항)

상법상 회사등은 영업을 위해 자유롭게 임직원을 고용하거나, 본점과 영업소 등을 설치할 수 있으나, 투자회사등은 집합투자재산의 관리 및 운용을 위해 만들어진 페이퍼 컴퍼니라는 점을 고려하여, 상근임원 또는 직원을 두지 못하고 본점외의 영업소를 설치할 수 없도록 제한하고 있다.

第185조(연대책임)

집합투자업자·신탁업자·투자매매업자·투자중개업자·일반사무관리회사·집합투자기구평가회사(제258조에 따른 집합투자기구평가회사를 말한다) 및 채권평가회사(제263조에 따른 채권평가회사를 말한다)는 이 법에 따라 투자자에 대한 손해배상책임을 부담하는 경우 귀책사유가 있는 경우에는 연대하여 손해배상책임을 진다.

Ⅰ. 취 지

법 제64조는 금융투자업자가 법령·약관·집합투자규약·투자설명서에 위반하는 행위를 하거나 그 업무를 소홀히 하여 투자자에게 손해를 발생시킨 경우에는 예외적인 경우[1]를 제외하고는 그 손해를 배상할 책임이 있다고 규정하고 있다. 집합투자기구의 경우 집합투자업자, 신탁업자 등 여러 업자가 집합투자관련 업무를 분담하여 수행하고 있다는 점을 감안하여, 투자자보호를 위해 집합투자기구의 업무를 공동으로 수행한 각 금융업자들도 귀책사유가 있는 경우 연대책임을 지도록 하고 있다.

Ⅱ. 연대책임

집합투자 행위와 관련하여 집합투자업자, 신탁업자, 투자매매업자, 투자중개업자, 일반사무관리회사, 집합투자기구평가회사 및 채권평가회사는 이 법에 따라 투자자에 대한 손해배상책임을 부담하는 경우 귀책사유가 있는 경우에는 연대하여 손해배상책임을 진

1) 배상의 책임을 질 금융투자업자가 법 제37조 제2항, 제44조, 제45조, 제71조 또는 제85조를 위반한 경우(투자매매업 또는 투자중개업과 집합투자업을 함께 영위함에 따라 발생하는 이해상충과 관련된 경우에 한한다)로서 그 금융투자업자가 상당한 주의를 하였음을 증명하거나 투자자가 금융투자상품의 매매, 그 밖의 거래를 할 때에 그 사실을 안 경우에는 배상의 책임을 지지 아니한다.

다. 따라서 투자자에게 피해가 발행한 경우 우선적으로 책임이 있는 자에게 1차적으로 손해배상책임을 지울 수 있을 것이며, 공동책임이 있다고 판단할 경우 연대책임이 있는 자 모두를 대상으로 책임을 물을 수 있다. 그러나 연대책임이라고는 하나 귀책사유가 있는 경우로 한정하고 있어, 투자자가 각 업자에게 귀책사유가 있음을 증명하여야 한다. 때문에 집합투자기구의 내부업무체계에 대하여 잘 알 수 없는 투자자는 누구에게 귀책사유가 있는지 잘 알 수 없으며, 이를 증명하는 것은 상당히 어려운 일이다. 또한 집합투자업자등은 본인에게는 귀책사유가 없다고 주장하며, 다른 업자에게 책임을 떠넘길 수 있고, 그로 인하여 투자자는 또다시 다른 업자에게 책임을 물어야 하는 구조적 문제가 존재한다. 실무적으로는 투자자가 집합투자기구 관련자 모두를 상대로 손해배상책임을 묻고, 증명을 통해 해결할 수 있을 것이고, 입법론적으로는 손해배상에 관한 1차적인 책임부담자를 지정하여, 업무관련자들에게 구상권을 행사하는 방법도 생각할 수 있다.

第186조(자기집합투자증권의 취득 제한 등)

① 투자회사등은 자기의 계산으로 자기가 발행한 집합투자증권을 취득하거나 질권의 목적으로 받지 못한다. 다만, 다음 각 호의 어느 하나에 해당하는 경우에는 자기의 계산으로 자기가 발행한 집합투자증권을 취득할 수 있다.

1. 담보권의 실행 등 권리 행사에 필요한 경우. 이 경우 취득한 집합투자증권은 대통령령으로 정하는 방법에 따라 처분하여야 한다.
2. 제235조에 따라 투자회사등의 집합투자증권을 환매하는 경우
3. 제201조 제 4 항에 따라 주식을 매수하는 경우

② 제87조 및 제89조부터 제92조까지의 규정은 투자회사등에 준용한다. 이 경우 제87조 중 "집합투자업자(투자신탁이나 투자익명조합의 집합투자업자에 한한다. 이하 이 조에서 같다)는"은 "투자회사등(투자회사등이 의결권 행사를 집합투자업자에게 위탁한 경우에는 집합투자업자를 말한다. 이하 이 조에서 같다)은"으로, "집합투자업자"는 각각 "투자회사등"으로 보고, 제89조 제 1 항 중 "투자신탁이나 투자익명조합의 집합투자업자는"은 "투자회사등은"으로 보며, 제90조 및 제92조 중 "집합투자업자(투자신탁이나 투자익명조합의 집합투자업자에 한한다. 이하 이 조에서 같다)는" 및 "집합투자업자는"은 각각 "투자회사등은"으로 보고, 제91조 중 "집합투자업자(투자신탁이나 투자익명조합의 집합투자업자에 한하며, 해당 집합투자증권을 판매한 투자매매업자 및 투자중개업자를 포함한다. 이하 이 조에서 같다)는"은 "투자회사등(해당 집합투자증권을 판매한 투자매매업자 및 투자중개업자를 포함한다. 이하 이 조에서 같다)은"으로, "집합투자업자"는 각각 "투자회사등"으로 본다.

Ⅰ. 취 지

주식회사에게 자기의 주식을 취득하는 것은 회사의 자본적 기초를 위태롭게 하여 주주 및 채권자의 이익을 해하는 등 폐해가 있어[1] 자기주식취득을 원칙적으로 금지하고 있었으나, 2011년 상법 개정시 원칙적 허용으로 변경하였다. 그러나 투자회사등은 타인의 자산을 모아 운용하고 그 실적대로 분배할 것을 목적으로 하는 집합투자기구로서 자기가 발행한 집합투자증권을 취득하거나 질권의 목적으로 받을 이유가 없다. 때문에 법 제186조는 자기집합투자증권의 취득을 원칙적으로 금지하고 예외적인 경우에만 허용하고 있다.

Ⅱ. 자기집합투자증권의 취득 제한

1. 원칙적 금지(법 186조 1항 본문)

투자회사등은 자기의 계산으로 자기가 발행한 집합투자증권을 취득하거나 질권의 목적으로 받는 것이 금지된다. 투자신탁과 투자익명조합의 경우 자기가 발행한 집합투자증권의 취득이 제한되지 않는 이유는 자본금 또는 출자금을 유지할 이유가 없기 때문이다.

2. 예외적 허용(법 186조 1항 단서)

투자회사등이 집합투자기구의 역할을 수행하기 위한 경우 자기가 발행한 집합투자증권을 취득을 인정해야할 필요가 있다. 법 제186조 제 1 항의 단서는 예외적 허용을 인정하고 있으며, 허용사유를 각호에서 다음과 같이 나열하고 있다.

첫째, 담보권의 실행 등 권리행사에 필요한 경우로서 이 때 취득한 집합투자증권은 1개월 이내에 소각하거나, 투자매매업자 또는 투자중개업자를 통해 매도하여야 한다.

둘째, 투자자가 집합투자증권의 환매를 청구한 경우 자기가 발행한 집합투자증권을 취득하는 방법으로 투자자의 환매에 응해야 한다. 이 때 취득한 집합투자증권은 소각하여야 한다(235조 7항).

셋째, 투자회사등의 정관 변경 또는 합병에 반대하는 주주의 주식을 매수하는 경우 자기가 발행한 집합투자증권의 취득이 허용되며, 이 때 취득한 집합투자증권은 소각하여야 한다(법 201조 4항의 191조 준용).

---

1) 대법원 2003. 5. 16. 선고 2001다44109 판결.

Ⅲ. 투자회사등의 준용규정(법 186조 2항)

투자신탁이나 투자익명조합의 의결권행사에 관한 규정(법 87조), 수시공시(법 89조), 집합투자에 관한 보고(법 90조), 장부·서류의 열람 및 공시 등(법 91조), 환매연기 등의 통지(법 92조)와 관련된 규정은 투자회사등에게도 동일하게 적용될 사항으로 준용하고 있다. 그러나 규정의 체계상 동 준용규정의 위치를 수정할 필요가 있다.

第187조(자료의 기록·유지)

① 투자회사등은 투자회사등의 업무와 관련한 자료를 대통령령으로 정하는 자료의 종류별로 대통령령으로 정하는 기간 동안 기록·유지하여야 한다.

② 투자회사등은 제 1 항에 따라 기록·유지하여야 하는 자료가 멸실되거나 위조 또는 변조되지 아니하도록 적절한 대책을 수립·시행하여야 한다.

시행령 제214조(투자회사등의 자료의 기록·유지) ① 투자회사등은 법 제187조 제 1 항에 따라 다음 각 호의 자료를 다음 각 호의 기간 동안 기록·유지하여야 한다. 다만, 금융위원회는 그 기간을 단축하여 고시할 수 있다.

1. 집합투자재산 명세서 : 10년
2. 집합투자증권 기준가격대장 : 10년
3. 집합투자재산 운용내역서 : 10년
4. 집합투자자총회 의사록 및 이사회 의사록 : 10년
5. 그 밖에 법령에서 작성·비치하도록 되어 있는 장부·서류 : 해당 법령에서 정하는 기간(해당 법령에서 정한 기간이 없는 경우에는 제 1 호부터 제 4 호까지의 보존기간을 고려하여 금융위원회가 정하여 고시하는 기간으로 한다)

② 제 1 항에 따른 자료의 종류·구분 등에 관한 구체적인 기준은 금융위원회가 정하여 고시한다.

Ⅰ. 자료의 기록·유지(법 187조 2항)

상인은 상업장부와 영업에 관한 중요서류를 10년간 보존하여야 하고. 전표 또는 이와 유사한 서류는 5년으로 보존기간을 축소하고 있다(상법 33조 1항). 그러나 법에서 투자회사등의 자료 기록·유지의무를 규정하고 있기 때문에 상법의 규정은 적용되지 않는다.

Ⅱ. 대상 자료의 종류 및 기간(법 시행령 214조)

시행령에서는 집합투자재산 명세서 및 운용내역서, 집합투자증권 기준가격대장, 집합투자총회 의사록 및 이사회 의사록에 대하여 10년간 보관·유지하도록 하고 있으며(법 시행령 214조), 업무위탁 등에 관한 자료는 3년, 감독기관 관련 자료는 3년간 보관·유지하도록 규정하고 있다(금융투자업규정 7-7조).

Ⅲ. 멸실 또는 위·변조 대책 수립 및 시행(법 187조 2항)

투자회사등은 법에 따라 기록·유지하여야 하는 자료가 멸실되거나 위조 또는 변조되지 아니하도록 적절한 대책을 수립하고 시행하여야 한다.

[초판: 서종군, 개정판: 윤민섭]

제2장 집합투자기구의 구성 등

제1절 투자신탁

○ 前注

Ⅰ. 투자신탁의 의의

1. 개 념

투자신탁은 집합투자업자인 위탁자가 신탁업자에게 신탁한 재산을 신탁업자로 하여금 그 집합투자업자의 지시에 따라 투자·운용하게 하는 신탁 형태의 집합투자기구이다(법 9조 18항 1호). 따라서 투자신탁은 투자자가 금전 등을 위탁자에게 이전함으로써 동 집합투자재산에 대한 관리·처분권을 위탁자가 보유하게 되고, 위탁자는 투자자의 이익을 위하여 집합투자재산에 대한 관리·처분권을 행사한다는 점에서 신탁법상의 신탁과 그 법적 실질이 동일하다.[1)][2)] 그러나 투자신탁은 수익자가 불특정 다수인이며 신탁의 수

---

1) 구증권투자신탁업법 및 구간투법상으로도 투자신탁의 법적 성격에 관해서는 단순신탁설, 이중신탁설, 실질신탁설, 조직계약설 등으로 학설이 나누어지고 있다. 이중기, "투자신탁의 법적 성질과 당사자들의 지위," 「상사법연구」 제23권 제2호(2004), 185-191쪽은 단순신탁설에 의하면 투자자와 위탁회사 간의 관계가 신탁이고, 위탁회사와 보관기관 간의 관계는 임치라고 보는데, 위탁회사와 수탁회사 간의 신탁계약 체결을 강제하는 구간투법의 해석상으로는 받아들이기 어렵다고 보고 있으며, 이중신탁설에 의하면 투자자와 위탁회사 간의 관계 그리고 위탁회사와 자산보관자 간의 관계 모두 신탁관계라고 본다고 하고, 실질신탁설에 의하면 투자자와 위탁회사 간의 관계는 신탁유사관계이고, 위탁회사와 자산보관자 간의 관계는 신탁이라고 보며, 조직계약설에 의하면 수탁회사(법상 신탁업자)의 "신탁재산 보유측면"에서만 신탁(다만, 구증권투자신탁업법 또는 구간투법의 규정에 의해 제한을 받는 신탁이라고 한다)이고, 나머지 관계는 투자신탁관계를 형성하려는 조직계약이라고 본다고 한다.

2) 대법원 2002. 11. 22. 선고 2001다49241 판결: 투자신탁재산에 속한 채권의 상계가 문제된 사건에서 "투자신탁에 의하여 위탁회사가 투자자들로부터 모든 자금 등을 신탁하여 신탁업자가 보관하고 있는 신탁재산은 신탁법 및 증권투자신탁업법의 법리에 의하여 대외적으로 신탁업자가 그 소유자가 되며, 따라서 신탁재산에 속하는 채권을 자동채권으로 하는 상계권 역시 신탁업자가 행사하여야 하는 것이고, 이 경우 수동채권은 신탁업자가 부담하는 채무이어야 하되, 이와 같은 상계는 신탁법 및 증권투자신탁업법의 관계규정에 의한 제한을 받는다고 할 것이다. 증권투자신탁업법의 관계규정에 따라 위탁회사는 선량한 관리자로서 신탁재산을 관리, 운용할 책임이 있으나, 같은 법 제25조 제1항 단서에

익권이 균등분할된다는 점 등에서 차이가 있다.[1]

투자신탁제도는 기존의 신탁제도와 집합투자가 제도적으로 결합된 금융제도이다. 자본시장법은 제 9 조 제18항 제 1 호 및 제24항에서 명문의 규정으로 투자신탁에 있어서 집합투자업자와 신탁업자 사이의 법률관계를 신탁법에 의한 신탁으로 규정하고 있으므로, 투자신탁에 있어서 자본시장법은 신탁법의 특별법인 관계에 있다. 따라서 집합투자업자와 신탁업자간의 법률관계에 있어서 자본시장법에 규정되지 않은 사항에 대해서는 신탁법이 적용된다고 할 것이다.

2. 투자신탁의 법적 구조와 성격

투자신탁에서는 집합투자업자가 신탁계약에서의 위탁자이며, 신탁업자가 수탁자이고, 투자자는 수익자에 해당한다.[2] 투자신탁은 기본적으로 위탁회사와 수탁회사 간에 신탁계약이 체결됨으로써 성립된다.

위탁회사는 투자신탁의 설정 주체로서 신탁재산의 관리운용자가 되어 투자신탁의 지분권을 나타내는 수익증권을 발행·매출하고 증권 또는 신탁재산을 수탁회사에 예탁하여 지시·운용하는 등 신탁재산의 관리책임을 맡는다. 수탁회사는 신탁계약에 의거 위탁회사의 지시에 따라 신탁재산을 보관하고 출납을 담당하며, 신탁재산과 관련한 신탁사무 및 회계사무를 담당한다. 위탁회사는 신탁계약에 따라 증권 또는 신탁재산을 수탁회사에게 신탁한 후 신탁재산의 수익권을 표창하는 수익증권을 발행하여 불특정다수의 일반 대중에게 매각하게 되는데, 일반투자자는 이러한 수익증권을 소유함으로써 수익자의 지위를 가지게 된다.

3. 외국의 입법례

영국의 간접투자기구라고 할 수 있는 집합적 투자기구(Collective Investment Scheme)의 기본적인 형태로는 유닛트 트러스트(Unit Trust)와 인베스트먼트 트러스트(Investment Trust)가 있는데, 인베스트먼트 트러스트는 투자를 목적으로 하는 주식회사의 형태로서 우리나라의 투자회사에 해당하며, 우리의 투자신탁에 해당하는 것은 유닛트 트러스트(Unit Trust)이다.

유닛트 트러스트(Unit Trust)는 운용자(manager)와 수탁자(trustee) 간에 체결되는 신탁증

의하여 의결권 외의 권리는 신탁업자를 통하여 이를 행사하도록 되어 있으므로, 상계권에 관해서도 위탁회사가 신탁업자에 지시하여 신탁업자로 하여금 일정한 내용으로 행사하게 할 수는 있을 것이나, 스스로 신탁재산에 속한 채권에 관하여 상계권을 행사할 수는 없다.

1) 변제호/홍성기/김종훈/엄세용/김유석, 「자본시장법」, 지원출판사, 2009, 590쪽.

2) 투자자와 집합투자업자와의 관계도 일종의 신탁관계로 보아 투자신탁에는 이른바 이중적인 신탁관계가 성립한다는 견해도 있다(김건식/정순섭, 「자본시장법」, 두성사, 2009, 586-587쪽).

서(Trust Deed)에 의하여 설정된다.[1)] 위 신탁증서(Trust Deed)는 트러스트(Trust)의 모든 이해관계자의 권리·의무, 투자대상, 운용자의 보수, 수익권(Unit)의 발행·환매 등의 기본적인 사항을 정한다.[2)]

미국의 일반적인 투자회사(investment company)인 관리형투자회사(management investment company)는 대부분은 델라웨어 주법 또는 매사추세츠 주법에 따라 영업신탁(business trust)[3)] 또는 메릴랜드 주법에 따라 주식회사 형태로 설정되는데, 신탁 형태의 관리형투자회사는 신탁재산의 법적 소유자인 수탁자가 단독으로 서명하는 신탁선언(Declaration of Trust)과 정관(By-laws)에 의하여 설정된다.[4)]

일본의 '투자신탁 및 투자법인에 관한 법률'은 우리나라의 투자신탁에 해당하는 '위탁자 지시형투자신탁'의 설정과 관련하여 "위탁자 지시형투자신탁계약은 하나의 투자신탁 위탁업자를 위탁자로 하고, 하나의 신탁회사 또는 신탁업무를 영위하는 금융기관을 수탁자로 하는 것이 아니면 이를 체결할 수 없다"[5)]라고 규정하고, 또한 동법 제26조에서 "투자신탁 위탁업자는 투자신탁계약을 체결하고자 하는 때에는 미리 당해 투자신탁계약에 관한 투자신탁약관의 내용을 내각총리대신에게 신고하지 않으면 아니 된다"라고 규정하고 있다. 그 약관의 기재사항에 대해서도 위 법률에서 열거하고 있다.[6)] 또한 동법 제26조는 "투자위탁업자는 투자신탁 수익증권을 취득하고자 하는 자에 대하여 약관의 내용을 기재한 서면을 교부하지 않으면 아니 된다"라고 규정하고 있다.[7)]

---

1) 落合誠一, 「比較投資信託法制研究」, 1996, 61頁 내지 62頁, 66頁; Financial Services Authority, CIS Sourcebook COLL 3.2.3R.

2) 落合誠一, 전게서(1996), 66頁. 영국의 계약법상 계약은 특정한 방식에 의한 계약(formal contract)과 특정한 방식에 의하지 않은 계약(informal contract)으로 분류할 수 있지만, 영국법상 유일한 요식계약은 증서에 기재된 계약(a contract contained in a deed)과 날인계약(specialty contract)이 있다. 신탁증서(Trust Deed)와 같이 증서에 기재된 계약(a contract contained in a deed)은 서면으로 작성되고 당사자의 인영(seal)이 날인되어 상대방에게 인도된 것을 말한다. H. G. Beale, Chitty on Contracts (1999), 28th edition, volume 1, p. 24.

3) business trust는 법인격 없는 사단으로서 본래 의미의 신탁은 아니다. 落合誠一, 전게서(1996), 12頁.

4) James M. Storey and Thomas M. Clyde, Mutual Fund Law Handbook (1998) Chapter 7; 미국의 투자회사법(Investment Company Act of 1940) 제4조는 투자회사(investment company)를 관리형투자회사(management investment company), 유닛트 투자신탁(unit investment trust)과 액면증서회사(face amount certificate company)로 분류하고 있는데, 유닛트 투자신탁(unit investment trust)은 포트폴리오가 처음부터 고정되고 적극적으로 운용하지 않는 투자회사로서 신탁증서(indenture), 대리계약서, 보관계약서 등에 의하여 설정된다고 한다. 落合誠一, 전게서(1996), 11頁; 액면증서회사(face amount certificate company)는 현재 거의 존재하지 않는다고 한다. 미국의 일반적인 투자회사(investment company)인 관리형투자회사(management investment company)는 회사(corporation), 법인격 없는 사단(association), 지분증권 펀드(joint stock fund) 또는 영업신탁(business trust)으로 구성할 수 있으며, 유한책임 조합(limited partnership)으로도 가능하지만, 대부분은 영업신탁(통상 델라웨어법 또는 매사추세츠법에 따라) 또는 회사(통상 메릴랜드법에 따라)로 설정된다고 한다. Schonfeld=Kerwin, "Organization of a Mutual Fund," 49 Business Lawyer 114 (1993).

5) 일본 '投資信託 및 投資法人에 관한 法律' 제4조.

6) 野村アセットマネジメント株式會社 投信研究所, 「投資信託의 法務와 實務(增補版)」, 2005, 100頁.

7) 상게서, 102頁.

Ⅱ. 법 제 5 편 제 2 장 제 1 절의 내용

법 제188조에서 제193조는 투자신탁의 설정(법 188조)에서부터 투자신탁 수익증권의 발행(법 189조), 수익자의 의사결정기구인 수익자총회(법 190조), 반대수익자의 수익증권매수청구권(법 191조), 투자신탁의 해지 및 합병(법 192조 내지 193조)까지 투자신탁의 구성에 관한 사항을 규정하고 있다.

투자신탁 중 특수한 형태의 투자신탁인 환매금지형투자신탁, 종류형투자신탁, 전환형투자신탁, 모자형투자신탁, 상장지수 투자신탁 등의 설정과 관련해서 별도로 정할 필요가 있는 사항은 법 제 3 장 제 2 절(특수한 형태의 집합투자기구) 제230조 내지 제234조에서 규정하고 있다.

그 밖에 법은 본절의 규정에 따라 구성된 투자신탁의 신탁재산 운용에 관해서는 제 2 편 제 4 장 제 2 절 제 2 관(집합투자업자의 영업행위 규칙) 제79조 내지 제94조에서 규정하고 있으며, 수익증권의 환매와 관련된 사항에 관해서는 제 4 장(집합투자증권의 환매) 제235조 내지 제237조에서 규정하고 있다.

제188조(신탁계약의 체결 등)

① 투자신탁을 설정하고자 하는 집합투자업자는 다음 각 호의 사항이 기재된 신탁계약서에 의하여 신탁업자와 신탁계약을 체결하여야 한다.

1. 집합투자업자 및 신탁업자의 상호
2. 신탁원본의 가액 및 수익증권의 총좌수에 관한 사항
3. 투자신탁재산의 운용 및 관리에 관한 사항
4. 이익분배 및 환매에 관한 사항
5. 집합투자업자·신탁업자 등이 받는 보수, 그 밖의 수수료의 계산방법과 지급시기·방법에 관한 사항. 다만, 집합투자업자가 기준가격 산정업무를 위탁하는 경우에는 그 수수료는 해당 투자신탁재산에서 부담한다는 내용을 포함하여야 한다.
6. 수익자총회에 관한 사항
7. 공시 및 보고서에 관한 사항
8. 그 밖에 수익자 보호를 위하여 필요한 사항으로서 대통령령으로 정하는 사항

② 투자신탁을 설정한 집합투자업자는 신탁계약을 변경하고자 하는 경우에는 신탁업자와 변경계약을 체결하여야 한다. 이 경우 신탁계약 중 다음 각 호의 어느 하나에 해당하는 사항을 변경하는 경우에는 미리 제190조 제 5 항 본문에 따른 수익자총회의 결의를 거쳐야 한다.

1. 집합투자업자·신탁업자 등이 받는 보수, 그 밖의 수수료의 인상
2. 신탁업자의 변경(합병·분할·분할합병, 그 밖에 대통령령으로 정하는 사유로 변경되는 경우를 제외한다)

3. 신탁계약기간의 변경(투자신탁을 설정할 당시에 그 기간변경이 신탁계약서에 명시되어 있는 경우는 제외한다)
4. 그 밖에 수익자의 이익과 관련된 중요한 사항으로서 대통령령으로 정하는 사항

③ 투자신탁을 설정한 집합투자업자는 제 2 항에 따라 신탁계약을 변경한 경우에는 인터넷 홈페이지 등을 이용하여 공시하여야 하며, 제 2 항 후단에 따라 신탁계약을 변경한 경우에는 공시 외에 이를 수익자에게 통지하여야 한다.

④ 집합투자업자는 제 1 항에 따라 투자신탁을 설정하는 경우(그 투자신탁을 추가로 설정하는 경우를 포함한다) 신탁업자에게 해당 신탁계약에서 정한 신탁원본 전액을 금전으로 납입하여야 한다.

Ⅰ. 본조의 취지

계약형 간접투자기구인 투자신탁에서는 투자자와 위탁자 사이에 신탁계약의 존재가 필요하다. 즉, 투자자들은 신탁계약에 근거하여 위탁자에게 신탁재산을 '위탁'하는 것이며, 투자자로부터 신탁계약에 근거하여 신탁재산을 수수한 위탁자는 신탁계약에 따라 신탁재산을 '투자·운용'하게 된다. 본조 제 1 항과 제 4 항에 의하여 투자신탁을 설정하고자 하는 집합투자업자가 신탁업자와 신탁계약을 체결하고, 신탁업자에게 해당 신탁계약에서 정한 신탁원본 전액을 납입함으로써 투자신탁이 설정된다고 할 것이다.

Ⅱ. 신탁계약서에 의한 신탁계약의 체결

본조 제 1 항은 투자신탁을 설정하기 위한 신탁행위의 형식을 신탁계약으로 한정하고 있다.

1. 신탁계약의 주체

투자신탁을 설정하는 신탁계약에 있어서 위탁자는 집합투자업자 즉 법 제 6 조 제 4 항 및 제 5 항, 제 8 조 제 4 항 소정의 집합투자를 영업으로 영위하는 자이고, 수탁자는 신탁업자 즉 법 제 6 조 제 8 항 및 제 8 조 제 7 항 소정의 신탁을 영업으로 영위하는 자로 한정된다(집합투자업자 및 신탁업자의 요건에 대해서는 법 제 6 조, 제 8 조 및 제12조의 주석을 참조). 신탁업자가 투자신탁재산의 소유자로서 다수의 수익자를 위하여 신탁재산을 관리하는 역할의 중요성에 비추어 볼 때, 신탁업자가 아닌 자와 사이에 신탁계약이 체결된 경우에

는 그 신탁계약은 무효라고 할 것이다.[1)]

수익자는 신탁계약의 당사자가 아니다. 다만 법 및 신탁계약에 따라 투자신탁의 이익을 향유하므로, 수익증권을 취득하여 수익자가 됨으로써 신탁계약 및 법의 적용을 받고, 투자신탁 법률관계의 관계당사자가 된다.

2. 신탁계약의 방식

본조 제 1 항은 신탁계약서에 의하여 신탁계약을 체결하여야 한다고 규정함으로써 투자신탁의 설정을 위한 신탁계약은 일정한 내용을 갖춘 서면에 의할 것을 요구하고 있다.

신탁법에서는 신탁계약에 대해서 일정한 양식을 요구하고 있지 않으므로 구두로 신탁계약을 체결하는 것도 가능하다. 한편 신탁업자가 신탁업의 일환으로 신탁을 인수하는 경우에는 본조 제 1 항처럼 명시적으로 서면계약을 요구하는 규정은 없으나, 법 제109조가 신탁업자로 하여금 제59조 제 1 항에 따라 위탁자에게 일정한 사항을 기재한 계약서류를 교부할 것을 요구하므로 신탁계약을 서면으로 할 필요가 있다.

법 제109조와 달리 투자신탁을 설정하기 위한 신탁계약의 경우에는 본조 제 1 항에서 일정한 내용의 서면으로 할 것을 직접적으로 요구한 취지는 투자신탁의 경우 집합투자업자과 신탁업자 사이의 신탁계약에 따라 설정되고, 수익자는 신탁계약의 체결에는 참여할 수 없는 점, 신탁계약은 집합투자업자와 신탁업자 및 다수의 수익자의 이해관계를 규율하는 기본적인 계약이므로 그 법률관계를 명확히 하고 투자자 보호 목적상 이를 규제할 필요가 있는 점을 고려한 것이다.

이와 같이 투자신탁의 설정을 위한 신탁계약은 일정한 방식을 요하는 요식계약이기 때문에 구두의 합의만으로는 신탁계약이 성립하였다고 할 수 없으며, 본조 제 1 항 소정의 사항이 기재된 신탁계약서가 작성되어야만 신탁계약이 성립된다고 할 것이다.[2)] 다만 그 기재를 흠결하면 신탁계약서로서 무효로 된다고 할 수 있는 최저한의 필요기재사항은 있다고 할 것이며, 그것을 열거하면 본조 제 1 항 제 1 호 내지 제 4 호의 각 사항이라고 할 것이다.

Ⅲ. 신탁계약서의 기재사항

본조 제 1 항은 신탁계약이 성립하기 위해서 반드시 기재하여야 하는 절대적 기재사항을 열거하고 있다. 다만 절대적 기재사항이라고 하더라도 그 중요성의 정도에 비추어 보아서 그 기재가 흠결된 경우의 무효 여부를 판단하여야 하며, 그 기재사항 중 일부의

1) 江頭憲治郎,「新版 註釋 會社法(11)」, 有斐閣, 1989, 230頁.
2) 상게서, 230, 278頁.

기재가 흠결되었다고 해서 항상 신탁계약이 무효라고 해석되지는 않는다. 또한 위와 같은 절대적 기재사항 이외에도 신탁계약서의 기재사항으로는 신탁계약 성립의 필요사항은 아니지만 신탁계약서에 기재하지 않으면 그 효력이 인정되지 않거나 법과 달리 정하기 위해서는 신탁계약서에 기재하여야 할 필요가 있는 상대적 기재사항도 있고, 법에 명시된 사항 이외에도 당사자가 임의로 결정한 사항을 기재하는 임의적 기재사항도 있다.

상대적 기재사항으로는 수익자총회의 결의사항(법 190조 1항), 수익자총회의 소집지(법 190조 10항, 상법 364조), 수익자총회의 의장 선임(법 190조 10항, 상법 366조의2), 신탁계약 해지시 수익자에 대한 현물상환(법 192조 3항), 환매금지형집합투자기구의 환금성 보장방법(법 230조 3항) 등이 있다.

1. 집합투자업자와 신탁업자의 상호

이 법 제12조에 따른 인가를 받은 집합투자업자 및 신탁업자의 상호를 기재하면 된다. 상호는 상인이 영업상의 활동에 있어서 자기를 표시하는 명칭이다. 집합투자업자는 주식회사 또는 대통령령이 정하는 금융기관이기 때문에 상호 중에는 주식회사라는 문자 그리고 위 금융기관인 경우 해당 법령에서 요구하는 상호 또는 문자를 사용하여야 한다(상법 19조, 한국산업은행법 2조 및 7조 등, 농업협동조합법 3조 등).

현재 사용되고 있는 집합투자업자의 상호로는 [ ]투자신탁운용주식회사, [ ]자산운용주식회사 등이 있고, 법 제38조 제3항 및 동법 시행령 제42조 제3항에 의하여 집합투자업자는 그 상호 중에 "집합투자," "투자신탁" 또는 "자산운용"이라는 문자 또는 이와 같은 의미를 가지는 외국어문자로서 collective investment, pooled investment, investment trust, unit trust 또는 asset management(이와 유사한 의미를 가지는 외국어문자를 포함한다. 그의 한글표기문자 또한 같다)를 사용할 수 있지만, 집합투자업자가 아닌 자는 위와 같은 문자 또는 외국어문자를 사용할 수 없다.

2. 신탁원본의 가액 및 수익증권의 총좌수에 관한 사항

신탁원본의 가액은 개개의 투자자로부터 모은 금액이 집결된 전체 금액으로 집합투자업자가 신탁계약에 따라 신탁업자에게 납입하는 금액을 말하는데, 신탁계약서에는 신탁계약을 체결할 당시의 그 금액을 기재한다(법 189조 5항 3호).[1] 투자신탁의 신탁원본은 추가신탁 또는 일부해지에 의하여 증감변동하게 되는데, 추가신탁 및 일부해지는 신탁계약서에 추가신탁 또는 일부해지할 수 있는 규정에 의거한 것이기 때문에 신탁계약서의 변경에 해당하지 않는다. 그리고 투자신탁을 설정한 집합투자업자는 투자신탁의 수익권

1) 佐佐木, 證券投資信託法(第一法規), 92頁.

을 균등하게 분할하여 수익증권으로 표시하여야 하는데(법 189조 1항), 이와 같이 균등분할된 수익권의 1단위를 1좌라고 한다.[1)]

3. 투자신탁재산의 운용 및 관리에 관한 사항

투자신탁재산의 운용에 관한 사항이라 함은 집합투자업자의 운용지시권과 그 범위, 운용의 방법 즉 투자대상, 운용에 관한 제한 등을 말한다.[2)] 신탁계약서에는 집합투자업자가 투자신탁재산의 운용·운용지시를 하며, 신탁업자는 집합투자업자의 운용지시에 따라 투자대상자산의 취득, 매각 등을 실행한다는 점을 명시하고,[3)] 투자신탁재산으로 투자하는 투자대상(법 제229조에 규정된 바와 같이 집합투자기구의 종류별 투자대상을 기준으로 신탁계약서에 기재한다) 및 투자방법을 열거하고, 투자대상별로 투자한도를 정한다. 또한 신탁계약서에 법 제81조와 같은 운용제한 규정을 기재한다.

집합투자업자가 외화자산(외국에서 발행 또는 창설되거나 유통되는 자산 및 이와 유사한 자산을 말한다) 등 투자신탁재산에 대한 운용업무를 해외집합투자업자에게 위탁하는 경우[4)] 그 취지 및 해외집합투자업자의 상호와 업무 등에 대해서 기재한다.

투자신탁재산의 관리에 관한 사항이라 함은 신탁업자에게 신탁된 신탁원본 등을 상환할 때까지의 투자신탁재산의 보관 및 관리에 관한 사항을 말한다. 신탁원본 등 투자신탁재산은 신탁법 및 법 제244조 내지 제246조의 규정에 따라 대외적으로 신탁업자가 그 소유자로서 이를 관리하는 것이므로, 구체적으로 그 보관방법 등을 기재할 필요는 많지 않다. 외화자산에 투자 운용하는 해외투자펀드의 경우 신탁업자를 대리하여 투자신탁재산의 관리업무를 수행하는 해외보관기관에게 해당 외화표시증권 등 자산을 해외에서 보관시킬 수 있다는 취지 및 해외보관기관의 업무를 기재한다.

4. 이익분배 및 환매에 관한 사항

이익분배를 하는지 여부, 분배하지 않고 유보하는 경우 그 유보에 관한 사항, 이익분배를 하는 경우 그 이익분배의 시기, 현금으로 판매회사를 경유하여 수익자에게 지급한다는 등의 지급방법 및 판매회사에게 인도한 후 신탁업자의 면책 등을 규정한다. 그리

---

1) 실무상 기준가격은 1,000좌 단위로 계산하며, 투자신탁을 최초로 설정하는 날의 기준가격은 1,000원으로 하고, 이 경우 1좌는 1원으로 한다(표준약관 19조).

2) 佐佐木, 전게서(1997), 92頁.

3) 법 제6조 제5항에 의하여 집합투자라 함은 투자자 또는 각 기금관리주체로부터 일상적인 운용지시를 받지 아니하면서 운용하는 것이며, 법 제9조 제18항에서 투자신탁은 집합투자업자의 지시에 따라 투자·운용하는 것이라고 정의하고 있다.

4) 법 제42조 제1항, 법 시행령 제45조 제2호 다목에 의하여 집합투자업자는 집합투자재산의 운용·운용지시업무를 위탁하는 것이 금지되지만 예외적으로 외화자산의 운용·운용지시업무, 원화자산(외화자산이 아닌 것을 말한다)인 집합투자재산 총액의 100분의 20 범위에서의 운용·운용지시업무(금융투자업자에게 위탁하는 경우에 한한다)를 위탁할 수 있다. 자세한 내용은 법 제42조 주석사항을 참조.

고 이익분배금 및 상환금에 관한 수익자의 지급청구권의 소멸시효에 대해서 규정한다.[1]

투자신탁의 집합투자업자는 집합투자기구의 집합투자재산 운용에 따라 발생한 이익금을 투자자에게 금전 또는 새로 발행하는 집합투자증권으로 분배하여야 하지만, 단기집합투자기구를 제외한 집합투자기구의 경우에 이익금의 분배를 유보하고자 하는 경우 이익금의 유보에 관한 사항을 신탁계약에서 정하여야 한다(법 242조 1항, 법 시행령 266조 1항). 따라서 투자회사의 정관에는 이익금을 분배하는지 여부, 분배하지 않는 경우 그 유보에 관한 사항, 분배하는 경우 이익금 분배방법 등을 기재하여야 한다.

환매는 투자자의 중요한 자금회수 방법이다(자세한 내용은 235조 내지 237조 주석 참조). 신탁계약서는 환매금지투자신탁인지의 여부, 환매금지투자신탁이 아닌 경우 그 상대방, 환매가격 및 환매방법 등 환매절차와 환매수수료, 환매가 제한되거나 연기되거나 부분환매되는 경우 등 환매에 관한 사항을 기재한다.

5. 집합투자업자·신탁업자 등이 받는 보수, 그 밖의 수수료의 계산방법과 지급시기·방법에 관한 사항 등

상법 제46조는 신탁의 인수를 영업으로 하는 것을 상행위로 규정하고 있으며, 상법 제61조에 따라 신탁업자는 상인으로서 위탁자인 집합투자업자에 대하여 보수청구권을 갖는다. 신탁법상으로도 신탁의 인수를 영업으로 하는 신탁업자는 특약이 없더라도 보수를 청구할 수 있다(신탁법 41조). 또한 신탁법에 의하면 신탁재산으로부터 보수를 받는 것으로 정한 경우에는 수탁자는 신탁재산 중에 금전이 있으면 그 돈으로, 금전이 없으면 신탁재산을 매각하여 다른 채권자에 우선하여 보수를 취득할 수 있다(신탁법 43조). 이 법은 집합투자업자·신탁업자 등이 받는 보수, 그 밖의 수수료의 계산방법과 지급시기·방법에 관한 사항을 신탁계약서의 기재사항으로 명시함으로써 집합투자업자가 보수를 받을 수 있다고 명시하였다.[2]

법 제86조에 의하여 집합투자업자가 집합투자기구의 운용실적에 연동하여 미리 정하여진 산정방식에 따른 성과보수를 받는 것은 금지된다. 다만 사모집합투자기구 또는 사모집합투자기구 이외에 운용보수의 산정방식, 투자자의 구성 등을 고려하여 투자자 보

1) 소멸시효는 법률행위에 의하여 이를 배제·연장 또는 가중할 수 없으나(민법 184조 2항), 소멸시효를 단축하는 것은 가능하다(이영준, 「민법총칙」, 박영사, 1987, 746-747쪽). 구간투법상의 표준약관에서는 “수익자가 이익분배금의 지급개시일로부터 5년간 이익분배금의 지급을 청구하지 아니한 때, 또는 상환금의 지급개시일로부터 10년간 상환금의 지급을 청구하지 아니한 때에는 그 권리를 상실하고 상환금등은 위탁회사에게 귀속된다”고 규정하였다.

2) 신탁계약서에는 집합투자업자가 운용업무수행에 대한 대가로 받는 자산운용보수, 신탁업자가 수탁자로서의 투자신탁재산의 보관·관리 등 업무를 수행한 대가로 받는 수탁보수, 판매회사가 수익증권을 판매한 대가로 취득하는 판매회사보수, 집합투자업자가 기준가격 산정업무를 위탁하는 경우의 일반사무관리회사가 취득하는 보수 등을 구분하고, 보수계산기간의 종료일, 투자신탁의 전부 또는 일부 해지일 등 지급시기, 보수율 및 계산방법과 투자신탁재산에서 지급한다는 점을 정한다.

호 및 건전한 거래질서를 해할 우려가 없는 경우로서 대통령령이 정하는 일정한 경우는 예외적으로 성과보수를 받는 것이 가능하다.[1] 이 때, 대통령이 정하는 일정한 경우란 다음 각 호의 요건을 모두 충족하는 경우를 말하며, 이 경우 성과보수의 산정방식, 지급시기 등에 대하여 필요한 사항을 금융위원회가 정하여 고시한다(법 시행령 88조 1항).

1. 성과보수가 금융위원회가 정하여 고시하는 요건을 갖춘 기준지표(이하 이 조에서 "기준지표"라 한다)에 연동하여 산정될 것
2. 집합투자기구의 운용성과가 기준지표의 성과보다 낮은 경우에는 성과보수를 적용하지 아니하는 경우보다 적은 운용보수를 받게 되는 보수체계를 갖출 것
3. 집합투자기구의 운용성과가 기준지표의 성과를 초과하더라도 해당 운용성과가 부(負)의 수익률을 나타내거나 일정 성과가 금융위원회가 정하여 고시하는 기준에 미달하는 경우에는 성과보수를 받지 아니하도록 할 것
4. 금융위원회가 정하여 고시하는 최소투자금액 이상을 투자한 투자자로만 구성될 것
5. 최소 존속기간이 1년 이상으로서 법 제230조에 따른 환매금지형집합투자기구(이하 "환매금지형집합투자기구"라 한다)로 설정·설립하되, 집합투자증권을 추가로 발행하지 아니할 것

법 제86조에 따라 예외적으로 성과보수를 받을 수 있는 경우에는 신탁계약서에 성과보수의 산정방식, 그 밖에 대통령령이 정하는 사항으로 성과보수를 취득한다는 뜻과 그 한도, 성과보수를 지급하지 아니하는 집합투자기구보다 높은 투자위험에 노출될 수 있다는 사실, 성과보수를 포함한 보수 전체에 관한 사항, 기준지표, 성과보수의 지급시기, 성과보수가 지급되지 아니하는 경우에 관한 사항, 투자자 보호를 위하여 필요한 사항으로서 금융위원회가 정하여 고시하는 사항을 신탁계약서에 기재하여야 한다(법 86조 2항, 법 시행령 88조 2항).[2]

6. 수익자총회에 관한 사항

수익자총회는 회사형 집합투자기구의 주주총회나 사원총회에 대응하는 기관으로 간접투자자산운용업법의 제정시에 수익자보호 및 투자신탁의 적정하고 효율적인 운영을 위해서 투자신탁에 도입된 제도이다. 즉, 투자신탁의 운영에 관한 중요한 사항과 수익자들의 권익에 중대한 영향을 미치는 사안들에 대하여 수익자들의 의사를 직접 반영하기

1) 법 시행령 제88조 제1항 참조. 자세한 사항은 법 제86조 주석 참조.
2) 실무상 보수의 금액은 투자신탁재산의 연평균가액(매일의 투자신탁 순자산총액을 연간 누적하여 합한 금액을 연간 일수로 나눈 금액)에 해당 보수율과 보수계산기간의 일수를 곱한 금액으로 계산하는 것을 기본으로 한다. 자산운용보수, 수탁보수 및 일반사무관리회사보수에 관하여는 보수율에 대한 법적 제한이 없고 자율적으로 정하면 되지만, 판매회사보수에 관하여는 집합투자재산의 연평균가액의 100분의 5를 넘지 못하며, 집합투자기구의 운용실적에 연동하여 받지 못하는 등 법적 제한이 있다(법 76조 4항·5항, 법 시행령 77조 4항 내지 7항, 금융투자업규정 4-48조 참조).

위한 일종의 투자자 보호 장치이다. 따라서 신탁계약서에 수익자총회의 소집, 운영, 의결권, 서면에 의한 의결권 행사, 연기 및 반대수익자의 수익증권매수청구권 등에 대해서 기재한다.

수익자총회의 결의사항은 신탁계약 중 집합투자업자 등의 보수, 신탁업자, 신탁계약기간 등 일정한 사항의 변경(법 188조 2항 본문 후단), 투자신탁의 해지(법 192조), 투자신탁의 합병(법 193조) 등으로 법정되어 있으며, 위 법정 결의사항 이외에 수익자총회의 결의사항을 추가하려면 신탁계약서에 기재하여야 한다. 수익자총회의 결의사항은 법에서 규정된 사항 및 신탁계약서에 기재된 사항에 한정된다(법 191조 1항).

7. 공시 및 보고서에 관한 사항

법 제89조 소정의 수시공시 사항 등 수익자에게 공시해야 할 사항 및 일간신문에 공고하는 경우 해당 일간신문의 특정 및 횟수 등 수익자에 대한 공고방법, 집합투자업자의 인터넷 홈페이지나 영업소에 게시하거나 전자메일로 통보하여야 하는 사항 등 공시방법, 집합투자업자의 자산운용보고서(법 88조), 신탁업자의 자산보관·관리보고서(법 248조) 등의 수익자에 대한 제공방법 등에 관한 사항을 기재하는 것을 말한다.

8. 그 밖에 수익자 보호를 위하여 필요한 사항으로서 대통령령으로 정하는 사항

(1) 법 제229조에 따른 투자신탁의 종류

법 제229조에 의하여 투자신탁을 포함한 집합투자기구의 종류는 그 집합투자재산의 운용대상에 따라 (i) 집합투자재산의 50% 이상을 증권(부동산 등에 50% 이상을 투자하는 수익증권, 집합투자증권 또는 유동화증권 등 대통령령이 정하는 증권을 제외한다)에 투자하는 증권집합투자기구, (ii) 집합투자재산의 50% 이상을 부동산에 투자하는 부동산집합투자기구, (iii) 집합투자재산의 50% 이상을 증권 및 부동산을 제외한 투자대상자산에 투자하는 특별자산집합투자기구, (iv) 위 (i) 내지 (iii)의 투자비율 제한을 받지 아니하는 혼합자산집합투자지구 그리고 (v) 집합투자재산 전부를 대통령령이 정하는 단기금융상품에 투자하는 집합투자기구로서 대통령령으로 정하는 방법으로 운용되는 단기집합투자기구로 구분된다(법 229조, 법 시행령 240조 내지 241조 참조). 따라서 신탁계약서에는 해당 투자신탁이 위 제229조의 구분에 따른 5종의 투자신탁 중 어떤 종류의 투자신탁인지를 명시하여야 한다.[1)]

---

1) 구간투법상으로는 투자증권에 주로 투자하는 증권간접투자기구, 장내파생상품 또는 장외파생상품에 투자하는 파생상품간접투자기구, 부동산에 투자하는 부동산간접투자기구, 실물자산에 투자하는 실물간접투자기구, 단기금융상품에 투자하는 단기금융간접투자기구, 간접투자증권에 주로 투자하는 재간접투자기구 및 그 밖의 자산에 투자하는 특별자산간접투자기구 등 총 7종으로 구분되어 있었다(구간투법 27조 참조).

그런데 위 제229조는 구간투법상의 7종류에서 주된 투자대상자산별로 증권, 부동산, 특별자산(증권과 부동산을 제외한 투자대상자산) 또는 단기금융자산의 4종류로 광역화하여 재분류하였으며, 주된 투자대상자산을 특정하지 아니하고 어떤 투자대상자산에나 자유롭게 투자가능한 혼합자산집합투자기구를 허용하여 시장 상황의 변화에 따라 주 투자대상을 증권에서 부동산으로, 부동산에서 증권이나 부동산 이외의 투자대상자산으로 그리고 다시 증권 등으로 자유롭게 변경할 수 있는 투자신탁을 개발하는 것이 가능하게 되었다.[1)]

(2) 투자신탁의 명칭

투자신탁은 소위 계약형 집합투자기구로서 투자회사등 회사형 집합투자기구와 달리 독립된 법인격을 갖지 아니한다. 그러나 투자신탁의 집합투자업자 및 신탁업자는 각각의 투자신탁의 투자신탁재산을 자신의 고유재산, 다른 투자신탁의 투자신탁재산 또는 제3자의 재산과 구분하여 관리하여야 하고, 투자신탁재산별로 운용하며, 그 운용에 따라 투자대상자산의 취득·처분 등을 한 경우 그 투자신탁재산으로 그 이행할 책임을 부담하므로(법 80조, 246조 2항 내지 4항 등 참조), 각각의 투자신탁에 대해서 다른 투자신탁과 구분, 특정할 수 있을 정도로 명칭을 붙여서 표시하도록 한 것이다.

투자신탁의 명칭을 정함에 있어서는 이 법 제229조 각 호의 집합투자기구의 종류를 표시하는 문자(증권·부동산·특별자산·혼합자산 및 단기금융을 말한다)를 사용하여야 한다(법 183조 1항 참조). 그 밖에 이 법에서 투자신탁의 명칭에 관하여 별도로 규제하는 것은 없으므로, 회사형 집합투자기구에 있어서 상법상 상호선정의 자유(상법 18조)가 있는 것과 마찬가지로 투자신탁의 경우도 원칙적으로 어떠한 명칭을 사용할지는 자유라고 할 것이다.

이 법 하에서는 한국금융투자협회가 '금융투자회사의 영업 및 업무에 관한 규정' 제4-2조를 통하여 집합투자기구 명칭의 사용에 대한 기준을 두고 있다. 동 규정에 따라 집합투자업자는 투자신탁의 명칭을 정함에 있어 다음 각 호의 사항을 준수하여야 한다.

1. 집합투자기구의 명칭에 법 제229조 각 호의 집합투자기구의 종류를 표시하는 문자(증권·부동산·특별자산·혼합자산 및 단기금융을 말한다)를 사용할 것
2. 집합투자업자의 회사명을 집합투자기구의 명칭에 포함할 경우 명칭의 앞부분에 표기할 것. 다만, 회사명칭이 긴 경우 회사명칭과 크게 다르지 아니한 범위 내에서 생략·조정하여 표기할 수 있다.
3. 판매회사의 명칭을 사용하지 아니할 것
4. 집합투자기구의 투자대상·운용전략 등 상품내용과 다르거나 투자자를 오인케 할 우려가 있는 명칭을 사용하지 아니할 것
5. 다른 금융투자회사가 사용하고 있는 명칭과 동일하거나 유사한 명칭을 사용하지

1) 재정경제부, 「자본시장과 금융투자업에 관한 법률안 설명자료(요약)」, 58-59쪽.

아니할 것. 다만, 업계가 공동으로 취급하는 특성의 집합투자기구로 그 주된 내용이 동일한 경우에는 그러하지 아니하다.

6. 실적배당형 상품의 특성과 다르게 수식어를 부가함으로써 투자자의 오해를 야기할 우려가 있는 집합투자기구의 명칭을 사용하지 아니할 것

7. 사모집합투자기구의 경우 집합투자기구명칭에 "사모"를 포함할 것

8. 운용전문인력의 이름을 사용하지 아니할 것

또한 금융감독원은 투자자가 집합투자기구 명칭만으로도 집합투자기구의 중요정보를 알기 쉽게 이해할 수 있도록 「펀드명칭 표기기준」을 마련하여 집합투자업자, 증권, 부동산, 특별자산, 혼합자산, 단기금융자산 등 법정분류, 전환형이나 모자형 등 특수형태, 투자신탁이나 투자회사등 집합투자기구의 종류, 주된 투자대상자산, 법령상 운용규제 등의 기준에 따라 표기하도록 하고 있다.[1]

예를 들어 ○○투자신탁운용주식회사에서 주식에 주로 투자하고 파생상품을 10% 초과하여 운용하는 종류형투자신탁의 경우

○○△△ 증권 투자신탁[주식－파생형]

내 용	○○	증 권	자 펀 드	투자신탁	(주식)	(파생형)
기 준	집합투자업자	법정분류	특수형태	투자기구	주된 투자대상자산	운용규제

한국금융투자협회는 특정 간접투자기구의 명칭이 위 '금융투자회사의 영업 및 업무에 관한 규정'에 위배된다고 판단되는 경우 해당 집합투자업자에 대하여 시정을 요구하거나 금융감독원에 의견을 제시할 수 있다.

(3) **투자대상자산**(주된 투자대상자산을 포함)

신탁계약서에 투자대상자산을 기재함에 있어서 투자대상자산에 관하여 정의하고 있는 이 법의 규정체계에 맞추어야 하는 한편, 따로 열거되지 않은 증권이나 따로 정의 규정이 없는 특별자산 등의 경우 또는 투자운용방침을 정하여 신탁계약서에서 투자대상자산을 일정한 범위로 한정하고자 하는 경우에는 투자자가 투자에 따르는 위험을 인식·평가할 수 있고 집합투자업자의 운용권한의 범위에 다툼이 없도록 주의 깊게 투자대상자산을 기재해야 하는 현실적인 필요가 커졌다.

투자대상자산으로 증권을 기재하는 경우 이 법과 같은 방식으로, 즉 법 제4조 제3항 내지 제8항의 정의 규정에 준해서 증권의 종류별로 예시한 후 추상적으로 규정하는

1) 자세한 내용은 금융감독원의 2009. 3. 2.자 보도 참고 자료 및 〈붙임〉 자본시장법상 펀드명칭 분류기준 및 적용 예를 참조.

방식[1])으로 신탁계약서에 기재하면 될 것이다. 이와 같이 규정하면 신탁계약서에서 예시되지 않은 새로운 형태의 증권에 대해서도 투자운용할 수 있게 되지만, 향후 채무증권과 지분증권의 중간적인 성격을 갖는 신종의 증권이나 파생상품이 내재되어 있는 채무증권이나 지분증권 등 그 성격이 섞여 있다고 볼 수 있는 증권은 그 운용과정에서 어떻게 분류해야 하는지에 대한 문제가 발생하는 것은 이 법이 포괄주의에 입각하여 규정하고 있는 이상 불가피하다고 본다.

종전 구간투법에서 투자대상자산으로서 단순히 '부동산'이라고만 규정하고 부동산간접투자기구는 '부동산'에 투자하는 간접투자기구라고만 분류했었기 때문에 어느 범위까지를 부동산에 대한 투자라고 할 수 있는 것인지가 불분명한 점이 있었다. 이와 달리 이 법 제229조 및 동 시행령 제240조 제 4 항과 제 5 항의 규정은 부동산집합투자기구의 투자대상자산으로서 다음과 같이 부동산의 범위를 규정하고 있으므로, 투자대상자산으로서의 부동산은 이러한 구분에 따라 신탁계약서에 기재하면 된다고 본다.

1. 부동산
2. 부동산을 기초자산으로 한 파생상품
3. 부동산 개발과 관련된 법인에 대한 대출
4. 부동산개발사업
5. 부동산의 관리 및 개량
6. 부동산의 임대
7. 지상권·지역권·전세권·임차권 등 부동산사용에 관한 권리의 취득 또는 「기업구조조정 촉진법」 제 2 조 제 1 호에 따른 채권금융기관(「금융산업의 구조개선에 관한 법률」에 따른 금융기관이었던 자로서 청산절차 또는 「채무자 회생 및 파산에 관한 법률」에 따른 파산절차가 진행 중인 법인을 포함한다)이 채권자인 금전채권(부동산을 담보로 한 경우에 한한다)
8. 다음 각 목의 어느 하나에 해당하는 자산이 신탁재산, 집합투자재산 또는 유동화자산의 100분의 50 이상을 차지하는 경우 그 수익증권, 집합투자증권 또는 유동화증권
    가. 부동산
    나. 지상권·지역권·전세권·임차권 등 부동산사용에 관한 권리
    다. 「기업구조조정 촉진법」 제 2 조 제 1 호에 따른 채권금융기관(「금융산업의 구조개선에 관한 법률」에 따른 금융기관이었던 자로서 청산절차 또는 「채무자 회생 및 파산에 관한 법률」에 따른 파산절차가 진행 중인 법인을 포함한다)이 채권자인 금전채권(부동산을 담보로 한 경우에 한한다)

1) 예를 들자면, "국채증권, 지방채증권, 특수채증권(법률에 의하여 직접 설립된 법인이 발행한 채권을 말한다. 이하 같다), 사채권, 기업어음증권(기업이 사업에 필요한 자금을 조달하기 위하여 발행한 약속어음으로서 자본시장과 금융투자업에 관한 법률 시행령에서 정하는 요건을 갖춘 것을 말한다. 이하 같다), 그 밖에 이와 유사한 것으로서 지급청구권이 표시된 것(이하 "채무증권"이라 한다)"이라고 기재할 수 있을 것이다.

9. 「부동산투자회사법」에 따른 부동산투자회사가 발행한 주식

또한 각각의 부동산집합투자기구의 투자목적에 따라 투자대상자산이 되는 부동산의 범위를 한정하고자 하는 경우에는 그 취지가 달성될 수 있도록 신탁계약서에 부동산의 종류별 또는 소재 지역별로 투자대상자산의 범위를 특정하여 기재할 수도 있을 것이다.

주된 투자대상자산은 당해 집합투자규약의 투자목적에 당해 집합투자기구가 주로 투자하는 자산으로 명시되어 있는 자산을 의미한다(법 시행령 94조 2항 4호, 금융투자업규정 4-69조 2항 참조). 법에서는 주된 투자대상자산의 의미와 관련하여 구체적인 수치(50% 이상 투자 등)를 제시하는 등 구체적인 기준이나 범위 등을 제시하고 있지 아니하며, 집합투자규약의 투자목적에 주로 투자하는 자산으로 명시하는지 여부만을 기준으로 하고 있다. 따라서 법상 주된 투자대상자산이란 집합투자업자가 해당 집합투자기구와 관련하여 집합투자규약의 투자목적에 당해 집합투자기구가 주로 투자하는 자산으로 할 것을 의도하고 명시한 자산이면 족하다고 해석된다.

이와 관련하여 주된 투자대상자산에 대한 이 법상 규정의 입법취지가 명시되어 있는 문헌은 찾기가 어려우나, 주된 투자대상자산의 개념 및 이에 대한 규율은 구간투법에 규정되어 있는 내용을 그대로 승계한 것으로 보인다.[1] 그런데 투자자 보호라는 입법취지에 비추어 볼 때 신탁계약에 기재되어야 하는 주된 투자대상은 적어도 신탁계약상 별도의 기재사항인 투자신탁의 종류(법 229조의 구분에 따른 종류)에 관한 분류기준(증권, 부동산, 특별자산 등)보다는 더 세부의 분류항목 중에서 해당 투자신탁의 투자목적과 투자위험에 관해서 투자자가 다른 투자신탁의 투자목적과 투자위험과 구분하고 투자판단이 가능하도록 구체적으로 기재되어야 할 것이라고 본다.[2]

(4) 집합투자업자 및 신탁업자의 업무에 관한 사항

집합투자업자는 투자신탁의 설정 및 해지, 투자신탁재산의 운용 및 운용지시업무를 수행하고, 신탁업자는 투자신탁재산의 보관 및 관리, 집합투자업자의 운용지시에 따른 자산의 취득 및 처분의 이행, 해지대금 및 이익금의 지급, 집합투자업자의 투자신탁재산 운용지시에 대한 감시업무, 투자신탁재산의 평가의 공정성 및 기준가격산정의 적정성 여부의 확인 등의 업무를 수행한다는 점을 기재한다(표준약관 6조 참조).

---

1) 구간투법상 주된 투자대상자산에 대한 규정은 2008. 1. 18. 개정된 구간투법 시행령에 처음 도입이 되었는데, 동 시행령 제36조의1 제2호에서 신탁약관 또는 정관에 기재하여야 할 사항으로 투자대상자산(금융위원회가 정하여 고시하는 주된 투자대상자산을 포함)을 명시하고 있고, 제38조 제2항 제4호에서 주된 투자대상자산의 변경의 경우 신탁약관 내지 정관 변경에 관한 수익자총회 또는 주주총회의 의결 대상이라고 규정하고 있다.

2) 예를 들어, 증권투자회사의 경우 법상 포괄적인 개념으로 규정되어 있는 "증권" 자체를 구체화하여 나열한 채무증권, 지분증권, 수익증권, 파생결합증권 등 또는 그에 포함되는 주식, 채권 등의 하위개념을 증권투자회사의 정관상 주된 투자대상자산으로 기재하여야 할 것이다(법 4조 2항 참조).

투자신탁재산의 운용지시에 관한 방법 및 절차, 각종 세금 및 공과금의 공제업무 기타 집합투자업자 및 신탁업자의 업무의 세부적인 사항으로서 수익자에게 공시할 필요성이 적은 사항에 대해서는 신탁계약서에 기재하지 아니하고 집합투자업자와 신탁업자 사이에 별도로 체결되는 약정에 의할 수 있으며, 신탁계약서에서는 이러한 취지를 기재하면 될 것이다.[1)]

(5) 수익증권의 추가발행 및 소각에 관한 사항

투자신탁을 추가로 설정하거나 이익금을 새로 발행하는 수익증권으로 분배하는 경우(법 242조 1항) 그리고 투자신탁이 합병하는 경우 수익증권의 추가발행을 하게 되므로, 이러한 경우 수익증권의 추가발행을 한다는 뜻을 신탁계약서에 기재한다.

한편 법 제191조에 따라 수익자총회의 결의에 반대하는 반대수익자가 그 수익증권의 매수청구를 하여 집합투자업자가 이를 매수한 경우, 제235조에 따라 집합투자업자가 수익증권을 환매한 경우에는 해당 수익증권을 소각하여야 하므로(법 191조 4항, 235조 5항), 이러한 경우 수익증권을 소각한다는 뜻을 신탁계약서에 기재한다.

(6) 신탁계약기간을 정한 경우에는 그 기간

신탁계약기간을 정하는 것으로는 투자신탁을 설정한 후 추가로 설정을 하지 않는 단위형투자신탁이 있으며, 이 경우 신탁계약서에 신탁계약기간을 기재하도록 한 것이다. 신탁계약에서 정한 신탁계약기간이 종료된 때에는 집합투자업자는 지체 없이 투자신탁을 해지하여야 한다(법 192조 2항 1호).

투자신탁을 설정한 후 추가 설정이 인정되는 추가형투자신탁의 경우 거의 대부분 신탁계약기간을 정하지 아니하고 신탁계약의 해지일까지 존속하는 것으로 기재한다. 이와 같이 신탁계약기간을 정하지 아니하는 투자신탁의 경우 일정기간 투자신탁의 원본액이 일정금액에 미달하는 때에는 투자신탁을 해지할 수 있는 것으로 규정하는 예가 많은데, 이러한 투자신탁의 해지는 수익자의 의사에 반하여 집합투자업자가 강제로 투자신탁을 해지할 수 있는 경우이므로 원칙적으로 금융위원회의 승인을 얻어야 하지만 1개월간 계속하여 투자신탁의 원본액이 금융위원회가 정하여 고시하는 금액[2)]에 미달하는 경우에는 금융위원회의 승인을 요하지 아니 한다(법 192조 1항, 법 시행령 223조).

(7) 투자신탁재산의 평가 및 기준가격의 계산에 관한 사항

기준가격은 투자매매업자 또는 투자중개업자가 투자자에게 수익증권을 판매하는 판매가격이며, 집합투자업자가 투자자로부터 수익증권을 환매하는 환매가격이고(법 76조 1항

1) 구간투법상 표준약관 제 6 조 제 3 항 참조.
2) 구간투법상으로는 위 금액을 총리령으로 정하는 것으로 하였으며, 금 100억원이었다(구간투법 시행령 93조, 동 시행규칙 35조 참조).

및 236조 1항), 투자신탁의 순자산가치 즉 투자성과를 표시하는 척도가 된다(법 238조 6항, 법 시행령 262조 1항).[1)]

투자신탁의 자산총액에서 부채총액을 뺀 금액을 수익증권 총좌수로 나누어서 기준가격을 산정하므로(법 238조 6항, 법 시행령 262조 1항), 투자신탁재산의 평가는 기준가격을 계산하기 위해서 반드시 필요한 중요사항이다.

이처럼 투자신탁재산의 평가 및 기준가격의 계산에 관한 사항은 수익증권 투자자의 이해관계에 직접적인 영향을 미치는 중요한 사항이므로 신탁계약서의 기재사항으로 한 것이다. 한편 이 법은 투자자보호를 위해서 투자신탁재산의 평가 및 기준가격의 계산이 객관적이고 공정하게 이루어질 수 있도록 평가원칙, 평가방법 등의 장치를 마련하여 규율하고 있다.[2)]

투자신탁재산의 평가 및 기준가격의 계산에 관하여는 이 법에 의하여 별도로 규율하고 있으므로, 신탁계약서에서 법 규정과 중복하게 기재할 필요는 없다.

(8) 이익 외의 분배에 관한 사항

법 제242조 제 2 항 및 동 시행령 제266조 제 4 항에 의하여 투자신탁의 집합투자업자는 투자신탁의 특성에 따라 이익금을 초과하여 금전으로 분배하고자 하는 경우에는 신탁계약서에 그 뜻을 기재하고 이익금의 분배방법 및 시기, 그 밖에 필요한 사항을 미리 정하여야 한다.

(9) 집합투자업자 및 신탁업자의 변경에 관한 사항

집합투자업자 또는 신탁업자의 변경이라 함은 신탁계약상 집합투자업자 또는 신탁업자가 다른 집합투자업자 또는 신탁업자로 교체되는 것을 말하며, 집합투자업자 또는 신탁업자의 신탁계약상 당사자인 지위의 양도, 영업양도나 합병으로 인한 경우와 금융위원회의 계약 인계명령에 의한 경우가 있을 수 있다.

집합투자업자 또는 신탁업자가 부정한 방법으로 인가를 받거나 기타 투자자의 이익을 현저히 해할 우려가 있는 경우, 해당 금융투자업을 영위하기 곤란하다고 인정되는 경우 등 법 제420조 제 1 항 각 호(6호를 제외)의 어느 하나에 해당하는 경우 등에 대해서는 금융위원회는 신탁계약, 그 밖의 계약의 인계명령을 내릴 수 있다. 이러한 계약의 인계명령에 따라 집합투자업자 또는 신탁업자가 변경되는 것은 법률의 규정에 의한 것이므로 신탁계약서에 기재할 필요가 없다.

집합투자업자는 투자신탁의 운용지시업무를 담당하는 등 투자신탁에 있어서 핵심적인 당사자이므로 집합투자업자의 신용도 및 업무능력 등은 수익자에게 있어서 중요한 투

1) 법령제정 실무작업반(8인) 공저, 「간접투자(펀드) 해설」, 박영사, 2006, 430쪽.
2) 자세한 내용은 법 제238조 주석 참조.

자판단요소이다. 따라서 집합투자업자의 변경에 대해서는 합병이나 법령에 의한 예외적인 경우를 제외하고는 미리 수익자총회의 결의를 거쳐야 하며, 이에 반대하는 수익자는 수익증권매수청구권을 행사할 수 있도록 함으로써 수익자를 보호하고 있다(법 188조 2항 4호, 법 시행령 217조 3호, 법 191조 참조).

그런데 집합투자업자가 신탁계약상 위탁자인 지위를 양도, 이전할 수 있는지 여부가 문제되는데, 이 문제에 관해서 구간투법이나 이 법에서 직접 다루고 있는 규정은 없으며, 이를 논하고 있는 학설도 거의 없다. 이와 관련하여 신탁법상 신탁계약에 있어서는 위탁자의 지위를 양도하는 것은 인정되지 않는다는 견해와[1] 신탁에서 위탁자 지위도 계약당사자의 지위와 동일하기 때문에 계약당사자 지위의 이전에 관한 일반론에 따라 다른 당사자의 동의를 얻은 경우에는 위탁자의 지위도 이전할 수 있다는 견해로[2] 나뉘고 있다. 이에 관해서 구간투법이나 이 법에서 직접 규정하고 있는 않지만, 구간투법상으로는 신탁약관의 기재사항으로 집합투자업자의 영업양도에 관한 사항을 규정하였고(구간투법 시행령 36조 12호), 이 법에서는 '집합투자업자의 변경에 관한 사항'을 신탁계약서의 기재사항으로 하고 있는 점(법 시행령 215조 9호)에 비추어 볼 때 집합투자업자가 신탁계약상의 당사자 지위를 양도, 이전할 수 있다는 입장을 취한 것이라 본다.

집합투자업자의 변경과 관련하여 집합투자업자가 신탁계약상 당사자 지위를 양도·이전하는 경우 외에 신탁법상 수탁자의 경우와 달리 위탁자의 사임은 전혀 전제하고 있지 않다. 그리고 집합투자업자 없이 투자신탁이 기능할 수는 없으므로 신탁계약서에도 집합투자업자가 사임하는 한편 다른 집합투자업자로 바로 교체되는 '집합투자업자의 변경'만 기재가 가능하다. 따라서 집합투자업자의 공백을 의미하는 일방적인 사임은 허용되지 않는다고 해석된다. 또한 신탁법상으로 수탁자의 경우와 달리 위탁자의 해임 역시 전혀 전제하고 있지 않으며, 투자신탁의 경우 소극적인 자산보관업무와 집합투자업자에 대한 감독업무를 수행하는 신탁업자가 집합투자업자를 해임할 수 있게 하는 것도 수익자 보호 측면에서 적절하지 않고, 집합투자업자의 위법행위에 대해서는 신탁업자는 시정요구를 할 수 있으며 금융위원회가 신탁계약의 인계명령을 할 수 있으므로 신탁계약서에서 집합투자업자의 해임을 규정할 수는 없다고 본다.

한편 집합투자업자가 집합투자업의 전부를 양도하는 경우에는 금융위원회의 사전승인을 얻어야 하고(법 417조 1항 4호), 집합투자업의 일부를 양도하는 경우에는 금융위원회에 사후보고를 해야 하지만(법 418조 6호), 영업의 전부 또는 일부 양도에 해당하지 않는 개별

---

1) 三菱信託銀行 信託研究會 편저, 「信託の法務と實務(3訂版)」, 社團法人 金融財政事情研究會, 2000, 75-76頁 참조. 투자신탁에 대해서는 위탁회사가 그 임무를 수행할 수 없는 경우에 새로운 위탁회사가 그 지위를 승계하지 않으면 신탁으로서 기능하지 못하기 때문에 증권투자신탁법에서 위탁회사의 지위의 인계명령을 인정하고 있다고 한다.

2) 能見善久, 現代信託法, 247頁 참조.

적인 신탁계약상 집합투자업자의 지위의 양도에 관해서는 금융위원회에의 승인이나 보고가 필요하지 않다고 해석할 수밖에 없다.

결국 신탁계약서에 '집합투자업자 및 신탁업자의 변경에 관한 사항'을 기재한다는 것은 신탁계약상 당사자 지위의 양도·이전을 허용할 것인지, 신탁업자의 사임을 자유롭게 허용할 것인지, 강제로 신탁업자의 지위를 양도하게 할 것인지 등을 규정하여 이와 같은 변경과 관련하여 그 변경절차나 새로운 집합투자업자나 신탁업자의 적격기준 등을 규정하는 것이라 할 수 있다.

(10) 신탁계약의 변경 및 해지에 관한 사항

신탁계약을 변경하고자 하는 경우의 절차, 공시나 통지방법을 기재하고, 신탁계약의 해지사유, 해지시의 공시방법 및 관련 절차를 기재하는 것을 말한다.

(11) 투자신탁의 회계기간

일반적으로 회계기간은 기업의 경영성적을 파악하기 위하여 구분하는 기간을 말하고, 상인은 매년 1회 이상 결산하여야 한다(상법 30조 2항). 투자신탁은 매일 자산을 평가하고 이에 대한 손익을 계정에 반영하기 때문에 투자신탁의 회계기간은 결산을 위한 손익확정이라는 면에서는 의미가 없지만, 해당 기간 중에 발생한 수익을 정하고 분배재원을 확보한다는 의미를 갖는다.[1]

법에서 투자신탁의 회계기간에 대해서 따로 제한을 두는 규정이 없으므로, 각 투자신탁별로 회계기간을 정하면 될 것이지만, 소득세법상 '당해 투자신탁의 설정일로부터 매년마다 1회 이상 결산'해야 집합투자기구로 인정받을 수 있는 점을 고려하여 회계기간은 1년 이내에서 정하여야 할 것이다.[2]

(12) 그 밖에 수익자 보호를 위하여 필요한 사항으로서 금융위원회가 정하여 고시하는 사항

금융위원회가 정하여 고시하는 사항은 투자자산별 취득한도, 취득한도 초과시 해소방법 및 해소기한을 말한다(금융투자업규정 7-8조).

법 제81조에 따른 자산운용의 제한 규정에 위반되지 않는 범위 내에서[3] 투자자산별로 투자신탁 자산총액의 일정 퍼센트 이내로 취득한도를 정하며, 투자대상자산의 가격변동이나 투자신탁의 일부 해지 등으로 취득한도를 초과하는 경우 그 해소 방법 및 해소기한을 기재한다.

---

1) 법령제정 실무작업반(8인) 공저, 전게서(2006), 416쪽.

2) 소득세법 제17조 제1항 제5호, 동 시행령 제23조 제1항 제3호; 법령제정 실무작업반(8인) 공저, 전게서(2006), 416-417쪽.

3) 자산운용의 제한에 관한 자세한 사항은 법 제81조에 관한 주석을 참조.

Ⅳ. 신탁계약의 변경

1. 본조의 취지

구간투법상으로는 집합투자업자가 신탁약관을 제정하고 이 신탁약관에 의하여 신탁계약을 체결하므로(구간투법 28조 및 29조 참조), 먼저 집합투자업자가 신탁약관을 변경하고, 변경된 신탁약관에 따라 신탁업자와 신탁계약을 체결하는 체제를 취했었다.

그러나 이 법은 신탁계약서에 의하여 신탁업자와 신탁계약을 체결하는 것으로 변경하였으므로, 본조는 투자신탁을 설정한 집합투자업자가 신탁계약을 변경하고자 하는 경우에는 신탁업자와 변경계약을 체결하여야 하는 것으로 규정하였다. 신탁계약을 신탁계약서에 의하여 체결할 것을 요구한 취지에 비추어 볼 때 변경계약도 서면에 의하여 체결할 것이 요구된다고 해석한다.[1] 본 조항에서 신탁계약의 변경은 신탁계약서에서 포함하고 있는 조항을 사후적으로 변경하는 것을 의미한다.

신탁계약의 변경에 관해서는 신탁법상 명문의 규정이 없다. 신탁계약을 위탁자와 수탁자에 의한 수익자의 이익을 위한 계약 즉 제 3 자를 위한 계약이라고 보게 되면, 민법 제541조에 의하여 수익자의 권리를 변경시키는 신탁계약의 변경에 대해서는 수익자의 동의가 필요하다고 보게 된다.[2] 그런데 투자신탁은 다수의 수익자가 존재하게 되므로 신탁계약의 변경에 대해서 수익자 전원의 동의를 얻는 것은 사실상 힘들고 소수의 수익자, 극단적인 경우에는 수익자 한 사람의 의사에 따라 신탁계약을 변경할 수 없게 되는 부작용도 있을 수 있다.

이에 따라 본항은 투자신탁을 설정한 집합투자업자가 신탁업자와 변경계약을 체결하여 신탁계약을 변경할 수 있다고 하는 한편, 수익자의 이익과 관련된 중요한 사항에 대해서는 반드시 사전에 수익자총회의 결의를 거치도록 강제하고, 공시 외에 수익자에게 통지하도록 규정하고 있지만 그 밖의 신탁계약의 변경은 인터넷 홈페이지 등을 이용하여 수익자에게 공시하면 되는 것으로 규정하여 수익자의 동의를 요하지 않는다고 해석된다. 물론 신탁계약에서 집합투자업자가 신탁계약을 변경하고자 할 때에는 수익자 전원의 동의를 얻도록 규정하는 것은 본항 단서에 의한 수익자보호의 취지에 반하지 않으므로 가능하다고 본다.

다음으로 문제되는 것은 신탁계약을 변경하고자 하는 집합투자업자에 대해서 신탁업자가 독자적으로 판단하여 이를 승낙하지 않을 수 있는지 여부이다.

집합투자업자가 투자신탁재산에 관한 운용지시권을 가지고, 수탁자는 신탁재산을 소

1) 江頭憲治郎, 전게서(1989), 232頁 참조.
2) 能見善久, 전게서, 245頁 참조.

극적으로 관리하는 소극신탁(passive trust)에 해당하는 투자신탁의 법적 성질에[1] 비추어 볼 때 집합투자업자가 신탁계약을 변경하고자 하는 경우 신탁업자는 위 변경이 이 법 등 법령 및 신탁계약에 위반되거나 위 변경계약을 체결하는 것이 신탁업자의 수익자에 대한 선관주의의무에 반하는 결과가 되지 않는 한 이에 응하여야 할 것이다. 다만 신탁계약 중 신탁업자의 보수 등 신탁업자의 개인적인 이해관계와 관련된 사항을 변경하는 경우에는 신탁업자가 독자적으로 판단하여 승낙하지 않을 수 있다고 본다.

2. 수익자총회의 결의를 요하는 신탁계약의 변경

다음 각 호의 1에 해당하는 사항에 관하여 신탁계약을 변경하고자 하는 경우에는 미리 수익자총회의 결의를 거쳐야 한다.

(1) 집합투자업자·신탁업자 등이 받는 보수, 그 밖의 수수료의 인상

집합투자업자·신탁업자 등이 받는 보수, 그 밖의 수수료를 인상하는 것은 투자운용의 성과에 관계없이 바로 수익자의 손익에 영향을 미치고, 집합투자업자 및 신탁업자와 수익자 간에 이익이 상충되기 때문에 수익자의 이익을 보호하기 위해서 수익자총회의 결의가 필요한 것이다.

(2) 신탁업자의 변경

신탁법 제37조에 의하면 수탁자는 수탁행위에 특별한 정함이 없는 한 수익자와 위탁자의 승낙 없이 그 임무를 사임할 수 없고, 정당한 이유가 있는 경우에는 법원의 허가를 얻어 사임할 수 있다.

신탁업자는 투자신탁재산을 그 소유 명의로 보관할 뿐만 아니라 법 제247조에 따라 수익자 보호를 위하여 투자신탁재산을 운용하는 집합투자업자의 운용지시 또는 운용행위가 법령, 신탁계약 또는 투자설명서에 위반하는지 여부에 대하여 확인하고 위반사항에 대해서는 시정 등을 요구하는 등 감시기능을 수행하기 때문에 신탁업자가 어느 정도의 신용도를 갖춘 자인지는 수익자의 이익에 중대한 영향을 미치고 수익자의 투자결정에 고려되는 요소가 되므로 집합투자업자와 신탁업자의 계약으로 임의로 신탁업자를 변경하도록 두는 것은 투자자 보호에 반한다. 따라서 이 법은 위 신탁법의 요건을 완화하여 수익자 전원의 동의를 요하지는 않지만 수익자총회의 결의를 거치도록 한 것이다.

그러나 이 법은 신탁업자가 변경되는 경우 중에서 합병·분할·분할합병, 그 밖에 대통령령으로 정하는 사유로 변경되는 경우는 수익자총회의 결의사항에서 제외하였다. 투자자보호를 위해서 신탁업자의 합병·분할 등 경영일반에 대해서 과도한 제약을 가하는

1) 김건식, “증권투자신탁의 구조 : 계약형투신과 회사형투신을 중심으로,” 「인권과 정의」 제278호, 18쪽 등 참조.

것은 지나치고, 신탁업자의 합병·분할 등에 의하여 포괄승계가 있는 경우에는 집합투자업자의 자의적 판단이 개입할 여지가 없기 때문에 수익자총회의 결의대상에서 제외한 것이다. 따라서 신탁업자가 변경되는 경우라고 하더라도 다음 사항에 대해서는 수익자총회의 결의대상에서 제외된다.

1) 신탁업자의 합병·분할·분할합병(법 188조 2항 2호)

신탁업자가 합병, 분할 또는 분할합병, 신탁업 전부에 관한 영업양도를 하고자 하는 경우에는 금융위원회의 승인을 얻어야 하며, 금융위원회는 승인시 투자자 보호에 지장을 초래하지 않을 것 등 일정한 기준을 충족하는지 심사하여야 하므로(법 417조, 법 시행령 370조 참조), 따로 수익자총회의 결의절차를 거치도록 할 필요성이 적다고 판단하여 수익자총회의 결의대상에서 제외한 것이다.

2) 영업양도 등으로 신탁계약의 전부가 이전되는 경우(법 시행령 216조 1호)

신탁업자가 신탁업 전부에 관한 영업양도를 하고자 하는 경우에도 금융위원회의 승인을 얻어야 하고, 투자자 보호에 지장을 초래하지 않을 것 등 일정한 기준을 충족하여야 하므로 수익자총회의 결의절차를 거치도록 할 필요성이 적다. 이 때 영업양도는 합병, 분할 또는 분할합병과 달리 양수인에게 포괄승계되는 것이 아니라 특정승계되므로, 양수인이 집합투자업자와 사이에 변경계약을 체결하여야 해당 신탁계약상 신탁업자의 권리와 의무가 이전되며, 투자신탁재산에 관한 권리이전에 필요한 절차 및 대항요건을 충족시켜야 된다.

신탁계약의 전부가 이전되는 경우의 의미에 대해서 특정 신탁계약의 전부 또는 특정 집합투자업자와의 신탁계약의 전부도 포함한다고 해석하는 견해도 있을 수 있으나, 수익자총회 면제사유로 규정한 취지에 비추어 볼 때 해당 신탁업자가 당사자로 체결하고 있는 신탁계약의 전부가 이전되는 경우를 말하는 것으로 해석하는 것이 타당하다고 본다.

3) 법 제184조 제 4 항, 법 제246조 제 1 항 등 관련 법령의 준수를 위하여 불가피하게 신탁계약의 일부가 이전되는 경우

법 제184조 제 4 항에 의하여 집합투자업자는 자신이 운용하는 집합투자재산을 보관·관리하는 신탁업자가 되어서는 아니 된다. 이 법은 금융투자업 간 겸영을 허용하므로, 집합투자업자가 신탁업자의 영업을 양도받거나 신탁업자와 합병하는 경우에는 자신이 운용하는 집합투자재산을 보관·관리하는 신탁업자가 되는 경우가 있을 수 있는데, 이러한 경우 법 제184조 제 4 항을 준수하기 위하여 불가피하게 해당 신탁계약의 일부를 이전해야 할 필요가 있다. 또한 법 제246조 제 1 항에 의하여 집합투자재산을 보관·관리하는 신탁업자는 그 집합투자재산을 보관·관리하는 집합투자업자의 계열회사이어서는 아니 된다.

4) 법 제420조 제3항에 따른 금융위원회의 조치에 따라 신탁업자가 변경되는 경우

신탁업자가 부정한 방법으로 인가를 받거나 인가요건의 유지의무를 위반한 경우, 위법행위를 한 경우 등에 대해서 금융위원회는 법 제420조 제3항에 따라 신탁계약의 인계명령을 할 수 있다. 이 때 금융위원회의 명령을 이행하기 위하여 신탁업자가 변경되는 경우에는 수익자총회의 결의대상에서 제외하여 법 집행을 우선하도록 한 것이다.

5) 「금융산업의 구조개선에 관한 법률」 제10조에 따른 금융위원회의 명령에 따라 신탁업자가 변경되는 경우

「금융산업의 구조개선에 관한 법률」 제10조에 따른 금융위원회의 명령은 재무상태가 좋지 않거나 거액의 금융사고 또는 부실채권의 발생으로 인하여 재무상태가 일정 기준에 미달하게 될 것이 명백하다고 판단되어 신탁업자의 부실화를 예방하기 위한 것이다. 이는 수익자의 이익에도 부합하는 것이며, 건전한 신용질서를 확보하기 위한 것이어서 해당 신탁업자의 변경을 수익자총회의 결의대상으로 하는 것은 적절하지 않으므로 수익자총회의 결의대상에서 제외한 것이다.

(3) 신탁계약기간의 변경

신탁계약기간은 투자신탁이 존속하는 기간으로서 신탁계약기간이 종료하면 집합투자업자는 투자신탁을 해지하고, 신탁원본을 상환하게 된다. 따라서 신탁계약에서 신탁계약기간을 정한 경우 그 기간을 연장하거나 단축하는 것은 수익자 전체에 있어서 중대한 이해관계가 있으므로 수익자총회의 결의사항이다.

신탁계약기간을 정하지 아니한 투자신탁에 대해서 신탁계약기간을 정하기 위하여 신탁계약서를 변경하거나 신탁계약기간을 정한 투자신탁에 대해서 신탁계약기간을 철폐하기 위하여 신탁계약서를 변경하는 경우도 수익자 전체에 있어서 중대한 영향을 미치게 되므로 이는 신탁계약기간의 변경에 해당한다고 할 것이다. 그러나 투자신탁을 설정할 당시에 그 기간변경이 신탁계약서에 명시되어 있는 경우는 제외한다.

(4) 그 밖에 수익자의 이익과 관련된 중요한 사항으로서 대통령령으로 정하는 사항

1) 법 제229조에 따른 투자신탁 종류의 변경

앞에서 본 바와 같이 법 제229조에 따른 투자신탁 종류는 투자대상자산의 종류에 따른 것이다. 투자신탁 종류의 변경은 투자신탁재산의 50퍼센트 이상을 운용하는 투자대상자산이 변경되는 것을 의미하며, 이는 당초 해당 투자신탁의 수익증권에 투자할 당시에 투자자가 판단하였던 투자위험이나 투자의도 및 기대수익을 현저하게 변경시키는 것이다. 따라서 투자신탁의 운용에 있어서 다수의 수익자의 의사가 반영될 수 있도록 하는 한편 소수수익자의 이익도 보호하기 위하여 법 제229조에 따른 투자신탁 종류의 변경에

대해서는 수익자총회의 결의를 요하도록 한 것이다. 다만, 투자신탁을 설정할 때부터 다른 종류의 투자신탁으로 전환하는 것이 예정되어 있고 그 내용이 신탁계약서에 표시되어 있는 경우에는 수익자가 투자하기로 한 시점에 이미 그 위험이 고지되어 수익자가 그 위험을 고려하여 투자한 것이므로 수익자총회의 결의를 요하도록 할 필요성이 없다.

2) 주된 투자대상자산의 변경

주된 투자대상자산의 변경 역시 투자신탁 종류의 변경과 마찬가지 이유로 수익자총회의 결의를 요한 것이다.

3) 집합투자업자의 변경

집합투자업자는 투자신탁의 운용지시 등 핵심적인 업무를 수행하는 당사자로서 수익자의 투자판단에 있어서 중요한 비중을 차지하므로 집합투자업자의 변경에 대해서는 수익자총회의 결의를 거치도록 한 것이다. 다만, 합병·분할·분할합병의 경우나 금융위원회의 조치에 따라 변경되는 경우 또는 부실집합투자업자에 대한 적기시정조치의 일환으로 「금융산업의 구조개선에 관한 법률」 제10조에 따라 금융위원회의 명령에 따라 변경되는 경우에는 수익자총회의 결의를 요하지 않는다.

4) 환매금지형투자신탁이 아닌 투자신탁의 환매금지형투자신탁으로의 변경

환매금지형투자신탁이 아닌 투자신탁을 환매금지형투자신탁으로의 변경하게 되면 수익자의 환금방법과 환금성에 중대한 변화를 가져오게 된다. 따라서 수익자총회의 결의를 통하여 전체 수익자의 의사를 확인할 필요성이 있고 반대하는 수익자는 매수청구권을 행사하여 그 투자를 회수할 수 있는 기회를 줄 필요가 있다.

5) 환매대금 지급일의 연장

환매연기는 수익자의 재산권을 침해하는 중요한 사항이므로, 이에 대한 최종 의사결정권을 수익자총회에 부여하여 투자자 자신이 최종 결정권을 행사하도록 한 것이다.

6) 그 밖에 수익자 보호를 위하여 필요한 사항으로서 금융위원회가 정하여 고시하는 사항

3. 신탁계약 변경의 공시

투자신탁을 설정한 집합투자업자는 신탁계약을 변경한 경우에는 인터넷 홈페이지 등을 이용하여 공시하여야 한다(법 188조 3항 전단). 신탁계약 중 수익자총회의 결의를 요하는 사항을 변경한 경우에는 위와 같이 인터넷 홈페이지 등을 이용하여 공시하는 외에 해당 변경사항을 수익자에게 개별적으로 통지하여야 한다(법 188조 3항 후단). 또한 신탁계약의 변경에 의하여 법 제182조 제 1 항에 따라 등록된 사항이 변경된 경우에는 법 제182조 제 8 항에 따라 집합투자업자는 2주 이내에 그 내용을 금융위원회에 등록하여야 한다.

Ⅴ. 신탁원본의 납입

투자신탁을 설정하고자 하는 집합투자업자는 신탁업자와 신탁계약을 체결하여야 하고(법 188조 1항), 집합투자업자는 신탁업자와 신탁계약을 체결하여 투자신탁을 설정하는 경우 신탁업자에게 해당 신탁계약에서 정한 신탁원본 전액을 금전으로 납입하여야 한다(법 188조 4항). 따라서 투자신탁은 집합투자업자가 신탁업자와 신탁계약을 체결하는 것 이외에 신탁업자에게 신탁원본을 납입한 때에 설정된다.[1]

투자신탁을 추가로 설정하는 경우에도 집합투자업자는 신탁업자에게 그 추가설정하는 신탁원본 전액을 금전으로 납입하여야 하며, 그 납입시에 추가설정의 효력이 발생한다. 다만 이 법은 법 제234조 소정의 상장지수집합투자기구 및 제249조 소정의 사모집합투자기구에 대해서는 본조 제 4 항에 대한 특례를 인정하여 상장지수집합투자기구의 경우 그 특성을 고려하여 금전 이외의 자산으로 납입하는 것을 허용하고(법 234조 3항 참조), 사모집합투자기구의 경우 증권, 부동산 또는 실물자산 등 금전 외의 자산으로 납입하는 것을 허용한다(법 249조 3항 참조).

제189조(수익증권 등)

① 투자신탁을 설정한 집합투자업자는 투자신탁의 수익권을 균등하게 분할하여 수익증권으로 표시하여야 한다.

② 수익자는 신탁원본의 상환 및 이익의 분배 등에 관하여 수익증권의 좌수에 따라 균등한 권리를 가진다.

③ 투자신탁을 설정한 집합투자업자는 수익증권의 발행가액 전액이 납입된 경우 신탁업자의 확인을 받아 제309조 제 5 항에 따른 방법으로 수익증권을 발행하여야 한다.

④ 수익증권은 무액면 기명식으로 한다.

⑤ 투자신탁을 설정한 집합투자업자는 수익증권에 다음 각 호의 사항을 기재하고 그 집합투자업자 및 그 투자신탁재산을 보관·관리하는 신탁업자의 대표이사(집행임원 설치회사의 경우 대표집행임원을 말한다)[2]가 기명날인 또는 서명하여야 한다.

1. 집합투자업자 및 신탁업자의 상호
2. 수익자의 성명 또는 명칭
3. 신탁계약을 체결할 당시의 신탁원본의 가액 및 수익증권의 총좌수

---

1) 이와 같이 해석하는 경우 신탁법에 의한 신탁재산으로 보호받게 되는 것은 신탁업자에게 납입한 때부터이므로, 집합투자업자가 투자매매업자를 통하여 투자신탁 수익증권의 모집대금을 받아서 신탁업자에게 납입하기 전 단계에서는 집합투자업자의 도산으로부터 보호되지 않을 위험이 있다. 따라서 투자매매업자가 투자자로부터 예탁받은 투자자예탁금에 대해서 이 법 제74조에 의하여 투자매매업자의 채권자로부터 보호되는 것과 동일하게 집합투자업자가 투자신탁의 설정을 위하여 예탁받은 금전에 대해서도 동일한 취지의 규정을 둘 필요가 있다.

2) 타법 개정에 의한 집행임원 추가(2013. 5. 28).

4. 수익증권의 발행일
5. 그 밖에 수익자 보호를 위하여 필요한 사항으로서 대통령령으로 정하는 사항

⑥ 투자신탁을 설정한 집합투자업자는 수익자명부의 작성에 관한 업무를 예탁결제원에 위탁하여야 한다.

⑦ 예탁결제원은 제 6 항에 따라 위탁을 받은 경우 다음 각 호의 사항을 기재한 수익자명부를 작성·비치하여야 한다.

1. 수익자의 주소 및 성명
2. 수익자가 소유하는 수익증권의 좌수
3. 수익증권을 발행한 경우에는 그 번호

⑧ 예탁결제원은 제 7 항 각 호에 관한 정보를 타인에게 제공하여서는 아니 된다. 다만, 수익자총회 개최를 위하여 집합투자업자에게 제공하는 경우, 그 밖에 대통령령으로 정하는 경우에는 이를 제공할 수 있다.

⑨ 「상법」 제336조부터 제340조까지 및 제358조의2부터 제360조까지의 규정은 수익권 및 수익증권에 관하여 준용하며, 「상법」 제353조 및 제354조는 수익자명부에 관하여 준용한다.

Ⅰ. 총　　설

1. 본조의 취지

본조는 투자신탁의 수익권을 표창하는 수익증권에 관한 규정이다. 본조는 투자신탁에 의한 집합투자를 용이하게 할 수 있도록 수익증권의 발행의무, 수익권의 평등성, 유가증권성 등을 분명히 하고 있다.

2. 수익권의 의의

투자신탁의 수익권은 투자신탁재산의 운용에 따라 발생한 이익의 분배를 받고 신탁원본의 상환을 받는 등 투자신탁의 이익을 향유할 수 있는 권리를 말한다. 투자신탁은 집합투자를 수행하기 위한 기구로서 다수의 수익자가 각각 평등하게 분할된 수익권을 가지고, 투자수익을 올리는 것만을 목적으로 하기 때문에 투자신탁의 수익권은 금전채권적 색채가 강하다는 점에서 신탁법에 따라 개별적으로 설정되는 신탁의 수익권과는 차이가 있다.[1)]

1) 佐佐木, 전게서(1997), 19頁; 신탁법상 신탁의 수익권은 신탁의 이익을 향유하는 주체로서의 수익자가

투자신탁의 수익권은 일정한 수로 균등하게 분할되고(법 189조 1항), 그 균등하게 분할된 1단위를 1좌라고 한다. 수익권 1좌는 신탁재산총액에 대하여 수익권 총좌수분의 1의 지분을 나타내는 것이다. 분할된 수익권을 보유하는 자 즉 수익자는 신탁원본의 상환 및 이익의 분배 등에 관하여 수익증권의 좌수에 따라 균등한 권리를 갖는다(법 189조 2항).

이와 같이 투자신탁의 수익권은 균등 분할에 특징이 있는 것이므로, 이익의 배당 또는 잔여재산의 분배에 관하여 내용이 다른 수종의 주식이 존재하는 주식회사의 주식이나 신탁계약에 따라 권리내용을 달리 정할 수 있는 일반적인 신탁법상의 신탁의 수익권과 다르다.

3. 수익증권의 의의 및 법적 성격

투자신탁을 설정한 집합투자업자는 투자신탁의 수익권을 균등하게 분할하여 수익증권으로 표시하여야 한다(법 189조 1항). 즉 투자신탁의 수익권은 균등하게 분할되고, 그 분할된 수익권은 반드시 증권화가 되어야 하는 것이다.

수익증권은 투자신탁의 수익권을 표창하는 유가증권이며,[1] 상법 제336조부터 제340조까지 및 제358조의2부터 제360조까지의 규정을 준용함으로써 수익권의 행사 및 이전에 수익증권의 제시가 필요하므로 유가증권성이 인정된다고 할 것이다. 수익권과 수익증권에 관하여는 상법 제336조부터 제340조까지 및 제358조의2부터 제360조까지의 규정이 준용되므로, 수익증권의 법적 성격은 주권에 준해서 볼 수 있다.[2]

Ⅱ. 수익증권의 발행

1. 발행주체

투자신탁을 설정한 집합투자업자는 수익증권의 발행가액 전액이 납입된 경우 신탁업자의 확인을 받아 수익증권을 발행하여야 한다(법 189조 3항). 따라서 수익증권의 발행주체는 집합투자업자이다.[3]

가지는 각종의 권리를 총칭하는 것으로서 수익권 중에는 신탁법 및 신탁행위에 따라 신탁재산으로부터 급부를 수령하는 기본적인 권리뿐만 아니라 신탁사무에 관한 서류의 열람청구권 등 수탁자를 감독하는 권능을 포함하는 것을 말한다(상세한 내용은 법 제109조에 관한 주석을 참조. 能見善久, 전게서, 173頁 참조).

1) 법령제정 실무작업반(8인) 공저, 전게서(2006), 295쪽. 참고로 1995. 12. 29.자로 전면개정된 구증권투자신탁업법 제 6 조 제 3 항은 투자신탁의 분할된 수익권의 양도 기타 권리행사는 수익증권으로 하여야 한다라고 규정함으로써 유가증권성을 분명히 하였다.

2) 권기범, 「현대회사법론」, 삼지원, 2005, 489쪽.

3) 일본의 학설상으로는 당시의 신탁약관 조항에 의거하여 위탁회사와 신탁업자가 공동으로 발행한다는 설, 위탁회사가 수익권 분할의 주체이고 투자신탁제도의 중심적인 존재인 점 등을 들어서 위탁회사가 발행자라는 설, 신탁의 본지에 따라 신탁재산을 최종적으로 관리하는 자는 신탁업자이므로 신탁업자가 발행자라는 설 등이 있었다. 佐佐木, 전게서(1997), 58頁. 三菱信託銀行 信託硏究會 편저, 전

수익증권에 신탁업자의 대표이사(집행임원)가 기명날인 또는 서명을 하지만(법 189조 5항), 본조 제3항의 규정 체제상 신탁업자가 발행주체가 되는 것은 아니다. 이는 신탁업자가 수익증권의 발행가액 전액이 납입되었는지, 수익증권에 기재할 사항이 기재되었는지, 수익증권의 기재사항이 신탁계약서의 내용에 위배되는 것은 없는지 여부 등을 확인하고 이러한 확인을 증명하기 위해서 신탁업자의 대표이사(집행임원)가 기명날인 또는 서명하도록 한 것이라고 할 것이다.[1]

수익증권에 집합투자업자 및 신탁업자의 대표이사(집행임원)가 기명날인 또는 서명을 하여야 하는데, 만약 어느 일방의 기명날인 또는 서명이 흠결된 경우에는 주권의 경우와 마찬가지로 무효라고 볼 것이다.[2]

2. 발행시기

집합투자업자는 수익증권의 발행가액 전액이 납입된 경우 지체 없이 수익증권을 발행하여야 한다. 이와 관련하여 수익권의 발생시기에 대해서 신탁금을 집합투자업자가 신탁업자에게 신탁한 때라고 해석하는 견해와 투자신탁의 수익권은 수익증권으로 표시하여야 할 필요가 있기 때문에 수익권이 발생하는 것은 수익증권이 발행된 때라고 해석하는 견해가 있다.[3]

그런데 투자신탁은 신탁법상 신탁의 일종이며, 신탁계약이 체결되고 그 신탁계약에 따라 신탁재산이 신탁업자에게 이전된 때에 신탁설정의 효력이 발생하고 수익권이 발생한다고 해석하는 것이 타당하다.[4]

3. 발행방식

수익증권은 무액면 기명식으로 발행하여야 한다(법 189조 4항). 수익증권은 신탁재산 총액에 대한 지분적인 권리인 수익권을 표창하고 그 신탁재산의 순자산가치 변동에 따라 현실적인 가치가 변경되므로 액면금액은 사실상 무의미하다. 또한 추가설정이 있을 경우 설정금액을 당초의 신탁설정금액을 기준으로 하지 않고 추가설정 당시의 수익증권의 기준가격에 의하여야만 추가설정 이전의 수익자의 권리를 해하지 아니하기 때문에 수익증권의 권면에 금액을 표시하지 않는 무액면으로 발행하는 것이다.[5] 구 간투법은 무기명식의 발행을 원칙으로 하고, 수익자의 청구에 의하여 무기명식에서 기명식으로 또는 그

게서(2000), 416쪽; 강희철/조상욱, "증권투자신탁업법상의 수익증권저축계약,"「인권과 정의」, 제278호(1999), 44쪽.

1) 법령제정 실무작업반(8인) 공저, 전게서(2006), 296쪽.
2) 高鳥正夫,「新版 註釋 會社法(4)」, 有斐閣, 1989, 50頁.
3) 三菱信託銀行信託研究會 편저, 전게서(2000), 415頁.
4) 同旨 : 법령제정 실무작업반(8인) 공저, 전게서(2006), 296쪽.
5) 한국투자신탁,「증권투자신탁업법개론(개정판)」, 한국투자신탁, 1989, 135쪽.

반대로의 전환이 가능하도록 하였지만,[1] 이 법은 기명식으로 발행하도록 하였다. 이는 수익자의 권익을 보호하고 투자신탁의 의사결정에 수익자가 참여할 수 있도록 하자는 취지에서 새롭게 도입된 수익자총회제도가 원활하게 운영되기 위해서는 수익자별로 취득한 수익증권의 수량을 언제든지 파악할 수 있어야 하기 때문에 기명식 수익증권 발행은 불가피한 선택이었다고 한다.[2]

한편 투자신탁을 설정한 집합투자업자는 법 제309조 제5항에 따른 방법으로, 즉 일괄예탁제도를 이용하여 수익증권을 발행하여야 한다(법 189조 3항). 일괄예탁제도란 예탁자 또는 그 투자자가 증권 등을 인수 또는 청약하거나, 그 밖의 사유로 새로 증권 등의 발행을 청구하는 경우에 그 증권 등의 발행인은 예탁자 또는 그 투자자의 신청에 의하여 이들을 갈음하여 예탁결제원을 명의인으로 하여 그 증권 등을 발행(또는 등록)하는 것을 말한다(법 309조 5항). 이에 따라 예탁결제원은 발행인으로부터 당해 유가증권을 일괄 교부받아 예탁자계좌부에 기재한 후 그 내역을 예탁자에게 통지하여 고객계좌부에 기재하게 한다.[3] 즉 투자신탁 수익증권을 판매하는 투자매매업자 또는 투자중개업자가 집합투자업자에게 수익증권의 발행을 청구하는 경우에 당해 수익증권의 발행인인 집합투자업자는 수익증권의 발행가액 전액이 납입된 후 신탁업자의 확인을 받아 예탁결제원의 명의로 수익증권을 발행하여 예탁결제원에게 일괄 교부하고 예탁결제원은 그 내역을 예탁자계좌부에 기재하고 이를 예탁자에게 통지하여 고객계좌부에 기재하는 방법으로 투자자에게 해당 수익증권이 교부된다(예탁결제원의 유가증권예탁 및 결제에 관한 규정 13조). 이와 같은 일괄예탁신청이 있는 경우 집합투자업자는 예탁자별 신청내역을 예탁결제원에 통지하여야 한다(예탁결제원의 유가증권예탁 및 결제에 관한 규정 13조 1항).

집합투자업자는 투자신탁의 설정시 투자신탁 수익증권의 청약·환매업무를 수행할 신탁업자, 판매하는 투자매매업자 또는 투자중개업자 및 지정참가회사를 예탁결제원에 통보하여야 하며, 이를 변경하고자 하는 때에도 같다(예탁결제원의 유가증권예탁 및 결제에 관한 규정 23조의34).

투자매매업자 또는 투자중개업자는 수익증권의 청약·환매를 청구하고자 하는 경우 자기 및 고객의 수익증권 청약·환매청구내역을 예탁결제원에 통보하여야 한다. 예탁결제원은 투자매매업자 또는 투자중개업자로부터 위 통보를 받은 때에는 지체 없이 당해 청약·환매청구내역에 따라 집합투자업자에게 수익증권의 청약·환매를 청구하여야 한다. 위 청약·환매청구를 받은 집합투자업자는 이에 대한 승인 여부를 예탁결제원에 통보하여야 하며, 이를 통보받은 예탁결제원은 이를 투자매매업자 또는 투자중개업자 등에 통

1) 구간투법 제6조 제5항·제6항.
2) 법령제정 실무작업반(8인) 공저, 전게서(2006), 297쪽.
3) 증권예탁원, 「증권예탁결제제도」, 121쪽.

보하여야 한다(예탁결제원의 유가증권예탁 및 결제에 관한 규정 23조의35).

투자신탁의 수익증권이 예탁결제원에 예탁되어 있는 경우 위 수익증권의 공유자는 수익자로서의 권리 행사에 있어서는 각각 법 제312조 제 1 항에 따른 공유지분에 상당하는 투자신탁의 수익증권을 가지는 것으로 본다(법 319조 1항).[1)]

Ⅲ. 수익증권의 기재사항

수익증권의 기재사항은 수익자보호를 위해서 법정되어 있다(법 189조 5항). 수익증권은 이른바 유인증권이고, 문언증권은 아니다. 즉 수익증권이 표창하는 권리인 수익권의 내용은 증권에 기재되어 있는 문언에 의하여 정해지는 것이 아니라 신탁계약에 의하여 정해지는 것이다.

수익증권에는 다음 각 호의 사항을 기재하여야 한다.

1. 집합투자업자 및 신탁업자의 상호
2. 수익자의 성명 또는 명칭
3. 신탁계약을 체결할 당시의 신탁원본의 가액 및 수익증권의 총좌수
4. 수익증권의 발행일
5. 그 밖에 수익자 보호를 위하여 필요한 사항으로 대통령으로 정하는 사항(법 시행령 218조)

(1) 기호 및 번호

수익증권상의 번호일 뿐만 아니라 아래에서 보는 바와 같이 수익증권의 관리를 위해서 수익자명부에 기재되는 수익증권 번호를 말한다. 위 번호에 의하여 사고증권 발생시에 조치를 취할 수 있을 것이다.

(2) 이익금 분배의 시기

'투자신탁회계기간 종료일 익영업일' 등 신탁계약서에서 정한 이익금 분배의 시기를 기재한다.

(3) 수익증권의 환매조건

수익증권은 법 제235조에 따라 수익자가 언제든지 이를 환매할 수 있는 것이 원칙이므로, 환매금지투자신탁의 수익증권을 발행하는 경우 환매를 청구할 수 없다는 뜻을 기재하는 것이다.[2)]

---

1) 자세한 내용은 법 제319조에 관한 주석 참조.
2) 법령제정 실무작업반(8인) 공저, 전게서(2006), 298쪽.

(4) 신탁계약기간을 정하는 경우에는 그 기간

(5) 그 수익증권을 판매하는 투자매매업자 또는 투자중개업자의 명칭

투자자가 수익증권의 환매를 청구하고자 하는 경우에는 그 수익증권을 판매한 투자매매업자 또는 투자중개업자에게 청구하여야 한다. 수익증권 실물이 발행되어 양도될 경우 최종 소지자가 수익자로서 수익증권상의 권리를 행사하기 위해서는 해당 수익증권을 판매한 투자매매업자 또는 투자중개업자에 관한 정보를 알 수 있도록 기재사항으로 하고 있는 것이다.[1)]

Ⅳ. 수익권의 양도

수익권의 양도는 기명주식의 양도와 동일한 법리를 따른다. 수익권의 양도에 있어서는 수익증권을 교부하여야 한다(법 189조 9항, 상법 336조 1항). 주식의 경우와 마찬가지로 수익증권의 교부는 수익권 양도의 단순한 대항요건이 아니라 성립요건이다. 여기서 교부는 수익증권의 점유를 이전하는 것으로서 반드시 수익증권 자체의 현실인도에 한하지 않고 점유개정(민법 189조), 간이인도(민법 188조 2항), 목적물반환청구권의 양도(민법 190조)에 의한 것도 가능하다고 해석된다.[2)]

주식과 마찬가지로 수익권의 양도로 인하여 양도인이 갖고 있던 일체의 수익자로서의 지위가 양수인에게 이전된다.[3)] 주주권 중 일부만을 분리하여 양도하는 것은 허용되지 아니하는 것처럼 1좌의 수익권 중 일부만을 질적으로 분리하여 양도하는 것은 허용되지 아니한다. 수익증권을 목적으로 하는 질권의 설정도 주식과 같이 약식질과 등록질이 모두 가능하며 그 효력도 주식의 경우에 준해서 보면 된다(법 189조 9항, 상법 338조 내지 340조).[4)]

Ⅴ. 수익증권의 상실 등

수익증권이 물리적으로 멸실되었거나 또는 소지인의 의사에 반하여 도난·분실·사취된 경우도 주권이 상실된 경우에 준해서 보면 된다.

수익증권도 공시최고절차에 의하여 이를 무효로 할 수 있고, 수익증권을 상실한 자는 제권판결을 얻지 아니하면 집합투자업자에 대하여 수익증권의 재발행을 청구하지 못한다(법 189조 9항, 상법 360조). 상실한 수익증권의 공시최고도 증권의 무효선언을 위한 공시

1) 상게서, 297쪽.
2) 권기범, 전게서(2005), 430쪽 참조.
3) 상게서, 444쪽 참조.
4) 법령제정 실무작업반(8인) 공저, 전게서(2006), 300쪽.

최고절차에 의한다(민사소송법 492조 1항). 수익증권에 따라서 그 권리를 주장할 수 있는 자는 발행인인 집합투자업자의 보통재판적이 있는 곳(본점 소재지)의 지방법원에 공시최고절차를 신청할 수 있다.

상실된 수익증권에 대한 공시최고가 있더라도 제권판결이 확정되기 전에는 해당 수익증권은 무효로 되지 아니하므로, 해당 수익증권을 취득한 자가 제권판결을 위한 공시최고절차가 진행 중에 집합투자업자에 대하여 명의개서신청을 한 경우에 회사는 그가 악의 또는 중과실로 수익증권을 취득하였음을 증명하지 못하는 한 단지 공시최고신청이 있다는 이유만으로는 이를 거절할 수 없다.[1] 이에 수익자명부의 작성업무를 수행하는 예탁결제원은 위와 같은 사고신고된 수익증권에 대하여 명의개서 등의 청구가 있는 경우 그 청구에 따른다. 다만 예탁결제원은 그 명의개서청구를 받은 경우 그 청구인에게는 사고신고의 사실을 통지하고, 사고신고인에게는 그 청구의 사실과 처리내용을 통지하여야 한다(예탁결제원의 수익자명부관리 등에 관한 규정 15조).

수익증권의 발행인인 집합투자업자는 도난·분실 또는 멸실된 수익증권에 대한 사고신고(위 공시최고 및 제권판결을 포함한다)를 접수한 경우 그 수익증권의 종류, 그 밖에 총리령으로 정한 사항을 예탁결제원에 지체 없이 통지하여야 하며, 위 통지를 받은 예탁결제원은 그 내용을 공표하여야 한다(법 323조 2항 및 3항).

공시최고기간 중에 수익증권을 제출하여 권리의 신고를 한 자가 있는 때에는 법원은 공시최고절차를 중지하거나 신고를 한 권리를 유보하고 제권판결을 하여야 한다(민사소송법 485조). 권리의 신고가 없는 경우에는 신청인의 진술이 있은 후 제권판결의 신청이 이유 없다고 인정한 때에는 결정으로 신청을 각하하여야 하고 반대로 신청이 이유 있다고 인정한 때에는 제권판결을 선고하여야 한다(민사소송법 487조 1항). 제권판결을 취득한 자는 수익증권을 소지한 것과 동일한 지위를 회복하므로 그 발행자인 집합투자업자에 대하여 수익증권의 재발행을 청구할 수 있다(법 189조 9항, 상법 360조 2항). 따라서 신탁계약서에서는 실질수익자가 아닌 현물보유수익자는 위 제권판결의 정본 또는 등본을 첨부하여 집합투자업자가 정하는 절차에 따라 해당 수익증권을 판매한 투자매매업자 또는 투자중개업자를 경유하여 집합투자업자에게 수익증권의 재교부를 청구할 수 있는 것으로 규정한다.[2]

Ⅵ. 수익증권의 선의취득

수익증권에 대한 선의취득을 허용한다(법 189조 9항, 상법 359조). 수익증권의 선의취득

1) 권기범, 전게서(2005), 498쪽.
2) 표준약관 제16조.

에 관하여는 수표의 선의취득에 관한 수표법 제21조가 준용되므로, 선의취득의 요건에 대하여는 수표의 선의취득에 관한 요건이 그대로 적용된다.[1)]

Ⅶ. 수익증권 불소지제도

수익증권도 기명식 주권과 같이 불소지제도가 적용된다(법 189조 9항, 상법 358조의2). 주권불소지제도는 기명주식의 주주가 주권의 소지를 하지 아니하겠다는 뜻을 회사에 신고함으로써 회사가 그 신고된 기명주식의 주권을 발행하지 아니하는 제도를 말한다. 수익증권의 경우도 신탁계약서에 달리 이를 배척하는 규정이 없는 한 수익증권의 소지를 하지 아니하겠다는 뜻을 집합투자업자 또는 그 명의개서대리인에게 신고할 수 있다(법 189조 9항, 상법 358조의2 1항).

수익증권 불소지의 신고를 할 수 있는 자는 수익자명부상의 수익자에 한한다. 수익자명부상의 수익자만이 수익증권의 소지 없이도 수익권 행사를 할 수 있기 때문이다.[2)] 예탁결제원에 예탁된 수익증권의 공유자(이하 "실질수익자")는 수익자로서의 권리행사에 있어서는 각각 이 법 제312조 제1항에 따른 공유지분에 상당하는 투자신탁의 수익증권을 가지는 것으로 보지만(법 319조 1항), 예탁결제원의 명의로 명의개서된 투자신탁의 수익증권에 대하여는 상법 제358조의2에 따른 불소지신고 사항에 관하여 수익자로서의 권리를 행사할 수 없으므로(법 319조 2항), 수익증권 불소지신고를 할 수 없다고 할 것이다.

수익증권 불소지의 신고가 있는 때에는 해당 수익자는 수익증권을 집합투자업자에 제출하여야 하고, 집합투자업자는 제출된 수익증권을 무효로 하거나 명의개서대리인에게 임치하여야 한다(상법 358조의2 3항). 수익증권 불소지의 신고를 한 수익자는 언제든지 집합투자업자에 대하여 수익증권의 재발행 또는 반환을 청구할 수 있다(상법 358조의2 4항).

집합투자업자가 제출된 수익증권을 무효로 하든 아니면 명의개서대리인에게 임치하든 간에 수익자는 수익증권을 소지하지 아니하므로 일단 불소지의 신고 및 이에 따른 집합투자업자의 조치가 완료된 이후에는 원칙적으로 수익증권을 양도하거나 약식질의 목적으로 하는 것이 불가능하다. 다만 상속 또는 합병에 의하여 포괄승계의 형식으로 양도받는 것은 예외적으로 가능하다고 본다.[3)]

---

1) 공시최고기간 중에 권리의 신고가 없어 제권판결이 선고되었으나 제권판결 전에 선의취득한 자가 있는 경우 제권판결취득자와 선의취득자 중에 누가 우선하는지는 견해가 대립하고 있다(편집대표 손주찬/정동윤, 「주석 상법 [회사(Ⅱ)](제4판)」, 한국사법행정학회, 2003, 477-479쪽).

2) 손주찬/정동윤, 상게서, 503쪽.

3) 권기범, 전게서(2005), 506쪽.

Ⅷ. 수익자명부

1. 수익자명부의 의의

수익자총회제도가 도입되고 기명식 수익증권만 발행하는 것으로 변경됨에 따라 그 때그때의 수익자와 그 소유 수익권을 파악하기 위해서 수익자명부를 작성할 필요가 있다. 이에 법은 투자신탁을 설정한 집합투자업자는 수익자명부의 작성에 관한 업무를 예탁결제원에 위탁하고(법 189조 6항), 예탁결제원은 집합투자업자의 위탁을 받은 경우 수익자명부를 작성·비치하여야 하는 것(법 189조 7항)으로 규정하고 있다. 또한 수익증권은 일괄예탁방식으로 발행되는 예탁증권이므로, 예탁결제원은 예탁자로부터 실질수익자의 성명, 주소 및 전자우편주소와 그 소유 수익증권의 종류와 수 등을 기재한 실질수익자명세를 통지받아 실질수익자명부를 작성한다(예탁결제원의 유가증권예탁 및 결제에 관한 규정 42조의2, 24조 내지 25조의2).

수익자명부는 기명식 수익증권의 이전시 수익자명부상의 명의개서가 대항요건이 되고 등록질권의 경우 수익자명부에의 기재가 성립요건이 될 뿐만 아니라 수익자명부 폐쇄 내지 기준일 제도에 의하여 기명수익자의 권리행사를 집단적·획일적으로 처리할 수 있도록 하는 역할을 한다.[1)]

2. 수익자명부의 작성·관리자

수익자명부는 다수의 수익자가 항상 변동하는 것에 대처하여 수익증권 발행자와 수익자 간에 있어서 권리행사자를 확정하는 기준으로 삼기 위하여 작성되는 것이므로, 수익증권을 발행하고 수익자총회의 소집업무를 수행하는 집합투자업자가 작성하는 것이 원칙일 것이다.[2)]

그런데 집합투자업자가 수익자명부를 작성, 관리할 경우 각 투자매매업자 또는 투자중개업자의 영업상 주요정보인 고객정보가 집합투자업자에게 집중되어 집합투자업자의 수익증권 직접판매에 이용될 가능성 등 이해상충의 문제가 발생한다. 이와 달리 신탁업자나 수익증권을 판매하는 투자매매업자나 투자중개업자가 작성하는 경우에도 동일한 문제가 발생하기 때문에 구간투법 제정 당시 수익자명부를 집합투자업자, 신탁업자, 수익증권을 판매하는 투자매매업자나 투자중개업자 이외에 공정한 제 3 자가 작성·관리하도록 할 필요성이 제기되었다.[3)]

예탁결제원이 명의개서 대행업무 및 수익증권의 예탁업무를 수행함으로써 업무의

1) 상게서, 508쪽.
2) 법령제정 실무작업반(8인) 공저, 전게서(2006), 298쪽.
3) 상게서, 298-299쪽, 204쪽.

전문성과 안정성을 보유하고 있으며, 법상 공공성과 중립성이 보장되는 기관으로 인정되었기 때문에 법은 집합투자업자로 하여금 반드시 수익자명부의 작성업무를 예탁결제원에 위탁하도록 하였다(법 189조 6항).[1)]

3. 수익자명부의 기재사항

수익자명부의 기재사항은 다음 각 사항으로 법정되어 있다(법 189조 7항).

(1) 수익자의 주소 및 성명

수익증권은 일괄예탁제도에 따라 발행된다. 따라서 최초 수익자는 예탁결제원이 될 것이며, 이후 수익증권이 예탁자를 통하여 투자자에게 반환되어 명의개서된 경우 그 투자자 또는 수익증권을 양도받아 수익권을 취득한 자의 주소 및 성명을 기재한다.

(2) 수익자가 소유하는 수익증권의 좌수

수익증권의 좌수에 따라 수익자총회에서 의결권의 수 등이 결정된다(법 190조 2항·5항 등).

(3) 수익증권을 발행한 경우에는 그 번호

수익증권 불소지제도가 적용되어 집합투자업자가 수익증권을 발행하지 않는 경우 번호가 있을 수 없으므로(법 189조 9항, 상법 358조의2), 수익증권을 발행한 경우에만 그 번호를 수익자명부에 기재하도록 한 것이다.

이와 같은 법정 기재사항 이외에 수익자명부의 작성업무를 수행하는 예탁결제원은 그 업무규정에 따라 다음 각 사항과 그 변동사항을 기재한다(예탁결제원의 수익자명부관리 등에 관한 규정 6조 1항).

㈎ 비상장수익증권의 경우에는 취득일자 및 당해 수익증권을 판매한 판매회사(이하 "최초판매회사"라 한다) 명칭

㈏ 수익증권불소지에 관한 사항

㈐ 질권 또는 신탁에 관한 사항

㈑ 사고신고, 공시최고 또는 제권판결 등에 관한 사항

㈒ 압류·가압류·가처분 명령에 관한 사항

㈓ 기타 수익자 및 수익증권에 관하여 필요한 사항

4. 정보제공의 금지

예탁결제원은 위 수익자명부의 기재사항에 관한 정보를 타인에게 제공하여서는 아니 된다. 다만 수익자총회 개최를 위하여 집합투자업자에게 제공하는 경우 및 「금융실명

---

1) 상게서, 299쪽.

거래 및 비밀보장에 관한 법률」 제 4 조 제 1 항 단서에 따라 제공하는 경우에는 가능하다(법 189조 8항, 법 시행령 219조).[1)]

그러나 수익자명부상 수익자정보가 부당하게 이용되는 것을 방지하기 위하여 집합투자업자는 수익자총회의 소집통지를 예탁결제원에 위탁하여야 한다(법 190조 9항, 법 시행령 220조 1항).

5. 수익자명부의 효력

(1) 대 항 력

수익증권을 교부받아 유효하게 취득했더라도 수익자명부에 취득자의 성명과 주소를 기재하지 않으면 집합투자업자에 대하여 수익자임을 대항할 수 없다(법 189조 9항, 상법 337조 1항).

(2) 자격수여적 효력

상법상 주주명부에 명의개서가 되면 대항력 이외에 자격수여력(추정력)이 발생한다는 점에 대해서는 이견이 없다.[2)] 즉 주주가 주권을 제시하여 명의개서를 구해서 주주명부에 기재되면 주주명부상의 주주는 회사에 대한 관계에서는 일응 주권의 소지인과 마찬가지로 적법한 권리자로 추정된다.[3)] 따라서 자격수여적 효력은 수익자명부에 대해서도 인정된다고 할 것이다.

(3) 면책적 효력

회사는 주주명부에 기재된 주주를 주주로서 취급할 수 있으며, 그 자가 실질상의 주주가 아닌 경우에도 면책이 된다.[4)] 이러한 면책적 효력도 자격수여적 효력과 마찬가지로 해석상 수익자명부에 대해서도 인정된다고 할 것이다.

수익자 또는 등록질권자에 대한 집합투자업자의 통지나 최고는 수익자명부에 기재된 수익자나 질권자의 주소 또는 그 자로부터 집합투자업자에 통지한 주소로 하면 집합투자업자 및 예탁결제원은 면책된다(법 189조 9항, 상법 353조 1항). 수익자 또는 질권자에 대한 통지 또는 최고는 실제 도달하지 않았더라도 보통 그 도달할 시기에 도달한 것으로 본다(법 189조 9항, 상법 353조 2항, 304조 2항).

---

1) 참고로 구간투법상으로는 집합투자업자가 수익증권 직접 판매시에 이용하지 않도록 예외적으로 수익자총회 개최를 위하여 집합투자업자에게 제공하는 경우에도 수익자의 주소를 제공하는 것을 금지하였으나(구간투법 49조 3항, 동 시행령 50조), 이 법은 집합투자업자에게 수익자의 주소도 제공할 수 있는 것으로 하였다.
2) 권기범, 전게서(2005), 439쪽.
3) 대법원 1985. 3. 26. 선고 84다카2082 판결 참조.
4) 대법원 1998. 9. 8. 선고 96다45818 판결 참조.

6. 실질수익자명부[1]

예탁결제원은 수익자총회를 개최하기 위한 경우에만 그 일정한 날의 실질수익자에 관하여 그 성명 및 주소, 투자신탁의 수익증권의 종류 및 수를 지체 없이 그 집합투자업자에게 통지하여야 한다(법 319조 3항). 예탁결제원은 법 제310조 제1항에 따른 예탁자에게 수익자총회를 개최하기 위한 경우에 그 일정한 날의 실질수익자에 관한 위 사항의 통보를 요청할 수 있으며, 이 경우 요청받은 예탁자는 지체 없이 이를 통보하여야 한다(법 319조 4항).

예탁자로부터 통보받은 예탁결제원은 통보받은 사항과 통보 연월일을 기재하여 실질수익자명부를 작성·비치하여야 한다(법 319조 5항). 예탁결제원에 예탁된 투자신탁의 수익증권의 수익권에 관한 실질수익자명부에의 기재는 수익자명부에의 기재와 같은 효력을 가진다(법 319조 6항). 예탁결제원 및 투자신탁재산을 운용하는 집합투자업자는 수익자명부에 수익자로 기재된 자와 실질수익자명부에 실질수익자로 기재된 자가 동일인이라고 인정되는 경우에는 수익자로서의 권리행사에 있어서 수익자명부의 수익증권의 좌수와 실질수익자명부의 수익증권의 좌수를 합산하여야 한다(법 319조 7항).

제190조(수익자총회)

① 투자신탁에는 전체 수익자로 구성되는 수익자총회를 두며, 수익자총회는 이 법 또는 신탁계약에서 정한 사항에 대하여만 결의할 수 있다.

② 수익자총회는 투자신탁을 설정한 집합투자업자가 소집한다.

③ 투자신탁을 설정한 집합투자업자는 투자신탁재산을 보관·관리하는 신탁업자 또는 발행된 수익증권의 총좌수의 100분의 5 이상을 소유한 수익자가 수익자총회의 목적과 소집의 이유를 기재한 서면을 제출하여 수익자총회의 소집을 그 집합투자업자에 요청하는 경우 1개월 이내에 수익자총회를 소집하여야 한다. 이 경우 집합투자업자가 정당한 사유 없이 수익자총회를 소집하기 위한 절차를 거치지 아니하는 경우에는 그 신탁업자 또는 발행된 수익증권총좌수의 100분의 5 이상을 소유한 수익자는 금융위원회의 승인을 받아 수익자총회를 개최할 수 있다.

④ 「상법」 제363조 제1항 및 제2항은 수익자총회의 소집통지에 관하여 준용한다. 이 경우 "주주"는 각각 "수익자"로, "주주명부"는 "수익자명부"로, "회사"는 "집합투자업자"로 본다.

⑤ 수익자총회는 출석한 수익자의 의결권의 과반수와 발행된 수익증권 총좌수의 4분의 1 이상의 수로 결의한다. 다만, 이 법에서 정한 수익자총회의 결의사항 외에 신탁계약으로 정한 수익자총회의 결의사항에 대하여는 출석한 수익자의 의결권의 과반수와 발행된 수익증권의 총좌수의 5분의 1 이상의 수로 결의할 수 있다.

⑥ 수익자는 수익자총회에 출석하지 아니하고 서면에 의하여 의결권을 행사할 수 있다. 다만, 다

1) 자세한 내용은 법 제319조에 관한 주석을 참조.

음 각 호의 요건을 모두 충족하는 경우에는 수익자총회에 출석한 수익자가 소유한 수익증권의 총좌수의 결의내용에 영향을 미치지 아니하도록 의결권을 행사(이하 이 항에서 "간주의결권행사"라 한다)한 것으로 본다.

1. 수익자에게 대통령령으로 정하는 방법에 따라 의결권 행사에 관한 통지가 있었으나 의결권이 행사되지 아니하였을 것
2. 간주의결권행사의 방법이 집합투자규약에 기재되어 있을 것
3. 수익자총회에서 의결권을 행사한 수익증권의 총좌수가 발행된 수익증권의 총좌수의 10분의 1 이상일 것
4. 그 밖에 수익자를 보호하기 위하여 대통령령으로 정하는 방법 및 절차를 따를 것

⑦ 투자신탁을 설정한 집합투자업자(제 3 항 후단에 따라 수익자총회를 소집하는 신탁업자 또는 발행된 수익증권 총좌수의 100분의 5 이상을 소유한 수익자를 포함한다. 이하 이 항에서 같다)는 제 5 항에 따른 수익자총회의 결의가 이루어지지 아니한 경우 그 날부터 2주 이내에 연기된 수익자총회(이하 "연기수익자총회"라 한다)를 소집하여야 한다.

⑧ 연기수익자총회의 결의에 관하여는 제 5 항 및 제 6 항을 준용한다. 이 경우 "발행된 수익증권 총좌수의 4분의 1 이상"은 "발행된 수익증권 총좌수의 8분의 1 이상"으로 보고, "수익증권의 총좌수의 5분의 1 이상"은 "수익증권의 총좌수의 10분의 1 이상"으로 본다.

⑨ 수익자총회 및 연기수익자총회의 소집 방법, 서면에 의한 의결권 행사 방법, 그 밖에 수익자총회에 관하여 필요한 사항은 대통령령으로 정한다.

⑩ 「상법」 제364조, 제366조의2 제 2 항·제 3 항, 제367조, 제368조 제 3 항·제 4 항, 제368조의4, 제369조 제 1 항·제 2 항, 제371조부터 제373조까지, 제376조, 제377조 및 제379조부터 제381조까지의 규정은 수익자총회에 관하여 준용한다. 이 경우 "주주"는 각각 "수익자"로, "정관"은 각각 "신탁계약"으로, "주식"은 "수익증권"으로, "회사"는 각각 "집합투자업자"로, "이사회의 결의"는 각각 "집합투자업자의 결정"으로 본다.

Ⅰ. 본조의 취지

수익자총회제도는 회사형 집합투자기구에 비하여 상대적으로 민주적 절차와 운용의 투명성이 부족하였던 투자신탁의 의사결정구조를 개선하여 투자자의 이익에 직접적이고 중대한 영향을 미치는 사항에 관해서는 투자자의 의사가 반영될 수 있도록 하자는 취지에서 구간투법의 제정시에 계약형 집합투자기구인 투자신탁에 도입된 제도이다.[1)]

1) 법령제정 실무작업반(8인) 공저, 전게서(2006), 274쪽; 박철영, "수익자총회제도의 문제점과 개선과제,"

회사형 집합투자기구와 달리 투자신탁에는 주주총회나 사원총회에 해당하는 기관이 없으므로 투자신탁의 운영에 관한 중요한 사항과 수익자들의 권익에 중대한 영향을 미치는 사안들에 대하여 수익자들의 의사를 직접 반영하기 위한 일종의 투자자 보호 장치 역할을 한다. 수익자가 종전의 소극적인 지위에서 벗어나 수익자의 이해관계에 중대한 영향을 미치는 사항에 대하여 적극적으로 의사를 표명할 수 있는 제도적 장치를 마련하여 집합투자업자의 독단적인 의사결정을 견제하고 전체 수익자의 의사를 반영할 수 있도록 하고, 소수 수익자의 권리를 실질적으로 보호함으로써 투자신탁에 대한 수익자의 신뢰성을 제고할 수 있다는 측면에서 구간투법 제정시에 수익자총회제도를 도입한 것이다.[1)]

Ⅱ. 수익자총회의 의의 및 법적 지위

수익자총회는 투자신탁의 전체 수익자로 구성된다(법 190조 1항). 수익자총회는 투자신탁의 운영에 관한 중대한 사항에 대해서 수익자의 의사를 결정하는 회의체 조직이다. 그러나 주주총회나 사원총회처럼 집합투자기구 자체의 의사를 결정하고 활동을 실현하는 기관은 아니며, 투자신탁의 운영에 관한 수익자의 동의절차[2)] 내지 특정사항에 대해서 수익자의 총의를 결정하는 임시적 합의체라고 할 것이다.

Ⅲ. 수익자총회의 권한

수익자총회는 이 법 또는 신탁계약에서 정한 사항에 대해서만 결의할 수 있다(법 190조 1항). 수익자총회는 주주총회나 사원총회와 달리 투자신탁의 의사결정기관이 아니다. 그리고 투자신탁의 일상적인 운영에 관하여 수익자총회를 통한 수익자 동의절차를 거치게 하는 것은 비용의 증가만 초래하며 투자운용에 전문적인 지식과 능력을 갖춘 집합투자업자에게 운용지시권을 전속시키는 투자신탁제도에도 부합하지 않으므로 수익자의 이해에 중대한 영향을 미치는 사항에 한정하여 그 결의사항으로 하고 있다. 법에서 정하고 있는 수익자총회의 결의사항은 다음과 같다.

「증권법연구」 제 7 권 제 1 호(2006), 2쪽.

1) 국회 재정경제위원회, 「자산운용업법안(정부제출) 검토보고서」(2003. 4), 62쪽 참조. 수익자총회는 영국의 금융서비스법(Financial Services and Markets Act 2000)상 투자신탁(Unit Trust)의 수익자총회제도를 참고로 하여 도입한 것이다(법령제정 실무작업반(8인) 공저, 전게서(2006), 275쪽). 영국의 경우 투자자산의 종류 변경, 특정자산의 투자비율 변경, 수수료 상한의 인상, 운용회사·신탁업자의 권한 제한 등의 사항에 대하여 수익자총회의 결의를 받도록 하고 있으며, 집합투자업자나 신탁업자 또는 수익증권 발행총수의 10분의 1 이상의 수익권을 가지는 수익자가 소집할 수 있다고 한다(박철영, 전게논문(2006), 3쪽).

2) 박철영, 전게논문(2006), 3쪽.

1. 신탁계약의 변경 중 집합투자업자·신탁업자 등이 받는 보수 그 밖의 수수료의 인상, 신탁업자의 변경(합병·분할·분할합병, 그 밖에 법 시행령 제216조 각 호의 어느 하나에 해당하는 사유로 변경되는 경우를 제외한다), 신탁계약기간의 변경, 법 제229조에 따른 투자신탁 종류의 변경, 주된 투자대상자산의 변경, 집합투자업자의 변경(다만, 합병·분할·분할합병 등 법 시행령 제217조 제 3 호 각 목의 어느 하나에 해당하는 경우를 제외한다), 환매금지형투자신탁이 아닌 투자신탁의 환매금지형투자신탁으로의 전환, 환매대금 지급일의 연장, 그 밖에 수익자보호를 위하여 필요한 사항으로서 금융위원회가 정하여 고시하는 사항(법 188조 2항 본문 후단)[1)]

2. 환매연기 후 환매에 관한 사항(법 237조 1항)

투자신탁의 집합투자업자는 법 제237조 제 1 항에 따라 환매를 연기한 날로부터 6주 이내에 수익자총회에서 수익증권의 환매에 관한 사항으로서 대통령령이 정하는 사항을 결의하여야 한다. 이 수익자총회에서 결의하여야 하는 사항은 아래와 같다(법 시행령 257조 1항).

(1) 환매를 재개하고자 하는 경우에는 환매대금의 지급시기와 지급방법

(2) 환매를 연기하고자 하는 경우에는 환매연기기간 및 환매를 재개할 때의 환매대금의 지급시기 및 지급방법

(3) 법 제237조 제 5 항에 따라 투자신탁재산의 일부가 환매연기사유에 해당하여 일부환매를 하는 경우에는 환매연기의 원인이 되는 자산의 처리방법

3. 투자신탁의 해지(법 192조)

투자신탁을 설정한 집합투자업자는 수익자총회에서 투자신탁의 해지를 의결한 경우 지체 없이 투자신탁을 해지하여야 한다(법 192조 2항 2호).

4. 투자신탁의 합병(법 193조)

위와 같이 법정된 수익자총회 결의사항 이외에도 이 법은 신탁계약의 규정에 의하여 수익자총회의 결의사항을 확대하는 것을 인정하고 있다. 그렇지만 다수결의 남용에 의하여 개별 수익자의 이익을 해할 우려가 있거나 환매청구권이나 이익금 또는 상환금 청구권 등 개별적인 행사가 보장되어야 하는 사항에 대해서는 이를 수익자총회 결의사항으로 하는 것이 허용되지 않으며, 해당 사항이 수익자 전체의 이해관계에 중대한 영향을 미치는 것으로서 단체적 의사결정이 필요한 사항이어야 하는 내재적인 제약은 있다고 보아야 할 것이다.

---

1) 자세한 내용은 법 제188조에 관한 주석 참조.

Ⅳ. 수익자총회의 소집

1. 의 의

법 제190조 제 2 항은 수익자총회의 소집권자에 대해서 규정하고 있다. 만일 적법한 소집권자가 법정절차에 따라 소집절차를 밟지 아니한 경우에는 대다수의 수익자가 참석하여 결의를 하였다고 하더라도 적법한 총회의 결의가 있다고 볼 수 없다.[1] 수익자총회는 정기적으로 소집할 필요는 없으며,[2] 법 또는 신탁계약에서 정한 결의사항이 발생한 때에 소집하면 된다.[3]

2. 소집권자

통상의 경우에는 투자신탁을 설정한 집합투자업자가 소집한다(법 190조 2항). 집합투자업자는 수익자총회를 소집할 권한만 있는 것이 아니라 수익자에 대하여 선량한 관리자의 주의의무가 있고 투자자의 이익을 보호하기 위하여 해당 업무를 충실하게 수행하여야 하는 의무가 있으므로(법 79조), 수익자총회를 소집할 의무도 있다고 할 것이다.

투자신탁재산을 보관·관리하는 신탁업자 또는 발행된 수익증권의 총좌수의 100분의 5 이상을 소유한 수익자(이하 "소수수익자"라 한다)도 수익자총회의 목적과 소집의 이유를 기재한 서면을 제출하여 집합투자업자에게 수익자총회의 소집을 요청할 수 있다. 이 경우 집합투자업자는 1개월 이내에 수익자총회를 소집하여야 한다(법 190조 3항). 이러한 수익자총회 소집요청에 불구하고 집합투자업자가 정당한 사유 없이 1개월 이내에 수익자총회를 소집하지 아니하는 경우에는 당해 신탁업자 또는 소수수익자가 금융위원회의 승인을 받아 직접 수익자총회를 개최할 수 있다(법 190조 3항). 이 경우 소집비용은 투자신탁재산의 부담으로 하여야 할 것이다.[4]

금융위원회의 승인을 얻은 소수수익자 또는 신탁업자는 자기명의로 수익자명부의 폐쇄(법 189조 9항, 상법 354조), 기준일의 공고 등 수익자총회의 소집에 필요한 모든 조치를 취할 수 있다고 할 것이다.[5]

3. 소집지·소집장소·회의일시

수익자총회는 신탁계약에 다른 정함이 없으면 집합투자업자의 본점소재지 또는 이

1) 손주찬/정동윤, 「주석 상법[회사(Ⅲ)]」, 53쪽; 다만, 전원출석총회나 총수익자의 동의가 있는 경우에는 주주총회의 경우에 준하여 유효한 총회로 인정된다고 볼 것이다. 대법원 1996. 10. 11. 선고 96다24309 판결; 대법원 1979. 6. 26. 선고 78다1794 판결 참조.
2) 박철영, 전게논문(2006), 3쪽.
3) 법 제190조 제10항에서 정기총회와 임시총회의 소집에 관한 상법 제365조는 준용하지 않는다.
4) 손주찬/정동윤, 「주석 상법[회사(Ⅲ)]」, 54쪽.
5) 권기범, 전게서(2005), 538쪽.

에 인접한 지에 소집하여야 한다(법 190조 10항, 상법 364조). 이는 수익자총회의 개최장소를 수익자가 참석하기에 불편한 곳에 정함으로써 고의로 일부 수익자의 참석을 방해하는 행위를 막기 위한 규정이다.[1] 여기서 "지"는 최소의 독립된 행정구역(특별시 또는 광역시의 구·시·군)을 말한다.[2]

소집장소는 수익자총회가 개최되는 구체적인 회의장소를 말하며, 신탁계약으로 장소를 지정한 경우를 제외하고는 소집권자가 적당한 장소를 선정하여야 한다.[3] 이 경우에 소집절차가 현저하게 불공정하다고 평가될 정도로 교통이 불편한 장소나 출석한 수익자를 모두 수용하기 어려운 장소를 선정한다면 결의 취소의 원인이 될 수 있다.[4]

4. 소집통지

총회를 소집함에는 회일을 정하여 2주간 전에 각 수익자에 대하여 서면 또는 전자문서로 통지를 발송하여야 한다(법 190조 10항, 상법 363조 1항 본문). 수익자총회의 소집과 관련하여 총회일 2주 전에 미리 소집통지를 하도록 규정한 취지는 수익자에게 수익자총회의 소집사실과 회의의 목적사항을 미리 알려줌으로써 수익자들에게 출석의 기회를 제공할 뿐만 아니라, 의사와 결의에 참가하는데 필요한 준비시간을 주기 위한 것이다.[5] 따라서 총회일의 2주 전이라는 요건은 신탁계약으로도 단축할 수 없지만,[6] 소집통지에 관한 입법취지를 고려할 때 개별적인 수익자가 위 기간의 단축에 동의한 경우에는 예외적으로 해당 수익자에 대해서 그 효력이 있다고 본다.[7]

통지의 방법은 서면 또는 전자문서로 하여야 하고, 구두나 전화로 하는 통지는 적법하지 않다. 상법의 해석상 전자문서의 범위에 관해서는 견해가 나뉘고 있으나,[8] 결국

---

1) 손주찬/정동윤, 「주석 상법[회사(Ⅲ)]」, 65쪽.
2) 권기범, 전게서(2005), 541쪽.
3) 손주찬/정동윤, 「주석 상법[회사(Ⅲ)]」, 67쪽.
4) 상게서, 67쪽.
5) 정준우, "자본시장법상 투자신탁 수익자총회의 문제점 검토," 「법과 정책연구」 제11집 제 4 호(2011), 1430쪽.
6) 손주찬/정동윤, 『주석 상법 [회사(Ⅲ)]』, 56쪽.
7) 상게서, 56쪽.
8) 전자문서의 개념과 범위에 대해서는 이에 관한 규정을 명시하고 않고 있어 현재 다양한 해석론이 제기되고 있는데, ① 전자거래기본법 제 2 조 제 1 호 및 전자서명법 제 2 조 제 1 호상의 전자문서, 즉 "정보처리시스템에 의하여 전자적 형태로 작성, 송신·수신 또는 저장된 정보"로 보는 견해, 구증권법 시행령 제84조의29 제 2 항에서 규정하였던 "정보통신망을 이용하여 전송·처리 또는 보관하는 문서 형식의 자료로서 표준화된 것"이라고 보는 견해(곽관훈, "전자문서에 의한 주주총회 소집통지," 「기업법연구」 제11집(2002), 100쪽; 권기범, 전게서(2005), 541쪽; 이범찬/최준선, 「상법(상)(제 3 판)」, 삼영사, 2002, 692쪽; 정대익, "전자공시제도에 의한 법적 고찰," 「상사법연구」 제22권 제 3 호(2003), 246쪽), ③ 통상적인 전자문서의 범위 내에서 상법 제363조 제 1 항의 취지에 맞추어 별도의 해석에 의하여 정하자는 견해(권재열, "주주총회의 전자화," 「비교사법」 제10권 제 2 호(2003), 269쪽 이하; 박상근, "인터넷시대의 회사법을 위한 일시론," 「법학」 제43권 제 1 호(2002), 275-278쪽), ④ 상법상의 서면행위들은 재화나 용역의 거래를 전제로 한 것이 아니므로 이를 전제로 하는 전자거래기본법상 전자문서의

전자거래기본법에 의한 전자문서를 참고로 하여 상법 제363조 제1항에서 "서면 또는 전자문서"라고 규정하여 전자문서를 서면과 동격으로 나열하여 전자문서를 종이문서의 대체수단으로 규정한 취지와[1] 서면통지를 요하는 상법 규정의 취지를 감안하여 적절히 해석에 의해서 정할 수밖에 없다고 본다.[2] 전자우편(E-mail)으로 보내는 것은 허용되지만, 집합투자업자의 홈페이지 게시판에 게시하는 것만으로는 수익자에게 개별적으로 발송한 것이라고 볼 수 없으므로 전자문서에 의한 소집통지라고 볼 수 없다.[3]

총회소집통지가 수익자명부상의 수익자에게 계속 3년간 도달하지 아니한 때에는 그 수익자에 대한 소집통지를 생략할 수 있다(법 190조 4항, 상법 363조 1항 단서). 장기간 소재불명인 수익자에 대한 무의미한 통지를 생략함으로써 총회소집의 사무와 비용을 덜어 주기 위한 것이다.

소집통지서에는 회의의 목적사항을 기재하여야 한다(법 190조 4항, 상법 363조 2항). 상법상 회의의 목적사항이란 의안 또는 의사일정을 가리키고, 결의사항이 무엇인가를 수익자가 알 수 있을 정도로 기재하면 되고 의안을 기재할 필요는 없다고 해석된다.[4] 하지만 상법상으로도 합병, 정관변경 등 중요한 사항일 때에는 의안의 요령도 기재하여야 하는 점에 비추어 볼 때 이 법에서 명시적으로 규정하고 있지는 않으나 수익자총회의 결의사항으로 법정된 사항은 정관변경에 준하는 신탁계약 변경에 관한 것이며 수익자의 이해관계에 중요한 영향을 미치는 사항이므로 의안의 요령도 함께 기재하여야 할 것이다.[5]

소집통지는 수익자명부상 수익자에 대하여 그 주소로 하여야 하는데, 수익자명부의 작성을 예탁결제원에 위탁하여야 하는 것에 맞추어 집합투자업자(법 제190조 제3항 후단에 따라 수익자총회를 소집하는 신탁업자 또는 소수수익자를 포함한다)는 법 제190조 제9항에 따라 수익자총회의 소집통지를 예탁결제원에 위탁하여야 한다(법 시행령 220조 1항). 예탁결제원은 수익자총회의 소집을 통지하거나 수익자의 청구가 있는 때에는 서면에 의한 의결권행사에 필요한 서면을 송부하여야 한다(법 시행령 220조 3항).

집합투자업자, 신탁업자 또는 소수수익자가 수익자총회를 소집하고자 하는 경우에는

개념정의로는 대체할 수 없다는 견해(산업자원부/전자거래진흥원, 「전자거래 관련 법령의 체계화 방안에 관한 연구」, 2003, 41쪽) 등이 대립하고 있다.

1) 박상근, 전게논문(2002), 275쪽.

2) 권기범, 전게서(2005), 543쪽; 최기원, 440쪽; 박상근, 전게논문(2002), 277쪽에서는 서면소집통지의 기능, 즉 서면통지와 마찬가지로 전자문서소집통지를 수령한 주주가 언제든지 다시 볼 수 있어야 하기 때문에 저장가능성은 필수요건이라고 하며(그 결과 인터넷폰을 통한 대화처럼 특별한 조치 없이는 저장되지 않는 형태의 소집통지는 허용되지 않는다고 한다), 표준화된 것일 필요는 없고, 전자적 형태의 송·수신될 수 있을 것을 요한다고 한다. 만약 디스켓에 저장하여 우편으로 송부하는 것은 전자적 형태로 송·수신되는 것이 아니어서 적법한 소집통지가 아니라고 한다.

3) 권기범, 전게서(2005), 543쪽; 권재열, 전게서(2003), 277쪽; 홍복기, "전자주주총회제도의 도입," 「상사법연구」 제22권 제3호(2003), 205쪽.

4) 손주찬/정동윤, 「주석 상법[회사(Ⅲ)]」, 57-58쪽.

5) 법령제정 실무작업반(8인) 공저, 전게서(2006), 276쪽.

회의의 목적사항, 일시 등을 예탁결제원에 지체 없이 통지하여야 하며, 이 경우 서면에 의한 의결권행사에 필요한 참고자료 등을 함께 제출하여야 한다(예탁결제원의 수익자명부관리 등에 관한 규정 21조 1항). 위 통지를 받은 예탁결제원은 법에서 정한 기간 내에 수익자(수익자명부폐쇄기준일 현재 수익자명부에 기재된 수익자를 말하며, 그 수익자가 예탁결제원인 경우에는 예탁결제원에 예탁된 수익증권의 실질소유자를 말한다)에게 위 통지받은 사항 등을 기재한 총회소집통지서, 서면에 의한 의결권행사에 필요한 서면 및 참고자료 등을 첨부하여 수익자총회의 소집을 통지하여야 한다(예탁결제원의 수익자명부관리 등에 관한 규정 22조 2항).

총회소집의 통지가 행하여진 후라도 소집을 철회하거나 회의의 목적사항 일부를 철회할 수 있으며 또한 총회의 회일을 늦추거나 기간을 변경할 수 있다.[1]

5. 총회의 운영

수익자총회의 운영에 대해 상법 제366조의2 제 2 항·제 3 항의 규정을 준용한다(법 190조 10항). 이처럼 주주총회의 질서유지에 관한 상법 규정이 준용되므로 수익자총회의 의사를 공정히 진행하기 위해 의장을 선임해야 하는데, 이 경우 의장은 신탁계약에서 미리 정해진 경우를 제외하고는 소집된 수익자총회에서 수익자 중 일정한 자를 보통결의로 선임할 수 있다(법 시행령 221조 5항). 그리고 이렇게 선임된 의장은 선관주의의무를 다하여 수익자총회의 질서를 유지하고 의사를 정리해야 하며, 고의로 의사진행을 방해하는 발언이나 행동을 하는 등 현저히 총회의 질서를 문란하게 하는 수익자가 있는 경우에는 그 발언의 정지 또는 퇴장을 명할 수도 있다(법 190조 10항, 상법 363조의2 2항·3항). 총회에서는 회의의 속행 또는 연기의 결의를 할 수 있다(법 190조 10항, 상법 372조 1항).

한편 의장은 의사진행의 일반원칙에 따라 합리적이고 공정하게 의사를 진행해야 하므로, 만약 의장이 찬반의 의사표명을 유도하거나 수익자의 발언을 봉쇄하는 등의 편파적인 조치를 취할 경우에는 결의방법이 현저하게 불공정한 경우에 해당되어 결의취소의 사유가 된다.

총회의 의사에 대하여 의사록을 작성하여야 하며, 의사록에는 의사의 경과요령과 그 결과를 기재하고 의장이 기명날인 또는 서명하여야 한다(법 190조 10항, 상법 373조). 의사록을 작성할 의무가 있는 자가 누구인지에 대해서는 상법 제373조에서 명시적인 언급이 없기 때문에 의사록의 비치의무자인 대표이사라는 견해와 상법 학설상 의장의 의무에 속한다고 보는 견해가 있다.[2] 수익자총회의 의사록을 작성할 의무가 있는 자에 대해서도 위 상법상의 논의와 같은 견해가 있을 수 있는데, 아래에서 보는 바와 같이 집합투자업자에게 수익자총회 의사록의 비치의무가 있으며, 이 법 [별표 1] 제193호에 의하면 상법

1) 손주찬/정동윤, 「주석 상법[회사(Ⅲ)]」, 58쪽.
2) 상게서, 112쪽.

제373조를 위반한 경우에 집합투자업자 및 그 임직원을 제재하는 취지에 비추어 볼 때 집합투자업자가 작성할 의무가 있다고 보는 것이 타당하다.[1] 상법 제373조 제 2 항은 의장 외에 출석한 이사가 기명날인 또는 서명하도록 하고 있으나, 투자신탁의 경우 이사가 있을 수 없으며, 법 제190조 제10항은 상법 제373조를 준용하면서 "이사"는 누구를 말하는지 규정하고 있지 않은 점에 비추어 볼 때 수익자총회의 의사록에는 의장의 기명날인 또는 서명만 있으면 된다고 해석할 수밖에 없다.

집합투자업자는 수익자총회 의사록을 집합투자업자의 본점에 비치하여야 하며, 해당 수익증권을 판매한 투자매매업자 또는 투자중개업자에게 이를 송부하여 그 영업소에 비치하도록 하여야 한다(법 239조 3항). 수익자는 영업시간 중 언제든지 집합투자업자나 투자매매업자 또는 투자중개업자가 비치한 수익자총회 의사록을 열람할 수 있으며, 그 서류의 등본 또는 초본의 교부를 청구할 수 있다(법 239조 4항).

6. 수익자의 의결권

수익증권은 수익권 1좌 1의결권의 원칙이 적용된다(법 190조 10항, 상법 369조 1항). 주식회사의 1주 1의결권 원칙이 주주평등의 원칙에 기한 것처럼 수익증권도 그 좌수에 따라 균등한 권리를 갖는 수익자평등의 원칙이 적용되므로,[2] 수익증권 1좌마다 1개의 의결권을 부여한 한 것이다. 이는 강행규정이므로 신탁계약으로 다른 정함을 할 수 없으며, 이와 다른 수익자간의 합의가 있더라도 무효이다.[3]

수익자는 대리인으로 하여금 그 의결권을 행사하게 할 수 있으며, 이 경우 대리인은 대리권을 증명하는 서면을 총회에 제출하여야 한다(법 190조 10항, 상법 368조 3항). 따라서 대리권의 수여는 구두로는 할 수 없다. 대리권을 증명하는 서면은 원본을 제출하여야 하는 것이 원칙이며,[4] 의결권행사 이전에 제출하여야 한다. 다만 미리 의결권대리행사를 통지한 경우에는 사본을 제출하였더라도 의결권대리행사를 제한할 수 없다.[5]

법 제190조 제10항에서 의결권의 불통일행사에 관한 상법 제368조의2를 준용하지 않으므로, 수익자총회에서는 주주총회와 같은 의결권의 불통일행사가 인정되지 않는다.[6]

집합투자업자가 자신이 설정·운용하는 투자신탁의 수익증권을 소유한 경우 그 의결권을 행사할 수 없다(법 190조 10항, 상법 369조 2항). 이는 집합투자업자의 이해상충을 방지하기 위한 것이다. 또한 수익자총회의 결의에 관하여 특별한 이해관계가 있는 수익자도 의결권을 행사하지 못한다(법 190조 10항, 상법 368조 4항). 특별한 이해관계는 특정한 수익자가

1) 법령제정 실무작업반(8인) 공저, 전게서(2006), 278쪽.
2) 대법원 1998. 10. 27. 선고 97다47989 판결.
3) 법령제정 실무작업반(8인) 공저, 전게서(2006), 278쪽.
4) 주주총회에 관한 대법원 1995. 2. 28. 선고 94다34579 판결 참조.
5) 상게 판결 참조.
6) 법령제정 실무작업반(8인) 공저, 전게서(2006), 278쪽.

수익자인 입장을 떠나서 개인적으로 이해관계를 가지는 때를 말한다.[1] 특별한 이해관계가 있는 수익자가 가진 수익증권의 좌수는 출석한 수익자의 의결권의 수에 산입하지 아니한다(법 190조 10항, 상법 371조 2항).

7. 총회의 결의

(1) 결의의 성립요건과 정족수

수익자총회는 출석한 수익자의 의결권의 과반수와 발행된 수익증권 총좌수의 4분의 1 이상의 수로 결의한다(법 190조 5항). 다만, 이 법에서 정한 수익자총회의 결의사항 외에 신탁계약으로 정한 수익자총회의 결의사항에 대하여는 출석한 수익자의 의결권의 과반수와 발행된 수익증권의 총좌수의 5분의 1 이상의 수로 결의할 수 있다(법 190조 5항 단서). 이것은 종전의 의사정족수와 의결정족수로 나누던 것을 의결정족수만 요구하는 것으로 개정하고 정족수 자체도 완화하였다.[2]

수익자총회의 결의에 있어 의결권 없는 수익자(집합투자업자가 자신이 발행한 수익증권을 소유한 경우)가 가지는 수는 발행된 수익증권 총수에 산입하지 아니하며, 수익자총회의 결의에 관하여 특별한 이해관계가 있어 의결권을 행사할 수 없는 수익자도 의결권은 출석한 수익자의 의결권의 수에 산입하지 아니한다(법 190조 10항, 상법 371조).

(2) 서면투표와 간주의결권

수익자는 수익자총회에 출석하지 아니하고 서면에 의하여 의결권을 행사할 수 있다(법 190조 6항 본문). 수익자총회에 직접 출석할 수 없는 수익자가 의결권을 행사할 수 있는 수단을 제공하기 위한 것이다.[3] 서면투표를 인정하는 경우에는 수익자총회에 직접 참석하지 않고도 제기된 안건에 관하여 합리적인 판단을 내릴 수 있는 최소한의 필요정보가 제공되어야 한다. 따라서 예탁결제원이 수익자총회의 소집을 통지하거나 또는 수익자의 청구가 있는 때에는 서면에 의한 의결권의 행사에 필요한 서면을 송부해야 한다. 다만 예탁결제원이 수익자들에게 의결권행사를 위한 서면을 송부할 때에는 각 안건별로 가부 등의 표시를 통해 그 수익자의 의사가 명확히 표시될 수 있도록 하여야 하며, 총리령으로 정하는 바에 따라 의결권행사에 참고할 수 있는 자료를 집합투자업자로부터 제출받아 함께 송부해야 한다(법 시행령 220조 3항).[4][5] 서면에 의하여 의결권을 행사하고자 하는 수

1) 손주찬/정동윤, 「주석 상법[회사(Ⅲ)]」, 90쪽.
2) 법 개정(2013. 5. 28).
3) 법령제정 실무작업반(8인) 공저, 전게서(2006), 279쪽.
4) 이와 관련하여 구간투법은 동 시행규칙 제20조에서 일정한 자료(① 목적사항이 신탁약관의 변경인 경우에는 변경의 목적 및 내용, ② 목적사항이 합병인 경우에는 합병의 목적 및 경위, 합병계약서의 주요 내용, 각 투자신탁의 최종의 결산서류, 소멸하는 투자신탁의 수익자에게 발행하는 수익증권 배정에 관한 사항 및 그 이유를 기재한 서면, 합병계획서)를 참고자료에 포함시키도록 규정하고 있었다.
5) 구체적으로 예탁결제원은 수익자에게 다음 각 호의 자료를 보내야 하는데, 다만 그 내용이 이미 관보·

익자는 의결권행사를 위한 서면에 의안별로 의결권행사의 내용(찬성, 반대 또는 기권)을 기재하여 수익자총회의 회일 전일까지 집합투자업자[1]에 제출하여야 한다(법 시행령 221조 1항). 서면에 의하여 행사한 의결권의 수는 수익자총회에 출석하여 행사한 의결권의 수에 산입한다(법 시행령 221조 2항).

집합투자업자는 수익자가 제출한 의결권행사에 관한 서면 및 의결권행사에 참고할 수 있는 자료를 수익자총회일부터 6개월간 본점에 비치하여야 하며, 수익자는 집합투자업자의 영업시간 중에 언제든지 이러한 서면과 자료의 열람과 등사를 청구할 수 있다(법 시행령 221조 3항 및 4항).

한편 최근 법 개정으로 간주의결권이 인정되게 되었다.[2] 수익자총회의 원활한 성립과 진행을 위하여 수익자총회에 출석하지 아니한 수익자의 의결권을 수익자총회에 출석한 수익자의 결의내용에 영향을 미치지 않도록 행사된 것으로 보는 제도이다. 간주의결권을 행사하기 위해서는 ① 수익자에게 대통령령으로 정하는 방법[3]에 따라 의결권 행사에 관한 통지가 있었으나 의결권이 행사되지 아니하였을 것, ② 간주의결권행사의 방법이 집합투자규약에 기재되어 있을 것, ③ 수익자총회에서 의결권을 행사한 수익증권의 총좌수가 발행된 수익증권의 총좌수의 10분의 1 이상일 것, ④ 그 밖에 수익자를 보호하기 위하여 대통령령으로 정하는 방법 및 절차[4]를 따를 것의 요건을 모두 충족하는 경우에는 수익자총회에 출석한 수익자가 소유한 수익증권의 총좌수의 결의내용에 영향을 미치지 아니하도록 의결권을 행사(간주의결권행사)한 것으로 본다(법 190조 6항 단서).

간주의결권이 행사된 경우 그 성립요건과 행사결과를 수익자에게 통지하고 자산운용사 홈페이지에 공시하도록 하고 있다(금융투자업규정 7-8조의2). 간주의결권행사에 대한 사후 감시 장치를 마련하여 제도의 오남용을 방지하고 투자자의 권익을 보호하기 위한 조치이다.

신문 등에 공고된 경우에는 공고된 관보·신문의 명칭과 일자를 자료에 표기하는 방법으로 그 기재를 갈음할 수 있다(법 시행규칙 20조).

1. 수익자총회의 목적사항이 신탁계약 변경에 관한 사항인 경우에는 그 변경의 목적과 내용이 기재된 자료
2. 수익자총회의 목적사항이 합병에 관한 사항인 경우에는 합병의 목적·경위와 합병계약서의 주요내용이 기재된 자료 및 법 제193조 제4항 각 호의 서류(① 합병하는 각 투자신탁의 최종의 결산서류, ② 합병으로 인하여 소멸하는 투자신탁의 수익자에게 발행하는 수익증권의 배정에 관한 사항 및 그 이유를 기재한 서면, ③ 합병계획서)

1) 법 제190조 제3항 후단에 따라 수익자총회를 소집하는 신탁업자 또는 발행된 수익증권의 총좌수의 100분의 5 이상을 소유한 수익자를 포함한다.

2) 법 개정(2013. 5. 28).

3) 집합투자규약에 적힌 내용을 알리는 서면, 전화·전신·팩스, 전자우편 또는 이와 비슷한 전자통신의 방법을 말한다(법 시행령 221조 6항).

4) 수익자의 이익 보호와 수익자총회 결의의 공정성 등을 위하여 간주의결권행사의 결과를 금융위원회가 정하고 고시하는 바에 따라 수익자에게 제공하는 것을 말한다(법 시행령 221조 7항).

8. 연기수익자총회

(1) 도입취지

본래 회의의 연기는 일단 회의가 성립된 후 의사에 들어가지 아니하고 회의를 후일로 넘기는 것을 말한다. 그런데 이 법에서는 수익자총회 자체를 연기하여 총회를 다시 소집하고 그 연기된 총회에서는 완화된 의결정족수로 결의할 수 있는 연기수익자총회를 도입하였다.

투자신탁의 경우 투자자들은 투자기구의 운영에 직접 참여하기보다는 전문가에게 그 운영을 맡기고 자산운용의 성과에만 관심을 갖는 것이 일반적이기 때문에 수익자총회에서 권리행사를 하는데 소극적일 수밖에 없으므로, 이로 인해 의결정족수가 미달되어 결의에 이를 수 없는 경우에는 환매연기, 투자신탁의 해지·합병 등 투자신탁의 중요한 의사결정이 이루어지지 않아 결국 전체 수익자의 이익에 중대한 영향을 미치게 되므로 이를 방지하기 위함이다.

따라서 연기수익자총회제도는 수익자들의 무관심 등으로 의결정족수에 미달되어 환매연기 등 투자신탁의 중요한 의사결정이 이루어지지 않을 수 있기 때문에 투자신탁의 원활한 운용을 위하여 수익자총회의 결의를 확보하기 위한 제도이다. 이러한 연기수익자총회는 영국 금융서비스시장법상 투자신탁의 연기수익자총회(Adjourned Meeting of Unitholders)를 계수한 것이라고 한다.[1)]

(2) 수익자총회의 연기

투자신탁을 설정한 집합투자업자(3항 후단에 따라 수익자총회를 소집하는 신탁업자 또는 발행된 수익증권 총좌수의 100분의 5 이상을 소유한 수익자를 포함한다)는 제 5 항에 따른 수익자총회의 결의가 이루어지지 아니한 경우 그 날부터 2주 이내에 연기된 수익자총회(이하 "연기수익자총회"라 한다)를 소집하여야 한다(법 190조 7항).[2)] 연기수익자총회는 상법상 주주총회에 있어 회의의 연기와 달리 별도의 소집통지가 필요하다.[3)] 집합투자업자 등 소집권자는 연기수익자총회일 1주 전까지 아래에서 보는 바와 같은 연기수익자총회의 성립과 결의에 관한 사항을 명시하여 그 소집을 통지하여야 한다(법 시행령 220조 2항). 그 통지의 방법은 수익자총회 소집통지의 경우와 동일하다.[4)]

---

1) 영국의 경우에는 수익자총회(original meeting)의 개회예정시간에서 30분이 경과할 때까지 의사정족수(2명)가 충족되지 않을 경우 의장은 수익자총회를 연기하여야 하는데, 이렇게 연기된 총회(연기수익자총회)에서는 개회예정시각에서 15분이 경과할 때까지 1명 이상의 수익자만 출석하면 의사정족수가 충족된 것으로 간주한다(FSA, CIS Sourcebook, §11.3.4(5), §11.3.6(3) 및 §11.3.6(4)).

2) 법 개정(2013. 5. 28).

3) 박철영, 전게논문(2006), 7쪽; 법령제정 실무작업반(8인) 공저, 전게서(2006), 281쪽.

4) 법령제정 실무작업반(8인) 공저, 전게서(2006), 281쪽.

(3) 연기수익자총회의 결의요건

연기수익자총회의 결의에 관하여는 결의에 관한 자본시장법 제190조 제5항 및 제6항을 준용한다. 이 경우 "발행된 수익증권 총좌수의 4분의 1 이상"은 "발행된 수익증권 총좌수의 8분의 1 이상"으로 보고, "수익증권의 총좌수의 5분의 1 이상"은 "수익증권의 총좌수의 10분의 1 이상"으로 본다(법 190조 8항). 즉, 연기수익자총회는 출석한 수익자의 의결권의 과반수와 발행된 수익증권 총좌수의 8분의 1 이상의 수로 결의한다. 다만, 자본시장법에서 정한 수익자총회의 결의사항 외에 신탁계약으로 정한 수익자총회의 결의사항에 대하여는 출석한 수익자의 의결권의 과반수와 발행된 수익증권의 총좌수의 10분의 1 이상의 수로 결의할 수 있다.

연기수익자총회는 일반적으로 수익자들이 수익자총회에 대한 참여도가 매우 낮기 때문에 환매연기 등 중요 사항에 대한 결의를 적시에 하지 못하는 것을 해결하기 위하여 도입된 제도이다. 연기수익자총회의 경우에는 수익자총회에 비하여 의결정족수의 기준을 보다 낮추고 있다.

9. 회의결과의 공시

집합투자업자는 법 제89조 제2항에 따라 수익자총회의 의결내용을 수시공시의 방법에 의하여 지체 없이 수익자에게 공시하여야 한다. 또한 이를 신탁업자가 작성하는 자산보관·관리보고서에 기재하여 수익자에게 제공하여야 한다(법 248조 1항). 또한 수익자총회 결의사항 중 신탁계약의 변경에 관한 사항은 예탁결제원을 통하여 모든 수익자에게 통지하여야 한다(법 188조 3항).

Ⅴ. 종류수익자총회

같은 투자신탁에서 법 제76조 제4항에 따른 판매보수의 차이로 인하여 기준가격이 다르거나 판매수수료가 다른 여러 종류의 수익증권을 발행하는 종류형투자신탁에 대하여는 종류수익자총회제도가 적용된다(법 231조 2항). 종류수익자총회는 법령에 의하여 수익자총회의 결의를 요하는 경우로서 어느 종류의 수익증권의 수익자에 대하여만 이해관계가 있는 때에 그 종류의 수익자만으로 개최되는 수익자총회라고 할 수 있다. 종류수익자총회의 결의는 수익자총회 결의의 추가적인 효력발생요건이 아니라 이를 대체하는 결의이며, 이 점에서 상법상 종류주주총회(상법 435조)와 다르다. 자세한 내용은 법 제231조 주석을 참조하기 바란다.

Ⅵ. 수익자총회 결의의 하자

수익자총회의 결의에 하자가 있는 경우에 그 효력을 다툴 수 있는 방법에 관해서 이 법은 주주총회 결의의 하자에 관한 상법 제368조 제 3 항·제 4 항, 제368조의4, 제376조, 제377조, 제379조 내지 제381조의 규정을 그대로 준용하고 있다. 상법상 주주총회의 경우와 마찬가지로 수익자총회의 결의에 절차 또는 내용상의 하자가 있는 경우에는 수익자 등 일정한 자가 결의취소의 소, 결의무효 및 부존재 확인의 소, 부당결의 취소·변경의 소를 제기할 수 있다(법 190조 10항). 이는 투자신탁을 둘러싼 법률관계의 집단적 성격을 고려하여 수익자총회의 하자의 경중에 따라서 이를 다툴 수 있는 소의 방법, 제소권자, 제소기간 등을 제한해서 그 법률관계의 획일적 확정과 법적 안정성의 보장 그리고 수익자의 이익보호 등을 합리적으로 조정하고자 하는 것이다.[1]

1. 총회결의 취소의 소(법 190조 10항, 상법 376조)

(1) 의의 및 성질

결의취소의 소는 결의에 형식적 하자 또는 경미한 내용의 하자가 있는 경우에 판결에 의하여 무효로 하는 형성의 소이다.

(2) 취소사유

수익자총회의 소집절차 또는 결의방법이 법령 또는 신탁계약에 위반하거나 현저하게 불공정한 때 또는 그 결의의 내용이 신탁계약에 위반한 때이다.

1) 소집절차의 하자

소집절차의 하자는 소집권자에 관한 하자와 소집방법에 관한 하자가 포함된다. 주주총회의 하자와 관련한 대법원 판례에 준해서 보면, 수익자총회의 취소사유로는 일부의 수익자에 대하여 소집통지를 하지 아니한 때,[2] 소집의 통지에 회의의 목적사항이나 의안의 요령을 기재하지 아니한 때,[3] 소집통지의 기간이 2주간에 못미칠 때,[4] 집합투자업자의 본점소재지나 이에 인접한 지에서 총회를 열지 않은 때, 구두에 의하여 소집통지를 한 때,[5] 회의의 목적사항으로 통지한 것 이외의 안건을 부의하여 결의한 때,[6] 현저하게

1) 상게서, 283쪽.
2) 대법원 1993. 10. 12. 선고 92다21692 판결; 대법원 1987. 4. 28. 선고 96다카553 판결; 대법원 1981. 7. 28. 선고 80다2745, 2746 판결 등.
3) 대법원 1969. 2. 4. 선고 68다2284 판결.
4) 대법원 1987, 4. 28. 선고 96다카553 판결; 대법원 1981. 7. 28. 선고 80다2745, 2746 판결 등.
5) 대법원 1987, 4. 28. 선고 96다카553 판결.
6) 대법원 1979. 3. 27. 선고 79다19 판결.

부적당한 일시·장소에 총회를 소집한 때 등을 들 수 있다. 다만 최근의 판례는[1] 일부 주주에게 소집통지를 누락한 경우에도 그것이 총회결의에 영향을 미치지 아니하였을 것이라고 인정되는 때에는 재량기각을 하는 경향이라고 한다.[2]

수익자가 다른 수익자에 대한 소집절차상 하자를 이유로 취소사유로 주장할 수 있다고 본다.[3] 명의개서를 하지 아니한 수익증권 양수인에게 소집통지를 하지 않고 이루어진 수익자총회의 결의에 절차상 하자가 있다고 할 수 없다.[4] 전원출석총회나 총 수익자의 동의가 있는 경우에는 법정의 소집절차를 흠결하여도 유효한 총회로 인정된다.[5]

2) 결의방법의 하자

총회의 결의방법이 법령 또는 정관에 위반하거나 현저하게 불공정한 경우는 결의취소의 원인이 된다. 주주총회의 하자와 관련한 대법원 판례에 준해서 보면, 정관상 의장이 될 사람이 아닌 자가 정당한 사유 없이 수익자총회의 의장이 되어 의사에 관여한 때,[6] 정족수를 결한 때,[7] 결의요건을 정한 규정에 위반하여 결의한 때, 수익자 또는 그 대리인이 아닌 자가 결의에 참가한 때, 의결권이 없는 자가 의결권을 행사한 때, 특별이해관계인이 결의에 참가한 때, 집합투자업자가 실질수익자가 아님을 알고 있음에도 불구하고 형식수익자에게 의결권을 행사하게 한 때, 자기수익증권에 관하여 의결권을 행사한 때, 수익자의 총회장 입장을 이유 없이 거부한 때, 집합투자업자의 의안에 대한 설명이 허위였던 때, 폭행·협박으로 수익자의 발언 또는 의결권의 행사를 방해하고 의결을 성립시킨 때, 수정동의를 무시하고 결의를 행한 때, 결의방법이 수익자평등의 원칙에 위반되는 때, 수익자총회 소집시에 회의의 목적사항으로 한 것 이외의 안건을 부의하여 결의한 때 등을 들 수 있다.[8] 의장이 아닌 자가 총회를 주재한 때에는 결의취소의 원인이 되지만, 의장이 부당하게 사회를 거절하여 주주들이 임시로 의장을 선출하여 회의를 진행한 때에는 그 결의는 적법하다.

3) 결의내용의 신탁계약 위반

결의의 내용이 신탁계약에 위반하는 경우는 결의취소의 원인이 된다.

(3) 소의 당사자

결의취소의 소는 수익자만이 이를 제기할 수 있다(법 190조 10항, 상법 376조 1항).[9] 결의

1) 서울지방법원 1991. 8. 2. 선고 91가합3925 판결.
2) 권기범, 전게서(2005), 599쪽.
3) 대법원 1981. 7. 28. 선고 80다2745, 2746 판결.
4) 대법원 1996. 12. 23. 선고 96다32768 판결.
5) 대법원 1996. 10. 11. 96다24309 판결; 대법원 1979. 6. 26. 선고 78다1794 판결.
6) 대법원 1977. 9. 28. 선고 76다2386 판결.
7) 대법원 1996. 12. 23. 선고 96다32768 판결; 대법원 1989. 5. 23. 선고 88다카16690 판결.
8) 손주찬/정동윤, 「주석 상법[회사(Ⅲ)]」, 134쪽.
9) 주주총회의 경우 주주, 이사 또는 감사가 제소권자이지만, 이 법은 주주만 수익자로 보고, 이사 또는

당시에 수익자이었을 필요는 없지만, 소를 제기한 때부터 그 소의 판결이 확정될 때까지 수익자의 지위를 유지하여야 한다.[1]

주주총회 결의취소의 소의 피고에 관해서는 명문의 규정이 없으나 통설과 판례는 소의 성질상 회사만이 피고가 될 수 있다고 해석하고 있는 점,[2] 법 제190조 제10항에서 상법 제376조를 준용하면서 '회사'는 '집합투자업자'로 본다고 규정하고 있는 점, 투자신탁의 수익자총회는 회사의 주주총회와 달리 회사의 내부적인 의사결정기구가 아니고 집합투자업자의 투자신탁 운영에 대한 수익자의 동의절차인 점에 비추어 볼 때 집합투자업자가 수익자총회 결의취소의 소의 피고라고 봄이 타당하다.

(4) 제소기간

결의취소의 소는 결의를 한 날로부터 2개월 내에만 제기할 수 있다. 이 기간이 지나가면 결의에 관한 형식적 하자는 더 이상 다툴 수 없다.

주주총회에 관하여 판례는 총회결의부존재확인의 소가 결의일로부터 2개월 이내에 제기되어 있다면, 동일한 하자를 원인으로 하여 결의일로부터 2월이 경과한 후에 취소소송으로 소를 변경하거나 추가하는 경우에도 제소기간을 준수한 것으로 보고 있다.[3] 다만 다수설과 일본 판례는 제소기간이 경과한 후에 이미 제기된 취소소송에서 취소사유를 추가하는 것은 허용되지 않는다고 해석한다.[4]

(5) 소의 절차

총회결의취소의 소는 집합투자업자의 본점소재지 지방법원의 전속관할에 속한다(법 190조 10항, 상법 376조 2항, 186조). 소가 제기된 때에는 집합투자업자는 지체 없이 이를 공고하여야 한다(법 190조 10항, 상법 376조 2항, 187조). 수개의 소가 제기된 때에는 법원은 이를 병합하여 심리하여야 한다(법 190조 10항, 상법 376조 2항, 188조).

총회결의취소의 소는 상법 제190조에 의한 판결의 대세적 효력에 의하여 당사자 이외에 제 3 자에게도 영향을 미치기 때문에 제소권자가 이를 임의로 처분하지 못한다. 따라서 화해나 조정을 할 수 없고, 이러한 내용의 청구인낙 또는 화해나 조정이 이루어졌다 하더라도 효력이 없다.[5] 그러나 자백과 청구의 포기는 가능하다는 학설[6]이 유력하다.

감사에 대해서 규정하고 있지 않으므로, 수익자만 제소권자로 하는 취지라고 이해된다.

1) 손주찬/정동윤, 「주석 상법[회사(Ⅲ)]」, 135쪽.
2) 상게서, 136쪽.
3) 대법원 2003. 7. 11. 선고 2001다45584 판결.
4) 권기범, 전게서(2005), 602쪽.
5) 대법원 2004. 9. 24. 선고 2004다28047 판결; 대법원 1993. 5. 27. 선고 92누14908 판결.
6) 정동윤, 「회사법(제 7 판)」, 법문사, 2001, 369쪽.

(6) 제소수익자의 담보제공의무

수익자가 총회결의취소의 소를 제기한 때에는 법원은 집합투자업자의 청구에 의하여 상당한 담보를 제공할 것을 명할 수 있다(법 190조 10항, 상법 377조 1항 1문). 집합투자업자가 담보제공청구를 하는 때에는 수익자의 총회결의취소 청구가 악의임을 소명하여야 한다(상법 377조 2항, 176조 4항). 여기서 악의라 함은 수익자의 정당한 이익을 위한 것이 아니고 투자신탁의 운영을 곤란하게 할 의도를 가진 경우를 말한다. 이러한 담보제공의무는 원고가 패소하는 경우의 손해배상책임의 담보를 위한 것이다.

(7) 재량기각

총회결의의 소가 제기된 경우에 취소사유가 존재하더라도 결의의 내용, 투자신탁의 현황과 제반사정을 참작하여 그 취소가 부당하다고 인정한 때에는 법원은 그 청구를 기각할 수 있다(법 190조 10항, 상법 379조). 당사자의 청구가 없더라도 법원은 직권으로 재량기각을 할 수 있다.[1] 그러나 총회결의 무효확인 또는 부존재확인의 소에는 위 규정이 준용되지 아니한다.

(8) 판결의 효력

원고가 승소한 경우 수익자총회의 취소판결은 당사자 이외의 제3자에 대하여도 그 효력이 있다(상법 376조, 190조 1문). 따라서 제소하지 아니한 다른 수익자, 신탁업자, 투자신탁의 채권자 기타 일체의 자에게 판결의 효력이 미친다. 총회결의 취소판결은 해당 결의의 효력을 소급적으로 무효로 한다.

원고가 패소한 경우 판결의 효력은 일반원칙에 따라 당사자 사이에만 미치고, 제3자에게는 영향이 없다. 총회결의취소의 소를 제기한 원고에게 악의나 중과실이 있는 때에는 집합투자업자에 대하여 연대하여 손해를 배상할 책임이 있다(상법 376조, 191조). 집합투자업자는 위 배상받은 손해를 투자신탁재산으로 귀속시켜야 할 것이다.

2. 총회결의 무효·부존재 확인의 소(법 190조 10항, 상법 380조)

(1) 의 의

결의무효확인의 소라 함은 결의 내용이 법령에 위반한 것을 이유로 하여 법률상 유효한 결의가 존재하지 않는다는 것의 확인을 구하는 소이고, 결의부존재확인의 소는 총회결의가 그 성립과정에 있어서의 흠결이 중대하고도 명백하기 때문에 그 결의 자체가 존재하는 것으로 볼 수 없을 때에 법률상 유효한 결의로서 존재하지 아니한다는 것의 확인을 구하는 소이다.

1) 대법원 2003. 7. 11. 선고 2001다45584 판결.

(2) 법적 성질

총회결의 무효 및 부존재 확인의 소의 법적 성격에 관해서는 확인소송설, 형성소송설 및 절충설로 나뉜다. 확인소송설은 총회결의 무효 및 부존재 확인의 소는 소송법상의 통상의 확인의 소라고 보고, 무효 또는 부존재한 결의는 처음부터 당연히 효력이 없는 것이기 때문에 누구든지 언제든지 또 어떠한 방법에 의하여서도 이를 주장할 수 있고, 반드시 소에 의하여 무효 또는 부존재를 주장하여야 하는 것은 아니라는 견해이다.[1] 형성소송설은 단체에 관한 법률관계를 획일적으로 처리할 필요성 및 이 판결에 대세적 효력이 부여되어 있는 점 등을 근거로 결의의 무효 또는 부존재는 반드시 상법 제380조에 규정된 소의 방법으로만 주장할 수 있으며, 그 명칭에도 불구하고 형성의 소에 속한다는 견해이다.[2] 절충설은 결의의 무효를 주장하려면 원칙적으로 소에 의하여야 하지만, 선량한 풍속 기타 사회질서에 위반하거나 주식회사의 본질에 반하여 무효인 결의 및 부존재한 결의의 경우에는 소를 제기할 필요 없이 그 무효를 주장할 수 있다는 견해이다.[3]

상법학계의 다수설과 판례는 확인소송설을 취하고 있다. 대법원은, "원래 상법 제380조에 규정된 주주총회결의 부존재확인의 소는 그 법적 성질이 확인의 소에 속하고 그 부존재확인판결도 확인판결이라고 보아야 할 것이어서, 설립무효의 판결 또는 설립취소의 판결과 같은 형성판결에 적용되는 상법 제190조의 규정을 주주총회결의 부존재확인판결에도 준용하는 것이 타당한 것인지의 여부가 이론상 문제될 수 있으나, 그럼에도 불구하고 상법 제380조가 제190조의 규정을 준용하고 있는 것은, 제380조 소정의 주주총회결의 부존재확인의 소도 이를 회사법상의 소로 취급하여 그 판결에 대세적 효력을 부여하되, 주주나 제 3 자를 보호하기 위하여 그 판결이 확정되기까지 그 주주총회의 결의를 기초로 하여 이미 형성된 법률관계를 유효한 것으로 취급함으로써 회사에 관한 법률관계에 법적 안정성을 보장하여 주려는 법정책적인 판단의 결과이다"라고 판시하고 있다 (대법원 1992. 8. 18. 선고 91다39924 판결 참조).

(3) 무효사유 및 부존재사유

총회결의의 무효사유는 결의의 내용이 법령에 위반되는 경우이다. 여기서 법령은 강행법규만을 의미한다.[4] 결의의 내용이 신탁계약에 위반되는 것은 결의취소의 사유이다. 단지 결의를 하게 된 동기 또는 목적에 사회질서위반의 불법이 있는데 불과한 때에는 결의가 무효로 되지 아니한다.[5]

---

1) 최기원, 전게서(2005), 542쪽; 권기범, 전게서(2005), 606쪽.
2) 손주찬/정동윤, 「주석 상법 [회사(Ⅲ)]」, 149쪽, 150쪽; 이철송, 전게서(2012), 595쪽, 598쪽.
3) 서정갑/이남기, 「개정 회사법」, 경진사, 1989, 301쪽.
4) 권기범, 전게서(2005), 607쪽.
5) 손주찬/정동윤, 「주석 상법[회사(Ⅲ)]」, 150쪽.

총회결의 부존재사유는 총회의 소집절차 또는 결의방법에 결의가 존재한다고 볼 수 없을 정도의 중대한 하자가 있는 경우이다. 예를 들어, 총회를 열거나 결의를 한 사실이 전혀 없음에도 불구하고 마치 결의가 있었던 것처럼 총회의사록을 작성하여 등기한 경우,[1] 소집통지가 없음에도 불구하고 일부 수익자가 회합하여 한 결의[2] 등이 있을 수 있다.

(4) 소의 절차

결의무효·부존재 확인의 소에 관해서는 제소권자와 제소기간에 아무런 제한이 없으므로, 소의 이익이 있는 한 누구라도 언제든지 소를 제기할 수 있다. 결의취소의 소와 마찬가지로 이 소의 피고는 집합투자업자라고 할 것이다. 관할법원, 소제기의 공고, 소의 병합심리, 처분권주의의 제한, 제소수익자의 담보제공의무, 판결의 효력 등은 모두 결의취소의 소의 경우와 같다(법 190조 10항, 상법 380조, 186조 내지 188조, 190조, 191조, 377조, 378조). 다만 법원의 재량기각은 인정되지 아니한다.

(5) 판결의 효력

결의무효·부존재 확인의 소의 원고승소판결은 대세적인 효력이 있다(상법 380조, 190조 1문).

3. 부당결의 취소·변경의 소(법 190조 10항, 상법 381조)

수익자가 총회의 결의에 관하여 특별한 이해관계를 가짐으로 말미암아 의결권을 행사할 수 없었던 경우에 자기에게 현저하게 부당한 결의의 취소 또는 변경을 구하는 소를 제기할 수 있다.

부당결의의 취소·변경의 소는 다음의 세 가지 요건이 충족된 경우에 특별이해관계로 의결권을 행사하지 못한 안건에 대한 결의에 대해서만 제기할 수 있다. 첫째, 특별한 이해관계로 인하여 의결권을 행사하지 못하였을 것, 둘째, 결의가 현저하게 부당할 것, 셋째, 그 수익자가 의결권을 행사하였더라면 이를 저지할 수 있었어야 한다.

소의 원고는 특별한 이해관계를 가져서 의결권을 행사할 수 없었던 수익자이고, 피고는 집합투자업자이다. 제소기간은 결의일로부터 2월이다. 관할법원, 소제기의 공고, 소의 병합심리, 처분권주의의 제한, 제소수익자의 담보제공의무, 판결의 효력 등은 모두 결

1) 대법원 2004. 8. 16. 선고 2003다9636 판결; 日本最高裁判所判決(이하 "日最判) 1970. 7. 9. 民集 24卷 7號, 755頁; 日最判 1963. 8. 8, 民集 17卷 6號 823頁.

2) 대법원 1978. 11. 14. 선고 78다1269 판결; 대법원 1980. 12. 9. 선고 80다128 판결. 그러나 주주총회 결의와 관련하여 대법원은 발행주식총수의 41% 또는 43% 또는 발행주식 200,000주 중 6,300의 주식에 해당하는 주식을 가진 주주에게 소집통지를 하지 않고 개최한 총회에서 결의를 한 경우에는 총회결의가 부존재하는 것으로 볼 정도의 중대한 하자라고 할 수 없다고 판결한 사례가 있다. 대법원 1993. 1. 26. 선고 92다11008 판결, 대법원 1996. 12. 23. 선고 96다132768 판결 및 대법원 1993. 12. 28. 선고 93다8719 판결 등 참조.

의취소의 소의 경우와 같다. 법원의 재량기각은 인정되지 아니한다.

제191조(반대수익자의 수익증권매수청구권)

① 투자신탁의 수익자는 다음 각 호의 어느 하나에 해당하는 경우 집합투자업자에게 수익증권의 수를 기재한 서면으로 자기가 소유하고 있는 수익증권의 매수를 청구할 수 있다.[1)]

1. 제188조 제 2 항 각 호 외의 부분 후단에 따른 신탁계약의 변경 또는 제193조 제 2 항에 따른 투자신탁의 합병에 대한 수익자총회의 결의에 반대(수익자총회 전에 해당 집합투자업자에게 서면으로 그 결의에 반대하는 의사를 통지한 경우로 한정한다)하는 수익자가 그 수익자총회의 결의일부터 20일 이내에 수익증권의 매수를 청구하는 경우
2. 제193조 제 2 항 각 호 외의 부분 단서에 따른 투자신탁의 합병에 반대하는 수익자가 대통령령으로 정하는 방법에 따라 수익증권의 매수를 청구하는 경우

② 투자신탁을 설정한 집합투자업자는 제 1 항에 따른 청구가 있는 경우 해당 수익자에게 수익증권의 매수에 따른 수수료, 그 밖의 비용을 부담시켜서는 아니 된다.

③ 투자신탁을 설정한 집합투자업자는 제 1 항에 따른 청구가 있는 경우에는 매수청구기간이 만료된 날부터 15일 이내에 그 투자신탁재산으로 대통령령으로 정하는 방법에 따라 그 수익증권을 매수하여야 한다. 다만, 매수자금이 부족하여 매수에 응할 수 없는 경우에는 금융위원회의 승인을 받아 수익증권의 매수를 연기할 수 있다.

④ 투자신탁을 설정한 집합투자업자는 제 3 항 본문에 따라 수익증권을 매수한 경우에는 지체 없이 그 수익증권을 소각(消却)하여야 한다.

Ⅰ. 본조의 취지

반대수익자의 수익증권매수청구권은 수익자의 이해관계에 중대한 영향이나 변화를 미치는 일정한 사항에 대한 수익자총회의 결의에 반대하는 수익자가 집합투자업자에 대하여 자신의 수익증권을 매수할 것을 청구할 수 있는 권리를 말한다. 이는 다수결의 원리에 의하여 수익자 전원에 구속력이 있는 의사결정을 하는 대신에 반대수익자에게 그 투자자금을 회수하고 투자신탁관계에서 벗어날 수 있는 권리를 부여함으로써 다수파 수익자 내지 집합투자업자와 소수파 수익자 간의 이익을 조정하고, 다수파 수익자의 횡포로부터 소수파 수익자를 보호하고자 하는 제도이다.[2)]

1) 법 개정(2013. 5. 28).

2) 법령제정 실무작업반(8인) 공저, 전게서(2006), 282쪽; 오성근, "간접투자자산운용업법에 대한 고찰,"

수익자는 수익증권 환매청구에 의하여 동일한 목적을 달성할 수도 있으나, 투자회사의 주주와 마찬가지로 수수료 기타 비용 없이 수익증권을 집합투자업자에 매각할 수 있도록 할 필요도 인정되기 때문에 수익자총회제도와 함께 수익증권매수청구제도를 도입하였다.[1]

Ⅱ. 행사요건 및 절차

투자신탁의 수익자는 집합투자업자에게 수익증권의 수를 기재한 서면으로 자기가 소유하고 있는 수익증권의 매수를 청구할 수 있다.[2] 이 때, 반대수익자의 수익증권매수청구권은 수익자총회의 결의사항 전부가 아니라 ① 제188조 제2항 각 호 외의 부분 후단에 따른 신탁계약의 변경 또는 제193조 제2항에 따른 투자신탁의 합병에 대한 수익자총회의 결의에 반대(수익자총회 전에 해당 집합투자업자에게 서면으로 그 결의에 반대하는 의사를 통지한 경우로 한정한다)하는 수익자가 그 수익자총회의 결의일부터 20일 이내에 수익증권의 매수를 청구하는 경우, ② 제193조 제2항 각 호 외의 부분 단서에 따른 투자신탁의 합병에 반대하는 수익자가 대통령령으로 정하는 방법에 따라 수익증권의 매수를 청구하는 경우에 한하여 인정된다(법 191조 1항).

수익증권매수청구권을 행사하기 위해서 수익자는 ① 수익자총회 전에 당해 집합투자업자에 대하여 서면으로 그 의결에 반대하는 의사를 통지하여야 하며, ② 그 수익자총회의 결의가 있는 경우 결의일부터 20일 이내에 수익증권의 수를 기재한 서면으로 자기가 소유하고 있는 수익증권의 매수를 청구하여야 한다.

수익자총회에 출석하여 반대의 투표를 하여야 할 필요는 없으나, 반대의 통지를 한 수익자가 수익자총회에 참석하여 찬성의 투표를 한 경우에는 반대의 의사를 철회한 것으로 보아 매수청구권을 행사할 수 없다고 본다.[3] 합병의 경우 합병 후 존속하는 투자신탁의 수익자에게도 수익증권매수청구권이 인정된다.[4]

사전반대통지와 매수청구는 모두 동일한 수익자에 의해서 이루어져야 하며, 매수청구를 할 수 있는 수익권은 위 두 단계에 걸쳐 반대수익자가 가지고 있는 수익증권에 한한다.[5] 따라서 반대통지를 한 후 수익증권을 매도하였다가 다시 매입한 수익증권에 관해서는 매수청구를 할 수 없다.[6] 반대수익자가 그 소유 수익증권 중 일부만에 한하여 매

한국증권법학회 제98회 정기세미나(2004. 4. 24), 17쪽; 손주찬/정동윤, 「주석 상법[회사(Ⅲ)]」, 122쪽.

1) 법령제정 실무작업반(8인) 공저, 전게서(2006), 282쪽.
2) 법 개정(2013. 5. 28).
3) 손주찬/정동윤, 「주석 상법[회사(Ⅲ)]」, 123쪽; 권기범, "주식매수청구권," 「상사법연구」 제13집(1994. 12. 26), 95쪽.
4) 손주찬/정동윤, 「주석 상법[회사(Ⅲ)]」, 124쪽.
5) 상게서, 124쪽.
6) 권기범, 전게서(2005), 620쪽.

수청구권을 행사하는 것은 가능하다.[1)]

실질수익자는 실질수익자명부 또는 실질수익자증명서에 의하여 직접 집합투자업자에 대해서 행사하거나 예탁자를 통하여 예탁결제원으로 하여금 행사하게 할 수 있다(예탁결제원의 유가증권예탁 및 결제 등에 관한 규정 42조의2, 36조).

Ⅲ. 행사의 효과

투자신탁을 설정한 집합투자업자는 반대수익자의 청구가 있는 경우 매수청구기간이 만료한 날부터 15일 이내에 당해 투자신탁재산으로 매수청구기간의 종료일에 환매청구한 것으로 보아 신탁계약에서 정하는 바에 따라 그 수익증권을 매수하여야 한다(법 191조 3항, 법 시행령 222조). 따라서 매수청구의 효과는 환매청구와 동일하며, 집합투자업자는 환매방법과 동일한 방법(법 235조 및 236조)으로 수익증권을 매수하여야 한다. 그러나 환매청구의 경우와 달리 집합투자업자는 해당 수익자에 대하여 수익증권의 매수에 따른 수수료 그 밖의 비용을 부담시켜서는 아니 된다(법 191조 2항).

집합투자업자는 수익증권 매수자금이 부족하여 매수에 응할 수 없는 경우에는 금융위원회의 승인을 얻어 수익증권의 매수를 연기할 수 있다(법 191조 3항 단서). 수익증권을 매수한 집합투자업자는 지체 없이 당해 수익증권을 소각하여야 한다(법 191조 4항).

제192조(투자신탁의 해지)

① 투자신탁을 설정한 집합투자업자는 금융위원회의 승인을 받아 투자신탁을 해지할 수 있다. 다만, 수익자의 이익을 해할 우려가 없는 경우로서 대통령령으로 정하는 경우에는 금융위원회의 승인을 받지 아니하고 투자신탁을 해지할 수 있으며, 이 경우 집합투자업자는 그 해지사실을 지체 없이 금융위원회에 보고하여야 한다.

② 투자신탁을 설정한 집합투자업자는 다음 각 호의 어느 하나에 해당하는 경우에는 지체 없이 투자신탁을 해지하여야 한다. 이 경우 집합투자업자는 그 해지사실을 지체 없이 금융위원회에 보고하여야 한다.

1. 신탁계약에서 정한 신탁계약기간의 종료
2. 수익자총회의 투자신탁 해지 결의
3. 투자신탁의 피흡수합병
4. 투자신탁의 등록 취소
5. 수익자의 총수가 1인이 되는 경우. 다만, 건전한 거래질서를 해할 우려가 없는 경우로서 대통령령으로 정하는 경우는 제외한다.[2)]

---

1) 손주찬/정동윤, 「주석 상법[회사(Ⅲ)]」, 124쪽.

2) 법 개정(2013. 5. 28, 시행 2015. 1. 1).

③ 투자신탁을 설정한 집합투자업자는 제 1 항 또는 제 2 항(제 3 호를 제외한다)에 따라 투자신탁을 해지하는 경우에는 신탁계약이 정하는 바에 따라 투자신탁재산에 속하는 자산을 해당 수익자에게 지급할 수 있다.

④ 제 1 항에 따라 해지 승인을 신청하는 경우 신청서의 기재사항 및 첨부서류, 제 1 항·제 2 항에 따라 투자신탁이 해지되는 경우 미수금 및 미지급금 등의 처리방법, 그 밖에 투자신탁의 해지에 관하여 필요한 사항은 대통령령으로 정한다.

⑤ 투자신탁을 설정한 집합투자업자는 수익자의 환매청구에 응하는 등 대통령령으로 정하는 경우에는 투자신탁의 일부를 해지할 수 있다.

Ⅰ. 본조의 취지

투자신탁은 다수의 수익자로부터 모은 자금을 집합하여 집합투자업자가 이를 투자, 운용하는 집합투자기구의 하나로서 그 계속에 관하여 이익을 가지는 자와 종료에 관하여 이익을 가지는 자로 이해관계가 얽혀 있을 수 있다. 따라서 본조는 투자신탁의 특성과 공익 및 수익자보호를 위하여 투자신탁의 종료에 관하여 민법과 신탁법의 특칙을 규정하고 있다.

투자신탁의 해지란 투자신탁계약의 효력을 장래에 향하여 소멸시키고 투자신탁관계를 종료시키는 행위를 말한다.[1] 계속적 채권관계에 있어서 계약의 효력을 장래에 향하여 소멸하게 하는 일방적인 행위를 해지라고 하는데(민법 550조),[2] 투자신탁은 투자신탁재산을 중심으로 한 계속적인 법률관계이므로 장래를 향해서 투자신탁계약을 소멸시키는 해지로 규정하고 있다.[3]

1) 법령제정 실무작업반(8인) 공저, 전게서(2006), 443쪽.
2) 곽윤직, 「채권각론」, 박영사, 2005, 167쪽.
3) 법 제192조 제 2 항 제 1 호 신탁계약기간의 종료와 제 3 호 투자신탁의 흡수합병의 경우에는 투자신탁계약의 당사자 등의 의사표시를 요하지 아니하고 기간의 종료 또는 법률의 규정(법 193조 6항 후단)에 의하여 투자신탁관계가 종료되므로, 이 경우에도 '해지'라는 용어를 사용한 것은 적절하다고 보기 어렵고, 이 경우의 '해지'라는 용어는 법적으로 엄밀한 의미에서 계약의 '해지'를 뜻한다고 보기보다는 '투자신탁을 종료시키고 잔존 법률관계를 청산하는 행위'라는 취지라고 이해된다.

Ⅱ. 해지권자[1)]

투자신탁을 설정한 집합투자업자는 금융위원회의 승인을 얻어 투자신탁을 해지할 수 있으며(법 192조 1항), 일정한 사유가 발생한 경우에는 지체 없이 투자신탁을 해지하여야 한다(법 192조 2항). 본래 계약을 해지할 수 있는 권리인 해지권은 계약당사자 모두에게 주어지는 것이 원칙이나, 투자신탁의 해지의 경우에는 집합투자업자만이 해지권을 보유하고, 신탁업자에게는 해지권이 인정되지 아니한다.[2)]

투자신탁계약의 당사자는 집합투자업자와 신탁업자이지만, 집합투자업자가 신탁재산 운용 등 투자신탁 운영을 주도하는 중심적인 위치에 있고 신탁업자는 신탁재산의 보관 및 관리와 집합투자업자의 운용지시에 대한 감독 등 소극적인 역할을 할 뿐이므로, 법은 투자신탁의 해지권자를 집합투자업자로 제한한 것이다. 이는 임의해지의 경우뿐만 아니라 의무해지의 경우에도 같다(법 192조 1항 및 2항).

투자신탁의 실질적인 이익과 손실이 귀속되는 주체인 수익자는 투자신탁계약의 당사자가 아니라는 점, 수익증권 환매제도에 의하여 투자신탁 관계에서 이탈할 수 있으며 이러한 환매청구가 있는 경우 집합투자업자가 투자신탁을 일부 해지하는 것으로 법률을 구성하고 있다는 점에 비추어 특별히 수익자에게 해지권을 부여할 필요는 없다. 다만 법은 수익자에게 투자신탁의 실질적인 이익과 손실이 귀속되므로 수익자의 의사를 존중하여 수익자총회의 투자신탁 해지결의가 있으면 투자신탁의 해지권자인 집합투자업자로 하여금 투자신탁을 해지하도록 의무화하였다(192조 2항 2호).

Ⅲ. 해지의 종류와 절차

1. 승인해지(법 192조 1항)

투자신탁을 설정한 집합투자업자는 금융위원회의 승인을 얻어 투자신탁을 해지할 수 있다. 투자신탁 해지시 금융위원회의 승인을 얻도록 요구하는 것은 투자신탁의 해지권을 집합투자업자에게만 인정하여 집합투자업자의 의향에 따르도록 하고 있기 때문에 부당한 해지로부터 수익자를 보호하기 위한 것이다.

그러나 수익자를 해할 우려가 없는 경우로서 다음과 같은 경우에는 금융위원회의 승인을 얻지 아니하고 투자신탁을 해지할 수 있으며, 이 경우 집합투자업자는 그 해지사

1) 집합투자업자의 의사표시를 요하지 않고 당연히 투자신탁이 종료되는 사유(법 192조 2항 1호 신탁계약기간의 종료와 3호 투자신탁의 흡수합병)의 경우에도 '해지권'이라는 용어를 쓰는 것은 적절하지 않다고 볼 수 있지만, 투자신탁을 종료시키고 잔존 법률관계를 청산하는 업무를 수행할 수 있는 권한이라는 취지로 이해해 주기 바란다.

2) 법령제정 실무작업반(8인) 공저, 전게서(2006), 444쪽.

실을 지체 없이 금융위원회에 보고하여야 한다(법 192조 1항, 법 시행령 223조).

1) 수익자 전원이 동의한 경우

2) 해당 투자신탁의 수익증권 전부에 대한 환매의 청구를 받아 신탁계약을 해지하고자 하는 경우

3) 사모투자집합투자기구가 아닌 투자신탁(존속하는 동안 투자금을 추가로 모집할 수 있는 투자신탁으로 한정한다. 이하 이 조에서 같다)으로서 설정한 후 1년이 되는 날에 원본액이 50억원 미만인 경우

4) 사모집합투자기구가 아닌 투자신탁을 설정하고 1년이 지난 후 1개월간 계속하여 투자신탁의 원본액이 50억원 미만인 경우

3)과 4)는 소규모 투자신탁을 해소하기 위한 방법으로 규정된 것이다.[1] 이는 국내 자본시장에 소규모 펀드가 너무 많아 효율적인 자산운용을 저해하는 등 시장의 건전한 발전을 가로막고 있다는 판단에 따른 것이라고 한다.[2]

집합투자업자가 법 제192조 제1항에 따라 투자신탁의 해지 승인을 신청하고자 하는 경우에는 다음 각 사항을 기재한 해지승인신청서를 금융위원회에 제출하여야 한다(법 시행령 224조 1항).

1) 해지대상 투자신탁에 관한 사항

2) 투자신탁의 해지사유

3) 해지대상 투자신탁의 집합투자업자, 신탁업자, 투자매매업자 및 투자중개업자에 관한 사항

4) 수익자에 관한 사항

5) 그 밖에 수익자 보호를 위하여 필요한 사항으로서 금융위원회가 정하여 고시하는 사항

집합투자업자는 위 해지승인신청서에 다음 각 서류를 첨부하여야 한다(법 시행령 224조 2항).

1) 집합투자업자의 해지결정을 증명할 수 있는 서류

2) 승인신청일 전일의 집합투자재산명세서

3) 그 밖에 해지승인의 심사에 필요한 서류로서 금융위원회가 정하여 고시하는 서류

1) 김건식/정순섭, 「새로 쓴 자본시장법(제3판)」, 두성사, 2013, 926쪽.

2) 정순섭 외, "펀드 규모 적정화를 위한 제도개선 방안 연구," 「서울대학교 금융법센터 연구용역보고서」, 2009. 8.

2. 의무해지(법 192조 2항)

집합투자업자는 집합투자업자 또는 신탁업자가 다음 각 호의 어느 하나에 해당하는 경우 지체 없이 그 투자신탁을 해지하여야 하며, 이 경우 집합투자업자는 그 해지사실을 지체 없이 금융위원회에 보고하여야 한다.

1) 신탁계약에서 정한 신탁계약기간의 종료
2) 수익자총회의 투자신탁 해지 결의
3) 투자신탁의 피흡수합병
4) 투자신탁의 등록취소
5) 수익자의 총수가 1인이 되는 경우. 다만, 건전한 거래질서를 해할 우려가 없는 경우로서 대통령령으로 정하는 경우는 제외한다.[1]

신탁계약기간이 종료한 경우에는 집합투자업자의 의사표시를 요하지 않고 당연히 투자신탁계약이 종료하며, 투자신탁이 피흡수합병되는 경우에는 법 제193조 제 6 항에 의하여 합병의 효력이 발생한 시점에 해지된 것으로 간주하기 때문에 역시 집합투자업자의 의사표시 없이 투자신탁계약이 종료된다. 따라서 위 1) 및 3)의 사유에 의한 의무해지는 집합투자업자에게 투자신탁의 종료에 관한 사무를 지체 없이 수행하고 상환금 지급 등 청산업무를 개시하여야 한다는 취지를 명시한 것이라고 이해된다. 5)의 수익자의 총수가 1인이 되는 경우를 해지사유로 규정하는 사모단독펀드의 금지의 반영한 것으로 이해된다.[2] 다만, 사모단독펀드에 해당하더라도 건전한 거래질서를 해할 우려가 없는 경우로서 시행령으로 정하는 경우는 의무해지대상에서 제외한다.

수익자총회의 투자신탁 해지 결의가 있는 경우 집합투자업자는 수익자총회에서 결정된 수익자의 총의를 집행하기 위하여 신탁계약의 당사자로서 해지의 의사표시를 하여야 하고, 이는 수익자의 의사에 따른 것이므로 금융위원회의 승인을 요하지 않는 것으로 한 것으로 이해된다. 또한 투자신탁의 등록취소는 법 제253조에 따라 공익상의 이유로 또는 수익자의 이익보호를 위해서 금융위원회가 등록을 취소하는 것으로서 투자신탁의 해지는 그 취소명령의 이행절차나 마찬가지이므로 따로 승인을 받을 필요가 없다.

3. 해지사실의 공시

집합투자업자가 투자신탁을 해지한 경우에는 해지사유, 해지일자, 상환금 등의 지급방법 기타 해지관련사항을 2개 이상의 일간신문에 공고하거나 예탁결제원을 통하여 수

1) 단서조항은 2013년 5월 28일의 개정에 의하여 새로이 추가된 내용이다. 시행일은 2015년 1월 1일이다.
2) 김건식/정순섭, 전게서(2013), 926쪽.

익자에게 개별통지하여야 한다(표준약관 42조 3항).

집합투자업자는 투자신탁을 해지한 날로부터 2개월 이내에 법 제239조에 따른 결산서류를 금융위원회 및 금융업협회에 제출하여야 하며(법 90조 2항), 해당 서류를 인터넷 홈페이지 등을 이용하여 공시하여야 한다(동조 3항).

Ⅳ. 해지에 따른 결산사무

투자신탁을 해지한 경우 집합투자업자는 신탁계약에 따라 수익자에게 투자신탁원본의 상환금과 이익금(이하 "상환금 등"이라 한다)을 지급하기 위해서 투자신탁재산을 추심, 처분하여 현금화하고 투자신탁재산에 속하는 채무를 변제하는 등 결산사무를 진행하여야 하는데, 미수금과 미지급금이 남아 있으면 투자신탁의 결산을 확정지을 수 없다.

1. 미수금과 미지급금

미수금이라 함은 투자신탁이 해지되는 경우 그 해지시점[1]을 기준으로 하여 투자신탁재산 운용의 결과로서 받을 금액이 남아 있는 경우 그 금액을 말한다.[2] 이러한 미수금으로는 환급받을 세액, 주식·채권 및 파생상품 등의 매도대금(결제일까지) 등 금액이 확정되어 있는 경우도 있으며, 상장 전 유·무상증자 주식, 현금배당의 예상배당으로 인하여 발생한 배당액, 즉 미수배당금(배당금 수령일까지) 등 금액이 미확정된 것이 있다.

미지급금이라 함은 투자신탁의 해지 시점에서 투자신탁재산의 계산으로 지급할 금액이 남아 있는 경우 그 금액을 말하며, 납부할 세액(발생 익월 10일까지), 주식·채권 및 파생상품 등의 매수대금(결제일까지), 납부할 수수료액(채권평가수수료, 콜중개수수료, 회계감사비용 등) 등이 있다.[3]

2. 미수금과 미지급금의 처리

투자신탁이 해지되는 경우 미수금과 미지급금의 처리방법에 관하여 필요한 사항은 대통령령으로 정한다(법 192조 4항). 구간투법은 신탁업자는 신탁업자의 자금으로 우선 이를 충당하여야 하였으나(구간투법 105조 6항, 동 시행령 94조), 이는 신탁법 제32조에 의한 유한책임 원칙에 반할 우려가 있고, 신탁업자가 신탁재산의 보관과 집합투자업자에 대한 감시 등 소극적인 역할만을 하는 투자신탁의 특성상 불합리하다는 문제가 있었다. 이에 이

1) ① 승인해지의 경우 집합투자업자가 신탁업자에게 해지의 의사표시를 한 날, ② 의무해지의 경우 신탁계약기간 만료의 경우에는 그 계약기간 만료일, 투자신탁의 피흡수합병의 경우 합병의 효력발생일인 금융위원회 보고일, 수익자총회의 투자신탁 해지결의 및 투자신탁의 등록취소의 경우에는 집합투자업자가 신탁업자에게 해지의 의사표시를 한 날을 의미한다.

2) 법령제정 실무작업반(8인) 공저, 전게서(2006), 446쪽.

3) 상게서, 446쪽.

법 시행령은 집합투자업자가 투자신탁을 해지하는 경우 미수금채권이 있는 때에는 금융위원회가 정하여 고시하는 공정가액으로 투자신탁을 해지하는 날에 그 미수금 채권을 양수하여야 하는 것으로 하였다(법 시행령 224조 3항). 다만, 그 미지급금 채무가 확정된 경우로서 법 시행령 제87조 제1항 제3호에 따른 거래[1]는 그 거래에 의할 수 있다(법 시행령 224조 3항 단서).

미지급금 채무에 대해서는 집합투자업자가 금융위원회가 정하여 고시하는 공정가액으로 투자신탁을 해지하는 날에 그 미지급금 채무를 양수하여야 한다(법 시행령 224조 4항). 다만 그 미지급금 채무를 법 시행령 제87조 제1항 제3호에 따라 거래하는 경우에는 그 거래에 의할 수 있다(법 시행령 224조 4항 단서).

Ⅴ. 상환금 등의 지급

1. 상환금 등의 지급

집합투자업자는 투자신탁이 해지, 종료되는 경우 투자신탁재산을 추심, 처분하여 현금화하고 투자신탁재산에 속하는 채무를 변제하는 등 투자신탁재산을 결산하고 잔존 투자신탁재산의 범위 내에서 투자신탁원본으로 계상된 상환금과 투자신탁재산의 운용에 따라 운용수익이 발생한 경우 그 운용수익에서 신탁보수, 제비용 및 필요 준비금을 공제하고 전기이월 결손금이 있는 경우 이를 보전한 후 이익금을 수익자에게 지급하여야 한다. 물론 투자신탁의 실적배당원칙에 따라 투자신탁재산의 운용성과에 따라 잔존 투자신탁재산으로 상환금과 이익금을 전부 또는 일부 지급하지 못하는 경우에는 잔존 투자신탁재산을 수익자에게 분배하게 될 것이다.

집합투자업자는 투자신탁재산인 투자증권 등의 매각지연 등 사유로 인하여 상환금 등의 지급이 곤란한 경우에는 예탁결제원을 통하여 수익자에게 그 사실을 통지하여야 하는 것으로 신탁계약에서 정한다(표준약관 45조 4항).

2. 현물지급

투자신탁 해지시의 상환금 등은 현금으로 지급하는 것을 원칙으로 하나, 신탁계약이 정하는 바에 따라 투자신탁재산에 속하는 자산을 당해 수익자에게 지급할 수 있다(법 192조 3항).

---

1) 집합투자업자가 그 고유재산과 이해관계인의 매매중개(금융위원회가 정하여 고시하는 매매형식의 중개를 말한다)를 통하여 채무증권, 원화로 표시된 양도성 예금증서, 어음(기업어음을 제외한다) 등 미수금 채권을 매매하는 거래와 집합투자업자가 운용하는 다른 집합투자기구와 해지되는 집합투자기구 상호간에 같은 자산(법 시행령 224조 4항에 따른 미지급금 채무를 포함한다)을 같은 수량으로 같은 시기에 일방이 매도하고 다른 일방이 매수하는 거래를 하는 것을 말한다.

신탁재산을 현물로 수익자에게 분배하는 경우에는 해당 자산의 평가가액 등에 따라 법 제89조 제2항에 의한 수익자평등의 원칙에 반할 우려가 많기 때문에 수익자 전원의 동의가 있는 경우에 한하는 것이 타당하다고 본다(구간투법 63조 2항 단서).

Ⅵ. 투자신탁의 일부해지

투자신탁을 설정한 집합투자업자는 수익자의 환매청구에 응하는 등 대통령령으로 정하는 경우에는 투자신탁의 일부를 해지할 수 있다. 이와 같이 투자신탁을 일부해지하면 투자신탁재산의 일부에 대하여만 투자신탁관계가 종료되고 해당 부분만큼 수익증권을 상환한다.[1)]

일부해지의 사유는 다음 사항에 해당하는 경우를 말한다(법 시행령 225조).

(1) 발행한 수익증권이 판매되지 아니한 경우

집합투자업자가 자기자금으로 신탁업자에게 납입하고 투자신탁을 설정한 후 수익증권을 투자자에게 매출하는 경우에 투자자에게 판매하지 못하고 남은 수익증권에 관해서 집합투자업자의 자금회수 등을 고려하여 투자신탁의 일부해지를 인정한 것이다.[2)]

(2) 수익자가 수익증권의 환매를 청구한 경우

수익자의 수익증권 환매청구를 받은 투자매매업자 또는 투자중개업자로부터 환매에 응할 것을 요구받은 집합투자업자는 집합투자재산의 범위 내에서 집합투자재산으로 소유 중인 금전 또는 집합투자재산을 처분하여 조성한 금전으로만 환매대금을 지급하여야 하므로, 그 당연한 전제로 환매대금에 상당하는 부분에 관해서 투자신탁을 일부 해지해야 하는 것이다(법 235조 4항·5항).

(3) 법 제191조 제1항에 따라 수익자가 수익증권의 매수를 청구한 경우

이 경우도 환매와 마찬가지로 투자신탁의 일부해지가 필요하다(법 191조 3항).

第193조(투자신탁의 합병)

① 투자신탁을 설정한 집합투자업자는 그 집합투자업자가 운용하는 다른 투자신탁을 흡수하는 방법으로 투자신탁을 합병할 수 있다.

② 투자신탁을 설정한 집합투자업자는 제1항에 따라 투자신탁을 합병하고자 하는 경우 다음 각 호의 사항을 기재한 합병계획서를 작성하여 합병하는 각 투자신탁의 수익자총회의 결의를 거쳐야

1) 법령제정 실무작업반(8인) 공저, 전게서(2006), 448쪽.
2) 한국투자신탁, 전게서(1989), 303쪽.

한다. 다만, 건전한 거래질서를 해할 우려가 적은 소규모 투자신탁의 합병 등 대통령령으로 정하는 경우는 제외한다.[1)]

1. 투자신탁의 합병으로 인하여 존속하는 투자신탁의 증가하는 신탁원본의 가액 및 수익증권의 좌수
2. 투자신탁의 합병으로 인하여 소멸하는 투자신탁의 수익자에게 발행하는 수익증권의 배정에 관한 사항
3. 투자신탁의 합병으로 인하여 소멸하는 투자신탁의 수익자에게 현금을 지급하는 경우 그 내용
4. 합병하는 각 투자신탁의 수익자총회의 회일
5. 합병을 할 날
6. 투자신탁의 합병으로 인하여 존속하는 투자신탁의 신탁계약을 변경하는 경우 그 내용
7. 그 밖에 대통령령으로 정하는 사항

③ 「상법」 제527조의5 제 1 항 및 제 3 항은 채권자가 있는 투자신탁이 합병하는 경우에 준용한다. 이 경우 "회사"는 각각 "집합투자업자"로, "주주총회"는 "수익자총회"로 본다.

④ 투자신탁을 설정한 집합투자업자는 수익자총회일의 2주 전부터 합병 후 6개월이 경과하는 날까지 다음 각 호의 서류를 본점 및 투자매매업자 또는 투자중개업자의 영업소에 비치하여야 한다. 이 경우 그 투자신탁의 수익자 및 채권자는 영업시간 중 언제든지 그 서류를 열람할 수 있으며, 그 서류의 등본 또는 초본의 교부를 청구할 수 있다.

1. 합병하는 각 투자신탁의 최종의 결산서류
2. 합병으로 인하여 소멸하는 투자신탁의 수익자에게 발행하는 수익증권의 배정에 관한 사항 및 그 이유를 기재한 서면
3. 합병계획서

⑤ 투자신탁을 설정한 집합투자업자는 제 1 항에 따라 투자신탁을 합병한 경우에는 그 사실을 지체 없이 금융위원회에 보고하여야 한다. 이 경우 합병되는 투자신탁의 수익증권이 증권시장에 상장되어 있는 때에는 거래소에도 보고하여야 한다.

⑥ 투자신탁의 합병은 존속하는 투자신탁의 집합투자업자가 제 5 항에 따라 금융위원회에 보고를 한 때에 그 효력이 발생한다. 이 경우 소멸하는 투자신탁은 해지된 것으로 본다.

⑦ 합병 후 존속하는 투자신탁은 합병으로 인하여 소멸된 투자신탁의 권리·의무를 승계한다.

⑧ 수익증권의 합병가액 산정방식, 수익자총회 승인사항의 수익자 통지, 그 밖에 투자신탁의 합병에 관하여 필요한 사항은 대통령령으로 정한다.

1) 단서조항은 2013년 5월 28일 개정에 의하여 추가되었다.

Ⅰ. 본조의 취지

1. 의 의

일반적으로 신탁의 합병 또는 병합이란 별도로 구분·관리하는 복수의 신탁을 하나의 신탁으로 합치는 것을 말한다.[1] 회사의 합병은 둘 이상의 법인격이 있는 회사 사이에 이루어지는 것으로서 당사회사의 전부 또는 하나를 제외한 전부가 해산하여 법인격이 하나로 감소하는 것을 본질로 하지만, 신탁에 대해서는 법인격이 인정되지 않기 때문에 신탁의 종료의 한 형태로 이해할 필요는 없으며, 신탁의 변경의 한 형태라고 이해하면 된다.[2]

우리나라의 경우 외국에 비하여 상대적으로 소규모의 투자신탁이 많아서[3] 이로 인한 투자자의 비용과다, 운용상 효율성저하, 불공정거래 수단으로의 악용, 감독 곤란 등 여러 가지 부작용이 발생하고 있다는 지적에 따라 소규모 투자신탁의 통·폐합을 유도하는 제도적 장치로서 구간투법 제정시에 도입되었다.[4]

이와 같은 도입취지에서 보는 바와 같이 투자신탁의 합병은 투자신탁재산의 규모를 크게 증대시켜서 그 운용 내지 투자 방법의 제약 없이 효율적으로 운용할 수 있도록 하는 합병의 장점이 있는 반면에, 집합투자업자가 부실 투자신탁에 가입한 수익자의 이익을 도모하기 위하여 우량 투자신탁과 부실 투자신탁을 통합하는 등의 불공정거래에 이용될 가능성도 있다.[5] 투자신탁의 합병에 대해서는 자본시장법이 우선적으로 적용되고, 특별한 경우를 제외하면 상법이 보충적으로 준용된다.[6]

2. 투자신탁 합병의 형태

투자신탁을 설정한 집합투자업자는 그 집합투자업자가 운용하는 다른 투자신탁을 흡수하는 방법으로 투자신탁을 합병할 수 있다(법 193조 1항). 따라서 집합투자업자가 집합투자기구 합병의 판단을 내리려면, ① 투자신탁은 투자신탁과의 합병만이 가능하고, ② 흡수합병이어야 하며, ③ 합병하는 집합투자기구의 운용자가 동일해야 한다. 신설합병을 허용하여 새로운 투자신탁을 설정하는 것을 인정하지 않은 이유는 그 실익이 없을 뿐만

1) 能見善久, 전게서, 248頁; 田中和明, 「信託法硏究」 第24號(1999), 55頁.
2) 能見善久, 전게서, 248頁; 商事信託硏究會, 「商事信託法の 硏究」, 151頁.
3) 2003년 3월말 현재 우리나라의 평균 펀드규모는 260억원 가량인데 비하여 2003년 3월말 현재 미국의 평균 펀드규모는 7.6억달러(약 9,500억원) 가량이라고 한다. 국회 재정경제위원회, 「자산운용업법안(정부제출) 검토보고서」(2003. 4), 80-81쪽.
4) 국회 재정경제위원회, 전게 보고서(2003. 4), 80-81쪽.
5) 상게 보고서, 80-81쪽.
6) 김용재/강태양, "신탁형 집합투자기구에서 집합투자업자의 지위 및 신탁형 집합투자기구의 합병과 관련한 법적 쟁점 소고," 「금융법연구」(2011), 한국금융법학회, 340쪽.

아니라 새로 설정하는 투자신탁과 해지하는 투자신탁 간의 법률적 관계를 규정하기가 어렵기 때문이다.[1)]

Ⅱ. 합병의 방법과 절차

1. 투자신탁 합병계획서 작성

투자신탁을 설정한 집합투자업자는 투자신탁을 합병하고자 하는 경우 법 제193조 제2항 각 호의 사항[2)]을 기재한 합병계획서를 작성하여야 한다(법 193조 2항, 법 시행령 226조 1항). 합병계획서에 포함되는 기재사항은 절대적 기재사항으로 이를 흠결하면 합병무효의 소의 원인이 될 수 있다.[3)] 그 밖에도 법령에 위배되지 아니하는 범위 내에서 필요한 사항을 기재할 수 있다.[4)] 다만, 건전한 거래질서를 해할 우려가 적은 소규모 투자신탁의 합병 등 대통령령으로 정하는 경우는 제외한다.[5)]

2. 수익자총회의 합병승인결의

집합투자업자는 합병계획서를 작성하여 합병하는 각 투자신탁의 수익자총회를 소집하여 합병계획서를 승인받아야 한다(법 193조 2항). 수익자총회를 소집하는 경우에는 합병계획서의 주요 내용을 소집통지서에 기재하여야 한다(법 193조 8항, 법 시행령 226조 3항).

투자신탁의 합병을 승인하는 수익자총회는 출석한 수익자의 의결권의 과반수와 발행된 수익증권 총좌수의 4분의 1 이상의 수로 결의한다. 다만, 이 법에서 정한 수익자총회의 결의사항 외에 신탁계약으로 정한 수익자총회의 결의사항에 대하여는 출석한 수익자의 의결권의 과반수와 발행된 수익증권의 총좌수의 5분의 1 이상의 수로 결의할 수 있다(법 190조 5항). 그리고 수익자는 수익자총회에 출석하지 아니하고 서면에 의하여 의결권을 행사할 수 있다. 다만, 일정한 요건을 모두 충족하는 경우에는 수익자총회에 출석한 수익자가 소유한 수익증권의 총좌수의 결의내용에 영향을 미치지 아니하도록 의결권을

1) 법령제정 실무작업반(8인) 공저, 전게서(2006), 454쪽.

2) ① 투자신탁의 합병으로 인하여 존속하는 투자신탁의 증가하는 신탁원본의 가액 및 수익권의 좌수, ② 투자신탁의 합병으로 인하여 소멸하는 투자신탁의 수익자에게 발행하는 수익증권의 배정에 관한 사항, ③ 투자신탁의 합병으로 인하여 소멸하는 투자신탁의 수익자에게 현금을 지급하는 경우 그 내용, ④ 합병하는 각 투자신탁의 수익자총회의 회일, ⑤ 합병을 할 날, ⑥ 투자신탁의 합병으로 인하여 존속하는 투자신탁의 신탁계약을 변경하는 경우 그 내용, ⑦ 투자신탁의 합병으로 인하여 이익금을 분해할 경우 그 한도액, ⑧ 투자신탁의 합병으로 인하여 투자신탁의 계약기간 또는 투자신탁의 회계기간을 변경하는 경우 그 내용, ⑨ 신탁보수 또는 환매수수료 등을 변경하는 경우 그 내용, ⑩ 수익증권의 합병가액을 산정하기 위한 투자신탁재산의 평가에 관한 사항, ⑪ 합병으로 인하여 수익증권을 발행하는 경우 1좌에 미달하는 단수의 처리에 관한 사항.

3) 손주찬/정동윤, 「주석 상법[회사(Ⅳ)]」, 460쪽.

4) 상게서, 511쪽.

5) 단서조항은 2013년 5월 28일 개정에서 새로이 추가된 부분이다.

행사(간주의결권행사)한 것으로 본다(법 190조 6항). 연기수익자총회의 결의도 동일하다.

합병하는 투자신탁 중 어느 투자신탁의 수익자총회에서 합병계획서가 승인되지 않은 경우에는 다른 투자신탁의 합병계약서 승인도 무효가 된다.[1)]

집합투자업자는 법 제193조 제2항 각 호의 합병계획서 기재사항에 관하여 수익자총회의 승인을 받은 경우 그 내용을 수익자에게 지체 없이 통지하여야 한다(법 193조 8항, 법 시행령 226조 4항). 집합투자업자는 위 통지를 하는 경우에도 수익자총회의 소집통지와 마찬가지로 그 통지업무를 예탁결제원에 위탁하여야 한다(법 193조 8항, 법 시행령 226조 5항).

3. 합병 대차대조표 등의 공시

투자신탁을 설정한 집합투자업자는 수익자총회일의 2주 전부터 합병 이후 6개월이 경과하는 날까지 다음의 각 서류를 본점 및 투자매매업자 또는 투자중개업자의 영업소에 비치하여 수익자에게 공시하여야 한다.

(1) 합병하는 각 투자신탁의 최종의 결산서류

수익자와 투자신탁의 채권자들이 투자신탁의 장부가치나 순자산가치에 의하여 합병가액의 적정여부를 판단할 수 있도록 하기 위한 것이다.[2)] 최종의 결산서류는 투자신탁의 결산기마다 작성한 대차대조표, 손익계산서와 법 제88조에 따른 자산운용보고서 및 부속명세서 중 최근의 것을 말한다(법 239조 1항 참조).

(2) 합병으로 인하여 소멸하는 투자신탁의 수익자에게 발행하는 수익증권의 배정에 관한 사항 및 그 이유를 기재한 서면

이는 합병의 조건에 관한 가장 실질적인 판단자료에 해당하며, 합병가액이 도출된 근거와 과정을 가급적 상세하게 기재한 것을 말한다.[3)]

(3) 합병계획서

여기의 합병계획서는 법 제193조 제1항 및 법 시행령 제226조 제1항 소정의 사항이 기재된 것으로서 합병승인을 위한 수익자총회에 안건으로 회부된 것을 말한다.[4)] 각 투자신탁의 수익자 및 채권자는 영업시간 중 언제든지 위 서류를 열람할 수 있으며, 그 서류의 등본 또는 초본의 교부를 청구할 수 있다(법 193조 4항 2문).

---

1) 법령제정 실무작업반(8인) 공저, 전게서(2006), 455쪽.
2) 손주찬/정동윤, 「주석 상법[회사(Ⅳ)]」, 441쪽.
3) 상게서, 447쪽, 448쪽.
4) 상게서, 447쪽, 440쪽.

4. 합병반대수익자의 수익증권매수청구권[1)]

투자신탁의 합병에 반대하는 수익자는 개방형투자신탁의 경우 수익증권 환매제도를 통하여 투자신탁관계에서 이탈할 수 있으나, 법 제191조에 따라 집합투자업자에 대하여 수익증권의 매수를 청구할 수도 있다(법 191조 1항).

5. 채권자보호절차

우량한 투자신탁이 운용실적이 나쁜 투자신탁과 합병되면 우량한 투자신탁의 채권자가 손해를 입을 가능성이 있으므로, 회사의 합병에 준하여 투자신탁의 합병에 있어서도 채권자보호절차를 거쳐야 한다(법 193조 3항, 상법 527조의5 1항 및 3항). 즉, 집합투자업자는 수익자총회의 승인결의가 있은 날로부터 2주 내에 채권자에 대하여 합병에 이의가 있으면 1월 이상의 기간 내에 이를 제출할 것으로 공고하고, 알고 있는 채권자에 대하여는 따로 따로 이를 최고하여야 한다(법 193조 3항, 상법 527조의5 1항).

이의제출공고는 개별 투자신탁마다 하는 것이 원칙이지만, 공동으로 해도 무방하다고 본다.[2)] 이 경우 공고의 방법에 관해서는 이 법에 규정이 없지만, 주식회사의 합병시의 채권자보호절차를 준용하므로 상법 제289조 제 3 항에 따른 공고방법을 따르면 될 것이다. 알고 있는 채권자에 대한 최고는 공고와 동시에 이를 하여야 하며, 합병결의일로부터 2주간 내에 채권자에게 도달하도록 하여야 한다고 해석된다. 구두에 의한 최고도 무방하지만 가급적 문서로 하여야 하며, 최고의 내용은 공고의 내용과 동일하다.[3)]

채권자가 그 기간 내에 이의를 제출하지 않은 경우에는 합병을 승인한 것으로 본다(법 193조 3항, 상법 527조의5 3항, 232조 2항). 이의를 제출할 수 있는 채권은 금전채권에 한하지 않는다.[4)] 이 법 및 상법의 취지가 채권자에게까지 합병거부권을 주기 위한 것이 아니므로, 기왕에 상당한 담보권을 가지고 있는 채권자는 이의를 제기할 수 없으며, 그 밖의 경우는 채권자의 재량이라고 해석할 수밖에 없다.[5)] 채권자가 이의를 제출하는 방법에 대해서는 아무런 제한이 없으나, 이의 여부를 증빙하기 위하여 내용증명 등의 서면에 의하는 것이 바람직하다. 채권자는 단순히 합병에 반대한다는 의사표시를 하는 것으로 족하며, 합병 반대의 이유를 밝힐 필요도 없다.[6)]

채권자가 이의를 제출한 경우 집합투자업자는 신탁업자로 하여금 투자신탁재산으로

---

1) 자세한 내용은 법 제191조에 관한 주석 참조.
2) 손주찬/정동윤, 「주석 상법[회사(Ⅳ)]」, 544쪽.
3) 상게서, 544쪽.
4) 상게서, 545쪽.
5) 상게서, 545쪽.
6) 상게서, 545쪽.

채무를 면제하거나 상당한 담보를 제공하거나 이를 목적으로 상당한 재산을 신탁회사에 신탁하도록 지시하여야 한다(법 193조 3항, 상법 527조의5 3항, 232조 3항).

6. 투자신탁 합병의 보고

집합투자업자는 투자신탁을 합병한 경우에는 그 사실을 지체 없이 금융위원회에 보고하여야 한다. 이 경우 합병되는 투자신탁의 수익증권이 상장되어 있는 때에는 집합투자업자는 그 사실을 지체 없이 한국거래소에도 보고하여야 한다(법 193조 5항).

7. 새로운 수익증권의 발행

투자신탁이 합병되는 경우 존속하는 투자신탁은 소멸하는 투자신탁의 모든 재산을 승계하고 그에 해당하는 수익증권을 발행하여 그 수익자에게 교부하여야 한다. 새로 발행되는 수익증권의 수는 수익증권의 합병가액에 따라 결정되며, 투자신탁을 설정하는 경우와 마찬가지로 예탁결제원을 통하여 일괄예탁의 방법으로 발행된다.

투자신탁의 합병으로 인하여 새로 발행하는 수익증권은 합병의 효력이 발생하는 때, 즉 금융위원회에 합병의 보고를 한 때에 그 효력이 발생한다.

Ⅲ. 합병의 효력

투자신탁의 합병은 존속하는 투자신탁의 집합투자업자가 금융위원회에 합병사실을 보고한 때에 그 효력이 발생한다(법 193조 6항 전단). 합병으로 인하여 소멸하는 투자신탁은 위 합병의 효력이 발생함과 동시에 해지된 것으로 본다(법 193조 6항 후단).

합병 후 존속하는 투자신탁은 합병으로 인하여 소멸된 투자신탁의 권리·의무를 승계한다(법 193조 7항). 투자신탁은 법인이 아니기 때문에 위 조항이 회사의 합병의 효력에 관한 규정과 동일한 표현을 사용한 것은 정확한 표현은 아니다. 위 규정의 취지는 합병으로 소멸하는 투자신탁과 존속하는 투자신탁의 신탁업자가 다른 경우에는 신탁법 제26조 제1항에 대한 특칙으로서 존속하는 투자신탁의 신탁업자에게 소멸하는 투자신탁의 신탁업자가 해당 투자신탁을 위하여 갖고 있던 권리·의무가 포괄승계되어 개개의 권리나 의무에 요구되는 이전행위나 대항요건이 필요하지 않다는 취지로 이해하여야 하며, 그 신탁업자가 동일한 경우에는 법 제80조 제2항에 의한 투자신탁의 책임재산이 합병되는 투자신탁의 재산으로 합쳐진다는 취지임과 동시에 신탁법 제30조 및 법 제246조 제2항에 의한 분별관리의무에 있어서 합병되는 각 투자신탁의 투자신탁재산을 하나의 투자신탁재산으로 간주하여 적용된다는 취지로 이해하여야 한다.

Ⅳ. 소규모 투자신탁의 합병의 특례

투자신탁을 합병하는 경우 원칙적으로 수익자총회의 결의를 거쳐야 한다(법 193조 2항 본문). 그러나 수익자총회를 개최하는 것은 매우 번거로운 절차이므로 이를 해소하기 위한 방법으로 수익자총회를 개최하지 아니하고 합병의 방법을 열어 놓았다(법 193조 2항 단서, 법 시행령 225조의2 1항). 이는 국내 자본시장에 소규모 펀드가 너무 많아 효율적인 자산운용을 저해하는 등 시장의 건전한 발전을 가로막고 있다는 판단에 따른 것이다.[1] 다만 이러한 특례의 적용대상이 되기 위해서는 다음 세 가지 요건을 충족하여야 한다(법 시행령 225조의2 1항).

1) 존속하는 동안 투자금을 추가로 모집할 수 있는 사모집합투자기구가 아닌 투자신탁으로서 설정한 후 1년이 되는 날에 원본액이 50억원 미만인 경우 또는 사모집합투자기구가 아닌 투자신탁을 설정하고 1년이 지난 후 1개월간 계속하여 투자신탁의 원본액이 50억원 미만인 경우(법 시행령 223조 3항·4항)

2) 집합투자기구의 종류가 동일할 것. 여기서 집합투자기구의 종류는 주요투자대상자산에 따른 종류를 말한다(법 제229조).

3) 집합투자규약에 따른 투자목적, 투자전략 및 투자대상자산 등이 유사할 것

소규모 투자신탁의 합병 특례에 의해 합병을 하는 경우 집합투자업자는 합병하는 날의 20일 전까지 일정한 사항을 수익자에게 서면으로 통지하여야 한다(법 시행령 225조의2 2항). 집합투자업자는 이러한 통지의무를 예탁결제원에 위탁하여야 한다(법 시행령 225조의2 3항).

[초판: 황호석, 개정판: 손영화]

1) 김건식/정순섭, 전게서(2013), 927쪽; 정순섭 외, 전게 보고서(2009. 8).

제 2 절 회사 형태의 집합투자기구

제 1 관 투자회사

○ 前注

Ⅰ. 의의 및 연혁	Ⅲ. 법 제5편 제2장 제2절 제1관의 내용
Ⅱ. 외국의 입법례	

Ⅰ. 의의 및 연혁

투자회사는 집합투자를 수행하기 위한 집합투자기구 중 상법에 따른 주식회사 형태의 집합투자기구를 말한다(법 9조 18항 2호). 투자회사는 집합투자기구로서 기본적으로 투자자의 자금을 모아 투자대상자산을 취득, 처분하는 등의 방법으로 운용하고 그 결과를 투자자에게 배분하여 귀속시키는 것을 목적으로 하는 기구이나 그 법적 형태를 상법상의 주식회사로 하는데 특성이 있다. 따라서 투자자의 투자자금은 회사의 자본금을, 투자자는 회사의 주주를 구성하게 되며 주주총회, 이사, 이사회 등 회사법상의 조직구조를 갖추어야 한다. 다만 이사는 법인이사와 감독이사로 구분되며 상법상의 대표이사제도나 감사제도는 적용되지 않는 등 집합투자기구의 속성상 필요한 범위 내에서 상법상 주식회사와는 구별되는 예외적인 사항들이 법에 의하여 별도로 규정되어 있다.

우리나라에 집합투자제도가 도입된 이후 우리나라의 집합투자제도는 계약형 구조인 투자신탁만 존재하였다. 그러나 투자신탁제도의 운용과정에서 신탁재산의 부실이 위탁회사로 전이되어 위탁회사의 부실을 초래하였고, 신탁재산 간 부당거래의 가능성이 제기되어 투자신탁제도에 대한 불신이 유발되었다.[1] 이에 따라 투자자들에게 다양한 투자수단을 제공하고 집합투자제도의 국제적 정합성을 제고하여[2] 투자자들의 신뢰를 회복하기 위하여 1998년 9월 16일 증권투자회사법이 제정되어 회사형집합투자기구인 증권투자회사제도가 도입되었다.

그러나 증권투자신탁업법과 증권투자회사법이 각각 별도로 제정·운용되는 것에 대하여 여러 문제점들이 지적되었는데, 양 법률이 동일한 기능을 수행하는 집합투자제도에

1) 현투증권주식회사 편, 「투자신탁의 이론과 실무」, 무한, 2002, 463쪽.
2) 국회 재정경제위원회, 「증권투자회사법안 심사보고서」, 1998. 9, 3쪽.

대하여 각 금융기관별·상품별로 별도로 규제함으로써 발생하는 금융기관 간 규제의 불공정성, 기관별 입법에 의하여 규제되지 않는 자산운용행위에 대한 규제의 공백, 투자자 보호의 미흡 등이 그것이다. 이에 동일한 자산운용행위에 대하여 동일한 규제를 적용하고, 투자자 보호 장치를 강화하여 자산운용산업에 대한 투자자의 신뢰를 회복할 수 있도록 하기 위하여[1] 2003년 10월 4일 구간투법이 제정되어 증권투자신탁업법 및 증권투자회사법을 통합하였다. 이에 따라 증권투자회사는 투자회사로 명칭이 변경되어 구간투법에 따라 규율되게 되었다.

자본시장법은 구간투법 이외에도 11개의 개별 법률에 산재되어 있던 펀드 관련 규제를 개편하여 개별법상 펀드라도 투자자보호의 필요성이 큰 공모펀드에 대하여는 이 법을 원칙적으로 적용하도록 함으로써 기능별 규제 체제를 확대하였다. 또한 구간투법상의 투자신탁, 주식회사인 투자회사, 합자회사인 투자전문회사 이외에도 유한회사, 익명조합 등[2] 민법, 상법 등 현행법상 설립가능한 모든 vehicle을 집합투자기구로 활용할 수 있도록 허용하여 집합투자기구의 범위를 확대하였다.[3] 한편 투자회사에 대하여는 구간투법상 투자회사에 대한 규정을 대체로 계수하여 규율하고 있다.

Ⅱ. 외국의 입법례

1. 영·미

영국의 회사형 집합투자기구로는 investment trust와 개방형 투자회사(Open-ended investment company, 이하 "OEIC")가 있다. Investment Trust는 회사법(Company Act)에 의하여 설립되고 규율되며 따라서 일반주식회사와 동일한 규제가 적용된다. 또한 일반 주식회사 형식으로 설립되고 운영되므로 환매가 불가능한 폐쇄형 펀드이다. 반면 OEIC는 개방형 투자회사로서 영국 투자신탁 업계가 유럽연합 지역 내에서 마케팅을 하기 위하여 1997년 도입된 제도이며 개방형투자회사에 대한 법령(Open-ended Investment Companies Regulations 2001) 및 감독당국인 영국 재정청(Financial Services Authority)의 규정인 집합투자제도 규정집(Collective Investment Schemes Sourcebook)에 따라 규율된다.

한편, 미국의 집합투자에 관한 법률인 1940년 투자회사법(Investment Company Act of 1940)은 동법상의 투자회사(investment company)를 유가증권 투자, 재투자 또는 거래를 주목적으로 하는 발행인(any issuer which is or holds itself out as being engaged primarily, or proposes to

1) 국회 재정경제위원회, 「자산운용업법안(정부제출) 검토보고서」, 2003. 4, 1쪽, 3쪽.

2) 2011년 법 개정으로 명칭이 "조합은 합자조합으로, 투자조합은 투자합자조합으로, 투자조합재산을 투자유한책임회사재산과 투자합자조합재산으로" 변경되었다. 그리고 상법 개정에 따라 제 9 조 제18항에 제 4 호의2 "투자유한책임회사"를 신설하였다.

3) 재정경제부, 「자본시장과 금융투자업에 관한 법률안 설명자료」, 2007, 34쪽, 39쪽, 57쪽.

engage primarily, in the business of investing, reinvesting, or trading in securities) 등으로 정의하여(동법 Sec.3(a)(1)) 투자회사의 법적 설립형태를 불문하고 경제적 기능에 따라 동일한 기능을 수행하는 기구에 대하여는 모두 동법의 적용을 받도록 하고 있다. 한편 법적 설립형태에 대하여는 위 1940년 투자회사법에서 별도로 규정하고 있지 않으므로 원하는 법적 형식을 선택하여 관련 주법에 따라 설립하게 되어 있다.

2. 일　본

일본은 1998년 6월 기존의 증권투자신탁법을 개정하여 명칭을 증권투자신탁 및 증권투자법인에 관한 법률로 변경하였으며 동 법률을 통하여 회사형집합투자기구인 증권투자법인에 관한 제도를 도입하였다. 한편 동 법률은 2000년 투자신탁 및 투자법인에 관한 법률로 명칭이 다시 변경되었다. 동법상 투자법인은 자산을 주로 특정자산에 대한 투자로 운용하는 것을 목적으로 하여 동법에 의거하여 설립된 사단으로 정의되어 있다(동법 2조 12항). 이와 같이 투자법인은 일본 상법상의 주식회사가 아닌 특수법인의 형태로 되어 있으며, 따라서 설립, 경영구조, 해산 및 청산에 이르기까지 위 법률에서 별도로 규율하고 있다. 투자법인의 기관으로는 투자자총회 및 집행임원과 감독임원으로 구성되는 임원회가 있는바, 집행임원은 투자법인의 업무를 수행하고 투자법인을 대표한다(동법 109조 1항). 임원회는 법이나 규약에서 정하는 권한을 행하는 것 외에 집행임원의 직무수행을 감독한다(동법 114조). 이러한 임원회의 집행임원에 대한 감독권한과 감독임원의 감독권한과의 관계에 대하여는 양자는 독립해서 각각 그 권한을 행사할 수 있다고 해석된다.[1]

Ⅲ. 법 제5편 제2장 제2절 제1관의 내용

법 제194조에서 제206조는 집합투자기구 중 투자회사에 대하여 그 구성과 관계되는 사항, 즉 그 설립, 정관 변경, 발행하는 주식에 관한 사항, 법인이사, 감독이사, 이사회, 주주총회 등 투자회사의 지배구조에 관한 사항, 투자회사의 해산, 청산 및 합병에 관한 사항, 그리고 투자회사에 적용되는 특례와 상법과의 관계에 대하여 규율하고 있다.

한편 특수한 형태의 투자회사인 환매금지형투자회사, 종류형투자회사, 전환형투자회사, 모자형투자회사 및 상장지수 투자회사에 대하여는 법 제230조 내지 제234조에서 별도로 규정하고 있다. 그리고 투자회사의 투자회사 재산 운용에 관하여는 집합투자업자의 영업행위 규칙에 관한 법 제79조 내지 제94조에서 규율하고 있으며, 투자회사 주식의 환매에 대하여는 법 제235조 내지 제237조에서, 투자회사재산의 평가 및 회계에 대하여는 법 제238조 내지 제243조에서, 투자회사재산의 보관 및 관리에 대하여는 법 제244조

1) 高月昭年, 「改正投資信託法」, 金融財政事情研究會, 1998, 65, 67頁.

내지 제248조에서 각각 규율하고 있다.

제194조(투자회사의 설립 등)

① 제24조에 적합하지 아니한 자는 투자회사의 발기인이 될 수 없다.[1)]

② 발기인은 투자회사를 설립하는 경우 다음 각 호의 사항을 기재한 정관을 작성하여 발기인 전원이 기명날인 또는 서명하여야 한다.

1. 목적
2. 상호
3. 발행할 주식의 총수
4. 설립 시에 발행하는 주식의 총수 및 발행가액
5. 회사의 소재지
6. 투자회사재산의 운용 및 관리에 관한 사항
7. 그 투자회사가 유지하여야 하는 순자산액(자산에서 부채를 뺀 금액을 말한다)의 최저액(이하 "최저순자산액"이라 한다)
8. 이익분배 및 환매에 관한 사항
9. 공시 및 보고서에 관한 사항
10. 공고방법
11. 그 밖에 주주를 보호하기 위하여 필요한 사항으로서 대통령령으로 정하는 사항

③ 투자회사 설립시의 자본금은 주식 발행가액의 총액으로 한다.

④ 투자회사가 설립 시에 발행하는 주식의 총수는 그 상한과 하한을 두는 방법으로 정할 수 있다.

⑤ 투자회사의 최저순자산액은 10억원을 초과하지 아니하는 범위에서 대통령령으로 정하는 금액 이상으로 하여야 한다.

⑥ 투자회사의 발기인은 투자회사의 설립 시에 발행하는 주식의 총수를 인수(「상법」 제293조에 따른 인수를 말한다. 이하 이 장에서 같다)하여야 한다.

⑦ 제 6 항에 따라 주식을 인수한 발기인은 지체 없이 주식의 인수가액을 금전으로 납입하여야 한다.

⑧ 발기인은 투자회사 설립 시에 발행하는 주식의 인수가액의 납입이 완료된 경우에는 지체 없이 의결권 과반수의 찬성으로 이사를 선임하여야 하며, 선임된 이사는 투자회사의 설립에 관하여 법령이나 투자회사의 정관을 위반한 사항이 있는지를 조사하여 그 결과를 이사회에 보고하여야 한다.

⑨ 이사는 제 8 항에 따른 조사결과 법령 또는 투자회사의 정관을 위반한 사항을 발견한 경우에는 지체 없이 이를 발기인에게 보고하여야 한다.

⑩ 투자회사의 발기인은 다음 각 호의 사항을 제 8 항에 따른 보고를 종료한 날부터 2주 이내에 대통령령으로 정하는 서류를 첨부하여 설립등기를 하여야 한다.

1. 제 2 항 제 1 호부터 제 3 호까지의 사항 및 같은 항 제 5 호·제 7 호·제10호의 사항
2. 정관으로 투자회사의 존속기간 또는 해산사유를 정한 경우 그 내용

---

1) 2013년 5월 개정하여 '각 호의 어느 하나에 해당하는'을 '적합하지 아니한 자는'으로 변경하였다.

3. 이사의 성명·주민등록번호(법인인 경우에는 상호·사업자등록번호)

⑪ 투자회사의 발기인은 다음 각 호의 어느 하나에 해당하는 투자회사를 설립하여서는 아니 되며, 투자회사는 설립 후에도 그 투자회사의 정관을 다음 각 호의 어느 하나에 해당하도록 변경하여서는 아니 된다.

1. 투자회사재산의 100분의 70을 초과하여 부동산에 투자하는 투자회사
2. 투자회사재산을 선박에 투자하는 투자회사

Ⅰ. 본조의 취지

투자회사도 상법상 주식회사이므로 주식회사의 설립에 관한 상법의 규정이 원칙적으로 적용될 것이나 투자회사는 집합투자기구이므로 그 특성상 상법의 규정을 그대로 적용하기에 부적절한 면이 있다. 본조는 이러한 점을 반영하여 투자회사의 설립에 대하여 별도로 규율하고 있다. 본조에서 별도로 규정하지 않는 내용에 대하여는 법 제206조 제2항에 의하여 그 적용이 배제되지 않는 한도 내에서 상법상 주식회사의 설립에 대한 규정이 적용될 것이다.

Ⅱ. 발기인에 의한 설립

1. 발기설립

상법상 주식회사의 설립에는 설립의 과정에서 발기인 이외의 주주를 모집하는지 여부에 따라 발기설립과 모집설립의 두 가지 방법이 있다. 그러나 투자회사에 대하여는 법 제206조 제2항에서 상법 제301조의 적용을 배제하고 있어 발기설립의 방법에 의한 설립만 가능하다. 증권투자회사법에서는 상법상 모집설립의 방법에 의한 증권투자회사의 설립이 가능하였으나[1] 구간투법 제181조에서 상법 제301조를 배제함으로써 발기설립만 가능하게 하였으며 이 법에서도 그 태도를 유지하고 있다. 구간투법에서 발기설립

1) 종전 증권투자회사법상 모집설립이 가능하였음에도 불구하고 실제로는 발기설립의 방법으로만 증권투자회사를 설립하였다. 그 이유는 증권투자회사법 제46조 제4항의 반대해석상 설립시 주주를 모집하는 때에는 구증권법 제3장(유가증권신고서제도)의 규정을 적용받게 되고 또한 사업자등록시 부과되는 등록세의 부과기준이 설립시 자본금의 일정비율로 규정되어 있어 모집설립을 하는 경우에는 일반투자자로부터 모집된 자금이 전부 자본금으로 계상되어 발기설립에 비하여 월등히 많은 등록세가 부과되기 때문이다(박삼철, 전게서(2001), 601-602쪽).

만 허용하게 된 이유는 업계에서 발기설립만 이용되고 있고 투자회사는 투자목적을 위한 특수목적회사로서 투자회사로부터 운용을 위탁받을 집합투자업자나 판매하게 될 투자매매업자 등이 발기인으로 참여하여 설립하는 것이 보다 현실적이라는 점을 감안하였기 때문이다.[1)]

2. 발기인의 자격 및 책임

본조 제 1 항은 법 제24조 소정의 금융투자업자의 임원의 자격요건을 발기인에 준용하고 있다. 발기인의 자격에 관하여 상법에서 다른 특별한 제한을 규정하고 있지 않으므로 권리능력을 가지는 자이면 누구든지 발기인이 될 수 있다는 것이 통설의 입장이고 법원의 실무례이다.[2)] 따라서 위 각 호에 해당하는 자가 아닌 한 권리능력을 가지는 자이면 누구든지 투자회사의 발기인이 될 수 있다. 다만, 업계 실무는 법인이사이면서 투자회사로부터 자산운용을 위탁받아 운용할 자인 집합투자업자가 발기인이 되는 경우가 일반적이다.[3)]

그리고 투자회사의 발기인은 상법의 규정에 따라 일반 주식회사의 발기인과 동일한 책임을 부담한다. 따라서 설립시 발행하는 주식의 인수 및 납입담보책임을 지며(상법 321조), 발기인이 투자회사의 설립에 관하여 그 임무를 해태한 때에는 회사에 대하여 연대하여 손해를 배상할 책임이 있고, 악의 또는 중대한 과실로 인하여 그 임무를 해태한 경우에는 제 3 자에 대하여도 연대하여 손해를 배상할 책임이 있다(상법 322조). 또한 투자회사가 성립하지 못한 경우에는 발기인은 그 설립에 관한 행위에 대하여 연대하여 책임을 지며 이 경우 회사의 설립에 관하여 지급한 비용은 발기인이 부담한다(상법 326조).

Ⅲ. 투자회사의 정관 기재사항

1. 절대적 기재사항

투자회사를 설립하기 위해서는 발기인이 정관을 작성하여 전원이 기명날인 또는 서명하여야 한다. 본조 제 2 항은 투자회사 정관에 반드시 기재하여야 하는 절대적 기재사항에 대하여 상법에 대한 특칙으로 별도로 규정하고 있다. 투자회사 정관의 절대적 기재사항은 ① 목적, ② 상호, ③ 발행할 주식의 총수, ④ 설립 시에 발행하는 주식의 총수 및 발행가액, ⑤ 회사의 소재지, ⑥ 투자회사재산의 운용 및 관리에 관한 사항, ⑦ 그 투자회사가 유지하여야 하는 순자산액의 최저액, ⑧ 이익분배 및 환매에 관한 사항, ⑨ 공

1) 법령제정 실무작업반(8인) 공저, 「간접투자(펀드) 해설」, 박영사, 2006, 270쪽.
2) 손주찬/정동윤, 「주석 상법[회사(Ⅱ)]」, 57쪽.
3) 법령제정 실무작업반(8인) 공저, 전게서(2006), 266쪽.

시 및 보고서에 관한 사항, ⑩ 공고방법 및 ⑪ 그 밖에 주주를 보호하기 위하여 필요한 사항으로서 대통령령으로 정하는 사항이다. 위 사항들 중 ① 내지 ⑤ 및 ⑩ 항목의 사항은 주식회사 정관의 기재사항과 공통되며 나머지 사항들은 집합투자기구로서의 투자회사의 기본적인 특성에 관한 사항들로서 일반 주식회사의 정관에는 없는 투자회사 고유의 기재사항이다. 해당 투자회사의 집합투자업자는 투자회사의 정관을 인터넷 홈페이지 등을 이용하여 공시하여야 한다(법 91조 3항).

이하 이 법상 투자회사의 고유의 기재사항에 대하여 살펴본다.

(1) 투자회사재산의 운용 및 관리에 관한 사항

투자회사는 그 정관에 해당 투자회사의 투자회사재산의 운용 및 관리에 관한 사항을 기재하여야 한다. 본호는 구간투법 시행령에 규정되어 있던 사항을 그 중요성에 비추어 투자회사 정관 기재사항으로 할 것을 법에서 규정한 것으로 보인다. 이에 따라 투자회사는 정관에 그 주된 투자대상, 투자 방법, 투자 한도, 운용지시 등 투자회사재산의 운용에 관한 기본적인 사항을 기재하여야 하는바, 그 내용은 해당 투자회사의 투자전략을 명확하게 이해할 수 있는 내용이어야 할 것이다. 또한 투자회사재산의 보관 및 관리에 관한 사항도 명시하여야 하는바, 투자회사재산의 보관 및 관리는 신탁업자에게 위탁하여야 하므로 구체적으로 그 관리방법을 기재할 필요는 없다.

(2) 최저순자산액

투자회사는 정관에 그 투자회사가 유지하여야 하는 순자산액(자산에서 부채를 뺀 금액)의 최저액을 명시하여야 한다. 투자회사의 최저순자산액은 10억원 이상으로 하여야 하므로(법 194조 5항, 법 시행령 227조 2항) 정관에도 그 금액 이상을 기재하여야 한다.

(3) 이익분배 및 환매에 관한 사항

투자회사는 그 정관에 해당 투자회사의 이익분배 및 환매에 관한 사항에 대하여 규정하여야 한다. 투자회사는 원칙적으로 투자회사재산 운용에 따라 발생한 이익금을 투자자에게 금전 또는 새로 발행하는 주식으로 분배하여야 하며, 단기금융투자회사를 제외한 투자회사의 경우로서 이익금의 분배를 유보하고자 하는 경우 이익금의 유보에 관한 사항을 정관에 정하여야 한다(법 242조 1항, 법 시행령 266조 1항). 따라서 투자회사의 정관에는 이익금을 분배하는지 여부, 분배하지 않는 경우 그 유보에 관한 사항, 분배하는 경우 이익금 분배방법 등을 기재하여야 한다. 또한 투자회사는 환매금지형이 아닌 한 주주의 환매청구에 응하여야 하며(법 230조, 235조), 환매청구를 받은 경우 정관에서 정한 환매일에 환매대금을 지급하여야 하는바(법 235조 4항), 투자회사의 정관에는 주주의 청구에 의하여 주식을 환매해 주는지 여부, 환매금지형투자회사가 아닌 경우 환매 청구방법, 환매가격, 환매방법, 환매수수료, 환매제한, 환매연기 등에 대하여 구체적으로 기재하여야 한다.

(4) 공시 및 보고서에 관한 사항

투자회사는 그 정관에 해당 투자회사의 공시 및 보고서에 관한 사항에 대하여 기재하여야 한다. 본호는 종전 구간투법 하에서는 없던 내용으로서 법 제정시 투자회사 정관의 기재사항으로 새로 추가된 항목이다. 투자회사에 대한 투자자 보호를 강화하기 위한 것으로 해석된다. 이에 따라 투자회사는 그 공시방법, 보고서의 종류, 제공방법 등에 대하여 정관에 기재하여야 한다.

(5) 그 밖에 주주를 보호하기 위하여 필요한 사항으로서 대통령령으로 정하는 사항

법 시행령 제227조 제 1 항은 다음 사항을 투자회사 정관의 기재사항으로 규정하고 있다.

1) 법 제229조에 따른 투자회사의 종류

투자회사는 투자회사재산의 운용대상에 따라 증권형투자회사, 부동산투자회사, 특별자산투자회사, 혼합자산투자회사 또는 단기금융투자회사 중 어느 것에 해당하는지를 기재하여야 한다. 한편 이러한 투자회사의 종류를 변경하는 것은 주주에 미치는 영향이 크므로 주주총회 특별결의를 거쳐야 하며(법 195조 1항 4호, 법 시행령 229조 1항 1호) 그 변경에 반대하는 주주는 주식매수청구권을 행사할 수 있다(법 201조 4항).

2) 투자대상자산(주된 투자대상자산을 포함한다)

투자회사 정관에는 투자회사의 주된 투자대상자산 등 투자대상자산에 대한 내용을 기재하여야 한다. 주된 투자대상자산이란 당해 집합투자규약의 투자목적에 당해 집합투자기구가 주로 투자하는 자산으로 명시되어 있는 자산을 의미한다(법 시행령 94조 2항 4호, 금융투자업규정 4-69조 2항 참조). 법에서는 주된 투자대상자산의 의미와 관련하여 구체적인 수치(50% 이상 투자 등)를 제시하는 등 구체적인 기준이나 범위 등을 제시하고 있지는 아니하며, 집합투자규약의 투자목적에 주로 투자하는 자산으로 명시하는지 여부만을 기준으로 하고 있으므로, 법상 주된 투자대상자산이란 집합투자업자가 해당 집합투자기구와 관련하여 집합투자규약의 투자목적에 당해 집합투자기구가 주로 투자하는 자산으로 할 것을 의도하고 명시한 자산이면 족하다고 해석된다.

이와 관련하여 주된 투자대상자산에 대한 이 법상 규정의 입법취지가 명시되어 있는 문헌은 찾기가 어려우나, 주된 투자대상자산의 개념 및 이에 대한 규율은 구간투법에 규정되어 있는 내용을 그대로 승계한 것으로 보인다. 즉 투자자 보호차원에서 정관에 기재되어야 하는 주된 투자대상은 적어도 정관상 별도의 기재사항인 투자회사의 종류(법 제229조의 구분에 따른 종류)를 특정짓는 기준(증권, 부동산, 특별자산 등)보다는 구체적으로 기재되

어야 할 것이며,[1] 해당 투자회사의 투자목적과 투자위험에 관한 투자자의 투자판단이 가능하도록 기재하는 것이 바람직하다.

3) 주식의 추가발행 및 소각에 관한 사항

투자회사는 설립 후 신주를 발행하는 경우, 이익금을 새로 발행하는 주식으로 분배하는 경우 및 합병하는 경우 신주를 추가발행하게 되며, 법 제201조 제4항에 따라 반대주주가 주식매수청구권을 행사하거나 제235조에 따라 주식을 환매한 경우 해당 주식을 소각하여야 하는바, 이에 따라 투자회사 정관에 신주의 발행 및 소각에 관한 사항에 대하여 기재하여야 한다. 통상 신주의 발행절차, 효력발생시기, 배당기산일 등 및 소각사유, 소각시기 등을 규정한다.

4) 존속기간 또는 해산사유를 정한 경우에는 그 내용

투자회사의 존속기간을 정한 경우에는 이를 정관에 기재하여야 한다. 통상 설립 후 신주발행을 하지 않는 단위형투자회사의 경우 존속기간을 정하며, 환매금지형투자회사의 경우 존속기간을 정하여야 한다(법 230조 1항). 또한 해산사유를 정한 경우에는 그 내용도 기재하여야 한다. 존속기간 및 해산사유는 투자자에 미치는 영향이 크므로 설립등기시 등기사항에 포함되며(법 194조 10항 2호) 이에 대한 내용을 변경하고자 하는 경우 주주총회의 특별결의를 거쳐야 하고(법 195조 1항 3호), 그 변경에 반대하는 경우 매수청구권을 행사할 수 있다(법 201조 4항). 한편 정관에서 정한 존속기간이 만료되거나 해산사유가 발생한 경우 투자회사는 해산한다(법 202조 1항 1호).

5) 투자회사재산의 평가 및 기준가격의 계산에 관한 사항

투자회사재산의 평가 및 기준가격 계산에 대하여는 법 제238조에서 상세히 규정하고 있는바, 투자회사 정관에서는 위 규정에 부합하는 범위 내에서 주주가 기본적으로 알고 있어야 할 사항과 법에서 정관으로 정하도록 한 사항을 규정하여야 할 것이다. 투자회사재산을 외화자산에 투자하는 경우로서 기준가격을 매일 공고·게시하는 것이 곤란한 경우에는 정관에서 기준가격의 공고·게시주기를 15일 이내의 범위에서 별도로 정할 수 있다(법 238조 7항).

6) 이익 외의 자산등의 분배에 관한 사항

투자회사는 이익금을 초과하여 분배할 필요가 있는 경우에는 이익금을 초과하여 금전으로 분배할 수 있는바(법 242조 2항), 이와 같이 이익금을 초과하여 금전으로 분배하고자 하는 경우에는 정관에 그 뜻을 기재하고 이익금의 분배방법 및 시기, 그 밖에 필요한 사항을 미리 정하여야 한다(법 시행령 266조 4항). 따라서 투자회사의 정관에는 이익금을 초

1) 예를 들어, 증권투자회사의 경우 법상 포괄적인 개념으로 규정되어 있는 "증권" 자체를 구체화하여 나열한 채무증권, 지분증권, 수익증권, 파생결합증권 등 또는 그에 포함되는 주식, 채권 등의 하위개념을 증권투자회사의 정관상 주된 투자대상자산으로 기재하여야 할 것이다(법 4조 2항 참조).

과하여 금전으로 분배하고자 하는 경우 그 뜻, 분배방법 및 시기 등을 기재하여야 한다.

7) 집합투자업자·신탁업자·투자매매업자 또는 투자중개업자 및 일반사무관리회사와 체결할 업무위탁계약의 개요(보수 그 밖의 수수료의 계산방법, 지급방법 및 시기에 관한 사항을 포함한다)

투자회사재산 운용업무는 법인이사인 집합투자업자가 수행하며, 투자회사는 투자회사재산 보관·관리업무를 신탁업자에게, 주식 판매 업무를 투자매매업자 또는 투자중개업자에게, 기타 투자회사 주식의 발행 및 명의개서, 투자회사재산의 계산 등 사무처리업무를 일반사무관리회사에 각 위탁하여야 한다(법 184조). 이에 따라 투자회사 정관에는 이들에게 지급할 보수 기타 수수료의 계산방법, 지급방법, 지급시기, 보수율, 보수계산기간, 위탁할 주요 업무 내용 기타 업무위탁계약의 개요에 대하여 기재하여야 한다.

8) 집합투자업자 및 신탁업자의 변경에 관한 사항

집합투자업자 또는 신탁업자의 변경이라 함은 투자회사의 법인이사인 집합투자업자 또는 투자회사와 업무위탁계약을 체결한 신탁업자가 다른 집합투자업자 또는 신탁업자로 교체되는 것을 말하며, 해당 업무위탁계약상 당사자 지위의 양도, 영업양도, 합병, 분할, 분할합병으로 인한 경우 및 금융위원회의 계약인계명령에 의한 경우가 있을 수 있다. 집합투자업자 및 신탁업자의 변경은 투자회사 주주의 이해관계에 영향을 미치는 바가 크므로 원칙적으로 집합투자업자 또는 신탁업자가 변경되는 경우 주주총회의 특별결의를 거쳐야 한다(법 195조 1항 2호). 다만 합병, 분할, 분할합병, 금융위원회의 계약인계명령에 의한 경우 등에는 주주총회 또는 이사회의 결의가 필요 없다(법 195조 2항, 법 시행령 229조 2항). 따라서 정관에는 위 범위 내에서 집합투자업자 및 신탁업자의 변경 사유, 변경절차, 새로운 집합투자업자 및 신탁업자의 적격기준 등을 규정하여야 할 것이다.

9) 정관의 변경에 관한 사항

투자회사 정관변경에 대하여는 법 제195조에서 규정하고 있는바, 투자회사 정관에는 동 규정의 범위 내에서 정관을 변경하고자 하는 경우 절차, 공시방법 등을 기재하여야 한다.

10) 감독이사의 보수에 관한 기준

상법상 이사의 보수는 정관에서 정하지 않은 경우 주주총회가 정할 수 있으나(상법 388조), 투자회사의 경우 정관에 이에 대한 기준을 정하여야 한다. 단 법인이사에 대하여는 집합투자업자에 대한 보수 관련 규정과 관련하여 별도 항목에서 규율하고 있으므로 본 항목에서는 감독이사에 대하여도 보수 기준을 정관에 명시하도록 규정하고 있는 것이다. 보수에 관한 기준을 정하면 되므로 감독이사별 구체적인 보수를 정할 필요는 없고 보수의 한도를 정하고 세부사항은 주주총회나 이사회에 위임할 수 있을 것이다.

11) 투자회사의 회계기간

일반적으로 회계기간이라 함은 기업의 경영성적을 파악하기 위하여 구분한 기간으로서 재무보고서의 내용이 일어났던 기간을 말한다. 투자회사의 경우 매일 투자회사재산을 평가하고 이에 대한 손익을 계정에 반영하기 때문에 결산이 갖는 손익 확정의 의미는 없으나, 계산 기간 중에 발생한 수익을 정하고 분배재원을 확보한다는 의미를 갖는다.[1) 이 법에서 회계기간에 대하여 특별히 규정한 바는 없으므로 개별 투자회사의 투자대상 등 성격에 따라 회계기간을 정하면 된다. 다만 상법상 상인은 1년에 1회 이상 결산을 하도록 규정하고 있으므로(상법 30조 2항), 투자회사도 1년 범위 내에서 회계기간을 정하여야 할 것이다.

12) 정관 작성연월일

투자회사 정관에는 정관의 작성연월일을 기재하여야 한다. 이는 정관의 효력발생일을 확정함으로써 정관의 효력에 관하여 분쟁이 있는 경우에 대비하기 위한 것이다.

13) 그 밖에 주주 보호를 위하여 필요한 사항으로서 금융위원회가 정하여 고시하는 사항

2. 상대적 기재사항

투자회사 정관의 상대적 기재사항으로는 신주의 발행에 관한 사항의 결정권한을 주주총회에 부여하고자 하는 경우 그 내용(법 196조 3항), 법인이사의 업무집행과 관련하여 이사회 결의를 거쳐야 하는 사항(법 198조 2항 4호), 이사회의 소집 통지기간을 3일보다 단축하고자 하는 경우 그 내용(법 200조 2항), 이사회 결의사항(법 200조 3항) 등이 있다.

3. 임의적 기재사항

투자회사 정관에는 위 절대적 기재사항 및 상대적 기재사항 이외에도 강행법규나 공서양속에 위배되지 아니하는 내용을 임의로 기재할 수 있다. 통상 투자회사 정관에 포함되는 임의적 기재사항으로는 주권의 발행 및 예탁, 예탁주권의 교부, 주권의 재교부, 주주총회의 운영, 의장의 질서유지권, 차입 및 보증의 제한 등이 있다.

Ⅳ. 자본 및 기관의 구성

1. 주식발행사항의 결정, 최저순자산액

일반 주식회사의 경우 발기인은 설립당시 발행하는 주식에 관하여 정관에 다른 규정이 없으면 발기인 전원의 동의로 ① 주식의 종류와 수 및 ② 액면 이상의 주식을 발행

1) 법령제정 실무작업반(8인) 공저, 전게서(2006), 427쪽.

하는 때에는 그 수와 금액을 정하여야 한다(상법 291조). 위 ①과 관련하여 투자회사는 우선주, 보통주, 전환주식, 상환주식 등 수종의 주식 등을 발행할 수 없으나(법 206조 2항, 상법 344조 내지 351조) 종류형투자회사의 경우 판매보수의 차이로 인하여 기준가격이 다르거나 판매수수료가 다른 여러 종류의 주식을 발행할 수 있으므로 종류형투자회사의 발기인은 해당 투자회사가 발행할 주식의 종류 및 수를 결정하여야 할 것이다. 한편 투자회사 주식은 무액면이므로 위 ②는 투자회사에는 적용될 수 없다. 투자회사의 경우 정관에 설립시에 발행하는 주식의 총수 및 발행가액을 정하게 되어 있으므로 투지회사 설립시 주식발행사항은 정관으로 결정된다고 하겠다. 다만 투자회사가 설립시에 발행하는 주식의 총수는 그 상한과 하한을 두는 방법으로 정할 수 있는바(법 194조 4항), 이와 같은 방식을 택한 경우에는 발행시에 구체적으로 발행할 주식의 수를 결정하여야 할 것이다.

한편 투자회사 주식은 무액면이므로 설립시의 자본금은 정관에 기재되는 주식 발행가액의 총액으로 한다(법 194조 3항). 투자회사에는 상법상의 최저자본금 요건이 적용되지 않는다(법 206조 2항, 상법 329조 1항). 다만 투자회사가 금융위원회에 등록하기 위해서는 등록 신청 당시의 자본금이 1억원 이상이어야 하므로(법 시행령 209조 1호 나목, 금융투자업규정 7-1조) 설립시 자본금, 즉 주식 발행가액의 총액은 위 금액 이상이어야 한다. 또한 투자회사의 최저순자산액은 10억원 이상이어야 한다(법 194조 5항, 법 시행령 227조 2항). 이와 같이 투자회사의 최저순자산액에 대한 최소한도를 규제하고 있는 이유는 소규모 투자회사에 대한 적절한 퇴출장치를 확보하여 무분별한 난립을 방지함으로써 투자자를 보호하고 사회적 비용을 절감하기 위한 것이다.[1] 이와 같은 최저순자산액 요건이 언제부터 적용되는지에 대하여는 법에서 별도로 규정하고 있지 않다. 그러나 투자회사가 금융위원회에 등록하기 위하여 요구되는 자본금은 1억원이고(법 시행령 209조 1호 나목, 금융투자업규정 7-1조) 투자회사 주식은 등록이 완료되기 전까지는 판매될 수 없으므로(법 76조 3항) 해석상 최저순자산액 요건은 투자회사 설립 및 등록 시까지는 적용되지 않으며 등록 후 최초 주식모집에 의한 주금납입기일로부터 적용되는 것으로 이해된다.

2. 발기인의 주식인수

투자회사의 발기인은 투자회사의 설립시에 발행하는 주식의 총수를 인수하여야 한다(법 194조 6항). 이는 상법 제293조에 따른 인수를 의미하므로 각 발기인은 서면에 의하여 주식을 인수하여야 한다. 서면에 의하여 주식인수를 할 것을 요구하는 이유는 주식인수를 확실히 하고자 함이다. 서면에 의하지 않은 주식의 인수는 무효이다.[2] 특별한 양식이 요구되지는 않으므로 특정 발기인이 주식을 몇 주 인수하고 그 발행가액이 얼마라는

1) 박삼철, 전게서(2001), 600쪽.
2) 손주찬/정동윤, 전게서(2003), 111쪽.

내용과 기명날인 또는 서명만 있으면 될 것이다. 주식인수의 시기에 대하여는 정관작성의 전후를 불문한다는 것이 상법 해석상 다수설의 입장이다.[1)]

3. 출자의 이행

주식을 인수한 발기인은 지체 없이 주식의 인수가액을 금전으로 납입하여야 한다(법 194조 7항). 구간투법 상으로는 객관적인 가치평가가 가능하고 주주의 이익을 해할 우려가 없는 경우에는 유가증권, 부동산 또는 실물자산으로도 납입할 수 있다는 명시적인 규정을 두고 있었다(구간투법 38조 2항). 이는 종전 증권투자회사법상 법률규정이 명확하지 않아 현금만 납입 가능한 것으로 해석되어 주식 등 실물자산을 납입하지 못하는 데 따른 불편을 해소하기 위하여 도입되었던 규정으로서 투자자 보호를 위하여 일정한 요건 하에 실물자산 납입이 가능하도록 하고 있었다.[2)]

그러나 이 법에서는 본조 제7항에서 주식의 인수가액을 금전으로 납입하여야 한다고 하여 원칙적으로 실물자산 납입은 허용되지 않는 것으로 규정하고 있다. 다만 상장지수투자회사에 대하여는 증권에 의한 납입의 필요성이 있으므로 금전 외의 증권으로 납입할 수 있음을 별도로 규정하고 있다(법 234조 3항). 또한 사모투자회사의 경우에는 객관적인 가치평가가 가능하고 다른 투자자의 이익을 해할 우려가 없는 경우 증권, 부동산 또는 실물자산 등 금전 외의 자산으로 주식의 인수가액을 납입할 수 있다(법 249조 3항). 이러한 특례규정이 있기 때문에 실질적으로는 구간투법과 비교하여 크게 달라진 것은 없다고 하겠다.

4. 이사 선임

발기인은 투자회사 설립시에 발행하는 주식의 인수가액의 납입이 완료된 경우에는 지체 없이 의결권 과반수의 찬성으로 이사를 선임하여야 한다(법 194조 8항). 일반 주식회사의 경우 발기설립시 주금 납입이 완료된 때 발기인이 이사 및 감사를 선임하여야 하나, 투자회사는 감사를 두지 않으므로 이사만 선임하면 된다. 이사 선임의 방법은 발기인회에서 의결권의 과반수에 의한 결의로 이루어지는바, 의결권은 각 발기인의 인수주식 1주에 대하여 1개씩이다(상법 296조 2항). 의결권에 관하여는 상법 제296조 제2항이 적용된다. 선임결의를 한 때에는 발기인들은 의사록을 작성하여 의사의 경과와 그 결과를 기재하고 기명날인 또는 서명하여야 한다(상법 297조). 이사가 선임되면 그 때부터 이사가 설립중인 회사의 기관이 되고 설립등기가 완료되면 별도의 절차 없이 투자회사의 기관이 된다.[3)]

---

1) 상게서, 112쪽.
2) 법령제정 실무작업반(8인) 공저, 전게서(2006), 247쪽.
3) 이철송, 전게서(2008), 200쪽.

5. 설립경과의 조사

선임된 이사는 투자회사의 설립에 관하여 법령이나 투자회사의 정관을 위반한 사항이 있는지를 조사하여 그 결과를 이사회에 보고하여야 한다(법 194조 8항). 이러한 조사 결과 법령 또는 투자회사의 정관을 위반한 사항을 발견한 경우에는 이사는 지체 없이 이를 발기인에게 보고하여야 한다(법 194조 9항). 보고를 받은 발기인은 정관변경 기타 조치를 취할 수 있고 만약 치유될 수 없는 하자가 있다면 설립을 폐지할 수도 있다.

Ⅴ. 설립등기

회사는 본점소재지에서 설립등기를 함으로써 성립하므로(상법 172조) 투자회사도 법원의 등기소에 비치되어 있는 투자회사등기부에 설립등기를 완료함으로써 비로소 성립된다. 설립등기의 시기에 대하여 본조 제10항은 투자회사의 발기인은 본조 제8항에 따른 이사의 조사보고를 종료한 날로부터 2주 이내에 설립등기를 해야 하는 것으로 규정하고 있다.[1)]

설립 시 등기하여야 할 사항은 ① 목적, ② 상호, ③ 발행할 주식의 총수, ④ 회사의 소재지, ⑤ 그 투자회사가 유지하여야 하는 순자산액의 최저액, ⑥ 공고방법, ⑦ 정관으로 투자회사의 존속기간 또는 해산사유를 정한 경우 그 내용, ⑧ 이사의 성명·주민등록번호(법인인 경우 상호·사업자등록번호)이다(법 194조 10항). 등기사항 중 변경이 있는 때에는 변경등기를 하여야 한다(상법 317조 4항, 183조).

설립 등기의 기본적인 효력은 설립등기를 마침으로써 설립중의 투자회사가 법인격을 취득하여 투자회사로 성립한다는 것이다(상법 172조). 이에 따라 주식을 인수한 발기인이 주주가 되고 설립 중의 회사의 임원이었던 이사가 성립 후의 회사의 이사가 되며, 발기인이 취득한 권리의무가 성립 후의 회사의 권리의무로 귀속된다. 한편 투자회사는 설립등기를 완료한 경우 금융위원회에 등록하여야 한다(법 182조).

Ⅵ. 투자회사 설립의 제한

투자회사의 발기인은 투자회사 재산의 100분의 70을 초과하여 부동산에 투자하는 투자회사 또는 투자회사재산을 선박에 투자하는 투자회사를 설립하여서는 아니 된다. 또

1) 만약, 본조 제8항에 따른 조사결과 법령 또는 투자회사의 정관을 위반한 사항을 발견하여 이사가 본조 제9항에 따라 이를 발기인에게 보고한 경우에는 법문상은 명확하지 않으나, 그에 따른 발기인의 정관변경 등의 조치가 완료된 날로부터 2주 이내에 설립등기를 하여야 하는 것으로 해석하는 것이 합리적일 것이다.

한 투자회사는 설립 후에도 그 정관을 변경하여 재산의 100분의 70을 초과하여 부동산에 투자하거나 투자회사재산을 선박에 투자하여서는 아니 된다(법 194조 11항). 이는 부동산투자회사법상의 부동산투자회사 및 선박투자회사법상의 선박투자회사에 대한 규정과의 상충을 피하기 위한 규정이다.

부동산투자회사는 자산을 부동산에 투자하여 운용하는 것을 주된 목적으로 설립된 회사로서(부동산투자회사법 2조 1호) 총자산의 100분의 70 이상을 부동산에 투자하여야 한다(부동산투자회사법 25조 1항 참조). 선박투자회사는 자산을 선박에 투자하여 그 수익을 주주에게 분배하는 것을 목적으로 하여 동법에 따라 설립된 회사이다(선박투자회사법 2조 1호). 부동산투자회사 및 선박투자회사 중 사모 부동산투자회사 및 선박투자회사의 경우 법 적용대상에서 제외되며(법 6조 5항 1호), 공모 부동산투자회사 및 공모 선박투자회사에 대하여도 투자회사에 대한 규정인 법 제194조부터 제206조까지를 포함하여 법의 일부 규정의 적용이 배제된다(부동산투자회사법 49조의3 1항, 선박투자회사법 55조의2 1항).

제195조(정관의 변경 등)

① 투자회사는 이사회 결의로 정관을 변경할 수 있다. 다만, 정관의 내용 중 다음 각 호의 어느 하나에 해당하는 사항을 변경하고자 하는 경우에는 제201조 제2항 본문에 따른 주주총회의 결의를 거쳐야 한다.

1. 집합투자업자·신탁업자 등이 받는 보수, 그 밖의 수수료의 인상
2. 집합투자업자 또는 신탁업자의 변경
3. 정관으로 투자회사의 존속기간 또는 해산사유를 정한 경우 존속기간 또는 해산사유의 변경
4. 그 밖에 주주의 이익과 관련된 중요한 사항으로서 대통령령으로 정하는 사항

② 투자회사는 제1항에 불구하고 합병·분할·분할합병, 그 밖에 대통령령으로 정하는 사유로 집합투자업자 또는 신탁업자가 변경된 경우에는 이사회 결의 및 주주총회의 결의 없이 정관을 변경할 수 있다.

③ 투자회사는 제1항 또는 제2항에 따라 정관을 변경한 경우에는 인터넷 홈페이지 등을 이용하여 공시하여야 하며, 제1항 단서에 따라 정관을 변경한 경우에는 공시 외에 이를 주주에게 통지하여야 한다.

Ⅰ. 본조의 취지

투자회사의 목적, 자본의 구성 등 투자회사의 근본적인 사항들은 정관에 의해 규율되게 되는바, 투자회사의 설립 후 경제사정 기타 변화에 따라 정관변경이 필요한 경우가 있을 수 있다. 본조는 정관변경의 절차 및 공시와 관련하여 투자회사의 특성을 감안하여 상법에 대한 특칙을 규정하고 있다.

Ⅱ. 정관변경의 대상

주식회사의 정관변경은 원칙적으로 자유이고 법에서도 투자회사의 정관변경 대상에 대하여 특별히 제한하고 있는 내용은 없다. 따라서 상호나 목적의 변경, 개방형에서 폐쇄형으로의 변경, 존립기간의 연장 등도 가능하다.[1] 그러나 해석상 정관변경의 내용이 공서양속에 위반하거나 주주평등의 원칙이나 주주의 고유권 또는 채권자의 권익을 침해하거나 기타 강행법규에 위반되는 경우는 무효로 될 것이다.[2]

Ⅲ. 투자회사 정관변경의 절차

1. 이사회 결의

투자회사는 원칙적으로 이사회 결의로 정관을 변경할 수 있다(법 195조 1항 본문). 상법상으로는 주식회사의 경우 정관변경에는 주주총회의 결의가 필요하고(상법 433조 1항) 종전 증권투자회사법에서도 이에 대한 특칙이 규정되어 있지 않아 주주총회를 통해서만 증권투자회사의 정관변경이 가능하였다. 그러나 현실적으로 투자회사가 정관변경을 위하여 주주총회 결의를 거치는 것이 주주총회 불성립 등의 사유로 곤란하게 되자 구간투법에서 중요한 사항을 변경하는 때에는 주주총회를 거쳐야 하되 그 이외의 사항에 대하여는 이사회 결의를 통하여 정관변경이 가능하도록 규정하였고(구간투법 44조), 이 법도 그 태도를 유지하고 있다.

2. 주주총회 결의

투자회사가 정관의 내용 중 ① 집합투자업자·신탁업자 등이 받는 보수, 그 밖의 수수료의 인상, ② 집합투자업자 또는 신탁업자의 변경, ③ 정관으로 투자회사의 존속기간 또는 해산사유를 정한 경우 존속기간 또는 해산사유의 변경, ④ 법 제229조에 따른 투자

1) 박삼철, 전게서(2001), 705쪽.

2) 손주찬/정동윤, 「주석 상법 [회사(Ⅲ)]」, 560쪽.

회사의 종류의 변경, ⑤ 주된 투자대상자산의 변경, ⑥ 개방형투자회사의 환매금지형투자회사로의 변경, ⑦ 환매대금 지급일의 연장, ⑧ 그 밖에 주주 보호를 위하여 필요한 사항으로서 금융위원회가 정하여 고시하는 사항을 변경하고자 하는 경우에는 주주총회 특별결의를 거쳐야 한다(법 195조 1항 단서, 법 시행령 229조 1항). 즉 법 제201조 제2항 단서에 따라 출석한 주주의 의결권의 3분의 2 이상의 수와 발행주식 총수의 3분의 1 이상의 수에 의한 주주총회의 결의가 있어야 한다. 한편 이러한 사항들에 관한 정관변경에 대한 주주총회의 결의에 반대하는 주주는 주식매수청구권을 행사할 수 있다(법 201조 4항, 191조).

3. 이사회 결의 및 주주총회 결의가 필요 없는 경우

본조 제1항 제2호에 의하면 집합투자업자 또는 신탁업자를 변경하고자 하는 경우 주주총회의 특별결의가 필요하나 다음의 사유로 인하여 집합투자업자 또는 신탁업자가 변경되는 경우에는 주주총회 내지는 이사회의 결의를 별도로 거치게 할 필요성이 없어서 이사회 및 주주총회의 결의 없이도 집합투자업자 또는 신탁업자의 변경이 가능하도록 규정하고 있다(법 195조 2항, 법 시행령 229조 2항).

(1) 합병·분할·분할합병으로 집합투자업자 또는 신탁업자가 변경된 경우

집합투자업자 또는 신탁업자가 합병, 분할 또는 분할합병하고자 하는 경우 금융위원회의 승인을 받아야 하며, 금융위원회는 승인을 함에 있어 투자자 보호에 지장을 초래하지 않을 것 등 일정한 기준에 적합한지 여부를 심사하여야 하므로(법 417조, 법 시행령 370조 2항) 별도로 주주총회의 특별결의 또는 이사회 결의를 거치도록 할 필요성이 없어서 결의 대상에서 제외되었다.

(2) 법 제420조 제3항에 따른 금융위원회의 조치에 따라 집합투자업자 또는 신탁업자가 변경되는 경우

금융위원회는 집합투자업자 또는 신탁업자가 부정한 방법으로 인가를 받거나 인가조건을 위반하는 등 일정한 경우 계약인계명령을 내릴 수 있는바(법 420조 3항), 이와 같이 금융위원회의 명령을 이행하기 위하여 집합투자업자 또는 신탁업자가 변경되는 경우에는 투자회사 내부승인절차를 거치지 않도록 하였다.

(3) 금융산업의 구조개선에 관한 법률 제10조에 따른 금융위원회의 명령에 따라 집합투자업자 또는 신탁업자가 변경되는 경우

금융 산업의 구조개선에 관한 법률 제10조에 의하면 금융기관의 자기자본비율이 일정수준에 미달하는 등 재무상태가 소정의 기준에 미달하는 등의 경우 금융위원회는 계약이전, 영업양도 등의 조치를 내릴 수 있는바, 이러한 조치에 따라 집합투자업자 또는 신탁업자가 변경되는 경우 역시 투자회사 내부승인절차를 거치지 않도록 하였다.

(4) 영업양도 등으로 투자회사재산의 보관·관리계약의 전부가 이전되는 경우

신탁업자가 신탁업 전부를 양도를 하고자 하는 경우에도 금융위원회의의 승인을 받아야 하며 금융위원회는 투자자 보호에 지장을 초래하지 않을 것 등 일정한 기준에 적합한지 여부를 심사하여야 한다(법 417조, 법 시행령 370조 2항). 따라서 이 경우도 별도로 투자회사 내부승인 절차를 거칠 필요가 없다.

(5) 관련 법령의 준수를 위하여 불가피하게 투자회사재산의 보관·관리계약의 일부가 이전되는 경우

법 제184조 제 4 항에 의하여 집합투자업자는 자신이 운용하는 집합투자재산을 보관·관리하는 신탁업자가 되어서는 아니 되는바, 집합투자업자가 신탁업자의 영업을 양도받거나 신탁업자와 합병하는 경우에는 위 조항을 준수하기 위하여 불가피하게 투자회사재산의 보관·관리계약을 이전하여야 할 필요가 있다. 또한 법 제246조 제 1 항에 의하여 집합투자재산을 보관·관리하는 신탁업자는 그 투자회사 또는 그 투자회사재산을 운용하는 집합투자업자의 계열회사이어서는 아니 되는바, 추후 계열회사의 관계에 있게 되는 경우에도 위 조항을 준수하기 위하여 불가피하게 투자회사재산의 보관·관리계약을 이전하여야 할 필요가 있다. 이러한 경우에도 투자회사 내부승인절차를 거칠 것을 요구하게 되면 그 결의에 따라 신탁업자가 법령을 준수할 수 없는 사태가 발생할 수 있으므로 예외를 인정한 것이다.

4. 변경등록

정관변경으로 인하여 등록한 사항에 변경이 있는 경우 투자회사는 투자자 보호를 해할 우려가 없는 경우로서 대통령령이 정하는 경우를 제외하고는 2주 이내에 그 내용을 금융위원회에 변경등록하여야 한다(법 182조 8항). 금융위원회는 변경등록 신청서를 접수한 경우 그 내용을 검토하여 20일 이내에 등록 여부를 결정하고 그 결과를 신청인에게 문서로 통지하여야 한다. 금융위원회는 등록요건을 갖추고 있지 않거나 등록신청서를 거짓으로 작성하였거나 보완요구를 이행하지 아니한 경우가 아닌 한 변경등록을 거부할 수 없다.

Ⅳ. 정관변경의 공시 및 효력

투자회사는 정관을 변경한 경우에 인터넷 홈페이지 등을 이용하여 공시하여야 하며 주주총회 특별결의를 통하여 정관을 변경한 경우에는 공시 외에 이를 주주에게 통지하

여야 한다(법 195조 3항).

정관변경의 효력 발생 시기는 이사회 또는 주주총회의 결의가 성립된 때이고 그 변경내용을 문서화하거나 등기한 때에 비로소 효력이 발생하는 것이 아니다. 금융위원회에 대한 변경등록도 마찬가지로 효력발생요건이 아니라고 해석하여야 할 것이다. 다만 회사의 본질에 반하거나 강행법규에 위반되지 않는 한 조건부 또는 기한부로 정관변경을 결의하는 것은 가능하다.[1] 한편 회사 법률관계의 안정을 위하여 정관변경의 효력은 결의와 동시에 장래를 향해서만 발생하고 소급효는 인정될 수 없다고 해석된다.

제196조(투자회사의 주식)

① 투자회사의 주식은 무액면 기명식으로 한다.

② 투자회사는 회사 성립일 또는 신주(新株)의 납입기일에 지체 없이 제309조 제5항에 따른 방법으로 주식을 발행하여야 한다.

③ 투자회사가 그 성립 후에 신주를 발행하는 경우 신주의 수, 발행가액 및 납입기일은 이사회가 결정한다. 다만, 정관에서 달리 정하고 있는 경우에는 그에 따른다.

④ 주주의 청구가 있는 경우 그 주주의 주식을 매수할 수 있는 투자회사(이하 이 조에서 "개방형투자회사"라 한다)가 그 성립 후에 신주를 발행하는 경우 이사회는 다음 각 호의 사항을 결정할 수 있다. 이 경우 개방형투자회사는 제3호의 방법에 따라 확정된 매일의 발행가액을 그 투자회사의 주식을 판매하는 투자매매업자 또는 투자중개업자의 지점, 그 밖의 영업소에 게시하고, 인터넷 홈페이지 등을 이용하여 공시하여야 한다.

1. 신주의 발행기간
2. 제1호의 발행기간 이내에 발행하는 신주수의 상한
3. 제1호의 발행기간 동안 매일의 발행가액 및 주금납입기일을 정하는 방법

⑤ 투자회사는 그 성립 후에 신주를 발행하는 경우 같은 날에 발행하는 신주의 발행가액, 그 밖의 발행조건은 균등하게 정하여야 한다. 이 경우 신주의 발행가액은 그 투자회사가 소유하는 자산의 순자산액에 기초하여 대통령령으로 정하는 방법에 따라 산정한다.

⑥ 제194조 제7항은 신주를 발행하는 경우의 주식인수인에게 준용한다.

⑦ 주식인수인은 투자회사가 그 성립 후에 신주를 발행하는 경우 주금의 납입과 동시에 주주의 권리·의무를 가진다.

1) 손주찬/정동윤, 「주석 상법[회사(Ⅲ)]」, 564쪽.

Ⅰ. 본조의 취지

투자회사는 상법상 주식회사이므로 투자회사가 발행하는 주식에 관한 사항에 대하여도 원칙적으로 상법이 적용된다. 다만 투자회사의 특성상 주식회사의 주식에 관한 사항을 그대로 적용하기 곤란한 사항들도 있으므로 본조에서는 그러한 사항들에 대하여 일부 상법에 대한 특칙을 규정하고 있다. 한편 투자회사의 성격상 그 적용 자체가 곤란한 사항들에 대하여는 법 제206조 제 2 항에서 그 적용을 배제하고 있다.

Ⅱ. 투자회사가 발행하는 주식의 종류

1. 무액면 기명주식

투자회사가 발행하는 주식은 무액면 기명주식으로 한정된다(법 196조 1항). 무액면 주식이란 1주의 금액이 표시되지 않고 주권에는 주식의 수만이 기재되는 주식이다. 따라서 주주는 전체 발행주식에 대한 자기 지분의 비율만 인식할 수 있다.[1] 종전 증권투자회사법에서는 액면 또는 무액면으로 선택적으로 발행할 수 있었으나(증권투자회사법 43조 2항) 구간투법 하에서는 무액면 주식만 발행 가능한 것으로 하였으며(구간투법 51조 1항) 본조에서도 마찬가지로 규정하고 있다. 무액면 주식은 액면가가 없으므로 공정한 방법으로 결정한 발행가액으로 발행하여야 한다(법 196조 5항 참조). 기명주식이란 주주의 성명이 주권에 표시되고 주주명부에도 기재되는 주식이다. 상법상 주식은 기명주식이 원칙이나 정관에 정한 경우 무기명식 주권도 발행할 수 있다(상법 357조 1항).

2. 보통주식

투자회사는 우선주, 후배주, 혼합주 등 수종의 주식, 상환주식, 전환주식을 발행할 수 없으며 오직 보통주식만을 발행할 수 있다(법 206조, 상법 344조, 345조 1항, 346조). 투자회사에 대하여 수종의 주식 등이 발행 가능하도록 한다면 우선주의 발행을 통하여 다른 주주의 이익을 해치면서 특정 주주의 이익을 도모하는 등 투자자의 이익을 해할 수 있고 발행주식의 종류에 따라 상이한 주당순자산가치가 산정되는 경우 투자자의 의사판단에 상당한 혼란이 초래될 수 있으므로 이를 방지하기 위하여[2] 종전 증권투자회사법 이래 투자회사의 주식은 보통주식으로만 한정되어 있다. 한편 종류형투자회사의 경우 판매보수의 차이로 인하여 기준가격이 다르거나 판매수수료가 다른 여러 종류의 주식을 발행할 수 있는바(법 231조 1항), 이 경우 발행할 수 있는 여러 종류의 주식은 판매보수 차이로 인

1) 이철송, 전게서(2008), 227쪽.
2) 박삼철, 전게서(2001), 616쪽.

한 기준가격 또는 판매수수료만 다를 수 있을 뿐 모두 보통주식이어야 한다는 점에는 차이가 없는 것으로 해석된다.

Ⅲ. 신주발행의 절차

1. 발행사항의 결정

투자회사가 그 성립 후 신주를 발행하는 경우 그 발행에 관한 사항은 이사회가 결정한다. 다만 정관에서 달리 정하고 있는 경우에는 그에 따른다. 이사회는 신주의 수, 발행가액 및 납입기일에 관한 사항을 결정하여야 한다(법 196조 3항). 또한 개방형투자회사의 경우 이사회는 신주의 발행기간, 위 발행기간 이내에 발행하는 신주수의 상한, 위 발행기간 동안 매일의 발행가액 및 주금납입기일을 정하는 방법을 결정할 수 있다. 이 경우 개방형투자회사는 그 확정된 매일의 발행가액을 그 투자회사의 주식을 판매하는 투자매매업자 또는 투자중개업자의 지점, 그 밖에 영업소에 게시하고 인터넷 홈페이지 등을 이용하여 공시하여야 한다(법 196조 4항).

투자회사가 그 성립 후에 신주를 발행하는 경우 같은 날에 발행하는 신주의 발행가액, 그 밖의 발행조건은 균등하게 정하여야 한다. 다만 종류형투자회사의 경우 판매보수의 차이로 인하여 기준가격이 다르거나 판매수수료가 다른 여러 종류의 주식을 발행할 수 있다(법 231조). 신주의 발행가액은 그 투자회사가 소유하는 자산의 순자산액에 기초하여 매일 계산되는 기준가격에 기초하여 산정한다. 기준가격은 기준가격의 공고·게시일 전일의 대차대조표상에 계상된 자산총액에서 부채총액을 뺀 금액을 그 공고·게시일 전일의 발행주식 총수로 나누어 산정한다(법 196조 5항, 법 시행령 230조). 다만 환매금지형투자회사는 투자자의 환금성 보장을 위한 별도의 방법을 정하지 아니한 경우 주식을 최초로 발행한 날부터 90일 이내에 주식을 증권시장에 상장하여야 하므로(법 230조 3항), 위 기준가격 산정방법에 따라 산정한 금액과 증권시장에서 거래되는 가격을 고려하여 신주의 발행가액을 정할 수 있다(법 시행령 230조).

2. 증권신고서 제출

집합투자증권에 대하여도 증권신고서제도가 적용되므로 투자회사는 주식의 모집에 관하여 증권신고서를 금융위원회에 제출하여야 하며 신고가 수리되지 않으면 이를 발행할 수 없다(법 119조). 다만 개방형투자회사의 경우 일괄신고서를 제출할 수 있으며 일괄신고서가 수리된 경우에는 해당 정관에서 정하는 존속기간 (또는 정관에서 존속기간을 정하지 않은 경우에는 무기한) 동안 증권신고서를 제출하지 아니하고 주식을 모집할 수 있다. 집합투자증권의 증권신고서 기재사항 및 첨부서류에 대하여는 법 시행령 제127조에서 별도로

규율하고 있다.[1)]

3. 주금 납입

주식인수인은 주금납입기일에 지체 없이 주식의 인수가액을 금전으로 납입하여야 한다(법 196조 6항). 다만 상장지수투자회사에 대하여는 증권에 의한 납입의 필요성이 있으므로 금전 외의 증권으로 납입할 수 있으며(법 234조 3항), 사모투자회사의 경우에는 객관적인 가치평가가 가능하고 다른 투자자의 이익을 해할 우려가 없는 경우 증권, 부동산 또는 실물자산 등 금전 외의 자산으로 주식의 인수가액을 납입할 수 있다(법 249조 3항).

4. 주권의 발행

투자회사는 회사 성립일 또는 신주의 납입기일에 지체 없이 법 제309조 제 5 항, 즉 일괄예탁제도를 이용하여 주식을 발행하여야 한다. 법 제309조 제 5 항에 따른 일괄예탁제도는 예탁결제원의 예탁자 또는 그 투자자가 새로 증권의 발행을 청구하는 경우에 그 증권의 발행인이 예탁자 또는 그 투자자의 신청에 의하여 이들을 갈음하여 예탁결제원을 명의인으로 하여 그 증권을 발행 또는 등록하는 제도를 말한다. 따라서 투자회사는 일괄예탁제도에 따라 예탁결제원을 명의인으로 하여 주식을 발행하고 예탁결제원은 투자회사로부터 당해 주권을 일괄 교부받아 투자매매업자 또는 투자중개업자의 예탁자계좌부에 기재한 후, 그 내역을 해당 예탁자인 투자매매업자 또는 투자중개업자에게 통지하여 고객계좌부에 기재하게 된다. 주식의 실물을 교부받고자 하는 주주는 투자매매업자 또는 투자중개업자에 청구하여 교부받을 수 있다. 또한 투자회사는 주식의 압류, 가압류 또는 가처분의 명령에 관한 통지를 받거나 도난, 분실 또는 멸실된 주식에 대한 사고신고를 접수한 경우 그 주식의 종류 그 밖에 총리령으로 정하는 사항을 예탁결제원에 지체 없이 통지하여야 한다(법 323조 1항·2항).

Ⅳ. 주주로서의 권리 취득 시기

주식인수인은 투자회사가 그 성립 후에 신주를 발행하는 경우 주금의 납입과 동시에 주주의 권리·의무를 가진다(법 196조 7항). 상법상 주식회사의 경우 주식 인수인이 납입을 한 때에는 납입기일의 다음날로부터 주주의 권리의무가 있다(상법 423조 1항). 그러나 투자회사의 경우 일반 주식회사와는 달리 주주의 권리의무를 신속하게 행사하게 할 필요성이 있으므로(예를 들어 오전에 주금을 납입한 후 오후에 환매신청을 하는 경우 등) 구간투법에서부터 상법에 대한 예외를 규정하였으며(구간투법 54조) 본조에서도 동일하게 규정하고 있다.

1) 자세한 사항은 법 제119조 이하 증권신고서제도에 대한 주석 참조.

第197條(이사의 구분 등)

① 투자회사의 이사는 집합투자업자인 이사(이하 이 관에서 "법인이사"라 한다)와 감독이사로 구분한다.

② 투자회사는 법인이사 1인과 감독이사 2인 이상을 선임하여야 한다.

Ⅰ. 본조의 취지	Ⅲ. 투자회사 이사의 구분
Ⅱ. 연　　혁	Ⅳ. 이사의 선임 등

Ⅰ. 본조의 취지

투자회사도 상법상 주식회사이므로 원칙적으로 회사의 기관이 필요하다. 그러나 투자회사는 집합투자기구로서의 기능을 수행하여야 하므로 그 특성상[1] 이러한 상법상의 지배구조에 대한 수정이 필요하다. 따라서 투자회사는 상법상의 주식회사와는 달리 업무집행기관인 대표이사와 감독기관인 감사를 두지 않고 그 기능을 법인이사와 감독이사가 상호 독립적으로 수행하도록 규정하였다.

Ⅱ. 연　　혁

종전 증권투자회사법에서도 이사가 운영이사와 감독이사로 구분되어 운영이사가 투자회사의 업무를 집행하고 투자회사를 대표하며, 감독이사가 운영이사의 업무집행을 감독하도록 하였다(증권투자회사법 17조, 21조). 그러나 법인이사 제도가 채택되어 있지는 않아 통상 집합투자업자의 임직원이 운영이사로 선임되어 운영이사의 역할을 수행하였다. 한편 대표이사는 선택적인 사항으로 규정되어 있어 반드시 대표이사를 선임할 필요는 없었으나 운영이사 중에서 대표이사를 정하거나 수인의 운영이사가 공동으로 투자회사를 대표할 것을 정할 수 있었다(증권투자회사법 20조 1항). 또한 상법상 주식회사와 동일하게 투자회사에 대하여도 감사를 두도록 하고 그 자격을 공인회계사법에 의한 회계법인에 소속된 공인회계사로 제한하였다(증권투자회사법 26조 1항).

구간투법은 법인이사제도를 도입하여 집합투자업자가 직접 투자회사의 이사가 되도록 규정하였다(구간투법 77조 1항). 이는 투자회사의 주주가 투자회사의 자산운용을 직접 담

1) 투자회사는 그 업무를 집합투자업자, 신탁업자, 투자매매업자, 투자중개업자 및 일반사무관리회사에 위탁하여야 하며 상근임직원을 둘 수 없는 특수한 형태의 회사이다. 이에 따라 투자회사의 경우 업무집행기관으로서 대표이사를 별도로 두지 않고(법 206조 2항에서 상법 389조 1항 적용 배제) 법인이사가 대표이사의 역할을 수행한다(법 198조 1항). 또한 투자회사는 그 집합투자재산에 대하여 외감법 제3조 제1항에 따른 감사인의 회계감사를 받도록 의무화되어 있으므로(법 240조 3항) 별도로 상법상의 감사를 둘 필요가 없다(법 206조 2항에서 상법 409조부터 415조의2까지의 규정 적용 배제).

당하고 있는 법인이사인 집합투자업자에 대해 직접적으로 책임을 물을 수 있도록 하여 투자자의 권리구제 기능을 강화하기 위한 것이었다. 또한 필요성이 없는 대표이사제도는 채택하지 않고 외감법에 따른 회계감사인의 감사를 의무화하는 대신 상법상의 감사제도는 적용이 없는 것으로 하였다. 법은 이러한 구간투법의 규정을 그대로 승계하고 있다.

Ⅲ. 투자회사 이사의 구분

1. 법인이사와 감독이사의 이원화

투자회사 이사의 가장 큰 특징은 법인이사와 감독이사로 이원화되어 있다는 점이다. 법인이사는 투자회사를 대표하고 투자회사의 업무를 집행하며 감독이사는 이러한 법인이사의 업무집행을 감독한다. 이는 이사회의 감독기능을 강화하기 위한 것으로 해석된다. 법인이사와 감독이사는 그 직무권한에는 차이가 있으나, 이사로서 이사회 구성원이 된다는 점에는 차이가 없다.

2. 법인이사제도

법인이사는 집합투자업자인 이사를 말한다. 즉 해당 투자회사의 집합투자재산 운용업무를 담당하는 집합투자업자가 그 투자회사의 법인이사가 되는 것이다. 상법상 법인이 이사가 될 수 있는지 여부에 대하여는 이사는 이사회의 구성원이며 업무집행을 담당하는 대표이사로의 피선자격을 갖추어야 한다는 것을 이유로 부정하는 설이 다수설이다.[1] 그러나 이사의 지위나 직무의 성질상 이사는 반드시 자연인이어야 한다고 보기는 어려우므로 이는 입법정책의 문제로 볼 수 있다.[2] 구간투법 이래 투자회사에 대하여는 법인이사제도를 채택하였는바, 이는 집합투자업자의 투자자에 대한 책임을 강화하고 투자회사의 지배구조를 보다 투명하게 하기 위한 것이다. 즉 종전 증권투자회사법 하에서는 집합투자업자가 운영이사를 통하여 투자회사의 경영에 관여하여 투자회사에 대한 책임도 운영이사를 통하여 부담하였다. 그러나 사실상 집합투자업자가 직접 투자회사를 경영하기 때문에 투자자인 주주에 대하여 손해가 발생한 경우 투자자가 직접 집합투자업자에게 책임을 물을 수 있도록 하는 것이 투자자 보호에 유리한 것이다. 또한 집합투자업자가 직접 이사가 되도록 함으로써 투자회사의 운영주체 및 주주의 감독대상이 명확하게 되어 이사의 선임과 해임, 위법행위 유지청구, 기타 이사에 대한 책임추궁을 통한 주주의 경영통제가 보다 효율적이고 용이하게 이루어질 수 있는 것이다.[3]

1) 이철송, 전게서(2008), 521쪽.
2) 영국 및 프랑스 회사법의 경우 법인을 이사로 선임할 수 있음을 규정하고 있다(영국 회사법 155조, 프랑스 상사회사법 91조).
3) 법령제정 실무작업반(8인) 공저, 전게서(2006), 296쪽.

Ⅳ. 이사의 선임 등

1. 이사의 선임 및 임기

법인이사 및 감독이사 모두 상법에 따라 주주총회에서 선임된다(상법 382조 1항). 다만 투자회사 설립시에는 주식의 인수가액 납입이 완료된 때에 발기인 의결권의 과반수 찬성으로 선임된다(법 197조 8항). 또한 법 제195조 제 1 항 제 2 호에 의하여 집합투자업자를 변경하고자 하는 경우 주주총회의 특별결의를 거쳐야 하므로 법인이사인 집합투자업자를 투자회사 설립 이후 새로 선임하고자 하는 경우 주주총회의 특별결의가 필요한 것으로 해석된다. 법인이사의 수는 투자회사의 집합투자재산 운용업무를 담당하는 집합투자업자로서 1인이다. 한편 감독이사는 2인 이상이어야 한다(법 197조 2항). 이는 이사회가 회의체기관이므로 이를 반영한 규정으로 해석된다. 그리고 이사의 임기에 대한 상법 제383조의 규정은 투자회사에 대하여 그 적용이 배제되므로(법 206조 2항) 이사의 임기는 상법상 3년을 초과하지 못한다는 제한을 받지 않고 정관 또는 이사 선임시 주주총회 결의에서 정하는 바에 따르면 된다. 이 규정은 투자신탁의 집합투자업자의 지위가 투자신탁의 만기시까지 인정되는 것과 균형을 맞추기 위한 것이다.

2. 이사의 퇴임

투자회사 이사의 퇴임에 관하여는 원칙적으로 상법 규정이 적용된다. 따라서 임기만료, 사임, 주주총회의 특별결의에 의한 해임(상법 385조 1항) 등의 사유로 퇴임한다. 다만 법인이사는 투자회사의 재산운용업무를 담당하는 집합투자업자로서 투자회사의 핵심적인 기능을 수행하므로 법인이사가 일방적으로 사임할 수는 없다고 해석된다. 한편 법인이사에 대하여도 주주총회의 특별결의에 의한 해임이 가능한지도 문제될 수 있는바, 법인이사제도를 도입한 취지가 이사에 대한 책임추궁을 통한 주주의 경영통제가 보다 효율적이고 용이하게 이루어질 수 있도록 하기 위한 것이고, 투자회사에 대하여 상법 제385조 제 1 항의 적용을 배제하고 있지 않은 점에 비추어 볼 때 주주총회의 특별결의에 의하여 법인이사를 해임하는 것도 가능한 것으로 해석된다. 이 경우 해임을 결의한 주주총회에서 새로운 법인이사를 선임하여야 할 것이다.

3. 이사의 의무와 책임

투자회사 이사의 의무와 책임에 대해서는 기본적으로 상법 규정이 그대로 적용된다. 따라서 투자회사 이사는 투자회사에 대하여 이사선임의 본지에 따라 선량한 관리자의 주의로써 사무를 처리할 의무인 선관의무를 부담한다(상법 382조 2항, 민법 681조). 또한 이사회 출석의무, 다른 이사의 업무집행을 감시할 감시의무, 기업비밀준수의무(상법 382조의4) 등을 부담한다. 나아가 투자회사의 법인이사 및 감독이사는 직무상 알게 된 정보로서 외부에 공개되지 아니한 정보를 정당한 사유 없이 자기 또는 제삼자의 이익을 위하여 이용하여서는 아니 된다(법 54조, 199조 5항).

第198條(법인이사)

① 법인이사는 투자회사를 대표하고 투자회사의 업무를 집행한다.

② 법인이사는 다음 각 호의 어느 하나에 해당하는 업무를 집행하고자 하는 경우에는 이사회 결의를 거쳐야 한다.

1. 집합투자업자·신탁업자·투자매매업자·투자중개업자 및 일반사무관리회사와의 업무위탁계약(변경계약을 포함한다)의 체결
2. 자산의 운용 또는 보관 등에 따르는 보수의 지급
3. 금전의 분배 및 주식의 배당에 관한 사항
4. 그 밖에 투자회사의 운영상 중요하다고 인정되는 사항으로서 정관이 정하는 사항

③ 법인이사는 3개월마다 1회 이상 그 업무의 집행상황 및 자산의 운용 내용을 이사회에 보고하여야 한다.

④ 법인이사는 법인이사의 직무를 정하여 그 직무를 수행할 자를 그 임직원 중에서 선임할 수 있다. 이 경우 집합투자업자는 이를 투자회사에 서면으로 통보하여야 한다.

⑤ 제 4 항에 의하여 투자회사에 통보된 자가 그 직무 범위에서 행한 행위는 법인이사의 행위로 본다.

Ⅰ. 본조의 취지

본조는 투자회사의 이사 중 법인이사에 대하여 그 직무, 업무집행권의 제한, 직무수행 방법 등을 규율하기 위한 규정이다. 본조의 규정은 법인이사에 관한 구간투법의 규정을 그대로 계수하고 있다(구간투법 78조, 79조).

Ⅱ. 법인이사의 직무

법인이사는 투자회사를 대표하고 투자회사의 업무를 집행한다. 일반 주식회사의 경우 회사를 대표하고 업무를 집행하는 권한을 가진 대표이사를 이사 중에서 선정하여야

하나 투자회사의 경우 법에 의하여 법인이사에게 대표권과 업무집행권이 부여되어 있으므로 별도로 대표이사를 선임할 필요가 없다. 다만 공동대표이사, 대표이사의 권한, 대표이사의 불법행위, 퇴임대표이사와 대표이사직무대행자에 관한 규정은 그대로 적용된다(법 212조, 상법 389조 2항·3항).

Ⅲ. 법인이사 업무집행권의 범위 및 제한

상법상 대표이사의 업무집행권에 대하여는 대표이사는 주주총회와 이사회에서 결의된 사항을 집행할 권한이 있고, 그 밖의 일상적인 사항에 대하여도 독자적인 업무집행의 의사결정을 할 수 있다고 해석된다.[1] 반면 중요한 업무는 이사회의 포괄적인 업무집행결정권(상법 393조 1항)에 의하여 이사회의 결의를 요하고 대표이사가 단독으로 결정하거나 집행할 수 없다.[2] 그러나 투자회사의 경우 투자회사의 이사회는 법과 정관이 정하는 사항에 대하여만 결의할 수 있으므로(법 200조 3항) 그 이외의 사항에 대하여는 업무집행권을 갖는 법인이사가 의사결정권을 갖는다. 따라서 법인이사의 업무집행권이 상법상 대표이사의 업무집행권에 비하여 그 권한 범위가 크다고 하겠다. 다만 투자회사는 그 재산의 보관·관리업무를 신탁업자에게 위탁하여야 하며, 주식의 발행 및 명의개서, 투자회사재산의 계산, 통지 및 공고, 이사회 및 주주총회 소집, 개최, 의사록 작성 등에 관한 업무는 일반사무관리회사에 위탁하여야 하므로(법 184조), 그 범위 내에서는 법인이사의 업무집행권이 제한된다.

또한 ① 집합투자업자, 신탁업자, 투자매매업자, 투자중개업자 및 일반사무관리회사와의 업무위탁계약의 체결 또는 변경계약의 체결, ② 자산의 운용 또는 보관 등에 따르는 보수의 지급, ③ 금전의 분배 및 주식의 배당에 관한 사항 및 ④ 그 밖에 투자회사의 운영상 중요하다고 인정되는 사항으로서 정관이 정하는 사항에 대하여는 그 중요성 및 법인이사에 대한 감시의 필요성 등에 비추어 법인이사의 단독 업무집행권에 포함되어 있지 않고 이사회의 결의를 거치도록 법정되어 있다(법 198조 2항).

그리고 법인이사는 3개월마다 1회 이상 그 업무의 집행상황 및 자산의 운용 내용을 이사회에 보고하여야 한다(법 198조 3항). 상법상 이사는 3월에 1회 이상 업무의 집행상황을 이사회에 보고하여야 하는바(상법 393조 4항), 본 조항은 이에 더하여 법인이사의 해당 투자회사에 대한 집합투자업자로서의 업무 내용인 자산의 운용 내용도 보고하도록 하고 있는 것이다.

---

1) 이철송, 전게서(2008), 569쪽.
2) 대법원 1997. 6. 13. 선고 96다48282 판결.

Ⅳ. 법인이사의 직무수행 방법

법인인 집합투자업자가 법인이사로서 직무를 수행하여야 하므로 원칙적으로 해당 집합투자업자의 대표이사가 투자회사의 대표권과 업무집행권을 행사하여야 한다. 이와 관련하여 법은 업무집행의 편의를 위하여 법인이사가 그 직무를 정하여 해당 직무를 수행할 자를 임직원 중에서 선임할 수 있도록 규정하고 있다(법 198조 4항). 이 경우 집합투자업자는 이를 투자회사에 서면으로 통보하여야 한다. 이러한 업무집행자는 직무별로 정할 수 있기 때문에 2인 이상을 선임할 수 있다. 한편 이와 같이 투자회사에 통보된 자가 그 직무 범위 내에서 행한 행위는 법인이사의 행위로 본다(법 198조 5항).

따라서 투자회사의 법인이사인 집합투자업자의 대표이사는 투자회사의 대표권과 업무집행권을 직접 행사하거나 제 3 자에게 위임하여 행사할 수 있으며, 법인이사인 집합투자업자의 대표이사가 그 직무를 정하여 집합투자업자의 임직원 중에서 법인이사 직무수행자를 선임하여 이를 투자회사에 서면으로 통보한 경우 그 직무범위 내의 행위에 관하여는 해당 직무수행자만이, 그 이외의 행위에 관하여는 집합투자업자의 대표이사만이 투자회사의 대표권과 업무집행권을 행사할 수 있다.[1)]

第199條(감독이사)

① 감독이사는 법인이사의 업무집행을 감독하며, 투자회사의 업무 및 재산상황을 파악하기 위하여 필요한 경우에는 법인이사와 그 투자회사재산을 보관·관리하는 신탁업자, 그 투자회사의 주식을 판매하는 투자매매업자·투자중개업자 또는 그 투자회사로부터 제184조 제 6 항의 업무를 위탁받은 일반사무관리회사에 대하여 그 투자회사와 관련되는 업무 및 재산상황에 관한 보고를 요구할 수 있다.

② 감독이사는 그 직무를 수행함에 있어서 필요하다고 인정되는 경우에는 제240조 제 3 항에 따른 회계감사인에 대하여 회계감사에 관한 보고를 요구할 수 있다.

③ 제 1 항 또는 제 2 항에 따라 감독이사의 요구를 받은 자는 특별한 사유가 없는 한 이에 응하여야 한다.

④ 다음 각 호의 어느 하나에 해당하는 자는 감독이사가 될 수 없으며, 감독이사가 된 후 이에

1) 정병석, "투자회사의 지배구조와 법인이사제도," 「상사법연구」 제23권 제 2 호(2004), 274쪽. 직무수행자를 선임해서 이를 투자회사에 통보했다고 하더라도 법인이사인 집합투자업자의 대표이사의 권한이 축소되는 것은 아니라고 보아 집합투자업자의 대표이사도 해당 직무범위에 관한 대표권과 업무집행권을 행사할 수 있다고 보아야 한다는 견해도 있을 수 있으나, 법 제198조 제 5 항에서 직무수행자가 그 직무 범위에서 행한 행위는 법인이사의 행위로 본다고 규정한 점 그리고 집합투자업자의 대표이사가 직무수행자를 선임한 경우에도 언제든지 대표권과 업무집행권을 행사할 수 있다고 하면 법인이사가 둘이 있는 것과 마찬가지가 되는 점 등을 감안하면, 직무집행자를 선임한 이상 그 선임을 취소 또는 철회하여 이를 투자회사에 통보하기 전까지는 해당 직무 범위 내의 행위에 관해서는 해당 직무수행자만이 대표권과 업무집행권을 행사할 수 있다고 해석하는 것이 타당하다고 본다.

해당하게 된 경우에는 그 직을 상실한다.

1. 제24조에 적합하지 아니 한자[1)]
2. 해당 투자회사의 발기인(제194조 제8항에 따라 최초로 투자회사의 감독이사를 선임하는 경우에 한한다)
3. 투자회사의 대주주 및 그 특수관계인
4. 법인이사의 특수관계인 또는 법인이사로부터 계속적으로 보수를 지급받고 있는 자
5. 그 투자회사의 주식을 판매하는 투자매매업자 또는 투자중개업자의 특수관계인
6. 그 투자회사의 이사가 다른 법인의 이사로 있는 경우 그 법인의 상근 임직원인 자
7. 그 밖에 감독이사로서의 중립성을 해할 우려가 있는 자로서 대통령령으로 정하는 자

⑤ 제54조는 감독이사에게 준용한다.

Ⅰ. 본조의 취지

본조는 감독이사의 직무와 권한 및 의무, 그리고 감독이사의 자격요건을 정하기 위한 규정이다. 감독이사란 법인이사의 업무집행을 감독하는 투자회사의 이사이다. 본조는 구간투법 상 투자회사의 감독이사에 관한 규정을 취합하여 한 조문에 규정하고 있는바 그 내용은 구간투법 제80조 내지 제81조의 내용과 동일하다. 다만 구간투법 제81조 제3항에서는 감독이사로 선임된 자가 결격사유에 해당하여 해임되는 경우 해임된 감독이사가 해임 전에 관여한 행위는 그 효력을 잃지 않는다고 명시하고 있었으나 이는 이러한 규정이 없더라도 당연한 내용이므로 법에서는 이에 대한 명시적인 규정을 따로 두고 있지 않다. 감독이사제도는 미국 투자회사법상 독립이사제도를 본받아 투자자 이익을 보호하기 위한 목적으로 도입한 것이다.[2)]

Ⅱ. 감독이사의 직무

감독이사는 이사로서 이사회를 통하여 투자회사의 업무집행에 관여한다. 또한 감독이사는 법인이사의 업무집행을 감독한다. 감독이사는 투자회사의 업무 및 재산상황을 파악하기 위하여 필요한 경우에는 법인이사, 그 투자회사재산을 보관·관리하는 신탁업자,

1) 2013년 5월 용어 개정('각 호의 어느 하나에 해당하는 자'를 '에 적합하지 아니 한 자'로 변경).

2) 법령제정 실무작업반(8인) 공저, 전게서(2006), 297쪽.

그 투자회사의 주식을 판매하는 투자매매업자, 투자중개업자 또는 그 투자회사로부터 업무를 위탁받은 일반사무관리회사에 대하여 그 투자회사와 관련되는 업무 및 재산상황에 관한 보고를 요구할 수 있다(법 199조 1항). 또한 그 직무를 수행함에 있어 필요하다고 인정되는 경우에는 그 투자회사의 회계감사인에 대하여 회계감사에 관한 보고를 요구할 수 있다(법 199조 2항). 이에 따라 감독이사의 요구를 받은 자는 특별한 사유가 없는 한 이에 응하여야 한다(법 199조 3항).

그리고 감독이사는 집합투자업자의 운용행위의 적법성 여부를 감독하기 위하여, 집합투자업자의 운용행위의 적법성 여부에 대하여 보고를 받을 권리와 그 시정요구권을 갖는다(법 247조 2항·3항 참조).

한편 상법상 이사의 직무권한에 관한 규정은 법에 의하여 적용이 배제되지 않는 한 감독이사에도 준용된다. 따라서 감독이사는 법인이사로 하여금 다른 이사의 업무에 관하여 이사회에 보고할 것을 요구할 수 있고, 매 3개월마다 업무의 집행상황을 이사회에 보고하여야 한다(상법 393조).

Ⅲ. 감독이사의 자격

감독이사는 법인이사의 업무집행을 감독하여야 하므로 이러한 기능상 법인이사 기타 관계인으로부터의 독립성 확보가 중요하다. 따라서 법은 ① 금융투자업자 임원의 결격사유에 해당하는 자,[1] ② 해당 투자회사의 발기인(최초로 투자회사의 감독이사를 선임하는 경우에 한한다), ③ 투자회사의 대주주 및 그 특수관계인, ④ 법인이사의 특수관계인 또는 법인이사로부터 계속적으로 보수를 지급받고 있는 자, ⑤ 그 투자회사의 주식을 판매하는 투자매매업자 또는 투자중개업자의 특수관계인, ⑥ 그 투자회사의 이사가 다른 법인의 이사로 있는 경우 그 법인의 상근 임직원인 자, ⑦ 해당 투자회사의 일반사무관리회사의 임직원, ⑧ 해당 투자회사를 평가하는 집합투자기구평가회사의 임직원, ⑨ 해당 투자회사의 투자회사재산의 가격을 평가하는 채권평가회사의 임직원, ⑩ 해당 투자회사의 주식을 판매하는 투자매매업자 또는 투자중개업자의 직원, ⑪ 해당 투자회사의 회계감사인(회계감사인이 법인인 경우 그 법인에 속한 공인회계사를 말한다) 중 어느 하나에 해당하는 자는 감독이사의 중립성을 해할 우려가 있다고 판단하여 결격자로 규정하고 있다.

이상의 결격사유에 해당하는 자는 감독이사가 될 수 없으며, 감독이사로 선임된 자가 위 사유에 해당하게 되거나 선임 당시 그에 해당하는 자이었음이 판명된 때에는 그 직을 상실한다. 그러나 해임된 감독이사가 해임 전에 관여한 행위는 그 효력을 잃지 아니한다.

1) 법 제24조에 규정된 임원 부적격 요건 참조.

Ⅳ. 감독이사의 의무

감독이사에 대하여도 법 제54조의 규정이 준용되므로 감독이사는 직무상 알게 된 정보로서 외부에 공개되지 않은 정보를 정당한 사유 없이 자기 또는 제3자의 이익을 위하여 이용하여서는 안 된다. 감독이사는 위 의무 이외에도 상법상 이사로서 각종 의무를 부담한다.[1)]

Ⅴ. 감독이사에 대한 감독

금융위원회는 투자회사의 감독이사가 ① 주주총회의 결의가 요구됨에도 이를 받지 아니하고 정관을 변경한 경우, ② 정당한 사유 없이 직무 관련 정보를 이용한 경우, ③ 이사회가 결의할 수 있는 사항의 범위를 벗어난 사항에 대하여 결의한 경우, ④ 집합투자업자에 대한 시정요구의무를 이행하지 아니하거나 관련 보고 또는 공시에 관한 업무를 이행하지 아니한 경우 등에 해당하는 경우에는 해임요구, 6개월 이내의 직무정지, 문책경고, 주의적 경고, 주의 등의 조치를 할 수 있다. 이 경우 금융위원회는 청문을 실시하여야 한다(법 253조 3항 내지 5항 참조).

제200조(이사회)

① 이사회는 각 이사가 소집한다.
② 이사는 이사회를 소집하고자 하는 경우에는 그 회의일 3일 전까지 각 이사에게 소집을 통지하여야 한다. 다만, 정관이 정하는 바에 따라 통지기간을 단축할 수 있다.
③ 이사회는 이 법과 정관이 정하는 사항에 대하여만 결의한다.
④ 이사회는 이사가 결원된 경우 이사를 선임하기 위한 주주총회를 즉시 소집하여야 한다.
⑤ 이사회 결의는 이사 과반수의 출석과 출석한 이사 과반수의 찬성으로 한다.

Ⅰ. 본조의 취지

본조는 투자회사의 이사회에 대하여 그 소집, 권한 및 결의방법에 관한 사항에 대하

1) 자세한 사항은 법 제197조에 대한 주석 참조.

여 규정하고 있다. 본조는 구간투법상 투자회사의 이사회에 관한 규정을 취합하여 한 조문에 규정하고 있는바 그 내용은 구간투법 제82조 내지 제84조의 내용과 동일하다. 다만 구간투법에서는 특별한 이해관계 있는 자의 의결권 행사 금지에 관한 상법 규정이 투자회사의 이사회에도 준용됨을 명시하고 있었으나(구간투법 84조 2항), 이는 상법 제391조 제2항의 적용이 명시적으로 배제되지 않는 한 당연한 내용이므로(법 206조 2항 참조) 법에서는 이에 대한 별도의 준용규정을 두고 있지 않다.

Ⅱ. 이사회의 소집 및 운영

1. 이사회의 소집

이사회는 각 이사가 소집한다(법 200조 1항). 따라서 법인이사 및 감독이사 각자가 소집할 수 있다. 이사회를 소집하고자 하는 때에는 그 회일 3일 전까지 각 이사에 대하여 소집을 통지하여야 한다(법 200조 2항). 다만 정관이 정하는 바에 따라 통지기간을 단축할 수 있다. 법인이사는 3개월마다 1회 이상 그 업무의 집행상황 및 자산의 운용내역을 이사회에 보고하여야 하므로(법 198조 3항) 최소한 3개월에 1회 이상 개최되어야 한다. 이사 전원의 동의가 있는 경우에는 소집절차를 생략할 수도 있다.

2. 이사회의 운영

이사회의 운영에 관한 사항은 보통의 주식회사와 동일하게 상법이 적용된다. 따라서 회의의 연기 및 속행(상법 392조), 통신수단에 의한 참가(상법 391조 1항), 의사록의 작성(상법 391조의3) 등에 관하여는 상법의 규정에 따른다. 법인이사는 이사회 의사록을 투자회사의 본점 및 법인이사인 집합투자업자의 본점에 비치하고 이를 해당 주식을 판매한 투자매매업자 또는 투자중개업자에게 송부하여 그 영업소에 비치하도록 하여야 한다(법 239조 3항 4호).

Ⅲ. 이사회의 권한과 의무

상법상 이사회는 주주총회의 권한사항을 제외하고는 회사의 의사를 결정할 수 있는 포괄적인 업무집행권을 갖는다. 그러나 투자회사의 경우 이사회는 법[1]과 정관이 정하는

1) 법상 이사회 결의사항으로 규정된 것은 ① 투자회사 설립 관련 법령이나 정관 위반사항에 관한 조사결과에 대하여 이사의 보고를 받을 권리(법 194조 8항), ② 정관변경(법 195조 1항), ③ 신주발행사항에 대한 결정(법 196조 3항·4항), ④ 집합투자업자·신탁업자·투자매매업자·투자중개업자 및 일반사무관리회사와의 업무위탁계약 또는 그 변경계약의 체결(법 198조 2항 1호), ⑤ 자산의 운용 또는 보관 등에 따르는 보수의 지급(법 198조 2항 2호), ⑥ 금전의 분배 및 주식의 배당에 관한 사항(법 198조 2

사항에 대하여만 결의할 수 있어서(법 200조 3항) 그 권한 범위가 상법보다 축소되어 있다. 특히 투자회사의 집합투자재산 운용업무는 집합투자업자인 법인이사가 단독으로 수행하므로 투자회사의 가장 중요한 업무인 재산의 운용은 법인이사에게 맡겨져 있다. 한편 이사회는 위와 같은 권한 사항 이외에 일정한 의무도 부담하는바, 이사가 결원된 경우 이사를 선임하기 위한 주주총회를 즉시 소집하여야 한다(법 200조 4항).

Ⅳ. 이사회의 결의 방법

이사회는 이사 과반수의 출석과 출석한 이사 과반수의 찬성으로 의결한다(법 200조 5항). 그러나 정관으로 그 결의요건을 강화할 수 있다(상법 391조 1항 단서). 또한 이사회의 결의에 특별한 이해관계를 가지는 이사는 의결권을 행사하지 못하며, 그 이사는 의결정족수의 계산시 출석이사의 수에 산입하지 아니한다(상법 391조 3항, 368조 4항, 371조 2항).

투자회사의 이사회는 법인이사 1인과 2인 이상의 감독이사로 구성되게 되므로 감독이사의 반대가 있는 경우 법인이사의 의사가 관철되기 어려운 구조를 가지고 있다. 또한 법인이사가 투자회사의 집합투자재산 운용업무를 수행하므로 법인이사와의 업무위탁계약 또는 그 변경계약의 체결, 자산운용에 따르는 보수의 지급에 관한 결의에 대하여는 법인이사가 특별이해관계인이 되어 의결권을 행사할 수 없고 감독이사만이 결의에 참가할 수 있을 것이다.

제201조(주주총회)

① 투자회사의 주주총회는 이사회가 소집한다.

② 주주총회는 출석한 주주의 의결권의 과반수와 발행주식총수의 4분의 1 이상의 수로 결의한다. 다만, 이 법에서 정한 주주총회의 결의사항 외에 집합투자규약으로 정한 주주총회의 결의사항에 대하여는 출석한 주주의 의결권의 과반수와 발행주식총수의 5분의 1 이상의 수로 결의할 수 있다.[1)]

③ 제190조 제1항·제3항 및 제6항부터 제9항까지의 규정은 투자회사의 주주총회에 관하여 준용한다. 이 경우 "투자신탁"은 "투자회사"로, "신탁계약"은 "정관"으로, "투자신탁을 설정한 집합투자업자"및 "집합투자업자"는 각각 "투자회사의 이사회"로, "투자신탁재산"은 "투자회사재산"으로, "수익증권"은 각각 "주식"으로, "총좌수"는 각각 "총수"로, "수익자"는 각각 "주주"로, "수익자총회"는 각각 "주주총회"로, "좌수"는 각각 "수"로, 같은 조 제8항 중 "제5항"은 "제2항"으로 본다.

항 3호), ⑦ 주주총회의 소집 및 연기(법 201조 1항·3항, 190조 3항·7항), ⑧ 결산 서류의 승인(법 239조 2항)이 있다.

1) 2013년 5월 동법 개정('출석한 주주의 의결권의 3분의 2 이상의 수와 발행주식총수의 3분의 1 이상'에서 '출석한 주주의 의결권의 과반수와 발행주식총수의 5분의 1 이상'으로 변경되었다).

④ 第191조는 투자회사가 第195조 제 1 항 단서에 따른 정관의 변경 또는 第204조 제 2 항에 따른 합병에 반대하는 주주에게 준용한다. 이 경우 "신탁계약"은 "정관"으로, "투자신탁," "집합투자업자" 및 "투자신탁을 설정한 집합투자업자"는 각각 "투자회사"로, "수익자총회"는 각각 "주주총회"로, "수익자"는 각각 "주주"로, "수익증권"은 각각 "주식"으로, "투자신탁재산"은 "투자회사재산"으로 본다.

Ⅰ. 본조의 취지

투자회사는 상법상 주식회사이므로 주식회사 최고의 의사결정기관인 주주총회를 두어야 한다. 상법상 주주총회에 관한 규정은 투자회사의 경우도 대부분 그대로 적용이 되나, 집합투자기구로서의 특성상 또는 투자신탁의 수익자총회와의 균형상 주주총회의 권한사항, 결의요건, 소수주주의 총회소집청구권, 반대주주의 주식매수청구권 등은 상법상의 주식회사와 차이가 있다. 본조는 주주총회의 소집, 결의요건, 연기와 속행, 반대주주의 주식매수청구권에 대하여 규정을 하고 있다. 본조는 구간투법상 투자회사의 주주총회에 관한 규정을 취합한 것으로서 구간투법 제75조 내지 제76조의 규정 내용과 동일하다. 한편 종전 증권투자회사법 하에서는 자산보관업무 위탁계약 승인, 투자회사의 결산서류 승인 등은 주주총회 권한사항으로 규정되어 있었으나 구간투법은 투자회사 운영사무의 간소화를 위하여 이를 이사회에서 결의하도록 규정하였으며(구간투법 78조 2항, 99조 1항), 법도 동일하게 규정하고 있다.

Ⅱ. 주주총회의 권한

상법상 주식회사의 경우 주주총회는 상법 또는 정관에 정하는 사항에 한하여 결의할 수 있다(상법 361조). 법은 집합투자기구로서의 특성을 반영하여 투자회사의 주주총회에 대하여 다음 사항에 대하여 결의할 권한을 별도로 명시하고 있다.

① 정관 변경 사항 중 집합투자업자·신탁업자 등이 받는 보수, 그 밖의 수수료의 인상, 집합투자업자 또는 신탁업자의 변경, 존속기간 또는 해산사유의 변경, 정관에 명시되지 않은 투자회사 종류의 변경, 주된 투자대상자산의 변경, 개방형투자회사에서 환매금지형투자회사로의 변경, 환매대금 지급일의 연장 등에 대한 사항 변경의 경우(법

195조 1항, 법 시행령 229조 1항)

② 환매에 관한 사항(법 237조 1항, 법 시행령 257조 1항)

③ 집합투자재산으로 부동산 취득 시 금전 차입에 관한 사항(법 시행령 97조 1항 단서)

④ 위 사항 이외에도 법은 이사의 선임(법 200조 4항), 투자회사의 해산(법 202조 1항 2호·5항), 청산(법 203조 5항·6항), 합병(법 204조 2항) 등도 주주총회의 권한사항으로 규정하고 있으나 이는 상법의 경우와 동일하다.

한편 투자회사의 경우 환매제도에 의해 주주총회의 결의 없이 자본감소가 이루어질 수 있고 별도의 자본감소절차도 필요 없기 때문에 상법상 자본감소에 관한 규정의 적용이 배제되고 이에 대한 주주총회의 권한도 적용되지 않는다(법 206조 2항, 상법 438조, 439조).

Ⅲ. 주주총회의 소집

1. 소집의 결정

(1) 이사회에 의한 소집

투자회사의 주주총회는 이사회가 소집한다(법 201조 1항). 주주총회 소집권은 그 성질상 이사회의 고유권한으로 해석되므로 별도의 명문 규정에 의한 경우가 아닌 한 이사회의 소집결정 없이 소집된 주주총회의 결의는 하자 있는 결의가 된다. 이사회는 주주총회의 일시, 장소, 의안 등을 정하며 그러한 소집결정의 집행에 대해서는 상법상으로는 대표이사가 이를 집행하나 투자회사의 경우 일반사무관리회사에 위탁하여야 하는 업무에 포함되므로 일반사무관리회사가 이를 집행한다(법 184조 6항 4호).

(2) 소수주주에 의한 소집

한편 상법상 소수주주의 청구에 의해 주주총회가 소집될 수 있는바, 상법상 소수주주의 총회소집권은 발행주식 총수의 100분의 3 이상을 가진 주주에게 인정되나 투자회사의 경우 그 요건이 강화되어 발행주식 총수의 100분의 5 이상을 소유한 주주에게 인정된다(법 201조 3항, 190조 3항). 위 소수주주의 요건과 관련하여 상법상 해당 요건은 소집청구를 하는 시점에서 구비하면 되고 수인의 소유주식을 합산하여 100분의 5 이상이 되면 소수주주로서 공동으로 소집을 청구할 수 있다고 해석되는바,[1] 이는 투자회사의 경우도 동일하게 적용될 것이다. 이러한 요건을 갖춘 소수주주가 주주총회를 소집하고자 하는 경우 해당 주주는 주주총회의 목적과 소집의 이유를 기재한 서면을 제출하여 주주총회의 소집을 이사회에 요청하여야 하며, 이러한 요청을 받은 이사회는 1개월 이내에 주주총회를 소집하여야 한다. 이 경우 이사회가 정당한 사유 없이 주주총회를 수집하기 위한 절

1) 이철송, 전게서(2008), 404쪽.

차를 거치지 아니하는 경우에는 해당 소수주주는 금융위원회의 승인을 받아 주주총회를 개최할 수 있다.

(3) 금융위원회에 의한 소집

상법 제467조의 규정은 투자회사의 경우에도 적용되며, 이 경우 금융위원회가 법원의 역할을 수행한다(법 206조 1항). 따라서 투자회사의 업무집행에 관하여 부정행위 또는 법령이나 정관에 위반한 중대한 사실이 있음을 의심할 사유가 있는 때에는 발행주식총수의 100분의 3 이상에 해당하는 주식을 가진 주주는 회사의 업무와 재산 상태를 조사하게 하기 위하여 금융위원회에 검사인의 선임을 청구할 수 있는바(상법 467조 1항), 위 검사인의 검사결과보고에 의하여 필요하다고 인정한 때에는 금융위원회는 대표이사의 역할을 수행하는 법인이사에게 주주총회의 소집을 명할 수 있다(상법 467조 3항). 이 경우 이사회의 소집결의는 필요하지 않다.

2. 주주총회의 시기

상법상 주주총회는 정기총회와 임시총회로 나뉘며, 정기총회는 매년 1회 일정한 시기에 이를 소집하여야 한다(상법 365조). 정기총회는 재무제표의 승인이 주요 의제인바, 투자회사의 경우 재무제표의 승인은 이사회의 권한사항이므로(법 239조 2항) 정기총회의 개최를 의무화할 필요가 없다. 구간투법은 이에 대한 명시적인 규정이 없어 해석상 논란의 여지가 있었으나 법은 상법 제365조의 적용을 명시적으로 배제하고 있다(법 206조 2항). 따라서 투자회사는 정기총회를 개최할 의무가 없다고 해석되며 법령 또는 정관에서 정한 바에 따라 주주총회의 결의가 필요한 사항이 발생한 때 이를 소집하면 된다.

3. 소집방법

주주총회 소집과 관련된 기타 사항은 상법의 규정이 대부분 적용된다. 또한 주주제안권에 대한 상법의 규정은 투자회사에도 적용되므로 투자회사의 의결권 있는 발행주식총수의 100분의 3 이상을 소유한 주주는 법인이사에 대하여 회일의 6주 전에 서면으로 일정한 사항을 주주총회의 목적사항으로 할 것을 제안할 수 있다. 법인이사는 이러한 주주제안이 있는 경우 이를 이사회에 보고하고, 이사회는 주주제안의 내용이 법령 또는 정관에 위반되는 경우를 제외하고는 이를 주주총회의 목적사항으로 하여야 한다(상법 363조의2). 한편 6개월 전부터 계속하여 투자회사의 발행주식총수의 1,000분의 10 이상(최근 사업연도말 현재 자본금이 1천억원 이상인 투자회사의 경우 1,000분의 5 이상)에 해당하는 주식을 소유한 투자회사의 주주도 이러한 상법상의 주주제안권을 행사할 수 있다(법 205조 2항, 29조 6항).

4. 연기와 속행

투자회사의 경우 연기수익자총회에 관한 규정이 준용된다(법 201조 3항, 190조 7항 내지 9항). 따라서 투자회사의 이사회는 제5항에 따른 주주총회의 결의가 이루어지지 아니한 경우 주주총회를 연기할 수 있다. 이 경우 이사회는 그 날부터 2주 이내에 연기된 주주총회("연기주주총회")를 소집하여야 한다. 연기주주총회는 상법상의 총회 연기와 달리 별도의 소집절차를 거쳐야 하는바, 이사회는 연기주주총회를 소집하고자 하는 경우 연기주주총회일 1주 전까지 연기주주총회의 결의에 관한 사항을 명시하여 그 소집을 통지하여야 한다. 연기주주총회의 결의는 출석한 주주의 의결권의 과반수와 발행주식총수의 8분의 1 이상의 수로 결의한다. 다만, 이 법에서 정한 주주총회의 결의사항 외에 집합투자규약으로 정한 주주총회의 결의사항에 대하여는 출석한 주주의 의결권의 과반수와 발행주식총수의 10분의 1 이상의 수로 할 수 있다. 위 규정에 위반하여 연기주주총회를 소집하지 않은 경우 금융위원회는 1천만원 이하의 과태료를 부과할 수 있다(법 449조 2항 9호).

Ⅳ. 주주총회의 결의 방법

1. 의 결 권

투자회사의 주주는 상법에 따라 1주마다 1개의 의결권을 갖는다(상법 369조 1항). 이는 강행규정으로서 정관으로도 달리 정할 수 없으며, 이와 다른 주주 간의 합의는 무효이다. 의결권 없는 주식에 대한 규정은 투자회사에는 적용되지 않으므로(법 206조 2항, 상법 370조) 투자회사는 의결권 없는 주식을 발행할 수 없다. 다만 자기주식에 대한 의결권 제한(상법 369조 2항), 특별 이해관계 있는 주주의 의결권 제한에 관한 상법 규정(상법 368조 4항)은 투자회사의 경우에도 적용된다. 또한 투자회사의 주주도 상법이 규정하는 바에 따라 대리인으로 하여금 그 의결권을 행사하게 할 수 있으며 의결권의 불통일행사도 가능하다(상법 368조 3항, 368조의2).

2. 의사진행

총회의 의장은 정관에서 정하며, 정관에 정함이 없는 경우에는 총회에서 주주들이 의장을 선출한다(상법 366조의2 1항). 의장은 반드시 주주일 필요는 없다. 통상은 정관의 규정에 의하여 법인이사(실제로는 그 직무수행자)가 의장이 된다.[1] 총회의 의장은 총회의 질서를 유지하고 의사를 정리한다. 또한 고의로 의사진행을 방해하기 위한 발언, 행동을 하는 등 현저히 질서를 문란하게 하는 자에 대하여 그 발언의 정지 또는 퇴장을 명할 수

1) 법령제정 실무작업반(8인) 공저, 전게서(2006), 292쪽.

있다(상법 366조의2 2항·3항).

3. 결의의 요건 및 방법

투자회사의 주주총회는 출석한 주주의 의결권의 과반수와 발행주식총수의 4분의 1 이상의 수로 결의한다. 다만, 이 법에서 정한 주주총회의 결의사항 외에 집합투자규약으로 정한 주주총회의 결의사항에 대하여는 출석한 주주의 의결권의 과반수와 발행주식총수의 5분의 1 이상의 수로 결의할 수 있다(법 201조 2항). 상법상 주주총회의 성립정족수를 확보하지 못하여 주주총회가 불성립되는 문제를 방지하기 위하여 성립정족수 요건을 폐지한 것과 동일하게 본법도 2013년 5월 법을 개정하여 주총의 성립요건을 삭제하였고 특별결의의 정족수도 하향 조정 하였다.[1]

투자회사의 주주는 주주총회에 출석하지 아니하고 서면에 의하여 의결권을 행사할 수 있다(법 201조 3항, 190조 6항). 이는 수익자총회의 경우와 동일하며 해당 규정을 준용하고 있다. 따라서 서면투표를 위한 소집통지시 서면 송부에 관한 사항, 서면에 의한 의결권 행사방법 등에 관한 내용은 수익자총회에 관한 규정이 동일하게 적용된다(법 시행령 220조 3항·4항, 221조 1항 내지 4항).

4. 의사록 및 공시

총회의 의사에는 의사록을 작성하여야 하며, 의사록에는 의사의 경과요령과 그 결과를 기재하고 의장과 출석한 이사가 기명날인 또는 서명하여야 하는바, 투자회사는 이러한 의사록 작성 등의 업무를 일반사무관리회사에 위탁하여야 하므로(법 184조 6항 4호), 일반사무관리회사가 이를 수행한다. 투자회사는 주주총회 의사록을 본점 및 당해 투자회사의 집합투자재산을 운용하는 집합투자업자의 본점에 비치하여야 하며, 해당 주식을 판매한 투자매매업자 또는 투자중개업자에게 이를 송부하여 그 영업소에 비치하도록 하여야 한다(법 239조 3항).

Ⅴ. 반대주주의 주식매수청구권

주주총회의 결의에 반대하는 주주의 주식매수청구권에 대하여는 상법의 규정이 적용되지 않고(법 206조 2항에서 상법 374조의2의 적용 배제) 반대수익자의 수익증권매수청구권에 관한 규정이 준용된다(법 201조 4항). 이는 집합투자기구 간 업무처리의 통일을 기하기 위해서이다.[2] 이에 따라 정관의 변경 또는 합병에 대한 주주총회의 결의에 반대하는 주주

1) 2013년 5월 동법 개정('출석한 주주의 의결권의 3분의 2 이상의 수와 발행주식총수의 3분의 1 이상'에서 '출석한 주주의 의결권의 과반수와 발행주식총수의 5분의 1 이상'으로 변경되었다).

2) 법령제정 실무작업반(8인) 공저, 전게서(2006), 293쪽.

는 주주총회 전에 투자회사에게 서면으로 그 결의에 반대하는 의사를 통지한 경우 그 주주총회의 결의일로부터 20일 이내에 주식의 수를 기재한 서면으로 자기가 소유하고 있는 주식의 매수를 청구할 수 있다. 이 경우 매수청구기간의 종료일에 주식을 환매청구한 것으로 본다. 따라서 투자회사는 매수청구기간이 만료된 날부터 15일 이내에 정관상 환매방법과 동일한 방법으로 그 주식을 매수하여야 한다.

Ⅵ. 종류주주총회

종류형투자회사의 경우 종류형투자신탁의 경우와 마찬가지로 특정 종류의 주식 투자자에 대하여만 이해관계가 있는 경우에는 그 종류의 주주만으로 종류주주총회를 개최할 수 있다(법 231조 2항). 이는 전체 주주로 구성되는 주주총회에 갈음하여 개최되는 것으로서 이해관계 있는 주주만으로 주주총회를 개최하도록 하여 그 결의를 용이하게 하고 사무를 간소화하기 위한 제도이다. 따라서 이는 주주총회의 결의내용이 어느 종류의 주주에게 불리할 경우 주주총회의 결의 이외에 해당 종류주주로 구성되는 종류주주총회의 결의를 요구하는 상법상의 종류주주총회 제도와는 구별된다. 한편 투자회사의 경우 상법상 종류주주총회가 개최될 여지는 없다. 투자회사는 우선주 등 수종의 주식을 발행할 수 없기 때문이다(법 206조 2항에서 상법 344조의 적용 배제).[1]

제202조(해산)

① 투자회사는 다음 각 호의 어느 하나에 해당하는 사유로 해산한다. 이 경우 청산인은 해산일부터 30일 이내에 해산의 사유 및 연월일, 청산인 및 청산감독인의 성명·주민등록번호(청산인이 법인이사인 경우에는 상호·사업자등록번호)를 금융위원회에 보고하여야 한다.

1. 정관에서 정한 존속기간의 만료, 그 밖의 해산사유의 발생
2. 주주총회의 해산 결의
3. 투자회사의 피흡수합병
4. 투자회사의 파산
5. 법원의 명령 또는 판결

---

1) 이와 관련하여 종류형투자회사의 경우 여러 종류의 주식이 발행되므로 상법상 종류주주총회 제도가 적용되는지 여부에 대하여 의문이 있을 수 있다. 그러나 상법상 종류주주총회 제도는 그 법문상 상법 제344조에 따른 수종의 주식이 발행된 경우에 적용되는 것으로 규정되어 있는 바(상법 435조 1항), 종류형투자회사가 발행하는 여러 종류의 주식은 판매보수 또는 판매수수료의 차이에 따라 구분되는 것으로서 모두 보통주식의 일종이므로 상법상 수종의 주식에 해당하지는 않으며, 타 집합투자기구의 경우 종류주주총회에 관한 상법 제435조가 준용되지 않으므로(법 190조 10항 등 참조) 다른 형태의 종류형집합투자기구와의 균형상으로도 종류형투자회사에 대하여도 상법상 종류주주총회 제도는 적용되지 않는 것으로 해석하는 것이 옳을 것이다.

6. 투자회사 등록의 취소
7. 주주(법인이사인 주주는 제외한다)의 총수가 1인이 되는 경우. 다만, 건전한 거래질서를 해할 우려가 없는 경우로서 대통령령으로 정하는 경우는 제외한다.[1)]

② 투자회사는 해산한 경우 법인이사가 청산인이 되는 때에는 해산일부터 2주 이내에, 청산인이 선임된 때에는 그 선임일부터 2주 이내에 대통령령으로 정하는 서류를 첨부하여 다음 각 호의 사항을 등기하여야 한다.

1. 청산인의 성명·주민등록번호(청산인이 법인이사인 경우에는 상호·사업자등록번호)
2. 청산인 중에서 대표청산인을 정하도록 하거나 2인 이상의 청산인이 공동으로 투자회사를 대표할 것을 정한 경우에는 그 내용

③ 투자회사는 해산한 경우 감독이사가 청산감독인이 되는 때에는 해산일부터 2주 이내에, 청산감독인이 선임된 때에는 선임일부터 2주 이내에 대통령령으로 정하는 서류를 첨부하여 청산감독인의 성명 및 주민등록번호를 등기하여야 한다.

④ 투자회사가 해산한 경우(제 1 항 제 3 호 및 제 4 호의 사유로 해산한 경우를 제외한다)에는 청산인 및 청산감독인으로 구성되는 청산인회를 둔다.

⑤ 투자회사가 제 1 항 제 1 호·제 2 호 또는 제 7 호의 사유로 해산한 때에는 정관 또는 주주총회에서 달리 정한 경우 외에는 법인이사 및 감독이사가 각각 청산인 및 청산감독인이 된다.

⑥ 투자회사가 다음 각 호의 어느 하나에 해당하는 경우에는 금융위원회가 이해관계인의 청구에 의하여 청산인 및 청산감독인을 선임한다.

1. 제 1 항 제 5 호의 사유로 해산한 경우
2. 청산인 또는 청산감독인이 없는 경우
3. 「상법」 제193조 제 1 항에 따라 청산하는 경우

⑦ 투자회사가 제 1 항 제 6 호의 사유로 해산한 경우에는 금융위원회가 직권으로 청산인 및 청산감독인을 선임한다.

⑧ 금융위원회는 청산인 또는 청산감독인이 업무를 집행함에 있어서 현저하게 부적합하거나 중대한 법령 위반사항이 있는 경우에는 직권으로 또는 이해관계인의 청구에 의하여 이들을 해임할 수 있다. 이 경우 금융위원회는 직권으로 새로운 청산인 또는 청산감독인을 선임할 수 있다.

⑨ 금융위원회는 다음 각 호의 어느 하나에 해당하는 경우에는 등기원인을 증명하는 서면을 첨부하여 투자회사의 소재지를 관할하는 등기소에 해당 등기를 촉탁하여야 한다.

1. 제 1 항 제 6 호의 사유로 투자회사가 해산한 경우
2. 금융위원회가 직권으로 청산인 또는 청산감독인을 해임한 경우

1) 2013년 5월 개정시 추가함(2015년 1월 1일 시행).

Ⅰ. 본조의 취지

본조는 투자회사의 해산사유, 해산 등기, 청산인 및 청산감독인의 선임 등 투자회사의 집합투자기구로서의 특성을 반영하여 주식회사와는 구별되는 투자회사의 해산에 관한 사항을 규정하고 있다. 투자회사의 해산과 관련하여 본조에서 특별히 규정하고 있는 내용 이외의 사항에 대하여는 주식회사의 해산에 관한 규정이 적용된다. 본조의 내용은 구간투법 상 투자회사의 해산에 관한 규정인 제110조 내지 제113조 및 제118조를 대부분 계수하고 있다.

Ⅱ. 투자회사의 해산사유

투자회사의 해산사유는 ① 정관에서 정한 존속기간의 만료, 그 밖의 해산사유의 발생, ② 주주총회의 해산 결의, ③ 투자회사의 피흡수합병, ④ 투자회사의 파산, ⑤ 법원의 명령 또는 판결, ⑥ 투자회사 등록의 취소, ⑦ 주주(법인이사인 주주는 제외한다)의 총수가 1인이 되는 경우(다만, 건전한 거래질서를 해할 우려가 없는 경우로서 대통령령으로 정하는 경우는 제외한다)가 규정되어 있다(법 202조 1항). 해산사유 중 ① 내지 ⑤의 사유는 상법상 주식회사의 해산사유와 동일하며(상법 517조) ⑥의 사유는 투자회사 등록제도에 따른 투자회사 특유의 해산사유이다. 그리고 ⑦의 사유는 투자자보호를 위해 2013년 5월 항목을 추가하였다.[1] 한편 설립무효 또는 취소의 판결이 확정된 때에는 해산에 준하여 청산하여야 하므로(상법 193조 1항) 이 경우도 해산사유에 준하는 것으로 볼 수 있다. 투자회사는 위와 같은 해산사유의 발생으로 당연히 해산하고 해산 등기나 기타 절차는 그 요건이 아니다(대법원 1964. 5. 5. 선고 63마29 결정 참조).

한편 투자회사가 해산한 경우 청산인은 해산일 부터 30일 이내에 해산의 사유 및 연월일, 청산인 및 청산감독인의 성명·주민등록번호(청산인이 법인이사인 경우에는 상호·사업자등록번호)를 금융위원회에 보고하여야 한다(법 202조 1항 후단).

Ⅲ. 해산등기 및 효과

투자회사는 해산한 경우 법인이사가 청산인이 되는 때에는 해산일부터 2주 이내에, 청산인이 선임된 때에는 그 선임일부터 2주 이내에 소정의 서류를 첨부하여 청산인의 성명·주민등록번호(청산인이 법인이사인 경우에는 상호·사업자등록번호) 및 청산인 중에서 대표청산인을 정하도록 하거나 2인 이상의 청산인이 공동으로 투자회사를 대표할 것을 정한 경우

1) 2013년 5월 개정시 추가함(2015년 1월 1일 시행).

에는 그 내용을 등기하여야 한다. 또한 감독이사가 청산감독인이 되는 때에는 해산일부터 2주 이내에, 청산감독인이 선임된 때에는 선임일부터 2주 이내에 소정의 서류를 첨부하여 청산감독인의 성명 및 주민등록번호를 등기하여야 한다(법 202조 2항·3항).

해산에 의하여 투자회사의 권리능력은 청산의 목적범위 내로 축소된다(상법 542조 1항, 245조). 투자회사도 주식회사로서 투자회사 재산이 회사채권자에 대한 유일한 담보이므로 합병 및 파산 이외의 사유에 의하여 해산한 때에는 해산등기와 아울러 법정의 청산절차를 밟아야 한다. 이때에는 청산인이 법인이사에 갈음하여 투자회사의 청산사무를 집행하고 투자회사를 대표하는 기관이 된다.

Ⅳ. 청산인 및 청산감독인

투자회사가 해산한 경우 합병 또는 파산으로 인하여 해산하는 경우를 제외하고는 청산절차에 들어가므로 이에 따라 청산인 및 청산감독인이 선임되고 이들로 구성되는 청산인회가 설치된다(법 202조 4항). 청산인 및 청산감독인의 선임은 해산사유에 따라 다르다. 우선 정관에서 정한 해산사유의 발생으로 해산한 경우 및 주주총회의 해산결의로 해산한 경우에는 법인이사 및 감독이사가 각각 청산인 및 청산감독인이 된다. 다만 정관 또는 주주총회에서 달리 정한 경우에는 이에 따른다(법 202조 5항). 따라서 정관에서 청산인을 따로 정하거나 주주총회에서 청산인을 선임한 때에는 이에 의하여 청산인이 정해진다. 다음으로 법원의 명령 또는 판결로 해산한 경우, 청산인 또는 청산감독인이 없는 경우, 설립 무효 또는 설립 취소의 판결에 따라 청산하는 경우에는 금융위원회가 이해관계인의 청구에 의하여 청산인 및 청산감독인을 선임한다(법 202조 6항). 마지막으로 투자회사가 등록 취소로 인하여 해산한 경우에는 금융위원회가 직권으로 청산인 및 청산감독인을 선임한다(법 202조 7항).

금융위원회가 청산인을 선임한 경우 외에는 주주총회의 보통결의로 청산인을 언제든지 해임할 수 있다(법 206조 1항, 상법 539조 1항). 또한 청산인이 그 업무를 집행함에 있어 현저하게 부적임하거나 중대한 임무에 위반한 행위가 있는 경우에는 소수주주가 금융위원회에 청산인의 해임을 청구할 수 있다(법 206조 1항, 상법 539조 2항). 한편 이러한 상법상의 규정에 의한 해임 이외에도 금융위원회는 청산인 또는 청산감독인이 업무를 집행함에 있어서 현저하게 부적합하거나 중대한 법령 위반사항이 있는 경우에는 직권으로 또는 이해관계인의 청구에 의하여 이들을 해임할 수 있으며, 이 경우 금융위원회는 직권으로 새로운 청산인 또는 청산감독인을 선임할 수 있다(법 202조 8항).

제203조(청산)

① 청산인은 취임 후 지체 없이 투자회사의 재산상황을 조사하여 총리령으로 정하는 기간 이내에 재산목록과 대차대조표를 작성하여 이를 청산인회에 제출하여 승인을 받아야 하며, 그 등본을 지체 없이 금융위원회에 제출하여야 한다.

② 청산감독인은 청산인이 업무수행과 관련하여 법령이나 정관을 위반하거나, 그 밖에 투자회사에 대하여 현저하게 손해를 끼칠 우려가 있는 사실을 발견한 경우에는 금융위원회에 이를 보고하여야 한다.

③ 청산인은 취임한 날부터 1개월 이내에 투자회사의 채권자에 대하여 일정 기간 이내에 그 채권을 신고할 것과 그 기간 이내에 신고하지 아니하면 청산에서 제외된다는 뜻을 2회 이상 공고함으로써 최고하여야 한다. 이 경우 그 신고기간은 1개월 이상으로 하여야 한다.

④ 청산인은 자금차입·채무보증 또는 담보제공이 제한되는 투자회사의 경우 제3항에 불구하고 대통령령으로 정하는 방법에 따라 채권자에 대한 최고절차를 생략할 수 있다. 다만, 장내파생상품 매매에 따른 계약이행책임이 있는 경우 등 대통령령으로 정하는 경우에는 그 절차를 생략하여서는 아니 된다.

⑤ 청산인은 청산사무가 종결된 경우에는 지체 없이 결산 보고서를 작성하여 주주총회의 승인을 받아야 한다. 이 경우 그 결산 보고서를 공고하고, 이를 금융위원회 및 협회에 제출하여야 한다.

⑥ 청산인 또는 청산감독인은 제202조 제5항에 따른 경우에는 정관 또는 주주총회가 정하는 바에 따라, 같은 조 제6항 및 제7항에 따라 선임된 경우에는 금융위원회가 정하는 바에 따라 투자회사로부터 보수를 지급받을 수 있다.

⑦ 청산인은 제1항에 따라 승인을 얻은 재산목록과 대차대조표를 청산 종결 시까지 투자회사에 비치하여야 하며, 이를 집합투자업자 및 투자매매업자·투자중개업자에게 송부하여 그 영업소에 비치하도록 하여야 한다.

Ⅰ. 본조의 취지

본조는 투자회사의 청산과 관련하여 청산인의 재산상태 조사 및 승인, 채권자에의 최고, 결산보고서의 작성 및 승인, 청산인의 보수 및 청산 관련 공시에 관한 내용에 대하여 규정하고 있다. 본조에 규정되어 있지 않은 사항에 대하여는 상법상 주식회사의 청산에 관한 규정이 준용된다. 본조는 구간투법상 투자회사의 청산에 관한 규정을 대부분 계수하고 있다(구간투법 112조 5항, 114조 내지 117조 참조).

Ⅱ. 청산인 및 청산감독인의 직무

청산인의 기본적인 청산사무는 주식회사의 경우와 마찬가지로 현존사무의 종결, 채권의 추심과 채무의 변제, 재산의 환가처분 및 잔여재산의 분배이다(상법 542조 1항, 254조 1항). 다만 재산상태의 조사 및 승인과 채권자에의 최고에 대하여는 법에서 별도로 규정하고 있다. 그리고 청산감독인은 청산인이 업무수행과 관련하여 법령이나 정관을 위반하거나 그 밖에 투자회사에 대하여 현저하게 손해를 끼칠 우려가 있는 사실을 발견한 경우에 금융위원회에 이를 보고하여야 한다(법 203조 2항).

1. 재산상태의 조사 및 승인

청산의 경우 투자회사의 재산상황을 파악하는 것이 중요하다. 이에 따라 청산인은 취임 후 지체 없이 투자회사의 재산상황을 조사하여 취임한 날부터 15일 이내에 재산목록과 대차대조표를 작성하여 이를 청산인회에 제출하여 승인을 받아야 하며, 그 등본을 지체 없이 금융위원회에 제출하여야 한다(법 203조 1항, 법 시행규칙 21조). 청산인은 이에 따라 승인을 얻은 재산목록과 대차대조표를 청산종결시까지 투자회사에 비치하여야 하며, 이를 집합투자업자 및 투자매매업자·투자중개업자에게 송부하여 그 영업소에 비치하도록 하여야 한다(법 203조 7항).

2. 채권자에의 최고 및 채무 변제

청산인은 취임한 날부터 1개월 이내에 투자회사의 채권자에 대하여 일정 기간 이내에 그 채권을 신고할 것과 그 기간 이내에 신고하지 아니하면 청산에서 제외된다는 뜻을 2회 이상 공고함으로써 최고하여야 한다. 이 경우 신고기간은 1개월 이상으로 하여야 한다(법 203조 3항). 투자회사의 경우 상법상 2개월에 비하여 신고기간이 단축되었다(상법 535조 1항 참조). 한편 청산인은 알고 있는 채권자에 대하여는 각별로 채권신고를 최고하여야 하며, 그 채권자가 신고하지 아니한 때에도 이를 청산에서 제외하지 못한다(상법 535조 2항). 청산인은 채권신고기간 내에는 채권자에 대하여 변제하지 못한다(상법 536조 1항). 다만 소액의 채권, 담보 있는 채권 기타 변제로 인하여 다른 채권자를 해할 염려가 없는 채권에 대하여는 금융위원회의 허가를 얻어 이를 변제할 수 있다(법 206조 1항, 상법 536조 2항). 채권신고기간이 경과하면 신고한 채권자 그리고 신고하지 않았더라도 알고 있는 채권자에게 변제하여야 한다. 변제기에 이르지 않은 채무도 변제할 수 있으며 이 경우 중간이자를 공제하여야 하고, 가액이 불확정한 채권에 대하여는 금융위원회가 선임한 감정인의 평가에 의하여 변제하여야 한다(법 206조 1항, 상법 542조 1항, 259조).

한편 청산인은 자금차입·채무보증 또는 담보제공이 제한되는 투자회사의 경우 위

규정에도 불구하고 채권자에 대한 최고절차를 생략할 수 있다. 이 경우 투자회사는 그 뜻과 채무내용·채무이행방법 등 채무와 관련한 사항을 2회 이상 전국을 보급지역으로 하는 일간신문에 공고하여야 하며, 이를 금융위원회에 지체 없이 보고하여야 한다. 다만 장내파생상품 또는 장외파생상품의 매매에 따른 계약이행책임이 있는 경우, 투자회사재산에 중대한 영향을 미칠 수 있는 소송이 계류 중인 경우 및 법 제83조 제1항 단서에 따른 금전차입 등으로 인하여 잔존채무가 있는 경우에는 채권자에의 최고절차를 생략하여서는 아니 된다(법 203조 4항, 법 시행령 233조).

3. 잔여재산 분배

채무를 완제하고 남는 재산은 주주에게 분배한다(상법 542조 1항, 260조). 이 경우 주식평등의 원칙에 따라 주식 수에 비례하여 분배한다(상법 538조). 한편 채권신고기간 내에 신고하지 않았기 때문에 청산에서 제외된 채권자는 주주에게 분배되지 않은 재산의 범위에서만 변제를 청구할 수 있으므로(상법 537조 1항) 잔여재산분배가 완료되면 권리를 잃게 된다.

4. 결산보고서의 작성

청산인은 청산사무가 종결된 경우에는 지체 없이 결산보고서를 작성하여 주주총회의 승인을 받아야 한다. 이 경우 그 결산보고서를 공고하고 이를 금융위원회 및 협회에 제출하여야 한다(법 203조 5항). 회사의 장부 기타 영업과 청산에 관한 중요한 서류는 본점소재지에서 청산종결의 등기를 한 후 10년간 이를 보존하여야 한다. 다만 전표 또는 이와 유사한 서류는 5년간 이를 보존하여야 한다. 이러한 보존에 관하여는 청산인 기타 이해관계인의 청구에 의하여 금융위원회가 보존인과 보존방법을 정한다(법 206조 1항, 상법 541조).

Ⅲ. 청산인 및 청산감독인의 보수

청산인 또는 청산감독인은 주식회사의 청산인과 마찬가지로 투자회사로부터 보수를 받을 수 있다. 다만 그 보수에 대한 결정은 선임사유에 따라 구별된다. 즉 청산인 또는 청산감독인이 정관에서 정한 해산사유의 발생 또는 주주총회의 해산결의에 따라 선임된 경우에는 정관 또는 주주총회에서 정하는 바에 따라 보수를 지급받으며, 금융위원회가 선임한 경우에는 금융위원회가 정하는 바에 따라 보수를 지급받는다(법 203조 6항). 후자의 경우 청산인 및 청산감독인에 지급할 보수는 당해 투자회사의 이사의 보수수준, 당해 투자회사의 재산규모, 청산업무의 난이도, 선임된 청산인과 청산감독인의 주요경력을 고려하여 금융감독원장이 결정한다(금융투자업규정 7-13조).

Ⅳ. 청산의 종결 시기

청산은 청산사무가 종료된 때에 종결되며, 청산사무 중 일부라도 남아 있으면 청산종결의 등기가 되었더라도 청산은 종결되지 아니한다. 따라서 남아 있는 사무의 범위 내에서 투자회사는 법인격을 가지며 소송상 당사자능력도 있고 청산인 및 청산감독인의 의무도 존속한다.[1]

제204조(합병)

① 투자회사는 그 투자회사와 법인이사가 같은 다른 투자회사를 흡수하는 방법으로 합병하는 경우가 아니면 다른 회사와 합병할 수 없다.

② 투자회사는 제1항에 따라 합병하고자 하는 경우에는 제201조 제2항 단서에 따른 주주총회의 결의를 거쳐야 한다. 다만, 건전한 거래질서를 해할 우려가 적은 소규모 투자회사의 합병 등 대통령령으로 정하는 경우는 제외한다.[2]

③ 제193조 제4항·제5항 및 제8항은 투자회사의 합병에 관하여 준용한다. 이 경우 "투자신탁을 설정한 집합투자업자," "투자신탁" 및 "투자신탁의 집합투자업자"는 각각 "투자회사"로, "수익자총회"는 각각 "주주총회"로, "수익자"는 각각 "주주"로, "수익증권"은 각각 "주식"으로 본다.

Ⅰ. 본조의 취지

투자회사도 상법상 주식회사이므로 상법상 주식회사의 합병에 관한 규정이 적용된다. 다만 투자회사의 집합투자기구로서의 성질상 일반 주식회사와는 별도로 규율할 필요가 있는바, 본조는 이에 따라 투자회사의 합병 방법, 합병을 위한 주주총회의 결의요건 기타 합병의 절차에 대하여 규정하고 있다. 종전 증권투자회사법에서는 증권투자회사는 증권투자회사가 아닌 회사와 합병할 수 없다는 규정만 두고 있었으나(증권투자회사법 57조), 구간투법 제정 당시 투자신탁 및 투자회사의 합병에 대한 규정이 신설되었으며 본조는 구간투법상 투자회사의 합병에 관한 규정을 대부분 계수하고 있다(구간투법 119조 참조).

---

1) 이철송, 전게서(2008), 858쪽.

2) 2013년 5월 개정시 추가함.

Ⅱ. 합병의 방법

투자회사는 집합투자기구이므로 투자회사가 아닌 다른 회사와 합병할 수 없다. 또한 해당 투자회사재산을 운용하는 집합투자업자가 서로 다른 투자회사가 합병하는 경우는 예상되지 않으며 그 필요성도 없다. 따라서 투자회사는 그 투자회사와 법인이사가 같은 다른 투자회사와만 합병할 수 있다. 또한 상법상 주식회사의 합병에는 당사회사 중 한 회사만이 존속하고 다른 회사는 해산하는 흡수합병과 당사회사가 모두 해산하고 동시에 새로운 회사를 설립하는 신설합병이 있는바, 투자회사의 경우 신설합병을 인정할 실익이 없으며 새로운 투자회사와 해산하는 투자회사의 법률적 관계를 정의하기가 어려우므로[1] 투자회사에 대하여는 신설합병이 인정되지 않는다. 즉 투자회사의 경우 다른 투자회사를 흡수하는 방법으로만 합병할 수 있다(법 204조 1항). 이는 투자신탁의 경우와 동일하다(법 193조 1항 참조).

Ⅲ. 합병의 절차

1. 합병계약서의 작성

투자회사의 합병을 위해서는 상법의 규정에 따라 법정의 사항이 기재된 합병계약서를 작성하여야 한다(상법 522조 1항). 합병계약서에 포함되어야 할 사항에 대하여는 흡수합병의 합병계약서에 관한 상법의 규정이 적용된다(상법 523조). 다만 투자신탁의 합병의 경우에 준하여 ① 투자회사 합병으로 인하여 이익금을 분배할 경우 그 한도액, ② 투자회사 합병으로 인하여 투자회사의 존속기간 또는 투자회사의 회계기간을 변경하는 경우 그 내용, ③ 보수 또는 환매수수료 등을 변경하는 경우 그 내용, ④ 주식의 합병가액을 산정하기 위한 투자회사재산의 평가에 관한 사항, 및 ⑤ 합병으로 인하여 주식을 발행하는 경우 1주에 미달하는 단수의 처리에 관한 사항도 합병계약서에 포함되어야 한다고 해석된다(법 204조 3항, 193조 8항, 법 시행령 226조 1항). 투자회사가 합병하는 경우 합병가액은 투자회사를 합병하는 날의 전일의 대차대조표상에 계상된 자산총액에서 부채총액을 공제한 금액을 기준으로 산정한다(법 204조 3항, 193조 6항, 법 시행령 226조 2항).

2. 합병계약서 등의 공시

투자회사는 주주총회일의 2주 전부터 합병 후 6개월이 경과하는 날까지 ① 합병하는 각 투자회사의 최종의 결산서류, ② 합병으로 인하여 소멸하는 투자회사의 주주에게 발행하는 주식의 배정에 관한 사항 및 그 이유를 기재한 서면 및 ③ 합병계약서를 본점

1) 법령제정 실무작업반(8인) 공저, 전게서(2006), 465쪽.

및 투자매매업자 또는 투자중개업자의 영업소에 비치하여야 한다. 이 경우 그 투자회사의 주주 및 채권자는 영업시간 중 언제든지 그 서류를 열람할 수 있으며, 그 서류의 등본 또는 초본의 교부를 청구할 수 있다(법 204조 3항, 193조 4항).

3. 합병승인결의

합병을 하기 위해서는 각 합병 당사회사가 합병계약서에 대한 주주총회의 승인결의를 얻어야 한다. 합병을 승인하는 주주총회는 출석한 주주의 의결권의 과반수와 발행주식총수의 5분의 1 이상의 수로써 결의하여야 한다(법 204조 2항). 다만, 건전한 거래질서를 해할 우려가 적은 소규모 투자회사의 합병 등 대통령령으로 정하는 경우는 제외한다(법 204조 2항 후단).[1] 그리고 투자회사의 이사회가 법 제201조 제 3 항, 제190조 제 7 항에 따라 연기주주총회를 소집하여 합병승인 결의를 하는 경우로서 연기주주총회 회의개시 예정시각에서 1시간이 경과할 때까지 출석한 주주가 소유한 주식의 수가 발행된 주식 총수의 과반수에 미달하는 경우에는 위 발행주식 총수의 5분의 1 이상 찬성이라는 요건은 적용되지 않는다(법 201조 3항, 190조 8항). 한편 투자회사는 합병계약서에 대한 주주총회의 승인을 얻은 경우 그 내용을 주주에게 지체 없이 통지하여야 한다(법 204조 3항, 193조 8항, 법 시행령 226조 4항).

4. 주식매수청구 및 채권자보호절차

합병에 반대하는 투자회사 주주의 주식매수청구권에 대하여는 상법의 규정이 아닌 투자신탁의 반대수익자 수익증권매수청구권에 대한 규정이 준용된다(법 201조 4항).[2] 상법상 주식회사 합병 시 채권자보호절차에 대한 규정은 투자회사에도 적용된다. 따라서 소멸하는 투자회사 및 존속하는 투자회사 모두 주주총회의 승인결의일로부터 2주 이내에 채권자에 대하여 합병에 이의가 있으면 1월 이상의 기간 내에 이를 제출할 것을 공고하고, 알고 있는 채권자에 대하여는 따로 이를 최고하여야 한다(상법 527조의5). 채권자가 그 기간 내에 이의를 제출하지 않은 경우에는 합병을 승인한 것으로 본다. 채권자가 이의를 제출한 경우에는 투자회사는 투자회사재산으로 채무를 변제하거나 상당한 담보를 제공하거나 이를 목적으로 상당한 재산을 신탁회사에 신탁하여야 한다.

5. 합병의 보고 및 등기

합병으로 존속하는 투자회사는 상법의 규정에 따라 채권자보호절차의 종료 후 지체 없이 주주총회를 소집하여 합병에 관한 사항을 보고하거나 이에 갈음하는 이사회의 공고

1) 2013년 5월 개정시 추가함.
2) 자세한 사항은 법 제201조 제 4 항에 대한 주석 참조.

를 하여야 한다(상법 526조). 또한 존속하는 투자회사는 합병 사실을 지체 없이 금융위원회에 보고하여야 하며, 합병되는 투자회사의 주권이 증권시장에 상장되어 있는 때에는 거래소에도 보고하여야 한다(법 204조 3항, 193조 5항). 그리고 투자회사의 합병은 상법의 규정에 따라 합병 후 존속하는 투자회사가 본점소재지에서 변경등기를 함으로써 그 효력이 생긴다(상법 530조 2항, 234조). 합병으로 인하여 소멸하는 투자회사는 해산 등기를 하여야 한다(상법 528조 1항).

Ⅳ. 간이합병, 소규모합병의 예외

투자회사의 합병에는 상법의 규정이 적용되므로 투자신탁과 달리 간이합병 및 소규모합병의 방법에 따라 합병하는 것도 가능하였는데, 2013년 5월 법을 개정하여 건전한 거래질서를 해할 우려가 적은 소규모 투자회사의 합병 등 대통령령으로 정하는 경우에 주주총회 결의의 예외의 근거규정을 신설 하였다(법 204조 2항 후단).[1] 따라서 소멸하는 투자회사의 총주주 동의가 있는 경우, 또는 소멸하는 투자회사의 발행주식총수의 100분의 90 이상을 이미 존속하는 투자회사가 소유하고 있는 경우에는 상법상 간이합병에 관한 규정에 따라 소멸회사의 주주총회의 승인결의는 이사회의 결의로 갈음할 수 있다(상법 527조의2). 한편 존속하는 투자회사가 소멸하는 투자회사의 주주에게 발행하는 신주가 존속하는 투자회사의 발행주식총수의 100분의 5를 초과하지 않는 경우에는 상법상 소규모합병에 관한 규정에 따라 존속하는 투자회사의 주주총회의 승인은 이를 이사회의 승인으로 갈음할 수 있다(상법 527조의3).

제205조(투자회사의 특례)

① 제3편 제3장은 투자회사에는 적용하지 아니한다.

② 제29조는 투자회사의 주주에게 준용한다. 이 경우 같은 조 제1항 중 "금융투자업자(자산규모 등을 고려하여 대통령령으로 정하는 금융투자업자를 제외한다. 이하 이 조에서 같다)"는 "투자회사"로, "10만분의 5"는 "1만분의 1"로 보고, 같은 조 제2항부터 제8항까지의 규정 중 "금융투자업자"는 각각 "투자회사"로 보며, 같은 조 제2항 중 "100만분의 250" 및 "100만분의 125"는 각각 "10만분의 50" 및 "10만분의 25"로 보고, 같은 조 제3항 중 "10만분의 50" 및 "10만분의 25"는 각각 "1만분의 10" 및 "1만분의 5"로 보며, 같은 조 제4항 중 "10만분의 250" 및 "10만분의 125"는 각각 "1만분의 50" 및 "1만분의 25"로 보고, 같은 조 제5항 중 "1만분의 150" 및 "1만분의 75"는 각각 "1천분의 30" 및 "1천분의 15"로 보며, 같은 조 제6항 중 "1만분의 50" 및 "1만분의 25"는 각각 "1천분의 10" 및 "1천분의 5"로 본다.

---

1) 2013년 5월 개정시 추가함.

Ⅰ. 본조의 취지

본조는 투자회사에 대한 특례를 규정하여 투자회사에 대하여 주권상장법인 등에 적용되는 공시의무의 적용을 배제하고 금융투자업자의 주주에 인정되는 소수주주권을 투자회사의 주주에게도 인정하고 있다. 이는 종전 증권투자회사법에서부터 인정된 투자회사에 대한 특례이다(증권투자회사법 84조 3항·4항, 구간투법 181조 3항·4항).

Ⅱ. 주권상장법인 등의 공시의무 적용 배제

환매금지형투자회사의 경우 투자회사는 정관에 투자자의 환금성 보장 등을 위한 별도의 방법을 정하지 아니한 경우에는 해당 투자회사의 주식을 최초로 발행한 날부터 90일 이내에 그 주식을 증권시장에 상장하여야 한다(법 230조 3항). 한편 법 제 3 편 제 3 장은 주권상장법인 등 사업보고서 제출대상법인에 대하여 사업보고서, 반기보고서, 분기보고서 및 주요사항보고서의 제출의무를 부과하고 있으며 그에 대한 책임, 해당 서류의 공시 등에 대하여 규정하고 있다. 따라서 본조의 특례가 없다면 투자회사도 주권을 상장하는 경우 이러한 규정의 적용을 받게 되는 것이다.

그러나 투자회사의 경우 해당 투자회사 재산을 운용하는 집합투자업자에 대하여 자산운용보고서 제공의무, 수시공시 의무, 집합투자재산에 관한 보고의무 등이 부과되어 있으며(법 88조 내지 92조 참조), 투자회사 재산을 보관하는 신탁업자에 대하여 자산보관·관리보고서 제공의무가 부과되어 있고(법 248조), 투자회사재산에 관한 회계감사인의 회계감사보고서를 투자자가 열람할 수 있도록 하여야(법 시행령 265조 6항) 하는 등 별도의 공시에 대한 규정이 마련되어 있다. 따라서 투자회사에 대하여는 일반 주권상장법인에 적용되는 공시에 관한 규정을 적용할 필요성이 없다. 또한 이들 집합투자업자, 신탁업자 및 회계감사인에 대한 손해배상책임에 대하여도 별도로 법에서 규정하고 있으므로(법 64조, 241조 참조) 사업보고서등의 거짓기재 등에 의한 배상책임에 관한 법 제162조가 적용되지 않는다 하더라도 투자자 보호 측면에서 특별히 불리한 점도 없다고 하겠다. 이에 본조 제 1 항은 주권상장법인 등의 공시에 관한 규정인 법 제 3 편 제 3 장의 적용을 배제하고 있는 것이다. 투자신탁 기타 다른 집합투자기구의 경우 법 시행령 제167조 제 1 항 제 1 호 가목에 따라 사업보고서 제출대상법인에서 제외되어 역시 법 제 3 편 제 3 장 소정의 규정 적용을 받지 않는다.

Ⅲ. 소수주주권

투자회사의 주주에 대하여도 금융투자업자의 주주에 대하여 인정되는 소수주주권이 준용된다(법 205조 2항). 투자회사의 경우도 주식의 분산으로 인해 상법상의 소수주주권의 요건을 충족하는 주주가 흔하지 않으므로 상법에 비하여 완화된 주식 소유의 요건을 규정하여 소수주주권 행사를 통한 경영통제가 보다 용이하게 이루어질 수 있도록 할 필요성이 있기 때문이다. 다만 금융투자업자의 주주에 비하여는 주식 소유에 대한 요건이 강화되어 있다.[1)]

제206조(「상법」과의 관계)

① 투자회사에 「상법」을 적용함에 있어서 「상법」 제259조 제4항, 제298조 제4항, 제299조, 제299조의2, 제300조, 제325조, 제422조, 제467조 제1항부터 제3항까지, 제536조, 제539조 및 제541조 중 "법원"은 각각 "금융위원회"로, 제176조 중 "검사"는 각각 "금융위원회"로 본다.

② 「상법」 제19조, 제177조, 제288조, 제292조, 제298조 제1항부터 제3항까지, 제301조부터 제313조까지, 제330조, 제335조 제1항 단서, 제335조의2부터 제335조의7까지, 제341조, 제341조의2, 제341조의3, 제342조, 제342조의2, 제342조의3, 제343조, 제344조, 제344조의2, 제344조의3, 제345조부터 제351조까지, 제365조, 제374조의2, 제383조, 제389조 제1항, 제397조, 제408조의2부터 제408조의9까지, 제409조, 제409조의2, 제410조부터 제412조까지, 제412조의2부터 제412조의5까지, 제413조, 제413조의2, 제414조, 제415조, 제415조의2, 제417조부터 제420조까지, 제420조의2부터 제420조의5까지, 제438조, 제439조, 제449조, 제449조의2, 제450조, 제458조부터 제461조까지, 제461조의2 및 제604조는 투자회사에 적용하지 아니한다.[2)]

Ⅰ. 본조의 취지

본조는 상법상 법원 및 검사가 갖는 권한을 투자회사의 경우 금융위원회가 갖는 것으로 규정하고 상법의 규정 중 투자회사에는 적용되지 않는 규정을 명시하는 등 상법과 이 법의 관계에 대하여 규율하기 위한 규정이다. 그 내용은 종전 증권투자회사법 및 구

---

1) 자세한 사항은 법 제29조에 대한 주석 참조.

2) 2013년 5월 개정시 추가함.

간투법상의 규정을 대부분은 계수하고 있으나 구체적인 상법 규정의 범위는 조금씩 차이가 있다(증권투자회사법 84조 1항·2항, 구간투법 181조 1항·2항 참조). 2011년 상법개정과 2013년 5월 본법의 개정으로 적용배제 되는 사항에 대폭 변화가 있었다.

Ⅱ. 금융위원회의 권한

투자회사는 집합투자기구로서 금융위원회의 감독을 받으므로 일반 주식회사와는 달리 금융위원회가 투자회사에 대하여 필요한 권한을 행사할 수 있도록 하는 것이 적절하다. 이에 따라 본조 제1항에서는 상법상 일반 주식회사에 대하여 인정되는 법원 및 검사의 권한을 금융위원회가 행사하도록 규정하고 있다. 따라서 투자회사의 경우 청산시 불확정한 채권의 평가를 위한 감정인 선임권(상법 259조 4항), 변태설립사항의 조사를 위한 검사인의 선임권(상법 298조 4항), 검사인의 조사보고를 받을 권한(상법 299조), 현물출자등의 증명 관련 공증인 또는 감정인의 보고를 받을 권한(상법 299조의2), 변태설립사항이 부당하다고 인정되는 경우 변경처분권(상법 300조), 신주 발행 시 현물출자의 검사와 관련된 권한(상법 422조), 회사의 업무와 재산상태의 검사를 위한 소수주주의 검사인 선임 청구에 따른 검사인 선임, 이에 따른 검사인의 보고를 받을 권한 및 주주총회 소집 명령권(상법 467조 1항 내지 3항), 청산 중 채권신고기간 이내의 변제에 대한 허가권(상법 536조), 소수주주의 청구에 의한 청산인 해임권(상법 539조) 및 청산 시 서류 보존을 위한 보존인 및 보존방법 결정권(상법 541조)은 법원이 아니라 금융위원회가 이를 행사한다. 또한 회사의 해산명령을 청구할 수 있는 권한 및 이 경우 관리인의 선임 등 청구 관련 권한(상법 176조)도 검사가 아닌 금융위원회가 행사한다.

Ⅲ. 적용이 배제되는 상법의 규정

투자회사는 이 법에서 특별히 정한 경우를 제외하고는 상법 및 민법의 적용을 받는다(법 181조). 그러나 투자회사의 집합투자기구로의 특성상 상법의 규정이 적용되는 것이 부적절한 경우가 있는바, 본조 제2항은 이러한 이유로 투자회사에는 적용되지 않는 상법의 규정을 열거하고 있다.

본조 제2항에 의하여 투자회사에는 적용이 배제되는 상법의 규정은 제19조(회사의 상호), 제177조(등기기간의 기산점), 제288조(발기인), 제292조(정관의 효력발생), 제298조(이사·감사의 조사·보고와 검사인의 선임청구) 제1항부터 3항까지, 제301조(모집설립의 경우의 주식모집), 제302조(주식인수의 청약, 주식청약서의 기재사항), 제303조(주식인수인의 의무), 제304조(주식인수인 등에 대한 통지, 최고), 제305조(주식에 대한 납입), 제306조(납입금의 보관자등의 변경), 제307조(주식인수인의 실권절차), 제308조(창립총회), 제309조(창립총회의 결의), 제310조(변태설립의 경우의 조사), 제311조(발기인의 보고), 제312조(임원의 선임), 제313조(이사, 감사의 조사, 보고), 제330조(액면미달발행의 제한), 제335조(주식의 양도성) 제 1 항 단서, 제335조의2(양도승인의 청구), 제335조의3(양도상대방의 지정청구), 제335조의4(지정된 자의 매도청구권), 제335조의5(매도가액의 결정), 제335조의6(주식의 매수청구), 제335조의7(주식의 양수인에 의한 승인청구), 제341조(자기주식의 취득), 제341조의2(특정목적에 의한 자기주식의 취득), 제341조의3(자기주식의 질취), 제342조(자기주식의 처분), 제342조의2(자회사에 의한 모회사주식의 취득), 제342조의3(다른 회사의 주식취득), 제343조(주식의 소각), 제344조(종류주식), 제344조의2(이익배당, 잔여재산분배에 관한 종류주식), 제344조의3(의결권의 배제·제한에 관한 종류주식), 제345조(주식의 상환에 관한 종류주식), 제346조(주식의 전환에 관한 종류주식), 제348조(전환으로 인하여 발행하는 주식의 발행가액), 제349조(전환의 청구), 제350조(전환의 효력발생), 제351조(전환의 등기), 제365조(총회의 소집), 제374조의2(반대주주의 주식매수청구권), 제383조(원수, 임기), 제389조(대표이사) 제 1 항, 제397조(경업금지), 제408조의2(집행임원 설치회사, 집행임원과 회사의 관계), 제408조의3(집행임원의 임기), 제408조의4(집행임원의 권한), 제408조의5(대표집행임원), 제408조의6(집행임원의 이사회에 대한 보고), 제408조의7(집행임원의 이사회 소집 청구), 제408조의8(집행임원의 책임), 제408조의9(준용규정), 제409조(선임), 제409조의2(감사의 해임에 관한 의견진술의 권리), 제410조(임기), 제411조(겸임금지), 제412조(감사의 직무와 보고요구, 조사의 권한), 제412조의2(이사의 보고의무), 제412조의3(총회의 소집청구), 제412조의4(감사의 이사회 소집청구), 제412조의5(자회사의 조사권), 제413조(조사·보고의 의무), 제413조의2(감사록의 작성), 제414조(감사의 책임), 제415조(준용규정), 제415조의2(감사위원회), 제417조(액면미달의 발행), 제418조(신주인수권의 내용 및 배정일의 지정·공고), 제419조(신주인수권자에 대한 최고), 제420조(주식청약서), 제420조의2(신주인수권증서의 발행), 제420조의3(신주인수권의 양도), 제420조의4(신주인수권의 전자등록), 제420조의5(신주인수권증서에 의한 청약), 제438조(자본금 감소의 결의), 제439조(자본금 감소의 방법, 절차), 제449조(재무제표등의 승인·공고), 제449조의2(재무제표 등의 승인에 대한 특칙), 제450조(이사, 감사의 책임해제), 제458조(이익준비금), 제459조(자본준비금), 제460조(법정준비금의 사용), 제461조(준비금의 자본금 전입), 제461조의2(준비금의 감소), 제604조(주식회사의 유한회사에의 조직변경)가 있다.

[초판: 문경화, 개정판: 하영태]

제 2 관 투자유한회사

○ 前注

Ⅰ. 투자유한회사의 의의

투자유한회사는 집합투자를 수행하기 위한 집합투자기구 중 상법에 따른 유한회사 형태의 집합투자기구를 말한다(법 9조 18항 3호). 집합투자기구는 투자신탁등 계약형집합투자기구와 투자회사등 회사형집합투자기구로 나눌 수 있는데, 이 중에서 투자유한회사는 회사형집합투자기구로서 상법상 유한회사 형태를 취한 것이다.

종전의 증권투자회사법이나 구간투법상으로는 주식회사 형태의 투자회사와 합자회사 형태의 사모투자전문회사만이 허용되었다. 그러나 위와 같은 집합투자기구의 형태가 한정되어 다양한 집합투자기구의 활용이 곤란하고, 구간투법상 규정되지 않은 간접투자기구를 이용한 간접투자에 대해서는 투자자보호를 위한 규제의 적용이 불분명하고 미흡하다는 지적이 있었다.

이에 이 법은 유한회사, 민법상 조합, 상법상 익명조합 형태의 집합투자기구를 새로 허용함으로써 민·상법상 인정되는 모든 형태의 집합투자기구를 인정하고, 등록의무, 투자재산의 별도 보관·관리의무, 투자재산과 고유재산의 구분, 이해관계인과의 거래제한 등 투자자보호를 위한 규제를 적용하게 되었다.[1)]

투자유한회사는 투자신탁이나 조합 등과 같은 계약형집합투자기구와 달리 회사형집합투자기구로서 투자자의 투자자금은 회사의 출자금을, 투자자는 회사의 사원을 구성하게 되며 사원총회, 이사 등 회사법상 유한회사로서의 조직구조를 갖추어야 한다. 다만 이사는 법인이사 1인을 두며 상법상의 대표이사 및 이사회제도나 감사제도는 적용되지 않는 등 집합투자기구의 속성상 필요한 범위 내에서 상법상 유한회사와는 구별되는 예외적인 사항들이 법에 의하여 별도로 규정되어 있다. 투자유한회사의 집합투자재산의 운용업무는 법인이사가 이를 수행하지만 집합투자재산의 보관·관리업무는 신탁업자가 위탁받아 이를 수행하며, 신탁업자는 집합투자업자에 대한 감시기능을 수행한다(법 184조 2항

1) 국회 재정경제위원회, 「증권투자회사법안 심사보고서」, 1998. 9, 57쪽, 66쪽.

및 3항, 247조 2항). 다만, 투자회사와 같은 감독이사제도는 존재하지 않는다.

투자유한회사는 설립완료된 경우 금융위원회에 등록하여야 한다(법 182조 1항). 또한 투자유한회사는 상근임원 또는 직원을 둘 수 없으며, 본점 외의 영업소를 설치할 수 없다(법 184조 7항).

Ⅱ. 법 제5편 제2장 제2절 제2관의 내용

법 제207조에서 제212조는 집합투자기구 중 투자유한회사에 대하여 그 구성과 관계되는 사항, 즉 그 설립, 정관 변경, 지분증권에 관한 사항, 법인이사, 사원총회 등 투자유한회사의 지배구조에 관한 사항, 투자유한회사의 해산, 청산 및 합병에 관한 사항, 그리고 투자유한회사에 적용되는 특례와 상법과의 관계에 대하여 규율하고 있다.

한편 특수한 형태의 투자유한회사인 환매금지형투자유한회사, 종류형투자유한회사, 전환형투자유한회사, 모자형투자유한회사 및 상장지수 투자유한회사에 대하여는 법 제230조 내지 제234조에서 별도로 규정하고 있다.

그리고 투자유한회사의 투자유한회사 재산 운용에 관하여는 집합투자업자의 영업행위 규칙에 관한 법 제79조 내지 제94조에서 규율하고 있으며, 투자유한회사 지분증권의 환매에 대하여는 법 제235조 내지 제237조에서, 투자유한회사재산의 평가 및 회계에 대하여는 법 제238조 내지 제243조에서, 투자유한회사재산의 보관 및 관리에 대하여는 법 제244조 내지 제248조에서 각각 규율하고 있다.

제207조(투자유한회사의 설립 등)

① 집합투자업자는 투자유한회사를 설립하는 경우 다음 각 호의 사항을 기재한 정관을 작성하여 기명날인 또는 서명하여야 한다.

1. 목적
2. 상호
3. 제209조 제1항에 따른 법인이사의 상호·사업자등록번호
4. 회사의 소재지
5. 투자유한회사재산의 운용 및 관리에 관한 사항
6. 이익분배 및 환매에 관한 사항
7. 공시 및 보고서에 관한 사항
8. 그 밖에 사원을 보호하기 위하여 필요한 사항으로서 대통령령으로 정하는 사항

② 집합투자업자는 정관을 작성한 후 투자유한회사 설립시에 출자금을 금전으로 납입하여야 한다.

③ 집합투자업자는 다음 각 호의 사항을 출자금액이 납입된 날부터 2주 이내에 대통령령으로 정

하는 서류를 첨부하여 설립등기를 하여야 한다.

1. 제 1 항 제 1 호부터 제 4 호까지의 사항
2. 정관으로 투자유한회사의 존속기간 또는 해산사유를 정한 경우 그 내용

④ 투자유한회사 사원의 출자의 목적은 금전에 한한다.

⑤ 투자유한회사는 제182조에 따라 등록하기 전에는 집합투자업자 외의 자를 사원으로 가입시켜서는 아니 된다.

Ⅰ. 본조의 취지

상법상 유한회사의 형태를 취하지만 집합투자기구인 점을 고려하여 본조는 투자유한회사의 설립에 관하여 별도로 규율하고 있다. 본조에서 별도로 규정하지 않는 내용에 대하여는 법 제212조 제 2 항에 의하여 그 적용이 배제되지 않는 한도 내에서 상법상 유한회사의 설립에 대한 규정이 적용된다.

투자유한회사의 설립절차에 있어서는 투자회사와 비교하여 다음과 같은 특색이 있다.

첫째, 투자유한회사의 설립절차는 주식회사의 발기설립절차와 비슷하지만 발기인이 개입하지 않으며, 집합투자업자가 설립에 종사하는 사원이 되어 정관을 작성하고 위 사원을 중심으로 설립절차가 진행된다(법 207조 1항).

둘째, 투자회사의 경우 주식의 인수는 정관의 작성과는 별도의 절차로 하기 때문에 주식의 인수에 관한 규정을 두고 있다(법 194조 6항 내지 8항 등). 반면에 투자유한회사는 집합투자업자가 설립 당시의 사원으로서 정관 작성 후 출자금을 금전으로 납입하여 설립한다(법 207조 2항).

셋째, 투자회사의 경우 투자회사 설립시에 발행하는 주식의 인수가액의 납입이 완료된 경우에 이사를 선임하는 절차를 밟게 된다(법 194조 8항). 투자유한회사는 초대이사를 정관에 의하여 정한다(법 207조 1항 3호).

넷째, 투자회사의 정관에는 '공고사항'을 기재해야 하며(법 194조 2항 10호), 주주관계는 기재사항으로 하지 않으며, 수권자본제도가 인정되는 등(법 194조 2항 3호) 주식회사의 공개성의 특색이 나타나는 반면에 투자유한회사의 경우에는 '공고사항'을 기재하지 않는 등 유한회사의 폐쇄성의 특색이 나타나고 있다.

다만, 투자유한회사도 집합투자기구의 하나로 인정되는 것이기 때문에 상법상 유한회사의 폐쇄성 내지 인적회사적 요소는 이 법에 의하여 수정되고 있다. 예를 들어, 사원관계를 기재사항으로 하지 않으며(상법 543조 2항 1호, 179조 3호), 자본의 총액(상법 543조 2항 2호)을 기재사항으로 하지 않고 오히려 지분증권의 추가발행에 관한 사항(법 207조 1항 8호, 법 시행령 234조 1항 3호)을 기재사항으로 하고 있다.

Ⅱ. 집합투자업자에 의한 설립

상법상 주식회사의 설립에는 설립의 과정에서 발기인 이외의 주주를 모집하는지 여부에 따라 발기설립과 모집설립의 두 가지 방법이 있지만, 이 법은 투자회사의 경우 법 제206조 제2항에서 상법 제301조의 적용을 배제하고 있어 발기설립의 방법에 의한 설립만 가능한 것으로 하고 있다.

투자유한회사의 경우 상법상 유한회사의 설립절차에서 발기인은 개입하지 않고 사원이 정관 작성 등 설립절차를 진행하는 것처럼 집합투자업자가 투자유한회사의 설립 당초의 사원으로서 설립절차를 진행한다. 집합투자업자는 투자유한회사를 설립하는 경우 일정한 사항을 기재한 정관을 작성하여 기명날인 또는 서명하여야 한다(법 207조 1항 본문).

투자유한회사를 설립할 수 있는 집합투자업자의 수에 관하여 상법상 아무런 제한을 두고 있지 아니하고(상법 543조 2항 4호 참조) 이 법에서도 설립 당초의 사원으로서의 집합투자업자의 수를 제한하고 있지 아니하며, 투자유한회사는 제182조에 따라 등록하기 전에는 집합투자업자 외의 자를 사원으로 가입시켜서는 아니 된다는 법 제207조 제5항을 반대해석하면, 복수의 집합투자업자가 설립 당초의 사원으로서 투자유한회사를 설립할 수 있다고 본다. 다만, 투자유한회사의 집합투자재산 운용업무를 담당하는 법인이사는 1인의 집합투자업자로 제한된다(법 209조 1항).

Ⅲ. 투자유한회사의 정관 기재사항

1. 절대적 기재사항

투자유한회사를 설립하기 위해서는 집합투자업자가 정관을 작성하여 전원이 기명날인 또는 서명하여야 한다(법 207조 1항). 본조 제1항은 투자유한회사 정관에 반드시 기재하여야 하는 절대적 기재사항에 대하여 상법에 대한 특칙으로 별도로 규정하고 있다. 그 내용은 ① 목적, ② 상호, ③ 법 제209조 제1항에 따른 법인이사의 상호·사업자등록번호, ④ 회사의 소재지, ⑤ 투자유한회사재산의 운용 및 관리에 관한 사항, ⑥ 이익분배 및 환매에 관한 사항, ⑦ 공시 및 보고서에 관한 사항, ⑧ 그 밖에 사원을 보호하기 위하여 필요한 사항으로서 대통령령으로 정하는 사항[1)]이 있다.

정관의 절대적 기재사항과 관련하여 상법상 유한회사의 경우 자본의 총액이 기재사항이고(상법 543조 2항 2호), 투자회사의 경우 설립시에 발행하는 주식의 총수 및 발행가액(법 194조 2항 4호)이 기재사항임에 반하여 투자유한회사의 경우 설립시 출자금을 정관의 기재사항으로 하고 있지 않다.

다만 투자유한회사의 등록요건상 최저 출자금을 규정하고 있을 뿐이다. 즉 법 시행령 제209조 제 2 호에 의하여 투자유한회사의 등록 신청 당시의 출자금은 1억원 이상으로서 금융위원회가 정하여 고시하는 금액 이상일 것을 요한다.

2. 상대적 기재사항

투자유한회사 정관의 상대적 기재사항으로는 지분증권의 추가발행에 관한 사항의 결정권한을 사원총회에 부여하고자 하는 경우 그 내용(법 208조 2항, 196조 3항 단서) 등이 있다.

상법상 유한회사의 경우 정관의 상대적 기재사항으로 현물출자 등 상법 제544조 소정의 변태설립사항이 있는바, 투자유한회사는 출자금의 금전 납입을 원칙으로 하지만 법 제249조 소정의 사모집합투자기구에 대해서는 본조 제 2 항에 대한 특례를 인정하여 증권, 부동산 또는 실물자산 등 금전 외의 자산으로 납입하는 것을 허용하고 있으므로(법 249조 3항 참조), 투자유한회사가 사모집합투자기구로서 금전 외의 자산으로 납입하고자 하는 경우에는 현물출자 등 상법 제544조 소정의 변태설립사항을 정관에 기재하여야 한다.

3. 임의적 기재사항

투자유한회사 정관에는 위 절대적 기재사항 및 상대적 기재사항 이외에도 강행법규나 공서양속에 위배되지 아니하는 내용을 임의로 기재할 수 있다. 통상 투자유한회사 정관에 포함되는 임의적 기재사항으로는 지분증권의 발행 및 예탁, 예탁지분증권의 교부, 지분증권의 재교부, 사원총회의 운영, 의장의 질서유지권, 차입 및 보증의 제한 등이 있다.

---

1) 법 시행령 제234조 제 1 항은 ① 법 제229조에 따른 투자유한회사의 종류, ② 투자대상자산(주된 투자대상자산을 포함한다), ③ 지분증권의 추가발행 및 소각에 관한 사항, ④ 존속기간 또는 해산사유를 정한 경우에는 그 내용, ⑤ 투자유한회사재산의 평가 및 기준가격의 계산에 관한 사항, ⑥ 이익 외의 분배에 관한 사항, ⑦ 집합투자업자·신탁업자·투자매매업자 또는 투자중개업자 및 일반사무관리회사와 체결할 업무위탁계약의 개요(보수 그 밖의 수수료의 계산방법, 지급방법 및 시기에 관한 사항을 포함), ⑧ 집합투자업자 및 신탁업자의 변경에 관한 사항, ⑨ 정관의 변경에 관한 사항, ⑩ 투자유한회사의 회계기간, ⑪ 정관 작성연월일, ⑫ 그 밖에 주주 보호를 위하여 필요한 사항으로서 금융위원회가 정하여 고시하는 사항을 열거하고 있다.

Ⅳ. 자본 및 기관의 구성

1. 설립시 출자금에 관한 사항

앞에서 본 바와 같이 투자유한회사는 유한회사의 형태를 취하기 때문에 투자회사와 달리 주식 인수절차가 없으며, 정관작성에 의하여 사원이 확정될 뿐만 아니라 그 출자의 무도 확정되기 때문에 설립 당초의 사원인 집합투자업자가 정관을 작성한 후 투자유한회사로 등록하기 위해서 필요한 최저 출자금 이상을 금전으로 납입하면 된다(법 207조 2항, 법 시행령 209조 2호).

2. 출자금의 이행

집합투자업자는 출자금을 금전으로 납입하여야 한다(법 207조 2항). 다만 이 법은 제234조 소정의 상장지수집합투자기구 및 제249조 소정의 사모집합투자기구에 대해서는 금전 이외의 자산으로 납입하는 것을 허용하지만, 상장지수투자기구는 투자신탁 또는 투자회사의 형태만 인정되고 투자유한회사의 형태를 인정하지 않으므로(법 234조 1항 참조), 사모투자유한회사의 경우만 증권, 부동산 또는 실물자산 등 금전 외의 자산으로 납입하는 것을 허용한다.[1)]

정관으로 정하여진 이사는 사원으로 하여금 출자전액 또는 사모투자유한회사의 경우 현물출자의 목적인 재산전부의 급여를 시켜야 하며(상법 548조 1항), 사모투자유한회사의 경우 현물출자하는 사원은 납입기일에 지체 없이 출자의 목적인 재산을 인도하고 등기, 등록 기타 권리의 설정 또는 이전을 요할 경우에는 이에 관한 서류를 완비하여 교부하여야 한다(법 548조 2항, 295조 2항).

투자회사의 경우 발기인은 상법에 따라 납입을 맡을 은행 기타 금융기관과 납입장소를 지정하여야 하지만(상법 295조 1항), 유한회사의 경우 이와 같은 제한이 없으므로, 각 사원은 이사에게 자유롭게 납입할 수 있다고 본다.[2)]

3. 이사 선임

투자유한회사의 이사는 정관으로 지정되므로, 투자회사의 경우와 같은 이사선임 절차가 필요 없다.

---

1) 그 연혁 및 취지 등에 관해서는 법 제188조 및 제194조에 관한 주석사항 참조.
2) 손주찬/정동윤, 「주석 상법[회사(Ⅴ)]」, 69쪽.

Ⅴ. 설립등기의 내용 및 효력

회사는 본점소재지에서 설립등기를 함으로써 성립하므로(상법 172조) 투자유한회사도 법원의 등기소에 비치되어 있는 투자유한회사등기부에 설립등기를 완료함으로써 비로소 성립된다. 설립등기의 시기에 대하여 본조 제3항은 집합투자업자는 출자금액이 납입된 날로부터 2주 이내에 설립등기를 하여야 하는 것으로 규정하고 있다(법 207조 3항).

설립시 등기하여야 할 사항은 (i) 목적, (ii) 상호, (iii) 법인이사의 상호·사업자등록번호, (iv) 회사의 소재지, (v) 정관으로 투자유한회사의 존속기간 또는 해산사유를 정한 경우 그 내용이 있다(법 207조 3항). 등기사항 중 변경이 있는 때에는 변경등기를 하여야 한다(상법 549조 4항, 183조). 설립등기시에는 (i) 정관, (ii) 출자금의 납입을 맡은 은행, 그 밖의 금융기관의 출자금의 납입·보관에 관한 증명서를 첨부하여야 한다(법 시행령 234조 2항).

설립 등기의 기본적인 효력은 설립등기를 마침으로써 설립중의 투자유한회사가 법인격을 취득하여 투자유한회사로 성립한다는 것이다(상법 172조). 설립등기의 날을 기준으로 하여 현물출자의 목적인 재산의 실가가 정관소정의 가격에 현저히 부족한 때에는 설립등기 당시의 사원이 연대하여 그 부족액을 전보할 책임이 있고(상법 550조 1항), 출자금액의 납입이나 현물출자의 이행이 완료되지 아니한 때에는 설립등기 당시의 이사와 사원에게 전보책임을 지우고 있다(상법 551조). 투자유한회사는 설립등기를 완료한 경우 금융위원회에 등록하여야 한다(법 182조 1항).

Ⅵ. 사원의 가입제한

투자유한회사는 법 제182조에 따라 금융위원회에 등록하기 전에는 집합투자업자 외의 자를 사원으로 가입시켜서는 아니 된다(법 207조 2항). 따라서 투자유한회사는 금융위원회에 등록하기 전에는 지분증권을 판매할 수 없다.

Ⅶ. 설립의 무효, 취소의 소

투자유한회사 설립의 무효에 대하여는 이 법에서 별도로 규정하고 있는 내용이 없으므로 상법 제552조의 규정이 그대로 적용된다. 투자유한회사 설립의 무효는 사원 및 이사에 한하여, 설립의 취소는 그 취소권 있는 자에 한하여 회사성립의 날로부터 2년 내에 소로써만 이를 주장할 수 있다(상법 552조 1항). 투자회사 설립의 무효원인에 대하여는 주관적 무효원인은 인정되지 않고 설립절차에 관한 객관적 하자, 즉 강행법규의 위반

또는 주식회사의 본질에 반하는 하자만이 문제된다고 해석된다.1)

제208조(지분증권)

① 투자유한회사의 사원은 출자금액의 반환 및 이익의 분배 등에 관하여 지분증권의 수에 따라 균등한 권리를 가진다.

② 투자유한회사의 지분증권에는 다음 각 호의 사항을 기재하고, 제209조 제1항에 따른 법인이사가 기명날인 또는 서명하여야 한다.

1. 회사의 상호
2. 회사의 성립연월일
3. 지분증권의 발행일
4. 사원의 성명(법인인 경우에는 상호)
5. 그 밖에 투자유한회사 사원의 보호에 필요한 사항으로서 대통령령으로 정하는 사항

③ 제196조(제2항은 제외한다)2)는 투자유한회사의 지분증권에 관하여 준용한다. 이 경우 "투자회사"는 각각 "투자유한회사"로, "주식"은 각각 "지분증권"으로, "신주"는 각각 "새 지분증권"으로, "이사회"는 각각 "법인이사"로, "주주"는 각각 "사원"으로, "주금"은 각각 "지분증권 대금"으로 본다.

Ⅰ. 본조의 취지

상법상 유한회사는 사원의 지분에 관하여 지시식 또는 무기명식의 증권을 발행하지 못하고(상법 556조), 기명식의 지분증권을 발행하는 것은 가능하지만 유가증권으로서의 효력은 없으며 단순한 증거증권으로 보고 있다.3)

이에 반하여 투자유한회사는 집합투자증권으로서의 지분증권의 발행에 관하여 위 상법 규정의 특례규정을 두면서 상법상 주식회사의 형태를 취하는 투자회사의 주식의 형식 및 발행절차 등에 관한 법 제196조를 준용하고 있다.

그러나 이 법은 투자회사의 주식에 적용되는 상법 제336조부터 제340조, 제358조의 2 내지 제360조 등을 명시적으로 준용하고 있지 않은 결과 지분증권의 유가증권성을 인정할 수 있는지 또한 그 양도방법 등에 관해서는 투자회사의 주식이나 투자신탁의 수익

---

1) 이철송, 전게서(2008), 224쪽.
2) 2013년 5월 개정시 추가.
3) 손주찬/정동윤, 「주석 상법[회사(Ⅴ)]」, 134쪽.

증권처럼 위 상법 규정이 적용되는지 여부가 불분명하며, 입법상 보완이 불가피하다.

그리고 구법에서는 앞에서 본 바와 같이 이 법 제212조 제 2 항에서 상법 제556조의 적용을 배제하고 있지 않기 때문에 투자유한회사의 지분양도에 관해서는 위 상법 제556조에 따라 상법 제585조의 규정에 의한 사원총회의 특별결의가 없는 한 그 전부 또는 일부를 타인에게 양도할 수 없으며(상법 556조 1항), 양도로 인하여 사원의 총수가 50인을 초과하는 경우에는 유증의 경우를 제외하고는 그 양도는 효력이 없게 되는데(상법 556조 2항), 이 법이 196조만 준용한 입법의도가 위와 같은 양도제한이 있음에도 불구하고 일괄예탁방식으로 발행하도록 하고 예탁제도에서 양도제한의 실효성을 있게 하는 방안을 채택하자는 것인지 아니면 투자회사의 주식에 관한 상법 제336조부터 제340조, 제358조의2 내지 제360조를 적용시키고자 하는 것이었는지 불분명하여 여러 가지 해석의 여지가 있었다. 그러나 상법 제556조를 개정하여 유한회사 사원의 지분 양도를 원칙적으로 자유롭게 하되 정관으로 지분 양도를 제한할 수 있도록 하였고 또한 자본시장법 제208조를 개정하여 투자유한회사에 제196조 제 2 항을 준용하지 않으므로 더 이상 예탁을 요구하지 않게 되었다.

Ⅱ. 사원의 지분의 내용

유한회사의 사원의 지분이라 함은 사원의 회사에 대한 법률상의 지위 또는 사원이 회사에 대하여 갖는 권리의무의 총체를 말한다. 투자유한회사의 사원은 출자금액의 반환 및 이익의 분배 등에 관하여 지분증권의 수에 따라 균등한 권리를 가진다(법 208조 1항). 이는 투자신탁의 수익증권 및 투자회사의 주식이 보통주식만 인정되는 것과 마찬가지로 투자자의 보호 및 투자자평등의 원칙을 투자유한회사의 경우에도 관철하는 취지이다.

Ⅲ. 투자유한회사가 발행하는 지분증권의 형식 및 기재사항

1. 지분증권의 형식

법 제196조는 투자유한회사의 지분증권에 관하여 준용한다(법 208조 3항). 따라서 투자유한회사가 발행하는 지분증권은 무액면 기명식으로 한정된다(법 196조 1항). 무액면 지분증권이란 1좌의 금액이 표시되지 않고 지분증권에는 지분의 수만이 기재되는 지분증권이다. 따라서 주주는 전체 발행 지분증권에 대한 자기 지분의 비율만 인식할 수 있다.[1] 무액면 지분증권은 액면가가 없으므로 그 투자유한회사가 소유하는 자산의 순자산액에 기초하여 법 제238조 제 6 항에 따른 기준가격을 발행가액으로 하여야 한다(법 196조 5항, 법 시행령 230조).

1) 이철송, 전게서(2008), 227쪽.

기명지분증권이란 사원의 성명이 지분증권에 표시되고 사원명부에도 기재되는 지분증권이다.

2. 지분증권의 기재사항

지분증권의 기재사항은 투자자보호를 위해서 법정되어 있다(법 208조 2항). 투자유한회사의 지분증권에는 ① 투자유한회사의 상호, ② 투자유한회사의 성립연월일, ③ 지분증권의 발행일, ④ 사원의 성명(법인인 경우에는 상호), ⑤ 그 밖에 투자유한회사 사원의 보호를 위하여 필요한 사항으로서 대통령으로 정하는 사항(법 시행령 235조)을 기재하고, 법인이사가 기명날인 또는 서명해야 한다(법 208조 2항). 위에서 열거된 기재사항은 지분증권의 필요적인 기재사항이고 이를 흠결한 지분증권은 무효로 된다고 할 것이다.[1)]

Ⅳ. 지분증권의 발행 절차

1. 발행사항의 결정

투자유한회사가 그 성립 후 지분증권을 발행하는 경우 그 발행에 관한 사항은 법인이사가 결정한다(법 208조 3항 2문). 다만 정관에서 달리 정하고 있는 경우에는 그에 따른다.

법인이사는 지분증권의 수, 발행가액 및 납입기일에 관한 사항을 결정하여야 한다(법 196조 3항). 또한 개방형투자유한회사의 경우 법인이사는 지분증권의 발행기간, 위 발행기간 이내에 발행하는 지분증권 수의 상한, 위 발행기간 동안 매일의 발행가액 및 지분증권 대금 납입기일을 정하는 방법을 결정할 수 있다. 이 경우 개방형투자유한회사는 그 확정된 매일의 발행가액을 그 투자유한회사의 지분증권을 판매하는 투자매매업자 또는 투자중개업자의 지점, 그 밖의 영업소에 게시하고 인터넷 홈페이지 등을 이용하여 공시하여야 한다(법 196조 4항).

투자유한회사가 그 성립 후에 지분증권을 발행하는 경우 같은 날에 발행하는 지분증권의 발행가액, 그 밖의 발행조건은 균등하게 정하여야 한다. 다만 종류형투자유한회사의 경우 판매보수의 차이로 인하여 기준가격이 다르거나 판매수수료가 다른 여러 종류의 지분증권을 발행할 수 있다(법 231조).

2. 지분증권의 모집 절차

모집이란 50인 이상의 투자자에게 새로 발행되는 증권의 취득의 청약을 권유하는 것이므로(법 9조 7항), 앞에서 본 바와 같이 사원의 총수를 50인으로 제한하는 상법 제545조가 적용된다면 투자유한회사가 지분증권을 모집하는 경우는 있을 수 없다.

---

1) 법 제189조 제5항 및 법 시행령 제218조에 관한 주석사항 참조.

3. 지분증권 대금 납입

지분증권 인수인은 지분증권 대금납입기일에 지체 없이 지분증권의 인수가액을 금전으로 납입하여야 한다(법 196조 6항, 194조 7항). 사모투자유한회사의 경우에는 객관적인 가치평가가 가능하고 다른 투자자의 이익을 해할 우려가 없는 경우 증권, 부동산 또는 실물자산 등 금전 외의 자산으로 지분증권의 인수가액을 납입할 수 있다(법 249조 3항).

Ⅴ. 사원으로서의 권리 취득 시기

지분증권 인수인은 투자유한회사가 그 성립 후에 지분증권을 발행하는 경우 지분증권 대금의 납입과 동시에 사원의 권리·의무를 가진다(법 196조 7항).

제209조(법인이사)

① 투자유한회사에는 집합투자업자인 이사(이하 이 관에서 "법인이사"라 한다) 1인을 둔다.

② 제198조 제 1 항·제 4 항 및 제 5 항은 투자유한회사의 법인이사에게 준용한다. 이 경우 "투자회사"는 각각 "투자유한회사"로 본다.

Ⅰ. 본조의 취지

투자유한회사도 상법상 유한회사이므로 원칙적으로 회사의 최고의 의사결정기구로서의 사원총회, 그 이외 회사의 대표기관 및 업무집행기관으로서의 이사가 필요하다. 그러나 투자유한회사는 집합투자기구로서의 기능을 수행하여야 하므로 그 특성상 이러한 상법상의 지배구조에 대한 수정이 필요하다.

우선 투자유한회사는 그 업무를 집합투자업자, 신탁업자, 투자매매업자, 투자중개업자 및 일반사무관리회사에 위탁하여야 하며 상근임직원을 둘 수 없다.

이에 따라 투자유한회사의 경우 대표기관 겸 업무집행기관으로서 이사 1인을 두고 있으며, 투자유한회사는 그 집합투자재산에 대하여 외감법 제 3 조 제 1 항에 따른 감사인의 회계감사를 받도록 의무화되어 있으므로(법 240조 3항) 별도로 상법상의 감사를 둘 필요가 없다(법 212조 2항에서 상법 568조부터 570조까지의 적용을 명시적으로 배제하였다).

한편 투자유한회사의 이사는 상법상 유한회사와는 달리 자연인이 아닌 집합투자업자가 법인이사가 되도록 규정하고 있다.

투자회사의 경우에는 법인이사와 감독이사로 이원화하고 이사회를 두고 있는 반면에 투자유한회사는 법인이사만 두는 점이 다르다.

Ⅱ. 법인이사제도

투자유한회사는 투자회사에서 채택한 법인이사제도에 의한다. 투자유한회사는 집합투자업자인 이사 1인을 두며, 위 이사를 법인이사라고 한다(법 209조 1항). 즉 해당 투자유한회사의 집합투자재산 운용업무를 담당하는 집합투자업자가 그 투자유한회사의 법인이사가 되는 것이다.[1]

Ⅲ. 이사의 선임 등

1. 이사의 선임 및 임기

투자유한회사의 초대 법인이사는 정관으로 선정한다(상법 547조 1항, 법 207조 1항). 법인이사는 투자유한회사의 집합투자재산 운용업무를 담당하는 집합투자업자이어야 하며, 그 수는 1인이다(법 209조 1항). 한편 이사의 임기에 대해서는 제한이 없으므로, 정관에서 임기를 정하지 않은 이상 종신으로 해석할 것이다. 이사의 퇴임의 경우 정관변경에 관한 사원총회의 특별결의로 새로운 이사를 선임한다.

2. 이사의 퇴임

투자유한회사 이사의 퇴임에 관하여는 원칙적으로 상법 규정이 적용된다. 따라서 임기만료, 사임, 사원총회의 특별결의에 의한 해임(상법 567조, 385조 1항) 등의 사유로 퇴임한다.

다만 법인이사는 투자유한회사의 재산운용업무를 담당하는 집합투자업자로서 투자유한회사의 핵심적인 기능을 수행하므로 법인이사가 일방적으로 사임할 수는 없다고 해석된다. 한편 법인이사에 대하여도 사원총회의 특별결의에 의한 해임이 가능한지도 문제될 수 있는바, 법인이사제도를 도입한 취지가 이사에 대한 책임추궁을 통한 주주의 경영통제가 보다 효율적이고 용이하게 이루어질 수 있도록 하기 위한 것이고, 투자유한회사에 대하여 상법 제385조 제 1 항을 준용하는 상법 제567조의 적용을 배제하고 있지 않으며, 법 제211조 제 1 항 및 제195조 제 1 항 제 2 호에 의하여 사원총회의 특별결의로 집합

1) 법인이사제도의 도입 배경 등에 관해서는 법 제198조에 관한 주석사항을 참조.

투자업자를 변경하는 정관변경을 할 수 있다고 명시하고 있는 점에 비추어 볼 때 사원총회의 특별결의에 의하여 법인이사를 해임하는 것도 가능한 것으로 해석된다. 이 경우 해임을 결의한 사원총회에서 새로운 법인이사를 선임하여야 할 것이다.

3. 이사의 의무와 책임

이사의 의무와 책임에 대해서는 기본적으로 상법 규정이 그대로 적용된다. 따라서 투자유한회사의 법인이사는 투자유한회사에 대하여 이사선임의 본지에 따라 선량한 관리자의 주의로써 사무를 처리할 의무인 선관의무를 부담한다(상법 567조, 382조 2항, 민법 681조).

한편 투자유한회사의 법인이사가 법령 또는 정관에 위반한 행위를 하거나 그 임무를 해태한 때에는 회사에 대하여 연대하여 손해를 배상할 책임을 지며(상법 567조, 399조 1항), 악의 또는 중대한 과실로 인하여 그 임무를 해태한 때에는 제 3 자에 대하여 연대하여 손해를 배상할 책임을 진다(상법 567조, 401조 1항). 이와 관련하여 판례는 주주의 간접손해, 즉 이사의 임무해태로 회사가 입은 손해로 인해 다시 주주가 입은 손해는 위 상법 제401조 제 1 항에 따른 손해배상의 범위에 포함되지 않는다는 입장이나(대법원 1993. 1. 26. 선고 91다36093 판결), 투자유한회사의 사원의 경우 법인이사인 집합투자업자가 법령, 정관 등에 위반하는 행위를 하거나 그 업무를 소홀히 하여 투자자인 사원에게 손해가 발생한 경우 법 제64조에 따라 직접 해당 집합투자업자에게 손해배상책임을 물을 수 있다.

Ⅳ. 법인이사의 직무

법인이사는 투자유한회사를 대표하고 투자유한회사의 업무를 집행한다(법 209조 1항).

법인인 집합투자업자가 법인이사로서 직무를 수행하여야 하므로 원칙적으로 해당 집합투자업자의 대표이사가 투자유한회사의 대표권과 업무집행권을 행사하여야 한다. 이와 관련하여 법은 업무집행의 편의를 위하여 법인이사가 그 직무를 정하여 해당 직무를 수행할 자를 임직원 중에서 선임할 수 있도록 규정하고 있다(법 209조 2항, 198조 4항). 이 경우 집합투자업자는 이를 투자유한회사에 서면으로 통보하여야 한다. 이러한 업무집행자는 직무별로 정할 수 있기 때문에 2인 이상을 선임할 수 있다. 한편 이와 같이 투자유한회사에 통보된 자가 그 직무 범위 내에서 행한 행위는 법인이사의 행위로 본다(법 209조 2항, 198조 5항).

결국 투자유한회사의 법인이사인 집합투자업자의 대표이사가 투자유한회사의 대표권과 업무집행권을 직접 행사하거나 제 3 자에게 위임하여 행사할 수 있으며, 법인이사인 집합투자업자의 대표이사가 그 직무를 정하여 집합투자업자의 임직원 중에서 법인이사 직무수행자를 선임하여 이를 투자유한회사에 서면으로 통보한 경우 그 직무범위 내의 행위에 관하여는 해당 직무수행자만이, 그 이외의 행위에 관하여는 집합투자업자의 대표이사만이 투자유한회사의 대표권과 업무집행권을 행사할 수 있다.[1)]

제210조(사원총회)

① 투자유한회사의 사원총회는 법인이사가 소집한다.

② 투자유한회사의 사원총회는 출석한 사원의 의결권의 과반수와 발행된 지분증권 총수의 4분의 1 이상의 수로 결의한다. 다만, 이 법에서 정한 사원총회의 결의사항 외에 정관으로 정한 사원총회의 결의사항에 대하여는 출석한 사원의 의결권의 과반수와 발행된 지분증권총수의 5분의 1 이상의 수로 결의할 수 있다.[2)]

③ 제190조 제1항·제3항·제4항 및 제6항부터 제10항까지의 규정은 투자유한회사의 사원총회에 관하여 준용한다. 이 경우 "투자신탁을 설정한 집합투자업자" 및 "집합투자업자"는 각각 "투자유한회사의 법인이사"로, "투자신탁재산"은 "투자유한회사재산"으로, "수익증권"은 각각 "지분증권"으로, "총좌수"는 각각 "총수"로, "수익자"는 각각 "사원"으로, "수익자총회"는 각각 "사원총회"로, "수익자명부"는 "사원명부"로, "좌수"는 각각 "수"로 보고, 같은 조 제8항 중 "제5항"은 "제2항"으로 본다."[3)]

Ⅰ. 본조의 취지

투자유한회사는 상법상 유한회사이므로 출자자인 사원으로 구성되는 최고의 의사결정기관인 사원총회를 두어야 한다. 상법상 사원총회에 관한 규정은 투자유한회사의 경우도 대부분 그대로 적용이 되나, 집합투자기구로서의 특성상 또는 투자신탁의 수익자총회와의 균형상 사원총회의 권한사항, 결의요건, 소수 사원의 총회소집청구권 등은 상법상

1) 정병석, 전게논문(2004), 274쪽. 직무수행자를 선임해서 이를 투자유한회사에 통보했다고 하더라도 법인이사인 집합투자업자의 대표이사가 그 권한을 위임한 것으로 봐서 집합투자업자의 대표이사가 그 위임을 해지하고 언제든지 해당 직무범위에 관한 대표권과 업무집행권을 행사할 수 있다고 보아야 한다는 견해도 있을 수 있으나, 법 제207조 제2항 및 제198조 제5항에서 직무수행자가 그 직무범위에서 행한 행위는 법인이사의 행위로 본다고 규정한 점 그리고 집합투자업자의 대표이사가 직무수행자를 선임한 경우에도 언제든지 대표권과 업무집행권을 행사할 수 있다고 하면 법인이사가 둘이 있는 것과 마찬가지라고 할 것이므로, 직무집행자를 선임한 이상 그 선임을 취소 또는 철회하여 이를 투자유한회사에 통보하기 전까지는 해당 직무범위 내의 행위에 관해서는 해당 직무수행자만이 대표권과 업무집행권을 행사할 수 있다고 해석하는 것이 타당하다고 본다.

2) 2013년 5월 개정(총회 성립요건 삭제와 특별결의의 의결정족수 하향 조정).

3) 2013년 5월 법 개정(190조 1항을 준용규정으로 추가).

의 유한회사와 차이가 있다.

본조는 사원총회의 소집, 결의요건, 연기와 속행에 대하여 수익자총회의 규정을 대부분 준용하고 있다. 다만 투자유한회사의 경우 반대 사원의 출자지분 매수청구권 제도는 인정되지 않는다.

Ⅱ. 사원총회의 권한

상법상 유한회사의 경우 사원총회의 결의사항에 관해서 주주총회와는 달리 법령 또는 정관에 정해진 사항에 한정된다는 제한이 없고, 강행법규나 유한회사의 본질에 반하지 않는 한 어떠한 사항이라도 결의할 수 있다.[1)]

법은 집합투자기구로서의 특성을 반영하여 투자유한회사의 사원총회에 대하여 다음 사항에 대하여 결의할 권한을 별도로 명시하고 있다.

ⅰ) 정관 변경 사항 중 집합투자업자·신탁업자 등이 받는 보수, 그 밖의 수수료의 인상, 집합투자업자 또는 신탁업자의 변경, 존속기간 또는 해산사유의 변경, 정관에 명시되지 않은 투자유한회사 종류의 변경, 주된 투자대상자산의 변경, 개방형투자유한회사에서 환매금지형투자유한회사로의 변경, 환매대금 지급일의 연장 등에 대한 사항 변경의 경우(법 211조, 195조 1항, 법 시행령 229조 1항)

ⅱ) 환매에 관한 사항(법 237조 1항, 법 시행령 257조 1항)

ⅲ) 집합투자재산으로 부동산 취득시 금전 차입에 관한 사항(법 시행령 97조 1항 단서)

ⅳ) 위 사항 이외에도 법은 투자유한회사의 해산(법 211조 2항, 202조 1항 2호·5항), 청산(법 211조 2항, 203조 5항·6항), 합병(법 211조 2항, 204조 2항) 등도 사원총회의 권한사항으로 규정하고 있다.

한편 투자유한회사의 경우 환매제도에 의해 사원총회의 결의 없이 자본감소가 이루어질 수 있고 별도의 자본감소절차도 필요 없기 때문에 상법상 자본감소에 관한 규정의 적용이 배제되고 이에 대한 사원총회의 권한도 적용되지 않는다(법 212조 2항).

Ⅲ. 사원총회의 소집

1. 소집의 결정

(1) 법인이사에 의한 소집

투자유한회사의 사원총회는 법인이사가 소집한다(법 210조 1항).

1) 손주찬/정동윤, 「주석 상법[회사(Ⅴ)]」, 257쪽.

(2) 소수사원에 의한 소집

수익자총회의 소집에 관한 법 제190조 제3항이 준용되므로, 투자유한회사가 발행한 지분증권 총수의 100분의 5 이상을 소유한 사원에게도 소집권이 인정된다(법 210조 3항, 190조 3항). 자세한 사항은 법 제190조 제3항의 주석을 참조.

(3) 금융위원회에 의한 소집

상법 제582조의 규정은 투자유한회사의 경우에도 적용되며, 이 경우 금융위원회가 법원의 역할을 수행한다(법 212조 1항). 따라서 투자유한회사의 업무집행에 관하여 부정행위 또는 법령이나 정관에 위반한 중대한 사실이 있음을 의심할 사유가 있는 때에는 지분증권 발행총수의 100분의 3 이상에 해당하는 지분증권을 가진 사원은 회사의 업무와 재산상태를 조사하게 하기 위하여 금융위원회에 검사인의 선임을 청구할 수 있는바(상법 582조 1항), 위 검사인의 검사결과보고에 의하여 필요하다고 인정한 때에는 금융위원회는 대표권과 업무집행권을 수행하는 법인이사에게 사원총회의 소집을 명할 수 있다(상법 582조 3항).

2. 사원총회의 소집방법 및 시기

사원총회 소집과 관련된 기타 사항은 법 제210조 제3항, 제190조 제4항에 의하여 상법의 규정이 대부분 적용된다. 따라서 사원에 대하여 회일 2주간 전에 개별적으로 서면 또는 전자문서에 의하여 통지를 발송하여야 하며 다만 사원명부상 사원의 주소에 계속 3년간 통지가 도달하지 아니한 때에는 투자유한회사는 당해 사원에게 총회의 소집을 아니할 수 있다(상법 363조 1항). 한편 주주제제안권에 대한 상법 제363조의2는 유한회사에 적용되지 않으므로, 투자유한회사의 경우도 투자회사의 경우와 달리 사원의 총회의제 제안권은 인정되지 않는다.

상법상 사원총회는 정기총회와 임시총회로 나누어지며, 정기총회는 매년 1회 일정한 시기에 이를 소집하여야 한다(상법 578조, 365조). 투자회사의 경우 정기총회의 주요의제인 재무제표의 승인이 이사회의 권한사항이므로(법 239조 2항) 정기총회의 개최를 의무화할 필요가 없지만, 투자유한회사의 경우에는 위와 같은 예외규정이 없으므로 정기총회에서 재무제표의 승인을 얻어야 한다.

Ⅳ. 사원총회의 결의

1. 의 결 권

투자유한회사의 사원은 상법에 따라 출자 1좌마다 1개의 의결권을 갖는다(상법 575조 본문). 상법상 유한회사의 경우 의결권의 수에 관하여 정관으로 달리 정할 수 있으나(상법

575조 단서), 위 규정은 법 제212조 제 2 항에 의하여 적용이 배제된다.

따라서 투자유한회사의 사원이 가지는 의결권의 수는 정관으로도 달리 정할 수 없으며, 이와 다른 사원 간의 합의는 무효이다. 다만 자기지분증권에 대한 의결권 제한(상법 578조, 369조 2항), 특별이해관계 있는 사원의 의결권 제한에 관한 상법 규정(상법 578조, 368조 4항)은 투자유한회사의 경우에도 적용된다. 또한 투자유한회사의 사원도 상법이 규정하는 바에 따라 대리인으로 하여금 그 의결권을 행사하게 할 수 있다(상법 578조, 368조 3항). 그러나 의결권의 불통일행사는 허용되지 않는다.

2. 의사진행

총회의 의장은 정관에서 정하며, 정관에 정함이 없는 경우에는 총회에서 사원들이 의장을 선출한다(법 190조 10항, 상법 366조의2 1항). 의장은 반드시 사원일 필요는 없다. 통상은 정관의 규정에 의하여 법인이사(실제로는 그 직무수행자)가 의장이 된다.[1] 총회의 의장은 총회의 질서를 유지하고 의사를 정리한다. 또한 고의로 의사진행을 방해하기 위한 발언, 행동을 하는 등 현저히 질서를 문란하게 하는 자에 대하여 그 발언의 정지 또는 퇴장을 명할 수 있다(법 190조 10항, 상법 366조의2 2항·3항).

3. 결 의

(1) 결의의 요건

투자유한회사의 사원총회는 출석한 사원의 의결권의 과반수와 발행된 지분증권 총수의 4분의 1 이상의 수로 결의한다(법 210조 2항 본문). 다만, 이 법에서 정한 사원총회의 결의사항 외에 정관으로 정한 사원총회의 결의사항에 대하여는 출석한 사원의 의결권의 과반수와 발행된 지분증권총수의 5분의 1 이상의 수로 결의할 수 있다(법 210조 2항 단서).[2] 2013년 5월 개정으로 의사정족수 규정이 삭제되었다.

투자유한회사의 법인이사는 제 5 항에 따른 사원총회의 결의가 이루어지지 아니한 경우 그 날부터 2주 이내에 연기된 사원총회(이하 "연기수익자총회"라 한다)를 소집하여야 한다(법 210조 3항, 190조 7항). 연기사원총회는 상법상 주주총회에 있어 회의의 연기와 달리 별도의 소집통지가 필요하다. 투자유한회사의 법인이사는 연기사원총회일 1주 전까지 아래에서 보는 바와 같은 연기사원총회의 결의에 관한 사항을 명시하여 그 소집을 통지하여야 한다(법 시행령 220조 2항).

연기사원총회의 결의에 대해서는 법정 결의사항인 경우 "발행된 수익증권 지분권의 4분의 1 이상"은 "발행된 수익증권 지분권의 8분의 1 이상"으로 보고, "수익증권의 지분

1) 법령제정 실무작업반(8인) 공저, 전게서(2006), 292쪽.
2) 2013년 5월 개정(총회 성립요건 삭제와 특별결의의 의결정족수 하향 조정).

권의 5분의 1 이상"은 "수익증권의 지분권의 10분의 1 이상"으로 본다(법 190조 8항).[1]

(2) 서면투표

투자유한회사의 사원은 사원총회에 출석하지 아니하고 서면에 의하여 의결권을 행사할 수 있다(법 210조 3항, 190조 6항). 이는 수익자총회의 경우와 동일하며 해당 규정을 준용하고 있다. 따라서 서면투표를 위한 소집통지시 서면 송부에 관한 사항, 서면에 의한 의결권 행사방법 등에 관한 내용은 수익자총회에 관한 규정이 동일하게 적용된다(법 시행령 220조 3항·4항, 221조 1항 내지 4항).

4. 의사록 및 공시

총회의 의사에는 의사록을 작성하여야 하며, 의사록에는 의사의 경과요령과 그 결과를 기재하고 의장과 출석한 법인이사가 기명날인 또는 서명하여야 하며(법 190조 10항, 373조), 투자유한회사는 사원총회 의사록을 본점 및 당해 투자유한회사의 집합투자재산을 운용하는 집합투자업자의 본점에 비치하여야 하며, 해당 지분증권을 판매한 투자매매업자 또는 투자중개업자에게 이를 송부하여 그 영업소에 비치하도록 하여야 한다(법 239조 3항).

Ⅴ. 사원총회 결의의 하자

사원총회 결의의 하자에 대하여는 법 제190조 제10항에 의하여 상법의 규정이 그대로 적용된다. 따라서 투자유한회사의 사원총회에 대하여도 그 하자의 유형에 따라 결의취소의 소, 결의무효의 소, 결의부존재확인의 소, 특별이해관계인에 의한 부당결의취소·변경의 소가 제기될 수 있다(상법 376조, 379조 내지 381조 참조).

Ⅵ. 종류사원총회

종류형투자유한회사의 경우 종류형투자신탁의 경우와 마찬가지로 특정 종류의 지분투자자에 대하여만 이해관계가 있는 경우에는 그 종류의 사원만으로 종류사원총회를 개최할 수 있다(법 231조 2항). 이는 전체 사원으로 구성되는 사원총회에 갈음하여 개최되는 것으로서 이해관계 있는 사원만으로 사원총회를 개최하도록 하여 그 결의를 용이하게 하고 사무를 간소화하기 위한 제도이다. 따라서 이는 사원총회의 결의내용이 어느 종류의 사원에게 불리할 경우 사원총회의 결의 이외에 해당 종류사원으로 구성되는 종류사원총회의 결의를 요구하는 상법상의 종류사원총회 제도와는 구별된다.

---

1) 2013년 5월 개정하여 정족수를 완화하였다.

제211조(준용규정)

① 제195조는 투자유한회사의 정관변경에 관하여 준용한다. 이 경우 "투자회사"는 각각 "투자유한회사"로, 같은 조 제 1 항 중 "이사회 결의로"는 "법인이사가"로, "제201조 제 2 항 단서"는 "제210조 제 2 항 단서"로, 같은 조 제 1 항 중 "주주총회의 결의" 및 같은 조 제 2 항 중 "이사회 결의 및 주주총회의 결의"는 각각 "사원총회의 결의"로, "주주"는 각각 "사원"으로 본다.

② 제202조(제 3 항 및 제 4 항을 제외한다), 제203조(제 2 항을 제외한다) 및 제204조는 투자유한회사의 해산·청산 및 합병에 관하여 준용한다. 이 경우 "주주"는 "사원(법인이사인 사원은 제외한다)"으로, "투자회사"는 각각 "투자유한회사"로, "주주총회"는 각각 "사원총회"로, "법인이사 및 감독이사"는 "법인이사"로, "청산인 및 청산감독인" 및 "청산인 또는 청산감독인"은 각각 "청산인"으로, "재산목록과 대차대조표를 작성하여 이를 청산인회에 제출하여 그 승인을 받은 후 그 등본을"은 "재산목록과 대차대조표를 작성하여 그 등본을"로, "제201조 제 2 항 단서"는 "제210조 제 2 항 단서"로, "주식"은 "지분증권"으로 본다.[1)]

본조는 투자유한회사의 정관변경, 해산, 청산 및 합병에 관한 사항에 대해서 투자회사의 규정을 거의 그대로 준용하고 있다.

투자유한회사에서는 존재하지 않는 감독이사 또는 청산감독인에 관한 규정 및 이사회에 관한 언급을 제외하고 그대로 투자회사의 규정이 준용되고 있다.[2)]

제212조(「상법」과의 관계)

① 투자유한회사에 「상법」을 적용함에 있어서 같은 법 제582조, 제613조 제 1 항(제259조 제 4 항, 제536조 제 2 항 및 제541조 제 2 항을 준용하는 경우에 한한다) 및 같은 조 제 2 항(제539조를 준용하는 경우에 한한다) 중 "법원"은 각각 "금융위원회"로 본다.

② 「상법」 제543조 제 3 항, 제546조, 제560조(제341조의3, 제342조 및 제343조 제 1 항을 준용하는 경우에 한한다), 제568조부터 제570조까지, 제575조 단서, 제583조(제449조 제 1 항·제 2 항, 제450조, 제458조부터 제460조까지의 규정을 준용하는 경우에 한한다), 제584조부터 제592조까지, 제597조(제439조 제 1 항 및 제 2 항을 준용하는 경우에 한한다) 및 제607조는 투자유한회사에는 적용하지 아니한다.

Ⅰ. 본조의 취지	Ⅲ. 적용이 배제되는 상법의 규정
Ⅱ. 금융위원회의 권한	

1) 2013년 5월 개정("주주"는 "사원(법인이사인 사원은 제외한다)"으로, 추가).

2) 투자유한회사의 정관변경에 관하여는 법 제195조의 주석사항과 해산 및 청산에 관해서는 법 제202조 및 제203조에 관한 주석사항, 합병에 관해서는 법 제204조의 주석사항을 참조.

Ⅰ. 본조의 취지

본조는 상법상 법원이 갖는 권한을 투자유한회사의 경우 금융위원회가 갖는 것으로 규정하고, 상법의 규정 중 투자유한회사에는 적용되지 않는 규정을 명시하는 등 상법과 이 법의 관계에 대하여 규율하기 위한 규정이다.

Ⅱ. 금융위원회의 권한

투자유한회사는 집합투자기구로서 금융위원회의 감독을 받으므로 일반 유한회사와는 달리 금융위원회가 투자유한회사에 대하여 필요한 권한을 행사할 수 있도록 하는 것이 적절하다.

이에 따라 본조 제 1 항에서는 상법상 일반 유한회사에 대하여 인정되는 법원의 권한을 금융위원회가 행사하도록 규정하고 있다.

따라서 투자유한회사의 경우 회사의 업무, 재산상태의 검사를 위한 소수사원의 검사인 선임 청구에 따른 검사인 선임, 이에 따른 검사인의 보고를 받을 권한 및 사원총회 소집 명령권(상법 582조), 청산시 불확정한 채권의 평가를 위한 감정인 선임권(상법 613조 1항, 259조 4항), 청산 중 채권신고기간 이내의 변제에 대한 허가권(상법 536조 2항), 청산시 서류보존을 위한 보존인 및 보존방법 결정권(상법 541조), 소수사원의 청구에 의한 청산인 해임권(상법 539조)은 법원이 아니라 금융위원회가 이를 행사한다. 또한 회사의 해산명령을 청구할 수 있는 권한 및 이 경우 관리인의 선임 등 청구 관련 권한(상법 176조)도 검사가 아닌 금융위원회가 행사한다.

Ⅲ. 적용이 배제되는 상법의 규정

투자유한회사는 이 법에서 특별히 정한 경우를 제외하고는 상법 및 민법의 적용을 받는다(법 181조). 그러나 투자유한회사의 집합투자기구로서의 특성상 상법의 규정이 적용되는 것이 부적절한 경우가 있는바, 본조 제 2 항은 이러한 이유로 투자유한회사에는 적용되지 않는 상법의 규정을 열거하고 있다. 본조 제 2 항에 의하여 투자유한회사에는 적용이 배제되는 상법의 규정은 다음과 같다.

i) 상법 제543조 제 3 항, 제292조 : 투자유한회사에는 공증인의 인증을 정관의 효력발생요건으로 규정한 상법의 규정이 적용되지 않는다. 상법상 정관의 효력발생요건으로 공증인의 인증을 요구한 취지는 정관의 작성과 그 내용의 명확을 기하여 이에

관한 분쟁과 부정행위를 방지하기 위한 것이다.[1] 그러나 투자유한회사의 경우 금융위원회에 등록하여야 하며 정관이 법령을 위반하거나 투자자의 이익을 명백히 침해하지 아니할 것이 등록요건이므로(법 182조 2항 3호) 별도로 공증인의 인증을 받도록 할 필요가 없는 것이다.

ⅱ) 상법 제546조 제 2 항 : 출자 1좌 금액의 최저한과 균등액에 관한 규정이 투자유한회사에는 적용되지 않는다.

ⅲ) 상법 제560조(법 341조의3, 342조 및 343조 1항을 준용하는 경우에 한한다) : 투자유한회사에는 자기지분증권의 취득, 자기지분증권의 처분, 지분증권의 소각에 관한 상법의 규정이 적용되지 않는다. 지분증권의 환매 및 소각에 대하여 이 법에서 별도로 규정하고 있기 때문이다.

ⅳ) 상법 제568조 내지 제570조까지 : 투자유한회사에는 감사 제도가 인정되지 않기 때문이다.

ⅴ) 상법 제575조 단서 : 출자지분의 의결권을 달리 정할 수 없도록 한 것이다.

ⅵ) 상법 제583조(법 449조 1항·2항, 450조, 458조부터 460조까지의 규정을 준용하는 경우에 한한다) : 정기사원총회에서 승인받아야 하는 재무제표에 관해서 투자유한회사는 제239조에서 별도로 규정하고 있으므로 위 상법 제449조 제 1 항과 제 2 항의 준용규정을 배제한 취지라고 이해된다. 또한 법인이사의 책임해제 규정 및 준비금 규정을 준용하지 않는다.

ⅶ) 상법 제584조부터 제592조까지 : 정관변경 및 증자에 관해서 이 법에서 별도로 규정하고 있으므로 준용하지 않는 것이다.

ⅷ) 상법 제597조(439조 1항 및 2항을 준용하는 경우에 한한다) : 투자유한회사에는 자본감소의 결의, 자본감소의 방법 및 절차에 대한 상법의 규정이 적용되지 않는다. 환매제도에 의하여 주주총회 결의 없이 빈번하게 자본감소가 이루어지기 때문이다.

ⅸ) 상법 제607조 : 투자유한회사에는 유한회사의 주식회사에의 조직변경에 관한 상법의 규정이 적용되지 않는다. 따라서 투자유한회사는 투자회사로 조직변경할 수 없다.

[초판: 황호석, 개정판: 하영태]

---

1) 손주찬/정동윤, 「주석 상법[회사(Ⅱ)]」, 105쪽.

제 3 관 투자합자회사

○ 前注

Ⅰ. 투자합자회사의 의의	Ⅲ. 법 제5편 제2장 제2절 제3관의 내용
Ⅱ. 연 혁	

Ⅰ. 투자합자회사의 의의

투자합자회사는 집합투자를 수행하기 위한 집합투자기구 중 상법에 따른 합자회사 형태의 집합투자기구를 말한다(법 9조 18항 4호). 투자합자회사는 집합투자기구로서 기본적으로 투자자의 자금을 모아 투자대상자산을 취득, 처분하는 등의 방법으로 운용하고 그 결과를 투자자에게 배분하여 귀속시키는 것을 목적으로 하는 기구이나 그 법적 형태를 상법상의 합자회사로 하는데 특성이 있다. 따라서 기본적으로 1인 이상의 무한책임사원과 1인 이상의 유한책임사원으로 구성되며 무한책임사원이 업무집행권을 가지고 유한책임사원은 출자가액을 한도로 책임을 부담하는 등 합자회사로서의 구조를 갖추어야 한다. 다만 무한책임사원은 그 투자합자회사 재산을 운용하는 집합투자업자 1인으로 한정하고, 사원총회를 설치하도록 하며 지분증권을 발행하도록 하는 등 집합투자기구의 속성상 필요한 범위 내에서 상법상 합자회사와는 구별되는 예외적인 사항들이 법에 의하여 별도로 규정되어 있다. 집합투자업자에 대한 감시기능은 투자신탁과 동일하게 투자합자회사재산을 보관·관리하는 신탁업자가 이를 수행하며(법 247조 2항), 이에 더하여 유한책임사원도 집합투자업자인 업무집행사원에 대하여 감시권을 행사할 수 있다(상법 277조).

Ⅱ. 연 혁

이 법은 구간투법상 간접투자기구가 한정되어 있어 다양한 기구의 활용이 곤란하고 규정되지 않은 기구를 통한 집합투자에 대하여는 투자자보호 규율이 미흡하다는 등의 문제를 해결하기 위하여 민법 및 상법 등 현행법상 설립가능한 모든 기구를 집합투자기구로 활용할 수 있도록 허용하고 있는바(다만 무한책임사원으로만 구성되는 합명회사는 제외),[1] 투자합자회사도 그 일환으로 이 법에 의하여 새롭게 추가된 집합투자기구의 하나이다. 구간

1) 재정경제부, 「자본시장과 금융투자업에 관한 법률안 설명자료」, 2007, 57쪽.

투법 하에서도 사모투자전문회사는 상법상의 합자회사 형태를 취하도록 하고 있었으나(구간투법 144조의2 4항), 그 설립에 있어서는 사모투자전문회사로서의 특성상 사원의 총수가 30인 이하로 제한되고 유한책임사원의 최소출자가액은 법인인 경우 20억원, 개인인 경우 10억원인 점 등 여러 제약이 있었다. 따라서 그러한 제한을 받지 않는 일반 집합투자기구로서의 투자합자회사를 이 법에 의하여 새로 도입한 것이다.

참고로 우리와 동일하게 합자회사에 대하여 법인격을 인정하고 있는 일본의 경우 합자회사는 집합투자기구에 포함시키고 있지 않다. 즉 일본은 투자신탁과 투자회사에 대하여 규율하고 있는 투자신탁 및 투자법인에 관한 법률과 별도로 금융상품거래법을 통하여 투자신탁 및 투자회사 이외의 집합투자기구에 대하여 규율하고 있는바, 위 금융상품거래법의 정의에 따르면 일본 민법상의 조합계약, 일본 상법상의 익명조합계약, 일본 투자사업유한책임조합계약에 관한 법률상의 투자사업유한책임조합계약 및 유한책임사업조합계약에 관한 법률상의 유한책임사업조합계약에 따른 조합등은 원칙적으로 집합투자기구에 포함된다. 그러나 상법상 합명회사 및 합자회사는 집합투자기구에 포함하지 않고 있다. 그 이유는 ① 상법상 합명회사 및 합자회사의 경우 사원 스스로가 업무집행에 참가하는 것을 염두에 둔 제도이고, ② 현실적으로 대부분의 경우 상호 인적 신뢰관계가 있는 소수자의 공동기업에 이용되고 있으며, ③ 따라서 일부의 사원 혹은 임원 등이 다른 사원으로부터 광범위하나 재량을 부여받아 투자업을 영위하는 것은 타당하지 않다고 보았기 때문이다. 다만 합명회사 또는 합자회사의 사원권은 의제유가증권으로 하여 금융상품거래법의 적용을 받도록 하고 있다(동법 2조 2항·3항).[1)]

Ⅲ. 법 제5편 제2장 제2절 제3관의 내용

법 제213조에서 제217조는 집합투자기구 중 투자합자회사에 대하여 그 구성과 관계되는 사항, 즉 그 설립에 관한 사항, 업무집행사원, 사원총회 등 투자합자회사의 지배구조에 관한 사항, 투자합자회사의 정관변경, 지분증권에 관한 사항, 해산, 청산 및 합병에 관한 사항, 그리고 상법과의 관계에 대하여 규율하고 있다.

한편 특수한 형태의 투자합자회사인 환매금지형투자합자회사, 종류형투자합자회사, 전환형투자합자회사, 모자형투자합자회사 및 상장지수 투자합자회사에 대하여는 법 제230조 내지 제234조에서 별도로 규정하고 있다. 그리고 투자합자회사의 재산 운용에 관하여는 집합투자업자의 영업행위 규칙에 관한 법 제79조 내지 제94조에서 규율하고 있으며, 투자합자회사 지분증권의 환매에 대하여는 법 제235조 내지 제237조에서, 투자합

1) 오성근, "일본의 금융상품거래법상 집합투자기구(펀드) 법제에 관한 고찰-우리나라 자본시장통합법(안)과의 비교를 중심으로," 「법과 정책」 제13집 제1호(2007. 2. 28), 215-216쪽.

자회사재산의 평가 및 회계에 대하여는 법 제238조 내지 제243조에서, 투자합자회사재산의 보관 및 관리에 대하여는 법 제244조 내지 제248조에서 각각 규율하고 있다.

제213조(투자합자회사의 설립 등)

① 집합투자업자는 투자합자회사를 설립하는 경우 다음 각 호의 사항을 기재한 정관을 작성하여 무한책임사원 1인과 유한책임사원 1인이 기명날인 또는 서명하여야 한다.

1. 목적
2. 상호
3. 업무집행사원의 상호·사업자등록번호
4. 회사의 소재지
5. 투자합자회사재산의 운용 및 관리에 관한 사항
6. 이익분배 및 환매에 관한 사항
7. 공시 및 보고서에 관한 사항
8. 그 밖에 사원을 보호하기 위하여 필요한 사항으로서 대통령령으로 정하는 사항

② 집합투자업자는 정관을 작성한 후 투자합자회사 설립 시에 출자금을 금전으로 납입하여야 한다.

③ 집합투자업자는 다음 각 호의 사항을 출자금액이 납입된 날부터 2주 이내에 대통령령으로 정하는 서류를 첨부하여 설립등기를 하여야 한다.

1. 제1항 제1호부터 제4호까지의 사항
2. 정관으로 투자합자회사의 존속기간 또는 해산사유를 정한 경우 그 내용

④ 투자합자회사 사원의 출자의 목적은 금전에 한한다.

⑤ 투자합자회사는 제182조에 따라 등록하기 전에는 제1항에 따른 사원 외의 자를 사원으로 가입시켜서는 아니 된다.

Ⅰ. 본조의 취지

본조는 투자합자회사의 설립과 관련하여 정관 작성에 관한 사항, 설립등기에 관한 사항, 출자금 납입에 관한 사항 및 신규 사원 가입에 관한 사항을 규율하기 위한 규정이다. 상법상 합자회사는 무한책임사원이 될 자 1인 이상과 유한책임사원이 될 자 1인 이상이 정관을 작성하고 설립등기를 함으로써 설립한다. 그러나 투자합자회사의 경우 설립시에 출자금을 납입하여야 하므로 집합투자업자인 무한책임사원 1인과 유한책임사원 1

인이 정관을 작성하고 출자금액이 납입된 후 설립등기를 함으로써 설립된다. 투자합자회사는 설립이 완료된 경우 금융위원회에 등록하여야 한다(법 182조).

Ⅱ. 정관의 작성

1. 정관 작성자

투자합자회사를 설립하기 위해서는 무한책임사원 1인과 유한책임사원 1인이 정관을 작성하여 기명날인 또는 서명하여야 한다(법 213조 1항). 상법상 합자회사의 가장 중요한 특징은 무한책임사원과 유한책임사원으로 조직된다는 점에 있으므로(상법 268조) 투자합자회사의 정관도 무한책임사원 및 유한책임사원 각 1인의 기명날인 또는 서명을 요구한 것이다. 무한책임사원은 그 투자합자회사재산을 운용할 집합투자업자이어야 한다(법 214조 1항). 유한책임사원의 자격에는 상법 또는 이 법상 제한이 없다.

2. 절대적 기재사항

투자합자회사 정관에 반드시 기재하여야 하고 그 기재가 없으면 정관 자체를 무효로 만드는 절대적 기재사항은 ① 목적, ② 상호, ③ 업무집행사원의 상호·사업자등록번호, ④ 회사의 소재지, ⑤ 투자합자회사재산의 운용 및 관리에 관한 사항, ⑥ 이익분배 및 환매에 관한 사항, ⑦ 공시 및 보고서에 관한 사항, ⑧ 그 밖에 사원을 보호하기 위하여 필요한 사항으로서 대통령령으로 정하는 사항[1]이 법에 규정되어 있다(법 213조 1항, 법 시행령 236조 1항).

3. 상대적 기재사항

투자합자회사의 정관에 기재하지 않아도 정관 자체의 효력에는 영향이 없지만, 이를 기재하지 아니하면 그 효력이 인정되지 않는 상대적 기재사항으로는 사원총회의 결의사항(법 215조 1항), 지분증권의 발행에 관한 사항의 결정권한을 주주총회에 부여하고자 하는 경우 그 내용(법 216조 2항, 208조 3항, 196조 3항) 등이 있다.

---

1) 법 시행령 제236조 제 1 항은 ① 법 제229조에 따른 투자합자회사의 종류, ② 투자대상자산(주된 투자대상자산을 포함한다), ③ 지분증권의 발행 및 소각에 관한 사항, ④ 존속기간 또는 해산사유를 정한 경우에는 그 내용, ⑤ 투자합자회사재산의 평가 및 기준가격의 계산에 관한 사항, ⑥ 이익 외의 분배에 관한 사항, ⑦ 집합투자업자·신탁업자·투자매매업자 또는 투자중개업자 및 일반사무관리회사와 체결할 업무위탁계약의 개요(보수 그 밖의 수수료의 계산방법, 지급방법 및 시기에 관한 사항을 포함), ⑧ 집합투자업자 및 신탁업자의 변경에 관한 사항, ⑨ 정관의 변경에 관한 사항, ⑩ 투자합자회사의 회계기간, ⑪ 정관 작성연월일, ⑫ 그 밖에 사원 보호를 위하여 필요한 사항으로서 금융위원회가 정하여 고시하는 사항을 투자합자회사 정관의 기재사항으로 규정하고 있다.

4. 임의적 기재사항

투자합자회사 정관에는 위 절대적 기재사항 및 상대적 기재사항 이외에도 강행법규나 공서양속에 위배되지 아니하는 내용을 임의로 기재할 수 있다. 임의적 기재사항으로는 지분증권의 발행 및 예탁, 예탁지분증권의 교부, 재교부, 사원총회의 운영에 관한 사항 등이 있겠다.

Ⅲ. 출자금의 납입

1. 출자금 납입시기

집합투자업자는 투자합자회사의 정관을 작성한 후 투자합자회사 설립시에 출자금을 금전으로 납입하여야 한다(법 213조 2항). 상법상 합자회사의 경우 인적회사로서 무한책임사원이 있으며 유한책임사원도 회사채권자에 대하여 직접 책임을 부담한다. 따라서 물적회사와는 달리 회사의 성립으로 인하여 즉시 출자를 이행하여야 하는 것은 아니며 합자회사 설립 시에 정관에서 정한 출자가 이루어져야 한다는 것은 회사성립의 요건이 아니다.[1)]

그러나 투자합자회사의 경우 집합투자기구로서 투자를 위하여 모은 금전을 운용하고 그 결과를 투자자에게 귀속시키는 것이므로 법은 설립시에 출자금을 납입할 것을 요구하고 있다(법 213조 2항). 투자합자회사가 금융위원회에 등록하기 위해서는 등록 신청 당시의 출자금이 1억원 이상으로서 금융위원회가 정하여 고시하는 금액 이상이어야 하므로(법 시행령 209조 2호) 설립시 출자금은 위 금액 이상이어야 한다.

2. 출자의 목적

상법상 합자회사의 경우 무한책임사원의 출자의 목적은 재산, 노무 또는 신용의 어느 것이라도 가능하며(상법 195조, 민법 703조 2항), 유한책임사원의 경우 신용 또는 노무를 출자의 목적으로 하지 못하나 그 이외 금전 기타 재산은 모두 출자의 목적으로 할 수 있다(상법 272조). 그러나 투자합자회사의 경우 무한책임사원 및 유한책임사원 모두 출자의 목적은 금전으로 한정되어 있다(법 213조 4항).

무한책임사원에 대하여도 신용 또는 노무 출자를 하지 못하도록 한 것은 투자합자회사는 집합투자기구이므로 무한책임사원도 집합투자기구의 투자자로서의 자격을 부여받기 위해서는 금전적 출자가 있어야 한다고 보았기 때문인 것으로 해석된다. 또한 투자합자회사의 운용자인 무한책임사원이 출자할 경우 단순 운용자에게 발생할 수 있는 대리

1) 손주찬/정동윤, 「주석 상법[회사(Ⅰ)]」, 383쪽.

인 문제를 완화할 수 있을 것이다.[1)]

한편 출자의 목적을 금전으로 한정하고 실물납입을 원칙적으로 금지한 것은 다른 집합투자기구의 경우와 동일하다(법 188조 4항, 194조 7항 등). 다만 사모투자합자회사의 경우에는 객관적인 가치평가가 가능하고 다른 투자자의 이익을 해할 우려가 없는 경우 증권, 부동산 또는 실물자산 등 금전 외의 자산으로 출자금을 납입할 수 있다(법 249조 3항).

Ⅳ. 설립 등기

1. 설립등기의 시기

투자합자회사는 본점소재지에서 설립등기를 함으로써 성립한다(상법 172조). 설립등기의 시기와 관련하여 상법상 합자회사의 경우 설립등기기간이 별도로 법정되어 있지 않으며 당사자의 임의에 맡기고 있다. 그러나 본조 제 3 항은 투자합자회사의 설립등기 시기에 대하여 집합투자업자는 출자금액이 납입된 날부터 2주 이내에 설립등기를 하여야 하는 것으로 규정하고 있다. 투자합자회사의 경우 투자자 보호를 고려하여 법률관계를 확정하도록 하기 위한 것으로 해석된다.

2. 설립등기의 효력

설립 등기의 기본적인 효력은 설립등기를 마침으로써 투자합자회사가 법인격을 취득하여 투자합자회사로 성립한다는 것이다(상법 172조). 한편 투자합자회사는 설립등기를 완료한 경우 금융위원회에 등록하여야 한다(법 181조).

Ⅴ. 설립의 무효, 취소

투자합자회사 설립의 무효에 대하여는 이 법에서 별도로 규정하고 있는 내용이 없으므로 상법의 규정이 그대로 적용된다. 투자합자회사 설립의 무효는 그 사원에 한하여, 설립의 취소는 그 취소권 있는 자에 한하여 회사성립의 날로부터 2년 내에 소만으로 이를 주장할 수 있다(상법 269조, 184조). 합자회사의 경우 사원의 개성이 중시되는 결과 정관기재사항의 미비 등 객관적인 하자 이외에 의사표시의 하자 등 사원 개개인의 설립행위에 존재하는 하자도 회사설립의 하자가 된다. 객관적인 하자는 설립 무효의 원인이 되고, 주관적인 하자는 그 내용에 따라 취소원인이 되는 하자가 있고 무효원인이 되는 하자가 있다.[2)]

---

1) 법령제정 실무작업반(8인) 공저, 전게서(2006), 693쪽 참조.
2) 이철송, 전게서(2008), 128쪽.

Ⅵ. 투자자 모집의 제한

투자합자회사는 설립절차를 완료하고 법 제182조에 따라 금융위원회에 등록하기 전에는 회사설립을 위하여 정관을 작성한 무한책임사원 1인과 유한책임사원 1인 이외의 자를 사원으로 가입시킬 수 없다(법 213조 5항). 이는 투자유한회사 및 투자조합, 투자익명조합의 경우와 동일하다(법 207조 5항, 218조 3항, 224조 3항 참조). 그 취지는 금융위원회에 등록요건을 갖추어 등록이 완료되기 전까지는 투자합자회사가 투자자를 모집하지 못하도록 하여 투자자를 보호할 수 있도록 하기 위한 것으로 해석된다.

제214조(업무집행사원)

① 투자합자회사는 업무집행사원 1인 외의 무한책임사원을 둘 수 없다. 이 경우 업무집행사원은 「상법」 제173조에 불구하고 집합투자업자이어야 한다.

② 제198조 제1항·제4항 및 제5항은 투자합자회사의 업무집행사원에게 준용한다. 이 경우 "법인이사"는 각각 "업무집행사원"으로, "투자회사"는 각각 "투자합자회사"로 본다.

Ⅰ. 본조의 취지

본조는 투자합자회사의 업무집행사원에 대하여 그 수, 자격, 직무, 직무수행 방법 등을 규율하기 위한 규정이다. 상법상 합자회사의 경우 회사는 무한책임사원이 되지 못하나 투자합자회사에 대하여는 본조에 의하여 그 투자합자회사 재산을 운용하는 집합투자업자가 업무집행사원이자 유일한 무한책임사원이 되도록 하고 있다. 한편 회사가 업무집행사원이 됨으로 인한 직무수행 방법과 관련하여서는 투자회사의 법인이사에 관한 규정을 준용하도록 하고 있다.

Ⅱ. 업무집행사원의 자격

투자합자회사의 업무집행사원은 무한책임사원이어야 한다(법 214조 1항 1문). 상법상 합자회사의 경우도 업무집행의 권리의무는 무한책임사원에게 있으며(상법 273조), 유한책임사원은 원칙적으로 회사의 업무집행이나 대표행위를 하지 못한다(상법 278조). 합자회사의 무한책임사원은 회사의 채무에 대하여 자기의 전 재산으로 연대무한책임을 부담하므로 업무집행 및 대표권을 가지는데 반하여 유한책임사원은 회사채권자에 대하여 출자의 가액을 한도로 하여서만 연대책임을 부담하여 그 책임이 가볍기 때문에 업무집행과 회사대표권을 배제시킨 것이다. 다만 다수설은 합자회사의 내부관계에 관한 법규는 원칙적으로 임의규정이므로 위 상법의 규정에도 불구하고 유한책임사원에게도 총사원의 동의나 정관 규정에 의하여 업무집행권을 부여할 수 있다고 해석한다.[1] 그러나 투자합자회사의 경우 본조 제 1 항의 규정에 의하여 업무집행사원 1인 이외에는 무한책임사원을 둘 수 없으며 업무집행사원은 집합투자업자로 한정하고 있으므로 투자합자회사의 유한책임사원은 업무집행권사원이 될 수 없다고 해석된다.

투자합자회사의 업무집행사원은 해당 투자합자회사의 집합투자재산 운용업무를 담당하는 집합투자업자이어야 한다(법 214조 1항 2문). 상법상 회사는 다른 회사의 무한책임사원이 되지 못하지만(상법 173조), 투자합자회사에 대하여는 집합투자업자가 업무집행사원이 되도록 하고 있는바, 이는 투자회사의 법인이사제도와 마찬가지로 집합투자업자가 직접 투자합자회사를 경영하도록 하는 것이 투자자 보호에 보다 유리하다고 보았기 때문인 것으로 해석된다.

Ⅲ. 업무집행사원의 직무

투자합자회사의 업무집행사원은 투자합자회사를 대표하고 투자합자회사의 업무를 집행한다(법 214조 2항, 198조 1항). 업무집행사원은 사원총회의 결의를 거쳐야 하는 사항을 제외하고는 투자합자회사의 전반적인 영업상의 사무를 집행한다. 다만 투자합자회사는 그 재산의 보관·관리업무를 신탁업자에게 위탁하여야 하며, 지분증권의 판매업무는 투자매매업자 또는 투자중개업자에게 위탁하여야 하므로(법 184조), 그 범위 내에서는 업무집행사원의 업무집행권이 제한된다.

Ⅳ. 업무집행사원의 직무수행 방법

법인인 집합투자업자가 업무집행사원으로서 직무를 수행하여야 하므로 원칙적으로 해당 집합투자업자의 대표이사가 투자합자회사의 대표권과 업무집행권을 행사하여야 한다. 이와 관련하여 법은 업무집행의 편의를 위하여 투자회사의 법인이사에 관한 규정을 준용하고 있다. 따라서 업무집행사원인 집합투자업자는 그 직무를 정하여 해당 직무를

1) 손주찬/정동윤, 「주석 상법[회사(Ⅰ)]」, 396쪽.

수행할 자를 임직원 중에서 선임할 수 있다(법 214조 2항, 198조 4항). 이 경우 집합투자업자는 이를 투자합자회사에 서면으로 통보하여야 한다. 이러한 업무집행자는 직무별로 정할 수 있기 때문에 2인 이상을 선임할 수 있다. 한편 이와 같이 투자합자회사에 통보된 자가 그 직무 범위 내에서 행한 행위는 업무집행사원의 행위로 본다(법 214조 2항, 198조 5항). 자세한 사항은 법 제198조 제 4 항·제 5 항에 대한 주석을 참조.

Ⅴ. 유한책임사원의 감시권

집합투자업자에 대한 감시기능은 다른 집합투자기구의 경우와 마찬가지로 투자합자회사재산을 보관·관리하는 신탁업자가 이를 수행한다(법 247조). 이에 추가하여 합자회사 특유의 업무집행사원에 대한 감시기능으로 유한책임사원의 감시권이 있다. 즉 유한책임사원은 영업연도 말에 있어서 영업시간 내에 한하여 회사의 회계장부, 대차대조표 기타의 서류를 열람할 수 있고 회사의 업무와 재산 상태를 검사할 수 있다. 또한 중요한 사유가 있는 때에는 언제든지 금융위원회의 허가를 얻어 위 열람과 검사를 할 수 있다(상법 277조, 법 217조 1항). 중요한 사유는 주식회사 소수주주의 회사 업무, 재산 상태에 대한 검사에 관한 규정(상법 467조 1항)에 준하여 회사의 업무집행에 관하여 부정행위 또는 법령이나 정관에 위반한 중대한 사실이 있음을 의심할 사유로 해석된다.[1)]

제215조(사원총회)

① 투자합자회사에 사원 전원으로 구성되는 사원총회를 두며, 사원총회는 이 법 또는 정관에서 정한 사항에 대하여만 결의할 수 있다.

② 투자합자회사의 사원총회는 업무집행사원이 소집한다.

③ 투자합자회사의 사원총회는 출석한 사원의 의결권의 과반수와 발행된 지분증권 총수의 4분의 1 이상의 수로 결의한다. 다만, 이 법에서 정한 사원총회의 결의사항 외에 정관으로 정한 사원총회의 결의사항에 대하여는 출석한 사원의 의결권의 과반수와 발행된 지분증권총수의 5분의 1 이상의 수로 결의할 수 있다.[2)]

④ 제190조 제 3 항·제 4 항 및 제 6 항부터 제10항까지의 규정은 투자합자회사의 사원총회에 관하여 준용한다. 이 경우 "투자신탁을 설정한 집합투자업자" 및 "집합투자업자"는 각각 "투자합자회사의 업무집행사원"으로, "투자신탁재산"은 "투자합자회사재산"으로, "수익증권"은 각각 "지분증권"으로, "총좌수"는 각각 "총수"로, "수익자"는 각각 "사원"으로, "수익자총회"는 각각 "사원총회"로, "수익자명부"는 "사원명부"로, "좌수"는 각각 "수"로 보고, 같은 조 제 8 항 중 "제 5 항"은 "제 3 항"으로 본다."

1) 손주찬/정동윤, 「주석 상법[회사(Ⅰ)]」, 395쪽.
2) 2013년 5월 개정(의사정족수 삭제, 특별의결정족수 완화함).

Ⅰ. 본조의 취지

본조는 투자합자회사의 사원총회에 관하여 그 권한, 소집, 결의방법 등을 규율하기 위한 규정이다. 상법상 합자회사의 경우 사원총회가 필요적 기관으로 법정되어 있지 않다. 그러나 이 법은 다른 집합투자기구와 동일하게 투자합자회사에 대하여도 사원 전원으로 구성된 사원총회를 두도록 법정하여 사원총회를 필요적 기관으로 하고 있는바, 이는 투자자보호를 위한 것으로 해석된다. 즉 구간투법 이래 투자신탁에 대하여 수익자총회제도를 도입한 것과 동일한 취지로 투자합자회사재산의 운용에 있어서도 투자자인 유한책임사원의 이해관계에 중요하고도 직접 영향을 미치는 사항은 사원이 직접 결정하도록 하여 투자합자회사에 민주적 절차를 통한 운용의 투명성을 도모하고 있다.[1]

Ⅱ. 사원총회의 권한

투자합자회사는 이 법 또는 정관에서 정한 사항에 대하여만 결의할 수 있다(법 215조 1항). 투자합자회사의 일상적인 업무집행은 업무집행사원을 통하여 이루어지도록 하고 사원의 이익에 중대한 영향을 미치는 사항에 한정하여 결의하도록 한 것이다. 법에서 투자합자회사 사원총회의 결의사항으로 규정된 것은 ① 정관변경 사항 중 집합투자업자·신탁업자 등이 받는 보수, 그 밖의 수수료의 인상, 집합투자업자 또는 신탁업자의 변경, 존속기간 또는 해산사유의 변경, 정관에 명시되지 않은 투자합자회사 종류의 변경, 주된 투자대상자산의 변경, 개방형투자합자회사에서 환매금지형투자합자회사로의 변경, 환매대금지급일의 연장 등에 대한 사항 변경의 경우(법 216조 1항, 195조 1항, 법 시행령 229조 1항), ② 환매에 관한 사항(법 237조 1항, 법 시행령 257조 1항), ③ 집합투자재산으로 부동산 취득시 금전차입에 관한 사항(법 시행령 97조 1항 단서), ④ 투자합자회사의 해산(법 216조 3항, 202조 1항 2호·5항), 청산(법 216조 3항, 203조 5항·6항), 합병(법 216조 3항, 204조 2항)에 관한 사항이 있다.

Ⅲ. 사원총회의 소집권

투자합자회사의 사원총회는 원칙적으로 업무집행사원이 소집한다(법 215조 2항). 집합

1) 법령제정 실무작업반(8인) 공저, 전게서(2006), 280쪽 참조.

투자업자는 사원총회 소집권한만 있는 것이 아니라, 그 선관의무 및 충실의무에 비추어 볼 때(법 79조) 이 법 및 정관에서 정한 사원총회 결의사항이 발생한 경우 사원총회를 소집할 의무도 있다고 할 것이다.

다만 집합투자업자의 총회소집권한 남용을 방지하기 위하여 일정한 경우 신탁업자 및 소수사원에게도 총회소집권이 인정되는바, 투자합자회사 재산을 보관·관리하는 신탁업자 또는 발행된 지분증권 총수의 100분의 5 이상을 소유한 사원은 사원총회의 목적과 소집의 이유를 기재한 서면을 제출하여 사원총회의 소집을 그 집합투자업자에게 요청할 수 있으며 이 경우 집합투자업자는 1개월 이내에 사원총회를 소집하여야 한다. 이 경우 집합투자업자가 정당한 사유 없이 사원총회를 소집하기 위한 절차를 거치지 않으면 그 신탁업자 또는 발행된 지분증권 총수의 100분의 5 이상을 소유한 사원은 금융위원회의 승인을 받아 사원총회를 개최할 수 있다(법 215조 4항, 190조 3항).

Ⅳ. 사원총회의 결의요건

투자합자회사의 사원총회는 출석한 사원의 의결권의 과반수와 발행된 지분증권 총수의 4분의 1 이상의 수로 결의한다. 다만, 이 법에서 정한 사원총회의 결의사항 외에 정관으로 정한 사원총회의 결의사항에 대하여는 출석한 사원의 의결권의 과반수와 발행된 지분증권총수의 5분의 1 이상의 수로 결의할 수 있다(법 215조 3항). 이 부분은 2013년 5월 법 개정으로 성립정족수 요건을 삭제하였으며 특별결의 요건도 완화하였다.[1)]

Ⅴ. 수익자총회에 관한 규정의 준용

투자합자회사의 사원총회에 관한 사항 중 위 사항 이외에 소집통지 기타 소집방법, 서면에 의한 의결권 행사, 연기사원총회, 주주총회에 관한 상법 규정의 준용 등에 관한 사항에 대하여는 수익자총회에 관한 법 제190조 제3항·제4항 및 제6항부터 제10항까지의 규정이 준용된다(법 215조 4항). 이와 관련하여 사원의 의결권에 대하여 유한책임사원의 의결권은 지분증권 1개마다 1개이나(법 215조 4항, 190조 10항, 상법 369조 1항), 업무집행사원이 가진 지분증권은 의결권이 없다(법 215조 4항, 190조 10항, 상법 369조 2항). 이는 업무집행사원인 집합투자업자의 이해상충을 방지하기 위한 것으로 이해된다.[2)]

1) 2013년 5월 개정(의사정족수 삭제, 특별의결정족수 완화함). 구법의 내용은 "투자합자회사 사원총회는 발행된 지분증권 총수의 과반수를 소유하는 사원의 출석으로 성립되며, 출석한 사원의 의결권의 3분의 2 이상과 발행된 지분증권 총수의 3분의 1 이상의 찬성으로 결의한다"로 되어 있었다.
2) 기타 준용되는 규정에 대한 상세 설명은 법 제190조 해당 항에 대한 주석을 참조.

제216조(준용규정)

① 제195조는 투자합자회사의 정관변경에 관하여 준용한다. 이 경우 "투자회사"는 각각 "투자합자회사"로, 같은 조 제 1 항 중 "이사회 결의로"는 "업무집행사원이"로, "제201조 제 2 항 단서"는 "제215조 제 3 항"으로, 같은 조 제 1 항 중 "주주총회의 결의" 및 같은 조 제 2 항 중 "이사회 결의 및 주주총회의 결의"는 각각 "사원총회의 결의"로, "주주"는 각각 "사원"으로 본다.

② 제208조는 투자합자회사의 지분증권에 관하여 준용한다. 이 경우 "투자유한회사"는 각각 "투자합자회사"로, "제209조 제 1 항에 따른 법인이사" 및 "법인이사"는 각각 "업무집행사원"으로 보며, 같은 조 제 1 항 중 "사원"은 "유한책임사원"으로 본다.

③ 제202조(제 3 항 및 제 4 항을 제외한다), 제203조(제 2 항을 제외한다) 및 제204조는 투자합자회사의 해산·청산 및 합병에 관하여 준용한다. 이 경우 "주주"는 "사원(업무집행사원은 제외한다)"으로, "투자회사"는 각각 "투자합자회사"로, "주주총회"는 각각 "사원총회"로, "법인이사" 및 "법인이사 및 감독이사"는 각각 "업무집행사원"으로, "청산인 및 청산감독인" 및 "청산인 또는 청산감독인"은 각각 "청산인"으로, "재산목록과 대차대조표를 작성하여 이를 청산인회에 제출하여 승인을 받은 후 그 등본을"은 "재산목록과 대차대조표를 작성하여 그 등본을"로, "제201조 제 2 항 단서"는 "제215조 제 3 항"으로, "주식"은 각각 "지분증권"으로 본다.

Ⅰ. 본조의 취지

본조는 투자회사 및 투자유한회사에 관한 규정 일부가 투자합자회사의 경우에도 적용되도록 하기 위한 규정이다. 본조에 의하여 투자회사의 정관변경에 관한 규정, 투자유한회사의 지분증권에 관한 규정 및 투자회사의 해산, 청산 및 합병에 관한 규정이 투자합자회사에 준용된다.

Ⅱ. 정관변경

상법상 합자회사의 경우 정관변경을 위해서는 총사원의 동의가 있어야 한다(상법 269조, 204조). 이는 인적회사로서의 성질을 고려하여 다수결에 의하지 않고 총사원의 동의에 의하여 정관을 변경하도록 하기 위한 것이다. 그러나 투자합자회사의 경우 다수의 투자자가 유한책임사원으로 참여하는 것을 예정하고 있으므로 정관변경에 총사원의 동의를 요구하는 경우 정관변경이 상당히 곤란하게 될 것이다. 이에 집합투자기구로의 특성을 고려하여 투자합자회사의 정관변경에 대하여는 투자회사의 규정을 준용하도록 하고 있는 것이다(법 216조 1항). 이에 따라 투자합자회사는 원칙적으로 업무집행사원이 단독으로 정관을 변경할 수 있으나, ① 집합투자업자·신탁업자 등이 받는 보수, 그 밖의 수수료의 인상, ② 집합투자업자 또는 신탁업자의 변경, 존속기간 또는 해산사유의 변경, ③ 정관에 명시되지 않은 투자합자회사 종류의 변경, ④ 주된 투자대상자산의 변경, ⑤ 개방형 투자합자회사에서 환매금지형투자합자회사로의 변경, ⑥ 환매대금 지급일의 연장 등에 대한 사항 변경의 경우(법 216조 1항, 195조 1항, 법 시행령 229조 1항)에는 사원총회의 결의를 거쳐야 한다. 자세한 설명은 법 제195조에 대한 주석을 참조.

Ⅲ. 지분증권

투자합자회사는 집합투자기구로서 집합투자증권을 발행할 수 있어야 하므로 법은 지분증권에 관한 투자유한회사의 규정을 투자합자회사에도 적용하도록 하고 있다(법 216조 2항). 한편 상법상 합자회사의 경우 이익 배분에 관하여 정관에 자유로이 정할 수 있으나, 투자합자회사는 집합투자기구로서 투자자 평등의 원칙이 적용되어야 하므로 투자합자회사의 유한책임사원은 출자금액의 반환 및 이익의 분배 등에 관하여 지분증권의 수에 따라 균등한 권리를 가지도록 규정하고 있다(법 216조 2항, 208조 1항). 이와 관련하여 법문은 명시적으로 유한책임사원에 대해서만 법 제208조 제 1 항이 적용된다고 규정하고 있는바, 이는 무한책임사원의 경우 법 제217조 제 4 항에 의하여 정관이 정하는 바에 따라 유한책임사원과는 배당률 또는 배당순서가 다를 수 있다는 점을 고려한 것으로 이해된다.[1)]

Ⅳ. 해산, 청산 및 합병

1. 해 산

투자합자회사의 해산에 관하여는 투자회사의 해산에 관한 규정이 준용된다(법 216조 3항, 법 202조). 다만 투자회사의 해산에 관한 규정 중 청산감독인 및 청산인회에 관한 규정은 투자합자회사에 이에 상응하는 기관이 없으므로 준용이 배제된다. 법 제202조가 투자합자회사에도 준용됨으로 인하여 투자합자회사는 ① 정관에서 정한 존속기간의 만료, 그 밖의 해산사유의 발생, ② 사원총회의 해산결의, ③ 투자합자회사의 피흡수합병, ④ 법원의 명령 또는 판결 또는 ⑤ 투자합자회사 등록의 취소 사유 발생으로 인하여 해산한다. 위 ①, ③, ④의 사유는 상법상 합자회사의 해산사유와 동일하며(상법 269조, 227조) ⑤는 집합투자기구 등록제도에 따른 해산사유이다. 한편 상법상 합자회사의 경우 총사원의 동의

1) 지분증권에 관한 자세한 사항은 법 제208조에 대한 주석을 참조.

가 있어야 해산하나 투자합자회사의 경우 다수의 투자자가 참여하는 집합투자기구로서의 특성상 총사원의 동의가 없더라도 사원총회의 해산결의가 있는 경우 해산하게 된다. 또한 상법상 합자회사의 경우 무한책임사원 또는 유한책임사원의 전원이 퇴사한 경우도 해산사유가 되나(상법 285조), 투자합자회사의 경우 유일한 무한책임사원인 집합투자업자의 퇴사권은 인정되지 않는다고 해석되며 유한책임사원은 환매를 통하여 자유로이 퇴사할 수 있으며 업무집행사원의 결정에 따라 언제든지 새로운 지분증권을 발행하여 신규 유한책임사원이 입사할 수 있으므로 위 해산사유는 투자합자회사에는 적용되지 않는다고 해석된다.[1)]

2. 청 산

상법상 합자회사의 청산에는 임의청산과 법정청산이 있다. 임의청산은 정관의 규정 또는 총사원의 동의로 정하는 방법에 따라 회사재산을 처분하는 청산 방법이며(상법 247조 이하), 법정청산은 법률이 정한 절차에 의하여 회사재산을 처분하는 청산방법이다(상법 250조 이하).[2)] 상법상 합자회사는 임의청산이 원칙이며(상법 247조 1항), 다만 사원이 1인으로 되어 해산한 경우, 법원의 해산명령 또는 해산판결에 의하여 해산한 경우 및 정관이나 총사원의 동의로 재산처분방법을 정하지 않은 경우에는 법정청산에 의한다. 그러나 투자합자회사의 경우 투자회사의 청산에 관한 규정이 준용되므로(법 216조 3항, 203조) 투자합자회사에 대하여는 법정청산방법만 인정되며 임의청산은 인정되지 않는다고 해석된다. 한편 상법상 합자회사의 법정청산에는 채권자에 대한 최고제도가 없으나 투자합자회사의 경우 투자회사의 경우와 마찬가지로 채권자에 대한 최고절차를 거쳐야 한다.[3)]

3. 합 병

상법상 합자회사의 경우 합병을 하기 위해서는 총사원의 동의가 있어야 하며(상법 269조, 230조) 흡수합병, 신설합병 모두 가능하다. 그러나 투자합자회사의 경우 집합투자기구로서의 특성상 투자회사의 합병에 관한 규정이 준용되므로(법 216조 3항, 204조), 그 투자합자회사와 업무집행사원이 같은 다른 투자합자회사를 흡수하거나 그러한 투자합자회사에 흡수되는 방법으로 합병하는 경우만 합병이 가능하며, 이와 같이 합병하고자 하는 경우에는 사원총회의 결의를 거쳐야 한다.[4)]

---

1) 기타 자세한 사항은 법 제202조에 대한 주석을 참조.
2) 이철송, 전게서(2008), 149쪽.
3) 기타 법 제203조에 관한 상세한 설명은 위 규정에 대한 주석 내용을 참조.
4) 기타 합병에 관한 자세한 사항은 법 제204조에 대한 주석을 참조.

제217조(「상법」과의 관계)

① 투자합자회사에 「상법」을 적용함에 있어서 같은 법 제200조의2, 제205조, 제259조 및 제277조 중 "법원"은 각각 "금융위원회"로 본다.

② 「상법」 제198조, 제217조부터 제220조까지, 제224조, 제280조 및 제286조는 투자합자회사에 적용하지 아니한다.

③ 투자합자회사의 유한책임사원은 「상법」 제279조에 불구하고 투자합자회사의 채무에 대하여 출자를 이행한 금액을 한도로 하여 책임을 진다.

④ 투자합자회사는 정관이 정하는 바에 따라 이익을 배당함에 있어서 무한책임사원과 유한책임사원의 배당률 또는 배당순서 등을 달리 정할 수 있다.

⑤ 투자합자회사는 손실을 배분함에 있어서 무한책임사원과 유한책임사원의 배분율 또는 배분순서 등을 달리 하여서는 아니 된다.

Ⅰ. 본조의 취지

본조는 상법상 합자회사와 관련하여 법원이 갖는 권한을 투자합자회사의 경우 금융위원회가 갖는 것으로 규정하고 상법의 합자회사 관련 규정 중 투자합자회사에는 적용되지 않는 규정을 명시하며 유한책임사원의 책임, 이익 및 손실 배분과 관련하여 상법과 다르게 규율되어야 하는 내용에 대하여 별도로 규정하는 등 상법과 이 법에 따른 투자합자회사에 대한 규율과의 관계에 대하여 규정하기 위한 것이다.

Ⅱ. 금융위원회의 권한

투자합자회사는 집합투자기구로서 금융위원회의 감독을 받으므로 상법상의 일반 합자회사와는 달리 금융위원회가 투자합자회사에 대하여 필요한 권한을 행사할 수 있도록 하는 것이 적절하다. 이에 따라 본조 제1항에서는 상법상 합자회사에 대하여 인정되는 법원의 권한을 금융위원회가 행사하도록 규정하고 있다. 따라서 투자합자회사의 경우 사원의 직무대행자가 해당 법인의 통상업무에 속하지 아니한 행위를 하고자 하는 경우 허가권(상법 200조의2), 사원이 업무를 집행함에 있어 현저하게 부적임하거나 중대한 의무에 위반한 행위가 있는 때의 업무집행사원에 대한 권한상실선고권(상법 205조), 청산시 불확정한 채권의 평가를 위한 감정인 선임권(상법 259조 4항) 및 유한책임사원의 열람 및 검사권 행사에 대한 허가권(상법 277조)은 법원이 아니라 금융위원회가 이를 행사한다.

Ⅲ. 적용이 배제되는 상법의 규정

투자합자회사는 이 법에서 특별히 규정한 경우를 제외하고는 상법 및 민법의 적용을 받는다(법 181조). 그러나 투자합자회사의 집합투자기구로서의 특성상 상법의 규정이 적용되는 것이 부적절한 경우가 있는바, 본조 제 2 항은 이러한 이유로 투자합자회사에 적용되지 않는 상법의 규정을 열거하고 있다. 본조 제 2 항에 의하여 투자합자회사에는 적용이 배제되는 상법의 규정은 다음과 같다.

① 상법 제198조 : 투자합자회사의 무한책임사원에 대하여는 상법상의 사원의 경업금지의무 및 겸직금지의무가 적용되지 않는다. 투자합자회사의 무한책임사원은 그 투자합자회사의 재산을 운용하는 집합투자업자로 한정되는바, 집합투자업자에게 상법상 경업금지의무 및 겸직금지의무를 부과한다면 그 집합투자업자가 다른 집합투자기구재산을 운용하거나 업무집행사원이 되는 것이 불가능해지기 때문이다.

② 상법 제217조부터 제220조 : 사원의 퇴사권, 퇴사원인, 사원 사망시 권리승계의 통지 및 제명의 선고에 관한 상법의 규정은 투자합자회사에는 적용되지 않는다. 위 규정들은 상법상 합자회사의 인적 회사로의 특성을 반영한 규정이나, 투자합자회사는 집합투자기구로서 그 투자자인 유한책임사원은 자유로이 지분증권을 환매할 수 있으며(법 235조), 유일한 무한책임사원인 업무집행사원의 경우 해당 투자합자회사의 재산운용업무를 담당하는 집합투자업자로서 투자합자회사의 핵심적인 기능을 수행하므로 일방적으로 퇴사할 수 없도록 하여야 하고, 집합투자업자의 변경에 대하여는 사원총회 결의로 가능하도록 하고 있으므로(법 216조 1항, 195조 1항) 위 규정들의 적용을 배제한 것이다.

③ 상법 제224조 : 상법상 사원 지분의 압류채권자에 의한 퇴사청구는 투자합자회사에는 적용되지 않는다. 상법 제224조는 사원의 지분을 압류한 채권자에게 퇴사청구권을 인정하고 지분환급에 의하여 채권의 변제를 받을 수 있도록 하는 규정인바, 투자합자회사의 경우 지분증권이 발행되고 투자자는 언제든지 환매를 청구할 수 있어 상법 제224조를 통하여 채권자를 보호할 필요가 없기 때문이다.

④ 상법 제280조 : 출자감소의 경우의 유한책임사원의 책임에 관한 상법의 규정은 투자합자회사의 유한책임사원에 적용되지 않는다. 상법 제280조는 합자회사의 유한책임사원이 그 출자를 감소한 후에도 그에 관한 사항을 등기하기 전에 생긴 회사채무에 대하여는 등기 후 2년 동안 책임을 부담하도록 하는 규정인바, 투자합자회사의 경우 각 사원의 출자 가액은 등기사항도 아니며 투자합자회사의 사원은 회사의 설립시 또는 새로운 지분증권 납입기일에 출자금을 납입하여야 하는 등 위 규정을 투자합자회사에 적용하는 것은

부적절하므로 그 적용을 배제한 것이다.

⑤ 상법 제286조 : 합자회사의 조직변경에 관한 상법의 규정은 투자합자회사에는 적용되지 않는다. 상법상 합자회사는 일정한 경우 그 조직을 합명회사로 변경하여 계속할 수 있으나, 투자합자회사는 집합투자기구로서 합명회사 형태의 집합투자기구는 이 법에 의하여 인정되지 않으므로 위 규정의 적용을 배제한 것이다.

Ⅳ. 유한책임사원의 책임

상법상 합자회사의 유한책임사원은 회사 채무에 대하여 출자의무를 한도로 하여 책임을 부담한다. 다만 상법상 출자의무의 이행시기가 법정되어 있지 않으므로 그 출자가액에서 이미 이행한 부분을 공제한 가액을 한도로 하여 회사채무를 변제할 책임이 있다(상법 279조 1항). 또한 합자회사의 경우 주식회사와는 달리 이익배당이 엄격하게 통제되지 않으므로 이익이 없음에도 배당을 받을 수 있는바, 그 경우 배당을 받은 금액은 사실상 출자를 환급받은 것과 같으므로 유한책임사원의 책임한도에 가산된다(상법 279조 2항). 합자회사의 유한책임사원은 그 책임이 출자가액에 한정되는 점을 제외하고는 무한책임사원과 마찬가지로 회사 재산으로써 회사의 채무를 완제할 수 없는 때에 다른 사원과 연대하여 변제할 책임이 있다(상법 269조, 212조).

그러나 투자합자회사의 경우 집합투자기구로서 지분증권에 대한 투자와 환매가 자유로워야 하므로 일반 상법상의 합자회사와 마찬가지로 투자자의 책임이 환급받은 출자금액에 따라 늘어난다거나 미이행된 출자금액을 한도로 하여 다른 사원과 연대책임을 부담하도록 하는 것은 부적절하다. 이에 따라 이 법에서는 투자합자회사 유한책임사원의 회사 채무에 대한 책임을 출자를 이행한 금액을 한도로 하도록 하고(법 217조 3항), 출자금은 회사 설립시 또는 새로운 지분증권의 납입기일에 모두 납입되도록 하며(법 213조 2항, 216조 2항, 208조 3항) 상법 제279조 제 2 항이 적용되지 않도록 하여 투자합자회사의 투자자인 유한책임사원은 출자금을 납입한 것으로서 책임을 모두 이행한 것으로 하고 그 이상 회사채권자에 대한 책임을 부담하지 않도록 하고 있다. 즉 투자합자회사의 유한책임사원은 주식회사의 주주와 동일한 수준의 유한책임을 지는 것이다.

Ⅴ. 손익의 분배

상법상 합자회사의 경우 정관으로 손익의 분배비율을 자유로이 정할 수 있으며, 정관에 다른 정함이 없으면 손익은 출자액에 비례하여 분배하고, 다만 유한책임사원은 출자액을 한도로 하여 손실을 분담한다(상법 269조, 195조, 민법 711조).

이에 반하여 투자합자회사의 경우 집합투자기구로서 투자자 평등의 원칙이 적용되어야 하므로 유한책임사원에 대하여는 이익의 분배 등에 관하여 지분증권의 수에 따라 균등한 권리를 가지도록 하고 있다(법 216조 2항, 208조 1항). 다만 무한책임사원과 유한책임사원 간에는 이익배당에 관하여는 정관이 정하는 바에 따라 배당률 또는 배당순서 등을 달리 정할 수 있도록 하고 있다(법 217조 4항). 이는 투자합자회사의 운영에 탄력성을 부여하여 보다 다양한 형태의 투자합자회사 구성이 가능하도록 하기 위한 규정인 것으로 해석된다.

그러나 손실을 배분함에 있어서는 무한책임사원과 유한책임사원의 배분율 또는 배분순서 등을 달리 하여서는 아니 된다(법 217조 5항). 본항의 손실의 의미에 대하여 별도로 법에서 정의하고 있지 않은바, 그 의미가 투자합자회사의 소극재산이 적극재산을 초과하는 경우 그 채무초과액을 의미한다면, 투자합자회사의 무한책임사원은 투자합자회사 재산으로 채무를 완제할 수 없는 때 또는 투자합자회사재산에 대한 강제집행이 주효하지 못한 때 그 고유재산으로 투자합자회사의 채무에 대하여 책임을 부담하는 반면(상법 269조, 212조 1항·2항), 유한책임사원은 투자합자회사의 채무에 대하여 출자를 이행한 금액을 한도로 하여 책임을 부담하므로(법 217조 3항), 투자합자회사에 손실이 발생한 경우 그 손실은 무한책임사원이 부담하는 것으로 해석된다. 따라서 본 규정은 무한책임사원이 정관의 규정으로도 투자합자회사에 발생한 손실을 유한책임사원에 전가할 수 없다는 점을 규율하기 위한 규정인 것으로 이해된다.

[초판: 문경화, 개정판: 하영태]

제 4 관 투자유한책임회사

○ 前注

Ⅰ. 투자유한책임회사의 의의	Ⅱ. 법 제 5 편 제 2 장 제 2 절 제 4 관의 내용

Ⅰ. 투자유한책임회사의 의의

투자유한책임회사는 집합투자를 수행하기 위한 집합투자기구 중 상법에 따른 유한책임회사 형태의 집합투자기구를 말한다(법 9조 18항 4의2호). 집합투자기구는 투자신탁등 계약형집합투자기구와 투자회사등 회사형집합투자기구로 나눌 수 있는데, 이 중에서 투자유한책임회사는 회사형집합투자기구로서 상법상 유한책임회사 형태를 취한 것이다.

종전의 증권투자회사법이나 구간투법상으로는 주식회사 형태의 투자회사와 합자회사 형태의 사모투자전문회사만이 허용되었다. 그러나 위와 같은 집합투자기구의 형태가 한정되어 다양한 집합투자기구의 활용이 곤란하고, 구간투법상 규정되지 않은 간접투자기구를 이용한 간접투자에 대해서는 투자자보호를 위한 규제의 적용이 불분명하고 미흡하다는 지적이 있었다. 이에 자본시장법은 유한회사, 민법상 조합, 상법상 익명조합 형태의 집합투자기구를 새로 허용함으로써 민·상법상 인정되는 모든 형태의 집합투자기구를 인정하고, 등록의무, 투자재산의 별도 보관·관리의무, 투자재산과 고유재산의 구분, 이해관계인과의 거래제한 등 투자자보호를 위한 규제를 적용하게 되었다.[1)]

투자유한책임회사는 투자신탁이나 조합 등과 같은 계약형집합투자기구와 달리 회사형집합투자기구로서 투자자의 투자자금은 회사의 출자금을, 투자자는 회사의 사원을 구성하게 되며 사원총회, 이사 등 회사법상 유한책임회사로서의 조직구조를 갖추어야 한다. 다만 이사는 법인이사 1인을 두며 상법상의 대표이사 및 이사회제도나 감사제도는 적용되지 않는 등 집합투자기구의 속성상 필요한 범위 내에서 상법상 유한회사와는 구별되는 예외적인 사항들이 법에 의하여 별도로 규정되어 있다. 투자유한책임회사의 집합투자재산의 운용업무는 법인이사가 이를 수행하지만 집합투자재산의 보관·관리업무는 신탁업자가 위탁받아 이를 수행하며, 신탁업자는 집합투자업자에 대한 감시기능을 수행한다(법 184조 2항 및 3항, 247조 2항). 다만, 투자회사와 같은 감독이사제도는 존재하지 않는다.

투자유한책임회사는 설립 완료된 경우 금융위원회에 등록하여야 한다(법 182조 1항). 또한 투자유한책임회사는 상근임원 또는 직원을 둘 수 없으며, 본점 외의 영업소를 설치할 수 없다(법 184조 7항).

Ⅱ. 법 제5편 제2장 제2절 제4관의 내용

법 제217조의2 내지 제217조의7은 집합투자기구 중 투자유한책임회사에 대하여 그 구성과 관계되는 사항, 즉 그 설립, 정관 변경, 지분증권에 관한 사항, 업무집행자, 사원총회 등 투자유한회사의 지배구조에 관한 사항, 투자유한책임회사의 해산, 청산 및 합병에 관한 사항, 그리고 투자유한책임회사에 적용되는 특례와 상법과의 관계에 대하여 규율하고 있다.

한편 특수한 형태의 투자유한책임회사인 환매금지형투자유한회사, 종류형투자유한

1) 국회 재정경제위원회, 「증권투자회사법안 심사보고서」, 1998. 9, 57쪽, 66쪽.

회사, 전환형투자유한회사, 모자형투자유한회사 및 상장지수 투자유한회사에 대하여는 법 제230조 내지 제234조에서 별도로 규정하고 있다.

그리고 투자유한책임회사의 재산 운용에 관하여는 집합투자업자의 영업행위 규칙에 관한 법 제79조 내지 제94조에서 규율하고 있으며, 투자유한책임회사 지분증권의 환매에 대하여는 법 제235조 내지 제237조에서, 투자유한책임회사재산의 평가 및 회계에 대하여는 법 제238조 내지 제243조에서, 투자유한책임회사재산의 보관 및 관리에 대하여는 법 제244조 내지 제248조에서 각각 규율하고 있다.

제217조의2(투자유한책임회사의 설립 등)

① 집합투자업자는 투자유한책임회사를 설립하는 경우 다음 각 호의 사항을 기재한 정관을 작성하여 사원 1인이 기명날인 또는 서명하여야 한다.

1. 목적
2. 상호
3. 제217조의4제 1 항에 따른 업무집행자의 상호·사업자등록번호
4. 회사의 소재지
5. 투자유한책임회사재산의 운용 및 관리에 관한 사항
6. 이익분배 및 환매에 관한 사항
7. 공시 및 보고서에 관한 사항
8. 그 밖에 사원을 보호하기 위하여 필요한 사항으로서 대통령령으로 정하는 사항

② 투자유한책임회사의 사원은 정관을 작성한 후 설립등기를 할 때까지 출자금을 금전으로 납입하여야 한다.

③ 집합투자업자는 다음 각 호의 사항을 출자금액이 납입된 날부터 2주 이내에 대통령령으로 정하는 서류를 첨부하여 설립등기를 하여야 한다.

1. 제 1 항 제 1 호부터 제 4 호까지의 사항
2. 정관으로 투자유한책임회사의 존속기간 또는 해산사유를 정한 경우 그 내용

④ 투자유한책임회사 사원의 출자의 목적은 금전에 한한다.

⑤ 투자유한책임회사는 제182조에 따라 등록하기 전에는 제 1 항에 따른 사원 외의 자를 사원으로 가입시켜서는 아니 된다.

Ⅰ. 본조의 취지

상법상 유한책임회사의 형태를 취하지만 집합투자기구인 점을 고려하여 본조는 투자유한책임회사의 설립에 관하여 별도로 규율하고 있다. 본조에서 별도로 규정하지 않는 내용에 대하여는 법 제217조의7에 의하여 그 적용이 배제되지 않는 한도 내에서 상법상 유한책임회사의 설립에 대한 규정이 적용된다.

투자유한책임회사의 설립절차에 있어서는 투자회사와 비교하여 보면, 첫째, 투자유한책임회사의 설립절차는 주식회사의 발기설립절차와 비슷하지만 발기인이 개입하지 않으며, 집합투자업자가 설립에 종사하는 사원이 되어 정관을 작성하고 위 사원을 중심으로 설립절차가 진행되는 것(법 217조의2 1항), 둘째, 투자회사의 경우 주식의 인수는 정관의 작성과는 별도의 절차로 하기 때문에 주식의 인수에 관한 규정을 두고 있다(법 194조 6항 내지 8항 등). 반면에 투자유한책임회사는 집합투자업자가 설립 당시의 사원으로서 정관 작성 후 출자금을 금전으로 납입하여 설립하는 것(법 217조의2 2항), 셋째, 투자회사의 경우 투자회사 설립시에 발행하는 주식의 인수가액의 납입이 완료된 경우에 이사를 선임하는 절차를 밟게 되지만(법 194조 8항), 투자유한책임회사는 업무집행자를 정관에 의하여 정하는 것(법 217조의2 1항 3호) 등의 특색이 있다.

또한 투자유한책임회사도 집합투자기구의 하나로 인정되는 것이기 때문에 상법상 유한책임회사의 폐쇄성 내지 인적회사적 요소는 이 법에 의하여 수정되고 있다. 예를 들어, 사원관계를 기재사항으로 하지 않으며(상법 543조 2항 1호, 179조 3호), 자본의 총액(상법 543조 2항 2호)을 기재사항으로 하지 않고 오히려 지분증권의 추가발행에 관한 사항(법 207조 1항 8호, 법 시행령 234조 1항 3호)을 기재사항으로 하고 있다.

Ⅱ. 집합투자업자에 의한 설립

상법상 주식회사의 설립에는 설립의 과정에서 발기인 이외의 주주를 모집하는지 여부에 따라 발기설립과 모집설립의 두 가지 방법이 있지만, 이 법은 투자회사의 경우 법 제206조 제 2 항에서 상법 제301조의 적용을 배제하고 있어 발기설립의 방법에 의한 설립만 가능한 것으로 하고 있다.

투자유한책임회사의 경우 상법상 유한책임회사의 설립절차에서 발기인은 개입하지 않고 사원이 정관 작성 등 설립절차를 진행하는 것처럼 집합투자업자가 투자유한책임회사의 설립 당초의 사원으로서 설립절차를 진행한다. 집합투자업자는 투자유한책임회사를 설립하는 경우 일정한 사항을 기재한 정관을 작성하여 기명날인 또는 서명하여야 한다(법 217조의2 1항 본문).

투자유한책임회사를 설립할 수 있는 집합투자업자의 수에 관하여 상법상 아무런 제한을 두고 있지 아니하고(상법 543조 2항 4호 참조) 이 법에서도 설립 당초의 사원으로서의 집합투자업자의 수를 제한하고 있지 아니하며, 투자유한책임회사는 제182조에 따라 등록하기 전에는 집합투자업자 외의 자를 사원으로 가입시켜서는 아니 된다는 법 제217조의2 제 5 항을 반대해석하면, 복수의 집합투자업자가 설립 당초의 사원으로서 투자유한책임회사를 설립할 수 있다고 본다. 다만, 투자유한책임회사의 집합투자재산 운용업무를 담당하는 업무집행자는 1인의 집합투자업자로 제한된다(법 217조의4 1항).

Ⅲ. 투자유한책임회사의 정관 기재사항

1. 절대적 기재사항

투자유한회사를 설립하기 위해서는 집합투자업자가 정관을 작성하여 사원 1인이 기명날인 또는 서명하여야 한다(법 217조의2 1항). 본조 제 1 항은 투자유한책임회사 정관에 반드시 기재하여야 하는 절대적 기재사항에 대하여 상법에 대한 특칙으로 별도로 규정하고 있다. 그 내용은 ① 목적, ② 상호, ③ 제217조의4 제 1 항에 따른 업무집행자의 상호·사업자등록번호, ④ 회사의 소재지, ⑤ 투자유한책임회사재산의 운용 및 관리에 관한 사항, ⑥ 이익분배 및 환매에 관한 사항, ⑦ 공시 및 보고서에 관한 사항, ⑧ 그 밖에 사원을 보호하기 위하여 필요한 사항으로서 대통령령으로 정하는 사항[1])이 있다.

정관의 절대적 기재사항과 관련하여 상법상 유한책임회사의 경우 자본금의 액이 기재사항이고(상법 287조의3 4호), 투자회사의 경우 설립시에 발행하는 주식의 총수 및 발행가액(법 194조 2항 4호)이 기재사항임에 반하여 투자유한책임회사의 경우 설립시 출자금을 정관의 기재사항으로 하고 있지 않다. 다만 투자유한책임회사의 등록요건상 최저 출자금을 규정하고 있을 뿐이다. 즉 법 시행령 제209조 제 2 호에 의하여 투자유한책임회사의 등록신청 당시의 출자금은 1억원 이상으로서 금융위원회가 정하여 고시하는 금액 이상일 것을 요한다.

1) 시행령 제236조의2(정관의 기재사항 등) 제 1 항은 ① 투자유한책임회사의 종류(법 제229조의 구분에 따른 종류를 말한다), ② 투자대상자산(법 제229조 제 4 호에 따른 혼합자산집합투자기구인 경우를 제외하고는 주된 투자대상자산을 따로 적어야 한다), ③ 지분증권의 추가발행과 소각에 관한 사항, ④ 존속기간이나 해산사유를 정한 경우에는 그 내용, ⑤ 투자유한책임회사재산의 평가와 기준가격의 계산에 관한 사항, ⑥ 이익 외의 자산등의 분배에 관한 사항, ⑦ 집합투자업자·신탁업자 및 일반사무관리회사와 체결할 업무위탁계약의 개요(보수 및 그 밖의 수수료의 계산방법, 지급방법 및 지급시기에 관한 사항을 포함한다), ⑧ 집합투자업자 및 신탁업자의 변경에 관한 사항, ⑨ 정관의 변경에 관한 사항, ⑩ 투자유한책임회사의 회계기간, ⑪ 정관 작성 연월일, ⑫ 그 밖에 사원을 보호하기 위하여 필요한 사항으로서 금융위원회가 정하여 고시하는 사항을 열거하고 있다.

2. 상대적·임의적 기재사항

투자유한책임회사 정관의 상대적 기재사항으로는 지분증권의 추가발행에 관한 사항의 결정권한을 사원총회에 부여하고자 하는 경우 그 내용(법 217조의3 2항, 196조 3항 단서) 등이 있다. 그리고 투자유한책임회사 정관에는 위 절대적 기재사항 및 상대적 기재사항 이외에도 강행법규나 공서양속에 위배되지 아니하는 내용을 임의로 기재할 수 있다. 통상 투자유한책임회사 정관에 포함되는 임의적 기재사항으로는 지분증권의 발행 및 예탁, 예탁지분증권의 교부, 지분증권의 재교부, 사원총회의 운영, 의장의 질서유지권, 차입 및 보증의 제한 등이 있다.

Ⅳ. 자본 및 기관의 구성

투자유한책임회사는 유한책임회사의 형태를 취하기 때문에 투자회사와 달리 주식인수절차가 없으며, 정관작성에 의하여 사원이 확정될 뿐만 아니라 그 출자의무도 확정되기 때문에 설립 당초의 사원인 집합투자업자가 정관을 작성한 후 투자유한책임회사로 등록하기 위해서 필요한 최저 출자금 이상을 금전으로 납입하면 된다(법 217조의2 제 2항, 법 시행령 209조 2호).

집합투자업자는 출자금을 금전으로 납입하여야 한다(법 217조의2 2항). 투자회사의 경우 발기인은 상법에 따라 납입을 맡을 은행 기타 금융기관과 납입장소를 지정하여야 하지만(상법 295조 1항), 유한책임회사의 경우 이와 같은 제한이 없으므로, 각 사원은 이사에게 자유롭게 납입할 수 있다고 본다.[1] 그리고 투자유한책임회사의 이사는 정관으로 지정되므로, 투자회사의 경우와 같은 이사선임 절차가 필요 없다.

Ⅴ. 설립등기의 내용 및 효력

회사는 본점소재지에서 설립등기를 함으로써 성립하므로(상법 172조) 투자유한책임회사도 법원의 등기소에 비치되어 있는 투자유한책임회사등기부에 설립등기를 완료함으로써 비로소 성립된다. 설립등기의 시기에 대하여 본조 제 3 항은 집합투자업자는 출자금액이 납입된 날로부터 2주 이내에 설립등기를 하여야 하는 것으로 규정하고 있다(법 217조의2 3항).

설립시 등기하여야 할 사항은 ① 목적, ② 상호, ③ 업무집행자의 상호·사업자등록번호, ④ 회사의 소재지, ⑤ 정관으로 투자유한책임회사의 존속기간 또는 해산사유를 정

1) 손주찬/정동윤, 「주석 상법[회사(Ⅴ)]」, 69쪽.

한 경우 그 내용이 있다(법 217조의2 3항). 설립등기시에는 ① 정관, ② 출자금의 납입을 맡은 은행, 그 밖의 금융기관의 출자금의 납입·보관에 관한 증명서를 첨부하여야 한다(법 시행령 236조의2 2항).

설립 등기의 기본적인 효력은 설립등기를 마침으로써 설립중의 투자유한책임회사가 법인격을 취득하여 투자유한책임회사로 성립한다는 것이다(상법 172조). 설립등기의 날을 기준으로 하여 현물출자의 목적인 재산의 실가가 정관소정의 가격에 현저히 부족한 때에는 설립등기 당시의 사원이 연대하여 그 부족액을 전보할 책임이 있고(상법 550조 1항), 출자금액의 납입이나 현물출자의 이행이 완료되지 아니한 때에는 설립등기 당시의 이사와 사원에게 전보책임을 지우고 있다(상법 551조). 투자유한책임회사는 설립등기를 완료한 경우 금융위원회에 등록하여야 한다(법 182조 1항).

Ⅵ. 사원의 가입제한

투자유한책임회사는 법 제182조에 따라 금융위원회에 등록하기 전에는 집합투자업자 외의 자를 사원으로 가입시켜서는 아니 된다(법 217조의2 5항). 따라서 투자유한회사는 금융위원회에 등록하기 전에는 지분증권을 판매할 수 없다.

제217조의3(지분증권)

① 투자유한책임회사의 사원은 출자금액의 반환 및 이익의 분배 등에 관하여 지분증권의 수에 따라 균등한 권리를 가진다.

② 투자유한책임회사의 지분증권에는 다음 각 호의 사항을 기재하고, 제217조의4제 1 항에 따른 업무집행자가 기명날인 또는 서명하여야 한다.

1. 회사의 상호
2. 회사의 성립연월일
3. 지분증권의 발행일
4. 사원의 성명(법인인 경우에는 상호)
5. 그 밖에 투자유한책임회사 사원의 보호에 필요한 사항으로서 대통령령으로 정하는 사항

③ 제196조(제 2 항은 제외한다)는 투자유한책임회사의 지분증권에 관하여 준용한다. 이 경우 "투자회사"는 각각 "투자유한책임회사"로, "주식"은 각각 "지분증권"으로, "신주"는 각각 "새 지분증권"으로, "이사회"는 각각 "업무집행자"로, "주주"는 각각 "사원"으로, "주금"은 각각 "지분증권 대금"으로 본다.

Ⅰ. 본조의 취지

상법상 유한책임회사는 사원의 지분에 관하여 지시식 또는 무기명식의 증권을 발행하는 명문규정은 없다. 따라서 기명식의 지분증권을 발행하는 것은 가능하지만 유가증권으로서의 효력은 없으며 단순한 증거증권으로 보고 있다.[1] 이에 반하여 투자유한책임회사는 집합투자증권으로서의 지분증권의 발행에 관하여 상법상 주식회사의 형태를 취하는 투자회사의 주식의 형식 및 발행절차 등에 관한 법 제196조를 준용하고 있다.

그러나 이 법은 투자회사의 주식에 적용되는 상법 제336조부터 제340조, 제358조의 2 내지 제360조 등을 명시적으로 준용하고 있지 않은 결과 지분증권의 유가증권성을 인정할 수 있는지 또한 그 양도방법 등에 관해서는 투자회사의 주식이나 투자신탁의 수익증권처럼 위 상법 규정이 적용되는지 여부는 불분명하다.

Ⅱ. 사원의 지분의 내용

유한책임회사의 사원의 지분이라 함은 사원의 회사에 대한 법률상의 지위 또는 사원이 회사에 대하여 갖는 권리의무의 총체를 말한다. 투자유한회사의 사원은 출자금액의 반환 및 이익의 분배 등에 관하여 지분증권의 수에 따라 균등한 권리를 가진다(법 217조의 3 1항). 이는 투자신탁의 수익증권 및 투자회사의 주식이 보통주식만 인정되는 것과 마찬가지로 투자자의 보호 및 투자자평등의 원칙을 투자유한회사의 경우에도 관철하는 취지이다.

Ⅲ. 지분증권의 발행 형식 및 기재사항

1. 지분증권의 형식

법 제196조는 투자유한책임회사의 지분증권에 관하여 준용한다(법 217조의3 3항). 따라서 투자유한책임회사가 발행하는 지분증권은 무액면 기명식으로 한정된다(법 196조 1항). 무액면 지분증권이란 1좌의 금액이 표시되지 않고 지분증권에는 지분의 수만이 기재되는 지분증권이다. 따라서 주주는 전체 발행 지분증권에 대한 자기 지분의 비율만 인식할

1) 손주찬/정동윤, 「주석 상법[회사(Ⅴ)]」, 134쪽.

수 있다.[1] 무액면 지분증권은 액면가가 없으므로 그 투자유한회사가 소유하는 자산의 순자산액에 기초하여 법 제238조 제 6 항에 따른 기준가격을 발행가액으로 하여야 한다(법 196조 5항, 법 시행령 230조).

기명지분증권이란 사원의 성명이 지분증권에 표시되고 사원명부에도 기재되는 지분증권이다.

2. 지분증권의 기재사항

지분증권의 기재사항은 투자자보호를 위해서 법정되어 있다(법 217조의3 2항). 투자유한회사의 지분증권에는 ① 투자유한책임회사의 상호, ② 투자유한책임회사의 성립연월일, ③ 지분증권의 발행일, ④ 사원의 성명(법인인 경우에는 상호), ⑤ 그 밖에 투자유한책임회사 사원의 보호를 위하여 필요한 사항으로서 대통령으로 정하는 사항(법 시행령 236조의2)을 기재하고, 법인이사가 기명날인 또는 서명해야 한다(법 217조의3 2항). 위에서 열거된 기재사항은 지분증권의 필요적인 기재사항이고 이를 흠결한 지분증권은 무효로 된다고 할 것이다.[2]

Ⅳ. 지분증권의 발행 절차

1. 발행사항의 결정

투자유한책임회사가 그 성립 후 지분증권을 발행하는 경우 그 발행에 관한 사항은 업무집행자가 결정한다(법 217조의3 3항 2문). 다만 정관에서 달리 정하고 있는 경우에는 그에 따른다. 업무집행자는 지분증권의 수, 발행가액 및 납입기일에 관한 사항을 결정하여야 한다(법 196조 3항). 또한 개방형투자유한책임회사의 경우 업무집행자는 지분증권의 발행기간, 위 발행기간 이내에 발행하는 지분증권 수의 상한, 위 발행기간 동안 매일의 발행가액 및 지분증권 대금 납입기일을 정하는 방법을 결정할 수 있다. 이 경우 개방형투자유한회사는 그 확정된 매일의 발행가액을 그 투자유한회사의 지분증권을 판매하는 투자매매업자 또는 투자중개업자의 지점, 그 밖의 영업소에 게시하고 인터넷 홈페이지 등을 이용하여 공시하여야 한다(법 196조 4항).

투자유한책임회사가 그 성립 후에 지분증권을 발행하는 경우 같은 날에 발행하는 지분증권의 발행가액, 그 밖의 발행조건은 균등하게 정하여야 한다. 다만 종류형투자유한책임회사의 경우 판매보수의 차이로 인하여 기준가격이 다르거나 판매수수료가 다른 여러 종류의 지분증권을 발행할 수 있다(법 231조).

---

1) 이철송, 전게서(2008), 227쪽.

2) 법 제189조 제 5 항 및 법 시행령 제218조에 관한 주석사항 참조.

2. 지분증권 대금 납입

지분증권 인수인은 지분증권 대금납입기일에 지체 없이 지분증권의 인수가액을 금전으로 납입하여야 한다(법 196조 6항, 194조 7항). 사모투자유한회사의 경우에는 객관적인 가치평가가 가능하고 다른 투자자의 이익을 해할 우려가 없는 경우 증권, 부동산 또는 실물자산 등 금전 외의 자산으로 지분증권의 인수가액을 납입할 수 있다(법 249조 3항).

Ⅴ. 사원으로서의 권리 취득 시기

지분증권 인수인은 투자유한회사가 그 성립 후에 지분증권을 발행하는 경우 지분증권 대금의 납입과 동시에 사원의 권리·의무를 가진다(법 196조 7항).

제217조의4(업무집행자)

① 투자유한책임회사는 사원 또는 사원이 아닌 자로 업무집행자(이하 이 관에서 "업무집행자"라 한다) 1인을 두어야 한다. 이 경우 업무집행자는 집합투자업자이어야 한다.

② 제198조 제 1 항·제 4 항 및 제 5 항은 투자유한책임회사의 업무집행자에게 준용한다. 이 경우 "법인이사"는 각각 "업무집행자"로, "투자회사"는 각각 "투자유한책임회사"로 본다.

Ⅰ. 본조의 취지

본조는 투자유한책임회사의 업무집행사원에 대하여 그 수, 자격, 직무, 직무수행 방법 등을 규율하기 위한 규정이다. 상법상 유한책임회사의 경우 사원 또는 사원 이외의 자를 업무집행자로 정해야 한다(상법 287조의12 1항). 그리고 법인을 업무집행자로 할 수 있는 명문 조항을 두고 있다(상법 287조의15 1항). 마찬가지로 투자유한책임회사도 사원 또는 사원이 아닌 자로 업무집행자 1인을 두도록 하고 있으며, 업무집행자는 법인인 집합투자업자가 되도록 규정하고 있다(법 217조의4 1항). 한편 회사가 업무집행사원이 됨으로 인한 직무수행 방법과 관련하여서는 투자회사의 법인이사에 관한 규정을 준용하도록 하고 있다(법 217조의4 2항).

Ⅱ. 업무집행사원의 자격

투자유한책임회사의 업무집행사원은 투자합자회사와 같이 무한책임사원이어야 한다(법 214조 1항 1문)는 조건이 없다. 즉 유한책임사원이나 사원이 아니더라도 업무집행자가 될 수 있다. 그러나 상법상 합자회사의 경우도 업무집행의 권리·의무는 무한책임사원에게 있으며(상법 273조), 유한책임사원은 원칙적으로 회사의 업무집행이나 대표행위를 하지 못한다(상법 278조). 또한 투자유한책임회사의 업무집행사원은 해당 투자유한책임회사의 집합투자재산 운용업무를 담당하는 집합투자업자이어야 한다(법 217조의4 1항). 이것은 투자회사의 법인이사제도와 마찬가지로 집합투자업자가 직접 투자유한책임회사를 경영하도록 하는 것이 투자자 보호에 보다 유리하다고 보았기 때문인 것으로 해석된다.

Ⅲ. 업무집행사원의 직무

투자유한책임회사의 업무집행사원은 투자유한책임회사를 대표하고 투자유한책임회사의 업무를 집행한다(법 217조의4 2항, 198조 1항). 업무집행사원은 사원총회의 결의를 거쳐야 하는 사항을 제외하고는 투자유한책임회사의 전반적인 영업상의 사무를 집행한다. 다만 투자유한책임회사는 그 재산의 보관·관리업무를 신탁업자에게 위탁하여야 하며, 지분증권의 판매업무는 투자매매업자 또는 투자중개업자에게 위탁하여야 하므로(법 184조), 그 범위 내에서는 업무집행사원의 업무집행권이 제한된다.

Ⅳ. 업무집행사원의 직무수행 방법

법인인 집합투자업자가 업무집행사원으로서 직무를 수행하여야 하므로 원칙적으로 해당 집합투자업자의 대표이사가 투자유한책임회사의 대표권과 업무집행권을 행사하여야 한다. 이와 관련하여 법은 업무집행의 편의를 위하여 투자회사의 법인이사에 관한 규정을 준용하고 있다. 따라서 업무집행사원인 집합투자업자는 그 직무를 정하여 해당 직무를 수행할 자를 임직원 중에서 선임할 수 있다(법 217조의4 2항, 198조 4항). 이 경우 집합투자업자는 이를 투자유한책임회사에 서면으로 통보하여야 한다. 이러한 업무집행자는 직무별로 정할 수 있기 때문에 2인 이상을 선임할 수 있다. 한편 이와 같이 투자유한책임회사에 통보된 자가 그 직무 범위 내에서 행한 행위는 업무집행사원의 행위로 본다(법 217조의4 2항, 198조 5항).[1)]

---

1) 자세한 사항은 법 제198조 제 4 항·제 5 항에 대한 주석을 참조.

V. 유한책임사원의 감시권

집합투자업자에 대한 감시기능은 다른 집합투자기구의 경우와 마찬가지로 투자유한책임회사재산을 보관·관리하는 신탁업자가 이를 수행한다(법 247조). 이에 추가하여 유한책임회사 특유의 업무집행사원에 대한 감시기능으로 업무집행자 아닌 사원의 감시권이 있다(상법 287조의14, 277조). 즉 유한책임사원은 영업연도 말에 있어서 영업시간 내에 한하여 회사의 회계장부, 대차대조표 기타의 서류를 열람할 수 있고 회사의 업무와 재산 상태를 검사할 수 있다. 또한 중요한 사유가 있는 때에는 언제든지 금융위원회의 허가를 얻어 위 열람과 검사를 할 수 있다(상법 287조의14, 277조, 법 217조 1항).

제217조의5(사원총회)

① 투자유한책임회사의 사원 전원으로 구성되는 사원총회를 두며, 사원총회는 이 법 또는 정관에서 정한 사항에 대하여만 결의할 수 있다.

② 투자유한책임회사의 사원총회는 업무집행자가 소집한다.

③ 투자유한책임회사의 사원총회는 출석한 사원의 의결권의 과반수와 발행된 지분증권 총수의 4분의 1 이상의 수로 결의한다. 다만, 이 법에서 정한 사원총회의 결의사항 외에 정관으로 정한 사원총회의 결의사항에 대하여는 출석한 사원의 의결권의 과반수와 발행된 지분증권총수의 5분의 1 이상의 수로 결의할 수 있다.

④ 제190조 제3항·제4항 및 제6항부터 제10항까지의 규정은 투자유한책임회사의 사원총회에 관하여 준용한다. 이 경우 "투자신탁을 설정한 집합투자업자" 및 "집합투자업자"는 각각 "투자유한책임회사의 업무집행자"로, "투자신탁재산"은 "투자유한책임회사재산"으로, "수익증권"은 각각 "지분증권"으로, "총좌수"는 각각 "총수"로, "수익자"는 각각 "사원"으로, "수익자총회"는 각각 "사원총회"로, "수익자명부"는 "사원명부"로, "좌수"는 각각 "수"로 보고, 같은 조 제8항 중 "제5항"은 "제3항"으로 본다.

⑤ 제191조는 투자유한책임회사의 제195조 제1항 단서에 따른 정관의 변경 또는 제204조 제2항에 따른 합병에 반대하는 사원에게 준용한다. 이 경우 "신탁계약"은 "정관"으로, "투자신탁," "집합투자업자" 및 "투자신탁을 설정한 집합투자업자"는 각각 "투자유한책임회사"로, "수익자총회"는 각각 "사원총회"로, "수익자"는 각각 "사원"으로, "수익증권"은 각각 "지분증권"으로, "투자신탁재산"은 "투자유한책임회사재산"으로 본다.

Ⅰ. 본조의 취지

상법상 유한책임회사의 경우는 내부적으로 조합의 색채가 강하므로 유한회사와 같은 사원총회에 관하여 별도로 구체적으로 규정한 내용은 없다. 그러나 투자유한책임회사의 경우는 투자유한회사와 동일한 사원총회를 규정하고 있다. 즉 상법상 유한회사의 사원총회에 관한 규정은 투자유한책임회사의 경우도 대부분 그대로 적용이 되나, 집합투자기구로서의 특성상 또는 투자신탁의 수익자총회와의 균형상 사원총회의 권한사항, 결의요건, 소수 사원의 총회소집청구권 등은 상법상의 유한회사와 차이가 있다.

본조는 사원총회의 소집, 결의요건, 연기와 속행에 대하여 수익자총회의 규정을 대부분 준용하고 있다. 그리고 투자유한책임회사의 경우 반대 사원의 출자지분 매수청구권 제도도 인정된다(법 217조의5 5항, 191조 1항).

Ⅱ. 사원총회의 권한

상법상 유한회사의 경우 사원총회의 결의사항에 관해서 주주총회와는 달리 법령 또는 정관에 정해진 사항에 한정된다는 제한이 없고, 강행법규나 유한회사의 본질에 반하지 않는 한 어떠한 사항이라도 결의할 수 있다.[1] 그러나 투자유한책임회사의 경우는 사원총회는 이 법 또는 정관에서 정한 사항에 대하여만 결의할 수 있다(법 217조의5 1항).

법은 집합투자기구로서의 특성을 반영하여 투자유한책임회사의 사원총회에서 결의할 사항에 대하여, ① 정관 변경 사항 중 집합투자업자·신탁업자 등이 받는 보수, 그 밖의 수수료의 인상, 집합투자업자 또는 신탁업자의 변경, 존속기간 또는 해산사유의 변경, 정관에 명시되지 않은 투자유한책임회사 종류의 변경, 주된 투자대상자산의 변경, 개방형투자유한책임회사에서 환매금지형투자유한책임회사로의 변경, 환매대금 지급일의 연장 등에 대한 사항 변경의 경우(법 217조의5 5항, 195조 1항, 법 시행령 229조 1항), ② 합병(법 217조의5 5항, 204조 2항) 등을 별도로 규정하고 있다.

Ⅲ. 사원총회의 소집

1. 소집의 결정

(1) 법인이사에 의한 소집

투자유한회사의 사원총회는 업무집행자가 소집한다(법 217조의5 2항).

1) 손주찬/정동윤, 「주석 상법[회사(Ⅴ)]」, 257쪽.

(2) 소수사원에 의한 소집

수익자총회의 소집에 관한 법 제190조 제3항이 준용되므로, 투자유한회사가 발행한 지분증권 총수의 100분의 5 이상을 소유한 사원에게도 소집권이 인정된다(법 217조의5 4항, 190조 3항).[1]

2. 사원총회의 소집방법 및 시기

사원총회 소집과 관련된 기타 사항은 법 제217조의5 제4항, 제190조 제4항에 의하여 상법의 규정이 대부분 적용된다. 따라서 사원에 대하여 회일 2주간 전에 개별적으로 서면 또는 전자문서에 의하여 통지를 발송하여야 하며 다만 사원명부상 사원의 주소에 계속 3년간 통지가 도달하지 아니한 때에는 투자유한책임회사는 당해 사원에게 총회의 소집을 아니할 수 있다(상법 363조 1항). 한편 주주제안권에 대한 상법 제363조의2는 유한회사에 적용되지 않으므로, 투자유한책임회사의 경우도 투자회사의 경우와 달리 사원의 총회의제 제안권은 인정되지 않는다.

상법상 사원총회는 정기총회와 임시총회로 나누어지며, 정기총회는 매년 1회 일정한 시기에 이를 소집하여야 한다(상법 578조, 365조). 투자회사의 경우 정기총회의 주요 의제인 재무제표의 승인이 이사회의 권한사항이므로(법 239조 2항) 정기총회의 개최를 의무화할 필요가 없지만, 투자유한책임회사의 경우에는 위와 같은 예외규정이 없으므로 정기총회에서 재무제표의 승인을 얻어야 한다.

Ⅳ. 사원총회의 결의

1. 의 결 권

투자유한책임회사의 사원은 상법에 따라 출자 1좌마다 1개의 의결권을 갖는다(상법 575조 본문). 상법상 유한회사의 경우 의결권의 수에 관하여 정관으로 달리 정할 수 있으나(상법 575조 단서), 투자유한책임회사의 사원이 가지는 의결권의 수는 정관으로도 달리 정할 수 없으며, 이와 다른 사원 간의 합의는 무효이다. 다만 자기지분증권에 대한 의결권 제한(상법 578조, 369조 2항), 특별이해관계 있는 사원의 의결권 제한에 관한 상법 규정(상법 578조, 368조 4항)은 투자유한책임회사의 경우에도 적용된다. 또한 투자유한책임회사의 사원도 상법이 규정하는 바에 따라 대리인으로 하여금 그 의결권을 행사하게 할 수 있다(상법 578조, 368조 3항). 그러나 의결권의 불통일행사는 허용되지 않는다.

---

1) 자세한 사항은 법 제190조 제3항의 주석을 참조.

2. 의사진행

총회의 의장은 정관에서 정하며, 정관에 정함이 없는 경우에는 총회에서 사원들이 의장을 선출한다(법 190조 10항, 상법 366조의2 1항). 의장은 반드시 사원일 필요는 없다. 통상은 정관의 규정에 의하여 법인이사(실제로는 그 직무수행자)가 의장이 된다.[1] 총회의 의장은 총회의 질서를 유지하고 의사를 정리한다. 또한 고의로 의사진행을 방해하기 위한 발언, 행동을 하는 등 현저히 질서를 문란하게 하는 자에 대하여 그 발언의 정지 또는 퇴장을 명할 수 있다(법 190조 10항, 상법 366조의2 2항·3항).

3. 결 의

(1) 결의의 요건

투자유한책임회사의 사원총회는 출석한 사원의 의결권의 과반수와 발행된 지분증권총수의 4분의 1 이상의 수로 결의한다. 다만, 이 법에서 정한 사원총회의 결의사항 외에 정관으로 정한 사원총회의 결의사항에 대하여는 출석한 사원의 의결권의 과반수와 발행된 지분증권총수의 5분의 1 이상의 수로 결의할 수 있다(법 217조의5 3항).

투자유한책임회사의 업무집행자는 제 5 항에 따른 사원총회의 결의가 이루어지지 아니한 경우 그 날부터 2주 이내에 연기된 사원총회(이하 "연기수익자총회"라 한다)를 소집하여야 한다(법 217조의5 4항, 190조 7항). 연기사원총회는 상법상 주주총회에 있어 회의의 연기와 달리 별도의 소집통지가 필요하다. 투자유한책임회사의 업무집행자는 연기사원총회일 1주 전까지 아래에서 보는 바와 같은 연기사원총회의 결의에 관한 사항을 명시하여 그 소집을 통지하여야 한다(법 시행령 220조 2항).

연기사원총회의 결의에 대해서는 법정 결의사항인 경우 "발행된 수익증권 지분권의 4분의 1 이상"은 "발행된 수익증권 지분권의 8분의 1 이상"으로 보고, "수익증권의 지분권의 5분의 1 이상"은 "수익증권의 지분권의 10분의 1 이상"으로 본다(법 190조 8항).[2]

(2) 서면투표

투자유한책임회사의 사원은 사원총회에 출석하지 아니하고 서면에 의하여 의결권을 행사할 수 있다(법 217조의5 4항, 190조 6항). 이는 수익자총회의 경우와 동일하며 해당 규정을 준용하고 있다. 따라서 서면투표를 위한 소집통지시 서면 송부에 관한 사항, 서면에 의한 의결권 행사방법 등에 관한 내용은 수익자총회에 관한 규정이 동일하게 적용된다(법 시행령 220조 3항·4항, 221조 1항 내지 4항).

---

1) 법령제정 실무작업반(8인) 공저, 전게서(2006), 292쪽.

2) 2013년 5월 개정하여 정족수를 완화하였다.

4. 의사록 및 공시

총회의 의사에는 의사록을 작성하여야 하며, 의사록에는 의사의 경과요령과 그 결과를 기재하고 의장과 출석한 법인이사가 기명날인 또는 서명하여야 하며(법 190조 10항, 373조), 투자유한책임회사는 사원총회 의사록을 본점 및 당해 투자유한책임회사의 집합투자재산을 운용하는 집합투자업자의 본점에 비치하여야 하며, 해당 지분증권을 판매한 투자매매업자 또는 투자중개업자에게 이를 송부하여 그 영업소에 비치하도록 하여야 한다(법 239조 3항).

Ⅴ. 사원총회 결의의 하자

사원총회 결의의 하자에 대하여는 법 제190조 제10항에 의하여 상법의 규정이 그대로 적용된다. 따라서 투자유한책임회사의 사원총회에 대하여도 그 하자의 유형에 따라 결의취소의 소, 결의무효의 소, 결의부존재확인의 소, 특별이해관계인에 의한 부당결의취소·변경의 소가 제기될 수 있다(상법 376조, 379조 내지 381조 참조).

Ⅵ. 종류사원총회

종류형투자유한책임회사의 경우 종류형투자신탁의 경우와 마찬가지로 특정 종류의 지분투자자에 대하여만 이해관계가 있는 경우에는 그 종류의 사원만으로 종류사원총회를 개최할 수 있다(법 231조 2항). 이는 전체 사원으로 구성되는 사원총회에 갈음하여 개최되는 것으로서 이해관계 있는 사원만으로 사원총회를 개최하도록 하여 그 결의를 용이하게 하고 사무를 간소화하기 위한 제도이다. 따라서 이는 사원총회의 결의내용이 어느 종류의 사원에게 불리할 경우 사원총회의 결의 이외에 해당 종류사원으로 구성되는 종류사원총회의 결의를 요구하는 상법상의 종류사원총회 제도와는 구별된다.

제217조의6(준용규정)

① 제195조는 투자유한책임회사의 정관변경에 관하여 준용한다. 이 경우 "투자회사"는 각각 "투자유한책임회사"로, 같은 조 제1항 중 "이사회 결의로"는 "업무집행자가"로, "제201조 제2항"은 "제217조의5 제3항"으로, 같은 조 제1항 중 "주주총회의 결의" 및 같은 조 제2항 중 "이사회 결의 및 주주총회의 결의"는 각각 "사원총회의 결의"로, "주주"는 각각 "사원"으로 본다.

② 제202조(제3항 및 제4항은 제외한다), 제203조(제2항은 제외한다) 및 제204조는 투자유

한책임회사의 해산·청산 및 합병에 관하여 준용한다. 이 경우 "주주"는 "사원(업무집행자인 사원은 제외한다)"으로, "투자회사"는 각각 "투자유한책임회사"로, "주주총회"는 각각 "사원총회"로, "법인이사 및 감독이사"는 "업무집행자"로, "청산인 및 청산감독인" 및 "청산인 또는 청산감독인"은 각각 "청산인"으로, "재산목록과 대차대조표를 작성하여 이를 청산인회에 제출하여 승인을 받아야 하며, 그 등본을"은 "재산목록과 대차대조표를 작성하여 그 등본을"로, "제201조 제 2 항 단서"는 "제217조의5 제 3 항"으로, "주식"은 "지분증권"으로 본다.

본조는 투자유한책임회사의 정관변경, 해산, 청산 및 합병에 관한 사항에 대해서 투자회사의 규정을 거의 그대로 준용하고 있다.

투자유한책임회사에서는 존재하지 않는 감독이사 또는 청산감독인에 관한 규정 및 이사회에 관한 언급을 제외하고 그대로 투자회사의 규정이 준용되고 있다.[1]

제217조의7(「상법」과의 관계)

① 투자유한책임회사에 「상법」을 적용함에 있어서 같은 법 제287조의13(제200조의2를 준용하는 경우로 한정한다), 제287조의14(제277조를 준용하는 경우로 한정한다), 제287조의17(제205조를 준용하는 경우로 한정한다), 제287조의45(제259조 제 4 항을 준용하는 경우로 한정한다) 중 "법원"은 각각 "금융위원회"로 본다.

② 「상법」 제287조의9, 제287조의10, 제287조의12, 제287조의15, 제287조의16, 제287조의23 제 3 항, 제287조의24부터 제287조의44까지는 투자유한책임회사에는 적용하지 아니한다.

Ⅰ. 본조의 취지

본조는 상법상 법원이 갖는 권한을 투자유한책임회사의 경우 금융위원회가 갖는 것으로 규정하고, 상법의 규정 중 투자유한책임회사에는 적용되지 않는 규정을 명시하는 등 상법과 이 법의 관계에 대하여 규율하기 위한 규정이다.

Ⅱ. 금융위원회의 권한

투자유한책임회사는 집합투자기구로서 금융위원회의 감독을 받으므로 일반 유한책

1) 투자유한회사의 정관변경에 관하여는 법 제195조의 주석사항과 해산 및 청산에 관해서는 법 제202조 및 제203조에 관한 주석사항, 합병에 관해서는 법 제204조의 주석사항을 참조.

임회사와는 달리 금융위원회가 투자유한책임회사에 대하여 필요한 권한을 행사할 수 있도록 하는 것이 적절하다. 이에 따라 본조 제 1 항에서는 상법상 일반 유한책임회사에 대하여 인정되는 법원의 권한을 금융위원회가 행사하도록 규정하고 있다.

투자유한책임회사의 업무집행자의 업무집행을 정지하거나 직무대행자를 선임하는 가처분을 하거나 그 가처분을 변경 또는 취소하는 경우에는 본점 및 지점이 있는 곳의 금융위원회에서 등록하여야 한다(상법 287조의 13 5항). 그리고 유한책임사원은 영업연도말에 있어서 영업시간 내에 한하여 회사의 회계장부·대차대조표 기타의 서류를 열람할 수 있고 회사의 업무와 재산상태를 검사할 수 있으며, 중요한 사유가 있는 때에는 유한책임사원은 언제든지 금융위원회의 허가를 얻어 열람과 검사를 할 수 있다(상법 287조의 14, 277조 1항·2항). 사원이 업무를 집행함에 현저하게 부적임하거나 중대한 의무에 위반한 행위가 있는 때에는 금융위원회는 사원의 청구에 의하여 업무집행권한의 상실을 선고할 수 있다(상법 287조의 17, 205조 1항). 청산과 관련한 내용도 금융위원회가 행사한다(상법 287조의 45).

Ⅲ. 적용이 배제되는 상법의 규정

투자유한책임회사는 이 법에서 특별히 정한 경우를 제외하고는 상법 및 민법의 적용을 받는다(법 181조). 그러나 투자유한책임회사의 집합투자기구로서의 특성상 상법의 규정이 적용되는 것이 부적절한 경우가 있는바, 본조 제 2 항은 이러한 이유로 투자유한책임회사에는 적용되지 않는 상법의 규정을 열거하고 있다. 즉 본조 제 2 항에 의하여 투자유한책임회사에는 적용이 배제되는 상법의 규정은, 제287조의9(유한책임회사에 의한 지분양수의 금지), 제287조의10(업무집행자의 경업 금지), 제287조의12(업무의 집행), 제287조의16(정관의 변경), 제287조의4(설립 시의 출자의 이행), 제287조의23(사원의 가입), 제287조의4(설립 시의 출자의 이행), 제287조의24(사원의 퇴사권), 제287조의25(퇴사 원인), 제287조의26(사원사망 시 권리승계의 통지), 제287조의27(제명의 선고), 제287조의28(퇴사 사원 지분의 환급), 제287조의29(지분압류채권자에 의한 퇴사), 제287조의30(퇴사 사원의 지분 환급과 채권자의 이의), 제287조의31(퇴사 사원의 상호변경 청구권), 제287조의32(회계 원칙), 제287조의33(재무제표의 작성 및 보존), 제287조의34(재무제표의 비치·공시), 제287조의35(자본금의 액), 제287조의36(자본금의 감소), 제287조의37(잉여금의 분배), 제287조의38(해산 원인), 제287조의39(해산등기), 제287조의40(유한책임회사의 계속), 제287조의41(유한책임회사의 합병), 제287조의42(해산청구), 제287조의43(조직의 변경), 제287조의44(준용규정)가 열거되어 있다.

[개정판: 하영태]

제 3 절 조합 형태의 집합투자기구

제 1 관 투자합자조합

○ 前注

여기서는 새로이 도입된 집합투자기구인 투자합자조합의 개관을 위하여 투자합자조합의 도입배경, 투자합자조합 규정의 체제를 살펴보고, 투자합자조합과 상법상 합자조합 및 민법상 조합을 비교 설명한다.

Ⅰ. 도입배경

구간투법상 간접투자기구로는 신탁계약인 투자신탁, 주식회사 형태인 투자회사, 합자회사 형태의 사모투자전문회사만이 인정되다가, 자본시장법이 제정되면서 간접투자기구가 집합투자기구로 명칭이 바뀌고 새로운 법적 형태의 집합투자기구들이 신규 도입되었다.[1] 투자합자조합은 신규 도입된 집합투자기구들 중 하나이다. 투자합자조합의 법적 형태는 상법상 합자조합인바(법 9조 18항 5호), 역시 새로이 도입된 집합투자기구인 투자익명조합과 함께 "조합 형태의 집합투자기구"로 분류된다.[2) 3)]

투자합자조합을 포함한 새로운 법적 형태의 집합투자기구가 추가 도입된 취지는 ① 구간투법 상에서 규정한 법적 형태의 집합투자기구만 인정한다면 다양한 투자수단을 활용한 집합투자가 수행되기 곤란한 점, ② 자본시장법에서 그 외의 다른 법적 형태를 이

1) 투자유한회사, 투자합자회사, 투자조합, 투자익명조합을 말한다. 그 후 2011. 4. 14. 상법 개정으로 합자조합과 유한책임회사가 신설되자 2013. 5. 28. 자본시장법 개정시 이를 반영하여 투자조합의 명칭을 투자합자조합으로 변경하고 투자유한책임회사를 추가하였다. 즉, 자본시장법 제정시의 합자조합은 민법상 조합 형태의 집합투자기구로 도입되었으나 2013. 5. 28. 개정시 상법상의 합자조합 형태로 변경되었다(개정 전후의 법 9조 18항 5호 참조).

2) 일본에는 조합 및 익명조합 이외에도 투자사업유한책임조합, 유한책임사업조합 등의 조합형집합투자기구가 인정된다. 日金商法 제 2 조 제 2 항 제 5 호; 오성근, 전게논문(2007), 212쪽 참조.

3) 중소기업창업투자조합, 기업구조조정조합 등 법 시행령 제 6 조에 열거된 특별법에 따라 설립된 조합들은 그 실질에도 불구하고 자본시장법상의 집합투자기구에 속하지 않으며 자본시장법이 적용되지도 않는다.

용하는 집합투자기구에 대하여도 규정하지 않으면, 해당 법적 형태를 이용한 집합투자 행위에 대한 규제를 할 수 없게 되어 투자자 보호가 미흡해질 수 있다는 점 등이 제시되고 있다.

조합형집합투자기구의 도입으로 인하여 집합투자기구 선택의 폭이 넓어진 것은 긍정적인 변화이다. 뒤에서 보는 것처럼 투자합자조합 제도는 미국의 많은 PEF(private equity fund)들이 취하고 있는 법적 형태인 Limited Partnership 형태와 거의 동일하다. 이와 같이 우리나라에서도 과연 투자합자조합 형태(특히 사모)가 간접투자기구로서 실제 많이 활용될지는 향후의 실무를 지켜보아야 할 것이다. 앞으로의 활용도는 투자합자조합이 자금의 모집, 운용, 배분이라는 집합투자를 구성하는 각 행위 단계에 있어 자본시장법의 구체적 규제 내용, 설립 및 운용상의 실무상의 편의성 및 세무상의 취급에 있어서 집합투자업자와 투자자의 입장에서 다른 형태의 집합투자기구와 비교할 때 갖는 장단점에 달려 있을 것이다. 단, 법적인 측면에서는 뒤에서 보는 것처럼 투자합자조합이 별도의 법인격을 갖지 못하는 데 따른 조합의 권리 행사와 조합에 대한 권리 행사상의 불명확성과 지분증권 양도상의 제약 등의 문제로 인하여 제도적인 보완이 없는 한 실제 활용에 어려움이 예상된다.

Ⅱ. 투자합자조합 규정의 체제

투자합자조합에 관한 규정은 편의상 투자합자조합 외에도 모든 집합투자기구에 공통되는 사항을 다루는 규정(편의상 공통규정이라 한다)과 투자합자조합에 특유한 사항을 다룬 규정으로 나눌 수 있다. 여기서 조항 별로 상세히 검토하는 것은 후자로서, "제5편 집합투자기구 제3절 조합형태의 집합투자기구 제1관 투자합자조합" 하의 6개 조항(법 218조 내지 223조)이다. 그러나 해당 6개 조항 투자합자조합에 관한 법 규제의 이해는 공통규정에 대한 이해를 바탕으로 한다.

(1) 모든 집합투자기구에 공통되는 사항을 다루는 규정(공통규정)

법상 투자합자조합과 다른 집합투자기구에 대해 공통되는 사항을 다루는 규정은 법편제에 따라 흩어져 있다. 위 공통규정 중 중요한 것은, 투자합자조합의 등록, 명칭, 업무수행, 연대책임, 자기집합투자증권의 취득제한, 자료의 기록과 유지에 대한 규정(법 5편 1장 총칙, 181조 내지 187조), 투자합자조합의 무한책임조합원이자 업무집행조합원이 되는 집합투자업자의 선관의무 및 충실의무 등 영업행위에서 준수할 사항에 대한 규정(법 2편 4장 2절 2관, 79조 내지 95조), 투자합자조합의 지분증권의 발행 및 유통에 관한 규정(법 3편 1장, 증권신고서)이 있다. 제5편 집합투자기구 중 제3장 내지 제9장도[1] 투자합자조합이 수행하는 자금 등의 모집, 운용, 배분활동에 적용되는 공통규정이라 할 수 있다.

(2) 투자합자조합에 특유한 사항을 다룬 규정

"제 5 편 집합투자기구 제 3 절 조합형태의 집합투자기구 제 1 관 투자합자조합" 하의 제218조 내지 제223조는 투자합자조합에 특유한 사항들에 대한 규정이다. 해당 6개 조항의 내용은 다음과 같다.

① 조합계약 체결, 출자목적물 등 투자합자조합의 설립 및 등기에 관한 규정(법 218조)

② 투자합자조합의 구성원(무한책임조합원, 유한책임조합원, 업무집행조합원) 및 업무집행 수행방법에 관한 규정(법 219조)

③ 투자합자조합의 집합투자자총회인 조합원총회에 관한 규정(법 220조)

④ 투자합자조합의 해산 및 청산에 관한 규정(법 221조)

⑤ 조합계약 변경 및 지분증권 발행에 관한 규정(법 222조)

⑥ 상법 및 민법과의 관계에 관한 규정(법 223조)

Ⅲ. 투자합자조합과 상법상 합자조합, 민법상 조합

(1) 투자합자조합은 상법상 합자조합의 법적 형태를 가지는 집합투자기구이다(법 9조 18항 5호). 한편 상법상 합자조합에 대하여는 상법 또는 조합계약에 다른 규정이 없으면 민법 중 조합에 관한 규정을 준용하도록 되어 있다(상법 86조의8 4항 본문). 이로 인해 투자합자조합에는 법이 적용을 배제하거나(법 223조) 명시적으로 다른 취지의 규정을 두지 않는 한 상법 제 2 편 제 4 장의2 합자조합에 관한 규정과 민법 제 3 편 제 2 장 제13절 조합에 관한 규정이 순차적으로 적용된다. 대표적으로, 투자합자조합은 상법상 합자조합과 마찬가지로 '조합의 업무집행자로서 조합의 채무에 대하여 무한책임을 지는 조합원과 출자가액을 한도로 하여 유한책임을 지는 조합원이 상호출자하여 공동사업을 경영할 것을 약정하는 계약'으로서의 성질을 가지며(상법 86조의2), 한편 민법상 조합과 마찬가지로 투자합자조합재산을 조합원들이 합유의 형태로 소유하는 것(민법 704조 2항)을 들 수 있다(법 223조 3항의 반대해석). 따라서 투자합자조합의 법률관계를 이해함에 있어서는 상법상 합자조합과 민법상 조합에 관한 이해가 필수적인 요소가 된다.

(2) 투자합자조합은 상법상 합자조합의 법적 형태를 취하고 상법상 합자조합은 또한 민법상 조합의 성질을 가지고 있다. 그러나 투자합자조합은 상법상 합자조합에 관한 규정 중 일부가 적용 배제되고, 또한 민법상 조합에 관한 규정의 대부분이 적용 배제되어

1) 구체적으로 열거하면, 제 3 장 집합투자기구의 종류 등, 제 4 장 집합투자기구의 환매, 제 5 장 평가 및 회계, 제 6 장 집합투자재산의 보관 및 관리, 제 7 장 사모집합투자기구 등에 대한 특례, 제 8 장 감독·검사, 제 9 장 집합투자기구의 관계회사이다.

실질상으로는 미국법상의 limited partnership과 거의 동일하다. 그리고 법상으로는 법인격이 없다는 점을 제외하고는 그 구조와 운영이 투자합자회사와 유사하다. 잘 알려진 것처럼 미국의 많은 PEF들이 limited partnership의 형태를 취하고 있는데, limited partnership의 가장 큰 특징은, 민법상의 조합과 유사한 general partnership과는 달리, 무한책임을 지며 업무집행을 담당하는 무한책임 조합원(general partner)과 유한책임을 지며 업무에 관여하지 않는 유한책임 조합원(limited partner)으로 2원적으로 구성된다는 점이다.[1] 이러한 특징은 투자합자조합과 완전히 동일하며, 모든 조합원들의 업무 관여와 공동책임을 기본 전제로 하는 민법상의 조합과 부합하지 않는다. 개정 전의 법이 투자조합으로 하여금 민법상의 조합 형태를 취하도록 한 것은 당시에 limited partnership 형태가 존재하지 않은 데 기인한 것이었으나 해석상 문제점이 많았는데, 상법 개정으로 limited partnership과 실질적으로 동일한 합자조합 형태를 신설함에 따라 자본시장법에서도 그 법적 형태를 투자합자조합으로 규정하게 된 것이다.

(3) 상법상 합자조합, 민법상의 조합과의 중요한 차이로 다음과 같은 점을 들 수 있다.

① 금융위원회 등록 및 감독, 등기 : 상법상 합자조합은 무한책임조합원과 유한책임조합원이 상호출자하여 공동사업을 경영할 것을 약정함으로써(상법 86조의2), 민법상 조합은 2인 이상이 상호 출자하여 공동사업을 경영할 것을 약정함으로써(민법 703조 1항) 각 성립하고 추가적인 절차가 없으며, 그 운영에 있어 사적 자치의 원칙이 적용된다. 그러나 투자합자조합은 조합계약 체결 및 출자 이후 금융위원회에 집합투자기구로서 등록을 하여야 하며, 자금모집의 시기 등 운영 전반에 대하여 금융위원회의 감독을 받는다(법 182조, 218조 3항). 그리고 투자합자조합(법 218조 4항)은 상법상 합자조합(상법 86조의4)과 같이 등기하도록 되어 있는 점에서 등기하지 않는 민법상 조합과 다르다.

② 출자재산 : 민법상 조합에서는 금전 기타 재산 또는 노무의 출자가 허용된다(민법 703조 2항). 상법상 합자조합에서는 업무집행조합원은 출자목적물에 제한이 없으나(상법 86조의8 4항, 민법 703조 2항) 유한책임조합원은 금전 또는 현물로 한정되고 신용이나 노무는 출자할 수 없다(상법 86조의8 3항, 272조). 투자합자조합에서 출자의 목적은 금전에 한하며, 사모투자합자조합에 한해 엄격한 요건 하에 금전 이외의 자산의 출자가 허용된다(법 218조 2항, 249조 3항).

③ 조합원의 책임 : 민법상 조합은 모든 조합원이 조합채무에 대해 공동책임과 개인적 책임을 부담한다고 이해된다. 상법상 합자조합에서는 업무집행조합원은 무한책임을 지고 유한책임조합원은 출자가액을 한도로 유한책임을 진다(상법 86조의2). 투자합자조합에서도 집합투자업자인 업무집행조합원은 무한책임을 지고 투자자인 유한책임조합원은 출

1) Uniform Limited Partnership Act (2001)(이하 "ULPA") 제102(11)조, 제302조, 제303조, 제402조, 제404조.

자액을 한도로 유한책임을 진다(법 219조 1항).

④ 업무집행과 조합원총회 : 민법상 조합은 합수적 조직(合手的 組織)으로서 원칙적으로 조합원 각자가 직접 업무집행을 수행할 수 있고 다수결의 원칙에 의하여 통제되는 조합원총회가 없다(민법 706조). 상법상 합자조합의 업무집행은 원칙적으로 무한책임조합원이 담당하나 조합계약으로 유한책임조합원에게 업무집행권을 부여할 수도 있으며, 조합원총회가 없다. 투자합자조합은 전문적 운용자인 집합투자업자 1인이 업무집행조합원으로서 단독으로 투자합자조합재산 운용의 업무집행을 담당하며(법 184조 2항, 219조 1항), 조합원으로 구성되는 조합원총회가 있어 그 이익에 중대한 영향을 미치는 사항을 결정한다(법 220조 1항).

⑤ 해산 및 청산 : 민법상 조합은 해산 및 청산에 있어 각 조합원이 부득이한 사유가 있는 때에 해산을 청구할 수 있는 등 해산 및 청산 절차가 자유로운 임의청산 방식을 택한다(민법 720조 내지 724조). 상법상 합자조합도 합자회사의 청산인에 관한 규정이 준용(상법 86조의8 2항 본문, 287조)되는 외에 민법상 조합의 법리가 적용된다고 본다(상법 86조의8 4항 본문). 그러나 투자합자조합은 금융위원회 감독 하에서 채권자 최고절차 등 엄격한 절차를 밟는 법정청산 방식을 따른다(법 221조).

⑥ 조합계약 변경 : 민법상 조합이나 상법상 합자조합의 조합계약은 전 조합원의 합의 또는 조합계약에 정한 바에 따라 다수결 결의에 의하여 변경된다. 반면 투자합자조합의 조합계약의 변경은 법상 조합원총회 결의를 요하도록 명시된 사항을 제외하고는 집합투자업자인 업무집행조합원이 단독으로 할 수 있다(법 222조 1항, 195조 1항).

⑦ 지분증권 : 민법상 조합이나 상법상 합자조합의 지분증권은 통상 증서로 발행되지 않으며 요식성이 없으나, 투자합자조합의 지분증권은 증서로 발행되며 발행 절차, 기재사항에 대한 엄격한 제한이 있다(법 222조 2항, 208조).

(4) 투자합자조합이 민법상 조합이나 상법상 합자조합과 위와 같은 내용상 차이가 발생하는 근본적 이유는, 투자합자조합은 전문적 운용자인 집합투자업자가 다수의 투자자로부터 모은 자금 등으로 집합투자를 수행하기 위한 집합투자기구로서, 상법상 합자조합 나아가 민법상 조합의 법적 형태를 빌리기는 하지만, 이들과는 목적(공동사업과 집합투자), 지도원리(사적 자치와 투자자보호를 위한 집합투자규제)를 달리한다는 점에서 비롯되는 것이다. 그리고 자본시장법은 집합투자기구 간 규제차익(regulatory arbitrage)을 방지하기 위해 집합투자기구의 운영내용이 상호 균일하도록 하고 있는바, 이에 따라 투자합자조합에는 투자신탁의 수익자총회에 관한 규정을 준용하고(법 220조 4항), 회사 형태의 집합투자기구와 실질적으로 동일한 내용의 해산 및 청산절차를 적용(법 221조)하는 등, 다른 법적 형태를 가지는 집합투자기구의 규제내용과 수렴현상을 보이는 점도 민법상 조합이나 상법상 합자조합과 투자합자조합의 차이를 만드는 요인 중의 하나라고 할 수 있다.

제218조(투자합자조합의 설립 등)

① 집합투자업자는 투자합자조합을 설립하는 경우 다음 각 호의 사항을 기재한 조합계약을 작성하여 제219조 제1항에 따른 업무집행조합원 1인과 유한책임조합원 1인이 기명날인 또는 서명하여야 한다. 〈개정 2013. 5. 28〉

1. 목적
2. 투자합자조합의 명칭
3. 업무집행조합원의 상호·사업자등록번호
4. 투자합자조합의 소재지
5. 투자합자조합재산의 운용 및 관리에 관한 사항
6. 존속기간 또는 해산사유를 정한 경우에는 그 내용
7. 이익분배 및 환매에 관한 사항
8. 공시 및 보고서에 관한 사항
9. 그 밖에 조합원을 보호하기 위하여 필요한 사항으로서 대통령령으로 정하는 사항

② 조합원의 출자의 목적은 금전에 한한다.

③ 투자합자조합은 제182조에 따라 등록하기 전에는 제1항에 따른 조합원 외의 자를 조합원으로 가입시켜서는 아니 된다. 〈개정 2013. 5. 28〉

④ 투자합자조합은 설립 후 2주 이내에 대통령령으로 정하는 서류를 첨부하여 다음 각 호의 사항을 등기하여야 한다. 〈개정 2013. 5. 28〉

1. 제1항 제1호부터 제4호까지의 사항
2. 조합계약으로 투자합자조합의 존속기간 또는 해산사유를 정한 경우 그 내용

[제목개정 2013. 5. 28]

시행령 제237조(조합계약의 기재사항)

① 법 제218조 제1항 제9호에서 "대통령령으로 정하는 사항"이란 다음 각 호의 사항을 말한다. 〈개정 2012. 6. 29, 2013. 8. 27〉

1. 투자합자조합의 종류(법 제229조의 구분에 따른 종류를 말한다)
2. 투자대상자산(법 제229조 제4호에 따른 혼합자산집합투자기구인 경우를 제외하고는 주된 투자대상자산을 따로 기재하여야 한다)
3. 지분증권의 추가발행과 소각에 관한 사항
4. 투자합자조합재산의 평가와 기준가격의 계산에 관한 사항
5. 이익 외의 자산등의 분배에 관한 사항
6. 집합투자업자·신탁업자 및 일반사무관리회사와 체결할 업무위탁계약의 개요(보수, 그 밖의 수수료의 계산방법, 지급방법 및 시기에 관한 사항을 포함한다)
7. 집합투자업자 및 신탁업자의 변경에 관한 사항
8. 조합계약의 변경에 관한 사항
9. 투자합자조합의 회계기간
10. 조합계약 작성연월일
11. 그 밖에 조합원을 보호하기 위하여 필요한 사항으로서 금융위원회가 정하여 고시하는 사항

② 법 제218조 제4항 각 호 외의 부분에서 "대통령령으로 정하는 서류"란 다음 각 호의 서류를 말한다. 〈신설

2013. 8. 27〉
1. 조합계약
2. 출자금의 납부를 맡은 은행, 그 밖의 금융기관의 출자금의 납부·보관에 관한 증명서

Ⅰ. 본조의 개요

본조는 투자합자조합 설립에 관한 조항으로, 1인의 업무집행조합원과 1인의 유한책임조합원 간의 조합계약의 체결(1항), 조합원의 금전 출자의무(2항), 투자합자조합의 금융위원회 등록전 유한책임조합원의 가입금지(3항), 등기(4항)에 대하여 정하고 있다. 이는 2인 이상이 공동사업을 약정함으로써 설립되고 금전뿐만 아니라 재산 기타 노무의 출자도 허용하는 민법상 조합과는 다른바, 이러한 차이는 투자합자조합의 집합투자기구로서의 속성 등으로 인해 비롯되는 것임은 전주(前注)에서 살핀 바와 같다. 조합원의 금전 출자의무에 대해서는 사모집합투자기구에 대한 특례가 있다.

Ⅱ. 조합계약의 체결

1. 조합계약 체결

(1) 법 제218조 제 1 항은 집합투자업자가 투자합자조합을 설립하는 경우 조합계약을 작성하여 업무집행조합원(무한책임조합원인 집합투자업자)(법 219조 1항) 1인과 유한책임조합원 1인이 기명날인 또는 서명하여야 한다고 규정하는바, 투자합자조합은 상법상 합자조합의 법리에 따라 무한책임조합원과 유한책임조합원이 상호출자하여 공동사업을 경영할 것을 약정함으로써 그 효력이 생긴다(상법 86조의2). 그런데 집합투자기구라는 단체로서의 실질을 갖는 투자합자조합이 출자 전이라도 계약 체결시에 설립되는 것인지는 법문상 명백하지 않다. 이론의 여지는 있으나 집합투자기구로서의 투자합자조합은 계약에 정해진 최초 출자금의 납입이 이루어진 때에 설립된 것으로 보아야 할 것이다. 법인 형태를 취하는 다른 집합투자기구가 납입 후 등기를 마침으로써 설립되는 것과 균형을 도모할 필요가 있기 때문이다.

또한 투자합자조합은 집합투자업자가 그 투자합자조합재산을 운용할 것이 예정되어 있으므로(법 184조 2항), 조합계약 당사자에는 반드시 업무집행조합원이 되는 집합투자업자

가 포함되어야 하는 점, 집합투자업자 1인과 유한책임조합원 1인이 조합계약을 서면으로 작성하여 기명날인해야 하는 점은 무한책임조합원과 유한책임조합원의 자격이나 인원수에 제한이 없는 상법상 합자조합, 당사자나 법적 형식에 관하여 제한이 없는 민법상 조합계약과 다르다. 동 조합계약은 투자합자조합의 집합투자규약이다(법 9조 22항).

(2) 투자합자조합은 위 당사자 요건 및 형식상 요건을 갖추어 조합계약을 체결하고 납입이 이루어지면 설립된다고 보아야 하고, 법 제182조에 의한 등록을 이행하여야 설립되는 것은 아니다. 그러나 투자합자조합의 설립이 완료되더라도, 법 제249조의2에 기한 전문사모투자합자조합이 아닌 이상 조합계약의 최초 당사자 이외의 자를 조합원으로 가입하도록 하여 자금 등을 모집하는 활동을 할 수는 없으며 모집활동을 하기 전에 법 제182조에 의한 등록절차를 완료하여야 한다(3항 설명 부분 참조). 따라서 아직 완전한 기능을 수행하는 집합투자기구는 아니다.

(3) 제 1 항은 명시하지 않으나, 투자합자조합 계약 체결 당시 조합원이 되는 집합투자업자와 유한책임조합원 각 1인은 모두 투자합자조합에 출자를 할 의무가 있다고 보아야 할 것이다. 상법 제86조의2는 "조합의 업무집행자로서 조합의 채무에 대하여 무한책임을 지는 조합원과 출자가액을 한도로 하여 유한책임을 지는 조합원이 상호출자하여 공동사업을 경영할 것을 약정함으로써 그 효력이 생긴다"라고 규정하고 있고, 법 제223조 제 2 항은 위 상법 제86조의2의 적용을 배제하지 않기 때문이다. 이 경우 조합원의 개별적 출자액은 자본시장법상 제한이 없지만, 법 시행령 제209조 제 2 호는 투자합자조합의 등록신청 당시의 출자금이 1억원 이상으로서 금융위원회가 정하여 고시하는 금액 이상일 것을 요구하고 있고, 금융투자업 규정 제7-1조는 동 금액을 1억원으로 정하고 있으므로, 최초 출자금의 합계는 1억원 이상이어야 할 것이다.

(4) 제 1 항이 반드시 유한책임조합원 "1인"이 당사자가 되어 조합계약을 체결하도록 명시하고 있는 것과 관련, 공모와 사모를 불문하고 원만한 투자합자조합 설립절차가 운영될 것인지 우려되는 부분이 있다. ① 공모투자합자조합을 설립하는 경우 제 3 항과의 관계상 등록 전에 모집을 통한 지분증권 취득의 청약의 권유를 할 수 없으므로, 집합투자업자와 업무상 관계가 있는 제 3 자가 명목상의 금액을 출자하는 유한책임조합원 1인이 되는 경우가 많을 것으로 예상된다. 그 자체 위법이라고 할 것은 아니지만, 바람직한 절차라고는 보기 어렵다. ② 사모투자합자조합의 경우, 위 요건 충족에 특별한 문제는 없을 것이나, 유한책임조합원이 되고자 하는 수인의 투자자가 있는 경우, 그 중 1인만이 조합계약에 기명날인 또는 서명하고 출자를 해야 하는 다소 부자연스러운 현상이 발생할 것이 예상된다. 이 부분은 향후 실무상 운영을 살펴, 필요하다면 입법적으로 보완해야 할 것으로 본다.

2. 조합계약 기재사항

(1) 투자합자조합 설립시 조합계약에는 ① 목적(1호), ② 투자합자조합의 명칭(2호), ③ 업무집행조합원의 상호·사업자등록번호(3호), ④ 투자합자조합의 소재지(4호), ⑤ 투자합자조합재산의 운용 및 관리에 관한 사항(5호), ⑥ 존속기간 또는 해산사유를 정한 경우에는 그 내용(6호), ⑦ 이익분배 및 환매에 관한 사항(7호), ⑧ 공시 및 보고서에 관한 사항(8호), ⑨ 그 밖에 조합원을 보호하기 위하여 필요한 사항으로서 대통령령으로 정하는 사항(9호)[1]을 기재하여야 한다. 이러한 사항들은 소위 절대적 기재사항으로 조합계약에 반드시 기재되어야 할 사항이며, 그 밖에 투자합자조합의 설립, 운영에 필요한 추가적인 사항을 기재할 수 있음은 두 말할 필요도 없다.

(2) 위 조합계약 기재 사항 중 ⑤ 투자합자조합재산의 운용 및 관리와 관련하여, 원칙적으로 대등한 당사자 간 동업계약인 상법상 조합의 법적 형태를 가지는 투자합자조합(특히 사모투자합자조합)의 성격상, 업무집행조합원과 유한책임조합원이 예컨대 투자위원회를 구성하여 투자합자조합재산의 운용 및 관리에 관한 사항을 합의하여 결정할 수 있도록 할 수 있는지 문제된다. 그러나 투자합자조합은 상법상 합자조합임에도 불구하고 업무집행조합원에 대해 단독적 업무집행권을 인정하고 있으므로, 다른 집합투자기구에는 허용하지 않는데도 투자합자조합이 상법상 합자조합이라는 이유만으로 위 예에서의 투자위원회 구성을 통한 투자자의 운용행위상의 관여를 허용해야 할 것은 아니다.

(3) 위 ⑦의 이익분배와 관련하여, 투자합자조합은 무한책임조합원과 유한책임조합원의 배당률 또는 배당순서 등을 달리 정할 수 있다. 이에 대해서는 아래 법 제223조 제 5 항에서 설명한다. 그 밖의 내용은 투자합자회사의 정관 기재 사항과 거의 같으므로, 제213조에 대한 설명을 참조하기 바란다.

Ⅲ. 조합원의 출자목적 제한

(1) 제 2 항은 조합원의 출자의 목적은 금전에 한한다고 규정한다(법 218조 2항). 이와 관련하여 법은 조합원의 출자는 금전 기타 재산 또는 노무로 할 수 있다고 규정하고 있는 민법 제703조 제 2 항은 투자합자조합에 적용하지 아니한다고 규정하고 있다(법 223조 3

1) 법 시행령 제237조에 의하면, 이에는 1. 법 제229조의 구분에 따른 투자합자조합의 종류, 2. 투자대상자산(주된 투자대상자산을 포함한다), 3. 지분증권의 추가발행, 소각에 관한 사항, 4. 투자합자조합재산의 평가 및 기준가격의 계산에 관한 사항, 5. 이익 이외의 분배에 관한 사항, 6. 집합투자업자·신탁업자 및 일반사무관리회사와 체결할 업무위탁계약의 개요(보수, 그 밖의 수수료의 계산방법, 지급방법 및 시기에 관한 사항을 포함한다), 7. 집합투자업자 및 신탁업자의 변경에 관한 사항, 8. 조합계약의 변경에 관한 사항, 9. 투자합자조합의 회계기간, 10. 조합계약 작성연월일, 11. 그 밖에 조합원 보호를 위하여 필요한 사항으로서 금융위원회가 정하여 고시하는 사항이 있다.

항). 상법상 합자조합에서는 업무집행조합원은 출자목적물에 제한이 없고(상법 86조의8 4항, 민법 703조 2항) 유한책임조합원은 금전 또는 현물로 한정되고 신용이나 노무는 출자할 수 없다(상법 86조의8 3항, 272조). 법은 위 상법 규정을 배제하는 규정을 두지는 않았으나 본조 제 2 항의 특별규정에 의하여 위 상법 규정들은 투자합자조합에 적용될 여지가 없다. 이 역시 민법상 조합이나 상법상 합자조합과 구별되는 투자합자조합의 특징이라 할 수 있는데, 집합투자기구의 특성 및 다른 집합투자기구가 금전만 출자목적으로 하는 것과의 균형을 고려한 것이다.

(2) 다만 사모투자합자조합의 투자자는 위 제 2 항의 규정에 불구하고 객관적인 가치평가가 가능하고 다른 투자자의 이익을 해할 우려가 없는 경우에는 대통령령으로[1] 정하는 방법에 따라 증권, 부동산 또는 실물자산 등 금전 외의 자산으로 출자할 수 있다고 규정하고 있으므로(법 249조 3항) 사모투자합자조합에서는 현물출자가 허용된다. 다만 노무출자는 사모투자합자조합에서도 허용되지 않는다.

Ⅳ. 금융위원회 등록 전 조합원 가입금지

제 3 항은 투자합자조합은 제182조에 따라 금융위원회에 등록하기 전에는 조합계약을 체결하는 업무집행조합원 1인 및 유한책임조합원 1인 외의 자를 조합원으로 가입시킬 수 없다고 정한다. 사모집합투자기구에 대한 특례규정인 제249조도 위 규정의 적용을 배제하지 아니하므로, 사모투자합자조합의 경우에도 등록 전에 업무집행조합원 1인 및 유한책임조합원 1인 외의 자는 투자합자조합의 조합원으로 가입할 수 없다. 단, 전문사모투자합자조합은 등록에 관한 법 제182조의 적용이 배제되므로 본조 제 3 항 역시 적용이 없다(법 249조의2 1항 참조). 위 규정상, 공모투자합자조합이나 사모투자합자조합 모두 등록 전에 조합계약 체결을 위한 유한책임조합원 모집과 관련하여 문제가 있음은 앞서 Ⅱ. 에서 지적한 바와 같다.

Ⅴ. 등 기

투자합자조합은 설립 후 2주 이내에 대통령령으로 정하는 서류를 첨부하여 ① 목적, 명칭, 업무집행사원의 상호·사업자등록번호, 소재지(1호), ② 조합계약으로 투자합자조합의 존속기간 또는 해산사유를 정한 경우 그 내용(2호)을 등기하여야 한다. 법 시행령 제237조

---

1) 이와 관련, 법 시행령 제271조 제 2 항에서는, “1. 다른 투자자 전원의 동의를 받을 것. 다만, 「공직자윤리법」에 따라 주식백지신탁계약을 체결할 목적으로 설정된 투자신탁의 경우는 제외한다. 2. 법 제238조 제 1 항에서 정한 가격에 기초하여 집합투자재산평가위원회가 정한 가격으로 납부할 것”이라고 정하고 있다.

제 2 항은 "대통령령으로 정하는 서류"란 ① 조합계약(1호), ② 출자금의 납부를 맡은 은행, 그 밖의 금융기관의 출자금의 납부·보관에 관한 증명서(2호)를 말한다고 규정한다.

상법상 합자조합에 관하여도 설립 후 2주 내에 조합의 주된 영업소의 소재지에서 일정 사항을 등기하고, 등기사항이 변경된 경우에는 2주 내에 변경등기를 하도록 규정되어 있다(상법 86조의4). 이와 같은 등기가 합자조합의 성립요건이라는 견해[1])도 있으나 성립요건이 아니고 제 3 자의 악의를 의제하는 공시력을 인정한 것이라고 보는 견해[2])가 일반이다. 이와 같은 논의는 투자합자조합의 등기에 관하여도 동일하게 적용된다고 본다.

第219조(업무집행조합원 등)

① 투자합자조합은 투자합자조합의 채무에 대하여 무한책임을 지는 집합투자업자인 업무집행조합원 1인과 출자액을 한도로 하여 유한책임을 지는 유한책임조합원으로 구성된다. 〈개정 2013. 5. 28〉

② 제198조 제 1 항·제 4 항 및 제 5 항은 투자합자조합의 업무집행조합원에게 준용한다. 이 경우 "법인이사"는 각각 "업무집행조합원"으로, "투자회사"는 각각 "투자합자조합"으로 본다. 〈개정 2013. 5. 28〉

Ⅰ. 개 요

1. 법 제219조는 투자합자조합의 구성과 각 구성원의 책임, 재산운용 등 의사결정과 같은 업무집행에 관하여 규정하고 있다. 구체적으로는 조합원을 집합투자업자인 업무집행조합원과 투자자에 해당하는 유한책임조합원으로 나누고(1항), 업무집행과 관련해서는 투자회사에서의 법인이사에 관한 규정을 준용하고 있다(2항). 제 2 항의 준용규정에 따라 집합투자업자인 업무집행조합원은 투자합자조합을 대표하여 업무집행을 하고, 업무집행조합원은 임직원 중에서 투자합자조합의 업무를 집행할 자를 선임할 수 있고, 이를 투자

1) 김재문, "새로운 기업형태의 도입에 관한 상법 개정안에 대한 소고," 「경영법률」 제18집 제 1 호(2007. 10), 209쪽.

2) 권기범 "개정상법상의 합자조합에 대한 소고," 「서울법학」 제19권 제 1 호(2011), 230쪽; 곽수현 "합자조합과 유한책임회사에 관한 법적 검토," 「강원법학」 제35권(2012), 31쪽; 노태석, "합자조합에 관한 법적 연구," 「비교사법」 제20권 제 3 호(2013), 877-878쪽; 이철송, 「상법총칙·상행위법」, 박영사, 2013, 437-438쪽; 송옥렬, 「상법강의」, 홍문사, 2014, 140쪽.

합자조합에 서면 통보한 경우 당해 임직원의 행위는 업무집행조합원의 행위로 인정된다.

2. 이러한 투자합자조합의 구성, 각 구성원의 책임, 업무집행방법은 투자합자회사와 매우 유사하다. 투자합자회사도 무한책임을 부담하는 무한책임사원과 유한책임을 부담하는 유한책임사원으로 구성된다(상법 268조). 투자합자회사에서 업무집행을 하는 업무집행사원은 1인에 한정되고, 무한책임사원이며, 집합투자업자여야 한다는 점(법 214조 1항, 213조 1항),[1] 유한책임사원은 출자 이행액을 한도로 투자합자회사의 채무를 변제할 책임이 있다는 점(법 217조 3항), 집합투자자규약(투자합자회사의 경우, 정관)으로 이익을 배당함에 있어 무한책임사원과 유한책임사원의 배당률 또는 배당순서 등을 달리 정할 수 있다는 점(법 217조 4항)도 투자합자조합과 동일하다. 단, 투자합자회사는 상법상 합자회사에 해당하여 법인격이 있는데 반해 투자합자조합은 법인격이 없는 계약체의 성격을 가지므로, 아래에서 볼 현명방법상으로는 차이가 있다.

Ⅱ. 업무집행조합원과 유한책임조합원

1. 업무집행조합원의 무한책임

(1) 제1항에 의하면, 투자합자조합은 무한책임을 지는 집합투자업자인 업무집행조합원 1인과 출자액을 한도로 유한책임을 지는 유한책임조합원으로 구성된다. 따라서 집합투자업자만이 투자회사의 업무집행조합원이 될 수 있다. 업무집행조합원 “1인”만을 인정하므로, 공동 업무집행조합원의 개념은 인정되지 않는다.

(2) 업무집행조합원도 조합원 지위를 가지는 이상 앞서 법 제218조 해당 부분에서 본 바와 같이 출자의무가 인정된다고 할 것이다.[2]

(3) 투자합자조합에 있어서 집합투자업자인 업무집행조합원은 무한책임을 진다. 여기서 무한책임의 의미, 좀더 구체적으로 투자합자회사의 무한책임사원에게 인정되는 보충성(補充性)이 인정되는지, 곧 투자합자조합의 재산으로 변제를 할 수 없을 때에 2차적으로만 책임을 지는지 여부에 관하여 법은 이를 긍정한다. 즉, 업무집행조합원은 조합재산으로 조합채무를 완제할 수 없거나 조합재산에 대한 강제집행이 주효하지 못한 때에는 이를 변제할 책임이 있고, 다만 조합에 변제의 자력이 있으며 집행이 용이한 것을 증명하여 책임을 면할 수 있다(법 223조, 상법 86조의8 2항, 212조).[3]

---

1) 다만, PEF의 경우 업무집행사원이 1인 이상이 될 수 있고(법 272조 1항), 집합투자업자 이외의 자도 업무집행사원이 될 수 있다(법 272조 2항)는 점에서 차이가 있다.

2) 투자합자조합은 상법상 합자조합이며, 상법상 합자조합은 모든 조합원이 출자의무를 지는 단체로서, 출자를 하지 않는 자는 조합원이 아니고, 출자를 하지 않는 자를 구성원으로 하는 자는 상법상의 합자조합이 아니다. 민법상 조합에 관한 김재형, 「민법주해[XVI]」, 박영사, 1997, 15쪽 참조.

3) 투자합자회사의 무한책임사원의 경우에는 보충성이 명문상으로 인정되고 있으나(법 217조, 상법 269

(4) 투자합자조합의 업무집행조합원은 무한책임을 부담하는 결과, 보충성이 인정되더라도 개인적 책임을 부담할 경우가 발생한다. 예컨대 투자합자조합이 파생상품에 투자하여 투자합자조합재산을 초과하는 손실이 발생하는 경우 그 초과 손실 전액을 집합투자업자인 업무집행조합원이 고유재산으로 부담하여 제 3 자에게 채무를 이행해야 할 경우가 있을 수 있다. 이러한 책임은 투자합자회사의 무한책임사원과 동일하다.

(5) 투자합자조합의 청산시 채권신고기간 내에 신고를 하지 않은 채권자에 대해 업무집행사원인 집합투자업자가 청산 이후에도 무한책임을 부담하는지 문제될 수 있다. 투자합자조합이 청산되는 경우, 법 제221조 제 6 항에 의하여 제203조 제 3 항이 투자합자조합의 청산에 준용됨에 따라, 청산인은 자금차입, 채무보증 또는 담보제공이 제한되는 투자합자조합으로서 제203조 제 4 항에 따라 채권자에 대한 최고절차가 생략되는 경우를 제외하고는, 투자합자조합의 채권자에 대하여 일정 기간 이내에 그 채권을 신고할 것과 그 기간 이내에 신고하지 아니하면 청산에서 제외된다는 뜻을 2회 이상 공고함으로써 최고하여야 한다. 그러나 신고를 하지 않은 채권자의 권리 의무에 대해서는 명시적인 규정이 없다. 일반적으로 법정청산의 경우 채권신고기간 내에 채권을 신고하지 않는 경우 청산에서 제외되며, 일단 청산에서 제외되면 무한책임 여부 자체가 문제되지 않을 것이라는 점에 비추어 보면, 청산시의 업무집행사원의 무한책임은 원칙적으로 청산과정에서 신고를 한 채권자에 대하여만 인정된다고 보아야 할 것이다. 그러나 이에 대하여는 법인에 대하여 적용되는 책임 배제를 법률상의 명시적인 근거 없이 조합에 적용하기 어렵다는 것을 이유로 하는 반대 이론의 여지가 있다. 이와 관련하여, 본서와 같은 견해를 취하는 경우에도 법 제203조 제 3 항 준용에 있어 주식회사인 투자회사에는 당연히 적용되는 상법 제535조 제 2 항, 즉 알고 있는 채권자인 경우에는 신고하지 않더라도 청산에서 제외하지 못하도록 한 규정도 당연히 준용되는지 여부가 문제된다. 이 점에 대하여는 법정청산절차의 일반적인 원칙에 비추어 준용하는 것이 타당하다고 본다. 따라서 업무집행사원은 신고한 채권자 및 신고하지 않았으나 알고 있는 채권자에 한하여만 무한책임을 지게 될 것이다. 입법론으로는 청산과 관련한 업무책임사원의 책임한계를 명시하는 것이 바람직하다.

조·212조), 투자합자조합에 대하여는 2013. 5. 28. 법 개정 전에는 이에 관한 명확한 규정이 없어서 해석상 문제가 있었다. 보충성을 인정하지 않으면 투자합자조합의 무한책임조합원은 투자합자조합재산으로 변제를 하기 전에도 투자합자조합의 채권자에 대해 자신의 고유재산으로 채무를 이행해야 하는 문제가 발생한다. 그러나 무한책임은 연대책임과 다른 것이며 보충성의 배제를 요소로 하지는 않는다는 점, 보충성을 인정하지 않는 것은 투자합자회사의 집합투자업자가 부담하는 무한책임의 내용과 균형이 맞지 않고 투자익명조합의 집합투자업자와 비교하여 볼 때도 과중한 책임을 부담하도록 하는 결과가 되는 점(예컨대, 투자익명조합의 경우 법 228조 2항에 의하여 신탁법 제3장이 준용되는 결과 투자익명조합 재산이 집합투자업자인 영업자의 재산과 독립되게 된다), 미국의 limited partnership의 무한책임조합원(general partner)의 책임에도 보충성이 인정되는 점(ULPA 405조) 등을 볼 때, 보충성을 명시적으로 규정한 것은 타당한 입법이다.

2. 유한책임조합원의 유한책임

제 1 항에 의하면 투자합자조합의 유한책임조합원은 "출자액을 한도로" 유한책임을 부담한다. 구체적으로는 조합계약에서 정한 출자가액에서 이미 이행한 부분을 뺀 가액을 한도로 하여 조합채무를 변제할 책임이 있다(법 223조, 상법86조의6 1항). 이는 투자합자회사의 유한책임사원에 대하여는 상법 제279조에도[1] 불구하고 출자를 이행한 금액을 한도로 하여 책임을 진다고 명시하고 있는 점(법 217조 3항)과 다르다. 공모 투자합자조합의 경우에는 실제 발생할 가능성이 거의 없겠지만, 사모 투자합자조합의 경우(특히 소위 capital call 제도를 채택하는 경우)에는 출자 약정액과 출자 이행액이 달라질 수 있기 때문에 이 점은 실제로도 중요한 의미를 가질 수 있다.[2]

3. 조합원에 대한 채권 행사방법

앞에서 본 것처럼 유한책임조합원은 투자합자조합의 채무에 대하여 유한책임을 지고, 업무집행조합원은 무한책임을 지는데, 투자합자조합의 채권자가 채권을 행사하고자 하는 경우에 누구를 상대로 어떻게 청구를 하고 소송을 제기하여야 하는지가 분명하지 않다. 민법상의 조합은 비록 대표자가 선임되어 있는 경우에도 소송 당사자능력이 없다는 견해가 다수설이며,[3] 판례이다.[4] 그리고 조합의 채권자는 그 채무가 대체성이 있는지 여부에 따라, 대체성이 없는 경우(예컨대, 조합재산인 부동산 매도에 따른 소유권 이전의무)에는 조합원 전원을 피고로 하여 소송을 제기하여야 하며, 대체성이 있는 경우(예컨대, 금전채무)에는 개별 조합원을 상대로 채권을 행사하고 소송을 제기할 수 있다고 한다.[5] 투자합자조합의 채권자가 채권을 행사하고자 하는 경우에도 이러한 민법상의 조합에 관한 일반원칙에 따라야 할 것인가?

투자합자조합은 조합을 대표할 수 있는 업무집행조합원이 법상 정해져 있고, 금융위원회에 등록이 되고, 조합원총회가 존재하며, 청산도 임의청산이 아니라 법정청산을 하도록 하고 있다. 그리고 유한책임조합원이 "출자액을 한도로 책임을 지"도록 한 취지도, 유한책임조합원은 다른 집합투자기구에 투자한 경우와 같이 투자합자조합의 채무 이행

1) 상법 제279조에 의하면, 합자회사의 유한책임 사원은 그 출자가액에서 이미 이행한 부분을 공제한 가액을 한도로 하여 회사채무를 변제할 책임이 있고, 회사에 이익이 없음에도 불구하고 배당을 받은 금액은 변제책임을 정함에 있어서 이를 가산한다.

2) 따라서 capital call의 경우에는 업무집행조합원이 실제 capital call을 해야만 유한책임조합원의 확정적인 출자의무가 존재하는 점에 비추어 보면, 어떤 이유로든 업무집행조합원이 capital call을 하지 않는 한 투자합자조합의 채권자가 그 권리를 대위행사하거나 capital call이 가능하다는 점만을 이유로 유한책임조합원에게 해당 금액에 대하여 책임을 물을 수 없을 것이다.

3) 김재형, 전게서(1997), 96-97쪽.

4) 대법원 1991. 6. 25. 선고 88다카6358 판결.

5) 김재형, 전게서(1997), 99-100쪽.

과 관련하여 실질적으로나 절차적으로 관여할 필요가 없도록 한 것으로 보인다. 이러한 점을 종합하면, 현행법의 해석상 이론의 여지는 있으나 투자합자조합은 법인격 없는 사단과 같이 그 자체 권리 향유 및 의무 부담 주체가 되고, 소송 당사자능력을 인정하여도 특별한 문제가 없을 것으로 보인다. 이러한 견해에 의하면, 투자합자조합의 채권자는 업무집행 조합원 혹은 조합원들을 공동으로 상대로 할 것이 아니라 투자합자조합 자체를 상대로 청구를 하고 소송을 제기하여야 할 것이다. 투자합자조합 자체의 소송 당사자능력을 인정하는 방향으로 입법적 보완을 함이 바람직하다.[1)]

Ⅲ. 투자합자조합의 대표와 업무집행

1. 업무집행조합원의 대표권과 업무집행권

제 2 항은 이에 관하여 투자회사에서의 법인이사에 관한 조항을 준용한다. 즉, 업무집행조합원은 투자합자조합을 대표하고 투자합자조합의 업무를 집행한다(법 219조 2항, 198조 1항). 업무집행사원은 합자조합의 영업에 관하여 재판상 또는 재판외의 모든 행위를 할 권한이 있고, 위 권한에 대한 제한은 선의의 제삼자에게 대항하지 못한다(법 223조, 상법 86조의8 2항, 209조).

2. 업무집행조합원의 직무수행방법

(1) 제 2 항은 투자회사의 법인이사에 관한 조항을 준용하므로 업무집행조합원은 업무집행조합원의 직무를 정하여 그 직무를 수행할 자(이하 "직무수행자")를 그 임직원 중에서 선임할 수 있고, 이 경우 집합투자업자는 이를 투자합자조합에 서면으로 통보하여야 하며, 투자합자조합에 통보된 자가 그 직무 범위에서 행한 행위는 업무집행조합원의 행위로 본다(법 219조 2항, 198조 4항·5항). 업무집행조합원은 집합투자업자로서 법인인 주식회사 또는 일정한 금융기관이 될 것이므로(법 12조 2항 1호 가목, 법 시행령 16조 1항), 실제로 업무집행조합원의 역할을 수행하는 자연인이 필요하기 때문이다.

(2) 직무수행자가 될 임직원의 선임을 투자합자조합에게 통보를 하는 경우, 투자합자조합은 법인격이 없다는 점에서 그 상대방이 누구인지 문제된다. 투자합자조합의 업무집행조합원이 본인에게 직무수행자의 선임을 통보하는 것은 무의미할 것이므로 위 조항은 직무수행자의 선임을 유한책임조합원을 포함한 전 조합원에게 통보하는 것으로 해석함이 타당할 것으로 보인다.

(3) 위 규정의 취지에 비추어 보면, 업무집행조합원이 일단 직무수행자를 선임하여

1) 다만, 2013. 5. 18. 상법 회사편 개정시에 개정안(86조의9)에서는 합자조합에 소송당사자능력을 인정하였으나 법안 심사과정에서 삭제되었다.

이를 통보한 경우 해당 임직원 이외의 다른 임직원으로 하여금 업무를 수행하도록 하여서는 안 되는 의무가 부여되고, 당해 직무수행자의 행위에 대하여는 권한 없는 임직원이 투자합자조합재산에 관한 법률행위를 했다는 이유로 업무집행조합원이 유한책임조합원에게 자신의 책임을 부인할 수 없을 것이다(업무집행조합원의 대표이사가 아닌 직무수행자가 투자합자조합이 체결하는 계약에 서명을 하여도 직무수행자 선임에 대한 통보가 있는 경우 구속력이 있을 것으로 보임). 그러나 직무수행자가 사실상 투자합자조합과 관련된 모든 행위를 한다는 점에서 업무의 성격에 비추어 투자자 보호의 관점에서 일정한 자격요건 등을 필요로 하는 경우가 있을 수 있는데, 자본시장법은 직무수행자의 자격요건, 직무수행자의 교체방법 등에 대하여 아무런 규정을 두고 있지 않다. 투자자 보호를 위하여 직무수행자의 자격요건, 교체방법 및 절차 등 직무수행자가 업무를 집행하는 것에 대한 통제방법 등을 조합계약 등에서 구체적으로 정할 필요가 있을 것이다.

3. 현명방법

(1) 투자회사 법인이사가 투자회사를 대표하여 법률행위를 하는 것으로 정한 법 제198조 제 1 항은 제219조 제 2 항에 의하여 투자합자조합에도 준용된다. 그러나 위 준용을 그대로 받아들이면, 그리고 법 제80조 제 5 항("집합투자업자가 투자대상자산의 취득, 처분 등을 함에 있어서는 집합투자업자가 그 집합투자기구를 대표한다는 사실을 표시하여야 한다")의 취지에 따르면, 업무집행조합원은 투자합자조합을 "대표"하고 투자합자조합 업무를 집행하게 되는데, 투자합자조합은 법인격이 없는 계약상의 단체라는 일반원칙에 부합하지 않는다. 따라서 위 조항은 업무집행조합원이 투자합자조합을 위하여 유한책임조합원을 "대리"할 수 있는 권한이 있다는 취지라 볼 수 있을 것이다. 단, "대리"와 "대표"가 실질적으로는 큰 차이가 없고, 또 투자합자조합을 법인격 없는 사단과 같이 취급하여야 할 필요가 있다는 견해에 따르면 이 조항은 특별한 문제가 없다.

(2) 투자합자조합은 법인격이 없는 계약상의 단체라는 일반원칙에 따를 경우 투자합자조합의 업무집행조합원이 대리인으로서 취할 현명방법이 문제가 된다. 민법상 조합이 제 3 자와 거래하는 행위는 전 조합원에게 행위의 효과가 귀속되기 때문에 전 조합원의 이름으로 하여야 한다. 다만 민법상 조합에 있어 전 조합원의 이름을 모두 현명할 필요는 없고 조합의 이름을 드는 것으로 충분하다고 보는 것이 통설이며 판례[1]인 점에 비추어, 투자합자조합의 이름과 업무집행조합원의 지위를 명시하여 업무집행조합원이 법률행위를 한 경우 그러한 행위는 투자합자조합의 행위로 인정된다고 해석함이 타당할 것이다. 즉 업무집행조합원은 투자합자조합을 위한 행위를 하는 경우 "××투자합자조합 업무집행조합원 ○○○(집합투자업자 명칭)" 정도로 현명을 할 수 있다고 본다. 현명을 하지

1) 대법원 1970. 8. 31. 선고 70다1360판결; 대법원 2009. 1. 30. 선고 2008다79340 판결.

않는 경우의 효력이 문제되는바, 투자합자조합에 대해 상법 제48조를 배제하지 않으므로 그 실질을 살펴 투자합자조합을 위한 행위임이 판명되면 투자합자조합에 그 행위의 효력이 귀속된다는 견해가 있을 수 있으나,[1] 자본시장법 제80조 제 5 항을 강행규정으로 보아야 한다는 견해가 유력해 보인다.

4. 직무수행자의 법적 책임

법 제 2 편 제 4 장 제 2 관 집합투자업자의 영업행위 규칙은 집합투자업자의 선관의무 및 충실의무(법 79조) 등을 상세하게 규정하고 있다. 한편, 법은 상법상 합자조합의 업무집행조합원에 대한 선관주의의무 규정을 투자합자조합의 업무집행조합원에 준용하고 있다(법 223조, 상법 86조의5 2항). 위 규정들은 투자합자조합의 업무집행조합원인 집합투자업자에게 중첩적으로 적용된다고 보아야 할 것이다.

직무수행자가 법령 또는 조합계약에 위반한 행위를 하거나 그 임무를 해태하여 투자합자조합에 손해가 발생한 경우, 직무수행자에 대하여 통보가 있었다면 유한책임조합원으로서는 직접 업무집행조합원에게 조합계약의 위반을 이유로 손해배상을 청구할 수 있고, 사용자책임에 관한 민법 제756조에 의하여도 업무집행조합원에게 손해배상을 청구할 수 있을 것이다. 직무수행자 개인도 불법행위책임을 질 것이고, 업무집행조합원은 내부적으로 직무수행자에게 구상할 수 있을 것이다.

제220조(조합원총회)

① 투자합자조합에 조합원 전원으로 구성되는 조합원총회를 두며, 조합원총회는 이 법 또는 조합계약에서 정한 사항에 대하여만 결의할 수 있다. 〈개정 2013. 5. 28〉

② 투자합자조합의 조합원총회는 업무집행조합원이 소집한다. 〈개정 2013. 5. 28〉

③ 투자합자조합의 조합원총회는 출석한 조합원의 의결권의 과반수와 발행된 지분증권 총수의 4분의 1 이상의 수로 결의한다. 다만, 이 법에서 정한 조합원총회의 결의사항 외에 조합계약으로 정한 조합원총회의 결의사항에 대하여는 출석한 조합원의 의결권의 과반수와 발행된 지분증권 총수의 5분의 1 이상의 수로 결의할 수 있다. 〈개정 2013. 5. 28〉

④ 제190조 제 3 항·제 4 항 및 제 6 항부터 제10항까지의 규정은 투자합자조합의 조합원총회에 관하여 준용한다. 이 경우 "투자신탁을 설정한 집합투자업자" 및 "집합투자업자"는 각각 "투자합자조합의 업무집행조합원"으로, "투자신탁재산"은 "투자합자조합재산"으로, "수익증권"은 각각 "지분증권"으로, "총좌수"는 각각 "총수"로, "수익자"는 각각 "조합원"으로, "수익자총회"는 각각 "조합원총회"로, "수익자명부"는 "조합원명부"로, "좌수"는 각각 "수"로 보고, 같은 조 제 8 항 중 "제 5 항"은 "제 3 항"으로 본다. 〈개정 2013. 5. 28〉

1) 위 대법원 2009. 1. 30. 선고 2008다79340 판결 참조. 민법상 조합과 관련, 조합대리에 있어 그 법률행위가 조합에게 상행위가 되는 경우에는 조합을 위한 것임을 표시하지 않더라도 그 법률행위의 효력은 본인인 조합원 전원에 미친다고 함.

Ⅰ. 개　　요

자본시장법은 집합투자자총회를 집합투자기구의 투자자 전원으로 구성된 의사결정기관이라고 정의하고 있고(법 9조 23항), 투자합자조합에 조합원 전원으로 구성되는 조합원총회를 둔다고 규정하고 있다(법 220조 1항). 즉, 조합원총회란 투자합자조합의 조합원 전원으로 구성되어 투자합자조합재산의 운용에 관한 조합원의 의사를 결정하는 회의체 조직이다. 조합원총회는 투자신탁에 있어서의 수익자총회, 투자회사에 있어서의 주주총회, 투자유한회사, 투자합자회사 및 투자유한책임회사에 있어서의 사원총회, 투자익명조합에 있어서의 익명조합원총회에 상응하는 집합투자자총회(법 9조 23항)로서의 법적 지위를 가진다.

투자합자조합은 상법상 합자조합으로서 구성원의 계약관계일 뿐 사단성을 가지지 않으므로, 본래 사단(社團)에 인정되는, "多數決의 原理"에 의하여 자체의 의사를 결정하는 의사결정기관은 반드시 존재해야 하는 것은 아니다.[1] 그러나 집합투자기구 운영에 있어 투자자 이익에 중대한 영향을 미치는 사항은 투자자 스스로의 집단적 의사에 의하여 결정되는 것이 합리적이며, 이는 집합투자기구의 민주적 절차와 운용의 투명성을 위해 필요하다. 따라서 자본시장법은 투자신탁의 수익자총회제도와 유사한 조합원총회제도를 도입하고 있다. 조합원총회는 활발히 운영된다면 업무집행조합원과 조합원 간 법적 분쟁의 발생 및 그로 인한 거래비용의 증가를 방지하는 효과를 기대할 수 있고,[2] 대량 환매사태 발생 등 비정상정인 상황에서의 환매유예에서도 그 역할을 할 수 있을 것이다.[3]

단, 구간투법상 수익자총회제도 시행 결과, 수익자들의 무관심 및 운영상의 제약으로 투자자 보호 기능은 제대로 발휘되지 못하고, 수익자총회 개최를 위한 일정 기간이 소요됨으로 인하여 투자신탁 운영의 효율성을 떨어뜨리며, 연기수익자총회의 의결정족수를 낮춤으로써 연기수익자총회의 결의를 전체 수익자의 동의로 볼 수 없는 문제점이 지

1) 상법상 합자조합, 민법상 조합에 관한 규정에도 조합원총회에 관한 사항에 대한 규정은 없다.
2) 박철영, "수익자총회의 문제점과 개선과제,"「증권법연구」제 7 권 제 1 호(2006), 24-25쪽 참조.
3) 구간투법이 제정되기 전 논의로서, 영국 인가개방형투자신탁(AUT, authorized unit trust)과 인가개방형투자회사(ICVC, investment companies with variable capitals) 지배구조의 우리 법상 시사점을 논하면서 투자신탁의 수익증권보유자총회의 필요성과 효용을 논한 것으로 이중기, "투자신탁펀드의 지배구조에 관한 비교법적 연구,"「증권법연구」제 2 권 제 2 호(2001), 120-121쪽 참조.

적되고 있다.[1] 조합원총회제도에서도 이러한 실무적 문제가 발생할 가능성이 있다.

Ⅱ. 조합원총회의 결의사항

자본시장법에 의하면, 조합원총회는 자본시장법 또는 조합계약에서 정한 사항에 대하여만 결의할 수 있다(법 220조 1항). 또한 조합원총회는 각 투자합자조합별로 구성되므로, 그 결의사항은 당해 투자합자조합의 운영에 관한 사항에 한정되고, 집합투자업자의 경영사항 및 다른 투자합자조합의 운영에 관한 사항은 조합원총회의 결의사항이 될 수 없다.

이 중 자본시장법에서 규정하는 조합원총회 결의사항은 투자신탁 등 다른 집합투자기구의 집합투자자총회에서의 결의사항과 실질적으로 차이가 없다. 다만 투자합자조합 및 투자익명조합과 같은 조합 형태의 집합투자기구에 있어서는 자본시장법상 합병제도가 인정되지 않으므로, 투자신탁이나 회사 형태의 집합투자기구의 합병시 집합투자자총회의 승인은 조합원총회와는 무관하다.[2] 구체적으로 보면, 자본시장법상 조합원총회 결의사항으로 규정하는 사항은 ① 해산(법 221조 1항 2호), ② 청산인의 선임(법 221조 2항), ③ 청산사무 종결시 결산보고서의 승인(법 221조 6항, 203조 5항), ④ 청산인에 대한 보수(법 221조 6항, 203조 6항), ⑤ 조합계약변경(법 222조 1항, 195조), ⑥ 환매연기(법 237조)가 있다. 이 중 ⑤의 조합계약변경에 관한 조합원총회 승인사항은 세부적으로 ① 집합투자업자·신탁업자 등이 받는 보수, 그 밖의 수수료의 인상, ② 집합투자업자[3] 또는 신탁업자의 변경, ③ 조합계약으로 투자합자조합의 존속기간 또는 해산사유를 정한 경우 존속기간 또는 해산사유의 변경, ④ 그 밖에 조합원의 이익과 관련된 중요한 사항으로서 '대통령령이 정하는 사항'으로 구성된다(법 195조 1항 각 호). 그리고 다시 ④의 '대통령령이 정하는 사항'은 투자합자조합의 종류의 변경, 주된 투자대상자산의 변경, 개방형투자합자회사의 환매금지형투자합자조합으로의 변경, 환매대금 지급일의 연장, 그 밖에 금융위원회가 정하여 고시하는 사항이다(법 시행령 229조 1항 각호).

자본시장법상 조합계약으로 정할 수 있는 조합원총회의 결의사항을 제약하는 특별한 규정은 없으므로, 문언 그대로 해석하면 조합원총회 결의사항을 조합계약으로 자유롭게 정할 수 있어 투자합자조합 운영에 관한 모든 사항에 대해 조합원총회 승인을 받는

1) 박철영, 전게논문(2006), 23-24쪽 참조.
2) 조합형태의 집합투자기구 외의 다른 집합투자기구 합병에 대해서는 법 제193조(투자신탁), 제204조(투자회사), 제211조 제 2 항(투자유한회사), 제216조 제 3 항(투자합자회사), 제217조의6 제 2 항(투자유한책임회사) 참조.
3) 집합투자업자의 변경에 관하여 조합원총회의 결의를 받도록 한 부분은, 비록 투자합자조합에 국한되지 않고 모든 집합투자기구에서 공통된 문제이기는 하지만, 그 실행에 관한 여러 가지 해석상 문제가 있다. 이에 대해서는 법 제222조에서 보기로 한다.

것으로 정할 수 있는 것처럼 보인다. 특히 투자합자조합은 소수 투자자들이 집합투자업자와 공동으로 투자를 행하는 경우 주로 사용될 가능성이 많은데, 이를 고려하여 조합계약에 기해 조합원총회 결의사항을 폭넓게 인정할 수 있다고 볼 여지도 많다. 그러나 실질적으로는 조합계약으로 조합원총회 결의사항으로 정할 수 있는 사항은 수동적 투자로서의 집합투자 본질에서 유래하는 내재적 제한이 적용된다고 새김이 타당할 것이다. 예컨대 투자합자조합의 업무집행조합원인 집합투자업자가 조합재산의 취득, 처분 등의 운용상 결정의 세부사항에 대하여 조합원총회의 승인을 받도록 하는 것은, 전문적 운용자에 대해 운용을 위임하는 집합투자의 본질에 반하는 것이므로 허용되지 않는다고 본다. 다만 위 극단적 경우는 별론으로 하더라도, 집합투자의 본질상 구체적으로 어떤 사항까지 조합원총회 결의사항으로 할 수 있는지는 자본시장법에 그 기준이 제시되지 않은 이상 논란 가능성이 남는 문제라고 하겠다. 실무적으로는 투자합자조합을 등록하는 시점에서 금융위원회가 법 제182조 제 2 항 제 3 호('집합투자규약이 법령을 위반하거나 투자자의 이익을 명백히 침해하지 아니할 것') 등의 해석을 어떻게 하는지에 따라 이 문제의 처리방향이 정해질 것으로 보인다. 구간투법 하에서의 실무상 간접투자기구와 관련하여 투자신탁의 약관, 투자회사의 정관으로 위 법상 규정되어 있지 않은 사항을 수익자총회 또는 주주총회 결의사항으로 정하는 경우는 드물다.

Ⅲ. 조합원총회의 소집 및 운영

1. 조합원총회의 소집

(1) 소집권자

투자합자조합의 조합원총회는 원칙적으로 업무집행조합원이 소집한다(법 220조 2항). 투자합자조합의 업무집행조합원은 투자합자조합재산을 보관·관리하는 신탁업자 또는 발행된 지분증권 총수의 100분의 5 이상을 소유한 조합원이 조합원총회의 목적과 소집의 이유를 기재한 서면을 제출하여 조합원총회의 소집을 업무집행조합원에 요청하는 경우, 1개월 이내에 조합원총회를 소집하여야 한다. 이 경우 업무집행조합원이 정당한 사유 없이 조합원총회를 소집하기 위한 절차를 거치지 아니하는 경우에는 그 신탁업자 또는 발행된 지분증권 총수의 100분의 5 이상을 소유한 조합원은 금융위원회의 승인을 받아 조합원총회를 개최할 수 있다(법 220조 4항, 190조 3항).

(2) 소집시기

법상 조합원총회의 소집시기에 대한 특별한 규정은 없다. 업무집행조합원은 조합원총회를 정기적으로 소집할 필요가 없으며, 자본시장법 또는 조합계약에 규정된 사유가 발생된 때, 규정된 소집방법에 따라 조합원총회를 소집하면 된다. 조합원총회에 정기총회와 임시총회의 구분은 없다.

(3) 소 집 지

조합원총회는 조합계약에 다른 정함이 없으면 업무집행조합원의 본점 소재지 또는 이에 인접한 지에 소집하여야 한다(법 220조 4항, 190조 10항, 상법 364조).

(4) 소집통지

업무집행조합원, 신탁업자 또는 소수조합원이 조합원총회를 소집하는 경우에는 각 조합원에 대하여 총회일 2주 전에 서면으로 총회 소집을 통지하여야 한다. 다만 조합원총회소집통지가 조합원명부상의 조합원에게 3년간 도달하지 아니한 때에는 그 조합원에 대한 소집통지를 생략할 수 있다(법 220조 4항, 190조 4항, 상법 363조 1항). 이는 장기간 소재불명인 조합원에 대한 무의미한 통지를 생략함으로써 총회소집의 사무와 비용을 덜어주기 위한 것이다. 소집통지서에는 회의의 목적사항을 기재하여야 한다(법 220조 4항, 190조 4항, 상법 363조 2항). 법상 규정은 없으나, 소집통지서에는 의안의 요령도 함께 기재하여야 할 것이다. 조합원총회의 소집통지는 예탁결제원에 위탁하여야 하며, 이 경우 예탁결제원은 서면에 따른 의결권 행사를 위한 서면, 총리령으로 정하는 바에 따라 의결권 행사에 참고할 수 있는 서류를 보내야 한다(법 220조 4항, 190조 9항, 법 시행령 220조 1항·2항·3항, 법 시행규칙 20조).

2. 조합원총회의 운영

조합원총회의 의장은 조합원 중에서 조합원총회에서 선출한다(법 220조 4항, 190조 9항, 법 시행령 221조 5항). 의장은 조합원총회의 질서를 유지하고 의사를 정리하며, 고의로 의사진행을 방해하기 위한 발언·행동을 하는 등 현저히 질서를 문란하게 하는 자에 대하여 그 발언의 정지 또는 퇴장을 명할 수 있다(법 220조 4항, 190조 10항, 상법 366조의2 2항·3항).

조합원총회에서는 회의의 속행 또는 연기의 결의를 할 수 있다(법 220조 4항, 190조 10항, 상법 372조 1항).

업무집행조합원은 조합원총회의 의사에 대하여 의사록을 작성하여야 하며, 의사록에는 의사의 경과요령과 그 결과를 기재하고 의장과 출석한 조합원이 기명날인 또는 서명하여야 한다(법 220조 4항, 190조 10항, 상법 373조).

3. 조합원총회의 결의

(1) 조합원의 의결권

조합원총회에 있어 조합원의 의결권은 지분증권 1개마다 1개로 한다(법 220조 4항, 190

조 10항, 상법 369조 1항). 이는 강행규정이므로, 조합계약에 의하여도 의결권을 박탈하거나 제한하지 못한다.

그러나 예외적으로 자본시장법의 업무집행조합원이 가진 지분증권에 대하여는 문언해석상 의결권이 없다(법 220조 4항, 190조 10항, 상법 369조 2항). 상법 제369조 제 2 항은 "회사가 가진 자기주식은 의결권이 없다"고 규정하고 있는바, 자본시장법 제190조 제10항은 "회사=집합투자업자," 제220조 제 4 항은 "집합투자업자=업무집행조합원"이라는 취지로 규정하고 있기 때문이다. 이와 같이 업무집행조합원의 지분증권에 대한 의결권을 부인하는 것은 집합투자업자가 조합원총회에서 본래적인 투자자(유한책임조합원)의 의사에 반하여 조합원총회 결의사항을 좌우하게 될 위험을 봉쇄하는 점에서 결과적으로 정책적 타당성이 전혀 없다고 하기는 어렵다. 그러나 투자합자조합은 업무집행조합원도 공동투자할 것이 예정되어 있고 그 공동투자할 금액에도 제한이 없는바, 공동투자를 인정하는 이상 그 지분증권의 의결권을 부인하는 것이 적절한 것인지에 대하여는 논란의 여지가 있다.

(2) 의결정족수[1)]

조합원총회는 출석한 조합원의 의결권의 과반수와 발행된 지분증권 총수의 4분의 1 이상의 수로 결의한다. 다만 법에 정한 조합원총회의 결의사항 외에 조합계약으로 정한 조합원총회의 결의사항에 대하여는 출석한 조합원의 의결권의 과반수와 발행된 지분증권 총수의 5분의 1 이상의 수로 결의할 수 있다(법 220조 3항).[2)] 조합원총회의 결의에 관하여는 의결권 없는 조합원이 가지는 지분증권의 수는 발행된 지분증권의 총수에 산입하지 아니하며, 조합원총회의 결의에 관하여 특별한 이해관계가 있어 의결권을 행사할 수 없는 조합원의 의결권은 출석한 조합원의 의결권의 수에 산입하지 아니한다(법 220조 4항, 190조 10항, 상법 371조). 조합계약상 위 결의요건을 가중 또는 완화할 수 있는지는 분명하지 않다. 다만 상법상 주식회사의 주주총회 결의요건에 관한 종래의 법해석에 비추어 볼 때, 완화하는 것은 투자자 보호의 취지에 맞지 않으므로 허용되지 않을 것이나, 가중할 수는 있다고 보아야 할 것이다.

(3) 결의방법

조합원은 대리인으로 하여금 그 의결권을 행사하게 할 수 있으며, 이 경우 대리인은 대리권을 증명하는 서면을 조합원총회에 제출하여야 한다(법 220조 4항, 190조 10항, 상법 368

1) 2013. 5. 28. 개정 전의 법은 의결정족수 외에 "조합원총회는 발행된 지분증권 총수의 과반수를 소유하는 조합원의 출석으로 성립되고"(개정 전 법 220조 3항 전단)라고 하여 의사정족수를 별도로 규정하고 있었으나 위 개정시에 삭제되었다.
2) 2013. 5. 28. 개정 전의 법은 의결정족수를 출석한 조합원의 의결권의 3분의 2 이상과 발행된 지분증권의 총수의 3분의 1 이상의 찬성으로 규정하고 있었다(개정 전 법 220조 3항 후단).

조 2항). 또한 조합원총회의 결의에 관하여 특별한 이해관계가 있는 조합원은 의결권을 행사하지 못한다(법 220조 4항, 190조 10항, 상법 368조 3항).[1] 조합원총회에서는 주식회사의 주주총회에서와 같은 의결권의 불통일행사(상법 368조의2)가 인정되지 않는다.

조합원총회의 경우에도 주주총회에서와 같이, 조합원은 조합원총회에 출석하지 아니하고 서면에 의하여 의결권을 행사할 수 있다. 조합원총회에 직접 출석할 수 없는 조합원이 의결권을 행사할 수 있는 수단을 제공하기 위한 것이다(법 220조 4항, 190조 6항, 법 시행령 221조 1항 내지 4항).

4. 연기조합원총회

(1) 도입취지

조합원총회의 결의가 이루어지지 아니하는 경우 투자합자조합의 중요한 의사결정이 이루어지지 못하여 조합원 전체의 이익에 중대한 영향을 미치게 된다. 따라서 투자합자조합이 원활하게 운영되기 위해서는 조합원총회의 결의를 확보할 수 있는 법적 수단이 필요하게 되는바, 법은 투자신탁의 연기수익자총회와 마찬가지로, 의결정족수 미달로 조합원총회의 결의가 이루어지지 않은 경우 조합원총회 자체를 연기하여 총회를 다시 소집하는 연기조합원총회를 도입하였다.[2]

(2) 조합원총회의 연기

업무집행조합원 또는 소집권자가 된 신탁업자 또는 발행된 지분증권 총수의 100분의 5 이상을 소유한 조합원은 의결정족수 미달로 조합원총회의 결의가 이루어지지 아니한 경우 그 날부터 2주 이내에 연기조합원총회를 소집하여야 한다(법 220조 4항, 190조 7항). 연기조합원총회는 상법상 주주총회 연기와는 달리 별도의 소집통지가 필요하다. 업무집행조합원은 연기조합원총회를 소집하려는 경우에는 연기조합원총회일 1주 전까지 법 제190조 제 8 항에 따른 내용을 명시하여 연기조합원총회의 소집을 통지하여야 한다(법 220조 4항, 190조 9항, 법 시행령 220조 4항).

(3) 연기조합원총회의 결의요건

연기조합원총회의 결의는 출석한 조합원의 의결권의 과반수와 발행된 지분증권 총수의 8분의 1 이상의 수로 결의한다. 다만 법에 정한 조합원총회의 결의사항 외에 조합계약으로 정한 조합원총회의 결의사항에 대하여는 출석한 조합원의 의결권의 과반수와

1) 2014. 5. 20. 상법 개정시에 제368조 제 2 항이 삭제되고 제 3 항 및 제 4 항이 제 2 항 및 제 3 항으로 변경되었으나, 자본시장법 제190조 제10항은 이에 맞추어 정리되지 않았으므로 위 조항에서 상법 제368조 제 3 항·제 4 항은 상법 제368조 제 2 항·제 3 항을 의미하는 것으로 이해하여 정리하였다.

2) 의사정족수를 규정하고 있던 2013. 5. 28. 개정 전의 법은 조합원총회의 회의개시 예정시각에서 1시간이 경과할 때까지 의사정족수가 미달되어 총회가 성립되지 않은 경우 연기조합원총회를 소집하도록 규정하고 있었다(개정 전 법 220조 4항, 190조 7항).

발행된 지분증권 총수의 10분의 1 이상의 수로 결의할 수 있다(법 220조 4항, 190조 8항).[1] 서면에 의한 의결권 행사에 관한 규정(법 220조 4항, 190조 6항)은 연기조합원총회에 대하여 준용된다.

Ⅳ. 조합원총회 결의의 하자

조합원총회 결의의 하자란 외관상으로는 조합원총회의 결의로 인정할 수 있는 결의가 존재하나, 그 결의의 절차·내용이 법령이나 조합계약을 위반하였거나 부당하여 그 효력을 인정할 수 없는 경우 또는 총회의 소집절차나 결의방법에 총회결의가 존재한다고 볼 수 없을 정도로 중대한 하자가 있는 경우를 말한다.

이러한 하자가 있는 조합원총회의 결의일지라도 이해관계자가 함부로 그 하자를 주장하여 이미 형성된 법률관계를 변경하는 것을 허용할 수는 없다. 자본시장법은 상법상 주주총회의 경우와 마찬가지로 결의취소의 소, 결의무효의 소, 결의부존재확인의 소, 특별이해관계인에 의한 부당결의취소·변경의 소를 조합원총회에 도입하였고, 이에 대하여는 상법 규정이 그대로 준용된다(법 220조 4항, 190조 10항, 상법 376조, 377조, 379조 내지 381조).

Ⅴ. 사모투자합자조합 등에 대한 특례

법은 "집합투자자총회 및 그와 관련된 사항은 사모집합투자기구에는 적용하지 아니한다"라고 규정하고 있다(법 249조 4항). 이에 따라 사모투자합자조합의 경우에는 본 제220조에 따른 조합원총회에 관한 규정의 적용이 없다.

법 제249조 제4항의 취지는 사모투자합자조합 등 사모집합투자기구는 소수의 투자자들로 구성되므로, 사적 자치의 원칙에 따라 해당 사항을 정하도록 하면 되고, 투자합자조합이 임의로 조합원총회를 두는 것까지는 금지하지 않으나, 원칙적으로 불특정 다수의 투자자들을 전제로 하는 집합투자자총회와 관련된 규정을 사모집합투자기구에 적용할 필요가 없다는 데 있는 것으로 보인다. 그런데 이 경우 집합투자자총회의 결의를 얻도록 규정된 사항에 대하여 사모집합투자기구에서는 어떠한 절차를 통하여 결정해야

1) 2013. 5. 28. 개정 전의 법은 연기조합원총회의 회의개시 예정시각에서 1시간이 경과할 때까지 출석한 조합원이 소유한 지분증권의 좌수가 발행된 지분증권의 총수의 과반수에 미달하는 경우에는 출석한 조합원의 지분증권의 총수로써 조합원총회가 성립된 것으로 보며, 이 경우 연기조합원총회의 결의는 출석한 조합원의 의결권의 3분의 2 이상 찬성으로 하고, 다만 조합계약상의 총회결의사항에 대하여는 출석한 조합원의 의결권의 과반수로 하도록 규정하고 있었다(개정 전 법 220조 4항, 190조 8항). 이에 의하면, 출석한 조합원이 1인인 경우, 그 1인이 연기조합원총회의 결의를 좌우할 수 있다. 이는 구간투법 제72조하에서의 연기수익자총회 결의요건을 변경 없이 그대로 받아들인 자본시장법상 연기수익자총회 결의요건을 조합원총회에 준용함으로써 인정되는 결과였다.

하는지와 관련하여 자본시장법상 아무런 규정이 없어 문제가 있다.[1] 이에 대해서는 입법적 보완이 필요하다.

제221조(투자합자조합의 해산 및 청산)

① 투자합자조합은 다음 각 호의 어느 하나에 해당하는 사유로 해산한다. 이 경우 청산인은 대통령령으로 정하는 사항을 금융위원회에 보고하여야 한다. 〈개정 2008. 2. 29, 2013. 5. 28〉

1. 조합계약에서 정한 존속기간의 만료, 그 밖의 해산사유의 발생
2. 조합원총회의 결의
3. 투자합자조합 등록의 취소
4. 유한책임조합원의 총수가 1인이 되는 경우. 다만, 건전한 거래질서를 해할 우려가 없는 경우로서 대통령령으로 정하는 경우는 제외한다.

② 투자합자조합이 해산하는 경우 조합계약 또는 조합원총회에서 달리 정한 경우를 제외하고는 업무집행조합원이 청산인이 된다. 〈개정 2013. 5. 28〉

③ 금융위원회는 투자합자조합이 제 2 항에 따른 청산인이 없거나 없게 된 경우에는 직권으로 청산인을 선임한다. 〈개정 2008. 2. 29, 2013. 5. 28〉

④ 금융위원회는 청산인이 업무를 집행함에 있어서 현저하게 부적합하거나 중대한 법령 위반사항이 있는 경우에는 직권으로 또는 이해관계인의 청구에 의하여 청산인을 해임할 수 있다. 이 경우 금융위원회는 직권으로 새로운 청산인을 선임할 수 있다. 〈개정 2008. 2. 29〉

⑤ 청산인은 투자합자조합의 잔여재산을 조합원에게 분배함에 있어서 조합계약이 정하는 바에 따라 투자합자조합재산에 속하는 자산을 그 조합원에게 지급할 수 있다. 〈개정 2013. 5. 28〉

⑥ 제203조(제 2 항을 제외한다)는 투자합자조합의 청산에 관하여 준용한다. 이 경우 "투자회사"는 각각 "투자합자조합"으로, "재산목록과 대차대조표를 작성하여 이를 청산인회에 제출하여 승인을 받은 후 그 등본을"은 "재산목록과 대차대조표를 작성하여 그 등본을"로, "주주총회"는 "조합원총회"로, "청산인 및 청산감독인"은 "청산인"으로 본다. 〈개정 2013. 5. 28〉

[제목개정 2013. 5. 28]

시행령 제238조(해산의 보고 등)

① 청산인은 법 제221조 제 1 항 후단에 따라 다음 각 호의 사항을 해산일부터 30일 이내에 금융위원회에 보고하여야 한다. 〈개정 2013. 8. 27〉

1. 해산의 사유와 연월일
2. 청산인의 성명·주민등록번호(청산인이 법인인 경우에는 명칭·사업자등록번호)

② 법 제221조 제 1 항 제 4 호 단서에서 "대통령령으로 정하는 경우"란 다음 각 호의 어느 하나에 해당하는 경우를 말한다. 〈개정 2013. 8. 27〉

1. 유한책임조합원이 「국가재정법」 제 8 조 제 1 항에 따른 기금관리주체(이에 준하는 자로서 제13조 제 2 항 각 호

1) 이에 대하여 지적하는 견해로 조상욱/이진국, "자본시장과 금융투자업에 관한 법률(안)상 집합투자규제의 주요내용 및 문제점," 「BFL」 제22호(2007. 3), 41쪽 참조.

의 어느 하나에 해당하는 자를 포함한다)인 경우
2. 유한책임조합원이 법 제251조 제 1 항에 따라 보험회사가 설정한 투자신탁인 경우
3. 투자합자조합의 최초 설립일부터 1개월이 지나지 아니한 경우
4. 투자합자조합의 유한책임조합원 총수가 1인이 된 날부터 1개월이 지나지 아니한 경우
[제목개정 2013. 8. 27]
[시행일 2015. 1. 1.] 제238조 제 2 항

Ⅰ. 개 요

법은 투자합자조합을 상법에 따른 합자조합 형태의 투자기구라고 규정하고(법 9조 18항 5호), 상법상 합자조합에 대하여는 민법 중 조합에 관한 규정이 준용되나(상법 86조의8 4항 본문), 투자합자조합의 해산 및 청산과 관련하여 민법상 조합의 해산 및 청산에 대한 규정(민법 720조 내지 724조)의 적용을 배제하고 있다(법 223조 3항). 그리고 투자회사의 청산과 관련된 규정을 투자합자조합의 청산에 관하여 준용하고 있다(법 221조 6항).

투자합자조합에 관하여 자본시장법상 그 해산 및 청산에 대한 특별한 규정을 두지 않는다면, 민법상의 해산 및 청산절차에 관한 민법 제720조 내지 제724조의 규정이 적용될 것이다. 그 경우, ① 투자합자조합의 목적인 사업이 성공하거나 성공할 수 없게 되는 부득이한 사유가 있는 때에는 각 조합원은 투자합자조합의 해산을 청구할 수 있고(민법 720조), ② 투자합자조합이 해산한 때에는 청산은 총 조합원 공동으로 또는 그들이 선임한 자가 그 사무를 집행하며(민법 721조 1항), ③ 청산인의 선임은 조합원의 과반수로써 결정하고(민법 721조 2항), ④ 청산인이 수인인 때에는 그 과반수로써 업무집행을 결정하며(민법 722조), ⑤ 조합원 중에서 청산인을 정한 때에는 정당한 사유 없이 사임하지 못하며 다른 조합원의 일치가 아니면 해임하지 못하고(민법 723조), ⑥ 청산인의 직무 및 권한에 관하여는 법인의 청산인의 직무에 대한 규정을 준용하여 현존사무의 종결, 채권의 추심, 채무의 변제를 하며(민법 724조 1항), ⑦ 조합재산으로 조합채무를 변제하고 남은 적극재산인 잔여재산은 각 조합원의 출자가액에 비례하여 이를 분배하게 될 것이다(민법 724조 2항).

그러나 투자합자조합은 다수의 수동적 투자자(유한책임조합원)와 전문적 운용자(업무집행조합원, 집합투자업자)로 구성되는 집합투자기구인 점 등에서 규율상 특수성이 존재한다(이에 대해서는 앞의 설명부분 참조). 그 결과, 투자합자조합의 해산 및 청산에 대해서도 투자합자조합의 집합투자기구로서의 특수성을 반영하는 것은 부득이하다. 법 제223조 제 3 항은 투자합자조합의 해산 및 청산에 관해 민법상의 해산 및 청산절차를 전면적으로 배제하고,

동시에 본조는 다른 집합투자기구의 해산 및 청산절차에 준하여 그 구체적인 해산 및 청산절차를 정하고 있다.

Ⅱ. 해 산

투자합자조합은 ① 조합계약에서 정한 존속기간의 만료, 그 밖의 해산사유의 발생, ② 조합원총회의 결의, ③ 투자합자조합 등록의 취소, ④ 유한책임조합원의 총수가 1인이 되는 경우(다만, 건전한 거래질서를 해할 우려가 없는 경우로서 대통령령으로 정하는 경우는 제외한다)의 어느 하나에 해당하는 사유로 해산한다(법 221조 1항). 위 ④의 사유는 2013. 5. 28. 법 개정으로 추가된 것으로 2015. 1. 1.부터 시행된다.

민법 제720조에 의하면 각 조합원은 "不得已한 事由"가 있는 때에는 조합의 해산청구를 할 수 있는바, "不得已한 事由"에는 경제계의 사정변경, 조합의 재산상태의 악화 또는 영업부진 등으로 조합의 목적달성이 현저하게 곤란하게 된 경우 등이 있다.[1] 그러나 법 제223조 제 1 항은 투자합자조합의 해산에 관하여 민법 제720조의 적용을 배제하고 본조 제 1 항에서 해산사유를 위 4가지로 제한하고 있으므로, 민법 제720조에 기한 각 조합원의 해산청구 및 해산사유는 인정되지 않는다. 따라서 위 "不得已한 事由"가 있다고 판단하는 조합원은, 스스로(업무집행조합원) 또는 지분증권 총수의 100분의 5 이상 요건을 충족하여 투자합자조합의 해산을 위한 조합원총회 소집을 업무집행조합원에 요청하여(유한책임조합원) 조합원총회 결의를 거치는 방법을 취하여야 할 것이다.

Ⅲ. 청 산

위 해산사유가 발생하는 경우, 자본시장법 규정에 따른 소위 법정청산이 이루어지며, 임의청산은 인정되지 않는다. 우선 청산인이 선임되고, 청산인은 투자합자조합에 위 해산사유가 발생하는 경우 금융위원회에 대통령령으로 정하는 사항을 보고하여야 한다(법 221조 1항). 법 시행령 제238조 제 1 항은 위 청산인의 보고사항으로 ① 해산의 사유와 연월일, ② 청산인의 성명·주민등록번호(청산인이 법인인 경우에는 명칭·사업자등록번호)를 정하고 있다. 그 후 청산인은 본조에 정한 바에 따라 투자합자조합의 재산상태의 조사, 채권자에의 최고, 잔여재산 분배, 결산보고서의 작성 및 승인 등의 청산절차를 수행하게 된다.

---

1) 김재형, 전게서(1997), 165쪽.

1. 청 산 인

(1) 선　　임

투자합자조합이 해산하는 경우 조합계약 또는 조합원총회에서 청산인에 관한 사항을 정해둔 경우에는 조합계약 또는 조합원총회 결의에 따라 청산인이 선임된다(법 221조 2항). 다만 조합계약 또는 조합원총회에서 달리 정하지 않으면 업무집행조합원이 청산인이 된다(법 221조 2항). 투자합자조합이 해산하는 경우에 있어서 업무집행조합원이 없거나 없게 된 경우 금융위원회는 직권으로 청산인을 선임한다(법 221조 3항).

(2) 보수지급

청산인은 투자합자조합으로부터 보수를 지급받을 수 있다. 즉, ① 투자합자조합이 조합계약에서 정한 존속기간의 만료, 그 밖의 해산사유 발생 또는 조합원총회의 결의로 해산한 경우에는 조합계약 또는 조합원총회가 정하는 바에 따라 보수를 지급받으며, ② 투자합자조합이 투자합자조합 등록의 취소로 해산하여 금융위원회에 의하여 선임된 청산인은 금융위원회가 정하는 바에 따라 보수를 지급받는다(법 221조 6항, 203조 6항).

2. 청산절차

(1) 재산상태의 조사

청산인은 취임 후 지체 없이 투자합자조합의 재산상태를 조사하여 15일 이내에 재산목록과 대차대조표를 작성하여야 하며, 재산목록과 대차대조표 등본을 지체 없이 금융위원회에 제출하여야 한다(법 221조 6항, 법 203조 1항, 법 시행규칙 21조). 또한 청산인은 작성한 재산목록과 대차대조표를 청산종결시까지 투자합자조합에 비치하여야 하며, 이를 집합투자업자 및 투자매매업자·투자중개업자에게 송부하여 그 영업소에 비치하도록 하여야 한다(법 221조 6항, 203조 7항).

(2) 채권자에의 최고

청산인은 취임한 날부터 1개월 이내에 투자합자조합의 채권자에 대하여 1개월 이상으로 정한 신고기간 이내에 그 채권을 신고할 것과 그 기간 이내에 신고하지 아니하면 청산에서 제외된다는 뜻을 2회 이상 공고하는 방법으로 최고하여야 한다(법 221조 6항, 203조 3항).

자금차입, 채무보증 또는 담보제공이 제한되는 투자합자조합의 경우에는 위와 같은 최고절차를 생략할 수 있는데, 최고절차를 생략하려는 경우 그 뜻과 채무내용·채무이행방법 등 채무와 관련된 사항을 2회 이상 전국을 보급지역으로 하는 일간신문에 공고하여야 하며, 이를 금융위원회에 지체 없이 보고하여야 한다(법 221조 6항, 203조 4항 본문, 법 시행령 233조 1항). 다만 장내파생상품 또는 장외파생상품의 매매에 따른 계약이행책임이 있는 경우, 투자합자조합재산에 중대한 영향을 미칠 수 있는 소송이 계류 중인 경우, 법 제83조 제 1 항 단서에 따른 금전차입 등으로 인하여 잔존채무가 있는 경우에는 채권자에 대하여 반드시 최고하여야 한다(법 221조 6항, 203조 4항 단서, 법 시행령 233조 2항).

한편 투자합자조합은 무한책임을 지는 업무집행조합원 1인과 출자액을 한도로 하여 유한책임을 지는 유한책임조합원으로 구성되는바, 위 청산절차에 있어서 무한책임을 지는 업무집행조합원의 책임 내용이 어떠한지 문제된다. 우선 채권신고기간 이내에 신고를 한 채권자는 앞서 본 무한책임의 내용에 따라 업무집행조합원의 책임을 물을 수 있을 것이다. 그런데 채권신고기간 이내에 채권신고를 하지 않은 채권자 역시 무한책임을 지는 업무집행조합원에게 책임을 물을 수 있는가?[1] 이에 대하여는 법률에 규정이 없으며, 법정청산에 관한 일반 법리를 그대로 적용할 수 있는지 여부와 관련하여 이론의 여지가 있고, 입법적인 해결이 필요하다는 점은 앞서 업무집행조합원의 무한책임에서 설명한 바와 같다(법 219조 해당 부분 참조).

(3) 잔여재산의 분배

청산인은 투자합자조합의 잔여재산을 조합원에게 분배함에 있어서 조합계약이 정하는 바에 따라 투자합자조합재산에 속하는 자산을 그 조합원에게 지급할 수 있다(법 221조 5항). 동 조항은 투자합자조합의 잔여재산 분배시 현금으로써가 아니라 현물자산으로써 지급할 수 있음을 정하고 있는 것으로 이해된다.

투자신탁에 관하여는 법 제192조 제 3 항에서 본 제221조 제 5 항과 동일한 취지의 규정을 두고 있고, 투자익명조합의 청산에 있어서도 본항이 준용되는 반면(법 227조 3항), 투자회사, 투자합자회사, 투자유한회사, 투자유한책임회사 등 회사 형태의 집합투자기구에는 동일한 취지의 규정을 두고 있지 않다.[2] 그러나 자본시장법상 명시적 허용규정이 없다고 하여 투자회사, 투자합자회사, 투자유한회사, 투자유한책임회사에 있어서 잔여재산의 현물에 의한 지급이 허용되지 않는다고 할 것은 아니고, 이는 상법상 주식회사, 합자회사, 유한회사, 유한책임회사의 법리상 현물지급의 허용여부에 달려있다고 할 것이다.

한편 투자합자조합의 조합원은 출자금액의 반환 및 이익의 분배 등에 관하여 지분증권의 수에 따라 균등한 권리를 가지므로(법 222조 2항, 208조 1항), 현물자산으로써 잔여재산 분배가 이루어지는 경우에도 동 투자자평등의 원칙이 적용되는 것이 당연한데, 투자

1) 채권신고 제도가 없는 민법상 조합에 있어서는, 청산의 경우 조합원은 조합채무 전부에 대해 청산 전후를 불문하고 자신의 고유재산으로 조합채무에 대해 책임을 부담한다고 이해된다.

2) 본 조항의 배경은 구간투법 제105조 제 4 항은 투자신탁에 있어서 본 제221조 제 5 항과 동일한 취지의 규정을 두고 있었고, 법 제192조 제 3 항은 구간투법 제105조 제 4 항을 실질적으로 승계한 것인데, 자본시장법상 투자합자조합에서도 구간투법 제105조 제 4 항의 규정을 도입한 것이다.

자평등의 원칙상 현물지급에 있어 반드시 각 조합원에 대하여 그 지분비율에 따른 현물지급이 이루어져야 하는지 문제된다. 그러나 법 제221조 제5항의 취지상, 조합계약에서 구체적인 분배방법을 정하거나 그러한 현물자산 분배가 가능한 기준(예컨대, 조합원총회의 결의 또는 조합원 전원의 동의)을 설정한 경우, 그에 따라 현물 지급이 이루어진 결과 예컨대 일부 조합원에게는 현물지급, 다른 조합원에게는 현금지급과 같이 외관상 각 조합원의 지분비율에 따른 지급이 이루어지지 않더라도 투자자평등의 원칙에 반하지 않는다고 보아야 할 것이다.

(4) 결산보고서의 작성 및 승인 등

청산인은 청산사무가 종결된 경우에는 지체 없이 결산보고서를 작성하여 조합원총회의 승인을 받아야 한다. 조합원 총회의 승인이 있은 때에는 당해 결산보고서를 공고하고, 이를 금융위원회 및 협회에 제출하여야 한다(법 221조 6항, 203조 5항).

3. 청산인에 대한 감독 및 청산인의 해임

투자합자조합이 청산절차에 들어가는 경우 금융위원회는 투자합자조합의 청산인의 업무집행에 대한 감독을 하게 된다. 즉 금융위원회는 청산인의 업무를 집행함에 있어서 현저하게 부적합하거나 중대한 법령 위반사항이 있는 경우에는 직권으로 또는 이해관계인의 청구에 의하여 청산인을 해임할 수 있고, 이러한 경우 금융위원회는 직권으로 새로운 청산인을 선임할 수 있다(법 221조 4항).

제222조(준용규정)

① 제195조는 투자합자조합의 조합계약변경에 관하여 준용한다. 이 경우 "투자회사"는 각각 "투자합자조합"으로, 같은 조 제1항 중 "이사회 결의로"는 "업무집행조합원이"로, "제201조 제2항"는 "제220조 제3항"으로, 같은 조 제1항 중 "주주총회의 결의" 및 같은 조 제2항 중 "이사회 결의 및 주주총회의 결의"는 각각 "조합원총회의 결의"로, "주주"는 각각 "조합원"으로 본다. 〈개정 2013. 5. 28〉

② 제208조는 투자합자조합의 지분증권에 관하여 준용한다. 이 경우 "투자유한회사" 및 "회사"는 각각 "투자합자조합"으로, "제209조 제1항에 따른 법인이사" 및 "법인이사"는 각각 "업무집행조합원"으로, "정관"은 "조합계약"으로, 같은 조 제1항 중 "사원"은 "유한책임조합원"으로, 같은 조 제2항 및 제3항 중 "사원"은 각각 "조합원"으로 본다. 〈개정 2013. 5. 28〉

Ⅰ. 개 요

법 제222조는 조합계약의 변경절차에 관하여 투자회사에서의 정관변경 절차에 관한 제195조를 준용하고(1항), 투자합자조합의 지분증권에 관하여는 투자유한회사에서의 지분증권에 대한 제208조를 준용하도록 정하는 규정이다(2항).

Ⅱ. 조합계약 변경

1. 변경방법

법 제222조 제 1 항에 의해 조합계약 변경절차에 관하여 법 제195조가 준용되는 결과, ① 조합계약은 원칙적으로 집합투자업자인 업무집행조합원이 유한책임조합원 동의 없이 단독으로 변경할 수 있고(법 195조 1항 본문),[1] ② 다만 일정한 사항의 경우에만 법 제220조 제 3 항 본문에 따른 조합원총회 결의, 즉 출석한 조합원의 의결권의 과반수와 발행된 지분증권총수의 4분의 1 이상의 찬성으로 결의를 거쳐서 변경해야 하는 제한을 받는다(법 195조 1항 단서 각호 참조). 만약 ②의 규정을 위반하여 정관을 변경한 경우 그러한 정관 변경은 효력이 없다고 할 것이다. 아울러 금융위원회는 투자합자조합 또는 업무집행조합원에 대해 6개월 이내의 업무의 전부 또는 일부의 정지(1호) 기타 소정의 조치를 할 수 있다(법 253조 2항 [별표 2] "투자회사등에대한처분사유" 29호).

이와 같이 조합원총회 결의를 요하는 사항을 제외한 나머지 사항에 대해 업무집행조합원이 유한책임조합원의 동의 없이 조합계약을 단독으로 변경할 수 있도록 한 것은, 민법에 있어서 조합계약의 변경에 전 조합원의 합의 또는 조합계약에 정한 바에 따라 다수결 결의가 필요한 것과 대비된다.[2] 그리고 집합투자업자가 집합투자자총회 결의를 요구하는 사항을 제외하고는 집합투자자의 견제 없이 규약(조합계약)을 변경할 수 있는 것은 투자유한회사, 투자합자회사, 투자유한책임회사, 투자익명조합의 집합투자규약 변경절차와 같다(법 211조, 216조, 217조의6, 227조, 195조).

다만 이러한 정함이 투자합자조합의 유한책임조합원 보호의 관점에서 적절한 것인지는 의문이다. 업무집행조합원에게 조합규약 단독변경을 허용하는 것은 투자합자조합이 기반을 두고 있는 민법상 조합의 법적 성질(조합원들 사이의 계약)에서 근본적으로 벗어난다.

1) 법 제195조 제 1 항 본문은 "투자회사는 이사회 결의로 정관을 변경할 수 있다"고 규정하고 있는데, 본항에서 "투자회사"는 "투자합자조합"으로, "이사회 결의로"는 "업무집행조합원이"로 보기로 하므로, 조합계약 변경에 대해서는 "투자합자조합은 업무집행조합원이 조합계약을 변경할 수 있다"고 정한 것이 된다.

2) 김재형, 전게서(1997), 46쪽. "조합계약에 부족한 점이 있으면 전 조합원의 합의에 의하여 추가·변경할 수 있다. 조합계약에 조합의 근본에 관련된 사항에 대하여 다수결에 의하여 결정한다는 규정을 둔 경우에는 이에 따라 조합계약을 추가하거나 변경할 수 있을 것이다."

투자신탁의 경우 신탁계약의 변경에는 신탁업자와의 변경계약 체결을 필요로 하므로 집합투자업자의 독단적인 신탁계약 변경에 대한 견제수단이 있고(법 188조 2항), 투자회사의 경우 정관변경이 이사회 결의로 이루어져 감독이사에 의한 견제가 가능한 것(법 195조 1항)에 비교하더라도 업무집행조합원에게 과도한 재량을 부여한다고 할 수 있다. 종래 민법상 조합을 이용하는 투자수단에 있어 조합규약의 변경을 위해 조합원 전원의 동의를 요하는 것으로 정한 경우도 있다.[1] 물론 변경의 적절성에 대해서는 금융위원회의 일반적인 감독권 행사 대상은 될 것이나(법 252조, 253조 참조), 이는 사후적 감독에 불과하다.

2. 조합원총회 결의를 요하는 조합계약 변경

본 제222조 제1항에 기해 그 변경에 조합원총회를 요하는 사항은 ① 집합투자업자·신탁업자가 받는 보수, 그 밖의 수수료의 인상, ② 집합투자업자 또는 신탁업자의 변경, ③ 조합계약으로 투자합자조합의 존속기간 또는 해산사유를 정한 경우 존속기간 또는 해산사유의 변경, ④ 그 밖에 조합원의 이익과 관련된 중요한 사항으로서 대통령령으로 정하는 사항이 있다(법 222조 1항, 195조 1항 각 호, 법 시행령 229조 1항).[2] 단, 합병·분할·분할합병, 그 밖의 대통령령이 정하는 사유로[3] 집합투자업자인 업무집행조합원 또는 신탁업자가 변경된 경우에는 조합원총회 결의를 요하지 아니한다(법 222조 1항, 195조 2항).

위 사항 중 집합투자업자인 업무집행조합원의 변경에 관한 사항(법 195조 1항 2호)은 종래 구간투법상 투자신탁의 수익자총회 결의사항(구간투법 31조) 또는 투자회사의 주주총회 결의사항(구간투법 44조)에 없던 것으로, 투자합자조합을 포함한 모든 집합투자기구에 관하여 새롭게 도입되었다. 구체적으로, 자본시장법에 의해 투자신탁과 투자회사에 관하여 새롭게 집합투자자총회 결의사항으로 새롭게 포함되고(법 188조 2항 4호, 법 시행령 217조 3호,

---

1) 예컨대, 중소기업창업지원법상의 중소기업창업투자합자조합의 경우. 다만, 중소기업창업투자합자조합의 경우 유한책임조합원의 수가 49인 이하이므로(중소기업창업지원법 대통령령 14조 1항 3호) 공모인 투자합자조합의 경우와는 달리 조합원 전원의 동의를 받는 것이 현실적으로도 가능하다는 차이점은 있다.

2) 자세한 내용은 법 제220조 조합원총회의 관련 부분 참조.

3) 법 시행령 제229조 제2항은 아래 사항을 조합원총회 결의 없이 업무집행조합원이 조합계약을 변경할 수 있는 경우로 아래와 같이 정한다.
 1. 집합투자업자의 경우에는 다음 각 목의 어느 하나에 해당하는 경우
  가. 법 제420조 제3항에 따른 금융위원회의 조치에 따라 집합투자업자가 변경되는 경우
  나. 「금융산업의 구조개선에 관한 법률」 제10조에 따른 금융위원회의 명령에 따라 집합투자업자가 변경되는 경우
 2. 신탁업자의 경우에는 다음 각 목의 어느 하나에 해당하는 경우
  가. 영업양도 등으로 투자회사재산의 보관, 관리계약의 전부가 이전되는 경우
  나. 법 제184조 제4항, 법 제246조 제1항 등 관련 법령의 준수를 위하여 불가피하게 투자회사재산의 보관, 관리계약의 일부가 이전되는 경우
  다. 법 제420조 제3항에 따른 금융위원회의 조치에 따라 신탁업자가 변경되는 경우
  라. 「금융산업의 구조개선에 관한 법률」 제10조에 따른 금융위원회의 명령에 따라 신탁업자가 변경되는 경우

195조 1항 2호), 투자회사에 대한 규정은 투자합자조합을 포함한 자본시장법상 새롭게 인정된 집합투자기구(즉, 투자유한회사, 투자합자회사, 투자유한책임회사, 투자유한책임회사, 투자합자조합, 투자익명조합)의 집합투자자총회 결의사항으로 준용되고 있다.

그런데 위 준용의 결과 투자합자조합의 집합투자업자인 업무집행조합원의 변경에 있어 조합원총회 결의를 요하는 것은 명백하나, 해당 변경에 적용될 요건과 절차 등 구체적 사항에 대해서는 법 제222조 제 1 항과 준용되는 법 제195조 제 1 항에는 규정이 없고, 자본시장법의 다른 조항에도 마찬가지이다. 그 결과 조합계약상 집합투자업자(업무집행조합원)의 변경 자체가 가능한 것은 분명하나, 변경에 있어 ① 기존의 업무집행조합원인 집합투자업자가 새로운 집합투자업자를 선정할 수 있는 사유, ② 새로운 집합투자업자의 기존 집합투자업자 무한책임 승계여부 및 승계방법, ③ 종전 집합투자업자가 새로운 집합투자업자와 체결할 합의 내용, ④ 조합원총회 승인대상이 되는 합의의 내용 및 절차 등에 대해서는 아무런 정함이 없다. 특히 조합원총회에 관한 법 제220조 제 4 항은 투자신탁에 있어서 수익자총회 결의에 대한 반대수익자의 수익증권매수청구권을 정한 법 제191조를 준용하지 않고 있는데, 이로 인해 투자합자조합의 집합투자업자 변경에 반대하는 유한책임조합원의 권리보호에도 문제가 있다. 기왕 업무집행조합원 변경을 허용한다면 적절한 입법적 보완이 필요한 것으로 보인다. 그렇지 않으면 실제로 투자합자조합 업무집행조합원 변경이 이루어지는 경우 절차상 또는 투자자 보호의 관점에서 많은 문제가 발생할 것이 우려된다.

3. 조합계약 변경의 공고 등

조합계약을 변경한 경우에는 투자합자조합은 인터넷 홈페이지 등을 이용하여 조합계약의 변경을 공시하여야 하며, 조합원총회의 결의를 거쳐 조합계약을 변경하여야 하는 경우에는 공시 외에 이를 조합원에게 통지하여야 한다(법 222조 1항, 195조 3항).

여기서의 공시 또는 조합원에 대한 통지는 효력발생요건은 아니고 조합원에 대한 사후적 통지의무로 해석된다. 따라서 투자합자조합이 그러한 공시 또는 통지를 하지 아니하거나 거짓으로 공시 또는 통지하는 경우 금융위원회는 투자합자조합 또는 업무집행조합원에 대해 6개월 이내의 업무의 전부 또는 일부의 정지(1호) 기타 소정의 조치를 할 수 있으나(법 253조 2항 별표 2 "투자회사등에대한처분사유" 30호), 그로 인하여 조합계약 변경의 효력이 부인되지는 않을 것이다. 공시 또는 통지를 이행한 경우 조합원이 이에 동의하지 않는다고 할지라도 동일하다.

Ⅲ. 지분증권

투자합자조합은 집합투자기구로서 그에 대한 출자지분이 표시된 집합투자증권을 가지게 된다. 투자합자조합의 법적 형태가 상법상의 합자조합이며(법 9조 18항 5호), 합자조합의 출자지분은 증권 중에서 지분증권에 해당하므로(법 4조 4항) 투자합자조합의 집합투자증권은 지분증권이다. 법 제222조 제 2 항은 이러한 투자합자조합의 지분증권에 관하여 투자자평등의 원칙이 적용됨을 밝히고, 동 지분증권의 성격과 발행절차에 대해서 규정한다.

1. 투자자평등의 원칙

투자합자조합의 유한책임조합원은 출자금액의 반환 및 이익의 분배 등에 관하여 지분증권의 수에 따라 균등한 권리를 가진다(법 222조 2항, 208조 1항). 이는 투자합자조합에 대해 투자자 평등원칙이 적용됨을 밝힌 것이다.

법문은 명시적으로 "유한책임조합원"만을 대상으로 하고 있으며, 무한책임조합원의 지분증권과 유한책임조합원의 지분증권 사이에 투자자 평등원칙을 적용하지 않고 있다. 무한책임조합원도 지분증권을 가진다. 그러나 법 제223조 제 5 항에서 조합계약이 정하는 바에 따라 이익을 배당함에 있어 무한책임조합원과 유한책임조합원의 배당률 또는 배당순서 등을 달리 정할 수 있도록 하고 있으므로, 이익배당에 관하여는 조합계약의 정함에 따라서 무한책임조합원과 유한책임조합원의 지분증권 내용은 동일하지 않을 수 있다고 해석된다. 그리고 이익배당 이외의 사항에 대해서도 조합계약에 의해 무한책임조합원의 지분증권 내용은 달라질 수 있을 것이라고 본다.

투자합자조합에서의 투자자평등의 원칙상, 법 제231조에 따른 종류형집합투자기구로 투자합자조합이 설정되는 경우를 제외하고는, 조합계약으로 투자합자조합이 투자자(유한책임조합원) 별로 이익배당률 기타 발행조건을 달리하는 수종의 지분증권을 발행하는 것은 허용되지 않을 것이다. 물론 수종의 주식에 관한 상법 제344조 제 1 항의 규정이 적용되지 않으므로 반대해석상 수종의 주식을 발행할 수 없다고 볼 투자회사와는 달리(법 206조 2항), 투자합자조합은 수종의 지분증권을 발행하는 것을 직접 제한하는 상법 및 자본시장법상 명시적 근거는 없다. 그러나 법 제208조 제 1 항은 '유한책임조합원은 출자금액의 반환 및 이익의 분배 등에 관하여 지분증권의 수에 따라 균등한 권리'를 가지는 것으로 하는데, 이는 수종의 수익증권 발행을 허용하지 않는다는 취지로 보인다. 같은 날에 발행하는 투자합자조합의 신지분증권의 발행가액, 그 밖의 발행조건은 균등하게 정하도록 하는 조항(법 222조 2항, 208조 3항, 196조 5항)도 수종의 지분증권 발행을 전제로 하지 않는 조항일 것이다. 따라서 법 해석상으로는 수종의 지분증권을 발행하는 것은 허용되지 않

을 것이다.[1])

투자합자조합에서 출자금액의 반환 및 이익의 분배 등에 있어서 지분증권의 수에 따라 균등한 권리를 가진다는 것은, 유한책임조합원은 누구든지 자기의 의사에 의하지 아니하고 지분증권의 수에 따르지 않는 차등적 출자금액의 반환 및 이익의 분배 등을 강요당하지 않는다는 것일 뿐, 유한책임조합원 스스로 해당 권리를 포기, 양도하는 것을 금지하는 취지는 아니다. 따라서 유한책임조합원 전원의 동의를 통하여 유한책임조합원 사이에 차등적 출자금액의 반환 및 이익의 분배 등을 정하는 경우, 그러한 정함까지 투자자 평등의 원칙 위반으로 무효가 되지는 않을 것이라고 본다.

2. 지분증권의 성격과 발행절차

(1) 투자합자조합의 지분증권은 자본시장법상 상법상의 합자조합의 출자지분이 표시된 것으로 정의되어 있다(법 4조 4항). 따라서 지분증권은 개념적으로는 마치 주식과 주권이 다른 것처럼 투자합자조합의 지분 그 자체와는 구별되고, 투자합자조합의 지분을 표시한 증서를 가리키는 것으로 해석하여야 할 것이다. 그렇지만 증권에 표시될 수 있거나 표시되어야 할 권리는 그 증권이 발행되지 아니한 경우에도 증권으로 인정되므로(법 4조 9항) 지분과 지분증권을 구별하여야 할 실익은 많지 않다.

지분증권의 발행에 관하여 주식회사의 형태를 취하는 투자회사의 주식의 형식 및 발행절차 등에 관한 법 제196조(2항 제외)를 준용한다. 그러나 투자신탁의 수익증권에서와 달리 주식의 양도 등에 관한 상법 제336조부터 제340조까지 및 제358조의2부터 제360조까지의 규정을 준용하지 않은 점 등을 고려하면, 현행법의 해석으로는 투자합자회사의 지분증권을 주권이나 수익증권과 같은 유가증권으로 인정하기는 어려울 것으로 보인다. 그 결과 지분증권의 양도에 상당한 어려움이 예상된다. 입법에 의한 보완이 필요한 부분이다.

(2) 지분증권에는 일정한 사항을[2]) 기재하고 업무집행조합원이 기명날인 또는 서명하여야 한다(법 222조 2항, 208조 2항). 한편 본 조항에 따라 준용되는 법 제208조 제 3 항은 투자유한회사의 지분증권에 관하여 투자회사의 주식에 관한 법 제196조(2항 제외)를 다시

1) 그러나 투자합자조합은 법 제223조 제 5 항에서도 볼 수 있듯이 투자자간 배당률, 배당순서 등을 다양하게 정할 수 있는 민법상 조합을 근간으로 하는 집합투자기구이므로, 입법상으로는 수종의 지분증권 발행을 허용하는 것도 고려할 수 있을 것이다.

2) ① 투자합자조합의 상호, ② 투자합자조합의 성립연월일, ③ 지분증권의 발행일, ④ 조합원의 성명(법인인 경우에는 상호), ⑤ 그 밖에 투자합자조합 조합원의 보호에 필요한 사항으로서 대통령령으로 정하는 사항을 의미함(법 222조, 208조 2항). 한편 법 시행령 제235조에서는 이에 관하여 ① 기호 및 번호, ② 이익 등의 분배의 시기, ③ 지분증권의 환매조건(환매를 청구할 수 없는 지분증권인 경우에는 환매를 청구할 수 없다는 뜻), ④ 존속기간을 정하는 경우에는 그 기간, ⑤ 그 지분증권을 판매한 투자매매업자 또는 투자중개업자의 명칭을 정하고 있다.

준용한다(법 222조 2항, 208조 3항).

(3) 위 법 제196조(2항 제외) 재준용의 결과 투자합자조합 지분증권은, 위 법 제208조 제 2 항이 정한 사항 외에도, 그 성격과 발행절차에 관한 다음과 같은 조항이 추가 준용된다.[1]

① 투자합자조합의 지분증권은 무액면 기명식으로 한다(법 196조 1항).

② 투자합자조합이 성립 후에 신지분증권을 발행하는 경우 조합계약에서 달리 정하고 있지 않는 한, 신지분증권의 발행가액 및 지분증권 대금 납입기일은 업무집행조합원이 결정한다(법 196조 3항).

③ 조합원의 청구가 있는 경우 조합원의 지분증권을 매수할 수 있는 개방형투자합자조합의 경우에는 성립 후에 신지분증권을 발행하는 경우 업무집행조합원은 신지분증권의 발행기간, 그 기간 내에 발행하는 신지분증권 수의 상한, 매일의 발행가액 및 지분증권대금 납입기일을 정하는 방법에 대하여 결정할 수 있다. 이 경우 개방형투자합자조합은 확정된 매일의 발행가액을 그 투자합자조합의 지분증권을 판매하는 투자매매업자 또는 투자중개업자의 지점, 그 밖의 영업소에 게시하고, 인터넷 홈페이지 등을 이용하여 공시하여야 한다(법 196조 4항).

④ 같은 날에 발행하는 신지분증권의 발행가액, 그 밖의 발행조건은 균등하게 정하고 동 발행가액은 투자합자조합이 소유하는 자산의 순자산액에 기초하여 대통령령으로 정하는 방법에[2] 따라 산정한다(법 196조 5항).

⑤ 신지분증권을 발행하는 경우 인수인은 지체 없이 지분증권의 인수가액을 금전으로 납입하여야 한다(법 196조 6항, 194조 7항).

⑥ 대금의 납입과 동시에 지분증권의 인수인은 투자합자조합에 가입하여 유한책임조합원의 권리·의무를 가지게 된다(법 196조 7항).

제223조(「상법」 및 「민법」과의 관계)

① 투자합자조합에 「상법」을 적용함에 있어서 같은 법 제86조의8제 2 항(제200조의2를 준용하는

---

1) 2013. 5. 28. 개정 전의 법은 준용규정에서 제196조 제 2 항을 제외하지 않았으므로 투자조합은 예탁결제원을 명의인으로 하여 지분증권을 발행 또는 등록하는 방법으로 투자조합의 성립일 또는 지분증권대금의 납입기일에 지체 없이 지분증권을 발행하여야 하도록 되어 있었다(법 196조 2항, 309조 5항).

2) 법 시행령 제230조는 이에 관하여 대통령령으로 정하는 방법이란 "법 제238조 제 6 항에 따른 기준가격(이하 "기준가격"이라 한다)의 계산방법을 말한다. 다만, 환매금지형투자회사는 기준가격의 계산방법에 따라 산정된 금액과 증권시장에서 거래되는 가격을 고려하여 신주의 발행가액을 정할 수 있다"고 규정하고 있다. 한편, 법 제238조 제 6 항에 따른 기준가격의 계산방법이라 함은 "법 제238조 제 7 항에 따른 기준가격의 공고·게시일 전날의 대차대조표상에 계상된 자산총액(법 238조 1항에 따른 평가방법으로 계산한 것을 말한다)에서 부채총액을 뺀 금액을 그 공고 게시일 전날의 집합투자증권 총수로 나누어 계산하는 방법"을 말한다(법 시행령 262조 1항 전단).

경우로 한정한다), 같은 조 제 3 항(제277조를 준용하는 경우로 한정한다) 중 "법원"은 각각 "금융위원회"로 본다.

② 「상법」 제86조의8 제 2 항(제198조, 제208조 제 2 항 및 제287조를 준용하는 경우로 한정한다)은 투자합자조합에는 적용하지 아니한다.

③ 「민법」 제703조, 제706조부터 제713조까지 및 제716조부터 제724조까지의 규정은 투자합자조합에 적용하지 아니한다.

④ 투자자가 투자합자조합의 지분증권을 매수한 경우 투자합자조합에 가입한 것으로 본다.

⑤ 투자합자조합은 조합계약으로 정하는 바에 따라 이익을 배당함에 있어서 무한책임조합원과 유한책임조합원의 배당률 또는 배당순서 등을 달리 정할 수 있다.

⑥ 투자합자조합은 손실을 배분함에 있어서 무한책임조합원과 유한책임조합원의 배분율 또는 배분순서 등을 달리 하여서는 아니 된다.

[전문개정 2013. 5. 28]

Ⅰ. 개 요

투자합자조합은 상법상 합자조합의 형태를 가지나, 동시에 집합투자를 수행하기 위한 집합투자기구로서의 특성이 있다. 따라서 상법상 합자조합, 민법상 조합 법리를 수정 적용할 필요가 있다. 제223조는 이러한 필요성에 상응하는 조항으로, 투자합자조합이 가지는 집합투자기구로서의 특성상, 상법 제 2 편 제 4 장의2 합자조합에 관한 규정 중 일부를 변경 적용하고, 일부의 적용을 배제하며(1항 및 2항), 민법 제 3 편 제 2 장 제13절 조합에 관한 규정 중 대부분의 적용을 배제하는 규정(3항)을 두고 있다. 또한 지분증권의 매수에 의해 투자합자조합에 가입한 것으로 의제하고(4항), 이익 배당에 관하여 무한책임조합원(업무집행조합원)과 유한책임조합원의 배당률 또는 배당 순서 등을 달리 할 수 있으나, 손실 배분에 있어서는 그러하지 않음을 밝히고 있다(3항 및 4항).

Ⅱ. 상법 제 2 편 제 4 장의2 합자조합에 관한 일부 규정의 변경 적용 및 배제

1. 일부 규정의 변경 적용

(1) 상법상 합자조합의 업무집행조합원에 대한 업무집행정지가처분에 의하여 선임된

직무대행자는 가처분명령에 다른 정함이 있는 경우 외에는 합자조합의 통상업무에 속하지 아니한 행위를 하지 못한다. 다만, "법원"의 허가를 얻은 경우에는 그러하지 아니하다(상법 86조의8 2항, 200조의2 1항). 직무대행자가 이러한 규정에 위반한 행위를 한 경우에도 회사는 선의의 제 3 자에 대하여 책임을 진다(상법 86조의8 2항, 200조의2 2항). 자본시장법상 투자합자조합에 대하여 위 규정을 적용함에 있어서 "법원"은 "금융위원회"로 본다(법 223조 1항).

(2) 상법상 합자조합에 대하여는 유한책임사원의 감시권이 규정되어 있다. 즉, 영업년도말에 있어서 영업시간 내에 한하여 회사의 회계장부·대차대조표 기타의 서류를 열람할 수 있고 회사의 업무와 재산상태를 검사할 수 있다(상법 86조의8 3항, 277조 1항). 중요한 사유가 있는 때에는 유한책임사원은 언제든지 "법원"의 허가를 얻어 제 1 항의 열람과 검사를 할 수 있다(상법 86조의8 3항, 277조 2항). 자본시장법상 투자합자조합에 대하여 위 규정을 적용함에 있어서 "법원"은 "금융위원회"로 본다(법 223조 1항).

2. 일부 규정의 적용 배제

(1) 상법상 합자조합의 업무집행조합원은 조합계약에 다른 규정이 없는 한 다른 조합원의 동의가 없으면 자기 또는 제 3 자의 계산으로 합자조합의 영업부류에 속하는 거래를 하지 못하며 동종영업을 목적으로 하는 다른 회사의 무한책임사원 또는 이사가 되지 못한다(상법 86조의8 2항 본문, 198조). 위 규정은 투자합자조합에 적용하지 아니한다(법 223조 2항). 따라서 투자합자조합의 업무집행조합원은 경업금지의무가 없다. 한편 상법상 합자조합의 유한책임조합원에 대하여는 상법 제86조의8 제 3 항이 제198조를 준용하지 않고 대신 합자회사의 유한책임사원에 대한 제275조(유한책임사원의 경업의 자유)를 준용하고 있으므로 경업에 아무런 제한이 없다. 이는 투자합자조합의 유한책임조합원에 대하여도 그대로 적용된다.

(2) 상법상 합자조합에서 공동대표사원이 있는 경우에도 제 3 자의 합자조합에 대한 의사표시는 공동대표의 권한 있는 사원 1인에 대하여 이를 함으로써 그 효력이 생긴다(상법 86조의8 2항 본문, 208조 2항). 위 규정은 투자합자조합에 적용하지 아니한다(법 223조 2항). 투자합자조합의 업무집행조합원은 1인이기 때문이다.

(3) 상법상 합자회사의 청산인은 무한책임사원 과반수의 의결로 선임한다. 이를 선임하지 아니한 때에는 업무집행사원이 청산인이 된다(상법 86조의8 2항 본문, 287조). 위 규정은 투자합자조합에 적용하지 아니한다(법 223조 2항). 투자합자조합의 청산인에 대하여는 법 제221조 제 2 항·제 3 항·제 4 항에서 따로 규정하고 있기 때문이다.

Ⅲ. 민법 제 3 편 제 2 장 제13절 조합에 관한 대부분 규정의 배제

1. 배제규정 및 배제이유

법 제223조 제 3 항은 "「민법」 제703조, 제706조부터 제713조까지 및 제716조부터 제724조까지의 규정은 투자합자조합에 적용하지 아니한다"고 하여, 민법 제 3 편 제 2 장 제13절 조합에 관한 규정 총 22개 조문 중 무려 18개 조문의 적용을 배제하고 있다. 조문 순서 별로 그 배제이유를 본다.

(1) 제703조(조합의 의의) : 투자합자조합은 상법 제86조의2에 정한 합자조합이므로 민법상 조합에 관한 정의규정인 민법 제703조 제 1 항이 적용될 필요는 없다. 한편 민법상 조합에 있어서는 민법 제703조 제 2 항에 따라 출자를 금전 기타 재산 또는 노무로 할 수 있다. 그러나 이는 투자합자조합에 대해서 법 제218조 제 2 항에서 금전 출자만 허용되고, 사모투자합자조합에 한하여 금전 이외의 자산의 출자를 허용하는 것과 부합되지 않는다. 따라서 그 적용을 명시적으로 배제하고 있다.

(2) 제706조(사무집행의 방법) : 민법 제706조는 조합원이 직접 업무집행을 결정하는 것에 관한 사항과 조합계약 또는 조합원 3분의 2 이상의 찬성으로써 업무집행자(업무집행조합원)를 선임하여 업무집행자의 과반수로써 업무집행을 결정하는 것에 관한 사항 등의 조합 업무집행에 관하여 정한다. 그러나 전문적 운용자인 집합투자업자 1인이 업무집행조합원이 되어 수동적 투자자인 유한책임조합원으로부터 위탁받은 금전을 직접 운용하도록 정해진 집합투자기구로서의 투자합자조합에 있어(법 219조 1항 참조), 조합원에게 직접 또는 업무집행자의 선임에 관한 권한을 부여하는 동 민법 제706조는 적용될 여지가 없다. 따라서 동조의 적용은 배제된다.

(3) 제707조(준용규정) : 민법 제707조는 조합원이 조합업무를 집행하는 경우 수임인의 선관의무(민법 681조) 등 민법 제 3 편 제 2 장 제11절 위임에 관한 일부 규정을 적용하는 것에 관한 조항이다. 그러나 집합투자 기구인 투자합자조합의 업무집행을 담당하는 업무집행조합원인 집합투자업자에 대한 선관의무 및 충실의무(법 79조) 등 영업행위 규칙은 법 제 2 편 제 4 장 제 2 관 집합투자업자의 영업행위 규칙에서 상세하게 정한다. 따라서 동조의 적용은 불필요하다.

(4) 제708조(업무집행자의 사임, 해임) : 민법 제708조는 "업무집행자인 조합원은 정당한 사유없이 사임하지 못하며 다른 조합원의 일치가 아니면 해임하지 못한다"고 정한다. 상법상 합자조합의 업무집행조합원은 다른 조합원 전원의 동의를 받지 아니하면 그 지분의 전부 또는 일부를 타인에게 양도하지 못하는데(상법 86조의7 1항), 법 제223조 제 3 항은 위 상법 규정의 적용을 배제하지 않으면서도 한편, 집합투자업자의 변경을 조합원총회의 결의사항으로 규정하고 있다(법 222조 1항, 195조 1항 2호). 따라서 민법 제708조를 준용할 여지

는 없다.

(5) 제709조(업무집행자의 대리권추정) : 민법 제709조는 "조합의 업무를 집행하는 조합원은 그 업무집행의 대리권있는 것으로 추정한다"고 정한다. 법 제219조 제2항은 투자회사에서의 법인이사에 관한 조항을 투자합자조합의 업무집행조합원에 준용한다. 즉, 업무집행조합원은 투자합자조합을 대표하고 투자합자조합의 업무를 집행한다(법 219조 2항, 198조 1항). 한편, 업무집행조합원은 투자합자조합의 영업에 관하여 재판상 또는 재판외의 모든 행위를 할 권한이 있으며, 위 권한에 대한 제한은 선의의 제삼자에게 대항하지 못한다(법 223조, 상법 86조의8 2항, 209조). 따라서 민법 제709조를 준용할 필요성은 없다.

(6) 제710조(조합원의 업무, 재산상태감독권) : 민법 제710조는 "각 조합원이 언제든지 조합의 업무 및 재산상태를 검사할 수 있다"고 정한다. 상법상 합자조합에 대하여는 유한책임사원의 감시권이 규정되어 있다. 즉, 유한책임조합원은 영업년도말에 있어서 영업시간 내에 한하여 회사의 회계장부·대차대조표 기타의 서류를 열람할 수 있고 회사의 업무와 재산상태를 검사할 수 있고(상법 86조의8 3항, 277조 1항), 중요한 사유가 있는 때에는 언제든지 "법원"의 허가를 얻어 제1항의 열람과 검사를 할 수 있다(상법 86조의8 3항, 277조 2항). 자본시장법상 투자합자조합에 대하여 위 규정을 적용함에 있어서 "법원"은 "금융위원회"로 본다(법 223조 1항). 이와 같이 유한책임조합원의 투자합자조합 업무 등에 대한 감독권에 관하여 요건과 절차를 별도로 정하고 있으므로, 민법 제710조의 적용을 배제한다.

(7) 제711조(손익분배의 비율) : 민법 제711조는 조합원의 손익분배의 비율은 원칙적으로 조합원의 출자가액에 비례하여 정하며, 이익 또는 손실에 대하여 분배의 비율을 정한 때에는 그 비율은 이익과 손실에 공통된 것으로 추정된다고 하고 있다. 그런데 유한책임조합원의 이익의 분배에 대해 지분증권의 수에 따라 행하여진다는 정함이 있으며, 나아가 본 제223조 제3항과 제4항이 투자합자조합의 이익, 손실의 분담비율에 대해 별도로 정하고 있으므로, 민법 제711조는 적용이 배제된다.

(8) 제712조(조합원의 채권자) 및 제713조(무자력 조합원의 채무와 타 조합원의 변제책임) : 민법 제712조는 "조합채권자는 그 채권발생 당시에 조합원의 손실분담의 비율을 알지 못한 때에는 각 조합원에게 균분하여 그 권리를 행사할 수 있다"고 정한다. 이와 관련하여 제712조는 조합채무에 대해서는 조합재산으로 부담하는 공동책임과 조합원의 개인적 책임이 병존하는 것을 규정하면서, 그 개인적 책임에 관해 각 조합원의 수에 따른 분담주의를 채택한 것이라고 설명된다.[1] 그리고 제713조의 "조합원 중에 변제할 자력 없는 자가 있는 때에는 그 변제할 수 없는 부분은 다른 조합원이 균분하여 변제할 책임이 있다"는 정함은, 위 제712조의 개인적 책임의 병존 및 분담주의에 의하여 무자력 조합원이 있는 경우 조합채권자의 보호가 미흡하게 되는 점을 보호하기 위한 것이라

1) 김재형, 전게서(1997), 108쪽 이하 제712조 해설부분 참조.

고 설명된다.[1] 그런데 위 제712조와 제713조는 법 제219조 제 1 항("투자합자조합은 투자합자조합의 채무에 대하여 무한책임을 지는 집합투자업자인 업무집행조합원 1인과 출자액을 한도로 하여 유한책임을 지는 유한책임조합원으로 구성된다")에 규정된 투자합자조합원의 책임에 대한 원칙과 상치되므로 배제한 것이다.

(9) 제716조 내지 제724조(탈퇴, 제명, 청산) : 민법 제716조 내지 제724조는 ① 조합원의 탈퇴사유 및 탈퇴시 지분의 계산(민법 716조, 717조, 719조), ② 비임의탈퇴 사유의 하나인 제명의 요건 및 방법(민법 718조), ③ 조합의 해산 및 청산(민법 720조 내지 724조)에 관한 조항이다. 그런데 ① 집합투자기구인 투자합자조합에서 임의탈퇴는 환매에 준하는 것인바 환매에 대해서는 법 제 5 편 제 4 장(법 235조 내지 237조)에서 정하고 있고, ② 민법 제717조에 정하는 사망, 파산, 금치산, 제명과 같은 비임의탈퇴 사유는 공동사업이 아닌 집합투자를 위한 집합투자기구로서의 투자합자조합에 적합하지 않으며, ③ 투자합자조합의 해산 및 청산에 대해서는 법 제221조가 정하고 있다. 따라서 민법 제716조 내지 제724조는 투자합자조합에 적용하기에는 부적절하므로 그 적용이 배제된다.

2. 적용규정 및 그 의미

위 1.과 같이 총 18개 조문의 적용이 배제되는 결과, 민법 제 3편 제 2 장 제13절 조합에 관한 규정 중 투자합자조합에도 적용이 되는 조항은 제704조, 제705조, 제714조, 제715조의 4개조뿐이다. 아래 적용되는 조항과 그 조항이 투자합자조합에서 가지는 의미를 본다.

(1) 제704조(조합재산의 합유성) : 민법 제704조는 "조합원의 출자 기타 조합재산은 조합원의 합유로 한다"고 정하고 있고, 동 조항은 투자합자조합에 적용된다. 따라서 합유에 관한 민법 제271조 내지 제274조도 적용된다. 다만 투자합자조합이 소유한 조합재산이 조합원의 합유라 할지라도 민법 제271조 내지 제274조에서 합유에 관한 조항이 문언 그대로 적용된다고 할 수는 없고, 자본시장법상 집합투자규제의 한도 내에서 수정 적용되어야 할 것이다. 예컨대 "전원의 동의 없이 합유물을 처분 및 변경을 못한다"는 민법 제272조는 업무집행조합원이 단독으로 조합재산의 처분 기타 운용을 담당하는 투자합자조합에는 적용되지 않는다고 보아야 한다. 이와 관련하여서는 앞의 법 제218조에 관한 설명에서 본 것처럼 입법적 보완이 필요하며, 법 개정 전에도 권리능력 없는 사단에 관한 법리에 따르는 것이 타당하다고 본다.

(2) 제705조(출자지연시 배상의무) : 민법 제705조는 "금전을 출자의 목적으로 한 조합원이 출자시기를 지체한 때에는 지연이자를 지급하는 외에 손해를 배상하여야 한다"고 정하고 있다. 위 조항이 문제될 수 있는 경우의 하나로, 투자합자조합에서 소위 capital call

1) 김재형, 전게서(1997), 125쪽 이하 제713조 해설부분 참조.

제도가 채택된 경우에 있어 출자이행약정을 기존 유한책임조합원이 불이행한 경우 투자합자조합이 해당 유한책임조합원에 대해 금전채무불이행에 따른 지연이자 외의 손해배상을 추궁하는 경우를 생각할 수 있다.

(3) 제714조(지분의 압류) : 민법 제714조는 "조합원의 지분에 대한 압류는 그 조합원의 장래의 이익배당 및 지분의 반환을 받을 권리에 대하여 효력이 있다"고 정한다. 이는 투자합자조합의 조합지분에 대하여도 적용된다.

(4) 제715조(상계금지) : 민법 제715조는 "조합의 채무자는 그 채무와 조합원에 대한 채권으로 상계하지 못한다"고 정한다. 동 조항에 근거, 투자합자조합에 대해 채무를 지고 있는 자는 투자합자조합이 아니라 투자합자조합의 업무집행조합원을 채무자로 하여 보유하는 다른 채권과 상계를 할 수 없게 된다.

Ⅳ. 지분증권 매수

(1) 법 제223조 제4항은 "투자자가 투자합자조합의 지분증권을 매수한 경우 투자합자조합에 가입한 것으로 본다"고 규정한다. 이 때 "매수"는 비록 법문은 "매수"라는 표현을 사용하였으나 매매에 의한 양수만으로 한정할 것은 아니고, 매매에 의한 양수를 포함한 모든 형태의 양수를 가리킨다고 보아야 할 것이다. 또한 "매수"는 투자합자조합의 지분증권 발행과 무관하게 기존에 지분증권을 가진 조합원으로부터 지분증권을 양수하는 행위(편의상 "구지분증권 매수"라 한다)를 가리킨다고 보인다. 투자합자조합이 새로 발행하는 지분증권을 매수하는 행위(편의상 "신지분증권 매수"라 한다)에 있어서는, 법 제222조 제2항(법 208조 준용)에 그 절차와 효과가 규정되어 있다.

(2) 구지분증권 매수와 관련, 본 제223조 제4항은 그 조합원 지분증권 양도가 가능함을 전제하고는 있으나, 그 양도방법에 대해서는 규정하지 않고 있다. 따라서 구지분증권 매수는 상법상 합자조합의 지분 양도방법에 의할 것이다. 즉, 업무집행조합원의 조합지분의 양도에는 조합원 전원의 동의를 요하고(상법 86조의7 1항), 유한책임조합원의 지분은 조합계약이 정하는 바에 따라 양도할 수 있으며 유한책임사원의 지분을 양수한 자는 양도인의 조합에 대한 권리·의무를 승계한다(상법 86조의7 2항·3항).[1]

(3) 투자합자조합의 지분증권이 양도계약을 통하여 양수인으로 이전되는 경우 지분

---

1) 민법 제3편 제2장 제13절 조합에 관한 규정 역시 민법상 조합의 지분 양도방법에 대해 정하고 있지 않다. 그러나 대법원 판례(1958. 2. 6. 선고 4290민상693 판결)는 민법상 조합의 지분은 당사자간 양도계약으로 그 양도가 가능하되, 다른 조합원 전원의 동의가 필요한 것으로 보고 있다. 그리고 민법 제273조는 "합유자는 전원의 동의 없이 합유물에 대한 지분을 처분하지 못한다"고 규정하며, 이는 전체로서의 조합체 재산에 대한 지분의 처분은 조합원 전원의 동의가 있으면 가능하다는 취지로 보는 견해가 다수설로 보인다(민일영, 「민법주해[Ⅴ]」, 박영사, 1997, 611-612쪽 참조).

증권의 점유도 양수인에게 이전되어야 함은 당연하다고 보이나, 투자합자조합의 지분증권 양도에는 투자신탁의 수익증권과 달리 상법 제336조의 주식양도의 방법을 준용하여 수익증권의 교부를 효력발생요건으로 하는 등(법 189조 9항)의 규정이 없다. 그러므로 지분증권 점유 이전이 지분증권 양도의 효력에 어떠한 역할을 하는지는 분명하지 않다. 이 부분은 입법적 보완이 필요할 것이다.

(4) 동 제 4 항에 의해 구지분증권 매수시 해당 매수인은 (최초 1인의 조합원과 달리) 조합계약 당사자로서 조합계약서에 서명 날인할 필요가 없을 것이다. 다수 조합원이 투자합자조합의 지분증권을 매수하게 되는 경우, 특히 공모투자합자조합에 있어서는 모든 조합원에 대해 일일이 조합계약 당사자로서 조합계약서에 서명 날인하도록 하는 것은 지나치게 번거로운 것이고 실익도 없으므로, 이러한 의미에서는 법 제223조 제 4 항은 의미가 있다.

Ⅴ. 이익분배와 손실분담의 특례

1. 이익분배(5항)

법 제223조 제 5 항은 “투자합자조합은 조합계약이 정하는 바에 따라 이익을 배당함에 있어서 무한책임조합원과 유한책임조합원의 배당률 또는 배당순서 등을 달리 정할 수 있다”고 하고 있다. 자본시장법은 투자합자조합에 관해 투자자평등의 원칙을 정하면서 “유한책임조합원”은 출자금액의 반환 및 이익의 분배 등에 관하여 지분증권의 수에 따라 균등한 권리를 가진다고 하나(법 222조 2항, 208조 1항), 유한책임조합원과 무한책임조합원 사이에는 위 규정의 적용을 배제하고 있는바, 본 제223조 제 5 항에 의해 이익의 배당에 있어서의 차등을 명시적으로 허용하고 있다. 투자합자회사에서도 무한책임사원과 유한책임사원의 배당률 또는 배당순서 등을 달리 정할 수 있도록 하고 있다.

법 제223조 제 5 항에 의하면, 구간투법상 합자회사 형태의 사모투자전문회사(PEF)에서 무한책임사원과 유한책임사원 사이에 일부 사용되고 있는 이익 분배 방식을 투자합자조합에서도 채택할 수 있을 것으로 보인다. 구간투법상 사모투자전문회사(PEF)에서는 정관 또는 투자자계약상 일정한 수익률을 합의하여 그 수익률까지 발생하는 이익에 대해서는 우선적으로 유한책임사원(LP)만 배당받도록 하고, 그 수익률을 넘어서는 초과수익에 대해서는 무한책임사원(GP)이 일정한도까지 먼저 배당을 받고, 그 이후의 배당에 대해서는 각 출자지분에 비례하여 배당을 받는 식의 이익 배당 방법이 사용되어 왔다. 이러한 배당 방식에 의하면 무한책임사원(조합원)으로서는 초과수익을 발생하도록 할 강력한 유인이 발생하며, 유한책임사원(조합원)으로서는 일정한 목표수익률을 달성할 가능성이 높아지는 장점이 있다.

2. 손실분배(6항)

법 제223조 제6항은 위 제5항에서 이익 배당에 관하여 배분율 또는 배분순서 등을 달리할 수 있도록 하는 반면, "투자합자조합은 손실을 배분함에 있어서 무한책임조합원과 유한책임조합원의 배분율 또는 배분순서 등을 달리 하여서는 아니 된다"고 정한다. 이는 만약 무한책임조합원과 유한책임조합원의 손실 배분율 또는 배분순서를 달리 정할 수 있도록 하면, 무한책임사원인 집합투자업자가 투자자(유한책임조합원)에게 실질적으로 손실 보전을 해주는 결과가 초래될 수도 있기 때문에 이를 방지하기 위한 것으로 보인다. 따라서 손실 배분에 있어서는 무한책임조합원과 유한책임조합원은 동일하게 취급되어야 한다.

제2관　투자익명조합

○ 前注

법 제5편 제2장 제3절 제2관에서 정하는 투자익명조합은 구간투법에 없던 새로운 집합투자기구이다. 여기서는 투자익명조합의 도입배경 및 규정 체제(앞서 법 218조와 많은 부분 설명이 중복되는바, 중복되는 부분은 218조 해당 부분을 인용한다)와, 투자익명조합과 상법상 익명조합 그리고 투자합자조합을 비교 검토한다.

Ⅰ. 도입배경

투자익명조합의 도입취지는 투자합자조합의 도입취지에 관한 설명부분과 동일하다. 즉 종전에 존재하지 않던 투자익명조합을 도입, 활용할 수 있도록 함으로써 다양한 투자수단을 활용한 집합투자기구 운용이 실현되도록 하고, 자본시장법을 통해 투자익명조합을 이용한 집합투자행위를 규제함으로써 투자익명조합 투자자(익명조합원) 보호를 달성하고자 함에 있다. 앞으로의 투자익명조합의 활용도는 투자익명조합에 관한 구체적 규제

내용, 설립 및 운용상의 실무 편의성 및 세무상 취급에 있어서 집합투자업자와 투자자의 입장에서 다른 형태의 집합투자기구와 비교할 때 갖는 장단점에 달려 있을 것이나, 법적 측면에서는 영업자가 투자익명조합의 운영과 관련하여 익명조합원 이외의 제 3 자인 채권자에게 부담하는 채무의 이행책임이 투자익명조합재산으로 국한된다고 볼 것인지 의문인 점, 지분증권 양도상의 제약 등의 문제로 인하여 제도적인 보완이 없는 한 실제 활용에 어려움이 예상된다.

투자익명조합의 법적 형태인 상법상 익명조합을 통하여 행해지는 다수 투자자의 투자행위에 대해서는, 종래 소위 네티즌 펀드[1]를 통한 영화 등 투자금 모집·운용·배분을 계기로 구간투법 하에서 간접투자에 해당하는지 여부가 논의된 바 있다.[2] 이와 관련하여 투자익명조합이 새롭게 도입된 자본시장법 하에서는 종래 구간투법 규제 영역 밖에서 수행되던 네티즌 펀드와 같은 익명조합을 이용한 다수 투자자의 투자행위가 투자익명조합을 통하여 이루어지는 경우를 생각할 수 있다. 그러한 투자익명조합 설립 및 운영이 이루어진다면, 투자자 보호 관점에서 바람직함은 물론이다. 그러나 다수 투자자가 관여하는 익명조합이 투자익명조합을 설립·운영하려면 해당 익명조합의 영업자가 집합투자업자이어야 하므로(법 224조 1항), 상법상 익명조합을 사용하여 다수의 투자자로부터 자금을 모집·운용·배분하려는 모든 영업자가 투자익명조합을 설립할 수 있는 것은 아니다. 따라서 실제 종래 구간투법 규제 영역 밖에서 수행되던 네티즌 펀드 등이 전부 자본시장법에 따른 투자자 보호 규제를 받게 된 것이라 할 수는 없다.

Ⅱ. 투자익명조합 규정의 체제

투자익명조합에 관한 규정은 편의상 투자익명조합 외에도 모든 집합투자기구에 공통되는 사항을 다루는 규정(편의상 공통규정이라 한다)과 투자익명조합에 특유한 사항을 다룬 규정으로 나눌 수 있다.

(1) 모든 집합투자기구에 공통되는 사항을 다루는 규정(공통규정)

투자익명조합에 대해서도 투자합자조합과 마찬가지로 자본시장법 편제에 따라 산재한 모든 집합투자기구에 대해 공통되는 사항을 다루는 규정이 적용된다. 공통규정 중 중요 규정을 들면, 투자익명조합의 등록, 명칭, 업무수행, 연대책임, 자기집합투자증권의 취득제한, 자료의 기록과 유지에 대한 규정(법 5편 1장 총칙, 181조 내지 187조), 투자익명조합의

1) 네티즌 펀드에 대한 일반적 설명에 대해서는 조상욱, "Netizen Fund의 투자자보호상의 문제," 「증권법연구」 제 2 권 제 2 호(2001), 127-178쪽 참조.

2) 네티즌 펀드에 속하는 익명조합 영화펀드의 간접투자 해당 여부에 대한 논의에 대해서는 조상욱, "간접투자자산운용업법 적용범위에 대한 소고 : 익명조합 영화펀드/패션플라워 사례 분석 및 비판적 검토," 「투신」 제55호(2006), 5-11쪽 참조.

영업자가 되는 집합투자업자의 선관의무 및 충실의무 등 영업행위에서 준수할 사항에 대한 규정(법 2편 4항 2절 2관, 79조 내지 95조), 투자익명조합의 지분증권의 발행 및 유통에 관한 규정(법 3편 1장 증권신고서)이 있다. 제 5 편 집합투자기구 중 제 3 장 내지 제 9 장도[1] 투자익명조합이 수행하는 자금 등의 모집·운용·배분활동에 적용되는 공통규정이라 할 수 있다.

(2) 투자익명조합에 특유한 사항을 다룬 규정

여기서 자세히 설명할 "제 5 편 집합투자기구 제 2 장 집합투자기구의 구성 등 제 3 절 조합형태의 집합투자기구 제 2 관 투자익명조합" 하의 제224조 내지 제228조는 다른 집합투자기구와 달리 투자익명조합에만 적용되는 규정이다. 해당 5개 조항 내용은 다음과 같다. 해당 조항들은 주로 다른 집합투자기구에 관한 관련 규정을 준용하는 형식을 취한다.

① 투자익명조합계약 체결, 출자목적물 등 투자합자조합의 설립에 관한 규정(법 224조).

② 집합투자업자인 영업자 및 그 업무집행 수행방법에 관한 규정(법 225조).

③ 투자익명조합의 집합투자자총회인 익명조합원총회에 관한 규정(법 226조).

④ 투자익명조합계약의 변경, 지분증권, 해산 및 청산에 관한 규정(법 227조).

⑤ 상법상 익명조합 규정 중 투자익명조합에 적용 배제되는 사항, 신탁법 제 3 장의 준용, 지분증권 매수시 투자익명조합 가입 간주에 관한 규정(법 228조).

Ⅲ. 투자익명조합과 상법상 익명조합, 투자합자조합

(1) 투자익명조합과 상법상 익명조합

1) 투자익명조합은 상법상 익명조합인바(법 9조 18항 6호), 상법 제 2 편 제 4 장 익명조합에 관한 상법 제78조 내지 제86조의 9개 조문(상법 제86조에 의하여 준용되는 합자회사에 관한 규정을 포함하면, 12개 조문) 중 일부만이 적용 배제된다(법 228조 1항). 그 결과 익명조합원이 출자한 금전 기타의 재산은 영업자의 재산으로 보게 되고(상법 79조), 익명조합원의 출자가 손실로 인하여 감소된 때에는 그 손실을 전보한 후가 아니면 이익배당을 청구하지 못하며, 다만 손실이 전보액을 초과한 경우에도 이미 받은 이익의 반환 또는 증자할 의무가 없는 등(상법 82조) 상법상 익명조합에 관한 규정의 적용을 받는다.

2) 그러나 투자익명조합과 상법상 익명조합은 아래 설명할 중요한 차이가 있다. 이러한 차이는 투자익명조합이 다수 투자자가 관여하는 집합투자를 수행하기 위한 집합투

---

1) 구체적으로 열거하면, 제 3 장 집합투자기구의 종류 등, 제 4 장 집합투자기구의 환매, 제 5 장 평가 및 회계, 제 6 장 집합투자재산의 보관 및 관리, 제 7 장 사모집합투자기구 등에 대한 특례, 제 8 장 감독·검사, 제 9 장 집합투자기구의 관계회사이다.

자기구로서 상법상의 익명조합과 그 목적 및 지도 원리를 달리한다는 것에서 비롯되며, 아래 2)의 투자익명조합과 투자합자조합과의 비교로부터도 알 수 있듯이 집합투자기구 간 규제내용의 수렴현상과도 관련이 있다.

㈎ **금융위원회 등록 및 감독**

상법상 익명조합은 당사자의 일방이 상대방의 영업을 위하여 출자하고 상대방은 그 영업으로 인한 이익을 분배할 것을 약정함으로써 그 효력이 생기며, 그 운영에 있어 사적 자치의 원칙이 적용된다(상법 78조). 그러나 투자익명조합은 익명조합계약 체결 및 출자 이후 금융위원회에 집합투자기구로서 등록을 하여야 하며, 자금모집의 시기 등 운영 전반에 대하여 금융위원회의 감독을 받는다(법 182조, 224조).

㈏ **출자재산**

상법상 익명조합에 대한 익명조합원의 출자는 금전 기타 재산이다(상법 86조, 272조). 그러나 투자익명조합에 대한 익명조합원의 출자는 금전 출자를 원칙으로 하고, 사모익명투자합자조합에 한해 엄격한 요건 하에 재산의 출자가 허용된다(법 224조 2항, 249조 3항).

㈐ **영업자의 책임**

상법상 익명조합은 형식적으로는 영업자의 단독 영업이므로 영업자가 고유재산으로 무한책임을 부담하나, 신탁법 제 3 장을 준용한 결과 투자익명조합에 있어 집합투자업자인 영업자의 고유재산과 투자익명조합재산은 엄격히 구별되고, 그 책임도 투자익명조합재산으로 한정된다고 해석된다(법 228조 2항, 신탁법 3장). 이는 투자익명조합과 상법상 익명조합이 구별되는 매우 중요한 차이의 하나이다.

㈑ **익명조합원총회**

상법상 익명조합에는 다수결의 원칙에 의하여 통제되는 익명조합원총회가 강제되지 않는다. 그러나 투자익명조합에는 원칙적으로 익명조합원으로 구성되는 익명조합원총회가 법상 규정되어 있어 그 이익에 중대한 영향을 미치는 사항을 결정한다(법 226조).

㈒ **해산 및 청산**

상법상 익명조합의 해산 및 청산에 관한 규정이 없고 계약 종료시 출자의 가액 반환 또는 잔액 반환(손실 발생의 경우)에 관한 간단한 채권채무 결제에 관한 규정만이 있다(상법 85조). 그러나 투자익명조합은 금융위원회 감독 하에서 채권자 최고절차 등 엄격한 절차를 밟는 법적 청산 방식을 따른다(법 227조, 221조).

㈓ **익명조합계약 변경**

상법상 익명조합의 익명조합계약은 영업자와 익명조합원 간 합의로 변경된다. 반면 투자익명조합의 익명조합계약 변경은 법상 익명조합원총회 결의를 요하도록 명시된 사항을 제외하고는 집합투자업자인 영업자가 단독으로 할 수 있다(법 227조 1항, 195조 1항).

㈔ 지분증권

상법상 익명조합의 지분증권은 증서로 발행되지 않으며 요식성이 없으나, 투자익명조합의 지분증권은 증서로 발행되며, 발행절차, 기재사항에 대한 엄격한 제한이 있다(법 227조 2항, 208조, 법 시행령 235조).

(2) 투자익명조합과 투자합자조합

1) 투자익명조합과 투자합자조합은 둘 다 조합 형태의 집합투자기구로서 독립적 법인격을 가지지 않는 집합투자기구인 점에서 같다. 그 외에도 앞서 (1) 2)에서 본 투자익명조합의 상법상 익명조합과 대비되는 특징 중 거의 모든 내용은 투자합자조합에도 적용할 수 있다.

2) 그러나 투자익명조합과 투자합자조합은 ① 집합투자재산의 소유형태, ② 집합투자업자인 업무집행조합원(투자합자조합) 및 영업자(투자익명조합)의 설립시 지분증권 소유 요부, ③ 이익분배 방식 등에 있어 차이가 있다.

㈎ 집합투자재산의 소유형태

투자익명조합은 대외관계에 있어서 집합투자재산을 영업자가 단독 소유한다(법 228조 1항, 상법 79조). 반면 투자합자조합은 투자합자조합재산을 조합원들이 합유 형태로 소유한다(법 223조 2항, 상법 86조의8 4항, 민법 704조 2항).

㈏ 업무집행조합원(투자합자조합) 및 영업자(투자익명조합)의 설립시 지분증권 소유 요부

투자익명조합은 영업자가 익명조합원으로부터 금전(사모투자익명조합의 경우에는 예외적으로 재산도 가능)을 출자받아 이를 자기사업을 위해 사용하는 형태를 취하므로, 원칙적으로 영업자의 출자 개념이 없고, 따라서 익명조합계약 체결을 통한 설립시 영업자의 지분증권 취득이 요구되지 않는다. 그러나 투자합자조합은 조합계약 체결시 업무집행조합원도 조합원으로서 상호 출자할 것을 약정하게 되므로, 업무집행조합원이 스스로 출자를 하고 지분증권을 취득한다(법 223조 2항, 상법 86조의2).

㈐ 이익분배 방식

투자익명조합에 관하여는 이익배당에 있어 영업자와 익명조합원의 배당률 또는 배당순서 등을 달리 정할 수 있다는 조항이 없다. 이는 뒤에서 보는 것처럼 법은 영업자의 출자를 예정하지 않고 있으며, 따라서 영업자에 대한 배당이라는 개념 자체가 존재하지 않기 때문인 것으로 보인다. 그러나 투자합자조합은 조합계약이 정하는 바에 따라 이익

을 배당함에 있어서 무한책임조합원과 유한책임조합원의 배당률 또는 배당순서 등을 달리 정할 수 있음을 분명히 정하고 있다(법 223조 5항).

제224조(투자익명조합의 설립 등)

① 집합투자업자는 투자익명조합을 설립하는 경우 다음 각 호의 사항을 기재한 익명조합계약을 작성하여 영업자 1인과 익명조합원 1인이 기명날인 또는 서명하여야 한다.

1. 목적
2. 투자익명조합의 명칭
3. 영업자의 상호·사업자등록번호
4. 투자익명조합의 소재지
5. 투자익명조합재산의 운용 및 관리에 관한 사항
6. 존속기간 또는 해산사유를 정한 경우에는 그 내용
7. 이익분배 및 환매에 관한 사항
8. 공시 및 보고서에 관한 사항
9. 그 밖에 익명조합원을 보호하기 위하여 필요한 사항으로서 대통령령으로 정하는 사항

② 익명조합원의 출자의 목적은 금전에 한한다.

③ 투자익명조합의 영업자는 제182조에 따라 등록하기 전에는 제 1 항에 따른 익명조합원 외의 자를 익명조합원으로 가입시켜서는 아니 된다.

시행령 **제239조**(익명조합계약의 기재사항) 법 제224조 제 1 항 제 9 호에서 "대통령령으로 정하는 사항"이란 다음 각 호의 사항을 말한다. 〈개정 2013. 8. 27〉

1. 투자익명조합의 종류(법 제229조의 구분에 따른 종류를 말한다)
2. 투자대상자산(법 제229조 제 4 호에 따른 혼합자산집합투자기구인 경우를 제외하고는 주된 투자대상자산을 따로 적어야 한다)
3. 지분증권의 추가발행과 소각에 관한 사항
4. 투자익명조합재산의 평가와 기준가격의 계산에 관한 사항
5. 이익 외의 자산등의 분배에 관한 사항
6. 집합투자업자·신탁업자 및 일반사무관리회사와 체결할 업무위탁계약의 개요(보수, 그 밖의 수수료의 계산방법, 지급방법 및 시기에 관한 사항을 포함한다)
7. 집합투자업자 및 신탁업자의 변경에 관한 사항
8. 익명조합계약의 변경에 관한 사항
9. 투자익명조합의 회계기간
10. 익명조합계약 작성연월일
11. 그 밖에 익명조합원을 보호하기 위하여 필요한 사항으로서 금융위원회가 정하여 고시하는 사항

Ⅰ. 본조의 개요

법 제224조는 투자익명조합 설립에 관하여, 1인의 영업자와 1인의 익명조합원 간의 익명조합계약의 체결에 의한 설립(1항), 익명조합원의 금전 출자의무(2항), 투자익명조합의 금융위원회 등록 전 익명조합원의 가입금지(3항)에 대해 정한다. 동조상 투자익명조합 설립에 관한 정함은 투자합자조합 설립에 관한 법 제218조와 그 내용이 실질적으로 동일한 반면 상법상 익명조합 설립절차와 상이한바, 이러한 점은 투자익명조합의 집합투자기구로서의 속성 등에 기인한다(前注 참조). 동조에서 정하는 것은 아니나, 익명조합원의 금전 출자의무에 대해서는 사모집합투자기구에 대한 특례가 있다.

Ⅱ. 익명조합계약 체결

1. 익명조합계약 체결

(1) 제1항은 집합투자업자가 투자익명조합을 설립하는 경우 익명조합계약을 작성하여 영업자(집합투자업자. 법 225조 1항)와 익명조합원 1인이 기명날인 또는 서명하여야 한다고 규정한다. 이는 상법상 익명조합 법리에 따라서 영업자와 익명조합원 간 계약 체결만으로써 투자익명조합계약이 효력 발생함을 의미한다. 다만 투자익명조합은 집합투자업자가 그 투자익명조합재산을 운용할 것이 예정되어 있으므로(법 184조 2항), 익명조합계약 당사자에는 반드시 영업자가 되는 집합투자업자가 포함되어야 하는 점, 집합투자업자 1인과 익명조합원 1인이 조합계약을 서면으로 작성하여 기명날인해야 하는 점은 상법상 익명조합계약과 다르다. 동 익명조합계약은 투자익명조합의 집합투자규약이다(법 9조 22항).

(2) 이론의 여지는 있으나, 집합투자기구로서의 투자익명조합은 위 익명조합계약 체결일이 아니라 익명조합계약에 정해진 최초 출자금의 납입이 이루어진 때에 설립된 것으로 보아야 할 것이다(투자합자조합 중 제218조 Ⅱ. 1. (1) 참조). 다만 그 설립시기가 언제인지의 논의와 무관하게, 영업자는 법 제249조의2에 기한 전문사모투자익명조합이 아닌 이상 등록 전에는 익명조합계약 체결의 당사자인 익명조합원 1인을 제외한 다른 투자자를 상대로 자금 등을 모집하는 활동을 할 수 없으므로, 등록 없는 익명조합계약 체결만으로는 투자익명조합은 아직 집합투자기구로서 완전한 기능을 수행하지 못한다.

(3) 투자합자조합의 경우 무한책임조합원이자 업무집행조합원이 되는 집합투자업자

가 출자할 의무를 부담하나, 법은 투자익명조합의 영업자의 출자의무를 특별히 규정하고 있지 않으며, 상법상 익명조합에서도 영업자에게는 출자의무가 없다.[1] 따라서 투자익명조합의 영업자에게는 투자합자조합의 업무집행조합원과 달리 출자의무가 없는 것으로 해석된다. 출자의무가 없는 것은 별론으로 하고, 영업자가 투자익명조합에 출자를 할 수 있는지 명확하지 않다. 법이 투자합자조합의 경우와는 달리 투자익명조합에 있어서는 익명조합원에 대하여만 지분증권의 발행을 예정하고 있고(법 227조 2항), 영업자의 출자를 전제로 하는 영업자와 익명조합원 사이의 배당에 관한 문제를 규정하지 않고 있는 점으로 보아, 영업자의 출자를 허용하지 않고자 하는 취지로 보인다. 단 입법론상으로는 영업자의 출자를 금지할 이유가 있는지 의문이다. 1인의 익명조합원의 개별적 출자액은 최소 1억원 이상이어야 한다(법 시행령 209조 2호, 금융투자업규정 7-1조).

(4) 제 1 항은 익명조합원 "1인"이 당사자가 되어 조합계약을 체결하도록 명시하고 있는바, 공모와 사모를 불문하고 원만한 투자익명조합 설립절차가 운영될 것인지 우려되고, 입법적 보완이 필요하다고 보이는 점은 투자합자조합에서의 설명과 동일하다(투자합자조합 중 제218조 Ⅱ. 1. (4) 참조).

2. 익명조합계약 기재사항

(1) 익명조합계약에 기재할 사항은 투자합자조합의 조합계약에 기재해야 하는 사항과 동일하다. 구체적으로, 익명조합계약에는 ① 목적(1호), ② 투자익명조합의 명칭(2호), ③ 영업자의 상호·사업자등록번호(3호), ④ 투자익명조합의 소재지(4호), ⑤ 투자익명조합재산의 운용 및 관리에 관한 사항(5호), ⑥ 존속기간 또는 해산사유를 정한 경우에는 그 내용(6호), ⑦ 이익분배 및 환매에 관한 사항(7호), ⑧ 공시 및 보고서에 관한 사항(8호), ⑨ 그 밖에 익명조합원을 보호하기 위하여 필요한 사항으로 대통령령에 정하는 사항(9호)을[2] 기재하여야 한다.

(2) 위 기재사항 중 ⑤ 투자익명조합재산의 운용 및 관리와 관련, 주로 사모로 설립될 것이 예상되는 투자익명조합에 있어 영업자와 익명조합원이 예컨대 투자위원회를 구성하여 투자익명조합재산의 운용 및 관리에 관한 사항을 합의 결정할 수 있도록 할 수 있는지 문제될 수 있다. 투자익명조합의 익명조합원은 투자익명조합의 업무집행을 하지

1) 정동윤, 「주석 상법 총칙/상행위(2)(제 3 판)」, 한국사법행정학회, 2003, 36쪽.

2) 법 시행령 제239조에 의하면, 이에는 1. 법 제229조에 따른 투자익명조합의 종류, 2. 투자대상자산(주된 투자대상자산을 포함한다), 3. 지분증권의 추가발행, 소각에 관한 사항, 투자익명조합재산의 평가 및 기준가격의 계산에 관한 사항, 5. 이익 이외의 분배에 관한 사항, 집합투자업자·신탁업자·투자매매업자 또는 투자중개업자 및 일반사무관리회사와 체결할 업무위탁계약의 개요(보수, 그 밖의 수수료의 계산방법, 지급방법 및 시기에 관한 사항을 포함한다), 7. 집합투자업자 및 신탁업자의 변경에 관한 사항, 8. 익명조합계약의 변경에 관한 사항, 9. 투자익명조합의 회계기간, 익명조합계약 작성연월일, 11. 그 밖에 익명조합원 보호를 위하여 필요한 사항으로서 금융위원회가 정하여 고시하는 사항이 있다.

못하므로(상법 86조, 278조), 위 합의가 허용될 것인지는 투자합자조합에서와 마찬가지로 논란이 있을 수 있다(투자합자조합 중 218조 Ⅱ. 2. (2) 참조).

(3) 위 ⑦의 이익분배와 관련, 조합계약이 정하는 바에 따라 무한책임조합원과 유한책임조합원의 배당률 또는 배당순서 등을 달리 정할 수 있도록 규정되어 있는 투자합자조합과 달리(법 223조 3항), 투자익명조합에는 그러한 조항이 없다. 이는 앞에서 본 것과 같이 법상 영업자의 출자는 허용되지 않으며, 영업자에 대한 배당이라는 개념도 있을 수 없기 때문인 것으로 보인다. 따라서 영업자는 투자익명조합재산의 운용으로 발생한 수익에서 투자익명조합계약에서 정해진 보수, 수수료 등을 제외한 금액 전부를 익명조합원에 분배하여야 할 것이다.

Ⅲ. 익명조합원의 출자목적 제한

1. 익명조합원의 출자의 목적은 금전에 한한다고 규정한다(법 224조 2항). 상법상 익명조합의 경우 익명조합원은 신용 또는 노무를 출자의 목적으로 하지 못하는 외에 금전 기타 재산을 출자의 목적으로 할 수 있는 것과 구별된다(상법 86조, 272조).

2. 다만 사모투자익명조합의 투자자는 객관적인 가치평가가 가능하고 다른 투자자의 이익을 해할 우려가 없는 경우 대통령령으로[1] 정하는 방법에 따라 증권, 부동산 또는 실물자산 등 금전 외의 자산으로 출자할 수 있으므로, 예외적으로 현물출자가 허용된다(법 249조 3항). 다만 신용 또는 노무출자는 사모투자익명조합에서도 허용되지 않는다.

Ⅳ. 금융위원회 등록전 익명조합원 가입금지

1. 제 3 항은 투자익명조합은 법 제182조에 따라 금융위원회에 등록하기 전에는 익명조합계약을 체결하는 익명조합원 1인 외의 자를 익명조합원으로 가입시킬 수 없다고 규정하고 있다. 사모집합투자기구에 대한 특례규정인 법 제249조도 위 규정의 적용을 배제하지 아니하므로, 사모투자익명조합의 경우에도 등록 전에 영업자 1인 및 익명조합원 1인 외의 자는 투자익명조합의 조합원으로 가입할 수 없다. 단, 전문사모투자익명조합은 등록에 관한 법 제182조의 적용이 배제되므로 본조 제 3 항 역시 적용이 없다(법 249조의2 1항 참조). 위 규정상 공모투자익명조합과 사모투자익명조합 모두 등록 전에 익명조합계약

1) 이와 관련, 법 시행령 제271조 제 2 항에서는, "1. 다른 투자자 전원의 동의를 받을 것. 다만, 「공직자윤리법」에 따라 주식백지신탁계약을 체결할 목적으로 설정된 투자신탁의 경우에는 그러하지 아니한다. 2. 법 제238조 제 1 항에서 정한 가격에 기초하여 집합투자재산평가위원회가 정한 가격으로 납부할 것"이라고 정하고 있다.

체결을 위한 익명조합원 모집을 어떠한 방식으로 해야 할 것인지 문제되는 점은 투자합자조합에서 설명한 바와 같다(투자합자조합 중 218조 Ⅳ. 참조).

2. 법 제182조에 의한 투자익명조합 등록 이후 신지분증권의 발행으로 추가로 익명조합원이 가입되는 경우, 영업자와 각 익명조합원들 간, 그리고 익명조합원들 사이의 법률관계가 문제된다(기존 지분증권이 양도된 경우에는 지분이 양도된 익명조합원의 신원만 변경될 뿐 기존의 법률관계에 변경이 없을 것이다). 상법상으로는 수인의 익명조합원이 공동하여 출자한 경우에는 하나의 익명조합계약이 성립하고 출자자(즉 익명조합원) 상호 간에는 조합관계가 있게 되나, 수인의 익명조합원이 따로따로 출자한 경우(이 경우가 일반적일 것이다)에는 각기 독립한 수개의 익명조합계약이 있다고 설명된다.[1] 그러나 투자익명조합에 있어서는 익명조합계약의 내용은 제 1 항에 따라 법정되어 있고, 그 경우에도 투자익명조합은 1개의 단일한 투자단위로서 기능할 것이 예정되어 있으므로, 익명조합원의 추가 가입에 무관하게 단일한 익명조합계약이 존재하고, 익명조합원 간에는 법에 정한 권리·의무가 발생하는 관계라고 설명함이 타당할 것이다.

제225조(영업자)

① 투자익명조합재산은 집합투자업자인 영업자 1인이 운용한다.

② 제198조 제 1 항·제 4 항 및 제 5 항은 투자익명조합의 영업자에게 준용한다. 이 경우 "법인이사"는 각각 "영업자"로, "투자회사"는 각각 "투자익명조합"으로 본다.

Ⅰ. 개 요

본 제225조는 투자익명조합의 영업자 자격, 재산운용 등 의사결정과 같은 업무집행에 관하여 규정한다. 구체적으로 투자익명조합은 집합투자업자인 영업자 1인이 운용함을 밝히고(1항), 영업자의 업무집행에 대해 투자회사에서의 법인이사에 관한 규정을 준용한다(2항). 제 2 항의 준용에 따라 집합투자업자인 영업자는 투자익명조합을 대표하여 업무집행을 하고, 영업자는 임직원 중에서 투자익명조합의 업무를 집행할 자를 선임할 수 있고, 이를 투자익명조합에 서면 통보한 경우 당해 임직원의 행위는 영업자의 행위로 인정된다.

1) 정동윤, 전게서(2003), 34쪽.

Ⅱ. 영 업 자

1. 투자익명조합은 집합투자업자인 영업자 "1인"이 있어야 한다. 영업자 "1인"만을 인정하므로, 공동영업자 개념은 인정되지 않는다. 앞서 법 제224조 설명에서 본 바와 같이 현행 자본시장법 해석상 영업자는 투자익명조합에 출자할 의무가 없으며, 투자합자조합 업무집행조합원의 출자의무가 인정되는 것과 다르다.

2. 투자익명조합의 경우 투자익명조합재산은 원칙적으로 영업자의 재산이 되고(상법 79조), 제 3 자에 대하여 권리·의무의 주체가 되는 것은 영업자이다. 다만 법은 신탁법 제 3 장을 투자익명조합에 준용하므로 영업자의 고유재산과 투자익명조합재산은 구분된다(법 228조 2항).

Ⅲ. 영업자의 업무수행방법

1. 영업자의 대표행위 및 영업자 임직원의 투자익명조합 업무집행행위

(1) 제 2 항은 투자익명조합 영업자의 업무수행방법에 대해 투자회사에서의 법인이사에 관한 조항을 준용한다. 그에 따라 영업자는 투자익명조합을 위하여 투자익명조합의 업무를 집행하게 되는데, 영업자는 법인인 주식회사 또는 일정한 금융기관이 될 것이므로(법 12조 2항 1호 가목, 법 시행령 16조 1항) 실제로 영업자의 역할을 수행하는 자연인이 필요하다. 따라서 법은 영업자가 직무를 정하여 그 직무를 수행할 자(이하 "직무수행자")를 그 임직원 중에서 선임할 수 있고 이 경우 집합투자업자는 이를 투자익명조합에 서면으로 통보하여야 하며, 투자익명조합에 통보된 자가 그 직무 범위에서 행한 행위는 영업자의 행위로 본다고 정하고 있다.

(2) 직무수행자가 될 임직원의 선임을 투자익명조합에게 통보를 하는 경우, 그 상대방은 익명조합원이라고 해석함이 타당할 것이다.

(3) 위 규정의 취지에 비추어 보면, 영업자가 일단 직무수행자를 선임하여 이를 통보한 경우 해당 임직원 이외의 다른 임직원으로 하여금 업무를 수행하도록 할 수 없는 의무가 부여되고, 당해 직무수행자 행위에 대하여는 권한 없는 임직원이 투자익명조합재산에 관한 법률행위를 했다는 이유로 영업자가 익명조합원에게 그 책임을 부인할 수 없을 것이다(예컨대, 영업자의 대표이사가 아닌 직무수행자가 투자익명조합이 체결하는 계약에 서명을 하여도 직무수행자 선임에 대한 통보가 있는 경우 구속력이 있을 것으로 보인다). 그러나 직무수행자가 사실상 투자익명조합과 관련된 모든 행위를 하는데, 법 규정상으로는 직무수행자의 자격요건, 직무수행자의 교체방법 등에 대하여 아무런 규정을 두지 않는다. 직무수행자의 자격요

건, 교체방법 및 절차 등 직무수행자가 업무를 집행하는 것에 대한 통제방법 등을 익명조합계약 등에서 구체적으로 정할 필요가 있을 것이다.

2. 현명방법

(1) 투자회사 법인이사가 투자회사를 대표하여 법률행위를 하는 것으로 정한 법 제198조 제 1 항은 제 2 항에 의하여 투자익명조합에도 준용된다.

(2) 상법상 익명조합은 영업자가 자기명의로 대외적 행위를 수행할 것이 예정되어 있으므로, 고유재산을 위한 대외적 행위시 익명조합을 위한 행위라 할지라도 특별히 구별되는 현명방법을 취할 필요가 없다. 그러나 투자익명조합에 있어서는, 영업자가 다수 투자자로부터 모은 재산으로 구별관리되는 투자익명조합을 위한 대외적 행위와 고유재산과 관련하여 하는 대외적 행위는 투자자 보호를 위하여 엄격하게 구별되어야 한다. 특히 투자익명조합재산과 영업자의 고유재산은 신탁법 제3장의 준용에 따라 제 3 자와의 관계에서도 구별되는 것이므로, 거래안전 보호를 위해서도 상호 구별되는 현명방법은 매우 중요하다. 따라서 영업자가 투자익명조합을 위하여 대외적 행위를 함에 있어서 해당 행위가 투자익명조합을 위한 행위임을 표시하는 현명방법을 법에서 명시할 필요가 인정된다. 본 제 2 항은 위 필요와 관련된 것으로, 영업자가 투자익명조합을 위한 대외적 행위를 하는 경우 "투자익명조합 대표자(또는 영업자) ○○○"으로 기재하도록 정한 것이라 할 수 있다. 법 제80조 제 5 항("집합투자업자가 투자대상자산의 취득, 처분 등을 함에 있어서는 집합투자업자가 그 집합투자기구를 대표한다는 사실을 표시하여야 한다")에도 그러한 취지가 명시되어 있다.

3. 직무수행자의 법적 책임

직무수행자가 법령 또는 익명조합계약에 위반한 행위를 하거나 그 임무를 해태하여 투자익명조합에 손해가 발생한 경우, 금융투자업자의 손해배상책임에 관한 법 제64조가 적용될 수 있을 것이다. 또한 직무수행자에 대하여 통보가 있었던 경우라면 익명조합원은 직접 영업자에게 익명조합계약 위반을 이유로 손해배상을 청구할 수 있고, 사용자책임에 관한 민법 제756조에 의하여도 영업자에게 손해배상을 청구할 수도 있을 것이다. 직무수행자 개인도 불법행위 책임을 질 것이고, 영업자는 내부적으로 직무수행자에게 구상할 수 있을 것이다.

제226조(익명조합원총회)

① 투자익명조합에 익명조합원 전원으로 구성되는 익명조합원총회를 두며, 익명조합원총회는 이 법 또는 익명조합계약에서 정한 사항에 대하여만 결의할 수 있다.

② 투자익명조합의 익명조합원총회는 영업자가 소집한다.

③ 투자익명조합의 익명조합원총회는 출석한 익명조합원의 의결권의 과반수와 발행된 지분증권 총수의 4분의 1 이상의 수로 결의한다. 다만, 이 법에서 정한 익명조합원총회의 결의사항 외에 익명조합계약으로 정한 익명조합원총회의 결의사항에 대하여는 출석한 익명조합원의 의결권의 과반수와 발행된 지분증권 총수의 5분의 1 이상의 수로 결의할 수 있다. 〈개정 2013. 5. 28〉

④ 제190조 제3항·제4항 및 제6항부터 제10항까지의 규정은 투자익명조합의 익명조합원총회에 관하여 준용한다. 이 경우 "투자신탁을 설정한 집합투자업자" 및 "집합투자업자"는 각각 "투자익명조합의 영업자"로, "투자신탁재산"은 "투자익명조합재산"으로, "수익증권"은 각각 "지분증권"으로, "총좌수"는 각각 "총수"로, "수익자"는 각각 "익명조합원"으로, "수익자총회"는 각각 "익명조합원총회"로, "수익자명부"는 "익명조합원명부"로, "좌수"는 각각 "수"로 보고, 같은 조 제8항 중 "제5항"은 "제3항"으로 본다. 〈개정 2013. 5. 28〉

Ⅰ. 개 요

투자익명조합에는 조합원 전원으로 구성되는 익명조합원총회를 둔다(법 220조 1항). 익명조합원총회란 투자익명조합 익명조합원 전원으로 구성되어 투자익명조합재산의 운용에 관한 조합원의 의사를 결정하는 회의체 조직이다. 익명조합원총회는 투자신탁에 있어서의 수익자총회, 투자회사에 있어서의 주주총회, 투자유한회사, 투자합자회사 및 투자유한책임회사에 있어서의 사원총회, 투자합자조합에 있어서의 조합원총회에 상응하는 집합투자자총회(법 9조 23항)로서의 법적 지위를 가진다. 투자익명조합에는 본래 사단(社團)에 인정되는, "多數決의 原理"에 의하여 자체의 의사를 결정하는 의사결정기관은 반드시 존재해야 하는 것은 아니며, 상법상 익명조합에 관한 상법 제2편 제4장에도 익명조합원총회에 관한 규정은 없다. 그러나 투자익명조합의 민주적 절차와 운용의 투명성을 위해 법은 익명조합원총회제도를 도입하고 있다.

Ⅱ. 익명조합원총회의 결의사항

(1) 익명조합원총회는 자본시장법 또는 조합계약에서 정한 사항에 대하여만 결의할 수 있다(법 226조 1항).

(2) 이 중 법에서 규정하는 익명조합원총회 결의사항은 투자합자조합 등 다른 집합투자기구의 집합투자자총회에서의 결의사항과 실질적으로 차이가 없다. 다만 투자합자조합과 마찬가지로 합병제도가 인정되지 않으므로, 합병시 집합투자자총회의 승인은 익명조합원총회와는 무관하다.[1] 법상 익명조합원총회 결의사항으로 규정하는 사항은 ① 해산(법 227조 3항, 221조 1항 2호), ② 청산인의 선임(법 227조 3항, 221조 2항), ③ 청산사무 종결시 결산보고서의 승인(법 227조 3항, 221조 6항, 203조 5항), ④ 청산인에 대한 보수(법 227조 3항, 221조 6항, 203조 6항), ⑤ 익명조합계약변경(법 227조 1항, 195조), ⑥ 환매연기(법 237조)가 있다. 이 중 ⑤의 익명조합계약변경에 관한 익명조합원총회 승인사항은 세부적으로 ① 집합투자업자·신탁업자 등이 받는 보수, 그 밖의 수수료의 인상, ② 집합투자업자 또는 신탁업자의 변경, ③ 익명조합계약으로 투자익명조합의 존속기간 또는 해산사유를 정한 경우 존속기간 또는 해산사유의 변경, ④ 그 밖에 익명조합원의 이익과 관련된 중요한 사항으로서 '대통령령이 정하는 사항'으로 구성된다(법 195조 1항 각 호). 그리고 다시 ④의 '대통령령이 정하는 사항'은 투자익명조합의 종류의 변경, 주된 투자대상자산의 변경, 환매금지형투자익명조합으로의 변경, 환매대금 지급일의 연장, 그 밖에 금융위원회가 정하여 고시하는 사항이다(법 시행령 229조 1항 각호).

(3) 법상 익명조합계약으로 정할 수 있는 익명조합원총회 결의사항 범위를 제약하는 규정은 없다. 이와 관련하여 어느 범위까지 익명조합계약으로 익명조합원총회 결의사항으로 정할 수 있는지 논란이 있을 수 있으나, 익명조합원계약으로 정할 수 있는 익명조합원총회 결의사항의 범위에 대해서는 수동적 투자로서의 집합투자 본질에서 유래하는 내재적 제한이 적용된다고 보아야 한다. 즉 이에 관한 한 투자합자조합의 조합원총회에 관한 법 제220조 설명부분에서 검토한 것과 동일하다.

Ⅲ. 익명조합원총회의 소집 및 운영

1. 익명조합원총회의 소집

(1) 소집권자

투자익명조합의 익명조합원총회는 원칙적으로 영업자가 소집한다(법 226조 2항). 투자익명조합의 영업자는 투자익명조합재산을 보관·관리하는 신탁업자 또는 발행된 지분증권 총수의 100분의 5 이상을 소유한 익명조합원이 익명조합원총회의 목적과 소집의 이유를 기재한 서면을 제출하여 익명조합원총회의 소집을 영업자에 요청하는 경우 1개월

1) 투자합자조합과 투자익명조합 외의 집합투자기구 합병에 대해서는, 법 제193조(투자신탁), 제204조(투자회사), 제211조 제 2 항(투자유한회사), 제216조 제 3 항(투자합자회사). 제217조의6 제 2 항(투자유한책임회사) 참조.

이내에 익명조합원총회를 소집하여야 한다. 이 경우 영업자가 정당한 사유 없이 익명조합원총회를 소집하기 위한 절차를 거치지 아니하는 경우에는 그 신탁업자 또는 발행된 지분증권 총수의 100분의 5 이상을 소유한 익명조합원은 금융위원회의 승인을 받아 익명조합원총회를 개최할 수 있다(법 226조 4항, 190조 3항).

(2) 소집시기

익명조합원총회의 소집시기에 대한 특별한 제한은 없다. 영업자는 익명조합원총회를 정기적으로 소집할 필요가 없으며, 법 또는 익명조합계약에 규정된 사유가 발생된 때, 규정된 소집방법에 따라 익명조합원총회를 소집하면 된다. 익명조합원총회에 정기총회와 임시총회의 구분은 없다.

(3) 소 집 지

익명조합원총회는 익명조합계약에 다른 정함이 없으면 영업자의 본점소재지 또는 이에 인접한 지에서 소집하여야 한다(법 226조 4항, 190조 10항, 상법 364조).

(4) 소집통지

영업자, 신탁업자 또는 소수익명조합원이 익명조합원총회를 소집하는 경우에는 각 익명조합원에 대하여 총회일 2주 전에 서면으로 익명조합원총회 소집을 통지하여야 한다. 다만 총회소집통지가 익명조합원명부상의 익명조합원에게 3년간 도달하지 아니한 때에는 그 익명조합원에 대한 소집통지를 생략할 수 있다(법 226조 4항, 190조 10항, 상법 363조 1항). 소집통지서에는 회의의 목적사항을 기재하여야 한다(법 226조 4항, 190조 4항, 상법 363조 2항). 법상 규정은 없으나, 소집통지서에는 의안의 요령도 함께 기재하여야 할 것이다. 익명조합원총회의 소집통지는 예탁결제원에 위탁하여야 하며, 이 경우 예탁결제원은 서면에 따른 의결권 행사를 위한 서면, 총리령으로 정하는 의결권 행사에 참고할 수 있는 서류를 보내야 한다(법 226조 4항, 190조 9항, 법 시행령 220조, 법 시행규칙 20조).

2. 익명조합원총회의 운영

익명조합원총회의 의장은 조합원 중에서 익명조합원총회에서 선출한다(법 220조 4항, 190조 9항, 법 시행령 221조 5항). 의장은 익명조합원총회의 질서를 유지하고 의사를 정리하며, 고의로 의사진행을 방해하기 위한 발언·행동을 하는 등 현저히 질서를 문란하게 하는 자에 대하여 그 발언의 정지 또는 퇴장을 명할 수 있다(법 226조 4항, 190조 10항, 상법 366조의 2 2항·3항).

익명조합원총회에서는 회의의 속행 또는 연기의 결의를 할 수 있다(법 226조 4항, 190조 10항, 상법 372조 1항).

영업자는 총회의 의사에 대하여 의사록을 작성하여야 하며, 의사록에는 의사의 경과 요령과 그 결과를 기재하고 의장이 기명날인 또는 서명하여야 한다(법 226조 4항, 190조 10항, 상법 373조).

3. 익명조합원총회의 결의

(1) 익명조합원의 의결권

익명조합원총회에 있어 익명조합원의 의결권은 지분증권 1개마다 1개로 한다(법 226조 4항, 190조 10항, 상법 369조 1항). 이는 강행규정이므로, 익명조합계약에 의하여도 의결권을 박탈하거나 제한하지 못한다.

(2) 의결정족수[1)]

익명조합원총회는 출석한 익명조합원의 의결권의 과반수와 발행된 지분증권 총수의 4분의 1 이상의 수로 결의한다. 다만 법에 정한 익명조합원총회의 결의사항 외에 익명조합계약으로 정한 익명조합원총회의 결의사항에 대하여는 출석한 익명조합원의 의결권의 과반수와 발행된 지분증권 총수의 5분의 1 이상의 수로 결의할 수 있다(법 226조 3항).[2)] 익명조합원총회의 결의에 관하여는 의결권 없는 익명조합원이 가지는 지분증권의 수는 발행된 지분증권의 총수에 산입하지 아니하며, 익명조합원총회의 결의에 관하여 특별한 이해관계가 있어 의결권을 행사할 수 없는 익명조합원의 의결권은 출석한 익명조합원의 의결권의 수에 산입하지 아니한다(법 226조 4항, 190조 10항, 상법 371조).

(3) 결의방법

익명조합원은 대리인으로 하여금 그 의결권을 행사하게 할 수 있으며, 이 경우 대리인은 대리권을 증명하는 서면을 익명조합원총회에 제출하여야 한다(법 226조 4항, 190조 10항, 상법 368조 2항). 익명조합원총회에서는 주주총회에서와 같은 의결권의 불통일행사가 인정되지 않는다. 또한 익명조합원총회의 결의에 관하여 특별한 이해관계가 있는 익명조합원은 의결권을 행사하지 못한다(법 226조 4항, 190조 10항, 상법 368조 4항). 익명조합원은 익명조합원총회에 출석하지 아니하고 서면에 의하여 의결권을 행사할 수 있다(법 226조 4항, 190조 6항, 법 시행령 221조 1항 내지 4항).

---

1) 2013. 5. 28. 개정 전의 법은 의결정족수 외에 "익명조합원총회는 발행된 지분증권 총수의 과반수를 소유하는 익명조합원의 출석으로 성립되며"라고 하여 의사정족수를 별도로 규정하고 있었으나 위 개정시에 삭제되었다.

2) 2013. 5. 28. 개정 전의 법은 의결정족수를 출석한 익명조합원의 의결권의 3분의 2 이상과 발행된 지분증권의 총수의 3분의 1 이상의 찬성으로 규정하고 있었다.

4. 연기익명조합원총회

(1) 도입취지

익명조합원총회의 결의가 이루어지지 아니하는 경우 투자익명조합의 중요한 의사결정이 이루어지지 못하여 익명조합원 전체의 이익에 중대한 영향을 미치게 된다. 따라서 투자익명조합이 원활하게 운영되기 위해서는 익명조합원총회의 결의를 확보할 수 있는 법적 수단이 필요하게 되는바, 법은 투자신탁의 연기수익자총회와 마찬가지로, 의결정족수 미달로 익명조합원총회의 결의가 이루어지지 않은 경우 익명조합원총회 자체를 연기하여 총회를 다시 소집하는 연기익명조합원총회를 도입하였다.[1]

(2) 조합원총회의 연기

영업자 또는 소집권자가 된 신탁업자 또는 발행된 지분증권 총수의 100분의 5 이상을 소유한 익명조합원은 의결정족수 미달로 익명조합원총회의 결의가 이루어지지 아니한 경우 그 날부터 2주 이내에 연기익명조합원총회를 소집하여야 한다(법 226조 4항, 190조 7항). 연기익명조합원총회는 상법상 주주총회 연기와는 달리 별도의 소집통지가 필요하다. 영업자는 연기조합원총회를 소집하려는 경우에는 연기조합원총회일 1주 전까지 법 제190조 제 8 항에 따른 내용을 명시하여 연기익명조합원총회의 소집을 통지하여야 한다(법 226조 4항, 190조 9항, 법 시행령 220조 4항).

(3) 연기익명조합원총회의 결의요건

연기익명조합원총회의 결의는 출석한 익명조합원의 의결권의 과반수와 발행된 지분증권 총수의 8분의 1 이상의 수로 결의한다. 다만 법에 정한 익명조합원총회의 결의사항 외에 익명조합계약으로 정한 익명조합원총회의 결의사항에 대하여는 출석한 익명조합원의 의결권의 과반수와 발행된 지분증권 총수의 10분의 1 이상의 수로 결의할 수 있다(법 226조 4항, 190조 8항).[2] 서면에 의한 의결권 행사에 관한 규정(법 226조 4항, 190조 6항)은 연기익명조합원총회에 대하여 준용된다.

---

1) 의사정족수를 규정하고 있던 2013. 5. 28. 개정 전의 법은 익명조합원총회의 회의개시 예정시각에서 1시간이 경과할 때까지 의사정족수가 미달되어 총회가 성립되지 않은 경우 연기익명조합원총회를 소집하도록 규정하고 있었다.

2) 2013. 5. 28. 개정 전의 법은 연기익명조합원총회의 회의개시 예정시각에서 1시간이 경과할 때까지 출석한 익명조합원이 소유한 지분증권의 좌수가 발행된 지분증권의 총수의 과반수에 미달하는 경우에는 출석한 익명조합원의 지분증권의 총수로써 익명조합원총회가 성립된 것으로 보며, 이 경우 연기익명조합원총회의 결의는 출석한 익명조합원의 의결권의 3분의 2 이상 찬성으로 하고, 다만 익명조합계약상의 총회결의사항에 대하여는 출석한 익명조합원의 의결권의 과반수로 하도록 규정하고 있었다.

Ⅳ. 익명조합원총회 결의의 하자

익명조합원총회 결의의 하자란 외관상으로는 익명조합원총회의 결의로 인정할 수 있는 결의가 존재하나, 그 결의의 절차·내용이 법령이나 익명조합계약을 위반하였거나 부당하여 그 효력을 인정할 수 없는 경우 또는 익명조합원총회의 소집절차나 결의방법에 익명조합원총회결의가 존재한다고 볼 수 없을 정도로 중대한 하자가 있는 경우를 말한다.

이러한 하자가 있는 익명조합원총회의 결의일지라도 이해관계자가 함부로 그 하자를 주장하여 이미 형성된 법률관계를 변경하는 것을 허용할 수는 없다. 법은 상법상 주주총회의 경우와 마찬가지로 결의취소의 소, 결의무효의 소, 결의부존재확인의 소, 특별이해관계인에 의한 부당결의취소·변경의 소를 익명조합원총회에 도입하였고, 이에 대하여는 상법 규정이 그대로 준용된다(법 226조 4항, 190조 10항, 상법 376조, 377조, 379조 내지 381조).

Ⅴ. 사모집합투자기구 등에 대한 특례

법은 "집합투자자총회 및 그와 관련된 사항은 사모집합투자기구에는 적용하지 아니한다"라고 규정하고 있으므로(법 249조 4항), 사모투자익명조합은 익명조합원총회를 소집할 필요가 없다. 그러나 이러한 입법의 타당성이 의문시 되는 것은 투자합자조합의 조합원총회에서 본 바와 같다(투자합자조합 중 220조 Ⅴ. 참조).

제227조(준용규정)

① 제195조는 투자익명조합의 익명조합계약변경에 관하여 준용한다. 이 경우 "투자회사"는 각각 "투자익명조합"으로, 같은 조 제 1 항 중 "이사회 결의로"는 "영업자가"로, "제201조 제 2 항 단서"는 "제226조 제 3 항"으로, 같은 조 제 1 항 중 "주주총회의 결의" 및 같은 조 제 2 항 중 "이사회 결의 및 주주총회의 결의"는 각각 "익명조합원총회의 결의"로, "주주"는 각각 "익명조합원"으로 본다.

② 제208조는 투자익명조합의 지분증권에 관하여 준용한다. 이 경우 "투자유한회사" 및 "회사"는 각각 "투자익명조합"으로, "제209조 제 1 항에 따른 법인이사" 및 "법인이사"는 각각 "영업자"로, "사원"은 각각 "익명조합원"으로, "정관"은 "익명조합계약"으로 본다.

③ 제221조는 투자익명조합의 해산·청산에 관하여 준용한다. 이 경우 "투자합자조합"은 각각 "투자익명조합"으로, "유한책임조합원"은 "익명조합원"으로, "조합원총회"는 각각 "익명조합원총회"로, "업무집행조합원"은 각각 "영업자"로 본다. 〈개정 2013. 5. 28〉

Ⅰ. 개 요

법 제227조는 투자합자조합에 관한 규정 중 법 제221조(해산 및 청산)와 법 제222조(조합계약변경, 지분증권)에 대응하는 조항이다. 구체적으로, 투자익명조합에 있어서 익명조합계약의 변경절차에 관해 투자회사에서의 정관변경 절차에 관한 규정을 준용하도록 하고 있고(1항), 투자익명조합의 지분증권에 관하여는 투자유한회사에서의 지분증권에 대한 규정을 준용하도록 규정하고 있다(2항). 그리고 투자익명조합의 해산·청산에 관하여는 투자합자조합의 해산·청산에 관한 규정을 준용하도록 하고 있다(3항).

Ⅱ. 익명조합계약 변경

1. 변경방법

익명조합계약 변경절차에 관해 제195조가 준용되는 결과, ① 익명조합계약은 원칙적으로 집합투자업자인 영업자가 익명조합원 동의 없이 단독으로 변경할 수 있고(법 195조 1항 1문),[1] ② 다만 일정한 사항의 경우에만 법 제220조 제 3 항에 따른 익명조합원총회 결의, 즉 발행된 지분증권 총수의 과반수를 소유하는 익명조합원의 출석으로 성립, 출석한 익명조합원의 의결권의 3분의 2 이상과 발행된 지분증권총수의 3분의 1 이상의 찬성으로 결의를 거쳐서 변경해야 하는 제한을 받는다(법 195조 1항 2문, 1항 각 호 참조). 만약 ②의 규정을 위반하여 익명조합계약을 변경한 경우 금융위원회는 6개월 이내의 업무의 전부 또는 일부의 정지(1호) 기타 소정의 조치를 할 수 있다(법 253조 2항, [별표 2] "투자회사등에대한 처분사유" 29호).

다만 이와 같이 일정한 사항을 제외하고 영업자가 익명조합계약을 단독으로 변경할 수 있도록 한 것은 상법상 익명조합의 법리와도 어긋난다. 따라서 이러한 정함이 익명조합원 보호의 관점에서 적절한 것인지는 의문이다.

2. 익명조합원총회 결의를 요하는 익명조합계약 변경

법 제227조 제 1 항에 기해 익명조합원총회 결의로써 변경할 수 있는 익명조합계약은 ① 집합투자업자·신탁업자가 받는 보수, 그 밖의 수수료의 인상, ② 집합투자업자 또

1) 법 제195조 제 1 항 제1문은 "투자회사는 이사회 결의로 정관을 변경할 수 있다"고 정하고 있는데, 본항에서 "투자회사"는 "투자익명조합"으로, "이사회 결의로"는 "영업자가"로 보기로 하므로, 조합계약변경에 대해서는 "투자익명조합은 영업자가 익명조합계약을 변경할 수 있다"고 정한 것이 된다.

는 신탁업자의 변경, ③ 익명조합계약으로 투자익명조합의 존속기간 또는 해산사유를 정한 경우 존속기간 또는 해산사유의 변경, ④ 그 밖에 익명조합원의 이익과 관련된 중요한 사항으로서 대통령령으로 정하는 사항이 있다(법 227조 1항, 195조 1항 각 호). 다만 합병·분할·분할합병, 그 밖의 대통령령이 정하는 사유로[1] 집합투자업자인 영업자 또는 신탁업자가 변경된 경우에는 위 사항에 해당하더라도 익명조합원총회 결의 없이 업무집행조합원이 조합계약을 변경할 수 있다(법 227조 1항, 195조 2항).

위 사항 중 집합투자업자인 영업자의 변경에 관한 사항(법 195조 1항 2호)은 법에서 투자익명조합을 포함한 모든 집합투자기구에 관하여 새롭게 도입되었다. 그러나 해당 변경에 적용될 요건과 절차 등 구체적 사항에 대해 규정이 없어, 변경에 있어 ① 기존의 영업자가 새로운 영업자를 선정할 수 있는 사유, ② 종전 영업자가 새로운 영업자와 체결할 합의 내용, ③ 익명조합원총회 승인대상이 되는 합의의 내용 및 절차 등에 대해서는 아무런 정함이 없다. 익명조합원총회에 관한 법 제226조 제 4 항은 투자신탁에 있어서 수익자총회 결의에 대한 반대수익자의 수익증권매수청구권을 정한 법 제191조를 준용하지 않고 있으므로, 투자익명조합의 영업자 변경에 반대하는 익명조합원 권리보호에도 문제가 있다. 적절한 입법적 보완이 필요한 것으로 보인다.

3. 변경의 공고 등

익명조합계약을 변경한 경우에는 투자익명조합은 인터넷 홈페이지 등을 이용하여 익명조합계약의 변경을 공시하여야 하며, 익명조합원총회의 결의를 거쳐 정관을 변경하여야 하는 경우에는 익명조합계약의 변경을 공시하는 이외에 이를 익명조합원에게 통지하여야 한다(법 227조 1항, 195조 3항).

여기서의 공시 또는 익명조합원에 대한 통지는 효력발생요건은 아니고 익명조합원에 대한 사후적 통지의무로 해석된다. 따라서 투자익명조합이 그러한 공시 또는 통지를 하지 아니하거나 거짓으로 공시 또는 통지하더라도 금융위원회로부터 제재를 받는 외에

---

1) 법 시행령 제229조 제 2 항은 아래 사항을 익명조합원총회 결의 없이 영업자가 익명조합계약을 변경할 수 있는 경우로 정한다.
   1. 집합투자업자의 경우에는 다음 각 목의 어느 하나에 해당하는 경우
      가. 법 제420조 제 3 항에 따른 금융위원회의 조치에 따라 집합투자업자가 변경되는 경우
      나. 「금융산업의 구조개선에 관한 법률」 제10조에 따른 금융위원회의 명령에 따라 집합투자업자가 변경되는 경우
   2. 신탁업자의 경우에는 다음 각 목의 어느 하나에 해당하는 경우
      가. 영업양도 등으로 투자회사재산의 보관, 관리계약의 전부가 이전되는 경우
      나. 법 제184조 제 4 항, 법 제246조 제 1 항 등 관련 법령의 준수를 위하여 불가피하게 투자회사재산의 보관, 관리계약의 일부가 이전되는 경우
      다. 법 제420조 제 3 항에 따른 금융위원회의 조치에 따라 신탁업자가 변경되는 경우
      라. 「금융산업의 구조개선에 관한 법률」 제10조에 따른 금융위원회의 명령에 따라 신탁업자가 변경되는 경우

(법 253조 2항, [별표 2] "투자회사등에대한처분사유" 30호) 익명조합계약 변경의 효력이 부인되지는 않을 것이다. 공시 또는 통지를 이행한 경우 익명조합원이 이에 동의하지 않는다고 할지라도 동일하다.

Ⅲ. 지분증권

투자익명조합의 법적 형태가 상법상의 익명조합이며(법 9조 18항 6호), 상법에 따른 익명조합의 출자지분은 증권 중에서 지분증권에 해당하므로(법 6조 4항) 투자익명조합의 집합투자증권은 지분증권이다. 법 제227조 제2항은 이러한 투자익명조합의 지분증권에 관하여 투자자평등의 원칙이 적용됨을 밝히고, 동 지분증권의 성격과 발행절차에 대해서 정한다.

1. 투자자평등의 원칙

투자익명조합의 익명조합원은 출자금액의 반환 및 이익의 분배 등에 관하여 지분증권의 수에 따라 균등한 권리를 가진다(법 227조 2항, 208조 1항). 이는 투자익명조합에 대해 투자자 평등원칙이 적용됨을 밝힌 것이다.

위 투자자평등의 원칙상, 법 제231조에 따른 종류형집합투자기구로 투자익명조합이 설정되는 경우를 제외하고는, 익명조합계약으로 투자익명조합이 투자자(익명조합원)별로 이익배당률 기타 발행조건을 달리하는 수종의 지분증권을 발행하는 것은 허용되지 않을 것이다(투자합자조합 중 222조 Ⅲ. 1 참조). 다만 투자익명조합에서 출자금액의 반환 및 이익의 분배 등에 있어서 지분증권의 수에 따라 균등한 권리를 가진다는 것은, 익명조합원은 누구든지 자기의 의사에 의하지 아니하고 지분증권의 수에 따르지 않는 차등적 출자금액의 반환 및 이익의 분배 등을 강요당하지 않는다는 것일 뿐, 익명조합원 스스로 해당 권리를 포기·양도하는 것을 금지하는 취지는 아니다. 따라서 익명조합원 전원이 익명조합계약과는 별도로 합의하여 익명조합원 사이에 차등적 출자금액의 반환 및 이익의 분배 등을 정하는 경우, 그러한 정함까지 투자자 평등의 원칙 위반으로 무효가 되지는 않을 것이라고 본다.

2. 지분증권의 성격과 발행절차

(1) 투자익명조합의 지분증권은 법상 상법상의 익명조합의 출자지분이 표시된 것으로 정의되어 있다(법 4조 4항). 따라서 지분증권은 개념적으로는 마치 주식과 주권이 다른 것처럼 투자익명조합의 지분 그 자체와는 구별되고, 투자익명조합의 지분을 표시한 증서를 가리키는 것으로 해석하여야 할 것이나, 지분과 지분증권을 구별하여야 할 실익은 많

지 않다(투자합자조합 중 222조 Ⅲ. 2. (1) 참조).

투자익명조합의 지분증권의 발행에 관하여 주식회사의 형태를 취하는 투자회사의 주식의 형식 및 발행절차 등에 관한 법 제196조(2항 제외)를 준용한다. 그러나 뒤에서 보는 것처럼 익명조합 지분의 양도에 영업자 또는 익명조합원의 동의를 얻어야 하는지 분명하지 않고, 또 투자유한회사의 지분증권에 관한 법 제208조의 설명에서 본 것과 같이 주식의 양도 등에 관한 상법 제336조 등을 준용하지 않은 점 등을 고려하면, 현행법의 해석으로는 투자익명조합의 지분증권도 주권이나 수익증권과 같은 유가증권으로 인정하기는 어려울 것으로 보인다. 그 결과 투자합자조합의 지분증권과 마찬가지로 투자익명조합 지분증권의 양도에 상당한 어려움이 예상된다. 입법에 의한 보완이 필요한 부분이다.

(2) 투자익명조합의 지분증권에는 일정한 사항[1]을 기재하고 영업자가 기명날인 또는 서명하여야 한다(법 227조 2항, 208조 2항). 한편, 본 조항에 따라 준용되는 법 제208조 제 3 항은 투자유한회사의 지분증권에 관하여 투자회사의 주식에 관한 제196조(2항 제외)를 다시 준용한다(법 227조 2항, 208조 3항).

(3) 위 법 제196조(2항 제외) 재준용의 결과 투자익명조합 지분증권은, 법 제208조 제 2 항이 정한 사항 외에도, 그 성격과 발행절차에 관한 다음과 같은 조항이 추가 준용된다.[2]

① 투자익명조합의 지분증권은 무액면 기명식으로 한다(법 196조 1항).

② 투자익명조합이 성립 후에 신지분증권을 발행하는 경우 익명조합계약에서 달리 정하고 있지 않는 한, 신지분증권의 발행가액 및 지분증권 대금 납입기일은 영업자가 결정한다(법 196조 3항).

③ 익명조합원의 청구가 있는 경우 익명조합원의 지분증권을 매수할 수 있는 개방형투자익명조합의 경우에는 성립 후에 신지분증권을 발행하는 경우 영업자는 신지분증권의 발행기간, 그 기간 내에 발행하는 신지분증권 수의 상한, 매일의 발행가액 및 지분증권대금 납입기일을 정하는 방법에 대하여 결정할 수 있다. 이 경우 개방형투자익명조합은 확정된 매일의 발행가액을 그 투자익명조합의 지분증권을 판매하는 투자매매업자 또는 투자중개업자의 지점, 그 밖의 영업소에 게시하고 인터넷 홈페이지 등을 이용하여 공시하여야 한다(법 196조 4항).

---

1) ① 투자익명조합의 상호, ② 투자익명조합의 성립연월일, ③ 지분증권의 발행일, ④ 익명조합원의 성명(법인인 경우에는 상호), ⑤ 그 밖에 투자익명조합 익명조합원의 보호에 필요한 사항으로서 대통령령으로 정하는 사항을 의미함(법 222조, 208조 2항). 한편 법 시행령 제235조에서는 이에 관하여 ① 기호 및 번호, ② 이익 등의 분배의 시기, ③ 지분증권의 환매조건(환매를 청구할 수 없는 지분증권인 경우에는 환매를 청구할 수 없다는 뜻), ④ 존속기간을 정하는 경우에는 그 기간, ⑤ 그 지분증권을 판매한 투자매매업자 또는 투자중개업자의 명칭을 정하고 있다.

2) 2013. 5. 28. 개정 전의 법은 준용규정에서 제196조 제 2 항을 제외하지 않았으므로 투자익명조합은 예탁결제원을 명의인으로 하여 지분증권을 발행 또는 등록하는 방법으로 투자익명조합의 성립일 또는 지분증권 대금의 납입기일에 지체 없이 지분증권을 발행하여야 하도록 되어 있었다(법 196조 2항, 309조 5항).

④ 같은 날에 발행하는 신지분증권의 발행가액, 그 밖의 발행조건은 균등하게 정하고 동 발행가액은 투자익명조합이 소유하는 자산의 순자산액에 기초하여 대통령령으로 정하는 방법에[1] 따라 산정한다(법 196조 5항).

⑤ 신지분증권을 발행하는 경우 인수인은 지체 없이 지분증권의 인수가액을 금전으로 납입하여야 한다(법 196조 6항, 194조 7항).

⑥ 대금의 납입과 동시에 지분증권의 인수인은 투자익명조합에 가입하여 익명조합원의 권리·의무를 가지게 된다(법 196조 7항).

Ⅳ. 투자익명조합의 해산·청산

1. 개요 : 투자합자조합의 해산, 청산 규정의 준용

법 제227조 제 3 항은 투자익명조합의 해산·청산에 관하여 투자합자조합의 해산·청산에 관한 법 제221조를 준용하도록 규정하고 있다. 법 제221조 제 6 항은 다시 투자회사의 청산에 관한 법 제203조(2항 제외)를 준용한다. 이에 따라 상법상 익명조합계약의 해지·종료에 관한 상법 제83조(계약의 해지), 제84조(계약의 종료)는 투자익명조합에 적용이 배제되어 있다(법 228조 1항). 법 제221조 준용에 있어 조합계약을 익명조합계약으로 간주하는 규정을 두지 않고 있는바, 이는 입법적 실수임이 명백하므로, 그러한 규정이 있다는 전제에서 본다.

2. 해 산

(1) 투자익명조합은 ① 익명조합계약에서 정한 존속기간의 만료, 그 밖의 해산사유의 발생, ② 익명조합원총회의 결의, ③ 투자익명조합 등록의 취소의 1에 해당하는 사유로 해산한다(법 227조 3항, 221조 1항).

(2) 상법 제83조 제 2 항에 의하면 익명조합의 당사자는 "부득이한 사정"이 있는 때에는 익명조합을 해지할 수 있는바, "부득이한 사정"에는 당사자의 중요한 의무(출자, 이익분배, 영업수행에 관한 의무 등)의 해태, 영업자의 영업지속의 불능 등이 해당한다.[2] 그러나 법 제228조 제 1 항은 상법 제83조의 적용을 배제하므로, 위 "부득이한 사정"이 있다고

---

1) 법 시행령 제230조는 이에 관하여 '대통령령으로 정하는 방법이란 법 제238조 제 6 항에 따른 기준가격(이하 "기준가격"이라 한다)의 산정방법을 말한다. 다만, 환매금지형투자회사는 본문에 따라 산정된 금액과 증권시장에서 거래되는 가격을 고려하여 정할 수 있다'고 규정하고 있다. 한편, 법 제238조 제 6 항에 따른 기준가격의 산정방법이라 함은 '법 제238조 제 7 항에 따른 기준가격의 공고·게시일 전일의 대차대조표상에 계상된 자산총액(법 238조 1항에 따라 산정한 자산총액을 말함)에서 부채총액을 뺀 금액을 그 공고·게시일 전일의 집합투자증권 총수로 나누어 산정하는 방법을 말한다'(법 시행령 262조 1항)고 정하고 있다.

2) 정동윤, 전게서(2003), 40-41쪽.

판단하는 영업자 또는 익명조합원은, 스스로(영업자) 또는 지분증권 총수의 100분의 5 이상 요건을 충족하여 투자익명조합의 해산을 위한 익명조합원총회 소집을 영업자에 요청하여(익명조합원) 익명조합원총회 결의를 거치는 방법을 취하여야 할 것이다.

3. 청 산

위 해산사유가 발생하는 경우, 청산인이 선임되고, 청산인은 금융위원회에 대통령령으로 정하는 사항을 보고하여야 한다(법 227조 3항, 221조 1항). 법 시행령 제238조는 위 청산인의 보고사항으로 ① 해산의 사유 및 연월일 ② 청산인의 성명·주민등록번호(청산인이 법인인 경우에는 명칭·사업자등록번호)를 정하고 있다. 그 후 청산인은 본조에 정한 바에 따라 투자익명조합의 재산상태의 조사, 채권자에의 최고, 잔여재산 분배, 결산보고서의 작성 및 승인 등의 청산절차를 수행하게 된다.

(1) 청 산 인

1) 선 임

투자익명조합이 해산하는 경우 익명조합계약 또는 익명조합원총회에서 청산인에 관한 사항을 정해둔 경우에는 익명조합계약 또는 익명조합원총회 결의에 따라 청산인이 선임된다(법 227조 3항, 221조 2항). 다만 익명조합계약 또는 익명조합원총회에서 달리 정하지 않으면 영업자가 청산인이 된다(법 227조 3항, 221조 2항). 투자익명조합이 해산하는 경우에 있어서 영업자가 없거나 없게 된 경우 금융위원회는 직권으로 청산인을 선임한다(법 227조 3항, 221조 3항).

2) 보수지급

청산인은 투자익명조합으로부터 보수를 지급받을 수 있다. 즉 ① 투자익명조합이 익명조합계약에서 정한 존속기간의 만료, 그 밖의 해산사유가 발생 또는 익명조합원총회의 결의로 해산한 경우에는 익명조합계약 또는 익명조합원총회가 정하는 바에 따라 보수를 지급받으며, ② 투자익명조합이 투자익명조합 등록의 취소로 해산하여 금융위원회에 의하여 선임된 청산인은 금융위원회가 정하는 바에 따라 보수를 지급받는다(법 227조 3항, 221조 6항, 203조 6항).

(2) 청산절차

1) 재산상태의 조사

청산인은 취임 후 지체 없이 투자익명조합의 재산 상태를 조사하여 시행규칙으로 정하는 기간 이내에 재산목록과 대차대조표를 작성하여야 하며, 재산목록과 대차대조표 등본을 지체 없이 금융위원회에 제출하여야 한다(법 227조 3항, 221조 6항, 203조 1항). 또한 청산인은 작성한 재산목록과 대차대조표를 청산 종결시까지 투자익명조합에 비치하여야 하며, 이를 집합투자업자 및 투자매매업자·투자중개업자에게 송부하여 그 영업소에 비치하도록 하여야 한다(법 227조 3항, 221조 6항, 203조 7항).

2) 채권자에의 최고

청산인은 취임한 날부터 1개월 이내에 투자익명조합의 채권자에 대하여 1개월 이상으로 정한 신고기간 이내에 그 채권을 신고할 것과 그 기간 이내에 신고하지 아니하면 청산에서 제외된다는 뜻을 2회 이상 공고하는 방법으로 최고하여야 한다(법 227조 3항, 221조 6항, 203조 3항).

자금차입, 채무보증 또는 담보제공이 제한되는 투자익명조합의 경우에는 위와 같은 최고절차를 생략할 수 있는데, 최고절차를 생략하려는 경우 그 뜻과 채무내용, 채무이행방법 등 채무와 관련된 사항을 2회 이상 전국을 보급지역으로 하는 일간신문에 공고하여야 하며, 이를 금융위원회에 지체 없이 보고하여야 한다(법 227조 3항 221조 6항, 203조 4항 본문, 법 시행령 233조 1항). 다만 장내파생상품 매매에 따른 계약이행책임이 있는 경우, 투자회사재산에 중대한 영향을 미칠 수 있는 소송이 계류 중인 경우, 법 제83조 제1항 단서에 따른 금전차입 등으로 인하여 잔존채무가 있는 경우에는 채권자에 대하여 반드시 최고하여야 한다(법 227조 3항, 221조 6항, 203조 4항, 법 시행령 233조).

한편 최고를 받고도 신고기간 이내에 채권신고를 하지 않은 투자익명조합의 채권자가 영업자에게 책임을 물을 수 있을까? 이에 대해서는 법상 명문의 규정이 없어, 투자합자조합의 청산절차에서 무한책임을 부담하는 업무집행사원의 경우와 마찬가지로 이론의 여지가 있을 수 있다. 필자는 투자합자조합의 업무집행사원의 경우와 마찬가지로, 투자익명조합의 영업자도 신고한 채권자 및 신고하지 않았으나 알고 있는 채권자(법 203조 3항의 준용에 의해 상법 535조 2항이 준용된다는 입장)에 한하여는 책임을 진다고 봄이 타당하다고 생각한다(투자합자조합 중 221조 Ⅲ. 2. (2) 참조). 입법론으로는 그 책임한계를 명시하는 것이 바람직하다.

3) 잔여재산의 분배

청산인은 투자익명조합의 잔여재산을 익명조합원에게 분배함에 있어서 익명조합계약이 정하는 바에 따라 투자익명조합재산에 속하는 자산을 그 익명조합원에게 지급할 수 있다(법 227조 3항, 221조 5항). 동 조항은 투자익명조합의 잔여재산 분배시 현금으로써가 아니라 현물자산으로써 지급할 수 있음을 정하고 있는 것으로 이해된다.

이러한 현물자산에 의한 잔여재산 분배는 투자신탁과 투자합자조합에는 적용되나, 투자회사, 투자합자회사, 투자유한회사 등 회사 형태의 집합투자기구에는 동일한 취지의 규정을 두고 있지 않다.[1)]

---

1) 본 조항의 배경은 구간투법 제105조 제4항은 투자신탁에 있어서 본법 제221조 제5항과 동일한 취지의 규정을 두고 있었고, 법 제192조 제3항은 구간투법 제105조 제4항을 실질적으로 승계한 것인데,

한편 투자익명조합의 익명조합원은 출자금액의 반환 및 이익의 분배 등에 관하여 지분증권의 수에 따라 균등한 권리를 가지는바(법 227조 2항, 208조 1항), 동 투자자평등의 원칙상 현물지급에 있어 반드시 각 조합원에 대하여 그 지분비율에 따른 현물지급이 이루어져야 하는지 문제된다. 익명조합계약에서 직접 외관상으로는 투자자평등의 원칙에 반하는 현물자산 분배를 규정하거나, 또는 그러한 현물자산 분배가 가능한 기준(예컨대, 익명조합원총회의 결의 또는 익명조합원 전원의 동의)을 설정한 경우, 그에 따라 현물 지급이 이루어진 결과 외관상 각 조합원의 지분비율에 따른 지급이 이루어지지 않더라도 투자자평등의 원칙에 반하지 않는다고 보아야 할 것이다.

4) 결산보고서의 작성 및 승인 등

청산인은 청산사무가 종결된 경우에는 지체 없이 결산보고서를 작성하여 익명조합원총회의 승인을 받아야 한다. 조합원 총회의 승인이 있은 때에는 당해 결산보고서를 공고하고, 이를 금융위원회 및 협회에 제출하여야 한다(법 227조 3항, 221조 6항, 203조 5항).

(3) 청산인에 대한 감독 및 청산인의 해임

투자익명조합이 청산절차에 들어가는 경우 금융위원회는 투자익명조합의 청산인의 업무집행에 대한 감독을 하게 된다. 즉 금융위원회는 청산인의 업무를 집행함에 있어서 현저하게 부적합하거나 중대한 법령 위반사항이 있는 경우에는 직권으로 또는 이해관계인의 청구에 의하여 청산인을 해임할 수 있고, 이러한 경우 금융위원회는 직권으로 새로운 청산인을 선임할 수 있다(법 227조 3항, 221조 4항).

제228조(다른 법률과의 관계)

① 「상법」 제82조 제 3 항, 제83조 및 제84조는 투자익명조합에 적용하지 아니한다.
② 「신탁법」 제3장은 투자익명조합에 준용한다. 이 경우 "신탁재산"은 "투자익명조합재산"으로, "수탁자"는 "영업자"로, "신탁"은 "투자익명조합 가입"으로, "위탁자" 및 "수익자"는 각각 "익명조합원"으로 본다.
③ 투자자가 투자익명조합의 지분증권을 매수한 경우 투자익명조합에 가입한 것으로 본다.

자본시장법상 투자합자조합과 투자익명조합에서도 구간투법 제105조 제 4 항의 규정을 도입한 것이다. 단, 자본시장법상 명시적 허용규정이 없다고 하여 투자회사, 투자합자회사, 투자유한회사, 투자유한책임회사에 있어 잔여재산의 현물에 의한 지급이 허용되지 않는다고 할 것은 아니고, 이는 상법상 주식회사, 합자회사, 유한회사, 유한책임회사의 법리상 현물지급의 허용 여부에 달려 있다고 할 것이다.

Ⅰ. 개　　요

투자익명조합은 상법상 익명조합의 형태를 가지나 동시에 집합투자를 수행하기 위한 집합투자기구로서의 특성을 가진다. 따라서 상법상 익명조합의 법리는 투자익명조합에 수정 적용될 필요가 있다. 법 제228조는 위 필요성에 상응하는 조항으로, 투자합자조합에 관한 법 제223조에 대응하는 조항이다. 구체적으로, 투자익명조합이 가지는 집합투자기구로서의 특성상 적용이 부적절한 상법 제2편 제4장 익명조합에 관한 규정(상법 78조 내지 86조) 중 일부 조항을 적용 배제하는 규정(1항) 및 지분증권의 매수에 의해 투자익명조합에 가입한 것으로 의제하는 규정(3항)을 두고 있다. 또한, 투자익명조합재산과 영업자의 고유재산 분리 취급을 위하여, 신탁법 제3장 신탁재산 규정을 적용하고 있다(2항).

Ⅱ. 상법 제2편 제4장 익명조합에 관한 규정 일부 배제

1. 배제규정 및 배제이유

법 제228조 제1항은 "「상법」 제82조 제3항, 제83조 및 제84조는 투자익명조합에 적용하지 아니한다"고 하여, 상법 제2편 제4장 익명조합에 관한 규정 총 9개 조문 중 2개 조문의 적용을 배제하고, 1개 조문(상법 82조)에 대해서는 일부만을 적용하고 있다.

이 중 상법 제82조[1] 제3항을 배제한 것은, ① 익명조합원에 대한 이익배당 방식에 관한 상법 제82조 제1항과, ② 익명조합원의 유한책임을 정하는 상법 제82조 제2항을 익명조합계약 등을 통해 배제할 수 없음을 명시한 것이다. 다만 아래에서 보듯이 투자익명조합의 이익배당에 대해서는 법 제5장 평가 및 회계에서 다루고 있으므로, 위 상법 제82조 제1항이 직접 적용될 여지는 거의 없다.

투자익명조합의 해산 및 청산에 대해서는 그 집합투자기구의 특성에 부합하도록 투자합자조합의 해산 및 청산에 관한 법 제221조를 준용하여 정하므로(법 227조 3항) 상법 제83조(계약의 해지)와[2] 제84조(계약의 종료)는[3] 적용배제된 것이다.

---

1) 제82조(이익배당과 손실분담) ① 익명조합원의 출자가 손실로 인하여 감소된 때에는 그 손실을 전보한 후가 아니면 이익배당을 청구하지 못한다. ② 손실이 출자액을 초과한 경우에도 익명조합원은 이미 받은 이익의 반환 또는 증자할 의무가 없다. ③ 제2항의 규정은 당사자간에 다른 약정이 있으면 적용하지 아니한다.

2) 제83조(계약의 해지) ① 조합계약으로 조합의 존속기간을 정하지 아니하거나 어느 당사자의 종신까지 존속할 것을 약정한 때에는 각 당사자는 영업연도 말에 계약을 해지할 수 있다. 그러나 이 해지는 6월 전에 상대방에게 예고하여야 한다. ② 조합의 존속기간의 약정의 유무에 불구하고 부득이한 사정이 있는 때에는 각 당사자는 언제든지 계약을 해지할 수 있다.

3) 제84조(계약의 종료) 조합계약은 다음의 사유로 인하여 종료한다. 1. 영업의 폐지 또는 양도, 2. 영업자의 사망 또는 금치산, 3. 영업자 또는 익명조합원의 파산.

2. 적용규정 및 그 의미

위 1.과 같이 상법 제82조 제 3 항, 제83조, 제84조가 투자익명조합에 적용 배제되므로, 상법 제 2 편 제 4 장 익명조합에 관한 규정 중 투자익명조합에 적용되는 조항은 익명조합 정의에 관한 조항(상법 78조) 등 일부이다. 대부분 앞에서 이미 설명한 사항이기는 하지만, 아래에서는 조항과 그 조항이 투자익명조합에서 가지는 의미를 본다.

(1) 제78조(의의)

상법 제78조는 "익명조합은 당사자의 일방이 상대방의 영업을 위하여 출자하고 상대방은 그 영업으로 인한 이익을 분배할 것을 약정함으로써 그 효력이 생긴다"고 정한다. 따라서 제 3 자와의 관계에서는 집합투자업자인 무한책임조합원과 유한책임조합원이 공동으로 수행하는 사업인 투자합자조합과는 다르게 투자익명조합은 집합투자업자인 영업자의 단독사업이 된다. 다만 상법 제78조에 따르면 영업자와 익명조합원 사이의 익명조합계약에 특별한 형식을 요하지 않고 수인의 익명조합원이 동시에 가입하는 것에 아무런 제한이 없지만, 투자익명조합은 법 제224조 제 1 항에 정한 사항을 기재한 익명조합계약을 서면으로 체결하여야 하며, 법 제182조에 따라 금융위원회에 등록하기 전에는 전문사모투자익명조합의 경우를 제외하고는 익명조합계약을 체결하는 최초 1인의 익명조합원 외에 추가로 익명조합계약에 가입하도록 하지 못한다(법 224조 1항·3항, 249조의2 1항 참조).

(2) 제79조(익명조합원의 출자)

상법 제79조("익명조합원이 출자한 금전 기타의 재산은 영업자의 재산으로 본다")가 적용됨으로써 익명조합원이 출자한 금전 기타의 재산(투자익명조합재산)은 영업자의 단독소유가 된다. 다만 상법상 익명조합과 달리 투자익명조합은 아래 제 2 항 설명부분에서 자세히 보는 대로 신탁법 제 3 장의 준용에 의하여 투자익명조합재산과 영업자의 고유재산이 구별되어 취급되는 매우 중요한 차이가 있다.

(3) 제80조(익명조합원의 대외관계), 제81조(성명, 상호의 사용허락으로 인한 책임)

이러한 규정들의 적용에 따라, 투자익명조합의 익명조합원은 영업자의 행위에 관하여서는 제 3 자에 대하여 권리나 의무가 없으나(상법 80조), 자기의 성명을 영업자의 상호 중에 사용하게 하거나 자기의 상호를 영업자의 상호로 사용할 것을 허락한 때에는 그 사용 이후의 채무에 대하여 연대하여 변제할 책임이 있다(상법 81조).

(4) 제82조 제 1 항 및 제 2 항(이익배당, 유한책임)

상법 제82조 제 1 항은 상법상 익명조합은 손실부담의 약정이 있는 경우 "출자가 손실로 인하여 감소된 경우에는 그 손실을 전보하지 않으면 이익배당을 청구하지 못한다"

는 것인데, 투자익명조합의 이익배당의 방법은 제 5 장 평가와 회계의 법 제242조[1] 등이 정하므로, 위 상법 제82조 제 1 항이 실제상 특별한 의미는 없다고 할 것이다. 동 제 2 항("손실이 출자액을 초과한 경우에도 익명조합원은 이미 받은 이익의 반환 또는 증자할 의무가 없다")의 적용 결과, 투자익명조합의 익명조합원은 유한책임이 인정된다.

(5) 제85조(계약종료의 효과)

상법 제85조("조합계약이 종료한 때에는 영업자는 익명조합원에게 그 출자의 가액을 반환하여야 한다. 그러나 출자가 손실로 인하여 감소된 때에는 그 잔액을 반환하면 된다")는, 투자익명조합에도 적용되는 집합투자의 대원칙인 실적배당의 원칙과 부합되므로 적용배제에서 제외한 것으로 선해할 수 있다. 그러나 익명조합계약의 종료는 투자익명조합에 있어 법 제227조 제 3 항, 제221조에 의한 법정의 해산·청산을 요하므로 굳이 적용배제 제외대상으로 할 필요가 없을 것이다. 특히 위 적용배제 제외의 결과, (투자익명조합의 청산인이 투자익명조합의 잔여재산을 익명조합원에게 분배함에 있어서 익명조합계약이 정하는 바에 따라 투자익명조합재산에 속하는 자산을 그 익명조합원에게 지급할 수 있다는 규정(법 227조 3항, 221조 5항)과 달리) 투자익명조합의 청산에서는 금전에 의한 자산분배만 가능하다고 오인될 소지도 있다. 입법적 보완을 요한다.

(6) 제86조(합자회사 규정의 준용)

상법 제272조, 제277조, 제278조를 준용하는 동 상법 제86조가 적용배제 없이 투자익명조합에 적용되는 결과, ① 익명조합원은 신용 또는 노무를 출자의 목적으로 하지 못하며(상법 272조 준용의 결과), ② 투자익명조합의 업무와 재무상태를 검사할 수 있는 감시권을 가지고(상법 277조 준용의 결과), ③ 투자익명조합의 업무집행이나 대외적 행위를 하지 못한다(상법 278조 준용의 결과). 이 중 ②는 법이 집합투자기구인 투자익명조합의 익명조합원이 영업자에 대해 자신에 관련된 집합투자재산에 관한 장부, 서류의 열람이나 등본, 또는 초본의 교부를 청구할 수 있도록 하는 등(법 91조), 익명조합원의 투자익명조합 업무 등에 대한 감독권에 관하여 요건과 절차를 별도로 정하고 있기 때문에 그와 같이 준용할 필요가 있는지 의문이다. 최소한 현행 규정 하에서는 투자익명조합의 익명조합원 감시권에 대해서는 자본시장법과 상법의 해당규정이 중복적으로 적용된다고 해석된다.

---

1) 법 제242조(이익금의 분배) ① 투자신탁이나 투자익명조합의 집합투자업자 또는 투자회사등은 집합투자기구의 집합투자재산 운용에 따라 발생한 이익금을 투자자에게 금전 또는 새로 발행하는 집합투자증권으로 분배하여야 한다. 다만, 집합투자기구의 특성을 고려하여 대통령령으로 정하는 집합투자기구의 경우에는 집합투자규약이 정하는 바에 따라 이익금의 분배를 집합투자기구에 유보할 수 있다. ② 투자신탁이나 투자익명조합의 집합투자업자 또는 투자회사등은 집합투자기구의 특성에 따라 이익금을 초과하여 분배할 필요가 있는 경우에는 이익금을 초과하여 금전으로 분배할 수 있다. 다만, 투자회사의 경우에는 순자산액에서 최저순자산액을 뺀 금액을 초과하여 분배할 수 없다. ③ 제 1 항 및 제 2 항에 따른 이익금의 분배에 관하여 필요한 사항은 대통령령으로 정한다.

Ⅲ. 신탁법 제 3 장 준용

신탁법 제 3 장은 제19조(물상대위성), 제20조(상계금지), 제21조(강제집행의 금지), 제22조(수탁자의 파산과 신탁재산), 제23조(신탁재산의 불혼동), 제24조(부합, 혼화, 가공), 제25조(신탁재산의 독립성), 제26조(신탁재산의 이전), 제27조(강제집행의 속행)의 9개 조문으로 구성되어 있다. 법 제228조 제 2 항은 위 신탁법 제 3 장 9개 규정 전부를 투자익명조합에 준용하고 있다.

법 제184조 제 3 항에 의하면, 투자익명조합의 영업자는 신탁업자에게 집합투자재산의 보관·관리업무를 위탁한다. 그러나 이는 신탁법상 신탁이 아니고 보관·관리의 위탁일 뿐이다. 따라서 투자신탁상 집합투자업자와 신탁업자의 관계와 달리 투자익명조합에 있어 영업자와 신탁업자의 관계는 신탁으로 인정되지 않는다. 그런데 법 제228조 제 2 항에 의하여 신탁법 제 3 장이 적용됨으로써 투자익명조합재산은 제 3 장이 적용되는 한도에서 신탁재산에 준하는 취급을 받으며, 그에 따라 신탁법리에 의한 영업자의 고유재산과 투자익명조합재산의 분리가 이루어지게 된다. 예컨대 투자익명조합재산에 대해서는 영업자에 대한 권리에 기해 강제집행 또는 경매를 할 수가 없고(신탁법 21조 준용), 투자익명조합재산은 영업자 파산의 경우에도 영업자의 파산재단을 구성하지 않는다(신탁법 22조 준용).

투자익명조합재산과 영업자의 고유재산은 엄연히 구분되어야 하고, 상법상 익명조합의 법리 그대로 영업자 단독재산으로 인정하도록 하는 것은 투자자 보호의 관점에서 부적절함은 물론이다. 따라서 신탁법 제 3 장의 준용을 통해 투자익명조합재산과 영업자의 고유재산이 구별됨을 밝힌 취지 자체는 타당하다고 생각된다.

다만 위 신탁법 제 3 장의 준용으로 영업자가 투자익명조합의 운영과 관련하여 익명조합원 이외의 제 3 자인 채권자에게 부담하는 채무의 이행책임이 투자익명조합재산으로 국한된다고 볼 것인지 의문이다. 신탁에 관한 대법원 판례[1]는 "신탁사무의 처리상 발생하는 채권을 가지고 있는 채권자는 수탁자의 일반 채권자와 달리 신탁재산에 대하여도 강제집행을 할 수 있는데(신탁법 21조 1항), 한편 수탁자의 이행책임이 신탁재산의 한도 내로 제한되는 것은 신탁행위로 인하여 수익자에 대하여 부담하는 채무에 한정되는 것이므로(신탁법 23조), 수탁자가 수익자 이외의 제 3 자 중 신탁재산에 대하여 강제집행을 할 수 있는 채권자(신탁법 21조 1항)에 대하여 부담하는 채무에 관한 이행책임은 신탁재산의 한도 내로 제한되는 것이 아니라 수탁자의 고유재산에 대하여도 미치는 것으로 보아야 한다"고 판시하여, 책임한정을 부인한다. 투자신탁에 있어서는 위 경우 투자신탁재산으로 이행책임을 한정하기 위한 특별한 규정을 두고 있는바(법 80조 2항)("투자신탁의 집합투자업자(그 투자신탁재산을 보관, 관리하는 신탁업자를 포함한다. 이하 이 항에서 같다)는 제 1 항에 따라 투자대상자산의

1) 대법원 2006. 11. 23. 선고 2004다3925 판결; 대법원 2004. 10. 15. 선고 20004다31883 판결 등 참조.

취득·처분 등을 한 경우 그 투자신탁재산으로 그 이행책임을 부담한다. 다만, 그 집합투자업자가 제64조 제1항에 따라 손해배상책임을 지는 경우에는 그러하지 아니하다" 참조), 투자익명조합에는 그러한 제한이 없다. 따라서 투자익명조합의 영업자는 투자익명조합재산으로 이행책임을 한정하기 위해서는 각 거래별로 책임한정특약을 체결하는 등 별도의 조치가 필요할 것이다.

Ⅳ. 지분증권 매수

(1) 법 제228조 제3항은 "투자자가 투자익명조합의 지분증권을 매수한 경우 투자익명조합에 가입한 것으로 본다"고 규정한다. 이 때 "매수"는 비록 법문은 "매수"라는 표현을 사용하였으나 매매에 의한 양수만으로 한정할 것은 아니고, 매매에 의한 양수를 포함한 모든 형태의 양수를 가리킨다고 보아야 할 것이다. 또한 "매수"는 투자익명조합의 지분증권 발행과 무관하게 기존에 지분증권을 가진 익명조합원으로부터 지분증권을 양수하는 행위(편의상 "구지분증권 매수"라 한다)를 가리킨다고 보인다. 투자익명조합이 새로 발행하는 지분증권을 매수하는 행위(편의상 "신지분증권 매수"라 한다)에 있어서는, 법 제222조 제2항(법 208조 준용)에 그 절차와 효과가 규정되어 있다.

(2) 구지분증권 매수 절차와 관련, 제228조 제3항은 그 익명조합원 지분증권 양도가 가능함은 전제하지만, 양도방법에 대해서는 정하지 않다. 따라서 법상 구지분증권 매수는 상법상 익명조합의 지분 양도방법에 의하여야 할 것이다. 그러나 상법 제2편 제4장 익명조합 규정도 이에 대해 정하고 있지 않다.

익명조합원이 가지는 지분증권상 권리는 단순한 채권상 권리가 아니라 조합원으로서 가지는 지위 일체를 가리키므로, 채권양도의 방법으로 양도를 할 수는 없을 것이다. 따라서 다른 명시적 규정이 없는 한, 지분증권 양도는 익명조합계약상 익명조합원이 가지는 계약상 지위의 양도라 할 수밖에 없다. 이 경우 영업자, 양도인인 익명조합원, 양수인인 제3자 간의 합의만으로 양도가 가능하다고 함이 타당할 것이다. 다만 이에 관해서는 명확한 입법이 필요하다. 그리고 이처럼 투자익명조합 구지분증권 매수의 양도방법이 제한적이라면, 상호 횡적으로 연결된 소수의 투자자들이 익명조합원인 사모투자익명조합을 제외하고는 공모투자익명조합에서 구지분증권 매수는 실행되기 어려울 것으로 예상된다.

(3) 투자익명조합의 지분증권이 양도계약을 통하여 양수인으로 이전되는 경우 지분증권의 점유도 양수인에게 이전되어야 함은 당연하다고 보이나, 투자익명조합의 지분증권 양도는 투자합자조합 지분증권과 마찬가지로 상법 제336조의 주식양도의 방법을 준용하여 수익증권의 교부를 효력발생요건으로 하는 등(법 189조 9항)의 규정이 없다. 그러므로 지분증권 점유 이전이 지분증권 양도의 효력에 어떠한 역할을 하는지 분명하지 않다.

이 부분도 입법적 보완이 필요할 것이다.

(4) 동 제 3 항에 의하면, 신지분증권 매수의 경우, 해당 매수인은 최초 1인의 익명조합원과 달리 영업자와 체결하는 익명조합계약 당사자로서 익명조합계약서에 서명 날인할 필요 없이 익명조합원이 된다. 이는 절차상의 번거로움을 더는 것으로 타당하다고 보인다. 다만 구지분증권 매수의 경우에는 앞서 본 바와 같이 영업자, 양도인인 익명조합원, 양수인인 제 3 자의 합의가 필요한 이상, 동 제 3 항은 큰 의미가 없다.

[초판: 강희철, 개정판: 양호승]

제 3 장　집합투자기구의 종류 등

제 1 절　집합투자기구의 종류

제229조(집합투자기구의 종류)

집합투자기구는 집합투자재산의 운용대상에 따라 다음 각 호와 같이 구분한다.

1. 증권집합투자기구 : 집합투자재산의 100분의 40 이상으로서 대통령령으로 정하는 비율을 초과하여 증권(대통령령으로 정하는 증권을 제외하며, 대통령령으로 정하는 증권 외의 증권을 기초자산으로 한 파생상품을 포함한다. 이하 이 조에서 같다)에 투자하는 집합투자기구로서 제 2 호 및 제 3 호에 해당하지 아니하는 집합투자기구
2. 부동산집합투자기구 : 집합투자재산의 100분의 40 이상으로서 대통령령으로 정하는 비율을 초과하여 부동산(부동산을 기초자산으로 한 파생상품, 부동산 개발과 관련된 법인에 대한 대출, 그 밖에 대통령령으로 정하는 방법으로 부동산 및 대통령령으로 정하는 부동산과 관련된 증권에 투자하는 경우를 포함한다. 이하 이 조에서 같다)에 투자하는 집합투자기구
3. 특별자산집합투자기구 : 집합투자재산의 100분의 40 이상으로서 대통령령으로 정하는 비율을 초과하여 특별자산(증권 및 부동산을 제외한 투자대상자산을 말한다)에 투자하는 집합투자기구
4. 혼합자산집합투자기구 : 집합투자재산을 운용함에 있어서 제 1 호부터 제 3 호까지의 규정의 제한을 받지 아니하는 집합투자기구
5. 단기금융집합투자기구 : 집합투자재산 전부를 대통령령으로 정하는 단기금융상품에 투자하는 집합투자기구로서 대통령령으로 정하는 방법으로 운용되는 집합투자기구

시행령 **제240조**(집합투자기구의 종류별 최소투자비율 등) ① 법 제229조 제 1 호에서 "대통령령으로 정하는 비율"이란 100분의 50을 말한다.

② 법 제229조 제 1 호에서 "대통령령으로 정하는 증권"이란 각각 다음 각 호의 어느 하나에 해당하는 증권을 말한다. 〈개정 2009. 7. 1, 2013. 8. 27〉

1. 다음 각 목의 어느 하나에 해당하는 자산이 신탁재산, 집합투자재산 또는 유동화자산의 100분의 50 이상을 차지하는 경우에는 그 수익증권, 집합투자증권 또는 유동화증권
   가. 부동산
   나. 지상권·지역권·전세권·임차권·분양권 등 부동산 관련 권리
   다. 「기업구조조정 촉진법」 제 2 조 제 1 호에 따른 채권금융기관(「금융산업의 구조개선에 관한 법률」에 따른 금융기관이었던 자로서 청산절차 또는 「채무자 회생 및 파산에 관한 법률」에 따른 파산절차가 진행 중인 법인을 포함한다)이 채권자인 금전채권(부동산을 담보로 한 경우만 해당한다)
   라. 법 제229조 제 3 호에 따른 특별자산(이하 "특별자산"이라 한다)
2. 「부동산투자회사법」에 따른 부동산투자회사가 발행한 주식
3. 「선박투자회사법」에 따른 선박투자회사가 발행한 주식
4. 「사회기반시설에 대한 민간투자법」에 따른 사회기반시설사업의 시행을 목적으로 하는 법인이 발행한 주식과 채권

5. 「사회기반시설에 대한 민간투자법」에 따른 하나의 사회기반시설사업의 시행을 목적으로 하는 법인이 발행한 주식과 채권을 취득하거나 그 법인에 대한 대출채권을 취득하는 방식으로 투자하는 것을 목적으로 하는 법인(같은 법에 따른 사회기반시설투융자회사는 제외한다)의 지분증권
6. 제80조 제 1 항 제 1 호 라목부터 사목까지의 증권
7. 「해외자원개발 사업법」 제14조의2 제 1 항 제 2 호에 따른 해외자원개발 전담회사와 특별자산에 대한 투자만을 목적으로 하는 법인(외국법인을 포함한다)이 발행한 지분증권·채무증권

③ 법 제229조 제 2 호에서 "대통령령으로 정하는 비율"이란 100분의 50을 말한다.

④ 법 제229조 제 2 호에서 "대통령령으로 정하는 방법"이란 다음 각 호의 어느 하나에 해당하는 방법을 말한다.
1. 부동산의 개발
2. 부동산의 관리 및 개량
3. 부동산의 임대
4. 지상권·지역권·전세권·임차권·분양권 등 부동산 관련 권리의 취득
5. 「기업구조조정 촉진법」 제 2 조 제 1 호에 따른 채권금융기관(「금융산업의 구조개선에 관한 법률」에 따른 금융기관이었던 자로서 청산절차 또는 「채무자 회생 및 파산에 관한 법률」에 따른 파산절차가 진행 중인 법인을 포함한다)이 채권자인 금전채권(부동산을 담보로 한 경우만 해당한다)의 취득

⑤ 법 제229조 제 2 호에서 "대통령령으로 정하는 부동산과 관련된 증권"이란 다음 각 호의 어느 하나에 해당하는 증권을 말한다.
1. 제 2 항 제 1 호(라목은 제외한다)에 따른 증권
2. 제 2 항 제 2 호에 따른 주식
3. 제 2 항 제 6 호에 따른 증권

⑥ 법 제229조 제 3 호에서 "대통령령으로 정하는 비율"이란 100분의 50을 말한다.

제**241**조(단기금융집합투자기구) ① 법 제229조 제 5 호에서 "대통령령으로 정하는 단기금융상품"이란 원화로 표시된 자산으로서 다음 각 호의 어느 하나에 해당하는 것을 말한다. 〈개정 2009. 2. 3, 2009. 7. 1, 2013. 4. 5, 2014. 12. 9〉
1. 남은 만기가 6개월 이내인 양도성 예금증서
2. 남은 만기가 5년 이내인 국채증권, 남은 만기가 1년 이내인 지방채증권·특수채증권·사채권(법 제71조 제 4 호 나목에 따른 주권 관련 사채권 및 사모의 방법으로 발행된 사채권은 제외한다)·기업어음증권. 다만, 환매조건부매수의 경우에는 남은 만기의 제한을 받지 아니한다.
3. 남은 만기가 1년 이내인 제79조 제 2 항 제 5 호에 따른 어음(기업어음증권은 제외한다)
4. 법 제83조 제 4 항에 따른 단기대출
5. 만기가 6개월 이내인 제79조 제 2 항 제 5 호 각 목의 금융기관 또는 「우체국예금·보험에 관한 법률」에 다른 체신관서에의 예치
6. 다른 단기금융집합투자기구의 집합투자증권
7. 전자단기사채 등

② 법 제229조 제 5 호에서 "대통령령으로 정하는 방법"이란 다음 각 호의 어느 하나에 해당하는 방법을 말한다. 〈개정 2009. 7. 1〉
1. 증권을 대여하거나 차입하는 방법으로 운용하지 아니할 것
1의2. 남은 만기가 1년 이상인 국채증권에 집합투자재산의 100분의 5 이내에서 금융위원회가 정하여 고시하는 범위에서 운용할 것
2. 환매조건부매도는 금융위원회가 정하여 고시하는 범위 이내일 것
3. 각 단기금융집합투자기구 집합투자재산의 남은 만기의 가중평균된 기간이 금융위원회가 정하여 고시하는 범위 이내일 것
4. 각 단기금융집합투자기구(법 제76조 제 2 항에 따라 판매가 제한되거나 법 제237조에 따라 환매가 연기된 단기금

융집합투자기구는 제외한다)의 집합투자재산이 다음 각 목의 기준을 충족하지 못하는 경우에는 다른 단기금융집합투자기구를 설정·설립하거나 다른 단기금융집합투자기구로부터 그 운용업무의 위탁을 받지 아니할 것. 다만, 「국가재정법」 제81조에 따른 여유자금을 통합하여 운용하는 단기금융집합투자기구 및 그 단기금융집합투자기구가 투자하는 단기금융집합투자기구를 설정·설립하거나 그 운용업무의 위탁을 받는 경우에는 다음 각 목의 기준을 적용하지 아니한다.

가. 투자자가 개인으로만 이루어진 단기금융집합투자기구인 경우 : 3천억원 이상

나. 투자자가 법인으로만 이루어진 단기금융집합투자기구인 경우 : 5천억원 이상

5. 투자대상자산의 신용등급 및 신용등급별 투자한도, 남은 만기의 가중평균 계산방법, 그 밖에 자산운용의 안정성 유지에 관하여 금융위원회가 정하여 고시하는 내용을 준수할 것

Ⅰ. 서 설

집합투자기구는 그 법적 구조에 따라 계약형과 회사형으로 구분할 수 있다. 계약형 집합투자기구는 다시 투자신탁과 같은 신탁형과 투자합자조합이나 투자익명조합과 같은 조합형으로 구분되고, 회사형집합투자기구는 투자회사, 투자유한회사, 투자합자회사 및 투자유한책임회사와 같은 형태로 나타난다. 그런데 법 제229조는 집합투자기구를 집합투자재산의 투자대상에 따라 증권집합투자기구, 부동산집합투자기구, 특별자산집합투자기구, 혼합자산집합투자기구, 단기금융집합투자기구로 구분하고 있다.

Ⅱ. 집합투자기구의 종류

(1) 증권집합투자기구

집합투자재산의 50%를 초과하여 대통령으로 정하는 증권[1])을 제외하고, 그 제외 증

1) "대통령으로 정하는 증권"이란 다음과 같다. 법 시행령 제240조 제 2 항.

1. 다음 각 목의 어느 하나에 해당하는 자산이 신탁재산, 집합투자재산 또는 유동화자산의 50% 이상을 차지하는 경우에는 그 수익증권, 집합투자증권 또는 유동화증권 : 가. 부동산; 나. 지상권·지역권·전세권·임차권·분양권 등 부동산 관련 권리; 다. 「기업구조조정 촉진법」 제 2 조 제 1 호에 따른 채권금융기관(「금융산업의 구조개선에 관한 법률」에 따른 금융기관이었던 자로서 청산절차 또는 「채무자 회생 및 파산에 관한 법률」에 따른 파산절차가 진행 중인 법인을 포함한다)이 채권자인 금전채권(부동산을 담보로 한 경우만 해당한다); 라. 법 제229조 제 3 호에 따른 특별자산
2. 「부동산투자회사법」에 따른 부동산투자회사가 발행한 주식
3. 「선박투자회사법」에 따른 선박투자회사가 발행한 주식
4. 「사회기반시설에 대한 민간투자법」에 따른 사회기반시설사업의 시행을 목적으로 하는 법인이 발행한 주식과 채권
5. 「사회기반시설에 대한 민간투자법」에 따른 하나의 사회기반시설사업의 시행을 목적으로 하는 법인이 발행한 주식과 채권을 취득하거나 그 법인에 대한 대출채권을 취득하는 방식으로 투자하는 것

권 이외의 증권을 기초자산으로 하는 파생상품을 포함하는 증권[1]에 투자하는 집합투자기구로서 부동산집합투자기구 및 특별자산집합기구에 해당하지 않는 집합투자기구를 말한다.

(2) 부동산집합투자기구

집합투자재산의 50%를 초과하여 부동산을 기초자산으로 한 파생상품, 부동산 개발과 관련된 법인에 대한 대출, 그 밖에 대통령령으로 정하는 방법[2]으로 부동산 및 대통령령으로 정하는 부동산과 관련된 증권[3]에 투자하는 경우를 포함하여 부동산에 투자하는 집합투자기구를 말한다.

(3) 특별자산집합투자기구

집합투자재산의 50%를 초과하여 '증권' 및 '부동산'을 제외한 투자대상자산인 특별자산에 투자하는 집합투자기구를 말한다.

(4) 혼합자산집합투자기구

집합투자재산을 운용함에 있어 그 투자대상이나 투자비율에 대한 아무런 제한을 받지 않는 집합투자기구로서 단기금융집합투자기구를 제외한 집합투자기구를 말한다. 그 투자대상이나 투자비율에 아무런 제한이 없다는 측면에서 이를 '헤지펀드'로 이해하는 경우도 있으나, 헤지펀드는 법상 규제가 최소화되는 펀드인데 반해 이는 일반펀드와 마찬가지로 법령상 제한되는 투자행위는 할 수 없다는 측면에서 차이가 있다.

(5) 단기금융집합투자기구

집합투자재산 전부를 단기금융상품에 투자하는 집합투자기구를 말한다. 이는 투자자가 주로 단기자금을 맡길 때 이용하는 상품으로서 통상 MMF(Money Market Fund)로 알려져 있는데, 유동성이 높고 위험이 적은 단기금융상품에 운용함으로써 투자자에게 유용한 현금관리수단을 제공한다는 운용목적을 효과적으로 달성하기 위하여 특별한 제한을 두고 있다.

을 목적으로 하는 법인(같은 법에 따른 사회기반시설투융자회사는 제외한다)의 지분증권

6. 제80조 제 1 항 제 1 호 라목부터 사목까지의 증권

7. 「해외자원개발 사업법」 제14조의2 제 1 항 제 2 호에 따른 해외자원개발 전담회사와 특별자산에 대한 투자만을 목적으로 하는 법인(외국법인을 포함한다)이 발행한 지분증권·채무증권

1) 법 제 4 조의 증권을 말한다.

2) "대통령령으로 정하는 방법"이란 ① 부동산의 개발; ② 부동산의 관리 및 개량; ③ 부동산의 임대; ④ 지상권·지역권·전세권·임차권·분양권 등 부동산 관련 권리의 취득; ⑤ 「기업구조조정 촉진법」 제 2 조 제 1 호에 따른 채권금융기관(「금융산업의 구조개선에 관한 법률」에 따른 금융기관이었던 자로서 청산절차 또는 「채무자 회생 및 파산에 관한 법률」에 따른 파산절차가 진행 중인 법인을 포함한다)이 채권자인 금전채권(부동산을 담보로 한 경우만 해당한다)의 취득을 말한다. 법 시행령 제240조 제 4 항.

3) "대통령령으로 정하는 부동산과 관련된 증권"이란 ① 제 2 항 제 1 호(라목은 제외한다)에 따른 증권; ② 제 2 항 제 2 호에 따른 주식; ③ 제 2 항 제 6 호에 따른 증권을 말한다. 법 시행령 제240조 제 5 항.

Ⅲ. 단기금융집합투자기구에 대한 제한

1. 투자대상의 제한

단기금융집합투자기구의 투자대상인 단기금융상품은 원화로 표시된 자산으로서 ① 남은 만기가 6개월 이내인 양도성 예금증서, ② 남은 만기가 5년 이내인 국채증권, 남은 만기가 1년 이내인 지방채증권·특수채증권·사채권[1]·기업어음증권,[2] ③ 남은 만기가 1년 이내인 어음,[3] ④ 단기대출,[4] ⑤ 만기가 6개월 이내인 금융기관에의 예치,[5] ⑥ 다른 단기금융집합투자기구의 집합투자증권; ⑦ 전자단기사채 등으로 제한된다.

특히 집합투자업자는 단기금융집합투자기구의 집합투자재산을 자산의 원리금 또는 거래금액이 환율·증권의 가치 또는 증권지수의 변동에 따라 변동하거나 계약시점에 미리 정한 특정한 신용사건의 발생에 따라 확대 또는 축소되도록 설계된 것이나, 원리금 또는 거래금액, 만기 또는 거래기간 등이 확정되지 아니한 것에 대해서는 투자할 수 없다.[6] 반면에 「외국환거래법」 제13조에 따른 외국환평형기금만이 집합투자자인 단기금융간접투자기구를 제외한 단기금융집합투자기구는 집합투자재산의 40% 이상을 채무증권에 투자하여야 한다.[7]

2. 투자방법의 제한

단기금융집합투자기구는 증권을 대여하거나 차입하는 방법으로 운용하지 못하고, 남은 만기가 1년 이상인 국채증권에 집합투자재산의 5% 이내에서 운용하여야 하며, 환매조건부매도는 5% 이내이어야 하며, 각 단기금융집합투자기구 집합투자재산의 남은 만기의 가중평균된 기간이 90일 이내이어야 한다. 그리고 각 단기금융집합투자기구[8]의 집합투자재산이 특정기준[9]을 충족하지 못하는 경우에는 다른 단기금융집합투자기구를 설정·설립하거나 다른 단기금융집합투자기구로부터 그 운용업무의 위탁을 받지 못하며,[10] 투

1) 법 제71조 제 4 호 나목에 따른 주권 관련 사채권 및 사모의 방법으로 발행된 사채권은 제외한다.
2) 이때 환매조건부매수의 경우에는 남은 만기의 제한을 받지 아니한다. 법 시행령 제241조 제 1 항 제 2 호.
3) 법 제79조 제 2 항 제 5 호에 따른 어음으로서 기업어음증권은 제외한다.
4) 법 제83조 제 4 항의 단기대출을 말한다.
5) 법 제79조 제 2 항 제 5 호 각 목에서 정하는 금융기관에의 예치를 말한다.
6) 금융투자업규정 제7-16조 제 1 항.
7) 이때 법 제 4 조 제 3 항의 국채증권, 지방채증권, 특수채증권, 사채권, 기업어음증권에 한하며, 환매조건부채권 매매는 제외한다.
8) 이때 법 제76조 제 2 항에 따라 판매가 제한되거나 법 제237조에 따라 환매가 연기된 단기금융집합투자기구는 제외한다.
9) 투자자가 개인으로만 이루어진 단기금융집합투자기구인 경우에는 3천억원 이상, 투자자가 법인으로만 이루어진 단기금융집합투자기구인 경우에는 5천억원 이상이다. 법 시행령 제241조 제 2 항 제 4 호.
10) 다만, 「국가재정법」 제81조에 따른 여유자금을 통합하여 운용하는 단기금융집합투자기구 및 그 단기금융집합투자기구가 투자하는 단기금융집합투자기구를 설정·설립하거나 그 운용업무의 위탁을 받는 경우에는 다음 각 목의 기준을 적용하지 아니한다. 법 시행령 제241조 제 2 항 제 4 호 단서.

자대상자산의 신용등급 및 신용등급별 투자한도, 남은 만기의 가중평균 계산방법, 그 밖에 자산운용의 안정성 유지에 관하여 금융위원회가 정하여 고시하는 내용을 준수하여야 한다.

3. 신용평가등급의 제한

집합투자업자가 단기금융집합투자기구의 집합투자재산으로 운용할 수 있는 채무증권[1]은 취득시점을 기준으로 신용평가업자의 신용평가등급이 최상위등급 또는 최상위등급의 차하위등급 이내이어야 한다.[2] 그러나 ① 보증인의 신용평가등급이 상위 2개 등급 이내인 채무증권, ② 담보 또는 처분옵션을 감안하여 집합투자재산평가위원회가 상위 2개 등급에 상응한다고 인정하는 채무증권, 또는 ③ 신용평가등급이 없는 채무증권으로서 집합투자재산평가위원회가 상위 2개 등급에 상응한다고 인정하는 채무증권의 경우에는 신용평가등급이 상위 2개 등급에 미달하거나 신용평가등급이 없는 경우에도 단기금융집합투자기구의 집합투자재산으로 운용할 수 있다.[3]

한편, 집합투자업자는 단기금융집합투자기구에서 운용하는 채무증권의 신용평가등급이 최상위등급에서 차하위등급으로 하락한 경우 당해 채무증권에 대한 신용위험을 재평가하고 편입비율을 축소하는 등 투자자보호를 위한 조치를 취하여야 한다. 특히, 단기금융집합투자기구에 편입된 채무증권의 신용평가 등급이 하락하여 상위 2개 등급에 미달하는 경우 또는 신용사건이 발생한 경우에는 당해 채무증권을 지체 없이 처분하거나 시가 또는 공정가액으로 가격을 조정하는 등 투자자 간의 형평성을 유지할 수 있도록 선량한 관리자로서의 주의를 다하여야 한다.[4]

4. 운용대상자산의 제한

집합투자업자는 각 단기금융집합투자기구의 집합투자재산을 채무증권에 운용하고자 하는 경우 당해 채무증권의 취득 당시 특정한도[5]를 초과하여 동일인[6]이 발행한 채무증

---

1) 양도성예금증서 및 금융기관이 발행·매출·중개한 어음 및 채무증서를 포함한다. 금융투자업규정 제7-17조 제1항.

2) 둘 이상의 신용평가업자로부터 신용평가등급을 받은 경우에는 그 중 낮은 신용평가등급을 말하며, 이들을 "상위 2개 등급"이라 하고, 이 경우 신용평가등급은 세분류하지 않은 신용평가등급을 말한다. 금융투자업규정 제7-17조 제1항.

3) 금융투자업규정 제7-17조 제2항.

4) 금융투자업규정 제7-18조.

5) 채무증권의 경우 각 집합투자기구 자산총액의 5% 다만, 최상위등급의 차하위등급의 채무증권은 각 집합투자기구 자산총액의 2%이고, 어음의 경우에는 각 집합투자기구 자산총액의 3% 다만, 최상위등급의 차하위등급의 어음은 각 집합투자기구 자산총액의 1%이다. 금융투자업규정 제7-19조 제1항.

6) 이때의 동일인은 다음과 같다. 즉 ① 채무증권의 경우에는 당해 채무증권의 발행인 다만, 제7-17조 제2항 제1호에 따라 보증인을 기준으로 신용평가등급을 인정하는 경우에는 당해 보증인; ② 금융기관에의 예치경우에는 당해 금융기관; ③ 단기대출·환매조건부매수의 경우에는 당해 거래상대방 다만,

권에 운용할 수 없다. 또한 집합투자업자는 각 단기금융집합투자기구의 집합투자재산으로 동일인이 발행한 채무증권의 평가액과 그 동일인을 거래상대방으로 하는 그 밖의 거래 금액[1]의 합계액이 채무증권의 취득 당시 또는 그 밖의 거래 당시 각 단기금융집합투자기구 자산총액의 10%를 초과하여 운용하지 못하며, 이 경우 한도를 초과하는 채무증권 또는 그 밖의 거래에 대해서는 편입비율을 축소하는 등 투자자보호를 위한 조치를 취하여야 한다.[2]

5. 위험관리를 위한 제한

단기금융집합투자기구를 운용하는 집합투자업자는 자산을 안정적으로 운용할 의무가 있으며, 단기금융집합투자기구와 관련된 위험관리기준 및 내부통제제도를 두어야 하며,[3] 집합투자업자는 집합투자재산의 효율적인 운용을 저해하거나 투자자의 이익을 해할 우려가 있다고 판단되는 경우에는 단기금융집합투자기구의 집합투자증권의 매수를 제한할 수 있다는 내용을 집합투자규약에 정할 수 있다.[4]

[초판: 서종군, 개정판: 김광록]

환매조건부매수의 경우 당해 환매조건부매수의 대상자산이 담보되어 있고 시가로 평가한 담보가치가 거래금액의 100%를 초과하는 경우에는 당해 환매조건부매수 대상자산의 발행인이 동일인이 된다. 금융투자업규정 제7-19조 제4항.

1) 다음의 경우에는 거래 금액에 포함되지 않는 것으로 본다. 금융투자업규정 제7-19조 제3항.
   1. 자금중개회사를 경유하여 신용평가업자의 신용평가등급이 상위 2개 등급 이내인 금융기관에 단기대출한 금액
   2. 다음 각 목의 요건을 모두 충족하는 환매조건부매수
      가. 만기 30일 이내일 것;
      나. 거래상대방의 신용평가등급이 상위 2개 등급 이내인 금융기관일 것;
      다. 대상증권은 국채증권, 정부가 원리금의 상환을 보증한 채무증권, 지방채증권, 특수채증권 및 최상위등급의 채무증권일 것

2) 금융투자업규정 제7-19조 제2항.

3) 협회는 ① 위험의 정의 및 종류에 관한 사항; ② 위험의 측정방법에 관한 사항; ③ 위험의 허용수준에 관한 사항; ④ 위험의 관리조직에 관한 사항; ⑤ 그 밖에 단기금융집합투자기구의 체계적 위험관리를 위하여 필요하다고 인정하는 사항 등이 포함된 위험관리기준에 대한 표준안을 마련하여 집합투자업자에게 그 사용을 권고할 수 있다. 금융투자업규정 제7-20조. 제3항.

4) 금융투자업규정 제7-20조.

제 2 절 특수한 형태의 집합투자기구

제230조(환매금지형집합투자기구)

① 투자신탁·투자유한회사·투자합자회사·투자유한책임회사·투자합자조합 및 투자익명조합을 설정·설립하고자 하는 집합투자업자 또는 투자회사의 발기인(이하 이 절에서 "집합투자업자등"이라 한다)은 제235조 제 1 항에 불구하고 존속기간을 정한 집합투자기구에 대하여만 집합투자증권의 환매를 청구할 수 없는 집합투자기구(이하 이 조에서 "환매금지형집합투자기구"라 한다)를 설정·설립할 수 있다. 〈개정 2013. 5. 28〉

② 투자신탁이나 투자익명조합의 집합투자업자 또는 투자회사등은 기존 투자자의 이익을 해할 우려가 없는 등 대통령령으로 정하는 때에만 환매금지형집합투자기구의 집합투자증권을 추가로 발행할 수 있다.

③ 투자신탁의 집합투자업자 또는 투자회사는 신탁계약 또는 정관에 투자자의 환금성 보장 등을 위한 별도의 방법을 정하지 아니한 경우에는 환매금지형집합투자기구의 집합투자증권을 최초로 발행한 날부터 90일 이내에 그 집합투자증권을 증권시장에 상장하여야 한다.

④ 제238조 제 6 항부터 제 8 항까지의 규정은 환매금지형집합투자기구의 집합투자증권에 관하여는 적용하지 아니한다. 다만, 제 2 항에 따라 추가로 집합투자증권을 발행할 수 있는 환매금지형집합투자기구의 경우에는 적용한다.

⑤ 집합투자업자등은 집합투자기구의 투자대상자산의 현금화하기 곤란한 사정 등을 고려하여 대통령령으로 정하는 경우에는 그 집합투자기구를 환매금지형집합투자기구로 설정·설립하여야 한다.

시행령 제242조(환매금지형집합투자기구) ① 법 제230조 제 2 항에서 "대통령령으로 정하는 때"란 다음 각 호의 어느 하나에 해당하는 경우로서 기준가격과 증권시장에서 거래되는 가격을 고려하여 산정한 가격으로 발행하는 때를 말한다.

1. 환매금지형집합투자기구로부터 받은 이익분배금 범위에서 그 집합투자기구의 집합투자증권을 추가로 발행하는 경우
2. 기존 투자자의 이익을 해할 우려가 없다고 신탁업자로부터 확인을 받은 경우
3. 기존 투자자 전원의 동의를 받은 경우

② 법 제230조 제 5 항에서 "대통령령으로 정하는 경우"란 다음 각 호의 어느 하나에 해당하는 경우를 말한다. 다만, 제 1 호부터 제 3 호까지의 경우 금융위원회가 정하여 고시하는 시장성 없는 자산에 투자하지 아니하는 집합투자기구를 설정 또는 설립하는 경우는 제외한다. 〈개정 2009. 2. 3〉

1. 부동산집합투자기구를 설정 또는 설립하는 경우
2. 법 제229조 제 3 호에 따른 특별자산집합투자기구를 설정 또는 설립하는 경우
3. 법 제229조 제 4 호에 따른 혼합자산집합투자기구를 설정 또는 설립하는 경우
4. 각 집합투자기구 자산총액의 100분의 20 범위에서 금융위원회가 정하여 고시하는 비율을 초과하여 금융위원회가 정하여 고시하는 시장성 없는 자산에 투자할 수 있는 집합투자기구를 설정 또는 설립하는 경우

Ⅰ. 서 설	Ⅱ. 환매금지형집합투자기구의 운용

Ⅰ. 서 설

집합투자기구가 편입하는 자산이 시장성이 없어 현금화가 곤란하거나 평가가 곤란한 경우 환매를 허용하게 되면 투자자 간 수익의 불균형이 발생할 수 있기 때문에 이러한 경우 투자자보호를 위하여 자본시장법은 집합투자기구의 존속기간을 정한 경우에 한하여 환매를 금지하는 집합투자기구를 설정·설립할 수 있도록 하고 있다.

Ⅱ. 환매금지형집합투자기구의 운용

1. 환매금지형집합투자기구의 설정·설립

집합투자업자 또는 투자회사의 발기인이 투자신탁·투자유한회사·투자합자회사·투자유한책임회사·투자합자조합 및 투자익명조합을 설정·설립하고자 하는 경우 존속기간을 정한 집합투자기구에 한하여 이를 환매금지형으로 설정·설립할 수 있다. 그러나 집합투자기구의 투자대상자산의 현금화하기 곤란한 사정 등을 고려하여 집합투자기구가 ① 부동산집합투자기구, ② 특별자산집합투자기구, ③ 혼합자산집합투자기구, ④ 시장성 없는 자산[1]의 비중이 집합투자재산의 20%를 초과하는 경우에는 반드시 환매금지형으로 설정·설립하여야 한다. 다만, 집합투자기구가 시장성 없는 자산에 투자하지 않는 경우에는 환매금지형으로 설정·설립하지 않아도 된다. 한편 환매금지형집합투자기구는 투자자의 환금성을 제한하는 효과가 있으므로 투자신탁의 집합투자업자 또는 투자회사는 신탁계약 또는 정관에 투자자의 환금성 보장 등을 위한 별도의 방법을 정할 수 있다. 그러나 이러한 별도의 방법을 정하지 않은 경우에는 집합투자증권을 최초로 발행한 날로부터 90일 이내에 증권시장에 상장토록 하여 투자자에게 시장을 통한 현금화가 가능하도록 하였다.

---

1) '시장성 없는 자산'이란 다음의 어느 하나에 해당하는 경우를 말한다. 금융투자업규정 제7-22조.
   1. 법 제229조 제2호에 따른 부동산(부동산을 기초로 한 파생상품이나 부동산과 관련된 증권 등 시가 또는 공정가액으로 조기에 현금화가 가능한 경우를 제외한다)
   2. 법 제229조 제3호에 따른 특별자산(관련 자산의 특성 등을 고려하여 시가 또는 공정가액으로 조기에 현금화가 가능한 경우를 제외한다)
   3. 다음 각 목의 어느 하나에 해당하지 아니하는 증권
      가. 증권시장 또는 외국시장에 상장된 증권
      나. 채무증권
      다. 파생결합증권
      라. 모집 또는 매출된 증권
      마. 환매를 청구할 수 있는 집합투자증권

2. 환매금지형집합투자증권의 추가 발행

환매금지형집합투자기구는 기존의 투자자보호를 위하여 ① 환매금지형집합투자기구로부터 받은 이익분배금 범위에서 그 집합투자기구의 집합투자증권을 추가로 발행하는 경우, ② 기존 투자자의 이익을 해할 우려가 없다고 신탁업자로부터 확인을 받은 경우, ③ 기존 투자자 전원의 동의를 받은 경우에 한하여 집합투자증권을 추가로 발행할 수 있다. 한편 환매금지형집합투자증권은 그 특성상 집합투자재산의 기준가격의 산정이 곤란하므로 이에 관한 규정(법 238조 6항부터 8항)을 적용하지 않는다. 다만 환매금지형집합투자증권을 추가로 발행하는 집합투자기구의 경우에는 그 기준가격이 추가신탁 또는 신주발행시 가격이 된다는 점에서 기준가격의 산정 및 공고에 관한 규정을 적용한다.

제231조(종류형집합투자기구)

① 집합투자업자등은 제189조 제 2 항, 제196조 제 5 항 및 제208조 제 1 항(제216조 제 2 항, 제222조 제 2 항 및 제227조 제 2 항에서 준용하는 경우를 포함한다)에 불구하고 같은 집합투자기구에서 제76조 제 4 항에 따른 판매보수의 차이로 인하여 기준가격이 다르거나 판매수수료가 다른 여러 종류의 집합투자증권을 발행하는 집합투자기구(이하 이 조에서 "종류형집합투자기구"라 한다)를 설정·설립할 수 있다.

② 종류형집합투자기구는 집합투자자총회의 결의가 필요한 경우로서 특정 종류의 집합투자증권의 투자자에 대하여만 이해관계가 있는 경우에는 그 종류의 투자자만으로 종류집합투자자총회를 개최할 수 있다.

③ 종류형집합투자기구의 설정·설립, 집합투자증권의 발행·판매·환매, 그 밖에 종류형집합투자기구에 관하여 필요한 사항은 대통령령으로 정한다.

시행령 제243조(종류형집합투자기구) ① 투자신탁이나 투자익명조합의 집합투자업자 또는 투자회사등은 법 제231조 제 1 항에 따른 종류형집합투자기구(이하 "종류형집합투자기구"라 한다)가 설정 또는 설립된 경우에는 제211조 제 1 항에 따른 등록신청서에 다음 각 호의 사항을 포함하여야 한다.

1. 여러 종류의 집합투자증권별 판매수수료 및 판매보수에 관한 사항
2. 여러 종류의 집합투자증권 간에 전환할 수 있는 권리를 투자자에게 부여하는 경우 그 전환에 관한 사항
3. 각 종류의 집합투자재산이 부담하는 비용에 관한 사항
4. 그 밖에 투자자 보호를 위하여 필요한 사항으로서 금융위원회가 정하여 고시하는 사항

② 제 1 항 제 2 호에 따라 전환하는 경우 그 전환가격은 각 종류의 집합투자증권의 기준가격으로 하여야 한다. 이 경우 투자신탁이나 투자익명조합의 집합투자업자 또는 투자회사등은 전환을 청구한 투자자에게 환매수수료를 부과하여서는 아니 된다.

③ 투자매매업자 또는 투자중개업자는 종류형집합투자기구의 집합투자증권을 판매하는 경우 판매수수료 또는 판매보수가 다른 여러 종류의 집합투자증권이 있다는 사실 및 각 종류별 집합투자증권의 차이를 설명하여야 한다.

④ 투자신탁이나 투자익명조합의 집합투자업자 또는 투자회사등은 종류형집합투자기구로 변경하려는 경우에는 제

211조 제 3 항에 따라 제 1 항 각 호의 사항을 포함하여 변경등록하여야 한다.
⑤ 제 1 항부터 제 4 항까지에서 규정한 사항 외에 종류형집합투자기구에 관하여 투자자 보호를 위하여 필요한 사항은 금융위원회가 정하여 고시한다.

Ⅰ. 서 설

종류형집합투자기구는 판매보수 및 판매수수료의 차이로 인해 기준가격이 다른 종류의 집합투자증권을 발행하는 집합투자기구이다. 과거 구 간접투자자산운용업법에서는 "보수 및 수수료의 차이로 인하여 기준가격이 다른 수종의 간접투자증권을 발행할 수 있다"고 함으로써 판매보수 및 수수료 이외에 운용보수가 다른 종류의 집합투자증권을 발행할 수 있다고 해석할 여지가 있었으나, 자본시장법은 "판매보수 및 판매수수료"의 차이를 명문으로 정하고 있어 이외의 운용보수 등이 다른 종류의 집합투자기구를 설정·설립하지 못한다.

Ⅱ. 종류형집합투자기구의 운용

1. 등록신청서 및 투자설명서

종류형집합투자기구가 설정·설립된 경우에는 ① 여러 종류의 집합투자증권별 판매수수료와 판매보수에 관한 사항, ② 여러 종류의 집합투자증권 간에 전환할 수 있는 권리를 투자자에게 주는 경우 그 전환에 관한 사항, ③ 각 종류의 집합투자재산이 부담하는 비용에 관한 사항, ④ 그 밖에 투자자를 보호하기 위하여 필요한 사항 등을 등록신청서에 포함하여야 한다.[1] 이때 여러 종류의 집합투자증권 간에 전환할 수 있는 권리를 투자자에게 주는 경우에는 그 전환가격은 각 종류의 집합투자증권의 기준가격으로 하여야 한다.[2]

한편 투자매매업자 또는 투자중개업자는 종류형집합투자기구의 집합투자증권을 판매하는 경우에는 판매수수료나 판매보수가 다른 여러 종류의 집합투자증권이 있다는 사실과 각 종류별 집합투자증권의 차이를 설명하여야 하는데, 여기에는 ① 종류형집합투자

1) 필요사항은 다음과 같다. 즉, ① 여러 종류의 집합투자증권별 취득 자격에 제한이 있는 경우 그 내용, ② 여러 종류의 집합투자증권별 환매수수료에 관한 사항, ③ 여러 종류의 집합투자증권의 기준가격 산정방법에 관한 사항, ④ 종류집합투자자총회에 관한 사항 등이다. 금융투자업규정 제7-23조.

2) 이 경우 투자신탁이나 투자익명조합의 집합투자업자 또는 투자회사 등은 전환을 청구한 투자자에게 환매수수료를 부과할 수 없다.

기구의 집합투자증권의 종류, ② 각 종류의 집합투자증권별 판매보수, 판매수수료 및 환매수수료의 금액, 부과방법 및 부과기준, ③ 투자자가 각 종류의 집합투자증권 간 전환할 수 있는 경우 전환절차, 전환조건, 전환방법 등 전환에 관한 사항을 포함하여야 한다.

2. 비용부담 및 이익금 분배

집합투자업자등은 법 제231조 제 1 항에 따른 종류형집합투자기구를 설정·설립함에 있어 종류형집합투자기구의 집합투자증권의 투자자가 직접 또는 간접으로 부담하는 수수료 등 비용은 판매보수·판매수수료 및 환매수수료를 제외하고는 각 종류의 집합투자증권별로 같도록 하여야 한다. 그리고 투자신탁이나 투자익명조합의 집합투자업자 또는 투자회사 등은 종류형집합투자기구의 집합투자재산 운용에 따라 발생한 이익금을 각 종류의 집합투자재산 총액에 비례하여 해당 집합투자재산에 분배하여야 한다. 그러나 종류집합투자자총회의 운용비용 등 특정 집합투자증권에 대하여만 발생한 비용에 대해서는 예외로 한다.

3. 종류집합투자자총회

종류형집합투자기구는 집합투자자총회의 결의가 필요한 경우로서 특정 종류의 집합투자증권의 집합투자자에 대해서만 이해관계가 있는 때에는 그 종류의 집합투자자만으로 총회를 개최할 수 있다.

제232조(전환형집합투자기구)

① 집합투자업자등은 복수의 집합투자기구 간에 각 집합투자기구의 투자자가 소유하고 있는 집합투자증권을 다른 집합투자기구의 집합투자증권으로 전환할 수 있는 권리를 투자자에게 부여하는 구조의 집합투자기구(이하 이 조에서 "전환형집합투자기구"라 한다)를 설정·설립하는 경우에는 다음 각 호의 요건을 모두 충족하여야 한다.

1. 복수의 집합투자기구 간에 공통으로 적용되는 집합투자규약이 있을 것
2. 집합투자규약에 제 9 조 제18항 제 1 호부터 제 7 호까지의 규정에 따른 집합투자기구 간의 전환이 금지되어 있을 것

② 집합투자증권의 전환, 그 밖에 전환형집합투자기구에 관하여 필요한 사항은 대통령령으로 정한다.

시행령 **제244조**(전환형집합투자기구) ① 투자신탁이나 투자익명조합의 집합투자업자 또는 투자회사등은 법 제232조 제 1 항에 따른 전환형집합투자기구(이하 "전환형집합투자기구"라 한다)가 설정 또는 설립된 경우에는 같은 조 제 2 항에 따라 제211조 제 1 항의 등록신청서에 전환이 가능한 집합투자기구에 관한 사항을 포함하여야 한다.

② 법 제232조 제 1 항에 따라 전환형집합투자기구의 집합투자증권을 다른 집합투자기구의 집합투자증권으로 전환하는 경우에 그 전환가격은 각 집합투자기구의 집합투자증권의 기준가격으로 하여야 한다. 이 경우 투자신탁이나 투자익명조합의 집합투자업자 또는 투자회사등은 전환을 청구한 투자자에게 환매수수료를 부과하여서는 아니 된다.
③ 투자신탁이나 투자익명조합의 집합투자업자 또는 투자회사등은 전환형집합투자기구로 변경하려는 경우에는 제211조 제 3 항에 따라 제 1 항에 따른 전환이 가능한 집합투자기구에 관한 사항을 기재하여 변경등록하여야 한다.
④ 제 1 항부터 제 3 항까지에서 규정한 사항 외에 전환형집합투자기구에 관하여 투자자를 보호하기 위하여 필요한 사항은 금융위원회가 정하여 고시한다.

Ⅰ. 서 설

전환형집합투자기구는 복수의 집합투자기구 간에 각 집합투자기구의 투자자가 소유하고 있는 집합투자증권을 다른 집합투자기구의 집합투자증권으로 전환할 수 있는 권리를 투자자에게 부여하는 구조의 집합투자기구를 말한다.

Ⅱ. 전환형집합투자기구의 운용

1. 전환 요건

전환형집합투자기구를 설정·설립하는 경우에는 첫째, 복수의 집합투자기구 간에 공통으로 적용되는 집합투자규약이 있어야 하며, 둘째로는 집합투자규약에 투자회사, 투자유한회사, 투자합자회사, 투자유한책임회사, 투자합자조합, 투자익명조합, 사모투자전문회사 간의 전환금지 규정이 있어야 한다.

2. 전환 가격

투자신탁이나 투자익명조합의 집합투자업자 또는 투자회사등은 전환형집합투자기구를 설정 또는 설립하는 경우에는 당해 집합투자기구의 등록신청서에 전환이 가능한 집합투자기구에 관한 사항을 포함하여야 한다. 집합투자자가 전환형집합투자기구의 집합투자증권을 다른 집합투자기구의 집합투자증권으로 전환하는 경우 그 전환가격은 각 집합투자기구의 집합투자증권의 기준가격으로 하여야 한다. 이때 전환형집합투자기구인 투자신탁이나 투자익명조합의 집합투자업자 또는 투자회사 등은 전환을 청구한 투자자에게 환매수수료를 부과할 수 없다.

제233조(모자형집합투자기구)

① 집합투자업자등은 다른 집합투자기구(이하 이 조에서 "모집합투자기구"라 한다)가 발행하는 집합투자증권을 취득하는 구조의 집합투자기구(이하 이 조에서 "자집합투자기구"라 한다)를 설정·설립하는 경우에는 다음 각 호의 요건을 모두 충족하여야 한다.

1. 자집합투자기구가 모집합투자기구의 집합투자증권 외의 다른 집합투자증권을 취득하는 것이 허용되지 아니할 것
2. 자집합투자기구 외의 자가 모집합투자기구의 집합투자증권을 취득하는 것이 허용되지 아니할 것
3. 자집합투자기구와 모집합투자기구의 집합투자재산을 운용하는 집합투자업자가 동일할 것

② 제81조 제 1 항 제 3 호(라목을 제외한다)는 자집합투자기구가 모집합투자기구의 집합투자증권을 취득하는 경우에는 적용하지 아니한다.

③ 모집합투자기구 및 자집합투자기구(이하 이 조에서 "모자형집합투자기구"라 한다)의 설정·설립, 집합투자증권의 판매·환매, 그 밖에 모자형집합투자기구에 관하여 필요한 사항은 대통령령으로 정한다.

시행령 제245조(모자형집합투자기구) ① 투자신탁이나 투자익명조합의 집합투자업자 또는 투자회사등은 법 제233조 제 3 항에 따른 모자형집합투자기구(이하 "모자형집합투자기구"라 한다)가 설정·설립된 경우에는 제211조 제 1 항에 따른 등록신청서에 법 제233조 제 1 항에 따른 자집합투자기구(이하 "자집합투자기구"라 한다)가 취득하는 법 제233조 제 1 항에 따른 모집합투자기구(이하 "모집합투자기구"라 한다)의 집합투자증권 등에 관한 사항을 포함하여야 한다.

② 투자매매업자 또는 투자중개업자는 모집합투자기구의 집합투자증권을 투자자에게 판매하여서는 아니 된다.

③ 투자신탁이나 투자익명조합의 집합투자업자 또는 투자회사등은 모자형집합투자기구로 변경하려는 경우에는 제211조 제 3 항에 따라 자집합투자기구가 취득하는 모집합투자기구의 집합투자증권 등에 관한 사항을 포함하여 변경등록하여야 한다.

④ 제 3 항에 따라 변경을 하려는 투자신탁이나 투자익명조합의 집합투자업자 또는 투자회사등은 집합투자기구의 자산 전부를 새로 설정 또는 설립되는 모집합투자기구에 이전하고, 이전한 자산 금액에 상당하는 모집합투자기구의 집합투자증권을 변경되는 자집합투자기구에 교부하여야 한다. 이 경우 둘 이상의 집합투자기구의 자산을 합하여 하나의 모집합투자기구에 이전하거나 하나의 집합투자기구의 자산을 분리하여 둘 이상의 모집합투자기구로 이전하여서는 아니 된다.

⑤ 제 4 항 후단에도 불구하고 사모집합투자기구가 아닌 집합투자기구(존속하는 동안 투자금을 추가로 모집할 수 있는 집합투자기구로 한정한다. 이하 이 항에서 같다)로서 원본액이 50억원 미만일 경우에는 투자목적·투자대상자산 등을 고려하여 금융위원회가 정하여 고시하는 기준에 따라 유사한 둘 이상의 집합투자기구의 자산을 합하여 하나의 모집합투자기구에 이전할 수 있다. 〈신설 2010. 6. 11, 2012. 6. 29〉

⑥ 제 1 항부터 제 5 항까지에서 규정한 사항 외에 모자형집합투자기구에 관하여 투자자를 보호하기 위하여 필요한 사항은 금융위원회가 정하여 고시한다. 〈개정 2010. 6. 11〉

Ⅰ. 서 설

모자형집합투자기구는 다른 "모"집합투자기구가 발행하는 집합투자증권을 취득하는 구조의 "자"집합투자기구를 말한다. 모자형집합투자기구에 대한 투자자는 각 "자"집합투자기구의 집합투자증권을 매입하고 각 "자"집합투자기구는 "모"집합투자기구펀드의 집합투자증권에 투자하고, "모"집합투자기구는 각 "자"집합투자기구로부터 집합된 자금을 이용하여 투자대상 자산에 운용하게 된다. 이때 투자매매업자 또는 투자중개업자는 모집합투자기구의 집합투자증권을 투자자에게 판매할 수 없다. 한편, 모자형집합투자기구는 단위형투자신탁의 상환 연장, 위탁회사의 합병 등으로 집합투자업자가 관리하는 펀드의 수가 증가하여 집합투자재산 분리하여 관리함으로써 자산운용의 효율성을 높일 수 있다는 특징이 있다.

Ⅱ. 모자형집합투자기구의 운용

1. 설립 요건

집합투자업자 등이 모집합투자기구를 설정·설립하기 위해서는 ① 자집합투자기구가 모집합투자기구의 집합투자증권 외의 다른 집합투자증권의 취득을 금지하여야 하고, ② 자집합투자기구 외의 자는 모집합투자기구의 집합투자증권 취득이 금지되어야 하며, ③ 자집합투자기구와 모집합투자기구의 집합투자재산을 운용하는 집합투자업자는 동일해야 한다.

2. 변경 설립

투자신탁이나 투자익명조합의 집합투자업자 또는 투자회사 등은 모자형집합투자기구로 변경하려는 경우에는 자집합투자기구가 취득하는 모집합투자기구의 집합투자증권 등에 관한 사항을 포함하여 변경등록하여야 한다. 변경하려는 투자신탁이나 투자익명조합의 집합투자업자 또는 투자회사등은 집합투자기구의 자산 전부를 새로 설정 또는 설립되는 모집합투자기구에 이전하고, 이전한 자산 금액에 상당하는 모집합투자기구의 집합투자증권을 변경되는 자집합투자기구에 교부하여야 한다. 이 경우 둘 이상의 집합투자기구의 자산을 합하여 하나의 모집합투자기구에 이전하거나 하나의 집합투자기구의 자산을 분리하여 둘 이상의 모집합투자기구로 이전할 수 없다. 그러나 사모집합투자기구가 아닌 집합투자기구로서 원본액이 50억원 미만일 경우에는 투자목적·투자대상자산 등을 고려하여 특정 기준[1)]에 따라 유사한 둘 이상의 집합투자기구의 자산을 합하여 하나의

1) 특정 기준은 금융위원회가 정하여 고시하는데, 이는 다음과 같다. 즉 ① 이전하고자 하는 각 집합투자기구의 종류 및 투자목적·투자방침·투자전략 등에 관한 사항이 상호간에 유사할 것, ② 모집합투자기구로 이전하는 경우에 자집합투자기구 각각의 보수·수수료 등 투자자가 부담하는 비용이 이전을 하지

모집합투자기구에 이전할 수 있다.

3. 투자설명서 · 등록신청서 · 자산운용보고서

투자신탁이나 투자익명조합의 집합투자업자 또는 투자회사 등이 자집합투자기구의 투자설명서를 작성하는 경우 ① 모집합투자기구에 관한 사항으로서 법 시행령 제127조 제 1 항 제 3 호 각 목에서 정한 사항, ② 자집합투자기구 각각의 보수 · 수수료 등 투자자가 부담하는 비용에 관한 사항을 투자설명서에 포함하여야 한다.1) 한편, 투자신탁이나 투자익명조합의 집합투자업자 또는 투자회사 등은 모자형집합투자기구를 설정 · 설립한 경우에는 등록신청서에 자집합투자기구가 취득하는 모집합투자기구의 집합투자증권 등에 관한 사항을 포함하여야 한다.2) 그리고 자집합투자기구의 집합투자업자가 자집합투자기구의 자산운용보고서를 작성하는 경우에는 모집합투자기구에 관한 사항으로서 법 제88조 제 2 항 각 호의 사항을 자산운용보고서에 기재하여야 한다.3)

4. 의결권 · 수시공시

자집합투자기구는 모집합투자기구의 집합투자자총회의 의결사항과 관련하여 자집합투자기구의 집합투자자총회에서 의결된 찬반비율에 비례하도록 의결권을 행사하여야 한다.4) 모집합투자기구에 대하여 법 제89조 각 호의 어느 하나에 해당하는 사항이 발생한 경우 자집합투자기구인 투자신탁이나 투자익명조합의 집합투자업자 또는 자집합투자기구인 투자회사 등에 대하여 같은 조를 준용한다.5)

5. 투자 제한

사모집합투자기구가 아닌 자집합투자기구는 사모집합투자기구인 모집합투자기구의 집합투자증권을 취득할 수 없다.6) 특히, 자집합투자기구는 모집합투자기구의 집합투자증권에 집합투자재산의 전부를 투자할 필요성이 있다는 점을 감안하여 자집합투자기구가 모집합투자기구의 집합투자증권을 취득하는 경우에는 자본시장법상 투자제한 규정7)을 적용하지 아니한다.

아니하였을 경우의 비용을 초과하지 아니할 것, ③ 이전하고자 하는 각 집합투자기구의 재산을 영 제261조에 따른 집합투자재산평가위원회에서 정한 절차와 기준 등에 따라 공정하게 평가할 것, ④ 이전하는 날로부터 1개월 이전에 그 사실을 투자자에 통지할 것 등이다. 금융투자업규정 제7-25조 제 6 항.

1) 금융투자업규정 제7-25조 제 1 항.
2) 법 시행령 제245조 제 1 항.
3) 금융투자업규정 제7-25조 제 4 항.
4) 금융투자업규정 제7-25조 제 2 항.
5) 금융투자업규정 제7-25조 제 5 항.
6) 금융투자업규정 제7-25조 제 3 항.
7) 법 제81조 제 1 항 제 3 호(라목을 제외한다).

제234조(상장지수집합투자기구)

① 제34조 제1항 제1호·제2호, 제87조 제3항(제186조 제2항에서 준용하는 경우를 포함한다) 및 같은 조 제2항 각 호 외의 부분 단서(제186조 제2항에서 준용하는 경우를 포함한다), 제88조, 제147조, 제172조, 제173조 및 제235조부터 제237조까지의 규정은 다음 각 호의 요건을 모두 갖춘 집합투자기구(이하 이 조에서 "상장지수집합투자기구"라 한다)에는 적용하지 아니한다. 〈개정 2009. 2. 3, 2013. 5. 28〉

1. 기초자산의 가격 또는 기초자산의 종류에 따라 다수 종목의 가격수준을 종합적으로 표시하는 지수의 변화에 연동하여 운용하는 것을 목표로 할 것. 이 경우 기초자산의 가격 또는 지수는 대통령령으로 정하는 요건을 갖추어야 한다.
2. 수익증권 또는 투자회사 주식의 환매가 허용될 것
3. 수익증권 또는 투자회사 주식이 해당 투자신탁의 설정일 또는 투자회사의 설립일부터 30일 이내에 증권시장에 상장될 것

② 투자매매업자 또는 투자중개업자 중 대통령령으로 정하는 자가 상장지수집합투자기구의 설정·설립을 위하여 자기 또는 타인의 계산으로 증권을 매매하는 경우에는 투자일임업을 영위하는 것으로 보지 아니한다.

③ 상장지수집합투자기구를 설정·추가설정 또는 설립·신주발행하는 경우 제188조 제4항 및 제194조 제7항(제196조 제6항에서 준용하는 경우를 포함한다)에 불구하고 금전 외의 자산으로 납입할 수 있다. 〈개정 2009. 2. 3〉

④ 상장지수집합투자기구의 설정·추가설정·설립 및 신주발행, 집합투자증권의 판매 및 환매, 상장 및 상장폐지, 소유 재산의 공고, 그 밖에 필요한 사항은 대통령령으로 정한다. 〈개정 2009. 2. 3〉

시행령 제246조(상장지수집합투자기구의 요건) 법 제234조 제1항 제1호 후단에서 "대통령령으로 정하는 요건"이란 다음 각 호의 요건을 모두 갖춘 경우를 말한다. 〈개정 2009. 2. 3〉

1. 거래소, 외국 거래소 또는 금융위원회가 정하여 고시하는 시장에서 거래되는 종목의 가격 또는 다수 종목의 가격수준을 종합적으로 표시하는 지수일 것
2. 제1호의 가격 또는 지수가 같은 호의 시장을 통하여 투자자에게 적절하게 공표될 수 있을 것
3. 기초자산의 가격의 요건, 지수의 구성종목 및 지수를 구성하는 종목별 비중, 가격 및 지수의 변화에 연동하기 위하여 필요한 운용방법 등에 관하여 금융위원회가 정하여 고시하는 요건을 충족할 것

제247조(지정참가회사) 법 제234조 제2항에서 "대통령령으로 정하는 자"란 증권을 대상으로 하여 투자매매업(인수업은 제외한다) 및 투자중개업(위탁매매업만 해당한다)을 함께 하는 자로서 다음 각 호의 업무를 담당하도록 하기 위하여 집합투자업자가 지정하는 자(이하 "지정참가회사"라 한다)를 말한다. 〈개정 2009. 2. 3〉

1. 상장지수집합투자기구의 설정·추가설정 또는 설립·신주발행을 집합투자업자에 요청하는 업무
2. 상장지수집합투자기구의 해지·일부해지 또는 해산·주식의 일부 소각을 집합투자업자에 요청하는 업무
3. 투자자가 납부한 금전 또는 증권(이하 이 절에서 "납부금등"이라 한다)을 금융위원회가 정하여 고시하는 일정 단위(이하 "설정단위"라 한다)에 상당하는 자산으로 변경하기 위한 증권의 매매나 위탁매매업무
4. 상장지수집합투자기구의 집합투자증권이 증권시장에서 원활하게 거래되도록 하고, 그 가격이 그 집합투자증권의 좌수 또는 주수당의 순자산가치에 수렴되도록 하는 업무(금융위원회가 정하여 고시하는 지정참가회사만 해당한다)

제**248**조(설정 또는 설립 등) ① 집합투자업자는 지정참가회사로부터 상장지수집합투자기구의 설정·추가설정 또는 설립·신주발행의 요청이 있는 경우에는 신탁계약이나 투자회사의 정관에서 정하는 바에 따라 상장지수집합투자기구의 설정·추가설정 또는 설립·신주발행을 할 수 있다.
② 지정참가회사는 제247조 제 1 호에 따라 상장지수집합투자기구의 설정·추가설정 또는 설립·신주발행을 요청하려는 경우에는 투자자가 직접 납부하거나 투자매매업자 또는 투자중개업자를 통하여 투자자가 납부한 납부금등을 설정단위에 상당하는 자산으로 변경하여야 한다. 다만, 자산으로 변경이 곤란한 경우로서 금융위원회가 정하여 고시하는 경우는 제외한다.
③ 제 1 항 및 제 2 항에서 규정한 사항 외에 납부금등의 납부방법, 상장지수집합투자기구의 설정·추가설정 또는 설립·신주발행 등에 관하여 필요한 사항은 금융위원회가 정하여 고시한다.

제**249**조(상장지수집합투자기구의 집합투자증권의 환매) ① 상장지수집합투자기구의 투자자는 그 집합투자증권을 판매하는 투자매매업자 또는 투자중개업자(지정참가회사는 제외한다. 이하 이 조에서 같다) 또는 그 집합투자증권의 지정참가회사(그 집합투자증권을 판매한 투자매매업자 또는 투자중개업자가 지정참가회사인 경우만 해당한다)에 대하여 설정단위별로 집합투자증권의 환매를 청구할 수 있다. 다만, 그 집합투자증권을 판매하는 투자매매업자 또는 투자중개업자가 해산·인가취소·업무정지, 그 밖에 금융위원회가 정하여 고시하는 사유(이하 이 장에서 "해산등"이라 한다)로 인하여 환매에 응할 수 없는 경우에는 지정참가회사에 대하여 환매를 청구할 수 있다.
② 제 1 항 본문에 따라 상장지수집합투자기구 집합투자증권의 환매청구를 받은 투자매매업자 또는 투자중개업자는 지정참가회사에 대하여 그 집합투자증권의 환매에 응할 것을 요구하여야 한다. 다만, 지정참가회사가 해산등으로 인하여 그 집합투자증권의 환매와 관련한 업무를 할 수 없는 경우에는 투자매매업자 또는 투자중개업자는 집합투자업자에 대하여 직접 집합투자증권의 환매에 응할 것을 요구할 수 있다.
③ 상장지수집합투자기구의 투자자는 제 1 항 단서에 따라 상상장지수집합투자기구 집합투자증권의 환매를 청구하려는 지정참가회사가 해산등으로 인하여 그 집합투자증권의 환매와 관련한 업무를 수행할 수 없는 경우에는 집합투자업자에 대하여 직접 집합투자증권의 환매를 청구할 수 있다.
④ 제 1 항 및 제 2 항 본문에 따라 상장지수집합투자기구 집합투자증권의 환매를 청구받거나 요구받은 지정참가회사는 상장지수투자신탁의 집합투자업자나 상장지수투자회사에 대하여 지체 없이 환매에 응할 것을 요구하여야 한다.
⑤ 제 2 항 단서, 제 3 항 또는 제 4 항(상장지수투자신탁의 집합투자업자에 대하여 환매에 응할 것을 요구하는 경우만 해당한다)에 따라 상장지수집합투자기구 집합투자증권의 투자자·투자매매업자·투자중개업자 또는 지정참가회사가 환매를 청구하거나 요구하는 경우에 환매에 응하여야 하는 집합투자업자가 해산등으로 인하여 환매에 응할 수 없는 때에는 신탁업자에 이를 직접 청구할 수 있다.
⑥ 제 2 항 단서 또는 제 3 항부터 제 5 항까지의 규정에 따라 환매에 응할 것을 요구받은 상장지수투자신탁의 집합투자업자와 신탁업자는 지체 없이 환매에 응하여야 하며, 상장지수투자회사의 집합투자업자와 신탁업자는 상장지수투자회사에 대하여 지체 없이 환매에 응할 것을 요구하여야 한다.
⑦ 제 2 항 단서 또는 제 3 항부터 제 6 항까지의 규정에 따라 환매에 응하여야 하는 집합투자업자, 신탁업자 또는 상장지수투자회사는 환매청구를 받은 날의 집합투자재산의 운용이 종료된 후 그 상장지수집합투자기구의 집합투자재산을 기준으로 상장지수투자신탁의 일부해지 또는 상장지수투자회사 주식의 일부소각에 의하여 설정단위에 해당하는 자산(금융위원회가 정하여 고시하는 경우는 제외한다)으로 환매에 응하여야 한다.
⑧ 제 1 항부터 제 6 항까지의 규정에 따라 환매를 청구받거나 요구받은 투자매매업자 또는 투자중개업자, 지정참가회사, 집합투자업자 또는 신탁업자가 해산등으로 인하여 집합투자규약으로 정하는 날까지 집합투자증권을 환매할 수 없게 된 경우에는 법 제237조에 따라 환매를 연기하고 그 사실을 지체 없이 투자자에게 통지하여야 한다.

제**250**조(상장지수집합투자기구의 상장 및 상장폐지 등) ① 상장지수집합투자증권의 상장 및 상장폐지는 법 제390조 제 1 항에 따른 증권상장규정에서 정하는 바에 따른다. 〈개정 2012. 6. 29〉
② 삭제 〈2012. 6. 29〉
③ 상장지수투자신탁의 집합투자업자와 상장지수투자회사는 제 2 항에 따라 상장지수집합투자기구의 집합투자증권의

상장이 폐지된 경우에는 상장폐지일부터 총리령으로 정하는 기간 이내에 상장지수집합투자기구를 해지하거나 해산하여야 한다. 이 경우 상장지수투자신탁에 대하여는 법 제192조 제1항을 적용하지 아니한다.
④ 집합투자업자는 제3항에 따라 상장지수집합투자기구가 해지 또는 해산된 경우에는 그 해지일 또는 해산일부터 7일 이내에 금융위원회에 이를 보고하여야 한다.

제251조(소유재산 등의 공고) ① 상장지수투자신탁의 집합투자업자 또는 상장지수투자회사는 공고일 전날의 상장지수집합투자기구의 납부자산구성내역(신규설정·추가설정 또는 신규설립·신주발행을 위한 설정단위의 자산구성내역을 포함한다)을 증권시장을 통하여 매일 공고하여야 한다.
② 거래소는 상장지수집합투자기구의 순자산가치와 추적오차율(일정 기간 동안 상장지수집합투자기구의 집합투자증권의 1좌당 또는 1주당 순자산가치의 변동률과 상장지수집합투자기구가 목표로 하는 지수의 변동률을 비교하는 지표로서 금융위원회가 정하여 고시하는 기준에 따라 산출한 비율을 말한다)을 매일 1회 이상 공고하여야 한다. 〈개정 2009. 2. 3, 2012. 6. 29〉

제252조(운용특례) ① 집합투자업자는 제80조 제4항 및 제86조 제1항에 불구하고 법 제81조 제1항 단서 및 제234조 제4항에 따라 상장지수집합투자기구의 집합투자재산을 다음 각 호의 방법으로 운용할 수 있다.
1. 각 상장지수집합투자기구 자산총액의 100분의 30까지 동일종목의 증권에 운용하는 행위. 이 경우 동일법인 등이 발행한 증권 중 지분증권(그 법인 등이 발행한 지분증권과 관련된 증권예탁증권을 포함한다. 이하 이 항에서 같다)과 지분증권을 제외한 증권은 각각 동일종목으로 본다.
2. 각 상장지수집합투자기구 자산총액으로 동일법인 등이 발행한 지분증권 총수의 100분의 20까지 운용하는 행위
② 집합투자업자는 법 제84조 제1항 본문에 불구하고 상장지수집합투자기구의 설정·추가설정 또는 설립·신주의 발행을 위한 목적으로 이해관계인(법 제84조 제1항에 따른 이해관계인을 말한다)과 증권의 매매, 그 밖의 거래를 할 수 있다.

시행규칙 제22조(상장지수집합투자기구의 상장폐지) 영 제250조 제3항 전단에서 "총리령으로 정하는 기간"이란 10일을 말한다.

Ⅰ. 서 설

상장지수집합투자기구는 일반적으로 ETF(Exchange Traded Fund)로 알려져 있으며, 이는 기본적으로 KOSPI 200과 같은 특정지수 및 특정자산의 가격 및 수익률에 연동되도록 설계된 인덱스펀드로서 거래소에 상장되어 주식과 같이 거래된다. 따라서 상장지수집합투자기구는 개별 주식의 장점인 매매편의성과 인덱스펀드의 장점인 분산투자 및 투명성 등에서 높은 평가를 받고 있다. 상장지수집합투자기구는 지정참가회사[1]가 자산운용회사에

1) 판매회사 중 투자중개업을 영위하는 자로서 법 시행령 제247조 각 호의 업무를 담당하도록 하기 위하여 자산운용회사가 지정하는 자를 말한다. 지정참가회사는 상장지수집합투자기구의 집합투자증권이 증권시장에서 원활하게 거래되도록 하고, 그 가격이 그 집합투자증권의 좌수 또는 주수당의 순자산가치에 일치되도록 노력하여야 하는 시장조성자로서의 의무를 부담한다.

게 그 설정·설립을 요청을 하는 경우 자산운용회사는 신탁약관 또는 투자회사의 정관이 정하는 바에 따라 상장지수집합투자기구를 설정·설립할 수 있다. 지정참가회사는 상장지수집합투자기구의 설정·추가설정 또는 설립·신주발행을 요청하려는 경우에는 투자자가 직접 납부하거나 투자매매업자 또는 투자중개업자를 통하여 투자자가 납부한 납부금 등을 설정단위에 상당하는 자산으로 변경하여야 한다.

Ⅱ. 상장지수집합투자기구의 운용

1. 설정 및 설립요건

상장지수집합투자기구는 기초자산의 가격 또는 기초자산의 종류에 따라 다수 종목의 가격수준을 종합적으로 표시하는 지수의 변화에 연동하여 운용하는 것을 목표로 하여야 하는데, 이를 위하여 ① 거래소, 외국 거래소 또는 금융위원회가 정하여 고시하는 시장에서 거래되는 종목의 가격 또는 다수 종목의 가격수준을 종합적으로 표시하는 지수일 것, ② 가격 또는 지수가 같은 호의 시장을 통하여 투자자에게 적절하게 공표될 수 있을 것, ③ 기초자산의 가격의 요건, 지수의 구성종목 및 지수를 구성하는 종목별 비중, 가격 및 지수의 변화에 연동하기 위하여 필요한 운용방법[1] 등에 관하여 금융위원회가 정하여 고시하는 요건[2]을 충족하여야 한다. 그리고 이외에 수익증권 또는 투자회사 주식의 환매가 허용되어야 하며, 수익증권 또는 투자회사 주식이 해당 투자신탁의 설정일 또는 투자회사의 설립일부터 30일 이내에 증권시장에 상장되어야 한다.

---

1) 이때의 운용방법은 ① 상장지수집합투자기구의 순자산가치의 변화를 가격 및 지수의 변화의 일정배율(음의 배율도 포함한다)로 연동하여 운용하는 것을 목표로 하여야 하고, ② 상장지수집합투자기구의 순자산가치의 변화를 가격 및 지수의 변화를 초과하도록 운용하는 것을 목표로 하는 운용방법을 말한다. 금융투자업규정 제7-26조 제 4 항.

2) 금융위원회가 정하여 고시하는 요건은 다음과 같다. 첫째, 기초자산의 가격 또는 증권종목 이외의 기초자산의 가격수준을 종합적으로 표시하는 지수에 해당하는 경우 그 가격 또는 지수는 ① 거래소시장 또는 제 1 항에서 규정한 시장에서 공정하게 형성되고, ② 매일 신뢰 가능한 가격으로 발표되며, ③ 공신력 있는 기관에 의해 산출되어야 한다. 둘째, 증권종목의 가격수준을 종합적으로 표시하는 지수에 해당하는 경우 지수의 구성종목 및 지수를 구성하는 종목별 비중은 ① 지수를 구성하는 종목이 법 제 4 조 제 2 항 제 1 호의 증권인 경우 : 가. 지수를 구성하는 종목이 10종목(법 시행령 80조 1항 1호 가목부터 다목까지에 해당하는 채무증권으로만 구성된 지수인 경우는 3종목) 이상일 것; 나. 지수를 구성하는 하나의 종목이 그 지수에서 차지하는 비중이 30%를 초과하지 아니할 것(법 시행령 80조 1항 1호 가목부터 다목까지에 해당하는 채무증권으로만 구성된 지수인 경우는 제외한다); 다. 지수를 구성하는 종목 중 지수에서 차지하는 비중 순으로 85%에 해당하는 종목의 발행잔액은 500억원 이상이어야 한다. 그리고 ② 지수를 구성하는 종목이 법 제 4 조 제 2 항 제 1 호 이외의 증권인 경우 : 가. 지수를 구성하는 종목이 10종목 이상일 것; 나. 지수를 구성하는 하나의 종목이 그 지수에서 차지하는 비중(그 종목의 직전 3개월의 평균시가총액을 그 지수를 구성하는 종목의 직전 3개월의 평균시가총액의 합으로 나눈 값을 말한다)이 30%를 초과하지 아니할 것; 다. 지수를 구성하는 종목 중 시가총액 순으로 85%에 해당하는 종목은 시가총액(직전 3개월간 시가총액의 평균을 말한다)이 150억원 이상이고 거래대금(직전 3개월간 거래대금의 평균을 말한다)이 1억원 이상이어야 한다. 금융투자업규정 제7-26조 제 3 항.

2. 운용특례

법 시행령 제80조 제 4 항 및 제86조 제 1 항의 규정에도 불구하고 상장지수집합투자기구가 목표로 하는 지수 구성에 따라 특정종목에 투자할 필요성을 인정하여 집합투자업자는 상장지수집합투자기구의 집합투자재산을 ① 각 상장지수집합투자기구 자산총액의 30%까지 동일종목의 증권에 운용할 수 있고,[1] ② 각 상장지수집합투자기구 자산총액으로 동일법인 등이 발행한 지분증권 총수의 20%를 초과하여 운용할 수 있다. 또한 집합투자업자는 법 제84조 제 1 항 본문의 규정에도 불구하고 상장지수집합투자기구의 특성상 집합투자업자는 상장지수집합투자기구의 지정참가회사가 소유한 주식 등을 매입할 필요가 있기 때문에 상장지수집합투자기구의 설정·설립 또는 신주발행을 위한 목적으로 이해관계인과 증권의 매매, 그 밖의 거래를 할 수 있다.[2]

3. 적용배제

상장지수집합투자기구는 그 특성상 일반펀드에 적용되는 투자자보호 및 일반 규제 규정의 적용이 불필요하거나 비효율성이 초래되므로 그 적용을 배제하고 있다. 즉, 대주주와의 거래제한 규정인 제34조 제 1 항 제 1 호, 제 2 호, 집합투자업자의 의결권행사 규정인 제87조 제 1 항 각 호 외의 부분 단서 및 같은 조 제 2 항 각 호 외의 부분 단서, 주식 등의 대량보유 보고규정인 제147조, 내부자의 단기매매차익반환의무규정인 제172조, 임원의 소유주식보고규정인 제173조, 그리고 환매관련 규정인 제235조부터 제237조까지의 규정은 그 적용을 배제하고 있다.[3]

한편, 예외적으로 투자매매업자 또는 투자중개업자 중 지정참가업자가 상장지수집합투자기구의 설정·설립을 위하여 자기 또는 타인의 계산으로 증권을 매매하는 경우에는 투자일임업을 영위하는 것으로 보지 않는다.[4] 그리고 상장지수집합투자기구를 설정·추가설정 또는 설립·신주발행하는 경우 제188조 제 4 항 및 제194조 제 7 항(196조 6항에서 준용하는 경우를 포함한다)에 불구하고 금전 외의 자산으로 납입할 수 있다.

4. 소유재산의 공고

상장지수투자신탁의 집합투자업자 또는 투자회사는 공고일 전일의 상장지수집합투자기구의 납입자산구성내역 등을 증권시장을 통하여 매일 공고하여야 한다. 즉, 거래소

---

1) 이 경우 동일법인 등이 발행한 증권 중 지분증권과 지분증권을 제외한 증권은 각각 동일종목으로 본다. 법 시행령 제252조 제 1 항 제 1 호.

2) 법 시행령 제252조 제 2 항.

3) 법 제234조 제 1 항.

4) 법 제234조 제 2 항.

공시 절차를 통하여 당일 신규로 설정하거나 환매하는 경우 납입하는 또는 환매받게 되는 자산의 내역을 알 수 있게 된다. 이때 거래소는 상장지수집합투자기구의 순자산가치와 추적오차율[1]을 매일 1회 이상 공고하여야 한다.

5. 상장폐지

거래소는 투자자보호를 위해 상장지수집합투자기구의 집합투자증권에 대하여 ① 추적오차율이 10%를 초과하여 3월 동안 지속되는 경우, ② 상장지수집합투자기구가 목표로 하는 지수를 산정할 수 없거나 이용할 수 없게 되는 경우에는 그 집합투자증권의 상장을 폐지할 수 있다. 집합투자업자는 상장지수집합투자기구의 집합투자증권의 상장이 폐지된 경우에는 상장폐지일부터 10일 내에 투자신탁을 해지하거나 투자회사를 해산하여야 한다. 이 경우 투자신탁인 상장지수집합투자기구에 대하여는 투자신탁의 해지에 관한 법 제192조 제 1 항의 규정을 적용하지 않는다. 그리고 집합투자업자가 투자신탁을 해지하거나 투자회사를 해산한 경우에는 그 해지일 또는 해산일부터 7일 이내에 금융위원회에 이를 보고하여야 한다.

Ⅲ. 상장지수집합투자증권의 환매

1. 환매청구

상장지수집합투자기구의 집합투자자는 그 집합투자증권을 판매하는 투자매매업자 또는 투자중개업자[2] 또는 그 집합투자증권의 지정참가회사[3]에 대하여 설정단위별로 집합투자증권의 환매를 청구할 수 있다. 다만, 그 집합투자증권의 투자매매업자 또는 투자중개업자가 해산·허가취소·업무정지, 천재·지변 등으로 인한 전산장애, 그 밖의 금융위원회가 인정하는 사유로 인해 환매에 응할 수 없는 경우에는 지정참가회사에 대하여 환매를 청구할 수 있다.

2. 환매절차

상장지수집합투자기구 집합투자증권의 환매청구를 받은 투자매매업자 또는 투자중개업자는 지정참가회사에 대하여 그 집합투자증권의 환매를 요구하여야 한다. 다만, 지정참가회사가 해산등으로 인하여 그 집합투자증권의 환매와 관련한 업무를 수행할 수 없

1) 일정 기간 동안 상장지수집합투자기구의 집합투자증권의 1좌당 또는 1주당 순자산가치의 변동률과 상장지수집합투자기구가 목표로 하는 지수의 변동률을 비교하는 지표로서 금융위원회가 정하여 고시하는 기준에 따라 산출한 비율을 말한다. 법 시행령 제251조 제 2 항.

2) 지정참가회사는 제외한다.

3) 그 집합투자증권을 판매한 투자매매업자 또는 투자중개업자가 지정참가회사인 경우에 한한다.

는 경우에는 투자매매업자 또는 투자중개업자는 집합투자업자에 대하여 직접 집합투자증권의 환매에 응할 것을 요구할 수 있다. 상장지수집합투자기구의 집합투자자는 상장지수집합투자기구 집합투자증권의 환매를 청구하고자 하는 지정참가회사가 해산등으로 인하여 그 집합투자증권의 환매와 관련한 업무를 수행할 수 없는 경우에는 집합투자업자에 대하여 직접 집합투자증권의 환매를 청구할 수 있다. 그리고 상장지수집합투자기구 집합투자증권의 투자자·투자매매업자·투자중개업자 또는 지정참가회사가 환매를 청구 또는 요구하는 경우 환매에 응하여야 하는 집합투자업자가 해산등으로 인하여 환매에 응할 수 없는 때에는 신탁업자에 이를 직접 청구할 수 있다.

상장지수집합투자기구 집합투자증권의 환매를 청구 또는 요구받은 지정참가회사는 상장지수투자신탁인 경우에는 집합투자업자에 대하여, 상장지수투자회사인 경우에는 상장지수투자회사에 대하여 지체 없이 환매에 응할 것을 요구하여야 한다. 환매에 응할 것을 요구받은 상장지수투자신탁의 집합투자업자 및 신탁업자는 지체 없이 환매에 응하여야 하며, 상장지수투자회사의 집합투자업자 및 신탁업자는 상장지수투자회사에 대하여 지체 없이 환매에 응할 것을 요구하여야 한다. 환매에 응하여야 하는 집합투자업자, 신탁업자 또는 상장지수투자회사는 상장지수투자신탁의 일부해지 또는 상장지수투자회사 주식의 일부소각에 의하여 투자증권으로 환매에 응하여야 한다. 이 경우 환매는 환매청구를 받은 날의 집합투자재산의 운용이 종료된 후 그 집합투자재산이 보유하고 있는 자산을 기준으로 한다.

3. 환매연기

환매를 청구 또는 요구받은 투자매매업자·투자중개업자·지정참가회사·집합투자업자 또는 신탁업자가 해산등으로 인하여 신탁약관 또는 투자회사의 정관이 정하는 날까지 집합투자증권을 환매할 수 없게 된 경우에는 환매를 연기하고 그 사실을 지체 없이 집합투자자에게 통지하여야 한다.

제234조의2(기업재무안정투자회사) 삭제 〈2013. 8. 13〉

[초판: 서종군, 개정판: 김광록]

제 4 장 집합투자증권의 환매

제 1 절 환매청구 및 방법

제235조(환매청구 및 방법 등)

① 투자자는 언제든지 집합투자증권의 환매를 청구할 수 있다.

② 투자자는 집합투자증권의 환매를 청구하고자 하는 경우에는 그 집합투자증권을 판매한 투자매매업자 또는 투자중개업자에게 청구하여야 한다. 다만, 투자매매업자 또는 투자중개업자가 해산·인가취소 또는 업무정지, 그 밖에 대통령령으로 정하는 사유(이하 이 항에서 "해산등"이라 한다)로 인하여 환매청구에 응할 수 없는 경우에는 총리령으로 정하는 방법에 따라 해당 집합투자기구의 집합투자업자에게 직접 청구할 수 있으며, 환매청구를 받은 집합투자업자가 해산등으로 인하여 환매에 응할 수 없는 경우에는 해당 집합투자재산을 보관·관리하는 신탁업자에게 청구할 수 있다.

③ 제 2 항 본문에 따라 환매청구를 받은 투자매매업자 또는 투자중개업자는 수익증권 또는 투자익명조합의 지분증권인 경우 해당 투자신탁 또는 투자익명조합의 집합투자업자에 대하여, 투자회사등이 발행한 집합투자증권인 경우 그 투자회사등에 대하여 각각 지체 없이 환매에 응할 것을 요구하여야 하며, 제 2 항 단서에 따라 투자회사등이 발행한 집합투자증권의 환매청구를 받은 집합투자업자 또는 신탁업자는 투자회사등에 대하여 지체 없이 환매에 응할 것을 요구하여야 한다.

④ 제 2 항 및 제 3 항에 따라 환매청구를 받거나 환매에 응할 것을 요구받은 투자신탁이나 투자익명조합의 집합투자업자(해당 집합투자재산을 보관·관리하는 신탁업자를 포함한다) 또는 투자회사등은 그 집합투자기구의 투자대상자산의 환금성 등을 고려하여 대통령령으로 정하는 경우를 제외하고는 투자자가 환매청구를 한 날부터 15일 이내에 집합투자규약에서 정한 환매일에 환매대금을 지급하여야 한다.

⑤ 투자신탁이나 투자익명조합의 집합투자업자(해당 집합투자재산을 보관·관리하는 신탁업자를 포함한다) 또는 투자회사등은 제 4 항에 따라 환매대금을 지급하는 경우에는 집합투자재산의 범위에서 집합투자재산으로 소유 중인 금전 또는 집합투자재산을 처분하여 조성한 금전으로만 하여야 한다. 다만, 집합투자기구의 투자자 전원의 동의를 얻은 경우에는 그 집합투자기구에서 소유하고 있는 집합투자재산으로 지급할 수 있다.

⑥ 집합투자증권을 판매한 투자매매업자·투자중개업자, 집합투자재산을 운용하는 집합투자업자 또는 집합투자재산을 보관·관리하는 신탁업자는 환매청구를 받거나 환매에 응할 것을 요구받은 집합투자증권을 자기의 계산으로 취득하거나 타인에게 취득하게 하여서는 아니 된다. 다만, 집합투자증권의 원활한 환매를 위하여 필요하거나 투자자의 이익을 해할 우려가 없는 경우로서 대통령령으로 정하는 경우에는 그 투자매매업자·투자중개업자·집합투자업자 또는 신탁업자는 환매청구를 받거나 환매에 응할 것을 요구받은 집합투자증권을 자기의 계산으로 취득할 수 있다.

⑦ 투자신탁이나 투자익명조합의 집합투자업자(해당 집합투자재산을 보관·관리하는 신탁업자를 포함한다. 이하 이 장에서 같다) 또는 투자회사등은 이 장에 따라 집합투자증권을 환매한 경우에는 그 집합투자증권을 소각하여야 한다.

시행령 제**254**조(환매방법의 예외) ① 법 제235조 제4항에서 "대통령령으로 정하는 경우"란 다음 각 호의 어느 하나에 해당하는 경우로서 집합투자규약에서 환매청구를 받은 날부터 15일을 초과하여 환매일을 정한 경우를 말한다.

1. 각 집합투자기구 자산총액의 100분의 10 범위에서 금융위원회가 정하여 고시하는 비율을 초과하여 금융위원회가 정하여 고시하는 시장성 없는 자산에 투자하는 경우
2. 각 집합투자기구 자산총액의 100분의 50을 초과하여 외화자산에 투자하는 경우

② 법 제235조 제6항 단서에서 "대통령령으로 정하는 경우"란 다음 각 호의 어느 하나에 해당하는 경우를 말한다.

1. 단기금융집합투자기구의 집합투자증권을 판매한 투자매매업자 또는 투자중개업자가 그 단기금융집합투자기구별 집합투자증권 판매규모의 100분의 5에 상당하는 금액 또는 금융위원회가 정하여 고시하는 금액 중 큰 금액의 범위에서 개인투자자로부터 환매청구일에 공고되는 기준가격으로 환매청구일에 그 집합투자증권을 매수하는 경우
2. 투자자가 금액을 기준으로 집합투자증권(단기금융집합투자기구의 집합투자증권을 제외한다)의 환매를 청구함에 따라 그 집합투자증권을 판매한 투자매매업자 또는 투자중개업자가 해당 집합투자기구의 집합투자규약에서 정한 환매가격으로 그 집합투자규약에서 정한 환매일에 그 집합투자증권의 일부를 불가피하게 매수하는 경우

제**253**조(환매청구에 응할 수 없는 사유) 법 제235조 제2항 단서에서 "대통령령으로 정하는 사유"란 천재·지변 등으로 인한 전산장애, 그 밖에 이에 준하는 사유로 인하여 집합투자증권을 판매한 투자매매업자·투자중개업자가 정상적으로 업무를 영위하는 것이 곤란하다고 금융위원회가 인정하는 경우를 말한다.

시행규칙 제**23**조(환매청구방법) ① 투자자는 법 제235조 제2항 단서에 따라 집합투자업자 또는 그 집합투자업자가 해당 집합투자증권을 판매한 투자매매업자 또는 투자중개업자와 협의하여 결정한 다른 투자매매업자 또는 투자중개업자를 통하여 환매를 청구할 수 있다.

② 집합투자업자는 제1항에 따른 투자자의 환매청구에 응하는 데에 필요한 범위에서 법 제235조 제2항에 따른 해산등으로 인하여 환매청구에 응할 수 없는 투자매매업자 또는 투자중개업자의 인력, 전산설비 등의 물적 설비 및 투자자에 관한 정보 등을 사용할 수 있다.

규정 제**7-32**조(환매방법의 예외 및 환매수수료의 기준) ① 영 제254조 제1항 제1호에서 "금융위원회가 정하여 고시하는 비율"이란 100분의 10을 말한다.

② 영 제254조 제1항 제1호에서 "금융위원회가 정하여 고시하는 시장성 없는 자산"이란 제7-22조 각 호의 어느 하나에 해당하는 자산(외화자산을 기초로 하는 파생상품이나 파생결합증권을 포함한다)을 말한다.

③ 영 제254조 제2항 제1호에서 "금융위원회가 정하여 고시하는 금액"이란 100억원을 말한다.

Ⅰ. 총 론

1. 환매의 경제적 의의

펀드의 투자자가 자금 등을 회수하는 방법은 환매제도와 투자신탁의 해지 또는 투자회사의 해산 및 집합투자증권을 제 3 자에게 양도하는 방법 세 가지로 구분된다. 이 가운데 가장 많이 쓰이는 투자자의 자금회수 방법은 집합투자증권의 환매제도이다. 환매제도는 투자자의 투자자금 회수라는 측면에서 매우 중요한 경제적 의의를 가지고 있다.

2. 환매의 법적 의의

투자자가 펀드에 자금 등을 납입하면 집합투자기구의 집합투자업자 또는 투자회사는 반대 급부로 집합투자증권을 발행하여 투자자에게 교부한다. 이것이 집합투자증권의 판매이며, 집합투자증권의 환매는 역으로 진행된다. 좀더 구체적으로 설명하면, 집합투자자는 펀드에 투자한 자금 등을 회수하기 위하여 판매회사를 통하여 투자신탁이나 투자익명조합의 집합투자업자 또는 투자회사등에게 집합투자증권을 환매할 것을 청구하며, 투자신탁이나 투자익명조합의 집합투자업자 또는 투자회사등은 이에 응하여 집합투자기구를 해지하거나 감자하는 방법으로 환매대금을 마련하고, 투자매매업자 또는 투자중개업자를 통하여 집합투자자에게 지급한다.

3. 환매청구권의 법적 성질

집합투자자의 환매청구는 투자신탁의 경우 신탁계약의 일부해지에 대한 청약이며, 투자회사의 경우 감자에 대한 청약으로 해석할 수 있다. 이 경우 투자신탁이나 투자익명조합의 집합투자업자 또는 투자회사등이 환매를 승낙하면 계약의 일부가 해지되거나 감자가 되는 것이다.

4. 환매의 당사자

환매의 당사자 문제는 집합투자자가 환매를 청구하는 경우 환매의 승낙 여부를 결정하고 환매에 대한 법적 책임을 누가 부담할지의 여부이다. 과거 판매회사의 고유재산에 의한 환매(재매입 : Repurchase)가 가능하던 때와 달리 투자매매업자·투자중개업자가 환매연기 결정을 할 수 없다는 것이 명확할 뿐만 아니라 투자매매업자·투자중개업자는 환매청구를 받은 경우 지체 없이 투자신탁이나 투자익명조합의 집합투자업자 또는 투자회사등에게 환매청구에 응할 것을 요구하여야 한다고 하여 투자매매업자·투자중개업자의 환매청구를 받아 투자신탁이나 투자익명조합의 집합투자업자 또는 투자회사등에게 전달하는 절차적인 역할을 한다.

결국, 집합투자자로부터 환매청구를 받은 투자매매업자·투자중개업자는 지체 없이 투자신탁이나 투자익명조합의 집합투자업자 또는 투자회사등에게 환매청구를 전달하여야 하며, 투자신탁이나 투자익명조합의 집합투자업자 또는 투자회사등은 환매연기사유에 해당하는지 여부를 판단하여 환매를 승낙하여야 한다.

Ⅱ. 환매청구 및 절차

1. 환매의 청구

집합투자자는 법령 및 집합투자규약에서 제한하지 않는 한 언제든지 환매를 청구할 수 있다. 즉, 집합투자자는 본인이 필요한 시점에 언제든지 집합투자증권의 환매를 청구할 수 있다.

2. 환매청구 절차

집합투자자는 환매를 청구하고자 하는 경우 집합투자증권을 매입한 투자매매업자·투자중개업자에 하여야 한다. 예를 들면, A증권사에서 집합투자증권을 매입한 집합투자자는 A증권사 외의 다른 투자매매업자·투자중개업자에 환매를 청구할 수 없다. 그런데, 투자매매업자·투자중개업자가 해산되거나 업무가 정지되는 등 특별한 사정으로 인하여 환매청구를 접수할 수 없는 경우 집합투자자는 해당 집합투자업자에 직접 또는 그 집합투자업자가 해당 집합투자증권을 판매한 투자매매업자 또는 투자중개업자와 협의하여 결정한 다른 투자매매업자 또는 투자중개업자를 통하여 환매를 청구할 수 있다. 이 경우 집합투자업자는 투자자의 환매청구에 응하는 데에 필요한 범위에서 해산등으로 인하여 환매청구에 응할 수 없게 된 투자매매업자 또는 투자중개업자의 인력, 전산설비 등의 물적 설비 및 투자자에 관한 정보 등을 사용할 수 있다. 만약, 집합투자업자마저 해산등으로 환매청구를 접수할 수 없는 경우에는 당해 집합투자기구의 신탁업자를 상대로 환매를 청구할 수 있다.

3. 환매청구 처리 절차

집합투자자가 투자매매업자·투자중개업자에 환매청구를 하면 투자매매업자·투자중개업자는 이를 지체 없이 투자신탁이나 투자익명조합의 집합투자업자 또는 투자회사 등에 전달하여야 한다. 투자매매업자·투자중개업자로부터 환매청구를 전달받은 투자신탁이나 투자익명조합의 집합투자업자 또는 투자회사등은 환매청구에 응하여 당해 집합투자기구를 일부 해지하여 마련한 현금 — 집합투자재산으로 보유중인 현금 또는 집합투자재산을 매각하여 조성한 현금을 말한다 — 으로 환매대금을 지급하고 환매한 집합투자증권을 소각하여야 한다.

Ⅲ. 환매의 방법

1. 원 칙

투자신탁이나 투자익명조합의 집합투자업자 또는 투자회사등은 집합투자자의 환매청구가 있는 경우 집합투자재산범위 내에서 펀드내 보유중인 현금 또는 집합투자재산을 매각하여 조성한 현금으로만 환매(Redemption)하여야 하며, 투자매매업자·투자중개업자, 투자신탁이나 투자익명조합의 집합투자업자·투자회사등, 신탁업자는 환매청구를 받은 집합투자증권을 매입(Repurchase)하거나 매입을 주선하여서는 아니 된다.

2. 예외사항

원활한 환매를 위하여 필요한 다음의 예외적인 경우에는 투자매매업자·투자중개업자에 한해 매입(Repurchase)을 허용하고 있다. 여기서 매입을 허용한 것은 투자매매업자·투자중개업자의 재량에 따른 선택이 가능하도록 허용한 것이며, 의무를 규정한 것은 아니다.

(1) 단기금융집합투자기구(MMF)가 수시입출금식 상품이면서 동시에 익일환매라는 특성을 감안하여 당해 MMF 판매잔고의 5%(단, 100억한도) 이내에서 투자매매업자·투자중개업자가 재매입하는 방법으로 환매에 응하는 경우[1](법 시행령 254조 2항 1호)

(2) 집합투자자가 금액을 기준으로 환매신청하는 경우 환매신청일과 환매결제일 사이의 기준가격 변동으로 인해 투자매매업자·투자중개업자가 일정부분 집합투자증권을 보유하는 경우가 생긴다. 이러한 거래 방식을 반영하여 금액을 기준으로 환매신청을 하는 경우 투자매매업자·투자중개업자가 최소한의 범위에서 집합투자증권을 매입하는 방식으로 환매하는 것을 허용하고 있다(법 시행령 254조 2항 2호).

3. 환매대금 지급방법

환매대금은 현금을 지급하는 것을 원칙으로 한다. 다만, 집합투자자 전원의 동의가 있는 경우에는 펀드내 보유중인 실물자산으로 현금지급을 갈음할 수 있도록 하여 사적자치를 인정하고 있다. 또한 상장지수집합투자기구인 경우 법 시행령 제249조 제 7 항에 따

1) 예를 들어, H증권이 A라는 MMF펀드를 1,000억좌 판매하였다고 하면, H증권은 동 MMF를 50억좌 이내에서 매입하여 환매할 수 있다. 여기서 주의할 점은 H증권이 판매한 모든 MMF의 판매잔고를 기준으로 하는 것이 아니고, 개별 펀드의 잔고를 기준으로 한다는 점이다.

라 보유하고 있는 자산으로 환매에 응하도록 하고 있다.

4. 환매대금의 지급일

환매대금의 지급시기는 집합투자규약에서 정한 환매일로 한다. 집합투자기구의 개별적인 특성을 반영할 수 있도록 집합투자규약에서 정하도록 한 것이다. 예를 들어, 주식형증권집합투자기구의 통상 집합투자규약에서 환매청구일로부터 4영업일째 되는 날을 환매대금 지급일로 정하고 있다. 그러나, 환매대금 지급이 지연되는 경우 집합투자증권의 가치 변동으로 인하여 집합투자자는 불안정한 위치에 있으므로 원칙적으로 환매일을 환매청구를 받은 날부터 15일 이내로 정하도록 의무를 부여하고 있다. 다만, 부동산집합투자기구, 실물집합투자기구, 특별자산집합투자기구 또는 국외에 있는 자산에 투자하는 집합투자기구의 경우에는 환매대금지급일을 정함에 있어 펀드의 특성을 감안하여 15일을 초과하여 정할 수 있도록 예외를 인정하고 있다.

5. 환매된 집합투자증권의 소각

투자신탁이나 투자익명조합의 집합투자업자 또는 투자회사등은 집합투자증권을 환매한 경우에는 그 집합투자증권을 소각하여야 한다.

[초판: 서종군, 개정판: 최윤상]

제 2 절 환매가격 및 환매수수료

제236조(환매가격 및 수수료)

① 투자신탁이나 투자익명조합의 집합투자업자 또는 투자회사등은 집합투자증권을 환매하는 경우 환매청구일 후에 산정되는 기준가격으로 하여야 한다. 다만, 투자자의 이익 또는 집합투자재산의 안정적 운용을 해할 우려가 없는 경우로서 대통령령으로 정하는 경우에는 환매청구일 이전에 산정된 기준가격으로 환매할 수 있다.

② 집합투자증권을 환매하는 경우에 부과하는 환매수수료는 대통령령으로 정하는 방법에 따라 집합투자증권의 환매를 청구하는 해당 투자자가 부담하며, 투자자가 부담한 환매수수료는 집합투자재산에 귀속된다.

③ 제 1 항에 따른 환매청구일 후의 기준가격의 결정 등 환매가격에 관하여 필요한 사항은 대통령령으로 정한다.

시행령 제**255**조(환매가격 및 수수료) ① 법 제236조 제1항 단서에서 "대통령령으로 정하는 경우"란 다음 각 호의 어느 하나에 해당하는 경우로서 환매청구일에 공고되는 기준가격으로 환매청구일에 환매한다는 내용을 집합투자규약에 정한 경우를 말한다. 〈개정 2009. 7. 1〉
1. 투자매매업자 또는 투자중개업자가 단기금융집합투자기구의 집합투자증권을 판매한 경우로서 다음 각 목의 어느 하나에 해당하는 경우
  가. 투자자가 금융투자상품 등의 매수에 따른 결제대금을 지급하기 위하여 단기금융집합투자기구의 집합투자증권을 환매하기로 그 투자매매업자 또는 투자중개업자와 미리 약정한 경우
  나. 투자자가 공과금 납부 등 정기적으로 발생하는 채무를 이행하기 위하여 단기금융집합투자기구의 집합투자증권을 환매하기로 그 투자매매업자 또는 투자중개업자와 미리 약정한 경우
2. 투자매매업자 또는 투자중개업자가 다음 각 목의 어느 하나에 해당하는 자에게 단기금융집합투자기구의 집합투자증권을 판매한 경우로서 그 집합투자증권을 환매하는 경우
  가. 「외국환거래법」 제13조에 따른 외국환평형기금
  나. 「국가재정법」 제81조에 따른 여유자금을 통합하여 운용하는 단기금융집합투자기구 및 증권집합투자기구

② 집합투자증권의 환매수수료는 법 제236조 제2항에 따라 집합투자규약에서 정하는 기간 이내에 환매하는 경우에 부과한다. 이 경우 환매수수료는 환매금액 또는 이익금 등을 기준으로 부과할 수 있다.
③ 법 제236조 제1항 본문의 환매청구일 후에 산정되는 기준가격은 환매청구일부터 기산하여 제2영업일(투자자가 집합투자규약에서 정한 집합투자증권의 환매청구일을 구분하기 위한 기준시점을 지나서 환매청구를 하는 경우에는 제3영업일을 말한다) 이후에 공고되는 기준가격으로서 해당 집합투자기구의 집합투자규약에서 정한 기준가격으로 한다.
④ 제3항에도 불구하고 투자자가 집합투자기구를 변경하지 아니하고 그 집합투자기구의 집합투자증권을 판매한 투자매매업자 또는 투자중개업자를 변경할 목적으로 집합투자증권을 환매하는 경우에는 집합투자증권의 환매를 청구한 후 15일 이내에 집합투자규약에서 정하는 투자매매업자 또는 투자중개업자 변경의 효력이 발생하는 날에 공고되는 기준가격을 적용한다. 〈신설 2009. 12. 21〉
⑤ 제2항부터 제4항까지와 관련하여 투자자를 보호하기 위하여 필요한 사항은 금융위원회가 정하여 고시한다. 〈개정 2009. 12. 21〉

규정 제**7-33**조(환매금액 및 이익금) 영 제255조 제5항에 따라 환매수수료 부과의 기준이 되는 환매금액 및 이익금은 다음 각 호의 금액으로 한다. 〈개정 2009. 12. 21〉
1. 환매금액 : 집합투자증권의 환매시 적용하는 기준가격에 환매하는 집합투자증권의 수를 곱한 금액. 이 경우 관련 세금은 감안하지 아니한다.
2. 이익금 : 집합투자증권의 환매시 적용하는 기준가격과 집합투자증권의 매입시 적용된 기준가격의 차에 환매하는 집합투자증권의 수를 곱한 금액으로 한다. 이 경우 환매하는 집합투자증권의 수에 대하여 현금 등으로 지급된 이익분배금은 합산하며, 관련 세금은 감안하지 아니한다.

Ⅰ. 본조의 취지

과거 펀드내 보유 자산에 대한 평가가 장부가로 이루어지고, 투자신탁회사 또는 판매회사의 고유자산에 의하여 환매금을 지급할 수 있는 때에는 당일기준가(과거가격)에 의한 환매가 가능하였으나, 1998. 9. 16. 개정된 증권투자신탁업법에 의해 환매제도가 정비되어

미래가격에 의한 환매만 인정되었다. 같은 맥락에서 이번 법령에서도 원칙적으로 미래가격에 의한 환매방식을 규정하고 예외적으로 당일기준가에 의한 환매를 인정하고 있다.

Ⅱ. 환매가격

1. 원　칙

'환매가격이란 환매청구한 투자자에게 환매금을 지급함에 있어 적용하는 기준가격'[1]으로 환매금을 결정하는 가격으로서 의미가 있다.

집합투자증권을 판매하는 경우와 동일한 취지에서 환매시에 적용되는 기준가격을 결정하는 방법에는 미래가격결제방식(Forward Pricing)과 과거가격결제방식(Backward Pricing)이 있다. 과거가격결제방식은 환매청구 시점 이전에 산정된 기준가격에 따라 환매하는 것이며, 환매청구 이후에 산정된 기준가격에 따라 환매하는 방식이 미래가격결제방식이다. 과거가격결제방식에 따르면 당일 펀드에 편입된 자산의 가치가 하락하는 경우 환매를 유발하여 잔존 집합투자자에게 손실을 전가할 우려가 있어 이 법에서는 미래가격결제방식을 원칙으로 하고 있다.

2. 미래가격제에 대한 예외

다음의 2가지 경우에는 미래가격제가 적용되지 않고 과거결제방식을 적용할 수 있다.

(1) 사전에 정해진 약정에 따라 단기금융집합투자증권을 환매하는 경우. 즉, (i) 투자자가 금융투자상품 등의 매수에 따른 결제대금을 지급하기 위하여 단기금융집합투자기구의 집합투자증권을 환매하기로 그 투자매매업자 또는 투자중개업자와 사전에 약정한 경우, (ii) 투자자가 공과금 납부 등 정기적으로 발생하는 채무를 이행하기 위하여 단기금융집합투자기구의 집합투자증권을 환매하기로 그 투자매매업자 또는 투자중개업자와 사전에 약정한 경우

(2) 투자자의 특성을 감안하여 당해 투자자가 단기금융집합투자증권을 환매하는 경우. 즉 단기금융집합투자기구의 투자가가 「외국환거래법」 제13조에 따른 외국환평형기금 또는 「국가재정법」 제81조에 따른 여유자금을 통합하여 운용하는 단기금융집합투자기구인 경우로서 그 투자자가 단기금융집합투자기구의 집합투자증권을 환매하는 경우

---

1) 법 제238조에 의한 기준가격을 말한다.

Ⅲ. 환매수수료

집합투자자가 예정한 투자기간보다 이전에 환매를 청구하는 경우 환매대금 마련을 위해 집합투자재산의 매매가 불가피하고 그 과정에서 불필요한 거래비용[증권 매매에 따른 비용, 시장충격(Market Impact)에 따른 비용, 자산재구성(Rebalancing)비용 등]이 발생하게 된다. 이 경우 거래비용을 조기에 환매를 청구한 집합투자자에게 부과하고자 하는 것이 환매수수료 제도인 것이다. 이와 같은 목적의 환매수수료는 집합투자자에게 제공되는 서비스의 대가로서 부과되는 판매수수료 및 판매보수, 운용에 대한 대가로 지불되는 운용보수 등과는 그 성격이 사뭇 다르다.

과거 판매회사가 자기 계산으로 환매를 할 수 있던 때에는 징구한 환매수수료를 판매회사가 취득한 경우도 있었으나, 일부해지에 의해 조성된 현금으로만 환매하도록 제도를 정비한 이후에는 환매수수료는 펀드에 환입하도록 강제되었다. 환매수수료 징구기간 및 환매수수료율은 상품의 특성에 따라 자율적으로 선택할 수 있도록 하기 위하여 법령에서 별도로 규제하지 않았다. 다만, 유의해야 할 점이 있다면 법령에서 환매수수료를 규제하지 않은 것이 모든 펀드에 대하여 환매수수료 면제한다는 의미가 아니라는 점이다. 각 상품특성에 따라 적정하게 환매수수료를 부과함으로써 환매수수료 일률부과에 따른 문제점을 자율적으로 해결할 수 있도록 제도의 틀을 마련한 것으로 이해하면 된다. 환매수수료는 환매금액이나 이익금 등을 기준으로 하여 부과할 수 있다.[1)]

[초판: 서종군, 개정판: 최윤상]

제 3 절 환매의 연기

제237조(환매의 연기)

① 투자신탁이나 투자익명조합의 집합투자업자 또는 투자회사등은 집합투자재산인 자산의 처분이 불가능한 경우 등 대통령령으로 정하는 사유로 인하여 집합투자규약에서 정한 환매일에 집합투자증권을 환매할 수 없게 된 경우에는 그 집합투자증권의 환매를 연기할 수 있다. 이 경우 투자신탁이나 투자익명조합의 집합투자업자 또는 투자회사등은 환매를 연기한 날부터 6주 이내에 집합투자자총회에서 집합투자증권의 환매에 관한 사항으로서 대통령령으로 정하는 사항을 결의(제190조 제 5 항 본문, 제201조 제 2 항 단서, 제210조 제 2 항 단서, 제215조 제 3 항, 제220조 제 3 항

1) 법령에서 환매수수료율에 대해서는 특별한 규정한 바가 없으므로 각 상품의 특성에 따라 부과하면 된다. 다만, 부과하는 환매수수료가 지나치게 높을 경우 투자자 입장에서 사실상 환매가 제한되는 효과가 있다는 점에서 환매금지형 펀드와 비슷한 효과가 있게 된다.

및 제226조 제 3 항의 결의를 말한다)하여야 한다.

② 투자신탁이나 투자익명조합의 집합투자업자 또는 투자회사등은 제 1 항 후단의 집합투자자총회에서 집합투자증권의 환매에 관한 사항을 정하지 아니하거나 환매에 관하여 정한 사항의 실행이 불가능한 경우에는 계속하여 환매를 연기할 수 있다.

③ 투자신탁이나 투자익명조합의 집합투자업자 또는 투자회사등은 제 1 항 후단의 집합투자자총회에서 환매에 관한 사항이 결의되거나 제 2 항에 따라 환매의 연기를 계속하는 경우 지체 없이 다음 각 호의 구분에 따라 정한 사항을 투자자에게 통지하여야 한다.

1. 집합투자자총회에서 환매에 관한 사항을 결의한 경우
   가. 환매에 관하여 결의한 사항
   나. 그 밖에 대통령령으로 정하는 사항
2. 환매연기를 계속하는 경우
   가. 환매를 연기하는 사유
   나. 환매를 연기하는 기간
   다. 환매를 재개하는 경우 환매대금의 지급방법
   라. 그 밖에 대통령령으로 정하는 사항

④ 투자신탁이나 투자익명조합의 집합투자업자 또는 투자회사등은 환매연기사유의 전부 또는 일부가 해소된 경우에는 환매가 연기된 투자자에 대하여 환매한다는 뜻을 통지하고 대통령령으로 정하는 방법에 따라 환매대금을 지급하여야 한다.

⑤ 투자신탁이나 투자익명조합의 집합투자업자 또는 투자회사등은 집합투자재산의 일부가 제 1 항에 따른 환매연기사유에 해당하는 경우 그 일부에 대하여는 환매를 연기하고 나머지에 대하여는 투자자가 소유하고 있는 집합투자증권의 지분(持分)에 따라 환매에 응할 수 있다.

⑥ 투자신탁이나 투자익명조합의 집합투자업자 또는 투자회사등은 제 5 항에 따라 환매가 연기된 집합투자재산만으로 별도의 집합투자기구를 설정 또는 설립할 수 있다. 이 경우 제81조, 제88조, 제238조 제 7 항, 제240조 제 3 항부터 제 8 항까지 및 제248조를 적용하지 아니한다.

⑦ 제 5 항에 따른 환매대금의 지급방법 및 제 6 항에 따른 별도의 집합투자기구의 설정 또는 설립 등에 관하여 필요한 사항은 대통령령으로 정한다.

⑧ 투자신탁이나 투자익명조합의 집합투자업자 또는 투자회사등은 다음 각 호의 어느 하나에 해당하는 경우에는 제235조 제 1 항에 따른 환매청구에 응하지 아니할 수 있다.

1. 집합투자기구(투자신탁을 제외한다)가 해산한 경우
2. 투자회사의 순자산액이 정관이 정하는 최저순자산액에 미달하는 경우
3. 법령 또는 법령에 따른 명령에 따라 환매가 제한되는 경우
4. 투자신탁의 수익자, 투자회사의 주주 또는 그 수익자·주주의 질권자로서 권리를 행사할 자를 정하기 위하여 「상법」 제354조 제 1 항(제189조 제 9 항에서 준용하는 경우를 포함한다. 이하 이 조에서 같다)에 따라 일정한 날을 정하여 수익자명부 또는 주주명부에 기재된 수익자·주주 또는 질권자를 그 권리를 행사할 수익자·주주 또는 질권자로 보도록 한 경우로서 이 일정한 날과 그 권리를 행사할 날의 사이에 환매청구를 한 경우. 이 경우 같은 법 제354조 제 3 항을 적용함에 있어서 “3월”을 “2개월”로 한다.

시행령 제**256**조(환매연기 사유) 법 제237조 제 1 항 전단에서 "대통령령으로 정하는 사유"란 다음 각 호의 어느 하나에 해당하는 경우를 말한다.

1. 집합투자재산의 처분이 불가능하여 사실상 환매에 응할 수 없는 경우로서 다음 각 목의 어느 하나에 해당하는 경우
   가. 현저한 거래부진 등의 사유로 집합투자재산을 처분할 수 없는 경우
   나. 증권시장 또는 해외 증권시장의 폐쇄·휴장 또는 거래정지, 그 밖에 이에 준하는 사유로 집합투자재산을 처분할 수 없는 경우
   다. 천재·지변, 그 밖에 이에 준하는 사유가 발생한 경우
2. 투자자 간의 형평성을 해할 우려가 있는 경우로서 다음 각 목의 어느 하나에 해당하는 경우
   가. 부도발생 등으로 인하여 집합투자재산을 처분하여 환매에 응하는 경우 다른 투자자의 이익을 해할 우려가 있는 경우
   나. 집합투자재산에 속하는 자산의 시가가 없어서 환매청구에 응하는 경우 다른 투자자의 이익을 해할 우려가 있는 경우
   다. 대량의 환매청구에 응하는 것이 투자자 간의 형평성을 해할 우려가 있는 경우
3. 환매를 청구 또는 요구받은 투자매매업자 또는 투자중개업자·집합투자업자·신탁업자·투자회사등이 해산등으로 인하여 집합투자증권을 환매할 수 없는 경우
4. 그 밖에 제 1 호부터 제 3 호까지에 준하는 경우로서 금융위원회가 환매연기가 필요하다고 인정하는 경우

제**257**조(환매연기총회 의결사항 등) ① 법 제237조 제 1 항 후단에서 "대통령령으로 정하는 사항"이란 다음 각 호의 사항을 말한다.

1. 환매를 재개하고자 하는 경우에는 환매대금의 지급시기 및 지급방법
2. 환매연기를 계속하고자 하는 경우에는 환매연기기간 및 환매를 재개할 때의 환매대금의 지급시기 및 지급방법
3. 법 제237조 제 5 항에 따라 일부환매를 하는 경우에는 환매연기의 원인이 되는 자산의 처리방법

② 법 제237조 제 3 항 제 1 호 나목에서 "대통령령으로 정하는 사항"이란 다음 각 호의 사항을 말한다.

1. 환매가격
2. 일부환매의 경우 그 뜻과 일부환매의 규모

③ 법 제237조 제 3 항 제 2 호 라목에서 "대통령령으로 정하는 사항"이란 다음 각 호의 사항을 말한다.

1. 환매를 재개하는 경우 환매가격 및 환매대금의 지급시기
2. 일부환매의 경우 그 뜻과 일부환매의 규모

제**258**조(환매재개시 환매방법) 투자신탁이나 투자익명조합의 집합투자업자 또는 투자회사등은 환매연기를 위한 집합투자자총회일 이후에 환매연기사유의 전부 또는 일부가 해소된 경우에는 법 제237조 제 4 항에 따라 그 집합투자자총회에서 결의한 내용에 따라 환매하여야 한다. 다만, 투자신탁이나 투자익명조합의 집합투자업자 또는 투자회사등은 환매연기를 위한 집합투자자총회의 개최 전에 환매연기사유가 해소된 경우에는 집합투자자총회를 개최하지 아니하고 환매할 수 있다.

제**259**조(일부환매) ① 투자신탁이나 투자익명조합의 집합투자업자 또는 투자회사등은 집합투자증권을 일부환매하거나 환매연기를 위한 집합투자자총회에서 일부환매를 결의한 경우에는 법 제237조 제 7 항에 따라 일부환매를 결정한 날 전일을 기준으로 환매연기의 원인이 되는 자산을 나머지 자산(이하 "정상자산"이라 한다)으로부터 분리하여야 한다.
② 투자신탁이나 투자익명조합의 집합투자업자 또는 투자회사등은 정상자산에 대하여는 집합투자규약에서 정한 방법으로 그 정상자산에 대한 기준가격을 산정하여 투자자가 소유하고 있는 집합투자증권의 지분에 따라 환매대금을 지급하여야 한다.
③ 투자신탁이나 투자익명조합의 집합투자업자 또는 투자회사등은 법 제237조 제 6 항에 따라 별도의 집합투자기구를 설정 또는 설립한 경우에는 정상자산으로 구성된 집합투자기구의 집합투자증권을 계속하여 발행·판매 및 환매할 수 있다.

④ 제 1 항부터 제 3 항까지의 규정에서 정한 사항 외에 일부환매의 방법 및 절차 등에 관한 필요한 사항은 금융위원회가 정하여 고시한다.

규정 제7-34조(일부환매의 방법 및 절차) ① 영 제259조 제 4 항에 따라 투자신탁이나 투자익명조합의 집합투자업자 또는 투자회사등은 법 제237조 제 5 항에 따라 일부환매를 하는 경우에는 지체 없이 다음 각 호의 내용을 투자매매·중개업자, 신탁업자 및 투자자에게 통지하여야 하며, 투자매매·중개업자는 통지받은 내용을 본·지점에 게시하여야 한다.
1. 일부환매 결정일 및 사유
2. 환매연기자산에 관한 사항 및 동 자산이 집합투자재산에서 차지하는 비율
3. 환매연기자산에 대한 향후 처리계획(별도의 집합투자기구 설정 또는 설립 여부, 집합투자자총회에 관한 사항 등)
4. 투자자는 환매를 청구할 수 있으며, 환매청구에 대하여는 정상자산에 대한 투자자의 지분에 따라 환매에 응할 수 있다는 내용
5. 그 밖에 투자자의 이해를 위하여 필요한 내용

② 투자신탁이나 투자익명조합의 집합투자업자 또는 투자회사등은 제 1 항에 따라 투자자에게 통지하는 경우 서면 또는 컴퓨터통신으로 하여야 하며, 투자신탁의 집합투자업자는 통지업무를 예탁결제원에 위탁할 수 있다.
③ 투자신탁이나 투자익명조합의 집합투자업자 또는 투자회사등은 제 1 항 각 호의 내용 및 일부환매 결정 후 취한 조치내역을 지체 없이 금융감독원장에게 통지하여야 한다.

Ⅰ. 본조의 취지

종전의 환매연기제도는 환매연기사유가 단편적이어서 다양한 형태로 발생하는 환매연기사례에 적용하기 곤란하고, 환매연기의 주체가 모호하며, 환매연기에 따른 효과 및 절차 등에 관한 구체적인 규정이 없어 실제 환매연기사태 발생시 시장의 혼란이 가중되고 이해 당사자 간 분쟁이 빈발하였다. 특히, 과거 대우채 환매연기사태(아래 "1999년 이후 실제 발생했던 환매연기 사례" 참조)와 같이 펀드를 분리하여 환매하는 일종의 부분환매에 관한 근거 규정이 없어 합리적인 해결방안을 마련하기 곤란하였을 뿐만 아니라 환매연기 이후 환매방법에 대한 명확한 처리 방법이 없어 이해관계가 첨예하게 대립되는 상황을 해결하기에는 역부족이었다. 따라서 본법에서는 환매연기사유를 구체적으로 열거하여 집합투자업자의 환매연기 결정의 부담을 줄이고 분쟁 발생 여지를 최소화하는 한편, 환매연기 후 환매에 관한 사항을 집합투자자총회에서 정하도록 하여 다양한 이해관계자의 합의에 의해 문제를 해결하도록 하였다. 예를 들면, 부분환매제도를 도입하여 합리적인 처리근거를 마련하였으며, 환매연기의 주체, 효과 및 절차를 명확하게 규정하였다.

Ⅱ. 환매연기의 구분

1. 양적 구분

환매연기는 펀드 전체에 대하여 환매가 제한되는 '전부환매연기'와 펀드 자산의 일부만 환매가 제한되는 '부분환매연기'로 나누어 볼 수 있다. 부분환매연기는 다른 각도에서 보면 '부분환매'라고 할 수 있다. 과거 증권투자신탁업법의 경우 일부만 환매가 연기되고 나머지는 환매를 하는 부분환매에 관한 규정이 없어 펀드 자산의 일부에 대해서만 문제가 발생하더라도 펀드 전체를 환매연기해야 하는 불합리한 점이 있었으나 구간투법은 부분환매를 도입하여 합리적인 해결을 모색하고 있다. 본법에서도 동일하다.

2. 효력에 따른 구분

환매연기는 그 효력에 따라 환매청구 자체가 제한되는 "환매중지"와 환매청구는 수령하되 환매의 승낙을 유보하는 "환매연기"로 구분해 볼 수 있다. 본법은 환매중지라는 개념을 도입하고 있지 않은 것으로 보인다. 따라서, 집합투자자는 환매연기가 결정된 후에도 환매청구를 할 수 있다고 해석된다. 다만, 환매연기 기간 중 환매청구를 하는 경우에는 환매의 승낙이 유보되고 환매연기 사유가 해소된 경우 비로소 환매의 승낙이 있는 것으로 볼 수 있다.

Ⅲ. 환매연기의 목적 및 원칙[1)]

집합투자재산의 매각이 곤란하거나 공정한 평가가 어려운 경우 특정 집합투자자의 집합투자증권을 선환매하면 잔존 집합투자자 혹은 잠재적 집합투자자에게 손실이 전가

---

1) 1999년 이후 실제 발생했던 환매연기 실제 사례(예시)

1. 체계적 위험에 따른 환매연기 사례 : 1999년 대우그룹 사태시 일시적으로 모든 펀드의 환매가 연기된 적이 있었으나, 8. 12. 수익증권 환매대책에 따라 대우채 문제를 해결한 적이 있음
2. 비체계적 위험에 따른 환매연기 사례

① 대우그룹 사건 등과 같이 특정 대규모기업집단의 부도 또는 부실 우려 : 대우그룹 사건의 경우 8. 12. 수익증권 환매대책에 따라 개인 및 일반법인과 금융기관 등 기관투자자로 구분하여 개인 및 일반법인은 환매시점별로 차등 환매하고, 기관투자자의 경우엔 비대우채는 부분환매하고 대우채는 환매연기 후 시가로 정산하여 환매함.

② 2003년 카드채와 같은 특정 업종의 위기 : 카드채의 경우엔 펀드의 편입비율이 높아 일반적으로 전부환매연기를 한 후 시장안정대책에 따라 시장수요가 되살아나고 안정이 되는 시점에 환매를 재개함

③ SK글로벌·천지산업·새한그룹 등 개별 기업의 부도 또는 부실 우려 : 천지산업·새한그룹의 경우엔 환매연기를 하지 않고, 상각처리 후 판매회사가 재매입(Repurchase)하여 환매한 반면, SK글로벌은 상각과 함께 부분환매함(2003년).

④ 프리코스닥펀드와 같은 정보의 비대칭성 문제 : 상장·등록 전 주식의 평가는 장부가로 평가하는 바, 편입주식의 부실 우려로 시가와 괴리가 발생하였을 때 기관투자자가 대량으로 환매를 청구하여 잔존 집합투자자에게 손실을 전가할 것이 예상되어 자산운용회사가 환매를 연기한 사례가 있음(2002년).

될 것이다. 이러한 불합리를 해결하기 위해 도입된 것이 환매연기제도이다. 즉, 환매연기는 집합투자제도의 본질인 실적배당의 원칙 및 집합투자자평등대우의 원칙에 따라 모든 집합투자자를 보호하고 집합투자자 간 형평성을 기하기 위해 법이 정하는 환매연기사유가 발생한 경우 환매를 연기할 수 있도록 도입한 제도인 것이다. 다만, 환매연기는 집합투자자의 이익을 심각하게 제한하는 것이므로 남용되어서는 아니 된다. 투자신탁이나 투자익명조합 집합투자업자 또는 투자회사등은 선량한 관리자로서 모든 집합투자자의 이익을 보호할 수 있도록 법이 정하는 범위 내에서 합리적인 결정을 해야 할 것이다.[1] 집합투자제도의 본질인 실적배당의 원칙 및 집합투자자평등대우의 원칙은 환매연기제도 전반에 걸쳐 적용되어야 한다. 즉, 환매연기의 결정은 물론 환매연기를 결정한 후에도 환매청구의 유무나 선후 또는 투자금액의 대소에 따라 집합투자자를 차별하여서는 아니 된다. 특히, 환매연기에 관한 집합투자자총회의 의결이 법령을 위반하거나 펀드의 지분율이 높은 고액투자자의 횡포로 소액투자자의 이익을 해하는 결정을 하여서는 아니 될 것이다.

Ⅳ. 환매연기의 결정 및 환매연기 절차

1. 환매연기의 주체

환매연기를 결정하는 주체는 1차적으로 투자신탁이나 투자익명조합의 경우에는 집합투자업자, 투자회사등의 경우에는 투자회사등이다. 물론 투자회사등의 경우에도 집합투자기구가 페이퍼컴퍼니이므로 실제로는 집합투자업자가 환매연기를 결정하게 될 것이다. 다만, 집합투자업자가 해산등으로 인하여 업무가 정지된 경우에는 보조적으로 신탁업자가 환매연기를 결정할 수 있을 것이다.

2. 환매연기의 사유

이 법에서는 환매연기사유를 구체적으로 열거하여 집합투자업자 또는 투자회사등의 환매연기에 관한 판단 근거를 명확히 하고 불필요한 분쟁의 소지를 줄였다.

(a) 집합투자재산의 처분이 불가능하여 사실상 환매에 응할 수 없는 경우로서 (i) 현

---

⑤ MMF의 평가손으로 인한 환매 유발 : 금리가 일시적으로 급등하여 MMF에 평가손이 발생하였을 때, 기관투자자가 대량으로 환매를 청구하여 잔존 집합투자자에게 손실을 전가할 것이 우려되어 자산운용회사가 전부환매연기를 한 후 펀드를 해지하여 정산한 가격으로 안분지급함(2003년).

1) 투자신탁의 자산운용회사 또는 투자회사가 환매연기를 결정하기 위한 전제로 집합투자자의 환매청구 필요 여부에 대한 논의가 있었다. 법문을 제한적으로 해석하면 환매청구가 있는 경우에만 환매를 연기할 수 있다고 해야 하나, 현실적으로는 특정 자산이 문제가 되는 경우 환매청구가 없는 집합투자기구의 경우에도 환매연기를 결정할 필요가 있다. 따라서 잠재적 환매청구를 인정하여 환매연기를 결정할 수 있도록 하는 것이 보다 합목적적인 법 해석이 될 것이다.

저한 거래부진 등의 사유로 집합투자재산을 처분할 수 없는 경우, (ii) 증권시장 또는 해외 증권시장의 폐쇄·휴장 또는 거래정지, 그 밖에 이에 준하는 사유로 집합투자재산을 처분할 수 없는 경우, (iii) 천재·지변, 그 밖에 이에 준하는 사유가 발생한 경우

(b) 투자자 간의 형평성을 해할 우려가 있는 경우로서 (i) 부도발생 등으로 인하여 집합투자재산을 처분하여 환매에 응하는 경우 다른 투자자의 이익을 해할 우려가 있는 경우, (ii) 집합투자재산에 속하는 자산의 시가가 없어서 환매청구에 응하는 경우 다른 투자자의 이익을 해할 우려가 있는 경우, (iii) 대량의 환매청구에 응하는 것이 투자자 간의 형평성을 해할 우려가 있는 경우

(c) 환매를 청구 또는 요구받은 투자매매업자 또는 투자중개업자·집합투자업자·신탁업자·투자회사등이 해산등으로 인하여 집합투자증권을 환매할 수 없는 경우

(d) 그 밖에 금융위원회가 환매연기가 필요하다고 인정하는 경우

3. 환매연기의 공시 등(법 92조)

투자신탁이나 투자익명조합의 집합투자업자 또는 투자회사등은 환매연기를 결정하면 지체 없이 투자매매업자·투자중개업자에게 환매연기 사실과 그 사유 등을 통지하고, 공시하여야 한다.

4. 집합투자자총회 소집

투자신탁이나 투자익명조합의 집합투자업자 또는 투자회사등은 환매연기를 결정한 날부터 6주 이내에 환매에 관한 사항을 의결할 집합투자자총회(이하에서 "환매연기총회"라 한다)를 개최하여야 한다. 투자신탁이나 투자익명조합의 집합투자업자 또는 투자회사등은 환매연기총회의 개최를 위하여 우선 통상적인 집합투자자총회의 절차에 따라 집합투자자를 확정하고, 확정된 집합투자자를 대상으로 환매연기사유 등을 포함한 환매연기총회의 소집에 관한 사항을 지체 없이 통지하여야 한다. 환매연기총회의 개최 전에 환매연기 사유가 해소된 경우에는 환매연기총회를 취소하고 환매를 재개할 수 있다. 이 경우 투자신탁이나 투자익명조합의 집합투자업자 또는 투자회사등은 모든 집합투자자에게 환매연기의 사실, 사유, 기간, 환매재개일 및 환매방법 등을 통지하여야 한다.

5. 환매연기총회의 의결

환매연기총회는 환매가 연기된 집합투자기구의 환매방법 등 주요 사항을 의결하여야 한다.

(1) 환매연기총회 의결원칙

환매연기총회의 의결은 법령을 준수하고 실적배당의 원칙 및 집합투자자평등대우의 원칙을 훼손하지 않아야 한다.

(2) 환매연기총회 의결사항

환매연기총회는 자율적으로 환매연기의 계속, 환매의 재개, 부분환매, 펀드의 해지 또는 해산 등 환매에 관한 사항을 의결할 수 있다.

(3) 환매연기총회 의결의 효과

환매연기총회가 의결한 이후에는 집합투자업자 또는 투자회사등은 총회의 의결에 따라 환매에 관한 사항을 실행하여야 한다. 다만, 환매연기총회에서 환매에 관한 사항을 정하지 않거나, 의결 사항의 실행이 불가능한 경우에는 계속하여 환매를 연기할 수 있다.[1] 이 경우 투자신탁이나 투자익명조합의 집합투자업자 또는 투자회사등은 모든 집합투자자에게 환매연기의 사실, 사유, 기간, 환매재개일 및 환매방법 등을 통지하여야 한다.

(4) 환매연기총회 의결 사항 등 통지

투자신탁이나 투자익명조합의 집합투자업자 또는 투자회사등은 환매연기총회에서 환매에 관하여 의결한 사항을 모든 집합투자자에게 통지하여야 한다. 통지의 방법은 서면 또는 컴퓨터통신으로 하여야 하며, 집합투자자에의 통지를 예탁결제원에 위탁할 수 있다(규정 7-34조 2항).[2]

(5) 환매의 재개

환매연기사유의 일부 또는 전부가 해소된 때에는 투자신탁이나 투자익명조합의 집합투자업자 또는 투자회사등은 집합투자자에게 환매를 재개한다는 뜻을 통지하고 환매를 재개할 수 있다. 환매재개시 구체적인 환매방법은 원칙적으로 환매연기총회의 의결에 따라야 한다. 다만, 환매시 적용되는 기준가격은 실적배당의 원칙 및 집합투자자 간 형평성을 해하지 않도록 환매연기사유가 해소된 날 이후에 산출한 기준가격으로 하여야 할 것이다. 환매재개시 환매를 하기 위해서 정상적인 환매와 같이 환매를 청구한 집합투자증권에 한하여 환매를 해야 할지가 의문이다. 일시적 환매연기의 경우에는 당연히 환매재개시 환매청구를 받아 환매를 해야 할 것이지만, 그렇지 않은 경우엔 환매연기자산의

1) 이 경우 환매를 어떻게 해야 할 것인가에 대한 논의가 있었다. 환매에 관한 사항을 정할 환매연기총회를 재소집하여야 한다는 의견과 환매연기총회를 재소집할 수 없고 환매연기사유가 해소될 때까지 기다려야 한다는 의견으로 나뉘었다.

2) 자산운용회사가 집합투자자와 관련한 정보를 판매를 위해 전용할 우려가 있다는 판매회사의 비판에 따라 집합투자자에의 통지를 예탁결제원에 위탁할 수 있도록 하였다.

지급방법이 문제가 될 수 있다. 환매연기자산을 환매하는 방법에는 환매청구가 있는 집합투자증권에 한해 지급하고 환매청구가 없는 집합투자증권은 환매를 유보하는 방법과 환매청구와 관계없이 현금화되는 즉시 보유 지분별로 정산 지급하는 방법이 있다. 집합투자자를 보호하고 원활하게 환매절차를 진행하기 위해서는 환매청구와 관계없이 보유 지분별로 정산 지급하는 방식이 효과적일 것이다. 다만, 정산하여 지급하는 방식은 환매연기자산의 일괄·집중 처리를 유발하므로 시장에 충격을 줄 수 있으며 다양한 집합투자자의 이해를 수용할 수 없는 단점이 있다. 즉, 현재의 위기를 극복하면 환매연기자산이 정상화될 수 있다고 생각하고 환매연기자산을 계속 보유하길 원하는 집합투자자의 개별적인 의사가 반영되기 곤란하다. 이 경우에는 환매연기자산을 보유지분별로 안분한 후 환매청구를 받아 환매하는 방식이 집합투자자의 다양한 이해를 수용할 수 있는 방법이 될 것이다. 이상과 같은 환매연기자산의 환매방법은 원칙적으로 환매연기총회에서 정하며, 정하지 않는 경우에는 집합투자업자 또는 투자회사등이 정할 수 있다.

Ⅴ. 환매연기의 효과

투자신탁이나 투자익명조합의 집합투자업자 또는 투자회사등이 환매연기를 적법하게 결정하였다면 집합투자자의 환매청구에 대하여 환매를 승낙하지 않더라도 채무불이행 책임을 지지 않는다. 또한, 환매연기 결정은 환매를 청구한 집합투자증권은 물론 환매를 청구하지 않은 집합투자증권에 대하여도 효력이 있다.[1] 그러나, 환매연기 결정이 환매청구를 제한하는 것은 아니며, 환매연기가 결정된 후에도 집합투자자는 계속하여 환매를 청구할 수 있다. 환매의 승낙이 유보되어 환매가 연기되는 것일 뿐이며, 환매연기 사유가 해소되어 환매가 재개되면 기왕의 환매청구는 유효한 환매청구로서 인정되어 환매할 수 있다. 또한, 환매연기 결정은 결정 전에 환매를 청구한 집합투자증권에도 효력이 있다. 환매를 청구한 집합투자증권의 환매를 승낙하는 것이 곤란한 경우 환매를 연기하는 것이므로 당연히 환매연기의 결정 전 환매청구분에 대해서도 유효하게 환매를 연기할 수 있을 것이다. 환매연기의 부가적 효력으로 집합투자증권의 발행 및 판매가 금지된다. 즉, 환매연기가 결정되면 환매연기가 계속되는 기간에는 당해 집합투자증권을 추가로 발행하거나 판매할 수 없다.

1) 환매연기가 결정되면 환매수수료가 면제되고 환매연기자산으로 인한 손실이 과세기준가에 충분히 반영되어야 한다는 주장이 있었다. 동 주장은 환매수수료는 불필요한 단기매매를 방지하기 위한 징벌적 성격의 수수료이므로 환매연기기간 중 환매청구시 환매수수료를 부과하는 것은 부당하다고 하며, 후술하는 펀드분리에 의한 부분환매의 경우 펀드분리 후 환매연기자산펀드에서 발생한 추가손실을 정상자산펀드의 과세기준가에 반영해야 한다고 한다.

Ⅵ. 부분환매

1. 부분환매의 정의

부분환매는 환매연기의 일종이며, 집합투자재산의 일부가 환매연기사유에 해당하는 경우 그 일부에 대하여는 환매를 연기하고 나머지에 대하여 집합투자자가 보유하고 있는 집합투자증권의 지분에 따라 환매하는 것을 말한다.

2. 부분환매의 결정 주체

부분환매는 투자신탁이나 투자익명조합의 집합투자업자 또는 투자회사등이 결정할 수 있다. 다만, 투자신탁이나 투자익명조합의 집합투자업자 또는 투자회사등이 전부환매연기를 결정한 후 개최되는 환매연기총회에서 다시 부분환매를 결정할 수 있다.

3. 부분환매 절차

(1) 펀드의 분리

투자신탁이나 투자익명조합의 집합투자업자 또는 투자회사등은 부분환매가 결정되면 우선 집합투자재산을 환매연기사유에 해당하는 자산(환매연기자산)과 나머지 자산(정상자산)으로 구분하고, 부분환매를 결정한 날의 전일에 평가된 금액에 따라 집합투자재산 중 환매연기자산과 정상자산의 각각의 비율을 확정하여야 한다. 동 비율은 일단 확정한 이후에는 특별한 사정이 있는 경우를 제외하고는 변경할 수 없다.

(2) 부분환매

투자신탁이나 투자익명조합의 집합투자업자 또는 투자회사등은 부분환매가 결정된 이후에는 집합투자자의 환매청구가 있는 경우 환매연기자산에 상당하는 좌수는 환매를 연기하고 정상자산에 상당하는 좌수에 대하여만 환매할 수 있다.

(3) 환매연기자산의 환매

부분환매의 경우 환매연기자산에 대하여는 환매가 연기되는 것이므로 환매연기사유, 환매방법, 환매절차 및 효과 등에 관하여는 환매연기의 일반 법리가 적용된다. 따라서, 투자신탁이나 투자익명조합의 집합투자업자 또는 투자회사등은 부분환매를 결정한 날부터 6주 이내에 환매연기총회를 소집하여야 한다.[1] 동 환매연기총회는 부분환매를 계속

---

1) 구간투법 제정과정에서 부분환매시 환매연기총회의 의결권에 관한 논의가 있었다. 부분환매결정시 수익자 또는 주주에게 의결권이 있는지 혹은 명부확정일을 기준으로 의결권을 확정할 것인지 등에 관한 논의였다. 부분환매결정 후 명부확정일까지 부분환매에 따라 의결권이 변경될 수 있기 때문에 의결권 확정시기는 중요한 문제가 될 수 있다. 명부확정일을 기준으로 의결권을 확정하는 것이 법 절차에 부합하는 해석이라는 것이 다수의 의견이었다.

할지 혹은 전부환매연기를 할 것인지의 여부를 포함하여 환매에 관한 모든 사항을 정할 수 있다.[1)]

(4) 부분환매의 효과

부분환매가 결정되면 집합투자자 간 손실이 전가되는 것을 방지하기 위하여 환매연기자산을 분리하는 것을 제외하고는 새로이 집합투자증권을 발행하거나 판매하는 것은 금지된다. 부분환매가 결정된 후에도 집합투자자는 자유로이 환매를 청구할 수 있다. 즉, 환매가능자산의 비율과 관계없이 자신이 보유한 모든 집합투자증권의 환매를 청구하거나, 정상자산의 비율에 해당하는 좌수 또는 주수만을 환매청구할 수 있다. 이 경우 환매연기자산에 대한 환매청구는 앞서 설명한 바와 같이 환매연기사유가 해소될 때까지 환매의 승낙이 유보된다.

4. 펀드분리

(1) 부분환매의 방식

부분환매를 하는 방법은 펀드를 분리하지 않고 단순히 자산을 구분하여 부분환매하는 방식(이하 "펀드구분에 의한 환매방식"이라 한다)과 펀드를 분리하여 환매하는 방식(이하 "펀드분리에 의한 환매방식"이라 한다)이 있다. 이 법에서는 두 가지 방식 모두 허용하고 있다. 따라서, 투자신탁이나 투자익명조합의 집합투자업자 또는 투자회사등은 두 가지 방식 중 집합투자자의 이익이 최대화할 수 있는 가장 효과적인 방식을 선택하여 환매할 수 있다. 2가지 방식의 장단점을 살펴보면, 펀드구분에 의한 환매방식은 환매절차가 단순명료하다는 장점이 있으나 "一物一價의 법칙"에 따라 기준가를 구분 산정하기가 곤란[2)]하므로 무수익자산 — 환매연기자산의 경우 통상 이자지급이 중단됨 — 으로 인한 기회비용 손실이 선환매자로부터 잔존 집합투자자에게 전가되는 단점이 있다. 반면에, 펀드분리에 의한 환매방식의 경우 정상자산펀드와 환매연기자산펀드의 기준가를 따로 산정할 수 있으므로 손실이 전가될 우려가 없다는 점과 정상자산펀드를 계속 집합투자증권을 발행하거나 판매할 수 있다는 장점이 있으나 펀드가 분리되면 재합병이 곤란하므로[3)] 일시적 사유에

1) 투자신탁의 자산운용회사 또는 투자회사는 환매연기총회의 개최를 위하여 명의개서기간을 공고하고 명의개서기간종료일을 기준으로 명부를 확정하게 된다. 그런데, 부분환매의 경우 명부확정일과 환매연기총회일 사이의 기간까지 환매가 문제된다. 법 제67조 제 1 호의 규정에 따라 명부확정일과 환매연기총회일 사이의 기간 중에는 환매청구가 제한된다고 해석하는 것이 일반적 의견이다.

2) 입법논의 과정 중 일물일가의 법칙이 부분환매의 경우에는 적용이 배제될 수 있다는 의견이 있었다. 동 주장에 의하면 부분환매의 경우에는 정상자산과 환매연기자산을 나누어 정상자산은 정상적으로 평가하고 환매연기자산은 평가를 중지할 수 있게 된다.

3) 부분환매를 하는 경우 정상자산과 환매연기자산의 평가가 서로 다르게 변동되므로 정상복원은 사실상 어렵게 된다. 더욱이 펀드를 분리하여 부분환매를 하는 경우 정상자산펀드는 자유로이 발행, 판매 또는 환매를 할 수 있으므로 집합투자자 및 집합투자증권의 변동이 있게 되어 정상복원은 불가능하며 서로 다른 두 펀드의 합병절차를 거쳐야 할 것이다. 따라서 일시적 사유에 의한 환매연기를 하는 경

의한 환매연기의 경우에도 펀드를 정상복원할 수 없으며 불필요하게 다수의 펀드를 양산할 우려가 있다.

(2) 환매연기자산펀드의 설정 또는 설립

펀드분리에 의한 환매방식은 환매가 연기된 집합투자재산을 原 펀드에서 분리하여 별도의 집합투자기구(이하에서 "환매연기자산펀드"라 한다)를 설정 또는 설립하고 原 펀드(이하에서 "정상자산펀드"라 한다)를 정상화하여 환매하는 것을 말한다.

(3) 환매연기자산에 대한 특례

환매연기자산펀드는 전부환매연기의 법리에 따라 환매절차가 진행되고, 정상자산펀드는 일반 펀드와 같이 집합투자증권의 환매는 물론 발행 및 판매가 정상적으로 진행된다.

[초판: 서종군, 개정판: 최윤상]

우에는 부분환매보다는 전부환매연기를 하여 처리한 후 환매연기사유가 해소되면 펀드를 정상화하는 것이 바람직할 것이다.

제 5 장 집합투자재산의 평가 및 회계

제 1 절 집합투자재산의 평가 및 기준가격

제238조(집합투자재산의 평가 및 기준가격의 산정 등)

집합투자업자는 대통령령으로 정하는 방법에 따라 집합투자재산을 시가에 따라 평가하되, 평가일 현재 신뢰할 만한 시가가 없는 경우에는 대통령령으로 정하는 공정가액으로 평가하여야 한다. 다만, 투자자가 수시로 변동되는 등 투자자의 이익을 해할 우려가 적은 경우로서 대통령령으로 정하는 경우에는 대통령령으로 정하는 가액으로 평가할 수 있다.

② 집합투자업자는 제 1 항에 따른 집합투자재산의 평가업무를 수행하기 위하여 대통령령으로 정하는 방법에 따라 평가위원회를 구성·운영하여야 한다.

③ 집합투자업자는 집합투자재산에 대한 평가가 공정하고 정확하게 이루어질 수 있도록 그 집합투자재산을 보관·관리하는 신탁업자의 확인을 받아 다음 각 호의 사항이 포함된 집합투자재산의 평가와 절차에 관한 기준(이하 이 조에서 "집합투자재산평가기준"이라 한다)을 마련하여야 한다.

1. 제 2 항에 따른 평가위원회의 구성 및 운영에 관한 사항
2. 집합투자재산의 평가의 일관성 유지에 관한 사항
3. 집합투자재산의 종류별로 해당 재산의 가격을 평가하는 채권평가회사(제263조에 따른 채권평가회사를 말한다)를 두는 경우 그 선정 및 변경과 해당 채권평가회사가 제공하는 가격의 적용에 관한 사항
4. 그 밖에 대통령령으로 정하는 사항

④ 집합투자업자는 제 2 항에 따른 평가위원회가 집합투자재산을 평가한 경우 그 평가명세를 지체 없이 그 집합투자재산을 보관·관리하는 신탁업자에게 통보하여야 한다.

⑤ 집합투자재산을 보관·관리하는 신탁업자는 집합투자업자의 집합투자재산에 대한 평가가 법령 및 집합투자재산평가기준에 따라 공정하게 이루어졌는지 확인하여야 한다.

⑥ 투자신탁이나 투자익명조합의 집합투자업자 또는 투자회사등은 제 1 항부터 제 5 항까지의 규정에 따른 집합투자재산의 평가결과에 따라 대통령령으로 정하는 방법으로 집합투자증권의 기준가격을 산정하여야 한다.

⑦ 투자신탁이나 투자익명조합의 집합투자업자 또는 투자회사등은 제 6 항에 따라 산정된 기준가격을 매일 공고·게시하여야 한다. 다만, 기준가격을 매일 공고·게시하기 곤란한 경우 등 대통령령으로 정하는 경우에는 해당 집합투자규약에서 기준가격의 공고·게시주기를 15일 이내의 범위에서 별도로 정할 수 있다.

⑧ 금융위원회는 투자신탁이나 투자익명조합의 집합투자업자 또는 투자회사등이 제 6 항을 위반하여 거짓으로 기준가격을 산정한 경우에는 그 투자신탁이나 투자익명조합의 집합투자업자 또는 투자회사등에 대하여 기준가격 산정업무를 일반사무관리회사에 그 범위를 정하여 위탁하도록 명할 수 있다. 이 경우 해당 집합투자업자 및 그 집합투자업자의 계열회사, 투자회사·투자유한회사·

투자합자회사·투자유한책임회사의 계열회사는 그 수탁대상에서 제외된다. 〈개정 2008. 2. 29, 2013. 5. 28〉

시행령 제260조(집합투자재산의 평가방법) ① 법 제238조 제1항 본문에서 "대통령령으로 정하는 방법"이란 증권시장(해외 증권시장을 포함한다)에서 거래된 최종시가 또는 장내파생상품이 거래되는 파생상품시장(해외 파생상품시장을 포함한다)에서 공표하는 가격을 말한다. 다만, 다음 각 호의 경우에는 해당 호에서 정하는 가격으로 평가할 수 있다.

1. 사모투자전문회사가 법 제270조 제1항 제1호 또는 제2호에 따라 지분증권에 투자하는 경우에는 그 지분증권의 취득가격
2. 평가기준일이 속하는 달의 직전 3개월간 계속하여 매월 10일 이상 증권시장에서 시세가 형성된 채무증권의 경우에는 평가기준일에 증권시장에서 거래된 최종시가를 기준으로 둘 이상의 채권평가회사가 제공하는 가격정보를 기초로 한 가격
3. 해외 증권시장에서 시세가 형성된 채무증권의 경우에는 둘 이상의 채권평가회사가 제공하는 가격정보를 기초로 한 가격

② 법 제238조 제1항 본문에서 "대통령령으로 정하는 공정가액"이란 집합투자재산에 속한 자산의 종류별로 다음 각 호의 사항을 고려하여 집합투자재산평가위원회(사모투자전문회사의 경우는 업무집행사원을 말한다. 이하 이 항에서 같다)가 법 제79조 제2항에 따른 충실의무를 준수하고 평가의 일관성을 유지하여 평가한 가격을 말한다. 이 경우 집합투자재산평가위원회는 집합투자재산에 속한 자산으로서 부도채권 등 부실화된 자산에 대하여는 금융위원회가 정하여 고시하는 기준에 따라 평가하여야 한다. 〈개정 2009. 10. 1〉

1. 투자대상자산의 취득가격
2. 투자대상자산의 거래가격
3. 투자대상자산에 대하여 다음 각 목의 자가 제공한 가격
   가. 채권평가회사
   나. 「공인회계사법」에 따른 회계법인
   다. 신용평가회사
   라. 「부동산 가격공시 및 감정평가에 관한 법률」에 따른 감정평가업자
   마. 인수업을 영위하는 투자매매업자
   바. 가목부터 마목까지의 자에 준하는 자로서 관련 법령에 따라 허가·인가·등록 등을 받은 자
   사. 가목부터 바목까지의 자에 준하는 외국인
4. 환율
5. 집합투자증권의 기준가격

③ 법 제238조 제1항 단서에서 "대통령령으로 정하는 경우"란 단기금융집합투자기구의 집합투자재산의 경우를, "대통령령으로 정하는 가액"이란 금융위원회가 정하여 고시하는 장부가격(이하 이 항에서 "장부가격"이라 한다)을 말한다. 이 경우 집합투자업자는 장부가격에 따라 평가한 기준가격과 제1항 및 제2항에 따라 평가한 기준가격의 차이를 수시로 확인하여야 하며, 그 차이가 금융위원회가 정하여 고시하는 비율을 초과하거나 초과할 염려가 있는 경우에는 집합투자규약에서 정하는 바에 따라 필요한 조치를 취하여야 한다.

제261조(집합투자재산평가위원회 등) ① 집합투자업자는 집합투자재산평가위원회를 구성할 때에는 다음 각 호의 자를 포함하여야 한다. 〈개정 2012. 6. 29〉

1. 집합투자재산의 평가업무 담당 임원
2. 집합투자재산의 운용업무 담당 임원
3. 준법감시인
4. 그 밖에 집합투자재산의 공정한 평가를 위하여 필요하다고 금융위원회가 인정한 자

② 집합투자재산평가위원회는 법 제238조 제 3 항에 따른 집합투자재산평가기준(이하 "집합투자재산평가기준"이라 한다)의 적용 여부 등 집합투자재산평가에 관한 사항을 반기마다 집합투자업자의 이사회(법 제250조 제 1 항에 따른 집합투자업겸영은행의 경우에는 같은 조 제 2 항에 따른 집합투자재산운용위원회를 말한다)에 보고하여야 한다.
③ 법 제238조 제 3 항 제 4 호에서 "대통령령으로 정하는 사항"이란 다음 각 호의 사항을 말한다.
1. 금융위원회가 정하여 고시하는 부도채권 등 부실화된 자산 등의 분류 및 평가와 관련하여 적용할 세부기준에 관한 사항
2. 집합투자재산 평가오류의 수정에 관한 사항
3. 집합투자재산에 속한 자산의 종류별 평가기준에 관한 사항
4. 법 제192조 제 4 항에 따른 미수금 및 미지급금 등의 평가방법에 관한 사항

제**262**조(기준가격의 산정 및 공고) ① 법 제238조 제 6 항에서 "대통령령으로 정하는 방법"이란 법 제238조 제 7 항에 따른 기준가격의 공고·게시일 전날의 대차대조표상에 계상된 자산총액(법 제238조 제 1 항에 따른 평가방법으로 계산한 것을 말한다)에서 부채총액을 뺀 금액을 그 공고·게시일 전날의 집합투자증권 총수로 나누어 계산하는 방법을 말한다. 이 경우 투자신탁이나 투자익명조합의 집합투자업자 또는 투자회사등은 제261조 제 3 항 제 2 호에 따른 평가오류의 수정에 따라 공고·게시한 기준가격이 잘못 계산된 경우에는 기준가격을 지체 없이 변경한 후에 다시 공고·게시(처음에 공고·게시한 기준가격과 변경된 기준가격의 차이가 처음에 공고·게시한 기준가격을 기준으로 다음 각 호의 한도를 초과하지 않는 경우는 제외한다)하여야 한다. 〈개정 2009. 12. 21〉
1. 법 제229조 제 1 호에 따른 집합투자기구로서 국내 증권시장에서 거래되는 지분증권에 투자하는 경우 : 1천분의 2
2. 법 제229조 제 1 호에 따른 집합투자기구로서 해외 증권시장에서 거래되는 지분증권에 투자하는 경우 : 1천분의 3
3. 법 제229조 제 5 호에 따른 단기금융집합투자기구의 경우 : 1만분의 5
4. 제 1 호부터 제 3 호까지의 집합투자기구 외의 집합투자기구의 경우 : 1천분의 1
② 투자신탁이나 투자익명조합의 집합투자업자 또는 투자회사등은 제 1 항 후단에 따라 기준가격을 변경하려는 때에는 집합투자업자의 준법감시인과 신탁업자의 확인을 받아야 한다.
③ 투자신탁이나 투자익명조합의 집합투자업자 또는 투자회사등은 제 1 항 후단에 따라 기준가격을 변경한 때에는 금융위원회가 정하여 고시하는 바에 따라 그 사실을 금융위원회에 보고하여야 한다.
④ 기준가격의 변경에 관한 절차, 변경사실의 보고 등에 필요한 세부적인 사항은 금융위원회가 정하여 고시한다.
⑤ 법 제238조 제 7 항 단서에서 "대통령령으로 정하는 경우"란 집합투자재산을 외화자산에 투자하는 경우로서 기준가격을 매일 공고·게시하는 것이 곤란한 경우를 말한다.

Ⅰ. 집합투자재산에 대한 평가방법

1. 시가평가 및 예외적 장부가평가

(1) 시가평가 원칙

집합투자재산에 편입된 자산은 원칙적으로 시가로 평가하여야 한다. 다만, 평가일 현재 신뢰할 만한 시가가 없는 경우에는 공정가액[1])으로 평가하여야 한다.

1) '공정가액'이란 집합투자재산에 속한 자산의 종류별로 다음 각 호의 사항을 고려하여 집합투자재산평가

(2) MMF에 대한 예외인정(장부가평가)

MMF의 경우 단기투자를 주목적으로 하는 상품이라는 특성[1)]을 감안하여 보유내 자산에 대해 시가평가를 적용하지 않고 예외적으로 장부가평가[2)]를 인정하고 있다. 다만, 이 경우에도 집합투자업자는 장부가격에 따라 평가한 기준가격과 시가평가에 의한 기준가격의 차이를 수시로 확인하여야 하며, 그 차이가 0.5%를 초과하거나 초과할 우려가 있는 경우에는 집합투자규약에서 정하는 바에 따라 필요한 조치를 취하여야 한다.

2. 자산의 종류별 평가방법

증권 또는 파생상품의 경우 증권시장(해외 증권시장을 포함한다)에서 거래된 최종시가 또는 장내파생상품이 거래되는 파생상품시장(해외 파생상품시장을 포함한다)에서 공표하는 가격을 말한다. 또한, 다음의 자산에 대해서는 평가방법을 따로 정하고 있다.

i) 사모투자전문회사가 법 제270조 제1항 제1호 또는 제2호에 따라 지분증권에 투자하는 경우에는 그 지분증권의 취득가격

ii) 평가기준일이 속하는 달의 직전 3개월간 계속 매월 10일 이상 증권시장에서 시세가 형성된 채무증권의 경우에는 평가기준일에 증권시장에서 거래된 최종시가를 기준으로 2 이상의 채권평가회사가 제공하는 가격정보를 기초로 한 가격

iii) 해외 증권시장에서 시세가 형성된 채무증권의 경우에는 2 이상의 채권평가회사가 제공하는 가격정보를 기초로 한 가격으로 평가한다.

위원회가 법 제79조 제2항의 충실의무를 준수하고 평가의 일관성을 유지하여 평가한 가격을 말한다.
1. 투자대상자산의 취득가격
2. 투자대상자산의 거래가격
3. 투자대상자산에 대하여 다음 각 목의 자가 제공한 가격
   가. 채권평가회사
   나. 「공인회계사법」에 따른 회계법인
   다. 신용평가업자
   라. 「부동산 가격공시 및 감정평가에 관한 법률」에 따른 감정평가법인
   마. 인수업을 영위하는 투자매매업자
   바. 가목부터 마목까지에 준하는 자로서 관련 법령에 따라 허가·인가·등록 등을 받은 자
   사. 가목부터 바목까지에 준하는 외국인
4. 환율
5. 집합투자증권의 기준가격

1) 단기투자를 주목적으로 하는 MMF 내 보유자산에 대해 시가평가를 적용할 경우 MMF의 기준가격이 매일 변동하게 되어 MMF가 단기투자용 상품으로서 경쟁력이 상실할 가능성이 있다.

2) "장부가격"이란 다음 각 호의 방법으로 평가하는 가격을 말한다(규정 7-36조).
1. 채무증권: 취득원가와 만기액면가액의 차이를 상환기간에 걸쳐 유효이자율법*에 따라 상각하여 취득원가와 이자수익에 가감하여 산정한 가격
2. 채무증권 외의 자산: 취득원가에 평가일 현재까지 발생한 이자수익을 더하여 산정한 가격
* "유효이자율법"이란 유효이자율(채무증권의 만기일까지 기대되는 현금유입액의 현재가치를 최초로 취득할 당시의 취득원가에 일치시키는 이자율을 말한다)을 적용하여 할인 또는 할증차금의 상각액을 계산하는 방법.

Ⅱ. 집합투자재산평가위원회

1. 평가위원회 설치의무

집합투자재산에 속하는 자산에 대한 평가의 공정성을 확보하기 위하여 집합투자업자(보험회사가 특별계정의 투자신탁재산을 운용하는 경우를 제외한다)는 집합투자재산평가위원회를 구성하여야 한다. 평가위원회는 1) 집합투자재산의 평가업무담당 임원, 2) 집합투자재산의 운용업무담당 임원, 3) 준법감시인, 4) 그 밖에 집합투자재산의 평가업무를 수행하기 위하여 필요하다고 금융위원회가 인정하는 자로 구성한다. 법령에서는 동 평가위원회가 구체적으로 어떤 역할을 하는지에 대하여 특별히 규정한 바가 없다. 집합투자재산평가위원회는 집합투자재산 평가와 관련하여 위원회 형식의 회의체 조직을 통해 결정되도록 함으로써 자의적 평가를 배제하고자 평가위원회의 구성을 법제화한 것임을 감안하여 추론해 볼 때, 1) 평가위원회는 집합투자재산평가기준을 마련하고, 2) 부실자산 발생시 구체적인 평가를 결정하게 될 것이며, 그런 점에서 평가위원회는 3) 부실자산으로 인한 환매연기도 사실상 결정하게 될 것으로 보여진다. 또한 4) 기준가격 오류의 수정에 대해서도 사후적으로 평가위원회에 보고하는 기능을 수행할 수 있을 것이다.

2. 이사회 앞 보고의무

집합투자재산평가위원회는 집합투자재산평가기준의 적용여부 등 집합투자재산평가에 관한 사항을 매 반기마다 집합투자업자의 이사회(은행인 경우에는 집합투자자산운용위원회를 말한다)에 보고하여야 한다. 평가위원회에게 평가에 관한 사항을 매반기마다 보고토록 한 것은 평가의 결과가 회사의 경영에 중대한 영향을 미칠 수 있다는 점을 감안한 것이다. 그런 점에서 본다면, 집합투자재산평가에 관한 모든 것을 이사회에 보고하는 것은 비현실적일 것이다. 평가기준에서 벗어난 자산의 평가가 발생한 경우 그 사실, 평가기준을 변경한 경우 그 사항, 부실자산 발생시 그 평가결과 등을 이사회에 보고할 의무를 규정한 것으로 보여진다.

3. 신탁업자 앞 통보의무

집합투자업자는 집합투자재산평가위원회가 집합투자재산을 평가한 경우 그 평가내역을 지체 없이 신탁업자에게 통보하여야 한다. 신탁업자에게 통보토록 한 것은 평가의 결과가 기준가격에 영향을 미치며, 신탁업자는 기준가격을 확인할 의무가 있기 때문이다.

4. 신탁업자의 확인 의무

신탁업자는 집합투자업자의 집합투자재산에 대한 평가가 법령 및 집합투자재산평가

기준에 따라 공정하게 이루어졌는지 여부를 확인하여야 한다. 평가의 결과가 기준가격에 영향을 미치기 때문에 기준가격의 적정한 산출 여부를 확인할 의무가 있는 신탁업자에게 평가가 공정하게 이루어졌는지에 대해서도 확인할 의무가 있다.[1)]

Ⅲ. 집합투자재산평가기준

집합투자업자는 집합투자재산에 대한 평가가 공정하고 정확하게 이루어질 수 있도록 신탁업자의 확인을 받아 평가와 관련된 중요사항[2)]이 포함된 집합투자재산의 평가와 절차에 관한 기준(이하 "집합투자재산평가기준"이라 한다)을 마련하여야 한다. 즉, 집합투자재산에 속하는 자산의 평가는 집합투자증권 매입 또는 환매시 적용되는 기준가격과 직결된다는 점에서 보유 자산에 대한 공정한 평가가 무엇보다 중요하다. 그런 점에서 집합투자업자로 하여금 미리 집합투자재산평가기준을 마련하도록 의무를 부여하고 있으며, 집합투자업자의 자의적 적용을 배제하기 위하여 신탁업자의 확인을 받도록 의무를 둔 것이다.

Ⅳ. 기준가격

1. 기준가격의 의의

집합투자자와 투자매매업자·투자중개업자 간 집합투자증권 매매(판매 또는 환매를 말한다) 또는 집합투자증권의 추가발행시 기준이 되는 가격으로 집합투자증권의 거래단위(1좌·주 또는 1,000좌·주)당 순자산가치이며, 거래단위당 '분배가능금액'이라 할 수 있다. 즉 집합투자증권 매매의 기준가격으로 실현된 투자성과를 나타내는 척도가 된다.

---

1) 집합투자재산에 속하는 자산의 평가와 관련하여 신탁업자가 집합투자업자가 결정한 평가내역에 대하여 어떤 요구를 할 수 있는지가 의문이다. 집합투자재산에 속하는 자산의 공정한 평가는 집합투자업자의 고유권한이자 의무사항이라 할 것이다. 따라서 신탁업자는 통보받은 평가내역이 법령 또는 집합투자재산평가기준에 따라 적정하게 이루어졌는지만 확인할 의무가 있다고 보인다. 만약, 법령이나 평가기준을 위배한 평가내역을 발견한 때는 그 사실을 집합투자업자에게 알려야 할 것이다. 평가내역에 대하여 수정을 요구할 수 있는 권한이 있다고 보기는 어렵다고 본다.

2) '평가와 관련된 중요사항'이라 함은 다음의 사항을 말한다.
   ⅰ. 집합투자재산평가위원회의 구성 및 운영에 관한 사항
   ⅱ. 집합투자재산 평가의 일관성 유지에 관한 사항
   ⅲ. 집합투자재산의 종류별로 당해 재산의 가격을 평가하는 채권평가회사를 두는 경우 그 선정 및 변경과 채권평가회사가 제공하는 가격의 적용에 관한 사항
   ⅳ. 부도채권 또는 부실자산 등의 분류 및 평가와 관련하여 적용할 세부기준
   ⅴ. 집합투자재산 평가오류의 수정 또는 공정가격 산정이 곤란한 자산 등의 평가방법에 관한 사항
   ⅵ. 미수금 및 미지급금 등의 평가방법에 관한 사항

2. 기준가격의 산정 및 변경

기준가격은 공고일 전일의 대차대조표상에 계상된 자산총액에서 부채총액과 영 제262조 제 1 항의 규정에 의한 준비금을 공제한 금액을 공고일 전일의 수익증권의 총좌수 또는 투자회사의 발행주식총수로 나누어 산정한다. 즉, 기준가격은 개별 집합투자재산의 실질자산가치를 나타내는 것으로 통상 1,000좌 단위로 그 금액을 표시하고, 원 미만 둘째자리까지 계산하고 그 미만은 사사오입하며, 공고일 전일의 집합투자재산 순자산총액을 공고일 전일 잔존 수익증권·투자회사 주식 총좌수로 나누어 산출한다.

* 기준가격 = 순자산총액[1] / 수익증권총좌수
(= 좌당 원본 + 좌당 순이익 또는 순손실)

이 경우 투자신탁이나 투자익명조합의 집합투자업자 또는 투자회사등은 제261조 제 3 항 제 2 호에 따른 평가오류의 수정에 따라 공고·게시한 기준가격이 잘못 산정된 경우에는 기준가격을 지체 없이 변경한 후에 다시 공고·게시하여야 한다. 다만, 처음에 공고·게시한 기준가격과 변경된 기준가격의 차이가 처음에 공고·게시한 기준가격의 1천분의 1의 범위를 초과하지 아니하는 경우를 기준가격을 재산출하거나 재공고할 의무는 없다.[2] 다만, 법령상 의무 여부와 관계없이 투자신탁이나 투자익명조합의 집합투자업자 또는 투자회사등은 1천분의 1 이내라 하더라도 자율적으로 재산출하거나 재공고하는 것을 선택할 수 있다고 본다.

3. 기준가격의 공고 및 변경 공고

투자신탁이나 투자익명조합의 집합투자업자 및 투자회사등은 기준가격을 매일 공고·게시하여야 한다.[3] 다만, 집합투자기구가 외국환거래법에 의한 외화증권에 투자하는 경우로서 기준가격을 매일 공고·게시하는 것이 곤란하여 그 신탁약관 또는 투자회사의 정관에서 기준가격의 공고·게시기간을 15일 이내에서 별도로 정한 경우 예외가 인정된다. 투자신탁이나 투자익명조합의 집합투자업자 또는 투자회사등이 공고한 기준가격을 변경

1) 순자산총액 = 자산 − 부채(= 원본 ± 순이익 또는 순손실).

2) 기준가격은 원칙적으로 정확하게 산출되어야 한다는 데는 별 이견이 없을 것이다. 다만, 기준가격의 차이가 미미할 경우에도 매번 기준가격 재산정 및 재공고할 의무를 부과할 경우 지나치게 빈번한 기준가격을 변경해야 하는 경우가 생긴다는 현실을 감안하여 일정 수준 이하의 오차에 대해서는 재산출 및 재공고 의무를 면제하자는 취지이다. 이러한 취지에서 대부분의 외국에서도 미미한 기준가격 오차에 대해서는 재산정 의무를 면제하고 있다.

3) 기준가격의 공고·게시 방법에 대해서는 법령에서 특별히 정한 바가 없다. 통상 집합투자규약에서는 판매회사 영업점에 공고하는 방법 등에 대해 언급하고 있다.

하고자 하는 때에는 집합투자업자의 준법감시인과 신탁업자의 확인을 받아야 하며, 변경된 기준가격을 재공고하여야 한다.

4. 기준가격계산 오류시 외부위탁명령

금융위원회는 투자신탁이나 투자익명조합의 집합투자업자 또는 투자회사등이 규정에 위반하여 허위로 기준가격을 산정한 경우에는 당해 투자신탁이나 투자익명조합의 집합투자업자 또는 투자회사등에 대하여 기준가격 산정업무를 일반사무관리회사에 그 범위를 정하여 위탁하도록 명할 수 있다. 이 경우 해당 집합투자업자 그 집합투자업자의 계열회사, 투자회사·투자유한회사·투자합자회사·투자유한책임회사의 계열회사는 수탁대상에서 제외된다. 집합투자업자 등이 기준가격을 계산함에 있어 의도적인 사유 등으로 규정을 위반하여 기준가격을 산정하면 금융위원회의 명령에 의하여 그 다음부터는 자기가 운용하는 펀드에 대해 자체적으로 기준가격 계산업무를 수행하지 못하고 외부 제3자에게 위탁하도록 함으로써 공정성을 확보한다는 취지이다. 외부에 위탁할 때, 계열사에 위탁하면 그러한 문제가 재발할 수 있다는 점에서 계열회사에게 위탁하는 것도 제한한 것이다.

5. 환매금지형집합투자기구에 대한 기준가격의 공고 특례

환매금지형집합투자기구인 경우에는 기준가격 공고의무의 적용이 배제된다. 즉, 환매금지형집합투자기구에서 편입하는 자산은 매일 시가로 평가하는데 곤란한 자산이 편입될 수 있다는 점, 환매가 제한되는 집합투자기구이므로 매일의 기준가격이 적용될 여지가 많지 않다는 점을 감안하여 매일의 기준가격 공고의무에 대해 예외를 인정하고 있다.[1)]

[초판: 서종군, 개정판: 최윤상]

제 2 절 집합투자기구의 결산서류

제239조(결산서류의 작성 등)

① 투자신탁이나 투자익명조합의 집합투자업자 또는 투자회사등은 집합투자기구의 결산기마다 다음 각 호의 서류 및 부속명세서(이하 이 조에서 "결산서류"라 한다)를 작성하여야 한다.

---

1) 환매금지형집합투자기구인 경우라 하더라도 매일의 기준가격이 산정·공고되지 않을 경우 펀드가 상장되어 거래되는 경우 어떤 가격을 기준으로 펀드를 거래할 것인지 여부가 불분명하므로 환매금지형집합투자기구도 매일의 기준가격 산정이 필요하다는 의견도 있었다.

1. 대차대조표
2. 손익계산서
3. 제88조에 따른 자산운용보고서

② 투자회사의 법인이사는 결산서류의 승인을 위하여 이사회 개최 1주 전까지 그 결산서류를 이사회에 제출하여 그 승인을 받아야 한다.

③ 투자신탁이나 투자익명조합의 집합투자업자 또는 투자회사등은 다음 각 호의 서류를 본점(투자회사등의 경우 그 투자회사등의 집합투자재산을 운용하는 집합투자업자의 본점을 포함한다)에 비치하여야 하며, 해당 집합투자증권을 판매한 투자매매업자 또는 투자중개업자에게 이를 송부하여 그 영업소에 비치하도록 하여야 한다.

1. 결산서류
2. 회계감사보고서
3. 집합투자자총회 의사록
4. 이사회 의사록(투자회사의 경우에 한한다)

④ 투자신탁이나 투자익명조합의 집합투자업자, 투자회사등 및 해당 집합투자증권을 판매한 투자매매업자 또는 투자중개업자는 결산서류 및 회계감사보고서를 제 3 항의 비치일부터 5년간 보존하여야 한다.

⑤ 집합투자기구의 투자자 및 채권자는 영업시간 중 언제든지 제 3 항에 따라 비치된 서류를 열람할 수 있으며, 그 서류의 등본 또는 초본의 교부를 청구할 수 있다.

⑥ 결산서류의 기재사항 등에 관하여 필요한 사항은 금융위원회가 정하여 고시한다.

규정 제**7-38**조(집합투자기구의 결산서류 및 회계감사보고서) ① 법 제239조 제 6 항에 따라 집합투자기구의 결산서류의 서식 및 작성방법 등에 관하여 필요한 사항은 금융감독원장이 정한다.

② 영 제265조 제 6 항에 따라 투자신탁이나 투자익명조합의 집합투자업자 또는 투자회사등은 집합투자기구의 회계감사보고서를 회계감사인으로부터 제출받은 날부터 다음 각 호의 장소에 2년간 비치하고 투자자가 열람할 수 있도록 하여야 한다.

1. 집합투자업자의 본점·지점, 그 밖의 영업소
2. 투자회사등의 본점
3. 집합투자증권을 판매한 투자매매업자·투자중개업자의 본점·지점, 그 밖의 영업소

Ⅰ. 결산서류의 작성 의무

투자신탁이나 투자익명조합의 집합투자업자 및 투자회사등은 집합투자기구의 결산기마다 1) 대차대조표, 2) 손익계산서, 3) 자산운용보고서를 작성하여야 한다. 법령에서 특별히 정한 바는 없으나, 통상 결산 주기는 1년 단위로 정하는 것이 일반적이다. 즉, 집

합투자기구의 결산을 통해 손익을 확정하고 그 이익을 분배하는 과정에서 결산서류를 작성하도록 의무를 둔 것이다.

Ⅱ. 결산서류의 승인 및 공고

1. 결산서류의 이사회 승인

투자회사의 법인이사는 결산서류에 대해 이사회의 승인을 받아야 하며, 이 경우 법인이사는 이사회 개최 1주 전까지 당해 결산서류[1])를 이사회에 제출하여야 한다.

2. 결산서류 제출의무

투자회사의 법인이사는 회계기간 종료일로부터 2개월 이내에 결산서류를 금융위원회 및 협회에 제출하여야 한다. 이 경우 금융위원회는 제출받은 서류를 인터넷 홈페이지 등을 이용하여 공시하여야 한다(법 90조 2항 1호·3항).

Ⅲ. 결산서류의 비치 및 공시

1. 비치 의무(법 239조 3항)

투자신탁이나 투자익명조합의 집합투자업자는 1) 결산서류, 2) 회계감사보고서, 3) 집합투자자총회 의사록, 4) 이사회 의사록(투자회사인 경우에 한한다)을 본점에 비치하여야 하며, 투자매매업자·투자중개업자에 이를 송부하여 그 영업소에 비치하도록 하여야 한다.

2. 보존기간(법 239조 4항)

집합투자업자·투자회사등 및 투자매매업자·투자중개업자는 결산서류 및 회계감사보고서를 비치일부터 5년간 보존하여야 한다.

3. 결산서류에 대한 열람청구(법 239조 5항)

집합투자자 및 집합투자기구의 채권자는 영업시간 중 언제든지 비치된 서류를 열람할 수 있으며, 그 서류의 등본 또는 초본의 교부를 청구할 수 있다.

[초판: 서종군, 개정판: 최윤상]

---

1) 결산서류에 대해서는 법 제240조에 따라 회계감사인의 회계감사를 받는 절차를 거친다.

제 3 절 집합투자재산의 회계처리

제240조(집합투자재산의 회계처리 등)

① 투자신탁이나 투자익명조합의 집합투자업자 또는 투자회사등은 집합투자재산에 관하여 회계처리를 하는 경우 금융위원회가 증권선물위원회의 심의를 거쳐 정하여 고시한 회계처리기준에 따라야 한다.

② 금융위원회는 제 1 항에 따른 회계처리기준의 제정 또는 개정을 전문성을 갖춘 민간법인 또는 단체로서 대통령령으로 정하는 자에게 위탁할 수 있다. 이 경우 그 민간법인 또는 단체는 회계처리기준을 제정 또는 개정한 때에는 이를 금융위원회에 지체 없이 보고하여야 한다.

③ 투자신탁이나 투자익명조합의 집합투자업자 또는 투자회사등은 집합투자재산에 대하여 회계기간의 말일 및 다음 각 호의 날부터 2개월 이내에 회계감사인의 회계감사를 받아야 한다. 다만, 투자자의 이익을 해할 우려가 없는 경우로서 대통령령으로 정하는 경우에는 그러하지 아니하다.

1. 계약기간 종료 또는 해지의 경우 : 그 종료일 또는 해지일
2. 존속기간 만료 또는 해산의 경우 : 그 만료일 또는 해산일

④ 투자신탁이나 투자익명조합의 집합투자업자 또는 투자회사등은 집합투자재산의 회계감사인을 선임하거나 교체한 경우에는 지체 없이 그 집합투자재산을 보관·관리하는 신탁업자에게 그 사실을 통지하여야 하며, 그 선임일 또는 교체일부터 1주 이내에 금융위원회에 그 사실을 보고하여야 한다.

⑤ 회계감사인은 투자신탁이나 투자익명조합재산의 집합투자업자 또는 투자회사등의 집합투자증권의 기준가격 산정업무 및 집합투자재산의 회계처리 업무를 감사함에 있어서 집합투자재산평가기준을 준수하는지 감사하고 그 결과를 투자신탁이나 투자익명조합의 집합투자업자의 감사(감사위원회가 설치된 경우에는 감사위원회를 말한다) 또는 투자회사등에 통보하여야 한다.

⑥ 회계감사인은 제10항에 따른 감사기준 및 「주식회사의 외부감사에 관한 법률」 제 5 조에 따른 회계감사기준에 따라 회계감사를 실시하여야 한다.

⑦ 회계감사인은 다음 각 호의 자에게 집합투자재산의 회계장부 등 관계 자료의 열람·복사를 요청하거나 회계감사에 필요한 자료의 제출을 요구할 수 있다. 이 경우 요청 또는 요구를 받은 자는 지체 없이 이에 응하여야 한다.

1. 그 집합투자재산을 운용하는 집합투자업자
2. 그 집합투자재산을 보관·관리하는 신탁업자
3. 해당 집합투자증권을 판매하는 투자매매업자·투자중개업자
4. 제184조 제 6 항에 따라 해당 투자회사로부터 업무를 위탁받은 일반사무관리회사 또는 제238조 제 8 항에 따라 투자신탁이나 투자익명조합의 집합투자업자 또는 투자회사등으로부터 기준가격 산정업무를 위탁받은 일반사무관리회사

⑧ 「주식회사의 외부감사에 관한 법률」 제 9 조는 제 3 항에 따른 집합투자재산의 회계감사에 관하여 준용한다.

⑨ 「주식회사의 외부감사에 관한 법률」 제 2 조 및 제 2 조의2는 투자회사에는 적용하지 아니한다.

⑩ 회계감사인의 선임기준, 감사기준, 회계감사인의 권한, 회계감사보고서의 제출 및 공시 등에 관하여 필요한 사항은 대통령령으로 정한다.

시행령 제**263**조(회계처리기준 제정의 위탁) 법 제240조 제2항 전단에서 "대통령령으로 정하는 자"란 한국회계기준원을 말한다.

제**264**조(회계감사 적용면제) 법 제240조 제3항 각 호 외의 부분 단서에서 "대통령령으로 정하는 경우"란 회계기간의 말일과 같은 항 각 호의 어느 하나에 해당하는 날을 기준으로 다음 각 호의 어느 하나에 해당하는 경우를 말한다. 〈개정 2013. 8. 27〉

1. 집합투자기구의 자산총액이 300억원 이하인 경우
2. 집합투자기구의 자산총액이 300억원 초과 500억원 이하인 경우로서 회계기간의 말일과 법 제240조 제3항 각 호의 어느 하나에 해당하는 날 이전 6개월간 집합투자증권을 추가로 발행하지 아니한 경우

제**265**조(회계감사인의 선임 등) ① 법 제240조 제4항에 따라 투자신탁이나 투자익명조합의 집합투자업자 또는 투자회사등(투자회사는 제외한다)이 집합투자기구의 회계감사인을 선임하거나 교체하려는 경우에는 그 집합투자기구의 집합투자재산을 운용하는 집합투자업자의 감사의 동의(감사위원회가 설치된 경우에는 감사위원회의 의결을 말한다)를 받아야 하며, 투자회사가 회계감사인을 선임하거나 교체하려는 경우에는 감독이사의 동의를 받아야 한다.
② 집합투자재산에 대한 회계감사기준은 금융위원회가 증권선물위원회의 심의를 거쳐 정하여 고시한다.
③ 집합투자재산에 대한 회계감사와 관련하여 회계감사인의 권한은 법 및 「주식회사의 외부감사에 관한 법률」 제6조에서 정하는 바에 따른다.
④ 회계감사인은 집합투자재산에 대한 회계감사를 마친 때에는 다음 각 호의 사항이 기재된 회계감사보고서를 작성하여 투자신탁이나 투자익명조합의 집합투자업자 또는 투자회사등에게 이를 지체 없이 제출하여야 한다.

1. 집합투자재산의 대차대조표
2. 집합투자재산의 손익계산서
3. 집합투자재산의 기준가격계산서
4. 집합투자업자 및 그 이해관계인(법 제84조 제1항에 따른 이해관계인을 말한다)과의 거래내역

⑤ 투자신탁이나 투자익명조합의 집합투자업자 또는 투자회사등은 회계감사인으로부터 회계감사보고서를 제출받은 경우에는 금융위원회, 협회, 그 집합투자증권을 판매하는 투자매매업자·투자중개업자 및 그 집합투자재산을 보관·관리하는 신탁업자에게 이를 지체 없이 제출하여야 한다.
⑥ 투자신탁이나 투자익명조합의 집합투자업자 또는 투자회사등은 금융위원회가 정하여 고시하는 방법에 따라 해당 투자자가 회계감사보고서를 열람할 수 있도록 하여야 한다.
⑦ 회계감사에 따른 비용은 그 회계감사의 대상인 집합투자기구가 부담한다.

규정 제**7-38**조(집합투자기구의 결산서류 및 회계감사보고서) ② 영 제265조 제6항에 따라 투자신탁이나 투자익명조합의 집합투자업자 또는 투자회사등은 집합투자기구의 회계감사보고서를 회계감사인으로부터 제출받은 날부터 다음 각 호의 장소에 2년간 비치하고 투자자가 열람할 수 있도록 하여야 한다.

1. 집합투자업자의 본점·지점, 그 밖의 영업소
2. 투자회사등의 본점
3. 집합투자증권을 판매한 투자매매업자·투자중개업자의 본점·지점, 그 밖의 영업소

Ⅰ. 회계처리의 주체

펀드에서 투자한 각 자산을 공정하게 평가하여 펀드의 대차대조표 및 손익계산서에 기재하는 것을 말한다. 회계처리는 투자신탁이나 투자익명조합의 경우 집합투자업자, 투자회사등의 경우 투자회사등[1]이 수행하는 것으로 규정하고 있다.

Ⅱ. 회계기간

이 법에서 집합투자기구의 회계처리 주기에 대해서는 특별히 규정한 바 없다.[2] 집합투자기구의 회계처리는 매일의 자산을 평가한 결과를 대차대조표 및 손익계산서에 기재하는 것이 원칙이라는 점에서 보면 실질적으로는 매일 단위 회계처리를 하는 결과가 된다. 다만, 실무에서는 통상 소득세법상 집합투자기구의 요건으로 '당해 투자신탁의 설정일로부터 매년마다 1회 이상 결산할 것'을 요구하고 있는 점을 감안하여 세법상 요건을 충족하기 위해서는 통상 매 1년마다 펀드를 결산하는 회계처리를 하고 있다. 즉, 매 1년마다 결산을 위한 회계처리를 하고 결산 회계처리 결과 분배하는 이익분배금에 대해서는 세법에서 정하는 바에 따라 과세를 한다는 의미가 된다.

Ⅲ. 회계처리기준

1. 집합투자재산의 회계처리기준 준수의무

투자신탁이나 투자익명조합의 집합투자업자 및 투자회사등은 집합투자재산에 관하여 회계처리를 하는 경우 증권선물위원회의 심의를 거쳐 금융위원회가 정한 회계처리기준을 따라야 한다.

2. 회계처리기준의 위탁

금융위원회는 법 제240조의 규정에 따라 회계처리기준의 제정에 관한 업무를 한국회계기준원에 위탁한다. 한국회계기준원은 회계처리기준을 제정하거나 개정한 때에는 이를 금융위원회에 지체 없이 제출하여야 한다.

---

1) 투자회사등의 경우 실체가 없는 회사인 만큼, 투자회사등이 직접 회계처리하지 못하기 때문에 일반사무관리업무를 수행하는 집합투자업자 또는 일반사무관리회사가 동 업무를 수행하게 된다.

2) 상법상 회사는 매 결산기에 회계장부에 의하여 대차대조표를 작성하도록 정하고 있다 : 상법 제30조(상업장부의 작성방법) ② 상인은 영업을 개시할 때와 매회 1년 이상 일정시기에, 회사는 성립한 때와 매결산기에 회계장부에 의하여 대차대조표를 작성하고, 작성자가 이에 기명날인 또는 서명하여야 한다.

Ⅳ. 회계감사

1. 적용 범위

(1) 적용 대상

투자신탁이나 투자익명조합의 집합투자업자 또는 투자회사등은 집합투자재산에 대하여 주식회사의 외부감사에 관한 법률 제3조 제1항의 규정에 의한 감사인(이하 "회계감사인"이라 한다)의 회계감사를 받아야 한다.

(2) 적용 예외

회계기간의 말일 및 법 제240조 제3항 각 호에 해당하는 날을 기준으로 (i) 자산총액이 50억원 이하인 경우이거나, (ii) 집합투자기구의 자산총액이 50억원 초과 100억원 이하인 경우로서 기준이 되는 날 이전 6개월간 집합투자증권을 추가로 발행하지 아니한 경우에는 회계감사를 받지 않을 수 있다.[1)]

2. 회계감사인

(1) 회계감사인의 권한, 선임 및 교체

집합투자재산에 대한 회계처리 등이 적절한지 여부를 감사하는 회계감사인이 집합투자업자 또는 투자회사등으로부터 독립된 지위에서 할 수 있도록 하기 위하여 투자신탁이나 투자익명조합의 집합투자업자 또는 투자회사등은 집합투자재산의 회계감사인을 선임하거나 교체하고자 할 경우 감사(투자회사의 경우 감독이사)의 동의를 받아야 한다. 또한, 선임 또는 교체한 경우에는 지체 없이 그 집합투자재산을 보관·관리하는 신탁업자에게 그 사실을 통지하여야 하며, 그 선임일 또는 교체일부터 1주 이내에 금융위원회에 그 사실을 보고하여야 한다.

(2) 회계감사인의 역할 및 통지의무

회계감사인은 기준가격 산정업무 및 회계처리 업무를 감사함에 있어서 집합투자재산평가기준의 준수여부를 검사하고, 그 결과를 투자신탁이나 투자익명조합의 집합투자업자의 감사(감사위원회가 설치된 경우에는 감사위원회를 말한다) 또는 투자회사등에 통보하여야 한다. 회계감사인은 주식회사의 외부감사에 관한 법률에 의한 회계감사기준에 따라 회계감사를 실시하여야 한다.

---

1) 펀드규모가 작은 펀드에 대하여 회계감사를 의무화할 경우 회계감사비용이 펀드에서 차지하는 비중이 너무 커질 우려가 있다는 점, 집합투자증권을 추가로 발행하지 않는 등 집합투자기구로서 존립 의미가 낮은 펀드에 대해서는 회계감사 예외를 인정한다는 취지이다. 다만, 동 펀드들의 경우에도 투자자보호 차원에서 회계감사가 필요하다는 의견도 많았다.

(3) 회계감사사인의 자료제출 요구권

회계감사인은 집합투자업자, 신탁업자, 투자매매업자·투자중개업자, 일반사무관리회사에게 집합투자재산의 회계장부 등 관계자료의 열람·복사를 요청하거나 회계감사에 필요한 자료의 제출을 요구할 수 있다. 이 경우 집합투자업자 등은 지체 없이 이에 응하여야 한다.

3. 주식회사의외부감사에관한법률 준용 및 적용 배제

주식회사의 외부감사에 관한 법률 제 9 조(비밀엄수)[1]의 규정은 집합투자재산의 회계감사에 관하여 이를 준용하되, 제 2 조(외부감사의 대상)[2] 및 제 2 조의2(내부회계관리제도의 운영)는 투자회사에는 적용하지 아니한다.

4. 회계감사비용 처리

회계감사에 따른 비용은 그 회계감사의 대상인 집합투자기구에서 부담한다. 회계감사는 펀드 투자자를 보호하기 위하여 발생한 비용이므로 펀드에서 부담한다는 의미이다.

5. 회계감사보고서의 작성 및 제출의무

(1) 회계감사보고서

회계감사인은 집합투자재산에 대한 회계감사를 종료한 때에는 회계감사보고서[1) 대차대조표, 2) 손익계산서, 3) 기준가격계산서, 4) 이해관계인과의 거래내역이 포함되어야 한다]를 작성하여 투자신탁이나 투자익명조합의 집합투자업자 또는 투자회사등에게 지체 없이 제출하여야 한다.

---

1) 제 9 조(비밀엄수) 다음 각 호의 어느 하나에 해당하는 자는 그 직무상 알게 된 비밀을 누설하여서는 아니 된다. 다만, 다른 법률에 특별한 규정이 있는 경우 또는 증권선물위원회가 제15조 제 1 항에 상당하는 업무를 수행하는 외국 감독기관과 정보를 교환하거나 그 외국 감독기관이 하는 감리·조사에 협조하기 위하여 필요하다고 인정한 경우에는 그러하지 아니하다.
1. 감사인
2. 감사인에 소속된 공인회계사
3. 증권선물위원회위원
4. 감사 또는 감리 업무와 관련하여 제 1 호부터 제 3 호까지의 자를 보조하거나 지원하는 자
5. 증권선물위원회의 업무를 위탁받아 수행하는 한국공인회계사의 관련자

2) 제 2 조(외부감사의 대상) 직전 사업연도 말의 자산총액, 부채규모 또는 종업원수 등 대통령령으로 정하는 기준에 해당하는 주식회사(이하 "회사"라 한다)는 재무제표(연결재무제표를 작성하는 회사의 경우에는 연결재무제표를 포함한다)를 작성하여 주식회사로부터 독립된 외부의 감사인(이하 "감사인"이라 한다)에 의한 회계감사(이하 "감사"라 한다)를 받아야 한다. 다만, 다음 각 호의 어느 하나에 해당하는 주식회사는 그러하지 아니하다.
1. 「공공기관의 운영에 관한 법률」에 따라 공기업 또는 준정부기관으로 지정받은 주식회사 중 주권상장법인(「자본시장과 금융투자업에 관한 법률」에 따른 주권상장법인을 말한다. 이하 같다)이 아닌 회사
2. 그 밖에 대통령령으로 정하는 주식회사

(2) 회계감사보고서 제출의무

회계감사보고서를 제출받은 투자신탁이나 투자익명조합의 집합투자업자 또는 투자회사등은 금융위원회 및 금융투자협회와 그 집합투자기구의 투자매매업자·투자중개업자, 신탁업자에 이를 지체 없이 제출하여야 한다.

(3) 회계감사보고서의 열람에의 제공

투자신탁이나 투자익명조합의 집합투자업자 또는 투자회사등은 투자자가 언제든지 회계감사보고서를 열람할 수 있도록 회계감사보고서를 회계감사인으로부터 제출받은 날부터 2년간 비치하여야 한다.

[초판: 서종군, 개정판: 최윤상]

제 4 절 회계감사인의 손해배상책임

제241조(회계감사인의 손해배상책임)

① 회계감사인은 제240조 제 3 항에 따른 회계감사의 결과 회계감사보고서 중 중요사항에 관하여 거짓의 기재 또는 표시가 있거나 중요사항이 기재 또는 표시되지 아니함으로써 이를 이용한 투자자에게 손해를 끼친 경우에는 그 투자자에 대하여 손해를 배상할 책임을 진다. 이 경우 「주식회사의 외부감사에 관한 법률」 제 3 조 제 1 항 제 3 호에 따른 감사반이 회계감사인인 경우에는 해당 집합투자재산에 대한 감사에 참여한 자가 연대하여 손해를 배상할 책임을 진다.

② 회계감사인이 투자자에 대하여 손해를 배상할 책임이 있는 경우로서 해당 집합투자재산을 운용하는 집합투자업자의 이사 · 감사(감사위원회가 설치된 경우에는 감사위원회의 위원을 말한다. 이하 이 항에서 같다) 또는 투자회사의 감독이사에게도 귀책사유가 있는 경우에는 그 회계감사인과 집합투자업자의 이사·감사 또는 투자회사의 감독이사는 연대하여 손해를 배상할 책임을 진다. 다만, 손해를 배상할 책임이 있는 자가 고의가 없는 경우에 그 자는 법원이 귀책사유에 따라 정하는 책임비율에 따라 손해를 배상할 책임이 있다. 〈개정 2014. 1. 28〉

③ 제 2 항 단서에도 불구하고 손해배상을 청구하는 자의 소득인정액(「국민기초생활 보장법」 제2조 제 8 호에 따른 소득인정액을 말한다)이 대통령령으로 정하는 금액 이하에 해당되는 경우에는 회계감사인과 집합투자업자의 이사 · 감사 또는 투자회사의 감독이사는 연대하여 손해를 배상할 책임이 있다. 〈신설 2014. 1. 28〉

④ 「주식회사의 외부감사에 관한 법률」 제17조 제 6 항부터 제 9 항까지의 규정은 제 1 항 및 제 2 항의 경우에 준용한다. 〈개정 2014. 1. 28〉

시행령 제265조의2(회계감사인 등의 손해배상책임) 법 제241조 제3항에 따라 회계감사인과 집합투자업자의 이사·감사 또는 투자회사의 감독이사가 연대하여 손해를 배상할 책임이 있는 경우는 손해배상을 청구하는 자의 그 손해배상 청구일이 속하는 달의 직전 12개월간의 소득인정액 합산금액이 1억 5천만원 이하인 경우로 한다.
[본조신설 2015. 3. 3.]

Ⅰ. 회계감사인의 책임

회계감사인은 집합투자재산에 대한 회계감사의 결과 회계감사보고서 중 중요사항에 관하여 거짓의 기재 또는 표시가 있거나 중요사항이 기재 또는 표시되지 아니함으로써 이를 이용한 투자자에게 손해를 끼친 경우에는 그 투자자에 대하여 손해를 배상할 책임을 진다. 이 경우 외감법 제3조 제1항 제3호에 따른 감사반이 회계감사인인 경우에는 해당 집합투자재산에 대한 감사에 참여한 자가 연대하여 손해를 배상할 책임을 진다(법 241조 1항).

Ⅱ. 연대책임과 비례책임

회계감사인이 투자자에 대하여 손해를 배상할 책임이 있는 경우로서 해당 집합투자재산을 운용하는 집합투자업자의 이사·감사(감사위원회가 설치된 경우에는 감사위원회의 위원) 또는 투자회사의 감독이사에게도 귀책사유가 있는 경우에는 그 회계감사인과 집합투자업자의 이사·감사 또는 투자회사의 감독이사는 연대하여 손해를 배상할 책임을 진다. 다만, 손해를 배상할 책임이 있는 자가 고의가 없는 경우에 그 자는 법원이 귀책사유에 따라 정하는 책임비율에 따라 손해를 배상할 책임이 있다(법 241조②). 그러나 손해배상을 청구하는 자의 소득인정액(「국민기초생활 보장법」제2조 제8호에 따른 소득인정액)이 그 손해배상 청구일이 속하는 달의 직전 12개월간의 소득인정액 합산금액이 1억5천만원(슈 265조의2) 이하인 경우에는 회계감사인과 집합투자업자의 이사·감사, 투자회사의 감독이사는 연대하여 손해를 배상할 책임이 있다(법 241조 3항).

책임비율에 따라 손해를 배상할 책임이 있는 자 중 배상능력이 없는 자가 있어 손해액의 일부를 배상하지 못하는 경우에는 배상능력이 없는 자를 제외한 자가 각자 책임비율의 50%(외감령 17조②)의 범위에서 손해액을 추가로 배상할 책임을 진다(법 241조 4항, 외감법 17조 6항).

Ⅲ. 면책사유

감사인 또는 감사에 참여한 공인회계사가 그 임무를 게을리하지 아니하였음을 증명하는 경우에는 손해배상책임을 지지 않는다(법 241조 4항, 외감법 17조 7항). 따라서 원고는 피고의 과실을 증명할 필요가 없고, 피고가 무과실을 증명하여야 면책된다.

Ⅳ. 제척기간

회계감사인의 손해배상책임은 그 청구권자가 해당 사실을 안 날로부터 1년 이내 또는 감사보고서를 제출한 날로부터 3년 이내에 청구권을 행사하지 아니한 때에는 소멸한다. 다만, 감사인을 선임할 때 계약으로 그 기간을 연장할 수 있다(법 241조 4항, 외감법 17조 9항).

[초판: 서종군, 개정판: 임재연]

제 5 절 집합투자기구 이익금의 분배

제242조(이익금의 분배)

① 투자신탁이나 투자익명조합의 집합투자업자 또는 투자회사등은 집합투자기구의 집합투자재산 운용에 따라 발생한 이익금을 투자자에게 금전 또는 새로 발행하는 집합투자증권으로 분배하여야 한다. 다만, 집합투자기구의 특성을 고려하여 대통령령으로 정하는 집합투자기구의 경우에는 집합투자규약이 정하는 바에 따라 이익금의 분배를 집합투자기구에 유보할 수 있다.

② 투자신탁이나 투자익명조합의 집합투자업자 또는 투자회사등은 집합투자기구의 특성에 따라 이익금을 초과하여 분배할 필요가 있는 경우에는 이익금을 초과하여 금전으로 분배할 수 있다. 다만, 투자회사의 경우에는 순자산액에서 최저순자산액을 뺀 금액을 초과하여 분배할 수 없다.

③ 제 1 항에 따른 이익금의 분배 및 제 2 항에 따른 이익금을 초과하는 금전의 분배에 관하여 필요한 사항은 대통령령으로 정한다.

시행령 **제266조**(이익분배 등) ① 법 제242조 제 1 항 단서에서 "대통령령으로 정하는 집합투자기구"란 집합투자기구(제241조에 따른 단기금융집합투자기구는 제외한다)를 말한다.
② 법 제242조 제 1 항에 따른 이익금의 분배방법 및 시기는 집합투자규약에서 정하는 바에 따른다.
③ 투자회사는 이익금 전액을 새로 발행하는 주식으로 분배하려는 경우에는 정관에서 정하는 바에 따라 발행할 주식의 수, 발행시기 등 주식발행에 필요한 사항에 관하여 이사회의 결의를 거쳐야 한다.
④ 투자신탁 또는 투자익명조합의 집합투자업자와 투자회사등은 이익금을 초과하여 금전으로 분배하려는 경우에는 집합투자규약에 그 뜻을 기재하고 이익금의 분배방법 및 시기, 그 밖에 필요한 사항을 미리 정하여야 한다.

Ⅰ. 본조의 취지

집합투자기구는 운용의 결과인 이익금을 투자자에게 분배하는 것을 원칙으로 하며, 예외적인 경우는 분배하지 않고 유보할 수 있다. 집합투자기구는 이익의 분배를 통해 투자손익을 투자자에게 귀속시키는 결과가 된다.

Ⅱ. 이익분배

1. 이익금 범위 내의 이익분배

투자신탁이나 투자익명조합의 집합투자업자 또는 투자회사등은 집합투자재산의 운용에 따라 발생한 이익금(원금을 제외한 투자수익금을 말한다)을 집합투자자에게 금전 또는 새로이 발행하는 집합투자증권으로 분배하여야 한다.[1] 다만, 환매금지형집합투자기구 및 사모투자전문회사의 경우에는 이익금을 유보할 수 있다. 특히, 법적 형태가 상법상 주식회사인 투자회사의 경우 다른 집합투자기구와 달리 이익금 전액을 새로이 발행하는 주식으로 분배하고자 하는 경우 주식발행에 필요한 사항에 관하여 이사회의 결의를 거치도록 규정하고 있다.[2]

2. 이익금을 초과한 이익분배

투자신탁이나 투자익명조합의 집합투자업자 또는 투자회사등이 이익금을 초과하여 금전으로 분배하고자 하는 경우에는 집합투자규약에 그 뜻을 기재하고 이익금의 분배방법 및 시기, 그 밖에 필요한 사항을 미리 정하여야 한다.

Ⅲ. 이익분배의 방법 및 시기

이익금을 금전으로 또는 새로이 발행하는 집합투자증권으로 분배할지에 대해서는

1) 이익금 분배 시기에 대해서는 법령상 언급하고 있지 않으나, 실무상으로는 통상 매 결산기마다 분배하는 것으로 이해되고 있다.

2) 투자회사의 경우 이익금 전액을 새로운 주식으로 분배하는 때에는 이사회 결의를 거치도록 하고 있다. 다만, 이익금 중 일부를 새로운 주식으로 분배하는 경우에 이사회 결의를 거쳐야 하는 지에 대해서는 분명하지 않으나, 이익금 전액을 주식으로 분배하는 경우가 아니므로 이사회 결의 없이 주식으로 분배하는 것이 가능하다고 본다.

집합투자규약에서 정하는 바에 따른다. 분배금의 지급시기도 마찬가지이다.

[초판: 서종군, 개정판: 최윤상]

제 6 절 최저순자산액 미달사실의 보고 등

第243조(최저순자산액 미달사실의 보고 등)

① 투자회사는 그 순자산액이 최저순자산액에 미달하게 된 경우에는 그 날부터 3일 이내에 대통령령으로 정하는 방법에 따라 그 사실을 금융위원회에 보고하여야 한다.

② 금융위원회는 순자산액이 최저순자산액에 미달하게 된 투자회사에 대하여 3개월이 경과될 때까지 순자산액 미달상태가 계속되는 경우에는 등록을 취소할 수 있다는 뜻을 통지하여야 한다.

시행령 **제267조**(순자산액 미달사실의 보고방법) ① 투자회사는 법 제243조 제1항에 따라 그 순자산액이 최저순자산액(법 제194조 제2항 제7호에 따른 최저순자산액을 말한다)에 미달하게 된 경우에는 그 원인 등을 증명할 수 있는 서류를 첨부하여 그 사실을 금융위원회에 보고하여야 한다.
② 제1항에 따른 보고서의 서식, 작성방법 등에 관하여 필요한 사항은 금융위원회가 정하여 고시한다.

Ⅰ. 본조의 취지

투자신탁과 달리 상법상 회사인 투자회사는 회사를 설립하는 절차를 요한다. 그런 점을 감안하여 소규모 투자회사가 난립하는 것을 방지하기 위해 투자회사 순자산액이 일정규모를 미달하는 경우 보고의무를 두고 있는 것이다.

Ⅱ. 투자회사의 최저순자산액 미달사실 보고

1. 보고 대상

법 제194조 제5항 및 법 시행령 제227조 제2항에 따르면 투자회사의 최저순자산액은 10억원 이상이어야 한다. 투자회사는 순자산액이 10억원을 미달하게 되면 그 날로부터 3일 이내에 10억원에 미달하게 된 원인 등을 증명할 수 있는 서류를 첨부하여 금융

위원회에 그 사실을 보고하도록 의무를 두고 있다.[1)]

2. 금융위원회의 조치

보고를 받은 금융위원회는 3개월이 경과할 때까지 순자산액이 10억원을 계속 미달하는 경우에는 등록을 취소할 수 있다는 사실을 당해 투자회사에게 통지해야 한다.[2)] 이 경우 다음의 사항을 기재한 서면으로 통지하여야 한다.

i) 최저순자산액 미달사실 발생일

ii) 등록취소 예정일

iii) 등록취소 사유 및 내용

iv) 등록취소 통지 후 등록취소 예정일 사이에 순자산액이 최저순자산액 이상으로 되는 경우의 보고방법 등에 관한 사항

3. 보고 내용

투자회사는 그 순자산액이 최저순자산액에 미달하는 경우에는 그 날부터 3일 이내에 다음의 사항을 기재하여 금융감독원장에게 보고하여야 한다.

i) 회사의 상호

ii) 최저순자산액 미달일자 및 사유

iii) 최저순자산액 미달일 현재 순자산액 및 주당 순자산가치

iv) 최근 1년간 자산운용내역 및 명세(다만, 설립 후 1년이 경과되지 아니한 투자회사의 경우 설립일 이후의 자산운용내역 및 명세)

v) 최저순자산액 유지를 위한 회사의 조치·계획

[초판: 서종균, 개정판: 최윤상]

---

1) 특별히 투자회사에 대해서만 최저순자산액 미달시 보고의무를 두어야 하는 이유에 대해 이견도 많았으나, 투자회사의 경우 설립등기 등 절차를 감안할 때 펀드 남설에 따른 투자자피해를 방지하기 위해 도입한 제도이다.

2) 이와 관련하여, 실무적으로 판단하기 어려운 부분은 투자회사의 순자산이 10억원에 미달한 원인이 대동소이할 것이라는 사실이다. 투자회사의 순자산이 10억원에 미달하는 때는 투자회사가 처음부터 자금모집에 실패하였거나, 대규모로 운용되던 투자회사가 투자자의 환매로 인하여 10억원 미만이 되는 경우가 대부분일 것이라는 점에서 금융위원회 보고시에 10억원에 미달한 원인 등을 증명할 수 있는 서류를 첨부하는 이유가 분명하지 않다. 보고받은 서류 중 투자회사의 순자산액이 10억원에 미달한 원인에 따라 금융위원회의 조치내용이 달라질 만한 판단 근거자료로서 의미를 가지지 못하기 때문이다. 그런 점에서 본다면, 금융위원회는 10억원에 미달한 원인과 관계없이 투자회사의 순자산이 3개월간 계속하여 10억원을 미달하게 되면 사실상 등록을 취소할 가능성이 높을 것으로 예상된다. 투자회사의 등록이 취소되면 당해 투자회사는 해산 및 청산 절차를 진행하게 된다(법 202조).

제 6 장 집합투자재산의 보관 및 관리

제244조(선관주의의무)

집합투자재산을 보관·관리하는 신탁업자는 선량한 관리자의 주의로써 집합투자재산을 보관·관리하여야 하며, 투자자의 이익을 보호하여야 한다.

집합투자재산을 보관·관리하는 신탁업자는 선량한 관리자로서 의무를 다해야 하며, 투자자의 이익을 보호하여야 한다고 규정하고 있다.[1] 그러나 본조에서는 신탁업자가 선량한 관리자로서 어떠한 주의를 기울여야 하는지에 대하여 명시적으로 규정하지 않고 있으며, 보호해야 할 투자자의 이익이 무엇인지에 대해서도 구체적으로 규정하고 있지는 않다.[2]

제245조(적용배제)

제 2 편 제 4 장 제 2 절 제 4 관(제116조 및 제117조를 제외한다)은 신탁업자가 투자신탁재산을 신탁받는 경우 그 투자신탁에 관하여는 적용하지 아니한다.

신탁업자가 투자신탁재산을 신탁받는 경우 그 투자신탁에 관하여는 투자신탁이 아닌 개별 신탁에 관한 규정인 제 2 편 제 4 장 제 2 절 제 4 관(신탁업자의 영업행위 규칙)의 규정을 적용하지 아니한다고 명시적으로 규정하고 있다. 다만, 제116조(신탁업자의 합병) 및 제117조(신탁업자의 청산)의 규정은 투자신탁의 신탁업자인 경우에도 이를 적용된다.

제246조(신탁업자의 업무제한 등)

① 집합투자재산을 보관·관리하는 신탁업자는 다음 각 호의 어느 하나에 해당하는 자의 계열회사여서는 아니 된다. 〈개정 2013. 5. 28〉

1. 해당 집합투자기구(투자회사·투자유한회사·투자합자회사 및 투자유한책임회사로 한정한다)
2. 그 집합투자재산을 운용하는 집합투자업자

1) 참고 판례 : 대법원 2012. 11. 15. 선고 2011다10532 판결; 서울고등법원 2012. 6. 8. 선고 2010나104272 판결; 부산지방법원 2009. 6. 4. 선고 2007가합11272 판결 등.

2) 신탁업자의 선관주의 의무에 대해서는 상반된 의견이 있다. 신탁업자의 선관주의 의무 규정이 구체적이지 않다는 이유를 들어 본 규정이 선언적 의미라는 주장이다. 다른 의견은, 투자신탁의 수탁자로서 신탁업자는 신탁법상에서 요구하는 수탁자로서 선관주의 의무책임을 질 뿐 아니라 투자신탁이 아닌 집합투자기구의 신탁업자인 경우에도 투자신탁의 수탁자와 동일한 취지의 선관주의 의무를 규정한 것이라는 주장이다.

② 집합투자재산을 보관·관리하는 신탁업자는 집합투자재산을 자신의 고유재산, 다른 집합투자재산 또는 제삼자로부터 보관을 위탁받은 재산과 구분하여 관리하여야 한다. 이 경우 집합투자재산이라는 사실과 위탁자를 명기하여야 한다.

③ 집합투자재산을 보관·관리하는 신탁업자는 집합투자재산 중 증권, 그 밖에 대통령령으로 정하는 것을 자신의 고유재산과 구분하여 집합투자기구별로 예탁결제원에 예탁하여야 한다. 다만, 해당 증권의 유통 가능성, 다른 법령에 따른 유통방법이 있는지 여부, 예탁의 실행 가능성 등을 고려하여 대통령령으로 정하는 경우에는 그러하지 아니하다. 〈개정 2013. 5. 28〉

④ 집합투자재산을 보관·관리하는 신탁업자는 집합투자재산을 운용하는 집합투자업자가 제80조에 따라 그 신탁업자에 대하여 자산의 취득·처분 등의 이행 또는 보관·관리 등에 필요한 지시를 하는 경우 대통령령으로 정하는 방법에 따라 이를 각각의 집합투자기구별로 이행하여야 한다.

⑤ 집합투자재산을 보관·관리하는 신탁업자는 자신이 보관·관리하는 집합투자재산을 자신의 고유재산, 다른 집합투자재산 또는 제삼자로부터 보관을 위탁받은 재산과 거래하여서는 아니 된다. 다만, 집합투자재산을 효율적으로 운용하기 위하여 필요한 경우로서 대통령령으로 정하는 경우에는 그러하지 아니하다. 〈신설 2009. 2. 3, 2013. 5. 28〉

⑥ 집합투자재산을 보관·관리하는 신탁업자는 자신이 보관·관리하는 집합투자재산을 그 이해관계인의 고유재산과 거래하여서는 아니 된다. 〈신설 2009. 2. 3〉

⑦ 집합투자재산을 보관·관리하는 신탁업자는 그 집합투자기구의 집합투자재산에 관한 정보를 자기의 고유재산의 운용, 자기가 운용하는 집합투자재산의 운용 또는 자기가 판매하는 집합투자증권의 판매를 위하여 이용하여서는 아니 된다. 〈신설 2009. 2. 3〉

시행령 제**268**조(증권의 예탁 등) ① 법 제246조 제3항 본문에서 "대통령령으로 정하는 것"이란 다음 각 호의 것을 말한다. 〈개정 2013. 8. 27〉

1. 원화로 표시된 양도성 예금증서
2. 그 밖에 금융위원회가 정하여 고시하는 것

② 법 제246조 제3항 단서에서 "대통령령으로 정하는 경우"란 제63조 제2항 각 호의 어느 하나에 해당하는 경우를 말한다. 〈신설 2013. 8. 27〉

③ 신탁업자는 집합투자업자로부터 증권(제1항 각 호의 것을 포함한다. 이하 이 항에서 같다)의 취득·처분 등의 지시 또는 보관·관리 등의 지시를 받은 경우에는 법 제246조 제4항에 따라 증권의 인수·인도와 대금의 지급·수령을 동시에 결제하는 방법으로 이를 이행하여야 한다. 〈개정 2013. 8. 27〉

④ 법 제246조 제5항 단서에서 "대통령령으로 정하는 경우"란 다음 각 호의 어느 하나에 해당하는 경우를 말한다. 다만, 제2호 및 제3호의 경우에는 집합투자재산 중 금융기관에 예치한 총금액 또는 단기대출한 총금액의 100분의 10을 초과할 수 없다. 〈신설 2009. 2. 3, 2011. 9. 30, 2012. 6. 29, 2013. 8. 27〉

1. 집합투자업자가 집합투자재산을 투자대상자산에 운용하고 남은 현금을 집합투자규약에서 정하는 바에 따라 신탁업자가 자신의 고유재산과 거래하는 경우
2. 금융기관에의 예치
3. 단기대출
4. 「외국환거래법」에 따라 외국통화를 매입하거나 매도하는 경우(환위험을 회피하기 위한 선물환거래를 포함한다)
5. 전담중개업무를 제공하는 자가 전문사모집합투자기구등과 전담중개업무로서 하는 거래
6. 제85조 제5호의3에서 정하는 거래

Ⅰ. 본조의 취지

집합투자재산의 집합투자업자 또는 투자회사등은 신탁업자에게 집합투자재산의 보관 및 관리를 위탁하여야 한다. 즉, 집합투자재산의 운용자인 집합투자업자 또는 투자회사가 집합투자재산을 직접 보관 및 관리하는 것을 금지하고 별도의 기관인 신탁업자로 하여금 보관 및 관리를 강제로 수탁하도록 하고 있다. 이 규정은 투자자들이 집합투자를 목적으로 제공한 자금의 운용은 투자전문가인 집합투자업자가 수행하되, 집합투자재산의 보관 및 관리를 신탁업자에게 맡기도록 함으로써 집합투자재산의 안전한 보관과 투자자를 보호하고자 하는 집합투자제도의 기본적 체계를 규정한 것이다. 회사 형태인 투자회사, 투자유한회사, 투자합자회사, 투자유한책임회사인 경우 명의는 당해 회사 명의로 하지만, 보관 및 관리에 대해서는 신탁업자에게 보관 및 관리를 위탁하도록 강제하고 있다. 집합투자재산 보관 및 관리를 위탁받은 신탁업자는 그 재산이 집합투자재산이라는 사실과 보관 및 관리를 위탁한 자를 명기하여 각각의 집합투자기구별로 관리하여야 한다. 즉, 집합투자재산 보관 및 관리의 강제위탁에 따라 신탁업자는 집합투자재산이 자기의 고유재산과 다른 재산이라는 사실을 분명히 규정한 것이다.

또한 집합투자재산은 신탁업자의 명의로 귀속되지만 신탁업자의 고유재산과는 독립성을 가지기 때문에 구분·관리하도록 할 뿐 아니라, 거래안전을 위하여 집합투자재산임을 공시하여야만 제 3 자에게 대항할 수 있도록 하고 있다. 등기 또는 등록을 요하는 재산권은 등기 또는 등록을 하여야 하며, 증권은 증권에 집합투자재산에 속하는 자산이라는 사실을 표시하여야 한다.

Ⅱ. 집합투자재산의 구분관리 및 예탁

1. 집합투자재산의 구분관리

신탁업자는 집합투자재산을 자신의 고유재산, 다른 집합투자재산, 또는 제삼자로부터 위탁받은 다른 재산과 구분하여 보관·관리하여야 한다(법 246조 2항). 이는 집합투자재산의 명확한 구분관리를 통한 집합투자재산의 독립성 및 투명성을 확보함으로써 투자자의 이익을 보호하기 위한 조치이다.

2. 집합투자재산에 대한 예탁

신탁업자는 보관하고 있는 집합투자재산 중 증권, 원화로 표시된 양도성예금증서, 어음 등에 대해서는 자신의 고유재산과 구분하여 집합투자기구별로 예탁결제원에 예탁하여야 한다(법 246조 3항, 법 시행령 268조 1항, 금융투자업규정 7-40조 및 4-15조). 관련하여, 예탁결제원은 동 증권 등의 집합투자기구별 집합투자기구원장을 부수적으로 작성함으로써 신탁업자별, 집합투자업자별 관리에서 신탁업자별, 집합투자업자별, 집합투자기구별로 세분하는 예탁시스템을 구축하여 업무를 지원하고 있다. 다만 예탁결제원 예탁과 관련하여 해당 증권의 유통 가능성, 다른 법령에 따른 유통방법이 있는지 여부, 예탁의 실행 가능성 등을 고려하여 일정한 예외[1]를 인정하고 있다(법 246조 3항 단서, 법 시행령 268조 2항 및 63조 2항).

Ⅲ. 신탁업자에 대한 업무제한 등

1. 본인 또는 계열회사에 대한 보관·관리 금지

투자자의 이익을 보호하기 위해 집합투자업자인 본인이 신탁업자가 되는 경우를 금지하고 있으며, 아울러 집합투자기구를 기준으로 당해 집합투자기구(투자회사, 투자유한회사, 투자합자회사 및 투자유한책임회사) 계열회사 또는 당해 집합투자기구의 집합투자업자의 계열회사인 신탁업자에게는 집합투자재산의 보관·관리를 위탁할 수 없다(법 246조 1항).

2. 집합투자재산에 속하는 자산의 취득·처분 등의 이행

집합투자업자가 취득·처분 등의 이행 또는 보관·관리 등에 필요한 지시를 하는 경우 신탁업자는 집합투자기구별로 이를 이행하여야 하며, 증권 등의 경우에는 증권의 인도와 대금의 지급을 동시에 결제하는 방법으로 이를 이행하여야 한다(법 246조 4항, 법 시행령 268조 3항). 즉, 집합투자기구별 증권 등의 인도와 대금의 지급을 동시에 결제하는 방법으로 이행하도록 함에 따라 증권 등의 취득·처분 등의 운용지시 또한 동시결제업무를

---

1) 일정한 예외는 다음 각 호의 어느 하나에 해당하는 경우를 말한다.
   1. 법 및 이 영, 그 밖에 다른 법령에 따라 해당 증권을 예탁결제원에 예탁할 수 있는 증권 또는 증서로 발행할 수 없는 경우
   2. 발행인이 투자자와 해당 증권을 예탁결제원에 예탁할 수 있는 증권 또는 증서로 발행하지 아니할 것을 발행조건 등에 따라 약정하는 경우
   3. 「외국환거래법」 제3조 제1항 제8호에 따른 외화증권(이하 "외화증권"이라 한다)을 제3항에 따른 방법으로 예탁결제원에 예탁할 수 없는 경우로서 금융위원회가 정하여 고시하는 외국 보관기관에 예탁하는 경우
   4. 그 밖에 해당 증권의 성격이나 권리의 내용 등을 고려할 때 예탁이 부적합한 경우로서 총리령으로 정하는 경우

수행하는 기관을 통하여 집중처리되는 것이 보다 효과적인 결과가 될 것이다.[1] 현재 실제 실무에서는 예탁결제원의 "집합투자재산 예탁결제시스템"을 통하여 이루어지고 있다.

3. 자신의 고유재산 등과의 거래제한

집합투자재산을 보관·관리하는 신탁업자는 자신이 보관·관리하는 집합투자재산을 자신의 고유재산, 다른 집합투자재산 또는 제3자로부터 보관을 위탁받은 재산과 거래하여서는 아니 된다(법 246조 5항 본문). 다만, 집합투자재산을 효율적으로 운용하기 위하여 필요한 경우로서 예외적인 경우[2]에는 그러하지 아니하다(법 246조 5항 단서, 법 시행령 268조 4항).

4. 이해관계인과의 거래제한

집합투자재산을 보관·관리하는 신탁업자는 자신이 보관·관리하는 집합투자재산을 그 이해관계인의 고유재산과 거래하여서는 아니 된다(법 246조 6항).

5. 정보 이용 금지

집합투자재산을 보관·관리하는 신탁업자는 그 집합투자기구의 집합투자재산에 관한 정보를 자기의 고유재산의 운용, 자기가 운용하는 집합투자재산의 운용 또는 자기가 판매하는 집합투자증권의 판매를 위하여 이용하여서는 아니 된다(법 246조 7항).

제247조(운용행위감시 등)

① 집합투자재산(투자회사재산을 제외한다)을 보관·관리하는 신탁업자는 그 집합투자재산을 운용하는 집합투자업자의 운용지시 또는 운용행위가 법령, 집합투자규약 또는 투자설명서(예비투자설명서 및 간이투자설명서를 포함한다. 이하 이 조에서 같다) 등을 위반하는지 여부에 대하여 대통령령으로 정하는 기준 및 방법에 따라 확인하고 위반사항이 있는 경우에는 그 집합투자업자에 대하여 그 운용지시 또는 운용행위의 철회·변경 또는 시정을 요구하여야 한다.

② 투자회사재산을 보관·관리하는 신탁업자는 그 투자회사재산을 운용하는 집합투자업자의 운용행위가 법령, 정관 또는 투자설명서 등을 위반하는지의 여부에 대하여 대통령령으로 정하는 기준 및 방법에 따라 확인하고 위반이 있는 경우에는 그 투자회사의 감독이사에게 보고하여야 하며, 보고를 받은 투자회사의 감독이사는 그 투자회사재산을 운용하는 집합투자업자에 대하여 그 운용행위의 시정을 요구하여야 한다.

③ 집합투자재산(투자회사재산을 제외한다)을 보관·관리하는 신탁업자 또는 투자회사의 감독이사

---

1) 예탁결제시스템은 간접투자자산운용업법 제정 당시 도입된 제도로, 동 제도가 도입되기 전에는 증권 등의 취득·처분 등의 운용지시가 팩스 또는 이메일 등으로 이루어져 업무의 효과가 낮을 뿐 아니라, 정확성도 낮다는 지적이 제기되어 이를 개선할 목적으로 도입한 것이다.

2) 법 시행령 제268조 제3항 제4호 적용범위와 관련하여 '통화스왑'은 제외됨(「자본시장법 유권해석」, 세경사, 2009. 7. 10, 187쪽 이하 참조).

는 해당 집합투자재산을 운용하는 집합투자업자가 제 1 항 또는 제 2 항에 따른 요구를 제3영업일 이내에 이행하지 아니하는 경우에는 그 사실을 금융위원회에 보고하여야 하며, 대통령령으로 정하는 사항을 대통령령으로 정하는 방법에 따라 공시하여야 한다. 다만, 투자회사의 감독이사가 금융위원회에 대한 보고 또는 공시에 관한 업무를 이행하지 아니한 경우에는 그 투자회사재산을 보관·관리하는 신탁업자가 이를 이행하여야 한다. 〈개정 2008. 2. 29〉

④ 집합투자업자는 제 1 항 또는 제 2 항의 요구에 대하여 금융위원회에 이의를 신청할 수 있다. 이 경우 관련 당사자는 대통령령으로 정하는 기준에 따라 행하는 금융위원회의 결정에 따라야 한다. 〈개정 2008. 2. 29〉

⑤ 집합투자재산을 보관·관리하는 신탁업자는 집합투자재산과 관련하여 다음 각 호의 사항을 확인하여야 한다.

1. 투자설명서가 법령 및 집합투자규약에 부합하는지 여부
2. 제88조 제 1 항·제 2 항에 따른 자산운용보고서의 작성이 적정한지 여부
3. 제93조 제 2 항에 따른 위험관리방법의 작성이 적정한지 여부
4. 제238조 제 1 항에 따른 집합투자재산의 평가가 공정한지 여부
5. 제238조 제 6 항에 따른 기준가격 산정이 적정한지 여부
6. 제 1 항 또는 제 2 항의 시정요구 등에 대한 집합투자업자의 이행명세
7. 그 밖에 투자자 보호를 위하여 필요한 사항으로서 대통령령으로 정하는 사항

⑥ 집합투자재산을 보관·관리하는 신탁업자는 제 1 항에 따른 요구를 하거나 제 2 항에 따른 보고를 하기 위하여 필요한 경우 또는 제 5 항 각 호의 사항을 확인하기 위하여 필요한 경우에는 해당 집합투자업자 또는 투자회사등에 대하여 관련된 자료의 제출을 요구할 수 있다. 이 경우 그 집합투자업자 또는 투자회사등은 정당한 사유가 없는 한 이에 응하여야 한다.

⑦ 집합투자재산을 보관·관리하는 신탁업자가 제 5 항 각 호의 사항을 확인하는 시기·절차·범위 등에 관하여 필요한 사항은 총리령으로 정한다. 〈개정 2008. 2. 29〉

시행령 제**269**조(신탁업자 등의 감시의무 등) ① 신탁업자는 법 제247조 제 1 항 및 제 2 항에 따라 자산의 취득·처분 등의 지시나 보관·관리 등의 지시를 이행한 후 그 지시 내용이 다음 각 호의 사항을 포함하여 금융위원회가 정하여 고시하는 기준을 위반하는지를 확인하여야 한다.

1. 법 제80조부터 제85조까지에서 규정한 사항. 다만, 집합투자업자가 운용하는 전체 집합투자기구의 집합투자재산을 보관·관리하는 신탁업자가 둘 이상이어서 특정 신탁업자가 보관·관리하는 집합투자재산에 관한 정보만으로는 그 위반 여부를 확인할 수 없는 사항은 제외한다.
2. 집합투자규약에서 정한 투자대상자산별 투자한도
3. 그 밖에 자산운용행위를 감시하기 위하여 필요한 사항으로서 금융위원회가 정하여 고시하는 사항

② 집합투자재산(투자회사재산은 제외한다)을 보관·관리하는 신탁업자나 투자회사의 감독이사는 법 제247조 제 3 항 본문에 따라 다음 각 호의 사항을 그 집합투자증권을 판매하는 투자매매업자·투자중개업자의 본점과 지점, 그 밖의 영업소에 게시하여 투자자가 열람할 수 있도록 하거나, 인터넷 홈페이지 등을 이용하여 공시하여야 한다.

1. 집합투자업자의 지시내용
2. 집합투자업자의 지시내용 중 법령·집합투자규약·투자설명서 등을 위반한 사항
3. 집합투자업자가 법 제247조 제 4 항에 따라 금융위원회에 대하여 이의신청을 한 경우에는 그 내용과 이에 대한 금융위원회의 결정내용

③ 법 제247조 제 4 항 후단에서 "대통령령으로 정하는 기준"이란 다음 각 호의 기준을 말한다.

1. 집합투자업자가 금융위원회에 이의신청을 한 날부터 30일 이내에 그 지시내용이 법령·집합투자규약 또는 투자설명서 등을 위반하였는지를 결정할 것. 다만, 부득이한 사정으로 그 기간 이내에 결정할 수 없는 경우에는 이의신청을 한 날부터 60일 이내에 결정할 것
2. 위반사항을 시정하기 위한 방법과 시기 등을 결정하여 집합투자업자에게 통지할 것

④ 법 제247조 제5항 제7호에서 "대통령령으로 정하는 사항"이란 제242조 제1항 제2호에 따른 집합투자증권의 추가발행 시 기존 투자자의 이익을 해칠 염려가 없는지 여부를 말한다.

시행규칙 제**24**조(신탁업자의 확인 등) ① 신탁업자는 법 제247조 제1항 및 제2항에 따라 법 제247조 제5항 각 호의 사항을 지체 없이 확인하여야 하며, 확인 결과 법령 등에 위반된 사실이 있을 때에는 집합투자업자(투자회사의 법인이사인 집합투자업자는 제외한다)에 대하여 그 위반의 시정을 요구하거나 투자회사의 감독이사에게 그 위반의 사실을 지체 없이 보고하여야 한다.

② 신탁업자는 법 제247조 제5항 제5호에 따른 기준가격 산정이 적정한지를 확인할 때 투자신탁이나 법 제9조 제18항 제6호에 따른 투자익명조합의 집합투자업자 또는 법 제182조 제1항에 따른 투자회사등이 산정한 기준가격과 신탁업자가 산정한 기준가격의 편차가 1,000분의 3 이내인 경우에는 그 기준가격이 적정하게 산정된 것으로 보며, 그 편차가 1,000분의 3을 초과하는 경우에는 지체 없이 집합투자업자(투자회사의 법인이사인 집합투자업자는 제외한다)에게 시정을 요구하거나 투자회사의 감독이사에게 보고하여야 한다.

③ 집합투자업자(투자회사의 법인이사인 집합투자업자는 제외한다) 또는 투자회사의 감독이사는 제2항에 따라 시정요구 또는 보고를 받은 경우에는 그 사실을 해당 집합투자증권을 판매한 투자매매업자 또는 투자중개업자를 통하여 투자자에게 개별통지(투자자가 전자우편을 통하여 받는다는 의사표시를 한 경우에는 전자우편을 통한 통지를 포함한다)하여야 하며, 집합투자업자, 투자매매업자·투자중개업자 및 법 제283조에 따라 설립된 한국금융투자협회의 인터넷 홈페이지 등을 이용하여 공시하여야 한다.

④ 집합투자업자(투자회사의 법인이사인 집합투자업자는 제외한다) 또는 투자회사의 감독이사는 제3항에도 불구하고 다음 각 호의 어느 하나에 해당하는 경우에는 투자매매업자 또는 투자중개업자를 통하여 투자자에게 개별통지하지 아니할 수 있다.
1. 투자자가 통지에 대하여 미리 거부의 의사표시를 한 경우
2. 투자자가 그 집합투자기구의 집합투자증권에 대한 추가매수나 환매청구를 하지 아니한 경우

Ⅰ. 본조의 취지

집합투자제도에 있어 중요한 근간 중 하나가 자산의 운용을 담당하는 집합투자업자는 투자자의 이익을 위해 최선을, 그리고 법령이 허용한 범위 내에서 신의성실의 원칙을 다하여 투자자의 자산을 운용하고 관리하는지 여부이다. 그런 점에서 집합투자업자에 대해 자기의 이익을 위하여 고객의 자산을 이용하거나 타인에게 이용하게 하는 등 투자자의 이익에 반하는 행위에 대해서는 엄격한 제한을 두고 있다. 이러한 행위제한이 엄격히 준수될 수 있도록 하기 위하여 집합투자업자의 행위에 대해 상시적으로 감시하는 의무를 신탁업자에게 부여한다는 취지이다.

Ⅱ. 운용행위에 대한 감시

1. 감시의 주체 및 시정요구

신탁업자는 그 집합투자재산을 운용하는 집합투자업자의 운용지시 또는 운용행위가 법령, 집합투자규약 또는 투자설명서등을 위반하는지 여부에 대하여 확인하고 위반사항이 있는 경우에는 그 집합투자업자에 대하여 운용지시 또는 운용행위의 철회·변경 또는 시정을 요구하여야 한다(법 247조 1항). 투자회사의 경우에는 투자회사 감독이사를 통하여 집합투자업자에게 철회·변경 또는 시정을 요구하여야 한다(법 247조 2항).

2. 운용행위 감시의 대상

신탁업자는 집합투자업자의 지시내용이 다음 어느 하나에 해당하는지 여부에 대해 위반여부를 확인하여야 한다(법 시행령 269조 1항).

(1) 법 제80조부터 제85조까지에서 정한 사항[1)]

집합투자업자의 자산운용 또는 자산운용제한, 행위제한과 관련된 사항에 대해 법규준수여부를 상시 확인하여야 한다. 다만, 집합투자업자가 운용하는 전체 집합투자기구의 집합투자재산을 보관·관리하는 신탁업자가 둘 이상이어서 특정 신탁업자가 보관·관리하는 집합투자재산에 관한 정보만으로는 그 위반여부를 확인할 수 없는 사항[2)]에 대해서는 확인의무에서 이를 제외시키고 있다.

(2) 집합투자규약에서 정한 투자대상별 투자한도

집합투자규약에서 정한 투자대상별 투자한도는 투자자의 손익과 직결되는 경우가 많기 때문에 신탁업자로 하여금 상시 확인하도록 의무를 부여한 것이다.

3. 운용행위의 시정요구 미이행 및 공시

신탁업자 또는 투자회사의 감독이사는 해당 집합투자재산을 운용하는 집합투자업자가 철회·변경 또는 시정 요구를 제 3 영업일 이내에 이행하지 아니하는 경우에는 그 사실을 금융위원회에 보고하여야 하며, (i) 집합투자업자의 지시내용, (ii) 집합투자업자의 지시내용 중 법령·집합투자규약·투자설명서 등을 위반한 사항, (iii) 집합투자업자가 법 제247조 제 4 항에 따라 금융위원회에 대하여 이의신청을 한 경우 그 내용 및 이에 대한

---

1) 第80조(자산운용의 지시 및 실행), 第81조(자산운용의 제한), 第82조(자기집합투자증권의 취득제한), 第83조(금전차입 등의 제한), 第84조(이해관계인과의 거래제한 등), 第85조(불건전 영업행위의 금지).

2) (예시) 법 제81조 제 1 항 제 1 호 나목의 경우 각 집합투자업자가 운용하는 전체 집합투자재산을 기준으로 한도가 설정. 그런데 집합투자업자가 여러 신탁업자와 계약을 체결한 경우 특정 신탁업자가 당해 집합투자업자의 동 규정을 준수하는지 여부에 대해 확인할 수 없는 경우가 있기 때문이다.

금융위원회의 결정내용을 집합투자증권을 판매하는 투자매매업자·투자중개업자의 본점과 지점, 그 밖의 영업소에 게시하여 투자자가 열람할 수 있도록 하거나, 인터넷 홈페이지 등[1]을 이용하여 공시하여야 한다(법 247조 3항 본문, 법 시행령 269조 2항). 다만, 투자회사의 감독이사가 금융위원회에 대한 보고 또는 공시에 관한 업무를 이행하지 아니한 경우에는 그 투자회사재산을 보관·관리하는 신탁업자가 이를 이행하여야 한다(법 247조 3항 단서).

4. 운용행위의 시정요구에 대한 이의신청 및 금융위원회의 결정에 따를 의무

집합투자업자는 신탁업자의 요구에 대하여 금융위원회에 이의를 신청할 수 있다. 이 경우 관련 당사자는 금융위원회가 정하는 결정에 따라야 한다(법 247조 4항).

5. 자료제출 요구권

신탁업자는 요구를 하거나 보고를 하기 위하여 필요한 경우 해당 집합투자업자 또는 투자회사등에 대하여 관련된 자료의 제출을 요구할 수 있다. 이 경우 그 집합투자업자 또는 투자회사등은 정당한 사유가 없는 한 이에 응하여야 한다(법 247조 6항).

6. 운용행위 감시 위반자에 대한 제재

제247조 제1항을 위반하여 철회·변경 또는 시정을 요구하지 아니한 자는 3년 이하의 징역 또는 1억원 이하의 벌금에 처한다(법 445조).

Ⅲ. 신탁업자의 확인의무

1. 신탁업자가 확인할 사항

신탁업자는 집합투자재산과 관련하여 다음의 사항에 대해 지체 없이 확인하여야 하며, 확인 결과 법령 등에 위반된 사실이 있을 때에는 집합투자업자(투자회사의 법인이사인 집합투자업자는 제외한다)에 대하여 그 위반의 시정을 요구하거나 투자회사의 감독이사에게 그 위반의 사실을 지체 없이 보고하여야 한다(법 247조 5항).

i) 투자설명서가 법령 및 집합투자규약에 부합하는지 여부
ii) 법 제88조 제1항·제2항에 따른 자산운용보고서의 작성이 적정한지 여부
iii) 법 제93조 제2항에 따른 위험관리방법의 작성이 적정한지 여부
iv) 법 제238조 제1항에 따른 집합투자재산의 평가가 공정한지 여부

---

1) 누구의 인터넷 홈페이지를 말하는 것인지가 불분명하다. 투자자에게 그 사실을 알린다는 관점에서 보면, 집합투자증권을 판매한 투자매매업자 또는 투자중개업자, 신탁업자의 홈페이지 정도로 이해할 수 있을 것이다.

v) 법 제238조 제 6 항에 따른 기준가격 산정이 적정한지 여부

vi) 법 제247조 제 1 항 또는 제 2 항의 시정요구 등에 대한 집합투자업자의 이행명세

vii) 법 시행령 제242조 제 1 항 제 2 호에 따른 집합투자증권의 추가발행이 적정한지 여부

2. 기준가격 확인에 대한 특례

(1) 확인 및 보고의무

신탁업자는 법 제247조 제 5 항 제 5 호에 따른 기준가격 산정이 적정한지를 확인할 때 투자신탁이나 투자익명조합의 집합투자업자 또는 투자회사등이 산정한 기준가격과 신탁업자가 산정한 기준가격의 편차가 1,000분의 3 이내인 경우에는 그 기준가격이 적정하게 산정된 것으로 보며, 그 편차가 1,000분의 3을 초과하는 경우에는 지체 없이 집합투자업자(투자회사의 법인이사인 집합투자업자는 제외한다)에게 시정을 요구하거나 투자회사의 감독이사에게 보고하여야 한다(금융투자업규정 24조 2항). 기준가 산출에 대한 확인이 중요한 사항임에도 불구하고 그 편차가 1,000분의 3 이내인 경우 적정하게 산출된 것으로 보는 특례를 둔 이유는 집합투자업자 및 신탁업자가 어떤 산출방식을 사용하는지에 따라 집합투자업자가 산출한 기준가와 신탁업자가 산출한 기준가가 어느 정도는 차이가 있을 수밖에 없다는 현실을 감안한 것이다.

(2) 개별통지 및 예외 인정

집합투자업자(투자회사의 법인이사인 집합투자업자는 제외한다) 또는 투자회사의 감독이사는 시정요구 또는 보고를 받은 경우에는 그 사실을 해당 집합투자증권을 판매한 투자매매업자 또는 투자중개업자를 통하여 투자자에게 개별통지(투자자가 전자우편을 통하여 받는다는 의사표시를 한 경우에는 전자우편을 통한 통지를 포함한다)하여야 한다(금융투자업규정 24조 3항). 다만 투자자가 통지에 대하여 미리 거부의 의사표시를 한 경우 또는 투자자가 그 집합투자기구의 집합투자증권에 대한 추가매수나 환매청구를 하지 아니한 경우에는 통지를 생략할 수 있다(금융투자업규정 24조 4항).

(3) 홈페이지를 통한 공시

집합투자업자(투자회사의 법인이사인 집합투자업자는 제외한다) 또는 투자회사의 감독이사는 시정요구 또는 보고를 받은 경우에는 그 사실을 집합투자업자, 투자매매업자·투자중개업자 및 한국금융투자협회의 인터넷 홈페이지 등을 이용하여 공시하여야 한다(법 시행령 269조 2항).

3. 신탁업자의 자료제출 요구권

신탁업자는 법령에서 요구한 확인사항을 수행하기 위해 필요한 경우에는 해당 집합투자업자 또는 투자회사등에 대하여 관련된 자료의 제출을 요구할 수 있다. 이 경우 그 집합투자업자 또는 투자회사등은 정당한 사유가 없는 한 이에 응하여야 한다(법 247조 6항).

第248조(자산보관·관리보고서의 교부)

① 집합투자재산을 보관·관리하는 신탁업자는 집합투자재산에 관하여 제90조 제2항 각 호의 어느 하나의 사유가 발생한 날부터 2개월 이내에 다음 각 호의 사항이 기재된 자산보관·관리보고서를 작성하여 투자자에게 교부하여야 한다. 다만, 투자자가 수시로 변동되는 등 투자자의 이익을 해할 우려가 없는 경우로서 대통령령으로 정하는 경우에는 자산보관·관리보고서를 투자자에게 교부하지 아니할 수 있다. 〈개정 2009. 2. 3〉

1. 집합투자규약의 주요 변경사항
2. 투자운용인력의 변경
3. 집합투자자총회의 결의내용
4. 제247조 제5항 각 호의 사항
5. 그 밖에 대통령령으로 정하는 사항

② 신탁업자는 제1항에 따른 자산보관·관리보고서를 제1항의 기간 이내에 금융위원회 및 협회에 교부하여야 한다. 〈개정 2008. 2. 29, 2009. 2. 3〉

③ 제1항에 따른 자산보관·관리보고서의 제공시기 및 방법, 비용부담 등에 관하여 필요한 사항은 대통령령으로 정한다.

시행령 제**270**조(자산보관·관리보고서) ① 법 제248조 제1항 각 호 외의 부분 단서에서 "대통령령으로 정하는 경우"란 다음 각 호의 어느 하나에 해당하는 경우를 말한다. 〈개정 2009. 2. 3〉

1. 투자자가 자산보관·관리보고서를 받기를 거부한다는 의사를 서면으로 표시한 경우
2. 신탁업자가 금융위원회가 정하여 고시하는 방법에 따라 다음 각 목의 어느 하나에 해당하는 집합투자기구의 자산보관·관리보고서를 공시하는 경우
   가. 단기금융집합투자기구
   나. 환매금지형집합투자기구(법 제230조 제3항에 따라 그 집합투자증권이 상장된 경우만 해당한다)
   다. 상장지수집합투자기구
3. 투자자가 소유하고 있는 집합투자증권의 평가금액이 10만원 이하인 경우로서 집합투자규약에서 자산보관·관리보고서를 교부하지 아니한다고 정하고 있는 경우

② 법 제248조 제1항 제5호에서 "대통령령으로 정하는 사항"이란 다음 각 호의 사항을 말한다.

1. 법 제84조 제1항에 따른 이해관계인과의 거래의 적격 여부를 확인한 경우에는 그 내용
2. 회계감사인의 선임, 교체 및 해임에 관한 사항
3. 그 밖에 투자자를 보호하기 위하여 필요한 사항으로서 금융위원회가 정하여 고시하는 사항

③ 신탁업자는 투자자에게 자산보관·관리보고서를 교부하는 경우에는 집합투자증권을 판매한 투자매매업자·투자중개

업자 또는 예탁결제원을 통하여 직접 또는 전자우편의 방법으로 교부하여야 한다. 다만, 투자자에게 전자우편 주소가 없는 등의 경우에는 법 제89조 제 2 항 제 1 호 및 제 3 호의 방법에 따라 공시하는 것으로 갈음할 수 있으며, 투자자가 우편발송을 원하는 경우에는 그에 따라야 한다. 〈개정 2009. 12. 21, 2012. 6. 29〉
④ 자산보관·관리보고서를 작성·교부하는 데에 드는 비용은 신탁업자가 부담한다. 〈개정 2009. 2. 3〉
⑤ 자산보관·관리보고서의 서식과 작성방법, 그 밖에 필요한 사항은 금융위원회가 정하여 고시한다.

규정 제**7-41**조(자산보관·관리보고서의 공시) ① 영 제270조 제 1 항 제 2 호에서 "금융위원회가 정하여 고시하는 방법"이란 신탁업자가 자산보관·관리보고서를 신탁업자, 투자매매업자·투자중개업자 및 협회의 인터넷 홈페이지를 이용하여 공시하는 방법을 말한다.
② 자산보관·관리보고서의 서식 및 작성방법 등에 관하여 필요한 사항은 금융감독원장이 정한다.
③ 신탁업자가 영 제270조 제 3 항에 따라 예탁결제원을 통하여 자산보관·관리보고서를 교부하려는 경우에는 집합투자증권을 판매한 투자매매업자·투자중개업자는 투자자의 성명 및 주소 등 자산운용보고서의 교부에 필요한 정보를 예탁결제원에 제공하여야 한다. 〈신설 2012. 11. 21〉

제**7-41**조의**2**(정기보고) 집합투자업자는 영 제271조 제 5 항에 따라 매분기의 말일부터 2개월 이내에 금융감독원장이 정하는 서식 및 작성방법에 따른 보고서를 제출하여야 한다. [전문개정 2013. 9. 17]

제**7-41**조의**3**(적격투자자) ① 영 제271조의2제 1 항 제 4 호에서 "금융위원회가 정하여 고시하는 국제기구"란 「국제금융기구에의 가입조치에 관한 법률」 제 2 조 제 1 항 각 호의 국제금융기구를 말한다.
② 영 제271조의2 제 1 항 제 6 호에서 "금융위원회가 정하여 고시하는 전문투자자"란 다음 각 호의 어느 하나에 해당하는 자를 말한다.
1. 한국은행
2. 주권상장법인
3. 영 제10조 제 2 항 제 9 호부터 제13호까지, 제15호부터 제17호까지의 어느 하나에 해당하는 자 및 이에 준하는 외국 금융기관
4. 영 제10조 제 3 항 제16호에 해당하는 자 [전문개정 2013. 9. 17]

제**7-41**조의**4**(정기보고) 집합투자업자는 영 제271조의2 제 6 항에 따라 매분기의 말일부터 1개월 이내에 금융감독원장이 정하는 서식 및 작성방법에 따른 보고서를 제출하여야 한다. [본조신설 2013. 9. 17]

Ⅰ. 본조의 취지

구간투법 제정 당시 처음으로 도입된 제도이다. 신탁업자의 감시기능이 대폭 강화됨에 따라 신탁업자가 수행해야 할 업무가 많아지게 되었고 수행한 업무를 자산보관·관리보고서에 기재하여 투자자에게 제공한다는 취지에서 도입된 것이다. 투자자는 이 보고서를 통하여 신탁업자의 적절한 감시기능 수행 여부를 확인할 수 있음은 물론 집합투자업

자의 위법행위 등을 파악할 수 있게 된다.

Ⅱ 자산보관·관리보고서 제공

1. 원 칙

신탁업자는 자기에게 주어진 확인의무 또는 감시업무 수행 결과에 대해 보고서를 작성하여 매 1 년 단위로 집합투자자에게 제공하여야 한다.

2. 적용 제외

신탁업자는 투자자가 수시로 변동되는 등 투자자의 이익을 해할 우려가 없는 경우로서 다음의 어느 하나에 해당하는 때에는 자산보관·관리보고서를 제공하지 않아도 된다(법 248조 1항 단서, 법 시행령 270조 1항).

(a) 투자자가 자산보관·관리보고서의 수령을 거부한다는 의사를 서면으로 표시한 경우

(b) 신탁업자가 다음 각 목의 어느 하나에 해당하는 집합투자기구의 자산보관·관리보고서를 신탁업자, 투자매매업자·투자중개업자 및 금융투자협회의 인터넷 홈페이지를 이용하여 공시하는 경우

i) 단기금융집합투자기구

ii) 환매금지형집합투자기구(법 230조 3항에 따라 그 집합투자증권이 상장된 경우에 한한다)

iii) 상장지수집합투자기구

(c) 투자자가 소유하고 있는 집합투자증권의 평가금액이 10만원 이하인 경우로서 집합투자규약에서 자산보관·관리보고서를 제공하지 아니한다고 정하고 있는 경우

Ⅲ. 자산보관·관리보고서 기재사항

신탁업자는 집합투자재산에 관하여 법 제90조 제 2 항 각 호의 어느 하나의 사유가 발생한 날부터 2개월 이내에 다음의 사항이 기재된 자산보관·관리보고서를 작성하여 집합투자증권을 판매한 투자매매업자·투자중개업자 또는 예탁결제원을 통하여 직접 또는 우편발송 등의 방법으로 투자자에게 제공하여야 한다(법 248조 1항, 법 시행령 270조 2항 및 3항 본문). 다만, 투자자에게 전자우편 주소가 없는 등의 경우에는 법 제89조 제 2 항 제 1 호 및 제 3 호의 방법에 따라 공시하는 것으로 갈음할 수 있으며, 투자자가 우편발송을 원하는 경우에는 그에 따라야 한다(법 시행령 270조 3항 단서). 그리고 신탁업자는 상기 기간 이내에 자산보관·관리보고서를 금융위원회 및 협회에 교부하여야 한다(법 248조 2항). 한편

자산보관·관리보고서의 작성방법 등에 대해서는 금융투자업규정 시행세칙(서식 45)에서 상세히 정하고 있다.

i) 집합투자규약의 주요 변경사항

ii) 투자운용인력의 변경

iii) 집합투자자총회의 결의내용

iv) 제247조 제5항 각 호의 사항

v) 법 제84조 제1항에 따른 이해관계인과의 거래의 적격여부를 확인한 경우 그 내용

vi) 회계감사인의 선임, 교체 및 해임에 관한 사항

Ⅳ. 비용부담

자산보관·관리보고서를 작성·제공하는 데 드는 비용은 신탁업자가 부담한다(법 시행령 270조 4항). 작성자인 신탁업자의 비용부담 원칙을 명시하고 있다.

[초판: 서종군, 개정판: 이방우]

제 7 장 사모집합투자기구 등에 대한 특례

제249조(사모집합투자기구에 대한 특례)

① 제57조, 제81조 제 1 항 제 1 호·제 3 호·제 4 호 및 같은 조 같은 항 각 호 외의 부분 단서(대통령령으로 정하는 경우에 한한다), 제88조, 제89조(제186조 제 2 항에서 준용하는 경우를 포함한다), 제90조(제186조 제 2 항에서 준용하는 경우를 포함한다), 제91조 제 3 항(제186조 제 2 항에서 준용하는 경우를 포함한다), 제93조, 제230조 제 3 항, 제238조 제 7 항, 제239조 제 3 항부터 제 5 항까지, 제240조 제 3 항부터 제 9 항까지, 제241조, 제247조 및 제248조는 사모집합투자기구에는 적용하지 아니한다.

② 사모집합투자기구의 투자자는 그 집합투자증권을 분할하는 방법으로 타인에게 양도하여서는 아니 된다. 다만, 양도의 결과 사모집합투자기구의 요건을 충족하는 범위에서는 분할하여 양도할 수 있다.

③ 사모집합투자기구의 투자자(투자신탁의 경우 그 투자신탁재산을 운용하는 집합투자업자를 말한다)는 제188조 제 4 항, 제194조 제 7 항(제196조 제 6 항에서 준용하는 경우를 포함한다), 제207조 제 4 항, 제213조 제 4 항, 제217조의2 제 4 항, 제218조 제 2 항 및 제224조 제 2 항에 불구하고 객관적인 가치평가가 가능하고 다른 투자자의 이익을 해할 우려가 없는 경우에는 대통령령으로 정하는 방법에 따라 증권, 부동산 또는 실물자산 등 금전 외의 자산으로 납입할 수 있다. 〈개정 2013. 5. 28〉

④ 집합투자자총회 및 그와 관련된 사항은 사모집합투자기구에는 적용하지 아니한다.

⑤ 사모집합투자기구인 투자신탁이나 투자익명조합의 집합투자업자 또는 투자회사등이 이 법 또는 「상법」에 따라 투자자에게 공시 또는 공고하여야 하는 사항에 대하여 집합투자규약에서 정한 방법으로 전체 투자자에게 통지한 경우에는 이 법 또는 「상법」에 따라 공시 또는 공고한 것으로 본다.

⑥ 사모집합투자기구인 투자신탁이나 투자익명조합의 집합투자업자 또는 투자회사등은 대통령령으로 정하는 방법에 따라 사모집합투자기구의 집합투자재산 운용 현황, 파생상품 매매 현황 등을 금융위원회에 보고하여야 한다. 〈개정 2013. 5. 28〉

⑦ 사모집합투자기구의 요건, 운용 특례, 그 밖에 필요한 사항은 대통령령으로 정한다. 〈신설 2013. 5. 28〉

시행령 제**271**조(사모집합투자기구에 대한 특례) ① 법 제249조 제 1 항에서 "대통령령으로 정하는 경우"란 법 제81조 제 1 항 단서(제80조 제 1 항 제 6 호는 제외한다), 법 제81조 제 1 항 제 1 호(라목 및 마목은 제외한다)·제 3 호(가목 및 나목은 제외한다) 및 제 4 호에 해당하는 경우를 말한다.

② 법 제249조 제 3 항에서 "대통령령으로 정하는 방법"이란 다음 각 호의 요건을 모두 충족하는 것을 말한다.

1. 다른 투자자 전원의 동의를 받을 것. 다만, 「공직자윤리법」에 따라 주식백지신탁계약을 체결할 목적으로 설정된 투자신탁의 경우는 제외한다.

2. 법 제238조 제 1 항에서 정한 가격에 기초하여 집합투자재산평가위원회가 정한 가격으로 납부할 것
③ 사모집합투자기구에 제80조 제 6 항을 적용할 때 "100분의 100"은 "100분의 400"으로 하고, 법 제81조 제 1 항 제 3 호 나목을 적용할 때 "100분의 20"은 "100분의 50"으로 한다.
④ 사모집합투자기구에 대하여는 제97조 제 3 항 제 2 호를 적용하지 아니한다.
⑤ 사모집합투자기구인 투자신탁이나 투자익명조합의 집합투자업자 또는 투자회사등은 법 제249조 제 6 항에 따라 사모집합투자기구별로 다음 각 호의 사항을 분기별로 금융위원회가 정하여 고시하는 서식 및 절차에 따라 보고하여야 한다. 〈신설 2013. 8. 27〉

Ⅰ. 본조의 취지 및 입법연혁

집합투자란 2인 이상에게 투자권유를 하여 모은 금전 등을 투자대상자산을 취득하는 등의 방법으로 운용하고 그 결과를 그 투자자에게 배분하여 주는 것(법 6조 5항)으로서,[1] 이러한 집합투자를 수행하기 위한 기구를 집합투자기구라 한다(법 9조 18항). 이와 같은 집합투자기구는 투자자의 모집방식, 즉 투자권유의 대상자의 수에 따라 공모집합투자기구와 사모집합투자기구로 분류하고 있다(법 9조 19항). 즉 금전 등을 일반 대중을 상대로 공개적으로 투자자를 모집하는 공모집합투자기구와 소수의 투자자를 상대로 사적으로 투자자를 모집(private placement)하는 사모집합투자기구가 있다. 대부분의 국가에서는 사모집합투자기구를 법적 규제의 영역 밖에 두고 있지만, 이 법은 집합투자기구를 공모집합투자기구와 사모집합투자기구로 구분하여 원칙적으로 모두 이 법의 적용을 받도록 하되, 사모집합투자기구에 대해서는 공모집합투자기구에 대한 규제의 적용을 일부 제외하는 입법방식을 취하고 있다.

사모집합투자기구는 투자자를 사적으로 모집하고 투자지분의 양도가 제한되는 등 폐쇄구조를 지니고 투자자가 투자재산의 운용에 적극 참여할 수 있다는 점을 고려하여 투자자 보호를 위한 설립·설정, 집합투자증권의 판매행위, 집합투자재산의 운용행위, 집합투자기구정보의 공시 등 집합투자기구에 대한 규제를 일부 면제하거나 완화하는 규제체계를 갖추고 있다.[2]

한편, 사모증권투자회사는 1998. 9. 16. 제정된 구증권투자회사법 제79조(소수의 투자자

1) 2013. 5. 28. 개정되어 2015. 1. 1.부터 시행되기 전의 이 법에서는 '집합투자'의 정의 규정 중 해당 부분이 "2인 이상의 투자자로부터 모은 금전등 (후략)"이 아니라 "2인 이상에게 투자권유를 하여 모은 금전등"이라고 되어 있었고, 따라서 투자권유를 2인 이상에게만 하면 실제로 1인의 투자자로부터 금전등을 모으더라도 집합투자에 해당할 수 있었다.
2) 박광철, "사모펀드의 법적규제에 관한 연구," 건국대학교 박사학위논문, 2006, 47쪽.

를 대상으로 하는 증권투자회사에 관한 특례)에 "증권거래법 제 2 조 제 3 항 및 동조 제 4 항의 규정에 의한 모집 또는 매출 외의 방법으로만 주식을 발행하는 증권투자회사에 대하여는 등록요건, 자산운용의 범위, 자산운용업무의 위탁 등의 규정을 적용하지 아니한다"는 규정을 신설함으로써 최초 도입되었으며, 2001. 3. 28. 일부개정으로 사모증권투자회사의 요건이 주주의 수가 100인 미만인 증권투자회사로 변경되고 적용제외 조항도 확대되었다. 또한 사모증권투자신탁은 1998. 9. 16. 구증권투자신탁업법의 일부개정에 의하여 제 2 조의 증권투자신탁의 정의 중 불특정다수인을 투자자로 변경함과 동시에 제83조 제 2 항을 신설하여 "증권거래법 제 2 조 제 3 항 및 동조 제 4 항의 규정에 의한 모집 또는 매출 외의 방법으로만 발행한 수익증권에 의한 신탁재산에 대하여는 분산투자요건 등의 규정을 적용하지 아니한다"고 규정함으로써 최초로 도입되었으며, 1999. 2. 1. 일부개정으로 사모증권투자신탁의 요건인 수익자의 수가 100인 미만으로 변경되고 적용제외 조항도 확대되었다. 이후 2003. 10. 4. 제정된 구간접투자자산운용업법 제175조에서는 사모간접투자기구의 요건을 '증권거래법 제 2 조 제 3 항 및 제 4 항의 규정에 의한 모집 또는 매출의 방법으로만 간접투자증권을 발행하는 간접투자기구로서 간접투자자가 기관투자자 등이거나[1) 30인 이하인 간접투자기구'로 변경하고 적용제외 조항을 대폭 확대하여 규제를 완화하였다.

Ⅱ. 사모집합투자기구의 요건

사모집합투자기구의 정의에 비추어 사모집합투자기구의 개념을 정립하기 위해서는 두 가지 요건이 필요하다. 첫째, 집합투자증권을 사모로만 발행하는 집합투자기구이어야 하므로 새로 발행되는 집합투자증권의 취득의 청약을 권유하는 것으로서 모집에 해당되지 아니하여야 하고, 둘째, 기관투자자 등 전문투자자를 제외한 투자자의 총수가 49인 이하이어야 한다(법 시행령 14조 2항).[2)]

한편, 사모집합투자기구도 공모집합투자기구와 마찬가지로 투자신탁뿐만 아니라 유한회사, 합자회사, 조합 및 익명조합의 형태로 설립이 가능하며, 사모집합투자기구의 운용자는 사모전문투자회사와 달리 이 법에 따라 인가를 받은 집합투자업자이어야 하고, 이 법에서 정하는 투자운용인력이 집합투자재산을 운용하여야 한다.

1) ① 간접투자자가 법인세법 시행령 제17조의2 제 8 항에 따른 기관투자자 또는 국가재정법에 따른 기금인 경우, ② 간접투자자가 각 간접투자기구의 간접투자증권을 100억원 이상 매입한 개인이거나 500억원 이상 매입한 법인인 경우, ③ 공직자윤리법에 따른 재산공개대상자가 동법에 따라 주식백지신탁계약을 체결한 경우.

2) 법 제 9 조 제19항의 주석을 참조.

Ⅲ. 사모집합투자기구에 대한 특례

사모집합투자기구의 투자자는 스스로 펀드투자의 위험을 감수하고 자신의 이익을 보호할 수 있는 능력이 충분하거나 운용자 또는 다른 수익자와 밀접한 관계를 유지하면서 규약 등을 통하여 펀드의 운용상황 등을 감시할 수 있기 때문에 일반투자자가 참여하는 공모집합투자기구에 비하여 투자자를 보호할 필요성이 상대적으로 적다고 볼 수 있다. 따라서 사모집합투자기구에 대해서는 집합투자재산운용의 자율성을 보장하고 공시의무를 면제하는 등 공모집합투자기구에 비하여 법적 규제를 대폭 완화하고 있다. 반면, 공모집합투자기구와 달리 취급할 필요성이 적은 집합투자기구의 등록이나 이해상충 등에 대해서는 공모집합투자기구와 동일하게 규제하고 있다.

1. 운용제한

사모집합투자기구의 집합투자재산의 운용에 관하여 법 제81조 제1항에서 정하는 집합투자업자의 자산운용 제한규정은 집합투자재산을 부동산에 운용하는 경우(동항 2호)를 제외하고 일반적으로 적용되지 아니하나, 집합투자재산의 건전한 운용을 해할 우려가 있는 일부의 행위는 공모집합투자기구와 동일하게 적용된다(법 시행령 271조 1항). 즉 적격요건을 갖추지 못한 자와 장외파생상품을 매매하는 행위(1호 라목), 파생상품의 매매에 따른 위험평가액이 각 집합투자기구의 자산총액에서 부채총액을 뺀 가액의 100분의 100을 초과하여 투자하는 행위(1호 마목), 집합투자재산을 집합투자증권에 운용함에 있어서 각 집합투자기구 자산총액의 100분의 50을 초과하여 같은 집합투자업자가 운용하는 집합투자증권에 투자하거나(3호 가목), 각 집합투자기구 자산총액의 100분의 50을 초과하여 같은 집합투자기구의 집합투자증권에 투자하는 행위(3호 나목, 법 시행령 271조 3항)는 금지되는 한편, 집합투자업자가 운용하는 집합투자기구의 집합투자재산을 외화자산에만 운용하는 경우에 그 집합투자기구의 집합투자증권, 상장지수집합투자기구의 집합투자증권, 같은 집합투자업자가 운용하는 집합투자기구의 집합투자재산을 둘 이상의 집합투자업자에게 위탁하여 운용하는 경우에 그 집합투자기구의 집합투자증권은 각 집합투자기구 자산총액의 100분의 400까지 투자할 수 있다(법 시행령 80조 6항, 271조 2항).

2. 적용배제

사모집합투자기구의 성격에 비추어 수익자 보호의 필요성이 낮은 공시·회계·수탁회사의 의무 등의 조항도 적용되지 아니한다. 즉 금융투자상품에 대한 광고의 규제(법 57조), 집합투자업자의 투자자에 대한 자산운용보고서의 제공의무(법 88조), 수시공시 의무(법 89조, 186조 2항에 준용하는 경우를 포함), 투자자의 장부·서류의 열람권 및 집합투자업자의 공시의무(법 91조, 186조 2항에 준용하는 경우를 포함), 집합투자업자의 파생상품 운용에 관한 공시의무(법 93조), 환매금지형집합투자기구의 상장의무(법 230조 3항), 기준가격의 공고·게시 의무(법 238조 7항), 결산서류 등의 비치, 열람(법 239조 3항부터 5항까지), 회계감사(법 240조 3항부터 9항까지), 회계감사인의 손해배상책임(법 241조), 신탁업자의 운용행위 감시등(법 247조), 신탁업자의 자산보관·관리보고서의 제공의무(법 248조)에 관한 조항의 적용이 제외된다.

또한 사모집합투자기구의 수익자들 사이에는 밀접한 관계가 있다고 보아 집합투자자총회에 관한 규정을 적용하지 않고, 이 법 또는 상법에 따라 투자자에게 공시 또는 공고하여야 하는 사항에 대하여 집합투자규약에서 정한 방법으로 통지한 경우에는 이 법 또는 상법에 따라 공시 또는 공고한 것으로 본다.

3. 집합투자증권의 양도제한

사모집합투자기구의 투자자는 그 집합투자증권을 분할하는 방법으로 타인에게 양도할 수 없다. 이는 사모집합투자기구가 발행한 집합투자증권을 분할하여 양도하는 행위를 무제한 허용할 경우 사모집합투자기구의 요건상의 투자자의 수를 초과함에 따라 투자자 보호의 필요성이 증대하는 등 사모집합투자기구의 본질이 훼손될 우려가 있기 때문이다. 다만, 사모집합투자기구의 요건을 충족하는 범위에서는 분할하여 양도하는 경우에는 사모집합투자기구의 본질이 유지될 수 있기 때문에 예외적으로 허용된다. 이와 같은 양도제한을 위반하여 집합투자증권을 타인에게 양도한 자는 1년 이하의 징역 또는 3천만원 이하의 벌금에 처한다(법 446조 41호).

4. 유가증권 등의 자산의 납입

① 집합투자업자가 신탁업자에게 신탁계약에서 정한 신탁원본 전액을 납입하는 경우(법 188조 4항), ② 투자회사의 주식을 인수한 발기인이 주식의 인수가액을 납입하는 경우(법 194조 7항, 196조 6항에서 준용하는 경우를 포함)에는 금전으로 하여야 하고, ③ 투자유한회사 사원의 출자의 목적(법 207조 4항), ④ 투자합자회사 사원의 출자의 목적(법 213조 4항), ⑤ 조합원의 출자의 목적(법 218조 2항), ⑥ 익명조합원의 출자의 목적(법 224조 2항)은 모두 금전으로 제한되어 있으나, 사모집합투자기구에 있어서는 객관적인 가치평가가 가능하고 다른 투자자의 이익을 해할 우려가 없는 경우에는 사모집합투자기구의 자유로운 설립·설정을 위하여 납입수단이나 출자의 목적을 금전이 아닌 증권, 부동산, 실물자산, 기타 노무와 신용 등으로 확대하고 있다. 다만, 불공정한 가액의 납입을 방지하기 위하여 다른 투자자 전원의 동의를 받아야 하고, 집합투자재산평가위원회가 정한 가격으로 납입하여야 한다(법 시행령 271조 2항). 따라서 어떤 수익자가 납입하는 금전 이외의 자산의 가격에 대하여 다른 수익자가 동의를 하지 않거나, 법 제238조 제1항에서 정하는 집합투자

재산별 평가방법에 따라 집합투자재산평가위원회가 정하는 가격과 차이가 있는 때에는 금전 이외의 자산을 납입할 수 없다.

5. 기 타

사모집합투자기구의 집합투자업자는 집합투자기구의 운용실적에 연동하여 미리 정하여진 산정방식에 따른 성과보수를 받을 수 있다(법 86조 1항 1호). 이 경우 그 성과보수의 산정방식 등을 투자설명서 및 집합투자규약에 기재하여야 한다. 또한 사모집합투자기구의 집합투자업자는 집합투자재산으로 부동산개발사업을 영위하는 법인에 대하여 당해 부동산에 담보권을 설정하거나 시공사 등으로부터 지급보증을 받지 않더라도 집합투자규약에서 금전의 대여에 관한 사항을 정하고 있는 경우에는 금전을 대여할 수 있다(법 시행령 271조 4항).

제249조의2(전문사모집합투자기구에 대한 특례)

① 제57조, 제76조 제 2 항부터 제 6 항까지, 제81조(같은 조 제 1 항 제 1 호 마목·같은 항 제 2 호는 제외한다), 제82조, 제83조, 제88조, 제89조(제186조 제 2 항에서 준용하는 경우를 포함한다), 제90조(제186조 제 2 항에서 준용하는 경우를 포함한다), 제91조 제 3 항(제186조 제 2 항에서 준용하는 경우를 포함한다), 제92조, 제93조, 제94조 제 1 항부터 제 4 항까지 및 제 6 항, 제182조, 제183조 제 1 항, 제184조 제 3 항·제 4 항 및 제 6 항, 제186조(제87조를 준용하는 경우는 제외한다), 제188조 제 2 항 및 제 3 항, 제189조 제 2 항, 제195조, 제196조 제 5 항(제208조 제 3 항, 제216조 제 2 항, 제217조의3 제 3 항, 제222조 제 2 항 및 제227조 제 2 항에서 준용하는 경우를 포함한다), 제197조, 제198조 제 2 항 및 제 3 항, 제199조, 제200조, 제207조 제 5 항, 제208조 제 1 항(제216조 제 2 항, 제222조 제 2 항 및 제227조 제 2 항에서 준용하는 경우를 포함한다), 제211조 제 1 항, 제213조 제 5 항, 제216조 제 1 항, 제217조의2제 5 항, 제217조의3 제 1 항 및 제217조의6 제 1 항, 제218조 제 3 항, 제222조 제 1 항, 제224조 제 3 항, 제227조 제 1 항, 제229조, 제230조, 제235조, 제237조, 제238조 제 4 항부터 제 8 항까지, 제239조 제 2 항부터 제 5 항까지, 제240조 제 3 항부터 제 8 항까지 및 제10항, 제241조, 제243조, 제247조, 제248조 및 제249조 제 1 항·제 2 항·제 6 항은 집합투자증권을 대통령령으로 정하는 적격투자자만을 대상으로 사모로만 발행하는 집합투자기구 중 사모투자전문회사를 제외한 집합투자기구(이하 이 조에서 "전문사모집합투자기구"라 한다)에는 적용하지 아니한다.

② 전문사모집합투자기구의 투자자는 그 집합투자증권을 제 1 항에 따른 적격투자자가 아닌 자에게 양도하여서는 아니 된다.

③ 집합투자업자가 전문사모집합투자기구의 집합투자재산을 운용함에 있어서 집합투자기구의 계산으로 금전을 차입하는 경우 그 차입금의 총액은 차입 당시 집합투자재산 총액의 100분의 400 이내로서 대통령령이 정하는 비율을 초과하여서는 아니 된다.

④ 집합투자업자가 전문사모집합투자기구의 집합투자재산을 운용함에 있어서 집합투자재산으로 해당 집합투자기구 외의 자를 위하여 채무보증 또는 담보제공을 하는 경우 그 채무보증액 및 담보목적물의 가액의 총액은 채무보증 또는 담보제공 당시 집합투자재산 총액의 100분의 100 이내로서 대통령령이 정하는 비율을 초과하여서는 아니 된다.

⑤ 제3항 및 제4항에 따른 금전차입, 채무보증, 담보제공의 방법 및 그 밖에 필요한 사항은 대통령령으로 정한다.

⑥ 전문사모집합투자기구인 투자신탁이나 투자익명조합의 집합투자업자 또는 전문사모집합투자기구인 투자회사 등은 전문사모집합투자기구가 설정·설립되거나 그 밖에 대통령령으로 정한 사유가 발생한 경우에는 그 날부터 1개월 이내에 대통령령으로 정하는 바에 따라 금융위원회에 보고하여야 한다.

⑦ 집합투자업자는 대통령령으로 정하는 방법에 따라 전문사모집합투자기구의 금전차입 현황, 파생상품 매매 현황 등을 금융위원회에 보고하여야 한다.

⑧ 전문사모집합투자기구인 투자회사는 집합투자업자인 법인이사 1명을 두며, 「상법」 제383조 제1항에도 불구하고 이사의 수를 1명 또는 2명으로 할 수 있다.

⑨ 전문사모집합투자기구는 집합투자규약에 따라 투자자에 대한 손익의 분배 또는 손익의 순위 등에 관한 사항을 정할 수 있다.

시행령 제**271**조의**2**(전문사모집합투자기구에 대한 특례) ① 법 제249조의2 제1항에서 "대통령령으로 정하는 적격투자자"란 다음 각 호의 자를 말한다.

1. 국가 및 외국 정부 2. 제10조 제2항 제1호부터 제8호까지의 어느 하나에 해당하는 자 및 이에 준하는 외국 금융기관 3. 제10조 제3항 제1호부터 제4호까지, 제4호의2 및 제5호부터 제14호까지의 어느 하나에 해당하는 자 및 이에 준하는 외국인 4. 금융위원회가 정하여 고시하는 국제기구 5. 전문사모집합투자기구별로 5억원 이상 투자하는 개인 6. 위험관리 능력 등을 감안하여 금융위원회가 정하여 고시하는 전문투자자

② 법 제249조의2 제3항에서 "대통령령으로 정하는 비율"이란 100분의 400을 말한다.

③ 법 제249조의2 제4항에서 "대통령령으로 정하는 비율"이란 100분의 50을 말한다.

④ 법 제249조의2 제6항에서 "대통령령으로 정하는 사유가 발생한 경우"란 다음 각 호의 사항을 말한다.

1. 제2항, 제3항 및 제80조 제6항 단서의 한도를 초과한 경우 2. 집합투자업자, 투자운용인력, 신탁업자 및 전담중개업무를 제공하는 자가 변경된 경우 3. 부실자산이 발생한 경우 4. 기준가격 산정오류 및 그 변경이 있는 경우(제262조 제1항 후단에 따라 공고·게시하는 경우로 한정한다) 5. 환매연기 또는 환매재개의 결정이 있는 경우 6. 주된 투자운용전략이 변경된 경우

⑤ 법 제249조의2 제6항에 따라 전문사모집합투자기구인 투자신탁이나 투자익명조합의 집합투자업자 또는 전문사모집합투자기구인 투자회사 등이 금융위원회에 보고를 하는 경우에는 다음 각 호의 사항을 포함하여 보고하여야 한다. 1. 제4항 제1호의 경우 : 제2항, 제3항 및 제80조 제6항 단서의 한도를 초과하게 된 사유와 처리방안 2. 제4항 제4호의 경우 : 기준가격 산정오류의 발생원인 및 그 변경내용 3. 제4항 제5호의 경우 : 환매연기 또는 환매재개의 사유

⑥ 집합투자업자는 법 제249조의2 제7항에 따라 전문사모집합투자기구별로 다음 각 호의 사항을 분기별로 금융위원회가 정하여 고시하는 서식 및 절차에 따라 보고하여야 한다.

1. 금전차입 및 파생상품 매매 현황 2. 채무보증 또는 담보제공 현황 3. 주된 운용전략 및 투자대상자산의 종류 4. 투자에 따른 위험관리에 관한 사항

Ⅰ. 본조의 취지

위험감수능력이 있는 소수의 적격투자자만을 대상으로 사모로 발행하는 전문사모집합투자기구[1]에 대하여 공모집합투자기구에 대한 규제의 적용을 대부분 제외하는 특례를 인정하고 있다. 다만, 전문사모집합투자기구의 운용주체는 사모투자전문회사와 달리 집합투자업자로 제한되고, 대상 투자자는 대통령령으로 정하는 적격투자자로 제한된다. 대통령령이 정하는 적격투자자의 범위는, 전문투자자 중 일정 범위의 투자자 및 이에 준하는 외국 금융기관으로 주로 정해져 있는데, 주권상장법인과 전문사모집합투자기구별로 5억원 이상 투자하는 개인에게까지 범위가 확대되어 있다.

이와 같은 전문사모집합투자기구는 금융위원회에의 등록의무가 면제되고, 원칙적으로 이 법에 의한 자산운용상의 제한이 거의 없으며, 집합투자기구의 구분이나 명칭사용에 제한을 받지 않는 등 이 법 제249조에서 정하는 사모집합투자기구보다 이 법의 적용범위가 매우 제한되어 있고, 금전차입·금전대여·채무보증 및 담보제공이 허용되어 레버리지 투자가 가능하다는 점에서 소위 헤지펀드라 할 수 있다. 다만, 현행 법령은 업계의 영향, 투자자 보호문제 등을 감안하여 소수의 적격투자자만을 대상으로 하는 헤지펀드만을 허용하고 있고,[2] 최소한의 관리, 감독만을 하고 있음에도 불구하고 여전히 공적인 규제체계 내에서 관리, 감독을 받도록 함으로써 업계에서는 "한국형 헤지펀드"라고 불리기도 한다.

Ⅱ. 전문사모집합투자기구의 요건

사모집합투자기구의 정의에 비추어 전문사모집합투자기구는 첫째, 집합투자증권을 사모로만 발행하는 집합투자기구이어야 하므로 새로 발행되는 집합투자증권의 취득의 청약을 권유하는 것으로서 모집에 해당되지 아니하여야 하고, 둘째, 기관투자자 등을 제외한 투자자의 총수가 49인 이하이어야 하며, 셋째, 집합투자증권을 대통령령이 정하는 적격투자자만을 대상으로 발행하여야 한다.

1) 이 법은 2013. 5. 28. 개정 법률을 통하여 종래 "적격투자자만을 대상으로 하는 사모집합투자기구"의 명칭을 "전문사모집합투자기구"로 변경하였음.
2) 2단계에서는 소수투자자 사모헤지펀드, 3단계에서는 헤지형사모펀드와 PEF를 통합하는 방안을 제시하고 있다. 노희진/김규림, "헤지펀드의 국내 허용방안," 한국증권연구원, 2008. 3, 141쪽.

Ⅲ. 전문사모집합투자기구에 대한 운용제한 등의 특례

1. 운용제한

사모집합투자기구의 집합투자재산의 운용에 관하여 법 제81조 제1항에서 정하는 집합투자업자의 자산운용 제한규정은 집합투자재산을 부동산에 운용하는 경우(동항 2호), 파생상품의 매매에 따른 위험평가액이 각 집합투자기구의 자산총액에서 부채총액을 뺀 가액의 100분의 100을 초과하여 투자하는 행위(1호 마목)를 제외하고 적용되지 아니한다. 또한 자기집합투자증권의 취득과 질취 제한을 받지 않고(법 82조, 186조 등), 부동산을 취득하는 경우 금전의 차입이나 금전의 대여에 관한 제한을 받지 않는다(법 94조).

2. 적용배제

전문사모집합투자기구의 성격에 비추어 수익자 보호의 필요성이 낮은 공시·회계·수탁회사의 의무 등의 조항도 적용되지 아니한다. 즉, 금융투자상품에 대한 광고의 규제(법 57조), 집합투자업자의 투자자에 대한 자산운용보고서의 제공의무(법 88조), 수시공시의무(법 89조), 집합투자재산에 관한 영업보고서 제출의무(법 90조), 투자자의 장부·서류의 열람권 및 집합투자업자의 공시의무(법 91조), 투자매매업자 등에 대한 환매연기 등 통지의무(법 92조), 집합투자업자의 파생상품 운용에 관한 공시의무(법 93조), 환매금지형집합투자기구의 규제(법 230조), 상시적인 환매(법 235조, 237조), 집합투자재산의 평가 및 기준가격의 공고·게시 의무(법 238조), 결산서류 등의 비치·열람(법 239조 2항부터 5항까지), 회계감사(법 240조 3항부터 8항까지, 10항), 회계감사인의 손해배상책임(법 241조), 신탁업자의 운용행위감시등(법 247조), 신탁업자의 자산보관·관리보고서의 제공의무(법 248조)에 관한 조항의 적용이 제외된다.

또한 전문사모집합투자기구의 투자자들 사이에는 밀접한 관계가 있다고 보아 수익자총회 또는 주주총회에 관한 규정을 적용하지 않고, 이 법 또는 상법에 따라 투자자에게 공시 또는 공고하여야 하는 사항에 대하여 집합투자규약에서 정한 방법으로 통지한 경우에는 이 법 또는 상법에 따라 공시 또는 공고한 것으로 본다.

3. 집합투자증권의 양도제한

전문사모집합투자기구의 투자자는 그 집합투자증권을 적격투자자가 아닌 자에게 양도할 수 없다. 이는 전문사모집합투자기구가 적격투자자만을 대상으로 하는 집합투자이므로 적격투자자 이외의 자에게 양도되는 경우 그 특성을 상실하여 특례를 인정할 근거를 상실할 우려가 있기 때문이다.

4. 금전차입 등의 허용

집합투자업자는 집합투자재산을 운용함에 있어서 환매대금 또는 매수대금의 지급이 곤란한 예외적인 상황을 제외하고는 금전을 차입할 수 없고, 집합투자재산 중 금전을 대여하거나 집합투자재산으로 해당 집합투자기구 외의 자를 위한 채무보증·담보제공을 할 수 없다. 그러나, 전문사모집합투자기구에 대해서는 차입을 통하여 투자금액을 증가시키지 않고 투자효과를 증대시킬 수 있는 헤지펀드의 특성을 반영하여, 집합투자업자가 금전을 차입하거나 채무보증·담보제공을 할 수 있도록 허용하되 일정한 제한을 두고 있다.

집합투자업자가 전문사모집합투자기구의 집합투자재산을 운용함에 있어 집합투자기구의 계산으로 차입당시 집합투자재산 총액의 100분의 400 이내에서 차입을 할 수 있고, 집합투자재산으로 해당 집합투자기구 이외의 자를 위하여 채무보증 또는 담보제공 당시 집합투자재산 총액의 100분의 100 이내에서 채무보증이나 담보제공을 할 수 있다.

한편, 증권을 소유하지 않고 매도하는 공매도는 헤지펀드의 주요 특성 중의 하나이지만 주가의 지나친 하락을 방지하기 위하여 전문사모집합투자기구에 특례를 인정하지 않기 때문에 여전히 이 법 제180조의 적용을 받는다. 따라서, 다른 집합투자기구와 마찬가지로 전문사모집합투자기구도 소유하지 아니한 상장증권의 매도 또는 차입한 상장증권으로 결제하고자 하는 매도(naked short sale)는 할 수 없고, 소유잔고(long positon)에서 차입잔고(short position)를 차감한 잔고가 남아있는 경우 이른바 무차입 공매도(covered short sale)는 할 수 있다.

5. 투자자에 대한 손익 분배 또는 손익 순위에 관한 사항

이 법은 2013. 5. 28. 개정 법률을 통하여 전문사모집합투자기구에 적용되는 특례의 범위에 중요한 사항을 추가하였다. 즉, 동 개정 법률은 전문사모집합투자기구에 대한 특례 규정에 제189조 제 2 항, 제196조 제 5 항(208조 3항, 216조 2항, 217조의3 3항, 222조 2항 및 227조 2항에서 준용하는 경우를 포함), 제208조 제 1 항(216조 2항, 222조 2항 및 227조 2항에서 준용하는 경우를 포함), 제217조의2 제 5 항, 제217조의3 제 1 항 및 제217조의6 제 1 항을 추가함으로써, 위 각 규정이 전문사모집합투자기구에 대하여는 적용되지 않는 것으로 하였다.

위 각 규정은 공통적으로, 각종 다양한 집합투자기구에 대한 투자자가 해당 집합투자기구 재산의 상환 및 이익의 분배 등에 관하여 각자의 투자금액에 비례하여 균등한 권리를 가져야 한다는 취지의 규정이다. 그러나, 위 각 규정이 사모집합투자기구에 대하여는 적용되지 않음에 따라 사모집합투자기구의 투자자 간에는 투자재산의 상환, 손익 분배의 순위 및 방법 등에 관하여 반드시 동일한 기준이 적용되어야 할 필요가 없게 되었다. 이는 외국의 헤지펀드에 있어서는 쉽게 찾아 볼 수 있는 유형의 투자 조건으로서, 전문사모집합투자기구의 경우 운용사가 각 투자자와 개별적으로 손익 분배 조건에 관하여 탄력적인 합의를 함으로써 전문사모집합투자기구의 설정·설립 및 그 운용에 있어서 최대한의 탄력성을 부여하기 위한 조치로 풀이된다.

동 개정 법률은 제9항을 신설하여 전문사모집합투자기구는 그 집합투자규약에 따라 투자자에 대한 손익의 분배 또는 손익의 순위 등에 관한 사항을 정할 수 있도록 하고 있는바, 제9항의 신설 취지 또한 위와 같은 것으로 풀이된다.

6. 기 타

집합투자기구는 권리의 행사 또는 매수청구권에 응하기 위한 경우를 제외하고 자기의 계산으로 자기가 발행한 집합투자증권을 취득하거나 질권의 목적으로 받지 못하지만, 전문사모집합투자기구는 자기집합투자증권의 취득제한이 없고, 설립 또는 설정 전에 사원이나 조합원 등의 가입에 제한이 없으며, 전문사모집합투자회사는 집합투자업자인 법인이사 1명을 두고 이사의 수를 1명 또는 2명으로 할 수 있다.

Ⅳ. 전문사모집합투자기구에 대한 감독

이 법 제182조에 따라 집합투자기구를 설정·설립한 경우 투자신탁이나 투자익명조합의 집합투자업자 또는 투자회사등은 그 집합투자기구를 금융위원회에 등록하여야 하고, 이와 같은 금융위원회 등록 요건은 사모집합투자기구에 대하여도 동일하게 적용된다. 반면, 전문사모집합투자기구의 경우에는 위 등록 요건 또한 면제됨에 따라[1] 전문사모집합투자기구인 투자신탁이나 투자익명조합의 집합투자업자 또는 전문사모집합투자기구인 투자회사등은 전문사모집합투자기구가 설정·설립되거나 그 밖에 대통령령으로 정한 사유가 발생한 경우에는 그 날부터 1개월 이내에 금융위원회에 보고하여야 하고, 집합투자업자는 적격투자자대상 사모집합투자기구의 금전차입 현황, 파생상품 매매 현황 등을 금융위원회에 보고하여야 한다.

제250조(은행에 대한 특칙)

① 은행으로서 제12조에 따라 집합투자업에 관한 금융투자업인가를 받은 자(이하 이 조에서 "집합투자업겸영은행"이라 한다)는 인가받은 범위에서 투자신탁의 설정·해지 및 투자신탁재산의 운용업무를 영위할 수 있다.

② 집합투자업겸영은행은 집합투자재산 운용업무와 관련한 의사결정을 위하여 제7항 제1호·제

1) 다만, 실무적으로는 사모집합투자기구 설정·설립 이전에 감독당국과 충분한 사전협의 절차를 거치고 있음.

3 호·제 4 호의 업무를 수행하지 아니하는 임원 3인(사외이사 2인을 포함한다)으로 구성된 집합투자재산운용위원회를 설치하여야 한다. 이 경우 집합투자재산운용위원회의 운영 등에 관하여 필요한 사항은 대통령령으로 정한다.

③ 집합투자업겸영은행은 투자신탁재산의 운용과 관련하여 다음 각 호의 어느 하나에 해당하는 행위를 하여서는 아니 된다.

1. 자기가 발행한 투자신탁의 수익증권을 자기의 고유재산으로 취득하는 행위
2. 자기가 운용하는 투자신탁의 투자신탁재산에 관한 정보를 다른 집합투자증권의 판매에 이용하는 행위
3. 자기가 운용하는 투자신탁의 수익증권을 다른 은행을 통하여 판매하는 행위
4. 제229조 제 5 호의 단기금융집합투자기구를 설정하는 행위

④ 집합투자재산의 보관·관리업무를 영위하는 은행은 그 집합투자기구의 집합투자재산에 관한 정보를 자기가 운용하는 투자신탁재산의 운용 또는 자기가 판매하는 집합투자증권의 판매를 위하여 이용하여서는 아니 된다.

⑤ 일반사무관리회사의 업무를 영위하는 은행은 해당 집합투자기구의 집합투자재산에 관한 정보를 자기가 운용하는 투자신탁재산의 운용 또는 자기가 판매하는 집합투자증권의 판매를 위하여 이용하여서는 아니 된다.

⑥ 투자매매업 또는 투자중개업 인가를 받아 집합투자증권의 판매를 영위하는 은행은 다음 각 호의 어느 하나에 해당하는 행위를 하여서는 아니 된다.

1. 자기가 판매하는 집합투자증권의 집합투자재산에 관한 정보를 자기가 운용하는 투자신탁재산의 운용 또는 자기가 운용하는 투자신탁의 수익증권의 판매를 위하여 이용하는 행위
2. 집합투자증권의 판매업무와 「은행법」에 따른 업무를 연계하여 정당한 사유 없이 고객을 차별하는 행위

⑦ 은행이 이 법에 따라 집합투자업, 신탁업(집합투자재산의 보관·관리업무를 포함한다. 이하 이 항에서 같다) 또는 일반사무관리회사의 업무를 영위하는 경우에는 임원(사실상 임원과 동등한 지위에 있는 자로서 대통령령으로 정하는 자를 포함한다. 이하 이 항에서 같다)을 두어야 하고, 임직원에게 다음 각 호의 업무를 겸직하게 하여서는 아니 되며, 전산설비 또는 사무실 등의 공동사용 금지 및 다른 업무를 영위하는 임직원 간의 정보교류 제한 등 대통령령으로 정하는 이해상충방지체계를 갖추어야 한다. 다만, 임원의 경우 제 1 호의 업무 중 제 2 호부터 제 4 호까지의 업무와 이해상충이 적은 업무로서 대통령령으로 정하는 업무와 제 2 호부터 제 4 호까지의 업무를 겸직할 수 있으며, 제 3 호 및 제 4 호의 업무 간에는 겸직할 수 있다.

1. 「은행법」에 따른 업무(제 2 호부터 제 4 호까지의 업무 및 대통령령으로 정하는 업무는 제외한다)
2. 집합투자업
3. 신탁업
4. 일반사무관리회사의 업무

시행령 제**272**조(은행에 대한 특칙) ① 법 제250조 제 2 항 전단에 따른 집합투자재산운용위원회는 다음 각 호의 업무를 수행한다. 다만, 제 1 호부터 제 3 호까지의 사항 외의 집합투자재산운용위원회의 운영 등에 관하여는 금융위원회

가 정하여 고시한다.
1. 집합투자업에 관한 사업계획과 예산의 수립
2. 투자신탁재산의 운용에 관한 전략의 수립
3. 다음 각 목의 사항에 관한 심의
　가. 환매연기의 결정
　나. 수익자총회의 소집(법 제190조 제3항의 경우는 제외한다)과 연기
　다. 수익증권매수청구권에 의한 수익증권 매수의 결정
　라. 집합투자재산평가위원회 위원의 선임과 해임
　마. 집합투자재산평가기준의 제정과 변경
　바. 투자신탁의 합병

② 법 제250조 제7항 각 호 외의 부분 본문에서 "대통령령으로 정하는 자"란 「상법」 제401조의2 제1항 각 호의 어느 하나에 해당하는 자를 말한다.

③ 은행은 법 제250조 제7항 본문에 따라 다음 각 호의 사항을 포함한 이해상충방지체계를 갖추어야 한다. 〈개정 2009. 7. 1, 2013. 8. 27〉
1. 독립된 부서로 구분되어 업무처리와 보고가 독립적으로 이루어질 것
2. 법 제250조 제7항 각 호의 업무 담당자 간에 업무에 관한 회의나 통신을 한 경우에는 내부통제기준이 정하는 방법 및 절차에 따라 그 회의 또는 통신에 관한 사항을 기록·유지하고 준법감시인(「은행법」에 따른 준법감시인을 말한다)의 확인을 받을 것
3. 법 제250조 제7항 각 호의 업무 간에 직원을 파견하거나, 금융위원회가 정하여 고시하는 기간 이내에 법 제250조 제7항 제2호부터 제4호까지의 업무에서 다른 업무로 전보하지 아니할 것
4. 집합투자증권의 판매업무를 담당하는 직원이 법 제250조 제7항 제2호부터 제4호까지(제3호의 경우 집합투자재산의 보관·관리업무만 해당한다)의 어느 하나에 해당하는 업무를 겸직하지 아니할 것
5. 출입문을 달리하는 등 정보공유를 막을 수 있을 정도로 사무실이 공간적으로 분리될 것
6. 법 제250조 제7항 각 호의 업무에 관한 전산자료가 공유될 수 없도록 독립되어 저장·관리·열람될 것
7. 그 밖에 이해상충을 방지하기 위하여 필요한 사항으로서 금융위원회가 정하여 고시하는 사항

④ 법 제250조 제7항 각 호 외의 부분 단서에서 "대통령령으로 정하는 업무"란 다음 각 호의 어느 하나에 해당하는 업무를 말한다. 〈개정 2010. 11. 15, 2013. 8. 27〉
1. 「은행법」 제27조 제2항 제3호에 따른 업무
2. 「은행법」 제27조의2에 따른 부수업무 및 같은 법 제28조 제1항 제2호에 따른 업무 중 법 제250조 제7항 제2호부터 제4호까지의 업무와 직접적으로 관련이 없는 업무로서 금융위원회가 정하여 고시하는 업무
3. 「은행법 시행령」 제18조의2 제2항 제16호에 따른 업무
4. 「은행법 시행령」 제18조의2 제2항 제12호, 제14호 및 제18호, 같은 조 제4항 제8호에 따른 업무(이 조 제5항 제8호에 따른 업무는 제외한다) 중 법 제250조 제7항 제2호부터 제4호까지의 업무와 직접적으로 관련이 없는 업무로서 금융위원회가 정하여 고시하는 업무

⑤ 법 제250조 제7항 제1호에서 "대통령령으로 정하는 업무"란 다음 각 호의 어느 하나에 해당하는 업무를 말한다. 다만, 제1호부터 제3호까지의 업무(이하 이 항에서 "투자자문업등"이라 한다)는 신탁업(집합투자재산의 보관·관리업무는 제외한다)을 함께 영위하는 경우로서 투자자문업등·신탁업(집합투자재산의 보관·관리업무는 제외한다)과 법 제250조 제7항 제2호부터 제4호까지(제3호의 경우 집합투자재산의 보관·관리업무만 해당한다)의 업무 간에 임직원의 겸직 및 전산설비의 공동사용 금지 등 금융위원회가 정하여 고시하는 이해상충방지체계를 갖춘 경우로 한정한다.
1. 「은행법 시행령」 제18조의2 제2항 제7호에 따른 투자자문업
2. 「은행법 시행령」 제18조의2 제2항 제9호·제10호에 따른 집합투자증권에 대한 투자매매업 또는 투자중개업
3. 「은행법 시행령」 제18조의2 제2항 제13호에 따른 환매조건부매도 및 환매조건부매수의 업무
4. 「은행법 시행령」 제18조의2 제2항 제15호에 따른 퇴직연금사업자의 업무

5. 「은행법 시행령」 제18조의2 제 2 항 제17호에 따른 담보부사채에 관한 신탁업
6. 「은행법 시행령」 제18조의2 제 4 항 제 1 호에 따른 유동화전문회사의 유동화자산 관리의 수탁업무 및 채권추심 업무의 수탁업무
7. 「은행법 시행령」 제18조의2 제 4 항 제 2 호에 따른 주택저당채권유동화회사의 유동화자산 관리의 수탁업무 및 채권추심 업무의 수탁업무
8. 「은행법 시행령」 제18조의2 제 4 항 제 8 호에 따른 업무로서 이해상충이 발생할 가능성 등을 고려하여 금융위원회가 정하여 고시하는 업무

Ⅰ. 본조의 취지 및 입법연혁

은행은 은행법 제27조에 의하여 예금·적금의 수입 또는 유가증권 기타 채무증서의 발행 등 은행업무와 이에 부수하는 부수업무를 영위하며, 동법 제28조에 의하여 신탁업법에 의한 신탁업무, 여신전문금융업법에 의한 신용카드업무, 간접투자자산운용업법 제 4 조 제 2 항의 규정에 의한 자산운용회사의 업무 및 동법 제26조의 규정에 의한 판매회사의 업무 등의 겸영업무는 금융위원회의 인가를 받아 영위할 수 있다. 이에 따라 이 법 제12조에 의하여 집합투자업에 관한 금융투자업의 인가를 받은 은행("집합투자업겸영은행")은 인가받은 범위에서 투자신탁의 설정·해지 및 투자신탁재산의 운용업무를 영위할 수 있다. 이는 종래 은행이 신탁업법에 의한 불특정 금전신탁업무를 취급하고 있는 점을 감안하여 투자신탁형집합투자기구의 설정·해지 및 투자신탁재산의 운용업무를 취급할 수 있게 하였다. 따라서 집합투자업겸영은행이라도 회사형집합투자기구나 조합형집합투자기구를 설정하는 등의 업무는 취급할 수 없다.

이와 같은 집합투자업겸영은행은 이 법 제12조에 따라 투자매매업 또는 투자중개업에 관한 인가를 받은 경우 집합투자증권의 판매업무를 영위할 수 있고, 이 법 제12조에 의하여 신탁업에 관한 인가를 받은 경우 집합투자재산의 보관·관리업무를 영위할 수 있고, 이 법 제254조에 의하여 일반사무관리회사로 등록한 경우 투자회사의 재산의 계산 등 일반사무관리업무를 영위할 수 있기 때문에 해당 집합투자재산에 관한 정보를 취득할 수 있다. 따라서 집합투자업과 은행 고유업무, 기타 겸영업무의 수행으로 인한 이해상충을 방지하기 위하여 집합투자재산운용위원회의 설치를 의무화하고 여러 행위제한을 두고 있다.

한편, 구간투법 제정으로 종래 신탁법과 신탁업법에 의하여 은행이 취급하던 불특정

금전신탁[1]은 그 법률적 형태나 경제적인 측면에서 간접투자기구의 일종인 투자신탁과 유사하다는 점에서 동일기능에 대한 동일규제 원칙에 따라 이를 간접투자자산운용업법상의 간접투자행위로 간주하게 되었다. 또한 은행의 자산운용업무와 판매업무의 겸영을 허용하면서 간접투자자산운용위원회의 설치를 의무화하고, 행위제한, 수탁업무 등 다른 업무와의 이해상충을 방지할 수 있는 체계를 보완하였다.[2]

Ⅱ. 집합투자재산운용위원회

집합투자업겸영은행은 집합투자재산 운용업무와 관련한 의사결정을 위하여 은행법에 따른 업무, 집합투자재산의 보관·관리업무, 일반사무관리회사의 업무를 수행하지 아니하는 임원 3인(사외이사 2인을 포함한다)으로 구성된 집합투자재산운용위원회를 설치하여야 한다. 이는 은행업무 등과 분리하여 집합투자재산의 운용업무가 독립적으로 수행되어야 함을 의미한다.

집합투자재산운용위원회는 ① 집합투자업에 관한 사업계획과 예산의 수립, ② 투자신탁재산의 운용에 관한 전략의 수립, ③ 환매연기의 결정·수익자총회의 소집(신탁업자 또는 5% 이상 소유한 수익자가 수익자총회를 소집하는 경우 제외)과 연기·수익증권매수청구권에 의한 수익증권매수의 결정·집합투자재산평가위원회 위원의 선임과 해임·집합투자재산평가기준의 제정과 변경·투자신탁의 합병에 관한 심의업무를 수행한다(법 시행령 272조 1항).

Ⅲ. 운용업무에 대한 제한

집합투자업을 겸영하는 은행은 집합투자업과 은행업무 또는 다른 겸영업무가 이해상충 가능성이 있기 때문에 이를 방지하기 위하여 집합투자재산의 운용과 관련하여 금지행위를 두고 있다. 즉, ① 자기가 발행한 투자신탁의 수익증권을 자기의 고유재산으로 취득하는 행위, ② 자기가 운용하는 투자신탁의 투자신탁재산에 관한 정보를 다른 집합투자증권의 판매에 이용하는 행위, ③ 자기가 운용하는 투자신탁의 수익증권을 다른 은행을 통하여 판매하는 행위[3]를 금지하고, 특히 단기금융시장에서 은행의 MMDA 등의 단기금융상품과 자산운용회사의 MMF의 중복을 피하기 위하여 ④ 단기금융집합투자기구

---

1) 위탁자가 신탁재산인 금전의 운용방법을 지정하는 금전의 신탁, 즉 특정금전신탁은 위탁자별 자산이 pooling되지 않고 개별적으로 운용된다는 점에서 구간투법의 적용대상에서 제외되었다(동법 부칙 14조 1항).

2) 법령제정 실무작업반(8인) 공저, 「간접투자(펀드) 해설」, 박영사, 2006, 511-512쪽.

3) 은행이 불특정금전신탁을 취급하면서 당해 은행의 지점에서만 판매가 가능한 관행을 감안한 것이다. 법령제정 실무작업반(8인) 공저, 전게서(2006), 513쪽.

를 설정하는 행위를 금지하고 있다.

Ⅳ. 기타 겸영업무에 대한 제한

1. 신탁업에 대한 제한

은행이 타인을 위한 신탁업을 영위하는 경우 그 신탁재산의 운용에 관한 정보를 용이하게 알 수 있기 때문에 자신이 수행하는 투자신탁재산의 운용업무와 이해상충이 존재하기 마련이다. 이 때문에 타인을 위하여 신탁업을 영위하는 은행이 그 집합투자기구의 집합투자재산에 관한 정보를 자기가 운용하는 투자신탁재산의 운용 또는 자기가 판매하는 집합투자증권의 판매를 위하여 이용하는 행위를 금지하고 있다.

2. 일반사무관리업무에 대한 제한

은행이 다른 집합투자기구의 집합투자재산의 기준가격 산정업무를 위탁받아 처리하는 경우 그 집합투자재산에 관한 정보를 용이하게 알 수 있기 때문에 그 정보를 자기가 운용하는 투자신탁재산의 운용 또는 자기가 판매하는 집합투자증권의 판매에 이용할 개연성이 상당히 높다고 볼 수 있다. 이 때문에 일반사무관리회사의 업무를 영위하는 은행이 해당 집합투자기구의 집합투자재산에 관한 정보를 자기가 운용하는 투자신탁재산의 운용 또는 자기가 판매하는 집합투자증권의 판매를 위하여 이용하는 행위를 금지하고 있다.

3. 집합투자증권의 판매업무에 대한 제한

은행이 집합투자증권을 판매하는 경우 판매회사로서 업무를 수행하는 과정에서 알게 되는 당해 집합투자증권에 관한 정보를 자기가 운용하는 투자신탁재산의 운용이나 판매에 이용할 개연성이 상당히 높다고 볼 수 있다. 이 때문에 투자매매업 또는 투자중개업에 관한 인가를 받아 집합투자증권을 판매하는 은행은 ① 자기가 판매하는 집합투자증권의 집합투자재산에 관한 정보를 자기가 운용하는 투자신탁재산의 운용 또는 자기가 운용하는 투자신탁의 수익증권의 판매를 위하여 이용하는 행위, ② 집합투자증권의 판매업무와 「은행법」에 따른 업무를 연계하여 정당한 사유 없이 고객을 차별하는 행위를 할 수 없다.

Ⅴ. 이해상충 방지체계

은행이 이 법에 따라 집합투자업, 신탁업(집합투자재산의 보관·관리업무를 포함한다) 또는 일반사무관리회사의 업무를 영위하는 경우에는 임원(사실상 임원과 동등한 지위에 있는 자로서 상법상의 업무집행지시자 등[1])을 포함한다)을 두어야 하고, 임직원에게 ①「은행법」에 따른 업무, ② 집합투자업, ③ 신탁업, ④ 일반사무관리회사의 업무를 겸직하게 할 수 없다. 다만, 임원의 경우 은행법에 의한 집합투자업, 집합투자재산의 보관·관리업무, 일반사무관리회사의 업무와 이해상충이 적은 ① 내·외국환 업무, ② 부수업무 중 집합투자업, 신탁업, 일반사무관리회사의 업무와 직접적으로 관련이 없는 업무, ③ 신용카드업무, ④ 은행업무와 관련 있는 겸영업무 중 집합투자업, 신탁업, 일반사무관리회사의 업무와 직접적인 관련이 없는 업무로서 증권업무 등을 제외한 업무와, 집합투자업, 신탁업, 일반사무관리회사의 업무를 겸직할 수 있으며, 신탁업과 일반사무관리회사의 업무 간에는 겸직할 수 있다(법 시행령 272조 4항).

또한 집합투자업겸영은행은 전산설비 또는 사무실 등의 공동사용 금지 및 다른 업무를 영위하는 임직원 간의 정보교류 제한 등 이해상충 방지체계를 갖추어야 한다. 즉, ① 독립된 부서로 구분되어 업무처리 및 보고가 독립적으로 이루어질 것, ② 겸영업무 담당자 사이에 업무에 관한 회의를 하거나 통신을 한 경우에는 내부통제기준이 정하는 방법 및 절차에 따라 그 회의 또는 통신에 관한 사항을 기록·유지하고 준법감시인의 확인을 받을 것, ③ 겸영업무 사이에 직원을 파견하거나 1년 이내에 다른 겸영업무로 전보하지 아니할 것, ④ 집합투자증권의 판매업무를 담당하는 직원이 집합투자업, 신탁업, 일반사무관리회사의 업무를 겸직하지 아니할 것, ⑤ 출입문을 달리 하는 등 정보공유가 차단될 수 있을 정도로 사무실이 공간적으로 분리될 것, ⑥ 각 업무에 관한 전산자료가 공유되지 못하도록 독립되어 저장·관리·열람될 것 등 이해상충 방지체계를 갖추어야 한다.

제251조(보험회사에 대한 특칙)

① 보험회사로서 제12조에 따라 집합투자업에 관한 금융투자업인가를 받은 자(이하 이 조에서 "집합투자업겸영보험회사"라 한다)는 인가받은 범위에서 투자신탁의 설정·해지 및 투자신탁재산의 운용업무를 영위할 수 있다. 이 경우 투자신탁의 설정·해지 및 투자신탁재산의 운용업무는 「보험업법」 제108조 제1항 제3호에 따른 특별계정(특별계정 내에 각각의 신탁계약에 의하여 설정된 다수의 투자신탁이 있는 경우 각각의 투자신탁을 말한다. 이하 이 항에서 같다)에 한하며, 그 특별계정은 이 법에 따른 투자신탁으로 본다.

② 제250조 제3항(제2호에 한한다)은 집합투자업겸영보험회사에 준용하며, 같은 조 제4항부터 제6항까지의 규정은 보험회사에 준용한다. 이 경우 "은행"은 "보험회사"로, "「은행법」"은 "「보험업법」"으로 본다.

1) ① 회사에 대한 자신의 영향력을 이용하여 이사에게 업무집행을 지시한 자, ② 이사의 이름으로 직접 업무를 집행한 자, ③ 이사가 아니면서 명예회장·회장·사장·부사장·전무·상무·이사 기타 회사의 업무를 집행할 권한이 있는 것으로 인정될 만한 명칭을 사용하여 회사의 업무를 집행한 자(상법 401조의2 1항 각 호의 자).

③ 보험회사는 이 법에 따라 집합투자업, 신탁업(집합투자재산의 보관·관리업무를 포함한다. 이하 이 항에서 같다) 또는 일반사무관리회사의 업무를 영위하는 경우에는 임원(대통령령으로 정하는 방법으로 투자신탁재산을 운용하는 경우의 임원을 제외하며, 사실상 임원과 동등한 지위에 있는 자로서 대통령령으로 정하는 자를 포함한다. 이하 이 항에서 같다)을 두어야 하고, 임직원에게 다음 각 호의 업무를 겸직하게 하여서는 아니 되며, 전산설비 또는 사무실 등의 공동사용 금지 및 다른 업무를 영위하는 임직원 간의 정보교류 제한 등 대통령령으로 정하는 이해상충방지체계를 갖추어야 한다. 다만, 임원의 경우 제 1 호의 업무 중 제 2 호부터 제 4 호까지의 업무와 이해상충이 적은 업무로서 대통령령으로 정하는 업무와 제 2 호부터 제 4 호까지의 업무를 겸직할 수 있으며, 제 3 호 및 제 4 호의 업무 간에는 겸직할 수 있다.

1. 「보험업법」에 따른 업무(제 2 호부터 제 4 호까지의 업무 및 대통령령으로 정하는 업무는 제외한다)
2. 집합투자업
3. 신탁업
4. 일반사무관리회사의 업무

④ 집합투자업겸영보험회사는 제83조 제 4 항에 불구하고 투자신탁재산에 속하는 자산을 「보험업법」에서 정하는 방법에 따라 그 보험에 가입한 자에게 대출하는 방법으로 운용할 수 있다.

⑤ 제182조, 제183조 제 1 항, 제188조 제 1 항 제 2 호·제 6 호, 같은 조 제 2 항 각 호 외의 부분 후단 및 같은 조 제 3 항, 제189조부터 제191조까지, 제192조(같은 조 제 1 항 단서는 제외한다), 제193조까지, 제230조, 제235조부터 제237조까지, 제238조 제 2 항(대통령령으로 정하는 방법으로 투자신탁재산을 운용하는 경우에 한한다), 제239조 제 3 항, 제253조 제 1 항 및 제420조 제 1 항은 집합투자업겸영보험회사가 운용하는 투자신탁에 관하여는 적용하지 아니한다.

⑥ 제82조, 제86조, 제89조 제 1 항 제 4 호, 제90조 및 제92조는 보험회사의 집합투자업 영위에 관하여는 적용하지 아니한다.

시행령 제**273**조(보험회사에 대한 특칙) ① 법 제251조 제 3 항 각 호 외의 부분 본문에서 "대통령령으로 정하는 방법"이란 보험회사가 투자신탁재산을 다음 각 호의 어느 하나에 해당하는 방법으로 운용하는 것을 말한다.

1. 운용과 운용지시업무 전체를 다른 집합투자업자에게 위탁하는 방법
2. 투자신탁재산 전체를 투자일임으로 운용하는 방법
3. 투자신탁재산 전체를 다른 집합투자증권에 운용하는 방법

② 법 제251조 제 3 항 각 호 외의 부분 본문에서 "대통령령으로 정하는 자"란 「상법」 제401조의2 제 1 항 각 호의 어느 하나에 해당하는 자를 말한다.

③ 보험회사는 법 제251조 제 3 항 본문에 따라 다음 각 호의 사항을 포함한 이해상충방지체계를 갖추어야 한다. 〈개정 2009. 7. 1, 2013. 8. 27〉

1. 독립된 부서로 구분되어 업무처리와 보고가 독립적으로 이루어질 것
2. 법 제251조 제 3 항 각 호의 업무 담당자 간에 업무에 관한 회의나 통신을 한 경우에는 내부통제기준이 정하는 방법 및 절차에 따라 그 회의 또는 통신에 관한 사항을 기록·유지하고 준법감시인(「보험업법」에 따른 준법감시인을 말한다)의 확인을 받을 것
3. 법 제251조 제 3 항 각 호의 업무 간에 직원을 파견하거나, 금융위원회가 정하여 고시하는 기간 이내에 법 제251조 제 3 항 제 2 호부터 제 4 호까지의 업무에서 다른 업무로 전보하지 아니할 것

4. 집합투자증권의 판매업무를 담당하는 직원이 법 제251조 제3항 제2호부터 제4호까지(제3호의 경우 집합투자재산의 보관·관리업무만 해당한다)의 어느 하나에 해당하는 업무를 겸직하지 아니할 것
5. 출입문을 달리하는 등 정보공유를 막을 수 있을 정도로 사무실이 공간적으로 분리될 것
6. 법 제251조 제3항 각 호의 업무에 관한 전산자료가 공유될 수 없도록 독립되어 저장·관리·열람될 것
7. 그 밖에 이해상충을 방지하기 위하여 필요한 사항으로서 금융위원회가 정하여 고시하는 사항

④ 법 제251조 제3항 각 호 외의 부분 단서에서 "대통령령으로 정하는 업무" 다음 각 호의 어느 하나에 해당하는 업무를 말한다. 〈개정 2011. 1. 24, 2013. 8. 27〉
1. 「보험업법 시행령」 제16조 제1항 제4호, 같은 조 제2항 제7호, 같은 조 제3항에 따른 업무 및 같은 영 제16조의2 제1항에 따른 부수업무
2. 제1호에 따른 업무 외에 법 제251조 제3항 제2호부터 제4호까지의 업무와 직접적으로 관련되지 아니한 업무

⑤ 법 제251조 제5항에서 "대통령령으로 정하는 방법"이란 제1항 각 호의 어느 하나에 해당하는 방법을 말한다.

⑥ 법 제251조 제3항 제1호에서 "대통령령으로 정하는 업무"란 다음 각 호의 어느 하나에 해당하는 업무를 말한다. 다만, 제4호부터 제6호까지의 업무(이하 이 항에서 "투자자문업등"이라 한다)는 신탁업(집합투자재산의 보관·관리업무는 제외한다)을 함께 영위하는 경우로서 투자자문업등·신탁업(집합투자재산의 보관·관리업무는 제외한다)과 법 제251조 제3항 제2호부터 제4호까지(제3호의 경우 집합투자재산의 보관·관리업무만 해당한다)의 업무 간에 임직원의 겸직 및 전산설비의 공동사용 금지 등 금융위원회가 정하여 고시하는 이해상충방지체계를 갖춘 경우로 한정한다.
1. 「보험업법 시행령」 제16조 제1항 제1호에 따른 유동화자산의 관리업무
2. 「보험업법 시행령」 제16조 제1항 제2호에 따른 유동화자산의 관리업무
3. 「보험업법 시행령」 제16조 제1항 제3호에 따른 채권유동화자산의 관리업무
4. 「보험업법 시행령」 제16조 제2항 제2호에 따른 투자자문업
5. 「보험업법 시행령」 제16조 제2항 제3호에 따른 투자일임업
6. 「보험업법 시행령」 제16조 제2항 제5호·제6호에 따른 집합투자증권에 대한 투자매매업 또는 투자중개업
7. 「보험업법 시행령」 제16조 제2항 제8호에 따른 퇴직연금사업자의 업무

Ⅰ. 본조의 취지 및 입법연혁

보험회사는 보험업법 제11조에 의하여 보험업 이외에 부수업무로서 이 법 제6조 제4항에 따른 집합투자업 및 제9조 제21항에 따른 집합투자증권에 대한 투자매매업 및 투자중개업을 영위할 수 있다.[1] 이에 따라 집합투자업 인가를 받은 보험회사("집합투자업겸영보험회사")는 인가받은 범위에서 투자신탁의 설정·해지 및 투자신탁재산의 운용업

1) 또한 보험회사는 보험업법 제11조에 의하여 이 법 제6조 제8항에 따른 신탁업을 겸영업무로 영위할 수 있다.

무를 영위할 수 있다. 이 경우 투자신탁의 설정·해지 및 투자신탁재산의 운용업무는 보험업법 제108조 제1항 제3호에 따른 특별계정(특별계정 내에 각각의 신탁계약에 의하여 설정된 다수의 투자신탁이 있는 경우 각각의 투자신탁을 말한다)에 한하며, 그 특별계정은 이 법에 따른 투자신탁으로 본다. 따라서 집합투자업겸영보험회사는 집합투자업겸영은행과 마찬가지로 투자신탁형집합투자기구의 설정·해지 및 투자신탁재산의 운용업무만을 취급할 수 있을 뿐, 회사형집합투자기구나 조합형집합투자기구를 설정하는 등의 업무는 취급할 수 없다.

보험회사의 변액보험(variable insurance)은 운용실적에 따라 지급하는 보험금이 달라진다는 점에서 실적배당형 상품의 범주에 포함되므로 변액보험 특별계정[1]에 대하여 이 법이 적용된다. 이 경우 변액보험 특별계정은 이 법에 의한 투자신탁으로 간주된다. 보험회사가 직접 변액보험 특별계정으로 자산운용을 하는 경우 이해상충 방지를 위한 장치를 마련하고, 자산운용을 위탁하는 경우 별도의 특례를 두고 있다. 다만, 변액보험의 등록 및 판매에 관하여는 보험업법이 적용되고, 변액보험 특별계정에 한하여 이 법을 동시에 적용한다.[2]

한편, 우리나라에서 변액보험은 2000년 7월 이후 판매된 새로운 유형의 금융상품이다. 변액보험 특별계정은 투자신탁과 유사하게 운용하는 것이나 변액보험자의 자산운용 의무 등에 대하여 보험업법에서 구체적으로 규정하고 있지 않았다. 구간접투자자산운용업법을 제정하면서 변액보험 특별계정도 간접투자기구로 인식하여 구간접투자자산운용업법의 적용을 받는 것을 원칙으로 하되, 변액보험 특별계정에 적용이 곤란한 규정들을 배제하게 되었다.

Ⅱ. 운용업무에 대한 제한

집합투자업을 겸영하는 보험회사는 집합투자업과 보험업무, 겸영업무 또는 부수업무가 이해상충 가능성이 있기 때문에 이를 방지하기 위하여 투자신탁재산의 운용과 관련하여 자기가 운용하는 투자신탁의 투자신탁재산에 관한 정보를 다른 집합투자증권의 판매에 이용하는 행위를 금지하고 있다.

---

1) 납입보험료에 대한 운용손익을 전액 계약자에게 귀속시키기 위하여 운용하는 특별계정을 말한다(보험업감독규정 6-21조).
2) 법령제정 실무작업반(8인) 공저, 전게서(2006), 524-525쪽.

Ⅲ. 신탁업무에 대한 제한

겸영업무로서 신탁업을 영위하는 보험회사는 그 집합투자기구의 집합투자재산에 관한 정보를 자기가 운용하는 투자신탁재산의 운용 또는 자기가 판매하는 집합투자증권의 판매를 위하여 이용하여서는 아니 된다.

Ⅳ. 일반사무관리업무에 대한 제한

일반사무관리회사의 업무를 영위하는 보험회사는 해당 집합투자기구의 집합투자재산에 관한 정보를 자기가 운용하는 투자신탁재산의 운용 또는 자기가 판매하는 집합투자증권의 판매를 위하여 이용하여서는 아니 된다.

Ⅴ. 판매업무에 대한 제한

투자매매업 또는 투자중개업에 관한 인가를 받아 집합투자증권을 판매하는 보험회사는 ① 자기가 판매하는 집합투자증권의 집합투자재산에 관한 정보를 자기가 운용하는 투자신탁재산의 운용 또는 자기가 운용하는 투자신탁의 수익증권의 판매를 위하여 이용하는 행위, ② 집합투자증권의 판매업무와 「은행법」에 따른 업무를 연계하여 정당한 사유 없이 고객을 차별하는 행위를 할 수 없다.

Ⅵ. 이해상충 방지체계

보험회사가 이 법에 따라 집합투자업, 신탁업(집합투자재산의 보관·관리업무를 포함한다) 또는 일반사무관리회사의 업무를 영위하는 경우에는 임원(사실상 임원과 동등한 지위에 있는 자로서 업무집행지시자 등을 포함한다)을 두어야 한다. 다만, 보험회사가 신탁재산의 운용 및 지시업무 전체를 다른 집합투자업자에게 위탁하거나 투자신탁재산 전체를 투자일임으로 운용하는 경우, 투자신탁재산 전체를 다른 집합투자증권에 운용하는 경우에는 별도의 임원을 둘 필요가 없다.

또한 임직원에게 ① 보험업법에 따른 업무, ② 집합투자업, ③ 신탁업, ④ 일반사무관리회사의 업무를 겸직하게 할 수 없다. 다만, 임원의 경우 집합투자업, 신탁업, 일반사무관리회사의 업무와 이해상충이 적은 겸영업무, 부수업무와, 집합투자업, 신탁업, 일반사무관리회사의 업무를 겸직할 수 있으며, 신탁업과 일반사무관리회사의 업무 간에는 겸직할 수 있다(법 251조 3항).

또한 집합투자업겸영보험회사는 전산설비 또는 사무실 등의 공동사용 금지 및 다른 업무를 영위하는 임직원 간의 정보교류 제한 등 이해상충방지체계를 갖추어야 한다. 즉, ① 독립된 부서로 구분되어 업무처리 및 보고가 독립적으로 이루어질 것, ② 업무담당자 사이에 업무에 관한 회의를 하거나 통신을 한 경우에는 내부통제기준이 정하는 방법 및 절차에 따라 그 회의 또는 통신에 관한 사항을 기록·유지하고 준법감시인의 확인을 받을 것, ③ 각 업무 사이에 직원을 파견하거나 일정기간 동안 다른 업무로 전보하지 않을 것, ④ 집합투자증권의 판매업무를 담당하는 직원이 집합투자업, 신탁업, 일반사무관리회사의 업무를 겸직하지 아니할 것, ⑤ 출입문을 달리 하는 등 정보공유가 차단될 수 있을 정도로 사무실이 공간적으로 분리될 것, ⑥ 각 업무에 관한 전산자료가 공유되지 못하도록 독립되어 저장·관리·열람될 것 등 이해상충방지체계를 갖추어야 한다.

Ⅶ. 대출방법의 운용

집합투자업자는 집합투자재산을 운용함에 있어서 집합투자기구의 계산으로 금전을 차입할 수 없으나, 집합투자업겸영보험회사에 대하여는 투자신탁재산에 속하는 자산을 「보험업법」에서 정하는 방법에 따라 그 보험에 가입한 자에게 대출하는 방법으로 운용할 수 있도록 허용하고 있다. 그러나 그 보험에 가입한 자 이외의 자에 대한 대출은 할 수 없다.

Ⅷ. 적용제외

변액보험이 보험업법에 의하여 제정된 상품이라는 점에서 기본적으로 보험업법에 의한 규제를 받게 되므로 투자신탁으로서 이 법에 의하여 규제되는 부분과 중복되는 부분은 그 적용을 배제하고 있다. 즉, ① 집합투자기구의 등록(법 182조), ② 집합투자기구의 명칭사용(법 183조 1항), ③ 투자신탁 계약사항 중 "신탁원본의 가액 및 수익증권 총좌수에 관한 사항," "수익자 총회에 관한 사항"(법 188조 1항 2호·6호), ④ 신탁계약을 변경하는 경우의 수익자총회의 결의사항(법 188조 2항 각 호 외의 부분 후단), ⑤ 수익자총회 결의에 따라 신탁계약을 변경한 경우의 수익자 통지의무(법 188조 3항), ⑥ 수익증권의 발행, 수익자총회, 반대수익자의 수익증권매수청구권, 투자신탁의 해지, 투자신탁의 합병(법 189조부터 193조까지), ⑦ 환매금지형집합투자기구(법 230조), ⑧ 집합투자증권의 환매(법 235조부터 237조까지), ⑨ 집합투자재산 평가위원회의 구성·운영(법 238조 2항)(대통령령으로 정하는 방법으로 투자신탁재산을 운용하는 경우에 한한다), ⑩ 결산서류 등의 비치의무(법 239조 3항), ⑪ 집합투자기구의 등록취소(법 253조 1항), 금융투자업자에 대한 인가취소(법 420조 1항)는 집합투자업겸영보험회사가 운용하는 투자신탁에 관하여는 적용하지 아니한다.

또한 보험회사가 집합투자업을 영위하는 경우 ① 자기집합투자증권의 취득제한(법 82조), ② 성과보수의 제한(법 86조), ③ 집합투자자총회의 결의내용에 대한 공시의무(법 89조 4호), ④ 집합투자재산에 관한 금융위 등에 대한 분기별 보고의무(법 90조), ⑤ 환매연기 등의 통지의무(법 92조)는 적용하지 아니한다.

[초판: 박임출, 개정판: 유석호 · 신영수 · 이진국]

제 8 장 감독 · 검사

第252條(투자회사등에 대한 감독·검사)

① 금융위원회는 투자자를 보호하고 건전한 거래질서를 유지하기 위하여 투자회사등에 대하여 다음 각 호의 사항에 관하여 필요한 조치를 명할 수 있다.

1. 집합투자재산의 운용에 관한 사항
2. 집합투자재산의 공시에 관한 사항
3. 그 밖에 투자자 보호 또는 건전한 거래질서를 위하여 필요한 사항으로서 대통령령으로 정하는 사항

② 제419조(제 2 항부터 제 4 항까지 및 제 8 항을 제외한다)는 투자회사등에 대한 검사에 관하여 준용한다.

Ⅰ. 의 의

자본시장법상의 집합투자기구는 투자신탁, 회사형집합투자기구 및 조합형집합투자기구로 구분된다. 이 중 투자신탁과 조합형집합투자기구 중 투자익명조합의 경우에는 그 설정의 주체가 집합투자업자이므로 금융투자업자로서의 집합투자업자에 대한 금융위원회의 감독 및 금융감독원장의 검사의 대상이 된다. 한편, 그 자체가 집합투자업자가 될 수 없는 회사형집합투자기구와 조합형집합투자기구중 투자합자조합의 경우에는 당해 집합투자기구에 대하여 금융위원회의 감독 및 금융감독원장의 검사 권한에 대한 근거조항이 필요하다. 본조는 자본시장법 제182조 제 1 항에 따른 투자회사등, 즉 투자회사·투자유한회사·투자합자회사·투자유한책임회사 및 투자합자조합에 대한 금융위원회의 감독 및 금융감독원의 검사에 관한 근거규정이다.

Ⅱ. 감독·검사의 범위

금융투자업자인 집합투자업자에 대해서는 자본시장법 제415조에 따라 금융위원회가 투자자를 보호하고 건전한 거래질서를 유지하기 위하여 집합투자업자가 자본시장법 또는 이 법에 따른 명령이나 처분을 적절히 준수하는지 여부를 감독할 수 있다. 한편, 자본

시장법 제419조에 따르면 금융투자업자인 집합투자업자는 그 업무와 재산상황에 관하여 금융감독원장의 검사를 받아야 한다.

집합투자기구로서 투자회사등의 경우에도 이와 동일한 논리에 따라 금유위원회는 투자자를 보호하고 건전한 거래질서를 유지하기 위하여 ① 집합투자재산의 운용에 관한 사항, ② 집합투자재산의 공시에 관한 사항, 그 밖에 투자자 보호 또는 건전한 거래질서를 위하여 필요한 사항으로서 ③ 집합투자증권의 환매에 관한 사항, ④ 집합투자재산의 평가 및 회계에 관한 사항, ⑤ 집합투자기구의 해산 및 합병에 관한 사항, ⑥ 투자회사 주식의 발행 및 명의개서, 투자회사재산의 계산, 법령 또는 정관에 의한 통지 및 공고, 이사회 및 주주총회의 소집·개최·의사록 작성 등에 관한 업무, 그 밖에 투자회사의 사무를 처리하기 위하여 필요한 업무로서 투자회사 주식의 기준가격 산정업무, 투자회사의 관리업무에 관하여 필요한 조치를 명할 수 있다.

한편, 금융감독원장은 투자회사등에 대하여 그 업무와 재산상황에 관하여 검사를 하여야 한다.

Ⅲ. 감독·검사의 방법

투자회사등에 대한 금융위원회의 감독권한은 일반적으로 자본시장법 및 하위법령에 근거한 규정 등을 통하여 투자회사등이 이를 준수하도록 지시·명령하는 형식으로 행사된다.

한편, 금융감독원장은 투자회사등에 대해 검사를 함에 있어서 필요하다고 인정되는 경우에는 투자회사등에 업무 또는 재산에 관한 보고, 자료의 제출, 증인의 출석, 증언 및 의견의 진술을 요구할 수 있는데, 금융투자업자에 대한 금융감독원장의 검사방법과 다르지 않다.

제253조(집합투자기구의 등록취소 등)

① 금융위원회는 다음 각 호의 어느 하나에 해당하는 경우에는 집합투자기구의 등록을 취소할 수 있다. 다만, 제3호의 경우에는 등록을 취소하여야 한다.

1. 거짓, 그 밖의 부정한 방법으로 제182조 제1항 또는 제8항에 따른 등록이나 변경등록을 한 경우
2. 제182조 제2항 각 호에 따른 등록요건을 갖추지 못하게 된 경우
3. 집합투자기구가 해지 또는 해산한 경우
4. 투자회사의 순자산액이 3개월 이상 계속하여 제194조 제2항 제7호에 따른 최저순자산액에 미달하는 경우

5. 제182조 제 8 항에 따른 변경등록을 하지 아니한 경우
6. 금융위원회의 시정명령 또는 중지명령을 이행하지 아니한 경우
7. 별표 2 각 호의 어느 하나에 해당하는 경우로서 대통령령으로 정하는 경우
8. 대통령령으로 정하는 금융관련 법령 등을 위반한 경우로서 대통령령으로 정하는 경우
9. 그 밖에 투자자의 이익을 현저히 해할 우려가 있거나 집합투자기구로서 존속하기 곤란하다고 인정되는 경우로서 대통령령으로 정하는 경우

② 금융위원회는 투자회사등(그 집합투자업자 또는 그 법인이사·업무집행사원·업무집행조합원을 포함한다)이 제 1 항 각 호(제 7 호를 제외한다)의 어느 하나에 해당하거나 별표 2 각 호의 어느 하나에 해당하는 경우에는 그 투자회사등에 대하여 다음 각 호의 어느 하나에 해당하는 조치를 할 수 있다.

1. 6개월 이내의 업무의 전부 또는 일부의 정지
2. 계약의 인계명령
3. 위법행위의 시정명령 또는 중지명령
4. 위법행위로 인한 조치를 받았다는 사실의 공표명령 또는 게시명령
5. 기관경고
6. 기관주의
7. 그 밖에 위법행위를 시정하거나 방지하기 위하여 필요한 조치로서 대통령령으로 정하는 조치

③ 금융위원회는 투자회사의 감독이사가 다음 각 호의 어느 하나에 해당하는 경우에는 해임요구, 6개월 이내의 직무정지, 문책경고, 주의적 경고, 주의, 그 밖에 대통령령으로 정하는 조치를 할 수 있다.

1. 제195조 제 1 항 각 호 외의 부분 단서를 위반하여 정관을 변경한 경우
2. 제199조 제 5 항에서 준용하는 제54조를 위반하여 정당한 사유 없이 직무관련 정보를 이용한 경우
3. 제200조 제 3 항을 위반하여 결의한 경우
4. 제247조 제 2 항을 위반하여 시정을 요구하지 아니하거나, 같은 조 제 3 항을 위반하여 보고 또는 공시에 관한 업무를 이행하지 아니한 경우
5. 그 밖에 투자자 보호 또는 건전한 거래질서를 해할 우려가 있는 경우로서 대통령령으로 정하는 경우

④ 금융위원회는 제 1 항에 따라 집합투자기구의 등록을 취소하거나, 제 3 항에 따라 투자회사의 감독이사에 대한 해임요구를 하고자 하는 경우에는 청문을 실시하여야 한다.

⑤ 제424조 및 제425조는 집합투자기구 및 투자회사의 감독이사에 대한 조치 등에 관하여 준용한다.

Ⅰ. 집합투자기구의 등록취소
Ⅱ. 투자회사등에 대한 조치
Ⅲ. 투자회사의 감독이사에 대한 조치
Ⅳ. 조치절차 등

Ⅰ. 집합투자기구의 등록취소

투자신탁이나 투자익명조합의 집합투자업자 또는 투자회사등은 집합투자기구가 설정 또는 설립된 경우 당해 집합투자기구를 금융위원회에 등록하여야 한다(법 182조 1항). 이러한 집합투자기구가 다음의 경우에 해당되는 경우 금융위원회는 집합투자기구의 등록을 취소하여야 한다. 다만, 집합투자기구가 해지 또는 해산한 경우 직권으로 등록을 취소하여야 한다.

① 거짓, 그 밖의 부정한 방법으로 등록이나 변경등록을 한 경우

② 등록요건을 갖추지 못하게 된 경우

③ 집합투자기구가 해지 또는 해산한 경우

④ 투자회사의 순자산액이 3개월 이상 계속하여 최저순자산액에 미달하는 경우

⑤ 변경등록을 하지 아니한 경우

⑥ 금융위원회의 시정명령 또는 중지명령을 이행하지 아니한 경우

⑦ 집합투자재산을 운용함에 있어서 금지하는 규정(법 81조 1항) 또는 이해관계인과의 거래행위를 금지하는 규정(법 84조 1항)을 위반한 경우, 불건전 영업행위의 금지규정(법 85조)을 위반한 경우, 집합투자업자의 의결권 행사에 관한 규정(법 87조 1항부터 5항)을 위반하여 의결권을 행사한 경우, 미공개중요정보 이용행위 금지 의무(법 174조)를 위반한 경우, 시세조종행위 등의 금지 의무(법 176조)를 위반한 경우, 부정거래행위 등의 금지 의무(법 178조)를 위반한 경우

⑧ 금융실명거래 및 비밀보장에 관한 법률 제 4 조 제 1 항 본문·제 4 조 제 3 항·제 4 조 제 4 항 본문·제 4 조 제 5 항, 형법 제214조부터 제217조까지·제223조·제355조·제356조·제357조 제 1 항·제359조, 특정경제범죄 가중처벌에 관한 법률 제 3 조 제 1 항·제 5 조 제 1 항부터 제 3 항까지·제 7 조·제 8 조·제 9 조 제 3 항을 위반한 경우

⑨ 그 밖에 투자자의 이익을 현저히 해할 우려가 있거나 집합투자기구로서 존속하기 곤란하다고 인정되는 경우로서 등록을 한 날부터 6개월 이내에 집합투자재산의 운용을 개시하지 아니한 경우, 업무와 관련하여 부정한 방법으로 타인으로부터 금전 등을 교부받거나 타인에게 교부할 금전 등을 취득한 경우, 업무정지의 조치를 받은 날부터 1개월 이내에 해당 조건을 보정하지 아니하거나 업무정지의 기간 중에 업무를 한 경우, 동일 또는 유사한 위법행위를 계속하거나 반복하는 경우

Ⅱ. 투자회사등에 대한 조치

금융위원회는 투자회사등이 위 ① 내지 ⑨(⑦을 제외)의 어느 하나에 해당하거나 법

[별표 2] 각 호의 어느 하나에 해당하는 경우에는 그 투자회사등에 대하여 ① 6개월 이내의 업무의 전부 또는 일부의 정지, ② 계약의 인계명령, ③ 위법행위의 시정명령 또는 중지명령, ④ 위법행위로 인한 조치를 받았다는 사실의 공표명령 또는 게시명령, ⑤ 기관경고, ⑥ 기관주의, ⑦ 그 밖에 위법행위를 시정하거나 방지하기 위하여 필요한 조치로서 경영 또는 업무방법의 개선요구 또는 권고·변상요구·각서징구·법 위반의 경우 고발 또는 수사기관에의 통보·다른 법률을 위반한 경우 관련기관 또는 수사기관에의 통보·그 밖에 금융위원회가 법 및 이 영, 관련법령에 의하여 취할 수 있는 조치를 할 수 있다.

한편, 투자회사등에 대한 조치는 투자회사등을 설립하거나 당해 투자회사의 운용을 담당한 집합투자업자 또는 그 법인이사·업무집행사원·업무집행조합원에 대해서도 동일한 조치를 할 수 있다.

Ⅲ. 투자회사의 감독이사에 대한 조치

금융위원회는 투자회사의 감독이사가 ① 주주총회의 결의에 의하지 아니하고 정관을 변경한 경우, ② 직무상 알게 된 미공개정보를 정당한 사유 없이 자기 또는 제3자의 이익을 위하여 이용한 경우, ③ 이 법과 정관이 정하는 사항 이외의 사항을 결의한 경우, ④ 투자회사재산을 운용하는 집합투자업자의 위법행위 등에 대하여 그 운용행위의 시정을 요구하지 않거나, 집합투자업자가 그 요구사항을 제3영업일 이내에 이행하지 아니한 사실을 금융위원회에 보고 또는 공시에 관한 업무를 이행하지 아니한 경우, ⑤ 그 밖에 투자자 보호 또는 건전한 거래질서를 해할 우려가 있는 경우로서 시행령 [별표 7]의 "투자회사등에 대한 처분사유"에 해당하는 경우에는 해임요구, 6개월 이내의 직무정지, 문책경고, 주의적 경고, 주의, 그 밖에 법 위반의 경우 고발 또는 수사기관에의 통보, 다른 법률을 위반한 경우 관련기관 또는 수사기관에의 통보, 그 밖에 금융위원회가 법 및 이 영, 관련법령에 의하여 취할 수 있는 조치를 할 수 있다.

Ⅳ. 조치절차 등

금융위원회가 집합투자기구의 등록을 취소하거나, 투자회사의 감독이사에 대한 해임요구를 하고자 하는 경우에는 청문을 실시하여야 한다.

한편, 금융위원회는 투자회사등 또는 투자회사의 감독이사에 대하여 처분 또는 조치한 경우에는 그 내용을 기록하고 이를 유지·관리하고, 그 사실을 관보 및 인터넷 홈페이지 등에 공고하여야 하는 등 금융투자업자에 대한 조치시 처분 등의 기록 및 공시 등에 관한 규정이 이 경우에도 준용된다(법 424조 준용).

또한, 금융위원회의 처분 또는 조치에 대하여 불복하는 경우 그 불복절차 역시 금융투자업자에 대한 조치시 이의신청에 관한 규정이 준용된다(법 424조 준용).

[초판: 박임출, 개정판: 유석호 · 신영수 · 이진국]

제 9 장 집합투자기구의 관계회사

제254조(일반사무관리회사)

① 제184조 제 6 항에 따라 투자회사의 위탁을 받아 같은 조 제 6 항 각 호의 업무를 영위하려는 자는 금융위원회에 등록하여야 한다.

② 제 1 항에 따른 등록을 하려는 자는 다음 각 호의 요건을 모두 갖추어야 한다.

1. 다음 각 목의 어느 하나에 해당할 것
   가. 「상법」에 따른 주식회사
   나. 명의개서대행회사(예탁결제원을 포함한다)
   다. 그 밖에 대통령령으로 정하는 금융기관
2. 5억원 이상으로서 대통령령으로 정하는 금액 이상의 자기자본을 갖출 것
3. 상근 임직원 중 대통령령으로 정하는 기준의 전문인력을 보유할 것
4. 전산설비 등 대통령령으로 정하는 물적 설비를 갖출 것
5. 임원이 제24조에 적합할 것
6. 대통령령으로 정하는 이해상충방지체계를 구축하고 있을 것(대통령령으로 정하는 금융업을 영위하고 있는 경우에 한한다)

③ 제 1 항에 따른 등록을 하려는 자는 금융위원회에 등록신청서를 제출하여야 한다.

④ 금융위원회는 제 3 항의 등록신청서를 접수한 경우에는 그 내용을 검토하여 30일 이내에 등록 여부를 결정하고, 그 결과와 이유를 지체 없이 신청인에게 문서로 통지하여야 한다. 이 경우 등록신청서에 흠결이 있는 때에는 보완을 요구할 수 있다.

⑤ 제 4 항의 검토기간을 산정함에 있어서 등록신청서 흠결의 보완기간 등 총리령으로 정하는 기간은 검토기간에 산입하지 아니한다.

⑥ 금융위원회는 제 4 항의 등록 여부를 결정함에 있어서 다음 각 호의 어느 하나에 해당하는 사유가 없는 한 그 등록을 거부하여서는 아니 된다.

1. 제 2 항의 등록요건을 갖추지 아니한 경우
2. 제 3 항의 등록신청서를 거짓으로 작성한 경우
3. 제 4 항 후단의 보완요구를 이행하지 아니한 경우

⑦ 금융위원회는 제 4 항에 따라 등록을 결정한 경우 일반사무관리회사등록부에 필요한 사항을 기재하여야 하며, 등록결정한 내용을 관보 및 인터넷 홈페이지 등에 공고하여야 한다.

⑧ 제 1 항에 따라 등록을 한 자(이하 "일반사무관리회사"라 한다)는 등록 이후 그 영업을 영위함에 있어서 제 2 항 각 호의 등록요건(같은 항 제 2 호의 경우에는 대통령령으로 정하는 완화된 요건을 말한다)을 계속 유지하여야 한다.

⑨ 제 1 항부터 제 7 항까지의 규정에 따른 등록신청서의 기재사항·첨부서류 등 등록의 신청에 관한 사항과 등록검토의 방법·절차, 그 밖에 필요한 사항은 대통령령으로 정한다.

Ⅰ. 의 의

일반사무관리회사란 투자회사의 위탁을 받아 ① 투자회사 주식의 발행 및 명의개서, ② 투자회사재산의 계산, ③ 법령 또는 정관에 의한 통지 및 공고, ④ 이사회 및 주주총회의 소집·개최·의사록 작성 등에 관한 업무, ⑤ 법 제238조 제8항에 따라 위탁받은 기준가격 산정업무 및 ⑥ 투자회사의 운영에 관한 업무를 영위하는 자이다. 투자회사는 법 제184조 제6항에 따라 반드시 일반사무관리업무를 일반사무관리회사에 위탁하여야 한다. 다만, 투자신탁이나 투자익명조합의 집합투자업자 또는 투자회사등이 법령에 정하는 방법에 의하지 아니하고 거짓으로 기준가격을 산정하여 금융위원회로부터 기준가격 산정업무를 일반사무관리회사에 그 범위를 정하여 위탁하도록 명령을 받은 경우에는 반드시 일반사무관리회사에 기준가격의 산정업무를 위탁하여야 한다(법 238조 8항).

Ⅱ. 금융위원회 등록

일반사무관리업무를 영위하려는 자는 금융위원회에 등록하여야 하며, 등록을 위해서는 ① 「상법」에 따른 주식회사, 명의개서대행회사(예탁결제원을 포함한다), 한국산업은행, 중소기업은행, 한국수출입은행, 농업협동조합중앙회, 수산업협동조합중앙회 중 어느 하나에 해당되어야 하고, ② 20억원 이상의 자기자본을 갖추어야 하며, ③ 상근 임직원 중 금융기관 등[1]에서 증권 등 자산가치의 계산에 관련된 업무 또는 집합투자재산의 보관·관리업무에 2년 이상 근무한 경력이 있는 2인 이상의 집합투자재산의 계산전문인력을 보유하여야 하고, ④ (i) 일반사무관리회사의 업무를 하는 데에 필요한 전산설비, 업무공간 및 사무장비와 (ii) 정전·화재 등의 사고가 발생할 경우 업무의 연속성을 유지하기 위하여 필요한 보완설비를 갖추어야 하며, ⑤ 임원이 제24조에 적합하여야 하고, ⑥ 은행업·보험업·금융투자업·종합금융회사의 업무를 영위하는 일반사무관리회사는 (i) 일반사무관리회사의 업무와 그 외의 업무 간에 독립된 부서로 구분되어 업무처리 및 보고가 독립적으로 이루어질 것, (ii) 일반사무관리회사의 업무와 그 외의 업무 간에 직원의 겸직 및 파견을 금지할 것, (iii) 일반사무관리회사의 업무와 그 외의 업무를 영위하는 사무실이

1) 금융위원회의 설치 등에 관한 법률 제38조에 따른 검사대상기관, 외국금융투자업자, 국가재정법 제8조 제1항에 따른 기금관리주체가 같은 법 제77조 제1항에 따라 설치한 자산운용을 전담하는 부서 또는 같은 법 [별표 2]에 따른 기금설치 근거법률에 따라 기금의 관리·운용을 위탁받은 연금관리공단 등과 일반사무관리회사를 말한다(법 시행령 276조 3항).

정보공유가 차단될 수 있을 정도로 공간적으로 분리될 것, (iv) 일반사무관리회사의 업무와 그 외의 업무에 관한 전산자료가 공유되지 못하도록 독립되어 저장되고 열람될 것 등의 이해상충방지체계를 구축할 것 등의 요건을 모두 갖추어야 한다. 금융위원회에 등록을 한 일반사무관리회사는 등록 이후 그 영업을 영위함에 있어서 위 등록요건을 계속 유지하여야 하며, 다만 자기자본 요건은 최근 사업연도말을 기준으로 등록 당시보다 완화된 최저자기자본의 100분의 70 이상을 유지하면 충분하다(법 254조 2항·8항, 법 시행령 276조).

일반사무관리회사로 등록을 하려는 자는 금융위원회에 등록신청서를 제출하여야 하며(법 254조 3항), 위 등록신청서에는 ① 상호, ② 본점의 소재지, ③ 자기자본 등 재무에 관한 사항, ④ 임원에 관한 사항, ⑤ 전문인력에 관한 사항, ⑥ 물적 시설에 관한 사항, ⑦ 이해상충방지체계에 관한 사항, ⑧ 그 밖에 투자자 보호를 위하여 필요한 사항으로서 금융위원회가 정하여 고시하는 사항을 기재하고, ① 정관, ② 주주의 성명 또는 명칭과 그 소유주식수를 기재한 서류, ③ 재무제표와 그 부속명세서, ④ 임원의 이력서 및 경력증명서, ⑤ 전문인력 및 물적시설 등의 현황을 확인할 수 있는 서류, ⑥ 이해상충방지체계를 갖추었는지를 확인할 수 있는 서류, ⑦ 그 밖에 등록의 검토에 필요한 서류로서 금융위원회가 정하여 고시하는 서류를 첨부하여야 한다(법 시행령 277조 1항·2항).

금융위원회는 등록신청서를 접수한 경우에는 등록신청서의 내용에 관한 사실여부를 확인하고 등록요건을 충족하는지 여부를 검토하여 30일 이내에 등록 여부를 결정하고, 그 결과와 이유를 지체 없이 신청인에게 문서로 통지하여야 한다. 이 경우 등록신청서에 흠결이 있는 때에는 보완을 요구할 수 있다. 위 검토기간을 산정함에 있어서 등록신청서 흠결의 보완기간 등은 검토기간에 산입하지 아니한다.

금융위원회는 등록 여부를 결정함에 있어서 ① 등록요건을 갖추지 아니한 경우, ② 등록신청서를 거짓으로 작성한 경우, ③ 보완요구를 이행하지 아니한 경우에 해당하는 사유가 없는 한 그 등록을 거부하여서는 아니 된다. 금융위원회는 등록을 결정한 경우 일반사무관리회사등록부에 필요한 사항을 기재하여야 하며, 등록결정한 내용을 관보 및 인터넷 홈페이지 등에 공고하여야 한다.

제255조(준용규정)

제42조, 제54조, 제60조 및 제64조는 일반사무관리회사에 준용한다.

① 금융투자업자의 업무위탁 및 그 제한(법 42조), ② 직무관련 정보의 이용금지(법 54조), ③ 자료의 기록유지(법 60조), ④ 손해배상책임(법 64조)에 관한 사항은 일반사무관리회사에 준용한다. 이에 따라 일반사무관리회사는 위탁계약을 체결하고 업무의 일부를 제삼

자에게 위탁할 수 있고, 직무상 알게 된 미공개정보를 정당한 사유 없이 자기 또는 제삼자의 이익을 위하여 이용할 수 없으며, 일반사무관리업 영위와 관련한 자료를 일정기간(자료의 종류별로 3년 내지 10년) 동안 기록·유지하여야 하고, 법령·정관 등에 위반하는 행위를 하거나 그 업무를 소홀히 하여 투자자에게 손해를 발생시킨 경우에는 그 손해를 배상할 책임이 있다.

제256조(일반사무관리회사에 대한 감독·검사)

① 금융위원회는 투자자를 보호하고 건전한 거래질서를 유지하기 위하여 일반사무관리회사에 대하여 다음 각 호의 사항에 관하여 필요한 조치를 명할 수 있다.

1. 고유재산의 운용에 관한 사항
2. 영업의 질서 유지에 관한 사항
3. 영업방법에 관한 사항
4. 그 밖에 투자자 보호 또는 건전한 거래질서를 위하여 필요한 사항으로서 대통령령으로 정하는 사항

② 제419조(제2항부터 제4항까지 및 제8항을 제외한다)는 일반사무관리회사에 대한 검사에 관하여 준용한다.

금융위원회는 투자자를 보호하고 건전한 거래질서를 유지하기 위하여 일반사무관리회사에 대하여 ① 고유재산의 운용에 관한 사항, ② 영업의 질서 유지에 관한 사항, ③ 영업방법에 관한 사항, ④ 이해상충방지에 관한 사항, ⑤ 업무수탁에 관한 사항, ⑥ 금융투자협회에 가입하지 않은 일반사무관리회사에 대하여 금융투자협회가 건전한 영업질서의 유지 및 투자자 보호를 위하여 행하는 자율규제를 준수하도록 하는 것에 관한 사항 등에 관하여 필요한 조치를 명할 수 있다.

또한 일반사무관리회사는 그 업무와 재산상황에 관하여 금융감독원장의 검사를 받아야 한다. 금융감독원장은 검사를 함에 있어서 필요하다고 인정되는 경우에는 일반사무관리회사에 업무 또는 재산에 관한 보고, 자료의 제출, 증인의 출석, 증언 및 의견의 진술을 요구할 수 있다(법 256조 2항, 419조 1항·9항). 금융감독원장은 일반사무관리회사에 대하여 검사를 실시한 경우에는 그 결과를 종합정리하여 금융위원회에 보고하여야 한다. 다만, 검사의 종류, 영업규모 등을 고려하여 필요한 경우 검사결과를 요약하여 보고할 수 있으며, 일반사무관리회사의 특정부문에 대하여 실시한 부문검사로서 현지조치사항만 있거나 조치요구사항이 없는 경우에는 보고를 생략할 수 있다.[1]

1) 금융기관 검사 및 제재에 관한 규정 제13조 제1항.

제257조(일반사무관리회사에 대한 처분)

① 금융위원회는 일반사무관리회사가 별표 3 각 호의 어느 하나에 해당하는 경우에는 제254조 제 1 항에 따른 등록을 취소할 수 있다.

② 금융위원회는 일반사무관리회사가 별표 3 각 호의 어느 하나에 해당하는 경우에는 다음 각 호의 어느 하나에 해당하는 조치를 할 수 있다.

1. 6개월 이내의 업무의 전부 또는 일부의 정지
2. 계약의 인계명령
3. 위법행위의 시정명령 또는 중지명령
4. 위법행위로 인한 조치를 받았다는 사실의 공표명령 또는 게시명령
5. 기관경고
6. 기관주의
7. 그 밖에 위법행위를 시정하거나 방지하기 위하여 필요한 조치로서 대통령령으로 정하는 조치

③ 금융위원회는 일반사무관리회사의 임원이 별표 3 각 호의 어느 하나에 해당하는 경우에는 다음 각 호의 어느 하나에 해당하는 조치를 할 수 있다.

1. 해임요구
2. 6개월 이내의 직무정지
3. 문책경고
4. 주의적 경고
5. 주의
6. 그 밖에 위법행위를 시정하거나 방지하기 위하여 필요한 조치로서 대통령령으로 정하는 조치

④ 금융위원회는 일반사무관리회사의 직원이 별표 3 각 호의 어느 하나에 해당하는 경우에는 다음 각 호의 어느 하나에 해당하는 조치를 그 일반사무관리회사에 요구할 수 있다.

1. 면직
2. 6개월 이내의 정직
3. 감봉
4. 견책
5. 경고
6. 주의
7. 그 밖에 위법행위를 시정하거나 방지하기 위하여 필요한 조치로서 대통령령으로 정하는 조치

⑤ 제422조 제 3 항 및 제423조부터 제425조까지의 규정은 일반사무관리회사 및 그 임직원에 대한 조치 등에 관하여 준용한다.

Ⅰ. 일반사무관리회사에 대한 조치	Ⅲ. 조치절차 및 불복
Ⅱ. 임직원에 대한 조치	

Ⅰ. 일반사무관리회사에 대한 조치

금융위원회는 일반사무관리회사가 [별표 3] 규정의 처분사유에 해당하는 경우에는 등록을 취소하거나 ① 6개월 이내의 업무의 전부 또는 일부의 정지, ② 계약의 인계명령, ③ 위법행위의 시정명령 또는 중지명령, ④ 위법행위로 인한 조치를 받았다는 사실의 공표명령 또는 게시명령, ⑤ 기관경고, ⑥ 기관주의, ⑦ 지점, 그 밖의 영업소의 폐쇄 또는 그 업무의 전부 또는 일부의 정지, ⑧ 경영 또는 업무방법의 개선요구 또는 권고, ⑨ 변상요구, ⑩ 법 위반의 경우 고발 또는 수사기관에의 통보, ⑪ 다른 법률을 위반한 경우 관련기관 또는 수사기관에의 통보 등의 조치를 취할 수 있다(법 시행령 279조 1항).

Ⅱ. 임직원에 대한 조치

일반사무관리회사의 임원이 [별표 3] 규정의 처분사유에 해당하는 경우에는 ① 해임요구, ② 6개월 이내의 직무정지, ③ 문책경고, ④ 주의적 경고, ⑤ 주의, ⑥ 법 위반의 경우 고발 또는 수사기관에의 통보, ⑦ 다른 법률을 위반한 경우 관련기관 또는 수사기관에의 통보 등의 조치를 취할 수 있고, 그 직원이 [별표 3] 규정의 처분사유에 해당하는 경우에는 ① 면직, ② 6개월 이내의 정직, ③ 감봉, ④ 견책, ⑤ 경고, ⑥ 주의, ⑦ 법 위반의 경우 고발 또는 수사기관에의 통보, ⑧ 다른 법률을 위반한 경우 관련기관 또는 수사기관에의 통보 등의 조치를 일반사무관리회사에 요구할 수 있다(법 시행령 279조 2항).

금융위원회는 일반사무관리회사의 임직원에 대하여 조치를 하거나 이를 요구하는 경우 그 임직원에 대하여 관리·감독의 책임이 있는 임직원에 대한 조치를 함께 하거나 이를 요구할 수 있다. 다만, 관리·감독의 책임이 있는 자가 그 임직원의 관리·감독에 상당한 주의를 다한 경우에는 조치를 감면할 수 있다(법 422조 3항).

Ⅲ. 조치절차 및 불복

금융위원회는 일반사무관리회사에 대한 등록을 취소하거나, 그 임직원에 대한 해임요구 또는 면직요구를 하는 경우에는 청문을 실시하여야 한다(법 423조). 금융위원회는 일반사무관리회사 또는 그 임직원에 대하여 처분 또는 조치한 경우에는 그 내용을 기록하고 이를 유지·관리하고, 그 사실을 관보 및 인터넷 홈페이지 등에 공고하여야 하며, 퇴임한 임직원이 재임 또는 재직 중이었다면 해임요구 등의 조치를 받았을 것으로 인정되는 경우에는 그 받았을 것으로 인정되는 조치의 내용을 금융감독원장으로 하여금 해당 일반사무관리회사에 통보하도록 할 수 있고, 이 경우 통보를 받은 일반사무관리회사는 이를 퇴임·퇴직한 그 임직원에게 통보하여야 한다.

일반사무관리회사 또는 그 임직원(임직원이었던 자를 포함한다)은 금융위원회에 자기에 대한 처분 또는 조치 여부 및 그 내용을 조회할 수 있고, 금융위원회는 정당한 사유가 없는 한 처분 또는 조치 여부 및 그 내용을 그 조회요청자에게 통보하여야 한다(법 424조). 금융위원회의 처분 또는 조치에 대하여 불복하는 자는 그 처분 또는 조치의 고지를 받은 날부터 30일 이내에 그 사유를 갖추어 금융위원회에 이의를 신청할 수 있고, 금융위원회는 60일 이내에 결정을 하여야 한다. 다만, 부득이한 사정으로 그 기간 이내에 결정을 할 수 없을 경우에는 30일의 범위에서 그 기간을 연장할 수 있다(법 425조).

제258조(집합투자기구평가회사)

① 집합투자기구를 평가하고 이를 투자자에게 제공하는 업무를 영위하려는 자는 금융위원회에 등록하여야 한다.

② 제 1 항에 따른 등록을 하려는 자는 다음 각 호의 요건을 모두 갖추어야 한다.

1. 「상법」에 따른 주식회사일 것
2. 투자매매업자·투자중개업자 또는 집합투자업자와 그 계열회사가 아닐 것
3. 1억원 이상으로서 대통령령으로 정하는 금액 이상의 자기자본을 갖출 것
4. 상근 임직원 중 대통령령으로 정하는 기준의 전문인력을 보유할 것
5. 전산설비 등 대통령령으로 정하는 물적 설비를 갖출 것
6. 임원이 제24조에 적합할 것
7. 대통령령으로 정하는 집합투자기구평가체계를 갖출 것
8. 대통령령으로 정하는 이해상충방지체계를 구축하고 있을 것(대통령령으로 정하는 금융업을 영위하고 있는 경우에 한한다)

③ 제 1 항에 따른 등록을 하려는 자는 금융위원회에 등록신청서를 제출하여야 한다.

④ 금융위원회는 제 3 항의 등록신청서를 접수한 경우에는 그 내용을 검토하여 30일 이내에 등록 여부를 결정하고, 그 결과와 이유를 지체 없이 신청인에게 문서로 통지하여야 한다. 이 경우 등록신청서에 흠결이 있는 때에는 보완을 요구할 수 있다.

⑤ 제 4 항의 검토기간을 산정함에 있어서 등록신청서 흠결의 보완기간 등 총리령으로 정하는 기간은 검토기간에 산입하지 아니한다.

⑥ 금융위원회는 제 4 항의 등록 여부를 결정함에 있어서 다음 각 호의 어느 하나에 해당하는 사유가 없는 한 그 등록을 거부하여서는 아니 된다.

1. 제 2 항의 등록요건을 갖추지 아니한 경우
2. 제 3 항의 등록신청서를 거짓으로 작성한 경우
3. 제 4 항 후단의 보완요구를 이행하지 아니한 경우

⑦ 금융위원회는 제 4 항에 따라 등록을 결정한 경우 집합투자기구평가회사등록부에 필요한 사항을 기재하여야 하며, 등록결정한 내용을 관보 및 인터넷 홈페이지 등에 공고하여야 한다.

⑧ 제 1 항에 따라 등록을 한 자(이하 "집합투자기구평가회사"라 한다)는 등록 이후 그 영업을 영위함에 있어서 제 2 항 각 호의 등록요건(같은 항 제 3 호의 경우에는 대통령령으로 정하는 완화된 요건을 말한다)을 계속 유지하여야 한다.
⑨ 제 1 항부터 제 7 항까지의 규정에 따른 등록신청서의 기재사항·첨부서류 등 등록의 신청에 관한 사항과 등록검토의 방법·절차, 그 밖에 필요한 사항은 대통령령으로 정한다.

Ⅰ. 의 의	Ⅱ. 금융위원회 등록

Ⅰ. 의 의

집합투자기구의 평가란 여러 운용회사가 제공하는 개별 집합투자기구에 대하여 우수한 성과를 올릴 수 있는 능력을 가지고 있는지를 평가하는 것이다. 이를 근거로 투자대상의 선택을 위한 참고정보를 투자자, 판매회사, 파이낸셜 어드바이저 등에게 제공한다. 평가의 중립성을 위하여 대부분 집합투자기구 평가기관 등 제 3 의 외부기관이 평가를 하고 있다.[1] 이와 같은 평가업무를 독자적으로 수행하는 회사를 집합투자기구평가회사라 한다.

Ⅱ. 금융위원회 등록

집합투자평가업무를 영위하려는 자는 ①「상법」에 따른 주식회사일 것, ② 투자매매업자·투자중개업자 또는 집합투자업자와 그 계열회사가 아닐 것, ③ 5억원 이상의 자기자본을 갖출 것, ④ 상근 임직원 중 금융기관 등[2]에서 증권·집합투자기구 등의 평가·분석업무 또는 기업금융업무에 2년 이상 종사한 경력이 있는 3인 이상의 집합투자기구 평가전문인력을 보유할 것, ⑤ (i) 집합투자기구평가회사의 업무를 하는 데에 필요한 전산설비, 업무공간 및 사무장비와 (ii) 정전·화재 등의 사고가 발생할 경우 업무의 연속성을 유지하기 위하여 필요한 보완설비를 갖출 것, ⑥ 임원이 제24조에 적합할 것, ⑦ (i) 평가대상 집합투자기구에 관한 사항, (ii) 집합투자기구의 유형분류 기준 및 유형별 기준지표에 관한 사항, (iii) 수익률 및 위험지표 계산에 관한 사항, (iv) 집합투자기구 등급결정에 관한 사항, (v) 자료제공 및 공시 등에 관한 사항에 대하여 금융위원회가 정하여 고

1) 野村アセットマネジメント株式會社 編著,「投資信託の法務と實務」, 金融財政事情研究會, 2006, 446頁.
2) 금융위원회의 설치 등에 관한 법률 제38조에 따른 검사대상기관, 외국금융투자업자, 국가재정법 제 8 조 제 1 항에 따른 기금관리주체가 같은 법 제77조 제 1 항에 따라 설치한 자산운용을 전담하는 부서 또는 같은 법 [별표 2]에 따른 기금설치 근거법률에 따라 기금의 관리·운용을 위탁받은 연금관리공단 등을 말한다(법 시행령 280조 2항).

시하는 기준을 충족하는 집합투자기구 평가체계를 갖출 것, ⑧ 은행업·보험업·금융투자업·종합금융회사의 업무를 영위하는 집합투자기구평가회사는 (i) 집합투자기구평가회사의 업무와 그 외의 업무 간에 독립된 부서로 구분되어 업무처리 및 보고가 독립적으로 이루어질 것, (ii) 집합투자기구평가회사의 업무와 그 외의 업무 간에 직원의 겸직 및 파견을 금지할 것, (iii) 집합투자기구평가회사의 업무와 그 외의 업무를 영위하는 사무실이 정보공유가 차단될 수 있을 정도로 공간적으로 분리될 것, (iv) 집합투자기구평가회사의 업무와 그 외의 업무에 관한 전산자료가 공유되지 못하도록 독립되어 저장되고 열람될 것 등의 이해상충방지체계를 구축할 것 등의 요건을 모두 갖추어 금융위원회에 등록신청서를 제출하여야 한다. 금융위원회에 등록을 한 집합투자기구평가회사는 등록 이후 그 영업을 영위함에 있어서 위 등록요건을 계속 유지하여야 하며, 다만 자기자본 요건은 최근 사업연도말을 기준으로 등록 당시보다 완화된 최저자기자본의 100분의 70 이상을 유지하면 충분하다(법 시행령 280조).

집합투자기구평가회사로 등록을 하려는 자는 금융위원회에 등록신청서를 제출하여야 한다. 등록신청서에는 ① 상호, ② 본점의 소재지, ③ 자기자본 등 재무에 관한 사항, ④ 임원에 관한 사항, ⑤ 전문인력에 관한 사항, ⑥ 물적시설에 관한 사항, ⑦ 이해상충방지체계에 관한 사항, ⑧ 집합투자기구평가체계에 관한 사항, ⑨ 그 밖에 투자자 보호를 위하여 필요한 사항으로서 금융위원회가 고시하는 사항을 기재하고, ① 정관, ② 주주의 성명 또는 명칭과 그 소유주식수를 기재한 서류, ③ 재무제표와 그 부속명세서, ④ 임원의 이력서 및 경력증명서, ⑤ 전문인력 및 물적시설 등의 현황을 확인할 수 있는 서류, ⑥ 이해상충방지체계를 갖추었는지를 확인할 수 있는 서류, ⑦ 집합투자기구평가체계에 관하여 확인할 수 있는 서류, ⑧ 그 밖에 등록의 검토에 필요한 서류로서 금융위원회가 정하여 고시하는 서류를 첨부하여야 한다(법 시행령 281조).

금융위원회는 등록신청서를 접수한 경우에는 등록신청서의 내용에 관한 사실여부를 확인하고 등록요건을 충족하는지 여부를 검토하여 30일 이내에 등록 여부를 결정하고, 그 결과와 이유를 지체 없이 신청인에게 문서로 통지하여야 한다. 이 경우 등록신청서에 흠결이 있는 때에는 보완을 요구할 수 있다. 위 검토기간을 산정함에 있어서 등록신청서 흠결의 보완기간 등은 검토기간에 산입하지 아니한다.

금융위원회는 등록 여부를 결정함에 있어서 ① 등록요건을 갖추지 아니한 경우, ② 등록신청서를 거짓으로 작성한 경우, ③ 보완요구를 이행하지 아니한 경우에 해당하는 사유가 없는 한 그 등록을 거부하여서는 아니 된다. 금융위원회는 등록을 결정한 경우 집합투자기구평가회사 등록부에 필요한 사항을 기재하여야 하며, 등록결정한 내용을 관보 및 인터넷 홈페이지 등에 공고하여야 한다.

제259조(영업행위준칙 등)

① 집합투자기구평가회사는 대통령령으로 정하는 사항이 포함된 영업행위준칙을 제정하여야 한다.

② 집합투자업자는 집합투자재산의 명세를 대통령령으로 정하는 방법에 따라 집합투자기구평가회사에 제공할 수 있다.

③ 집합투자기구평가회사의 평가기준의 공시방법 등에 관하여 필요한 사항은 대통령령으로 정한다.

집합투자기구평가회사는 ① 보편타당하고 공정한 기준에 따라 집합투자기구 평가업무의 일관성이 유지되도록 하기 위한 사항, ② 미공개정보의 이용을 금지하기 위한 사항, ③ 집합투자기구의 평가를 위하여 취득한 정보를 다른 업무의 수행에 이용하지 않도록 하기 위한 사항이 포함된 영업행위준칙을 제정하여야 한다. 집합투자업자는 집합투자재산의 명세를 집합투자기구 평가를 위하여 필요한 범위에서 직접 또는 금융투자협회를 통하여 집합투자기구평가회사에 제공할 수 있다. 집합투자기구평가회사는 집합투자기구에 관한 평가기준을 금융투자협회 및 그 회사가 운영하는 인터넷 홈페이지 등을 이용하여 공시하여야 하고, 집합투자기구 간, 집합투자업자 간, 집합투자증권을 판매하는 투자매매업자·투자중개업자 간 운용성과를 비교하여 공시하거나 제공하는 경우에는 그 비교기준을 함께 공시하거나 제공하여야 하며, 공시 또는 제공한 내용을 수정한 경우에는 그 수정내용을 지체 없이 공시하거나 제공하여야 한다(법 시행령 282조).

제260조(준용규정)

제54조, 제60조 및 제64조는 집합투자기구평가회사에 준용한다.

① 직무관련 정보의 이용금지(법 54조), ② 자료의 기록유지(법 60조), ③ 손해배상책임(법 64조)에 관한 사항은 집합투자기구평가회사에 준용한다. 이에 따라 집합투자기구평가회사는 직무상 알게 된 미공개 정보를 정당한 사유 없이 자기 또는 제삼자의 이익을 위하여 이용할 수 없고, 집합투자기구평가업 영위와 관련한 자료를 일정기간(자료의 종류별로 3년 내지 10년) 동안 기록·유지하여야 하며, 법령·정관 등에 위반하는 행위를 하거나 그 업무를 소홀히 하여 투자자에게 손해를 발생시킨 경우에는 그 손해를 배상할 책임이 있다.

제261조(집합투자기구평가회사에 대한 감독·검사)

① 금융위원회는 투자자를 보호하고 건전한 거래질서를 유지하기 위하여 집합투자기구평가회사에 대하여 다음 각 호의 사항에 관하여 필요한 조치를 명할 수 있다.

1. 고유재산의 운용에 관한 사항

2. 영업의 질서 유지에 관한 사항
3. 영업방법에 관한 사항
4. 그 밖에 투자자 보호 또는 건전한 거래질서를 위하여 필요한 사항으로서 대통령령으로 정하는 사항

② 제419조(제 2 항부터 제 4 항까지 및 제 8 항을 제외한다)는 집합투자기구평가회사에 대한 검사에 관하여 준용한다.

금융위원회는 투자자를 보호하고 건전한 거래질서를 유지하기 위하여 집합투자기구평가회사에 대하여 ① 고유재산의 운용에 관한 사항, ② 영업의 질서 유지에 관한 사항, ③ 영업방법에 관한 사항, ④ 이해상충방지에 관한 사항·업무수탁에 관한 사항, ⑤ 금융투자협회에 가입하지 않은 집합투자기구평가회사에 대하여 금융투자협회가 건전한 영업질서의 유지 및 투자자 보호를 위하여 행하는 자율규제를 준수하도록 하는 것에 관한 사항에 관하여 필요한 조치를 명할 수 있다.

또한 집합투자기구평가회사는 그 업무와 재산상황에 관하여 금융감독원장의 검사를 받아야 한다. 금융감독원장은 검사를 함에 있어서 필요하다고 인정되는 경우에는 집합투자기구평가회사에 업무 또는 재산에 관한 보고, 자료의 제출, 증인의 출석, 증언 및 의견의 진술을 요구할 수 있다(법 261조 2항, 419조 1항·9항). 검사를 하는 자는 그 권한을 표시하는 증표를 지니고 이를 관계자에게 내보여야 한다. 금융감독원장이 검사를 한 경우에는 그 보고서를 금융위원회에 제출하여야 한다. 이 경우 이 법 또는 이 법에 따른 명령이나 처분을 위반한 사실이 있는 때에는 그 처리에 관한 의견서를 첨부하여야 한다.

제262조(집합투자기구평가회사에 대한 조치)

① 금융위원회는 집합투자기구평가회사가 별표 4 각 호의 어느 하나에 해당하는 경우에는 제258조 제 1 항에 따른 등록을 취소할 수 있다.

② 금융위원회는 집합투자기구평가회사가 별표 4 각 호의 어느 하나에 해당하는 경우에는 다음 각 호의 어느 하나에 해당하는 조치를 할 수 있다.

1. 6개월 이내의 업무의 전부 또는 일부의 정지
2. 계약의 인계명령
3. 위법행위의 시정명령 또는 중지명령
4. 위법행위로 인한 조치를 받았다는 사실의 공표명령 또는 게시명령
5. 기관경고
6. 기관주의
7. 그 밖에 위법행위를 시정하거나 방지하기 위하여 필요한 조치로서 대통령령으로 정하는 조치

③ 금융위원회는 집합투자기구평가회사의 임원이 별표 4 각 호의 어느 하나에 해당하는 경우에

는 다음 각 호의 어느 하나에 해당하는 조치를 할 수 있다.
1. 해임요구
2. 6개월 이내의 직무정지
3. 문책경고
4. 주의적 경고
5. 주의
6. 그 밖에 위법행위를 시정하거나 방지하기 위하여 필요한 조치로서 대통령령으로 정하는 조치

④ 금융위원회는 집합투자기구평가회사의 직원이 별표 4 각 호의 어느 하나에 해당하는 경우에는 다음 각 호의 어느 하나에 해당하는 조치를 그 집합투자기구평가회사에 요구할 수 있다.
1. 면직
2. 6개월 이내의 정직
3. 감봉
4. 견책
5. 경고
6. 주의
7. 그 밖에 위법행위를 시정하거나 방지하기 위하여 필요한 조치로서 대통령령으로 정하는 조치

⑤ 제422조 제3항 및 제423조부터 제425조까지의 규정은 집합투자기구평가회사 및 그 임직원에 대한 조치 등에 관하여 준용한다.

Ⅰ. 집합투자기구평가회사에 대한 조치

금융위원회는 집합투자기구평가회사가 [별표 4] 규정의 처분사유에 해당하는 경우에는 그 등록을 취소하거나 ① 6개월 이내의 업무의 전부 또는 일부의 정지, ② 계약의 인계명령, ③ 위법행위의 시정명령 또는 중지명령, ④ 위법행위로 인한 조치를 받았다는 사실의 공표명령 또는 게시명령, ⑤ 기관경고, ⑥ 기관주의, ⑦ 지점, 그 밖의 영업소의 폐쇄 또는 그 업무의 전부 또는 일부의 정지, ⑧ 경영 또는 업무방법의 개선요구 또는 권고, ⑨ 변상요구, ⑩ 법 위반의 경우 고발 또는 수사기관에의 통보, ⑪ 다른 법률을 위반한 경우 관련기관 또는 수사기관에의 통보 등의 조치를 할 수 있다(법 262조 1항·2항, 법 시행령 284조 1항).

Ⅱ. 임직원에 대한 조치

집합투자기구평가회사의 임원이 [별표 4] 규정의 처분사유에 해당하는 경우에는 ① 해임요구, ② 6개월 이내의 직무정지, ③ 문책경고, ④ 주의적 경고, ⑤ 주의, ⑥ 법 위반의 경우 고발 또는 수사기관에의 통보, ⑦ 다른 법률을 위반한 경우 관련기관 또는 수사기관에의 통보 등의 조치를 할 수 있고, 그 직원이 [별표 4] 규정의 처분사유에 해당하는 경우에는 ① 면직, ② 6개월 이내의 정직, ③ 감봉, ④ 견책, ⑤ 경고, ⑥ 주의, ⑦ 법 위반의 경우 고발 또는 수사기관에의 통보, ⑧ 다른 법률을 위반한 경우 관련기관 또는 수사기관에의 통보 등의 조치를 집합투자기구평가회사에 요구할 수 있다(법 262조 3항·4항, 법 시행령 284조 2항).

금융위원회는 집합투자기구평가회사의 임직원에 대하여 조치를 하거나 이를 요구하는 경우 그 임직원에 대하여 관리·감독의 책임이 있는 임직원에 대한 조치를 함께 하거나 이를 요구할 수 있다. 다만, 관리·감독의 책임이 있는 자가 그 임직원의 관리·감독에 상당한 주의를 다한 경우에는 조치를 감면할 수 있다(법 422조 3항).

금융위원회는 집합투자기구평가회사에 대한 등록을 취소하거나, 그 임직원에 대한 해임요구 또는 면직요구를 하는 경우에는 청문을 실시하여야 한다(법 423조).

Ⅲ. 조치절차 및 불복

금융위원회는 집합투자기구평가회사 또는 그 임직원에 대하여 처분 또는 조치한 경우에는 그 내용을 기록하고 이를 유지·관리하고, 그 사실을 관보 및 인터넷 홈페이지 등에 공고하여야 하며, 퇴임한 임직원이 재임 또는 재직 중이었다면 해임요구 등의 조치를 받았을 것으로 인정되는 경우에는 그 받았을 것으로 인정되는 조치의 내용을 금융감독원장으로 하여금 해당 집합투자기구평가회사에 통보하도록 할 수 있고, 이 경우 통보를 받은 집합투자기구평가회사는 이를 퇴임·퇴직한 그 임직원에게 통보하여야 한다.

집합투자기구평가회사 또는 그 임직원(임직원이었던 자를 포함한다)은 금융위원회에 자기에 대한 처분 또는 조치 여부 및 그 내용을 조회할 수 있고, 금융위원회는 정당한 사유가 없는 한 처분 또는 조치 여부 및 그 내용을 그 조회요청자에게 통보하여야 한다(법 424조). 금융위원회의 처분 또는 조치에 대하여 불복하는 자는 그 처분 또는 조치의 고지를 받은 날부터 30일 이내에 그 사유를 갖추어 금융위원회에 이의를 신청할 수 있고, 금융위원회는 60일 이내에 결정을 하여야 하나, 다만 부득이한 사정으로 그 기간 이내에 결정을 할 수 없을 경우에는 30일의 범위에서 그 기간을 연장할 수 있다(법 425 조).

제263조(채권평가회사)

① 집합투자재산에 속하는 채권 등 자산의 가격을 평가하고 이를 집합투자기구에게 제공하는 업무를 영위하려는 자는 금융위원회에 등록하여야 한다.

② 제 1 항에 따른 등록을 하려는 자는 다음 각 호의 요건을 모두 갖추어야 한다.

1. 「상법」에 따른 주식회사일 것
2. 20억원 이상으로서 대통령령으로 정하는 금액 이상의 자기자본을 갖출 것
3. 상호출자제한기업집단의 출자액 또는 대통령령으로 정하는 금융기관의 출자액이 각각 100분의 10 이하일 것
4. 상근 임직원 중 대통령령으로 정하는 기준의 전문인력을 보유할 것
5. 전산설비 등 대통령령으로 정하는 물적 설비를 갖출 것
6. 임원이 제24조에 적합할 것
7. 대통령령으로 정하는 채권 등의 가격평가체계를 갖출 것
8. 대통령령으로 정하는 이해상충방지체계를 구축하고 있을 것(대통령령으로 정하는 금융업을 영위하고 있는 경우에 한한다)

③ 제 1 항에 따른 등록을 하려는 자는 금융위원회에 등록신청서를 제출하여야 한다.

④ 금융위원회는 제 3 항의 등록신청서를 접수한 경우에는 그 내용을 검토하여 30일 이내에 등록 여부를 결정하고, 그 결과와 이유를 지체 없이 신청인에게 문서로 통지하여야 한다. 이 경우 등록신청서에 흠결이 있는 때에는 보완을 요구할 수 있다.

⑤ 제 4 항의 검토기간을 산정함에 있어서 등록신청서 흠결의 보완기간 등 총리령으로 정하는 기간은 검토기간에 산입하지 아니한다.

⑥ 금융위원회는 제 4 항의 등록 여부를 결정함에 있어서 다음 각 호의 어느 하나에 해당하는 사유가 없는 한 그 등록을 거부하여서는 아니 된다.

1. 제 2 항의 등록요건을 갖추지 아니한 경우
2. 제 3 항의 등록신청서를 거짓으로 작성한 경우
3. 제 4 항 후단의 보완요구를 이행하지 아니한 경우

⑦ 금융위원회는 제 4 항에 따라 등록을 결정한 경우 채권평가회사등록부에 필요한 사항을 기재하여야 하며, 등록결정한 내용을 관보 및 인터넷 홈페이지 등에 공고하여야 한다.

⑧ 제 1 항에 따라 등록을 한 자(이하 "채권평가회사"라 한다)는 등록 이후 그 영업을 영위함에 있어서 제 2 항 각 호의 등록요건(같은 항 제 2 호의 경우에는 대통령령으로 정하는 완화된 요건을 말한다)을 계속 유지하여야 한다.

⑨ 제 1 항부터 제 7 항까지의 규정에 따른 등록신청서의 기재사항·첨부서류 등 등록의 신청에 관한 사항과 등록검토의 방법·절차, 그 밖에 필요한 사항은 대통령령으로 정한다.

Ⅰ. 의 의

채권평가회사란 집합투자재산에 속하는 채권 등 자산의 가격을 평가하고 이를 집합투자기구에게 제공하는 업무를 영위하는 자이다. 채권시가평가제 하에서 고객의 판매 또는 환매요청이 있는 경우 집합투자기구가 보유하고 있는 채권의 순자산가치를 계산해야 하는 집합투자업자 등에게 채권평가회사는 이론가격과 시장의 수급 등을 반영한 공정가격을 제공한다.

Ⅱ. 금융위원회 등록

채권평가업무를 영위하고자 하는 자는 ① 「상법」에 따른 주식회사일 것, ② 30억원 이상의 자기자본을 갖출 것, ③ 상호출자제한기업집단의 출자액 또는 은행·한국산업은행·중소기업은행·신용보증기금·기술신용보증기금·보험회사·금융투자업자·종합금융회사의 출자액이 각각 100분의 10 이하일 것, ④ 상근 임직원 중 3인 이상의 증권분석전문인력을 포함하여 상시 근무하는 평가분석인원이 10인 이상의 집합투자재산평가전문인력을 보유할 것, ⑤ (i) 채권평가회사의 업무를 하는 데에 필요한 전산설비, 업무공간 및 사무장비와 (ii) 정전·화재 등의 사고가 발생할 경우 업무의 연속성을 유지하기 위하여 필요한 전산설비를 갖출 것, ⑥ 임원이 제24조에 적합할 것, ⑦ (i) 평가대상 채권 등에 관한 사항, (ii) 채권 등의 분류기준에 관한 사항, (iii) 수익률 계산방법, (iv) 자료제공 및 공시 등에 관한 사항에 대하여 금융위원회가 정하여 고시하는 기준을 충족하는 가격평가체계를 갖출 것, ⑧ 은행업·보험업·금융투자업·종합금융회사의 업무를 영위하는 채권평가회사는 (i) 채권평가회사의 업무와 그 외의 업무 간에 독립된 부서로 구분되어 업무처리 및 보고가 독립적으로 이루어질 것, (ii) 채권평가회사의 업무와 그 외의 업무 간에 직원의 겸직 및 파견을 금지할 것, (iii) 채권평가회사의 업무와 그 외의 업무를 영위하는 사무실이 정보공유가 차단될 수 있을 정도로 공간적으로 분리될 것, (iv) 채권평가회사의 업무와 그 외의 업무에 관한 전산자료가 공유되지 못하도록 독립되어 저장되고 열람될 것 등의 이해상충 방지체계를 구축할 것 등의 요건을 모두 갖추어 금융위원회에 등록신청서를 제출하여야 한다. 금융위원회에 등록을 한 집합투자기구평가회사는 등록 이후 그 영업을 영위함에 있어서 위 등록요건을 계속 유지하여야 하며, 다만 자기자본 요건은 최근 사업연도말을 기준으로 등록 당시보다 완화된 최저자기자본의 100분의 70 이상을 유지하면 충분하다(법 시행령 285조).

채권평가회사로 등록을 하려는 자는 금융위원회에 등록신청서를 제출하여야 하며, 위 등록신청서에는 ① 상호, ② 본점의 소재지, ③ 자기자본 등 재무에 관한 사항, ④ 임원에 관한 사항, ⑤ 전문인력에 관한 사항, ⑥ 물적 설비에 관한 사항, ⑦ 이해상충방지체계에 관한 사항, ⑧ 그 밖에 투자자 보호를 위하여 필요한 사항으로서 금융위원회가 고시하는 사항을 기재하고, ① 정관, ② 주주의 성명 또는 명칭과 그 소유주식수를 기재한 서류, ③ 재무제표와 그 부속명세서, ④ 임원의 이력서 및 경력증명서, ⑤ 전문인력 및 물적설비 등의 현황을 확인할 수 있는 서류, ⑥ 이해상충방지체계를 갖추었는지를 확인할 수 있는 서류, ⑦ 그 밖에 등록의 검토에 필요한 서류로서 금융위원회가 정하여 고시하는 서류를 첨부하여야 한다(법 시행령 286조).

금융위원회는 등록신청서를 접수한 경우에는 등록신청서의 내용에 관한 사실여부를 확인하고 등록요건을 충족하는지 여부를 검토하여 30일 이내에 등록 여부를 결정하고, 그 결과와 이유를 지체 없이 신청인에게 문서로 통지하여야 한다. 이 경우 등록신청서에 흠결이 있는 때에는 보완을 요구할 수 있다. 위 검토기간을 산정함에 있어서 등록신청서 흠결의 보완기간 등은 검토기간에 산입하지 아니한다.

금융위원회는 등록 여부를 결정함에 있어서 ① 등록요건을 갖추지 아니한 경우, ② 등록신청서를 거짓으로 작성한 경우, ③ 보완요구를 이행하지 아니한 경우에 해당하는 사유가 없는 한 그 등록을 거부하여서는 아니 된다. 금융위원회는 등록을 결정한 경우 채권평가회사등록부에 필요한 사항을 기재하여야 하며, 등록결정한 내용을 관보 및 인터넷 홈페이지 등에 공고하여야 한다.

제264조(업무준칙 등)

① 채권평가회사는 대통령령으로 정하는 사항이 포함된 업무준칙을 제정하여야 한다.
② 채권평가회사의 증권평가기준 공시방법 등에 관하여 필요한 사항은 대통령령으로 정한다.

채권평가회사는 ① 보편타당하고 공정한 기준에 따라 채권 등 자산의 가격평가업무를 일관성이 유지되도록 하기 위한 사항, ② 미공개정보의 이용을 금지하기 위한 사항, ③ 채권 등 자산의 가격평가 업무를 위하여 취득한 정보를 다른 업무의 수행에 이용하지 않도록 하기 위한 사항 등이 포함된 업무준칙을 제정하여야 한다. 채권평가회사는 자산의 평가기준을 금융투자협회 및 그 회사가 운영하는 인터넷 홈페이지 등을 이용하여 공시하여야 하며, 채권평가회사는 공시한 평가기준의 내용을 수정한 경우에는 그 수정내용을 지체 없이 공시하여야 한다. 집합투자업자는 집합투자재산 평가를 위하여 필요한 범위에서 집합투자재산의 명세를 직접 또는 금융투자협회를 통하여 채권평가회사에 제공할 수 있다(법 시행령 287조).

제265조(준용규정)

제54조, 제60조 및 제64조는 채권평가회사에 준용한다.

① 직무관련 정보의 이용금지(법 54조), ② 자료의 기록유지(법 60조), ③ 손해배상책임(법 64조)에 관한 사항은 채권평가회사에 준용한다. 이에 따라 채권평가회사는 직무상 알게 된 미공개 정보를 정당한 사유 없이 자기 또는 제삼자의 이익을 위하여 이용할 수 없고, 채권평가업 영위와 관련한 자료를 일정기간(자료의 종류별로 3년 내지 10년) 동안 기록·유지하여야 하며, 법령·정관 등에 위반하는 행위를 하거나 그 업무를 소홀히 하여 투자자에게 손해를 발생시킨 경우에는 그 손해를 배상할 책임이 있다.

제266조(채권평가회사에 대한 감독·검사)

① 금융위원회는 투자자를 보호하고 건전한 거래질서를 유지하기 위하여 채권평가회사에 대하여 다음 각 호의 사항에 관하여 필요한 조치를 명할 수 있다.

1. 고유재산의 운용에 관한 사항
2. 영업의 질서 유지에 관한 사항
3. 영업방법에 관한 사항
4. 그 밖에 투자자 보호 또는 건전한 거래질서를 위하여 필요한 사항으로서 대통령령으로 정하는 사항

② 제419조(제 2 항부터 제 4 항까지 및 제 8 항을 제외한다)는 채권평가회사에 대한 검사에 관하여 준용한다.

금융위원회는 투자자를 보호하고 건전한 거래질서를 유지하기 위하여 채권평가회사에 대하여 ① 고유재산의 운용에 관한 사항, ② 영업의 질서 유지에 관한 사항, ③ 영업방법에 관한 사항, ④ 이해상충방지에 관한 사항·업무수탁에 관한 사항, ⑤ 금융투자협회에 가입하지 않은 채권평가회사에 대하여 금융투자협회가 건전한 영업질서의 유지 및 투자자 보호를 위하여 행하는 자율규제를 준수하도록 하는 것에 관한 사항에 관하여 필요한 조치를 명할 수 있다.

또한 채권평가회사는 그 업무와 재산상황에 관하여 금융감독원장의 검사를 받아야 한다. 금융감독원장은 검사를 함에 있어서 필요하다고 인정되는 경우에는 채권평가회사에 업무 또는 재산에 관한 보고, 자료의 제출, 증인의 출석, 증언 및 의견의 진술을 요구할 수 있다. 검사를 하는 자는 그 권한을 표시하는 증표를 지니고 이를 관계자에게 내보여야 한다. 금융감독원장이 검사를 한 경우에는 그 보고서를 금융위원회에 제출하여야 한다. 이 경우 이 법 또는 이 법에 따른 명령이나 처분을 위반한 사실이 있는 때에는 그 처리에 관한 의견서를 첨부하여야 한다.

제267조(채권평가회사에 대한 조치)

① 금융위원회는 채권평가회사가 별표 5 각 호의 어느 하나에 해당하는 경우에는 제263조 제1항에 따른 등록을 취소할 수 있다.

② 금융위원회는 채권평가회사가 별표 5 각 호의 어느 하나에 해당하는 경우에는 다음 각 호의 어느 하나에 해당하는 조치를 할 수 있다.

1. 6개월 이내의 업무의 전부 또는 일부의 정지
2. 계약의 인계명령
3. 위법행위의 시정명령 또는 중지명령
4. 위법행위로 인한 조치를 받았다는 사실의 공표명령 또는 게시명령
5. 기관경고
6. 기관주의
7. 그 밖에 위법행위를 시정하거나 방지하기 위하여 필요한 조치로서 대통령령으로 정하는 조치

③ 금융위원회는 채권평가회사의 임원이 별표 5 각 호의 어느 하나에 해당하는 경우에는 다음 각 호의 어느 하나에 해당하는 조치를 할 수 있다.

1. 해임요구
2. 6개월 이내의 직무정지
3. 문책경고
4. 주의적 경고
5. 주의
6. 그 밖에 위법행위를 시정하거나 방지하기 위하여 필요한 조치로서 대통령령으로 정하는 조치

④ 금융위원회는 채권평가회사의 직원이 별표 5 각 호의 어느 하나에 해당하는 경우에는 다음 각 호의 어느 하나에 해당하는 조치를 그 채권평가회사에 요구할 수 있다.

1. 면직
2. 6개월 이내의 정직
3. 감봉
4. 견책
5. 경고
6. 주의
7. 그 밖에 위법행위를 시정하거나 방지하기 위하여 필요한 조치로서 대통령령으로 정하는 조치

⑤ 제422조 제3항 및 제423조부터 제425조까지의 규정은 채권평가회사 및 그 임직원에 대한 조치 등에 관하여 준용한다.

Ⅰ. 채권평가회사에 대한 조치

금융위원회는 채권평가회사가 [별표 5] 규정의 처분사유에 해당하는 경우에는 등록을 취소하거나 ① 6개월 이내의 업무의 전부 또는 일부의 정지, ② 계약의 인계명령, ③ 위법행위의 시정명령 또는 중지명령, ④ 위법행위로 인한 조치를 받았다는 사실의 공표명령 또는 게시명령, ⑤ 기관경고, ⑥ 기관주의, ⑦ 지점, 그 밖의 영업소의 폐쇄 또는 그 업무의 전부 또는 일부의 정지, ⑧ 경영 또는 업무방법의 개선요구 또는 권고, ⑨ 변상요구, ⑩ 법 위반의 경우 고발 또는 수사기관에의 통보, ⑪ 다른 법률을 위반한 경우 관련기관 또는 수사기관에의 통보 등의 조치를 할 수 있다(법 267조 1항·2항, 법 시행령 289조 1항).

Ⅱ. 임직원에 대한 조치

채권평가회사의 임원이 [별표 5] 규정의 처분사유에 해당하는 경우에는 ① 해임요구, ② 6개월 이내의 직무정지, ③ 문책경고, ④ 주의적 경고, ⑤ 주의, ⑥ 법 위반의 경우 고발 또는 수사기관에의 통보, ⑦ 다른 법률을 위반한 경우 관련기관 또는 수사기관에의 통보 등의 조치를 할 수 있고, 그 직원이 [별표 5] 규정의 처분사유에 해당하는 경우에는 ① 면직, ② 6개월 이내의 정직, ③ 감봉, ④ 견책, ⑤ 경고, ⑥ 주의, ⑦ 법 위반의 경우 고발 또는 수사기관에의 통보, ⑧ 다른 법률을 위반한 경우 관련기관 또는 수사기관에의 통보 등의 조치를 채권평가회사에 요구할 수 있다(법 267조 3항·4항, 법 시행령 289조 2항).

금융위원회는 채권평가회사의 임직원에 대하여 조치를 하거나 이를 요구하는 경우 그 임직원에 대하여 관리·감독의 책임이 있는 임직원에 대한 조치를 함께 하거나 이를 요구할 수 있다. 다만, 관리·감독의 책임이 있는 자가 그 임직원의 관리·감독에 상당한 주의를 다한 경우에는 조치를 감면할 수 있다(법 422조 3항).

Ⅲ. 조치절차 및 불복

금융위원회는 채권평가회사에 대한 등록을 취소하거나, 그 임직원에 대한 해임요구 또는 면직요구를 하는 경우에는 청문을 실시하여야 한다(법 423조).

금융위원회는 채권평가회사 또는 그 임직원에 대하여 처분 또는 조치한 경우에는 그 내용을 기록하고 이를 유지·관리하고, 그 사실을 관보 및 인터넷 홈페이지 등에 공고하여야 하며, 퇴임한 임직원이 재임 또는 재직 중이었다면 해임요구 등의 조치를 받았을 것으로 인정되는 경우에는 그 받았을 것으로 인정되는 조치의 내용을 금융감독원장으로 하여금 해당 채권평가회사에 통보하도록 할 수 있고, 이 경우 통보를 받은 채권평가회사는 이를 퇴임·퇴직한 그 임직원에게 통보하여야 한다. 채권평가회사 또는 그 임직원(임직원이었던 자를 포함한다)은 금융위원회에 자기에 대한 처분 또는 조치 여부 및 그 내용을 조회할 수 있고, 금융위원회는 정당한 사유가 없는 한 처분 또는 조치 여부 및 그 내용을 그 조회 요청자에게 통보하여야 한다(법 424조). 금융위원회의 처분 또는 조치에 대하여 불복하는 자는 그 처분 또는 조치의 고지를 받은 날부터 30일 이내에 그 사유를 갖추어 금융위원회에 이의를 신청할 수 있고, 금융위원회는 60일 이내에 결정을 하여야 하나, 다만 부득이한 사정으로 그 기간 이내에 결정을 할 수 없을 경우에는 30일의 범위에서 그 기간을 연장할 수 있다(법 425조).

[초판: 박임출, 개정판: 유석호 · 신영수 · 이진국]

제10장　사모투자전문회사에 대한 특례

제268조(설립 및 등록)

① 사모투자전문회사의 정관에는 다음 각 호의 사항을 기재하고, 총사원이 기명날인 또는 서명하여야 한다.

1. 목적
2. 상호
3. 회사의 소재지
4. 각 사원의 출자의 목적과 가격 또는 평가의 기준
5. 회사의 존속기간(설립등기일부터 15년 이내로 한다)
6. 회사의 해산사유를 정한 경우에는 그 내용
7. 사원의 성명·주민등록번호(법인인 경우에는 상호 또는 명칭·사업자등록번호) 및 주소
8. 무한책임사원 또는 유한책임사원
9. 정관의 작성연월일

② 사모투자전문회사는 다음 각 호의 사항을 등기하여야 한다. 〈개정 2013. 5. 28〉

1. 제1항 제1호부터 제3호까지의 사항 및 같은 항 제5호·제6호의 사항
2. 무한책임사원의 상호 또는 명칭·사업자등록번호 및 주소

③ 사모투자전문회사는 설립등기일부터 2주 이내에 금융위원회에 등록을 신청하여야 한다. 〈2008. 2. 29 본항개정〉

④ 제3항에 따른 등록을 하려는 자는 다음 각호의 요건을 모두 갖추어야 한다.

1. 사모투자전문회사가 이 법에 따라 규정에 맞게 설립되었을 것
2. 사모투자전문회사의 정관이 법령을 위반하거나 투자자의 이익을 명백히 침해하지 아니할 것

⑤ 제3항에 등록을 신청하려는 자는 금융위원회에 등록신청서를 제출하여야 한다. 〈2008. 2. 29 본항개정〉

⑥ 금융위원회는 제5항의 등록신청서를 접수한 경우에는 그 내용을 검토하여 30일 이내에 등록여부를 결정하고, 그 결과와 이유를 지체 없이 신청인에게 문서로 통지하여야 한다. 이 경우 등록신청서에 흠결이 있는 때에는 보완을 요구할 수 있다. 〈2008. 2. 29 전단개정〉

⑦ 제6항의 검토기간을 산정함에 있어서 등록신청서 흠결의 보완기간 등 총리령으로 정하는 기간은 검토기간에 산입하지 아니한다. 〈2008. 2. 29 본항개정〉

⑧ 금융위원회는 제6항의 등록 여부를 결정함에 있어서 다음 각 호의 어느 하나에 해당하는 사유가 없는 한 그 등록을 거부하여서는 아니 된다. 〈2008. 2. 29 본문개정〉

1. 제4항의 등록요건을 갖추지 아니한 경우
2. 제5항의 등록신청서를 거짓으로 작성한 경우
3. 제6항 후단의 보완요구를 이행하지 아니한 경우

⑨ 금융위원회는 제6항에 따라 등록을 결정한 경우 사모투자전문회사등록부에 필요한 사항을

기재하여야 하며, 등록결정한 내용을 인터넷 홈페이지 등에 공고하여야 한다. 〈2008. 2. 29 본항개정〉

⑩ 사모투자전문회사는 제 3 항에 따라 등록된 사항이 변경된 경우에는 경미한 사항으로서 대통령령으로 정하는 경우를 제외하고는 2주 이내에 그 내용을 금융위원회에 변경등록하여야 한다. 이 경우 제 4 항부터 제 9 항까지의 규정을 준용한다. 〈2008. 2. 29, 2013. 5. 28 전단개정〉

⑪ 제 3 항부터 제10까지의 규정에 따른 등록신청서의 기재사항과 등록검토의 방법·절차, 그 밖에 필요한 사항은 대통령령으로 정한다.

Ⅰ. 사모투자전문회사의 법적 형태

1. 법적 형태로서 합자회사

우리나라는 집합투자를 수행하기 위한 다양한 집합투자기구를 인정하고 있다(자본시장법 9조 18항). 집합투자기구라 함은 집합투자를 수행하기 위한 기구에 해당한다. 구간투법상 투자신탁과 투자회사 외에 유한회사, 합자회사, 민법상 조합 및 익명조합 형태와 사모투자전문회사가 집합투자기구에 포함된다. 사모투자전문회사(Private Equity Fund : PEF)란 지분증권(equity)을 사모(private)로만 발행하는 집합투자기구로서 경영권 참여, 사업구조 또는 지배구조의 개선 등을 위하여 지분증권 등에 투자·운용하는 투자합자회사를 말한다(동법 9조 18항 7호). 사모투자전문회사와 헤지펀드는 사모펀드라는 점에서 유사점이 있다. 자본시장법상 투자합자회사란 상법에 따른 합자회사 형태의 집합투자기구를 의미하므로(9조 18항 4호), 사모투자전문회사의 법적 형태는 합자회사에 해당한다.[1)]

현행 "산업발전법" 또는 "중소기업창업지원법"과 같이 조합에 대한 특례를 규정하여 유한책임조합원 개념을 새로이 창설하는 것도 검토하였으나, 민법상 조합에 대한 몇 개의 특례 조항만으로 PEF와 관련하여 발생할 수 있는 복잡한 법률문제를 대처해 나가기에는 한계가 있다고 보았다. 합자회사 형태의 사모투자전문회사를 도입함으로써 구간투법·상법(합자회사, 합명회사 등)·민법상 조합 등의 법률 규정을 적용하여, 사모투자전문회사의 운용과정에서 발생할 수 있는 문제에 대응하고 법적 안정성을 제고하고자 하였다.[2)] 합자

1) 사모투자전문회사를 도입할 당시 어떠한 회사형태를 가지고 운영해야 하는가에 대한 논의가 있었다. 조합형태가 타당하다는 입장도 있었고, 우리 상법에 규정되어 있는 합자회사 형태를 주장하는 입장도 있었다. 그러나 자본시장법은 새로이 도입되는 사모투자전문회사에 대하여, 미국에서 운용되고 있는 조직형태인 합자조합(Limited Partnership)과 가장 유사한 상법상의 조직 형태가 바로 합자회사라는 점을 고려하여 합자회사 형태로 도입하기로 결정한 것이다.

2) 박정훈, "사모투자전문회사(Private Equity Fund) 도입배경 및 경과," 「BFL」 제10호(2005. 3). 서울대 금융법센터, 49쪽.

조합(Limited Partnership)을 주로 활용하고 있는 미국의 경우 원칙적으로 법적 형태를 제한하지 않고 있다는 점을 고려하여, 법적 형태의 규제 없이 익명조합이나 유한회사, 유한책임회사 등의 형태를 허용하여 사모투자전문회사를 활성화해야 한다는 주장[1]이 있다.

2. 합자회사의 장점

(1) 과세 부분

합자회사의 형태가 이중과세의 문제를 피할 수 없다는 점은 주식회사 형태와 동일하다. 그러나 주식회사에 비하여 출자의 이행 및 환급이 유연하고 유연한 손익분배가 가능하므로 다양한 위험선호와 기대수익 체계를 가진 투자자를 모집하는데 적합한 구조라는 점에서 장점이 있다. 무한책임사원의 존재로 대리인문제를 최소화할 수 있는 구조라는 점 역시 합자회사 형태가 가지고 있는 장점이다.

(2) 출자 부분

주식회사는 자본충실원칙이 상당히 엄격하게 관철됨에 따라 출자 및 그 환급에 많은 제한이 있다. 합자회사 사원의 출자의 목적과 가격은 정관에 기재하여야 하지만(상법 268조 1항 4호), 사원이 그에 따른 출자를 실제로 이행하여야만 사원으로서의 지위를 취득하게 되는 것은 아니며, 그러한 출자 이행의 시점은 정관에 규정된 바에 따라 정하여진다. 사모투자전문회사가 투자자들로부터 자금을 조달하는 단계에서는 실제로 출자를 받을 필요가 없으면, 단지 사모투자전문회사의 출자청구(capital call)가 있을 때에 출자를 이행하겠다는 취지의 약속(capital commitment)만을 받아 두었다가, 구체적으로 특정한 투자대상기업에의 투자를 위한 자금수요가 발생하는 시점에서 출자청구를 함으로써 소요자금을 조달하는 것이 허용된다.

(3) 배당 부분

합자회사는 사원에게 수시로 배당을 하거나 이익 유무에 관계없이 배당을 할 수 있다. 이미 이행된 출자를 사원에게 환급함에 있어서도 주식회사와 달리 상법상 특별한 절차를 요구하지 않는다. 따라서 사모투자전문회사는 특정한 투자대상기업에 대한 투자를 그 보유주식을 처분하는 등의 방법으로 회수함에 따라 발행하는 수익을 배당 등의 방법으로 사원에게 지체 없이, 손쉽게 돌려줄 수 있는 장점이 있다.

주식회사에 대하여는 비교적 주주평등의 원칙이 엄격하게 관철되는데 반하여, 합자회사의 경우에는 정관으로 손익의 분배, 순위 기타 사항을 얼마든지 자유롭게 정할 수 있다(상법 272조 3항). 따라서 사모투자전문회사 사원들 사이에서 손익분배와 관련하여 다양한 유형의 합의를 하는 것이 가능하며, 투자대상기업에 따라 투자손익의 분배를 달리

1) 임재연, 「자본시장법」, 박영사, 2014, 1137쪽.

하는 것도 가능하다.

Ⅱ. 사모투자전문회사의 설립

1. 정관작성

사모투자전문회사를 설립함에 있어서는 정관에 소정의 사항이 기재되어야 한다. 사모투자전문회사의 목적, 상호, 회사의 소재지, 각 사원의 출자의 목적과 가격 또는 평가의 기준, 회사의 존속기간(설립등기일부터 15년 이내로 한다)이 정관에 기재되어야 한다.

사모투자전문회사의 존속기간을 15년으로 정한 것은, 사모투자전문회사가 투자대상 선정, 기업가치 제고 및 투자자금의 회수를 주목적으로 하는 집합투자기구의 일종으로 영속적으로 존재할 필요가 없다는 점을 고려한 것이다. 사모투자전문회사는 독점규제 및 공정거래에 관한 법률 또는 금융지주회사법상 지주회사에 관한 규정상 특례가 인정되는 회사이다. 우리나라의 경우 대기업의 지배력 확장 및 금융자본과 산업자본의 분리 등의 특수문제를 고려하고, 그 입법목적의 실효성을 보장하기 위하여 존속기간을 제한한 것이라 하겠다.[1] 그러나 사모투자전문회사에서 투자대상 선정, 기업가치 제고와 투자회수에는 장기간이 걸리고 구체적 종료시한 또한 정하기 어려운 점이 있다. 그런 측면에서 존속기간을 제한하는 것은 적절하지 아니하다는 측면이 있겠지만,[2] 사모투자전문회사의 존속기한을 정하지 않을 경우 해당 법률이 무력화될 우려가 있다는 지적에 따라 15년의 존속기간을 둔 것이다.[3] 한편 미국은 사모투자전문회사(PEF)의 존속기간에 대하여 12년을 두고 있다.

회사의 해산사유를 정한 경우에는 그 내용, 사원의 상호 또는 명칭·사업자등록번호 및 주소, 무한책임사원 또는 유한책임사원의 구분, 정관의 작성연월일 등은 정관에 기재되어야 한다. 총사원의 기명날인이나 서명은 반드시 있어야 한다.

2. 설립등기

사모투자전문회사는 1) 목적, 2) 상호, 3) 회사의 소재지, 4) 회사의 존속기간, 5) 회사의 해산사유를 정한 경우에는 그 내용, 6) 무한책임사원의 상호 또는 명칭·사업자등록번호 및 주소를 등기하여야 한다(법 268조 2항). 각 사원의 출자의 목적과 가격 또는 평가의 기준, 유한책임사원의 상호 또는 명칭·사업자등록번호 및 주소는 정관의 기재사항이

---

1) 오영표, "사무투자전문회사(PEF)에 대한 규제에 관한 연구," 성균관대학교 석사학위논문, 2010, 30쪽.
2) 박정훈, 전게논문(2005. 3), 56쪽.
3) 법령제정 실무작업반 공저, 간접투자(펀드)해설, 박영사, 2006, 213쪽. 한편 미국의 경우 PEF의 존속기간은 통상 10-12년 정도이다. Jack S. Levin, Structuring Venture Capital, Private Equity and Entrepreneurial Transactions, New York : Aspen, 2005, pp. 10-15.

지만 등기사항은 아니다. 사모투자전문회사에서 유한책임사원의 익명성을 인정한 이유는, 그 자의 익명성을 보장하여 투자를 촉진하기 위한 목적이 있다.[1] 상법상 일반적 합자회사의 경우에는 1) 각 사원의 상호 또는 명칭·사업자등록번호·주소 및 각 사원의 무한책임 또는 유한책임 여부와 2) 사원의 출자의 목적·재산출자에는 그 가격과 이행한 부분을 등기하여야 한다는 점(상법 271조, 180조)과도 차이가 있다. 사모투자전문회사가 유지하는 책임재산의 최소한조차도 대외적으로 공시할 필요가 없게 한다는 것은 채권자보호의 측면에서, 혹은 거래비용의 감소라는 측면에서 문제가 있으므로 적어도 사원의 출자가액의 총액정도는 등기하게 하였어야 한다는 견해[2]가 있다. 그러나 사모투자전문회사의 사원이 출자가액의 전부를 실제로 출자하지 아니한 상황에서 현실적으로 그러한 출자가 이행될 가능성이 있는지를 제 3 자가 검토하기 위해서는 일단 당해 사원의 신원이 파악될 수 있어야 한다. 익명성을 보장하고 투자를 촉진하기 위하여 유한책임사원의 경우에는 그 성명이 등기로부터 배제되어 있는 이상 그러한 파악은 쉽지 않을 것이다. 그렇다면 단순히 출자가액의 총액만을 등기하게 하는 것은 어차피 별다른 실효를 가질 수 없을 것이며, 오히려 사모투자전문회사와 거래하는 제 3 자에게 사모투자전문회사의 재산상태에 대한 그릇된 신뢰만을 부여하게 될 수도 있을 것이다. 그런 측면에서 사원의 출자가액총액이 등기되어야 한다는 주장의 수용은 쉽지 않다.

합자회사에서 유한책임사원은 그 출자를 감소한 후에도 본점소재지에서 등기를 하기 전에 생긴 합자회사의 채무에 대하여는 등기 후 2년 내에는 그 감소 전의 출자가액을 한도로 한 책임을 부담해야 한다(상법 280조). 이는 회사채권자를 보호하기 위한 목적을 가지고 있다.[3] 반면 자본시장법은 사모투자전문회사에 대하여 아무런 언급을 하고 있지 않다. 유한책임사원의 출자가액에 관한 등기가 불가능한 상황에서, 사모투자전문회사 유한책임사원의 책임에 대한 소멸을 명확히 규정해야 할 필요성이 있다고 하겠다.

3. 등　　록

미국은 투자회사법(Investment Companies Act of 1940)따른 사모투자펀드(PEF)가 소정의 요건을 충족하면 등록을 면제하도록 하고 있다. 반면 우리나라는 사모투자전문회사에 대한 등록을 강제하고 있다.

(1) 등록요건

사모투자전문회사는 설립등기일부터 2주 이내에 금융위원회에 등록을 신청하여야

1) 김건, “사모투자전문회사의 설립 및 운용과 관련된 몇 가지 실무상 문제,” 「증권법연구」 제10권 제 2 호(2009), 한국증권법학회, 105쪽.

2) 김성용, “사모투자전문회사 관련 개정 간접투자자산운용업법 검토,” 「법조」 제54권(2005. 6), 법조협회, 221쪽.

3) 정찬형, 「상법강의(상)(제16판)」, 박영사 , 2013, 579쪽.

한다(268조 3항). 등록을 하려는 자는 1) 사모투자전문회사가 이 법에 따라 규정에 맞게 설립되었을 것, 2) 사모투자전문회사의 정관이 법령을 위반하거나 투자자의 이익을 명백히 침해하지 아니할 것의 요건을 갖추어야 한다(268조 4항).

(2) 등록신청

등록을 신청하려는 자는 금융위원회에 등록신청서를 제출하여야 한다(268조 5항). 등록신청서의 기재사항 및 첨부서류 등 등록 및 변경등록의 신청에 관한 사항과 등록검토의 방법과 절차, 그밖에 필요한 사항은 대통령령으로 정한다(268조 11항).

1) 등록신청서 기재사항

등록신청서에는 1) 제268조 제2항의 등기사항, 2) 업무집행사원에 관한 사항, 3) 사모투자전문회사재산의 운용에 관한 사항, 4) 그 밖에 투자자 보호를 위하여 필요한 사항으로서 금융위원회가 정하여 고시하는 사항을 기재하여야 한다(법 시행령 290조 1항).

2) 등록신청서 첨부서류

등록신청서에는 1) 정관(법 268조 1항 4호, 7호 및 8호를 제외한다), 2) 업무집행사원 또는 그 특수관계인이 대주주(최대주주의 특수관계인인 주주를 포함한다)인 회사의 상호와 그 출자내역을 기재한 서면, 3) 업무집행사원에 관한 다음 각 목의 서류, 가. 최근 3개 사업연도의 재무제표, 나. 대주주의 성명·주민등록번호(대주주가 법인인 경우에는 상호 또는 명칭·사업자등록번호) 및 소유주식수 등 대주주의 내역, 4) 사모투자전문회사의 업무를 제3자에게 위탁한 경우 그 제3자와 체결한 업무위탁계약서, 5) 그밖에 사모투자전문회사 사원의 이익을 보호하기 위하여 필요한 서류로서 금융위원회가 정하여 고시하는 서류(법 시행령 290조 2항)를 첨부하여야 한다.

3) 금융위원회의 통지의무

금융위원회는 등록신청서를 접수한 경우에는 그 내용을 검토하여 30일 이내에 등록여부를 결정하고, 그 결과와 이유를 지체 없이 신청인에게 문서로 통지하여야 한다(법 268조 6항). 검토기간에는 등록신청서 흠결의 보완기간 등 총리령으로 정하는 기간은 산입하지 아니한다(법 268조 7항). 등록신청서에 흠결이 있는 때에는 보완을 요구할 수 있다(법 268조 6항). 금융위원회는 등록여부를 결정함에 있어서 다음 각 호의 어느 하나에 해당하는 사유가 없는 한 그 등록을 거부하여서는 아니 된다(법 268조 8항). 1. 제4항의 등록요건을 갖추지 아니한 경우, 2. 제5항의 등록신청서를 거짓으로 작성한 경우, 3. 제6항 후단의 보완요구를 이행하지 아니한 경우. 금융위원회는 등록을 결정한 경우 사모투자전문회사 등록부에 필요한 사항을 기재하여야 하며, 등록 결정한 내용을 인터넷 홈페이지 등에 공고하여야 한다(법 268조 9항).

(3) 변경 등록

사모투자전문회사는 제 3 항에 따라 등록된 사항이 변경된 경우에는 경미한 사항으로서 대통령령으로 정하는 경우를 제외하고는 2주 이내에 그 내용을 금융위원회에 변경등록하여야 한다. 이 경우 제 4 항부터 제 9 항까지의 규정을 준용한다(법 268조 10항).

(4) 등록의무 위반

거짓, 그 밖의 부정한 방법으로 제268조 제 3 항 또는 제10항에 따른 등록이나 변경등록을 한 경우에는 금융위원회는 등록을 취소하여야 한다(법 278조 1항 1호). 제268조 제 3 항을 위반하여 등록을 하지 아니하고 해당업무를 영위한 자와 거짓, 그 밖의 부정한 방법으로 제268조에 따른 변경(변경등록을 포함한다)을 한 자는 1년 이하의 징역 또는 3천만원 이하의 벌금에 처한다(법 466조 43호·44호).

제269조(사원 및 출자)

① 사모투자전문회사의 사원은 1인 이상의 무한책임사원과 1인 이상의 유한책임사원으로 하되, 사원의 총수는 49명 이하로 한다. 〈2009. 2. 3 본항개정〉

② 제 1 항의 사원 총수를 계산함에 있어서 다른 집합투자기구가 그 사모투자전문회사의 지분을 100분의 10 이상 취득하는 경우에는 그 다른 집합투자기구의 투자자의 수를 합산하여야 한다.

③ 전문투자자 중 대통령령으로 정하는 자는 제 1 항에 따른 사원의 총수 계산에서 제외한다.

④ 유한책임사원은 사모투자전문회사재산인 주식 또는 지분의 의결권 행사 및 대통령령으로 정하는 업무집행사원의 업무에 관여하여서는 아니 된다. 〈개정 2013. 5. 28〉

⑤ 사모투자전문회사 사원의 출자의 목적은 금전에 한한다. 다만, 객관적인 가치평가가 가능하고 사원의 이익을 해할 우려가 없는 경우로서 다른 모든 사원의 동의가 있는 경우에는 증권으로 출자할 수 있다.

⑥ 유한책임사원의 최소 출자가액은 100억원 이내에서 대통령령으로 정하는 금액으로 한다.

⑦ 「한국산업은행법」에 따른 한국산업은행과 「중소기업은행법」에 따른 중소기업은행은 그 설립목적에 부합하는 범위에서 사모투자전문회사에 출자할 수 있다.

⑧ 그 밖에 사원의 출자방법 및 절차에 관하여 필요한 사항은 대통령령으로 정한다.

Ⅰ. 사모투자전문회사의 사원

1. 사원의 구성

사모투자전문회사에 대하여 지분증권은 사모로만 발행하도록 하고 있고(법 9조 18항 7호), 사모투자전문회사에 대하여 집합투자에 적용되는 다수의 규정들의 적용을 배제하고 있다. 그 이유는 공중투자자의 보호필요성이 없다는 점에 있다. 사모투자전문회사는 상법상 합자회사라는 조직형태를 취하므로 무한책임사원과 유한책임사원이 존재해야 한다. 자본시장법은 이를 명백히 하고 있다(법 269조 1항). 회사는 각자의 독자적 목적을 가지고 설립하고 경영활동을 한다. 만약 회사가 다른 회사의 무한책임사원이 되어 다른 회사의 경영활동의 결과에 따라 회사의 전 재산을 가지고 책임을 부담하는 무한책임사원의 지위에 있다면, 회사존립의 기초를 위험하게 하고 회사채권자의 담보를 해하는 등의 폐해를 우려하여, 우리 상법은 법인인 회사는 다른 회사의 무한책임사원이 될 수 없다(상법 173조).[1] 그러나 자본시장법은 상법상 제173조의 적용을 배제함으로써 회사가 사모투자전문회사의 무한책임사원이 될 수 있음을 규정하고 있다(법 277조 2항). 회사가 업무집행사원이 될 수 있음을 의미한다.

2. 사원의 총수

(1) 사원의 총수

사모투자전문회사의 사원의 총수는 49인 이하여야 한다(법 269조 1항). 구간투법상 사모투자전문회사의 사원이 될 것을 권유받는 자의 수는 50인 이하일 것을 규정하면서(법 144조의2 1항 1호), 사원의 총수는 30인 이하로 제한하고 있었다(법 144조의3 1항). 이 경우 50인 이내의 자에게 청약권유하여 청약권유대상자가 모든 청약권유에 응한다고 할지라도 30명까지만 사원의 지위를 얻을 수밖에 없는 상황이 발생하게 된다. 총사원의 수는 청약권유대상자의 수보다 적어도 같거나 많도록 규정하는 것이 바람직하다는 면을 고려하여,[2] 총사원의 수를 49인 이하로 정하게 되었다.

(2) 사원의 총수 계산

다른 집합투자기구가 사모투자전문회사에 투자하는 경우에는 사모투자전문회사의 운용성과는 궁극적으로 일반 공중투자자에게 귀속되게 된다. 사모투자전문회사에 대하여 집합투자에 관한 규정의 적용을 면제하는 취지에 비추어, 법에서는 제1항의 사원 총수를 계산함에 있어서 다른 집합투자기구가 그 사모투자전문회사의 지분을 100분의 10 이

1) 이철송, 「회사법강의(제20판)」, 박영사, 2012, 72쪽.

2) 김은집, "사모투자전문회사에 대한 법적 고찰 : 미국 제도를 중심으로," 「증권법연구」 제8권 제1호 (2007), 133쪽 이하.

상 취득하는 경우에는 그 다른 집합투자기구의 투자자의 수를 합하여 계산하여야 한다고 규정하였다(법 269조 2항).[1]

사원의 총수 계산에서 대통령령으로 정하는 전문투자자에 대하여는 제외하는 것으로 하고 있다(법 269조 3항). 법 시행령 제291조 제 1 항에서는 사원총수 계산에서 제외되는 전문투자자는 법 시행령 제10조 제 1 항 각 호의 어느 하나에 해당하는 전문투자자를 말하는 것으로 규정하고 있다. 그 자들은 다음과 같다. 1) 국가, 2) 한국은행, 3) 일정한 금융기관(법 시행령 2항 1호부터 17호까지에 해당하는 자), 4) 일정한 공사나 협회(법 시행령 3항 1호부터 11호까지에 해당하는 자), 5) 외국 정부, 국제기구 및 외국 중앙은행, 6) 위의 3)과 4)에 준하는 외국인 등이다.

Ⅱ. 사모투자전문회사의 업무집행권

합자회사의 무한책임사원은 회사의 업무를 집행할 권리와 의무가 있는 반면에(상법 273조), 유한책임사원은 회사의 업무집행이나 대표행위를 할 수 없다(상법 278조). 유한책임사원의 업무집행과 대표행위를 제한하고 있는 상법 제278조에 대한 해석의 다툼이 벌어지고 있다.[2]

1. 상법상 합자회사 유한책임사원의 업무집행권

(1) 긍 정 론

상법상 합자회사의 외부관계에 관한 규정은 강행규정이고, 내부관계에 관한 규정은 임의규정이라고 보는 것이 다수설의 입장이다.[3] 대표권은 내부관계에 속하지 아니하므로 정관 또는 총사원의 동의에 의해서도 유한책임사원에게 부여하는 것은 인정될 수 없다. 업무집행권은 내부관계에 속하므로, 상법 제278조 중 업무집행권에 관한 부분은 구성원의 합의가 가능하고 그 합의에 따라 유한책임사원이 업무집행권한을 행사하는 것은 무방하다고 한다.[4]

(2) 부 정 론

유한책임사원의 업무집행권을 부정하는 입장은 소수설에 속한다.[5] 이 입장은 ① 유한책임사원을 업무집행과 회사대표에서 배제하는 것은 기능자본가와 지분자본가의 결합체라는 합자회사의 본질에 기한 것이고, ② 업무집행과 대표는 표리의 관계에 있으므로

1) 미국 투자회사법의 사모면제 조항과 취지를 같이하고 있다.
2) 유주선, "우리 상법상 판례에서 바라본 학설의 적정성 평가－회사법과 보험계약법을 중심으로－," 「안암법학」 통권 제31호(2010), 2013쪽 이하.
3) 정동윤, 「회사법(제 6 판)」, 법문사, 2000, 51쪽; 정찬형, 「상법강의(상)(제20판)」, 박영사, 2013, 575쪽.
4) 이기수/최병규/조지현, 「회사법(상법강의 Ⅱ)(제 8 판)」, 박영사, 2009, 747쪽.
5) 이철송, 전게서(2012), 179쪽.

이를 분리해서 귀속시킬 수 없으며, ③ 회사채권자보호 측면에서 유한책임사원에게 회사의 업무관리를 맡기려는 것은 적절하지 못하고, ④ 합자회사에서 유한책임사원에게 유한책임의 보호를 인정하는 근거가 당해 사원이 회사에 대하여 능동적으로 의사결정에 참여하지 않는 수동적 참여자로 보기 때문인데, 업무집행권의 부여는 수동성에 변화를 가져오게 되므로 유한책임의 보호를 더 이상 인정할 수 없다는 점을 제시한다.

2. 자본시장법상 사모투자전문회사 유한책임사원의 업무집행권

사모투자전문회사가 보유하고 있는 다른 회사 등의 주식 또는 지분의 의결권 행사 및 대통령령으로 정하는 업무집행사원의 업무에는 유한책임사원이 관여할 수 없다(법 269조 4항).[1] 사모투자전문회사 도입과정에서 사모투자전문회사에 유한책임사원으로 참여하는 재벌기업이 사모투자전문회사를 지배하는 경우, 대기업집단 계열사 주식 취득금지나 산업자본의 은행자본 소유제한 규제를 회피할 수 있다는 우려 때문에 동 규정을 두게 된 것이다. 상법상의 합자회사에서 해석상 다툼이 벌어지고 있는 사항과 상관없이, 동일한 합자회사 형태를 띠고 있지만 사모투자전문회사의 경우에 있어서는, 유한책임사원이 업무집행권을 행사할 수 없다고 보는 것이 타당하다.[2]

Ⅲ. 사원 출자에 대한 기타 사항

1. 출자의 목적

사모투자전문회사 사원의 출자의 목적은 금전에 한한다. 다만, 객관적인 가치평가가 가능하고 사원의 이익을 해할 우려가 없는 경우로서 다른 모든 사원의 동의가 있는 경우에는 증권으로 출자할 수 있다(법 269조 5항).

2. 출자의 방식

사모투자전문회사에서 실질적으로 투자자금이 필요한 시기는 사모투자전문회사 설립 당시가 아니라, 사모투자전문회사가 설립 후 투자대상을 물색하여 투자를 시행하는 때이다. 사모투자전문회사에 대한 출자는 설립 시에는 출자약정만 하고 투자시마다 투자

1) 박정훈, 전게논문(2005. 3), 55쪽. 사모투자전문회사 도입시 국회 입법과정에서, 예를 들어 대기업집단 계열사가 계열사 주식 취득금지, 은행지분 소유제한 등의 규제를 회피하기 위하여 유한책임사원으로 참여할 경우에 대한 우려가 제기되었다. 유한책임사원이 의결권을 갖게 되는 문제점을 사전에 차단하기 위하여 구간투법에서 유한책임사원에서 사모투자펀드의 의결권을 행사할 수 없음을 명백히 규정하게 된 것이다(동법 144조의3 5항).

2) 윤희웅/이진국, "사무투자전문회사의 합자회사 형태에 따른 법적 문제점: 권한과 책임의 범위를 중심으로," 「BFL」 제10호(2005. 3), 서울대학교 금융법센터, 18쪽; 이중기, "사모투자전문회사의 지배구조: 정관자치의 관점에서," 「법학연구」 제 6 권(2004), 홍익대학교 법학연구소, 115쪽. 미국의 합자조합(LP)에 관한 ULPA-2001 또한 LP의 경영참여를 원칙적으로 금지하고 있다.

를 하게 되는 것이 일반적이다. 유한책임사원은 업무집행사원이 출자의 이행을 요구하는 때에 출자하기로 약정하는 방식으로 출자할 수 있다고 규정(법 시행령 291조 5항)하고 있다.

3. 출자가액

무한책임사원에 대하여는 출자가액의 제한을 두고 있지 않은 반면에, 유한책임사원에 대하여는 그러하지 아니하다. 유한책임사원의 최소 출자가액은 100억원 이내에서 대통령령으로 정하는 금액으로 하고 있다(269조 6항). 유한책임사원이 법인, 그 밖의 단체(국가정법 [별표 2]에서 정한 법률에 따른 기금 및 집합투자기구를 포함한다)인 경우에는 20억원, 개인의 경우에는 10억원을 최소출자가액으로 시행령은 정하고 있다(법 시행령 291조 3항). 구간투법에서는 유한책임사원이 기금 및 간접투자기구를 포함한 법인인 경우에는 50억원, 개인인 경우에는 20억원 이상 출자하여야 하는 것으로 규정하고 있었는데(동법 144조의4, 동법 시행령 131조의4 2항) 이를 완화하여 출자자의 범위를 확대하고 있다.

사모투자전문회사에 대한 출자와 관련하여 출자 약정액과 실제 출자액이 존재한다. 최소출자가액에 대한 기준을 출자 약정액으로 보아야 할 지, 아니면 실제 출자금액으로 보아야 할 지 의문이 제기될 수 있지만,[1] 계약금액 기준으로 보아야 할 것이다.

4. 국책은행의 출자가능성

산업은행과 기업은행 같은 국책은행이 사모투자전문회사를 설립하고 운영하는 것이 가능한가에 대한 의문이 제기될 수 있다. 그러나 산업은행이 직접 수행하고 있는 기업인수·합병 관련 업무를 선진금융수단을 활용하여 수행하고자 하는 것이며, 오히려 산업은행이 사모투자펀드의 무한책임사원으로서 인수합병업무를 수행할 경우 유한책임사원 모집 등에 따른 견제와 금융감독당국의 감독을 받게 되므로 업무수행의 투명성 측면에서 바람직한 측면이 있다는 점을 감안하여, 설립목적에 부합하는 범위에서 사모투자전문회사에 출자 가능성을 인정하고 있다(법 269조 7항).[2] '설립목적에 부합하는 범위'에서 출자를 할 수 있다는 의미에 대해서는 별도의 규정을 두고 있지 않아 문제점을 지적하는 주장[3]이 있다.

[초판: 윤영신, 개정판: 유주선]

---

1) 법령제정 실무작업반 공저, 전게서(2006), 217쪽.
2) 중소기업은행법에서 그러한 면을 볼 수 있다. 중소기업법은 중소기업은행을 설립하여 중소기업자에 대한 효율적인 신용제도를 확립함으로써 중소기업자의 자주적인 경제활동을 원활히 하고 그 경제적 지위의 향상을 도모함으로 목적으로 한다(동법 제 1 조). 중소기업은행 정관에서는 동일한 내용을 설립목적으로 규정하고 있다. 그 '설립의 목적'에 대한 해석으로 첫째, 중소기업은행이 출자한 금액 이상의 금액을 중소기업자에 투자하면 족하다는 견해, 둘째, 해당 사모투자전문회사 총출자금액의 50% 이상을 중소기업자에게 투자하면 족하다는 견해, 셋째, 중소기업은행이 출자한 금액 이상의 금액이면서 해당 사모투자전문회사 총출자금액 전부를 중소기업자에게 투자해야 한다는 견해 등이 제기될 수 있다.
3) 박삼철, "PEF에 대한 감독·규제법상의 문제,"「금융법연구」 제 2 권 제 1 호(2005), 51쪽.

제270조(사모투자전문회사재산의 운용방법)

① 사모투자전문회사(대통령령으로 정하는 방법에 따라 다른 사모투자전문회사와 공동으로 운용하는 경우를 포함한다)는 다음 각 호의 어느 하나에 해당하는 방법으로 사모투자전문회사재산을 운용하여야 한다.

1. 다른 회사(투자회사, 투자유한회사, 투자합자회사, 투자유한책임회사, 그 밖에 대통령령으로 정하는 회사를 제외한다. 이하 이 조에서 같다)의 의결권 있는 발행주식총수 또는 출자총액의 100분의 10 이상 되도록 하는 투자
2. 제1호에 불구하고 임원의 임면 등 투자하는 회사의 주요 경영사항에 대하여 사실상의 지배력 행사가 가능하도록 하는 투자
3. 증권(지분증권을 제외한다)에 대한 투자(제1호 또는 제2호를 목적을 달성하기 위하여 대통령령으로 정하는 경우로 한정한다)
4. 투자대상기업(사모투자전문회사 또는 제271조에 의한 투자목적회사가 제1호 또는 제3호까지의 방법으로 투자한 기업을 말한다. 이하 이 장에서 같다)이 발행한 증권에 대한 투자위험을 회피하기 위한 투자로서 대통령령으로 정하는 장내파생상품 또는 장외파생상품에 대한 투자
5. 「사회기반시설에 대한 민간투자법」에 따른 사회기반시설투융자회사가 발행한 증권에 대한 투자
6. 제271조에 따른 투자목적회사(이하 "투자목적회사"라 한다)의 지분증권에 대한 투자
7. 그 밖에 제1호부터 제6호까지의 투자에 준하는 것으로서 대통령령으로 정하는 투자

② 사모투자전문회사는 제1항 각 호의 방법으로 운용하고 남은 사모투자전문회사재산을 다음 각 호의 어느 하나에 따른 방법으로 운용할 수 있다.

1. 대통령령으로 정하는 단기대출
2. 대통령령으로 정하는 금융기관에의 예치
3. 사모투자전문회사재산의 100분의 5 이내에서 대통령령으로 정하는 비율에 해당하는 사모투자전문회사재산을 증권에 투자하는 방법
4. 그 밖에 사모투자전문회사의 건전한 자산운용을 해할 우려가 없는 방법으로서 대통령령으로 정하는 방법

③ 사모투자전문회사는 사원이 출자한 날부터 6개월 이상의 기간으로서 대통령령으로 정하는 기간 이내에 출자한 금액의 100분의 50 이상으로서 대통령령으로 정하는 비율 이상 출자한 금액을 제1항 제1호·제2호·제5호 또는 제6호(투자목적회사가 제1항 제1호·제2호 또는 제5호의 방법으로 투자한 경우에 한한다)의 방법으로 운용하여야 한다. 다만, 투자대상기업을 선정하기 곤란한 경우, 그 밖에 대통령령으로 정하는 경우로서 미리 금융위원회의 승인을 받은 경우에는 그러하지 아니하다.

④ 사모투자전문회사는 제1항 제1호부터 제3호까지의 어느 하나에 부합되는 날부터 6개월 이상 투자대상기업이 발행한 지분증권, 그 밖에 대통령령으로 정하는 증권(이하 이 조에서 "지분증권등"이라 한다)을 소유하여야 하며, 6개월 미만의 기간 중에는 그 지분증권등을 처분하여서는 아니 된다. 다만, 그 지분증권등을 계속 소유함으로써 사원의 이익을 명백히 해할 우려가 있는 경우, 그 밖에 대통령령으로 정하는 경우로서 미리 금융위원회의 승인을 받은 경우에는 6개월 미만의 기간 중에 이를 처분할 수 있다.

⑤ 사모투자전문회사(제271조 제 1 항 제 3 호 나목 또는 다목에 따라 투자목적회사의 주주 또는 사원이 된 자를 포함한다)는 투자목적회사가 발행한 지분증권을 취득한 날부터 6개월 이상 소유하여야 하며, 6개월 미만의 기간 중에는 그 지분증권을 처분하여서는 아니 된다. 다만, 투자목적회사의 지분증권을 계속 소유함으로써 사원의 이익을 명백히 해할 우려가 있는 경우, 그 밖에 대통령령으로 정하는 경우로서 미리 금융위원회의 승인을 받은 경우에는 6개월 미만의 기간 중에 이를 처분할 수 있다.

⑥ 사모투자전문회사는 다른 회사의 지분증권등을 최초로 취득한 날부터 6개월이 경과할 때까지 제 1 항 제 1 호부터 제 3 호까지의 어느 하나에 부합하지 아니하는 경우에는 이미 취득한 그 다른 회사의 지분증권등 전부를 다른 자(그 사모투자전문회사와 출자관계를 가지고 있거나 같은 자로부터 출자에 의한 지배를 받는 자를 제외한다)에게 대통령령으로 정하는 기간 이내에 이를 처분하고 금융위원회에 지체 없이 보고하여야 한다. 다만, 지분증권등의 처분이 곤란한 경우, 그 밖에 대통령령으로 정하는 경우로서 미리 금융위원회의 승인을 받은 경우에는 대통령령으로 정한 기간 이내에 이를 처분하지 아니할 수 있다.

⑦ 사모투자전문회사는 다음 각 호의 어느 하나에 해당하는 사유가 발생하는 경우 자금을 차입하거나 투자대상기업 또는 투자대상기업과 관련된 타인을 위한 채무보증을 할 수 있다. 이 경우 차입금액 및 채무보증액의 합계는 사모투자전문회사재산의 100분의 10을 초과하지 못한다.

1. 사원의 퇴사에 따른 출자금을 지급하기 위하여 불가피한 경우
2. 운영비용에 충당할 자금이 일시적으로 부족한 경우
3. 투자대상기업에 투자하기 위하여 필요한 자금이 일시적으로 부족한 경우

⑧ 사모투자전문회사재산의 투자비율의 산정방식, 그 밖에 사모투자전문회사재산의 운용에 관하여 필요한 사항은 대통령령으로 정한다.

⑨ 사모투자전문회사는 대통령령으로 정하는 바에 따라 제 1 항 제 4 호에 따른 파생상품에 대한 투자 및 제 7 항에 따른 차입 또는 채무보증의 현황(제271조 제 3 항에 따른 투자목적회사의 차입 또는 채무보증의 현황을 포함한다) 등에 관하여 금융위원회에 보고하여야 한다.

Ⅰ. 본조의 취지

제도 도입 당시 사모투자전문회사(PEF)는 그 시점에서의 정책적 판단에 따라 buyout 펀드 형태로 설계되어 도입되었으며, 본조는 그러한 정책적 판단에 따라 사모투자전문회사가 buyout 펀드 이외의 목적으로 이용되는 것을 방지하기 위한 차원에서 사모투자전문회사의 재산운용에 대해 제한을 가한 것이라고 설명된다.[1] 다만, 'buyout'이라 하면 통상 투자대상기업의 최대주주가 되는 등 경영권을 인수하는 것을 의미하나, 본조는 투자

1) 박정훈, "사모투자전문회사 도입배경 및 경과," 「BFL」 제10호(2005. 3), 서울대학교 금융법센터, 45쪽.

대상기업의 반드시 '경영권을 인수'하는 것을 전제로 하고 있지 않고, '경영에 참여'하는 투자이면 본조의 요건을 충족할 수 있도록 하고 있다. 즉, 본조는 사모투자전문회사로 하여금 '경영참여형 투자'를 하도록 요구하고 있는데, 이는 반드시 경영권을 취득하여야 하는 것은 아니며, mezzanine 투자나 venture capital 투자도 일정한 범위에서는 허용될 수 있다는 의미이다.[1)]

제도 도입 당시에는 일부 시민단체들이 연기금의 사모투자전문회사 투자를 반대한 바도 있으나,[2)] 실제로 사모투자전문회사가 도입된 후 10여년 간 이들 연기금들이 사모투자전문회사에 출자하는 유한책임사원들의 절대 다수를 구성하게 되었으며, 현재에는 이러한 연기금들의 수익률 제고를 위한 수단으로 사모투자전문회사 투자가 각광을 받고 있다. 그런데 이들 연기금들은 원금 및 일정 수익이 안정적으로 보장되는 방식의 투자를 선호하는 경향이 있기 때문에, 경영권을 인수하는 buyout 방식의 운용전략보다는 전환사채(CB), 신주인수권부사채(BW) 등 주식으로 전환할 수 있는 채무증권에 투자하거나, 지분증권에 투자하면서 대주주 등으로부터 풋옵션(put option)을 취득하는 등 보다 안정적인 운용전략을 선호하는 사모투자전문회사들이 다수를 점하고 있다. 이러한 방식의 투자도 본조의 요건을 충족하는 한 허용됨은 물론이다.

한편, 금융감독원은 2005. 7. 18. '옵션부투자 가이드라인'을 통해 사모투자전문회사가 옵션부거래를 함으로써 금전대여적 성격을 가지는 투자를 규제하였으나, 2013. 4. 11. 위 가이드라인을 '옵션부투자 모범규준'으로 개정[3)]하면서, 원칙적으로 옵션부투자를 허용하되 경영개선이나 대주주 전횡 방지에 대한 구체적인 계약조건이 없는 옵션부투자를 제한하는 것으로 규제방향을 일부 전환하였다.[4)] 위 가이드라인의 경우 법률적 근거가 없다는 비판이 있었고 모범규준의 경우에도 확고한 법률적 근거가 있는 것인지는 논란의 여지가 없지 않다. 다만 모범규준의 경우 제 1 조에서 "자본시장법 제270조 제 1 항에 따라 사모투자전문회사가 그 재산을 운용함에 있어 옵션형태의 투자에 관한 사항을 명확히 정함으로써 사모투자전문회사의 건전한 투자와 공정한 경쟁을 도모함"을 목적으로 하고 있다고 천명함으로써, 모범규준 위반시 본조 위반을 이유로 한 제재가 가해질 가능성을 열어두고 있다.

---

1) 금융감독원 보도자료(2005. 7. 18), "사모투자전문회사 활성화 관련 가이드라인 마련"은 사모투자전문회사 제도를 '경영권 참여 투자' 및 '금전대여성 투자 금지'라는 2대 기본원칙하에 수립된 제도라고 하고 있다. 그러나 본조가 모든 '금전대여성 투자'를 금지하고 있는 것은 아님을 유의하여야 하고, 금융감독원도 모든 금전대여성 투자가 절대적으로 금지된다고 보고 있는 것은 아닌 것으로 보인다.

2) 박정훈, 전게논문(2005. 3), 47쪽.

3) 금융위원회 보도자료, "사모투자전문회사 옵션부 투자 모범규준 개정," 2013. 4. 11.

4) 박재홍, "사모투자전문회사의 제도 및 현황," 「BFL」 제63호(2014. 1), 서울대학교 금융법센터, 16쪽.

Ⅱ. 사모투자전문회사의 재산운용 방법

1. 본조의 구성 체계 및 '경영권 참여투자'의 의미

사모투자전문회사는 본조 제 1 항 제 1 호 내지 제 7 호의 방법(이하 "원칙적 운용방법")으로 재산을 운용하여야 하며, 이와 같이 운용하고 남은 재산은 본조 제 2 항 제 1 호 내지 제 4 호의 방법(이하 "예외적 운용방법")으로 운용할 수 있다. 그러나 제 1 항 제 1 호 내지 제 7 호의 방법 중 제 3 호, 제 4 호, 제 7 호의 방법으로 재산을 운용하더라도 사원이 출자한 날로부터 6개월 이상의 기간으로서 대통령령으로 정하는 기간(2년) 이내에는 재산의 100분의 50 이상을 제 1 호, 제 2 호, 제 5 호 또는 제 6 호의 방법으로 운용하여야 한다(본조 3항). 여기서 제 5 호는 특별한 형태의 예외적인 운용방식이고, 제 6 호는 투자목적회사를 통하여 투자하는 경우를 의미하지만 이 경우에는 투자목적회사가 위 제 1 호·제 2 호 또는 제 5 호의 방법으로 투자하여야 한다는 점을 감안하면, 결국 사모투자전문회사는 궁극적으로 사원이 출자한 날로부터 2년 이내에 재산의 1/2 이상을 제 1 호 및 제 2 호의 방법으로 운용하여야 하는 셈이다. 본조가 사모투자전문회사의 "경영권 참여투자"에 관하여 규정하고 있다는 점을 감안하면, 결국 본조 제 1 항 제 1 호 또는 제 2 호의 방법이 본질적으로 '경영권 참여투자'에 해당한다고 볼 수 있다.

2. 원칙적 운용방법－경영권 참여투자

(1) 의결권 있는 지분 10% 이상 투자(1호)

제 1 호의 투자방법은 '다른 회사'의 의결권 있는 발행주식총수 또는 출자총액의 100분의 10 이상[1] 되도록 하는 투자를 말한다. 즉, 의결권 기준 10% 이상의 투자를 원칙적인 경영권 참여투자 방법으로 보고 있는데, 이는 「외국인투자촉진법」상의 외국인투자 개념 등에서 특정기업의 10% 이상을 소유하는 투자를 기업의 경영에 참여한다고 보고 있는 점을 감안한 것이다.[2]

여기서 '다른 회사'에는 투자회사, 투자유한회사, 투자유한책임회사, 투자합자회사, 그 밖에 대통령령으로 정하는 회사가 제외되는데, 이와 관련해서는 두 가지 해석상 쟁점이 있다.

㈎ 위 '다른 회사' 중 투자회사, 투자유한회사, 투자유한책임회사, 투자합자회사 등은 모두 집합투자기구이다. 또한 시행령 제292조 제 2 항 중 제 1 호 내지 제 4 호가 열거하고 있는 유동화전문회사, 부동산투자회사, 선박투자회사, 문화산업전문회사등 역시 특별법상의 투자기구(vehicle)이다. 이는 사모투자전문회사로 하여금 제 1 항 제 6 호의 투자목적회

---

1) 투자하는 날을 기준으로 계산한다(법 시행령 295조 1항).

2) 법령제정 실무작업반 공저, 「간접투자(펀드)해설」, 박영사, 2006, 792쪽.

사(SPC) 외의 다른 투자기구(vehicle)에는 투자하지 말라는 취지이며, 달리 말하면 사모투자전문회사를 펀드에 투자하는 펀드(fund of funds)로 운용하는 것을 금지하기 위해서이다.[1] 그러나, 본조 및 시행령의 규정은 투자할 수 없는 회사에 대하여 예시적이 아니라 열거적으로 규정하고 있기 때문에, 이와 같이 열거된 vehicle 외에 다른 종류의 vehicle에 투자하는 것도 금지된다고 보는 것은 유추해석으로서 허용되지 않는다고 보아야 할 것이다. 그럼에도 불구하고 현재 감독당국의 실무는 이들 열거된 vehicle들뿐 아니라, 제 1 항 제 6 호의 투자목적회사를 제외한 어떠한 형태의 vehicle에도 투자할 수 없다는 입장을 취하고 있다. 특히 주식회사나 유한회사에 투자하는 경우에도 신설된 경우이거나 다른 회사의 지분이나 부동산 등의 자산만을 가지고 있는 경우에는 사실상의 vehicle로 보아 원칙적으로 투자할 수 없다는 입장을 보이고 있는데, 이러한 입장은 위에서 살펴본 바와 같이 과도한 유추해석일 뿐 아니라, 실제 적용에 있어서도 신설회사와 기존회사를 구별하는 기준이 모호하고, 일반 SPC와 투자대상기업을 구별하는 기준도 명확하지 않다는 문제가 있다.[2]

(나) 시행령 제292조 제 2 항 제 5 호는 외국회사 및 그 종속회사(「주식회사의 외부감사에 관한 법률」에 따른 종속회사에 상당하는 외국회사를 말한다)가 소유하고 있는 자산을 합한 금액 중 국내에서 설립된 법인이 발행한 증권, 국내에서 설립된 법인이 발행한 금전채권, 국내에 소재하는 부동산이나 특별자산, 또는 이러한 자산이나 이를 기초로 하는 지수를 대상으로 하는 파생결합증권 또는 파생상품 등의 자산을 합한 금액이 100분의 5 이상인 경우에 그 외국회사에 대한 투자도 금지하고 있다. 이는 역외 SPC를 통하여 국내투자를 함으로써 본조의 투자방법 규제를 우회·잠탈하는 것을 금지하고자 하는 취지 및 사모투자전문회사가 외국에 투자한 자금이 다시 국내에 환류되는 것을 금지하고자 하는 취지라고 설명된다. 그러나 문언상 사모투자전문회사가 투자하는 시점 이전에 투자대상인 외국회사 및 그 종속회사가 총자산의 5% 이상을 국내에 투자하였으면 실제 사모투자전문회사의 투자금이 국내에 환류되는지 여부에 관계없이 사모투자전문회사의 투자가 금지된다는 점에서 당초 규제하고자 하는 목적을 벗어난 과도한 규제로 볼 수 있는 면이 있다.

(2) 주요 경영사항에 대한 사실상의 지배력 행사가 가능하도록 하는 투자(2호)

의결권 있는 지분 10% 미만을 취득하는 경우에도 임원의 임면 등 투자하는 회사의 주요경영사항에 대하여 사실상 지배력 행사가 가능하도록 하는 투자(법 270조 1항 2호)는 경영권 참여투자와 동일시하여 사모투자전문회사의 재산운용방법으로 허용하였다.[3] 이

1) 김성용, "사모투자전문회사 관련 개정 간접투자자산운용업법 검토," 「법조」 제54권 제 6 호(2005. 6), 226쪽.

2) 임재연, 「자본시장법」, 박영사, 2012, 1081쪽 각주 118.

3) 10% 미만으로서 임원선임 등에 대한 투자를 인정한 것은 buyout fund가 아닌 기업지배구조개선펀드 등의 설립도 허용하고자 하는 취지를 반영한 것이다(박정훈, "사모투자전문회사의 개념 및 도입배경과

와 관련, '회사의 주요경영사항에 대하여 사실상 지배력 행사가 가능하도록 하는 투자'의 범위가 문제된다.

먼저, 법문언상 임원의 임면권을 가지는 것은 위 요건에 부합되는 것으로 보인다. 실무는 사모투자전문회사가 이사 1인만의 임면권을 가지기만 하면 위 요건에 부합되는 것으로 처리하고 있다. 여기서의 이사는 반드시 상근이사 또는 사내이사일 필요가 없고 사외이사로도 족하다고 보고 있다.[1] 임원이라 함은 이사 및 감사를 말하므로(법 9조 2항), 감사도 포함된다. 또한 본호에 해당하는 경우는 지분 10% 미만을 취득하는 소수 지분투자라는 점을 감안하여 대주주와의 주주간계약에서 이사 또는 감사 1인의 임면권을 가지는 것으로도 족하다고 보고 있다. 다만, 간투법상 동일한 규정을 성안하는 과정에서 참고한 「외국인투자촉진법 시행령」에서 '임원'을 '이사·대표이사·업무집행을 하는 무한책임사원·감사 또는 이에 준하는 자로서 경영상 중요의사결정에 참여할 수 있는 권한을 가진 자'로 정의하고 있음에 비추어 볼 때,[2] 단순히 회사의 이사회 또는 대표이사 등이 결정한 사항을 집행하는 권한만을 가지고 있는 집행임원은 여기서의 '임원'으로 보기 곤란할 것이다.

사모투자전문회사가 임원의 임면권을 가질 경우 그 임면권을 언제까지 행사하여야 하는지도 문제된다. 이에 대해 감독당국은 '가능한 한 빨리' 선임하여야 한다는 원칙을 천명하고 있으나, 투자대상회사가 상장회사일 경우 임원 선임을 위한 주주총회 소집에 최소 약 45일이 소요되며, 만약 이미 정관상 이사 정원이 모두 임명되어 있는 경우에는 정관개정으로 이사의 정원을 늘리거나 기존 이사를 사임시키지 않는 이상 기존 이사의 임기가 만료될 때까지 기다려야 하는 경우도 있을 수 있어 실제로는 사모투자전문회사의 임면권 행사가 상당히 늦어질 수도 있다. 그러나 사모투자전문회사의 투자가 비교적 장기 투자라는 점 및 제 3 호의 방법으로 투자하는 경우 2년 이내에 제 1 호 또는 제 2 호를 충족시키면 된다는 점 등을 감안할 때, 최대 2년 이내에 선임권을 행사하면 본호의 요건을 충족하는 것으로 보아야 할 것이다.

다음으로 임원의 임면권한 보유 이외에도 투자대상기업의 주요경영사항에 대하여 사실상의 지배력 행사가 가능한 경우도 생각해 볼 수 있다. 예를 들면 투자대상기업의 중요한 의사결정에서 사모투자전문회사의 동의를 얻어야 하는 경우와 같이 사모투자전문회사가 거부권을 가진 소수투자자가 되는 경우가 여기에 해당될 수 있을 것이다. 실제로 사모투자전문회사가 소수지분을 취득하면서 주요결정 사항에 대해서 사전 동의권 내지 협의권을 가지는 것이 보편적인 투자방식이며, 사실 사외이사 1인의 임면권이 있다고

간접투자자산운용업법 주요 개정내용 해설," 「투신」 제48호(2004. 12), 13쪽).

1) 김성용, 전게논문(2005. 6), 223-224쪽.

2) 상게논문, 224쪽.

해서 이사 1인만으로 이사회 결의를 부결시킬 수 없다는 점을 감안하면, 이러한 계약상의 거부권이 보다 지배력이 강한 것이라고 볼 수 있다. 다만 이 경우 어떠한 사항에 대해서 동의권이나 거부권을 가져야 사실상의 지배력 행사가 가능하다고 볼 것인가의 구체적 판단이 문제된다. 주주총회 결의사항이나 주요임원의 임면, 예산의 승인, 주요자산의 처분, 주요사업목적의 변경 등에 대해 동의권이나 거부권을 가지고 있는 경우를 지배력 행사가 가능한 경우로 볼 수 있을 것이다.[1)]

(3) 지분증권이 아닌 증권에 대한 투자(3호)

투자대상기업의 지분증권이 아닌 증권에 대한 투자도 원칙적으로 허용된다. 이는 전환사채, 신주인수권부사채, 교환사채 등과 같이 투자대상기업의 주식 등을 취득할 수 있는 잠재적 권리를 포함하고 있는 증권에의 투자를 의미한다(법 270조 1항 3호).[2)] 다만, 제1호 또는 제2호의 목적을 달성하기 위한 경우로서 다른 회사의 의결권 있는 발행주식과 주권 관련 사채권의 전환권, 신주인수권의 행사 등으로 인하여 취득할 수 있는 의결권 있는 발행주식의 합계가 그 회사의 의결권 있는 발행주식총수의 100분의 10 이상이 되는 경우(법 시행령 292조 4항 1호)[3)] 또는 투자계약 등에 따라 임원의 임면 등 투자하는 회사의 주요 경영사항에 대하여 사실상의 지배력 행사가 가능하도록 투자하는 경우에 한한다(법 시행령 292조 4항 2호).

교환사채의 경우 교환대상증권이 교환사채발행회사의 주식인 경우에는 논란의 여지가 없으나, 교환대상증권이 교환사채발행회사가 아닌 다른 회사의 발행주식인 경우에는 경영권참여투자라고 볼 수 있는지, 어떤 회사에 대한 경영권참여로 보아야 하는지 문제된다. 이 경우에도 교환대상증권의 발행회사에 대한 경영권참여투자로 보아야 할 것이며, 따라서 교환권 행사시 취득할 수 있는 지분율이 10% 이상이거나, 교환대상증권의 발행회사에 대한 이사 임면권이나 주요 경영사항에 대한 동의권 등을 조건으로 투자하여야 할 것이다.

본호에 따라 투자한 경우에는 사원이 출자한 날로부터 2년 이내에 재산의 100분의 50 이상을 제1호 또는 제2호 등의 방법으로 운용하여야 한다(본조 3항). 당초 본조 제3항은 사모투자전문회사의 투자개시시한을 규정한 것으로 설명되었다. 그러나 투자자금이 필요할 경우 업무집행사원의 출자금납입요청(capital call)에 따라 출자가 이루어지는 사모투자전문회사 구조상 출자가 이루어진 날로부터 6개월 내지 2년이 되도록 투자를 하

1) 김성용, "사모투자전문회사 도입에 따른 금융산업의 위기와 기회," 한국금융학회 세미나자료(2004. 11. 26), 14-15쪽.

2) 김성용, 전게논문(2005. 6), 227쪽.

3) 주식만 언급되고 지분은 언급되지 않아 주식회사만 해당되고 유한회사는 상정하지 않은 것으로 보이는데, 이는 유한회사는 사채 등을 발행할 수 없다는 점을 감안한 것으로 보인다. 그러나 유한회사의 지분에 대한 콜옵션 등을 가지는 경우도 있을 수 있으므로 주식회사에만 한정할 것은 아니다.

지 않는 경우는 실제로 상정하기 어렵다. 오히려 실무상 본조 제 3 항은 본조 제 1 항 제 3 호의 투자가 이루어진 후 2년 이내에 전환권 또는 신주인수권 등의 행사로 지분증권으로 전환하여야 하는 의무조항으로 의미를 가져 왔다.[1] 이와 관련하여, 실무상 여러 해석상 쟁점이 제기되어 왔는바, 그 중 두 가지 쟁점에 대해 소개한다.

첫째, 하나의 사모투자전문회사가 여러 투자대상회사에 투자하는 이른바 블라인드사모투자전문회사의 경우, 위 100분의 50 요건을 펀드가 출자한 재산 전체를 기준으로 충족하여야 하는지(총액기준설) 아니면 개별 투자건을 기준으로 충족하여야 하는지(건별기준설) 여부이다. 예를 들어, 어느 사모투자전문회사가 A회사의 전환사채에 100억원을 투자하고, 이어 B회사의 의결권 있는 주식에 100억원을 투자하여 10% 이상의 의결권을 확보한 경우에, 총액기준설에 따르면 출자한 재산 전체 200억원 중 100분의 50 이상인 100억원을 B회사에 투자하여 제 1 호의 방법으로 운용하였으므로 본조 제 3 항을 충족한다고 본다. 그러나 건별기준설에 따르면 B회사에 대한 투자건의 경우에는 본조 제 3 항을 충족하였으나 A회사에 대한 투자건에서는 투자액 100억원을 모두 전환사채로만 투자하였기 때문에 이 중 50% 이상, 즉 50억원 이상을 A회사에 투자한 날로부터 2년 이내에 의결권 있는 주식으로 전환하여야 한다고 본다. 이에 대한 법 시행 초기의 견해로, 일단 출자의 이행이 있을 때마다 그로부터 2년이 경과한 각 시점에서 그 2년 전까지 출자된 금액 전부를 대상으로 이를 판단하고, 이 경우 사모투자전문회사가 투자 후 회수한 금액은 그것이 다른 투자증권 혹은 유가증권 등의 투자에 다시 투입되지 아니하고 있는 한에 있어서는 이전의 투자에 계속하여 운용되고 있는 것으로 간주하여야 한다는 견해[2]가 있었는데, 이는 일응 총액기준설을 따른 것으로 보이며, 실무의 다수 견해도 총액기준설이 문언에 보다 부합하는 해석이라고 보고 있으나, 감독당국은 일관되게 건별기준설을 지지하고 있다. 총액기준설에 따르면 위 사례에서 A회사에 대한 투자와 같이 특정 건에 대해서는 순수한 메자닌투자가 가능하지만 건별기준설에 따르면 어떤 투자건에 대해서도 적어도 50% 이상은 의결권 있는 주식에 투자하여야 하기 때문에 순수한 메자닌투자가 불가능해진다. 반면 총액기준설에 따르면 예컨대 C회사의 전환사채에 100억원을 투자하고 2년이 되는 시점 직전에 D회사의 전환사채에 200억원을 투자하고자 할 경우 설령 C회사의 전환사채 100억원을 모두 주식으로 전환하더라도 본조 제 3 항의 요건을 충족할 수 없게 된다는 점에서 신규투자에 제약이 있을 수 있고, 한편으로 C회사의 전환사채를 전환하기 어려울 경우 2년이 되는 시점 직전에 무리하게 다른 회사의 주식에 투자를 할 유인이 생기는 등 반드시 총액기준설이 사모투자전문회사의 운용에 있어 항상 유리한 것만

1) 다만, 법 시행령 제295조 제 2 항 제 2 호에 따르면, 「국가재정법」 [별표 2]에서 정한 법률에 따른 기금이 사원이 되는 경우로서 capital call 방식이 아닌 방식으로 출자하는 경우에는 그러한 기금의 출자금액은 100분의 50의 계산에서 제외된다.

2) 김성용, 전게논문(2005. 6), 224쪽 각주 67.

은 아니다.

둘째, 사모투자전문회사가 동일한 회사에 의결권 있는 주식과 지분증권이 아닌 증권을 동시에 취득하는 경우에 위 100분의 50 요건을 투자금액 전체를 기준으로 따져보아야 할지(전액기준설), 아니면 지분증권이 아닌 증권에 투자한 금액만을 기준으로 따져보아야 할지(개별기준설)의 문제이다. 예를 들어, 사모투자전문회사가 E회사에 의결권 있는 주식으로 100억원을 투자하여 의결권 10% 이상을 확보하면서 동시에 E회사의 전환사채에 100억원을 투자하여 합계 200억원을 투자한 경우, 전액기준설에 따르면 이미 재산 200억원의 50% 이상인 100억원을 의결권 있는 주식으로 투자하였기 때문에 전환사채를 전환하지 않아도 본조 제3항의 요건을 충족시킨 것이 되나, 개별기준설에 따르면 주식 100억원은 고려하지 않고 전환사채 100억원만을 고려하여, 이 경우에도 전환사채 100억원 중 50% 이상인 50억원 이상을 2년 이내에 주식으로 전환해야 한다고 본다. 감독당국은 초기에 개별기준설을 취했으나 그 이후 입장을 전액기준설로 변경하였으며, 2013년 시행령 개정시 전액기준설에 따름을 명문화하였다(법 시행령 292조 4항 1호).

한편, 투자대상기업을 선정하기 곤란한 경우, 그 밖에 대통령령으로 정하는 경우[1]로서 미리 금융위원회의 승인을 받은 경우에는 본조 제3항의 적용을 받지 아니한다(법 270조 3항 단서).

(4) 투자목적회사(SPC)를 이용한 투자(6호)

사모투자전문회사는 직접 투자대상회사에 투자하는 것 외에 법 제271조에 따른 투자목적회사(SPC)를 통하여 투자하는 것도 허용된다. 단, 본조 제3항에 따라 사모투자전문회사가 투자목적회사에 투자한 경우에는 투자목적회사가 본조 제1호·제2호 또는 제5호의 방법으로 투자한 경우에 한하여 허용되므로 결과적으로 투자목적회사를 통하여 경영권참여투자 요건을 충족시켜야 한다.

투자목적회사를 이용한 투자에 관하여 자세한 것은 제271조의 주석 참조.

3. 기타 허용되는 원칙적 운용방법

(1) 파생상품에 대한 투자(1항 4호)

사모투자전문회사는 투자대상기업이 발행한 증권에 대한 투자위험을 회피하기 위한 투자로서 대통령령으로 정하는 장내파생상품 또는 장외파생상품에 대한 투자를 할 수 있다. 단, 사모투자전문회사 또는 투자목적회사가 본조 제1항 제1호부터 제3호까지의 방법으로 투자한 기업만을 투자대상기업으로 인정하고 있으므로, 일단 경영권참여투자

1) 1. 사모투자전문회사재산이 법 제270조 제1항 제1호 또는 제2호에 따라 투자대상기업의 지분증권을 취득하기에 부족한 경우, 2. 제292조 제6항 제4호의 시설 및 설비에 투자하는 경우, 3. 금융위원회가 정하여 고시하는 불가피한 사유가 있는 경우(법 시행령 294조 2항).

요건을 충족할 것을 전제로, 투자대상기업에 대한 투자위험을 회피하기 위한 경우에만 파생상품의 투자가 허용된다. 또한 여기서 대통령령으로 정하는 장내파생상품 또는 장외파생상품이라 함은, (i) 투자대상기업이 발행한 증권이나 그 증권의 가격 또는 이를 기초로 하는 지수를 기초자산으로 하는 장내파생상품 또는 장외파생상품(법 시행령 292조 5항 1호) 및 (ii) 투자대상기업이 발행한 외화증권에 대한 환위험을 회피하기 위한 장내파생상품 또는 장외파생상품(법 시행령 292조 5항 2호)을 말한다.

사모투자전문회사가 외국회사의 증권에 투자하거나 외국투자자로부터 출자를 받는 경우가 많아지고 있는데, 현행 규정만으로는 이러한 추세를 반영한 다양한 위험회피 수요를 충족시키지 못하는 비판의 소지가 있다. 특히 환위험 회피 목적과 관련하여 투자대상기업이 발행한 환위험 회피 목적 외에, 외국투자자가 사모투자전문회사에 외화로 출자하는 경우 외화출자금에 관한 환위험 회피 수요 및 투자목적회사가 인수금융으로서 외화를 차입하는 경우 그러한 외화차입금의 환위험 회피 수요 등이 있음에도 이러한 목적의 환위험 회피 목적 파생상품에 투자하지 못하게 되는 불합리함이 있다. 입법론적인 개선이 필요한 부분이다.

한편, 사모투자전문회사는 본호에 따른 파생상품에 대한 투자 현황에 대하여 분기별로 금융위원회에 보고하여야 한다(법 270조 9항).

(2) 사회기반시설투융자회사가 발행한 증권에 대한 투자(1항 5호)

사모투자전문회사는 「사회기반시설에 대한 민간투자법」에 따른 사회기반시설투융자회사가 발행한 증권에 투자할 수 있다. 이는 정책적 고려에 따른 것으로서, 이 경우에는 반드시 경영권참여투자일 것을 요하지 않는다.

(3) 기타 운용방법(1항 7호)

그 외에 사모투자전문회사는 제 1 호부터 제 6 호에 준하는 것으로서 "대통령령으로 정하는 투자"를 할 수 있다(법 270조 1항 7호). 시행령에서는 투자대상기업의 금전채권에 대한 투자 중 본조 제 1 항 제 1 호 또는 제 2 호에 따른 투자를 목적으로 하는 경우(법 시행령 292조 6항 1호), 투자대상기업의 사업구조나 지배구조 등을 개선하는 과정에서 처분하는 부동산(지상권·지역권·전세권·임차권·분양권 등 부동산 관련 권리를 포함한다) 또는 금전채권 등에 대한 투자(동 2호), 「사회기반시설에 대한 민간투자법」에 따른 사회기반시설에 대한 투자(동 3호), 조세특례제한법 제24조 제 1 항 각호, 제25조 제 1 항 각호의 어느 하나에 해당하는 시설 및 설비, 제25조의2 제 1 항에 따른 에너지절약시설, 제25조의3 제 1 항에 따른 환경보전시설, 제25조의4 제 1 항에 따른 의약품 품질관리개선시설(4호 가목 내지 마목)에 투자하는 경우를 허용하고 있다.

4. 공동투자

사모투자전문회사는 단독으로 투자를 할 수도 있지만, 다른 사모투자전문회사와 공동으로 투자를 할 수도 있다. 즉, 하나의 사모투자전문회사가 단독으로는 경영권 참여투자의 요건을 갖추지 못하였어도 다른 사모투자전문회사와 공동으로 경영권 참여투자의 요건을 갖추는 것을 허용할 필요가 있다. 따라서 법에서는 대통령령으로 정하는 방법에 따라 다른 사모투자전문회사와 공동으로 운용하는 경우를 포함한다고 명시하였다(법 270조 1항 본문). 법 시행령에서는 대통령령으로 정하는 방법을 사모투자전문회사가 다른 사모투자전문회사와 (i) 지분증권, 신주인수권(그 밖의 신규발행 지분증권을 인수할 수 있는 권리를 포함한다)이 표시된 것, 전환사채권, 신주인수권부사채권 또는 교환사채권(이하 이 항에서 "지분증권등"이라 한다)을 공동으로 취득하거나 처분하는 행위, (ii) 지분증권등을 공동 또는 단독으로 취득한 후 그 취득한 지분증권등을 상호 양도 또는 양수하는 행위, (iii) 의결권(의결권 행사를 지시할 수 있는 권한을 포함한다)을 공동으로 행사하는 행위(법 시행령 292조 1항)를 할 것을 합의하는 방법으로 규정하고 있다.

5. 예외적 운용방법(2항)

원칙적 운용방법으로 투자하고 남은 사모투자전문회사의 재산은 일정한 단기대출,[1] 일정한 금융기관에의 예치,[2] 증권투자(사모투자전문회사 재산의 100분의 5 이내에서 대통령령이 정하는 비율에 해당),[3] 그 밖에 사모투자전문회사의 건전한 자산운용을 해할 우려가 없는 방법으로서 대통령령으로 정하는 방법[4]으로 운용할 수 있도록 예외를 인정하고 있다(법 270조 2항). 이에 대하여, 사모투자전문회사에서는 투자자금 필요시 필요한 액수에 대해 출자요구(capital call)를 하는 것이 보편적이어서 여유자금이 존재하지 않으므로 이러한 예외적 운용방법은 불필요하다는 견해도 있으나, 실무상 업무집행사원에 대한 관리보수 지급, 유한책임사원에 대한 중간배당금 지급, 기타 사모투자전문회사의 운용비용 등의 목적으로 일정한 금액을 사모투자전문회사 내부에 유보하여 두는 경우가 일반적이며, 이러한 유보금의 운용을 위하여 이러한 예외적 운용방법은 반드시 필요하다.

오히려, 이러한 예외적 운용방법은 투자목적회사에서도 필요한데, 투자목적회사에 대해서는 본조 제 2 항을 준용하지 않고 있다.[5] 이는 입법의 미비로 보인다.

---

1) "대통령령으로 정하는 단기대출"이란 법 제83조 제 4 항에 따른 단기대출을 말한다(법 시행령 293조 1항).

2) "대통령령으로 정하는 금융기관"이란 법 시행령 제79조 제 2 항 제 5 호 각 목의 어느 하나에 해당하는 금융기관 및 이에 준하는 외국금융기관을 말한다(법 시행령 293조 2항).

3) "대통령령으로 정하는 비율"이란 100분의 5를 말한다(법 시행령 293조 3항).

4) "대통령령으로 정하는 방법"이란 1. 원화로 표시된 양도성 예금증서, 2. 법 시행령 제79조 제 2 항 제 5 호에 따른 어음(기업어음증권을 제외한다)에 운용하는 방법을 말한다(법 시행령 293조 4항).

5) 법 제271조 제 5 항은 법 제270조 제 4 항 및 제 6 항만 준용하고, 제 2 항은 준용하지 않고 있다.

Ⅲ. 재산운용의 제한

(1) 투자한 지분증권등의 보유기간

사모투자전문회사는 제 1 항 제 1 호부터 제 3 호까지의 어느 하나에 부합되는 날부터 6개월 이상 투자대상기업이 발행한 지분증권, 그 밖에 대통령령으로 정하는 증권(이하 "지분증권등")을 소유하여야 하며, 6개월 미만의 기간 중에는 그 지분증권등을 처분하여서는 아니 된다(법 270조 4항). 이는 단기매매차익을 노린 거래를 방지한다는 취지이며,[1] 이 점이 사모투자전문회사와 헤지펀드를 구별하는 기준이 되기도 한다.

위의 제한은 투자대상기업의 지분증권을 소유하는 경우이므로, 투자목적회사를 통하여 투자대상기업에 대한 투자가 이루어지는 경우에 있어서 투자목적회사의 지분증권의 처분에는 적용되지 아니하게 되어 불균형이 발생한다. 따라서 투자목적회사의 지분증권 소유에 대해서도 동일하게 투자기간 제한을 하였다(법 270조 5항). 또한 투자목적회사에 대한 출자는 사모투자전문회사뿐 아니라 다른 자와 공동으로 할 수 있으므로(법 271조 1항 3호 나목·다목),[2] 투자기간 제한은 이와 같은 자에게도 적용된다.

다만 그 지분증권을 계속 소유함으로써 사원의 이익을 명백히 해할 우려가 있는 경우, 그 밖에 대통령령으로 정하는 경우[3]로서 미리 금융위원회의 승인을 받은 경우에는 6개월 미만의 기간 중에 이를 처분할 수 있다(법 270조 5항과 6항의 단서). 그러나 실제로 투자대상회사가 어려움에 처한 상황에서는 신속한 대응이 관건이 될 수 있는데, 이 때 금융위원회의 승인을 받아야 한다는 것은 현실성을 결여할 수 있다.

법 시행 당시에는 제 1 항 제 1 호 및 제 2 호에 부합되는 날부터 6개월 이상 소유하여야 할 의무만을 규정하였고, 제 3 호에 부합되는 경우에는 이러한 의무가 없었다. 그 결과, 제 3 호에 따라 사모투자전문회사가 전환사채등을 취득한 경우에는 그러한 전환사채등을 보유하다가 주식으로 전환하여 제 1 호 또는 제 2 호에 부합되는 날부터 6개월 이상 소유하여야 할 의무를 부담하는 것으로 해석되었는데, 이에 대하여, 전환사채 등을 주식으로 전환하는 것은 주가상승에 따른 전환차익을 노리고 전환을 하는 것임을 감안할 때 전환 후 6개월 이상 소유하여야 한다는 것은 사모투자전문회사의 목적에 비추어 비현실적이고 불합리한 규제라는 지적이 있었다. 이에 따라, 2013년 제 3 호에 부합되는 날부터도 6개월 이상 소유하여야 한다는 것으로 본조가 개정되었으나 감독당국은 이를 전환사채등의 취득시부터 6개월 이상 소유하여야 하고, 이를 주식으로 전환한 후 다시 6개월 이상 소유하여야 하는 것을 해석하였다가 2014년부터 입장을 변경하여 제 3 호에 따라

1) 김성용, 전게논문(2005. 6), 226쪽.

2) 자세한 내용은 법 제271조의 주석 참조.

3) 1. 투자대상기업의 영업이 정지된 경우, 2. 투자대상기업이 3개월 이상 조업을 중단한 경우, 3. 금융위원회가 정하여 고시하는 불가피한 사유가 있는 경우(법 시행령 294조 2항).

취득한 후 6개월 이상 소유하였으면 이를 주식으로 전환한 후에는 다시 6개월 이상 소유할 의무가 없는 것으로 해석하고 있다. 타당한 귀결이다.

(2) 경영권 참여투자요건 미충족시 처분의무

사모투자전문회사가 투자대상기업의 지분증권등을 최초로 취득한 날부터 6개월이 경과할 때까지 제1항 제1호부터 제3호까지의 어느 하나에 부합하지 아니하는 경우에는 이미 취득한 지분증권 등 전부를 1개월 이내에(법 시행령 294조 6항) 처분하고 금융위원회에 지체 없이 보고하여야 한다(법 270조 6항). 투자대상기업의 지분증권 처분은 당해 사모투자전문회사와 출자관계를 가지고 있거나 같은 자로부터 출자에 의한 지배를 받는 자가 아닌 제3자에게 처분하여야 한다. 다만 지분증권의 처분이 곤란한 경우, 그 밖에 대통령령으로 정하는 경우[1]로서 미리 금융위원회의 승인을 받은 경우에는 예외가 인정된다(법 270조 6항 단서).

법 시행 당시에는 제1항 제1호 내지 제2호에 관해서만 위 처분의무가 적용되고, 제3호의 경우에는 적용되지 않았다. 이에 따라, 주식이 아닌 전환사채 등을 취득한 경우에는 전환사채 등이 전환될 경우 지분 10%에 미달하는 경우 등 제3호의 요건을 충족하지 못하더라도 그러한 전환사채 등을 6개월 이상 보유할 수 있었으며, 다만 본조 제3항에 따라 2년 이내에 제1호 내지 제2호의 요건을 충족시키면 되었다. 그러나 제3호의 경우에도 제1호 내지 제2호와 마찬가지로 6개월 이내에는 요건을 충족시켜야 한다는 고려에 따라 2013년 법 개정시 제3호도 추가되었다.

(3) 사모투자전문회사 재산의 투자비율 산정방식 및 업무위탁 금지 등

사모투자전문회사재산의 투자비율의 산정방식, 그 밖에 사모투자전문회사재산의 운용에 관하여 필요한 사항은 대통령령으로 정한다(법 270조 8항).

사모투자전문회사의 업무집행사원은 사모투자전문회사의 본질적인 업무를 제3자에게 위탁하는 것이 금지되고 있다(법 시행령 295조 3항). 대통령령에서 위탁이 금지되는 업무는 (i) 투자대상기업 선정 또는 투자목적회사의 설립 또는 선정, (ii) 투자대상기업 또는 투자목적회사의 지분증권을 매매하는 경우 그 가격·시기·방법 등의 결정, (iii) 사모투자전문회사재산 또는 투자목적회사재산에 속하는 지분증권에 대한 의결권의 행사, (iv) 위의 (i)부터 (iii)까지의 업무에 준하는 업무로서 사원의 이익을 보호하기 위하여 필요한 업무 중 금융위원회가 정하여 고시하는 업무이다.

외국의 사모투자전문회사에서는 많은 경우에 사모투자전문회사에 대해 투자운용사 또는 투자자문업자로 기능할 별개의 회사를 조직하지만, 세무문제나 업무집행사원이 외

---

1) 1. 증권시장 또는 해외 증권시장에서 투자대상기업의 지분증권의 매매거래가 정지 또는 중단된 경우, 2. 금융위원회가 정하여 고시하는 불가피한 사유가 있는 경우(법 시행령 294조 7항).

국에 설립한 자회사에 대한 해당 국가의 규제문제 때문에 그러하는 것이 보통이다. 따라서 사모투자전문회사의 본질적 업무의 제 3 자 위탁이 사모투자전문회사의 본질과 배치되는 것은 아니다. 그럼에도 불구하고 우리나라에서 이러한 금지를 한 이유는 사모투자펀드의 사원이 아닌 자가 사모투자펀드를 운용하지 못하도록 함으로써 사모투자펀드 업무집행사원에 대한 규제의 회피를 막기 위한 것이라고 설명되고 있는데,[1] 실제로는 재벌기업의 계열운용사가 사모투자전문회사의 업무집행사원으로부터 운용을 위탁받아 사모투자전문회사를 사실상 지배할 가능성을 우려하여 규정된 것이다.[2]

(4) 차입 및 채무보증 제한

사모투자전문회사는 일정한 경우를 제외하고는 자금을 차입하거나 채무보증을 할 수 없다(법 270조 7항 1문). 사모투자전문회사가 차입 또는 투자대상기업 또는 투자대상기업과 관련된 타인을 위한 채무보증을 할 수 있는 경우는 (i) 사원의 퇴사에 따른 출자금을 지급하기 위하여 불가피한 경우, (ii) 운영비용에 충당할 자금이 일시적으로 부족한 경우, (iii) 투자대상기업에 투자하기 위하여 필요한 자금이 일시적으로 부족한 경우이다(법 270조 7항 1문). 이 경우에도 차입 또는 채무보증은 그 합계액이 사모투자전문회사 재산의 100분의 10을 초과하지 못한다(법 270조 7항 2문).

이 규정은 사모투자전문회사의 투자자를 보호하기 위한 것이고, 대신 사모투자전문회사의 차입 수요는 투자목적회사를 통하여 충족하도록 하였다. LBO의 억제 여부와 관련하여 투자목적회사에 대해서도 차입제한을 할 것인가가 논란이 되었는데, 이에 대해서는 후술한다.[3]

차입 및 채무보증의 현황은 제 1 항 제 4 호에 따른 파생상품에 대한 투자 현황과 함께 분기별로 금융위원회에 보고하여야 한다(법 270조 9항, 법 시행령 294조 9항).

(5) 위반시 제재

법 제270조 제 3 항, 제 4 항 또는 제 5 항에 위반하여 운용한 자 또는 지분증권을 소유하지 아니하거나 처분한 자(법 446조 45호)와 법 제270조 제 6 항을 위반하여 이미 취득한 다른 회사의 지분증권 전부를 처분하지 아니한 자(법 446조 46호), 그리고 법 제270조 제 6 항 및 제 9 항을 위반하여 금융위원회에 보고를 하지 아니하거나 거짓으로 보고한 자(법 446조 46의2호)는 1년 이하의 징역 또는 3천만원 이하의 벌금에 처한다.

---

1) 법령제정 실무작업반 공저, 전게서(2006), 795쪽.
2) 이중기, "사모투자전문회사의 지배구조 : 정관자치의 관점에서," 「법학연구」 제 6 호(2004), 홍익대학교 법학연구소, 107쪽.
3) 법 제271조의 주석 참조.

제271조(투자목적회사)

① 투자목적회사는 다음 각 호의 요건을 모두 충족하는 회사를 말한다.

1. 「상법」에 따른 주식회사 또는 유한회사일 것
2. 제270조 제1항 제1호부터 제5호까지의 투자 또는 제7호의 투자를 목적으로 할 것
3. 그 주주 또는 사원이 다음 각 목의 어느 하나에 해당하되, 가목에 해당하는 주주 또는 사원의 출자비율이 대통령령으로 정하는 비율 이상일 것
   가. 사모투자전문회사
   나. 투자목적회사가 투자하는 회사의 임원 또는 대주주
   다. 그 밖에 투자목적회사의 효율적 운영을 위하여 투자목적회사의 주주 또는 사원이 될 필요가 있는 자로서 대통령령으로 정하는 자
4. 그 주주 또는 사원인 사모투자전문회사의 사원의 수와 사모투자전문회사가 아닌 주주 또는 사원의 수를 합산한 수가 49인 이내일 것
5. 상근임원을 두거나 직원을 고용하지 아니하고, 본점 외에 영업소를 설치하지 아니할 것

② 이 법에 특별한 규정이 없는 한 「상법」의 주식회사 또는 유한회사에 관한 규정은 투자목적회사에 적용한다.

③ 투자목적회사는 차입을 하거나 투자대상기업 또는 투자대상기업과 관련된 타인을 위하여 채무보증을 할 수 있다. 이 경우 차입금액과 채무보증액의 합계는 대통령령으로 정하는 한도를 초과하지 못한다.

④ 투자목적회사재산의 투자비율의 산정방식, 그 밖에 투자목적회사재산의 운용에 관하여 필요한 사항은 대통령령으로 정한다.

⑤ 제242조, 제269조 제3항, 제270조 제4항·제6항 및 제274조는 투자목적회사에 준용한다.

⑥ 「상법」 제317조 제2항 제2호·제3호 및 제549조 제2항 제2호는 투자목적회사에는 적용하지 아니한다.

Ⅰ. 본조의 취지

사모투자전문회사는 직접 투자대상기업에 대한 투자를 하는 외에도, 프로젝트별로 SPC를 설립하여 투자운용을 하기도 한다. 이러한 SPC를 이용하는 이유는 다양한 형태의 거래구조설계(deal structuring)를 가능하게 한다는 점과 투자수익률 증대를 위하여 차입(leverage)을 활용함에 있어 이를 펀드 차원이 아니라 유한책임을 지는 조직인 SPC 차원에서 활용함으로써 위험을 회피한다는 점 등에 있다.[1)]

1) 김성용, 전게논문(2005. 6), 229쪽.

이론적으로 볼 때 투자목적회사에 관해 별도의 규정이 없더라도 SPC를 설립하여 투자를 할 수 없는 것은 아니다. 그러나 그러한 경우에는 사모투자전문회사가 투자를 하는데 있어서 부딪히게 되는 법적 장애를 제거하기 위하여 규정된 각종 특례조항의 적용을 받을 수 없게 된다. 예를 들어 공정거래법상 지주회사에 관한 규제의 적용을 한시적으로 면제해주는 특례(법 276조)가 대표적이다. 또한 사모투자전문회사에 대해서는 악용을 방지하기 위하여 재산운용이나 지분소유 등에 각종 제한을 하고 있는데, SPC에 대한 규제를 하지 아니하는 경우에는 이러한 제한을 회피하는 수단으로 이용될 위험도 있다. 따라서 이 법에서는 일정한 요건을 갖춘 투자 도구(vehicle)를 '투자목적회사'로 규정하고, 이에 대하여 사모투자전문회사에 대한 규율이 원칙적으로 동일하게 적용되도록 규정을 두고 있다.

Ⅱ. 투자목적회사의 요건

1. 상법상 주식회사 또는 유한회사

투자목적회사는 상법에 따른 주식회사 또는 유한회사의 법적 조직형태를 취하여야 한다(법 271조 1항 1호). 그러므로 원칙적으로 이 법에 특별한 규정이 없는 한 상법의 주식회사 또는 유한회사에 관한 규정이 적용된다(법 271조 2항). 다만 상법상 주식회사 설립등기에는 (i) 자본금의 액, (ii) 발행주식의 총수, 그 종류와 각종주식의 내용과 수(상법 317조 2항 2호 및 3호)를 기재하여야 하고, 유한회사에서는 (i) 자본의 총액, (ii) 출자 1좌의 금액을 기재하도록 되어 있으나(상법 549조 5항 2호), 투자전문회사에서는 이를 적용하지 아니한다(법 271조 6항). 이는 주식회사 또는 유한회사의 형태를 취하는 투자목적회사가 주주 또는 사원의 구성에서 유연성을 가질 수 있도록 하기 위한 규정으로서, 법에서 투자목적회사의 주주 또는 사원이 될 수 있는 자의 범위를 구간투법(구간투법 144조의9 1항 3호)에서보다 확대한 것과 취지를 같이 한다.[1] 뿐만 아니라, 상법상의 주식회사는 설립등기 이전에 자본금을 납입하여야 하나, 투자목적회사를 주식회사를 설립할 경우에는 자본금이 등기사항이 아니므로 자본금을 미리 납입할 필요가 없으며, 실무상으로도 사모투자전문회사의 등록을 한 후 capital call 이전에 자본금을 납입하지 않고 투자목적회사를 설립한 후 투자거래를 종결하는 시점에 자본금을 납입하는 경우가 많다.

2. 경영권 참여투자 등의 목적

투자목적회사는 사모투자전문회사의 원칙적 재산운용 방법과 동일하게 투자하는 것을 목적으로 하여야 한다(법 271조 1항 2호). 즉 사모투자전문회사와 마찬가지로 원칙적으로

---

1) 조상욱/이진국, "자본시장과 금융투자업에 관한 법률(안)상 집합투자규제의 주요 내용 및 문제점," 「BFL」 제22호(2007. 3), 32쪽.

경영권 참여투자 요건을 충족하여야 한다는 것이다. 다만 사모투자전문회사의 경우에는 투자목적회사에 대한 투자를 할 수 있는데(법 270조 1항 6호), 투자목적회사의 투자목적에서는 이를 규정하지 아니하였다(법 271조 2항 2호). 이는 투자목적회사가 또 다른 SPC를 설립하여 투자하는 것을 금지하기 위한 것이다. 다층적 SPC 설립을 통하여 투자목적회사에 대한 규제를 회피하는 것을 방지하기 위해서이다.[1]

3. 투자목적회사의 사원

(1) 사원의 구성

1) 투자목적회사의 사원이 될 수 있는 자

투자목적회사의 사원은 (i) 사모투자전문회사(법 271조 1항 3호 가목), (ii) 투자목적회사가 투자하는 회사의 임원 또는 대주주(법 271조 1항 3호 나목), (iii) 그 밖에 투자목적회사의 효율적 운영을 위하여 투자목적회사의 주주 또는 사원이 될 필요가 있는 자로서 대통령령으로 정하는 자(법 271조 1항 3호 다목)[2]로 한정된다. 이 법 시행령에서는 (iii)에 해당하는 자로서 투자목적회사에 대하여 신용공여(법 34조 2항에 따른 신용공여를 말한다)를 한 금융기관(「금융위원회의 설치 등에 관한 법률」 제38조에 따른 검사대상기관을 말한다)으로서 출자전환 등을 한 자를 규정하고 있다(법 시행령 296조 2항).

구간투법에서는 투자목적회사의 주주 또는 사원의 전부가 사모투자전문회사일 것이 요구되었으나(구간투법 144조의9) 이 법에서는 사모투자전문회사 이외의 투자자가 투자목적회사에 지분참여하는 것을 인정할 필요가 있다는 지적에 따라 (ii)와 (iii)을 추가하였다. (ii)는 사모투자전문회사가 투자목적회사를 이용하여 투자대상기업을 인수하는 경영진 차입매수(management buy-out : MBO)를 택하면서 투자대상기업의 경영진 또는 대주주에게 투자목적회사의 지분참여를 허용해야 할 경우, (iii)은 투자대상기업의 인수자금을 조달하기 위하여 금융기관으로부터 차입을 하면서 그 담보로 투자목적회사의 지분을 취득할 기회를 부여하는 등의 경우를 위하여 규정한 것이다.[3][4]

위 (ii)에 해당하는 임원은 법 제 9 조 제 2 항에 따라 이사 또는 감사를 말하고, 대주주는 법 제 9 조 제 1 항 제 1 호의 최대주주 또는 제 2 호의 주요주주를 말한다. 그런데 투

1) 다만, 최근 다층적 SPC 설립을 허용해 달라는 업계의 요청에 따라 다층적 SPC 설립을 허용하는 방향으로 규제가 개선될 움직임이 있다.

2) 투자목적회사에 대하여 신용공여(법 제34조 제 2 항에 따른 신용공여를 말한다)를 한 자로서 출자전환 등을 한 자를 말한다(법 시행령 296조 2항).

3) 조상욱/이진국, 전게논문(2007), 31-32쪽.

4) 투자목적회사의 사원을 기본적으로 사모투자전문회사 및 이와 일정한 관계가 있는 자로 한정하는 것은 사모투자전문회사가 다른 투자자들과 공동으로 출자하는 모든 도구(vehicle)에 대하여 SPC에 부여하는 것과 같은 특례를 인정하는 경우에는 예상치 못한 부작용이 발생할 수 있으리라는 우려에 기초한 것이라고 한다, 김성용, 전게논문(2005. 6), 231쪽 참조.

자목적회사의 사원이 될 수 있는 '임원' 또는 '대주주'는 어느 시점을 기준으로 투자대상기업의 임원 또는 대주주이어야 하는지 문제된다. 법문상 이에 대하여 명확히 규정된 바 없으나, 본조 제 1 항 제 4 호 나목에서 '투자목적회사가 투자하는 회사의 임원 또는 대주주'라는 문언을 볼 때, 투자목적회사가 투자하는 시점에 회사의 임원 또는 대주주일 것을 요한다고 해석해야 할 것이다. 이렇게 해석하면, 사모투자전문회사가 투자하기 한참 전부터 투자대상기업의 임원 또는 주주이었어야 하는 것이 아니라, 사모투자전문회사와 함께 투자하고자 하는 경우에도 투자목적회사가 투자하는 시점보다 앞서 투자대상기업의 임원으로 취임하거나 투자대상기업의 주식을 10% 이상 취득한다면 투자목적회사의 사원이 될 수 있다는 결론이 된다. 이러한 결론대로라면 MBO에 해당하지 않는 경우에도 사모투자전문회사와 공동으로 투자하고자 하는 투자자가 투자목적회사의 사원이 될 수 있는 경우가 있을 수 있으나, 법문언상 이와 달리 해석하기는 어려울 것으로 생각된다.

2) 사모투자전문회사의 출자비율

사모투자회사 외에 다른 투자자가 지분참여를 하는 경우에도 사모투자전문회사의 출자비율이 대통령령이 정하는 일정비율 이상이어야 한다(법 271조 1항 3호). 법 시행령에서는 이 비율을 100분의 50으로 규정하고 있다(법 시행령 296조 1항). 사모투자전문회사 단독으로 하는 경우는 물론이고, 수개의 사모투자전문회사가 공동으로 50% 이상을 취득하는 경우도 포함된다고 볼 수 있을 것이다. 사모투자전문회사의 투자대상기업에 대한 투자비율의 산정에서는 당해 사모투자전문회사가 단독으로 소유하는 경우뿐 아니라 다른 사모투자전문회사와 공동으로 운용하는 경우를 포함됨이 명시되어 있는바(법 270조 1항), 사모투자전문회사의 컨소시엄이 투자목적회사를 통한 투자를 하는 경우에는 동일한 해석이 가능할 것이다.

실무상 여기서 말하는 출자비율이란 구체적으로 무엇을 말하는지 문제된다. 이는 사모투자전문회사가 아닌 다른 사원은 투자목적회사의 보통주를 취득하고, 사모투자전문회사는 의결권 있는 전환우선주 등을 취득하되 전환우선주 등의 전환비율을 달리하는 경우 등에 문제될 수 있다. 이에 대하여, 투자목적회사에 출자한 금액 비율을 의미한다고 보는 견해와, 의결권 비율을 의미한다고 보는 견해가 있을 수 있는데, 감독당국은 출자한 금액 및 의결권이 모두 50% 이상이어야 한다고 보고 있다. 그러나 출자비율이라는 문언상 의미에 의결권까지도 포함된다고 보는 것은 무리한 해석으로 생각된다.

(2) 사원의 수

투자목적회사의 주주 또는 사원의 수는 49인 이내이어야 한다(법 271조 1항 4호). 49인의 계산에서 사모투자전문회사는 1인이 아니라 사모투자전문회사의 사원의 수로 산입한다(법 271조 1항 4호). 사모투자전문회사 사원의 수의 계산에는 제269조 제 3 항이 준용됨으로써 전문투자자는 사원의 수 계산에서 제외된다(법 271조 4항).

4. 명목상 회사

투자목적회사는 명목상의 회사이다. 상근임원을 두거나 직원을 고용하지 아니하고, 본점 외에 영업소를 설치하여서는 아니 된다(법 271조 1항 5호). 또한 투자목적회사는 그 회사의 주주나 사원인 사모투자전문회사의 업무집행사원에게 그 회사의 재산의 운용을 위탁하여야 한다(법 시행령 296조 5항). 그러나 위 조항의 반대해석상 투자목적회사의 재산의 운용 외의 다른 사항, 예컨대 재산의 분배 등에 대해서는 사모투자전문회사의 업무집행사원에게 위탁하여야 하는 것이 아니므로 사원들끼리의 합의로 정할 수 있다고 보아야 할 것이다.

Ⅲ. 사모투자전문회사에 대한 제한의 적용

1. 재산운용의 목적

위에서도 살펴본 바와 같이 투자목적회사는 경영권 참여투자 등 사모투자전문회사에 허용되는 형태의 투자를 하여야 한다. 또한 사모투자전문회사에 대한 제한을 잠탈하는 것을 방지하기 위하여 최소투자기간 제한(법 270조 4항)과 경영권 참여투자등 요건 미충족시 처분의무(법 270조 6항)는 투자목적회사에도 적용된다(법 271조 5항).

2. 재산운용 사항

사모투자전문회사에서는 본질적인 업무의 위탁은 제 3 자에게 위탁할 수 없지만(법 270조 6항, 법 시행령 295조 3항 4호), 투자목적회사는 명목상의 회사이므로 투자목적회사의 주주 또는 사원인 사모투자전문회사의 업무집행사원에게 그 회사의 재산의 운용을 위탁하여야 한다(법 시행령 296조 5항).

투자목적회사재산의 투자비율의 산정방식, 그 밖에 투자목적회사재산의 운용에 관하여 필요한 사항은 대통령령으로 정하도록 되어 있는데(법 271조 4항) 사모투자전문회사에 대한 제한을 따르도록 하고 있다(법 시행령 296조 4항에서 7항).

3. 상호출자제한기업집단 계열 사모투자전문회사 등에 대한 제한의 준용

상호출자제한기업집단 계열 사모투자전문회사 등에 대한 제한규정(법 274조)은 투자목적회사에도 준용된다(법 271조 4항).

Ⅳ. 투자목적회사의 차입

사모투자전문회사는 일정한 경우를 제외하고는 차입 또는 채무보증을 할 수 없는데(법 270조 7항), 이와 달리 투자목적회사는 차입을 하거나 투자대상기업 또는 투자대상기업과 관련된 타인을 위하여 채무보증을 할 수 있다(법 271조 3항 1문). 다만 이 경우 차입금과 채무보증액의 합계는 투자목적회사가 차입 또는 채무보증을 하는 날을 기준으로 산정한 자기자본의 100분의 300을 한도로 한다(법 271조 3항 2문, 법 시행령 296조 3항).

사모투자전문회사 도입 당시 정부의 구간투법 개정법률안에서는 사모투자전문회사에 대해서는 자본금의 10%로 차입비율을 제한한 반면, 투자목적회사의 차입은 제한하지 않는 것으로 하였다. 그 이유는 다음과 같았다. 첫째, 사모투자전문회사는 자금의 집합체인 반면, 투자목적회사는 투자수단이므로 다양한 형태의 투자를 하기 위해서는 투자목적회사에 대한 규제는 바람직하지 않다는 것이다. 둘째, 실체 없는 회사인 투자목적회사를 믿고 무제한적으로 대출하고자 하는 기관이 있을 수 없을 것이라는 것이다. 셋째, LBO 등의 경우 차입의 주체는 특수목적기구가 아니라 기업인수·합병의 대상이 되는 기업이 일반적이라는 것이다. 즉 기업인수·합병 대상 기업의 미래 현금창출능력을 바탕으로 그 대상기업에게 직접 대출이 이루어진다는 점에서 투자목적회사에 대한 차입비율 설정은 LBO 등과는 관련이 없다는 것이다. 넷째, 투자목적회사를 통한 차입은 변제 책임이 주식회사 또는 유한회사 형태의 투자목적회사에 한정되므로 투자목적회사가 무제한적인 차입을 하는 경우에도 무한책임사원이 있는 사모투자펀드의 직접차입보다는 위험이 적다는 것이다. 그러나 국회 논의과정에서 투자목적회사에 대하여 차입비율을 설정하여야 한다는 시민단체의 주장이 일부 받아들여져 투자목적회사에 대하여 차입비율을 설정하되, 추후 탄력적인 제도운영이 가능하도록 그 구체적인 비율은 시행령에서 정할 수 있도록 규정하게 되었으며,[1] 이에 따라 당초에는 100분의 200을 한도로 하였다가 2012. 6. 29. 시행령 개정시 100분의 300으로 한도를 변경하였다.

Ⅴ. 기 타

투자목적회사에 대해서는 집합투자기구의 이익금분배에 관한 규정(법 242조)이 준용된다(법 271조 5항, 242조). 이에 따라, 투자목적회사는 이익금을 초과하여 금전으로 분배할 수 있다(법 242조 2항).

[초판: 윤영신, 개정판: 박재현]

1) 박정훈, 전게논문(2005), 51-52쪽.

제272조(업무집행사원 등)

① 사모투자전문회사는 정관으로 무한책임사원 중 1인 이상을 업무집행사원으로 정하여야 한다. 이 경우 그 업무집행사원이 회사의 업무를 집행할 권리와 의무를 가진다.

② 대통령령으로 정하는 금융관련 법령에서 규정하고 있는 업무를 영위하고 있는 자는 그 법령에 불구하고 업무집행사원이 될 수 있다. 이 경우 그 업무집행사원은 그 법령에서 제한하거나 금지하는 규정을 위반하지 아니하는 범위에서 업무를 집행할 수 있다.

③ 사모투자전문회사는 정관으로 업무집행사원에 대한 손익의 분배 또는 손익의 순위 등에 관한 사항을 정할 수 있다.

④ 제11조는 사모투자전문회사의 업무집행사원이 사모투자전문회사재산의 운용 및 보관·관리, 사모투자전문회사 지분의 판매 및 환매 등을 영위하는 경우에 적용하지 아니한다.

⑤ 업무집행사원은 법령과 정관에 따라 사모투자전문회사를 위하여 그 직무를 충실히 수행하여야 한다.

⑥ 업무집행사원(법인이 업무집행사원인 경우 제2호 및 제3호에 대하여는 법인의 임직원을 포함한다)은 다음 각 호의 행위를 하여서는 아니 된다.

1. 사모투자전문회사와 거래하는 행위(사원 전원의 동의가 있는 경우를 제외한다)
2. 원금 또는 일정한 이익의 보장을 약속하는 등의 방법으로 사원이 될 것을 부당하게 권유하는 행위
3. 사원 전원의 동의 없이 사원의 일부 또는 제삼자의 이익을 위하여 사모투자전문회사가 소유한 자산의 명세를 사원이 아닌 자에게 제공하는 행위
4. 그 밖의 사모투자전문회사 사원의 보호 및 사모투자전문회사재산의 안정성 등을 해할 우려가 있는 경우로서 대통령령으로 정하는 행위

⑦ 사모투자전문회사는 제5항 및 제6항에 따라 업무집행사원이 준수하여야 할 구체적인 행위준칙을 제정하여야 하며, 행위준칙을 제정·변경한 경우에는 지체 없이 이를 금융위원회에 보고하여야 한다. 이 경우 금융위원회는 보고받은 행위준칙이 법령을 위반하거나 사원의 이익을 해할 우려가 있는 때에는 그 내용을 변경하거나 보완할 것을 명할 수 있다. 〈2008. 2. 29 본항개정〉

⑧ 업무집행사원은 대통령령으로 정하는 기간마다 1회 이상 사모투자전문회사 및 사모투자전문회사가 출자한 투자목적회사의 재무제표 등을 사원에게 제공하고 그 운영 및 재산에 관한 사항을 설명하여야 하며, 그 제공 및 설명 사실에 관한 내용을 기록·유지하여야 한다.

⑨ 업무집행사원이 아닌 사원은 영업시간 내에만 사모투자전문회사 또는 사모투자전문회사가 출자한 투자목적회사의 재산에 관한 장부·서류의 열람이나 등본 또는 초본의 교부를 청구할 수 있다.

⑩ 업무집행사원이 아닌 사원은 업무집행사원이 업무를 집행함에 있어서 현저하게 부적합하거나 업무수행에 중대한 위반행위가 있는 경우에는 금융위원회의 승인을 받아 사모투자전문회사 또는 사모투자전문회사가 출자한 투자목적회사의 업무와 재산상황을 검사할 수 있다. 〈2008. 2. 29 본항개정〉

⑪ 사모투자전문회사는 정관에서 정하는 바에 따라 사모투자전문회사재산으로 업무집행사원에게 보수(운용실적에 따른 성과보수를 포함한다)를 지급할 수 있다.

Ⅰ. 사모투자전문회사 업무집행자의 선임

상법상 합자회사의 업무집행의 권리와 의무는 무한책임사원에게 있다(상법 273조). 정관에 다른 규정이 없다고 한다면, 무한책임사원 각자는 회사의 업무를 집행할 권리와 의무가 있는 것이 원칙이다.[1] 사모투자전문회사는 정관으로 무한책임사원 중 1인 이상을 업무집행사원으로 정하여야 하고, 업무집행사원이 회사의 업무를 집행할 권리와 의무를 갖는다(법 272조 1항). 사모투자전문회사에서는 무한책임사원이 1인인 경우가 대부분이다. 이 경우 무한책임사원이 업무집행을 하게 되므로 무한책임사원과 업무집행사원이 일치되는 것이 보통이다. 그러나 다수의 무한책임사원 중 1인 또는 수인의 업무집행사원을 선임하는 것도 가능하므로, 사모투자전문회사에는 업무집행사원, 업무집행권이 없는 무한책임사원, 유한책임사원 등이 존재할 수도 있다. 특히 업무집행사원이 2인 이상인 경우, 실무에서는 통상 정관에 업무집행사원들이 회사의 업무를 공동으로 집행하도록 규정하고, 업무집행사원의 임직원으로 구성된 '투자심의위원회'가 투자결정을 수행하도록 하고 있다.[2] 상법상 합자회사와 달리, 사모투자전문회사는 업무집행사원을 반드시 선임하지 않으면 아니 되도록 하고 있다. 이 점에서 양자는 차이점이 있다. 유한책임사원은 사모투자전문회사의 재산인 주식·지분의 의결권행사에 영향을 미쳐서는 아니 된다. 유한책임사원은 업무집행권에 관심이 없는 재무적 투자자에 해당하기 때문이다. 그러나 실제로는 유한책임사원이 업무집행사원의 업무에 관여하고 있으며, 또 의결권 행사에 영향을 미친 경우에, 그 의결권행사는 그 효력이 부인되지 않는 것으로 본다.[3]

Ⅱ 규제의 완화

금융투자업을 영위하고자 하는 자는 금융투자업인가를 받아야만 한다(법 11조). 사모

1) 예외적으로 정관의 규정에 의하여 특정한 무한책임사원을 업무집행기관으로 할 수 있다(상법 269조, 201조 1항). 수인의 업무집행사원이 있는 경우에는 원칙적으로는 각자 업무집행의 권한이 있지만, 각 사원의 업무집행에 관한 행위에 대하여 다른 업무집행사원의 이의가 있는 때에는 곧 그 행위를 중지하고 업무집행사원 과반수의 결의에 의하여야 한다(상법 269조, 201조 2항).

2) 오영표, "사모투자전문회사(PEF)에 대한 규제에 관한 연구," 성균관대학교 석사학위논문, 2010, 33쪽.

3) 임재연, 「자본시장법」, 박영사, 2014, 1139쪽.

투자전문회사의 업무집행행위는 금융투자업에 속하므로 인가를 받아야 하는 것이 원칙이다. 업무집행사원이 재산의 운용 및 보관·관리, 사모투자전문회사 지분의 판매 및 환매 등의 행위를 하는 것은 금융투자업의 범위에 속한다. 사모투자전문회사는 집합투자기구의 일종이므로 업무집행사원은 집합투자업자에 해당되어 집합투자업 인가를 받는 등 각종 규제를 받아야 하는 것이 원칙이나, 사모투자전문회사의 업무집행사원이 사모투자전문회사재산의 운용 및 보관·관리, 사모투자전문회사 지분의 판매 및 환매 등을 영위하는 경우에는, 무인가영업행위를 금지하는 자본시장법 제11조의 적용을 배제하였다(법 272조 4항). 사모투자전문회사의 업무집행사원에게 금융투자업자에게 적용되는 각종 규제를 완화하고 있는 것을 볼 수 있다.[1)]

Ⅲ. 법인의 업무집행사원 가능성

업무집행사원의 자격에 대해서는 별로의 제한을 두고 있지 않다. 이는 사모투자전문회사의 운용기관은 시장투자자의 평판 등에 따라 자율적으로 규제될 수 있을 것이라고 보았기 때문이다.[2)] 입법예고 당시 "사모투자전문회사의 업무집행사원은 정관이 정하는 바에 따라 사모투자전문회사 출자총액의 일정비율 이상의 지분을 취득할 수 있다"는 규정이 있었으나, 이 규정이 있을 경우 업무집행사원이 반드시 출자해야 하는 것으로 오해할 우려가 있다는 지적에 따라 정부안 확정과정에서 삭제되었다. 상법상 합자회사와 달리 사모투자전문회사에서는 회사도 무한책임사원이 될 수 있으므로(법 272조 2항) 회사가 업무집행사원이 되는 것에 지장이 없다.

Ⅳ. 업무집행사원의 의무

1. 충실의무

업무집행사원은 법령과 정관에 따라 사모투자전문회사를 위하여 그 직무를 충실히 수행하여야 한다(법 272조 5항). 상법상 합자회사 등을 포함한 인적회사에 있어서, 업무집행자는 충실의무를 부담하는 것이 원칙이다.[3)] 이는 주식회사의 이사에 대하여도 마찬가지이다(상법 382조의3). 주식회사 이사의 충실의무에 대한 규정과 마찬가지로 자본시장법이 사모투자전문회사의 업무집행자에게 충실의무를 명시적으로 도입하고 있는 것을 볼 수 있다.[4)]

---

1) 김정수, 「자본시장법원론(제2판)」, SFL그룹, 2014, 1522쪽.
2) 박정훈, "사모투자전문회사(Private Equity Fund) 도입배경 및 경과," 「BFL」 제10호(2005. 3), 서울대 금융법센터, 54쪽.
3) 최준선, 「회사법(제 9 판)」, 삼영사, 2014, 508쪽 이하.
4) 양기진, "투자전문회사의 사원간 법률관계에 관한 연구," 서울대학교 박사학위논문, 2007, 61쪽; 김건,

2. 경업금지의무 적용배제

합자회사에서 유한책임사원은 회사의 영업부류에 속하는 거래를 할 수 있고, 동종영업을 목적으로 하는 다른 회사의 무한책임사원 또는 이사가 될 수 있지만(상법 275조), 업무집행기관의 역할을 수행하는 합자회사의 무한책임사원에 대해서는 경업이 금지된다(상법 269조, 198조).[1]

사모투자전문회사에 대해서는 이러한 경업금지의무의 적용을 배제하였다(법 277조 2항). 자본시장법이 무한책임사원에게 경업금지의무의 적용을 배제한 것은 2개 이상의 펀드를 운용하는 사모투자전문회사나 전문운용사의 출현을 가능하도록 위함이다. 미국 등 선진국의 경우 전문운용사나 금융기관들은 여러 개의 사모투자전문회사를 동시에 운용하고 있으며, 현재 기업구조조정전문회사, 창업투자회사도 무한책임조합원으로서 수개의 조합을 동시에 운용하고 있다는 점을 감안한 것이다.[2] 다만, 경업금지의무 완화를 보완하기 위하여 무한책임사원이 업무집행사원으로서 다른 사원의 보호와 사모투자펀드의 안정성 등을 해할 우려가 있는 행위를 하지 못하도록 별도의 규정을 두게 되었다(법 272조 6항 4호).

3. 이익충돌행위 등의 금지

사모투자전문회사의 업무집행사원은 일정한 행위를 하지 못한다.[3] 법 제272조 제6항은 1) 사모투자전문회사와 거래하는 행위(사원 전원의 동의가 있는 경우를 제한한다). 2) 원금 또는 일정한 이익의 보장을 약속하는 등의 방법으로 사원이 될 것을 부당하게 권유하는 행위, 3) 사원 전원의 동의 없이 사원의 일부 또는 제 3 자의 이익을 위하여 사모투자전문회사가 소유한 자산의 명세를 사원이 아닌 자에게 제공하는 행위, 4) 그 밖에 사원의 보호 및 사모투자전문회사의 재산의 안정성을 해할 우려가 있는 경우로서 대통령령으로 정하는 행위를 금지하고 있다.

법 시행령 제297조 제 2 항은 1) 정관을 위반하여 사모투자전문회사재산을 운용하는 행위, 2) 사모투자전문회사재산을 운용함에 있어 정당한 이유 없이 일반적인 거래조건을 벗어나는 불공정한 조건들로 거래하는 행위, 3) 사모투자전문회사재산에 관한 정보를 업무집행사원의 고유재산 운용에 이용하는 행위, 4) 법령에서 정하는 금지 또는 제한 규정을 회피할 목적으로 장외파생상품거래, 신탁계약, 연계거래 등을 이용하여 탈법하는 행위를 규정하고 있다. 이러한 행위제한은 대부분 당연한 사항들임에도 불구하고 굳이 자

"사모투자전문회사의 설립 및 운용과 관련된 몇 가지 실무상 문제," 「증권법연구」 제10권 제 2 호(2009), 126쪽.

1) 송양호, "상법상 경업금지 법리의 새로운 전개," 2014년 4개 학회 공동 하계학술대회자료집, 2014. 7. 4, 115쪽 이하.

2) 박정훈, 전게논문(2005. 3), 51쪽.

3) 김건, 전게논문(2009), 124쪽.

본시장법에 규정한 이유는 사원 간 계약으로 위에 규정된 정도보다 업무집행사원의 행동기준을 완화할 수 없다는 뜻을 가지고 있다.[1)]

법 제272조 제6항을 위반하여 같은 항 제1호부터 제3호까지의 어느 하나에 해당하는 행위를 한 자는 1년 이하의 징역 또는 3천만원 이하의 벌금에 처한다(법 446조 47호).

4. 정보제공 및 설명의무

업무집행사원은 6개월마다(법 시행령 297조 3항) 1회 이상 사모투자전문회사 및 사모투자전문회사가 투자한 투자목적회사의 재무제표 등을 사원에게 제공하고 그 운영 및 재산에 관한 사항을 설명하여야 한다. 그 제공 및 설명 사실에 관한 내용은 기록되고 유지되어야 한다. 정보제공 및 설명의무는 조문 형식상 업무집행사원에게 부과된 의무에 불과하고 비업무집행사원에게 주어지는 권리가 아니다. 비업무집행사원에게 재무제표의 제공 및 청구권을 적극적으로 인정하기는 어렵다는 문제점이 있다.

5. 행위준칙 준수의무

업무집행사원은 신인의무와 이익충돌행위 등 금지에 따라 업무집행사원이 준수하여야 할 구체적인 행위준칙을 제정하여야 한다(법 272조 7항 전단). 사모투자전문회사는 행위준칙을 제정·변경하는 경우에는 금융위원회에 보고를 하여야 하고, 금융위원회는 행위준칙에 대한 변경 또는 보완을 명할 수 있다(법 272조 7항 후단). 법 제272조 제7항을 위반하여 행위준칙을 제정하지 아니한 자 또는 보고를 하지 아니하거나 거짓으로 보고한 자는 1천만원 이하의 과태료를 부과한다(법 449조 2항 10호).

V. 업무집행사원의 보수청구권

사모투자전문회사의 업무집행사원은 통상 운용보수와 성과보수를 지급받는다. 사모투자전문회사는 정관에서 정하는 바에 따라 사모투자전문회사재산으로 업무집행사원에게 보수를 지급할 수 있다. 운용실적에 따른 성과보수를 지급하는 것도 가능하다(법 272조 11항). 사원간 내부관계로서 계약에 의하여 정하여진다.

VI. 정관에 의한 내부관계의 규정

상법상 합자회사에서도 사원간 손익의 분배 또는 손익의 순위에 관한 사항은 내부관계로서 사원간 사적 계약에 따라 정할 수 있다. 사모투자전문회사에 대하여도, 정관으

1) 양기진, 전게논문(2007), 135쪽.

로 업무집행사원에 대한 손익의 분배 또는 손익의 순위 등에 관한 사항을 정할 수 있도록 하고 있다(법 272조 3항). 굳이 사모투자전문회사의 경우에도 특별히 이러한 사항을 규정할 필요성에 대한 의문도 제기되었지만, 사모투자전문회사의 경우 손익의 분배 또는 손익의 순위가 매우 중요하다는 점을 감안하여 선언적 차원에서 규정하게 된 것이다.[1]

Ⅶ. 업무집행사원이 아닌 사원의 권리

1. 상법상 유한책임사원의 권리

상법상 합자회사에서 유한책임사원은 영업연도 말에 있어서 영업시간 내에 한하여 회사의 회계장부 및 대차대조표 기타의 서류를 열람할 수 있고 회사의 업무와 재산상태를 검사할 수 있다(상법 277조). 업무집행을 하지 않는 유한책임사원에게 감시할 수 있는 권리를 부여하고 있다.

2. 비업무집행사원의 장부·서류의 열람 및 등·초본 교부청구권

업무집행사원이 아닌 사원에 대하여 영업시간 내에 사모투자전문회사 또는 사모투자전문회사가 출자한 투자목적회사의 재산에 관한 장부·서류의 열람 및 등·초본 교부청구권을 행사할 수 있도록 하고 있다(법 272조 9항). 업무집행을 하지 아니하는 무한책임사원의 감시권에 대해서는 별도의 규정을 두고 있지 않지만, '비업무집행사원'이 특정한 권한을 행사할 수 있도록 하여 감시권을 행사할 수 있음을 명시한 것이다.

3. 업무와 재산상황 검사권

업무집행사원이 아닌 사원은 업무집행사원이 업무를 집행함에 있어서 현저하게 부적합하거나 업무수행에 중대한 위반행위가 있는 경우에는, 금융위원회의 승인을 받아 사모투자전문회사 또는 사모투자전문회사가 출자한 투자목적회사의 업무와 재산상황을 검사할 수 있도록 하고 있다(법 272조 10항).[2] 상법이 유한책임사원에게 영업연도 말에 영업시간 내에 한하여 회사의 회계장부, 대차대조표 기타의 서류를 열람할 수 있고, 회사의 업무와 재산상태를 검사할 수 있으며, 중요한 사유가 있을 때에는 언제든지 법원의 허가를 얻어 열람과 검사할 수 있는 권리를 인정한 것과 유사한 면이 있다.

[초판: 윤영신, 개정판: 유주선]

---

1) 법령제정 실무작업반 공저, 「간접투자(펀드)해설」, 박영사, 2006, 215쪽.

2) 상법상 유한책임사원의 감시권은 당해 합자회사에 대하여 권한을 행사하게 된다. 그러나 사모투자전문회사의 경우 투자목적회사를 이용하여 투자를 하는 경우도 발생할 수 있다는 점을 고려하여, 투자목적회사에 대해서도 감시권을 행사하도록 하는 방안도 필요성이 있을 것이다.

제272조의2(업무집행사원의 등록 등)

① 사모투자전문회사의 업무집행사원으로서 사모투자전문회사재산의 운용업무를 영위하려는 자는 다음 각 호의 요건을 갖추어 금융위원회에 등록하여야 한다.

1. 1억원 이상으로서 대통령령으로 정하는 금액 이상의 자기자본을 갖출 것
2. 임원(합자회사의 업무집행사원 등 대통령령으로 정하는 자를 포함한다)이 제24조에 적합할 것
3. 운용인력을 대통령령으로 정하는 수 이상 갖출 것
4. 제44조에 따라 이해상충이 발생할 가능성을 파악·평가·관리할 수 있는 적절한 내부통제기준을 갖출 것

② 제 1 항에 따른 등록을 하려는 자는 금융위원회에 등록신청서를 제출하여야 한다.

③ 금융위원회는 제 2 항의 등록신청서를 접수한 경우에는 그 내용을 검토하여 1개월 이내에 등록 여부를 결정하고, 그 결과와 이유를 지체 없이 신청인에게 문서로 통지하여야 한다. 이 경우 등록신청서에 흠결이 있는 때에는 보완을 요구할 수 있다.

④ 제 3 항의 검토기간을 산정함에 있어서 등록신청서 흠결의 보완기간 등 총리령으로 정하는 기간은 검토기간에 산입하지 아니한다.

⑤ 금융위원회는 제 3 항의 등록 여부를 결정함에 있어서 다음 각 호의 어느 하나에 해당하는 사유가 없는 한 그 등록을 거부하여서는 아니 된다.

1. 제 1 항의 등록요건을 갖추지 아니한 경우
2. 제 2 항의 등록신청서를 거짓으로 작성한 경우
3. 제 3 항 후단의 보완요구를 이행하지 아니한 경우

⑥ 사모투자전문회사의 업무집행사원은 제 1 항에 따른 등록 이후 그 사모투자전문회사재산의 운용업무를 영위함에 있어서 같은 항 각 호의 등록요건을 유지하여야 한다.

⑦ 금융위원회는 사모투자전문회사의 업무집행사원이 다음 각 호의 어느 하나에 해당하는 경우에는 그 업무집행사원의 등록을 취소할 수 있다.

1. 거짓, 그 밖의 부정한 방법으로 업무집행사원의 등록을 한 경우
2. 제 6 항에 따른 등록요건의 유지의무를 위반한 경우
3. 업무의 정지기간 중에 업무를 한 경우
4. 금융위원회의 시정명령 또는 중지명령을 이행하지 아니한 경우
5. 그 밖에 투자자의 이익을 현저히 해할 우려가 있거나 해당 사모투자전문회사재산의 운용업무를 영위하기 곤란하다고 인정되는 경우로서 대통령령으로 정하는 경우

⑧ 제 1 항부터 제 5 항까지의 규정에 따른 등록신청서의 기재사항·첨부서류 등 등록의 신청에 관한 사항과 등록검토의 방법·절차, 그 밖에 필요한 사항은 대통령령으로 정한다.

Ⅰ. 등록요건	Ⅲ. 등록요건유지
Ⅱ. 등록절차	Ⅳ. 등록취소

Ⅰ. 등록요건

사모투자전문회사의 업무집행사원으로서 사모투자전문회사재산의 운용업무를 영위하려는 자는 다음 요건을 갖추어 금융위원회에 등록하여야 한다(법 272조의2 1항).

1. 1억원(법 시행령 297조의2 1항) 이상의 자기자본을 갖출 것
2. 임원(법 시행령 297조의2 2항 : 합자회사의 업무집행사원, 유한책임회사의 업무집행자, 유한회사의 이사, 합명회사의 업무집행사원 포함)이 금융투자업자 임원의 자격요건에 관한 자본시장법 제24조에 적합할 것
3. 운용인력을 1명(법 시행령 297조의2 3항) 이상 갖출 것
4. 이해상충이 발생할 가능성을 파악·평가·관리할 수 있는 적절한 내부통제기준을 갖출 것

Ⅱ. 등록절차

업무집행사원으로 등록을 하려는 자는 금융위원회에 등록신청서를 제출하여야 한다(법 272조의2 2항). 금융위원회는 등록신청서를 접수한 경우에는 그 내용을 검토하여 1개월 이내에 등록 여부를 결정하고, 그 결과와 이유를 지체 없이 신청인에게 문서로 통지하여야 한다. 이 경우 등록신청서에 흠결이 있는 때에는 보완을 요구할 수 있다(법 272조의2 3항). 검토기간을 산정함에 있어서 등록신청서 흠결의 보완기간 등 총리령으로 정하는 기간은 검토기간에 산입하지 않는다(법 272조의2 4항). 금융위원회는 등록 여부를 결정함에 있어서 다음 중 어느 하나에 해당하는 사유가 없는 한 그 등록을 거부할 수 없다(법 272조의2 5항).

1. 등록요건을 갖추지 아니한 경우
2. 등록신청서를 거짓으로 작성한 경우
3. 보완요구를 이행하지 아니한 경우

Ⅲ. 등록요건유지

사모투자전문회사의 업무집행사원은 등록 이후 그 사모투자전문회사재산의 운용업무를 영위함에 있어서 등록요건을 유지하여야 한다(법 272조의2 6항).

Ⅳ. 등록취소

금융위원회는 사모투자전문회사의 업무집행사원이 다음 중 어느 하나에 해당하는 경우에는 그 업무집행사원의 등록을 취소할 수 있다(법 272조의2 7항).

1. 거짓, 그 밖의 부정한 방법으로 업무집행사원의 등록을 한 경우
2. 등록요건의 유지의무를 위반한 경우
3. 업무의 정지기간 중에 업무를 한 경우
4. 금융위원회의 시정명령 또는 중지명령을 이행하지 아니한 경우
5. 그 밖에 투자자의 이익을 현저히 해할 우려가 있거나 해당 사모투자전문회사재산의 운용업무를 영위하기 곤란하다고 인정되는 경우로서 대통령령으로 정하는 경우[1)]

[개정판: 임재연]

제273조(지분양도 등)

① 사모투자전문회사의 무한책임사원은 출자한 지분을 타인에게 양도할 수 없다. 다만, 정관으로 정한 경우에는 사원 전원의 동의를 얻어 지분을 분할하지 아니하고 타인에게 양도할 수 있다.
② 사모투자전문회사의 유한책임사원은 무한책임사원 전원의 동의를 얻어 출자한 지분을 분할하지 아니하고 타인에게 양도할 수 있다.
③ 사모투자전문회사의 무한책임사원 및 유한책임사원은 제1항 단서 및 제2항에 불구하고 양도의 결과 사모투자전문회사의 사원 총수가 49명을 초과하지 아니하는 범위에서는 지분을 분할하여 양도할 수 있다. 이 경우 제269조 제3항을 준용한다. 〈2009. 2. 3 전단개정〉
④ 사모투자전문회사는 다른 회사(다른 사모투자전문회사를 포함한다)와 합병할 수 없다.

1) "대통령령으로 정하는 경우"는 다음과 같다(법 시행령 297조의2 4항).
1. 등록을 한 날부터 6개월 이내에 사모투자전문회사재산의 운용업무를 시작하지 아니하거나 운용업무를 시작한 후 정당한 사유 없이 그 업무를 6개월 이상 계속해서 하지 아니한 경우
2. 법 제278조 제4항 제1호 나목에 따른 직무정지의 조치를 받은 날부터 1개월(직무정지의 조치를 하면서 1개월을 초과하는 보정기간을 정한 경우에는 그 기간) 이내에 해당 조건을 보정하지 아니한 경우
3. 업무와 관련하여 부정한 방법으로 타인으로부터 금전등을 받거나 타인에게 줄 금전등을 취득한 경우
4. 같거나 비슷한 위법행위를 계속하거나 반복하는 경우

Ⅰ. 사원의 지분양도

상법상 합자회사의 무한책임사원의 지분 양도는 유한책임사원을 포함한 총사원의 동의를 요하지만(상법 269조, 197조), 유한책임사원의 지분의 양도에는 무한책임사원 전원의 동의만 있으면 충분하기 때문에, 다른 유한책임사원의 동의를 요하지 않는다(상법 276조).

사모투자전문회사에서는 정관에 규정이 없는 이상 원칙적으로 무한책임사원이 지분을 양도할 수 없도록 하였다(법 273조 1항). 법 제273조 제 1 항을 위반하여 출자한 지분을 타인에게 양도한 자는 1년 이하의 징역 또는 3천만원 이하의 벌금에 처한다(법 446조 48호). 유한책임사원은 무한책임사원 전원의 동의를 얻어 양도할 수 있음은(법 273조 1항) 상법의 경우와 동일하다(상법 276조).

Ⅱ. 분할양도 가능성

상법상 합자회사의 사원은 지분의 전부 또는 일부를 양도할 수 있는데 반하여, 사모투자전문회사에서는 원칙적으로 지분의 분할 양도는 허용되지 아니한다(법 273조 1항, 2항). 지분의 분할양도로 사원의 수가 증가하여 사모투자전문회사의 요건을 충족시키기 못하는 경우가 발생하는 것을 방지하기 위한 것이다.[1] 따라서 사원의 총수가 49인을 초과하지 아니하는 경우에는 분할양도를 할 수 있다(법 273조 3항). 사모투자전문회사 사원의 수 계산에서 전문투자전문회사를 제외한 것은 이 경우에도 동일하게 취급하게 된다(법 273조 3항 후단).

Ⅲ. 사모투자전문회사의 합병

사모투자전문회사는 다른 기업의 경영권참여 등을 목적으로 운용되므로, 다른 회사와 합병할 수 없다. 경영권 인수를 목적으로 하는 명목상의 회사(paper company)와 일반회사간 합병은 일반적으로 발생하지 않고, 합병을 인정할 경우 복잡한 법률문제를 야기할 수 있다는 점을 감안하여 사모투자전문회사 간에도 합병을 금지하고 있다.[2] 사모투자전문회사 간 공동행위가 필요할 경우 합병보다는 투자목적회사(SPC) 등을 통한 공동투자로 소기의 목적을 달성할 수 있는 길이 열려 있고, 외국의 경우에도 사모투자전문회사의 합병은 거의 발생하지 않는다는 점도 참고된 것으로 알려져 있다.[3]

[초판: 윤영신, 개정판: 유주선]

1) 임재연, 전게서(2014), 1150쪽.
2) 법령제정 실무작업반 공저, 전게서(2006), 213쪽.
3) 박정훈, 전게논문(2005), 50쪽.

제274조(상호출자제한기업집단 계열 사모투자전문회사 등에 대한 제한)

① 상호출자제한기업집단의 계열회사인 사모투자전문회사 또는 상호출자제한기업집단의 계열회사가 무한책임사원인 사모투자전문회사는 다른 회사(제9조 제16항 제4호에 따른 외국 기업은 제외한다)를 계열회사로 편입한 경우에는 편입일부터 5년 이내에 그 다른 회사의 지분증권을 그 상호출자제한기업집단의 계열회사가 아닌 자에게 처분하여야 한다.

② 상호출자제한기업집단의 계열회사인 사모투자전문회사 또는 상호출자제한기업집단의 계열회사가 무한책임사원인 사모투자전문회사는 그 계열회사가 발행한 지분증권을 취득하여서는 아니 된다.

Ⅰ. 본조의 취지 및 적용대상

대기업의 경제력 집중과 불공정 거래행위를 방지하기 위하여 「독점규제 및 공정거래에 관한 법률」(이하 "공정거래법")에서는 상호출자제한기업집단을 지정하고, 계열회사 주식취득을 제한하고 있다. 그런데 포트폴리오 투자를 전제로 하는 일반 사모펀드와 달리 사모투자전문회사는 경영권참여투자를 원칙으로 하므로 상호출자제한기업집단에 속하는 회사가 업무집행사원 또는 무한책임사원이 되어 사모투자전문회사를 설립하고 해당 사모투자전문회사를 통하여 그 계열회사에 투자하거나 다른 회사를 계열회사로 편입하는 경우 사모투자전문회사 제도가 상호출자제한기업집단에 대한 공정거래법의 규제를 잠탈하여 해당 상호출자제한기업집단의 계열회사 확장수단 내지 계열회사 지원수단으로 이용될 위험이 있다. 본조는 이를 감안하여 상호출자제한기업집단에 속하는 회사가 업무집행사원 또는 무한책임사원이 되는 사모투자전문회사의 계열회사 신규 편입(1항) 및 기존 계열회사 지분취득(2항)에 대해 일정한 제한을 하고 있다.

사모투자전문회사의 계열회사 인정기준에 관하여, 공정거래위원회의 실무는 다른 특별한 사정[1]이 없는 한 사모투자전문회사의 업무집행사원이 하나일 경우에는 그 업무집

1) 예컨대, 상호출자제한기업집단에 속하는 유한책임사원이 그 계열회사가 아닌 업무집행사원의 의사결정 및 업무집행에 사실상 지배적인 영향력을 미치는 경우에는 해당 유한책임사원의 계열회사로 볼 여지가 있다. 단, 아직 사모투자전문회사가 유한책임사원의 계열회사로 인정된 사례는 없다.

행사원의 계열회사로 보며, 업무집행사원이 둘 이상일 경우에는 업무집행사원들 중 지분, 의결권, 임원 선임 등을 감안하여 보다 지배적인 영향력을 행사하고 있다고 인정되는 업무집행사원의 계열회사로 보고 있다. 이에 따르면, 본조에서 '상호출자제한기업집단의 계열회사인 사모투자전문회사'는 단독 업무집행사원 또는 복수의 업무집행사원 중 보다 지배적인 영향력을 행사하는 업무집행사원이 상호출자제한기업집단에 속하는 경우를 말하며, '상호출자제한기업집단의 계열회사가 무한책임사원인 경우'라 함은 복수의 업무집행사원 중 보다 지배적인 영향력을 행사하는 업무집행사원은 상호출자제한기업집단에 속하지 않으나 상호출자제한기업집단에 속하는 사원이 상대적으로 지배력이 약한 업무집행사원이거나 또는 업무집행사원이 아닌 무한책임사원인 경우를 의미한다. 요컨대, 업무집행사원 또는 무한책임사원 중 하나라도 상호출자제한기업집단에 속하는 경우에는 본조의 적용대상이 된다.

Ⅱ. 상호출자제한기업집단 계열 사모투자전문회사 또는 상호출자제한기업집단 계열회사가 무한책임사원인 사모투자전문회사의 경영권 투자시 지분증권 처분의무

상호출자제한기업집단의 계열회사인 사모투자전문회사 또는 상호출자제한기업집단의 계열회사가 무한책임사원인 사모투자전문회사가 다른 회사의 지분증권을 취득하여 그 회사를 계열회사로 편입한 경우에는 계열회사 편입일로부터 5년 이내에 그 다른 회사의 지분증권을 그 상호출자제한기업집단의 계열회사가 아닌 자에게 처분하여야 한다(법 274조 1항). 이는 상호출자제한기업집단의 계열회사가 사모투자전문회사의 업무집행사원 또는 무한책임사원이 되어 사모투자전문회사를 운용하는 것 자체는 허용하나, 만약 해당 사모투자전문회사가 다른 회사를 계열회사로 편입할 경우, 즉 다른 회사의 경영권을 취득하는 경우에는 5년 이내에 그 다른 회사를 매각하되, 해당 상호출자제한기업집단에는 매각할 수 없도록 함으로써 상호출자제한기업집단의 계열회사 확장수단으로 이용되는 것을 막고자 하는 규정이다. 물론 본조는 해당 사모투자전문회사가 다른 회사를 계열회사로 편입하지 않는 범위에서 투자를 하는 경우에는 적용되지 않는다.

상호출자제한기업집단의 계열회사가 사모투자전문회사의 업무집행사원이고 해당 사모투자전문회사가 업무집행사원의 계열회사인 경우에 해당 사모투자전문회사가 투자대상기업의 경영권을 취득하는 경우에는 업무집행사원, 사모투자전문회사 및 투자대상기업이 모두 같은 상호출자제한기업집단에 속하며, 이 경우 본조 제 1 항에 따라 5년 이내에 해당 상호출자제한기업집단에 속하지 않는 다른 자에게 처분하여야 한다. 한편 상호출자제한기업집단의 계열회사가 업무집행사원이 아닌 무한책임사원이거나 공동 업무집행사원 중 지배력이 약한 업무집행사원인 경우에는 해당 사모투자전문회사 및 투자대상기업은 다른 업무집행사원의 계열회사로 인정되므로, 그 다른 업무집행사원이 상호출자제한기업집단에 속하지 않는다면 역시 상호출자제한기업집단에 속하지 않게 된다. 그럼에도 불구하고 본조 제1항의 문언 및 취지상 본조 제1항에 따른 5년 내 처분의무를 부담한다고 해석하여야 할 것이다. 이 경우, 보유하고 있는 지분증권 전부를 처분하여야 하는지, 아니면 투자대상기업이 사모투자전문회사의 계열회사에서 벗어날 정도까지만 처분하면 되고 반드시 전부를 처분할 필요는 없다고 볼 것인지는 견해 대립의 여지가 있다. 상호출자제한기업집단에 속하는 사모투자전문회사가 다른 회사를 계열회사로 편입하지 않는 수준에서 그 회사의 지분증권을 취득하는 경우에는 본조가 적용되지 않는다는 점을 감안하면, 반드시 지분증권 전부를 처분할 필요는 없고 해당 투자대상기업이 사모투자전문회사의 계열회사에서 벗어날 정도까지만 처분하면 된다고 보아야 할 것이다.

여기서 외국회사를 제외한 것은 상호출자제한기업집단의 계열회사인 사모투자전문회사의 해외진출이 제한되는 문제가 있다는 지적에 따른 것으로서, 상호출자제한기업집단의 계열회사인 사모투자전문회사가 외국회사를 계열회사로 편입하는 경우에는 5년 이내 처분의무를 적용하지 않는다.

Ⅲ. 상호출자제한기업집단 계열 사모투자전문회사 또는 상호출자제한기업집단 계열회사가 무한책임사원인 사모투자전문회사의 해당 상호출자제한기업집단 소속 계열회사 주식 취득 제한

상호출자제한기업집단의 계열회사인 사모투자전문회사 또는 상호출자제한기업집단의 계열회사가 무한책임사원인 사모투자전문회사는 당해 기업집단에 속하는 다른 계열회사의 지분증권을 취득하여서는 아니 된다(법 274조 2항). 제1항과 마찬가지로, 상호출자제한기업집단의 계열회사가 무한책임사원이지만 해당 사모투자전문회사가 그 상호출자제한기업집단에 속하지 않는 경우에도 그 상호출자제한기업집단의 계열회사의 지분증권을 취득할 수 없다고 보아야 할 것이다.

상호출자제한기업집단의 계열회사인 사모투자전문회사가 그 계열회사가 아닌 투자대상기업의 지분증권을 취득하여 그 투자대상기업을 계열회사로 편입한 후에, 그 투자대상기업의 지분증권을 추가로 취득하는 것도 금지된다고 볼 것인지 문제된다. 이 경우에도 본조 제2항을 적용한다면 제2항의 문언상으로는 투자대상기업이 계열회사가 된 이상 추가 취득이 금지된다고 볼 여지가 있으나, 이 경우에는 본조 제1항을 적용하여야 하고 본조 제 2 항은 적용되지 않는다고 보아야 할 것이다. 다만 이 경우에는 추가로 취득한 지분증권도 본조 제 1 항에 따라 최초 계열회사로 편입된 시점부터 5년 이내에 처분하여야 할 것이다.

Ⅳ. 위반시 제재

자본시장법 제274조 제 1 항을 위반하여 지분증권을 처분하지 아니하거나, 같은 조 제 2 항을 위반하여 지분증권을 취득한 자는 1년 이하의 징역이나 3천만원 이하의 벌금에 처한다(법 446조 49호).

제275조(은행 및 은행지주회사 주식의 소유 제한) : 삭제

제276조(지주회사 규제의 특례)

① 「독점규제 및 공정거래에 관한 법률」에 따른 지주회사에 관한 규정은 사모투자전문회사 또는 투자목적회사가 제270조 제 1 항 제 1 호 또는 제 2 호의 요건을 충족하는 경우 그 요건을 충족한 날부터 10년이 되는 날까지는 적용하지 아니한다.

② 사모투자전문회사 또는 투자목적회사는 제 1 항에 해당하는 경우에는 그 요건을 충족한 날부터 2주일 이내에 그 사실을 대통령령으로 정하는 방법에 따라 금융위원회에 보고하여야 하며, 금융위원회는 그 사항을 공정거래위원회에 통보하여야 한다.

③ 사모투자전문회사(사모투자전문회사의 무한책임사원 중 상호출자제한기업집단 계열회사 또는 금융지주회사가 아닌 자를 포함한다) 및 투자목적회사에 대하여는 제270조 제 1 항 제 1 호 또는 제 2 호의 요건을 충족하는 경우 그 요건을 충족한 날부터 10년이 되는 날까지는 「금융지주회사법」에 따른 금융지주회사로 보지 아니한다. 다만, 사모투자전문회사 또는 투자목적회사가 대통령령으로 정하는 1개 이상의 금융기관을 지배하는 경우에는 같은 법 제45조부터 제45조의4까지 및 제48조를 준용한다.

④ 「금융지주회사법」 제45조의2부터 제45조의4까지의 규정은 회사가 사모투자전문회사의 업무집행사원인 경우에 준용한다. 이 경우 "은행지주회사의 대주주"는 "업무집행사원" 또는 "업무집행사원의 대주주"로 본다.

⑤ 「금융지주회사법」에 따른 자회사는 같은 법 제19조에 불구하고 사모투자전문회사의 지분을 취득할 수 있다.

Ⅰ. 본조의 취지

「독점규제 및 공정거래에 관한 법률」(이하 "공정거래법")에서는 자산총액이 1천억원 이상인 회사로서, 그 회사가 소유하고 있는 주식(지분을 포함)의 합계액이 해당 회사 자산총액의 100분의 50 이상인 회사를 지주회사로 정의하고(공정거래법 2조 1의 2호, 동 시행령 2조 1항·2항), 각종 제한을 가하고 있다. 사모투자전문회사는 다른 회사의 주식 또는 지분에 투자하는 것을 목적으로 하는 회사인 만큼 자산총액이 1천억원을 넘을 경우 공정거래법상 지주회사에 해당되게 된다. 그런데 지주회사에 대한 공정거래법상의 각종 제한이 그대로 적용되는 경우에는 사모투자전문회사의 운영이 상당히 곤란해지게 된다.

이러한 문제점은 금융지주회사의 경우에도 유사하게 발생한다. 「금융지주회사법」에서는 금융업[1]을 영위하는 회사 또는 금융업의 영위와 밀접한 관련이 있는 회사[2]의 주식(지분을 포함)을 소유하는 회사로서, 단독 또는 특수관계자와 합하여 계열회사의 최다출자자인 경우에 그 자회사의 주식(지분포함) 가액의 합계액이 자산총액의 50% 이상인 회사이며, 1 이상의 금융기관을 지배하는 회사로서 제 3 조의 규정에 의한 인가를 받은 회사를 말한다(금융지주회사법 2조 1항 1호, 동 시행령 2조). 사모투자전문회사가 금융업 또는 보험업을 영위하는 회사에 투자하는 경우에는 이러한 금융지주회사에 해당되는 경우가 발생한다. 그러한 경우에도 금융지주회사에 관한 규제의 적용으로 말미암아 사모투자전문회사의 투자가 원활하게 이루어지기 힘든 측면이 있다. 따라서 자본시장법은 사모투자전문회사에 대해서는 지주회사 및 금융지주회사에 관한 규제의 적용을 제한적으로 배제하는 특례를 규정하였다.

Ⅱ. 공정거래법상 지주회사에 대한 특례

1. 공정거래법상 지주회사 규제 적용 면제의 필요성

공정거래법에 의하면 지주회사는 각종 행위제한을 받고 있다. 부채비율은 자본총액의 200%를 최대한도로 한다(공정거래법 8조의2 2항 1호). 지주회사의 자회사의 주식소유에 대해서도 각종 제한이 존재한다. 자회사의 발행주식 총수의 40%(상장회사 등인 경우에는 20%) 이상을 소유하여야 하고(공정거래법 8조의2 2항 2호), 계열회사가 아닌 다른 회사의 주식을 5%를 초과하여 소유할 수 없다(공정거래법 8조의2 2항 3호). 금융지주회사를 제외한 일반지주

1) "금융업"이란 「통계법」 제22조 제 1 항의 규정에 의하여 통계청장이 고시하는 한국표준산업분류에 의한 금융 및 보험업을 말한다(금융지주회사법 시행령 2조 1항).

2) "금융업의 영위와 밀접한 관련이 있는 회사"라 함은 1. 금융업을 영위하는 회사(이하 "금융기관"이라 한다)에 대한 전산·정보처리 등의 용역의 제공, 2. 금융기관이 보유한 부동산 기타 자산의 관리, 3. 금융업과 관련된 조사·연구, 4. 기타 금융기관의 고유업무와 직접 관련되는 사업을 영위하는 것을 목적으로 하는 회사를 말한다(금융지주회사법 2조 2항, 동법 시행령 2조 2항).

회사의 경우에는 금융업·보험업을 영위하는 회사를 자회사로 지배할 수 없다(공정거래법 8조의2 2항 5호).

일반지주회사의 자회사도 위의 지주회사와 마찬가지로 손자회사의 발행주식총수의 40% 이상(상장법인 등의 경우에는 20%)을 소유하여야 하고, 손자회사가 아닌 국내계열회사의 주식을 소유하여서는 아니 되며, 금융업이나 보험업을 영위하는 회사를 손자회사로 지배할 수 없다(공정거래법 8조의2 3항). 일반지주회사의 손자회사 및 종손회사도 국내계열회사의 주식을 소유하여서는 아니 된다(공정거래법 8조의2 4항·5항).

자산총액 1천억원 이상인 사모투자전문회사가 공정거래법상 지주회사에 해당되어 이러한 공정거래법상의 지주회사 관련 제한을 받게 되는 경우에는 사모투자전문회사의 활성화는 기대하기 어려울 것이다. 자회사주식보유기준, 금융회사와 비금융회사 동시 소유 제한으로 인하여 사모투자전문회사는 투자포트폴리오 구성이 크게 제약받게 된다.

2. 공정거래법상 지주회사 규정 적용의 유예(법 276조 1항·2항)

자본시장법에서는 공정거래법상 지주회사에 관한 규정을 사모투자전문회사 또는 투자목적회사에 적용하지 아니하는 것으로 하였다(법 276조 1항). 이러한 적용면제는 사모투자전문회사 또는 투자목적회사가 제270조 제 1 항 제 1 호 또는 제 2 호의 요건을 충족한 날부터 10년간 적용하지 아니한다(법 276조 1항 후단).

사모투자전문회사 또는 투자목적회사는 제 1 항에 해당하는 경우에는 그 요건을 충족한 날부터 2주일 이내에 그 사실을 대통령령으로 정하는 방법에 따라 금융위원회에 보고하여야 하며, 금융위원회는 그 사항을 공정거래위원회에 통보하여야 한다.

3. 공정거래법상 지주회사 규정 적용 유예의 논리

이러한 공정거래법상 지주회사 규정의 적용면제는 구간투법 개정을 통하여 사모투자전문회사에 대한 입법 당시 많은 논란이 있었던 부분이었다.[1] 시민단체는 대기업이나 중소재벌들이 사모투자전문회사를 이용하여 경제력 집중에 대한 제한을 회피할 우려, 금융회사와 비금융회사 동시소유에 따른 산업자본에 의한 금융자본 지배 또는 금융자본이 고객자산을 산업자본지배를 위해 사용할 우려 등을 주장하여 적용면제를 반대하였다.

그러나 사모투자전문회사는 구조조정, 기업인수, 합병 등을 통한 투자수익을 목적으로 설립되는 명목회사 형태의 금융투자수단에 불과하므로 기본적 목적이 지주회사와 다르고, 미국 및 영국, 독일 등 유럽국가 등에서도 사모투자전문회사를 지주회사로 규제하고 있는 사례가 없다는 점, 금융기관에만 투자하는 사모투자전문회사는 위험분산효과가

1) 박정훈, 전게논문(2005), 46-47쪽.

없으므로 선진국에서도 거의 존재하지 않는다는 점, 기타 사모투자전문회사를 통한 경제력 집중, 불공정거래행위, 금융자본과 산업자본 간 지배남용은 여타의 제도적 장치에 의해 방지할 수 있을 것이라는 점[1]을 고려하여 특례를 규정하기로 하였다.[2] 다만 사모투자전문회사에 대한 지주회사규정의 적용을 배제하는 대신 관계부처 협의과정에서 10년간 유예하기로 하였다.[3]

이러한 한시적 적용면제에 대해서도 대기업 또는 중소재벌이 사모투자전문회사를 한시적 지주회사로 활용할 가능성이 제기되기도 하였다. 그러나 첫째, 대기업계열사가 설립하는 사모투자전문회사는 계열사 주식취득 금지, 타회사 5년 내 매각의무 등으로(법 274조) 지주회사로의 활용이 불가능하고, 둘째, 특정회사 규제회피를 위해 10년간 지주회사 대신 사모투자전문회사 형태로 운용하고자 하는 경우 사모투자전문회사로 등록, 자료제출 등 금융위원회의 철저한 감독을 받게 되어 더 큰 부담이 될 수 있으며, 셋째, 사모투자전문회사가 10년 후 지주회사로 전환하고자 하는 경우 당초 설립목적에 위배되므로 등록취소사유에 해당하고, 등록취소시 그 사모투자전문회사는 해산되어야 하기 때문에 그러한 가능성은 크지 않다는 판단에 따라 현행법과 같이 적용을 유예하기로 하였다.[4]

4. 금융위원회 및 공정거래위원회에의 보고 및 통보

사모투자전문회사 또는 투자목적회사는 제1항에 해당하는 경우에는 그 요건을 충족한 날부터 2주일 이내에 그 사실을 대통령령으로 정하는 방법에 따라 금융위원회에 보고하여야 하며, 금융위원회는 그 사항을 공정거래위원회에 통보하여야 한다(법 276조 2항).

이를 위반하여 보고를 하지 아니하거나 거짓으로 보고한 자는 1년 이하의 징역 또는 3천만원 이하의 벌금에 처한다(법 446조 51호).

Ⅲ. 금융지주회사법상 금융지주회사에 대한 특례

1. 사모투자전문회사의 금융지주회사 불간주(법 276조 3항 전단)

금융업 또는 보험업을 영위하는 자회사의 주식을 소유하는 지주회사(금융지주회사)는 금융업 또는 보험업을 영위하는 회사(금융업 또는 보험업과 밀접한 관련이 있는 등 대통령령이 정하는 기준에 해당하는 회사를 포함한다) 외의 국내회사의 주식을 소유할 수 없다(공정거래법 8조의2 2항

---

1) 법 제274조에서 상호출자제한기업집단 계열 사모투자전문회사에 대한 제한을 하고, 제275조에서 산업자본인 사모투자전문회사의 은행 및 은행지주회사 사모투자전문회사 주식 소유의 제한을 하였다.
2) 박정훈, 전게논문(2005), 53쪽 참조.
3) 상게논문, 53쪽.
4) 상게논문, 53쪽.

4호). 이러한 제한이 사모투자전문회사에 적용되게 되면 금융회사에 투자한 사모투자전문회사는 비금융기관에 투자하는 것이 불가능해진다. 따라서 사모투자전문회사 및 투자목적회사에 대하여는 제270조 제 1 항 제 1 호 또는 제 2 호의 요건을 충족하는 경우, 즉 경영권 참여 등 투자의 경우에는 그 요건을 충족한 날부터 10년이 되는 날까지는 「금융지주회사법」에 따른 금융지주회사로 보지 아니하는 특례를 규정하였다(법 276조 3항 전단).

2. 사모투자전문회사의 무한책임사원을 금융지주회사로 불간주하는 특례

금융지주회사로 보지 아니하는 특례는 사모투자전문회사의 무한책임사원에 대해서도 인정된다. 자본시장법 제276조 제 3 항에서는 사모투자전문회사에 사모투자전문회사의 무한책임사원 중 상호출자제한기업집단 계열회사 또는 금융지주회사가 아닌 자를 포함시킨다는 명문 규정을 두어 사모투자전문회사의 일정한 무한책임사원도 10년간 금융지주회사로 보지 아니함을 명시하고 있다. 그 이유는 이러한 특례가 없을 경우에는 금융회사를 직접 지배하는 사모투자전문회사는 금융지주회사로 되지 아니하지만, 사모투자전문회사를 통하여 간접적으로 금융회사를 지배하는 무한책임사원은 금융지주회사로 되어버리는 결과가 될 수 있기 때문이다. 이는 특히 무한책임을 회피하기 위하여 설립된 회사 등과 같이 무한책임사원으로서 사모투자전문회사를 지배하는 것을 주된 사업으로 하는 회사의 경우에 그러할 것이다.[1)]

반면 공정거래법상의 지주회사규정의 적용에 관하여는 이러한 조항을 두지 아니하므로 사모투자전문회사의 무한책임사원은 특례의 적용을 받지 못하게 되어 공정거래법상 지주회사에 해당될 가능성이 있다. 이러한 규율 차이는 사모투자전문회사의 지배를 주된 사업으로 하는 무한책임사원의 자산총액이 1천억원 이상일 경우는 현실적으로 거의 없을 것이므로 그러한 무한책임사원이 공정거래법상 지주회사로 될 가능성은 어차피 없다고 할 수 있을 것이지만, 금융지주회사의 경우에는 그러한 자산총액의 하한이 설정되어 있지 아니하기 때문이라고 설명되고 있다.[2)] 그러나 사모투자전문회사의 규모가 커지고 업무집행조합원이 수익을 일정 부분 가져갈 경우 자산총액이 1천억원 이상이 될 가능성도 배제하지 못할 것이다.

3. 금융기관을 지배하는 사모투자전문회사에 대한 금융지주회사법 규정의 적용(법 276조 3항 후단·4항)

금융지주회사에 대한 특례를 인정하는 취지는 사모투자전문회사 등이 금융지주회사가 됨으로 인하여 다른 투자활동을 함에 있어 받게 되는 부적절한 제한을 배제하려는 데

1) 김성용, 전게논문(2005. 6), 44쪽 각주 71.
2) 상게논문, 44쪽 각주 71.

에 있는 것일 뿐이다. 따라서 사모투자전문회사를 지배하는 자가 금융지주회사의 대주주로서 받는 규제나 사모투자전문회사가 지배하는 금융기관이 금융지주회사의 자회사로서 받는 운영상의 규제까지를 전부 배제하여 주려는데 있는 것이 아니다. 따라서 자본시장법에서는 이러한 규제들이 배제되지 않음을 명시적으로 규정하였다.[1)]

사모투자전문회사 또는 투자목적회사가 1 이상의 금융기관(금융지주회사법 2조 1항 1호에 따른 1개 이상의 금융기관을 말한다)을 지배하는 경우에는 금융지주회사법 제45조(동일차주에 대한 금융지주회사 및 자회사 등의 신용공여합계액에 대한 제한), 제45조의2(은행지주회사의 주요출자자에 대한 신용공여한도), 제45조의3(주요출자자가 발행한 주식의 취득한도), 제45조의4(주요출자자의 부당한 영향력 행사의 금지), 제48조(자회사 등의 행위제한)를 준용한다(법 276조 3항 후단, 법 시행령 299조 2항).

「금융지주회사법」 제45조의2부터 제45조의4까지의 규정은 사모투자전문회사 또는 투자목적회사가 「은행법」에 따른 금융기관이 아닌 금융기관만을 지배하는 경우에는 이를 준용하지 아니한다(법 시행령 299조 2항 단서).

「금융지주회사법」 제45조의2부터 제45조의4까지의 규정은 회사가 사모투자전문회사의 업무집행사원인 경우에 준용한다(법 267조 4항). 이 경우 "은행지주회사의 대주주"는 "업무집행사원" 또는 "업무집행사원의 대주주"로 본다.

4. 금융지주회사의 자회사의 사모투자전문회사 지분취득 허용(법 276조 5항)

(1) 총　설

앞에서도 설명한 것과 같이 금융지주회사는 직접 사모투자전문회사에 출자할 수 없고, 자회사 또는 손자회사를 통하여 지분취득을 할 수밖에 없다는 견해가 있다.[2)] 그런데 금융지주회사의 자회사나 손자회사의 편입에 대해서는 금융지주회사법상 제한을 가하고 있는데, 사모투자전문회사를 손자회사로 편입하는 경우에 이 규정을 어떻게 해석하여 적용할 것인가가 문제된다.

(2) 금융지주회사의 자회사가 사모투자전문회사에 참여하는 경우의 특례

1) 금융지주회사의 자회사의 사모투자전문회사에의 투자

금융지주회사의 자회사나 손자회사를 편입하기 위해서는 금융위원회의 승인을 얻어야 한다(금융지주회사법 16조 1항). 그리고 손자회사는 자회사의 업무와 연관성이 있는 금융회사이거나 금융업의 영위와 밀접한 연관이 있는 회사여야 한다(금융지주회사법 19조 1항). 사모투자전문회사는 여기에 속하지 아니하므로(금융지주회사법 시행령 2조 2항, 15조) 특례가 없는 이상 금융지주회사의 자회사는 사모투자전문회사에 출자할 수 없다.

1) 상계논문, 44쪽.
2) 앞의 자본시장법 제272조 제 2 항의 주석 참조.

자본시장법에서는 「금융지주회사법」에 따른 자회사는 같은 법 제19조에 불구하고 "사모투자전문회사의 지분을 취득할 수 있다"(법 276조 5항)는 특례를 명시함으로써 금융지주회사의 자회사는 업종에 의한 제한을 받지 않고 사모투자전문회사에 출자할 수 있도록 하였다.

2) 금융지주회사의 자회사의 업무집행사원 자격에 대한 특례

또한 금융지주회사의 자회사가 새로이 손자회사를 편입하는 경우에는 원칙적으로 자회사가 손자회사 발행주식총수의 50% 이상을 소유하여야 한다(금융지주회사법 시행령 13조 1항 4호, 14조 1항 단서). 그러나 금융지주회사의 자회사가 사모투자회사의 업무집행 사원이 되는 경우에는 위 규정의 적용을 배제함으로써 금융지주회사의 자회사가 업무집행사원이 될 수 있도록 하였다.

제277조(적용배제)

① 제182조, 제183조 제 1 항, 제184조 제 1 항부터 제 6 항까지, 제185조, 제186조, 제213조부터 제215조까지, 제216조(같은 조 제 3 항 중 투자합자회사의 해산·청산에 관하여 준용하는 부분은 제외한다), 제217조, 제229조부터 제237조까지, 제238조 제 2 항부터 제 5 항까지 및 제 7 항·제 8 항, 제239조, 제240조 제 3 항부터 제10항까지, 제241조, 제243조부터 제251조까지 및 제253조는 사모투자전문회사에 적용하지 아니한다.

② 「상법」 제173조, 제198조, 제217조 제 2 항, 제224조, 제274조 및 제286조는 사모투자전문회사에 적용하지 아니한다.

Ⅰ. 집합투자기구에 관한 규정의 적용 배제	Ⅱ. 상법상 합자회사에 관한 규정의 적용 배제

Ⅰ. 집합투자기구에 관한 규정의 적용 배제

사모투자전문회사는 집합투자기구의 일종이므로, 성질상 적용이 되지 아니하는 규정을 제외하고는 원칙적으로 집합투자기구에 관한 규정의 적용을 받아야 한다. 그러나 투자자 보호 차원에서 각종 제한을 가하는 집합투자기구의 규율이 사모투자전문회사에 타당하지 않으므로 이의 적용을 배제할 필요가 있다.

따라서 집합투자기구의 등록(법 182조), 집합투자기구의 명칭(법 183조 2항), 집합투자기구의 업무수행 등(법 184조), 연대책임(법 185조), 자기집합투자증권의 취득 제한 등(법 186조)의 적용이 배제된다. 이 법에서는 상법상 합자회사 형태의 집합투자기구를 투자합자회사

로 정의하고 있는바(법 9조 18항 4호), 사모투자전문회사는 투자합자회사의 한 형태라고 볼 수 있지만 서로 다른 특성을 가지고 있으므로, 투자합자회사의 해산 및 청산에 관한 규정(법 216조 3항)을 제외하고는 투자합자회사에 관한 규정 전체(법 213조부터 217조)의 적용을 배제하였다. 집합투자기구의 종류(법 229조), 특수한 형태의 집합투자기구(법 230조부터 234조), 집합투자증권의 환매(법 235조부터 237조) 규정도 적용하지 아니한다. 집합투자재산의 평가 및 기준가격의 산정 등에 대해서는 평가의 원칙(법 238조 1항)은 사모투자전문회사에 대해서도 적용되지만, 그 외에는 적용을 배제한다(법 238조 2항부터 5항까지 및 7항·8항). 결산서류의 작성(법 239조), 집합투자재산의 회계처리 등(법 240조 3항부터 10항), 회계감사인의 손해배상책임(법 241조), 최저순자산액 미달사실 보고 등(법 243조), 집합투자재산의 보관 및 관리에 관한 규정(법 244조부터 248조)도 적용하지 아니한다. 사모집합투자기구란 집합투자증권을 사모로만 발행하는 집합투자기구로서 일정한 전문투자자를 제외한 투자자의 총수가 49인 이하인 것을 말한다(법 9조 19항, 법 시행령 14조 1항·2항). 사모투자전문회사도 사모집합투자기구의 일종이라고 할 수 있지만, 일반적 사모집합투자기구와는 운용행태 등이 차이가 나므로 사모집합투자기구에 대한 특례(법 249조부터 251조)도 적용을 배제하였다. 또한 집합투자기구의 등록취소(법 253조) 규정의 적용을 배제하였다.

사모투자전문회사의 해산 및 청산에 관하여는 명시적으로 법 제216조 제3항 중 투자합자회사의 해상 및 청산에 관한 준용조항, 즉 제202조(3항 및 4항을 제외한다), 제203조(2항을 제외한다) 및 제204조가 준용된다. 이 중 제203조 제4항에 따르면, 청산인은 자금차입·채무보증 또는 담보제공이 제한되는 경우 채권자에 대한 최고절차를 생략할 수 있는데, 사모투자전문회사의 경우 위 조항이 준용됨에 따라 채권자에 대한 최고절차를 생략할 수 있는지 문제된다. 법 제270조 제7항에 따라 사모투자전문회사는 원칙적으로는 자금을 차입하거나 채무보증을 할 수 없으나, 예외적인 경우에는 제한적인 범위에서 자금차입이나 채무보증을 할 수 있다는 점에서 제203조 제4항에 해당하는지 논란의 여지가 없지 않다. 다만 실무상으로는 사모투자전문회사가 실제로 자금차입이나 채무보증을 하지 않은 경우에는 위 제203조 제4항에 따라 채권자에 대한 최고를 생략하고 청산절차를 진행하고 있는 것으로 보인다. 참고로, 투자목적회사에 대해서는 이와 같은 해산·청산에 관한 특례규정이 준용되지 않으므로, 상법상 주식회사 또는 유한회사의 해산·청산에 관한 일반조항이 적용되며, 이에 따라 설령 자금차입이나 채무보증 등을 하지 않은 경우에도 채권자에 대한 최고절차를 생략할 수 없다.

Ⅱ. 상법상 합자회사에 관한 규정의 적용 배제

1. 회사의 무한책임사원 자격 인정

상법상 회사는 다른 회사의 무한책임사원이 되지 못한다(상법 173조). 그러나 자본시장법에서는 이 규정의 적용을 배제함으로써 회사가 사모투자전문회사의 무한책임사원이 되는 것을 허용하였다(법 277조 2항).[1)]

상법상의 제한은 회사가 다른 회사의 무한책임사원이 되어 전 재산을 무한책임에 노출시키는 것이 적절하지 못하다는 정책적 고려에 의한 것인데, 이는 그야말로 '정책'으로 변경될 수 있는 것이고,[2)] 사모투자전문회사의 자산운용을 주로 담당할 것으로 예상되는 자산운용회사, 은행 등 금융기관과 기타 법인이 참여할 수 없으므로 사모투자전문회사 제도 도입이 사실상 불가능해지기 때문이었다.[3)] 나아가 사모투자전문회사의 이용에 있어 그 무한책임사원인 회사가 사원 가입 당시에 예상할 수 없었던 수준의 책임을 부담하게 되는 사례는 실제로는 거의 발생하지 않을 것이다. 게다가 우리나라에서는 사모투자전문회사의 자금차입 원인과 액수를 제한하므로(법 270조 7항) 예상치 못한 책임부담 우려가 더더욱 제한된다.[4)]

또한 비교법적인 견지에서도 미국법상 주식회사(corporation)나 기타의 회사가 합자조합(limited partnership)의 GP가 되는 것이 금지되어 있지 않으며, 독일법상으로도 이른바 유한합자회사, 즉 회사가 무한책임사원인 합자회사가 허용되어 실제로도 광범위하게 이용되고 있다고 한다.[5)] 국내에서도 기업구조조정전문회사(CRC)와 창업투자회사가 조합의 무한책임사원으로서 합자회사의 무한책임사원과 유사한 책임을 부담하고 있다는 점도 고려된 것이다.[6)] 또한 구간투법상 자산운용회사는 투자회사(뮤추얼펀드)의 펀드운용을 책임지는 법인이사로서 합자회사의 업무집행사원과 유사한 책임을 부담하고 있다는 점도 참고가 되었다.[7)]

---

1) 법령제정 실무작업반 공저, 전게서(2006), 213-214쪽.

2) 김성용, 전게논문(2005. 6), 216쪽.

3) 박정훈, 전게논문(2005), 50쪽.

4) 김성용, 전게논문(2005. 6), 217쪽. 물론 사모투자전문회사가 불법행위 책임을 부담하게 될 가능성을 배제할 수는 없으나, 사모투자전문회사는 명목회사에 불과하여 그 실제의 업무집행은 무한책임사원인 업무집행사원이 하게 되므로, 사모투자전문회사의 불법행위 또한 그러한 업무집행사원인 회사의 임직원에 의하여 저질러지게 될 것인바, 이 경우에 업무집행사원인 회사는 어차피 그러한 불법행위에 대하여 민법상의 사용자책임을 부담하게 될 것인 만큼, 그러한 부담이 무한책임사원이 됨으로써 추가적으로 발생하게 되는 것이라고 볼 수는 없을 것이다. 다만, 업무집행사원이 아닌 무한책임사원은 다른 업무집행사원의 임직원이 사모투자전문회사의 운용과 관련하여 행한 불법행위에 따른 책임을 부담하게 될 위험에 노출될 수 있을 것이다. 그러나 실제에 있어 업무집행사원이 되고자 하지 아니하면서도, 유한책임사원이 아니라, 굳이 무한책임사원으로서 사모투자전문회사에 출자를 할 자는 거의 없을 것이다. 김성용, 전게논문(2005. 6), 10쪽 각주 41.

5) 김성용, 전게논문(2005. 6), 216쪽.

6) 박정훈, 전게논문(2005), 50쪽.

7) 상게논문, 50쪽.

2. 무한책임사원의 경업금지 적용배제

합자회사의 무한책임사원에 대해서는 경업이 금지되는데(상법 269조, 198조), 사모투자전문회사의 무한책임사원에 대해서는 이 규정의 적용을 배제하였다.[1] 사모투자전문회사의 무한책임사원이 동시에 여러 사모투자전문회사를 운용할 수 있도록 허용하기 위함이다. 대신 자본시장법 제272조 제5항 내지 제7항 등의 규정을 두어 업무집행사원의 충실의무 및 이해상반행위 금지 등에 관한 규제를 명시하였다.

3. 사원의 퇴사 규정 적용배제

상법상 합자회사의 사원은 그 존립기간의 정함이 있는 경우에도 부득이한 사유가 있으면 언제든지 퇴사할 수 있고(상법 269조, 217조 2항), 사원의 지분을 압류한 채권자는 영업년도 말에 그 사원을 퇴사시킬 수 있다(상법 269조, 224조). 그러나 이러한 규정을 사모투자전문회사에 그대로 적용하면 사모투자전문회사의 자산운용에 중대한 지장이 초래될 수 있으므로 법에서는 그 적용을 배제하였다(법 277조 2항).

4. 지배인의 선·해임 규정 적용배제

상법상 합자회사에서 지배인의 선임 및 해임은 업무집행사원이 있는 경우에도 무한책임사원 과반수의 결의에 의하여야 하는데(상법 274조), 사모투자전문회사에서는 이 규정의 적용이 배제된다.

[초판: 윤영신, 개정판: 박재현]

第278조(사모투자전문회사에 대한 조치)

① 금융위원회는 다음 각 호의 어느 하나에 해당하는 경우에는 사모투자전문회사의 등록을 취소할 수 있다. 다만, 제3호의 경우에는 등록을 취소하여야 한다.

1. 거짓, 그 밖의 부정한 방법으로 제268조 제3항 또는 제10항에 따른 등록이나 변경등록을 한 경우
2. 제268조 제4항 각 호에 따른 등록요건을 갖추지 못하게 된 경우
3. 사모투자전문회사가 해산한 경우
4. 금융위원회의 시정명령 또는 중지명령을 이행하지 아니한 경우
5. 제268조 제10항에 따른 변경등록을 하지 아니한 경우
6. 별표 6 각 호의 어느 하나에 해당하는 경우로서 대통령령으로 정하는 경우

1) 앞의 자본시장법 제272조 주석 참조.

7. 대통령령으로 정하는 금융관련 법령 등을 위반한 경우로서 대통령령으로 정하는 경우
8. 그 밖에 투자자의 이익을 현저히 해할 우려가 있거나 사모투자전문회사로서 존속하기 곤란하다고 인정되는 경우로서 대통령령으로 정하는 경우

② 사모투자전문회사가 제 1 항(제 3 호를 제외한다)에 따라 등록이 취소된 경우에는 이로 인하여 해산한다.

③ 금융위원회는 사모투자전문회사가 제 1 항 각 호(제 6 호를 제외한다)의 어느 하나에 해당하거나 별표 6 각 호의 어느 하나에 해당하는 경우에는 다음 각 호의 어느 하나에 해당하는 조치를 할 수 있다.

1. 6개월 이내의 업무의 전부 또는 일부의 정지
2. 계약의 인계명령
3. 위법행위의 시정명령 또는 중지명령
4. 위법행위로 인한 조치를 받았다는 사실의 공표명령 또는 게시명령
5. 기관경고
6. 기관주의
7. 그 밖에 위법행위를 시정하거나 방지하기 위하여 필요한 조치로서 대통령령으로 정하는 조치

④ 금융위원회는 사모투자전문회사의 업무집행사원이 제 1 항 각 호(제 6 호를 제외한다)의 어느 하나에 해당하거나 별표 6 각 호의 어느 하나에 해당하는 경우에는 다음 각 호의 어느 하나에 해당하는 조치를 할 수 있다.

1. 그 업무집행사원에 대한 조치
   가. 해임요구
   나. 6개월 이내의 직무정지
   다. 기관경고
   라. 기관주의
   마. 그 밖에 위법행위를 시정하거나 방지하기 위하여 필요한 조치로서 대통령령으로 정하는 조치
2. 그 업무집행사원의 임원에 대한 조치
   가. 해임요구
   나. 6개월 이내의 직무정지
   다. 문책경고
   라. 주의적 경고
   마. 그 밖에 위법행위를 시정하거나 방지하기 위하여 필요한 조치로서 대통령령으로 정하는 조치
3. 그 업무집행사원의 직원에 대한 조치요구
   가. 면직
   나. 6개월 이내의 정직
   다. 감봉
   라. 견책

마. 주의

바. 그 밖에 위법행위를 시정하거나 방지하기 위하여 필요한 조치로서 대통령령으로 정하는 조치

⑤ 제422조 제 3 항 및 제423조부터 제425조까지의 규정은 사모투자전문회사 및 사모투자전문회사의 업무집행사원에 대한 조치 등에 관하여 준용한다.

자본시장법 제278조 제 1 항에 따라 등록이 취소된 후 그 취소된 업무를 영위한 자는 1년 이하의 징역이나 3천만원 이하의 벌금에 처한다(법 446조 52호).

[초판, 개정판: 윤영신]

제278조의2: 삭제

제278조의3(기업재무안정사모투자전문회사 등에 대한 특례)

① 이 조에서 "기업재무안정사모투자전문회사"란 다음 각 호의 어느 하나에 해당하는 재무구조개선기업(「금융산업의 구조개선에 관한 법률」에서 정하는 금융기관은 제외한다. 이하 이 조에서 같다)의 경영정상화 및 재무안정 등을 위하여 제 2 항에서 정하는 바에 따라 투자·운용하여 그 수익을 투자자에게 배분하는 것을 목적으로 하는 사모투자전문회사를 말한다.

1. 「기업구조조정 촉진법」 제 2 조 제 5 호에 따른 부실징후기업
2. 「채무자 회생 및 파산에 관한 법률」 제34조 또는 제35조에 따라 법원에 회생절차개시를 신청한 기업
3. 「채무자 회생 및 파산에 관한 법률」 제294조 또는 제295조에 따라 법원에 파산을 신청한 기업
4. 채권금융기관(대통령령으로 정하는 금융기관을 말한다)과 대통령령으로 정하는 재무구조개선을 위한 약정을 체결한 기업
5. 법인(그 계열회사를 포함한다)의 합병·전환·정리 등 대통령령으로 정하는 바에 따라 구조조정 또는 재무구조개선 등을 하려는 기업
6. 그 밖에 기업의 재무구조개선 또는 경영정상화의 추진이 필요한 기업으로서 대통령령으로 정하는 요건에 해당하는 기업

② 기업재무안정사모투자전문회사는 제270조에도 불구하고 그 재산을 운용함에 있어 사원이 출자한 날부터 6개월 이상의 기간으로서 대통령령으로 정하는 기간 이내에 출자한 금액의 100분의 50 이상으로서 대통령령으로 정하는 비율 이상을 다음 각 호의 어느 하나에 해당하는 방법으로 운용하여야 하고, 그와 같이 운용하고 남은 재산은 대통령령으로 정하는 바에 따라 운용할 수 있다.

1. 재무구조개선기업이 발행한 증권의 매매
2. 재무구조개선기업이 채무자인 대출채권 등 채권, 이에 수반되는 담보권 및 그 밖의 권리의 매매
3. 재무구조개선기업이 보유하고 있는 부동산, 영업권 등 경제적 가치가 있는 자산의 매매

4. 자산총액을 초과하지 아니하는 범위에서의 재무구조개선기업에 대한 자금의 대여 및 지급의 보증
5. 제 3 항에 따른 투자목적회사의 지분증권에 대한 투자

③ 기업재무안정사모투자전문회사가 주주 또는 사원인 경우로서 주주 또는 사원의 출자비율이 대통령령으로 정하는 비율 이상인 투자목적회사는 제271조 제 1 항 제 2 호에도 불구하고 제 2 항 제 1 호부터 제 4 호까지(제 4 호를 적용함에 있어 자산총액은 투자목적회사의 자산총액을 말한다)의 어느 하나에 해당하는 방법 및 그 밖에 대통령령으로 정하는 방법으로 재산을 운용할 수 있다. 이 경우 제270조 제 4 항·제 6 항(제271조 제 5 항에 따라 준용하는 경우를 말한다)은 적용하지 아니한다.

④ 기업재무안정사모투자전문회사는 제83조에도 불구하고 금전을 차입하거나 재무구조개선기업 또는 재무구조개선기업과 관련된 타인을 위하여 채무보증을 할 수 있다. 이 경우 차입금액 및 채무보증액의 합계는 기업재무안정사모투자전문회사재산의 100분의 200을 초과하지 못하며, 제271조 제 3 항의 한도를 적용함에 있어 기업재무안정사모투자전문회사가 차입한 금액 및 채무보증한 금액과 제 3 항에 따른 투자목적회사가 차입한 금액을 합하여 이를 산정한다.

⑤ 「국가재정법」 제13조 제 1 항 제 2 호부터 제 5 호까지의 기금을 관리하는 자는 해당 기금 여유자금운용액의 100분의 10의 범위에서 대통령령으로 정하는 비율 이내의 자금을 해당 기금운용계획에 따라 기업재무안정사모투자전문회사에 출자할 수 있다. 이 경우 기금이 출자한 금액은 제 3 항의 투자목적회사에 출자한 금액을 합하여 산정한다.

⑥ 기업재무안정사모투자전문회사 및 제 3 항의 투자목적회사는 6개월 미만의 기간 중에는 취득한 지분증권을 처분하여서는 아니 된다. 다만, 그 지분증권을 계속 소유함으로써 사원의 이익을 명백히 해할 우려가 있는 경우, 그 밖에 대통령령으로 정하는 경우로서 미리 금융위원회의 승인을 받은 경우에는 6개월 미만의 기간 중에 이를 처분할 수 있다.

⑦ 기업재무안정사모투자전문회사재산 및 제 3 항의 투자목적회사재산의 투자비율의 산정방식, 그 밖에 기업재무안정사모투자전문회사재산 및 제 3 항의 투자목적회사의 운용 및 운용제한, 자금차입 한도 산정방법 등에 관하여 필요한 사항은 대통령령으로 정한다.

[본조신설 2013. 8. 13]

[법률 제12102호(2013. 8. 13) 부칙 제 2 조 제 1 항의 규정에 의하여 이 조는 2016년 11월 13일까지 유효함]

Ⅰ. 의 의

기업재무안정사모투자전문회사는 재무구조개선기업(「금융산업의 구조개선에 관한 법률」에서

정하는 금융기관 제외)의 경영정상화 및 재무안정 등을 위하여 투자·운용수익을 투자자에게 배분하는 것을 목적으로 하는 사모투자전문회사이다(법 278조의3 1항).[1)]

Ⅱ. 대상기업

기업재무안정사모투자전문회사의 투자대상기업은 다음과 같이 재무구조개선기업으로 한정된다(법 278조의3 1항).

1. 「기업구조조정 촉진법」 제 2 조 제 5 호에 따른 부실징후기업

2. 「채무자 회생 및 파산에 관한 법률」 제34조·제35조에 따라 법원에 회생절차개시를 신청한 기업

3. 「채무자 회생 및 파산에 관한 법률」 제294조·제295조에 따라 법원에 파산을 신청한 기업

4. 채권금융기관(대통령령으로 정하는 금융기관을 말한다)과 채권금융기관의 총 채권액 중 50% 이상을 차지하는 채권금융기관이 개별적으로 또는 공동으로 약정을 체결하는 기업으로서 금융위원회의 확인을 받은 기업

5. 법인(그 계열회사를 포함한다)의 합병·전환·정리 등 대통령령으로 정하는 바에 따라 구조조정 또는 재무구조개선 등을 하려는 기업[2)]

---

1) 기업재무안정사모투자전문회사는 2010년 3월 자본시장법 개정시 3년간 한시적으로 도입되었고, 2013년 8월 개정에 의하여 개정법 시행일인 2013. 11. 14.부터 3년간 그 효력이 연장되었다(부칙 2조①). 기업재무안정사모투자전문회사와 함께 3년간 한시적으로 도입되었던 기업재무안정투자회사에 관한 규정(법 234조의2)은 2013. 11. 14.자로 삭제되었다.

2) "대통령령으로 정하는 바에 따라 구조조정 또는 재무구조개선 등을 하려는 기업"이란 상법」에 따른 합병, 분할, 분할합병, 주식교환, 주식이전, 영업양도(일부양도를 포함), 자산매각, 지분양도 등의 방법으로 구조조정 또는 재무구조개선 등을 하려는 기업으로서 다음 각 호의 어느 하나에 해당하는 기업을 말한다(법 시행령 300조의2 3항).

1. 외감법 제 1 조의2 제 1 호에 따른 재무제표[외감법 제 3 조 제 1 항에 따른 감사인이 작성한 감사보고서에서 한정의견(감사인의 감사 결과 적정의견을 표명할 수는 없지만 부정적의견이나 의견표명을 거절할 정도에 이르지 않는 경우에 표명하는 감사의견을 말한다) 이상의 감사의견을 받은 것만 해당]상의 자본금의 총계가 납입자본금보다 적은 기업
2. 재무제표상의 자본총계에 대한 부채총계의 비율("부채비율")이 업종별 평균 부채비율[한국은행이 발표하는 기업경영분석에 따른 해당 업종(한국표준산업분류의 중분류에 따른 업종)의 부채비율을 말하되, 기업경영분석에 해당 업종의 부채비율이 없는 경우에는 전체 업종의 평균 부채비율로 한다]의 1.5배를 초과하는 기업
3. 다음 각 목의 사유로 인한 손실액이 직전 사업연도 매출액의 5% 이상인 기업
   가. 어음의 부도
   나. 외상매출금 또는 수출대금의 미회수
   다. 보증채무의 이행
4. 6개월 이내에 둘 이상의 신용평가회사로부터 회사채 투자부적격 등급을 받은 기업
5. 사업연도 말 재무제표에 따른 영업 손실이 최근 2년간 연속하여 발생한 기업
6. 제 1 호부터 제 5 호까지의 어느 하나에 해당하는 기업의 계열회사

6. 그 밖에 기업의 재무구조개선 또는 경영정상화의 추진이 필요한 기업으로서 대통령령으로 정하는 요건에 해당하는 기업

Ⅲ. 운용방법

기업재무안정사모투자전문회사는 사모투자전문회사재산의 운용에 관한 제270조에도 불구하고 그 재산을 운용함에 있어 사원이 출자한 날부터 6개월 이상의 기간으로서 2년 이내에 출자한 금액의 50% 이상을 다음 중 어느 하나에 해당하는 방법으로 운용하여야 하고, 그와 같이 운용하고 남은 재산은 대통령령으로 정하는 바에 따라[1] 운용할 수 있다(법 278조의3 2항).

1. 재무구조개선기업이 발행한 증권의 매매
2. 재무구조개선기업이 채무자인 대출채권 등 채권, 이에 수반되는 담보권 및 그 밖에 권리의 매매
3. 재무구조개선기업이 보유하고 있는 부동산, 영업권 등 경제적 가치가 있는 자산의 매매
4. 자산총액을 초과하지 아니하는 범위에서의 재무구조개선기업에 대한 자금의 대여 및 지급의 보증
5. 제 3 항에 따른 투자목적회사의 지분증권에 대한 투자

Ⅳ. 투자목적회사에 대한 특례

기업재무안정사모투자전문회사가 주주 또는 사원인 경우로서 주주 또는 사원의 출자비율이 50%(법 시행령 300조의2 7항) 이상인 투자목적회사는 위 제278조의3 제 2 항 제 1 호부터 제 4 호까지(다만, 4호를 적용함에 있어 자산총액은 투자목적회사의 자산총액을 말한다)의 어느 하나에 해당하는 방법 및 그 밖에 대통령령으로 정하는 방법으로 재산을 운용할 수 있다. 이 경우 제270조 제 4 항·제 6 항(법 271조 5항에 따라 준용하는 경우)은 적용하지 않는다(법 278조의3 3항).

---

1) 다음과 같은 방법을 말한다(법 시행령 300조의2 6항).
   1. 증권에 대한 투자
   2. 증권에 대한 투자위험을 회피하기 위한 투자로서 그 증권이나 그 증권의 가격 또는 이를 기초로 하는 지수를 기초자산으로 하는 장내파생상품 또는 장외파생상품에 대한 투자
   3. 재무구조개선기업의 인수·합병에 드는 자금의 대여 또는 지급의 보증
   4. 자본시장법 제83조 제 4 항에 따른 단기대출
   5. 시행령 제79조 제 2 항 제 5 호 각 목의 어느 하나에 해당하는 금융기관(이에 상당하는 외국 금융기관 포함)에의 예치

Ⅴ. 금전차입과 채무보증

기업재무안정사모투자전문회사는 금전을 차입하거나 재무구조개선기업 또는 재무구조개선기업과 관련된 타인을 위하여 채무보증을 할 수 있다. 이 경우 차입금액 및 채무보증액의 합계는 기업재무안정사모투자전문회사재산의 200%를 초과하지 못하며, 제271조 제3항의 한도를 적용함에 있어 기업재무안정사모투자전문회사가 차입한 금액 및 채무보증한 금액과 위 제3항에 따른 투자목적회사가 차입한 금액을 합하여 이를 산정한다(법 278조의3 4항).

Ⅵ. 연기금의 출자한도

「국가재정법」 제13조 제1항 제2호부터 제5호까지의 기금을 관리하는 자는 해당 기금 여유자금운용액의 10%(법 시행령 300조의2 9항) 이내의 자금을 해당 기금운용계획에 따라 기업재무안정사모투자전문회사에 출자할 수 있다. 이 경우 기금이 출자한 금액은 위 제3항의 투자목적회사에 출자한 금액을 합하여 산정한다(법 278조의3 5항).

Ⅶ. 지분증권의 처분제한기간

기업재무안정사모투자전문회사 및 제3항의 투자목적회사는 6개월 미만의 기간 중에는 취득한 지분증권을 처분할 수 없다. 다만, 그 지분증권을 계속 소유함으로써 사원의 이익을 명백히 해할 우려가 있는 경우, 그 밖에 대통령령으로 정하는 경우[1]로서 미리 금융위원회의 승인을 받은 경우에는 6개월 미만의 기간 중에 이를 처분할 수 있다(법 278조의3 6항).

[개정판: 임재연]

---

1) 다음과 같은 경우를 말한다(법 시행령 300조의2 10항).
  1. 투자대상기업의 영업이 정지된 경우
  2. 투자대상기업이 3개월 이상 조업을 중단한 경우
  3. 투자대상기업의 주식에 대한 공개매수에 응하는 경우
  4. 기업재무안정사모투자전문회사의 존립기간 만료 등 해산사유가 발생한 경우
  5. 투자대상기업의 합병 등으로 인하여 사원의 이익을 침해할 우려가 있는 경우

제11장 외국 집합투자증권에 대한 특례

제279조(외국 집합투자기구의 등록 등)

① 외국 투자신탁(투자신탁과 유사한 것으로서 외국 법령에 따라 설정된 투자신탁을 말한다. 이하 같다)이나 외국 투자익명조합(투자익명조합과 유사한 것으로서 외국 법령에 따라 설립된 투자익명조합을 말한다. 이하 같다)의 외국 집합투자업자(외국 법령에 따라 집합투자업에 상당하는 영업을 영위하는 자를 말한다. 이하 같다) 또는 외국 투자회사등(외국 법령에 따라 설립된 투자회사 등을 말한다. 이하 같다)은 외국 집합투자증권(집합투자증권과 유사한 것으로서 외국 법령에 따라 외국에서 발행된 것을 말한다. 이하 같다)을 국내에서 판매하고자 하는 경우에는 해당 외국 집합투자기구(집합투자기구와 유사한 것으로서 외국 법령에 따라 설정·설립된 것을 말한다. 이하 같다)를 금융위원회에 등록하여야 한다. 〈개정 2008. 2. 29〉

② 외국 투자신탁이나 외국 투자익명조합의 외국 집합투자업자 또는 외국 투자회사등은 제 1 항에 따라 외국 집합투자기구를 등록하고자 하는 경우 대통령령으로 정하는 외국 집합투자업자 적격 요건 및 외국 집합투자증권 판매적격 요건을 갖추어야 한다. 이 경우 전문투자자 중 대통령령으로 정하는 자만을 대상으로 외국 집합투자증권을 판매하고자 하는 경우에는 외국 집합투자업자 적격 요건 및 외국 집합투자증권 판매적격 요건을 달리 정할 수 있다.

③ 제182조 제 2 항부터 제 9 항까지의 규정은 제 1 항에 따른 외국 집합투자기구의 등록에 관하여 준용한다. 이 경우 같은 조 제 2 항 제 2 호 중 "이 법"은 "외국 집합투자기구가 설정·설립된 국가의 법"으로 본다.

제301조(외국 집합투자업자의 적격요건 등) ① 법 제279조 제 2 항 전단에서 "대통령령으로 정하는 외국 집합투자업자 적격 요건 및 외국 집합투자증권 판매적격 요건"은 다음 각 호와 같다. 〈개정 2012. 6. 29〉

1. 외국 집합투자업자 적격 요건
   가. 최근 사업연도말 현재 운용자산규모(금융위원회가 정하여 고시하는 방법에 따라 계산한 것을 말한다)가 1조원 이상일 것. 이 경우 외국 집합투자업자가 그 운용자산의 운용업무 전부를 다른 외국 집합투자업자에 위탁한 경우에는 위탁받은 외국 집합투자업자의 운용자산규모가 1조원 이상이어야 한다.
   나. 국내에서 판매하려는 외국 집합투자기구의 종류(법 제229조에 따른 종류를 말한다)에 따라 별표 1에 따른 집합투자업 인가업무 단위별 최저자기자본 이상일 것
   다. 최근 3년간 금융업에 상당하는 영업과 관련하여 본국이나 국내의 감독기관으로부터 업무정지 이상에 해당하는 행정처분을 받거나 벌금형 이상에 상당하는 형사처벌을 받은 사실이 없을 것
   라. 투자자를 보호하기 위하여 금융위원회가 정하여 고시하는 요건에 해당하는 연락책임자를 국내에 둘 것
2. 외국 집합투자증권 판매적격 요건
   가. 경제협력개발기구에 가입되어 있는 국가(속령은 제외한다), 홍콩·싱가포르 또는 투자자 보호 등을 고려하여 총리령으로 정하는 국가의 법률에 따라 발행되었거나 발행이 예정되어 있을 것
   나. 보수·수수료 등 투자자가 부담하는 비용에 관한 사항이 명확히 규정되어 있고, 국제관례에 비추어 지나치게 높은 금액으로 설정되어 있지 아니할 것
   다. 투자자의 요구에 따라 직접적·간접적으로 환매 등의 방법으로 투자금액의 회수가 가능할 것

라. 그 밖에 투자자를 보호하기 위하여 필요한 요건으로서 금융위원회가 정하여 고시하는 요건을 충족할 것
② 법 제279조 제2항 후단에서 "대통령령으로 정하는 자"란 다음 각 호의 어느 하나에 해당하는 전문투자자를 말한다.
1. 국가
2. 한국은행
3. 제10조 제2항 제1호부터 제17호까지의 어느 하나에 해당하는 자
4. 제10조 제3항 제1호부터 제14호까지의 어느 하나에 해당하는 자
③ 제2항의 자만을 대상으로 외국 집합투자증권을 판매하려는 경우에는 다음 각 호의 요건을 갖추어야 한다. 〈개정 2009. 7. 1〉
1. 외국집합투자업자의 경우 최근 3년간 금융업에 상당하는 영업과 관련하여 국내의 감독기관으로부터 업무정지 이상에 해당하는 행정처분을 받거나 벌금형 이상에 상당하는 형사처벌을 받은 사실이 없을 것
2. 외국집합투자증권의 경우 보수·수수료 등 투자자가 부담하는 비용에 관한 사항이 명확히 규정되어 있을 것

Ⅰ. 본조의 취지 및 연혁

법 제182조에 따르면 집합투자기구가 설정 또는 설립된 경우 그 집합투자기구를 금융위원회에 등록하도록 규정하고 있다. 이는 집합투자기구를 설정 또는 설립한 집합투자업자 또는 투자회사 등으로 하여금 집합투자기구를 등록하도록 함으로써 설정 및 설립, 집합투자규약, 집합투자업자 등 관련 금융투자업자 등의 적합성 및 적법성을 판단하기 위한 것이다.[1][2] 외국 집합투자기구의 경우에도 기본적으로는 집합투자기구 등록제도와 동일한 규제목적을 달성하기 위한 것으로 본다. 다만, 집합투자기구 등록제도 및 외국집합투자기구 등록제도에 있어 등록의무자를 집합투자업자 또는 투자회사등으로 규정하고 있는 점을 고려할 때 외국집합투자업자 등에 대한 일종의 진입장벽의 역할을 하고 있다는 점도 인정할 수는 있다.[3] 실제로 법 시행령 제301조 제1항에서 외국 집합투자업자 적격요건을 규정함으로써 일정한 요건을 충족하는 외국집합투자업만이 국내에서 외국 집합투자증권을 판매할 수 있도록 하고 있다.

1) 변제호외 4인, 「자본시장법」, 지원출판사, 2009, 565쪽.
2) 외국 집합투자증권에 대한 정보접근이 어려운 국내 투자자들이 제한 없이 외국 집합투자증권 투자위험에 노출되는 것을 방지하기 위한 목적이라는 견해도 있다(금융감독원, 「외국펀드 판매등록 실무안내」, 2012, 8쪽).
3) 법 제182조에 따라 집합투자기구를 등록하여야 하는 것은 집합투자업자 또는 투자회사등으로 국내에서 인가를 받은 집합투자업자이거나 운용자가 집합투자업자여야 하는 반면, 외국 집합투자기구를 등록하는 외국 집합투자업자 등은 국내법상 인가를 요하지 않으므로 이들의 집합투자증권을 무제한 허용하게 되면 인가받지 않은 외국 집합투자업자가 국내에서 영업을 하도록 허용하는 것과 같기 때문이다.

이러한 외국 집합투자기구 등록제도는 1998년 구증권투자신탁업법에 따라 도입시부터 2008년 구간접투자자산운용업법까지는 신고제도로 운영되었고, 이후 2009년 자본시장법에서부터 등록제도로 변경되었으나, 규제형식이나 내용면에서 큰 차이가 있었던 것은 아니었다.

Ⅱ. 외국 집합투자기구의 개념 및 등록의무자 등

1. 외국 집합투자기구의 개념

외국집합투자기구라 함은 외국 투자신탁, 외국 투자익명조합 및 외국 투자회사등을 말한다. 각각의 집합투자기구는 자본시장법상의 집합투자기구의 개념(법 9조 18항)과 유사한 것으로서 외국법령에 따라 설정 또는 설립된 집합투자기구를 말하는데, 국내법상 투자신탁, 투자익명조합, 투자회사·투자유한회사·투자합자회사 및 투자조합(투자회사등)과 유사한 것으로서 외국법령에 따라 설정 또는 설립된 것을 말한다(법 279조 1항).

2. 등록의무자

등록의무자는 외국법령에 따라 외국에서 발행된 외국집합투자증권(자본시장법상의 집합투자증권과 유사한 것)을 국내에서 판매하고자 하는 외국집합투자업자(투자신탁과 투자익명조합) 또는 외국투자회사등이다. 이는 국내 집합투자기구의 등록에 있어서 등록의무자와 동일하다.

3. 판매의 개념

외국 집합투자증권을 국내에서 판매한다는 개념과 관련하여 자본시장법에서는 판매의 개념을 정하고 있지 않다. 사전적 의미에서의 판매의 개념은 상품을 파는 것을 의미하는데, 매도인 측의 매도행위에 초점이 맞춰진 개념으로 보는 것이 타당하다고 본다. 한편, 매도의 방법을 불특정다수를 대상으로 하는 것인가, 특정인만을 대상으로 하는가를 구분하여 어느 하나로 제한하는 것이 아니므로 공모와 사모 모두 가능하며, 공모의 경우에는 집합투자기구의 등록 외에 증권신고서를 추가적으로 제출하면 된다.

Ⅲ. 외국 집합투자기구의 등록

1. 등록의무자

외국 집합투자기구의 등록에 있어 등록의무자는 당해 집합투자기구를 운용하는 자이다. 외국 투자신탁이나 외국 투자익명조합의 외국 집합투자업자가 등록의무자이고, 외국 투자회사등의 경우에는 당해 외국 투자회사등이 등록의무자가 된다. 다만, 외국 투자회사등의 경우 각국의 법령에 따라 다를 수는 있겠지만, 형식적으로는 당해 투자회사등이지만 실질적인 등록의무자는 당해 투자회사 등의 운용을 담당하는 기관(법인이사 등)이라고 볼 수 있다.

2. 등록시점

외국 집합투자증권을 국내에서 판매하고자 하는 경우에는 다른 집합투자기구와 마찬가지로 해당 외국 집합투자기구를 사전에 금융위원회에 등록하여야 한다. 본조의 적용대상이 되는 행위의 시점을 언제로 볼 것인가에 대해서 자본시장법상 명확히 규정된 것은 아니나, 집합투자증권을 공모 방식으로 모집 또는 매출하는 경우 집합투자기구 등록과 증권신고서 제출을 별도로[1] 하여야 하므로 증권신고서 제출이 필요한 매수청약의 권유 또는 매도 청약 이전에 등록을 하여야 하고, 공모에 이르지 않는 방법으로 판매하고자 하는 경우에도 판매행위라고 볼 수 있는 매수청약의 권유 또는 매도청약 이전에 등록을 하여야 한다.

3. 등록절차

등록신청, 등록신청서의 심사 및 거부, 등록신청서의 기재사항 등 등록절차 및 방법에 관한 사항은 국내 집합투자기구의 등록에 관한 규정(법 182조 2항부터 9항)을 준용하고 있어 국내 집합투자기구의 등록과 동일하다(법 279조 3항).

이에 따라 금융위원회가 등록신청서를 접수한 경우 그 내용을 검토하여 20일 이내에 등록여부를 결정하여야 하고, 그 결과와 이유를 지체 없이 신청인에게 문서로 통지하여야 한다.[2]

4. 등록의 거부

금융위원회는 등록신청서를 검토함에 있어 다음의 사유가 있는 경우를 제외하고는 등록을 거부할 수 없다(법 182조 6항).

– 등록요건을 갖추지 않은 경우
– 등록신청서를 거짓으로 작성한 경우
– 보완요구를 이행하지 않은 경우

1) 법 제279조 제3항에 따라 준용되는 법 제182조 및 법 시행령 제211조 제5항에 따르면, 등록신청서와 증권신고서를 함께 제출하는 경우 증권신고서의 효력이 발생하는 때에 해당 집합등록기구가 등록된 것으로 보는 규정 때문에 실무상 등록신청서와 증권신고서를 동시에 제출하되, 증권신고서에 대한 심사만 진행하고, 등록신청서에 대한 심사는 별도로 진행하지 않는다.

2) 등록신청서에 대한 검토기간 중 등록요건을 확인하기 위하여 다른 기관으로부터 필요한 자료를 제공받는데 걸리는 기간과 등록신청서의 흠결을 보완을 요구한 경우 그 보완기간은 검토기간 20일에 산입하지 아니한다.

5. 변경등록

집합투자기구 등록을 한 외국 집합투자업자 등은 등록된 사항에 변경이 있는 경우 2주 내에 그 내용을 변경등록하여야 한다. 다만, 투자자 보호를 해할 우려가 없는 경우, 즉 ① 등록한 사항의 단순한 자구수정, ② 집합투자업자, 신탁업자, 또는 일반사무관리회사 등의 개요 및 재무정보 등 기본정보의 변경, ③ ① 및 ② 외에 투자자의 투자판단에 영향을 미치지 않는 사항 등에 해당되는 경우에는 변경등록이 면제된다(법 182조 8항, 법 시행령 210조, 금융투자업규정 7-2조).

Ⅳ. 외국 집합투자기구의 등록요건

외국 집합투자업자 등이 외국 집합투자기구를 등록하고자 하는 경우에는 외국 집합투자업자의 적격요건 및 외국 집합투자증권의 적격요건을 충족하여야 한다. 이러한 등록요건은 일반투자자를 대상으로 하는 경우와 일정한 전문투자자를 대상으로 하는 경우 그 요건이 달리 적용되는데, 외국 집합투자증권을 일정한 전문투자자에 한정하여 판매하고자 하는 경우에는 그 요건이 완화된다.

1. 집합투자기구의 등록요건

외국 집합투자기구의 등록에 관하여 법 제182조에 다른 집합투자기구 등록에 관한 규정이 준용된 결과(법 279조 3항), 외국 집합투자기구는 다음과 같은 요건을 충족하여야 한다(법 시행령 209조).

(1) 업무정지기간중에 있지 아니할 것

집합투자재산을 운용하는 집합투자업자, 집합투자재산을 보관·관리하는 신탁업자, 집합투자증권을 판매하는 투자매매업자·투자중개업자, 투자회사의 경우 일반사무관리회사가 업무정지기간중에 있지 않아야 한다.

(2) 적법하게 설립 또는 설정되었을 것

법 제182조에서는 집합투자기구가 이 법에 따라 적법하게 설정 또는 설립되었을 것을 요건으로 하고 있으나, 외국 집합투자기구라는 특성상 본국 또는 설립지법에 따라 적법하게 설정 또는 설립되어야 한다.[1]

---

1) 금융감독원, 전게서(2012), 30쪽.

(3) 집합투자규약이 투자자 보호에 적합할 것

그 외에 집합투자규약이 법령을 위반하거나 투자자의 이익을 명백히 침해하지 않아야 한다. 여기에서는 법령은 우리나라의 법령을 의미한다고 본다.

(4) 집합투자기구 형태별 요건

투자회사의 경우 감독이사가 금융투자업자의 임원 결격요건에 해당되지 않아야 하고, 등록 신청당시의 자본금이 1억원 이상이어야 한다. 다만, 일정한 전문투자자를 대상으로 판매하는 경우에는 자본금 요건은 적용되지 않는다.

투자유한회사, 투자합자회사, 투자유한책임회사, 투자합자조합 및 투자익명조합의 경우에는 등록신청 당시의 자본금 또는 출자금이 1억원 이상이어야 한다. 이 경우에도 일정한 전문투자자를 대상으로 판매하는 경우에는 자본금 요건이 적용되지 않는다.

2. 일반투자자 대상 외국 집합투자기구의 경우 외국 집합투자업자 적격요건

일반투자자를 대상으로 외국 집합투자증권을 판매하고자 하는 경우에 당해 집합투자기구를 운용하는 집합투자업자의 경우에는 다음의 요건을 충족하여야 하며, 집합투자기구가 회사형인 경우에는 그 운용을 담당하는 자가 이러한 요건을 갖추어야 한다.

첫째, 최근 사업연도말 현재 운용자산규모[1)]가 1조원 이상이어야 한다. 이 경우 외국 집합투자업자가 그 운용자산의 운용업무 전부를 다른 외국 집합투자업자에 위탁한 경우에는 위탁받은 외국 집합투자업자의 운용자산규모가 1조원 이상이어야 한다.

둘째, 국내에서 판매하려는 외국 집합투자기구의 종류[2)]에 따라 국내 금융투자업자의 금융투자업 인가단위를 정한 시행령 별표 1에 따른 집합투자업 인가업무 단위별 최저자기자본 이상이어야 한다.

셋째, 최근 3년간 금융업에 상당하는 영업과 관련하여 본국이나 국내의 감독기관으로부터 업무정지 이상에 해당하는 행정처분을 받거나 벌금형 이상에 상당하는 형사처벌을 받은 사실이 없어야 한다.

넷째, 투자자를 보호하기 위하여 금융위원회가 정하여 고시하는 요건에 해당하는 연락책임자[3)]를 국내에 두어야 한다.

---

1) 운용규모를 계산하는 방법은 금융투자업규정 제7-53조 참조.

2) 법 제229조에 따른 종류를 말한다.

3) 집합투자업자, 투자매매업자, 투자중개업자, 법무법인(법무법인유한회사, 법무조합, 법무법인 소속 변호사), 회계법인을 말한다(금융투자업규정 7-53조 2항).

3. 일반투자자 대상 외국 집합투자기구의 경우 외국 집합투자증권 판매적격 요건

일반투자자를 대상으로 하는 외국 집합투자기구의 집합투자증권을 다음과 같은 판매적격요건을 갖추어야 한다.

첫째, 경제협력개발기구에 가입되어 있는 국가, 홍콩·싱가포르 또는 투자자 보호 등을 고려하여 총리령으로 정하는 국가의 법률에 따라 발행되었거나 발행이 예정되어 있어야 한다.

둘째, 보수·수수료 등 투자자가 부담하는 비용에 관한 사항이 명확히 규정되어 있고, 국제관례에 비추어 지나치게 높은 금액으로 설정되어 있지 아니하여야 한다.

셋째, 투자자의 요구에 따라 직접적·간접적으로 환매 등의 방법으로 투자금액의 회수가 가능하여야 한다.

넷째, 그 밖에 투자자를 보호하기 위하여 필요한 요건으로서 금융위원회가 정하여 고시하는 요건[1]을 충족하여야 하여야 한다.

4. 일부 전문투자자를 대상으로 판매하는 경우 특례

국가, 한국은행, 금융기관 등[2][3]의 전문투자자만을 대상으로 외국 집합투자증권을 판매하고자 하는 경우에는 일반투자자를 대상으로 판매하는 경우와 달리 투자자 보호의 필요성이 낮다. 이러한 전문투자자의 경우에는 일반투자자에 비하여 외국 집합투자증권에 대한 투자위험을 인식하고 있으며, 실무상 외국 집합투자증권에 투자를 하는 주된 투자자이므로 그 요건을 완화할 필요가 있기 때문이다.

이에 따라 외국집합투자업자의 경우 최근 3년간 금융업에 상당하는 영업과 관련하여 국내의 감독기관으로부터 업무정지 이상에 해당하는 행정처분을 받거나 벌금형 이상에 상당하는 형사처벌을 받은 사실이 없어야 하고, 외국집합투자증권의 경우 보수·수수료 등 투자자가 부담하는 비용에 관한 사항이 명확히 규정되어 있으면 족하다.

---

1) 금융투자업규정 [별표 19] 외국집합투자증권 적격기준 참조.

2) 법 시행령 제10조 제 2 항 제 1 호부터 제17호 해당 금융회사등으로 은행, 한국산업은행, 중소기업은행, 한국수출입은행, 농업협동조합중앙회 및 농협은행, 수산업협동조합중앙회, 보험회사, 금융투자업자, 증권금융회사, 종합금융회사, 자금중개회사, 금융지주회사, 여신전문금융회사, 상호저축은행 및 그 중앙회, 산림조합중앙회, 새마을금고연합회, 신용협동조합중앙회.

3) 법 시행령 제10조 제 3 항 제 1 호부터 제14호 해당 금융공기업 등으로 예금보험공사 및 정리금융기관, 한국자산관리공사, 한국주택금융공사, 한국투자공사, 한국정책금융공사, 금융투자업협회, 한국예탁결제원, 한국거래소, 금융감독원, 집합투자기구(집합투자업 적용이 배제되는 특별법에 의한 집합투자기구는 제외), 신용보증기금, 기술신용보증기금, 법률에 따라 설립된 기금 및 그 기금을 관리·운용하는 법인, 법률에 따라 공제사업을 경영하는 법인, 지방자치단체.

제280조(외국 집합투자증권의 국내판매)

① 외국 투자신탁이나 외국 투자익명조합의 외국 집합투자업자 또는 외국 투자회사등은 외국 집합투자증권을 국내에서 판매하는 경우에는 투자매매업자 또는 투자중개업자를 통하여 판매하여야 한다.

② 외국 집합투자업자는 제88조에 따른 자산운용보고서를 작성하여 3개월마다 1회 이상 해당 외국 집합투자기구의 투자자에게 제공하여야 한다.

③ 투자자는 외국 투자신탁이나 외국 투자익명조합의 외국 집합투자업자, 외국 투자회사등 또는 외국 집합투자증권을 판매한 투자매매업자 또는 투자중개업자에 대하여 영업시간 중 이유를 기재한 서면으로 그 투자자에 관련된 집합투자재산에 관한 장부·서류로서 대통령령으로 정하는 장부·서류의 열람이나 등본 또는 초본의 교부를 청구할 수 있으며, 외국 투자신탁이나 외국 투자익명조합의 외국 집합투자업자, 외국 투자회사등 또는 외국 집합투자증권을 판매한 투자매매업자 또는 투자중개업자는 대통령령으로 정하는 정당한 사유가 없는 한 이를 거절하지 못한다.

④ 외국 투자신탁이나 외국 투자익명조합의 외국 집합투자업자 또는 외국 투자회사등은 해당 외국 집합투자증권의 기준가격을 매일 공고·게시하여야 한다. 다만, 기준가격을 매일 공고·게시하기 곤란한 경우 등 대통령령으로 정하는 경우에는 해당 집합투자규약에서 기준가격의 공고·게시 기간을 15일 이내의 범위에서 별도로 정할 수 있다.

⑤ 외국 집합투자증권의 국내 판매와 관련하여 판매방법, 보고서 제공, 그 밖에 필요한 사항은 대통령령으로 정한다.

시행령 제**302**조(장부·서류의 열람 등) ① 법 제280조 제3항에서 "대통령령으로 정하는 장부·서류"란 다음 각 호의 장부·서류를 말한다.

1. 집합투자재산 명세서에 상당하는 서류
2. 집합투자증권 기준가격대장에 상당하는 서류
3. 재무제표와 그 부속명세서
4. 집합투자재산 운용내역서에 상당하는 서류

② 법 제280조 제3항에서 "대통령령으로 정하는 정당한 사유"란 다음 각 호의 어느 하나에 해당하는 경우를 말한다. 이 경우 법 제279조 제1항에 따른 외국 투자신탁(이하 "외국 투자신탁"이라 한다)이나 법 제279조 제1항에 따른 외국 투자익명조합(이하 "외국 투자익명조합"이라 한다)의 외국 집합투자업자, 법 제279조 제1항에 따른 외국 투자회사등(이하 "외국 투자회사등"이라 한다) 또는 외국 집합투자증권을 판매한 투자매매업자 또는 투자중개업자는 열람이나 교부가 불가능하다는 뜻과 그 사유가 기재된 서면을 투자자에게 교부하여야 한다.

1. 외국 집합투자기구의 집합투자재산의 매매주문내역 등이 포함된 장부·서류를 제공함으로써 제공받은 자가 그 정보를 거래 또는 업무에 이용하거나 타인에게 제공할 것이 뚜렷하게 염려되는 경우
2. 외국 집합투자기구의 집합투자재산의 매매주문내역 등이 포함된 장부·서류를 제공함으로써 다른 투자자에게 손해를 입힐 것이 명백히 인정되는 경우
3. 해지·해산된 외국 집합투자기구에 관한 장부·서류로서 법 제239조 제4항에 따른 보존기한이 지나는 등의 사유로 인하여 투자자의 열람제공 요청에 응하는 것이 불가능한 경우

③ 법 제280조 제4항 단서에서 "대통령령으로 정하는 경우"란 다음 각 호의 어느 하나에 해당하는 경우를 말한다.

1. 외화자산에 투자하는 경우로서 기준가격을 매일 공고·게시하기 곤란한 경우
2. 환매금지형집합투자기구에 상당하는 외국 환매금지형집합투자기구의 경우
3. 외국집합투자기구가 설정·설립된 국가의 법령에 따라 기준가격을 매일 공고·게시하지 아니할 수 있도록 허용되어 있는 경우

제303조(외국 집합투자증권의 판매방법 등) ① 외국 투자신탁이나 외국 투자익명조합의 외국 집합투자업자, 외국 투자회사등 또는 외국 집합투자증권을 판매한 투자매매업자 또는 투자중개업자는 외국 집합투자기구가 법 제279조 제1항에 따라 등록되기 전에는 해당 외국집합투자증권을 국내에서 판매하거나 판매를 위한 광고를 하여서는 아니 된다.
② 법 제57조 제2항은 외국 집합투자증권의 투자광고에 적용하지 아니한다.
③ 외국 집합투자증권 및 외국 집합투자업자에 대하여서는 법 제57조 제3항 및 이 영 제87조 제4항 제3호·제4호를 준용한다. 이 경우 제87조 제4항 제3호 중 "집합투자업자"는 "외국 집합투자업자"로, "집합투자기구"는 "외국 집합투자기구"로, "집합투자증권"은 "외국 집합투자증권"으로 보며, 법 제57조 제3항 중 "금융투자업자"는 "금융투자업자 또는 외국 집합투자업자"로, "집합투자증권"은 "외국 집합투자증권"으로, "집합투자기구"는 "외국 집합투자기구"로 본다.
④ 외국 집합투자업자는 법 제280조 제2항에 따라 자산운용보고서를 작성·제공할 때에는 법 제88조에도 불구하고 그 외국 집합투자규약(집합투자규약에 상당하는 것을 말한다. 이하 같다)에서 정하여진 바에 따라 자산운용보고서를 작성·제공할 수 있다.
⑤ 투자매매업자 또는 투자중개업자가 외국 집합투자증권을 판매하는 경우에는 다음 각 호의 방법에 따라야 한다. 다만, 투자매매업자 또는 투자중개업자가 판매하는 외국 집합투자증권이 법 제279조 제2항 후단에 따라 등록한 외국 집합투자기구의 집합투자증권인 경우에는 집합투자규약에서 달리 정할 수 있다. 〈개정 2009. 12. 21〉
1. 판매한 외국 집합투자증권의 기준가격이 그 외국 집합투자증권의 외국 집합투자규약에서 정하는 바에 따라 그 투자매매업자 또는 투자중개업자의 본점과 지점, 그 밖의 영업소에 공고·게시될 것
2. 투자자의 투자판단에 필요하다고 인정되는 자산운용보고서 등 모든 서류가 투자매매업자 또는 투자중개업자의 본점과 지점, 그 밖의 영업소에 비치될 것
3. 제2호에 따른 모든 서류가 한글로 작성되어 투자자에게 제공될 것. 다만, 상장지수집합투자기구와 비슷한 것으로서 증권시장에 외국 집합투자증권이 상장된 외국 상장지수집합투자기구의 경우에는 외국 집합투자업자가 그 납입자산 구성내역 등을 증권시장을 통하여 매일 공고하는 방법으로 자산운용보고서의 제공을 갈음할 수 있다.
⑥ 외국 집합투자증권의 투자권유에 관한 사항, 외국 집합투자증권의 국내판매 현황에 대한 보고에 관한 사항, 그 밖에 투자자를 보호하기 위하여 필요한 사항은 금융위원회가 정하여 고시한다.

Ⅰ. 외국 집합투자증권의 국내판매

1. 투자매매업자·투자중개업자를 통한 판매

외국 집합투자기구의 집합투자증권을 국내에서 판매하는 경우에는 투자매매업자 또는 투자중개업자를 통하여 판매하여야 한다. 이 때 외국 집합투자기구의 집합투자증권을 판매하는 투자매매업자 또는 투자중개업자는 외국 집합투자기구가 법 제279조 제1항에 따라 금융위원회에 등록되기 전에는 해당 외국 집합투자증권을 국내에서 판매하여서는 아니 된다. 투자매매업자 또는 투자중개업자가 외국 집합투자증권을 판매하는 경우에는 (i) 판매한 외국 집합투자증권의 기준가격이 그 외국 집합투자증권의 외국 집합투자규약에서 정하는 바에 따라 그 투자매매업자 또는 투자중개업자의 본점과 지점, 그 밖의 영

업소에 공고·게시되어야 하고, (ii) 투자자의 투자판단에 필요하다고 인정되는 자산운용 보고서 등 모든 서류가 투자매매업자 또는 투자중개업자의 본점과 지점, 그 밖의 영업소에 비치되어야 하며, (iii) 위 (ii)에 관한 서류가 한글[1]로 작성되어 투자자에게 제공되어야 한다. 다만, 상장지수집합투자기구와 비슷한 것으로서 증권시장에 외국 집합투자증권이 상장된 외국 상장지수집합투자기구의 경우에는 외국 집합투자업자가 그 납입자산 구성내역 등을 증권시장을 통하여 매일 공고하는 방법으로 투자자에 대한 자산운용보고서의 제공을 갈음할 수 있다.[2] 한편, 일정한 전문투자자만을 대상으로 하는 외국 집합투자기구의 집합투자증권을 판매하는 경우에는 집합규약에서 위 (i), (ii), (iii)의 내용과 달리 정할 수 있다.

외국 집합투자기구를 운용하는 외국 집합투자업자 또는 외국 투자회사등은 외국 집합투자증권을 판매하는 투자매매업자 또는 투자중개업자에게 업무와 관련하여 일반인이 통상적으로 이해하는 수준을 초과하여 직접 또는 간접으로 재산상의 이익을 제공할 수 없고, 투자매매업자 또는 투자중개업자로부터 업무와 관련하여 일반인이 통상적으로 이해하는 수준을 초과하여 직접 또는 간접으로 재산상의 이익을 제공받을 수 없다.[3]

2. 증권신고서의 제출

외국 집합투자증권도 자본시장법에 의한 증권이므로 외국 투자신탁이나 외국 투자익명조합의 외국집합투자업자 또는 외국 투자회사등이 외국 집합투자증권을 국내에서 판매(모집 또는 매출)하는 경우에는 해당 외국 집합투자증권을 금융위원회에 등록하는 것과 별도로 자본시장법 제 3 편 제 1 장 증권신고서의 규정을 준수하여야 한다. 따라서 50인 이상에게 투자권유를 하는 공모 외국 집합투자증권의 경우에는 법 제119조에 따른 증권신고서의 제출대상이 되며, 해당 외국 집합투자증권이 금융위원회에 등록된 이후라 하더라도 위 증권신고서를 금융위원회에 제출하여 수리되지 아니하면 판매를 할 수 없다.[4]

3. 외국 집합투자증권의 광고 제한

외국 투자신탁이나 외국 투자익명조합의 외국 집합투자업자, 외국 투자회사등과 외

1) 투자판단에 필요한 문서를 한글로 작성토록 의무화한 것은 투자자의 외국 집합투자증권에 대한 이해를 높이기 위한 것이다(변제호외 4인, 전게서(2009), 730쪽).

2) 투자매매업자 또는 투자중개업자의 외국 집합투자증권의 투자권유 및 매매거래에 관한 사항은 금융투자업규정 제7-55조 내지 제7-57조 참조.

3) 법 시행령 제87조 제 3 호·제 4 호 참조.

4) 외국 집합투자증권을 모집 또는 매출하는 경우 증권신고서에 기재할 사항이나 첨부서류는 증권의 발행 및 공시에 등에 관한 규정 제2-11조에서 규정하고 있다. 한편, 외국 집합투자업자는 외국 집합투자증권의 국내판매 현황을 매월 말일을 기준으로 다음 달 20일까지 판매를 대행하는 투자매매업자·투자중개업자를 통하여 금융감독원장 및 협회에 보고하여야 한다(금융투자업규정 7-54조 참조).

국 집합투자증권을 판매한 투자매매업자 또는 투자중개업자는, 외국 집합투자기구가 법 제279조 제 1 항에 따라 금융위원회에 등록되기 전에는 해당 외국 집합투자증권을 국내에서 판매하기 위한 광고를 하여서는 아니 된다. 외국 집합투자업자, 외국 집합투자증권을 판매하는 투자매매업자 또는 투자중개업자가 그 외국 집합투자증권에 대하여 투자광고를 하는 경우에는 (i) 외국 집합투자증권을 취득하기 전에 투자설명서(또는 간이투자설명서)를 읽어 볼 것을 권고하는 내용, (ii) 운용결과에 따라 투자원금의 손실이 발생할 수 있고 그 손실은 투자자에게 귀속된다는 사실, (iii) 외국 집합투자기구의 운용실적을 포함하여 투자광고를 하는 경우에는 그 운용실적이 미래의 수익률을 보장하는 것은 아니라는 내용을 포함하여야 한다.[1] 이 때 투자광고에는 외국 집합투자기구의 명칭, 외국 집합투자기구의 종류에 관한 사항, 외국 집합투자기구의 투자목적 및 운용전략에 관한 사항, 외국 집합투자업자, 신탁업자와 투자매매업자 또는 투자중개업자의 상호 등 그 업자에 관한 사항 및 그 업자가 받는 보수가 수수료에 관한 사항, 외국 집합투자기구의 투자운용인력에 관한 사항, 과거 운용실적이 있는 경우에는 그 운용실적, 외국 집합투자증권의 환매에 관한 사항은 사용할 수 있으나, 그 이외의 사항은 투자광고에 사용할 수 없다.[2]

Ⅱ. 외국 집합투자증권에 대한 투자자 보호장치

1. 자산운용보고서의 제공

외국 집합투자업자는 자산운용보고서를 작성하여 3개월마다 1회 이상 판매회사를 통하여 해당 외국 집합투자기구의 투자자에게 제공하여야 한다.[3] 외국 집합투자업자가 이에 따른 자산운용보고서를 작성·제공할 때에는 그 외국 집합투자규약에서 정하여진 바에 따라 자산운용보고서를 작성·제공할 수 있다.

또한 외국 투자신탁이나 외국 투자익명조합의 외국 집합투자업자 또는 외국 투자회사등은 해당 외국 집합투자증권의 기준가격을 매일 공고·게시하여야 한다. 다만, 외화자산에 투자하는 경우로서 기준가격을 매일 공고·게시하기 곤란한 경우, 외국 환매금지형 집합투자기구의 경우 또는 외국집합투자기구가 설정·설립된 국가의 법령에 따라 기준가격을 매일 공고·게시하지 아니할 수 있도록 허용되어 있는 경우에는 해당 집합투자규약에서 기준가격의 공고·게시기간을 15일 이내의 범위에서 별도로 정할 수 있다.

---

1) 법 제57조 제 3 항 참조.
2) 법 제57조 제 3 항 및 법 시행령 제60조 제 2 항 참조.
3) 법 제88조 참조.

2. 장부·서류 등의 열람·교부 청구권

외국 집합투자증권을 구입한 투자자는 해당 외국 집합투자증권을 발행한 외국 집합투자업자, 외국 투자회사등과 해당 외국 집합투자증권을 판매한 투자매매업자 또는 투자중개업자에 대하여 영업시간 중 이유를 기재한 서면으로 그 투자자에 관련된 집합투자재산에 관한 장부·서류의 열람이나 등본 또는 초본의 교부를 청구할 수 있다. 국내 집합투자증권과 동일하게 투자자의 장부·서류 등의 열람·교부 청구권을 명시적으로 규정하여 외국 집합투자증권을 구입한 국내의 투자자를 두텁게 보호하고 있는 것이다. 이 때 집합투자재산에 관한 장부·서류는 (i) 집합투자재산 명세서에 상당하는 서류, (ii) 집합투자증권 기준가격대장에 상당하는 서류, (iii) 재무제표와 그 부속명세서 및 (iv) 집합투자재산 운용내역서에 상당하는 서류를 말한다. 이에 대하여 해당 외국 집합투자증권을 발행한 외국 집합투자업자, 외국 투자회사등과 해당 외국 집합투자증권을 판매한 투자매매업자 또는 투자중개업자는 투자자의 열람이나 교부 청구를 거절할 수 없다. 다만, 예외적으로 (i) 외국 집합투자기구의 집합투자재산의 매매주문내역 등이 포함된 장부·서류를 제공함으로써 제공받은 자가 그 정보를 거래 또는 업무에 이용하거나 타인에게 제공할 것이 뚜렷하게 염려되는 경우, (ii) 외국 집합투자기구의 집합투자재산의 매매주문내역 등이 포함된 장부·서류를 제공함으로써 다른 투자자에게 손해를 입힐 것이 명백히 인정되는 경우 또는 (iii) 해지·해산된 외국 집합투자기구에 관한 장부·서류로서 보존기한이 지나는 등의 사유로 인하여 투자자의 열람제공 요청에 응하는 것이 불가능한 경우에는 그 열람이나 교부 청구를 거절할 수 있으며, 그 열람이나 교부가 불가능하다는 뜻과 사유가 기재된 서면을 투자자에게 교부하여야 한다.

제281조(외국 집합투자업자 등에 대한 감독·검사)

① 금융위원회는 투자자를 보호하고 건전한 거래질서를 유지하기 위하여 외국 투자신탁이나 외국 투자익명조합의 외국 집합투자업자 또는 외국 투자회사등에 대하여 해당 집합투자재산의 공시 등에 관하여 필요한 조치를 명할 수 있다. 〈개정 2008. 2. 29〉

② 제419조(제2항부터 제4항까지 및 제8항을 제외한다)는 외국 투자신탁이나 외국 투자익명조합의 외국 집합투자업자 또는 외국 투자회사등에 대한 검사에 관하여 준용한다.

외국 집합투자업자 또는 외국 투자회사등에 대한 감독·검사는 국내의 집합투자업자 또는 투자회사등에 대한 감독·검사와 같다고 볼 수 있다.[1] 다만, 감독 및 검사의 대상이

1) 법 제252조 및 제419조 참조.

국내에 소재하지 않는 외국 집합투자업자 및 투자회사등이라는 점에서 국내 집합투자업자 및 투자회사등에 대한 감독 및 검사와 같은 정도의 집행력을 가지기에는 현실적인 어려움이 있을 것으로 본다. 따라서 가장 현실적인 조치는 후술하는 외국 집합투자기구에 대한 등록 취소가 될 것이다.

제282조(외국 집합투자기구의 등록취소)

① 금융위원회는 다음 각 호의 어느 하나에 해당하는 경우에는 외국 집합투자기구의 등록을 취소할 수 있다. 〈개정 2008. 2. 29〉

1. 거짓, 그 밖의 부정한 방법으로 제279조 제 1 항에 따른 등록을 하거나 제279조 제 3 항에서 준용하는 제182조 제 8 항에 따른 변경등록을 한 경우
2. 제279조 제 3 항에서 준용하는 제182조 제 2 항 각 호에 따른 등록요건을 갖추지 못하게 된 경우
3. 제279조 제 3 항에서 준용하는 제182조 제 8 항에 따른 변경등록을 하지 아니한 경우
4. 제279조 제 2 항에 따른 외국 집합투자업자 적격 요건 또는 외국 집합투자증권 판매적격 요건을 갖추지 못하게 된 경우
5. 제280조를 위반한 경우
6. 제281조 제 1 항에 따른 명령을 위반한 경우
7. 그 밖에 투자자의 이익을 현저히 해할 우려가 있거나 외국 집합투자기구로서 존속하기 곤란하다고 인정되는 경우로서 대통령령으로 정하는 경우

② 금융위원회는 제 1 항에 따라 외국 집합투자기구의 등록을 취소하고자 하는 경우에는 청문을 실시하여야 한다. 〈개정 2008. 2. 29〉

③ 제424조 및 제425조는 외국 집합투자기구의 등록 취소에 관하여 준용한다.

시행령 제**304**조(외국 집합투자기구의 등록취소) 법 제282조 제 1 항 제 7 호에서 "대통령령으로 정하는 경우"란 다음 각 호의 어느 하나에 해당하는 경우를 말한다.

1. 외국 집합투자기구가 해지되거나 해산한 경우
2. 법 제281조 제 2 항에서 준용하는 법 제419조 제 1 항에 따른 검사를 거부·방해 또는 기피한 경우
3. 외국 집합투자증권의 국내판매를 중지하려는 경우로서 외국 집합투자업자 또는 외국 투자회사등이 금융위원회가 정하여 고시하는 바에 따라 외국 집합투자기구의 등록취소를 신청한 경우

금융위원회는 국내 집합투자기구와 마찬가지로 외국 집합투자기구에 대하여도 부정한 방법으로 등록을 한 경우, 등록요건을 갖추지 못하게 된 경우, 변경등록을 하지 않은 경우, 외국 집합투자업자 적격요건 또는 판매적격 요건을 갖추지 못하게 된 경우 등의 사유가 발생한 때에는 청문절차를 거쳐 등록을 취소할 수 있다. 금융위원회는 외국 집합투자기구의 등록을 취소한 경우에는 그 내용을 기록하고 이를 유지·관리하여야 하며, 그

사실을 관보 및 인터넷 홈페이지 등에 공고하여야 한다.[1)]

한편, 등록이 취소된 외국 집합투자기구는 금융위원회에 그 조치를 받은 날부터 30일 이내에 그 사유를 갖추어 금융위원회에 이의를 신청할 수 있으며, 금융위원회는 그 이의신청에 대하여 60일 이내에 인용여부에 관한 결정을 하여야 한다. 다만, 금융위원회는 부득이한 사정으로 그 기간 이내에 결정을 할 수 없을 경우에는 30일의 범위에서 그 기간을 연장할 수 있다.[2)]

[초판: 박임출, 개정판: 유석호 · 정지연]

1) 법 제424조 참조.
2) 법 제425조 참조.

자본시장과
금융투자업에 관한 법률

| 제 6 편 금융투자업관계기관

제 1 장 한국금융투자협회

제283조(설립)

① 회원 상호 간의 업무질서 유지 및 공정한 거래를 확립하고 투자자를 보호하며 금융투자업의 건전한 발전을 위하여 한국금융투자협회를 설립한다.

② 협회는 회원조직으로서의 법인으로 한다.

③ 협회는 대통령령으로 정하는 바에 따라 주된 사무소의 소재지에서 설립등기를 함으로써 성립한다.

④ 협회에 대하여는 이 법에서 특별한 규정이 있는 것을 제외하고는 「민법」 중 사단법인에 관한 규정을 준용한다.

Ⅰ. 한국금융투자협회의 설립 및 취지

회원 상호 간의 업무질서 유지 및 공정한 거래를 확립하고 투자자를 보호하며 금융투자업의 건전한 발전을 위하여 자본시장법은 한국금융투자협회(이하 "협회"로 한다)의 설립을 법정하고 있다.[1] 자본시장의 발전 및 우리 금융투자업의 장기적인 성장을 위해서는 건전한 업무질서 유지와 이를 통한 자본시장에 대한 투자자의 신뢰 구축이 그 무엇보다 중요하므로 회원 조직인 협회의 설립 근거를 법률에서 정하고 있는 것이다.

아울러 이 법 제정으로 기능별 규율체제가 도입되고 금융투자업 상호간 겸영이 허용됨에 따라 전업주의를 전제로 하던 복수 자율규제기관 체제의 필요성이 감소하였고 동시에 공적 규제가 기능별 체제가 됨에 따라 동일한 금융기능에 대한 자율규제 기능을 증권업협회, 자산운용협회 및 선물협회가 중복적으로 수행하여 불필요한 부담이 발생할 수

1) 구증권법 제162조(설립) ① 증권회사 상호간의 업무질서를 유지하고 유가증권의 공정한 매매거래 및 투자자보호를 위하여 한국증권업협회를 설립한다.
구간투법 제160조(자산운용협회의 설립 등) ① 회원 상호간의 업무의 원활한 협조와 그 질서를 유지하고 투자자를 보호하며 간접투자자산운용업의 건전한 발전을 도모하기 위하여 자산운용협회를 설립한다.
구선물법 제75조(설립) ① 선물업자는 상호간의 업무질서 유지와 선물업의 건전한 발전을 위하여 금융감독위원회의 허가를 받아 선물협회(이하 "협회"라 한다)를 설립할 수 있다.

있으므로 3개 협회를 통합하여 하나의 협회를 설립하도록 한 것이다.[1] 증권업, 선물업 및 자산운용업 등은 자본시장을 중심으로 상호 밀접히 연관되어 있는 업무이고, 3개 협회의 자율규제업무는 그 내용과 운영구조가 유사하고 산업지원 기능도 업무성격상 유사한 구조로 운영되고 있으므로 통합이 불가피했다고 할 수 있다.

Ⅱ. 3개 협회의 통합

1. 통합의 당위성 및 실익

이 법 제정을 통한 금융상품의 복합화, 금융의 겸업화 및 금융투자상품의 포괄적 정의 등으로 인하여 구분이 모호한 상품이 출현할 가능성이 증대하였고, 이에 대하여 각 협회가 동시에 관할권을 주장하는 경우 중복규제로 인한 비효율을 초래할 수 있다. 또한 금융투자회사의 규제 수감에 따른 업무 및 비용 부담의 가중, 규제범위와 관련한 소모적 논쟁, 규제차익 및 규제의 일관성 결여 등의 부작용을 초래할 수도 있다. 만일 새로운 법체계 하에서도 기존 3개의 협회를 별도로 운영하는 것으로 했다면 금융투자업자는 모든 협회의 규제대상이 될 것이고 상품의 구분이 모호한 금융상품이나 기타 업무에 있어 각 협회가 책임을 회피하는 경우 규제 사각으로 투자자보호에 공백이 발생할 수도 있다.

협회의 통합은 금융상품 및 금융기관이 아닌 기능별로 업무를 구분한 이 법 체계에 부합할 뿐만 아니라, 금융투자업자의 불필요한 업무 및 규제비용 부담의 가중을 회피하고 규제사각지대를 해소하기 위해 이루어졌다고 하겠다.

각 협회의 전문성 통합[2] 및 유기적인 업무협조로 자율규제의 효율성을 제고하고 각 협회의 유사한 업무 및 불필요한 중복적 요소의 해소로 인하여 회원사인 금융투자업자들 입장에서도 금융업 겸업화 및 금융상품 복합화에 신속하고 유연하게 대처할 수 있을 것이며, 투자자보호에도 도움이 될 것이다.

---

1) 재정경제부, 「자본시장과 금융투자업에 관한 법률안」 설명자료, 70쪽.

2) 통합협회가 설립되면 증권, 선물 및 자산운용업 등 금융투자업에 대한 자율규제에 있어 각각 전문성이 저하될 우려가 있다는 견해가 있으나, 이미 각 분야에서 어느 정도의 전문성을 가지고 업무를 처리하던 기존의 선물협회 및 자산운용협회가 사라지고 증권업협회가 금융투자협회로 전환되는 것이 아니라, 기존의 증권·선물·자산운용협회를 합병하는 방법으로 통합협회가 설립되는 것이므로 업무 Know-how 등 전문성이 통합협회로 이전·승계되는 것이다.

	통합 전	통합 후
회원 가입	금융투자업자는 영위하는 업무에 따라 각 협회에 회원으로 중복 가입해야 함(회원으로서의 의무 가중 우려)	금융투자업자는 통합된 협회의 회원으로만 가입하면 됨
업무 추가	예를 들어 증권업협회의 회원으로서 투자매매업을 영위하던 금융투자회사가, 자본시장법상 add-on 방식에 의하여 자산운용업을 추가로 영위하게 된다면, 자산운용협회의 회원으로 다시 가입해야 하는 절차를 거쳐야 하며 여러 가지 다른 규제도 별도로 받아야 함(신속성·편리성 저해)	별다른 절차 없이 통합 협회의 회원으로서 업무를 추가적으로 영위할 수 있으므로 비즈니스 플랜에 따른 적시성 있는 영업이 가능
취급 상품에 대한 약관 및 광고 규제 등	증권 관련은 증권업협회, 선물 등 파생상품 관련은 선물협회의 관할로 볼 수 있지만, 구분이 모호한 상품에 대해서는 관할이 불분명함(Gray Zone에 대한 투자자 보호 사각지대 발생 우려)	취급상품의 종류와 관계없이 통합 협회에서 모두 관할하게 됨
자율규제	같은 영업행위에 대하여 기관별로 다른 판단이 가능하여 규제의 일관성이 저해되며, 위반행위에 대한 징계 수준 차이로 인한 규제차익도 발생할 수 있음	하나의 통합된 협회에서 자율규제하므로 규제의 일관성을 유지할 수 있음
기 타	기관이기주의로 인한 규제경쟁, 취급 상품 및 업무에 따른 이해상충 문제로 업자 및 투자자의 피해가 발생할 여지가 있음	산업지원 기능과 규제 기능간의 이해상충 문제는 자율규제의 독립성 확보로 비교적 쉽게 해결할 수 있는 문제이므로 산업 및 회원 지원 기능 강화를 통한 국제적 경쟁력 향상 가능

2. 해외 사례

(1) 일 본

2006년 일본 금융상품거래법은 시장(JASDAQ)을 가지고 있던 당시 구증권거래법상 증권업협회는 '인가금융상품거래업협회'라는 개념으로 분류하였고, 이와는 별도로 '공익법인금융상품거래업협회'라는 개념을 마련하여 기존의 금융선물거래업협회, 투자신탁협회, 증권투자자문업협회 등은 여기에 해당하게 되었다. 그러나 우리의 자본시장법과 같은 형식의 협회 통합은 없었으며, 금융상품거래법 제정·시행 이후에도 협회는 기존과 동일하게 유지되고 있다.

금융상품거래법 이후		성격상 분류
업 무	자율규제기관	
증권업	증권업협회	인가금융상품거래업협회
금융선물거래업	금융선물거래업협회	공익법인금융상품거래업협회
증권투자자문업	증권투자자문업협회	
투자신탁업	투자신탁협회	

(2) 미 국

미국은 자율규제기관의 효율성 강화를 위하여 거래소인 NYSE(New York Stock Exchange)가 가지고 있던 자율규제 부분을 따로 분리하여 독립시킨 NYSE Regulation Inc.와 전미증권업협회(NASD)를 통합함으로써 통합 자율규제기관인 FINRA(Financial Industry Regulatory Authority)를 설립하였다. 2006년 6월 SEC, NASD, NYSE가 공동으로 협의체를 구성, 통합 논의를 시작하여 2006년 11월 28일 협회 통합을 선포함과 동시에 설립위원회를 구성하여 통합 전에 충분한 준비 작업을 거쳐 통합 작업을 진행하였다. 설립위원회에서 통합 협회의 정관 작성과 이사회 구성 그리고 조직 개편을 결정하였다. 2007년 3월 16일 조직 구성 작업에 들어가 2007년 7월 30일 SEC의 승인을 받아 설립되었다.

3. 통합설립의 방법 및 절차

이 법은 한국증권업협회, 자산운용협회, 선물협회를 통합하고 그 권리·의무를 승계하는 신설통합방식으로 "통합협회"를 설립하였다. 흡수통합방식[1]과 신설통합방식은 법규정 정비 등 절차적인 면에서는 특별한 차이가 없다. 그러나 흡수통합의 경우 피흡수대상 협회 및 관련업계의 반대가 예상되는 반면, 신설통합방식의 경우 동일한 입지에서 통합이 이루어지므로 상대적으로 반대의 목소리를 줄일 수 있을 뿐 아니라 과거 시장의 통합사례[2]의 참고도 가능하다는 점에서 신설통합방식을 택한 것으로 보인다. 그리고 이 법은 신설합병에 대한 문제와 우려를 최소화하기 위한 장치를 두었다. 첫째, 합병대상 협회는 청산절차를 거치지 아니하고 통합협회의 설립과 동시에 소멸하게 하였다. 둘째, 통합협회의 설립과 동시에 소멸한 합병대상협회 직원의 고용관계를 포함한 모든 권리의무를 포괄 승계하도록 하였다.[3]

---

1) 흡수통합방식은 합병대상 법인 중 하나를 존속법인으로 하고 나머지 대상 법인을 흡수하여 통합 법인을 설립하는 방법.

2) 구 한국증권선물거래소도 증권거래소시장, 코스닥시장, 선물시장을 신설합병방식으로 설립한 바 있음.

3) 다만, 직원의 고용관계를 포함한 합병대상 협회의 모든 권리·의무를 단순히 포괄승계하는 형식적 통합에 그쳐 이 법이 지향하는 기능별 자율규제체제를 구성하지 못할 가능성이 있으므로, 부칙 조항에 협회의 조직구성 문제 등을 구체적으로 규정할 필요가 있다는 견해도 있었다(자본시장법에 대한 국회

이 법은 합병 및 협회의 설립에 관한 사무를 처리하기 위하여 한국금융투자협회설립위원회를 설치하도록 하였고, 금융위원회의 승인을 받아 2009. 2. 4. 자본시장법 시행과 함께 금융투자협회가 설립되었다.

한편, 자본시장법이 시행후에도 금융투자업자인 부동산신탁업자들의 협회인 사단법인 부동산신탁협회가 별도로 존재하였다. 자본시장법상 금융투자업자의 협회 가입이 강제되어 있지 않았으나, 금융투자업자 관련 협회로 금융투자협회만을 법정화하고 있는 점, 자율규제규정 제정권한 등이 금융투자협회에 있는 점 등에 비추어, 부동산신탁협회가 별도로 존치될 필요성이 낮아지게 되어 부동산신탁협회는 2009년 4월경에 해산하였고 부동산신탁업자 11개사는 금융투자협회의 회원으로 가입한 바 있다.[1]

Ⅲ. 협회의 법적 성격

회원조직인 협회는 민법상 비영리 사단법인이며,[2] 법에서 설립 근거를 두고 있는 법정설립 법인이기도 하다.

법에서 협회의 설립을 강제하고 있는 이유는 다른 금융권역과는 달리 자본시장 영역은 공적 규제와 함께 자율규제가 시장 투명성 확보를 위해 중요한 기능과 역할을 담당하고 있으며, 자본시장 환경변화로 인해 우리 자본시장에서도 자율규제가 그 역할을 확대해 가고 있어 자본시장 투명성 제고를 위해서는 자율규제기관의 설립은 이를 법정화하는 것이 필요하기 때문이다. 즉 협회는 자율규제기관으로서 회원 상호간의 업무질서 유지 및 공정한 거래질서 확립, 투자자 보호, 건전한 투자질서 확립 등의 기능을 수행하게 되므로 자율규제가 가지는 공익적 목적을 달성하고 업무내용의 공공성을 담보하기 위해서 법률에 그 설립근거를 마련한 것이다.[3] 다만 이 법에서 특별한 규정이 있는 것을 제외하고는 민법 중 사단법인에 관한 규정을 준용하도록 하고 있으므로 법인의 권리능력, 불법행위능력, 기관, 해산, 청산 등 일반적인 사항에 대해서는 민법 규정이 적용될 것이다.

전문위원 현성수 검토보고서, 2007. 2).

1) 박중민, 「금융투자업의 자율규제에 대한 법적 연구」, 2013. 6, 38쪽.

2) 과거 판례이기는 하지만, 증권업협회가 코스닥시장을 운영하여 일반 시장에 미치는 영향이 매우 클 때조차도 헌법재판소는 증권업협회의 기본적 성격을 민법상 사단법인에 준하는 것이라고 판단한 바 있다(헌재 2005. 2. 24. 2004헌마442 전원재판부).

3) 기존의 증권업협회는 1997년 이전에는 법상 설립이 강제된 것이 아닌 임의단체로 1953년 재무부의 인가로 설립되었으나, 증권업무의 자율화와 개방화에 따라 1997년 구증권법 개정을 통하여 법정설립 법인이 되었다.

Ⅳ. 설립등기

협회는 대통령령으로 정하는 바에 따라 주된 사무소의 소재지에서 설립등기를 함으로써 성립한다(법 283조 3항). 민법 제33조도 설립등기를 법인격을 취득하기 위한 성립요건으로 정하고 있다. 설립등기시 정관에 기재할 사항 및 첨부서류는 법 시행령에서 정하고 있다.

법 시행령 제305조에서는 설립등기시 기재사항, 첨부서류에 대하여 규정하고 있다. 즉, 자본시장법 제283조 제 3 항에 따라 협회의 설립등기에는 목적, 명칭, 본회와 지회의 소재지, 임원의 성명과 주소 및 공고의 방법을 기재하여야 하며(법 시행령 305조 1항), 설립등기에 있어서는 그 신청서에 다음의 서류를 첨부하여야 한다. ① 정관, ② 법 부칙 제 3 조에 따른 정관승인서의 사본, ③ 법 부칙 제 3 조에 따른 합병승인서의 사본, ④ 법 부칙 제 3 조에 따른 합병계약서, ⑤ 법 부칙 제 3 조에 따른 합병 전 합병대상협회(법 부칙 3조 1항에 따른 합병대상협회를 말함)의 합병승인을 받은 회원총회의 의사록, ⑥ 법 부칙 제 3 조 제 6 항에 따른 공고 및 최고를 하였다는 사실, 이의를 제출한 채권자가 있을 때에는 그 자에 대하여 변제, 담보의 제공 또는 신탁을 하였다는 사실 또는 그 자가 합병으로 인하여 손해를 입을 염려가 없다는 것을 증명하는 서면, ⑦ 합병 전 합병대상협회에 현존하는 순자산액을 증명하는 서면, 그리고 ⑧ 협회의 임원이 취임을 승낙하였다는 서면(법 시행령 305조 2항)이 바로 그것이다.

제284조(유사명칭 사용의 금지)

협회가 아닌 자는 "금융투자협회," "증권협회," "선물협회," "자산운용협회" 또는 이와 유사한 명칭을 사용하여서는 아니 된다.

Ⅰ. 유사명칭 사용금지의 취지

법은 협회 아닌 자로 하여금 협회와 유사한 명칭 사용을 금지하고 있다.[1] 민법상 일반적인 사단법인의 경우는 법인 구성원의 필요와 이익에 따라 임의로 설립·해산하도

1) 종래에는 구증권법에만 유사명칭 사용금지 조항이 있었고, 구간투법이나 구선물법에는 이러한 조항이 없었다. 다만, 1995년~1998년 선물거래법에는 유사명칭 사용금지 조항이 있다가 1999년 2월 선물거래법 개정시 동 조항이 삭제되었다.

록 하는 것이 원칙이다. 그리하여 설령 일부 회원사가 뜻을 모아 한국금융투자협회가 아닌 별도의 회원 단체를 설립할 수 있다고 하더라도 "금융투자협회," "증권협회," "선물협회," "자산운용협회" 또는 이와 유사한 명칭을 사용하지 못하게 하여 법에서 정한 협회의 역할과 기능을 수행할 수 없도록 함으로써 그 결과 금융투자협회의 자율규제의 범위에 포섭되도록 하고자 하는 취지가 있는 것이다.

금융투자협회와 동일한 기능을 담당하는 기관의 복수 설립가능성을 회원간 자율적 의사에 맡겨두게 되면 자율규제업무의 공정성 및 공익성 확보가 불가능할 수 있다. 즉 금융투자협회는 법률에 의하여 공익성과 공공성이 요구되는 다양한 내용의 규제업무를 수행하고 있기 때문에 금융투자협회와 유사한 명칭을 부정한 목적으로 사용하거나 부정 사용목적이 없더라도 제3자의 오인으로 인한 부작용을 예방할 필요가 있어 유사명칭 사용을 금지하고 있는 것이다.

Ⅱ. 유사한 명칭의 범위

또한 '이와 유사한 명칭'이라고 하였으므로 예를 들어 "투자매매업협회," "투자중개업협회," "집합투자업협회" 등의 명칭도 사용할 수 없을 것이고, 영어 등 외국어 명칭에 대해서도 법에 언급은 없으나 당연히 유사한 영어 등 외국어 명칭[1]도 사용할 수 없다고 해석해야 할 것이다. 그러므로 금융투자업에 해당하는 업무 및 협회의 역할 및 기능과 관련된 용어는 그 어떤 것이든 그 명칭 중에 사용할 수 없다고 해석해야 할 것이다.

Ⅲ. 미국의 사례

미국의 FINRA는 상표등록법(Copyright Act)에 의존하는 방법, 법적 공시(Legal Notice)를 이용하여 사용금지 공시를 하는 방법, 그리고 1934년 증권거래법 제19조의 협회등록의무를 강제하는 방법 등을 통해 유사명칭(FINRA or its affiliates)을 사용하지 못하도록 하고 있다. 첫째, 1976년 상표등록법(Copyright Act)은 협회뿐만 아니라 모든 법인의 상표와 명칭에 대한 사용 제한을 규정하고 있고, 둘째, FINRA가 공표한 법적 공시(Legal Notice)에 따르면 FINRA와 증권업협회(NASD)의 명칭 또는 이와 유사한 명칭을 사용하는 것이 금지되어 있음을 명확히 하고 있으며, 셋째, FINRA와 협회의 유사명칭 사용 금지에 대한 법적 근거는 1934년 증권거래법 제19조(b)(1)항[2]에서 협회는 SEC에 등록을 해야 한다는 규정에서

1) "Korea Financial Investment Association," "Korea Securities Dealers Association," "Asset Management Association of Korea," "Korea Futures Association" 등.

2) SEC. 19. (b)(1) 1 Each self-regulatory organization shall file with the Commission, in accordance with such rules as the Commission may prescribe, copies of any proposed rule or any proposed

도 찾을 수 있다. 즉 등록을 하지 않고 협회의 명칭을 사용하는 단체는 증권법 위반으로 간주되고 SEC에서는 FINRA만을 업자 자율규제기관으로 인정하므로 사실상 협회의 명칭을 사용할 수 없도록 강제하는 효과가 있는 것이다.

제285조(회원)

① 협회의 회원이 될 수 있는 자는 금융투자업자, 그 밖에 금융투자업과 관련된 업무를 영위하는 자로서 대통령령으로 정하는 자로 한다.

② 협회는 정관이 정하는 바에 따라 회원으로부터 회비를 징수할 수 있다.

시행령 제306조(회원) 법 제285조 제 1 항에서 "대통령령으로 정하는 자"란 다음 각 호의 어느 하나에 해당하는 자를 말한다. 〈개정 2013. 8. 27〉

1. 일반사무관리회사
2. 집합투자기구평가회사
3. 채권평가회사

3의2. 신용평가회사

4. 그 밖에 협회 정관에서 회원으로 정하는 자

Ⅰ. 협회 회원의 범위	Ⅲ. 회비 징수
Ⅱ. 문제점 및 대안	

Ⅰ. 협회 회원의 범위

협회는 법 제283조 제 2 항에 따른 회원조직으로서 회원으로 구성된다. 회원은 금융투자업자, 그 밖에 금융투자업과 관련된 업무를 영위하는 자로서 대통령령으로 정하는 자로 정하고 있으며, 법 시행령에서 그 범위를 일반사무관리회사, 집합투자기구평가회사, 채권평가회사, 신용평가회사 및 그 밖의 협회 정관에서 회원으로 정하는 자로 구체화하고 있다. 협회 정관에서는 법 제12조에 따른 금융투자업인가를 받아 이를 영위하는 자를

change in, addition to, or deletion from the rules of such self-regulatory organization (hereinafter in this subsection collectively referred to as a "proposed rule change") accompanied by a concise general statement of the basis and purpose of such proposed rule change. The Commission shall, upon the filing of any proposed rule change, publish notice thereof together with the terms of substance of the proposed rule change or a description of the subjects and issues involved. The Commission shall give interested persons an opportunity to submit written data, views, and arguments concerning such proposed rule change. No proposed rule change shall take effect unless approved by the Commission or otherwise permitted in accordance with the provisions of this subsection.

정회원으로 하고, 법 제18조에 따른 금융투자업등록을 하여 이를 영위하는 자 및 법 제22조에 따른 겸영금융투자업자를 준회원으로 하고 있으며, 일반사무관리회사, 집합투자기구평가회사, 채권평가회사, 한국상장회사협의회, 코스닥상장법인협의회, 한국예탁결제원 및 그 밖에 협회가입을 희망하는 법인을 특별회원으로 하고 있다.

〈표 1〉 협회 회원 현황(2013. 10월 기준)

회원 구분	업 태	회 원 수	비 고
정 회 원	증권사	62	
	자산운용사	85	
	선물사	7	
	부동산신탁사	11	
소 계		165	
준 회 원	자 문 사	87	
	은 행	23	
	생명보험	4	
	화재보험	1	
	종합금융	1	
	증권금융	1	
소 계		117	
특별회원	사무관리사	7	
	집합투자증권평가사	4	
	채권평가사	4	
	신용평가사	3	
	기 타	5	코스닥협회, 한국상장회사협의회, 한국예탁결제원, 한국투자공사, CME Group
소 계		23	
총 계		305	

Ⅱ. 문제점 및 대안

1. 비회원에 대한 자율규제의 한계

법에 따르면 금융투자업자를 협회의 회원으로 한다는 내용을 규정하고 있을 뿐 업자의 협회 가입 강제여부에 대해서는 별도의 규정을 두고 있지 않고 있어 비회원에 대한 자율규제에 있어 한계에 부딪힐 수 있다.

협회는 다양한 규제적 성격의 업무를 법령에 근거하여 또는 공적규제기관으로부터의 위임을 받아 수행하고 있으나, 협회의 자율규제는 원칙적으로 협회와 회원사간 동의(정관에 의한 동의)를 전제로 회원사에 대해서만 적용된다. 그러므로 금융투자업자 중 협회에 가입하지 않는 경우 아무런 조치를 취하지 않는다면 비회원 금융투자회사에 대해 자율규제를 적용하기가 어려워 회원과 비회원의 규제차익이나 규제의 사각지대는 분명히 발생할 수 있을 것이다.

구 분	회 원	비 회 원
규제 방법	자율규제	공적 규제(감독기관의 규제)
규제 근거	자율적 합의	법령
규제의 실효성 확보	자발적 준수	공권력에 의한 이행강제
규제 비용	피규제자인 회원의 규제비용 최소화 노력으로 비교적 작음	감독분담금 등 규제기관 운영·유지에 따른 공공비용 부담 가중
기 타	시장 관행에 따른 신축적·탄력적·전문적 규제를 받음	경직적·획일적 규제로 보다 엄격한 규제를 받음

2. 해외 입법례

(1) 일 본

일본의 경우 협회에 가입하지 아니하는 금융상품거래업자에 대해 내각총리대신에게 적절한 감독의무를 부과하는 방식으로 자율규제기관 가입을 간접적으로 강제하고 있다. 즉 일본 금융상품거래법 제56조의4에 의해 내각총리대신은 협회(인가금융상품거래업협회 또는 공익법인금융상품거래업협회)에 가입하지 아니하거나 또는 금융상품거래소의 회원 혹은 거래참가자가 아닌 금융상품거래업자등(금융상품거래업에 있어서는 제 1 종금융상품거래업 또는 자산운용업을 행하는 자에 한한다)의 업무에 관하여 공익을 해하거나 또는 투자자보호에 흠결이 없도록 협회 또는 금융상품거래소의 정관 기타 규칙을 고려하여 적절한 감독을 행하도록 하고 있고, 이러한 감독을 행하기 위하여 내각총리대신은 협회에 가입하지 않거나 또는 금융상품거래소의 회원이 아닌 금융상품거래업자등에 대하여 협회 또는 금융상품거래소의 정관 기타 규칙을 고려하고 당해 금융상품거래업자등 또는 임원이나 사용인이 준수하여야 하는 규칙의 작성 또는 변경도 명할 수 있다. 이러한 사내규칙의 작성 또는 변경명령을 받은 금융상품거래업자등은 30일 이내에 당해 사내규칙을 작성 또는 변경하여 내각총리대신의 승인을 받아야 하고, 승인을 받은 금융상품거래업자등은 당해 승인을 받은 사내규칙을 변경하거나 폐지하려고 하는 경우에도 내각총리대신의 승인을 받아야 한다. 다시 말해 일본은 회원이 아닌 금융상품거래업자등에 대해 내각총리대신에게 감독의무를 부과하는 방식으로 증권회사의 협회가입을 유도함으로써 간접강제 방식을 취하고 있다. 그러나 일본의 경우 자율규제기관의 복수설립이 가능한 관계로 법률에서 특정 자율규제기관에의 가입을 강제할 수 없어 간접적 방법으로 강제하는 방식을 취하고 있는바 자율규제기관의 복수설립을 금지하고 있는 우리나라와 상황이 다르다는 점을 유념해야 할 것이다.

(2) 미 국

미국은 1934년 증권거래법 제15조(b)(8)[1]을 통하여 브로커 또는 딜러의 자율규제기관 가입을 사실상 의무화함으로써 직접강제 방식을 취하고 있다. 즉 1934년 증권거래법은 등록증권업협회의 회원이 아닌 브로커·딜러는 자신이 회원으로 되어 있는 증권거래소 내에서의 매매집행 이외의 증권매매를 행하거나 고객에 대한 권유를 하지 못하도록 하고 있다. 따라서 증권업협회에의 가입은 법적인 의무는 아니지만, 대고객업무를 영위하는 모든 브로커·딜러가 회원으로 되어 있다는 점에서 사실상 강제되는 것이나 다름없다고 할 수 있다. 구체적으로 살펴보면, 미국에서 주식 브로커로서 영업을 하려면 반드시 등록을 해야 하며 등록을 위해 제출하는 서류인 Form BD에 협회회원 가입여부가 의무사항으로 되어 있을 뿐만 아니라 SEC Rule에 의하여 모든 브로커 또는 딜러(Broker-Dealer)는 SEC에 등록을 하여야 하며 등록조건으로서 협회회원 가입을 하여야 한다. 즉 등록의무를 통하여 협회 회원 가입이 강제되고 있는 것이다.

3. 보완 방안

자율규제는 그 특성상 회원이 아닌 자에 대한 자율규제가 어려우므로 그러한 공백은 다른 수단에 의하여 보완하여야 할 것이다. 규제의 목적을 효과적으로 달성하기 위해서는 공적 규제와 자율규제 간 유기적인 협조체계 구축과 함께 규제공백이 발생하지 않도록 하는 것이 필요한 것이다.

(1) 회원가입 강제 및 유도

법률로 회원 가입을 강제하는 것이 규제의 효율성과 실효성을 제고하는 데에는 가장 효과적이긴 하지만, 현실적으로 법으로 회원 가입을 직접 강제하기 어렵다면 최소한 금융

1) SEC. 15. (b)(8) It shall be unlawful for any registered broker or dealer to effect any transaction in, or induce or attempt to induce the purchase or sale of, any security (other than commercial paper, bankers' acceptances, or commercial bills), unless such broker or dealer is a member of a securities association registered pursuant to section 15A of this title or effects transactions in securities solely on a national securities exchange of which it is a member.

감독기구에 의한 감독 등을 통하여 간접적으로 협회 가입을 유도하는 것이 필요하다.

(2) 미가입 금융투자업자 및 일반사무관리회사 등에 대한 금융위 조치권 추가

시행령 제278조(일반사무관리회사에 대한 감독) 법 제256조 제 1 항 제 4 호에서 "대통령령으로 정하는 사항"이란 다음 각 호의 사항을 말한다.
3. 협회에 가입하지 아니한 일반사무관리회사에 대하여 협회가 건전한 영업질서의 유지와 투자자를 보호하기 위하여 행하는 자율규제에 준하는 내부기준을 제정하도록 하는 것에 관한 사항

시행령 제283조(집합투자기구평가회사에 대한 감독) 법 제261조 제 1 항 제 4 호에서 "대통령령으로 정하는 사항"이란 다음 각 호의 사항을 말한다.
2. 협회에 가입하지 아니한 집합투자기구평가회사에 대하여 협회가 건전한 영업질서의 유지와 투자자를 보호하기 위하여 행하는 자율규제에 준하는 내부기준을 제정하도록 하는 것에 관한 사항

시행령 제288조(채권평가회사에 대한 감독) 법 제266조 제 1 항 제 4 호에서 "대통령령으로 정하는 사항"이란 다음 각 호의 사항을 말한다.
3. 협회에 가입하지 아니한 채권평가회사에 대하여 협회가 건전한 영업질서의 유지와 투자자를 보호하기 위하여 행하는 자율규제에 준하는 내부기준을 제정하도록 하는 것에 관한 사항

시행령 제369조(금융투자업자에 대한 조치명령) ① 법 제416조 제 8 호에서 "대통령령으로 정하는 사항"이란 다음 각 호의 사항을 말한다. 〈개정 2010. 6. 11, 2011. 11. 4〉
9. 협회에 가입하지 아니한 금융투자업자에 대하여 협회가 건전한 영업질서의 유지와 투자자를 보호하기 위하여 행하는 자율규제에 준하는 내부기준을 제정하도록 하는 것에 관한 사항

법에서는 협회 회원 가입 의무화 대신에 협회 회원으로 가입하지 아니한 자에 대해서도 규제의 형평성 및 투자자보호를 위해 자율규제사항에 준하는 내부기준을 제정하도록 하는 금융위 조치권 규정을 추가하는 방안을 택하였다.

그리하여 협회의 회원이 될 수 있는 자 중 비회원 금융투자업자(겸영 금융투자업자 및 투자성 있는 예금·보험을 취급하는 은행·보험회사 등 인가간주 금융투자업자 포함)·일반사무관리회사·집합투자기구평가회사·채권평가회사에 대해서 협회의 자율규제와 동등 수준의 규제가 이루어지도록 하는 금융위 조치권 규정을 두고 있다. 즉 위와 같이 협회의 회원이 될 수 있으나 협회에 가입하지 아니한 비회원인 자에 대해서도 협회의 자율규제 수준을 준수하도록 함으로써 건전한 영업질서의 유지 및 투자자 보호를 위한 장치를 마련하고 있는 것이다. 다만 상기 규정에 포섭되지 아니하는, 협회 정관에서 회원으로 정하는 자 중 협회에 가입하지 않은 자에 대해서는 금융위의 자율규제수준 준수를 위한 조치권 규정이 존재하지 않는다. 따라서 규제의 형평성 및 투자자보호의 실효성 제고를 위해 정관에서 회원으로 정하는 자 중 협회에 가입하지 않은 비회원인 자에 대해서도 동일 규정이 적용되도록 법 시행령 제369조 제 9 호의 범위를 '금융투자업자'에서 '협회 정관에서 회원으로 정한 자 중 협회에 가입하지 아니한 자'로 확대하는 것이 바람직할 것이다.

이러한 입법은 비회원의 규제차익 향유 방지를 통한 형평성 제고 및 규제준수 수준 제고를 통한 투자자보호 증진을 위해서 필요하다고 할 수 있다. 또한 협회의 업무권한이 비회원에게도 적용될 수 있도록 법령상 명시하여 규제공백을 해소하거나, 금융투자업자 및 금융투자업 관계기관에 대한 협회 가입의무화 또한 고려할 필요가 있다.

Ⅲ. 회비 징수

협회는 회원조직으로서 회원이 납부한 회비에 의해 운영되므로 정관이 정하는 바에 따라 회원으로부터 회비를 징수할 수 있고, 따라서 회원은 정관에서 정한 회비를 납부하여야 할 의무가 있는 것이다.[1)]

第286조(업무)

① 협회는 정관이 정하는 바에 따라 다음 각 호의 업무를 행한다. 〈개정 2010. 3. 12〉

1. 회원 간의 건전한 영업질서 유지 및 투자자 보호를 위한 자율규제업무
2. 회원의 영업행위와 관련된 분쟁의 자율조정(당사자의 신청이 있는 경우에 한한다)에 관한 업무
3. 다음 각 목의 주요직무 종사자의 등록 및 관리에 관한 업무
   가. 투자권유자문인력(투자권유를 하거나 투자에 관한 자문 업무를 수행하는 자를 말한다)
   나. 조사분석인력(조사분석자료를 작성하거나 이를 심사·승인하는 업무를 수행하는 자를 말한다)
   다. 투자운용인력(집합투자재산·신탁재산 또는 투자일임재산을 운용하는 업무를 수행하는 자를 말한다)
   라. 그 밖에 투자자 보호 또는 건전한 거래질서를 위하여 대통령령으로 정하는 주요직무 종사자
4. 금융투자업자가 다음 각 목의 어느 하나에 해당하는 장외파생상품을 신규로 취급하는 경우 그 사전심의업무
   가. 기초자산이 제4조 제10항 제4호 또는 제5호에 해당하는 장외파생상품
   나. 일반투자자를 대상으로 하는 장외파생상품
5. 증권시장에 상장되지 아니한 주권의 장외매매거래에 관한 업무
6. 금융투자업 관련제도의 조사·연구에 관한 업무
7. 투자자 교육 및 이를 위한 재단의 설립·운영에 관한 업무
8. 금융투자업 관련 연수업무
9. 이 법 또는 다른 법령에 따라 위탁받은 업무
10. 제1호부터 제9호까지의 업무 외에 대통령령으로 정하는 업무
11. 제1호부터 제10호까지의 업무에 부수되는 업무

② 협회는 제1항 각 호의 업무를 행함에 있어 같은 항 제1호, 제2호 및 제4호의 업무가 다른 업무와 독립적으로 운영되도록 하여야 하며, 이를 위하여 별도의 조직을 갖추어야 한다. 〈개정 2010. 3. 12〉

---

1) 구증권법 및 구선물법에는 회비징수 근거 조항이 있었으나, 구간투법에는 이러한 조항이 없었다.

시행령 제307조(업무 등) ② 법 제286조 제1항 제10호에서 "대통령령으로 정하는 업무"란 다음 각 호의 업무를 말한다. 〈개정 2009. 2. 3, 2010. 6. 11, 2013. 8. 27〉
1. 금융투자업자의 임직원 및 제1항에 따른 주요직무 종사자의 징계기록 유지와 관리에 관한 업무
2. 금융투자업자의 법 제30조 제1항에 따른 영업용순자본(이하 "영업용순자본"이라 한다) 및 같은 항에 따른 총위험액의 비교공시에 관한 업무
3. 채무증권의 매매거래(증권시장 밖에서의 매매거래만 해당한다)에 대한 정보 관리 및 공시에 관한 업무
4. 금융투자업자 임직원의 직무 및 윤리 교육에 관한 업무
5. 투자광고의 자율심의에 관한 업무
6. 그 밖에 정관에서 정하는 업무

Ⅰ. 한국금융투자협회의 업무 개관

협회의 업무는 기존 3개 협회의 업무[1]를 통합하면서도 기능별 규제라는 자본시장법의 기본적인 규제의 틀을 고려하여 운영되도록 하였다. 그리고 금융투자회사들의 겸영 확대, 금융상품의 복합화 등이 가속화될 가능성이 높고 금융환경의 변화에 따라 다양하

1) 기존 각 협회 업무

증권협회	자산운용협회	선물협회
1. 회원간의 건전한 영업질서 유지 및 투자자보호를 위한 업무 2. 회원의 영업행위와 관련된 분쟁의 자율조정에 관한 업무 2의2. 유가증권시장 및 코스닥시장에 상장된 주권이 아닌 주권의 장외매매거래에 관한 업무 3. 제28조 제2항 제2호의 영업의 건전한 영업질서 유지를 위한 전문인력의 운영 및 관리 4. 증권관련제도의 조사·연구 5. 증권연수업무 6. 제1호 내지 제5호에 부수되는 업무 7. 제1호 내지 제6호외에 대통령령이 정하는 업무	1. 간접투자재산의 운용 또는 판매업무 등 간접투자자산운용업과 관련하여 회원간의 건전한 업무질서유지 2. 간접투자자보호를 위한 업무 3. 간접투자재산 운용의 안정성 유지 4. 운용전문인력의 등록업무 5. 간접투자제도의 조사·연구 등 6. 제164조 제1항의 규정에 의한 투자안정기금의 관리·운영 7. 투자자보호와 관련하여 이 법 또는 다른 법령에 의하여 위탁받은 업무 8. 투자자 교육 9. 제1호 내지 제8호의 업무에 부수되는 업무	1. 선물업자 상호간의 자율적인 영업질서의 유지 및 위탁자의 보호 2. 선물업자의 전문성을 높이기 위한 전문인력의 운영 및 관리 3. 선물관련제도의 조사·연구 4. 선물거래에 관한 연수업무 5. 제1호 내지 제4호의 업무에 부수되는 업무 6. 기타 대통령령이 정하는 업무

고 새로운 업무에 대한 수요가 증가할 것이므로 이러한 업무의 다각화를 반영하였다. 또한 추가적인 업무 수요에 신속하고 유연하게 대처할 수 있도록 법 시행령에서 신규 업무를 협회 정관 등으로 추가할 수 있는 근거를 마련하고 있다.[1] 협회의 업무로 규정된 업무 외의 업무를 수행하게 되면 제재[2]를 받을 수 있다. 협회 정관 중 업무에 관한 사항의 변경은 금융위원회의 승인사항(법 시행령 308조)으로서 정관변경을 통한 협회의 부적절한 업무 수행에 대해서는 금융위의 감독 및 통제가 가능하다.

현재 법에서 정하고 있는 협회의 주요 업무로는 자율규제 업무, 분쟁의 자율조정 업무, 주요직무 종사자의 등록 및 관리 업무, 증권시장에 상장되지 아니한 주권의 장외매매거래 업무, 금융투자업 관련제도의 조사·연구 업무, 투자자 교육 및 이를 위한 재단의 설립·운영 업무, 금융투자업 관련 연수 업무, 이 법 또는 다른 법령에 따라 위탁받은 업무, 법 시행령으로 정하는 업무, 이에 부수되는 업무 등이 있다. 이러한 업무의 처리에 관하여 구체적인 사항은 회원조직이고 자율규제기관인 점을 고려하여 정관에 따르도록 하고 있다.

Ⅱ. 자율규제 업무

1. 자율규제 제도의 개관

(1) 의의 및 역할

자율규제란 협회와 같은 회원단체가 투자자 보호 및 금융투자업자 상호간의 건전한 영업질서 유지 등을 목적으로 회원의 동의를 얻어 시행하는 규제 형태를 말한다.

자율규제는 공적 규제와 함께 산업 내 건전 영업질서 유지, 투자자보호 등의 업무를 담당한다. 법 시행을 통하여 금융겸업화 및 금융상품 복합화의 진전 등으로 향후 금융투자산업은 급격한 변화가 예상됨에 따라 법령 개정이 필요한 공적 규제의 경직성을, 규제의 적시성 및 유연성을 확보할 수 있는 자율규제가 보완할 수 있는 것이다.

(2) 공적 규제와 자율규제의 차이

공적 규제는 법률에 근거하여 규제·감독이 이루어지고 위반시에는 법령에 근거한 제재를 가함으로써 이행을 확보하는 규제유형이다. 공적 규제의 신설 또는 개폐를 위해서는 관계 법령의 개정 등 엄격한 절차를 요하는 관계로 규제의 적시성 확보가 곤란하며, 상도의(商道義) 등 윤리적 부문에 대한 규제가 불가한 한계가 있다.

---

1) 법 제377조 제13호, 법 제296조 제10호를 통하여 거래소, 예탁결제원 등의 경우에도 정관에 의한 업무확대 가능성을 열어 놓고 있다.

2) 법 제293조(협회에 대한 조치)에 따른 [별표 7(협회 및 그 임직원에 대한 처분 사유)] 제 4 호 : 법 제286조(업무) 제 1 항 각 호 외의 업무를 영위한 경우 또는 같은 조 제 2 항을 위반한 경우.

자율규제는 시장참여자 상호간의 합의에 의하여 이루어지고 윤리적 사안에 대해서도 규제가 가능하고 규범 준수여부를 스스로 점검하고 불이행시 정관에 기한 자체적인 제재로 규범준수를 확보하므로 공적 규제에 비하여 대외적 구속력은 약한 반면, 시장에 대한 전문성을 보유하고 있고 규제비용이 저렴하며 규제의 탄력성 확보 및 규제범위의 확장이 용이한 장점이 있다. 시장환경이 급속히 변화하는 현대 금융 분야, 특히 그 중 자본시장 분야에는 자율규제를 대외적 구속력이 강한 공적 규제의 보조수단으로 적극 활용하는 것이 바람직하다고 사료된다.

(3) 자율규제 강화 필요성

이렇게 자율규제는 공적 규제의 경직성으로 인한 규제공백을 해소하고 상도의 등 공적 규제가 부적합한 부분에 대한 규제를 통해 공적 규제를 보완하는 기능을 하므로 협회는 자율규제기능을 강화하여 투자자보호에 만전을 기해야 할 것이다. 아울러 포괄주의 규제체제 하에서 다양한 신규 영업행위로 인한 투자자 피해 방지를 위해 신속한 보호장치 마련 등 자율규제기능의 장점을 적극 활용해야 할 것이다. 더 나아가 공적 규제와 자율규제 기관간, 자율규제 기관 상호간의 중복규제 회피 및 효율적인 선진 규제시스템의 도입을 통하여 규제비용을 절감하여 투자자보호를 강화하여야 할 것이다.

[공적 규제와 자율규제 비교]

구 분	공적 규제	자율규제
규제근거	- 법령에 근거	- 자율규약에 근거 (법령에 의한 위임규제 가능)
규제범위	- 법령에 명시된 부문	- 법규정 이외의 부문에 대한 광범위한 규제 가능
유 연 성	- 시장변화에 따른 유연하고 신속한 대처 곤란 - 경직화·획일화 우려	- 윤리적 부문에 관한 규제가능 - 규제의 신축성 및 탄력성 확보 용이
전 문 성	- 시장에 대한 전문성 부족	- 시장운영 및 관행에 대한 전문성 보유(시장친화적 규제)
실 효 성	- 공권력에 의한 강제력 부여로 실효성 확보 용이	- 규제준수가 자발성에 의존 - 공적 규제에 비하여 구속력 저하
규제비용	- 규제기관의 운영유지에 따른 공공비용의 증대	- 피규제자가 규제비용을 부담하는 관계로 규제비용 최소화
기 타	- 규제의 엄격성 및 공정성 유지 용이 - 규제의 신뢰도 양호	- 비회원사에 대한 규제곤란

2. 자율규제업무의 법정화

(1) 자율규제업무의 통합

협회 통합으로 자율규제 업무도 기존에 증권업협회, 선물협회, 자산운용협회가 나누어 수행하던 것[1]을 규제비용의 최소화, 중복규제의 방지, 규제내용의 통일성 확보 등을 통한 자율규제의 효율성을 제고하기 위하여 이 법에 따라 협회에서 통합하여 수행하게 한 것은 매우 바람직한 입법 방향이라고 할 수 있다.

(2) 법정화 취지

구증권법, 구선물법, 구간투법에서는 각 협회의 업무에 “자율규제”라는 용어 및 기능이 명문화되어 있지 않았으나, 투자자 보호와 자본시장 및 금융투자업에 있어서 자율규제가 차지하는 중요성과 비중을 감안하여 이 법에서는 자율규제 기능을 협회의 법정업무로 구체적으로 명문화한 것이다.

3. 자율규제업무의 내용

(1) 자율규제관련 규정 제·개정

협회는 금융투자회사 상호 간의 영업질서 유지 및 투자자보호를 위해 자율규제관련 규정을 제정·운영하고 있다. 협회의 자율규제관련 규정은 법령의 위임을 받지 않은 순수한 회원 자율규제 사항과 법령의 위임사항을 모두 담고 있으며, 금융투자업자에게는 법령과 함께 엄연한 법원으로 작용한다. 자율규제관련 규정의 제·개정은 자율규제 업무처리의 공정성을 확보하기 위하여 독립된 자율규제위원회에서 심의·의결하고 있다. 그리고 이에 대해서는 후술하는 바와 같이 금융위원회 보고 의무가 있다.

1) 기존 각 협회가 수행하던 자율규제 업무

증권업협회	선물협회	자산운용협회
·회원 영업행위 규제 ·약관규제, 광고심의 및 인수업무 규제 ·회원의 영업행위와 관련된 분쟁자율조정에 관한 업무 ·회원의 위규행위에 관한 조사 및 제재 ·금융감독원 위탁검사업무 ·선물협회의 위탁업무(증권회사 선물업겸영관련) ·프리보드시장 운영 ·전문인력의 운영 및 관리	·자율규제 관련규정 운영 ·선물전문인력 운영 및 관리 ·표준약관 제·개정 및 약관 심사 ·광고심의 ·회원 위규 사항 조사 및 제재	·자율규제 관련 규정 운영 ·자산운용사 경영공시 ·운용전문인력 운영 및 관리 ·표준약관 제개정 및 약관심사 ·광고심의

(2) 조사 및 제재

1) 협회의 업무로 회원조사업무 추가 필요성

협회는 정관에 의거하여 금융투자회사 및 그 임직원의 관련 법령 및 협회의 제 규정 준수여부에 대한 조사권을 보유하고 있다. 한편, 금융감독원이나 한국거래소와의 중복검사 방지를 위하여 실무적으로는 각 기관간 협의를 통해 중복검사 여부를 조정하고 있다.

그러나, 원활한 자율규제업무 수행을 위해서는 회원에 대한 조사업무를 협회의 업무로 법에 명시[1)]하여 정관 및 협회규정 등에 대한 준수의식을 제고하는 것이 필요할 것이다. 입법론적으로는 법에 협회 업무로 자율규제업무를 정하고 있고 협회 정관에도 회원의 제재에 관한 사항을 정하고 있으므로, 이에 근거하여 법 또는 법 시행령에 그 조사에 관한 업무를 추가하는 것이 바람직할 것이다.

2) 제재의 실효성 확보

또한 조사결과 회원 또는 그 임직원이 관계법령 및 협회의 정관, 제 규정 등을 위반한 사실이 적발되는 경우 회원사 및 그 임직원에 대하여 현재는 협회규정에 근거하여 제재가 이루어지고 있으나, 법에 근거하여 제재 조치를 부과할 수 있어야 규정의 실효성을 담보할 수 있을 것이다.

(3) 주요 직무종사자에 대한 관리·감독

협회는 투자권유자문인력, 조사분석인력, 투자운용인력 등의 주요직무 종사자에 대하여 등록 및 관리 업무를 수행하고 있다. 금융투자회사는 소속 직원에 대한 징계내역을 협회에 보고하도록 하고, 협회는 징계내역을 관리한다. 주요 위규행위자 등 부적격자의 금융투자업 종사를 방지하기 위하여 직원 채용시 관련 내용 조회 등의 업무를 수행하고 있다. 또한 협회는 이들 주요직무 종사자에 대한 등록심사 및 위법·부당행위와 관련된 등록취소 등의 제재조치 부과 업무도 수행하고 있다

(4) 표준약관 제·개정 및 개별 약관 검토

1) 협회의 표준약관 관련 업무

법 제56조 제 3 항에 따라 협회는 건전한 거래질서를 확립하고 불공정한 내용의 약관이 통용되는 것을 방지하기 위하여 금융투자업 영위와 관련하여 표준이 되는 약관을

---

1) 미국 1934년 증권거래법 §19(b)(1)에서는 자율규제기관의 SEC 등록요건으로 "회원 및 그 임직원의 증권관계법령 및 협회규칙 위반행위에 대한 제재규정 보유"를 의무화하고 있으며, FINRA는 동 규정에 근거하여 회원에 대한 조사 및 제재 관련 사항을 자체적으로 규정하고 있다. 또한 증권업협회를 자율규제기관으로 규정하고 있는 점에서 우리와 유사한 일본의 경우 금융상품거래법(67조의8)에서 협회정관의 필요적 기재사항으로 "협회원 및 금융상품중개업자의 법령, 법령에 의한 행정관청의 처분 또는 정관 기타 규칙 또는 거래신의칙의 준수상황 조사에 관한 사항"을 규정하고 있다.

제정할 수 있다. 협회가 표준약관을 제정 또는 변경하고자 하는 경우에는 미리 금융위원회에 신고하여야 한다. 금융위원회는 표준약관이 법 또는 금융과 관련되는 법령에 위반되거나 그 밖에 투자자의 이익을 침해할 우려가 있다고 인정되는 경우에는 협회에 그 내용을 구체적으로 기재한 서면에 의하여 표준약관을 변경할 것을 명할 수 있다.

2) 과거와의 비교

이와 관련하여 과거 증권업협회의 경우 구증권법에는 아무런 정함이 없어 금융위원회 및 금융감독원장의 위탁을 받아 증권회사의 업무와 관련된 표준약관의 제·개정[1] 및 증권회사가 제정하는 개별 약관의 적정성을 심사하는 업무[2]를 처리하였었다. 반면, 자산운용협회의 표준신탁약관 제정에 대해서는 구간투법 제30조에 그 근거를 마련하고 있었다. 그러나 이 법에서는 협회의 표준약관 제정 및 변경의 근거만을 마련하고 있으며, 개별약관의 사전 심사에 관한 사항은 규정하지 않고 단지 개별 약관 시행 후 해당 약관이 법령에 위반되거나 투자자의 이익을 침해할 우려가 있는 경우에 한해 금융위원회에게 변경을 명할 권한을 부여하고, 법 시행령[3]에서 법령위반 여부나 투자자 이익 침해 여부에 대한 검토 권한만을 협회에 위탁하고 있다.

3) 협회의 개별 약관 심사 필요성

금융투자업의 겸영이 허용되고, 포괄주의 및 금융공학의 발달에 따라 선물·옵션 및 이를 기초로 한 파생상품 등 복합금융투자상품의 출현이 더욱 가속화될 것으로 예상된다. 이러한 시장환경하에서 금융투자업자가 제·개정하는 모든 약관을 시행 전에 사전점검함으로써 금융투자업자의 영업행위의 건전성 및 투자자보호의 실효성을 확보할 수 있도록 약관을 사전 심사하는 제도장치가 필요하다. 그러나 법 제56조의 금융위원회의 약관 변경 명령권 및 공정거래위원회의 약관 심사는 약관 시행 후 이루어지는 사후 심의일 뿐이고, 현행법상 금융투자상품의 개별 약관에 대한 사전 심사에 대해서는 입법 공백 상태에 있다. 향후 개별 약관의 사전 심사 근거가 마련되어야 할 것이다.

---

1) 구증권업감독규정 제4-40조(표준약관) ① 협회는 증권회사의 업무와 관련하여 적용될 표준약관을 정할 수 있다.

2) 구증권업감독규정 제4-44조(약관심사업무의 위탁) ① 감독원장은 다음 각 호에서 정한 업무 및 권한의 전부 또는 일부를 협회에 위탁할 수 있다.
1. 제4-40조 제2항·제4-41조·제4-43조 제2항의 규정에 의한 약관의 보고접수
2. 제4-41조 제3항의 규정에 의한 약관의 심사
3. 제4-42조 제1항의 규정에 의한 약관에 대한 변경권고
② 감독원장이 제1항의 규정에 의하여 약관심사업무등을 협회에 위탁하는 경우에는 약관심사등의 방법, 절차 기타 협회의 위탁업무처리의 감독에 필요한 기준을 정할 수 있다.

3) 법 시행령 제387조(권한의 위임 또는 위탁) ② 금융위원회는 법 제438조 제3항에 따라 다음 각 호의 권한을 거래소 또는 협회에 위탁한다.
2. 협회의 경우 다음 각 목의 권한
가. 법 제56조 제1항 본문에 따른 신고, 같은 항 단서에 따른 보고의 접수 및 같은 조 제6항에 해당하는지에 대한 검토 권한

또한 금융투자업의 겸영에 따라 금융투자회사 및 금융업권간 경쟁이 격화되면서 신상품 개발이 급속히 이루어지고 있어 약관 심사가 지연될시 일부 금융투자상품의 경우 상품가치가 급격히 저하되는 관계로 신상품의 적시 출현을 위해서는 약관 심사가 신속히 처리되어야 하는 필요성이 있다. 아울러 금융투자상품의 내용, 거래조건 등을 확정하기 위한 금융투자회사와 투자자 간에 사용될 목적으로 미리 준비된 계약서면이라는 약관의 성격을 감안할 때, 개별 약관 사전 심사 업무는 금융업 전반에 관한 고도의 전문지식과 이해능력, 전문인력 및 조직체계를 구비하고 있는 전문성 있는 기관에서 수행하여야 하는 것이 바람직하다는 측면에서 협회가 수행하는 것이 적절하다고 보인다.

(5) 투자광고 심의

1) 투자광고 심의의 중요성 및 과거와의 비교

이 법은 금융투자상품을 포괄적으로 규정하고 금융투자업자의 6개 금융투자업의 겸영을 허용함에 따라 다양하고 복잡한 구조의 신상품이 출현할 뿐만 아니라, 증권·선물·자산운용회사 등 전통적 증권관련기관뿐만 아니라 은행·보험 등 비증권관련 기관에서도 다양한 형태의 금융투자상품을 개발·판매할 것으로 예상된다. 이에 따라 금융투자상품 판매를 위한 금융투자업자간 경쟁 격화와 더불어 시장 선점을 위한 광고 활동은 그 수가 더욱 증가할 것이다. 따라서 투자자에 대한 정확한 정보제공과 허위·부당표시 행위의 금지, 투자위험고지 등 허위·과장광고로부터의 투자자보호의 중요성이 더욱 증대되고 있어 법 제57조에서 투자광고에 대한 규제를 두고 있다.

그러나 금융투자업자의 광고에 대한 사전 적정성 판단 및 적정성 판단의 주체 등에 대하여 이 법에서 직접 규정하고 있지 아니하고 있고[1] 법 시행령은 투자광고의 자율심의에 관한 업무를 협회의 업무로 규정하고 있고, 금융위원회 규정인 금융투자업규정상에 금융투자업자로 하여금 협회에 투자광고계획신고서와 투자광고안을 협회에 제출하여 심사받을 것과, 협회가 투자광고의 내용, 금융투자업자가 준수하여야 할 투자광고 기준, 투자광고 심사철차 및 방법, 그 밖에 투자광고와 관련하여 필요한 세부사항을 정할 수 있도록 하고 있다.

구증권법의 경우 광고에 대한 규제가 별도로 없었고, 금융위원회 규정인 증권업감독규정에 의하여 증권업협회가 위탁을 받아 증권회사가 행하는 광고의 허위 및 과장여부를 사전 심의하였고 관련 규정도 제정하였다.[2] 반면 구간투법 제59조에 판매광고 규제의

---

1) 이 법의 입법예고안(2006. 6. 30)에는 협회의 업무(333조)로 "4. 회원의 투자광고의 심사에 관한 업무"가 포함되어 있었다.

2) 구증권업감독규정 제4-34조(광고의 내부통제) ① 증권회사가 광고를 하고자 하는 경우에는 그 제작 및 내용에 있어서 광고에 관한 법규의 준수를 위하여 내부통제기준을 수립하여 운영하여야 한다.
② 협회는 필요한 경우 증권회사의 광고가 이 규정 또는 제4-35조의 규정에 의하여 협회가 정한 광고기준을 준수하고 있는지 여부를 확인하기 위하여 증권회사로부터 사전에 광고물을 제출받아 이를 심

근거를 두고 있었고, 자산운용협회 역시 금융위원회의 위탁에 따라 광고 심의 업무를 수행하였었다.

2) 협회의 광고 심사 당위성

금융투자상품은 일반 재화 및 서비스 등과 달리 투자위험성이 높은 관계로 상품의 특성 및 수익구조 등에 대한 충분한 정보 제공 및 위험고지 등이 대단히 중요하다. 즉 일반적인 상품 광고의 경우 허위 및 부당표시 행위의 금지 등이 광고규제의 핵심을 이루는 반면, 금융투자상품 광고는 광고내용의 정확성 담보뿐만 아니라 투자리스크 및 손익구조 등에 대한 충분한 설명의무의 이행 등 대고객 위험고지가 중요한 것이다. 특히 이 법 시행으로 현·선물 연계상품 등 복합금융상품 및 다양한 신상품의 출현이 가속화될 것이 예상되는 점을 감안할 때 투자자보호를 위해서 복합금융투자상품의 수익구조 및 투자위험도 등을 분석할 수 있는 전문인력과 광고의 적정성 판단 경험을 확보하고 있는 전문기관인 협회가 광고내용을 사전점검토록 한 규정의 입법이 필요했다고 할 것이다. 다만, 협회의 투자광고 심사 관련 근거를 법으로 상향하여 심사업무의 정당성을 강화하는 것을 입법론적으로 고려해 볼 수 있다.

(6) 분쟁의 자율조정

이 법에 의거하여 협회는 자율규제의 일환으로 회원사의 영업행위와 관련된 분쟁에 대해 당사자의 신청이 있는 경우에 이를 자율조정하게 된다. 협회는 분쟁조정의 공정성 담보를 위하여 학계 및 법조계, 소비자보호단체 등 관련전문가로 구성된 분쟁조정위원회를 설치·운영하고 있다. 금융감독원의 분쟁조정이 재판상 화해의 효력을 지니는데 반해, 협회의 분쟁조정은 민법상 화해의 효력을 가지게 된다는 점에서 차이가 있다.

(7) 금융감독원 위탁검사

법 제419조에 따라 협회는 금융감독원장의 위탁에 의해 금융투자회사의 주요직무 종사자의 영업행위 및 내부통제, 유가증권 인수업무, 약관 준수여부 등에 대한 검사업무를 수행하고 있다. 이를 위해 협회는 금융감독원과 검사업무 위탁계약을 체결하고 있다.

(8) 장외파생상품 사전심의

2000년대 말 글로벌 금융위기의 원인의 하나로 자산담보부증권 등 장외파생상품이 지목받게 되었고, 우리나라에서도 장외파생상품의 위험성으로부터 투자자를 보호하기 위해 금융투자업자가 장외파생상품을 취급하고자 하는 경우 자율규제기관인 협회의 사전심의를 받도록 법 개정이 이루어졌다.[1] 이에 따라 협회는 장외파생상품심의위원회를 설치하고 2010년부터 2011년까지 총 54건의 장외파생상품을 사전심의한 바 있다. 한편, 금

사할 수 있다.

1) 2010. 3. 12. 법 개정안 국회 통과.

융회사들의 부담 등을 고려하여 법 부칙에 의거하여 이 업무는 2012년 말까지 한시적으로 도입되었으며, 이후 추가적인 법 개정을 통한 업무연장 없이 일몰 종료된 바 있다.

(9) 기 타

그 밖의 협회의 자율규제 업무로는 고객에 대한 위험고지 및 투자권유의 적합성 확보를 위한 규제, 애널리스트의 재산적 이해관계 고지 등 조사분석업무 규제가 있고, 채권 및 어음 등의 매매단가 산정방식을 규정하고 매매수익률을 보고받아[1] 기준수익률 및 최종 호가수익률을 공시하는 업무를 수행하고 있다. 그리고 공모가격 결정방법 등에 대한 규제, 주관회사의 자격제한 및 인수회사의 의무에 관한 사항 결정, 인수관련 자격제한 등 유가증권 인수업무에 대하여 자율규제 업무와 표준투자권유준칙 제정(50조) 및 수수료 비교공시(58조) 등 투자자 보호 관련 자율규제 업무를 수행하고 있다.

4. 자율규제위원회

기존 한국증권업협회, 선물협회, 자산운용협회는 자율규제업무의 공정성 및 독립성 확보를 위하여 자율규제위원회를 정관에 근거한 내부 의결기관으로 설치·운영하고 있었다.[2] 이 법에 설치 근거는 명시적으로 마련되어 있지 않고 단지 협회의 자율규제업무가

1) 정부는 '채권시장 선진화 방안(2006. 12. 12)'의 일환으로 모든 장외거래 호가를 협회에 집중·공시하도록 하였다(2007. 12. 4. 시행).

2) 기존 각 협회에 존재하던 자율규제위원회

	증권업협회	선물협회	자산운용협회
구성	– 위원장 포함 8인으로 구성되는바 8인 중 5인을 공익이사 및 외부인사로 구성하여 위원회 운영의 공정성 및 투명성 확보 – 협회 부회장 1, 공익이사 3, 회원대표 2, 법조계 및 학계대표 2 – 위원장은 조직개편 이전에는 협회 상근부회장이 역임(당연직)하였으나 의사결정의 독립성 제고를 위하여 공익이사 및 협회장이 지명한 외부위원 중 회장의 추천을 받아 이사회에서 선임하는 자로 변경	– 선물협회 회장, 공익이사 2인, 회원대표자 중 이사회에서 선임하는 3인 등 총 6인으로 구성 – 회장이 위원회의 위원장이 됨	– 17인 이내의 위원으로 구성(부회장 이외의 위원은 회장이 추천하여 이사회에서 선출) – 부회장, 자산운용회사의 감사 또는 감사위원 중 6인 이내, 판매회사의 감사 또는 감사위원 중 6인 이내, 공익을 대표할 수 있는 자 2인 이내, 협회의 상근임원 또는 공익이사 2인 이내로 구성 – 위원장은 부회장 중에서 회장이 정한 자로 하며 위원회 업무를 집행
업무	– 자율규제 및 회원의 업무와 관련된 규정 등의 제정 및 개폐, 회원 및 회원사 임직원의 증권관계법령 또는 자율규제위반사항 조사 및 제재, 금융감독원장으로부터 위	– 위탁자보호 및 자율규제업무의 기획, 회원 및 회원사 임직원의 선물관계법령 또는 자율규제위반사항 조사 및 제재, 금융위원회, 금융감독원 등으로부터 위임된 검사업무의 대	– 회원 및 그 임직원에 대한 제재관련 사항을 심의 – 자율규제위원회는 제재대상 행위에 대하여 사실을 확인하고 제재내용을 심의하여 제재의 종류 및 범위를 정하여

다른 업무와 구분되어 독립적으로 운용되도록 별도의 조직을 갖추도록 하고 있으나,[1] 자본시장법 체제 하에서도 협회는 회원 조직이기도 하면서, 자율규제기관으로서 고유의 자율규제 업무뿐만 아니라 행정청으로부터 위탁받은 다양한 성격의 공익적 업무를 수행하게 되는 점과 회원 수의 급증에 따라 이해상충 방지 등을 위한 자율규제 기능의 독립성 확보가 더욱 중시되는 점 등을 감안하여 자율규제의 공정성 확보를 위하여 통합 협회에서도 과거 각 협회 내에 운영되던 자율규제위원회와 유사한 독립적인 자율규제위원회를 설치·운영하고 있다.

5. 거래소의 자율규제와의 비교

(1) 과거 협회와 증권선물거래소의 자율규제기능

자본시장법 시행 전, 자율규제기능을 수행하는 기관은 권한의 정도는 달리하지만 증권·자산운용·선물의 각 분야별 협회와 시장을 개설하고 있는 증권선물거래소가 있었다. 그러나 증권시장의 대표적인 자율규제영역은 업계에 대한 산업규제 및 영업·윤리규제를 중심으로 자율규제 활동을 수행하는 증권업협회의 자율규제와 시장을 중심으로 한 불공정행위 규제를 주로 규율하고 있는 증권선물거래소의 자율규제라고 할 수 있었다.

그런데 양 기관이 수행하는 자율규제기능은 위법·부당행위의 사전 예방 및 사후 처리 과정 중 다소 중복적일 수밖에 없다. 즉 증권업협회는 영업·윤리규제 내지 위탁검사 업무 수행 중 불공정거래행위의 단서를 발견할 수 있고, 거래소는 불공정거래행위의 조사과정에서 증권회사의 영업행위에 대한 검사필요성이 있을 수 있기 때문에 규제영역의 중복문제가 일부 발생할 수 있다.

	탁받은 검사업무의 수행, 이사회로부터 위임된 업무, 기타 투자자보호 및 자율규제 업무와 관련한 사항을 심의·의결	행 또는 지원, 이사회로부터 위임된 업무 – 회원에 대한 경고, 회원의 임·직원에 대한 징계권고, 벌과금의 부과 또는 회원 권리의 정지 등을 행할 수 있음	이사회에 보고하여야 하며 이사회는 당해 회원에 소명의 기회를 제공한 후 전체이사의 3분의 2 이상의 찬성으로 제재를 결정
설치 근거 및 법적 성격	– 정관 제54조의 규정에 의하여 설치된 자율규제 업무에 관한심의·의결기관 – 정관에서 규정하는 소관업무에 대하여는 이사회로부터 완전 독립된 배타적 심의·의결권을 보유하고 있으며, 의결내용의 이사회 보고의무도 없음	– 정관 제45조의 규정에 의하여 설치된 심의·의결 기관 – 의결내용의 이사회 보고의무 및 자율규제위원회 의결내용에 대한 이사회의 무제한 재심요구권 부여 등으로 사실상 의사결정의 독립성이 결여되어 있음	– 정관 제29조의 규정에 의하여 설치된 심의기관으로 의결권이 없음(의결권은 이사회에서 행사)

1) 이와 대조적으로 거래소의 시장감시위원회에 대해서는 설치근거와 소관업무 등을 법에서 구체적으로 명시해 주고 있으며, 수수료율 변경 사안 등에 대한 심의기관인 시장효율화위원회에 대해서도 설치근거를 법에서 명시해 주고 있음.

(2) 협회와 한국거래소 간 자율규제업무의 차이

이 법상 자율규제기관인 협회와 거래소는 같은 자율규제기관이지만, 양자의 자율규제의 범위에는 차이가 있다. 협회는 투자자 보호, 업무질서 유지 및 공정한 거래가 설립목적이고, 거래소는 증권 및 파생상품시장의 공정한 가격 형성과 그 매매, 그 밖의 거래의 안정성 및 효율성이 그 목적으로,[1] 또한 협회는 자본시장법상 6가지 종류의 금융투자업자 전체 등 회원에 대한 자율규제를 수행하는 한편, 거래소는 개설하고 있는 시장의 회원인 금융투자업자와 상장회사들에 대해서만 자율규제를 수행한다. 따라서 거래소는 거래소 회원이 아닌 집합투자업자 등의 금융투자업자에 대한 자율규제권한은 없다는 점에서 차이가 있다. 이런 이유로 협회는 금융투자업의 영업행위 관련 자율규제기관이고 거래소는 장내시장의 불공정거래행위 관련 자율규제기관이라고 구분지을 수 있다.

금융투자업자에 대한 영업행위 규제와 장내시장에서의 불공정거래행위 규제는 분명히 그 성격이 다르고 별도의 영역이 존재하고 있다. 영업행위 규제는 불공정거래행위 규제와는 달리 불공정거래행위가 발생하기 전에 건전한 영업행위의 정착을 통하여 사전적으로 투자자의 이익을 보호하는 것인 반면, 불공정거래행위 규제는 이미 시장에서 불공정거래가 발생한 경우에 이를 조사하여 사후적으로 투자자의 이익을 보호한다는 점에서 그 차이점을 찾을 수 있으므로 영업행위 규제와 불공정거래행위 규제는 건전한 자본시장의 발전이라는 목적을 달성하기 위해서 상호 보완적으로 그 기능을 발휘하여야 할 것이다.

(3) 협회와 한국거래소 간 업무협조

협회와 한국거래소간의 자율규제기능 조정의 문제는 전문성을 살리면서 업무의 중복이나 충돌이 존재하지 않는 한 과거 체계의 기본 골격을 유지하는 것이 바람직한 것으로 판단된다. 즉 협회가 자율규제업무로 담당하고 있는 산업규제 및 업무행위 규제와 거래소가 담당하고 있는 시장에서의 불공정거래에 대한 규제업무 등은 이미 축적된 전문성 및 효율성을 감안하여 기존 체제를 유지하는 것이 바람직한 것으로 판단된다.

입법론적으로는 법적 안정성과 예측가능성의 측면에서 규제의 중복과 업무범위의 불명확에 따른 문제점을 최소화하기 위해 각 자율규제기관별 규제범위를 가능한 한 명확히 하는 것이 중요하기 때문에 법규정에서 자율규제기관의 권한 범위를 명확히 하는 것이 바람직하다 할 것이다. 또한 방법론적으로 검사에 있어서는 법 제419조에서 금융감독원장은 검사업무의 일부를 거래소 또는 협회에 위탁할 수 있다고 하고 있으므로 중복되는 부분에 대해서는 공동 검사도 생각해 볼 수 있을 것이다.

---

1) 김용재, 「자본시장과 법(상)」, 고려대학교 출판부, 2011. 8, 316쪽.

[한국금융투자협회·한국거래소의 주요 자율규제업무]

	협 회	거 래 소
자율 규제 업무	1. 금융투자업자의 영업행위 관련 업무 2. 금융투자전문인력 등록 및 관리에 관한 업무 3. 금융투자업자에 대한 검사 및 그 결과에 따른 회원에 대한 제재 4. 금융투자업자 관련 자율규제규정의 제정·변경 및 폐지	1. 장내시장 이상거래의 심리 및 회원에 대한 감리 2. 시장간 연계감시 및 그 결과에 따른 회원에 대한 제재 3. 시장 관련 자율규제규정의 제정·변경 및 폐지
분쟁 조정 업무	회원의 영업행위와 관련된 분쟁의 자율조정(당사자의 신청이 있는 경우에 한함)	유가증권시장·코스닥시장에서의 매매거래 및 선물시장에서의 선물거래와 관련된 분쟁의 자율조정에 관한 업무(당사자의 신청이 있는 경우에 한함)

6. 해외 자율규제사례

(1) 일본의 자율규제

1) 주요 자율규제업무[1)]

㈎ 자율규제규정의 제정 및 시행

협회는 금융상품시장의 원활한 운영을 도모하기 위하여 회원에게 적용되는 각종 자율규제규칙을 제정하여 금융상품거래업 수행의 공정·원활화를 도모하고 있고, 그 주된 것으로는 주식 및 공사채 장외매매, 유가증권인수, 상장주권 등의 거래소외 매매, 외국증권거래, 유가증권 보호예수, 회원의 임직원 행위기준, 회원의 내부통제시스템, 전문인력 자격·등록, 회원의 광고, 회원의 투자권유·고객관리, 금융상품중개업무, 고객자산의 분별관리, 고객과의 분쟁처리 및 회원의 통일경리기준 등에 관한 제 규칙들이 있다.

㈏ 감사 및 모니터링 조사의 실시

회원의 영업활동에 있어서 법령, 자율규제규칙 등의 준수상황 및 내부관리태세의 정비상황 등에 관하여 감사를 실시하고, 회원의 경영상황 및 고객자산의 분별관리에 관한 모니터링 조사를 실시하고 있다.

㈐ 자율제재의 발동

회원이나 회원의 임직원의 법령, 자율규제규칙 등의 위반에 대하여 엄정한 제재를 행하고 재발방지를 위해 노력하고 있다.

1) 분쟁조정 관련업무도 자율규제업무의 범위에 속하지만, 관련 부분에서 후술하기로 한다.

㈑ 자격시험·자격갱신연수의 실시 및 증권전문인력 등록

금융상품거래업의 공공성 및 그 사회적 사명의 중요성에 비추어 협회의 규칙에 근거한 전문인력 자격시험 및 전문인력 자격갱신연수 등의 연수를 실시하고, 금융청장관으로부터 위임을 받아 전문인력 등록에 관한 사무도 행하고 있다.

㈒ 증권거래 등의 고충·상담, 알선

고객으로부터 회원 및 금융상품중개업자의 업무에 관한 고충·상담에 응하는 외에 고객과 회원 간의 증권거래 등에 관한 분쟁의 해결을 도모하기 위하여 금융상품거래법에서 규정하고 있는 "알선" 업무를 시행하고 있다.

㈓ 공사채시장의 정비·확충

공사채 매매는 그 대부분이 장외거래에 의하여 행하여지고 있으며, 공사채 등의 매매를 공정·원활히 행하도록 하기 위하여 공사채 장외거래에 따른 제도·관행의 제정·수정 등을 행하는 등 공사채 장외시장의 개선을 위해 노력하고 있다.

㈔ 상장주권 등의 거래소금융상품시장 외 거래의 제도 정비

상장주권 등의 거래소금융상품시장 외 거래에 따른 제도를 공정하고 원활하게 하도록 하며 투자자보호를 확보하기 위한 업무를 수행하고 있다.

㈕ Green-Sheet 제도 및 비상장유가증권매매제도의 정비

비상장회사에 의한 자금조달의 원활화 및 비상장유가증권의 유통의 촉진을 도모하고 투자자보호를 확보하기 위하여 관련 업무를 수행하고 있다.

㈖ 인정개인정보보호단체 업무의 실시

"개인정보의 보호에 관한 법률"에 근거한 인정개인정보보호단체로서 회원의 개인정보의 적정한 취급을 확보하기 위한 업무를 담당하고 있다.

2) 자율규제를 위한 수단

㈎ 자율규제와 관련한 주요사항을 협회 정관의 필요적 기재사항으로 법정화

자율규제와 관련한 규칙제정에 관한 사항, 협회원의 임원 및 사용인, 금융상품거래업자와 그 임원 및 사용인의 자질 향상에 관한 사항, 협회원 및 금융상품중개업자의 업무에 대한 투자자로부터의 고충해결 및 알선에 관한 사항, 협회원 및 금융상품중개업자의 유가증권의 매매 기타 거래권유에 관한 사항, 협회원 및 금융상품중개업자의 법령, 법령에 기한 행정관청의 처분 혹은 정관 기타 규칙 또는 거래의 신의칙의 준수 상황 조사에 관한 사항 등 주요사항을 협회 정관의 필요적 기재사항으로 금융상품거래법에서 법정화하고 있다(67조의8).

㈏ 거래의 공정성 확보를 위한 협회의무를 정관에 규정하도록 법정화

협회로 하여금 (i) 사기행위, 시세조종행위 또는 부당한 수수료 혹은 비용의 징수 기타 협회원 및 금융상품중개업자의 부당한 이득행위를 방지하고 거래의 신의칙 준수를 촉진하는 것에 노력한다는 취지, (ii) 협회원에게 법령 및 인가협회의 정관 기타 규칙을 준수하도록 하기 위하여 당해 협회원 및 당해 협회원을 소속금융상품거래업자 등으로 하는 금융상품중개업자의 사내규칙 및 관리체제를 정비하도록 함으로써 법령 또는 인가협회의 정관 기타 규칙에 위반하는 행위를 방지하고 투자자의 신뢰를 확보하도록 노력한다는 취지, (iii) 법령, 법령에 기한 행정관청의 처분 혹은 인가협회나 금융상품거래소의 정관 기타 규칙 등의 위반으로 제명 등 처분을 받은 자의 입회 거부에 관한 사항을 정관에서 규정하도록 하고 있다(68조).

㈐ 회원에 대한 처분권한의 법정화

협회는 협회원 또는 당해 협회원을 소속 금융상품거래업자 등으로 하는 금융상품중개업자가 법령·거래의 신의칙 등을 위반한 경우 과태금 부과, 정관에서 정한 협회원 권리의 정지·제명 등의 처분을 부과한다는 취지를 정관에서 규정하고 있다(68조의2).

(2) 미국의 자율규제

1) 자율규제업무의 개요

자율규제는 기본적으로 불법영업행위를 하는 회원사들에 대해 회원자격 박탈을 비롯한 각종 벌칙을 통한 자발적인 규제를 의미하므로 회원사에 대한 규제와 위반행위에 대한 집행이 가장 근본을 이루고 있다. 회원사 제재와 관련하여 선제적인 위반행위 방지를 위하여 위반행위에 대한 회원사 조사업무가 중요해지고 있는 추세이다. 회원사 제재 감시에 더하여 시장과 관련된 감시 감독이 자율규제의 일부가 되었다. NASDAQ 등 Over-The-Counter Market의 성장으로 시장감시 감독 기능이 회원사 규제 못지 않은 중요한 자율규제 업무로 등장하였는바, 시장의 직접적인 감시는 시장을 관리하는 자율규제기관이 직접 하는 것이 가장 빠르고 정확한 제재가 된다는 판단에서 중요한 업무가 된 것이다. 회원사 제재와 시장감시에 더하여 최근 투자자보호가 강조됨에 따라 분쟁조정업무가 자율규제업무의 중요한 부분으로 떠오르기 시작하였다. 분쟁조정업무에 중재(Arbitrage)업무가 추가되고 실질적인 효력을 부여함에 따라 매우 중요한 자율규제업무가 되었다.[1] 아울러 자율규제업무의 부수업무로서 금융인력의 육성을 위한 연수원 제도와 금융인력 관리를 위한 각종 자격시험 관리 및 집행이 자율규제업무의 일환으로 실행되어 왔고, 금융인력의 자격관리는 실질적인 제재수단으로도 활용되고 있다.

1) 분쟁조정 관련업무도 자율규제업무의 범위에 속하지만, 관련 부분에서 후술하기로 한다.

2) 자율규제 관련 주요 업무

(가) 자율규제(Regulatory Services) 및 제재집행(Enforcement) 업무

FINRA는 FINRA 규정, SEC 규정, 및 미국 금융투자업관련법[1)]에 의거하여 5,100개의 증권중개업자, 173,000개의 영업점, 669,000명의 금융투자업관련 종사자에 대한 규제업무를 수행하고 있다. FINRA는 금융투자업 관련자가 FINRA 규정, SEC 규정 및 미국 금융투자업관련법을 위반시 해당제재를 집행한다. 그리고 미국 판결자문위원회(National Adjudicatory Council)는 FINRA 제재지침(Finra Sanction Guideline)을 제정하여 FINRA가 제재집행시 적정한 제제수위를 결정하도록 하고, 이 제재지침을 기초로 FINRA는 금융시장의 투명성 유지 및 투자자 보호를 위하여 등록 회원사 및 관련회사, 금융투자업관련 종사자의 규정위반에 대하여 제재집행을 수행하고 있으며, 제재수위 결정시 FINRA 제재지침에 규정된 요건에 의하여 위반사항을 분류하고 위반사항의 제재범위를 한정한 후 개별 위반상황을 고려하여 적정 제재를 결정한다.

(나) 시장감시(Market Regulation) 업무

FINRA는 시장 및 금융투자회사들의 활동을 감시하기 위해, 시장데이터 수집 및 분석, 주가조작 탐지, 내부자정보거래의 탐지, 불법거래 및 시장에 위험을 줄 수 있는 금융투자행위 감시를 OATS와 INSITE Program을 통하여 실행하고 있다. 이에 따라 모든 금융투자업자는 매일 거래주문 내역을 반드시 주문감시 추적시스템(Order Audit Trail System)에 미국 동부시간 오후 5시까지 등록을 시켜야 하고, 감찰 프로그램(Insite Program)은 각 금융투자업자의 전산 시스템에 연결되어 금융투자업자(Broker와 Dealer)의 거래활동내역 감시에 사용되고 있다.

FINRA는 공유 프로그램(FEP : FINRA Entitlement Program),[2)] 대체공시편의 시스템(ADF : Alternative Display Facility)[3)] 및 거래보고와 준법감시 검색 시스템(TRACE : Trade Reporting And Compliance Engine)[4)]을 개발하고 운영하여 각 금융투자회사가 거래한 금융투자상품 가격목록과 거래내역을 공개하도록 함으로써 시장의 투명성을 높이고 있다.

---

1) 등록회원사에 적용되는 세부 규제내용은 NASD Manual, Incorporated NYSE Member Regulation Rules, NYSE Regulation Rule Interpretations, SEC Rule Interpretation(Net Capital, Books and Records) 참조.

2) FINRA 회원의 공유프로그램(FINRA Entitlement Program)은 모든 승인회원(Authorized User)이 단일 아이디를 발급받은 후, FINRA웹－베이스 시스템에 접속하여 각종 제출문서를 작성 및 승인받고 다른 회원이 제출한 정보들을 공유할 수 있는 프로그램을 의미한다.

3) 대체공시 편의시스템(Alternative Display Facility)은 등록회원사들 간에 온라인상으로 서로가 타 금융투자업자의 각종 금융투자상품 가격목록, 거래보고서, 거래비교보고서에 접근하도록 하는 시스템을 의미한다.

4) 거래보고와 준법감시 검색 시스템(Trade Reporting And Compliance Engine)은 FINRA가 자체 개발한 시스템으로 각 금융투자업자가 장외채권 유통시장의 거래내용을 FINRA에 보고하는 것을 지원하고 있다. SEC의 승인으로 각 금융투자업자(Broker와 Dealer)는 반드시 기업채권 거래내역을 TRACE 시스템을 통하여 FINRA에 보고하여야 한다.

또한 인수자(Underwriter)가 기업공개(Initial Public Offering)를 하는 경우, 인수자는 반드시 기업공개 관리 시스템(IPO Distribution Manager)[1]을 통하여 FINRA에 보고하여야 한다.

(다) 금융투자관련 인력등록 및 자격시험주관 업무

금융투자업 종사자(금융투자업자의 파트너와 임직원)는 금융투자관련 업무를 수행하기 위하여 반드시 FINRA의 중앙등록저장(CRD : Central Registration Depository) 시스템[2]을 통하여 등록신청을 하고 FINRA로부터 인가를 받아야 한다. 등록신청의 한 과정으로서 금융투자업 종사자가 해당 금융투자업에서 종사하기 위해서는 반드시 FINRA에서 주관하는 기초직무시험[3]을 통과하여야 한다.

또한 금융투자업자의 임원이 되려고 하는 자는 1차 임원직무시험을, 재무 최고책임자 및 운영 최고책임자가 되려고 하는 자는 2차 임원직무시험까지 통과하여야 한다.[4]

아울러 FINRA는 NYSE(New York Stock Exchange), NASAA(North American Securities Administrator Association), NFA(National Futures Association), MSRB(Municipal Securities Rulemaking Board), FDIC(Federal Deposit Insurance Corporation)에 관련된 모든 자격시험을 주관하고 있다.

3) 자율규제기관 간 업무분담

(가) 자율규제기관의 개요

미국은 현재 자율규제기관[5]의 통합이 한창 진행 중이며, 그 일단계로 NASD와 NYSE Regulation Inc.가 FINRA로 이미 통합되었다. 선물·옵션과 주식 브로커 그리고 투자자문업의 업권 간 경계가 허물어짐에 따라 이들 자율규제기관의 통합이 FINRA 통합의 다음 단계로 논의되고 있다.

(나) Financial Industry Regulatory Authority의 자율규제업무

FINRA는 전문적인 금융투자상품의 규제, 금융투자업자에 대한 규제 및 제제, 금융투자업관련 종사자에 대한 자격검증 및 관련 자격증 발행 업무와 분쟁조정 업무를 수행하고 있다. 또한 FINRA는 NASDAQ Stock Market, Inc, American Stock Exchange LLC,

1) 기업공개 관리(IPO Distribution Manager) 시스템은 기업공개 내역을 웹 페이지를 통하여 등록하는 시스템을 의미한다.

2) 중앙등록저장(Central Registration Depository) 시스템은 자격증 발행 및 등록시스템으로 금융투자업 종사자의 자격, 현직현황, 현재 66만명이 넘는 종사자들의 경력정보가 등록되어 있다.

3) 기초직무시험은 연방증권법(Federal Securities Law), SEC 및 FINRA 규정, 금융상품, 금융시장의 운영, 경제학, 금융시장의 위험성, 기업금융, 기초회계, 기초재무분석, 포트폴리오 분석, 공정거래 및 기초세무관련 시험이다.

4) 1차 임원직무시험 과목은 투자은행, 운용, 시장조성, 소매영업활동, 재무책임규정(Financial Responsibility Rules)이고, 2차 임원직무시험 과목은 자료축적, 순자본, 고객예탁금, 재무공시, 신용이다.

5) 미국 SEC에 등록된 자율규제기관에는 현재 미국 금융투자협회(Financial Industry Regulatory Authority), 뉴욕 증권거래소(New York Stock Exchange), 미국 선물협회(National Futures Association), 시카고옵션거래소(CBOE : Chicago Board of Option Exchange) 및 미국 자산운용협회(Investment Adviser Association)가 존재한다.

International Securities Exchange, LLC, Industry Utilities(Trade Reporting Facilities와 Over-the-Counter)와의 계약에 의하여 시장감시 업무도 수행한다.

㈐ New York Stock Exchange의 자율규제업무

첫째, NYSE는 추가상장을 포함한 상장심사 업무를 주관한다. NYSE에 상장하기 원하는 회사는 등록 및 신청서류를 SEC에 보낸 후, NYSE Financial Corporate Governance 및 상장심사의원(Listings Compliance Staff)에 의한 상장자격 검증과정(Eligibility Process)을 받아야 한다. NYSE는 상장신청 회사의 대리인과 회의 후 상장자격검증분석(Eligibility Analysis) 결과를 전달하고 보완점을 요구하거나 상장을 승인하게 된다. NYSE는 상장신청 회사를 의미하는 표시(Ticker Symbol)를 동 회사로부터 받은 후 승인을 통보하고, 상장신청 회사의 상장신청서류 원본을 수령한 후, NYSE Board에 상장시키게 된다.

둘째, NYSE는 시장감시 업무를 수행한다. 시장감시부(Market Surveillance Division)는 거래소 규정(Exchange Rules), 연방 증권법(Federal Securities Laws)에 근거하여 NYSE에서의 금융투자상품 거래감시 및 잠정 규정위반행위[1] 대상 조사업무를 수행한다. 조사 결과 위반사항 발생시, 위반자를 제재담당 부서(Enforcement Division)에 보고하고 위반자가 NYSE의 관할권 외에 속한 경우 바로 SEC에 고발조치한다. 또한 위반자가 재판을 받는 경우, 시장감시부는 모든 규정위반 증거자료를 SEC에 제공한다. 아울러 시장감시부는 NYSE 직거래 시장(Floor Trading Market)의 회원을 대상으로 하는 교육, 규정해석 및 제정, NYSE의 시장거래 시스템에 대한 상담지원 업무도 책임지고 있다.

Ⅲ. 분쟁의 자율조정 관련 업무

1. 취 지

최근, 업계를 중심으로 투자자보호 활동을 강화하고 있음에도 불구하고 자본시장의 양적·질적 규모 확대와 이 법 시행으로 다양한 금융상품이 출현하면서 분쟁 발생 요인이 증가하게 되었다. 그리하여 자율규제기관인 협회로 하여금 당사자의 신청이 있는 경우에 한하여 회원의 영업행위와 관련된 분쟁의 자율조정에 관한 업무를 처리토록 법에서 정한 것이다(법 286조 1항 2호). 협회의 분쟁조정업무는 회원사인 금융투자회사의 영업행위 과정에서 발생될 수 있는 분쟁에 대하여 자율조정을 통하여 분쟁당사자가 소송이전의 경제적 분쟁해결방안을 모색하는 수단이자 또 하나의 자율규제관련 업무라 할 수 있다. 다만 일반적인 자율규제와 마찬가지로 회원이 아닌 자의 영업행위에 관해서는 분쟁의 자율

1) 규정위반행위에는 내부자거래(Insider Trading), 시장가 조작(Market Manipulation), 신탁의무 위반(Breaches of Fiduciary Duties), 영업점 책임과 투자자보호 규정위반(Violation of Agency Responsibility and Investor Protection Rules), 공정거래위반행위가 포함된다.

조정 기능을 수행할 수 없다는 한계가 있다.

2. 분쟁조정에 있어 협회의 역할

협회는 분쟁의 자율조정을 위하여 필요한 분쟁조정규정을 정할 수 있다(법 288조 1항). 이에 따라 협회는 "분쟁조정에 관한 규정"을 제정하여 운영하고 있다.

협회는 분쟁의 조정을 위하여 필요하다고 인정되는 경우에는 당사자에 대하여 사실의 확인 또는 자료의 제출 등을 요구할 수 있으며(법 288조 2항), 협회는 당사자, 그 밖의 이해관계인의 의견을 들을 필요가 있다고 인정되는 경우에는 이들에게 회의에 출석하여 의견을 진술할 것을 요청할 수 있다(법 288조 3항). 최소한의 적법절차를 법에서 규정한 것으로 보여지나, 협회의 자료제출 요구권 및 의견진술 요청권에 대해 불응할 경우 대응책에 대한 조항은 없다는 점은 한계로 지적될 수 있다.

3. 다른 기관의 분쟁조정 업무와의 비교

과거 증권관련 분쟁의 조정업무는 금융감독원, 한국증권선물거래소, 한국증권업협회 등 세 기관에서 수행하고 있었다. 이 법 또한 기존의 체계를 수용하여 회원의 영업행위와 관련된 분쟁에 대해서는 협회가, 그리고 시장에서의 매매와 관련된 분쟁에 대해서는 거래소 시장감시위원회로 하여금 조정업무를 수행하도록 규정하고 있다(법 377조). 분쟁조정기관이 다원화되면 기관 중복에 따른 비효율도 발생할 수 있지만, 투자자에게 다양한 분쟁해결 채널을 확보해 줄 수 있다는 장점이 있다. 각 기관별로 특화 및 전문화된 업무영역이 있으므로 전문화된 업무를 대상으로 하는 차별화된 분쟁조정 기능을 제공하여 실체적 진실에 부합하는 분쟁결과를 모색하여 준다면 투자자에게도 도움이 될 것이다. 즉 다양한 기관의 합리적인 분쟁해결서비스 제공으로 투자자보호가 강화되면 궁극적으로 건전한 자본시장 발전에 기여하게 될 것이다.

[기관별 분쟁조정 범위 및 조정의 효력비교]

기 관	조정범위	조정의 효력
협 회	회원의 영업행위와 관련된 분쟁	민법상 화해
거 래 소	거래소시장 등에서의 매매거래와 관련된 분쟁	민법상 화해
금융감독원	금융회사와 금융수요자 등 사이에 발생하는 금융 관련 분쟁	재판상 화해

4. 분쟁조정 결과 및 공정성 확보

협회를 통한 분쟁조정이 성립하는 경우 민법상 화해계약이 성립하는 효력이 발생된다. 법상 재판상 화해의 효력이 인정되는 금융감독원 분쟁조정[1]의 경우에도 분쟁당사자가 조정에 응하는 경우에만 조정절차가 진행되고 당사자가 조정결과를 수용해야 법이 규정하고 있는 효력이 발생된다. 그러므로 협회 분쟁조정의 경우도 당사자간 부제소 특약을 체결하는 방법으로 법상 강제력을 확보할 수 있게 되면 운영여하에 따라서는 금융감독원 분쟁조정과 유사하게 운영하는 것도 가능할 것이다. 입법론적으로는 협회가 처리하는 자율적인 분쟁조정의 효력 등에 대해서도 법률에 규정하는 것이 그 실효성 확보에 도움이 될 수 있을 것으로 보인다. 다만 그러기 위해서는 자율규제와 마찬가지로 분쟁조정 등 공익성이 요구되는 업무와 회원지원기능 간 이해상충 문제를 해결하기 위한 장치를 마련하여 이해상충에 대한 우려를 해소하는 것이 선행되어야 할 것이다. 분쟁조정은 양 당사자 간의 합의의사가 전제되어야만 조정이 성립되는 것이고 금감원, 거래소 등 다양한 분쟁조정기관이 존재하는 상황에서 분쟁조정업무의 지속적인 수행을 위해서는 공정한 업무처리가 필수적이기 때문이다. 그리고 향후 분쟁조정의 공정성 확보를 위하여 설치될 분쟁조정위원회의 구성에서도 업계대표뿐 아니라 외부 법률전문가, 학계 및 소비자단체대표 등을 참여토록 하여야 조정의 공정성·객관성 확보가 가능할 것이다.

5. 분쟁조정의 해외사례

(1) 일 본

일본에서는 협회만을 고객과의 분쟁에 대한 유일한 해결기관으로 운영하고 있고, 투자자의 고충·분쟁해결 및 알선에 관한 사항을 법률로 상세히 규정하고 있다. 고충 및 분쟁의 해결, 알선 등을 위하여 필요한 경우 관계자에 대해 설명 및 자료제출 등을 요구할 수 있고, 특히 알선제도의 운영과 관련하여 알선위원 구성 등 분쟁조정을 위하여 필요한 사항을 법률에서 규정하여 효율적 알선업무가 이루어질 수 있도록 제도적으로 지원하고 있다.

(2) 미 국

투자자와 금융투자업자 또는 금융투자업자와 그 종사자 간에 분쟁이 발생했을 경우 FINRA는 중재재판 및 분쟁조정(Arbitration & Mediation) 업무를 통하여 금융투자업관련 분쟁을 해결한다. 분쟁발생시 쌍방은 온라인 분쟁조정 사례(Online Arbitration Claim Filing) 사항에

---

1) 금융위원회의 설치 등에 관한 법률 제55조(조정의 효력) 당사자가 제53조 제 5 항에 따라 조정안을 수락한 경우 그 조정안은 재판상의 화해와 동일한 효력을 갖는다. [전문개정 2012. 3. 21]

해당 분쟁이 포함되는지를 확인한 후 FINRA에 분쟁조정을 신청하고 신청비용을 지급한다. FINRA는 높은 협상능력을 가진 중재 전문가(Mediator)를 쌍방에 배정하여 쌍방이 비공식적·자발적으로 법적 분쟁 없이 타협방안을 도출할 수 있도록 지원한다. 만일 합의점을 도출하지 못했을 경우 FINRA는 중재재판을 위한 실무 전문가인 중재인(Arbitrator)을 배정하여 증거와 관련규정을 근거로 쌍방의 분쟁에 대한 판결을 내리게 된다.

Ⅳ. 주요직무 종사자의 등록 및 관리 업무

1. 협회의 역할 및 취지

이 법에서는 금융투자업 관련 인력의 관리 및 자질향상을 위한 규정을 마련하고 있다. 그 하나는 다음에서 설명하게 될 금융투자업 종사자의 자질 향상 및 금융투자업 관련 전문지식 보급을 위한 금융투자업 관련 연수원의 설치·운영이고, 또 하나는 금융투자업 관련 전문인력에 대한 체계적 관리를 위해 투자전문인력을 세분화하고 그 등록 및 관리업무를 금융투자협회 업무로 규정한 것이다. 이에 따라 협회로 하여금 투자자와 직접 대면하고 금융상품을 직접 다루는 주요직무 종사자의 등록 및 관리에 관한 업무를 수행하도록 하여 그들의 자질향상과 투자자 보호에 기여하도록 한 것이다.

2. 주요직무 종사자의 범위

법에서 정의하고 있는 주요직무 종사자란 투자권유를 하거나 투자에 관한 자문 업무를 수행하는 자인 '투자권유자문인력', 조사분석자료를 작성하거나 이를 심사·승인하는 업무를 수행하는 자인 '조사분석인력', 집합투자재산·신탁재산 또는 투자일임재산을 운용하는 업무를 수행하는 자인 '투자운용인력', '투자자 보호 또는 건전한 거래질서를 위하여 법 시행령으로 정하는 주요직무 종사자'를 말한다. 법 시행령은 투자권유자문 관리인력, 집합투자재산 계산전문인력, 집합투자기구 평가전문인력, 증권분석전문인력, 집합투자재산평가전문인력, 신용평가전문인력 및 '투자자 보호 또는 건전한 거래질서를 위하여 등록 및 관리가 필요하다고 금융위원회가 고시하는 자'를 정하고 있다(법 시행령 307조 1항). 또한 금융투자업규정(금융위원회 고시)은 위험관리전문인력을 규정하고 있다(법 시행령 307조 1항 6호 및 금융투자업규정 8-1조).

여기서 '주요직무'는 법 제6조에서 정하는 금융투자업을 영위하는 금융투자회사 및 금융투자업 관계회사의 핵심적인 업무로 보아 그 부분에 대해서만 규제를 적용해야 할 것이다.

금융시장의 변화에 시의적절하게 대응하기 위하여 '투자자 보호 또는 건전한 거래질서를 위하여 법 시행령으로 정하는 주요직무 종사자'와 '투자자 보호 또는 건전한 거래질서를 위하여 등록 및 관리가 필요하다고 금융위원회가 고시하는 자'를 규정한 것은 새로운 수요에 대하여 정부 내 입법절차로 개정이 가능하도록 하여 탄력적으로 운영·관리하겠다는 의지가 반영된 것이라 할 수 있다.

한편 법 제51조에 따른 투자권유대행인은 주요직무 종사자에는 포함되지 않고 제3항에 따라 금융위원회에 등록하여야 하지만, 금융위원회가 그 등록업무를 법 시행령이 정하는 바에 따라 협회에 위탁할 수 있도록 하여 이들에 대한 등록 및 관리 업무도 협회가 수행하고 있다.

3. 등록 및 관리 업무의 의미

협회는 주요직무 종사자의 등록 및 관리에 관한 업무를 수행한다고 했는데, 여기서 "등록 및 관리" 업무에는 법에서 정한 주요직무종사자에 대한 자격 요건 부여, 자격시험 운영 및 자격 요건 심사, 자격 요건 심사 결과 적격자에 대한 등록, 등록자 확인을 위한 등록조회 시스템 운영 및 신분증 발급, 자격 요건 유지를 위한 보수교육 운영, 자격 요건 상실자에 대한 말소, 위규 행위자에 대한 제재 등이 포함될 수 있을 것이다. 등록 및 관리 업무의 목적은 투자자보호와 건전한 거래질서를 위하여 특정한 업무 영위를 위한 자격을 부여하고 자격을 충족하는 자에게만 해당업무를 할 수 있게 하기 위함이라고 할 것이다.

4. 해외사례

(1) 미 국

미국에는 등록관리자(Registered Principals) 제도를 두고 있으며, 금융투자업 종사자가 해당 금융투자업에 종사하기 위해서는 반드시 FINRA에서 주관하는 기초직무시험을 통과하여야 한다. 또한 금융투자업자의 임원이 되려고 하는 자는 1차 임원직무시험을, 재무최고책임자 및 운영 최고책임자가 되려고 하는 자는 2차 임원직무시험까지 통과하여야 한다. 아울러 FINRA는 NYSE(New York Stock Exchange), NASAA(North American Securities Administrator Association), NFA(National Futures Association), MSRB(Municipal Securities Rulemaking Board), FDIC(Federal Deposit Insurance Corporation)에 관련된 모든 자격시험을 주관하고 있다.

(2) 일 본

일본에는 JSDA에서 시행하는 내부관리담당자 제도가 있다. 내부관리담당자는 역할에 따라 내부관리통괄책임자, 영업책임자, 내부관리책임자로 구분되고, 내부관리통괄책임자는 매년 연수를 수강해야 하고, 영업책임자 및 내부관리책임자는 자격시험에 합격해야 하도록 하고 있다.

Ⅴ. 연수관련 업무

다양한 구조의 첨단 금융상품의 등장에 따라 투자자 보호 역시 중요성이 증대되므로 고도의 전문적 지식, 창의성과 윤리 의식을 갖춘 금융전문인력이 요구되며 이러한 인력의 양성 및 배출이 필요하게 된다. 그리하여 그러한 의지를 반영하여 법은 금융투자업과 관련한 연수업무를 협회의 법정 업무로 명시하고 협회로 하여금 금융투자업에 종사하는 자의 자질을 향상시키고 금융투자업에 관한 전문적인 지식을 보급하기 위하여 관련 연수원을 설치할 수 있도록 그 근거를 마련하고 있다(법 286조 8호, 291조).

Ⅵ. 투자자교육업무

1. 투자자교육의 취지 및 내용

다양하고 복잡한 신종 금융투자상품의 출현 등 투자자의 투자환경의 변화 속에서 투자자 스스로 금융정보에 대해 이해하고 이를 바탕으로 합리적인 투자의사 결정을 할 수 있는 능력을 배양하는 투자자교육이 매우 중요하며 투자자보호에 앞서 중요하다 할 수 있어 이 법은 협회로 하여금 투자자교육에 있어서 역할을 부여하고 있다.

투자자교육은 자본시장에 대한 올바른 인식을 확대하고 합리적 투자문화 조성 및 투자자보호를 통해 투자자의 권익을 증진시키는 것을 목적으로 하고 있다. 투자자교육 업무는 대상과 내용 등에 있어 사실상 제한이 없다.[1] 그리고 교육내용에 있어서도 증권·선물·자산운용·자산설계 등 직접투자 및 간접투자를 포괄하고 투자지식·정보제공에서 투자자보호를 위한 제반 교육까지 종합적이고 체계적인 교육을 시행하게 된다.

2. 투자자교육에 있어 협회의 역할

과거 증권·선물·자산운용 분야의 체계적·효율적 투자자교육 추진을 위한 통합 교육기구의 필요성에 따라 투자자교육 협의체인 '전국투자자교육협의회'가 2005년 6월 비영리단체로서 설립되어 운영 중에 있고, 현재는 금융위원회, 금융감독원 등 금융 당국과 협회, 거래소, 예탁결제원, 증권금융, 코스콤이 회원으로 참가하고 있으며 협회에 그 사무국을 두었다.

정부의 금융허브 달성을 위한 금융능력 개발 수요에 부응하고 각 금융권역별 투자자교육 분야를 통합한 종합적인 투자자교육 시스템 구축 필요성으로 인하여 협회는 이 법에 따라 투자자교육을 맡아 실시하고 있다. 이러한 투자자교육을 통하여 장기투자, 분산투자

1) 현재 전국투자자교육협의회에서 실시하는 투자자교육을 보면 교육대상에 있어 초·중·고·대학생부터 일반인에 이르기까지 제한이 없음.

등 합리적 투자관행을 유도하고 자본시장의 신뢰도를 제고하는 한편 장기적이고 안정적인 투자자 기반을 확보할 수 있을 것이다.

3. 투자자교육의 일원화 필요

이 법에서는 투자자교육 업무를 협회 업무의 하나로 규정하고 있으나, 법조문의 해석상 협회의 업무를 규정한 제286조는 협회에 독점적 업무권한을 부여하고 있다고 보기는 어려운 면이 있고, 거래소[1]나 한국예탁결제원의 경우 법안에 열거된 업무 외에 정관에서 정하는 업무도 수행할 수 있도록 법에서 규정하고 있으므로 일견 타 기관도 투자자교육 업무 수행이 가능할 것으로 보인다. 그러나 감독당국의 정관 제개정에 대한 승인을 통하여 유사기능에 대한 중복투자 등 비효율을 제거하고 투자자교육 체계의 효율적 관리를 위해 협회의 업무로 법률에 열거되어 있는 투자자교육 관련 업무는 중복운영이 이루어지지 않도록 하는 것이 바람직할 것이다.

Ⅶ. 비상장주권의 장외매매

1. 업무의 개관

이 법 체제 하에서도 구증권법[2] 및 구증권법 시행령[3]에 의하여 증권업협회가 운영하여 오던 K-OTC시장[4]은 협회가 그대로 이어 받아 운영하고 있다. 법 제166조에서 거

1) 이 법 입법예고안(2006. 6. 30)에는 투자자교육을 목적으로 재정경제부장관의 허가를 받아 설립된 법인이 거래소 주식을 소유하는 경우에는 소유제한의 예외로 규정하고 있었으나, 최종 공포 법안에서는 삭제되었다.

2) 구증권법 제194조(장외거래) ① 유가증권시장 및 코스닥시장 외에서의 매매거래 및 결제의 방법 기타 필요한 사항은 대통령령으로 정한다.

3) 구증권법 시행령 제84조의27(장외거래) ① 법 제194조의 규정에 의한 장외에서의 매매거래는 단일의 매도자와 매수자 간의 매매방법에 의한다.
⑤ 법 제28조 제 1 항의 규정에 불구하고 법 제162조의2 제 2 호의2의 규정에 따라 협회가 장외에서 상장주권 및 코스닥상장주권이 아닌 주권매매의 중개업무를 영위함에 있어서는 다음 각 호의 기준에 적합하여야 한다.
1. 동시에 다수의 자를 각 당사자로 하여 당사자가 매수하고자 제시하는 가격(이하 "매수호가"라 한다) 또는 매도하고자 제시하는 가격(이하 "매도호가"라 한다)과 그 수량을 공표할 것
2. 재정경제부령이 정하는 기준에 따라 단일의 가격 또는 당사자간의 매도호가와 매수호가가 일치하는 경우에는 그 가격으로 매매거래를 체결시킬 것
2의2. 매매의 중개대상 유가증권의 지정·해제기준, 매매거래방법, 결제방법 등에 관한 업무기준을 정하여 금융감독위원회에 통보하고 이를 일반인이 알 수 있도록 공표할 것
3. 금융감독위원회가 정하는 바에 따라 재무상태·영업실적 또는 자본의 변동등 발행인의 현황이 공시될 것
⑦ 협회외의 자는 장외에서 제 5 항의 규정에 의한 방법으로 유가증권매매의 중개업무를 영위할 수 없다.
⑧ 제 1 항 내지 제 7 항외에 장외에서의 유가증권의 매매거래에 따른 결제방법 기타 필요한 사항은 유가증권의 종류 및 매매거래의 형태에 따라 금융감독위원회가 정하는 바에 의한다.

4) 2000년 증권업협회가 「장외주식의 호가중개에 관한 규칙」을 제정한 후, 동년 3월 제 3 시장(장외주식호가중개시장)으로 개설되었다가, 2005년 7월 프리보드(Free Board)로 변경한 이후, 2014년 8월 25일

래소시장 및 ATS시장 외에서 금융투자상품의 매매, 그 밖의 거래를 하는 경우를 상정하고 있고, 법 시행령 제178조에서 K-OTC시장의 매매체결방식으로는 상대매매 방식을 정하고 있으며, 매매거래대상 주권의 지정·해제기준, 매매거래방법, 결제방법 등에 관한 재무상태·영업실적 또는 자본의 변동 등 발행인의 현황을 공시하도록 하고 있다.[1)]

협회 외의 자는 증권시장 및 ATS시장 외에서 주권 매매의 중개업무를 영위할 수 없으므로(법 시행령 178조 2항) 협회는 관련 규정[2)]을 제정하여 K-OTC시장을 운영함에 있어 지정·등록 제도, 상대매매방식의 매매제도, 공시제도 등을 운영하고 있다.

2. 입 법 론

K-OTC시장은 자본시장법상 비상장주권이 시장형태로 매매될 수 있는 유일한 시장임에도, K-OTC시장에서 거래가 가능한 비상장주권의 범위가 매우 좁아, 상장시장에 비해 그 규모가 현격히 적어, 투자자 입장에서는 비상장주권을 마땅히 거래할만한 장을 찾지 못하고 불편이 있다. K-OTC시장이 비상장기업의 자금조달시장 또는 유통시장으로 제 역할을 하고, 상장시장과 함께 우리나라 주식시장을 균형있게 육성하기 위해서는 비상장주권 관련 매출제도 및 세제 개선이 필요할 것으로 판단된다.

먼저 현행 매출제도상, 비상장법인의 주식을 보유한 주주가 보유주식을 매도하는 경우, 매출에 해당되어, 발행사인 비상장법인에게 매출 관련 공시를 할 의무가 부과되는데, 이는 비상장법인의 주주가 발행사와 동일체라는 그릇된 가정에서 비롯된 것으로, 발행사와 특별한 연관이 없는 주주(가령 최대주주 및 그 특수관계인이 아닌 주주)의 주식거래가 법상시장인 K-OTC시장에서 이루어지는 경우에는 매출에서 제외되는 매출규제 개선이 필요하다고 하겠다.

아울러 현행 소득세법상 비상장법인 주식 매매시, 양도차익의 10~30%의 소득세가 부과되는데, 상장시장의 경우 면제되는 점에 비추어볼 때, 법상 시장인 K-OTC시장에서

K-OTC시장으로 명칭을 변경하였다.

1) 법 시행령 제178조(협회를 통한 장외거래) ① 협회는 법 제286조 제1항 제5호에 따라 증권시장에 상장되지 아니한 주권의 장외매매거래에 관한 업무를 수행하는 경우에는 다음 각 호의 기준을 준수하여야 한다. 〈개정 2010. 6. 11〉

1. 동시에 다수의 자를 각 당사자로 하여 당사자가 매매하고자 제시하는 주권의 종목, 매수하고자 제시하는 가격(이하 "매수호가"라 한다) 또는 매도하고자 제시하는 가격(이하 "매도호가"라 한다)과 그 수량을 공표할 것
2. 주권의 종목별로 금융위원회가 정하여 고시하는 단일의 가격 또는 당사자 간의 매도호가와 매수호가가 일치하는 경우에는 그 가격으로 매매거래를 체결시킬 것
3. 매매거래대상 주권의 지정·해제기준, 매매거래방법, 결제방법 등에 관한 업무기준을 정하여 금융위원회에 보고하고, 이를 일반인이 알 수 있도록 공표할 것
4. 금융위원회가 정하여 고시하는 바에 따라 재무상태·영업실적 또는 자본의 변동 등 발행인의 현황을 공시할 것

2) 협회는 「K-OTC시장 운영규정」을 제정하여 운영하고 있다.

의 매매시 상장시장과 같이 소득세 면제를 통해, 비상장법인 매매를 제도권시장으로 유인하여 음성거래를 양성화할 필요가 있겠다.

Ⅷ. 위탁받은 업무

1. 개 요

협회는 이 법 또는 다른 법령에 따라 위탁받은 업무를 처리하고 있다(법 286조 9호).

2. 금융감독원 위탁검사

금융감독원은 금융투자업자의 건전경영과 자본시장의 공정성·신뢰성을 도모하고 투자자를 보호하기 위하여 금융위원회의 설치 등에 관한 법률 제37조에 따라 금융투자업자를 비롯한 일정한 금융기관[1]의 업무 및 재산상황에 대한 검사를 실시할 수 있는바, 법 제419조에 따라 이러한 검사업무의 일부를 거래소 또는 협회에 위탁할 수 있다(법 419조 8항).[2] 이렇게 협회가 금융감독원장의 위탁을 받아 회원사에 대한 검사 업무를 처리하는 것이 대표적으로 위탁사무를 처리하는 예가 된다. 위탁검사는 협회의 자율규제 기능 중 중요한 부분을 차지하고 있으며, 구증권거래법에 의거 과거 증권업협회도 금융감독원과의 검사위탁계약을 체결하여 회원사에 대하여 일정한 범위의 위탁검사를 실시하였고, 검사를 완료한 때에는 지체 없이 그 결과를 금융감독원장에게 보고하였다.[3]

---

1) 금융위원회의 설치 등에 관한 법률 제38조(검사 대상 기관) 금융감독원의 검사를 받는 기관은 다음 각 호와 같다.
   1. 「은행법」에 따른 인가를 받아 설립된 은행
   2. 「자본시장과 금융투자업에 관한 법률」에 따른 금융투자업자, 증권금융회사, 종합금융회사 및 명의개서대행회사(名義改書代行會社)
   3. 「보험업법」에 따른 보험회사
   4. 「상호저축은행법」에 따른 상호저축은행과 그 중앙회
   5. 「신용협동조합법」에 따른 신용협동조합 및 그 중앙회
   6. 「여신전문금융업법」에 따른 여신전문금융회사 및 겸영여신업자(兼營與信業者)
   7. 「농업협동조합법」에 따른 농협은행
   8. 「수산업협동조합법」에 따른 수산업협동조합중앙회의 신용사업부문
   9. 다른 법령에서 금융감독원이 검사를 하도록 규정한 기관
   10. 그 밖에 금융업 및 금융 관련 업무를 하는 자로서 대통령령으로 정하는 자
   [전문개정 2012. 3. 21]
2) 이 법 제419조(금융투자업자에 대한 검사) ⑧ 금융감독원장은 제 1 항에 따른 검사업무의 일부를 대통령령으로 정하는 바에 따라 거래소 또는 협회에 위탁할 수 있다.
3) 구증권법 제53조(검사) ⑥ 금융감독원장은 필요하다고 인정하는 때에는 제 1 항의 규정에 의한 검사업무의 일부를 대통령령이 정하는 바에 따라 제162조의 규정에 의하여 설립된 한국증권업협회(이하 "협회"라 한다)에 위탁할 수 있다. 〈신설 2002. 1. 26, 2004. 1. 29〉
   구증권법 시행령 제36조의7(검사업무의 위탁) ① 법 제53조 제 6 항의 규정에 의하여 금융감독원장이 검사업무를 법 제162조의 규정에 따라 설립된 한국증권업협회(이하 "협회"라 한다)에 위탁하고자 하는 때에는 미리 협회와 그 위탁에 관한 계약을 체결하여야 한다. 〈개정 2005. 1. 27〉
   ② 법 제53조 제 6 항의 규정에 의하여 금융감독원장이 협회에 위탁할 수 있는 검사업무는 증권회사의

금융감독원장이 협회에 위탁하여 협회가 수행할 수 있는 검사업무는 시행령에 따라 일정한 범위로 제한되는데, 주요직무 종사자·투자권유대행인의 영업행위에 관한 사항, 협회 자율규제와 관련된 증권의 인수업무와 관한 사항 및 약관의 준수 여부에 관한 사항에 대한 검사업무만을 수행할 수 있다(법 시행령 372조 1항).

한편 위탁검사의 효율성을 제고하기 위하여 금융실명거래 및 비밀 보장에 관한 법률 제 4 조 제 1 항 제 7 호에서 금융거래정보의 비밀보장의 예외 사유로 거래소가 열거된 예[1]와 같이 금융투자협회가 금융감독원장의 위탁을 받아 실시하는 검사업무를 수행하는 경우도 포함시키는 것이 바람직할 것이다.

3. 금융위원회 위탁업무

제438조에 따라 협회는 금융위원회로부터 위탁받은 이 법에 따른 권한의 일부를 위탁 업무로 처리하고 있다(법 438조 3항). 법 시행령에서는 금융위원회가 협회에 위탁할 수 있는 업무의 구체적 범위로 금융투자업자의 금융투자업 영위 관련 약관 제정·변경시 신고수리 및 이와 관련한 보고수리 및 약관이 금융관련법령에 위반되거나 투자자의 이익을 침해할 우려가 있는지에 대한 검토 등 약관관련 업무, 일반투자자의 전문투자자 전환 관련 자료 제출의 접수업무, 금융위원회가 고시하여 정하는 업무를 열거하고 있다(법 시행령 387조 2항). 현재 금융위원회가 정하여 고시하고 있는 추가적인 위탁업무는 없으나, 금융위원회가 금융투자업자에 대한 감독을 시행하고 정책을 수립·집행함에 있어 금융투자업

영업행위와 관련된 다음 각호의 사항에 대한 검사업무에 한한다. 〈개정 2005. 3. 28〉

1. 증권회사의 전문인력의 영업(법 제51조 제 1 항 제 1 호 및 제 2 호의 규정에 따른 겸영업무를 위한 영업을 포함한다)행위에 관한 사항
2. 유가증권의 인수업무와 관련하여 협회 규정에서 정하는 사항
3. 그 밖에 증권회사의 약관의 준수여부 등에 관한 사항

③ 협회는 제 1 항 및 제 2 항의 규정에 의하여 위탁받은 검사업무를 수행하는 때에는 검사업무의 방법 및 절차 등에 관하여 금융감독원장이 정하는 기준을 준수하여야 하며, 검사를 완료한 때에는 지체 없이 그 결과를 금융감독원장에게 보고하여야 한다.

[본조신설 2002. 2. 9]

1) 금융실명거래 및 비밀 보장에 관한 법률 제 4 조(금융거래의 비밀보장) ① 금융회사등에 종사하는 자는 명의인(신탁의 경우에는 위탁자 또는 수익자를 말한다)의 서면상의 요구나 동의를 받지 아니하고는 그 금융거래의 내용에 대한 정보 또는 자료(이하 "거래정보등"이라 한다)를 타인에게 제공하거나 누설하여서는 아니 되며, 누구든지 금융회사등에 종사하는 자에게 거래정보등의 제공을 요구하여서는 아니 된다. 다만, 다음 각 호의 어느 하나에 해당하는 경우로서 그 사용 목적에 필요한 최소한의 범위에서 거래정보등을 제공하거나 그 제공을 요구하는 경우에는 그러하지 아니하다. 〈개정 2013. 5. 28〉

7. 「자본시장과 금융투자업에 관한 법률」에 따라 거래소허가를 받은 거래소(이하 "거래소"라 한다)가 다음 각 목의 경우에 필요로 하는 투자매매업자·투자중개업자가 보유한 거래정보등의 제공
   가. 「자본시장과 금융투자업에 관한 법률」 제404조에 따른 이상거래(異常去來)의 심리 또는 회원의 감리를 수행하는 경우
   나. 이상거래의 심리 또는 회원의 감리와 관련하여 거래소에 상응하는 업무를 수행하는 외국거래소 등과 협조하기 위한 경우. 다만, 금융위원회의 사전 승인을 받은 경우로 한정한다.

[전문개정 2011. 7. 14]

의 변화에 따른 기능의 적시성, 탄력성이 필요한 부분에 대해서는 금융투자업규정 개정을 통해 업무 위탁이 가능하다.

Ⅸ. 기타 업무

1. 조사 및 연구

금융투자업의 업무영역 확대 및 타 금융산업과의 불균형 해소 등을 통한 금융투자업의 체질 강화와 경쟁력 강화를 위하여는 지속적인 규제 완화 및 관련 법 개정이 필요한바, 협회로 하여금 금융투자업과 관련한 조사 및 연구를 하도록 하여(법 286조 6호) 정책지원기능을 부여하고 있다.

2. 법 시행령에서 정하는 업무

(1) 법 시행령으로 추가하고 있는 협회의 업무

이 법은 금융환경 변화에 대하여 적시에 대응하기 위하여 협회의 업무를 법 시행령에서 추가로 열거하고 있다(법 286조 10호, 법 시행령 307조 2항).

1) 공시 관련 업무

법 시행령은 건전성 규제를 통한 금융투자업자의 업무역량 강화를 위해 금융투자업자의 영업용순자본 및 총위험액의 비교공시에 관한 업무(법 시행령 307조 2항 2호)를 협회의 업무로 추가하고 있으며, 채무증권(채권) 장외거래 정보의 관리 및 공시 업무를 협회의 업무로 명시하고 있다(법 시행령 307조 2항 3호).[1)]

2) 자율규제 관련 업무

법 시행령은 금융투자업자의 임직원과 주요직무 종사자의 징계기록 유지와 관리에 관한 업무(법 시행령 307조 2항 1호)를 협회의 업무로 명시하여 임직원에 의한 각종 비위행위 및 불공정거래행위로부터 투자자를 보호하고 금융투자업자의 건전성을 제고할 수 있도록 자율규제 기능을 강화하고 있다.

또한 법 시행령은 협회가 투자광고의 자율심의에 관한 업무(법 시행령 307조 2항 5호)를 수행하도록 명시하고 있다. 금융투자상품의 경우 일반 재화 및 서비스 등과 달리 투자위험이 높아 상품의 특성 및 수익구조 등에 대한 충분한 정보제공 및 위험고지 등이 중요하고, 자본시장법의 시행으로 특히 고위험을 수반한 복합금융상품 및 다양한 신상품의 출현이 가속화될 것이 명백한바, 투자자 보호를 위해서 금융투자협회와 같은 전문기관에

---

1) 정부는 '채권시장선진화 방안'(2006. 12. 12)의 일환으로 모든 장외거래 호가를 협회에 집중·공시하도록(2007. 12. 4. 시행) 한 바 있다.

의한 광고의 사전심의가 필수적이라 할 것이다.

3) 직무윤리 교육 관련 업무

법 시행령은 금융투자업자 임직원의 직무 및 윤리 교육에 관한 업무(법 시행령 307조 2항 4호)를 협회의 업무로 명시하고 있다.[1] 이는 자본시장법 시행에 맞추어 금융투자업자의 임직원에 대한 직무윤리 교육을 법제화하여 자본시장에 대한 신뢰구축 및 투자자 보호를 강화하고 이를 통해 자본시장 및 금융투자산업의 경쟁력 향상에 일조하게 하려는 취지의 입법으로, 광의의 자율규제 업무의 성격을 갖는다. 다만 협회의 회원이 아닌 금융투자업자의 경우 직무윤리 교육 등 일부 자율규제 사항이 적용되지 않을 우려가 있어, 금융위원회의 조치명령권을 통해 비회원인 금융투자업자도 직무윤리 교육을 의무적으로 이수토록 할 필요가 있을 것이다.

(2) 정관으로 정하는 업무

시장 변화에 신속하고 유연하게 대처할 필요에 따라 거래소의 경우[2]와 같이 기타 정관에서 정하는 업무를 협회의 업무로 열거하고 있다(법 시행령 307조 2항 6호). 이를 통해 법령에서 예상하지 못한 사항이나, 법령 개정에 소요되는 기간 내에 협회의 업무로서 다루어져야 하는 사항이 있는 경우에도 조기에 협회의 업무 영위가 가능할 수 있을 것이다.

3. 부수업무

부수업무란 법이나 법 시행령에서 열거한 협회의 고유 업무는 아니지만, 협회가 그러한 업무를 수행하기 위해서 불가피하게 부수하여 수행하여야 하는 업무로서(법 286조 11호), 예를 들어, 금융투자업 및 자본시장 발전을 위한 정부 및 관계기관 등에의 건의, 회원에 대한 업무지원, 금융투자업 관련 홍보, 회원의 위규행위에 관한 조사 및 제재, 건물 및 시설물 등의 임대 및 대여, 연구용역, 출판 및 판매 업무 등이 이에 포함된다.

4. 기타 협회 주요 업무[3]

이에 해당하는 업무로는 협회의 표준투자권유준칙 제정 업무와 수수료 관련 사항의 협회 제출 및 공시 업무 등이 있다. 첫째, 표준투자권유준칙과 관련하여서는, 투자권유준칙에는 고객파악의무, 적합성 원칙, 투자자 구분의무, 부당권유 금지 등 법률의 투자권유 관련 규제사항이 반영될 것인데, 투자권유준칙을 개별 금융투자업자가 정하도록 규정하는 것은 투자자보호에 있어 불완전한 측면이 있으므로 협회로 하여금 표준투자권유준칙

---

1) 현재 직무윤리 교육은 각 협회가 행하고 있으며, 협회의 노하우 및 윤리교육의 자율규제적 성격을 살리기 위하여 통합협회의 업무로 법정화하였다.

2) 이 법 제377조 제13호 : 그 밖에 정관에서 정하는 업무.

3) 국회 논의과정에서 도입된 사항이다(자본시장법에 대한 국회 전문위원 현성수 검토보고서, 2007. 2).

을 제정하도록 하고,[1] 금융투자업자는 표준투자권유준칙의 내용을 포함하여 개별적으로 준칙을 정하도록 하는 방안을 도입한 것이다. 둘째, 국회에 제출된 법안에서는 수수료 부과기준 및 절차에 관한 사항을 인터넷 홈페이지 등을 이용하여 공시하도록 하고만 있으나, 인터넷 등을 통한 공시의무 외에 수수료 관련 사항을 협회에 제출토록 의무화하고 협회는 이를 비교공시토록 하여 투자자가 금융투자회사별 수수료 부과기준 및 절차 등에 관한 사항을 쉽게 비교할 수 있도록 하는 방안을 법에 도입하였다.

Ⅹ. 한국금융투자협회의 운영

1. 도입 과정 및 취지

협회는 제 1 항 각 호의 업무를 행함에 있어 같은 항 제 1 호 및 제 2 호의 업무가 다른 업무와 독립적으로 운영되도록 하여야 하며, 이를 위하여 별도의 조직을 갖추어야 한다(법 286조 2항).[2] 제286조 제 2 항은 입법예고안이나 정부원안에는 담겨있지 않았던 것이 국회 입법과정에서 최종 가결된 법안에 새로이 들어오게 된 조문이다.[3] 협회는 기본적으로 회원 조직으로서의 성격을 가지고 있지만, 자율규제 등 공익적 업무를 담당하는 조직이라는 측면이 있고, 3개의 성격이 다른 협회가 통합되어 설립되기 때문에 이들 업무 상호 간에 이해상충 문제가 발생할 수 있다는 우려가 국회 논의 과정에서 제기되었고, 이에 대한 최소한의 방지장치로 조직의 분리·운영, 즉 차이니즈 월(chinese wall)의 방법을 택한 것이다.

2. 협회 내에서의 이해상충 문제

이 법은 협회 내에서의 이해상충 문제를 2가지 측면에서 접근하고 있는 듯하다. 첫째, 하나의 협회에서 자율규제 등 공익적 기능과 회원 지원·서비스 기능을 동시에 담당하게 되면 회원사에 대한 봐주기식 규제로 인해 자율규제의 공공성이 훼손되고 자율규제가 제대로 작동하지 않는 이해상충 문제가 발생할 수 있다는 것이다. 둘째, 금융투자업 중 투자매매업·투자중개업과 집합투자업간의 이해상충 문제와 같이 금융투자업 사이에 이해상충이 발생할 수 있기 때문에 각각의 금융투자업에 대한 자율규제를 담당하고 있는

1) 구간투법 제57조 제 6 항은 자산운용협회가 표준판매행위준칙을 정할 수 있도록 규정하고 있었다.

2) 법 제286조 제 2 항은 장외파생상품 사전심의업무(제 4 호) 역시 독립운영토록 하고 있으나, 이는 이미 일몰된 업무로서 본문에서 논하지 아니함.

3) 자본시장법이 자율규제기관을 일원화한 것은 이원화할 경우 금융투자업자의 중복가입 부담, 협회간 업무영역에 대한 갈등 가능성 등의 문제를 감안한 것이지만, 금융투자협회가 법률상 정해진 자율규제 업무를 수행한다고 해도 동업자단체 성격을 완전히 배제할 수 없어 업종간 이해상충 문제 발생시 해결이 곤란하고, 특히 집합투자업과 투자매매업·투자중개업 간 이해상충 발생가능성이 높은 바, 협회 통합시 업종간 이해상충 발생가능성 등도 고려할 필요가 있다는 견해가 있었다(자본시장법에 대한 국회 전문위원 현성수 검토보고서, 2007. 2).

협회의 자율규제업무 내에서도 각기 자기가 맡은 금융투자업무 분야만을 대변하는 등 이해상충이 발생할 우려가 있다는 것이다.

그러나 두 번째 이해상충 문제와 관련하여서는 이견(異見)이 존재한다. 금융업무 간의 이해상충 문제와 협회 업무의 이해상충 문제는 논리적 연관성이 없다는 것이다. 즉 협회 내에서 발생할 수 있는 이해상충의 문제는 자율규제 업무와 회원지원 기능 간의 문제일 뿐이며, 금융투자업(증권, 선물, 자산운용) 상호 간의 문제가 아니므로 금융투자업무 상호 간 이해상충의 우려가 있으므로 협회 업무 간에도 이해상충이 있다는 것은 서로 다른 평면의 문제를 동일 평면에서 비교함으로 인해 발생되는 오류라고 지적하고 있는 것이다.[1] 다시 말해 협회가 현재의 증권업, 선물업 또는 자산운용업이라는 특정 업계만을 대변하게 될 것이라는 것은 새로운 제도에 대한 이해가 부족한 결과이고, 협회가 투자매매업, 투자중개업 및 집합투자업을 금융투자업으로 포괄하여 규제·지원하는 단일기구라는 점을 간과한 것이므로, 금융투자업간 이해상충이 협회의 자율규제업무 수행과정에서의 이해상충으로 연결될 것이라는 주장은 논리적 비약이라고 할 수 있다.

3. 이해상충 해결방안으로서의 조직 분리·운영

이 법은 위 첫 번째 이해상충 문제를 해결하는 방안으로 협회가 이 법에서 정해진 업무를 행함에 있어 회원 간의 건전한 영업질서 유지 및 투자자 보호를 위한 자율규제에 관한 업무 및 회원의 영업행위와 관련된 분쟁의 자율조정에 관한 업무가 다른 업무와 독립적으로 운영되도록 하여야 하며(법 286조 2항), 이를 위하여 별도의 조직을 갖추도록 하는 한편, 위 두 번째 이해상충 문제를 해결하는 방안으로는 금융투자업의 종류 및 금융투자업의 범위를 기준으로 법 시행령이 정하는 바에 따라 구분·운영되도록 하고 있는 것이다(법 287조 1항 3호 및 법 시행령 308조 1항).

자율규제와 회원지원 간 이해상충 가능성은 항상 존재하는 것이고 이해상충 방지를 위해서는 이들 기능을 담당하는 기관을 별도로 운영하는 것이 가장 확실한 방법이지만, 동일 협회 내에서 두 기능을 운영하더라도 Chinese Wall을 적절히 구축한다면 이해상충 문제는 해소될 수 있을 것으로 보인다.[2] 회원지원 기능과 자율규제 기능은 상호 밀접히 연관되어 있는 보완적 관계를 이루고 있고, 자율규제는 금융투자업무의 특수성에 대한 이해를 바탕으로 이루어지는 것이 시장참여자의 신뢰제고에 유용하며, 양 기능을 별개의 법인으로 분리하여 운영하는 것보다는 양 기능을 단일 협회가 수행하는 것이 상호 간 의견수렴과 정책수립에 유리하다는 점에서 더욱 그러하다 할 것이다. 또한 이 법에서 정해

1) 이러한 견해는 금융투자업간의 이해상충이 있으므로 협회 업무간에도 이해상충이 있다는 시각은 증권업, 선물업, 자산운용업 등을 포괄해서 규제하고 있는 금융감독원도 업무별로 조직을 완전 분리·운영하는 것이 합리적이라는 것과 다르지 않다고 반박한다.

2) 한국거래소도 시장운영기능과 시장감시기능 간의 이해상충 해소를 위해 이사회와는 별도의 시장감시위원회 설치를 규정하고 있다.

진 이해상충 방지를 위한 조직 분리 외에도 업무의 공공성 담보를 위해 이사회, 자율규제위원회 등 의사결정과정에서 중립성이 확보될 수 있는 제도적 장치를 마련하거나 이사회나 자율규제위원회의 구성시 공익이사 등 외부 인사를 일정 수 이상 두는 것[1]도 합리적 대안이 될 수 있을 것이다.[2]

4. 협회 조직 구성기준 규제 완화의 필요성

위와 같이 이 법상 협회 조직 구분·운영 방침에 따라 법 시행령은 금융투자업 및 금융투자상품 범위를 기준으로 조직을 구분·운영토록 정하고 있다(법 시행령 308조 1항). 우선 금융투자업의 종류에 따라 투자매매업·중개업과 집합투자업·투자자문업·투자일임업·신탁업을 구분하고, 투자매매업·중개업의 경우 금융투자상품의 범위에 따라 증권(집합투자증권 제외), 집합투자증권, 파생상품으로 구분하고 있다. 따라서 통합협회는 투자매매·중개업을 담당하는 부문에 금융투자상품 범위에 따라서 증권, 집합투자증권, 파생증권으로 구분된 별도의 하부조직을 운영해야 한다. 이는 지나친 업무 세분화로 인해 조직의 유연성이 저해되어 신금융투자상품 출현에 대비한 신속한 지원을 어렵게 하고, 자본시장법의 취지인 기능별 규율체제에 역행하는 결과를 낳는 부작용도 향후에 발생할 수 있을 것으로 사료된다.[3]

그리고 한국금융투자협회의 경우 3개 협회(증권, 선물, 자산운용)의 통합을 통한 시너지 창출이 중요한데, 법령상 지나치게 세분화된 조직 구분은 조직 구성 및 운영의 경직성을 초래하여 통합 취지 구현 및 시너지 창출이 저해될 가능성도 있다.

또한 전술한 바와 같이 협회의 경우 금융투자업자들의 겸영에 따른 이해상충의 문제는 발생할 가능성이 없고, 다만 자율규제 부문과 회원서비스 부문 간 이해상충의 문제만이 발생할 수 있는데, 이러한 사정을 고려하지 않은 획일적인 조직 세분화는 오히려 금융투자협회 설립의 취지와 기능을 약화시킬 개연성이 크다. 따라서 독립성이 강화된 자율규제위원회를 구성·운영토록 하여 이해상충의 문제를 해결함이 바람직하며, 이해상충 문제의 해결을 위해 금융투자업과 금융투자상품별로 협회 조직을 세분화할 필요성은 그다지 크지 않을 것으로 보인다.

---

1) 한국금융투자협회는 회원지원기능뿐만 아니라 공정거래질서 유지를 위한 자율규제업무를 수행하는 기관으로서 법 규정에 의하여 분쟁의 자율조정, 투자권유자문인력 등 주요 직무종사자의 등록 등의 업무를 담당하고 있으므로 협회가 관련 금융회사로부터 독립성을 가지고 중립적으로 공익 및 투자자보호를 위한 자율규제기능을 수행할 수 있도록 이사회의 대표성·중립성 확보 및 자율규제 관련 의사결정과 회원업무 관련 의사결정의 분리 운영 등에 관하여 법률에 명시하는 방안을 검토할 필요가 있다는 견해가 있었다(자본시장법에 대한 국회 전문위원 현성수 검토보고서, 2007. 2).

2) 일본도 2004년 자율규제기능과 회원사 지원기능간 이해상충의 해소방안에 대한 논의를 거쳐 이러한 이유로 동일법인 내에서 양 기능을 수행하는 방법을 채택하고 있다.

3) 만약, 금융환경의 변화 등에 적절히 대처하기 위해 협회의 조직을 변경하는 경우 금융위원회 승인뿐만 아니라 시행령 개정을 위해 국무회의 등을 거쳐야 하는 전형적인 비효율의 문제가 발생할 수 있다.

5. 일본의 경우

일본의 경우 자율규제와 회원조직 간 이해상충 방지를 위한 법률상의 별도의 규정은 없지만, 협회 정관을 통하여 이사회를 구성할 때 공익이사 3인을 선임하도록 하고 있고, 우리와 비슷하게 협회 사무국 조직을 증권전략부분, 총괄·관리부분, 자율규제부분으로 구분하여 운영하고 각 부분별로 이사회에 대한 의견제시 및 이사회 위임사항의 의결을 위한 증권전략회의, 총무위원회 및 자율규제회의 등을 구성·운영하도록 하고 있다.

제287조(정관)

① 협회의 정관에는 다음 각 호의 사항을 기재하여야 한다.

1. 목적
2. 명칭
3. 조직에 관한 사항. 이 경우 조직은 금융투자업의 종류 및 금융투자상품의 범위를 기준으로 대통령령으로 정하는 바에 따라 구분·운영되어야 한다.
4. 사무소에 관한 사항
5. 업무에 관한 사항
6. 회원의 자격 및 권리의무에 관한 사항
7. 회원의 가입, 제명, 그 밖의 제재(회원의 임직원에 대한 제재의 권고를 포함한다)에 관한 사항
8. 회비에 관한 사항
9. 공고의 방법
10. 그 밖에 협회의 운영에 관한 사항으로서 대통령령으로 정하는 사항

② 협회는 정관 중 대통령령으로 정하는 사항을 변경하고자 하는 경우에는 금융위원회의 승인을 받아야 한다. 〈개정 2008. 2. 29.〉

시행령 제**308**조(조직 및 정관 등) ② 법 제287조 제1항 제10호에서 "대통령령으로 정하는 사항"이란 다음 각 호의 사항을 말한다.
1. 자산에 관한 사항
2. 임원에 관한 사항
3. 총회와 이사회에 관한 사항
4. 회계에 관한 사항
5. 업무위탁에 관한 사항(법 제103조 제1항 제4호부터 제6호까지의 재산만을 수탁받는 신탁업자와 관련된 업무의 위탁을 포함한다)

③ 법 제287조 제2항에서 "대통령령으로 정하는 사항"이란 법 제287조 제1항 제1호·제2호, 제5호부터 제8호까지 및 제2항 제2호·제3호·제5호의 사항을 말한다. 다만, 변경되는 내용이 법령의 개정에 따른 것이거나 단순한 자구수정 등 경미한 내용인 경우는 제외한다.

Ⅰ. 정관의 작성

협회의 정관은 협회의 조직과 활동에 관하여 규정한 근본규칙이 되며, 협회 설립시 최초로 정하는 원시정관은 이 법 제정법률(법률 8635호) 부칙 제 3 조 제10항에 따라 한국금융투자협회설립위원회가 작성하여 금융위원회의 승인을 받도록 되어 있다.

Ⅱ. 정관의 기재사항

협회의 정관에는 목적, 명칭, 조직에 관한 사항, 사무소에 관한 사항, 업무에 관한 사항, 회원의 자격 및 권리의무에 관한 사항, 회원의 가입, 제명, 회원의 임직원에 대한 제재의 권고를 포함한 그 밖의 제재, 회비에 관한 사항, 공고의 방법, 그 밖에 협회의 운영에 관해 대통령령으로 정하는 사항으로 자산·임원·총회 및 이사회·회계·업무위탁에 관한 사항을 기재하여야 한다. 특이한 것은 협회 업무 간 이해상충 문제의 해결을 위해 조직에 관한 사항을 기재함에 있어 조직을 금융투자업의 종류 및 금융투자상품의 범위를 기준으로 대통령령으로 정하는 바에 따라 구분·운영되도록 하고 있다는 점이지만, 이는 앞에서 언급한 바와 같이 이해상충 문제라고 보기는 어렵고, 조직 운영의 효율을 기하기 위한 것으로 보는 것이 타당할 것이다.

민법상 사단법인 정관의 필요적 기재사항으로는 목적, 명칭, 사무소의 소재지, 자산에 관한 규정, 이사의 임면에 관한 규정, 사원자격의 득실에 관한 규정, 존립시기나 해산사유를 정하는 때에는 그 시기 또는 사유를 정하고 있다(민법 40조). 민법상 정관의 필요적 기재사항은 반드시 기재하여야 하고 기재하지 않으면 정관으로서의 효력이 없는 것이 원칙이나, 이 법이 민법의 특별법이고, 이 법에서 특별한 규정이 있는 것은 이 법을 적용하고 그것을 제외하고는 민법을 적용하게 되어 있으므로 법 제287조 제 1 항 및 법 시행령 제308조 제 2 항에 열거된 사항이 협회 정관의 필요적 기재사항이라고 할 수 있을 것이다. 다만 사단법인의 정관에는 그 밖의 임의적 기재사항도 기재할 수 있고, 그 내용에 특별한 제한이 없으나, 이것이 일단 정관에 기재되면 필요적 기재사항과 마찬가지의 효과를 가지므로 정관변경 절차를 따라야 할 것이다.

Ⅲ. 정관 변경 절차

정관의 변경이란, 법인이 그 동일성을 유지하면서 그 조직을 변경하는 것으로서, 민법상 사단법인의 정관은 정관에 다른 정함이 있는 때를 제외하고는 총회 결의(총사원 3분의 2이상의 동의가 있을 때 한함)로 이를 변경할 수 있고, 주무관청의 허가가 있어야 효력이 발생한다(민법 42조). 협회의 정관도 총회의 결의를 거쳐야 이를 변경할 수 있고, 특히 정관 중 목적, 명칭, 업무, 회원의 자격 및 권리의무, 회원의 가입·제명·제재, 회비, 임원, 총회·이사회 및 업무위탁에 관한 사항 등 대통령령으로 정하는 일정한 사항(법 시행령 308조 3항)을 변경하고자 하는 경우에는 금융위원회의 승인을 받도록 하고 있다.[1)]

제288조(분쟁의 자율조정)

① 협회는 제286조 제1항 제2호에 따른 분쟁의 자율조정을 위하여 필요한 분쟁조정규정을 정한다.

② 협회는 분쟁의 조정을 위하여 필요하다고 인정되는 경우에는 당사자에 대하여 사실의 확인 또는 자료의 제출 등을 요구할 수 있다.

③ 협회는 당사자, 그 밖의 이해관계인의 의견을 들을 필요가 있다고 인정되는 경우에는 이들에게 회의에 출석하여 의견을 진술할 것을 요청할 수 있다.

법 제286조 주석Ⅲ 참조.

---

1) 기존 각 협회의 정관 중 변경시 구금융감독위원회의 승인이 필요했던 사항

증권협회	자산운용협회	선물협회
·목적 ·업무에 관한 사항 ·회원의 가입·제명 그 밖의 제재(회원의 임·직원에 대한 제재의 권고를 포함한다)에 관한 사항 ·회원의 권리의무에 관한 사항 ·회비에 관한 사항 ·임원에 관한 사항 ·총회와 이사회에 관한 사항 ·유가증권의 매매 기타의 거래를 공정히 하게 하여 투자자를 보호함에 있어서 필요한 사항 ·시세를 조종하는 행위 또는 부당한 수수료나 비용의 징수 기타 부당한 이득행위를 방지하여 거래의 신의를 조장함에 있어서 필요한 사항	·목적 ·명칭 ·회원의 자격 ·회원과 관련된 업무	·목적 ·명칭 ·업무 ·사무소의 소재지 ·회원의 가입 및 탈퇴에 관한 사항

제288조의2(장외파생상품심의위원회)

① 협회는 제286조 제 1 항 제 4 호에 따른 장외파생상품에 관한 사전심의업무 수행을 위하여 장외파생상품심의위원회(이하 이 조에서 "위원회"라 한다)를 둔다.

② 위원회는 위원장 1명을 포함한 5명 이상 10명 이내의 위원으로 구성한다.

③ 위원회의 회의는 재적위원 과반수의 출석과 출석위원 3분의 2 이상의 찬성으로 의결한다.

④ 위원회는 제 1 항의 사전심의업무를 수행함에 있어서 다음 각 호의 사항을 고려하여야 한다.

1. 기초자산이 제 4 조 제10항 제 4 호 또는 제 5 호에 해당하는 장외파생상품의 경우 기초자산 가격 변동에 대한 정보 제공 가능성에 관한 사항
2. 일반투자자를 대상으로 하는 장외파생상품의 경우 위험회피구조의 타당성, 일반투자자에게 교부하는 설명 자료의 충실성, 투자권유자문인력의 자격 사항 및 교육 등 판매계획의 적정성에 관한 사항
3. 그 밖에 투자자 보호를 위하여 위원회가 필요하다고 인정하는 사항

⑤ 위원회는 제 1 항의 사전심의업무를 수행함에 있어 필요한 경우에는 금융투자업자 등에 대하여 사실의 확인 또는 자료의 제출 등을 요구할 수 있다.

⑥ 위원회는 제 3 항에 따른 의결이 있을 경우 금융감독원장에게 지체 없이 보고하여야 한다.

⑦ 협회는 다음 각 호의 사항을 포함하여 위원회의 구성 및 운영을 위하여 필요한 규정을 정하여야 한다.

1. 위원장 및 위원의 자격, 선임방법에 관한 사항
2. 위원장 및 위원의 임기에 관한 사항
3. 위원회 운영 및 의사결정의 독립성 확보에 관한 사항
4. 위원회 심의절차 및 의사결정의 효력에 관한 사항

[본조신설 2010. 3. 12]

법 제286조 주석Ⅱ 참조

제289조(준용규정)

제24조, 제54조, 제63조는 협회에 준용한다. 〈개정 2009.2.3.〉

Ⅰ. 협회 임원의 자격 금지	
Ⅱ. 협회의 직무관련 정보의 이용	Ⅲ. 임직원의 금융투자상품 매매

Ⅰ. 협회 임원의 자격

법 제289조에 따라 협회에 준용되는 법 제24조에 따라 협회에 대해서도 금융투자업

자에 대한 임원자격 관련 조항들이 적용된다. 즉 미성년자, 금치산자 또는 한정치산자, 파산선고를 받은 자로서 복권되지 아니한 자, 금고 이상의 실형의 선고를 받거나 이 법, 금융관련 법령 또는 외국 금융관련 법령에 따라 벌금 이상의 형을 선고받고 그 집행이 종료되거나 집행이 면제된 날부터 5년이 경과되지 아니한 자, 금고 이상의 형의 집행유예의 선고를 받고 그 유예기간 중에 있는 자, 이 법, 금융관련 법령 또는 외국 금융관련 법령에 따라 영업의 허가·인가·등록 등이 취소된 법인 또는 회사의 임직원이었던 자(그 취소사유의 발생에 관하여 책임이 있는 자)로서 그 법인 또는 회사에 대한 취소가 있는 날부터 5년이 경과되지 아니한 자, 이 법, 금융관련 법령 또는 외국 금융관련 법령에 따라 해임되거나 면직된 날부터 5년이 경과되지 아니한 자, 재임 또는 재직 중이었더라면 이 법 또는 금융관련 법령에 따라 해임요구 또는 면직요구의 조치를 받았을 것으로 통보된 퇴임한 임원 또는 퇴직한 직원으로서 그 통보된 날부터 5년이 경과되지 아니한 자, 그 밖에 투자자 보호 및 건전한 거래질서를 해할 우려가 있는 자로서 대통령령으로 정하는 자는 협회의 임원이 될 수 없으며, 임원이 된 후 이에 해당하게 된 경우에는 그 직을 상실한다.

Ⅱ. 협회의 직무관련 정보의 이용 금지

법 제289조에 따라 협회에 준용되는 법 제54조에 따라 협회에 대해서도 직무관련 정보 이용 금지 조항이 적용된다. 즉 협회는 직무상 알게 된 정보로서 외부에 공개되지 아니한 정보를 정당한 사유 없이 자기 또는 제 3 자의 이익을 위하여 이용하여서는 아니 된다.

Ⅲ. 임직원의 금융투자상품 매매

법 제289조에 따라 협회에 준용되는 법 제63조에 따라 협회에 대해서도 금융투자업자의 임직원에 대한 금융투자상품 매매 제한 관련 조항들이 적용된다.

제290조(업무규정의 보고)

협회는 업무에 관한 규정(規程)을 제정·변경하거나 폐지한 경우에는 지체 없이 금융위원회에 이를 보고하여야 한다. 〈개정 2008. 2. 29.〉

Ⅰ. 업무규정의 제정·변경·폐지 절차

거래소 규정[1)]이나 예탁결제원 규정[2)]은 투자자 등에게 직접적으로 영향을 미치나, 협회의 업무규정은 2차적으로는 투자자 등에게 그 영향이 미치기는 하지만 1차적으로 회원사인 금융투자업자를 대상으로 적용되는 규정이고 회원 간의 자율규제적인 성격이 강하므로 법률상 따로 근거조항을 두지 않고 있다.[3)] 그러나 자본시장에 미치는 영향을 고려하고 자율규제의 공공성을 담보하기 위하여 업무규정의 제정·변경·폐지 시에 금융위원회에 보고하도록 한 것이다.[4)] 실무적으로는 보고 전에 금융위원회와 사전적인 조율이 이루어지며, 보고 후에도 업무 규정 내용에 대하여 금융위원회가 감독하고 있다.

Ⅱ. 업무규정의 종류 및 법적 성격

기존의 증권업협회, 선물협회, 자산운용협회도 자율규제 관련 업무규정[5)] 등을 제정·운영하고 있었다. 이 법에 의한 협회도 총 14종의 업무규정을 제정하여 시행 중에 있다. 협회가 정하는 업무규정은 협회 정관과 마찬가지로 회원 간 지켜야 할 최소한의 약속으로 자치법적인 성격을 가진다고 할 수 있다.

---

1) 자본시장법에는 거래소 업무규정의 제정근거로 법 제387조(회원), 제390조(상장규정), 제391조(공시규정), 제393조(업무규정), 제403조(시장감시규정) 및 제405조(분쟁의 자율조정) 등 다수의 조항이 있다.

2) 자본시장법에는 예탁결제원 업무규정의 제정근거로 법 제302조(예탁업무규정), 제303조(결제업무규정) 등의 조항이 있다.

3) 다만, 일반투자자를 대상으로 하고 있는 제288조 제 1 항의 분쟁조정규정은 그 법상 근거를 마련하고 있다.

4) 한편, 예탁결제원과 거래소 업무관련 규정은 금융투자업자는 물론 일반투자자에게 직접적으로 영향을 미치므로 투자자 보호의 차원에서 그 규정의 근거를 각각 법에 명시하고 그 제정·변경·폐지시에 금융위원회의 승인을 받도록 규정하고 있다.

5) 기존 각 협회의 자율규제 관련 업무규정

증권업협회	선물협회	자산운용협회
·증권회사의영업행위에관한규정 ·유가증권인수업무에관한규칙 ·증권회사의약관운용에관한규칙 ·채권장외거래공시등에관한규칙 ·증권회사의어음거래공시등에관한규칙 ·장외주식의호가중개에관한규정 ·증권분쟁조정에관한규정 ·벌과금부과및관리에관한기준	·선물거래상담사운영및관리에관한규정 ·투자조언행위규범 ·광고에관한규칙 ·약관운용에관한규칙 ·선물업자임직원의징계기록관리지침	·운용전문인력등록규정 ·투자신탁안정기금운용규정 ·광고선전에관한규정 ·간접투자상품및판매에관한규정 ·간접투자자산운용업공시및통계자료등에관한 규정

[협회 자율규제관련 규정]

순 번	협회 자율규제관련 규정
1	자율규제위원회 운영 및 제재에 관한 규정
2	금융투자회사의 영업 및 업무에 관한 규정
3	금융투자회사의 영업 및 업무에 관한 규정 시행세칙
4	금융투자전문인력과 자격시험에 관한 규정
5	금융투자전문인력과 자격시험에 관한 규정 시행세칙
6	증권 인수업무 등에 관한 규정
7	금융투자회사의 약관운용에 관한 규정
8	분쟁조정에 관한 규정
9	K-OTC시장 운영규정
10	K-OTC시장 운영규정 시행세칙
11	신용평가기관평가규정
12	신상품 배타적 사용권 심의기준
13	적격기관투자자 거래시스템 운영규정
14	퇴직연금제도 모집인 등록관리지침

제291조(연수원)

협회는 금융투자업에 종사하는 자의 자질을 향상시키고 금융투자업에 관한 전문적인 지식을 보급하기 위하여 연수원을 둘 수 있다.

법 제286조 주석 V 참조.

제292조(협회에 대한 검사)

제419조(제 2 항부터 제 4 항까지 및 제 8 항을 제외한다)는 협회에 대한 검사에 관하여 준용한다.

법 제292조에 따라 협회에 준용되는 법 제419조 제 1 항, 제 5 항, 제 6 항, 제 7 항 및 제 9 항에 따라 협회에 대해서도 금융투자업자에 대한 검사 관련 조항이 적용된다.

제293조(협회에 대한 조치)

① 금융위원회는 협회가 별표 7 각 호의 어느 하나에 해당하는 경우에는 다음 각 호의 어느 하나에 해당하는 조치를 할 수 있다. 〈개정 2008. 2. 29〉

1. 6개월 이내의 업무의 전부 또는 일부의 정지
2. 계약의 인계명령

3. 위법행위의 시정명령 또는 중지명령
4. 위법행위로 인한 조치를 받았다는 사실의 공표명령 또는 게시명령
5. 기관경고
6. 기관주의
7. 그 밖에 위법행위를 시정하거나 방지하기 위하여 필요한 조치로서 대통령령으로 정하는 조치

② 금융위원회는 협회의 임원이 별표 7 각 호의 어느 하나에 해당하는 경우에는 다음 각 호의 어느 하나에 해당하는 조치를 할 수 있다. 〈개정 2008. 2. 29〉

1. 해임요구
2. 6개월 이내의 직무정지
3. 문책경고
4. 주의적 경고
5. 주의
6. 그 밖에 위법행위를 시정하거나 방지하기 위하여 필요한 조치로서 대통령령으로 정하는 조치

③ 금융위원회는 협회의 직원이 별표 7 각 호의 어느 하나에 해당하는 경우에는 다음 각 호의 어느 하나에 해당하는 조치를 협회에 요구할 수 있다. 〈개정 2008. 2. 29〉

1. 면직
2. 6개월 이내의 정직
3. 감봉
4. 견책
5. 경고
6. 주의
7. 그 밖에 위법행위를 시정하거나 방지하기 위하여 필요한 조치로서 대통령령으로 정하는 조치

④ 제422조 제 3 항, 제423조(제 1 호를 제외한다), 제424조(제 2 항을 제외한다) 및 제425조는 협회 및 그 임직원에 대한 조치 등에 관하여 준용한다.

[별표 7]

협회 및 그 임직원에 대한 처분 사유

(제293조 제 1 항부터 제 3 항까지의 규정 관련)

1. 제56조 제 4 항에 따른 신고 또는 보고를 하지 아니한 경우
2. 제56조 제 6 항에 따른 변경명령을 위반한 경우
3. 제58조 제 4 항 또는 제90조 제 4 항에 따른 공시를 하지 아니하거나 거짓으로 공시한 경우
4. 제286조 제 1 항 각 호 외의 업무를 영위한 경우 또는 같은 조 제 2 항을 위반한 경우
5. 제287조 제 2 항을 위반하여 승인을 받지 아니한 경우
6. 임원의 자격에 관하여 제289조에서 준용하는 제24조를 위반한 경우
7. 제289조에서 준용하는 제54조를 위반하여 자기 또는 제삼자의 이익을 위하여 정보를 이용한 경우
8. 임직원의 금융투자상품 매매와 관련하여 제289조에서 준용하는 제63조를 위반한 경우
9. 제289조에서 준용하는 제413조(제286조 제 1 항 제 4 호의 업무에 한한다)에 따른 조치를 이

행하지 아니한 경우
10. 제290조에 따른 보고를 하지 아니한 경우
11. 제292조에서 준용하는 제419조 제 1 항에 따른 검사를 거부·방해 또는 기피한 경우
12. 제292조에서 준용하는 제419조 제 5 항에 따른 보고 등의 요구에 불응한 경우
13. 제293조 제 1 항 제 2 호부터 제 4 호까지·제 7 호, 같은 조 제 2 항 제 1 호 또는 같은 조 제 3 항에 따른 조치를 위반한 경우
14. 제293조 제 4 항에서 준용하는 제424조 제 4 항을 위반하여 그 내용을 기록·유지 또는 관리하지 아니한 경우
15. 제414조 제 2 항에 따른 심의를 거치지 아니한 경우
16. 제426조 제 1 항에 따른 보고 또는 자료의 제출명령을 위반하거나 조사를 거부·방해 또는 기피한 경우
17. 제426조 제 2 항에 따른 요구에 불응한 경우
18. 제426조 제 3 항에 따른 조치에 불응한 경우
19. 제426조 제 4 항에 따른 자료제출요구에 불응한 경우
20. 제427조 제 1 항에 따른 심문이나 압수·수색에 불응한 경우
21. 제435조 제 5 항을 위반하여 신고자등에게 불리한 대우를 한 경우
22. 그 밖에 투자자 보호 또는 건전한 거래질서를 해할 우려가 있는 경우로서 대통령령으로 정하는 경우

시행령 제**309**조(협회에 대한 조치) ① 법 제293조 제 1 항 제 7 호에서 "대통령령으로 정하는 조치"란 다음 각 호의 어느 하나에 해당하는 조치를 말한다.
1. 경영이나 업무방법의 개선요구나 개선권고
2. 변상 요구
3. 법을 위한한 경우에는 고발 또는 수사기관에의 통보
4. 다른 법률을 위반한 경우에는 관련기관이나 수사기관에의 통보
5. 그 밖에 금융위원회가 법 및 이 영, 그 밖의 관련 법령에 따라 취할 수 있는 조치
② 법 제293조 제 2 항 제 6 호 및 같은 조 제 3 항 제 7 호에서 "대통령령으로 정하는 조치"란 각각 제 1 항 제 3 호부터 제 5 호까지의 조치를 말한다.
③ 법 별표 7 제22호에서 "대통령령으로 정하는 경우"란 이 영 별표 11의 각 호의 어느 하나에 해당하는 경우를 말한다.

Ⅰ. 협회에 대한 조치

1. 협회 및 그 임직원 등에 대한 처분 사유

이 법에서는 협회 및 그 임직원 등에 대한 처분 사유로 구체적인 사항을 망라하여

열거하고 있다. 즉, ① 표준약관 제정 또는 변경에 대해 신고 또는 보고하지 않은 경우, ② 금융위원회의 약관 또는 표준약관 변경명령을 위반한 경우, ③ 수수료 부과기준·절차 및 집합투자재산의 운용실적에 대한 비교공시를 위반하거나 허위공시한 경우, ④ 협회의 법정 업무 외의 업무를 영위한 경우, 자율규제업무 및 분쟁의 자율조정업무를 위한 별도의 조직을 갖추지 않은 경우, ⑤ 정관 중 일부 사항을 변경하면서 금융위원회의 승인을 받지 않은 경우, ⑥ 임원 선임 결격자를 임원으로 선임한 경우, ⑦ 직무관련 정보를 자기 또는 제삼자의 이익을 위하여 이용한 경우, ⑧ 임직원의 금융투자상품 매매와 관련하여 법에서 정한 절차를 위반한 경우, ⑨ 금융위원회의 긴급사태시 조치를 이행하지 아니한 경우, ⑩ 업무에 관한 규정 제정·변경·폐지시 금융위원회에 보고하지 않은 경우, ⑪ 금융감독원장의 협회 업무와 재산상황에 대한 검사를 거부·방해 또는 기피한 경우, ⑫ 금융감독원장의 업무 또는 재산에 관한 보고, 자료의 제출, 증인의 출석, 증언 및 의견의 진술 요구 등에 불응한 경우, ⑬ 금융위원회의 협회 및 협회 임직원에 대한 조치를 위반한 경우, ⑭ 처분 등의 내용을 기록·유지 또는 관리하지 아니한 경우, ⑮ 수수료 변경시 시장효율화위원회의 심의를 거치지 아니한 경우, ⑯ 금융위원회의 보고 또는 자료의 제출명령을 위반하거나 조사를 거부·방해 또는 기피한 경우, ⑰ 금융위원회의 진술서 제출·증언을 위한 출석·장부·서류, 그 밖의 물건 제출 요구에 불응한 경우, ⑱ 제출된 장부·서류 그 밖의 물건의 영치·관계자의 사무소 또는 사업장에 대한 출입을 통한 업무·장부·서류 그 밖의 물건의 조사에 불응한 경우, ⑲ 금융위원회의 자료제출 요구에 불응한 경우, ⑳ 증권선물위원회의 심문이나 압수·수색에 불응한 경우, ㉑ 위법행위 신고자등에게 불리한 대우를 한 경우, ㉒ 그 밖에 투자자 보호 또는 건전한 거래질서를 해할 우려가 있는 경우로서 대통령령으로 정하는 경우 등이 그것이다.

2. 처분의 주체 및 종류

처분은 협회, 협회의 임원, 협회의 직원별로 그 종류가 다르며, 협회 및 그 임원에 대해서는 금융위원회가 직접 조치하고, 협회의 직원에 대해서는 금융위원회가 조치를 협회에 요구할 수 있다.

한편, 금융위원회는 협회의 임직원에 대하여 조치를 하거나 이를 요구하는 경우 그 임직원에 대하여 관리·감독의 책임이 있는 임직원에 대한 조치를 함께 하거나 이를 요구할 수 있다. 다만 관리·감독의 책임이 있는 자가 그 임직원의 관리·감독에 상당한 주의를 다한 경우에는 조치를 감면할 수 있다.

협회에 대한 조치로는 6개월 이내의 업무의 전부 또는 일부의 정지, 계약의 인계명령, 위법행위의 시정명령 또는 중지명령, 위법행위로 인한 조치를 받았다는 사실의 공표명령 또는 게시명령, 기관경고, 기관주의, 그 밖에 위법행위를 시정하거나 방지하기 위하여 필요한 조치로서 법 시행령이 정하는 조치가 있고, 협회의 임원에 대한 조치로는 해임요구, 6개월 이내의 직무정지, 문책경고, 주의적 경고, 주의, 그 밖에 위법행위를 시정하거나 방지하기 위하여 필요한 조치로서 법 시행령으로 정하는 조치가 있으며, 협회의 직원에 대한 조치로는 면직, 6개월 이내의 정직, 감봉, 견책, 경고, 주의, 그 밖에 위법행위를 시정하거나 방지하기 위하여 필요한 조치로서 법 시행령으로 정하는 조치가 있다.

한편 법 시행령에서는 법에서 정하고 있는 조치 외에 경영 또는 업무방법의 개선요구 또는 권고, 변상 요구, 법 위반의 경우 고발 또는 수사기관에의 통보, 다른 법률을 위반한 경우 관련기관 또는 수사기관에의 통보, 그 밖에 금융위원회가 취할 수 있는 조치 등을 정하고 있다.

3. 처분 절차

(1) 청 문

금융위원회는 협회 임직원에 대한 해임요구 또는 면직요구에 해당하는 처분 또는 조치를 하고자 하는 경우에는 청문을 실시하여야 한다.

(2) 처분 등의 기록 및 공시 등

금융위원회는 협회 또는 협회 임직원에게 처분 또는 조치한 경우 그 내용을 기록하고 이를 유지·관리하여야 한다. 또한 금융위원회는 협회의 퇴임한 임원 또는 퇴직한 직원이 재임 또는 재직 중이었다면 이 법에 해당하는 조치를 받았을 것으로 인정되는 경우에는 그 받았을 것으로 인정되는 조치의 내용을 금융감독원장으로 하여금 해당 협회에게 통보하도록 할 수 있고 이 경우 통보를 받은 협회는 이를 퇴임·퇴직한 그 임직원에게 통보하여야 한다. 협회가 이러한 통보를 한 경우 및 협회가 금융위원회의 조치요구에 따라 그 임직원을 조치한 경우 그 내용을 기록하고 이를 유지·관리하여야 한다.

협회 또는 그 임직원 및 임직원이었던 자는 금융위원회에 자기에 대한 처분 또는 조치 여부 및 그 내용을 조회할 수 있고, 조회요청을 받은 경우에 금융위원회는 정당한 사유가 없는 한 처분 또는 조치 여부 및 그 내용을 그 조회 요청자에게 통보하여야 한다.

(3) 이의신청

처분 또는 조치에 대하여 불복하는 자는 그 처분 또는 조치의 고지를 받은 날로부터 30일 이내에 그 사유를 갖추어 금융위원회에 이의를 신청할 수 있다. 금융위원회는 이의신청에 대하여 60일 이내에 결정을 하여야 한다. 다만 부득이한 사정으로 그 기간 이내에 결정을 할 수 없을 경우에는 30일의 범위에서 그 기간을 연장할 수 있다.

4. 조치의 취지

이 법이 과거와는 달리 협회 및 그 임직원에 대한 제재사유를 명확히 하였다는 점에 차이가 있기는 하지만, 감독기관의 감독기능 및 그 목적 자체가 달라진 것은 아니고 동일하다.

법 제293조에 의하면 [별표 7] 위반 사유에 대해서 협회 및 그 임직원에 대해 조치를 취할 수 있으므로 [별표 7]은 협회 및 그 임·직원에 부여된 법률상 의무를 구체화·명확화한 것이라 할 수 있다. 이는 과거의 법률들이 단순히 법령이나 금융위원회 명령 등을 위반한 경우 협회와 그 임직원을 제재할 수 있다는 포괄적인 조항을 두고 있는 것과는 달리, 제재사유를 [별표 7]에 구체화하여 금융위원회의 제재적 조치에 요구되는 헌법상 명확성의 원칙을 충족시키고, 어떠한 경우에 제재를 받을 것인지에 대한 사유를 법률에 직접 규정하여 제재조치의 대상자로 하여금 예측가능성을 높인 것으로 현재에 비해 법치행정의 원리가 법에 더욱 충실히 구현·반영된 것이라 볼 수 있겠다.

Ⅱ. 일본의 경우

협회에 대한 감독 및 검사 권한은 내각총리대신의 권한사항으로 규정되어 있고, 금융청장관에게 위임하여 운영하고 있다. 감독 및 검사 권한에는 정관 및 업무규정 등의 변경명령, 법령위반시 인가취소, 업무정지, 임원해임 등 조치, 보고 접수 및 검사 등이 포함되어 있다.

[초판: 박중민, 개정판: 김진억 · 이정재]

제 2 장 한국예탁결제원

○ 前注

증권예탁결제제도(securities deposit and settlement system)[1]는 중앙예탁결제기관(central securities depository)에 투자자와 투자자의 중개기관인 금융투자업자 등의 증권을 집중예탁하고, 증권거래 등에 따른 증권의 인도는 계좌간 대체로 갈음할 수 있게 함으로써 실물증권 없는 증권거래를 가능하게 하는 제도이다. 1872년 오스트리아 비엔나(Wien)에서 설립된 Wiener Giro-und Kassen-Verein이 1873년부터 세계 최초로 집중예탁과 계좌간 대체에 의한 결제업무를 시작한 이래,[2] 중앙예탁결제기관을 통한 집중예탁과 계좌간 대체에 의한 결제업무는 자본시장에 있어 전 세계적으로 공통된 현상으로 자리 잡고 있다. 그러나 법제적 측면에서 전 세계적으로 가장 영향력을 미친 것은 1937년에 제정된 독일의 Depotgesetz(증권예탁법, 이하 "DepotG"라고 한다)라고 할 수 있다. DepotG는 투자자가 소유한 유가증권을 그의 거래은행(Zwishcenverwahrer)을 통해 중앙예탁결제기관(Wertpapiersammelbank)에 예탁하는 경우, 중앙예탁결제기관은 투자자별로 증권을 분리하여 별도로 보관하는 것이 아니라 증권의 종류별로 혼합하여 보관할 수 있고, 투자자는 기존의 증권에 대한 단독소유권 대신 예탁증권 전체, 즉 혼장재고(Sammelbestand)에 대한 공유지분권(Miteigentum nach Bruchteilen)을 갖도록 함으로써 증권의 보관 및 유통의 합리화와 투자자의 권리를 물권법적으로 보호한다.

법 제308조 이하에서 규정하는 우리나라의 예탁관련제도는 독일의 DepotG를 기초로 하고 있기 때문에 우리나라의 예탁관련제도 또한 실물증권의 집중예탁과 공유권을 근간으로 설계되어 있다. 그러나 후술하는 바와 같이 현행 우리나라의 예탁관련제도에 직접적인 영향을 미친 것은 독일의 DepotG라기보다는 독일과 네덜란드[3] 등의 법규를 참

1) 증권의 예탁과 결제에 관한 제도는 개념적으로 분리되나 실무상으로는 예탁기관이 계좌간 대체에 의한 결제를 수행하므로 실무에서는 흔히 (증권)예탁결제제도라고 부른다. 다만, 법 제294조 이하의 규정 중은 증권결제에 관한 것은 한국예탁결제원이 결제기관이라는 것과 결제업무규정에 관한 사항이고, 그 외 대부분의 핵심적인 내용은 예탁과 관련된 제도에 대한 것이다.

2) Heinsius/Horn/Than, Depotgesetz : Kommentar zum Gesetz über die Verwahrung und Anschaffung von Wertpapieren vom 4. Februar 1937(Berlin : Walter de Gruyter, 1975)(이하, "DepotG Komm"이라 인용한다), Rdn. §5.1; Eva Micheer, Wertpapierrecht zwischen Schuld- und Sachenrecht (Wien : Springer, 2004), p. 144. 참고로, 독일에서는 1850년부터 예탁자만을 대상으로 한 혼장보관 및 계좌대체업무가 시작되었다.

3) 1977년 6월에 제정된 Wet giraal effectenverkeer(투자증권대체법)을 말한다. 이 법의 정식명칭은 Wet van 8 juni 1977, houdende bepalingen betreffende het giraal effectenverkeer이며, 독일과는 달리 계좌간 대체에 법적 효력을 직접적으로 인정하고 선의취득에 관한 명문의 조문을 두고 있는 것이 특징이다. 네덜란드 예탁법제에 관해 소개한 국내문헌으로는 강희만, 「증권대체결제제도」, 육법사, 1989, 76-83쪽 참조.

조로 예탁제도를 완성한 일본의 구 「株券等の保管及び振替に關する法律」[1](이하, "주권보관대체법"이라 한다)이라 할 수 있다. 주권보관대체법은 DepotG와 동일하게 주권 등의 혼장보관 및 공유권을 기반으로 설계되었지만, DepotG가 예탁증권의 양도방식에 대해 침묵하고 있는 것과는 달리,[2] 계좌간 대체에 주권교부와 동일한 효력이 있다는 규정을 두는 등 계좌대체를 증권의 양도 및 입질에 있어 점유이전의 한 방법으로 입법화하고, 선의취득이 해석에 의하여 명확히 도출될 수 있도록 법문을 정비함으로써 물권법적 측면과 증권유통 측면에서의 법적 확실성을 도모하고 있다는 것이 큰 특색이다. 또한 독일과는 달리 주권보관대체법은 회사법적 측면에서 예탁주권에 대한 실질소유자 즉 실질주주가 예탁제도 밖에서와 동일하게 회사에 대해 주주로서의 권리를 직접 행사할 수 있도록 '실질주주제도'를 도입함으로써 상법에 대한 특별법적인 입법을 하고 있다.[3] 이와 유사하게 법 제308조 이하에서 규정하는 예탁관련제도의 핵심도 증권양도 및 질권의 설정 등에 관한 물권법적 특례와 예탁증권, 특히 예탁주권의 실질소유자인 실질주주의 권리행사에 관한 회사법적 특례라는 두 가지 내용으로 요약될 수 있다.

한편, 우리나라의 예탁관련법제가 독일과 일본의 제도를 기초로 설계되었다는 것은 곧 종이라는 실물증권의 존재를 전제로 한다는 것을 의미한다. 본래 (유가)증권(Wertpapiere; securities certificates)은 권리 유통의 촉진을 위해 권리를 유체물인 紙面에 化體시켜 물권법의 적용대상이 되게 하고, 이에 따라 선의취득도 가능하게 하는 화체이론(Verkörperungstheorie)[4]의 산물이다. 독일 예탁법제는 기존의 증권이론에 따라 혼합보관된 증권에 대해서도 증권에 대한 소유권의 변형이라 할 수 있는 공유권을 부여하고 공유권을 보유한 자가 여전

1) 주권보관대체법은 1984년에 제정되었다가 2009년 1월 완전무권화 법제인 社債株式等の振替に關する法律(이하 "사채주식등대체법"이라 한다)이 시행됨에 따라 폐지되었다.

2) DepotG 제24조 제 2 항 본문은 계좌간 대체의 기재에 대해 형성적 효력을 인정하는 규정을 두고 있으나, 단서에서 이 효력은 민법에 따라 공유권이 이미 이전되지 않은 경우에만 적용된다고 규정하고 있다. 독일의 통설은 예탁증권의 양도는 계좌간 대체 이전에 독일 민법 제929조에 따른 현실의 인도에 따라 점유이전이 일어난다고 해석하므로, 계좌간 대체의 기재에 대해서는 선언적·확인적 효력만 인정하고 있다(이에 대하여는 Heinsius/Horn/Than, DepotG Komm, Rdn. 24.26, 24.39, 24.40; Claus-Wilhelm Canaris, Bankvertragsrecht, 2d ed.(Berlin : Walter de Gruyter, 1981), Rdn. 1994; Siegfried Kümpel, Bank- und Kapitalmarktrecht, 2d ed.(Köln : Dr. Otto Schmidt, 2004), Rdn. 11.415~11.416; Siegfried Kümpel & Ernst Decker, Das Depotgeschäft, 2d ed.(Köln : Bank-Verlag Medien, 2007), Rdn. 8.74a; Norbert Horn, "Die Erfüllung von Wertpapiergeschäften unter Einbeziehung eines Zentralen Kontrahenten an der Börse"(2002) 20 WM Sonderbeil. Nr. 2, p. 12; Dorothee Einsele, "Depotgeschäft" in Karsten Schmidt & Walther Hadding, eds., Münchener Kommentar zum Handelsgesetzbuch, Vol. 5 (München : C. H. Beck/Franz Vahlen, 2009), Rdn. 97; Dorothee Einsele, "Wertpapiere im elektronischen Bankgeschäft"(2001) 1 WM 7, p. 12; Jürgen Than, "Neue Rechtsentwicklungen für den grenzüberschreitenden Effektengiroverkehr" in Jens Ekkenga, Walther Hadding & Horst Hamen, eds., Bankrecht und Kapitalmarktrechtinder Entwicklung : Festschrift für Siegfried Kümpel zum 70. Geburtstag(Berlin : Erich Schmidt, 2003), p. 547 참조).

3) 따라서 일본의 주권보관대체법에 대한 비교법적 논의는 독일의 DepotG와 더불어 법 제308조 이하에서 규정하고 있는 예탁관련제도의 해석과 이론의 전개에 상당한 시사점을 준다고 할 수 있다.

4) 화체이론의 전개와 이에 관한 상세에 대해서는 Eva Micheer, 전게서, pp. 103~209 참조.

히 권리자이고, 증권이 표창하고 있는 권리의 이전은 선의취득이 가능하도록 종래와 같이 법률행위에 의한 증권이라는 물건의 점유를 이전함에 의한다는 법률적 구성을 취하였다. 따라서 독일의 DepotG에서는 실물증권의 존재가 그 전제이며, 이러한 이유로 증권실물을 완전히 없애는 無券化(Entmaterlialisierung; dematerialisation)가 아니라 포괄증권(Globalurkunde)이라는 기술적 도구를 통해 중앙예탁결제기관에 증권을 不動의 상태로 관리하는 不動化(immobilisierung; immobilisation)의 방식으로 발전하여 왔다. 그러나 예탁결제제도 내에서 증권양도는 실제 계좌간 대체에 의해 이루어지고 있지만, 법적으로는 증권이 표창하는 권리의 이전 또한 실물증권에 대한 점유의 이전을 필요로 하기 때문에 현실과 법 간의 괴리가 크게 존재함은 물론, 이론적으로나 해석상 상당히 복잡한 문제가 존재한다. 또한 DepotG는 점점 무권화되어가는 현실을 반영하는 데는 한계가 존재한다고 할 수 있다. 일본의 구 주권보관대체법의 경우에는 계좌기재에 증권점유의 효력을 법적으로 의제하고, 계좌간 대체에 증권의 교부와 동일한 효력을 부여함으로써 계좌대체를 증권양도 및 질권 설정 등의 방법으로 인정하였다는 점에서 독일의 DepotG보다 상당히 진일보한 것이나, 여전히 주권 등 실물 증권의 존재를 전제로 설계되어, 무권화된 무증서증권(uncertificated securities)의 수용에는 한계를 가졌다는 근본적인 문제가 존재한다고 할 수 있다. 이는 곧 우리나라의 현행 예탁관련법제의 문제점과 한계라고 할 수 있으며, 이런 점에서 향후 우리나라 증권예탁법제의 발전을 위한 지향점은 실물증권은 물론 무권화된 무증서증권도 수용 가능한 개방형 구조[1]로 설계하여 상호호환성(compatibility)을 가지도록 하는 것이 바람직할 것이다.[2] 아울러 국제적 증권거래의 측면도 동시에 고려하여야 할 것이고, 나아가 물권적 측면에 적용될 준거법 결정에 관한 명확한 국제사법상의 연결규칙을 도입하여 거래 당사자들에게 사전적 법적 확실성과 예측가능성을 줄 수 있도록 하여야 할 것이다.[3]

1) 미국 UCC 제 8 편과 스위스 Bucheffektengesetz에 의한 예탁법제가 대표적인 개방형 구조로 설계되어 있다. 미국 UCC 제 8 편에 따른 예탁법제에 대하여는 김건식, “미국의 증권예탁결제제도,” 「비교사법」 제 3 권 제 2 호(1996), 55쪽 이하; 김이수, “UCC상 증권권리(security entitlement)의 개념,” 「증권법연구」, 제 5 권 1호(2004), 1쪽 이하; 미국 UCC 제 8 편과 제 9 편에 따른 예탁법제의 특징과 이에 관한 비판적 고찰에 대하여는 Changmin Chun, Cross-border Transactions of Intermediated Securities : A Comparative Analysis in Substantive Law and Private International Law(Heidelberg : Springer, 2012), pp. 197-248; 스위스의 Bucheffektengesetz에 관하여는 천창민, “스위스 간접보유증권법(Bucheffektengesetz)에 관한 고찰,” 「증권법연구」, 제13권 제 1 호(2012)(이하, “2012 논문”으로 인용한다), 215쪽 이하 참조.

2) 종래 우리나라 예탁법제의 개정방향으로 일본식의 전면 무권화 방식이 주장되고 있으나, 무권화가 필요하다고 하여 법제까지 무권화만 수용 가능하도록 하는 입법을 따를 필요는 없으며, 개별 실물증권, 포괄증권 및 전자증권을 모두 수용할 수 있는 개방적 시스템이 보다 적합하다고 할 수 있다. 이런 점에서 2011년 개정상법에 따라 새롭게 규정된 제356조의2(주식의 전자등록) 등을 근거로 우리나라의 예탁법제가 일본식의 전자증권법제를 염두에 두는 것으로 해석하는 것은 바람직하지 않으며, 단지 이는 전자등록의 방법으로도 주식의 양도나 입질이 가능하도록 입법을 하여야 한다는 것으로 해석하는 것이 자연스럽다.

3) 이에 관한 국제적 협약으로는 2002년 12월에 채택된 헤이그증권협약이 있다. 헤이그증권협약에 관한

제 1 절 설립 및 감독

제294조(설립)

① 증권등(증권, 그 밖에 대통령령으로 정하는 것을 말한다. 이하 이 장에서 같다)의 집중예탁과 계좌 간 대체, 매매거래에 따른 결제업무 및 유통의 원활을 위하여 한국예탁결제원을 설립한다.

② 예탁결제원은 법인으로 한다.

③ 예탁결제원은 대통령령으로 정하는 바에 따라 주된 사무소의 소재지에서 설립등기를 함으로써 성립한다.

시행령 **제310조**(예탁대상증권등) 법 제294조 제 1 항에서 "대통령령으로 정하는 것"이란 다음 각 호의 어느 하나에 해당하는 것을 말한다.
1. 원화로 표시된 양도성 예금증서
2. 그 밖에 금융위원회가 정하여 고시하는 것

제311조(설립등기) ① 법 제294조 제 3 항에 따라 예탁결제원의 설립등기에는 다음 각 호의 사항을 기재하여야 한다.
1. 목적
2. 명칭
3. 주된 사무소와 지원의 소재지
4. 자본금
5. 임원의 성명과 주소
6. 공고의 방법

② 제 1 항에 따른 설립등기에 있어서는 그 신청서에 다음 각 호의 서류를 첨부하여야 한다.
1. 정관
2. 정관인가서의 사본

분석으로는 석광현, "국제적인 증권담보거래의 준거법-헤이그국제사법회의의 유가증권협약을 중심으로-," 「증권법연구」 제 5 권 제 1 호(2004), 43쪽 이하; 허항진, "국제적 증권거래의 준거법 결정원칙에 대한 고찰," 「증권법연구」 제 8 권 제 2 호(2007), 47쪽 이하; 천창민, "간접보유증권의 국제재판관할과 준거법-간접보유증권에 관한 국제사법상 연결규칙의 신설을 제안하며-," 「국제사법연구」, 제19권 제 1 호(2013)(이하, "2013b 논문"으로 인용한다), 481쪽 이하 참조. 현행 국제사법에 따른 간접보유증권의 물권적 측면에 관한 분석으로는 석광현, 「국제사법 해설」, 박영사, 2013, 254-259쪽 및 266~268쪽; 석광현, "국제적인 증권담보거래의 준거법-PRIMA와 관련하여-," 「증권법연구」 제 3 권 제 1 호(2002), 119쪽 이하; 천창민, 전게논문(2013b), 525-527쪽 참조.

Ⅰ. 한국예탁결제원의 설립목적

중앙예탁결제기관은 예탁결제제도의 핵심운영자로서 세계 각국은 통상 단일의 중앙예탁결제기관을 통해 증권의 집중예탁과 계좌간 대체 등의 업무를 제공함으로써 거래 이후 결제, 권리행사 등 후선업무(back-office services)의 효율성을 도모한다. 제294조는 예탁결제원이 우리나라의 중앙예탁결제기관으로서 증권의 집중예탁과 계좌간 대체 그리고 증권의 매매거래에 따른 결제업무와 유통의 원활화를 위하여 설립되었음을 규정한다(법 294조 1항). 집중예탁과 계좌간 대체 이외에 매매거래에 따라 결제업무를 별도의 설립목적으로 규정하는 것은 법 제297조에서 예탁결제원이 결제기관임을 명문으로 규정하게 됨에 따라 설립목적에서도 이를 반영하기 위함이다.

Ⅱ. 한국예탁결제원의 법인의 성격

예탁결제원의 법인의 성격은 본법에 의하여 설립된 특수법인이다(법 294조 2항). 이는 중앙예탁결제기관의 단일성 및 공공성을 법적으로 확보할 필요성에 따라 1993년 개정된 구증권법에서 규정되었던 것을 본법에서도 이를 규정하고 있는 것이다. 본법은 예탁결제원을 특수법인으로 규정하는 것 외에도 예탁결제원이 아닌 자는 예탁결제업무 등을 영위할 수 없도록 규정(법 298조)함으로써 단일한 중앙예탁결제기관으로서의 지위를 명확히 하고 있다. 이는 비교법적으로도 상당히 이례적인 것으로서 규모의 경제에 의한 자연독점이 특성인 예탁결제업무를 굳이 명문의 규정으로 독점적 지위와 특수법인으로서의 지위를 부여할 필요성이 있는가에 대하여는 비판의 여지가 있을 수 있으나, 이는 우리나라는 특별법인 본법에 의해 예탁결제원을 설립하도록 하는 특허주의와 예탁결제업무에 관한 단일주의를 채택함으로써 예탁결제원의 공공적 성격이 중요함을 강조하고 있다고 볼 수 있다.

Ⅲ. 설립등기

예탁결제원은 본법에 의한 특수법인이지만, 본법은 그 설립은 상법상의 회사와 동일하게(상법 172조) 주된 사무소 즉, 본점소재지에서 설립등기를 함으로써 효력이 발생한다고 규정한다(법 294조 3항). 또한 법 시행령에서는 설립등기 사항으로써 주식회사와 유사하게 목적, 명칭, 주된 사무소와 지원소재지, 자본금, 임원의 성명과 주소 및 공고방법을 등기하도록 하고 있다(법 시행령 311조 1항). 이는 예탁결제원은 주식회사가 아니라 본법에 의해 설립된 특수법인이지만, 정관의 필수적 기재사항으로서 주식 취득자격 및 소유한도, 주주총회 및 이사회에 관한 사항 및 임원에 관한 사항을 본법에서 규정하고 있고(법 299조 1항), 본법과 본법에 따른 명령을 제외하고는 상법 중 주식회사에 관한 규정을 준용하고 있어 실질적 구조는 주식회사와 동일하기 때문이다. 사실 이는 예탁결제원의 전신인 한국대체결제가 주식회사였고, 이를 법인으로 전환하는 과정에서 기존 주주들의 이해관계를 정리하지 못한 채 우선 예탁결제원을 법인으로만 규정하는 것으로 하고, 실질적 구조는 종전과 동일하게 주식회사 형태로 운영하도록 타협한 산물이라 생각된다. 예탁결제원의 공공성은 명백하므로 특수법인이냐 아니냐를 불문하고 지배구조적 측면에서 공공성이 확보될 수 있도록 추가적인 담보장치가 필요하다고 본다.

제295조(유사명칭의 사용금지)

예탁결제원이 아닌 자는 "한국예탁결제원" 또는 이와 유사한 명칭을 사용하여서는 아니 된다.

본법은 금융투자업자, 금융투자업관계기관 및 거래소에 관해 유사명칭의 사용을 금지하는 규정을 두고 있다.[1] 이는 타인이 유사한 명칭을 사용함으로써 투자자의 혼란을 야기하여 상대방에게 불측의 손해를 줄 수 있기 때문이다. 예탁결제원에 대해서도 예탁결제원이 아닌 자가 '한국예탁결제원'이나 이와 유사한 명칭을 사용하지 못하도록 함으로써 예탁결제원의 단일기관으로서의 공공성을 담보하고 궁극적으로는 투자자보호를 꾀하고 있다. 또한 상법은 인명·지명 또는 업종 등을 상호로 자유로이 사용할 수 있도록 하는 상호자유주의를 원칙으로 하고 있기 때문에(상법 18조), 제 3 자가 '한국예탁결제원'이란 상호를 사용할 경우 이를 중단시키기 위해서 그 사용이 '부정한 목적'으로 이루어진 것임을 예탁결제원이 증명하여야 한다(상법 23조 1항). 그러나 본조에 따라 타인의 유사명칭 사용이 금지되어 있으므로 이러한 증명책임이 없이 곧바로 유사명칭의 사용금지를 청구할 수 있는 효과가 있다.

유사한 명칭이 무엇인가에 대한 범위가 논란이 될 수 있으나, 증권예탁, 증권결제, 예탁결제, 대체결제라는 용어를 사용하여 증권과 관련된 영업을 영위하는 것이 금지되는 것이라고 해석하여야 할 것이다. 본조는 유사명칭 자체의 사용을 금지하므로, 이상의 명칭을 사용하면 족하고, 이 명칭을 사용하여 명칭과 관련된 영업을 실제로 하여야 하는 것은 아니다. 본조를 위반한 자에 대해서는 5천만원 이하의 과태료가 부과된다(법 449조 1항 44호).

1) 다만, 금융투자업관계기관 중 단기금융회사와 명의개서대행회사에 대해서는 유사명칭의 사용금지에 관한 규정을 두고 있지 않다.

제296조(업무)

① 예탁결제원은 정관으로 정하는 바에 따라 다음 각 호의 업무를 행한다.

1. 증권등의 집중예탁업무
2. 증권등의 계좌 간 대체업무
3. 증권시장에서의 증권의 매매거래(다자간매매체결회사에서의 증권의 매매거래를 포함한다. 이하 이 조, 제297조, 제303조 제 2 항 제 5 호 및 제311조 제 4 항에서 같다)에 따른 증권의 인도와 대금의 지급에 관한 업무
4. 증권시장 밖에서의 증권등의 매매거래(다자간매매체결회사에서의 증권의 매매거래는 제외한다)에 따른 증권등의 인도와 대금의 지급에 관한 업무
5. 예탁결제원과 유사한 업무를 영위하는 외국 법인(이하 "외국예탁결제기관"이라 한다)과의 계좌설정을 통한 증권등의 예탁, 계좌 간 대체 및 매매거래에 따른 증권등의 인도와 대금의 지급에 관한 업무

② 예탁결제원은 정관으로 정하는 바에 따라 제 1 항 각 호의 업무에 부수하는 업무로서 다음 각 호의 어느 하나에 해당하는 업무를 행한다.

1. 증권등의 보호예수업무
2. 예탁증권등의 담보관리에 관한 업무
3. 제80조에 따라 집합투자업자·투자일임업자와 집합투자재산을 보관·관리하는 신탁업자 등 사이에서 이루어지는 집합투자재산의 취득·처분 등에 관한 지시 등을 처리하는 업무
4. 그 밖에 금융위원회로부터 승인을 받은 업무

③ 예탁결제원은 정관으로 정하는 바에 따라 제 1 항 및 제 2 항 각 호의 업무 외에 다음 각 호의 업무를 영위할 수 있다.

1. 다음 각 목의 어느 하나에 해당하는 업무. 이 경우 이 법 또는 다른 법률에서 인가·허가·등록·신고 등이 필요한 경우에는 인가·허가 등을 받거나 등록·신고 등을 하여야 한다.
   가. 증권의 명의개서대행업무
   나. 증권대차의 중개 또는 주선 업무
   다. 그 밖에 금융위원회의 승인을 받은 업무
2. 이 법 또는 다른 법령에서 예탁결제원의 업무로 규정한 업무
3. 그 밖에 금융위원회로부터 승인을 받은 업무

Ⅰ. 취　　지

예탁결제원의 설립 목적에서 살펴본 바와 같이 예탁결제원은 집중예탁과 계좌간 대체를 통한 매매거래 등 증권 유통의 원활화를 위해 설립된 기관이다. 따라서 본법은 예

탁결제원의 고유업무 내지 본질적 업무로서 증권의 집중예탁업무, 계좌간 대체업무, 장내 및 장외시장에서의 증권의 매매거래에 따른 결제업무, 외국예탁결제기관과의 업무제휴를 통한 증권의 예탁, 계좌간 대체 및 매매거래에 따른 결제업무를 법정화하고 있다(법 296조 1항). 또한 고유업무에 부수한 업무로서 증권보호예수업무, 예탁증권 담보관리업무, 집합투자업 관련 후선업무 등을 규정하고(법 296조 2항), 그 외 겸영업무로서 명의개서대행업무, 증권대차 중개 또는 주선 업무를 영위할 수 있고, 본법이나 타 법령에서 예탁결제원의 업무로 규정한 것이나 그 밖에 금융위원회가 사전에 승인한 업무도 수행할 수 있다(법 296조 3항).

본조의 고유업무, 부수업무 및 겸영업무의 분류는 2013년 5월 개정에 따른 것이나, 부수업무나 겸영업무와 관련한 금융위원회의 승인 요건에 대하여는 해석상 문제가 있다. 법문에 따를 경우 본조에서 명시하지 않은 부수업무 및 겸영업무는 본법 또는 다른 법령에서 예탁결제원의 업무로 규정한 업무가 아닌 한 모두 금융위원회의 승인을 받은 업무이어야 한다.[1] 따라서 예탁결제업무와 무관한 업무, 예컨대 부동산 임대업에 대하여도 금융위원회의 승인이 필요하다고 해석될 수 있으나, 이는 개정법의 취지가 아님은 물론이다. 예탁결제원이 업무를 추가하거나 변경하기 위해서는 정관의 변경이 필요하고, 예탁결제원 정관의 변경은 금융위원회의 승인이 사전 요건이므로(법 299조 2항), 예탁결제원이 정관에서 업무로서 규정하고, 정관변경에 관한 금융위원회의 인가를 받는 것도 본조에서 말하는 금융위원회의 승인에 포함된다고 해석하여야 할 것이다. 즉, 본법 또는 다른 법령에서 예탁결제원의 업무로 규정한 업무 및 예탁결제업무와 관련하여 금융위의 인허가가 필요한 업무를 제외한 업무는 정관변경에 관한 금융위원회의 인가로 갈음할 수 있다고 하여야 할 것이다.

Ⅱ. 고유업무

1. 집중예탁 및 계좌간 대체업무

법에서 예탁이라는 용어는 일률적 의미로 사용되지 않으나, 예탁결제원과 관련된 294조 이하에서의 예탁[2]은 집중예탁 즉, 투자자 및 증권회사, 은행, 보험회사, 연기금 등

1) 다만, 이러한 이유로 2013년 5월 개정법은 예탁결제원의 겸영업무와 관련하여, 예탁결제원이 개정법의 시행 당시 개정 전의 법 제296조에 따라 영위하고 있던 업무에 대해서는 개정법 제296조 제3항 제1호 가목 이외의 부분 후단의 개정규정에 예탁결제원이 인허가 등을 받거나 등록·신고 등을 한 것으로 간주하는 부칙을 두고 있다(법 부칙 13조).

2) 본법은 예탁과 관련하여 이른바 'two-tier' 시스템을 택하고 있다. 일반적으로 독일, 미국, 영국, 일본 등 외국의 예탁제도 내지 간접보유시스템은 중앙예탁결제기관을 정점으로 하는 피라미드 형태를 띠고 있으며, 중앙예탁결제기관과 투자자 사이에는 복수의 예탁자가 중첩적으로 존재할 수 있다. 그러나 본법은 투자자와 예탁결제원 사이에 단일의 예탁자만 존재한다는 것을 전제로 규정되어 있다. 이에 대한 예외로서 예탁결제원은 예탁결제원과 유사한 업무를 수행하는 외국의 중앙예탁결제기관 등과 업무

의 기관투자자인 예탁자가 그들이 보유한 증권을 중앙예탁결제원이 예탁결제원으로 집중하여 혼합보관하고, 증권이 표창하는 권리에 관한 관리 및 행사를 위임하는 것을 말한다. 이에 따라 투자자 및 예탁자는 매매거래에 따른 증권의 인도나 질권 또는 신탁의 표시를 투자자계좌부 또는 예탁자계좌부상의 기재에 의해 처리하고 실물 증권의 인도를 배제할 수 있다. 증권의 집중예탁업무는 바로 이러한 예탁결제원을 통한 증권의 혼합보관·관리와 권리관련 업무를 말하고, 법은 집중예탁의 실효성을 위하여 겸영금융투자업자를 제외한 모든 금융투자업자가 자기의 고유재산을 운용함에 따라 소유하게 되는 증권 및 투자매매업자 및 투자중개업자가 금융투자상품의 매매 등에 따라 보관하게 되는 투자자 소유의 증권을 지체 없이 예탁결제원에 의무적으로 예탁하도록 규정한다(법 61조 1항 및 75조 1항).[1] 법은 또한 외화증권에 대해서도 외국 보관기관에 개설된 예탁결제원의 계좌를 통해 의무적으로 집중예탁하도록 하고 있다(법 61조 2항 및 75조 2항). 그러나 외화증권의 외국 보관기관을 통한 집중예탁에 있어서는 기술한 예탁결제원에의 혼합보관을 통한 공유권의 성립 및 계좌간 대체에 의한 교부의제 등 법 제308조 이하에서 규정하는 예탁관련 제도의 규정이 적용되는 것이 아니고, 예탁결제원과 예탁자간, 예탁자와 투자자간의 외화증권 예탁에 따른 계약에 근거한다. 따라서 외화증권과 관련된 예탁은 법 308조 이하에서 규정하는 예탁의 의미와 다름을 주의하여야 한다. 참고로 외화증권의 집중예탁 및 계좌간 대체업무에 대해서는 계약관계로만 둘 것이 아니라, 향후 국제사법상의 명확한 연결규칙의 마련과 연결규칙에 따라 지정될 실질법(substantive law)적 근거 마련이 시급하다고 본다.[2]

2. 결제업무

예탁결제원은 증권시장 즉, 거래소가 증권의 매매를 위하여 개설한 시장(법 8조의2 4항 1호)에서의 매매거래에 따른 결제를 담당하는 증권결제기관이다(법 297조). 증권 매매거래는 증권의 인도와 매매대금의 지급이라는 채권·채무관계가 발생하며, 이러한 채권·채무관계를 '증권의 인도'와 '대금의 지급'이라는 가치 교환 행위를 통해 종결시키는 것을 '결제'라고 한다. 법 296조 1항 3호는 다자간매매체결회사를 포함한 증권시장에서의 매매거래에 따른 결제업무를 말하고, 4호는 그 외 장외시장, 예컨대 금융투자협회가 운영하는 프리보드, 법 78조에 의한 전자증권중개회사에서의 매매거래 및 투자중개업자와 투자자

제휴를 통해 계좌를 개설하고 예탁, 계좌대체, 매매결제업무를 수행할 수 있도록 하고 있기 때문에 이 경우에는 예탁결제원과 투자자 사이에 외국예탁결제기관이 개입할 수 있다.

1) 다만, 후술하는 바와 같이 2013년 5월 개정에 따라 유통가능성이나 예탁적격성이 없는 증권의 경우에는 예탁의무에서 제외된다.

2) 외화증권 예탁결제법제의 문제점과 개선방안에 대하여는 우선, 장근영, "외화증권 예탁법제에 관한 개선방안," 「증권법연구」 제13권 제3호(2012), 229쪽 이하; Changmin Chun, 전게서, pp. 262-264 및 pp. 434-435 참조.

또는 기관투자자 간의 매매거래 등의 결제를 말한다.

3. 외국예탁결제기관과의 업무제휴를 통한 예탁결제업무

예탁결제원이 외국예탁결제기관과의 업무제휴를 통하여 제공하는 예탁결제업무의 본질을 이해하기 위해서는 우선 외국주식의 상장방식과 구증권법에서의 규정과 그 입법 취지를 먼저 살펴볼 필요가 있다.

본국 이외의 국가에 주식을 상장하는 경우에는 원주상장(ordinary share listing)과 주식예탁증권상장(depositary receipt listing) 방식이 이용된다.[1] 원주상장 방식은 다시 외국주의 실물주권을 상장국에서 직접 유통시키는 방식과 상장국의 중앙예탁결제기관이 본국의 중앙예탁결제기관에 상장국 중앙예탁결제기관 명의의 계좌를 개설하여 주권은 본국 중앙예탁결제기관에 보관하고, 상장국에서는 계좌간 대체의 방식에 의하는 중앙예탁결제기관간의 업무제휴에 의한 상장으로 구분된다. 본조 제 1 항 제 5 호에서의 예탁결제업무는 바로 이 중앙예탁결기관간의 업무제휴에 의한 예탁결제업무를 말한다.

연혁적으로, 본조에서의 규정과 유사한 취지의 규정이 최초로 도입된 것은 1994년 1월 5일에 개정된 구증권법 제172조의2 제 1 항 제 3 호이다. 최초의 법문은 "예탁원과 유사한 업무를 영위하는 외국법인과의 상호계좌설정을 통한 유가증권예탁 및 계좌간대체업무"라고 규정하여, 예탁결제원과 유사한 업무 즉, 중앙예탁결제기관으로서의 업무를 수행하는 외국법인(본조에서는 이를 "외국예탁결제기관"[2]이라고 한다)과 서로 계좌를 개설하여 결제업무 및 제반 권리행사를 처리하도록 한 것이다.[3] 그러나 중앙예탁결제기관간 계좌개설을 통한 업무제휴는 반드시 쌍방이 계좌를 개설하지 않고 필요에 의해 어느 일방에만 계좌를 개설하는 경우도 있으므로, 1997년 1월 13일 개정 구증권법은 "상호계좌설정"이라는 문구를 "계좌설정"으로 변경하였다.[4] 본조 제 1 항 제 5 호의 현행 규정은 1997년

---

1) 외국주 상장의 방식과 그에 관한 법적 의미에 대한 상세는 천창민, "외국주식의 상장과 투자자보호," 「민사판례연구」 제35집(2013)(이하, "2013a 논문"으로 인용한다), 991쪽 이하 참조.

2) 외국예탁결제기관은 법 시행령 제63조 제 2 항 제 3 호와 제 3 항에서 언급하는 외국보관기관의 개념과는 다르다. 외국보관기관은 외국예탁결제기관보다 광의의 개념이며, 외국예탁결제기관도 외국보관기관이 될 수 있다. 예컨대 Euroclear나 Clearstream은 국제증권예탁결제기관으로서 외국예탁결제기관이지만 동시에 외국보관기관으로서의 역할도 동시에 수행한다. 한편, 법 시행령 제187조 제 3 항은 우리나라 기업이 외국에서 증권예탁증권을 발행하는 것과 관련하여 원주를 기초로 증권예탁증권을 직접 발행하는 외국의 예탁기관(depositary)을 본조 제 1 항 제 5 호에 따른 외국예탁결제기관으로 지칭하고 있으나, 증권예탁증권을 발행하는 예탁기관은 본조 제 1 항 제 5 호에서 의미하는 외국예탁결제기관이 아니고, 또 본조 제 1 항 제 5 호의 취지와도 무관하므로 '증권예탁증권을 발행하는 외국의 예탁기관'으로 개정하여야 할 것이다.

3) 한국예탁결제원, 「증권거래법 해설」, 26-27쪽도 본 업무의 취지가 중앙예탁결제기관간의 업무연계임을 적시하고 있으며, 계좌개설 대상 기관으로서 미국의 DTC, 독일의 CBF, 프랑스의 Euroclear France와 Euroclear와 같은 국제예탁결제기관을 예로 들고 있다.

4) 개정된 구증권법 제173조의2 제 3 항의 법문은 다음과 같다: "예탁원과 유사한 업무를 영위하는 외국법인(이하 "외국예탁기관"이라 한다)과의 계좌설정을 통한 유가증권예탁 및 계좌간대체업무".

개정 구증권법 제172조의2 제1항 제3호의 것을 가져온 것이며,[1] 따라서 별도의 입법 이유가 없는 한 그 입법취지도 동일한 것으로 해석할 수 있다. 또한 법 제320조 제1항은 외국예탁결제기관에 대한 예탁관련규정의 적용배제에 관한 특례를 규정하는데 이것은 외국예탁결제기관에 대해 투자자계좌부작성의무, 연대보전의무 등을 그대로 적용할 경우 본조 1항 5호에 따른 외국예탁결제기관과의 업무제휴에 걸림돌이 되었기 때문에 이를 제거하기 위하여 1997년 1월 13일 증권법 174조의11을 신설하여 처음 규정하였던 것을 본법에서 가져온 것이다. 따라서 외국예탁결제기관과의 업무연계를 통한 예탁결제업무는 예탁결제원이 수행하고 있는 외화증권예탁결제업무의 근거가 아니며,[2] 외화증권예탁결제업무는 금융위원회로부터 승인을 받은 부수업무에 해당할 수 있다. 참고로, 예탁결제원 이 업무에 근거하여 일본의 JASDEC, 홍콩의 HKMA, 국제예탁결제기관인 Clearstream 및 Euroclear와 업무제휴를 맺은 바 있다. 홍콩 HKMA와의 연계는 채권거래를 위한 것으로서 HKMA와 예탁결제원이 상호계좌를 개설한 것이고, JASDEC는 한국기업이 일본의 동경증권거래소에 상장하는 경우를 위하여 JASDEC가 예탁결제원에 계좌를 개설한 것이다. Clearstream 및 Euroclear의 경우 우리나라의 국고채거래를 위해 Clearstream과 Euroclear가 예탁결제원에 계좌를 개설한 것이다.

본조 제1항 제5호는 단순히 예탁결제원이 외국예탁결제기관과의 계좌설정이라는 문구를 사용하여 예탁결제원이 외국예탁결제기관에 예탁결제원 명의의 계좌를 개설하는 것만을 말하는 것으로 읽히나, 취지상 외국예탁결제기관이 예탁결제원에 그 기관 명의로 계좌를 개설하는 것도 포함한다고 해석하여야 할 것이다. 또한 유사한 업무를 영위하는 외국예탁결제기관이라고 하여 모두 다 가능한 것인지 특히, 외국주를 중앙예탁결제기관 간 업무연계의 방식으로 원주상장하려고 하는 경우[3] 예탁결제원의 업무제휴에 어떠한 제한이 있을 수 있는가에 관해서는 침묵하고 있다. 독일은 1985년 7월 4일 DepotG의 개정을 통해 제5조 제4항을 도입함으로써 독일의 중앙예탁결제기관이 외국 중앙예탁결제기관 등과의 업무제휴를 통한 계좌개설 시의 요건을 명문으로 규정하고 있다.[4] 동 규정의 핵심은 독일 중앙예탁결제기관이 당해 외국증권을 직접 보관하고 있지 않더라도 업무연계가 된 외국 중앙예탁결제기관에 개설된 독일 중앙예탁결제기관명의의 계좌에 기재된 증권은 혼장재고(Sammelbestand)를 형성한다는 것이고, 따라서 투자자는 독일 내에

---

1) "매매거래에 따른 증권등의 인도와 대금의 지급"이라는 문구가 추가되었을 뿐이며, 규정의 원래취지에 영향을 주는 것은 아니다.

2) 한국증권법학회, 「자본시장법[주석서Ⅱ]」, 박영사, 2009, 598쪽은 이를 외화증권예탁결제업무의 근거로 소개하고 있으나 이는 입법취지와 다르다고 본다.

3) 현재 우리나라에 상장된 외국주 중 원주상장 방식을 택한 외국회사가 대부분이며, 예외 없이 모두 실물증권을 우리나라의 통일규격증권용지에 발행하는 방식을 취하고 있다.

4) DepotG 제5조 제4항에 관한 상세는 임중호, 「독일증권예탁결제제도」, 법문사, 1996, 341-350쪽; Changmin Chun, 전게서, pp. 168~171 참조.

동 증권이 집중예탁되어 있는 것과 같이 공유권 내지 이와 동등한 지위를 부여하는 데 있다. 이를 위해 DepotG 5조 4항 다음과 같은 네 가지 요건을 필요로 한다. 첫째, 외국예탁결제기관(ausländische Verwahrer)은 그 본점소재지국가(Sitzstaat)에서 중앙예탁결제기관으로서의 업무를 수행하고 공적 기구로부터 감독을 받거나 투자자보호를 위해 그 밖에 이와 동등한 감독을 받아야 한다. 둘째, 예탁자(Hinterleger)는 그 외국예탁결제기관의 혼장재고와 관련하여 DepotG 하에서 주어지는 권리 즉, 공유권과 유사한 권리[1]를 취득하여야 한다. 셋째, 독일의 중앙예탁결제기관의 외국예탁결제기관에 대한 증권의 반환청구권이 금지되지 않아야 한다. 넷째, 증권은 대체성을 가져야 하며, 독일 중앙예탁결제기관과 외국예탁결제기관의 상호계좌연계(gegenseitige Kontoverbindung)에 의해 혼장보관될 수 있어야 한다. 끝으로, 이에 더하여 외국예탁결제기관의 과실로 인한 독일 중앙예탁결제기관의 책임은 계약에 배제될 수 없다. 이는 외국예탁결제기관의 과실이 곧 독일 중앙예탁결제기관의 과실이 된다는 것이므로 업무연계에 상당한 주의를 요하는 것임을 알 수 있다.

Ⅲ. 부수업무

예탁결제원의 고유업무에 부수한 업무로는 증권보호예수업무, 예탁증권등의 담보관리업무, 집합투자업 관련 후선업무가 법상 명시되어 있다. 그 외 금융위원회로부터 승인을 받은 업무도 부수업무로서 수행할 수 있으나, 현재 예탁결제원이 금융위원회의 승인을 받아 수행하는 부수업무는 없다. 환매조건부증권매매에 따른 결제 및 매수증권 등의 관리업무는 환매조건부증권매매에 따른 결제와 담보증권이 아닌 매수증권에 관한 관리에 관한 것이므로 법적으로는 담보관리업무라고 할 수 없다. 그러나 환매조건부증권매매의 경제적 실질은 담보거래이므로 예탁증권등의 담보관리업무와 그 성격이 유사하다는 점에서 담보관리업무로 볼 수 있을 것이다.[2]

1. 증권보호예수업무

증권보호예수(separate safekeeping)업무란 보호예수의뢰인(보호예수계약 당사자)과 예탁결제원이 체결하는 보호예수계약에 따라 보호예수의뢰인이 보호예수를 의뢰한 특정증권을 예탁결제원이 보호예수의뢰인별로 분리하여 별도보관하고 반환 시에도 보호예수의뢰인이 의뢰한 그 동일증권을 반환하는 특수한 형태의 증권 보관형태이다. 이는 민법상 임치이며, 보호예수계약의 내용에 따라 임치에 대한 구체적인 내용을 달리할 수 있다. 그러

1) Siegfried Kümpel & Ernst Decker, 전게서, Rdn. 8.59a는 이를 기능적으로 동등한 권리로 설명한다.
2) 이는 예탁증권등의 담보관리업무의 개념이 무엇인가에 관한 정의가 없는 것에서 비롯된 것이며, 향후에는 이에 속하는 업무를 열거하는 것이 바람직하다고 본다.

나 「증권의 발행 및 공시 등에 관한 규정」과 한국거래소의 「유가증권시장 상장규정」 등에 따라 보호예수가 강제되는 이른바 '의무보호예수'에 있어서는 보호예수계약의 체결 및 그 내용, 특히 보호예수기간 등에 일정한 제한이 가해질 수 있다. 보호예수는 보호예수의 강제유무에 따라 의무보호예수와 일반보호예수로, 보호예수봉투의 밀봉여부에 따라 개봉보호예수와 봉함보호예수로 구분된다.

보호예수제도는 증권을 타인에게 수탁시키고 이를 보관·관리케 한다는 점에서 유사하나 개념상 완전히 별개의 것이다. 우선 본법 제294조 이하 예탁결제원과 관련된 규정에서 사용하는 예탁은 혼장임치로서 동일한 종류와 종목의 증권을 혼합보관하고, 종래의 증권소유자는 증권에 대한 단독 소유권을 잃고, 혼장재고에 대한 공유지분권만 가지는 반면, 보호예수는 특정 증권을 분리하여 특정 임치인을 위하여 보관하므로 임치인(보호예수의뢰인)이 여전히 단독 소유권을 가진다. 두 제도의 목적에서도 차이가 있다. 예탁은 혼장임치를 통해 공유권을 갖고 계좌간 대체를 통해 증권의 유통을 촉진하려는 것인 반면, 보호예수는 단순히 증권의 안전한 보관이나 강제적 보관을 통해 정책적 목적을 달성하기 위한 것이므로 증권의 유통성과는 무관하다. 또한, 보호예수는 임치인이 여전히 수치인이 보관하고 있는 증권을 소유하고 있기 때문에 강제집행에 있어서도 동산 및 기타 재산권의 강제집행 절차에 따르나, 예탁증권의 강제집행에 대해서는 공유지분이라는 특성상 대법원의 민사집행규칙에 특칙이 마련되어 있다.

2. 예탁증권등의 담보관리업무

스왑을 제외한 장내파생상품거래시 거래증거금 등으로 사용되는 대용증권, 장외파생상품거래시에 사용되는 담보증권, 환매조건부증권매매에 따른 매수증권의 관리, 담보콜거래시 사용되는 담보증권, 금융기관과 그 고객간 예탁증권을 담보로 한 대출시의 담보증권에 대해 예탁결제원은 「증권등의 담보관리에 관한 규정」에 따라 담보증권의 보관 및 관리, 담보증권의 권리행사, 담보증권의 시가평가 및 일일정산, 담보증권의 교환 및 대체 등의 업무를 시스템적으로 제공하고 있다. 환매조건부증권매매와 관련된 사항은 항을 바꾸어 설명한다.

3. 집합투자업 관련 후선업무

법 제80조 제1항 및 제5항에 따라 집합투자업자는 그 집합투자재산을 운용함에 있어 그 재산을 보관·관리하는 신탁업자에게 전산시스템에 의하여 객관적이고 정확하게 관리할 수 있는 방법(법 시행령 79조 1항 및 3항)으로 집합투자재산별로 취득·처분 등을 한 자산의 보관·관리에 필요한 지시를 하여야 한다. 예탁결제원은 2004년 4월 펀드넷(FundNet)이라는 표준화·자동화된 전산시스템의 구축을 통해 집합투자업자와 집합투자재산을 보관·관리하는 신탁업 등의 사이에서 이루어지는 집합투자재산의 취득·처분 등에 관한 지시 등을 실시간으로 처리될 수 있도록 하고 있다.[1)]

집합투자업과 관련해서는 집합투자기구가 발행하는 집합투자증권과 집합투자기구가 운용하여 취득한 집합투자재산으로 구분되는데, 집합투자증권은 법상의 타 증권과 마찬가지로 예탁결제원에 집중예탁되어 관리되고, 집합투자재산으로 운용되는 증권은 예탁시스템 내에서 집합투자기구별로 구분관리 및 결제되도록 함으로써 예탁결제원은 집합투자가 공정하고 투명하게 운용될 수 있도록 지원하는 역할을 수행하고 있다.

4. 환매조건부증권매매 관리업무

환매조건부증권매매 내지 증권의 Repo(repurchase agreement)[2)]거래는 증권의 매도·매수시 일정기간 경과 후 일정가격으로 해당 증권을 다시 매수·매도하는 조건이 붙은 매매거래로서 그 경제적 실질은 담보거래라 할 수 있다. 보다 정확히는, Repo매도자의 입장에서 증권을 매도함으로써 자금을 차입하는 거래를 Repo라 하고, 반대로 Repo매수자의 입장에서 증권을 매수함으로써 자금을 대여하는 거래를 역Repo(reverse Repo)라고 한다. 즉, Repo거래는 채권딜러 입장에서 자금을 조달하는 것이고, 역Repo는 증권을 조달하는 행위를 말한다. 그러나 일반적으로 Repo거래라고 말할 때에는 Repo와 역Repo 모두를 포함한 거래를 말한다.

Repo거래는 법 166조 및 「금융투자업규정」 제 5 편 제 6 장에서 증권의 장외거래 중 하나로 분류하여 규제하고 있으며, 기관간 Repo거래에서는 법상의 채무증권 등을, 대고객Repo의 경우 투자자 보호를 위하여 제한된 범위의 우량채권만을 거래의 대상으로 한정하고 있다(법 시행령 181조 및 금융투자업규정 5-18조 1항 및 2항). 예탁결제원의 Repo서비스는 Repo거래증권을 예탁결제원에서 보관·관리하고, 거래에 수반되는 결제 및 매입증권의 평가, 일일정산 등을 수행하는 삼자간 환매서비스(triparty Repo service)이다.[3)] 예탁결제원 1999년 11월부터 증권시장 및 금융시장의 지원기능을 강화하고 증권유통시장의 선진화 달성에 기여하기 위한 목적으로 삼자간 환매서비스 시스템을 구축하여 서비스를 제공하고 있다. 삼자간 환매서비스에 참여하는 주요 참가자는 금융기관인 거래당사자, 증권회사등의 중개회사, 수탁회사등의 결제대리인 및 비거주 외국인 등을 위한 보관기관 등의

1) 법 제296조 제 2 항 제 3 호는 투자일임업자도 포함하여 집합투자재산의 취득·처분 등에 관한 지시 등을 처리하는 업무라고 하고 있으나, 투자일임업자는 집합투자업자가 아니고 그 취득하는 자산도 집합투자재산이 아니므로, '집합투자재산등'이라고 하여야 할 것이다.

2) 정확한 명칭은 sale and repurchase agreement이나, 일반적으로 Repo 또는 RP라고 부른다.

3) 삼자간 환매서비스란 Repo거래 체결 이후 거래에 따른 결제와 매수증권의 평가 및 일일정산 등 거래 이후의 제반 관리업무를 공정한 제 3 의 환매서비스기관에 위탁하는 Tri-party Repo를 위한 일괄처리 서비스를 말한다. 예탁결제원의 삼자간 환매서비스 및 우리나라 Repo시장에 관한 전반적인 소개로는 한국예탁결제원, 「KSD REPO 서비스」, 2011 참조.

Repo대리인이며, 예탁결제원은 환매서비스기관으로서 동시결제, 예탁자계좌부관리, 시간평가, 일일정산, 증권금관리, 권리행사 등의 업무를 처리하고 있다.

Ⅳ. 겸영업무

예탁결제원은 고유 및 부수 업무 외에도, 정관에 정하는 바에 따라 명의개서대행업무와 증권대차의 중개 및 주선업무를 겸영한다. 그리고 본법 또는 다른 법률에서 인허가나 등록·신고 등을 요하여 이를 득하고 겸영하거나, 법률에 정함이 없는 경우에도 그 밖의 업무에 대해 금융위원회의 승인을 받아 다양한 겸영업무를 수행하고 있다. 기술한 바와 같이 2013년 5월 개정법에 따라, 겸영업무와 관련하여 예탁결제원이 개정법의 시행당시 종전의 법 제296조에 따라 행하고 있던 업무에 대해서는 본법 제296조 제3항 제1호 각목 이외의 부분 후단의 개정규정에 따라 예탁결제원이 인허가 등을 받거나 등록·신고 등을 한 것으로 간주하여 추가적인 인허가 등의 절차 없이도 예탁결제원이 기존에 수행해 오던 업무를 연속성 있게 수행하도록 하고 있다(법 부칙 13조).

1. 명의개서대행업무

예탁결제원은 겸영업무로서 법 제365조 제2항 제1호에 따라 법상 명의개서대행업무를 수행하는 명의개서대행회사이다. 명의대서대행업무는 발행회사의 증권사무를 대행하는 업무로서, 기본적으로는 기명증권의 명의개서와 관련하여 주주명부 및 실질주주명부를 작성·관리하고, 증권의 명의개서와 질권의 등록·말소 및 신탁재산의 표시·말소 등의 업무를 수행한다. 또한 증권의 발행대행과 관련하여서는 증권용지의 신청·수령 및 가쇄, 예비증권의 보관, 증권의 발행과 관련된 제 통지 및 최고, 증권의 발행 및 교부, 회수증권의 폐기 등의 업무를 수행한다. 주식배당금 및 사채의 원리금 지급대행과 관련하여서는 배당금 및 사채원리금 계산·지급 및 지급대장 작성업무 등을 수행한다.

이러한 증권사무는 당해 발행회사가 수행하여야 하지만 주식투자가 대중화된 오늘날 투자자는 명의개서 등을 위해 발행회사를 찾아다녀야 하는 번거로움이 있고, 발행회사는 주식사무를 위해 과다한 비용이 소요되는 문제점이 있다. 또한 일부 불성실한 회사는 주식을 초과 발행하여 증권시장에 손해를 끼치기도 한다. 명의개서대행업무는 이 같은 문제점을 해소하고자 시작된 것으로서 전문적인 증권사무에 대한 지식을 갖춘 대행기관을 통해 증권사무를 대행케 함으로써 주주에게 편의를 제공함은 물론, 발행회사의 비용을 절감하는 등 증권시장의 안정성과 효율성 제고에 기여하는 역할을 수행한다.

예탁결제원은 1976년부터 허가를 받아 명의개서대행업무를 겸영하였고, 1994년 구 증권법에서 예탁결제원의 전환설립시 이를 고유업무로 규정하였다. 본법에서는 명의개서대행업무를 고유업무로 분류하다가 2013년 5월 개정법에서 이를 다시 겸영업무로 분류하였다.

2. 증권대차의 중개 또는 주선업무

증권의 대차거래(securities lending and borrowing)는 증권을 비교적 장기로 보유하는 대여자가 결제증권의 부족이나 차익거래와 같은 투자전략적인 목적으로 증권을 필요로 하는 차입자에게 빌려 주는 소비대차 거래로서, 대여자의 입장에서는 증권을 대여하는 것이고, 차입자의 입장에서 보면 증권을 차입하는 것이기 때문에 이를 대차거래라 부른다.[1] 대차거래는 증권시장의 유동성을 증대시키고 결제불이행위험을 축소하는 역할을 담당한다. 대차거래는 차입자와 대여자의 합의만으로 성립하는 낙성계약이며, 유상 또는 무상으로 가능하고, 편무 또는 쌍무계약 모두 가능하다. 낙성계약이므로 대차계약이 체결된 다음 대여자가 차입자에게 대차증권을 인도함으로써 대차거래계약이 이행된다. 담보부 대차거래의 경우에는 대여자가 대차증권을 차입자에게 인도하는 시점에 차입자가 대여자 또는 예탁결제원과 같은 이행보증기관에 담보물을 인도함으로써 대차계약이 이행된다. 예탁결제원은 결제대차거래, 경쟁대차거래, 지정대차거래, 연계대차거래, 맞춤대차거래[2]의 중개 또는 주선[3]업무를 제공하고 있는데, 맞춤거래 중 대여수수료가 없는 경우는 무상대차거래이며, 그 외 다른 대차거래는 모두 유상대차거래이다.

예탁결제원을 통한 증권대차거래에 있어서 대여자는 증권을 보유할 때와 동일하게 배당, 이자 등 모든 경제적인 권리를 차입자로부터 보전받고, 일부 차입자가 상환하지 못하는 경우에도 담보권자가 예탁결제원인 경우에는 예탁결제원이 이행책임을 지기 때문에 대여에 따른 위험은 크지 않다. 차입자는 시장간, 종목간 가격 차이를 이용한 다양한 차익거래를 실행하거나, 매매거래 시 발생한 결제부족분을 보전하기 위하여 증권을 차입한다. 주요 대여자는 주로 증권을 장기보유하는 은행, 보험회사, 자산운용회사, 연기

1) 증권대차제도에 관한 국내문헌으로는 우선, 최일, "유가증권대차제도 발전방안에 대한 고찰,"「증권예탁」 제29호(1999), 3쪽 이하; 정승화, "유가증권대차거래제도의 발전과제,"「증권예탁」 제49호(2004), 3쪽 이하; 박철영, "증권대차거래에 관한 법적 고찰",「증권법연구」 제10권 제 2 호(2009), 183쪽 이하 참조.

2) 결제대차거래는 증권시장에서의 매매거래에 따른 결제증권의 부족분 보전 등을 목적으로 이루어지는 거래를, 경쟁대차거래는 대차수수료율의 호가경쟁에 의하여 이루어지는 거래를, 지정대차거래는 참가자간 대차수수료율에 대한 합의에 의하여 이루어지는 거래를, 연계대차거래는 전담중개업자등의 알선을 통하여 참가자간 대차수수료율이 정하여지는 거래를, 맞춤거래는 참가자간 대차수수료율 및 담보비율 등 대차거래 조건의 합의에 의하여 이루어지는 거래로서 예탁결제원이 대이행책임을 부담하지 아니하는 거래를 말한다(증권 대차거래의 중개 등에 관한 규정 2조 1항).

3) 중개란 중개인이 제 3 자와 교섭을 통해 그 제 3 자와 위탁자 간에 계약이 체결될 수 있도록 결정적인 영향을 미치는 사실행위를 말하고(임중호,「상법총칙·상행위법」, 법문사, 2012, 418쪽), 주선은 위탁매매와 같이 자기명의, 타인계산의 간접대리라는 점에서 차이가 있다. 예탁결제원의 증권대차거래 주선업무는 2013년 5월 개정법에 의해 법적으로 인정된 것이다. 투자매매업자 및 투자중개업자와는 달리 예탁결제원은 대차거래의 대리는 할 수 없다.

금 등이며, 주요 차입자는 차익거래가 활발한 외국인투자자 등이다. 중개기관인 예탁결제원은 증권대차거래의 중개, 주선 및 체결, 인도, 담보관리, 대차증권 및 담보증권의 권리관리 등의 업무를 수행한다.

3. 채권등록업무

채권등록제도는 채권의 소유자 또는 이해관계자가 채권실물을 보유하지 않고 등록기관에 비치된 공사채등록부에 채권자의 성명, 주소, 채권금액 등의 권리내역을 등록함으로써 채권자로서의 권리가 확보되고 해당 채권의 발행자와 기타 제 3 자에게 대항할 수 있도록 한 제도이다.[1] 채권등록제도는 국채법 및 공사채등록법에 근거하여 운영되고 있으며, 예탁결제원은 이에 따라 국민주택채권과 공사채를 대상으로 등록업무를 수행하고 있다. 과거에는 일부은행이 자사발행 채권의 등록업무를 취급하였으나 이는 채권실물을 등록필증으로 바꾸는 정도에 그쳐 일부 종목의 실물은 줄일 수 있었으나 유통에는 한계가 있었다. 이에 점차 한국은행에서 등록발행하는 국채를 제외한 국민주택채권과 모든 공사채에 대한 등록업무가 증권예탁업무를 수행하는 예탁결제원으로 일원화되어 규모의 경제효과와 증권예탁업무와 연계되어 공동상승(synergy) 효과를 창출하고 있다. 즉 예탁결제원이 예탁결제기관으로서의 기능과 채권등록기관으로서의 기능을 동시에 수행함으로써 실물증권의 발행이 없는 등록발행과 집중예탁을 연계한 계좌부상의 결제를 통해 증권시장의 효율화를 도모하고 있다. 다만, 후술하는 바와 같이 등록채권이 어떻게 예탁결제원의 혼장재고를 구성할 수 있는가에 관한 법적 근거가 없어 향후 이에 관한 입법적 보완이 필요하다.

4. 그 밖에 법률의 규정 또는 금융위원회의 승인을 받아 수행하는 업무

예탁결제원은 이외에도 본법 또는 타 법령 등에 근거하여 예탁결제업무와 관련된 다양한 업무를 제공하고 있다. 예컨대 본법 등에 따라 기관투자자간 주식장외거래에 따른 청산결제업무, 외화증권 예탁결제업무, 투자신탁의 수익자명부관리업무, 증권예탁증권(KDR) 발행업무, 통일규격증권용지관리업무, 외국인 투자자를 위한 보관기관 및 상임대리인업무, DR원주 보관기관업무, 교환사채의 교환대상주식 관리업무, 전자투표관리업무, 사채관리업무, 일반사무관리회사업무, 증권거래세징수업무 등의 업무를 제공함으로써 자본시장의 효율성과 참여자의 편리를 도모하고 있다.

1) 채권등록제도에 관한 상세는 김상만, “등록채권의 법률관계,” 「증권예탁」 제24호(1997), 508쪽 이하(이 쪽수는 증권예탁원, 「증권예탁결제논고집(Ⅱ)」, 증권예탁원, 2004에 따른 것이다); 증권예탁원, 「증권예탁결제제도」, 479쪽 이하 참조.

제297조(증권시장 결제기관)

증권시장에서의 매매거래에 따른 증권인도 및 대금지급 업무는 결제기관으로서 예탁결제원이 수행한다.

Ⅰ. 취 지

본조는 예탁결제원이 증권시장, 즉 거래소가 증권의 매매를 위하여 개설한 시장(법 8조의2 3항 1호)에서의 매매거래에 대해 예탁결제원이 증권인도 및 대금지급을 통해 거래를 완결하는 결제업무를 수행하는 증권결제기관임을 명시적으로 규정하기 위한 것이다. 본조가 증권시장만의 결제업무에 대해서만 예탁결제원이 결제기관임을 명시하고 있으나, 예탁결제원의 고유업무 중 증권시장결제업무를 규정하고 있는 법 제296조 제1항 제3호는 다자간매매체결회사에서의 증권 매매거래를 명시적으로 포함하고 있으므로, 본조의 증권시장에서의 매매거래라는 개념에는 다자간매매체결회사에서의 매매거래를 포함하는 것으로 해석해야 할 것이다.

본조는 예탁과 달리 증권시장에서의 매매거래에 대한 결제업무를 수행하는 기관이 예탁결제원이라는 것만 규정하고 있고, 결제에 대한 상세한 내용은 규정하지 않는다. 결제업무에 대한 내역은 예탁결제원이 법 303조에 따라 마련된 「증권등 결제업무규정」(이하, "결제업무규정"이라 한다)에 따른다.

Ⅱ. 주요내용

1. 결제의 개념과 결제기관의 의의

증권시장에서의 매매거래는 매매체결 이후 청산과 결제에 따라 완결된다.[1] 청산이란 매매체결의 당사자가 결제할 최종적인 채권·채무를 확정하는 절차를 말하고, 결제란 청산에 따라 결정된 채권·채무를 증권의 인도와 대금의 지급에 따라 완결하는 것을 말한다. 청산과 결제의 개념에 대하여는 아직 국제적으로 그 범위가 명확히 구분되지 않았으나, 일반적으로 광의의 증권결제의 개념에는 청산이 포함되나, 협의로는 증권의 인도와 대금의 지급을 통한 매매거래의 완결이라는 개념만을 의미한다.[2] 본법에서 규정하는

1) 증권매매거래에 따른 청산결제제도에 관한 상세는 한국예탁결제원, 「증권결제제도의 이론과 실무」, 박영사, 2013(이하, 「증권결제제도」로 인용한다) 참조.

2) 한국예탁결제원, 「증권결제제도」, 30쪽. Bruno Biais, Florian Heider & Marie Hoerova, Clearing, Counterparty Risk and Aggregate Risk, ECB Working Paper Series No 1481, October 2012, p. 8은 협

증권결제의 의미는 협의의 결제를 의미하고, 이에 따라 청산기관은 한국거래소로(법 378조 1항),[1] 결제기관은 예탁결제원으로 분장하여 규정하고 있다.

현대 자본시장에 있어서는 증권이 거래시스템을 통하여 대량으로 거래되기 때문에 거래에 따른 증권의 인도와 대금의 지급을 통한 결제를 거래당사자가 직접 처리할 수 없게 되고 결제위험[2]의 관리에 대한 필요성도 한층 높아졌다. 이에 따라 타인의 증권거래에 따른 결제사무의 처리를 전문적으로 수행하는 결제기관이 필요하게 된 것이다. 결제기관은 법률적으로 "타인의 증권거래에 따른 결제사무의 처리를 업으로 하는 자"로 정의할 수 있으며, 또한 타인의 증권매매거래에 따른 결제사무의 처리를 영업의 목적을 가지고 계속적·반복적으로 수행하는 자로서 결제 자체를 영업의 목적으로 하는 자라고 설명할 수 있다. 이에 따라 본조는 예탁결제원을 증권시장에서의 매매거래에 따른 결제를 수행하는 결제기관으로 지정한 것이고, 결제기관인 예탁결제원은 증권결제시스템의 운영을 통하여 결제위험을 관리하여 금융시장의 안정성과 효율성을 도모한다. 증권시장의 매매거래에 따른 결제업무는 예탁업무와 긴밀히 연결되어 있기 때문에 전 세계적으로 거의 모든 결제기관의 기능은 예탁기관이 수행한다. 따라서 본조는 증권시장에서의 결제에 대해 명문으로 결제기관이 예탁결제원임을 규정한 것이고, 이를 통해 증권시장에서의 결제업무를 둘러싼 증권유관기관간의 논의를 법적으로 명확히 하여 증권시장의 청산결제제도 선진화의 법적 기초를 마련하고 있다.[3]

2. 증권결제의 방법과 분류

증권결제의 방법은 차감유무, 차감방식, 결제집중 유무, 대금지급의 조건 등에 따라 분류할 수 있으며, 매매거래의 특성에 따라 각각 다른 결제방법이 이용된다. 총량결제방식은 매매체결된 내역대로 매 건별 증권인도와 대금지급으로 결제하는 방식인데, 체결된 거래의 당사자가 곧 결제상대방이 되어 동일성이 유지되므로 거래의 안정성 측면에서는 유리하다. 그러나 결제규모가 커질수록 유동성 위험이 커지게 되므로 주로 장외 채권매매거래에 이용된다. 차감결제는 다자간 차감결제방식과 양자간 차감결제방식으로 구분되며, 다자간 차감결제는 상대방별 또는 상대방을 구분하지 않고 종목별 매도수량과 매수수량을 차감한 잔량만을 수수하는 결제방식이다. 차감결제방식은 결제금액 및 건수를 축소시킴으로써 결제의 효율성을 증대시키기 때문에 대부분의 증권시장에서 채택되고 있

의의 청산과 결제를 총칭하여 광의의 청산으로 설명하고 있으나, 이는 예외적인 견해이다.

1) 기관투자자간 장외시장의 주식매매거래에 따른 청산업무는 예탁결제원이 청산기관으로서 업무를 수행한다(2013년 7월 5일 개정법 시행령 부칙 3조 참조).

2) 결제위험에는 신용위험, 유동성위험, 시스템위험, 운영위험, 법률위험 등이 있다. 결제위험과 결제위험의 관리 등에 관한 상세는 한국예탁결제원, 「증권결제제도」, 85쪽 이하 참조.

3) 청산결제업무를 둘러싼 예탁결제원과 한국거래소 간 업무분장 등의 합의과정과 증권결제제도 선진화 논의에 관하여는 상게서, 313-315쪽 및 331-336쪽 참조.

으며, 우리나라의 경우 다자간 차감방식은 증권시장의 결제자료 산정방법으로 채택되어 있다. 한편, 동시결제(DVP; Delivery Versus Payment)란 증권인도와 대금지급을 동시에 함으로써 결제위험을 제거하는 것으로서, 증권과 대금의 차감을 어떻게 하느냐에 따라 DVP 1모델, 2모델, 3모델로 구분된다.[1] DVP 1모델은 증권인도와 대금지급 모두를 총량기준으로 거래 건별로 동시에 처리하는 방식이고, DVP 2모델은 증권인도는 결제일 중에 총량기준으로 처리하고, 대금은 증권인도 종료시점 이후에 차감기준으로 처리되는 방식이다. DVP 3모델은 증권인도와 대금지급 모두를 차감하여 동시에 결제하는 방식을 말한다. 장내 주식시장에서의 결제는 DVP 3모델을 택하고 있고, 장외 주식기관결제는 DVP 2모델, 장내 국채전문유통시장결제는 DVP 1모델을 취하고 있다.[2]

다음은 증권결제의 방법에 따른 일반적 분류와 그 내용을 표로 정리한 것이다.[3]

[결제방법의 일반적 분류]

분류기준		결제방법	내 용
차감유무		총량결제	매매 건별로 결제
		차감결제	매도·매수의 차감에 의한 결제
차감방식	당사자 수	양자간 차감결제	두 당사자 간의 차감
		다자간차감결제	다수 당사자간의 차감
	법적 구속력 유무	상계적 차감	법적 구속력이 없는 차감
		경개적 차감	법적 구속력이 있는 차감
	차감의 연속유무	일일차감결제	일자별로 차감하여 결제
		연속차감결제	일자별로 차감하고 미결제분은 익일로 이연되어 재차감
결제집중 유무		집중결제	결제기관에서 집중결제
		개별결제	매매 당사자간 결제
결제대상거래 기간의 장단		어카운트결제	일정기간의 매매거래를 특정일에 결제
		연속결제	매일의 결제를 매영업일에 계속하여 결제
반대매매 허용 유무		실물결제	증권과 대금의 실질적인 인수도
		차금결제	전매 또는 환매에 의한 결제
대금지급의 조건		동시결제	증권과 대금을 동시에 결제
		분리결제	대금지급이 수반되지 않는 증권인도

1) 동시결제의 모델별 장단점과 상세는 상게서, 75-77쪽 참조.

2) 상게서, 334쪽.

3) 상게서, 59쪽.

제298조(예탁업무 영위 등의 금지)

① 예탁결제원이 아닌 자는 증권등을 예탁받아 그 증권 등의 수수를 갈음하여 계좌 간의 대체로 결제하는 업무를 영위하여서는 아니 된다.

② 예탁결제원이 아닌 자는 국내에서 증권예탁증권을 발행하는 업무를 영위하여서는 아니 된다.

Ⅰ. 예탁결제업무의 영위금지	Ⅱ. 증권예탁증권 발행업무의 영위 금지

Ⅰ. 예탁결제업무의 영위금지

예탁결제원은 우리나라의 중앙예탁결제기관이며, 그 공익성과 자본시장에서의 역할을 감안하여 본법에 따라 특수법인으로 설립되었다(법 294조 1항 및 2항). 중앙예탁결제기관의 업무는 특성상 복수의 결제기관이 존재하게 될 경우 결제비용과 결제위험의 증가로 인해 비효율이 발생하기 때문에 자연독점의 성격을 가진다. 따라서, 국제적으로도 한 국가에 하나의 중앙예탁결제기관을 설립할 것을 권고한 바 있으며,[1] 최근 유럽의 경우에는 Euroclear를 중심으로 지주회사 방식의 합병을 통하여 상호협력과 규모의 경제효과를 극대화하고 있다.

본조는 이러한 배경에 따라 예탁결제원이 아닌 자가 증권을 예탁받아 그 증권의 수수를 갈음하여 계좌간의 대체로 결제하는 업무를 영위할 수 없도록 금지하고 있다. 본조의 표제는 "예탁업무의 영위"라고 하고 있으나, 정확히는 예탁결제의 업무라고 하여야 한다. 제 1 항은 예탁받은 증권을 계좌간 대체의 방법으로 결제하는 업무를 하지 못한다고 하고 있으므로 궁극적으로는 예탁을 통한 결제업무를 금지하고 있기 때문이다.

Ⅱ. 증권예탁증권(KDR) 발행업무의 영위금지

본조 2항에 따라 예탁결제원이 아닌 자는 국내에서 증권예탁증권을 발행하는 업무를 영위하는 것은 금지되고, 예탁결제원만이 이른바, KDR(Korean Depositary Receipts)의 발행과 그에 따른 보관계약 및 예탁계약의 체결, 원주와 KDR간의 전환업무 등을 영위할 수 있다.

본법 제 4 조 제 8 항의 정의에 따르면, 증권예탁증권이란 증권예탁증권을 제외한 법상의 증권을 예탁받은 자가 그 증권이 발행된 국가 외의 국가에서 발행한 것으로서 그 예탁받은 증권에 관련된 권리가 표시된 것이다.[2] 예컨대, X국가에서 설립된 A라는 회사

1) 예컨대, 1998년 국제증권관리자협회(ISSA) 권고의 권고 1.

2) 예탁받은 증권에 관련된 권리가 표시된 것이라고 규정하고 있으나, 보다 정확히는 예탁받은 증권이

가 X국에서 발행한 주권·주식100만주를 Y국가의 예탁기관 갑이 X국가에 소재하는 보관기관 을에게 개설한 갑 명의의 계좌에 보관시키고, Y국가의 예탁기관 갑은 보관된 A회사 주식 100만주를 기초로 Y국가에서 A회사가 발행한 주권·주식이 표창하는 권리와 관련된 대체증서를 발행하는 것이 증권예탁증권이다. 증권예탁증권은 주로 채권, 수익증권 등을 표창하여 발행하는 경우도 있으나, 대부분 주식을 기초로 발행하기 때문에 통상 주식예탁증권[1]으로 불린다. 본조 제 2 항에서는 증권예탁증권을 국내에서 발행하는 경우를 상정하고 있기 때문에 증권예탁증권의 발행국에 따른 분류방식에 따라 한국물 증권예탁증권이란 의미의 KDR(Korean Depositary Receipts)발행을 예탁결제원이 영위한다고 규정하는 것이다. 예탁결제원은 1994년 9월 DR예탁기관업무를 수행하는 미국의 Bank of New York과 ADR 원주보관기관업무운용각서를 체결하여 동년 10월부터 당시 포항 제철의 ADR(American Depositary Receipts)의 원주를 보관하는 업무를 시작하였고, 이듬해 2월에는 추가로 씨티은행(Citibank, NA)을 예탁기관으로 지정하여 증권예탁증권과 관련된 원주보관업무의 수행을 통해 증권예탁증권 업무와 관련된 전문적인 지식을 보유하고 있었다. 또한, 외국보관기관 선임을 통해 외화증권 결제업무도 수행하고 있었기 때문에, 1997년 1월 구증권법에서 KDR에 관한 근거규정을 마련하면서(2조 1항 8호), 동법 시행령에서 예탁결제원을 KDR발행기관으로 지정하였다(2조의2).[2] 본법에서는 지정방식 대신 예탁결제원의 KDR발행이 예탁결제원이 수행하는 예탁결제업무와의 연계성을 감안하여 예탁결제원 이외의 자에 대해서는 업무영위를 금지하는 방식으로 규정하게 되었다.[3]

다만, 본법은 제 4 조 제 8 항에서의 증권예탁증권에 대한 추상적인 정의 및 본조 제 2 항에서의 KDR의 발행업무의 취급기관에 대해서만 규정하고, KDR의 발행과 이전, 그 권리의 내용, 법적 성질 등에 대하여는 별도의 규정을 두고 있지 않기 때문에 관련 계약과 계약의 해석에 맡겨져 있다. 투자자보호를 위해서는 계약에만 맡겨둘 것이 아니라, 관련 계약서의 공시 강제와 계약서 내용 중 핵심적인 부분에 대해서는 법령에서 규정하는 것이 바람직하다고 본다.[4]

본조 제 1 항 및 제 2 항의 예탁결제업무와 증권예탁증권 발행업무의 영위금지를 위

표시하는 권리와 관련된 권리가 표시된 것이라고 해야 할 것이다. 증권예탁증권의 개념과 법적 성질에 관한 비교법적 고찰에 관하여는 천창민, 전게논문(2013a), 999~1024쪽 참조.

1) 구증권법에서는 유가증권예탁증서라고 규정하였고(2조 1항 8호), 실무에서는 주식과 관련하여 주식예탁증서라고 불렀다.

2) 구증권법에서 KDR 발행근거를 마련하기 이전인 1996년 5월에 증권관리위원회 규정인 「외국법인의 유가증권발행 등에 관한 규정」의 제정과 재경원 고시 제96-8호에 의해 외국법인이 국내에서 발행한 DR을 구증권법 제 2 조 제 1 항 제 7 호에 의한 유가증권을 지정·고시하였고, 예탁결제원은 「주식예탁증서의 발행 등에 관한 규칙」을 제정하여 KDR 발행업무를 준비하였다(증권예탁원, 「증권예탁원 25년사」, 330쪽 참조).

3) 한국증권법학회, 전게서(2009), 602쪽.

4) KDR 발행과 관련한 문제점에 대하여는 천창민, 전게논문(2013a), 1007-1031쪽 참조.

반하는 경우에는 3년 이하의 징역 또는 1억원 이하의 벌금에 처하도록 함으로써 강제력을 확보하고 있다(법 445조 35호).

제299조(정관)

① 예탁결제원의 정관에는 다음 각 호의 사항을 기재하여야 한다.

1. 목적
2. 명칭
3. 주된 사무소의 소재지
4. 주식 및 자본금에 관한 사항
5. 주식의 취득자격 및 소유한도에 관한 사항
6. 주주총회 및 이사회에 관한 사항
7. 임원에 관한 사항
8. 회계에 관한 사항
9. 공고의 방법

② 예탁결제원은 정관을 변경하고자 하는 경우에는 금융위원회의 승인을 받아야 한다.

Ⅰ. 정관의 절대적 기재사항

예탁결제원은 본법에 따라 설립된 특수법인으로서 증권의 집중예탁과 계좌간 대체, 매매거래에 따른 결제 및 유통의 원활화를 그 설립목적으로 한다(법 294조 1항 및 2항). 따라서 예탁결제원의 공공성을 담보할 수 있도록 본법은 9가지 예탁결제원 정관의 절대적 기재사항을 열거한다. 다만, 주식회사에서 특수법인으로 예탁결제원을 전환설립시 주식의 지분관계에 대한 부분은 정리되지 않은 채 설립되었기 때문에[1)] 주식이라는 용어를 사용하고, 정관의 기재사항도 상법 제289조 제1항에서 규정하는 절대적 기재사항이 다수 포함되어 있다. 그러나 주식회사의 절대적 기재사항과는 달리 주식의 취득자격 및 소유한도에 관한 사항, 주주총회 및 이사회에 관한 사항 및 임원에 관한 사항을 정관의 절대적 기재사항으로 규정함으로써 지배구조의 공공성을 잃지 않도록 최소한의 장치를 마련하고 있다.

1) 증권예탁원, 「증권거래법 해설」, 39쪽은 예탁결제원 업무의 공공성 등을 감안할 때 주식회사보다는 무자본특수법인이나 재단법인 또는 사단법인의 형태가 더 적합할 것이나, 이용자의 경영참여, 자금조달의 용이성, 의사결정의 신속성 등을 감안하여 주식회사에 관한 규정을 준용하도록 한 것이라고 설명한다.

Ⅱ. 정관의 변경절차

예탁결제원 정관의 변경은 금융위원회의 승인을 그 효력요건으로 한다(본조 2항). 주식회사의 경우에 정관변경은 주주총회의 결의로 즉시 효력이 발생하나,[1] 본법은 예탁결제원의 업무의 변경이나 지배구조의 변경이 있을 경우 공공성과 예탁결제원이 제공하는 업무이용자 전반에 영향을 미칠 수 있기 때문에 행정기관인 금융위원회의 승인을 요구하는 것이다. 정관변경의 효력이 발생하기 위해서는 금융위원회의 승인이 있어야만 하는데, 승인의 법적 의미는 행정기관인 금융위원회가 예탁결제원의 주주총회 결의를 완성하여 주는 것이므로 인가에 해당한다고 할 수 있다.

제300조(「상법」의 준용)

① 예탁결제원에 관하여 이 법 또는 이 법에 따른 명령에 특별한 규정이 있는 것을 제외하고는 「상법」 중 주식회사에 관한 규정(제517조부터 제521조의2까지의 규정을 제외한다)을 준용한다.

② 예탁결제원은 이 법 또는 다른 법률에서 인가·허가·등록·신고 등이 필요한 업무를 수행하는 경우에는 「상법」에 따른 주식회사로 본다.

예탁결제원은 설립목적에 따라 업무범위가 정관으로 엄격히 제한되고 그 변경에 있어서도 금융위원회의 승인이 요구된다. 또한 임원 및 감사의 선임과 관련하여 사장은 금융위원회 위원장의 승인이 필요하고(법 301조 2항), 감사는 기획재정부 장관(정관 29조 4항)이 임명한다. 법상 이러한 제한 외에 예탁결제원은 그 운영 면에 있어서 상법상 주식회사와 유사하다. 따라서 법은 예탁결제원의 본법과 본법에 따른 하위 법규명령에 따라 특별한 규정이 있는 경우를 제외하고, 상법 중 주식회사에 관한 규정을 준용하도록 규정하고 있다. 다만, 상법 중 주식회사에 관한 규정 중에서 해산사유(517조), 해산의 결의(518조), 회사의 계속(519조), 해산판결(520조), 휴면회사의 해산(520조의2), 해산의 통지 및 공고(521조), 준용규정(521조의2) 등은 그 적용이 제외된다.

예탁결제원은 특수법인이므로 본법이나 다른 법률에서 인허가나 등록·신고 등이 필요한 업무에 주식회사일 것을 요건으로 하는 경우에는 예탁결제원이 수행하는 업무의 특성상 그 업무를 영위하는 것이 필요함에도 불구하고 인허가 등을 받을 수 없는 문제가 발생할 수 있다. 예컨대, 2013년 5월 개정법은 금융투자상품거래청산회사의 인가요건 중 하나로 인가신청자가 주식회사일 것을 요구한다(법 323조의3 2항 1호). 이러한 문제점으로 인해 본조 제 2 항은 본법이나 다른 법률에서 인허가 등에 있어 신청인이 주식회사일 경

1) 이철송, 「회사법강의(제20판)」, 박영사, 2012, 914쪽.

우에는 예탁결제원을 주식회사로 간주하도록 기술적 조치를 취하고 있는 것이다. 다만, 이러한 취지에도 불구하고, 본조 2항을 반대해석할 경우에는 이미 예탁결제원이 인허가 등이 필요한 업무를 수행하는 때에 상법에 따른 주식회사로 보기 때문에 인허가 등을 받아 업무를 수행하기 이전에는 주식회사로 볼 수 없다고 읽힐 수 있다. 법문의 보완이 필요한 부분이며, 이러한 문리적 해석에도 불구하고 본조 제 2 항의 취지는 기술한 바와 같이 인허가 등이 필요한 업무를 신청할 때에도 주식회사로 보아야 할 것이다.

제301조(임원 등)

① 예탁결제원의 임원은 사장·전무이사·이사 및 감사로 한다.
② 사장은 주주총회에서 선출하되, 금융위원회의 승인을 받아야 한다.
③ 상근감사는 주주총회에서 선출한다.
④ 제24조는 예탁결제원의 임원에게 준용한다.
⑤ 예탁결제원의 상근 임직원은 금융투자업자 및 다른 금융투자업관계기관과 자금의 공여, 손익의 분배, 그 밖에 영업에 관하여 대통령령으로 정하는 특별한 이해관계를 가져서는 아니 된다.

시행령 **제312조**(특별한 이해관계) 법 제301조 제 5 항에서 "대통령령으로 정하는 특별한 이해관계"란 다음 각 호의 어느 하나에 해당하는 것을 말한다.
1. 채무보증
2. 담보제공
3. 정상적인 거래활동(거래 상대방의 사업내용과 관련되거나 사업목적 달성에 수반되는 행위로서 거래조건 등에 비추어 사회통념상 일반적인 거래활동으로 인정될 수 있는 경우를 말한다)을 수행하는 과정에서 필요한 행위에 해당하는 것으로 볼 수 없는 이해관계

Ⅰ. 임원의 구성과 선임

예탁결제원 임원은 사장, 전무이사, 이사 및 감사로 구성된다(본조 1항). 구체적으로, 사장 1인, 전무이사 1인, 이사 4인 이내와 감사 1인으로 구성되며, 이사는 모두 비상임으로 하고, 주주대표와 공익대표를 각각 2인 이내로 둔다(정관 28조 1항 및 2항).

사장은 주주총회의 선출을 거쳐 금융위원회의 승인을 받아 임명되며(본조 2항), 예탁결제원 정관은 주주총회에서 사장을 선출하기 전에 임원추천위원회에서 복수의 자를 추천받도록 함으로써 공정성을 기하고 있다(정관 29조 1항). 본법은 상근감사의 경우 주주총

회에서 선출한다고 규정하고 있으나, 본법의 특별법이라 할 수 있는 「공공기관의 운영에 관한 법률」(이하, "공운법"이라 한다)은 준정부기관[1]의 감사는 임원추천위원회가 복수로 추천하여 운영위원회의 심의·의결을 결을 거친 사람 중에서 기획재정부장관이 임명하도록 규정하고 있으므로(공운법 26조 4항), 감사의 선출은 주주총회가 아니라 기획재정부장관의 임명에 의한다.[2] 본조 1항은 임원의 구성으로서 감사만을 언급하고 있으나, 제 3 항은 상근감사를 구체적으로 명시하고 있으므로 예탁결제원의 감사는 비상근일 수 없다. 전무이사나 이사의 선임에 대하여는 본법에서 별도 규정하지 아니하나, 공운법에 따라 준정부기관의 상임이사는 그 공기업의 장이 임명하고, 일정규모 이하의 비상임이사는 주무장관이 임명하도록 하고 있으므로, 상근인 전무이사는 주주총회의 의결을 거쳐 예탁결제원 사장이 임명하고, 비상임인 이사는 주주총회의 의결을 거쳐 금융위원회가 임명하게 된다(공운법 26조 2항 및 3항).[3] 사장의 임기는 3년이고, 전무이사, 이사 및 감사의 임기는 2년이다(공운법 28조 1항).[4]

Ⅱ. 임원의 자격과 임직원의 행위제한

임원의 자격과 관련하여 예탁결제원의 임원은 금융투자업자 임원의 요건과 제한이 준용된다(본조 4항). 따라서 법 제24조 제 1 항 각호에서 규정하는 자는 예탁결제원의 임원이 될 수 없으며, 임원이 된 이후에 이에 해당하게 된 경우에는 그 직을 상실하게 된다. 그 외 제24조 제 2 항과 제 3 항에서 규정하는 금융투자업자의 임원에 적용되는 자격요건과 제한도 그대로 적용된다.

예탁결제원의 업무는 공공적인 성격을 가지기 때문에 예탁결제원의 상근 임직원은 금융투자업자 및 다른 금융투자업관계기관과 자금의 공여, 손익의 분배, 그 밖에 영업에 관하여 특별한 이해관계를 가지는 행위가 금지된다(본조 5항). 여기서 말하는 특별한 이해관계란 채무보증, 담보제공, 거래상대방의 사업내용과 관련되거나 사업목적 달성에 수반되는 행위로서 거래조건 등에 비추어 사회통념상 일반적인 거래활동으로 인정될 수 있는 정상적인 거래활동을 수행하는 과정에서 필요한 행위에 해당하는 것으로 볼 수 없는 이해관계를 말한다(법 시행령 312조).

---

1) 예탁결제원은 공운법에 따른 위탁집행형 준정부기관이다.
2) 예탁결제원 정관 제29조 제 4 항은 이를 반영하고 있다.
3) 예탁결제원 정관 제29조 제 2 항과 제 3 항은 이를 반영하고 있다.
4) 예탁결제원 정관 제30조 제 1 항은 이를 반영하고 있다.

제302조(예탁업무규정)

① 예탁결제원은 증권등의 예탁과 제309조 제3항 제2호의 예탁증권등의 관리를 위하여 예탁업무규정을 정하여야 한다.

② 제1항의 예탁업무규정에는 다음 각 호의 사항이 포함되어야 한다.

1. 제308조에 따른 예탁대상증권등의 지정·취소 및 그 관리에 관한 사항
2. 예탁자의 계좌개설과 그 폐지에 관한 사항
3. 예탁자계좌부의 작성 및 비치에 관한 사항
4. 제308조에 따른 예탁대상증권등의 예탁·반환 및 계좌 간 대체에 관한 사항
5. 제309조 제3항 제2호의 예탁증권등에 대한 담보권의 설정·소멸 및 신탁재산의 표시·말소에 관한 사항
6. 제309조 제3항 제2호의 예탁증권등의 권리 행사에 관한 사항
7. 그 밖에 제309조 제3항 제2호의 예탁증권등의 관리를 위하여 필요한 사항

제303조(결제업무규정)

① 예탁결제원은 증권등의 매매거래에 따른 결제업무의 수행을 위하여 결제업무규정을 정하여야 한다. 이 경우 결제업무규정은 제323조의11의 청산업무규정, 제387조의 회원관리규정 및 제393조의 업무규정과 상충되어서는 아니 된다.

② 제1항의 결제업무규정에는 다음 각 호의 사항이 포함되어야 한다.

1. 예탁결제원 결제회원의 가입·탈퇴 및 권리·의무에 관한 사항
2. 결제계좌의 개설 및 관리에 관한 사항
3. 결제시한에 관한 사항
4. 증권등의 인도 및 대금지급에 관한 사항
5. 증권시장에서의 증권의 매매거래에 따른 결제이행·불이행 결과의 거래소에 대한 통지에 관한 사항
6. 그 밖에 결제업무 수행을 위하여 필요한 사항

제305조(업무규정의 승인·보고)

① 예탁결제원은 제296조 제5호의 업무에 관한 규정(規程), 제302조의 예탁업무규정 및 제303조의 결제업무규정을 제정·변경하거나 폐지하고자 하는 경우에는 금융위원회의 승인을 받아야 한다.

② 삭제 〈2008. 2. 29〉

③ 예탁결제원은 제1항 외의 업무에 관한 규정을 제정·변경하거나 폐지한 경우에는 지체 없이 금융위원회에 보고하여야 한다.

Ⅰ. 취 지

예탁결제원의 고유업무인 증권의 예탁결제업무에는 다수의 예탁자와 결제회원인 참가자가 관여하게 된다. 예탁업무규정과 결제업무규정은 예탁결제원과 이들 참가자간의 통일된 업무처리의 기준과 방법을 정함으로써 참가자에게 예측가능성과 업무의 안정성 및 효율성을 도모하고, 획일된 업무처리를 통해 궁극적으로는 투자자보호에 만전을 기하기 위함이다. 예탁업무규정은 본법 308조 이하의 예탁관련제도에 관한 규정을 보다 명확하고 상세하게 규정하는 보충적 성격을 지니고 있는 반면, 결제업무규정은 청산 및 결제와 관련한 결제회원간의 계약적 내용을 새롭게 형성하는 성격을 지니고 있다고 할 수 있다.

예탁결제원이 제정한 예탁업무규정과 결제업무규정의 법적 성격에 대해서는 이를 약관으로 보는 견해[1)]와 자치법규로 보는 견해[2)]가 대립한다. 예탁업무규정과 결제업무규정은 예탁결제업무라는 자본시장의 인프라에 참가하는 자에 대해 획일적 규율의 필요에 따라 본법에서 특별히 예탁결제원으로 하여금 세부내역을 규정하도록 한 것이므로 자치법규로 보는 것이 보는 것이 바람직하다. 대법원은 상장규정에 대해서는 이를 약관으로 판단한 바 있다.[3)] 상장규정의 적용을 받는 상장회사는 상호간 법률적 관계가 없기 때문에 이를 약관으로 본 것은 타당하나, 예탁업무규정과 결제업무규정에 있어서는 참가자가 금융투자업자, 은행, 보험회사 등 예탁결제인프라를 이용하지 않으면 자본시장에서의 업무를 수행할 수 없는 자들로서 예탁업무의 경우 예탁증권의 부족분 발생시 연대보전의무(법 313조)를 지고, 결제업무의 경우 한 결제회원의 결제불이행으로 인한 결제위험은 타 결제회원의 유동성과 결제위험 관리에 영향을 미치기 때문에 상호간에 밀접한 관련을 가진다. 따라서 상장규정과는 달리 예탁업무규정과 결제업무규정은 상법상 회사 정관의 법적 성질과 같이[4)] 자치법규로 보는 것이 타당하다.

법은 예탁결제원의 고유업무에 대해서는 그 중요성을 감안하여 제정 및 개정과 폐

1) 이철송, 전게서(2012), 445쪽.

2) 한국증권법학회, 전게서(2009), 606-607쪽.

3) 대법원 2007. 11. 15. 선고 2007다1753 판결. 다만 이 판결은 상장규정은 구증권법이 자치적인 사항을 스스로 정하도록 위임함으로써 제정된 한국증권선물거래소의 자치 규정에 해당하는 것으로서, 상장계약과 관련하여서는 계약의 일방 당사자인 피고가 다수의 상장신청법인과 사이에 상장계약을 체결하기 위하여 일정한 형식에 의하여 미리 마련한 계약의 내용, 즉 약관의 성질을 갖는 것이라고 판단하였기 때문에 상장규정의 자치법규성을 완전히 부인한 것은 아니라고 판단된다. 또한 이 판결은 유가증권상장규정은 법률의 규정에 근거를 두고 상장법인 내지 상장신청법인 모두에게 당연히 적용되는 규정으로서 실질적으로 규범적인 성격을 가지고 있음을 부인할 수 없어 관련 법률의 취지에 부합하지 않는 사항을 그 내용으로 할 수는 없고, 한국증권선물거래소는 고도의 공익적 성격을 가지고 있는 점을 감안하면, 위 상장규정의 특정 조항이 비례의 원칙이나 형평의 원칙에 현저히 어긋남으로써 정의관념에 반한다거나 다른 법률이 보장하는 상장법인의 권리를 지나치게 제약함으로써 그 법률의 입법 목적이나 취지에 반하는 내용을 담고 있다면 그 조항은 위법하여 무효라고 보아야 한다고 한다.

4) 상법상 회사 정관의 법적 성질에 대해서는 자치법규로 보는 것이 통설이다. 이에 대하여는 이철송, 전게서(2012), 95-96쪽 참조.

지에 금융위원회의 사전인가를 요하고, 그 외 업무규정의 제정 및 개정과 폐지에 대해서는 사후적인 보고만을 요구한다(법 305조).

Ⅱ. 예탁업무규정

본법 제302조에 따라 예탁결제원은 「증권등 예탁업무규정」(이하, "예탁업무규정"이라 한다)과 동 규정의 시행세칙을 마련하고 있다. 동 규정은 총 10장 93개 조문으로 구성되어 있으며, 동 규정에서는 본조에 따라 예탁대상증권의 지정 및 취소, 예탁자계좌의 설정 및 폐지, 예탁자계좌부의 작성 및 비치, 증권의 예탁·반환 및 계좌대체, 예탁증권에 대한 담보권의 설정·소멸 및 신탁재산의 표시·말소, 집합투자증권의 설정 및 환매, 예탁주권의 권리행사, 실질주주명세 및 실질주주명부의 작성과 통지, 실질주주증명서 발행, 예탁증권의 의결권 행사, 예탁채권의 권리행사, 주식예탁증권의 권리행사, 사고증권의 관리, 증권정보의 관리, 교환사채 교환대상증권의 예탁, 예탁증명서의 발행, 수수료에 관한 사항에 대하여 규정하고 있다. 본 규정의 적용대상은 예탁자와 그 고객(투자자) 및 예탁대상증권의 발행인이라 할 수 있다.

Ⅲ. 결제업무규정

본법 제303조에 따라 예탁결제원은 결제업무규정과 동 규정의 시행세칙을 마련하고 있다. 동 규정은 총 7장 75개의 조문으로 구성되어 있으며, 동 규정에서는 본조에 따라 예탁결제원 결제회원의 가입·탈퇴 및 권리·의무에 관한 사항, 결제계좌의 개설 및 관리에 관한 사항, 결제시한에 관한 사항, 증권 등의 인도 및 대금지급에 관한 사항, 증권시장에서의 증권의 매매거래에 따른 결제이행·불이행 결과의 거래소에 대한 통지에 관한 사항, 그 밖에 결제업무 수행을 위하여 필요한 사항 등을 규정하고 있다. 현재 결제업무규정의 적용대상은 예탁결제원의 결제회원과 참가자, 유가증권시장, 코스닥시장 및 코넥스의 개설자인 한국거래소, 전자증권중개시장 개설자, 프리보드의 개설자인 한국금융투자협회 등이다.

한편, 금융투자상품거래청산회사의 청산규정과 거래소의 회원관리규정 및 업무규정은 예탁결제원의 결제업무규정과 밀접하게 연결되어 있으므로 본조는 이를 감안하여 예탁결제원의 업무규정과 금융투자상품거래청산회사의 청산규정과 거래소의 회원관리규정 및 업무규정이 상충되는 것을 금지하는 주의규정을 두고 있다(법 303조 1항). 주의규정으로 보기 때문에 상충하는 내용이 있는 경우에도 그 규정의 효력에는 영향이 없다.

Ⅳ. 업무규정의 제정 및 개정과 폐지 절차

예탁결제원의 예탁업무규정과 결제업무규정[1)]은 예탁결제원의 설립목적에 따른 핵심업무로서 자본시장에 미치는 영향뿐만 아니라 예탁자 및 투자자에 미치는 영향의 중요성을 고려하여 법 제305조 제 1 항은 예탁업무규정과 결제업무규정에 대해서는 규정의 제정, 개정 및 폐지 시에 금융위원회의 사전 승인을 요건으로 하고 있다. 여기서의 승인은 인가를 의미하므로 인가를 받은 때에 업무규정으로서의 효력이 발생한다. 이는 기술한 예탁결제원 정관변경의 승인과 같다. 본조 제 1 항은 이 같은 금융위원회의 승인 절차를 둠으로써 예탁결제업무의 공공성을 담보하고 공정하고 효율적인 업탁결제업무의 운용이 가능하도록 함으로써 투자자보호를 도모하고 있다.

예탁업무규정 및 결제업무규정 이외에 예탁결제원이 수행하는 부수업무 및 겸영업무와 관련한 업무규정에 대해서도 자본시장의 제도 및 투자자보호에 미치는 영향이 큰 점을 고려하여 이들 업무와 관련한 규정의 제정, 개정 및 폐지에 대하여 금융위원회에 지체 없이 보고하도록 규정하고 있다(법 305조 2항). 이러한 부수업무 및 겸영업무와 관련한 주요규정으로는 채권등록업무규정, 증권명의개서대행업무규정, 통일규격증권등 취급규정, 증권등 보호예수업무규정, 주식예탁증권의 발행등에 관한 규정, 수익자명부 관리등에 관한 규정, 증권대차거래의 중개등에 관한 규정, 예탁증권이 담보콜거래, Repo거래 또는 장외파생상품거래와 관련하여 담보로 제공되는 경우 그 관리에 관한 증권등의 담보관리에 관한 규정, 사채관리업무규정, 일반사무관리업무규정, 전자투표관리업무규정, 금보관 및 인수도 결제에 관한 규정 등이 있다.

제304조(준용규정)

제54조, 제63조, 제408조, 제413조(제296조 제 1 항 제 1 호부터 제 4 호까지의 업무로 한정한다) 및 「금융실명거래 및 비밀보장에 관한 법률」 제 4 조는 예탁결제원에 준용한다.

본조는 금융투자업자에 대한 직무관련 정보의 이용금지 규정(법 54조), 금융투자업자 임직원의 금융투자상품 매매 규제에 관한 규정(법 63조), 거래소의 영업양도, 합병 , 분할 등에 있어서 금융위원회의 승인을 요하도록 하는 규정(법 408조), 천재지변, 전시 등과 같은 긴급사태시 금융위원회의 거래소에 대한 처분에 관한 규정(법 413조) 및 금융실명법 제

1) 본조 제 1 항은 '제296조 제 5 호'의 업무에 관한 규정도 금융위원회의 승인을 받도록 하고 있다. 2013년 5월 28일 개정 시 부수업무와 겸영업무를 별도의 항으로 분리하는 과정에서 고유업무를 제 1 항으로 변경하였는데, 이에 따라 본조 제 1 항도 같이 '제296조 제 1 항 제 5 호'로 수정을 하여야 했으나 부주의로 수정이 되지 못한 상태이다.

4조에 따른 정보누설금지에 관한 규정을 예탁결제원 업무의 특수성을 감안하여 예탁결제원에도 준용하고 있다.

우선, 금융투자업자는 직무의 수행과 관련하여 알게 된 외부에 공개되지 않은 정보를 이유 없이 자기 또는 제3자의 이익을 위하여 이용하는 것이 금지되어 있다. 본조는 예탁결제원에 대해서도 이를 준용함으로써 예탁결제원과 그 이용자 간의 이해상충을 방지하고 있다. 이에 따라 예탁결제원이 증권의 집중예탁, 계좌간 대체 및 매매거래에 따른 결제업무, 증권대차, 증권정보 수집업무 등을 수행하는 과정에서 직무상 알게 되는 정보로서 외부에 공개되지 아니한 정보를 정당한 사유 없이 자기 또는 제3자의 이익을 위하여 이용하는 것은 금지된다. 직무수행의 범위에 대하여는 본조가 별도의 예외를 두고 있지 않으므로 법 제296조에서 규정하는 예탁결제원의 고유업무, 부수업무, 겸영업무 모두를 포함하나, 예탁결제업무 및 금융위원회의 인허가 등을 받은 자본시장 관련업무와 무관한 부동산임대업무 등이 포함되지 않음은 법 제54조의 취지에 비추어 볼 때 명확하다.

금융투자업의 임직원은 자기계산으로 금융투자상품을 매매거래하는 것이 원칙적으로 허용되나, 금융투자업자는 그 임직원이 금융투자상품을 매매하는 방법에 대한 내부통제기준과 절차를 규정하여 불공정행위 및 투자자와의 이해상충을 방지하여야 하고 분기별로 임직원의 금융투자상품의 매매명세를 내부통제 기준 및 절차에 따라 확인할 의무가 있다(법 63조). 본조는 이를 예탁결제원에도 준용하여 예탁결제원 임직원의 금융투자상품 매매거래에 따른 불공정행위의 방지와 이용자와의 이해상충 방지를 도모하고 있다.

거래소는 영업양도, 합병, 분할, 분할합병 또는 주식의 포괄적 교환·이전을 하고자 하는 때에는 금융위원회의 승인이 필요하다(법 408조). 본조는 예탁결제원에 대해서도 이를 준용하여 금융위원회가 예탁결제원의 조직변경에 대한 통제를 할 수 있도록 함으로써 예탁결제업무등의 공공성 및 효율성 등이 담보될 수 있도록 하고 있다. 법 제408조의 준용은 2013년 5월 개정법에 의해 규정된 것이다.

본조는 거래소의 긴급사태시 금융위원회가 조치를 취할 수 있도록 한 법 제413조를 예탁결제원에도 준용함으로써, 천재지변, 전시, 사변, 경제사정의 급격한 변동, 그 밖에 이에 준하는 사태의 발생으로 인하여 예탁결제업무 등이 정상적으로 이루어질 수 없다고 인정되는 경우에는 예탁결제원에 대하여 업무시간의 변경, 업무의 중단 등을 명하거나, 그 밖에 필요한 조치를 금융위원회가 할 수 있는 근거를 마련하고 있다. 이는 국가에 긴급한 사태가 발생한 경우에 증권의 예탁 및 결제업무 등도 곤란할 수 있고, 금융시장의 혼란과 금융거래질서를 왜곡시키는 악순환이 일어날 수 있으므로 이러한 상황에서는 오히려 예탁결제원의 업무를 중단 또는 정지시키는 것이 금융시장의 혼란 방지와 안정에 도움이 될 수 있기 때문이다. 그러나 예탁자 또는 투자자가 보유하고 있는 증권의 예탁과 예탁증권에 대한 계좌대체와 반환 등을 정지 또는 중지시키는 것은 재산권 침해와 더불어 금융시장과 경제 전반에 미치는 영향이 막대하므로 금융정책을 책임지는 금융위원회의 정책적 판단에 근거가 필요하기 때문에 제413조의 규정을 예탁결제원에도 준용하고 있다. 본조는 금융위원회의 긴급처분 대상인 업무를 예탁결제원의 고유업무 중 증권의 집중예탁업무, 계좌간 대체업무 및 증권시장내외에서의 매매거래에 따른 결제업무에만 한정하고, 법 제296조 제 1 항 제 5 호에서 규정하는 중앙예탁결제기관간 업무제휴에 의한 집중예탁, 계좌간 대체 및 매매거래에 따른 결제업무에 대해서는 제외하고 있다. 예컨대, 우리나라에 상장한 독일회사의 주권을 업무제휴에 따라 독일의 중앙예탁결제기관인 CBF에 집중예탁하고 우리나라에서는 계좌간 대체로 매매결제를 하고 있다고 할 경우 긴급사태가 발생한 경우 이것만을 제외시킬 이유는 없다. 물론 해석상 이러한 매매거래의 결제업무도 일반 증권시장에서의 매매거래에 따른 결제업무로 볼 수 있으므로 긴급조치를 취할 수 있다고 할 수 있으나, 법문은 명확하게 이 경우를 제외하고 있으므로 해석상 문제가 발생할 수 있다. 따라서, 본조의 규정에도 불구하고, 긴급사태시 법 제296조 제 1 항 제 5 호에 따른 업무에 대해서도 금융위원회가 조치를 취할 수 있는 것으로 해석하여야 할 것이다.[1)]

마지막으로, 금융실명법 제 4 조에서는 원칙적으로 금융기관 종사자가 명의인의 서면상의 요구나 동의를 받지 아니하고는 그 금융거래의 내용에 대한 정보 또는 자료를 타인에게 제공하거나 누설하는 것을 금지하고 있으며, 제 4 조 제 1 항 각호에서 규정하는 경우를 제외하고 누구든지 금융기관 종사자에게 금융거래정보 등의 제공을 요구하는 것 등도 금지하고 있다. 본조는 예탁결제원도 금융투자자산인 증권의 예탁 및 계좌대체 업무와 그 밖에 증권의 장내외 거래와 관련한 정보를 직간접적으로 취급하고 있어 비밀보장에 관한 필요가 크기 때문에 비밀보장에 관한 엄격한 규정을 두고 있는 금융실명법 제 4 조를 적용하고 있는 것이다. 연혁적으로 구증권법은 증권회사의 임직원에 대해 정보의 제공 또는 누설을 금지하고, 정보제공요구도 금지하는 규정(구증권법 59조 및 60조)을 두고 있었고 예탁결제원에 대해서도 이를 준용하였다(구증권법 178조). 그러나 본법의 금융투자업자 등은 금융실명법의 적용대상이고 금융실명법 제 4 조에 따라 비밀보장에 관한 규정이 상세히 규정되어 있기 때문에, 본법은 금융투자업자에 대해 구증권법 제59조 및 제60조와 같은 규정을 두지 않고 금융투자업자로부터 업무의 위탁을 받은 자 및 투자권유대행인에 대하여 금융실명법 제 4 조를(법 42조 10항, 43조 2항 1호, 52조 6항 및 53조 2항 2호) 준용

1) 법 제296조 제 1 항 제 5 호의 업무를 제외시킨 것은 이를 외화증권 집중예탁, 계좌간 대체 및 매매거래에 따른 결제업무의 근거로 보았기 때문인 것으로 추측되나, 기술한 바와 같이 제 5 호에서 규정하는 업무는 외화증권의 집중예탁 등과는 관련이 없으며, 외화증권과 관련한 예탁결제업무는 예탁결제원과 예탁자 간의 계약 및 예탁자와 그 고객 간의 계약에 의해 수행되고 있다. 이를 외화증권 예탁결제업무를 위한 규정의 근거로 볼 때에도 현행 규정은 외화증권 예탁결제업무의 법적 기초가 되기에는 상당히 취약한 구조이며, 빠른 시일 내에 입법적 보완조치가 필요하다고 본다.

하게 되었다. 이에 맞추어 예탁결제원에 대해서도 금융실명법 제 4 조를 준용하는 규정을 두게 된 것이다.

제306조(예탁결제원에 대한 검사)

제419조(제 2 항부터 제 4 항까지 및 제 8 항을 제외한다)는 예탁결제원에 대한 검사에 관하여 준용한다.

제307조(예탁결제원에 대한 조치)

① 금융위원회는 예탁결제원이 별표 8 각 호의 어느 하나에 해당하는 경우에는 다음 각 호의 어느 하나에 해당하는 조치를 할 수 있다.

1. 6개월 이내의 업무의 전부 또는 일부의 정지
2. 계약의 인계명령
3. 위법행위의 시정명령 또는 중지명령
4. 위법행위로 인한 조치를 받았다는 사실의 공표명령 또는 게시명령
5. 기관경고
6. 기관주의
7. 그 밖에 위법행위를 시정하거나 방지하기 위하여 필요한 조치로서 대통령령으로 정하는 조치

② 금융위원회는 예탁결제원의 임원이 별표 8 각 호의 어느 하나에 해당하는 경우에는 다음 각 호의 어느 하나에 해당하는 조치를 할 수 있다.

1. 해임요구
2. 6개월 이내의 직무정지
3. 문책경고
4. 주의적 경고
5. 주의
6. 그 밖에 위법행위를 시정하거나 방지하기 위하여 필요한 조치로서 대통령령으로 정하는 조치

③ 금융위원회는 예탁결제원의 직원이 별표 8 각 호의 어느 하나에 해당하는 경우에는 다음 각 호의 어느 하나에 해당하는 조치를 예탁결제원에 요구할 수 있다.

1. 면직
2. 6개월 이내의 정직
3. 감봉
4. 견책
5. 경고
6. 주의
7. 그 밖에 위법행위를 시정하거나 방지하기 위하여 필요한 조치로서 대통령령으로 정하는 조치

④ 제422조 제 3 항, 제423조(제 1 호를 제외한다), 제424조(제 2 항을 제외한다) 및 제425조는 예탁결제원 및 그 임직원에 대한 조치 등에 관하여 준용한다.

시행령 제**313**조(예탁결제원에 대한 조치) ① 법 제307조 제 1 항 제 7 호에서 "대통령령으로 정하는 조치"란 다음 각 호의 어느 하나에 해당하는 조치를 말한다.
1. 경영이나 업무방법의 개선요구나 개선권고
2. 변상 요구
3. 법을 위반한 경우에는 고발 또는 수사기관에의 통보
4. 다른 법률을 위반한 경우에는 관련 기관이나 수사기관에의 통보
5. 그 밖에 금융위원회가 법 및 이 영, 그 밖의 관련 법령에 따라 취할 수 있는 조치

② 법 제307조 제 2 항 제 6 호 및 같은 조 제 3 항 제 7 호에서 "대통령령으로 정하는 조치"란 각각 제 1 항 제 3 호부터 제 5 호까지의 조치를 말한다.

③ 법 별표 8 제29호에서 "대통령령으로 정하는 경우"란 이 영 별표 12의 각 호의 어느 하나에 해당하는 경우를 말한다.

금융투자협회, 금융투자상품거래청산회사, 증권금융 등의 금융투자업관계기관에 동일하게 적용되는 것으로서, 예탁결제원은 그 업무와 재산상황에 관하여 금융감독원으로부터 검사를 받아야 하는 수검의무를 진다(법 306조). 절차적인 측면에서, 검사자는 예탁결제원에 대한 검사를 함에 있어서 그 권한을 표시하는 증표를 지니고 이를 예탁결제원 관계자에게 보여주어야 한다(법 419조 6항). 검사를 함에 있어서 필요하다고 인정되는 경우에는 예탁결제원에게 업무 또는 재산에 관한 보고, 자료의 제출, 증인의 출석, 증언 및 의견의 진술을 요구할 수 있다(법 419조 5항). 금융감독원장은 검사결과의 보고서를 금융위원회에 제출하여야 하고, 본법이나 본법에 따른 명령·처분을 위반한 사실이 있는 때에는 그 처리에 관한 의견서를 첨부하여야 한다(법 419조 6항).

법 제307조는 법 제306조에 따른 금융감독원의 검사결과에 대한 조치사항을 규정한다. 제 1 항은 예탁결제원에 대한 조치사항을 규정하고, 제 2 항과 제 3 항은 임직원에 대한 조치사항을 규정한다. 제 4 항은 예탁결제원 및 그 임직원에 대한 조치와 관련하여 업무를 감독할 지위에 있는 감독자에 대하여도 조치 또는 조치요구를 할 수 있도록 준용규정을 마련하고 있다.

[초판: 박철영, 개정판: 천창민 · 김택주 · 정승화]

제 2 절 예탁관련제도

제**308**조(예탁대상증권등의 지정)

예탁결제원에 예탁할 수 있는 증권등(이하 "예탁대상증권등"이라 한다)은 예탁결제원이 지정한다.

Ⅰ. 예탁대상증권 지정의 의의

예탁결제원은 예탁받은 증권등(이하, "예탁증권"이라 한다)을 종류·종목별로 혼합하여 보관하고(법 309조 4항), 혼합보관에 따라 투자자는 증권에 대한 종래의 단독소유권을 잃고 투자자계좌부 또는 예탁자계좌부에 기재된 증권의 종류·종목 및 수량에 따라 예탁증권에 대한 공유지분권을 갖게 된다(법 312조 1항). 이러한 단독소유권의 공유권 전환은 증권이 동일한 종류로서 유형적으로 대체성[1)]을 가지는 것이 필요하다. 따라서, 법 제4조에서 규정하는 증권이라 할지라도 대체성 등이 없을 경우에는 예탁관련제도를 적용할 수 없게 되고, 반대로 본법에 따른 증권이 아니라고 할지라도[2)] 예탁관련제도를 적용할 필요성이 있는 경우 동종성과 대체성 등의 요건을 갖춘 때에는 예탁대상증권이 될 수도 있다. 본조는 이러한 사정을 감안하여 예탁대상이 되는 증권 즉, 예탁대상증권 내지 예탁적격증권에 대한 지정권을 중앙예탁결제기관인 예탁결제원에 부여하고 있다.

연혁적으로는, 예탁결제원이 예탁대상증권을 지정할 수 있도록 법적 근거가 마련된 것은 1997년 1월 구증권법 개정에 따른 것이며(구증권법 173조의7), 그 이전에는 법상 명시적인 근거 없이 예탁결제원이 업무규정에 의해 예탁대상증권을 지정하고 있었다. 1999년 2월에 개정된 구증권법은 종래 예탁대상증권으로 지정된 경우 당해 증권의 발행인이 이를 사전에 인지하여 발행인이 예탁관련업무 처리에 만전을 기할 수 있도록 예탁대상증권 지정 사실을 발행인에게 통지하도록 한 것을 예탁관련제도가 일반화되어 굳이 통지가 없어도 발행인이 이미 인지하고 있다는 점을 감안하여 통지의무를 삭제하였다.[3)] 본법에서도 구증권법과 같이 예탁대상지정 결과의 통지의무를 두고 있지 않으나, 예탁결제원 실무에서는 예탁대상증권을 지정한 경우 이 사실을 발행인에게 통지하고 있다(예탁업무규정 6조 4항).[4)]

---

1) 독일 DepotG 제1조 단서는 명문으로 대체성(vertretbarkeit)을 예탁대상증권의 요건으로 규정한다.
2) 본법에 따른 증권 이외의 것으로는 원화표시 양도성예금증서(법 시행령 310조 제호)와 법상 채무증권이 아닌 어음(금융투자업규정 8-2조 1항 1호)이 있다. 법상의 증권 이외에 원화표시 양도성예금증서와 어음을 예탁대상증권으로 특별히 포함한 것은 이들 증권 등이 예탁대상증권이 아니어서 법상 예탁제도가 아닌 예탁결제원과 예탁자 간의 계약에 의한 예탁제도가 적용됨에 따른 물권적 보호를 받지 못했고, 이에 따라 이들 증권 등에 대한 예탁의 법적 안정성이 미흡하였다. 따라서 그 동안 계약에 의한 예탁제도를 적용받던 원화로 표시된 양도성예금증서와 법상 채무증권이 아닌 어음에 대하여서도 법상 예탁대상으로 수용하여 이들 예탁증권 등에 대하여 법적 안정성을 강화하고 있다.
3) 증권예탁원, 「증권거래법 해설」, 41-42쪽.
4) 다만, 동 규정 단서는 상장증권과 같이 당연히 예탁대상증권으로 인정되는 간주지정 예탁대상증권의 경우에는 그 통지를 생략할 수 있도록 하고 있다.

본조는 예탁대상증권의 지정을 예탁결제원이 한다고만 규정하여, 법문에 따를 경우 발행인의 신청이 없는 경우에도 예탁결제원이 필요에 따라 예탁대상증권으로 지정할 수 있는 것으로 해석될 수 있다. 그러나 예탁대상증권으로 지정될 경우 그 발행인에게는 실질주주명부를 작성·비치하여야 하고, 예탁결제원에 대하여도 발행내역 및 사고증권내역을 통보하여야 하는 등 각종 의무가 따른다. 따라서 본조는 그 취지를 감안할 때 발행인이 자발적으로 예탁대상증권 지정의 신청이 있는 경우에 예탁결제원이 지정여부에 관한 심사를 통하여 예탁대상증권으로 지정을 할 수 있다는 의미로 해석하여야 할 것이다. 예탁관련제도는 발행인에게 강제로 적용할 수 없는 것이기 때문이다. 이에 따라 실무에도 예탁대상지정을 위해서는 발행인(주식예탁증권의 경우에는 그 기초주식의 발행인)이 예탁대상증권 지정신청서를 제출하도록 하고 있다(예탁업무규정 6조 1항). 다만, 상장증권 등의 경우에는 신청이 없는 경우에도 예탁증권지정이 전제되거나 정책적 필요에 따라 예탁대상증권지정의 신청이 없는 경우에도 당연히 예탁대상증권으로 지정된 것으로 간주된다(예탁업무규정 6조 3항).[1)]

본조는 예탁결제원이 예탁대상증권 지정권을 가진다고 규정하고 있으나, 당연히 그 지정의 취소권도 가지는 것으로 해석하여야 한다. 예탁결제원은 상장증권 이외의 증권이 예탁지정요건에 부합하지 않거나, 예탁대상증권의 발행인이 법, 관계법규 및 예탁업무규정 등을 위반하여 예탁자 또는 투자자에게 손해를 입히거나 입힐 우려가 있다고 판단되는 경우에는 미리 그 발행인 및 예탁자에게 통지하고 예탁대상증권의 지정을 취소할 수 있는 근거를 마련하고 있다(예탁업무규정 8조 1항 참조).[2)]

Ⅱ. 예탁대상증권의 요건

예탁대상증권으로 지정되는 경우에는 본법에서 규율하는 각종 예탁결제제도가 적용되어 투자자의 권리가 두텁게 보호된다. 예탁대상증권이 되기 위해서는 해당 증권이 발행 및 유통되는 증권시장의 구조와 규모 및 환경에 따라 결정되는데, 공통적 요건으로서는 대체가능성 및 예탁적격성이 요구된다.

대체가능성(Vertretbarkeit; Fungibilität)은 증권이 대체물로서의 성격을 가져야 함을 말한

1) 예탁대상증권으로 지정된 것으로 간주하는 증권으로는 상장증권, 투자신탁의 수익증권, 투자회사의 주식, 상장채권과 매출일자만 다른 동종의 비상장채권, 기업어음증권, 예탁결제원 또는 한국은행을 등록기관으로 등록발행되는 채권, 양도성예금증서, 기업어음증권 이외의 어음, 예탁주권의 권리행사 등으로 발행되는 주권, 신주인수권증서 및 신주인수권증권이다.

2) 예탁대상증권이 발행인의 합병·분할·분할합병 등으로 소멸하여 새로운 증권으로 발행되는 경우, 예탁대상증권의 만기상환금(전액 중도상환금을 포함한다) 등의 지급이 개시된 경우, 신주인수권증권 또는 주식워런트증권 등의 행사기간이 만료된 경우에는 예탁결제원이 지정한 날에 통지절차 없이 그 지정을 취소한 것으로 간주한다(예탁업무규정 8조 2항).

다. 즉, 대체가능성은 증권 개개의 개성이 중요하지 않아 동종·동량의 다른 증권으로 바꾸어도 당사자에게 영향을 주지 않는 성격을 가지는 것을 말한다. 증권에 있어서는 수량이나 액면금액으로 거래될 수 있는 것을 의미하고, 동종의 증권으로 교환될 수 있는 것을 말한다.[1] 또한 증권이 대체가능성을 가지기 위해서는 반드시 동일한 권리가 표창된 것이어야 한다.[2] 따라서 동일한 발행인이지만 권리의 내용이 다른 증권은 당연히 대체성이 없는 것이다. 증권의 이러한 대체가능성은 증권의 동종성과 교환가능성을 전제로 하나, 동종의 증권이 아니라고 하여 대체가능성이 없는 것은 아니다. 예컨대, A라는 회사의 보통주와 우선주는 동종은 아니나, 보통주와 우선주 각각은 대체성을 가진다고 할 수 있다.

예탁대상증권은 대체가능성을 가진 경우에도 증권예탁제도의 운영면에서 볼 때 권리이전에 제한이 있는 등 유통가능성이 없는 경우에는 굳이 예탁관련제도를 이용할 실익이 없으므로 예탁적격성을 부인할 수 있을 것이다. 즉, 예탁적격성은 예탁결제원이 예탁관련제도 운영의 필요에 따라 예탁관련제도에 적합하도록 추가적으로 요구할 수 있는 요건이다. 예컨대, 예탁결제원은 지분증권의 경우 발행인이 명의개서대행회사를 선임하고, 증권을 통일규격증권용지를 사용할 것을 지정요건으로 규정하고 있다. 예탁결제원의 예탁적격성에 의한 예탁대상증권 지정의 재량적 판단에 대해서는 과도한 재량권이 문제될 수도 있으나, 예탁결제원은 예탁업무규정에서 상세한 기준을 규정하고, 동 규정은 금융위원회의 사전승인에 의해 그 효력이 부여되므로 권한남용에 대한 방지장치는 마련되어 있다고 할 수 있다.

Ⅲ. 증권의 종류별 예탁대상증권의 지정요건

외국주권 이외의 지분증권이 예탁대상증권으로 지정되기 위해서는 정관 또는 이와 유사한 조합계약상 양도의 제한이 없거나 양도의 제한이 있더라도 기한이 있는 등 해당 증권의 예탁 및 계좌대체 등의 업무수행에 지장이 없다고 인정되어야 하며, 발행인이 명의개서대행회사를 선임하고, 통일규격증권을 사용하여야 한다. 다만, 신주인수권증서의 경우에는 예탁결제원이 제작·교부한 용지인 경우에도 무방하다(예탁업무규정 7조 1항).

채무증권 및 파생결합증권이 예탁대상증권으로 지정되기 위해서는 예탁결제원이 어음교환소를 통하여 원리금 또는 상환금 지급청구를 할 수 있어야 하고, 예탁결제원이 원리금 또는 상환금 지급개시일로부터 2영업일전까지 원리금을 확정할 수 있어야 하며, 예탁결제원이 원리금 또는 상환금 확정 및 지급청구 등의 업무를 처리하는데 지장이 없어

1) Siegfried Kümpel, 전게서, Rdn. 11.187.
2) Siegfried Kümpel, 전게서, Rdn. 11.188.

야 하고, 채무증권의 경우 예탁결제원 또는 한국은행을 등록기관으로 등록발행되거나, 한국조폐공사가 제조한 용지를 사용하여야 한다(예탁업무규정 7조 2항).

외국주권이 예탁대상증권으로 지정되기 위해서는 기술한 지분증권의 예탁대상증권 지정요건에 추가적으로 주권의 발행방법 및 실질주주의 권리행사 방법이 국내 법규 및 예탁결제원의 관련 규정에 배치되지 않고, 투자자의 권리보호를 위하여 예탁결제원이 필요하다고 인정하는 사항 등의 요건이 필요하다(예탁업무규정 7조 3항). 이 규정에서 말하는 주권의 발행방법은 국내에서 실물로 발행하는 외국주권을 말이나, 굳이 이 같은 요건을 요구할 필요는 없다고 본다. 외국원주의 상장은 반드시 외국주권 실물을 국내에서 발행하는 방법에 의하는 것만 있는 것이 아니고, 중앙예탁결제기관간 업무제휴에 의한 방법도 있는데 외국주권의 발행방법이 국내 법규 및 예탁결제원의 관련 규정에 배치되지 않아야 한다는 요건을 둘 필요가 없는 것이다. 또한 실질주주의 권리행사방법이 국내 법규 및 예탁결제원의 관련 규정에 배치되지 않아야 한다고 규정하는 것에 대해서도 권리행사의 방법까지 제한하는 것은 문제가 있다. 주주의 권리행사는 물론이거니와 그 권리를 행사하는 절차적 내용도 국제사법적 관점에서는 회사의 속인법(*lex societatis*)에 따를 사항이므로 예탁대상증권의 지정요건으로 둘 사항은 아니다.

주식예탁증권이 예탁대상증권으로 지정되기 위해서는 정관 또는 이와 유사한 조합계약상 양도의 제한이 없거나 양도의 제한이 있더라도 기한이 있는 등 해당 증권의 예탁 및 계좌대체 등의 업무수행에 지장이 없어야 하고, 주식예탁증권의 발행방법 및 실질소유자의 권리행사 방법이 국내 법규 및 예탁결제원의 관련 규정에 배치되지 않아야 하며, 그 밖에 투자자의 권리보호를 위하여 예탁결제원이 필요하다고 인정하는 사항 등의 요건이 필요하다(예탁업무규정 7조 4항).

양도성예금증서의 경우에는 채무증권 및 파생결합증권에 요구되는 첫 번째부터 세 번째까지의 요건을 만족하고 예탁결제원을 등록기관으로 등록발행 되어야 하며, 기업어음증권 이외의 어음의 경우에는 채무증권 및 파생결합증권에 요구되는 첫 번째부터 세 번째까지의 요건을 만족하고 한국조폐공사가 제조한 어음용지를 사용하여야 한다(예탁업무규정 시행세칙 4조).

투자계약증권의 경우에는 아직까지 예탁을 목적으로 발행된 사례가 없기 때문에 규정하지 않은 것으로 보이나, 투자계약증권은 통상 채무증권의 경우와 유사한 형태를 띠고 있으므로 그 증권이 표창하는 권리가 투자자간에 동일한 것으로서 대체가능성을 가지고 있고 예탁결제원이 예탁제도로의 수용이 필요하다고 판단하는 경우에는 예탁대상증권으로 지정할 수 있을 것이다. 이른바, 증권형 크라우드펀딩의 경우에는 영화산업 등을 중심으로 투자계약증권의 발행이 많을 것으로 예상되고, 크라우드펀딩을 통해 발행된 증권은 예탁결제원에 의무적으로 예탁 또는 보호예수하여야 하므로 향후 이에 관한 검토가 필요하다고 본다.[1] 참고로 투자매매·중개업자는 투자자 소유의 증권을 의무적으로 예탁결제원에 예탁할 의무가 있으나, 유통가능성, 예탁의 실행가능성 등이 없는 증권의 경우에는 그 의무가 면제된다(법 75조 1항). 유통가능성, 예탁의 실행가능성 등이 없는 증권으로서 법 시행규칙은 투자계약증권 등을 명시하고 있으나(법 시행규칙 7조의2), 투자계약증권이라고 하여 일괄적으로 예탁의무를 배제하는 것은 문제가 있다고 본다.[2]

제309조(예탁결제원에의 예탁 등)

① 예탁결제원에 증권등을 예탁하고자 하는 자는 예탁결제원에 계좌를 개설하여야 한다.

② 제 1 항에 따라 계좌를 개설한 자(이하 "예탁자"라 한다)는 자기가 소유하고 있는 증권등과 투자자로부터 예탁받은 증권등을 투자자의 동의를 얻어 예탁결제원에 예탁할 수 있다.

③ 예탁결제원은 다음 각 호의 사항을 기재하여 예탁자계좌부를 작성·비치하되, 예탁자의 자기소유분과 투자자 예탁분이 구분될 수 있도록 하여야 한다.

1. 예탁자의 명칭 및 주소
2. 예탁받은 증권등(이하 "예탁증권등"이라 한다)의 종류 및 수와 그 발행인의 명칭
3. 그 밖에 총리령으로 정하는 사항

④ 예탁결제원은 예탁증권등을 종류·종목별로 혼합하여 보관할 수 있다.

⑤ 예탁자 또는 그 투자자가 증권등을 인수 또는 청약하거나, 그 밖의 사유로 새로 증권등의 발행을 청구하는 경우에 그 증권등의 발행인은 예탁자 또는 그 투자자의 신청에 의하여 이들을 갈음하여 예탁결제원을 명의인으로 하여 그 증권등을 발행 또는 등록(「국채법」 또는 「공사채등록법」에 따른 등록을 말한다. 이하 이 절에서 같다)할 수 있다.

제310조(투자자의 예탁자에의 예탁 등)

① 투자자로부터 예탁받은 증권등을 예탁결제원에 다시 예탁하는 예탁자는 다음 각 호의 사항을 기재하여 투자자계좌부를 작성·비치하여야 한다.

1. 투자자의 성명 및 주소

---

1) 증권형 크라우드펀딩의 국내 도입과 관련한 법안으로는 2013년 6월 12일 신동우 의원이 대표발의한 자본시장법개정안(의안번호 5418)이 있다. 동 개정안은 발행인의 공시규제에 대한 대폭적인 완화와 온라인소액투자중개업자의 신설을 통한 투자중개업 진입규제의 완화 및 규제완화에 따른 투자자보호 장치의 마련을 주요 내용으로 한다. 개정안은 발행인이 크라우드펀딩을 통해 발행할 수 있는 증권의 종류로서 채무증권, 지분증권 및 투자계약증권을 규정하고 있다(개정안 9조 27항). 증권형 크라우드펀딩 제도에 대한 소개 문헌으로는 천창민, 「증권형 크라우드펀딩 제도의 구축방향과 과제」자본시장연구원 정책보고서 13-01, 2013. 6; 윤민섭, "투자형 크라우드펀딩의 제도화를 위한 입법적 제언-금액제한, 발행증권의 종류, 발행인의 자격제한을 중심으로-," 「증권법연구」 제14권 제 1 호(2013), 191쪽 이하; 성희활, "지분투자형 크라우드펀딩(Crowdfunding)의 규제체계 수립에 대한 연구," 「증권법연구」 제14권 제 2 호(2013), 391쪽 이하 참조.

2) 증권형 크라우드펀딩의 경우에는 정책적 목적상 투자자 증권을 예탁결제원에 의무적으로 예탁·보호예수하도록 예정되어 있으므로 크라우드펀딩을 통해 발행된 투자계약증권의 보관방법으로 예탁이 채택된 경우에는 온라인소액투자중개업자가 투자매매·중개업자라 할지라도 의무예탁을 배제하는 법 제75조 제 1 항 단서는 그 적용이 없다고 해석하여야 할 것이다.

2. 예탁증권등의 종류 및 수와 그 발행인의 명칭
3. 그 밖에 총리령으로 정하는 사항

② 예탁자는 제1항에 따른 기재를 한 경우에는 해당 증권등이 투자자 예탁분이라는 것을 밝혀 지체 없이 예탁결제원에 예탁하여야 한다.

③ 예탁자는 제1항에 따른 기재를 한 경우에는 제2항에 따라 해당 증권등을 예탁결제원에 예탁하기 전까지는 이를 자기소유분과 구분하여 보관하여야 한다.

④ 제1항에 따른 투자자계좌부에 기재된 증권등은 그 기재를 한 때에 예탁결제원에 예탁된 것으로 본다.

Ⅰ. 예탁관련제도의 기본구조

우리나라의 예탁관련제도는 구조적인 측면에서 투자자－예탁자－예탁결제원으로 이어지는 2단계(two-tier)의 복층구조로 이루어져 있다. 투자자와 예탁자 사이에는 「매매거래계좌설정 약관」에 따라 예탁자는 투자자의 예탁증권을 예탁결제원에 집중예탁하여 혼합보관하고, 예탁증권에 대한 배당금 및 원리금 등의 처리에 관한 업무의 위임에 관한 사항을 정하고 있다(매매거래계좌설정약관 9조 및 10조 1항).[1] 예탁자와 예탁결제원 사이에는 「유가증권 예탁 및 결제업무 등에 관한 약관」과 예탁업무규정에 따라 집중예탁과 혼합보관 및 예탁증권에 관한 권리행사와 관련된 사항의 위임에 관한 사항을 규정한다. 본법 제309조 및 제310조는 투자자와 예탁자, 예탁자와 예탁결제원 및 투자자와 예탁결제원 간의 예탁을 통한 기본적인 법률관계와 예탁의 내용을 기록·관리하여 투자자 및 예탁자의 권리관계를 나타내는 예탁자계좌부 및 투자자계좌부의 작성·비치에 관한 내용을 담고 있다.

투자자 및 예탁자의 증권이 예탁결제원에 예탁될 경우 동종의 증권과 혼합하여 보관되는데(법 309조 4항) 이는 민법상의 혼장임치(민법 693조)로서, 이에 따라 투자자 및 예탁자는 예탁증권에 대한 종래의 단독소유권은 상실하고 예탁증권 즉, 혼장재고에 관한 공유권을 취득하며(법 312조 1항),[2] 반환의 경우에도 예탁한 특정 증권이 아니라 동종·동수량의 증권을 반환하면 무방하다(법 312조 2항). 투자자와 예탁결제원 사이에는 복임치·복위임의 관계가 성립하고, 점유관계에서는 예탁결제원이 예탁증권에 대한 직접점유자이고, 예탁자와 투자자가 간접공동점유관계를 성립한다. 투자자와 예탁자가 보유하게 되는

1) 매매거래계좌설정 약관은 2013년 7월 1일 시행일인 것을 기준으로 작성한 것이다.
2) 대법원은 증권신용거래에 있어서 고객이 증권회사에 증권을 예탁 또는 담보로 제공한 경우 그 법률관계가 소비임치가 아니라고 한 바 있다(대법원 1994. 9. 9. 선고 93다40256 판결 참조).

공유권은 민법 제262조 이하에서 규정하는 공유권과는 그 내용면에서 상당한 차이는 있으나,[1] 예탁결제원이나 예탁자가 아닌 예탁증권을 원래부터 소유하던 자가 공유권을 가지기 때문에 환취권의 행사나 제3자 이의의 소를 제기할 수 있는 등 물권법적인 측면에서는 민법상의 공유와 본질적으로 동일하다는 점이 중요하다. 즉, 본법이 공유권에 따른 물권법적 구성을 취함으로써 예탁관련제도 내에서도 소유권과 가장 유사한 방식으로 물권법적인 투자자보호를 부여한다는 점이 현행 예탁법제의 가장 큰 특징이다. 이러한 예탁관련제도의 기초를 이루는 예탁계약의 법적 성질은 예탁증권의 혼합보관·관리를 내용으로 하는 혼장임치계약과 예탁증권에 대한 권리행사 등의 처리에 관한 것 등을 내용으로 하는 위임계약이 혼합된 비전형 혼합계약이다.[2] 다만, 투자자와 예탁자가 예탁증권에 대해 공유권을 가지게 되는 것은 혼장임치계약에 의해서가 아니라 본법에 의한 것이다. 따라서 공유권의 설립근거에 관한 종래의 공유권설, 혼화설, 계약설 등은 더 이상 의미가 없다.[3]

현행 예탁관련제도의 증권의 혼장임치와 혼장재고에 대한 공유권, 공동간접점유관계라는 물권법적 구성은 증권의 이동 없는 계좌간 대체에 의해 증권이 양도된다는 예탁법제의 특성에도 불구하고 실물증권의 존재를 전제로 한다. 이러한 물권법적 제도의 구성으로 인해 독일에서는 1매의 증권에 모든 권리를 표창하는 포괄증권(Sammelurkunde; Globalurkunde)의 도입을 통해 기술적으로 증권실물의 발행을 억제하고(DepotG 9a조), 연방채의 경우 채권등록제도에 의해 무증서증권으로 발행되지만 연방채제도법(Bundesshuldwesengesetz) 제6조에서 연방채를 독일의 중앙예탁결제기관 명의로 등록발행할 경우에는 이를 DepotG상의 혼장재고로 간주하는 명문의 규정을 둠으로써 무권화의 입법적 근거를 마련하고 있다. 일본의 경우에도 구 주권보관대체법은 예탁주권의 주식에 대해 주식의 병합·분할 또는 전환, 회사의 합병, 주식배당 등에 의해 예탁주권이 자기증식·변환되는 경우 관련된 주권이 발행되지 않아도 당해 주식이 발행된 때에 주권이 보관대체기관에 예탁된 것으로 간주하는 규정을 둠으로써 관념적인 형태의 예탁을 규정하고 있었다(주권보관대체법 19조).

1) 민법상 공유는 공유물의 처분·변경, 공유물의 관리·보존, 공유물의 부담, 공유물의 분할청구 등의 측면에서 본법에 따른 공유와 그 내용을 달리하기 때문에 본법의 공유는 특별법에 따른 새로운 형태의 기술적 공유로 취급하여야 할 것이다.

2) 증권예탁원, 「증권예탁결제제도」, 94-96쪽; 증권예탁원, 「증권거래법 해설」, 10-11쪽; 한국증권법학회, 전게서(2009), 613-614쪽; 강희만, 전게서(1989), 139쪽; 이철송, 전게서(2012), 444쪽; 서민, "유가증권 예탁의 민사법적 법률문제," 「비교사법」, 제3권 제2호(1996), 109쪽; 임재연, 「자본시장법」, 박영사, 2013, 1225-1226쪽; 김용재, 「자본시장과 법(상)」, 고려대학교출판부, 2011, 322-324쪽; 김건식/정순섭, 「자본시장법(제3판)」, 두성사, 2013, 647-648쪽은 투자자와 예탁자 간의 예탁을 1차 예탁, 예탁자와 예탁결제원 간의 예탁을 2차 예탁이라 하고, 1차 예탁은 혼장임치, 2차 예탁은 혼장임치와 위임적 요소가 공존한다고 하나, 계좌개설설정약관에서 규정하고 있는 바와 같이 1차 예탁에서 권리행사에 관한 위임적 요소가 있으므로 1차와 2차 예탁관계 모두 혼장임치와 위임이 혼합된 계약관계라 할 것이다.

3) 학설의 상세에 대하여는 증권예탁원, 「증권예탁결제제도」, 97-100쪽 참조.

예탁제도구성의 논리적 측면에서는 증권의 존재가 필요하지만, 현실적으로는 그 존재가 필수적인 것은 아니기 때문에 예탁주권에 관한 간주규정을 통해 무권화를 구현하고 있는 것이다. 주권불소지가 신고된 보관대체기관 명의의 주식이 예탁되는 경우에 관해서는 이 같은 명문의 간주규정은 없었다. 그러나 일본학자들은 보관대체기관이 주권불소지신고를 할 수 있다는 조항을 둔 것은 주권보관대체법 제19조와 같이 주권 없이 주식만으로도 예탁이 된 것으로 간주하는 것을 전제로 하기 때문이라고 해석한다.[1] 국채 및 공사채에 대해서는 이론적으로도 주권보관대체법이 적용되지 않고, 국채는 일본은행에 의해 대체결제제도가 운영되고 있었으며, 공사채는 등록사채를 포함한 대체제도를 고려할 가능성이 있는 등의 사유로 주권보관대체법에 따른 예탁제도 내에서 처리하지 않았다.[2] 본법의 경우에는 증권을 예탁결제원 명의로 일괄하여 발행하거나 국채 및 공사채를 등록하여 발행할 수 있는 근거와 예탁결제원 명의의 주권 및 기명식 증권에 대하여는 상법 제358조의2에 따른 주권불소지 신고를 할 수 있도록 규정되어 있지만, 일괄등록된 예탁결제원 명의의 국채 및 공사채나 불소지신고된 기명식 증권이 어떻게 예탁될 수 있는 것인가에 관한 근거는 찾을 수 없다. 예탁관련제도의 기본적인 구조와 취지에 비추어 볼 때 중대한 입법의 불비다.

Ⅱ. 예탁자계좌 및 예탁자계좌부

예탁결제원에 증권을 예탁하고자 하는 자는 예탁결제원에 예탁자계좌를 개설하여야 하며, 예탁결제원은 예탁자의 이 예탁자계좌에 예탁자 자기소유증권과 투자자 예탁증권을 구분하여 예탁증권의 종류와 수 및 그 발행인의 명칭 등을 기재하는 예탁자계좌부를 작성·비치하여야 한다(법 309조 1항 및 3항). 투자자의 경우에도 예탁자가 투자자의 증권을 예탁받은 후 예탁증권의 종류와 수 및 그 발행인의 명칭 등을 기재하는 투자자계좌부를 작성·비치하도록 규정되어 있다(법 310조 1항).

투자자의 경우와는 달리 법 제309조 제 1 항이 예탁자로 하여금 예탁결제원에 계좌를 개설하도록 규정하는 것은 예탁결제원으로 하여금 당해 예탁계좌신청자가 증권의 예탁결제업무 이용의 필요성이 많은 자인지 또 예탁자로서 정확한 업무처리가 가능한 자인 것인지를 심사할 필요가 있기 때문이다.[3] 예탁결제원은 실무적으로 금융투자업자, 은행

1) 稲葉威雄 외 10인,「株式等保管振替法の概要一法律·省令解説と全関係資料一」, 別冊商事法務 No. 74(1984), 商事法務研究会(이하, "別冊商事法務 No. 74"라 한다), "座談会　株券等保管振替法の検討", 35頁(河本一郎 및 稲葉威雄 발언 부분); 上柳克郎/鴻上夫/竹内昭夫,「新版注釈会社法 (4) 一株式 (2)」, 有斐閣, 1986, 320頁(河本一郎 집필). 다만, 일본에서의 이러한 해석은 법문과 비교해 볼 때 다소 무리가 있는 것으로 보인다.

2) 河本一郎, "株券等の預託´ 保管´ 振替による権利の移転,"「ジュリスト」 9月 1日号(1984), 16頁.

3) 증권예탁원,「증권거래법 해설」, 49쪽.

법에 따른 금융기관, 보험업법에 따른 보험회사, 자금중개사 등의 금융기관 또는 금융유관기관, 국가, 한국은행, 지방자치단체, 외국예탁결제기관, 외국정부, 외국금융기관, 금융관련국제기구, 집합투자기구 등 증권을 대량으로 보유 또는 거래하거나 중개할 필요가 있어 증권예탁결제제도의 이용필요성이 있는 국내외금융기관 등을 예탁자로 인정하고 있다(예탁업무규정 10조 1항). 예탁계좌개설을 신청한 자가 요건을 갖춘 경우 예탁결제원은 그 신청내용에 따라 예탁자의 자기소유분인 증권을 관리하는 계좌인 자기분계좌, 예탁자의 투자자 예탁분인 증권을 관리하는 계좌인 투자자분계좌, 또는 예탁자의 자기소유분인 증권 중 신탁재산만을 구분하여 관리하는 계좌인 신탁분계좌를 종류별로 개설한다(예탁업무규정 10조 2항).

계좌부란 투자자로부터 증권을 예탁받은 예탁자와 예탁자로부터 증권을 예탁받은 예탁결제원이 예탁증권에 대한 권리관계를 기재하는 법적 장부이며, 계좌부는 예탁자가 작성·비치하는 투자자계좌부와 예탁결제원이 작성·비치하는 예탁자계좌부로 구분된다.[1] 투자자계좌부 또는 예탁자계좌부에 기재된 자는 각각 그 증권을 점유하는 것으로 간주되고, 계좌부상 대체의 기재가 있는 경우에는 증권양도 등이 의제되므로 계좌부는 예탁관련제도에서 가장 중요한 장부이다. 따라서 본법은 계좌부의 기재 사항을 법정화하고(법 309조 3항 및 310조 1항), 계좌부를 작성·비치하지 않거나 허위기재를 하는 경우에는 1년 이하의 징역이나 3천만원 이하의 벌금을 부과하고 있다(법 446조 53호). 예탁자계좌부와 투자자계좌부의 보존기간은 10년이다(예탁업무규정 11조 4항 및 13조 3항). 예탁자계좌부에는 예탁자의 명칭 및 주소, 예탁증권의 종류 및 수와 그 발행인의 명칭, 예탁증권의 수량 증감원인, 예탁증권을 질권의 목적으로 하는 경우에는 질권자의 명칭 및 주소, 예탁증권이 신탁재산인 경우 그 뜻의 표시 및 기재일, 예탁증권에 대한 처분제한이 있는 경우 그 뜻의 표시 및 해당 압류명령 등의 송달일 등이 기재된다(예탁업무규정 11조 3항). 투자자계좌부의 기재사항으로는 투자자의 성명[2] 및 주소, 예탁증권의 종류 및 수와 그 발행인의 명칭, 예탁증권의 수량 증감원인, 예탁증권을 질권의 목적으로 하는 경우에는 질권자의 명칭 및 주소, 예탁증권이 신탁재산인 경우 그 뜻의 표시 및 기재일 등에 예탁자계좌부의 기재사항과 동일하다(예탁업무규정 13조 2항).

Ⅲ. 예탁의 절차

예탁관련제도는 계층구조로 설계되어 있으므로 투자자는 예탁자를 통하여 예탁결제

1) 증권예탁원, 「증권예탁결제제도」, 125쪽.
2) 법 제310조 제1항 제1호는 투자자의 성명이라고 하고 있으나, 투자자에는 법인도 있으므로 성명 또는 명칭이라고 해야 할 것이다.

원에 자신의 증권을 예탁하고, 예탁자는 자기소유의 증권과 투자자의 증권을 예탁결제원에 예탁한다. 예탁결제원은 예탁자로부터 증권을 예탁받을 경우 이것이 고객의 증권인지 예탁자의 증권인지 알 수 없으므로, 법은 예탁자가 투자자의 증권을 예탁하는 때에는 투자자의 예탁분이라는 것을 밝히도록 하고 있다(법 310조 2항). 예탁자가 예탁결제원에 예탁시 투자자분임을 현명하지 않은 경우에는 예탁결제원이 이를 예탁자의 증권으로 취급할 수 있는 것으로 해석할 수 있으나, 법상 명확한 간주규정이 없는 한 투자자보호의 관점에서 투자자 증권임을 밝히지 않았다고 하여 곧바로 예탁자의 증권으로 간주할 수는 없다. 예탁결제원은 예탁계약에 따라 선량한 관리자로서의 주의의무를 지므로, 예탁자가 예탁시 투자자의 증권임을 현명하지 않은 경우 이를 확인할 의무가 있다.[1] 입법적으로는 독일 DepotG 제 4 조와 같이 자기분임을 밝히지 않는 경우에는 모두 투자자분임을 추정하는 규정을 두는 것이 바람직하다.

예탁자는 투자자로부터 증권을 예탁받은 경우 투자자의 예탁증권을 투자자계좌부에 기재한 후 투자자 예탁분이라는 것을 밝혀 지체 없이 해당 증권을 예탁결제원에 예탁하여야 한다(법 310조 2항). 또한, 예탁자는 투자자의 예탁증권에 대한 내역을 투자자계좌부에 기재 후 해당 증권을 예탁결제원에 예탁하기 전까지는 이를 자기소유분과 구분하여 보관하여야 한다(법 310조 3항). 예탁자가 제310조 제 2 항과 제 3 항을 위반한 때에는 천만원 이하의 과태료가 부과된다(법 449조 2항 11호 및 12호). 한편 투자매매·중개업자는 금융투자상품의 매매거래 등에 따라 보관하게 되는 투자자 소유의 증권을 예탁결제원에 지체 없이 예탁할 의무가 있다(법 75조 1항). 또한 은행, 보험회사와 같은 겸영금융투자업자를 제외한 모든 금융투자업자는 그 고유재산을 운용함에 따라 소유하게 되는 자신의 증권도 예탁결제원에 지체 없이 예탁할 의무를 진다(법 61조 1항). 다만, 2013년 5월 개정법은 투자자 및 예탁자 소유증권 중 유통가능성이나 유통방법의 유무, 예탁의 실행가능성 등을 고려하여 시행령에서 정하는 경우에는 예탁결제원에 의무적으로 예탁하지 않아도 되도록 하였다(법 61조 1항 단서 및 75조 1항 단서). 의무예탁이 면제되는 것은 본법 또는 법 시행령이나 다른 법령에 따라 해당 증권을 예탁결제원에 예탁할 수 있는 증권 또는 증서로 발행할 수 없는 경우, 발행인이 투자자와 해당 증권을 예탁결제원에 예탁할 수 있는 증권 또는 증서로 발행하지 않을 것을 발행조건 등에 따라 약정한 경우, 외화증권을 예탁결제원이 지정한 외국보관기관에 지정할 수 없어 금융위원회가 고시하는 외국보관기관에 예탁하는 경우 및 그 밖에 증권의 성격이나 권리의 내용 등을 고려할 때 예탁이 부적합한 경우로서, 투자계약증권, 집합투자증권을 제외한 합자회사, 유한책임회사, 합자조합, 익명조합의 출자지분이 표시된 것 및 만기가 3일 이내인 어음이다(법 시행령 63조 2항 및 법

1) 예탁결제원 실무에서는 증권등 예탁서라는 양식에 투자자분과 자기분을 구분하여 각각 수량을 표기하도록 하고 있으므로 실무적으로는 투자자분을 현명하지 않아서 문제가 되는 경우는 없다.

시행규칙 7조의2). 법문에 따를 경우 증권이 이상의 어느 하나에 해당할 경우 예탁자의 재량으로 예탁여부를 결정할 수 있는 것으로 보이나, 실무적으로는 예탁결제원이 해당 증권을 예탁대상증권을 지정했느냐의 여부에 따를 것이다. 문제는 투자계약증권이나 유한책임회사, 익명조합 등의 지분증권이 예탁적격성을 만족하여 예탁결제원이 예탁대상증권을 지정했을 경우에도 예탁자가 예탁여부를 결정할 수 있는 재량권을 가지는가인데, 의무예탁의 도입취지를 감안할 때 예탁대상증권으로 지정된 경우에는 법문에도 불구하고 예탁자의 재량권이 없는 것으로 해석하여야 할 것이다. 투자계약증권 및 유한책임회사 등의 지분증권에 대한 의무예탁을 면제한 것은 사실상 예탁결제원이 이러한 증권은 예탁대상증권으로 지정하지 않겠다는 의도로 보이나, 투자계약증권이나 유한책임회사의 지분증권이라고 하여 일괄적으로 예탁적격성이 없다고 할 수는 없을 것이고, 증권별로 예탁의 필요성을 검토하는 것이 필요하다고 본다.

예탁결제원은 예탁받은 증권, 즉 예탁증권을 종류·종목별로 혼합하여 보관하므로(법 309조 4항), 기술한 바와 같이 예탁은 민법상의 혼장임치의 성격을 가지고 있다. 혼합보관에 따라 투자자 또는 예탁자는 증권에 대한 기존의 단독소유권을 잃고, 예탁증권에 대한 공유권을 취득한다(법 312조 1항). 따라서, 법 제309조 제4항은 예탁결제원이 예탁증권을 종류·종목별로 혼장할 수 있다고 규정하고 있으나, 예탁증권의 혼합보관을 기초로 한 공유권 성립을 토대로 하는 예탁제도의 기본구조에 비추어볼 때 예탁결제원은 예탁증권을 혼장보관해야 하는 것이지 혼장보관에 대한 선택권이 있는 것은 아니다.

예탁자가 투자자의 예탁증권을 예탁결제원에 예탁할 때에는 투자자로부터 동의를 받아 예탁하여야 한다(법 309조 2항). 투자자의 동의를 요건으로 하는 것은 수치인이 제3자에게 재임치를 하고자 하는 경우에는 임치인의 승낙이 있어야 하고(민법 701조 및 682조 1항), 예탁에 따라 투자자는 증권에 대한 종래의 단독소유권을 공유지분을 가지는 소유형태의 변화가 일어날 뿐만 아니라 권리행사방식도 조금 달라지기 때문에 본법에서도 투자자의 동의를 요건으로 하고 있는 것이다. 이러한 동의는 예탁시마다 필요한 것은 아니고, 포괄적 사전동의도 가능하다.[1)] 실무에서는 매매거래계좌설정 약관을 통해 동의를 확보하고 있다(약관 9조).

Ⅳ. 이른바 '일괄예탁'과 증권이 표창하는 권리의 예탁 문제

공모 또는 유무상증자 등의 사유로 새로운 증권이 발행되는 경우 예탁자 또는 투자자는 그 증권의 발행인에게 해당 증권을 그 예탁자 또는 투자자에 갈음하여 예탁결제원

1) 증권예탁원, 「증권예탁결제제도」, 120쪽; 증권예탁원, 「증권거래법 해설」, 50쪽; 김건식/정순섭, 전게서(2013), 647쪽; 임재연, 전게서(2013), 1227-1228쪽.

명의로 발행하거나 등록(국채법 및 공사채등록법에 따른 등록을 말한다)할 것을 신청할 수 있고, 이 신청에 따라 발행인이 그 증권을 예탁결제원 명의로 일괄발행·등록할 수 있다(법 309조 5항). 본항에 따른 일괄발행·등록은 통상 일괄예탁이라고 하는데, 이는 예탁결제원 명의로 발행·등록된 증권을 예탁제도와 결합하여 해당 증권에 대해 예탁결제원이 실물증권의 발행을 배제하고 해당 증권이 표창하는 권리 상태로 일괄하여 예탁하는 실무 때문이나,[1] 일괄발행·등록과 예탁의 개념은 완전히 다른 것이므로 이를 일괄예탁이라고 칭하는 것은 그 입법취지에도 불구하고 바람직하지 않다. 연혁적으로 일괄발행·등록은 1991년 구증권법에서 주권보관·관리의 합리화를 위하여 도입된 것이다. 제도의 도입이전의 상황을 살펴보면,[2] 주식 공모로 발행된 주권은 매매를 위해 예탁자를 통하여 예탁결제원에 다시 예탁되고, 예탁결제원은 주권의 보관 및 관리 차원에서 반환예정 수량을 제외하고 주권불소지신고를 하였다. 주식 공모의 경우 주권 교부 후 1개월 내에 매수기준으로 80~90%가 예탁되어 폐기되었다고 한다. 이러한 불필요한 주권발행을 없애기 위해 예탁결제원 명의로 공모주식을 일괄발행하고, 이를 예탁과 연계하여 실물발행 물량을 축소하고자 도입하고자 한 것이 제도의 취지이다. 1991년 일괄발행·등록제도를 처음 도입했을 때에는 증권을 인수·청약하는 경우에만 적용되었으나, 1997년 개정시 증권을 새로 발행하는 모든 경우로 확대하여 유무상증자, 주식배당, 상호변경 등으로 인한 교체발행, 전환사채의 전환 등에도 일괄발행·등록제도를 적용하게 되었다. 현재 투자신탁의 수익증권과 투자회사의 주식은 처음부터 일괄발행이 의무화되어 있기 때문에(법 189조 3항 및 196조 2항),[3] 투자신탁의 수익증권과 투자회사의 주식은 실물증권이 전혀 발행되지 않고 예탁제도 내에서 수익권과 주식인 권리 상태로만 존재한다.

이른바 '일괄예탁'과 관련하여서는 기술한 바와 같이 실물증권이 아닌 권리가 어떻게 예탁될 수 있는가의 문제가 존재한다. 본법의 예탁관련제도는 독일의 DepotG와 일본의 주권보관대체법을 모범으로 설계된 것이고, 이 두 제도 모두 실물증권의 존재를 전제로 한다. 따라서 독일과 일본은 물권법적 설계의 한계로 인해 예탁제도 내에서 실물증권

1) 공모시 일괄예탁의 실무를 살펴보면 다음과 같다. 우선 청약자 또는 인수인이 청약취급기관에 예탁자에게 일괄예탁을 신청하고 이 신청내역이 주간증권사의 집계를 거쳐 발행인에 전달되어야 한다. 이 내역을 전달받은 발행인은 그 집계된 일괄발행내역을 예탁결제원에 통지하면 예탁결제원은 청약취급기관인 예탁자에 대하여 그 내역의 확인을 요청하여 발행인이 통지한 내역과 청약취급기관인 예탁자가 보내온 통지내역을 상호 확인 후 이상이 없으면 그 증권의 종목과 수량 등을 예탁자계좌부에 기재하고 이를 예탁자에게 통지한다. 이 통지를 받은 예탁자는 즉시 그 내역을 투자자계좌부에 기재하여야 하며, 그 처리결과를 예탁결제원에 통지하여야 한다. 이때 예탁결제원 명의로 발행 또는 등록되는 증권은 예탁결제원에서 별도로 정하는 시기에 예탁자가 예탁을 청구한 것으로 보고 있다(예탁업무규정 시행세칙 17조 참조).

2) 증권예탁원, 「증권거래법 해설」, 51쪽.

3) 2013년 5월 개정 전에는 투자유한회사의 지분증권에 대해서도 일괄발행이 강제되었으나, 투자유한회사의 폐쇄성으로 인한 양도제한 등이 있는 등 예탁적격성이 부족하여 투자유한회사는 일괄발행 의무가 면제되었다(법 208조 3항 참조).

의 존재를 전제하지만, 현실적인 측면에서는 실물증권의 존재가 필요하지 않다는 것을 고려하여, 이론적인 문제에도 불구하고, 증권이 표창하는 권리 자체를 실물증권을 간주하는 명문의 규정을 통해 실제로는 증권이 존재하지 않으나 간주규정에 의해 관념적으로는 증권이 존재하는 것과 같은 법기술적 조치를 취하였다. 그러나 본법의 일괄발행·등록은 투자자 및 예탁자를 갈음하여 예탁결제원 명의로 증권을 발행할 수 있다는 것만 규정하고, 이것을 어떻게 예탁한다는 명문의 규정은 두고 있지 않다. 실물증권의 존재를 전제로 한 제도에서 실물증권이 아닌 권리가 예탁되는 것은 중대한 예외적 사항이기 때문에 반드시 그 근거가 필요하다. 이에 대해 일본 학자들의 주권불소지신고와 관련한 주장과 같이 본법이 예탁결제원 명의의 일괄발행·등록제도를 둔 것은 일괄예탁을 염두에 둔 것이라고 생각해 볼 수도 있다. 그러나 일본의 경우에는 주식의 병합·분할 또는 전환 등으로 신주를 발행하는 경우에는 보관대체기관에 주권이 예탁된 것으로 본다는 명문의 규정이 있고, 주권불소지신고된 주식의 경우도 이 규정을 준용하여 적용할 수 있다는 해석을 펼치는 것이지만, 우리나라는 권리 상태의 예탁에 관한 간주규정이 존재하지 않는다. 다음으로, 본법에 따른 금융투자상품은 그 정의상 권리이기 때문에(법 3조 1항 참조) 하위개념인 증권도 권리라고 주장할 수 있으나, 법 제4조 제9항은 증권에 표시될 수 있거나 표시되어야 할 권리는 그 증권이 발행되지 아니한 경우에도 그 증권으로 본다고 하고 있으므로 본법에서 말하는 증권은 결국 유체물임을 알 수 있다.[1] 또한 법 제4조 제9항에 따른 의제증권도 증권이므로 자본시장법 내에 편재된 예탁관련제도에서 사용하는 증권의 개념은 의제증권도 포함하고, 따라서 권리 상태의 예탁도 가능하다는 견해도 있을 수 있다. 그러나 의제증권에 대한 정의는 실물증권의 발행여부와 관계없이 증권의 공시규제나 사기금지라는 증권규제법상의 필요가 있었기 때문에 1977년 구증권법에 도입된 것이지(구증권법 2조 2항), 이를 실물증권의 존재를 전제로 하는 예탁관련제도에까지 적용할 것은 아니다. 만약 우리나라의 예탁관련제도가 의제증권을 정면으로 인정하고 있다면 굳이 국채나 공사채의 등록제도를 둘 필요가 없이 곧바로 권리인 상태로 예탁을 하면 되는 것이고, 또 예탁결제원 명의의 일괄발행·등록제도도 굳이 존치할 필요가 없다. 또한, 법 제313조 제4항은 이른바 '권리예탁'을 인정하는 것인데, 법 제4조 제9항의 의제증권이 예탁관련제도상의 증권이라고 한다면 굳이 이러한 권리예탁제도를 둘 필요도 없는 것이다.[2] 따라서, 예탁결제원 명의로 일괄발행·등록된 증권을 일괄예탁으로 수용하는 현행

1) 그러므로 상위개념인 금융투자상품은 무체물인 권리인데, 하위개념인 증권은 권리가 아니라는 개념정의는 문제가 있다고 본다.

2) 후술하는 바와 같이 법 제313조 제4항의 권리예탁은 주권발행전 주식의 상태로 예탁된 주식의 계좌간 대체를 인정하는 문제와 그 계좌간 대체를 통한 양도의 효력을 주권 발행인에 주장할 수 있도록 하는 두 가지 쟁점을 다룬다. 따라서 간주증권이 인정된다면 적어도 전자의 문제에 대해서는 법이 명문으로 규정할 필요가 없는 것이다.

의 실무는 그 법적 근거가 없거나 미약하기 때문에 향후 일괄예탁된 권리상태의 무증서 증권도 법 제309조 제 2 항에 따라 예탁결제원에 예탁된 것으로 간주하는 명문의 규정을 둘 필요가 있다. 또한 법 제314조 제 3 항에 따라 불소지신고된 기명식 증권에 대해서도 동일한 조치가 필요하다. 다만, 간주규정에 의해 권리도 예탁할 수 있는 것으로 할 경우 해석상의 문제는 명쾌해지지만, 계속 예외적인 의제로 인해 사실상 무권화된 무증서증권이 더 많이 예탁제도 내에서 관리되고 있는 현실을 정면으로 받아들이지 못하는 문제가 발생한다. 따라서 권리를 예탁한 경우에도 증권이 예탁된 것으로 간주하는 일반규정을 두되, 빠른 시일 내에 권리 자체의 등록을 통한 발행과 계좌간 대체를 정면으로 수용할 수 있는 제도도 아울러 마련하여야 할 것이다. 이 경우 일본의 경우와 같은 무권화만을 위한 제도의 정비가 아니라, 국제적 정합성과 호환성을 고려하여 개별증권, 포괄증권, 무증서 증권을 모두 포괄하는 개방형 제도를 모색할 필요가 있다.

Ⅴ. 의제예탁

이론적으로 투자자가 증권을 예탁하여 혼장재고에 대한 공유권을 갖는 것은 혼장재고를 관리하는 예탁결제원에 증권이 예탁되었을 때이다. 그러나 예탁자가 예탁결제원과의 물리적인 거리로 인해 예탁이 즉시 이루어질 수 없는 경우나, 예탁자의 과실이나 착오 또는 도난 등으로 인하여 예탁의무에도 불구하고 이를 예탁하지 못한 경우도 발생할 수 있다. 본법은 이러한 경우 실제로는 그 증권이 물리적으로는 예탁결제원의 혼장재고를 이루지 못했지만, 투자자로 하여금 공유권을 취득하게 함으로써 투자자를 두텁게 보호하기 위하여 투자자의 증권은 투자자계좌부에 기재한 때에 예탁결제원에 그 증권이 실제로 예탁되었는가와는 상관없이 예탁된 것으로 간주한다(법 310조 4항). 이론적인 이유만으로 의제예탁을 인정하지 않을 경우에는 예탁관련제도 자체에 대한 신뢰성에 상당한 문제가 생길 수 있기 때문에 법상 예외적인 특례를 두고 있는 것이다. 즉, 투자자가 예탁한 증권이 예탁결제원에 예탁되지 않은 상태에서 예탁자가 도산하거나, 해당 예탁증권이 부족하거나 존재하지 않는 경우에는 투자자보호에 상당한 문제가 발생한다. 따라서 본법은 의제예탁을 통해 투자자계좌부에 기재된 것만으로도 예탁결제원에 예탁된 것으로 보아, 그 투자자가 증권 점유하는 것으로 간주하고(법 311조 1항) 점유에 따른 공유권을 가지는 것으로 추정하게 된다(법 312조 1항). 이 경우 투자자의 예탁자는 예탁결제원에 아직 예탁하지 아니한 증권을 이행보조자로서 보관하고 있는 것으로 볼 수 있고, 예탁자가 보관하는 해당 증권과 예탁결제원에 혼합보관된 증권이 하나의 혼장재고를 이루게 된다고 할 수 있다. 의제예탁은 증권이 물리적으로 혼장보관 상태가 아니어도 투자자계좌부의 기재만으로도 예탁된 것으로 간주하는 것이기 때문에, 본법은 최대한 이런 상태를 해소하기 위하여 투자자계좌부에 투자자의 증권을 기재한 때에 '지체 없이' 그 증권을 예탁결제원에 예탁하도록 하고 있고(법 310조 2항), 이를 위반한 경우 천만원 이하의 과태료를 부과하고 있다(법 449조 2항 11항).

투자자보호의 취지에 따라, 의제예탁은 예탁증권에 부족분이 생긴 경우 즉, 예탁증권이 존재하지 않는 경우에도 적용된다. 따라서 본법은 예탁증권에 부족이 생긴 경우 예탁결제원과 투자자를 가지는 모든 예탁자가 연대하여 부족분을 보전하도록 함으로써(법 313조) 투자자를 한층 더 두텁게 보호하고 있다. 이런 점에서 의제예탁은 결국 연대보전의무의 경우에 가장 큰 의의를 갖는다고 할 수 있다. 그러나 의제예탁은 연대보전의무 외에도 공유권의 추정에 따른 실질소유자로서의 권리행사와 관련하여서도 이론상 그 의의가 있다고 할 것이다.[1)]

투자자 증권의 예탁은 의제예탁에 의해 투자자계좌부에 기재된 시점에 예탁이 된 것으로 보지만, 예탁자의 증권은 언제 예탁된 것인지 명문의 규정이 없다. 예탁시점은 곧 공유권의 성립시기와 같은 문제이므로 법 제312조와 관련된 부분에서 후술하겠지만, 결론적으로 독일 DepotG와는 달리 투자자 증권과 같이 예탁자계좌부에 기재된 시점에 예탁된 것으로 보는 것이 원칙이나 예외적인 경우 독일과 같이 해석해야 한다고 본다.[2)] 예탁결제원의 예탁업무규정은 예탁, 반환 및 계좌대체 등의 효력발생시기는 예탁좌계좌부에 해당 사항을 기재했을 때라고 규정한다(예탁업무규정 14조).

제311조(계좌부 기재의 효력)

① 투자자계좌부와 예탁자계좌부에 기재된 자는 각각 그 증권등을 점유하는 것으로 본다.

② 투자자계좌부 또는 예탁자계좌부에 증권등의 양도를 목적으로 계좌 간 대체의 기재를 하거나 질권설정을 목적으로 질물(質物)인 뜻과 질권자를 기재한 경우에는 증권등의 교부가 있었던 것으로 본다.

③ 예탁증권등의 신탁은 「신탁법」 제3조 제2항에 불구하고 예탁자계좌부 또는 투자자계좌부에

---

1) 증권예탁원, 「증권거래법 해설」, 59쪽은 의제예탁분에 대해서도 예탁결제원 명의로 명의개서를 하여야 하는 것인지 또는 권리행사도 예탁결제원을 통하여야 하는지 해석에 논란이 있고, 이는 실무상 불가능하기 때문에 의제예탁은 연대보전의무를 규정하는 조항으로 옮겨야 한다는 견해를 제시한다. 예탁결제원 명의로 명의개서를 하는 것은 실제 예탁결제원이 주권을 물리적으로 점유하여야 가능한 것이므로 의제예탁된 증권을 명의개서하는 것은 실무상 불가능할 것이나, 기준일에 해당 예탁자의 예탁자계좌부에 기재된 고객분 잔고와 투자자계좌부의 전체 잔고가 일치하지 않는 경우에는 실질주주명세의 작성이 이루어지지 않기 때문에 의제예탁분 문제는 실질주주명세 작성단계에서 부족한 증권을 예탁하도록 함으로써 없어지게 된다. 따라서 연대보전의무 이외에 의제예탁이 효력을 발휘하는 예로는 실질주주증명서 발급과 관련하여 실질주주로서의 보유기간에 대한 인정을 들 수 있다. 그러나 이 경우에도 발행회사는 예탁결제원 명의로 명의개서된 주식수의 한도 내에서만 실질주주로서 인정하면 된다고 할 것이다.

2) 강희만, 전게서(1989), 94쪽도 同旨.

신탁재산인 뜻을 기재함으로써 제삼자에게 대항할 수 있다.

④ 주권 발행 전에 증권시장에서의 매매거래를 투자자계좌부 또는 예탁자계좌부상 계좌 간 대체의 방법으로 결제하는 경우에는 「상법」 제335조 제 3 항에 불구하고 발행인에 대하여 그 효력이 있다.

Ⅰ. 계좌부 기재의 효력에 대한 개관

무기명증권의 양도는 양도에 관한 당사자간의 합의와 증권의 교부에 의하고(민법 523조), 지시증권은 증권에 배서하여 양수인에게 교부하는 방식에 의한다(민법 508조).[1] 무기명증권화된 기명주식의 경우도 그 양도에는 주권의 교부에 의하고, 주주명부에의 기재는 회사에 대한 대항요건일 뿐이다(상법 336조 1항 및 337조 1항). 교부는 증권에 대한 점유의 양도를 의미하며, 점유의 양도는 민법 제196조 제 1 항에 따른 점유물의 인도뿐만 아니라, 동산의 인도와 동일하게 간이인도(민법 188조 2항), 점유개정(민법 189조) 및 목적물반환청구권의 양도(민법 190조)에 의한 인도도 가능하다(민법 196조 2항).[2] 질권의 설정도 양도와 동일하게 무기명증권은 증서를 질권자에게 교부하는 방식으로(민법 351조), 지시채권은 배서한 증서를 질권자에게 교부하는 방식에 의하고(민법 350조), 주식도 주권을 질권자에게 교부하는 방식에 의한다(상법 338조 1항). 예탁관련제도에서는 이러한 증권 양도 등의 성립요건에 대한 중대한 예외로서 계좌부 기재에 점유의 효력을 인정하고 실물증권의 교부를 대신하여 계좌간 대체의 기재나 질권설정자의 계좌부에 질물인 뜻과 질권자의 기재만으로 증권이 교부된 것, 즉 점유가 인도된 것으로 간주한다. 이는 예탁관련제도에서는 양도나 질권설정을 위한 계좌간 대체의 기재나 계좌부상 질권관련 기재가 특별법상의 독립된 점유이전의 한 방법임을 의미하는 것이다. 예탁관련제도는 이러한 기술적 방식을 통해 실물증권의 이동을 배제하고 증권의 양도·입질 등을 실현하고 있으며, 이것이 예탁관

1) 상법상 금전지급청구권, 물건 또는 유가증권 인도청구권이나 사원의 지위를 표시하는 유가증권은 다른 법률에 특별한 규정이 없는 한 지시채권과 무기명증권에 관한 민법 제508조부터 제525조가 적용되고 배서에 관한 어음법 제12조 제 1 항 및 제 2 항이 준용된다(상법 65조 1항).

2) 이철송, 전게서(2012), 348쪽; 권기범, 「현대회사법론(제4판)」, 삼영사, 2012, 481쪽. 다만, 주권의 점유를 취득하는 방식에 대하여 판례는 점유개정의 방식을 인정하지 않으나(대법원 2010. 2. 25. 선고 2008다96963, 96970 판결; 대법원 2000. 9. 8. 선고 99다58471 판결), 이 2010년 2월 판례는 주권의 선의취득에 관한 2000년 9월 판례를 참조로 하고 있는 것이므로 주식의 양도에 대해서까지 점유개정을 인정하지 않을 이유는 없다(이철송, 전게서(2012), 349쪽의 각주도 같은 견해를 제시하고 있다).

련제도의 가장 실질적·핵심적 부분이며 일반적인 유가증권 양도·입질 방식을 규정하는 상법 규정(상법 65조 1항, 336조 1항 등)에 대한 중요한 예외에 해당한다.

Ⅱ. 계좌부 기재와 예탁증권의 점유의제

주식의 경우에는 주권의 교부로 양도되므로 주권의 점유자는 적법한 소지인으로 추정된다(상법 336조 2항). 이는 점유자를 소유의 의사로 선의, 평온 공연하게 점유한 것으로 추정하는 민법의 태도와 유사하다(민법 197조 1항). 또한 주권의 점유자는 적법한 소지인으로 추정되기 때문에 선의취득도 가능하다(상법 359조; 민법 514조). 본조 제 1 항은 이를 예탁관련제도 내에서 점유의제를 통해 구현하고 있다.

본조는 투자자계좌부와 예탁자계좌부에 기재된 자는 각 그 증권을 점유하는 것으로 간주하고(법 311조 1항), 점유자는 적법한 소지인으로 추정되기 때문에 선의취득이 가능하다는 구성을 취한다. 혼장보관에 따른 예탁결제원은 직접 점유자이고 예탁자와 투자자는 간접공동점유자이나, 본조가 특별히 점유를 간주하는 규정을 두는 다음과 같은 의의가 있다. 첫째, 의제예탁제로 인해 투자자는 그 예탁증권이 예탁결제원에 물리적으로 보관되지 않은 경우에도 투자자계좌부에 그 증권과 관련된 사항이 기재된 때에 예탁결제원이 예탁이 된 것으로 간주되고, 이에 따라 투자자는 투자자계좌부에의 기재만으로도 점유를 취득하는 것이다. 본조 제 1 항은 이를 재확인하는 의미가 있다. 다만, '투자자계좌부와 예탁자계좌부에 기재된 자'라는 표현을 쓰고 있어 점유의 간주가 투자자계좌부뿐만 아니라 예탁자계좌부에 기재된 경우에 점유가 생기는 것으로 이해될 수 있으나, 예탁자계좌부에는 투자자의 내역과 증권의 소유내역 등이 기재되지 않으므로 '예탁자계좌부에 기재된 자'는 예탁자를 의미하는 것이다. 이러한 오해를 불식시키기 위해서는 일본의 구 주권보관대체법과 같이 투자자계좌부 '또는' 예탁자계좌부에 기재된 자라는 문구를 사용하는 것이 보다 바람직하다고 본다. 둘째, 공동점유는 공동소유를 추정하는 것이지 공동소유의 구체적인 지분권을 추정하는 것은 아니기 때문에 개별적인 지분권의 크기와 같은 권리외관이 없는 공동점유에서는 객관적 신뢰구성요건을 결하여 선의취득을 인정하지 않는 것이 우리나라와 독일의 통설이다.[1] 그러나 예탁결제제도는 증권실물의 이동 없이 거래의 동적 안전을 통해 증권의 유통을 촉진시키고자 하는 것이 근본적인 취지이므로 선의취득이 인정되지 않으면 제도의 존재 자체가 그 의의를 잃는다. 따라서 본법은 독일

1) 장재옥, "유가증권의 혼장공유지분의 양도와 선의취득,"「비교사법」 제 3 권 제 2 호(1996), 144쪽; 이인재, 「민법주해 제V권 물권(2)」, 박영사, 1992, 442쪽; 강희만, 전게서(1989), 171쪽; Karsten Schmidt, in Mathias Habersack, ed., Münchener Kommentar zum Bürgerlichen Gesetzbuch, vol. 5, 5th ed. (München : C. H. Beck, 2009), Rdn. 747.20; Claus-Wilhelm Canaris, 전게서, Rdn. 2026; Siegfried Kümpel, 앞의 책, Rdn. 11.410.

과 같이 法形成(Rechtsfortbildung)이라는 해석에 맡기는 방법에 의하지 않고, 일본의 구 보관대체법의 예와 같이 예탁주권 전체에 대한 공동점유가 아니라 예탁증권에 대한 '지분적 점유'를 인정함으로써 공유'지분'의 선의취득을 가능하도록 하였다.[1] 본조 제 1 항의 '각각 그 증권등을 점유'라는 표현은 예탁증권의 개별화된 지분적 점유를 의미한다.

증권의 점유자가 적법한 소유자로 추정되는 것은 물권법적인 측면의 문제이고, 증권발행인에 대하여 권리를 주장할 수 있는가는 회사법적 문제이다. 따라서 기명증권의 경우에는 본조 제 1 항의 점유 간주규정에 따라 곧바로 회사에 대하여 권리를 주장할 수 있는 자로 추정되는 것이 아님을 주의하여야 한다.

Ⅲ. 계좌간 대체의 기재 등에 의한 증권의 양도 및 입질 등

1. 계좌대체의 신청과 절차

계좌간 대체는 투자자 또는 예탁자의 신청이라는 법률행위에 의하며, 투자자는 자신의 계좌가 개설된 예탁자에 대하여 계좌간 대체를 신청한다. 계좌간 대체는 예탁증권에 대한 공동점유의 인도를 의미하므로, 계좌간 대체의 신청은 공동점유의 인도를 신청하는 의사표시이다. 계좌간 대체의 행위가 계좌간 대체의 신청이라는 법률행위에 의해 일어난 것으로 해석하는 이유는, 선의취득은 법률행위에 의한 처분과 취득의 경우에만 인정되기 때문이다.[2]

본법은 계좌대체청구의 절차에 대하여 별도의 규정을 두지 않고 있으나,[3] 예탁증권의 반환절차(법 312조 2항) 및 예탁증권의 권리행사 절차(법 313조 1항)에서와 같이 투자자는 예탁자에게, 예탁자는 예탁결제원에 각각 계좌간 대체를 신청하여야 한다고 해야 한다. 계약관계뿐만 아니라 투자자의 공유지분에 관한 내역을 관리하는 투자자계좌부를 예탁자가 관리하고 있으므로 그 예탁자에게 계좌간 대체를 신청하여야 하는 것은 당연하다.

2. 계좌간 대체기재의 효력

증권의 양도를 목적으로 한 투자자계좌부 또는 예탁자계좌부상 '계좌간 대체의 기재'는 증권의 교부로 간주 된다(법 311조 2항). 이는 매도자 A가 매수자 B에게 실물증권에 대한 점유를 인도하는 민법상의 점유인도 방법이 아니라, 만일 A와 B가 예탁자 X의 고객이라고 한다면, X가 A의 투자자계좌부에서 매도수량을 감소기재하고, B에게 동일수량을 증가기재함으로 교부한 것과 동일한 법적 효력을 주는 것을 말한다. 따라서, 법문에

1) 장재옥, 전게논문(1996), 144쪽; 강희만, 전게서(1989), 171-172쪽; 한국증권법학회, 전게서(2009), 618쪽.
2) 이철송, 전게서(2012), 358쪽; 곽윤직, 「물권법(제 7 판)」, 박영사, 2006, 124쪽; 이인재, 전게서(1992), 447쪽; 송덕수, 「민법강의(제 5 판)」, 박영사, 2012, B-209문단.
3) 일본의 구 주권보관대체법 제26조는 대체청구에 관한 명문의 규정을 두고 있다.

서 말하는 계좌간 대체의 기재는 A의 계좌부상 감소기재와 이에 대칭하는 B의 계좌부상의 증가기재 쌍방을 의미하는 것이다. 계좌간 대체가 증권교부로 간주되기 때문에 예탁증권의 양도는 A의 계좌에서 감소기재가 되고 B의 계좌에 증가기재가 된 때에 발생한다(예탁업무규정 14조).[1)]

계좌간 대체의 대상은 본조 제 2 항의 문구상 '증권등'이다. 계좌간 대체의 기재에 의해 공동점유의 인도가 발생하고, 이에 따라 증권 교부의 효력이 발생하는 것이다. 본조 제 2 항은 "증권의 양도를 목적으로"라는 문구를 사용하고 있으나, 양도는 증권에 대한 형식상 소유권을 이전할 목적도 의미하는 것으로 이해하여야 한다. 따라서 증권대차나 양도담보의 경우에도 여기의 '양도'에 포함된다.

연혁적으로 본조 제 2 항에 해당하는 구증권법 제174조의3 제 2 항은 "… 교부가 있었던 것과 동일한 효력을 갖는다"라는 표현을 사용하고 있었는데, 본법은 "… 교부가 있었던 것으로 본다"라는 표현으로 바꾸었다. 이에 대해서는 계좌기재가 점유로 의제되는 것과 논리적으로 일치시키기 위하여 교부가 있었던 것으로 본다는 문구로 바꾸었고, 이렇게 문구를 변경시킴으로써 계좌대체의 법적 성질이 민법 제188조 제 1 항에서 규정하는 현실의 인도로 해석하는데 이론의 여지가 없도록 했다는 견해가 있다.[2)] 그러나, 원래부터 이론의 여지가 없던 문제를 도리어 혼란스럽게 한 면이 있는 것이 아닌가 생각된다. 본법은 독일의 경우와는 달리 일본의 예에 따라 계좌간 대체의 기재에 관한 명문의 규정을 도입함으로써 실무적으로 이루어지는 계좌대체가 이론적으로 어떤 의미를 가지는 것인지에 관한 논란은 실익이 없어졌다. 1987년 구증권법에 현행과 예탁관련제도가 규정되기 이전에는 계약에 의해 혼장보관과 계좌간 대체의 실무가 이루어졌기 때문에 계좌간 대체가 목적물 반환청구권의 양도인지 아니면 점유개정인지에 관한 논의의 실익이 있었다.[3)] 하지만, 어느 견해를 취하더라도 법적으로 완벽하지 않고, 대량의 증권거래에 적용하기 힘든 면이 있었기 때문에, 1987년 구증권법은 입법을 통하여 계좌간 대체기재가 증권교부의 효력이 있다고 함으로써 계좌간 대체의 기재를 독립된 교부의 방법으로 채택하게 된 것이다.[4)] 그런데, 이미 1987년에 새로운 입법이 있었음에도 불구하고 여전히 계좌대체의 법적 성질 내지 효력을 논하는 것은 유감이다. 문제의 본질은 계좌대체의 법적 성질이 아니라 효력이며, 구증권법에 따르면 계좌간 대체의 기재가 있으면 교부가 있었던 것과 동일한 효력이 있는 것이므로 이것이 현실의 인도인지(정확히는 민법 188조 1항

1) 증권예탁원, 「증권거래법 해설」, 63쪽; 임재연, 전게서(2013), 1232쪽; 한국증권법학회, 전게서(2009), 620쪽.

2) 한국증권법학회, 전게서(2009), 619쪽.

3) 이에 대하여는 강희만, 전게서(1989), 166-170쪽; 안문택, 「증권거래법개론」, 박영사, 1982, 303-304쪽 참조(당시에는 일본과 같이 목적물 반환청구권의 양도가 지배적인 견해였던 것으로 보인다).

4) 증권예탁원, 「증권예탁결제제도」, 102쪽; 증권예탁원, 「증권거래법 해설」, 62쪽.

이 아니라 민법 196조 1항에 따른 점유의 현실인도이다), 목적물 반환청구권의 양도 등인지는 중요하지 않고 교부의 효력이 발생한다는 점에 방점이 있다. 그런데, 이를 증권의 교부로 간주하게 되면, 해석상 교부가 어떠한 방식·근거에 따라 이루어진 것인가라는 무익한 논란이 다시 발생할 수 있다. 그러므로 계좌대체의 법적 성질을 현실의 인도로 하기 위해서라는 설명은 의미가 없게 되는 것이다. 또한 점유가 의제되는 것과 논리적으로 일치시키기 위한 것도 설명과는 반대로 논리적이지 않을 수 있다. 본조 제311조 제 1 항의 점유의제는 물권적 측면의 정적 안전에 관한 것으로서 의제예탁에 대한 부분과 지분적 점유라는 개념을 수용하기 위하여 '의제'라는 법기술적 방법을 쓴 것이다. 그런데 제311조 제 2 항은 계좌간 대체로 그 점유를 인도하는 거래의 동적 안전에 관한 것이다. 물론, 여기에 간주 규정을 둔다고 하여 문제가 있는 것은 아니나 기술한 바와 같이 증권의 교부를 간주한다는 규정에 의한다고 하여 논리적인 구성이 되는 것 또한 아니다. 논리적으로는 계좌부 기재에 점유를 의제하기 때문에 계좌부간 대체의 기재가 있으면 점유를 인도한 것이 되어 교부의 효력이 발생한다고 보는 것이 보다 자연스럽다.

본조에 따른 계좌부 기재는 형성적·창설적 효력을 가진다.[1] 계좌부 기재에 따라 공유관계에 따른 공유권이 형성되고(법 310조 4항 참조), 계좌간 대체의 기재에 따라 권리관계가 변동되기 때문이다(법 311조 2항). 독일과 같이 계좌부 기재가 이미 발생한 공유권 또는 교부의 효력을 단순히 선언·확인하는 효력을 가지는 것은 아니다. 그러므로 예탁증권의 양도 및 질권설정을 예탁관련제도 밖에서 반환청구권을 양도하고 이를 예탁결제원에 통지하는 방식에 의할 수는 없다.

3. 예탁증권에 대한 질권설정

주식에 대한 질권 설정의 방법은 약식질과 등록질이 있다. 약식질은 질권설정자가 질권설정의 목적으로 질물인 주권을 질권자에게 교부함으로써 성립한다(상법 338조 1항). 등록질은 질권설정자가 질권의 목적으로 질물인 기명주식의 주권을 질권자에게 교부하고, 해당 질물인 주권과 주주명부에 질권자의 성명 등을 기재함으로써 성립한다(상법 340조). 무기명증권의 경우에는 약식질만 가능하다(민법 351조).[2]

예탁증권에 대한 질권은 질권설정자의 투자자계좌부 또는 예탁자계좌부에 질권설정을 목적으로 질물(質物)인 뜻과 질권자를 기재한 경우에는 증권의 교부가 있었던 것으로 봄으로써 설정된다. 따라서 예탁증권에 대한 질권설정은 약식질이다. 예탁증권에 대하여 질권설정자인 예탁자가 질권설정을 하는 경우에는 예탁결제원이 관리하는 그 예탁자의

---

1) 佐藤修市, "株券等の保管及び振替に関する法律の解説," 別冊商事法務 No. 74(1984), 104頁; 강희만, 전게서(1989), 170쪽.

2) 제351조(무기명채권에 대한 질권의 설정방법) 무기명채권을 목적으로 한 질권의 설정은 증서를 질권자에게 교부함으로써 그 효력이 생긴다.

예탁계좌부상 자기소유분에 대하여 가능하고, 투자자의 예탁증권에 대하여는 예탁자계좌부에서 질권을 설정할 수 없고, 질권설정자인 투자자의 예탁자가 관리하는 투자자계좌부상에 질권을 설정할 수 있다.

본법은 예탁증권에 대한 질권설정이 실제로 질권설정자인 투자자계좌 또는 예탁자계좌에서 질권자인 투자자계좌 또는 예탁자계좌로의 대체기재를 요구하였던 구증권법과는 달리, 계좌간 대체의 기재 없이 질권설정자의 계좌부에 질권과 관련한 기재를 함으로써 질권설정자로부터 질권자에게 증권의 교부가 있었던 것으로 의제하는 방식을 취한다. 예탁증권의 질권설정에 대하여 종래의 실무상 질권설정자의 계좌에서 질권자의 계좌로 질물인 예탁증권을 대체의 기재를 하는 방식을 취할 경우에는 이들 질물인 예탁증권에서 발생하는 각종 과실에 대한 처리와 이들 과실에 대한 세금 등을 실무적으로 정확하게 처리하는 데 애로사항이 있었기 때문에 예탁결제원과 예탁자의 전산시스템은 본법에서와 같은 구조를 취하고 있었다. 이러한 실무에 대하여 법적인 효력에 의문을 제기하는 견해도 없지 않았으나, 질물인 예탁증권을 반환할 때에는 질권자의 동의가 필요하도록 규정하고 있는데[1] 이는 질물인 예탁증권이 질권자의 계좌에 기재되어 있지 않다는 것을 의미하므로 질권설정 목적의 계좌간 대체를 증권양도 목적의 경우와 동일하게 보아야 하는 것은 아니었다. 또한 질권설정 목적의 계좌간 대체를 증권양도 목적의 계좌간 대체와 동일한 것으로 해석하는 경우에도, 이는 현실적으로 예탁결제원과 모든 예탁자의 전산시스템을 변경하는 것이 요구되는데, 이에는 많은 비용이 소요된다는 현실적인 문제를 감안하여야 하였고, 질권설정자의 계좌상 질물인 뜻과 질권자를 기재하는 것만으로도 계좌간 대체에 의한 점유이전과 유사한 외관을 작출할 수 있고, 질권설정된 예탁증권에 대해 질권설정자는 비록 자신의 계좌에 여전히 예탁증권이 기재되어 있지만 그 처분이 제한되는 반면 질권자에게는 여전히 반환이나 자기 계좌로의 대체 신청이 가능하다는 점을 고려하여 본법은 질권설정에 대하여 종래의 실무를 반영한 현재와 같은 구조를 취하게 되었다.[2]

질권설정된 예탁증권에 대한 과실과 관련하여 의결권과 같은 주주의 공익권은 약식질인 관계로 질권설정자에게 귀속하며, 무상주식, 배당주식, 배당금 등과 같은 자익권은 질권설정자와 질권자의 협의에 의하여 질물인 예탁증권에 대한 과실 수취권자를 표시하도록 하고 있다(예탁업무규정 25조 1항 참조). 질권자가 예탁증권에 대하여 전질권을 설정하는 경우에는 원질권설정자를 표시하여 청구하여야 한다(업탁업무규정 25조 5항). 한편, 질권설정자가 질권의 말소를 청구를 하는 경우에는 질권자의 동의를 얻어 질권설정의 말소를 신청하여야 한다(예탁업무규정 25조 3항).

1) 구증권법 제174조의4 제2항. 본법 제312조 제2항의 내용도 동일하다.
2) 한국증권법학회, 전게서(2009), 621쪽은 이러한 방식에서도 질권자는 질물을 '사실상 지배'하는 지위에 있다고 한다. 적절한 평가이다. 본조 제2항에 따른 질권설정방식은, 이른바 지정기재(designating entry)에 의한 담보권 설정방식과 동일하다.

예탁증권에 대한 질권의 경우에도 물상대위가 인정되어 주식의 소각, 병합, 전환, 준비금의 자본전입, 신주발행의 무효, 회사의 합병, 조직변경, 해산으로 인한 종전의 주주가 받을 금전이나 주식 위에 질권이 존속하게 된다(상법 339조, 432조 3항, 461조 6항, 530조 4항, 601조 1항).

4. 신탁재산의 표시 · 말소

신탁은 신탁을 설정하는 자인 위탁자와 신탁을 인수하는 자인 수탁자 간의 신임관계에 기하여 위탁자가 수탁자에게 증권이나 부동산 등과 같은 특정의 재산을 이전하거나 담보권의 설정 또는 그 밖의 처분을 하고 수탁자로 하여금 일정한 자인 수익자의 이익 또는 특정의 목적을 위하여 그 재산의 관리, 처분, 운용, 개발, 그 밖에 신탁 목적의 달성을 위하여 필요한 행위를 하게 하는 법률관계를 말한다(신탁법 2조). 신탁의 가장 큰 특징 중 하나는 신탁재산의 격리기능이며,[1] 제 3 자에 대하여 신탁재산임을 주장하기 위해서는 공시가 필요하다. 등기 또는 등록할 수 없는 재산권에 관하여는 다른 재산과 분별하여 관리하는 등의 방법으로 신탁재산임을 표시함으로써 그 재산이 신탁재산에 속한 것임을 제 3 자에게 대항할 수 있고(신탁법 4조 2항), 기명주식의 경우에는 (전자)주주명부, 기명식 수익증권의 경우에는 수익자명부에 신탁재산임을 표시하는 방법으로도 제 3 자에게 대항할 수 있다(신탁법 4조 4항).

예탁증권에 대하여는 신탁법에 의한 신탁표시 요건의 예외로서 예탁자계좌부 또는 투자자계좌부에 신탁재산인 뜻을 기재하면 제 3 자에게 대항할 수 있도록 규정하고 있다(본조 3항). 투자자계좌부 또는 예탁자계좌부에 예탁증권이 신탁재산이라는 사실의 기재로써 제 3 자에 대한 공시력이 확보되는 것으로 인정하는 특례를 두고 있으므로, 예탁된 실물증권에 신탁재산임을 표시하거나 주주명부 또는 사채원부 등에의 기재는 불요하다. 실무상 예탁자계좌의 종류에는 신탁분계좌가 있기 때문에 이 신탁분계좌에 증가 또는 감소 기재를 하게 되면 신탁재산의 표시 또는 말소가 있는 것으로 본다(예탁업무규정 26조 3항). 예탁증권에 대한 신탁 표시의 청구는 위탁자 또는 수탁자인 예탁자 모두 할 수 있으나, 위탁자가 청구하는 경우에는 수탁자의 계좌로의 계좌대체 청구와 동시에 하여야 한다(예탁업무규정 26조 1항). 말소청구는 수탁자만이 할 수 있다(예탁업무규정 26조 2항).

예탁증권에 대한 신탁의 경우에는 신탁이 표시된 예탁증권의 과실로 증권이나 금전

1) 신탁재산은 신탁 전의 원인으로 발생한 권리 또는 신탁사무의 처리상 발생한 권리에 기한 경우 이외에는 신탁재산에 대하여는 강제집행, 담보권 실행 등을 위한 경매, 보전처분 또는 국세 등 체납처분을 할 수 없다(신탁법 22조 1항). 또한 비록 신탁재산이 수탁자에게 이전되지만 신탁재산은 수탁자의 상속재산에 속하지 아니하며, 수탁자의 이혼에 따른 재산분할의 대상이 되지 아니하며(신탁법 23조), 수탁자의 파산재단, 회생절차의 관리인이 관리 및 처분 권한을 갖고 있는 채무자의 재산이나 개인회생재단을 구성하지 아니한다(신탁법 24조).

이 발생하는 경우 그 과실이 증권인 경우에는 신탁재산인 예탁증권으로 관리하고, 금전인 경우에는 수탁자가 신고한 계좌로 교부한다.

Ⅳ. 주권발행전 주식의 양도에 대한 특례(이른바, '권리예탁')

본법에 따른 예탁관련제도는 실물증권의 존재를 전제로 설계되어 있기 때문에, 1997년 1월 구증권법이 개정되기 전에는 신주가 발행되어 그 효력이 발생한 경우에도 주권이 발행되지 않은 때에는 주식 자체의 상장이 인정되지 않았다. 당시에는 '주식상장'은 인정되지 않고, '주권상장'만 인정하고 있었다. 주식발행의 경우 주금납일일 다음날에 신주로서의 효력이 발생하나, 증권용지의 수령, 가쇄, 발행 등의 실무처리에 통상 보름에서 한 달이 소요되기 때문에, 주주들은 주권이 발행되어 상장되는 기간까지 거래소에서 매매를 할 수 없는 불편과 환금성에 큰 제약을 겪었다. 이러한 문제점을 해결하기 위하여 1997년 1월에 개정된 구증권법은 증권시장에서 매매하는 경우에 한정하여 계좌간 대체의 방법으로 결제하는 때에는 주권발행전 주식의 양도를 회사에 대하여 대항할 수 없도록[1] 한 상법 제335조 3항에도 불구하고 발행인에 대하여 그 효력을 주장할 수 있는 특례를 규정하게 된 것이다(구증권법 174조의3 4항).

본조 제3항에 따른 예탁을 실무상 권리예탁이라 하고, 상장측면에서는 권리상장이라고 한다. 권리예탁을 인정하기 위해서는 증권시장에서의 주식 매매거래이어야 하는 요건과 이 거래를 투자자계좌부 또는 예탁자계좌부상 계좌간 대체의 방법으로 결제하여야 하는 요건이 만족되어야 한다. 따라서 권리상장이 되었다 하더라도 장외에서의 매매거래 등의 사유로 계좌간 대체를 한 것이라면 회사에 대하여 그 효력을 주장할 수 없다. 그러나 공유지분은 특정성이 없기 때문에 현실적으로 예탁결제원으로서는 계좌간 대체가 권리상장에 의한 신주가 증권시장의 매매거래를 통해 이루어진 것인지, 아니면 권리상장 전의 구주가 금융투자협회의 프리보드나 그 밖의 장외시장을 통한 매매, 담보 등의 목적을 위한 것이지 알 수 없다. 이 때문에 실질주주명세나 실질수익자명세의 작성이나 실질주주·수익자증명서의 발급시 권리상장에 의한 것인지를 확인하지 않는다. 본 제도의 도입취지가 주권발행전 주식의 상장을 지원하기 위한 것이나, 굳이 이를 증권시장의 매매거래에 한정할 필요는 없으므로 첫 번째 요건은 삭제하는 것이 바람직하다.[2]

이 제도는 권리상장을 통해 주주의 환금성을 높였다는 것에 그 의의가 있다. 그러나 이 보다 예탁관련제도의 측면에서는 위에서 언급한 첫 번째 요건으로 인해 제한적이기는

1) 상법 제335조 제3항은 회사에 대하여 효력이 없는 것으로 규정하나, 판례는 이를 회사에 대한 관계에서 주주권을 행사하기 위한 대항요건으로 해석한다(대법원 2003. 10. 24. 선고 2003다29661 판결).
2) 증권예탁원, 「증권거래법 해설」, 65-66쪽도 유사한 취지의 지적을 하고 있다.

하지만 실물주권이 아닌 경우에도 계좌간 대체를 통한 권리인 주식의 양도를 인정한 규정으로 평가할 수 있다. 예탁된 권리를 예탁증권으로 간주하는 수준의 직접적인 규정은 아니나, 적어도 주식의 매매거래를 계좌간 대체로 결제할 수 있다는 것은 주식을 주권으로 보는 것을 전제로 하기 때문이다. 향후 법 제309조 제 5 항의 일괄발행·등록에 따른 일괄예탁의 경우에도 본조 제 4 항과 유사한 권리상태의 계좌간 대체 및 기재 등의 효력을 인정하는 명문의 근거규정을 마련하여 법적 근거가 미약한 현재의 실무를 시정할 필요가 있음은 이미 언급한 바와 같다. 일괄예탁된 권리에 대해 예탁증권으로 간주하는 규정을 둘 경우에는 본조 제 4 항은 회사에 대하여 대항력을 갖는다는 의미만 남게 될 것이다.[1)]

본조는 매매거래에 따른 계좌간 대체에 한정되므로 이론상 질권의 설정을 위한 질권관련 기재의 효력은 여전히 불가하다. 다만 기술한 바와 같이 실무적으로는 권리예탁으로 인한 수량인지를 구분하지 않으므로 현실적으로 가능하다.

제312조(권리 추정 등)

① 예탁자의 투자자와 예탁자는 각각 투자자계좌부와 예탁자계좌부에 기재된 증권등의 종류·종목 및 수량에 따라 예탁증권등에 대한 공유지분을 가지는 것으로 추정한다.

② 예탁자의 투자자나 그 질권자는 예탁자에 대하여, 예탁자는 예탁결제원에 대하여 언제든지 공유지분에 해당하는 예탁증권등의 반환을 청구할 수 있다. 이 경우 질권의 목적으로 되어 있는 예탁증권등에 대하여는 질권자의 동의가 있어야 한다.

③ 예탁결제원은 예탁자의 파산·해산, 그 밖에 대통령령으로 정하는 사유가 발생한 경우 총리령으로 정하는 기준 및 방법에 따라 예탁증권등 중 투자자 예탁분의 반환 또는 계좌 간 대체를 제한할 수 있다.

시행령 제314조(투자자예탁 증권등의 반환제한) 법 제312조 제 3 항에서 "대통령령으로 정하는 사유"란 다음 각 호의 어느 하나에 해당하는 사유를 말한다.
1. 예탁자에 대한 인가·허가·등록 등의 취소 또는 업무의 정지
2. 예탁자의 파산·해산 또는 제 1 호에 준하는 경우

1) 권리상장이 가능하다는 내용은 거래소의 상장규정에 두면 될 것이므로, 이는 예탁관련제도의 측면에서는 큰 의미를 가지는 것은 아니다.

Ⅰ. 공유권의 추청 및 공유권의 성립·소멸 시점

1. 공유관계의 성립과 공유권의 추정

예탁결제원은 투자자가 예탁자를 통해 예탁한 증권과 예탁자 자기소유로서 예탁한 증권을 종류·종목별로 혼합하여 보관한다(법 309조 4항). 본조 제 1 항은 이것이 혼장임치이며, 이에 따라 투자자와 예탁자가 우연적 공동체로서의 공유관계를 형성하는 것을 전제로 하여 공유지분권을 갖는 것으로 추정하는 규정을 두고 있다. 그런데 본법에 따른 공유관계는 민법 제262조 이하의 공유나 상법 제333조에서 규정하는 공유는 아니며, 예탁관련제도의 필요에 따라 본법에서 규정하는 것을 내용하는 특수한 형태의 공유이다. 즉, 투자자나 예탁자가 취득하는 공유권은 본법에 따른 특수한 형태의 공유권(Bruchteilseigentum sui generis)이며, 그 취득뿐만 아니라 처분과 소멸 등도 본법에 따른다. 따라서 예컨대 공유물의 처분·변경에 대하여 다른 공유자의 동의를 받을 필요가 없음은 물론, 공유물의 분할 청구에 대한 협의도 요구되지 않는다. 본조 제 1 항은 예탁관련제도의 특수성을 감안하여, 예탁자를 통하여 증권을 예탁한 투자자와 자기소유의 증권을 예탁한 예탁자가 각각 투자자계좌부와 예탁자계좌부에 기재된 증권의 종류·종목 및 수량에 따라 예탁증권에 공유권을 가지는 것으로 추정한다. 따라서 예컨대 주식의 경우 투자자와 예탁자는 공유권자이지만 그 권리행사는 단독주주와 동일하게 권리를 행사하게 되는 것이다.[1)]

공유권을 가지는 것으로 추정하는 것은 투자자나 예탁자가 예탁증권에 대해 공유권을 가지는 것이 원칙이나, 예외적으로 이들이 진정한 소유자가 아닌 경우에는 진정한 소유자가 증명을 통하여 공유권을 가질 수 있도록 하기 위함이다.[2)] 따라서 본법은 투자자나 예탁자가 예탁증권에 대해 진정한 소유자가 아닌 경우에도 공유권이 일단은 발생하고, 이후에 진정한 소유자가 반증을 통해 공유권자로서의 지위를 회복할 수 있도록 하는 태도를 취하고 있다. 비교법적으로 독일의 DepotG 제 6 조 제 1 항 제 1 문은 혼합보관을 목적으로 중앙예탁결제기관에 증권이 입고(Eingang)된 시점에 종래의 소유자를 위해 동종의 증권에 속한 혼장재고에 대한 공유지분권(Miteigentum nach Bruchteilen)이 성립한다고 규정한다. DepotG는 진정한 소유자의 지위는 공유권자의 지위로 변하지만 예탁에 관계없이 여전히 소유권자로서 그 지위를 유지하는 태도를 취하는 반면, 본법은 반대로 무권리자의 예탁행위로 진정한 소유자는 일단 소유권자로서는 물론 공유권자로서의 지위도 없

1) 장재옥, 전게논문(1996), 138쪽.

2) 증권예탁원, 「증권예탁결제제도」, 124쪽; 증권예탁원, 「증권거래법 해설」, 67쪽; 장재옥, 전게논문, 135쪽; 김건식/정순섭, 전게서(2013), 649쪽; 한국증권법학회, 전게서(2009), 623쪽; 上柳克郞·鴻上夫·竹内昭夫, 전게서(1986), 308頁.

어지고, 나중에 반증을 통하여 공유권자로서의 지위를 회복하여야 한다는 태도를 취하고 있는 것이다. 그러나 진정한 권리자가 증명을 통하여 권리를 회복할 경우 그 권리의 회복은 소급효를 가지기 때문에 결국 실질적으로는 DepotG 제 6 조 제1 항 제 1 문의 태도와 동일한 결론에 도달할 수 있다. 따라서 사실상 논의의 실익은 크지 않을 것이나, 입법기술적으로는 DepotG가 논리적임은 부인할 수 없다. 본조 제 1 항의 규정은 일본의 주권보관대체법 제24조를 따른 것인데, 그 취지는 우리와 동일하다. 사실 일본에서 공유권을 추정하는 것으로 한 것은 이상의 이유 외에 어떤 구체적인 법률효과를 도출하기 위한 것이 아니고, 주권의 점유자를 적법한 소지인으로 추정하여 주권의 자격수여적 효력을 주는 상법의 규정을 예탁제도에 맞춘 것이라고 한다.[1] 물론, 자격수여적 효력에 따라 선의취득으로 연결되는 해석을 자연스럽게 도출하기 쉽다는 장점도 있다.

2. 공유권의 성립시점과 소멸시점

본조 1항은 투자자와 예탁자는 각각 투자자계좌부 및 예탁자계좌부에 기재된 예탁증권을 종류·종목 및 수량에 비례하여 공유지분을 가지는 것으로 추정하지만, 공유권이 성립되는 시점에 대하여는 침묵하고 있다. 투자자 증권의 경우에는 실제로 예탁결제원에 예탁이 되지 않은 경우에도 투자자계좌부에 해당 증권에 관련된 기재를 한 경우에 예탁증권으로 보는 특례규정(법 310조 5항)이 있으므로, 투자자 증권의 경우에는 투자자계좌부에 기재된 시점에 예탁증권에 공동간접점유 및 공유관계가 성립하고, 본조 제 1 항에 따라 공유지분을 가지게 된다는 점에 대해서는 이론이 없다.[2] 문제는 명문의 규정이 없는 예탁자 소유분의 예탁에 따른 공유권의 성립시기에 대하여는 견해가 대립될 수 있다. 즉, 독일 DepotG 제 6 조 제 1 항 제 1 문과 같이 중앙예탁결제기관에 증권이 입고된 시점[3]으로 할 것인지, 아니면 투자자 증권과 마찬가지로 예탁자계좌부에 기재된 시점에 공유권이 성립한다고 할 것인지에 대해 논란의 여지가 있을 수 있다. 이에 대하여는 예탁자 소유의 예탁증권도 예탁시점이 아니라, 예탁자계좌부에 기재된 시점에 공유권이 성립한다고 하여야 한다고 해석하는 것이 현재의 통설이다.[4] 독일은 계좌부기재에 대해 단순한

---

1) 佐藤修市, 전게논문(1984), 106쪽; 上柳克郎/鴻上夫/竹内昭夫, 전게서(1986), 308頁. 한국증권법학회, 전게서(2009), 623쪽은 일본에서는 공유권의 추정 규정을 독일과 같이 공유관계 성립을 '의제'하는 것으로 해석하고 있다고 하나, 근거로 제시한 인용문은 그러한 내용을 담고 있지 않으며, 독일의 경우도 공유권이 직접 성립하는 것이지 성립이 의제되는 것은 아니다. 간주라는 방식은 반증에 의하여도 규정의 법적 효력이 부인되지 않는 것이므로 간주로 변경할 것은 아니다.

2) 증권예탁원, 「증권예탁결제제도」, 124쪽; 장재옥, 전게서(1996), 136쪽; 한국증권법학회, 전게서(2009), 623쪽.

3) 이는 예탁증권이 중앙예탁결제기관의 혼장재고에 넣어진 때가 아니라, 사실상 혼장재고에 넣을 수 있는 시점이라고 한다(Heinsius/Horn/Than, 전게서, Rdn. 6.4; Dorothee Einsele, 전게서, Rdn. 73.

4) 증권예탁원, 「증권예탁결제제도」, 124쪽; 장재옥, 전게서(1996), 137쪽; 한국증권법학회, 전게서(2009), 623쪽.

선언적·확인적 효력만 부여하여, 이미 법률행위에 의하여 발생한 공유권을 계좌부에 증거로서 선언·확인하는 효력밖에 없는 반면, 우리나라의 계좌부기재는 형성적·창설적 효력을 가지고 있다. 이는 의제예탁(법 310조 5항), 권리예탁(법 311조 3항)을 인정하고 있고, 계좌부기재 자체에 점유를 의제하고 있으며, 계좌간 대체의 기재 및 질권과 관련한 계좌부 기재 자체를 증권교부로 보기 때문이다. 따라서 예탁자 소유의 증권도 예탁결제원이 예탁자계좌부에 관련 기재를 한 시점에 예탁의 효력이 발생한다고 볼 수 있다. 그러나 이렇게 해석할 경우에는 예탁결제원이 업무상 실수나 착오로 예탁을 받았음에도 불구하고, 계좌부 기재를 하지 않았을 경우에는 그 기재를 하기 전까지 공유권이 발생하지 않는다는 해석이 가능하다. 따라서 사견으로는 예탁자 소유의 증권은 원칙적으로 예탁자계좌부에 기재된 시점에 공유권이 발생하나, 예외적으로 예탁결제원이 이를 기재하지 않았을 경우에는 독일 DepotG 제 6 조 제 1 항 제 1 문과 같이 예탁결제원이 예탁을 받은 후 사고증권 유무 등을 살펴 이상이 없다는 점을 확인하여 혼합보관을 할 수 있게 된 시점에 공유권이 발생한다고 본다.

공유권은 공유관계가 해소된 때에 소멸된다. 예탁관련제도 내에서는 예탁증권의 반환이나 계좌간 대체의 감소기재 또는 무단으로 감소기재된 후 제 3 자가 그 감소된 증권을 선의로 취득한 경우에 투자자 또는 예탁자의 공유권이 소멸된다.

예탁증권반환의 경우 문제가 되는 것은 투자자가 예탁증권의 반환을 신청하여 예탁자가 예탁결제원으로 동종의 예탁증권을 반환받았으나 투자자에게 이를 반환하기 전에 해당 증권이 도난·멸실·유용 등의 사유로 없어진 상태에서 해당 예탁자가 도산한 경우이다. 이 경우 예탁결제원이 예탁자에게 예탁증권을 반환한 시점에 공유권이 소멸된다고 한다면, 투자자는 증권을 반환받지 못한 상태에서 공유권이 소멸하여 투자자보호의 문제가 발생할 수 있다. 예탁의 경우에는 명문의 규정에 따라 의제예탁으로 인정되므로 후술하는 연대보전의무에 따라 투자자가 보호될 수 있으나, 반환의 경우에는 명문의 규정이 없어 연대보전의무를 적용하는 것이 어려워 투자자보호의 문제가 발생하는 외에 투자자는 아직 증권을 반환받지 못했으므로 만약 투자자계좌부에 기재가 남아 있다면 본조 제 1 항에 따라 여전히 공유권을 가지는 것이 아닌가 하는 점이다. 공유권의 소멸은 투자자의 공유해소에 관한 의사표시와 예탁결제원이 혼장재고에서 반환증권을 분리해 내어 이를 예탁자에게 건넨 시점에 소멸한다고 보는 것이 타당하다.[1)] 예탁에 대해서만 예탁결제원에 예탁되지 않은 경우에도 정책적으로 투자자계좌부 기재로써 예탁이 된 것으로 보는 특례를 둔 것이고, 반환에 대해서는 이러한 특례를 두지 않았기 때문에 해석상 투자자보호의 필요성에도 불구하고 공유권은 예탁자가 반환을 받은 시점에 소멸하였다고 보

1) 稲葉威雄 외 10인, 別册商事法務 No. 74, 42-43頁(稲葉威雄/河本一郎/竹内昭夫/前田庸 발언); 上柳克郎/鴻上夫/竹内昭夫, 전게서(1986), 310頁; 佐藤修市, 전게논문(1984), 107頁.

아야 할 것이다. 따라서 이 경우 연대보전의무도 없다고 해석한다.[1)]

계좌간 대체의 감소기재로 인한 공유권의 감소는 단순히 감소된 시점이 아니라, 감소에 대응하는 증가기재가 된 시점에 공유권이 소멸한다. 점유인도의 완성은 증가기재가 완료된 시점이기 때문이다. 무단의 감소기재와 이 감소기재에 대응하는 증가기재를 받은 자가 이를 선의의 제 3 자에게 양도한 경우에는 제 3 자인 선의취득자의 계좌에 기재된 시점에 무단으로 감소기재를 당한 권리자의 공유권이 소멸한다. 무단의 감소기재에 대응하는 증가기재를 받은 자는 선의취득이 있기 전까지 독일민법 제185조와 같이 처분수권(Verfügungsermächtigung)을 받은 자로 볼 수 있을 것이다.[2)] 무단의 감소기재와 관련한 선의취득에 대해서는 선의취득분이 최대한 적게 발생되도록 하는 것이 필요하므로, 만약 A의 계좌에서 갑이라는 주식 100주가 B에게 무단으로 대체되고, B가 이미 갑 주식을 100주 보유하고 있다가 100주가 더해져 200주가 된 상태에서 150주를 C에게 양도했다고 한다면 선의취득은 선입선출에 따라 50주만 일어난 것으로 하고, 100주는 원래 B가 보유하던 동 주식을 대체한 것으로 해석하여야 한다. 따라서 이 경우 A는 50주만 선의취득으로 잃게 된다.[3)]

참고로, 예탁결제원의 예탁업무규정은 예탁, 반환 및 계좌대체 등의 효력발생시기는 일괄적으로 예탁좌계좌부에 해당 사항을 기재했을 때라고 규정한다(예탁업무규정 14조). 그러나 예탁에 대해서는 예외적으로 예탁자계좌부의 기재가 아니라 혼합보관을 할 수 있었던 시점에 공유권이 발생한다고 한 것은 기술한 바와 같다.

Ⅱ. 예탁증권의 반환과 그 제한

1. 예탁증권의 반환

예탁자의 투자자나 그 질권자는 예탁자에 대하여, 예탁자는 예탁결제원에 대하여 언제든지 공유지분에 해당하는 예탁증권의 반환을 청구할 수 있다(본조 2항). 여기서의 예탁증권 반환청구권은 예탁계약에 따른 채권적 반환청구권이다.[4)] 수치인은 임치인의 승낙을 받아 복수치인으로 하여금 임치물의 보관·관리를 하게 할 수 있고(민법 701조 및 682조),

1) 稲葉威雄 외 10인, 別册商事法務 No. 74, 42頁(竹内昭夫 발언); 上柳克郎/鴻上夫/竹内昭夫, 전게서(1986), 310頁; 佐藤修市, 전게논문(1984), 107頁은 연대보전의무가 없다고 하는 것이 이론적이지만, 의제예탁의 취지에 비추어 이론적으로 설명이 가능한 견해가 있다면 그쪽으로 해석하고 싶다고 한다.

2) 처분수권이란 처분권이 없는 무권리자가 자신의 이름으로 처분행위를 함에 있어서 권리자의 동의 또는 추인을 얻으면 그 법률효과가 처분권수여자에게 발생하는 것을 말한다. 이에 관한 상세는 이상영, "처분수권의 개념과 요건－독일민법상 처분수권의 기초이론을 중심으로－," 「비교사법」 제19권 4호(2012), 1143쪽 이하 참조.

3) 이 문제와 관련하여서는 Changmin Chun, 전게서, pp. 319~320 참조.

4) 서민, "유가증권예탁의 민사법적 법률문제," 「비교사법」 제 3 권 2호(1996), 126쪽; 김건식/정순섭, 전게서(2013), 655쪽.

이 경우 복임치의 경우 복수치인과 임치인간의 관계와 관련하여, 복수치인은 임치인과 제3자에 대하여 수치인과 동일한 권리의무를 가진다(민법 682조 2항 및 123조 2항). 이를 예탁관련제도에 대입하여 보면, 투자자는 예탁결제원에 대하여 직접 권리를 행사할 수 있으므로 반환청구도 가능하다는 해석이 가능하다. 그러나 이렇게 되면 투자자의 세부내역을 관리하지 않는 예탁결제원으로서는 예탁관련제도를 운영하는데 대단한 어려움이 있게 되므로, 본조 제2항은 예탁증권의 반환청구권을 행사하는 상대방에 대하여 특례를 규정하게 된 것이다. 따라서 투자자나 투자자의 질권자는 예탁자에 대하여만 반환을 청구할 수 있고, 직접적인 계약관계가 없는 예탁결제원에 대하여 직접 반환을 청구할 수는 없다. 그러나 투자자의 예탁자가 도산 등의 사유로 인하여 그 예탁자로부터 예탁증권을 반환받을 수 없는 특별한 사정이 있어 법원의 명령 등을 받거나, 증권을 예탁한 자가 무권리자임을 증명하는 판결을 받은 경우에는 물권적 반환청구권에 근거하여 예탁자를 거치지 않고 투자자가 예탁결제원에 직접 예탁증권의 반환을 청구하는 것은 가능하다고 본다.[1]

본조 제2항은 예탁자의 질권자에 대해서는 반환청구권이 없는 것처럼 되어 있으나, 투자자의 질권자와 동일하게 예탁자의 질권자도 당연히 반환청구권이 있는 것으로 해석하여야 한다.[2] 질권의 설정과 관련된 기재는 질권설정자의 계좌에서 이루어지므로 질권설정자가 질물을 반환하면 질권이 소멸하게 되므로, 본조 제2항 단서는 질물인 예탁증권을 반환하고자 하는 경우에는 질권자의 동의를 받도록 하고 있다. 여기서의 반환은 질권자를 제외한 자의 계좌로 대체의 기재를 하는 경우를 포함한다. 질권자 자신이 반환 또는 계좌간 대체를 신청함에는 동의가 필요 없음은 자명하다.

혼장임치 및 공유권의 법리상 투자자 및 예탁자는 공유권의 성립 시점에 단독소유권을 잃기 때문에 특정 증권에 대한 반환을 청구할 수 없는 것은 당연하지만, 동조 제2항은 공유지분에 해당하는 예탁증권의 반환을 청구할 수 있다고 규정함으로써 예탁한 특정 증권이 반환의 대상이 아니고, 예탁결제원 및 예탁자는 동종·동량의 예탁증권만 반환하면 된다는 점을 명확히 하고 있다.

2. 예탁증권의 반환제한

예탁결제원은 예탁자의 파산, 해산이나 예탁자에 대한 인허가나 등록 등의 취소 또

1) 김건식/정순섭, 전게서(2013), 656쪽. 물권적 반환청구권에 근거한 반환청구권의 행사에 대하여 법원의 판결이나 명령 등이 필요한 것은 물권적 반환청구권에 근거한 반환을 위해서는 근본적으로 공유물 분할에 관한 공유자간의 분할방법에 관한 협의가 성립되어야 하지만(민법 269조 1항), 예탁관련제도 내에서의 공유자는 우연적 공동체로서 서로간의 연대가 전혀 없기 때문에 협의가 불가능하다. 따라서 현실적으로 법원의 판결 등에 따라 공유물을 분할할 수밖에 없을 것이므로 이 같은 조건을 붙인 것이다.

2) 증권예탁원, 「증권거래법 해설」, 68쪽.

는 업무정지 등의 사유가 발생한 경우 본법의 시행규칙으로 정하는 기준 및 방법에 따라 예탁증권 중 투자자 예탁분의 반환 또는 계좌간 대체를 제한할 수 있다. 예탁증권의 반환에 대한 제한은 1997년 1월 구증권법의 개정으로 처음 도입된 것인데, 금융규제 완화와 개방화의 진전 및 파생상품거래의 증가 등으로 경쟁이 심화되어 금융투자업자의 도산 등 경영위험이 증대됨에 따라 고객예탁금에 대해서는 증권투자자보호기금에 관한 근거 규정을 신설하고(구증권법 69조의2~6 참조),[1] 예탁증권에 대해서는 도산에 직면한 예탁자의 예탁증권 유용 등을 방지하기 위해 투자자 소유의 예탁증권에 대한 반환을 제한할 수 있는 근거를 마련하였다.[2] 이후 2001년 3월 개정 구증권법에는 계좌간 대체도 반환제한의 취지와 동일한 목적을 가지므로 계좌간 대체도 제한할 수 있도록 하여, 본조 제 3 항의 모습을 갖추게 되었다. 예탁결제원이 투자자의 예탁증권에 대한 반환과 계좌간 대체를 제한하기 위해서는 그 내용을 미리 공고하여야 하고, 금융위원회가 인정하는 경우에는 예탁증권의 종류별로 투자자의 예탁증권에 대한 반환 또는 계좌간 대체를 제한할 수 있다. 법문은 반환 또는 계좌간 대체를 제한할 수 있다고 규정하고 있으나 입법의 취지상 필요시 반환과 계좌간 대체를 모두 제한할 수 있다고 본다. 특정 예탁자의 투자자예탁증권에 대한 계좌간 대체를 제한하는 경우 이는 예탁결제원이 관리하는 그 예탁자의 투자자분계좌에 대한 예탁자계좌부상 처분제한의 표시를 하는 것이므로 투자자는 타 금융투자업자로의 계좌간 대체만 금지되고 그 예탁자가 관리하는 투자자계좌부에 기재된 투자자간의 계좌간 대체는 금지되지 않는 것으로 해석된다. 이는 해당 예탁자에 대한 감사를 통해 불법적인 무단의 투자자간 계좌대체는 이를 찾아낼 수 있다고 보아서인지는 알 수 없으나, 그 예탁자에게 계좌를 개설한 투자자간의 계좌간 대체에 의해서도 선의취득이 일어날 수 있고 이에 따라 선의의 피해를 입는 투자자가 발생할 수도 있다. 따라서 예탁자계좌부상에서의 계좌간 대체뿐만 아니라 해당 예탁자가 관리하는 투자자계좌부상의 계좌간 대체도 제한할 필요가 있고, 이에 대한 법적 근거가 있어야 할 것이다.

본조 제 3 항의 목적 외에, 예탁결제원은 예탁관련 실무의 운영상 필요로 인해 반환과 계좌간 대체를 제한하고 있다. 예컨대, 새로 발행된 증권을 교부받기 전이나,[3] 주식예탁증권의 경우 및 증권의 병합·분할, 교체 또는 전환청구나 예탁증권의 원리금 등의 지급과 관련하여 예탁을 제한한 경우에는 반환을 제한할 수 있고, 계좌간 대체의 경우도 이와 유사하게 업무규정에서 열거하는 사유가 있을 경우 이를 제한할 수 있도록 하고 있다(예탁업무규정 22조 및 24조 4항 참조).

---

1) 증권투자자보호기금은 1998년 4월 1일부터 예금보험공사의 예금보험기금으로 통합되어 관리되고 있다.
2) 증권예탁원, 「증권거래법 해설」, 69쪽.
3) 권리상장의 경우에는 증권에 대한 특정성이 없으므로 구증권과 신증권을 구별할 수 없어 예외적으로 반환 및 계좌간 대체를 제한하지 않을 수 있는 근거를 두고 있다(예탁업무규정 22조 1항 1호 단서 및 24조 4항 1항 단서).

제313조(보전의무)

① 예탁증권등이 부족하게 된 경우에는 예탁결제원 및 제310조 제 1 항에 규정된 예탁자가 대통령령으로 정하는 방법 및 절차에 따라 이를 보전하여야 한다. 이 경우 예탁결제원 및 예탁자는 그 부족에 대한 책임이 있는 자에 대하여 구상권(求償權)을 행사할 수 있다.

② 제 1 항의 예탁자는 제309조 제 1 항에 따른 계좌를 폐쇄한 이후에도 제 1 항에 따른 보전책임을 부담한다. 다만, 계좌를 폐쇄한 때부터 5년이 경과한 경우에는 그 책임은 소멸한다.

시행령 제**315**조(예탁증권등 부족에 대한 보전) ① 삭제 〈2009. 2. 3〉
② 법 제313조 제 1 항에 따라 예탁결제원 및 예탁자는 연대하여 예탁증권등의 부족분을 보전하여야 한다.

Ⅰ. 연대보전의무의 취지

예탁자와 투자자는 자신의 예탁자계좌부 및 투자자계좌부에 기재된 증권의 종류·종목 및 수량에 따라 예탁증권에 대한 지분적 공동간접점유와 비례적 공유지분권을 가지는 것을 내용으로 하는 공유관계가 성립한다(법 311조 1항 및 본조 1항). 그러므로 예탁증권이 부족하게 된 경우 부족이 발생한 예탁증권을 소유하는 모든 공유자의 지분은 비례적으로 줄어들게 된다. 특히, 본법은 제310조 제 5 항에 따른 의제예탁을 인정하고 있기 때문에 경영난을 겪거나 도산에 직면한 예탁자가 투자자의 증권을 예탁결제원에 예탁하지 않고 유용한 경우에도 공유지분이 비례적으로 감소하게 된다. 이론적으로는 이 같이 예탁증권에 대해 부족분이 생길 경우 그 부족에 대해 과실이 있는 자가 책임을 지거나 책임을 질 자가 없으면 부족한 예탁증권의 종목을 보유한 모든 예탁자 및 투자자의 계좌부에서 비례적으로 수량을 감소기재하는 방식에 의해 공유지분을 감소시키면 된다.[1] 그러나 현대 자본시장에서의 증권거래를 위해서는 예탁관련제도의 이용이 필수적이기 때문에 투자자들로서는 예탁관련제도에서 벗어난 증권의 매매거래를 생각하기 힘들다. 이는 투자자들에게 예탁관련제도의 이용이 가장 일반화된 증권보유의 방식이고 실물증권을 직접 보유하는 것은 상당히 예외적인 것을 의미하는데, 예탁관련제도 자체의 특유한 문제로 인해 발생한 손실을 투자자에게만 감당하게 할 경우 제도의 운영에 상당한 걸림돌로 작용할 우려가 있다. 그리고 은행의 경우에는 예금자보호제도를 통해 은행이 도산하는 경우에도 일정 예금을 보호해 주는데, 증권의 경우에는 왜 모든 책임을 특단의 이유 없이 투자자가

1) 실제 독일의 DepotG는 이 같은 입장을 취하고 있다(DepotG 7조 2항 참조).

부담해야 하는가를 일반 투자자들에게 설득하는 것 또한 쉽지 않다. 실무적으로도 공유지분을 감소하는 방법은 비례적인 지분감소분을 산출하고 이를 적용하는 데에는 절차적으로 상당한 시간이 소용될 수 있고, 그 기간 동안 해당 증권을 보유한 모든 투자자의 처분에 제한을 하게 되면 증권거래의 원활화에 지장을 초래할 우려도 발생할 수 있다. 이러한 사정을 감안하여 본법은 예탁증권의 부족이 발생하면, 과실 유무를 묻지 않고 예탁결제원과 투자자를 가지고 있는 예탁자, 즉 투자자계좌부를 작성·비치할 의무가 있는 예탁자가 연대하여 이를 보전하도록 하는 무과실 연대책임의 특례를 두게 된 것이다.

비교법적으로 본조에 따른 중앙예탁결제기관 및 그 참가자의 무과실 연대책임의무는 일본의 구주권보관대체법에만 있던 특유한 것이고, 다른 외국에서는 이 같은 입법례가 없다. 대륙법계의 독일 DepotG와 스위스의 Bucheffektengesetz(BEG)에서도 부족증권에 대한 처리는 과실책임원칙에 따르고 있다.[1] 예탁결제제도를 운영하는 중앙예탁결제기관이 불측의 손해에 대해 연대보전의무를 이행함에 따른 재정건전성이 악화되어 제도의 운영에 지장을 초래할 경우 이는 자본시장인프라에 심각한 문제를 초래할 수 있다. 예탁자의 경우에도 자신이 관리하는 위험 이외의 요소로 인해 발생한 문제를 보전해야 한다면 불측의 타격을 입을 수 있고, 이것이 금융기관간 시스템위험(systemic risk)으로 이어지는 경우에는 금융시스템 전체에 악영향을 미칠 수도 있다. 따라서 향후 부족증권의 처리에 대한 문제는 기금적립 방식으로 처리하는 것이 합리적이라 판단된다.[2]

Ⅱ. 연대보전의무의 성립요건과 당사자

1. 보전의무의 성립요건 — 부족증권의 발생과 그 시점

예탁결제원 및 투자자를 가지는 예탁자의 연대보전의무는 예탁증권이 부족하게 된 경우이다. 즉, 예탁자계좌부 및 투자자계좌부에 기재된 특정 종목의 수량보다 보관된 예

---

1) DepotG 제 7 조 제 2 항, BEG 제11조 제 1 항 및 제19조 제 1 항 참조. 독일과 스위스의 부족증권에 대한 처리에 관하여는 Changmin Chun, 전게서, pp. 192-193, pp. 357-358 참조.

2) 과실책임에만 따를 경우 예탁위험을 예탁자의 채권자에게 전가하게 되는 것이고, 따라서 예탁자의 채권자에게 불측의 손해가 될 수 있으므로 이를 과실책임에만 맡길 수는 없다. 이런 점에서 일정 한도의 기금을 마련해 가면서 현행의 제도를 폐지하는 것이 바람직하다고 본다. 한국증권법학회, 전게서(2009), 47쪽은 현재는 예탁결제 운영시스템이 고도화되고 증권의 집중예탁과 부동화·무권화가 성숙되었기 때문에 실물증권 사고의 개연성이 극히 낮으므로 연대보전의무를 폐지해도 특별한 문제는 없고, 궁극적으로 투자자, 예탁자 및 예탁결제원 간의 계약관계로 해결할 문제라고 한다. 그러나 부족증권의 발생은 실물증권의 분실 등으로 인해 발생하는 경우뿐만 아니라 금융투자업자의 고의·과실 또는 전산시스템의 문제로 계좌부상 증권의 수량이 증가기재된 후 이것이 선의취득되는 경우에도 발생하는데, 예탁자계좌부 및 투자자계좌부가 모두 전산시스템에 의해 관리되는 현실을 볼 때 증권의 부족이 발생한 개연성은 여전하다고 생각된다. 그리고 현재와 같은 무과실 연대보전의무에 의해 투자자보호를 받고 있는 상태에서 이를 없애는 것은 현실적으로 상당히 어려운 문제이기 때문에 계약관계로만 해결할 것은 아니라고 판단된다.

탁증권의 수량이 더 적은 경우이다.

의제예탁의 경우 예탁자는 예탁결제원의 이행보조자로서 예탁증권을 일시 보관하고 있는 것이다. 의제예탁은 예탁결제원이 작성·관리하는 그 예탁자의 투자자분계좌의 예탁자계좌부에는 예탁증권에 관한 수량의 기재가 없지만, 그 예탁자가 관리하는 투자자계좌부에만 증권이 기재되어 예탁자계좌부 및 투자자계좌부의 특정종목에 대한 실사[1]의 결과 투자자계좌부에 기재한 수량이 더 많은 경우 의제예탁의 발생을 알 수 있게 된다.[2] 그런데 이때 그 예탁자가 그 특정 종목의 증권을 보관하고 있지 않고 이미 해당 증권을 처분하여 선의의 자가 이를 취득한 경우에 궁극적으로 예탁증권의 부족이 발생하게 되어 본조에 따른 연대보전의무가 발생하게 된다.[3] 투자자가 반환청구한 예탁증권을 예탁결제원으로부터 반환받았지만 투자자에게 인도하지 않고 이를 유용하여 부족분이 발생한 경우에 대하여는 기술한 바와 같이 본법에서 반환에 대해서는 의제예탁과 같은 특례를 두지 않고 있기 때문에 보전의무도 성립되지 않는다고 본다.

연대보전의무가 발생하는 두 번째 유형의 예탁증권부족은 고의, 과실, 해킹, 전산의 오작동 등의 사유로 실제보다 더 많은 수량의 증권이 계좌부에 기재되고, 이 증권이 선의의 자에게 취득된 경우 발생한다. 이는 계좌부기재의 형성적·창설적 효력을 인정한 때문이며, 이 경우에도 선의취득이 발생한다는 것이 통설이다.[4] 두 번째 유형에 의해 계좌부상 수량이 증가된 것이 선의취득되면, 그 선의취득자는 취득 시점에 실제로 혼합보관되어 있는 동종목을 비례적으로 취득하게 되는 반면, 동종목을 소유하는 다른 예탁자 및 투자자 전부의 공유지분은 비례적으로 감소하게 되어 그 감소분에 대해 연대보전 의무가 발생하는 되는 것이다.[5] 주의할 것은 두 번째 유형에 의해 계좌부상 수량이 증가한 경우에도 이를 발행인에 대해서는 주장할 수 없다. 발행인은 주주명부, 사채원부 등에 기재된 주주, 사채권자 등에만 책임을 지는 것이기 때문이다. 주식의 경우 주주명부에 예탁결제원 명의로 명의개서된 주식에 대해서만 실질주주명부가 작성되기 때문에 유무상증자, 주식배당, 주식전환 등에 의해 발행되는 신주 외에는 주권의 제시 없이 예탁결제원

1) 법 제321조에 따른 실사를 말한다.

2) 실무상 예탁결제원은 매일 예탁결제원이 관리하는 투자자분계좌의 예탁자계좌부상 종목별 총량을 예탁자에게 통보하기 때문에 예탁자는 의제예탁분이 얼마인지를 확인하고 있으나, 예탁자는 이 내역을 다시 예탁결제원에 통보하지 않기 때문에 예탁결제원은 의제예탁이 얼마나 일어나고 있는지를 매일 확인하지 못한다.

3) 의제예탁 외에도 예탁결제원의 직원이 증권을 무단 인출하여 이를 선의의 자에게 매도한 경우에도 당연히 부족분이 발생하게 된다.

4) 예탁결제원, 「증권예탁결제제도」, 103쪽; 증권예탁원, 「증권거래법 해설」, 61쪽; 한국증권법학회, 전게서(2009), 626쪽; 장재옥, 전게논문(1996), 147-148쪽; 김건식/정순섭, 전게서(2013), 650쪽; 임재연, 전게서(2013), 1233쪽, 김용재, 전게서(2011), 325쪽.

5) 장재옥, 전게논문(1996), 148쪽; 증권예탁원, 「증권거래법 해설」, 73쪽; 한국증권법학회, 전게서(2009), 626쪽; 佐藤修市, 전게 논문(1984), 107頁; 上柳克郎/鴻上夫/竹内昭夫, 전게서(1986), 321-322頁.

명의로는 주주명부에 증가되지 않기 때문에 결국 예탁관련제도 내에서 임의로 증가된 주식에 대해서는 발행인이 그 권리를 인정할 필요가 없는 것이다. 두 번째 유형의 부족분이 발생한 경우 예탁결제원 및 예탁자는 예탁관련제도 밖에서 주권을 추가로 예탁하는 방법에 의하여 감소분을 보전을 하게 될 것이다.

2. 연대보전의무자

연대보전의무를 부담하는 자는 예탁결제원과 투자자를 가진 예탁자이다. 따라서 자신의 증권만을 예탁하는 예탁자는 연대보전의 의무가 없다. 투자자를 가지지 않는 예탁자를 연대보전의무에서 제외시킨 것은 자신의 증권만을 예탁하는 예탁자가 얻는 이익은 투자자를 가진 예탁자가 가진 이익에 비해 작다는 점과 자신의 증권만을 예탁하는 자는 의제예탁의 적용이 없기 때문에 자신의 귀책사유로 부족분이 발생할 경우가 없다는 점을 고려하여 정책적으로 연대보전의무에서 제외시킨 것이다.[1]

연대보전의무를 부담하는 예탁자는 객관적으로 부족분이 발생한 당시의 예탁자뿐만 아니라 부족분이 발생된 이후에 예탁자가 된 자도 포함한다. 실제로 보전의 필요성이 존재하고, 또 신규 예탁자의 예탁증권에 대해서도 예탁과 동시에 공유지분이 그 부족한 지분에 비례하여 감소되기 때문이다.[2]

연대보전의무를 부담하는 예탁자는 예탁계좌를 폐쇄한 경우에도 5년간 그 책임을 부담한다(본조 2항). 그러나 계좌를 폐쇄하기 전에 이미 발견된 부족분에 대한 연대채무는 소멸되지 않는다.

Ⅲ. 보전절차

1997년 1월 개정 구증권법은 보전방법과 절차를 시행령에 위임하고, 시행령에서는 보전의 절차적 방법을 규정하는 방식을 취하였다. 이에 따르면, 예탁증권의 부족에 책임이 있는 예탁자가 일차적으로 부족분을 보전하고, 책임이 있는 예탁자가 이를 전부 보전하지 못하는 경우에 이차적으로 예탁결제원과 투자자를 가진 예탁자가 연대하여 보전하는 것으로 규정하고 있었다(구증권법 시행령 78조의6). 이렇게 개정한 이유는 무과실의 예탁자에게 연대책임을 지우게 되면 예탁관련제도에 참가하는 것을 꺼리게 되고 또 예탁자의 도덕적 해이를 방지할 수 있는 요인이 없게 되어 오히려 투자자보호에 불충분하게 될 우려가 있었기 때문이었다.[3] 그러나 이에 대해서는 귀책사유 없이 예탁증권이 부족하게

1) 증권예탁원, 「증권거래법 해설」, 72쪽; 佐藤修市, 전게논문(1984), 107쪽.
2) 증권예탁원, 「증권거래법 해설」, 72쪽; 佐藤修市, 전게논문(1984), 108쪽.
3) 증권예탁원, 「증권거래법 해설」, 71쪽.

된 경우에는 일차적 보전의무자가 없는 것이고, 이차적 보전의무자는 일차적 보전의무자가 보전하지 않은 경우에 연대하여 보전하기 때문에 아무도 보전의무를 부담하지 않는다는 해석이 가능하였다.[1] 이에 본법에서는 1997년 1월 구증권법이 개정되기 전과 같이 예탁증권의 부족이 발생한 때에는 과실 여부를 묻지 않고 예탁결제원과 투자자를 가진 모든 예탁자가 연대하여 보전책임을 지도록 규정하게 되었다.

연대보전의무를 이행한 예탁결제원 및 예탁자는 예탁증권의 부족에 책임이 있는 자에게 구상권을 행사할 수 있다(본조 1항). 의제예탁증권에 대하여 부족분이 발행한 경우에는 예탁결제원과 다른 예탁자가 그 예탁자에 대하여, 예탁자가 예탁결제원에 예탁한 예탁증권에 대하여 부족분이 발생한 경우에는 예탁자가 예탁결제원에 대하여 각각 구상권을 행사하게 된다.

예탁결제원은 예탁증권의 부족분에 대한 연대보전의무 부담 등의 위험에 대비하여 자체적으로 2,000억원의 예탁결제적립금을 적립하고 있으며, 예탁증권 등의 증가에 따라 그 금액을 계속 확대하고 있다.

제314조(예탁증권등의 권리 행사 등)

① 예탁결제원은 예탁자 또는 그 투자자의 신청에 의하여 예탁증권등에 관한 권리를 행사할 수 있다. 이 경우 그 투자자의 신청은 예탁자를 거쳐야 한다.

② 예탁결제원은 예탁증권등에 대하여 자기명의로 명의개서 또는 등록을 청구할 수 있다.

③ 예탁결제원은 제 2 항에 따라 자기명의로 명의개서된 주권에 대하여는 예탁자의 신청이 없는 경우에도 「상법」 제358조의2에 규정된 사항과 주주명부의 기재 및 주권에 관하여 주주로서의 권리를 행사할 수 있다.

④ 주권의 발행인은 주주총회 소집의 통지 또는 공고를 하는 경우에 예탁결제원의 명의로 명의개서된 주권을 소유하고 있는 주주에 대하여는 제 5 항에 규정된 예탁결제원의 의결권 행사에 관한 내용을 함께 통지 또는 공고하여야 한다.

⑤ 예탁결제원은 예탁결제원의 명의로 명의개서된 주권을 소유하고 있는 주주가 주주총회일 5일 전까지 예탁결제원에 그 의결권의 직접행사·대리행사 또는 불행사의 뜻을 표시하지 아니하는 경우에는 그 의결권을 행사할 수 있다. 다만, 다음 각 호의 어느 하나에 해당하는 경우에는 그 의결권을 행사할 수 없다. 〈개정 2008. 2. 29〉

1. 그 주권의 발행인이 제 4 항에 따른 예탁결제원의 의결권 행사에 관한 내용을 함께 통지 또는 공고하지 아니한 경우
2. 그 주권의 발행인이 예탁결제원으로 하여금 의결권을 행사하지 못하게 할 것을 금융위원회에 요청하는 경우

1) 김양환, "증권예탁결제제도의 법적과제에 관한 연구," 「증권예탁」 제27호(1998), 73쪽(증권예탁원, 「증권예탁결제논고집」 제Ⅲ권의 페이지 번호를 따랐다).

3. 그 주주총회의 회의목적 사항이 「상법」 제360조의3, 제360조의16, 제374조, 제438조, 제518조, 제519조, 제522조, 제530조의3 및 제604조에 규정된 사항에 해당하는 경우
4. 그 주주가 주주총회에서 의결권을 직접행사 또는 대리행사하는 경우
5. 그 주권의 발행인이 투자회사인 경우

⑥ 제 1 항에 따른 예탁결제원의 권리 행사를 위하여 발행인이 예탁결제원에 통지하여야 할 사항 및 제 5 항에 따른 예탁결제원의 의결권 행사 등에 관하여 필요한 사항은 대통령령으로 정한다.

⑦ 제 3 항은 예탁증권등 중 기명식 증권에 관하여 준용한다.

⑧ 제165조의11제 1 항에 따라 주권상장법인이 발행하는 사채에 관한 예탁결제원의 권리 행사 및 예탁자를 통하여 투자자에게 반환된 후 투자자의 명의로 명의개서가 되지 아니한 예탁결제원 명의의 주권(그 주권에서 발생하는 권리를 포함한다)의 관리에 대하여 필요한 사항은 대통령령으로 정한다.

시행령 제**316**조(발행인의 통지사항) 법 제314조 제 6 항에서 따라 발행인이 예탁결제원에 통지하여야 할 사항은 다음 각 호와 같다.

1. 법 제294조 제 1 항에 따른 증권등(이하 이 조에서 "증권등"이라 한다)의 종류 및 발행 회차
2. 증권등의 권리의 종류·발생사유·내용 및 그 행사일정
3. 증권등의 발행조건이 변경된 경우에는 그 내역
4. 법 제316조 제 3 항에 따라 주식수를 합산하는 경우에는 신주인수권 등 권리의 배정명세
5. 원리금 지급일의 변경, 그 밖에 증권등의 권리행사와 관련하여 예탁결제원이 필요하다고 인정하여 요청하는 사항

제**317**조(예탁결제원의 의결권 행사 등) ① 예탁결제원은 예탁결제원의 명의로 명의개서된 주권에 관하여 의결권을 행사하는 경우에는 해당 주주총회에 참석한 주식수(서면투표 주식수를 포함한다)에서 예탁결제원이 의결권을 행사할 주식수를 뺀 주식수의 의결내용에 영향을 미치지 아니하도록 찬성 및 반대(기권 및 무효를 포함한다. 이하 이 항에서 같다)의 비율에 따라 의결권을 행사하여야 한다. 이 경우 1주 미만의 단주(이하 이 항에서 "단수주"라 한다)가 발생하는 때에는 찬성에 있어서는 단수주를 절사하고 반대에 있어서는 단수주를 절상한다.

② 예탁결제원이 제 1 항에 따라 의결권을 행사하는 경우에 그 의결권 행사 주식수는 국내실질주주(법 제315조 제 1 항에 따른 실질주주에서 외국인인 주주를 제외한 자를 말한다. 이하 이 조에서 같다)의 예탁 주식수 중 주주총회의 결의에 필요한 주식수로서 발행인이 예탁결제원에 요청한 주식수로 한다. 다만, 발행인이 요청한 주식수가 국내실질주주의 예탁 주식수에서 국내실질주주가 주주총회일의 5일 전까지 예탁결제원에 그 의결권의 직접행사, 대리행사 또는 불행사 뜻의 표시(이하 이 조에서 "의사표시"라 한다)를 한 주식수를 뺀 주식수보다 많은 경우에는 예탁주식수에서 의사표시를 한 주식수를 뺀 주식수로 한다.

③ 예탁결제원은 의결권을 직접 행사하거나 대리인으로 하여금 행사하게 할 수 있다.

④ 제 3 항에 따라 의결권을 행사한 대리인은 해당 주주총회 종료 후에 그 의결권 행사 결과를 지체 없이 예탁결제원에 통지하여야 한다.

⑤ 발행인이 법 제314조 제 4 항에 따른 주주총회 소집의 통지 또는 공고를 하는 경우에는 국내실질주주에 대하여 다음 각 호의 사항을 함께 통지 또는 공고하여야 한다.

1. 제 1 항에서 정한 사항
2. 국내실질주주의 의사표시방법

⑥ 발행인의 예탁결제원에 대한 의결권 행사 요청기한, 요청방법 및 국내실질주주의 의사표시방법, 그 밖에 예탁결제원 명의 예탁 주식의 의결권행사와 관련하여 필요한 사항은 금융위원회가 정하여 고시한다.

제317조의2(조건부자본증권의 권리행사 등) ① 예탁증권등 중 조건부자본증권의 발행인은 법 제314조 제8항에 따라 제176조의12 제2항에 따른 주식 전환사유 또는 제176조의13 제4항에 따른 채무재조정 사유가 발생하였을 때에는 예탁결제원에 이를 지체 없이 통지하여야 한다. 이 경우 예탁결제원은 통지받은 사항이 제176조의12 제2항에 따른 주식 전환사유의 발생인 경우 그 주식 전환사유가 발생한 날부터 제2영업일이 되는 날(이하 이 조에서 "전환기준일"이라 한다)의 실질사채권자(예탁증권등 중 조건부자본증권의 공유자를 말한다. 이하 이 조에서 같다)에 관하여 다음 각 호의 사항을 지체 없이 그 발행인 또는 명의개서를 대리하는 회사에 통지하여야 한다.

1. 성명 및 주소
2. 실질사채권자별 예탁조건부자본증권의 금액

② 예탁결제원은 법 제310조 제1항에 따른 예탁자에게 전환기준일의 실질사채권자에 관하여 제1항 각 호에 따른 사항의 통보를 요청할 수 있다. 이 경우 요청받은 예탁자는 지체 없이 이를 통보하여야 한다.

③ 예탁결제원은 예탁자를 통하여 투자자에게 반환된 후 투자자의 명의로 명의개서가 되지 아니한 예탁결제원 명의의 주권의 권리행사에 따라 발행인으로부터 주권을 수령한 경우 그 주권 중 수령일부터 1년이 지난 주권은 증권시장 등을 통하여 매각하여 현금으로 관리할 수 있다. 다만, 해당 주권을 발행한 법인이 상장폐지되는 경우 등 금융위원회가 정하여 고시하는 경우에는 그 주식의 수령일부터 1년이 지나지 아니한 경우에도 증권시장 등을 통하여 이를 매각할 수 있다.

Ⅰ. 본조의 의의

증권은 권리를 물리적 증서에 화체시킴으로써 그 권리의 이전과 행사를 효율적으로 할 수 있도록 하기 위하여 고안된 것이다. 증권을 통한 권리의 이전은 물권법적 측면에 관한 문제이고, 권리의 행사는 회사법적 내지 민사법적 문제이다. 크게 본법 제308조부터 제313조까지는 예탁증권의 양도 등에 관한 물권법적 특칙을 규정하고, 제314조부터 제319조까지는 예탁증권에 관한 권리행사의 특칙을 다룬다.

본법은 대체성을 가진 증권의 혼장임치에 의한 공유관계의 성립을 기초로 예탁관련 제도를 설계하고 있으므로 예탁증권에 대한 공유권은 투자자 및 자기증권을 예탁한 예탁자가 가지고 투자자의 증권을 예탁한 예탁자와 모든 예탁증권을 보관·관리하는 예탁결제원은 예탁증권에 대한 공유권을 가지지 않는다. 따라서 공유권은 종래 증권을 소유하고 있던 투자자 및 예탁자만이 가지는 것이고, 예탁증권에 대한 권리행사도 이들만이 할 수 있는 것이다. 그러나 그 권리행사의 절차적 측면에서 이를 어떤 방식으로 구성할 것인가 라는 문제를 정할 필요와 예탁증권의 효율적인 보관·관리를 위하여 예탁결제원만이 가지는 권리를 부여할 필요가 있다. 이에 따라 본조는 권리행사의 절차적 방법과 예탁결제원이 공유권자는 아니지만 예탁관련제도의 효율적 운영을 위하여 예탁증권에 대하여 권리를 가지는 것에 대한 규정을 두고 있다. 그리고 우리나라에만 존재하는 예탁결제원의 주식 발행인의 요청에 따른 의결권행사에 관한 특칙도 아울러 규정한다. 이 제도는 위헌적 요소와 그 밖에 회사법적 관점에서 문제가 지적되어 오는 2015년부터 폐지될 예정이다. 끝으로 본조는 2013년 5월 개정법에서 새롭게 도입된 이른바 '조건부자본증권'에 관한 예탁결제원의 권리행사에 대한 특칙과 예탁결제원 명의의 주권을 반환받았으나 권리기준일까지 이를 명의개서하지 않은 실기주 및 실기주과실의 관리에 대한 명문의 근거규정을 새롭게 마련하고 있다.

Ⅱ. 예탁증권에 대한 권리행사의 방법과 내용

1. 예탁증권이 표창하는 권리의 행사방법 : 직접행사와 신청에 의한 간접행사

(1) 직접행사와 신청에 의한 간접행사

예탁증권에 대한 공유권은 투자자 및 자기증권을 예탁한 예탁자가 가지므로 예탁증권이 표창하는 권리의 행사도 예탁증권의 발행인에 대해 이를 직접 행사하는 것이 원칙이다. 하지만 회사법적인 측면에서 발행인은 기명증권의 경우에는 주주명부 등에 기재되지 않거나 무기명증권의 경우에는 해당 증권을 제시하지 않으면 누가 권리자인지를 알 수 없기 때문에 예탁증권의 공유자가 권리를 직접 행사할 수 있는 기술적인 방식이 필요하다. 구증권법은 이러한 필요에 따라 주식에 대하여 실질주주제도를 먼저 도입하였고, 이후 투자신탁의 수익증권에 대한 실질수익자제도를 시행함으로써 예탁증권의 실질소유자가 발행인에 대하여 직접 권리를 행사할 수 있는 기술적 제도를 마련하였다.[1)]

예탁증권이 표창하는 권리의 직접행사가 원칙이라 하더라도 발행인과 투자자 사이에 예탁자와 예탁결제원이 관여하는 복층구조의 예탁관련제도에서는 직접행사보다는 도리어 예탁자와 예탁결제원을 통한 간접행사가 더 효율적이고 편리한 경우가 대부분이다. 예컨대 유상증자의 경우 주주가 직접 청약처를 방문하여 청약을 해야 하고, 배당금이나 무상증자의 경우 등에도 명의개서대행회사를 방문하여 이를 직접 수령해야 하는 불편이 따른다. 예탁관련제도에서는 이러한 번거로움을 해소하기 위해 투자자 또는 예탁자의 신청이 있는 경우에 예탁결제원이 예탁증권이 표창하는 권리에 관한 행사를 할 수 있도록 하고 있다. 현재 실무에서는 의결권행사[2)]와 발행인과 권리행사 신청인간의 개별적인 이해관계가 밀접한 대표소송 등의 소제기권, 이사의 위법행위청구권이나 회계장부열람권을 제외하고 유무상증자, 배당금, 채권원리금뿐만 아니라 주식매수청권의 행사, 전환사채의 전환 등의 거의 모든 권리행사는 간접방식에 의한다. 배당금, 무상증자, 채권원리금과 같

1) 실질주주제도는 일본의 구주권보관대체법을 모범으로 만든 것인데, 일본은 완전무권화 법제를 시행한 이후에는 실질주주제도를 더 이상 두지 않는다.

2) 외국인의 경우에는 의결권행사도 예탁결제원을 통하여 간접적으로 행사한다. 의결권의 행사는 주주총회에 직접 참석해야 하는 물리적 비용이 수반되기 때문에 일정한 수수료를 받고 있다.

이 개별권리자의 신청 없이도 집단적인 권리행사에 의해 처리되는 경우에는 매매거래계좌설정 약관과 예탁업무규정에서 한 번의 포괄적 위임으로 간접행사를 하게 되고, 신주인수권, 전환청구권, 교환청구권 등 권리자의 개별적인 신청이 필요한 경우에는 동 약관과 예탁업무규정에 의한 위임과 구체적인 권리행사의 청구라는 법률행위에 따라 간접적인 권리행사를 하게 된다.

투자자의 세부내역은 투자자계좌부를 통하여 예탁자가 관리하고, 예탁결제원은 투자자증권의 내역을 총수량으로만 관리하기 때문에 본조는 투자자가 간접방식으로 권리를 행사하고자 하는 때에는 예탁자를 거칠 것을 요건으로 한다(본조 1항 2문). 예탁결제원은 예탁자를 거쳐 투자자가 권리행사를 신청한 경우 또는 자기소유의 증권을 예탁한 예탁자의 신청이 있는 경우 그 권리를 행사할 수 있다.

"할 수 있다"라는 문구를 채택한 것은 예탁증권의 실질소유자가 권리를 행사하는 것이 원칙이지만, 그 실질소유자의 신청이 있는 경우에는 신청에 따라 예탁결제원이 그 권리를 행사할 수 있는 지위를 가진다는 의미이다. 또한, 일반적인 경우 예탁자 또는 그 투자자의 신청이 있는 때에는 예탁결제원이 당연히 권리를 행사하여야 하는 것이지만,[1] 대표소송제기, 이사의 위법행위유지청구, 신주발행유지청구, 회계장부열람 등 권리행사자와 발행인 간의 이해관계가 밀접한 사안의 경우에는 간접행사가 적절하지 않으므로 예외적으로 예탁결제원에게 재량권을 주고 있다고도 해석할 수 있다.[2]

예탁결제원은 예탁자 또는 그 투자자의 예탁증권이 표창하는 권리에 대한 행사의 신청이 있는 경우 그 신청내용에 따라 예탁결제원 명의로 그 권리를 행사한다(예탁업무규정 50조). 예탁결제원은 예탁증권에 대한 실질소유자는 아니지만, 예탁증권에 대하여 수권적 신탁을 받은 형식적 소유자[3]로서의 지위에서 그 권리를 행사하는 것이다.

(2) 발행인의 통지의무

주주총회, 유무상증자, 주식매수청구권을 발생시키는 행위, 원리금지급 등 예탁결제

1) 한국증권법학회, 전게서(2009), 629쪽은, 예탁결제원은 신청이 있는 경우 당연히 수임인의 지위에서 권리행사를 하여야 하는 것이므로 선택사항이 아니라 의무사항이라고 하나 의결권행사, 대표소송제기 등에 대해서는 신청이 있는 경우에도 예탁결제원이 권리를 행사하지 않을 수 있기 때문에 의무사항은 아니다(629쪽 각주에서는 서민, 전게논문(1996), 124쪽을 근거문헌으로 제시하고 있으나, 동 논문의 124-125쪽에서 언급하는 의무는 예탁결제원이 관리하는 예탁증권이 표창하는 권리에 대한 간접행사가 아니라, 보관·관리하고 있는 증권 자체에 대한 장부관리의무와 명의개서 등 본조 제 3 항에서 규정하는 권리의 행사의무에 대한 것이다).

2) 예탁결제원의 예탁업무규정 제50조~제75조는 신청에 의한 권리행사에 대한 사항 등을 규정하고 있지만, 대표소송 등에 대해서는 별도로 규정하지 않는다. 직접행사가 원칙인 이상 이러한 권리는 예탁결제원이 행사하기에는 적합하지 않으므로 결국 신청을 받을 수 없는 권리행사 내역이라고 본다. 예탁주권에 대해서는 실질권리자인 실질주주가 대표소송 등을 제기할 수 있도록 실질주주증명서제도가 도입된 바 있다(법 318조).

3) 독일 민법 제185조에 따른 처분수권(Verfügungsermächtigung)을 받은 것을 말하며, 우리 학계에서도 처분수권의 개념을 인정하고 있다(이상영, 전게논문(2012), 1146쪽 이하 참조).

원이 본조 제 1 항에 따른 권리를 행사하기 위해서는 예탁증권의 권리내역과 그 변경에 관한 정보를 사전에 인지하고 있어야 한다. 본조 제 6 항은 발행인에게 본조 제 1 항에 따른 권리행사를 할 수 있도록 관련 정보를 예탁결제원에게 통지하도록 규정한다. 기명식 증권의 경우에는 본조 제 2 항에 따라 예탁증권이 예탁결제원 명의로 명의개서 되고, 등록채권 등의 경우에도 예탁결제원 명의로 등록되므로 발행인은 회사법적으로도 주주명부에 기재된 자에게 권리행사에 관한 내역의 통지를 하여야 하므로 발행인의 통지의무는 큰 의미가 없을 수 있다. 그러나 예탁증권 중 무기명식 증권의 경우에 발행인은 공고만으로 권리발생에 대한 내역을 공지할 수 있고, 예탁관련 실무의 관점에서 회사법적으로 통지하여야 내역 외에 보다 상세하거나 추가적으로 필요한 내역이 필요할 수도 있다. 이런 점에서 본조 제 6 항의 통지의무가 의의를 가지며, 법 시행령 제316조는 통지할 세부내역을 열거하면서 예탁결제원이 추가적으로 필요한 사항을 요청할 수 있도록 규정하고 있다.

2013년 5월 개정에 따라 본조 제 6 항에 따른 통지의무를 위반한 발행인에게는 천만원 이하의 과태료가 부과된다(법 449조 2항 14호).

2. 예탁결제원의 예탁증권에 대한 권리

예탁관련제도 내에서 예탁증권이 표창하는 권리를 원활하게 행사하기 위해서는 기명식 증권의 경우에는 이를 예탁결제원 명의로 개서하고 등록채권 등의 경우에는 예탁결제원 명의로 등록하는 것이 필요하다. 기명주식이나 기명식 수익증권의 경우 실질주주제도 및 실질수익자제도에 따라 주주명부 및 수익자명부에는 예탁결제원 1인만이 주주 내지 수익권자로 등재되고, 실질주주 및 실질수익자는 집단적 권리행사의 필요가 있을 경우 예탁결제원으로 등재된 주식과 수익증권 한도 내에서 작성된 실질주주명부 및 실질수익자명부에 따라 권리를 행사할 수 있기 때문에 발행인의 측면에서도 주주 등의 관리가 상당히 간명해질 수 있기 때문이다.

실질주주명부 및 실질수익자명부 작성의 기초가 되는 실질주주명세와 실질수익자명세는 예탁결제원으로 명의개서된 주권 및 수익증권의 수량 내에서 작성되기 때문에 '할 수 있다'라는 법문에도 불구하고 기명식 증권이 예탁된 경우 예탁결제원은 이를 지체 없이 예탁결제원 명의로 명의개서하여야 할 의무가 있는 것이지 선택권이 있는 것은 아니다. 등록채권의 경우에도 원리금 상환을 위해서는 예탁결제원 명의로의 등록을 하여야 할 것이다. 비교법적으로 일본의 구주권보관대체법은 예탁 후 상당한 기간 내에 명의개서를 하도록 하고 있고, 명의개서를 해태한 경우 중앙예탁결제기관인 보관대체기구의 임원에게 과태료를 부과할 수 있도록 하고 있다. 예탁결제원의 예탁업무규정은 본조 제 2 항의 규정이 선택권을 주고 있음에도 불구 이러한 취지에 따라 예탁일로부터 1월 이내 또는 이 기간 중 권리기준일이 설정된 경우에는 그 날까지 명의개서를 할 의무가 있는 것으로 규정하고, 기명식 채권과 등록증서의 경우에는 예탁받은 때에 지체 없이 예탁결제원 명의로 명의개서 또는 등록할 의무가 있는 것으로 규정하고 있다(예탁업무규정 47조 및 61조 2항).

예탁결제원에 예탁된 기명식 증권이나 등록채권에 대한 예탁결제원 명의로의 개서는 예탁자 또는 그 투자자의 신청이 없이도 예탁결제원이 본법에 따라 갖는 당연 권리이며, 예탁자 또는 그 투자자가 예탁증권을 자신의 명의로 개서할 것을 청구할 수도 없다. 이와 더불어 본법은 기명식 예탁증권에 대해서는 예탁자의 신청이 없는 경우에도 주권불소지 신고를 통하여 실물증권의 보관을 최소화할 수 있으며, 기명식 실물증권 자체에 대하여 병합, 분할, 교체의 신청과 공시최고의 신청 등을 권리자로서 행사할 수 있다(본조 3항 및 7항).

상법 제358조의2에 따른 주권불소지 신고를 통해 발행 시부터 불필요한 실물증권의 발행을 방지할 수 있는 장점은 있으나, 기술한 바와 같이 불소지된 기명식 증권이 예탁관련제도 내에서 공동점유관계와 공유권을 어떻게 발생시킬 수 있는 것인가의 문제가 있음은 이미 지적한 바와 같다. 일본과 같이 예탁결제원이 불소지 신고를 할 수 있도록 규정한 것은 불소지된 기명식 증권의 예탁도 가능하다는 것을 전제로 한 것이라고 할 수 있으나, 실물증권의 존재를 전제로 설계된 현행 예탁관련제도 내에서 권리 자체가 공동점유관계와 공유권을 발생시킨다는 것은 매우 중대한 예외에 해당하므로 명문의 특례규정을 두는 것이 필요하다는 점도 기술한 바와 같다.

3. 조건부자본증권에 대한 권리행사

조건부자본증권은 사채의 발행 당시 객관적이고 합리적인 기준에 따라 미리 정한 사유가 발생하는 경우 주식으로 전환되는 조건이 붙은 전환형 조건부자본증권과 그 사채의 상환과 이자지급 의무가 감면된다는 조건이 붙은 상각형 조건부자본증권으로 구분된다(법 165조의11 및 법 시행령 176조의12~13).[1] 이 중 전환형 조건부자본증권은 전환조건이 발생한 경우 모든 사채권자가 주주로 전환되므로 권리의 배정과 실질주주명부의 작성을 위해서는 사채권자 내역의 확정이 필요하다.[2]

---

1) 조건부자본증권에 대한 논의로는 권세훈/장정모, "조건부 자본의 사례 및 활용전략－역전환채권 구조를 중심으로－," 「자본시장연구원 이슈페이퍼」, 2010; 박준, "기업금융활성화와 신종증권에 관한 자본시장법의 개정," 「상사판례연구」 제24집 제 3 권(2011), 45－52쪽; 송종준, "조건부 자본증권의 도입에 관한 소고," 「기업법연구」 제25권 제 3 호(2011), 229쪽 이하; 정순섭, "조건부자본증권에 대한 법적 연구," 「상사법연구」 제30권 제 3 호(2011), 9쪽 이하; 양기진, "은행에서의 조건부자본증권 도입에 관한 연구," 「금융법연구」 제 9 권 제 1 호(2012), 255쪽 이하; 김병태, "조건부 자본제도와 상법상 적용 가능성에 관한 고찰," 「충남대학교 법학연구」, 제23권 제 2 호(2012), 170쪽 이하 참조.

2) 조건부자본증권은 일괄등록방식에 의하여 발행되므로 모든 사채권자는 예탁관련제도 내에 있을 수밖

이에 따라 2013년 8월 개정법은 조건부자본증권에 대해 전환형의 경우에는 주식전환사유, 상각형의 경우에는 채무재조정사유가 발생하였을 경우 이를 예탁결제원에 지체없이 통지하도록 하고 예탁결제원이 관련 업무를 준비할 수 있도록 하고 있다(본조 8항 및 법 시행령 317조의2 1항 1문).[1] 상각형의 경우에는 채무재조정 사유가 발생하면 원리금의 재조정만 필요하므로 이를 기초로 예탁결제원이 예탁자에게 투자자내역을 통보받을 필요가 없지만, 전환형의 경우에는 실질주주명부가 작성되어야 하므로 주식전환사유 발생일부터 2영업일이 되는 날인 전환기준일에 전환형 조권부자본증권을 소유한 '실질사채권자' 즉, 예탁증권 중 조건부자본증권의 공유자에 관한 내역을 그 발행인 또는 명의개서대행회사에 통지하도록 하고 있다(법 시행령 317조의2 1항 2문). 예탁결제원은 발행인에게 실질사채권자의 내역을 통지하기 위하여 예탁자에게 실질사채권자의 내역의 통보를 요청할 수 있다(법 시행령 317조의2 2항).[2]

4. 실기주에 대한 권리행사

본조 제 2 항에 따라 예탁결제원은 주권이 예탁된 경우 예탁일로부터 1월 이내 또는 이 기간 중 권리기준일이 설정된 경우에는 그 날까지 해당 주권을 예탁결제원 명의로 명의개서한다. 그런데 주권의 반환신청이 있는 경우에는 예탁결제원 명의로 된 주권을 반환하게 되므로 주권을 반환받은 주주가 이를 자신의 명의로 다시 명의개서를 하지 않는 경우 발행회사는 그 주식에 대해서도 배당금, 배당주, 무상주, 신주인수권 등을 주주명부상 주주인 예탁결제원에 배정하게 된다. 종래 예탁결제원은 반환되어 예탁관련제도 밖에 있으나 명의개서를 하지 않아 여전히 예탁결제원 명의로 남아 있는 주식, 즉 실기주에 권리가 배정될 경우 민법 제734조에 따른 사무관리인으로서 권리를 행사하여 이를 관리하여 왔으나, 발행인 등이 이에 관한 근거에 의문을 제기하는 경우가 있었다.[3] 또한, 실기주로부터 발생한 권리, 즉 실기주과실이 주식인 경우에는 그 주식인 실기주과실에 다시 주식인 실기주과실이 배정[4]되는 등의 사유로 실기주과실의 관리에 상당한 어려움이 존재하였고 이러한 문제로 예탁결제원은 종래 실무적으로 주식인 실기주과실을 매각하

에 없다(법 시행령 176조의12 3항 및 176조의13 4항).

1) 발행인이 이 통지를 하지 않을 경우에는 과태료를 부과하지 않으나 이 경우만 과태료를 부과하지 않을 이유는 없다. 2013년 5월 개정법이 먼저 만들어지고, 이후에 법에 따른 시행령이 개정됨에 따라 누락된 것으로 보인다. 향후 보완이 필요하다.

2) 조건부자본증권과 관련한 예탁결제원의 권리행사에 대한 본조 제 6 항의 규정은 실질주주명세나 실질수익자명세의 작성과 유사한 것이고 예탁결제원의 직접적인 권리행사에 대한 특칙은 없으므로 조문의 위치는 적절하지 않다고 본다.

3) 개정법에 의한 실기주 및 실기주과실의 관리에 관한 종래의 실무와 문제점에 관한 검토로는 민병수, "예탁원명의 실기주과실 관리에 관한 고찰," 「증권예탁」 제16호(1995), 55쪽(증권예탁원, 「증권예탁결제논고집」 제Ⅱ권의 페이지를 따랐다) 이하; 증권예탁원, 「증권예탁결제제도」, 178-180쪽 참조.

4) 일반적으로 주식배당을 결정한 회사는 계속하여 주식배당을 하는 경향이 있다.

여 현금으로 관리하여 왔으나 이에 대해서도 법적 근거가 미약할 수 있었다. 이에 2013년 8월 개정법은 예탁결제원이 실기주와 실기주과실을 관리할 수 있는 근거를 마련하는 한편, 주식인 실기주과실은 수령일로부터 1년이 경과하거나 1년이 경과하지 않았더라도 발행인이 상장폐지되는 등의 경우에는 1년 이내라도 이를 매각하여 현금으로 관리할 수 있게 명문의 규정을 둠으로써 실기주관리의 부담을 덜 수 있도록 하였다(본조 8항 및 법 시행령 317조의2 3항).[1)]

Ⅲ. 예탁결제원의 의결권 행사[2)]

예탁결제원은 예탁자 또는 그 투자자의 신청이 있는 경우 예탁증권의 의결권과 같은 공익권에 대하여서도 예탁자 및 투자자의 편의 제공과 발행회사의 업무편의 제공을 위하여 의결권을 행사하고 있다. 다만, 의결권의 행사는 물리적으로 주주총회 등에 참석해야 하는 비용이 발생하므로 다른 권리행사와는 달리 비용을 지불하고 의결권행사와 관련한 약정을 맺은 경우에만 이를 인정하고 있다. 예탁결제원은 투자자의 신청이 있는 경우 외에도 주권발행인의 요청이 있는 경우 주주총회의 원활한 성원을 위하여 이른바 '그림자투표(shadow voting)'를 할 수 있다(본조 5항). 발행인의 요청에 의한 예탁결제원의 의결권행사는 그 위헌성과 회사법상의 문제로 인해[3)] 2015년부터 폐지될 것이므로 결국 2014

1) 예탁결제원 명의의 기명식 채권 및 등록채권에 대해서도 실기채권이 발생할 수 있고, 예탁결제원은 실기채권의 과실인 원리금도 예탁된 기명식채권 및 등록채권의 원리금과 함께 수령하여 관리하고, 이후 실기주과실의 반환절차와 동일하게 실질채권자가 원리금의 반환청구시 이를 반환하고 있다(예탁업무규정 64조 참조). 실기채권의 원리금 관리도 실기주과실의 관리와 동일하게 그 관리 자체에 대한 법적 근거에 의문이 있을 수 있음에도 실기주와 실기주과실에 대한 근거만을 둘 것은 아니다.

2) [경과규정]
주식이 분산도가 높은 회사의 경우 실질주주가 의결권을 행사하지 아니하면 주주총회의 결의요건을 충족하기 곤란하다. 이에 따라 종래에는 주주총회의 회의목적 사항이 중요한 사항이 아니고 실질주주가 의결권에 관하여 어떠한 의사표시도 하지 않은 경우에는 예탁결제원이 발행인의 요청에 의하여 실질주주의 의결권을 행사할 수 있도록 하였으나, 2013년 자본시장법 개정시 발행인의 요청에 의한 중립적 의결권행사(shadow voting)에 관한 규정이 삭제되었다. 그러나 2014년 12월 개정법은 부칙 제18조 제2항으로, 주권상장법인이 전자투표를 허용하고 의결권 대리행사의 권유를 실시한 경우에는 주주총회 목적사항 중 일정한 사항에 대하여 2017년 12월 31일까지는 중립적 의결권행사(shadow voting)를 활용할 수 있도록 "자본시장법 제314조 제4항·제5항, 제449조 제2항 제13호 및 별표 8 제18호의 개정규정에도 불구하고 부칙 제18조 제1항에 따른 예탁결제원의 의결권 행사에 관하여는 2017년 12월 31일까지 종전의 규정에 따른다"는 경과조치를 마련하였다. 부칙 제18조 제1항에 의하여, 주주총회 목적사항 중 예탁결제원이 중립적 의결권행사를 할 수 있는 사항은, 1. 감사 및 감사위원회위원의 선임 또는 해임, 2. 주주의 수 등을 고려하여 금융위원회가 정하여 고시하는 기준에 해당하는 법인의 경우 주주총회 목적사항[금융투자업규정 8-2조의3 : 주주명부 폐쇄 당시에 법인의 발행주식총수의 1% 미만에 해당하는 주식을 가진 주주들의 주식의 합계가 의결권 있는 발행주식 총수의 3분의 2 이상인 경우]이다.

3) 발행회사의 요청에 의한 예탁결제원의 의결권행사에 대한 문제점에 대한 분석으로는 이철송, "예탁결제제도의 선진화와 증권무권화를 위한 법적정비," 「증권예탁」 제20호(1996), 337-339쪽(증권예탁원, 「증권예탁결제논고집」 제Ⅱ권의 페이지에 따랐다); 박철영, "섀도보팅(Show Voting) 폐지와 주주총회

년까지만 시한부로 존재하는 제도가 되었다. 그러나 예외적으로 「금융산업의 구조개선에 관한 법률」(이하, "금산법"이라 한다)에 따라 금융기관이 합병결의를 하는 경우에는 예탁결제원이 계속하여 그림자투표를 할 수 있다. 이하에서는 발행인의 요청에 의한 의결권행사를 간단히 소개하기로 한다.

1. 발행인의 요청에 의한 의결권행사의 도입 배경

우리나라의 경우 개인투자자의 주식투자 비중이 여전히 높은 반면 개인투자자가 지리적·경제적인 문제로 주주총회에 직접 참석하기 어렵고, 소수의 주식으로 의결권을 행사해도 주주총회의 결과에는 큰 영향을 미치지 않는 경우가 많기 때문에 주주총회에 대한 관심 자체도 상대적으로 낮은 편이다. 그러나 상장법인의 경우 다수의 주식투자자로 인해 주식분산이 많고, 개인 주주들의 주주총회 외면으로 인해 주주총회 의결정족수가 미달되는 등 주주총회의 운영에 애로점이 있었다.[1)] 발행인의 요청에 의한 예탁결제원의 의결권행사는 의결권정족수를 채워 줌으로써 주주총회가 성립하게 하되, 실질주주의 권리자체는 침해되지 않도록 중립적인 의결권이 행사될 수 있도록 그림자투표를 하는 방식을 택하여 1991년부터 구증권법에 도입된 제도이다. 1993년부터 예탁결제원의 그림자투표가 시행되었으며, 통계에 의하면 2013년 12월 결산 상장법인 1,696개사 중 39.6%인 672개사가 그림자투표를 이용하였다고 한다.[2)]

2. 의결권 행사 절차

발행인이 예탁결제원에 의결권의 행사를 요청하기 위해서는 우선 실질주주에게 주주총회 소집 통지 또는 공고시 예탁결제원의 의결권 행사에 관한 내용을 함께 통지 또는 공고하여야 한다(본조 4항). 발행인이 이 통지 또는 공고를 하지 않은 경우에는 의결권행사를 요청할 수 없다(본조 5항 1호). 예탁결제원은 발행회사의 의결권 행사요청이 있는 경우, 주주총회일의 5일 전까지 예탁결제원에 그 의결권을 직접 또는 대리행사하거나 행사하지 않을 것임을 통지하지 않은 주식 수의 범위 내에서 발행인이 요청한 의결권수를 발행인의 주주총회에 직접참석 또는 대리인을 통하여 참석주주 의결권의 찬성과 반대의 비율대로 의결권을 행사한다(법 시행령 317조 1항 및 2항). 반대한 의결권수에는 기권과 무효인 의결권수도 포함하여 계산하며, 이러한 찬반 비율에 따라 의결권을 행사함으로서 결의의 결과에 영향을 미치지 않도록 하고 있다.

예탁결제원이 요청에 따라 행사할 의결권수를 정함에 있어서는 주주총회일의 5일

활성화," 「BFL」 제60호(2013), 45쪽 이하 참조.

1) 증권예탁원, 「증권예탁결제제도」, 163쪽.

2) 한국예탁결제원, "'13년 12월 결산 상장법인 672개사 정기주총 섀도보팅 현황," 보도자료(2014. 5. 8).

전까지 그 의결권을 직접행사, 대리행사 또는 불행사를 통지한 주식수와 외국인 보유한 주식은 제외하고, 국내실질주주가 직접행사, 대리행사 또는 불행사의 의사표시를 한 의결권수가 발행인이 요청한 의결권수보다 더 많은 경우에는 예탁결제원이 행사할 수 있는 의결권은 예탁주식수에서 국내주주의 그 의사표시를 한 주식수를 공제한 의결권수가 된다(법 시행령 317조 2항). 또한 실질주주가 직접행사, 대리행사 등을 하겠다고 예탁결제원에 의사표시를 하지는 않았지만, 주주총회에 참석하여 의결권을 직접행사 또는 대리행사한 경우에도 예탁결제원은 그 의결권수에 대해서는 행사하지 못한다(본조 5항 4호). 실질주주의 의결권행사를 제한하지 못하기 때문이다.

3. 예탁결제원의 의결권행사가 금지되는 경우

발행인이 주주총회의 소집 통지 또는 공고시 예탁결제원의 의결권행사에 관한 내용을 함께 통지 또는 공고하지 않거나 실질주주가 의결권을 직접행사 또는 대리행사한 경우 외에도, 발행인이 예탁결제원으로 하여금 의결권을 행사하지 못하게 할 것을 금융위원회에 요청하는 경우에도 예탁결제원의 의결권행사가 금지된다(본조 5항 2호). 또한 주주총회의 목적사항이 상법상 주식교환(360조의3), 주식이전(360조의16), 영업양수도 등(374조), 자본감소(438조), 해산결의(518조), 회사의 계속(519조), 합병(522조), 회사의 분할·분할합병(530조의3) 및 조직변경(604조)인 경우에도 예탁결제원의 의결권행사가 금지된다. 다만, 기술한 바와 같이 금산법에 의거 금융기관이 합병하는 경우에는 예탁결제원의 의결권행사가 예외적으로 인정된다(금산법 5조 10항). 그 외에도 발행인이 투자회사인 경우에는 예탁결제원이 의결권을 행사할 수 없다(법 314조 5항). 투자회사의 경우에는 연기주주총회제도(법 201조 3항)에 따라 출석주주의 과반수와 발행주식총수의 8분의 1 이상의 수로 결의할 수 있기 때문이다.

第315條(실질주주의 권리 행사 등)

① 예탁증권등 중 주식의 공유자(이하 "실질주주"라 한다)는 주주로서의 권리 행사에 있어서는 각각 제312조 제1항에 따른 공유지분에 상당하는 주식을 가지는 것으로 본다.

② 실질주주는 제314조 제3항에 따른 권리를 행사할 수 없다. 다만, 회사의 주주에 대한 통지 및 「상법」 제396조 제2항에 따른 주주명부의 열람 또는 등사 청구에 대하여는 그 권리를 행사할 수 있다.

③ 예탁증권등 중 주권의 발행인은 「상법」 제354조에 따라 일정한 기간 또는 일정한 날을 정한 경우에는 예탁결제원에 이를 지체 없이 통지하여야 하며, 예탁결제원은 그 일정한 기간의 첫날 또는 그 일정한 날(이하 이 조에서 "주주명부폐쇄기준일"이라 한다)의 실질주주에 관하여 다음 각 호의 사항을 지체 없이 그 주권의 발행인 또는 명의개서를 대리하는 회사에 통지하여야 한다.

1. 성명 및 주소
2. 제 1 항에 따른 주식의 종류 및 수

④ 예탁결제원은 제310조 제 1 항에 규정된 예탁자에게 주주명부폐쇄기준일의 실질주주에 관하여 제 3 항 각 호에 규정된 사항의 통보를 요청할 수 있다. 이 경우 요청받은 예탁자는 지체 없이 이를 통보하여야 한다.

⑤ 예탁결제원은 공개매수신고서가 제출된 주식등의 발행인(그 주식등과 관련된 증권예탁증권, 그 밖에 대통령령으로 정하는 주식등의 경우에는 대통령령으로 정하는 자를 말한다. 이하 이 항에서 같다)이 주식의 소유상황을 파악하기 위하여 일정한 날을 정하여 예탁결제원에 실질주주에 관한 사항의 통보를 요청하는 경우, 그 밖에 대통령령으로 정하는 경우에는 그 일정한 날의 실질주주에 관하여 다음 각 호의 사항을 지체 없이 주식등의 발행인 또는 명의개서를 대행하는 회사에 통지하여야 한다.

1. 성명 및 주소
2. 제 1 항에 따른 주식의 종류 및 수

⑥ 예탁결제원은 제310조 제 1 항의 예탁자에게 제 5 항의 일정한 날의 실질주주에 관하여 제 5 항 각 호의 사항의 통보를 요청할 수 있다. 이 경우 요청받은 예탁자는 이를 지체 없이 통보하여야 한다.

시행령 제**318**조(주식등의 발행인에 포함되는 자) ① 법 제315조 제 5 항 각 호 외의 부분에서 "대통령령으로 정하는 주식등"이란 교환사채권 및 파생결합증권을 말한다.

② 법 제315조 제 5 항 각 호 외의 부분에서 "대통령령으로 정하는 자"란 다음 각 호의 자를 말한다.

1. 증권예탁증권의 경우에는 그 기초가 되는 주식등의 발행인
2. 교환사채권의 경우에는 교환의 대상이 되는 주식등의 발행인
3. 파생결합증권의 경우에는 그 기초자산이 되는 주식등의 발행인

③ 법 제315조 제 5 항 각 호 외의 부분에서 "대통령령으로 정하는 경우"란 다음 각 호의 경우를 말한다.

1. 「채무자 회생 및 파산에 관한 법률」 제147조에 따라 관리인이 주주·지분권자의 목록을 작성하기 위하여 일정한 날을 정하여 예탁결제원에 실질주주에 관한 사항의 통보를 요청하는 경우
2. 주식의 발행인이 상장심사(거래소가 법 제390조에 따른 상장규정에 따라 증권시장에 상장할 증권을 심사하는 것을 말한다)를 받는 경우로서 주식 소유상황 파악 등을 위하여 일정한 날을 정하여 예탁결제원에 실질주주에 관한 사항의 통보를 요청하는 경우

Ⅰ. 실질주주와 실질주주제도의 의의

1. 실질주주의 개념 및 권리

실질주주란 예탁주권의 공유자를 말한다. 본조 제 1 항은 예탁증권등 중 '주식'의 공

유자라는 표현을 쓰고 있으나, 예탁증권은 실물증권을 말하는 것이므로 '주권'의 공유자가 옳은 표현이다.[1] 권리예탁을 통해 주식 자체가 예탁된 경우에도 권리인 주식은 예탁주권으로 의제된다고 해석하므로 이 때에도 예탁된 주식의 공유자는 아니기 때문이다. 그런데, 예탁결제원 법 제314조 제3항에 따라 기명주식이 예탁된 경우 이를 예탁결제원 명의로 명의개서를 할 의무를 지므로 주주명부에 예탁결제원 명의로 개서된 주식은 예탁주권이 표창하는 주식의 총합을 의미하고, 회사법적인 측면에서 실질주주들은 예탁결제원 명의로 명의개서된 주식에 대하여 공유를 하게 된다. 상법상 주식의 공유가 성립된 경우 공유자는 주주권을 행사할 1인의 대표자를 정하여야 하고, 주주권을 행사할 자가 없는 때에는 공유자에 대한 통지나 최고는 그 대표자에게 하면 되도록 규정한다(상법 333조 2항 및 3항). 그러나 예탁관련제도 내에서의 실질주주는 우연적 공동체로서 서로 주관적 연대가 없기 때문에, 본조 제1항은 상법상 주식공유에 대한 특례로서 예탁주권의 공유자인 실질주주는 주주권의 행사에 있어서는 공유지분권에 상당하는 주식을 각각 가지는 것으로 간주하여 실질주주가 개별적으로 주식을 보유하여 그 권리를 행사할 수 있도록 하고 있다. 다만, 주주권 중 법 제314조 제3항에서 규정하는 예탁결제원의 예탁주권에 대한 명의개서청구권, 주권불소지신고청구권, 주권의 병합·분할·교체청구권 등 주권에 대한 권리는 예탁관련제도의 효율성과 원활화를 위해 실질주주가 행사할 수 없다(본조 2항). 그러나 실질주주가 개별적인 주주권의 행사를 위해서는 권리내역에 대한 통지를 받아야 가능하므로 본법은 회사가 주주에게 하는 통지를 받을 권리를 실질주주에게도 부여하고 있으며, 실질주주도 주주내역을 파악할 필요가 있으므로 주주명부의 열람 또는 등사 청구권을 허용하고 있다(본조 2항 단서). 요컨대 본조 제2항 본문이 규정하는 권리는 예탁결제원이 행사할 수 있는 권리이고, 단서가 규정하는 권리는 예탁결제원 및 실질주주가 중첩적으로 행사할 수 있는 권리이다. 법문은 주주명부의 열람·등사에 관한 청구권만 인정하고 있기 때문에 (실질)주주가 실질주주명부의 열람·등사 청구도 할 수 있는가에 의문이 있을 수 있으나, 실질주주명부기재는 주주명부기재와 동일한 효력을 가지기 때문에(법 316조 2항) 본조 제2항 단서의 주주명부에는 실질주주명부도 포함된다고 해석한다.[2] 다만, 실질주주의 주민등록번호와 같은 고유식별번호 및 개인정보는 열람·등사의 대상에서 제외되어야 할 것이다.[3] 참고로, 일본의 구 주권보관대체법 제32조는 실질주주, 주주, 보관대체기관 및 회사의 채권자의 실질주주명부 열림·등사청구권을 명문으로 인정하고 있다.

1) 참고로, 구증권법 제174조의7 제1항은 "예탁유가증권 중 주권의 공유자"라는 표현을 사용하고 있었다.

2) 이철송, 전게서(2009), 448쪽; 김건식/정순섭, 전게서(2013), 301쪽, 각주 8); 판례는 하급심으로서 이를 인정하는 것과 부정하는 것이 다수 존재한다.

3) 이철송, 전게서(2009), 448-449쪽.

2. 실질주주제도의 개념과 의의

예탁주권에 대한 공유자인 실질주주가 주주와 동일하게 개별적으로 주식을 가진다고 간주하여도, 회사법적인 측면에서 기명주식의 이전은 취득자가 성명과 주소를 주주명부에 기재하여야 회사에 대항할 수 있고, 회사는 주주명부에 기재된 주주를 주주권을 행사할 자로 본다(상법 337조 1항 및 354조 1항). 따라서 별도의 법적 장치가 없는 경우 실질주주는 관념상의 것이 되고 회사와는 단절되어 직접 회사에 대하여 그 권리를 행사할 수 없고 주주명부상 주주인 예탁결제원을 통하여 간접적으로만 주주권을 행사할 수밖에 없게 된다. 즉, 예탁된 주권의 공유자에게 주주명부상 주주와 동일한 지위를 부여하는 회사법적 조치가 있어야만 실질주주도 주주명부상 주주처럼 직접 권리행사가 가능한 것이다. 실질주주제도란 바로 이러한 목적으로 집단적 권리행사가 있을 경우 예탁관련제도와 회사법제도를 연결하여 예탁관련제도 내에 있는 실질주주를 회사법상 주주와 동일한 것으로 취급하는 법기술상의 조치이다. 본조 제 3 항 및 제 4 항은 실질주주를 회사법적으로 연결시키기 위하여 필요한 기초자료의 작성을 위해 통지의무와 통지내역에 대한 규정을 하고 있다.

구증권법은 1987년 예탁관련제도의 도입시 실질주주에 대해서만 실질주주제도를 도입하였고, 이후 본법의 제정시 실질수익자에 대한 실질수익자제도를 도입하였다가, 2013년 8월 개정법은 다시 기술한 전환형 조건부 자본증권과 관련한 실질사채권자제도를 도입하였다. 전환형 조건부 자본증권을 제외한 기명식 채권에 대하여 실질채권자제도를 도입하지 않는 것은 채권의 권리행사는 원리금의 상환으로서 그 권리행사가 단순하여 개별 실질채권자를 확정하는 번거로운 절차를 거칠 필요성이 적기 때문이다. 주식예탁증권(KDR)은 기명식으로 발행되는데,[1] KDR은 예탁결제원이 발행하는 것만 법에서 규정하고 그 구체적인 권리의 내용에 대해서는 예탁결제원의 「주식예탁증서의 발행 등에 관한 규정」 및 예탁계약 등에서 정하고 있다. 그러므로 본법에서는 실질KDR소유자제도를 규정하지 않고, 예탁업무규정에서 주식예탁증권의 실질KDR소유자제도를 규정하고 있다(예탁업무규정 69조 참조).

Ⅱ. 실질주주 내역의 요청 및 통지·통보

1. 집단적 권리행사를 위한 실질주주 내역(실질주주명세)의 요청 및 통지·통보

주권 발행인은 주주총회, 유무상증자 등 모든 주주 또는 질권자에게 공통적으로 적

1) 주식예탁증서의 발행 등에 관한 규정 제 9 조는 KDR이 기명식 증권임을 전제로 KDR의 법 제309조 제 5 항에 따른 예탁결제원 명의의 일괄발행의 방식으로 발행한다고 규정한다.

용되는 집단적 권리행사를 위해 주주명부를 폐쇄하거나 기준일을 정하여 주주명부에 기재된 주주 또는 질권자를 그 권리를 행사할 주주 또는 질권자로 볼 수 있다(상법 354조 1항). 본법은 예탁주권의 발행인이 집단적 권리행사를 위해 주주명부를 폐쇄하거나 기준일을 정한 경우 우선 이를 예탁결제원에 지체 없이 통지하도록 하고 있으며,[1] 예탁결제원은 주주명부폐쇄일의 초일 또는 기준일 즉, 주주명부폐쇄기준일에 예탁자계좌부 및 투자자계좌부에 해당 종목의 예탁주권을 소유한 실질주주의 성명과 주소 및 소유주식의 종류와 수를 지체 없이 그 주권의 발행인 또는 명의개서대행회사에 통지하도록 하고 있다(본조 3항). 예탁결제원은 예탁주권의 발행인으로부터 이러한 통지를 받은 경우 예탁자의 자기소유 주식은 예탁자계좌부에 따라 파악하고, 투자자 소유의 주식은 예탁자가 관리하는 투자자계좌부에 의해서만 알 수 있으므로 이를 위해 예탁자에게 주주명부폐쇄기준일의 실질주주에 관한 내역을 통보하도록 하도록 요청할 수 있도록 하여(본조 4항 1문), 관련 예탁자로부터 통보된 실질주주 내역을 취합하여 해당 예탁주권의 실질주주 내역을 작성하게 된다.[2] 예탁결제원으로부터 이 요청을 받은 예탁자는 투자자계좌부에 기재된 실질주주의 내역을 지체 없이 예탁결제원에 통보하여야 한다(본조 4항 2문). 본조 제3항 및 제4항에서는 실질주주의 성명, 주소, 종류별 주식수만을 통지하도록 하고 있으나, 법 제316조 제3항은 동일인에 대하여 그 보유 주식수를 합산하도록 하고 있기 때문에 동일인인지의 여부를 판단하기 위해 개인의 경우에는 주민등록번호, 법인의 경우에는 사업자등록번호 또는 납세번호, 외국인의 경우 국적과 투자자등록번호 또는 고유번호를 요구하고 있으며, 실질주주별 관리번호와 각 실질주주의 주소신고일 또는 변경일을 추가로 요구하고 있다(예탁업무규정 시행세칙 31조). 실질주주의 주소신고일이나 변경일은 동일인 합산시 가장 최근에 변경된 주소의 계좌로 합산하기 위함이다.

본조 제3항에 따라 주주명부폐쇄기준일을 통지하지 않은 발행인과 실질주주내역을 발행인 또는 명의개서대행회사에 통지하지 않은 예탁결제원 및 본조 제4항에 따라 예탁결제원의 요청에도 불구하고 실질주주 내역을 지체 없이 예탁결제원에 통보하지 않은 예탁자는 천만원 이하의 과태료가 부과된다(법 449조 2항 14호).

2. 공개매수 등을 위한 실질주주 내역 등의 요청 및 통지·통보

1987년 구증권법에 의한 실질주주제도는 회사의 주주총회, 유무상증자 등 주주의 집

1) 법 제314조 제6항은 예탁자 또는 그 투자자의 신청에 의하여 예탁결제원이 그 권리를 행사하기 위해 예탁결제원이 필요한 사항에 관하여 발행인에게 통지의무를 둔 것이고, 본조 제3항은 실질주주가 개별적으로 권리행사를 하게 하기 위해 주주명부폐쇄일의 통지에 관한 의무를 둔 것이다. 전자는 모든 예탁증권에 적용되는 것이고, 후자는 예탁주권에만 적용된다는 점에서도 차이가 있다. 다만, 전자와 후자 모두 통지를 해태한 경우 발행인에게 천만원 이하의 과태료가 부과된다는 점은 동일하다(법 449조 2항 14호).

2) 이렇게 파악·취합하여 발행인에게 통지하는 실질주주의 내역을 실무에서는 실질주주명세라고 한다.

단적 권리행사가 있는 경우에만 실질주주내역을 예탁주권의 발행인에게 통지하도록 하고 있었다. 집단적인 권리행사로 한정한 것은 주식시장에서 실질주주와 실질주주의 주식수는 매일 변동하기 때문에 이를 수시로 발행인에게 통지하도록 할 경우에는 사무처리의 부담과 비용이 상당하고, 발행인의 입장에서도 굳이 집단적인 권리행사가 있는 경우 외에는 실질주주 내역을 알 필요도 없었기 때문이다.[1] 또한 실질주주가 개별적인 권리행사를 하고자 하는 경우에는 주권을 반환받아 자기명의로 개서를 한 후 회사에 권리행사를 할 수 있었다. 그리고 실질주주 내역은 금융정보이기 때문에 이를 수시로 발행인에게 통지하는 것은 예탁관련제도 밖에서 주권의 교부만으로 권리를 이전하고 발행인에 대하여 권리를 행사하고자 하는 경우에만 주주명부에 명의개서를 하는 점과 비교할 때에도 적절하지 않다는 견해가 있었다.[2]

그러나 공개매수가 있는 경우 발행인은 반대공개매수 등 적대적 기업인수합병(M&A)에 대처하기 위해 실질주주 등의 내역의 파악이 필요하다는 의견에 따라 1999년 2월 구증권법은 공개매수에 한하여 발행인에게만 실질주주 등의 내역에 관한 통지를 예탁결제원에 요청할 수 있도록 하였다(구증권법 174조의7 5항). 본법의 제정시에도 공개매수의 경우에만 예외적으로 실질주주 등의 내역에 관한 통지를 요청할 수 있도록 하다가, 2013년 5월 개정법은 공개매수 외에도 「채무자 회생 및 파산에 관한 법률」 제147조에 따라 관리인이 주주·지분권자의 목록을 작성하기 위한 경우 및 주식의 발행인이 거래소의 상장심사를 받는 경우로서 주식의 소유상황 파악 등을 위한 경우에도 실질주주 등의 내역에 관한 통지를 요청할 수 있도록 하였다(본조 5항 및 법 시행령 318조 3항). 예탁결제원이 이러한 통지의 요청을 받은 경우 예탁자에 대하여 실질주주 등에 대한 내역을 요청할 수 있고, 요청 받은 예탁자는 지체 없이 이를 예탁결제원에 통보하여야 한다(본조 6항).

공개매수의 경우 실질주주 내역의 통지의 대상인 증권은 주식과 그 주식과 관련된 증권예탁증권, 교환사채권 및 파생결합증권이며, 통지를 요청할 수 있는 발행인은 주식의 발행인뿐만 아니라 그 주식과 관련하여 증권예탁증권의 경우에는 증권예탁증권의 기초가 되는 주식의 발행인, 교환사채권의 경우에는 교환대상인 주식의 발행인, 파생결합증권의 경우에는 파생결합증권의 기초자산이 되는 주식의 발행인을 포함한다(법 시행령 318조 1항 및 2항). 「채무자 회생 및 파산에 관한 법률」 제147조에 따라 관리인의 작성이 필요한 목록은 주주와 지분권자의 목록이다. 따라서, 공개매수의 경우 주식의 발행인이 증권예탁증권, 교환사채권 및 파생결합증권을 발행하였거나, 관리인이 지분증권의 목록의 작성이 필요한 경우에는 법문에도 불구하고 '실질주주'에 관한 내역이 아니라 해당 증권의 실질소유자에 대한 내역을 통지·통보하는 것이다.

1) 증권예탁원, 「증권거래법 해설」, 83쪽.
2) 상게서, 84쪽.

본조 제 5 항 및 제 6 항에 따른 통지·통보의무의 위반시 예탁결제원과 예탁자는 천만원 이하의 과태료가 부과된다(법 449조 2항 14호). 집단적 권리행사에 따른 실질주주 내역의 통지·통보를 규정한 본조 제 3 항 및 제 4 항과 달리 공개매수 등의 경우에는 발행인 등이 필요에 의해 일정한 날을 정하여 그날의 실질주주 등에 대한 내역의 통지를 요청하는 것이기 때문이다.

제316조(실질주주명부의 작성 등)

① 제315조 제 3 항에 따라 통지받은 발행인 또는 명의개서를 대행하는 회사는 통지받은 사항과 통지 연월일을 기재하여 실질주주명부를 작성·비치하여야 한다.

② 예탁결제원에 예탁된 주권의 주식에 관한 실질주주명부에의 기재는 주주명부에의 기재와 같은 효력을 가진다.

③ 제 1 항에 따른 발행인 또는 명의개서를 대리하는 회사는 주주명부에 주주로 기재된 자와 실질주주명부에 실질주주로 기재된 자가 동일인이라고 인정되는 경우에는 주주로서의 권리 행사에 있어서 주주명부의 주식수와 실질주주명부의 주식수를 합산하여야 한다.

Ⅰ. 실질주주명부의 작성과 의의

법 제315조 제 3 항에 따라 예탁결제원이 실질주주의 집단적 권리행사를 위해 발행인 또는 명의개서대행회사에 통지한 실질주주의 상세내역 즉, 실질주주명세에 발행인이 통지 연월일을 기재하여 만든 것이 실질주주명부이며, 발행인은 이를 주주명부와 같이 본점 또는 명의개서대행회사에 비치하여야 한다(본조 1항 및 상법 396조 1항). 실무적으로 발행인은 실질주주명세에 기재된 세부내역의 진위내역은 알 수 없으므로, 예탁결제원으로부터 법 제315조 제 3 항에 따른 실질주주명세를 수령하게 되면 주주명부상 예탁결제원이 보유하는 총주식수와 실질주주명세에 기재된 모든 실질주주가 보유한 주식수를 넘지 않는가를 확인 후[1] 이상이 없으면 실질주주명세에 통지 연월일만 기재하여 실질주주명부를 작성한다. 실질주주명세는 특정일에 투자자계좌부와 예탁자계좌부에 기재된 실질주주의 상세내역을 기재한 내역이고, 실질주주명세는 주주명부상 예탁결제원 명의의 주식

1) 주주명부상 예탁결제원 명의의 주식수보다 더 작은 실질주주명부상의 주식수가 법 제314조 제 8 항의 실기주이며, 회사로서는 주주명부상 예탁결제원 명의의 주식수보다 실질주주명부상 주식수가 더 많지만 않으면 실질주주명부를 확정하고, 실기주에 대해서도 예탁결제원 1인 보유분으로 취급하여 권리를 배정한다.

에 대한 상세내역으로서 주주명부와 동일한 효력을 가지는 발행인의 법적 장부다.

실질주주명부는 실질주주제도의 핵심으로서 회사법적 측면에서 단절된 실질주주의 지위를 주주명부상 주주와 동일하게 복원시키는 역할을 담당한다. 이를 위해 본조는 예탁주권이 표창하는 주식에 관하여 실질주주명부에 기재된 경우 주주명부에 기재된 것과 동일한 효력을 부여하는 특례를 규정한다(본조 2항). 상법상 주주가 회사에 대항하기 위해서는 주주명부에 기재되어야 하고 회사도 주주명부에 기재된 자를 권리자로 인정하면 면책되는 것이 원칙이나(상법 337조 1항 및 354조 1항), 예탁주권의 공유자인 실질주주는 주주명부에 기재됨이 없이도 실질주주명부의 기재만으로도 일반 주주와 동일하게 집단적인 권리행사를 할 수 있고 회사도 실질주주명부에 기재된 자를 인정하면 면책되기 때문에 실질주주명부의 기재는 상법에 대한 중대한 예외를 이룬다.

발행인이 실질주주명부를 작성·비치하지 않거나 거짓으로 작성한 경우 천만원 이하의 과태료가 부과된다(법 449조 2항 15호).

Ⅱ. 실질주주명부의 효력

실질주주명부는 주주명부와 동일한 효력을 가지므로 실질주주명부에의 기재로 주주명부의 효력인 대항력, 자격수여적 효력(권리추정력), 면책적 효력이 실질주주명부에도 동일하게 적용된다. 실질주주명부에 주주로서 기재된 자는 회사에 대한 주주권을 행사함에 있어 주권을 가지고 자신의 실질적인 권리를 증명할 필요 없이 단순히 그 기재만으로 정당한 주주로서 추정된다. 다만 실질주주명부 기재의 효력은 주주명부폐쇄기준일로 소급하여 발생한다. 실질주주와 실질주주의 주식보유내역은 계속 변동할 수 있기 때문이다.

실질주주명부에는 자격수여적 효력이 있으므로 발행회사는 실질주주명부에 실질주주로 기재된 자를 주주로 보고, 의결권, 배당금청구권, 신주인수권 등의 집단적 권리를 인정하면 실질주주명부상의 실질주주가 진정한 권리자가 아니라도 면책된다. 면책적 효력은 실질주주의 확정에 관하여 뿐만 아니라 주주의 주소 등 다른 기재사항에 관해서도 인정되고 있다. 상법상 주주나 질권자에 대한 회사의 통지나 최고는 주주명부에 기재한 주소 또는 그 자로부터 발행회사에 통지된 주소로 하면 충분하므로(상법 353조 1항) 실질주주에 대하여도 실질주주명부에 기재된 주소대로 통지하면 면책된다.

Ⅲ. 명부주주와 실질주주의 동일인 합산

발행인 또는 명의개서대행회사는 주주명부에 주주로 기재된 자와 실질주주명부에 실질주주로 기재된 자가 동일인이라고 인정되면 주주로서의 권리행사에 있어서 주주명부의 주식수와 실질주주명부의 주식수를 합산하여야 한다(본조 3항). 이는 동일인이 분산하여 주식을 보유함에 따라 이를 합산하지 않을 경우 권리배정시에 단수주가 발생하는 것을 방지하여 주주권을 두텁게 보호하기 위함이다. 기술한 바와 같이 예탁결제원은 동일한 취지로 실질주주명세의 작성시 복수의 투자중개업자를 통해 동종의 주식을 보유하는 실질주주가 있을 경우 가장 최근 주소의 투자중개업자의 계좌로 주식수를 합산한다. 투자중개업자도 고객 중에 복수의 지점을 통해 증권계좌를 보유하고 있는 경우에는 동일한 원칙에 따라 합산한 내역을 예탁결제원에 통보한다.

제318조(실질주주증명서)

① 예탁결제원은 예탁자 또는 그 투자자가 주주로서의 권리를 행사하기 위하여 증권등의 예탁을 증명하는 문서(이하 이 조에서 "실질주주증명서"라 한다)의 발행을 신청하는 경우에는 총리령으로 정하는 방법에 따라 이를 발행하여야 한다. 이 경우 투자자의 신청은 예탁자를 거쳐야 한다.

② 예탁결제원은 제1항에 따라 실질주주증명서를 발행한 경우에는 해당 발행인에게 그 사실을 지체 없이 통지하여야 한다.

③ 예탁자 또는 그 투자자가 제1항에 따라 발행된 실질주주증명서를 발행인에게 제출한 경우에는 「상법」 제337조 제1항에 불구하고 발행인에게 대항할 수 있다.

Ⅰ. 실질주주증명서의 도입배경

실질주주명부의 작성은 제315조 제3항에 따라 발행인이 주주의 집단적 권리행사를 위해 예탁결제원에 실질주주명세의 통지를 요청하는 경우에만 작성되기 때문에(법 316조 1항),[1] 실질주주가 집단적 권리행사 외에 개별적인 권리를 행사하기 위해서는 주권을 반환받아 명의개서를 하여 회사에 대해 주주권을 행사할 수밖에 없었다. 그러나 주권을 반환받은 경우에도 주주명부폐쇄 기간에는 명의개서를 할 수 없는 문제가 존재하였고, 특히 상법상 소수주주권의 경우에는 계속보유요건이 존재하기 때문에 주권을 반환받아 명의개서를 한 경우에는 그러한 계속보유요건을 충족할 수 없었기 때문에 실질주주는 사실상 소수주주권을 행사할 수 없는 문제점이 발생하였다. 이에 따라 구증권법은 1997년 1월 개정시 본조에 따른 실질주주증명서제도를 도입하여 실질주주가 개별적인 권리에 대

1) 법 제315조 제5항에 따라 공개매수, 채무자 회생 및 파산 및 상장심사의 목적으로 작성된 실질주주명세는 실질주주명부 작성의 대상이 아니다.

해서도 회사에 대하여 그 행사를 할 수 있도록 하였다(구증권법 174조의10).

1997년 1월 구증권법의 개정 이전에는 해석상 실질주주명부상 기재는 주주명부상 기재와 동일한 효력을 가지기 때문에 실질주주명부는 주주총회, 유무상증자 등의 1회적 목적만을 위한 것이 아니라 다음 실질주주명부가 작성되기까지 그 효력이 인정되는 것으로 해석할 수 있었다. 그러나 주식시장에서 실질주주의 내역은 수시로 변동할 수 있기 때문에 발행인 측면에서는 실질주주명부상 기재된 실질주주를 계속하여 실질주주로 인정하기 곤란하였다. 즉 발행인은 실질주주명부를 특정의 집단적 권리를 행사하기 위한 1회용으로 인식하고 있었다. 이러한 현상은 실질주주증명서제도가 도입됨으로써 법적으로 승인되는 결과가 되었다고 볼 수 있다. 비교법적으로 일본에서는 실질주주제도의 도입시 실질주주의 권리행사가 있거나 그 밖에 발행인의 필요에 따라 발행인은 보관대체기구에 개별 실질주주의 변동 내역을 통지하게 하고 그 통지내역을 실질주주명부에 반영하여 기재하도록 함으로써 실질주주명부의 계속성을 유지하도록 하고 있었다(보관대체법 31조 5항 및 32조 4항 참조). 논리적인 측면에서나 실질주주명부 열람의 실효성을 높인다는 점에서 일본의 접근법이 보다 뛰어나다고 할 수 있다. 다만, 실질주주의 권리행사를 가능하게 한다는 기능적인 측면에서는 우리의 실질주주증명서제도나 일본의 통지 및 실질주주명부 수정기재의 방법 모두 동일하다고 할 수 있다.

Ⅱ. 실질주주증명서의 효력

실질주주증명서제도는 실질주주명부제도와 더불어 예탁관련제도 내에 있는 실질주주를 회사법적으로 연결시키는 중요한 법적 장치이다. 본조에 따라 발행된 실질주주증명서를 발행인에게 제출할 경우 실질주주인 예탁자 또는 그 투자자는 주주명부상의 기재 없이도 발행인에게 대항할 수 있다(본조 3항). 상법 제337조 제 1 항에 대한 중대한 예외이다. 다만, 실질주주증명서는 후술하는 바와 같이 그 발행시에 행사하고자 하는 주주권의 내용과 행사기간을 적시하여 발행하기 때문에 주주권의 행사 목적과 기간에 제한을 받는다.

Ⅲ. 실질주주증명서 발행과 그 절차

실질주주증명서는 실질주주인 예탁자 또는 그 투자자가 '주주로서의 권리'를 행사하기 위하여 예탁결제원에 그 발행을 청구하는 것이다(본조 1항 1문). 집단적 권리행사를 위해서는 실질주주명부가 작성되므로 여기에서 말하는 주주로서의 권리는 결국 집단적 권리행사를 제외하고 발행인에 대하여 주주로서의 권리를 행사하는 경우를 말한다고 할 수 있다. 예컨대, 대표소송 등의 소제기권, 회계장부열람권, 주총소집청구권, 유지청구권 등의 주주의 개별적 권리행사를 위해 실질주주증명서의 발행이 인정된다. 따라서 단순한 보유사실을 증명하기 위한 실질주주증명서의 발급신청은 인정되지 않는다.

예탁자는 예탁결제원에 직접 발행을 청구하고, 투자자는 예탁자를 거쳐 그 발행을 청구해야 하며(본조 1항 2문), 이 신청을 받은 예탁결제원은 예탁자의 자기소유 예탁증권에 대해서는 예탁자계좌부에, 투자자의 예탁증권에 대해서는 투자자계좌부에 근거하여 실질주주의 성명·명칭 및 주소, 보유주식의 종류와 수, 행사하고자 하는 주주권의 내용 및 주주권의 행사기관을 기재하여 실질주주증명서를 발급한다(법 시행규칙 32조 1항 및 2항).[1] 예탁결제원은 실질주주에게 실질주주증명서를 발급한 경우 지체 없이 그 사실을 해당 발행인에게 통지하여야 하는데(법 318조 2항), 실무에서는 실질주주증명서를 만들고 한부는 실질주주에게 발급하고, 나머지 한부는 발행인에게 발송하는 방식으로 통지한다. 실질주주증명서가 발급된 경우, 신청시 명시한 주주권의 행사기간 동안 해당 주식에 대해 예탁자 소유의 예탁주권에 대해서는 예탁자계좌부에, 투자자 소유의 예탁주권에 대해서는 투자자계좌부에 해당 예탁주권의 처분을 제한하는 표시를 하게 된다(법 시행규칙 32조 3항). 실질주주가 행사기간 이전에 예탁주권을 처분하고 싶은 경우에는 발급 받은 실질주주증명서를 반납하여야 하며, 반납에 따라 처분제한의 표시를 말소처리하게 된다(법 시행규칙 32조 3항).

Ⅳ. 예탁증명서제도

국가, 지방자치단체 또는 공공기관에 납부할 보증금 또는 공탁금은 상장증권으로 대신 납부가 가능하고, 국가 등은 보증금 또는 공탁금을 대신하여 상장증권으로 대신 납부하는 것을 거부할 수 없다(법 171조 1항 및 2항). 그런데 예탁된 상장증권으로 대신 납부하기 위해서는 상장증권의 반환이 필요한데 이를 경우 실물증권의 발행을 억제하고, 집중예탁을 통해 증권결제 및 증권유통의 원활화를 추구하고자 하는 예탁관련제도의 취지와 상충되기 때문에 구증권법에서는 1998년 2월부터 예탁증명서제도를 도입하여 상장증권을 실제로 교부함이 없이도 예탁증명서로써 대신 보증금 또는 공탁금을 납부할 수 있게 하였다(구증권법 시행령 84조의16 2항). 예탁증명서제도는 본법의 제정과 더불어 시행령이 아니라 법에서 규정하는 방식으로 변경되어 시행되고 있다(법 171조 4항). 예탁증명서의 발급절차와 처분제한표시 등의 방식은 실질주주증명서와 동일하다. 2013년 5월 개정법은 예탁증명서가 발행된 예탁증권에 대하여 상계·(가)압류를 금지하여 보증금 또는 공탁금

1) 실질주주증명서의 발급대상 주식은 발행 신청일 및 발급일 현재 예탁자계좌부 또는 투자자계좌부에 기재되어 예탁주권 중 질권이 설정된 주식, 압류 등의 사유로 처분제한이 표시된 주식, 주식매수를 청구한 주식, 대차신청주식을 제외한 수량이다. 다만, 질권자로부터 해당 주주권행사기간 만료 전까지 질권의 불행사에 관한 뜻을 기재한 동의서가 첨부된 경우에는 질권이 설정된 주식도 발급대상에 포함된다(예탁업무규정 시행세칙 35조).

으로서의 실효성을 확보하고 있다.

제319조(실질수익자의 권리 행사 등)

① 예탁증권등 중 투자신탁의 수익증권의 공유자(이하 이 조에서 "실질수익자"라 한다)는 수익자로서의 권리 행사에 있어서는 각각 제312조 제 1 항에 따른 공유지분에 상당하는 투자신탁의 수익증권을 가지는 것으로 본다.

② 실질수익자는 예탁결제원의 명의로 명의개서된 투자신탁의 수익증권에 대하여는 제189조 제 9 항에 따라 준용되는 「상법」 제358조의2에 따른 사항과 수익자명부의 기재 및 투자신탁의 수익증권에 관하여 수익자로서의 권리를 행사할 수 없다. 다만, 투자신탁재산을 운용하는 집합투자업자의 수익자에 대한 통지에 대하여는 수익자로서의 권리를 행사할 수 있다.

③ 투자신탁재산을 운용하는 집합투자업자는 제237조 제 8 항 제 4 호에 따라 일정한 날을 정한 경우에는 예탁결제원에 이를 지체 없이 통지하여야 하며, 예탁결제원은 수익자총회를 개최하기 위한 경우에만 그 일정한 날의 실질수익자에 관한 다음 각 호의 사항을 지체 없이 그 집합투자업자에게 통지하여야 한다.

1. 성명 및 주소
2. 제 1 항에 따른 투자신탁의 수익증권의 종류 및 수

④ 예탁결제원은 제310조 제 1 항에 따른 예탁자에게 제 3 항의 일정한 날의 실질수익자에 관한 제 3 항 각 호의 사항의 통보를 요청할 수 있다. 이 경우 요청받은 예탁자는 지체 없이 이를 통보하여야 한다.

⑤ 제 4 항에 따라 통보받은 예탁결제원은 통보받은 사항과 통보 연월일을 기재하여 실질수익자명부를 작성·비치하여야 한다.

⑥ 예탁결제원에 예탁된 투자신탁의 수익증권의 수익권에 관한 실질수익자명부에의 기재는 수익자명부에의 기재와 같은 효력을 가진다.

⑦ 예탁결제원 및 투자신탁재산을 운용하는 집합투자업자는 수익자명부에 수익자로 기재된 자와 실질수익자명부에 실질수익자로 기재된 자가 동일인이라고 인정되는 경우에는 수익자로서의 권리 행사에 있어서 수익자명부의 수익증권의 좌수와 실질수익자명부의 수익증권의 좌수를 합산하여야 한다.

⑧ 예탁결제원은 예탁자 또는 그 투자자가 수익자로서의 권리를 행사하기 위하여 투자신탁의 수익증권의 예탁을 증명하는 문서(이하 이 조에서 "실질수익자증명서"라 한다)의 발행을 신청하는 경우에는 총리령으로 정하는 방법에 따라 이를 발행할 수 있다. 이 경우 투자자의 신청은 예탁자를 거쳐야 한다.

⑨ 예탁결제원은 제 8 항에 따라 실질수익자증명서를 발행한 경우에는 해당 투자신탁재산을 운용하는 집합투자업자에게 그 사실을 지체 없이 통지하여야 한다.

⑩ 예탁자 또는 그 투자자가 제 8 항에 따라 발행된 실질수익자증명서를 해당 투자신탁재산을 운용하는 집합투자업자에게 제출한 경우에는 제189조 제 9 항에 따라 준용되는「상법」 제337조 제 1 항에 불구하고 그 집합투자업자에게 대항할 수 있다.

Ⅰ. 실질수익자제도의 도입배경

집합투자기구인 투자신탁이 발행하는 수익증권은 무액면 기명식으로서 최초 발행시부터 법 제309조 제5항에 따라 예탁결제원 명의로 일괄발행한다(법 189조 3항 및 4항). 따라서 투자신탁이 발행하는 모든 수익증권은 예탁관련제도 안에서 계좌간 대체에 의해 양도되고 계좌기재의 방법으로 질권을 설정하게 된다. 그런데 일괄발행에 따라 수익자명부에 예탁결제원이 수익증권의 명의자로 되어 있기 때문에 실질수익자, 즉 예탁증권중 수익증권의 공유자도 그 권리행사를 위해 실질주주제도와 동일한 제도적 장치가 필요하다. 본법의 제정 전에는 투자신탁 표준약관에 의해 실질주주제도를 준용하는 방식으로 실질수익자제도를 운용하였으나, 표준약관에 의하는 방식으로는 계약의 당사자가 아닌 제3자에 대해서는 그 효력을 주장할 수 없는 등 수익자로서의 법적 지위가 확실하지 못하였다.[1] 이러한 문제를 해결하기 위해 본법은 실질수익자제도를 명문의 규정을 통해 해결하고 있다.

Ⅱ. 실질수익자제도 내용

실질수익자제도의 실질은 실질주주제도와 동일하다. 따라서 본조에 따른 실질수익자제도의 내용도 예탁수익증권의 공유자인 실질수익자의 예탁수익증권에 대한 권리에 관한 사항, 실질수익자의 예탁수익증권에 대한 권리의 제한에 관한 사항, 수익자총회 등의 개최를 위한 기준일 설정과 실질수익자명부의 작성에 관한 사항, 실질수익자명부의 효력에 관한 사항, 명부수익자와 실질수익자의 동일인 합산에 관한 사항, 실질수익자증명서의 발행 및 그 효력에 관한 사항 등에 대한 것이다.

구체적으로, 예탁증권등 중 투자신탁의 수익증권의 공유자, 즉 실질수익자는 수익자로서의 권리 행사에 있어서는 공유지분에 상당하는 투자신탁의 수익증권을 가지는 것으로 보게 된다(본조 1항). 실질수익자는 예탁결제원의 명의로 명의개서된 투자신탁의 수익증권에 대하여는 수익증권불소지에 관한 사항과 수익자명부의 기재 및 투자신탁의 수익증권에 관하여 수익자로서의 권리를 행사할 수 없다(본조 2항). 다만, 투자신탁재산을 운용하는 집합투자업자의 수익자에 대한 통지에 대하여는 수익자로서의 권리를 행사할 수 있다(본조 2항 단서). 투자신탁의 수익증권에 대해서도 실질수익자의 권리행사를 위해 실질

1) 한국증권법학회, 전게서(2009), 643쪽.

주주명부와 같은 실질수익자명부의 작성 및 절차가 그대로 적용되며, 예탁결제원에 예탁된 투자신탁의 수익증권의 수익권에 관한 실질수익자명부에의 기재는 수익자명부에의 기재와 같은 효력을 가진다(본조 3항~7항). 다만, 투자신탁에서는 연기수익자총회가 있기 때문에 실질수익자제도에서는 발행인의 요청에 의한 의결권행사는 따로 두지 않는다. 또한, 투자신탁의 성격상 공개매수나 채무자의 회생 및 파산 및 상장심사를 목적으로 실질주주명세를 요청하는 규정도 그 적용이 없다. 실질수익자에 대해서도 실질주주증명서제도와 같은 실질수익자증명서제도가 있다(본조 8항~10항).

실질수익자명부의 작성과 관련한 통지·통지를 해태한 발행인, 예탁자, 예탁결제원에 대해서는 천만원 이하의 과태료가 부과되며, 실질수익자명부를 작성·비치하지 않거나 거짓으로 작성한 발행인도 천만원 이하의 과태료가 부과된다(법 449조 2항 14호 및 15호).

제317조(민사집행)

예탁증권등에 관한 강제집행·가압류 및 가처분의 집행 또는 경매에 관하여 필요한 사항은 대법원규칙으로 정한다.

Ⅰ. 예탁증권 민사집행에 관한 위임 배경

「민사집행법」에 따른 금전채권의 강제집행은 크게 부동산과 동산에 관한 것으로 대별될 수 있고, 부동산을 제외한 동산에 관한 강제집행은 유체동산에 대한 강제집행과 채권과 그 밖의 재산권에 대한 강제집행으로 분류된다. 예탁유가증권에 대한 강제집행은 법 제312조 제 2 항에서 규정하는 반환청구권에 대한 강제집행과 법 제312조 제 1 항에서 규정하는 공유지분에 대한 강제집행이 가능하나, 두 가지 집행절차가 병존할 경우 양 절차의 경합에 의하여 발생할 수 있는 절차상의 혼란이나 권리조정의 곤란함을 피하여 집행당사자등의 이익을 보호하기 위해 본조는 예탁증권의 민사집행에 관한 사항을 대법원의 민사집행규칙으로 위임하고, 민사집행규칙은 예탁증권 민사집행을 공유지분에 대한 강제집행으로 일원화하고 있다.[1] 공유지분에 대한 강제집행은 민사집행법 제251조에서

1) 법원행정처 송무국, 「예탁유가증권집행에 관한 민사소송규칙 해설」, 법원행정처 송무국, 1992, 14-16쪽. 예탁증권집행에 관한 해설로는 법원행정처 송무국의 이 책이 상세하다. 그 외 김능환/민영일 편집, 「주석 민사소송법(V)(제 3 판)」, 한국행정사법학회, 2012(이하, 집필자를 명기하고 "주석 민사소송법"으로 인용한다), 678-685쪽(손진홍 집필)도 참조할 만하다.

규정하는 그 밖의 재산권에 대한 집행의 한 유형이므로 채권집행 등에 관한 규정의 대부분이 준용되나,[1] 예탁관련제도만의 특성을 고려한 규정도 여럿 있다.

Ⅱ. 예탁증권 민사집행의 주요내용

1. 예탁증권의 압류

예탁결제원에 예탁된 증권에 대한 강제집행은 예탁증권의 공유지분에 대한 법원의 압류명령에 따라 개시한다(민사집행규칙 176조). 법원이 예탁된 증권의 공유지분인 예탁증권지분을 압류하는 때에는 채무자에 대하여는 계좌대체청구, 증권반환청구 및 기타의 처분을 금지하고, 채무자인 예탁자 또는 예탁자의 고객인 투자자에 대하여는 계좌대체와 증권의 반환을 금지하여야 한다(민사집행규칙 177조). 압류의 효력은 채권집행 및 그 밖의 재산권집행의 경우와 마찬가지로 제3채무자인 예탁결제원 또는 예탁자에게 압류명령이 송달된 때에 발생한다.[2] 압류채권자는 예탁결제원 또는 예탁자로 하여금 압류명령의 송달을 받은 날부터 1주일 안에 서면으로 압류명령에 표시된 계좌가 있는지 여부, 계좌에 압류명령의 목적물로 표시된 예탁증권지분이 있는지 여부 및 있다면 그 수량, 예탁증권지분에 관하여 압류채권자에 우선하는 권리를 가지는 사람이 있는 때에는 그 사람의 표시 및 그 권리의 종류와 우선하는 범위, 예탁증권지분에 관하여 다른 채권자로부터 압류·가압류 또는 가처분의 집행이 되어 있는지 여부 및 있다면 그 명령에 관한 사건의 표시·채권자의 표시·송달일과 그 집행의 범위, 예탁증권지분에 관하여 신탁재산인 뜻의 기재가 있는 때에는 그 사실 등의 사항에 대하여 진술하게 할 것을 법원에 신청할 수 있다(민사집행규칙 178조).

압류명령은 채무자의 공유지분에 대하여 그리고 구체적인 증권의 종목과 수량에 대하여 하는 것이므로 압류목적물의 특정을 위하여 예탁자가 채무자인 경우에는 예탁결제원에, 예탁자의 고객인 투자자가 채무자인 경우에는 예탁자에게 하게 되나, 예탁자의 경우에는 채무자가 동일한 투자중개업자에게 복수의 증권계좌를 개설하고 있을 수 있으므로 투자중개업자의 지점명도 기재할 필요가 있다.[3]

압류명령에 따라 압류된 예탁증권이 전환주식 또는 전환사채의 경우에는 전환권의 행사가 금지되고, 신주인수권증서, 신주인수권부사채, 신주인수권증권 등의 경우에도 그 권리행사로 강제집행의 목적인 재산권의 내용자체가 변경되므로 권리행사가 금지된다.[4]

---

1) 손진홍, 주석 민사소송법, 680쪽.
2) 상게서, 680쪽.
3) 상게서, 681쪽.
4) 상게서, 682쪽.

2. 예탁증권 공유지분의 현금화

예탁증권의 공유지분에 대한 현금화는 예탁증권지분양도명령, 예탁증권지분매각명령, 그 밖에 적당한 방법의 3가지 방법에 의한다(민사집행규칙 179조). 예탁증권지분양도명령은 법원이 정한 값으로 지급함에 갈음하여 압류채권자에게 양도하는 명령이고, 예탁증권지분매각명령은 추심에 갈음하여 법원이 정한 방법으로 매각하도록 집행관에게 명하는 명령이다. 그 밖에 적당한 방법으로는 집행관이 직접 예탁증권을 반환받아 매각하는 방법 등이 있다.[1)]

(1) 예탁증권지분양도명령

공유지분의 양도는 계좌간 대체에 의한다(법 311조 2항). 이에 따라 예탁증권지분양도명령의 신청서에는 채무자의 계좌를 관리하는 예탁결제원 또는 예탁자에 개설된 압류채권자의 계좌번호를 적어야 하며, 예탁증권지분양도명령이 확정된 때에는 법원사무관등은 예탁결제원 또는 예탁자에 대하여 양도명령의 대상인 예탁증권지분에 관하여 압류채권자의 계좌로 계좌대체의 청구를 하여야 한다. 이러한 계좌대체청구를 받은 예탁결제원 또는 예탁자는 그 취지에 따라 계좌대체를 하여야 한다(민사집행규칙 180조). 예탁증권지분양도명령은 채권집행에서의 양도명령(민사집행법 241조 1항 1호)에 상응하는 것으로 예탁증권지분양도명령이 확정되면 압류채권자의 채권 및 집행비용은 위 명령의 대상이 된 공유지분이 존재하는 한 집행법원이 정한 양도가액으로 변제된 것으로 보게 된다.[2)]

(2) 예탁증권지분매각명령

예탁증권지분매각명령은 민사집행법 제251조 및 제241조에서 규정하는 '집행관에게 명하는 매각명령'에 대응하는 것으로서 집행법원은 그 방법을 정하여 집행관에 대하여 예탁증권의 매각을 명하는 집행방법이다.[3)] 법원이 집행관에 대하여 예탁증권지분매각명령을 하는 경우에 채무자가 고객인 때에는 채무자의 계좌를 관리하는 투자중개업자에게, 채무자가 예탁자인 때에는 그 채무자를 제외한 다른 투자중개업자에게 매각일의 시장가격이나 그 밖의 적정한 가액으로 매각을 위탁할 것을 명하여야 한다(민사집행규칙 181조 1항). 채무자가 예탁자인 경우에 집행관은 예탁증권지분매각명령을 받은 때에는 투자중개업자(채무자가 투자중개업자인 경우에는 그 채무자를 제외한 다른 투자중개업자)에게 그 명의의 계좌를 개설하고, 예탁결제원에 대하여 압류된 예탁증권의 공유지분에 관하여 그 계좌로 계좌대체의 청구를 하여야 한다(민사집행규칙 181조 2항). 이에 따라 집행관으로부터 계좌대체청구

1) 법원행정처 송무국, 전게서(1992), 60쪽.
2) 손진홍, 주석 민사소송법, 683쪽.
3) 상게서, 684쪽.

를 받은 예탁결제원은 그 청구에 따라 집행관에게 계좌대체를 하여야 한다(민사집행규칙 181조 3항). 매각위탁을 받은 투자중개업자는 위탁의 취지에 따라 그 예탁증권지분을 매각한 뒤, 매각한 예탁증권의 공유지분에 관하여는 매수인의 계좌로 계좌대체 또는 계좌대체의 청구를 하고 매각대금에서 조세, 그 밖의 공과금과 위탁수수료를 뺀 나머지를 집행관에게 교부하여야 한다(민사집행규칙 181조 4항).

第320조(외국예탁결제기관 등의 예탁 등에 관한 특례)

① 第310조, 第313조, 第314조 제 6 항, 第315조 및 第316조 제 3 항은 외국예탁결제기관에 적용하지 아니한다. 다만, 외국예탁결제기관이 그 적용을 요청하는 경우에는 그러하지 아니하다.

② 第309조 제 5 항, 第314조 제 6 항, 第315조, 第316조 및 第318조는 예탁증권등의 발행인이 외국법인등인 경우에 적용하지 아니한다. 다만, 그 외국법인등이 그 적용을 요청하는 경우에는 그러하지 아니하다.

Ⅰ. 외국예탁결제기관에 대한 특례 Ⅱ. 외국법인등에 대한 특례

Ⅰ. 외국예탁결제기관에 대한 특례

법 제296조 제 1 항 제 5 호에 따라 예탁결제원과 유사한 업무를 영위하는 중앙예탁결제기관이나 국제예탁결제기관 등의 외국예탁결제기관[1)]은 예탁결제원과의 계좌연계를 통해 국제증권거래에 있어서도 국내에서 발행된 실물증권을 외국으로 이동하지 않고 외국예탁결제기관의 본국에서 계좌간 대체 등의 방법으로 증권을 양도 또는 입질을 할 수 있다. 그러나 본법에 따른 투자자계좌부의 작성이나 의제예탁(법 310조), 연대보전의무(법 313조), 발행인의 요청에 의한 예탁결제원의 의결권 행사(법 314조 6항), 실질주주제도(법 315조) 및 실질주주명부 기재의 효력(법 316조 3항)은 비교법적으로 외국의 예탁관련제도에는 없는 것이기 때문에 이를 외국예탁결제기관에 그대로 적용할 경우 본국법과의 충돌, 실무적인 번거로움과 재정적 부담으로 인해 외국예탁결제기관이 예탁결제원에 계좌를 개설할 수 없는 문제점이 존재하였다. 이에 구증권법은 1997년 1월 개정시 이에 관한 적용배제의 특례를 규정하였고(구증권법 174조의11), 본법도 이를 따르고 있다. 다만, 외국예탁결제기관이 이상에서 열거한 제도의 적용에 문제가 없다고 판단하여 그 적용을 요청하는 경우에는 외국예탁결제기관에도 열거한 제도를 적용할 수 있다. 외국예탁기관이 특정 제

1) 본조 제 1 항에서 규정하는 외국예탁결제기관은 법 제296조 제 1 항 제 5 호에서 규정하는 외국예탁결제기관이지 일반적인 외국의 보관기관(custodian)이 아니다.

도만을 지정하여 그 적용을 요청하는 경우에도 그 적용을 지정한 부분에 한하여 적용을 할 수 있을 것이다. 다만, 본조 제 1 항은 제310조 전체의 적용을 배제하거나 적용할 수 있음을 규정하고 있으므로, 투자자계좌부의 작성에 관한 규정이 적용되지 않는다면 그 밖에 열거된 모든 규정의 적용도 투자자계좌부와 연결되어 있는 제도이므로 실제로는 일부의 적용만을 요청하는 경우는 생각하기 힘들 것이다.

본조 제 1 항에 따라 열거된 규정의 적용이 배제되는 경우 해당 외국예탁결제기관을 통하여 증권을 취득한 외국 거주의 투자자들은 결국 외국예탁결제기관을 통하여 간접적으로 권리를 행사할 수밖에 없으나, 국제증권거래에서 가장 일반화된 방법이므로 크게 문제될 것은 없다고 본다. 오히려 외국예탁결제기관이 관리하는 예탁자와 그 하부 예탁자들을 통하여 증권을 보유하는 최종의 실질소유자가 한국의 발행인에 대하여 직접 그 권리를 행사한다는 것 자체가 상당히 예외적이며 유례를 찾기 힘든 것이라 생각된다. 그러므로 외국예탁결제기관이 그 적용을 요청하는 경우란 사실상 없을 것으로 예상된다. 외국예탁결제기관이 그 적용을 요청하는 경우에 대한 예외를 둔 것은 당시 일본이 우리나라와 동일한 실질주주제도를 운영하고 있었으므로 일본의 실질주주가 우리나라의 발행인에 대하여 직접 그 권리를 행사하는 경우를 상정하고 만든 규정으로 보이나, 이 또한 일본이 외국예탁결제기관과 업무제휴를 하면서 그러한 요청을 한 사례가 없고 또 실질적으로 그럴 필요도 많지 않기 때문에 본조 제 1 항 단서의 규정은 사실상 실효성이 없다고 생각된다.

Ⅱ. 외국법인등에 대한 특례

본조 제 1 항이 국내기업이 발행한 증권의 외국거래에 관련된 것이라면, 본조 2항은 외국기업이 발행한 증권의 국내거래에 관한 것이다.[1] 2007년 8월 17일 케이만군도에서 설립된 중국계 기업인 3노드디지탈이 외국기업으로는 처음으로 코스닥에 상장한 이후 같은 해 11월 26일 케이만군도에서 설립된 중국계 기업인 화풍방직국제집단유한공사[2]가 KDR형태로 유가증권시장에 처음으로 상장됨으로써 우리나라 증시에서도 외국기업이 발행한 주식거래가 본격화되었다.[3] 그러나 이 같은 외국기업이 발행한 증권이 국내 예탁관련제도 내에서 계좌간 대체로 양도·입질 될 수 있는 것인가에 대한 국제사법적인 문제가 먼저 해결되어야 한다.[4] 그 외에 예탁결제원 명의의 일괄발행·등록(법 309조 5항),

1) 본조 제 2 항은 2001년 3월 구증권법에서 제174조의11 제 2 항으로 새롭게 추가된 것이다.

2) 현재는 평산차업으로 상호를 변경하였다.

3) 다만, KDR은 예탁결제원이 발행하는 것이므로 외국기업이 발행한 증권은 아니다.

4) 이를 위해 국제사법상 예탁증권 처분의 물권적 측면에 관한 명확한 연결규칙을 마련하여야 함은 물론이다. 국제적으로 예탁증권은 PRIMA, 즉 관련중개기관과 관련을 가지는 법에 따른다는 견해가 지배적

발행회사의 신청에 의한 예탁결제원의 의결권 행사(법 314조 6항), 실질주주제도와 관련한 실질주주명세작성(법 315조) 및 실질주주명부(법 316조), 실질주주증명서(법 318조)는 국제회사법적 측면에서 인용되기 힘들기 때문에 본조 제2항은 외국기업에 대해서 그 적용을 배제하고 있다. 다만, 외국기업이 본국 회사법 등과의 상충이 없고 또 국내투자자의 권리보호와 투자를 유도하기 위해 그 적용을 요청하는 경우에는 그 적용을 하여도 문제는 없기 때문에 본조 제2항 단서는 외국기업의 요청시 그 적용이 있는 것으로 규정하고 있다. 하지만, 예탁결제원은 외국기업의 요청이 있다고 하여 그 적용을 무조건 받아 줄 것은 아니고, 그 외국기업의 속인법(lex societatis)상 열거된 규정의 적용에 문제가 없다는 법률의견서를 받아야 할 것이다. 외국기업이 요청은 했지만, 그 외국기업의 속인법상 실질주주제도가 인정되지 않는다면 궁극적으로 실질주주가 외국회사에 대해 직접 그 권리를 행사하지 못하기 때문이다.

제321조(보고 및 확인 등)

예탁결제원은 예탁자에 대하여 예탁업무에 관한 보고 또는 자료의 제출을 요구하거나, 관련 장부의 열람 또는 예탁자 자체보관 증권등의 보관상황 등을 확인할 수 있다.

예탁결제원은 예탁관련제도의 운영자이자, 발행인과 투자자를 연결시키는 실질주주명세 등을 작성하여 투자자의 권리행사가 원활하게 이루어질 수 있도록 각종 제도적 장치를 마련하고 있다. 그런데 예탁관련제도는 근본적으로 투자자－예탁자－예탁결제원으로 이어지는 중층구조로 설계되어 있고, 예탁결제원은 투자자의 소유증권에 대해서는 총수량으로만 관리하기 때문에 투자자 소유증권에 대한 세부내역은 예탁자의 정보만을 의지할 수밖에 없다. 특히, 본법은 투자자보호를 위하여 의제예탁제도(법 310조 4항)를 도입하고 있기 때문에 실제 투자자의 증권이 예탁결제원에 예탁되지 아니하는 경우에도 투자자계좌부의 기재만으로 투자자의 증권은 예탁결제원에 예탁된 것으로 간주된다. 그런데 의제예탁된 예탁증권에 대해서도 부족분이 생길 경우 예탁결제원과 투자자를 가진 모든 예탁자가 연대하여 보전해야 하므로 예탁결제원이 의제예탁분에 대한 파악이 필요하다.

1997년 1월 구증권법의 개정 이전에는 의제예탁분의 확인은 예탁자가 예탁결제원에 제출하는 자료에 의할 수밖에 없었는데, 그 자료의 진위여부 및 정확성에 대해 확인할 수 있는 제도적 장치가 없었다.[1] 이러한 필요에 따라 구증권법은 제174조의12를 신설하

이나 구체적인 연결규칙에 대해서는 異論이 존재한다. 참고로 천창민, 전게논문(2013b), 527쪽 이하는 예탁증권 처분의 물권적 측면에 관해 우리 국제사법상의 새로운 저촉규칙안을 제안하고 있다.

1) 증권예탁원, 「증권거래법 해설」, 96쪽; 한국증권법학회, 전게서(2009), 648쪽.

여, 예탁업무에 관한 보고 또는 자료의 제출을 요구할 수 있는 근거를 마련하는 한편, 그 진위여부의 판단이나 그 밖의 필요에 따라 현장에서 예탁자의 관련 장부를 열람하거나 예탁자가 자체보관 중인 증권에 대한 보관상황 등을 확인할 수는 예탁결제원의 확인권도 규정하게 되었다. 본조에서 규정하는 사항도 구증권법의 것과 동일하다.

예탁결제원이 예탁자에게 예탁업무에 관한 보고 또는 자료의 제출을 요구할 수 있다는 것은 예탁결제원과 예탁자 사이에 이루어지는 증권의 예탁, 예탁증권의 보관관리, 예탁증권의 반환, 예탁증권의 계좌대체, 예탁증권에 대한 질권설정 및 해지, 예탁증권에 대한 권리행사등 예탁관련제도와 관계되는 모든 업무라고 할 수 있다. 주요 예탁업무로는 의제예탁증권의 관리, 예탁자의 자기분과 투자자분의 구분관리, 투자자 예탁증권의 재예탁에 대한 투자자의 동의, 투자자계좌부의 관리, 예탁자의 파산·해산시 투자자분 관리, 예탁증권에 대한 권리행사와 관련하여 투자자의 신청여부, 실질주주명세의 통지내역, 실질주주증명서 또는 실질수익자증명서의 발급시 투자자의 신청여부, 연대보전의무 관련 사항 등을 들 수 있다.

본조에서 규정하는 예탁관련 업무의 보고 및 확인에 관한 사항은 예탁관련제도의 운영에 관한 자율규제권의 일종으로서,[1] 궁극적으로 국민재산인 예탁증권과 예탁업무에 대한 안전하고 정확한 운영을 도모하여 증권예탁제도를 이용하는 모든 예탁자와 투자자를 보호하고 나아가 예탁증권의 발행인을 보호하는 데 그 목적이 있다. 특히 예탁자의 파산이나 해산 시에도 투자자 소유증권의 정확한 관리와 파산 예탁자의 채권자 등과 같은 이해관계자를 보호하는 역할도 담당하고 있다. 따라서 예탁자는 정당한 사유 없이 예탁결제원의 요구 또는 확인을 거부·방해 또는 기피하여서는 안 되며, 요구 또는 확인의 거부·방해 또는 기피시에는 5천만원 이하의 과태료가 부과된다(법 449조 1항 20호).

제322조(증권등의 관리)

① 상장법인 및 명의개서대행회사는 증권등의 용지·발행·소각·교체발행·폐기, 그 밖에 그 관리에 관하여 예탁결제원이 정하는 증권등 취급규정에 따라야 한다.

② 예탁결제원은 상장법인이 증권등의 발행을 위하여 예비로 보관하고 있는 증권등의 용지(이하 "예비증권등"이라 한다)를 관리할 수 있다.

③ 예탁결제원은 필요하다고 인정되는 경우에는 상장법인 및 명의개서대행회사에 대하여 제 1 항에 따른 증권등의 사무취급절차와 예비증권등의 관리에 관한 자료의 제출을 요구할 수 있고, 소속직원에게 이를 확인하게 할 수 있다.

④ 비상장법인이 발행하는 증권등에 관하여 예탁결제원의 증권등 취급규정에 따른 용지를 사용하고자 할 경우에는 예탁결제원의 승인을 받아야 한다. 이 경우 제 1 항부터 제 3 항까지의 규정을

1) 한국증권법학회, 전게서(2009), 648쪽.

준용한다.

⑤ 제 1 항부터 제 3 항까지의 규정은 상장법인이 비상장법인으로 된 경우 예탁결제원의 증권등 취급규정에 따른 용지와 그 용지에 의하여 발행한 증권등이 전부 폐기될 때까지 준용한다.

Ⅰ. 통일규격증권용지 관리업무의 의의

통일규격증권용지 관리업무는 통일규격증권의 사용을 통해 증권의 위변조를 방지하고 초과발행에 의한 증권발행의 남발을 예비하여 투자자를 보호하고, 증권의 최초 발행부터 폐기까지의 경로를 관리함으로써 증권발행과 유통시장의 합리화를 도모하는 역할을 수행한다.[1]

통일규격증권용지는 1975년 7월 한국거래소의 전신인 한국증권거래소가 상장규정의 개정을 통해 모든 상장회사에 대해 통일규격증권을 사용하도록 하기 전에는 상장기업은 임의로 증권의 양식이나 지질, 권종 등을 정하여 증권을 발행·유통시키고 있었기 때문에 실제로 상장주권의 위변조가 발생하여 증권시장이 큰 혼란을 겪기도 하였다.[2] 1975년에는 상장규정을 통해 한국증권거래소가 통일규격증권용지 관리업무를 수행하였으나, 1976년 12월 구증권법의 개정으로 발행시장 관리 차원에서 금융감독원의 전신중 하나인 증권감독원의 설립과 함께 이 업무도 증권감독원으로 이관되었고, 구증권법 차원에서 규정하게 되었다(구증권법 187조).[3] 그러다가, 통일규격증권용지 관리업무는 성격상 증권용지의 보관 및 수불 등 실무적인 처리가 대부분이고, 증권관리의 전문기관인 예탁결제원이 증권의 발행부터 소멸까지를 종합적으로 관리하는 것이 효율적이라는 판단에 따라 1991년 12월 구증권법의 개정으로 통일규격증권용지 관리업무를 예탁결제원으로 다시 이관하였고, 1994년 1월 구증권법의 개정으로 예탁결제원이 통일규격증권용지관리 취급규정의 제·개정권까지 이관받게 되었다.[4]

---

1) 증권예탁원, 「증권예탁원 25년사」, 91쪽.
2) 증권예탁원, 「증권거래법 해설」, 100쪽.
3) 증권예탁원, 「증권예탁원 25년사」, 91쪽.
4) 증권예탁원, 「증권예탁원 25년사」, 91-92쪽; 증권예탁원, 「증권거래법 해설」, 100쪽.

Ⅱ. 통일규격증권용지 관리업무의 내용

1. 통일규격증권 사용자의 범위

통일규격증권을 사용할 수 있는 자는 상장법인이며, 비상장법인의 경우에는 예탁결제원의 승인을 받은 경우에만 통일규격증권을 사용할 수 있다(본조 1항 및 4항). 상장법인은 상장규정에 따라 통일규격증권의 사용이 의무화되어 있기 때문에 통일규격증권을 사용할 수 있는 것이 아니라 사용하여야 한다. 비상장법인에게 예탁결제원의 승인을 받도록 한 것은 통일규격증권용지를 사용하는 그 자체로 일반투자자에게 그 증권이 상장증권으로 오인될 수 있는 소지가 있다는 판단에서였다.[1] 그러나 현재 비상장법인의 경우에도 명의개서대행회사를 선임하기 위해서는 통일규격증권을 사용해야 하기 때문에 명의개서대행회사를 통해 증권업무를 수행하는 비상장법인은 모두 통일규격증권을 사용하고 있는 실정이다. 따라서 예탁결제원의 승인을 받도록 한 규정의 의미는 비상장법인이 통일규격증권을 사용할 실익과 예탁결제원이 본조 제 1 항에 따라 제정한 「통일규격증권등 취급규정」(이하, "취급규정"이라 한다)을 준수하여 증권발행의 남발과 투자자보호를 도모할 수 있는 능력이 있는 것인가를 심사할 수 있도록 하는 것에 있다고 하겠다.[2] 불법적으로 유출된 통일규격증권용지가 위변조와 초과발행등에 이용될 경우 증권시장에 상당한 문제를 일으킬 수 있기 때문이다.

취급규정은 통일규격증권용지로 증권을 발행하기 위해서는 명의개서대행회사에 그 사무를 위탁할 것을 요건으로 하고 있다(취급규정 4조 2항). 다만, 은행법에 의한 금융기관, 공운법에 의한 공공기관으로서 정부나 정부가 전액 출자한 법인이 출자하고 있는 지주회사가 납입자본금의 50% 이상을 출자한 법인 및 사채권 발행을 위하여 금융위원회에 증권신고서를 제출하고 그 효력이 발생한 비상장법인은 예외적으로 자체적으로도 통일규격증권용지를 사용하여 증권을 발행할 수 있다.

2. 통일규격증권용지의 종류와 권종 및 가쇄

통일규격증권용지는 주권용지, 사채권용지, 신주인수권용지, 수익증권용지 네 가지 종류로 구분된다(취급규정 6조). 통일규격증권용지의 지질, 규격, 도안, 색도, 색상, 인쇄방법 등은 예탁결제원이 결정하며, 한국조폐공사에 그 제조를 의뢰하여 조달한다(취급규정 5조).

통일규격증권용지의 권종은 용지의 종류에 따라 주권용지, 사채권용지 및 신주인수

1) 증권예탁원, 「증권거래법 해설」, 100쪽.

2) 취급규정 제 3 조 제 1 항은 상장법인 외에도 통일규격증권을 사용할 수 있는 경우로서 기업공개를 위해 증권신고서를 제출한 비상장법인, 사채권의 발행을 위해 증권신고서를 제출한 비상장법인, 본법의 투자회사 및 수익증권을 발행하는 집합투자업자를 열거하고 그 밖에 예탁결제원이 그 사용을 승인한 비상장법인으로 규정하고 있다.

권용지는 8권종, 수익증권용지는 13권종으로 발행된다. 주권 중에서도 공공적 법인의 주식매각에 있어서는 8권종 이외의 권종으로도 발행할 수 있으며, 투자회사가 발행하는 주권의 경우에는 1주권, 5주권, 10주권, 50주권, 100주권, 500주권, 1,000주권, 10,000주권의 8권종 외에 십만, 백만, 천만, 억, 십억주권의 13권종으로 발행할 수 있다.[1)]

통일규격증권용지의 가쇄[2)]는 예탁결제원에 등록된 가쇄소에서 하도록 관리함으로써(취급규정 10조 1항) 증권용지의 불법적 유출 등을 방지하고 있다. 증권의 발행은 예비증권에 주주의 성명 등 필요한 사항을 기재하고, 예탁결제원이 부여하는 광학문자판독번호(OCR)를 인쇄하여 발행하도록 하여 위변조 여부의 용이한 식별과 업무의 자동화를 도모하고 있다.

3. 통일규격증권용지의 관리

예탁결제원은 상장법인 및 비상장법인의 예비증권을 관리할 수 있다(본조 2항 및 4항). 예비증권은 증권에 기재할 사항 중 증권의 명의인을 제외한 각종의 기재사항을 인쇄한 증권용지이기 때문에 유출될 경우 유용될 우려가 상당히 높다. 따라서 예탁결제원이 이를 관리할 수 있도록 한 것이다.

또한 예탁결제원은 필요시 상장법인, 비상장법인 및 명의개서대행회사에 대하여 취급규정에 따른 증권의 사무취급절차와 예비증권의 관리에 관한 자료의 제출을 요구할 수 있고, 예탁결제원의 관련 직원을 통해 이를 직접 확인하게 할 수 있다(본조 3항 및 4항). 이는 법 제321조의 취지와 같이 예탁결제원에게 통일규격증권용지 관리업무에 관한 자율규제권을 줌으로써 용지관리의 실효성을 확보하기 위한 것이다. 다만, 법 제321조의 경우와는 달리 자료의 제출요구와 현장 확인을 거절·기피 또는 방해하는 경우에 관한 과태료 부과 등의 처벌규정을 두고 있지는 않다. 통일규격증권용지 관리업무와 관련한 자료의 제출요구와 현장 확인에 대해서만 처벌규정을 두지 않을 이유는 없으므로 추후 보완이 요구된다.

본조 제1항부터 제3항까지에 따른 상장법인 및 명의개서대행회사의 취급규정 준수의무와 예탁결제원의 예비증권 관리권한 및 자율규제권은 상장법인이 비상장법인으로 된 때에도 취급규정에 따른 용지와 그 용지에 의하여 발행한 증권이 전부 폐기될 때까지 준용한다(본조 5항). 비상장법인에 대한 예탁결제원의 승인이 취소된 경우에 대하여는 별도의 규정이 없으나, 이 경우에도 본조 제5항의 규정이 적용된다고 본다.[3)]

---

1) 종류별 권종에 대한 상세는 취급규정 제3조 참조.
2) 가쇄는 증권용지에 증권의 기재사항 중 증권명의인을 제외한 각종의 기재사항을 인쇄하는 것을 말한다(취급규칙 2조 1항 3호).
3) 증권예탁원, 「증권거래법 해설」, 101쪽.

제323조(발행명세 및 사고증권등의 명세 통지 등)

① 예탁대상증권등의 발행인은 새로 증권등을 발행하는 경우 그 증권등의 종류, 그 밖에 총리령으로 정하는 사항을 예탁결제원에 지체 없이 통지하여야 한다.

② 예탁대상증권등의 발행인은 증권등의 압류·가압류 또는 가처분의 명령에 관한 통지를 받거나 도난·분실 또는 멸실된 증권등에 대한 사고신고(「민사소송법」에 따른 공시최고 및 제권판결을 포함한다)를 접수한 경우 그 증권등의 종류, 그 밖에 총리령으로 정하는 사항을 예탁결제원에 지체 없이 통지하여야 한다.

③ 제 1 항 및 제 2 항에 따라 통지를 받은 예탁결제원은 그 내용을 공표하여야 한다.

Ⅰ. 발행명세와 사고증권명세의 통지 및 공표 의무의 의의

증권의 신규 발행정보와 사고증권정보의 효율적 수집·관리 및 공표는 거래의 안전과 유통의 원활화 및 투자자 보호를 위하여 매우 중요하며, 그 중요성 또한 날로 증가하고 있다. 특히 증권 종류의 다양화, 발행조건의 복잡화, 집중예탁을 통한 증권의 부동화와 더불어 증권 정의의 포괄주의 도입으로 투자자 등 증권시장 이용자가 증권의 발행정보, 권리행사정보 및 사고증권정보 등을 신속하고 효율적으로 수집·관리하고 접근할 수 있는 체계를 마련하는 것이 더욱 중요하다.

예탁결제원은 예탁대상증권을 지정하고(법 308조), 예탁대상인 증권을 집중예탁하여 실물증권의 이동 없이 계좌기재를 통하여 증권의 처분을 가능하게 함으로써(법 311조 2항) 증권유통에 획기적인 기여를 하고 있다. 그러나 신규로 증권이 발행될 경우 그에 관한 세부 내역을 직접 취득하지 못하면 예탁자계좌부를 통한 권리의 관리가 사실상 힘들고, 그 정보에 따라 업무를 수행하는 예탁자도 투자자계좌부를 통한 투자자 증권의 권리관리에 곤란을 겪을 수밖에 없다. 또한 도난·분실 또는 멸실된 증권이나 압류나 보전처분의 명령이 떨어진 특정 증권이 예탁되는 경우 공유를 기반으로 하는 예탁관련제도의 운영에 지장을 초래할 수도 있다. 특히, 공시최고 및 제권판결을 통해 그 효력이 없어진 증권이 예탁되었으나 이를 발견하지 못하고 혼장보관된 경우 연대보전의무에 의하여 부족분을 보전해야 하는 등 예탁관련제도의 안정적인 운영과 예탁자 및 투자자에 대한 예탁결제원의 공신력에 상당한 문제를 야기할 수 있다. 본조는 이러한 배경에 따라 1997년 구증권법 개정에 의해 도입된 후(구증권법 173조의8), 2001년 제 2 항의 사고증권에 대한 내역 중 발행인이 증권의 압류·가압류 또는 가처분 명령에 관한 통지를 받은 경우에도 이를 예탁결제원에 통지하도록 개정하여 현재 본조와 같은 모습을 갖추었다.

본조에서 규정하는 사항과 그 목적은 다음의 세 가지다. 첫째, 예탁대상증권 등의 발행인이 증권을 신규로 발행하는 때에 그 증권의 세부내역을 예탁결제원으로 통지하도록 하는 근거를 마련하여 증권의 예탁업무와 예탁증권의 권리관리업무를 원활히 수행할 수 있도록 하고 있다(본조 1항). 둘째, 발행인이 증권의 압류·가압류 또는 가처분의 명령에 관한 통지를 받거나 도난·분실 또는 멸실된 증권 등에 대한 사고신고, 공시최고 및 제권판결(이하 "사고증권"이라 한다)을 접수한 경우 그 증권의 종류 등을 예탁결제원에 통지하도록 함으로써 하자 있는 증권의 유통을 방지하고 있다(본조 2항). 셋째, 예탁결제원이 발행인으로부터 이상의 증권 발행정보와 사고증권정보를 통지받은 경우 지체 없이 이를 공표하도록 함으로써 투자자, 예탁자 등 이해관계자의 보호를 도모하고 있다(본조 3항).

발행인의 증권정보 통지의무에 대한 이행의 강제화를 통한 정확한 증권정보의 수집·관리 및 공표를 위하여 본법은 예탁증권 발행인이 증권정보를 통지하지 않거나 허위로 통지하는 경우 천만원 이하의 과태료를 부과하고 있다(법 449조 2항 16호).

Ⅱ. 주요내용

1. 발행인의 신규 증권발행정보 통지의무

1997년 구증권법의 개정에 의한 근거규정의 마련 이전 예탁결제원은 증권시장에서 공시를 담당하고 있는 증권거래소나 증권업협회[1]의 통보에 의존하였지만, 예탁결제원이 필요로 하는 정보가 누락되거나 부정확한 경우가 존재하였다. 1997년에 도입된 권리상장·권리예탁제도(법 311조 4항)는 신규로 발행된 증권이 상장되기 이전에 이미 예탁자계좌부에서 관리되고 있어야 하기 때문에 상장 전에 관련 정보를 예탁결제원 직접 취득할 필요성이 대두되었다.[2] 이에 따라 예탁대상증권 등의 발행인은 새로이 증권을 발행하는 경우 그 증권의 종류, 발행 회차, 권종 및 번호, 발행가액총액, 발행조건, 그 밖에 증권의 발행정보와 관련하여 예탁결제원이 필요하다고 인정하여 요청하는 사항(발행사유, 교부일, 상장일 등)에 관한 증권정보를 예탁결제원에 지체 없이 통지하도록 하였다(본조 1항 및 법 시행규칙 34조 1항).

2. 발행인의 사고증권정보 통지의무

1997년 구증권법에 의한 법적 근거가 마련되기 이전 예탁결제원은 법 제322조 제1항에 따라 예탁결제원이 규정한 통일규격증권 취급규정에 따라 발행인으로부터 사고증권에 대한 내역을 받았으나 통보가 누락되거나 지체되는 경우가 많았기 때문에 예탁결제

1) 당시 코스닥시장은 증권업협회가 운영하고 있었다.
2) 증권예탁원, 「증권거래법 해설」, 44쪽.

원이 전국의 모든 일간지를 검색하고 법원의 게시판까지 확인하여 공시최고의 공고를 '발견'해야 했다.[1] 구증권법에 따른 법적 근거의 마련에 따라 예탁대상증권의 발행인이 증권의 압류·가압류 또는 가처분의 명령에 관한 통지를 받거나 도난·분실 또는 멸실된 증권에 대한 공시최고, 제권판결 등의 사고신고를 접수한 때에는 그 증권의 종류, 사고신고가 접수된 증권의 발행회차, 권종 및 번호, 사고신고를 한 자의 성명·명칭 및 주소, 그 밖에 증권의 사고정보와 관련하여 예탁결제원이 필요하다고 인정하여 요청하는 사항(사고신고일 등)에 대한 정보를 예탁결제원에 통지하도록 하였다(본조 2항 및 법 시행규칙 34조 2항).

예탁결제원은 발행인으로부터 통지받은 사고증권정보에 따라 사고증권을 발견한 때에는 즉시 해당 증권을 예탁한 예탁자에게 그 뜻을 통지하여 그 예탁자가 이의신청 등의 법적 절차를 밟도록 하고 있다(예탁업무규정 76조 1항). 예탁자에게 그 뜻을 통지하는 것은 공시최고 절차가 개시된 경우 관리관계의 다툼은 예탁증권의 실질소유자인 예탁자나 그 투자자가 직접 할 수밖에 없기 때문이다.[2] 예탁증권 중 제권판결되거나 위변조된 증권을 발견한 때에는 즉시 해당 증권등을 예탁한 예탁자에게 그 뜻을 통지하고 예탁잔고에서 그 증권의 수량을 공제하는데(예탁업무규정 76조 2항), 사고신고 중인 증권은 아직 법적으로는 유효한 증권이기 때문에 그 뜻을 예탁자에게 통지하도록만 규정하고, 제권판결에 의해 무효인 증권이 된 경우에 비로소 예탁잔고에서 해당 수량을 감소기재하는 것이다.[3] 다만, 사고신고된 그 증권이 어음이거나 권리행사에 지장이 있는 증권인 경우에는 예탁자보호 및 투자자보호를 위하여 제권판결 전이라도 사고신고가 있는 때에 해당 계좌의 예탁잔고에서 그 증권의 수량을 감소기재한다(예탁업무규정 76조 1항 2문). 예탁결제원이 위변조된 증권등을 발견한 때에는 해당 증권의 표면에 위조 또는 변조의 표시를 한 후 이를 예탁한 예탁자에게 반환한다(예탁업무규정 77조). 그리고 예탁결제원으로부터 반환받은 증권이 반환 전부터 사고증권이었을 경우 반환을 받은 예탁자는 사고증권의 교체를 청구할 수 있고, 예탁결제원은 즉시 해당 사고증권을 예탁한 예탁자에게 이를 통지하고 교체를 요구한다(예탁업무규정 78조 1항 및 2항).

3. 예탁결제원의 증권정보 공표의무

예탁결제원이 관리하는 증권정보의 종류는 발행정보, 사고증권정보, 기준일정보, 권리행사정보, 발행인정보 등이다(예탁업무규정 79조). 본조는 이러한 정보 중 신규로 발행되는 증권정보와 사고증권정보는 예탁결제원으로 하여금 이를 공표하도록 함으로써 예탁자와 그 투자자 및 이해관계인이 이를 충분히 숙지하도록 하고 있다(본조 3항). 예탁결제

1) 상게서, 45쪽.
2) 한국증권법학회, 전게서(2009), 652쪽.
3) 증권예탁원, 「증권거래법 해설」, 46쪽.

원은 발행정보 및 사고증권정보를 예탁결제원과 예탁자의 예탁결제업무 전용통신시스템인 예탁자통신시스템(SAFE+), 홈페이지, 증권정보포털시스템(SEIBro),[1] ARS 등을 통하여 대외에 공표하고 있다.

발행정보 및 사고증권정보 외의 정보에 대해서도 동일한 방식으로 예탁자 및 투자자 등에게 전파하고 있으며(예탁업무규정 80조 2항), 정보사업자나 금융기관 등에는 데이터 형태로 제공하고 있다. 예탁결제원의 증권정보는 금융기관에서 증권보관 및 권리관리 등 고객계좌관리업무, 회계처리업무, HTS를 통한 고객정보제공 서비스, 자산관리업무, 리서치, 통계분석 등에 활용되고 있다. 인터넷포털이나 신용평가사 등의 정보사업자는 신용평가 및 시가평가와 인터넷 웹사이트를 통해 일반투자자 등에게 증권정보를 제공하기 위하여 예탁결제원의 증권정보를 이용하고 있다.

[초판: 박철영, 개정판: 천창민 · 김택주 · 정승화]

1) 증권정보포털인 SEIBro의 웹주소는 www.seibro.co.kr이다.

제 2 장의2 금융투자상품거래청산회사

제323조의2(무인가 청산영업행위 금지)

누구든지 이 법에 따른 금융투자상품거래청산업인가(변경인가를 포함한다)를 받지 아니하고는 금융투자상품거래청산업을 영위하여서는 아니 된다.

누구든지 금융위원회의 인가를 받지 아니하고는 금융투자상품거래청산업을 영위할 수 없다. 여기서 금융투자상품거래청산업은 법 제9조 제25항에서 정의하고 있다. 즉, 자본시장법에서 "금융투자상품거래청산업"이란 금융투자업자 및 대통령령으로 정하는 자(이하 "청산대상업자"라 한다)를 상대방으로 하여 청산대상업자가 대통령령으로 정하는 금융투자상품의 거래(이하 "청산대상거래"라 한다)를 함에 따라 발생하는 채무를 채무인수, 경개(更改), 그 밖의 방법으로 부담하는 것을 영업으로 하는 것을 말한다. 이러한 금융투자상품거래청산업은 자본시장의 안정성에 미치는 영향이 중대하기 때문에 인가를 받지 아니하고는 수행할 수 없도록 하고 있다. 다만, 증권시장 및 파생상품시장에서의 매매거래(다자간매매체결회사에서의 거래를 포함한다)에 따른 매매확인, 채무인수, 차감, 결제증권·결제품목·결제금액의 확정, 결제이행보증, 결제불이행에 따른 처리 및 결제지시업무의 경우에는 제323조의2의 규정에 불구하고 청산기관으로서 금융위원회가 지정하는 거래소가 하도록 하고 있다(법 378조). 이는 거래소가 행하는 청산기관으로서의 업무가 그 성격상 금융투자상품거래청산업에 해당한다고 할 수 있으므로 법규의 충돌을 피하기 위함이다. 따라서 제323조의2는 거래소가 아닌 자가 금융투자상품거래청산업을 행하는 것을 금지하는 취지의 규정이다. 거래소의 경우에는 별도의 인가 없이 금융위원회의 지정으로 청산기관으로서의 업무를 영위할 수 있다.

자본시장법은 금융투자상품거래청산업의 인가를 받은 자를 금융투자상품거래청산회사라고 하는데(법 29조 17항2의 2), 이를 '청산기관'[1]이라 하지 않고 '청산회사'로 표현한 것은 증권금융회사와 같이 회사 형태의 인가 법인을 '회사'로 표현하고 있는 자본시장법의 일관된 표현방식으로 이해된다.

금융위원회의 인가를 받지 아니하고 금융투자상품거래청산업을 영위하는 자에 대하여는 5년 이하의 징역 또는 2억원 이하의 벌금에 처하도록 하고 있다(법 444조 21의2).

---

1) 미국 Commodities Exchange Act는 우리 자본시장법의 금융투자상품거래청산회사에 해당하는 기관을 'Clearing Organiation'이라 표현하고 있고, 일본 금융상품거래법은 金融商品取引清算機関(금융상품거래청산기관)으로 표현하고 있다.

제323조의3(금융투자상품거래청산업의 인가)

① 금융투자상품거래청산업을 영위하려는 자는 청산대상거래 및 청산대상업자를 구성요소로 하여 대통령령으로 정하는 업무 단위(이하 "청산업 인가업무 단위"라 한다)의 전부나 일부를 선택하여 금융위원회로부터 하나의 금융투자상품거래청산업인가를 받아야 한다.

② 제 1 항에 따라 금융투자상품거래청산업인가를 받으려는 자는 다음 각 호의 요건을 모두 갖추어야 한다.

1. 「상법」에 따른 주식회사일 것
2. 청산업 인가업무 단위별로 200억원 이상으로서 대통령령으로 정하는 금액 이상의 자기자본을 갖출 것
3. 사업계획이 타당하고 건전할 것
4. 투자자의 보호가 가능하고 그 영위하려는 금융투자상품거래청산업을 수행하기에 충분한 인력과 전산설비, 그 밖의 물적 설비를 갖출 것
5. 정관 및 청산업무규정이 법령에 적합하고 금융투자상품거래청산업을 수행하기에 충분할 것
6. 임원이 제24조에 적합할 것
7. 대주주(제12조 제 2 항 제 6 호 가목의 대주주를 말한다)가 충분한 출자능력, 건전한 재무상태 및 사회적 신용을 갖출 것
8. 대통령령으로 정하는 사회적 신용을 갖출 것
9. 이해상충방지체계를 구축하고 있을 것

③ 제 2 항의 인가요건에 관하여 필요한 사항은 대통령령으로 정한다.

시행령 제**318**조의**3**(금융투자상품거래청산업인가 요건 등)

① 법 제323조의3 제 2 항 제 2 호에서 "대통령령으로 정하는 금액"이란 다음 각 호의 구분에 따른 금액을 말한다.

1. 제14조의2 제 2 항 제 1 호의 거래를 업무 단위로 하는 경우 : 1천억원
2. 제14조의2 제 2 항 제 2 호 각 목의 거래를 업무 단위로 하는 경우 : 2백억원
3. 제14조의2 제 2 항 제 3 호의 거래를 업무 단위로 하는 경우 : 2백억원

② 법 제323조의3 제 2 항 제 3 호에 따른 사업계획은 다음 각 호의 요건에 적합하여야 한다.

1. 금융투자상품거래청산업의 안정적인 영위가 가능할 것
2. 위험관리와 금융사고 예방 등을 위한 적절한 내부통제장치가 마련되어 있을 것
3. 투자자 보호에 적절한 업무방법을 갖출 것
4. 법령을 위반하지 아니하고 건전한 금융거래질서를 해칠 우려가 없을 것

③ 법 제323조의3 제 2 항 제 4 호에 따른 인력과 전산설비, 그 밖의 물적 설비는 다음 각 호의 요건에 적합하여야 한다.

1. 경영하려는 금융투자상품거래청산업에 관한 전문성과 건전성을 갖춘 인력과 업무를 수행하기 위한 전산요원 등 필요한 인력을 적절하게 갖출 것
2. 다음 각 목의 전산설비 등의 물적 설비를 갖출 것
   가. 경영하려는 금융투자상품거래청산업을 수행하기에 필요한 전산설비와 통신수단
   나. 사무실 등 충분한 업무공간과 사무장비
   다. 전산설비 등의 물적 설비를 안전하게 보호할 수 있는 보안설비
   라. 정전·화재 등의 사고가 발생할 경우에 업무의 연속성을 유지하기 위하여 필요한 보완설비

④ 법 제323조의3 제 2 항 제 7 호에 따른 대주주의 요건에 관하여는 별표 2를 준용한다. 다만, 법 제323조의10 제

2 항 제 2 호에 해당하는 자의 경우에는 금융위원회가 그 요건을 완화하여 고시할 수 있다.
⑤ 법 제323조의3 제 2 항 제 8 호에서 "대통령령으로 정하는 사회적 신용"이란 제16조 제 8 항 제 2 호의 요건을 말한다.
⑥ 법 제323조의3 제 2 항 제 9 호에 따른 이해상충방지체계는 금융투자상품거래청산업의 영위와 관련하여 금융투자상품거래청산회사와 청산대상업자 간의 이해상충이 발생할 가능성을 파악·평가하고, 금융투자상품거래청산회사의 내부통제기준으로 정하는 방법 및 절차에 따라 이를 적절히 관리하는 체계이어야 한다.
⑦ 제 2 항부터 제 6 항까지의 규정에 따른 인가요건에 관하여 필요한 구체적인 기준은 금융위원회가 정하여 고시한다.

Ⅰ. 인가제의 의의

금융투자상품거래청산업을 영위하려는 자는 금융위원회로부터 금융투자상품거래청산업 인가를 받아야 한다. 금융투자상품거래청산업 인가를 받은 자는 누구든지 금융투자상품거래청산업을 영위할 수 있다. 자본시장법이 금융투자상품거래청산업에 대해 인가주의를 채택한 것은 금융투자상품거래청산회사가 특정 당사자간의 금융투자상품의 거래에 따라 발생하는 채무를 자신이 부담함으로써 금융투자상품의 거래 안정성을 담보하는 역할을 하기 때문이다. 따라서 인가제는 금융투자상품거래청산회사가 될 수 있는 자를 사전에 정한 일정 기준을 충족하는 자로 제한함으로써 금융투자상품 거래의 안정성을 제고하고자 하는 데에 그 일차적 의의가 있다. 등록거부의 사유가 없는 한 원칙적으로 등록을 하여야 하는 등 엄격한 사전규제가 곤란한 등록제를 채택하지 않고 인가제를 채택한 것도 이러한 이유에서이다.

한편 자본시장법은 인가제를 채택함으로써 특정 기관을 청산기관으로 설립하는 것을 법률로 명시하는 방식인 이른바 설립주의를 채택하지 않았다. 이는 금융위원회의 인가를 받은 금융투자상품거래청산회사가 다수 존재할 수 있음을 의미한다. 금융투자상품거래청산업에 관하여 복수의 금융투자상품거래청산회사가 경쟁할 수 있는 길을 열어 놓은 것이다. 이러한 입법태도는 미국이나 일본, EU에서도 마찬가지이다. 그러나 자본시장법이 인가주의를 채택한 것은 금융투자상품거래청산업이 그 특성상 규모의 경제가 작동되는 업무라는 점에서 특정 인가업무 단위에 대하여 복수의 청산기관이 경쟁하는 구조보다는 인가업무단위별로 금융투자상품거래청산회사가 같거나 상이할 수 있으며 또한, 인가업무 단위별로 해당 업무 수행에 가장 적합한 자의 발견을 입법 이후 금융위원회에 유보한다는 데에 더 중점을 둔 것이라 할 수 있다.

Ⅱ. 인가의 단위

금융투자상품거래청산업의 인가업무 단위는 청산대상거래 및 청산대상업자를 구성요소로 하여 대통령령으로 정하는 업무 단위를 말한다(법 323조의3 1항). 청산대상거래 및 청산대상업자는 법 제9조 제25항에서 정의된 자를 말한다. 즉, 청산대상거래는 금융투자상품거래청산업의 대상이 되는 금융투자상품의 거래로서 여기에는 장외파생상품의 거래는 물론 환매조건부매매, 증권의 대차거래, 그 밖의 채무증권의 거래를 포함하는 증권의 장외거래와 채무증권을 제외한 상장증권의 위탁매매거래를 포함하고 있다(법 시행령 14조의2 2항). 청산대상업자는 금융투자업자와 국가, 한국은행, 법 시행령 제10조 제2항 제1호부터 제7호까지 및 제9호의 어느 하나에 해당하는 자, 법 시행령 제10조 제3항 제1호·제2호, 제10호부터 제12호까지 및 제18호 가목부터 다목까지의 어느 하나에 해당하는 자 그리고 외국 금융투자업자와 그 밖에 금융투자상품 거래에 따른 결제위험 및 시장상황 등을 고려하여 총리령으로 정하는 자를 말한다(법 시행령 14조의2 1항).

자본시장법 시행령은 금융투자상품거래청산업의 인가업무 단위를 청산대상업자를 대상으로 한 법 시행령 제14조의2 제2항 각 호의 구분에 따른 업무 단위로 정하고 있다. 금융투자상품거래청산업의 인가업무 단위의 구성요소의 하나인 청산대상업자는 청산대상거래에 따라 차별화되어 있지 않다. 이에 반해 인가업무 단위로서 청산대상거래는 크게 장외파생상품의 거래, 증권의 장외거래 그리고 채무증권을 제외한 상장증권의 위탁매매거래 등 세 가지로 크게 구분되며, 증권의 장외거래는 다시 환매조건부매매, 증권의 대차거래, 그 밖의 채무증권의 거래의 세 가지로 세분된다.

먼저 장외파생상품의 거래는 그 기초자산의 종류와 거래의 유형[1]에 따라 여러 가지로 구분될 수 있으나 금융투자상품거래청산업의 인가업무 단위로서는 모든 장외파생상품 거래가 하나의 인가업무 단위가 된다. 이는 모든 장외파생상품거래가 그 종류에 관계없이 증권거래와 다른 파생상품으로서의 공통적인 특성이 있기 때문에 금융투자상품거래청산회사의 청산업무의 수행도 기본적으로 동일한 방식으로 이루어진다는 점을 고려한 것이다.[2] 또한, 2009년 9월 G20 정상회의의 합의에 따라 '모든 표준화된 장외파생상품 거래'는 청산기관(CCP)을 통해 청산되어야 하므로 장외파생상품 거래의 종류에 따라 금융투자상품거래청산회사가 다를 경우 장외파생상품 거래를 행한 거래당사자는 장외파생상품 거래의 종류별로 서로 다른 다수 금융투자상품거래청산회사를 통해 청산해야만 하는 결과가 생길 수 있는데, 이러한 결과는 장외파생상품 거래에 대하여 청산의무를 부

1) 법 제5조 제1항 각 호의 구분에 의한 선도거래, 옵션거래, 스왑거래 등을 말한다.
2) 미국 Commodities Exchange Act, EU EMIR 및 일본 금융상품거래법의 경우에도 장외파생상품 거래를 하나의 인가단위로 하고 있다.

담하는 거래당사자에게는 부담이 아닐 수 없으므로 모든 장외파생상품 거래를 하나의 인가업무 단위로 하고 있다. 장외파생상품 거래에 대해 금융투자상품거래청산업의 인가를 받았다고 해서 임의로 모든 장외파생상품 거래에 대해 청산업무를 수행할 수 있는 것은 아니다. 즉, 금융투자상품거래청산회사가 취급하는 구체적인 청산대상거래에 대해서는 청산업무규정에 이를 정하여야 하고, 청산업무규정의 변경에 대해서는 금융위원회의 승인을 받아야 하므로(법 323조의11 3항) 장외파생상품 거래에 대하여 금융투자상품거래청산업 인가를 받은 금융투자상품거래청산회사라도 금융투자상품거래청산업 인가시에 청산업무규정에 정하지 않은 장외파생상품 거래에 대해 청산업무를 수행하기 위해서는 해당 거래를 청산업무규정에 정하여 금융위원회의 승인을 받아야만 한다. 금융위원회는 2013년 9월 11일 증권시장 및 파생상품시장의 청산기관[1]인 한국거래소에 대해 장외파생상품 거래 청산업을 인가하였다.[2]

다음으로 증권의 장외거래 중에서 환매조건부매매, 증권의 대차거래, 그 밖의 채무증권의 거래가 금융투자상품거래청산업의 인가업무 단위이다.[3] 증권에는 채무증권 외에도 지분증권, 수익증권, 투자계약증권, 파생결합증권, 증권예탁증권 등이 있는데(법 4조 2항) 자본시장법이 금융투자상품거래청산업의 인가 대상이 되는 증권의 장외거래를 제한적으로 열거한 것은 해당 증권의 장외거래의 거래규모나 금융회사간 연쇄적 결제불이행 위험을 뜻하는 이른바 체계적 위험을 수반하는 금융회사간 거래가 어느 정도인지를 고려하였기 때문이다. 예를 들어 지분증권에 해당하는 주권의 매매거래의 경우에는 거래소시장에서 거래되는 경우에는 청산기관인 거래소를 통해 청산이 이루어지지만 거래소시장이 아닌 장외거래의 경우에는 그 거래규모가 크지 않아 금융투자상품거래청산업의 인가대상으로 삼을 만한 실익이 크지 않고, 파생결합증권에 해당하는 주가연계증권(ELS) 또는 주식워런트증권(ELW)의 경우에는 거래규모 자체는 적지 않지만 금융회사간 거래가 크지 않아 체계적 위험이 크지 않은 점 등을 고려하여 청산업의 인가 대상에서 제외하고 있다. 이에 반해 환매조건부매매, 증권의 대차거래 및 채무증권의 장외거래는 거래규모가 크고 금융회사간 거래도 매우 활발하여 청산업의 인가 대상으로 할 필요가 크고, 해외 청산기관도 이들 증권의 장외거래에 대해 청산업무를 수행하고 있다. 환매조건부매매, 증권의 대차거래, 그 밖의 채무증권의 거래를 각각 개별적인 인가업무 단위로 한 것은 이들 거래에 대한 자본시장법의 규제에 차이가 있고(법 시행령 179조~182조) 이들 증권의 장외거래가 청산의무거래의 대상거래가 아니라는 점에서 각 거래의 특성에 따라 청산업 인가의 시기

1) 자본시장법 제378조 제 1 항.
2) 2013. 9. 11. 금융위원회 보도자료(㈜한국거래소 장외파생청산업 인가 의결) 참조(http://www.fsc.go.kr).
3) 한국거래소는 거래소가 개설한 채권시장에서 거래되는 채권거래 즉, 국채전문유통시장에서의 매매거래, 환매조건부채권매매거래, 소매채권의 매매거래 등 장내 채권거래에 대해 청산기관으로서 청산업무를 수행하고 있다.

등을 달리 할 수 있는 길을 열어 놓은 것이라고 할 수 있다.

자본시장법은 수탁자인 투자중개업자와 위탁자인 금융투자업자 또는 법 제14조 제1항 각 호의 어느 하나에 해당하는 자 간의 상장증권(채무증권은 제외한다)의 위탁매매거래에 관한 청산업무를 하나의 청산업 인가업무 단위로 하고 있다. 이는 이른바 예탁결제원이 종래에 행하고 있던 주식기관투자자결제에 관하여 차감결제대금 지급채무를 부담[1]하는 점을 고려하여 이를 하나의 청산업 인가업무 단위로 한 것이다. 예탁결제원은 2013년 10월 2일 위탁매매거래의 청산업무의 수행에 필요한 사항을 정하기 위하여 '상장증권 청산업무규정'을 별도로 제정하였다. 한편, 자본시장법은 부칙(대통령령 제24655호, 2013. 7. 5) 제2조에서 예탁결제원이 종래에 행하고 있던 이러한 위탁매매거래를 업무 단위로 하는 금융투자상품거래청산업의 인가를 받은 것으로 보는 경과조치를 두고 있다.

Ⅲ. 인가요건

1. 주식회사

금융투자상품거래청산업의 인가를 받으려는 자는 먼저 상법에 따른 주식회사이어야 한다(법 323조의3 2항 1호). 이는 금융투자상품거래청산회사가 거래소와 마찬가지로 공공성을 가지고 있으면서도 자금조달의 용이성 등 주식회사가 가진 장점을 활용할 수 있기 때문이다. 또한 현재 거래소시장에서의 증권 및 장내파생상품 거래에 대한 청산기관인 한국거래소가 주식회사인 점도 고려되었다. 이처럼 금융투자상품거래청산회사가 주식회사인 점은 CME,[2] NSCC, LCH.Clearnet, Eurex Clearing 등 대부분의 해외 청산기관이 주식회사인 점과도 부합되며, 향후 해외 청산기관과의 연계 협력[3]을 고려할 때에도 주식회사제를 채택한 것은 바람직한 입법이라 할 수 있다. 여기서 유의할 점은 자본시장법 또는 다른 법률에서 청산회사의 업무로 규정한 업무를 행하거나 거래소나 대통령령으로 정하는 금융투자업관계기관(예탁결제원, 증권금융회사)이 자본시장법 또는 다른 법률에서 정하는 바에 따라 청산업무를 겸영하는 경우(법 323조의10 2항)를 제외하고는 원칙적으로 청산회사는 다른 업무를 겸영할 수 없다는 점이다. 따라서 주식회사라 하더라도 거래소나 금융투자업관계기관이 자본시장법이나 다른 법률에서 허용하는 경우를 제외하고는 청산업을 영위할 수 없다.

---

1) 예탁결제원 '증권등 결제업무규정' 제34조의2부터 제34조의5 참조.
2) CME는 세계 최대 파생상품거래소이자 대표적인 In-house 방식 청산기관이다.
3) 자본시장법 제323조의11 제1항 제7호는 국내 금융투자상품거래청산회사와 외국 금융투자상품거래청산회사와의 협력에 관한 사항을 청산업무규정의 규정사항의 하나로 열거하고 있다.

2. 자기자본

다음으로 금융투자상품거래청산업의 인가를 받으려는 자는 청산업 인가업무 단위별로 200억 이상으로서 대통령령으로 정하는 금액 이상의 자기자본을 갖추어야 한다(법 323조의3 2항 2호). 이에 따라 대통령령은 장외파생상품거래의 청산업의 경우 1천억원, 증권의 장외거래의 경우 환매조건부매매, 증권의 대차거래, 그 밖의 채무증권의 거래의 청산업의 각 업무 단위별로 2백억원, 상장증권의 위탁매매거래의 청산업의 경우 2백억원을 자기자본으로 정하고 있다. 금융투자상품거래청산회사의 결제이행능력은 기본적으로 재무적 요건의 충실화에 달려 있으며, 외국 금융투자상품거래청산회사와의 경쟁력 확보를 위해서도 결제이행능력의 강화가 매우 중요하다. 장외파생상품거래 청산업의 자기자본을 다른 인가업무 단위보다 높은 1천억으로 한 것은 장외파생상품거래의 청산업무 수행에 따른 채무부담의 위험이 다른 청산대상거래보다 높기 때문이다.

한편, 일본이나 미국의 경우에는 '충분한 결제이행재원 확보' 요건을 두고 있다. 일본 금융상품거래법은 금융상품채무인수업을 건전하게 수행하기에 충분한 재산적 기초를 갖추도록 하고 있고,[1] 미국 상품거래법(CEA)은 파생상품 청산기관(DCO, Derivatives Clearing Organization)의 재무요건에 관하여 극단적이지만 발생가능한 시장상황에서 가장 큰 위험에 노출된 회원 또는 참가자가 결제불이행한 경우에도 청산기관이 다른 회원들이나 참가자들에 대한 채무를 이행할 수 있는 정도의 재원을 갖출 것을 요구하고 있다(미국 7 USC §7a-1(c)(2)(B)).[2] 미국 CFTC는 회원 또는 참가자의 결제불이행에 사용할 수 있는 재원으로 증거금(margin), 청산기관 자의 자산(The derivatives clearing organization's own capital), 공동기금(Guaranty fund deposits), 보험금(Default insurance), 공동기금 추가분담금 평가액(Potential assessments for additional guaranty fund contributions) 그 밖에 CFTC가 인정하는 자산을 열거하고 있다.[3] 우리 자본시장법은 청산기금을 예치하고 손해배상공동기금을 적립하도록 하는 의무규정을 두고 있으나 구체적인 적립규모 등은 청산업무규정으로 정하도록 하고 있

1) 일본 金融商品取引法 제156조의4 제 2 호.

2) (B) Financial resources

(i) In general Each derivatives clearing organization shall have adequate financial, operational, and managerial resources, as determined by the Commission, to discharge each responsibility of the derivatives clearing organization.

(ii) Minimum amount of financial resources Each derivatives clearing organization shall possess financial resources that, at a minimum, exceed the total amount that would—

(I) enable the organization to meet its financial obligations to its members and participants notwithstanding a default by the member or participant creating the largest financial exposure for that organization in extreme but plausible market conditions; and

(II) enable the derivatives clearing organization to cover the operating costs of the derivatives clearing organization for a period of 1 year (as calculated on a rolling basis).

3) CFTC Reg. §39.11(b).

다. 충분한 결제이행재원 확보는 거래소의 경우와 달리 결제이행책임을 부담하는 청산기관의 핵심요건(Core Principles)이다. 또한 청산업 인가요건은 청산업 유지요건이 되는데 청산업 인가 이후 청산규모의 증가에 따라 충분한 결제이행재원의 규모가 인가시보다 높아질 수 있으므로 자기자본 요건과 별도로 '충분한 결제이행재원 확보' 요건을 두어 청산회사의 재무적 건전성을 지속적으로 확보하는 것이 바람직하다.

3. 사업계획, 인력 및 물적 설비

금융투자상품거래청산업 인가를 받으려는 자는 사업계획이 타당하고 건전해야 하며(법 323조의3 2항 3호), 투자자의 보호가 가능하고 그 영위하려는 금융투자상품거래청산업을 수행하기에 충분한 인력과 전산설비, 그 밖의 물적 설비를 갖추어야 한다(법 323조의3 2항 4호). 먼저, 사업계획은 (i) 금융투자상품거래청산업의 안정적인 영위가 가능할 것, (ii) 위험관리와 금융사고 예방 등을 위한 적절한 내부통제장치가 마련되어 있을 것, (iii) 투자자 보호에 적절한 업무방법을 갖출 것, (iv) 법령을 위반하지 아니하고 건전한 금융거래질서를 해칠 우려가 없을 것 등의 요건에 적합하여야 한다(법 시행령 318조의3 2항). 청산업의 안정적 영위는 청산회사가 수익성 악화 등으로 경영상의 위험에 빠져 청산업무를 수행할 수 없게 될 경우 해당 청산대상거래의 안정적 청산이 저해됨으로써 시장에 혼란이 초래될 수 있다는 점에서 매우 중요한 인가요건이다. 위험관리에 관한 사항 역시 청산업이 본질적으로 위험관리를 기반으로 하는 업무라는 점에서 청산위험의 측정 및 평가, 관리에 관한 절차와 시스템이 구축되어 있어야 한다. 청산업의 수행과 관련한 위험은 청산참가자의 결제불이행으로 발생할 수 있는 위험이 가장 직접적 위험이며, 이를 관리하기 위하여 청산증거금이나 손해배상공동기금을 적정 수준으로 유지·관리하는 등의 조치를 취하여야 한다. 미국 상품거래법은 청산기관의 청산참가자에 대한 신용위험을 청산기관의 영업일마다 한 번 이상 측정하고, 신용위험한도를 관리하는 등 위험관리에 관하여 비교적 엄격한 기준을 제시하고 있다(미국 7 USC §7a-1(c)(2)(D)).

다음으로 금융투자상품거래청산업을 영위하려는 자는 경영하려는 금융투자상품거래청산업에 관한 전문성과 건전성을 갖춘 인력과 업무를 수행하기 위한 전산요원 등 필요한 인력을 적절하게 갖추어야 하고, 경영하려는 금융투자상품거래청산업을 수행하기에 필요한 전산설비와 통신수단, 사무실 등 충분한 업무공간과 사무장비, 전산설비 등의 물적 설비를 안전하게 보호할 수 있는 보안설비, 정전·화재 등의 사고가 발생할 경우에 업무의 연속성을 유지하기 위하여 필요한 보완설비 등의 물적 설비를 갖추어야 한다(법 시행령 318조의3 3항). 금융위원회는 금융투자상품거래청산업을 영위하기 위해서는 경제상황 및 국제환경 급변 시에도 금융투자상품거래청산업의 안정적인 영위를 위하여 (1) 청산결제의 운영업무와 리스크관리업무별로 구분되는 조직과 (2) 실효성 있는 위험관리를 위한 독립성이 확보된 리스크관리위원회를 갖출 것을 요구하고 있다(금융투자업규정 별표 19의3.3.다). 이는 금융투자상품거래청산회사의 리스크관리의 중요성을 특별히 고려하여 리스크관리업무가 청산결제 운영업무와 분리되도록 하고 독립성이 확보된 리스크관리위원회의 설치하도록 한 것이다.

물적 설비 요건 중에서는 특히 청산업 수행에 필요한 청산시스템은 청산업이 초기에 상당한 규모의 시스템 투자를 필요로 하는 장치산업적 성격이 있다는 점에서나 청산업무의 안정적 수행을 위해서 매우 중요하다. 미국 상품거래법도 파생상품 청산기관(DCO, Derivatives Clearing Organization)은 운영상 위험을 최소화할 수 있도록 적절한 통제장치를 갖추고 자동화된 시스템을 구축하도록 함으로써 시스템 안정성에 관한 사항을 법제화하고 있다(미국 7 USC §7a-1(c)(2)(I)).

4. 정관 및 청산업무규정

금융투자상품거래청산회사의 정관 및 청산업무규정은 법령에 적합하고 금융투자상품거래청산업을 수행하기에 충분하여야 한다(법 323조의3 2항 5호). 금융투자상품거래청산회사의 청산업무의 수행에 관한 사항은 청산업무규정에서 정해지기 때문에 금융투자상품거래청산업의 인가를 받을 때에 청산업무규정이 청산업 수행에 충분한 내용인지를 심사하도록 하고 있다. 청산업무규정을 변경하려는 경우에는 금융위원회의 승인을 받아야 하는 것(법 323조의11 2항)과도 균형을 맞추었다. 자본시장법은 증거금의 예치규모나 손해배상공동기금의 적립규모 등과 같이 청산회사의 업무수행과 관련한 구체적 기준 등을 청산업무규정으로 위임한 경우가 있는데 이는 청산업무규정에 대한 금융위원회의 승인과정을 통해 외국에서의 법적 규제와 조화를 도모하기 위한 취지로 이해된다. 입법 당시에는 미국, EU 등 주요국의 규제수준이 유동적인 상황이어서 이에 탄력적으로 대응하기 위한 입법정책적 고려의 결과라 할 수 있다. 금융위원회는 이러한 국제적 규제조화를 염두에 두고 정관 및 청산업무규정에 관하여 국제결제은행(BIS)과 국제증권위원회기구(IOSCO)가 공동으로 정한 「금융시장인프라에 관한 원칙」[1])을 반영할 것을 요구하고 있다(금융투자업규정 별표 19의3.1. 가). 또한 이러한 입법체계는 현행 거래소시장에서의 청산기관에 대한 법적 규제와의 정합성도 감안한 것이라 할 수 있다. 한편 금융투자업규정은 정관과 청산업무규정이 법률, 신용, 유동성, 운영 및 기타 위험을 종합적으로 관리하는 리스크관리위원회를 반영할 것을 규정하고 있다(금융투자업규정 별표 19의3.1. 나).

5. 임원 및 대주주

금융투자상품거래청산업 인가를 받으려는 자의 임원은 법 제24조에 적합하여야 한

1) Principles for Financial Market Infrastructure(PFMI)를 말한다.

다(법 323조의3 2항 6호). 법 제24조는 금융투자업자의 임원의 자격에 관한 규정으로 임원이 될 수 없는 자를 열거하여 임원의 소극적 결격사유를 정하고 있다(법 24조 1항). 따라서 금융투자업자의 임원이 될 수 없는 자는 청산회사의 임원이 될 수 없다. 결격사유에 해당하면 임원으로 선임되지 못할 뿐만 아니라 임원이 된 후에도 이에 해당하면 자동적으로 그 직을 상실한다.

금융투자상품거래청산업 인가를 받으려는 자의 대주주는 충분한 출자능력, 건전한 재무상태 및 사회적 신용을 갖추어야 한다(법 323조의3 2항 7호). 여기서 대주주는 금융투자업 인가시의 대주주 요건인 법 제12조 제2항 제6호 가목의 대주주를 말하며, 대주주의 요건에 관해서는 법 시행령 [별표 2]를 준용한다. 한편 법 시행령에서는 대주주가 법 제323조의10 제2항 제2호에 해당하는 자 즉, 거래소 또는 그 밖에 대통령령으로 정하는 금융투자업관계기관의 경우에는 금융위원회가 그 요건을 완화하여 고시할 수 있도록 하였다(법 시행령 318조의3 4항). 이는 거래소 등이 금융투자상품거래청산회사가 되는 경우 해당 대주주의 자격요건에 규제에 관한 충돌을 회피하기 위한 취지이다.

6. 사회적 신용

금융투자상품거래청산업 인가를 받으려는 자는 대통령령으로 정하는 사회적 신용을 갖춘 자이어야 한다(법 323조의3 2항 8호). 이는 금융투자업의 인가, 투자자문업 및 투자일임업 등록 요건으로 사회적 신용요건을 두고 있는 것과 같은 취지이다(법 12조 2항6의2호, 18조 2항5의 2호). 대통령령으로 정하는 사회적 신용은 법 시행령 제16조 제8항 제2호의 요건을 말한다(법 시행령 318조의3 5항). 한편, 사회적 신용요건은 뒤에서 보는 바와 같이 청산업 유지요건에서는 제외되어 있다.

7. 이해상충방지체계

금융투자상품거래청산업 인가를 받기 위해서는 이해상충방지체계를 구축하고 있어야 한다(법 323조의3 2항 9호). 이해상충방지체계는 금융투자상품거래청산업의 영위와 관련하여 금융투자상품거래청산회사와 청산대상업자 간의 이해상충이 발생할 가능성을 파악·평가하고, 금융투자상품거래청산회사의 내부통제기준으로 정하는 방법 및 절차에 따라 이를 적절히 관리하는 체계이어야 한다(법 시행령 318조의3 6항). 금융위원회는 이해상충의 파악·평가·관리에 관한 내부통제기준이 (1) 내부통제기준에 반영된 이해상충의 파악·평가·관리 체계가 합리적이고 검증이 가능할 것, (2) 이해상충 발생 가능성을 낮출 수 있는 방법 및 절차 등이 적정할 것, (3) 내부통제기준의 이해상충 관리 체계 등의 적정 여부에 대하여 주기적인 점검이 이루어 질 것, (4) 그 밖에 신청한 인가업무를 영위함에 있어 발생할 수 있는 이해상충을 합리적으로 관리할 수 있는 체계를 갖출 것을 요구하고 있다. 정보교류 차단에 관해서는 (1) 정보교류 차단 부서간 정보차단벽(Chinese Wall)이 적정하게 설치되어 있을 것, (2) 법령 등에서 예외적으로 허용한 정보차단벽간 정보제공(Wall Cross)이 이루어지는 경우 관련 기록이 유지·관리될 수 있는 체계를 갖출 것, (3) 그 밖에 신청한 인가업무를 영위함에 있어 정보차단벽 간 정보교류를 합리적으로 차단할 수 있는 체계를 갖출 것을 요구하고 있다(금융투자업규정 별표 19의3.6).

제323조의4(인가의 신청 및 심사)

① 제323조의3 제 1 항에 따른 인가를 받으려는 자는 인가신청서를 금융위원회에 제출하여야 한다.

② 금융위원회는 제 1 항의 인가신청서를 접수한 때에는 그 내용을 심사하여 3개월 이내에 인가 여부를 결정하고, 그 결과와 이유를 지체 없이 신청인에게 문서로 통지하여야 한다. 이 경우 인가신청서에 흠결이 있는 경우에는 보완을 요구할 수 있다.

③ 제 2 항의 심사기간을 산정함에 있어서 인가신청서 흠결의 보완기간 등 총리령으로 정하는 기간은 산입하지 아니한다.

④ 금융위원회는 제 2 항에 따라 인가를 하는 경우에는 금융투자상품거래청산회사의 경영의 건전성 확보 및 건전한 시장질서 유지에 필요한 조건을 붙일 수 있다.

⑤ 제 4 항에 따라 조건이 붙은 인가를 받은 자는 사정의 변경이나 그 밖에 정당한 사유가 있는 경우에는 금융위원회에 조건의 취소 또는 변경을 요청할 수 있다. 이 경우 금융위원회는 2개월 이내에 조건의 취소 또는 변경 여부를 결정하고, 그 결과를 지체 없이 신청인에게 문서로 통지하여야 한다.

⑥ 금융위원회는 제 2 항에 따라 인가를 한 경우에는 다음 각 호의 사항을 관보 및 인터넷 홈페이지 등에 공고하여야 한다.

1. 인가의 내용
2. 인가의 조건(조건을 붙인 경우로 한정한다)
3. 인가의 조건을 취소하거나 변경한 경우 그 내용(조건을 취소하거나 변경한 경우로 한정한다)

⑦ 제 1 항부터 제 6 항까지의 규정에 따른 인가신청서의 기재사항·첨부서류 등 인가의 신청에 관한 사항과 인가심사의 방법·절차, 그 밖에 필요한 사항은 대통령령으로 정한다.

제323조의5(예비인가)

① 제323조의3에 따른 금융투자상품거래청산업인가(이하 이 조에서 "본인가"라 한다)를 받으려는 자는 미리 금융위원회에 예비인가를 신청할 수 있다.

② 금융위원회는 예비인가를 신청받은 경우에는 2개월 이내에 제323조의3 제 2 항 각 호의 요건을 갖출 수 있는지 여부를 심사하여 예비인가 여부를 결정하고, 그 결과와 이유를 지체 없이 신청인에게 문서로 통지하여야 한다. 이 경우 예비인가신청에 관하여 흠결이 있는 때에는 보완을 요구할 수 있다.

③ 제 2 항의 심사기간을 산정함에 있어서 예비인가신청과 관련된 흠결의 보완기간 등 총리령으로 정하는 기간은 심사기간에 산입하지 아니한다.
④ 금융위원회는 제 2 항에 따라 예비인가를 하는 경우에는 금융투자상품거래청산회사의 경영의 건전성 확보 및 건전한 시장질서 유지에 필요한 조건을 붙일 수 있다.
⑤ 금융위원회는 예비인가를 받은 자가 본인가를 신청하는 경우에는 제 4 항에 따른 예비인가의 조건을 이행하였는지 여부와 제323조의3 제 2 항 각 호의 요건을 갖추었는지 여부를 확인한 후 본인가 여부를 결정하여야 한다.
⑥ 제 1 항부터 제 5 항까지의 규정에 따른 예비인가의 신청서 및 그 기재사항·첨부서류 등 예비인가의 신청에 관한 사항과 예비인가심사의 방법·절차, 그 밖에 예비인가에 관하여 필요한 사항은 대통령령으로 정한다.

금융투자상품거래청산업 인가의 신청 및 심사, 예비인가에 관한 사항은 금융투자업 인가의 경우와 기본적으로 동일하다. 다만, 조건부 인가를 하는 경우 조건에 내용에 관하여 금융투자업 인가시에는 '경영의 건전성 확보 및 투자자 보호'에 필요한 조건을 붙일 수 있는데, 금융투자상품거래청산업 인가시에는 '경영의 건전성 확보'에 조건을 붙일 수 있음은 같으나 투자자 보호 대신 '건전한 시장질서 유지'에 필요한 조건을 붙일 수 있도록 하였다. 이는 청산업이 투자자 보호와의 관련성이 적고 시장질서에 미치는 영향이 크다는 점을 감안한 조치이다. 예비인가는 본인가를 위한 필요적 절차가 아니라 임의적 절차이기 때문에 예비인가 신청 없이 곧바로 본인가를 신청할 수 있다. 예비인가를 받은 후에 본인가를 신청하는 경우 금융위원회는 3개월 이내에 그 내용을 심사하여 인가 여부를 결정하여야 한다(법 328조의4 2항). 금융투자업 예비인가 후에 본인가를 신청하는 경우 1개월 이내에 인가 여부를 결정하도록 하고 있는 것과 달리 본인가도 시장질서에 미치는 영향을 감안하여 신중을 기하도록 한 것이다.

금융투자상품거래청산업 인가를 받은 자는 그 인가를 받은 날로부터 6개월 이내에 영업을 시작하여야 한다(법 시행령 318조의4 8항).

제323조의6(인가요건의 유지)

금융투자상품거래청산회사는 제323조의3에 따른 금융투자상품거래청산업인가를 받아 그 업무를 영위함에 있어서 같은 조 제 2 항 각 호의 인가요건(제 8 호는 제외한다)을 유지하여야 한다.

금융투자상품거래청산회사는 청산업 인가 후에도 사회적 신용요건을 제외한 인가요건을 동일하게 유지하여야 한다. 금융투자회사의 경우에는 유지요건이 일부 인가요건보다 완화되어 있는 것과 차이가 있다. 예를 들어 금융투자회사는 자기자본의 경우 인가업무 단위별 최저자기자본의 100분의 70 이상을 유지하면 되는 것으로 완화되어 있다(법 시행령 19조 1항). 금융투자상품거래청산회사에 대해서는 이와 같은 유지요건의 완화가 없는데 이는 청산회사가 부실화되는 것을 막음으로써 청산회사의 결제이행능력이나 건전성을 인가와 때와 마찬가지로 최소한 동일한 수준으로 유지하고자 하는 취지이다. 그만큼 청산회사가 시장질서에 미치는 영향이 크다는 점을 고려한 것이다. 금융위원회는 인가요건을 유지의무를 위반한 경우 청산업 인가를 취소할 수 있다(법 323조의20 1항 3호).

한편, 사회적 신용 요건은 유지요건에서 제외되어 있다. 사회적 신용 요건은 다른 요건에 비하여 재량적 판단의 여지가 많아 이를 유지요건으로 할 경우 재량적 판단에 따라 청산회사의 법적 안정성이 훼손될 수 있으므로 인가 이후에 사회적 신용이 문제되는 사안이 발생한 경우에는 감독상의 시정조치 등으로 대응하는 것이 바람직하다. 금융투자업, 투자자문업 및 투자중개업 등의 경우에도 사회적 신용 요건은 유지요건에서 제외되어 있다(법 15조 및 20조).

제323조의7(업무의 추가 및 인가의 변경)

금융투자상품거래청산회사는 제323조의3에 따라 인가받은 청산업 인가업무 단위 외에 다른 청산업 인가업무 단위를 추가하여 금융투자상품거래청산업을 영위하려는 경우에는 제323조의3 및 제323조의4에 따라 금융위원회의 변경인가를 받아야 한다. 이 경우 제323조의5를 적용한다.

금융투자상품거래청산회사는 청산업 인가 후에 인가받은 업무 외에 다른 인가업무 단위에 대하여 추가로 변경인가를 받아 영위할 수 있다. 변경인가는 새로운 인가가 아니라 종전에 받은 인가의 내용을 변경하는 것이기는 하나 변경인가요건으로는 인가요건과 동일한 기준이 적용된다. 한편, 변경인가에는 예비인가 절차를 적용한다. 변경인가시에 예비인가 절차를 적용하지 않을 경우 변경인가에 필요한 요건을 변경인가 신청시에 모두 갖추어야 하는데 만약 변경인가를 받지 못하게 되면 인가요건 준비에 따른 손실을 입을 수밖에 없는 문제점이 생길 수 있다. 이러한 문제의 발생을 예방하기 위해 변경인가시에는 인가요건을 갖출 수 있는지 여부를 심사하여 예비인가를 하도록 한 것이다. 금융투자업의 경우에도 마찬가지이다(법 16조).

제323조의8(유사명칭 사용 금지)

금융투자상품거래청산회사가 아닌 자는 "금융투자상품거래청산," "금융투자상품청산," "증권거래청산," "증권청산," "파생상품거래청산," "파생상품청산" 또는 이와 유사한 명칭을 사용하여서는 아니 된다.

금융투자상품거래청산회사가 아닌 자가 그 명칭 또는 상호에 "금융투자상품거래청산," "증권거래청산," "파생상품거래청산" 등의 명칭을 사용할 경우 자본시장법에 따라 청산업을 영위하는 청산회사로 오인될 수 있고 이로 인해 그 명칭을 신뢰한 자의 피해가 발생할 수 있다. 따라서 유사명칭의 사용 금지는 유사명칭을 사용하는 자로 인해 선의의 피해자가 생기지 않도록 하는 데에 그 일차적 의의가 있다. 다음으로 유사명칭의 사용 금지는 청산업 인가를 받은 청산회사가 그렇지 않은 자의 유사명칭 사용으로 인해 입을 수 있는 간접적 피해나 공신력의 훼손도 막고자 하는 취지도 담고 있다.

유사명칭의 사용 금지를 위반한 자에 대해서는 5천만원 이하의 과태료가 부과된다(법 449조 1항 44호).

제323조의9(임원 등)

① 금융투자상품거래청산회사의 상근임원은 청산대상업자의 임직원 외의 사람이어야 한다.

② 금융투자상품거래청산회사의 임원의 자격에 관하여는 제24조를 준용한다.

③ 금융투자상품거래청산회사의 상근 임직원은 청산대상업자 및 금융투자업관계기관(그 상근 임직원이 소속된 금융투자상품거래청산회사는 제외한다)과 자금의 공여, 손익의 분배, 그 밖에 영업에 관하여 대통령령으로 정하는 특별한 이해관계를 가져서는 아니 된다.

금융투자상품거래청산회사의 상근임원이 청산대상업자의 임직원을 겸할 경우 청산회사와 청산대상업자간 이해상충의 문제가 발생할 수 있음을 고려하여 양자를 겸직할 수 없도록 하였다. 청산회사 임원의 자격은 청산업 인가시와 마찬가지로 제24조를 준용한다. 따라서 결격사유에 해당하면 임원으로 선임되지 못할 뿐만 아니라 임원이 된 후에도 이에 해당하면 자동적으로 그 직을 상실한다.

금융투자상품거래청산회사의 상근 임직원은 청산대상업자 및 금융투자업관계기관과 자금의 공여, 손익의 분배, 그 밖에 영업에 관하여 대통령령으로 정하는 특별한 이해관계를 가져서는 아니 된다. 이 규정 역시 청산회사 상근 임직원이 청산대상업자 등과 특별한 이해관계를 가질 경우 발생할 수 있는 이해상충의 문제나 부작용의 발생을 방지하기 위한 것이다. "대통령령으로 정하는 특별한 이해관계"는 채무보증, 담보제공, 정상적인 거래활동(거래 상대방의 사업내용과 관련되거나 사업목적 달성에 수반되는 행위로서 거래조건 등에 비추어 사회통념상 일반적인 거래활동으로 인정될 수 있는 경우를 말한다)을 수행하는 과정에서 필요한 행위에 해당하는 것으로 볼 수 없는 이해관계를 말한다(법 시행령 318조의6).

제323조의10(업무)

① 금융투자상품거래청산회사는 정관으로 정하는 바에 따라 다음 각 호의 업무를 행한다.

1. 청산대상거래의 확인업무
2. 청산대상거래에 따른 채무의 채무인수, 경개, 그 밖의 방법에 따른 채무부담업무
3. 청산대상거래에서 발생하는 다수의 채권 및 채무에 대한 차감업무
4. 결제목적물·결제금액의 확정 및 결제기관에 대한 결제지시업무
5. 결제불이행에 따른 처리업무
6. 제 1 호부터 제 5 호까지의 규정에 따른 업무에 수반되는 부수업무로서 금융위원회로부터 승인을 받은 업무

② 금융투자상품거래청산회사는 제 1 항 각 호의 업무 외에 다른 업무를 할 수 없다. 다만, 다음 각 호의 어느 하나에 해당하는 경우에는 그러하지 아니하다.

1. 이 법 또는 다른 법령에서 금융투자상품거래청산회사의 업무로 규정한 업무를 행하는 경우
2. 이 법 또는 다른 법률에서 정하는 바에 따라 거래소, 그 밖에 대통령령으로 정하는 금융투자업관계기관이 금융투자상품거래청산업무를 하는 경우

Ⅰ. 청산회사의 업무	Ⅱ. 청산회사의 겸영업무

Ⅰ. 청산회사의 업무

금융투자상품거래청산회사가 행하는 업무 즉, 청산업무[1]는 청산대상거래의 확인업무, 청산대상거래에 따른 채무의 채무인수, 경개, 그 밖의 방법에 채무부담업무, 청산대상거래에서 발생하는 다수의 채권 및 채무에 대한 차감업무, 결제목적물·결제금액의 확정 및 결제기관에 대한 결제지시업무, 결제불이행에 따른 처리업무, 그 밖의 부수업무로서의 금융위원회로부터 승인을 받은 업무를 말한다(법 323조의10 1항). 이와 같은 청산회사의 청산업무는 거래소가 청산기관으로서 행하는 청산업무(법 378조 1항)의 내용과 기본적으로 같다. 차이가 나는 점은 채무부담의 방법을 청산회사의 경우에는 채무인수 외에 경개, 그 밖의 방법으로까지 확장했으며, 거래소 청산업무로 열거된 결제이행보증을 청산회사의 청산업무에서는 삭제하고, 결제지시업무의 대상을 결제기관으로 명확히 했다는 점이다. 이 중에서 결제이행보증의 경우 청산회사가 청산대상거래에 따른 채무를 부담하기 때문에서 청산회사는 채무부담의 결과 당연히 채무를 이행하여야 하므로 결제이행보증이라는 것이 적절치 않은 표현이라는 점을 감안하여 삭제하였다. 이러한 점은 거래소가 청산기관으로서 채무를 부담하는 경우에도 마찬가지이므로 결제이행보증이라는 표현

1) 자본시장법상 '청산업무'란 개념은 '청산업무규정'이란 규정명칭으로 사용되고 있고, 제323조의10 제 2 항 제 2 호, 제323조의11 제 3 항 제 7 호·제 8 호 등에서 '금융투자상품거래청산업무'라고 하여 금융투자상품거래청산회사가 행하는 업무를 포괄적으로 일컫는 용어로 사용되고 있다.

을 삭제하여 정비할 필요가 있다.

한국거래소가 장외파생상품거래의 청산업무 수행을 위하여 제정한 '장외파생상품 청산업무규정'에서는 청산업무를 거래소가 행하는 청산대상거래의 확인, 채무부담, 차감, 결제금액의 확정, 청산회원에게 확정된 결제금액의 통지, 청산회원으로부터 확정된 결제금액의 수령, 결제지시, 청산회원에게 확정된 결제금액의 지급 및 결제불이행에 따른 처리 등의 업무로 정의하고 있다(장외파생상품 청산업무규정 2조 1항 6호). 한국거래소의 청산업무규정에서는 법에서 열거하고 있는 청산업무 외에 '청산회원에게 확정된 결제금액의 통지', '청산회원으로부터 확정된 결제금액의 수령'과 '청산회원에게 확정된 결제금액의 지급'을 추가로 청산업무로 열거하고 있다. 청산회사가 인가받은 금융투자상품거래청산업은 금융투자상품의 거래를 함에 따라 발생하는 채무를 채무인수, 경개(更改), 그 밖의 방법으로 부담하는 것이며, 이러한 채무부담의 결과 청산회사는 부담한 채무를 자신의 책임으로 이행함으로써 청산업무를 완결적으로 수행하게 되는 것이다. 따라서 법문에 명시적 표현이 없다 하더라도 채무이행을 위한 행위인 결제금액의 통지와 결제금액의 수령 및 지급은 청산업무의 범위에 당연히 포함된다고 할 것이다. 결제금액의 수령 및 지급은 이를 '결제업무'로 구분할 수 있는데 청산업무는 이러한 결제업무를 포함하는 개념으로 이해할 수 있다.[1] 채무의 내용이 결제금액이 아니라 결제목적물인 경우에도 마찬가지이다.

1. 청산대상거래의 확인

청산대상거래의 확인은 청산회사가 채무부담하는 거래가 청산회사가 정한 청산대상거래로서 적합한지를 확인하는 과정을 말한다. 청산대상거래의 확인 절차를 거쳐 해당 거래가 청산대상거래로서 적합하다고 인정되는 경우 청산회사는 청산대상업자의 채무부담 신청을 접수하게 된다.[2]

장외파생상품거래의 청산의 경우 청산회사는 통상 해당 장외파생상품거래에 대한 채무부담에 앞서 거래당사자간에 해당 거래가 유효하게 성립되었음을 미리 확인하도록 하는 절차를 거친다. 이러한 절차를 '거래확인'(confirmation)이라고 하는데[3] 청산회사가 행하는 청산대상거래의 확인(clearing confirmation)과는 구분되는 절차이다. 그러나 이러한 거래확인 절차는 원래 해당 거래의 청산 여부와 관계없이 장외거래에서 이루어지는 절차인데, 청산회사는 거래확인 절차를 청산회사가 지정한 거래확인시스템을 통하여 하도록 하

1) 한국거래소 정관 제 2 조(목적)는 거래소의 업무로 "장외파생상품거래의 확인, 청산 및 결제에 관한 업무"를 규정하고 있는데, 여기서 '청산업무'는 '광의의 청산업무'에 속하는 결제업무를 제외한 '협의의 청산업무'를 말하는 것으로 이해된다.

2) 한국거래소 '장외파생상품 청산업무규정' 제48조 제 2 항 참조.

3) 한국거래소 '장외파생상품 청산업무규정'에서는 이를 '당사자거래확인'이라고 한다(장외파생상품 청산업무규정 제47조 제 3 항).

고 있으며, 거래확인 절차를 거치지 않은 거래에 대해서는 청산신청을 접수하지 않는다는 점에서 청산대상거래의 확인을 위한 필수적 사전 과정이다.

[한국거래소 장외파생상품거래 청산 업무흐름도]

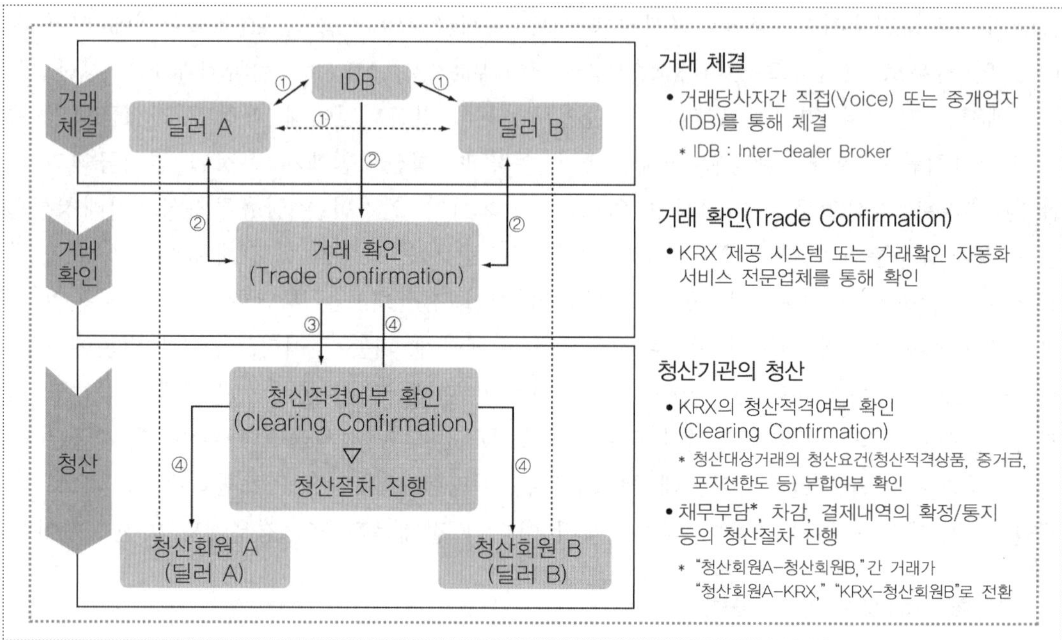

2. 청산대상거래에 따른 채무의 부담

청산회사는 청산대상거래에 따른 채무를 채무인수, 경개, 그 밖의 방법으로 부담한다. 거래소가 청산기관으로 채무를 부담하는 방법은 채무인수로 한정되어 있다. 이에 따라 한국거래소는 거래소시장에서의 증권의 매매거래 및 장내파생상품의 거래에 대하여 채무인수를 채무부담 방법으로 규정하고 있다. 그러나 장외파생상품거래의 청산은 거래소시장에서의 매매거래에 대한 청산과 달리 국내에서의 거래 뿐만 아니라 국경간 거래(cross-border trade)에 대한 청산도 이루어짐에 따라 해외 청산대상업자의 청산참여까지 고려하여야 하며, 이에 따라 해외 청산대상업자가 속한 국가의 법률에 의한 채무부담 방법과 법률적 정합성이 도모되도록 채무부담 방법을 정하여야 한다. 또한 연계청산 등 국내외 청산회사간 협력이 필요한 경우에도 국가간 법률적 정합성은 중요한 고려사항이 된다. 따라서 이러한 법률적 정합성이 도모될 수 있도록 채무부담 방법을 채무인수로 한정하지 않고 경개, 그 밖의 방법으로 확대한 것이다.[1]

1) 일본 금융상품거래법도 같은 이유에서 채무부담 방법을 종전 채무인수에서 경개 등으로 확대하였다

실제 장외파생상품거래의 청산에서의 채무부담 방법을 정하는 데에는 청산회사(CCP)의 파산시에 「채무자 회생 및 파산에 관한 법률」 제120조 제2항 및 제3항의 적용에 따른 결제안정성도 고려되었다. 장외파생상품거래의 청산에서 채무인수 방식을 채무부담 방법으로 채택하면 장외에서 체결한 기본계약이 소멸되지 않아 「채무자 회생 및 파산에 관한 법률」 상 청산회사 도산시 파산관재인 등의 해제·해지·취소 및 부인의 대상에서 제외되지 않으므로 결제안정성이 저해될 수 있다.[1] 이에 한국거래소는 장외파생상품거래의 청산에 관한 채무부담 방법으로 한국거래소와 청산대상거래에 관한 각 청산회원간에 각각 새로운 거래(청산약정거래)가 성립하고 동시에 양 청산회원간의 청산대상거래 및 그 채무는 합의 해약되어 소멸된 것으로 하는 방법을 채택하였다(장외파생상품 청산업무규정 52조 1항·2항). 그리고 청산위탁자분 거래와 관련해서는 한국거래소가 위탁자분에 대한 청산회원의 채무를 직접 부담하고 청산회원은 위탁자 채무를 직접 부담하는 것으로 하여 위탁자분에 대한 청산회사(한국거래소)와의 결제책임주체를 청산회원으로 명확히 함으로써 이른바 Principal 모델[2]을 채택하였다. 또한 채무자 회생 및 파산에 관한 법률상 위탁자의 회생절차가 개시된 경우 거래종료 및 청산 등에 대한 파산관재인 등의 해제·해지·취소 및 부인의 대상에서 제외되기 위해서는 청산회원과 위탁자간 새로운 거래(적격금융거래)의 성립이 필요한바 이를 명정하여 결제안전성을 강화하였다(장외파생상품 청산업무규정 52조 3항).[3]

(金融商品取引法 2조 28항).

1) 「채무자 회생 및 파산에 관한 법률」 제120조 제2항은 「자본시장과 금융투자업에 관한 법률」에 따라 증권·파생금융거래의 청산결제업무를 수행하는 자가 운영하는 청산결제제도의 참가자에 대하여 회생절차가 개시된 경우 채무인수 등 청산결제에 관하여 「채무자 회생 및 파산에 관한 법률」의 규정에 불구하고 그 청산결제제도를 운영하는 자가 정한 바에 따라 효력이 발생하며 해제, 해지, 취소 및 부인의 대상이 되지 아니하는 것으로 규정하고 있다. 금융투자상품거래청산회사가 운영하는 청산업무도 이 규정에 따라 청산결제업무를 수행하는 자가 운영하는 청산결제제도의 하나에 해당한다고 할 수 있으나 이 규정에서는 그 '참가자'가 도산한 경우만을 규정하고 있어 청산회사(CCP)가 도산한 경우는 이 규정에 따른 특례가 적용되지 않는 문제점이 있다. 이에 따라 청산회사가 도산한 경우 같은 조 제3항에 따라 「채무자 회생 및 파산에 관한 법률」의 특례를 적용하고자 하는 해석론이 현실적인 대안으로 제시되고 있고 채무인수에 의한 채무부담 방식으로는 제120조 제3항을 적용할 수 없기 때문에 이러한 해석론이 가능하기 위해서는 채무인수가 아닌 다른 채무부담 방식을 채택하여야만 하는 제약이 있다. 그러나 제120조 제3항은 양 거래당사자간에 행하여진 거래 즉, 상대거래에 대하여 어느 일방당사자가 도산한 경우를 대비한 규정이므로 청산회사(CCP)가 개입된 청산거래의 경우에 제120조 제3항을 적용하는 것은 적절치 않고 입법자가 의도한 바로 보기도 어렵다. 따라서 제120조 제2항을 개정하여 '참가자'가 도산하는 경우뿐만 아니라 '청산회사'(CCP)가 도산하는 경우까지 일괄적으로 포섭되도록 하여 동일한 법률관계에 동일한 규정(120조 2항)이 적용되도록 하여야 할 것이다. 물론, 이 경우 제120조 제2항이 '채무의 인수'만을 채무부담 방법으로 규정하고 있는 것도 경개, 그 밖의 채무부담 방법도 가능하도록 개정하여야 한다.

2) 청산위탁자 거래의 청산(client clearing)에 관하여 Principal 모델과 대비되는 모델로는 Agency 모델이 있다. Agency 모델은 청산위탁자와 청산회사(CCP)간에 직접적인 채권·채무관계가 성립하고 청산회원은 청산위탁자의 대리인(agent)의 지위에서 청산위탁자의 청산회사에 대한 채무이행을 보증(guarantee)하는 구조이다.

3) 김영호, "장외파생상품(원화IRS) CCP 청산제도," 「KRX MARKET」 제105호(2013년 11월), 57~58쪽.

3. 청산대상거래에서 발생하는 다수 채권·채무의 차감

청산대상거래에서 발생하는 다수 채권·채무의 차감은 청산회사와 청산대상업자간에 주고받을 결제목적물·결제금액을 확정하기 위한 사전 절차이다. 차감을 통해 다수의 채권·채무가 하나의 채권·채무로 줄어들게 되고, 이 과정을 통해 청산회사와 청산대상업자간 채권·채무 즉, 결제규모가 감소하게 된다. 결제규모의 감소는 결제불이행 위험을 그만큼 축소시켜 청산회사를 통한 청산의 효율성이 높아지는 결과를 가져온다.

장외파생상품거래 청산의 경우 청산회사를 통한 청산이 이루어지면 일일정산을 통해 결제위험을 분산시키고 각 청산대상거래의 일일정산으로 산출된 다수의 결제금액을 차감을 통해 최소화한다(장외파생상품 청산업무규정 66조 1항).

4. 결제목적물·결제금액의 확정 및 결제기관에 대한 결제지시업무

청산대상거래에서 발생하는 다수 채권·채무의 차감을 통해 청산회사와 청산대상업자간에 결제하여야 할 결제목적물 및 결제금액이 확정된다. 청산회사는 결제목적물 및 결제금액이 확정되면 그 확정된 결제목적물 및 결제금액을 청산대상업자에게 통지하고 결제기관에 결제지시를 한다. 청산회사는 납부의무가 있는 청산대상업자로부터 확정된 결제목적물·결제금액을 수령하여 확정된 결제목적물·결제금액을 수령할 청산대상업자에게 지급하게 되는데, 결제지시는 수령할 청산대상업자에 대한 지급을 결제기관에 지시하는 것을 말한다.

장외파생상품거래 청산에 관하여 한국거래소의 장외파생상품 청산업무규정은 '결제지시'를 거래소가 차감결제현금을 청산회원에게 지급하는 경우 거래소가 결제은행에 대하여 거래소결제은행계좌에서 청산회원 명의의 은행계좌로 대체하여 결제할 것을 지시하는 것으로 정의하고 있다(장외파생상품 청산업무규정 70조). 따라서 장외파생상품거래 청산의 경우 결제지시는 결제은행에 대하여 이루어지고, 이에 따라 결제은행은 결제기관이 된다. 이와 같은 결제지시의 구조에 따라 장외파생상품거래의 청산에서 결제기관은 청산회사의 결제지시를 받아 결제목적물의 인도나 결제금액의 지급에 관한 업무를 계좌대체 등의 방법으로 처리하는 기관을 말한다고 할 수 있다.[1)]

---

1) 한국거래소 파생상품시장 업무규정 제105조의2에서는 결제지시를 거래소가 결제시한 이후 결제은행등에 대하여 거래소에서 수령할 결제회원으로의 차감결제현금의 지급 또는 차감결제기초자산의 인도의 지시를 말하는 것으로 규정하고 있는데, 이는 청산회사의 결제지시와 개념상 일치한다고 할 수 있다. 다만, 현행 자본시장법상 장내파생상품시장의 결제기관은 '거래소'라고 규정되어 있어 장내파생상품시장의 결제기관(거래소)을 결제지시의 대상기관으로 볼 수 없다는 점에서 청산회사의 결제기관(예, 결제은행)과 차이가 있다.

5. 결제불이행에 따른 처리

청산대상업자의 결제불이행에 따른 처리 업무는 청산회사의 본질적 업무이다. 청산회사는 청산대상업자가 행한 청산대상거래의 채무를 부담하기 때문에 채무이행 당사자가 된다. 따라서 청산회사는 결제목적물 또는 결제금액을 납부할 청산대상업자가 결제를 이행하지 않는 경우 청산회사의 상대방이 되는 청산대상업자에 대하여 자신의 책임으로 결제를 이행하여야 한다. 자본시장법은 청산증거금의 예치 또는 손해배상공동기금의 적립 등 원활한 결제이행을 도모하기 위한 제도를 마련해 두고 있다.

장외파생상품거래의 청산과 관련하여 결제불이행이 발생한 경우 한국거래소는 결제불이행을 야기한 회원의 청산증거금과 공동기금을 먼저 사용하여 결제를 이행하고, 그 이후에도 결제이행재원이 부족한 경우에는 청산회사의 결제적립금중 일정액, 다른 회원의 공동기금, 청산회사의 나머지 결제적립금 등의 재원을 순차적으로 사용하여 결제를 이행한다. 또한 위탁자 포지션의 이관, 손실회피거래의 실시, 결제불이행 포지션의 경매 등의 조치를 취할 수 있으며, 필요한 경우 일괄정산을 통해 청산업무를 종결할 수도 있다.[1]

Ⅱ. 청산회사의 겸영업무

금융투자상품거래청산회사는 원칙적으로 다른 업무를 겸영할 수 없다. 자본시장법은 이른바 청산업 전업주의를 채택하고 있다. 다만 예외적으로 자본시장법 또는 다른 법령에서 청산회사의 업무로 규정한 업무를 행하는 경우나 자본시장법 또는 다른 법률에 따라 거래소, 그 밖에 대통령령으로 정하는 금융투자업관계기관이 금융투자상품거래청산업무를 하는 경우에는 다른 업무를 겸영할 수 있다(법 323조의10 2항). 자본시장법은 청산업 전업주의를 채택하면서 필요에 따라 예외를 인정하고 있는 것이다. 특히, 금융위원회가 지정에 따라 거래시장에서의 매매거래에 대해 청산기관으로서 청산업무를 수행하는 거래소에 대해서는 청산회사로서 청산업을 영위할 수 있는 길을 열어두는 것이 바람직하다. 청산업은 규모의 경제가 작용하는 분야이고, 해외 청산기관의 경우에도 거래소시장에서의 장내거래 뿐만 아니라 장외거래에 대한 청산업무를 동시에 수행하는 경우가 대부분이기 때문이다. 이러한 점을 감안하여 자본시장법은 거래소가 청산업 인가를 받아 금융투자상품거래청산업을 영위하는 경우를 허용하고 있으며(법 377조 2항 2호),[2] 이 경우 청

1) 김영호, “장외파생상품(원화IRS) CCP 청산제도,” 「KRX MARKET」 제105호(2013년 11월), 76~82쪽.

2) 법 제377조(업무) ② 거래소는 제1항 각 호의 업무 외에 다른 업무를 할 수 없다. 다만, 다음 각 호의 어느 하나에 해당하는 경우에는 그러하지 아니하다.
 1. 이 법 또는 다른 법령에서 거래소가 운영할 수 있도록 한 업무를 행하는 경우
 2. 제323조의3에 따라 인가를 받아 금융투자상품거래청산업을 영위하는 경우

산회사는 거래소 업무를 겸영하는 결과가 된다. 또한, 대통령령이 정하는 금융투자업관계기관도 자본시장법 또는 다른 법률에서 정하는 바에 따라 청산업을 영위할 수 있다. 여기서 대통령령이 정하는 금융투자업관계기관은 예탁결제원이나 증권금융회사를 말한다(법 시행령 318조의7). 예탁결제원이나 증권금융회사는 금융위원회의 승인을 받아 청산업을 영위할 수 있다(법 326조 2항·296조 3항).

제323조의11(청산업무규정 등)

① 금융투자상품거래청산회사는 청산업무규정을 정하여야 한다. 이 경우 청산업무규정은 제303조의 결제업무규정, 제387조의 회원관리규정 및 제393조의 업무규정과 상충되어서는 아니 된다.

② 금융투자상품거래청산회사는 정관 및 제 1 항의 청산업무규정을 변경하려는 경우에는 금융위원회의 승인을 받아야 한다.

③ 제 1 항의 청산업무규정에는 다음 각 호의 사항을 포함하여야 한다.

1. 청산대상거래 및 그 거래대상이 되는 금융투자상품에 관한 사항
2. 청산대상업자의 요건에 관한 사항
3. 금융투자상품거래청산업으로서 행하는 채무의 채무인수, 경개, 그 밖의 방법에 의한 채무의 부담 및 그 이행에 관한 사항
4. 청산대상업자의 채무의 이행 확보에 관한 사항
5. 청산증거금 및 손해배상공동기금에 관한 사항
6. 청산대상업자가 아닌 자가 청산대상업자를 통하여 금융투자상품거래청산회사로 하여금 청산대상거래의 채무를 부담하게 하는 경우 그 금융투자상품거래청산의 중개·주선이나 대리에 관한 사항
7. 외국 금융투자상품거래청산회사(외국의 법령에 따라 외국에서 금융투자상품거래청산업무에 상당하는 업무를 수행하는 자를 말한다)와의 협력에 관한 사항
8. 그 밖에 금융투자상품거래청산업무의 수행을 위하여 필요한 사항으로서 금융위원회가 정하여 고시하는 사항

Ⅰ. 청산업무규정의 제정·변경

금융투자상품거래청산회사는 청산업무규정을 제정하여야 한다(법 323조의11 1항). 청산업무규정은 청산업 인가신청시의 제출서류중 하나이며(법 시행령 318조의4 2항), 법령에 적합하고 금융투자상품거래청산업을 수행하기에 충분하여야 한다(법 323조의3 2항 5호, 323조의6). 청산회사의 청산업무규정은 거래소의 회원관리규정 또는 업무규정이나 예탁결제원의 결

제업무규정 등과 상충되어서는 아니 된다. 청산회사의 청산기능과 거래소 또는 예탁결제원의 매매기능 및 결제기능이 긴밀히 연관되어 있으므로 이들 규정 상호간의 불일치나 충돌이 발생하지 않도록 하기 위함이다.

청산업무규정을 변경하려는 경우 금융위원회의 승인을 받아야 한다(법 323조의11 2항). 거래소의 업무규정 등의 변경 시에 금융위원회의 승인을 받는 것과 같은 취지이며, 명시적으로 규정되어 있지 않으나 청산업무규정 제정 시에도 금융위원회의 승인을 받아야 함이 당연하다. 위에서 언급했듯이 청산업무규정은 청산회사의 청산업 인가신청시 제출해야 하는 제출서류 중 하나로서, 금융위원회는 제출받은 서류를 검토하여 청산회사를 인가하므로, 금융위원회의 청산업무규정에 대한 승인 없이는 청산회사의 인가 자체를 받을 수 없다.

Ⅱ. 청산업무규정의 기재사항

청산업무규정에는 청산업무의 수행에 필요한 사항을 기재하여야 한다. 청산대상거래 및 그 거래대상이 되는 금융투자상품, 청산대상업자의 요건, 채무의 부담 및 그 이행, 청산대상업자의 채무의 이행 확보, 청산증거금 및 손해배상공동기금에 관한 사항 등이 기본적 기재사항이다. 이러한 기재사항을 거래소의 장외파생상품 청산업무규정에서 살펴보면 다음과 같다.

1. 청산대상거래 및 그 거래대상이 되는 금융투자상품

청산회사는 청산서비스를 제공하는 청산대상거래 및 그 거래대상이 되는 금융투자상품의 상세 명세에 대하여 청산업무규정에 명시해야 한다. 거래소는 업무규정에서 거래소가 청산회사로서 청산서비스를 제공하는 장외파생상품의 거래는 적격원화이자율스왑거래를 말한다고 명시하였다(장외파생상품 청산업무규정 5조). 적격원화이자율스왑거래란, 거래소 시장 밖에서 행하여진 원화이자율스왑거래(원화로 표시된 계약금액에 대하여 장래의 특정 시점마다 고정금리이자금액과 변동금리이자금액을 원화로 교환할 것을 약정하는 거래) 중 거래소가 정하는 세부 명세를 모두 만족하는 거래를 말한다(장외파생상품 청산업무규정 2조 1항 2호, 6조).

거래소는 적격원화이자율스왑거래의 세부 명세로 계약만기, 최소계약금액, 기준금리 등에 대한 제한을 두고 있으며, 이는 곧 금융투자업규정에서 거래소에 위임하고 있는 의무청산거래의 상세 명세이다(금융투자업규정 5-50조의2 1항 3호). 현재 거래소는 의무청산거래 외에 추가적인 청산대상거래에 대한 청산서비스 개시를 추가로 제공하기 위한 규정을 두고 있지 않으며, 의무청산거래에 대한 청산서비스 개시 후 수요 조사 등을 통해 추가 대상거래를 검토할 예정이다.

2. 청산대상업자의 요건

거래소는 거래소의 청산서비스를 이용할 수 있는 청산대상업자의 종류를 청산회원 및 청산위탁자로 구분하고 있다. 청산회원의 경우 금융위원회로부터 이자율스왑거래에 대한 투자매매업인가를 받거나 받을 예정인 자여야 하며, 청산위탁자의 경우 투자매매업 인가를 받은 자에 한정하지는 않으나 이자율스왑거래에 대한 금융투자업 인가를 받은 자여야 한다.

청산회원의 경우 재무요건, 전산설비 등의 시설요건, 인력요건, 사회적 신용요건 등을 충족하고 있어야 하며, 거래소에 회원가입 신청시 이를 증명할 서류를 제출해야 한다. 청산회원은 일반청산회원과 자기청산회원으로 구분되는데, 청산회원의 종류에 따라 재무요건에 차이가 있다. 일반청산회원의 경우 자기자본이 5,000억원 이상이어야 하고, 은행의 경우 BIS비율이 8%이상, 비은행일 경우 NCR이 250% 이상이어야 하나, 자기청산회원의 경우 자기자본비율요건은 동일하나 자기자본이 5백억원 이상(자기자본이 5백억원 이상인 모회사 또는 최대주주의 채무이행보증서를 제출한 경우, 자기자본이 5백억원 이상인 외은지점 본사가 채무이행확약서를 제출한 국내 외은지점의 경우를 포함한다)이면 된다는 점에서 일반청산회원보다 완화된 재무요건을 가진다. 일반청산회원과 자기청산회원 모두 거래소에 납부하는 증거금의 40%이상으로 자기자본을 유지하여야 하며, 미달될 경우 증거금이 할증된다.

3. 채무의 부담 및 그 이행에 관한 사항

거래소는 어떠한 방법으로 청산회원의 채무를 부담할지와 관련하여 청산업무규정에 명시하여야 한다. 앞서 살펴본 대로, 역외거래가 많은 장외파생상품거래의 특성에 따른 법제 상충문제, 청산회사의 파산 시 결제안정성 문제 등을 고려하여 면책적 채무인수방식을 택하고 있는 장내시장과 상이한 채무부담방법을 채택하였다(장외파생상품 청산업무규정 52조).

4. 청산대상업자의 채무의 이행 확보에 관한 사항

거래소는 장내시장의 청산제도와 마찬가지로 일일정산 및 차감제도를 도입, 매일 정산금리로 일일정산하여 회원이 수령할 결제금액 및 지급할 결제금액을 산출한다. 즉, 회원별로 산출된 총 지급금액과 총 수령금액을 차감하여 청산회원과 수수하므로, 일일정산을 통해 하루 가격변동폭으로 결제금액을 소액화한 후 차감을 통해 결제금액을 재차 소액화하고 있다(장외파생상품 청산업무규정 64조, 65조). 이를 통해 일정기간 단위로 결제하여 그 금액이 컸던 장외파생상품거래 청산대상업자의 채무 이행에 대한 부담을 줄일 수 있다.

5. 청산증거금 및 손해배상공동기금에 관한 사항

청산회원은 결제불이행 발생시 손실을 담보하기 위한 예탁금 성격을 가진 청산증거금을 거래소에 납부하여야 하며, 청산위탁자는 청산위탁증거금을 자신과 청산위탁계약을 체결한 일반청산회원에게 납부하여야 한다(장외파생상품 청산업무규정 80조 1항). 청산증거금이 자신의 결제불이행에 따른 손실을 보전하기 위하여 사용되는 것에 반해 손해배상공동기금은 타인의 결제불이행까지도 포괄하는 개념이라는 점에 차이가 있다.

6. 금융투자상품거래청산의 중개·주선 및 대리에 관한 사항

청산회원 가입요건 등을 충족하지 못하는 등의 이유로 청산회원으로 가입하지 않는 경우를 배려하여, 거래소는 청산회원으로 가입하지 않는 경우에도 위탁계약을 통해 금융투자상품거래청산서비스를 이용할 수 있도록 청산업무규정 제5장에서 청산의 수탁에 관하여 상세하게 규정하고 있다. 청산위탁계약을 맺을 수 있는지 여부에 따라 일반청산회원과 자기청산회원을 구분하여 일반청산회원만이 청산위탁자와 위탁계약을 맺고 거래소에 위탁거래의 청산신청을 할 수 있도록 하였다.

7. 외국 청산회사와의 협력에 관한 사항

향후 연계청산 도입 시를 감안한 규정으로서 연계청산 도입시 청산업무규정에 그에 관한 사항을 명시하여야 함을 밝히고 있으나, 거래소가 제공할 예정인 원화이자율스왑거래청산의 경우에는 역외거래가 거의 없어 연계청산 도입의 필요성이 적은 바, 거래소의 현 청산업무규정에는 연계청산에 관한 세부적인 내용을 서술하지 않고 향후 연계청산 도입시 제도의 정합성을 도모해야 함을 명시하였다.

제323조의12(부당한 차별의 금지)

금융투자상품거래청산회사는 정당한 사유 없이 특정한 청산대상업자를 차별적으로 대우하여서는 아니 된다.

금융투자상품거래청산회사는 정당한 사유 없이는 특정 청산회원 또는 청산위탁자를 차별적으로 대우할 수 없도록 차별금지조항을 법률에 마련하였다. 이는 청산기능의 공공적 성질을 고려한 조항으로서, 금융투자업자에게 수수료와 관련하여 투자자를 차별할 수 없도록 한 법 제58조의 취지와 마찬가지로, 금융투자상품거래청산회사와 청산회원 또는 청산위탁자와의 이해관계에 따른 부당 차별의 가능성을 방지하는 법적 장치를 마련하기 위함이다.

국제기준 및 해외 입법례 역시 특정 청산참가자에 대한 부당한 차별적 취급을 금지하고 있다. 「금융시장인프라에 관한 원칙」은 금융시장인프라에 리스크 기준에 기반하여 참가기관에 공정하고 개방된 접근을 허용해야 함을 명시하였고,[1] 일본 금융상품거래법은 금융상품거래청산기관이 특정 청산참가자에 대한 부당한 차별적 취급을 할 수 없도록 규정하고 있다.[2]

제323조의13(청산증거금)

① 청산대상업자는 금융투자상품거래청산회사에 대하여 부담하는 채무의 이행을 보증하기 위하여 청산업무규정에서 정하는 바에 따라 금융투자상품거래청산회사에 금전등으로 청산증거금을 예치하여야 한다. 다만, 금융투자상품거래청산회사가 인정하는 청산대상거래에 대해서는 그러하지 아니하다.

② 금융투자상품거래청산회사는 청산대상업자가 금융투자상품거래청산회사에 대하여 청산대상거래에 따른 채무를 이행하지 아니하는 경우에는 그 청산대상업자의 청산증거금으로 그 채무의 변제에 충당할 수 있다.

결제안정성을 담보하기 위하여 금융투자상품거래청산회사는 청산대상업자로부터 청산증거금을 예탁 받아야 하며, 이는 증권시장 또는 파생상품시장의 매매거래 채무 이행을 보증하기 위한 장내의 거래증거금 규정과 동일한 취지로서, 청산회원이 보유한 미결제약정의 결제불이행 위험을 방지하기 위함이다.

다만, 장내의 경우와 달리 금융투자상품거래청산회사가 인정하는 청산대상거래의 경우, 즉 공공기관 등의 경매참여 등의 경우에는 예외를 인정할 수 있도록 하여 청산대상업자 간 청산증거금 부담에 차별을 둘 수 있도록 하였다. 결제위험성에 따른 청산증거금 차등 부과 또는 공공기관 등의 경매참여로 인한 청산대상거래 보유에 따른 청산증거금 납부의무 면제와 같은 청산대상업자 간 차별은 정당한 이유가 있는 것으로서 법 제323조의13이 금지하는 부당한 차별이 아니다.

금융투자상품거래청산회사는 청산대상업자가 채무를 이행하지 아니하는 경우에는 그 청산대상업자가 예탁한 청산증거금으로 채무의 변제에 충당할 수 있다. 이는 결제불이행을 담보하는 역할을 하는 청산증거금의 본질상 당연한 내용을 법규화한 것이며, 장내시장의 거래증거금 역시 법 제397조에서 이와 동일한 내용을 법규화하고 있다.

---

1) PFMI Principal 18(Access and participation requirements).

2) 第百五十六条の九（不当な差別的取扱いの禁止）金融商品取引清算機関は´特定の清算参加者に対し不当な差別的取扱いをしてはならない°

제323조의14(손해배상공동기금)

① 청산대상업자는 청산대상거래에 따른 채무의 불이행으로 인하여 발생하는 손해를 배상하기 위하여 청산업무규정에서 정하는 바에 따라 금융투자상품거래청산회사에 금전등으로 손해배상공동기금을 적립하여야 한다. 다만, 청산업무규정에서 정하는 청산대상업자에 대해서는 그러하지 아니하다.

② 금융투자상품거래청산회사는 제 1 항에 따른 손해배상공동기금을 청산대상거래의 유형별로 구분하여 적립하여야 한다.

③ 청산대상업자(제 1 항 단서에 따른 청산대상업자는 제외한다)는 제 1 항 및 제 2 항의 손해배상공동기금의 범위에서 청산대상거래에 따른 채무의 불이행으로 인하여 발생하는 손해배상에 관하여 연대책임을 진다.

④ 금융투자상품거래청산회사는 손해배상공동기금으로 제 1 항에 따른 손해를 보전한 경우에는 손해를 끼친 청산대상업자에 대하여 그 보전한 금액과 이에 소요된 비용에 관하여 구상권을 가진다.

⑤ 금융투자상품거래청산회사는 제 4 항에 따라 추심된 금액을 손해배상공동기금에 충당한다.

⑥ 제 1 항의 손해배상공동기금의 총적립규모, 적립방법, 사용 · 관리 · 환급 및 제 4 항에 따른 구상권 행사 등에 관하여 필요한 사항은 대통령령으로 정한다.

시행령 제318조의8(손해배상공동기금의 적립 및 운용 등)

① 법 제323조의14 제 1 항에 따른 손해배상공동기금(이하 "손해배상공동기금"이라 한다)의 총적립규모, 청산대상업자별 적립률 및 적립방법 등은 청산대상거래별 결제위험, 청산대상업자별 결제위험, 그 밖의 상황을 고려하여 청산업무규정(법 제323조의11에 따른 청산업무규정을 말한다. 이하 같다)으로 정한다.

② 금융투자상품거래청산회사는 법 제323조의14 제 1 항에 따라 손해배상공동기금으로 손해를 보전하는 경우에는 채무를 불이행한 청산대상업자가 적립한 손해배상공동기금을 우선하여 사용하여야 하며, 부족분에 대해서는 청산업무규정으로 정하는 바에 따라 사용하여야 한다.

③ 금융투자상품거래청산회사가 법 제323조의14 제 4 항에 따라 손해를 끼친 청산대상업자에게 구상권을 행사하여 추심한 경우에는 다른 청산대상업자가 적립한 손해배상공동기금의 사용분을 청산업무규정으로 정하는 바에 따라 보전하여야 하며, 잔액이 있을 때에는 손해를 끼친 청산대상업자가 적립한 손해배상공동기금의 사용금액을 보전하여야 한다.

④ 손해배상공동기금의 관리, 환급, 운용 및 그 밖에 구상권 행사에 관하여는 제362조 제 3 항부터 제 8 항까지 및 제363조 제 1 항을 준용한다. 이 경우 "회원"은 "청산대상업자"로, "회원관리규정"은 "청산업무규정"으로 본다.

거래소의 손해배상공동기금에 대한 규정인 법 제394조 및 제399조에서 정하는 바와 마찬가지로, 금융투자상품거래청산회사 역시 청산대상업자의 결제불이행을 대비하여 손해배상공동기금을 적립받을 수 있도록 하였다. 손해배상공동기금은 청산증거금과 달리 타 청산대상업자의 결제불이행의 경우에도 사용될 수 있는 재원으로서, 위약한 청산대상업자의 공동기금을 전부 사용하더라도 손해가 전부 보전되지 않는 경우 금융투자상품거래청산회사는 다른 청산대상업자의 공동기금을 사용하여 그 결제불이행으로 인한 손해를 보전할 수 있다.

거래소의 손해배상공동기금 규정과 마찬가지로, 금융투자상품거래청산회사는 손해를 보전하는 데 사용한 공동기금을 보전하기 위하여 결제불이행 청산대상업자에게 보전

금액 및 소요비용을 구상할 수 있으며, 이에 따라 추심된 금액은 정상 청산대상업자의 공동기금 사용분을 보전하는 데 우선하여 사용되어야 한다.

제323조의15(채무변제순위)

① 청산대상업자가 청산대상거래에 따른 채무를 이행하지 아니하여 금융투자상품거래청산회사 또는 다른 청산대상업자에게 손해를 끼친 경우 그 손해를 입은 금융투자상품거래청산회사 또는 다른 청산대상업자는 그 손해를 끼친 청산대상업자의 청산증거금 및 손해배상공동기금 지분에 대하여 다른 채권자보다 우선하여 변제받을 권리를 가진다.

② 금융투자상품거래청산회사는 청산대상업자가 결제를 위하여 납부한 결제목적물 및 결제대금에 관하여 다른 채권자보다 우선하여 변제를 받을 권리가 있다.

③ 금융투자상품거래청산회사는 청산대상거래에 따른 결제의 완료 전에 결제목적물 또는 결제대금이 인도된 경우에 해당 청산대상업자가 그 결제를 이행하지 아니함으로써 금융투자상품거래청산회사에 손해를 끼친 때에는 그 청산대상업자의 재산에 관하여 다른 채권자보다 우선하여 변제를 받을 권리가 있다. 다만, 그 결제의 이행 기한이 도래하기 전에 설정된 전세권 · 질권 · 저당권 또는 「동산 · 채권 등의 담보에 관한 법률」에 따른 담보권에 의하여 담보된 채권에 대해서는 우선하여 변제를 받을 권리가 없다.

청산대상업자의 결제불이행으로 금융투자상품거래청산회사 또는 다른 청산대상업자가 손해를 입은 경우, 결제이행을 위한 담보물인 거래증거금 및 손해배상공동기금, 결제목적물 및 결제대금 외에도 결제불이행 청산대상업자의 일반 재산에 관하여도 결제불이행 청산대상업자의 일반채권자보다 우선하여 변제받을 권리를 부여하여 청산기관의 건전성을 도모하였다. 이는 청산기관의 부실화를 방지함으로써 자본시장의 안정성과 신뢰성을 담보하기 위함이다. 다만, 결제불이행 청산대상업자의 일반 재산에 관하여는 그 결제의 이행 기한이 도래하기 전에 설정된 담보물권의 피담보채권에 대해서는 우선변제권이 없음을 규정하여 일반채권자의 지나친 재산권 침해를 방지하였다.

제323조의16(금융투자상품거래청산회사의 거래정보 보고 등)

① 금융투자상품거래청산회사는 제166조의3에 따른 청산의무거래, 그 밖에 대통령령으로 정하는 거래정보를 보관 · 관리하여야 한다.

② 금융투자상품거래청산회사는 제 1 항에 따라 보관 · 관리하는 거래정보를 금융위원회, 그 밖에 대통령령으로 정하는 자에게 보고하여야 한다.

③ 제 1 항 및 제 2 항에 따른 거래정보의 보관 · 관리 및 보고의 요령과 방법, 그 밖에 필요한 사항은 대통령령으로 정한다.

시행령 제**318**조의**9**(보관·관리대상 거래정보 등)
① 법 제323조의16 제1항에서 "대통령령으로 정하는 거래정보"란 법 제9조 제25항에 따른 청산대상거래(법 제166조의3에 따른 청산의무거래는 제외한다)에 관한 정보를 말한다.
② 금융투자상품거래청산회사는 법 제323조의16 제1항에 따른 거래정보를 10년 동안 보관·관리하여야 한다.
③ 법 제323조의16 제3항에 따라 금융투자상품거래청산회사는 다음 각 호의 사항을 매월 금융위원회가 정하여 고시하는 서식 및 절차에 따라 금융위원회에 보고하여야 한다.
1. 법 제9조 제25항에 따른 청산대상거래 및 그 거래대상이 되는 금융투자상품에 관한 사항
2. 청산대상업자의 채무의 이행 등에 관한 사항
3. 청산증거금 및 손해배상공동기금의 관리·운용 현황
4. 그 밖에 국제적으로 인정되는 감독기준 등을 고려하여 총리령으로 정하는 사항
④ 제3항에도 불구하고 법 제323조의16 제3항에 따라 금융투자상품거래청산회사는 손해배상공동기금으로 손해를 보전하거나 그 밖에 청산대상업자의 결제위험과 관련된 사항으로서 총리령으로 정하는 사항이 발생한 경우에는 지체 없이 금융위원회에 보고하여야 한다.
⑤ 제3항 및 제4항에 따른 보고의 방법과 절차, 그 밖에 필요한 세부사항은 금융위원회가 정하여 고시한다.

금융투자상품거래청산회사는 청산의무거래뿐 아니라 자율청산대상거래 정보 역시 보관·관리해야 하며, 보관·관리하는 거래정보를 매월 금융위원회에 보고하여야 한다. 또한, 금융위기 발생 등에 따른 신속한 대응을 위하여 청산대상업자가 결제를 이행하지 아니하거나 증거금 또는 공동기금을 납부하지 아니한 경우, 손해배상공동기금으로 결제 불이행 손실을 보전한 경우, 청산대상업자의 재무요건이 금융투자상품거래청산회사가 정하는 가입 또는 유지요건에 미달하게 된 경우, 미결제약정의 보유한도를 위반한 경우 역시 지체 없이 금융위원회에 보고해야 한다. 금융투자상품거래청산회사는 위와 같은 거래정보를 10년 동안 보관·관리하여야 한다.

금융투자상품거래청산회사에게 청산대상거래정보의 보관·관리의무를 부과하는 위 조항의 입법 시 효과적인 리스크 관리를 위하여 비청산거래정보라 하더라도 금융투자상품거래청산회사가 보관·관리하도록 하여 실질적인 TR(Trade Repository : 거래정보저장소) 역할[1]을 하도록 할 것인지 여부가 논의되었으나, 향후 TR에 대한 의견 수렴 시 다시 논의하기로 하고 일단 배제하였다. 참고로 주요국의 TR도입 현황을 살펴보면 다음과 같다.

1) TR의 역할 : 장외파생상품거래에 대한 투명성 확보, 적시 위험관리를 위해 업자로부터 거래정보를 받아 그 정보를 보관·관리하고 가공·분석하여 감독당국에 보고.

[주요국의 TR 도입 현황]

국 가	TR 규제법	감독기관	TR 지정	의무화
미 국	Dodd-Frank법 ('10. 7월)	상품거래위원회 (CFTC)	(4개) DTCC-DDR, Bloomberg SDR, CME SDR, ICE Trade Vault	'12. 12. 31
E U	EMIR('12. 7월)	유럽증권시장 감독기구(ESMA)	(6개) DTCC-DDRL, CME ETR, Unavista, REGIS-TR, KDPW, ICE Trade Vault Europe	'14. 2. 12
일 본	금융상품거래법 ('10. 5월)	일본금융청	DTCC-DDRJ	'13. 4. 1
싱가폴	증권선물법 ('12. 11월)	싱가폴 통화감독청(MAS)	DTCC-DDRS	'14. 4. 1
홍 콩	증권선물법 ('14. 3월)	홍콩금융감독청 (HKMA)	HKTR(HKMA에서 직접 운영)	'15년 상반기

제323조의17(준용규정)

제54조, 제63조, 제383조 제 1 항, 제408조, 제413조 및 「금융실명거래 및 비밀보장에 관한 법률」 제 4 조는 금융투자상품거래청산회사에 준용한다.

금융투자업자의 직무관련 정보의 이용금지조항(54조), 금융투자업자 임직원의 금융투자상품 매매 관련 조항(63조), 거래소 임직원의 정보이용금지조항(383조), 거래소 영업양도시 금융위원회 승인조항(409조), 긴급사태시 금융위원회의 처분조항(413조)을 금융투자상품거래청산회사에 준용하여 금융투자상품거래청산회사 및 그 임직원도 위 조항의 제한을 받도록 하였고, 금융실명거래 및 비밀보장에 관한 법률 제 4 조를 금융투자상품거래청산회사에 준용하여 청산대상거래정보의 보관·관리 시 금융투자업자와 동일한 비밀보장의무를 부담하도록 하였다.

제323조의18(주식소유의 제한)

누구든지 다음 각 호의 어느 하나에 해당하는 경우를 제외하고는 금융투자상품거래청산회사의 의결권 있는 발행주식총수의 100분의 20을 초과하여 금융투자상품거래청산회사가 발행한 주식을 소유할 수 없다. 이 경우 제406조 제 2 항부터 제 4 항까지 및 제407조를 준용한다.

1. 정부가 소유하는 경우
2. 그 밖에 대통령령으로 정하는 바에 따라 금융위원회의 승인을 받아 소유하는 경우

시행령 제**318**조의**10**(주식소유의 제한) 법 제323조의18 제 2 호에 따라 다음 각 호의 어느 하나에 해당하는 경우에는 금융위원회의 승인을 받아 금융투자상품거래청산회사의 의결권 있는 발행주식총수의 100분의 20을 초과하여 금융투자상품거래청산회사가 발행한 주식을 소유할 수 있다.

1. 집합투자기구가 소유하는 경우(사모집합투자기구가 소유하는 경우는 제외한다)
2. 외국 금융투자상품거래청산회사가 금융투자상품거래청산회사와의 제휴를 위하여 소유하는 경우
3. 거래소가 소유하는 경우
4. 금융투자상품거래청산회사의 공정한 운영을 해칠 우려가 없는 경우로서 총리령으로 정하는 금융기관 또는 금융투자업관계기관이 소유하는 경우
5. 제4호에 따른 금융기관이 공동으로 주식을 소유하는 경우로서 다음 각 목의 어느 하나에 해당하는 자의 금융투자상품거래청산회사에 대한 주식보유비율을 초과하여 주식을 소유하는 경우
   가. 「외국인투자 촉진법」 제2조 제1항 제1호에 따른 외국인
   나. 비금융회사(금융위원회가 정하여 고시하는 금융업이 아닌 업종을 영위하는 회사를 말한다)

거래소의 경우 의결권 있는 발행주식총수의 100분의 5를 초과하여 거래소가 발행한 주식을 소유할 수 없도록 하고 있으나, 금융투자상품거래청산회사는 100분의 20 이상을 소유할 수 없도록 하여 그 범위를 넓히고 있다. 다만, 정부가 소유하는 경우는 물론 금융위원회의 승인을 받는 경우 그 이상의 지분을 소유할 수 있도록 예외를 인정하고 있는데, 금융위원회의 승인을 받는 경우 소유할 수 있는 예외적인 사유를 시행령에서 열거하고 있다. 시행령에 열거된 예외 사유는 거래소의 주식소유제한 사유와 거의 동일하나, 제3호에 '거래소가 소유하는 경우'를 규정하여 거래소를 장외파생상품의 거래에 대한 금융투자상품거래청산회사로 인가한 것과 충돌되지 않도록 하였다.

예탁결제원의 경우 기관결제업무를 영위하고 있어 부칙조항에 의해 법 제15조의2 제2항 제3호의 규정에 따른 위탁매매거래를 업무단위로 하는 금융투자상품거래청산회사의 인가를 받은 것으로 의제된 바, 금융투자상품거래청산회사로 의제된 예탁결제원의 발행주식총수의 70% 이상을 소유하고 있는 거래소의 경우 법 제323조의18 제2호에 따른 주식소유제한의 예외로서, 금융위원회의 승인을 받은 것으로 간주되도록 부칙 제3조 제2항을 두었다.

제323조의19(금융투자상품거래청산회사에 대한 검사)

금융투자상품거래청산회사에 대한 검사에 관하여는 제419조(제2항부터 제4항까지 및 제8항은 제외한다)를 준용한다.

금융투자상품거래청산회사에 금융투자업자에 대한 검사에 관한 규정인 제419조를 준용하되 제2항부터 제4항까지 및 제8항을 제외하도록 하여, 업무 등에 금융감독원장의 검사를 받되 한국은행의 자료제출요구권 및 공동검사요구권은 금융투자상품거래청산회사에 적용되지 않도록 배제하였다. 금융투자상품거래청산회사의 감독권은 금융위원회의 고유권한임을 명확히 한 규정이라 볼 수 있다.

제323조의20(금융투자상품거래청산회사에 대한 조치)

① 금융위원회는 금융투자상품거래청산회사가 다음 각 호의 어느 하나에 해당하는 경우에는 제323조의3 제 1 항에 따른 인가를 취소할 수 있다.

1. 거짓, 그 밖의 부정한 방법으로 제323조의3 제 1 항에 따른 인가를 받은 경우
2. 인가조건을 위반한 경우
3. 제323조의6에 따른 인가요건 유지의무를 위반한 경우
4. 업무의 정지기간 중에 업무를 한 경우
5. 금융위원회의 시정명령 또는 중지명령을 이행하지 아니한 경우
6. 별표 8의2 각 호의 어느 하나에 해당하는 경우로서 대통령령으로 정하는 경우
7. 대통령령으로 정하는 금융 관련 법령 등을 위반한 경우로서 대통령령으로 정하는 경우
8. 그 밖에 투자자의 이익을 현저히 해할 우려가 있거나 해당 업무를 영위하기 곤란하다고 인정되는 경우로서 대통령령으로 정하는 경우

② 금융위원회는 금융투자상품거래청산회사가 제 1 항 각 호(제 6 호는 제외한다)의 어느 하나에 해당하거나 별표 8의2 각 호의 어느 하나에 해당하는 경우에는 다음 각 호의 어느 하나에 해당하는 조치를 할 수 있다.

1. 6개월 이내의 업무의 전부 또는 일부의 정지
2. 계약의 인계명령
3. 위법행위의 시정명령 또는 중지명령
4. 위법행위로 인한 조치를 받았다는 사실의 공표명령 또는 게시명령
5. 기관경고
6. 기관주의
7. 그 밖에 위법행위를 시정하거나 방지하기 위하여 필요한 조치로서 대통령령으로 정하는 조치

③ 금융위원회는 금융투자상품거래청산회사의 임원이 제 1 항 각 호(제 6 호는 제외한다)의 어느 하나에 해당하거나 별표 8의2 각 호의 하나에 해당하는 경우에는 다음 각 호의 어느 하나에 해당하는 조치를 할 수 있다.

1. 해임요구
2. 6개월 이내의 직무정지
3. 문책경고
4. 주의적 경고
5. 주의
6. 그 밖에 위법행위를 시정하거나 방지하기 위하여 필요한 조치로서 대통령령으로 정하는 조치

④ 금융위원회는 금융투자상품거래청산회사의 직원이 제 1 항 각 호(제 6 호는 제외한다)의 어느 하나에 해당하거나 별표 8의2 각 호의 어느 하나에 해당하는 경우에는 다음 각 호의 어느 하나에 해당하는 조치를 그 금융투자상품거래청산회사에 요구할 수 있다.

1. 면직
2. 6개월 이내의 정직
3. 감봉

4. 견책
5. 경고
6. 주의
7. 그 밖에 위법행위를 시정하거나 방지하기 위하여 필요한 조치로서 대통령령으로 정하는 조치

⑤ 제422조 제3항 및 제423조부터 제425조까지의 규정은 금융투자상품거래청산회사 및 그 임직원에 대한 조치 등에 관하여 준용한다.

시행령 제**318**조의**11**(금융투자상품거래청산회사에 대한 조치) ① 법 제323조의20 제1항 제6호에서 "대통령령으로 정하는 경우"란 법 별표 8의2 제5호에 해당하는 경우를 말한다.

② 법 제323조의20 제1항 제7호에서 "대통령령으로 정하는 금융 관련 법령 등"이란 제373조 제2항 각 호의 법령을 말한다.

③ 법 제323조의20 제1항 제7호에서 "대통령령으로 정하는 경우"란 제373조 제3항 각 호의 어느 하나에 해당하는 경우를 말한다.

④ 법 제323조의20 제1항 제8호에서 "대통령령으로 정하는 경우"란 다음 각 호의 어느 하나에 해당하는 경우를 말한다.

1. 인가를 받은 날부터 6개월 이내에 영업을 시작하지 아니하거나 영업을 시작한 후 정당한 사유 없이 인가받은 업무를 6개월 이상 계속해서 하지 아니한 경우
2. 업무와 관련하여 부정한 방법으로 타인으로부터 금전등을 받거나 타인에게 줄 금전등을 취득한 경우
3. 법 제323조의20 제2항 제1호에 따른 업무정지의 조치를 받은 날부터 1개월(업무정지의 조치를 하면서 1개월을 초과하는 보정기간을 정한 경우에는 그 기간) 이내에 해당 조건을 보정하지 아니한 경우
4. 같거나 비슷한 위법행위를 계속하거나 반복하는 경우

⑤ 법 제323조의20 제2항 제7호에서 "대통령령으로 정하는 조치"란 다음 각 호의 어느 하나에 해당하는 조치를 말한다.

1. 지점, 그 밖의 영업소의 폐쇄나 그 업무의 전부 또는 일부의 정지
2. 경영이나 업무방법의 개선요구나 개선권고
3. 변상 요구
4. 법을 위반한 경우에는 고발 또는 수사기관에의 통보
5. 다른 법률을 위반한 경우에는 관련 기관 또는 수사기관에의 통보
6. 그 밖에 금융위원회가 법 및 이 영, 그 밖의 관련 법령에 따라 취할 수 있는 조치

⑥ 법 제323조의20 제3항 제6호 및 제4항 제7호에서 "대통령령으로 정하는 조치"란 각각 다음 각 호의 어느 하나에 해당하는 조치를 말한다.

1. 법을 위반한 경우에는 고발 또는 수사기관에의 통보
2. 다른 법률을 위반한 경우에는 관련 기관 또는 수사기관에의 통보
3. 그 밖에 금융위원회가 법 및 이 영, 그 밖의 관련 법령에 따라 취할 수 있는 조치

금융투자업자에 대한 조치 및 금융투자업자의 임직원에 대한 조치에 관한 제420조 및 제422조와 동일한 내용으로 금융투자상품거래청산회사에 대한 조치에 관한 규정을 두어 금융투자상품거래청산회사 및 그 임직원의 의무 위반 시 금융위원회가 취할 수 있는 조치를 법제화하여 규제의 실효성을 확보하였다.

[개정판: 정석호]

제 3 장 증권금융회사

○ 前注

Ⅰ. 증권금융의 의의

증권금융(securities financing)은 증권의 인수·취득·매매·보유 등에 필요한 자금이나 증권을 증권금융투자업자나 일반투자자 등에게 공급함으로써 증권의 발행과 유통을 원활하게 하고 더 나아가 전체 자본시장의 안정과 발전을 지원하는 행위라 할 수 있다.[1)]

미국이나 유럽국가에서는 은행 등 금융기관이 증권금융을 일반 업무의 하나로 분산 취급하고 있으나,[2)] 증권금융투자업자가 은행으로부터 차입하는 것이 어려운 우리나라에서는 특별히 그러한 금융을 담당하는 회사, 즉 증권금융회사에 대해서 별도로 규정하고 있다. 이와 같이 증권금융만을 전담으로 취급·관리하는 기관을 두고 있는 국가는 우리나라를 포함하여 일본, 대만, 태국 등을 들 수 있다.[3)] 현재 우리나라에서는 1955년 10월에 설립된 한국증권금융 주식회사가 유일한 증권금융 전담기관이다.

Ⅱ. 증권금융의 경제적 역할과 기능

증권금융은 다음과 같은 역할과 기능을 수행하여 경제 성장과 안정에 기여한다.[4)]

1. 증권시장을 통한 자본형성의 촉진

증권금융은 증권투자자에게 증권매매에 필요한 자금이나 증권을 공여함으로써 증권수요의 창출과 증권투자인구의 저변확대를 통하여 새로운 금융자산의 취득기회를 부여하고, 나아가 증권의 발행과 유통을 촉진시켜 증권시장을 매개로 한 기업의 산업자본 조달을 원활하게 한다.

1) 한국증권금융, "우리 곁에 한국증권금융" 인터넷자료 〈http://www.ksfc.co.kr〉, 2014(이하 '증권금융소개').
2) 증권금융소개.
3) 증권금융소개.
4) 증권금융소개.

2. 시장의 유동성과 효율성 제고

증권금융은 신용거래의 활성화와 증권담보금융에 의한 증권의 수요조절을 통하여 증권의 유동성을 증대시킨다. 이러한 유동성의 증대로 인하여 새로운 정보와 가치가 즉각 시장가격에 반영될 수 있게 되고, 이로써 주가의 연속성이 확보되면 증권시장 전체의 효율성이 증대된다.

3. 증권시장의 안정 유지

증권금융은 증권금융투자업자가 필요로 하는 운영자금을 공급함으로써 증권업무 영위에 따르는 경영의 안정성을 유지하도록 하여 증권시장 전반의 발전에 기여한다.

4. 신용제도의 고도화

증권의 유동성 강화는 증권의 담보가치를 높여줌으로써 증권이 다른 자산보다 유리한 조건하에 담보로 활용될 수 있게 하고, 또한 증권 보유자가 빠르고 쉽게 자금을 조달할 수 있도록 한다. 증권금융은 가격변동폭은 큰 대신에 유동성이 높은 증권을 담보로 하는 금융이라는 점에서 고도로 발전된 형태의 금융행위로 볼 수 있으며, 이는 궁극적으로 신용제도의 고도화에 기여한다.

Ⅲ. 증권금융의 형태

일반적으로 증권금융은 다음과 같이 증권인수금융, 증권유통금융, 증권담보금융 등 3가지 형태로 구분된다.[1)]

1. 증권인수금융

증권인수금융이란 발행시장에서 인수인이나 일반투자자에게 증권의 인수·취득 등에 소요되는 자금을 지원하는 업무이다. 증권인수금융은 발행시장에 대한 금융지원을 통하여 인수인의 자금부담을 경감시킴으로써 발행증권의 인수와 분산을 용이하게 하여 증권발행의 주체인 기업의 자금조달을 원활하게 하는 기능을 수행한다.

2. 증권유통금융

증권유통금융이란 증권유통시장에서의 신용거래와 관련하여 증권투자자에게 주식을 매수하는데 필요한 결제자금을 융자(자금차입)하거나 주식매도에 필요한 주식을 대주(증권

1) 증권금융소개.

차입)해주는 업무이다. 증권금융투자업자가 신용공여에 필요한 자금이나 증권을 증권금융회사로부터 차입하는 경우를 유통금융이라 하고, 증권금융투자업자가 스스로 조달한 자금 또는 증권을 공여하는 경우를 신용공여(자기신용)라고 한다. 이러한 구분은 신용공여의 재원을 기준으로 하는 것일 뿐 고객 입장에서는 동일하다. 이러한 증권유통금융은 증권의 유동성을 증대시키고 융자·대주가 상호 완충작용을 함으로써 주가의 연속성과 안정성에 기여한다.

3. 증권담보금융

증권담보금융이란 주식, 채권, 수익증권 등 증권을 보유한 모든 일반 개인이나 법인이 그 보유증권을 담보로 하여 금융기관으로부터 대출을 받음으로써 자금을 융통할 수 있는 금융을 말한다. 증권은 일반적으로 유동성이 높은 금융자산이므로 쉽게 환금할 수 있으나, 때로는 일시적인 자금의 필요에 의하여 적정가 이하로 증권을 매각해야 할 경우가 종종 있다. 이러한 경우 증권담보금융은 증권의 매각 없이 필요자금을 조달하게 해줌으로써 증권의 활용도를 높여주고, 나아가 일반대중의 증권투자를 촉진하는 기능을 수행한다.

제323조의21(무인가 증권금융업무 금지)

누구든지 이 법에 따른 인가를 받지 아니하고는 증권금융업무(제326조 제 1 항에 따른 업무를 말한다. 이하 같다)를 영위하여서는 아니 된다. 다만, 투자자 보호 및 건전한 거래질서를 해할 우려가 없는 경우로서 대통령령으로 정하는 경우는 제외한다.

제324조(인가)

① 제326조 제 1 항 제 2 호의 업무를 포함하는 증권금융업무(이하 "증권금융업무"라 한다)를 영위하려는 자는 금융위원회의 인가를 받아야 한다.

② 제 1 항에 따른 인가를 받으려는 자는 다음 각 호의 요건을 모두 갖추어야 한다.

1. 「상법」에 따른 주식회사일 것
2. 20억원 이상으로서 대통령령으로 정하는 금액 이상의 자기자본을 갖출 것
3. 사업계획이 타당하고 건전할 것
4. 투자자를 보호하고 영위하고자 하는 업무를 수행하기에 충분한 인력 및 전산설비, 그 밖의 물적 설비를 갖출 것
5. 임원이 제24조에 적합할 것
6. 대주주(제12조 제 2 항 제 6 호 가목의 대주주를 말한다)가 충분한 출자능력, 건전한 재무상태 및 사회적 신용을 갖출 것
7. 이해상충방지체계를 구축하고 있을 것

③ 제 1 항에 따른 인가를 받으려는 자는 인가신청서를 금융위원회에 제출하여야 한다.

④ 금융위원회는 제 3 항의 인가신청서를 접수한 경우에는 그 내용을 심사하여 3개월 이내에 인가 여부를 결정하고, 그 결과와 이유를 지체 없이 신청인에게 문서로 통지하여야 한다. 이 경우 인가신청서에 흠결이 있는 때에는 보완을 요구할 수 있다.

⑤ 제 4 항의 심사기간을 산정함에 있어서 인가신청서 흠결의 보완기간 등 총리령으로 정하는 기간은 산입하지 아니한다.

⑥ 금융위원회는 제 4 항에 따라 인가를 하는 경우에는 경영의 건전성 확보 및 투자자 보호에 필요한 조건을 붙일 수 있다.

⑦ 제 6 항에 따라 조건이 붙은 인가를 받은 자는 사정의 변경, 그 밖에 정당한 사유가 있는 경우에는 금융위원회에 조건의 취소 또는 변경을 요청할 수 있다. 이 경우 금융위원회는 2개월 이내에 조건의 취소 또는 변경 여부를 결정하고, 그 결과를 지체 없이 신청인에게 문서로 통지하여야 한다.

⑧ 금융위원회는 제 4 항에 따라 인가를 한 경우에는 다음 각 호의 사항을 관보 및 인터넷 홈페이지 등에 공고하여야 한다.

1. 인가의 내용
2. 인가의 조건(조건을 붙인 경우에 한한다)
3. 인가의 조건을 취소하거나 변경한 경우 그 내용

⑨ 증권금융회사는 인가를 받아 그 영업을 영위함에 있어서 제 2 항 각 호의 인가요건(제 2 호 및 제 6 호의 경우에는 대통령령으로 정하는 완화된 요건을 말한다)을 유지하여야 한다.

⑩ 제 1 항부터 제 8 항까지의 규정에 따른 인가신청서의 기재사항·첨부서류 등 인가의 신청에 관한 사항과 인가심사의 방법·절차, 그 밖에 필요한 사항은 대통령령으로 정한다.

Ⅰ. 증권금융업의 인가

증권금융업무는 금융위원회의 인가를 받은 주식회사에 한하여 영위할 수 있다. 다만, 투자자 보호 및 건전한 거래질서를 해할 우려가 없는 경우로서 대통령령으로 정하는 경우는 제외한다(법 323조의21·법 324조 1항). 금융위원회는 증권금융회사가 거짓, 그 밖의 부정한 방법으로 인가를 받은 경우, 인가요건 유지의무를 위반한 경우에는 인가를 취소할 수 있다(법 335조 1호·3호). 인가를 받지 아니하고 해당업무를 영위한 경우, 거짓, 그 밖의 부정한 방법으로 인가를 받은 자는 5년 이하의 징역 또는 2억원 이하의 벌금에 처한다(법 444조 22호·23호).

행정법상 허가(permission)란 법령에 의한 일반적 금지를 특정한 경우에 해제하여 적법하게 일정한 행위(사실행위 또는 법률행위)를 할 수 있게 하는 행정행위를 말한다. 이에 비하여 인가(authorization)는 제 3 자의 법률적 행위를 보충하여 그 법률상 효과를 완성시키는 행정행위를 말하며 이를 일명 보충행위라고도 한다. 법률적 행위만이 그 대상이 되며, 행정청의 인가는 법률적 행위가 완전한 효력을 발생하기 위한 요건인 점에 특색이 있다. 인가는 기본이 되는 법률행위를 하려는 당사자의 신청이 있는 경우에만 행하여지며 인가가 행해지면 비로소 제 3 자의 법률행위가 완성된다. 인가를 요하는 행위를 인가 없이 행하는 때에는 원칙적으로 무효로 보아야 한다.[1)]

현행 금융관련법령상에는 강학상 엄격히 구분되는 허가와 인가의 용례를 엄격하게 구분하여 지키지 않고 허가, 인가, 승인 등의 용어를 혼용하고 있으므로 법에 인가라고 규정되어 있다고 해서 반드시 보충적 행정행위로서의 인가를 의미한다고 볼 수는 없다. 그러나 구증권법에서는 증권금융업무를 행하기 위해서는 금융위원회의 '허가'를 받도록 하였으나(구증권법 145조 1항), 자본시장법에서는 '인가'를 받도록 규정하고 있는 점으로 볼 때 자본시장법은 증권금융업의 경우 행정기관의 보충적 행정행위로서의 인가를 받아야 함을 분명히 한 것으로 보인다.

자본시장법에서 요구하는 인가는 증권금융업을 목적으로 하는 회사의 설립인가가 아니고, 이미 설립된 회사에 대하여 증권금융업을 운영할 수 있도록 하는 행정행위이다. 그런데 비송사건절차법 제63조에서 인가를 필요로 하는 회사의 설립등기를 신청할 경우, 관공서의 허가서 또는 인증 등본을 첨부하도록 요구하고 있기 때문에 인가가 없는 한 이를 필요로 하는 회사는 설립등기가 불가능하다. 또한 회사는 등기가 없으면 성립되지 않으므로(상법 172조, 317조 참조),[2)] 법 제324조 제 1 항의 영업인가는 사실상 회사설립인가의 의미를 포함하고 있다고 볼 수 있다.

자본시장법 시행 당시 종전의 구증권법 제145조에 따라 금융위원회의 허가를 받은 증권금융회사는 법 제324조 제 1 항에 따라 인가를 받은 증권금융회사로 본다. 이 경우 자본시장법 시행일부터 3개월 이내에 법 제324조 제 9 항에 따른 인가유지요건을 갖추어야 한다(법 부칙 35조 1항).

Ⅱ. 인가의 요건

1. 총 설

증권금융회사는 상법에 따른 주식회사여야 한다(법 324조 2항 1호). 따라서 주식회사

1) 김남진/김연태 공저, 「행정법 Ⅰ」, 법문사, 2013, 247쪽, 248쪽.
2) 정찬형/도제문, 「은행법(제 2 판)」, 박영사, 2005, 80쪽.

이외의 회사나 개인은 증권금융업무를 영위할 수 없다. 증권금융업의 영위를 주식회사로 제한한 이유는 첫째, 특정한 자금력에 의존하지 않으면서도 대자본을 조달할 수 있어 대규모의 영업을 수행할 수 있다는 점. 둘째, 기업의 소유와 경영이 분리되어 전문경영인이 기업을 담당함으로써 사원이 경영에 미치는 영향이 약하다는 점. 셋째, 정보의 공개원칙이 가장 철저히 지켜질 수 있다는 점. 넷째, 주주총회·임원 등 내부조직이 체계적이라는 점. 다섯째, 주주의 물적 유한책임과 함께 기업의 독립성과 영속성을 유지할 수 있다는 점 등과 같은 주식회사의 장점[1]이 증권금융회사에 필수적이기 때문이다.

증권금융업무의 인가를 받고자 하는 주식회사는 아래와 같이 자기자본, 사업계획, 인력·설비, 임원, 대주주, 이해상충방지 등의 요건을 갖추어야 한다.

2. 최저자본금

증권금융회사가 금융투자업자에 대하여 필요한 자금 및 증권을 대여하는 증권금융의 고유업무와 고객예탁금 관리업무 등을 수행하기 위해서는 높은 신용도와 자금조달 능력이 필요하다. 또한 증권금융회사가 자본적 지반이 취약하면 경제적 상황에 따른 시장의 동요에 흔들리기 쉬워 신용기관으로서의 신뢰를 지키기가 어렵다.[2] 이러한 점을 고려하고 증권금융회사의 난립을 방지하기 위해 자본시장법은 증권금융회사의 최저자본금을 정하고 있다.

증권금융업무를 영위하기 위한 최저 자본금은 20억원 이상으로서 시행령이 정하는 금액 이상이어야 하며(법 324조 2항 2호), 시행령은 이 금액을 500억원으로 규정하고 있다(법 시행령 319조 1항).[3] 그러나 아래에서 살펴보듯 이러한 자기자본에 관한 인가요건을 충족하여 인가를 받은 후에는 법 제324조 제9항에 따라 시행령으로 정하는 완화된 유지요건이 적용된다.

3. 사업계획과 인력 및 물적 설비

증권금융회사로 인가받기 위해서는 그 사업계획이 타당하고 건전해야 한다(법 324조 2항 3호). 또한, 투자자보호 및 영위하고자 하는 업무를 수행하기에 충분한 인적·물적 설비를 갖추어 인가를 받아야 한다(법 324조 2항 4호). 이에 따라 시행령은 증권금융업무를 영위하는 회사가 인가를 받기 위해 갖추어야 할 사업계획과 인력 및 물적 설비에 관하여 세부규정을 두고 있다.

우선 법 제324조 제2항 제3호에 따른 사업계획은 (i) 수지전망이 타당하고 실현

1) 상게서, 85쪽.
2) 상게서, 85쪽.
3) 일본의 金融商品取引法 및 동법 시행령(19조의5)에서는 증권금융회사의 최저자본금을 1억엔으로 하고 있다.

가능성이 있을 것, (ii) 위험관리와 금융사고 예방 등을 위한 적절한 내부통제장치가 마련되어 있을 것, (iii) 투자자보호에 적절한 업무방법을 갖출 것, (iv) 법령을 위반하지 아니하고 건전한 금융거래질서를 해칠 염려가 없을 것 등의 요건에 적합하여야 한다(법 시행령 319조 3항 → 법 시행령 16조 4항).

그리고 법 제324조 제 2 항 제 4 호에 따른 인력과 전산설비, 그 밖의 물적 설비와 관련해서는 (i) 영위하려는 증권금융업무에 관한 전문성과 건전성을 갖춘 임직원과 업무수행을 위한 전산요원 등 필요한 인력을 적절하게 갖추고, (ii) 증권금융업무를 수행하기에 필요한 전산설비 및 통신수단, 사무실 등 충분한 업무공간과 사무장비, 전산설비 등의 물적 설비를 안전하게 보호할 수 있는 보안설비, 정전·화재 등의 사고가 발생할 경우 업무의 연속성을 유지하기 위하여 필요한 보완설비 등의 물적 설비를 갖출 것이 요구된다(법 시행령 319조 3항 → 법 시행령 16조 5항).

4. 임원 및 대주주의 자격

증권금융회사의 인가시 임원의 자격과 관련하여, 법 제24조에 따라 금융투자업자의 임원이 될 수 없는 자는 증권금융회사의 임원이 될 수 없으며, 임원이 된 후 이에 해당하게 되는 경우에는 그 직을 상실한다(법 324조 2항 5호).

또한 증권금융회사가 인가를 받기 위해서는 대주주가 충분한 출자능력, 건전한 재무상태 및 사회적 신용을 갖추어야 한다. 여기서 대주주란 법 제12조 제 2 항 제 6 호 가목의 대주주로서, 최대주주의 특수관계인인 주주를 포함하며, 최대주주가 법인인 경우 그 법인의 중요한 경영사항에 대하여 사실상 영향력을 행사하고 있는 자로서 시행령이 정하는 자를 포함한다(법 324조 2항 6호).

이 때 시행령에서 정하는 사실상 영향력을 행사하고 있는 자란 (i) 최대주주인 법인의 최대주주(최대주주인 법인을 사실상 지배하는 자가 그 법인의 최대주주와 명백히 다른 경우에는 그 사실상 지배하는 자를 포함한다), 또는 (ii) 최대주주인 법인의 대표자에 해당하는 자를 말한다. 다만 법인의 성격 등을 고려하여 금융위원회가 정하여 고시하는 경우에는 (i)에 해당하는 자는 제외한다(법 시행령 16조 7항).

또한 대주주는 [별표 2]의 요건에 적합하여야 하며, 다만 증권금융회사가 다른 회사와 합병·분할하거나 분할합병을 하는 경우에는 금융위원회가 그 요건을 완화하여 고시할 수 있다(법 시행령 319조 3항 → 법 시행령 16조 6항). 그러나 아래에서 살펴보듯 대주주가 [별표 2]의 요건에 적합하여야 한다는 인가요건은 법 제324조 제 9 항에 따라 시행령으로 정하는 완화된 요건을 유지하면 된다.

5. 이해상충방지체계

증권금융업무를 영위하기 위한 인가요건의 하나로 이해상충방지체계를 갖출 것이 요구된다(법 324조 2항 7호). 시행령에 따르면 증권금융회사는 증권금융업무와 관련하여 증권금융회사와 투자자 간, 특정 투자자와 다른 투자자 간의 이해상충을 방지하기 위하여 이해상충이 발생할 가능성을 파악·평가하고, 내부통제기준이 정하는 방법 및 절차에 따라 이를 적절히 관리하여야 한다. 이에 따라 이해상충이 발생할 가능성을 파악·평가한 결과 이해상충이 발생할 가능성이 있다고 인정되는 경우에는 증권금융회사는 그 사실을 미리 해당 투자자에게 알려야 하며, 그 이해상충이 발생할 가능성을 내부통제기준이 정하는 방법 및 절차에 따라 투자자 보호에 문제가 없는 수준으로 낮춘 후 업무를 영위하여야 한다. 또한 이해상충이 발생할 가능성을 낮추는 것이 곤란하다고 판단되는 경우에는 매매 그 밖의 거래를 하여서는 아니 된다(법 시행령 319조 3항 → 법 시행령 16조 9항, 법 44조).

Ⅲ. 인가의 절차

1. 인가의 신청

증권금융업무의 영위를 인가받고자 하는 자는 인가신청서를 금융위원회에 제출하여야 한다(법 324조 3항). 인가신청서에는 (i) 상호, (ii) 본점과 지점, 그 밖의 영업소의 소재지, (iii) 임원에 관한 사항, (iv) 경영하려는 인가업무 단위에 관한 사항, (v) 자기자본 등 재무에 관한 사항, (vi) 사업계획에 관한 사항, (vii) 인력과 전산설비 등의 물적 설비에 관한 사항, (viii) 대주주나 외국 금융투자업자에 관한 사항, (ix) 이해상충방지체계에 관한 사항 (x) 그 밖에 인가요건의 심사에 필요한 사항으로서 금융위원회가 정하여 고시하는 사항 등을 기재하여야 한다(법 324조 10항, 법 시행령 319조 3항 → 법 시행령 17조 1항).

또한 인가신청서에는 일정한 서류를 첨부하여야 하는데, (i) 정관(이에 준하는 것을 포함한다), (i) 발기인총회, 창립주주총회 또는 이사회의 의사록 등 설립 또는 인가신청의 의사결정을 증명하는 서류, (iii) 본점과 지점, 그 밖의 영업소의 위치와 명칭을 기재한 서류, (iv) 임원의 이력서 및 경력증명서, (v) 인가업무 단위의 종류와 업무방법을 기재한 서류, (vi) 최근 3개 사업연도의 재무제표와 그 부속명세서(설립중인 법인은 제외하며, 설립일부터 3개 사업연도가 지나지 아니한 법인의 경우에도 설립일부터 최근 사업연도까지의 재무제표와 그 부속명세서를 말한다), (vii) 업무개시 후 3개 사업연도의 사업계획서(추정재무제표를 포함한다) 및 예상수지계산서, (viii) 인력, 물적 설비 등의 현황을 확인할 수 있는 서류, (ix) 인가신청일(인가업무 단위를 추가하기 위한 인가신청 또는 겸영금융투자업자의 인가신청인 경우에는 최근 사업연도말) 현재 발행주식총수의 100분의 1 이상을 소유한 주주의 성명 또는 명칭과 그 소유주식수를 기재한 서류, (x) 대주주가 법 제324조 제 2 항 제 6 호 각 목의 요건을 갖추었음을 확인할 수 있는 서류, (xi) 이해상충방지체계를 갖추었는지를 확인할 수 있는 서류, (xii) 그 밖에 인가요건의 심사에 필요한 서류로서 금융위원회가 정하여 고시하는 서류(법 324조 10항, 법 시행령 319조 3항 → 법 시행령 17조 2항) 등이 그것이다.

2. 인가심사의 방법

금융위원회는 인가신청서를 접수한 뒤 그 내용을 심사하여 3개월 이내에 인가 여부를 결정하고, 그 결과와 이유를 지체 없이 신청인에게 문서로 통지하여야 한다. 이 경우 인가신청서에 흠결이 있는 때에는 보완을 요구할 수 있는데(법 324조 4항), 이에 관하여 필요한 구체적인 기준은 금융위원회가 정하여 고시한다(법 시행령 319조 3항 → 법 시행령 16조 11항). 3개월의 심사기간을 산정함에 있어서 인가신청서 흠결의 보완기간 등 총리령으로 정하는 기간은 산입하지 아니하며(법 324조 5항), 이에 관하여 필요한 구체적인 기준은 금융위원회가 정하여 고시한다(법 시행령 319조 3항 → 법 시행령 16조 11항).[1]

인가신청서를 제출받은 금융위원회는 「전자정부법」 제36조 제 1 항에 따른 행정정보의 공동이용을 통하여 법인 등기사항증명서를 확인하여야 한다(법 324조 10항, 법 시행령 319조 3항 → 법 시행령 17조 4항). 금융위원회는 인가의 신청내용에 관한 사실 여부를 확인하고, 이해관계자 등으로부터 수렴된 의견을 고려하여 신청내용이 법 제12조 제 2 항의 인가요건을 충족하는지 여부를 심사하여야 한다(법 324조 10항, 법 시행령 319조 3항 → 법 시행령 17조 5항). 금융위원회는 인가의 신청내용을 확인하기 위하여 필요한 경우에는 이해관계자, 발기인 또는 임원과의 면담 등의 방법으로 실지조사를 할 수 있다(법 324조 10항, 법 시행령 319조 3항 → 법 시행령 17조 6항).

금융위원회는 신청내용에 관한 이해관계자 등의 의견을 수렴하기 위하여 신청인, 신청일자, 신청내용, 의견제시의 방법 및 기간 등을 인터넷 홈페이지 등에 공고하여야 한다(법 324조 10항, 법 시행령 319조 3항 → 법 시행령 17조 7항). 이에 따라 접수된 의견 중 인가의 신청인에게 불리하다고 인정되는 의견에 대하여는 금융위원회가 이를 인가의 신청인에게 통보하고, 기한을 정하여 소명하도록 할 수 있다(법 324조 10항, 법 시행령 319조 3항 → 법 시행령 17조 8항). 금융위원회는 인가가 금융시장에 중대한 영향을 미칠 우려가 있는 경우 등 필요하다고 인정되는 경우에는 공청회를 개최할 수 있다(법 324조 10항, 법 시행령 319조 3항 → 법 시행령 17조 9항).

인가를 받은 자는 그 인가를 받은 날부터 6개월 이내에 영업을 개시하여야 한다. 다

1) 일본의 경우 증권금융업을 영위하고자 하는 자는 신청서를 내각총리대신에게 제출하여 면허를 받아야 하고(日金商法 156조의24), 내각총리대신은 신청자의 인적구성, 신용상태 및 자금조달능력 등을 고려하여 적격성 여부를 심사한다(동법 156조의25).

만 금융위원회가 그 기한을 따로 정하거나 금융투자업 인가를 받은 자의 신청을 받아 그 기간을 연장한 경우에는 그 기한 이내에 그 인가받은 영업을 시작할 수 있다(법 324조 10항, 법 시행령 319조 3항 → 법 시행령 17조 10항). 금융위원회는 인가에 조건을 붙인 경우에는 그 이행 여부를 확인하여야 한다(법 324조 10항, 법 시행령 319조 3항 → 법 시행령 17조 11항). 그 밖에 인가의 신청 및 심사, 인가신청서의 서식 및 작성방법 등에 관하여 필요한 사항은 금융위원회가 정하여 고시한다(법 324조 10항, 법 시행령 319조 3항 → 법 시행령 17조 12항).

Ⅳ. 조건부 인가

금융위원회는 경영의 건전성 확보 및 투자자 보호에 필요한 조건을 붙일 수 있다(법 324조 6항). 증권금융업자는 투자자 예탁금 관리 등을 통한 투자자 보호 기능이라는 공적 성격을 갖고 있기 때문에 조건부 인가를 통하여 증권금융회사의 사유화를 막는 것이 바람직하다. 그러나 금융위원회가 인가시에 조건을 붙일 수 있다고 해서 완전히 재량에 맡긴다는 뜻은 아니고, 금융위원회는 심사의 기준에 비추어 공익상 필요가 있다고 인정할 때에 인가에 조건을 붙이거나 변경을 가할 수 있다는 취지로 보아야 할 것이다.[1)]

조건이 붙은 인가를 받은 자는 사정의 변경, 그 밖에 정당한 사유가 있는 경우에는 금융위원회에 조건의 취소 또는 변경을 요청할 수 있다. 이 경우 금융위원회는 2개월 이내에 조건의 취소 또는 변경 여부를 결정하고, 그 결과를 지체 없이 신청인에게 문서로 통지하여야 한다(법 324조 7항).

금융위원회는 인가를 한 경우에는 (i) 인가의 내용, (ii) 인가의 조건(조건을 붙인 경우), (iii) 인가의 조건을 취소하거나 변경한 경우 그 내용을 관보 및 인터넷 홈페이지 등에 공고하여야 한다(법 324조 8항).

Ⅴ. 최초 인가요건의 유지 및 일부 인가요건의 완화

증권금융회사는 인가를 받아 영업을 영위함에 있어 최초 인가요건을 유지하여야 하지만, 예외적으로 최저자기자본 및 대주주에 관한 인가요건의 경우에는 시행령으로 정하는 완화된 요건을 유지하면 된다(법 324조 9항). 일부 요건에 대해서 완화된 인가요건 유지를 허용하는 이유는 금융시장 불안정 등으로 인한 일시적 자기자본 감소, 부채비율 상승 가능성에 대비하고 대주주의 경미한 과실을 용인할 필요가 있기 때문이다.

1) 정찬형/도제문, 전게서(2005), 84쪽.

1. 자기자본 요건의 완화

법 시행령은 자기자본 요건 적용에 있어서 증권금융회사로 하여금 시행령에 따른 최저자기자본인 500억원의 100분의 70 이상을 유지하도록 요구함으로써 완화된 인가요건의 유지를 허용하고 있다. 이 경우 유지요건은 회계연도 말을 기준으로 적용하며, 특정 회계연도말을 기준으로 유지요건에 미달한 증권금융회사는 다음 회계연도 말까지는 그 유지요건에 적합한 것으로 본다(법 시행령 319조).

2. 대주주 요건의 완화

법 시행령은 [별표 2]의 요건에 적합하여야 한다는 대주주의 요건을 적용함에 있어서 증권금융회사로 하여금 법 시행령 제19조 제 1 항 제 2 호 가목부터 다목까지의 요건을 유지하도록 요구함으로써 완화된 인가요건의 유지를 허용하고 있다(법 시행령 319조 2항 2호). 즉 대주주의 재무건전성 요건은 출자 이후인 점을 감안하여 적용배제하고 출자능력요건과 사회적 신용 요건만 완화하여 적용한다. 원래 대주주의 인가요건을 보면, 출자능력 요건으로서 자기자본요건과 출자금요건이, 재무건전성 요건으로 부채비율(비금융기관) 혹은 재무건전성기준(금융기관)이, 그리고 사회적 신용요건으로서 부실금융기관의 대주주가 아니고 벌금형(최대주주와 특수관계인에 적용) 이상이 없을 것이 요구된다. 그러나 대주주의 인가유지요건의 경우에는 재무건전성 요건은 적용되지 않고, 사회적 신용 요건과 출자능력 요건[1]만 보다 완화하여 제한적으로 적용된다.[2]

제325조(유사명칭 사용 금지)

증권금융회사가 아닌 자는 "증권금융" 또는 이와 유사한 명칭을 사용하여서는 아니 된다.

'증권금융' 또는 이와 유사한 명칭은 증권금융회사만이 사용할 수 있으며(법 325조), 이를 위반하여 명칭을 사용한 자에 대하여는 5천만원 이하의 과태료를 부과한다(법 449조 1항 44호). 실제 증권금융 업무를 영위하지 않으면서 증권금융 또는 이와 유사한 명칭을 사용함으로써 기업조직의 실체에 관해 일반인이 오인하거나 혼란을 일으키는 일이 없도록 하기 위해 명칭의 부당사용을 금지하는 것이다.

1) 출자금은 차입하여 조성된 자금이 아니어야 한다(법 시행령 [별표 2] 1호 라목).
2) 출자능력요건과 사회적 신용요건이 완화된 구체적 내용은 법 시행령 제19조 제 1 항 제 2 호 및 [별표 2] 참조.

제326조(업무)

① 증권금융업무는 다음 각 호와 같다.

1. 금융투자상품의 매도·매수, 증권의 발행·인수 또는 그 중개나 청약의 권유, 청약, 청약의 승낙과 관련하여 투자매매업자 또는 투자중개업자에 대하여 필요한 자금 또는 증권을 대여하는 업무
2. 거래소시장에서의 매매거래(다자간매매체결회사에서의 거래를 포함한다) 또는 청산대상거래에 필요한 자금 또는 증권을 제378조 제1항에 따른 청산기관인 거래소 또는 금융투자상품거래청산회사를 통하여 대여하는 업무
3. 증권을 담보로 하는 대출업무
4. 그 밖에 금융위원회의 승인을 받은 업무

② 증권금융회사는 증권금융업무 외에 다음 각 호의 업무를 영위할 수 있다.

1. 다음 각 목의 어느 하나에 해당하는 업무. 이 경우 이 법 또는 다른 법률에서 인가·허가·등록 등이 필요한 경우에는 이를 받아야 한다.
   가. 투자매매업 및 투자중개업 중 대통령령으로 정하는 업무
   나. 신탁업무
   다. 집합투자재산의 보관·관리업무
   라. 증권대차업무
   마. 그 밖에 금융위원회의 승인을 받은 업무
2. 이 법 또는 다른 법령에서 증권금융회사의 업무로 규정한 업무
3. 그 밖에 금융위원회로부터 승인을 받은 업무

③ 증권금융회사는 증권금융업무, 제2항의 업무 또는 제330조에 따른 업무에 부수하는 업무로서 다음 각 호의 어느 하나에 해당하는 업무를 행한다.

1. 보호예수업무
2. 그 밖에 금융위원회의 승인을 받은 업무

Ⅰ. 증권금융회사의 고유업무	Ⅱ. 증권금융회사의 겸업업무 및 부수업무

Ⅰ. 증권금융회사의 고유업무

증권금융회사는 고유업무인 증권금융업무로는 (i) 투자매매업자 또는 투자중개업자에 대한 필요 자금 또는 증권의 대여, (ii) 거래소시장에서의 매매거래(다자간매매체결회사에서의 거래를 포함한다) 또는 청산대상거래에 필요한 자금 또는 증권을 거래소 또는 금융투자상품거래청산회사를 통한 대여, (iii) 증권담보대출, (iv) 기타 금융위원회가 승인한 업무 등을 수행한다(법 326조 1항).

Ⅱ. 증권금융회사의 겸업업무 및 부수업무

1. 겸업업무

기존의 증권거래법은 증권금융회사의 겸업업무로서 신탁업무 만을 규정하고 있었다. 즉 증권금융회사가 신탁업을 영위하는 경우에도 신탁업을 겸영하는 금융기관으로 간주하여 관련 규정을 적용토록 하였다.[1] 그러나 현행 규정에서는 겸업의 범위가 확대되었다. 따라서, 증권금융회사는 증권금융업무 외에 관련법령에 따른 인가·허가·등록을 받아 (i) 투자매매업 및 투자중개업 중 대통령령으로 정하는 업무, (ii) 신탁업무, (iii) 집합투자재산의 보관·관리업무, (iv) 증권대차업무, (v) 그 밖에 금융위원회가 승인한 업무 등을 수행할 수 있다(법 326조 2항).[2]

시행령은 증권금융회사가 투자매매업 및 투자중개업 가운데 겸업으로 수행할 수 있는 업무의 하나로서 환매조건부매매 및 그 중개·주선 또는 대리업무, 집합투자증권을 대상으로 하는 투자매매업·투자중개업을 규정하고 있다(법 시행령 320조). 따라서 명문의 준용 규정은 없지만 증권금융회사가 겸영업무로서 일반투자자와 환매조건부매매를 하는 경우에는 (i) 국채증권, 지방채증권, 특수채증권, 그 밖에 금융위원회가 정하여 고시하는 증권을 대상으로 할 것, (ii) 금융위원회가 정하여 고시하는 매매가격으로 매매할 것, (iii) 환매수 또는 환매도를 하는 날을 특정할 것(이 경우 환매조건부매수증권을 환매조건부매도의 대상으로 하는 경우에는 해당 환매조건부매도의 환매수를 하는 날은 환매조건부매수의 환매도를 하는 날 이전으로 하여야 할 것), (iv) 환매조건부매도증권의 보관·교체 등에 관하여 금융위원회가 정하여 고시하는 기준을 따를 것 등의 기준을 준수하여야 할 것으로 보인다(법 시행령 181조 1항 참조). 또한 증권금융회사가 투자중개업자를 통하여 전문투자자와 환매조건부매매를 한 경우, 또는 투자매매업자를 상대방으로 환매조건부매매를 한 경우에는 금융위원회가 정하여 고시하는 방법에 따라 그 대상증권과 대금을 동시에 결제하여야 할 것으로 보인다. 다만, 금융위원회가 정하여 고시하는 경우에는 그 대상증권과 대금을 동시에 결제하지 아니할 수 있다(법 시행령 181조 3항 참조).

증권금융회사가 투자매매업 및 투자중개업 가운데 겸업으로 수행할 수 있도록 시행령이 규정하고 있는 두 번째 업무는 집합투자증권을 대상으로 하는 투자매매업·투자중개업이다(법 시행령 320조 3호). 증권금융회사는 구간투법 제26조 및 구간투법 시행령 제34조에 의해 간접투자증권의 판매업무가 허용되었으나 재경부장관의 인가를 받지 아니한

1) 김용재, 「자본시장과 법(상)」, 고려대학교 출판부, 2011, 342쪽.

2) 일본의 경우 금융상품거래업자의 신용공여, 자기계산에 의한 유가증권 매매 및 파생상품거래 등의 결제에 필요한 금전 또는 유가증권의 결제기구를 통한 대부 등을 증권금융회사의 고유업무로 규정하고 있다(日金商法 156조의24). 아울러 유가증권 대차, 대차중개·대리, 금융상품거래업자에 대한 금전대부, 고객에 대한 금전대부 등을 증권금융회사의 겸업업무로 규정하고 있다(日金商法 156조의27).

상태였다. 자본시장법은 구간투법상 증권금융회사가 판매회사로 지정되어 있었음을 시행령에 반영해 집합투자증권 판매를 위한 투자매매업 또는 투자중개업을 겸영할 수 있도록 하였다. 집합투자증권판매업은 집합투자증권 매매·중개업 인가를 받으면 수행가능하다.

2. 부수업무

증권금융회사는 증권금융업무, 겸업업무 또는 제330조에 따른 자금예탁업무에 부수하는 업무로서 (i) 보호예수업무, (ii) 그 밖에 금융위원회의 승인을 받은 업무를 행한다(법 326조 3항).

제327조(임원 등)

① 증권금융회사의 상근임원은 금융투자업자의 임직원 외의 자이어야 한다.

② 제24조는 증권금융회사의 임원에게 준용한다.

③ 증권금융회사의 상근 임직원은 금융투자업자 및 금융투자업관계기관(그 상근 임직원이 소속된 증권금융회사를 제외한다)과 자금의 공여, 손익의 분배, 그 밖에 영업에 관하여 대통령령으로 정하는 특별한 이해관계를 가져서는 아니 된다.

Ⅰ. 증권금융회사 임원의 자격	Ⅱ. 증권금융회사 임직원의 준수사항

Ⅰ. 증권금융회사 임원의 자격

증권금융회사의 상근임원은 금융투자업자의 임직원의 직을 겸직하지 못한다(법 327조 1항). 또한 금융투자업자의 임원자격에 대하여 규정하고 있는 법 제24조가 증권금융회사의 임원에게 준용된다(법 327조 2항).

Ⅱ. 증권금융회사 임직원의 준수사항

증권금융회사의 상근 임직원은 금융투자업자 및 금융투자업관계기관과 자금공여, 손익분배, 기타 영업에 관하여 시행령으로 정하는 특별한 이해관계를 가질 수 없다(법 327조 3항). 이 규정은 경영활동과 관련 없는 이해관계 발생 및 그에 따른 부작용을 사전에 방지하기 위한 것이다.[1)]

시행령이 정하는 특별한 이해관계란 (i) 채무보증(법 시행령 321조 1호), (ii) 담보제공

1) 거래소(법 383조 2항)와 예탁결제원(법 301조 5항)의 상근 임직원의 경우도 동일한 규제를 받는다.

(법 시행령 321조 2호), (iii) 정상적인 거래활동(정상적인 의사결정과 그 거래 상대방의 사업내용 또는 사업달성에 수반되는 행위로서 통상적인 거래활동으로 인정될 수 있는 경우를 말한다)을 수행하는 과정에서 필요한 행위에 해당하는 것으로 볼 수 없는 이해관계(법 시행령 321조 3호) 중 어느 하나에 해당하는 것을 말한다.

이상의 규정을 위반하여 자금의 공여, 손익의 분배, 그 밖에 영업에 관하여 특별이해관계를 가진 상근 임직원은 3년 이하의 징역 또는 1억원 이하의 벌금에 처한다(법 445조 36호).

제328조(준용규정)

제23조(제 4 항은 제외한다), 제54조, 제63조 및 제64조는 증권금융회사에 준용한다.

Ⅰ. 직무관련 정보의 이용 금지

증권금융회사는 직무상 알게 된 정보로서 외부에 공개되지 아니한 정보를 정당한 사유 없이 자기 또는 제 3 자의 이익을 위하여 이용하여서는 아니 된다(법 328조 → 법 54조). 이를 위반한 자는 3년 이하의 징역 또는 1억원 이하의 벌금에 처한다(법 445조 9호).

Ⅱ. 증권금융회사 임직원의 금융투자상품 매매

증권금융회사의 임직원은 자기의 계산으로 시행령으로 정하는 금융투자상품을 매매하는 경우에는 (i) 자기의 명의로 매매하거나(법 328조 → 법 63조 1항 1호), (ii) 투자중개업자 중 하나의 회사를 선택하여 하나의 계좌를 통하여 매매하여야 하며(다만 금융투자상품의 종류, 계좌의 성격 등을 고려하여 시행령으로 정하는 경우에는 둘 이상의 회사 또는 둘 이상의 계좌를 통하여 매매할 수 있다)(법 328조 → 법 63조 1항 2호), (iii) 매매명세를 분기별로 소속 증권금융회사에게 통지하여야 하고(법 328조 → 법 63조 1항 3호), (iv) 그 밖에 불공정행위의 방지 또는 투자자와의 이해상충의 방지를 위하여 시행령으로 정하는 방법 및 절차를 준수하여야 한다(법 328조 → 법 63조 1항 4호).

상기 (i)을 위반하여 자기의 명의로 매매하는 방법에 따르지 아니하고 금융투자상품을 매매한 자는 3년 이하의 징역 또는 1억원 이하의 벌금에 처한다(법 445조 12호). 또한 상기 (ii)에서 (iv)의 방법에 따르지 아니하고 자기의 계산으로 금융투자상품을 매매한 자에 대하여는 5천만원 이하의 과태료를 부과한다(법 449조 1항 28호).

증권금융회사는 그 임직원의 자기계산에 의한 금융투자상품 매매와 관련하여 불공정행위의 방지 또는 투자자와의 이해상충의 방지를 위하여 그 증권금융회사의 임직원이 따라야 할 적절한 기준 및 절차를 정하여야 한다(법 328조 → 법 63조 2항). 그리고 이상의 기준 및 절차에 따라 증권금융회사는 분기별로 임직원의 금융투자상품의 매매명세를 확인하여야 한다(법 328조 → 법 63조 3항).

Ⅲ. 손해배상책임

증권금융회사는 법령·약관·집합투자규약·투자설명서에 위반하는 행위를 하거나 그 업무를 소홀히 하여 투자자에게 손해를 발생시킨 경우에는 그 손해를 배상할 책임이 있다. 다만 증권금융회사가 투자매매업 또는 투자중개업의 겸영과 관련하여 손해배상책임을 지게 된 경우 증권금융회사가 상당한 주의를 하였음을 증명하거나 투자자가 금융투자상품의 매매, 그 밖의 거래를 할 때에 그 사실을 안 경우에는 배상의 책임을 지지 아니한다(법 328조 → 법 64조 1항). 증권금융회사가 손해배상책임을 지는 경우로서 관련되는 임원에게도 귀책사유가 있는 경우에는 그 증권금융회사와 관련되는 임원이 연대하여 그 손해를 배상할 책임이 있다(법 328조 → 법 64조 2항).

제329조(사채의 발행)

① 증권금융회사는 자본금과 준비금의 합계액의 20배를 초과하지 아니하는 범위에서 사채를 발행할 수 있다.
② 증권금융회사는 제1항에 따라 발행한 사채의 상환을 위하여 일시적으로 그 한도를 초과하여 사채를 발행할 수 있다. 이 경우 발행 후 1개월 이내에 제1항의 한도에 적합하도록 하여야 한다.
③ 제1항에 따른 증권금융회사의 사채 발행에 관하여 필요한 사항은 대통령령으로 정한다.

Ⅰ. 증권금융회사의 사채 발행

1. 사채 발행한도

증권금융회사는 자본금 및 준비금 합계액의 20배 이내에서 사채를 발행할 수 있다

(법 329조 1항). 과거, 사채의 상환능력을 고려하여 상법상의 일반적인 주식회사의 경우에는 순자산액의 4배까지 사채를 모집할 수 있도록 규제하였으나(구 상법 470조 1항), 2012. 4.부터 사채발행에 대한 총액제한 규정을 폐지하게 됨에 따라서 일반회사는 자유롭게 타인자본을 유치할 수 있게 되었다. 그럼에도 불구하고 증권금융회사의 경우에는 사채발행의 한도를 규제하는 것은 증권금융회사가 과도하게 사채를 발행하는 것을 억제함으로 해서 사채권자의 이익을 보호하고 증권금융회사의 재정적 안정성을 확보하기 위함으로 이해할 수 있다.

2. 발행금액, 방법, 조건 등

증권금융회사의 사채 발행에 관하여 필요한 사항은 시행령으로 정한다(법 329조 3항). 증권금융회사가 사채를 발행하는 경우 응모총액이 사채청약서 또는 증권신고서에 기재된 사채의 총액에 미달하는 경우에도 그 사채를 발행한다는 뜻을 사채청약서 또는 증권신고서에 기재한 때에는 그 응모총액을 사채의 발행총액으로 한다(법 시행령 322조 1항).

증권금융회사는 매출기간을 미리 정하여 매출의 방법으로 사채를 발행할 수 있으며, 이 경우에는 사채청약서를 작성하지 아니할 수 있다(법 시행령 322조 2항). 증권금융회사는 매출의 방법으로 발행하는 사채에는 (i) 회사의 상호, (ii) 사채의 액면금액, (iii) 사채의 이자율, (iv) 이자지급의 방법 및 기한, (v) 사채상환의 방법 및 기한, (vi) 사채의 번호 등을 기재하여야 한다(법 시행령 322조 3항).

증권금융회사는 사채를 발행하는 경우 할인의 방법에 의할 수 있다(법 시행령 322조 4항). 증권금융회사는 만기 5년 이상의 사채를 할인의 방법으로 발행하는 경우에는 법 제329조에 따른 사채발행액을 적용할 때 할인발행차금을 포함하지 아니할 수 있다(법 시행령 322조 5항).

Ⅱ. 사채 발행한도 예외

증권금융회사는 발행한 사채의 상환을 위하여 일시적으로 그 한도를 초과하여 사채를 발행할 수 있다(법 329조 2항). 즉 그 초과범위에서 발행한도가 더욱 완화되는 것이다. 이 경우 지체 없이 구사채를 상환하는 등의 조치를 통해 한도초과발행 후 1개월 이내에 발행된 사채가 자본금 및 준비금 합계액의 20배를 초과하지 않도록 하여야 한다(법 329조 2항).

제330조(금융투자업자 자금의 예탁 등)

① 증권금융회사는 금융투자업자, 금융투자업관계기관(그 증권금융회사를 제외한다), 거래소, 상장

법인, 그 밖에 총리령으로 정하는 자로부터 자금의 예탁을 받을 수 있다.
② 증권금융회사는 제 1 항의 업무를 위하여 필요한 경우에는 총리령으로 정하는 방법에 따라 채무증서를 발행할 수 있다.
③ 제 1 항 및 제 2 항의 경우에는 「한국은행법」과 「은행법」을 적용하지 아니한다.

증권금융회사는 금융투자업자, 금융투자업관계기관, 거래소, 상장법인, 국가 또는 지방자치단체, 법률에 따라 설립된 기금 및 그 기금을 관리·운용하는 법인, 「보험업법」에 따른 보험회사, 「근로자복지기본법」에 따른 우리사주조합, 금융투자업자에 거래 계좌를 개설한 자로부터 자금의 예탁을 받을 수 있다(법 330조 1항 → 법 시행규칙 36조 1항). 이 때 자금예탁업무를 위하여 필요한 경우에는 1년 이내에 만기가 도래하는 어음을 발행하는 방법에 따라 채무증서를 발행할 수 있다(법 330조 1항 → 법 시행규칙 36조 2항). 증권금융회사가 자금예탁업무를 하는 것은 자본시장법에 따라 특별히 인정되는 것이므로 이 경우 한국은행법과 은행법의 적용이 배제된다(법 330조 3항).

제331조(감독)

① 금융위원회는 증권금융회사에 대하여 이 법이 정하는 바에 따라 감독하며, 이에 필요한 조치를 명할 수 있다.
② 삭제
③ 「은행법」 제34조 및 제46조는 증권금융회사의 경영의 건전성을 유지하기 위한 감독업무에 관하여 준용한다. 이 경우 금융위원회는 증권금융회사의 특성을 고려하여 별도의 경영지도기준을 정하여야 한다.

증권금융회사에 대한 감독은 금융위원회가 담당하며, 금융위원회는 감독에 필요한 조치를 명할 수 있다(법 331조 1항). 아울러 증권금융회사의 경영의 건전성을 유지하기 위한 감독업무를 위하여 다음과 같이 은행법이 준용된다.

증권금융회사는 업무를 영위함에 있어서 자기자본을 충실히 하고 적정한 유동성을 유지하는 등 경영의 건전성을 확보하여야 한다(법 331조 3항 → 은행법 34조 1항). 그리고 증권금융회사는 경영의 건전성을 유지하기 위하여 (i) 자본의 적정성에 관한 사항, (ii) 자산의 건전성에 관한 사항, (iii) 유동성에 관한 사항, (iv) 기타 경영의 건전성 확보를 위하여 필요한 사항에 관하여 은행법 시행령이 정하는 바에 따라 금융위원회가 정하는 경영지도기준을 준수하여야 한다(법 331조 3항 → 은행법 34조 2항). 금융위원회가 경영지도기준을 정함에 있어서는 국제결제은행이 권고하는 금융기관의 건전성 감독에 관한 원칙을 충분히 반영하여야 한다(법 331조 3항 → 은행법 34조 3항). 금융위원회는 증권금융회사가 경영지도

기준을 충족시키지 못하는 등 경영의 건전성을 크게 해칠 우려가 있다고 인정되는 때에는 자본금의 증액, 이익배당의 제한 등 경영개선을 위하여 필요한 조치를 요구할 수 있다(법 331조 3항 → 은행법 34조 4항).

증권금융회사가 예금지급불능 등에 빠질 경우에 대비하여 금융위원회는 증권금융회사의 파산 또는 예금지급불능의 우려 등 예금자의 이익을 크게 해칠 우려가 있다고 인정되는 때에는 예금수입 및 여신의 제한, 예금의 전부 또는 일부의 지급정지 기타 필요한 조치를 명할 수 있다(법 331조 3항 → 은행법 46조).

이상과 같이 은행법이 준용되는 경우 금융위원회는 증권금융회사의 특성을 고려하여 별도의 경영지도기준을 정하여야 한다(법 331조 3항).

第332조(업무 폐지 등의 승인)

① 증권금융회사는 제326조 제 1 항에 따른 업무를 폐지하거나 해산하고자 하는 경우에는 금융위원회의 승인을 받아야 한다.

② 금융위원회는 제 1 항에 따른 승인을 한 경우 그 내용을 관보 및 인터넷 홈페이지 등에 공고하여야 한다.

③ 제 1 항에 따른 승인방법·절차, 그 밖의 승인업무 처리를 위하여 필요한 사항은 대통령령으로 정한다.

Ⅰ. 증권금융회사의 업무 폐지 승인

증권금융회사가 고유업무를 폐지하거나 해산하고자 하는 경우 금융위원회의 승인이 필요하다(법 332조 1항). 금융위원회는 승인을 한 경우 그 내용을 관보 및 인터넷 홈페이지 등에 공고하여야 한다(법 332조 2항).[1)]

Ⅱ. 승인의 방법 및 절차 등

업무폐지 등을 승인하는 방법·절차, 기타 승인업무 처리를 위하여 필요한 사항은 시행령으로 정한다(법 332조 3항). 시행령에 따르면 증권금융회사의 업무폐지·해산에 관하

1) 일본의 金商法은 증권금융회사의 업무폐지, 해산결의 및 합병·분할 또는 영업양수도 관련사항은 내각총리대신의 인가를 받아야 효력이 발생하는 것으로 규정하고 있다(日金商法 156조의36).

여 금융위원회가 승인을 하고자 하는 경우에는 (i) 법 제30조에 따른 재무건전성과 법 제31조에 따른 경영건전성에 관한 기준을 충족할 것(법 417조 1항 3호, 6호 및 7호의 경우는 제외한다), (ii) 투자자 보호에 지장을 초래하지 아니할 것, (iii) 금융시장의 안전성을 해치지 아니할 것, (iv) 건전한 금융거래질서를 해치지 아니할 것, (v) 내용 및 절차가 법, 「상법」, 「독점규제 및 공정거래에 관한 법률」 및 금융관련법령(법 시행령 27조 1항에 따른 금융관련법령을 말한다)에 비추어 흠이 없을 것, (vi) 그 밖에 법 제417조 제1항 각 호의 행위별로 투자자 보호 등을 위하여 금융위원회가 정하여 고시하는 기준을 충족할 것 등의 기준에 적합한지의 여부를 심사하여야 한다(법 시행령 323조 → 법 시행령 370조 2항).

증권금융회사가 업무폐지·해산에 관하여 승인을 받고자 하는 경우에는 (i) 상호, (ii) 본점의 소재지, (iii) 임원에 관한 사항, (iv) 승인을 신청하는 사유, 내용 및 시기 등에 관한 사항, (v) 그 밖에 승인 심사에 필요한 사항으로서 금융위원회가 정하여 고시하는 사항 등을 기재한 승인신청서를 금융위원회에 제출하여야 한다(법 시행령 323조 → 법 시행령 370조 3항). 또한 이러한 승인신청서에는 (i) 정관, (ii) 승인을 신청하는 사유에 관하여 이사회나 주주총회의 의결이 있는 경우에는 그 의사록, (iii) 승인을 신청하는 사유와 관련된 계약서가 있는 경우 그 사본, (iv) 그 밖에 승인 심사에 필요한 서류로서 금융위원회가 정하여 고시하는 서류 등을 첨부하여야 한다(법 시행령 323조 → 법 시행령 370조 4항).

금융위원회는 상기의 승인신청서와 첨부서류를 접수한 경우 그 내용을 심사하여 2개월 이내에 승인 여부를 결정하고 그 결과와 이유를 지체 없이 신청인에게 문서로 통지하여야 한다. 이 경우 승인신청서에 흠결이 있는 때에는 보완을 요구할 수 있다(법 시행령 323조 → 법 시행령 370조 5항). 그리고 심사기간을 산정함에 있어서 승인신청서 흠결의 보완기간 등 금융위원회가 정하여 고시하는 기간은 심사기간에 산입하지 아니한다(법 시행령 323조 → 법 시행령 370조 6항).

제333조(정관·규정의 보고)

① 증권금융회사는 정관을 변경한 경우에는 이를 지체 없이 금융위원회에 보고하여야 한다.

② 증권금융회사는 그 업무에 관한 규정(規程)을 제정·변경하거나 폐지한 경우에는 이를 지체 없이 금융위원회에 보고하여야 한다.

증권금융회사는 주식회사이므로 자치법규인 정관을 변경할 수 있다. 그러나 증권금융회사가 가지는 특별한 지위와 자본시장에 미치는 영향을 고려하여 증권금융회사의 정관변경시에는 이를 지체 없이 금융위원회에 보고하도록 하고 있다(법 333조 1항). 실제로는 정관변경 및 보고 전에 금융위원회와 사전적인 조율이 이루어질 것으로 보인다. 또한 증권금융회사가 그 업무에 관한 규정(規程)을 제정·변경하거나 폐지한 경우에도 마찬가지로 이를 지체 없이 금융위원회에 보고하여야 한다(법 333조 2항).

제334조(증권금융회사에 대한 검사)

제419조(제 2 항부터 제 4 항까지의 규정 및 제 8 항을 제외한다)는 증권금융회사에 대한 검사에 관하여 준용한다.

금융투자업자에 대한 검사를 규정하는 법 제419조는 증권금융회사에 대한 검사에 관하여 준용된다. 따라서 증권금융회사는 그 업무와 재산상황에 관하여 금융감독원장의 검사를 받아야 한다(법 334조 → 법 419조 1항). 금융감독원장은 이러한 검사를 함에 있어서 필요하다고 인정되는 경우에는 증권금융회사에게 업무 또는 재산에 관한 보고, 자료의 제출, 증인의 출석, 증언 및 의견의 진술을 요구할 수 있다(법 334조 → 법 419조 5항). 검사를 하는 자는 그 권한을 표시하는 증표를 지니고 이를 관계자에게 내보여야 한다(법 334조 → 법 419조 6항).

금융감독원장이 이상의 검사를 한 경우에는 그 보고서를 금융위원회에 제출하여야 한다. 이 경우 이 법 또는 이 법에 따른 명령이나 처분을 위반한 사실이 있는 때에는 그 처리에 관한 의견서를 첨부하여야 한다(법 334조 → 법 419조 7항). 금융위원회는 검사의 방법·절차, 검사결과에 대한 조치기준, 그 밖의 검사업무와 관련하여 필요한 사항을 정하여 고시할 수 있다(법 334조 → 법 419조 9항).

제335조(증권금융회사에 대한 조치)

① 금융위원회는 증권금융회사가 다음 각 호의 어느 하나에 해당하는 경우에는 제324조 제 1 항에 따른 인가를 취소할 수 있다.

1. 거짓, 그 밖의 부정한 방법으로 제324조 제 1 항에 따른 인가를 받은 경우
2. 인가조건을 위반한 경우
3. 제324조 제 9 항에 따른 인가요건 유지의무를 위반한 경우
4. 업무의 정지기간 중에 업무를 한 경우
5. 금융위원회의 시정명령 또는 중지명령을 이행하지 아니한 경우
6. 별표 9 각 호의 어느 하나에 해당하는 경우로서 대통령령으로 정하는 경우
7. 대통령령으로 정하는 금융관련 법령 등을 위반한 경우로서 대통령령으로 정하는 경우
8. 그 밖에 투자자의 이익을 현저히 해할 우려가 있거나 해당 업무를 영위하기 곤란하다고 인정되는 경우로서 대통령령으로 정하는 경우

② 금융위원회는 증권금융회사가 제 1 항 각 호(제 6 호를 제외한다)의 어느 하나에 해당하거나 별

표 9 각 호의 어느 하나에 해당하는 경우에는 다음 각 호의 어느 하나에 해당하는 조치를 할 수 있다.
1. 6개월 이내의 업무의 전부 또는 일부의 정지
2. 계약의 인계명령
3. 위법행위의 시정명령 또는 중지명령
4. 위법행위로 인한 조치를 받았다는 사실의 공표명령 또는 게시명령
5. 기관경고
6. 기관주의
7. 그 밖에 위법행위를 시정하거나 방지하기 위하여 필요한 조치로서 대통령령으로 정하는 조치

③ 금융위원회는 증권금융회사의 임원이 제1항 각 호(제6호를 제외한다)의 어느 하나에 해당하거나 별표 9 각 호의 어느 하나에 해당하는 경우에는 다음 각 호의 어느 하나에 해당하는 조치를 할 수 있다.
1. 해임요구
2. 6개월 이내의 직무정지
3. 문책경고
4. 주의적 경고
5. 주의
6. 그 밖에 위법행위를 시정하거나 방지하기 위하여 필요한 조치로서 대통령령으로 정하는 조치

④ 금융위원회는 증권금융회사의 직원이 제1항 각 호(제6호를 제외한다)의 어느 하나에 해당하거나 별표 9 각 호의 어느 하나에 해당하는 경우에는 다음 각 호의 어느 하나에 해당하는 조치를 그 증권금융회사에 요구할 수 있다.
1. 면직
2. 6개월 이내의 정직
3. 감봉
4. 견책
5. 경고
6. 주의
7. 그 밖에 위법행위를 시정하거나 방지하기 위하여 필요한 조치로서 대통령령으로 정하는 조치

⑤ 제422조 제3항 및 제423조부터 제425조까지의 규정은 증권금융회사 및 그 임직원에 대한 조치 등에 관하여 준용한다.

Ⅰ. 증권금융회사의 인가취소

일정한 사유가 발생하는 경우 금융위원회는 증권금융회사의 인가를 취소할 수 있는

데, 법과 시행령에서 정하는 인가취소 사유는 다음과 같다.

첫째, 거짓, 그 밖의 부정한 방법으로 법 제324조 제 1 항에 따른 인가를 받은 경우이다(법 335조 1항 1호).

둘째, 인가조건을 위반한 경우이다(법 335조 1항 2호).

셋째, 법 제324조 제 9 항에 따른 인가요건 유지의무를 위반한 경우이다(법 335조 1항 3호).

넷째, 업무 정지기간 중에 업무를 한 경우이다(법 335조 1항 4호).

다섯째, 금융위원회의 시정명령 또는 중지명령을 이행하지 아니한 경우이다(법 335조 1항 5호).

여섯째, 투자자 보호 또는 건전한 거래질서를 해할 우려가 있는 경우로서 ① 법 제174조에 따른 미공개중요정보 이용행위 금지 의무를 위반한 경우, ② 법 제176조에 따른 시세조종행위 등의 금지 의무를 위반한 경우, ③ 법 제178조에 따른 부정거래행위 등의 금지 의무를 위반한 경우 중 어느 하나에 해당하는 경우이다(법 335조 1항 6호, 법 시행령 324조 1항).

일곱째, 「금융실명거래 및 비밀보장에 관한 법률」, 「형법」, 「특정경제범죄 가중처벌 등에 관한 법률」 등을 위반한 경우로서 ① 「금융실명거래 및 비밀보장에 관한 법률」 제 4 조 제 1 항 본문을 위반하여 거래정보등을 제공·누설하거나 요구한 경우, ② 「금융실명거래 및 비밀보장에 관한 법률」 제 4 조 제 3 항을 위반하여 거래정보등의 제공 요구를 거부하지 아니한 경우, ③ 「금융실명거래 및 비밀보장에 관한 법률」 제 4 조 제 4 항 본문을 위반하여 알게 된 거래정보등을 타인에게 제공·누설하거나 그 목적 외의 용도로 이용한 경우 또는 그 거래정보등을 요구한 경우, ④ 「금융실명거래 및 비밀보장에 관한 법률」 제 4 조 제 5 항을 위반하여 거래정보등을 타인에게 제공·누설한 경우, ⑤ 「형법」 제214조부터 제217조까지의 규정을 위반한 경우, ⑥ 「형법」 제223조(214조부터 217조까지의 규정을 위반한 경우에 한한다)를 위반한 경우, ⑦ 「형법」 제355조, 제356조 또는 제357조 제 1 항을 위반한 경우, ⑧ 「형법」 제359조(355조, 356조 또는 357조 1항을 위반한 경우에 한한다)를 위반한 경우, ⑨ 「특정경제범죄 가중처벌 등에 관한 법률」 제 3 조 제 1 항(「형법」 355조 또는 356조와 관련된 경우에 한한다)을 위반한 경우, ⑩ 「특정경제범죄 가중처벌 등에 관한 법률」 제 5 조 제 1 항부터 제 3 항까지의 규정을 위반한 경우, ⑪ 「특정경제범죄 가중처벌 등에 관한 법률」 제 7 조에 위반한 경우, ⑫ 「특정경제범죄 가중처벌 등에 관한 법률」 제 8 조에 위반한 경우, ⑬ 「특정경제범죄 가중처벌 등에 관한 법률」 제 9 조 제 3 항을 위반한 경우 등이다(법 335조 1항 7호, 법 시행령 324조 2항·3항).

마지막으로, 그 밖에 투자자의 이익을 현저히 해할 우려가 있거나 해당 업무를 영위하기 곤란하다고 인정되는 경우로서 ① 인가를 받은 날부터 6개월 이내에 영업을 개시하지 아니하거나 영업을 개시한 후 정당한 사유 없이 인가받은 업무를 6개월 이상 계속해서 영위하지 아니한 경우, ② 업무와 관련하여 부정한 방법으로 타인으로부터 금전 등을 받거나 타인에게 줄 금전 등을 취득한 경우, ③ 법 제335조 제 2 항 제 1 호에 따른 업무정지의 조치를 받은 날부터 1개월(업무정지의 조치를 하면서 1개월을 초과하는 보정기간을 정한 경우에는 그 기간) 이내에 해당 조건을 보정하지 아니한 경우, ④ 동일 또는 유사한 위법행위를 계속하거나 반복하는 경우 등이다(법 335조 1항 8호, 법 시행령 324조 4항).

이상의 규정에 따라 인가가 취소된 후 그 취소된 업무를 영위한 자는 5년 이하의 징역 또는 2억원 이하의 벌금에 처한다(법 444조 24호).

Ⅱ. 금융위원회의 조치

금융위원회는 증권금융회사 또는 그 임직원이 인가 취소 사유에 해당하는 경우에는 법과 시행령이 정하는 조치를 취할 수 있다(법 335조 2항·3항·4항).

1. 증권금융회사에 대한 금융위원회의 조치

금융위원회는 증권금융회사가 법 제335조 제 1 항 각 호(6호를 제외한다)의 어느 하나에 해당하거나 [별표 9] 각 호의 어느 하나에 해당하는 경우에는 다음의 어느 하나에 해당하는 조치를 할 수 있다. 즉 (i) 6개월 이내의 업무의 전부 또는 일부의 정지, (ii) 계약의 인계명령, (iii) 위법행위의 시정명령 또는 중지명령, (iv) 위법행위로 인한 조치를 받았다는 사실의 공표명령 또는 게시명령, (v) 기관경고, (vi) 기관주의, (vii) 그 밖에 위법행위를 시정하거나 방지하기 위하여 필요한 조치로서 ① 지점, 그 밖의 영업소의 폐쇄 또는 그 업무의 전부 또는 일부의 정지, ② 경영 또는 업무방법의 개선요구나 개선권고, ③ 변상 요구, ④ 법 위반의 경우에는 고발 또는 수사기관에의 통보, ⑤ 다른 법률을 위반한 경우에는 관련기관 또는 수사기관에의 통보, ⑥ 그 밖에 금융위원회가 법 및 이 영, 그 밖의 관련법령에 의하여 취할 수 있는 조치 중 하나에 해당하는 조치(법 335조 2항, 법 시행령 324조 5항) 등이다.

법 제335조 제 2 항에 따른 업무의 정지기간 중 업무를 영위한 자는 3년 이하의 징역 또는 1억원 이하의 벌금에 처한다(법 445조 37호).

2. 증권금융회사의 임원에 대한 금융위원회의 조치

금융위원회는 증권금융회사의 임원이 법 제335조 제 1 항 각 호(6호를 제외한다)의 어느 하나에 해당하거나 [별표 9] 각 호의 어느 하나에 해당하는 경우에는 (i) 해임요구, (ii) 6개월 이내의 직무정지, (iii) 문책경고, (iv) 주의적 경고, (v) 주의, (vi) 그 밖에 위법행위를 시정하거나 방지하기 위하여 필요한 조치로서 ① 법 위반의 경우 고발 또는 수사기관에의 통보, ② 다른 법률을 위반한 경우 관련기관 또는 수사기관에의 통보, ③ 그 밖에 금융위원회가 법 및 이 영, 그 밖의 관련법령에 의하여 취할 수 있는 조치 중 하나에 해당하는 조치 중 어느 하나에 해당하는 조치를 할 수 있다(법 335조 3항, 법 시행령 324조 6항).

3. 증권금융회사의 직원에 대한 금융위원회의 조치

금융위원회는 증권금융회사의 직원이 법 제335조 제1항 각 호(6호를 제외한다)의 어느 하나에 해당하거나 [별표 9] 각 호의 어느 하나에 해당하는 경우에는 (i) 면직, (ii) 6개월 이내의 정직, (iii) 감봉, (iv) 견책, (v) 경고, (vi) 주의, (vii) 그 밖에 위법행위를 시정하거나 방지하기 위하여 필요한 조치로서 ① 법 위반의 경우 고발 또는 수사기관에의 통보, ② 다른 법률을 위반한 경우 관련기관 또는 수사기관에의 통보, ③ 그 밖에 금융위원회가 법 및 이 영, 그 밖의 관련법령에 의하여 취할 수 있는 조치 중 어느 하나에 해당하는 조치를 그 증권금융회사에 요구할 수 있다(법 335조 4항, 법 시행령 324조 6항).

Ⅲ. 준용규정

금융위원회는 증권금융회사의 임직원에 대하여 조치를 하거나 이를 요구하는 경우 그 임직원에 대하여 관리·감독의 책임이 있는 임직원에 대한 조치를 함께 하거나 이를 요구할 수 있다. 다만, 관리·감독의 책임이 있는 자가 그 임직원의 관리·감독에 상당한 주의를 다한 경우에는 조치를 감면할 수 있다(법 335조 5항 → 법 422조 3항).

금융위원회는 증권금융회사에 대한 인가의 취소나 그 임직원에 대한 해임요구 또는 면직요구를 하고자 하는 경우에는 청문을 실시하여야 한다(법 335조 5항 → 법 423조). 또한 금융위원회는 증권금융회사나 그 임직원에 대하여 규정에 따른 처분 또는 조치를 한 경우에는 그 내용을 기록하고 이를 유지·관리하여야 하며(법 335조 5항 → 법 424조 1항), 조치를 취한 사실을 관보 및 인터넷 홈페이지 등에 공고하여야 한다(법 335조 5항 → 법 424조 2항).

금융위원회는 증권금융회사의 퇴임한 임원 또는 퇴직한 직원이 재임 또는 재직 중이었다면 관련 규정에 따른 조치를 받았을 것으로 인정되는 경우에는 그 받았을 것으로 인정되는 조치의 내용을 금융감독원장으로 하여금 해당 증권금융회사에게 통보하도록 할 수 있다. 이 경우 통보를 받은 증권금융회사는 이를 퇴임·퇴직한 그 임직원에게 통보하여야 한다(법 335조 5항 → 법 424조 3항).

증권금융회사 또는 그 임직원(임직원이었던 자를 포함한다)은 금융위원회에 자기에 대한 관련 규정에 따른 처분 또는 조치 여부 및 그 내용을 조회할 수 있다(법 335조 5항 → 법 424조 5항). 금융위원회는 이러한 조회요청을 받은 경우에는 정당한 사유가 없는 한 처분 또는 조치 여부 및 그 내용을 그 조회 요청자에게 통보하여야 한다(법 335조 5항 → 법 424조 6항).

관련 규정에 따른 처분 또는 조치에 대하여 불복하는 자는 그 처분 또는 조치의 고지를 받은 날부터 30일 이내에 그 사유를 갖추어 금융위원회에 이의를 신청할 수 있다(법 335조 5항 → 법 425조 1항). 이러한 이의신청에 대하여 금융위원회는 60일 이내에 결정을 하여야 한다. 다만, 부득이한 사정으로 그 기간 이내에 결정을 할 수 없을 경우에는 30일의 범위에서 그 기간을 연장할 수 있다(법 335조 5항 → 법 425조 2항).

[초판: 장근영, 개정판: 이서열]

제 3 장의2 신용평가회사

○ 前注

자본시장법이 2013년 5월 28일 법 제11845호로 개정되어 제 3 장의2에 신용평가회사 규정이 신설(2013. 8. 29. 시행)되었다. 종래 「신용정보의 이용 및 보호에 관한 법률」(이하 "신용정보법")에 규정되어 있던 신용평가회사가 통째로 자본시장법으로 옮겨진 이유는 무엇인지, 법률의 편제가 바뀌면서 새로 달라진 제도는 없는지 알아볼 필요가 있다.

Ⅰ. 신용평가제도의 취지와 연혁

신용평가(credit rating)란 발행사의 특정 유가증권에 관한 원리금 상환의 확실성 또는 발행사의 채무에 대한 상환능력을 A, B, C 등의 신용등급 기호(symbol)로 표시하여 이해관계자 및 일반투자자들에게 공시하는 것을 말한다.[1] 신용평가기관(credit rating agency : CRA)의 역할은 '신용평가를 통하여 정보의 투명성과 효율성을 제고'하고 투자자보호를 위하여 '정보의 비대칭성(informational asymmetry)'을 해소하는 것이다. 이에 따라 채권이나 주식을 발행하여 자금을 조달하는 나라에서는 중립적이고 공정한 신용평가에 대한 자본시장의 수요(needs)가 커지면서 신용평가기관이 발달하게 되었다.[2]

신용평가는 1900년에 설립된 무디스(Moody's)가 1909년 채권에 대하여 신용평가를 하기 시작한 것이 그 효시이다. 미국의 경우 1930년대 대공황을 전후하여 채권의 평가등급이 투자자들에게 가치 있는 정보로 인정받게 되자 무디스와 스탠다드 앤 푸어스(Standard & Poor's : S&P)가 세계적인 신용평가기관으로 명성을 얻게 되었다.[3]

은행을 매개로 한 간접금융의 비중이 높은 우리나라에서는 정부 및 관계기관의 주도로 자본시장의 육성 및 투자자보호 차원에서 신용평가회사를 설립·운영하였다. 본래

---

1) 한국기업평가(주), 「신용평가의 이해와 활용」, 새로운 제안, 2009, 30쪽.

2) 박훤일, 「신용평가회사의 내부통제 규제현황 및 향후 입법정책 과제」, 국회입법조사처 정책연구용역보고서, 2010. 12, 6쪽 이하.

3) 현재 미국의 신용평가시장은 Standard & Poor's, Moody's, Fitch 등 빅 쓰리의 과점체제로 되어 있다. 미국에는 총 10개의 신용평가기관(NRSRO)이 있는데 이들 3사가 96%를 점하고 있다. SEC, Annual Report on Nationally Recognized Statistical Rating Organizations, December 2012.

우리나라에서는 신용평가업이 법률의 근거 없이 국책은행인 한국산업은행이 1983년 설립한 한국경영컨설팅(주)에 의하여 수행되다가 2001년 신용정보법의 개정으로 신용평가업이 신용정보업의 하나로 편입되면서 법의 규율을 받게 되었다.[1] 즉, 1983년 12월 한국기업평가(주)의 전신인 한국경영컨설팅(주)가 신용평가업무를 개시하였으며, 현재 4개 신용평가회사[2]가 각종 증권의 신용평가 업무를 수행하고 있다.[3]

Ⅱ. 자본시장에서의 신용평가회사의 기능

오늘날 자본시장에서 발행인(issuer)은 기간과 금리 면에서 보다 유리하게 자금을 조달하고자 하는 반면 투자자들(investors)은 자본시장을 통해 보다 많은 수익을 올리려고 한다. 이러한 입장 차이에 따라 투자위험요소에 대한 발행인과 투자자간의 정보의 불균형 내지 비대칭성을 완화·해소하기 위해서는 신용평가기관(CRA)을 필요로 한다. 그러므로 신용평가는 ① 발행인과 투자자의 이해관계로부터 독립된 제3자로서 ② 전문적인 분석능력과 ③ 일관된 판단능력을 토대로 발행인의 신용위험에 대한 적절한 정보를 투자자들에게 제공할 수 있어야 한다.[4]

신용평가회사는 장기간의 다양한 자산 및 기업에 대한 평가경험을 통해 신용평가정보를 적은 비용으로 생산할 수 있으므로 많은 투자자들이 용이하게 이용할 수 있게 하여 자본시장에서의 정보의 비대칭성을 크게 해소시킬 수 있다. 발행인으로서도 신용평가를 받음으로써 자금조달의 기회를 확대할 수 있다. 정확한 신용평가정보를 투자자들에게 제공함으로써 자기신용으로 자금을 조달할 수 있고, 발행인의 신용위험에 대한 투자자들의 불확실성을 줄여 자금조달비용을 절감할 수 있다.[5]

---

1) 신용정보업은 신용조사, 채권추심에 따른 부작용을 우려하여 「興信業團束法」으로 규율되다가 1977년 「신용조사업법」이 제정되면서 신고제에서 허가제로 바뀌고 일정 자본금 요건이 부과되었다. 자본시장의 육성을 위한 본격적인 신용정보법은 1995년 1월에야 제정되어 오늘에 이른 것이다. 정재욱/이상제/남재현, 「신용정보업의 현안과 정책 과제」, 한국금융연구원, 2006. 6, 15-16쪽.

2) 우리나라의 신용평가시장은 외국계 피치(Fitch)가 대주주인 한국기업평가(KR), 은행들이 공동출자한 전국종합신용평가(주)의 후신인 NICE신용평가, 그리고 무디스 계열의 한국신용평가(KIS)로 3분되어 왔다. 2000년 1월 서울신용평가정보(SCI)가 새로 진입하여 CP와 ABS 등 일부 증권에 대해 신용평가를 시작했다(상게서, 31쪽). 2012년말 현재 각사의 매출액은 KR 298억원, KIS 298억원, NICE 307억원으로 시장을 사실상 3분하고 있으며, CP와 ABS에 대한 신용평가만 하는 SCI는 2억원이다(금융감독원 보도자료, 2013. 4. 26).

3) 일본에서는 1970년대 자본시장의 자유화, 국제화 추진에 따라 정부의 채권시장 육성정책의 일환으로 일본경제신문에 회사채 신용등급이 공표되기 시작하였다. 1979년 일본공사채연구소(JBRI)가 설립되어 1985년부터 본격적인 신용평가를 실시하였고, 1998년에는 일본내 1, 2위 신용평가기관인 일본공사채연구소와 일본 인베스터스 서비스(NIS)가 일본투자등급정보센터(R&I)로 합병되었다. 현재 일본의 신용평가시장은 일본계인 R&I, JCR(Japan Credit Rating Agency) 등 2대 신용평가회사가 상당 부분 점유하고 있는 가운데, 무디스 및 S&P, 피치 등 해외 신용평가회사가 시장공략을 강화하고 있다.

4) 한국기업평가(주), 전게서(2009), 21쪽.

5) 상게서, 22쪽.

증권시장 및 감독당국의 입장에서도 증권 발행인의 신용등급 및 관련 분석정보가 시장에 유포됨으로써 자본거래의 투명성을 제고할 수 있게 된다. 개별 증권의 신용등급 동향을 파악하여 재무적 건전성을 감시하는 데 유용한 기준으로 삼을 수 있다. 신용등급에 따라 위험 프리미엄을 차등화함으로써 발행인의 신용에 따라 발행조건이 결정되게 하고 자금배분의 효율성을 기할 수 있게 된다.[1)]

Ⅲ. 법제 개편의 취지

신용평가회사에 관한 사항을 신용정보법에서 자본시장법으로 이관한 취지는 규제감독 체계를 바꾸기 위한 것보다 글로벌 금융위기의 재발을 방지하고 자본시장의 경쟁력 제고를 위한 인프라를 강화하기 위해서이다. 법 개정취지를 보더라도 “금융투자상품 등에 대하여 공정한 신용평가를 함으로써 보다 신뢰성 있는 투자자 보호가 이루어지도록 신용평가회사에 관한 규제를 신용정보법에서 자본시장법으로 이관하면서 신용평가회사의 평가방법 및 신용평가서 등의 투자자에 대한 공시의무를 확대”한다고 하였다.[2)] 이는 신용평가가 증권 등의 금융투자상품에 대하여 이루어지는데다 일부 그릇된 신용평가가 글로벌 금융위기를 조장하였다는 비판론을 의식하여 자본시장법에서 신용평가회사의 평가방법 및 신용평가서 등의 투자자에 대한 공시의무 확대를 새로 규정한 것이다.

신용평가 업무가 종전의 신용정보법에서 자본시장법으로 이관되었다 해도 금융위원회 및 금융감독원의 감독체계에는 크게 달라지는 게 없다. 그러나 자본시장법 제9조 제26항[3)] 및 시행령 제14조의3에서 신 BIS협약의 취지에 따른 신용평가업의 대상에 기업과 집합투자기구(펀드), 그리고 국가, 지자체, 특수법인, 비영리법인을 추가함으로써 그 동안 신용조회회사가 신용정보법에 의거하여 수행해 온 기업신용평가 업무마저 자본시장법의 규제를 받는 신용평가회사의 업무로 편입될 가능성이 커졌다.[4)]

이와 관련하여 신 BIS협약(BASEL Ⅱ)은 신용평가회사의 적격요건(qualification)이라 할 수 있는 적격 외부신용평가기관(External Credit Assessment Institution : ECAI) 지정기준을 정해 놓았다.[5)] BASEL II에서 신용 리스크 측정방법으로 표준방법을 채택한 은행은 자기자본비율

1) 상게서, 22쪽.

2) 법제처, 「자본시장과 금융투자업에 관한 법률」제·개정이유, 관보 제18025호, 2013. 5. 28.

3) 법 제9조 제26항 및 법 시행령 제14조의3은 “신용평가업”을 (i) 금융투자상품, (ii) 기업·집합투자기구, 그 밖에 대통령령으로 정하는 (iii) 국가, (iv) 지방자치단체, (v) 법률에 따라 직접 설립된 법인, (iv) 「민법」, 그 밖의 관련 법령에 따라 허가·인가·등록 등을 받아 설립된 비영리법인 중의 어느 하나에 해당하는 것에 대한 신용상태를 평가(이하 “신용평가”)하여 그 결과에 대하여 기호, 숫자 등을 사용하여 표시한 등급(이하 “신용등급”)을 부여하고 그 신용등급을 발행인, 인수인, 투자자, 그 밖의 이해관계자에게 제공하거나 열람하게 하는 행위를 영업으로 하는 것을 말한다고 정의하였다.

4) 이에 따라 법 시행령 제324조의2에서 신용조회회사의 ‘무인가 신용평가 금지’의 예외를 규정하고 있다.

5) ECAI에 관한 상세한 내용은 Basel Ⅱ Banking Regulation Framework Part Ⅱ, Section Ⅱ. B 〈http://

산출 시 ECAI가 부여한 신용등급에 따라 보유자산에 대한 위험가중치를 차등 적용하여 위험가중자산을 산출해야 하며, 금융감독원은 국제기준에 따라 ECAI를 지정하게 된다.[1)]

이에 따라 신용평가회사가 ECAI 지정을 받으려면 금융감독원이 국제적 정합성과 국내 금융현실을 고려하여 책정한 ECAI 기준 — 객관성(objectivity), 독립성(independence), 일관성(consistency), 투명성(transparency), 신뢰성(reliability) — 5개 항목을 충족하여야 한다. 각 항목의 충족 여부는 개정 전의 국제증권감독기구 신용평가회사 기본행동강령(IOSCO Code)[2)]을 구체화한 세부항목(체크리스트)에 의한다.

금융감독원은 ECAI 관리방안의 일환으로 국내 신용평가회사에 대한 사후관리 방안을 마련하였다. 이에 따르면, 금융감독원은 국내 ECAI의 신용등급별 부도율 수준에 대한 모니터링을 매년 실시하고, 지정기준의 중요한 변경 사항이나 지정 기준을 충족하지 못할 경우 개선계획 제출과 필요 시 'ECAI 지정위원회'를 통해 취소할 수 있다. 이러한 감독체계는 신용평가회사의 평가방법론에 대한 사후 검증과 이해상충 방지, 정보의 투명성 등에 입각해 있다. 신용등급에 규제적 권한을 부분적으로 허용하는 한편 이에 상응하는 책임을 부과하려는 것이다.

〈표 1〉 ECAI 지정요건 및 세부 항목

항　목	세 부 항 목
객관성	– 자산별/업종별 신용평가방법론과 신용평가절차를 제시해야 함 – 평가시스템의 전산화가 제대로 이루어져야 함 – 평가대상기업으로부터 제공되는 정보의 범위와 비공개정보에 대한 처리절차가 명확해야 함 – 신용평가절차 관련 규정의 준수 여부를 증명해야 함
독립성	– 주주구성, 지배구조, 수익구조와 관련하여 이해상충의 소지가 없음을 증명해야 하며, 관련된 내부통제 절차를 갖추어야 함 – 부수업무 관련 내부 통제절차 보유 여부를 증명해야 함 – 전문적인 지식·경험을 보유한 구성원이 업무를 담당하고 있음을 증명해야 함 – 수수료 정책이 명확해야 함 – 내부행동강령을 마련하고 시행해야 함
일관성	– 역사적 경험에 기초하여 신용등급의 신뢰성을 증명할 수 있어야 함 – 개별 신용평가의 적정성 검토(최소 1년에 한번) – 정기적인 신용등급 검토과정 모니터링 – 시장의 중요한 사건과 잠재적 요인 등을 모니터링하는 기준의 객관성 – 피평가 기업과의 적절한 정보교환기능 유지 여부

www.bis.org/publ/bcbs107b.pdf〉[2013. 10. 25.] 참조.

1) 박훤일, 전게 보고서(2010. 12), 10-11쪽.

2) Code of Conduct Fundamentals for Credit Rating Agencies, Revised May 2008. 〈http://www.iosco.org/library/pubdocs/pdf/IOSCOPD271.pdf〉[2013. 10. 25.]

투명성	- 평가방법론은 공시(홈페이지, 출판물 등) 방법 제시 - 중요한 변경사항을 신속하게 공개함을 증명해야 함 - 수수료 체계의 공시방법을 제시하여야 함 - 평가방법론과 신용등급 부여, 변경에 관한 정보를 이해관계자들이 동등하게 접속가능함을 증명해야 함
신뢰성	- 시장에서의 신뢰성을 바탕으로 영업을 지속적으로 영위할 수 있는지 여부 - 신뢰성 확보 여부를 증명 할 수 있어야 함

제335조의2(무인가 신용평가 금지)

누구든지 이 법에 따른 신용평가업 인가를 받지 아니하고는 신용평가업을 영위하여서는 아니 된다. 다만, 투자자 보호 및 건전한 거래질서를 해할 우려가 없는 경우로서 대통령령으로 정하는 경우는 제외한다.

Ⅰ. 신용평가회사에 대한 규제·감독의 강화 추세

신용평가회사에 대한 규제·감독은 2007년 글로벌 금융위기 전까지 미국, EU 등 주요국에서 자율적인 규제에 맡기는 경향이 많았다. 그래서 신용평가회사는 법적인 인·허가절차를 거치지 않은 '국가적으로 인정된 통계적으로 신용을 평가하는 조직(Nationally Recognized Statistical Rating Organization : NRSRO)'으로 불려졌다. 그러나 미국발 글로벌 금융위기와 남유럽 국가의 재정위기 이후 사정이 크게 달라졌다. 각국 감독기관은 신용평가업에 대한 규제체계의 개혁을 서두르고 국가간의 공조 강화에 나섰다.

1. 국제증권감독기구

제일 먼저 국제증권감독기구(IOSCO)가 국가간 공조활동의 기준을 제시하였다. IOSCO는 세계적인 에너지 기업의 분식회계가 문제되었던 엔론 사태 직후 2004년에 만들었던 신용평가회사 행동강령(IOSCO Code)을 2008년 5월 글로벌 금융위기에 대응하여 다시 개정하였다.[1)]

1) IOSCO 신용평가회사 행동강령의 요지는 (i) 구조화증권의 설계에 관한 자문이나 추천 금지, (ii) 등급모니터링에 충분한 자원을 배분할 것, (iii) 과거 평가작업의 검토를 위한 정책과 프로세스를 수립할 것, (iv) 연간 매출의 10% 이상 수수료를 수취하는 기업을 공개할 것, (v) 투자자가 신용평가에 관한 이해도를 높이도록 할 것, (vi) 평가방법론을 공개하고 정기적으로 점검할 것, (vii) 신용평가회사 홈페이지에 행동강령, 평가방법론, 과거 실적자료를 공개한다는 것 등이다. 박임출, "신용평가 규제법제의

IOSCO 기본행동강령은 신용평가회사에 대한 감독과 감시의 국제적인 표준으로서 중요시된다. IOSCO는 신용평가회사 별로 구체적으로 어떻게 적용되고 있는지 조사하여 적용방식의 차이로 인한 문제는 없는지, 규제상의 차이를 노린 거래(arbitrage)가 발생할 여지는 없는지 등을 예의 주시하고 있다.[1)]

G20 정상회담에서도 이 문제에 주목하였다. 2009년 4월 G20 런던 정상회담에서 각국은 자본시장의 안정성, 건전성을 강화하기 위한 여러 조치를 결의한 중에서 신용평가회사에 대한 감독을 IOSCO 행동강령을 기준으로 하고 2009년 말까지 각국별로 신용평가회사에 대한 감독체계를 정비하도록 했다.

2. 미국의 경우

G20 정상회담에서의 합의에 따라 미국, EU 등 주요국은 신용평가회사에 대한 소극적인 규제에서 적극적인 감독으로 정책을 전환하였다. 미국의 경우 신용평가회사를 관할하는 증권거래위원회(SEC)가 중심이 되어 국가공인 신용평가기관(NRSRO)에 대한 전반적인 검토가 행하여졌다.[2)] SEC는 1975년 NRSRO를 처음 지정하였으며, 엔론 사태 이후 사베인스-옥슬리법(Sarbanes-Oxley Act 2002)에 의거 NRSRO의 결정과정에 대한 보고서를 의회에 제출한 바 있다. 미 의회는 2006년 신용평가기관개혁법(Credit Rating Agency Reform Act)을 통해 신용평가, 신용평가회사, NRSRO와 관계자, 적격 기관투자자(qualified institutional investors)에 대한 규정을 도입하였다.[3)] 신용평가업무 및 신용평가회사에 대한 규제개혁 논의[4)]는 최종적으로 「도드-프랭크 월스트리트 개혁 및 소비자보호법」(Dodd-Frank Wall Street Reform and Consumer Protection Act of 2010, 이하 "금융개혁법")을 통해 법제화되었다. 동 금융개혁법은

입법론적 과제," 「증권법연구」 제10권 제 2 호(2009), 233쪽.

1) IOSCO는 유동화증권의 공모 및 상장 위한 공시원칙(Disclosure Principles for Public Offerings and Listings of Asset-Backed Securities, April 2010)을 발표하고 글로벌 금융위기를 촉발하였던 구조화상품(structured products)에 대한 상세한 정보의 공개를 요구하였다. 〈http://www.iosco.org/library/pubdocs/pdf/IOSCOPD318.pdf〉[2013. 10. 25.]

2) 정병욱, "자본시장 건전성 향상을 위한 신용평가 역할 제고 방안," 한국신용평가-한국재무학회 공동세미나 발표자료, 2010. 10.

3) 동 법률은 NRSRO에 대한 정의, NRSRO 신청자격 및 요건 등을 법으로 규정하고 있다. NRSRO는 적어도 3년 이상의 업무경험과 적격 기관투자자에 의해 인증된(certified) 기관이라고 정의된다. NRSRO 신청과 관련하여 단기·중기·장기에 걸친 신용평가 결과의 실적, 신용평가 절차 및 방법, 사적 정보의 유용방지, 조직구조, 윤리기준, 신용평가와 관련된 이해상충, 매출기준 상위 각 20개 발행인 및 투자자의 목록 등을 제출하여야 한다. 동 법률의 기본취지는 신용평가회사에 대한 공시의무 및 정보공개 범위를 확대 강화함으로써 신용평가회사의 평가에 대한 수요자(투자자)의 감시를 강화하기 위한 것이다.

4) 이상과 같은 SEC의 규제개혁에도 불구하고 시장에서는 규제강화가 미흡하다는 비판이 계속되었고, 이에 미 행정부(Dept. of Treasury)는 2009년 7월 신용평가회사의 투명성 제고와 SEC 권한 강화를 골자로 하는 「2009년 신용평가회사 개혁법안」(Department of Treasury of U.S., "Administration's Regulatory Reform Agenda Moves Forward Credit Rating Agency Reform Legislation Sent to Capital Hill," Press Release, July 21, 2009)을 의회에 제출하였다.

2010년 7월 발효되었는데,[1] 신용평가회사에 관하여는 SEC가 시행에 필요한 규칙의 제정(rule making) 등 조치를 취한 후 단계적으로 시행되었다. 특히 신용평가회사의 전문가책임(expert liability)[2]과 신용평가 프로세스의 개선, 이해상충 문제의 해소 등에 관한 규정을 포함하고 있다.

이와 관련하여 SEC에 신용평가국(Office of Credit Rating)을 설치하고 신용평가회사의 법집행 위반행위에 대하여 과태료를 부과할 수 있게 했다. 신용평가회사의 허위표시·사기(fraud) 등으로 인한 피해보상 명령권을 부여하는 한편 지금까지 배제되었던 발행기업의 위법행위에 대한 보고의무를 신용평가회사에 새로 부과할 수 있도록 했다. 특히 각종 법규에서 NRSRO의 신용평가에 의하도록 한 규정(statutory references)을 삭제하고, 신용평가쇼핑[3] 방지를 위한 방안을 수립하도록 했다.

요컨대 미국의 금융개혁법에 포함된 신용평가회사 및 신용평가업무에 대한 규제개혁안은 그 목적을 분명히 하고 있다. 즉, 전반적으로 신용평가회사의 금융시장에 대한 직·간접 책임을 명문화함으로써 신용평가회사의 금융시장 및 금융회사, 투자자에 대한 법적 책임을 강화하고 있다. 금융개혁법은 공시, 내부통제, 지배구조에 기초한 규제체계를 활용하여 신용평가회사의 보고, 공시의무를 강화하는 한편 이해상충 방지를 위한 내부통제체계에 대한 규제체계를 강화하였다.

3. 유럽연합(EU)의 경우

EU에서는 종래 신용평가회사들에 대한 규제가 IOSCO 기본행동강령 및 EU지침[4]에 의하여 자율적으로 이루어져 왔다. 그러나 글로벌 금융위기에 직면하여 EU 차원에서 신

1) 미국의 금융개혁법은 1930년대 이후 금융감독에 일대 변혁을 몰고와 미국의 은행, 증권, 파생상품, 임원에 대한 보수, 소비자보호, 기업지배구조 어느 것이든 이 법의 영향을 받게 되었다. 대형 금융기관, 중소 금융기관을 막론하고 생소하고 복잡하기 그지없는 규제환경 속에서 살아남기 위해서는 단계적으로 시행되는 243개의 각종 시행령, 시행규칙과 67건의 연구검토 보고서에 촉각을 곤두세워야 하는 실정이다. Davis Polk & Wardwell, "Summary of the Dodd-Frank Wall Street Reform," July 21, 2010. 〈http://www.davispolk.com/〉[2013. 10. 25.]

2) 지금까지 미국의 신용평가회사는 연방대법원의 판례에 의하여 비록 의뢰받지 않은 신용평가를 하고 피평가 기업에 불리한 신용등급을 공표하여 손해를 입히더라도 실제적인 악의(actual malice)가 없는 한 공적인 기업(public concern)에 대한 일종의 표현의 자유(수정헌법 1조)라 하여 면책되었다. 그러던 것이 이번 금융개혁법에서는 신용평가를 증권신고서에서 제외하였던 SEC규칙 436(g)를 폐기함으로써(금융개혁법 Sec. 939G) 신용평가회사의 신용등급을 회계사의 감사보고와 같이 취급하게 되었다. 따라서 신용평가회사가 악의로 또는 부주의하게 평가대상 증권에 대한 신용리스크 평가의 전제가 되는 사실관계의 조사를 게을리하거나 객관적이고 믿을 만한 자료에 의하여 검증을 하지 않은 경우에는 손해배상책임을 질 수 있도록 하였다. Ibid., p. 77; 박준, "기업금융활성화와 신종증권에 관한 자본시장법의 개정,"「상사판례연구」 제24집 제 3 권(2011. 9. 30), 81-82쪽.

3) 구조화상품의 발행사나 주선기관이 높은 신용등급을 부여하면서 신용보강(credit enhancement)을 적게 요구하는 신용평가회사를 찾는 경향이 있어 일부 신용평가회사는 수입을 올리기 위해 잠재적인 리스크는 눈감아 주기도 했다. Financial Times, "Rating agencies 'broke bond of trust'," October 23, 2008.

4) 신용평가 의견의 품질유지를 권고하는 Market Abuse Directive, ECAI 지정요건에 관한 Capital Requirements Directive 등을 말한다.

용평가회사들에 대한 감시와 감독을 강화하기로 하고 2009년 9월 유럽연합이사회(European Council)와 유럽의회(European Parliament)가 신용평가회사에 대한 규정(EC No 1060/2009 Regulation on Credit Rating Agencies : "CRA규정")을 제정하였다. EU에서의 최대관심사는 각 회원국이 시행해 오던 신용평가회사 등에 대한 금융감독 권한을 EU 차원에서 행사하는 문제였다.[1] 유럽연합이사회는 2009년 6월 위원회의 제안을 받아들여 CRA규정을 개정하기로 하고 EU의 통합된 금융감독 시스템이 출범할 때까지 유럽증권·시장감독청(European Securities and Markets Authority : ESMA)이 신용평가회사에 대한 감독권을 수행하도록 했다. 이에 따라 ESMA는 2011년 7월부터 회원국의 신용평가회사에 대한 감독을 맡고 있으며, 새로운 CRA규정은 Regulation과 Directive[2]로 제정되어 2013년 6월부터 시행되고 있다.

Ⅱ. 무인가 신용평가의 금지 및 예외

이상과 같이 신용평가회사에 대한 규제·감독이 세계적으로 강화됨에 따라 우리나라에서도 종래 신용정보업의 하나로 보고 허가주의[3]를 취했던 신용평가업을 일정 기준에 따라 심사를 거쳐 취급을 인가받아야 하는 방식으로 바꾸었다. 신용평가업을 신청하는 경우 당국이 일정 기준 및 절차에 따라 새로운 조건을 부가할 수 있도록 하고 인가를 받지 않은 자는 신용평가업을 일체 영위할 수 없게 하였다(법 335조의2).

투자자 보호 및 건전한 거래질서를 해할 우려가 없는 경우로서 시행령 제324조의2에서 규정한 다음의 경우는 예외로 한다. 즉, 「신용정보의 이용 및 보호에 관한 법률」 제

1) 이를 위해 2009년 3월 집행위원회(Commission)는 자크 라로지에르 보고서를 바탕으로 유럽금융감독시스템(European System of Financial Supervisors)을 창설할 것을 제안하였다. 라로지에르 보고서는 EU 역내에서의 신용평가회사에 대한 인가, 업무감독은 유럽증권감독위원회(Committee of European Securities Regulators : CESR)에 맡기는 것이 합리적이라고 보았다. Commission Proposal for a Regulation of the European Parliament and of the Council on Amending Regulation(EC) No. 1060/2009 on Credit Rating Agencies, 2 June 2010.

2) Regulation 462/2013 of the European Parliament and of the Council of 21 May 2013 amending Regulation(EC) No 1060/2009 on credit rating agencies; and Directive 2013/14/EC of the European Parliament and of the Council of 21 May 2013 amending Directive 2003/41/EC on the activities and supervision of institutions for occupational retirement provision, Directive 2009/65/EC on the coordination of laws, regulations and administrative provisions relating to undertakings for collective investment in transferable securities(UCITS) and Directive 2011/61/EU on Alternative Investment Funds Managers in respect of over-reliance on credit ratings.

3) 구「신용정보의 이용 및 관리에 관한 법률」제4조(신용정보업의 종류 및 영업의 허가) ① 신용정보업의 종류 및 그 업무는 다음 각 호와 같다. 이 경우 다음 각 호의 딸린 업무는 대통령령으로 정한다.
1. 신용조회업 : 신용조회업무 및 그에 딸린 업무
2. 신용조사업 : 신용조사업무 및 그에 딸린 업무
3. 채권추심업 : 채권추심업무 및 그에 딸린 업무
4. 신용평가업 : 신용평가업무 및 그에 딸린 업무
② 신용정보업을 하려는 자는 제1항 각 호에 따른 업무의 종류별로 금융위원회의 허가를 받아야 한다.
③~⑤ 생략

22조에 따른 신용조회회사가 영위하는 기업에 대한 신용조회업무(신용정보법 2조 8호에 따른 신용조회업무를 말함)로서 다음 세 가지 요건을 모두 충족하는 경우이다.

① 기업에 대한 신용정보를 신용정보주체 또는 그 신용정보주체의 상거래의 상대방 등 이해관계를 가지는 자에게만 제공할 것

② ①에 따라 신용정보를 제공할 때 신용조회업무임을 알릴 것

③ 신용조회회사의 신용정보를 만들어 내는 부서와 영업부서(법 335조의8 2항 1호에 따른 영업조직에 준하는 부서를 말함)의 분리에 관하여 내부통제기준을 마련할 것

이는 종전의 신용정보법에 따라 신용조회회사들이 수행해 온 기업신용평가업무를 신용정보 제공의 대상을 한정하고 신용조회업무임을 표시하며 내부통제기준을 마련하는 것을 조건으로 계속 취급할 수 있도록 한 것이다.

신 BIS협약에 따라 ECAI가 수행하는 기업신용평가업무와 기존 신용조회회사들이 취급해 온 기업신용평가업무가 상당 부분 겹칠 가능성이 있으므로[1] '신용평가'라는 용어의 사용을 둘러싸고 교통정리를 할 필요성이 제기되고 있다.

제335조의3(인가)

① 신용평가업을 영위하려는 자는 금융위원회로부터 신용평가업인가를 받아야 한다.

② 제 1 항에 따라 신용평가업인가를 받으려는 자는 다음 각 호의 요건을 모두 갖추어야 한다.

1. 「상법」에 따른 주식회사, 그 밖에 대통령령으로 정하는 법인일 것. 다만, 다음 각 목의 어느 하나에 해당하는 자는 제외한다.
   가. 상호출자제한기업집단에 속하는 회사가 100분의 10을 초과하여 출자한 법인
   나. 대통령령으로 정하는 금융기관이 100분의 10을 초과하여 출자한 법인
   다. 가목 또는 나목의 회사가 최대주주인 법인
2. 50억원 이상으로서 대통령령으로 정하는 금액 이상의 자기자본을 갖출 것
3. 사업계획이 타당하고 건전할 것
4. 신뢰성 있는 신용등급을 지속적으로 생산하기에 충분한 인력 및 전산설비, 그 밖의 물적 설비를 갖출 것
5. 임원이 제24조에 적합할 것
6. 대주주(제12조 제 2 항 제 6 호 가목의 대주주를 말한다)가 충분한 출자능력, 건전한 재무상태 및 사회적 신용을 갖출 것
7. 신용평가회사와 투자자 또는 발행인 사이의 이해상충을 방지하기 위한 체계를 갖출 것

③ 제 2 항의 인가요건에 관하여 필요한 세부사항은 대통령령으로 정한다.

---

1) 현재 신용조회회사들이 취급하고 있는 기업신용평가업무는 대기업에 물품·용역을 제공하는 중소 협력업체들의 신용상태를 평가하여 그 결과를 정기 또는 수시로 전자방식으로 제공하는 것이다. 이러한 중소기업들에 대하여도 은행대출이 일어날 수 있고, 이는 ECAI의 평가대상이기에 동일한 업체에 대한 신용평가의 주체가 다른 만큼 평가결과가 다르게 나올 수 있는 것이다.

Ⅰ. 신용평가업의 인가요건

구 신용정보법 하에서 금융위원회에 신용평가업 허가신청서를 제출하던 것을 새 법에서는 신용평가업 인가신청서를 제출하여[1] 예비인가와 본인가를 받아야 한다(법 335조의3 1항). 그 인가요건은 다음과 같다(법 335조의3 2항).

1. 「상법」에 따른 주식회사, 그 밖에 대통령령으로 정하는 법인일 것. 다만, 다음 각 목의 어느 하나에 해당하는 자는 제외한다.

가. 상호출자제한기업집단에 속하는 회사가 10/100을 초과하여 출자한 법인

나. 대통령령으로 정하는 금융기관[2]이 10/100을 초과하여 출자한 법인

---

1) 신청인은 별지 제18호의4 및 제18호의 5의 신청서를 금융위원회에 제출하여야 한다(금융투자업규정 8-19조 2항).

2) "대통령령으로 정하는 금융기관"이란 다음 중 어느 하나에 해당하는 금융기관을 말한다(법 시행령 324조의3 1항).

1. 투자매매업자·투자중개업자·신탁업자·집합투자업자·증권금융회사·종합금융회사·자금중개회사 및 명의개서대행회사
2. 은행
3. 「금융지주회사법」에 따른 금융지주회사
4. 「한국산업은행법」에 따른 한국산업은행
5. 「한국수출입은행법」에 따른 한국수출입은행
6. 삭제 <2014. 12. 30>
7. 「중소기업은행법」에 따른 중소기업은행
8. 「한국주택금융공사법」에 따른 한국주택금융공사
9. 「상호저축은행법」에 따른 상호저축은행과 그 중앙회
10. 「농업협동조합법」에 따른 농업협동조합과 그 중앙회 및 농협은행
11. 「수산업협동조합법」에 따른 수산업협동조합과 그 중앙회(「은행법」 제5조에서 은행으로 보는 신용사업 부문은 제외한다)
12. 「산림조합법」에 따른 산림조합과 그 중앙회
13. 「신용협동조합법」에 따른 신용협동조합과 그 중앙회
14. 「새마을금고법」에 따른 새마을금고와 그 중앙회
15. 「보험업법」에 따른 보험회사
16. 「여신전문금융업법」에 따른 여신전문금융회사(같은 법 제3조 제3항 제1호에 따라 허가를 받거나 등록을 한 자를 포함한다)
17. 「기술신용보증기금법」에 따른 기술신용보증기금
18. 「신용보증기금법」에 따른 신용보증기금
19. 「지역신용보증재단법」에 따른 신용보증재단과 그 중앙회
20. 「무역보험법」에 따른 한국무역보험공사
21. 「예금자보호법」에 따른 예금보험공사 및 정리금융기관
22. 외국에서 제1호부터 제20호까지의 금융기관과 유사한 금융업을 경영하는 금융기관
23. 외국 법령에 따라 설립되어 외국에서 「신용정보의 이용 및 보호에 관한 법률」 제4조 제1항 제1호부터 제3호까지의 업무 중 어느 하나에 해당하는 업무를 수행하는 자

다. 가목 또는 나목의 회사가 최대주주인 법인

2. 50억원 이상의 자기자본을 갖출 것(법 시행령 324조의3 2항)

3. 사업계획이 타당하고 건전할 것

4. 신뢰성 있는 신용등급을 지속적으로 생산하기에 충분한 인력 및 전산설비, 그 밖의 물적 설비를 갖출 것

5. 임원이 제24조 제 1 항 각 호의 어느 하나에 해당하지 아니할 것[1)]

6. 대주주[2)]가 충분한 출자능력, 건전한 재무상태 및 사회적 신용을 갖출 것

7. 신용평가회사와 투자자 또는 발행인 사이의 이해상충을 방지하기 위한 체계를 갖출 것

자본시장에서 신용평가의 중요성이 커짐에 따라 신용평가의 신뢰성을 담보하고 자본시장의 건전한 육성과 투자자보호에 필요한 최소한의 요건을 법으로 규정한 것이다.

신용평가회사의 자본금은 50억원 이상이고 대규모 기업집단이나 금융기관과 특수관계에 있어서는 아니 되며, 전문인력과 전산설비 및 자료관리체제를 갖추고 신용평가업무 수행에 충분한 전문성을 보일 수 있어야 한다.

사업계획이 타당하고 건전해야 한다는 것은 구체적으로 어떻게 평가할 것인가. 금융투자업규정 [별표 21의2]에 의하면 (i) 수지전망, (ii) 내부통제장치 및 투자자 보호, (iii)

1) 다음의 경우가 이에 해당한다(법 시행령 26조의2).
1. 미성년자, 금치산자 또는 한정치산자
2. 파산선고를 받은 자로서 복권되지 아니한 자
3. 금고 이상의 실형의 선고를 받거나 이 법, 시행령으로 정하는 금융관련 법령 또는 외국 금융관련 법령에 따라 벌금 이상의 형을 선고받고 그 집행이 종료(집행이 종료된 것으로 보는 경우를 포함) 되거나 집행이 면제된 날부터 5년이 경과되지 아니한 자
4. 금고 이상의 형의 집행유예의 선고를 받고 그 유예기간 중에 있는 자
5. 이 법, 금융관련법령 또는 외국 금융관련 법령에 따라 영업의 허가·인가·등록 등이 취소된 법인 또는 회사의 임직원이었던 자(그 취소사유의 발생에 관하여 직접 또는 이에 상응하는 책임이 있는 자로서 시행령으로 정하는 자에 한함)로서 그 법인 또는 회사에 대한 취소가 있는 날부터 5년이 경과되지 아니한 자
6. 이 법, 금융관련법령 또는 외국 금융관련 법령에 따라 해임되거나 면직된 날부터 5년이 경과되지 아니한 자
7. 재임 또는 재직 중이었더라면 이 법 또는 금융관련법령에 따라 해임요구 또는 면직요구의 조치를 받았을 것으로 통보된 퇴임한 임원 또는 퇴직한 직원으로서 그 통보된 날부터 5년(통보된 날부터 5년이 퇴임 또는 퇴직한 날부터 7년을 초과하는 경우에는 퇴임 또는 퇴직한 날부터 7년으로 함)이 경과되지 아니한 자
8. 그 밖에 투자자 보호 및 건전한 거래질서를 해할 우려가 있는 자로서 이사가 아니면서 명예회장·회장·부회장·사장·부사장·전무·상무·이사, 그 밖에 금융투자업자의 업무를 집행할 권한이 있는 것으로 인정될 만한 명칭을 사용하여 금융투자업자의 업무를 집행하는 사람을 말한다.

2) 법 제12조 제 2 항 제 6 호 가목의 대주주를 말한다. 즉, 상법에 따른 주식회사이거나 대통령령으로 정하는 금융기관의 경우 대주주(최대주주의 특수관계인인 주주를 포함하며, 최대주주가 법인인 경우 그 법인의 중요한 경영사항에 대하여 사실상 영향력을 행사하고 있는 자로서 대통령령으로 정하는 자를 포함한다)가 충분한 출자능력, 건전한 재무상태 및 사회적 신용을 갖출 것.

법령 및 건전 금융거래질서 준수, (iv) 전문인력에 대한 종합적·체계적인 양성계획을 항목별로 점검하고, (v) 그 밖에 인가신청 업무를 안정적이고 원활하게 수행하는 데 필요한 사업계획을 적정하게 구비하고 있는지 살펴보도록 하였다.

그리고 글로벌 금융위기 이후에 추가된 요건은 신용평가회사와 투자자 또는 발행인 사이의 이해상충방지 체계를 갖추어야 한다는 것이다.

Ⅱ. 이해상충방지 체계

신용평가업의 영위와 관련하여 신용평가회사와 투자자·발행인 사이의 이해상충을 방지하기 위한 체계는 신용평가업의 영위와 관련하여 신용평가회사와 투자자·발행인 사이에 이해상충(conflicts of interest)이 발생할 가능성을 파악·평가하고, 신용평가회사의 내부통제기준으로 정하는 방법 및 절차에 따라 이를 적절히 관리하는 체계이어야 한다.

본래 신용평가회사에 대한 규제는 사전적 규율, 내부통제기준에 의한 감독, 사후적 규제 세 가지 방법으로 이루어진다.[1] 사전적 규율은 신용평가회사에 대한 인정체계(recognition)를 마련하여 규제체계에 편입하는 방식이다. 인정체계는 평가업무에 대한 단순한 승인 이외에 평가결과를 규제내용에 포함하는 식으로 이루어진다. 내부통제기준에 의한 감독은 신용평가회사의 공정한 평가와 독립성 확보, 이해상충의 해소를 명시한 내부통제기준을 자체 시행하도록 하고 관련 규정의 미비, 위반 사례가 발생할 경우에 제재조치를 부과하거나 시정조치를 요구하는 방식이다. 사후적 규제는 신용평가회사의 신용평가 결과를 통계적 형태로 검증하거나 과거자료를 공개하는 형태로 신용평가회사의 신뢰도를 사후적으로 검증하는 방식이다. 사후적 규제 방식은 신용평가회사에 대한 신뢰도를 검증할 수 있는 정보를 투자자들에게 제공함으로써 시장규율에 위한 감시체계를 강화하는 것이지만, 새로운 금융상품이 나왔을 때 단기간에 시장규율이 형성되기 어려운 문제가 있고 금융환경의 변화나 새로운 신용위험이 초래될 경우에 적용하게 어려운 것이 단점이다.

금융감독원은 2009년의 신용정보법 개정 시 두 번째 방식을 택하였다. 금융감독원은 2009년 9월 30일 신용평가회사 임직원이 업무처리 과정에서 준수하여야 할 사항을 정한 「신용평가회사 표준내부통제기준」을 제정·공표하고 2010년 1월 2일부터 시행하고 있다. 표준내부통제기준에서는 이해상충 방지 및 준법감시 체제 구축, 평가결과에 대한 공시 강화, 불공정행위 금지, 신용평가업무 행위준칙 및 윤리기준 등을 제시하고 있다.[2] 이를 나누어 요지만 설명하면 다음과 같다.

---

1) 정병욱, 전게 자료(2010. 10).

2) 금융감독원 보도자료, "신용평가 공정성 제고를 위한 표준내부통제기준 마련," 2009. 10. 26. 〈http://fss.or.kr/〉[2013. 10. 10.]

(1) 이해상충 방지 및 준법감시 체제

- 영업담당조직과 신용평가조직 간 정보 및 직원의 교류를 제한
- 신용평가업무를 수행하는 애널리스트의 순환보직 체계를 마련
- 이해상충 관계에 있는 자에 대해 신용평가를 금지
  * 직전 사업년도 총수익의 10% 이상을 기여한 자, 당해 회사로부터 신용평가를 제외한 기타 용역을 제공받은 이후 1년이 경과하지 않은 자에 대하여는 신용평가가 금지된다(단, 공시한 경우는 예외).
- 평가대상이 발행한 금융투자상품을 소유하는 직원의 신용평가 금지
  * 회사의 애널리스트가 신용평가대상 차주나 신용평가대상 증권의 발행인, 인수기관 등으로부터 선물 또는 접대를 받은 경우에도 신용평가가 금지된다.
- 준법감시책임자와 준법감시부서를 설치

(2) 신용평가결과에 대한 공시 강화

- 평가의 한계, 특성, 데이터의 제한 내용을 신용평가서에 기재
- 구조화금융상품의 평가방법론, 기초자산의 정보에 대한 검증 여부 공시
- 부도 분석, 행동규범, 수수료체계 등 주요 정책을 홈페이지에 공시

(3) 불공정행위의 금지

- 서비스 상품의 이용여부에 따라 등급 조정·거부·철회 금지
- 구조화금융상품 평가 시 그 기초자산에 대한 평가를 강요하는 행위 금지
- 신용평가과정에서 취득한 정보를 이용하는 행위 금지

(4) 신용평가업무 행위준칙

- 신뢰성 있는 신용평가를 수행하기 어려운 경우 신용등급 부여를 자제
- 애널리스트가 평가하는 구조화상품의 설계 제안·권고 등 금지

(5) 임직원의 윤리기준 명시

- 임직원이 지분증권 등을 매매할 경우 준법감시책임자에 신고
- 준법 모니터링 프로그램을 구축·운영, 내부제보·신고제도 운영
- 신용평가 자료를 신용등급 소멸일부터 최소 3년간 보관하도록 의무화

Ⅲ. 그 밖의 신용평가업 인가요건

그 밖에 신용평가업의 인가요건에 관하여 필요한 구체적인 기준은 금융위원회가 정하여 고시한다(법 시행령 324조의3 7항). 금융투자업규정 제 2 장의2 제8-19조의2에 의하면

인력과 물적설비, 이해상충방지 체계의 세부요건에 관한 구체적인 기준이 [별표 21의2]에 상세히 규정되어 있다. 대주주의 세부요건에 관한 구체적인 기준은 [별표 21의3]에 규정되어 있다.

제335조의4(인가의 신청 및 심사)

① 제335조의3 제1항에 따른 인가를 받으려는 자는 인가신청서를 금융위원회에 제출하여야 한다.
② 금융위원회는 제1항의 인가신청서를 접수한 때에는 그 내용을 심사하여 3개월 이내에 인가 여부를 결정하고, 그 결과와 이유를 지체 없이 신청인에게 문서로 통지하여야 한다. 이 경우 인가신청서에 흠결이 있는 경우에는 보완을 요구할 수 있다.
③ 제2항의 심사기간을 산정함에 있어서 인가신청서 흠결의 보완기간 등 총리령으로 정하는 기간은 이를 산입하지 아니한다.
④ 금융위원회는 제2항에 따라 인가를 하는 경우에는 신용평가회사의 경영의 건전성 확보 및 건전한 시장질서 유지에 필요한 조건을 붙일 수 있다.
⑤ 제4항에 따라 조건이 붙은 인가를 받은 자는 사정의 변경이나 그 밖에 정당한 사유가 있는 경우에는 금융위원회에 조건의 취소 또는 변경을 요청할 수 있다. 이 경우 금융위원회는 2개월 이내에 조건의 취소 또는 변경 여부를 결정하고, 그 결과를 지체 없이 신청인에게 문서로 통지하여야 한다.
⑥ 금융위원회는 제2항에 따라 인가를 한 경우에는 다음 각 호의 사항을 관보 및 인터넷 홈페이지 등에 공고하여야 한다.
1. 인가의 내용
2. 인가의 조건(조건을 붙인 경우로 한정한다)
3. 인가의 조건을 취소하거나 변경한 경우 그 내용(조건을 취소하거나 변경한 경우로 한정한다)
⑦ 제1항부터 제6항까지의 규정에 따른 인가신청서의 기재사항·첨부서류 등 인가의 신청에 관한 사항과 인가심사의 방법·절차, 그 밖에 필요한 사항은 대통령령으로 정한다.

Ⅰ. 신용평가업 인가 절차

1. 인가신청서의 제출

신용평가업 인가를 받으려는 자는 인가신청서를 금융위원회에 제출하여야 한다(법 335조의4 1항). 인가신청서[1]에는 (i) 상호, (ii) 본점과 지점, 그 밖의 영업소의 소재지, (iii)

1) 인가신청서에는 다음 각 호의 서류를 첨부하여야 한다(법 시행령 324조의4 2항).

임원에 관한 사항, (iv) 자기자본 등 재무에 관한 사항, (v) 사업계획에 관한 사항, (vi) 인력과 전산설비 등의 물적 설비에 관한 사항, (vii) 대주주에 관한 사항, (viii) 이해상충방지 체계에 관한 사항, (ix) 그 밖에 인가요건의 심사에 필요한 사항으로서 금융위원회가 정하여 고시하는 사항 등을 적어야 한다.

2. 금융위원회의 인가심사 절차

금융위원회가 인가신청서를 접수한 때에는 그 내용을 심사하여 3개월 이내에 인가여부를 결정하여야 하며(법 335조의4 2항), 금융감독원장은 신용평가업 인가의 심사와 관련하여 사업계획 등의 타당성을 평가하기 위하여 필요하다고 판단되는 경우에는 평가위원회를 구성·운영할 수 있다(금융투자업규정 8-19조의5).

신용평가업의 인가절차는 〈그림 1〉에서 보는 것처럼 예비인가와 본인가로 나뉘어 진행된다. 금융위원회는 인가심사의 결과와 그 이유를 지체 없이 신청인에게 문서로 통지하여야 하며, 인가신청서에 흠결이 있는 경우에는 보완을 요구할 수 있다(법 335조의4 2항). 3개월의 심사기간을 산정함에 있어서 인가신청서 흠결의 보완기간 등 총리령으로 정하는 기간은 이를 산입하지 아니한다(법 335조의4 3항).

금융위원회는 신용평가회사의 인가시 신용평가회사의 경영의 건전성 확보 및 건전한 시장질서 유지에 필요한 조건을 붙일 수 있다(법 335조의4 4항). 금융위원회가 부과할 수 있는 조건은 다음과 같다.

① 신용평가업인가를 받은 신용평가업자의 최대주주 및 그의 특수관계인에 대하여 인가일로부터 3년을 초과하지 아니하는 범위 내에서의 지분의 유지 및 양도 제한에 관한 사항. 다만, (i) 최대주주의 지위의 변동을 초래하지 아니하는 자본금의 증액 또는 발행주식의 양도, (ii) 법령에 따른 의무의 이행, (iii) 그 밖에 금융위원회가 최대주주의 지위 또는 지분의 이전이나 양도의 적정성을 인정한 경우 중 어느 하나에 해당하는 경우를 제외한다.

② ① 외에 신용평가업자의 경영건전성 확보, 투자자 보호 등을 위하여 필요한 사항

---

1. 정관
2. 발기인총회, 창립주주총회 또는 이사회의 의사록 등 설립이나 인가신청의 의사결정을 증명하는 서류
3. 본점과 지점, 그 밖의 영업소의 위치와 명칭을 적은 서류
4. 임원의 이력서와 경력증명서
5. 최근 3개 사업연도의 재무제표와 그 부속명세서(설립 중인 법인은 제외하며, 설립일부터 3개 사업연도가 지나지 아니한 법인의 경우에는 설립일부터 최근 사업연도까지의 재무제표와 그 부속명세서를 말한다)
6. 업무개시 후 3개 사업연도의 사업계획서(추정재무제표를 포함한다) 및 예상수지계산서
7. 인력 및 물적 설비 등의 현황을 확인할 수 있는 서류
8. 인가신청일 현재 발행주식총수의 100분의 1 이상을 소유한 주주의 성명 또는 명칭과 그 소유주식수를 적은 서류
9. 대주주가 법 제335조의3 제 2 항 제 6 호의 요건을 갖추었음을 확인할 수 있는 서류
10. 이해상충방지체계를 갖추었는지를 확인할 수 있는 서류
11. 그 밖에 인가요건의 심사에 필요한 서류로서 금융위원회가 정하여 고시하는 서류

〈그림 1〉 신용평가업 (예비)인가절차 흐름도

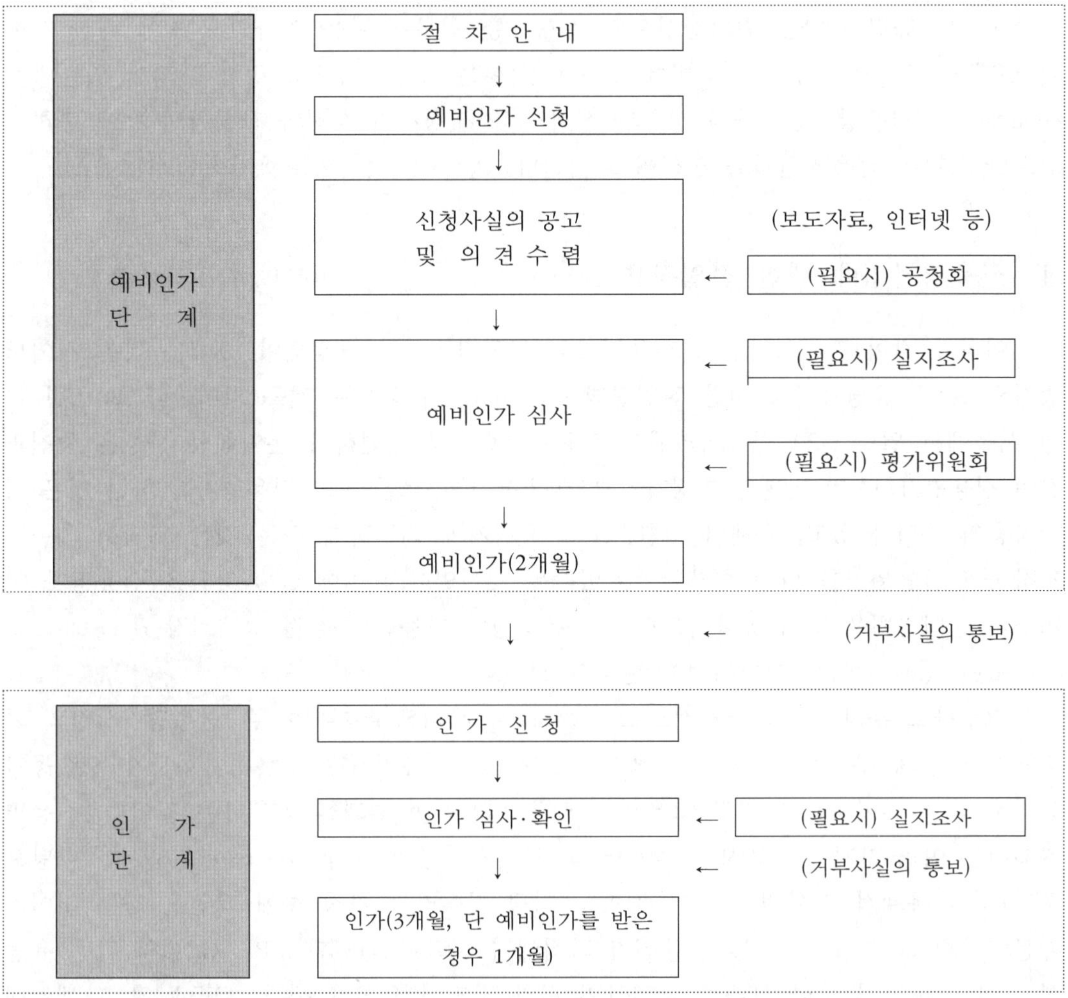

3. 인가심사 결과 등의 공고 및 이의 절차

조건부 인가를 받은 자는 사정의 변경이나 그 밖에 정당한 사유가 있는 경우에는 금융위원회에 조건의 취소 또는 변경을 요청할 수 있다. 이 경우 금융위원회는 2개월 이내에 조건의 취소 또는 변경 여부를 결정하고, 그 결과를 지체 없이 신청인에게 문서로 통지하여야 한다(법 335조의4 5항).

금융위원회는 신용평가업 인가를 한 경우에는 (i) 인가의 내용, (ii) 인가의 조건(조건을 붙인 경우로 한정함), (iii) 인가의 조건을 취소하거나 변경한 경우 그 내용(조건을 취소하거나 변경한 경우로 한정함) 등의 사항을 관보 및 인터넷 홈페이지 등에 공고하여야 한다(법 335조의4 6항).

이상의 규정에 따른 인가신청서의 기재사항·첨부서류 등 인가의 신청에 관한 사항과 인가심사의 방법·절차, 그 밖에 필요한 사항은 대통령령으로 정하게 되어 있는데(법 335조의4 7항) 신용평가업인가의 신청과 심사, 인가신청서의 서식과 작성방법 등에 관하여 필요한 사항은 금융위원회가 정하여 고시한다(금융투자업규정 8-19조의4~8-19조의6 참조).

Ⅱ. 신용평가업에 대한 진입장벽

이상과 같이 자본시장법에 신용평가업의 인가절차가 규정되어 있다는 것은 적어도 법적으로는 신용평가업에 대한 진입장벽(entry barrier)이 없다는 것을 의미한다. 2010년 11월 서울에서 열린 G20 정상회의에서 신용평가회사와 관련하여 논의했던 사항은 종전과 같이 신용평가회사가 발행인/피평가기관으로부터 수수료를 받고 신용평가를 하는 것은 이해상충의 우려가 있고, 규제의 일환으로 신용평가에 의존하게 하는 것은 도덕적 해이를 조장하고 금융위기를 다시 초래할 수 있다는 것이었다.[1] 이에 G20 각국은 신용평가 서비스가 진입장벽을 낮춰 종국적으로는 자유경쟁이 가능한 독점적 경쟁시장(monopolistically competitive market)[2]에서 이루어져야 한다고 보았다.

그렇다고 우리나라나 국제적으로 3~4개 사에 의해 유지되어 온 신용평가시장의 과점체제가 쉽게 무너질 것 같지는 않다. 왜냐하면 신용평가란 신용평가회사가 오랫동안 축적해 놓은 데이터를 가지고 고유의 모델을 이용하여 결과를 예측하는 것이며, 신용평가회사는 여러 가지 시나리오를 만들어 놓고 기초자산의 과거 실적(track records)을 바탕으로 그러한 통계적·확률적 추세가 계속 유지될 것이라는 가정 하에 작업을 하는 것이기 때문이다.[3] 그러므로 글로벌 금융위기 과정에서 논란이 되었던 MBS, CDO와 같은 유동화 거래에 예기치 못한 사태가 발생하면 평가 결과에 오류가 생길 수밖에 없다. 예컨대 서브프라임 대출이 부동산경기가 나빠질 때에는 얼마나 회수될 수 있을지는 과거에는 서브프라임 대출이 행해진 적이 없으므로 예측 자체가 무의미하였던 것이다.[4]

따라서 예외적인 상황까지 고려한 새로운 모델(model)이나 방법론(methodologies)을 가지고 신용평가업을 하려는 사람에게 문호를 개방함으로써 신용평가의 정확성과 신용등

---

1) 박훤일, 전게 보고서(2010. 12), 45쪽.

2) 신용평가 시장에서 독점적 경쟁이 벌어지는 이유는 신용평가란 대체적인 서비스를 구하기 어려운 차별화된 서비스이기 때문이다. 따라서 완전경쟁이 이루어지기는 어렵고 오히려 경쟁이 많아질수록 신용평가가 부실해지고 질도 떨어진다는 실증적 분석이 있음을 알아야 한다. Martha Lagace, "Why Competition May Not Improve Credit Rating Agencies," Harvard Business School Working Knowledge, August 31, 2009. 〈http://hbswk.hbs.edu/item/6260.html〉[2013. 10. 25.]

3) 박훤일,전게 보고서, 24-25쪽.

4) 김성용, "MBS, CDO와 투자자의 위험관리,"「국제거래법연구」 제17집 제2호(2008. 12. 31), 115-116쪽.

급에 대한 신뢰도를 높일 수 있다는 것은 너무 나이브한 예측이 아닐 수 없다.[1] 오히려 신용평가에 적용한 가정과 구체적인 방법론, 신용평가의 과거실적을 공시(disclose)하도록 한다면[2] 신용평가의 투명성이 제고되고[3] 시장의 감시를 통해 평가의 공정성·적정성을 확보할 수 있게 될 것이다. 그러나 신용평가회사에 제공한 자사의 정보가 공개되는 것을 꺼리는 발행인들은 오히려 신용평가회사에 대한 정보자료의 제공을 기피할 가능성이 많고,[4] 일반투자자들은 여전히 전문가에 의한 유가증권 투자 가이던스가 필요할 것으로 보인다.

신용평가업에 자유경쟁을 허용하는 것도 마찬가지이다. 보다 개선된 신용평가 방법론을 도입하기 위해서는 신용평가의 정확성 및 적중도가 증명된 신용평가회사만이 살아남을 수 있도록 신용평가업에 자유경쟁(free competition)을 허용하는 것이 가장 직접적이고 효과적일 것임에 틀림없다. 하지만 신용평가 수수료를 발행인이 부담하는 현재의 신용평가업계 관행을 고려하면 더 큰 부작용이 우려된다. 만일 신용평가회사들이 자유롭게 신용평가 모델을 만들어 쓸 수 있게 한다면, 발행인은 적은 비용으로 마음에 드는 신용등급을 부여해 줄 신용평가회사를 찾아다니는 '신용평가 쇼핑'(rating shopping)이 벌어질 공산이 크다. 그 결과 수많은 투자자들이 손해를 입고 종국적으로는 신용평가에 대한 신뢰가 실추되고 말 것이다.

제335조의5(예비인가)

① 제335조의3에 따른 신용평가업인가(이하 이 조에서 "본인가"라 한다)를 받으려는 자는 미리 금융위원회에 예비인가를 신청할 수 있다.

② 금융위원회는 예비인가를 신청 받은 경우에는 2개월 이내에 제335조의3 제2항 각 호의 요건을 갖출 수 있는지 여부를 심사하여 예비인가 여부를 결정하고, 그 결과와 이유를 지체 없이 신청인에게 문서로 통지하여야 한다. 이 경우 예비인가신청에 관하여 흠결이 있는 때에는 보완을 요구할 수 있다.

③ 제2항의 심사기간을 산정함에 있어서 예비인가신청과 관련된 흠결의 보완기간 등 총리령으로 정하는 기간은 심사기간에 산입하지 아니한다.

④ 금융위원회는 제2항에 따라 예비인가를 하는 경우에는 신용평가회사의 경영의 건전성 확보 및 건전한 시장질서 유지에 필요한 조건을 붙일 수 있다.

---

1) 실제로 EU에서도 남유럽 국가재정 위기 직후 공영 신용평가회사 설립을 추진하였으나 유야무야로 끝나고 말았다.

2) EU 집행위에서도 역내 신용평가기관에 대한 감독을 강화하여 신용평가 모델 및 방법론, 핵심 가정(key assumptions)의 공개 및 매년 투명성보고서(transparency report)의 발간 등을 의무화하기로 했다. International Financial Law Review(IFLR), "Don't sacrifice competition," Dec 2008/Jan 2009.

3) 김성용, 전게논문(2008. 12. 31), 117쪽.

4) Michael J. Willisch, "US ratings will be chilled," IFLR, Aug 2008.

⑤ 금융위원회는 예비인가를 받은 자가 본인가를 신청하는 경우에는 제 4 항에 따른 예비인가의 조건을 이행하였는지 여부와 제335조의2 제 2 항 각 호의 요건을 갖추었는지 여부를 확인한 후 본인가 여부를 결정하여야 한다.

⑥ 제 1 항부터 제 5 항까지의 규정에 따른 예비인가의 신청서 및 그 기재사항·첨부서류 등 예비인가의 신청에 관한 사항과 예비인가심사의 방법·절차, 그 밖에 예비인가에 관하여 필요한 사항은 대통령령으로 정한다.

Ⅰ. 예비인가신청서의 제출	Ⅱ. 예비인가의 심사방법 및 절차

Ⅰ. 예비인가신청서의 제출

신용평가업 인가를 신청하려는 자는 금융위원회에 예비인가를 받기 위해 앞서 설명한 시행령 제324조의4 제 1 항 각 호의 사항을 적은 예비인가신청서[1]를 금융위원회에 제출하여야 한다(법 335조의5 1항, 법 시행령 324조의5 1항).

금융위원회는 예비인가를 신청받은 경우에는 2개월 이내에 제335조의3 제 2 항 각 호의 요건을 갖출 수 있는지 여부를 심사하여 예비인가 여부를 결정하고, 그 결과와 이유를 지체 없이 신청인에게 문서로 통지하여야 한다. 이 경우 예비인가신청에 관하여 흠결이 있는 때에는 보완을 요구할 수 있다(법 335조의5 2항). 제 2 항의 심사기간을 산정함에 있어서 예비인가신청과 관련된 흠결의 보완기간 등 총리령으로 정하는 기간은 심사기간에 산입하지 아니한다(법 335조의5 3항).

1) 예비인가신청서에 첨부하여야 할 서류는 다음과 같다(법 시행령 324조의5 2항).
1. 정관이나 정관안(이에 준하는 것을 포함한다)
2. 발기인총회, 창립주주총회 또는 이사회의 의사록 등 설립이나 인가신청의 의사결정을 증명하는 서류
3. 임원(임원으로 선임이 예정된 자를 포함한다)의 이력서와 경력증명서
4. 최근 3개 사업연도의 재무제표와 그 부속명세서(설립 중인 법인은 제외하며, 설립일부터 3개 사업연도가 지나지 아니한 법인의 경우에는 설립일부터 최근 사업연도까지의 재무제표와 그 부속명세서를 말한다)
5. 업무개시 후 3개 사업연도의 사업계획서(추정재무제표를 포함한다) 및 예상수지계산서
6. 인력 및 물적 설비 등(채용, 구매 등이 예정된 인력 및 물적 설비 등을 포함한다)의 현황을 확인할 수 있는 서류
7. 예비인가신청일 현재 발행주식총수의 100분의 1 이상을 소유한 주주의 성명이나 명칭과 그 소유주식수를 적은 서류
8. 대주주가 법 제335조의3제 2 항 제 6 호의 요건을 갖추었음을 확인할 수 있는 서류
9. 이해상충방지체계를 갖추었거나 갖출 수 있는지를 확인할 수 있는 서류
10. 그 밖에 예비인가요건의 심사에 필요한 서류로서 금융위원회가 정하여 고시하는 서류

Ⅱ. 예비인가의 심사방법 및 절차

금융위원회는 제 2 항에 따라 예비인가를 하는 경우에는 신용평가회사의 경영의 건전성 확보 및 건전한 시장질서 유지에 필요한 조건을 붙일 수 있다(법 335조의5 4항). 예비인가의 심사방법 및 절차는 본인가의 경우와 비슷하므로 시행령 제324조의4 제 4 항~제 9 항을 준용한다(법 시행령 324조의5 3항).

금융위원회는 예비인가를 받은 자가 본인가를 신청하는 경우에는 제 4 항에 따른 예비인가의 조건을 이행하였는지 여부와 제335조의2 제 2 항 각 호의 요건을 갖추었는지 여부를 확인한 후 본인가 여부를 결정하여야 한다(법 335조의5 5항).

이상의 규정에 따른 예비인가의 신청서 및 그 기재사항·첨부서류 등 예비인가의 신청에 관한 사항과 예비인가심사의 방법·절차, 그 밖에 예비인가에 관하여 필요한 사항은 대통령령으로 정하게 되어 있는바(법 335조의5 6항), 예비인가의 신청과 심사, 예비인가신청서의 서식과 작성방법 등에 관하여 필요한 사항은 금융위원회가 정하여 고시한다(금융투자업규정 8-19조의4~8-19조의6 참조).

제335조의6(인가요건의 유지)

신용평가회사는 제335조의3에 따른 신용평가업 인가를 받아 그 업무를 영위함에 있어서 제335조의3 제 2 항 각 호의 인가요건을 유지하여야 한다.

법 제335조의3 제 2 항 각 호의 인가요건은 신용평가업 인가를 받기 위해 갖추어야 하는 요건이다. 이들 요건은 신용평가 업무를 영위하는 동안 계속 유지해야 한다. 신용평가 업무를 수행하면서 일부 항목에서 흠결이 발견된다면 인가의 취소가 불가피하게 될 것이다. 이와 같이 중요한 사항이므로 다시 한 번 열거해 본다.

1. 「상법」에 따른 주식회사, 그 밖에 대통령령으로 정하는 법인일 것. 다만, 다음 각 목의 어느 하나에 해당하는 자는 제외한다.
   가. 상호출자제한기업집단에 속하는 회사가 10/100을 초과하여 출자한 법인
   나. 대통령령으로 정하는 금융기관이 10/100을 초과하여 출자한 법인
   다. 가목 또는 나목의 회사가 최대주주인 법인
2. 50억원 이상의 자기자본을 갖출 것(법 시행령 324조의3 2항)
3. 사업계획이 타당하고 건전할 것
4. 신뢰성 있는 신용등급을 지속적으로 생산하기에 충분한 인력 및 전산설비, 그 밖의

물적 설비를 갖출 것

5. 임원이 제24조 제 1 항 각 호의 어느 하나에 해당하지 아니할 것

6. 대주주[1)]가 충분한 출자능력, 건전한 재무상태 및 사회적 신용을 갖출 것

7. 신용평가회사와 투자자 또는 발행인 사이의 이해상충을 방지하기 위한 체계를 갖출 것

제335조의7(유사명칭 사용 금지)

신용평가회사가 아닌 자는 신용평가 또는 이와 유사한 명칭을 사용하여서는 아니 된다.

신용평가회사가 아닌 자는 그 이용고객이나 투자자들이 혼동할 수 있는 '신용평가' 또는 이와 유사한 명칭을 사용하여서는 아니 된다(법 335조의7). 물론 상호에 '신용평가'를 쓸 수 없지만, 신용조회회사들이 각종 보고서나 간행물에 '기업신용평가'란 말을 쓰고 신용평가 등급과 비슷한 기호와 숫자를 쓰는 것이 문제가 되고 있다.

신용조회회사의 기업신용평가 업무는 신용정보법에 의하여 상당 기간 적법하게 수행되어 왔고 일반투자자보다는 주로 대기업과 조달청, 중소기업들을 대상으로 서비스를 하고 있다. 반면 ECAI가 새로 수행하게 된 기업신용평가는 주로 신 BIS협약의 적용을 받는 큰 은행들을 대상으로 한다는 점에서 양자의 서비스가 겹칠 가능성은 많지 않다.

다만, 신용조회회사가 일반 신용평가등급과 같은 기업신용평가등급을 사용하는 것은 식별이 쉽도록 개선할 필요가 있을 것이다.

제335조의8(임원 및 내부통제기준 등)

① 제23조(제 4 항은 제외한다) 및 제24조는 신용평가회사 및 그 임원에게 준용한다.

② 신용평가회사는 그 임직원이 직무를 수행함에 있어서 준수하여야 할 적절한 기준 및 절차로서 다음 각 호의 사항을 포함하는 신용평가내부통제기준을 정하여야 한다.

1. 평가조직과 영업조직의 분리에 관한 사항
2. 이해상충방지체계에 관한 사항
3. 불공정행위의 금지에 관한 사항
4. 신용평가 대상의 특성에 적합한 신용평가기준 도입에 관한 사항
5. 그 밖에 신용평가내부통제기준에 관하여 필요한 사항으로서 대통령령으로 정하는 사항

---

1) 법 제12조 제 2 항 제 6 호 가목의 대주주를 말한다. 즉, 「상법」에 따른 주식회사이거나 대통령령으로 정하는 금융기관의 경우 대주주(최대주주의 특수관계인인 주주를 포함하며, 최대주주가 법인인 경우 그 법인의 중요한 경영사항에 대하여 사실상 영향력을 행사하고 있는 자로서 대통령령으로 정하는 자를 포함한다)가 충분한 출자능력, 건전한 재무상태 및 사회적 신용을 갖출 것.

③ 신용평가회사(자산규모, 매출액 등을 고려하여 대통령령으로 정하는 법인은 제외한다. 이하 이 조에서 같다)는 신용평가내부통제기준의 준수 여부를 점검하고 신용평가내부통제기준을 위반하는 경우 이를 조사하여 감사위원회 또는 감사에게 보고하는 자로서 준법감시인을 1인 이상 두어야 한다.

④ 준법감시인은 선량한 관리자의 주의로 그 직무를 수행하여야 하며, 다음 각 호의 업무를 수행하는 직무를 담당하여서는 아니 된다.

1. 해당 신용평가회사의 고유재산의 운용업무
2. 해당 신용평가회사가 영위하고 있는 신용평가업 및 그 부수업무
3. 해당 신용평가회사가 제335조의10에 따라 영위하고 있는 겸영업무

⑤ 제28조 제3항, 같은 조 제4항 제2호·제3호, 같은 조 제6항부터 제9항까지의 규정은 신용평가회사의 준법감시인에게 준용한다.

⑥ 그 밖에 신용평가내부통제기준 및 준법감시인에 관하여 필요한 사항은 대통령령으로 정한다.

Ⅰ. 신용평가회사의 임원

법 제335조의8 제1항에서 법 제23조(4항은 제외) 및 제24조를 준용하는 결과 신용평가회사의 임원은 다음의 의무가 따른다.

1. 법 제23조(대주주의 변경승인 등) 관련

① 신용평가회사가 발행한 주식을 취득하여 대주주(12조 2항 6호 가목의 대주주를 말하며, 대통령령으로 정하는 자를 제외한다. 이하 이 조에서 같다)가 되고자 하는 자는 제12조 제2항 제6호 가목의 대주주 요건[1] 중 건전한 경영을 위하여 대통령령으로 정하는 요건[2]을 갖추어

---

1) 「상법」에 따른 주식회사이거나 대통령령으로 정하는 금융기관의 경우 대주주(최대주주의 특수관계인인 주주를 포함하며, 최대주주가 법인인 경우 그 법인의 중요한 경영사항에 대하여 사실상 영향력을 행사하고 있는 자로서 대통령령으로 정하는 자를 포함한다)가 충분한 출자능력, 건전한 재무상태 및 사회적 신용을 갖출 것.

2) 법 제12조 제2항 제6호 가목 및 법 시행령 제26조 제1항에 따른 [별표 4]에 다음과 같이 규정되어 있다.

1. 대주주가 금융기관인 경우
   가. 그 금융기관에 적용되는 재무건전성에 관한 기준으로서 금융위원회가 정하여 고시하는 기준을 충족할 것
   나. 그 금융기관이 상호출자제한기업집단등에 속하거나 주채무계열에 속하는 회사인 경우에는 그 상호출자제한기업집단등 또는 주채무계열의 부채비율이 100분의 300 이하로서 금융위원회가 정하여 고시하는 기준을 충족할 것
   다. 다음의 요건을 충족할 것. 다만, 그 위반 등의 정도가 경미하다고 인정되는 경우는 제외한다.
   1) 최근 5년간 법, 이 영, 금융관련법령, 「독점규제 및 공정거래에 관한 법률」 및 「조세범처벌법」을

미리 금융위원회의 승인을 받아야 한다.

② 금융위원회는 제 1 항에 따른 승인을 받지 아니하고 취득한 주식에 대하여 6개월 이내의 기간을 정하여 처분을 명할 수 있다.

③ 제 1 항에 따른 승인을 받지 아니하고 주식을 취득한 자는 승인 없이 취득한 주식의 취득분에 대하여 의결권을 행사할 수 없다.

⑤ 제 1 항 및 제 2 항에 따른 승인 및 처분명령의 세부요건에 관하여 필요한 사항은 대통령령으로 정한다.

2. 법 제24조(임원의 자격) 관련

① 다음 각 호의 어느 하나에 해당하는 자는 신용평가회사의 임원(「상법」 401조의2 1항 3호[1])에 따른 자로서 대통령령으로 정하는 자를 포함한다. 이하 이 조에서 같다)이 될 수 없으며, 임원이 된 후 이에 해당하게 된 경우에는 그 직을 상실한다.

1. 미성년자, 금치산자 또는 한정치산자
2. 파산선고를 받은 자로서 복권되지 아니한 자

위반하여 벌금형 이상에 상당하는 형사처벌을 받은 사실이 없을 것
2) 최근 5년간 채무불이행 등으로 건전한 신용질서를 해친 사실이 없을 것
3) 「금융산업의 구조개선에 관한 법률」에 따라 부실금융기관으로 지정되었거나 법 또는 금융관련 법령에 따라 영업의 허가·인가·등록 등이 취소된 금융기관의 대주주 또는 그 특수관계인이 아닐 것. 다만, 법원의 판결에 따라 부실책임이 없다고 인정된 자 또는 부실에 따른 경제적 책임을 부담하는 등 금융위원회가 정하여 고시하는 기준에 해당하는 자는 제외한다.

2. 대주주가 제 1 호 외의 내국법인인 경우
가. 최근 사업연도 말 현재 부채비율이 100분의 300 이하로서 금융위원회가 정하여 고시하는 기준을 충족할 것
나. 그 법인이 상호출자제한기업집단등에 속하거나 주채무계열에 속하는 회사인 경우에는 그 상호출자제한기업집단등 또는 주채무계열의 부채비율이 100분의 300 이하로서 금융위원회가 정하여 고시하는 기준을 충족할 것
다. 차입으로 조성된 자금이 출자금의 3분의 2 이하일 것
라. 제 1 호다목의 요건을 충족할 것

3. 대주주가 내국인으로서 개인인 경우
가. 법 제24조에 적합할 것
나. 제 1 호 다목 및 제 2 호 다목의 요건을 충족할 것

4. 대주주가 외국법인인 경우
가. 승인신청일 현재 외국에서 주식취득대상 신용평가회사가 경영하고 있는 신용평가업에 상당하는 영업을 하고 있을 것
나. 국제적으로 인정받는 신용평가기관으로부터 투자적격 이상의 신용평가등급을 받거나 본국의 감독기관이 정하는 재무건전성에 관한 기준을 충족하고 있는 사실이 확인될 것
다. 최근 3년간 금융업에 상당하는 영업과 관련하여 본국의 감독기관으로부터 법인경고 이상에 상당하는 행정처분을 받거나 벌금형 이상에 상당하는 형사처벌을 받은 사실이 없을 것
라. 제 1 호 다목의 요건을 충족할 것

5. 대주주가 사모투자전문회사 또는 투자목적회사인 경우 〈생략〉

1) 이사가 아니면서 명예회장·회장·사장·부사장·전무·상무·이사 기타 회사의 업무를 집행할 권한이 있는 것으로 인정될 만한 명칭을 사용하여 회사의 업무를 집행한 자를 말한다.

3. 금고 이상의 실형의 선고를 받거나 이 법, 대통령령으로 정하는 금융관련 법령(이하 이 조에서 "금융관련법령"이라 한다) 또는 외국 금융관련 법령(이 법 또는 금융관련법령에 상당하는 외국의 법령을 말한다. 이하 이 조에서 같다)에 따라 벌금 이상의 형을 선고받고 그 집행이 종료(집행이 종료된 것으로 보는 경우를 포함한다)되거나 집행이 면제된 날부터 5년이 경과되지 아니한 자

4. 금고 이상의 형의 집행유예의 선고를 받고 그 유예기간 중에 있는 자

5. 이 법, 금융관련법령 또는 외국 금융관련 법령에 따라 영업의 허가·인가·등록 등이 취소된 법인 또는 회사의 임직원이었던 자(그 취소사유의 발생에 관하여 직접 또는 이에 상응하는 책임이 있는 자로서 대통령령으로 정하는 자[1]에 한한다)로서 그 법인 또는 회사에 대한 취소가 있는 날부터 5년이 경과되지 아니한 자

6. 이 법, 금융관련법령 또는 외국 금융관련 법령에 따라 해임되거나 면직된 날부터 5년이 경과되지 아니한 자

7. 재임 또는 재직 중이었더라면 이 법 또는 금융관련법령에 따라 해임요구 또는 면직요구의 조치를 받았을 것으로 통보된 퇴임한 임원 또는 퇴직한 직원으로서 그 통보된 날부터 5년(통보된 날부터 5년이 퇴임 또는 퇴직한 날부터 7년을 초과하는 경우에는 퇴임 또는 퇴직한 날부터 7년으로 한다)이 경과되지 아니한 자

8. 그 밖에 투자자 보호 및 건전한 거래질서를 해할 우려가 있는 자로서 대통령령으로 정하는 자

② 신용평가회사의 임원은 금융에 대한 경험과 지식을 갖춘 자로서 금융투자업의 공익성 및 건전경영과 신용질서를 해칠 우려가 없는 자이어야 한다.

③ 제2항에 따른 임원의 자격 요건에 관한 구체적인 사항은 대통령령으로 정한다.[2]

---

1) 영업의 허가·인가·등록 등의 취소의 원인이 되는 사유가 발생한 당시의 임직원(「금융산업의 구조개선에 관한 법률」 제14조 제2항에 따라 허가·인가·등록 등이 취소된 법인인 경우에는 같은 법 제10조에 따른 적기시정조치의 원인이 되는 사유가 발생한 당시의 임직원을 말한다)으로서 다음 각 호의 어느 하나에 해당하는 자를 말한다.
  1. 감사 또는 감사위원회의 위원
  2. 허가·인가·등록 등의 취소의 원인이 되는 사유의 발생과 관련된 위법·부당한 행위로 인하여 금융위원회[금융감독원 원장(이하 "금융감독원장"이라 한다)을 포함한다. 이하 이 조에서 같다]로부터 해임요구, 직무정지, 문책경고, 주의적 경고, 주의, 그 밖의 조치를 받은 임원
  3. 허가·인가·등록 등의 취소의 원인이 되는 사유의 발생과 관련된 위법·부당한 행위로 인하여 금융위원회로부터 면직요구 또는 정직요구 조치를 받은 직원
  4. 제2호 또는 제3호에 따른 제재 대상자로서 그 조치를 받기 전에 퇴임 또는 퇴직한 자

2) 다음 각 호의 어느 하나에 해당하는 자는 임원이 될 수 없다(법 시행령 27조 3항).
  1. 법, 금융관련 법령이나 외국 금융관련 법령(법 제24조 제1항 제3호에 따른 외국 금융관련 법령을 말한다. 이하 이 조에서 같다)에 따라 금융위원회, 외국 금융감독기관 등으로부터 해임요구, 직무정지 또는 문책경고 조치를 받은 임원으로서 다음 각 목에서 정하는 기간이 지나지 아니한 자
    가. 해임요구 : 해임요구일부터 5년
    나. 직무정지 : 직무정지가 끝난 날부터 4년
    다. 문책경고 : 문책경고를 받은 날부터 3년

Ⅱ. 신용평가회사의 내부통제기준

신용평가회사에 대한 글로벌 규제경향에 따라 우리나라에서도 2009년 신용정보법 개정을 계기로 신용평가회사에 대한 내부통제기준을 법에 명시하고 그의 임직원들에게 준수의무를 부과하였다.[1)]

〈표 2〉 신용평가회사의 표준 내부통제기준

제 1 장 총 칙	4.5 보상체계
1.1 목 적	4.6 수수료 협상
1.2 적용 범위	4.7 신용평가업무 참여 금지
1.3 용어 정의	제 5 장 신용평가결과의 제공 및 공시
1.4 업무분장 및 조직 구성	5.1 신용평가서 등의 제공
제 2 장 내부통제 조직 및 운영	5.2 공시의 의의
2.1 준법감시체제	5.3 공시의 원칙
2.2 준법감시책임자	5.4 신용평가 결과의 공시
2.2.1 선임 및 해임	5.5 신용평가 실적의 공시
2.2.2 권한 및 의무	5.6 신용평가 방법론의 공시
2.2.3 준법감시부서의 설치	5.7 신용평가 관련 주요 정책의 공시
2.2.4 준법감시업무의 독립성	5.8 구조화금융상품의 공시
2.3 내부통제기준의 제,개정 등	제 6 장 영업행위 준칙
2.4 감사 기준	6.1 영업의 원칙
제 3 장 신용평가업무 행위준칙	6.2 신용평가수수료 부과기준 등의 공시
3.1 신용평가의 공정성	6.3 편익 등의 수수 제한
3.1.1 신용평가의 원칙	제 7 장 불공정행위 금지
3.1.2 구조화금융상품에 대한 신용평가	제 8 장 신용평가자료 및 기밀정보의 관리
3.2 신용등급평가위원회	8.1 평가 자료의 보관 및 유지
3.3 신용평가의 적정성	8.2 신용평가 자료의 범위
3.4 신용평가의 사후관리	8.3 기밀정보관리의 절차 및 정책

2. 법, 금융관련 법령이나 외국 금융관련 법령에 따라 금융위원회, 외국 금융감독기관 등으로부터 면직, 정직 또는 감봉을 요구받은 직원으로서 다음 각 목에서 정하는 기간이 지나지 아니한 자
   가. 면직요구 : 면직요구일부터 5년
   나. 정직요구 : 정직요구일부터 4년
   다. 감봉요구 : 감봉요구일부터 3년
3. 법, 금융관련 법령 또는 외국 금융관련 법령에 따라 소속기관으로부터 직무정지나 문책경고 조치를 받은 임원 또는 정직이나 감봉 조치를 받은 직원으로서 다음 각 목에서 정하는 기간이 지나지 아니한 자
   가. 직무정지 또는 정직 : 직무정지 또는 정직이 끝난 날부터 4년
   나. 문책경고 또는 감봉 : 문책경고 또는 감봉 조치를 받은 날부터 3년
4. 재임 또는 재직 중이었더라면 법, 금융관련 법령이나 외국 금융관련 법령에 따라 제 1 호부터 제 3 호까지의 조치(제 1 호 가목 및 제 2 호 가목의 조치는 제외한다)를 받았을 퇴임한 임원이나 퇴직한 직원으로서 퇴임하거나 퇴직한 날부터 3년이 지나지 아니한 자

1) 구 신용정보법 제29조 제7~제 8 항, 구 신용정보업감독규정 제33조. 이에 따라 각 신용평가회사는 홈페이지 등에 「신용평가 행동강령」을 게시해 놓았다.

제 4 장 이해상충의 관리	8.4 기밀정보의 이용
4.1 일반원칙	8.5 기밀정보 관련 거래 금지
4.2 신용평가의 이해상충 방지	8.6 전산자료의 관리
4.2.1 회사의 이해상충 방지	제 9 장 윤리의무
4.2.1.1 절차와 정책	9.1 임직원의 기본윤리
4.2.1.2 평가조직과 영업조직의 분리	9.2 신용평가 및 영업활동에 있어서의 윤리
4.2.1.3 이직자에 대한 신용평가 재검토	9.3 보고의무
4.2.1.4 순환보직 체계	9.4 애널리스트 등의 금융투자상품 매매
4.3 신용평가 금지	제10장 준수여부 점검 등
4.3.1 이해상풍 관계에 있는 관계회사 등에 대한 신용평가 금지	10.1 준수여부 점검
	10.2 체크리스트 및 점검보고 체계의 마련
4.3.2 이해상충 관계에 있는 내부직원의 신용평가 금지	10.3 내부제보, 신고제도의 운영
	10.4 임직원 교육
4.4 이해상충 관련 기재사항	10.5 위반시 처리사항

내부통제기준은 자율적인 규제 방식(self-regulatory approach)으로서 해당 신용평가회사가 자발적으로 이를 준수하고 위반 시에는 해명해야 하는("comply or explain" principle) 구조이므로 실제로 준수하는지 여부를 조사하기란 쉽지 않다.[1] 그러나 신용평가회사 임직원이 직무수행 시 준수해야 할 내부통제기준으로서 신용평가회사가 자본시장법으로 이관된 후에도 계속 중요시되고 있다.

이에 따라 시행령 제324조의6(신용평가 내부통제기준 등)에서는 법 제335조의8 제 2 항 제 5 호 신용평가내부통제기준에 관하여 필요한 사항을 다음과 같이 열거하고 있다(법 시행령 324조의6 1항).

1. 신용평가 관련 자료의 기록 및 보관에 관한 사항
2. 신용평가의 적정성을 검토하기 위한 내부절차 마련에 관한 사항
3. 임직원의 신용평가내부통제기준(법 335조의8 2항에 따른 신용평가내부통제기준을 말한다. 이하 같다)의 준수 여부 점검에 관한 사항
4. 그 밖에 신용평가내부통제기준에 관하여 필요한 사항으로서 금융위원회가 정하여 고시하는 사항

금융감독원은 구체적으로 표준내부통제기준을 집행함에 있어 금융투자업규정에 [별표 21의2][2]로 포함시켰다. 각 신용평가회사는 이에 따른 내부통제기준을 제정하여야 하

1) 최근의 금융위기 때 신용평가회사들의 내부 조직이나 투명성, 위기관리에 많은 문제점이 드러나자 미국과 EU에서는 규제감독 시스템을 일원화하고 감독권한을 대폭 강화하는 쪽으로 제도를 개혁하고 있다.
2) 금융투자업규정 제8-19조의2 제 1 항 관련 [별표 21의2] 「신용평가업의 인력·물적 설비·사업계획·이해상충방지체계에 관한 요건」에 규정된 이해상충방지체계는 다음과 같다.

며, 그 위반 시에는 제재를 받게 된다.

한편 신용평가회사는 신용평가내부통제기준을 제정하거나 변경하려는 경우에는 이사회의 결의를 거쳐야 한다(법 시행령 324조의6 2항).

금융위원회는 금융감독원장의 검사결과 법령을 위반한 사실이 드러난 신용평가회사에 대하여 법령 위반행위의 재발방지를 위하여 신용평가내부통제기준의 변경을 권고할 수 있다(법 시행령 324조의6 3항).

Ⅲ. 신용평가회사의 준법감시인

1. 신용평가회사 준법감시인의 임무

신용평가회사(자산규모, 매출액 등을 고려하여 대통령령으로 정하는 법인은 제외[1])는 신용평가내부통제기준의 준수 여부를 점검하고 신용평가내부통제기준을 위반하는 경우 이를 조사하여 감사위원회 또는 감사에게 보고하는 자로서 준법감시인을 1인 이상 두어야 한다(법 335조의8 3항).

준법감시인은 선량한 관리자의 주의로 그 직무를 수행하여야 하며, (i) 해당 신용평가회사의 고유재산의 운용업무, (ii) 해당 신용평가회사가 영위하고 있는 신용평가업 및 그 부수업무, (iii) 해당 신용평가회사가 제335조의10에 따라 영위하고 있는 겸영업무를 수행하는 직무를 담당하여서는 아니 된다(법 335조의8 4항).

2. 준법감시인의 임면

신용평가회사의 준법감시인(compliance officer)은 금융투자업자의 준법감시인과 비슷한 역할을 수행하므로 그에 관한 규정이 준용된다.

신용평가회사가 준법감시인을 임면하고자 하는 경우에는 이사회 결의를 거쳐야 한다(법 335조의8 5항, 28조 3항). 신용평가회사의 준법감시인은 법 제24조에 적합하고(법 335조의8 5항, 28조 4항 2호), 최근 5년간 이 법 또는 대통령령으로 정하는 금융관련 법령을 위반하여

가. 이해상충의 파악·평가·관리에 관한 내부통제기준
(1) 내부통제기준에 반영된 이해상충의 파악·평가·관리 체계가 합리적이고 검증가능할 것
(2) 이해상충 발생 가능성을 낮출 수 있는 방법 및 절차 등이 적정할 것
(3) 내부통제기준의 이해상충 관리 체계 등의 적정 여부에 대하여 주기적인 점검이 이루어 질 것
(4) 그 밖에 인가신청 업무를 영위함에 있어 발생할 수 있는 이해상충을 합리적으로 관리할 수 있는 체계를 갖출 것
나. 정보교류 차단
(1) 평가조직과 영업조직간 정보차단벽(Chinese Wall)이 적정하게 설치되어 있을 것
(2) 그 밖에 인가신청 업무를 영위함에 있어 이해상충방지를 위하여 정보교류를 합리적으로 차단할 수 있는 체계를 갖출 것

1) 최근 사업연도 말을 기준으로 자산총액이 100억원 미만인 법인을 말한다(법 시행령 324조의6 4항).

금융위원회 또는 금융감독원 원장, 그 밖에 대통령령으로 정하는 기관으로부터 제422조 제 1 항 제 3 호에 따른 문책경고 또는 같은 조 제 2 항 제 4 호에 따른 견책요구 이상에 해당하는 조치를 받은 사실이 없어야 한다(법 335조의8 5항, 28조 4항 3호). 신용평가회사는 준법감시인이 그 직무를 독립적으로 수행할 수 있도록 하여야 하며(법 335조의8 5항, 28조 6항), 신용평가회사는 준법감시인을 임면한 때에는 그 사실을 금융위원회에 통보하여야 한다(법 335조의8 5항, 28조 7항).

3. 준법감시인에 대한 협조의무

신용평가회사의 임직원은 준법감시인이 그 직무를 수행함에 있어서 자료나 정보의 제출을 요구하는 경우 이에 성실히 응하여야 하고(법 335조의8 5항, 28조 8항), 준법감시인이었던 자에 대하여 그 직무수행과 관련된 사유로 부당한 인사상의 불이익을 주어서는 아니 된다(법 335조의8 5항, 28조 9항).

제335조의9(독립성 · 공정성)

신용평가회사 및 그 임직원은 신용평가에 관한 업무를 함에 있어 독립적인 입장에서 공정하고 충실하게 그 업무를 수행하여야 한다.

Ⅰ. 신용평가의 독립성 · 공정성 확보

신용평가란 금융투자상품, 기업 · 집합투자기구, 정부 · 지자체 · 비영리법인에 대한 신용상태를 평가하고 그 결과를 일정한 신용등급으로 표시하여 발행인, 인수인, 투자자, 그 밖의 이해관계자에게 제공하거나 열람하게 하는 것을 말한다(법 9조 26항). 그러므로 신용평가회사 및 그 임직원은 신용평가에 관한 업무를 영위함에 있어 신용평가의 대상이나 그 발행인, 인수인, 투자자, 그 밖의 이해관계자로부터 독립적인 입장에서 공정하고 충실하게 그 업무를 수행하여야 한다(법 335조의9).

그렇다면 신용평가의 객관성 · 공정성 · 독립성 · 투명성을 확보하는 일이 무엇보다 중요하고, 이는 신용정보산업 발전의 전제가 된다고 할 수 있다. 이를 위해 자본시장법에서도 신용평가업에 대한 규제를 강화하면서 이해상충방지 체계를 수립하고 신용평가의 내부통제기준을 마련하도록 하였다(법 335조의3 2항 7호, 335조의8). 뿐만 아니라 신용평가업무의 독립성 및 객관성 확보를 위해 주주구성 및 이사회 구성에까지 관여(법 335조의3 2항 1호 및 6호)하는 것이라 볼 수 있다. 외국에서는 신용평가회사의 거버넌스를 직접 규제[1]하기도 하나, 우리나라에서는 사외이사의 선임, 감사위원회의 설치에 관하여 금융투자업자에 관한 규정(법 25조, 26조)을 곧바로 준용하지 않고 일반 주식회사의 거버넌스를 따르도록 하였다.

Ⅱ. 해외에서의 논의

신용평가의 독립성·공정성을 확보하고 이해상충 문제를 근본적으로 해결하기 위해서는 지금처럼 발행인이 신용평가 수수료를 지급(Issuer-Pays model)하는 대신 투자자가 지불(Subscriber/Investor-Pays model)하는 방안, 성과에 따라 수수료를 지불(Payment-upon-Results model)하는 방안, 거래소에서 지불(Trading Venues Pay model)하는 방안, 정부가 신용평가기금이나 채권등록세를 거두어 지불(Government as Hiring Agent model)하는 방안, 정부가 설립한 공적 신용평가회사가 민간 신용평가회사와 경쟁적으로 신용평가 서비스를 수행하는 공공법인 지불 방식(Public Utility model)이 대안으로 검토되었다.[2] 새로 개정된 EU규정[3]에서는 발행인이 수수료를 지급하는 모델을 따르되 신용평가회사의 10% 이상의 지분 또는 의결권있는 주식을 보유한 주주가 10% 이상의 지분 또는 의결권있는 주식을 보유한 피평가기업/기관에 대하여는 신용평가를 할 수 없도록 했다.

또한 특정 증권에 대한 신용평가와 당해 증권발행에 관한 자문 서비스를 하는 것을 금지하는 방안이 논의되었다. 예컨대 IOSCO가 2008년 5월에 공표한 신용평가기관의 행동강령에서는 신용평가기관이 자신의 신용평가 대상거래의 거래구조 설계에 관한 제안이나 조언을 할 수 없도록 하였다.

제335조의10(겸영업무 및 부수업무)

① 신용평가회사는 투자자 보호 및 건전한 거래질서를 해할 우려가 없는 업무로서 다음 각 호의 업무를 겸영할 수 있다.

1. 제263조에 따른 채권평가회사의 업무

---

1) 미국의 도드-프랭크 금융개혁법에서는 신용평가회사의 이사회 과반수를 사외이사로 하고, 이사회의 임무를 명시하였다. 이사회는 신용평가와 관련된 내부절차, 규정, 제재조치 등에 대한 관리와 함께 이해상충 방지, 내부통제의 효율성, 보상 및 승진정책에 대한 감시의무를 지게 된다.

2) European Commission, Public Consultation on Credit Rating Agencies, 5 November 2010.

3) 새 규정은 Regulation 462/2013 및 Directive 2013/14/EC으로 구성되어 있으며, 여러 이해관계자의 의견을 수렴하여 EU의 기존 CRA 관련 규정을 강화한 것으로 2013. 6. 20.부터 발효되었다. 〈http://europa.eu/rapid/press-release_IP-13-555_en.htm?locale=en〉[2013. 10. 25.]

2. 그 밖에 대통령령으로 정하는 업무

② 신용평가회사는 다음 각 호의 어느 하나에 해당하는 업무를 포함하여 신용평가업에 부수하는 업무를 영위할 수 있다.

1. 은행, 그 밖에 대통령령으로 정하는 금융기관의 기업 등에 대한 신용공여의 원리금상환 가능성에 대한 평가 업무
2. 은행, 보험회사, 그 밖에 대통령령으로 정하는 금융기관의 지급능력, 재무건전성 등에 대한 평가 업무
3. 그 밖에 대통령령으로 정하는 업무

③ 신용평가회사는 제1항 또는 제2항의 업무를 영위하려는 때에는 영위하려는 날의 7일 전까지 이를 금융위원회에 신고하여야 한다.

④ 제41조 제2항부터 제4항까지의 규정은 신용평가회사에 대하여 준용한다.

Ⅰ. 신용평가회사의 겸영업무	Ⅲ. 겸영·부수업무의 금융위원회 신고
Ⅱ. 신용평가 부수업무	

Ⅰ. 신용평가회사의 겸영업무

신용평가회사는 투자자 보호 및 건전한 거래질서를 해할 우려가 없는 업무로서 집합투자재산에 속하는 채권 등 자산의 가격을 평가하고 이를 집합투자기구에게 제공하는 채권평가회사(법 263조)의 업무를 겸영할 수 있다(법 335조의10 1항 1호). 아직 시행령에서는 따로 신용평가회사의 겸영업무를 규정하고 있지 않다.

Ⅱ. 신용평가 부수업무

자본시장법 및 동 시행령, 금융위원회 고시에 의하면 신용평가회사는 다음 각 호의 어느 하나에 해당하는 업무를 포함하여 신용평가업에 부수하는 업무를 영위할 수 있다.

① 은행, 그 밖에 대통령령으로 정하는 금융기관의 기업 등에 대한 신용공여의 원리금상환 가능성에 대한 평가 업무(법 335조의10 2항 1호)

② 은행, 보험회사, 그 밖에 대통령령으로 정하는 금융기관의 지급능력, 재무건전성 등에 대한 평가 업무(법 335조의10 2항 2호)

③ 사업성 평가, 가치평가 및 기업진단 업무(법 시행령 324조의7 2항 1호)

④ 신용평가모형과 위험관리모형의 개발 및 제공 업무(법 시행령 324조의7 2항 2호)

⑤ 부동산 임대차, 교육, 홍보 및 출판업무(금융투자업규정 8-19조의8 1호)

⑥ 다른 법령, 정부 또는 공공기관의 고시 및 기준에 따라 신용평가회사가 수행할

수 있도록 한 업무(금융투자업규정 8-19조의8 2호)

Ⅲ. 겸영·부수업무의 금융위원회 신고

신용평가회사가 겸영업무와 부수업무를 영위하려는 때에는 영위하려는 날의 7일 전까지 이를 금융위원회에 신고하여야 한다(법 335조의10 3항).

이 경우 금융위원회는 신용평가회사의 부수업무 신고내용이 (i) 신용평가회사 의 경영건전성을 저해하는 경우, (ii) 인가를 받거나 등록한 금융투자업의 영위에 따른 투자자 보호에 지장을 초래하는 경우, (iii) 금융시장의 안정성을 저해하는 경우 중의 어느 하나에 해당하는 경우에는 그 부수업무의 영위를 제한하거나 시정할 것을 명할 수 있다(법 335조의10 4항, 41조 2항). 이러한 제한명령 또는 시정명령은 그 내용 및 사유가 구체적으로 기재된 문서로 하여야 한다(법 335조의10 4항, 41조 3항).

금융위원회는 신용평가회사로부터 신고받은 부수업무 및 제한명령 또는 시정명령을 한 부수업무를 대통령령으로 정하는 방법 및 절차에 따라 인터넷 홈페이지 등에 공고하여야 한다(법 335조의10 4항, 41조 4항). 이 경우 금융위원회는 그 신고일부터 7일 이내에 (i) 신용평가회사의 명칭, (ii) 부수업무의 신고일자, (iii) 부수업무의 개시 예정일자, (iv) 부수업무의 내용, (v) 그 밖에 금융위원회가 정하여 고시하는 사항을 인터넷 홈페이지 등에 공고하여야 한다(법 시행령 44조 1항).

제335조의11(신용평가회사의 행위규칙)

① 신용평가회사는 금융위원회가 정하여 고시하는 바에 따라 신용등급의 부여·제공·열람에 제공하기 위한 방침 및 방법(이하 "신용평가방법"이라 한다)을 정하고, 그 신용평가방법 등에 따라 신용평가를 하여야 한다.

② 신용평가회사는 신용평가를 요청한 자(이하 "요청인"이라 한다)에 대한 신용평가를 하는 경우에는 재무상태·사업실적 등 현재의 상황과 사업위험·경영위험 및 재무위험 등 미래의 전망을 종합적으로 고려하여야 한다.

③ 신용평가회사는 신용평가의 결과를 기술(記述)한 것으로서 다음 각 호의 사항을 포함한 서류(이하 "신용평가서"라 한다)를 작성하여야 한다.

1. 신용등급
2. 신용평가회사의 의견
3. 제 7 항 제 1 호에 따라 대통령령으로 정하는 자가 아닌 자로서 해당 신용평가회사와 출자관계에 있는 자와 관련한 신용평가를 하는 경우에 그 출자관계에 관한 사항
4. 그 밖에 투자자 등의 합리적 의사결정에 필요한 정보로서 금융위원회가 정하여 고시하는 사항

④ 신용평가회사는 요청인에게 신용평가서를 제공하는 경우에는 신용평가실적서(신용평가회사가 부여한 신용등급별로 원리금 상환 이행률 등을 기재한 것을 말한다), 그 밖에 해당 신용평가회사의 신용평가 능력의 파악에 필요한 것으로서 금융위원회가 정하여 고시하는 서류(이하 "신용평가실적서등"이라 한다)를 함께 제공하여야 한다.

⑤ 신용평가회사는 다음 각 호의 사항에 대한 기록을 3년간 보존하여야 한다.

1. 요청인의 주소와 성명
2. 요청받은 업무 내용 및 요청받은 날짜
3. 요청받은 업무의 처리 내용 또는 제공한 신용평가서 및 제공한 날짜
4. 그 밖에 투자자 보호 및 건전한 거래질서 유지를 위하여 기록 보존이 필요한 것으로서 대통령령으로 정하는 사항

⑥ 신용평가회사의 임직원이나 임직원이었던 자는 직무상 알게 된 요청인의 비밀을 누설하거나 이용하여서는 아니 된다. 다만, 다음 각 호의 어느 하나에 해당하는 경우에는 그러하지 아니하다.

1. 요청인이 제공·이용에 동의한 목적으로 이용하는 경우
2. 법원의 제출명령 또는 법관이 발부한 영장에 따라 제공되는 경우
3. 그 밖에 법률에 따라 제공되는 경우

⑦ 신용평가회사는 다음 각 호의 어느 하나에 해당하는 행위를 하여서는 아니 된다.

1. 신용평가회사와 일정한 비율 이상의 출자관계에 있는 등 특수한 관계에 있는 자로서 대통령령으로 정하는 자와 관련된 신용평가를 하는 행위
2. 신용평가 과정에서 신용평가회사 또는 그 계열회사의 상품이나 서비스를 구매하거나 이용하도록 강요하는 행위
3. 그 밖에 투자자 보호 또는 건전한 거래질서를 해할 우려가 있는 행위로서 대통령령으로 정하는 행위

Ⅰ. 신용평가방법론의 공개

글로벌 금융위기 이후 구조화상품에 대한 신용평가 방법론이 적정한가, 투자자들이 구조화상품에 대한 신용평가방법 및 그 신용등급의 의미를 제대로 이해할 수 있었는가 하는 의문이 많이 제기되었다.[1] 신용평가회사들이 신용평가방법(methodologies)을 마련하고 이를 준수해야 하는 것은 신 BIS협약에 의하여 ECAI 지정을 받기 위해서도 필요하였다.

금융감독원은 신용평가의 공정성·투명성을 확보하기 위하여 국제적 정합성을 기하고 국내 금융현실을 고려하여 ECAI 기준을 책정하였다. 객관성(objectivity), 독립성(independence), 일관성(consistency), 투명성(transparency), 신뢰성(reliability) 등 5개 항목은 IOSCO 신용평가회

1) IFLR. "Stop persecuting rating agencies," May 2008.

사 기본행동강령(IOSCO Code)을 구체화한 것이다. 금융감독원은 ECAI 관리방안의 일환으로 신용평가회사의 평가방법론에 대한 사후 검증, 정보의 투명성 등을 중시하고 있다.[1]

신용평가방법론을 법에서 명시한 또 다른 이유는 신용평가회사가 중대한 과실로 이를 위반하여 그릇된 신용평가 결과를 내놓았을 때 이를 신뢰하고 투자하였다가 손해를 입은 투자자들이 신용평가회사를 상대로 직접 손해배상을 청구할 수 있게 한다는 의미도 있다.[2] 그리고 기존 방법론을 뛰어넘어 예외적인 상황까지 고려한 새로운 모델이나 방법론을 가지고 신용평가업을 하려는 사람에게 문호를 개방한다는 정책의도도 숨어있다.

이에 따라 자본시장법에서는 신용평가회사로 하여금 금융위원회가 정하여 고시하는 바[3]에 따라 신용등급의 부여·제공·열람에 제공하기 위한 방침 및 방법(신용평가방법 등)을 정하고, 그 신용평가방법 등에 따라 신용평가를 하도록(법 335조의11 1항) 하였다.

Ⅱ. 신용평가회사의 행위규칙

1. 신용평가방법론의 준수

위와 같은 입법취지에 입각하여 자본시장법에서는 신용평가회사의 행위규칙으로서 신용평가방법론과 신용평가서, 신용평가실적서 등의 구체적인 내용까지 상세히 규정하고 있다.

신용평가회사는 신용평가를 요청한 자에 대한 신용평가를 하는 경우 재무상태·사업실적 등 현재의 상황과 사업위험·경영위험 및 재무위험 등 미래의 전망을 종합적으로

1) 박훤일, 전게 보고서(2010. 12), 10쪽.

2) 미국의 금융개혁법에서 신용평가회사의 신용등급을 회계사의 감사보고와 같이 취급하게 된 결과(금융개혁법 Sec. 939G) 경우에 따라서는 신용평가회사도 신용등급을 믿고 투자하였다가 손해를 입은 투자자들로부터 손해배상청구를 당할 가능성이 높아졌다. 우리나라에서도 법 제125조 제1항 제3호의 증권신고서·사업설명서의 기재사항 또는 첨부서류가 진실 또는 정확하다고 증명하여 서명한 공인회계사·감정인 또는 신용평가회사는 그 기재사항 등의 "거짓 기재 또는 중요한 기재누락"을 이유로 손해배상책임을 부담할 가능성이 있다. 나아가 법 제335조의11에 신용평가회사의 행위규칙으로서 신용평가방법론을 명시한 이상 이를 어겼을 때에는 당연히 위법성을 띠고 피해를 입은 투자자들에게 손해를 배상해야 할 의무가 생기는 것이다. 그러나 증권신고서상의 중요사항의 거짓 기재 또는 기재누락은 투자판단에 필요한 중요한 "사실·정보"에 관한 것이고, 신용평가서는 기본적으로 신용평가회사의 "의견"의 기술이라는 점에서 차이가 있다는 반론이 있다. 박준, 전게논문(2011. 9. 30), 75쪽.

3) 신용평가회사는 다음 각 호의 기준에 따라 신용평가방법을 정하여야 한다(금융투자업규정 8-19조의9 1항).
   1. 신용평가에 관한 과거의 통계자료 및 경험, 미래의 시장환경 변화 등을 고려하여 평가방법의 적정성에 대한 검증 방침을 수립할 것
   2. 신용등급을 적시에 조정하기 위하여 신용평가대상에 대한 정보의 수집 방침을 마련할 것
   3. 신용평가대상에 대하여 산업별·업종별 등으로 구분하여 다음 각 목의 사항을 포함한 평가방법(신용평가모형을 포함한다. 이하 이 조에서 "평가방법"이라 한다)을 마련할 것
      가. 평가에 적용되는 주요 가정 및 모형
      나. 평가에 사용되는 자료에 대한 적정성 평가 방법
      다. 평가방법이 변경된 경우 그 사유 및 평가에 미치는 영향

고려하도록 하였다(법 335조의11 2항).

신용평가회사는 신용평가의 결과를 기술한 것으로서 (i) 신용등급, (ii) 신용평가회사의 의견, (iii) 제7항 제1호에 따라 대통령령으로 정하는 자[1)]가 아닌 자로서 해당 신용평가회사와 출자관계에 있는 자와 관련한 신용평가를 하는 경우에 그 출자관계에 관한 사항, (iv) 그 밖에 투자자 등의 합리적 의사결정에 필요한 정보로서 금융위원회가 정하여 고시하는 사항[2)]을 포함한 서류(신용평가서)를 작성하여야 한다(법 335조의11 3항).

신용평가회사는 요청인에게 신용평가서를 제공하는 경우에는 신용평가실적서(신용평가회사가 부여한 신용등급별로 원리금 상환 이행률 등을 기재한 것을 말한다), 그 밖에 해당 신용평가회사의 신용평가 능력의 파악에 필요한 것으로서 금융위원회가 정하여 고시하는 서류(신용평가실적서등)[3)]를 함께 제공하여야 한다(법 335조의11 4항).

2. 그 밖의 준수의무

신용평가회사는 (i) 요청인의 주소와 성명, (ii) 요청받은 업무 내용 및 요청받은 날짜, (iii) 요청받은 업무의 처리 내용 또는 제공한 신용평가서 및 제공한 날짜, (iv) 그 밖에 투자자 보호 및 건전한 거래질서 유지를 위하여 기록 보존이 필요한 것으로서 대통령령으로 정하는 사항[4)]에 대한 기록을 3년간 보존하여야 한다(법 335조의11 5항).

---

1) 다음 각 호의 어느 하나에 해당하는 자를 말한다(법 시행령 324조의8 1항, 금융투자업규정 8-19조의10 1항).
   1. 해당 신용평가회사에 100분의 5 이상 출자한 법인
   2. 해당 신용평가회사가 100분의 5 이상 출자한 법인
   3. 해당 신용평가회사와 계열회사의 관계에 있는 법인
   4. 해당 신용평가회사와 제1호부터 제3호까지의 관계에 있는 법인이 100분의 40 이상 출자한 법인
   5. [그 밖에 신용평가업무와 관련하여 이해상충의 소지가 있는 자로서 금융위원회가 정하여 고시하는] 당해 신용평가회사의 직전 사업연도 총수익의 100분의 10 이상을 기여한 자
   6. 당해 신용평가회사로부터 이해상충의 소지가 있는 기타 용역(법 제335조의10제2항 제1호·제2호에 따른 업무는 제외한다)을 제공받은 이후 1년이 경과하지 않은 자
   7. 그 밖에 다른 법령에서 금지하고 있는 경우
2) 다음 각 호를 말한다(금융투자업규정 8-19조의10 2항).
   1. 산업요인, 재무요인 등 신용등급에 영향을 미치는 요인 및 그 분석내용
   2. 신용등급을 부여하기 위하여 적용한 평가방법
   3. 신용등급의 정의, 유효기간 및 등급에 대한 전망
   4. 신용등급 부여에 근거가 된 주요 자료
3) 다음 각 호의 서류를 말한다(금융투자업규정 8-19조의10 3항).
   1. 신용평가회사가 행한 신용평가에 대하여 연초 신용등급이 연말에 동일하거나 또는 다른 신용등급으로 변동된 내용을 기재한 서류(이하 "신용등급변화표"라 한다)
   2. 신용평가회사가 행한 신용 평가에 대하여 업체별·신용등급별로 기간 경과에 따라 해당기간 중에 부도 등(원리금의 적기상환이 이루어지지 않거나 기업회생절차·파산절차의 개시가 있는 경우를 포함한다. 이하 같다)이 발생한 내용을 기재한 서류(이하 "평균누적부도율표"라 한다)
4) 다음 각 호를 말한다(법 시행령 324의8 2항).
   1. 신용평가의 실시를 위한 계약서류 및 신용평가와 관련하여 수취한 수수료의 내역
   2. 신용등급을 변경한 경우 그 변경내역 및 사유
   3. 신용평가를 위하여 요청인 또는 그의 이해관계자에게 제공하거나 요청인 또는 이해관계자로부터

이와 관련하여 신용평가회사의 임직원이나 임직원이었던 자는 다음 중 어느 하나에 해당하는 경우를 제외하고는 직무상 알게 된 요청인의 비밀을 누설하거나 이용하여서는 아니 된다(법 335조의11 6항).

① 요청인이 제공·이용에 동의한 목적으로 이용하는 경우

② 법원의 제출명령 또는 법관이 발부한 영장에 따라 제공되는 경우

③ 그 밖에 법률에 따라 제공되는 경우

신용평가회사는 다음 중 어느 하나에 해당하는 행위를 하여서는 아니 된다(법 335조의11 7항).

① 신용평가회사와 일정한 비율 이상의 출자관계에 있는 등 특수한 관계에 있는 자로서 대통령령으로 정하는 자[1])와 관련된 신용평가를 하는 행위

② 신용평가 과정에서 신용평가회사 또는 그 계열회사의 상품이나 서비스를 구매하거나 이용하도록 강요하는 행위

③ 그 밖에 투자자 보호 또는 건전한 거래질서를 해할 우려가 있는 행위로서 대통령령으로 정하는 행위[2])

제출받은 자료

1) 다음 각 호의 어느 하나에 해당하는 자를 말한다(법 시행령 324조의8 3항, 금융투자업규정 8-19조의10 1항).
   1. 해당 신용평가회사에 100분의 5 이상 출자한 법인
   2. 해당 신용평가회사가 100분의 5 이상 출자한 법인
   3. 해당 신용평가회사와 계열회사의 관계에 있는 법인
   4. 해당 신용평가회사와 제 1 호부터 제 3 호까지의 관계에 있는 법인이 100분의 40 이상 출자한 법인
   5. [그 밖에 신용평가업무와 관련하여 이해상충의 소지가 있는 자로서 금융위원회가 정하여 고시하는] 당해 신용평가회사의 직전 사업연도 총수익의 100분의 10 이상을 기여한 자
   6. 당해 신용평가회사로부터 이해상충의 소지가 있는 기타 용역(법 제335조의10제 2 항 제 1 호·제 2 호에 따른 업무는 제외한다)을 제공받은 이후 1년이 경과하지 않은 자
   7. 그 밖에 다른 법령에서 금지하고 있는 경우

2) 다음 각 호의 어느 하나에 해당하는 행위를 말한다(법 시행령 324조의8 4항, 금융투자업규정 8-19조의10 2~4항, 6항).
   1. 신용평가 과정에서 다른 신용평가회사와 면담, 협의 또는 자료의 제공 등의 방법을 통하여 신용평가대상의 신용등급에 영향을 미치는 정보를 교환하는 행위
   2. 신용평가와 관련하여 금융위원회가 정하여 고시하는 기준을 위반하여 신용평가의 요청인 및 그의 이해관계자에게 재산상의 이익을 제공하거나 이들로부터 재산상의 이익을 제공받는 행위. 여기서 금융위원회가 정하여 고시하는 기준이란 신용평가회사(그 임직원을 포함한다)가 신용평가업무와 관련하여 요청인(요청인이 법인, 그 밖의 단체인 경우 그 임직원을 포함한다)에게 제공하거나 이들로부터 제공받는 금전·물품·편익 등의 범위가 일반인이 통상적으로 이해하는 수준에 반하지 않는 것을 말한다. 이러한 금전·물품·편익 등은 협회가 정하는 한도를 초과할 수 없으며, 신용평가회사가 이러한 금전·물품·편익 등을 제공하거나 제공받는 경우 제공목적, 제공내용, 제공일자 및 제공받는 자 등에 대한 기록을 유지하고 미리 준법감시인(준법감시인이 없는 경우에는 감사 등 이에 준하는 자를 말한다)에게 보고하여야 한다. 다만, 준법감시인에게 미리 보고하기 곤란한 경우에는 사후에 보고할 수 있다.
   3. 법 제335조의11제 7 항 제 1 호 또는 제 2 호에 따른 금지 또는 제한을 회피할 목적으로 하는 행위로서 다음 각 목의 어느 하나에 해당하는 행위
      가. 신용평가회사와 제 3 항 각 호의 관계에 있는 자에 대하여 신용평가회사 간에 교차하여 신용평

3. 행위규칙 위반의 효과

자본시장법이 신용평가회사에 대하여 행위규칙을 부과하고 있으나 이를 위반하였을 때의 벌칙은 법 제335조의11 제 6 항의 직무상 비밀누설, 제 7 항 제 1 호의 특수관계인에 대한 신용평가, 제 7 항 제 2 호의 서비스 구매강요 세 가지만 규정하고 있을 뿐이다(법 445조 37-2~37-4호). 결국 자본시장법에서는 신용평가회사의 문제가 된 신용평가행위를 일률적으로 논하지 않고, 제125조의 증권신고서 등의 거짓 기재, 중요한 기재누락으로 인한 손해배상책임이 아니라면 구체적인 사정을 고려하여 민사책임 유무를 따져보아야 한다는 입장인 것으로 해석된다.

우리나라에서는 도산한 기업의 회사채, 저축은행의 후순위채 등에 대한 신용평가가 부실하였다는 이유로 하급심에서 신용평가회사가 발행인, 주간사증권회사 등과 함께 공동피고가 된 사례가 간혹 있었다. 그러나 아직 상기 행위규칙을 위반한 신용평가와 관련하여 신용평가회사의 책임을 묻는 대법원 판례가 나온 적은 없다.[1)] 미국에서처럼 신용평가가 공적 기업(public concern)에 대한 표현의 자유에 속한다고 본 판례도 없었다.[2)]

가를 하는 행위

나. 신용평가회사의 계열회사의 상품이나 서비스의 구매와 관련하여 연계거래를 하는 행위

4. [그 밖에 투자자 보호나 신용평가의 독립성·공정성을 해칠 염려가 있는 행위로서 금융위원회가 정하여 고시하는] 신용평가회사가 서면에 의한 계약을 체결하지 아니하고 예상되는 신용등급(신용등급의 범위를 포함한다) 또는 특정 신용등급이 부여될 가능성 등에 대한 정보를 직접 또는 간접적으로 요청인 등에게 제공하는 행위
5. 신용평가회사가 요청인의 대표이사로부터 신용평가를 위하여 제출받는 자료와 관련하여 다음 각 목의 사항에 대하여 상당한 주의를 다하여 직접 확인·검토하였다는 사실을 확인받지 아니하고 신용평가를 하는 행위
   가. 해당 자료가 중요사항에 관하여 거짓의 기재 또는 누락이 없다는 사실
   나. 해당 자료를 이용하는 자로 하여금 중대한 오해를 일으키는 내용이 기재 또는 표시되어 있지 아니하다는 사실
6. 신용평가회사가 신용평가계약의 체결을 유인하기 위하여 신용등급을 이용하는 행위
7. 신용평가회사가 신용평가대상의 지분을 소유하거나 신용평가와 관련된 수수료를 협의하는 등 신용평가와 관련하여 이해관계를 가지는 임직원으로 하여금 신용평가를 하게 하는 행위

1) 대법원 2011. 7. 28. 선고 2010다76368 판결 : 자산운용회사가 위험성이 상당히 높은 장외파생상품에 신탁자산 대부분을 투자하는 펀드의 수익증권을 발행하면서 장외파생상품 운용회사에게서 '장외파생상품 투자의 위험 등을 평가하는 데 필요한 … 지식과 경험이 풍부한 투자자 … 에게만 적합하다'는 내용의 서류를 송부받았음에도 … 판매보조자료에 해외 신용평가기관이 … 투자적격 등급인 A3의 신용등급을 부여한 … 의미만을 과도하게 부각시켜 … 국고채, 시중은행 후순위채 등을 직접 비교하는 등 중요한 사항에 관하여 오해를 유발할 수 있는 표시를 사용 … 하고, 판매회사는 자산운용회사가 제공한 정보에 의존하여 투자자들에게 펀드 가입을 적극 권유하여, 투자자들이 위험성을 정확하게 인식하지 못한 채 펀드에 가입하여 손해를 입은 사안에서, 자산운용회사와 판매회사는 그들의 공동불법행위로 투자자들이 입은 손해를 배상하여야 한다.

2) 우리나라에서 신용평가회사의 민사책임과 관련하여 언론의 자유에 관한 문제가 제기되고 있지 않은 이유는 신용평가의 발생이 자연적이지 않고 제도적 목적으로 만들어졌기 때문이며, 신용평가가 미국에서와 같이 정보의 전달기능에 기반을 두고 있지 않은 데 기인한다고 풀이하는 견해가 있다. 이원삼, "신용평가회사의 민사책임," 「기업법연구」 제23권 제 1 호(2009. 3), 81쪽.

제335조의12(신용평가서 등의 제출·공시 등)

① 신용평가회사는 신용평가방법을 제335조의11제 1 항에 따라 정하거나 변경한 경우에는 금융위원회, 거래소 및 협회에 이를 제출하여야 한다.

② 신용평가회사는 다음 각 호의 어느 하나에 해당하는 경우에는 신용평가서를 금융위원회, 거래소 및 협회에 제출하여야 한다.

1. 이 법 또는 금융관련 법령에 따라 발행인 등에 대하여 신용평가를 받도록 한 경우
2. 증권신고서·사업보고서 등 이 법 또는 금융관련 법령에 따라 의무적으로 작성되는 서류에 신용평가서를 첨부하는 경우
3. 그 밖에 투자자 보호 및 건전한 거래질서를 위하여 필요한 경우로서 대통령령으로 정하는 경우

③ 신용평가회사는 신용평가의 적정성 등에 관한 것으로서 금융위원회가 정하여 고시하는 서류를 금융위원회, 거래소 및 협회에 제출하여야 한다.

④ 금융위원회와 거래소는 제 1 항부터 제 3 항까지의 규정에 따라 제출받은 서류 중 대통령령으로 정하는 서류를 3년간 일정한 장소에 비치하고, 인터넷 홈페이지 등을 이용하여 공시하여야 한다.

⑤ 제 1 항부터 제 3 항까지의 규정에 따른 서류제출의 방법, 시기 및 절차 등에 관하여는 대통령령으로 정한다.

Ⅰ. 규정의 취지

자본시장법은 신용평가회사의 행위규칙으로서 신용평가방법론을 만들어 놓도록 한 데 이어 일정한 경우에 신용평가서 등의 제출 및 공시의무를 규정하고 있다. 이는 미국에서도 마찬가지인데,[1] 금융개혁법은 신용평가기준의 일관성을 유지하고 일정 수준을 확보하기 위해 신용평가의 내부절차 및 방법론, 신용평가인력(애널리스트)의 자격 및 보수 교육 등에 대한 규정을 두었다. 그리고 신용평가회사는 신용평가등급 결정을 위한 정책, 절차, 방법론의 준수와 적용에 관한 내부통제기준을 마련하도록 했다.[2]

그 원형은 국제증권감독기구(IOSCO)의 행동강령(IOSCO Code)에서 찾아볼 수 있다. IOSCO는 당초 엔론 사태 직후인 2004년에 만들었던 신용평가회사 행동강령을 글로벌 금융위기에 대응하여 2008년 5월 개정할 때 신용평가방법론을 공개하고 정기적으로

1) 엔론 사태의 대책으로 2006년 9월 신용평가기관개혁법(Rating Agency Reform Act)이 새로 제정되었고, 증권거래소법(Securities Exchange Act of 1934)에도 제15E조를 추가하였다. 이에 따라 NRSRO는 SEC에 신용평가방법 등을 기재하여 등록할 의무와 각종 보고의무를 가지며, SEC는 이들 신용평가기관을 검사할 수 있게 된다. 그러나 SEC나 州정부는 신용평가의 내용이나 신용평가의 절차·방법에 대해서는 규제할 수 없으며, NRSRO가 제출한 서류로 인하여 민사소송이 벌어질 수 없음을 명시하였다. 박준, 전게논문(2011. 9. 30), 24-25쪽.

2) 박휜일, 전게 보고서, 36쪽.

점검할 것을 포함시켰다.

Ⅱ. 관련서류의 제출 방법 및 시기

신용평가회사는 신용평가방법을 제335조의11 제 1 항에 따라 정하거나 변경한 경우에는 금융위원회, 거래소 및 협회에 이를 제출하여야 한다(법 335조의12 1항).

신용평가회사는 다음 각 호의 어느 하나에 해당하는 경우에는 신용평가서를 금융위원회, 거래소 및 협회에 제출하여야 한다(법 335조의12 2항).

1. 이 법 또는 금융관련 법령에 따라 발행인 등에 대하여 신용평가를 받도록 한 경우
2. 증권신고서·사업보고서 등 이 법 또는 금융관련 법령에 따라 의무적으로 작성되는 서류에 신용평가서를 첨부하는 경우
3. 그 밖에 투자자 보호 및 건전한 거래질서를 위하여 필요한 경우로서 제 1 호 또는 제 2 호에 따라 제출한 신용평가서의 신용등급이 변동되는 경우(법 시행령 324조의9 1항)

신용평가회사는 신용평가의 적정성 등에 관한 것으로서 금융위원회가 정하여 고시하는 서류[1])를 금융위원회, 거래소 및 협회에 제출[2])하여야 한다(법 335조의12 3항).

금융위원회와 거래소는 제 1 항부터 제 3 항까지의 규정에 따라 제출받은 서류 중 대통령령으로 정하는 서류[3])를 3년간 일정한 장소에 비치하고, 인터넷 홈페이지 등을 이용

---

1) 다음 각 호의 서류를 말한다(금융투자업규정 8-19조의11 1항).
   1. 법 제335조의11 제 4 항에 따른 신용평가실적서등
   2. 신용평가의 성과분석, 부도분석 및 채권스프레드관련분석에 대한 다음의 각 목의 서류
      가. 신용등급결과분석(부도율, 신용등급변동, 신용등급의 변별력 등을 분석하여 기재한 것)
      나. 채권수익률분석(채권수익률과 신용등급간의 관계를 분석하여 기재한 것)
      다. 부도기업분석(부도발생요인 및 부도발생 과정을 분석하여 기재한 것)
      라. 신용등급변동현황분석(신용등급의 변동현황과 방향성에 대한 정보를 분석하여 기재한 것)

2) 요제출 서류의 작성, 제출시기는 다음 각 호와 같다(금융투자업규정 8-19조의11 2항).
   1. 법 제335조의11 제 4 항에 따른 신용평가실적서 : 매분기말 기준으로 작성하여 10일 이내에 제출할 것
   2. 금융투자업규정 제8-19조의9 제 3 항 각 호의 서류(신용등급변화표, 평균누적부도율표) : 매년말 기준으로 작성하여 20일 이내에 제출할 것
   3. 금융투자업규정 제8-19조의11 제 1 항 제 2 호 가목의 서류 : 매년말을 기준으로 작성하여 3개월 이내에 제출할 것
   4. 동 제 1 항 제 2 호 나목의 서류 : 매반기말을 기준으로 작성하여 3개월 이내에 제출할 것
   5. 동 제 1 항 제 2 호 다목·라목의 서류 : 매분기말을 기준으로 작성하여 2개월 이내에 제출할 것

3) 다음 각 호의 서류를 말한다(법 시행령 324조의9 2항, 금융투자업규정 8-19조의12 1항).
   1. 법 제335조의12 제 1 항에 따른 신용평가방법에 관한 서류
   2. 법 제335조의12 제 2 항에 따른 신용평가서
   3. [법 제335조의12 제 3 항에 따른 서류 중 금융위원회가 정하여 고시하는] 법 제335조의11 제 4 항에 따른 신용평가실적서등
   4. 신용평가의 성과분석, 부도분석 및 채권스프레드관련분석에 대한 다음의 각 목의 서류
      가. 신용등급결과분석(부도율, 신용등급변동, 신용등급의 변별력 등을 분석하여 기재한 것)

하여 공시하여야 한다(법 335조의12 4항).

법 제335조의12 제 1 항부터 제 3 항까지의 규정에 따른 서류제출의 방법, 시기 및 절차 등에 관하여는 다음 각 호와 같다(법 335조의12 5항, 법 시행령 324조의9 2항·3항).

1. 법 제335조의12 제 1 항에 따른 신용평가방법에 관한 서류 : 제정 또는 개정일부터 10일 이내

2. 법 제335조의12 제 2 항에 따른 신용평가서 : 신용평가의 종료일부터 10일 이내

3. 법 제335조의12 제 3 항에 따른 서류 중 금융위원회가 정하여 고시하는 서류[1] : 서류별로 금융위원회가 정하여 고시[2]하는 기간 이내

제335조의13(의결권의 제한)

① 상호출자제한기업집단에 속하는 회사 또는 제335조의3 제 2 항 제 1 호 나목에 따른 금융기관이 같은 호 가목 또는 나목에 따른 출자한도를 초과하여 신용평가회사의 주식(출자지분을 포함한다. 이하 이 조에서 같다)을 보유하는 경우 해당 주식의 의결권 행사의 범위는 같은 항 각 호에 따른 한도로 제한하며, 지체 없이 그 한도에 적합하도록 하여야 한다.

② 금융위원회는 상호출자제한기업집단에 속하는 회사 또는 제335조의3 제 2 항 제 1 호 나목에 따른 금융기관이 제335조의3 제 2 항 제 1 호 가목 또는 나목에 따른 출자한도를 초과하여 보유하고 있는 신용평가회사의 주식을 처분할 것을 6개월 이내의 기간을 정하여 명할 수 있다.

Ⅰ. 규정의 취지

자본시장법은 신용평가회사가 신용평가업무를 영위함에 있어서 공정성·객관성·투

나. 채권수익률분석(채권수익률과 신용등급간의 관계를 분석하여 기재한 것)
다. 부도기업분석(부도발생요인 및 부도발생 과정을 분석하여 기재한 것)
라. 신용등급변동현황분석(신용등급의 변동현황과 방향성에 대한 정보를 분석하여 기재한 것)

1) 다음 각 호의 서류를 말한다(금융투자금융업규정 8-19조의12 1항).
1. 법 제335조의11 제 4 항에 따른 신용평가실적서등
2. 신용평가의 성과분석, 부도분석 및 채권스프레드관련분석에 대한 다음의 각 목의 서류
가. 신용등급결과분석(부도율, 신용등급변동, 신용등급의 변별력 등을 분석하여 기재한 것)
나. 채권수익률분석(채권수익률과 신용등급간의 관계를 분석하여 기재한 것)
다. 부도기업분석(부도발생요인 및 부도발생 과정을 분석하여 기재한 것)
라. 신용등급변동현황분석(신용등급의 변동현황과 방향성에 대한 정보를 분석하여 기재한 것)

2) 이상의 서류의 작성서식 및 공시 등에 관하여 필요한 사항은 금융감독원장이 정한다(금융투자금융업규정 8-19조의12 2항).

명성을 확보하기 위하여 신용평가업 인가요건(법 335조의3 2항 1호)에 해당하는 출자한도를 초과하여 주식을 보유하는 경우 해당 주식의 의결권 행사를 출자한도의 범위로 제한하고 있다. 이 규정의 실효성을 확보하기 위하여 금융위원회는 출자한도 초과분에 대하여 6개월 이내의 기간을 정하여 처분할 것을 명할 수 있다.

Ⅱ. 상호출자제한기업집단에 속하는 경우

상호출자제한기업집단에 속하는 회사 또는 대통령령으로 정하는 금융기관[1]이 상호출자제한기업집단에 속하는 회사의 경우 10/100 또는 금융기관의 경우 10/100의 출자한도를 초과하여 신용평가회사의 주식(출자지분을 포함한다)을 보유하는 경우 해당 주식의 의결권 행사의 범위는 각각 10/100의 한도로 제한하며, 지체 없이 그 한도에 적합하도록 하여야 한다(법 335조의13 1항).

금융위원회는 상호출자제한기업집단에 속하는 회사 또는 상기 대통령령으로 정하는 금융기관이 상호출자제한기업집단에 속하는 회사의 경우 10/100 또는 금융기관의 경우

1) 다음 각 호의 어느 하나에 해당하는 금융기관을 말한다(법 335조의3 2항 1호 나목, 법 시행령 324의3 1항).

1. 투자매매업자·투자중개업자·신탁업자·집합투자업자·증권금융회사·종합금융회사·자금중개회사 및 명의개서대행회사
2. 은행
3. 「금융지주회사법」에 따른 금융지주회사
4. 「한국산업은행법」에 따른 한국산업은행
5. 「한국수출입은행법」에 따른 한국수출입은행
6. 삭제 <2014. 12. 30>
7. 「중소기업은행법」에 따른 중소기업은행
8. 「한국주택금융공사법」에 따른 한국주택금융공사
9. 「상호저축은행법」에 따른 상호저축은행과 그 중앙회
10. 「농업협동조합법」에 따른 농업협동조합과 그 중앙회 및 농협은행
11. 「수산업협동조합법」에 따른 수산업협동조합과 그 중앙회
12. 「산림조합법」에 따른 산림조합과 그 중앙회
13. 「신용협동조합법」에 따른 신용협동조합과 그 중앙회
14. 「새마을금고법」에 따른 새마을금고와 그 중앙회
15. 「보험업법」에 따른 보험회사
16. 「여신전문금융업법」에 따른 여신전문금융회사(같은 법 제3조 제3항 제1호에 따라 허가를 받거나 등록을 한 자를 포함한다)
17. 「기술신용보증기금법」에 따른 기술신용보증기금
18. 「신용보증기금법」에 따른 신용보증기금
19. 「지역신용보증재단법」에 따른 신용보증재단과 그 중앙회(「은행법」 제5조에서 은행으로 보는 신용사업 부문은 제외한다)
20. 「무역보험법」에 따른 한국무역보험공사
21. 「예금자보호법」에 따른 예금보험공사 및 정리금융기관
22. 외국에서 제1호부터 제20호까지의 금융기관과 유사한 금융업을 경영하는 금융기관
23. 외국 법령에 따라 설립되어 외국에서 신용조회업, 신용조사업, 채권추심업 중 어느 하나에 해당하는 업무를 수행하는 자

10/100의 출자한도를 초과하여 보유하고 있는 신용평가회사의 주식을 처분할 것을 6개월 이내의 기간을 정하여 명할 수 있다(법 335조의13 2항).

제335조의14(준용규정)

① 제33조(제 2 항부터 제 4 항까지의 규정은 제외한다), 제63조(금융투자상품의 신용평가를 담당하는 임직원으로 한정한다), 제415조부터 제419조(제 2 항부터 제 4 항까지 및 제 8 항은 제외한다)까지의 규정은 신용평가회사에 준용한다.

② 제259조 제 2 항은 신용평가회사에 준용한다. 이 경우 "집합투자기구평가회사"는 "신용평가회사"로 본다.

Ⅰ. 준용의 의의

준용(mutatis mutandis application) 규정은 같은 내용을 반복하여 규정하지 않기 위해서 사용하는 입법기술이다. 법 제335조의14는 신용평가회사에 대하여도 인가 및 업무방법서의 징구 등 감독을 위한 규정을 따로 둘 필요 없이 같은 사안을 규율하고 있는 다른 법 규정을 약간 수정하여 적용하라는 의미이다.

Ⅱ. 업무보고서, 공시 등

자본시장법 제33조를 준용함에 따라 ① 신용평가회사는 매 사업연도 개시일부터 3개월간·6개월간·9개월간 및 12개월간의 업무보고서를 작성하여 그 기간 경과 후 45일 이내로서 대통령령으로 정하는 기간[45일] 이내에 금융위원회에 제출하여야 한다(법 시행령 36조 1항).

⑤ 제 1 항에 따른 업무보고서, 제 2 항에 따른 공시서류의 기재사항 및 제 3 항에 따른 경영상황 공시, 제 4 항에 따른 보고서, 그 밖에 필요한 사항은 대통령령으로 정한다.

Ⅲ. 임직원의 금융투자상품 매매

법 제63조를 준용함에 따라 신용평가회사의 임직원(금융투자상품의 신용평가를 담당하는 임직원으로 한정한다)은 자기의 계산으로 대통령령으로 정하는 금융투자상품[1)]을 매매하는 경우에는 다음 각 호의 방법에 따라야 한다(법 제63조 1항).

1. 자기의 명의로 매매할 것
2. 투자중개업자 중 하나의 회사(투자중개업자의 임직원의 경우에는 그가 소속된 투자중개업자에 한하되, 그 투자중개업자가 그 임직원이 매매하려는 금융투자상품을 취급하지 아니하는 경우에는 다른 투자중개업자를 이용할 수 있다)를 선택하여 하나의 계좌를 통하여 매매할 것. 다만, 금융투자상품의 종류, 계좌의 성격 등을 고려하여 대통령령으로 정하는 경우[2)]에는 둘 이상의 회사 또는 둘 이상의 계좌를 통하여 매매할 수 있다.
3. 매매명세를 분기별(투자권유자문인력, 286조 1항 3호 나목의 조사분석인력 및 투자운용인력의 경우에는 월별로 한다. 이하 이 조에서 같다)로 소속 신용평가회사에게 통지할 것
4. 그 밖에 불공정행위의 방지 또는 투자자와의 이해상충의 방지를 위하여 대통령령으로 정하는 방법 및 절차를 준수할 것[3)]

1) 다음 각 호의 어느 하나에 해당하는 것을 말한다(법 시행령 64조 2항).
 1. 증권시장에 상장된 지분증권(제178조에 따른 장외거래 방법에 의하여 매매가 이루어지는 주권을 포함한다). 다만, 다음 각 목의 어느 하나에 해당하는 것은 제외한다.
  가. 법 제9조 제18항 제2호에 따른 투자회사(이하 "투자회사"라 한다)의 주권과 투자유한회사·투자합자회사·투자유한책임회사·투자합자조합·투자익명조합의 지분증권
  나. 「근로복지기본법」 제33조에 따라 설립된 우리사주조합 명의로 취득하는 우리사주조합이 설립된 회사의 주식
 2. 증권시장에 상장된 증권예탁증권(제1호에 따른 지분증권과 관련된 증권예탁증권만 해당한다)
 3. 법 제71조 제4호 나목에 따른 주권 관련 사채권으로서 제1호에 따른 지분증권이나 제2호에 따른 증권예탁증권과 관련된 것
 4. 제1호에 따른 지분증권, 제2호에 따른 증권예탁증권이나 이들을 기초로 하는 지수의 변동과 연계된 파생결합증권
 5. 장내파생상품
 6. 제1호에 따른 지분증권, 제2호에 따른 증권예탁증권이나 이들을 기초로 하는 지수의 변동과 연계된 장외파생상품

2) 다음 각 호의 어느 하나에 해당하는 경우를 말한다(법 시행령 64조 3항).
 1. 둘 이상의 회사를 통하여 매매할 수 있는 경우 : 다음 각 목의 어느 하나에 해당하는 경우
  가. 금융투자업자의 임직원이 거래하고 있는 투자중개업자가 그 금융투자업자의 임직원이 매매하려는 금융투자상품을 취급하지 아니하는 경우
  나. 모집·매출의 방법으로 발행되거나 매매되는 증권을 청약하는 경우
  다. 그 밖에 금융위원회가 정하여 고시하는 경우
 2. 둘 이상의 계좌를 통하여 매매할 수 있는 경우 : 다음 각 목의 어느 하나에 해당하는 경우
  가. 투자중개업자가 금융투자상품별로 계좌를 구분·설정하도록 함에 따라 둘 이상의 계좌를 개설하는 경우
  나. 「조세특례제한법」에 따라 조세특례를 받기 위하여 따로 계좌를 개설하는 경우
  다. 그 밖에 금융위원회가 정하여 고시하는 경우

3) 금융투자업자의 임직원은 자기의 계산으로 제2항 각 호의 어느 하나에 해당하는 금융투자상품을 매

신용평가회사는 그 임직원의 자기계산에 의한 금융투자상품 매매와 관련하여 불공정행위의 방지 또는 투자자와의 이해상충의 방지를 위하여 그 신용평가회사의 임직원이 따라야 할 적절한 기준 및 절차를 정하여야 한다(법 63조 2항).

이와 아울러 신용평가회사는 분기별로 임직원의 금융투자상품의 매매명세를 제 2 항의 기준 및 절차에 따라 확인하여야 한다(법 63조 3항).

Ⅳ. 감 독

금융위원회는 투자자를 보호하고 건전한 거래질서를 유지하기 위하여 신용평가회사가 이 법 또는 이 법에 따른 명령이나 처분을 적절히 준수하는지 여부를 감독하여야 한다(법 415조 준용).

Ⅴ. 금융위원회의 조치명령권

금융위원회는 투자자를 보호하고 건전한 거래질서를 유지하기 위하여 신용평가회사에게 다음 각 호의 사항에 관하여 필요한 조치를 명할 수 있다. 다만, 제 7 호의 장내파생상품의 거래규모의 제한에 관한 사항에 관하여는 위탁자에게도 필요한 조치를 명할 수 있다(법 416조).

1. 신용평가회사의 고유재산 운용에 관한 사항
2. 투자자 재산의 보관·관리에 관한 사항
3. 신용평가회사의 경영 및 업무개선에 관한 사항
4. 각종 공시에 관한 사항
5. 영업의 질서유지에 관한 사항
6. 영업방법에 관한 사항
7. 장내파생상품 및 장외파생상품의 거래규모의 제한에 관한 사항
8. 그 밖에 투자자 보호 또는 건전한 거래질서를 위하여 필요한 사항으로서 대통령령으로 정하는 사항[1)]

매하는 경우에는 다음 각 호의 방법과 절차를 준수하여야 한다(법 시행령 64조 4항).

1. 금융투자상품을 매매하기 위한 계좌를 개설하는 경우에는 소속 금융투자업자의 준법감시인(준법감시인이 없는 경우에는 감사 등 이에 준하는 자를 말한다. 이하 이 항에서 같다)에게 신고할 것
2. 소속 금융투자업자의 준법감시인이 매매, 그 밖의 거래에 관한 소명을 요구하는 경우에는 이에 따를 것
3. 소속 금융투자업자의 내부통제기준으로 정하는 사항을 준수할 것
4. 그 밖에 금융위원회가 정하여 고시하는 방법과 절차를 준수할 것

1) 다음 각 호의 사항을 말한다(법 시행령 369조 1항).

Ⅵ. 금융위원회의 승인사항

신용평가회사는 다음 각 호의 어느 하나에 해당하는 행위를 하고자 하는 경우에는 금융위원회의 승인을 받아야 한다(법 417조 1항 준용).

1. 합병, 분할 또는 분할합병
2. 주식의 포괄적 교환 또는 이전
3. 해산
4. 제6조 제1항 제1호부터 제3호까지[투자매매업, 투자중개업, 집합투자업] 및 제6호[신탁업]의 어느 하나에 해당하는 금융투자업 전부(이에 준하는 경우를 포함한다)의 양도 또는 양수
5. 제6조 제1항 제4호 및 제5호[투자자문업, 투자일임업]의 어느 하나에 해당하는 금융투자업 전부(이에 준하는 경우를 포함한다)의 양도 또는 양수
6. 제6조 제1항 제1호부터 제3호까지[투자매매업, 투자중개업, 집합투자업] 및 제6호[신탁업]의 어느 하나에 해당하는 금융투자업 전부(이에 준하는 경우를 포함한다)의 폐지
7. 제6조 제1항 제4호 및 제5호[투자자문업, 투자일임업]의 어느 하나에 해당하는 금융투자업 전부(이에 준하는 경우를 포함한다)의 폐지
8. 그 밖에 투자자 보호 또는 채권자 보호 등을 위하여 필요한 사항으로서 대통령령으로 정하는 행위, 즉 자본감소(법 시행령 370조 1항)

금융위원회는 위의 승인을 한 경우 그 내용을 관보 및 인터넷 홈페이지 등에 공고하여야 한다(법 417조 2항 준용).

위의 승인기준과 방법, 그 밖의 승인업무 처리를 위하여 필요한 사항은 대통령령으

---

1. 제16조 제9항 및 제21조 제8항에 따른 이해상충방지체계에 관한 사항
2. 금융투자업자가 외국에서 금융투자업에 상당하는 업을 하는 경우에 감독상 필요한 신고·보고 등에 관한 사항
3. 외국 금융투자업자가 법 제12조 제2항 제1호 나목 또는 법 제18조 제2항 제1호 나목 및 다목에 따라 국내에서 금융투자업을 하는 경우에 감독상 필요한 신고·보고 등에 관한 사항
4. 법 제40조 각 호에 따른 금융업무에 관한 사항
5. 기업어음증권의 매매나 중개업무에 관한 사항
6. 금융투자업자가 취급하는 상품의 운영에 관한 사항
7. 금융투자업자의 영업, 재무 및 위험에 관한 사항
8. 금융투자업자의 업무내용의 보고에 관한 사항
9. 협회에 가입하지 아니한 금융투자업자에 대하여 협회가 건전한 영업질서의 유지와 투자자를 보호하기 위하여 행하는 자율규제에 준하는 내부기준을 제정하도록 하는 것에 관한 사항
10. 파생상품을 취급하는 금융투자업자에 대한 일정 수준 이상의 파생상품을 거래한 자 또는 미결제약정을 보유한 자에 관한 정보의 제출에 관한 사항
11. 집합투자기구(투자신탁은 제외한다)의 청산업무와 관련한 재산의 공탁, 그 밖에 필요한 사항

로 정한다(법 417조 3항 준용).[1)2)]

Ⅶ. 금융위원회 보고사항(법 418조 준용)

신용평가회사는 다음 각 호의 어느 하나에 해당하는 경우에는 대통령령으로 정하는 방법에 따라 그 사실을 금융위원회에 보고하여야 한다.

1. 상호를 변경한 때
2. 정관 중 대통령령으로 정하는 중요한 사항[3)]을 변경한 때
3. 임원을 선임하거나 해임(사임을 포함한다)한 때
4. 최대주주가 변경된 때
5. 대주주 또는 그의 특수관계인의 소유주식이 의결권 있는 발행주식총수의 100분의 1 이상 변동된 때
6. 제 6 조 제 1 항 제 1 호부터 제 3 호까지[투자매매업, 투자중개업, 집합투자업] 및 제 6 호[신탁업]의 어느 하나에 해당하는 금융투자업의 일부를 양도 또는 양수한 때
7. 제 6 조 제 1 항 제 4 호 및 제 5 호[투자자문업, 투자일임업]의 어느 하나에 해당하는 금융투자업의 일부를 양도 또는 양수한 때
8. 제 6 조 제 1 항 제 1 호부터 제 3 호까지[투자매매업, 투자중개업, 집합투자업] 및 제 6 호[신탁업]의 어느 하나에 해당하는 금융투자업의 일부를 폐지한 때
9. 제 6 조 제 1 항 제 4 호 및 제 5 호[투자자문업, 투자일임업]의 어느 하나에 해당하는 금융투자업의 일부를 폐지한 때
10. 지점, 그 밖의 영업소를 신설하거나 폐지한 때

---

1) 법 제417조 제 1 항에 따른 승인을 받으려는 경우에는 다음 각 호의 사항을 기재한 승인신청서를 금융위원회에 제출하여야 한다(법 시행령 317조 3항).
   1. 상호
   2. 본점의 소재지
   3. 임원에 관한 사항
   4. 승인을 신청하는 사유, 내용 및 시기 등에 관한 사항
   5. 그 밖에 승인 심사에 필요한 사항으로서 금융위원회가 정하여 고시하는 사항

2) 법 제417조 제 3 항에 따른 승인신청서에는 다음 각 호의 서류를 첨부하여야 한다(법 시행령 317조 4항).
   1. 정관
   2. 승인을 신청하는 사유에 관하여 이사회나 주주총회의 의결이 있는 경우에는 그 의사록
   3. 승인을 신청하는 사유와 관련된 계약서가 있는 경우에는 그 사본
   4. 그 밖에 승인 심사에 필요한 서류로서 금융위원회가 정하여 고시하는 서류

3) 다음 각 호의 어느 하나에 해당하는 사항을 말한다(법 시행령 371조 2항).
   1. 사업목적에 관한 사항
   2. 주주총회, 이사회, 그 밖에 회사의 지배구조에 관한 사항
   3. 회사가 발행하는 주식에 관한 사항
   4. 그 밖에 투자자의 보호와 관련된 것으로 금융위원회가 정하여 고시하는 사항

11. 본점의 위치를 변경한 때

12. 본점·지점, 그 밖의 영업소의 영업을 중지하거나 다시 시작한 때

13. 그 밖에 투자자 보호 또는 건전한 거래질서를 위하여 필요한 경우로서 대통령령으로 정하는 경우[1)]

Ⅷ. 신용평가회사에 대한 검사

신용평가회사는 그 업무와 재산상황에 관하여 금융감독원장의 검사를 받아야 한다(법 419조 1항의 준용).

금융감독원장은 위의 검사를 함에 있어서 필요하다고 인정되는 경우에는 신용평가회사에게 업무 또는 재산에 관한 보고, 자료의 제출, 증인의 출석, 증언 및 의견의 진술을 요구할 수 있다(법 419조 5항의 준용). 이에 따른 보고 또는 자료의 제출명령이나 증인의 출석, 증언 및 의견의 진술 요구에 불응한 자에 대하여는 1천만원 이하의 과태료를 부과한다(법 449조 2항 8호).

신용평가회사에 대한 검사를 하는 자는 그 권한을 표시하는 증표를 지니고 이를 관계자에게 내보여야 한다(법 419조 6항의 준용).

금융감독원장이 위의 검사를 한 경우에는 그 보고서를 금융위원회에 제출하여야 한다. 이 경우 자본시장법 또는 이 법에 따른 명령이나 처분을 위반한 사실이 있는 때에는 그 처리에 관한 의견서를 첨부하여야 한다(법 419조 7항의 준용).

금융위원회는 검사의 방법·절차, 검사결과에 대한 조치기준, 그 밖의 검사업무와 관련하여 필요한 사항을 정하여 고시할 수 있다(법 419조 9항의 준용). 이상의 규정에 따른 검

---

1) 다음 각 호의 어느 하나에 해당하는 경우를 말한다(법 시행령 371조 3항).
   1. 자본금이 증가한 경우
   2. 법 제10편(제443조부터 제449조까지)에 따라 처벌을 받은 경우
   3. 해당 금융투자업자의 업무에 중대한 영향을 미칠 소송의 당사자로 된 경우
   4. 해당 금융투자업자에 관하여 파산의 신청이 있거나 해산 사유가 발생한 경우
   5. 「채무자 회생 및 파산에 관한 법률」에 따른 회생절차 개시신청을 한 경우, 회생절차 개시결정을 한 경우 또는 회생절차 개시결정의 효력이 상실된 경우
   6. 조세체납처분을 받은 경우 또는 조세에 관한 법령을 위반하여 처벌을 받은 경우
   7. 「외국환거래법」에 따른 해외직접투자를 하거나 해외영업소, 그 밖의 사무소를 설치한 경우
   8. 국내 사무소를 신설하거나 폐지한 경우(외국 금융투자업자의 국내 사무소의 경우만 해당한다)
   9. 발행한 어음이나 수표가 부도로 되거나, 은행과의 당좌거래가 정지되거나 금지된 경우
   10. 금융투자업자의 해외현지법인, 해외지점 및 해외사무소 등에 금융위원회가 정하여 고시하는 사유가 발생한 경우
   11. 외국 금융투자업자(국내 지점, 그 밖의 영업소를 설치한 외국 금융투자업자의 경우만 해당한다)의 본점에 금융위원회가 정하여 고시하는 사유가 발생한 경우
   12. 제26조의2에 따른 사람을 선임하거나 해임(사임을 포함한다)한 경우
   13. 그 밖에 금융투자업자의 경영·재산 등에 중대한 영향을 미칠 사항으로서 금융위원회가 정하여 고시하는 사유가 발생한 경우

사·조사 또는 확인을 거부·방해 또는 기피한 자에 대하여는 5천만원 이하의 과태료를 부과한다(법 449조 1항 20호).

Ⅸ. 집합투자기구평가회사의 영업행위준칙 등

집합투자업자는 집합투자재산의 명세를 대통령령으로 정하는 방법[1]에 따라 신용평가회사에 제공할 수 있다(법 259조 2항의 준용).

제335조의15(신용평가회사에 대한 조치)

① 금융위원회는 신용평가회사가 다음 각 호의 어느 하나에 해당하는 경우에는 제335조의3 제 1 항에 따른 인가를 취소할 수 있다.

1. 거짓, 그 밖의 부정한 방법으로 제335조의3 제 1 항에 따른 인가를 받은 경우
2. 제335조의4 제 4 항에 따른 인가조건을 위반한 경우
3. 제335조의6에 따른 인가요건 유지의무를 위반한 경우
4. 업무의 정지기간 중에 업무를 한 경우
5. 금융위원회의 시정명령 또는 중지명령을 이행하지 아니한 경우
6. [별표 9의2] 각 호의 어느 하나에 해당하는 경우로서 대통령령으로 정하는 경우
7. 대통령령으로 정하는 금융관련 법령 등을 위반한 경우로서 대통령령으로 정하는 경우
8. 그 밖에 투자자의 이익을 현저히 해할 우려가 있거나 해당 업무를 영위하기 곤란하다고 인정되는 경우로서 대통령령으로 정하는 경우

② 금융위원회는 신용평가회사가 제 1 항 각 호(제 6 호는 제외한다)의 어느 하나에 해당하거나 [별표 9의2] 각 호의 어느 하나에 해당하는 경우에는 다음 각 호의 어느 하나에 해당하는 조치를 할 수 있다.

1. 6개월 이내의 업무의 전부 또는 일부의 정지
2. 계약의 인계명령
3. 위법행위의 시정명령 또는 중지명령
4. 위법행위로 인한 조치를 받았다는 사실의 공표명령 또는 게시명령
5. 기관경고
6. 기관주의
7. 그 밖에 위법행위를 시정하거나 방지하기 위하여 필요한 조치로서 대통령령으로 정하는 조치

③ 금융위원회는 신용평가회사의 임원이 제 1 항 각 호(제 6 호는 제외한다)의 어느 하나에 해당하거나 [별표 9의2] 각 호의 하나에 해당하는 경우에는 다음 각 호의 어느 하나에 해당하는 조치를 할 수 있다.

1. 해임요구

1) 집합투자기구 평가를 위하여 필요한 범위에서 직접 또는 협회를 통하여 집합투자재산의 명세를 제공할 수 있다(법 시행령 282조 2항).

2. 6개월 이내의 직무정지
3. 문책경고
4. 주의적 경고
5. 주의
6. 그 밖에 위법행위를 시정하거나 방지하기 위하여 필요한 조치로서 대통령령으로 정하는 조치

④ 금융위원회는 신용평가회사의 직원이 제1항 각 호(제6호는 제외한다)의 어느 하나에 해당하거나 [별표 9의2] 각 호의 어느 하나에 해당하는 경우에는 다음 각 호의 어느 하나에 해당하는 조치를 그 신용평가회사에 요구할 수 있다.

1. 면직
2. 6개월 이내의 정직
3. 감봉
4. 견책
5. 경고
6. 주의
7. 그 밖에 위법행위를 시정하거나 방지하기 위하여 필요한 조치로서 대통령령으로 정하는 조치

⑤ 제422조 제3항 및 제423조부터 제425조까지의 규정은 신용평가회사 및 그 임직원에 대한 조치 등에 관하여 준용한다.

Ⅰ. 신용평가회사의 인가취소 사유

일정한 사유가 발생하는 경우 금융위원회는 신용평가회사의 인가를 취소할 수 있는데, 법과 시행령에서 정하는 인가취소 사유는 다음과 같다.

첫째, 거짓, 그 밖의 부정한 방법으로 인가를 받은 경우이다(법 335조 1항 1호).

둘째, 인가조건을 위반한 경우이다(법 335조 1항 2호).

셋째, 인가요건 유지의무를 위반한 경우이다(법 335조 1항 3호).

넷째, 업무의 정지기간 중에 업무를 한 경우이다(법 335조 1항 4호).

다섯째, 금융위원회의 시정명령 또는 중지명령을 이행하지 아니한 경우이다(법 335조 1항 5호).

여섯째, 법 [별표 9의2] 각 호의 어느 하나에 해당하는 경우로서 ① 제335조의11 제1항을 위반하여 신용평가를 한 경우, ② 제335조의11 제3항을 위반하여 신용평가서를 작성하지 아니한 경우, ③ 제335조의11 제7항 제1호를 위반하여 신용평가회사와 특수한 관계에 있는 자와 관련된 신용평가를 한 경우, ④ 제335조의12 제2항을 위반하여

신용평가서를 제출하지 아니하거나 거짓으로 작성하여 제출한 경우 등이다(법 335조 1항 6호).

일곱째, 「형법」, 「특정경제범죄 가중처벌 등에 관한 법률」 등 금융관련 법령 등을 위반한 경우(법 시행령 324조의10 2항)로서 [별표 21] 제 2 호의 어느 하나에 해당하는 경우로서 ① 「형법」 제214조부터 제217조까지를 위반한 경우, ② 「형법」 제223조(같은 법 214조부터 217조까지를 위반한 경우만 해당한다)를 위반한 경우, ③ 「형법」 제355조, 제356조 또는 제357조 제 1 항을 위반한 경우, ④ 「형법」 제359조(같은 법 355조, 356조 또는 357조 1항을 위반한 경우만 해당한다)를 위반한 경우, 그리고 [별표 21] 제 3 호의 어느 하나에 해당하는 경우로서 ⑤ 「특정경제범죄 가중처벌 등에 관한 법률」 제 3 조 제 1 항(「형법」 355조 또는 356조와 관련된 경우만 해당한다)을 위반한 경우, ⑥ 「특정경제범죄 가중처벌 등에 관한 법률」 제 5 조 제 1 항부터 제 3 항까지를 위반한 경우, ⑦ 「특정경제범죄 가중처벌 등에 관한 법률」 제 7 조를 위반한 경우, ⑧ 「특정경제범죄 가중처벌 등에 관한 법률」 제 8 조를 위반한 경우, ⑨ 「특정경제범죄 가중처벌 등에 관한 법률」 제 9 조 제 3 항을 위반한 경우 등을 말한다(법 시행령 324조의10 3항).

마지막으로, 그 밖에 투자자의 이익을 현저히 해할 우려가 있거나 해당 업무를 영위하기 곤란하다고 인정되는 경우로서 ① 인가를 받은 날부터 6개월 이내에 영업을 시작하지 아니하거나 영업을 시작한 후 정당한 사유 없이 인가받은 업무를 6개월 이상 계속해서 하지 아니한 경우, ② 법 제335조의15 제 2 항 제 1 호에 따른 업무정지의 조치를 받은 날부터 1개월(업무정지의 조치를 하면서 1개월을 초과하는 보정기간을 정한 경우에는 그 기간) 이내에 해당 조건을 보정하지 아니한 경우, ③ 업무와 관련하여 부정한 방법으로 타인으로부터 금전 등을 받거나 타인에게 줄 금전 등을 취득한 경우, ④ 신용평가의 과정에서 계약을 위반하거나 이행하지 아니하여 시장 질서를 어지럽힌 경우, ⑤ 같거나 비슷한 위법행위를 계속하거나 반복하는 경우 등이다(법 335조 1항 8호, 법 시행령 324조의10 4항).

이상의 규정에 따라 인가가 취소된 후 그 취소된 업무를 영위한 자는 5년 이하의 징역 또는 2억원 이하의 벌금에 처한다(법 444조 24호).

Ⅱ. 금융위원회의 조치

금융위원회는 신용평가회사 또는 그 임직원이 인가 취소 사유 등에 해당하는 경우에는 법과 시행령이 정하는 조치를 취할 수 있다(법 335조15 2항·3항·4항).

1. 신용평가회사에 대한 조치

금융위원회는 신용평가회사가 법 제335조15 제 1 항 각 호(6호를 제외한다)의 어느 하나에 해당하거나 [별표 9-2] 각 호의 어느 하나에 해당하는 경우에는 다음의 어느 하나에 해당하는 조치를 할 수 있다. 첫째, 6개월 이내로 신용평가회사의 업무 전부 또는 일부를 정지시킬 수 있다. 둘째, 계약의 인계 명령을 내릴 수 있다. 셋째, 위법행위의 시정 명령 또는 중지명령을 내릴 수 있다. 넷째, 위법행위로 인한 조치를 받았다는 사실을 공표하거나 게시하도록 명령을 내릴 수 있다. 다섯째, 기관경고 조치를 할 수 있다. 여섯째, 기관주의 조치를 할 수 있다. 일곱째, 그 밖에 위법행위를 시정하거나 방지하기 위하여 필요한 조치로서 (i) 지점, 그 밖의 영업소의 폐쇄 또는 그 업무의 전부 또는 일부의 정지, (ii) 경영 또는 업무방법의 개선요구나 개선권고, (iii) 변상 요구, (iv) 법을 위반한 경우에는 고발 또는 수사기관에의 통보, (v) 다른 법률을 위반한 경우에는 관련 기관 또는 수사기관에의 통보, 또는 (vi) 그 밖에 금융위원회가 자본시장법 및 동 시행령, 그 밖의 관련 법령에 따라 취할 수 있는 조치 중 어느 하나에 해당하는 조치를 내릴 수 있다(법 335조의15 2항, 법 시행령 324조의10 5항).

상기 규정에 따른 업무의 정지기간 중 업무를 영위한 자는 3년 이하의 징역 또는 1억원 이하의 벌금에 처한다(법 445조 37호).

2. 신용평가회사의 임원에 대한 조치

금융위원회는 신용평가회사의 임원이 법 제335조의15 제1항 각 호(6호를 제외한다)의 어느 하나에 해당하거나 [별표 9의2] 각 호의 어느 하나에 해당하는 경우에는 (i) 해임요구, (ii) 6개월 이내의 직무정지, (iii) 문책경고, (iv) 주의적 경고, (v) 주의, 또는 (vi) 그 밖에 위법행위를 시정하거나 방지하기 위하여 필요한 조치로서 ① 법을 위반한 경우에는 고발 또는 수사기관에의 통보, ② 다른 법률을 위반한 경우에는 관련 기관 또는 수사기관에의 통보, ③ 그 밖에 금융위원회가 자본시장법 및 동 시행령, 그 밖의 관련법령에 따라 취할 수 있는 조치 중 어느 하나에 해당하는 조치를 할 수 있다(법 335조의15 3항, 법 시행령 324조의10 6항).

3. 신용평가회사의 직원에 대한 조치

금융위원회는 신용평가회사의 직원이 법 제335조의15 제1항 각 호(6호를 제외한다)의 어느 하나에 해당하거나 [별표 9의2] 각 호의 어느 하나에 해당하는 경우에는 (i) 면직, (ii) 6개월 이내의 정직, (iii) 감봉, (iv) 견책, (v) 경고, (vi) 주의, 또는 (vii) 그 밖에 위법행위를 시정하거나 방지하기 위하여 필요한 조치로서 ① 법을 위반한 경우에는 고발 또는 수사기관에의 통보, ② 다른 법률을 위반한 경우에는 관련 기관 또는 수사기관에의 통보, ③ 그 밖에 금융위원회가 자본시장법 및 동 시행령, 그 밖의 관련법령에 따라 취할 수 있는 조치 중 어느 하나를 그 신용평가회사에 요구할 수 있다(법 335조의15 4항, 법 시행령 324조의10 6항).

Ⅲ. 준용 규정

금융위원회는 신용평가회사의 임직원에 대하여 조치를 하거나 이를 요구하는 경우 그 임직원에 대하여 관리·감독의 책임이 있는 임직원에 대한 조치를 함께 하거나 이를 요구할 수 있다. 다만, 관리·감독의 책임이 있는 자가 그 임직원의 관리·감독에 상당한 주의를 다한 경우에는 조치를 감면할 수 있다(법 335조의15 5항, 422조 3항).

금융위원회는 신용평가회사나 그 임직원에 대한 처분이나 조치를 취하고자 하는 경우에는 청문을 실시하여야 한다(법 335조의15 5항, 423조). 또한 금융위원회는 신용평가회사나 그 임직원에 대하여 규정에 따른 처분 또는 조치를 한 경우에는 그 내용을 기록하고 이를 유지·관리하여야 하며(법 335조의15 5항, 424조 1항), 조치를 취한 사실을 관보 및 인터넷 홈페이지 등에 공고하여야 한다(법 335조의15 5항, 424조 2항).

금융위원회는 신용평가회사의 퇴임한 임원 또는 퇴직한 직원이 재임 또는 재직 중이었다면 관련 규정에 따른 조치를 받았을 것으로 인정되는 경우에는 그 받았을 것으로 인정되는 조치의 내용을 금융감독원장으로 하여금 해당 신용평가회사에게 통보하도록 할 수 있다. 이 경우 통보를 받은 신용평가회사는 이를 퇴임·퇴직한 그 임직원에게 통보하여야 한다(법 335조의15 5항, 424조 3항).

신용평가회사 또는 그 임직원(임직원이었던 자를 포함한다)은 금융위원회에 자기에 대한 관련 규정에 따른 처분 또는 조치 여부 및 그 내용을 조회할 수 있다(법 335조의15 5항, 424조 5항). 금융위원회는 이러한 조회요청을 받은 경우에는 정당한 사유가 없는 한 처분 또는 조치 여부 및 그 내용을 그 조회 요청자에게 통보하여야 한다(법 335조의15 5항, 424조 6항).

관련 규정에 따른 처분 또는 조치에 대하여 불복하는 자는 그 처분 또는 조치의 고지를 받은 날부터 30일 이내에 그 사유를 갖추어 금융위원회에 이의를 신청할 수 있다(법 335조의15 5항, 425조 1항). 이러한 이의신청에 대하여 금융위원회는 60일 이내에 결정을 하여야 한다. 다만, 부득이한 사정으로 그 기간 이내에 결정을 할 수 없을 경우에는 30일의 범위에서 그 기간을 연장할 수 있다(법 335조의15 5항, 425조 2항).

[개정판: 박휜일]

제 4 장　종합금융회사

○ 前注

종합금융회사는 지급결제, 보험, 가계대출 등을 제외한 대부분의 기업금융업무를 영위하는 금융기관이라고 말할 수 있다.[1] 형식적 의미에서는 구 종금법상 금융위원회의 인가를 받아 종금법에서 규정하고 있는 업무를 종합적으로 영위하는 자를 가리킨다.

그 연혁을 살펴보면 1970년대 중반으로 거슬러 올라간다. 그 당시 기업의 자금수요가 점차 복잡·다양화되었으나 기존 금융기관만으로는 이러한 수요를 충족시킬 수 없게 되자 정부는 영국의 머천트뱅크(merchant bank)에 착안하였다. 여기에 미국의 투자은행(investment bank) 기능과 중장기 설비금융 기능을 추가한 기업금융 전문 금융기관을 설립하기로 하고 「종합금융회사에 관한 법률」(종금법)을 1975년 12월에 제정하였다.

그리하여 1976년 4월 영국 Lazard Brothers사와 (주)대우 등 국내기업이 공동출자하여 국내 최초의 종합금융회사인 한국종합금융(주)이 설립되었다. 한국산업은행은 미국 케미칼은행, 일본 장기신용은행과 새한종합금융(주)를 설립하는 등 1979년까지 5개 종합금융회사가 추가로 설립되어 1990년대 초반까지 6개 회사 체제가 유지되었다. 이들은 모두 외국 금융기관과 국내 기업 또는 국내 금융기관과의 합작회사였다.[2]

1990년대 들어서는 금융산업 개편의 일환으로 투자금융회사가 종합금융회사로 전환하였고 1994년에 지방 소재 9개 투자금융회사가, 1996년에는 15개 투자금융회사가 종합금융회사로 전환하여 종합금융회사의 수는 1997년 말 30개에 달하였다. 그러나 IMF 외환위기가 닥치면서 종합금융회사에 대한 대대적인 구조조정이 단행되어 1998년 16개 부실 회사가 퇴출되고, 1999년부터 2003년 기간 중 추가로 13개사(신설사 1개 포함)가 퇴출 또는 합병되었다.[3] 그 결과 전업 종합금융회사로 남아 있던 금호종합금융이 최대주주의 변경에 따라 우리금융지주 산하의 우리종합금융으로 사명을 바꾸었고, 메리츠종합금융증권 등 겸영 증권회사와 함께 종합금융회사를 합병한 신한은행, 외환은행이 그 명맥을 유지하고 있다.[4]

---

1) 한국은행, 「한국의 금융제도」, 한국은행, 2011, 148쪽.

2) 종합금융회사는 첫째, 국제금융시장에서 명성 있는 외국금융기관과의 합작투자를 통하여 외자도입의 창구를 마련하고, 둘째, 은행, 증권회사 외에 복잡 다양한 기업의 금융수요를 충족시킬 수 있는 금융기관을 신설함으로써 국내금융시장에 경쟁원리를 도입하며. 셋째, 해외 선진금융기관과의 합작투자를 통해 전문적인 지식과 업무경험을 전수받는 것을 목적으로 하였다. 종합금융협회 웹사이트 〈http://www.ibak.or.kr〉 [2013. 10. 25.] 참조.

3) 금융감독원, 인터넷자료(〈http://www.fss.or.kr/fss/kr/info/financial/financedic.jsp〉 [2013. 10. 25.]); 한국은행, 전게서(2011), 148쪽.

4) 금융감독원, 상게 인터넷자료. 메리츠종합금융은 한불종합금융이 2007년 1월 9일 기업명을 바꾼 것이

2009년 2월 4일 자본시장법의 시행을 앞두고 구 종금법상의 종합금융회사는 자본시장법에 의한 금융투자업의 재인가·재등록을 신청하여 금융위원회의 요건 심사를 받았다. 자본시장법은 구 종금법을 통합하고 종합금융회사의 업무 가운데 금융투자업이 아닌 업무를 규율하는 조항을 제 6 편(금융투자업 관계기관) 제 4 장(종합금융회사)으로 이관하여 규정하고 있다.

第336조(종합금융회사의 업무)

① 종합금융회사(종전의 「종합금융회사에 관한 법률」 제 3 조에 따라 금융위원회의 인가를 받은 자를 말한다. 이하 같다)의 업무는 다음 각 호와 같다.

1. 1년 이내에서 대통령령으로 정하는 기간 이내에 만기가 도래하는 어음의 발행·할인·매매·중개·인수 및 보증
2. 설비 또는 운전자금의 투융자
3. 증권의 인수·매출 또는 모집·매출의 중개·주선·대리
4. 외자도입, 해외 투자, 그 밖의 국제금융의 주선과 외자의 차입 및 전대
5. 채권의 발행
6. 기업의 경영 상담과 기업인수 또는 합병 등에 관한 용역
7. 지급보증
8. 제 1 호부터 제 7 호까지의 업무에 부수되는 업무로서 대통령령으로 정하는 업무

② 종합금융회사는 제 1 항의 업무 외에 다음 각 호의 어느 하나에 해당하는 업무를 이 법 또는 해당 법률이 정하는 바에 따라 인가·허가·등록 등을 받아 영위할 수 있다.

1. 「여신전문금융업법」에 따른 시설대여업무
2. 집합투자업(투자신탁의 설정·해지 및 투자신탁재산의 운용업무에 한한다)
3. 금전신탁 외의 신탁업
4. 증권을 대상으로 하는 투자매매업 및 투자중개업(제 1 항 제 3 호에 해당되는 부분을 제외한다)
5. 「외국환거래법」에 따른 외국환업무
6. 그 밖에 제 1 항 각 호의 업무 또는 제 1 호부터 제 5 호까지의 업무와 관련된 업무로서 대통령령으로 정하는 업무

③ 제 1 항 각 호의 업무를 영위함에 있어서 그 방법 및 절차와 준수사항 등에 관하여 필요한 사항은 대통령령으로 정한다.

Ⅰ. 종합금융회사의 기본업무	Ⅲ. 겸영업무
Ⅱ. 부수업무	Ⅳ. 업무방법 및 절차

다. 2010년 4월 메리츠종합금융이 메리츠증권과 합병하여 사명을 메리츠종합금융증권(통칭 "메리츠종금증권")으로 변경했다. 우리은행은 2013년 8월, 메리트종합금융증권은 2010년 3월까지 종합금융업 영업을 수행하였고, 동양종합금융은 2011년 11월로 영업이 종료되었다. 종금법은 2009년 2월 자본시장법 시행에 따라 폐지되었다. 한국은행, 전게서(2011), 148-149쪽.

Ⅰ. 종합금융회사의 기본업무

종합금융회사(merchant banking company)는 영국식 머천트 뱅크를 도입하기 위해 구 종금법 제 3 조에 의하여 설립된 금융회사이다. 종래 종합금융회사는 동법에 의거하여 유가증권 매매, 중개, 인수, 투자 등 금융투자업 외에 어음관리계좌 등 수신업무도 영위하였다. 자본시장법은 금융투자업이 아닌 업무에 대해서도 규정을 두고 있는데, 종합금융회사의 신규설립에 대한 규정이 없어[1] 사실상 신규설립의 길이 막혀 있다.

제336조 제 1 항의 제 1 호에서 제 7 호까지 종합금융회사의 기본업무가 규정되어 있다.

1. 단기금융

구 종금법에 따라 인가를 받은 종합금융회사는 우선 1년 이내에서 시행령으로 정하는 기간 이내에 만기가 도래하는 어음의 발행·할인·매매·중개·인수 및 보증을 할 수 있다(법 336조 1항 1호). 여기서 시행령으로 정하는 기간이란 1년을 말한다(법 시행령 325조 1항).

어음발행 업무는 Ⅳ. 업무방법 및 절차에서 후술하는 어음관리계좌(CMA)와 함께 종합금융회사의 주요 자금조달 수단의 하나로서, 종합금융회사는 고객으로부터 예치받은 금전에 대하여 고객을 수취인으로 하고 종합금융회사를 지급인으로 하여 고객에게 약속어음을 발행·교부한다. 이 때 보통 고객이 맡긴 원금에 이자를 합한 금액을 액면금액으로 하여 할인식 또는 부리식으로 발행한다.[2] 어음할인 업무는 종합금융회사의 대표적인 신용공여 업무이며 자체적으로 선정한 적격업체가 발행·배서·인수·보증한 어음이나 은행, 신용보증기금 또는 다른 종합금융회사가 보증한 어음을 할인·매입하는 업무를 말한다. 종합금융회사는 할인·매입한 어음을 고객에게 매출하는 업무도 취급한다. 어음중개는 종합금융회사가 중개자(broker)로서 어음의 발행기업과 투자자를 연결해 주는 순수 중개 역할만 하는 것으로 종합금융회사 명의로 할인·매입한 어음을 매출하는 업무와 구분된다.

2. 국제금융·외국환

종합금융회사는 설비·운전자금의 투융자(법 336조 1항 2호), 외자도입, 해외투자, 기타 국제금융의 주선과 외자의 차입 및 전대(법 336조 1항 4호)를 행한다. 외자차입의 경우 종합금융회사 설립 초기에는 시장개척의 어려움 등으로 해외 합작법인을 통한 차입에 주로 의존하였으나 1980년대 이후에는 외자를 직접 도입하는 등 활기를 띠게 되었다. 그러나

1) 법 제339조에는 업무의 폐지, 해산에 관한 인가사항을 규정하고 있을 뿐이다.

2) 발행어음은 은행이 취급하는 예금과 성격이 비슷하나 통장이나 증서 대신 융통어음인 약속어음을 발행하여 교부한다는 점에서 큰 차이가 있다. 한국은행, 전게서(2011), 150쪽.

1997년 말 외환위기 발생 이후 종합금융회사의 신용도가 저하되고 다수 종합금융회사가 퇴출됨에 따라 외자도입이 대폭 감소하고 국제금융업무의 비중도 크게 줄어들었다.[1)]

3. 채권발행

종합금융회사는 채권발행 업무도 영위한다(법 336조 1항 5호). 종합금융회사는 자기자본의 10배까지 채권을 발행할 수 있으며 이미 발행한 채권의 상환을 위해 필요한 경우에는 일시적으로 그 한도를 초과할 수 있다(법 340조 1항·2항).

4. 기 타

종합금융회사는 증권업무로서 증권발행시장에서 간사단 또는 인수단으로 참여하여 증권의 인수·매출 또는 모집·매출의 중개·주선·대리 등의 업무를 영위할 수 있다(법 336조 1항 3호). 또한 기업의 경영상담과 기업인수 또는 합병 등에 관한 용역(법 336조 1항 6호), 지급보증(법 336조 1항 7호) 업무를 영위할 수 있다.

Ⅱ. 부수업무

종합금융회사는 다음의 업무를 부수업무로서 수행할 수 있다(법 336조 1항 8호). 시행령에서는 (i) 어음관리계좌업무, (ii) 팩토링업무(기업의 판매대금채권의 매수·회수 및 이와 관련된 업무), (iii) 파생상품시장에서 거래되는 장내파생상품 중 그 기초자산이 주가지수인 것을 대상으로 하는 투자매매업·투자중개업, (iv) 양도성 예금증서의 매매 및 그 중개·주선 또는 대리, (v) 「한국은행법」 제68조에 따른 공개시장조작대상증권의 매매 및 그 중개·주선 또는 대리, (vi) 해당 종합금융회사가 발행한 어음을 담보로 하는 대출이나 해당 종합금융회사의 어음관리계좌(CMA)에 채권을 가지고 있는 개인에 대한 대출로서 그 채권을 담보로 하는 대출, (vii) 선적전무역어음업무(무역어음의 할인·매매·중개·인수 및 보증과 무역어음 결제를 위한 수출환어음 등의 매입 및 추심의뢰를 말한다), (viii) 업무용 부동산(법 347조 4항에 따른 업무용 부동산을 말한다)의 임대업무를 열거하고 있다(법 시행령 325조 2항).

대표적인 것이 어음관리계좌(CMA), 양도성 정기예금증서(CD)의 매매 등인데 회사영업 차원에서 중점을 두더라도 이러한 겸영업무의 비중이 규모나 수익 면에서 어음의 할인·매매·중개·인수·보증 등의 기본업무와 균형을 유지하도록 해야 할 것이다.

1) 상게서, 150쪽.

Ⅲ. 겸영업무

종합금융회사는 상기 기본업무와 부수업무 외에도 자본시장법 또는 해당 법률이 정하는 바에 따라 인가·허가·등록 등을 받아 겸영할 수 있다(법 336조 2항). 이에 따라 종합금융회사는 리스, 신탁업무, 외국환업무, 신용정보업무, 유동화자산관리(servicer)업무를 기본업무와 마찬가지로 영위하고 있다.

1. 자본시장법에 따른 겸영업무

종합금융회사는 자본시장법에 따른 집합투자업을 영위할 수 있는데, 투자신탁의 설정·해지 및 투자신탁재산의 운용업무에 한한다(법 336조 2항 2호). 따라서 투자신탁을 제외한 회사 형태나 조합 형태의 집합투자기구의 관련 업무는 금지된다. 만약 회사나 조합 형태의 집합투자기구를 취급하고자 하는 종합금융회사는 별도로 자회사 형태의 금융투자회사를 설립하는 방법을 취해야 할 것이다.[1)]

또한 종합금융회사는 금전신탁을 제외한 신탁업을 겸영할 수 있으며(법 336조 2항 3호), 증권을 대상으로 하는 투자매매업 및 투자중개업도 영위할 수 있다(법 336조 2항 4호). 다만 겸영으로 하는 투자매매업 및 투자중개업은 법 제336조 제1항 제3호에 해당하는 증권의 인수·매출 또는 모집·매출의 중개·주선·대리에 해당되는 부분을 제외한 것을 말한다(법 336조 2항 4호).

2. 기타 법률에 따른 겸영업무

종합금융회사는 「여신전문금융업법」에 따른 시설대여(리스) 업무를 영위할 수 있다(법 336조 2항 1호). 한동안 종합금융회사는 여신전문금융회사 못지 않게 리스 업무를 활발히 수행하기도 했다. 또한 종합금융회사는 「외국환거래법」에 따른 외국환업무도 겸영할 수 있다(법 336조 2항 5호).

3. 관련업무

종합금융회사는 그 밖에도 기본업무, 부수업무, 겸영업무와 관련된 업무로서 시행령으로 정하는 업무를 영위할 수 있다(법 336조 2항 6호). 시행령이 관련업무로 규정하고 있는 것은 (i) 장내파생상품을 대상으로 하는 투자매매업 및 투자중개업(법 시행령 325조 2항 3호에 해당되는 '장내파생상품 중 그 기초자산이 주가지수인 것을 대상으로 하는 투자매매업·투자중개업'을 제외한다), (ii)「신용정보의 이용 및 보호에 관한 법률」에 따른 신용정보업무, (iii) 「자산유동화에 관한 법률」에 따른 유동화자산관리업무, (iv) 「주택저당채권유동화회사법」에 따른 채

1) 법령제정실무작업반(8인) 공저, 「간접투자(펀드) 해설(개정판)」, 박영사, 2006, 513쪽.

권유동화업무, (v) 투자자문업, (vi) 「전자금융거래법」에 따른 전자자금이체업무(같은법 2조 6호에 따른 결제중계시스템의 참가기관이 되거나 같은 법 시행령 15조 2항 2호에 따른 대표참가기관을 경유하는 방식의 전자자금이체업무를 제외한다) 등이다(법 336조 2항 6호, 법 시행령 325조 3항).

Ⅳ. 업무방법 및 절차

종합금융회사가 상기 업무를 영위함에 있어서 그 방법 및 절차와 준수사항 등에 관하여 필요한 사항은 시행령으로 정하게 되어 있는데(법 336조 3항) 시행령에는 다음의 업무가 규정되어 있다(법 시행령 326조).

1. 표지어음의 발행

표지어음이란 종합금융회사가 할인·매수하여 소유하고 있는 팩토링어음·채권(팩토링업무와 관련된 어음 및 채권을 말함) 또는 무역어음(이하 "원어음등"이라 함)을 통합하거나 분할하여 새로운 어음으로 만든 것을 말한다(법 시행령 326조 1항). 그 기초가 되는 팩토링어음·채권 또는 무역어음이 원(原)어음이 되는 셈이다. 종합금융회사가 표지어음을 발행하는 경우에는 원어음등의 소유잔액과 최종만기일 범위에서 발행하여야 하며, 표지어음의 발행근거가 되는 원어음등을 매도, 담보제공 또는 어음관리계좌에 편입하여서는 아니 된다(법 시행령 326조 2항).

2. 적격업체에 대한 어음의 할인·매매·중개·인수 또는 보증

종합금융회사가 기업을 대상으로 어음의 할인·매매·중개·인수 또는 보증을 할 때에는 적격업체를 선정하여야 한다. 다만, 다른 금융기관(금융위원회 검사대상기관 중 어음업무를 하는 검사대상기관을 말함)이 보증한 어음을 할인·매매·중개·인수 또는 보증하는 경우에는 적격업체를 선정하지 아니할 수 있다(법 시행령 327조 1항). 보다 구체적인 적격업체의 선정방법, 적격업체별 어음의 할인한도, 그 밖에 적격업체에 관하여 필요한 사항은 금융위원회 고시로 정한다(법 시행령 327조 2항).

3. 무담보어음의 매도

종합금융회사가 무담보어음을 매도하는 경우에는 자기나 타인이 직접 또는 간접으로 그 지급을 보증하는 행위를 하여서는 아니 된다. 다만, 「중소기업기본법」 제 2 조에 따른 중소기업이 은행, 신용보증기금, 기술신용보증기금 또는 다른 종합금융회사의 지급보증을 받아 발행한 어음을 매도하는 경우에는 그 지급의 보증을 할 수 있다(법 시행령 328조 1항).

특히 종합금융회사가 무담보어음을 매도하는 경우에는 그 무담보어음은 신용평가에 관한 다음 두가지 요건을 모두 충족하여야 한다(법 시행령 328조 2항). 첫째, 둘 이상의 신용평가회사로부터 신용평가를 받은 것일 것. 다만, 직전 신용평가등급이 모두 금융위원회가 정하여 고시하는 평가등급인 경우에는 하나 이상의 신용평가회사로부터 신용평가를 받으면 된다(법 시행령 328조 2항 1호). 둘째, 신용평가회사가 평가한 신용평가등급 중 최저의 신용평가등급이 금융위원회가 정하여 고시하는 평가등급 이상일 것. 다만, 제1항 단서에 따른 어음과 금융위원회가 정하여 고시하는 기업이 발행한 어음인 경우에는 신용평가등급요건을 적용하지 아니할 수 있다(법 시행령 328조 2항 2호).

종합금융회사가 신용평가등급 중 최저의 신용평가등급이 금융위원회가 정하여 고시하는 평가등급 이상인 무보증어음에 한하여 매매의 중개·주선 또는 대리를 할 수 있게 한 것(법 시행령 328조 3항)은 종합금융회사의 신용을 믿고 무보증어음에 투자하는 투자자들을 보호하기 위한 것이다. 다만, 금융위원회가 정하여 고시하는 기업이 발행한 어음인 경우에는 신용평가등급요건을 적용하지 않아도 된다. 신용평가회사의 신용평가기준, 신용평가등급의 적용기간, 신용평가등급의 공시, 그 밖에 무담보어음의 신용평가에 관하여 필요한 사항은 금융위원회의 고시로 정한다(법 시행령 328조 4항).

4. 어음관리계좌

어음관리계좌(Cash Management Account : CMA)란 고객으로부터 예탁받은 자금을 통합하여 1년 이내에 만기가 도래하는 어음 등에 투자하여 운용하고, 그 결과 발생한 수익을 고객에게 지급하는 것을 목적으로 종합금융회사가 개설하는 계좌를 말한다.[1)]

종합금융회사는 어음관리계좌의 수탁기간을 1년 이내로 하고(법 시행령 329조 1항), 그 수탁금을 법 제346조에 따른 지급준비자산을 제외하고는 다음 각 호의 자산에 한정하여 운용할 수 있다(법 시행령 329조 2항). 즉, (i) 해당 종합금융회사가 거래하는 기업이 발행한 할인어음, (ii) 선적전무역어음, (iii) 팩토링어음·채권, (iv) 금융기관(「금융위원회의 설치 등에 관한 법률」 제38조에 따른 검사대상기관 중 어음업무를 영위하는 검사대상기관을 말한다)이 발행한 표지어음, (v) 국채증권, 지방채증권 또는 특수채증권, (vi) 국가가 원리금의 지급을 보증한 채권, (vii) 금융기관(「금융위원회의 설치 등에 관한 법률」 제38조에 따른 검사대상기관을 말한다)이 발

1) 본래 어음관리계좌(CMA)는 20여년 전부터 종합금융회사에서 사용하고 있었다. 하지만 최근 증권회사에서도 고객의 유휴현금을 자동으로 MMF, RP 등에 투자하면서도 수시입출금이 가능한 금융서비스에 CMA라는 명칭을 사용하기 시작하였다. 따라서 현재는 예금자보호가 되는 종금사형 CMA와 예금자보호가 되지 않는 증권사형 CMA가 뒤섞여 사용되고 있는 실정이다. 증권회사의 CMA는 CMA약정 계좌 내 유휴자금을 MMF, RP 등의 금융자산에 자동으로 투자(매수)하고 고객의 현금인출 요구시 자동으로 매도하여 주고, 연계된 은행계좌를 통해 급여이체, 인터넷뱅킹, 결제대금(공과금, 카드대금, 보험료 등) 자동납부, 자동화기기를 통한 입출금 등 각종 금융서비스를 제공하는 증권종합계좌서비스를 말한다. 금융감독원, 전게 인터넷자료.

행한 채권, (viii) 증권시장에 상장된 채권, (ix) 양도성 예금증서 등이 그것이다.

종합금융회사는 어음관리계좌의 수탁금의 총운용자산의 50/100 이상을 (i) 해당 종합금융회사가 거래하는 기업이 발행한 할인어음, (ii) 선적전무역어음, (iii) 팩토링어음·채권의 자산으로 편입·운용하여야 한다. 다만, 일시에 대량으로 자금을 수탁하는 등 불가피한 사유로 어음관리계좌의 수탁금 운용 기준을 충족하지 못한 경우에는 그 다음 날까지는 그 기준을 충족한 것으로 본다(법 시행령 329조 3항).

종합금융회사는 어음관리계좌 수탁금의 운용자산을 그 고유자산과 구분하여 관리하여야 한다(법 시행령 329조 4항). 어음관리계좌의 거래방법, 그 수탁금의 운용방법, 그 밖에 어음관리계좌에 관하여 필요한 사항은 금융위원회가 고시로 정한다(법 시행령 329조 5항).

5. 기타 영업행위 규칙

종합금융회사는 직접 또는 간접으로 해당 종합금융회사가 발행한 주식을 취득시키기 위한 대출을 하여서는 아니 된다(법 시행령 330조 1항). 또한 후순위채권, 후순위차입 등 부채성 자본조달수단의 자금공여자에 대하여서는 직접 또는 간접으로 대출, 지급보증서의 발급 등을 통하여 관련자금을 지원하여서는 아니 된다(법 시행령 330조 2항).

종합금융회사는 여신취급 등과 관련하여 (i) 금융위원회가 정하여 고시하는 기준을 초과하여 차주의 자금사용을 제한하거나 금융비용을 가중시키는 예금의 구속행위(법 시행령 330조 3항 1호), (ii) 종합금융회사가 부담하고 있는 신용위험 등을 직접 또는 간접적인 방법으로 부당하게 거래고객에게 이전시키는 행위(법 시행령 330조 3항 2호), (iii) 그 밖에 종합금융회사의 우월적 지위를 이용하여 부당하게 이득을 취하거나 거래고객의 이익을 해하는 결과를 초래하는 행위(법 시행령 330조 3항 3호) 중 어느 하나에 해당하는 행위를 하여서는 아니 된다(법 시행령 330조 3항).

종합금융회사가 업무를 영위함에 있어서는 중소기업을 우대하여야 한다. 종합금융회사의 기업(공공기관과 영리를 목적으로 하지 아니하는 단체는 제외함)에 대한 어음 소유액, 팩토링금융, 어음지급보증 및 중장기대출 합계액의 25/100 이상은 중소기업을 대상으로 한 것이어야 한다(법 시행령 330조 4항).

그 밖에 고객의 보호나 건전한 거래질서를 위하여 필요한 사항은 금융위원회가 고시로 정한다(법 시행령 330조 5항).

제337조(지점등의 설치)

종합금융회사는 지점·사무소, 그 밖에 이와 유사한 명칭의 영업소(사무의 일부만을 수행하는 출장소·관리사무소, 그 밖에 이와 유사한 장소를 포함하며, 이하 "지점등"이라 한다)를 설치하고자 하는 경우에는 대통령령으로 정하는 기준 및 방법에 따라 금융위원회의 인가를 받아야 한다.

Ⅰ. 종합금융회사의 점포망	Ⅱ. 금융위원회의 지점 등 설치인가 기준

Ⅰ. 종합금융회사의 점포망

종합금융회사는 상인이므로 원칙적으로 영업활동의 효율을 위해 영업지역을 구획하여 각 지역별로 지점, 사무소 등을 설치할 수 있다. 지리적으로 특성있는 업무를 개발하고 고객에 대한 서비스를 제고하기 위해서는 국내외에 다수 점포를 둘 필요가 있다.

그러나 종합금융회사가 가지는 특별한 지위와 자본시장에 미치는 영향을 고려하여 지점 등을 설치할 때에는 일정한 기준 및 방법에 따라 금융위원회의 인가를 받도록 하였다.

Ⅱ. 금융위원회의 지점 등 설치인가 기준

금융위원회가 종합금융회사의 지점 등의 설치인가를 하는 경우에는 당해 종합금융회사가 (i) 법 제350조에서 준용하는 법 제31조에 따른 경영건전성기준을 충족하였을 것, (ii) 최근 2개 사업연도 중 1개 사업연도 이상 당기순이익이 발생하였을 것, (iii) 지점 등의 설치인가 신청일부터 최근 2년 동안 금융위원회로부터 기관경고 이상에 해당하는 조치를 받지 아니하였을 것 등의 요건을 심사하여야 한다(법 337조, 법 시행령 331조 1항). 다만, 종합금융회사의 본점 및 지점이 없는 광역시 또는 도에 소재하는 지점 등의 설치인가를 받고자 하는 종합금융회사의 경우에는 상기 (i)의 경영건전성기준만 적용되고, (ii)와 (iii)의 요건은 적용되지 아니한다(법 337조, 법 시행령 331조 2항).

이상의 요건 외에 지점 등의 인가의 신청 및 심사, 서식, 작성방법 등에 관하여 필요한 구체적인 사항은 금융위원회가 정하여 고시한다(법 337조, 법 시행령 331조 3항).

제338조(유사명칭의 사용금지)

종합금융회사가 아닌 자는 "종합금융회사" 또는 이와 유사한 명칭을 사용하여서는 아니 된다.

"종합금융회사" 또는 이와 유사한 명칭은 종합금융회사만이 사용할 수 있으며, 이를 위반하여 명칭을 사용한 자에 대하여는 1년 이하의 징역 또는 3천만원 이하의 벌금에 처한다(법 446조 54호). 실제 종합금융회사 업무를 영위하지 않으면서 종합금융 또는 이와 유사한 명칭을 사용함으로써 기업조직의 실체에 관해 일반인이 오인하거나 혼란을 일으킬 수 있다. 이런 일을 방지하기 위해 유사명칭의 사용을 금지하는 것이다.

第339조(인가사항 등)

① 종합금융회사는 제336조 제 1 항에 따른 업무를 폐지하거나 해산하고자 하는 경우에는 금융위원회의 인가를 받아야 한다.

② 종합금융회사는 다음 각 호의 어느 하나에 해당하는 경우에는 그 사유가 발생한 날부터 7일 이내에 금융위원회에 그 내용을 보고하여야 한다. 다만, 제 3 호의 경우에는 사전에 금융위원회에 신고하여야 한다.

1. 정관의 변경
2. 업무방법의 변경
3. 본점의 이전 또는 지점등의 이전·폐쇄

Ⅰ. 종합금융회사의 업무 폐지 및 해산시의 인가	Ⅱ. 금융위원회에의 보고 사유

Ⅰ. 종합금융회사의 업무 폐지 및 해산시의 인가

종합금융회사는 법 제336조 제 1 항에 따른 업무를 폐지하거나 해산하고자 하는 경우에는 금융위원회의 인가를 받아야 한다(법 339조 1항). 이를 위반하여 인가를 받지 아니하고 업무를 폐지하거나 해산한 자는 3년 이하의 징역 또는 1억원 이하의 벌금에 처한다(법 445조 38호).

Ⅱ. 금융위원회에의 보고 사유

종합금융회사는 (i) 정관의 변경, (ii) 업무방법의 변경, (iii) 본점의 이전 또는 지점등의 이전·폐쇄 등의 경우에는 그 사유가 발생한 날부터 7일 이내에 금융위원회에 그 내용을 보고하여야 한다. 다만 (iii)의 경우에는 사전에 금융위원회에 신고하여야 한다(법 339조 2항).

이를 위반하여 보고를 하지 아니하거나 거짓으로 보고한 자 또는 신고를 하지 아니하고 (iii)에 해당하는 행위를 한 자에 대하여는 1천만원 이하의 과태료를 부과한다(법 449조 2항 17호).

제340조(채권의 발행)

① 종합금융회사는 「상법」 제470조에 불구하고 자기자본의 10배의 범위에서 채권을 발행할 수 있다.

② 종합금융회사는 제 1 항에 따라 발행한 채권의 상환을 위하여 필요한 경우에는 일시적으로 그 한도를 초과하여 채권을 발행할 수 있다.

③ 그 밖에 채권의 발행에 관하여 필요한 사항은 대통령령으로 정한다.

Ⅰ. 종합금융회사의 채권발행의 필요성

종합금융회사는 채권을 발행함에 있어서 자기자본의 10배의 범위에서 채권발행이 가능하다. 종전에는 사채발행한도를 순자산액의 4배로 제한한 상법 제470조의 특칙이었으나 상법 제470조는 2011년 폐지되었다. 종합금융회사는 금융업의 특성 상 차환발행(refinancing)을 하는 경우가 많다. 이 경우에는 이미 발행한 채권의 상환을 위하여 필요한 경우에는 일시적으로 그 한도를 초과하여 채권을 발행할 수 있게 하였다. 이 경우에는 발행 후 1개월 이내에 자기자본의 10배 한도에 적합하도록 하여야 한다(법 시행령 332조 2항).

종합금융회사는 채권발행을 통하여 필요한 자금을 조달한다. 그러므로 채권발행 시 응모총액이 채권청약서 또는 증권신고서에 기재된 채권의 총액에 미달하는 경우에도 그 채권을 발행한다는 뜻을 채권청약서 또는 증권신고서에 기재한 때에는 그 응모총액을 채권의 발행총액으로 한다(법 시행령 332조 1항).

Ⅱ. 채권발행의 한도 및 예외

종합금융회사는 자기자본의 10배 이내에서 사채를 발행할 수 있다. 종합금융회사 업무의 특수성을 감안하여 사채발행의 한도를 10배로 늘린 것이다.

그러나 종합금융회사는 발행한 사채의 상환을 위하여 필요한 경우에는 일시적으로 그 한도를 초과하여 사채를 발행할 수 있도록(법 340조 2항) 하여 그 초과범위에서 발행한도를 더욱 완화하였다. 그러나 증권금융회사와 마찬가지로 한도[1]를 초과하여 사채를 발행한 경우 1개월 이내에 구 사채를 상환하는 등의 조치를 통해 발행된 사채가 자기자본금의 10배를 초과하지 않도록 하여야 한다(법 시행령 332조 2항).

Ⅲ. 채권발행에 필요한 사항

종합금융회사의 사채 발행에 관하여 필요한 사항은 시행령으로 정한다(법 340조 3항).

1. 채권발행 총액

종합금융회사가 채권을 발행하는 경우 응모총액이 채권청약서 또는 증권신고서에 기재된 채권의 총액에 미달하는 경우에도 그 채권을 발행한다는 뜻을 채권청약서 또는 증권신고서에 기재한 때에는 그 응모총액을 채권의 발행총액으로 한다(법 시행령 332조 1항).

2. 채권한도 초과 시의 처리

종합금융회사는 법 제340조 제 2 항에 따라 한도를 초과하여 채권을 발행한 경우에는 발행 후 1개월 이내에 법 제340조 제 1 항에 따른 한도에 적합하도록 하여야 한다(법 시행령 332조 2항).

3. 매출의 방법에 의한 채권발행

종합금융회사는 매출기간을 미리 정하여 매출의 방법으로 채권을 발행할 수 있으며, 이 경우에는 채권청약서를 작성하지 아니할 수 있다(법 시행령 332조 3항). 종합금융회사가 매출의 방법으로 발행하는 채권에는 (i) 회사의 상호, (ii) 채권의 액면금액, (iii) 채권의 이자율, (iv) 이자지급의 방법 및 기한, (v) 채권상환의 방법 및 기한, (vi) 채권의 번호 등을 기재하여야 한다(법 시행령 332조 4항).

4. 할인의 방법에 의한 채권발행

종합금융회사는 채권을 발행하는 경우 할인의 방법에 의할 수 있다(법 시행령 332조 5항). 종합금융회사가 만기 5년 이상의 채권을 할인의 방법으로 발행하는 경우에는 법 제340조에 따른 채권발행액 적용에 있어 할인발행차금을 채권발행 실적에서 뺄 수 있다(법 시행령 332조 6항).

1) 증권금융회사의 경우 자본금과 준비금의 합계액의 20배가 사채의 발행한도이다.

제341조(집합투자업에 대한 특례)

① 제250조 제 3 항(제 1 호 및 제 2 호에 한한다)·제 5 항 및 제 6 항은 종합금융회사에 준용한다.

② 종합금융회사는 이 법에 따라 투자신탁의 설정·해지 및 투자신탁재산의 운용업무를 영위하는 경우에는 임원(사실상 임원과 동등한 지위에 있는 자로서 대통령령으로 정하는 자를 포함한다. 이하 이 항에서 같다)을 두어야 하고, 임직원에게 다음 각 호의 업무를 겸직하게 하여서는 아니 되며, 전산설비 또는 사무실 등의 공동사용 금지 및 다른 업무를 영위하는 임직원 간의 정보교류 제한 등 대통령령으로 정하는 이해상충방지체계를 갖추어야 한다. 다만, 임원의 경우 제 1 호의 업무 중 제 2 호의 업무와 이해상충이 적은 업무로서 대통령령으로 정하는 업무와 제 2 호의 업무를 겸직할 수 있다.

1. 제336조에 따른 업무(제 2 호의 업무를 제외한다)
2. 투자신탁의 설정·해지 및 투자신탁재산의 운용업무

Ⅰ. 집합투자업을 겸영하는 종합금융회사에 대한 행위제한

집합투자업을 겸영하는 종합금융회사는 투자신탁재산의 운용과 관련하여 (i) 자기가 발행한 투자신탁의 수익증권을 자기의 고유재산으로 취득하는 행위를 하여서는 아니 되며, (ii) 자기가 운용하는 투자신탁의 투자신탁재산에 관한 정보를 다른 집합투자증권의 판매에 이용하는 행위를 하여서는 아니 된다(법 341조 1항, 250조 3항 1호·2호). 이를 위반하여 당해 행위를 한 자는 3년 이하의 징역 또는 1억원 이하의 벌금에 처한다(법 445조 26호).

또한 일반사무관리회사의 업무를 겸영하는 종합금융회사는 해당 집합투자기구의 집합투자재산에 관한 정보를 자기가 운용하는 투자신탁재산에 운용하거나, 자기가 판매하는 집합투자증권의 판매를 위하여 이용하여서는 아니 된다(법 341조 1항, 250조 5항). 즉 일반사무관리업무를 영위하는 종합금융회사는 기준가격계산 과정에서 집합투자재산의 포트폴리오 정보 등을 알 수 있게 되므로 이 정보를 자신에게 유리하게 이용할 경우 발생하게 될 이해상충을 방지할 필요가 있다.[1] 이러한 규정을 위반하여 집합투자재산에 관한 정보를 자기가 운용하는 투자신탁재산의 운용이나 자기가 판매하는 집합투자증권의 판매를 위하여 이용한 자는 3년 이하의 징역 또는 1억원 이하의 벌금에 처한다(법 445조 27호).

종합금융회사가 일반사무관리업무를 영위할 수 있는지 여부에 대하여 자본시장법

1) 법령제정실무작업반(8인) 공저, 전게서(2006), 515쪽.

제336조 등에서는 별도로 규정하고 있지 않은데, 이는 종합금융회사의 경우 그 수가 비교적 적기 때문에 겸영 여부를 각사가 자율적으로 선택하도록 하여도 무방하다는 판단에 따른 것으로 보인다.[1] 그렇지만 법 제341조 제 1 항을 통한 법 제250조 제 5 항의 준용은 종합금융회사가 일반사무관리회사의 업무를 겸영할 수 있음을 전제로 한 규정이다.

Ⅱ. 투자매매업·투자중개업을 겸영하는 종합금융회사에 대한 행위제한

투자매매업 또는 투자중개업 인가를 받아 집합투자증권의 판매를 영위하는 종합금융회사는 다음의 행위를 하여서는 아니 된다.

첫째, 자기가 판매하는 집합투자증권의 집합투자재산에 관한 정보를 자기가 운용하는 투자신탁재산의 운용 또는 자기가 운용하는 투자신탁의 수익증권의 판매를 위하여 이용하는 행위를 하여서는 아니 된다(법 341조 1항, 250조 6항 1호). 이는 판매업무를 영위하는 과정에서 알게 된 특정 펀드에 관한 정보를 비교하여 자기가 운용하는 펀드의 운용이나 판매에 유리하게 이용할 가능성이 있기 때문이다.[2]

둘째, 집합투자증권의 판매업무와 자본시장법에 따른 업무를 연계하여 정당한 사유 없이 고객을 차별하는 행위를 하여서는 아니 된다(법 341조 1항, 250조 6항 2호). 예컨대 집합투자증권을 매입한 투자자에게 유리한 차입조건을 부여하는 등의 행위는 금지되는데, 이러한 행위는 실적배당상품인 집합투자증권을 판매함에 있어 공정한 판매질서를 저해하여 투자자보호에 결함이 발생할 수 있기 때문이다.[3]

이상의 규정을 위반하여 당해 행위를 한 자는 3년 이하의 징역 또는 1억원 이하의 벌금에 처한다(법 445조 29호).

Ⅲ. 임직원 겸직금지 및 이해상충방지체계

1. 임원의 선임

종합금융회사가 자본시장법의 규정에 따라 투자신탁의 설정·해지 및 투자신탁재산의 운용업무를 영위하는 경우에는 이러한 투신업무를 담당하는 임원을 두어야 한다. 이 때 임원에는 사실상 임원과 동등한 지위에 있는 자로서 시행령으로 정하는 자가 포함된다(법 341조 2항).

시행령에서 정하는 사실상 임원과 동등한 지위에 있는 자란 「상법」 제401조의2 제

1) 상게서, 537쪽.
2) 상게서, 515쪽.
3) 상게서, 514쪽.

1항 각 호의 어느 하나에 해당하는 자, 즉 (i) 회사에 대한 자신의 영향력을 이용하여 이사에게 업무집행을 지시한 자, (ii) 이사의 이름으로 직접 업무를 집행한 자, (iii) 이사가 아니면서 명예회장·회장·사장·부사장·전무·상무·이사 기타 업무를 집행할 권한이 있는 것으로 인정될 만한 명칭을 사용하여 회사의 업무를 집행한 자를 말한다(법 시행령 333조 1항).

이상의 규정을 위반하여 임원을 두지 아니한 자에 대하여는 5천만원 이하의 과태료를 부과한다(법 449조 1항 42호).

2. 임직원의 겸직금지

투자신탁의 설정·해지 및 투자신탁재산의 운용업무를 영위하는 종합금융회사는 임직원으로 하여금 법 제336조에 따른 종합금융회사의 업무(설비 또는 운전자금의 투융자 업무는 제외) 및 투자신탁의 설정·해지 및 투자신탁재산의 운용업무를 겸직하게 하여서는 아니 된다(법 341조 2항). 임직원에게 종합금융업무와 투신업무의 겸직을 금지하는 이유는 임직원이 동 업무를 겸직할 경우 펀드정보를 상호 이용할 가능성이 매우 높기 때문이다.[1] 이상의 규정을 위반하여 임직원에게 겸직하게 한 자에 대하여는 5천만원 이하의 과태료를 부과한다(법 449조 1항 42호).

다만, 임원의 경우 자본시장법 제336조에 따른 종합금융회사의 업무 가운데 투자신탁의 설정·해지 및 투자신탁재산의 운용업무와 이해상충이 적은 업무로서 시행령이 정하는 업무는 투자신탁의 설정·해지 및 투자신탁재산의 운용업무와 겸직할 수 있다(법 341조 2항 단서). 이에 따라 시행령은 종합금융업무 중 이해상충이 적은 업무로서 임원이 투신업무와 겸직할 수 있는 업무를 규정하고 있는데, (i) 법 제336조 제1항 제8호의 부수업무 중 투자신탁의 설정·해지 및 투자신탁재산의 운용업무와 직접적으로 관련이 없는 업무로서 금융위원회가 정하여 고시하는 업무(법 시행령 333조 3항 1호), (ii) 「여신전문금융업법」에 따른 시설대여업무(법 시행령 333조 3항 2호). (iii) 「외국환거래법」에 따른 외국환업무(법 시행령 333조 3항 3호), (iv) 법 제336조 제2항 제6호의 업무 중 투자신탁의 설정·해지 및 투자신탁재산의 운용업무와 직접적으로 관련이 없는 업무로서 금융위원회가 정하여 고시하는 업무(법 시행령 333조 3항 4호) 등이 그것이다.

3. 종금업과 투신업무의 이해상충방지체계

투자신탁의 설정·해지 및 투자신탁재산의 운용업무를 영위하는 종합금융회사는 전산설비 또는 사무실 등의 공동사용 금지 및 다른 업무를 영위하는 임직원간의 정보교류 제한 등 시행령으로 정하는 이해상충방지체계를 갖추어야 한다(법 341조 2항). 이에 따라

1) 상게서, 516쪽.

시행령은 종합금융회사로 하여금 (i) 독립된 부서로 구분되어 업무처리 및 보고가 독립적으로 이루어질 것(법 시행령 333조 2항 1호), (ii) 겸직금지 업무 담당자 간에 업무에 관한 회의를 하거나 통신을 한 경우에는 그 기록을 유지하고 매월 1회 이상 그 사항에 대하여 준법감시인의 확인을 받을 것(법 시행령 333조 2항 2호), (iii) 겸직금지 업무 간에 직원을 파견하거나 금융위원회가 정하여 고시하는 기간 이내에 투자신탁의 설정·해지 및 투자신탁재산의 운용업무에서 다른 업무로 전보하지 아니할 것(법 시행령 333조 2항 3호), (iv) 집합투자증권의 판매업무를 담당하는 직원이 투자신탁의 설정·해지 및 투자신탁재산의 운용업무를 겸직하지 아니할 것(법 시행령 333조 2항 4호), (v) 출입문을 달리하는 등 정보공유가 차단될 수 있을 정도로 사무실이 공간적으로 분리될 것(법 시행령 333조 2항 5호), (vi) 겸직금지 업무에 관한 전산자료가 공유되지 못하도록 독립되어 저장되고 열람될 것(법 시행령 333조 2항 6호), (vii) 그 밖에 이해상충을 방지하기 위하여 필요한 사항으로서 금융위원회가 정하여 고시하는 사항(법 시행령 333조 2항 7호) 등을 포함하여 이해상충방지체계를 갖추도록 규정하고 있다.

이상의 규정을 위반하여 이해상충방지체계를 갖추지 아니한 자에 대하여는 5천만원 이하의 과태료를 부과한다(법 449조 1항 43호).

제342조(동일차주 등에 대한 신용공여한도 등)

① 종합금융회사는 같은 개인·법인 및 그와 신용위험을 공유하는 자(이하 이 조에서 "동일차주"라 한다)에 대하여 그 종합금융회사의 자기자본(국제결제은행의 기준에 따른 기본자본과 보완자본의 합계액을 말한다. 이하 이 장에서 같다)의 100분의 25를 초과하는 신용공여(대출, 어음의 할인, 지급보증, 자금 지원적 성격의 증권의 매입, 그 밖에 금융거래상의 신용위험을 수반하는 종합금융회사의 직접·간접적 거래를 말한다. 이하 이 장에서 같다)를 할 수 없다.

② 종합금융회사는 그 종합금융회사의 임원·자회사 및 그와 신용위험을 공유하는 자(이하 이 조에서 "관계인"이라 한다)에 대하여 그 종합금융회사의 자기자본의 100분의 25의 범위에서 대통령령으로 정하는 한도를 초과하는 신용공여를 할 수 없다.

③ 종합금융회사의 동일차주 각각에 대한 신용공여가 그 종합금융회사의 자기자본의 100분의 10을 초과하는 신용공여의 총 합계액은 매 월말 기준으로 그 종합금융회사 자기자본의 5배를 초과할 수 없다.

④ 종합금융회사는 같은 개인이나 법인 각각에 대하여 그 종합금융회사의 자기자본의 100분의 20을 초과하여 신용공여를 할 수 없다.

⑤ 종합금융회사는 제 1 항부터 제 4 항까지의 규정에 불구하고 다음 각 호의 어느 하나에 해당하는 경우로서 대통령령으로 정하는 경우에는 제 1 항부터 제 4 항까지의 규정에 따른 한도를 초과하여 신용공여를 할 수 있다.

1. 국민경제 또는 종합금융회사의 채권확보의 실효성 제고를 위하여 필요한 경우

2. 종합금융회사가 추가로 신용공여를 하지 아니하였음에도 불구하고 자기자본의 변동, 동일차주 구성의 변동 등으로 인하여 제 1 항부터 제 4 항까지의 규정에 따른 한도를 초과하게 되는 경우

⑥ 종합금융회사는 제 5 항 제 2 호에 따라 제 1 항부터 제 4 항까지의 규정에 따른 한도를 초과하게 되는 경우에는 그 한도를 초과하게 된 날부터 1년 이내에 제 1 항부터 제 4 항까지의 규정에 따른 한도에 적합하도록 하여야 한다. 다만, 대통령령으로 정하는 부득이한 사유에 해당하는 경우에는 금융위원회가 그 기간을 정하여 연장할 수 있다.

⑦ 제 1 항에 따른 자기자본, 신용공여 및 동일차주와 제 2 항에 따른 관계인의 구체적 범위는 대통령령으로 정한다.

Ⅰ. 편중여신의 규제 취지	Ⅱ. 동일차주 등에 대한 신용공여 한도의 규제

Ⅰ. 편중여신의 규제 취지

특정 기업에 대한 대규모 여신을 제한하는 편중여신의 규제는 비단 종합금융회사에 한하는 것은 아니다(은행법 35조 등). 이는 금융기관이 대기업의 '사금고화'되는 것을 막기 위한 것으로 당해 금융기관의 부실화 우려, 금융기관의 공신력 저하를 방지하고 자금배분의 적정성을 확보할 수 있다.

종합금융회사는 지급결제, 보험, 가계대출 등을 제외한 대부분의 기업금융업무를 영위한다. 이러한 종합금융회사의 대출이 특정 기업에 집중될 경우 만약 당해 기업의 경영이 악화되면 종합금융회사의 자산건전성 확보에 문제가 생긴다. 금융기관의 자율에 맡긴다 해도 재정난에 처한 대기업의 지배주주가 인사권을 무기로 당해 금융기관에 압력을 가하여 여신을 독차지하려들 공산이 크다. 따라서 종합금융회사 경영의 건전성을 확보하고 자산의 위험분산을 도모하기 위해 법률로써 편중여신을 규제하는 것은 중요한 의의를 갖는다.[1)]

요컨대 신용공여한도의 규제는 동일 채무자에 대한 신용공여의 편중을 억제함으로써 종합금융회사 자산의 위험분산, 신용의 적정배분, 건전경영의 확보 등 국민경제의 발전에 이바지하게 된다.[2)] 자본시장법은 제342조에서 동일차주 등에 대한 신용공여한도를 규제하고, 제343조에서 대주주와의 거래를 제한하고 있다.

1) 정찬형/도제문, 「은행법」, 박영사, 2005, 250-251쪽.
2) 상게서, 251쪽.

Ⅱ. 동일차주 등에 대한 신용공여한도의 규제

1. 동일차주에 대한 신용공여한도

종합금융회사는 동일차주에 대하여 자기자본의 25/100를 초과하는 신용공여를 할 수 없다. 여기서 “동일차주”란 동일한 개인·법인 및 그와 신용위험을 공유하는 자를 말한다. 신용공여 제한의 기준이 되는 종합금융회사의 자기자본이란 국제결제은행(BIS)의 기준에 따른 기본자본과 보완자본의 합계액을 말한다. 신용공여란 대출, 어음의 할인, 지급보증, 자금 지원적 성격의 증권의 매입, 그 밖에 금융거래상의 신용위험을 수반하는 종합금융회사의 직접·간접적 거래를 말한다(법 342조 1항).

위와 같이 자본시장법은 법률로써 동일차주, 자기자본 및 신용공여에 대하여 규정하지만, 각각의 구체적 범위는 시행령으로 정하도록 했다(법 342조 7항). 시행령에서 정하는 “동일차주”의 범위를 보면, 특정의 개인·법인이 존재하는 경우 그와 동일차주가 될 수 있는 자는 (i) 「독점규제 및 공정거래에 관한 법률 시행령」 제 3 조 각 호의 어느 하나에 해당하는 관계가 있는 자(법 시행령 337조 1항 1호), 또는 (ii) 개인 또는 법인이 지급불능에 이를 경우 특별한 사정이 없는 한 이로 인하여 지급불능에 이르게 될 것이 명백하다고 인정되는 다른 개인 또는 법인(법 시행령 337조 1항 2호)이다.

시행령에서 규정하는 “자기자본”은 기본자본과 보완자본으로 구분하며, 다음의 기준에 따라 금융위원회가 정하여 고시한다. 즉 (i) 기본자본은 자본금·적립금 등 종합금융회사의 실질순자산으로서 영구적 성격을 지닌 것으로 하여야 하며(법 시행령 335조 1호), (ii) 보완자본은 후순위채권 등 기본자본에 준하는 성격의 자본으로서 종합금융회사의 영업활동에서 발생하는 손실을 보전할 수 있는 것으로 하고(법 시행령 335조 2호), (iii) 해당 종합금융회사가 소유하고 있는 자기주식 등 실질적으로 자본충실에 기여하지 아니하는 것은 기본자본 및 보완자본에 포함시키지 말아야 한다(법 시행령 335조 3호).

또한 시행령에서 규정하는 “신용공여”는 (i) 대출, (ii) 어음의 할인, (iii) 지급보증, (iv) 자금지원적 성격의 증권의 매입, (v) 어음의 매입, (vi) 지급보증에 따른 대지급금의 지급, (vii) 시설대여, (viii) 그 밖에 거래상대방의 지급불능시 이로 인하여 종합금융회사에 손실을 초래할 수 있는 거래, (ix) 종합금융회사가 직접적으로 상기 (i)부터 (vii)까지의 규정에 해당하는 거래를 한 것은 아니나 실질적으로 그에 해당하는 결과를 가져올 수 있는 거래 등으로서 그 구체적인 범위는 금융위원회가 정하여 고시한다(법 시행령 336조).

2. 관계인에 대한 신용공여한도

종합금융회사는 관계인에 대하여 자기자본의 25/100의 범위에서 시행령으로 정하는 한도를 초과하는 신용공여를 할 수 없다(법 342조 2항). 여기서 “관계인”이란 당해 종합금융회사의 임원·자회사 및 그와 신용위험을 공유하는 자를 말하는데(법 342조 2항), 그 구체적인 범위는 시행령으로 정한다(법 342조 7항). 신용공여의 한도와 관련하여 시행령에서 정하는 한도란 종합금융회사의 자기자본의 15/100를 말한다(법 시행령 334조 1항).

시행령에서 규정하는 "관계인"은 (i) 해당 종합금융회사의 임원, (ii) 해당 종합금융회사의 자회사(그 종합금융회사가 의결권 있는 발행주식의 15/100 이상을 소유한 회사를 말한다), (iii)해당 종합금융회사의 임원의 특수관계인, (iv) 해당 종합금융회사의 자회사와 「독점규제 및 공정거래에 관한 법률 시행령」 제3조 각 호의 어느 하나에 해당하는 관계에 있는 자, 또는 개인 또는 법인이 지급불능에 이를 경우 특별한 사정이 없는 한 이로 인하여 지급불능에 이르게 될 것이 명백하다고 인정되는 다른 개인 또는 법인 등을 말한다(법 시행령 337조 2항).

3. 거액 신용공여 총한도

종합금융회사의 동일차주 각각에 대한 신용공여가 자기자본의 10/100을 초과하는 신용공여의 총 합계액은 매 월말 기준으로 당해 종합금융회사 자기자본의 5배를 초과할 수 없다(법 342조 3항).

4. 동일인에 대한 신용공여한도

종합금융회사는 동일한 개인이나 법인 각각에 대하여 자기자본의 20/100을 초과하여 신용공여를 할 수 없다(법 342조 4항).

5. 벌 칙

이상 법 제342조 제1항부터 제4항까지를 위반하여 신용공여를 한 자는 1년 이하의 징역 또는 3천만원 이하의 벌금에 처한다(법 446조 55호).

6. 신용공여한도 제한의 예외

이와 같은 제한에도 불구하고 종합금융회사는 (i) 국민경제 또는 종합금융회사의 채권확보의 실효성 제고를 위하여 필요한 경우(법 342조 5항 1호) 및 (ii) 종합금융회사가 추가로 신용공여를 하지 아니하였음에도 불구하고 자기자본의 변동, 동일차주 구성의 변동 등으로 인하여 상기의 동일차주·관계인·거액신용공여·동일인 등에 대한 신용공여 제한에 따른 한도를 초과하게 되는 경우(법 342조 5항 2호)로서 시행령이 정하는 경우에는 각 제한에 따른 한도를 초과하여 신용공여를 할 수 있다(법 342조 5항).

시행령에 규정된 신용공여 한도의 예외의 경우는 다음과 같다.

첫째, 법 제342조 제5항 제1호에 해당하는 경우로서 (i) 국가·지방자치단체 또는 법률에 의하여 직접 설립된 법인으로서 금융위원회가 정하여 고시하는 법인에 대하여 신용공여(법 342조 1항에 따른 동일차주에 대한 신용공여를 말한다)를 하는 경우, (ii) 종합금융회사가 영업상 여유자금을 자금중개회사를 통하여 다른 금융기관에게 3영업일 이내의 기간을 정하여 대출하는 경우, (iii) 「채무자 회생 및 파산에 관한 법률」에 따른 회생절차가 진행 중이거나 「기업구조조정 촉진법」에 따른 채권금융기관 또는 채권은행의 공동관리절차가 진행 중인 회사에 대하여 추가로 신용공여를 하는 경우, (iv) (iii)에 해당하는 회사를 양수한 자에 대하여 양수계약서에서 정하는 바에 따라 추가로 신용공여를 하는 경우 중 어느 하나에 해당하는 경우이다(법 시행령 334조 2항 1호). 종합금융회사가 이상의 사유로 인하여 신용공여한도를 초과하고자 하는 경우에는 금융위원회의 한도초과 승인을 받아야 한다. 이 경우 종합금융회사는 취급예정일부터 7일 이전에 금융위원회에 한도초과 승인을 신청하여야 한다(법 시행령 334조 3항).

둘째, 법 제342조 제 5 항 제 2 호에 해당하는 경우로서 (i) 해당 종합금융회사의 자기자본이 감소된 경우, (ii) 신용공여를 받은 기업 간의 합병 또는 영업의 양도·양수 등으로 동일차주 구성에 변동이 있는 경우, (iii) 환율변동에 따른 원화환산액이 증가한 경우, (iv) 그 밖에 급격한 경제여건의 변화 등 불가피한 사유로 인하여 해당 종합금융회사의 귀책사유 없이 신용공여한도를 초과하였다고 금융위원회가 인정하는 경우 중 어느 하나에 해당하는 경우이다(법 시행령 334조 2항 2호). 종합금융회사는 이상의 사유로 신용공여의 한도를 초과한 경우 그 사유가 발생한 날부터 1개월 이내에 그 시정에 필요한 계획을 금융위원회에 제출하여야 한다(법 시행령 334조 4항).

종합금융회사가 추가로 신용공여를 하지 않았음에도 불구하고 자기자본의 변동, 동일차주 구성의 변동 등으로 인하여 법 제342조 제 1 항부터 제 4 항까지의 한도를 초과하게 되는 경우에는 그 한도를 초과하게 된 날로부터 1년 이내에 각 규정에 따른 한도에 적합하도록 하여야 한다(법 342조 6항 본문). 다만, 시행령으로 정하는 부득이한 사유에 해당하는 경우에는 금융위원회가 그 기간을 정하여 연장할 수 있다(법 342조 6항 단서). 시행령이 정하는 "부득이한 사유"란 (i) 이미 제공한 신용공여의 기한이 도래하지 아니하여 기간 이내에 회수가 곤란한 경우(법 시행령 334조 5항 1호), (ii) 해당 신용공여를 회수하면 신용공여를 받은 자의 경영안정이 크게 저해될 우려가 있는 경우(법 시행령 334조 5항 2호) 중 어느 하나에 해당하는 경우로서 한도초과상태의 해소가 해당 종합금융회사의 자산건전성을 저해하는 경우를 말한다(법 시행령 334조 5항).

그 밖에 신용공여한도초과의 확인신청과 확인, 신청서 서식과 작성방법 등에 필요한 사항은 금융위원회가 정하여 고시한다(법 시행령 334조 6항).

제343조(대주주와의 거래의 제한 등)

① 종합금융회사는 그의 대주주(그의 특수관계인을 포함한다. 이하 이 조에서 같다)에게 신용공여를 함에 있어서 자기자본의 100분의 25의 범위에서 대통령령으로 정하는 한도를 초과하여서는 아니 되며, 대주주는 그 종합금융회사로부터 그 한도를 초과하여 신용공여를 받아서는 아니 된다.

② 종합금융회사는 그의 대주주에게 제1항의 범위에서 대통령령으로 정하는 금액 이상의 신용공여(대통령령으로 정하는 거래를 포함한다. 이하 이 조에서 같다)를 하거나 대주주가 발행한 주식을 대통령령으로 정하는 금액 이상으로 취득하려는 경우에는 미리 이사회 결의를 거쳐야 한다. 이 경우 이사회는 재적이사 전원의 찬성으로 결의한다.

③ 종합금융회사는 그의 대주주에게 제2항에 따라 대통령령으로 정하는 금액 이상의 신용공여를 하거나 대주주가 발행한 주식을 대통령령으로 정하는 금액 이상으로 취득한 경우에는 그 사실을 금융위원회에 지체 없이 보고하고, 인터넷 홈페이지 등을 이용하여 공시하여야 한다.

④ 종합금융회사는 그의 대주주에 대한 신용공여 또는 대주주가 발행한 주식의 취득에 관한 보고사항 중 대통령령으로 정하는 사항을 종합하여 분기별로 금융위원회에 보고하고, 인터넷 홈페이지 등을 이용하여 공시하여야 한다.

⑤ 종합금융회사는 추가적인 신용공여를 하지 아니하였음에도 불구하고 자기자본의 변동 및 대주주의 변경 등으로 인하여 제1항에서 정한 한도를 초과하게 되는 경우에는 대통령령으로 정하는 기간 이내에 제1항에 적합하도록 하여야 한다.

⑥ 종합금융회사는 제5항에 불구하고 신용공여의 기한 및 규모 등에 따른 부득이한 사유가 있는 경우에는 금융위원회의 승인을 받아 그 기간을 연장할 수 있다.

⑦ 제6항에 따른 승인을 받으려는 종합금융회사는 제5항에 따른 기간이 만료되기 3개월 전까지 제1항에 따른 한도에 적합하도록 하기 위한 세부계획서를 금융위원회에 제출하여야 하고, 금융위원회는 세부계획서를 제출받은 날부터 1개월 이내에 승인 여부를 결정·통보하여야 한다.

⑧ 금융위원회는 종합금융회사 또는 그의 대주주가 제1항부터 제7항까지의 규정을 위반한 혐의가 있다고 인정되는 경우에는 종합금융회사 또는 대주주에 대하여 필요한 자료의 제출을 명할 수 있다.

⑨ 금융위원회는 종합금융회사의 대주주(회사에 한한다)의 부채가 자산을 초과하는 등 재무구조의 부실로 인하여 종합금융회사의 경영건전성을 현저히 해칠 우려가 있는 경우로서 대통령령으로 정하는 경우에는 그 종합금융회사에 대하여 다음 각 호의 조치를 할 수 있다.

1. 그 대주주에 대한 신규 신용공여의 금지
2. 그 대주주가 발행한 증권의 신규취득 금지
3. 그 밖에 그 대주주에 대한 자금지원 성격의 거래제한 등 대통령령으로 정하는 조치

Ⅰ. 대주주에 대한 신용공여한도

종합금융회사는 그의 대주주(그의 특수관계인 포함)에게 신용공여를 함에 있어서 자기자본의 25/100의 범위에서 시행령으로 정하는 한도를 초과하여서는 아니 되며, 대주주는 그 종합금융회사로부터 그 한도를 초과하여 신용공여를 받아서는 아니 된다(법 343조 1항). 이를 위반하여 신용공여를 한 종합금융회사와 그로부터 신용공여를 받은 자는 5년 이하의 징역 또는 2억원 이하의 벌금에 처한다(법 444조 25호). 여기서 시행령으로 정하는 한도란 자기자본의 15/100에 해당하는 금액과 해당 대주주(그의 특수관계인 포함)가 소유하는 해당 종합금융회사의 의결권 있는 주식 수를 해당 종합금융회사의 의결권 있는 발행주식 총수로 나눈 비율에 해당 종합금융회사의 자기자본을 곱한 금액 중 적은 금액을 말한다(법 시행령 338조 1항).

Ⅱ. 이사회 결의를 요하는 대주주의 신용공여금액 및 증권취득한도

종합금융회사가 그의 대주주에게 법 제343조 제 1 항의 범위에서 시행령으로 정하는 금액 이상의 신용공여(시행령으로 정하는 거래 포함)를 하거나 대주주가 발행한 주식을 시행령으로 정하는 금액 이상으로 취득하려는 경우에는 미리 이사회 결의를 거쳐야 하며, 이 경우 이사회는 재적이사 전원의 찬성에 의한 결의를 요한다(법 343조 2항). 이를 위반하여 이사회 결의를 거치지 아니한 경우에는 5천만원 이하의 과태료를 부과한다(법 449조 1항 45호).

여기서 시행령이 정하는 금액이란 금융위원회가 정하여 고시하는 단일 거래금액이 자기자본의 1만분의 10에 해당하는 금액 또는 10억원 중 적은 금액을 말한다. 다만, 해당 종합금융회사의 일상적인 거래분야의 거래로서 「약관의 규제에 관한 법률」 제 2 조에 따른 약관에 의한 거래 금액은 단일거래 금액에서 제외한다(법 시행령 338조 2항). 그리고 시행령으로 정하는 거래란 모집 또는 매출의 방법에 따라 대주주가 발행하는 사채권을 취득하는 거래를 말한다(법 시행령 338조 3항).

Ⅲ. 대주주 신용공여관련 공시사항

종합금융회사가 이사회의 결의를 거쳐 대주주에게 시행령으로 정하는 금액 이상의 신용공여를 하거나 대주주 발행주식을 시행령으로 정하는 금액 이상으로 취득한 경우에는 그 사실을 금융위원회에 지체 없이 보고하고, 인터넷 홈페이지 등을 이용하여 공시하여야 한다(법 343조 3항).

종합금융회사는 그의 대주주에 대한 신용공여 또는 대주주가 발행한 주식의 취득에 관한 보고사항 중 시행령으로 정하는 사항을 종합하여 분기별로 금융위원회에 보고하고, 인터넷 홈페이지 등을 이용하여 공시하여야 한다(법 343조 4항). 여기서 시행령으로 정하는 사항이란 다음의 어느 하나에 해당하는 것을 말한다. 첫째, 법 제343조 제 3 항에 따라 신용공여를 한 경우에는 (i) 분기 말 현재 신용공여의 규모, (ii) 분기 중 신용공여의 증감 금액, (iii) 신용공여의 거래조건, (iv) 그 밖에 금융위원회가 정하여 고시하는 사항을 말한다(법 시행령 338조 4항 1호). 둘째, 법 제343조 제 3 항에 따라 대주주가 발행한 주식을 취득한 경우에는 (i) 분기 말 현재 취득 규모, (ii) 분기 중 증감 내역, (iii) 취득가격 또는 처분가격, (iv) 그 밖에 금융위원회가 정하여 고시하는 사항을 말한다(법 시행령 338조 4항 2호).

이상의 규정에 따른 보고 또는 공시를 하지 아니하거나 거짓으로 보고 또는 공시한 자에 대하여는 5천만원 이하의 과태료를 부과한다(법 449조 1항 46호).

Ⅳ. 신용공여 한도 초과 시 보정기간

종합금융회사는 추가적인 신용공여를 하지 아니하였음에도 불구하고 자기자본의 변동 및 대주주의 변경 등으로 인하여 법 제343조 제 1 항에서 정한 한도를 초과하게 되는 경우에는 시행령에서 정하는 기간인 1년 이내에 법 제343조 제 1 항에 적합하도록 하여야 한다(법 343조 5항, 법 시행령 338조 5항).

그러나 종합금융회사는 신용공여의 기한 및 규모 등에 따른 부득이한 사유가 있는 경우에는 금융위원회의 승인을 받아 그 기간을 연장할 수 있다(법 343조 6항). 기간연장의 승인을 받으려는 종합금융회사는 법 제343조 제 5 항에 따른 기간이 만료되기 3개월 전까지 법 제343조 제 1 항에 따른 한도에 적합하도록 하기 위한 세부계획서를 금융위원회에 제출하여야 하고, 금융위원회는 세부계획서를 제출받은 날부터 1개월 이내에 승인 여부를 결정·통보하여야 한다(법 343조 7항).

Ⅴ. 금융위원회의 조치

금융위원회는 종합금융회사 또는 그의 대주주가 법 제343조 제 1 항부터 제 7 항까지의 규정을 위반한 혐의가 있다고 인정되는 경우에는 종합금융회사 또는 대주주에 대하여 필요한 자료의 제출을 명할 수 있다(법 343조 8항). 이에 따른 자료의 제출명령을 위반한 자에 대하여는 5천만원 이하의 과태료를 부과한다(법 449조 1항 47호).

금융위원회는 종합금융회사의 대주주(회사에 한함)의 부채가 자산을 초과하는 등 재무구조의 부실로 인하여 종합금융회사의 경영건전성을 현저히 해칠 우려가 있는 경우로서 시행령으로 정하는 경우에는 그 종합금융회사에 대하여 (i) 그 대주주에 대한 신규 신용공여의 금지, (ii) 그 대주주가 발행한 증권의 신규취득 금지, (iii) 그 밖에 그 대주주에 대한 자금지원 성격의 거래제한 등 시행령으로 정하는 조치를 할 수 있다(법 343조 9항).

시행령에서 규정하는 대주주 부실로 인해 종합금융회사의 경영건전성을 현저히 해칠 우려가 있는 경우란 (i) 대주주(회사만 해당하며, 회사인 특수관계인을 포함함)의 부채가 자산을 초과하는 경우(법 시행령 338조 6항 1호), (ii) 대주주가 둘 이상의 신용평가업자에 의하여 금융위원회가 정하여 고시하는 평가등급 미만으로 평가받은 경우(법 시행령 338조 6항 2호) 중 어느 하나에 해당하는 경우를 말한다.

그리고 대주주에 대한 자금지원 성격의 거래제한 등 시행령으로 정하는 조치란 (i) 대주주가 발행한 증권과 관련된 증권예탁증권(법 시행령 338조 7항 1호), (ii) 대주주 외의 자가 발행한 것으로서 대주주가 발행한 증권 또는 (i)의 증권과 교환을 청구할 수 있는 교환사채권(법 시행령 338조 7항 2호), (iii) 대주주가 발행한 증권, (i) 또는 (ii)의 증권만을 기초자산으로 하는 금융투자상품(권리의 행사로 그 기초자산을 취득할 수 있는 경우에 한함)(법 시행령 338조 7항 3호) 중 어느 하나에 해당하는 금융투자상품의 신규취득 금지를 말한다.

제344조(증권의 투자한도)

① 종합금융회사는 대통령령으로 정하는 경우를 제외하고는 자기자본의 100분의 100을 초과하여 증권에 투자하여서는 아니 된다. 이 경우 국채증권과 한국은행이 발행한 통화안정증권은 그 한도계산에 산입하지 아니한다.

② 금융위원회는 필요한 경우 제 1 항에 따른 투자한도의 범위에서 대통령령으로 정하는 방법에 따라 주식 및 파생결합증권 등에 대한 투자한도를 따로 정하여 고시할 수 있다.

Ⅰ. 증권 투자한도 및 예외	Ⅱ. 투자한도를 별도로 설정할 수 있는 증권

Ⅰ. 증권 투자한도 및 예외

종합금융회사는 조달자금을 대출 등에 운용하는 외에 증권투자를 통하여 보유자산의 다양화와 수익성 제고를 도모할 수 있다. 그러나 증권은 시장가치의 변동이 심한 위험자산이므로 금융기관 경영의 건전성을 확보하기 위해 증권투자를 법률로써 일정 범위로 규제하고 있다. 따라서 종합금융회사는 원칙적으로 자기자본의 100분의 100을 초과하여 증권에 투자할 수 없다(법 344조 1항). 이를 위반하여 증권에 투자한 자는 1년 이하의 징역 또는 3천만원 이하의 벌금에 처한다(법 446조 56호).

그러나 시행령으로 정하는 경우에는 예외적으로 종합금융회사도 자기자본의 100%를 초과하여 증권에 투자할 수 있다. 시행령이 정하는 예외는 (i) 법 제336조 제1항 제1호 및 제3호, 같은 조 제2항 제2호·제3호의 업무 및 집합투자증권을 대상으로 하는 투자매매업·투자중개업을 영위함에 따라 증권을 소유하는 경우, (ii) 국가가 원리금의 지급을 보증한 채권을 소유하는 경우, (iii) 주주권·담보권 등의 행사로 증권을 소유하는 경우(소유기간이 1년을 초과하는 경우를 제외함), (iv) 잔존만기 3년 이내의 사채권을 소유하는 경우, (v) 금융위원회가 정하여 고시하는 바에 따라 기존의 신용공여액을 출자로 전환함으로써 취득하게 된 주식(전환사채를 포함함)을 소유하는 경우, (vi) 「자산유동화에 관한 법률」에 따라 해당 종합금융회사가 소유한 자산을 기초로 하여 발행된 유동화증권을 소유하는 경우, (vii) 집합투자증권 중 금융위원회가 정하여 고시하는 집합투자증권을 소유하는 경우 중 어느 하나에 해당하는 경우를 말한다(법 시행령 339조 1항).

국채증권과 한국은행이 발행한 통화안정증권은 재정·금융정책 운용상의 필요성 등에 의하여 보유한도 산정대상에서 제외된다(법 344조 1항).

Ⅱ. 투자한도를 별도로 설정할 수 있는 증권

금융위원회는 필요한 경우 법 제344조 제1항에 따른 투자한도의 범위에서 시행령으로 정하는 방법에 따라 주식 및 파생결합증권 등에 대한 투자한도를 따로 정하여 고시할 수 있다(법 344조 2항). 여기서 시행령으로 정하는 방법이란 증권별로 따로 투자한도를 정하는 방법을 말하는데, 여기에 해당되는 증권에는 (i) 동일회사의 발행주식(그 주식과 관련된 증권예탁증권을 포함), (ii) 종합금융회사의 대주주 및 그 특수관계인이 발행한 주식(그 주식과 관련된 증권예탁증권을 포함), (iii) 종합금융회사의 대주주 및 그 특수관계인이 매도하는 비상장증권(그 증권과 관련된 증권예탁증권을 포함), (iv) 파생결합증권, 그 밖에 금융위원회가 정하여 고시하는 증권 등이 포함된다(법 시행령 339조 2항).

제345조(자금지원 관련 금지행위)

① 상호출자제한기업집단에 속하는 종합금융회사는 다른 상호출자제한기업집단에 속하는 금융기관(「금융산업의 구조개선에 관한 법률」에 따른 금융기관을 말한다. 이하 이 항에서 같다) 또는 회사와 다음 각 호의 행위를 하여서는 아니 된다.

1. 제342조부터 제344조까지의 규정에 따른 한도를 회피하기 위한 목적으로 다른 금융기관 또는 회사의 의결권 있는 주식을 서로 교차하여 소유하거나 신용공여를 하는 행위
2. 「상법」, 그 밖의 법률에 따른 자기주식 취득의 제한을 회피하기 위한 목적으로 서로 교차하여 주식을 취득하는 행위

3. 그 밖에 예금자 및 투자자의 이익을 크게 해할 우려가 있는 행위로서 대통령령으로 정하는 행위

② 종합금융회사는 제1항을 위반하여 취득한 주식에 대하여는 의결권을 행사할 수 없다.

③ 종합금융회사는 그 종합금융회사의 주식을 매입시키기 위한 신용공여를 하여서는 아니 된다.

④ 금융위원회는 제1항 또는 제3항을 위반하여 주식을 취득하거나 신용공여를 한 종합금융회사에 대하여 6개월 이내의 기간을 정하여 그 주식의 처분 또는 신용공여의 회수를 명하는 등 필요한 조치를 할 수 있다.

Ⅰ. 자금지원 관련 금지행위	Ⅱ. 금융위원회의 조치

Ⅰ. 자금지원 관련 금지행위

상호출자제한기업집단에 속하는 종합금융회사는 다른 상호출자제한기업집단에 속하는 금융기관(「금융산업의 구조개선에 관한 법률」에 따른 금융기관을 말함) 또는 회사와 일정한 행위를 하여서는 아니 된다(법 345조 1항). 이 때 금지되는 행위란 (i) 법 제342조부터 제344조까지의 규정에 따른 한도를 회피하기 위한 목적으로 다른 금융기관 또는 회사의 의결권 있는 주식을 서로 교차하여 소유하거나 신용공여를 하는 행위(법 345조 1항 1호), (ii) 「상법」, 그 밖의 법률에 따른 자기주식 취득의 제한을 회피하기 위한 목적으로 서로 교차하여 주식을 취득하는 행위(법 345조 1항 2호), (iii) 그 밖에 예금자 및 투자자의 이익을 크게 해할 우려가 있는 행위로서 시행령으로 정하는 행위(법 345조 1항 3호)를 말한다. 여기서 시행령으로 정하는 행위란 법 제342조부터 제344조까지의 규정에 따른 한도를 회피하기 위한 목적으로 장외파생상품거래, 신탁계약, 연계거래 등을 이용하는 행위를 말한다(법 시행령 340조). 법 제345조 제1항을 위반하여 행위를 한 자는 1년 이하의 징역 또는 3천만원 이하의 벌금에 처한다(법 446조 57호).

종합금융회사는 상기 금지에 위반하여 취득한 주식에 대하여는 의결권을 행사할 수 없다(법 345조 2항). 또한 종합금융회사는 그 종합금융회사의 주식을 매입시키기 위한 신용공여를 하여서는 아니 된다(법 345조 3항). 이상의 규정을 위반하여 의결권을 행사하거나, 신용공여를 한 자는 1년 이하의 징역 또는 3천만원 이하의 벌금에 처한다(법 446조 55호·58호).

Ⅱ. 금융위원회의 조치

금융위원회는 상기 자금지원 관련 금지규정을 위반하여 주식을 취득하거나 신용공여를 한 종합금융회사에 대하여 6개월 이내의 기간을 정하여 그 주식의 처분 또는 신용

공여의 회수를 명하는 등 필요한 조치를 할 수 있다(법 345조 4항). 이에 따른 조치를 이행하지 아니한 자는 1년 이하의 징역 또는 3천만원 이하의 벌금에 처한다(법 446조 59호).

제346조(지급준비자산의 보유)

종합금융회사는 채무의 변제와 긴급한 자금인출에 대비하기 위하여 대통령령으로 정하는 기준 및 방법에 따라 지급준비자산을 보유하여야 한다.

Ⅰ. 지급준비자산의 보유의무 및 보유금액	Ⅱ. 지급준비자산 및 계산방법

Ⅰ. 지급준비자산의 보유의무 및 보유금액

종합금융회사는 채무의 변제와 긴급한 자금인출에 대비하기 위하여 시행령으로 정하는 기준 및 방법에 따라 지급준비자산을 보유하여야 한다(법 346조). 이에 따라 시행령은 종합금융회사로 하여금 (i) 종합금융회사가 발행한 어음(투자자의 요청에 따라 해당 종합금융회사가 그 종합금융회사를 발행인과 지급인으로 하여 발행한 어음을 말함) 및 채무증서의 발행금액, (ii) 어음관리계좌의 수탁금액, (iii) 담보책임을 지면서 매도한 기업어음의 액면금액의 합계액의 5/100에 상당하는 금액 이상을 지급준비자산으로 보유하여야 한다고 규정하고 있다(법 시행령 341조 1항).

이상의 규정을 위반하여 지급준비자산을 보유하지 아니한 자는 1년 이하의 징역 또는 3천만원 이하의 벌금에 처한다(법 446조 60호).

Ⅱ. 지급준비자산 및 계산방법

상기의 지급준비자산은 (i) 현금, (ii) 국채증권·지방채증권 또는 특수채증권, (iii) 국가가 원리금의 지급을 보증한 채권으로서 타인을 위하여 담보로 제공되지 아니한 것으로 한다(법 시행령 341조 2항).

지급준비자산의 계산방법에 관한 사항은 금융위원회가 정하여 고시한다(법 시행령 341조 3항).

제347조(부동산 취득의 제한)

① 종합금융회사는 업무용 부동산을 제외하고는 부동산을 취득하거나 소유할 수 없다. 다만, 담보권의 실행으로 인하여 취득하는 경우에는 이를 소유할 수 있다.
② 종합금융회사는 자기자본의 100분의 100을 초과하여 업무용 부동산을 취득하여서는 아니 된다.
③ 종합금융회사는 자기가 소유하는 부동산 중 업무용 부동산이 아니거나 제 1 항 단서에 따라 취득한 부동산을 대통령령으로 정하는 방법에 따라 처분하여야 한다.
④ 제 1 항 본문에 따른 업무용 부동산의 범위는 대통령령으로 정한다.

Ⅰ. 부동산 취득 제한 및 업무용 부동산의 범위	Ⅱ. 취득 부동산의 처분

Ⅰ. 부동산 취득 제한 및 업무용 부동산의 범위

종합금융회사는 업무용 부동산을 취득하거나 담보권실행으로 인해 부동산을 취득하는 외에는 부동산을 취득하거나 소유할 수 없다(법 347조 1항). 업무용 부동산의 경우에 종합금융회사는 자기자본의 10/100을 초과하여 이를 취득하여서는 아니 된다(법 347조 2항). 이상의 규정을 위반하여 부동산을 취득하거나 소유한 자는 1년 이하의 징역 또는 3천만원 이하의 벌금에 처한다(법 446조 61호).

종합금융회사가 취득할 수 있는 업무용 부동산의 범위는 시행령으로 정한다(법 347조 4항). 시행령에서는 업무용 부동산의 범위를 「법인세법 시행령」 제49조 제 1 항 제 1 호에 따른 부동산 외의 부동산으로 규정한다(법 시행령 342조 2항).

Ⅱ. 취득 부동산의 처분

종합금융회사가 비업무용 부동산을 취득하거나 담보권의 실행으로 부동산을 취득한 경우에는 당해 부동산을 시행령으로 정하는 방법에 따라 처분하여야 한다(법 347조 3항). 시행령에서는 종합금융회사로 하여금 업무용 부동산이 아닌 부동산 및 담보권실행으로 인해 취득한 부동산을 취득한 날부터 1년 이내에 처분하거나 「금융기관부실자산 등의 효율적 처리 및 한국자산관리공사의 설립에 관한 법률」에 따라 설립된 한국자산관리공사에 매각을 의뢰하도록 규정하고 있다(법 시행령 342조 1항). 다만, 처분 또는 매각의뢰를 할 수 없는 불가피한 사유가 있는 경우로서 금융위원회가 정하여 고시하는 사유가 있는 경우에는 처분 또는 매각의뢰를 하지 아니할 수 있다(법 347조 1항 단서).

이상의 규정을 위반하여 부동산을 처분하지 아니한 자는 1년 이하의 징역 또는 3천만원 이하의 벌금에 처한다(법 446조 62호).

제348조(겸직금지)

종합금융회사의 상근임원은 대통령령으로 정하는 다른 영리법인의 상시적인 업무에 종사하고자 하는 경우에는 금융위원회의 승인을 받아야 한다.

Ⅰ. 상근임원의 겸직제한

종합금융회사의 상근임원은 시행령으로 정하는 다른 영리법인의 상시적인 업무에 종사하고자 하는 경우에는 금융위원회의 승인을 받아야 한다(법 348조). 감독기관의 승인을 통해 겸직으로 인한 이해상충을 방지하고자 하는 것이다. 승인을 받지 아니하고 다른 영리법인의 상시적인 업무에 종사한 자에 대하여는 1천만원 이하의 과태료를 부과한다(법 449조 2항 18호).

Ⅱ. 상근임원 겸직시 금융위원회 승인을 요하는 영리법인의 범위

종합금융회사의 상근임원 겸직시 금융위원회의 승인이 필요한 영리법인의 범위는 다음과 같다(법 시행령 343조).

첫째, 「금융산업의 구조개선에 관한 법률」 제 2 조 제 1 호에 따른 금융기관이다. 여기에는 (i) 「은행법」에 의하여 설립된 금융기관, (ii) 「장기신용은행법」에 의한 장기신용은행, (iii) 「자본시장과 금융투자업에 관한 법률」에 따른 투자매매업자·투자중개업자, (iv) 「자본시장과 금융투자업에 관한 법률」에 따른 집합투자업자, 투자자문업자 또는 투자일임업자, (v) 「보험업법」에 따른 보험회사, (vi) 「상호저축은행법」에 의한 상호저축은행, (vii) 「자본시장과 금융투자업에 관한 법률」에 따른 신탁업자, (viii) 「자본시장과 금융투자업에 관한 법률」에 따른 종합금융회사, (ix) 「금융지주회사법」에 의한 금융지주회사, (x) 기타 법률에 의하여 금융업무를 행하는 기관으로서 대통령령이 정하는 기관 등이 해당된다.

둘째, 해당 종합금융회사의 자회사로서 해당 종합금융회사가 「주식회사의 외부감사에 관한 법률」 제 1 조의2 제 2 호에 따른 연결재무제표를 작성하여야 하는 법인이다. 다만 (i) 외국에 소재하는 자회사인 금융기관의 임원으로 겸직하거나 파견근무하는 경우와 (ii) 자회사의 경영합리화 또는 구조조정을 원활히 추진하기 위하여 자회사의 임원으로 겸직하거나 파견근무하는 경우는 제외한다.

셋째, 「공인회계사법」에 따른 회계법인이다.

넷째, 해당 종합금융회사의 대주주 및 그와 제337조 제 1 항 각 호의 관계에 있는 법인이다.

다섯째, 해당 종합금융회사로부터 해당 종합금융회사의 자기자본의 10/100 이상의 신용공여를 받은 법인이다.

여섯째, 첫째부터 다섯째까지의 법인에 해당하지 아니하는 그 밖의 영리법인으로서 종합금융회사의 상근임원이 다른 영리법인의 상시적인 업무에 종사함으로 인하여 이해상충의 소지가 있다고 금융위원회가 정하여 고시하는 법인이다.

제349조(과징금)

① 금융위원회는 종합금융회사가 제343조 제 1 항을 위반한 경우에는 그 종합금융회사에 대하여 한도를 초과한 신용공여액의 100분의 20의 범위에서 과징금을 부과할 수 있다.

② 제430조부터 제434조까지의 규정은 제 1 항에 따른 과징금 부과에 관하여 준용한다.

Ⅰ. 과징금의 부과

금융위원회는 종합금융회사가 법 제343조 제 1 항을 위반하여 그의 대주주에게 한도를 초과한 신용공여를 한 경우에는 그 종합금융회사에 대하여 한도를 초과한 신용공여액의 20/100의 범위에서 과징금을 부과할 수 있다(법 349조 1항). 다만 종합금융회사가 고의 또는 중대한 과실로 위반행위를 한 경우에 한하여 과징금을 부과할 수 있다(법 349조 2항, 430조 1항).

금융위원회가 과징금을 부과하는 경우에는 (i) 위반행위의 내용 및 정도, (ii) 위반행위의 기간 및 회수, (iii) 위반행위로 인하여 취득한 이익의 규모 등을 고려하여야 한다(법 349조 2항, 430조 2항).

금융위원회는 법을 위반한 종합금융회사가 합병을 하는 경우 그 종합금융회사가 행한 위반행위는 합병 후 존속하거나 합병에 의하여 신설된 법인이 행한 행위로 보아 과징금을 부과·징수할 수 있다(법 349조 2항, 430조 3항). 과징금의 부과에 관하여 필요한 사항은 시행령으로 정한다(법 349조 2항, 430조 4항).

Ⅱ. 과징금 부과 관련 사항

금융위원회는 과징금을 부과하기 전에 미리 당사자 또는 이해관계인 등에게 의견을 제출할 기회를 주어야 한다(법 349조 2항, 431조 1항). 이 때 당사자 또는 이해관계인 등은 금융위원회의 회의에 출석하여 의견을 진술하거나 필요한 자료를 제출할 수 있다(법 349조 2항, 431조 2항).

종합금융회사가 금융위원회의 과징금 부과처분에 대하여 불복하는 경우에는 그 처분의 고지를 받은 날부터 30일 이내에 그 사유를 갖추어 금융위원회에 이의를 신청할 수 있다(법 349조 2항, 432조 1항). 금융위원회는 이러한 이의신청에 대하여 60일 이내에 결정을 하여야 한다. 다만, 부득이한 사정으로 그 기간 이내에 결정을 할 수 없을 경우에는 30일의 범위에서 그 기간을 연장할 수 있다(법 349조 2항, 432조 2항).

금융위원회는 과징금을 부과받은 종합금융회사가 (i) 재해 또는 도난 등으로 재산에 현저한 손실을 입은 경우, (ii) 사업여건의 악화로 사업이 중대한 위기에 처한 경우, (iii) 과징금의 일시납부에 따라 자금사정에 현저한 어려움이 예상되는 경우, (iv) 그 밖에 (i)부터 (iii)까지의 사유에 준하는 사유가 있는 경우 중 어느 하나에 해당하는 사유로 과징금의 전액을 일시에 납부하기가 어렵다고 인정되는 경우에는 그 납부기한을 연장하거나 분할납부하게 할 수 있다. 이 경우 필요하다고 인정되는 때에는 담보를 제공하게 할 수 있다(법 349조 2항, 433조 1항). 종합금융회사가 과징금납부기한의 연장을 받거나 분할납부를 하고자 하는 경우에는 그 납부기한의 10일 전까지 금융위원회에 신청하여야 한다(법 349조 2항, 433조 2항). 그리고 납부기한이 연장되거나 분할납부가 허용된 종합금융회사가 (i) 분할납부가 결정된 과징금을 그 납부기한 내에 납부하지 아니한 경우, (ii) 담보의 변경, 그 밖에 담보보전에 필요한 금융위원회의 명령을 이행하지 아니한 경우, (iii) 강제집행, 경매의 개시, 파산선고, 법인의 해산, 국세 또는 지방세의 체납처분을 받는 등 과징금의 전부 또는 나머지를 징수할 수 없다고 인정되는 경우, (iv) 그 밖에 (i)부터 (iii)까지의 사유에 준하는 사유가 있는 경우 중 어느 하나에 해당하게 된 경우 금융위원회는 그 납부기한의 연장 또는 분할납부결정을 취소하고 과징금을 일시에 징수할 수 있다(법 349조 2항, 433조 3항). 과징금납부기한의 연장, 분할납부 또는 담보 등에 관하여 필요한 사항은 시행령으로 정한다(법 349조 2항, 433조 4항).

종합금융회사가 납부기한 내에 과징금을 납부하지 아니한 경우에 금융위원회는 납부기한의 다음 날부터 납부한 날의 전일까지의 기간에 대하여 시행령으로 정하는 가산금을 징수할 수 있다(법 349조 2항, 434조 1항). 종합금융회사가 납부기한 내에 과징금을 납부하지 아니한 경우에 금융위원회는 기간을 정하여 독촉을 하고, 그 지정한 기간 이내에 과징금 및 가산금을 납부하지 아니한 경우에는 국세체납처분의 예에 따라 징수할 수 있다(법 349조 2항, 434조 2항). 금융위원회는 이상의 과징금 및 가산금의 징수 또는 체납처분에 관한 업무를 국세청장에게 위탁할 수 있다(법 349조 2항, 434조 3항). 기타 과징금의 징수에 관하여 필요한 사항은 시행령으로 정한다(법 349조 2항, 434조 4항).

제350조(준용규정)

제23조(제 4 항을 제외한다), 제24조, 제25조(제 3 항을 제외한다), 제26조, 제28조, 제29조, 제31조부터 제33조까지, 제35조, 제36조, 제416조 및 제418조(제 4 호부터 제 9 호까지에 한한다)는 종합금융회사에 준용한다. 이 경우 제25조 제 1 항, 제26조 제 1 항 및 제29조 제 1 항 중 "금융투자업자(자산규모 등을 고려하여 대통령령으로 정하는 금융투자업자를 제외한다. 이하 이 조에서 같다)"는 각각 "종합금융회사"로 보고, 제28조 제 2 항 중 "금융투자업자(자산규모 등을 고려하여 대통령령으로 정하는 투자자문업자 및 투자일임업자를 제외한다. 이하 이 조에서 같다)"는 "종합금융회사"로 보며, 제31조 제 1 항 중 "금융투자업자(겸영금융투자업자를 제외한다. 이하 이 절에서 같다)"는 "종합금융회사"로 보고, 제418조 각 호 외의 부분 중 "금융투자업자(겸영금융투자업자의 경우에는 제 6 호부터 제 9 호까지에 한한다)"는 "종합금융회사"로 본다.

법 제350조는 금융투자업자의 지배구조, 건전경영 유지, 금융투자업자에 대한 감독 및 처분 등에 관한 규정을 종합금융회사에 준용한다. 구체적으로, 대주주의 변경 승인 등(법 23조), 임원의 자격(법 24조), 사외이사의 선임 및 이사회의 구성(법 25조), 감사위원회의 설치(법 26조), 내부통제기준 및 준법감시인(법 28조), 소수주주권(법 29조), 경영건전성 기준(법 31조), 회계처리(법 32조), 업무보고서 및 공시(법 33조), 대주주의 부당한 영향력 행사의 금지(법 35조), 금융위원회 자료제출명령(법 36조), 금융위원회의 조치명령권(법 416조), 금융위원회에의 보고사항(법 418조) 등에 관한 규정이 준용된다.

제351조: 삭제

제352조(다른 법률과의 관계)

① 「한국은행법」 및 「은행법」은 종합금융회사에는 적용하지 아니한다.

② 종합금융회사가 제336조에 규정하는 업무를 영위하는 경우에는 이 장에 특별한 규정이 있는 사항을 제외하고는 그 업무의 종류에 따라 이 법 또는 각 해당 법률을 적용한다.

종합금융회사에 대하여는 한국은행법 및 은행법의 적용이 배제된다(법 352조 1항). 태생적으로 종합금융업은 은행업과 다르기 때문이다.

그리고 종합금융회사가 법 제336조에 규정하는 업무를 영위하는 경우에는 자본시장법의 제정 및 시행에 따라 기존 종합금융회사법이 폐지되었으므로 업무의 종류 별로 자본시장법 또는 각 해당 법률이 적용되는 것이 원칙이다(법 352조 2항).

제353조(종합금융회사에 대한 검사)

제419조(제 2 항부터 제 4 항까지 및 제 8 항을 제외한다)는 종합금융회사에 대한 검사에 관하여 준용한다.

Ⅰ. 종합금융회사에 대한 검사	Ⅱ. 검사 결과의 금융위원회 보고

Ⅰ. 종합금융회사에 대한 검사

종합금융회사는 그 업무와 재산상황에 관하여 금융감독원장의 검사를 받아야 한다(법 353조, 419조 1항). 자본시장법은 종합금융회사에 대한 검사에 있어서 금융투자업자에 대한 검사규정 중의 일부를 준용하고 있다.

금융감독원장이 종합금융회사의 업무와 재산상황에 관한 검사를 함에 있어서 필요하다고 인정되는 경우에는 종합금융회사에게 업무 또는 재산에 관한 보고, 자료의 제출, 증인의 출석, 증언 및 의견의 진술을 요구할 수 있다(법 353조, 419조 5항). 이에 따른 보고 또는 자료의 제출명령이나 증인의 출석, 증언 및 의견의 진술 요구에 불응한 자에 대하여는 1천만원 이하의 과태료를 부과한다(법 449조 2항 8호).

종합금융회사의 검사를 하는 자는 그 권한을 표시하는 증표를 지니고 이를 관계자에게 내보여야 한다(법 353조, 419조 6항).

Ⅱ. 검사 결과의 금융위원회 보고

금융감독원장이 종합금융회사의 검사를 한 경우에는 그 보고서를 금융위원회에 제출하여야 한다. 이 경우 자본시장법 또는 이 법에 따른 명령이나 처분을 위반한 사실이 있는 때에는 그 처리에 관한 의견서를 첨부하여야 한다(법 353조, 419조 7항).

이와 관련하여 금융위원회는 검사의 방법·절차, 검사결과에 대한 조치기준, 그 밖의 검사업무와 관련하여 필요한 사항을 정하여 고시할 수 있다(법 353조, 419조 9항). 이상의 규정에 따른 검사·조사 또는 확인을 거부·방해 또는 기피한 자에 대하여는 5천만원 이하의 과태료를 부과한다(법 449조 1항 20호).

제354조(종합금융회사에 대한 조치)

① 금융위원회는 종합금융회사가 다음 각 호의 어느 하나에 해당하는 경우에는 종합금융회사의 인가를 취소할 수 있다.

1. 인가조건을 위반한 경우
2. 업무의 정지기간 중에 업무를 한 경우
3. 금융위원회의 시정명령 또는 중지명령을 이행하지 아니한 경우
4. [별표 10] 각 호의 어느 하나에 해당하는 경우로서 대통령령으로 정하는 경우
5. 대통령령으로 정하는 금융관련 법령 등을 위반한 경우로서 대통령령으로 정하는 경우
6. 그 밖에 투자자의 이익을 현저히 해할 우려가 있거나 해당 업무를 영위하기 곤란하다고 인정되는 경우로서 대통령령으로 정하는 경우

② 금융위원회는 종합금융회사가 제 1 항 각 호(제 4 호를 제외한다)의 어느 하나에 해당하거나 [별표 10] 각 호의 어느 하나에 해당하는 경우에는 다음 각 호의 어느 하나에 해당하는 조치를 할 수 있다.

1. 6개월 이내의 업무의 전부 또는 일부의 정지
2. 계약의 인계명령
3. 위법행위의 시정명령 또는 중지명령
4. 위법행위로 인한 조치를 받았다는 사실의 공표명령 또는 게시명령
5. 기관경고
6. 기관주의
7. 그 밖에 위법행위를 시정하거나 방지하기 위하여 필요한 조치로서 대통령령으로 정하는 조치

③ 금융위원회는 종합금융회사의 임원이 제 1 항 각 호(제 4 호를 제외한다)의 어느 하나에 해당하거나 [별표 10] 각 호의 어느 하나에 해당하는 경우에는 다음 각 호의 어느 하나에 해당하는 조치를 할 수 있다.

1. 해임요구
2. 6개월 이내의 직무정지
3. 문책경고
4. 주의적 경고
5. 주의
6. 그 밖에 위법행위를 시정하거나 방지하기 위하여 필요한 조치로서 대통령령으로 정하는 조치

④ 금융위원회는 종합금융회사의 직원이 제 1 항 각 호(제 4 호를 제외한다)의 어느 하나에 해당하거나 [별표 10] 각 호의 어느 하나에 해당하는 경우에는 다음 각 호의 어느 하나에 해당하는 조치를 그 종합금융회사에 요구할 수 있다.

1. 면직
2. 6개월 이내의 정직
3. 감봉
4. 견책
5. 경고

6. 주의
7. 그 밖에 위법행위를 시정하거나 방지하기 위하여 필요한 조치로서 대통령령으로 정하는 조치

⑤ 제422조 제3항 및 제423조부터 제425조까지의 규정은 종합금융회사 및 그 임직원에 대한 조치 등에 관하여 준용한다.

Ⅰ. 종합금융회사의 인가취소 사유

일정한 사유가 발생하는 경우 금융위원회는 종합금융회사의 인가를 취소할 수 있는데, 법과 시행령에서 정하는 인가취소 사유는 다음과 같다.

첫째, 인가조건을 위반한 경우이다(법 354조 1항 1호).

둘째, 업무의 정지기간 중에 업무를 한 경우이다(법 354조 1항 2호).

셋째, 금융위원회의 시정명령 또는 중지명령을 이행하지 아니한 경우이다(법 354조 1항 3호).

넷째, 투자자 보호 또는 건전한 거래질서를 해할 우려가 있는 경우로서 ① 법 제343조 제1항을 위반하여 대주주에게 신용공여를 하거나 대주주가 발행한 주식을 취득한 경우, ② 법 제35조를 위반하여 종합금융회사의 대주주가 종합금융회사에 부당한 영향력을 행사한 경우, ③ 그 밖에 투자자 보호 또는 건전한 거래질서를 해할 우려가 있는 경우로서 법 제174조에 따른 미공개 중요정보 이용행위 금지 의무를 위반하거나, 법 제176조에 따른 시세조종행위 등의 금지 의무를 위반하거나, 법 제178조에 따른 부정거래행위 등의 금지 의무를 위반한 경우이다(법 354조 1항 4호, 법 시행령 344조 1항).

다섯째, 「금융실명거래 및 비밀보장에 관한 법률」, 「형법」, 「특정경제범죄 가중처벌 등에 관한 법률」 등 금융관련 법령을 위반한 경우로서(법 354조 1항 5호, 법 시행령 344조 2항), ① 「금융실명거래 및 비밀보장에 관한 법률」 제4조 제1항 본문을 위반하여 거래정보등을 제공·누설하거나 요구한 경우, ② 「금융실명거래 및 비밀보장에 관한 법률」 제4조 제3항을 위반하여 거래정보등의 제공 요구를 거부하지 아니한 경우, ③ 「금융실명거래 및 비밀보장에 관한 법률」 제4조 제4항 본문을 위반하여 알게 된 거래정보등을 타인에게 제공·누설하거나 그 목적 외의 용도로 이용한 경우 또는 그 거래정보등을 요구한 경우, ④ 「금융실명거래 및 비밀보장에 관한 법률」 제4조 제5항을 위반하여 거래정보등을 타인에게 제공·누설한 경우, ⑤ 「형법」 제214조부터 제217조까지의 규정을 위반한 경우, ⑥ 「형법」 제223조(214조부터 217조까지의 규정을 위반한 경우에 한한다)를 위반한 경

우, ⑦ 「형법」 제355조, 제356조 또는 제357조 제 1 항을 위반한 경우, ⑧ 「형법」 제359조(355조, 356조 또는 357조 1항을 위반한 경우에 한한다)를 위반한 경우, ⑨ 「특정경제범죄 가중처벌 등에 관한 법률」 제 3 조 제 1 항(「형법」 355조 또는 356조와 관련된 경우에 한한다)을 위반한 경우, ⑩ 「특정경제범죄 가중처벌 등에 관한 법률」 제 5 조 제 1 항부터 제 3 항까지의 규정을 위반한 경우, ⑪ 「특정경제범죄 가중처벌 등에 관한 법률」 제 7 조에 위반한 경우, ⑫ 「특정경제범죄 가중처벌 등에 관한 법률」 제 8 조에 위반한 경우, ⑬ 「특정경제범죄 가중처벌 등에 관한 법률」 제 9 조 제 3 항을 위반한 경우이다(법 354조 1항 5호, 법 시행령 344조 3항).

마지막으로, 그 밖에 투자자의 이익을 현저히 해할 우려가 있거나 해당 업무를 영위하기 곤란하다고 인정되는 경우로서 ① 정당한 사유 없이 인가받은 업무를 6개월 이상 계속해서 영위하지 아니한 경우, ② 업무와 관련하여 부정한 방법으로 타인으로부터 금전 등을 교부받거나 타인에게 교부할 금전 등을 취득한 경우, ③ 법 제335조 제 2 항 제 1 호에 따른 업무정지의 조치를 받은 날부터 1개월(업무정지의 조치를 하면서 1개월을 초과하는 보정기간을 정한 경우에는 그 기간) 이내에 해당 조건을 보정하지 아니한 경우, ④ 동일 또는 유사한 위법행위를 계속하거나 반복하는 경우 등이다(법 354조 1항 6호, 법 시행령 344조 4항).

이상의 규정에 따라 인가가 취소된 후 그 취소된 업무를 영위한 자는 5년 이하의 징역 또는 2억원 이하의 벌금에 처한다(법 444조 24호).

Ⅱ. 금융위원회의 조치

금융위원회는 종합금융회사 또는 그 임직원이 인가 취소 사유 등에 해당하는 경우에는 법과 시행령이 정하는 조치를 취할 수 있다(법 354조 2항·3항·4항).

1. 종합금융회사에 대한 조치

금융위원회는 종합금융회사가 법 제354조 제 1 항 각 호(4호를 제외한다)의 어느 하나에 해당하거나 [별표 10] 각 호의 어느 하나에 해당하는 경우에는 다음의 어느 하나에 해당하는 조치를 할 수 있다. 첫째, 6개월 이내로 종합금융회사의 업무 전부 또는 일부를 정지시킬 수 있다. 둘째, 계약의 인계명령을 내릴 수 있다. 셋째, 위법행위의 시정명령 또는 중지명령을 내릴 수 있다. 넷째, 위법행위로 인한 조치를 받았다는 사실을 공표하거나 게시하도록 명령을 내릴 수 있다. 다섯째, 기관경고 조치를 할 수 있다. 여섯째, 기관주의 조치를 할 수 있다. 일곱째, 그 밖에 위법행위를 시정하거나 방지하기 위하여 필요한 조치로서 (i) 지점, 그 밖의 영업소의 폐쇄 또는 그 업무의 전부 또는 일부의 정지, (ii) 경영 또는 업무방법의 개선요구나 개선권고, (iii) 변상 요구, (iv) 법을 위반한 경우에는 고발 또는 수사기관에의 통보, (v) 다른 법률을 위반한 경우에는 관련 기관 또는 수사기관에의 통보, (vi) 그 밖에 금융위원회가 자본시장법 및 동 시행령, 그 밖의 관련 법령에 따라 취할 수 있는 조치 중 어느 하나에 해당하는 조치를 내릴 수 있다(법 354조 2항, 법 시행령 344조 5항).

상기 규정에 따른 업무의 정지기간 중 업무를 영위한 자는 3년 이하의 징역 또는 1억원 이하의 벌금에 처한다(법 445조 37호).

2. 종합금융회사의 임원에 대한 조치

금융위원회는 종합금융회사의 임원이 법 제354조 제1항 각 호(4호를 제외한다)의 어느 하나에 해당하거나 [별표 10] 각 호의 어느 하나에 해당하는 경우에는 (i) 해임요구, (ii) 6개월 이내의 직무정지, (iii) 문책경고, (iv) 주의적 경고, (v) 주의, (vi) 그 밖에 위법행위를 시정하거나 방지하기 위하여 필요한 조치로서 ① 법 위반의 경우에는 고발 또는 수사기관에의 통보, ② 다른 법률을 위반한 경우에는 관련 기관 또는 수사기관에의 통보, ③ 그 밖에 금융위원회가 자본시장법 및 동 시행령, 그 밖의 관련법령에 따라 취할 수 있는 조치 중 어느 하나에 해당하는 조치를 할 수 있다(법 354조 3항, 법 시행령 344조 6항).

3. 종합금융회사의 직원에 대한 조치

금융위원회는 종합금융회사의 직원이 법 제335조 제1항 각 호(4호를 제외한다)의 어느 하나에 해당하거나 [별표 10] 각 호의 어느 하나에 해당하는 경우에는 (i) 면직, (ii) 6개월 이내의 정직, (iii) 감봉, (iv) 견책, (v) 경고, (vi) 주의, 또는 (vii) 그 밖에 위법행위를 시정하거나 방지하기 위하여 필요한 조치로서 ① 법 위반의 경우에는 고발 또는 수사기관에의 통보, ② 다른 법률을 위반한 경우에는 관련 기관 또는 수사기관에의 통보, ③ 그 밖에 금융위원회가 자본시장법 및 동 시행령, 그 밖의 관련법령에 의하여 취할 수 있는 조치 중 어느 하나를 그 종합금융회사에 요구할 수 있다(법 354조 4항, 법 시행령 344조 6항).

Ⅲ. 준용 규정

금융위원회는 종합금융회사의 임직원에 대하여 조치를 하거나 이를 요구하는 경우 그 임직원에 대하여 관리·감독의 책임이 있는 임직원에 대한 조치를 함께 하거나 이를 요구할 수 있다. 다만, 관리·감독의 책임이 있는 자가 그 임직원의 관리·감독에 상당한 주의를 다한 경우에는 조치를 감면할 수 있다(법 354조 5항, 422조 3항).

금융위원회는 종합금융회사나 그 임직원에 대한 처분이나 조치를 취하고자 하는 경우에는 청문을 실시하여야 한다(법 354조 5항, 423조). 또한 금융위원회는 종합금융회사나 그 임직원에 대하여 규정에 따른 처분 또는 조치를 한 경우에는 그 내용을 기록하고 이를 유지·관리하여야 하며(법 354조 5항, 424조 1항), 조치를 취한 사실을 관보 및 인터넷 홈페이지 등에 공고하여야 한다(법 354조 5항, 424조 2항).

금융위원회는 종합금융회사의 퇴임한 임원 또는 퇴직한 직원이 재임 또는 재직 중이었다면 관련 규정에 따른 조치를 받았을 것으로 인정되는 경우에는 그 받았을 것으로 인정되는 조치의 내용을 금융감독원장으로 하여금 해당 종합금융회사에게 통보하도록 할 수 있다. 이 경우 통보를 받은 종합금융회사는 이를 퇴임·퇴직한 그 임직원에게 통보하여야 한다(법 354조 5항, 424조 3항).

종합금융회사 또는 그 임직원(임직원이었던 자를 포함한다)은 금융위원회에 자기에 대한 관련 규정에 따른 처분 또는 조치 여부 및 그 내용을 조회할 수 있다(법 354조 5항, 424조 5항). 금융위원회는 이러한 조회요청을 받은 경우에는 정당한 사유가 없는 한 처분 또는 조치 여부 및 그 내용을 그 조회 요청자에게 통보하여야 한다(법 354조 5항, 424조 6항).

관련 규정에 따른 처분 또는 조치에 대하여 불복하는 자는 그 처분 또는 조치의 고지를 받은 날부터 30일 이내에 그 사유를 갖추어 금융위원회에 이의를 신청할 수 있다(법 354조 5항, 425조 1항). 이러한 이의신청에 대하여 금융위원회는 60일 이내에 결정을 하여야 한다. 다만, 부득이한 사정으로 그 기간 이내에 결정을 할 수 없을 경우에는 30일의 범위에서 그 기간을 연장할 수 있다(법 354조 5항, 425조 2항).

[초판: 장근영, 개정판: 박휜일]

제 5 장 자금중개회사

○ 前注

자금중개회사는 금융기관 간 콜(Call) 자금 거래의 중개 및 대차, 단기자금거래의 중개 및 대차, 채권매매의 중개, 금 중개 및 외국환거래법에 의한 외국환 중개를 수행함으로써 금융시장의 안정적 발전에 기여할 목적으로 구 종금법에 기하여 금융감독위원회의 승인을 얻어 설립된 회사였다.

구 종금법이 자본시장법의 시행과 함께 폐지되면서(부칙 2조 5호), 자금중개회사에 대한 규제는 자본시장법에서 행해지고 있다. 다만, 자금중개회사가 취급하는 금융업은 자본시장법상 금융투자업에 해당하지 않기 때문에 자금중개회사에 대해서는 6편 5장에서 따로 규제를 하고 있다.

자본시장법에 의하면 자금중개회사는 금융위원회의 인가를 받아 금융기관간의 자금거래를 중개하는 것을 영업으로 하는 금융회사이다. 자금중개회사의 자금중개업무는 일정 수수료만 받고 자금대여자와 자금차입자간의 거래를 연결해 주는 단순중개와 콜 거래의 경우 원활한 거래를 위한 자기계산으로 거래에 직접 참여하는 매매중개가 있는데, 자본시장법상 자금중개회사는 원칙적으로 단기자금거래의 중개업무가 금지되며, 자금중개를 하는 경우에도 단순중개가 원칙이고 콜 거래의 경우에는 필요 최소한의 범위에서 매매 중개를 할 수 있다.

2011년 6월말 현재 한국자금중개, 서울외국환중개, KIDB자금중개의 3개 국내사와 ICAP외국환중개, Tullett Prebon외국환중개 등 6개 외국사가 영업중이다.[1] 한국자금중개는 1996년 7월 당시 콜거래 중개를 맡고 있던 서울소재 8개 투자금융회사의 종합금융회사 전환 추진으로 콜시장을 비롯한 금융기관간 단기자금시장을 정비하면서 설립되었다. 한국자금중개는 1996년 11월 콜거래 중개 업무를 개시한 이래 양도성예금증서 매매중개업무(1996. 12), 환매조건부채권 매매중개업무(1997. 5), 어음 매매중개업무(1997. 6) 및 외국환 매매중개업무(1999. 2)를 차례로 취급하였다. 또한 2000년 6월부터는 장외시장채권 매매중개업무를, 2003년 7월부터는 면세금지급 중개업무를 취급하고 있다. 서울외국환중개는 2000년 5월에 금융결제원의 외국환 중개업무를 승계하여 설립되었으며 2001년 2월부터는 원화자금 거래의 중개업무도 취급하고 있다. KIDB자금중개는 2006년 3월 KIDB채

---

1) 이 중 원화와 외국환 중개를 겸영하는 회사는 한국자금중개와 서울외국환중개의 2개사이다. 또한 두 기관은 기획재정부로부터 환율고시기관으로 승인받아 외환의 매매기준율을 산출·고시하고 있다. 한국은행, 전게서(2011), 267쪽.

권중개[1])가 전액 출자하여 설립하였으며 콜거래, 환매조건부채권 및 양도성예금증서 매매 등 원화자금 거래 중개업무를 영위하고 있다.

한편 2004년에는 KIDB채권중개가 영국계 외국환 중개회사인 ICAP(Inter-Capital Plc.)와 합작하여 KIDB-ICAP외국환중개를 설립하였으나 2006년 11월 동 보유지분을 전액 매각함에 따라 ICAP외국환중개로 변경되었다. 그 외에 2005년에는 Tullett Prebon(영국계)이, 2007년에는 GFI(미국계), Nittan Capital(일본계), Tradition Korea(스위스계), BGC Capital Markets(영국계)가 각각 인가를 받아 외국환 중개업무를 시작하였다.

제355조(자금중개회사의 인가)

① 대통령령으로 정하는 금융기관 등 간 자금거래의 중개업무를 영위하려는 자는 금융위원회의 인가를 받아야 한다.

② 제 1 항에 따른 인가를 받으려는 자는 다음 각 호의 요건을 모두 갖추어야 한다.

1. 「상법」에 따른 주식회사일 것
2. 10억원 이상으로서 대통령령으로 정하는 금액 이상의 자기자본을 갖출 것
3. 사업계획이 타당하고 건전할 것
4. 투자자를 보호하고 영위하고자 하는 업을 수행하기에 충분한 인력 및 전산설비, 그 밖의 물적 설비를 갖출 것
5. 임원이 제24조에 적합할 것
6. 대주주(제12조 제 2 항 제 6 호가목의 대주주를 말한다)가 충분한 출자능력, 건전한 재무상태 및 사회적 신용을 갖출 것

③ 제 1 항에 따른 인가를 받으려는 자는 인가신청서를 금융위원회에 제출하여야 한다.

④ 금융위원회는 제 3 항의 인가신청서를 접수한 경우에는 그 내용을 심사하여 3개월 이내에 인가 여부를 결정하고, 그 결과와 이유를 지체 없이 신청인에게 문서로 통지하여야 한다. 이 경우 인가신청서에 흠결이 있는 때에는 보완을 요구할 수 있다.

⑤ 제 4 항의 심사기간을 산정함에 있어서 인가신청서 흠결의 보완기간 등 총리령으로 정하는 기간은 산입하지 아니한다.

⑥ 금융위원회는 제 4 항에 따라 인가를 하는 경우에는 경영의 건전성 확보 및 투자자 보호에 필요한 조건을 붙일 수 있다.

⑦ 제 6 항에 따라 조건이 붙은 인가를 받은 자는 사정의 변경, 그 밖에 정당한 사유가 있는 경우에는 금융위원회에 조건의 취소 또는 변경을 요청할 수 있다. 이 경우 금융위원회는 2개월 이내에 조건의 취소 또는 변경 여부를 결정하고, 그 결과를 지체 없이 신청인에게 문서로 통지하여야 한다.

⑧ 금융위원회는 제 4 항에 따라 인가를 한 경우에는 다음 각 호의 사항을 관보 및 인터넷 홈페

---

1) KIDB채권중개는 채권거래 중개기능 확충을 위해 2000년 5월 6개 국내 증권사와 국민은행이 주축이 되어 설립한 딜러간(inter-dealer) 채권중개회사이다.

이지 등에 공고하여야 한다.
1. 인가의 내용
2. 인가의 조건(조건을 붙인 경우에 한한다)
3. 인가의 조건을 취소하거나 변경한 경우 그 내용
⑨ 자금중개회사는 인가를 받아 그 업무를 영위함에 있어서 제2항 각 호의 인가요건(제2호 및 제6호의 경우에는 대통령령으로 정하는 완화된 요건을 말한다)을 유지하여야 한다.
⑩ 제1항부터 제8항까지의 규정에 따른 인가신청서의 기재사항·첨부서류 등 인가의 신청에 관한 사항과 인가심사의 방법·절차, 그 밖에 필요한 사항은 대통령령으로 정한다.

Ⅰ. 자금중개회사의 인가요건 Ⅱ. 인가절차 등

Ⅰ. 자금중개회사의 인가요건

자금중개업무를 영위할 수 있는 자는 대통령령으로 정하는 금융기관 등이다.[1] 이들이 자금중개업무를 영위하기 위해서는 금융위원회에 인가신청서를 제출하여[2] 인가를 받아야 하는데(법 355조 1, 3항), 인가요건은 다음과 같다(법 355조 2항).[3]

1. 주식회사일 것
2. 20억원 이상의 자기자본을 갖출 것(법 시행령 345조 2항)
3. 사업계획이 타당하고 건전할 것
4. 투자자를 보호하고 영위하고자 하는 업을 수행하기에 충분한 인력 및 전산설비, 그 밖의 물적 설비를 갖출 것

---

1) 법 시행령 제345조 제1항에 열거된 금융기관은 다음과 같다. ①「은행법」에 따른 금융기관, ② 한국산업은행, ③ 중소기업은행, ④ 한국수출입은행, ⑤ 농업협동조합중앙회, ⑥ 수산업협동조합중앙회, ⑦ 보험회사, ⑧ 증권금융회사, ⑨ 종합금융회사, ⑩ 자금중개회사, ⑪ 여신전문금융회사, ⑫ 상호저축은행 및 그 중앙회, ⑬ 새마을금고연합회, ⑭ 신용협동조합중앙회, ⑮ 한국자산관리공사, ⑯ 그 밖에 금융위원회가 정하여 고시하는 자. ⑯에 해당하는 자는 다음과 같다(금융투자업규정 8-78조). 1. 금융투자업자(전업투자자문·투자일임업자를 제외함), 2. 창업투자회사, 3. 공공자금관리기금, 4. 한국자산관리공사, 5. 대한주택보증주식회사, 6. 주택저당채권유동화회사, 7. 유동화전문회사, 8. 외국환평형기금, 9. 공적자금상환기금.

2) 신청인은 별지 제21호의 신청서를 금융위원회에 제출하여야 한다(금융투자업규정 8-78조 2항).

3) 인가를 받아 자금중개 업무를 영위함에 있어서도 이 요건은 반드시 유지하여야 한다(법 355조 9항). 다만, 인가요건 중 제2호 및 제6호의 경우에는 완화된 요건이 적용된다. 여기서 말하는 "완화된 요건"이란 다음 각 호의 요건을 말한다(법 시행령 345조 3항). ① 제2호 요건을 적용할 때 최저자기자본(20억원)의 100분의 70 이상을 유지할 것. 이 경우 유지요건은 매 회계연도 말을 기준으로 적용하며, 특정 회계연도 말을 기준으로 유지요건에 미달한 자금중개회사는 다음 회계연도 말까지는 그 유지요건에 적합한 것으로 본다. ② 제6호 요건을 적용할 때 에는 제19조 제1항 제2호 가목부터 다목까지의 요건을 유지할 것.

5. 임원이 법 제24조 제 1 항 각 호의 어느 하나에 해당하지 아니할 것[1)]
6. 대주주[2)]가 충분한 출자능력, 건전한 재무상태 및 사회적 신용을 갖출 것

Ⅱ. 인가절차 등

금융위원회는 인가신청서를 접수한 경우에는 그 내용을 심사하여 3개월 이내에 인가 여부를 결정하고,[3)] 그 결과와 이유를 지체 없이 신청인에게 문서로 통지하여야 한다. 이 경우 인가신청서에 흠결이 있는 때에는 보완을 요구할 수 있다(법 355조 4항). 인가심사와 관련하여 금융위원회는 사업계획 등의 타당성을 평가하기 위하여 평가위원회를 구성·운영할 수 있으며, 공고의 방법으로 이해관계인의 의견을 수렴하거나 공청회를 개최할 수 있다(금융투자업규정 8-78조 3, 4항).

금융위원회는 경영의 건전성 확보 및 투자자 보호에 필요한 조건을 붙여 인가를 할 수 있으며(법 355조 6항), 이 때 조건부 인가를 받은 자는 사정의 변경, 그 밖에 정당한 사유가 있는 경우에는 금융위원회에 조건의 취소 또는 변경을 요청할 수 있다. 조건의 취소 또는 변경 요청이 있으면 금융위원회는 2개월 이내에 조건의 취소 또는 변경 여부를

---

1) 다음의 경우가 이에 해당한다.
   1. 미성년자, 금치산자 또는 한정치산자
   2. 파산선고를 받은 자로서 복권되지 아니한 자
   3. 금고 이상의 실형의 선고를 받거나 이 법, 시행령으로 정하는 금융관련 법령 또는 외국 금융관련 법령에 따라 벌금 이상의 형을 선고받고 그 집행이 종료(집행이 종료된 것으로 보는 경우를 포함)되거나 집행이 면제된 날부터 5년이 경과되지 아니한 자
   4. 금고 이상의 형의 집행유예의 선고를 받고 그 유예기간 중에 있는 자
   5. 이 법, 금융관련 법령 또는 외국 금융관련 법령에 따라 영업의 허가·인가·등록 등이 취소된 법인 또는 회사의 임직원이었던 자(그 취소사유의 발생에 관하여 직접 또는 이에 상응하는 책임이 있는 자로서 시행령으로 정하는 자에 한함)로서 그 법인 또는 회사에 대한 취소가 있는 날부터 5년이 경과되지 아니한 자
   6. 이 법, 금융관련 법령 또는 외국 금융관련 법령에 따라 해임되거나 면직된 날부터 5년이 경과되지 아니한 자
   7. 재임 또는 재직 중이었더라면 이 법 또는 금융관련 법령에 따라 해임요구 또는 면직요구의 조치를 받았을 것으로 통보된 퇴임한 임원 또는 퇴직한 직원으로서 그 통보된 날부터 5년(통보된 날부터 5년이 퇴임 또는 퇴직한 날부터 7년을 초과하는 경우에는 퇴임 또는 퇴직한 날부터 7년으로 함)이 경과되지 아니한 자
   8. 그 밖에 투자자 보호 및 건전한 거래질서를 해할 우려가 있는 자로서 이사가 아니면서 명예회장·회장·부회장·사장·부사장·전무·상무·이사, 그 밖에 금융투자업자의 업무를 집행할 권한이 있는 것으로 인정될 만한 명칭을 사용하여 금융투자업자의 업무를 집행하는 사람을 말한다(법 시행령 26조의2).

2) 법 제12조 제 2 항 제 6 호 가목의 대주주를 말한다.

3) 심사기간을 산정함에 있어서 인가신청서 흠결의 보완기간 등 총리령으로 정하는 기간은 산입하지 아니한다(법 355조 5항). "총리령에서 정하는 기간"이란 대주주를 상대로 형사소송절차가 진행되고 있거나 금융위원회에 의한 조사·검사 등의 절차가 진행되는 등 인가심사에 중대한 영향을 미칠 수 있다고 인정되는 경우에는 그 소송 또는 조사·검사 등의 절차가 끝날 때까지의 기간 등을 말한다(법 시행규칙 37조).

결정하고, 그 결과를 지체 없이 신청인에게 문서로 통지하여야 한다(법 355조 7항).

금융위원회가 인가를 한 때에는 ① 인가의 내용, ② 인가의 조건(조건을 붙인 경우에 한함), ③ 인가의 조건을 취소하거나 변경한 경우에는 그 내용을 관보 및 인터넷 홈페이지 등에 공고하여야 하고(법 355조 8항), 인가신청서의 기재사항·첨부서류 등 인가의 신청에 관한 사항과 인가심사의 방법·절차, 그 밖에 필요한 사항은 대통령령으로 정한다(법 355조 10항).

제356조(유사명칭 사용 금지)

자금중개회사가 아닌 자는 "자금중개" 또는 이와 유사한 명칭을 사용하여서는 아니 된다.

자금중개회사가 아닌 자는 그 이용고객이나 투자자들이 혼동할 수 있는 '자금중개' 또는 이와 유사한 명칭을 사용하여서는 아니 된다(법 356조).

제357조(자금중개회사의 행위규제 등)

① 자금중개회사는 금융투자업(제355조 제1항에 따른 자금거래의 중개업무와 경제적 실질이 유사한 것으로서 대통령령으로 정하는 금융투자업을 제외한다)을 영위하여서는 아니 된다.
② 제31조부터 제33조까지, 제339조(제2항 제3호를 제외한다), 제348조 및 제416조는 자금중개회사에 준용한다.
③ 자금중개회사가 제355조 제1항에 따른 자금거래의 중개업무를 영위함에 있어서 필요한 방법 및 절차 등은 대통령령으로 정한다.

자금중개회사는 금융투자업을 영위하여서는 아니 된다. 다만, 자금거래의 중개업무와 경제적 실질이 유사한 것으로서 "대통령령으로 정하는 금융투자업"[1]의 경우에는 그러하지 아니하다(법 357조 1항).

자금중개회사에 대해서는 금융투자업자의 ① 경영건전성기준(법 31조), ② 회계처리(법 32조), ③ 업무보고서작성 및 공시(법 33조)에 관한 규정, ④ 종금사의 업무폐지·해산 및 정관변경·업무방법변경에 관한 규정(법 339조), ⑤ 종금사의 상근임원겸직금지에 관한 규정(법 348조), ⑥ 금융위원회의 조치명령권에 관한 규정(법 416조)이 준용된다(법 357조 2항).

---

1) 법 시행령 제346조 제1항의 금융투자업은 다음과 같다.
   1. 외화로 표시된 양도성 예금증서의 중개·주선 또는 대리
   2. 환매조건부매매의 중개·주선 또는 대리
   3. 기업어음증권의 중개·주선 또는 대리
   4. 외국통화·이자율을 기초자산으로 하는 장외파생상품의 중개·주선 또는 대리
   5. [별표 1]의 인가업무 단위 중 2i-11-2i의 투자중개업

따라서 자금중개회사는 자기자본비율 등 금융위원회가 정하는 건전성기준을 준수하여야 하고, 회계의 투명성제고를 위한 조치를 취하여야 하며, 매 분기별로 업무보고서를 작성·공시하여야 한다. 뿐만 아니라 업무폐지나 해산은 금융위원회의 인가 없이는 불가능하고 임원의 겸직은 엄격히 제한되며, 금융위원회는 투자자보호와 건전한 거래질서유지를 위해 자금중개회사에 대해 경영 및 업무개선에 관한 사항 등에 관해 필요한 조치를 명할 수 있다.

자금중개회사는 다음 각 호[1]의 어느 하나에 해당하지 아니하는 자에 대하여 콜 거래[2]에 따른 차입을 하는 경우에는 그 중개·주선 또는 대리를 해서는 아니 되고(법 시행령 346조 2항), 자금중개회사는 자금중개를 할 경우에는 단순중개[3]를 하여야 한다. 다만 콜거래중개의 경우에는 원활한 거래를 위하여 필요한 최소한의 범위에서 매매중개[4]를 할 수 있다(법 시행령 346조 3항, 금융투자업규정 8-71조 2항). 자금중개회사는 매월의 중개업무내역을 다음달 10일까지 금융감독원장에게 보고하여야 하며(법 시행령 346조 4항, 금융투자업규정 8-83조 1항), 보고서의 서식 및 작성방법 등에 관해 필요한 사항은 금융감독원장이 정한다(금융투자업규정 8-83조 2항).

第358條(자금중개회사에 대한 검사)

제419조(제 2 항부터 제 4 항까지 및 제 8 항을 제외한다)는 자금중개회사에 대한 검사에 관하여 준용한다.

Ⅰ. 자금중개회사에 대한 검사   Ⅱ. 검사 결과의 금융위원회 보고

Ⅰ. 자금중개회사에 대한 검사

자금중개회사는 그 업무와 재산상황에 관하여 금융감독원장의 검사를 받아야 한다(법 358조, 419조 1항). 자본시장법은 자금중개회사에 대한 검사에 있어서 금융투자업자에 대

1) 1. 은행
2. 「한국산업은행법」에 따른 한국산업은행
3. 「중소기업은행법」에 따른 중소기업은행
4. 「한국수출입은행법」에 따른 한국수출입은행
5. 그 밖에 금융기관 등 간의 원활한 자금거래를 위하여 필요하다고 인정하여 금융위원회가 정하여 고시하는 자(법 시행령 346조 2항).

2) 90일 이내의 금융기관등간의 단기자금거래를 말한다.

3) 자금중개회사가 일정한 수수료만 받고 자금대여자와 자금차입자 간의 거래를 연결해 주는 것을 말한다.

4) 자금중개회사가 자기계산으로 거래에 직접 참여하는 것을 말한다.

한 검사규정 중의 일부를 준용하고 있다.

금융감독원장이 자금중개회사의 업무와 재산상황에 관한 검사를 함에 있어서 필요하다고 인정되는 경우에는 자금중개회사에게 업무 또는 재산에 관한 보고, 자료의 제출, 증인의 출석, 증언 및 의견의 진술을 요구할 수 있다(법 358조, 419조 5항). 이에 따른 보고 또는 자료의 제출명령이나 증인의 출석, 증언 및 의견의 진술 요구에 불응한 자에 대하여는 1천만원 이하의 과태료를 부과한다(법 449조 2항 8호).

자금중개회사의 검사를 하는 자는 그 권한을 표시하는 증표를 지니고 이를 관계자에게 내보여야 한다(법 358조, 419조 6항).

Ⅱ. 검사 결과의 금융위원회 보고

금융감독원장이 자금중개회사의 검사를 한 경우에는 그 보고서를 금융위원회에 제출하여야 한다. 이 경우 자본시장법 또는 이 법에 따른 명령이나 처분을 위반한 사실이 있는 때에는 그 처리에 관한 의견서를 첨부하여야 한다(법 358조, 419조 7항).

이와 관련하여 금융위원회는 검사의 방법·절차, 검사결과에 대한 조치기준, 그 밖의 검사업무와 관련하여 필요한 사항을 정하여 고시할 수 있다(법 358조, 419조 9항). 이상의 규정에 따른 검사·조사 또는 확인을 거부·방해 또는 기피한 자에 대하여는 5천만원 이하의 과태료를 부과한다(법 449조 1항 20호).

第359條(자금중개회사에 대한 조치)

① 금융위원회는 자금중개회사가 다음 각 호의 어느 하나에 해당하는 경우에는 제355조 제 1 항에 따른 인가를 취소할 수 있다.

1. 거짓, 그 밖의 부정한 방법으로 제355조 제 1 항에 따른 인가를 받은 경우
2. 인가조건을 위반한 경우
3. 제355조 제 9 항에 따른 인가요건 유지의무를 위반한 경우
4. 업무의 정지기간 중에 업무를 한 경우
5. 금융위원회의 시정명령 또는 중지명령을 이행하지 아니한 경우
6. [별표 11] 각 호의 어느 하나에 해당하는 경우로서 대통령령으로 정하는 경우
7. 대통령령으로 정하는 금융관련 법령 등을 위반한 경우로서 대통령령으로 정하는 경우
8. 그 밖에 투자자의 이익을 현저히 해할 우려가 있거나 해당 업무를 영위하기 곤란하다고 인정되는 경우로서 대통령령으로 정하는 경우

② 금융위원회는 자금중개회사가 제 1 항 각 호(제 6 호를 제외한다)의 어느 하나에 해당하거나 [별표 11] 각 호의 어느 하나에 해당하는 경우에는 다음 각 호의 어느 하나에 해당하는 조치를

할 수 있다.
1. 6개월 이내의 업무의 전부 또는 일부의 정지
2. 계약의 인계명령
3. 위법행위의 시정명령 또는 중지명령
4. 위법행위로 인한 조치를 받았다는 사실의 공표명령 또는 게시명령
5. 기관경고
6. 기관주의
7. 그 밖에 위법행위를 시정하거나 방지하기 위하여 필요한 조치로서 대통령령으로 정하는 조치

③ 금융위원회는 자금중개회사의 임원이 제 1 항 각 호(제 6 호를 제외한다)의 어느 하나에 해당하거나 [별표 11] 각 호의 하나에 해당하는 경우에는 다음 각 호의 어느 하나에 해당하는 조치를 할 수 있다.
1. 해임요구
2. 6개월 이내의 직무정지
3. 문책경고
4. 주의적 경고
5. 주의
6. 그 밖에 위법행위를 시정하거나 방지하기 위하여 필요한 조치로서 대통령령으로 정하는 조치

④ 금융위원회는 자금중개회사의 직원이 제 1 항 각 호(제 6 호를 제외한다)의 어느 하나에 해당하거나 [별표 11] 각 호의 어느 하나에 해당하는 경우에는 다음 각 호의 어느 하나에 해당하는 조치를 그 자금중개회사에 요구할 수 있다.
1. 면직
2. 6개월 이내의 정직
3. 감봉
4. 견책
5. 경고
6. 주의
7. 그 밖에 위법행위를 시정하거나 방지하기 위하여 필요한 조치로서 대통령령으로 정하는 조치

⑤ 제422조 제 3 항 및 제423조부터 제425조까지의 규정은 자금중개회사 및 그 임직원에 대한 조치 등에 관하여 준용한다.

Ⅰ. 자금중개회사의 인가취소 사유

금융위원회는 자금중개회사가 (i) 거짓, 그 밖의 부정한 방법으로 인가를 받은 경우,

(ii) 인가조건을 위반한 경우, (iii) 인가요건 유지의무를 위반한 경우, (iv) 업무의 정지기간 중에 업무를 한 경우, (v) 금융위원회의 시정명령 또는 중지명령을 이행하지 아니한 경우, (vi) [별표 11] 각 호의 어느 하나에 해당하는 경우로서 대통령령으로 정하는 경우,[1] (vii) 대통령령으로 정하는 금융관련 법령 등[2]을 위반한 경우로서 대통령령으로 정하는 경우,[3] 또는 (viii) 그 밖에 투자자의 이익을 현저히 해할 우려가 있거나 해당 업무를 영위하기 곤란하다고 인정되는 경우로서 대통령령으로 정하는 경우[4]에는 인가를 취소할 수 있다(법 359조 1항).

Ⅱ. 금융위원회의 조치

1. 자금중개회사에 대한 조치

금융위원회는 자금중개회사가 제 1 항 각 호(6호 제외)의 어느 하나에 해당하거나 [별표 11] 각 호의 어느 하나에 해당하는 경우에는 (i) 6개월 이내의 업무의 전부 또는 일부의 정지, (ii) 계약의 인계명령, (iii) 위법행위의 시정명령 또는 중지명령, (iv) 위법행위로 인한 조치를 받았다는 사실의 공표명령 또는 게시명령, (v) 기관경고, (vi) 기관주의, 또는 (vii) 그 밖에 위법행위를 시정하거나 방지하기 위하여 필요한 조치로서 대통령령으로 정하는 조치[5]를 취할 수 있다(법 359조 2항).

---

1) 다음 각 호의 어느 하나에 해당하는 경우를 말한다(법 시행령 347조 1항).
   1. 법 [별표 11] 제 1 호에 해당하는 경우로서 법 제357조 제 1 항(자금중개회사의 행위규제등)을 위반하여 금융투자업을 한 경우
   2. [별표 15] 제 3 호에 해당하는 경우로서 법 제174조에 따른 미공개 중요정보 이용행위 금지 의무를 위반한 경우
   3. [별표 15] 제 4 호에 해당하는 경우로서 법 제176조에 따른 시세조종행위 등의 금지 의무를 위반한 경우
   4. [별표 15] 제 5 호에 해당하는 경우로서 법 제178조에 따른 부정거래행위 등의 금지 의무를 위반한 경우
2) 법 시행령 제373조 제 2 항 각 호의 법령을 말한다(법 시행령 347조 2항).
3) 법 시행령 제373조 제 3 항 각 호에 해당하는 경우를 말한다(법 시행령 347조 3항).
4) 다음의 경우를 말한다(법 시행령 347조 4항)
   1. 인가를 받은 날부터 6개월 이내에 영업을 시작하지 아니하거나 영업을 시작한 후 정당한 사유 없이 인가 받은 업무를 6개월 이상 계속해서 하지 아니한 경우
   2. 업무와 관련하여 부정한 방법으로 타인으로부터 금전등을 받거나 타인에게 줄 금전등을 취득한 경우
   3. 법 제359조 제 2 항 제 1 호에 따른 업무정지의 조치를 받은 날부터 1개월(업무정지의 조치를 하면서 1개월을 초과하는 보정기간을 정한 경우에는 그 기간) 이내에 해당 조건을 보정하지 아니한 경우
   4. 같거나 비슷한 위법행위를 계속하거나 반복하는 경우
5) 다음의 경우를 말한다(법 시행령 347조 5항).
   1. 지점, 그 밖의 영업소의 폐쇄 또는 그 업무의 전부나 일부의 정지
   2. 경영이나 업무방법의 개선요구나 개선권고
   3. 변상 요구
   4. 법을 위반한 경우에는 고발 또는 수사기관에의 통보
   5. 다른 법률을 위반한 경우에는 관련 기관이나 수사기관에의 통보

2. 임원에 대한 조치

금융위원회는 자금중개회사의 임원이 제 1 항 각 호(6호 제외)의 어느 하나에 해당하거나 [별표 11] 각 호의 하나에 해당하는 경우에는 (i) 해임요구, (ii) 6개월 이내의 직무정지, (iii) 문책경고, (iv) 주의적 경고, (v) 주의, 또는 (vi) 그 밖에 위법행위를 시정하거나 방지하기 위하여 필요한 조치로서 대통령령으로 정하는 조치[1)]를 할 수 있다(법 359조 3항).

3. 직원에 대한 조치

금융위원회는 자금중개회사의 직원이 제 1 항 각 호(6호 제외)의 어느 하나에 해당하거나 [별표 11] 각 호의 어느 하나에 해당하는 경우에는 (i) 면직, (ii) 6개월 이내의 정직, (iii) 감봉, (iv) 견책, (v) 경고, (vi) 주의, 또는 (vii) 그 밖에 위법행위를 시정하거나 방지하기 위하여 필요한 조치로서 대통령령으로 정하는 조치[2)]를 그 자금중개회사에 요구할 수 있다(법 359조 4항).

Ⅲ. 준용 규정

금융위원회는 자금중개회사의 임직원에 대해 조치를 하거나 이를 요구하는 경우 그 임직원에 대해 관리·감독책임이 있는 임직원에 대한 조치를 함께 하거나 이를 요구할 수 있다. 이 때 관리·감독책임이 있는 자가 그 임직원의 관리·감독에 상당한 주의를 다한 경우에는 조치를 감면할 수 있다(법 422조 3항). 그 외 금융투자업자 및 그 임직원에 대한, 청문(법 423조), 처분 등의 기록 및 공시(법 424조), 이의신청(법 425조)에 관한 규정을 자금중개회사 및 그 임직원에 대한 조치에 준용하고 있다(법 359조 5항).

[초판: 권종호, 개정판: 박휜일]

---

6. 그 밖에 금융위원회가 법 및 이 영, 그 밖의 관련 법령에 따라 취할 수 있는 조치

1) 법 시행령 제347조 제 5 항 제 4 호부터 제 6 호까지의 조치를 말한다(법 시행령 347조 6항).

2) 법 시행령 제347조 제 5 항 제 4 호부터 제 6 호까지의 조치를 말한다(법 시행령 347조 6항).

제 6 장 단기금융회사

단기(短期) 금융업무란 만기 1년 이내의 기업의 금융수요를 충족시켜주는 금융회사의 여신업무를 말한다. 주로 1년 이내에 만기가 도래하는 어음의 발행·할인·매매·중개·인수 및 보증업무와 그 부대업무로서 어음을 담보로 한 대출업무가 이에 해당한다. 이러한 단기금융업무를 영위하려는 자는 금융위원회의 인가를 받아야 한다.

第360条(금융기관의 단기금융업무)

① 1년 이내에서 대통령령으로 정하는 기간 이내에 만기가 도래하는 어음의 발행·할인·매매·중개·인수 및 보증업무와 그 부대업무(附帶業務)로서 대통령령으로 정하는 업무(이하 "단기금융업무"라 한다)를 영위하려는 자는 금융위원회의 인가를 받아야 한다.

② 제 1 항에 따른 인가를 받으려는 자는 다음 각 호의 요건을 모두 갖추어야 한다.

1. 은행, 그 밖에 대통령령으로 정하는 금융기관일 것
2. 200억원 이상으로서 대통령령으로 정하는 금액 이상의 자기자본을 갖출 것
3. 사업계획이 타당하고 건전할 것
4. 투자자를 보호하고 영위하고자 하는 업을 수행하기에 충분한 인력 및 전산설비, 그 밖의 물적 시설을 갖출 것
5. 대주주(제12조 제 2 항 제 6 호 가목의 대주주를 말한다)가 충분한 출자능력, 건전한 재무상태 및 사회적 신용을 갖출 것

③ 제 1 항에 따른 인가를 받으려는 자는 인가신청서를 금융위원회에 제출하여야 한다.

④ 금융위원회는 제 3 항의 인가신청서를 접수한 경우에는 그 내용을 심사하여 3개월 이내에 인가 여부를 결정하고, 그 결과와 이유를 지체 없이 신청인에게 문서로 통지하여야 한다. 이 경우 인가신청서에 흠결이 있는 때에는 보완을 요구할 수 있다.

⑤ 제 4 항의 심사기간을 산정함에 있어서 인가신청서 흠결의 보완기간 등 총리령으로 정하는 기간은 산입하지 아니한다.

⑥ 금융위원회는 제 4 항에 따라 인가를 하는 경우에는 경영의 건전성 확보 및 투자자 보호에 필요한 조건을 붙일 수 있다.

⑦ 제 6 항에 따라 조건이 붙은 인가를 받은 자는 사정의 변경, 그 밖에 정당한 사유가 있는 경우에는 금융위원회에 조건의 취소 또는 변경을 요청할 수 있다. 이 경우 금융위원회는 2개월 이내에 조건의 취소 또는 변경 여부를 결정하고, 그 결과를 지체 없이 신청인에게 문서로 통지하여야 한다.

⑧ 금융위원회는 제 4 항에 따라 인가를 한 경우에는 다음 각 호의 사항을 관보 및 인터넷 홈페이지 등에 공고하여야 한다.

1. 인가의 내용
2. 인가의 조건(조건을 붙인 경우에 한한다)
3. 인가의 조건을 취소하거나 변경한 경우 그 내용

⑨ 단기금융회사는 인가를 받아 그 영업을 영위함에 있어서 제2항 각 호의 인가요건(제2호 및 제5호의 경우에는 대통령령으로 정하는 완화된 요건을 말한다)을 유지하여야 한다.

⑩ 제1항부터 제8항까지의 규정에 따른 인가신청서의 기재사항·첨부서류 등 인가의 신청에 관한 사항과 인가심사의 방법·절차, 그 밖에 필요한 사항은 대통령령으로 정한다.

Ⅰ. 단기금융업무의 인가요건	Ⅱ. 인가절차

Ⅰ. 단기금융업무의 인가요건

자본시장법 제360조 제1항에서 정한 단기금융업무를 영위하기 위해서는 동 조항 및 시행령 제348조 제1항·제2항에 따른 일정한 자격을 갖춘 금융기관이 금융위원회의 인가를 받아야 한다. 만일 금융기관이든 금융기관이 아닌 개인이나 기업이든 금융위원회의 인가를 받지 아니하고 단기금융업무를 영위한 경우에는 자본시장법 제444조 제22호에 따라 처벌을 받는다.[1)]

단기금융업무의 인가를 받으려는 자는 다음의 요건을 모두 갖추어야 한다(법 360조 2항).

첫째, 은행 그 밖에 시행령으로 정하는 금융기관이어야 한다. 그 밖의 금융기관으로는 「중소기업은행법」에 따른 중소기업은행, 「금융산업의 구조개선에 관한 법률」 제2조 제1호에 따른 금융기관 중 종합금융회사를 흡수합병하는 금융기관, 「금융산업의 구조개선에 관한 법률」 제3조에 따라 종합금융회사가 다른 금융기관으로 전환하는 경우 그 금융기관을 말한다(법 시행령 348조 3항).

둘째, 자기자본은 200억원 이상으로 시행령에서 정하는 300억원을 갖추어야 한다(법 시행령 348조 4항).

셋째, 사업계획이 타당하고 건전하여야 한다. 사업계획은 수지전망이 타당하고 실현 가능성이 있어야 하고, 위험관리와 금융사고 예방 등을 위한 적절한 내부통제장치가 마

1) 대법원 2012. 3. 29. 선고 2011도17097 판결: 피고인이 어음을 다량 발행하여 판매함으로써 금융위원회의 인가를 받지 않고 단기금융업무를 영위하였다고 하여 자본시장법 위반으로 기소된 사안에서, 자본시장법 제360조 제1항의 규정 내용과 취지에 비추어 볼 때, 어음 중 일부가 발행일이나 액면금액 또는 만기가 기재되지 않은 채로 발행되었더라도, 수개월 내에 지급제시 및 지급거절될 것을 예정하고 발행일 등을 백지로 하여 발행되는 이른바 딱지어음에 피고인이 기명날인하여 외관을 갖춘 어음을 발행하였고, 실제로 단기간 내에 액면금액 등이 보충되어 지급제시된 이상 자본시장법 제360조 제1항에서 정한 '어음의 발행'에 해당한다.

련되어 있어야 하며, 투자자 보호에 적절한 업무방법을 갖추어야 하며, 법령을 위반하지 아니하고 건전한 금융거래질서를 해칠 염려가 없어야 한다(법 360조 1항). 이에 관한 구체적인 기준은 금융위원회가 정하여 고시한다.

넷째, 투자자를 보호하고 영위하고자 하는 업을 수행하기에 충분한 인력 및 전산설비, 그 밖의 물적 시설을 갖추어야 한다. 인적인 요건으로는 경영하려는 단기금융업무에 관한 전문성과 건전성을 갖춘 임직원과 업무를 수행하기 위한 전산요원 등 필요한 인력을 적절하게 갖추어야 한다. 물적인 요건으로는 경영하려는 단기금융업무을 수행하기에 필요한 전산설비와 통신수단, 사무실 등 충분한 업무공간과 사무장비, 전산설비 등의 물적 설비를 안전하게 보호할 수 있는 보안설비, 정전·화재 등의 사고가 발생할 경우에 업무의 연속성을 유지하기 위하여 필요한 보완설비 등의 설비를 갖추고 있어야 한다(법 360조 10항). 이에 관한 구체적인 기준은 금융위원회가 정하여 고시한다.

다섯째, 대주주(법 12조 2항 6호 가목의 대주주를 말함)가 충분한 출자능력, 건전한 재무상태 및 사회적 신용을 갖추어야 한다.[1] 대주주는 [별표 2]의 요건을 갖추어야 하지만, 법 제22조 각 호의 어느 하나에 해당하는 자가 법 제360조 제1항에 따른 단기금융업무를 받으려는 경우, 금융투자업자가 다른 회사와 합병·분할하거나 분할합병을 하는 경우에는 금융위원회는 그 요건을 완화하여 고시할 수 있다(법 360조 10항). 이에 관한 구체적인 기준은 금융위원회가 정하여 고시한다.

한편 단기금융회사가 그 업무를 영위함에 있어서는 위의 인가요건을 계속 유지하여야 하는데, 두 번째의 자본금과 다섯 번째의 대주주 요건은 완화된 형태로 유지할 수 있다(법 360조 9항). 즉 300억원의 자본금을 70/100 이상 유지[2]하는 한편 최대주주가 최근 5년간 자본시장법 및 동 시행령, 금융관련법령, 공정거래법 및 조세범처벌법을 위반하여 5억원의 벌금형에 상당하는 형사처벌을 받은 사실이 없고, 최대주주가 최근 3년간 금융업에 상당하는 영업과 관련하여 본국의 사법기관으로부터 5억원의 벌금형에 상당하는 형사처벌을 받은 사실이 없을 것 등의 완화된 요건을 유지하여야 한다.[3]

---

1) 금융기관의 대주주의 요건과 관련하여, 은행법에 따른 "은행업인가지침," 보험업법 제6조 제1항, 금융지주회사법 제7조의2, 여신전문금융업법 제6조 제2항 등은 해당 금융업의 인가 혹은 대주주의 변경 등에 있어서 일정한 인가요건이나 변경승인의 요건을 마련하여 두고 있다.

2) 단기금융회사가 법 시행령 제348조 제4항에 따른 자기자본 300억원의 70/100 이상을 유지함에 있어서 이 요건의 충족 여부는 매 회계연도 말을 기준으로 하며, 특정 회계연도 말을 기준으로 유지요건에 미달한 단기금융회사는 다음 회계연도 말까지는 그 유지요건에 적합한 것으로 본다(법 시행령 348조 5항 1호).

3) 이 경우 법 시행령 348조 제5항에 따라 시행령 제19조 제2항을 준용하여 법 시행령 제19조 제1항 제2호 가목 및 나목의 완화된 요건을 유지하여야 한다.

 * 가목: 대주주가 [별표 2] 제1호부터 제3호까지의 어느 하나에 해당하는 자인 경우 같은 표 제1호 마목1)·3)에 한하여 그 요건을 유지할 것. 이 경우 같은 표 제1호 마목 1) 중 "최근 5년간"은 "최대주주가 최근 5년간"으로, "벌금형"은 "5억원의 벌금형"으로 본다.
 * 나목: 대주주가 [별표 2] 제4호 또는 제5호 라목에 해당하는 자인 경우에는 같은 표 제1호 마목

Ⅱ. 인가절차

법 제360조 제 1 항에 따른 인가를 받으려는 자는 인가신청서를 금융위원회에 제출하여야 한다(법 360조 3항). 위의 인가신청서에는 상호, 본점과 지점, 그 밖의 영업소의 소재지, 임원에 관한 사항, 자기자본 등 재무에 관한 사항, 사업계획에 관한 사항, 인력과 전산설비 등의 물적 설비에 관한 사항, 대주주에 관한 사항 등을 기재하여야 한다. 그리고 인가신청시에는 정관(이에 준하는 것을 포함함), 발기인총회, 창립주주총회 또는 이사회의 의사록 등 설립이나 인가신청의 의사결정을 증명하는 서류, 본점과 지점, 그 밖의 영업소의 위치와 명칭을 기재한 서류, 임원의 이력서와 경력증명서, 최근 3개 사업연도의 재무제표와 그 부속명세서(설립 중인 법인은 제외하며, 설립일부터 3개 사업연도가 지나지 아니한 법인의 경우에는 설립일부터 최근 사업연도까지의 재무제표와 그 부속명세서를 말함), 업무개시 후 3개 사업연도의 사업계획서(추정재무제표 포함) 및 예상수지계산서, 인력, 물적 설비 등의 현황을 확인할 수 있는 서류, 인가신청일 현재 발행주식총수의 1/100 이상을 소유한 주주의 성명 또는 명칭과 그 소유주식수를 기재한 서류, 대주주가 법 제360조 제 2 항 제 5 호 각 목의 요건을 갖추었음을 확인할 수 있는 서류, 그 밖에 인가요건의 심사에 필요한 서류로서 금융위원회가 정하여 고시하는 서류를 첨부하여야 한다.

금융위원회는 인가신청서를 접수한 경우에는 그 내용을 심사하여 3개월 이내에 인가 여부를 결정하고, 그 결과와 이유를 지체 없이 신청인에게 문서로 통지하여야 한다. 이 경우 인가신청서에 흠결이 있는 때에는 보완을 요구할 수 있다(법 360조 4항). 인가신청서를 제출받은 금융위원회는 인가의 신청내용에 관한 사실 여부를 확인하고, 이해관계자 등으로부터 수렴된 의견을 고려하여 신청내용이 법 제360조 제 2 항에 따른 인가요건을 충족하는지를 심사하여야 한다. 법 제360조 제 4 항의 심사기간을 산정함에 있어서 인가신청서 흠결의 보완기간 등 총리령으로 정하는 기간은 산입하지 아니한다(법 360조 5항).

금융위원회는 법 제360조 제 4 항에 따라 인가를 하는 경우에는 경영의 건전성 확보 및 투자자 보호에 필요한 조건을 붙일 수 있다(법 360조 6항). 위 제 6 항에 따라 조건이 붙은 인가를 받은 자는 사정의 변경, 그 밖에 정당한 사유가 있는 경우에는 금융위원회에 조건의 취소 또는 변경을 요청할 수 있다. 이 경우 금융위원회는 2개월 이내에 조건의 취소 또는 변경 여부를 결정하고, 그 결과를 지체 없이 신청인에게 문서로 통지하여야 한다(법 360조 7항).

---

1)·3) 및 제 4 호 라목에 한하여 그 요건을 유지할 것. 이 경우 같은 표 제 1 호 마목 1) 중 "최근 5년간"은 "최대주주가 최근 5년간"으로, "벌금형"은 "5억원의 벌금형"으로 하고, 같은 표 제 4 호 라목 중 "최근 3년간"은 "최대주주가 최근 3년간"으로, "본국의 감독기관으로부터 법인경고 이상에 상당하는 행정처분을 받거나 벌금형 이상에 상당하는 형사처벌을 받은 사실"은 "본국의 사법기관으로부터 5억원의 벌금형에 상당하는 형사처벌을 받은 사실"로 본다.

금융위원회는 위 제4항에 따라 인가를 한 경우에는 ① 인가의 내용, ② 인가의 조건(조건을 붙인 경우에 한함), ③ 인가의 조건을 취소하거나 변경한 경우 그 내용 등을 관보 및 인터넷 홈페이지 등에 공고하여야 한다(법 360조 8항).

제361조(준용규정)

제33조, 제339조(제2항 제1호 및 제3호를 제외한다), 제342조, 제352조 제1항 및 제416조는 단기금융회사에 그 인가받은 단기금융업무 범위에서 준용한다.

Ⅰ. 준용의 의의

준용(*mutatis mutandis application*) 규정은 같은 내용을 반복하여 규정하지 않기 위해서 사용하는 입법기술이다. 법 제361조는 단기금융회사에 대하여도 인가 및 업무방법서의 징구 등 감독을 위한 규정을 따로 둘 필요없이 같은 사안을 규율하고 있는 다른 법 규정을 약간 수정하여 적용하라는 의미이다.

Ⅱ. 업무보고 및 공시

단기금융회사가 인가받은 단기금융업무를 영위함에 있어서 법 제33조(업무보고서 및 공시 등)를 준용하여 이에 규정된 정기 업무보고서를 금융위원회에 소정 기한 내 제출하고 중요사항을 발췌하여 공시하여야 한다. 또한 거액의 금융사고 또는 부실채권의 발생 등 단기금융회사의 경영상황에 중대한 영향을 미칠 사항이 발생한 경우에는 금융위원회에 보고하고, 인터넷 홈페이지 등을 이용하여 공시하여야 한다.

Ⅲ. 폐지·해산의 인가 및 업무방법의 변경

법 제339조(인가사항 등)를 준용하여 단기금융회사가 업무를 폐지하거나 해산하고자

하는 경우에는 금융위원회의 인가를 받아야 하며, 그 업무방법을 변경하는 경우에는 7일 이내에 금융위원회에 그 내용을 보고하여야 한다.

Ⅳ. 동일차주 등에 대한 신용공여 제한

법 제342조(동일차주 등에 대한 신용공여한도 등)를 준용하므로 단기금융회사는 같은 개인·법인 및 그와 신용위험을 공유하는 자(동일차주)에 대하여 그 단기금융회사의 BIS 자기자본의 25/100를 초과하는 신용공여(대출, 어음의 할인, 지급보증, 자금 지원적 성격의 증권의 매입, 그 밖에 금융거래상의 신용위험을 수반하는 단기금융회사의 직접·간접적 거래를 말함)를 할 수 없다.

또한 그 단기금융회사의 임원·자회사 및 그와 신용위험을 공유하는 자(관계인)에 대하여 그 단기금융회사의 자기자본의 25/100를 초과하는 신용공여를 할 수 없다. 단기금융회사의 동일차주 각각에 대한 신용공여가 그 단기금융회사의 자기자본의 10/100을 초과하는 신용공여의 총 합계액은 매 월말 기준으로 그 단기금융회사 자기자본의 5배를 초과할 수 없으며, 같은 개인이나 법인 각각에 대하여 그 단기금융회사의 자기자본의 20/100을 초과하여 신용공여를 할 수 없다.

다만, (i) 국민경제 또는 단기금융회사의 채권확보의 실효성 제고를 위하여 필요한 경우, (ii) 단기금융회사가 추가로 신용공여를 하지 아니하였음에도 불구하고 자기자본의 변동, 동일차주 구성의 변동 등으로 인하여 한도를 초과하게 되는 경우에는 한도를 초과하여 신용공여를 할 수 있지만, 그 한도를 초과하게 된 날부터 1년 이내에 그 한도에 적합하도록 하여야 한다.

Ⅴ. 한국은행법 및 은행법의 적용 배제

법 제352조(다른 법률과의 관계) 제 1 항을 준용하여 한국은행법 및 은행법은 단기금융회사에 적용하지 아니한다.

Ⅵ. 금융위원회의 조치명령권

법 제416조(금융위원회의 조치명령권)를 준용하여 금융위원회는 투자자를 보호하고 건전한 거래질서를 유지하기 위하여 단기금융회사에 (i) 단기금융회사의 고유재산 운용에 관한 사항, (ii) 투자자 재산의 보관·관리에 관한 사항, (iii) 단기금융회사의 경영 및 업무개선에 관한 사항, (iv) 각종 공시에 관한 사항, (v) 영업의 질서유지에 관한 사항, (vi)

영업방법에 관한 사항, (vii) 장내파생상품 및 장외파생상품의 거래규모의 제한에 관한 사항, (viii) 그 밖에 투자자 보호 또는 건전한 거래질서를 위하여 필요한 사항으로서 이해상충방지체계에 관한 사항 등에 관하여 필요한 조치를 명할 수 있다.

제362조(단기금융업무의 적용배제 등)

① 투자매매업 또는 투자중개업에 관한 금융투자업인가를 받은 자가 기업어음증권에 대한 투자매매업 또는 투자중개업을 영위하는 경우에는 이를 단기금융업무로 보지 아니한다.

② 단기금융회사(종합금융회사를 포함한다)가 해당 업무를 영위하는 경우에는 이를 기업어음증권에 대한 투자매매업 또는 투자중개업으로 보지 아니한다.

자본시장법은 투자매매업자 또는 투자중개업자가 기업어음증권(CP)을 취급하는 경우에는 이를 단기금융업무로 보지 않고 해당 금융투자업무로서 처리하게 하였다. 마찬가지로 단기금융회사, 종합금융회사가 CP를 취급하는 경우에는 이를 금융투자업무가 아닌 단기금융업무로 보아 해당 업무의 처리 및 감독에 혼선이 생기지 않도록 하였다.

투자매매업 또는 투자중개업에 관한 금융투자업 인가를 받은 자가 기업어음증권(CP)에 대한 투자매매업 또는 투자중개업을 영위하는 경우에는 이를 단기금융업무로 보지 아니한다(법 362조 1항).

단기금융회사(종합금융회사를 포함한다)가 해당 업무를 영위하는 경우에는 이를 기업어음증권(CP)에 대한 투자매매업 또는 투자중개업으로 보지 아니한다(법 362조 2항).

제363조(단기금융회사에 대한 검사)

제419조(제 2 항부터 제 4 항까지 및 제 8 항을 제외한다)는 단기금융회사에 대한 검사에 관하여 준용한다.

Ⅰ. 단기금융회사에 대한 검사

단기금융회사는 그 업무와 재산상황에 관하여 금융감독원장의 검사를 받아야 한다(법 353조, 419조 1항). 자본시장법은 단기금융회사에 대한 검사에 있어서 금융투자업자에 대한 검사규정 중의 일부를 준용하고 있다.

금융감독원장이 단기금융회사의 업무와 재산상황에 관한 검사를 함에 있어서 필요하다고 인정되는 경우에는 단기금융회사에게 업무 또는 재산에 관한 보고, 자료의 제출, 증인의 출석, 증언 및 의견의 진술을 요구할 수 있다(법 363조, 419조 5항). 이에 따른 보고 또는 자료의 제출명령이나 증인의 출석, 증언 및 의견의 진술 요구에 불응한 자에 대하여는 1천만원 이하의 과태료를 부과한다(법 449조 2항 8호).

단기금융회사의 검사를 하는 자는 그 권한을 표시하는 증표를 지니고 이를 관계자에게 내보여야 한다(법 363조, 419조 6항).

Ⅱ. 검사 결과의 금융위원회 보고

금융감독원장이 단기금융회사의 검사를 한 경우에는 그 보고서를 금융위원회에 제출하여야 한다. 이 경우 자본시장법 또는 이 법에 따른 명령이나 처분을 위반한 사실이 있는 때에는 그 처리에 관한 의견서를 첨부하여야 한다(법 363조, 419조 7항).

이와 관련하여 금융위원회는 검사의 방법·절차, 검사결과에 대한 조치기준, 그 밖의 검사업무와 관련하여 필요한 사항을 정하여 고시할 수 있다(법 363조, 419조 9항). 이상의 규정에 따른 검사·조사 또는 확인을 거부·방해 또는 기피한 자에 대하여는 5천만원 이하의 과태료를 부과한다(법 449조 1항 20호).

제364조(단기금융회사에 대한 조치)

① 금융위원회는 단기금융회사가 다음 각 호의 어느 하나에 해당하는 경우에는 제360조 제 1 항에 따른 인가를 취소할 수 있다.

1. 거짓, 그 밖의 부정한 방법으로 제360조 제 1 항에 따른 인가를 받은 경우
2. 인가조건을 위반한 경우
3. 제360조 제 9 항에 따른 인가요건 유지의무를 위반한 경우
4. 업무의 정지기간 중에 업무를 한 경우
5. 금융위원회의 시정명령 또는 중지명령을 이행하지 아니한 경우
6. [별표 12] 각 호의 어느 하나에 해당하는 경우로서 대통령령으로 정하는 경우
7. 대통령령으로 정하는 금융관련 법령 등을 위반한 경우로서 대통령령으로 정하는 경우
8. 그 밖에 투자자의 이익을 현저히 해할 우려가 있거나 해당 업무를 영위하기 곤란하다고 인정되는 경우로서 대통령령으로 정하는 경우

② 금융위원회는 단기금융회사가 제 1 항 각 호(제 6 호를 제외한다)의 어느 하나에 해당하거나 [별표 12] 각 호의 어느 하나에 해당하는 경우에는 다음 각 호의 어느 하나에 해당하는 조치를 할 수 있다.

1. 6개월 이내의 업무의 전부 또는 일부의 정지
2. 계약의 인계명령
3. 위법행위의 시정명령 또는 중지명령
4. 위법행위로 인한 조치를 받았다는 사실의 공표명령 또는 게시명령
5. 기관경고
6. 기관주의
7. 그 밖에 위법행위를 시정하거나 방지하기 위하여 필요한 조치로서 대통령령으로 정하는 조치

③ 금융위원회는 단기금융회사의 임원이 제1항 각 호(제6호를 제외한다)의 어느 하나에 해당하거나 [별표 12] 각 호의 어느 하나에 해당하는 경우에는 다음 각 호의 어느 하나에 해당하는 조치를 할 수 있다.

1. 해임요구
2. 6개월 이내의 직무정지
3. 문책경고
4. 주의적 경고
5. 주의
6. 그 밖에 위법행위를 시정하거나 방지하기 위하여 필요한 조치로서 대통령령으로 정하는 조치

④ 금융위원회는 단기금융회사의 직원이 제1항 각 호(제6호를 제외한다)의 어느 하나에 해당하거나 [별표 12] 각 호의 어느 하나에 해당하는 경우에는 다음 각 호의 어느 하나에 해당하는 조치를 그 단기금융회사에 요구할 수 있다.

1. 면직
2. 6개월 이내의 정직
3. 감봉
4. 견책
5. 경고
6. 주의
7. 그 밖에 위법행위를 시정하거나 방지하기 위하여 필요한 조치로서 대통령령으로 정하는 조치

⑤ 제422조 제3항 및 제423조부터 제425조까지의 규정은 단기금융회사 및 그 임직원에 대한 조치 등에 관하여 준용한다.

Ⅰ. 단기금융회사의 인가취소 사유

금융위원회는 단기금융회사에게 일정한 사유가 인정되는 경우에는 법 제360조 제1항에 따른 인가를 취소할 수 있다(법 364조 1항). 법에서 규정된 인가취소 사유로서는, 거

짓, 그 밖의 부정한 방법으로 법 제360조 제1항에 따른 인가를 받은 경우, 인가조건을 위반한 경우, 법 제360조 제9항에 따른 인가요건 유지의무를 위반한 경우, 업무의 정지기간 중에 업무를 한 경우, 금융위원회의 시정명령 또는 중지명령을 이행하지 아니한 경우, [별표 12] 각 호의 어느 하나에 해당하는 경우로서 대통령령으로 정하는 경우,[1] 대통령령으로 정하는 금융관련 법령(법 373조 2항 각 호의 법령을 말함[2]) 등을 위반한 경우로서 대통령령으로 정하는 경우,[3] 그 밖에 투자자의 이익을 현저히 해할 우려가 있거나 해당 업무를 영위하기 곤란하다고 인정되는 경우로서 대통령령으로 정하는 경우[4] 등이다.

Ⅱ. 금융위원회의 조치

1. 단기금융회사에 대한 조치

금융위원회는 단기금융회사가 법 제364조 제1항 각 호(6호를 제외한다)의 어느 하나에 해당하거나 [별표 12] 각 호의 어느 하나에 해당하는 경우에는 6개월 이내의 업무의 전부 또는 일부의 정지, 계약의 인계명령, 위법행위의 시정명령 또는 중지명령, 위법행위로 인한 조치를 받았다는 사실의 공표명령 또는 게시명령, 기관경고, 기관주의, 그 밖에 위법행위를 시정하거나 방지하기 위하여 필요한 조치로서 대통령령으로 정하는 조치 중의 어느 하나에 해당하는 조치를 할 수 있다(법 364조 2항). 대통령령에 의하여 인정되는 조치는 지점, 그 밖의 영업소의 폐쇄 또는 그 업무의 전부 또는 일부의 정지, 경영 또는 업무방법의 개선요구 또는 권고, 변상 요구, 각서 징구, 법 위반의 경우 고발 또는 수사기관에의 통보, 다른 법률을 위반한 경우 관련기관 또는 수사기관에의 통보, 그 밖에 금융위원회가 법 및 시행령, 그 밖의 관련법령에 의하여 취할 수 있는 조치를 의미한다(법 시행령 359조 5항).

2. 단기금융회사의 임원에 대한 조치

금융위원회는 단기금융회사의 임원이 법 제364조 제1항 각 호(6호를 제외한다)의 어느 하나에 해당하거나 [별표 12] 각 호의 어느 하나에 해당하는 경우에는 해임요구, 6개월

1) 법 [별표 12] 제19호에 해당하는 경우로서 법 시행령 [별표 17] 제3호부터 제5호까지의 어느 하나에 해당하는 경우가 여기에 해당된다(법 시행령 349조 1항).
2) 법 시행령 제349조 제2항.
3) 법 시행령 제373조 제3항 각 호의 어느 하나에 해당하는 경우를 말한다(법 시행령 349조 3항).
4) 1. 인가를 받은 날부터 6개월 이내에 영업을 개시하지 아니하거나 영업을 개시한 후 정당한 사유 없이 인가받은 업무를 6개월 이상 계속해서 영위하지 아니한 경우, 2. 업무와 관련하여 부정한 방법으로 타인으로부터 금전 등을 교부받거나 타인에게 교부할 금전등을 취득한 경우, 3. 법 제364조 제2항 제1호에 따른 업무정지의 조치를 받은 날부터 1개월(업무정지의 조치를 하면서 1개월을 초과하는 보정기간을 정한 경우에는 그 기간) 이내에 해당 조건을 보정하지 아니한 경우, 4. 동일 또는 유사한 위법행위를 계속하거나 반복하는 경우 중의 어느 하나에 해당되는 경우를 말한다(법 시행령 349조 4항).

이내의 직무정지, 문책경고, 주의적 경고, 주의, 그 밖에 위법행위를 시정하거나 방지하기 위하여 필요한 조치로서 대통령령으로 정하는 조치[1] 중의 어느 하나에 해당하는 조치를 할 수 있다(법 364조 3항).

3. 단기금융회사의 직원에 대한 조치

금융위원회는 단기금융회사의 직원이 제 1 항 각 호(6호를 제외한다)의 어느 하나에 해당하거나 [별표 12] 각 호의 어느 하나에 해당하는 경우에는 면직, 6개월 이내의 정직, 감봉, 견책, 경고, 주의, 그 밖에 위법행위를 시정하거나 방지하기 위하여 필요한 조치로서 대통령령으로 정하는 조치[2] 중의 어느 하나에 해당하는 조치를 그 단기금융회사에 요구할 수 있다(법 364조 4항).

Ⅲ. 준용 규정

법 제422조 제 3 항 및 법 제423조부터 법 제425조까지의 규정은 단기금융회사 및 그 임직원에 대한 조치 등에 관하여 준용한다(법 364조 5항).

1. 조치요구권 등

금융위원회는 법 제422조 제 1 항 또는 제 2 항에 따라 금융투자업자의 임직원에 대하여 조치를 하거나 이를 요구하는 경우 그 임직원에 대하여 관리·감독의 책임이 있는 임직원에 대한 조치를 함께 하거나 이를 요구할 수 있다. 다만, 관리·감독의 책임이 있는 자가 그 임직원의 관리·감독에 상당한 주의를 다한 경우에는 조치를 감면할 수 있다(법 422조 3항).

2. 청 문

금융위원회는 금융투자업에 대한 인가·등록의 취소, 금융투자업자 임직원에 대한 해임요구 또는 면직요구의 어느 하나에 해당하는 처분 또는 조치를 하고자 하는 경우에는 청문을 실시하여야 한다(법 423조).

3. 조치사항의 관리 등

금융위원회는 법 제364조의 규정에 따라 처분 또는 조치한 경우에는 그 내용을 기록하고 이를 유지·관리하여야 한다(법 424조 1항). 금융위원회는 법 제420조 제 1 항·제 3

1) 법 시행령 제349조 제 5 항 제 5 호부터 제 7 호까지의 조치를 말한다(법 시행령 349조 6항).
2) 법 시행령 제349조 제 5 항 제 5 호부터 제 7 호까지의 조치를 말한다(법 시행령 349조 6항).

항 또는 법 제421조 제 1 항(같은 조 4항에서 준용하는 경우를 포함한다)에 따라 조치를 취한 경우 그 사실을 관보 및 인터넷 홈페이지 등에 공고하여야 한다(법 424조 2항).

금융위원회는 금융투자업자의 퇴임한 임원 또는 퇴직한 직원이 재임 또는 재직 중이었다면 법 제364조 제 1 항 제 1 호, 제 2 항 제 1 호에 해당하는 조치를 받았을 것으로 인정되는 경우에는 그 받았을 것으로 인정되는 조치의 내용을 금융감독원장으로 하여금 해당 금융투자업자에게 통보하도록 할 수 있다. 이 경우 통보를 받은 금융투자업자는 이를 퇴임·퇴직한 그 임직원에게 통보하여야 한다(법 424조 3항).

법 제422조 제 1 항은 금융투자업자가 금융위원회의 조치요구에 따라 그 임직원을 조치한 경우 및 제 3 항에 따라 통보를 받은 경우에 준용한다(법 424조 4항). 금융투자업자 또는 그 임직원(임직원이었던 자를 포함한다)은 금융위원회에 자기에 대한 법 제364조에 따른 처분 또는 조치 여부 및 그 내용을 조회할 수 있다(법 424조 5항). 금융위원회는 제 5 항의 조회요청을 받은 경우에는 정당한 사유가 없는 한 처분 또는 조치 여부 및 그 내용을 그 조회 요청자에게 통보하여야 한다(법 424조 6항).

4. 이의신청

법 제420조 제 1 항, 제 3 항, 법 제421조 제 1 항, 제 4 항, 법 제422조 제 1 항 제 2 호부터 제 6 호까지 및 같은 조 제 3 항(1항 2호부터 6호까지의 어느 하나에 해당하는 조치에 한한다)에 따른 처분 또는 조치에 대하여 불복하는 자는 그 처분 또는 조치의 고지를 받은 날부터 30일 이내에 그 사유를 갖추어 금융위원회에 이의를 신청할 수 있다(법 425조 1항).

금융위원회는 제 1 항에 따른 이의신청에 대하여 60일 이내에 결정을 하여야 한다. 다만, 부득이한 사정으로 그 기간 이내에 결정을 할 수 없을 경우에는 30일의 범위에서 그 기간을 연장할 수 있다(법 425조 2항).

[초판: 강희주, 개정판: 박휜일]

제 7 장　명의개서대행회사

○ 前注

1. 의　　의

주주명부는 주식회사가 회계장부와 더불어 갖추어야 할 고유의 장부이다. 때문에 주주명부 관리를 근간으로 하는 회사의 주식업무는 고유한 업무에 해당된다. 하지만, 오늘날과 같이 주식투자의 대중화가 이루어진 상황에서, 회사가 주식업무를 직접 수행하는 것은 업무규모나 효율성에서 바람직하지 않은 면이 있다. 과거, 주식업무를 회사에서만 수행할 때는 문제점이 많았다. 투자자는 명의개서 등을 위하여 시간과 비용을 들여 각지에 산재한 발행회사를 찾아다녀야 하는 불편을 감수해야 했다. 발행회사 또한 주식업무와 관련하여 인력확보, 각종 설비로 인한 과다한 운영비용 등으로 인하여 경영활동에 어려움을 겪었다. 더구나 일부 회사는 발행주식수를 초과하여 발행하거나 위조주권을 유통시켜 투자자에게 손실을 끼쳤을 뿐만 아니라 증권시장에 혼란을 초래하기도 하였다.

이러한 문제점을 해결하고자 도입된 것이 명의개서대리인(名義改書代理人, transfer agent) 제도이다. 이 제도는 명의개서대리인이 회사를 대신하여 주주명부와 명의개서 등 주식사무를 대행하는 제도로서, 1850년에 미국에서 New York & New Heaven 철도회사 주식위조 사건을 계기로 시작되었다. 이후 영국, 일본 등 기명주식이 유통되는 나라는 모두 명의개서대리인제도를 도입하고 있다.

명의개서대리인제도가 도입됨에 따라 투자자는 투자의 편의와 신뢰를 제공받게 되었으며, 발행회사는 주식업무의 효율적 운영과 경비절감을 도모할 수 있게 되었다. 또한 증권시장은 보다 안정적으로 발전할 수 있게 되었다.[1)]

2. 명의개서대리인제도의 연혁

(1) 제도의 도입

우리나라의 명의개서대리인제도는 자본시장이 본격적으로 발전하기 시작한 1970년대에 도입되었다. 그 법적 근거는 1972년 12월 30일 '자본시장 육성에 관한 법률'(1968년에 제정되어 1997년에 폐지, 이하 '자본시장육성법'이라 함) 제 1 차 개정시 마련되었다. 이 법은 기업공

1) 한국예탁결제원, 「증권대행업무해설」, 2013, 1쪽.

개를 효율적으로 추진하기 위한 전담기관으로 한국투자공사(금융감독원의 전신)를 설립하면서, 제한적이나마 명의개서대리인 업무도 겸영하도록 규정하였다. 이에 따라 한국투자공사는 1973년 6월부터 한국주철관공업주식회사를 필두로 증권 인수를 위한 경영분석업무와 함께 명의개서대리인 업무를 시작하였다.[1)]

(2) 자본시장육성법상 반영

1973년부터 자본시장이 급성장하자, 증권시장의 안정적인 발전을 위해서 명의개서대행업무를 전문적으로 취급할 기관의 설치가 필요했다. 이에 1974년 12월에 자본시장육성법을 통해 한국증권대체결제주식회사(예탁결제원의 전신)를 설립하면서 본연의 업무인 증권대체결제업무 이외에 명의개서대행업무도 겸영하도록 했다. 이후 상장회사가 대폭 증가함에 따라 한국증권대체결제회사만으로는 명의개서대행업무를 감당할 수 없게 되자, 1976년 12월 자본시장육성법에 명의개서대행회사에 관한 조항을 별도로 마련(현재는 자본시장법에 반영)하여 1977년 3월에 서울신탁은행(하나은행의 전신)이, 1978년 4월에는 국민은행이 각각 명의개서대행업무를 영위할 수 있도록 허가했다.[2)]

(3) 상법상 반영

우리나라의 명의개서대리인제도는 1984년 개정상법을 통하여 도입되었으며, 이후 상장회사뿐만 아니라 일반 주식회사도 명의개서대리인제도를 이용할 수 있게 되었다.

3. 명의개서대리인 선임

(1) 명의개서대리인의 선임근거

주식회사는 정관규정에 의거하여 명의개서대리인을 둘 수 있다(상법 337조 2항). 특히, 한국거래소에 상장예정회사 또는 한국금융투자협회에 프리보드예정회사는 상장예비심사 또는 상장신청시 명의개서대행계약서를 제출하도록 하여 상장요건으로 정하고 있다(유가증권시장상장규정세칙 20조 및 22조, 코스닥시장상장규정세칙 3조 2항, 장외주식의호가중개에관한규정 3조 3호). 이와 같이 주권상장회사와 예탁대상증권의 발행법인은 명의개서대리인 선임이 의무화되어 있다. 이는 개별 발행회사가 직접 명의개서업무를 수행함에 따른 주주, 특히 복수의 주식을 보유한 주주의 업무불편을 최소화하고, 통일규격증권용지의 사용을 통하여 증권의 위변조를 방지하고, 발행회사의 가장납입과 주식초과발행 방지 등 다양한 목적을 위하여 상장회사 및 증권예탁제도를 이용하는 예탁대상법인은 명의개서대행회사의 이용이 사실상 의무화되어 있다.

1) 한국예탁결제원, 상게서, 2쪽.
2) 한국예탁결제원, 상게서, 2쪽.

(2) 명의개서대리인 선임결의

회사정관에 명의개서대리인에 관한 규정이 없으면 먼저, 주주총회 특별결의로서 관련규정을 마련하여야 한다(상법 433조, 434조). 명의개서대리인을 선임하기 위해서는 정관에 명의개서대리인의 상호를 특정하거나, 정관상 근거에 의하여 이사회 결의로서 선임할 수 있다. 이때 명의개서대리인 및 그 사무취급소와 대행업무의 범위는 이사회 결의로 정한다. 회사가 명의개서대리인을 둔 때에는 공시의 수단으로서 그 상호와 본점소재지를 등기하여야 한다(상법 317조 2항 11호). 또한 회사에서 작성하는 주식청약서, 신주인수권증서 및 사채청약서 등에도 명의개서대리인에 관한 사항을 기재하여야 한다(상법 302조 2항 10호, 420조 2호, 474조 2항).

위탁회사는 명의개서대리인이 주식사무를 수행하는데 필요한 주주명부, 인감표 등을 대행업무 수탁계약체결 이후 지체 없이 인도하여야 한다(예탁결제원 명의개서대행업무위탁계약서 8조). 회사가 명의개서대리인을 선임한 경우 회사의 주주명부 또는 그 복본을 명의개서대리인의 사업취급장소에 비치하고 주식에 관한 사무는 명의개서대리인으로 하여금 취급케 하며, 주식에 관한 사무취급에 관한 절차는 명의개서대리인의 업무규정에 따른다.

4. 명의개서대리인의 지위와 책임

명의개서대행업무를 위탁한 위탁회사와 명의개서대리인의 관계는 위임계약을 근거로 하는 위임관계로 볼 수 있다(민법 680조 참조). 이에 따라 위탁회사는 주주명부를 명의개서대리인의 영업점에 비치할 수 있고(상법 396조 1항), 명의개서대리인에 의해 명의개서가 이루어지면 회사에서 처리한 것과 동일한 효력을 갖게 된다(상법 337조 2항). 한편, 명의개서대리인에게는 위탁회사의 이행보조자로서 주의의무가 부여되어 있다. 따라서 명의개서대리인의 부주의로 인하여 손해가 발생하면 위탁회사는 사용자로서 이해관계인에 대하여 배상책임이 있으며, 명의개서대리인 또한 위탁회사에 대한 배상책임이 있다(민법 391조 참조).

5. 명의개서대행수수료

명의개서대행회사는 위탁회사를 대신하여 명의개서업무를 대리함에 따른 수수료를 받는다. 수수료는 위탁회사 관리에 기본적으로 소요되는 비용인 기본수수료를 자본금규모에 따라 차등하여 수령하고 있으며, 처리증권·제신고·통지업무·명의개서·처리주수·미교부·주권보관료·제증명·반송우편물처리·재발행·배당금및사채원리금지급·해외증권권리행사 등에 따른 개별수수료를 받는다.

제365조(명의개서대행회사의 등록)

① 증권의 명의개서를 대행하는 업무를 영위하려는 자는 금융위원회에 등록하여야 한다.

② 제 1 항에 따른 등록을 하려는 자는 다음 각 호의 요건을 모두 갖추어야 한다.

1. 예탁결제원 또는 전국적인 점포망을 갖춘 은행일 것
2. 전산설비 등 대통령령으로 정하는 물적 설비를 갖출 것
3. 대통령령으로 정하는 이해상충방지체계를 구축하고 있을 것

③ 제 1 항에 따른 등록을 하려는 자는 금융위원회에 등록신청서를 제출하여야 한다.

④ 금융위원회는 제 3 항의 등록신청서를 접수한 경우에는 그 내용을 검토하여 2개월 이내에 등록 여부를 결정하고, 그 결과와 이유를 지체 없이 신청인에게 문서로 통지하여야 한다. 이 경우 등록신청서에 흠결이 있는 때에는 보완을 요구할 수 있다.

⑤ 제 4 항의 검토기간을 산정함에 있어서 등록신청서 흠결의 보완기간 등 총리령으로 정하는 기간은 검토기간에 산입하지 아니한다. 〈개정 2008. 2. 29〉

⑥ 금융위원회는 제 4 항의 등록 여부를 결정함에 있어서 다음 각 호의 어느 하나에 해당하는 사유가 없는 한 그 등록을 거부하여서는 아니 된다. 〈개정 2008. 2. 29〉

1. 제 2 항의 등록요건을 갖추지 아니한 경우
2. 제 3 항의 등록신청서를 거짓으로 작성한 경우
3. 제 4 항 후단의 보완요구를 이행하지 아니한 경우

⑦ 금융위원회는 제 4 항에 따라 등록을 결정한 경우 명의개서대행회사등록부에 필요한 사항을 기재하여야 하며, 등록결정한 내용을 관보 및 인터넷 홈페이지 등에 공고하여야 한다.

⑧ 명의개서대행회사는 등록 이후 그 영업을 영위함에 있어서 제 2 항 각 호의 등록요건을 계속 유지하여야 한다.

⑨ 제 1 항부터 제 7 항까지의 규정에 따른 등록신청서의 기재사항·첨부서류 등 등록의 신청에 관한 사항과 등록검토의 방법·절차, 그 밖에 필요한 사항은 대통령령으로 정한다.

Ⅰ. 본조의 취지

자본시장법상의 금융투자업을 영위하기 위해서는 금융위원회의 인가 또는 금융위원회의 등록이 필요하다. 마찬가지로 증권의 명의개서를 대행하는 업무(이하 “명의개서대행업무”라 함)를 영위하려는 자도 금융위원회에의 등록이 필요한데, 본조는 이와 관련하여 등록요건, 등록신청서의 제출과 등록여부의 결정, 등록신청서의 흠결보완, 등록거부 금지사유, 등록결정내용의 공고 등에 관하여 규정하고 있다. 이러한 본조의 규정을 통하여 증권의 발행회사를 대신하여 증권의 명의개서대행업무 등을 수행하는 명의개서대리인과 그 임·직원에 대한 관리와 감독에 철저를 기하고 있다.

Ⅱ. 본조의 내용

1. 명의개서대행회사의 등록

상법상 주식회사는 정관이 정하는 바에 의하여 명의개서대리인을 둘 수 있다. 이 경우 명의개서대리인이 주식 취득자의 성명과 주소를 명의개서대리인이 관리하는 주주명부의 복본에 기재한 때에는 명의개서가 있는 것으로 본다(상법 337조 2항). 이때 명의개서대리인의 자격은 자본시장법에 따라 설립된 예탁결제원과 금융위원회에 등록한 주식회사로 규정하고 있다(상법 시행령 8조).

이에 따라 예탁결제원 이외의 자가 명의개서대행업무를 영위하려는 경우에 금융위원회에 등록하여야 하며(법 365조 1항), 본조를 위반하여 등록을 하지 아니하고 명의개서대행업무를 영위하는 자나 거짓, 그 밖의 부정한 방법으로 등록을 한 자에 대하여는 3년 이하의 징역 또는 1억원 이하의 벌금을 부과하고 있다(법 445조 39호 및 40호). 이러한 제재규정을 통하여 본조의 실효성을 확보하고 있다.

행정법상 등록은 일정한 법률사실 또는 법률관계를 행정청 등 특정한 등록기관에 비치된 장부에 기재하는 일로서 어떤 사실이나 법률관계의 존재를 공적으로 공시 또는 증명하는 공증행위에 속한다고 할 수 있다.[1] 본조에 따른 명의개서대행업무를 영위하기 위한 등록은 동 업무를 영위하기 위한 요건이다. 다만, 예탁결제원의 경우에는 이 법에 따라 증권의 명의개서대행업무를 법상 겸영업무로서 당연히 취급하므로(동법 296조 6호), 명의개서대행업무의 영위를 위하여 별도로 금융위원회에 등록할 필요는 없다.

금융위원회는 금융기관에 대하여 명의개서대행회사로 등록을 결정한 경우 명의개서대행회사등록부에 필요한 사항을 기재하여야 하며, 등록결정한 내용을 관보 및 인터넷 홈페이지 등에 공고하여야 한다(법 365조 7항).

2. 등록요건

예탁결제원 이외의 자가 명의개서대행업무를 영위하기 위하여 금융위원회에 등록을 하려는 경우에 다음과 같은 일정한 요건을 모두 갖추어야 한다(법 365조 2항).

첫째, 전국적인 점포망을 갖춘 은행이어야 한다(1호). 여기서 예탁결제원은 우리나라 최초로 명의개서대행업무를 영위하는 기관으로서 증권의 예탁업무와 명의개서대행회사 업무간에 업무의 연관성이 많기 때문에 증권예탁기관에 명의개서대행회사 업무를 영위할 수 있는 자격을 부여하고 있다. 즉 명의개서대행회사를 통하여 발행된 증권은 증권회사 등을 통하여 예탁결제원으로 예탁되거나 또는 일괄예탁제도를 통하여 명의개서대행회사에서 바로 예탁결제원으로 예탁이 이루어지고 있다. 또한 예탁결제원에 예탁된 증권

1) 정찬형(편집대표), 「주해 금융법(Ⅲ)〔자본시장법3〕」, 한국사법행정학회, 2013, 286쪽.

은 권리행사를 위하여 명의개서대행회사를 통하여 예탁결제원 명의로 명의개서 또는 불소지 되는 등 예탁결제원과 명의개서대행회사간에는 업무연계성이 매우 높아 예탁결제원이 명의개서대행업무를 법상으로 겸영하도록 규정하고 있다.

다음으로 은행의 경우 전국적인 점포망을 갖출 것을 요구하고 있다(동법 365조 2항 1호). 이는 명의개서대행업무는 전국에 분포한 주주 등을 대상으로 이루어지므로 전국적인 점포망이 요구되는 것이다. 따라서 인가받는 지역을 중심으로 업무를 영위하는 전국적 점포망이 없는 지방은행(은행법 2조 1항 10호 가목)의 경우에는 명의개서대행업무를 영위할 수 없다. 이에 따라 현재 전국적 점포망을 갖춘 국민은행과 하나은행이 금융위원회에 등록하여 명의개서대행업무를 영위하고 있다.[1)]

한편 구증권법에서는 명의개서대행업무를 영위할 수 있는 자는 주식회사이어야 하였지만(구증권법 180조 1항), 이법에서는 주식회사에 관한 요건을 삭제하였다. 이는 상법으로 명의개서대행회사의 자격요건을 주식회사로 하고 있음에 따라 본 법에서 명의개서대행회사의 요건에 주식회사를 중복적으로 요구할 필요가 없기 때문에 주식회사에 관한 요건을 삭제한 것으로 보인다.

둘째, 명의개서대행회사는 전산설비 등 일정한 물적 설비를 갖추어야 하는데(2호), 여기서 일정한 설비란 (i) 증권의 명의개서를 대행하는 업무를 하기에 필요한 전산설비, 업무공간 및 사무장비, (ii) 정전·화재 등의 사고가 발생할 경우 업무의 연속성을 유지하기 위하여 필요한 보완설비를 말한다(법 시행령 350조 1항). 본 호에서 명의개서대행회사로의 등록을 위하여 특별히 전산설비 요건을 포함하고 있는 이유는 위탁회사의 주주명부와 명의개서업무 등은 고도화된 전산시스템을 이용하여 정확하고 효율적으로 처리되고 있기 때문에 명의개서대행회사에 대하여 안전하고 고도화된 전산설비를 갖출 것을 특별히 요구하고 있는 것이다. 특히 위탁회사의 주주내역, 질권자내역, 주권내역 등을 모두 저장하고 있는 전산시스템이 다운되거나 해킹에 노출되는 경우 금융시장과 국민경제에 심각한 영향을 미칠 수 있으므로 명의개서대행회사로의 등록요건에 전산설비 등과 같은 일정한 물적설비를 요구하고 있는 것이다.

셋째, 일정한 수준의 이해상충방지체계를 구축하고 있어야 하는데(3호), 여기서 일정한 수준이란 (i) 증권의 명의개서대행업무와 그 외의 업무 간에 독립된 부서로 구분되어 업무처리와 보고가 독립적으로 이루어질 것, (ii) 증권의 명의개서대행업무와 그 외의 업무를 하는 사무실이 정보공유를 막을 수 있을 정도로 공간적으로 분리될 것, (iii) 증권의 명의개서대행업무와 그 외의 업무에 관한 전산자료가 공유될 수 없도록 독립되어 열람될 것 등이다.

---

1) 2014년 12월말 기준으로 주권상장회사에 대한 위탁회사 현황은 예탁결제원이 859사, 국민은행이 694사, 하나은행이 436사이다.

여기서 명의개서대행업무의 범위는 증권의 명의개서업무뿐만 아니라 증권의 발행업무, 증권의 배당금 및 원리금 지급업무, 주주 등에 대한 통지업무 등을 포함하는 것으로 보아야 할 것이다. 그리고 명의개서대행업무 외의 업무에는 예탁결제원의 경우에는 증권의 예탁과 결제업무, 증권의 대차와 레포업무 등이 이에 해당할 수 있으며, 은행의 경우에는 은행의 고유업무인 여수신업무, 겸영업무인 신탁업무, 부수업무인 보호예수업무 등이 이에 해당할 수 있을 것이다.

이와 같이 명의개서대행업무를 영위하는 자에게 이해상충방지체계의 구축의무를 부여하는 이유는 명의개서대행업무와 예탁결제원 또는 은행의 고유업무, 기타 겸영업무 및 부수업무간에 이해상충이 발생할 우려가 있어 투자자나 이용자인 위탁회사 등에 부정적인 영향을 미칠 수 있기 때문이다.

명의개서대행회사는 등록 이후 그 영업을 영위함에 있어서 상기의 각 등록요건을 계속 유지하여야 한다(법 365조 8항). 만약 이를 충족하지 못하는 경우에는 금융위원회는 그 등록을 취소할 수 있다고 본다.

3. 등록절차

명의개서대행회사로 등록을 하려는 자는 금융위원회에 등록신청서를 제출하여야 한다(법 365조 3항). 등록신청서에는 회사의 상호와 소재지, 자본금에 관한 사항, 임원에 관한 사항, 업무수행의 방법, 법 시행령 제350조 제 1 항에 따른 물적 설비에 관한 사항, 법 시행령 제350조 제 2 항에 따른 이해상충방지체계에 관한 사항, 그 밖에 등록의 검토에 필요한 사항으로서 금융위원회가 정하여 고시하는 사항을 기재하여야 한다(법 시행령 351조 1항). "금융위원회가 고시하는 사항"이란 업무체계에 관한 사항 및 기업집단 현황에 관한 사항을 말한다(금융투자업규정 8-86조 1항). 이러한 등록신청서에는 정관, 주주의 성명 또는 명칭과 그 소유주식수를 기재한 서류, 최근 3개 사업연도의 재무제표와 그 부속명세서(설립일부터 3개 사업연도가 지나지 아니한 법인의 경우에는 설립일부터 최근 사업연도까지의 재무제표와 그 부속명세서를 말한다), 물적설비의 현황을 확인할 수 있는 서류, 법 시행령 제350조 제 2 항에 따른 이해상충방지체계를 갖추었는지를 확인할 수 있는 서류, 그 밖에 등록의 검토에 필요한 서류로서 금융위원회가 정하여 고시하는 서류를 첨부하여야 한다(법 시행령 351조 2항). "금융위원회가 고시한 서류"란 업무체계를 확인할 수 있는 서류, 기업집단현황을 확인할 수 있는 서류를 말한다(금융투자업규정 8-86조 2항).

이와 같이 명의개서대행회사 등록신청서를 제출받은 금융위원회는 등록의 신청내용에 관한 사실 여부를 확인하고, 등록요건을 충족하는지를 검토하여야 한다(법 시행령 351조 3항). 또한 상기사항 이외에 금융위원회는 명의개서대행회사 등록의 신청과 검토, 신청서의 서식과 작성방법 등에 관하여 필요한 사항은 금융위원회가 정하여 고시한다(법 시행령 351조 4항).

4. 등록내용검토 및 결과통지

금융위원회는 명의개서대행회사 등록신청서를 접수한 경우에는 그 내용을 검토하여 2개월 이내에 등록 여부를 결정하고, 그 결과와 이유를 지체 없이 신청인에게 문서로 통지하여야 한다. 이 경우 등록신청서에 흠결이 있는 때에는 보완을 요구할 수 있다(법 365조 4항). 이때 검토기간을 산정함에 있어서 등록신청서 흠결의 보완기간 등 총리령으로 정하는 기간은 검토기간에 산입하지 아니한다(법 365조 5항). 이때 검토기간의 산정에 포함되지 않는 "총리령으로 정하는 기간"이란 명의개서대행회사의 등록요건을 충족하는지를 확인하기 위하여 다른 기관 등으로부터 필요한 자료를 제공받는 데에 걸리는 기간 및 등록신청서 흠결의 보완을 요구한 경우에는 그 보완기간을 말한다(법 시행규칙 39조 1호 및 2호).

5. 등록거부 금지사유

금융위원회는 명의개서대행회사의 등록신청서를 접수하여 그 내용을 검토하여 등록 여부를 결정함에 있어서 그 신청회사가 등록요건을 모두 충족하고, 등록신청서에 거짓으로 작성되지 아니하고, 등록신청서의 흠결에 대하여 보완요구를 모두 이행한 경우에는 등록을 거부하여서는 아니 된다(법 365조 6항).

第366条(명의개서대행회사의 부수업무)

명의개서대행회사는 증권의 배당·이자 및 상환금의 지급을 대행하는 업무와 증권의 발행을 대행하는 업무를 영위할 수 있다.

Ⅰ. 본조의 취지	Ⅱ. 본조의 내용

Ⅰ. 본조의 취지

본조는 명의개서대행회사의 부수업무, 즉 증권의 배당, 이자 및 상환금의 지급 대행업무와 증권의 발행대행업무를 규정하고 있다. 여기서 증권의 배당지급을 대행하는 업무는 주식의 현금배당금 및 주식배당금의 지급을 대행하는 업무를 말하며, 증권의 이자지급업무는 채권 이자의 지급을 대행하는 업무를 말한다. 그리고 증권의 상환금지급업무는 채권 또는 수익증권 등의 원금의 상환을 대행하는 업무를 말한다. 이러한 증권의 배당, 이자 및 상환금의 지급을 명의개서대리인이 대행하는 업무는 모두 주주명부를 기초로 이루어지는 업무로서 위탁회사가 직접처리하거나 기타의 자가 하는 것 보다는 명의개서대리인이 수행하는 것이 위탁회사와 주주 등의 투자자를 위하여 더 효율적이기 때문에 명의개서대리인의 부수업무로서 허용하고 있는 것이다.

또한 증권의 발행을 대행하는 업무는 명의개서업무를 위해서는 주권의 발행업무가 동시에 수행되어야 효율적이므로 명의개서대행회사는 주권 등의 발행대행업무도 동시에 수행하고 있다.

Ⅱ. 본조의 내용

1. 명의개서대행업무

(1) 개 요

기명증권의 소유권을 이전하는 경우 이를 회사에 대항하기 위해서는 명의개서가 필요하다. 즉 기명주식의 경우에는 주주명부에 새로운 취득자의 성명과 주소를 기재하여야 하고(상법 337조 1항), 기명사채는 새로운 취득자의 성명과 주소를 사채원부에 기재하여야 한다(동법 제479조 1항). 이러한 명의개서업무는 명의개서대행회사의 가장 기본이 되는 업무이다.

명의개서는 증권의 소유권을 이전할 때 행해지는 절차이기 때문에 소유권 이전 등과 관련한 많은 절차가 요구된다. 이를 반영하여 명의개서대행회사들은 명의개서대행업무규정(이하 "대행규정"이라 함)에서는 증권의 명의개서대행업무의 내용을 주주명부, 실질주주명부 또는 사채원부의 작성 및 관리, 증권의 명의개서·질권의 등록 또는 말소 및 신탁재산의 표시 및 말소, 명의개서에 관한 제청구 및 신고의 처리, 명의개서에 관한 통계, 통지 및 최고, 기타 이들 업무에 부수하는 업무로 보고 있다(대행규정 5조 1항).

주식회사는 정관이 정하는 바에 의하여 명의개서대리인을 둘 수 있으며, 명의개서대리인이 주식 취득자의 성명과 주소를 명의개서대리인이 관리하는 주주명부의 복본에 기재한 때에는 명의개서가 있는 것으로 본다(상법 337조 2항). 이와 같이 상법은 명의개서대리인의 업무로서 주식의 명의개서를 규정하고 있지만, 명의개서업무는 주주명부의 관리를 전제로 하는 업무이다. 따라서 주주명부의 관리를 전제로 하는 업무인 주식의 질권등록, 주권불소지 등도 명의개서업무의 연장선상에 명의개서대리인이 당연히 수행하는 업무로 보아야 한다.

1) 주주명부의 효력

주주명부는 주주 및 주권에 관한 사항을 명확히 하기 위하여 작성·비치하는 장부로서(상법 352조, 396조 1항), 회사에 대한 대항력, 주주에 대한 자격수여적 효력, 회사의 면책적 효력 등이 있다.

먼저, 회사에 대한 대항력은 기명주식의 이전은 취득자의 성명과 주소를 주주명부에 기재하지 아니하면 회사에 대항하지 못한다(상법 337조 1항). 등록질의 질권자도 주주명부에 기재되어야 질권자로서 권리를 행사할 수 있다(상법 340조).[1][2]

다음으로 주주에 대한 자격수여적 효력은 주주명부에 기재되면 기재의 자격수여적 효력에 의하여 주주로서 추정된다. 따라서 주주명부상 주주는 주주권을 행사할 때마다 회사에 대하여 주권제시 등 실질적인 권리가 있음을 증명할 필요 없이 권리를 행사할 수 있다.[3]

회사의 면책적 효력은 주주 또는 질권자에 대한 통지 또는 최고는 주주명부에 기재한 주소 또는 그 자로부터 회사에 통지한 주소로 하면 된다(상법 353조 1항). 즉, 회사는 중대한 과실 없이 주주명부상 주주에게 권리행사의 기회를 제공하면 설령 당해주주가 무권리자일지라도 면책된다.[4]

2) 명의개서의 청구

명의개서 청구권자는 양수인 또는 상속 등을 통해 주식을 취득한 자이다(상법 336조). 다만, 예탁결제원은 예탁증권에 대하여 실질 소유자는 아니지만 증권예탁제도의 목적인 증권유통의 원활화와 투자자의 편익을 도모하기 위하여 예탁결제원 명의로 명의개서하거나 등록을 청구할 수 있다(법 314조 2항). 명의개서를 청구할 때는 명의개서청구서에 주권 등을 첨부하여 제출하여야 한다. 회사정관에서 주식양도를 제한하고 있는 경우에는 이사회가 발급한 주식양도에 관한 승인서류를 함께 제출하여야 한다(대행규정 29조 1항).

(2) 명의개서의 절차 및 심사권

주권의 점유자는 적법한 소지인으로 추정되므로(상법 336조 2항), 주권의 양수인은 자신이 실질적 권리자임을 증명할 필요 없이 단독으로 주권을 제시하고 명의개서를 청구할 수 있고, 이에 대하여 회사는 그가 무권리자임을 증명하지 못하는 한 명의개서를 하여야 한다.[5] 위의 추정규정에 따라 회사는 진정한 주권을 점유하고 있는가에 대한 형식적 자

1) 대법원 1996. 12. 23. 96다32768, 주식을 취득한 자가 회사에 대하여 의결권을 주장할 수 있기 위하여는 주주명부에 주주로서 명의개서를 해야하므로, 명의개서를 하지 아니한 주식양수인에 대하여 주총소집통지를 하지 않았다고 하여 주총결의에 절차상의 하자가 있다고 할 수 없다.

2) 명의개서실기주(名義改書失期株)란 회사에서 정한 기준일까지 자기명의로 명의개서하지 못한 주식을 말한다. 회사에서는 양도자인 주주명부상 주주에게 권리를 부여하면 면책된다. 양도자와 실기자인 양수인 간에 별다른 협의가 없을 경우 분쟁이 있을 수 있다.

3) 대법원 1989. 7. 11. 89다카5345, 주주명부상의 주주는 자격수여적 효력을 인정한 것뿐이지 주주명부의 기재에 창설적 효력을 인정하는 것이 아니므로 반증에 의하여 실질상 주식을 취득하지 못하였다고 인정되는 자가 명의개서를 받았다 하여 주주의 권리를 행사할 수 있는 것은 아니다.

4) 대법원 1998. 9. 8. 96다45818, 회사가 주주명부상 주주가 형식주주에 불과하다는 것을 알았거나, 중대한 과실로 알지 못하였고 또한 이를 쉽게 증명할 수 있었음에도 의결권행사를 용인한 경우 그 의결권행사는 위법하다.

5) 정찬형, 상법강의(상)(2010), 704쪽.

격만을 심사할 의무가 있고, 그가 진정한 주주인가에 대한 실질적 자격을 심사할 의무는 없다. 따라서 회사는 명의개서를 청구한 자의 형식적 자격을 심사한 경우라면, 설사 그가 실질적 자격이 없는 경우에도 회사가 이에 관한 악의 또는 중과실이 없는 한 면책된다.[1] 이에 따라 명의개서대행업무에 관한 모든 청구 또는 신고에 대한 심사는 첨부서류 등의 적격성여부 및 첨부증권의 하자 유무 등의 형식적 요건만을 심사하며 그 실질적인 권리내용에 대하여는 심사하지 아니함을 원칙으로 한다. 심사할 때 확인사항은 위조·변조여부, 사고신고의 유무, 공시최고 또는 제권판결의 유무, 압류·가압류 또는 가처분 명령의 유무 등이다(대행규정 17조). 이는 기타 명의개서대행회사의 부수업무를 대행처리하는 경우에도 동일하게 적용된다.

증권대행업무의 처리일자는 청구서 또는 신고서 등의 접수일자이다. 다만, 위탁회사 주주에 대한 제통지 등의 처리일자는 제통지서 등의 발행일자로 한다(대행규정 9조). 명의개서대행회사는 금융실명법에 의한 금융기관에 해당된다(금융실명법 2조 1호 바목). 실명확인 대상업무는 명의개서, 질권의 등록 및 말소, 신탁재산의 표시 및 말소, 증권 등의 교부, 배당금의 지급 등이다(실명거래업무취급지침 3조). 실명확인기준은 다음과 같다(실명거래업무취급지침 4조).

제 3 자배정 또는 실권주 인수주주나 공모주 청약주주에 대하여는 위탁회사나 청약기관의 서면통지로 일괄하여 실명을 확인할 수 있다(실명거래업무취급지침 5조).

이러한 명의개서대리인 업무를 수행하는 대행업무를 수행하는 준거기준은 상법, 자

[실명확인기준]

구 분	실명 기준	확인 기준
개 인	- 성명 및 주민번호	- 주민등록증, 여권, 공무원증 등 - 주민등록증 미발급자는 주민등록등본 및 법정대리인의 확인증표 등
	- 재외국민은 성명 및 여권번호(등록번호)	- 여권, 국내거소신고증
외국인 외국단체	- 외국인등록자 : 성명(명칭) 및 등록번호	- 외국인등록증, 외국단체등록증
	- 외국인미등록자 : 여권·신분증·투자등록증·내국민대우등록증의 성명 및 번호	- 여권, 신분증 - 투자등록증, 내국인대우등록증
법 인	- 법인세법상 법인명 및 사업자(납세)번호	- 사업자등록증
법인아닌단체	- 대표자의 실명	- 주민등록증 등
	- 부가세(소득세)법상 단체명 및 납세번호	- 당해 문서나 그 사본
대 리 인	- 본인 및 대리인의 실명을 확인할 수 있는 증표 또는 서류	

1) 정찬형, 상게서, 705쪽.

본시장법, 금융실명법, 증권명의개서대행업무규정, 증권의 명의개서대행업무 위탁계약서, 위탁회사의 정관 등 관련법규이다.

2. 부수업무

명의개서대행회사는 증권의 명의개서의 대행업무 이외에도 증권 등에 대한 배당, 이자 및 상환금의 지급대행업무와 증권 등의 발행대행업무도 수행하고 있다(자본시장법 제296조). 이와 관련하여 명의개서대행회사가 위탁회사와 증권대행업무계약을 체결하여 수행하는 주요한 업무 중에서 우선 증권의 명의개서대행업무에는 (i) 증권의 명의개서대행업무, (ii) 주주명부, 실질주주명부 또는 사채원부의 작성 및 관리업무, (iii) 증권의 명의개서, 질권의 등록·말소 및 신탁재산의 표시·말소업무, (iv) 명의개서에 관한 제청구 및 신고의 처리업무, (v) 명의개서에 관한 통계, 통지 및 최고 등이 있다. 다음으로, 증권의 발행대행업무에는 (i) 증권용지의 신청·수령 및 가쇄업무, (ii) 예비증권의 보관업무, (iii)증권의 발행과 관련된 제통지 및 최고업무, (iv) 주권의 발행 및 교부업무, (v) 회수된 증권의 폐기 등이 있다. 끝으로 주식배당금 및 사채원리금의 지급대행업무에는 (i) 주식배당금 및 사채원리금 계산업무, (ii) 주식배당금 및 사채원리금의 지급대장 작성업무, (iii) 통지서 및 영수증의 작성 및 발송업무, (iv) 주식배당금 및 사채원리금의 지급업무 등이 있다. 또한 이들 업무 이외에도 명의개서대행회사는 창고증권의 발행대행업무를 수행하고 있으며, 지분형 크라우드펀드의 증권발행대행업무 및 주주명부관리업무 등도 수행할 예정이다.

이와 같이 명의개서대리인은 기존의 주식의 명의개서대리인업무 이외에 위탁회사와의 계약에 의하여 다양한 증권의 발행 및 그 발행원부의 관리업무를 수행하고 있다. 이에 따라 실무에서는 명의개서의 대행업무 뿐만 아니라 기타 증권의 발행대행업무 등을 포함할 수 있는 증권대행업무라는 표현도 많이 사용하고 있다.

제367조(준용규정)

제54조, 제63조(증권의 명의개서를 대행하는 업무를 담당하는 임직원에 한한다), 제64조 및 제416조는 명의개서대행회사에 준용한다.

Ⅰ. 본조의 취지	Ⅱ. 본조의 내용

Ⅰ. 본조의 취지

명의개서대행회사는 위탁회사의 증권발행정보, 권리정보 등과 같은 증권정보를 공시 후 뿐만 아니라 공시 전이라도 컨설팅하는 과정에서 후에 취득할 수 있다. 또한 위탁회사의 주주명부나 사채원부 등을 관리하면서 주주나 채권등과 같은 투자자의 내역과 그 투자내역에 관한 정보를 취득할 수 있다. 이에 명의개서대행회사에 대해서도 금융투자회사에 적용하는 공통의 영업행위규칙인 직무관련 정보의 이용금지(법 54조), 임직원의 금융투자상품 매매 제한(법 63조) 및 손해배상책임(법 64조)에 관한 규정을 준용하도록 하고 있다. 또한 명의개서대행회사도 금융투자관계기관의 하나이므로 투자자를 보호하고 건전한 거래질서를 유지하기 위하여 필요시 금융위원회가 조치명령(법 416조)을 내릴 수 있는 근거를 규정하고 있다.

Ⅱ. 본조의 내용

1. 직무관련정보의 이용금지

명의개서대행회사가 주권상장법인 등의 명의개서 대행업무, 증권발행 대행업무, 주주총회소집통지 대행업무, 회사의 합병과 분할관련 증권대행업무 등을 수행하는 과정에서 직무관련정보를 취득할 수 있다.

상기 대행업무들을 분석해 보면, 먼저, 명의개서 대행업무와 관련하여 명의개서대행업무를 수행하는 과정에서 실물주권을 직접소지하고 있는 주주의 명의개서 대행업무를 수행하는 과정에서 그 주주의 투자내역과 질권설정 내역 등을 알 수 있다. 둘째, 증권발행 대행업무와 관련하여 위탁회사가 유상증권, 무상증권, 합병, 주식분할 등의 이사회 개최를 준비하는 과정에서 해당 회사의 명의개서대행회사와 관련업무의 처리일정과 내용을 상담하고 협의가 이루어지고 있다. 셋째, 주주총회 소집통지 대행업무와 관련하여 이사선임, 합병, 주식의 포괄적 교환과 이전 등 위탁회사의 다양한 주식관련사무(corporate event)가 진행되는 과정에서 역시 명의개서대행회사와 그 처리일정 및 내용의 협의가 이루어지고 있다. 넷째, 회사의 합병과 분할 등과 관련해서도 합병과 분할절차가 복잡하고 세금문제 등이 복잡하여 명의개서대행회사와 합병과 분할 절차 등을 사전에 협의를 하고 있다. 이러한 정보들은 금융투자회사가 투자자로부터 금융투자상품의 매매를 수탁하는 과정에서 지득하는 직무관련정보와 동일한 선상의 정보라 할 수 있다.

이와 같이 위탁회사의 주식관련사무를 대행하는 명의개서대행회사가 이러한 업무를 대행하면서 취득하는 직무관련정보를 이용하는 경우에는 투자자 또는 제3자와 이해상충관계가 발생하게 된다. 명의개서대행회사도 금융투자회사와 유사한 업무 또는 이들 회사의 업무와 주권상장법인의 증권관련업무를 지원하는 위치에 있다. 따라서 금융투자회사에 적용되는 직무관련정보의 이용금지 원칙을 명의개서대행회사에도 준용하고 있는 것이다.

이에 따라 명의개서대행회사는 직무상 알게 된 정보로서 외부에 공개되지 아니한 정보를 정당한 사유 없이 자기 또는 제삼자의 이익을 위하여 이용하여서는 아니 된다(법 54조 및 367조). 이를 위반한 자는 3년 이하의 징역 또는 1억원 이하의 벌금에 처하도록 하고 있다(동법 45조 9호).

2. 임직원의 금융투자상품 매매

(1) 규제취지

이 법은 금융투자업자의 임직원 등의 자기계산에 주권상장법인 등이 발행한 주식, 증권예탁증권 또는 주식관련사채 등에 대한 직접투자를 허용하되, 내부통제장치를 강화하여 불공정거래행위 및 이해상충행위를 규제하도록 하였다.[1] 명의개서대행회사의 경우에도 명의개서 대행업무, 증권발행 대행업무, 주주총회소집 대행업무 등을 수행하는 과정에서 금융투자회사 또는 다른 금융투자관계기관의 임직원과 동일한 입장에 설 수 있으므로 같은 규제를 받도록 하였다.

(2) 임직원의 금융투자상품 매매방법

명의개서대행회사의 임직원은 자기의 계산으로 대통령령으로 정하는 금융투자상품을 매매하는 경우에는 다음의 방법에 따라야 한다(법 367조, 63조 1항). 이와 관련하여 (i) 자기의 명의로 매매할 것(1호), (ii) 투자중개업자 중 하나의 회사(투자중개업자의 임직원의 경우에는 그가 소속된 투자중개업자에 한하되, 그 투자중개업자가 그 임직원이 매매하려는 금융투자상품을 취급하지 아니하는 경우에는 다른 투자중개업자를 이용할 수 있다)를 선택하여 하나의 계좌를 통하여 매매할 것. 다만, 금융투자상품의 종류, 계좌의 성격 등을 고려하여 대통령령으로 정하는 경우에는 둘 이상의 회사 또는 둘 이상의 계좌를 통하여 매매할 수 있다(2호), (iii) 매매명세를 분기별로 자신이 소속한 명의개서대행회사에게 통지할 것, (iv) 그 밖에 불공정행위의 방지 또는 투자자와의 이해상충의 방지를 위하여 대통령령으로 정하는 방법 및 절차를 준수하여야 한다(4호).

시행령에서 "대통령령으로 정하는 금융투자상품"을 (i) 증권시장에 상장된 지분증권(투자회사의 주권과 투자유한회사·투자합자회사·투자유한책임회사·투자합자조합·투자익명조합의 지분증권, 우리사주조합 명의로 취득하는 우리사주조합이 설립된 회사의 주식 제외), (ii) 증권시장에 상장된 증권예탁증권, (iii) 주권관련사채권(전환사채, 신주인수권부사채, 교환사채)로 상기의 지분증권이나

1) 정찬형(편집대표), 전게서, 293쪽.

증권예탁증권과 관련된 것, (iv) 상기의 지분증권, 증권예탁증권이나 이들을 기초로 하는 지수의 변동과 연계된 파생결합증권, (v) 장내파생상품, (vi) 상기의 지분증권, 증권예탁증권이나 이들을 기초로 하는 지수의 변동과 연계된 장외파생상품으로 열거하고 있다(법 시행령 64조 2항).

명의개서대행회사의 임직원이 금융투자상품의 종류, 계좌의 성격 등을 고려하여 먼저, 둘 이상의 회사를 통하여 매매할 수 있는 경우는 (i) 명의개서대행회사의 임직원이 거래하고 있는 투자중개업자가 그 명의개서대행회사의 임직원이 매매하려는 금융투자상품을 취급하지 아니하는 경우, (ii) 모집·매출의 방법으로 발행되거나 매매되는 증권을 청약하는 경우, (iii) 그 밖에 금융위원회가 정하여 고시하는 경우이며(법 시행령 64조 3항 1호), 다음으로 둘 이상의 계좌를 통하여 매매할 수 있는 경우는 (i) 투자중개업자가 금융투자상품별로 계좌를 구분·설정하도록 함에 따라 둘 이상의 계좌를 개설하는 경우, (ii) 「조세특례제한법」에 따라 조세특례를 받기 위하여 따로 계좌를 개설하는 경우, (iii) 그 밖에 금융위원회가 정하여 고시하는 경우이다(법 시행령 64조 3항 2호).

명의개서대행회사의 임직원은 자기의 계산으로 상기와 같은 금융투자상품을 매매하는 경우에는 다음과 같은 방법과 절차를 준수하여야 한다. 즉, (i) 금융투자상품을 매매하기 위한 계좌를 개설하는 경우에는 소속 금융투자업자의 준법감시인에게 신고할 것, (ii) 소속 금융투자업자의 준법감시인이 매매, 그 밖의 거래에 관한 소명을 요구하는 경우에는 이에 따를 것, (iii) 소속 금융투자업자의 내부통제기준으로 정하는 사항을 준수할 것, (iv) 그 밖에 금융위원회가 정하여 고시하는 방법과 절차를 준수할 것 등이다(법 시행령 64조 4항).

명의개서대행회사의 임직원이 자기명의 매매의 방법에 따르지 아니하고 금융투자상품을 매매한 때에는 3년 이하의 징역 또는 1억원 이하의 벌금에 처한다(법 445조 12호). 그리고 명의개서대행회사의 임직원이 (i) 원칙적으로 하나의 계좌를 통하여 매매하지 아니한 경우. (ii) 매매명세를 분기별로 자신이 소속한 명의개서대행회사에게 통지하지 아니한 경우, (iii) 내부통제기준에서 정하는 방법과 절차에 따르지 않고 자기계산으로 매매한 경우에는 5천만원 이하의 과태료를 부과한다(법 449조 1항 28호, 63조 1항 2호 내지 4호).

(3) 직무정보이용 금지를 위한 내부통제기준 및 절차 마련

명의개서대행회사는 그 임직원의 자기계산에 의한 금융투자상품 매매와 관련하여 불공정행위의 방지 또는 투자자와의 이해상충의 방지를 위하여 그 금융투자업자의 임직원이 따라야 할 적절한 기준 및 절차를 정하여야 한다(법 63조 2항, 367조). 또한 명의개서대행회사는 분기별로 임직원의 금융투자상품의 매매명세를 내부적으로 정한 기준 및 절차에 따라 확인하여야 한다(법 3조 3항, 367조).

3. 명의개서대행회사의 손해배상책임 등

명의개서대행회사는 법령·약관·집합투자규약·투자설명서에 위반하는 행위를 하거나 그 업무를 소홀히 하여 투자자에게 손해를 발생시킨 경우에는 그 손해를 배상할 책임이 있다. 다만, 배상의 책임을 질 명의개서대행회사가 집합투자업을 함께 영위함에 따라 발생하는 이해상충과 관련하여 이행상충금지(법 37조 2항), 이행상충관리(법 44조), 정보교류의 차단(법 45조), 불건전영업행위의 금지(법 71조, 85조)에 관한 규정을 위반한 경우로서 그 명의개서대행회사가 상당한 주의를 하였음을 증명하거나 투자자가 금융투자상품의 매매, 그 밖의 거래를 할 때에 그 사실을 안 경우에는 배상의 책임을 지지 아니한다(법 64조 1항). 명의개서대행회사가 상기에 따른 손해배상책임을 지는 경우로서 관련되는 임원에게도 귀책사유(歸責事由)가 있는 경우에는 그 금융투자업자와 관련되는 임원이 연대하여 그 손해를 배상할 책임이 있다(법 64조 2항).

4. 금융위원회의 조치명령권

금융위원회는 투자자를 보호하고 건전한 거래질서를 유지하기 위하여 명의개서대행회사에게 (i) 명의개서대행회사의 고유재산 운용에 관한 사항, (ii) 투자자 재산의 보관·관리에 관한 사항, (iii) 명의개서대행회사의 경영 및 업무개선에 관한 사항, (iv) 각종 공시에 관한 사항, (v) 영업의 질서유지에 관한 사항, (vi) 영업방법에 관한 사항, (vii) 장내파생상품 및 장외파생상품의 거래규모의 제한에 관한 사항, (viii) 그 밖에 투자자 보호 또는 건전한 거래질서를 위하여 필요한 사항으로서 대통령령으로 정하는 사항[1]에 관한 필요한 조치를 명할 수 있다(법 416조). 다만, 이 중에서 "장내파생상품 및 장외파생

---

1) 법 시행령 제369조(금융투자업자에 대한 조치명령) ① 법 제416조 제 8 호에서 "대통령령으로 정하는 사항"이란 다음 각 호의 사항을 말한다.

1. 제16조 제 9 항 및 제21조 제 8 항에 따른 이해상충방지체계에 관한 사항
2. 금융투자업자가 외국에서 금융투자업에 상당하는 업을 하는 경우에 감독상 필요한 신고·보고 등에 관한 사항
3. 외국 금융투자업자가 법 제12조 제 2 항 제 1 호 나목 또는 법 제18조 제 2 항 제 1 호 나목 및 다목에 따라 국내에서 금융투자업을 하는 경우에 감독상 필요한 신고·보고 등에 관한 사항
4. 법 제40조 각 호에 따른 금융업무에 관한 사항
5. 기업어음증권의 매매나 중개업무에 관한 사항
6. 금융투자업자가 취급하는 상품의 운영에 관한 사항
7. 금융투자업자의 영업, 재무 및 위험에 관한 사항
8. 금융투자업자의 업무내용의 보고에 관한 사항
9. 협회에 가입하지 아니한 금융투자업자에 대하여 협회가 건전한 영업질서의 유지와 투자자를 보호하기 위하여 행하는 자율규제에 준하는 내부기준을 제정하도록 하는 것에 관한 사항
10. 파생상품을 취급하는 금융투자업자에 대한 일정 수준 이상의 파생상품을 거래한 자 또는 미결제약정을 보유한 자에 관한 정보의 제출에 관한 사항
11. 집합투자기구(투자신탁은 제외한다)의 청산업무와 관련한 재산의 공탁, 그 밖에 필요한 사항

상품의 거래규모의 제한에 관한 사항"에 관하여는 위탁자에게도 필요한 조치를 명할 수 있다.

제368조(명의개서대행회사에 대한 검사)

제419조(제 2 항부터 제 4 항까지 및 제 8 항을 제외한다)는 명의개서대행회사에 대한 검사에 관하여 준용한다.

Ⅰ. 본조의 취지	Ⅱ. 본조의 내용

Ⅰ. 본조의 취지

본조는 명의개서대행회사가 금융투자회사와 마찬가지로 금융감독원의 검사대상기관으로서 금융감독원의 명의개서대행회사에 대하여 감독상 필요한 제출 요구 등의 근거, 금융감독원의 명의개서대행회사에 대한 검사 시 증표제시의무, 검사결과의 금융위원회 보고 의무 등에 대하여 규정하고 있다.

Ⅱ. 본조의 내용

1. 명의개서대행회사에 대한 검사

명의개서대행회사는 금융투자업자와 마찬가지로 그 업무와 재산상황에 관하여 금융감독원장의 검사를 받아야 할 검사수인의 의무가 있다(법 419조 1항). 금융감독원장은 명의개서대행회사에 대하여 검사를 함에 있어서 필요하다고 인정되는 경우에는 명의개서대행회사에게 업무 또는 재산에 관한 보고, 자료의 제출, 증인의 출석, 증언 및 의견의 진술을 요구할 수 있다(법 419조 5항).

2. 검사의 방법과 절차

명의개서대행회사에 대하여 검사를 하는 금융감독원의 검사자는 그 권한을 표시하는 증표를 지니고 이를 명의개서대행회사의 관계자에게 내보여야 할 증표제시 의무가 있다(법 419조 6항). 금융감독원장이 명의개서대행회사에 대하여 검사를 한 경우에는 그 보고서를 금융위원회에 제출하여야 한다. 이 경우 이 법 또는 이 법에 따른 명령이나 처분을 위반한 사실이 있는 때에는 그 처리에 관한 의견서를 첨부하여야 한다(법 419조 7항). 기타 금융위원회는 금융감독원의 검사의 방법·절차, 검사결과에 대한 조치기준, 그 밖의 검사업무와 관련하여 필요한 사항을 정하여 고시할 수 있다(법 419조 9항).

3. 위반시 벌칙

명의개서대행회사에 대한 검사에 관한 규정을 위반하여 검사·조사 또는 확인을 거부·방해 또는 기피한 자에 대하여는 5천만원 이하의 과태료를 부과한다(법 449조 1항 20호). 그리고 금융감독원의 검사를 받은 명의개서대행회사는 금융감독원이 징수하는 감독분담금을 납부하여야 한다(금융위원회설치법 47조, 금융기관분담금징수등에관한 규정 별표 1의 3호).

第369조(명의개서대행회사에 대한 조치)

① 금융위원회는 명의개서대행회사가 다음 각 호의 어느 하나에 해당하는 경우에는 제365조 제 1 항에 따른 등록을 취소할 수 있다.

1. 거짓, 그 밖의 부정한 방법으로 제365조 제 1 항에 따른 등록을 한 경우
2. 제365조 제 8 항에 따른 등록요건 유지의무를 위반한 경우
3. 업무의 정지기간 중에 업무를 한 경우
4. 금융위원회의 시정명령 또는 중지명령을 이행하지 아니한 경우
5. 별표 13 각 호의 어느 하나에 해당하는 경우로서 대통령령으로 정하는 경우
6. 대통령령으로 정하는 금융관련 법령 등을 위반한 경우로서 대통령령으로 정하는 경우
7. 그 밖에 투자자의 이익을 현저히 해할 우려가 있거나 해당 업무를 영위하기 곤란하다고 인정되는 경우로서 대통령령으로 정하는 경우

② 금융위원회는 명의개서대행회사가 제 1 항 각 호(제 5 호를 제외한다)의 어느 하나에 해당하거나 별표 13 각 호의 어느 하나에 해당하는 경우에는 다음 각 호의 어느 하나에 해당하는 조치를 할 수 있다. 〈개정 2008. 2. 29〉

1. 6개월 이내의 업무의 전부 또는 일부의 정지
2. 명의개서대행계약, 그 밖의 계약의 인계명령
3. 위법행위의 시정명령 또는 중지명령
4. 위법행위로 인한 조치를 받았다는 사실의 공표명령 또는 게시명령
5. 기관경고
6. 기관주의
7. 그 밖에 위법행위를 시정하거나 방지하기 위하여 필요한 조치로서 대통령령으로 정하는 조치

③ 금융위원회는 명의개서대행회사의 임원이 제 1 항 각 호(제 5 호를 제외한다)의 어느 하나에 해당하거나 별표 13 각 호의 어느 하나에 해당하는 경우에는 다음 각 호의 어느 하나에 해당하는 조치를 할 수 있다. 〈개정 2008. 2. 29〉

1. 해임요구
2. 6개월 이내의 직무정지

3. 문책경고
4. 주의적 경고
5. 주의
6. 그 밖에 위법행위를 시정하거나 방지하기 위하여 필요한 조치로서 대통령령으로 정하는 조치

④ 금융위원회는 명의개서대행회사의 직원이 제1항 각 호(제5호를 제외한다)의 어느 하나에 해당하거나 별표 13 각 호의 어느 하나에 해당하는 경우에는 다음 각 호의 어느 하나에 해당하는 조치를 그 명의개서대행회사에 요구할 수 있다. 〈개정 2008. 2. 29〉

1. 면직
2. 6개월 이내의 정직
3. 감봉
4. 견책
5. 경고
6. 주의
7. 그 밖에 위법행위를 시정하거나 방지하기 위하여 필요한 조치로서 대통령령으로 정하는 조치

⑤ 제422조 제3항 및 제423조부터 제425조까지의 규정은 명의개서대행회사 및 그 임직원에 대한 조치 등에 관하여 준용한다.

시행령 제352조(명의개서대행회사에 대한 조치) ① 법 제369조 제1항 제5호에서 "대통령령으로 정하는 경우"란 다음 각 호의 어느 하나에 해당하는 경우를 말한다.

1. 별표 17 제3호에 해당하는 경우로서 법 제174조에 따른 미공개중요정보 이용행위 금지 의무를 위반한 경우
2. 별표 17 제4호에 해당하는 경우로서 법 제176조에 따른 시세조종행위 등의 금지 의무를 위반한 경우
3. 별표 17 제5호에 해당하는 경우로서 법 제178조에 따른 부정거래행위 등의 금지 의무를 위반한 경우

② 법 제369조 제1항 제6호에서 "대통령령으로 정하는 금융관련 법령 등"이란 제373조 제2항 각 호의 법령을 말한다.

③ 법 제369조 제1항 제6호에서 "대통령령으로 정하는 경우"란 제373조 제3항 각 호의 어느 하나에 해당하는 경우를 말한다.

④ 법 제369조 제1항 제7호에서 "대통령령으로 정하는 경우"란 다음 각 호의 어느 하나에 해당하는 경우를 말한다.

1. 등록을 한 날부터 6개월 이내에 영업을 시작하지 아니하거나 영업을 시작한 후 정당한 사유 없이 등록한 업무를 6개월 이상 계속해서 하지 아니한 경우
2. 업무와 관련하여 부정한 방법으로 타인으로부터 금전등을 받거나 타인에게 줄 금전등을 취득한 경우
3. 법 제369조 제2항 제1호에 따른 업무정지의 조치를 받은 날부터 1개월(업무정지의 조치를 하면서 1개월을 초과하는 보정기간을 정한 경우에는 그 기간) 이내에 해당 조건을 보정하지 아니한 경우
4. 같거나 비슷한 위법행위를 계속하거나 반복하는 경우

⑤ 법 제369조 제2항 제7호에서 "대통령령으로 정하는 조치"란 다음 각 호의 어느 하나에 해당하는 경우를 말한다.

1. 지점, 그 밖의 영업소의 폐쇄 또는 그 업무의 전부나 일부의 정지
2. 경영이나 업무방법의 개선요구나 개선권고
3. 변상 요구
4. 법을 위반한 경우에는 고발 또는 수사기관에의 통보

5. 다른 법률을 위반한 경우에는 관련 기관이나 수사기관에의 통보
6. 그 밖에 금융위원회가 법 및 이 영, 그 밖의 관련 법령에 따라 취할 수 있는 조치
⑥ 법 제369조 제3항 제6호 및 같은 조 제4항 제7호에서 "대통령령으로 정하는 조치"란 각각 제5항 제4호부터 제6호까지의 조치를 말한다.
⑦ 법 별표 13 제18호에서 "대통령령으로 정하는 경우"란 이 영 별표 17 각 호의 어느 하나에 해당하는 경우를 말한다.

Ⅰ. 본조의 취지	Ⅱ. 본조의 내용

Ⅰ. 본조의 취지

본조는 금융위원회가 명의개서대행회사에 대한 등록을 취소할 수 있는 사유와 업무정지 등을 할 수 있는 사유와 내용 등을 규정하고 있다(1항 및 2항). 또한 금융위원회가 명의개서대행회사의 임원 및 직원에 대한 징계조치를 취할 수 있는 근거도 마련하고 있다(3항 및 4항). 그리고 명의개서대행회사 및 그 임원 및 직원에 대한 조치와 관련한 감독자에 대한 조치, 청문, 조치의 기록·유지 및 조회, 이의신청 등에 관한 준용규정을 두고 있다(5항).

Ⅱ. 본조의 내용

1. 명의개서대행회사의 등록취소

(1) 등록취소의 사유

명의개서대행회사에 대한 등록취소의 사유는 명의개서대행회사가 (i) 거짓, 그 밖의 부정한 방법으로 금융위원회에 명의개서대행회사로 등록을 한 경우, (ii) 명의개서대행회사로 등록요건의 계속 유지의무를 위반한 경우, (iii) 업무의 정지기간 중에 업무를 한 경우, (iv) 금융위원회의 시정명령 또는 중지명령을 이행하지 아니한 경우, (v) 자본시장법 별표 13 각 호의 어느 하나에 해당하는 경우로서 대통령령으로 정하는 경우(법 시행령 352조 1항[1]), (vi) 대통령령으로 정하는 금융관련 법령 등[2]을 위반한 경우로서 대통령령으로

---

1) 법 시행령 352조(명의개서대행회사에 대한 조치) ① 법 제369조 제1항 제5호에서 "대통령령으로 정하는 경우"란 다음 각 호의 어느 하나에 해당하는 경우를 말한다.
   1. 별표 17 제3호에 해당하는 경우로서 법 제174조에 따른 미공개중요정보 이용행위 금지 의무를 위반한 경우
   2. 별표 17 제4호에 해당하는 경우로서 법 제176조에 따른 시세조종행위 등의 금지 의무를 위반한 경우
   3. 별표 17 제5호에 해당하는 경우로서 법 제178조에 따른 부정거래행위 등의 금지 의무를 위반한 경우

2) 법 시행령 352조(명의개서대행회사에 대한 조치) ② 법 제369조 제1항 제6호에서 "대통령령으로

정하는 경우[1](법 시행령 352조 2항·3항), (vii) 그 밖에 투자자의 이익을 현저히 해할 우려가 있거나 해당 업무를 영위하기 곤란하다고 인정되는 경우로서 대통령령으로 정하는 경우[2](법 시행령 352조 4항) 등의 하나에 해당하는 경우이다.

자본시장법 [별표 13] 명의개서대행회사 및 그 임직원에 대한 처분 사유
(제369조 제1항 제5호 · 제2항부터 제4항까지의 규정 관련)

1. 제316조 제1항에 따른 실질주주명부를 작성· 비치하지 아니하거나 거짓으로 작성한 경우
2. 제322조 제1항에 따른 증권등 취급규정에 따르지 아니한 경우
3. 제322조 제3항에 따른 자료제출요구에 불응한 경우
4. 제322조 제3항에 따른 확인을 거부·방해 또는 기피한 경우
5. 제367조에서 준용하는 제54조를 위반하여 자기 또는 제삼자의 이익을 위하여 정보를 이용한 경우
6. 임직원의 금융투자상품 매매와 관련하여 제367조에서 준용하는 제63조를 위반한 경우
7. 제367조에서 준용하는 제416조에 따른 명령을 위반한 경우
8. 제368조에서 준용하는 제419조 제1항에 따른 검사를 거부· 방해 또는 기피한 경우
9. 제368조에서 준용하는 제419조 제5항에 따른 보고 등의 요구에 불응한 경우
10. 제369조 제2항 제2호·제4호·제7호, 같은 조 제3항 제1호 또는 같은 조 제4항에 따른 조치를 위반한 경우
11. 제369조 제5항에서 준용하는 제424조 제4항을 위반하여 그 내용을 기록·유지 또는 관리하지 아니한 경우
12. 제426조 제1항에 따른 보고 또는 자료의 제출명령을 위반하거나 조사를 거부·방해 또는 기피한 경우
13. 제426조 제2항에 따른 요구에 불응한 경우
14. 제426조 제3항에 따른 조치에 불응한 경우
15. 제426조 제4항에 따른 자료제출요구에 불응한 경우
16. 제427조 제1항에 따른 심문이나 압수·수색에 불응한 경우
17. 제435조 제5항을 위반하여 신고자등에게 불리한 대우를 한 경우
18. 그 밖에 투자자 보호 또는 건전한 거래질서를 해할 우려가 있는 경우로서 대통령령으로 정하는 경우[3]

정하는 금융관련 법령 등"이란 제373조 제2항 각 호의 법령을 말한다.

1) 법 시행령 352조(명의개서대행회사에 대한 조치) ③ 법 제369조 제1항 제6호에서 "대통령령으로 정하는 경우"란 제373조 제3항 각 호의 어느 하나에 해당하는 경우를 말한다.

2) 법 시행령 352조(명의개서대행회사에 대한 조치) ④ 법 제369조 제1항 제7호에서 "대통령령으로 정하는 경우"란 다음 각 호의 어느 하나에 해당하는 경우를 말한다.
   1. 등록을 한 날부터 6개월 이내에 영업을 시작하지 아니하거나 영업을 시작한 후 정당한 사유 없이 등록한 업무를 6개월 이상 계속해서 하지 아니한 경우
   2. 업무와 관련하여 부정한 방법으로 타인으로부터 금전등을 받거나 타인에게 줄 금전등을 취득한 경우
   3. 법 제369조 제2항 제1호에 따른 업무정지의 조치를 받은 날부터 1개월(업무정지의 조치를 하면서 1개월을 초과하는 보정기간을 정한 경우에는 그 기간) 이내에 해당 조건을 보정하지 아니한 경우
   4. 같거나 비슷한 위법행위를 계속하거나 반복하는 경우

3) 법 시행령 352조(명의개서대행회사에 대한 조치) ⑦ 법 별표 13 제18호에서 "대통령령으로 정하는 경우"란 이 영 별표 17 각 호의 어느 하나에 해당하는 경우를 말한다.

자본시장법 시행령 [별표 17]

명의개서대행회사 및 그 임직원에 대한 처분 사유(제352조 제7항 관련)

1. 법 제167조 제1항을 위반하여 주식을 소유한 경우7
2. 법 제167조 제3항을 위반하여 의결권을 행사하거나, 같은 항에 따른 시정명령을 위반한 경우
3. 법 제174조에 따른 미공개중요정보 이용행위 금지 의무를 위반한 경우
4. 법 제176조에 따른 시세조종행위 등의 금지 의무를 위반한 경우
5. 법 제178조에 따른 부정거래행위 등의 금지 의무를 위반한 경우
6. 법 제180조를 위반하여 공매도를 하거나 그 위탁 또는 수탁을 한 경우
7. 법 제406조 제1항을 위반하여 거래소 주식을 소유한 경우
8. 법 제406조 제3항을 위반하여 의결권을 행사한 경우
9. 법 제406조 제4항에 따른 처분명령을 위반한 경우
10. 제384조 제7항 본문에 따른 요구에 불응한 경우
11. 별표 21 제1호부터 제3호까지의 어느 하나에 해당하는 경우

(2) 등록취소의 효과

명의개서대행회사의 등록이 취소된 후 그 취소된 업무를 영위한 자는 3년 이하의 징역 또는 1억원 이하의 벌금에 처한다(법 445조 41호).

2. 명의개서대행회사에 대한 조치

(1) 조치사유

금융위원회는 명의개서대행회사가 등록요건을 위반하거나 등록요건 유지의무 등을 위반하는 경우에는 명의개서대행회사뿐만 아니라 그 임원과 직원에 대하여 일정한 조치를 취할 수 있다. 이때 금융위원회가 일정한 조치를 취할 수 있는 구체적인 사유는 등록취소 사유 중에서 (i) 거짓, 그 밖의 부정한 방법으로 금융위원회에 명의개서대행회사로 등록을 한 경우, (ii) 명의개서대행회사의 등록요건 유지의무를 위반한 경우, (iii) 업무의 정지기간 중에 업무를 한 경우, (iv) 금융위원회의 시정명령 또는 중지명령을 이행하지 아니한 경우와 자본시장법 [별표 13] 각 호의 어느 하나에 해당하는 경우로서 대통령령으로 정하는 경우이다(법 369조 2항·3항·4항).

(2) 조치의 내용

먼저, 금융위원회의 명의개서대행회사에 대한 조치내용에는 (i) 6개월 이내의 업무의 전부 또는 일부의 정지, (ii) 명의개서대행계약, 그 밖의 계약의 인계명령, (iii) 위법행위의 시정명령 또는 중지명령, (iv) 위법행위로 인한 조치를 받았다는 사실의 공표명령 또는 게시명령, (v) 기관경고, (vi) 기관주의, (vii) 그 밖에 위법행위를 시정하거나 방지하기 위하여 필요한 조치로서 대통령령(법 시행령 352조 5항)으로 정하는 조치 등이 있다

(법 369조 2항 1호 내지 7호). "(vii)"에서 대통령으로 정하는 조치란 (i) 지점, 그 밖의 영업소의 폐쇄 또는 그 업무의 전부나 일부의 정지, (ii) 경영이나 업무방법의 개선요구나 개선권고, (iii) 변상 요구, (iv) 법을 위반한 경우에는 고발 또는 수사기관에의 통보, (v) 다른 법률을 위반한 경우에는 관련 기관이나 수사기관에의 통보, (vi) 그 밖에 금융위원회가 법 및 이 영, 그 밖의 관련 법령에 따라 취할 수 있는 조치를 말한다.

다음으로, 금융위원회의 명의개서대행회사의 임원에 대한 조치내용에는 (i) 해임요구, (ii) 6개월 이내의 직무정지, (iii) 문책경고, (iv) 주의적 경고, (v) 주의, (vi) 그 밖에 위법행위를 시정하거나 방지하기 위하여 필요한 조치로서 대통령령으로 정하는 조치(법 시행령 352조 6항) 등이 있다(법 369조 3항 1호 내지 6호). "(vi)"에서 대통령령으로 정하는 조치란 (i) 법을 위반한 경우에는 고발 또는 수사기관에의 통보, (ii) 다른 법률을 위반한 경우에는 관련 기관이나 수사기관에의 통보, (iii) 그 밖에 금융위원회가 법 및 이 영, 그 밖의 관련 법령에 따라 취할 수 있는 조치를 말한다(법 시행령 352조 6항).

끝으로 금융위원회의 명의개서대행회사의 직원에 대한 조치내용에는 (i) 면직, (ii) 6개월 이내의 정직, (iii) 감봉, (iv) 견책, (v) 경고, (vi) 주의, (vii) 그 밖에 위법행위를 시정하거나 방지하기 위하여 필요한 조치로서 대통령령으로 정하는 조치 등이 있다(법 369조 4항 1호 내지 7호). "(vii)"에서 대통령령으로 정하는 조치란 (i) 법을 위반한 경우에는 고발 또는 수사기관에의 통보, (ii) 다른 법률을 위반한 경우에는 관련 기관이나 수사기관에의 통보, (iii) 그 밖에 금융위원회가 법 및 이 영, 그 밖의 관련 법령에 따라 취할 수 있는 조치를 말한다(법 시행령 352조 6항).

(3) 조치권한의 위탁

금융위원회는 명의개서대행회사 및 그 임원 및 직원에 대한 조치내용 중 일부를 금융감독원이 직접조치를 취하고, 일부의 조치권한은 금융감독원에 위탁할 수 있다(법 시행령 387조 3항).

금융위원회가 직접 조치하는 조치내용 중 먼저, 명의개서대행회사에 대하여는 6개월 이내의 업무의 전부 또는 일부의 정지, 계약의 인계명령, 위법행위의 시정명령 또는 중지명령, 위법행위로 인한 조치를 받았다는 사실의 공표명령 또는 게시명령, 지점 등의 폐쇄 또는 그 업무의 전부나 일부의 정지 조치이다. 다음으로 그 임원에 대해서 (i) 해임요구, (ii) 6개월 이내의 직무정지, (iii) 문책경고의 조치를 명의개서대행회사에 요구할 수 있으며, 끝으로 그 직원에 대해서는 면직의 조치를 명의개서대행회사에 요구할 수 있다(법 369조 5항, 422조 3항).

금융위원회의 금융감독원장에게 조치권한의 위탁에 따라 금융감독원장은, (i) 명의개서대행회사에 대하여 기관경고, 기관주의, 경영이나 업무방법의 개선요구나 개선권고,

변상요구 등의 조치를, (ii) 그의 임원에 대하여 주의적 경고, 주의 등의 조치를, (iii) 그의 직원에 대하여 6개월 이내의 정직, 감봉, 견책, 경고, 주의 등의 조치를 명의개서대행회사에 하거나 요구할 수 있다(법 시행령 [별표 20] 96호).[1][2]

(4) 조치의 효과

명의개서대행회사 업무의 정지기간 중 업무를 영위한 자는 1년 이하의 징역 또는 3천만원 이하의 벌금에 처한다(법 446조 42호).

제422조 제 3 항 및 제423조부터 제425조까지의 규정은 명의개서대행회사 및 그 임직원에 대한 조치 등에 관하여 준용한다.

3. 감독자에 대한 조치

(1) 감독자에 대한 조치 또는 조치요구

금융위원회는 제369조 제 3 항 또는 제 4 항에 따라 명의개서대행회사의 임직원에 대하여 조치를 하거나 이를 요구하는 경우 그 임직원에 대하여 관리·감독의 책임이 있는 임직원에 대한 조치를 함께 하거나 이를 요구할 수 있다. 다만, 관리·감독의 책임이 있는 자가 그 임직원의 관리·감독에 상당한 주의를 다한 경우에는 조치를 감면할 수 있다(법 369조 5항, 422조 3항, 법 시행령 [별표 20] 제101호). 감독자에 대한 조치권자, 조치(요구)의 절차 등은 행위자인 임직원에 대한 그것과 동일하다.[3]

(2) 청　문

금융위원회는 명의개서대행회사에 대한 인가취소, 그의 임원에 대한 해임요구 또는 직원에 대한 면직요구의 조치를 하고자 하는 경우 금융감독원장은 청문실시를 통보하고 금융위원회는 청문을 실시하여야 한다(법 369조 5항, 422조 3항, 423조 9호).

(3) 조치내용의 기록 및 공시 등

1) 조치내용의 기록 및 유지·관리

금융감독원장은 명의개서대행회사, 그의 임직원에 대한 조치의 내용을 기록, 유지, 관리하여야 하고, 명의개서대행회사는 감독당국의 조치요구에 따라 그 임직원을 조치한 경우와 퇴임한·퇴직한 임직원에 대한 조치통보를 받은 경우 조치내용을 기록, 유지·관

1) 금융위원회 또는 증권선물위원회가 금융감독원장에게 위탁하는 권한의 범위(제387조 제 3 항 관련) 자본시장법 시행령 별표 20 96. 법 제369조 제 2 항 제 5 호·제 6 호에 따른 조치, 같은 조 제 3 항 제 4 호·제 5 호에 따른 조치, 같은 조 제 4 항 제 2 호부터 제 6 호까지의 조치 요구 및 같은 조 제 5 항에서 준용하는 법 제422조 제 3 항 본문에 따른 조치 및 조치의 요구(법 제369조 제 3 항 제 4 호·제 5 호에 따른 조치 및 같은 조 제 4 항 제 2 호부터 제 6 호까지의 조치 요구에 해당하는 것만을 말한다).

2) 정찬형(편집대표), 전게서, 300쪽.

3) 상게서, 300쪽.

리하여야 한다(법 369조 5항, 422조 3항, 424조 1항).

2) 조치내용의 공고

금융위원회는 명의개서대행회사의 인가취소, 업무정지 등의 조치를 취한 경우 그 사실을 관보 및 인터넷 홈페이지 등에 공고하여야 한다(법 369조 5항, 422조 3항, 424조 2항).

3) 퇴임한 임직원에 대한 조치의 내용 통보

금융감독원장은 명의개서대행회사의 퇴임한 임원 또는 퇴직한 직원이 재임 또는 재직중이었다면 임원 해임요구, 직원 면직에 해당하는 조치를 받았을 것으로 인정되는 경우에 받았을 것으로 인정되는 경우에는 그 조치의 내용을 명의개서대행회사에 통보하여야 한다. 이 경우 통보를 받은 명의개서대행회사는 이를 퇴임·퇴직한 그 임직원에게 통보하여야 한다(법 369조 5항, 422조 3항, 424조 3항).

4) 조치내용의 조회요청 및 통보의무

명의개서대행회사 또는 그 임직원(임직원이었던 자 포함)은 금융위원회(금융감독원장)에게 자기에 대한 조치의 여부 및 그 내용을 조회할 수 있으며, 이에 따라 조회요청을 받은 금융위원회(금융감독원장)는 정당한 사유가 없는 한 처분 또는 조치 여부 및 그 내용을 그 조회요청자에게 통보하여야 한다(법 369조 5항, 422조 3항, 424조 5항 및 6항).

(4) 이의신청

금융위원회 또는 금융감독원의 처분 또는 조치에 대하여 불복하는 자는 그 처분 또는 조치의 고지를 받은 날부터 30일 이내에 그 사유를 갖추어 금융위원회 또는 금융감독원장에 이의신청할 수 있다. 이때 금융위원회 또는 금융감독원은 이의신청에 대하여 60일 이내에 결정을 하여야 한다. 다만, 부득이한 사정으로 그 기간 이내에 결정을 할 수 없을 경우에는 30일의 범위에서 그 기간을 연장할 수 있다. 이의 신청을 할 수 있는 조치는 명의개서대행회사의 인가취소, 업무정지 등 그의 임원 및 임직원의 감독자책임이 있는 임원의 6개월 이내의 직무정지, 문책경고, 주의적 경고, 주의, 그리고 (i) 자본시장법을 위반한 경우의 고발 또는 수사기관에의 통보, (ii) 다른 법률을 위반한 경우의 관련 기관이나 수사기관에의 통보, (iii) 그 밖에 금융위원회가 자본시장법 및 영, 그 밖의 관련 법령에 따라 취할 수 있는 조치 등의 어느 하나에 해당하는 경우이다(법 369조 5항, 422조 3항, 425조 1항 및 2항).

[초판: 최문희, 개정판: 정승화]

제 8 장 금융투자 관계 단체

○ 前注

투자자나 일정한 이해관계를 같이 하는 사람들이 단체를 결성하여 자신들의 이익을 대변하고자 하는 경향이 있다. 그러나 이러한 단체가 단체 구성원들의 권익을 증진한다는 명목으로 결성되었지만 실제로는 투자자의 이익을 대변하지 못하거나, 단체의 권익을 도모하면서 투자자의 이익을 해하거나 증권시장의 거래질서를 해치는 경우가 있을 수 있다.

단체가 증권정책의 수립이나 집행에 간섭함으로써 증권시장 질서를 해칠 수가 있고, 특정 집단의 이익만을 추구하거나 특정 구성원들만이 정보를 독점·악용함으로써 불공정거래를 유발할 수도 있다.[1] 자기책임 원칙에 따른 투자결과를 수용하지 않고 무리한 요구를 내세우는 일부 투자자들에 의한 단체 결성에 대해서 우려가 있는 반면[2] 단체결성 자체를 허가사항으로 한 것에 대해서는 헌법상 결사의 자유에 대한 본질적 침해로서 위헌의 소지가 크다는 견해가 있다.[3]

자본시장법은 구 증권법을 답습하여 금융투자 관계 단체의 설립을 위해서는 금융위원회의 허가를 받도록 하고, 일정한 허가취소 사유를 규정하며 금융감독기관의 감독권을 규정하고 있다.

제370조(금융투자 관계 단체의 설립 및 감독)

① 투자자 보호 및 건전한 거래질서를 위하여 투자자, 주권상장법인 또는 대통령령으로 정하는 자로 구성되는 단체를 설립하고자 하는 자는 금융위원회의 허가를 받아야 한다.

② 금융위원회는 제 1 항의 허가를 하고자 하는 경우에는 다음 각 호의 사항을 심사하여야 한다.

1. 설립취지
2. 해당 단체의 재산상황과 수지 전망
3. 발기인 및 임원의 인적 구성
4. 자본시장과 금융투자업에 대한 기여도

---

1) 증권투자자협회 설립허가 거부처분 소송에 관한 서울고등법원 1990. 9. 26. 선고 89구5784 판결에서 위와 같이 판시하여, 증권관계단체 설립 불허가 처분을 한 허가청(당시 재무부장관)의 처분이 정당한 재량권의 범위 내의 행위로 인정된다고 하였다.

2) 서울고등법원 1990. 9. 26. 선고 89구5784 판결.

3) 서울고등법원 89구5784 사건에서 설립불허가 처분의 취소를 구하는 원고는 헌법 제21조의 규정에 의하여 집회 및 결사의 자유를 가진다는 점을 주장하였다. 김건식/정순섭, 「새로 쓴 자본시장법(제 3 판)」, 두성사, 2013, 435쪽.

③ 제 1 항의 허가에 관하여 필요한 사항은 대통령령으로 정한다.

④ 제 1 항의 허가를 받은 단체는 정관을 변경한 경우에는 이를 지체 없이 금융위원회에 보고하여야 한다.

Ⅰ. 금융투자 관계 단체의 진입규제 : 허가요건

투자자 또는 투자권유대행인 또는 주요직무종사자로 구성되는 단체를 설립하고자 하는 때에는 투자자 보호 및 건전한 거래질서를 위하여 금융위원회의 허가를 받아야 한다(법 370조 1항, 법 시행령 353조 1항).

금융투자 관계 단체의 결성 자체를 허가사항으로 한 것에 대하여 헌법상 결사의 자유에 대한 본질적 침해로서 위헌의 소지가 크다는 주장이 있는 만큼 허가심사 과정에서 신청자료를 필요 이상으로 많이 요구하거나 심사 자체를 너무 까다롭게 운영하여서는 아니 될 것이다.

Ⅱ. 허가신청서와 첨부서류

금융위원회는 허가를 함에 있어서 단체의 설립취지, 해당 단체의 재산상황과 수지전망, 발기인 및 임원의 인적 구성, 자본시장과 금융투자업에 대한 기여도를 심사하여야 한다(법 370조 2항).

단체의 설립 허가를 받고자 하는 자는 단체의 명칭, 설립목적, 사무소의 소재지, 재산상황 및 수지전망에 관한 사항, 발기인 및 임원에 관한 사항을 기재한 신청서를 제출하여야 한다(법 370조 3항, 법 시행령 353조 2항). 신청서 기재사항을 심사하기 위한 자료로서 정관 또는 규약, 2년간의 사업계획서 및 예상수지계산서, 발기인의 이력서 및 신원증명서, 업무의 종류 및 방법을 기재한 서류를 신청서에 첨부하도록 하고 있다(법 370조 3항, 법 시행령 353조 3항).

단체가 정관을 변경한 때에는 지체 없이 금융위원회에 보고하여야 한다(법 370조 4항).

제371조(금융투자 관계 단체에 대한 검사)

제419조(제 2 항부터 제 4 항까지 및 제 8 항을 제외한다)는 금융투자 관계 단체에 대한 검사에 관하여 준용한다.

Ⅰ. 금융투자 관계 단체에 대한 검사

금융투자 관계 단체는 그 업무와 재산상황에 관하여 금융감독원장의 검사를 받아야 한다(법 371조, 419조 1항). 자본시장법은 금융투자 관계 단체에 대한 검사에 있어서 금융투자업자에 대한 검사규정 중의 일부를 준용하고 있다.

금융감독원장이 금융투자 관계 단체의 업무와 재산상황에 관한 검사를 함에 있어서 필요하다고 인정되는 경우에는 금융투자 관계 단체에게 업무 또는 재산에 관한 보고, 자료의 제출, 증인의 출석, 증언 및 의견의 진술을 요구할 수 있다(법 371조, 419조 5항). 이에 따른 보고 또는 자료의 제출명령이나 증인의 출석, 증언 및 의견의 진술 요구에 불응한 자에 대하여는 1천만원 이하의 과태료를 부과한다(법 449조 2항 8호).

금융투자 관계 단체의 검사를 하는 자는 그 권한을 표시하는 증표를 지니고 이를 관계자에게 내보여야 한다(법 371조, 419조 6항).

Ⅱ. 검사 결과의 금융위원회 보고

금융감독원장이 금융투자 관계 단체의 검사를 한 경우에는 그 보고서를 금융위원회에 제출하여야 한다. 이 경우 자본시장법 또는 이 법에 따른 명령이나 처분을 위반한 사실이 있는 때에는 그 처리에 관한 의견서를 첨부하여야 한다(법 371조, 419조 7항).

이와 관련하여 금융위원회는 검사의 방법·절차, 검사결과에 대한 조치기준, 그 밖의 검사업무와 관련하여 필요한 사항을 정하여 고시할 수 있다(법 371조, 419조 9항). 이상의 규정에 따른 검사·조사 또는 확인을 거부·방해 또는 기피한 자에 대하여는 5천만원 이하의 과태료를 부과한다(법 449조 1항 20호).

제372조(금융투자 관계 단체에 대한 조치)

① 금융위원회는 금융투자 관계 단체가 다음 각 호의 어느 하나에 해당하는 경우에는 제370조 제 1 항에 따른 허가를 취소할 수 있다.

1. 거짓, 그 밖의 부정한 방법으로 제370조 제 1 항에 따른 허가를 받은 경우
2. 허가조건을 위반한 경우
3. 정관에 따른 목적 외의 업무를 영위한 경우
4. 그 밖에 투자자 보호 또는 건전한 거래질서를 해할 우려가 있는 경우로서 대통령령으로 정하는 경우

② 제423조(제 2 호를 제외한다), 제424조 제 1 항·제 2 항 및 제425조는 금융투자 관계 단체의 허가 취소에 관하여 준용한다.

Ⅰ. 금융감독원장의 검사권

금융투자업자에 대한 검사 규정(법 419조)은 금융투자 관계 단체에 대한 검사에 관하여 준용된다. 금융투자 관계 단체는 그 업무와 재산상황에 관하여 금융감독원장의 검사를 받아야 한다(법 371조, 419조 1항). 금융감독원장은 검사상 필요하다고 인정하는 때에는 금융투자 관계 단체에 대해 업무 또는 재산에 관한 보고, 자료의 제출, 증인의 출석, 증언 및 의견의 진술을 요구할 수 있다(법 371조, 419조 5항). 검사를 담당하는 자는 그 권한을 표시하는 증표를 지니고 이를 관계자에게 보여야 한다(법 371조, 419조 6항) 금융감독원장은 검사에 관한 보고서를 금융위원회에 제출하여야 하며, 법령이나 처분을 위반한 사실이 있는 때에는 그 처리에 관한 의견서를 첨부하여야 한다(법 371조, 419조 7항).

Ⅱ. 금융위원회의 조치권

1. 허가취소

법에서는 거짓 기타 부정한 방법으로 허가를 받았거나, 허가조건 위반, 정관상 목적 외의 업무를 영위한 경우 기타 투자자 보호 또는 건전한 거래질서를 해할 우려가 있는 경우로서 시행령이 정하는 경우를 허가취소사유로 정하고 있다(법 372조 1항).

시행령에서는 구체적으로 미공개중요정보 이용행위 금지의무 위반(법 시행령 174조), 시세조종행위 금지의무 위반(법 시행령 176조), 부정거래행위 금지의무 위반(법 시행령 178조), 금융감독원장의 검사를 거부·방해 또는 기피한 경우, 금융감독원장의 보고 등의 요구에

불응한 경우(법 372조 1항 4호, 법 시행령 354조)를 규정하고 있다.

2. 허가취소 사실 등의 공고

금융위원회는 허가취소의 조치를 취한 경우에는 그 내용을 기록하고 이를 유지·관리하여야 하며, 조치를 취한 사실을 관보 및 인터넷 홈페이지 등에 공고하여야 한다(법 372조 2항, 424조 1항·2항).

3. 이의신청

허가취소 조치에 대하여 불복하는 자는 그 고지를 받은 날부터 30일 이내에 그 사유를 갖추어 금융위원회에 이의를 신청할 수 있다(법 372조 2항, 425조 1항). 이의신청에 대하여 금융위원회는 60일 이내에 결정을 하여야 하지만, 부득이한 사정으로 그 기간 이내에 결정을 할 수 없을 경우에는 30일의 범위에서 그 기간을 연장할 수 있다(법 372조 2항, 425조 2항).

[초판: 최문희, 개정판: 박휜일]

자본시장과
금융투자업에 관한 법률

| 제 7 편 한국거래소

○ 前注

자본시장법 제7편은 금융투자상품시장 중 가장 대표적인 거래소시장을 개설하고 운영하는 주체인 거래소를 규정하고 있다. 사실 금융투자상품시장의 역사는 곧 거래소의 역사라고 할 수 있을 정도로 양자는 밀접한 관계를 가지고 있다.[1] 우리나라의 경우에도 증권·파생상품 등 금융투자상품과 이를 거래하는 시장 개념이 정립되기 이전인 일제시대부터 거래소는 존재하여 왔으며,[2] 해방 이후에도 구증권법 제정(1962. 1. 15) 이전인 1956년 3월에 이미 주식회사 형태의 대한증권거래소가 출범하여 증권거래를 시작하고 있었다.[3] 다만, 1963년 증권거래법 개정을 통해 주식회사 대한증권거래소를 특수법인 형태의 한국증권거래소로 전환한 이래 구거래소법 및 최근의 자본시장법에 이르기 까지 우리나라에서 거래소는 법정거래소인 "한국거래소"를 의미하여 왔다.[4] 따라서, 개정 전의 자본시장법은 별도로 거래소에 대한 정의조항이 필요 없었으며, 거래소가 개설하는 시장의 종류에 대해서만 정의조항을 가지고 있었다.[5]

하지만, 금번 자본시장법 개정을 통하여 거래소 설립이 독점구조의 법정설립주의에서 복수거래소가 설립될 수 있는 허가주의로 전환되어 거래소의 정의와 허가요건 등이 자본시장법에 신설되었다. 따라서 1963년 구증권법 개정 이후 약 60여년 만에 법상 복수거래소 설립이 가능해졌다.[6] 하지만 거래소 설립의 허가주의에도 불구하고, 거래소가 미

1) 오늘날의 증권시장과 유사한 형태의 시장은 이미 기원전 2세기 로마에도 존재하였다. 당시 로마 공화정은 국가기능 가운데 조세징수에서 신전건립까지 상당부분을 퍼블리카니(Publicani)라는 조직에 위탁하여 처리하였는데, 이 퍼블리카니는 현재의 주식과 유사한 파르테스(partes)를 통해 소유권이 다수에게 분산되어 있었다. 이 파르테스는 당대의 부자들로 구성된 집행임원들의 지분(socii)과 일반인들의 지분(particulae)으로 나뉘어 있었으며, 당시 이러한 일반인들의 지분을 거래하는 별도의 시장이 존재하였다고 한다. 보다 상세한 설명은 에드워드 챈슬러, 「금융투기의 역사」, 국일증권경제연구소, 2010, 25쪽 이하 참조.

2) 1899년 6월 인천에 최초의 상설 조직적 곡물시장인 인천미두취인소가 설립되었으며, 1920년 5월에는 경성주식현물취인시장이 설립되어 주식거래가 시작되었다. 그러나 이 두 거래소 설립에 법적 근거가 없다는 문제점이 지속적으로 지적되자 일제는 1931년 11월 총독부령인 「조선취인소령」을 제정하고, 이를 근거로 1932년 1월 1일 양 거래소를 합병하여 주식회사 형태의 조선취인소를 출범시켜 곡물(쌀)시장과 증권시장의 운영업무를 담당하게 하였다. 보다 상세한 설명은 한국거래소, 「한국거래소 55년사」, 2011, 31쪽 이하 참조.

3) 당시 대한증권거래소 주식을 상장한 기업은 조흥은행, 저축은행, 상업은행, 흥업은행, 대한해운공사, 대한 조선공사, 경성전기, 남선전기, 조선운수, 경성방직, 대한증권거래소, 한국연합증권금융 등 총 12개사였다. 보다 상세한 설명은 한국거래소, 전게서(2011), 39쪽 이하 참조.

4) 비록 명칭은 '한국증권거래소'에서 '한국증권선물거래소'를 거쳐 현재의 '한국거래소'(Korea Exchange)에 이르렀으며, 조직형태 또한 정부가 직접 출자하는 공영제 법인에서 민영화작업 결과에 따른 회원제 조직을 거쳐 현재의 주식회사 형태에 이르렀으나, 법에 따라 직접 설립되는 법정거래소인 점에서 동일한 속성을 가지고 있다.

5) 개정 전 자본시장법에 따른 '유가증권시장', '코스닥시장'의 정의 등이 바로 그 예이다.

6) 구증권법 제정안(1962. 1. 15)은 거래소를 재무부장관의 허가를 받아 설립되는 주식회사 형태의 조직

치는 사회경제적 중요성을 감안하여 거래소의 조직·업무·지배구조·감독 등 거래소의 전반적인 운영에 있어 일정부분 공적 규제를 유지하고 있다. 거래소 설립의 허가권자는 금융위원회이며, 금융위원회는 거래소시장에서 거래될 금융투자상품의 범위와 참가 회원의 범위를 감안하여 시장개설 단위별로 add-on 방식에 따라 허가한다. 다만, 종래 법정 거래소로 설립된 '주식회사 한국거래소'의 경우 부칙에서 동법에 따른 허가를 받은 것으로 간주되며, 아울러 추후 허가를 받아 설립될 개별 거래소 및 다자간매매체결회사(ATS)의 청산·결제·시장감시업무를 담당하기 위하여 금융위원회가 지정한 '지정거래소'로서의 역할을 하게 된다. 따라서 실질적으로 복수거래소 체제의 전환 이후에도 '한국거래소'는 자본시장에서 계속하여 중요한 위치를 차지할 것으로 예상된다.

제 1 장 총 칙

제373조(무허가 시장개설행위 금지)

누구든지 이 법에 따른 거래소허가를 받지 아니하고는 금융투자상품시장을 개설하거나 운영하여서는 아니 된다. 다만, 다음 각 호의 어느 하나에 해당하는 경우에는 그러하지 아니하다.

1. 다자간매매체결회사가 제78조에 따라 다자간매매체결업무를 하는 경우
2. 협회가 제286조 제 1 항 제 5 호에 따라 증권시장에 상장되지 아니한 주권의 장외매매거래에 관한 업무를 하는 경우
3. 그 밖에 거래소 외의 자가 금융투자상품의 매매체결에 관한 업무를 수행하더라도 공정한 가격 형성, 매매 그 밖의 거래의 안정성 및 효율성의 도모 및 투자자의 보호에 우려가 없는 경우로서 대통령령으로 정하는 경우

시행령 제354조의2(무허가 시장개설행위 금지의 예외) 법 제373조 제 3 호에서 "대통령령으로 정하는 경우"란 다음 각 호의 어느 하나에 해당하는 경우를 말한다.
1. 제176조의8제 4 항 제 2 호에 따라 투자매매업자 또는 투자중개업자가 신주인수권증서를 매매 또는 그 중개·주선이나 대리업무를 하는 경우
2. 제179조에 따라 채권중개전문회사가 증권시장 외에서 채무증권 매매의 중개업무를 하는 경우

Ⅰ. 금융투자상품시장과 거래소　　Ⅱ. 거래소의 정의

으로 규정하여 거래소 설립 허가주의를 채택하고 있었던 것으로 보인다. 구증권법(법률 제972호, 1962. 1. 15) 제44조, 제45조 참조.

Ⅰ. 금융투자상품시장과 거래소

개정 전 자본시장법은 법정거래소인 한국거래소가 개설한 증권시장·파생상품시장을 금융투자상품이 거래되는 '시장'으로 인정하였으며, 거래소 외에는 증권의 매매 및 파생상품거래를 할 수 있는 시장을 개설하지 못하도록 유사시설 개설 금지조항을 규정하고 있었다.[1] 동 조항에 따른 금지행위는 ① 시장 개설과 ② 유사시설 개설로 구분되며, 거래소 기능을 전부 제공할 경우에는 ① 시장 개설로, 일부 제공하는 경우에는 ② 유사시설 개설에 해당한다고 보아 이의 위반행위를 5년 이하의 징역 또는 2억원 이하의 벌금형으로 이를 규제하였다.[2] 다만, 구자본시장법 제78조에 따른 전자증권중개회사(ECN)의 업무는 유사시설 개설 금지의 예외조항으로,[3] 그리고 금융투자협회의 비상장주식 호가중개거래(프리보드)는 법상 허용되는 장외거래의 한 방법으로 규정하여 이를 허용하였다.[4]

현행 자본시장법은 법정거래소 대신 복수거래소(거래소 허가주의)와 대체거래소(다자간매매체결회사, Alternative Trading System)를 허용하면서, 이들을 모두 포괄하는 금융투자상품시장 개념을 도입하였다. 자본시장법 제 8 조의2 제 1 항은 금융투자상품시장을 "증권 또는 장내파생상품의 매매를 하는 시장"으로 정의하고,[5] 제 2 항은 거래소를 "증권 및 장내파생상품의 공정한 가격 형성과 그 매매, 그 밖의 거래의 안정성 및 효율성을 도모하기 위하여 금융위원회의 허가를 받아 금융투자상품시장을 개설하는 자"로 정의하며, 제 3 항과 제 4 항은 거래소시장을 "거래소가 개설한 금융투자상품시장으로서 증권시장과 파생상품시장으로 구분되는 것"으로 정의하고 있다.

그리고 종전의 유사시설 금지대신 거래소 허가를 받지 아니한 자는 금융투자상품시장을 개설할 수 없도록 하는 무허가 시장개설행위를 금지하는 한편, 이에 대한 예외로서 ① 다자간매매체결회사(ATS)의 다자간매매체결업무, ② 금융투자협회의 비상장주식 호가중개거래, ③ 투자매매업자·투자중개업자의 신주인수권증서 취급(법 시행령 354조의2 1호), ④ 채권중개전문회사(Inter Dealer Broker)[6]의 장외채권매매중개(법 시행령 354조의2 2호) 등

1) 구자본시장법(법률 제11758호, 2013. 4. 5) 제 9 조 제13항·제14항, 제166조, 제386조 제 2 항 등 참조.
2) 구자본시장법 제386조 제 2 항, 제444조 제27호 등 참조.
3) 구자본시장법 제78조(전자적 방식에 의한 증권중개 업무) ② 제2편제2장(제28조 및 제29조를 제외한다), 제40조, 제66조, 제67조, 제72조, 제73조 및 제386조 제 2 항은 전자증권중개회사에는 적용하지 아니한다.
4) 구자본시장법 제166조, 제286조 제 1 항 제 5 호, 구자본시장법 시행령(대통령령 제24655호, 2013. 7. 5) 제178조.
5) 따라서 장내파생상품이 아닌 장외파생상품 거래가 이루어지는 곳은 비록 금융투자상품이 거래되는 곳이기는 하나, 자본시장법에 따른 금융투자상품시장으로 인정되지 아니한다.
6) 거래소시장 외에서 일반투자자 아닌 금융기관등 전문투자자 및 체신관서(우정사업본부) 등을 대상으로 채권매매의 중개를 수행하는 투자중개업자(법 시행령 179조). 2000년 5월 정부의 「채권시장구조의 선진화 추진방안」에 따라 장외 채권매매거래의 투명성 확보 등을 위하여 도입되었으며, 현재 한국채권중개주식회사와 한국자금중개회사 2사가 동 업무를 수행하고 있음.

4가지 업무를 열거하고 있다.

〈자본시장법 개정에 따른 "시장"개념의 변화〉[1]

[개정 전 자본시장법]	[현행 자본시장법]
시장 : 경쟁매매 시장=거래소시장 표준화된 장외거래 금융투자협회 (프리보드) 채권중개전문회사 (장외채권매매중개) 등 장외매매 : 상대매매 조직화/ 표준화 되지 않은 매매	허가 금융투자상품시장 ① 거래소시장 (증권시장/ 파생상품시장) ② ATS (다자간매매체결회사) ③ 금융투자협회 (프리보드) ④ 신주인수권증서 (투자매매업자/투자 중개업자) ⑤ 채권중개전문회사 (장외채권매매중개) 무허가 금융투자상품시장 허가를 받지 않고 금융투자상품 시 장을 개설·운영 하는 모든 시장 장외매매 : 상대매매 조직화 / 표준화 되지 않은 매매 (시장형태가 아닌 매매)

그런데, 현행 법 제166조 및 법 시행령 제177조는 장외거래를 "거래소시장 또는 다자간매매체결회사(ATS) 외에서 증권·장외파생상품을 매매·거래하는 것"으로 정의하고 있다.[2] 이에 따를 경우 이와 대비되는 장내거래는 "거래소시장 또는 다자간매매체결회사(ATS)를 통하여 증권·장내파생상품을 매매·거래하는 것"으로 정의된다. 따라서, 장외거래를 규정한 법 제166조와 무허가시장개설 금지를 규정한 자본시장법 제373조를 비교하면 다음과 같은 결론이 도출된다. 즉, 금융투자상품시장은 허가받은 거래소가 개설하는 '거래소시장'과 다자간매매체결회사(ATS), 금융투자협회, 채권중개전문회사(IDB) 등이 법령에 따라 예외적으로 개설하는 '거래소 외의 시장'으로 구분되며, '거래소 외의 시장' 중 다자간매매체결회사(ATS)에서 체결되는 거래는 거래소시장에서 체결되는 경우와 동일한

1) 국회 정무위원회 검토보고서(의안번호 1900298 자본시장과 금융투자업에 관한 법률 일부개정법률안(정부발의)), 2012. 9, 49쪽 이하 참조(http://likms.assembly.go.kr/bill/jsp/main.jsp).

2) 이와 달리 구자본시장법 제166조는 "(한국거래소의) 증권시장 및 파생상품시장 외에서 금융투자상품을 매매, 그 밖의 거래를 하는 경우"로 정의하여 한국거래소 외에서 발생하는 모든 거래를 장외거래로 정의하였다.

경우로 보아 양자를 모두 장내거래로 인정하겠다는 것이 바로 그것이다.

즉, 장외거래가 곧 금융투자상품시장 외에서 발생하는 거래는 아니라는 취지이다. 장외거래는 금융투자상품시장으로 인정되는 곳에서의 거래를 의미하기도 하며(금융투자협회의 프리보드, 채권중개전문회사 등을 통한 거래), 아예 금융투자상품시장 개념에서 제외되는 거래(장외파생상품거래)를 의미하기도 한다.1) 이상에서의 논의를 정리하면 다음 표와 같다.

[개정 전 자본시장법]	[현행 자본시장법]
(신 설)	□ 금융투자상품시장의 개념 ○ 증권 또는 장내파생상품의 매매를 하는 시장
□ 거래소 유사시설 개설 금지 ○ 한국거래소 외에는 거래소가 개설한 시장 또는 이와 유사한 시설 개설 금지	□ 무허가 시장개설행위 금지 ○ 거래소, 다자간매매체결회사, 금융투자협회의 프리보드, 채권중개전문회사(IDB) 등 법령에서 정한 사항 외에는 금융투자상품시장 개설 금지
□ 장외거래 ○ (거래소가 개설한) 증권시장 및 파생상품시장 외에서 금융투자상품(증권·장외파생상품)을 매매, 그 밖의 거래를 하는 경우	□ 장외거래 ○ 거래소시장, 다자간매매체결회사(ATS) 외에서 금융투자상품(증권·장외파생상품)을 매매, 그 밖의 거래를 하는 경우 ➡ 장외파생상품거래는 금융투자상품시장의 개념에서 제외

Ⅱ. 거래소의 정의

1. 거래소의 기능적 정의

자본시장법은 거래소를 “증권 및 장내파생상품의 공정한 가격 형성과 그 매매, 그 밖의 거래의 안정성 및 효율성을 도모하기 위하여 금융위원회의 허가를 받아 금융투자상품시장을 개설하는 자”로 정의하고 있다(법 8조의2 2항). 이는 일본 금융상품거래법의 정의 조항을 계수한 것으로,2) 사실상 거래소의 본질적인 정의보다는 거래소가 존립하는 하나

1) 장외파생상품은 양 당사자 간 1 : 1 계약형태로 체결되므로 유통가능성이 없으며, 또한 조직화 내지 표준화되지 아니한 상품구조의 특성을 가지고 있으므로 금융투자상품시장 개념에서 제외된다.

2) 일본 금융상품거래법 제 2 조(정의) ⑭ “금융상품시장”이라 함은 유가증권의 매매 또는 시장파생상품거래를 하는 시장을 말한다(この法律において「金融商品市場」とは、有価証券の売買又は市場デリバティブ取引を行う市場をいう。).
⑯ “금융상품거래소”라 함은 제80조 제 1 항의 규정에 따라 내각총리대신의 면허를 받아 금융상품시장

의 목적 또는 가치를 형식적 관점에서 정의한 것으로 보인다.[1] 특히 거래소시장과 함께 장내거래로 인정받는 다자간매매체결회사(ATS)를 "정보통신망·전자정보처리장치를 이용하여 동시에 다수의 자를 거래상대방으로 하여 경쟁매매 등의 방법으로 상장주권 그 밖의 증권의 매매·중개·주선·대리업무를 수행하는 투자매매업자·투자중개업자"라고 정의함에 따라(법 8조의2 5항), 사실상 전산매매의 방식으로 거래가 체결되는 거래소와 ATS 간 본질적으로 어떤 차이가 존재하는지가 문제되는 데, 이러한 문제점은 거래소의 본질적 개념이 무엇인지를 먼저 정의해야만 해결이 가능하게 된다.

거래소란 무엇인가 하는 문제는 결국 "거래소가 하는 역할이 무엇인가"라는 문제로 귀착된다고 할 수 있다. 그리고 이에 대해서는 현존하는 거래소의 수 만큼이나 다양한 견해가 존재한다. 일부 학설은 거래소(exchange)를 개별거래소가 수행하는 기능적 요소를 기준으로 "거래 전 정보(pre-trade)와 거래 후(post-trade) 정보의 전달, 주문의 전달(order routing), 주문의 집행(order execution), 매칭(matching), 청산 및 결제(clearing & settlement) 등의 활동을 수행하는 주체"로 인식한다.[2] 다른 학설은 "(i) 증권의 유통거래를 위한 조직화된 시장 (ii) 증권의 매매가 공정한 가격으로 이루어지도록 촉진하는 기능과 (iii) 시장 참여자를 위해 가격정보를 제공하는 기능을 갖는 것[3]"으로 정의하기도 한다.[4] 또 다른 견해는 거래소의 유동성제공기능과 가격발견기능에 주목하여, "(i) 다수의 매도인과 매수인이 모여서 (ii) 사전에 정해진 원칙에 따라 거래를 체결하는 시스템 중에서 (iii) 가격발견 기능이 있는 것"으로 정의하기도 한다.[5]

우리나라의 경우에는 정책당국인 금융위원회(舊재정경제부)의 시각을 통하여 거래소의 기능적 요소를 파악할 수 있다. 정책당국은 "비상장주식의 온라인거래시스템이 증권거래법상의 유사시설에 해당되는 지에 대한 유권해석"에서, "(i) 다수투자자의 주문을 집중하

을 개설하는 회원제 법인 또는 주식회사를 말한다(この法律において「金融商品取引所」とは´ 第八十条第一項の規定により内閣総理大臣の免許を受けて金融商品市場を開設する金融商品会員制法人又は株式会社をいう°).

⑰ "거래소금융상품시장"이라 함은 금융상품거래소가 개설한 금융상품시장을 말한다(この法律において「取引所金融商品市場」とは´ 金融商品取引所の開設する金融商品市場をいう°).

1) 구자본시장법 제373조는 "증권 및 장내파생상품의 공정한 가격 형성과 그 매매, 그 밖의 거래의 안정성 및 효율성을 도모하기 위하여 한국거래소를 설립한다"라고 규정하여 사실상 현재의 정의조항과 동일한 내용으로 그 설립 취지를 규정하여 왔다.

2) Ruben Lee, What is an exchange?, Oxford, 1999, p. 1.

3) For present purposes it may suffice to briefly summarize the "functional" definition of an exchange. (1) Stock exchanges are organized market for the secondary trading of securities or other financial instrument. (2) Stock exchanges are designed to facilitate the sale and resale of securities (or other instruments) at fair prices in a market characterized by (a) optimal liquidity, (b) informational efficiency, and (c) minimal trading costs. (3) Stock exchanges generate price information not only for those utilizing their facilities but also for separate, but related, other markets.

4) Johannes Köndgen, "Ownership and Corporate Governance of Stock Exchange," 154 Journal of Institutional and Theoretical Economics, p. 227(1998).

5) 김건식/정순섭, 「자본시장법(제 2 판)」, 두성사, 2010, 40쪽 1 이하 참조.

고, (ii) 일정한 규칙을 정하여 (iii) 계속적·조직적으로 매매를 체결"하는 경우 거래소와 유사 시설에 해당한다고 회신[1])하거나, "인터넷을 통하여 비상장주식을 거래함에 있어 시스템 운용자가 매매거래에 따른 증권의 인도와 대금의 지급방법을 정하는 등 거래의 체결이나 결제를 보장"하는 경우 유사시설에 해당한다고 회신[2])하여 왔다. 이러한 시각은 거래소를 광의의 개념으로 해석하면서 ① 다수투자자의 주문을 집중하고 ② 매매체결 및 ③ 결제서비스를 제공하는 거래시스템을 거래소 유사시설로 정의한 것으로, 따라서 우리나라의 정책당국은 위 세 가지 요소를 거래소의 기능적 요소로 파악하였다고 볼 수 있다.

이상의 요소를 종합하여 보면 결국 ① 다수 투자자의 주문 집중에 따른 경쟁매매체결, ② 법령 또는 업무기준 등으로 정한 일정한 매매규칙에 따른 거래체결, ③ 호가 및 매매결과 등을 공개함으로써 가격발견기능,[3]) ④ 청산·결제 서비스 등을 제공하는 조직화된 시장으로 정의될 수 있다.

2. 거래소의 본질적 정의-자율규제권한(Self-Regulatory Power)

최초의 대체거래시스템(ATS)인 Instinet이 1969년 출범한 이후 정보통신 기술의 발전과 함께 대체거래시스템이 비약적인 발전을 이루면서, 미국 증권시장은 SEC에 등록된 거래소와 거래소가 아닌 대체거래시스템을 어떻게 구분할 것인지에 대한 논의가 진행되어 왔다. 미국 1934년 증권거래법(Securities Exchange Act of 1934)은 거래소(exchange)를 "(i) 증권의 매입자와 매도자를 집중하거나 (ii) 일반적 거래소의 기능을 수행하기 위해 장소나 시설을 제공하는 조직"으로 다소 광범위하게 정의[4])하고 있으나(SEA §3(a)(1)), 미국 증권거래위원회(SEC)는 1998년 Regulation ATS를 제정하여 대체거래시스템에 대한 규제를 시작하면서, SEC 규정으로 다음과 같이 보다 세분화하여 거래소를 정의하고 있다. 즉, (i) 다수의 참가자로부터 주문을 집중하고 (ii) 자유재량 없는 매매원칙을 정하여 (iii) 주문을 제

1) 재정경제부「거래중지 상장주식 거래」유권해석(2006. 2. 1).
(http://www.fcsc.kr/C/fu_c_01_02_02.jsp?answer_seq=142&idx=1).

2) 금융위원회「장외주식 매매에 대하여 문의합니다.」유권해석 (2009. 6. 2).
(http://www.fcsc.kr/C/fu_c_01_02_02.jsp?answer_seq=1258&idx=2).

3) 거래소의 가격은 다수 투자자의 수요(매수)와 공급(매도)에 따라 결정된다. 즉, "가격발견기능"은 금융투자상품"시장"으로서 거래소가 가지는 기능이라고 할 수 있다.

4) U.S. Code Title 15 Chapter 2B(§78c15 U.S. Code).
§78c-Definitions and application.
(a)(1) The term "exchange" means any organization, association, or group of persons, whether incorporated or unincorporated, which constitutes, maintains, or provides a market place or facilities for bringing together purchasers and sellers of securities or for otherwise performing with respect to securities the functions commonly performed by a stock exchange as that term is generally understood, and includes the market place and the market facilities maintained by such exchange.

출하는 모든 참가자가 거래조건을 따를 것을 동의하는 경우 그 조직, 협회, 단체 등을 "거래소"로 정의한다(SEC Rule 3b-16).[1]

한편 SEC는 거래소와 구별되는 대체거래시스템(ATS)을 거래소와 동일하게 "다수의 참가자로부터 주문을 집중하고 자유재량 없는 매매원칙을 정하여 주문을 제출하는 모든 참가자가 거래조건을 따를 것을 동의하는 경우 그 조직, 협회, 단체, 시스템"이면서, "① ATS 거래참가자(subscriber)의 행위규제와 관련한 규정을 제정할 수 없으며, ② 거래정지 외의 회원제재를 할 수 없는 조직"으로 정의하고 있다.[2] 즉, SEC는 1998년 Regulation ATS를 제정한 이래 거래소와 거래소가 아닌 ATS를 구별하면서, 사실상 양자가 수행하는 기능은 동일하다는 전제 하에 다른 본질적인 차이, 즉 시장개설자에게 "행위규제와 회원(거래참가자)규제를 할 권한이 있는지 여부"로 양자를 구분하고 있는 것이다.

따라서, 거래소와 거래소가 아닌 ATS를 구분하는 본질적인 차이는 시장개설자로서 시장참가자(거래소의 경우 회원, ATS의 경우 거래참가자)에 대하여 자율규제(self-regulation) 권한을 행사할 수 있는지의 여부이며, 이러한 점에서 자율규제권한은 거래소의 본질적 정의의 핵심요소라고 할 수 있다. 이러할 경우 거래소는 "다수의 참가자로부터 주문을 집중하고, 매매원칙을 정하여 주문을 제출하는 모든 거래참가자가 매매원칙에 따라 거래할 것을 동의하는 조직적 시장으로서 매매원칙 이외에도 해당 참가자들이 따라야 할 행위규범(code of conduct)을 제정할 수 있으며, 이를 위반한 거래참가자를 제재(discipline)할 수 있는 조직화된 시장"으로 정의될 수 있다.

---

1) 17 CFR 240.3b-16-Definitions of terms used in Section 3(a)(1) of the Act.
§240.3b-16 Definitions of terms used in Section 3(a)(1) of the Act.
(a) An organization, association, or group of persons shall be considered to constitute, maintain, or provide "a market place or facilities for bringing together purchasers and sellers of securities or for otherwise performing with respect to securities the functions commonly performed by a stock exchange," as those terms are used in section 3(a)(1) of the Act, (15 U.S.C. 78c(a)(1)), if such organization, association, or group of persons:
(1) Brings together the orders for securities of multiple buyers and sellers; and
(2) Uses established, non-discretionary methods (whether by providing a trading facility or by setting rules) under which such orders interact with each other, and the buyers and sellers entering such orders agree to the terms of a trade.

2) 17 CFR 242.300-Definitions.
(a) Alternative trading system means any organization, association, person, group of persons, or system:
(1) That constitutes, maintains, or provides a market place or facilities for bringing together purchasers and sellers of securities or for otherwise performing with respect to securities the functions commonly performed by a stock exchange within the meaning of § 240.3b-16 of this chapter; and
(2) That does not:
(i) Set rules governing the conduct of subscribers other than the conduct of such subscribers' trading on such organization, association, person, group of persons, or system; or
(ii) Discipline subscribers other than by exclusion from trading.

3. 결　　론

현행 자본시장법이나 일본의 입법례와 같이 거래소를 형식적으로 정의하는 입법례도 있고, 미국의 입법례와 같이 거래소가 수행하는 기능을 중심으로 하여 실질적으로 정의하는 입법례도 있다. 다만, 우리나라도 다수의 거래소와 다수의 대체거래시스템(ATS)을 설립할 수 있는 법적 기반이 마련된 만큼 거래소의 정의 또한 확연히 대체거래시스템(ATS)과 구별될 수 있는 특징인 "자율규제기능"을 반영하여 실질적으로 정의하는 것이 바람직하다고 보여진다. 특히 현행 자본시장법에 반영된 대체거래시스템(ATS)인 "다자간매매체결회사"가 수행하는 기능적 요소를 거래소와 비교해 보면 상당부분에서 유사점이 발견되므로 더욱 이러한 실질적인 정의방법이 필요하다고 생각된다.

[거래소와 ATS의 수행기능 비교]

	주문집중[1]	경쟁매매	매매규칙	가격발견[2]	자율규제	결제서비스[3]
거래소	○	○	○	○	○	×
ATS	○	○	○	○	×	×

따라서 현행 자본시장법과 같이 금융투자상품시장과 거래소의 개념을 형식적으로 규정하는 것보다는 거래소만이 수행할 수 있는 본질적 기능, 특히 "자율규제기능"을 중심으로 하여 거래소를 실질적으로 정의하는 것이 바람직할 것으로 판단된다. 즉, 거래소는 위에서 살펴보았듯 "다수의 참가자로부터 주문을 집중하고, 매매원칙을 정하여 주문을 제출하는 모든 거래참가자가 매매원칙에 따라 거래할 것을 동의하는 조직적 시장으로, 해당 참가자들이 따라야 할 행위규범(code of conduct)을 제정하고 이를 위반한 거래참가자를 제재할 권한을 보유한 조직화된 시장"으로 정의하는 것이 바람직하다고 생각된다.

[초판: 성희활, 개정판: 김율]

1) 금융투자업자는 최선집행의무를 부담하므로(법 68조), 투자자의 주문을 최선으로 집행하기 위한 시장으로 주문이 집중될 것으로 예상된다.

2) 거래소는 거래소시장을 통하여 적극적인 가격형성기능과 가격발견기능을 수행할 것이며, ATS 또한 경쟁매매로 체결되는 금융투자상품시장에 해당하는 만큼 소극적인 가격발견기능(passive pricing)을 수행할 것으로 보인다.

3) 현행 자본시장법은 거래소시장과 ATS를 통한 증권거래의 결제를 예탁결제원이 수행하도록 규정하고 있다.

제373조의2(거래소의 허가)

① 금융투자상품시장을 개설하거나 운영하려는 자는 다음 각 호의 사항을 구성요소로 하여 대통령령으로 정하는 시장개설 단위의 전부나 일부를 선택하여 금융위원회로부터 하나의 거래소허가를 받아야 한다.

1. 매매의 대상이 되는 금융투자상품의 범위(증권 및 장내파생상품을 말하되, 증권 중 주권, 그 밖에 대통령령으로 정하는 것을 포함한다)
2. 회원(거래소시장에서의 거래에 참가할 수 있는 자로서 제387조 제 1 항의 회원관리규정에 따른 자를 말한다. 이하 같다)이 되는 자의 범위

② 제 1 항에 따라 거래소허가를 받으려는 자는 다음 각 호의 요건을 모두 갖추어야 한다.

1. 「상법」에 따른 주식회사일 것
2. 거래소허가 단위별로 1천억원 이상으로서 대통령령으로 정하는 금액 이상의 자기자본을 갖출 것
3. 사업계획이 타당하고 건전할 것
4. 투자자의 보호가 가능하고 금융투자상품시장을 개설·운영하기에 충분한 인력과 전산설비, 그 밖의 물적 설비를 갖출 것
5. 정관, 회원관리규정·증권시장업무규정·파생상품시장업무규정·상장규정·공시규정·시장감시규정·분쟁조정규정, 그 밖의 업무에 관한 규정(이하 이 호 및 제373조의7에서 "정관등"이라 한다)이 법령에 적합하고, 증권 및 장내파생상품의 공정한 가격 형성과 매매 그 밖의 거래의 안정성 및 효율성을 도모하며 투자자의 보호를 위하여 충분할 것
6. 임원이 제24조에 적합할 것
7. 대주주(제12조 제 2 항 제 6 호 가목의 대주주를 말한다)가 충분한 출자능력, 건전한 재무상태 및 사회적 신용을 갖출 것
8. 대통령령으로 정하는 사회적 신용을 갖출 것
9. 이해상충방지체계를 구축하고 있을 것

③ 제 2 항의 허가요건에 관하여 필요한 세부사항은 대통령령으로 정한다.

시행령 제**354**조의**3**(거래소허가의 요건 등) ① 법 제373조의2 제 1 항 각 호 외의 부분에서 "대통령령으로 정하는 시장개설 단위"란 별표 17의2에 따른 시장개설 단위를 말한다.

② 법 제373조의2 제 1 항 제 1 호에서 "대통령령으로 정하는 것"이란 다음 각 호의 증권을 말한다.

1. 채무증권
2. 지분증권(주권을 제외한 지분증권을 말한다)
3. 수익증권
4. 파생결합증권
5. 증권예탁증권

③ 제373조의2 제 2 항 제 2 호에서 "대통령령으로 정하는 금액"이란 별표 17의2에 따른 시장개설 단위별 최저자기자본 금액을 말한다.

④ 법 제373조의2 제 2 항 제 3 호에 따른 사업계획은 다음 각 호의 요건에 적합하여야 한다.

1. 금융투자상품의 공정한 가격 형성 및 그 거래의 안정성·효율성을 도모하기에 적합할 것
2. 위험관리와 금융사고 예방 등을 위한 적절한 내부통제장치가 마련되어 있을 것
3. 투자자 보호에 적절한 업무방법을 갖출 것

4. 법령을 위반하지 아니하고, 건전한 금융거래질서를 해칠 염려가 없을 것
5. 영위하려는 업무나 영업소의 소재지 등이 「금융중심지의 조성과 발전에 관한 법률」 제5조 제1항에 따른 금융중심지의 조성과 발전에 관한 기본계획에 부합할 것

⑤ 법 제373조의2 제2항 제4호에 따른 인력과 전산설비, 그 밖의 물적 설비는 다음 각 호의 요건에 적합하여야 한다.
1. 영위하려는 거래소업무에 관한 전문성 및 건전성을 갖춘 인력과 업무를 수행하기 위한 전산요원 등 필요한 인력을 적절하게 갖출 것
2. 다음 각 목의 전산설비 등 물적 설비를 갖출 것
   가. 영위하려는 거래소업무를 수행하기에 필요한 전산설비와 통신수단
   나. 사무실 등 충분한 업무공간과 사무장비
   다. 전산설비 등의 물적 설비를 안전하게 보호할 수 있는 보안설비
   라. 정전·화재 등의 사고가 발생할 경우에 업무의 연속성을 유지하기 위하여 필요한 보완설비

⑥ 법 제373조의2 제2항 제7호에 따른 대주주(이하 이 편에서 "대주주"라 한다)의 요건에 관하여는 별표 2를 준용한다.

⑦ 법 제373조의2 제2항 제8호에서 "대통령령으로 정하는 사회적 신용"이란 제16조 제8항 제2호의 요건을 말한다.

⑧ 법 제373조의2 제2항 제9호에 따른 이해상충방지체계는 다음 각 호에 적합하여야 한다.
1. 거래소와 거래소의 회원 간, 거래소가 영위하는 업무 간의 이해상충을 방지하기 위하여 이해상충이 발생할 가능성을 파악·평가하고, 이를 적절히 관리할 수 있는 내부통제기준을 마련할 것
2. 다음 각 목의 업무 간에 정보의 제공, 임원의 겸직 및 전산설비의 이용 등에 관하여 금융위원회가 정하여 고시하는 기준과 방법에 따른 정보교류의 차단을 위한 체계를 갖출 것
   가. 법 제402조 제1항 제1호부터 제3호까지의 업무(지정거래소가 법 제78조 제3항·제4항에 따른 업무를 수행하는 경우를 포함한다)
   나. 법 제378조 제1항의 업무
   다. 그 밖에 거래소시장의 매매체결 관련 업무

⑨ 제4항부터 제8항까지의 규정에 따른 허가요건에 관하여 필요한 구체적인 기준은 금융위원회가 정하여 고시한다.

Ⅰ. 거래소 설립 허가주의 전환

개정 전 자본시장법은 한국거래소에 독점적인 지위를 부여한 거래소 법정주의를 채택하고 있었으나, 현행 자본시장법은 이러한 법정주의를 폐지하고 거래소 허가제를 도입하였다. 이는 시장에서 다수의 거래소 간 경쟁을 유도하여 유통시장의 효율성을 증진시키기 위한 것이다. 따라서, 복수거래소 설립 및 다자간매매체결회사(ATS) 등장 등으로 거래시장간 경쟁이 활성화될 경우 투자자 입장에서는 수수료인하 등 거래비용 감소, 거래체결속도 증가 및 고객 중심의 서비스 향상 등 자본시장의 효율성 제고를 기대할 수 있게 된다.[1)]

1) 국회 정무위원회, 전게 검토보고서(2012. 9), 44쪽 이하 참조.

[주요국의 거래소 설립주의 비교][1)]

	미 국	일 본	영 국	호 주	싱 가 폴
근거법	- 1934년 증권거래법(Securities Exchange Act of 1934)	- 금융상품거래법	- 금융서비스시장법(FSMA 2000)	- 2001년 회사법 (Corporation Act 2001)	- 싱가포르 증권선물법(SFA)
설립주의	- SEC에 등록* * 법상 "등록(register)"라는 표현을 사용하나 사실상 허가제와 유사	- 내각총리대신 (금융청장관 위임)의 면허(허가주의)	- FCA의 승인 (허가주의)	- 호주 ASIC(증권투자위원회)의 승인(허가주의)	- 금융감독당국 (MAS)의 허가 (허가주의)
주 요 거래소	- NYSE-EURONEXT - NASDAQ-OMX - BATS 등	- 일본거래소그룹 (동경/오사카 거래소) - 나고야거래소 - 후쿠오카거래소 등	- 런던증권거래소 - Plus Markets ('07. 7. 20 인가)	- 호주거래소 (ASX)	- 싱가폴거래소 (SGX)
설립 허가 요건	〈증권거래법 §6〉 ① 거래소 회원 및 관계자에 대한 관련규정 준수 ② 적정수준의 회비, 이용료, 수수료를 회원에게 공평하게 부과 ③ 공정거래 준수 및 자율규제시스템 구축 ④ national market system에 대한 장애 제거 및 완벽성 지원 등	〈금융상품거래법 §82〉 ① 정관, 업무규정 등이 법령에 적합 ② 거래소시장운영에 필요한 인적·물적 설비 구비 ③ 자율규제법인 또는 자율규제위원회 조직을 통한 자율규제시스템 구축 등	〈금융서비스시장법 schedule 4〉 ① 업무수행을 위한 적절한 자산·설비 구비 ② 거래대상을 적합한 투자대상으로 제한하고, 투자객체에 대한 충분한 정보 제공 ③ 거래소에서 성립된 거래의 이행 확보 및 거래 기록 보관 ④ 적절한 투자자 보호장치 마련 등	〈회사법 §792A〉 ① 공정·투명하게 시장을 운영할 것 ② 면허권에 명시된 제반 조건 준수 ③ 시장간 이해상충방지 및 시장감시·시장참가자에 대한 규정준수를 위한 적절한 규제체계를 마련하고 이를 위한 인적·기술적 자원을 확보	〈증권선물법 §9〉 ① 정보에 근거한 공정한 증권시장 운영 ② 일반투자자를 존중하고, 공익에 반하지 아니할 것 ③ 회원에 대한 거래소 규정 준수 ④ 공정하고 효율적인 시장운영을 위하여 충분한 재무·인적자원과 시스템 보유

거래소의 설립을 법정설립주의에 의한 단일(독점) 거래소 체제로 할 것인지, 허가제에 의한 복수거래소 체제로 할 것인지는 각 국의 사정에 따라 달라지는 문제이나, 주요국은 아래에서 보는 바와 같이 모두 허가주의를 채택하고 있다.

1) 국회 정무위원회 검토보고서(의안번호 1801680 자본시장과 금융투자업에 관한 법률 일부개정법률안(김정훈 의원 등 22인)), 2008. 11, 14쪽 이하 참조(http://likms.assembly.go.kr/bill/jsp/main.jsp).

그리고 이러한 허가주의 전환의 경과조치로서 기존의 법정거래소인 한국거래소는 시장개설단위의 전부에 대하여 거래소 허가를 받은 것으로 간주하고 있다(부칙 15조 1항).

Ⅱ. 허가 단위 및 요건

1. 총 설

현행 자본시장법은 허가단위별로 1천억원 이상의 최소자기자본 요건을 마련하고, 금융투자상품과 회원 범위를 구성요소로 하여 add-on 방식에 따라 허가단위를 마련하고 있다. 다만, 종래 법정거래소인 한국거래소가 주식회사로 전환(demutualization)되었던 점을 감안하여 거래소의 조직은 주식회사제 거래소만 인정하고 있으며, 종전과 같은 회원제 조직의 거래소는 인정하지 않고 있다.

[시장개설 단위 및 최저 자본][1)]

시장개설 단위	금융투자상품의 범위	최저자기자본(억원)
1e-1	채무증권, 지분증권, 수익증권, 파생결합증권, 증권예탁증권	2,000
1e-11	지분증권, 증권예탁증권	1,000
1e-12	채무증권, 수익증권, 파생결합증권	1,000
2e-1	장내파생상품	3,000

1. 거래소시장의 회원은 법 제387조 제2항 각 호에 따른 거래소 결제회원과 매매전문회원을 말한다.
2. 자기자본을 산정하는 경우에는 최근 사업연도 말일 이후 거래소허가 신청일까지의 자본금의 증감분을 포함하여 계산한다.

세부 허가요건은 거래소에 특유한 요건(예 : 거래소의 정관등이 법령에 적합하고 투자자의 보호를 위하여 충분할 것)을 제외하고는 대부분 금융투자업자의 인가요건(법 12조)에 준하여 규정되어 있는 것과 동일하다. 즉 거래소의 허가를 받고자 하는 주식회사는 위에서 규정한 시장개설단위별 최소 자기자본 이외에도 사업계획, 인적·물적 설비, 임원, 대주주, 이해상충방지 및 사회적 신용 등의 요건을 갖추어야 한다.

2. 자본금 요건

거래소는 거래소시장을 개설·운영하는 주체이면서 동시에 금융위원회가 지정하는 거래소의 경우 다자간매매체결회사(ATS)의 거래분을 포함한 증권시장에서의 결제기관, 파생상품시장에서의 청산 및 결제기관, 그리고 다자간매매체결회사(ATS)와 거래소시장에 대

1) 법 시행령 [별표 17의2].

한 시장감시업무 등을 수행하므로(법 378조, 402조 등), 이러한 업무 등을 수행하기 위해서는 높은 신용도와 자금조달 능력이 필요하다. 이러한 점을 고려하고 허가거래소의 난립을 방지하기 위해 자본시장법은 거래소 설립 허가를 위한 최저자본금을 법정하고 있다. 위 최저자기자본 요건은 시장개설 단위에 보다 큰 자기자본요건은 보다 작은 자기자본요건을 필요로 하는 시장개설 단위를 포함한다. 한편 개정 전 자본시장법은 한국거래소를 자본금 1천억원 이상의 주식회사로 규정하였는바,[1] 현행 자본시장법은 오히려 자본금 요건을 강화한 것으로 볼 수 있다.[2]

3. 사업계획과 인력 및 물적설비

거래소를 설립하기 위해서는 그 사업계획의 타당성과 건전성에 대해 금융위원회의 허가를 받아야 하며, 아울러 투자자보호 및 업무수행에 충분한 인적·물적 설비를 갖추어 허가를 받아야 한다. 이에 따라 시행령은 거래소업무를 영위하고자 하는 주식회사가 허가를 받기 위해 갖추어야 할 사업계획과 인력 및 물적 설비에 관하여 세부규정을 두고 있다.[3]

거래소의 사업계획은 (i) 금융투자상품의 공정한 가격 형성 및 그 거래의 안정성·효율성을 도모하기에 적합할 것, (ii) 위험관리와 금융사고 예방 등을 위한 적절한 내부통제장치가 마련되어 있을 것, (iii) 투자자보호에 적절한 업무방법을 찾을 것, (iv) 법령을 위반하지 아니하고 건전한 금융거래질서를 해칠 염려가 없을 것, (v) 영위업무 및 영업소의 소재지 등이 금융중심지의 조성과 발전에 관한 기본계획에 부합할 것 등의 요건에 적합하여야 한다(법 시행령 354조의3 4항). 특히 마지막 요건은 개정 전 자본시장법에서 법정거래소인 한국거래소의 본점소재지를 금융중심지 중 하나인 부산으로 정했던 사항[4]을 반영한 것으로 보인다.

그리고 거래소 허가에 필요한 인력과 전산설비, 그 밖의 물적 설비와 관련해서는 (i) 영위하려는 거래소업무에 관한 전문성과 건전성을 갖춘 임직원과 업무수행을 위한 전산요원 등 필요한 인력을 적절하게 갖추고, (ii) 거래소업무를 수행하기에 필요한 전산

1) 구자본시장법 제375조 제 1 항은 "거래소는 자본금 1천억원 이상의 주식회사로 한다."라고 규정하였다.

2) 일본은 거래소 허가 자본금을 5천만엔(¥)에 상당하는 금액으로 규정하고 있다(일본 금상법 시행령 제17조의9).

3) 그러나 허가요건으로 규정하고 있는 사업계획의 타당성이나 건전성 여부와 같은 주관적 판단요건이 허가 또는 인가요건의 하나로 법령에 포함되어야 할 기준인가에 대하여 의문을 제기하는 견해도 있다. 이러한 견해에 따르면 사업계획의 타당성이나 건전성 여부의 판단기준은 본질적으로 모호할 수밖에 없으며 인가권자의 자의에 의해 판단되는 법적 불확실성을 초래할 수 있으므로, 행정당국이 적절하다고 제시한 '재무건전성 요건'만 충족시키면 충분하다고 한다. 김정수, 「현대증권법원론」, 박영사, 2002, 250-251쪽(증권금융의 인가요건에 관한 견해이나 거래소의 허가와 관련한 부분에도 동일하게 적용될 수 있다고 생각된다).

4) 구자본시장법 제375조 제 2 항은 "거래소는 본점을 부산광역시에 두고, 필요한 곳에 지점을 둘 수 있다"라고 규정하였다.

설비 및 통신수단, 사무실 등 충분한 업무공간과 사무장비, 전산설비 등의 물적 설비를 안전하게 보호할 수 있는 보안설비, 정전·화재 등의 사고발생 시 업무의 연속성을 유지하기 위하여 필요한 보완설비 등의 물적 설비를 갖출 것이 요구된다(법 시행령 354조의3 5항).

4. 임원 및 대주주의 자격

거래소 허가시 임원의 자격과 관련하여, 자본시장법 제24조에 따라 금융투자업자의 임원이 될 수 없는 자는 거래소의 임원이 될 수 없으며, 또한 대주주가 충분한 출자능력, 건전한 재무상태 및 사회적 신용을 갖추어야 한다. 여기서 대주주란 자본시장법 제12조 제2항 제6호 가목의 대주주로서, 최대주주의 특수관계인인 주주를 포함하며, 최대주주가 법인인 경우 그 법인의 중요한 경영사항에 대하여 사실상 영향력을 행사하고 있는 자로서 시행령이 정하는 자를 포함한다. 이 때 시행령에서 정하는 사실상 영향력을 행사하고 있는 자란 (i) 최대주주인 법인의 최대주주(최대주주인 법인을 사실상 지배하는 자가 그 법인의 최대주주와 명백히 다른 경우에는 그 사실상 지배하는 자를 포함한다), 또는 (ii) 최대주주인 법인의 대표자에 해당하는 자를 말한다(법 시행령 16조 7항).

5. 사회적 신용요건

거래소 설립을 위한 허가요건의 하나로 사회적 신용요건을 갖출 것이 요구된다. 이 사회적 신용요건은 금융투자업자의 인가요건과 동일한 것을 뜻한다. 즉, (i) 최근 3년간 금융관련법령 등을 위반하여 벌금형 이상의 처벌을 받은 사실이 없을 것, (ii) 최근 3년간 채무불이행 등으로 신용질서를 훼손한 사실이 없을 것, (iii) 최근 5년간 부실금융기관으로 지정되었거나 금융관련법령 등에 따라 영업의 허가·인가·등록 등이 취소된 사실이 없을 것, (iv) 금융관련법령 등에 따른 행정처분을 받은 경우 처분일로부터 일정기간이 경과할 것 등의 요건에 적합하여야 한다(법 시행령 354조의3 7항 → 법 시행령 16조 8항).

당초 입법안에서는 거래소 허가요건 중 사회적 신용요건이 포함되지 아니하였으나, 법안심사 과정에서 거래소의 허가요건에 사회적 신용요건을 규정하지 아니할 경우 거래소 업무단위 추가 시 과거 법 위반 전력을 이유로 불허할 법적 근거가 없는 문제가 발생할 수 있고, 아울러 다자간매매체결회사를 포함한 개별 금융투자업자에 대해서는 사회적 신용요건을 요구하면서 자본시장의 주요 인프라인 거래소에는 사회적 신용요건을 요구하지 않는 것은 형평성에 반하는 문제가 있을 수 있다는 지적[1]이 있어 거래소 허가요건 중 하나로 사회적 신용요건이 반영되었다.

---

1) 국회 정무위원회, 전게 검토보고서(2012. 9), 45쪽 이하 참조.

6. 이해상충방지체계

거래소 설립을 위한 허가요건의 하나로 이해상충방지체계를 구축할 것이 규정되어 있다. 시행령에 따르면 거래소는 (i) 거래소와 거래소의 회원 간, 거래소가 영위하는 업무 간의 이해상충을 방지하기 위하여 이해상충이 발생할 가능성을 파악·평가하고, 이를 적절히 관리할 수 있는 내부통제기준을 마련할 것과, (ii) 시장감시업무·청산업무·매매체결 업무 간 정보제공, 임원 겸직 및 전산설비 이용 등에 관하여 정보교류 차단체계를 갖출 것이 요구된다(법 시행령 354조의3 8항).

Ⅲ. 회원 제한의 필요성 여부

현행 자본시장법은 거래소의 회원을 ① 거래소 결제회원, ② 매매전문회원, ③ 그 밖에 시행령으로 정하는 회원으로 구분하고(법 387조), 시행령에서는 보다 회원 범위를 탄력적으로 적용할 수 있도록 거래소의 회원관리규정으로 정하는 회원도 그 한 종류로 정하고 있다(법 시행령 359조 5호). 그런데, 거래소의 허가요건을 규정한 자본시장법 제373조의2 제 1 항 제 2 호는 회원의 대상을 거래소시장, 즉 "거래소가 개설한 증권시장·파생상품시장에서의 거래에 참가할 수 있는 자"로 한정함으로써 사실상 증권시장·파생상품시장이 아니면서 거래소가 수행하고 있는 다양한 업무에 참여하는 시장참가자에 대하여 규제공백이 발생하게 된다. 거래소는 자율규제기능의 하나로서 이상거래의 심리 이외에 회원의 규정준수여부를 감리하는 회원감리업무를 수행하는데(법 377조, 402조), 여기서의 회원은 바로 동 허가요건에 따른 회원의 범위 제한 때문에 증권시장·파생상품시장에 참여하는 회원으로 대상이 한정되기 때문이다.

하지만, 거래소는 증권·파생상품시장 개설 이외에도 금융위원회가 승인하는 업무 또는 정관에서 정하는 업무 등을 수행할 수 있으며(법 377조 12호·13호), 종래 법정거래소로 설립되어 현재 허가거래소로 간주되는 한국거래소 또한 자본시장법에서 정한 업무 이외에 금융위원회의 승인 또는 정관에 근거하여 다양한 업무[1)2)]를 수행하고 있다. 또한 허

1) 2011년 4월 6일 정부 관계부처 합동(산자부·기재부·금융위·공정위)으로 "석유시장 투명성 제고 및 경쟁 촉진방안"을 발표(산업자원부 보도자료 참조〈http://www.mke.go.kr〉)한 바, 이의 후속조치의 일환으로 한국거래소는 석유 현물 전자상거래시장을 금융위 승인 및 정관 개정을 거쳐 2012년 3월 개장하고 석유사업자(정유사, 수출입업자, 대리점, 주유소, 일반판매소)를 시장참가자로 하는 전자상거래시장을 개설·운영하고 있다.

2) 2013년 7월 22일 정부 관계부처 합동(금융위·기재부·산자부·국세청·관세청)으로 "금 현물시장 개설 등을 통한 금 거래 양성화 방안"을 발표(금융위원회 보도자료 참조〈http://www.fsc.go.kr〉)한 바, 이의 후속조치의 일환으로 한국거래소는 금현물시장을 금융위 승인 및 정관 개정을 거쳐 2014년 3월 개장하고 금 실물사업자(정제련업자, 금가공업자), 금융투자업자 및 일반투자자 등을 시장참가자로 하는 KRX금시장을 개설·운영하고 있다.

가를 받은 거래소는 자본시장법 제323조의3에 따라 인가를 받을 경우 금융투자상품청산회사로서의 업무도 영위할 수 있다(법 377조 2항 2호).

따라서 증권시장·파생상품시장에서 거래에 참가하는 회원 이외의 다양한 거래소 이용자(장외파생상품 청산업무를 이용하는 금융투자업자, 석유·금 등 일반상품 현물시장 이용자)에 대하여도 거래소가 규정준수 등 자율규제 기능을 행사하기 위해서는 동 허가요건의 회원 부분에서 거래소 시장참여 요건을 삭제하는 것이 타당하다고 보여진다.

제373조의3(허가의 신청 및 심사)

① 제373조의2 제 1 항에 따른 허가를 받으려는 자는 허가신청서를 금융위원회에 제출하여야 한다.

② 금융위원회는 제 1 항의 허가신청서를 접수한 때에는 그 내용을 심사하여 3개월 이내에 허가 여부를 결정하고, 그 결과와 이유를 지체 없이 신청인에게 문서로 통지하여야 한다. 이 경우 허가신청서에 흠결이 있는 경우에는 보완을 요구할 수 있다.

③ 제 2 항의 심사기간을 산정함에 있어서 허가신청서 흠결의 보완기간 등 총리령으로 정하는 기간은 이를 산입하지 아니한다.

④ 금융위원회는 제 2 항에 따라 허가를 하는 경우에는 증권 및 장내파생상품의 공정한 가격 형성과 그 매매, 그 밖의 거래의 안정성 및 효율성 도모, 회사 경영의 건전성 확보 및 투자자 보호에 필요한 조건을 붙일 수 있다.

⑤ 제 4 항에 따라 조건이 붙은 허가를 받은 자는 사정의 변경이나 그 밖에 정당한 사유가 있는 경우에는 금융위원회에 조건의 취소 또는 변경을 요청할 수 있다. 이 경우 금융위원회는 2개월 이내에 조건의 취소 또는 변경 여부를 결정하고, 그 결과를 지체 없이 신청인에게 문서로 통지하여야 한다.

⑥ 금융위원회는 제 2 항에 따라 허가를 한 경우에는 다음 각 호의 사항을 관보 및 인터넷 홈페이지 등에 공고하여야 한다.

1. 허가의 내용
2. 허가의 조건(조건을 붙인 경우로 한정한다)
3. 허가의 조건을 취소하거나 변경한 경우 그 내용(조건을 취소하거나 변경한 경우로 한정한다)

⑦ 제 1 항부터 제 6 항까지의 규정에 따른 허가신청서의 기재사항·첨부서류 등 허가의 신청에 관한 사항과 허가심사의 방법·절차, 그 밖에 필요한 사항은 대통령령으로 정한다.

제373조의4(예비허가)

① 제373조의2에 따른 거래소허가(이하 이 조에서 "본허가"라 한다)를 받으려는 자는 미리 금융위원회에 예비허가를 신청할 수 있다.

② 금융위원회는 예비허가를 신청받은 경우에는 2개월 이내에 제373조의2 제 2 항 각 호의 요건을 갖출 수 있는지 여부를 심사하여 예비허가 여부를 결정하고, 그 결과와 이유를 지체 없이 신

청인에게 문서로 통지하여야 한다. 이 경우 예비허가신청에 관하여 흠결이 있는 때에는 보완을 요구할 수 있다.

③ 제 2 항의 심사기간을 산정함에 있어서 예비허가신청과 관련된 흠결의 보완기간 등 총리령으로 정하는 기간은 심사기간에 산입하지 아니한다.

④ 금융위원회는 제 2 항에 따라 예비허가를 하는 경우에는 증권 및 장내파생상품의 공정한 가격형성과 그 매매, 그 밖의 거래의 안정성 및 효율성 도모, 회사 경영의 건전성 확보 및 투자자 보호에 필요한 조건을 붙일 수 있다.

⑤ 금융위원회는 예비허가를 받은 자가 본허가를 신청하는 경우에는 제 4 항에 따른 예비허가의 조건을 이행하였는지 여부와 제373조의2 제 2 항 각 호의 요건을 갖추었는지 여부를 확인한 후 본허가 여부를 결정하여야 한다.

⑥ 제 1 항부터 제 5 항까지의 규정에 따른 예비허가의 신청서 및 그 기재사항·첨부서류 등 예비허가의 신청에 관한 사항과 예비허가심사의 방법·절차, 그 밖에 예비허가에 관하여 필요한 사항은 대통령령으로 정한다.

시행령 제**354**조의**4**(거래소허가의 방법 및 절차 등) ① 법 제373조의3 제 1 항에 따라 금융위원회에 제출하는 허가신청서에는 다음 각 호의 사항을 적어야 한다.

1. 상호
2. 본점과 지점, 그 밖의 영업소의 소재지
3. 임원에 관한 사항
4. 영위하려는 시장개설 단위(법 제373조의2 제 1 항에 따른 시장개설 단위를 말한다. 이하 같다)에 관한 사항
5. 자기자본 등 재무에 관한 사항
6. 사업계획에 관한 사항
7. 인력과 전산설비 등의 물적 설비에 관한 사항
8. 대주주에 관한 사항
9. 이해상충방지체계에 관한 사항
10. 그 밖에 허가요건의 심사에 필요한 사항으로서 금융위원회가 정하여 고시하는 사항

② 제 1 항에 따른 허가신청서에는 다음 각 호의 서류를 첨부하여야 한다.

1. 정관
2. 발기인총회, 창립주주총회 또는 이사회의 의사록 등 설립이나 허가신청의 의사결정을 증명하는 서류
3. 본점과 지점, 그 밖의 영업소의 위치와 명칭을 기재한 서류
4. 임원의 이력서와 경력증명서
5. 시장개설 단위의 종류와 업무방법을 적은 서류
6. 최근 3개 사업연도의 재무제표와 그 부속명세서(설립 중인 법인은 제외하며, 설립일부터 3개 사업연도가 지나지 아니한 법인의 경우에는 설립일부터 최근 사업연도까지의 재무제표와 그 부속명세서를 말한다)
7. 업무개시 후 3개 사업연도의 사업계획서(추정재무제표를 포함한다)
8. 인력, 물적 설비 등의 현황을 확인할 수 있는 서류
9. 허가신청일(시장개설 단위를 추가하기 위한 허가신청인 경우에는 최근 사업연도말) 현재 발행주식총수의 100분의 1 이상을 소유한 주주의 성명 또는 명칭과 그 소유주식수를 적은 서류
10. 대주주가 법 제373조의2 제 2 항 제 7 호의 요건을 갖추었음을 확인할 수 있는 서류
11. 이해상충방지체계를 갖추었는지를 확인할 수 있는 서류
12. 그 밖에 허가요건의 심사에 필요한 서류로서 금융위원회가 정하여 고시하는 서류

③ 거래소허가를 받으려는 자는 법 제373조의4에 따른 예비허가를 신청한 경우로서 예비허가 신청 시에 제출한 예

비허가신청서 및 첨부서류의 내용이 변경되지 아니한 경우에는 그 부분을 구체적으로 제시하여 이를 참조하라는 뜻을 적는 방법으로 제1항의 허가신청서의 기재사항 중 일부를 적지 아니하거나 제2항의 첨부서류 중 그 첨부서류의 제출을 생략할 수 있다.
④ 제1항에 따른 허가신청서를 제출받은 금융위원회는 「전자정부법」 제36조 제1항에 따른 행정정보의 공동이용을 통하여 법인 등기사항증명서를 확인하여야 한다.
⑤ 제1항에 따른 허가신청서를 제출받은 금융위원회는 거래소허가의 신청내용에 관한 사실 여부를 확인하고, 이해관계자 등으로부터 수렴된 의견을 고려하여 신청내용이 법 제373조의2제2항에 따른 허가요건을 충족하는지를 심사하여야 한다.
⑥ 금융위원회는 제5항에 따라 거래소허가의 신청내용을 확인하기 위하여 필요한 경우에는 이해관계자, 발기인 또는 임원과의 면담 등의 방법으로 실지조사를 할 수 있다.
⑦ 금융위원회는 제5항에 따라 거래소허가의 신청내용에 관한 이해관계자 등의 의견을 수렴하기 위하여 신청인, 신청일자, 신청내용, 의견제시의 방법 및 기간 등을 인터넷 홈페이지 등에 공고하여야 한다.
⑧ 금융위원회는 제7항에 따라 접수된 의견 중 거래소허가의 신청인에게 불리하다고 인정되는 의견을 거래소허가의 신청인에게 통보하고, 기한을 정하여 소명하도록 할 수 있다.
⑨ 금융위원회는 거래소허가의 심사에 필요하다고 인정되는 경우에는 공청회를 개최할 수 있다.
⑩ 법 제373조의3 제2항에 따라 거래소허가를 받은 자는 그 허가를 받은 날부터 6개월 이내에 영업을 시작하여야 한다. 다만, 금융위원회가 그 기한을 따로 정하거나 거래소허가를 받은 자의 신청을 받아 그 기한을 연장한 경우에는 그 기한 이내에 그 허가받은 영업을 시작할 수 있다.
⑪ 금융위원회는 거래소허가에 조건을 붙인 경우에는 그 이행 여부를 확인하여야 한다.
⑫ 제1항부터 제11항까지에서 규정한 사항 외에 거래소허가의 신청과 심사, 허가신청서의 서식과 작성방법 등에 관하여 필요한 사항은 금융위원회가 정하여 고시한다.

시행령 제**354**조의**5**(예비허가) ① 법 제373조의4 제1항에 따라 예비허가를 신청하려는 자는 제354조의4 제1항 각 호의 사항을 적은 예비허가신청서를 금융위원회에 제출하여야 한다.
② 제1항에 따른 예비허가신청서에는 다음 각 호의 서류를 첨부하여야 한다.
1. 정관이나 정관안
2. 발기인총회, 창립주주총회 또는 이사회의 의사록 등 설립이나 허가신청의 의사결정을 증명하는 서류
3. 임원(임원으로 선임이 예정된 자를 포함한다)의 이력서와 경력증명서
4. 시장개설 단위의 종류와 업무방법을 적은 서류
5. 최근 3개 사업연도의 재무제표와 그 부속명세서(설립 중인 법인은 제외하며, 설립일부터 3개 사업연도가 지나지 아니한 법인의 경우에는 설립일부터 최근 사업연도까지의 재무제표와 그 부속명세서를 말한다)
6. 업무개시 후 3개 사업연도의 사업계획서(추정재무제표를 포함한다)
7. 인력, 물적 설비 등(채용, 구매 등이 예정된 인력, 물적 설비 등을 포함한다)의 현황을 확인할 수 있는 서류
8. 예비허가신청일(시장개설 단위를 추가하기 위한 예비허가신청인 경우에는 최근 사업연도말) 현재 발행주식총수의 100분의 1 이상을 소유한 주주의 성명이나 명칭과 그 소유주식수를 적은 서류
9. 대주주가 법 제373조의2 제2항 제7호의 요건을 갖추었음을 확인할 수 있는 서류
10. 이해상충방지체계를 갖추었거나 갖출 수 있는지를 확인할 수 있는 서류
11. 그 밖에 예비허가요건의 심사에 필요한 서류로서 금융위원회가 정하여 고시하는 서류
③ 법 제373조의4 제1항에 따라 신청된 예비허가의 심사 방법 및 절차에 관하여는 제354조의4 제4항부터 제9항까지를 준용한다. 이 경우 "거래소허가"는 "예비허가"로 본다.
④ 법 제373조의4 제2항에 따라 예비허가를 받은 자는 예비허가를 받은 날부터 6개월 이내에 예비허가의 내용 및 조건을 이행한 후 법 제373조의2에 따른 거래소허가(이하 이 항에서 "본허가"라 한다)를 신청하여야 한다. 다만, 금융위원회가 예비허가 당시 본허가 신청기한을 따로 정하였거나, 예비허가 후 예비허가를 받은 자의 신청을 받아 본허가 신청기한을 연장한 경우에는 그 기한 이내에 본허가를 신청할 수 있다.

⑤ 제 1 항부터 제 4 항까지에서 규정한 사항 외에 예비허가의 신청과 심사, 예비허가신청서의 서식과 작성방법 등에 관하여 필요한 사항은 금융위원회가 정하여 고시한다.

Ⅰ. 허가의 신청

거래소를 설립하고자 하는 자는 허가신청서를 금융위원회에 제출하여야 한다. 허가신청서에는 (i) 상호, (ii) 본점과 지점, 그 밖의 영업소의 소재지, (iii) 임원에 관한 사항, (iv) 영위하려는 시장개설 단위에 관한 사항, (v) 자기자본 등 재무에 관한 사항, (vi) 사업계획에 관한 사항, (vii) 인력과 전산설비 등의 물적 설비에 관한 사항, (viii) 대주주에 관한 사항, (ix) 이해상충방지체계 확인 서류, (x) 그 밖에 허가요건의 심사에 필요한 사항으로서 금융위원회가 정하여 고시하는 사항을 기재하여야 한다(법 시행령 354조의4 1항).

또한 허가신청서에는 일정한 서류를 첨부하여야 하는데, (i) 정관, (ii) 발기인총회·창립주주총회·이사회 의사록 등 설립이나 허가신청의 의사결정 증명 서류, (iii) 본점·지점·영업소의 위치 및 명칭, (iv) 임원의 이력서와 경력증명서, (v) 시장개설 단위의 종류와 업무방법을 적은 서류, (vi) 최근 3개년도의 재무제표와 부속명세서, (vii) 업무개시 후 3개 사업연도 사업계획서, (viii) 인적·물적 설비현황 서류, (ix) 허가신청일 현재 발행주식총수 100분의 1 이상 소유 주주의 명칭 및 소유주식수 기재 서류, (x) 대주주의 사회적 신용 확인서류, (xi) 이해상충방지체계 확인 서류, (xii) 그 밖에 허가요건의 심사에 필요한 서류로서 금융위원회가 정하여 고시하는 서류 등이 그것이다(법 시행령 354조의4 2항).

Ⅱ. 허가심사의 방법 및 절차

금융위원회는 허가신청서를 접수한 뒤 그 내용을 심사하여 3개월 이내에 허가 여부를 결정하고, 그 결과와 이유를 지체 없이 신청인에게 문서로 통지하여야 한다. 이 경우 허가신청서에 흠결이 있는 때에는 보완을 요구할 수 있다. 3개월의 심사기간을 산정함에 있어서 허가신청서 흠결의 보완기간 등 시행규칙으로 정하는 기간은 산입하지 아니한다. 또한 허가신청서를 제출받은 금융위원회는 「전자정부법」 제36조 제 1 항에 따른 행정정보의 공동이용을 통하여 법인 등기사항증명서를 확인하여야 한다. 금융위원회는 허가의 신청내용에 관한 사실 여부를 확인하고, 이해관계자 등으로부터 제시된 의견을 고려하여 신청내용이 자본시장법 제373조의2의 허가요건 충족 여부를 심사하여야 하며,

허가의 신청내용을 확인하기 위하여 필요한 경우에는 이해관계자, 발기인 또는 임원과의 면담 등의 방법으로 실지조사를 할 수 있다(법 시행령 354조의4 4항~6항).

이 경우 금융위원회는 이해관계자 등의 의견을 수렴하기 위하여 거래소 설립허가의 신청인, 신청일자, 신청내용, 의견제시의 방법 및 기간 등을 인터넷 홈페이지 등에 공고하여 의견을 수렴하고, 이에 따라 접수된 의견 중 신청인에게 불리하다고 인정되는 의견에 대하여는 금융위원회가 이를 신청인에게 통보한 후, 기한을 정하여 소명하도록 할 수 있다. 아울러 금융위원회는 거래소 설립 허가가 금융시장에 중대한 영향을 미칠 우려가 있는 경우 등 필요하다고 인정되는 경우에는 공청회를 개최할 수 있다(법 시행령 354조의4 7항~9항).

허가를 받은 자는 그 허가를 받은 날부터 6개월 이내에 영업을 개시하여야 한다. 다만 금융위원회가 그 기한을 따로 정하거나 그 기한의 연장을 승인한 경우에는 그 기한 이내에 그 허가받은 영업을 개시할 수 있으며, 금융위원회가 설립허가에 "증권 및 장내파생상품의 공정한 가격 형성과 그 매매, 그 밖의 거래의 안정성 및 효율성 도모, 회사경영의 건전성 확보 및 투자자 보호에 필요한 조건"을 붙인 경우에는 반드시 그 이행 여부를 확인하여야 한다. 그 밖에 허가의 신청 및 심사, 허가신청서의 서식 및 작성방법 등에 관하여 필요한 사항은 금융위원회가 정하여 고시한다(법 시행령 354조의4 10항~12항).

Ⅲ. 예비허가

거래소 설립허가(본허가)를 받으려는 자는 미리 금융위원회에 예비허가를 신청할 수 있다. 금융위원회는 예비허가신청서를 접수한 뒤 그 내용을 심사하여 2개월 이내에 예비허가 여부를 결정하고, 그 결과와 이유를 지체 없이 신청인에게 문서로 통지하여야 한다. 이 경우 예비허가신청서에 흠결이 있는 때에는 보완을 요구할 수 있으며, 2개월의 심사기간을 산정함에 있어서 예비허가신청서 흠결의 보완기간 등 시행규칙으로 정하는 기간은 산입하지 아니한다.

예비허가심사의 방법 및 절차는 본허가의 심사방법 및 절차가 준용되며, 예비허가를 받은 자는 예비허가일로부터 6개월 이내에 예비허가의 내용 및 조건을 이행한 후 본허가를 신청하여야 한다(법 시행령 354조의5).

第373조의5(허가요건의 유지)

거래소는 제373조의2에 따른 거래소허가를 받아 시장을 개설·운영함에 있어서 제373조의2 제2항 각 호(제8호는 제외한다)의 허가요건을 유지하여야 한다.

제373조의6(시장개설 단위의 추가 및 허가의 변경)

거래소는 제373조의2에 따라 허가받은 시장개설 단위 외에 다른 시장개설 단위를 추가하여 금융투자상품시장을 개설·운영하려는 경우에는 제373조의2 및 제373조의3에 따라 금융위원회의 변경허가를 받아야 한다. 이 경우 제373조의4를 적용한다.

Ⅰ. 허가요건의 유지

거래소 설립에 대한 진입규제인 허가요건은 거래소 설립 이후에도 유지요건으로 존속된다. 즉, 자본시장법은 거래소 설립 단계에서 요구하였던 진입요건을 설립 이후에도 계속적으로 충족해야 하는 유지요건으로 규정하여, 설립 당시의 적격성이 진입 이후에도 지속되도록 요구하고 있다. 그리고 이러한 허가요건 유지의무를 위반할 경우 금융위원회는 거래소의 허가를 취소할 수 있다(법 411조 1항 3호). 다만 허가요건 중 사회적 신용요건[1)]은 거래소 설립 허가 이후의 유지요건에서는 제외된다.

Ⅱ. 시장개설 단위의 추가 및 허가의 변경

거래소를 설립하고자 하는 자는 설립단계에서 시장개설단위를 선택할 수 있지만, 설립허가 이후에도 필요한 시장개설단위를 추가로 선택할 수 있다. 이미 허가받은 시장개설 단위(예 : 증권시장) 이외에 새로운 시장단위(예 : 파생상품시장)를 추가하려는 경우에는 거래소의 설립허가와 동일한 절차로 금융위원회의 변경허가를 받아야 한다. 그리고 이 경우에도 설립허가와 동일하게 예비허가제도가 적용된다.

제373조의7(상장 및 시장감시 등의 책무)

거래소는 다음 각 호의 업무를 행함에 있어서 이 법 또는 정관등에 따라 거래소시장에서 투자자를 보호하고 증권 및 장내파생상품의 매매를 공정하게 수행할 책무를 가진다.

1. 증권의 상장 및 상장폐지 업무

---

1) 거래소 설립허가에서 요하는 사회적 신용요건은 (i) 최근 3년간 금융관련 법령 등을 위반하여 벌금형 이상의 처벌을 받은 사실이 없을 것, (ii) 최근 3년간 채무불이행 등으로 신용질서를 훼손한 사실이 없을 것, (iii) 최근 5년간 부실금융기관으로 지정되었거나 금융관련 법령 등에 따라 영업의 허가·인가·등록 등이 취소된 사실이 없을 것, (iv) 금융관련 법령 등에 따른 행정처분을 받은 경우 처분일로부터 일정기간이 경과할 것 등의 요건을 의미한다(법 시행령 354조의3 7항 → 16조 8항).

2. 제402조 제 1 항 제 1 호부터 제 3 호까지의 규정에 따른 업무
3. 그 밖에 투자자를 보호하고 공정한 거래질서를 확보하기 위하여 필요한 업무로서 대통령령으로 정하는 업무

시행령 제**354**조의**6**(거래소의 책무) 법 제373조의7 제 3 호에서 "대통령령으로 정하는 업무"란 법 제377조 제 1 항 제 7 호에 따른 상장법인의 신고·공시에 관한 업무를 말한다.

Ⅰ. 다자간매매체결회사와 거래소

현행 자본시장법은 거래소를 "증권 및 장내파생상품의 공정한 가격 형성과 그 매매, 그 밖의 거래의 안정성 및 효율성을 도모하기 위하여 금융위원회의 허가를 받아 금융투자상품시장을 개설하는 자"로 정의하고 있다. 그리고 이러한 취지는 법정거래소로 한국거래소만을 인정하던 개정 전 자본시장법에서도 동일하게 발견된다.[1] 하지만, 개정 전 자본시장법에서 한국거래소는 "자본시장의 공정성·신뢰성 제고를 통한 투자자 보호"라는 공익[2]을 달성하기 위한 유일 거래소였기 때문에 이러한 기능적 정의만으로도 거래소의 존립목적을 "공정한 가격형성과 거래의 안정성·효율성 도모를 통한 투자자 보호"로 해석할 수 있었다.

하지만, 현행 자본시장법은 복수 거래소의 존립을 전제로 하는 거래소 허가주의 도입 이외에도 거래소와 동일하게 장내거래로 인정되는 금융투자상품시장인 다자간매매체결회사(ATS)까지 도입하였다. 특히 다자간매매체결회사는 개정 전 자본시장법의 전자증권중개회사(ECN)와 달리 사실상 경쟁매매를 허용하였기 때문에 더욱 더 거래소와 밀접한 연관성을 가지게 된다.[3] 따라서, 현행 자본시장법은 다자간매매체결회사의 경우 일정 부

1) 구자본시장법 제373조는 "증권 및 장내파생상품의 공정한 가격 형성과 그 매매, 그 밖의 거래의 안정성 및 효율성을 도모하기 위하여 한국거래소를 설립한다"라고 규정하여 사실상 현재의 정의조항과 동일한 내용으로 그 설립 취지를 규정하여 왔다.

2) 구자본시장법 제 1 조는 "이 법은 자본시장에서의 금융혁신과 공정한 경쟁을 촉진하고 투자자를 보호하며 금융투자업을 건전하게 육성함으로써 자본시장의 공정성·신뢰성 및 효율성을 높여 국민경제의 발전에 이바지함을 목적으로 한다"라고 동 법의 목적을 천명하고 있었으며, 현행 자본시장법도 이와 동일하게 규정되어 있다.

3) 원래 ATS(Alternative Trading System)은 미국에서 정규거래소시장을 대체하는 시스템을 통칭하는 표현으로, 이는 "가격변동을 허용하면서 주문을 자동으로 체결하는 ECN(Electronic Communication Network)"과 "다른 거래소에서 결정된 가격을 이용하여 거래하는 PTS(Proprietary Traing System)"으로 구분된다고 한다. 김건식/정순섭, 전게서(2010), 396쪽 이하 참조. 다만, 우리나라의 경우 과거 전자증권중개회사였던 한국ECN증권(주)의 사례 등을 감안하여 현행 자본시장법은 다자간매매체결회사(ATS)라는 용어

분 거래량 제한을 두고 있다. 이러한 거래량 제한 취지는 거래소와 구별되는 다자간매매체결회사(ATS)의 특성상 거래규모가 일정수준 이상으로 확대되지 않도록 제한하고, 이 범위를 넘게 되는 다자간매매체결회사의 경우 거래소로 전환되도록 유도하기 위한 것으로 보인다.[1)]

〈ATS의 거래량 제한〉[2)]

1) (시장기준) 매매체결대상상품별로(예 : 상장주권), ATS에서 6개월간 경쟁매매로 체결된 일평균 거래량＊이 허가거래소 전체증권시장에서 체결된 해당 상품 일평균 거래량의 5%＊(매매체결대상상품 전체 총체결수량 / 매매일수) 2) (종목기준) ATS에서 6개월간 경쟁매매로 체결된 특정 종목(예 : ○○(주) 상장주권)의 일평균 거래량＊이 허가거래소 전체증권시장에서 체결된 해당 종목 일평균 거래량의 10%＊(해당 종목의 총체결수량 / 매매일수)

한편 다자간매매체결회사(ATS)에서 경쟁매매가 아닌 방식(거래소시장 형성가격 이용매매, 상대매매)으로 거래가 체결되는 경우에도, 해당 ATS 거래량이 일정 수준을 초과[3)]하는 경우에는 ① 해당 ATS의 사업계획 및 이해상충방지체계를 투자자 보호와 거래의 공정성 확보에 적합하도록 구축할 것과, ② 다자간매매체결업무를 안정적으로 영위하기 위하여 필요한 인적·물적 설비를 구비하도록 규정하고 있다.[4)] 즉, 경쟁매매의 경우에는 직접적인 거래량 제한규정을 두고 있으며, 경쟁매매가 아닌 경우에는 일정 수준을 초과할 경우 부가적인 의무를 부담하도록 규정하고 있다. 이러한 규제는 ATS의 거래량이 많아질수록 투자자 보호의 필요성이 커지며, 아울러 금융투자업자인 ATS보다 설립부터 보다 직접적인 규제를 많이 받는 거래소 간 규제차익(regulatory arbitrage)을 제거하기 위한 것이다.[5)]

그리고 ATS가 이러한 경쟁매매 거래량 제한을 준수하지 않고 업무를 영위하거나, 경쟁매매가 아닌 경우의 거래량 초과 시 필요한 조치를 수행하지 않을 경우에는 금융투자업 인가 취소사유[6)]에 해당됨에 따라, 금융위원회는 해당 ATS업무를 영위하는 금융투자업자의 인가를 취소할 수 있게 된다.

를 사용하는 것으로 보인다. 한국ECN증권(주)는 매매시스템의 발전과 다양한 거래방식 수요를 충족시키기 위해 2001년 도입되었으나, 경쟁매매가 아닌 상대매매 방식으로 인한 가격발견기능 부재, 장외시간 거래 등의 제약으로 수익성이 악화되어 2005년 영업을 폐쇄하였다.

1) 국회 정무위원회, 전게 검토보고서(2012. 9), 38쪽 이하 참조.
2) 법 시행령 제 7 조의2 제 2 항, 제78조 제 1 항 제11호 참조.
3) 경쟁매매에 대한 거래량 제한과 동일하게 ATS에서 6개월간 체결된 매매체결대상 상품별(예 : 주식) 일평균 거래량이 허가거래소시장 전체 일평균 거래량의 5%, 종목별(예 : ○○(주) 주식) 일평균 거래량이 허가거래소시장 전체 일평균 거래량의 10%를 초과하는 경우.
4) 법 시행령 제78조 제 7 항·제 8 항.
5) 국회 정무위원회, 전게 검토보고서(2012. 9), 38쪽 이하 참조.
6) 법 제420조 제 1 항 제 6 호 및 [별표 1], 법 시행령 제373조 제 1 항 제 5 호의2·제 5 호의3 참조.

Ⅱ. 동 조항의 취지

위에서 살펴보듯, 다자간매매체결회사와 거래소는 모두 금융투자상품시장 개설자이고 양자를 통한 거래가 모두 장내거래로 인정받는 점에서 밀접한 연관성을 가지고 있다. 특히 경쟁매매 방식을 채택한 다자간매매체결회사와 허가된 거래소와의 차이는 사실상 거래량 제한의 유무 이외에는 없게 된다. 따라서, 자본시장법은 다자간매매체결회사를 도입하면서 다자간매매체결회사와 거래소를 구별하는 기준으로 "거래소의 책무"를 새로이 규정하였다. 다자간매매체결회사가 거래소로 전환될 경우 투자자 보호와 공정한 시장관리를 위하여 추가적으로 부담해야 하는 의무, 즉 다자간매매체결회사와 거래소를 구별하는 본질적인 차이를 "거래소의 책무"로 반영한 것이다.

이는 자본시장법 제373조의7과 자본시장법 시행령 제354조의6에서 이러한 거래소의 책무로서 ① 증권의 상장 및 상장폐지업무, ② 시장감시업무(연계감시를 포함한 시장감시업무, 이상거래의 심리 및 회원의 감리업무), ③ 상장법인의 신고·공시업무의 세 가지를 열거하고 있는 점에서도 분명하게 나타난다. 즉, 거래소의 경우 파생상품시장을 개설할 수 있음에도 불구, 현재 거래소의 책무에는 "증권의 상장 및 상장폐지"에 대응하는, 파생상품시장에서의 "장내파생상품 품목의 상장 및 상장폐지[1]"는 자본시장법상 거래소의 책무로 반영되어 있지 아니하다. 이는 다자간매매체결회사의 매매체결대상상품이 상장주권, 상장예탁증권 등 증권으로 한정된 점을 고려한 것으로 보인다. 따라서 동 조항은 다자간매매체결회사가 거래소로 전환될 경우에 추가적으로 부담해야 하는 책무에 대한 예측가능성을 부여하고, 아울러 다자간매매체결회사와 거래소 간의 본질적인 차이가 거래소의 책무 점을 명확히 한 점에 그 의의가 있다.

Ⅲ. 거래소의 책무-자율규제

사법(私法)상 "권리"란 일반적으로 "법이 인정한 의사의 힘" 또는 "법에 의하여 보호되는 이익"으로 정의된다.[2] 그리고, 이에 대비되는 "의무"는 "의무자의 의사와 관계없이 반드시 따라야 할 것으로 법규범(法規範)에 의하여 과해지는 구속(拘束)"으로 정의된다.[3]

---

1) 자본시장법은 증권의 경우에 "상장 및 상장폐지"라는 용어를 사용하고 있으나(법 234조 4항, 390조 2항 2호 등), 장내파생상품의 경우에는 이에 해당하는 용어를 규정하고 있지 아니하다. 하지만 실무상으로는 신규로 장내파생상품을 도입하는 것 또한 "상장"으로 표현하며, 상장된 장내파생상품이 일정기준에 해당하는 경우 "유동성관리상품"을 거쳐 "상장폐지예고상품"으로 지정된다. 한국거래소의 「파생상품시장 업무규정」은 "제2편 상장상품"에서 장내파생상품 품목을 규정하고 있으며, 동 규정 제153조에서 유동성관리상품 및 상장폐지예고상품 지정을 규정하고 있다. 그리고 실질적인 장내파생상품 품목의 상장폐지는 동 규정 제2편 상장상품 편을 개정하여 관련 조문을 삭제하는 형식으로 수행하고 있다.

2) 법제처 국가법령정보 법령용어사전 "권리" 참조(http://www.law.go.kr).

3) 한국학중앙연구원, 「민족문화대백과사전」, "의무" 참조(http://encykorea.aks.ac.kr).

의무는 통상 그것이 이행되지 않는 경우에 대부분 소송 및 강제집행에 의하여 이의 이행이 강제되거나 혹은 그 불이행으로 인한 손해배상책임이 과해진다. 만약 법에 의하여 일정한 구속이 과해지나, 이의 불이행시 위와 같은 효과가 인정되지 않고 단지 법적 불이익을 받거나 유리한 지위를 상실당할 뿐인 때에는, 이는 의무가 아니다. 이러한 것을 의무와 구별하여 "간접의무(間接義務)" 혹은 "책무(責務)"라고 한다.[1)]

자본시장법 제373조의7과 자본시장법 시행령 제354조의6은 거래소의 책무로서 ① 증권의 상장 및 상장폐지업무, ② 시장감시업무(연계감시를 포함한 시장감시업무, 이상거래의 심리 및 회원의 감리업무), ③ 상장법인의 신고·공시업무의 세 가지를 규정하고 있다. 그런데 이 세 가지 책무는 사실상 거래소가 수행하는 자율규제기능의 핵심적인 사항을 의미한다. 즉, 거래소는 시장관리자의 지위에서 투자자보호를 위하여 자체적으로 자본시장법 제390조의 「상장규정」을 통하여 증권의 상장 및 상장폐지 업무를 수행하고, 자본시장법 제403조의 「시장감시규정」을 통하여 시장감시업무를 수행하며, 자본시장법 제391조의 「공시규정」을 통하여 거래소에 상장한 법인에게 신고·공시의무를 부과한다. 이는 모든 시장참가자들이 따라야 할 일정한 행위규범(code of conduct)을 제정하고, 이를 위반한 거래참가자를 제재(discipilne)할 수 있는 기능, 즉 "자율규제기능(self-regulatory function)"을 의미하는 것이다.

일본 금상법은 현행 자본시장법과 동일하게 거래소의 자율규제 수행대상으로 ① 상장 및 상장폐지업무와 ② 회원의 법규위반행위여부 조사 ③ 기타 내각부령에서 정한 사항을 규정하고 있다.[2)]

---

1) 상게서, "의무" 참조. 동 사전은 승낙연착(承諾延着)의 통지의무(通知義務)(「민법」 528조), 증여자(贈與者)의 하자고지의무(瑕疵告知義務)(「민법」 559조 1항) 등을 책무(責務)의 예로 들고 있다.

2) 일본 금상법 제84조 : ① 금융상품거래소는 이 법 및 정관 기타의 규칙에 따라 거래소 금융상품시장에서의 유가증권 매매 및 시장파생 거래의 공정 및 투자자 보호를 위해 자주규제 업무를 적절하게 수행하여야 한다.

② 전항의 "자주규제업무"는 금융상품거래소에서 이루어지는 다음 각 호에 해당하는 업무를 말한다.

1. 금융상품, 금융지표 또는 옵션(이하 이 장에서 "금융상품등"이라 함)의 상장 및 상장 폐지에 관한 업무(내각 부령으로 정하는 것을 제외한다.)
2. 회원 등의 법령이나 법령에 의거한 행정 관청의 처분 혹은 정관 기타의 규칙이나 거래의 신의칙의 준수상황의 조사
3. 그 외 거래소 금융상품시장에서의 거래의 공정을 확보하기 위해 필요한 업무로서 내각부령으로 정하는 것

(金融商品取引所は´ この法律及び定款その他の規則に従い´ 取引所金融商品市場における有価証券の売買及び市場デリバティブ取引を公正にし´ 並びに投資者を保護するため´ 自主規制業務を適切に行わなければならない°

2. 前項の「自主規制業務」とは´ 金融商品取引所について行う次に掲げる業務をいう°

一 金融商品´ 金融指標又はオプション (以下この章において「金融商品等」という°) の上場及び上場廃止に関する業務 (内閣府令で定めるものを除く°)

二 会員等の法令´ 法令に基づく行政官庁の処分若しくは定款その他の規則又は取引の信義則の遵守の状況の調査

三 その他取引所金融商品市場における取引の公正を確保するために必要な業務として内閣府令で定めるもの)

미국의 경우는 우리나라나 일본과 달리 다자간매매체결회사(ATS)가 "① ATS 거래참가자(subscriber)의 행위규제와 관련한 규정을 제정할 수 없으며, ② 거래정지 외의 회원제재를 할 수 없는 조직"으로 정의[1)]하여(Regulation ATS), ATS는 자율규제기능을 수행할 수 없음을 명확히 하고 있으며, 거래소의 SEC 등록요건으로 "법령준수, 회원관련규정 제정, 수수료 절차 마련, 불공정거래 방지 및 회원과 관련자의 제재 절차 마련" 등을 규정[2)3)]

---

1) 17 CFR 242.300 – Definitions.

(a) Alternative trading system means any organization, association, person, group of persons, or system :

(1) That constitutes, maintains, or provides a market place or facilities for bringing together purchasers and sellers of securities or for otherwise performing with respect to securities the functions commonly performed by a stock exchange within the meaning of § 240.3b-16 of this chapter; and

(2) That does not :

(i) Set rules governing the conduct of subscribers other than the conduct of such subscribers' trading on such organization, association, person, group of persons, or system; or

(ii) Discipline subscribers other than by exclusion from trading.

2) 15 U.S. Code §78f – National securities exchanges (Securities Exchange Act of 1934 §6)

(b) Determination by Commission requisite to registration of applicant as a national securities exchange

An exchange shall not be registered as a national securities exchange unless the Commission determines that-

(1) Such exchange is so organized and has the capacity to be able to carry out the purposes of this chapter and to comply, and (subject to any rule or order of the Commission pursuant to section 78q (d) or 78s (g)(2) of this title) to enforce compliance by its members and persons associated with its members, with the provisions of this chapter, the rules and regulations thereunder, and the rules of the exchange.

(2) Subject to the provisions of subsection (c) of this section, the rules of the exchange provide that any registered broker or dealer or natural person associated with a registered broker or dealer may become a member of such exchange and any person may become associated with a member thereof.

(3) The rules of the exchange assure a fair representation of its members in the selection of its directors and administration of its affairs and provide that one or more directors shall be representative of issuers and investors and not be associated with a member of the exchange, broker, or dealer.

(4) The rules of the exchange provide for the equitable allocation of reasonable dues, fees, and other charges among its members and issuers and other persons using its facilities.

(5) The rules of the exchange are designed to prevent fraudulent and manipulative acts and practices, to promote just and equitable principles of trade, to foster cooperation and coordination with persons engaged in regulating, clearing, settling, processing information with respect to, and facilitating transactions in securities, to remove impediments to and perfect the mechanism of a free and open market and a national market system, and, in general, to protect investors and the public interest; and are not designed to permit unfair discrimination between customers, issuers, brokers, or dealers, or to regulate by virtue of any authority conferred by this chapter matters not related to the purposes of this chapter or the administration of the exchange.

(6) The rules of the exchange provide that (subject to any rule or order of the Commission pursuant to section 78q (d) or 78s (g)(2) of this title) its members and persons associated with its members shall be appropriately disciplined for violation of the provisions of this chapter, the

하여(SEA §6(b), §19(g)), 거래소의 자율규제기능 수행을 명확히 규정하고 있다.

[개정판: 김율]

제374조(「상법」의 적용)

거래소에 대하여는 이 법에서 특별히 정한 경우를 제외하고는 「상법」 중 주식회사에 관한 규정을 적용한다.

현행 자본시장법은 복수거래소 설립을 전제로 하고 있으나, 그 조직형태는 모두 상법상 주식회사 형태로 제한하고 있다. 이는 개정 전 자본시장법상 법정거래소인 한국거래소가 주식회사 형태로 설립·운영되어 온 점을 감안한 것으로 보인다. 사실 2005년 1월 주식회사 형태의 통합거래소인 한국증권선물거래소가 설립되기 전까지의 개별거래소들은 개별 법에 따라 각각 다양한 법적 성격을 가지고 있었다. 구증권법에 따라 설립된 한국증

---

rules or regulations thereunder, or the rules of the exchange, by expulsion, suspension, limitation of activities, functions, and operations, fine, censure, being suspended or barred from being associated with a member, or any other fitting sanction.

(7) The rules of the exchange are in accordance with the provisions of subsection (d) of this section, and in general, provide a fair procedure for the disciplining of members and persons associated with members, the denial of membership to any person seeking membership therein, the barring of any person from becoming associated with a member thereof, and the prohibition or limitation by the exchange of any person with respect to access to services offered by the exchange or a member thereof.

(8) The rules of the exchange do not impose any burden on competition not necessary or appropriate in furtherance of the purposes of this chapter.

(이하 생략)

3) 15 U.S. Code §78s-Registration, responsibilities, and oversight of self-regulatory organizations (Securities Exchange Act of 1934 § 19)

(g) Compliance with rules and regulations

(1) Every self-regulatory organization shall comply with the provisions of this chapter, the rules and regulations thereunder, and its own rules, and (subject to the provisions of section 78q (d) of this title, paragraph (2) of this subsection, and the rules thereunder) absent reasonable justification or excuse enforce compliance-

(A) in the case of a national securities exchange, with such provisions by its members and persons associated with its members;

(B) in the case of a registered securities association, with such provisions and the provisions of the rules of the Municipal Securities Rulemaking Board by its members and persons associated with its members; and

(C) in the case of a registered clearing agency, with its own rules by its participants.

(2) The Commission, by rule, consistent with the public interest, the protection of investors, and the other purposes of this chapter, may relieve any self-regulatory organization of any responsibility under this chapter to enforce compliance with any specified provision of this chapter or the rules or regulations thereunder by any member of such organization or person associated with such a member, or any class of such members or persons associated with a member.

권거래소는 법에 따라 설립된 특수법인이었으나 그 조직은 회원제 조직으로 따라서 구증권법 또는 동 법에 의한 명령에 특별한 규정이 없으면 민법 중 사단법인에 관한 규정을 적용받도록 하였다. 즉 한국증권거래소의 법적 성격은 비영리 사단법인이라고 할 수 있었다.[1] 한편, 협회중개시장(코스닥시장)의 운영을 담당한 협회중개시장위원회(코스닥위원회)는 그 사무국을 증권업협회 내에 설치하였기 때문에 그 법적 성격 또한 한국증권거래소와 마찬가지로 회원제 조직으로 비영리 사단법인에 해당하였으며,[2] 이는 구선물법에 따라 설립된 선물거래소의 경우도 마찬가지였다.[3] 이에 반해 협회중개시장에서 협회등록법인의 매매체결업무를 수행한 (주)코스닥증권시장은 그 법적 성질이 구증권법 제 2 조 제 8 항 제 8 호의 증권업을 영위하는 증권회사로서 주식회사의 형태로 운영되었다.[4]

2005년 1월 「한국증권선물거래소법」이 제정되면서 위 4개 기관이 합병된 통합거래소인 '한국증권선물거래소'는 그 법적 성격을 상법상의 주식회사로 전환하였으며, 2009년 2월 자본시장법이 시행되면서 명칭만 '한국거래소'로 전환된 채 현재에 이르고 있다. 2013년 5월

1) 구증권법(법률 제7025호, 2003. 12. 31)
제71조(설립) ① 유가증권의 공정한 가격의 형성과 안정 및 그 유통의 원활을 기하기 위하여 한국증권거래소를 설립한다.
② 증권거래소는 회원조직으로서의 법인으로 한다.
제75조 (민법의 준용) 증권거래소에 대하여 이 법 또는 이 법에 의한 명령에 특별한 규정이 있는 것을 제외하고는 민법중 사단법인에 관한 규정(제39조를 제외한다)을 준용한다. 이 경우에 증권거래소의 회원·회원총회와 임원은 각각 사단법인의 사원·사원총회와 이사 또는 감사로 한다.

2) 구증권법(법률 제7025호, 2003. 12. 31)
제172조의2(협회등록 및 협회중개시장의 운영) ① 협회중개시장에서 대통령령이 정하는 유가증권이 거래되도록 하고자 하는 법인은 제28조 제 2 항 제 3 호의 영업허가를 받은 자를 통하여 협회에 등록하여야 한다.
② 협회는 협회중개시장의 운영에 관한 업무를 처리하기 위하여 협회에 협회중개시장운영위원회(이하 "협회중개시장운영위원회"라 한다)를 두어야 한다.
제172조의4(협회중개시장운영위원회 및 그 사무국의 예산 및 인사) ① 협회는 협회중개시장운영위원회의 예산(그 사무국의 예산을 포함한다. 이하 같다)을 협회의 다른 예산과 구분하여야 한다. 이 경우 협회는 회비 그 밖의 협회중개시장의 운영과 관련한 수입중 협회중개시장운영위원회운영규정에서 정하는 비율에 상당하는 금액을 협회중개시장운영위원회의 예산으로 계상하여야 한다.
② 협회는 협회중개시장운영위원회 사무국 직원의 인사를 함에 있어서는 협회중개시장운영위원회의 위원장과 협의하여야 한다.

3) 구선물법(법률 제6707호, 2002. 8. 26)
제 4 조(조직 및 법인격) 선물거래소(이하 "거래소"라 한다)는 회원조직으로서의 법인으로 한다.
제 7 조(민법의 준용) 거래소에 대하여 이 법에 특별한 규정이 있는 것을 제외하고는 민법 중 사단법인에 관한 규정(민법 제39조를 제외한다)을 준용한다. 이 경우 거래소의 회원·회원총회와 임원은 각각 사단법인의 사원·사원총회와 이사 기타 대표자로 본다.

4) 구증권법(법률 제7025호, 2003. 12. 31)
제 2 조(정의) ⑧ 이 법에서 "증권업"이라 함은 다음 각호의 1에 해당하는 행위를 하는 영업을 말한다.
8. 정보통신망 및 전자정보처리장치에 의하여 동시에 다수의 자를 각 당사자로 하여 상장주식 또는 제162조의 규정에 의하여 설립된 한국증권업협회(이하 "협회"라 한다)에 등록된 주식을 대상으로 다음 각목의 1의 매매가격에 의한 유가증권매매의 중개 또는 대리 및 당해 중개업무를 수행함에 필요한 유가증권의 매매
가. 유가증권시장 또는 협회중개시장에서 공표된 당해 주식의 최종시세가격
나. 단일의 가격으로서 재정경제부령이 정하는 방법에 따라 정해지는 가격

자본시장법이 개정되면서 '한국거래소'는 법정거래소의 지위를 상실하였지만, 새로 허가를 받아 설립될 거래소 또한 주식회사 형태의 한국거래소와 동일한 법적 형태를 유지하도록 하기 위하여 주식회사 형태를 취하도록 규정하고 있다.[1] 거래소의 주식회사화는 거래권과 소유권이 일치하던 기존의 소유구조를 거래권과 소유권을 분리하여 영리목적의 상업적 기초를 갖춘 소유구조로 전환하는 것을 의미하며, 이러한 소유구조 전환은 자본시장의 세계적 경쟁 격화에 따른 시장의 효율성을 제고하고 또한 세계 주요 거래소의 주식회사 전환 및 기업공개 추세를 반영하고자 하는 조치라고 설명된다.[2]

법적 성질이 주식회사이기 때문에 「상법」 중 주식회사에 관한 규정이 '준용'되는 것이 아니라 '적용'된다. 이 점이 현행 자본시장법상 한국예탁결제원이 특수법인의 성격을 띠면서 「상법」 중 주식회사에 관한 규정을 '준용'하는 점과 구별된다.[3] 다만, 한국거래소는 2009년 1월 「공공기관의 운영에 관한 법률」에 따라 공공기관 중 위탁집행형 준정부기관으로 지정되어 현재에 이르고 있다. 따라서, 거래소의 임원선임 등과 관련하여서는 자본시장법과 상법에 우선하여 공운법의 적용을 받게 되었다.[4] 공운법에 따르면 준정부기관의 기관장과 상임이사는 대통령 또는 주무장관이 임명하며,[5] 기타 기관 운영에 있어서도 여러 가지 공적 규제를 받게 된다.

[초판: 성희활, 개정판: 김율]

---

1) 일본의 경우 회원제 거래소와 주식회사 형태의 거래소를 모두 인정하고 있으나, 대부분의 주요 거래소는 모두 주식회사 형태를 취하고 있다. 일본거래소 그룹에 속하는 동경증권거래소와 오사카거래소는 각각 2001년 11월 및 2001년 4월에 주식회사로 전환하였으며, 나고야증권거래소의 경우에도 2002년 4월 주식회사로 전환을 완료하였다. 현재 일본 내 증권거래소 중 지역거래소에 속하는 삿포로증권거래소와 후쿠오카증권거래소만이 회원제 조직형태를 유지하고 있다. 상세 내역은 한국증권거래소, "제21차 동아시아·오세아니아 증권거래소연맹 총회결과," 「증권」(2002. 5), 15쪽 이하 및 개별 거래소 홈페이지 소개자료 참조.

2) 국회 재정경제위원회 검토보고서(의안번호 162937 한국증권선물거래소법 제정안(정부발의)), 2013. 11, 11쪽 이하 참조(http://likms.assembly.go.kr/bill/jsp/main.jsp).

3) 법 제294조 제 2 항은 "예탁결제원은 법인으로 한다."라고 규정하면서, 제300조 제 1 항은 "제300조(「상법」의 준용) ① 예탁결제원에 관하여 이 법 또는 이 법에 따른 명령에 특별한 규정이 있는 것을 제외하고는 「상법」 중 주식회사에 관한 규정(제517조부터 제521조의2까지의 규정을 제외한다)을 준용한다."라고 규정하고 있다.

4) 「공공기관의 운영에 관한 법률」 제 2 조(적용 대상 등) ① 이 법은 제 4 조 내지 제 6 조의 규정에 따라 지정·고시된 공공기관에 대하여 적용한다.
② 공공기관에 대하여 다른 법률에 이 법과 다른 규정이 있을 경우 이 법에서 그 법률을 따르도록 한 때를 제외하고는 이 법을 우선하여 적용한다.

5) 「공공기관의 운영에 관한 법률」 제26조(준정부기관 임원의 임면) ① 준정부기관의 장은 임원추천위원회가 복수로 추천한 사람 중에서 주무기관의 장이 임명한다. 다만, 기관 규모가 대통령령이 정하는 기준 이상이거나 업무내용의 특수성을 감안하여 대통령령이 정하는 준정부기관의 장은 임원추천위원회가 복수로 추천한 사람 중에서 주무기관의 장의 제청으로 대통령이 임명한다.
② 준정부기관의 상임이사는 임원추천위원회가 복수로 추천한 사람 중에서 준정부기관의 장의 제청으로 주무기관의 장이 임명한다. 다만, 다른 법령에서 상임이사에 대한 별도의 추천위원회를 두도록 규정하는 경우 등에는 상임이사의 추천에 관하여는 그 법령에 따른다.

제2장 조직 등

제375조: 삭제 〈2013. 5. 28〉

구 증권법 제375조(자본금 등)

① 거래소는 자본금 1천억원 이상의 주식회사로 한다.

② 거래소는 본점을 부산광역시에 두고, 필요한 곳에 지점을 둘 수 있다

현행 자본시장법은 '한국거래소' 법정주의 대신 거래소 설립 허가주의를 채택하면서, 시장개설 단위별로 다양한 설립자본금을 규정하고 있으며, 아울러 본점소재지 조항을 삭제하였다. 다만, 기존 설립된 한국거래소의 경우 부칙 제15조 제4항[1]에 따라 여전히 본점소재지는 부산광역시로 되어 있다.

제376조(정관)

① 거래소의 정관에는 다음 각 호의 사항을 기재하여야 한다.

1. 목적
2. 상호
3. 거래소가 발행할 주식의 총수
4. 1주의 금액
5. 거래소의 설립시에 발행하는 주식의 총수
6. 거래소가 공고하는 방법
7. 증권시장 및 파생상품시장 등 시장의 구분에 관한 사항
8. 거래소 규정(規程)의 제정·변경 및 폐지에 관한 사항
9. 임원 및 집행간부에 관한 사항
10. 이사회, 이사회 내 소위원회 및 이사후보추천위원회에 관한 사항
11. 감사위원회에 관한 사항
12. 시장감시위원회에 관한 사항
13. 업무의 집행에 관한 사항

② 거래소는 정관을 변경하고자 하는 경우에는 금융위원회의 승인을 받아야 한다. 이 경우 금융위원회는 정관변경을 승인함에 있어서 각 시장운영의 자율성을 고려하여야 한다.

---

1) 부칙 제15조(한국거래소에 대한 경과조치) ① 이 법 시행 당시 종전의 제373조에 따른 한국거래소(이하 "한국거래소"라 한다)는 제373조의2제1항의 개정규정에 따라 시장개설 단위의 전부에 대하여 거래소허가를 받은 것으로 본다.
④ 제1항에 따라 거래소허가를 받은 것으로 보는 거래소의 본점은 부산광역시에 둔다.

Ⅰ. 본조의 취지

본조는 거래소의 정관의 기재사항을 법정하고 있는데, 거래소의 정관 제·개정은 금융위의 승인사항이라는 점에서 정관기재사항을 통하여 거래소에 대한 공공적 통제를 도모하고 있다.

Ⅱ. 관련법상 정관기재사항과 자본시장법상 정관기재사항 비교

거래소의 정관기재사항에 대해서는 기본적으로 자본시장법과 상법이 적용되지만, 공공기관으로 지정된 한국거래소의 경우에는 공공기관운영법상의 정관기재사항이 우선적으로 적용된다. 먼저 상법 제289조의 정관기재사항을 보면 1. 목적, 2. 상호, 3. 회사가 발행할 주식의 총수, 4. 1주의 금액, 5. 회사의 설립시에 발행하는 주식의 총수, 6. 본점의 소재지, 7. 회사가 공고를 하는 방법, 8. 발기인의 성명·주민등록번호 및 주소를 요구하고 있다.

자본시장법은 이러한 상법상의 기재사항 외에 7. 증권시장 및 파생상품시장 등 시장의 구분에 관한 사항, 8. 거래소 규정의 제정·변경 및 폐지에 관한 사항, 9. 임원 및 집행간부에 관한 사항, 10. 이사회, 이사회 내 소위원회 및 이사후보추천위원회에 관한 사항, 11. 감사위원회에 관한 사항, 12. 시장감시위원회에 관한 사항, 13. 업무의 집행에 관한 사항 등 거래소의 특성을 감안한 사항을 기재토록 하고 있다.

개정 전 자본시장법은 법정거래소인 한국거래소의 본점소재지를 부산으로 명시하였기 때문에 상법에서 요구하고 있는 본점 소재지를 필요적 기재사항에서 제외하였으나, 현행 자본시장법은 거래소 허가주의를 채택하였기 때문에 주식회사 형태로 설립되는 거래소의 상법상 필요적 정관기재사항인 본점소재지를 명시할 필요성이 있다고 생각된다. 이는 상법상 주식회사 정관의 필요적 기재사항인 발기인의 성명 등에 있어서도 동일할 것으로 여겨진다.

한편 공운영법상 정관기재사항(16조)을 보면 1. 목적, 2. 명칭, 3. 주된 사무소가 있는 곳, 4. 자본금, 5. 주식 또는 출자증권, 6. 임원 및 직원에 관한 사항, 7. 주주총회나 출자자총회, 8. 이사회의 운영, 9. 사업범위 및 내용과 그 집행, 10. 회계, 11. 공고의 방법, 12. 사채의 발행, 13. 정관의 변경에 관한 사항을 요구하고 있다. 자본시장법에 비해서 공운법상 정관기재사항이 추가로 요구하고 있는 것은 사채의 발행 정도인데, 한국거래소 정관은 이미 2007. 4. 정관을 개정하여 제 2 장의2(사채)를 신설하여 상세히 규정하고 있다.

Ⅲ. 정관의 변경

상법상 정관의 변경은 주주총회 특별결의사항으로서 출석한 주주의 의결권의 3분의 2 이상의 수와 발행주식총수의 3분의 1 이상의 수로써 하여야 한다(434조). 거래소 정관은 이러한 주주총회 특별결의 외에도 자본시장법 및 공운법에 따라 금융위의 승인이 필요하다.

그런데 자본시장법상 정관변경에 대한 승인 주체는 금융위원회로 되어 있는 반면, 공운법에는 주무기관의 장의 인가를 받도록 하고 있어 다소 차이가 있다.[1] 주체가 금융위로 되어 있으면 합의제 회의체인 금융위원회의 의결이 필요하지만, 주무기관의 장이라고 하면 금융위원회의 위원장으로 해석될 수 있어 규정의 충돌이 있을 수 있으나 주무기관이 같은 금융위원회이므로 금융위 내부적으로 해결하면 별다른 문제는 없다고 본다.

제377조(업무)

① 거래소는 정관으로 정하는 바에 따라 다음 각 호의 업무를 행한다. 다만, 제 3 호 및 제 4 호의 업무는 제378조에 따라 금융위원회로부터 청산기관 또는 결제기관으로 지정된 거래소로 한정한다.

1. 거래소시장의 개설·운영에 관한 업무
2. 증권 및 장내파생상품의 매매에 관한 업무
3. 증권 및 장내파생상품의 거래(다자간매매체결회사에서의 거래를 포함한다)에 따른 매매확인, 채무인수, 차감, 결제증권·결제품목·결제금액의 확정, 결제이행보증, 결제불이행에 따른 처리 및 결제지시에 관한 업무
4. 장내파생상품의 매매거래에 따른 품목인도 및 대금지급에 관한 업무
5. 증권의 상장에 관한 업무
6. 장내파생상품 매매의 유형 및 품목의 결정에 관한 업무
7. 상장법인의 신고·공시에 관한 업무
8. 증권 또는 장내파생상품 매매 품목의 가격이나 거래량이 비정상적으로 변동하는 거래 등 대통령령으로 정하는 이상거래(이하 "이상거래"라 한다)의 심리 및 회원의 감리에 관한 업무
9. 증권의 경매업무

1) 「공공기관의 운영에 관한 법률」 제16조 : ② 공기업·준정부기관은 제 6 조의 규정에 따라 공기업·준정부기관으로 지정된 후 3월 이내에 제 1 항의 규정에 따른 정관에 대하여 주무기관의 장의 인가를 받아야 한다. 인가받은 정관의 기재사항을 변경하는 경우에도 또한 같다.

10. 거래소시장 등에서의 매매와 관련된 분쟁의 자율조정(당사자의 신청이 있는 경우에 한한다)에 관한 업무
11. 거래소시장의 개설에 수반되는 부대업무
12. 금융위원회의 승인을 받은 업무
13. 그 밖에 정관에서 정하는 업무

② 거래소는 제 1 항 각 호의 업무 외에 다른 업무를 할 수 없다. 다만, 다음 각 호의 어느 하나에 해당하는 경우에는 그러하지 아니하다.

1. 이 법 또는 다른 법령에서 거래소가 운영할 수 있도록 한 업무를 행하는 경우
2. 제323조의3에 따라 인가를 받아 금융투자상품거래청산업을 영위하는 경우

시행령 제**355**조(이상거래) 법 제377조 제 1 항 제 8 호에서 "대통령령으로 정하는 이상거래"란 증권시장(다자간매매체결회사에서의 증권의 매매거래를 포함한다. 이하 이 조에서 같다)이나 파생상품시장에서 법 제174조·제176조·제178조 또는 제180조를 위반할 염려가 있는 거래 또는 행위로서 다음 각 호의 어느 하나에 해당하는 경우를 말한다. 이 경우 법 제404조에 따른 이상거래의 심리 또는 감리 중 발견된 법 제147조·제172조·제173조 또는 제173조의2제 2 항을 위반할 염려가 있는 거래 또는 행위는 이상거래로 본다.

1. 증권 또는 장내파생상품 매매품목의 가격이나 거래량에 뚜렷한 변동이 있는 경우
2. 증권 또는 장내파생상품 매매품목의 가격 등에 영향을 미칠 수 있는 공시·풍문 또는 보도 등이 있는 경우
3. 그 밖에 증권시장 또는 파생상품시장에서의 공정한 거래질서를 해칠 염려가 있는 경우

Ⅰ. 본조의 취지

본조는 거래소의 공공성을 감안하여 거래소가 수행할 수 있는 업무를 법정화하여 엄격히 통제하고 있다. 시장의 개설·운영, 증권 및 파생상품의 상장, 상장된 증권과 파생상품의 매매·청산·결제, 상장법인의 수시공시, 시장감시 등 거래소의 핵심적 기능이 모두 법에 명시되어 있다.[1] 그리고 이들 핵심업무에 부수적인 업무와 정관에서 별도로 정하는 업무도 수행할 수 있도록 하여 일정부분 거래소의 자율경영을 인정하고 있다. 다만 정관 변경에 대한 금융위 승인절차를 통하여 무분별한 업무확대는 방지하고 있다.[2]

1) 법 제373조의7은 이러한 거래소의 핵심기능 중 ① 시장감시업무, ② 상장·상장폐지업무, ③ 상장법인의 공시·신고업무를 거래소가 반드시 수행하여야 할 "거래소의 책무"로 규정하고 있다.

2) 2011년 4월 6일 정부 관계부처 합동(산자부·기재부·금융위·공정위)으로 "석유시장 투명성 제고 및 경쟁 촉진방안"을 발표(산업자원부 보도자료 참조〈http://www.mke.go.kr〉)한 바, 이의 후속조치의 일환으로 한국거래소는 석유 현물 전자상거래시장을 금융위 승인 및 정관개정을 거쳐 2012년 3월 개장하고 석유사업자(정유사, 수출입업자, 대리점, 주유소, 일반판매소)를 시장참가자로 하는 전자상거래시장을 개설·운영하고 있다. 또한 2013년 7월 22일 정부 관계부처 합동(금융위·기재부·산자부·국세청·관세청)으로 "금 현물시장 개설 등을 통한 금 거래 양성화 방안"을 발표(금융위원회 보도자료 참조〈http://www.fsc.go.kr〉)한 바, 이의 후속조치의 일환으로 한국거래소는 금현물시장을 금융위 승인 및

이 조에 열거된 대부분의 업무는 거래소의 핵심기능으로서 법의 다른 조항에서 별도의 규정이 있으므로 각각 해당 부분에서 자세히 다루기로 하고 여기서는 제9호의 경매업무를 간단히 설명한다. 법 제8호의 이상거래의 심리 및 회원감리와 시행령 제355조의 이상거래의 개념은 제403조(시장감시규정)에 대한 해설에서 다루기로 한다.

Ⅱ. 경매업무

경매는 1인의 매도자에 대하여 다수의 매수자가 경합함으로써 매매가 이루어지는 매매방법을 말한다. 이와 비슷한 매매방법으로는 상대매매와 경쟁매매가 있는데, 매도·매수측이 각각 1인인 경우를 상대매매라 하고, 매도·매수측이 각각 다수인 경우를 경쟁매매라 하여 구분하고 있다.

경매는 일반적으로 경락가격을 결정하는 방법에 따라 저평가로부터 시작하여 고평가로 가격을 올리어 최고평가를 제시하는 매수희망자에게 매각하는 보통경매와 최고평가부터 시작하여 매수희망자가 나올 때까지 저평가로 옮겨지는 더치 옥션의 두 가지 방법으로 분류된다. 그리고 평가방법에 따라서는 평가를 공개적으로 제시하면서 경락가격을 결정하는 구두에 의한 입회매매방법과 호가가 문서에 의하여 처리되는 입찰매매방법으로 분류하기도 한다.

거래소가 경매시장을 개설한 것은 1958년 10월 2일 경매시장규정을 제정하여 재무부장관의 인가를 얻으면서부터였다. 당시 국내에는 정부보유주 등을 대량으로 분산 매각해야 했으나 당시의 취약한 유통시장을 통해서는 효율적인 처분이 어려웠기 때문에 이러한 애로를 타개하고 유통기능을 보완코자 경매시장을 개설하게 되었다.

이에 따라 거래소는 1959년부터 경매업무를 개시하게 되었으며 경매시장은 증권시장과 같이 구체적이고 상설적인 시장으로 조직화되지는 않았으나 필요에 따라 수시로 개장하여 단시일에 유가증권의 대량매각을 가능케 함으로써 그 기능을 효과적으로 대행하였다.

거래소의 경매시장규정에서 유가증권 매매에 관해 정하고 있는 주요내용을 보면 우선 경매의 대상을 원칙적으로 비상장증권으로 하되, 거래소가 필요하다고 인정할 경우에는 상장증권도 가능하도록 하였다.

그리고 경매는 실물거래에 한하여 실시하며 거래소가 경매의 위탁을 받을 경우에는 경매에 붙일 증권에 관하여 사전에 종목, 수량, 예정가격, 경매의 시기, 위탁수수료, 기타 필요한 사항을 결정하고 경매위탁자는 경매에 붙일 증권을 사전에 거래소에 임치하도록

정관개정을 거쳐 2014년 3월 개장하고 금 실물사업자(정제련업자, 금가공업자), 금융투자업자 및 일반투자자 등을 시장참가자로 하는 KRX금시장을 개설·운영하고 있다.

하고 있다.

거래소 시장에서의 경매에 대한 매수청약은 거래소의 거래원(현재의 회원을 말함)과 거래소가 필요하다고 인정할 때는 일반매수희망자도 참가시킬 수 있도록 하였다.

최초의 경매방식은 입찰매매방법에 의하여 실시하되 거래소가 필요하다고 인정할 때에는 입회매매방법에 의할 수도 있도록 하였으며 1980년 11월부터는 입찰자가 1인인 경우에도 그 입찰은 유효한 것으로 하였다.

경락자 결정방법도 최초의 입찰매매에 있어서는 최고가격의 입찰자로부터 순차적으로 결정하되 동일가격의 경합시 그 잔여수량이 부족한 경우에는 안분비례에 의하여 이를 분배하고, 입회매매에 있어서는 최고가경매청약자를 경락자로 정하였으며 종목, 수량, 가격의 한도, 경매를 집행할 시기, 위탁수수료, 기타 필요한 사항이 경매수탁조건에 저촉되는 경우에는 다시 경매에 부치도록 하였다.

그러나 1980년 11월 경락자 결정방법이 개정되어 입찰매매에 있어서는 예정가격 이상인 단가의 입찰자 중 최고단가의 입찰자로부터 순차로 경매수량에 달할 때까지의 입찰자를 경락자로 하고, 입회매매에 있어서는 예정가격 이상인 최고가 경매청약자를 경락자로 하였다.

또한 거래소는 경매개시 전 3일의 기간을 두고 경매실시의 일자, 장소, 기타 필요한 사항을 공고하여야 했으나 1980년 11월 이후부터는 공고기간을 5일로 연장하였으며 특별한 사정이 있을 경우에는 이를 단축할 수 있도록 하였다.

경매보증금에 대해서는 입찰자가 거래소가 지정하는 일시까지 경매청약가격의 100분의 10 이상에 해당하는 경매보증금을 현금 또는 은행이 발행한 자기앞수표로 거래소에 납부하도록 하였으며, 경락자는 경락된 날로부터 5일 이내에 거래소가 지정하는 일시까지 경락대금에서 경매보증금을 공제한 금액을 거래소에 납부하고 당해 증권을 인도받도록 하였다. 또한 경매위탁자는 종목별 경매대금별로 계산한 경매위탁수수료를 경매대금 수령시 거래소에 납부하여야 했다.

그동안 1959년 제일은행의 국채경매로부터 출발한 경매시장은 60년대까지는 비교적 활발한 양상을 보임으로써 이를 통한 민간자금동원의 일익을 담당하기도 하였으나 정부소유주식의 분산매각이 어느 정도 마무리되고 선상장 후분산 정책이 선분산 후상장 정책으로 바뀜에 따라 70년대 이후에는 간헐적으로 경매가 실시되다가 '90년도 이후에는 경매가 실시되지 않고 있다.[1] 현재 경매에 관한 사항은 거래소의 유가증권시장업무규정 제112조[2]에 근거를 두고 있다.

---

1) 한국거래소, 전게서(2011), 60쪽 이하 참조.

2) 유가증권시장 업무규정(일부개정 2014. 2. 19, 규정 제994호)

제112조(증권의 경매) ① 거래소에 경매(거래소가 증권을 매도하고자 하는 자로부터 위탁을 받아 매수하고자 하는 자에게 이를 매도하는 것을 말한다. 이하 같다)를 위탁하고자 하는 자는 거래소에 신

제378조(청산기관 및 결제기관)

① 증권시장 및 파생상품시장에서의 매매거래(다자간매매체결회사에서의 거래를 포함한다)에 따른 매매확인, 채무인수, 차감, 결제증권·결제품목·결제금액의 확정, 결제이행보증, 결제불이행에 따른 처리 및 결제지시업무는 제323조의2 및 제323조의3에도 불구하고 청산기관으로서 금융위원회가 지정하는 거래소가 수행한다.

② 파생상품시장에서의 품목인도 및 대금지급업무는 결제기관으로서 금융위원회가 지정하는 거래소가 수행한다.

Ⅰ. 본조의 취지 및 배경

본조는 거래소시장에서 발생하는 매매거래의 청산과 결제에 관하여 거래소와 예탁결제원간에 오랫동안 논란이 되어왔던 사항에 대한 타협과 조정의 결과를 반영하고 있다. 즉 증권시장에서의 증권의 매매거래에 따른 청산 및 결제에 관하여 한국거래소는 청산기관으로서, 한국예탁결제원은 결제기관으로서의 역할을 수행하는 것으로 정하고, 그 수행하는 역할의 내용을 정한 것이다. 동조 제 1 항은 증권시장과 파생상품시장에서의 청산기관을 금융위가 지정하는 거래소로 규정하고 있고, 동조 제 2 항은 파생상품시장에서의 청산기관 및 결제기관을 금융위가 지정하는 거래소로 규정하고 있다. 한편, 자본시장법(법률 제11845호, 2013. 5. 28) 부칙 제15조 제 3 항은 한국거래소를 청산업무 수행을 위한 지정거래소로 규정하고 있다.

증권시장의 결제기관에 관해서는 동조에서 규정하는 대신 법 제297조에서 규정하고 있다. 법 제297조는 증권시장의 결제기관을 예탁결제원으로 규정하고 있다. 이에 따라 증권인도와 대금지급에 관한 것은 거래소의 증권시장업무규정의 규정사항에서도 제외되어 있으며, 이에 대신하여 예탁결제원의 결제업무규정의 규정사항으로 되어 있다(법 393조 1항, 296조 3호, 303조).

청을 하여야 한다.
② 경매는 실물거래에 한하며, 입찰매매방법에 의하여 실시한다. 다만, 거래소가 필요하다고 인정할 때에는 입회매매방법에 의할 수 있다.
③ 입찰자가 1인인 경우에도 그 입찰은 유효하다.
④ 입찰매매의 경우 예정가격 이상인 단가의 입찰자중에서 최고단가의 입찰자부터 순차로 경매수량에 달할 때까지의 입찰자를 경락자로 하며, 입회매매에 있어서는 예정가격 이상인 최고가의 경매청약자를 경락자로 한다.
⑤ 제 1 항 내지 제 4 항 외에 경매의 신청, 경매의 청약, 경매의 수탁, 경매자결정방법, 경매약정, 경매절차 그 밖에 경매에 관하여 필요한 사항은 세칙으로 정한다.

이를 종합하면 현재 증권시장의 경우 청산기관은 한국거래소이고 결제기관은 한국예탁결제원인 반면, 파생상품시장에서의 청산기관 및 결제기관은 모두 한국거래소가 된다. 자본시장법도 이러한 인식을 바탕으로 파생상품시장의 청산기관 및 결제기관을 거래소로 규정하고 있다.

한편 글로벌 금융위기 이후 G20 국가를 중심으로 장외파생상품 청산 의무화가 추진됨에 따라 우리나라도 자본시장법 개정을 통하여 장외상품거래의 청산업무를 뜻하는 "금융투자상품거래청산업"(법 9조 25항)과 "금융투자상품거래청산회사"(법 323조의2 이하)를 도입하였다. 이는 장외파생상품의 리스크 축소 및 이를 통한 금융시장 안정성 제고를 위한 것이며, 한국거래소는 2013. 9. 11 금융위원회로부터 금융투자상품거래청산회사로서의 인가 승인을 받음으로 장외파생상품의 청산기관으로서의 역할도 함께 수행하고 있다.[1)]

Ⅱ. 청산의 의의 및 청산기관의 업무

증권시장 및 파생상품시장에서 청산과 결제는 이를 명확히 구분하기 어려운 측면이 있다. 그러나 법 제378조에서 청산과 결제의 의의를 간접적으로 정의하고 있다. 동조 제 1 항은 청산기관의 역할을 기술함으로써 그 수행하는 역할이 '청산'에 해당함을 간접적으로 밝히고 있다. 그리고 동조 제 2 항과 동법 제297조는 결제기관의 역할을 기술함으로써 마찬가지로 그 수행하는 역할이 '결제'에 해당함을 간접적으로 규정하고 있다. 법 제377조 제 3 호 및 제 4 호, 그리고 제296조 제 3 호는 청산과 결제에 관한 업무를 각각 거래소와 예탁결제원의 업무로 규정하고 있다. 이러한 규정이 정의하고 있는 청산의 의의를 살펴보면 다음과 같다.[2)]

한편 청산기관인 거래소를 통한 청산결제에 관하여는 「채무자 회생 및 파산에 관한 법률」(통합도산법)상 특례규정을 두어 법적 안정성을 부여하고 있다. 즉, 거래소의 참가자인 회원에 대하여 채무가 회생절차가 개시되거나 파산절차가 개시된 경우에도 거래소를 통한 청산결제는 거래소가 정한 바에 따라 효력이 발생하며, 통합도산법에 따른 해제, 해지, 취소, 부인의 대상이 되지 아니한다.[3)] 따라서 이러한 법적 근거를 토대로 시장에

1) 한국거래소 보도자료, "한국거래소, 장외파생상품거래 청산업(CCP) 인가 취득," 2013. 9. 12 참조 (www.krx.co.kr).

2) 채무자 회생 및 파산에 관한 법률 제120조 제 2 항에서는 '청산결제'의 개념을 포괄적으로 규정하고 있다.

3) 채무자 회생 및 파산에 관한 법률 제120조(지급결제제도 등에 대한 특칙) ① (생략)
② 「자본시장과 금융투자업에 관한 법률」, 그 밖의 법령에 따라 증권·파생금융거래의 청산결제업무를 수행하는 자 그 밖에 대통령령에서 정하는 자가 운영하는 청산결제제도의 참가자에 대하여 회생절차가 개시된 경우 그 참가자와 관련된 채무의 인수, 정산, 차감, 증거금 그 밖의 담보의 제공·처분·충당 그 밖의 청산결제에 관하여는 이 법의 규정에 불구하고 그 청산결제제도를 운영하는 자가 정한 바

서 매매에 따른 청산결제의 완결성을 확보할 수 있다.

우선 청산은 증권시장 및 파생상품시장에서의 매매거래에 따른 매매확인, 채무인수, 차감, 결제증권·결제품목·결제금액의 확정, 결제이행보증, 결제불이행에 따른 처리 및 결제지시업무를 말한다.

1. 매매확인

'매매거래에 따른 매매확인'(trade confirmation)은 매매거래의 내용을 청산기관이 확정함으로써 청산기관이 부담하는 채무의 내용을 확정하기 위한 선행적 절차이다. 증권시장 및 파생상품시장에서의 매매거래는 거래소가 정하는 방법과 절차에 따라 이루어지며, 청산기관의 매매확인은 매매행위의 유효성에 관하여 거래소에 대해서 확인하는 과정이라고 할 수도 있다. 즉 거래소가 통보하는 매매거래의 내용에 대해서 청산기관이 이를 확인하는 과정이 매매확인에 해당한다. 만약 매매내용에 대해서 누락이나 오류 등으로 서로 어긋나는 부분이 있다면 상호 대조확인을 통하여 거래소와 청산기관은 매매거래의 내용을 상호 확인하여 확정하여야 한다.

2. 채무인수

다음으로 '채무인수'는 청산기관이 매매거래에 따른 회원의 채무를 인수함으로써 중앙청산기구(CCP : central counter-party)가 되는 행위[1]를 말한다. 법 제398조는 거래소는 증권시장 및 파생상품시장에서의 매매거래를 원활하게 하기 위하여 증권시장업무규정 및 파생상품시장업무규정이 정하는 바에 따라 회원을 대신하여 그 회원의 증권시장 또는 파생상품시장에서의 매매거래에 의한 채권·채무에 대하여 그 채권을 행사 또는 취득하거나 그 채무를 이행 또는 인수할 수 있다고 규정하고 있다. 법 제398조는 종전 선물거래법 제28조의 규정을 그대로 승계한 것이다.

기존에 거래소의 유가증권시장업무규정 제73조, 코스닥시장업무규정 제29조 및 선물시장업무규정 제94조는 면책적 채무인수의 방법으로 거래소가 증권시장 및 파생상품시장에서의 매매거래에 따른 채무를 인수한다고 규정하고 있다.[2] 다시 말해 거래소가 중앙청산기구가 되는 방법으로 법 제398조가 정하고 있는 방법 중 채무인수의 방법을

에 따라 효력이 발생하며 해제, 해지, 취소 및 부인의 대상이 되지 아니한다.
제336조(지급결제제도 등에 대한 특칙) 제120조의 규정은 같은 조에서 정한 지급결제제도 또는 청산결제제도의 참가자 또는 적격금융거래의 당사자 일방에 대하여 파산선고가 있는 경우 이를 준용한다. 이 경우 제120조 제1항 내지 제3항의 "회생절차가 개시된 경우"는 "파산선고가 있는 경우"로 보고, 제120조 제3항 단서의 "회생채권자 또는 회생담보권자"는 "파산채권자 또는 별제권자"로 본다.

1) 중앙청산기관(CCP)이 매도자와 매수자 쌍방간의 거래에 개입하여 매도자에 대해서는 매수자, 매수자에 대해서는 매도자의 역할을 하면서, 거래의 이행을 보장하는 것을 의미한다.
2) 해외 거래소의 경우 경개(novation)의 방법을 흔히 채택하고 있다.

채택하고 있는 것이다. 따라서 법 제378조가 특별히 채무인수를 청산업무의 한 유형으로 열거하고 있는 것은 이러한 거래소의 증권시장 및 파생상품시장에서의 실무를 반영한 결과라고 볼 수 있다.

거래소가 중앙청산기구가 되면 거래소가 개설한 시장에서의 매매거래에 참여하는 회원은 거래상대방의 신용위험(counter-party credit risk)에 노출되지 않게 된다. 개별적인 거래상대방의 신용이 아니라 거래소가 중앙청산기구로서 거래당사자가 되기 때문에 그만큼 거래안전성이 높다고 할 수 있다. 또한 회원은 거래소의 신용을 믿고 거래소시장에서의 매매거래에 참여할 수 있게 되므로 다른 거래에 비하여 상대방 탐색비용이나 거래상대방 신용상태 파악비용 등이 줄어드는 부대 효과도 얻을 수 있다.

3. 차감(Netting)

'차감'(netting)은 거래소와 회원간 결제의무의 범위를 차감하는 과정을 말한다. 거래소와 회원은 결제기일 또는 수수일 및 수수시한이 동일한 채무를 상호 차감하여 그 결제의무를 최소화시키고 있다(유가증권시장업무규정 74조, 코스닥시장업무규정 30조, 선물시장업무규정 103조). 이를 흔히 '차감결제'라고 하는데 결제규모를 최소화함으로써 결제의 효율성을 높이고 결제불이행 가능성을 감소[1]시키는 효과가 있다. 증권시장의 차감결제는 매매거래의 종류별로 이루어지며, 유가증권시장과 코스닥시장 간에는 통합하여 차감결제가 이루어진다. 이에 반해 파생상품시장과 증권시장 간에는 차감결제가 이루어지지 않는다.

---

1) 차감에는 청산기관이 개입하지 않는 양자간 차감(bilateral netting)과 청산기관이 개입하는 다자간 차감(multilateral netting)으로 구분되며, 일반적으로 청산기관이 개입하여 다자간 차감을 하는 경우 결제규모가 축소됨에 따라 상대방 리스크도 해소되거나 축소된다.

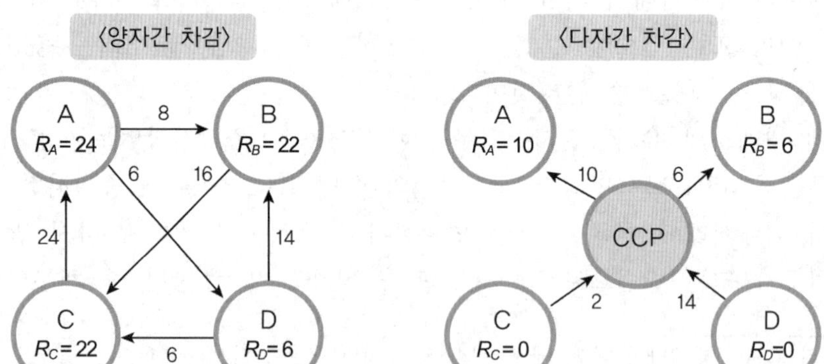

위 그림에서 양자간 차감을 하는 결제회원 A의 다른 상대방에 대한 결제규모는 14이고, 자신이 부담하는 상대방 리스크는 24인데, 중앙청산기구(CCP)를 통해 다자간 차감을 한 후에는 CCP로부터 수령포지션 10만 남고 결제규모는 0이 된다. 결제회원 C의 경우 다른 상대방에 대한 결제규모는 24이고, 상대방 리스크 규모는 22인데, CCP를 통해 다자간 차감을 한 후에는 CCP에 대한 결제규모만 2가 되고 상대방 리스크는 0으로 변경된다. 보다 상세한 설명은 한국거래소, 「2013년 KRX 청산결제 리포트」, 2014, 23-24쪽 이하 참조.

차감결제는 거래소가 중앙청산기구가 됨으로써 가능하기 때문에 차감은 거래소의 채무인수와 직접적으로 연관된 효과라고 할 수 있다. 따라서 중앙청산기구에 의한 결제방식과 차감결제(netting)는 서로 동전의 앞뒤와 같이 거래소시장의 결제의 효율성과 안정성을 높이는 역할을 하고 있다. 최근 장외파생상품시장의 결제에 관해서도 거래소시장의 결제방식을 도입하려는 논의가 활발히 전개되고 있는 것도 이와 같은 거래소시장 결제방식의 장점을 활용하려는 움직임이라 할 수 있다.

4. 결제증권·결제품목·결제금액의 확정

'결제증권·결제품목·결제금액의 확정'은 차감 과정을 통하여 청산기관과 회원간의 채권·채무를 확정하는 것을 말한다. 여기서 '결제증권'은 유가증권시장 및 코스닥시장에서의 매매목적물인 증권의 매매거래로 수수하게 되는 증권의 수량을 말하며, '결제품목'은 파생상품시장에서의 매매거래로 인도대상이 되는 품목의 수량을 말한다. '결제대금'은 결제증권과 결제품목에 대하여 반대급부에 해당하는 대금을 말한다. 따라서 유가증권시장과 코스닥시장에서는 결제증권과 결제금액의 확정이 이루어지며, 파생상품시장에서는 결제품목과 결제금액의 확정이 이루어진다.

'증권'에 관해서는 법 제4조에서 명확히 그 정의가 규정되어 있지만, '품목'에 관해서는 자본시장법이 명확히 정의하고 있지 않아 관련 규정에서 그 정의를 유추할 수밖에 없다. 법 제377조 제4호는 '장내파생상품의 매매거래에 따른 품목인도', 동조 제6호는 '장내파생상품 매매의 유형 및 품목의 결정에 관한 업무', 동조 제8호는 '증권 또는 장내파생상품 매매 품목의 가격이나 거래량이 비정상적으로 변동하는 거래'라는 표현을 각각 사용하고 있다. 또한 법 제378조 제2항에서는 결제기관으로서의 업무를 규정하면서 '품목인도'라고 규정하고 있다. 또한 법 제400조는 '매매에 따른 결제를 위하여 납부한 대금·증권 및 품목'이라는 표현을 두고 있다.

이와 같은 규정에서 사용되고 있는 품목의 사용례를 살펴보면 그 사용되는 경우에 따라 그 의미에 다소간의 차이가 있다. 먼저 장내파생상품의 매매거래에 따른 결제와 관련하여서는 인도대상이 되는 목적물을 의미하는 것으로 사용되고 있다. 그렇다면 장내파생상품 매매거래에 따른 인도대상이 무엇인가에 대해서 다시 살펴 볼 필요가 있다. 파생상품의 매매거래에 따른 인도대상은 법 제5조 제1항 각 호의 규정에 의하여 '기초자산'이나 기초자산의 가격·이자율·지표·단위 또는 이를 기초로 하는 지수 등에 의하여 산출된 '금전 등'을 뜻한다고 볼 수 있다. 이 경우 '금전 등'에는 금전, 그 밖의 재산적 가치가 있는 것을 말하는데(법 2조 1항), '금전 등'이 '금전'인 경우에는 이는 곧바로 '결제대금'에 해당하기 때문에 결국 결제품목에는 '기초자산'과 '금전을 제외한 그 밖의 재산적 가치가 있는 것'을 의미하는 것으로 정의할 수 있다.

다음으로 품목은 '매매의 유형'과 더불어 인도대상이 되는 기초자산이나 금전 등으로 특정되는 파생상품을 일컫는 것으로 사용되고 있다. 따라서 '매매 품목의 가격이나 거래량'이라고 할 때에는 인도대상이 되는 기초자산이나 금전 등의 가격을 말하는 것이 아니라 파생상품 그 자체의 가격을 뜻하는 것으로 해석된다. 그러나 어느 경우든지 품목은 인도대상이 되는 기초자산이나 금전 등과 관련되어 있는 용어라는 점에서는 공통점이 있다고 할 수 있다. 파생상품시장에서의 매매거래에는 일일정산이 이루어지는데 이 경우와 최종결제방식이 인수도결제가 아닌 현금결제인 경우에는 결제품목의 수수가 이루어지지 않으므로 결제대금의 확정이라는 과정만 있는 점도 유가증권시장이나 코스닥시장의 매매거래와 다른 점이라고 할 수 있다.

5. 결제이행보증 및 결제지시

'결제이행보증 및 결제불이행에 따른 처리'는 중앙청산기구로서의 청산기관이 지는 당연한 의무의 결과이다. 청산기관은 결제이행보증을 할 뿐 아니라 결제불이행이 발생할 경우 결제이행은 물론 그에 따른 미결제약정의 정리, 구상권 행사 등의 후속처리를 하게 된다. 결제이행을 위하여 청산기관은 다양한 결제이행재원을 미리 확보해 두고 있는데 대표적인 결제이행재원이 손해배상공동기금이다.[1)]

마지막으로 '결제지시업무'는 청산기관이 결제기관에 대하여 행하는 결제이행의 지시를 뜻한다.[2)] 결제지시는 청산기관이 결제회원에 대하여 부담하는 채무의 이행에 관한 청산기관의 결제기관에 대한 지시를 의미한다. 따라서 결제지시는 결제기관과 청산기관이 분리되어 있는 증권시장의 경우에 의미가 있으며 양 기관이 거래소로 동일한 파생상품시장의 경우에는 적용되지 않는다. 그리고 결제회원이 청산기관에 대하여 부담하는 채무의 이행에 관하여 청산기관의 결제회원에 대한 결제지시도 있을 수 없다.

회원은 거래소에 대하여 결제이행의 '의무'를 지니고 있으며 '지시'에 의하여 결제를 이행하는 관계에 있지 않기 때문이다. 또한 이 경우, 즉 결제회원이 청산기관에 대하여 부담하는 채무이행의 경우에 청산기관의 결제기관에 대한 결제지시도 있을 수 없다. 결제의무 이행의 주체가 결제기관이 아니라 결제회원이기 때문이다. 결제지시의 시점은 원칙적으로 청산기관인 거래소가, 거래소에 대하여 채무를 부담하는 결제회원의 거래소에 대한 채무이행 여부에 따라, 당해 회원에 대한 반대급부를 결정하는 시점이다. 따라서 이러한 최종적인 결정이 있기 전에 거래소가 미리 결제증권 및 결제금액을 확정하여 결제기관인 예탁결제원에 통보하는 것(유가증권시장업무규정 75조 1항)은 결제지시에 해당하지

---

1) 현재 거래소는 유가증권시장과 코스닥시장을 위한 손해배상공동기금과 파생상품시장을 위한 손해배상공동기금을 구분하여 각각 1천억원을 적립해 두고 있다. 그 밖에도 증거금을 예탁받고 있으며, 결제은행과 Credit Line을 개설해 두는 등 여러 가지 결제이행재원을 확보해 두고 있다.

2) 결제지시는 영문으로 'settlement instruction'에 해당한다.

않는다는 점을 유의하여야 한다.

Ⅲ. 결제기관의 업무

법 제378조 제2항은 파생상품시장의 결제기관으로서의 거래소의 업무를 품목인도 및 대금지급업무로 규정하고 있다. 여기서 품목은 장내파생상품 매매거래에 따른 인도대상이 되는 '기초자산'과 '금전을 제외한 그 밖의 재산적 가치가 있는 것'을 의미함은 앞서 살펴본 바와 같다. 그리고 대금은 장내파생상품의 매매거래로 수수하게 되는 금전을 의미한다. 대금은 파생상품거래에 따른 품목인도의 대가는 물론 정산차금이나 옵션대금으로 수수되는 금전까지 포함한다.

품목인도와 대금지급업무는 그 '원인행위'인 장내파생상품의 매매거래에 대한 '이행행위'로서 행하여진다. 이와 같은 원인행위와 이행행위의 구조는 증권시장에서의 매매거래의 경우에도 동일하다. 즉 유가증권시장 및 코스닥시장에서의 매매거래가 원인행위에 해당하고 이에 따른 증권인도와 대금지급은 그 이행행위에 해당한다. 장내파생상품거래에 따른 인도대상인 품목이 '증권'인 경우 품목인도는 '증권인도'를 의미하게 되는데, 이는 증권시장에서의 매매거래에 따른 증권인도와는 그 원인행위가 장내파생상품거래라는 점에서 차이가 있다.

그런데 여기서 같은 증권인도라고 하더라도 파생상품시장의 경우에는 그 결제기관이 거래소인 반면, 증권시장의 경우에는 결제기관이 예탁결제원이다. 그렇다면 파생상품시장에서의 결제행위로서의 증권인도와 증권시장에서의 결제행위로서의 증권인도가 결제기관이 서로 다름으로 인해서 실질적으로 어떤 차이가 있는 것인지 살펴볼 필요가 있다. 이는 품목인도 또는 증권인도 및 대금지급과 관련한 결제기관의 업무가 무엇인지를 밝히는 것이기도 하다. 과거에는 거래소 파생상품시장 거래품목 중 10년국채선물에서의 결제행위로서의 증권인도방법을 채택하였으나, 현재는 현금결제(정산차금 수수)로 결제방법을 변경[1)]하여 논의의 실익은 적어졌다고 할 수 있다.

제도개선 전 10년국채선물에서 인도대상물이 되는 국고채는 예탁결제원에 개설되어 있는 거래소명의의 예탁자계좌를 통하여 인도가 이루어지고 있었다. 인도회원은 거래소의 예탁자계좌로 국고채를 계좌대체의 방법으로 인도(양도)하고, 거래소는 다시 인도받은 국고채를 인수회원의 예탁자계좌로 계좌대체의 방법으로 인도(양도)한다. 국고채의 인도에 대한 반대급부로 이루어지는 대금지급은 국고채 인수회원이 거래소명의의 결제은행

1) 2010년 10월 10년국채선물시장 활성화를 위하여 결제방식 변경 등의 제도개선을 단행하였다. 제도개선 내용 및 그 효과 등은 한국거래소 보도자료, "10년국채선물 활성화 방안 시행 후 2년간 큰 폭으로 성장," 2012. 11. 19 참조(www.krx.co.kr).

계좌로 대금을 입금하고, 거래소는 다시 국고채 인도회원 명의의 결제은행 계좌로 대금을 지급한다. 이와 같이 국고채와 대금이 모두 거래소명의의 예탁자계좌 또는 결제은행 계좌를 통하여 인도 또는 지급된다. 그리고 거래소명의의 계좌를 사용함으로써 거래소는 자기명의의 계좌로의 인도 및 입금 상황을 직접 파악할 수 있다. 또한 거래소의 인수회원에 대한 증권의 인도와 인도회원에 대한 대금의 지급을 해당 계좌의 명의인으로서 직접 수행한다. 물론 실무적으로 거래소는 계좌가 개설된 기관인 예탁결제원이나 결제은행에 관련 계좌대체의 처리를 요청해야 함은 물론이다.

이에 반해 증권거래에 따른 증권인도의 경우에는 거래소명의의 계좌를 대신하여 결제기관인 예탁결제원 명의의 계좌를 이용한다. 따라서 증권의 인도회원은 예탁결제원 명의의 예탁자계좌로 해당 증권을 인도해야 하며, 대금의 지급회원은 예탁결제원 명의의 은행계좌로 대금을 입금해야 한다. 이 경우 거래소명의의 계좌가 사용되지 않기 때문에 거래소는 자신을 대신하여 예탁원명의 계좌로의 인도 및 입금 상황을 계좌명의인인 예탁결제원을 통하여 간접적으로 파악할 수밖에 없다. 한편, 예탁결제원은 거래소의 '결제지시'를 받아 자신명의의 계좌에서 증권의 인수회원 명의의 예탁자계좌로 증권을 인도하며 대금의 수령회원 명의의 은행계좌로 대금을 지급해야 한다. 예탁결제원 업무의 하나로 증권시장에서의 증권의 매매거래에 따른 결제이행 및 불이행 결과의 거래소에 대한 통지에 관한 업무가 열거되고 있는 것(법 296조 3호)은 거래소가 결제지시를 위한 의사결정에 이들 정보가 필요하기 때문이다.

이상에서 증권인도를 중심으로 파생상품시장과 증권시장에서의 결제기관의 역할을 살펴보았는데, 결제업무로서의 증권인도 또는 품목인도와 대금지급이 누구의 명의로 이루어지는가에 따라 결제기관이 결정된다고 요약할 수 있다. 거래소의 명의로 이루어지는 경우에는 거래소가 결제기관이 되며, 예탁결제원의 명의로 이루어지면 예탁결제원이 결제기관이 된다. 예탁결제원이 결제기관으로서 거래소를 대신하여 결제하는 경우에는 청산기관인 거래소와 결제기관이 서로 분리되기 때문에 실무적으로 양자의 유기적인 업무연락 등 상호 협조관계가 중요한 의미를 지니게 된다. 특히 결제기관은 청산기관인 거래소의 결제지시를 받아 상대방 회원에 대한 결제이행, 즉 증권인도와 대금지급을 해야 하며 이를 위한 상호 유기적 업무처리가 매우 중요하다.

이와 관련하여 거래소가 중앙청산기구(CCP)가 되는 청산결제구조 아래에서는 회원이 거래소에 대한 채무를 먼저 이행하여야 하며, 거래소는 이러한 선이행의무의 이행을 완료한 회원에게 반대의무의 이행을 완료함으로써 흔히 말하는 증권과 대금의 동시결제(DVP : Delivery versus Payment)[1)2)]의 목적이 달성된 것으로 인정된다. 다시 말해 선이행의무

1) 청산기관은 DVP를 통해 자신의 납부의무를 이행한 회원에게 반대급부에 해당하는 증권인도 또는 대금지급을 하여 청산기관이 먼저 회원에게 결제를 함으로써 발생할 수 있는 원본위험을 관리한다. 이

를 이행하지 아니한 회원에 대하여 거래소가 반대급부를 행하는 것은 DVP에 어긋나는 결과가 된다. 결제기관이 청산기관과 분리된 구조 하에서는 이러한 DVP의 목적은 결제기관이 청산기관의 결제지시를 받아 반대급부의 결제를 행하거나 반대급부의 이행을 하지 않음으로써 달성된다.

[초판: 성희활, 개정판: 김율]

제379조(유사명칭의 사용금지)

거래소가 아닌 자는 그 명칭 또는 상호에 "한국거래소," "금융상품거래소," "금융투자상품거래소," "증권선물거래소," "증권거래소," "선물거래소," "파생상품거래소," "거래소시장," "증권시장," "유가증권시장," "코스닥시장," "선물시장," "파생상품시장" 또는 이와 유사한 명칭을 사용하여서는 아니 된다.

Ⅰ. 본조의 취지	Ⅱ. 거래소·시장의 유사명칭 사용금지

러한 청산기관의 DVP는 청산기관마다 또는 결제대상이 되는 증권마다 다양한 형태로 이루어지는데, 청산기관의 결제안정성을 확보하고 결제효율성을 제고함으로써 리스크의 확산을 차단하는 데에 그 주안점을 두고 있다고 한다. 보다 상세한 설명은 한국거래소, 「2013년 KRX 청산결제 리포트」, 2014, 30쪽 이하 참조.

2) BIS(국제결제은행)의 지급결제제도위원회(CPSS : Committee on Payment and Settlement System)는 증권의 대금과 동시결제에 관한 유형을 차감방법에 따라 크게 ① Gross-Gross형 DVP(DVP1), ② Gross-Net형 DVP(DVP2), ③ Net-Net형 DVP(DVP3)으로 분류하고 있다. ① Gross-Gross형 DVP는 증권의 인도와 대금의 지급을 총액(Gross)을 기준으로 거래건별(trade-by-trade)로 동시에 수수하는 유형으로, 증권인도와 대금지급이 일중에 완료되어 일중 결제 완결성이 확보된다. 일중 결제로 안정성은 높으나 차감효과가 적어 유동성 부담이 있고 거래건별로 결제함에 따라 결제업무 부담이 크다는 단점이 있어 자기담보(Self-collateralization) 제도 등으로 유동성 부담 완화를 도모하기도 한다. ② Gross-Net형 DVP는 증권인도는 일중에 총액(Gross)으로 행하고, 대금지급은 차감(Net)하여 일중 종료시에 결제업무를 수행하는 유형으로, 증권인도는 일중에 완료되지만 대금수수는 증권수수시마다 차감포지션을 산출하여 최종적인 차감액을 일중 종료시에 수수하는 방식을 의미한다. 증권의 결제가 자금의 결제에 앞서 먼저 일어나기 때문에 시차로 인한 원본리스크에 노출되는 단점이 있어 매수자의 대금지급을 일정한도(Net debit cap)에서 결제은행 등이 보증하는 결제보증방법(Assured payment system)으로 원본리스크를 해소하기도 한다. ③ Net-Net형 DVP(DVP3)는 증권은 종목별로, 대금은 모든 종목의 대금 간에 차감(Net)하여 1일 1회 또는 수회 수수하는 유형으로, 증권과 대금 모두 유동성이나 잔고관리 부담이 최소화되는 장점이 있는 반면, 참가자가 결제를 이행할 수 없는 경우 당초의 차감(Netting)이 무효로 되어 채권·채무를 재산출(unwind)하게 됨으로써 결과적으로 Systemic Risk에 노출되는 단점이 있어, 채권·채무의 재산출을 회피할 수 있는 리스크관리 제도 강화가 필요하다. 보다 상세한 설명은 한국거래소, 「2013년 KRX 청산결제 리포트」, 2014, 33쪽 이하 참조.

Ⅰ. 본조의 취지

개정(2013. 5. 개정) 전 자본시장법은 한국거래소에만 독점적인 시장개설자의 지위를 부여하면서 증권 및 장내파생상품을 거래할 수 있는 시장을 각각 "유가증권시장·코스닥시장"과 "파생상품시장"으로 구분하여 규정하였다. 그리고 한국거래소의 시장개설자의 지위와 유가증권시장·코스닥시장 및 파생상품시장의 공신력이 훼손되는 것을 방지하고자 한국거래소가 아닌 자가 유가증권 및 파생상품거래와 관련하여 "거래소"나 "시장"이라는 명칭에 대해 오인할 만한 명칭 사용을 제한하는 본조를 두었었다.

Ⅱ. 거래소·시장의 유사명칭 사용금지

개정법은 거래소 허가주의(복수주의)를 채택하여 법률상 "한국거래소"란 명칭이 없어지고 복수의 거래소를 상정함에 따라 본조의 일부 조문 정비가 있게 되었다. 그럼에도 불구하고 개정법은 여전히 유사명칭의 사용금지를 규정하고 있다. 그리하여 한국거래소와 그 시장뿐만 아니라 기타 새로 허가받는 거래소 및 그 시장에 대해서도 해당 거래소와 시장에 대한 공신력을 훼손할 우려가 있는 명칭을 사용하는 것이 제한된다.

본조는 법에 열거하고 있는 명칭 외에도 이와 유사한 명칭의 사용도 금지하고 있으므로 예를 들어 "인터넷증권거래소," "사이버선물시장" 등 거래소로 오인하거나 거래소가 개설한 시장으로 오인할 수 있는 명칭을 사용하는 것이 금지된다. 다만, 다른 법에 따라 설립된 기관(예:「전기사업법」에 따른 한국전력거래소)의 경우는 본조의 취지를 감안할 때 허용될 수 있다.

위 규정을 위반한 경우에는 5천만원 이하의 과태료가 부과된다(법 449조 1항 44호).

第380條(임원)

① 거래소에 15인 이내로 다음 각 호의 임원을 둔다.

1. 이사장 1인
2. 상근이사인 감사위원회 위원 1인
3. 시장감시위원장 1인
4. 이사 12인 이내

② 임원의 임기는 3년으로 하며, 정관이 정하는 바에 따라 연임할 수 있다.

③ 이사장은 대통령령으로 정하는 금융에 관한 경험과 지식을 갖추고 거래소의 건전한 경영과 공정한 거래질서를 해할 우려가 없는 자 중에서 제385조 제 1 항에 따른 이사후보추천위원회(이하 "후보추천위원회"라 한다)의 추천을 받아 주주총회에서 선임한다.

④ 금융위원회는 제 3 항에 따라 선임된 이사장이 직무수행에 부적합하다고 인정되는 경우로서 대통령령으로 정하는 경우에는 그 선임된 날부터 1개월 이내에 그 사유를 구체적으로 밝혀 해임을 요구할 수 있다. 이 경우 해임 요구된 이사장의 직무는 정지되며, 거래소는 2개월 이내에 이사장을 새로 선임하여야 한다. [개정 2008. 2. 29 제8863호(금융위원회의 설치 등에 관한 법률)]
⑤ 거래소의 사외이사(상시적인 업무에 종사하지 아니하는 자로서 거래소의 정관이 정하는 요건을 갖춘 자를 말한다. 이하 이 장에서 같다)와 상근이사인 감사위원회의 위원은 후보추천위원회의 추천을 받아 주주총회에서 각각 선임한다. 이 경우 최대주주와 그 특수관계인, 그 밖에 대통령령으로 정하는 자가 소유하는 거래소의 의결권 있는 주식의 합계가 거래소의 의결권 있는 발행주식총수의 100분의 3(정관으로 그 비율을 더 낮게 정한 경우에는 그 비율로 한다)을 초과하는 경우 그 주주는 그 초과하는 주식에 관하여 상근이사인 감사위원회 위원의 선임 및 해임에 있어서는 의결권을 행사하지 못한다.
⑥ 제26조 제 3 항 각 호의 어느 하나에 해당하는 자는 거래소의 상근이사인 감사위원회의 위원이 될 수 없으며, 상근이사인 감사위원회의 위원이 된 후 이에 해당하게 된 경우에는 그 직을 상실한다. 다만, 거래소의 상근이사인 감사위원회의 위원으로 재임 중이거나 재임하였던 자는 제26조 제 3 항 제 2 호에 불구하고 상근이사인 감사위원회의 위원이 될 수 있다.

시행령 제**356**조(임원의 자격) ① 법 제380조 제 3 항에서 "대통령령으로 정하는 금융에 관한 경험과 지식을 갖추고 거래소의 건전한 경영과 공정한 거래질서를 해할 우려가 없는 자"란 다음 각 호의 어느 하나에 해당하는 요건을 갖춘 자를 말한다.
1. 한국은행 또는 「금융위원회의 설치 등에 관한 법률」 제38조에 따른 검사대상기관(이에 상당하는 외국 금융기관을 포함한다)에서 합산하여 15년 이상 근무한 경력이 있는 자
2. 금융·경제 관련 분야에서 고위공무원단에 속하였거나 2급 이상의 공무원의 직에 있었던 자
3. 국내·국외의 대학이나 연구기관의 금융·경제 관련 분야에서 부교수 이상 또는 이에 상당하는 직에 합산하여 15년 이상 있었던 자
4. 그 밖에 제 1 호부터 제 3 호까지의 자에 준하는 경험과 지식을 갖추고 있다고 인정되는 자

② 법 제380조 제 4 항 전단에서 "대통령령으로 정하는 경우"란 직무수행능력·전문성·경력 등을 종합적으로 고려하여 적격성을 검토한 결과 그 직무를 수행하는 데에 부적합하다고 인정되는 경우를 말한다.
③ 법 제380조 제 5 항 후단에서 "대통령령으로 정하는 자"란 다음 각 호의 자를 말한다.
1. 최대주주 또는 그 특수관계인의 계산으로 주식을 소유하는 자(최대주주 또는 그 특수관계인의 계산으로 소유하는 주식만 해당한다)
2. 최대주주 또는 그 특수관계인에게 의결권(의결권의 행사를 지시할 수 있는 권한을 포함한다)을 위임한 자(해당 위임분만 해당한다)

Ⅰ. 본조의 취지

거래소는 주식회사[1)]이므로 원칙적으로 주식회사의 이사선임은 주주총회의 권한이나(상법 382조 1항), 자본시장법은 거래소의 공익적 성격이 주식회사의 영리성과 결합하여 발생할 수 있는 폐해를 방지하기 위하여 본조에서 거래소의 임원에 대하여 그 수와 임기, 선임과 해임절차 등을 상세히 규정하고 있다.

Ⅱ. 자본시장법에 따른 임원의 선임과 해임

자본시장법은 거래소가 이사장 1인, 상근이사인 감사위원회 위원 1인, 시장감시위원장 1인, 이사 12인 이내로 총 15인 이내의 임원을 두도록 하고 있다(법 380조 1항). 임원의 임기는 3년으로 하고, 정관이 정하는 바에 따라 연임할 수 있다(동조 2항).

거래소 이사장은 자격요건과 관련하여 법 제382조에서 정하고 있는 임원의 자격요건 이외에도 법 시행령 제356조 제 1 항[2)]에서 정하는 자격요건을 적용받는다. 선임절차는 법 제385조 제 1 항에 따른 후보추천위원회의 추천을 받아 주주총회에서 선임하도록 하고 있다(동조 3항). 금융위원회는 거래소 이사장에 대한 해임요구권이 있다. 선임된 이사장이 "직무수행능력·전문성·경력 등을 종합적으로 고려하여 적격성을 검토한 결과 그 직무를 수행하는 데에 부적합하다고 인정"되는 경우에는 그 선임된 날부터 1개월 이내에 그 사유를 구체적으로 밝혀 해임을 요구할 수 있다. 이 경우 해임 요구된 이사장의 직무는 정지되며, 거래소는 2개월 이내에 이사장을 새로 선임하여야 한다(동조 4항).

거래소의 사외이사와 상근 감사위원은 후보추천위원회의 추천을 받아 주주총회에서 각각 선임하도록 하고 있다. 이 경우 최대주주와 그 특수관계인 등이 소유하는 거래소의 의결권 있는 주식의 합계가 거래소의 의결권 있는 발행주식총수의 100분의 3을 초과하는 경우 그 주주는 그 초과하는 주식에 관하여 상근 감사위원의 선임 및 해임에 있어서는 의결권을 행사하지 못한다(동조 5항). 해당 회사의 주요주주, 해당 회사의 상근 임직원

---

1) 법 제373조의2(거래소의 허가) ② 제 1 항에 따라 거래소허가를 받으려는 자는 다음 각 호의 요건을 모두 갖추어야 한다.
   1. 「상법」에 따른 주식회사일 것

2) 법 제356조(임원의 자격) ① 법 제380조 제 3 항에서 "대통령령으로 정하는 금융에 관한 경험과 지식을 갖추고 거래소의 건전한 경영과 공정한 거래질서를 해할 우려가 없는 자"란 다음 각 호의 어느 하나에 해당하는 요건을 갖춘 자를 말한다.
   1. 한국은행 또는 「금융위원회의 설치 등에 관한 법률」 제38조에 따른 검사대상기관(이에 상당하는 외국 금융기관을 포함한다)에서 합산하여 15년 이상 근무한 경력이 있는 자
   2. 금융·경제 관련 분야에서 고위공무원단에 속하였거나 2급 이상의 공무원의 직에 있었던 자
   3. 국내·국외의 대학이나 연구기관의 금융·경제 관련 분야에서 부교수 이상 또는 이에 상당하는 직에 합산하여 15년 이상 있었던 자
   4. 그 밖에 제 1 호부터 제 3 호까지의 자에 준하는 경험과 지식을 갖추고 있다고 인정되는 자

또는 최근 2년 이내에 상근 임직원이었던 자, 주요주주의 배우자와 직계존비속, 상근임원의 배우자와 직계존비속, 계열회사의 상근 임직원이나 최근 2년 이내에 상근 임직원이었던 자는 거래소의 상근 감사위원이 될 수 없으며, 상근 감사위원이 된 후 이에 해당하게 된 경우에는 그 직을 상실한다(동조 6항). 다만, 거래소의 상근 감사위원으로 재임 중이거나 재임하였던 자는 법 제26조 제3항 제2호[1]에 불구하고 상근 감사위원이 될 수 있다(동조 6항 단서).

Ⅲ. 공공기관법 적용에 따른 한국거래소 임원의 선임과 해임

한국거래소의 경우 2009년부터 「공공기관의 운영에 관한 법률(이하 '공공기관법')」의 적용대상인 공공기관[2]으로 지정되어 한국거래소의 임원의 인사와 운영에 대하여는 자본시장법 관련 조문보다 공공기관법의 관련 조문이 우선적으로 적용되고 있다. 따라서 현재 한국거래소의 정관은 자본시장법이 아닌 공공기관법에 따른 지배구조를 규정하고 있다. 공공기관법의 규정에 따라 한국거래소의 이사장은 주주총회의 결의를 거쳐 금융위원장의 제청으로 대통령이 임명하는 것으로 되어 있고(정관 19조 1항[3]), 상임감사위원은 임원추천위원회가 추천한 자 중에서 공공기관법에 따른 공공기관운영위원회의 심의·의결과 주주총회의 결의를 거쳐 기획재정부장관의 제청으로 대통령이 임명하도록 되어 있다(동조 제2항[4]). 임원의 임기는 이사장을 제외하고 2년으로 규정되어 있으며, 1년 단위의 연임만을 인정하고 있다(정관 21조[5]).

한편 공공기관법의 적용에 따라 한국거래소 임원에 대한 기획재정부 장관 및 주무기관의 장의 감독권한도 한층 강화되었다. 기획재정부장관은 한국거래소의 상임감사위원이 의무와 책임 및 직무를 이행하지 아니하거나 게을리한 경우 공공기관운영위원회의 심의·

---

1) 법 제26조(감사위원회의 설치) ③ 다음 각 호의 어느 하나에 해당하는 자는 사외이사가 아닌 감사위원회의 위원이 될 수 없으며, 사외이사가 아닌 감사위원회의 위원이 된 후 이에 해당하게 된 경우에는 그 직을 상실한다. 다만, 해당 회사의 상근감사 또는 사외이사가 아닌 감사위원회의 위원으로 재임 중이거나 재임하였던 자는 제2호에 불구하고 사외이사가 아닌 감사위원회의 위원이 될 수 있다.
2. 해당 회사의 상근 임직원 또는 최근 2년 이내에 상근 임직원이었던 자

2) 기획재정부장관은 공공기관을 공기업·준정부기관과 기타 공공기관으로 구분하여 지정하는데, 한국거래소는 2009년 준정부기관 중에서도 위탁집행형 준정부기관으로 지정·고시되었다.

3) 정관 제19조(임원의 임명 등) ① 이사장은 제20조에 따른 임원추천위원회가 추천한 자 중에서 주주총회 결의를 거쳐 금융위원회의 제청으로 대통령이 임명한다.

4) 정관 제19조(임원의 임명 등) ② 제35조 제1항의 상임감사위원은 제20조에 따른 임원추천위원회가 추천한 자 중에서 공공기관법에 따른 공공기관운영위원회의 심의·의결과 주주총회 결의를 거쳐 기획재정부장관의 제청으로 대통령이 임명한다.

5) 정관 제21조(임원의 임기) ① 이사장의 임기는 3년으로 하고, 이사장을 제외한 임원의 임기는 2년으로 한다.
② 임원은 공공기관법 제28조 제2항에 따라 1년을 단위로 연임될 수 있다. 이 경우 임원추천위원회 등의 추천을 거치지 아니한다.

의결을 거쳐 상임감사위원을 해임하거나 그 임명권자에게 해임을 건의할 수 있고, 나아가 한국거래소로 하여금 손해배상을 청구하도록 요구할 수 있다(공공기관법 35조 2항). 또한 주무기관의 장, 즉 금융위원회 위원장은 이사장, 비상임이사가 의무와 책임 및 직무를 이행하지 아니하거나 이를 게을리한 경우 이를 해임하거나 그 임명권자에게 해임을 건의·요구할 수 있고, 한국거래소로 하여금 손해배상을 청구하도록 요구할 수 있다(동조 3항).

제381조(이사회)

① 거래소에 제380조 제1항 각 호의 자로 구성되는 이사회를 둔다. 이 경우 사외이사가 이사회의 과반수를 구성하도록 하여야 한다.

② 거래소 이사회의 효율적인 업무수행을 위하여 이사회 내에 각 시장별로 이사회가 위임한 사항을 심의·결의하는 「상법」 제393조의2에 따른 이사회 내 위원회로서 소위원회를 설치한다.

③ 그 밖에 이사회 및 소위원회의 구성 및 운영에 관하여 필요한 사항은 정관으로 정한다.

Ⅰ. 본조의 취지

자본시장법은 금융투자업자의 경우 자본시장의 건전성 확보 및 투자자보호를 고려하여 지배구조를 엄격히 하여 사외이사는 이사 총수의 2분의 1 이상이 되도록 규정하고 있다(25조 1항[1]). 상법은 상장법인의 경우 이사 총수의 과반수를 사외이사로 하여야 한다고 규정하고 있다(상법 542조의8[2]). 거래소의 경우도 상장법인의 경우와 같이 사외이사가 이사회의 과반수를 구성하도록 규정함으로써 거래소 경영에 대한 외부통제 및 공공성을 강화하고 있다.

아울러 구거래소법[3]을 계수하여 자본시장법도 본조에서 시장별로 이사회 내 위원회로서 소위원회를 설치하도록 하였다. 정부가 2003년 5월 발표한 「증권·선물시장 개편 기본방안」을 구체화하여 같은 해 8월 확정한 「증권·선물시장의 선진화 추진계획」은 통

1) 법 제25조(사외이사의 선임 및 이사회의 구성) ① 금융투자업자(자산규모 등을 고려하여 대통령령으로 정하는 금융투자업자를 제외한다. 이하 이 조에서 같다)는 사외이사를 3인 이상 두어야 하며, 사외이사는 이사 총수의 2분의 1 이상이 되도록 하여야 한다.

2) 법 제542조의8(사외이사의 선임) ① 상장회사는 자산 규모 등을 고려하여 대통령령으로 정하는 경우를 제외하고는 이사 총수의 4분의 1 이상을 사외이사로 하여야 한다. 다만, 자산 규모 등을 고려하여 대통령령으로 정하는 상장회사의 사외이사는 3명 이상으로 하되, 이사 총수의 과반수가 되도록 하여야 한다.

3) 통합거래소를 규율하기 위해 2004년 제정된 한국증권선물거래소법.

합거래소의 출범 이후에도 기존에 개별적으로 운영되어 온 증권거래소시장, 코스닥시장 및 선물시장의 독자적인 운영체제를 유지하기 위하여 시장별로 이사회 내 소위원회를 설치할 것을 제언하였다. 이후 2004년 1월 통합거래소를 규율하기 위한 한국증권선물거래소법이 제정되면서 시장별로 이사회 내 소위원회를 설치하는 근거조문이 마련되었고(구거래소법 9조[1]), 자본시장법도 동 조문을 이어받았다.

Ⅱ. 이사회 내 소위원회의 권한

상법상 주식회사의 이사회는 주주총회의 승인을 요하는 사항의 제안, 대표이사의 선임 및 해임, 위원회의 설치와 그 위원의 선임 및 해임, 정관에서 정하는 사항을 제외하고는 이사회 내 위원회에 권한을 위임할 수 있고(상법 393조의2 2항), 이사회 내 위원회는 위임사항을 심의·의결한다. 이사회가 위임한 사항에 관한 위원회의 결의는 이사회의 결의와 동일한 효력이 있다. 이사회 내 위원회는 원래 이사회의 결정권한을 위임받아 이사회 결의사항을 심의·의결하는 것이므로, 이사회는 위원회가 결의한 사항에 대하여 다시 결의할 수 있고(상법 393조의2 4항), 이사회가 다른 결의를 하면 위원회의 결의는 효력을 상실한다.

위원회 결의를 통지받은 이사가 위원회의 결의가 부당함에도 불구하고 이사회의 소집을 게을리하는 경우 등은 임무해태가 될 수 있으며, 경우에 따라 회사 또는 제 3 자에 대하여 손해배상책임을 진다.[2]

제382조(임원의 자격 등)

① 제24조는 거래소의 임원에게 준용한다.
② 제25조 제 5 항(제 1 호 및 제 2 호를 제외한다)은 거래소의 사외이사에게 준용한다.
③ 거래소의 임원은 둘 이상의 거래소의 임원의 지위를 겸직하여서는 아니 된다.

1) 제 9 조(이사회) ② 유가증권시장·코스닥시장 및 선물시장의 자율적인 운영과 이사회의 효율적인 업무수행을 위하여 이사회 내에 각 시장별로 이사회가 위임한 사항을 심의·의결하는 상법 제393조의2의 규정에 의한 이사회내 위원회로서 소위원회를 설치한다.
2) 상법 제399조(회사에 대한 책임) ① 이사가 법령 또는 정관에 위반한 행위를 하거나 그 임무를 해태한 때에는 그 이사는 회사에 대하여 연대하여 손해를 배상할 책임이 있다.
② 전항의 행위가 이사회의 결의에 의한 것인 때에는 그 결의에 찬성한 이사도 전항의 책임이 있다.

Ⅰ. 본조의 취지

본조는 거래소의 공공적 성격을 감안하여 금융투자업자의 임원 자격요건(결격요건)을 거래소 임원에게 준용하도록 규정함으로써 부적합한 자가 거래소의 임원으로 선임되지 않도록 하는 제한장치를 마련하고 있다. 또한 거래소 사외이사의 자격에 대해서는 금융투자업자의 사외이사에 대한 자격요건을 정하고 있는 법 제25조 제 5 항의 요건을 추가로 적용하도록 규정하였다(1호 및 2호는 제외). 더불어 개정법에서 거래소 허가제가 도입되면서 복수거래소가 가능하게 됨에 따라 거래소의 임원이 둘 이상의 거래소의 임원의 지위를 겸직할 수 없도록 하는 규정을 신설함으로써 이해상충 소지의 방지를 꾀하였다.

한편 한국거래소의 경우 현재 공공기관으로 지정되어 있기 때문에 공공기관법상 임원의 결격사유도 함께 적용된다. 공공기관법은 국가공무원 선임의 자격요건을 준용하여 결격사유를 규정하고 있다(공공기관법 34조).

Ⅱ. 임원의 결격사유

거래소 임원은 다음 중 어느 하나에 해당하면 임원이 될 수 없으며, 임원이 된 후 이에 해당하게 된 경우에는 그 직을 상실하게 된다.

<table>
<tr><th>자본시장법(제24조)</th><th>자본시장법 시행령(제27조 제 3 항)</th></tr>
<tr><td>1. 미성년자, 금치산자 또는 한정치산자
2. 파산선고를 받은 자로서 복권되지 아니한 자
3. 금고 이상의 실형의 선고를 받거나 자본시장법, “금융관련법령” 또는 외국 금융관련 법령에 따라 벌금 이상의 형을 선고받고 그 집행이 종료되거나 집행이 면제된 날부터 5년이 경과되지 아니한 자
4. 금고 이상의 형의 집행유예의 선고를 받고 그 유예기간 중에 있는 자
5. 자본시장법·금융관련법령·외국금융관련법령에 따라 영업의 허가·인가·등록 등이 취소된 법인 또는 회사의 임직원이었던 자로서 그 법인 또는 회사에 대한 취소가 있는 날부터 5년이 경과되지 아니한 자
6. 자본시장법·금융관련법령·외국금융관련법령에 따라 해임되거나 면직된 날부터 5년이 경과되지 아니한 자
7. 재임 또는 재직 중이었더라면 해임요구 또는</td><td>1. 금융위원회 등으로부터 해임요구, 직무정지 또는 문책경고 조치를 받은 임원으로서 다음 기간이 지나지 아니한 자
가. 해임요구 : 해임요구일부터 5년
나. 직무정지 : 직무정지가 끝난 날부터 4년
다. 문책경고 : 문책경고를 받은 날부터 3년
2. 금융위원회 등으로부터 면직, 정직 또는 감봉을 요구받은 직원으로서 다음 기간이 지나지 아니한 자
가. 면직요구 : 면직요구일부터 5년
나. 정직요구 : 정직요구일부터 4년
다. 감봉요구 : 감봉요구일부터 3년
3. 소속기관으로부터 직무정지나 문책경고 조치를 받은 임원 또는 정직이나 감봉 조치를 받은 직원으로서 다음 기간이 지나지 아니한 자
가. 직무정지 또는 정직 : 직무정지 또는 정직이 끝난 날부터 4년
나. 문책경고 또는 감봉 : 문책경고 또는 감봉</td></tr>
</table>

면직요구의 조치를 받았을 것으로 통보된 퇴임한 임원 또는 퇴직한 직원으로서 그 통보된 날부터 5년(또는 퇴임 또는 퇴직한 날부터 7년)이 경과되지 아니한 자	조치를 받은 날부터 3년 4. 재임 또는 재직 중이었더라면 위 1부터 3까지의 조치를 받았을 퇴임한 임원이나 퇴직한 직원으로서 퇴임하거나 퇴직한 날부터 3년이 지나지 아니한 자

Ⅲ. 사외이사의 결격사유

거래소 사외이사의 자격에 대해서는 금융투자업자의 사외이사에 대한 자격요건을 정하고 있는 법 제25조 제5항의 요건 중 일부가 추가로 적용된다(1호 및 2호는 제외).

이에 따라 거래소의 주요주주 및 그 배우자와 직계존비속인 자, 거래소 또는 그 계열회사의 상근 임직원이거나 최근 2년 이내에 상근 임직원이었던 자, 거래소 임원의 배우자 및 직계존비속, 거래소와 중요한 거래관계가 있거나 사업상 경쟁관계 또는 협력관계에 있는 법인의 상근 임직원이거나 최근 2년 이내에 상근 임직원이었던 자, 거래소 임직원이 비상근이사로 있는 회사의 상근 임직원, 거래소 외에 둘 이상의 다른 주권상장법인의 사외이사·비상임이사 또는 비상임감사로 재임 중인 자, 거래소에 대한 회계감사나 세무대리를 하거나 거래소와 법률자문·경영자문 등의 자문계약을 체결하고 있는 공인회계사·세무사·변호사, 그 밖에 이에 준하는 자로서 자문용역을 제공하고 있는 자, 거래소 발행주식총수의 100분의 1 이상에 해당하는 주식을 보유하고 있는 자, 거래소와의 거래잔액이 1억원 이상인 자는 사외이사가 될 수 없으며 사외이사가 된 후에 이에 해당하게 된 경우에는 그 직을 상실한다.

제383조(정보이용금지 등)

① 거래소의 임직원 및 임직원이었던 자는 그 직무에 관하여 알게 된 비밀을 누설 또는 이용하여서는 아니 된다.

② 거래소의 상근 임직원은 금융투자업자 및 금융투자업관계기관과 자금의 공여, 손익의 분배, 그 밖에 영업에 관하여 대통령령으로 정하는 특별한 이해관계를 가져서는 아니 된다.

③ 제63조는 거래소의 임직원에게 준용한다.

시행령 **제357조**(특별한 이해관계) 법 제383조 제2항에서 "대통령령으로 정하는 특별한 이해관계"란 다음 각 호의 어느 하나에 해당하는 것을 말한다.

1. 채무보증

2. 담보제공
3. 정상적인 거래활동(거래 상대방의 사업내용과 관련되거나 사업목적 달성에 수반되는 행위로서 거래조건 등에 비추어 사회통념상 일반적인 거래활동으로 인정될 수 있는 경우를 말한다)을 수행하는 과정에서 필요한 행위에 해당하는 것으로 볼 수 없는 이해관계

Ⅰ. 본조의 취지

본조는 시장개설자로서 공공적인 업무를 수행하는 거래소 임직원(임직원이었던 자 포함)이 직무와 관련하여 취득한 비밀을 누설하거나 이용하는 행위를 방지하기 위한 제도적 장치이다.

Ⅱ. 거래소 임직원의 금지행위

거래소 임직원(임직원이었던 자 포함)은 직무와 관련하여 지득한 비밀을 누설하거나 이용하는 것을 금지하고 있다(383조 1항). "임직원"으로 규정되어 있으므로 비밀누설 및 이용금지 대상에는 사외이사도 포함되는 것으로 해석된다.[1)]

또한 거래소의 상근 임직원은 금융투자업자 및 금융투자업관계기관과 자금의 공여, 손익의 분배, 그 밖에 영업에 관하여 채무보증 내지 담보제공, 정상적인 거래활동으로 볼 수 없는 행위를 하는 것을 금지하고 있다(동조 2항).

아울러 금융투자업자의 임직원에게 적용되는 금융투자상품의 거래 제한은 거래소 임직원에게도 적용된다(동조 3항). 따라서 거래소의 임직원도 금융투자업자의 임직원과 동일하게 자기의 계산으로 다음의 금융상품, 즉 ① 증권시장에 상장된 지분증권, ② 증권시장에 상장된 증권예탁증권, ③ 위 지분증권, 증권예탁증권이나 이들을 기초로 하는 지수의 변동과 연계된 파생결합증권 내지 장외파생상품, ④ 장내파생상품, ⑤ 주권 관련 사채권으로서 위 지분증권이나 증권예탁증권과 관련된 것을 매매할 수 있다. 이 경우 자기의 명의로 매매해야 하며 1인 1계좌만이 허용되고 매매명세를 분기별로 거래소에 통지하여야 한다.

1) 한국증권법학회, 「자본시장법 주석서(Ⅱ)」, 박영사, 2009, 784쪽.

第384조(감사위원회)

① 거래소에 감사위원회를 설치하여야 한다.

② 제26조 제 2 항부터 제 6 항까지의 규정은 감사위원회에 준용한다.

Ⅰ. 본조의 취지

본조는 경영투명성을 강화하기 위해 거래소에 감사위원회를 설치하도록 하고 있다. 상법은 최근 사업년도 말 자산총액 1,000억원 이상인 상장법인은 1인 이상의 상근감사를 둘 것을 의무화하고 있고(감사위원회를 구성한 경우는 예외),[1] 자산총액 2조원 이상의 대형 상장법인에 대해서는 감사위원회를 설치할 것을 의무화하고 있다.[2] 본조는 거래소에 대하여 대형 상장법인과 같이 감사위원회를 설치할 것을 의무화하고 있다. 이는 단독감사보다 3인 이상의 이사로 구성되는 위원회가 경영감시기능을 보다 더 효율적으로 수행할 수 있다는 점을 고려한 것으로 보인다.[3]

Ⅱ. 감사위원회의 구성 및 운영

자본시장법은 거래소의 감사위원회에 대하여 금융투자업자의 감사위원회에 관한 규정을 준용하고 있다. 따라서 거래소의 감사위원회는 ① 총 위원의 3분의 2 이상이 사외이사일 것, ② 위원 중 1인 이상은 대통령령으로 정하는 회계 또는 재무전문가일 것, ③ 감사위원회의 대표는 사외이사일 것이라는 요건을 충족해야 한다(법 26조 2항).

상근감사위원에 대해서는 ① 해당 회사의 주요주주, ② 해당 회사의 상근 임직원 또는 최근 2년 이내에 상근 임직원이었던 자, ③ 주요주주의 배우자와 직계존비속, ④ 상근임원의 배우자와 직계존비속, ⑤ 계열회사의 상근 임직원이나 최근 2년 이내에 상근 임직원이었던 자를 결격요건으로 규정하고 있다(법 26조 3항).

한편 거래소는 사외이사의 사임·사망 등 사전에 예측하지 못한 사유로 인하여 사외이사의 수가 감사위원회의 구성요건에 미달하게 된 경우에는 그 사유가 발생한 후 최초

1) 상법 제542조의10(상근감사) ① 대통령령으로 정하는 상장회사는 주주총회 결의에 의하여 회사에 상근하면서 감사업무를 수행하는 감사(이하 "상근감사"라고 한다)를 1명 이상 두어야 한다. 다만, 이 법 및 다른 법률에 따라 감사위원회를 설치한 경우(감사위원회 설치 의무가 없는 상장회사가 이 절의 요건을 갖춘 감사위원회를 설치한 경우를 포함한다)에는 그러하지 아니하다.

2) 상법 제542조의11(감사위원회) ① 자산규모 등을 고려하여 대통령령으로 정하는 상장회사는 감사위원회를 설치하여야 한다.

3) 한국증권법학회, 전게서(2009), 785쪽.

로 소집되는 주주총회에서 그 요건에 합치되도록 하여야 한다(법 26조 4항).

또한 상법 제415조의2 제 2 항 단서의 "사외이사가 위원의 3분의 2 이상이어야 한다"는 규정은 거래소의 감사위원회에는 적용하지 아니하며(법 26조 5항), 상법 제409조에 따라 거래소 감사위원회의 위원이 되는 사외이사의 선임에 관해서는 의결권 없는 주식을 제외한 발행주식의 총수의 100분의 3을 초과하는 수의 주식을 가진 주주는 그 초과하는 주식에 관하여 감사의 선임에 있어서 의결권을 행사하지 못한다고 규정하고 있다(법 26조 6항).

제385조(이사후보추천위원회)

① 거래소에 이사장·사외이사의 적정한 선임을 위하여 후보추천위원회를 둔다.

② 이사장은 다음 각 호의 자를 후보추천위원회 위원으로 위촉하며, 후보추천위원회의 위원장은 위원 간의 호선으로 선출한다.

1. 사외이사인 이사 5인
2. 협회가 추천하는 2인
3. 대통령령으로 정하는 주권상장법인 대표 2인
4. 삭제

③ 후보추천위원회의 구성 및 운영에 관하여 필요한 사항은 정관으로 정한다.

시행령 제**358**조(이사후보추천위원회 위원) 법 제385조 제 2 항 제 3 호에서 "대통령령으로 정하는 주권상장법인"이란 거래소가 개설·운영하는 증권시장 중 금융위원회가 정하여 고시하는 증권시장별로 주권상장법인을 구성원으로 하여 각각 설립된 단체의 추천을 받은 주권상장법인을 말한다.

Ⅰ. 본조의 취지

본조는 거래소의 이사장과 사외이사의 선임을 위한 후보추천위원회의 구성 및 운영에 관한 사항을 규정하고 있다. 본조의 이사장과 사외이사뿐만 아니라 법 제380조 제 5 항은 상근감사위원을 선임할 경우에도 후보추천위원회의 추천을 받을 것을 규정하고 있다. 후보추천위원회를 통한 추천절차는 이사장 등 경영진이 공정하고 투명하게 선임될 수 있도록 통합거래소법에서 입법화하였고 이를 계수한 자본시장법에서도 반영되게 되었다.

Ⅱ. 후보추천위원회의 구성 및 운영

후보추천위원회는 ① 사외이사인 이사 5인, ② 금융투자협회가 추천하는 2인, ③ 대통령령으로 정하는 주권상장법인 대표 2인 등 총 9인으로 구성된다. 즉 후보추천위원회는 공익대표인 거래소의 비상임이사 5인과 거래소 이용자를 대표하는 4인으로 구성된다고 할 수 있다. 위원장은 위원간 호선으로 선출된다.

한편 한국거래소의 경우 공공기관으로 지정됨에 따라 공공기관법의 임원추천위원회와 관련된 규정도 따라야 한다. 공공기관법은 준정부기관의 기관장과 감사·상임감사위원의 경우에는 임원추천위원회의 추천을 의무적으로 거치도록 규정하고 있으나(공공기관법 26조 1항·4항),[1] 그 밖의 임원의 경우에는 다른 법령에서 별도의 추천 절차를 정하고 있는 경우 그 규정에 따른다고 규정하고 있다(동법 26조 2항·3항).[2] 자본시장법은 거래소에 이사장과 사외이사를 선임을 위한 후보추천위원회를 둘 것을 정하고 있는바, 사외이사의 경우 이를 따를 것이 요구된다.[3] 따라서 현재 한국거래소의 경우는 이사장과 상임감사위원을 추천하는 임원추천위원회와 거래소의 사외이사를 추천하는 이사후보추천위원회가 모두 구성되어 있다.

[초판: 성희활, 개정판: 박승배]

---

1) 공공기관법 제26조(준정부기관 임원의 임면) ① 준정부기관의 장은 임원추천위원회가 복수로 추천한 사람 중에서 주무기관의 장이 임명한다. 다만, 기관 규모가 대통령령이 정하는 기준 이상이거나 업무내용의 특수성을 감안하여 대통령령이 정하는 준정부기관의 장은 임원추천위원회가 복수로 추천한 사람 중에서 주무기관의 장의 제청으로 대통령이 임명한다.
④ 준정부기관의 감사는 임원추천위원회가 복수로 추천하여 운영위원회의 심의·의결을 거친 사람 중에서 기획재정부장관이 임명한다. 다만, 기관 규모가 대통령령이 정하는 기준 이상이거나 업무내용의 특수성을 감안하여 대통령령으로 정하는 준정부기관의 감사는 임원추천위원회가 복수로 추천하여 운영위원회의 심의·의결을 거친 사람 중에서 기획재정부장관의 제청으로 대통령이 임명한다.

2) ② 준정부기관의 상임이사는 준정부기관의 장이 임명하되, 다른 법령에서 상임이사에 대한 별도의 추천위원회를 두도록 정한 경우에 상임이사의 추천에 관하여는 그 법령의 규정에 따른다. 다만, 상임감사위원은 제4항에서 정한 절차에 따라 대통령 또는 기획재정부장관이 임명한다.
③ 준정부기관의 비상임이사는 주무기관의 장이 임명하되, 기관규모가 대통령령으로 정하는 기준 이상이거나 업무내용의 특수성을 감안하여 대통령령으로 정하는 준정부기관의 비상임이사는 임원추천위원회가 복수로 추천한 사람 중에서 주무기관의 장이 임명한다. 다만, 다른 법령에서 해당 준정부기관의 비상임이사에 대하여 별도의 추천 절차를 정하고 있는 경우에 비상임이사의 추천에 관하여는 그 법령의 규정에 따른다.

3) 법 제385조(이사후보추천위원회) ① 거래소에 이사장·사외이사의 적정한 선임을 위하여 후보추천위원회를 둔다.

제2장 시 장

제386조(시장의 개설·운영)

거래소는 시장을 효율적으로 관리하기 위하여 증권시장 또는 파생상품시장별로 둘 이상의 금융투자상품시장을 개설하여 운영할 수 있다.

Ⅰ. 거래소 개설 시장	무허가 시장개설 금지 신설
Ⅱ. 유사시설 개설 금지 삭제 및	

Ⅰ. 거래소 개설 시장

자본시장법 개정으로 거래소 허가제가 도입되면서 거래소가 개설하는 시장을 규정하는 본조 또한 '증권시장 또는 파생상품시장별로 둘 이상의 금융투자상품시장을 개설'할 수 있는 것으로 개정되었다. 법 개정 전에는 한국거래소를 법상의 유일한 거래소로 인정하면서 거래소가 개설하는 시장은 유가증권시장·코스닥시장(현물시장)과 파생상품시장(선물시장)으로 구분하였다. 자본시장법이 금융투자상품을 증권과 파생상품으로 구분하고 있는바, 현물시장과 선물시장의 구분은 어느 정도 타당성을 가지지만 현물시장을 유가증권시장과 코스닥시장으로 구분한 것은 의문이 있을 수 있는데 이는 연혁적인 이유에 기인한 것이라고 할 수 있다. 구거래소법이 시행되기 이전에는 현물시장과 선물시장의 개설 및 운영을 4개 기관(구 증권거래소·코스닥위원회·코스닥증권시장·선물거래소)이 담당하고 있었고, 시장도 구증권거래소가 운영하는 유가증권시장, 구코스닥위원회·구코스닥증권시장이 운영하는 코스닥시장, 구선물거래소가 운영하는 선물시장으로 구분되고 있었다. 그런데 4개 기관을 통합하는 한국증권선물거래소법이 제정되면서 각 시장을 통합하지 아니하고 그대로 유지되는 것으로 하였으며 자본시장법은 이를 계수하여 현물시장을 유가증권시장과 코스닥시장으로 구분하였다. 개정 전 자본시장법이 거래소가 개설할 수 있는 시장을 열거해 놓음으로써 새로운 형태의 시장을 개설할 여지를 차단한 것에 대해 입법적으로 해결할 필요가 있다는 주장이 있었는데,[1] 거래소 허가제의 도입과 함께 증권시장 또는 파생상품시장별로 둘 이상의 금융투자상품시장을 개설하여 운영할 수 있는 것으로 개정함으로써 이러한 문제가 입법적으로 해결되었다고 하겠다.

1) 한국증권법학회, 전게서(2009), 787쪽.

Ⅱ. 유사시설 개설 금지 삭제 및 무허가 시장개설 금지 신설

개정 전 자본시장법은 구거래소법을 그대로 계수하여 거래소 외에는 증권의 매매 및 파생상품거래를 할 수 있는 시장 또는 유사시설을 개설하지 못하도록 하고 있었다.[1)] 유사시설 개설 금지 조항을 거래소에 독점적 권한을 주기 위한 것으로 본다면 허가주의로 갈 경우에는 이를 삭제하는 것이 논리에 맞을 것이나, 이는 독점권 권한의 부여가 아닌 적격을 갖추지 못한 유사시설의 난립으로 야기될 폐해(결제 불이행위험, 고율의 수수료 부과에 의한 부당이득 등 다수 투자자 보호 문제)를 방지하기 위한 것으로서 존속할 필요가 있다는 의견이 있었다.[2)] 일본의 경우에도 거래소 면허주의를 취하고 있지만 유사시설 개설 금지조항을 두고 있다.[3)] 그러나 개정 자본시장법은 허가주의를 도입하면서 유사시설 개설 금지를 삭제하되 무허가 시장개설금지 조항(법 373조)을 신설하여 이를 통해 대체 규제하는 방식을 채택하였다.

第387조(회원)

① 거래소는 회원의 관리를 위하여 회원관리규정(이하 "회원관리규정"이라 한다)을 정하여야 한다.

② 회원은 다음 각 호와 같이 구분한다.

1. 거래소 결제회원
2. 매매전문회원
3. 그 밖에 대통령령으로 정하는 회원

③ 회원관리규정에는 다음 각 호의 사항이 포함되어야 한다.

1. 회원의 자격에 관한 사항
2. 회원의 가입과 탈퇴에 관한 사항
3. 회원의 권리와 의무에 관한 사항
4. 그 밖에 회원을 관리하기 위하여 필요한 사항

시행령 제**359**조(회원의 구분) 법 제387조 제2항 제3호에서 "대통령령으로 정하는 회원"이란 다음 각 호의 어느 하나에 해당하는 회원을 말한다.

---

1) 第386조(시장의 개설) ① 거래소가 개설하는 금융투자상품 거래시장은 다음 각 호와 같다.
   1. 유가증권시장
   2. 코스닥시장
   3. 파생상품시장

   ② 거래소가 아닌 자는 제1항에 따른 시장 또는 이와 유사한 시설을 개설하거나 유사한 시설을 이용하여 증권 또는 장내파생상품의 매매거래를 하여서는 아니 된다.
2) 한국증권법학회, 전게서(2009), 789쪽.
3) 일본 금상법 제167조의2(무면허시장에서의 거래의 금지) ① 누구든지 제80조 제1항의 규정을 위반하여 개설된 금융상품시장에서 다음 각 호에 해당하는 거래를 하지 못한다.
   1. 유가증권의 매매
   2. 시장파생상품거래

1. 증권회원
2. 파생상품회원
3. 증권시장 내의 일부 시장이나 일부 종목에 대하여 결제나 매매에 참가하는 회원
4. 파생상품시장 내의 일부 시장이나 일부 품목에 대하여 결제 또는 매매에 참가하는 회원
5. 그 밖에 법 제387조 제1항에 따른 회원관리규정(이하 "회원관리규정"이라 한다)으로 정하는 회원

Ⅰ. 회원의 의의

'회원'은 거래소가 개설한 증권시장에서의 증권의 매매거래 또는 파생상품시장에서의 장내파생상품거래에 누구의 계산으로 하든지 자기의 명의로 참가할 수 있는 자를 의미한다. 국내 거래소 연혁을 살펴보면 구증권거래소는 회원제 거래소로서 회원이 거래소의 소유권자이자 시장참가권을 가진 자였다. 그러나 2004년 한국증권선물거래소법이 시행되면서 거래소는 주식회사제로 전환되었으며 이에 따라 거래소의 소유권과 시장참가권은 분리되었고 이는 현 자본시장법의 체제하에서도 그대로 유지되고 있다.

Ⅱ. 회원의 구분

자본시장법상 회원은 ① 거래소 결제회원, ② 매매전문회원, ③ 그 밖에 대통령령으로 정하는 회원으로 구분된다. 동법 시행령은 거래하는 금융투자상품 등에 따라 증권회원, 파생상품회원으로 구분하고 이에 더하여 증권시장과 파생상품시장에서 일부 시장 또는 일부 종목에 대하여 결제 또는 매매에 참가하는 회원을 둘 수 있도록 하여 시장·종목·결제여부의 조합에 따라서는 다양한 유형의 회원이 가능하도록 하였다. 또한 거래소 회원규정으로 여타 유형의 회원을 정할 수 있도록 하여 거래소가 필요에 따라 탄력적인 회원제도 도입 및 운영이 가능하도록 하고 있다.

결제회원이란 자기의 명의로 성립된 증권의 매매거래나 장내파생상품 거래 또는 매매전문회원으로부터 결제를 위탁받은 증권의 매매거래나 장내파생상품 거래에 대하여 자기의 명의로 결제를 하는 회원을 말한다. 매매전문회원이란 자기의 명의로 성립된 증권의 매매거래나 장내파생상품 거래에 따른 결제를 결제회원에게 위탁하는 회원을 말한다. 이는 거래소에 대한 결제이행책임 부담여부에 따른 구분으로 결제회원 외에 별도로 매매전문회원을 둔 취지는 회원들의 다양한 시장참가 요구를 반영한 것인 한편, 거래소

입장에서도 재무건전성이 상대적으로 열악한 소형 금융투자업자로 인한 결제불이행 위험을 사전에 방지하여 시장 안정성을 유지하기 위한 필요도 고려된 것이다.

그 밖에 법 시행령은 매매 거래하는 금융투자상품에 따라 회원을 구분하고 있는데, 한국거래소는 이를 증권회원, 지분증권전문회원, 채무증권전문회원, 파생상품회원, 주권기초파생상품전문회원으로 구분하고 있다.[1)]

Ⅲ. 회원관리규정의 내용

거래소는 ① 회원의 자격에 관한 사항, ② 회원의 가입과 탈퇴에 관한 사항, ③ 회원의 권리와 의무에 관한 사항, ④ 그 밖에 회원의 관리를 위하여 필요한 사항을 포함한 회원관리규정을 정하여야 한다.

한국거래소의 회원관리규정에 따르면 회원이 될 수 있는 자는 법 제12조 제1항에 따라 투자매매업 또는 투자중개업의 인가를 받은 자에 한한다. 회원의 가입은 회원의 종류별로 한국거래소가 정하는 서식으로 회원가입을 신청하여 신청내용이 회원가입요건에 부합하는지 여부를 심사한 후 이사회의 결의로 승인하는 방식으로 이루어진다. 회원의 탈퇴에는 임의탈퇴와 당연탈퇴가 있는데, 임의탈퇴는 회원탈퇴 신청 후 이사회의 승인을 거쳐 탈퇴하는 것을 말하며 당연탈퇴는 투자매매업·투자중개업 인가의 취소 또는 영업의 폐지·양도, 해산, 제명 등의 사유가 발생한 경우 탈퇴한 것으로 보는 것을 말한다. 회원은 한국거래소가 개설·운영하는 시장에서 거래에 참가할 수 있는 권리가 있고, 거래에 따른 관계 법령 및 한국거래소의 제규정을 준수할 의무, 회원가입요건을 준수할 의무, 재무상황을 보고할 의무, 보증금을 예탁할 의무 등을 부담한다. 의무위반이 있는 경우 한국거래소는 회원에 대한 조치를 할 수 있고, 더불어 회원에 대하여 임원·직원의 징계를 요구할 수 있도록 규정하고 있다.

第388條(시장에서의 거래자격)

① 거래소의 회원이 아닌 자는 증권시장 및 파생상품시장에서의 매매거래를 하여서는 아니 된다. 다만, 회원관리규정에서 특정한 증권의 매매거래를 할 수 있도록 정한 경우에는 그 특정한 증권

1) 제3조(회원의 종류) ① 거래소의 회원은 참가할 수 있는 시장 및 매매거래할 수 있는 금융투자상품의 범위에 따라 다음 각 호와 같이 구분한다.
1. 증권회원 : 증권시장에서 증권의 매매거래에 참가할 수 있는 자
2. 지분증권전문회원 : 증권시장에서 지분증권(집합투자증권은 제외한다)의 매매거래에 참가할 수 있는 자
3. 채무증권전문회원 : 증권시장에서 채무증권의 매매거래에 참가할 수 있는 자
4. 파생상품회원 : 파생상품시장에서 장내파생상품거래에 참가할 수 있는 자
5. 주권기초파생상품전문회원 : 파생상품시장에서 주권을 기초자산으로 하는 장내파생상품 거래에 참가할 수 있는 자

의 매매거래를 할 수 있다.
② 제 1 항 단서에 따라 증권시장에서 매매거래를 할 수 있게 된 자는 제377조 제 8 호, 제387조, 제389조, 제394조, 제395조, 제396조 제 2 항, 제397조부터 제400조까지, 제404조 및 제426조 제 6 항을 적용함에 있어서 이를 거래소의 회원으로 본다.

Ⅰ. 거래자격 제한의 취지

거래가 불특정 다수인간 대량으로 이루어지는 거래소 시장의 특성상 시장참여자가 증권인도의무나 대금지급의무와 같은 계약상 의무를 불이행하게 될 경우 그 영향이 다른 거래에까지 연쇄적으로 파급되어 시장전체의 안정성이 심각히 훼손될 수 있다. 따라서 시장참가자의 재무요건, 신용도 등을 고려하여 일정요건을 충족한 자만이 거래에 참여할 수 있도록 하여 시장의 안정을 도모할 필요성이 있으며 이러한 점에서 본조는 시장에서의 거래자격을 '회원'으로 한정하고 있다.[1)]

Ⅱ. 비회원의 거래 자격 특례

거래소 회원이 아닌 자도 회원관리규정에서 특정한 증권의 매매거래를 할 수 있도록 정한 경우에는 그 범위에서 거래가 허용된다. 이에 따르면 정부, 한국은행, 국채전문딜러 등의 경우 국채 등의 매매에 대하여 회원이 아니지만 매매가 가능하다.

Ⅲ. 비회원의 회원 간주 범위

이처럼 특례가 인정되는 비회원의 경우에도 회원감리 적용대상(법 377조 8호), 회원관리규정의 대상(법 378조), 매매거래를 종결시키는 범위에서의 회원 간주(법 379조), 손해배상공동기금의 납부(법 394조), 회원보증금의 납부(법 395조), 거래증거금의 예치(법 396조 2항), 거래증거금과 회원보증금의 채무변제에의 충당(법 397조), 거래소의 면책적 채무인수 대상(법 398조), 매매거래 위약 시 거래소의 손해배상책임(법 399조), 거래소의 채무변제순위(법 400조), 이상거래의 심리 또는 회원의 감리 대상(법 404조), 거래소의 이상거래 심리 및 회원감리 결과의 금융위원회 통보(법 426조 6항)와 관련해서는 비회원을 회원으로 간주한다.

1) 회원에 관하여는 법 제387조 해설 참조.

Ⅳ. Direct Access와 법 제388조와의 쟁점

Direct Access제도는 일정한 자의 경우 주문을 당해 회원의 시스템에 입력하지 않고 거래소 시스템에 직접 입력하는 방식을 의미한다. 거래소 회원시스템을 통하지 않고 거래소 시스템에 직접 접속하여 회원명의의 주문(호가)을 입력하는 Direct Access제도가 거래소 회원이 아닌 자가 거래소 시장에서 매매거래를 하는 경우로 볼 수 있는지가 문제된다. 자본시장법이 거래소 시장에서의 매매거래를 회원으로 제한하고 있는 취지는 거래소 시장에서의 매매거래의 성립 및 결제는 반드시 회원의 명의로 이루어져야 한다는 것으로 해석되는바, 이와 같이 볼 경우 Direct Access제도가 법 제388조에 합치하는지 여부가 논란이 될 수 있다. 이와 관련해서는 거래의 성립 또는 결제가 누구의 명의로 이루어지는지 여부가 중요한 판단요소가 될 것이다.

만일 Direct Access 투자자가 직접 거래소 시스템에 주문을 제출하더라도 당해 거래 주문 명의자가 Direct Access 투자자가 계좌를 개설한 거래소 회원이 되면 거래소에서의 매매거래의 주체는 회원사가 될 것이고, 당해 거래와 관련된 결제이행 등 모든 책임 역시 거래소 결제회원이 부담하게 되는바, 이러한 경우 법령의 규제취지, 회원의 자격, 권리·의무와 관련된 규정 내용을 감안할 때 이러한 형태의 Direct Access 제도 자체는 법 제388조에 위배된다고 보기는 어려울 것으로 생각된다.

제389조(거래의 종결)

① 거래소는 회원이 거래의 정지를 당하거나 그 자격을 상실한 경우에는 그 회원 또는 다른 회원으로 하여금 해당 증권시장 또는 파생상품시장에서 행한 매매거래를 종결시켜야 한다. 이 경우 자격을 상실한 회원은 매매거래를 종결시키는 범위에서 회원의 자격을 가진 것으로 본다.
② 제1항에 따라 거래소가 다른 회원으로 하여금 해당 매매거래를 종결시키는 경우에는 그 회원과 다른 회원 사이에 위임계약이 체결된 것으로 본다.

Ⅰ. 매매거래의 종결

법은 회원이 거래의 정지를 당하거나 그 자격을 상실한 경우 시장의 연쇄적인 결제불이행 등의 위험을 방지하고 투자자의 재산을 보호하기 위해 당해 회원이나 다른 회원으로 하여금 거래를 종결시키도록 하고 있다. 이 경우 회원은 자격을 상실하더라도 이미 행한 매매거래를 종결할 때까지는 회원의 자격을 가진 것으로 간주된다.

2008년 9월 리먼브러더스가 파산하자 한국거래소는 리먼의 서울지점의 매매거래를 정지하고 같은 해 10월 굿모닝신한증권과 부은선물로 하여금 미결제약정을 이어받아 매매를 종결하도록 조치한 바 있다. 이때 신한측은 거래소와 리먼에 대하여 위탁매매 수수료 상당의 보수청구를 한 바 있는데, 이 과정에서 리먼은 매매거래 종결의 범위와 관련하여 파생상품의 경우 당해 회원이 거래정지처분 전에 이미 체결하여 성립된 거래에 관하여 결제 기타 거래를 완결시키는 데에 필요한 행위, 즉 잔무를 이행한다는 의미이지 이미 거래를 종결시켜 유효하게 보유하고 있는 미결제약정에 관하여 새로이 매도거래 또는 매수거래를 체결하여 이를 종국적으로 소멸시키는 것을 뜻하는 것은 아니라는 주장을 하였다. 그러나 법 및 업무규정의 전체 취지에 비추어 볼 때 매매거래 종결이라 함은 거래정지된 회원이 거래가 정지되지 않았더라면 직접 할 수 있었던 파생상품 계약의 일일정산, 반대매매 및 최종결제 또는 권리행사에까지 이르는 일련의 행위를 통해 당해 계약을 완전히 해소하는 것까지를 모두 포괄하는 것으로 이해하는 것이 타당하다고 생각되며 판례의 취지도 이와 같다.[1)]

Ⅱ. 위임계약 체결 간주

거래소가 다른 회원으로 하여금 해당 매매거래를 종결시키는 경우에는 그 회원과 다른 회원 사이에 위임계약이 체결된 것으로 간주된다(법 389조 2항). 법이 명시적으로 위임간주규정을 둔 것은 매매종결을 지시하는 자와 실제 매매종결을 하는 자, 그 거래의 효과가 귀속되는 자가 서로 다른 데에서 비롯되는 혼란을 법률적으로 정리하려는 의도라고 할 수 있다.[2)] 따라서 위 리먼 사안에서 굿모닝신한증권과 부은선물의 종결 행위는 리먼과의 위임계약에 따라 이루어진 것으로 보아야 하고 거래소는 이러한 법률관계에서 배제된다고 보아야 한다. 리먼과 종결처리를 수행한 회원사간에는 위임계약이 성립된 것으로 보기 때문에 수수료 지급여부는 원칙적으로 위임계약의 법리에 따라 결정된다. 민법상 위임은 무보수가 원칙이고(민법 686조 1항) 수임인이 위임사무의 처리에 관하여 필요비를 지출한 때에는 필요비와 그 이자를 청구할 수 있을 뿐이다(민법 688조 1항). 그러나 거래소의 회원들은 상인이므로 상법이 우선 적용되고, 상법상 수임인은 원칙적으로 보수청구권이 인정된다(상법 61조[3)]). 따라서 법원은 위 사안에서 신한측이 리먼에게 보수를 청구할 수 있는 것으로 판단하였다.[4)]

[초판: 성희활, 개정판: 박승배]

1) 서울남부지방법원 2010. 1. 28. 선고 2009가단23058 판결; 서울고등법원 2011. 5. 11. 선고 2010나28774 판결.
2) 서울남부지방법원 2010. 1. 28. 선고 2009가단23058 판결.
3) 상법 제61조(상인의 보수청구권) 상인이 그 영업범위 내에서 타인을 위하여 행위를 한 때에는 이에 대하여 상당한 보수를 청구할 수 있다.
4) 서울고등법원 2011. 5. 11. 선고 2010나28774 판결.

제390조(상장규정)

① 거래소는 증권시장에 상장할 증권의 심사 및 상장증권의 관리를 위하여 증권상장규정(이하 "상장규정"이라 한다)을 정하여야 한다. 이 경우 거래소가 개설·운영하는 둘 이상의 증권시장에 대하여 별도의 상장규정으로 정할 수 있다.

② 상장규정에는 다음 각 호의 사항이 포함되어야 한다.

1. 증권의 상장기준 및 상장심사에 관한 사항
2. 증권의 상장폐지기준 및 상장폐지에 관한 사항
3. 증권의 매매거래정지와 그 해제에 관한 사항
4. 그 밖에 상장법인 및 상장증권의 관리에 관하여 필요한 사항

Ⅰ. 상장의 개념

증권의 상장(Listing)이란 기업들이 발행한 증권이 거래소가 개설하는 증권시장에서 거래될 수 있도록 자격을 부여받는 것을 말한다. 거래소는 일정 요건을 충족하는 증권에 대하여만 증권시장에서 집단적, 대량적으로 거래될 수 있도록 승인하는데 이를 상장이라 한다. 이러한 상장의 개념과 종종 혼용되어 사용되는 것으로 기업공개(IPO: Initial Public Offering, Going Public)가 있다. 기업공개는 기업이 공모를 통하여 일반대중에게 발행주식을 분산시키고 기업의 재무내용 등 기업의 실체를 알리는 것으로, 개인이나 가족 등 소수의 주주에 의해 폐쇄적으로 경영되던 기업의 주식을 불특정 다수에게 분산시키는 것이라고 할 수 있다.

이처럼 기업공개와 상장의 개념에 차이가 있음에도 불구하고 양자는 오랫동안 사실상 동일한 개념으로 사용되어 왔다. 그러나 1999년 8월 정부는 기업의 원활한 자금조달을 위해 발행시장제도를 정비하여 기업공개와 상장을 분리하였다. 기업공개와 상장이 분리됨에 따라 상장요건을 갖추지 못한 기업이라 하더라도 주간사회사와 계약에 의해 기업공개를 추진하고 주식발행을 통해 자금을 조달하는 것이 가능하게 되었다.

Ⅱ. 상장규정의 제정 및 법적성격

상장을 하게 되면 투자자들은 자신이 보유한 증권의 유통성이 증진된다는 이점이 있고, 상장법인은 대외적 신용 및 지명도를 제고할 수 있어 자금조달의 기회가 증대되는 이점이 있다. 또한 거래소도 상장증권이 많을수록 높은 수입을 올릴 수 있다. 그럼에도

불구하고 상장을 마구 인정할 수 없는 것은 불량한 증권을 취득한 투자자들이 피해를 보는 사례가 증가하면 결과적으로 증권시장 전체에 대한 신뢰가 무너질 우려가 있기 때문이다. 따라서 법은 거래소로 하여금 상장할 증권의 심사 및 상장되어 있는 증권의 관리를 위해 증권상장규정(이하 "상장규정")을 제정하도록 하고 있다. 거래소는 이에 따라 상장될 증권의 상장요건 충족 여부를 엄격하게 심사하고 또 상장된 증권을 관리하고 있다.

상장절차는 발행회사의 신청에 의하여 진행되는데, 상장신청법인은 거래소에 상장할 때 거래소와 상장계약을 체결하게 되고 이에 따라 상장규정의 적용을 받게 된다. 상장신청법인과 거래소 사이에 체결된 상장계약은 일종의 사법상의 계약으로, 이 때 상장규정은 계약의 일방 당사자인 거래소와 다수의 상장신청법인 사이에 상장계약을 체결하기 위하여 일정한 형식에 의하여 미리 마련한 계약의 내용, 즉 약관의 성질을 갖는다.[1)]

Ⅲ. 상장규정으로 정할 사항

1. 증권의 상장기준 및 상장심사에 관한 사항

거래소시장에 상장하고자 하는 법인은 사전준비절차를 거쳐 거래소에 상장예비심사를 청구한다. 상장예비심사는 상장을 희망하는 법인의 상장적격성을 심사하는 과정으로, 거래소는 규정에 따라 외형요건을 확인하고 심사기준의 충족여부를 검토한다. 상장예비심사의 외형요건은 주로 사전확인이 가능한 형식적 측면에 관한 요건으로서 기업의 재무내용, 주식 유동성 확보를 위한 요건 및 투자자보호를 위한 요건으로 구분된다. 반면 심사기준은 상장희망법인의 질적 측면을 검증하는 요건으로서 기업경영의 계속성, 기업경영의 투명성, 경영안정성 및 주주이익의 보호, 기타 투자자보호에 관한 사항으로 구분된다. 거래소의 예비심사결과 요건을 갖추었다고 판단되어 승인이 되면 상장희망법인은 공모절차를 거쳐 정식 상장신청을 한다. 이 때 거래소는 사후 이행사항인 주식분산요건 등을 충족하였는지, 상장예비심사 승인 이후 경영상의 중대한 사실이 발생하였는지를 검토하고 최종적으로 신규상장을 승인한다.

2. 증권의 상장폐지기준 및 상장폐지에 관한 사항

상장이 일정한 요건을 갖춘 증권에 대하여 거래소시장에서 거래될 수 있는 자격을 부여하는 것인데 반하여, 상장폐지는 거래소시장에서 거래될 수 있는 자격이 박탈되는 것을 의미한다. 상장폐지에는 일정한 기준에 해당되는 경우 거래소가 상장을 폐지하는 경우와 상장기업 스스로의 신청에 의하여 폐지하는 경우가 있다. 전자에 의한 경우 즉, 신청에 의하지 아니한 상장폐지는 상장법인의 재무내용이나 기업지배구조 등 기업투명

1) 대법원 2007. 11. 15. 선고 2007다1753 판결.

성이 부실하여 더 이상 다수의 투자자간 거래대상으로 인정하지 않는 것으로, 시장건전성을 제고하고 잠재적인 다수의 투자자를 보호하기 위한 조치이다.[1)]

상장폐지는 상장법인에 대한 조치이지만 자신이 보유한 증권의 유통성을 상실하게 되는 투자자들이 막대한 피해를 입게 되므로 상장폐지에 대해서는 신중한 절차가 요구된다. 한국거래소는 주권상장법인 등이 상장폐지기준에 해당되는 경우(상장적격성 실질심사[2)] 결과 상장폐지를 결정한 경우를 포함) 당해 증권의 매매거래를 정지하고 당해 사실을 시장에 공표하며 해당 법인에게 주요절차를 지체 없이 서면으로 통보하는 등의 절차를 두고 있다.[3)]

거래소의 상장폐지결정은 증권의 유통성에 치명적이기 때문에 상장법인은 이를 막기 위해 법원에 소를 제기하기도 한다. 거래소에 의한 상장폐지결정은 상장규정을 매개로 하여 상장규정의 요건에 따라 상장법인의 신청이 없는 상태에서 사법상의 계약을 해소하려는 거래소의 일방적인 의사표시라 할 수 있다.[4)] 따라서 거래소의 상장법인에 대한 상장폐지결정은 상장계약의 해지효과를 가져오고, 이에 불복하여 계약해지의 효과를 다투려는 상장법인은 상장폐지결정 무효확인의 소를 제기하여야 한다. 그러나 상장폐지결정에 대한 무효확인의 소송은 본안소송으로서 그 판결이 나오기까지 상당한 시간이 소요되고, 상장폐지절차를 중단시키는 효력이 없어 상장법인에게 효과적이고 신속한 권리구제수단이 되지 못한다. 때문에 상장폐지 대상법인은 상장폐지결정 이전에는 상장폐지절차의 진행을 금지시키기 위한 상장폐지결정금지 가처분신청을, 상장폐지결정 후에는 상장법인의 지위를 보전하기 위한 상장폐지결정 효력정지가처분신청을 제기하기도 한다.[5)]

3. 증권의 매매거래정지와 그 해제에 관한 사항

매매거래정지제도는 상장증권에 중대한 영향을 미칠 수 있는 사항이 발생한 경우 거래소가 해당 법인이 발행한 증권의 매매거래를 일정기간 정지하는 제도를 말한다. 증

1) 한국거래소, 「유가증권시장 상장공시 업무해설」, 2013, 314쪽.

2) 한국거래소가 2009년 2월 도입한 상장폐지 실질심사제도를 말한다. 한국거래소는 부적격 기업을 적시에 퇴출시키고 횡령·배임, 분식회계 등 증권관련 범죄행위 및 형식적인 상장폐지요건 회피 관행에 대한 규제공백을 방지하여 투자자를 보호하고 시장 건전성을 제고하기 위하여 상장폐지 실질심사제도를 도입하였다. 한국거래소는 상장법인이 실질심사 대상에 해당되는 경우 상장폐지 실질심사위원회의 심의를 거쳐 상장폐지 여부를 결정한다. 2013년 4월부터 상장폐지 실질심사는 상장적격성 실질심사로, 상장폐지 실질심사위원회는 기업심사위원회로 각각 명칭이 변경되었다.

3) 한국거래소, 전게서(2013), 362쪽.

4) 대법원 2007. 11. 15. 선고 2007다1753 판결; 서울고등법원 2006. 12. 14. 선고 2006나18022 판결. 거래소의 상장폐지결정의 성격이 행정처분인지, 상장계약 해지의 일방적 의사표시인지, 즉 공법적 관계인지 사법적 관계인지 견해가 나뉘지만 대법원과 헌법재판소는 거래소의 상장규정이 사법상 계약관계이며, 상장폐지결정 또한 공권력의 행사에 해당하는 행정처분이 아니라고 하고 있다. 따라서 거래소의 상장폐지결정을 대상으로 한 심판청구는 부적합한 청구라고 하여 각하하였다(헌재 2005. 2. 24. 2004헌마442).

5) 김승열, “코스닥시장의 상장폐지실질심사에 관한 연구,” 「법학논총」 제22권 제 2 호(2010), 국민대학교 법학연구소.

권의 매매거래를 일정기간 정지하여 동 정보를 투자자들에게 주지시킨 후 거래를 재개하는 것으로 정보의 비대칭성을 해소함으로써 공정한 주가형성을 도모하고 투자자를 보호하고자 하는데 그 목적이 있다.

4. 그 밖에 상장법인 및 상장증권의 관리에 관하여 필요한 사항

상장규정은 그 밖에도 상장법인이 준수해야 할 의무사항들을 정하고 있다. 사외이사, 감사위원회 설치와 같은 지배구조의 건전성 유지를 위한 의무, 주주총회의 소집, 주주명부의 폐쇄일 또는 기준일과 같은 사항에 대한 결의·결정이 있을 때의 신고의무 등을 규정하고 있다.

제391조(공시규정)

① 거래소는 주권, 그 밖에 대통령령으로 정하는 증권을 상장한 법인(이하 이 조 및 제392조에서 "주권등상장법인"이라 한다)의 기업내용 등의 신고·공시 및 관리를 위하여 주권등상장법인 공시규정(이하 "공시규정"이라 한다)을 정하여야 한다. 이 경우 거래소가 개설·운영하는 둘 이상의 증권시장에 대하여 별도의 공시규정으로 정할 수 있다.

② 공시규정에는 다음 각 호의 사항이 포함되어야 한다.

1. 주권등상장법인이 신고하여야 하는 내용에 관한 사항
2. 주권등상장법인이 신고함에 있어서 준수하여야 할 방법 및 절차에 관한 사항
3. 주권등상장법인에 관한 풍문이나 보도 등의 사실 여부 및 그 법인이 발행한 증권의 가격이나 거래량의 현저한 변동의 원인 등에 대한 거래소의 신고 또는 확인 요구에 관한 사항
4. 주권등상장법인의 경영상 비밀유지와 투자자 보호와의 형평 등을 고려하여 신고·공시하지 아니할 사항
5. 주권등상장법인이 신고한 내용의 공시에 관한 사항
6. 주권등상장법인의 제 1 호부터 제 4 호까지의 위반유형, 위반 여부 결정기준 및 조치 등에 관한 사항
7. 매매거래의 정지 등 주권등상장법인의 관리에 관한 사항
8. 주권등상장법인의 신고의무 이행실태의 점검에 관한 사항
9. 그 밖에 주권등상장법인의 신고 또는 공시와 관련하여 필요한 사항

시행령 **제360조**(공시규정의 적용대상) 법 제391조 제 1 항 전단에서 "그 밖에 대통령령으로 정하는 증권"이란 다음 각 호의 어느 하나에 해당하는 증권 말한다.

1. 사채권
2. 파생결합증권
3. 증권예탁증권
4. 그 밖에 법 제391조 제 1 항에 따른 공시규정으로 정하는 증권

Ⅰ. 거래소를 통한 수시공시제도 및 공시규정의 제정

오늘날과 같이 빠르게 변화하는 시장·경제 상황 하에서 사업보고서 등 정기적으로 공시되는 정보만을 가지고는 투자자들이 투자판단에 필요한 충분한 정보를 얻을 수 없다. 따라서 투자자의 투자판단에 영향을 미칠 만한 중요한 정보가 기업 내부에서 발생하는 경우 즉시 투자자에게 공시하도록 하고 있는데 이를 '수시공시'라고 한다.

구 증권법[1] 하에서는 수시공시 업무의 주관기관이 금융위원회와 거래소로 이원화되어 있던 관계로 수시공시항목 중 일부는 금융위원회 규정에, 일부는 거래소 규정에 들어 있었다. 따라서 중복공시의 문제가 있었고 동일한 공시항목에 대하여 금융위원회와 거래소의 해석차이가 발생하는 경우도 있었다. 이에 자본시장법의 시행과 함께 주요사항보고서 제도를 신설하여 구 증권거래법상 수시공시항목 중 일부 공적 규제가 필요한 사항들은 상장법인이 금융위원회에 보고하도록 하고 나머지 대부분의 수시공시항목은 거래소의 공시규정으로 이관하여 거래소에 운영권한을 부여하였다.[2]

법은 상장법인의 공시를 관장하기 위하여 거래소가 공시규정을 제정할 것을 규정하고 있다. 공시규정에는 신고대상인 주요경영사항의 구체적 내용 이외에도 (i) 신고의 방법과 절차, (ii) 조회공시에 관한 사항, (iii) 공시유보와 관련된 사항, (iv) 상장법인이 신고한 내용의 공시에 관한 사항, (v) 공시위반의 유형 및 제재에 관한 사항, (vi) 매매거래정지 등에 관한 사항, (vii) 이행실태 점검과 관련된 사항 등이 포함되어야 한다.

법은 또한 수시공시의 대상법인을 확대하였다. 구 증권거래법에서는 주권상장법인만이 수시공시의 대상법인이었으나, 법은 주권뿐만 아니라 사채권, 파생결합증권, 증권예탁증권 등을 상장한 법인도 수시공시의무를 부담하는 것으로 하고 있다.

Ⅱ. 수시공시의 종류[3]

1. 주요경영사항 공시

상장법인은 주요경영사항에 해당하는 사실 또는 결정이 있는 경우 그 사실 또는 결

1) 유가증권의 원활한 유통 및 투자자보호를 위하여 1962년 제정되었다가 자본시장법의 제정으로 2009년 폐지, 대체되었다.
2) 김정수, 「자본시장법원론」, SFL그룹, 2011, 632쪽.
3) 한국거래소, 전게서(2013), 제 4 장~제 7 장 참조.

정내용을 정해진 기한(당일 또는 익일) 내에 거래소에 신고하여야 한다. 한국거래소의 상장법인 공시의무사항은 내용에 따라 크게 영업 및 생산활동, 재무구조, 기업경영활동 관련사항으로 구분된다. 공시규정은 위 각 카테고리별로 구체적인 공시의무사항을 열거하고 있다.

2. 자율공시

자율공시란 상장법인의 주요경영사항 외에 투자판단에 중대한 영향을 미칠 수 있거나 투자자에게 알릴 필요가 있다고 판단되는 사항으로서 일정한 사항의 발생 또는 결정이 있는 때에 그 내용을 거래소에 신고할 수 있도록 하는 제도를 말한다. 이 경우 신고는 사유발생일 다음날까지 하여야 한다.

3. 조회공시

조회공시란 상장법인에 관한 풍문이나 보도 등이 있어 거래소가 사실여부에 대한 확인을 요구하거나, 상장법인이 발행한 증권의 가격 또는 거래량에 현저한 변동이 있어 거래소가 중요한 정보의 유무에 대해 공시를 요구할 경우 해당 상장법인이 이에 응하여 공시하도록 하는 것을 말한다. 증권의 공정한 거래와 투자자보호를 위한 제도이다.

4. 공정공시

공정공시란 기업이 증권시장을 통해 공시되지 않은 중요정보를 전문투자자 등 특정인에게 선별적으로 제공하고자 하는 경우, 모든 시장참가자들이 동 정보를 알 수 있도록 그 특정인에게 정보를 제공하기 전에 증권시장을 통해 공시하도록 하는 제도를 말한다. 모든 시장참가자들이 기업의 중요정보에 동일한 시점에 접근할 수 있도록 함으로써 시장참가자간에 발생할 수 있는 정보의 불균형을 완화하여 특정인이 공시되지 않은 기업의 중요정보를 불공정거래에 이용할 수 있는 가능성을 사전에 방지하는 기능을 한다.

우리나라는 미국의 Fair Disclosure 제도를 모델로 하여 2002년 세계에서 두 번째로 공정공시제도를 도입하였다. 그러나 미국과 우리나라의 공시규제체계가 상이하므로 제도 도입 시 국내 기업실정 및 공시환경에 적합하게 변형하여 미국의 공정공시제도와는 차이가 있다. 미국의 경우 규제감독기관이 공적규제기관인 SEC인 반면 우리나라는 자율규제기관인 거래소이고, 규제대상정보도 미국의 경우 모든 중요한 정보를 대상으로 하는 반면 우리나라는 기업의 장래 사업계획·경영계획, 영업실적 등에 대한 전망·예측, 잠정실적, 수시공시의무사항 관련사항의 4가지 범주에 국한하고 있다.

Ⅲ. 수시공시 위반에 대한 제재(불성실공시에 대한 제재)[1)]

1. 불성실공시제도의 개념

불성실공시제도란 상장법인이 거래소의 공시규정에 의한 공시의무를 성실히 이행하지 아니하거나 이미 공시한 내용을 번복 또는 변경함으로써 불성실공시 유형에 해당되는 경우, 즉 공시불이행, 공시번복 또는 공시변경에 해당하는 경우 거래소가 당해 법인을 불성실공시법인으로 지정하는 제도를 말한다. 불성실공시 유형 중 공시불이행이란 상장법인이 공시의무사항을 기한 내에 신고하지 아니하거나 허위로 공시하는 것을 말하고, 공시번복은 기공시한 내용을 전면취소, 부인 또는 이에 준하는 내용 등을 공시하는 것을 말한다. 마지막으로 공시변경이란 상장법인이 이미 공시한 내용의 중요한 사항을 변경하여 공시하는 것을 말한다.

거래소는 상장법인이 공시의무를 위반하는 경우 불성실공시법인으로 지정하고, 해당 공시위반 내용의 중요도 및 공시지연의 정도 등에 따라 차등화하여 벌점 등을 부과한다. 부과된 벌점 등에 따라 매매거래정지, 관리종목지정 및 상장폐지 등의 시장조치가 수반되기도 한다. 상장법인이 공시의무를 성실하게 이행하지 아니하여 불성실공시법인으로 지정될 경우 상장법인은 거래소의 시장조치로 인하여 제재를 받을 뿐만 아니라 기업이미지 실추, 대외신인도 하락 등을 초래하게 되어 결과적으로 기업가치가 하락할 우려가 있다.

2. 불성실공시법인에 대한 조치[2)]

상장법인이 공시불이행, 공시번복 또는 공시변경을 한 경우에 거래소는 불성실공시법인으로 지정예고 후 공시매체 등에 그 사실을 게재하고 해당 법인에 통보한다. 이 때 해당 법인은 거래소에 이의신청을 할 수 있으며, 이의신청이 있는 경우 거래소는 해당 상장법인의 불성실공시 해당 여부를 판단하여 최종적으로 불성실공시법인으로 지정한다. 상장법인이 불성실공시법인으로 지정되는 경우 부과벌점이 5점 이상이면 지정일 당일

---

1) 한국거래소, 전게서(2013), 제 8 장 참조. 이하는 한국거래소의 유가증권시장을 중심으로 한 설명이다. 코스닥시장의 경우 유가증권시장과 불성실공시법인에 대한 제재수단은 동일하나 일부 항목에 있어 상대적으로 엄격하게 규제하고 있다. 예를 들어, 유가증권시장에서는 불성실공시법인 지정 등으로 최근 1년간 누계벌점이 15점 이상이 되는 경우에는 해당 법인 발행주권등을 관리종목으로 지정하나, 코스닥시장에서는 최근 2년간 누계벌점이 15점 이상인 경우 관리종목으로 지정한다. 코넥스시장은 초기 중소벤처기업에 특화된 시장으로서 유가·코스닥상장법인과는 달리 상대적으로 규모가 작은 기업들이 상장되기 때문에 기업의 상장유지비용 경감을 위하여 코스닥시장에 적용하던 의무공시사항을 대폭 축소(64항목 → 28항목)하여 최소한의 공시규제만을 하고 있다.

2) 한국거래소는 상장법인의 공시위반에 대하여 불성실공시법인 지정, 벌점 및 공시위반제재금 부과, 매매거래정지, 관리종목지정, 상장폐지 등의 다양한 제재수단을 가지고 있다. 그러나 일본만이 우리나라와 유사하게 다양한 불성실공시법인 제재수단을 보유하고 있을 뿐 대다수의 해외거래소는 거래소가 직접 불성실공시를 관리하기보다(매매거래정지 및 상장폐지는 제외) 상위 감독기구에의 통지, 상장법인과 주주간 소송 등의 방식을 활용하고 있다.

1일간 해당 법인의 발행증권은 매매거래정지 조치된다. 거래소는 불성실공시법인 지정 시 불성실공시법인 지정사실 및 부과벌점을 공표하며, 해당법인의 공시책임자 및 공시담당자에 대하여 불성실공시 예방을 위한 교육을 실시하고 개선계획서의 제출을 요구할 수 있다. 또한 거래소는 불성실공시법인 지정 시 벌점 부과 외 공시위반제재금을 부과할 수 있으며, 상장법인이 불성실공시법인 지정 등으로 최근 1년간 누계벌점이 15점 이상이 되는 경우에는 해당 법인 발행증권을 관리종목으로 지정한다. 관리종목지정 후 지정일로부터 1년 이내에 해당 불성실공시 누계벌점이 15점 이상 추가되는 경우 또는 기업경영에 중대한 영향을 미칠 수 있는 사항 등에 대하여 고의 또는 중과실로 공시의무를 위반하여 불성실공시법인으로 지정된 경우에는 상장적격성 실질심사[1]의 대상이 된다.

Ⅳ. 기타 공시관련 제도[2]

법은 "경영상 비밀유지와 투자자보호와의 형평 등을 고려하여 신고·공시하지 아니할 사항," 즉 공시유보 사항을 공시규정으로 정하도록 함으로써 공시유보제도를 도입하고 있다. 다만 공시유보제도의 구체적인 운영은 공시규정에 반영하여 거래소가 담당하도록 하였다. 한국거래소는 공시내용이 관계법규 등을 위반하거나 근거사실이 확인되지 않아 그 내용이 투자자의 투자판단에 혼란을 야기할 수 있다고 판단되는 사항 등에 대하여 사유가 해소될 때까지 공시를 유보하는 공시유보제도를 운영하고 있다.

제392조(공시의 실효성 확보)

① 은행은 주권등상장법인에 대하여 다음 각 호에 해당하는 사실이 발생한 경우에는 이를 지체 없이 거래소에 통보하여야 한다.

1. 발행한 어음이나 수표가 부도로 된 경우
2. 은행과의 당좌거래가 정지 또는 금지된 경우

② 거래소는 제391조 제 2 항 제 1 호의 신고사항과 같은 항 제 3 호에 따른 신고 또는 확인 요구사항에 대하여 투자자의 투자판단에 중대한 영향을 미칠 우려가 있어 그 내용을 신속하게 알릴 필요가 있는 경우에는 대통령령으로 정하는 방법에 따라 행정기관, 그 밖의 관계기관에 대하여 필요한 정보의 제공 또는 교환을 요청할 수 있다. 이 경우 요청을 받은 기관은 특별한 사유가 없는 한 이에 협조하여야 한다.

③ 거래소는 주권등상장법인이 제391조에 따라 신고를 한 경우에는 이를 지체 없이 금융위원회에 송부하여야 한다.

---

1) 법 제390조(상장규정) 해설 참조.

2) 한국거래소, 전게서(2013), 제 9 장 참조.

④ 금융위원회는 제3항에 따른 송부를 받은 경우에는 이를 인터넷 홈페이지 등을 이용하여 공시하여야 한다.

시행령 제361조(정보제공 등의 요청) 거래소는 법 제392조 제2항에 따라 행정기관, 그 밖의 관계기관에 대하여 다음 각 호의 기준에 따라 문서(전자문서를 포함한다) 또는 모사전송의 방법으로 필요한 정보의 제공을 요청할 수 있다. 이 경우 그 요청서에는 정보의 제공을 요청하는 사유를 기재하여야 한다.
1. 어음·수표의 부도나 당좌거래의 정지·금지에 관하여는 「어음법」 제38조 및 「수표법」 제31조에 따른 어음교환소로 지정된 기관
2. 「채무자 회생 및 파산에 관한 법률」에 따른 회생절차의 신청·결정, 상장증권에 중대한 영향을 미칠 수 있는 소송의 제기나 해산사유의 발생에 관하여는 관할법원
3. 거래은행에 의한 해당 법인의 관리 개시에 관하여는 거래은행
4. 그 밖에 법 제391조 제2항 제1호 또는 제3호에 따른 신고 또는 확인 요구사항에 관하여는 해당 정보를 소유하고 있는 행정기관, 그 밖의 관계 기관

Ⅰ. 거래소 수시공시의 실효성 확보방안

법은 상장법인이 발행한 어음이나 수표가 부도로 된 경우에 해당 사항과 관련된 은행이 그러한 사실을 즉시 거래소에 통보하도록 규정하고 있다. 상장법인의 어음이나 수표가 부도로 된 경우 해당 상장법인은 그러한 사실의 공시를 가능한 늦추려고 할 것이므로 은행이 이를 즉시 거래소에 통보하도록 하여 시장에 공시함으로써 수시공시의 실효성을 확보하려 한 것이다.

그러나 실무적으로는 최종 부도가 결정되기 이전에 관련 풍문이 시장에 돌아 주가가 급변하는 것이 일반적이므로 이러한 경우 거래소가 해당 상장법인에 대해 조회공시를 요구하는 한편 금융결제원에 관련 상장법인의 부도 등 사실을 조회하는 것이 관례라 할 수 있다.[1)]

또한 법은 수시공시사항과 관련하여 행정기관, 그 밖의 관계기관에 정보의 제공을 요청할 수 있고, 이 때 요청을 받은 기관은 특별한 사유가 없는 한 정보 제공에 협조할 의무가 있다고 규정하여 수시공시의 실효성을 확보할 수 있도록 하고 있다.

1) 김정수, 전게서(2011), 635쪽.

Ⅱ. 거래소와 금융위의 공시정보 상호전달

거래소는 거래소의 수시공시사항으로서 상장법인이 거래소에 신고한 사항을 지체없이 금융위원회에 송부하여야 한다. 이를 통해 상장법인의 중요 공시정보를 감독기관과 실시간으로 공유함으로써 미공개정보를 이용한 내부자 거래 등 불공정거래의 모니터링, 적발에 효과적으로 활용할 수 있도록 하였다. 금융위원회는 거래소로부터 송부받은 내용을 인터넷 홈페이지 등을 통하여 공시하여야 한다.

법 제161조 제 5 항에 따르면 금융위원회도 주요사항보고서가 제출되면 이를 지체없이 거래소에 송부하여야 한다.[1] 따라서 전체적으로는 금융위원회의 인터넷 홈페이지(DART)에서 상장법인의 주요사항보고서 및 수시공시사항 모두를 확인할 수 있을 뿐만 아니라 거래소의 인터넷 홈페이지(KIND)에서도 이를 모두 확인할 수 있다. 그러나 여전히 시장신고사항 등 일부 정보는 DART시스템을 통해서는 확인할 수 없고, 공정거래위원회의 수시공시사항 등 일부 정보는 KIND시스템을 통해서는 확인할 수 없다.

제393조(업무규정)

① 증권시장에서의 매매거래에 관하여 다음 각 호의 사항은 거래소의 증권시장업무규정으로 정한다. 이 경우 거래소가 개설·운영하는 둘 이상의 증권시장에 대하여 별도의 증권시장업무규정으로 정할 수 있다.

1. 매매거래의 종류 및 수탁에 관한 사항
2. 증권시장의 개폐·정지 또는 휴장에 관한 사항
3. 매매거래계약의 체결 및 결제의 방법. 다만, 증권인도와 대금지급에 관한 것을 제외한다.
4. 증거금(證據金)의 납부 등 매매거래의 규제에 관한 사항
5. 그 밖에 매매거래에 관하여 필요한 사항

② 파생상품시장에서의 매매에 관하여 다음 각 호의 사항은 거래소의 파생상품시장업무규정으로 정한다.

1. 장내파생상품 매매의 수탁에 관한 사항
2. 취급하는 장내파생상품 매매의 유형 및 품목
3. 장내파생상품 매매의 결제월
4. 파생상품시장의 개폐·정지 또는 휴장에 관한 사항
5. 장내파생상품 매매에 관한 계약의 체결 및 제한에 관한 사항
6. 위탁증거금 및 거래증거금에 관한 사항
7. 결제의 방법
8. 그 밖에 장내파생상품 매매 및 그 수탁에 관하여 필요한 사항

---

1) 거래소의 인터넷 홈페이지를 통한 공시의무가 별도로 규정되어 있지는 않으나, 실무적으로 거래소의 인터넷 홈페이지를 통해 주요사항보고서의 확인이 가능하다.

Ⅰ. 증권시장 업무규정

거래소가 운영하는 증권시장은 투자자 상호간에 상장증권을 거래하는 조직적이고 구체적인 유통시장이다. 이러한 증권시장에는 거래 상대방을 상호 인지하지 못하는 다수의 투자자가 참여하므로 시장의 공정성·효율성·안정성을 도모하기 위해서는 관련 제도의 표준화 내지 정형화가 필요하다. 이에 따라 법은 거래의 표준화를 위해서 증권시장에서의 수탁 및 매매제도 등 매매거래와 관련된 모든 내용과 절차를 거래소의 업무규정으로 정하도록 하고 있다.

한국거래소는 과거 2개의 증권시장(유가증권시장, 코스닥시장)을 운영하면서 '유가증권시장 업무규정'과 '코스닥시장 업무규정'을 각각 제정하여 법이 거래소에 위임한 사항을 정하였으며, 각 규정의 시행세칙에서 시장운영에 필요한 세부사항을 정하였다. 법 개정을 통하여 창업초기 중소기업의 원활한 자금조달을 위해 코넥스시장이 개설(2013. 7. 1)되면서는 '코넥스시장 업무규정'이 별도로 제정되었다.[1]

증권시장의 제도는 크게 수탁제도, 매매제도, 시장관리제도, 청산·결제제도의 4가지로 구분할 수 있다. 증권시장(유가증권시장, 코스닥시장) 업무규정은 시장의 운영에 대한 것과 함께 위 제도들에 대하여 규정하고 있다. 수탁제도 부분은 계좌개설, 수탁방법, 위탁증거금, 위탁수수료 등 증권회사(거래소 회원)가 위탁자(투자자)로부터 매매거래를 수탁하는 방법과 절차에 관한 사항을 규정하고 있고, 매매제도 부분은 매매거래시간, 매매거래일, 매매계약체결방법 등 증권시장의 구체적인 매매거래 방법과 절차에 관한 사항을 규정한다. 시장관리제도 부분은 종목별 매매거래정지, 배당락·권리락 조치 및 공매도 규제 등 상장증권의 공정한 가격형성과 안정적 시장운영에 관한 사항을, 청산·결제제도 부분은 매매체결된 내역에 대하여 투자자와 회원사간, 회원사와 거래소간의 결제방법 및 결제불이행시의 처리 방법 등에 관한 사항을 각각 규정한다. 코넥스시장의 업무규정도 원칙적으로 主시장인 유가증권시장·코스닥시장과 동일한 제도들을 규정하고 있다. 다만, 코넥스시장이 전문투자자시장이고 거래가 활발하지 않으며 공모·사모·직상장 등 다양한 상장유형이 있다는 점 등을 고려하여 코넥스 시장이 갖는 특성을 반영할 수 있는 매매제도(경매매제도, 유동성공급자(LP) 의무화 등) 및 기타 제도를 채택하고 있다.

상장규정과 공시규정이 거래소와 상장법인간의 계약으로서의 성격을 가지는데 반해, 업무규정은 거래소와 회원간의 계약으로서의 성격을 가지고 있다. 따라서 거래소의 업무

1) 한국거래소, 「2013 주식시장 매매제도의 이해」, 2013, 9쪽.

규정에 구속되는 자는 회원이고, 투자자는 회원이 제시하는 계약조건에 따라 구속될 뿐이다. 다만 회원이 투자자에 제시하는 계약조건에는 거래소가 업무규정으로 요구하는 사항들이 반영될 수밖에 없어서 투자자도 간접적으로는 거래소의 회원규정에 구속되는 측면이 있다고 볼 수 있다.1)

Ⅱ. 파생상품시장 업무규정

법은 증권시장과 파생상품시장에 대해서 별도의 업무규정을 정하도록 규정하고 있다. 한국거래소의 '파생상품시장 업무규정'은 파생상품시장에서의 거래제도, 청산·결제제도, 수탁제도에 관한 내용을 규정하고 있다. 우선 거래제도 부분은 파생상품거래의 구체적인 방법과 절차에 관한 사항을 규정하고 있는데, 시장의 구분 및 거래시간, 기초자산·결제월·거래단위·최종거래일 등의 상품명세 및 거래에 관한 계약체결방법 등이 이에 해당된다. 청산·결제제도 부분은 거래가 체결된 파생상품거래에 대한 거래확인, 청산, 회원사와 거래소간 결제방법, 거래증거금 및 그 예탁방법, 결제불이행시의 처리 방법 등을 정하고 있다. 마지막으로 수탁제도 부분은 회원사가 위탁자로부터 파생상품거래를 수탁하는 방법과 절차와 관련하여 파생상품계좌개설, 수탁조건, 수탁의 거부, 회원과 위탁자간 결제방법, 위탁증거금 및 그 예탁방법 등을 규정하고 있다.

법 시행 전 한국거래소는 구 선물거래법에 따라 거래 및 결제에 관하여는 '선물시장 업무규정'에서, 회원이 파생상품거래를 수탁하는 경우 준수하여야 할 사항은 '선물시장수탁계약준칙'에서 각각 규정하고 있었다. 그러나 법이 파생상품시장에서의 거래와 관련한 사항을 단일한 업무규정으로 정하도록 함에 따라 한국거래소도 종래 이원화되어 있던 업무규정과 수탁계약준칙을 단일화하여 '파생상품시장 업무규정'을 제정하였다.

제394조(손해배상공동기금)

① 회원은 증권시장 또는 파생상품시장에서의 매매거래에 따른 채무의 불이행으로 인하여 발생하는 손해를 배상하기 위하여 거래소에 손해배상공동기금(이하 "공동기금"이라 한다)을 적립하여야 한다. 다만, 증권시장 또는 파생상품시장에서의 매매거래에 대한 결제이행의 책임을 부담하지 아니하는 회원 등 거래소가 정하는 회원은 공동기금을 적립하지 아니할 수 있다.

② 거래소는 제 1 항에 따른 공동기금을 증권시장과 파생상품시장으로 구분하여 적립하여야 한다.

③ 회원(제 1 항 단서에 따른 회원을 제외한다)은 제 1 항 및 제 2 항의 공동기금의 범위에서 회원의 증권시장 또는 파생상품시장에서의 매매거래에 따른 채무의 불이행으로 인하여 발생하는 손해배상에 관하여 연대책임을 진다.

1) 한국증권법학회, 「자본시장법 주석서(Ⅱ)」, 박영사, 2009, 810쪽.

④ 제 1 항의 공동기금의 총적립규모, 회원별 적립률, 적립방법, 사용, 관리, 환급, 그 밖에 그 운용에 관하여 필요한 사항은 대통령령으로 정한다.

시행령 제362조(손해배상공동기금의 적립 및 운용 등) ① 법 제394조 제 1 항에 따른 손해배상공동기금(이하 "공동기금"이라 한다)의 총적립규모, 회원별 적립률 및 적립방법은 증권시장·파생상품시장별 결제위험, 회원별 결제위험, 그 밖의 상황을 고려하여 회원관리규정으로 정한다.
② 거래소는 법 제399조 제 2 항에 따라 공동기금을 손해배상에 충당하는 경우에는 위약한 회원이 적립한 공동기금을 우선하여 사용하여야 하며, 부족분에 대하여는 회원관리규정에서 정하는 바에 따른다.
③ 거래소는 공동기금을 적립한 회원별로 구분할 수 있도록 관리하되, 다른 재산과 구분하여 계리하여야 한다.
④ 거래소는 탈퇴하는 회원에 대하여 회원관리규정으로 정하는 바에 따라 그 회원의 공동기금을 환급하여야 한다.
⑤ 거래소는 다음 각 호의 어느 하나에 해당하는 방법으로 공동기금을 운용하여야 한다.
1. 국채증권·지방채증권 또는 「한국은행법」 제69조에 따른 한국은행통화안정증권의 매수
2. 보증사채권의 매수
3. 증권금융회사에의 대여·예탁 또는 증권금융회사가 발행한 사채의 매수
4. 은행에의 예치
⑥ 거래소는 제 5 항에 따라 공동기금을 운용함으로써 발생한 과실을 회원관리규정으로 정하는 바에 따라 공동기금의 원본에 산입하여야 한다.
⑦ 제 1 항부터 제 6 항까지에서 규정한 사항 외에 공동기금의 적립·관리 및 운용 등에 관하여 필요한 사항은 회원관리규정으로 정한다.
⑧ 제 5 항 제 2 호에서 "보증사채권"이란 다음 각 호의 어느 하나에 해당하는 금융기관 등이 원리금의 지급을 보증한 사채권을 말한다.
1. 은행
2. 「한국산업은행법」에 따른 한국산업은행
3. 「중소기업은행법」에 따른 중소기업은행
4. 보험회사
5. 투자매매업자
6. 증권금융회사
7. 종합금융회사
8. 「신용보증기금법」에 따른 신용보증기금(신용보증기금이 지급을 보증한 보증사채권에는 「사회기반시설에 대한 민간투자법」에 따라 산업기반신용보증기금의 부담으로 보증한 것을 포함한다)
9. 「기술신용보증기금법」에 따른 기술신용보증기금

Ⅰ. 거래소 시장에서의 결제불이행 위험과 결제불이행시 처리

거래소 시장에서의 매매는 집단적, 연쇄적으로 이루어지므로 어느 한 회원의 결제불이행이 다른 회원의 결제불이행을 초래하게 될 위험이 있다. 즉 어느 한 회원의 유동성

리스크로 인해 결제가 지연되면 다른 회원에게까지 영향을 미쳐 증권시장은 물론, 금융시장 전체에 파급되는 결과가 초래될 수 있는 것이다. 거래소는 이러한 위험을 사전에 예방하기 위하여 비록 거래는 회원과 회원 사이에 이루어지지만 이후에 회원의 채무를 면책적으로 인수하는 방식으로 권리관계를 회원과 거래소 사이의 관계로 치환함으로써 특정회원의 결제불이행에 따른 위험을 부담하고 있다.[1)]

거래소는 상당한 신용이 있는 회원에게만 거래를 허용함으로써 거래소가 부담하는 결제위험을 줄일 수 있다. 그러나 일단 회원의 결제불이행이 있는 경우 거래소에게 손해를 배상할 책임이 있으므로 거래소는 결제를 불이행한 회원이 자력이 없는 경우에 거래소가 입을 손해를 처리하기 위하여 결제이행재원을 마련하고 있다. 결재이행재원은 회원이 부담하는 재원과 거래소가 부담하는 재원으로 구분된다. 회원이 부담하는 재원으로는 손해배상공동기금(394조), 회원보증금(395조), 거래증거금(396조)이 있고, 거래소가 부담하는 재원으로는 결제적립금이 있다. 이와 별도로 거래소는 결재이행에 필요한 유동성을 확보하기 위해 은행 등 금융기관과 신용한도를 설정하고 있다.[2)]

회원의 결제불이행이 발생하면 우선 거래소는 해당 결제불이행회원이 거래소에 예탁한 거래증거금, 회원보증금 및 손해배상공동기금을 사용하여 손실을 보전하고, 결제불이행회원의 자산으로 손실을 보전할 수 없는 경우 다른 회원이 적립한 손해배상공동기금을 사용하여 손실을 보전한다. 이 때 다른 회원의 부담액은 각 회원이 적립한 금액의 비율에 따라 안분한 금액이 된다. 이를 통해서도 손실을 보전할 수 없는 경우 거래소는 거래소가 적립한 결제적립금 등 거래소의 재산으로 손실을 보전한다.[3)]

Ⅱ. 손해배상공동기금의 적립

손해배상공동기금(이하 '공동기금')은 회원이 시장에서의 매매거래에 따른 채무불이행으로 인하여 발생하는 손해를 배상하기 위하여 거래소에 적립하는 기금을 말한다. 공동기금은 증권시장 매매거래의 안전을 도모하기 위해 1963년 4월 구 증권거래법 개정으로 처음 도입되었다. 회원은 공동기금의 적립범위 내에서 회원의 결제불이행으로 인하여 발생하는 손해배상에 관하여 연대책임을 진다.

공동기금의 총적립규모, 회원별 적립률 및 적립방법은 거래소의 회원관리규정으로 정한다(법 시행령 362조 1항). 공동기금은 증권시장과 파생상품시장으로 구분하여 적립하여야 하는데, 한국거래소의 회원관리규정은 증권시장과 장내파생상품시장의 공동기금을 각

---

1) 김건식/정순섭, 「자본시장법(제 2 판)」, 2010, 458쪽.
2) 한국거래소, 「KRX 청산결제리포트」, 2013, 74쪽.
3) 한국거래소, 「주식시장 매매제도의 이해」, 2012, 108쪽.

각 2천억 원으로 규정하고 있다.[1] 한국거래소의 회원이 적립하여야 할 공동기금은 분기마다 산출되며, 회원은 산출된 금액과 직전 분기말 현재 당해 회원의 공동기금 적립액(과실 포함)과의 차액을 분기의 초일부터 20일 이내에 거래소와 수수하게 된다.[2]

공동기금의 관리·운용 방법 역시 회원관리규정에서 정하도록 하고 있는데(법 시행령 362조 7항), 한국거래소는 회원관리규정 시행세칙과 「손해배상공동기금 관리기준」에 공동기금의 관리·운용에 관한 보다 상세한 내용을 정하고 있다.

제395조(회원보증금)

① 회원은 장래 증권시장 또는 파생상품시장에서의 매매거래와 관련하여 발생할 수 있는 채무의 이행을 보증하기 위하여 거래소에 회원보증금을 예치하여야 한다.
② 거래소는 제398조에 따라 회원을 대신하여 채무를 이행 또는 인수함으로써 취득한 채권을 그 회원에 대한 회원보증금과 상계하여서는 아니 된다.
③ 회원에게 증권 또는 장내파생상품의 매매를 위탁한 자는 그 위탁으로 발생한 채권에 대하여 그 회원의 회원보증금에 관하여 다른 채권자보다 우선하여 변제받을 권리가 있다.
④ 제 1 항에 따른 회원보증금의 최저한도·운용 및 관리 등에 관하여 필요한 사항은 거래소의 회원관리규정으로 정한다.

회원보증금은 거래소의 회원이 증권시장 또는 파생상품시장에서의 매매거래와 관련하여 발생할 수 있는 채무의 이행을 보증하기 위하여 거래소에 예치하는 재원이다. 회원이 시장에서의 매매거래에 관한 채무를 이행하지 아니한 경우 거래소는 회원보증금으로 채무의 변제에 충당할 수 있다. 법은 회원보증금의 실제 납입을 강제하여 결제이행재원으로서의 실효성을 확보하고자 거래소가 시장에서의 매매거래와 관련하여 면책적 채무인수의 방식으로 인수한 채무를 회원보증금과 상계하지 못하도록 하였다. 또한 법은 위탁자가 위탁으로 인하여 발생한 회원에 대한 채권에 대하여 회원보증금에 관한 우선변제권을 가지도록 하였다. 이를 통해 순수하게 거래소의 면책적 채무인수로 인한 채무이행을 담보하는 손해배상공동기금과 달리 회원보증금이 위탁자에 대한 담보기능을 수행하도록 한 것이다. 다만, 법 제400조 제 4 항은 위탁자의 회원보증금에 대한 권리보다 거래소의 회원보증금에 대한 권리가 우선함을 규정하고 있다.

법은 회원보증금의 최저한도·운용 및 관리 등에 관하여 필요한 사항은 거래소의 회

1) 한국거래소 회원관리규정 제23조(공동기금의 적립) ③ 증권시장 및 파생상품시장별 공동기금의 총적립액은 각각 2천억원으로 한다.

2) 제23조(공동기금의 적립) ④ 결제회원이 적립하여야 할 공동기금은 분기마다 제24조의 규정이 정하는 바에 따라 산출하는 금액으로 하며, 결제회원은 그 금액과 직전 분기말 현재 당해 결제회원의 공동기금 적립액(제 5 항의 규정에 의한 과실을 포함한다)과의 차액을 당해 분기의 초일부터 세칙이 정하는 기간 이내에 거래소와 수수하여야 한다.

원관리규정으로 정하도록 규정하고 있다. 한국거래소는 회원관리규정에 따라 1백만원을 최저한도로 하여 거래소 이사회의 결의로 회원보증금을 정하도록 하고 있고, 2013년 말 현재 회원별 1백만원이다. 법은 또한 결제이행재원의 안정성 확보를 위하여 보증금 반환청구권을 타인에게 양도하거나 담보로 제공하지 못하도록 하였다.1)

第396條(위탁증거금 및 거래증거금)

① 거래소의 회원은 파생상품시장에서의 매매의 수탁과 관련하여 거래소의 파생상품시장업무규정이 정하는 바에 따라 위탁자로부터 위탁증거금을 받아야 한다.

② 거래소의 회원은 증권시장 또는 파생상품시장에서의 매매거래를 함에 있어서 거래소에 대하여 부담하는 채무의 이행을 보증하기 위하여 증권시장업무규정 및 파생상품시장업무규정이 정하는 바에 따라 거래소에 거래증거금을 예치하여야 한다.

Ⅰ. 증거금의 구분

법은 회원의 매매거래에 대한 결제이행책임을 담보하기 위하여 증거금 예치의무를 규정하고 있다. 증거금은 예탁주체에 따라 거래증거금과 위탁증거금으로 구분된다. 거래증거금은 증권시장 또는 파생상품시장의 회원이 거래소에 예탁하는 증거금을 말한다. 파생상품시장의 경우 거래 자체의 위험성이 높아 거래증거금과 별도로 위탁자가 회원에게 증거금을 예탁하도록 하고 있는데 이를 위탁증거금이라 한다.

본조는 증권시장의 경우에도 증권시장업무규정으로 정하는 바에 따라 거래증거금을 예치하도록 하고 있으나, 현재 한국거래소의 증권시장업무규정은 증권시장에서의 거래증거금 예탁의무를 규정하고 있지 않아 증권시장에서의 거래증거금제도는 운영되지 않고 있다. 반면 동조에는 규정되어 있지 않지만 한국거래소의 증권시장업무규정은 증권시장의 경우에도 회원이 투자자로부터 위탁증거금을 징수할 수 있도록 하고 있고, 징수기준을 거래소에 통보하도록 하고 있다(유가증권시장 업무규정 第87條,2) 코스닥시장 업무

---

1) 회원관리규정 제31조(보증금의 예탁) ① 회원은 증권시장 및 파생상품시장별로 각각 1백만원을 최저한도로 하여 이사회의 결의로 정한 보증금을 거래소에 예탁하여야 한다.
② 회원은 보증금의 반환청구권을 타인에게 양도하거나 담보의 목적으로 제공할 수 없다.
③ 보증금의 운용 및 관리 등에 관하여 필요한 사항은 거래소가 정하는 바에 의한다.

2) 유가증권시장 업무규정 제87조(위탁증거금) ① 회원은 위탁자로부터 매매거래의 위탁을 받을 때에는 매수의 경우에는 현금, 매도의 경우에는 당해 매도증권 또는 현금으로 위탁증거금을 징수할 수 있다.
② 제 1 항의 규정에 의한 위탁증거금의 징수율과 그 징수방법(제88조의 규정에 의한 대용증권의 징수

규정 42조, 코넥스시장 업무규정 61조).

Ⅱ. 위탁증거금

위탁증거금은 회원이 고객으로부터 증권 또는 파생상품의 매매거래를 위탁받은 경우 위탁자의 결제이행을 확보하기 위해 징수하는 현금 또는 증권을 말한다. 회원이 위탁자로부터 증권의 매매거래의 위탁을 받을 때 매수의 경우에는 현금, 매도의 경우에는 당해 매도증권 또는 현금으로 위탁증거금을 징수할 수 있다. 과거에는 거래소가 위탁증거금의 징수율과 징수방법을 정하여 운영하였으나, 1998년 4월부터는 회원이 각사의 영업정책 및 리스크관리 정책에 따라 자율적으로 결정하도록 하였다.

회원이 위탁자로부터 파생상품의 매매거래의 위탁을 받을 때 회원은 위탁자가 보유한 미결제약정 및 주문의 위험을 고려하여 위탁증거금액을 산출한다. 이러한 위탁증거금액은 위탁자의 보유위험을 평가한 최소한의 위탁증거금 소요액이므로 고객은 위탁증거금액 이상으로 자신의 파생상품거래계좌에 납부하여야 거래가 가능하다. 위탁자의 파생상품계좌에 예탁된 현금, 대용증권[1] 및 외화, 외화증권은 모두 위탁증거금으로 사용될 수 있다. 다만, 대용증권, 외화, 외화증권의 경우 현금과 달리 담보가치가 하락할 가능성이 존재하므로 기준시세의 일정비율만이 증거금 납입액으로 인정되며, 증거금의 일정 비율을 반드시 현금으로 납입해야 한다. 위탁증거금액은 파생상품계좌별로 산출하여야 하며, 동일 위탁자가 다수의 계좌를 개설한 경우에도 각 계좌별로 산출하여 예탁받아야 한다. 파생상품시장에서의 위탁증거금은 예탁시기에 따라 장중에 주문시마다 받는 사전위탁증거금과 장 종료 후에 남아 있는 포지션을 대상으로 일괄적으로 한 번에 산출하는 사후위탁증거금으로 구분된다. 사후위탁증거금이 적용되는 위탁자의 경우 회원이 장중에 실시간으로 리스크를 관리하기 어려우므로 사후위탁증거금은 결제이행능력이 충분한 적격기관투자자에게만 제한적으로 적용된다. 그 외의 일반 위탁자는 장중에 신규주문을 제출할 때 실시간으로 산출된 사전위탁증거금을 예치하여야 한다.

법은 증권회사 또는 선물회사가 투자자로부터 거래와 관련하여 예탁받은 금전을 자기재산과 구분하여 증권금융에 예치 또는 신탁하도록 하고 있다(법 74조). 따라서 위탁증

비율을 포함한다. 이하 "위탁증거금징수기준"이라 한다)은 회원이 정한다.
③ 회원이 제2항의 규정에 의한 위탁증거금징수기준을 정한 때에는 세칙이 정하는 기간 내에 거래소에 통보하여야 한다. 이를 변경한 때에도 또한 같다.
④ 제1항 내지 제3항의 규정에 불구하고 천재·지변·전시·사변·경제사정의 급격한 변동 그 밖에 이에 준하는 사태가 발생하거나 결제가 정상적으로 이루어지지 아니하는 경우 등 시장관리상 필요하다고 인정하는 때에는 거래소가 종목 또는 매도·매수별로 일정기간을 정하여 위탁증거금의 최저징수율을 정할 수 있다.

1) 대용증권은 증권의 활용도를 높이기 위하여 현금에 갈음하여 증거금으로 사용할 수 있도록 거래소가 지정한 증권을 말한다. 시장에서 환금성이 있는 증권 중에서 지정된다.

거금의 경우도 별도로 관리되어야 한다. 증권회사 또는 선물회사가 고객자산을 임의로 운용하여 발생할 수 있는 위험을 사전에 차단하기 위한 것이다.

Ⅲ. 거래증거금

거래증거금은 회원이 시장에서의 매매거래에 따른 채무의 이행을 보증하기 위하여 거래소에 예치하는 자금이다. 거래증거금의 예탁수단은 현금, 대용증권, 외화 및 외화증권이 허용되고 있는데 이중 대용증권의 활용도가 가장 높다. 한국거래소는 대용증권으로 상장된 주식, 채권, 수익증권, ETF 등을 인정하고 있고, 대용증권의 예탁 및 인출은 예탁결제원에 예탁된 회원의 증권에 대하여 거래소가 질권 또는 전질권(위탁자가 회원에게 위탁증거금으로 예탁한 대용증권인 경우)을 취득하거나 말소하는 방법으로 이루어진다. 외화는 미국 달러, 일본 엔, 유로, 영국 파운드, 홍콩 달러, 호주 달러, 싱가포르 달러, 스위스 프랑, 캐나다 달러의 주요 9개 외화를 인정하고 있다. 외화증권의 경우 2013년 3월부터 비거주자에 대한 미국국채(Treasury Bill, Note, Bond)의 증거금 예탁을 허용하였다.

한국거래소의 거래증거금은 주문시마다 징수하지 않고 장 종료 후에 거래소가 필요액을 산출하여 예탁하는 사후증거금제도가 적용되고 있다. 회원은 산출된 거래증거금을 산출일의 다음 거래일 12시까지 거래소에 예탁하여야 한다.

한국거래소는 거래증거금에서 발생한 과실을 전액 회원에게 지급하고 있는데, 2008년 12월부터 거래증거금 관리방법을 개선하여 기존 수시입출금예금(MMDA)으로만 운용하던 것을 정기예금, 통안채 등 안전자산으로 확대하였다.[1)]

제397조(거래증거금과 회원보증금의 채무변제에의 충당)

거래소는 회원이 거래소 또는 다른 회원에 대하여 증권시장 또는 파생상품시장에서의 매매거래에 관한 채무를 이행하지 아니한 경우에는 그 회원의 거래증거금과 회원보증금으로 그 채무의 변제에 충당할 수 있다.

본조는 회원의 매매거래에 관한 채무불이행시 거래소가 법 제394조의 손해배상공동기금 외에 제395조의 회원보증금, 제396조의 거래증거금에 대하여도 그 채무의 변제에 사용할 수 있다는 법적 근거를 명확히 하고 있다. 법 제394조는 회원의 채무불이행시 거래소가 손해배상공동기금을 먼저 사용할 것을 규정하고 있으나, 제395조와 제396조는 회원보증금과 거래증거금을 예치할 의무만을 규정하고 있으므로 엄밀히 말하면 그 회원

1) 한국거래소, 「KRX 청산결제리포트」, 2013, 39쪽.

보증금과 거래증거금을 예탁한 회원의 채무불이행시 그에 대한 변제에 충당할 수 있다는 근거는 아니라고 할 수 있다. 이에 본조는 회원보증금과 거래증거금을 예탁한 회원의 채무불이행이 있을 시 양자를 채무의 변제에 충당할 수 있다는 보다 명확한 법적 근거를 둔 것이다.

그러나 제395조와 제396조를 두고 있음에도 별도로 본조를 두는 것은 불필요한 중복이라는 견해도 있다. 연혁적으로 살펴보면 구증권법의 경우 법 제395조의 회원보증금과 제396조의 거래증거금에 해당하는 조항이 없이 본조와 같은 채무변제 충당 조항만을 두고 있었다(구증권법 96조).[1] 반면 구선물법의 경우 본조와 같은 조항 없이 법 제395조와 제396조에 해당하는 조항이 채무변제 충당의 근거가 되었다(구선물법 23조의2, 26조[2]). 그런데 자본시장법이 구증권법과 구선물법을 통합하면서 양자의 조항을 모두 수용하여 본조가 제정되었다고 볼 수 있는바, 법 제395조·제396조와 제397조 양자 모두를 두는 것은 불필요한 중복이라는 것이다.[3]

第398조(거래소에 의한 채무이행 등)

① 거래소는 증권시장 및 파생상품시장에서의 매매거래를 원활하게 하기 위하여 증권시장업무규정 및 파생상품시장업무규정이 정하는 바에 따라 회원을 대신하여 그 회원의 증권시장 또는 파생상품시장에서의 매매거래에 의한 채권·채무에 대하여 그 채권을 행사 또는 취득하거나 그 채무를 이행 또는 인수할 수 있다.

② 제1항의 채무의 이행 또는 인수로 인하여 거래소에 손실이 발생한 경우 해당 회원은 증권시장업무규정 및 파생상품시장업무규정이 정하는 바에 따라 거래소에 대하여 같은 채무를 부담한다.

Ⅰ. 본조의 취지

법은 제378조에서 증권시장 및 파생상품시장에서의 청산기관과 파생상품시장에서의

1) 구증권법 제96조(증거금과 신원보증금의 채무변제에의 충당) 회원이 거래소 또는 다른 회원에 대하여 유가증권시장에서의 매매거래에 관한 채무를 이행하지 아니한 때에는 거래소는 당해 회원의 증거금과 신원보증금으로서 그 채무의 변제에 충당할 수 있다.

2) 구선물법 제23조의2(회원보증금) ① 회원은 장래 선물거래와 관련하여 발생할 수 있는 채무의 이행을 보증하기 위하여 거래소에 회원보증금을 예탁하여야 한다.
제26조(거래증거금) ① 거래소의 회원은 선물거래를 함에 있어 거래소에 대하여 부담하는 채무의 이행을 보증하기 위하여 업무규정이 정하는 바에 의하여 거래소에 거래증거금을 예탁하여야 한다.

3) 한국증권법학회, 전게서(2009), 816쪽.

결제기관이 거래소임을 명시하는 한편 제377조 제 3 호 및 제 4 호에서 “증권 및 장내파생상품의 거래에 따른 매매확인, 채무인수, 차감, 결제증권·결제품목·결제금액의 확정, 결제이행보증, 결제불이행에 따른 처리 및 결제지시에 관한 업무”와 “장내파생상품의 매매거래에 따른 품목인도 및 대금지급에 관한 업무 이와 관련한 업무”를 거래소의 업무로 명시하고 있다. 본조 제 1 항에서는 재차 거래소의 채무인수조항을 명시적으로 규정함으로써 거래소의 청산기관으로서의 지위를 강조하고 있다.[1)]

Ⅱ. 거래소의 면책적 채무인수

청산은 거래당사자 사이에 거래조건을 확인하고 최종 결제의무를 확정하는 절차를 말한다. 청산은 청산절차에 참가하는 당사자의 수에 따라 양자간 청산과 다자간 청산으로 구분할 수 있는데, 다자간 청산은 다시 청산대리인에 의한 청산과 CCP(Central Counterparty)에 의한 청산으로 구분된다. 대부분의 청산기관이 채택하고 있는 CCP청산방식에서 CCP는 회원간에 성립된 매매거래에 개입하여 모든 매도자에 대해서는 매수자, 모든 매수자에 대해서는 매도자가 됨으로써 거래의 이행을 보증하는 역할을 한다.

CCP가 회원간 성립된 채권채무관계를 자신에게 집중시킬 수 있는 법적 수단으로는 경개방식, (면책적) 채무인수방식, 거래당사자방식(open offer)이 있는데,[2)] 법은 구선물법(28조[3)]) 및 거래소 업무규정 등을 고려하여 채무인수 구조를 규정하고 있다.

채무인수란 채무의 동일성을 유지하면서 채무가 종전의 채무자로부터 제 3 자(인수인)에게 이전되는 것을 말한다. 채무인수에는 인수자가 채무를 인수함으로써 채무자가 책임을 면하는 면책적 채무인수와 인수인이 종래의 채무자와 병존하여 같은 내용의 채무를 부담하는 병존적 채무인수가 있다. 법은 거래소의 채무인수의 종류에 대하여 명시적으로 규정하고 있지는 않다. 그러나 증권시장 및 파생상품시장에서의 매매거래에 대해 병존적 채무인수를 인정하는 경우 기존의 채권자 회원이 기존의 채무자 회원은 물론 거래소에 대해서도 이행청구를 할 수 있어 혼란이 초래될 수 있다는 점, 거래소의 업무규정[4)]에서

---

1) 상게서, 818쪽.

2) 김건식/정순섭, 전게서(2010), 455쪽.

3) 구선물법 제28조(거래소에 의한채무이행등) ① 거래소는 선물거래를 원활하게 하기 위하여 업무규정이 정하는 바에 의하여 회원을 대신하여 당해 회원의 선물거래에 의한 채권·채무에 대하여 당해 채권을 행사 또는 취득하거나 당해 채무를 이행 또는 인수할 수 있다.
② 거래소는 제 1 항의 규정에 의한 채무의 이행 또는 인수로 인하여 손실이 발생한 경우 업무규정이 정하는 바에 의하여 당해 회원 또는 다른 회원에게 당해 손실의 전부 또는 일부를 부담시킬 수 있다.

4) 유가증권시장 업무규정 제73조(면책적 채무인수) ① 거래소는 제72조의2에 따라 확인한 매매거래에 대하여 회원이 상대방인 회원에 부담하는 채무를 인수하고, 해당 회원은 거래소가 인수한 채무와 동일한 내용의 채무를 거래소에 부담한다.
② 제 1 항에 따라 거래소에 채무를 이전한 회원은 이전하기 전에 상대방인 회원에 대하여 부담하는 채무를 면한다.

면책적 채무인수로 규정하고 있는 점 등에 비추어 볼 때 거래소가 회원을 대신하여 채무를 인수하는 면책적 채무인수를 의미한다고 보는 것이 타당하다. 거래소의 면책적 채무인수를 통하여 종전의 채무자 회원의 종전의 채권자 회원에 대한 채무를 면하고 대신 채무를 면한 종전의 채무자 회원은 거래소에 대하여 동일한 채무를 부담한다.

Ⅲ. 채무인수관련 거래소 손실에 대한 보상

법 제398조 제2항은 거래소가 인수한 채무의 이행 또는 채무인수와 관련하여 거래소에 손실이 발생한 경우 "해당 회원은 거래소에 대하여 같은 채무를 부담"한다고 규정하고 있다. 이는 거래소의 면책적 채무인수 이후 거래소와 회원(채무자)과의 내부관계를 구체화한 것이라 할 수 있다. 제1항에서 면책적 채무인수로 인하여 거래소만이 반대당사자인 결제회원(채권자)에 대해 채무를 부담하게 되었으므로 이러한 거래소의 채무이행에 필요한 증권 또는 대금을 본래 채무자인 회원이 거래소에 제공하여 거래소에 의한 채무이행을 원활하게 하도록 해주는 것이다.[1)]

제399조(거래소의 손해배상책임)

① 거래소는 회원의 증권시장 또는 파생상품시장에서의 매매거래의 위약(違約)으로 인하여 발생하는 손해에 관하여 배상의 책임을 진다.

② 거래소가 제1항에 따라 손해를 배상하는 경우에는 제394조에 따라 적립된 공동기금에서 우선 충당한다.

③ 거래소는 제1항 및 제2항에 따라 손해를 배상한 경우에는 위약한 회원에 대하여 그 배상한 금액과 이에 소요된 비용에 관하여 구상권을 가진다.

④ 거래소는 제3항에 따라 추심된 금액에서 거래소가 배상한 금액과 이에 소요된 비용에 우선 충당하고 잔액은 공동기금에 보전한다.

코스닥시장 업무규정 제29조(면책적 채무인수에 의한 결제) ① 거래소는 회원관리규정 제21조 제1항의 규정에 의하여 결제회원이 매매거래에 관하여 부담하는 채무를 면책적으로 인수하고, 당해 결제회원은 거래소가 인수한 채무와 동일한 내용의 채무를 거래소에 부담하는 방법으로 결제한다.

코넥스시장 업무규정 제35조(면책적 채무인수) ① 거래소는 제34조에 따라 확인한 매매거래에 대하여 회원이 상대방인 회원에 부담하는 채무를 인수하고, 해당 회원은 거래소가 인수한 채무와 동일한 내용의 채무를 거래소에 부담한다.

② 제1항에 따라 거래소에 채무를 이전한 회원은 이전하기 전에 상대방인 회원에 대하여 부담하는 채무를 면한다.

회원관리규정 제21조(증권의 매매거래 및 장내파생상품거래의 결제) ① 거래소는 증권시장에서의 증권의 매매거래 또는 파생상품시장에서의 장내파생상품거래에 관하여 결제회원이 다른 결제회원에 대하여 부담하는 채무를 면책적으로 인수하고 그와 동시에 그 결제회원은 거래소가 인수한 채무와 동일한 내용의 채무를 거래소에 대하여 부담하는 방법으로 결제한다.

1) 한국증권법학회, 전게서(2009), 819쪽.

⑤ 제 3 항의 구상권의 행사에 관하여 필요한 사항은 대통령령으로 정한다.

시행령 제363조(구상권의 행사 등) ① 거래소는 법 제399조 제 1 항에 따라 손해를 배상하는 경우에는 이를 금융위원회에 보고하여야 하며, 공동기금을 속히 보전할 수 있는 방법으로 위약한 회원에 대하여 구상권을 행사하여야 한다.
② 거래소는 위약한 회원으로부터 구상한 경우에는 다른 회원이 적립한 공동기금의 사용분을 그 사용비례에 따라 우선하여 보전하여야 하며, 잔액이 있을 때에는 위약한 회원이 적립한 공동기금의 사용금액을 보전하여야 한다.

거래소는 회원의 매매거래의 위약으로 인하여 발생하는 손해에 관하여 배상의 책임을 지고 손해배상공동기금으로 이에 충당한다. 거래소가 손해를 배상한 때에는 위약한 회원에 대하여 그 배상한 금액과 이에 소요된 비용에 관하여 구상권을 행사할 수 있다. 구상권 행사로 추심한 금액은 다른 회원이 적립한 공동기금의 사용분을 그 사용비례에 따라 우선하여 보전하고, 잔액이 있을 때에는 위약한 회원이 적립한 공동기금의 사용금액을 보전한다.

법은 구증권법 제97조[1]를 계수하여 거래소가 회원의 매매거래의 위약으로 인한 손해에 대하여 배상책임을 부담한다는 사항을 규정하고 있는데, 구증권법은 구선물법과 달리 직접적으로 거래소의 (면책적) 채무인수규정을 두지 아니하였기 때문에 회원의 위약으로 인한 채무불이행에 대하여 거래소가 최종적인 배상책임을 진다고 규정한 것이었다.[2] 그러나 현재는 법 제398조 등에서 거래소의 (면책적) 채무인수를 규정하고 있으므로 거래소가 고유한 자신의 채무로서 채무불이행에 대한 손해배상책임을 지는 것은 당연하고 따라서 이는 주의적 규정이라고 할 수 있다.[3]

제400조(채무변제순위)

① 거래소의 회원이 증권시장 또는 파생상품시장에서의 매매거래에 따른 채무를 이행하지 아니하여 거래소 또는 다른 회원에게 손해를 끼친 경우 그 손해를 입은 거래소 또는 다른 회원은 그 손해를 끼친 회원의 회원보증금·거래증거금 및 공동기금 지분에 대하여 다른 채권자보다 우선하여 변제받을 권리를 가진다.
② 거래소는 회원이 증권시장 또는 파생상품시장에서의 매매에 따른 결제를 위하여 납부한 대금·증권 및 품목에 관하여 다른 채권자보다 우선하여 변제를 받을 권리가 있다.
③ 거래소는 증권시장 또는 파생상품시장에서의 매매에 따른 결제완료 전에 대금·증권 및 품목이 인도된 경우에 해당 회원이 그 결제를 이행하지 아니함으로써 거래소에 손해를 끼친 때에는

1) 구증권법 제97조(거래소의 손해배상책임) ① 거래소는 회원의 매매거래의 위약으로 인하여 발생하는 손해에 관하여 배상의 책임을 진다.
2) 한국증권법학회, 전게서(2009), 820쪽.
3) 임재연, 「자본시장법」, 박영사, 2013, 1323쪽.

그 회원의 재산에 관하여 다른 채권자보다 우선하여 변제를 받을 권리가 있다. 다만, 그 결제의 이행 기한이 도래하기 전에 설정된 전세권·질권·저당권 또는 「동산·채권 등의 담보에 관한 법률」에 따른 담보권에 의하여 담보된 채권에 대하여는 우선하여 변제를 받을 권리가 없다.
④ 제1항부터 제3항까지의 규정에 따른 거래소의 우선권은 제395조 제3항에 따른 위탁자의 회원보증금에 대한 권리보다 우선하는 효력을 가진다.

Ⅰ. 본조의 취지

본조는 거래소의 회원이 증권시장 또는 파생상품시장에서의 매매거래에 따른 채무를 불이행하여 거래소 또는 다른 회원에 손해가 발생한 경우에 있어 거래소 또는 다른 회원의 우선변제권을 규정하고 있다. 이는 회원의 다른 채권자가 있을 경우 거래소 또는 다른 회원이 우선하여 변제받을 권리를 가진다는 것으로, 회원의 결제채무 이행을 공고하게 하기 위한 취지의 규정이다.

Ⅱ. 거래소의 우선변제권

본조는 회원보증금·거래증거금 및 손해배상공동기금 지분에 대한 우선변제권(1항), 회원이 결제를 위하여 납부한 대금·증권 및 품목에 대한 우선변제권(2항), 회원의 일반재산에 대한 우선변제권(3항)을 규정한다. 회원의 회원보증금·거래증거금·손해배상공동기금은 회원 탈퇴 시 거래소가 회원에게 반환하여야 하는 금전인데, 회원의 채무불이행이 있는 경우 거래소는 회원이 납부한 위 금액을 채무이행에 충당하고 충당한 금액만큼 회원에게 반환을 거부하여 우선변제를 받을 수 있다. 또한 거래소는 회원이 시장에서의 매매거래에 따른 결제를 위하여 납부한 대금·증권 및 품목에 대하여 회원의 다른 채권자에 우선하여 결제불이행으로 인한 손해배상채권에 충당할 수 있고, 거래소 시장에서의 매매거래와 관계없는 회원의 일반재산에 대해서도 다른 채권자에 우선하여 변제를 받을 권리가 있다. 다만, 그 결제의 이행 기한이 도래하기 전에 설정된 전세권·질권 또는 저당권에 대하여는 우선하여 변제를 받을 권리가 없다.

법은 거래소의 회원이 납부한 회원보증금에 대해서는 거래소뿐만 아니라 위탁자도 우선변제권을 가진다고 규정하고 있다(법 395조 3항). 따라서 둘 사이의 관계가 문제되는데, 본조는 거래소의 우선권이 제395조 제3항에 따른 위탁자의 회원보증금에 대한 권리보다 우선하는 효력을 가진다고 규정함으로써 둘 사이의 관계를 명확히 하였다.

제401조(시세의 공표)

거래소는 대통령령으로 정하는 방법에 따라 다음 각 호의 증권 및 장내파생상품의 시세(다자간매매체결회사가 다자간매매체결업무를 할 때 형성된 시세를 제외한다. 이하 이 조에서 같다)를 공표하여야 한다.

1. 증권의 매일의 매매거래량 및 그 성립가격과 최고·최저 및 최종가격
2. 장내파생상품의 종목별 매일의 총거래량, 최초·최고·최저 및 최종거래 성립가격 또는 약정수치
3. 그 밖에 시세의 공정한 형성 및 투자자 보호에 필요하다고 인정되는 시세로서 대통령령으로 정하는 시세

시행령 제364조(시세의 공표 등) ① 법 제401조 각 호 외의 부분에서 "대통령령으로 정하는 방법"이란 전산설비에 의하거나 증권 및 장내파생상품의 시세 등 증권시장과 파생상품시장의 정보를 주로 취급하는 간행물에 게재하는 방법을 말한다.
② 거래소는 법 제401조에 따른 시세의 공표와 그 정보의 효율적 관리를 위하여 필요한 세부사항을 정할 수 있다.
③ 법 제401조 제 3 호에서 "대통령령으로 정하는 시세"란 제192조 제 3 항에 따른 대용가격을 말한다.

시세정보의 공표는 거래소가 조직화된 시장을 운영하기 위하여 필수적인 요소이다. 원활한 유통과 공정한 가격의 형성을 위해서는 투자자가 정확한 시세정보를 바탕으로 투자판단을 내려야 하기 때문이다. 이를 위해 법은 거래소로 하여금 증권 및 장내파생상품의 시세를 공표하도록 하고 있다.[1]

법은 거래소가 공표해야 하는 시세정보의 범위를 ① 증권의 매일의 매매거래량 및 그 성립가격과 최고·최저 및 최종가격, ② 장내파생상품의 종목별 매일의 총거래량, 최초·최고·최저 및 최종거래 성립가격 또는 약정수치, ③ 상장증권의 대용가격 등으로 규정하고, 시세공표와 관련하여 필요한 세부사항은 거래소가 정하도록 하였다. 이에 따라 한국거래소는 각 시장별 업무규정에 다음과 같이 시세의 공표와 관련한 세부사항을 정하고 있다.

유가증권시장 업무규정

제101조(시세 등의 공표)

① 법 시행령 제364조 제 2 항의 규정에 의하여 거래소는 다음 각 호에 해당하는 시세 등을 공표한다.

1. 현재가·시가·최고가·최저가 및 종가
2. 거래량 및 거래대금
3. 전일 종가 또는 기준가격
4. 배당락, 권리락, 분배락 또는 이자락
5. 그 밖에 단일가격에 의한 개별경쟁매매를 위한 호가접수시간중의 예상체결가격, 매도·매수별

1) 한국증권법학회, 전게서(2009), 822쪽.

예상최우선호가의 가격 및 복수가격에 의한 개별경쟁매매를 위한 호가접수시간중의 매도·매수별 최우선호가의 가격을 포함하는 호가정보 등 세칙이 정하는 사항

② 거래소는 투자자보호를 위하여 투자판단에 참고가 될 수 있는 정보를 공표할 수 있다.

③ 제1항 및 제2항의 규정에 의한 시세 등의 공표방법, 투자참고사항의 공표방법 그 밖에 필요한 사항은 세칙으로 정한다.

제102조(시장정보의 관리)

법 시행령 제364조 제2항의 규정에 의하여 거래소는 시장에서 매매거래와 관련하여 생성되거나 이를 기초로 산출되는 시장정보를 전산시스템 등에 의하여 효율적으로 관리하고, 정보통신설비등을 통하여 회원 그 밖에 이를 이용하고자 하는 자에게 시장정보의 이용에 관한 계약을 체결한 후 제공한다.

코스닥시장 업무규정

제50조(시세 등의 공표)

① 법 시행령 제364조 제2항에 따라 거래소는 다음 각 호에 해당하는 시세등을 공표한다.

1. 현재가·시가·최고가·최저가 및 종가
2. 거래량 및 거래대금
3. 전일 종가 또는 기준가격
4. 배당락, 권리락, 분배락 또는 이자락
5. 그 밖에 단일가격에 의한 개별경쟁매매를 위한 호가접수시간중의 예상체결가격, 매도·매수별 예상최우선호가의 가격 및 복수가격에 의한 개별경쟁매매를 위한 호가접수시간중의 매도·매수별 최우선호가의 가격을 포함하는 호가정보 등 세칙이 정하는 사항

② 거래소는 투자자보호를 위하여 투자판단에 참고가 될 수 있는 정보를 공표할 수 있다.

③ 거래소는 시장에서 매매거래와 관련하여 생성되거나 이를 기초로 산출되는 시장정보를 전산시스템에 의하여 효율적으로 관리하고 정보통신설비 등을 통하여 회원 그 밖에 이를 이용하고자 하는 자에게 시장정보의 이용에 관한 계약을 체결한 후 제공한다.

④ 제1항 및 제2항의 규정에 의한 시세 등의 공표방법, 투자참고사항의 공표방법 그 밖에 필요한 사항은 세칙으로 정한다.

코넥스시장 업무규정

제70조(시세 등의 공표)

① 법 시행령 제364조 제2항에 따라 거래소는 다음 각 호에 해당하는 시세등을 공표한다.

1. 현재가·시가·최고가·최저가 및 종가
2. 거래량 및 거래대금
3. 전일 종가 또는 기준가격
4. 배당락, 권리락, 분배락 또는 이자락
5. 그 밖에 단일가격에 의한 개별경쟁매매를 위한 호가접수시간중의 예상체결가격, 매도·매수별 예상최우선호가의 가격 및 복수가격에 의한 개별경쟁매매를 위한 호가접수시간중의 매도·매

수별 최우선호가의 가격을 포함하는 호가정보 등 세칙이 정하는 사항

② 거래소는 투자자보호를 위하여 투자판단에 참고가 될 수 있는 정보를 공표할 수 있다.

③ 거래소는 시장에서 매매거래와 관련하여 생성되거나 이를 기초로 산출되는 시장정보를 전산시스템에 의하여 효율적으로 관리하고 정보통신설비 등을 통하여 회원 그 밖에 이를 이용하고자 하는 자에게 시장정보의 이용에 관한 계약을 체결한 후 제공한다.

④ 제 1 항 및 제 2 항에 따른 시세 등의 공표방법, 투자참고사항의 공표방법 그 밖에 필요한 사항은 세칙으로 정한다.

파생상품시장 업무규정

제82조(시세 등의 공표)

① 거래소는 종목별로 다음 각 호에 해당하는 시세 등을 공표한다.

1. 현재·최초·최고·최저 및 최종의 약정가격
2. 약정수량 및 약정금액
3. 미결제약정수량
4. 직전 정규거래의 최종의 약정가격 또는 기준가격
5. 단일가호가시간 이외의 호가접수시간의 경우에는 우선가격의 호가수량, 단일가호가시간의 경우에는 호가수량의 합계수량 또는 예상체결가격 등 세칙이 정하는 사항
6. 그 밖에 거래소가 시장관리상 필요하다고 인정하는 사항

② 제 1 항의 예상체결가격의 공표기간 중 호가의 정정 및 취소의 제한, 시세 등의 공표방법, 그 밖에 필요한 사항은 세칙으로 정한다.

시세의 공표는 전산설비에 의하거나 증권 및 장내파생상품의 시세 등 증권시장 및 파생상품시장의 정보를 주로 취급하는 간행물에 게재하는 방법으로 하여야 한다.

[초판: 성희활, 개정판: 조아람]

제 4 장 시장감시 및 분쟁조정

제402조(시장감시위원회)

① 거래소에 다음 각 호의 업무를 수행하기 위하여 시장감시위원회를 둔다. 〈개정 2013. 5. 28, 2014. 12. 30〉

1. 시장감시, 이상거래의 심리 및 회원에 대한 감리(지정거래소가 제78조 제 3 항 및 제 4 항에 따라 행하는 감시, 이상거래의 심리 또는 거래참가자에 대한 감리를 포함한다)
2. 증권시장과 파생상품시장 사이의 연계감시(지정거래소가 제404조 제 2 항 및 제 3 항에 따라 행하는 거래소시장과 다른 거래소시장 사이 및 거래소시장과 다자간매매체결회사 사이의 연계감시를 포함한다)
3. 제 1 호 및 제 2 호에 따른 이상거래의 심리, 회원에 대한 감리, 연계감시의 결과에 따른 회원 또는 거래참가자에 대한 징계 또는 관련 임직원에 대한 징계요구의 결정
4. 불공정거래의 예방 등을 위한 활동
5. 제377조 제10호에 따른 분쟁의 자율조정에 관한 업무
6. 제403조에 따른 시장감시규정 및 제405조 제 1 항에 따른 분쟁조정규정의 제정·변경 및 폐지
7. 그 밖에 제 1 호부터 제 6 호까지의 업무에 부수하는 업무

② 시장감시위원회는 다음 각 호의 위원으로 구성한다. 〈개정 2008. 2. 29〉

1. 시장감시위원회 위원장(이하 이 조에서 "시장감시위원장"이라 한다)
2. 삭제 〈2008. 2. 29〉
3. 금융위원회 위원장이 추천하는 2인
4. 협회가 추천하는 2인

③ 시장감시위원회 위원의 임기는 3년으로 하며, 정관이 정하는 바에 따라 연임할 수 있다.

④ 시장감시위원장은 대통령령으로 정하는 금융에 관한 경험과 지식을 갖추고 거래소의 건전한 경영과 공정한 거래질서를 해할 우려가 없는 자 중에서 시장감시위원회의 추천을 받아 주주총회에서 선임한다.

⑤ 금융위원회는 제 4 항에 따라 선임된 시장감시위원장이 직무수행에 부적합하다고 인정되는 경우로서 대통령령으로 정하는 경우에는 그 선임된 날부터 1개월 이내에 그 사유를 구체적으로 밝혀 해임을 요구할 수 있다. 이 경우 해임 요구된 시장감시위원장의 직무는 정지되며, 거래소는 2개월 이내에 시장감시위원장을 새로 선임하여야 한다. 〈개정 2008. 2. 29〉

⑥ 제24조는 시장감시위원회 위원의 자격에 관하여 준용한다.

⑦ 시장감시위원회 위원 및 그 직에 있었던 자는 그 직무에 관하여 알게 된 비밀을 누설 또는 이용하여서는 아니 된다.

⑧ 금융위원회는 시장감시위원회의 위원이 다음 각 호의 어느 하나에 해당하는 경우에는 그 위원에 대하여 6개월 이내의 기간을 정하여 업무집행을 정지하거나 해임을 요구할 수 있다. 〈개정 2008. 2. 29〉

1. 제 7 항을 위반하여 비밀을 누설하거나 이용한 경우
2. 그 밖에 투자자 보호 또는 건전한 시장 질서를 해할 우려가 있는 경우로서 대통령령으로 정하는 경우

⑨ 그 밖에 시장감시위원회의 구성 및 운영에 관하여 필요한 사항은 정관으로 정한다.

Ⅰ. 본조의 취지

자본시장에서 규제는 정부 감독기구에 의한 공적 규제와 거래소 등 시장에서 수행되는 자율규제(self-regulation)로 구분된다. 공적 규제는 법령에 근거하여 이루어지는 것으로 공정성과 형평성 측면에서 장점이 있으나, 규제의 신속성과 전문성 측면에서는 부족한 단점이 있다. 이에 반해 자율규제는 전문성, 신속성 및 탄력적 운영이 가능하며, 시장질서 유지를 위해 법령에서 요구하는 수준 이상의 윤리수준을 회원들에게 요구함으로써 시장의 공정거래질서를 확립할 수 있다는 장점이 있다. 그러나 자율규제는 성격상 시장, 회원 또는 주주와의 이익상충의 문제가 발생할 가능성이 있으며, 이를 해결하기 위해서 시장에서 자율규제의 독립성을 보장하는 것이 중요한 과제로 대두된다. 우리 자본시장법도 이러한 문제를 해결하기 위해 2005년 4개 기관이 합병하여 한국거래소가 출범하기 위한 근거법이었던 「한국증권선물거래소법」(이하 '거래소법'이라 함) 제정시 거래소 내에 자율규제를 위하여 시장감시위원회를 두도록 하였으며, 이해상충방지 및 의사결정의 독립성을 위한 각종 제도적 장치를 마련하였고, 현행 자본시장법에서 이러한 내용을 계수하였다.

Ⅱ. 시장감시위원회 설립 배경

우리나라의 경우 자본시장에 대한 규제는 공적 기구에 의한 감독체제에 집중됨에 따라 상대적으로 자율규제가 발전되지 못한 측면이 있었다. 그러나 한국증권선물거래소법 제정 당시 급변하는 자본시장 환경에 부응하기 위하여 직접적이고 획일적이며 시장에 대한 대응이 늦어지는 공적 규제보다는 시장상황에 효율적·탄력적으로 대응할 수 있는

자율규제를 강화할 필요성과 함께, 특히 주식회사로 설립되는 거래소의 경우는 운영의 자율성이 확대되는 만큼 책임성의 제고를 위하여 자율규제기능을 강화할 필요성이 제기되었다.[1)]

거래소의 자율규제는 크게 자율규제기구를 거래소 내에 설치하되 독립성을 강화하여 운영하는 내부자율규제기구형(In-house)과 독립성을 강화하여 거래소와는 분리하여 독립적으로 설치하는 독립자율규제기구형이 있다. In-house형의 자율규제기구는 거래소와 이해상충의 우려를 해소할 있는 적절한 독립성 보장장치가 필요한 반면 비용의 효율성을 기할 수 있는 장점이 있으며, 독립자율규제기구형은 이해상충의 우려는 해소할 수 있으나, 운영비용 측면에서는 비효율성이 있는 단점이 있다. 우리나라의 경우는 거래소법 제정 당시 많은 논의가 있었으나, ① 자율규제기구를 거래소와 분리하여 독립적으로 운영할 정도로 시장규모가 크지 않고, ② 통합거래소의 설립 취지가 경쟁력 강화 및 시장 효율성 제고에 있다는 점, ③ 또한 자율규제기구를 거래소와 분리할 경우 공적규제기구와의 기능중복에 대한 우려 등 여러 요인들을 종합적으로 고려하여 현재와 같이 자율규제기구를 거래소 내에 두기로 하고, 자율규제기구로서 거래소 내에 시장감시위원회를 설치하고 독립성 강화 장치를 마련하였다.

Ⅲ. 자율규제체계에 관한 논의 및 해외동향

자본시장에 대한 자율규제는 법률에 근거하여 규제가 이루어지는 공적 규제가 갖는 획일성·신속성·탄력성 등의 문제를 해결하기 위하여 매우 중요한 요소로 인정되어 왔다. 그러나 앞서 논의한 바와 같이 자율규제가 갖는 이해상충의 문제, 공적규제기관과의 기능 중복의 문제 등으로 인해 적절한 자율규제체계를 정립하고자 하는 노력들이 세계 각국에서 지속적으로 이루어져 왔다. 특히 각국의 거래소가 주식회사로 전환되면서 이러한 논의는 더욱 활발하게 진행되고 있다.

자본시장 선진국들은 한결같이 법률로 거래소에 자율규제 권한을 부여하거나 의무화 하고 있다. 관련법에 따른 거래소의 업무나 인가요건 등에 자율규제기능을 포함시키고 있으며, 이에 근거하여 거래소는 상장심사, 시장감시, 회원제재 등의 업무를 수행하고 있다. 이러한 자율규제기구는 공적 규제기구와 상호보완적 관계를 형성하고 있으며, 거래소는 1차적으로 불공정거래 조사기능을 수행하고, 법위반사항 등이 발견되면 공적규제기구에 이첩하거나, 관련 규정 등의 위반사항이 발견될 경우에는 회원에 대하여 직접 제재할 수 있는 기능을 수행한다. 1997년 IMF 경제위기 이후 금융자율화와 개방화가 급속도로 진전되고 시장기능의 활성화를 우선시하는 정책들이 추진되면서 시장규제도 자율

1) 국회 재정경제위원회, 「한국증권선물거래소법안 검토보고서」, 2003. 11, 20쪽.

규제 중심으로 변화되는 추세에 있으며,[1] 이러한 변화는 거래소 통합 및 자본시장법 제정을 거치면서 한층 강화되었다.

전통적으로 자율규제는 거래소 내에서 수행하여 왔는데, In-house 형태의 자율규제기구는 시장에서의 현장감각 및 전문성 등을 살릴 수 있고, 시장에 적합한 규제를 수행할 수 있는 장점이 있는 반면에, 이해상충의 문제를 해소하기 위하여 독립성을 강화하기 위한 제도적 장치가 필요한 것으로 평가된다. 이러한 In-house 방식은 독일·싱가폴·홍콩 등에서 취하고 있는 방식이며, 우리 거래소의 자율규제형태도 In-house형으로 분류할 수 있다.

그러나 각 거래소의 주식회사 전환 및 IPO를 추진하면서 거래소의 영리 기업화에 따른 이해상충 문제에 대한 우려를 해소하기 위하여, 자율규제기능 수행을 전담하는 독립적이며 비영리기관인 규제 자회사를 설립하여 운영하기도 하는데, 미국의 뉴욕증권거래소 규제자회사(NYSE-Regulation), 동경증권거래소 규제자회사(TSE-Regulation) 등이 있다.

또한 미국·캐나다와 같이 복수시장 체제에서는 자율규제기관간 규제 중복으로 인한 문제가 발생하고 시장간 불공정거래에 대하여 통합적인 대처 및 규제가 필요하다는 인식 아래 거래소와는 독립된 자율규제기구를 설치하고 거래소의 불공정거래 심리·감리 및 제재기능을 이관하였는데, '07년에 설립된 미국의 FINRA[2]와 '08년에 설립된 캐나다의 IIROC가 그러한 경우이다.[3]

마지막으로 거래소의 상장심사, 시장감시 등 자율규제기능이 정부의 행정권한을 위임받아 수행하는 규제체계의 특성을 반영하여 자율규제기능 중 일부를 공적규제기구에 이관한 사례도 있는데, 영국의 경우 '00년에 상장기능을 FSA(현 FCA)에 이관하였으며, 호주의 경우는 시장감시기능을 '10년에 공적규제기구인 ASIC에 이관하였다.

이와 같이 자율규제기능은 각국의 자본시장의 역사, 시장 상황 및 법률 체계 등에 따라 매우 다양하게 변형되어 왔으며, 이러한 변화는 공적 규제와 자율규제간의 중복을 회피하며 규제의 효율성 도모하고, 아울러 경제적 효율성도 달성하기 위한 노력으로 보인다. 우리나라 자본시장의 규제체계에 관한 논의도 이러한 요인을 고려하여 이루어져야 할 것으로 보인다. 먼저 우리나라의 경우는 시장규모가 크지 않고 단일시장체제로 유지된다는 것이다. 다자간매매체결회사(ATS)의 도입으로 시장간 경쟁체제가 도입되었다고는 하나, 실질적으로 단일 시장체제가 유지될 것으로 예상된다는 상황을 고려할 필요가 있

1) 김용재, 「자본시장과 법(상)」, 고려대학교 출판부, 2011, 299쪽.

2) FINRA는 각 거래소로부터 자율규제기능의 위임받아 2007년에 설립되었다. NYSE는 심리·감시·제재 등의 규제기능을 2010년 6월에 FINRA에 이관하였고, 현재 NYSE-R은 상장·공시·감시기능을 수행하고 있다.

3) John Carson, "Self-Regulation in Securities Market," World Bank, 2011. 1, p. 17 참조.

다. 또한 현재 시장감시위원회는 거래소의 이사회 또는 시장위원회로부터 충분히 독립된 의사결정구조를 가지고 있으며, 자본시장법에 시장감시위원회의 중립성 및 공정성을 확보하기 위한 제도들이 마련되어 있고, 중간감독기구(금융감독원)를 보유하고 있는 우리 환경에서는 규제자회사나 독립된 자율규제기구의 설립은 실익이 없어 보인다. 다만, 자율규제기구로서 시장감시위원회를 거래소에 내에 두더라도 중립성 및 공정성을 담보할 수 있는 노력은 계속되어야 할 것으로 보인다. 특히 향후 예상되는 한국거래소의 IPO 추진시에는 현재보다 중립성이 강화된 시장감시위원회의 운영이 필요하다. 또한, 거래소가 현재의 본부형 주식회사체제에서 지주회사체제로 전환하는 경우 시장감시위원회는 지주회사 아래의 자회사보다는 지주회사 내의 별도조직으로 하되 중립성을 한층 강화하는 방향으로 운영하는 것이 바람직한 것으로 보인다.

Ⅳ. 시장감시위원회의 중립성 확보 장치

시장감시위원회는 구성, 운영 및 의사결정에 있어서 거래소 이사회로부터 독립되어 있으며, 이러한 독립성을 확보하기 위한 제도적 장치들이 자본시장법과 거래소 정관에 마련되어 있는데, 그 주요한 내용을 살펴보면 다음과 같다.

첫째, 시장감시위원회의 이사회로부터의 독립이다. 시장감시위원회의 설치 및 업무가 자본시장법에 정의됨에 따라 거래소 이사회는 법에서 정한 시장감시위원회의 업무에 관한 사항에 대하여 보고를 요구하거나, 심의·의결할 권한을 갖지 못한다. 또한, 거래소 정관에는 시장업무를 관장하는 각 시장위원회는 이사회내위원회로 운영[1]되는 반면, 시장감시위원회는 이사회내 소위원회가 아닌 독립적인 위원회로 운영되도록 규정되어 있다.

둘째, 시장감시위원의 신분이 자본시장법 및 정관에 보장되어 있다. 임명절차 및 임기 등에 관한 사항은 자본시장법에 규정되어 있고, 정관에는 시장감시위원은 법 및 정관에서 정한 경우가 아니면 의사에 반하여 해임할 수 없도록 규정[2]되어 있다.

셋째, 거래소 정관은 각 시장본부는 시장운영규정을 제·개정 또는 폐지하고자 하는 경우에 미리 시장감시위원장과 협의하도록 규정[3]하고 있는데, 이는 시장규정의 개정시 사전에 자율규제기구인 시장감시위원회의 의견을 구함으로써 이해상충적 요소를 사전에 제거하고 공정거래질서 확립 및 투자자보호에 실효성을 기하기 위함이다.

넷째, 거래소의 각 사업본부별 직제에 관한 사항은 이사회에서 정하도록 되어 있으

1) 한국거래소 정관 제28조.
2) 한국거래소 정관 제49조.
3) 한국거래소 정관 제42조 제3항.

나, 시장감시본부의 경우는 시장감시위원장의 의견을 들어 정하도록 하고 있는데,[1] 이는 거래소의 시장운영과 자율규제를 담당하고 있는 시장감시본부의 운영을 균형적으로 하기 위한 것이다.

그러나 향후 거래소가 IPO를 추진하거나 지주회사체제로 전환할 경우에는 현재보다 더욱 강화된 중립성 확보 장치가 필요한 것으로 보인다. 이를 위해 시장감시위원회의 운영의 독립성이 보장되어야 하는데, 조직운영에 있어서 필요한 직제·인사 등에 있어서 시장감시위원회의 결정권이 보장되어야 한다. 시장감시위원회의 중립성에 관한 사항은 정관으로 정하도록 하고, 거래소는 전체예산의 일정부분을 규제비용을 할당하고 시장감시위원회의 운영을 위해 의무적으로 지원하는 방안도 고려해 볼 수 있다.

V. 시장감시위원회의 구성 및 위원의 선임·해임

시장감시위원회는 위원장과 4인의 위원 등 총 5인으로 구성된다. 시장감시위원장은 자본시장법 및 정관에 따라 거래소의 당연직 상근이사가 된다.[2] 시장감시위원장은 시장감시위원회에서 추천하여 주주총회에서 선임하도록 되어 있는데, 이는 선임과정에서부터 독립성을 부여함으로써 시장감시위원장으로서의 업무를 공정하게 수행할 수 있도록 하기 위함이다. 금융위원회는 시장감시위원장이 직무수행에 부적합하다고 인정되는 경우에는 선임 1개월 이내에 해임을 요구할 수 있는 등 선임과 해임에 있어 거래소의 다른 상근이사와는 차이가 있는데, 이는 정부감독기구의 규제하에서 거래소의 이해관계로부터 독립적인 위치에서 자율규제업무를 수행할 수 있는 자가 시장감시위원장 직무를 수행할 수 있도록 담보하기 위한 장치이다.

시장감시위원은 금융위원장 추천 2인과 금융투자협회 추천 2인으로 구성되며, 추천절차를 거쳐 이사회에서 임명한다. 2003년 거래소법 제정 당시에는 재정경제부장관, 금융위원장, 증권업협회, 선물협회가 각 1인을 추천하였었으나, 금융정책 및 감독기능이 금융위원회로 일원화되고 협회가 통합되면서 금융위원장과 금투협회가 각 2인씩 추천하는 것으로 변경되었다. 그러나 자율규제기구에 대하여 한 기관에서 2명씩 추천하는 것도 문제가 있으며, 또한 추천기관이 다양하지 않은 것도 문제가 있다. 자율규제기구에 대하여 공적규제기구인 금융위원회와 업자단체로서 이익대변기능을 가지고 있는 금투협회의 영향력이 지나치게 커질 우려가 있다. 따라서 시장감시위원회의 공정하고 중립적인 업무수행을 담보할 수 있도록 금융위원회와 금투협회의 시장감시위원 추천을 1명으로 제한하는 한편, 상장회사를 대표하는 상장회사협의회나 소비자보호기능을 하는 소비자보호원

1) 한국거래소 정관 第38조 제3항.

2) 법 제380조 제1항; 한국거래소 정관 제17조.

등으로 시장감시위원의 추천기관을 확대할 필요가 있다.

시장감시위원의 임기는 3년이며, 금융위원장은 시장감시위원에 대하여 법에서 정한 경우 업무집행의 정지나 해임을 요구할 수 있으며, 거래소 정관에 따로 정한 경우 이외에는 본인의 의사에 반하여 해임되지 아니하도록 정한 것도 시장감시위원회의 독립성을 보장하기 위한 것이다.

Ⅵ. 시장감시위원회의 업무

자본시장법은 자율규제기관으로서 시장감시위원회의 업무를 크게 시장감시, 이상거래심시, 회원감리, 회원 및 임직원 징계에 관한 사항, 분쟁의 자율조정 및 이와 관련한 부수업무로 규정하고 있다. 거래소 시장은 증권의 매매를 위한 증권시장과 장내파생상품의 매매를 위한 파생상품시장으로 분류[1]되는데, 시장감시위원회는 이러한 거래소시장에 대한 규제를 담당하며, 필요한 경우에는 거래소 정관에 정하는 바에 따라 업무를 수행할 수 있도록 되어 있다.

그러나 거래소의 업무가 증권 및 파생상품시장의 운영뿐만 아니라 일반상품거래까지 확대되는 등 종합거래소로 변모하는 추세를 고려할 때, 거래소의 자율규제를 증권 및 파생상품시장으로 한정하는 것처럼 해석되는 법규정은 현실에 부합하지 않는 것으로 보인다. 한국거래소는 이미 '12년부터 일반상품으로서 석유제품현물전자상거래시장[2]을 개설하여 운영하여 오고 있으며, '14년 상반기에는 금현물거래시장의 개설을 예정하고 있고, '15년에는 탄소거래 등 앞으로도 다양한 상품이 거래소에서 거래될 것으로 예상된다. 또한 장외파생상품거래시 결제이행보증을 위한 장외파생상품 중앙청산소(CCP)를 '14년 상반기부터 운영한다.

이와 같이 거래소의 업무가 매우 다양하게 확장되면서, 이에 대한 거래소의 자율규제업무도 그 범위가 확장될 필요가 있다. 이러한 문제를 해소하기 위하여 현재 새로운 시장 또는 업무가 개설되거나 도입될 때마다 거래소 정관을 수정하여 시장감시위원회의 업무로 편입시키는 방법으로 접근하고 있으나, 새로운 환경변화를 반영하여 시장감시위원회의 자율규제를 유연하게 해석할 수 있도록 법적 근거를 명확히 할 필요가 있다. 자본시장법 제377조는 거래소는 법에 열거된 업무 외에도 정관에서 정하는 업무를 수행할 수 있도록 규정되어 있는 것처럼, 시장감시위원회도 정관에서 정하는 업무를 수행할 수 있도록 법을 개정할 필요가 있다.

---

1) 법 제8조의2 제4항.

2) 석유전자상거래시장은 자본시장법에 근거하여 개설한 시장은 아니나, 한국거래소는 정관에 거래소 목적사업으로 동 시장의 도입 및 운영을 추가하는 방식으로 거래소의 업무로 편입하여 거래소가 수행할 수 있도록 하였다(한국거래소 정관 2조 24의2호).

Ⅶ. 다자간매매체결회사(ATS)에 대한 자율규제

'13년 5월에 개정된 자본시장법은 자본시장에서의 경쟁을 촉진하여 시장의 거래비용 절감을 유도하고 매매체결 속도 향상 등 효율성 제고를 목적으로 거래소의 매매체결기능 등을 대체하는 다자간매매체결회사(Alternative Trading System : ATS)를 도입[1)]하고, ATS에서의 거래량이 일정 규모를 초과하면 거래소로 전환하도록 규정[2)]하는 한편, 거래소간 경쟁을 유도하기 위하여 거래소허가제[3)]를 도입하였다.

ATS는 전산 시스템을 이용하여 거래소에 상장된 증권의 중개·주선이나 대리업무만을 영위하는 회사로서 거래소가 기본적으로 수행하여야 하는 상장, 공시, 자율규제 등의 업무는 수행하지 않는다는 면에서 거래소로 보기는 어렵다. 그러나 ATS가 중개전문회사라고 하더라도 다수간의 매매체결에 대한 자율규제의 문제가 발생하며, ATS에서의 거래에 대한 자율규제는 지정거래소가 수행하도록 규정되어 있다. 즉, 지정거래소는 ATS에 대하여 시장감시, 심리, 감리 등의 업무를 수행하며, 필요한 경우 자료의 제출을 요청하거나 장부, 서류 등을 감리할 수 있다.

시장의 자율규제에는 상당한 비용과 인력이 투입되는데, 거래소가 ATS에 대한 자율규제를 대신함으로써 ATS는 이러한 규제비용의 부담없이 증권의 중개만을 수행하며 거래수수료를 받는 것은 문제가 있어 보인다. 따라서, ATS의 거래수수료 중 일정 부분을 규제비용으로 정해서 지정거래소의 자율규제에 대한 비용을 분담하도록 하는 것이 타당할 것이다.

제403조(시장감시규정)

시장감시위원회는 제402조 제 1 항 제 1 호부터 제 3 호까지의 규정 및 이에 부수하는 사항이 포함된 시장감시규정을 제정하고, 이에 따라 업무를 수행한다.

제404조(이상거래의 심리 또는 회원의 감리)

① 거래소는 다음 각 호의 어느 하나에 해당하는 경우에는 금융투자업자(증권 또는 장내파생상품을 대상으로 금융투자업을 영위하는 투자매매업자 또는 투자중개업자에 한한다)에게 그 사유를 밝힌 서면으로 관련 자료의 제출을 요청하거나, 회원에 대하여 그와 관련된 업무·재산상황·장부·서류, 그 밖의 물건을 감리할 수 있다.

1. 거래소시장에서 이상거래의 혐의가 있다고 인정되는 해당 증권의 종목 또는 장내파생상품 매매 품목의 거래 상황을 파악하기 위한 경우

1) 법 제78조.
2) 법 제 8 조의2 제 5 항.
3) 법 제373조.

2. 회원이 거래소의 업무관련규정을 준수하는지를 확인하기 위한 경우

② 거래소는 제 1 항에 따른 심리 또는 감리를 위하여 필요한 경우에는 회원에 대하여 이상거래 또는 업무관련규정 위반혐의와 관련된 보고, 자료의 제출 또는 관계자의 출석·진술을 요청할 수 있고, 지정거래소는 다른 거래소 또는 다자간매매체결회사에 대하여 이상거래의 심리 및 감리와 관련한 정보의 제공 또는 교환을 요구할 수 있다.

③ 거래소는 제 1 항 또는 제 2 항에 따른 요청 또는 요구를 거부하거나 제 1 항에 따른 감리에 협조하지 아니하는 경우 시장감시규정이 정하는 바에 따라 회원의 자격을 정지하거나 증권 및 장내파생상품의 매매거래를 제한할 수 있고, 지정거래소는 다른 거래소 또는 다자간매매체결회사에 대하여 회원 또는 거래참가자의 자격을 정지하거나 거래를 제한할 것을 요구할 수 있다.

시행령 제**355**조(이상거래) 법 제377조 제 1 항 제 8 호에서 "대통령령으로 정하는 이상거래"란 증권시장(다자간매매체결회사에서의 증권의 매매거래를 포함한다. 이하 이 조에서 같다)이나 파생상품시장에서 법 제174조·제176조·제178조 또는 제180조를 위반할 염려가 있는 거래 또는 행위로서 다음 각 호의 어느 하나에 해당하는 경우를 말한다. 이 경우 법 제404조에 따른 이상거래의 심리 또는 감리 중 발견된 법 제147조·제172조·제173조 또는 제173조의 2 제 2 항을 위반할 염려가 있는 거래 또는 행위는 이상거래로 본다.
1. 증권 또는 장내파생상품 매매품목의 가격이나 거래량에 뚜렷한 변동이 있는 경우
2. 증권 또는 장내파생상품 매매품목의 가격 등에 영향을 미칠 수 있는 공시·풍문 또는 보도 등이 있는 경우
3. 그 밖에 증권시장 또는 파생상품시장에서의 공정한 거래질서를 해칠 염려가 있는 경우

Ⅰ. 본조의 취지

거래소는 시장의 거래상황을 항상 실시간으로 모니터링하며 이상거래의 발생이 염려되거나 이상거래의 경우에는 적절한 조치를 취하는데, 이러한 거래소의 활동은 시장감시, 심리, 감리, 연계감시 등으로 구분되며, 이러한 활동은 자율규제로 정의된다. 거래소의 자율규제는 민간조직에 의한 회원에 대한 규제라는 측면에서 공적 규제와 대비되는 개념으로 사용되는데, 자율규제는 법률에 근거한 공적 규제의 부족한 부분을 보완하는 측면에서 규제의 완성도를 높인다고 할 수 있다. 즉 자본시장에 대한 규제의 완전성을 위해서는 공적 규제와 자율규제가 항상 공존해야 하는 것이다.

이러한 자본시장의 자율규제의 중요성을 반영하여 각국은 관련법에서 거래소의 자율규제를 의무화[1)]하고 있는데, 우리나라도 자본시장법 제 7 편 제 4 장에 시장감시 및 분쟁조정을 위한 시장감시위원회를 두도록 하였고, 자율규제업무 수행을 위해 시장감시

1) 미국 Securities Exchange Act(1934) §6(b)는 거래소는 투자자보호 및 사기적 거래나 시세조종행위 방지, 회원에 대한 제재조치, 제재조치를 위한 절차의 마련 등을 의무화하였다.

규정을 제정하도록 의무화하였다. 또한, 거래소가 심리 및 감리를 수행함에 있어 그 사유 및 근거를 법적으로 명확히 하는 한편, 복수 거래소체제가 도입됨에 따라 다른 거래소 및 다자간매매체결회사의 매매거래에 대하여도 심리 및 감시를 수행할 수 있는 근거를 마련하였다.

Ⅱ. 이상거래의 개념

법 제377조 제1항 제8호는 이상거래의 심리 및 회원에 대한 감리를 거래소의 업무로 규정하고 있으며, 법 제402조 및 법 제404조는 심리 및 감리를 시장감시위원회가 수행하도록 규정하고, 심리 및 감리 수행범위 및 권한 등을 규정하고 있다.

이상거래는 증권 또는 장내파생상품 매매종목의 가격이나 거래량이 비정상적으로 변동하는 거래 등으로써 자본시장법상 미공개중요정보 이용금지, 시세조종금지, 부정거래금지, 공매도금지 등을 위반할 염려가 있는 거래 또는 행위 등을 말하는데, 시장감시위원회는 시장상황을 실시간으로 모니터링하여 매매품목의 가격이나 거래량에 뚜렷한 변동이 있는 경우, 매매품목의 가격 등에 영향을 미칠 수 있는 공시·풍문 또는 보도 등이 있는 경우, 또는 시장의 공정한 거래질서를 해칠 염려가 있는 경우에는 심리를 수행한다. 여기서 공정한 거래질서를 해칠 염려가 있는 경우라 함은 시세의 상승·하락 또는 고정·안정을 초래하는 행위, 단일가매매방법을 통한 가격결정에 집중적으로 관여하는 호가를 제출하는 행위, 시세 상승·하락 또는 고정·안정시킨 후 대량거래 행위, 시장수급상황에 비추어 과도하게 거래하여 시세 등에 부당한 영향을 주거나 오해를 유발하게 할 우려가 있는 호가를 제출하거나 거래를 하는 행위, 시세에 영향을 줄 수 있는 반복적인 호가 정정·취소행위, 과도한 분할 호가 제출 행위, 반복적인 고가매수·저가매도 또는 저가매도·고가매수 행위, 통정·가장성 매매행위, 시세변동을 위한 풍문 등 유포행위, 예상체결 가격·수량 등에 부당한 영향을 주는 행위 등을 말한다.[1)]

한편 연계거래[2)]와 관련한 공정거래질서 저해행위의 유형으로는 특정종목에서 이익이 발생하도록 이와 연계된 종목의 통정·가장매매 행위, 특정종목의 거래유인을 위하여 연계된 종목의 가격변동을 초래하는 풍문 등을 유포하는 행위, 증권·장내파생상품 간 가격차이를 인위적으로 변동·고정시켜 이익을 발생시키는 행위, 증권 또는 장내파생상품 종목 추천 후 이와 연계된 장내파생상품 또는 증권을 거래하여 이익을 얻는 행위, 증권 또는 장내파생상품의 시세변동·고정으로 선물결제, 옵션권리행사 또는 연계된 종목의

1) 한국거래소 시장감시규정 제4조 제1항.

2) 가격연동성이 있는 두 개 이상으로서 증권의 종목간, 장내파생상품의 종목간 또는 증권의 종목과 장내파생상품의 종목 간을 연계하는 거래를 말한다.

가격에 영향을 주는 행위, 증권 또는 장내파생상품의 시세변동·고정을 통한 옵션권리행사 방해 행위, 증권 또는 장내파생상품의 시세변동·고정으로 옵션거래증거금 산출을 유리하게 하는 행위, 장내파생상품 미결제약정에서 이익발생을 위하여 증권에서 허수성호가를 제출하는 행위, 증권 예상체결가격·수량 관여호가를 통해 장내파생상품에서 부당이익을 발생시키는 행위 등이 있다.[1)]

공정거래질서 저해행위는 시장에서의 매매거래과정에서 시세조종 등 위법행위에는 이르지 않으나 시세형성에 부당한 영향을 주는 행위를 시장의 자율규제차원에서 규제하기 위한 것이다. 따라서 목적·고의에 대한 증명 없이 이상거래의 우려가 있는 전형적인 행위양태 자체를 규제함으로써 시세조종 등 불공정거래를 사전에 예방하려는 취지로 보아야 한다. 따라서 이러한 공정거래질서 저해행위는 거래소 회원의 직접적인 행위뿐만 아니라 회원의 권유 또는 수탁행위도 규제대상으로 하고 있다.

또한 자본시장법 시행령은 통상 이상거래로 간주되고 있는 주식 및 장내파생상품 대량보유보고의무 위반, 내부자의 단기매매차익반환, 임원 등의 특정증권 등의 소유상황보고의무 등을 위반할 염려가 있는 거래 또는 행위는 거래소의 심리 또는 감리과정에서 발견되는 경우에 한하여 이상거래로 보고 있는데, 이러한 행위에 대하여 이상거래를 시세조종 또는 미공개정보이용 등의 행위와 굳이 다르게 규정할 필요는 없는 것으로 보인다. 즉, 주식 등의 보유보고의무위반이나 단기매매차익반환 등은 시세조종 또는 미공개정보이용행위를 사전에 차단하기 위한 목적이 있는 것으로서 거래소의 심리 또는 감리과정에서 발견된 경우로 제한하지 말고, 그 행위 자체로서 이상거래로 간주함으로써 거래소가 자체기준을 설정하여 심리에 착수할 수 있도록 할 필요가 있다.

Ⅲ. 자율규제 및 개선 필요사항

1. 시장감시

"시장감시"란 시장에서의 증권 또는 장내파생상품의 매매나 그 주문·호가의 상황 또는 이와 관련된 제보·공시·풍문·보도 등을 감시 및 분석하는 것을 말한다.[2)] 거래소 시장감시는 시장을 상시적으로 모니터링하면서 불공정한 매매 양태를 적출하여 그 원인을 분석하고 심리 또는 감리 착수 여부를 판단하는 이상거래 적출기능 외에도 현저한 시황변동이나 상장기업의 기업내용 관련 풍문 등이 있는 경우에는 조회공시 혹은 거래정지 조치를 취하며, 불공정거래 징후에 대한 예방조치요구제도 등을 통하여 불공정거래를 예방하는 기능을 수행한다.

---

1) 한국거래소 시장감시규정 제 4 조 제 2 항.
2) 한국거래소 시장감시규정 제 2 조 제 2 항.

먼저 이상거래 혐의종목의 적출은 시장감시시스템에 의하여 자동적으로 이루어지며, 그 적출기준은 거래양태, 가격변동, 거래량 규모, 시세·거래관여도 및 풍문 등의 내용을 고려하여 시장감시위원회가 정한다. 시장감시에는 각 시장에서의 거래 및 연계거래에서 매일의 거래상황 및 일정기간의 거래상황 등에 대해서도 감시하며, 보도·풍문 등의 내용을 수집 분석하는 활동을 한다.

시장감시위원회는 시장감시결과 현저한 시황변동이 있는 종목이나 수시공시사항에 해당하는 풍문이 있는 경우에는 공시담당부서로 하여금 상장법인에 대하여 조회공시를 요구토록 의뢰하며, 상장법인의 존폐에 중대한 영향을 미치는 풍문이 있는 경우에는 시장부서에 매매거래정지를 요청할 수도 있다. 또한, 공정거래질서 유지 및 투자자 보호를 위해 시장감시위원회가 정하는 기준에 해당되는 경우 해당 계좌에 대해서는 회원으로 하여금 수탁거부 등 예방조치를 취하도록 요구하고, 주가변동률·관여율·거래량 등을 감안하여 일정 기준에 해당하는 종목에 대하여는 투자주의종목·투자경고종목·투자위험종목으로 지정하고 공표한다. 또한, 일정기간 주시 후 불공정거래가 포착되거나 거래소 업무관련규정의 위반징후가 포착되면 해당부서에 심리 또는 감리를 의뢰한다.

그러나 현재의 시장감시는 사후적 기능을 중심으로 이루어지고 있는 것으로 보인다. 물론 예방조치요구 등을 통해 예방적 시장감시활동을 수행하지만 점차 지능화·첨단화되어 가고 있는 불공정거래 유형의 변화 추세를 감안할 때, 예방적 감시활동을 강화할 필요가 있는 것으로 보인다. 불공정거래에 대한 사후적 규제만으로는 투자자 피해를 최소화하는데 한계가 있고, 사전예방적 활동과 투자자 교육 등을 통해 불공정거래를 원천적으로 차단하기 위한 노력이 중요하다. 이를 위해 '13년부터 시장감시위원회는 예방활동을 위한 전담부서 및 사이버시장감시센터 등을 구축하고 사전예방활동을 강화하기 위한 노력을 하고 있으나, 법적 근거가 명확하지 않아 사전예방활동에 제한이 있어 왔다. 따라서 시장감시위원회의 업무에 불공정거래 사전예방활동 및 교육 등을 위한 업무를 추가함으로써 시장감시위원회의 활동을 지원할 수 있는 방향으로 자본시장법 개정이 필요하다.

2. 이상거래 심리

이상거래 심리는 증권 및 파생상품시장의 공정한 가격 형성 및 투자자보호를 목적으로 시세조종·내부자거래 등 불공정거래 여부를 가리기 위하여 매매거래상황을 조사하는 업무를 말하며, 금융감독원의 불공정거래 조사 및 검찰 수사의 전 단계로서 그 단서를 제공하는 역할을 수행한다.

대상종목에 대하여 일정기간 동안의 주가, 주요 관여계좌의 매매양태, 관련 정보 등을 분석하여, 정밀조사의 필요성이 인정되면 심리절차에 착수하게 된다. 심리절차에 착수된 종목에 대하여 시장감시위원회는 회원에 대한 보고, 자료제출 또는 관계자의 출석·진술을 요청할 수 있고, 신속한 자료 징구 등을 위하여 필요한 경우에는 현지출장의 방법으로 요청할 수 있다. 심리결과 불공정거래가 의심되는 경우에는 금융위원회에 그 내용을 통보하게 되고, 금융위원회는 거래소로부터 통보받은 사건을 긴급·중대·일반사건으로 분류하고, 긴급사건은 즉시 검찰에 수사를 의뢰하고, 중대사건은 금융위원회가 직접 조사를 하게 되고, 일반사건은 금융감독원에 추가적인 조사를 의뢰한다.

불공정거래가 의심되는 종목에 대한 과거의 일반적인 처리절차는 시장감시위원회의 심리결과를 금융감독원에 통보하고, 금융감독원의 추가 조사를 거쳐 증권선물위원회의 의결로 검찰에 수사의뢰하고, 검찰 수사를 거쳐 최종적인 기소로 이어지는 단계로 처리되고 있었다. 그러다 보니 검찰 기소까지는 상당한 시일이 소요되고 그 기간동안 혐의자 도주, 증거인멸 등으로 불공정거래 규제의 실효성에 대한 상당한 문제점이 지적되어 왔다. 이러한 문제점을 해결하기 위하여 '13년 상반기부터 검찰, 금융위원회, 금융감독원, 한국거래소 등의 협력체제를 강화하고, 불공정거래사건에 따라 긴급사건의 경우 금융감독원 조사 등을 거치지 않고 신속하게 검찰에 수사를 의뢰할 수 있는 방안이 시행되게 되었다. 따라서 시장감시위원회의 심리단계에서 직접 검찰 수사단계로 넘어가기 위해서는 사건의 중대성을 판단할 수 있는 충분한 증거 또는 자료의 제시 등이 가능할 수 있어야 하나, 현재의 서면조사 위주의 심리로는 중대성 판단을 위한 증거 및 자료확보에 많은 어려움이 있다. 따라서 심리단계에서부터 충분한 증거 및 자료제시가 가능하도록 자료징구범위 및 권한의 확대, 관련자의 진술확보수단 등의 제도적 장치가 필요한 것으로 보인다.

3. 회원감리

회원감리는 회원의 매매거래규칙에 대한 준수상황 확인을 위한 장부·서류 등의 조사와 고객재산 보호 및 결제이행의 완전성 보장을 위한 업무·재산상환 등을 조사하는 업무를 말한다.

회원감리를 위해서 이상거래 적출 결과나 위규행위 관련 매매데이터 등을 분석하여 감리대상 회원을 선정하고, 매매분석을 통하여 회원감리 착수 여부를 판단한다. 그 결과 위규혐의가 있는 경우 회원으로부터 관련자료를 제출받아 서면으로 감리하거나 실지감리를 착수한다. 감리대상은 회원의 거래소 업무관련규정 위반사항, 허수성호가·분할호가·통정·가장매매 등 공정거래질서 저해행위, 공매도규정 위반행위, 프로그램매매·자사주매매신고의무 위반행위 등이다. 회원감리 결과 위규사항이 있는 경우에는 그 증명내용과 회원의 관련 책임자 등의 위반사항에 대한 확인서를 첨부하고 회원 및 임직원에 대한 징계조치 의견을 기술하여 규율위원회 심의 및 시장감시위원회 결의를 거쳐 회원

제재 한다.

자본시장법의 시세조종행위가 매매유인과 같은 목적성이나 고의와 같은 주관적 요건을 요구하는데 반하여, 시장감시규정상의 공정거래질서저해행위 등은 당해 행위의 객관적 양태만으로도 위규성을 판단하고 그에 기초하여 제재결정을 한다. 자본시장법과의 이러한 차이로 인하여 시장감시위원회의 감리결과에 따른 제재가 반드시 그대로 자본시장법의 시세조종행위로 연결되는 것은 아니라고 할 수 있다.[1] 그러나, 감리과정에서 법위반사항이 발견되면 심리의 경우와 같이 금융위원회에 통보하여 사법적 절차를 받도록 한다. 법 위반사항이 아님에도 회원이 거래소 시장감시위원회로부터 회원제재금 등의 회원제재를 받는 이유는 회원은 금융기관으로서 일반투자자보다 더욱 높은 수준의 윤리의식이 요구되며, 공정거래질서 확립을 위해서는 거래소 규정에 대한 준수가 필수적이기 때문이다. 이를 통해 회원의 규정준수를 강제하여 시장의 공정거래질서를 확립하고 아울러 회원에게 건전한 영업질서를 유지하도록 하여 투자자를 보호하기 위한 것이다. 이와 같이 자율규제는 법적 근거를 바탕으로 한 공적 규제의 부족한 부분을 보완함으로써 규제의 완결성을 높일 수 있다. 특히, 자율규제는 불공정거래로 진화하기 전 단계에서 선제적 조치가 가능하고, 공적 규제가 갖는 사후 적발 및 조치의 한계를 극복할 수 있다는 측면에서 그 중요성이 점차 강조되고 있다.

감리 결과 위규사안에 따라 시장감시위원회는 회원에 대하여 제명, 6개월 이내의 회원자격 또는 일부의 정지, 10억원 이하의 회원제재금 부과, 회원경고, 회원주의 등의 징계를 할 수 있으며, 임직원에 대하여는 해임 또는 면직, 정직, 감봉, 견책, 경고 등의 징계를 해당 회원에 요구할 수 있다. 회원 및 임직원은 징계절차 진행시 규율위원회 및 시장감시위원회에서 진술권이 보장되며, 징계내용에 이의가 있는 경우 1개월 이내에 시장감시위원회에 이의신청을 할 수 있고, 이 경우 시장감시위원회는 특별한 사유가 없는 한 30일 이내에 이를 처리하여야 한다.

시장감시위원회는 회원에 대한 징계조치의 효과를 위해 회원경고 이상의 징계시에는 조치내용을 보도자료와 홈페이지 등을 통해 공개한다. 회원제재금은 최대 10억원이나 회원제재금 부과 자체로는 회원에게 금전적 타격이 되지 못하는 경우가 대부분이며, 제재의 효과를 기대하기 위해서는 제재내용의 공개가 필요하다. 다만 미국의 경우 회원제재시 상세내용을 거래소 홈페이지를 통해 공개하고 있는데,[2] 우리나라의 경우는 개략적인 내용만 공개하고 있는 실정으로, 회원제재의 효과를 위해서는 상세내용 공개로 전환할 필요가 있다.

자본시장법은 시장감시위원회의 자율규제를 증권 또는 파생상품시장에서의 매매

---

1) 김구환, 「자본시장법 실무」, 법률서원, 2011, 906쪽.

2) 김정수, 「자본시장법원론」, SFL그룹, 2011, 1367쪽.

거래와 관련된 사항으로 규정하고 있다. 그러나 거래소는 증권·파생상품시장 외에도 석유전자상거래시장, 금현물시장, 장외파생상품청산소, 탄소배출권시장 등 업무영역이 크게 확장되고 있으며, 이러한 시장 및 업무와 관련한 규정준수여부 등을 확인할 수 있어야 하고, 따라서 자율규제 영역이 증권·파생상품시장뿐만 아니라 거래소가 수행하는 업무영역 전반으로 확대될 필요가 있다. 이를 위해 회원제로 운영되는 거래소의 성격을 감안하여 정관 및 업무관련 규정에서 자율규제영역을 확대하는 방법보다는, 자율규제의 실효성을 제고하기 위해서는 자본시장법을 개정하여 자율규제영역을 확대하는 것이 바람직한 것으로 보인다.

[심리와 감리의 비교]

구 분	매매심리	회원감리
대상행위	부정거래·시세조종·미공개정보이용등 자본시장법상 불공정거래 행위	회원의 금지행위, 공정거래질서저해행위, 업무규정 위반 행위
규제대상자	전 시장참여자	회원
조사방법	서면조사 중심	실지조사(서면조사 병행) 중심
조사수단	자료제출 요구(서면으로) 관계자에 출석 · 진술 요청	업무·재산상황·장부·서류·그 밖의 물건 감리 관계자에 출석 · 진술 요청
결과처리	금융위(감독원) 통보	회원 또는 임직원 징계

제405조(분쟁의 자율조정)

① 시장감시위원회는 제377조 제10호에 따른 분쟁의 자율조정을 위하여 필요한 분쟁조정규정을 정한다.

② 시장감시위원회는 분쟁조정을 위하여 필요하다고 인정되는 경우에는 당사자에 대하여 사실의 확인 또는 자료의 제출 등을 요구할 수 있다.

③ 시장감시위원회는 당사자, 그 밖의 이해관계인의 의견을 들을 필요가 있다고 인정되는 경우에는 이들에게 회의에 출석하여 의견을 진술할 것을 요청할 수 있다.

Ⅰ. 본조의 취지

본조는 "유가증권시장·코스닥시장에서의 매매거래 및 선물시장에서의 선물거래와 관련된 분쟁의 자율조정"을 한국거래소 시장감시위원회의 업무로 명시하고, 분쟁조정을 위하여 필요한 규정의 제·개정 및 당사자에 대한 자료제출 요구, 출석 및 의견 진술 요청 등의 권한을 한국거래소 시장감시위원회에 부여하고 있다.

Ⅱ. 자본시장 관련 분쟁의 특징

증권·파생상품 거래는 거래 대상의 높은 가격변동성 및 그에 따른 고위험성, 거래 과정의 전문성이라는 내재적 특성을 가진다. 이러한 특성으로 인하여 투자자와 금융투자업자간 법률관계에 있어서도, 일반 금융거래시보다 금융투자업자 직원에 대한 투자자의 의존성이 상대적으로 높고, 계속적 거래과정에서 투자자와 직원간에 신뢰관계가 형성될 여지가 많으며, 직원의 개입기회가 비교적 많아 그 과정에서 불법행위의 가능성이 상존하는 등 일반적인 위임의 법률관계와는 다른 점들이 존재한다. 이 때문에 계좌개설부터 거래종료까지의 전 과정에서 투자자와 금융투자업자 직원간에 예기치 못한 분쟁이 발생할 개연성이 높고, 분쟁 발생시에도 당사자간에 분쟁해결이 쉽지 않은 경향이 있다.

Ⅲ. 소송대체적 분쟁해결제도의 필요성

증권·파생상품 거래와 관련한 분쟁(이하 '증권분쟁')도 사인(私人)간의 분쟁이므로 종국적으로는 민사소송을 통해 해결하는 것이 원칙이다. 그러나 소송은 사법기관이 주관하고, 증거절차나 변론절차 등 엄격한 절차에 의해 진행되기 때문에 많은 시간과 비용이 소요된다는 단점이 있다. 또한 일도양단적(一刀兩斷的) 해결방식을 취하므로 사안에 따라서는 융통성 있는 결론을 도출하지 못하는 경우가 있으며, 특히 손해금액이 소액인 경우에는 소송의 실익이 없다는 문제점이 있다.

더욱이 증권분쟁의 경우 복잡한 상품구조 및 업계 관행 등에 대한 충분한 이해가 필요한데, 법관은 일반적인 민사 법률관계에 대해서는 풍부한 지식을 가지고 있는 반면 증권거래 등 특수한 법률분야에 대해서는 상대적으로 전문지식이 부족한 측면이 있다. 무엇보다 증권·파생상품 거래와 관련한 분쟁 발생시에는 분쟁해결절차가 신속하게 진행되는 것이 중요한데, 시간이 지체될수록 가격변동위험에 대한 부담도 커질 뿐 아니라 투자자로서는 새로운 투자기회를 놓치게 될 수도 있기 때문이다.

이러한 이유로 증권분쟁에서 당사자의 피해를 최소화하고 분쟁을 원만히 해결하기 위해서는, 자본시장에 대한 전문적인 지식을 가진 자가 보다 빠른 시일 내에 양 당사자 모두가 받아들일 수 있는 합의점을 도출하는 것이 필요하다. 이를 위해 "조정" 등 소송 이외의 방법으로 분쟁을 해결하는 소송대체적 분쟁해결제도(ADR : Alternative Dispute Resolution)가 시행되고 있으며, 그 일환으로 우리나라의 경우 한국거래소를 비롯한 증권 유관기관에서 증권분쟁에 대한 조정업무를 담당하고 있다.

한편, 최근에는 법원 역시 법적 분쟁을 원만하고 신속하게 해결한다는 취지에서 소제기 건에 대한 재판절차 전 조정제도를 적극 활용하고 있다. 특히 증권분쟁과 관련한 민사소송에 대해서는 2012년 1월 서울남부지방법원을 시작으로 일부 지방법원이 한국거래소를 외부조정기관으로 지정하여 조정을 통한 분쟁해결을 도모하고 있다. 이는 증권분쟁에 있어 한국거래소의 조정노하우 및 전문성을 활용하기 위함인데, 실제로 높은 조정성공률(2012년 38%)[1]을 보이는 등 긍정적인 결과로 나타나고 있다.

Ⅳ. 자본시장 관련 분쟁조정기관

현재 자본시장법에서는 증권·파생상품 거래와 관련된 분쟁에 대해서는 한국거래소 시장감시위원회에, 회원(금융투자업자 등)의 영업행위와 관련된 분쟁에 대해서는 금융투자협회에 자율조정기능을 부여하고 있으며, 금융감독원도 「금융위원회의 설치 등에 관한 법률」에 따라 금융분쟁조정업무를 담당한다. 이러한 분쟁조정기관의 다원화에 대해 기관중복에 따른 비효율을 지적하는 일부 견해도 있으나, 투자자의 편의 증진 및 선택권 보장이라는 측면에서 여러 분쟁조정기관의 경쟁·보완체제 유지가 바람직하다고 본다. 우리나라뿐 아니라 미국, 프랑스, 독일 등에서도 증권·은행 등 전문분야별로 다수의 조정기관이 서로 경쟁하면서 투자자 보호에 앞장서고 있다.

(1) 한국거래소

한국거래소 시장감시위원회는 법 제405조에 따라 유가증권시장·코스닥시장에서의 매매거래 및 선물시장에서의 선물거래와 관련된 분쟁의 자율조정에 관한 업무를 수행한다. 투자자가 분쟁조정을 신청하면, 시장감시위원회는 사실관계 등을 파악하여 금융투자업자 또는 소속 직원의 불법행위 여부 등을 조사한다. 이를 토대로 5인의 위원으로 구성된 시장감시위원회에서 금융투자업자의 손해배상책임 여부를 판단하여 조정결정을 내리는데, 판단의 공정성·객관성·전문성을 담보하기 위하여 법조계·학계·소비자단체·금융업계 등 각계 전문가로 구성된 분쟁조정심의원회에서 사건을 사전 심의하도록 하고 있다. 시장감시위원회의 조정결정을 분쟁의 당사자가 수락하는 경우 민법상 화해의 효력이

---

1) 손해배상소송의 평균 조정성공률은 24.9%(서울중앙지방법원 자료 기준).

인정된다.

한편, 시장감시위원회는 금융투자업자가 조정결정을 받아들이지 않은 사건에 대해 투자자(신청인)가 법원에 민사소송을 제기하는 경우 투자자를 위한 소송지원을 할 수 있도록 제도적 장치(분쟁조정규정 22조)를 마련하고 있다. 또한 증권분쟁과 관련한 소송에서 투자자가 손해액 감정을 필요로 하는 경우 감정서비스를 제공하는 등 투자자가 실질적인 피해 구제를 받을 수 있도록 하고 있다.

(2) 금융감독원

금융감독원은 소비자와 금융기관간 각종 금융거래에서 발생한 분쟁을 해결하기 위해 금융분쟁조정위원회를 두고 있다. 금융분쟁조정위원회의 조정대상은 금융감독원의 검사대상기관인 은행, 농·수협, 상호저축은행, 여신전문기관, 증권회사, 투신회사, 선물회사, 보험회사 등과 금융소비자간의 분쟁으로 그 범위가 넓다.

금융분쟁조정위원회의 조정결정을 당사자가 수락하는 경우 금융위원회의 설치 등에 관한 법률에 따라 재판상 화해의 효력이 인정된다.

(3) 금융투자협회(구 증권업협회)

구 증권업협회의 분쟁조정대상은 2004년 1월 29일 증권거래법 개정에 따라 기존 코스닥시장에서의 매매거래와 관련된 분쟁에서 회원의 영업행위와 관련된 분쟁으로 확대되었다. 금융투자협회 분쟁조정제도의 일반적인 내용과 절차는 한국거래소가 분쟁의 공정성 등을 담보하기 위해 분쟁조정심의위원회제도를 두고 있다는 점을 제외하면 한국거래소와 큰 차이가 없다. 금융투자협회의 조정안을 당사자가 수락한 경우에도 한국거래소와 같이 민법상 화해의 효력이 인정된다.

Ⅴ. 투자자보호 강화 등 환경 변화에 따른 시사점

최근 저축은행 부실 사태 등을 계기로 금융분야에 있어 투자자보호가 한층 강조되면서, 금융소비자보호기구 설립(2014년 예정)이 추진되는 등 환경 변화가 일어나고 있다. 아직 구체적인 내용이 확정된 것은 아니나, 금융소비자보호기구에 법적 구속력이 강한 분쟁해결수단을 부여하고, 그밖에 투자자의 피해 발생시 사후구제를 강화하는 등의 방안이 논의되고 있다.

이러한 투자자보호 강화 추세에 발맞춰 현행 분쟁조정기관의 기능 및 역할도 강화될 필요성이 대두되는데, 입법론적으로는 자본시장법에서 한국거래소 등 자율조정기관의 조정범위를 확대할 수 있는 근거 조항을 마련하고, 조정의 효력에 대해서도 직접 규정하는 것이 바람직하다고 본다. 조정의 효력 역시 조정결정을 당사자가 수락하는 경우 민법상 화해가 아닌 재판상 화해의 효력이 인정되도록 하여 조정의 실효성을 확보할 필요가 있다.

나아가 향후 제정될 금융소비자보호법(가칭) 등 관련 법률상의 조정실효성 확보 규정을 한국거래소와 같은 "법률에 근거한 자율분쟁조정기관"에도 준용하도록 하는 방안이 검토되어야 할 것이다. 증권분쟁에 있어 투자자가 어떤 기관에 조정을 신청하느냐에 따라 그 법적 효력이 좌우된다면, 투자자에게 매우 불리할 수 있기 때문이다.

[초판: 성희활, 개정판: 김영춘]

제 5 장　소유 등에 대한 규제

제406조(주식소유의 제한)

① 누구든지 다음 각 호의 어느 하나에 해당하는 경우를 제외하고는 거래소의 의결권 있는 발행주식총수의 100분의 5를 초과하여 거래소가 발행한 주식을 소유할 수 없다. 〈개정 2008. 2. 29, 2013. 5. 28〉

1. 집합투자기구가 소유하는 경우(사모집합투자기구가 소유하는 경우를 제외한다)
2. 외국 거래소(외국 법령에 따라 외국에서 거래소에 상당하는 기능을 수행하는 자를 말한다. 이하 같다)와의 제휴를 위하여 필요한 경우로서 금융위원회가 자본시장의 효율성과 건전성에 기여할 가능성, 해당 거래소 주주의 보유지분 분포 등을 고려하여 구체적인 보유한도를 정하여 승인한 경우
3. 정부가 소유하는 경우
4. 그 밖에 거래소의 공정한 운영을 해할 우려가 없는 경우로서 대통령령으로 정하는 경우

② 다음 각 호의 어느 하나에 해당하는 경우에는 제 1 항에 따라 제한되는 주식의 소유로 본다.

1. 신탁계약, 그 밖의 계약 또는 법률의 규정에 따라 그 주식에 대한 의결권을 행사할 수 있는 권한 또는 그 의결권의 행사를 지시할 수 있는 권한을 가지는 경우
2. 대통령령으로 정하는 특수관계에 있는 자가 주식을 소유하는 경우
3. 그 밖에 제 1 호 및 제 2 호에 준하는 경우로서 대통령령으로 정하는 경우

③ 제 1 항을 위반하여 주식을 소유하는 경우 그 초과분에 대하여는 의결권을 행사할 수 없으며, 제 1 항을 위반하여 주식을 소유한 자는 지체 없이 제1 항에서 정한 한도에 적합하도록 하여야 한다.

④ 금융위원회는 제 3 항을 준수하지 아니한 자에게 6개월 이내의 기한을 정하여 그 한도를 초과하는 주식을 처분할 것을 명할 수 있다.

시행령 제**366**조(주식소유의 제한) ① 법 제406조 제 2 항 제 2 호에서 "대통령령으로 정하는 특수관계에 있는 자"란 특수관계인 및 공동보유자를 말한다. 이 경우 제141조 제 3 항은 특수관계인 해당 여부에 관하여 이를 준용한다.
② 법 제406조 제 2 항 제 3 호에서 "대통령령으로 정하는 경우"란 제142조 각 호(제 3 호를 제외한다)의 어느 하나에 해당하는 경우를 말한다.

Ⅰ. 본조의 취지

본조는 국가경제의 핵심 인프라인 거래소의 사유화를 방지하여 공익적인 조직의 정체성을 명확히 하고, 과도한 의결권 행사를 제한하여 운영의 공공성을 확보하는 한편, 거래소의 경쟁력을 제고하고자 외국 거래소와의 전략적 제휴 등을 허용하기 위한 것이다.

Ⅱ. 소유규제의 내용

누구든지 거래소의 의결권 있는 주식의 5%를 초과하는 소유가 금지된다. 이에 위반하여 소유하는 경우 그 초과분에 대하여는 의결권이 부인되며 즉시 5% 이하로 초과분을 매각하여야 한다. 초과분 매각이 이루어지지 아니할 경우 금융위의 처분명령이 내려지게 된다.

한편 소유의 개념에는 직접적 소유 외에도 신탁계약 기타 여러 가지 방법으로 의결권을 위임 내지 양도받거나 의결권 행사를 지시할 수 있는 경우도 포함하여 직접적 소유 제한을 회피하여 의결권만 확보하는 탈법행위를 방지하고 있다.

소유제한이 적용되는 자는 소유자의 특수관계인도 포함되며, 다만 펀드 등 단순투자목적의 집합투자기구에 의한 취득과 외국거래소와의 제휴상 필요한 경우 등은 예외적으로 소유가 허용된다.

Ⅲ. 세계 거래소간 M&A와 전략적 연계 현황

'90년대 이전 전자통신기술이 거래소의 매매체결시스템에 본격적으로 적용되기 이전까지는 세계 각국의 거래소들은 경쟁력 강화를 위하여 독자적인 차별성을 유지하면서 경쟁력을 강화하는 방향으로 운영되어 왔다. 그러나 전자통신기술의 발달로 거래소의 매매체결이 자동화되면서 거래소간 차별적 요인이 감소함에 따라, '90년대 중반부터 세계 각국 거래소들은 거래소간 전략적 제휴를 위한 지분교환, M&A 등을 위하여 주식회사화와 IPO를 추진하여 왔으며, IPO를 바탕으로 2000년대부터는 거래소간 M&A, 전략적 업무제휴 등을 활발하게 추진하고 있다.

거래소간 또는 국가간 전략적 M&A는 유럽으로부터 촉발되었는데, 1998년에 독일파생상품거래소(DTB)와 스위스파생상품거래소(SOFFEX)가 합병하여 Eurex가 설립되었으며, 현재는 Eurex Clearing, Eurex Repo, Eurex Bond, ISE(International Securities Exchange), EEX(European Energy Exchange)와 함께 Eurex Group를 구성하고 있다. 또한 1999년에는 덴마크·스웨덴·노르웨이 거래소를 잇는 Norex가 탄생하였고, 2000년에는 프랑스·네덜란드·벨기에 증권거래소를 통합한 Euronext가 탄생하며 시가총액 기준으로 유럽전체의 절반을 점유하는 거대 거래소가 되었다. 이와는 반대로 2000년에는 위기를 느낀 런던과 프랑크푸르트거래소가 합병을 추진하고 'iX'라는 국제거래소 창설을 추진하였으나 실패하기도 하는 등 거래소간 전략적 M&A는 유럽으로부터 촉발되어 현재는 전 세계적인 트렌드가 되고 있다.

최근에는 거대 거래소간 추진되었던 M&A가 금융인프라의 국외 유출 우려와 시장독점문제 등 정책적 이해관계[1]에 대한 논란 속에 대부분 무산[2]되고, 역내 거래소간 합병이 진행되고 있다. 그간의 M&A 시도가 거대 거래소들 간의 경쟁에서 유발된 단순한 외형적 성장의 성격이 강했던 반면, 점차 역내 주식－파생상품시장간,[3] 금융－상품시장간[4] 등 이종부문간 결합으로 합병시너지를 극대화하여 경쟁력을 강화하려는 전략적 제휴의 추세로 변모하고 있는 것으로 보인다. 특히, 아시아지역 거래소들의 M&A를 주목할 필요가 있는데, 먼저 '12년에 아시아의 금융허브를 지향하는 홍콩거래소가 영국의 런던금속거래소를 인수한데 자극받아, '13년 1월에는 일본은 동경증권거래소(TSE)가 IPO와 함께 오사카거래소(OSE)에 대한 공개매수를 통한 M&A를 추진하여 통합거래소(JPX)를 출범시켜 시가총액기준 세계 3 위의 거래소가 되었으며, 양 거래소간 시스템 통합[5]과 함께 상품선물시장 개설[6]을 추진하는 등 아시아 파생상품시장의 중심지로 도약하기 위한 계획을 추진하고 있다.

또한 '13년 8월에는 미국에서는 미국내 3위 거래소인 Direct Edge Holdings LLC와 4위 거래소 BATS Global Markets INC와의 합병이 진행 중인 것으로 발표되었으며, 양 거래소의 합병이 성사되면 미국내 시장점유율 2위로 NYSE와 함께 미국 시장을 지배해 온 Nasdaq이 3위로 추락할 것으로 예상된다. 특히 양 거래소의 합병으로 Nasdaq은 '11년

1) 2012년 2월 EU는 NYSE－DB간 940억달러 규모의 M&A에 대하여 양 거래소 간 합병은 유럽거래소 파생상품시장의 독점을 불러와 경쟁을 저해시킬 우려가 있으며, 파생상품시장은 금융시스템의 심장부로서 유럽시장이 경쟁을 유지하는 것이 유럽경제에 매우 중요하다는 이유로 M&A를 불허하였다.

2) 최근의 거래소간 M&A 실패 사례로는 싱가포르거래소(SGX)와 호주증권거래소(ASX)의 M&A, 런던증권거래소(LSE)와 토론토증권거래소그룹(TMX)의 M&A, 뉴욕증권거래소(NYSE)와 독일증권거래소(DB)의 M&A, 나스닥(Nasdaq)의 NYSE 적대적 인수 등이 있다.

3) 역내 거래소간 M&A 사례로는 2012년 1월 러시아 증권거래소(RTS)와 선물거래소(MICEX)의 M&A, 2011년 12월 아르헨티나 선물거래소(Rofex)와 현물거래소(MervsRos)의 M&A가 있다.

4) 금융－상품시장 간 M&A의 사례로는 2012년 6월 홍콩거래소(HKEx)가 런던금속거래소(LME)를 인수하였으며, 2012년 12월에는 미국 에너지 및 원자재 상품거래소인 ICE(Inter－Continental Exchange)가 NYSE Euronext의 인수에 합의하고, 관련당국의 승인을 받아 2013년 11월에 최종 인수절차를 완료하였다.

5) 2014년 3월까지 TSE와 OSE의 거래시스템을 OSE의 J－Gate로 통합하고, 향후 차세대 거래시스템 개발을 추진하고 있다.

6) 2013년 상반기 중 JPX의 전체 거래량 중 주가지수파생상품 거래량이 95.2%로 주가지수파생상품의 지나친 의존도를 낮추고 신성장 동력을 확보하기 위해, 2014년 4월에 20년 국채선물, 2014년 5월에 엔화표시 CNX Nifty 지수선물을 상장하기로 하는 등 상품라인업 확대도 추진하고 있다.

이후 무분별한 M&A 경쟁에서의 실패[1]와 최근의 잇따른 전산사고[2]로 위기에 처한 가운데 결정적인 타격을 입을 것으로 예상된다. 최근에는 ICE는 미국의 NYSE-Euronext 인수를 '13년 11월에 마무리하였으며, 동 M&A로 ICE는 CME, DB Eurex와 함께 세계 파생상품거래시장을 3분하게 되었다. 이처럼 세계 각국의 거래소들은 치열한 생존경쟁에 살아남기 위한 전략적 M&A 및 업무제휴 등을 활발하게 전개하고 있으며, 이러한 경쟁에서 자주 실패하거나 도태되는 경우 Nasdaq처럼 생존에 심각한 타격을 입을 수도 있다. 특히 최근의 각국 거래소의 전산사고는 거래소의 경쟁력 및 M&A 등에 치명적인 요인으로 작용[3]하기도 함을 알 수 있다.

Ⅳ. 전략적 시사점

'08년 G20 정상회담의 합의내용에 따른 장외파생상품거래 청산거래의 장내청산의무화는 거래소 산업의 기능 몇 영역에 새로운 패러다임을 제공할 것으로 보인다. 장외파생상품의 장내화가 가능해지며, 이제 거래소산업은 상품의 매매체결뿐만 아니라 장외파생상품의 거래 및 청산을 포함한 개념으로까지 확대될 것으로 예상된다. 따라서 거래소의 업무 영역이 시장의 개설, 매매체결, 청산·결제뿐만 아니라 장외파생상품의 매매 및 청산까지 확대되며, 과거의 전통적 회원이었던 금융투자회사뿐만 아니라 장외파생상품시장을 주도하고 있는 은행에까지 업무영역이 확대되며, 종합적인 Field Player로서의 역할이 중요해질 것으로 예상된다.

또한 Nasdaq OMX의 잇따른 실패를 주시할 필요가 있다. Nasdaq은 '80~'90년대 주식시장 전산화를 통하여 급성장하였고, OMX는 '00년대 초 스톡홀름-헬싱키-코펜하겐-아이슬란드 거래소의 합병으로 출발하여, '08년에 양사가 합병하면서 현재의 Nasdaq OMX의 형태로 정착된 것이다. 그러나 Nasdaq OMX는 '10~'11년대 거대 거래소간 M&A 경쟁에서 소외되었고, 빈번한 전산사고로 금전전 손실 및 평판의 하락뿐만 아니라, 전략부재 속에 M&A를 통한 파생상품시장으로의 방향전환도 실패하면서 결국 NYSE와 양분하였던 미국내 시장 주도권도 위협받게 되는 상황에 직면하게 되는데, 이것은 거래소의 전략적 M&A의 실패와 전산사고 등이 거래소의 경쟁에 얼마나 치명적 요인으로 작용하고 있

1) Nasdaq은 2011년에 NYSE의 인수와 LSE의 인수에 실패하였으며, 2012년에는 LCH Clearnet의 인수에도 실패하였다.

2) Nasdaq은 2012년 5월 IPO시스템 장애로 Facebook의 거래가 지연되었으며, 2012년 12월 White Horse의 IPO가 지연되었으며, 2013년 8월에는 전산장애로 거래가 3시간 동안 중단되기도 하였다.

3) 2012년 3월에 미국의 BATs Global은 전산장애로 애플주식의 가격이 폭락하면서 Circuit Breaker가 발동되었으며, 장애대책을 발표하면서 자체 상장계획을 전면 철회한 바 있으며, 2012년 8월에 미국의 Knight Capital은 주문시스템의 전산장애로 NYSE 상장주식의 가격에 이상이 발생하여, 4억달러의 손실을 입고 경쟁사에 인수되었다.

는지를 보여주고 있는 것이다.

일본의 경우도 '13년 1월 TSE의 IPO와 함께 OSE와 합병하여 JPX 그룹을 출범시키면서 세계 3위시장으로서의 외형적 성장과 함께 아시아 파생상품시장의 중심지를 표방하고 계획을 추진하고 있는데, 일본처럼 역내 거래소간의 전략적 제휴를 바탕으로 거래소의 경쟁력을 키워나가면서 외국 거래소와의 경쟁에 우위를 점하려는 전략도 눈여겨 볼 필요가 있다. 우리 한국거래소(KRX)의 경우는 '05년 국내 3개 시장을 통합하여 단일시장 체제를 유지하고 있기는 하나, 아직까지 시장규모가 세계 거래소 중 10위권 중반에 머무르고 있는 상태이며 외국 거래소와의 전략적 제휴 및 지분교환 등은 이루어지지 않고 있는 것은 문제로 지적된다. 더구나 다른 나라 거래소와의 경쟁에 뒤지지 않도록 신속히 경쟁여건을 조성하여야 함에도 불구하고, 한국거래소의 경우 아직도 IPO가 추진되지 못함에 따라 거래소의 글로벌 경쟁력을 크게 약화시켜 지역거래소로 전락할 위기에 직면하게 될 것이다. 따라서, 조속한 IPO 추진 및 해외 거래소와의 전략적 제휴를 통해 글로벌 경쟁에서 뒤처지지 않도록 해야 할 것이다.

[2000년 이후 주요 거래소 M&A 현황1)]

연 월	M&A 내용	금액(USD)
2001.12	Euronext, Liffe 인수	8억
2006. 2	NYSE, Archipelago 인수	90억
2007. 4	NYSE-Euronext 합병	100억
2007. 6	TSE, SGX 지분 5% 인수	3.3억
2007. 7	CME-CBOT 합병	120억
2008. 2	Nasdaq-OMX 합병	49.5억
2008. 8	CME-NYMEX 합병	100억
2008.12	OSE, Jasdaq 인수	0.6억
2010. 2	CME, Dow Jones 지수사업 인수	6억
2013. 3	LSE, LCH Clearnet 지배지분 확보(60%)	6.2억
2012. 5	DB, Eurex 지분 전량 확보	3.6억
2012. 7	LME, HKEx의 인수제안 승인	21억
2012. 8	TSE, OSE에 대한 주식 공개매수 완료	17억
2012.10	CME, Kansas CBOT 인수	1.26억
2013.11	ICE, NYSE Euronext 인수	110억

1) 한국거래소, 「2012 세계 거래소산업 동향 편람」, 2012. 12, 37-41쪽.

제407조(이행강제금)

① 금융위원회는 제406조 제 4 항에 따른 주식처분명령을 받은 후 그 기한 이내에 그 주식처분명령을 이행하지 아니한 자에 대하여는 다시 상당한 이행 기한을 정하여 그 주식을 처분할 것을 명하고, 그 기한까지 주식처분명령을 이행하지 아니하는 경우에는 그 처분하여야 하는 주식의 취득가액의 100분의 5를 초과하지 아니하는 범위에서 이행강제금을 부과한다.

② 금융위원회는 제 1 항에 따른 이행강제금을 부과하기 전에 제 1 항에 따른 이행강제금을 부과·징수한다는 뜻을 미리 문서로써 통지하여야 한다.

③ 금융위원회는 제 1 항에 따른 이행강제금을 부과하는 경우에는 이행강제금의 금액, 이행강제금의 부과사유, 이행강제금의 납부기한 및 수납기간, 이의제기방법 및 이의제기기관 등을 밝힌 문서로써 하여야 한다.

④ 금융위원회는 제406조 제 4 항에 따른 주식처분명령을 한 날을 기준으로 하여 1년에 2회 이내의 범위에서 그 주식처분명령이 이행될 때까지 반복하여 제 1 항에 따른 이행강제금을 부과·징수할 수 있다.

⑤ 금융위원회는 주식처분명령을 받은 자가 주식처분명령을 이행한 경우에는 새로운 이행강제금의 부과를 중지하되, 이미 부과된 이행강제금은 징수하여야 한다.

⑥ 제430조(제 2 항을 제외한다)부터 제434조까지의 규정은 이행강제금의 부과 및 징수에 관하여 준용한다.

Ⅰ. 본조의 취지

본조는 법 제406조의 소유제한을 위반하여 취득한 주식에 대하여 금융위의 처분명령을 이행하지 아니할 경우 제재조치를 규정하고 있는데, 이는 거래소 주식소유의 분산원칙에 위반하여 주식을 소유한 자에 대한 금융위원회의 처분명령에 대한 실효성을 보장하기 위한 규정이다.

Ⅱ. 이행강제금 부과 절차

거래소 주식을 초과소유한 자가 법 제406조에 따른 6개월의 처분기간 내 처분하지 않을 경우 금융위는 다시 상당한 이행 기한을 정하여 그 주식을 처분할 것을 명하고, 그 기한까지 주식처분명령을 이행하지 아니하는 경우에는 그 처분하여야 하는 주식의 취득가액의 100분의 5를 초과하지 아니하는 범위에서 이행강제금을 부과한다.

이러한 이행강제금은 행정처분이므로 행정법상의 일반적인 처분절차를 따라야 한다.

따라서 금융위는 이행강제금을 부과하기 전에 그 부과 및 징수한다는 뜻을 미리 문서로써 통지하여야 하며, 이행강제금의 금액, 이행강제금의 부과사유, 이행강제금의 납부기한 및 수납기간, 이의제기방법 및 이의제기기관 등도 문서로써 알려야 한다. 금융위는 법 제406조 제 4 항에 따른 주식처분명령을 한 날을 기준으로 하여 1년에 2회 이내의 범위에서 그 주식처분명령이 이행될 때까지 반복하여 이행강제금을 부과·징수할 수 있다. 주식처분명령을 받은 자가 주식처분명령을 이행한 경우에는 새로운 이행강제금의 부과를 중지하되, 이미 부과된 이행강제금은 징수하여야 한다.

이러한 이행강제금의 부과·징수는 과징금 부과절차를 준용하도록 하고 있다. 따라서 법 제431조의 의결제출 기회 부여, 제432조의 이의신청 허용 및 이에 대한 60일 이내의 결정, 제433조의 일정한 사유가 있는 경우 납부기한 연장 및 분할납부 등이 이행강제금에도 인정된다. 그리고 납부지체시 법 제434조에 따라 국세체납처분절차 등이 적용된다.

제408조(영업양도 등의 승인)

거래소는 영업양도, 합병, 분할, 분할합병 또는 주식의 포괄적 교환·이전을 하고자 하는 경우에는 금융위원회의 승인을 받아야 한다.

본조는 거래소가 영업양도, 합병, 분할, 분할합병 또는 주식의 포괄적 교환·이전 등 회사의 조직에 근본적인 변화를 가져오는 행위에 대하여 금융위의 승인을 얻도록 하고 있다. 이는 정관변경에 대한 금융위의 승인과 마찬가지로 거래소의 공공성과 독점성을 감안하여 거래소의 시장에 대한 통제와는 별도로 거래소의 조직 자체에 대한 통제장치이다.

다만, 아직 우리 거래소는 법에 따른 전략적 M&A가 발생한 적이 없으며, 이러한 환경은 조속히 개선되어야 할 것으로 보인다. 앞서 설명한 것처럼 외국 거래소의 경우 치열한 경쟁에서 생존하기 위한 M&A, 업무제휴 등이 매우 활발하게 일어나고 있는 만큼, 우리 거래소도 이러한 경쟁을 위한 여건 마련과 함께, 외국 거래소와의 전략적 제휴를 적극적으로 고려해야 할 것으로 보인다.

제409조(거래소가 발행한 증권의 상장 및 상장폐지의 승인)

① 거래소는 자기가 발행한 증권을 상장하거나 상장을 폐지하고자 하는 경우에는 금융위원회의 승인을 받아야 한다.

② 거래소는 제 1 항에 따라 상장한 경우에는 이상거래의 심리, 회원의 감리, 수시공시, 그 밖의 상장관리 등을 자체적으로 수행하고 그 결과를 금융위원회에 보고하여야 한다.

Ⅰ. 본조의 취지

본조는 시장 개설 및 운영기관인 거래소가 자신이 관리하는 시장에 자신의 증권을 상장하고 상장을 유지하는 경우 발생할 수 있는 이해상충 문제를 해소하기 위한 정부의 규제를 정하고자 하는 것이다.

Ⅱ. 거래소 상장의 국제적 추세

회원제 형태의 배타적으로 운영되던 거래소는 1990년대 들어 주식회사제의 영리법인으로 전환하기 시작하면서 자체시장에서 IPO를 추진하고, 이러한 IPO는 2000년대 후반까지 세계 주요 거래소들이 모두 IPO를 마무리하게 된다. 거래소의 IPO는 이제 생소한 개념이 아닌 거래소의 경쟁력 확보와 생존을 위한 필수적인 요인이 되었다.

세계의 주요 거래소들이 IPO를 추진하는 목적은 크게 세 가지로 구분된다. 먼저, IPO를 통해 규모의 경제를 실현할 수 있기 때문이다. 거래소시장에서의 매매를 포함한 모든 기능들은 이제 수작업이 아닌 시스템화되면서 거래소간의 매매체결속도 등 IT분야의 경쟁은 매우 치열하게 전개되고 있다. 또한 선진 거래소들은 자기시장의 IT시스템을 다른 후발 거래소들에 수출을 통해 시장영역을 점차 확대하고 있다. 이러한 상황에서 IT서비스 차별화를 위한 투자에 상당한 비용이 수반되며, IPO를 통해 자금력을 확보할 필요성이 발생하게 된다. 둘째, 시장의 글로벌화에 대응하기 위해 IPO를 추진하게 된다. 90년대부터 자본시장의 글로벌화는 급속도로 추진되어 국가간 자금의 이동이 자유로워지고 시장간 규제가 동조화되고 있으며, 시장간 교차상장 등 전략적 업무제휴가 매우 활발하게 일어나고 있다. 이러한 글로벌화된 시장에서 생존을 위해 과거의 회원제 중심의 배타적인 운영을 과감히 탈피하고, 지배구조를 개편하고 영리법인화함으로써 거래소간의 경쟁에서 살아남기 위해 IPO를 추진하게 된다. 셋째, 일부 거래소는 자금력이 풍부하고 추가적인 대규모 자금수요가 없는 상황임에도 IPO를 추진하는 경우가 있는데, 이는 IPO를 통하여 소유구조를 분산시키고 영리법인화함으로써 거래소 운영의 효율성을 도모하고, 타 거래소와의 M&A 및 전략적 제휴 등을 원활하게 하기 위하여 IPO를 추진하게 된다.

이와 같은 세계적 추세 속에서 한국거래소만이 IPO가 이루어지지 않고 있는데, 이는 거래소뿐만이 아니라 국가 경쟁력 측면에서도 대단히 우려스러운 일이 아닐 수 없다. 일본이 동경증권거래소가 오사카증권거래소와 합병하면서 일본거래소그룹(JPX)를 출범시키고 세계 3 위 거래소가 되면서 아시아 파생상품의 중심지를 표방하고 있는 상황에서, 한국거래소의 IPO는 더 이상 미루어서는 안될 시급한 과제가 되었다. 한국거래소의 IPO 추진에 있어서 장애요인이 있다면 적극적으로 해결하면서 IPO가 성사되도록 해야 할 문제이지, 장애요인들로 인해 IPO 자체가 추진되지 못한다면 한국거래소의 국제경쟁력은 더욱 약해질 것이고, 이는 결국 시장의 주도권을 다른 거래소에 빼앗겨 지역거래소로 전락하는 결과를 초래할 것이다.

[주요 거래소 상장현황 및 시가총액[1)]]

상장연월	거 래 소	시가총액(USD mil) (2012. 11. 30 기준)
‘98.10	ASX	5,376
‘00. 6	HKEx	1,836
‘00. 7	Hellenic Exchange	323
‘00.11	SGX	6,053
‘01. 2	DB	10,853
‘01. 7	LSE	4,243
‘02. 7	Nasdaq OMX	3,996
‘02.11	TMX Group	2,665
‘02.12	CME	18,426
‘03.12	PSE(Philippines)	580
‘04. 4	OSE	2,865
‘05. 3	Bursa Malaysia	1,085
‘05.11	ICE	9,610
‘06. 3	NYSE Euronext	5,674
‘06. 7	BME(Spain)	1,835
‘07. 3	DFM(Dubai)	2,163
‘08. 6	BMV(Mexico)	1,307
‘08. 8	BM&F BOVESPA(Brazil)	12,293
‘10. 6	CBOE	378

1) 한국거래소, 전게서(2012. 12), 45쪽.

Ⅲ. 거래소의 IPO와 관련한 쟁점

상장심사 및 승인을 하는 규제기관으로서의 거래소가 자기주식을 스스로 상장할 수 있는가에 대한 문제는 시장개설 및 운영기관으로서의 거래소의 지위와 상장신청기업으로서의 지위가 확연히 다르다는 점에서 논란의 여지가 없는 것으로 보인다. 이를 반영하여 자본시장법도 거래소가 자기주식을 상장할 수 있도록 하고 있으며, 다른 나라의 경우도 거래소의 자기주식 상장을 모두 허용하고 있다. 다만 상장, 매매 및 공시 등에 있어서 거래소의 자기주식이라는 측면에서 공익성과 영리성의 이해관계상충이 있을 수 있으며, 이를 방지하기 위한 장치는 필요한 것으로 보인다.

1. 거래소 자기주식 상장에 대한 심사 및 승인

거래소도 자기주식을 상장할 경우 거래소가 정하는 상장요건을 충족하여야 함은 물론이고, 다른 기업들처럼 상장승인을 위한 상장심사위원회의 심의를 거쳐야 한다. 그러나 거래소의 공공성 및 자기주식의 상장이라는 측면에서 모든 과정이 공정하고 투명하게 이루어졌음을 확인할 필요가 있으며, 이를 위해 자본시장법은 거래소가 자기주식 상장 및 상장폐지시 금융위원회의 승인을 받도록 되어 있다. 따라서 거래소의 자기주식 상장에 대한 실질적인 심사는 금융위원회에서 이루어진다고 보는 것이 타당할 것이다.

2. 거래소의 자기주식에 대한 시장감시

거래소의 시장감시는 상장, 공시 등 거래소의 다른 업무영역들과 이해상충적인 요소를 가지고 있다. 특히, 거래소의 주식회사화로 영리성을 추구하게 되면서 좀더 많은 기업을 상장하고 거래를 활성화시키려는 거래소의 기본 성격과 시장감시는 이해관계의 충돌가능성이 있다. 이를 해결하기 위해 거래소의 시장감시기능에 독립성을 부여할 필요가 있으며, 특히 거래소가 자기주식을 상장할 경우 시장감시기능의 독립성은 더욱 확고하게 유지할 필요가 있다. 현재 거래소는 법적으로 독립성이 부여된 시장감시위원회를 두고 있으나, IPO를 대비하여 독립성을 더욱 강화할 필요가 있다. 또한 거래소 자기주식에 대한 시장감시의 공정성을 담보할 수 있도록, 시장감시위원회의 자기주식에 대한 시장감시 활동을 주기적으로 또는 특이사항이 발생할 경우는 수시로 감독당국에 보고토록 하는 제도적 장치도 있어야 것으로 보인다. 이를 위해 거래소는 시장감시위원회의 독립성을 강화하며, 자사주 시장감시에 대한 공정성을 담보할 수 있는 기준 등의 마련이 필요하다.

3. 공시 등 상장관리

거래소의 공시 등 상장유지조건은 다른 기업과 동일하게 적용되므로 이해상충의 소지는 없어 보인다. 일반적인 기업에 대한 정보는 정기공시의 사업보고서 등을 통하여 확인하면 되므로 감독기관은 공시가 제대로 이루어지고 있는지만 확인하면 되는데, 이는 거래소의 가장 기본적인 요건이므로 감독기관의 개입할 여지는 없어 보인다. 다만 수시공시 또는 공정공시 등의 경우 사안에 따라서 공시여부를 따져볼 필요가 있는 경우가 발생할 수 있는데, 이런 경우 거래소는 시장관리자로서의 지위와 상장기업으로서의 이해관계가 충돌할 가능성이 있다. 따라서 거래소의 자기주식에 대한 공시 등 상장유지를 위하여 필요한 사항은 독립성이 보장된 별도의 위원회를 통하여 공시 여부 등을 판단하고, 이러한 사항을 감독기관에 보고토록 함으로써 이해상충문제를 해결할 수 있을 것이다.

Ⅳ. 거래소 상장관련 외국 사례

IOSCO 보고서에 따르면 대부분의 감독당국은 자사주를 상장한 거래소의 주요 문제가 상장심사와 이후의 상장유지관리 등 자신의 주식에 대한 규제가 제대로 이루어질 수 있는가 하는 점이라는 것을 인식하고 이에 대해 감독역할을 특별히 강화하고 있다고 소개하고 있다.[1] 예를 들어 호주, 캐나다, 홍콩, 싱가포르 등에서는 상장을 추진하는 거래소를 상장과정에서의 의사결정과정에서 배제하고 감독당국이 직접 수행하였다. 미국에서는 Pacific 거래소와 나스닥이 자체규정으로 SEC에 자사주나 관계사의 상장과 거래에 대한 감시보고서를 정기적으로 제출하고, 자사주나 관계사의 상장기준 위반에 대한 보고서를 제출토록 하고 있다. 또한 매년 중립적인 회계법인으로 하여금 자사주나 관계사의 상장기준 준수여부에 대한 인증을 하도록 하였다. 그리고 신규 상장한 뉴욕증권거래소(NYSE)도 이와 유사한 규정을 채택하였다고 한다.[2]

한편 상장유지요건 준수 여부에 관해서는 신규상장과는 달리 거래소의 관여가 어느 정도 이루어지고 있다. 호주, 말레이시아, 싱가포르 등 일부 국가에서는 감독당국이 상장거래소의 상장규정 준수 여부에 대한 모니터링을 담당하지만, 홍콩의 경우 감독당국이 상장거래소의 상장규정 준수 여부에 대하여 모든 규제권한을 보유하고 있고 거래소는 감독당국이 이해상충의 소지가 없다고 인정하는 경우에 자체적으로 상장유지 관리업무를 수행할 수 있다. 캐나다에서는 상장유지와 관련된 이해상충을 감시하기 위하여 이해상충위원회가 설치되어 있고, 동 위원회의 모든 조치는 감독당국의 승인을 받아야 한다고 한다.[3]

SEC는 거래소 자사주의 상장과 관련하여 Regulation AL을 입법예고하였는데,[4] 동

---

1) IOSCO 보고서, 11쪽.
2) 상게 보고서, 19쪽.
3) 상게 보고서, 19쪽.
4) SEC, Fair Administration and Governance of Self-Regulatory Organizations; Disclosure and Regulatory Reporting by Self-Regulatory Organizations; Recordkeeping Requirements for Self-

Regulation의 주요 내용을 살펴보면, 우선 신규상장에 대해서는 거래소 등의 내부의 독립적 지위를 가진 규제감시위원회가 자사주나 관계회사 증권의 상장기준 충족에 대한 인증을 하지 않는 한 상장을 승인하지 않는다는 것이다. 그리고 상장유지요건의 준수와 관련하여, 상장유지요건 충족 여부에 관한 자체 보고서를 매분기 SEC에 제출토록 하는 한편, 연간 단위로 제 3 자에 의해 작성된 상장유지요건 충족 여부에 관한 보고서를 제출토록 하였다. 그리고 동일한 상장규정을 적용함에 있어 자사주나 관계회사 증권과 기존의 다른 상장증권 사이에 차별을 금지하고 있다.

[초판: 성희활, 개정판: 김영춘]

Regulatory Organizations; Ownership and Voting Limitations for Members of Self-Regulatory Organizations; Ownership Reporting Requirements for Members of Self-Regulatory Organizations; Listing and Trading of Affiliated Securities by a Self-Regulatory Organization, Release No. 34-50699, Nov. 18, 2004.

제 6 장 감독 등

제410조(보고와 검사)

① 금융위원회는 투자자 보호 또는 건전한 거래질서를 위하여 필요하다고 인정되는 경우에는 거래소에 대하여 그 업무 및 재산에 관한 보고 또는 참고가 될 자료의 제출을 명하고, 금융감독원장에게 그 업무·재산상황·장부·서류, 그 밖의 물건을 검사하게 할 수 있다.

② 제 1 항에 따라 검사를 하는 자는 그 권한을 표시하는 증표를 지니고 관계인에게 내보여야 한다.

③ 금융감독원장은 제 1 항에 따라 검사를 한 경우에는 그 결과를 금융위원회에 보고하여야 한다. 이 경우 이 법 또는 이 법에 따른 명령이나 처분을 위반한 사실이 있는 때에는 그 처리에 관한 의견서를 첨부하여야 한다.

④ 제419조 제 9 항은 거래소에 대한 검사에 관하여 준용한다.

Ⅰ. 본조의 취지	Ⅱ. 검사주체의 문제

Ⅰ. 본조의 취지

본조는 시장개설 및 운영업무를 수행하는 거래소에 대하여 정부 등 감독기관의 감독권의 근거 및 검사범위 등을 규정하고 있다.

Ⅱ. 검사주체의 문제

법 제410조 제 1 항에 따르면 거래소에 대한 검사주체는 금융위원회가 가지고 있으며, 필요한 경우 거래소에 대하여 업무 및 재산에 관한 보고 또는 자료의 제출을 명하고, 금융감독원장에게 업무·재산상황·장부·서류·그 밖의 물건을 검사할 수 있게 명할 수 있도록 되어 있다. 금융감독원장은 금융위의 지시에 따라 검사를 한 경우에는 금융위원회에 보고하고 거래소에 대한 조치는 금융위원회가 결정한다. 따라서 거래소에 대한 감독권 행사 주체는 금융위로 보는 것이 타당하다.

거래소에 대한 검사관련 조항은 자본시장법상 금융투자업관계기관으로 분류되는 금융투자협회나 예탁결제원 등의 검사와 관련한 조항과는 다소 차이가 있음을 알 수 있다. 즉, 법 제419조 제 1 항[1]에 따르면 금융투자업관계기관의 검사는 검사권이 금융투자업자

1) 법 제419조(금융투자업자에 대한 검사) ① 금융투자업자는 그 업무와 재산상황에 관하여 금융감독원장의 검사를 받아야 한다.

에 관한 검사와 동일하게 금융감독원에 있음을 명확히 하고 있는데, 이는 거래소에 대한 검사권이 금융위원회에 있음을 명시한 법 제410조 제1항과는 차이가 있음을 보여주고 있다. 따라서 금융투자업관계기관에 대한 검사는 금융감독원이 독자적으로 검사여부를 결정하여 수행할 수 있지만, 거래소에 대한 검사는 금융위원회의 지시에 의해서만 수행할 수 있다고 보는 것이 타당하다.

그러나 실제적으로 거래소에 대한 검사는 금융감독원의 판단하에 이루어지고 있으며, 이러한 거래소에 대한 검사주체의 불명확성은 2008년 초 금융위원회 출범시 거래소 등 자율규제기관에 대한 검사권 행사 주체 문제를 놓고 금융위원회와 금융감독원의 의견대립으로부터 발생한다. 당시 금융위는 현행법상 명확하게 되어 있지 않아 해석상 논란의 여지가 있는 검사권 행사 주체 문제를 금융위의 직접 행사 근거를 명확히 하고자 하였으나 국회에서의 논란 끝에 현행과 같이 결론지어진 바 있다.

그러나 자율규제기관에 대한 금융감독원의 검사는 다소 문제가 있을 수 있다. 우선 자율규제기관은 금융감독원장의 검사 대상이 되는 일반 금융회사와는 성격과 역할이 상이하다는 점을 들 수 있다. 일반 금융회사에 대한 검사는 건전한 신용질서 유지와 금융소비자 보호를 목적으로 개별회사의 재무 건전성과 영업행위에 대한 규제 중심으로 이루어진다. 그러나 자본시장의 개설 및 관리자로서 자율규제를 수행하는 거래소 등에 대한 검사는 공익적 차원에서 효율적이고 공정한 시장의 유지·관리를 목적으로 하는 정책감사가 되어야 할 것이다.

또한 거래소는 경영에 대한 공익적 통제가 강하고 일반 투자자(소비자)를 상대로 하는 영업이 없는 관계로, 건전성 규제나 행위규제 관련 검사사항도 특별히 없을 것으로 보여 금융회사에 대한 검사와는 구별이 되어야 한다. 따라서 금융정책과 감독의 최종결정권자인 금융위에서 거래소에 대한 정책감사를 직접 수행하는 것이 자본시장의 발전에 바람직하다. 다만, 사안에 따라 거래소의 운영상황이나 현황파악 등을 위하여 필요한 경우 금융위원회가 금융감독원에 대하여 거래소에 대한 검사를 명하는 방식으로 운영되어야 할 것으로 본다.

제411조(거래소에 대한 조치)

① 금융위원회는 거래소가 다음 각 호의 어느 하나에 해당하는 경우에는 제373조의2 제1항에 따른 거래소허가를 취소할 수 있다.

1. 거짓, 그 밖의 부정한 방법으로 제373조의2 제1항에 따른 허가를 받은 경우
2. 허가조건을 위반한 경우
3. 제373조의5에 따른 허가요건 유지의무를 위반한 경우

4. 업무의 정지기간 중에 업무를 한 경우
5. 금융위원회의 시정명령 또는 중지명령을 이행하지 아니한 경우
6. 별표 14 각 호의 어느 하나에 해당하는 경우로서 대통령령으로 정하는 경우
7. 대통령령으로 정하는 금융관련 법령 등을 위반한 경우로서 대통령령으로 정하는 경우
8. 그 밖에 투자자의 이익을 현저히 해할 우려가 있거나 해당 업무를 영위하기 곤란하다고 인정되는 경우로서 대통령령으로 정하는 경우

② 금융위원회는 거래소가 제 1 항 각 호(제 6 호는 제외한다)의 어느 하나에 해당하거나 별표 14 각 호의어느 하나에 경우에는 다음 각 호의 어느 하나에 해당하는 조치를 할 수 있다.

1. 6개월 이내의 업무의 전부 또는 일부의 정지
2. 계약의 인계명령
3. 위법행위의 시정명령 또는 중지명령
4. 위법행위로 인한 조치를 받았다는 사실의 공표명령 또는 게시명령
5. 기관경고
6. 기관주의
7. 그 밖에 위법행위를 시정하거나 방지하기 위하여 필요한 조치로서 대통령령으로 정하는 조치

③ 금융위원회는 거래소의 임원이 제 1 항 각 호(제 6 호는 제외한다)의 어느 하나에 해당하거나 별표 14 각 호의 어느 하나에 해당하는 경우에는 다음 각 호의 어느 하나에 해당하는 조치를 할 수 있다.

1. 해임요구
2. 6개월 이내의 직무정지
3. 문책경고
4. 주의적 경고
5. 주의
6. 그 밖에 위법행위를 시정하거나 방지하기 위하여 필요한 조치로서 대통령령으로 정하는 조치

④ 금융위원회는 거래소의 직원이 제 1 항 각 호(제 6 호는 제외한다)의 어느 하나에 해당하거나 별표 14 각 호의 어느 하나에 해당하는 경우에는 다음 각 호의 어느 하나에 해당하는 조치를 거래소에 요구할 수 있다.

1. 면직
2. 6개월 이내의 정직
3. 감봉
4. 견책
5. 경고
6. 주의
7. 그 밖에 위법행위를 시정하거나 방지하기 위하여 필요한 조치로서 대통령령으로 정하는 조치

⑤ 제422조 제 3 항, 제423조(제 1 호는 제외한다), 제424조(제 2 항은 제외한다) 및 제425조는 거래소 및 그 임직원에 대한 조치 등에 관하여 준용한다.

시행령 제**367**조(거래소에 대한 조치) ① 법 제411조 제1항 제6호에서 "대통령령으로 정하는 경우"란 다음 각 호의 어느 하나에 해당하는 경우를 말한다.

1. 법 별표 14 제1호의2에 해당하는 경우로서 법 제376조 제2항에 따른 승인을 받지 아니하고 정관을 변경한 경우
2. 법 별표 14 제12호에 해당하는 경우로서 법 제394조 제2항을 위반하여 공동기금을 구분하여 적립하지 아니한 경우
3. 법 별표 14 제21호에 해당하는 경우로서 법 제413조에 따른 조치를 이행하지 아니한 경우
4. 법 별표 14 제30호에 해당하는 경우 중 이 영 별표 18 제8호에 해당하는 경우로서 법 제174조에 따른 미공개 중요정보 이용행위 금지 의무를 위반한 경우
5. 법 별표 14 제30호에 해당하는 경우 중 이 영 별표 18 제9호에 해당하는 경우로서 법 제176조에 따른 시세조종행위 등의 금지 의무를 위반한 경우
6. 법 별표 14 제30호에 해당하는 경우 중 이 영 별표 18 제10호에 해당하는 경우로서 법 제178조에 따른 부정거래행위 등의 금지 의무를 위반한 경우

② 법 제411조 제1항 제7호에서 "대통령령으로 정하는 금융관련 법령 등"이란 제373조 제2항 각 호의 법령을 말한다.

③ 법 제411조 제1항 제7호에서 "대통령령으로 정하는 경우"란 제373조 제3항 각 호의 어느 하나에 해당하는 경우를 말한다.

④ 법 제411조 제1항 제8호에서 "대통령령으로 정하는 경우"란 다음 각 호의 어느 하나에 해당하는 경우를 말한다.

1. 허가를 받은 날부터 6개월 이내에 영업을 시작하지 아니하거나 업무를 시작한 후 정당한 사유 없이 허가 받은 업무를 중단하는 경우
2. 법 제411조 제2항 제1호에 따른 업무정지의 조치를 받은 날부터 1개월(업무정지의 조치를 하면서 1개월을 초과하는 보정기간을 정한 경우에는 그 기간) 이내에 해당 조건을 보정하지 아니한 경우
3. 업무와 관련하여 부정한 방법으로 타인으로부터 금전등을 받거나 타인에게 줄 금전등을 취득한 경우
4. 같거나 비슷한 위법행위를 계속하거나 반복하는 경우

⑤ 법 제411조 제2항 제7호에서 "대통령령으로 정하는 조치"란 다음 각 호의 어느 하나에 해당하는 조치를 말한다.

1. 경영이나 업무방법의 개선요구나 개선권고
2. 변상 요구
3. 법을 위반한 경우에는 고발 또는 수사기관에의 통보
4. 다른 법률을 위반한 경우에는 관련 기관이나 수사기관에의 통보
5. 그 밖에 금융위원회가 법 및 이 영, 그 밖의 관련 법령에 따라 취할 수 있는 조치

⑥ 법 제411조 제3항 제6호 및 같은 조 제4항 제7호에서 "대통령령으로 정하는 조치"란 각각 다음 각 호의 어느 하나에 해당하는 조치를 말한다.

1. 법을 위반한 경우에는 고발 또는 수사기관에의 통보
2. 다른 법률을 위반한 경우에는 관련 기관이나 수사기관에의 통보
3. 그 밖에 금융위원회가 법 및 이 영, 그 밖의 관련 법령에 따라 취할 수 있는 조치

⑦ 법 별표 14 제30호에서 "대통령령으로 정하는 경우"란 별표 18 각 호의 어느 하나에 해당하는 경우를 말한다.

본조는 거래소 및 그 임직원이 이 법 등 관계법령을 위반하여 직무를 수행한데 대하여 제재조치를 규정하고 있다. 거래소에 대한 이러한 조치들은 여타 유관기관, 즉 금융투자협회, 예탁결제원 등과 금융투자업관계기관에 대한 제재조치와 동일하다. 다만, 거래소가 법정설립주의에서 허가주의로 전환됨에 따라 관련법규를 위반할 경우에는 허가를 취소할 수 있는 제1항이 신설되었는데, 이는 거래소에 대하여 허가주의와 함께 경쟁체제를 도입하면서 거래소의 운영 및 투자자보호에 관한 정부감독당국의 규제는 강화하

고자 하기 위한 것으로 보인다.

거래소는 상법상 주식회사일 것, 자기자본 1,000억원 이상으로서 대통령령으로 정하는 금액 이상, 사업계획의 타당성 및 건전성, 투자자 보호, 새장의 개설 및 운영을 위한 충분한 인력과 설비, 거래소 규정의 법령과의 정합성 및 거래의 안정성과 투자자 보호를 위해 충분할 것, 임원의 자격, 대주주의 출자능력 및 건선성과 사회적 신용, 이해상충방지체계 등을 위반한 경우 금융위원회는 거래소에 대하여 허가를 취소할 수 있다.

제412조(거래소 규정의 승인)

① 거래소는 회원관리규정·증권시장업무규정·파생상품시장업무규정·상장규정·공시규정·시장감시규정·분쟁조정규정, 그 밖의 업무에 관한 규정을 제정·변경하거나 폐지하고자 하는 경우에는 금융위원회의 승인을 받아야 한다.

② 삭제

본조는 거래소가 그 업무를 수행하는데 필요한 제반 규정들에 대하여 그 제·개정과 폐지에 금융위의 승인을 얻도록 하고 있다.

본조에서는 정관 제정 및 변경에 대한 금융위원회의 승인에 관하여 규정되어 있지 않으나, 거래소 정관 제정은 거래소 허가승인시 심사하면 되는 것이고, 정관변경 시에도 금융위원회의 승인을 받도록 법 제376조 제 2 항에 규정되어 있다. 따라서 거래소의 기본적인 사항을 규정하는 정관을 비롯하여 거래소의 업무와 관련된 규정은 모두 금융위원회의 승인을 받아야 한다. 즉, 공공적인 성격이 강한 시장운영과 본질적 업무 수행에 필요한 모든 규정은 승인대상이라고 할 것이다. 그러나, 거래소의 업무와 관련된 사항이 아닌 조직의 운영에 관한 내부규정들, 즉 시장운영과 관계없는 인사, 보수, 복지, 직제 등에 관한 규정들은 승인대상이 아니다.

사회적 공익성 및 시장의 건전성 유지와 투자자 보호 등을 위하여 거래소의 정관을 비롯한 업무규정에 대한 금융위원회의 사전 승인의 당위성은 충분하게 인정된다. 그러나, 통상 금융위원회의 승인까지는 상당한 시일 및 절차가 소요되며, 이로 인해 시장의 변화에 즉시성 있게 탄력적으로 대응할 필요가 있는 사안에 대하여 시행시기를 놓쳐버린다면 그 피해는 투자자에게 돌아갈 것이다. 이러한 문제를 해결하기 위하여 거래소의 업무규정은 충실하게 구성하되 기본적인 사항을 비롯하여 시장운영과 관련한 필수적인 사항들만을 업무규정화하면서, 시장상황에 따라 변동이 예상되는 사항들은 거래소 업무규정 시행세칙 등에 포함되는 것이 타당하다. 시장운영과 관련한 기본적인 사항들 외에 기타 사항들은 거래소가 정하여 시행할 수 있도록 위임조항을 두는 한편, 시장은 거래소의 책임하에 운영되도록 하고, 사회적 이슈 등이 예상되는 사안에 대하여는 금융위원회와 사전협의토록 하는 등의 조치를 통해 시장운영의 탄력성을 제고하여야 할 것이다.

제413조(긴급사태시의 처분)

금융위원회는 천재지변, 전시, 사변, 경제사정의 급격한 변동, 그 밖에 이에 준하는 사태의 발생으로 인하여 매매거래가 정상적으로 이루어질 수 없다고 인정되는 경우에는 거래소에 대하여 개장시간의 변경, 거래의 중단 또는 시장의 휴장을 명하거나, 그 밖에 필요한 조치를 할 수 있다.

Ⅰ. 본조의 취지

본조는 천재지변, 전시, 사변, 경제사정의 급격한 변동 등 국가경제의 위기시에 금융위로 하여금 거래소 시장의 개장시간을 변경하거나, 거래의 중단 또는 시장의 휴장 등을 명할 수 있는 긴급조치권을 부여하고 있다.

Ⅱ. 휴장 등 긴급조치 사례

우리 증권시장 역사상 거래소의 휴장이나 기타 비상조치 사례는 여러 번 있었다. 거래소의 자체적인 결정도 있었고 정부의 명령·조치도 있었으나 거래소가 자체적으로 결정하더라도 정부와의 협의를 거칠 수밖에 없었으므로 실질적으로는 정부의 결정이라고 보는 것이 타당할 것이다.

증시휴장 등 극단적인 비상조치는 대부분 우리 증권시장 초기에 발생하였다. 연혁적으로 살펴보면 먼저 1958년의 '1. 16 국채파동' 때 재무부장관의 매매거래 취소명령을 들 수 있다. 국채에 대하여 매수·매도 세력간 공방전으로 양측 모두 증거금 납부와 대금결제가 어려워지고 결국 5개 증권사가 결제불이행을 야기하자, 당시 재무부장관은 최대 거래량을 기록한 1월 16일의 매매 일체에 대하여 취소명령을 내려 이를 무효화 한 경우가 있다. 이에 대해 당시 언론들은 정부의 이러한 거래무효화조치는 증권시장의 기본원칙을 파괴하는 것이라고 비판하였다.[1)]

1962년에는 소위 '5월 증권파동'이라 하여 당시 주식회사였던 거래소 주식, '대증주'에 대하여 매수·매도 세력 간 공매수·공매도 남발로 대량의 결제불이행 사태가 발생하였고

1) 장진모, 「주식의 역사」, 한국경제신문, 2004, 26-27쪽 참조.

이에 따라 거래소는 6월 1일 휴장을 하였다. 이어서 며칠 후 결제불이행이 해소되어 6월 7일 개장하였으나 곧바로 6월 10일 화폐개혁조치로 약 한 달간 또 휴장을 하게 되었다. 8월에는 태양증권이 대증신주에 대한 매매약정을 거부하여 혼란이 오자 8월 31일부터 또 다시 휴장에 들어갔고, 결국 재무부장관의 행정명령으로 해결된 경우도 있었다. 1963년에는 거래소 주식인 대증주의 폭락에 따라 투자자들의 항의 및 군중집회가 격화되면서 2월 25일부터 5월 9일 개장까지 무려 73일간의 역사상 최장기간의 휴장에 들어갔다. 이러한 혼란은 1963년 5월 거래소의 공영제 전환 등을 골자로 하는 증권거래법 개정안이 시행되면서 비로소 안정되었다.[1)]

이후 휴장과 같은 비상조치는 없었고 아주 예외적으로 개장시간이 연기된 적은 있었는데, 1993년 8월 금융실명제 실시에 따라 다음날 개장시간을 2시로 한 것과 2001년 미국의 9. 11 사태에 따라 다음날 개장시간을 12시로 연기한 바가 있었다.

제414조(시장효율화위원회)

① 증권시장 및 파생상품시장의 거래비용 절감과 관련한 사항에 대한 심의를 위하여 금융위원회에 시장효율화위원회를 설치한다.

② 이 법에 따라 설립된 기관, 그 밖에 대통령령으로 정하는 기관이 수수료 등을 변경하거나 대통령령으로 정하는 금액 이상으로 전산에 대한 투자를 하고자 하는 경우에는 시장효율화위원회의 심의를 거쳐야 한다.

③ 시장효율화위원회의 구성 및 운영에 관하여 필요한 사항은 대통령령으로 정한다.

시행령 제**368**조(시장효율화위원회) ① 법 제414조 제 2 항에서 "대통령령으로 정하는 기관"이란 다음 각 호의 기관을 말한다.

1. 한국거래소
2. 증권시장 또는 파생상품시장은 운영하기 위한 전산시스템의 개발·운영 등을 한국거래소로부터 위탁받은 법인으로서 한국거래소가 출자한 법인

② 법 제414조 제 2 항에서 "대통령령으로 정하는 금액 이상으로 전산에 대한 투자를 하고자 하는 경우"란 시장의 운영이나 시장하부구조를 개선하기 위하여 소프트웨어, 하드웨어 등 전산시스템과 그 부대설비의 개발에 소요되는 비용이 100억원 이상인 투자를 하고자 하는 경우를 말한다.

③ 법 제414조 제 1 항에 따른 시장효율화위원회(이하 이 조에서 "위원회"라 한다)는 금융·법률·회계 및 전산 분야의 민간전문가로서 금융위원회 위원장이 위촉하는 7인 이내의 위원으로 구성한다.

④ 위원회의 위원장은 위원 간에 호선으로 선출한다.

⑤ 제 3 항 및 제 4 항에서 규정한 사항 외에 위원회의 운영과 심의 등에 관하여 필요한 사항은 위원회의 의결을 거쳐 위원회의 위원장이 정한다.

1) 한국증권선물거래소, 「한국증권시장 55년사」, 2011. 6, 52-55쪽 참조.

Ⅰ. 본조의 취지

본조는 우리나라 자본시장에서의 거래비용 절감을 위하여 관련기관의 수수료 및 전산투자에 대한 규제를 심의하는 기구인 '시장효율화위원회'에 대하여 규정하고 있다. 거래소를 비롯한 협회, 예탁결제원 등은 민간기구이지만 설립과 운영이 독점적으로 이루어지고 있어서 투자자이익 침해 우려를 감안하여 그 수입과 지출에 대한 일정한 통제가 필요하다는 인식 하에 시장효율화위원회를 설치하고 있다.

Ⅱ. 시장효율화위원회의 구성과 운영

위원회의 심의대상 기관은 거래소와 협회, 예탁결제원, 증권금융 등 이 법에 따라 설립된 기관과, "증권시장 또는 파생상품시장을 운영하기 위한 전산시스템의 개발·운영 등을 거래소로부터 위탁받은 법인으로서 거래소가 출자한 법인"인 코스콤이다. 심의대상 사항은 수수료 변경과 100억원 이상의 전산투자이다.

위원회는 금융·법률·회계 및 전산 분야의 민간전문가로서 금융위원회 위원장이 위촉하는 7인 이내의 위원으로 구성되며, 위원회의 위원장은 위원 간에 호선으로 선출한다. 세부적인 운용에 관한 사항은 위원회의 의결을 거쳐 위원회의 위원장이 정한다.

Ⅲ. 한국거래소의 수수료율 인하

시장효율화위원회는 거래소를 비롯한 금융투자관련기관의 수수료를 통제함으로써 시장의 효율성을 향상시키고 거래비용을 절감함으로써 투자자에게 혜택이 돌아가고 결과적으로 시장의 경쟁력을 향상시킬 수 있다는 취지에서 2004년 통합거래소법 제정 당시 도입되었다.

2005년 거래소 통합 이후 한국거래소는 2005년 7월 통합에 따른 시너지효과를 시장참여자에게 환원하기 위하여 수수료율을 일괄적으로 20% 인하하였고, 2006년 7월에는 회원사 수수료 경쟁심화 등 시장환경변화에 따른 회원사의 부담완화를 위행 수수료율을 5% 추가 인하하였다. 또한, 2008년 미국 서브프라임모기지사태로 인한 국내경제여건 악화로 다시 20% 인하였으며, 2010년에는 연구용역결과를 토대로 기존의 포괄적 단일수수료체계를 원가에 연동하여 거래수수료, 청산수수료, 프로세스이용료로 세분화하고 시장참가비용을 획기적으로 감축하기 위해 거래관련 수수료율을 전체적으로 약 20% 인하하는 등 수수료율체계 개편조치를 2010년 1월부터 단행하였다. 이러한 결과 한국거래소의 지속적인 수수료율 인하조치로 인해 주식매매수수료율은 2005년 1월 통합 당시에 비해 50.6% 수준으로 인하되었다.[1)]

Ⅳ. 시장효율화위원회의 문제점

글로벌 경쟁이 점차 심화되고 있는 금융시장환경에서 거래소의 경쟁력 및 생존전략은 해당국의 규제문제가 아니라 거래소 자체의 문제가 되고 있는 현실을 감안할 때, 정부감독당국에 의한 인위적인 수수료 규제는 몇 가지 문제점을 가지고 있다.

첫째, 시장은 적정한 수수료뿐만 아니라 다양한 수익원을 발굴해야 하며, 이를 위해 금융규제당국은 거래소를 비롯한 시장참여자들이 경쟁할 수 있는 여건을 조성해주어야 한다. 이러한 취지에서 자본시장법도 거래소의 독점적 법정 설립주의에서 벗어나 허가주의에 따른 경쟁체제로 전환하게 된 것이다. 국내 시장에서의 경쟁이 글로벌시장에서의 경쟁력 강화로 이어지도록 하기 위한 것이다. 이러한 경쟁체제 하에서 거래소의 수수료를 정부의 규제로 제한하는 것은 거래소의 경쟁력에 큰 제약으로 작용할 수 있다. 국내 거래소간 또는 ATS와 거래소간 지나친 경쟁으로 인한 출혈적 수수료 인하 또는 과다한 수수료 인상 등은 정부규제차원에서 풀어야 할 문제로 보이지만, 거래소의 수수료율 결정은 거래소가 결정하도록 하는 것이 타당하다. 거래소의 수수료율은 거래소가 주식회사로서의 이익창출과 회원제로서의 회원의 부담 등을 고려하여 적절한 수준에서 정해지도록 자율성을 부여하는 것이 합리적일 것이다.

둘째, 경직된 거래소의 수수료율 결정체계는 거래소의 글로벌 경쟁력뿐만 아니라 국가경쟁력 제고에도 바람직하지 않다. 외국의 경우를 보면 시장의 활성화시기 또는 침체기에 따라 다른 수수료체계를 적용하는 등 다양한 수수료 전략이 가능하며, 이는 거래소의 경쟁력을 지속적으로 유지시켜 주게 된다. 그러나 경직된 수수료 적용 정책으로 인해 시장 활성화시기와 침체기에 따라 수수료 수준이 급격히 변한다면 해당 거래소는 지속적인 경쟁력 유지가 어려울 것이다. 더구나 거래소 산업은 다양한 신상품 개발 및 상장 등 각종 서비스 개발을 위한 지속적인 투자가 선행되어야 하는 장치산업으로서의 성격을 가지고 있어서, 탄력적인 수수료 전략 없이는 급격한 환경변화에 선제적으로 대응하기 어렵다.

셋째, 2005년 한국거래소 통합 이후 네 차례에 걸쳐 과감한 수수료율 인하 조치를

1) 한국거래소, 전게서(2011. 6), 247쪽.

취했으나, 그것이 우리 자본시장의 경쟁력 제고에 도움이 되었는지 되돌아보아야 한다. 또한, 거래소의 수수료율 인하조치가 과연 투자자에게 그 혜택이 돌아갔는지도 의문이다. 주요 선진국 거래소의 경우 관심은 수수료율 인하보다는 거래소간 M&A 또는 전략적 제휴 등을 통해 더욱 차별화된 서비스를 제공하고, 거래소간의 IT 속도체결 경쟁에 뒤지지 않기 위해 과감한 투자를 아끼지 않는 것이다. 이러한 외국의 사례에서 시사하는 바는 일률적인 수수료율 인하보다는 거래소가 글로벌 경쟁에서 살아남을 수 있도록 회원 및 투자자에게 최고의 서비스를 제공할 수 있도록 하는 것이고, 거래소의 수수료율은 이러한 전략을 감안하여 시장에서 결정되도록 하여야 한다. 다만, 국내 거래소 간의 경쟁 심화로 인한 지나친 수수료율 인하 또는 과도한 수수료율 인상 등 제한적인 경우에 한하여 국내 자본시장 경쟁력 제고 및 투자자 등 시장참여자 보호를 위하여 정부감독당국에 의한 규제가 필요하다고 본다.

[초판: 성희활, 개정판: 김영춘]

자본시장과
금융투자업에 관한 법률

| 제 8 편 감독 및 처분

제 1 장 명령 및 승인 등

제415조(감독)

금융위원회는 투자자를 보호하고 건전한 거래질서를 유지하기 위하여 금융투자업자가 이 법 또는 이 법에 따른 명령이나 처분을 적절히 준수하는지 여부를 감독하여야 한다.

제416조(금융위원회의 조치명령권)

금융위원회는 투자자를 보호하고 건전한 거래질서를 유지하기 위하여 금융투자업자에게 다음 각 호의 사항에 관하여 필요한 조치를 명할 수 있다. 다만, 제 7 호의 장내파생상품의 거래규모의 제한에 관한 사항에 관하여는 위탁자에게도 필요한 조치를 명할 수 있다.

1. 금융투자업자의 고유재산 운용에 관한 사항
2. 투자자 재산의 보관·관리에 관한 사항
3. 금융투자업자의 경영 및 업무개선에 관한 사항
4. 각종 공시에 관한 사항
5. 영업의 질서유지에 관한 사항
6. 영업방법에 관한 사항
7. 장내파생상품 및 장외파생상품의 거래규모의 제한에 관한 사항
8. 그 밖에 투자자보호 또는 건전한 거래질서를 위하여 필요한 사항으로서 대통령령으로 정하는 사항

시행령 제**369**조(금융투자업자에 대한 조치명령권) ① 법 제416조 제 8 호에서 "대통령령으로 정하는 사항"이란 다음 각 호의 사항을 말한다.

1. 제16조 제 9 항 및 제21조 제 8 항에 따른 이해상충방지체계에 관한 사항
2. 금융투자업자가 외국에서 금융투자업에 상당하는 업을 하는 경우에 감독상 필요한 신고·보고 등에 관한 사항
3. 외국 금융투자업자가 법 제12조 제 2 항 제 1 호 나목 또는 법 제18조 제 2 항 제 1 호 나목 및 다목에 따라 국내에서 금융투자업을 하는 경우에 감독상 필요한 신고·보고 등에 관한 사항
4. 법 제40조 각 호에 따른 금융업무에 관한 사항
5. 기업어음증권의 매매나 중개업무에 관한 사항
6. 금융투자업자가 취급하는 상품의 운영에 관한 사항
7. 금융투자업자의 영업, 재무 및 위험에 관한 사항
8. 금융투자업자의 업무내용의 보고에 관한 사항
9. 협회에 가입하지 아니한 금융투자업자에 대하여 협회가 건전한 영업질서의 유지와 투자자를 보호하기 위하여 행하는 자율규제에 준하는 내부기준을 제정하도록 하는 것에 관한 사항
10. 파생상품을 취급하는 금융투자업자에 대한 일정 수준 이상의 파생상품을 거래한 자 또는 미결제약정을 보유한 자에 관한 정보의 제출에 관한 사항

11. 집합투자기구(투자신탁은 제외한다)의 청산업무와 관련한 재산의 공탁, 그 밖에 필요한 사항
② 금융위원회는 법 제416조에 따라 금융투자업자에 대하여 조치를 명하는 데에 필요한 세부기준을 정하여 고시하여야 한다.

제417조(승인사항)

① 금융투자업자는 다음 각 호의 어느 하나에 해당하는 행위(겸영금융투자업자의 경우에는 제 4 호부터 제 7 호까지에 한한다)를 하고자 하는 경우에는 금융위원회의 승인을 받아야 한다.

1. 합병, 분할 또는 분할합병
2. 주식의 포괄적 교환 또는 이전
3. 해산
4. 제 6 조 제 1 항 제 1 호부터 제 3 호까지 및 제 6 호의 어느 하나에 해당하는 금융투자업 전부(이에 준하는 경우를 포함한다)의 양도 또는 양수
5. 제 6 조 제 1 항 제 4 호 및 제 5 호의 어느 하나에 해당하는 금융투자업 전부(이에 준하는 경우를 포함한다)의 양도 또는 양수
6. 제 6 조 제 1 항 제 1 호부터 제 3 호까지 및 제 6 호의 어느 하나에 해당하는 금융투자업 전부(이에 준하는 경우를 포함한다)의 폐지
7. 제 6 조 제 1 항 제 4 호 및 제 5 호의 어느 하나에 해당하는 금융투자업 전부(이에 준하는 경우를 포함한다)의 폐지
8. 그 밖에 투자자 보호 또는 채권자 보호 등을 위하여 필요한 사항으로서 대통령령으로 정하는 행위

② 금융위원회는 제 1 항의 승인을 한 경우 그 내용을 관보 및 인터넷 홈페이지 등에 공고하여야 한다.

③ 제 1 항의 승인의 기준·방법, 그 밖의 승인업무 처리를 위하여 필요한 사항은 대통령령으로 정한다.

시행령 제**370**조(승인사항) ① 법 제417조 제 1 항 제 8 호에서 “대통령령으로 정하는 행위”란 자본감소를 말한다.
② 금융위원회는 법 제417조 제 1 항에 따른 승인을 하려는 경우에는 다음 각 호의 기준에 적합한지를 심사하여야 한다.
1. 법 제30조에 따른 재무건전성과 법 제31조에 따른 경영건전성에 관한 기준을 충족할 것(법 제417조 제 1 항 제 3 호·제 6 호 및 제 7 호의 경우는 제외한다)
2. 투자자의 보호에 지장을 초래하지 아니할 것
3. 금융시장의 안전성을 해치지 아니할 것
4. 건전한 금융거래질서를 해치지 아니할 것
5. 내용과 절차가 법, 「상법」, 「독점규제 및 공정거래에 관한 법률」 및 금융관련법령(제27조 제 1 항에 따른 금융관련법령을 말한다)에 비추어 흠이 없을 것
6. 그 밖에 법 제417조 제 1 항 각 호의 행위별로 투자자의 보호 등을 위하여 금융위원회가 정하여 고시하는 기준을 충족할 것

③ 금융투자업자는 법 제417조 제1항에 따른 승인을 받으려는 경우에는 다음 각 호의 사항을 기재한 승인신청서를 금융위원회에 제출하여야 한다.
1. 상호
2. 본점의 소재지
3. 임원에 관한 사항
4. 승인을 신청하는 사유, 내용 및 시기 등에 관한 사항
5. 그 밖에 승인 심사에 필요한 사항으로서 금융위원회가 정하여 고시하는 사항
④ 제3항에 따른 승인신청서에는 다음 각 호의 서류를 첨부하여야 한다.
1. 정관
2. 승인을 신청하는 사유에 관하여 이사회나 주주총회의 의결이 있는 경우에는 그 의사록
3. 승인을 신청하는 사유와 관련된 계약서가 있는 경우에는 그 사본
4. 그 밖에 승인 심사에 필요한 서류로서 금융위원회가 정하여 고시하는 서류
⑤ 금융위원회는 제3항 및 제4항에 따른 승인신청서와 첨부서류를 접수한 경우에는 그 내용을 심사하여 2개월 이내에 승인 여부를 결정하고, 그 결과와 이유를 지체 없이 신청인에게 문서로 통지하여야 한다. 이 경우 승인신청서에 흠이 있는 때에는 보완을 요구할 수 있다.
⑥ 제5항에 따른 심사기간을 계산할 때 승인신청서 흠결의 보완기간 등 금융위원회가 정하여 고시하는 기간은 심사기간에 산입하지 아니한다.
⑦ 금융위원회는 제5항에 따라 승인을 하는 경우에는 경영의 건전성 확보와 투자자의 보호에 필요한 조건을 붙일 수 있다.
⑧ 제1항부터 제7항까지에서 규정한 사항 외에 승인의 신청과 심사, 신청서의 서식과 작성방법 등에 관하여 필요한 사항은 금융위원회가 정하여 고시한다.

제418조(보고사항)

금융투자업자(겸영금융투자업자의 경우에는 제6호부터 제9호까지에 한한다)는 다음 각 호의 어느 하나에 해당하는 경우에는 대통령령으로 정하는 방법에 따라 그 사실을 금융위원회에 보고하여야 한다.

1. 상호를 변경한 때
2. 정관 중 대통령령으로 정하는 중요한 사항을 변경한 때
3. 임원을 선임하거나 해임(사임을 포함한다)한 때
4. 최대주주가 변경된 때
5. 대주주 또는 그의 특수관계인의 소유주식이 의결권 있는 발행주식총수의 100분의 1 이상 변동된 때
6. 제6조 제1항 제1호부터 제3호까지 및 제6호의 어느 하나에 해당하는 금융투자업의 일부를 양도 또는 양수한 때
7. 제6조 제1항 제4호 및 제5호의 어느 하나에 해당하는 금융투자업의 일부를 양도 또는 양수한 때
8. 제6조 제1항 제1호부터 제3호까지 및 제6호의 어느 하나에 해당하는 금융투자업의 일부를 폐지한 때
9. 제6조 제1항 제4호 및 제5호의 어느 하나에 해당하는 금융투자업의 일부를 폐지한 때

10. 지점, 그 밖의 영업소를 신설하거나 폐지한 때
11. 본점의 위치를 변경한 때
12. 본점·지점, 그 밖의 영업소의 영업을 중지하거나 다시 시작한 때
13. 그 밖에 투자자 보호 또는 건전한 거래질서를 위하여 필요한 경우로서 대통령령으로 정하는 경우

시행령 제371조(보고사항 등) ① 금융투자업자는 법 제418조 각 호의 어느 하나에 해당하는 때에는 그 사실을 금융위원회에 지체 없이 보고하여야 한다. 다만, 금융위원회는 그 사실의 중요도에 따라 보고기한을 달리 정하여 고시할 수 있다.
② 법 제418조 제 2 호에서 "대통령령으로 정하는 중요한 사항"이란 다음 각 호의 어느 하나에 해당하는 사항을 말한다.
1. 사업목적에 관한 사항
2. 주주총회, 이사회, 그 밖에 회사의 지배구조에 관한 사항
3. 회사가 발행하는 주식에 관한 사항
4. 그 밖에 투자자의 보호와 관련된 것으로 금융위원회가 정하여 고시하는 사항
③ 법 제418조 제13호에서 "대통령령으로 정하는 경우"란 다음 각 호의 어느 하나에 해당하는 경우를 말한다.
1. 자본금이 증가한 경우
2. 법 제10편(제443조부터 제449조까지)에 따라 처벌을 받은 경우
3. 해당 금융투자업자의 업무에 중대한 영향을 미칠 소송의 당사자로 된 경우
4. 해당 금융투자업자에 관하여 파산의 신청이 있거나 해산 사유가 발생한 경우
5. 「채무자 회생 및 파산에 관한 법률」에 따른 회생절차 개시신청을 한 경우, 회생절차 개시결정을 한 경우 또는 회생절차 개시결정의 효력이 상실된 경우
6. 조세체납처분을 받은 경우 또는 조세에 관한 법령을 위반하여 처벌을 받은 경우
7. 「외국환거래법」에 따른 해외직접투자를 하거나 해외영업소, 그 밖의 사무소를 설치한 경우
8. 국내 사무소를 신설하거나 폐지한 경우(외국 금융투자업자의 국내 사무소의 경우만 해당한다)
9. 발행한 어음이나 수표가 부도로 되거나, 은행과의 당좌거래가 정지되거나 금지된 경우
10. 금융투자업자의 해외현지법인, 해외지점 및 해외사무소 등에 금융위원회가 정하여 고시하는 사유가 발생한 경우
11. 외국 금융투자업자(국내 지점, 그 밖의 영업소를 설치한 외국 금융투자업자의 경우만 해당한다)의 본점에 금융위원회가 정하여 고시하는 사유가 발생한 경우
12. 제26조의2에 따른 사람을 선임하거나 해임(사임을 포함한다)한 경우
13. 그 밖에 금융투자업자의 경영·재산 등에 중대한 영향을 미칠 사항으로서 금융위원회가 정하여 고시하는 사유가 발생한 경우

Ⅰ. 감 독

1. 본조의 취지

본조는 투자자 보호와 자본시장의 건전한 거래질서를 유지하기 위하여 금융투자업

자의 자본시장법 준수 여부를 감시·감독하도록 금융위원회에 포괄적 감독권을 부여한 규정이다. 금융위원회는 「금융위원회의 설치 등에 관한 법률」(이하 '금융위설치법')에 따라 설치된 국무총리 소속의 중앙행정기관으로서 금융정책, 외국환업무 취급기관의 건전성 감독 및 금융감독에 관한 업무를 수행하므로(금융위설치법 3조) 자본시장법은 이러한 금융위원회에 포괄적인 감독권한을 부여하여 효율적인 감독체계의 구축을 통하여 자본시장의 건전성과 공정성을 담보하고, 투자자 보호 강화를 도모하고자 한다.

2. 감독의 의의

일반적으로 감독이라 함은 경제주체의 행위를 사후적으로 감시하는 것으로 금융감독은 금융회사의 행동에 대한 감시를 의미한다.[1] 자본시장법은 이러한 금융감독권한을 금융위원회에 부여함으로써 자본시장에서의 공정한 경쟁과 투자자를 보호를 통하여 자본시장의 공정성·신뢰성 및 효율성을 제고하고자 한다. 이에 따라 자본시장법 제415조에서는 금융감독의 목적이 투자자 보호와 건전한 거래질서 유지에 있음을 분명하게 밝히고 있으며, 금융위원회로 하여금 금융투자업자의 자본시장법 또는 자본시장법에 따른 명령이나 처분에 대한 준수 여부를 감독하도록 하고 있다.[2]

이와 같이 금융투자업자에 대한 감독이 필요한 이유는 자본시장의 경우 시장의 불안정성과 불확실성이 상대적으로 다른 시장에 비해 크기 때문에 정보의 비대칭성으로 인하여 역선택(adverse selection)과 도덕적 해이(moral hazard) 등의 문제가 발생할 수 있기 때문이다. 또한 자본시장의 감독을 통하여 시장실패를 예방하고, 시장의 공정성·효율성·투명성을 확보하여 효율적 자본시장으로서 그 기능과 역할을 위해서 자본시장에 대한 광범위한 규제와 감독이 필요하다.[3]

3. 감독의 대상과 범위

금융위원회는 금융투자업자의 자본시장법 또는 동법에 따른 명령이나 처분에 대한 준수 여부를 감독한다. 여기에서 금융투자업자는 금융투자업에 대하여 금융위원회의 인가를 받거나 등록을 하여 이를 영위하는 자를 의미한다(법 8조). 이와 같이 금융투자업자

---

1) 금융감독원, 「금융감독개론(2013 개정판)」, 2012, 8쪽. 특히 규제와 감독을 구별하는 견해에서 규제는 규칙의 형성절차와 그 구체적인 결과물을 의미하고, 감독은 그러한 절차를 거쳐 형성된 규칙의 준수 여부에 대한 감시와 집행을 의미한다고 한다(정순섭, "금융감독기관의 감독배상책임에 관한 연구," 「상사법연구」 제31권 제 4 호(2013), 151쪽 각주 1).

2) 국제증권감독기구(International Organization of Securities : IOSCO)에서도 증권규제의 목적은 투자자 보호와 시장의 공정성·효율성·투명성을 확보하고, 시스템 위험의 경감에 있으며, 이를 위해 규제기관이 포괄적 감독권한을 가져야 한다고 권고하고 있다(IOSCO, "Objectives and Principles of Securities Regulation," June 2010).

3) 김정수, 「자본시장법원론」, SFL그룹, 2011, 297-298쪽.

의 범위를 좁게 해석하는 경우 금융위원회에 인가 또는 등록을 하지 않는 자, 가령 유사투자자문업자 등의 경우에는 금융위원회의 감독 대상이 아니라고 할 수도 있으나, 이러한 경우에는 금융위설치법에 따라 금융위원회가 감독권을 행사할 수 있으므로 법 제415조에 따른 직접적인 감독대상은 법 제 8 조에 따른 금융투자업자라고 좁게 보아도 무방하다.

한편, 금융위원회는 금융투자업자가 자본시장법 또는 동법에 따른 명령[1]이나 처분[2]에 대한 준수 여부를 감독하는데, 후술하는 바와 같이 금융위원회는 투자자 보호와 건전한 거래질서 유지를 위하여 폭넓은 감독권한을 행사하므로 금융투자업자는 자본시장법뿐만 아니라 그 관련법령 및 그 관련법령에 따라 취해지는 명령이나 지시 등을 준수하여야 한다. 다만, 행정지도와 같은 권력적 사실행위의 경우에는 이를 준수해야 할 의무는 없다고 보아야 할 것이다.

Ⅱ. 조치명령권

1. 본조의 취지

본조는 금융위원회의 포괄적 조치명령권을 규정한 것으로 금융위원회로 하여금 투자자 보호와 건전한 거래질서 유지를 위하여 금융투자업자에게 필요한 조치를 할 수 있도록 규정한 것이다.

2. 조치명령권의 범위

자본시장법은 투자자를 보호하고 건전한 거래질서를 유지하기 위하여 금융투자업자에게 적절한 조치를 명할 수 있는 권한을 금융위원회에 부여하고 있으며, 장내파생상품의 거래규모의 제한과 관련해서는 위탁자에 대해서도 필요한 조치를 취할 수 있도록 하고 있다. 자본시장법이 금융위원회에 부여하고 있는 조치명령의 종류는 다음과 같다.

i) 금융투자업자의 고유재산 운용에 관한 사항
ii) 투자자 재산의 보관·관리에 관한 사항
iii) 금융투자업자의 경영 및 업무개선에 관한 사항
iv) 각종 공시에 관한 사항
v) 영업의 질서유지에 관한 사항
vi) 영업방법에 관한 사항
vii) 장내파생상품 및 장외파생상품의 거래규모의 제한에 관한 사항

---

1) 여기에서 명령은 금융위원회가 자본시장법에 근거하여 제정하는 법규명령을 의미한다.
2) 처분은 금융위원회가 행하는 구체적 사실에 관한 법집행으로서 행정처분을 의미한다.

viii) 그 밖에 투자자 보호 또는 건전한 거래질서를 위하여 필요한 사항으로서 대통령령으로 정하는 사항[1])

위에서 언급한 바와 같이 금융위원회가 금융투자업자에게 취할 수 있는 조치들이 상당히 포괄적으로 규정되어 있어 이러한 조치명령권의 행사가 법률유보의 원칙에 반할 소지가 있으나, 자본시장법은 금융위원회가 이러한 조치명령권을 행사하는 데에 있어 필요한 세부기준을 정하여 고시하도록 함으로써 그 행사가 자의적으로 이루어지지 않도록 하고 있다(법 시행령 369조 3항).[2])

이러한 금융위원회의 조치명령권은 금융투자업자로 하여금 작위·부작위·급부·수인의 의무를 부과하는 것으로 행정법상 명령적 행정행위로서 하명의 성질을 가진다. 따라서 금융투자업자가 이러한 금융위원회의 조치명령을 이행하지 않은 경우에는 행정제재 등의 대상이 된다. 다만, 조치명령위반의 법률행위의 효과에 대해서는 일반적으로 그 법률행위를 무효로 하는 특별한 법률의 규정이 없는 한 사법상의 효력이 부인되지 않는데,[3]) 자본시장법에는 이와 관련한 별도의 규정이 없으므로 조치명령을 위반한 행위의 사법상 효력은 부인되지 않는다.

Ⅲ. 승인사항

1. 본조의 취지

일반 주식회사와 달리 금융투자업자의 경우 일정한 행위를 하고자 하는 경우에 금융

---

1) 법 시행령 제369조 제1항에서 규정하고 있는 금융위원회의 조치명령권은 다음과 같다.
   1. 자본시장법 제16조 제9항 및 제21조 제7항에 따른 이해상충방지체계에 관한 사항
   2. 금융투자업자가 외국에서 금융투자업에 상당하는 업을 하는 경우에 감독상 필요한 신고·보고 등에 관한 사항
   3. 외국 금융투자업자가 자본시장법 제12조 제2항 제1호 나목 또는 제18조 제2항 제1호 나목 및 다목에 따라 국내에서 금융투자업을 하는 경우에 감독상 필요한 신고·보고 등에 관한 사항
   4. 자본시장법 제40조 각 호에 따른 금융업무에 관한 사항
   5. 기업어음증권의 매매나 중개업무에 관한 사항
   6. 금융투자업자가 취급하는 상품의 운영에 관한 사항
   7. 금융투자업자의 영업, 재무 및 위험에 관한 사항
   8. 금융투자업자의 업무내용의 보고에 관한 사항
   9. 금융투자협회에 가입하지 아니한 금융투자업자에 대하여 금융투자협회가 건전한 영업질서의 유지와 투자자를 보호하기 위하여 행하는 자율규제에 준하는 내부기준을 제정하도록 하는 것에 관한 사항
   10. 파생상품을 취급하는 금융투자업자에 대한 일정 수준 이상의 파생상품을 거래한 자 또는 미결제약정을 보유한 자에 관한 정보의 제출에 관한 사항
   11. 집합투자기구(투자신탁은 제외)의 청산업무와 관련한 재산의 공탁, 그 밖에 필요한 사항
2) 임재연, 「자본시장법」, 박영사, 2013, 1336쪽.
3) 명령적 행정행위로서 하명 위반의 효과에 대해서 그 사법상 효력을 부인하지 않는 것이 행정법계의 통설이다[김동희, 「행정법 I (제17판)」, 박영사, 2011, 281쪽; 김철용, 「행정법 I (제13판)」, 박영사, 2010, 194쪽; 박균성, 「행정법론(상)」, 박영사, 2013, 310쪽; 홍정선, 「행정법원론(상)」, 박영사, 2012, 337쪽].

위원회의 사전승인을 받도록 하고 있는데, 이와 같이 금융위원회의 사전승인을 얻도록 한 취지는 금융투자업자의 행위로 인하여 건전한 거래질서 또는 투자자의 이익이 침해될 수 있을지 여부를 사전에 금융위원회로 하여금 검토할 수 있도록 하기 위함이다. 본래 금융투자업을 영위하기 위해서는 법령상 정한 인가요건 또는 등록요건을 구비한 후 금융위원회의 인가 또는 등록을 하여야만 하는데, 인가 또는 등록을 받은 당시에 비하여 해당 금융투자업자에게 중대한 사정변경이 초래되는 경우에는 금융위원회의 승인을 얻도록 함으로써 금융위원회로 하여금 그러한 행위가 해당 금융투자업자의 재무건전성 또는 경영건전성에 영향을 미치는지 여부, 투자자 보호에 지장을 초래하는지 여부, 금융시장의 안정성을 해하는지 여부, 건전한 금융거래질서를 해하는지 여부 등을 검토할 수 있도록 한 것이다.

2. 승인사항

금융투자업자는 다음의 어느 하나에 행위(겸영투자업자의 경우에는 4호부터 7호까지에 한한다)를 하고자 하는 경우에는 금융위원회의 승인을 받아야 한다(법 417조 1항).

i) 합병, 분할 또는 분할합병

ii) 주식의 포괄적 교환 또는 이전

iii) 해산

iv) 투자매매업, 투자중개업, 집합투자업, 신탁업의 어느 하나에 해당하는 금융투자업 전부(이에 준하는 경우를 포함)의 양도 또는 양수

v) 투자자문업, 투자일임업의 어느 하나에 해당하는 금융투자업 전부(이에 준하는 경우를 포함)의 양도 또는 양수

vi) 투자매매업, 투자중개업, 집합투자업, 신탁업의 어느 하나에 해당하는 금융투자업 전부의 폐지

vii) 투자자문업, 투자일임업의 어느 하나에 해당하는 금융투자업 전부의 폐지

viii) 그 밖에 투자자 보호 또는 채권자 보호 등을 위하여 필요한 사항으로서 대통령으로 정하는 행위[1)]

위와 같은 사항에 대해서 금융투자업자가 자본시장법에 따른 금융위원회의 승인을 받기 위해서는 후술하는 바와 같이 자본시장법에서 정한 승인 절차에 따라 승인신청을 하면 되지만, 자본시장법에 따른 합병 등의 행위를 하는 것이 아니라 「금융산업의 구조개선에 관한 법률」(이하 '금산법')에 따라 이러한 행위를 하는 경우에는 금산법에 정한 절차와 요건에 따라 인가를 얻어야 한다(금산법 4조 1항). 금산법에 따른 합병인가를 얻은 경우에는 별도로 자본시장법에 따른 승인을 받을 필요는 없다.[2)]

---

1) 현재 법 시행령에서는 자본감소를 정하고 있다(법 시행령 370조 1항).

2) 금산법 제 5 조 제 1 항에서는 금산법 제 4 조에 따른 합병인가를 받은 경우 개별 법률에 따른 금융기관

3. 승인절차

금융투자업자는 금융위원회의 승인을 받기 위해서는 일정한 절차를 거쳐야 하며, 금융위원회는 그 승인을 한 경우 그 내용을 관보 및 인터넷홈페이지에 공고하여야 한다. 승인의 절차 및 그 기준·방법, 그 밖의 승인업무를 처리하기 위해 필요한 사항은 대통령령으로 정하고 있으며, 행위 유형에 따른 구체적인 절차에 대해서는 금융투자업규정에서 정하고 있다.

(1) 승인신청

법 제417조 제1항 각 호의 어느 하나에 해당하는 승인을 받고자 하는 금융투자업자는 승인의 종류별로 승인신청서 및 첨부서류를 금융위원회에 제출하여야 한다(법 시행령 370조 3항, 금융투자업규정 2-12조 5항). 승인신청서에 기재할 사항은 (i) 상호, (ii) 본점의 소재지, (iii) 임원에 관한 사항, (iv) 승인을 신청하는 사유, 내용 및 시기 등에 관한 사항, (v) 그 밖에 승인 심사에 필요한 사항으로서 금융위원회가 고시하는 사항이다(법 시행령 370조 3항). 그리고 첨부서류로는 (i) 정관, (ii) 승인을 신청하는 사유에 관하여 이사회나 주주총회의 의결이 있는 경우에는 그 의사록, (iii) 승인을 신청하는 사유와 관련된 계약서가 있는 경우에는 그 사본, (v) 그 밖에 승인심사에 필요한 서류로서 금융위원회가 정하여 고시하는 서류를 제출하여야 한다.

(2) 승인심사

금융위원회는 금융투자업자가 합병, 분할, 분할합병, 영업의 양·수도, 영업폐지 등과 관련하여 그 승인신청이 있는 경우에는 그 내용을 심사하여 2개월 이내에 승인 여부를 결정하고, 그 결과와 이유를 지체 없이 신청인에게 문서로 통지하여야 한다(법 시행령 370조 5항). 금융위원회는 승인을 하려는 경우 다음의 기준에 적합한지 여부를 심사하여야 한다(법 시행령 370조 2항).

i) 자본시장법 제30조에 따른 재무건전성과 자본시장법 제31조에 따른 경영건전성에 관한 기준을 충족할 것(해산, 영업의 폐지의 경우에는 제외)

ii) 투자자의 보호에 지장을 초래하지 아니할 것

iii) 금융시장의 안전성을 해치지 아니할 것

iv) 건전한 금융거래질서를 해치지 아니할 것

의 영업, 영업의 폐업 또는 합병에 대한 인가·허가 또는 지정을 받은 것으로 간주하고 있기 때문에 별도의 승인이 요구되지 않는다. 다만, 법문상 승인이 빠져 있어 다소 불명확한 점은 있으나, 금융투자업규정에서 합병 등의 승인절차에 금산법에 따른 합병인가절차(2-13조)를 마련해 놓은 점에 비추어 보면 금산법에 따른 인가를 얻은 경우에는 별도로 자본시장법에 따른 승인은 필요하지 않다고 하는 것이 타당하다.

ⅴ) 내용과 절차가 자본시장법, 상법, 「독점규제 및 공정거래에 관한 법률」 및 금융관련법령에 비추어 흠이 없을 것

ⅵ) 그 밖에 자본시장법 제417조 제 1 항 각 호의 행위별로 투자자의 보호 등을 위하여 금융위원회가 정하여 고시하는 기준을 충족할 것

금융투자업규정에서는 (i) 합병 등 이후 행하고자 하는 업무의 범위가 적정할 것, (ii) 합병 등 이후 존속하거나 신설되는 금융투자업자의 대주주가 일정한 요건을 충족할 것을 요구하고 있는데(2-12조 1항),[1] 합병, 분할, 분할합병, 영업의 양·수도의 경우에는 이러한 요건을 모두 충족하여야 하며(2-12조 4항), 대주주 요건의 경우 해산이나 영업의 폐지의 경우에는 준용되지 아니한다.

금융위원회의 승인심사는 승인신청서에 대한 형식적 심사에 그치는 것이 아니라 실질적 심사를 통해 그 승인 여부를 판단하며,[2] 승인신청서에 흠이 있는 때에는 그 보완을 요구할 수 있고(법 시행령 370조 5항), 승인을 하는 경우에 경영의 건전성 확보와 투자자의 보호에 필요한 조건을 붙일 수 있다(법 시행령 370조 7항).

4. 승인의 효과

금융위원회의 사전승인은 금융투자업자에게 권리나 이익을 부여하는 효과를 수반하는 수익적 행정처분으로서 어떠한 행위를 보충하여 그 법률상 효력을 완성케 하는 보충적 행정행위로 이해된다. 따라서 금융위원회 승인의 전제가 되는 금융투자업자의 기본행위가 불성립 또는 무효인 경우에는 비록 금융위원회의 승인이 있더라도 그러한 행위가 유효한 것으로 될 수 없다.

금융위원회의 사전승인은 해당 행위를 하려는 금융투자업자의 승인신청이 있는 경우에만 행하여지며, 금융위원회는 해당 승인신청에 대하여 소극적으로 승인을 할 것인지의 여부에 관하여만 결정할 수 있을 뿐이고, 적극적으로 신청의 내용과 다른 내용의 승인을 할 수는 없다. 다만, 금융투자업자의 승인신청에 흠이 있는 경우에는 금융위원회는 그 흠을 보완할 수 있도록 요구할 수 있을 뿐이다.

한편, 금융투자업자가 금융위원회의 승인을 받아야 사항에 대해서 승인을 받지 않은 경우에는 형사벌칙을 받을 수 있으며(법 445조 45호), 감독기관으로부터 제재를 받게 된다(법 [별표 1] 제299호). 승인을 얻지 않은 경우 그 사법적 효과에 대해서는 별다른 규정이 없어 해석에 의할 수밖에 없는데, 법 제417조 제 1 항을 단속규정으로 이해하는 경우에는 그 사법적 효과가 부정되지 않지만, 이를 효력규정으로 보는 경우에는 승인을 결한 행위

1) 금융투자업규정 [별표 3](대주주의 요건) 제 3 호에서 정하고 있는 것으로 당해 합병, 분할, 분합합병의 당사회사인 금융투자업자의 대주주인 경우에 적용된다.

2) 실제 구금융감독위원회는 합병의 타당성 부족을 이유로 2005년 리딩투자증권의 브릿지증권 인수합병 승인을 불허한 바가 있다.

는 무효로 될 것이다. 이와 유사하게 법 제23조는 금융투자회사의 대주주가 되고자 하는 경우 금융위원회의 사전승인을 요구하고 있는데, 이에 대해서 이를 단속규정으로 이해하는 것이 일반적이다.[1] 판례는 금융기관이 다른 회사 주식을 일정 한도 이상으로 소유하는 경우 금융감독위원회의 승인을 얻도록 규정한 금산법 제24조를 단속규정으로 본 바가 있다.[2] 생각하건대, 금융위원회의 승인은 사실상 인가로서 추인의 성격이 있는 것으로, 이를 결한 행위는 사법상 무효로 하는 것이 타당하다고 본다. 자본시장법상 대주주에 대한 사전승인의 경우에는 사법상 효력이 있음을 전제로 주식처분명령(법 23조 2항), 의결권 제한(같은 조 3항) 등을 규정한 것과 비교할 때, 금융위원회의 승인을 얻도록 한 사항(법 417조 1항)은 그 위반의 경우 벌칙만을 규정하고 있기 때문에 입법취지상 승인 없이 한 행위에 대해서는 이를 무효로 보는 것이 타당하다.

Ⅳ. 보고사항

1. 본조의 취지

본조는 금융투자업자에게 일정한 사항이 발생한 경우에 그 사실을 금융위원회에 보고하도록 하여 금융위원회가 그러한 사실을 점검할 수 있도록 한 것이다. 법 제417조의 금융위원회의 사전승인과 달리 금융투자업자로 하여금 금융위원회에 사후적으로 보고하도록 한 것은 보고사항은 앞서 승인사항과 달리 투자자보호 또는 건전한 거래질서 차원에서 그 중요성이 상대적으로 떨어지기 때문이다.[3] 그러나 감독기관의 입장에서는 투자자보호와 건전한 거래질서의 유지를 위해서 금융투자업자에 대한 현황을 파악하는 것은

1) 박임출, "증권회사 지배주주에 대한 승인제도의 개선과제," 「증권법연구」 제7권 제2호(2006), 33쪽; 전삼현, "자본시장법상 대주주변경 규제에 관한 소고," 「법학논총」 제23집(2010), 16쪽.

2) 대법원 2003. 11. 27. 선고 2003다5337 판결: "금융산업의구조개선에관한법률 제24조 제1항 제1호 및 제3항과 같은법 시행령 제6조 제1항의 규정 취지는 금융기관이 일정 규모 이상의 다른 회사의 주식을 소유하게 되는 경우 금융기관의 공공성에 반하여 금융기관이 아닌 다른 회사를 사실상 지배하고 관련 시장에서의 경쟁을 실질적으로 제한할 수 있으며, 또한 그 회사의 부실을 통하여 금융기관 자체가 부실화될 우려가 있으므로 이에 관하여 금융감독위원회의 사전 승인을 거치게 함으로써 금융기관의 사기업에 대한 지배를 제한함과 동시에 관련 시장에서의 경쟁을 보장하고 금융기관의 부실화를 예방하여 자본의 충실화를 기하기 위한 것으로서, 위 규정에 위반하여 사전 승인을 받지 아니한 금융기관의 주식소유행위 자체가 그 사법상의 효력까지도 부인하지 않으면 안 될 정도로 현저히 반사회성, 반도덕성을 지닌 것이라고 할 수 없을 뿐만 아니라 그 행위의 사법상의 효력을 부인하여야만 비로소 입법목적을 달성할 수 있다고 볼 수 없고, 위 규정을 효력규정으로 보아 이에 위반한 금융기관의 주식소유행위를 일률적으로 무효라고 할 경우 승인기준에 해당하여 결과적으로 위 규정에 의하여 규제될 필요가 없는 행위나 담보권실행으로 인한 주식취득 등 불가피한 사정이 있는 행위도 단지 사전승인을 받지 않았다는 이유로 그 효력이 부인되어 주식거래의 안전을 해칠 우려가 있을 뿐만 아니라 금융기관간의 건전한 경쟁을 촉진하고 금융업무의 효율성을 높임으로써 금융산업의 균형 있는 발전에 이바지함을 목적으로 입법된 법의 취지에 반하는 결과가 될 수 있으므로, 위 규정은 효력규정이 아니라 단속규정이라고 보아야 한다."

3) 김정수, 전게서(2011), 1338쪽.

중요한 일이기 때문에 금융투자업자에게 특정 사항에 대한 보고의무를 규정하고 있다.

이러한 보고는 직접적인 감독수단은 아니지만, 보고의무자로 하여금 보고사항에 대한 주의를 환기시키는 효과가 있고, 감독기관도 보고사항에 대한 검토를 통하여 감독상 필요한 조치를 준비할 수 있게 한다는 점에서 간접적인 감독수단으로 작용한다.[1)]

2. 보고사항

금융투자업자(겸영금융투자업자의 경우에는 6호부터 9호까지에 한한다)는 다음과 같은 경우 대통령령으로 정하는 방법에 따라 그 사실을 금융위원회에 보고하여야 한다(법 418조).

i) 상호를 변경한 때

ii) 정관 중 대통령령으로 정하는 중요한 사항을 변경한 때[2)]

iii) 임원을 선임하거나 해임(사임을 포함한다)한 때

iv) 최대주주가 변경된 때

v) 대주주 또는 그의 특수관계인의 소유주식이 의결권 있는 발행주식총수의 100분의 1 이상 변동된 때

vi) 투자매매업, 투자중개업, 집합투자업 및 신탁업의 어느 하나에 해당하는 금융투자업의 일부를 양도 또는 양수한 때

vii) 투자자문업 또는 투자일임업의 어느 하나에 해당하는 금융투자업의 일부를 양도 또는 양수한 때

viii) 투자매매업, 투자중개업, 집합투자업 및 신탁업의 어느 하나에 해당하는 금융투자업의 일부를 폐지한 때

ix) 투자자문업 또는 투자일임업의 어느 하나에 해당하는 금융투자업의 일부를 폐지한 때

x) 지점, 그 밖의 영업소를 신설하거나 폐지한 때

xi) 본점의 위치를 변경한 때

xii) 본점·지점, 그 밖의 영업소의 영업을 중지하거나 다시 시작한 때

xiii) 그 밖에 투자자 보호 또는 건전한 거래질서를 위하여 필요한 경우로서 대통령령으로 정하는 경우[3)]

---

1) 이병화, 「축조해설 은행법」, 삼우사, 2008, 274쪽; 임재연, 전게서(2013), 1192쪽 각주 21.

2) 여기에서 대통령령으로 정하는 중요한 사항은 (i) 사업목적에 관한 사항, (ii) 주주총회, 이사회, 그 밖에 회사의 지배구조에 관한 사항, (iii) 회사가 발행하는 주식에 관한 사항, (iv) 그 밖에 투자자의 보호와 관련된 것으로 금융위원회가 고시하는 사항이다(법 시행령 371조 2항).

3) 여기에서 대통령령으로 정하는 경우란 (i) 자본금이 증가한 경우, (ii) 자본시장법 제10편(제443조부터 제449조까지)에 따라 처벌을 받은 경우, (iii) 해당 금융투자업자의 업무에 중대한 영향을 미칠 소송의 당사자로 된 경우, (iv) 해당 금융투자업자에 관하여 파산의 신청이 있거나 해산 사유가 발생한 경우, (v) 「채무자 회생 및 파산에 관한 법률」에 따른 회생절차 개시신청을 한 경우, 회생절차 개시결정을

금융투자업자는 위와 같은 보고사항에 해당하는 사실이 발생한 경우에는 금융위원회에 지체 없이 보고하여야 한다(법 시행령 371조 1항). 다만, 금융위원회는 그 사실의 중요도에 따라 보고기한을 달리 정할 수 있는데, 위의 보고사항 중 제 1 호부터 제11호까지(10호 제외)의 사유가 발생한 경우에는 그 사유발생일로부터 7일 이내에 보고하여야 하며, 제10호 또는 제12호에 해당하는 사유의 경우에는 그 사유가 발생한 날이 해당하는 분기 종료 후 45일 이내에 보고하면 된다(금융투자업규정 2-16조 1항).

3. 보고의무 위반의 효과

금융투자업자가 법 제418조에 따라 보고사항을 보고하지 않거나 이를 거짓으로 보고한 경우에는 1천만 이하의 과태료가 부과될 수 있으며(법 449조 2항), 감독기관으로부터 제재를 받을 수 있다(법 [별표 1] 제300호). 보고 그 자체는 금융위원회에 단순히 해당 사실을 통지하는 것으로 이를 이행하지 않는다고 하여 사법적 효과에는 아무런 영향이 없다.

이러한 보고는 행정법상 신고에 해당하는 것으로 「행정절차법」의 규율대상이 되는데,[1] 「행정절차법」 제40조에서는 신고서의 기재사항에 흠이 없고, 필요한 구비서류가 첨부되어 있으며, 법령 등에 규정된 형식상의 요건에 적합한 경우에는 신고가 접수기관에 도달된 때에 신고의무가 이행된 것으로 간주하고 있으므로 금융투자업자가 보고사항에 대해서 금융위원회에 정해진 기한 내에 보고한 때에 그 의무가 이행된 것으로 볼 수 있다.

[초판: 성희활, 개정판: 노태석]

한 경우 또는 회생절차 개시결정의 효력이 상실된 경우, (vi) 조세체납처분을 받은 경우 또는 조세에 관한 법령을 위반하여 처벌을 받은 경우, (vii) 「외국환거래법」에 따른 해외직접투자를 하거나 해외영업소, 그 밖의 사무소를 설치한 경우, (viii) 국내 사무소를 신설하거나 폐지한 경우(외국 금융투자업자의 국내 사무소의 경우만 해당한다), (ix) 발행한 어음이나 수표가 부도로 되거나, 은행과의 당좌거래가 정지되거나 금지된 경우, (x) 금융투자업자의 해외현지법인, 해외지점 및 해외사무소 등에 금융위원회가 정하여 고시하는 사유가 발생한 경우, (xi) 외국 금융투자업자(국내 지점, 그 밖의 영업소를 설치한 외국 금융투자업자의 경우만 해당한다)의 본점에 금융위원회가 정하여 고시하는 사유가 발생한 경우, (xii) 시행령 제26조의2에 따른 사람을 선임하거나 해임(사임을 포함한다)한 경우, (xiii) 그 밖에 금융투자업자의 경영·재산 등에 중대한 영향을 미칠 사항으로서 금융위원회가 고시하는 사유가 발생한 경우이다(법 시행령 371조 3항).

1) 행정절차법상 신고는 행정청에 대하여 일정한 사항을 통지함으로써 의무가 끝나는 것으로 행위 자체만으로 법률효과를 완결시키는 자기완결적 행위를 의미한다(김철용, 전게서(2010), 130쪽).

제 2 장 검사 및 조치

제419조(금융투자업자에 대한 검사)

① 금융투자업자는 그 업무와 재산상황에 관하여 금융감독원장의 검사를 받아야 한다.

② 한국은행은 금융통화위원회가 금융투자업자의 제40조 제 3 호 또는 제 4 호의 업무와 관련하여 통화신용정책의 수행 및 지급결제제도의 원활한 운영을 위하여 필요하다고 인정하는 때에는 제40조 제 3 호 또는 제 4 호의 업무를 영위하는 금융투자업자에 대하여 자료제출을 요구할 수 있다. 이 경우 요구하는 자료는 금융투자업자의 업무부담을 충분히 고려하여 필요한 최소한의 범위로 한정하여야 한다.

③ 한국은행은 금융통화위원회가 통화신용정책의 수행을 위하여 필요하다고 인정하는 때에는 금융투자업자가 영위하는 제40조 제 3 호 또는 제 4 호의 업무에 대하여 금융감독원장에게 검사를 요구하거나 한국은행과의 공동검사를 요구할 수 있다.

④ 「한국은행법」 제87조 및 제88조와 「금융위원회의 설치 등에 관한 법률」 제62조는 제 2 항 및 제 3 항의 요구 방법 및 절차에 관하여 준용한다.

⑤ 금융감독원장은 제 1 항의 검사를 함에 있어서 필요하다고 인정되는 경우에는 금융투자업자에게 업무 또는 재산에 관한 보고, 자료의 제출, 증인의 출석, 증언 및 의견의 진술을 요구할 수 있다.

⑥ 제 1 항에 따라 검사를 하는 자는 그 권한을 표시하는 증표를 지니고 이를 관계자에게 내보여야 한다.

⑦ 금융감독원장이 제 1 항에 따른 검사를 한 경우에는 그 보고서를 금융위원회에 제출하여야 한다. 이 경우 이 법 또는 이 법에 따른 명령이나 처분을 위반한 사실이 있는 때에는 그 처리에 관한 의견서를 첨부하여야 한다.

⑧ 금융감독원장은 제 1 항에 따른 검사업무의 일부를 대통령령으로 정하는 바에 따라 거래소 또는 협회에 위탁할 수 있다.

⑨ 금융위원회는 검사의 방법·절차, 검사결과에 대한 조치기준, 그 밖의 검사업무와 관련하여 필요한 사항을 정하여 고시할 수 있다.

시행령 제**372**조(검사업무의 위탁) ① 금융감독원장이 법 제419조 제 8 항에 따라 협회에 위탁할 수 있는 검사업무는 다음 각 호의 사항에 대한 검사업무에 한정한다.

1. 주요직무 종사자와 투자권유대행인의 영업행위에 관한 사항
2. 증권의 인수업무에 관한 사항(법 제286조 제 1 항 제 1 호의 업무와 관련된 사항만 해당한다)
3. 약관의 준수 여부에 관한 사항

② 협회는 제 1 항에 따라 위탁받은 검사업무를 수행하는 경우에는 검사업무의 방법 및 절차 등에 관하여 금융감독원장이 정하는 기준을 준수하여야 하며, 검사를 완료한 때에는 지체 없이 그 결과를 금융감독원장에게 보고하여야 한다.

③ 「행정권한의 위임 및 위탁에 관한 규정」 제10조부터 제15조까지의 규정은 금융감독원장의 협회에 대한 검사업무 위탁에 관하여 이를 준용한다.

Ⅰ. 본조의 취지

금융투자업자에 대한 검사는 금융투자업자의 업무활동과 경영상태를 분석·평가하고 금융투자업자가 취급한 업무가 관련 법령에 위배되지 않았는지를 확인·점검하여 적절한 조치를 취하는 활동으로서 금융감독의 주요한 수단이다. 이러한 검사는 원칙적으로 금융위원회의 업무로 되어 있으며(금융위설치법 17조 2호), 금융감독원은 금융위원회 또는 증권선물위원회의 지도·감독을 받아 금융투자회사에 대한 검사 업무를 수행한다. 그러나 본조는 금융감독원으로 하여금 독자적으로 금융투자업자에 대한 검사업무를 수행하도록 그 근거를 마련하고 있다는 데에 그 의의가 있다. 이와 같이 금융투자업자에 대한 금융감독원의 독자적인 검사권을 인정하는 취지는 금융투자업자에 대한 검사는 상당히 전문적이고 기술적인 측면이 많기 때문에 금융감독원을 독립적인 검사기관으로 설정하고 있는 것으로 이해된다.

한편, 본조는 한국은행의 제한적 검사요구권과 자료제출요구권을 규정하고 있다. 자본시장법 제정 당시에 금융투자업자의 자금이체업무(법 40조 4호) 허용에 대해서 논란이 있었는데, 당시 구재정경제부와 한국은행이 합의한 바에 따라 금융투자업자의 지급결제망 참여를 허용하면서 지급결제의 안정성 확보를 위하여 한국은행의 금융투자업자에 대한 자료제출요구권을 규정하게 되었으며, 통화정책신용정책 수행에 필요한 경우에 한하여 제한적으로 한국은행의 공동검사요구권을 규정하게 된 것이다.

Ⅱ. 검사업무 개관

1. 검사의 개념

금융감독원이 행하는 검사에 대해서 이를 행정상 사실행위인 행정조사로서 행정기관이 필요한 정보·자료 등을 수집하는 일체의 행정활동을 의미하는 견해도 있으며,[1] 검사와 조사를 구별하여 검사는 금융기관의 건전경영 확보 및 공정한 금융거래질서 유지라는 금융감독의 목적을 달성하기 위한 감독수단이고, 조사는 금융시장의 공정성을 저해하는 불공정행위를 단속하기 위한 수단으로 법규위반사실과 그 위반자를 밝혀내어 형사상 또는 행정상 조치를 하는 일련의 절차로서 금융시장의 공정성 확보와 투명성 제고를

1) 임재연, 전게서(2013), 1193쪽.

위한 수단으로 이해하기도 한다.[1)]

이러한 점에 비추어 보면, 금융감독원의 검사는 금융회사의 업무활동과 경영상태를 평가하고, 금융기관이 관련 법령 등을 준수하고 있는지 여부를 확인·점검하여 그에 따른 적절한 조치를 취하는 활동으로서 감독정책이 시장에서 작동되도록 보장할 뿐만 아니라 검사결과 도출된 제반정보를 반영하여 보다 실효성 있는 감독정책의 수립을 지원하는 기능을 수행한다.[2)]

이러한 검사에는 운영방식에 따라 종합검사와 부문검사로 구분되기도 하며, 검사의 실시방법에 따라 현장검사와 서면검사로 구분된다. 종합검사는 금융기관의 업무전반 및 재산상황에 대하여 종합적으로 실시하는 검사를 말하며(제재규정 3조 3호), 부문검사는 금융사고예방, 금융질서확립, 기타 금융감독정책상의 필요에 의하여 금융기관의 특정부문에 대하여 실시하는 검사를 의미한다(제재규정 3조 4호). 현장검사는 금융기관을 직접 방문하여 실시하는 검사이고(제재규정 3조 5호), 서면검사는 금융기관으로부터 자료를 제출받아 검토하는 방법으로 실시하는 검사를 말한다(제재규정 3조 6호).

2. 검사의 절차

자본시장법은 금융감독원이 금융투자업자를 대상으로 그 업무와 재산상황에 대한 검사를 할 수 있음을 규정하고 있을 뿐이고, 그 구체적인 검사방법 및 절차에 대해서는 금융위원회 고시를 통해 정하도록 하고 있는데(법 419조 9항), 「금융기관의 검사 및 제재에 관한 규정」(이하 '제재규정')과 동 규정의 시행세칙을 마련해두고 있다. 제재규정과 동 규정의 시행세칙에 따른 검사절차는 다음과 같다.

[금융감독원의 검사업무 흐름도]

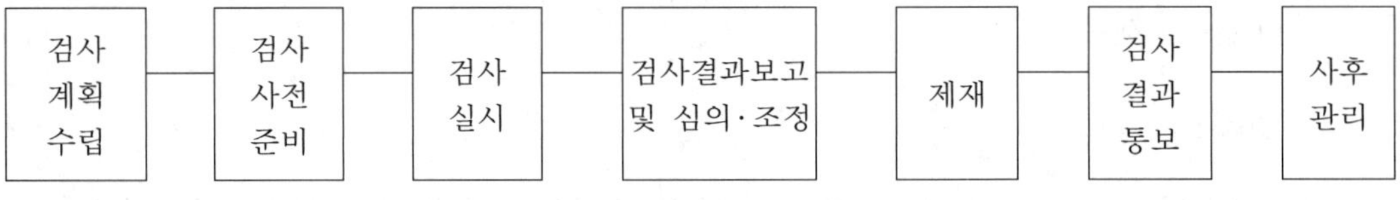

1) 이원우, 「경제규제법론」, 홍문사, 2010, 503-504쪽에서는 조사는 대상이 금융기관에 한정되지 아니하고, 금융시장의 참여자로서 불공정행위를 하였을 혐의를 가진 자는 누구나 그 대상이 될 수 있다는 점에서 검사와 본질적으로 구분된다고 한다. 반면 이에 대해서 현행 금융관련법에서는 조사와 검사를 명확히 구분하지 않고, 특히 조사를 통해서 제재가 이루어지기 보다는 검사를 통해서 그에 따른 제재조치가 이루어지기 때문에(금융기관의 검사 및 제재에 관한 규정 3조 18호) 조사와 검사가 명확히 구분되는 것은 아니라는 견해도 있다(노태석, "금융규제와 과징금," 「은행법연구」 제 4 권 제 1 호(2011), 77쪽).

2) 금융감독원, 전게서(2012), 395쪽.

검사계획은 연간 검사계획을 수립한 후 매분기별로 세부 검사계획을 수립하게 되는데, 이와 같이 검사계획을 수립하는 이유는 한정된 검사자원의 효율적 분배를 통하여 검사업무의 효율성을 제고하고, 검사의 기본방향을 제시함으로써 금융기관으로 하여금 건전한 경영을 하도록 유도하기 위함이다. 이에 따라 금융감독원은 검사계획을 수립함에 있어 금융환경, 업계동향 및 금융기관의 특성 등을 감안하여 검사업무상 중점을 두는 사항(중점검사사항)을 선정하여 검사계획을 수립하게 된다.

금융투자회사에 대한 검사를 실시하기 전에 금융감독원은 검사대상 금융투자회사에 대한 제반 정보를 파악하며, 검사업무 수행에 필요한 자료와 관련 정보를 수집하여 검사업무가 효율적으로 수행될 수 있도록 사전준비를 하게 된다. 검사실시에 앞서 이와 같이 사전준비가 필요한 이유는 검사인원과 시간이 제한되어 있으므로 검사의 실효성을 높이기 위해서는 검사범위를 특정하여 특정항목에 대한 집중적인 검사가 필요하기 때문이다.

금융감독원이 해당 금융기관에 대한 현장검사를 실시하기 전 내부적으로는 검사실시품의서를 작성하여 검사를 실시하게 되며,[1] 현장검사를 실시하는 경우에는 검사목적 및 검사기간 등이 포함된 검사사전예고통지서를 해당 금융기관에 검사착수일 1주일 전까지 통지한다(제재규정 8조의2). 다만, 검사의 사전통지에 따라 검사목적 달성이 어려워질 우려가 있는 경우에는 사전통지를 하지 않을 수 있다. 해당 금융기관의 검사에 착수하는 경우 검사원은 그 권한을 표지하는 증표를 지니고 이를 관계자에게 내보여야 하는데(법 419조 6항), 이 때 검사원이 검사대상 금융기관의 장 또는 점포의 장에게 교부하는 증표는 검사실시통보서이다. 검사실시통보서에는 검사대상기관, 검사종류, 검사실시일자, 검사원, 검사주관부서 등이 명시되어 있다(제재규정 시행세칙 별지 1). 해당 금융기관에 대한 검사를 함에 있어 필요하다고 인정되는 경우에는 검사원은 업무 또는 재산에 관한 보고, 자료제출, 증인출석, 증언 및 의견진술 등을 요구할 수 있는데(법 419조 5항),[2] 과도한 자료요구 등으로 인하여 해당 금융기관에 부담을 초래하지 않도록 필요 최소한으로 하여야 한다. 또한 현장검사 과정에서 검사를 받는 금융기관 임직원이 변호사 등의 조력을 받을 수 있도록 해야 하며(제재규정 18조의3 1항), 금융감독원장은 검사업무 수행과정에서 금융기관 및 그 임직원의 권익보호를 위하여 권익보호업무를 총괄하는 권익보호담당역을 두고 있다(제재규정 10조).

1) 검사실시품의서에는 (i) 검사의 종류, (ii) 검사대상 금융기관, (iii) 검사기준일 및 검사대상 기간, (iv) 검사의 범위, (v) 검사반 편성 및 검사원, (vi) 검사실시 기간, (vii) 중점검사사항 기본항목 및 수시항목 등 주요 검사사항, (viii) 예상 소요경비, (ix) 검사계획에 반영된 검사 해당 여부, (x) 과거 검사실시상황, (xi) 검사실시계획 사전통보 여부 및 사전통보를 하지 않은 경우 그 사유, (xii) 기타 참고사항 등을 명시하여야 한다(제재규정 시행세칙 14조 2항).

2) 현장검사를 실시하는 검사원은 특별사법경찰이 아니므로 증인의 출석 및 의견의 진술만을 요구할 수 있는 권한을 가질 뿐이고 심문권한은 없다.

금융기관에 대한 검사를 종료한 경우에는 검사결과를 종합정리한 검사서를 작성하며,[1] 금융감독원장은 검사결과를 금융위원회에 보고한다(금융위설치법 59조, 법 419조 7항).[2] 다만, 검사의 종류, 영업규모 등을 고려하여 필요한 경우 검사결과를 요약하여 보고할 수 있으며, 금융기관의 특정 부문에 대하여 실시한 부문검사로서 현지조치사항만 있거나 조치요구사항이 없는 경우에는 금융위원회 보고를 생략할 수 있다(제재규정 13조 1항). 금융감독원은 검사결과에 대한 신뢰성 및 공정성을 확보하기 위하여 제재심의실을 별도로 두어 검사서 및 조치내용의 적정성 여부에 대해서 심사·조정하도록 하고 있으며, 제재심의위원회의 심의를 얻도록 하고 있다.

금융기관에 대한 검사결과 위법사항이 있는 경우에는 제재를 하게 되는데, 제재는 금융기관 또는 그 임직원에게 영업상, 신분상, 금전상의 불이익을 부과함으로써 금융기관의 건전 경영을 유도하고 금융제도의 안정성 도모 등을 위한 금융감독의 실효성을 확보하기 위한 사후적 감독수단이다.[3] 이러한 제재는 불이익한 법적 효과를 발생시키는 침익적 행정행위에 해당하므로 법률유보원칙상 제재의 내용·대상·목표·범위를 법률에 명확하게 규정하고 그 한계를 설정하는 것이 요구된다.[4] 자본시장법은 금융투자업자와 그 임직원에 대한 제재대상행위를 세분화하고 있으며,[5] 제재의 종류와 절차 및 그 효과를 법정화하고 있다.[6]

금융기관에 대한 검사결과에 대한 감독기관의 조치내용이 결정되면 그 결과를 해당 금융기관에 지체 없이 통보하게 되는데, 검사결과 나타난 경영유의사항 및 지적사항을 유형별, 업무별로 구분하여 그 내용을 검사서에 기재하고 이를 금융기관에 통보한다. 한국은행이나 예금보험공사와의 공동검사 또는 검사요구사항이 있는 경우에는 그 검사서 사본을 한국은행이나 예금보험공사에게도 송부한다.

금융감독원으로부터 검사결과에 대한 통보를 받은 금융기관은 검사결과 조치요구사항에 대하여 특별한 사유가 있는 경우를 제외하고 검사서를 접수한 날로부터 일정 기한 내에 이를 정리하고 그 결과를 기한종료일로부터 10일 내에 소정의 양식(검사결과 조치요구

---

1) 검사서는 감독당국의 검사결과 경영실태 평가등급 및 경영개선조치 요구사항, 지적사항, 검사결론 및 권고사항 등을 공식적으로 전달하고 영구적으로 기록하는 수단이다(금융감독원, 「금융투자검사메뉴얼(2013년 3/4분기)」, 121쪽).

2) 법 제419조 제7항은 검사결과 금융투자회사가 자본시장법 또는 자본시장법에 따른 명령이나 처분을 위반한 사실이 있는 때에는 그 처리에 관한 의견서를 첨부하도록 규정하고 있는데, 이는 금융위원회의 의결이 필요한 경우(의결사항)에 금융감독원의 의견을 첨부하도록 함으로써 금융감독원의 검사의 전문성을 존중함과 금융위원회의 권한 남용을 견제하기 위함이다.

3) 금융감독원, 전게서(2012), 404쪽.

4) 노태석, “금융기관 임직원 제재제도의 문제점과 개선 방안,” 「은행법연구」 제6권 제1호(2013), 76쪽.

5) 자본시장법상 제재는 법 제420조 내지 제422조에 그 일반적 근거를 두고 있으며, 법 [별표 1]에서 금융투자업자와 그 임직원에 대한 제재사유로 312개의 사유를 적시하고 있다.

6) 금융투자업자와 그 임직원에 대한 제재에 대한 자세한 사항은 후술하도록 한다.

사항 정리보고서)에 따라 금융감독원장에 보고하여야 한다(제재규정 15조).[1] 이와 같이 금융감독원이 금융기관에 대한 검사결과에 대한 사후관리를 하는 취지는 해당 금융기관으로 하여금 금융감독원의 조치요구사항에 대한 이행과 함께 조기정리를 촉진하기 위함이다.

3. 검사의 위탁

금융감독원장은 금융투자업자의 업무와 재산상황에 대한 검사업무 일부를 대통령령으로 정하는 바에 따라 거래소 또는 협회에 위탁할 수 있는데(법 419조 8항),[2)3)] 현재 시행령에서는 협회에 대해서만 검사업무 일부만을 위탁하고 있다. 협회에 위탁된 업무로는 (i) 주요직무 종사자와 투자권유대행인의 영업행위에 관한 사항, (ii) 증권의 인수업무에 관한 사항(법 제286조 1항 1호의 업무와 관련된 사항만 해당), (iii) 약관의 준수 여부에 관한 사항 등이 있다(법 시행령 372조 1항).

금융감독원장이 협회에 검사업무 일부를 위탁하는 경우 「행정권한의 위임 및 위탁에 관한 규정」(이하 '위임규정')이 준용되는데, 이는 금융감독원이 행정기관이 아니지만 법률에 따라 금융회사의 검사라는 공적 업무를 수행하고 있는 점을 고려한 것이다. 검사업무에 대한 위탁은 행정권한 위임규정에 따라 위탁계약에 의해 이루어지고, 위탁계약에는 위탁의 목적, 위탁수수료 또는 비용, 위탁기간, 수탁기관의 의무, 계약위반시의 책임 기타 필요한 사항 등이 포함되어야 한다(위임규정 12조의2). 금융감독원은 위탁사무의 처리에 대하여 협회를 지휘·감독하며, 필요하다고 인정되는 때에는 필요한 지시를 하거나 조치를 명할 수 있다(위임규정 14조 1항). 또한 협회로 하여금 필요한 사항에 대해서 보고하게 할 수 있으며, 협회의 사무처리가 위법 또는 부당하다고 인정되는 때에는 이를 취소하거나 정지시킬 수 있다(위임규정 14조 2항). 협회는 위탁받은 검사업무를 수행하는 경우에 검사업무의 방법 및 절차 등에 관하여 금융감독원장이 정하는 기준을 준수하여야 하며, 검사를 완료한 때에는 지체 없이 그 결과를 금융감독원장에게 보고하여야 한다(법 시행령 372조 3항).

이와 같이 금융감독원의 검사업무 일부를 협회에 같은 민간기관에 위탁하는 이유는 검사의 복잡성 및 전문성을 고려하여 검사업무의 효율성을 제고하고, 검사인력의 한계를 분담을 통하여 민간기관의 규제참여의 기회를 확대함으로써 금융감독원의 검사업무를

1) 금융감독원의 조치요구사항에 대한 정리기한은 다음과 같다.

<table>
<tr><th colspan="3">구 분</th><th>정리기한</th></tr>
<tr><td colspan="3">경영유의사항</td><td>6월 이내</td></tr>
<tr><td rowspan="3">지적사항</td><td rowspan="2">문책</td><td>관련 임직원에 대한 인사조치사항</td><td>2월 이내</td></tr>
<tr><td>주의·개선사항 등이 관련된 경우</td><td rowspan="2">3월 이내</td></tr>
<tr><td colspan="2">조치의뢰·주의·변상·개선</td></tr>
</table>

2) 여기에서 거래소는 법 제373조2에 따라 설립된 거래소로 현재는 한국거래소(KRX)를 의미하며, 협회는 법 제283조에 따라 설립된 한국금융투자협회를 말한다.

3) 업무위탁이란 업무의 일부 또는 전부를 타인에게 맡겨 처리하는 것을 의미한다.

보완할 수 있도록 하기 위함이다.

Ⅲ. 한국은행의 자료요구권과 공동검사권

1. 한국은행의 자료제출요구권

한국은행은 통화신용정책의 수립과 집행을 통한 물가안정을 도모함으로써 국민경제의 발전에 이바지함을 목적으로 하기 때문에 통화신용정책을 효율적 수행을 위하여 금융시장과 금융기관 등에 대한 각종 정보를 필요로 한다. 이에 따라 「한국은행법」에서는 통화신용정책을 위해 필요한 경우에 금융기관에 대하여 자료제출을 요구할 수 있도록 규정하고 있으며(한국은행법 87조), 지급결제제도의 원활한 운영을 위하여 지급결제제도의 참가기관에 대해서 자료의 제출을 요구할 수 있도록 하고 있다(한국은행법 81조 4항). 이와 동일한 취지로 자본시장법도 금융투자업자가 영위하는 국가 또는 공공단체의 대리업무(법 40조 3호)와 투자자예탁금으로 수행하는 자금이체업무(법 40조 4호) 수행과 관련하여 통화신용정책의 수행 및 지급결제제도의 원활한 운영을 위하여 필요하다고 인정되는 경우에 금융투자업자에 대하여 자료제출을 요구할 수 있도록 규정하고 있다(법 419조 2항). 다만, 금융투자업자에 대한 자료제출 요구시 금융투자업자의 부담을 고려하여 필요 최소한의 범위로 한정하도록 하고 있다.

한국은행이 금융기관에 대해서 요구하는 자료의 범위에 대해서는 「한국은행의 금융기관 검사요구 등에 관한 규정」에 자세히 규정되어 있는데, 동 규정 제 4 조에서는 (i) 은행법 및 그 밖의 법령에 따라 금융감독원 등에게 제출하는 정기업무보고서, (ii) 결산서 등 경영상황을 파악·분석하기 위하여 필요한 자료, (iii) 경영건전성 상황 등을 특별히 파악할 필요가 있는 경우 이에 관한 자료, (iv) 지급결제업무의 운영 및 위험관리 현황 등을 파악하기 위하여 필요한 자료, (v) 전산장애, 파업, 천재지변 등으로 인하여 지급결제업무가 원활하게 이루어지지 못한 경우 이에 관한 자료 등을 규정하고 있다.

2. 한국은행의 검사요구권

자본시장법 시행 전에는 금융투자회사에 자금이체업무가 직접적으로 부여되지 않았으나, 2009년 2월 시행된 자본시장법에서는 금융투자회사의 겸영업무로 투자자예탁금으로 자금이체업무를 할 수 있도록 허용함으로써 제한적으로 금융투자회사도 지급결제업무를 수행할 수 있게 되었다. 이러한 금융투자회사의 지급결제업무 수행과 관련하여 당시 한국은행은 금융투자회사의 지급결제업무 취급 허용은 결제시스템의 안정성을 훼손할 우려가 있다는 이유로 이를 반대하였으나, 투자자의 편의 제고와 함께 금융투자회사의 업무 확대 차원에서 금융투자회사의 지급결제업무 취급이 허용되었다.[1] 다만, 금융투자회사의 지급결제업무 허용으로 나타날 수 있는 결제위험에 대한 예방조치로 한국은행으로 하여금 지급결제업무를 수행하는 금융투자회사에 대한 감시를 할 수 있도록 금융감독원장에 대한 검사요구권 및 공동검사요구권을 자본시장법에 명시적으로 규정하게 되었다.[2]

제420조(금융투자업자에 대한 조치)

① 금융위원회는 금융투자업자가 다음 각 호의 어느 하나에 해당하는 경우에는 제12조에 따른 금융투자업인가 또는 제18조에 따른 금융투자업등록을 취소할 수 있다.

1. 거짓, 그 밖의 부정한 방법으로 금융투자업의 인가를 받거나 등록한 경우
2. 인가조건을 위반한 경우
3. 제15조에 따른 인가요건 또는 제20조에 따른 등록요건의 유지의무를 위반한 경우
4. 업무의 정지기간 중에 업무를 한 경우
5. 금융위원회의 시정명령 또는 중지명령을 이행하지 아니한 경우
6. 별표 1 각 호의 어느 하나에 해당하는 경우로서 대통령령으로 정하는 경우
7. 대통령령으로 정하는 금융관련 법령 등을 위반한 경우로서 대통령령으로 정하는 경우
8. 그 밖에 투자자의 이익을 현저히 해할 우려가 있거나 해당 금융투자업을 영위하기 곤란하다고 인정되는 경우로서 대통령령으로 정하는 경우

② 금융투자업자(겸영금융투자업자를 제외한다)는 제1항에 따라 그 업무에 관련된 금융투자업인가와 금융투자업등록이 모두 취소된 경우에는 이로 인하여 해산한다.

③ 금융위원회는 금융투자업자가 제1항 각 호(제6호를 제외한다)의 어느 하나에 해당하거나 별표 1 각 호의 어느 하나에 해당하는 경우에는 다음 각 호의 어느 하나에 해당하는 조치를 할 수 있다.

1. 6개월 이내의 업무의 전부 또는 일부의 정지
2. 신탁계약, 그 밖의 계약의 인계명령
3. 위법행위의 시정명령 또는 중지명령
4. 위법행위로 인한 조치를 받았다는 사실의 공표명령 또는 게시명령
5. 기관경고
6. 기관주의
7. 그 밖에 위법행위를 시정하거나 방지하기 위하여 필요한 조치로서 대통령령으로 정하는 조치

---

1) 금융투자회사의 지급결제업무 허용과 관련된 쟁점에 대한 자세한 사항은 김유철/노영래, "자본시장통합법상 금융투자회사의 지급결제서비스 제공과 관련한 주요 쟁점," 「금융법연구」 제3권 제1호(2006), 203-240쪽 참조.

2) 한국은행, 「금융투자회사의 자금이체업무 해설」, 2011. 4, 6쪽.

Ⅰ. 본조의 취지

자본시장법은 금융위원회로부터 인가 또는 등록을 받지 않은 경우에는 금융투자업을 영위할 수 없도록 하여 금융투자업 영위에 대한 진입규제를 하고 있으며(법 11조, 17조), 금융투자업자에 대한 각종 행위규제를 통하여 투자자를 보호하고 건전한 거래질서의 확립을 도모하고 있다. 그런데 금융투자업자가 자본시장의 거래질서를 문란하게 하고, 투자자의 이익을 져버리는 행위를 하는 경우에는 이러한 행위를 하지 못하게 하거나 시장에서 퇴출시킴으로써 투자자를 보호하고 시장의 신뢰를 확보할 필요가 있다. 이에 따라 본조에서는 금융투자업자의 행위가 투자자의 이익을 현저히 해할 우려가 있거나 위반행위가 중대하여 해당 금융투자업을 영위하기 곤란하다고 인정되는 경우에 금융위원회로 하여금 해당 금융투자업 인가 또는 등록을 취소할 수 있도록 하는 한편, 위법행위를 시정하거나 방지하기 위하여 시정명령, 중지명령 등의 필요한 조치를 취할 수 있도록 규정하여 투자자를 보호하고 건전한 거래질서를 확보하도록 하고 있다.

Ⅱ. 인가 또는 등록의 취소

1. 취소 사유

금융투자업자에 대한 인가 또는 등록 취소사유는 (i) 거짓, 그 밖의 부정한 방법으로 금융투자업의 인가를 받거나 등록한 경우, (ii) 인가조건을 위반한 경우, (iii) 인가요건 또는 등록요건의 유지의무를 위반한 경우, (iv) 업무의 정지기간 중에 업무를 한 경우, (v) 금융위원회의 시정명령 또는 중지명령을 이행하지 아니한 경우, (vi) 자본시장법 [별표 1] 각 호의 어느 하나에 해당하는 경우로서 대통령령으로 정하는 경우,[1] (vii) 대통령령으로 정하는 금융관련 법령 등을 위반한 경우로서 대통령령으로 정하는 경우,[2] (viii) 그 밖에 투자자의 이익을 현저히 해할 우려가 있거나 해당 금융투자업을 영위하기 곤란하다

1) 법 시행령(373조 1항)에서 정하고 있는 행위유형은 27가지가 규정되어 있는데, 제 1 호와 같이 금융투자업 인가 없이 금융투자업을 영위한 경우, 즉 무인가 영업행위를 인가 취소사유로 규정하고 있는 것이 과연 타당한지 의문시된다. 인가를 얻은 적이 없는 자에 대해서 어떻게 인가취소를 할 수 있다는 것인지 논리적으로 이해가 되지 않는다.

2) 법 시행령에서 정하고 있는 금융관련 법령으로는 「금융실명거래 및 비밀보장에 관한 법률」, 「형법」, 「특정경제범죄 가중처벌 등에 관한 법률」이 있으며(373조 2항), 관련 행위유형으로 13가지가 규정되어 있다(373조 3항).

고 인정되는 경우로서 대통령령으로 정하는 경우이다(법 420조 1항).[1)]

이러한 행위가 있는 경우 금융위원회가 이에 기속되는지 여부에 대해서는 인가 또는 등록 취소 여부의 결정은 금융위원회의 재량행위에 속하는 것으로 위반의 경중을 고려하여 금융위원회의 선택에 맡겨진 것으로 이해하는 것이 타당하다. 따라서 금융투자업 인가 또는 등록 취소사유에 해당한다고 하여 곧바로 인가 또는 취소되는 것은 아니며, 위반행위의 경중·범위 등을 고려하여 금융위원회가 적절한 조치를 취할 수 있다고 본다. 다만, 법 제420조 제1항 제6호에서 규정하고 있는 사유에 대해서는 금융위원회가 다른 조치를 취할 수 있는 사유에서 이를 배제하고 있으므로(법 420조 3항) 원칙적으로 제6호에 해당하는 행위에 대해서는 인가 또는 등록 취소를 해야 할 것으로 판단된다. 그러나 과연 법 제420조 제1항 제6호에서 규정하고 있는 사유가 중대한 위법행위로 과연 취소해야 할 사유에 해당하는지 여부에 대해서는 그 적절성에 대한 검토가 필요하다고 본다.

2. 취소 절차

금융투자업 인가 또는 등록 취소는 해당 금융투자업자에 대한 불리한 법적 효과를 발생시키는 것으로서 침익적 행정행위에 해당한다.[2)] 따라서 이러한 조치를 취하기 위해서는 법률유보원칙에 따른 법률상 근거가 필요하고 절차적 적법성과 공정성이 요구되므로 행정절차법이 적용된다.

금융감독원장은 금융투자업자에게 인가 또는 등록의 취소사유가 있는 경우에는 인가 또는 등록의 취소 조치를 취할 것을 금융위원회에 건의하여야 하며(제재규정 17조 2항), 금융기관에 사전통지하고, 의견진술기회를 주어야 한다(제재규정 35조 1항·2항). 자본시장법은 인가 또는 등록 취소 조치를 하고자 하는 경우에는 청문의 실시를 의무화하고 있으므로(법 423조 1호)[3)] 해당 금융투자업자는 청문을 통하여 의견을 제출할 수 있다. 자본시장법이 시행된 2009년 2월 이후 2014년 3월까지 금융투자업자에 대한 인가취소의 경우에는 1건이 있었으며, 등록취소의 경우에는 10건이 이루어졌는데, 모든 경우에 청문이 실시되었다. 금융위원회의 인가 또는 등록취소 조치에 불복하는 경우에는 금융위원회를

1) 기타의 사유로 법 시행령이 정하고 있는 행위유형은 (i) 인가를 받거나 등록을 한 날로부터 6개월 이내에 영업을 시작하지 아니하거나 영업을 시작한 후 정당한 사유 없이 인가받거나 등록한 업무를 6개월 이상 계속해서 하지 아니한 경우, (ii) 업무와 관련하여 부정한 방법으로 타인으로부터 금전등을 받거나 타인에게 줄 금전등을 취득한 경우, (iii) 업무정지의 조치를 받은 날로부터 1개월(업무정지의 조치를 하면서 1개월을 초과하는 보정기간을 정한 경우에는 그 기간) 이내에 해당 조건을 보정하지 아니한 경우, (iv) 증권시장 및 파생상품시장에서의 매매, 그 밖의 거래에 관하여 계약을 위반하거나 결제를 이행하지 아니한 경우(거래소의 회원인 투자매매업자 및 투자중개업자의 경우만 해당), (v) 같거나 비슷한 위법행위를 계속하거나 반복하는 경우 등의 어느 하나에 해당하는 경우이다(법 시행령 373조 4항).

2) 김성수, "금융감독기관의 제재조치와 권리구제," 「행정법연구」 제20호(2008), 24쪽에서는 금융감독기관이 행하는 제재조치는 불리한 법적 효과를 발생시키는 불이익한 처분으로 침익적 행정행위라고 한다.

3) 청문이란 행정청이 어떠한 처분을 하기 전에 당사자등의 의견을 직접 듣고 증거를 조사하는 절차를 말한다(행정절차법 2조 5호).

상대로 행정심판을 제기하거나(금융위설치법 70조) 곧바로 행정소송을 제기할 수 있다.

3. 취소 효과

금융위원회가 취하는 인가취소의 법적 성질은 장래에 향하여 그 효력을 부인하는 행정행위의 철회로 이해되며,[1] 따라서 취소되기 전까지 금융투자업자의 행위는 유효한 것으로 인정된다. 다만, 자본시장법은 금융투자업 인가 또는 등록이 취소된 경우에 이로 인하여 해산된다고 하여 인가 또는 등록의 취소를 금융투자업자의 해산사유로 규정하고 있으므로(법 420조 2항) 금융위원회로부터 금융투자업 인가 또는 등록이 취소된 경우에는 해산하여야 한다.[2] 금융투자업자에 대한 청산사무는 일반적으로 법원이 감독을 하지만, 자본시장법은 집합투자업과 신탁업의 경우에는 금융위원회로 하여금 청산사무를 감독하도록 규정하고 있다(법 95조, 117조).

금융투자업자는 영위업무에 관하여 인가 또는 등록이 취소된 경우에는 그 동안 행한 금융투자상품의 매매, 그 밖의 거래를 종결시켜야 한다(법 62조 2항 3호). 이 경우 그 금융투자업자는 그 매매, 그 밖의 거래를 종결시키는 범위에서 금융투자업자로 본다(법 62조 2항 단서). 투자자예탁금을 예치 또는 신탁한 투자매매업자 또는 투자중개업자의 경우에는 인가가 취소된 경우 예치기관에 예치 또는 신탁한 투자자예탁금을 인출하여 투자자에게 우선하여 지급하여야 한다(법 74조 5항 1호). 금융투자업 인가 또는 등록이 취소된 법인 또는 회사의 임직원이었던 자는 일정기간 동안 임원선임 결격사유에 해당하기 때문에(법 24조 1항 5호) 금융기관의 임원에 선임될 수 없다.[3]

금융투자업 인가취소가 되었음에도 불구하고 그 취소된 업무를 영위한 경우에는 5년 이하의 징역 또는 2억원 이하의 벌금이 부과될 수 있으며(법 444조 24호), 등록취소된 경우 그 취소된 업무를 한 경우에는 3년 이하의 징역 또는 1억원 이하의 벌금이 부과될 수 있다(법 445조 46호).

Ⅲ. 기타 제재조치

금융투자업자의 위법·부당한 행위에 대하여 자본시장법은 금융투자업 인가 또는 등록의 취소 이외에 금융위원회로 하여금 다양한 조치를 취할 수 있도록 하고 있다. 그러

1) 이병화, 전게서(2008), 330쪽.
2) 업무에 관련된 금융투자업 인가와 등록을 취소하기 때문에 겸영금융투자업자의 경우에는 금융투자업 인가 또는 등록이 취소되었다고 하여 해산되는 것은 아니다. 이에 따라 겸영금융투자업자의 경우에는 법 제420조 제 2 항의 적용을 배제하고 있다.
3) 다만, 여기에서 임원선임에 제한을 받는 자는 그 취소사유 발생에 관하여 직접 또는 이에 상응하는 책임이 있는 자로 한정된다.

한 조치로는 (i) 6개월 이내의 업무의 전부 또는 일부의 정지, (ii) 신탁계약, 그 밖의 계약의 인계명령,[1] (iii) 위법행위의 시정명령 또는 중지명령,[2] (iv) 위법행위로 인한 조치를 받았다는 사실의 공표명령 또는 게시명령, (v) 기관경고, (vi) 기관주의, (vii) 그 밖에 위법행위를 시정하거나 방지하기 위하여 필요한 조치로서 대통령령으로 정하는 조치를 규정하고 있다(법 420조 3항).[3]

금융투자업자에게 어떠한 조치를 취할 것인지 여부에 대해서는 금융위원회의 재량에 달려있으나, 일반적으로는 위반행위의 정도에 따라 금융위원회가 취하는 조치의 수준이 결정된다. 즉 위반의 정도가 매우 중하고 심각한 경우에는 영업의 인가 또는 등록의 취소, 영업·업무의 전부 정지를 부과하고, 그러하지 않은 경우에는 순차적으로 비교적 낮은 수준의 조치를 취하게 된다. 다만, 이러한 조치부과가 너무 자의적으로 이루어지는 것을 방지하기 위하여 제재규정에 각 조치에 해당하는 사유를 정하고 있으며, 제재양정에 대한 기준을 마련하여 운영하고 있고, 제재심의위원회의 심의를 거쳐 금융감독원장이 금융위원회에 건의하여 해당 조치가 이루어지도록 하고 있다(제재규정 17조).

자본시장법은 원칙적으로 금융투자업자에 대한 제재조치권한을 금융위원회에 부여하고 있으나, 금융위원회는 제재권한의 일부를 금융감독원장에게 위탁[4]하여 금융투자업자에 대한 기관경고, 기관주의의 경우에는 금융감독원장으로 하여금 이를 행사하도록 하고 있다(법 시행령 387조 3항 [별표 20] 제99호).

제재조치 중 기관경고와 기관주의는 그 효과에 있어 실질적 차이가 있는데, 금융투자업자가 위반행위로 인하여 기관주의를 받은 경우에는 경고적 의미밖에 없으나, 기관경고 이상의 조치를 받은 경우에는 실질적인 효과가 발생한다. 즉 금융투자업자가 기관경고 이상의 조치를 받은 경우에는 대주주 적격성에 문제가 발생하여 대주주 결격요건에 해당하기 때문에 신규 업무 취급에 제한을 받게 된다.[5]

---

1) 금산법 제2조 제3호의 규정에 의한 부실금융기관이 동법 제14조 제2항 각 호의 1에 해당되어 당해 금융기관의 정상적인 영업활동이 곤란한 경우에 취해진다.

2) 시정명령이란 위반행위가 있음을 확인하거나 재발방지 등을 위한 조치를 취하는 것이 아니라 당해 위반행위로 인하여 현실적으로 존재하는 위법한 결과를 바로잡는 것을 내용으로 하는 행정행위로서 하명에 해당한다(이원우, 전게서(2010), 493쪽). 중지명령은 위법·부당한 행위가 계속되고 있어 이를 신속히 중지할 필요가 있는 경우에 취해진다.

3) 법 시행령(373조 5항)에서는 (i) 지점, 그 밖의 영업소의 폐쇄 또는 그 업무의 전부나 일부의 정지, (ii) 경영이나 업무방법의 개선요구나 개선권고, (iii) 변상 요구, (iv) 법을 위반한 경우에는 고발 또는 수사기관에 통보, (v) 다른 법률을 위반한 경우에는 관련 기관이나 수사기관에 통보, (vi) 그 밖에 금융위원회가 법 및 영, 그 밖의 관련 법령에 따라 취할 수 있는 조치를 추가적으로 규정하고 있다.

4) 여기서 위탁이란 법률에 규정된 행정기관의 장의 권한 중 일부를 다른 행정기관의 장에게 맡겨 그의 권한과 책임 아래 행사하도록 하는 것을 의미한다(「행정권한의 위임 및 위탁에 관한 규정」2조 2호).

5) 금융투자업규정 [별표 3]에서는 대주주 요건을 정하고 있는데, 최근 3년간 기관경고 이상의 조치를 받은 사실이 없을 것을 요구하고 있다([별표 3] 1호 가목 (6) (가)).

제421조(외국 금융투자업자의 지점등의 인가·등록의 취소 등에 대한 특례)

① 금융위원회는 외국 금융투자업자가 다음 각 호의 어느 하나에 해당하는 경우에는 그 외국 금융투자업자의 지점, 그 밖의 영업소에 대하여 제12조에 따른 금융투자업인가 또는 제18조에 따른 금융투자업등록을 취소할 수 있다.

1. 해산
2. 파산
3. 합병 또는 영업의 양도 등으로 인한 소멸
4. 국내지점, 그 밖의 영업소가 영위하는 금융투자업에 상당하는 영업의 폐지 또는 인가·등록의 취소
5. 국내지점, 그 밖의 영업소가 영위하는 금융투자업에 상당하는 영업의 중지 또는 정지
6. 외국 법령을 위반한 경우(국내지점, 그 밖의 영업소가 이로 인해 영업 수행이 곤란하다고 인정되는 경우에 한한다)

② 외국 금융투자업자의 지점, 그 밖의 영업소는 제 1 항 각 호의 어느 하나에 해당하는 사실이 발생한 경우에는 지체 없이 그 사실을 금융위원회에 보고하여야 한다.

③ 외국 금융투자업자의 지점, 그 밖의 영업소는 제 1 항에 따라 그 업무에 관련된 금융투자업인가와 금융투자업등록이 모두 취소된 경우에는 지체 없이 청산하여야 한다.

④ 제 1 항 및 제 2 항은 역외투자자문업자 또는 역외투자일임업자의 등록취소 등에 관하여 준용한다. 이 경우 제 1 항 각 호 외의 부분 중 "외국 금융투자업자"는 "역외투자자문업자 또는 역외투자일임업자"로, "외국 금융투자업자의 지점, 그 밖의 영업소"는 "역외투자자문업자 또는 역외투자일임업자"로 보고, 같은 항 제 4 호 및 제 5 호 중 "국내지점, 그 밖의 영업소가 영위하는 금융투자업"은 각각 "투자자문업 또는 투자일임업"으로, 같은 항 제 6 호 중 "국내지점, 그 밖의 영업소"는 "역외투자자문업자 또는 역외투자일임업자"로 보며, 제 2 항 중 "외국 금융투자업자의 지점, 그 밖의 영업소"는 "역외투자자문업자 또는 역외투자일임업자"로 본다.

Ⅰ. 본조의 취지

외국 금융투자업자[1]의 경우에는 국내에서 금융투자업을 영위하기 위하여 일반적으로 지점의 형태로 진출하게 되는데,[2] 자본시장법은 이러한 외국 금융투자업자의 국내지

1) 외국 금융투자업자란 외국 법령에 따라 외국에서 금융투자업에 상당하는 영업을 영위하는 자를 말한다.
2) 영업소란 불특정 다수인을 대상으로 공개된 시설 또는 설비를 갖추고 영업의 전부 또는 일부를 계속적·조직적으로 영위하는 일정한 장소라고 하는데, 영업소에는 지점, 대리점, 출장소 등이 있으며, 지점이란 본점이라는 하나의 통일적인 조직에 의하여 지휘를 받으면서 대외적으로 제한된 범위 내에서 독립적으로 영업활동을 하는 곳을 의미한다(이병화, 전게서(2008), 88쪽).

점에 대해서 국내법인과 동등한 지위를 인정하고 있다. 다만, 지점의 경우에는 법인격이 없으므로 법인을 전제로 한 자본시장법의 규정은 적용하기 어렵다.[1] 따라서 자본시장법에서는 외국지점에 대한 특별한 규정을 마련해두고 있는데, 본조도 그러한 규정의 하나이다. 즉 자본시장법 제420조의 특례조항으로 본조가 적용되는데, 외국 금융투자업자의 지점은 본점의 하부구조로서 본점과 불가분의 관계에 있기 때문에 외국 금융투자업에게 일정한 사유가 발생한 경우 그 외국 금융투자업자의 지점 등에 대한 인가 또는 등록 취소사유를 특별히 규정한 것이다.[2]

한편, 역외투자자문업자 또는 역외투자일임업자의 경우에는 외국 법령에 따라 외국에서 투자자문업 또는 투자일임업을 영위하지만, 외국에서 국내 거주자를 상대로 직접 영업을 하거나 통신수단을 이용하여 투자자문업 또는 투자일임업을 영위하기 때문에 국내 투자자의 보호를 위하여 금융위원회로 하여금 일정한 경우 등록취소를 할 수 있도록 하고 있다.

Ⅱ. 외국 금융투자업자의 국내지점 등의 인가 또는 등록의 취소

1. 취소 사유

외국 금융투자업자의 지점 등에 대한 인가 또는 등록 취소사유로 외국 금융투자업자가 (i) 해산, (ii) 파산, (iii) 합병 또는 영업의 양도 등으로 인한 소멸, (iv) 국내지점, 그 밖의 영업소가 영위하는 금융투자업에 상당하는 영업의 폐지 또는 인가·등록의 취소, (v) 국내지점, 그 밖의 영업소가 영위하는 금융투자업에 상당하는 영업의 중지 또는 정지, (vi) 외국 법령을 위반한 경우(국내지점, 그 밖의 영업소가 이로 인해 영업 수행이 곤란하다고 인정되는 경우에 한한다)이다(법 421조 1항). 이러한 취소사유들은 외국 금융투자업자가 더 이상 업무수행이 불가능하기 때문에 해당 금융투자업자의 국내지점도 그에 영향을 받을 수밖에 없으므로 이를 취소사유로 규정한 것이다. 다만, 현재 취소사유중 제1호부터 제3호의 사유는 외국 금융투자업자의 실체가 이미 존재하지 않는 것으로 이를 임의적 취소사유로 규정하기 보다는 당연히 취소되는 것으로 규정하는 것이 바람직하다고 본다.[3]

---

1) 대법원 1982. 10. 12. 선고 80누495 판결 : "법인의 지점은 법인격이 없으며, 외국법인의 국내지점은 소송당사자 능력이 없다."

2) 이와 달리 상법은 외국회사가 국내에 설치한 영업소가 (i) 영업소의 설치목적이 불법한 것인 때, (ii) 영업소의 설치등기를 한 후 정당한 사유 없이 1년 내에 영업을 개시하지 아니하거나 1년 이상 영업을 휴지한 때 또는 정당한 사유 없이 지급을 정지한 때, (iii) 회사의 대표자 기타 업무를 집행하는 자가 법령 또는 선량한 풍속 기타 사회질서에 위반한 행위를 한 때에 이해관계인 또는 검사의 청구에 의해 법원이 영업소를 폐쇄할 수 있도록 규정하고 있다(상법 619조 1항).

3) 은행법의 경우 해산, 파산, 폐업, 인가취소된 경우 당연히 취소되는 것으로 규정하고 있다(은행법 60조 3항).

2. 취소 절차

자본시장법은 외국 금융투자업자의 지점 등에게 자본시장법이 규정하고 있는 인가 또는 등록 취소사유에 해당하는 사실이 발생한 경우 이를 지체 없이 금융위원회에 보고하도록 규정하고 있으나(법 421조 2항), 실무적으로는 취소사유가 발생한 경우 금융감독원장에게 보고하는 것으로 하고 있다(제재규정 2-16조 3항). 이와 같이 외국 금융투자업자의 국내지점 등으로 하여금 취소사유의 발생사실을 보고하도록 의무화한 것은 국내지점 등이 이러한 사실의 발생에 대해서 누구보다도 잘 알고 있기 때문에 국내 투자자 보호를 위하여 신속하게 보고하도록 한 것이다. 다만, 취소사유의 발생사실에 대한 보고를 지체 없이 하도록 규정하고 있어 그 기한이 다소 불명확하지만, 발생사실을 국내지점이 인지한 즉시 곧바로 보고하는 것으로 이해해야 할 것이다.[1)]

외국 금융투자업자에게 자본시장법 제421조 제1항 각 호에서 정한 사유가 발생한 경우 금융감독원장은 해당 금융투자업자의 국내지점 등에 대한 인가 또는 등록의 취소를 금융위원회에 건의하여야 하며, 외국 금융투자업자의 국내지점 등에게 사전통지하고 상당한 기간을 정하여 의견진술의 기회를 주어야 한다(제재규정 35조 1항·2항). 자본시장법은 외국 금융투자업자의 국내지점 등에 대한 인가 또는 등록 취소의 경우 의견청취의 방법으로 청문을 규정하고 있으므로(법 423조 8호) 인가 또는 등록을 취소하는 경우 청문을 실시하여야 한다.

3. 취소 효과

외국 금융투자업의 국내지점 등은 그 업무와 관련된 금융투자업 인가 또는 등록이 모두 취소된 경우에는 지체 없이 청산하여야 하며(법 423조 3항), 청산을 하는 경우에는 외국 금융투자업자의 국내지점 등이 국내에 두는 자산을 국내에 주소 또는 거소가 있는 자에 대한 채무의 변제에 우선 충당하여야 한다(법 65조 3항).[2)] 이와 같이 국내에 두는 자산에 대해서 청산하도록 규정한 취지는 외국 금융투자업자의 국내지점 등이 인가 또는 등록이 취소되는 경우 그 보유자산을 국외로 유출할 위험이 있기 때문에 지체 없이 청산하도록 국내 투자자를 보호하기 위한 것이다.

---

1) 은행법과 보험업법의 경우에는 그 사유가 발생한 날로부터 7일 이내에는 반드시 보고하도록 하고 있다(은행법 60조 2항, 보험업법 74조 3항).

2) 외국 금융투자업자가 자발적으로 국내지점 등을 폐쇄하는 경우에 청산의무가 있는지 여부에 대해서 논란이 있으나(이병화, 전게서(2008), 368쪽), 상법은 자발적 폐쇄의 경우에도 청산절차를 준용하도록 규정하고 있으므로 큰 문제가 되지 않을 것이다(상법 620조 3항).

Ⅲ. 역외투자자문업자 또는 역외투자일임업자의 등록 취소

앞서 설명한 바와 같이 역외투자자문업자나 역외투자일임업자의 경우 외국의 법령에 따라 외국에 설립된 투자자문업자 또는 투자일임업자이지만, 국내 투자자를 대상으로 영업을 하고 있기 때문에 자본시장법에서는 이러한 역외투자자문업자·역외투자일임업자의 경우에도 자본시장법에 따라 등록을 하도록 하고 있다.[1] 다만, 국내에서 설립된 투자자문업자·투자일임업자와 동일하게 규제할 수 없기 때문에 특례 규정을 둔 것이다(법 100조).

이러한 역외투자자문업자 또는 역외투자일임업자에게 (i) 해산, (ii) 파산, (iii) 합병 또는 영업의 양도 등으로 인한 소멸, (iv) 투자자문업 또는 투자일임업에 상당하는 영업의 폐지 또는 인가·등록의 취소, (v) 투자자문업 또는 투자일임업에 상당하는 영업의 중지 또는 정지, (vi) 외국 법령을 위반한 경우(역외투자자문업자 또는 역외투자일임업자가 이로 인해 영업 수행이 곤란하다고 인정되는 경우에 한함)에 금융위원회가 그 등록을 취소할 수 있다. 역외투자자문업자 또는 역외투자일임업자에 대한 등록취소절차는 투자자문업자 또는 투자일임업자의 등록취소절차와 동일하게 진행되기 때문에 사전통보, 청문 등의 제반 절차를 준수하여야 한다. 다만, 외국 금융투자업자의 지점과 달리 취소된 경우 청산을 해야 한다는 법 제421조 제3항은 준용되지 않기 때문에 역외투자자문업자 또는 역외투자일임업자가 등록취소된 경우 국내 투자자 보호를 위한 구체적인 방안을 마련할 필요가 있다.

제422조(임직원에 대한 조치)

① 금융위원회는 금융투자업자의 임원이 제420조 제1항 각 호(제6호를 제외한다)의 어느 하나에 해당하거나 별표 1 각 호의 어느 하나에 해당하는 경우에는 다음 각 호의 어느 하나에 해당하는 조치를 할 수 있다.

1. 해임요구
2. 6개월 이내의 직무정지
3. 문책경고
4. 주의적 경고
5. 주의
6. 그 밖에 위법행위를 시정하거나 방지하기 위하여 필요한 조치로서 대통령령으로 정하는 조치

② 금융위원회는 금융투자업자의 직원이 제420조 제1항 각 호(제6호를 제외한다)의 어느 하나에 해당하거나 별표 1 각 호의 어느 하나에 해당하는 경우에는 다음 각 호의 어느 하나에 해당하는 조치를 그 금융투자업자에게 요구할 수 있다.

1) 역외투자자문업자 또는 역외투자일임업자로 등록하기 위해서는 법 제18조와 제19조, 금융투자업규정 별지 제3호의2에 따른 등록신청서를 금융위원회에 제출하여야 한다.

1. 면직
2. 6개월 이내의 정직
3. 감봉
4. 견책
5. 경고
6. 주의
7. 그 밖에 위법행위를 시정하거나 방지하기 위하여 필요한 조치로서 대통령령으로 정하는 조치

③ 금융위원회는 제 1 항 또는 제 2 항에 따라 금융투자업자의 임직원에 대하여 조치를 하거나 이를 요구하는 경우 그 임직원에 대하여 관리·감독의 책임이 있는 임직원에 대한 조치를 함께 하거나 이를 요구할 수 있다. 다만, 관리·감독의 책임이 있는 자가 그 임직원의 관리·감독에 상당한 주의를 다한 경우에는 조치를 감면할 수 있다.

시행령 제**374**조 (임직원에 대한 조치) ① 법 제422조 제 1 항·제 2 항에 따른 법 별표 1 제312호에서 "대통령령으로 정하는 경우"란 이 영 별표 5의 각 호의 어느 하나에 해당하는 경우를 말한다.
② 법 제422조 제 1 항 제 6 호 및 같은 조 제 2 항 제 7 호에서 "대통령령으로 정하는 조치"란 각각 다음 각 호의 어느 하나에 해당하는 조치를 말한다.
1. 법을 위반한 경우에는 고발 또는 수사기관에의 통보
2. 다른 법률을 위반한 경우에는 관련 기관이나 수사기관에의 통보
3. 그 밖에 금융위원회가 법 및 이 영, 그 밖의 관련 법령에 따라 취할 수 있는 조치

Ⅰ. 본조의 취지

본조는 금융투자업자 임직원의 위법·부당행위에 대한 금융위원회의 조치사유와 종류를 규정하고 있는데, 금융투자업자의 실질적 행위주체인 임직원에 대한 적절한 제재를 통하여 금융시장에 대한 신뢰를 도모하며, 금융범죄의 발생을 미연에 방지하여 건전한 금융거래질서를 확립하고, 투자자를 보호하기 위함이다.

여기에서 임원은 이사와 감사를 의미하며, 직원은 임원 이외의 자를 말한다.[1] 금융투자회사의 임원은 회사의 업무집행에 관한 의사결정을 하는 자로서 직원과 달리 주주총회에서 임면되므로 직원과 다른 위치에 있으므로 임원에 대한 조치와 직원에 대한 조

1) 법 제 9 조 제 2 항은 임원을 이사와 감사로 한정하고 있으므로 이사나 감사 등과 사실상 동등한 지위에 있는 소위 '미등기 임원'은 임원에 포함되지 않는다(노태석, 전게논문(2013), 75쪽). 이러한 미등기 임원의 경우 임원에 대한 제재기준을 준용하여 제재양정을 결정하면서 그 제재조치는 직원에 대한 조치를 부과하고 있다(제재규정 시행세칙 46조의3).

치를 구별하고 있으며, 이에 따라 임원에 대해서는 금융위원회가 직접 해당 조치를 취하고, 직원에 대해서는 해당 금융투자업자에게 적절한 조치를 취하도록 요구를 하도록 하고 있다.

한편, 위법·부당한 행위를 한 임직원 이외에 이를 관리·감독할 지위에 있는 자에 대해서도 금융위원회가 조치를 취할 수 있도록 규정하고 있는데, 이러한 이유는 위법·부당한 행위를 한 행위자에 대한 관리·감독상 책임을 추궁하여 엄격한 내부통제체계를 확고히 하기 위한 것으로 이해된다.[1]

Ⅱ. 임원에 대한 조치

1. 조치 사유

금융투자업자의 임원에 대한 조치 사유는 법 제420조에서 규정하고 있는 금융투자업자에 대한 조치 사유와 거의 동일하며,[2] 차이가 나는 부분은 금융투자업자의 경우에는 [별표 1]에 해당하는 사유 중 일정한 경우(27가지 행위유형)만을 조치 사유로 규정하고 있는 것과 달리 금융투자업자의 임원의 경우에는 [별표 1] 각 호의 어느 하나에 해당하는 경우에도 금융위원회가 해당 임직원에 대해서 적절한 조치를 취할 수 있도록 하여 다소 그 범위가 넓게 규정되어 있다. 이러한 이유는 법 제420조 제1항 제6호의 사유의 경우에는 그 위반의 정도가 심히 중대하여 금융투자업자와 그 임직원에 대한 책임을 엄격히 추궁하기 위한 것으로 이해되며, 기타의 사유는 책임주의의 원칙에 따라 위법·부당한 행위를 한 행위자에 대한 책임을 추궁하기 위한 것이다.

그러나 이러한 조치 사유의 구분이 적절한 것인지 여부에 대해서는 의문시된다. 자본시장법 [별표 1]에서 규정하고 있는 사유를 검토해보면, 금융투자업자에게 부과된 의무 위반행위와 개별 임직원의 위법·부당 행위가 나열되어 있는데, 금융투자업자에게 부과된 의무 위반에 대해서 그 임직원에게 책임을 추궁하는 것은 책임주의의 원칙에 반할 소지가 상당하다.[3] 더구나 금융투자업자나 그 임직원에 책임을 귀속시킬 수 없는 사

1) 다만, 이러한 감독자 책임이 자기책임인지 대위책임인지에 대한 논란이 있다(서문식, "감독자에 대한 제재의 법 이론," 「금융법연구」 제4권 제1호(2007), 161-162쪽).

2) 임직원에 대한 조치 사유는 법 제420조 제1항 각 호(6호를 제외)의 어느 하나에 해당하거나 [별표 1] 각 호의 어느 하나에 해당하는 경우이다.

3) 예를 들면, [별표 1] 제9호나 제10호의 경우 감사위원회 설치, 상근감사를 두지 아니한 경우인데, 이러한 사유는 해당 금융투자업자만을 제재하면 족한 것이지 그 임직원을 제재하는 것은 다소 무리가 있다고 본다. 물론 금융투자업의 임직원이 실질적인 행위주체이기 때문에 해당 임직원에 대해서 제재 조치를 하는 것이 타당하다고 주장할 수 있지만, 그 정도가 과도하여 책임주의에 반할 소지가 상당하다(헌재 2012. 10. 25. 2011헌바99 : 자기책임원칙은 … 책임부담의 근거로 기능하는 동시에 자기가 결정하지 않은 것이나 결정할 수 없는 것에 대하여는 책임을 지지 않고 책임부담의 범위도 스스로 결정한 결과 내지 그와 상관관계가 있는 부분에 국한됨을 의미하는 책임의 한정원리로 기능한다 … 자기책임원칙에 반하는 제재는 그 자체로 헌법위반을 구성한다).

유[1]에 대해서도 조치 사유로 규정하고 있기 때문에 과연 이러한 조치 사유가 타당한 것인지 여부에 대해서는 재고의 여지가 있다고 판단된다.

2. 조치 종류

임원에 대한 조치 종류로는 (i) 해임요구, (ii) 6개월 이내의 직무정지, (iii) 문책경고, (iv) 주의적 경고, (v) 주의, vi) 그 밖에 위법행위를 시정하거나 방지하기 위하여 필요한 조치로서 대통령령으로 정하는 조치가 있다.[2] 자본시장법은 여타의 금융관련 법령과 달리 임원에 대한 해임요구를 규정하고 있는데,[3] 이러한 차이를 둔 이유가 금융투자업자의 업무 특성 등을 고려하여 제재의 강도나 방식에 있어 차이를 두기 위한 것일 수도 있으나, 다른 법령에서 규정하고 있는 해임권고와 자본시장법이 규정하고 있는 해임요구가 그 실질에 있어 아무런 차이가 없으며, 그 기속 여부에 있어서도 실질적인 차이가 없기 때문에 어떠한 특정한 행정목적을 고려한 취지로는 이해되지 않으므로 굳이 해임요구로 규정할 필요는 없다고 본다.

임원에 대한 조치 중 주의적 경고, 주의의 경우에는 금융위원회가 그 권한을 금융감독원장에게 위탁하여 금융감독원장이 이를 행사하며(법 438조 4항, 법 시행령 387조 3항 [별표 20] 제101호), 그 밖의 조치의 경우에는 금융위원회가 행사한다.

3. 조치 효과

감독기관으로부터 제재조치는 해당 임원에 대해 불이익한 효과를 발생시키는데, 그 직접적인 효과로 임원의 경우 해임, 직무정지 등을 받을 수 있으며, 제재조치의 간접적 효과로 제재를 받은 임원은 일정 기간 임원선임 자격제한을 받는다. 제재조치로 인해 해임된 경우에는 해임된 날부터 5년간 금융기관의 임원으로 선임될 수 없으며, 해임되지 않은 경우에는 해임요구일로부터 5년, 직무정지의 경우에는 직무정지가 끝난 날부터 4년, 문책경고를 받은 경우에는 문책경고를 받은 날부터 3년간 임원선임에 있어 제한을 받게 된다(법 24조 6호, 법 시행령 27조 3항 1호). 또한 문책경고 이상의 조치를 받은 경우에는 준법감시인 선임에 있어서도 제한이 있다(법 28조 4항 3호).

한편, 임원에 대한 해임요구에 대하여 해당 금융투자업자가 이에 반드시 기속되는지 여부에 대해서는 법상 명확한 규정이 없으나, 임원에 대한 임면권은 주주총회에 있으며,

---

1) 가령, 법 제23조에서 규정하고 있는 대주주 변경승인 위반의 경우에는 해당 대주주의 의무위반 사유이지 이것이 금융투자업자나 그 임직원의 의무위반은 아니다.

2) 법 시행령 제374조 제 2 항에서 정하고 있는 조치로는 (i) 자본시장법을 위반한 경우에는 고발 또는 수사기관에의 통보, (ii) 다른 법률을 위반한 경우에는 관련 기관이나 수사기관에의 통보, (iii) 그 밖에 금융위원회가 법 및 이 영, 그 밖의 관련 법령에 따라 취할 수 있는 조치가 있다.

3) 은행법, 보험업법, 상호저축은행법, 여신전문금융업법, 금융지주회사법, 금융위설치법의 경우 임원에 대한 제재조치로 해임권고를 규정하고 있다.

특히 임원에 대한 해임의 경우에는 주주총회의 특별결의를 요하는 사항이기 때문에(상법 385조 1항) 기속되지 않는다고 보는 것이 타당하다. 이에 따라 금융위원회로부터 해임요구를 받았으나, 해임되지 않은 경우에는 임기만료 때까지 임원으로 업무를 수행하는 데에는 문제가 없다.[1] 다만, 해당 임원이 한 행위가 임원으로서 업무를 수행하기에는 적절치 않다고 판단하여 금융위원회가 취하는 가장 중한 제재조치임에도 불구하고 해당 임원이 해임되지 않은 경우에는 임원으로서 부적절한 자가 그대로 직무를 수행하는 것을 용인하는 불합리한 결과가 되므로 제재조치의 실효성을 확보하기 위한 법제도적 장치를 마련할 필요가 있다.[2]

Ⅲ. 직원에 대한 조치

1. 조치 사유

직원에 대한 조치 사유는 임원에 대한 조치 사유와 동일하게 규정되어 있으며, 제재규정에서는 일반적 제재사유로 (i) 금융관련법규를 위반하거나 그 이행을 태만히 한 경우, (ii) 횡령, 배임, 절도, 업무와 관련한 금품수수 등 범죄행위를 한 경우, (iii) 금융기관의 건전한 경영 또는 영업을 저해하는 행위를 함으로써 경영악화를 초래하거나 당해 금융기관 또는 금융거래자의 이익을 해한 경우, (iv) 금융사고 등으로 금융기관의 공신력을 훼손하거나 사회적 물의를 일으킨 경우, (v) 고의 또는 과실로 업무상 장애 또는 분쟁을 야기한 경우, (vi) 감독자로서 감독을 태만히 한 경우, (vii) 기타 금융시장의 신용질서를 문란하게 하거나 부당·불건전한 영업 또는 업무처리를 한 경우를 규정하고 있다. 이러한 사유에 비추어 보면, 금융업무를 수행하는 자에 대해서 엄격한 사회적 책임을 부과하고 있다고 할 수 있다.

2. 조치 종류

직원에 대한 조치로는 (i) 면직, (ii) 6개월 이내의 정직, (iii) 감봉, (iv) 견책, (v) 경고, (vi) 주의가 있으며, 임원의 경우와 마찬가지로 법을 위반한 경우에 고발 또는 수사기관에 통보 등의 조치를 할 수 있도록 하고 있다.

직원에 대한 조치 중 면직의 경우에는 금융감독원장이 금융위원회에 건의하고, 감

1) 법 제24조 제1항은 임원선임 자격과 함께 그 유지요건을 규정하고 있으나, 금융감독기관으로부터 제재조치를 받은 사실이 유지요건에 제외되어 있으므로 해임요구 등의 제재조치를 받은 경우에도 그 자격에 문제가 없다.

2) 노태석, 전게논문(2013), 108쪽에서는 「신용협동조합법」 제84조 제2항에서와 같이 제재조치가 확정될 때까지 해당 임원에 대해서 직무정지를 하고 있는 것을 참조하여 임원에 대한 직무정지를 입법화할 것을 제시하고 있다.

봉, 견책, 경고, 주의 등의 조치에 대해서는 금융감독원장이 직접 조치를 취한다(법 438조 4항, 법 시행령 387조 3항 [별표 20] 제101호). 면직의 경우에는 그 위반의 정도가 극히 중대한 경우에 취해지는 가장 중한 조치이며, 위반의 정도에 따라 정직, 감봉, 견책, 경고, 주의 등의 조치가 취해지는데, 제재양정기준(제재규정 시행세칙 [별표 2])에 의하면 위법·부당의 정도를 3단계로 나누어 행위유형에 따라 제재조치를 부과하고 있으며, 행위유형에 따라 제재양정기준(제재규정 시행세칙 [별표 3])에 마련되어 있어 제재조치가 자의적으로 이루어지는 것을 방지하고 있다.

3. 조치 효과

직원에 대한 제재조치의 직접적 효과로는 인사적 측면에서 일정 기간 승격이나 승급 등이 제한되며, 근로기준법상 정하고 있는 기준범위 내에서 급여에 대한 지급이 제한된다(제재규정 시행세칙 47조).[1] 또한 임원에 대한 제재와 마찬가지로 임원과 준법감시인 선임에 있어 일정한 제한을 받게 된다(법 28조 4항 3호, 법 시행령 27조 3항 2호).[2]

Ⅳ. 감독자에 대한 조치

법 제423조 제 3 항은 금융위원회가 금융투자업자의 임직원에 대하여 제재조치를 하는 경우에 그 임직원에 대하여 관리·감독의 책임이 있는 임직원에 대해서도 제재조치를 같이 할 수 있도록 규정하여 감독책임에 따른 감독자 책임을 추궁하도록 하고 있다.[3] 이러한 감독자 책임은 감독자가 위법·부당한 행위에 직접 관여한 것이 아니라 이를 사전에 적극적으로 관리·감독할 책임이 있는 자가 이를 소홀히 한 행위에 대해서 그 책임을 부담하는 것이다.[4] 이에 따라 자본시장법은 관리·감독에 책임 있는 자가 그 임직원의 관리·감독에 상당한 주의를 다한 경우에는 조치를 감면할 수 있도록 규정하고 있다(법 423조 3항 단서). 제재규정에서도 감독자에 대해서는 위법·부당행위의 성격과 규모, 감독자의 직무

1) 제재규정 시행세칙 제47조 및 [별표 4]에 따른 직원 제재조치의 효과는 다음과 같다.

	면 직	정 직	감 봉	견 책
신분상 조치	파 면	정직기간+18월간 승격·승급불허	감봉기간+12월간 승격·승급불허	6월간승격·승급불허

2) 제재조치를 받은 직원의 경우에는 면직요구일부터 5년, 정직요구일부터 4년, 감봉요구일부터 3년이 경과되지 않으면 임원으로 선임될 수 없으며, 최근 5년간 견책요구 이상의 조치를 받은 직원의 경우 준법감시인이 될 수 없다.

3) 위법·부당한 행위를 한 임직원에 대한 제재를 함에 있어 책임의 성질·정도에 따라 관련자를 행위자, 보조자, 지시자, 감독자로 구분한다.

4) 이러한 감독자 책임은 미국 증권법상 감독소홀책임(failure to supervise liability)에서 기인한 것이라고 한다(안수현, "미국 증권법상 감독자책임," 「법학」 제43권 제 1 호(2002), 439-440쪽).

와 감독대상 직무와의 관련성 및 관여정도를 고려하여 행위자에 비해 제재조치를 1단계 내지 3단계 감경할 수 있도록 하고 있다(제재규정 시행세칙 52조 2항).

이와 같이 자본시장법이 감독자에 대한 제재조치를 규정한 취지는 감독자로 하여금 위법·부당한 행위에 대한 철저한 사전통제를 강화하여 임직원의 위법·부당한 행위를 미연에 방지하고 금융투자회사의 건전한 경영과 금융거래질서를 확립하기 위한 것으로 이해된다. 다만, 감독자라고 해서 사전에 모든 위법·부당한 행위를 탐지하여 이를 예방하는 것은 사실상 불가능하므로 감독소홀에 대한 책임을 추궁하는 데에 있어 이러한 점에 대한 고려가 있어야 할 것이다.

Ⅴ. 제재조치의 처분성 여부

위에서 살펴 본 금융위원회 또는 금융감독원장의 제재조치가 행정소송법상 처분에 해당하는지 여부에 대해서는 명확하지 않다. 우선, 처분에 해당하지 않는다는 견해는 감독기관의 제재조치는 해당 금융투자업자 임직원의 위법행위 등에 대하여 직접적으로 행정상 조치를 취하는 것이 아니라 해당 금융투자업자에게 소속 임직원의 위법사실을 통보하면서 그에 합당한 조치를 취할 것을 요청하는 권고적 행위에 불과하므로 이를 당사자의 권리·의무나 법률상의 지위에 직접적인 변동을 가져오는 처분으로 볼 수 없다고 한다.[1] 반면, 임직원에 대한 제재조치는 임면권자 또는 해당 기관의 장에 의해 최종적으로 이루어지는 것이지만, 제재조치를 받은 임직원의 경우 그 제재조치를 받았다는 사실만으로 임원선임이나 준법감시인 선임에 있어 직접적인 제한을 받게 되는 등 제재조치는 해당 임직원의 권리·의무에 직접적인 영향을 미치는 행위로서 행정처분에 해당한다고 한다.[2] 판례도 이러한 입장에서 제재조치는 제재를 받은 임직원에 대한 직업선택의 자유를 직접 제한하는 효과를 발생하게 하는 등 당사자의 권리·의무에 직접 영향을 미치는 행위로서 행정처분으로 보고 있다.[3]

제423조(청문)

금융위원회는 다음 각 호의 어느 하나에 해당하는 처분 또는 조치를 하고자 하는 경우에는 청문을 실시하여야 한다.

1) 백윤기, "금융행정에 있어서 법치주의 구현방안 : 금융행정법의 정립과 발전방향의 모색," 「저스티스」 제33권 제4호(2006), 18쪽에서는 감독기관의 제재요구는 법적 구속력이 없는 행정지도로 보아야 한다고 한다.

2) 노태석, 전게논문(2013), 98쪽.

3) 대법원 2005. 2. 17. 선고 2003두14765 판결; 서울행정법원 2011. 3. 31. 선고 2009구합54499 판결.

1. 제77조의2 제4항에 따른 종합금융투자사업자에 대한 지정의 취소
2. 제323조의20 제1항에 따른 금융투자상품거래청산회사에 대한 인가의 취소
3. 제323조의20 제3항 또는 제4항에 따른 금융투자상품거래청산회사 임직원에 대한 해임요구 또는 면직요구
4. 제335조의15 제1항에 따른 신용평가회사에 대한 인가의 취소
5. 제335조의15 제3항 또는 제4항에 따른 신용평가회사 임직원에 대한 해임요구 또는 면직요구
6. 제411조 제1항에 따른 거래소허가의 취소
7. 제411조 제3항 또는 제4항에 따른 거래소 임직원에 대한 해임요구 또는 면직요구
8. 제420조 제1항 또는 제421조 제1항(같은 조 제4항에서 준용하는 경우를 포함한다)에 의한 금융투자업에 대한 인가·등록의 취소
9. 제422조에 의한 금융투자업자 임직원에 대한 해임요구 또는 면직요구

Ⅰ. 본조의 취지

금융위원회가 금융투자회사나 그 임직원에 대하여 취하는 조치는 해당 금융투자업자와 그 임직원에 불이익을 부과하여 금융감독의 실효성을 확보하기 위한 감독수단으로서 금융투자회사와 그 임직원의 권리·의무에 상당한 영향을 미치는 침익적 행정행위이므로 그 조치를 함에 있어 엄격한 절차적 적법성과 공정성이 확보되어야 한다. 본조는 그러한 절차의 일환으로써 청문을 규정하고 있는데, 금융위원회가 금융투자업자에 대한 인가·등록의 취소, 임직원에 대한 해임요구 또는 면직요구 등의 처분 또는 조치를 하는 경우 반드시 청문을 실시하도록 하여 처분이나 조치를 함에 있어 당사자의 의견제출 기회를 보장함으로써 절차적 공정성 및 투명성을 담보하고자 하는 것이다.

Ⅱ. 청문의 개념과 절차

1. 청문의 개념과 대상

청문이란 행정청이 어떠한 처분을 하기에 앞서 당사자 등의 의견을 직접 듣고 증거를 조사하는 절차를 의미한다(행정절차법 2조 5호). 이러한 청문제도는 당사자에게 소명과 유리한 자료를 제출할 기회를 부여함으로써 위법사유의 시정가능성을 고려하고 처분의 신중과 적정을 기하려 하고자 하는 것으로[1] 행정작용의 사전절차의 일환이다.

청문을 하기 위해서는 (i) 다른 법령 등에서 청문을 하도록 규정한 경우, (ii) 행정청

1) 대법원 2007. 11. 16. 선고 2005두15700 판결.

이 필요하다고 인정하는 경우에 한하여 할 수 있는데(행정절차법 22조 1항), 자본시장법은 금융위원회가 (i) 종합금융투자사업자에 대한 지정의 취소, (ii) 금융투자상품거래청산회사에 대한 인가의 취소, (iii) 금융투자상품거래청산회사 임직원에 대한 해임요구 또는 면직요구, (iv) 신용평가회사에 대한 인가의 취소, (v) 신용평가회사 임직원에 대한 해임요구 또는 면직요구, (vi) 거래소허가의 취소, (vii) 거래소 임직원에 대한 해임요구 또는 면직요구, (viii) 금융투자업에 대한 인가·등록의 취소, (ix) 금융투자업자 임직원에 대한 해임요구 또는 면직요구를 하는 경우 반드시 청문을 실시하도록 하고 있다.[1)2)] 또한 금융위원회는 자본시장법상 규정하고 있지 않지만, 퇴임 또는 퇴직한 임직원에 대한 해임요구 또는 면직요구 상당에 해당하는 조치를 하는 경우에도 청문을 실시하고 있다.[3)]

이와 같이 자본시장법은 금융위원회가 금융투자업 등에 대한 인허가 또는 등록의 취소, 금융투업자의 임직원에 대한 해임요구 또는 면직요구와 같은 침익적 행정행위를 하는 경우 의무적으로 청문을 실시하도록 규정하고 있는데, 이를 결여한 경우에는 절차상의 하자있는 행정행위로 위법한 처분에 해당하므로 취소사유에 해당한다.[4)] 다만, 자본시장법이 의무적으로 실시하도록 규정하지 않은 기타의 조치의 경우에는 청문을 실시하지 않았다고 하여 그 조치가 위법한 것은 아니다.

2. 청문절차

자본시장법은 청문의 대상만을 규정하고 있을 뿐이고 그 절차에 대한 별도의 규정은 두고 있지 않기 때문에 「행정절차법」상의 청문절차가 적용된다. 행정절차법은 당사자에게 의무를 부과하거나 권익을 제한하는 처분을 하는 경우에 청문을 하려면 청문이 시작되는 날부터 10일 전까지 처분의 제목, 당사자의 성명 또는 명칭과 주소, 처분하려는 원인이 되는 사실과 처분의 내용 및 법적 근거 등에 관한 사항을 당자자 등에게 통지하도록 규정하고 있으며(행정절차법 21조 1항·2항), 제재규정 시행세칙에서는 이러한 사전통지를 금융감독원장으로 하여금 하도록 하고 있다(제재규정 시행세칙 60조 1항). 이와 같이 청문을 실시하기 앞서 당사자에게 사전통지를 하도록 한 취지는 당사자의 의견제출 기회를 충분히 보장하기 위한 것이므로 사전통지의 내용은 조치의 원인이 되는 사실과 제재의 내용 및 법적 근거 등을 명확하고 구체적으로 적시하여 당사자가 충분히 이에 대비할 수

---

1) 이 밖에 자본시장법에서 규정하고 있는 의무적 청문 실시 사유는 법 제253조 제 4 항에 따른 집합투자기구 등록취소 또는 투자회사 감독이사의 해임요구와 법 제282조 제 2 항의 외국집합투자기구의 등록취소가 있다.

2) 따라서 금융위원회가 취하는 기타 조치의 경우에는 금융위원회의 판단에 따라 청문의 실시 여부가 결정된다.

3) 2009년부터 2014년 3월까지 퇴임 또는 퇴직한 임직원에 대하여 해임요구 또는 면직요구 상당에 해당하는 조치에 대한 청문은 15건(해임요구 상당 10건, 면직요구 상당 5건)이 이루어졌다.

4) 최봉석, "판례를 중심으로 살핀 청문의 이행절차상 하자," 「공법연구」 제34집 제 1 호(2005), 410쪽.

있도록 해야 한다.

사전통지를 받은 당사자 등은 청문일에 출석하여 의견을 진술하거나 서면으로 의견을 제출할 수 있고, 참고인, 감정인 등에 대해서 질문을 할 수도 있으며(행정절차법 31조), 청문 주재자는 해당 사안에 대하여 당사자 등의 의견진술, 증거조사가 충분히 이루어졌다고 인정하는 경우에는 청문을 마칠 수 있으며(행정절차법 35조 1항), 청문을 마쳤을 때에는 청문조서, 청문 주재자의 의견서, 그 밖의 관계 서류 등을 금융위원회에 지체 없이 제출하여야 한다(행정절차법 35조 4항).[1)]

행정절차법 제35조의2는 청문결과 상당한 이유가 있는 경우 이를 반영하도록 하고 있으나, 금융위원회가 이에 구속되는 것은 아니다.[2)] 다만, 이러한 것이 사실오인 또는 재량의 하자 등에 해당하는 경우에는 위법한 것으로 될 수 있을 것이다.

제424조(처분 등의 기록 및 공시 등)

① 금융위원회는 제420조부터 제422조까지의 규정에 따라 처분 또는 조치한 경우에는 그 내용을 기록하고 이를 유지·관리하여야 한다.

② 금융위원회는 제420조 제 1 항·제 3 항 또는 제421조 제 1 항(같은 조 제 4 항에서 준용하는 경우를 포함한다)에 따라 조치를 취한 경우 그 사실을 관보 및 인터넷 홈페이지 등에 공고하여야 한다.

③ 금융위원회는 금융투자업자의 퇴임한 임원 또는 퇴직한 직원이 재임 또는 재직 중이었다면 제422조 제 1 항 제 1 호부터 제 5 호까지 또는 같은 조 제 2 항 제 1 호부터 제 6 호까지에 해당하는 조치를 받았을 것으로 인정되는 경우에는 그 받았을 것으로 인정되는 조치의 내용을 금융감독원장으로 하여금 해당 금융투자업자에게 통보하도록 할 수 있다. 이 경우 통보를 받은 금융투자업자는 이를 퇴임·퇴직한 그 임직원에게 통보하여야 한다. 〈개정 2008. 2. 29, 2014. 12. 30〉

④ 제 1 항은 금융투자업자가 금융위원회의 조치요구에 따라 그 임직원을 조치한 경우 및 제 3 항에 따라 통보를 받은 경우에 준용한다.

⑤ 금융투자업자 또는 그 임직원(임직원이었던 자를 포함한다)은 금융위원회에 자기에 대한 제420조부터 제422조까지의 규정에 따른 처분 또는 조치 여부 및 그 내용을 조회할 수 있다.

⑥ 금융위원회는 제 5 항의 조회요청을 받은 경우에는 정당한 사유가 없는 한 처분 또는 조치 여부 및 그 내용을 그 조회 요청자에게 통보하여야 한다.

---

1) 2009년 자본시장법 시행 이후 2014년 3월까지 청문이 총 31건(인가 또는 등록취소 10건, 해임 또는 면직요구 21건) 실시되었으며, 당사자의 포기로 인하여 청문이 실시되지 않은 경우는 2011년에 2건이 있었다.

2) 하명호, "청문의 대상과 절차,"「행정소송(Ⅱ)」, 2008, 60쪽; 서태환, "실질적 청문절차의 하자와 행정처분의 효력,"「행정재판실무편람 Ⅱ」, 2002, 145쪽.

Ⅰ. 본조의 취지

본조는 금융위원회가 금융투자업자 또는 그 임직원에 대해서 필요한 조치를 한 경우 이에 대한 기록 및 유지·관리의무(1항), 그 조치사실에 대한 공시의무(2항), 퇴임 또는 퇴직한 임직원에 대한 조치상당의 통보(3항)와 공고의무(4항), 조치 대상자의 조회권(5항)과 조치 내용에 대한 통보의무(6항)를 규정하고 있다. 이와 같이 조치 내용에 대한 기록의 유지·관리, 공시 및 통보 등을 법적으로 규정한 취지는 조치 내용을 공시함으로써 처분이나 조치의 투명성을 확보하고, 당사자의 알 권리의 보장을 통하여 권리구제를 지원하는 한편, 위법·부당한 행위를 방지하기 위한 자체적인 노력을 도모하고자 함에 있다.

Ⅱ. 기록 및 공시의무

1. 기록 및 유지·관리의무

자본시장법은 금융위원회가 금융투자업자에 대한 조치(420조), 외국 금융투자업자의 지점 등의 인가·등록의 취소(421조), 금융투자업자의 임직원에 대한 조치(422조) 등을 한 경우에 그 내용을 기록하고 유지·관리하도록 규정하고 있으나, 실제 이러한 기록의 유지·관리업무는 금융감독원장에게 위탁되어 있다(법 시행령 387조 3항 [별표 20] 제102호). 이에 따라 금융감독원장은 검사관리시스템을 활용하여 이러한 처분이나 조치 관련 내용을 기록하고, 유지·관리하고 있다(제재규정 시행세칙 42조). 또한 금융투자업자의 경우에도 그 임직원이 위법·부당행위와 관련하여 금융위원회 등으로부터 처분이나 조치요구를 받은 경우에는 그 처분이나 조치의 내용을 기록·유지하여야 한다(법 424조 4항, 제재규정 시행세칙 64조).

2. 공시의무

금융위원회가 금융투자업에 대하여 필요한 조치를 하거나 외국 금융투자업자의 지점 등 또는 역외투자자문업자·투자일임업자에 대한 인가 또는 등록을 취소한 경우 그 사실을 관보 및 인터넷 홈페이지 등에 공고하여야 한다(법 424조 2항). 금융위원회가 금융투자업자 등에게 취하는 조치사항은 해당 금융투자업자의 평판이나 업무에 상당한 영향을 미칠 뿐만 아니라 그 거래 상대방인 투자자에게도 매우 중요한 사항이므로 관련 조치의 내용을 즉시 알리도록 하여 투자자를 보호하고 건전한 거래질서를 확립하고자 함에 있다. 특히 금융투자업자 등에 대한 인가 또는 등록의 취소 등의 조치의 경우에는 시장에 미치는 영향력이 막대하기 때문에 이를 강제적으로 공고하도록 의무화함으로써 시장에 의한 자율적인 규율(market discipline)이 이루어지도록 함에 있다.

한편, 법상 규정되어 있지 않지만 실무상 금융투자업자의 임직원에 대한 제재조치도 공시되고 있는데,[1] 이러한 공시가 제재 대상자의 사생활 보호권(privacy right) 등을 침해하는지 논란이 있다.[2] 제재조치의 공개는 금융시장의 신뢰를 제고하고 금융산업의 안정을 도모하기 위한 기반이 될 수 있기 때문에 제재 대상자의 개인적인 권리보다 우선시 되는 것으로 이를 공개하는 것이 타당하다는 것이 일반적인 견해이지만,[3] 재재의 공개는 직무상 비밀유지의무와 충돌할 우려가 있으며, 「공공기관의 정보공개에 관한 법률」상의 비공개 대상정보 문제, 개인의 권익 침해에 대한 우려가 있는 것도 부정할 수 없다. 따라서 이러한 문제를 해결하기 위해서는 법상 제재조치의 내용 공개에 대한 기준 등을 명확하게 규정하는 것이 필요하다.[4]

Ⅲ. 퇴임·퇴직한 임직원에 대한 조치통보

금융투자업자의 임직원에 대한 제재조치의 근거 규정인 법 제422조는 재임 또는 재직중인 임직원에 대해서 제재조치를 취할 수 있도록 규정하고 있기 때문에 위법·부당한 행위를 한 금융투자업자의 임직원이 감독기관으로부터 제재조치를 받기 전에 퇴임하거나 퇴직한 경우에는 이를 적용할 수 없는 문제가 있다. 이와 같이 법 적용상 문제점을 악용하는 경우에는 임직원의 도덕적 해이를 초래할 우려가 있고, 재임 또는 재직중인 자와 비교하여 제재의 형평성에 문제의 소지가 있으므로 퇴임 또는 퇴직한 자에 대해서도 엄정한 법집행이 이루어져야 할 필요가 있다.

이에 따라 자본시장법은 퇴임 또는 퇴직한 임직원에 대해서도 제재조치에 상당하는 조치를 할 수 있도록 재임 또는 재직 중이었다면 제재조치를 받았을 것으로 인정되는 경우에 그 받았을 것으로 인정되는 조치의 내용을 해당 금융투자업자에게 통보할 수 있도

1) 금융감독원 홈페이지(http://www.fss.or.kr/fss/kr/bsn/announce/openinfo_search.jsp)를 통해 주요 제재 내용이 공시되고 있다.

2) 한국증권법학회, "제재절차의 법적 정합성 및 권리구제 개선방안," 연구용역보고서, 2006, 125쪽; 한국금융법학회, "금융기관 임·직원에 대한 제재제도의 선진화 방안에 관한 연구," 연구용역보고서, 2007, 196-197쪽.

3) 제재조치의 공개에 대한 법적 근거는 헌법 제21조의 국민의 알 권리와 제37조의 기본권 제한사유에 그 근거를 두고 있다.

4) 한국증권법학회, 전게 보고서(2006), 125쪽; 한국금융법학회, 전게 보고서(2007), 197쪽에서도 대외적 공개기준을 법령상 명확히 하여야 한다고 한다.

록 하고, 그러한 사실에 대해서 퇴임 또는 퇴직한 자에 대해서 해당 금융투자업자로 하여금 통보하도록 규정하고 있으며, 그 조치사실에 대한 기록을 유지·관리하도록 하고 있다. 이러한 조치를 통보받게 되는 퇴임 또는 퇴직한 임직원은 임원선임에 있어 제한을 받게 되며(법 24조 1항 7호), 준법감시인 선임에 있어서도 제한을 받게 하여(법 28조 4항 1호) 제재조치의 실효성을 담보하고 있다.

Ⅳ. 조치 대상자의 조회권

자본시장법은 금융투자업자 또는 그 임직원(퇴임·퇴직한 자 포함)은 금융위원회가 본인에게 행한 처분 또는 조치 여부 및 그 내용을 조회할 수 있도록 하고 있는데, 이러한 취지는 조치 대상자의 경우에 그 조치를 받은 사실에 대해서 잘 알 수 없는 경우도 있고, 조치에 따른 효과가 상당 기간 지속되므로 그에 대한 사실 확인이 필요한 경우가 존재하기 때문에 조치 대상자의 조회권을 보장하는 것이다. 특히 감독기관의 직권재심에 따라 해당 조치가 무효화되는 경우에는 이에 대한 통지나 통보의무가 부여되지 않기 때문에 해당 대상자가 이를 알 수 있는 길은 조치권자에 대한 조회를 통해서 이루어질 수밖에 없다. 따라서 자본시장법은 조치 대상자의 알 권리 보장 차원에서 이러한 조회권을 보장하고 있는 것이다.

조회대상은 법 제420조부터 제422조까지의 규정에 따른 처분 또는 조치 여부 및 그 내용이다. 금융위원회는 조회요청을 받은 경우에 정당한 사유가 없는 한 처분 또는 조치 여부 및 그 내용을 그 조회 요청자에게 통보하여야 한다. 다만, 조회요청과 관련하여 조치 대상자 이외에 금융투자업자가 해당 조치 대상자에 대한 조회를 요청하는 경우에는 개인정보 보호차원에서 허용되지 않는다고 할 것이다.

제425조(이의신청)

① 제420조 제1항·제3항, 제421조 제1항·제4항, 제422조 제1항 제2호부터 제6호까지 및 같은 조 제3항(제1항 제2호부터 제6호까지의 어느 하나에 해당하는 조치에 한한다)에 따른 처분 또는 조치에 대하여 불복하는 자는 그 처분 또는 조치의 고지를 받은 날부터 30일 이내에 그 사유를 갖추어 금융위원회에 이의를 신청할 수 있다.

② 금융위원회는 제1항에 따른 이의신청에 대하여 60일 이내에 결정을 하여야 한다. 다만, 부득이한 사정으로 그 기간 이내에 결정을 할 수 없을 경우에는 30일의 범위에서 그 기간을 연장할 수 있다.

Ⅰ. 본조의 취지

이의신청이란 행정청의 위법·부당한 처분으로 인하여 그 권익이 침해된 자의 청구에 의하여 처분청 자신이 이를 재심사하는 절차로서 개별법에 따라 인정되는 불복절차 중 하나이다.[1)]

본조는 이러한 이의신청을 규정하여 금융위원회의 처분이나 조치를 받은 당사자가 그 처분이나 조치에 불복하는 경우에 그에 대한 이의신청을 할 수 있도록 하여 금융위원회로 하여금 처분이나 조치에 대한 재고를 통하여 시정의 기회를 갖도록 하기 위한 것이다. 본래 행정청의 위법·부당한 행정행위에 대한 불복절차로서 행정심판이나 행정소송 등의 행정쟁송을 통해 이를 다툴 수 있으나, 이와 별도로 특별히 이의신청제도를 둔 취지는 행정행위에 대한 적법성·공정성을 행정청 스스로 자율적으로 확보할 수 있도록 함으로써 행정에 대한 자기통제를 강화하여 행정에 대한 신뢰를 확보하도록 하고, 당사자의 권익을 보호하고자 하는데 있다.

Ⅱ. 이의신청의 대상

이의신청의 대상은 (i) 금융투자업자의 인가 또는 등록의 취소, 업무정지, 계약의 인계명령, 위법행위의 시정명령 또는 중지명령, 위법행위로 인한 조치를 받았다는 사실의 공표명령 또는 게시명령, 기관경고, 기관주의, 기타 금융위원회가 취하는 조치(법 420조 1항·3항), (ii) 외국 금융투자업자의 지점 등의 인가 또는 등록의 취소, 역외투자자문업자 또는 역외투자일임업자의 등록취소(법 421조 1항·4항), (iii) 임원에 대한 6개월 이내의 직무정지, 문책경고, 주의적 경고, 주의, 기타 필요한 조치와 직원에 대한 6개월 이내의 정직, 감봉, 견책, 경고, 주의, 기타 필요한 조치(법 422조 1항 2호부터 6호, 2항 2호부터 6호) 등의 어느 하나에 해당하는 경우이다.

금융투자업자 임직원에 대한 해임요구 또는 면직요구의 경우에는 이의신청대상에서 제외하고 있는데, 이는 임직원에 대한 해임요구 또는 면직요구의 경우에는 해당 조치를 취하기 전에 의무적으로 청문을 실시하고 있기 때문에 위법사유에 대한 시정가능성의 기회가 보장되어 있고,[2)] 임직원에 대한 해임 또는 면직은 금융위원회가 아니라 당해 금융

---

1) 김동희, 전게서(2011), 621쪽.

2) 노태석, 전게논문(2013), 97쪽에서는 이의신청은 당사자가 처분청을 상대로 제기하는 불복절차로 당사

투자업자가 하기 때문에 이를 제외하고 있다. 또한 과징금 또는 과태료의 경우에는 법에서 별도의 이의신청절차(법 432조)를 마련하고 있기 때문에 본조에서 규정하고 있지 않다.

Ⅲ. 이의신청의 절차

법에서는 처분 또는 조치에 대하여 불복하는 자는 그 처분 또는 조치의 고지를 받은 날로부터 30일 이내에 그 사유를 갖추어 금융위원회에 이의를 신청할 수 있으며, 금융위원회는 이러한 이의신천에 대하여 60일 이내에 결정하여야 하고, 다만 부득이한 사정으로 그 기간 이내에 결정을 할 수 없을 경우에는 30일의 범위에서 그 기간을 연장할 수 있다고만 규정하고 있어 이의신청의 구체적인 절차에 대해서는 별다른 내용이 없는데, 이의신청의 절차에 대한 구체적인 사항은 제재규정과 동 규정의 시행세칙에서 자세히 정하고 있다.

우선, 이의신청은 제재통보서 또는 검사서가 도달한 날로부터 1개월 이내에 금융위원회 또는 금융감독원장에게 하여야 한다(제재규정 37조 1항). 금융위원회 이외에 금융감독원장이 포함된 이유는 금융투자업자에 대한 기관경고·기관주의, 금융투자업자의 임원에 대한 주의적 경고·주의, 직원에 대한 정직·감봉·견책·경고·주의 조치 등의 경우에는 금융감독원장이 직접 조치를 취하기 때문이다.

이의를 신청하는 금융투자업자 또는 그 임직원은 신청의 취지와 이유를 기재한 이의신청서와 증거서류를 첨부하여 제출하여야 하며, 접수된 이의신청서 등은 금융감독원내에 설치된 제재심의위원회의 심의절차를 거쳐 처리된다. 금융감독원장은 이의신청에 대하여 (i) 금융위원회의 제재사항에 대하여는 당해 처분의 취소·변경 또는 이의신청의 기각을 금융위원회에 건의하고, (ii) 금융감독원장의 제재처분 또는 조치요구사항에 대하여는 이유가 없다고 인정하는 경우에는 이를 기각하고, 이유가 있다고 인정하는 경우에는 당해 처분을 취소 또는 변경한다(제재규정 37조 3항). 이와 같이 금융감독원장이 처리한 이의신청 처리결과에 대하여는 다시 이의신청을 할 수 없다(제재규정 37조 4항).

한편, 금융감독원장은 증거서류의 오류·누락, 법원의 무죄판결 등으로 그 제재조치가 위법 또는 부당함을 발견하였을 때에는 직권으로 재심하여 제재조치를 취소·변경 등을 할 수 있도록 하고 있다(제재규정 37조 5항).

[초판: 성희활, 개정판: 노태석]

자가 처분의 위법성 또는 부당성을 환기시키고 처분청은 그에 대한 재고를 통하여 시정의 기회를 갖게 됨으로써 신뢰를 제고할 수 있는데, 처분에 앞서 청문절차를 진행하였다고 하여 이의신청을 할 수 없다는 것은 타당하지 않다고 한다.

제3장 조사 등

제426조(보고 및 조사)

① 금융위원회(제172조부터 제174조까지, 제176조, 제178조 및 제180조를 위반한 사항인 경우에는 증권선물위원회를 말한다. 이하 이 조에서 같다)는 이 법 또는 이 법에 따른 명령이나 처분을 위반한 사항이 있거나 투자자 보호 또는 건전한 거래질서를 위하여 필요하다고 인정되는 경우에는 위반행위의 혐의가 있는 자, 그 밖의 관계자에게 참고가 될 보고 또는 자료의 제출을 명하거나 금융감독원장에게 장부·서류, 그 밖의 물건을 조사하게 할 수 있다.

② 금융위원회는 제1항에 따른 조사를 위하여 위반행위의 혐의가 있는 자, 그 밖의 관계자에게 다음 각 호의 사항을 요구할 수 있다.

1. 조사사항에 관한 사실과 상황에 대한 진술서의 제출
2. 조사사항에 관한 진술을 위한 출석
3. 조사에 필요한 장부·서류, 그 밖의 물건의 제출

③ 금융위원회는 제1항에 따른 조사를 함에 있어서 제172조부터 제174조까지, 제176조, 제178조 및 제180조를 위반한 사항의 조사에 필요하다고 인정되는 경우에는 다음 각 호의 조치를 할 수 있다.

1. 제2항 제3호에 따라 제출된 장부·서류, 그 밖의 물건의 영치
2. 관계자의 사무소 또는 사업장에 대한 출입을 통한 업무·장부·서류, 그 밖의 물건의 조사

④ 금융위원회는 제1항에 따른 조사를 함에 있어서 필요하다고 인정되는 경우에는 금융투자업자, 금융투자업관계기관 또는 거래소에 대통령령으로 정하는 방법에 따라 조사에 필요한 자료의 제출을 요구할 수 있다.

⑤ 금융위원회는 제1항에 따른 조사 결과 별표 15 각 호의 어느 하나에 해당하는 경우에는 시정명령, 그 밖에 대통령령으로 정하는 조치를 할 수 있으며, 조사 및 조치를 함에 있어서 필요한 절차·조치기준, 그 밖에 필요한 사항을 정하여 고시할 수 있다.

⑥ 거래소는 이상거래의 심리 및 회원에 대한 감리결과 이 법 또는 이 법에 따른 명령이나 처분을 위반한 혐의를 알게 된 경우에는 금융위원회에 통보하여야 한다.

⑦ 제3항 제2호에 따라 조사를 하는 자는 그 권한을 표시하는 증표를 지니고 이를 관계자에게 내보여야 한다.

⑧ 금융위원회는 관계자에 대한 조사실적·처리결과, 그 밖에 관계자의 위법행위를 예방하는데 필요한 정보 및 자료를 대통령령으로 정하는 방법에 따라 공표할 수 있다.

시행령 **제375조**(금융투자업자 등에 대한 자료제출 요구) 금융위원회(법 제172조부터 제174조까지, 제176조, 제178조 및 제180조를 위반한 사항인 경우에는 증권선물위원회를 말한다. 이하 제376조 및 제377조에서 같다)가 금융투자업자, 금융투자업관계기관 또는 거래소에 대하여 자료의 제출을 요구하는 경우에는 법 제426조 제4항에 따라 그 사용목적과 조사대상 금융투자상품의 종류, 종목·품목, 거래유형 및 거래기간 등을 기재한 서면으로 하여야 한다.

제**376**조(조사결과에 따른 조치) ① 법 제426조 제5항에서 "대통령령으로 정하는 조치"란 다음 각 호의 조치를 말한다.
1. 금융투자업자의 경우 : 법 제420조 제1항·제3항 또는 법 제422조 제1항·제2항에 따른 조치
2. 거래소의 경우 : 법 제411조 제1항부터 제3항까지의 규정에 따른 조치
3. 협회의 경우 : 법 제293조 제1항부터 제3항까지의 규정에 따른 조치
4. 예탁결제원의 경우 : 법 제307조 제1항부터 제3항까지의 규정에 따른 조치
5. 증권금융회사의 경우 : 법 제335조 제1항부터 제4항까지의 규정에 따른 조치
6. 종합금융회사의 경우 : 법 제354조 제1항부터 제4항까지의 규정에 따른 조치
7. 자금중개회사의 경우 : 법 제359조 제1항부터 제4항까지의 규정에 따른 조치
8. 단기금융회사의 경우 : 법 제364조 제1항부터 제4항까지의 규정에 따른 조치
9. 명의개서대행회사(법 제365조 제1항에 따라 등록을 한 자를 말한다)의 경우 : 법 제369조 제1항부터 제4항까지의 규정에 따른 조치
10. 금융투자 관계 단체의 경우 : 법 제372조 제1항에 따른 조치
11. 제1호부터 제10호까지의 규정이 적용되지 아니하는 자의 경우 : 다음 각 목의 어느 하나에 해당하는 조치

가. 경고
나. 주의
다. 법을 위반한 경우에는 고발 또는 수사기관에의 통보
라. 다른 법률을 위반한 경우에는 관련 기관이나 수사기관에의 통보
마. 그 밖에 금융위원회가 법 및 이 영, 그 밖의 관련 법령에 따라 취할 수 있는 조치

② 법 제426조 제5항에 따른 법 별표 15 제13호에서 "대통령령으로 정하는 경우"란 이 영 별표 19 각 호의 어느 하나에 해당하는 경우를 말한다.

제**377**조(조사실적·처리결과 등의 공표) 금융위원회는 법 제426조 제8항에 따라 위법행위를 예방하는 데에 필요한 다음 각 호의 정보와 자료를 신문·방송 또는 인터넷 홈페이지 등을 이용하여 공표할 수 있다. 다만, 관계자에 대하여 고발 또는 수사기관에 통보가 된 경우 등 금융위원회가 정하여 고시하는 경우에는 공표하지 아니하거나 일부를 제외하고 공표할 수 있다.
1. 관계자의 소속 및 인적 사항
2. 위법행위의 내용 및 조치사항
3. 그 밖에 관계자의 위법행위를 예방하는 데에 필요하다고 금융위원회가 정하여 고시하는 사항

Ⅰ. 본조의 취지

본조는 미공개정보이용·시세조종 등 불공정거래, 상장법인 등의 공시의무 위반, 주식등의 대량보유보고의무 위반 등의 위법행위를 금융감독당국이 조사하여 형사처벌이 가능하도록 수사기관에 고발·통보하거나 관련 금융투자업자, 상장법인 등에 대해 과징금 부과, 시정명령 등 행정제재할 수 있는 법적 근거를 둠으로써 자본시장의 건전성과 투자자보호를 달성할 수 있는 직접적이고 강력한 집행수단을 마련하고자 하는 것이다.

Ⅱ 위법행위 조사[1)]

1. 불공정거래 규제체계 개관

현행 불공정거래 규제체계는 자율규제기관인 한국거래소(시장감시위원회)가 1차적으로 이상거래에 대한 시장감시 및 심리업무를 수행하고, 금융위(증선위)[2)] 및 금감원은 전문적이고 정밀추적을 요하는 조사업무를, 검찰청은 사후 형사처벌을 담당하는 3각 감시·감독체제를 형성하고 있다.

즉, 아래의 「불공정거래 규제 체계도」에서 보는 바와 같이, 우선 거래소는 1차적으로 비정상적인 거래양태를 보이거나 풍문이 있는 종목을 이상거래 혐의종목으로 적출하고 심리업무를 통하여 불공정거래 위반 혐의의 개연성이 높은 영업점 및 계좌 등의 정보를 증선위 및 금감원에 통보한다. 다음으로 금감원은 자체인지정보, 거래소의 통보사항과 민원 등의 제보사항을 기초로 하여 불공정거래 혐의사항을 확인·증명하기 위하여 자료제출요구, 출석요구 등의 조사방법을 통해 위법사실에 대한 객관적 증거를 확보한 후 증선위에서 혐의여부를 최종 확정하여 검찰고발 등의 조치를 취하고 있다. 그리고 검찰청은 증선위의 고발 또는 통보 등에 따라 강제수사 등 준사법적 권한의 행사를 통해 국가형벌권을 집행하고 있는 것이다.

[불공정거래 규제 체계도]

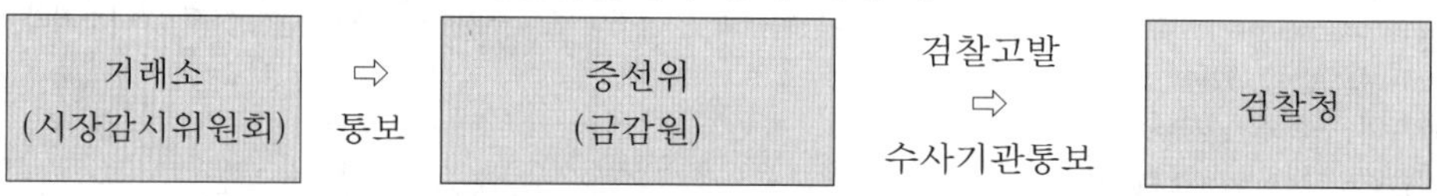

2. 조사권의 법적 성격 및 긴급조치권

(1) 조사권의 법적 성격

불공정거래 등 위법행위에 대한 조사는 직접적인 강제력이 없는 행정상 임의조사권의 성격과 압수수색 등 강제조사 성격이 혼재된 특수한 성격의 행정권한이라 할 수 있다. 다만, 임의조사라 하더라도 조사에 불응시 처벌 조항이 있으므로 간접적으로 강제조사의 성격을 가지고 있다.

---

1) 금융감독원, 「2012년 금융감독제도」, 2012, 279-290쪽 참조.

2) 불공정거래가 아닌 공시위반 등 위법행위의 경우 조사권은 금융위에 있지만 권한위임을 통해 대부분 증선위가 조사주체가 되므로 불공정거래와 유사한 규제체계를 가진다고 볼 수 있다(법 438조 2항 및 법 시행령 387조 1항).

(2) 증선위위원장의 긴급조치권

증선위는 다음과 같이 긴급한 상황에서는 증선위위원장에게 권한을 위임하여 증선위위원장이 직접 검찰이첩 등의 조치를 취할 수 있도록 하고 있다.[1] 이 경우에는 자문기구인 자본시장조사심의위원회의 심의절차를 생략할 수 있다. 여기에서 긴급한 상황이란, (i) 천재·지변·전시·사변·경제사정의 급격한 변동 그 밖의 이에 준하는 사태로 인하여 상당한 기간 증선위의 개최가 곤란한 경우 그 처리에 긴급을 요하는 사항, (ii) 수사당국이 수사 중인 사건으로서 즉시 통보가 필요한 사항, (iii) 위법행위가 계속되거나 반복되어 투자자보호와 공정거래질서 유지를 위하여 즉시 조치가 필요한 사항, (iv) 위법행위 혐의자의 도주·증거 인멸 등이 예상되는 사항, (v) (ii)~(iv)에 준하는 경우로서 투자자 보호와 공정거래질서 유지를 위하여 신속한 조치가 필요하고 증선위를 개최하여 처리할 경우 그 실효성이 떨어질 것이 명백한 사항 중 하나에 해당하는 경우를 말한다(조사업무규정 19조 2항).[2]

3. 조사의 방법 및 절차[3]

(1) 사건의 수리 및 조사 실시

증선위 및 금감원이 조사대상 사건을 수리하여 조사를 실시해야 하는 경우는 다음과 같다. (i) 금융위(증선위)·금감원의 업무와 관련하여 위법행위의 혐의사실을 발견한 경우, (ii) 거래소(시장감시위원회)로부터 위법행위의 혐의사실을 이첩받은 경우, (iii) 위법행위에 관한 제보를 받거나 조사를 의뢰하는 민원을 접수한 경우 및 (iv) 기타 공익 또는 투자자보호를 위하여 조사의 필요성이 있다고 인정하는 경우이다(조사업무규정 6조 1항).

그러나 (i) 당해 위법행위에 대한 충분한 증거가 확보되어 있고 다른 위법행위의 혐의가 발견되지 않는 경우, (ii) 당해 위법행위와 함께 다른 위법행위의 혐의가 있으나 그 혐의내용이 경미하여 조사의 실익이 없다고 판단되는 경우, (iii) 공시자료, 언론보도 등에 의하여 널리 알려진 사실이나 풍문만을 근거로 조사를 의뢰하는 경우, (iv) 민원인의 사적인 이해관계에서 당해 민원이 제기된 것으로 판단되는 등 공익 및 투자자 보호와 직접적인 관련성이 적은 경우, (v) 당해 위법행위에 대한 제보가 익명 또는 가공인 명의의 진정·탄원·투서 등에 의해 이루어지거나 그 내용이 조사단서로서의 가치가 없다고 판단

---

1) 구증권법에서는 시행령에 증선위의 증선위위원장에 대한 권한위임조항을 통하여 긴급조치권을 명시하고 있었으나, 내부조직 내에서의 권한위임사항이므로 법령이 아니라 금융위 규정으로 정할 사항이라는 입법적 선택에 따라 자본시장법령에서는 포함시키지 아니하였다.

2) 자본시장조사업무규정 제19조 제2항의 긴급조치권은 도입 이후 거의 적용되지 않다가 2013. 4. 금융위, 금감원, 검찰, 한국거래소 등이 합동발표한 「주가조작 등 불공정거래 근절 종합대책」에 따라 적극적으로 활용되고 있다.

3) 금융위규정인 '자본시장조사업무규정'에서 조사업무의 세부적인 방법·절차 및 조치기준·절차 등을 정하고 있다.

되는 경우에는 조사를 실시하지 않을 수 있다(동 규정 6조 2항).

한편, 사건을 수리하여 조사를 실시한 경우라도 당해 위법행위와 동일한 사안에 대하여 검찰의 결정 또는 법원의 형사판결이 확인된 경우에는 추가적인 조사를 중단하고 자체적으로 종결처리할 수 있다(동 규정 6조 3항).

(2) 조사반 편성 및 조사유형

증선위로부터 조사의 집행업무를 위탁[1]받은 금감원이 실제로 조사를 실시할 경우에는 원칙적으로 당해 사건을 담당할 조사반을 편성하고, 이를 총괄지휘할 조사반장을 지명한다. 조사원의 경우에는 투철한 사명감과 성실하고 공정한 자세로 조사업무에 임하여야 하므로 복무수칙을 정하여 피조사자의 권익을 최대한 보호하며, 조사과정에서 알게 된 피조사자등의 비밀을 엄수하고 명예훼손이 없도록 주의시키는 등 권한남용의 우려를 최소화하도록 하고 있다(동 규정 2조 및 4조). 또한, 자기가 직접적인 이해관계가 있거나, 피조사자와 친인척관계가 있는 등 공정성을 잃을 염려가 있는 사건에 대하여는 스스로 회피할 수 있도록 이해상충 방지장치를 마련해 두고 있다(동 규정 3조).

한편 공동조사가 있는데 거래소의 심리 중 또는 심리결과, 조사기관의 조사 중에 중대사건이 발견된 경우에는 「단기매매차익 반환 및 불공정거래 조사·신고 등에 관한 규정」[2]에 따라 강제조사하거나 공동으로 조사하는 것을 말한다. 여기에서 중대사건이란 (i) 다수의 자가 조직적으로 다수종목의 시세를 변동시켜 증권·파생상품시장의 질서를 현저히 교란하는 경우, (ii) 혐의자 다수가 불공정거래 전력자인 경우, (iii) 불공정거래가 파생상품시장과 그 기초자산시장 간, 국내시장과 국외시장 간 기타 복수의 시장 사이에 연계되어 있는 경우, (iv) 불공정거래가 사회적 물의를 야기하거나 금융투자업계의 공신력을 현저하게 저해한다고 인정되는 경우 중 하나에 해당하는 것을 말한다(조사업무규정 45조 1항). 이 중에 강제조사는 증선위가 금감원, 거래소의 지원을 받아 압수·수색 등을 하는 것이므로 일반적인 임의조사와 달리 피조사자에 대한 과도한 권익침해가 없도록 「단기매매차익 반환 및 불공정거래 조사·신고 등에 관한 규정」에서 그 방법을 엄격히 제한하고 있다.

---

1) 증권선물위원회는 법 제426조 제3항의 영치 및 현장조사를 제외한 조사업무의 집행권한을 금감원장에게 위탁하였는바(법 438조 4항, 법 시행령 387조 3항 [별표 20] 제103호), 행정권한의 위임·위탁의 법리에 따라 수임청인 금감원장이 그 명의와 책임으로 위 권한을 행사하고 위임청인 증권선물위원회는 그 사무처리에 대하여 지휘·감독권을 가지게 된다(행정권한의 위임 및 위탁에 관한 규정 2조 1·2호, 6조).

2) 증권범죄조사 사무처리 규정, 단기매매차익 반환 등에 관한 규정, 불공정거래 신고 및 포상 등에 관한 규정은 모두 불공정거래 처리와 관련된 증선위 규정으로서 별도의 규정으로 나눌 실익이 없어 2011. 11. 4. 「단기매매차익 반환 및 불공정거래 조사·신고 등에 관한 규정(증권선물위원회고시(2011-01호))」으로 통합되었고, 동 규정은 2012. 6. 26. 금융위고시(2012-12호)로 승격된 후, 두 차례 개정을 거쳐 현행 규정(2013. 9. 17. 개정 금융위 고시(2013-31호))에 이르고 있다.

(3) 조사의 방법 및 절차

조사의 방법과 구체적 절차는 다음과 같으며 이러한 조사에 불응하는 경우에는 3년 이하의 징역 또는 1억원 이하의 벌금에 처할 수 있다(법 445조 48호). 그리고 조사과정 중 압수·수색이 필요한 경우에는 법원이 발부한 영장에 의한 강제조사가 가능하다.

1) 출석요구, 진술서 제출요구 및 장부·서류 기타 물건의 제출요구

조사원이 관계자[1]에 대하여 진술을 위한 출석을 요구할 때에는 금융위가 발부한 출석요구서에 의하여야 하고, 출석요구서에는 출석요구의 취지를 명백히 기재하여야 한다. 그리고 조사사항에 관한 사실과 상황에 대한 진술서의 제출을 요구할 때에는 금융위가 발부한 진술서제출요구서에 의하여야 한다. 다만, 당해 관계자가 출석증언하거나 조사원이 진술을 직접 청취하여 진술서등 조사서류를 작성하는 경우에는 그러하지 아니하다. 한편 관계자에 대하여 장부, 서류 기타 물건의 제출을 요구할 때에는 금융위가 발부한 자료제출요구서에 의하여야 한다(조사업무규정 9조-11조).

한편, 최근 증권범죄의 국제화 추세에 따라 외국인의 증권범죄가 증가하고 있는데, 외국인을 조사할 때에는 국제법과 국제조약에 위배되는 일이 없도록 하여야 한다. 종래 외국인의 증권범죄 조사에 있어 법적·사실적 한계가 존재하였고, 이에 우리나라는 2010. 6. 개최된 국제증권관리위원회기구(International Organization Of Securities Commissions : IOSCO) 연차회의에서 IOSCO 다자간 양해각서(MMOU)[2] 정식회원으로 가입하였다.

2) 장부·서류 그 밖의 물건의 영치

2001년 12월 증권거래법 개정시 제출된 서류·장부 등에 대한 영치권 및 관계자 사무소 등에의 출입을 통한 업무·장부 등에 대한 현장조사권의 신설로 임의조사권을 강화하였고 자본시장법은 이를 그대로 계승하고 있다.

물건 등을 영치할 때에는 대상자의 의사를 존중하고 절차의 공정성을 보장하기 위하여 압수·수색영장이 있는 경우에는 이를 제시한 후 증권범죄조사의 집행이라는 뜻을 알려주고 영치하는 반면에, 영장 없이 영치하는 경우에는 증빙물건의 임의제출에 대한 승낙을 얻은 후에야 집행할 수 있다. 또한, 관계자나 물건 등의 소유자·소지자, 보관자 또는 제출인을 입회인으로 참여시켜야 한다. 조사원이 영치를 완료한 때에는 영치조서 및 영치목록 2통을 작성하여 입회인과 함께 서명날인하고 1통은 소유자·소지자 또는 보

---

1) 여기서 관계자라 함은 불공정거래 등 위법행위의 혐의자와 그 조력자, 조사에 필요한 자료·정보 등에 관련된 자라고 할 수 있다.

2) IOSCO 다자간 양해각서(MMOU)는 국제 금융·증권범죄에 효과적으로 대응하기 위해 추진된 자문, 협력 및 정보교환에 관한 다자간 양해각서로서, 불공정거래 조사 및 공시 관련 업무 등에 관하여 회원국간 상호협력 및 정보교환을 위한 절차를 마련하고 있다. 제공요청이 가능한 정보로는 증권 및 파생상품 거래 관련 은행 및 증권계좌에서의 모든 자금 또는 자산의 이동기록, 계좌운영자 및 실소유자 확인정보, 매매수량·거래시기·거래가격, 위반혐의자의 증언·진술 등이며, 정보제공 요청은 원칙적으로 해당 감독당국의 접촉창구(contact office)에 서면으로 한다.

관자에게 교부하여야 한다. 다만, 입회인 등이 서명날인을 하지 않거나 할 수 없는 때에는 그 뜻을 영치조서의 하단 "경위"란에 부기하여야 한다. 영치한 물건 등은 즉시 검토하여 조사에 관련이 없고, 후일에 필요할 것으로 예상되지 않는 물건 등은 보관증을 받고 환부하되 필요한 때에는 언제든지 제출할 수 있도록 조치하여야 한다. 영치한 물건 등 중 소유자·소지자·보관자 또는 제출인의 가환부청구가 있는 때에는 사진촬영 기타 원형보존의 조치를 취하거나 사본에 "원본대조필"의 확인을 받아 당해 사본을 보관하고 원본은 보관증을 받고 가환부하여야 한다(조사업무규정 12조).

3) 관계자의 사무소 또는 사업장에의 출입을 통한 업무·장부·서류 그 밖의 물건의 조사(현장조사)

조사원이 현장조사를 실시하는 때에는 조사명령서와 증표를 휴대하여 관계자에게 제시하여야 하며 현장조사서를 작성하여야 한다(조사업무규정 13조). 한편 압수·수색 등을 통한 강제조사를 하는 경우에는 증빙물건의 은닉장소 등 구체적인 압수·수색 또는 영치할 장소를 선정하여 현장을 확인하는 내사를 할 수 있다(단기매매차익 반환 및 불공정거래 조사·신고 등에 관한 규정 12조).

4) 금융투자업자 등에 대한 자료제출 요구 및 금융기관에 대한 정보 요구

조사원이 금융투자업자, 금융투자협회 등 금융투자관계기관, 거래소에 대하여 거래데이터 등 조사에 필요한 자료를 요구하는 경우에는 금융위가 발부한 것으로서 사용목적, 금융투자상품의 종류, 종목·품목, 거래유형 및 거래기간 등이 기재된 자료제출요구서에 의하여야 한다. 또한, 자금추적[1]을 위하여 금융실명법에 따라 은행 등 금융기관에 대하여 거래정보 등을 요구하는 경우에는 금융거래정보제공요구서에 의하여야 한다(조사업무규정 14조, 15조).

4. 조사 결과에 따른 조치

(1) 개 관

조사결과 금융위원회의 처분사유([별표 15]), 즉 이 법령 또는 관련 명령·처분 등을 위반하거나 투자자보호 또는 건전한 거래질서를 해할 우려가 있는 경우 금융위(증선위)는 행정제재로서 시정명령 기타 시행령으로 정하는 조치를 할 수 있고, 시행령에서는 금융투자업자, 거래소, 금융투자협회 등 금융투자업관계기관, 금융투자관계단체, 기타의 자[2] 등

1) 혐의 증권계좌 등과 관련된 입금전표 등 금융거래자료를 분석함으로써 자금이 제공된 경로, 제공자의 인적정보 등을 추적하는 것을 말한다.

2) 기타의 자에는 일반투자자, 상장기업 등이 포함된다. 왜냐하면 [별표 15]를 살펴볼 때 금융투자업자, 거래소, 금융투자협회 등 금감원의 검사대상기관에 대한 처분사유만을 기재한 것으로 보이고 상장기업은 각 관련조항에 금융위의 처분관련조항이 있으므로 제외되는 것으로 해석할 여지가 있으나, 조사대상이 자본시장법령 및 관련명령에 대한 위반행위 전반이므로 당연히 모든 위반행위자에 대한 조치를 포함하는 것으로 보는 것이 합목적적 해석이 되기 때문이다. 만약에 그렇지 않다고 하면 일반투자

피조치 대상자별로 관련조항에 따른 조치를 할 수 있는 것으로 명시하고 있다.[1] 따라서 입법형식이 복잡하여 이해하기 쉽지 않으나 대표적인 조치유형을 추려보면 검찰고발·수사기관통보, 과징금부과, 과태료부과, 시정명령, 단기매매차익 발생사실 통보, 금융투자업자 등 관계기관 조치(임직원 포함), 경고·주의, 그리고 증권의 발행제한 등으로 나누어 볼 수 있다.

(2) 검찰 고발 및 수사기관 통보

조사결과 불공정거래 등 위법행위가 형사벌칙의 대상이 된다고 금융위(증선위)가 판단하는 경우에는 혐의자를 검찰에 고발하거나 통보하여야 한다(조사업무규정 24조). 검찰고발과 수사기관통보의 효과를 비교하면 전자의 경우 검찰이 신속하게(3개월 내) 수사할 의무를 부담하고 수사종결처분시에는 고발인인 증선위에 그 결과를 통지해야 하며 검찰이 무혐의처분하는 경우 고발자인 증선위가 항고 등 불복절차를 개시할 수 있는 반면, 후자의 경우 검찰의 자율적 판단에 따라 수사여부가 결정되고 증선위에 대한 통지의무도 없으므로 전자가 후자보다 강력한 제재수단이 된다. 그러나 실제로는 검찰이 고발건이나 통보건을 원점에서 재수사하므로 양 조치 간에 큰 차이는 없다.

(3) 과징금 부과

과징금은 금융투자업자의 대주주와의 거래제한 위반 등 자산운용의 건전성 위반, 상장기업 등의 공시의무위반, 주식등의 대량보유보고의무 위반[2]에 대하여 행정청이 부과하는 금전적 제재(조사업무규정 25조)로서 뒤에서 자세히 살펴보고자 한다.

(4) 과태료 부과

과태료는 금전벌의 일정으로서 행정법상의 의무위반 정도가 비교적 가벼워 직접적으로 행정목적을 침해하지 않는다 해도 간접적으로 행정상의 질서에 장애를 초래할 위험이 있을 정도의 단순한 의무위반에 대하여 부과하는 것이 일반적이다. 자본시장법에서는 금융투자업자 등의 사외이사선임 등 기업지배구조나 내부통제 위반, 소액공모시 공시의무 위반, 공매도 위반 등의 경우 5천만원 이하, 투자자문업자 등의 대주주변경 보고, 금감원 검사에 대한 불응 등의 경우 1천만원 이하의 과태료를 금융위가 부과할 수 있도록

자는 이 조항 외에는 금융위의 처분관련 조항이 아예 없으므로 조치근거가 없어지는 모순이 발생한다. 따라서 기타의 자(법 시행령 376조 1항 11호)에는 일반투자자, 상장기업 등이 모두 포함되고 "그 밖에 금융위원회가 법 및 이 영, 그 밖의 관련 법령에 따라 취할 수 있는 조치"(법 시행령 376조 1항 11호 마목)에 상장기업에 대한 금융위의 처분관련 조항이 포함되는 것으로 봐야 할 것이다.

1) 구증권법에서는 '금융위의 처분사유'라는 요건 없이 이 법, 관련 명령, 금융위 규정·명령을 위반하면 바로 조치가 가능하고(206조의3 5항), 조치대상도 관계기관 또는 기타의 자로 간단하게 나눔으로써(동법 시행령 90조의4 1항) 이해하기 쉽게 정하고 있었는데, 조치대상자를 기준으로 처분사유와 조치내용을 일일이 열거하는 방식으로 변경하다 보니 명확성의 원칙에 부합하기보다는 피규범자인 일반의 평균인이 이해하기 상당히 어렵게 만드는 결과를 초래하였다.

2) 주식등의 대량보유 보고의무 위반에 대한 과징금은 2013. 5. 28. 자본시장법 개정시 도입되어 공포 후 3개월이 경과한 2013. 8. 29.부터 시행되었다.

하고 있다(법 449조).

(5) 시정명령

공개매수자의 공개매수외의 방법에 의한 매수, 주식등의 대량보유보고의무 위반, 공공적 법인 주식의 소유제한 위반, 외국인의 증권 또는 장내파생상품 거래제한 위반이 발견된 경우에는 당해 위반분의 처분 등 시정을 명할 수 있다(조사업무규정 27조).

(6) 단기매매차익 발생사실 통보

앞에서 본 것처럼 단기매매차익반환제도 자체가 내부자거래에 대한 예방조치의 성격에서 발생사실만을 해당기업에 알려주어 반환청구권 행사를 지원하는 서비스 성격으로 전환되었으므로 제재조치의 유형으로 보기는 어려워졌지만, 실제로 증선위가 단기매매차익 발생을 적발하고 그 차익을 산정하여 통보하지 않는 한 해당기업에서는 자체적으로 인지하기가 사실상 불가능하다. 따라서 조사결과 발견된 단기매매차익 발생사실의 통보는 여전히 중요한 증선위 기능의 하나라고 말할 수 있다. 조사결과 법 제172조 제 1 항 및 제 7 항의 규정에 따라 당해 매매차익을 법인에 반환해야 하는 매매를 한 사실을 알게 된 경우에는 해당 법인에 이를 통보하여야 한다(조사업무규정 28조).

(7) 금융투자업자 등 관계기관 조치

앞에서 본 바와 같이 시행령에서 피조치대상자별로 관련조항의 조치를 할 수 있는 입법방식을 취하고 있는데, 대표적으로 금융투자업자의 경우를 보면 기관자체에 대한 조치로서 금융투자업의 인가·등록취소, 6개월내 업무의 전부·일부정지, 위법행위 조치사실의 공표명령, 기관경고·주의, 지점등의 폐쇄나 그 영업의 전부·일부정지, 경영등 개선요구·권고 등[1]이 있고, 관련임원에 대한 조치로서 해임요구, 6개월내 직무정지, 문책경고, 주의적 경고, 주의가 있으며, 관련직원에 대한 조치로서 면직, 6개월내 정직, 감봉, 견책, 경고, 주의 등이 있다(조사업무규정 29조 1항).

(8) 금융투자업자 등 이외의 경미 조치

자본시장조사업무규정 제24조부터 제28조까지의 규정에 의한 조치의 필요성이 인정되지 않는 경미한 위법행위에 대하여는 경고·주의 또는 정정명령 그 밖의 필요한 조치를 할 수 있다(조사업무규정 29조 2항).

(9) 증권의 발행제한

조사결과 상장기업, 인수인 등이 증권신고서 등을 미제출·부실기재 등을 하거나 사업보고서 제출대상법인이 사업보고서 등을 미제출·부실기재 등을 한 경우에는 법 제132조 또는 제164조 제 2 항의 규정에 따라 1년의 범위 내에서 증권의 발행을 제한할 수 있다

1) 구증권법상 '각서징구'는 삭제되었다.

(조사업무규정 30조).

5. 거래소의 위법사실 금융위 통보의무

앞에서 본 바와 같이 거래소는 이상거래 심리과정에서 알게 된 불공정거래 등 이 법이나 관련 명령·처분을 위반한 위법사실을 금융위에 통보해야 할 뿐만 아니라 회원에 대한 감리결과에서 알게 된 위법사실도 동일하게 금융위에 통보해야 한다(법 426조 6항). 이렇게 거래소가 금융위에 통보한 사안들은 금융위·금감원이 불공정거래를 조사하는데 있어서 중요한 단서가 된다.[1)]

6. 위법행위 예방을 위한 조사실적 등 공표

(1) 도입배경

자본시장법에서 증선위의 조사내용 및 조치결과까지 확대하여 정보공개를 의무화함으로써 위법행위자에 대한 규율을 강화하고 일반인에 대한 정보의 형평성을 높이자는 취지로 몇몇 의원들이 의원입법안을 발의하면서, 예를 들어, 허위공시 등을 통해 부당이득을 취득한 회사 및 대표이사의 실명을 미공개함으로써 일반 투자자들의 알권리를 침해하고 기관투자자나 내부자와의 정보의 비대칭성을 조장하는 결과를 낳고 있다면서 강력하게 정보공개를 주장하였다.[2)] 이러한 의원입법안에 대하여 위법행위에 대한 조사 등의 대상자는 금융투자업자뿐만 아니라 개별 투자자 등 관계자도 포함되고, 감독기관의 공식적인 제재조치가 아닌 조사결과 등을 공표할 경우 형벌부과 대상인 경우에는 「형법」[3)]이 금지하고 있는 피의사실공표에 해당할 우려가 있는 점 등을 감안할 때, 개별 조사내용 및 결과를 공개하도록 하기보다는 「보험업법」의 경우[4)]와 마찬가지로 조사실적·처리결과 등을 공개할 수 있도록 수정[5)]하여 수용하게 된 것이다.

(2) 공표의 내용 및 방법

공표대상은 조사실적·처리결과, 기타 관계자의 위법행위를 예방하는데 필요한 정보 및 자료로서 (i) 관계자의 소속 및 인적 사항, (ii) 위법행위의 내용 및 조치사항, (iii) 기

---

1) 2013년 금융감독원의 조사사안 중 거래소로부터 통보된 사안은 전체의 약 62%를 차지하고 있다(2014. 1. 15. 금융감독원 보도자료, 2013년 자본시장 불공정거래 조사현황, 2013. 1. 21 참조).

2) "자본시장법 수정 제안 발의," 이종구의원실 보도자료, 2007. 3. 14, 3쪽.

3) 형법 제126조(피의사실공표) 검찰, 경찰 기타 범죄수사에 관한 직무를 행하는 자 또는 이를 감독하거나 보조하는 자가 그 직무를 행함에 당하여 지득한 피의사실을 공판청구전에 공표한 때에는 3년 이하의 징역 또는 5년 이하의 자격정지에 처한다.

4) 보험업법 제164조(조사관련 정보의 공표) 금융위원회는 관계자에 대한 조사실적, 처리결과, 그 밖에 관계자의 위법행위 예방에 필요한 정보 및 자료를 대통령령으로 정하는 바에 따라 공표할 수 있다.

5) "자본시장과 금융투자업에 관한 법률안(이종구의원 대표발의) 검토보고," 재정경제위원회 수석전문위원 현성수(2005. 2), 10-11쪽.

[주요국의 불공정거래 관련 조치의 공표 현황]

구 분	한국(증선위)		미국(SEC)		일본(증권등감시위)		영국(FSA)	
	행정조치	통보·고발	행정조치	통보·고발	행정조치	통보·고발	행정조치	통보·고발
공표여부	공표	선별 공표	공표	左同	공표	左同	공표	비공개
공표근거	재량 & 관행	左同	증권거래법 §21(a)(1)	左同	금융청설치법 §22	左同	금융서비스시장법 §391(4)	無
공개수준	사건개요만 발표 (실명)	左同 (익명)	상세 발표 (실명)	左同	요약 발표 (익명)	연례발표 (검찰기소시 실명 공표)	실명. 단, 피조치자에게 불공평시 비공개	-

타 위법행위를 예방하는 데에 필요하다고 금융위가 정하여 고시하는 사항[1])이다(법 시행령 377조). 다만, 관계자에 대하여 고발 또는 수사기관에 통보가 된 경우 등 금융위가 정하여 고시하는 경우에는 공표하지 아니하거나 일부를 제외할 수 있는데, 「자본시장조사업무규정」에서는 공표제외사항으로 「금융실명거래 및 비밀보장에 관한 법률」 제 4 조 제 1 항에 따른 "거래정보등"과 검찰고발 및 과징금부과를 제외한 조치를, 일부제외사항으로 위법행위를 한 자의 소속 및 인적사항을 명시하고 있다. 조사실적 등의 공표방법으로는 신문·방송 또는 인터넷 홈페이지 등을 이용할 수 있음을 명시하고 있다(조사업무규정 52조).

제427조(불공정거래 조사를 위한 압수·수색)

① 증권선물위원회는 제172조부터 제174조까지, 제176조, 제178조 및 제180조를 위반한 행위(이하 이 조에서 "위반행위"라 한다)를 조사하기 위하여 필요하다고 인정되는 경우에는 금융위원회 소속공무원 중 대통령령으로 정하는 자(이하 이 조에서 "조사공무원"이라 한다)에게 위반행위의 혐의가 있는 자를 심문하거나 물건을 압수 또는 사업장 등을 수색하게 할 수 있다.

② 조사공무원이 위반행위를 조사하기 위하여 압수 또는 수색을 하는 경우에는 검사의 청구에 의하여 법관이 발부한 압수·수색영장이 있어야 한다.

③ 조사공무원이 제 1 항에 따라 심문·압수·수색을 하는 경우에는 그 권한을 표시하는 증표를 지니고 이를 관계자에게 내보여야 한다.

④ 형사소송법 중 압수·수색과 압수·수색영장의 집행 및 압수물 환부(환부) 등에 관한 규정은 이 법에 규정된 압수·수색과 압수·수색영장에 관하여 준용한다.

1) 자본시장조사업무규정은 (iii)에 해당하는 사항으로 '조사실적 등 통계자료'를 명시하고 있다(52조 2항 3호).

⑤ 조사공무원이 영치·심문·압수 또는 수색을 한 경우에는 그 전 과정을 기재하여 입회인 또는 심문을 받은 자에게 확인시킨 후 그와 함께 기명날인 또는 서명하여야 한다. 이 경우 입회인 또는 심문을 받은 자가 기명날인 또는 서명을 하지 아니하거나 할 수 없는 때에는 그 사유를 덧붙여 적어야 한다.

⑥ 조사공무원이 위반행위의 조사를 완료한 경우에는 그 결과를 증권선물위원회에 보고하여야 한다.

시행령 제**378**조(조사공무원) 법 제427조 제1항에서 "대통령령으로 정하는 자"란 금융위원회 소속 공무원 중에서 증권선물위원회 위원장의 제청에 의하여 검찰총장이 지명하는 자를 말한다.

Ⅰ. 본조의 취지 및 배경

본조는 미공개정보이용·시세조종·부정거래 등 불공정거래행위에 대한 조사·감독기능의 실효성을 높이기 위하여 증권선물위원회가 불공정거래행위를 조사하는 경우에는 관계자의 사무소 또는 사업장에 출입하여 서류·장부 등을 강제조사할 수 있는 근거를 마련하고자 2002년 구증권법 개정을 통하여 도입한 제도이다.

이와 같은 강제조사권을 도입하게 된 배경을 보면, 불공정거래행위가 증권시장에 큰 혼란을 초래하고 사회적으로 상당한 파장을 불러와 정치적 문제로 비화되고 있는 한편, 우리나라 증권시장이 해외 주요국 증권시장과 비교해 볼 때 불공정거래행위가 해를 거듭할수록 수준과 정도에 있어 심화되고 있는 추세[1)]이며, 최근에는 정보화를 통한 사이버거래 증가 등으로 허위공시에 의한 시세조종 등 불공정거래 수법이 다양화·지능화됨에 따라 임의조사권만으로는 점점 불공정거래행위의 적발 및 증거확보가 어려워지고 있다는 점이라고 한다.[2)]

Ⅱ. 증권선물위원회의 강제조사

1. 강제조사권의 내용

법 제426조의 위법행위 임의조사권에 비하여 본조는 증권선물위원회에게 조사과정

1) 2001년 9월 당시 증권거래소·증권업협회의 심리 및 금감원 조사건수(전년대비 증가율)가 거래소 194건(34%), 협회 99건(41.9%), 금감원 조사 453건(28.2%)이고, IMD가 49개국 증권시장의 불공정거래 규제시스템을 평가한 결과 우리나라가 39위(2000년 기준)에 불과하였다.

2) 재정경제위원회 전문위원 김문희, "증권거래법중개정법률안(정부제출) 검토보고," 2001. 12, 4-5쪽.

에서 필요하다고 인정되는 경우 혐의자를 심문하고, 물건을 압수하며, 사업장 등을 수색할 수 있는 강제조사권을 부여하고 있다. 여기에서 압수·수색을 집행하는 자를 금융위의 소속공무원 중에서 증선위위원장이 제청하고 검찰총장이 지명하는 자로 함으로써 조사의 독립성 및 전문성을 살리면서도 검찰의 통제를 최소한도로 받도록 하여 검사의 지휘 아래 있는 사법경찰관리 또는 법원공무원이 집행을 담당하도록 하는 형사소송법과의 차별화를 도모하고 있다. 이렇게 불공정거래 조사를 위하여 강제조사를 하는 조사공무원은 압수 또는 수색을 하는 경우 검사의 청구에 의하여 법관이 발부한 압수·수색영장이 있어야 하고, 심문·압수·수색을 하는 경우에는 그 권한을 표시하는 증표를 지니고 이를 관계자에게 내보여야 하며, 영치·심문·압수 또는 수색을 한 경우에는 그 전 과정을 기재하여 입회인 또는 심문을 받은 자에게 확인시킨 후 그와 함께 기명날인 또는 서명하여야 한다. 만약에 입회인 또는 심문을 받은 자가 기명날인 또는 서명을 하지 아니하거나 할 수 없는 때에는 그 사유를 덧붙여 적어야 한다. 끝으로, 조사공무원이 위반행위의 조사를 완료한 경우에는 그 결과를 증권선물위원회에 보고하여야 한다.

그럼에도, 검사의 청구에 의하여 법관이 발부한 압수·수색영장, 입회인 또는 심문을 받은 자의 기명날인 또는 서명 등을 요구할 뿐만 아니라 형사소송법상 압수·수색의 집행 및 압수물 환부 등 압수·수색과 관련된 조항을 준용하도록 되어 있다. 다만, 실제로는 형사소송법상 '제10장 압수와 수색'의 상당수 조항이 직접 적용되는 것이 아니라 「단기매매차익 반환 및 불공정거래 조사·신고 등에 관한 규정」에서 그러한 형사소송법상 조항을 적절히 조정하여 필요한 내용을 구체적으로 정하고 있다. 즉, 영장주의, 압수·수색영장의 신청, 증권범죄조사의 집행, 압수·수색 또는 영치, 압수·영치조서의 작성, 압수·영치물건의 관리, 증빙물건의 보전과 관리 등을 명시하고 있다.

2. 관련 문제

이러한 강제조사권에 대하여는 강력한 권한에 따른 남용의 우려로 인해 도입 당시 여러 가지 문제점들이 제기되었다. 즉, 첫째, 금융감독위원회(현 금융위원회, 이하 같다)의 조사에 불응한 자에 대하여 징역 또는 벌금에 처하도록 규정(구증권법 208조 4호)하고 있는 등 조사권 행사를 위한 법적 장치가 이미 마련되어 있으므로 강제조사권을 신설할 필요가 없다는 점, 둘째, 금융감독위원회에 심문·압수·수색권을 부여함은 원칙적으로 수사기관의 고유권한을 비수사기관으로 과도하게 확대하는 결과로써 권한남용에 따른 기본권 침해의 위험성이 있다는 점, 셋째, 금융감독위원회는 국세청[1]과 달리 증권거래소, 증권업협회와 같은 자율규제기관이 존재하여 범죄행위에 대한 조사활동에 있어서 국세청보다

1) 국세청 세무공무원의 경우 혐의자에 대한 심문, 압수 또는 수색권 등의 강제조사권 허용(조세범처벌절차법 2조)은 조세범칙사건을 간편 신속하게 처리하기 위한 입법목적이 있으며, 동 사건은 국가재정과 관련된 것으로 강력한 조사권한을 부여할 만한 정당성이 있다는 의견이 있다.

훨씬 유리한 입장에 있을 뿐 아니라, 증권거래법 위반자와는 달리 조세범에 대하여는 「조세범처벌법」, 「조세범처벌절차법」 등의 특별한 처벌법을 두고 있는 등 그 법적 태도가 상이하다는 점, 넷째, 금융감독위원회의 조사권 강화 여부에 관한 문제는 날로 다양해져 가는 금융관련 사건의 양상을 감안할 때 증권분야에만 한정하여 논의할 것이 아니라 「금융감독기구의 설치 등에 관한 법률」에서 규정하고 있는 금융감독위원회의 감독체계 전반에 대한 논의가 선행되어야 한다는 점 등이고, 나아가 금융감독위원회 소속 공무원에게 수사행위에 해당하는 심문, 압수, 수색 등의 강제조사를 허용하려면 「사법경찰관리의 직무를 행할 자와 그 직무범위에 관한 법률」에 금융감독위원회 소속 공무원에 관한 규정이 마련되는 입법조치가 병행되어야 한다는 지적까지 있었다고 한다.[1)]

그러나 조사요구불응자에 대한 형사제재는 불공정거래혐의자가 아닌 단순한 불응자에 대하여는 사실상 활용하기가 곤란하고, 국가재정이라는 중대한 사회적 법익을 침해하는 조세범과 마찬가지로 증권시장의 공정거래질서 내지 투자자보호라는 사회적 법익을 침해하는 중대사범인 불공정거래행위자에 대하여 강제조사권을 활용할 필요가 있으며 대부분의 선진국에서도 이를 인정하고 있다. 더욱이 오늘날 증권범죄의 수법이 다양화, 복잡화, 지능화되고 있는 점에 비추어 보면 위와 같은 강제조사권도 효율적인 불공정거래 규제를 위해서는 오히려 미흡하다고 볼 수 있다.[2)]

이에 정부는 날이 갈수록 증가하는 불공정거래를 근절하기 위한 대책 마련에 착수하였고, 이에 따라 2013. 4. 금융위원회, 금융감독원, 법무부(검찰), 국세청, 한국거래소는 「주가조작 등 불공정거래 근절 종합대책」을 합동발표하였다. 위 종합대책의 내용으로는 첫째 금융위원회의 조사기능 강화를 위해 금융위원회 내에 조사전담부서(자본시장조사단)를 신설하고, 둘째 중요사건에 대해 집중적이고 신속한 수사를 실시하기 위해 관계기관이 참여하는 증권범죄 합동수사단을 검찰에 설치·운영하며, 셋째 금융위원회 공무원 등을 특별사법경찰관리로 지명하고, 넷째 신속한 조사를 위해 사건분류처리 제도를 도입하여 긴급사건이나 중대사건으로 분류된 사건은 금융위원회나 금융감독원의 조사를 거치지 않고 바로 검찰에 통보(Fast Track)하며, 다섯째 불공정거래로 취득한 부당이득의 1배 이상 3배 이하에 해당하는 벌금의 필요적 병과 및 필요적 몰수·추징 조항을 신설하는 방안 등이 포함되었다.[3)]

[초판: 성희활, 개정판: 김영철]

---

1) 재정경제위원회 전문위원 김문희, "증권거래법중개정법률안(정부제출) 검토보고," 2001. 12, 6-8쪽.
2) 임재연, 「자본시장법」, 박영사, 2013년, 1201쪽.
3) 위 종합대책의 일환으로 불공정거래행위 조사·단속 등에 관한 사무에 종사하는 금융위원회 소속 공무원 및 금융위원장의 추천을 받은 금융감독원 직원에게 자본시장법에 규정된 범죄에 대한 사법경찰권을 부여하는 내용의 「사법경찰관리의 직무를 수행할 자와 그 직무범위에 관한 법률 일부개정법률안」이 2013. 8. 27. 국무회의에서 심의·의결되었다.

제427조의2(조사권한의 남용 금지)

① 조사공무원 및 제426조에 따라 조사업무를 수행하는 금융감독원 소속 직원(이하 "조사원"이라 한다)은 이 법의 시행을 위하여 필요한 최소한의 범위 안에서 조사를 행하여야 하며, 다른 목적 등을 위하여 조사권을 남용하여서는 아니 된다.

② 금융위원회는 조사원의 조사권 남용을 방지하고 조사절차의 적법성을 보장하기 위한 구체적 기준을 정하여 고시할 수 있다.

Ⅰ. 본조의 취지

위에서 본 바와 같이 법 제427조의 강제조사권은 강력한 권한에 따른 남용의 우려가 존재하고, 임의조사의 경우에도 조사 불응시 처벌 조항이 있어 간접적으로 강제조사의 성격을 가지고 있으므로, 피조사자에 대한 과도한 권익침해가 발생하지 않도록 조사가 이루어질 필요가 있다. 본조는 위법행위에 대한 조사에 있어 조사원의 조사권 남용을 방지하고 조사절차의 적법성을 보장하기 위하여 2013년 5월 28일 법 개정시 신설되었다.

Ⅱ. 내 용

조사원은 불공정거래 등 위법행위에 대하여 필요한 최소한의 범위 안에서 조사를 행하여야 하며, 다른 목적 등을 위하여 조사권을 남용하여서는 아니 된다. 이는「형사소송법」 제199조[1]와 같은 취지로서 '비례의 원칙'에 따른 조사가 이루어져야 함을 선언한 것이다. 즉, 조사원의 조사는 자본시장법의 목적을 달성하기 위하여 필요한 때에만 할 수 있고, 또 그 목적을 달성하기 위한 최소한도에 그쳐야 한다.

[개정판: 김영철]

1) 형사소송법 제199조(수사와 필요한 조사) ① 수사에 관하여는 그 목적을 달성하기 위하여 필요한 조사를 할 수 있다. 다만, 강제처분은 이 법률에 특별한 규정이 있는 경우에 한하며, 필요한 최소한도의 범위 안에서만 하여야 한다.

제 4 장　과 징 금

제428조(금융투자업자에 대한 과징금)

① 금융위원회는 금융투자업자가 제34조 제 1 항 제 1 호·제 2 호와 같은 조 제 2 항 및 제77조의3 제 4 항·제 5 항 및 제 7 항을 위반한 경우에는 그 금융투자업자에 대하여 다음 각 호의 구분에 따른 위반금액의 100분의 40을 초과하지 아니하는 범위에서 과징금을 부과할 수 있다.

1. 제34조 제 1 항 제 1 호를 위반한 경우에는 취득금액
2. 제34조 제 1 항 제 2 호를 위반한 경우에는 허용비율을 초과하는 취득금액
3. 제34조 제 2 항을 위반한 경우에는 신용공여액
4. 제77조의3 제 4 항 또는 제 5 항을 위반한 경우(제77조의3 제 6 항에 해당하는 경우는 제외한다)에는 허용금액을 초과한 신용공여액
5. 제77조의3 제 7 항을 위반한 경우에는 신용공여액

② 금융위원회는 금융투자업자에 대하여 제420조 제 3 항에 따라 업무정지처분을 부과할 수 있는 경우에는 이에 갈음하여 업무정지기간의 이익의 범위에서 과징금을 부과할 수 있다.

시행령 제**379**조(과징금의 부과기준) ① 금융위원회는 법 제428조 및 제429조에 따라 과징금을 부과하는 경우에는 다음 각 호의 기준을 따라야 한다.

1. 거짓의 기재 또는 표시 등 공시에 관련된 사항을 위반한 경우에는 그 위반의 내용을 계량적 위반사항과 비계량적 위반사항으로 구분하며, 그 위반의 정도는 당기순이익 또는 자기자본 등에 미치는 영향과 제 2 호 각 목의 어느 하나에 해당하는지를 종합적으로 고려할 것
2. 위반행위가 다음 각 목의 어느 하나에 해당하는 경우에는 법정최고액의 100분의 50 이상을 과징금으로 부과할 것. 다만, 제 3 호 각 목의 어느 하나에 해당하는 경우에는 과징금을 감경할 수 있다.
   가. 위반행위가 1년 이상 지속되거나 3회 이상 반복적으로 이루어진 경우
   나. 위반행위로 인하여 취득한 이익의 규모가 1억원 이상인 경우
   다. 위반행위가 내부자거래 및 시세조종 등 법 제4편에 따른 불공정거래행위(이하 "불공정거래행위"라 한다)와 관련이 있는 경우
3. 위반행위가 다음 각 목의 어느 하나에 해당하는 경우에는 과징금을 감면할 것
   가. 위반행위의 내용이 중요하지 아니하다고 인정되는 경우
   나. 위반자가 제출한 다른 공시서류가 있는 경우로서 그 다른 공시서류에 의하여 투자자가 진실한 내용을 알 수 있는 경우
   다. 위반행위에 대하여 지체 없이 시정한 경우
   라. 위반행위로 인한 투자자의 피해를 배상한 경우

② 제 1 항 제 2 호에 따른 법정최고액을 계산하여 결정함에 있어서 법 제119조 및 법 제134조에 따른 신고서를 제출하지 아니한 경우에는 실제로 이루어진 모집·매출가액이나 공개매수총액을 기준으로 한다.

③ 법 제429조 제 4 항 각 호 외의 부분에서 "대통령령으로 정하는 방법에 따라 산정된 금액"이란 다음 각 호에 따라 산정된 금액을 말한다.

1. 법 제429조 제 4 항 제 1 호의 경우 : 보고기한의 다음 영업일에 증권시장에서 형성된 해당 법인 주식의 최종가격(그 최종가격이 없을 때에는 그 날 이후 증권시장에서 최초로 형성된 해당 법인 주식의 최종가격을 말한다. 이하

이 항에서 같다)에 발행주식총수를 곱하여 산출한 금액
2. 법 제429조 제 4 항 제 2 호의 경우 : 보고일의 다음 영업일에 증권시장에서 형성된 해당 법인 주식의 최종가격에 발행주식총수를 곱하여 산출한 금액
④ 법 제429조 제 4 항 제 2 호에서 "대통령령으로 정하는 중요한 사항"이란 제157조 각 호의 어느 하나에 해당하는 사항을 말한다.
⑤ 이 영에 규정한 사항 외에 과징금의 부과 등에 필요한 세부사항은 금융위원회가 정하여 고시한다.

Ⅰ. 본조의 취지

우리나라에서 행정법상 의무위반자에게 부과하는 금전적 제재로서 과징금 제도가 최초로 도입된 것은 1980년의 「독점규제 및 공정거래에 관한 법률」(이하, 공정거래법)이었고, 이후 자동차운수사업법, 청소년보호법, 대기환경보전법, 주택건설촉진법, 금융실명법, 부동산실명법 등으로 확대되었다. 구증권법상 과징금 부과제도가 시행된 것은 1999년 4월 1일부터이고 공시의무위반행위에 대하여 최고 5억원을 한도로 하였다.

구증권법상 과징금 제도가 도입된 배경은 첫째, 공시의무위반에 대하여 형사처벌이 가능하지만 벌금형의 경우 최고한도금액이 2,000만원의 소액으로 공시의무위반에 대한 억제효과가 미흡하고 징역형은 공시의무이행의 주체인 법인에 대하여 부과할 수 없다는 점이고, 둘째, 민사상 손해배상책임의 경우 손해액 산정기준이 없고 증명이 곤란하며 투자자별 손해액이 대부분 소액이라 실제 소송을 수행할 유인이 없다는 점이며, 셋째, 증권발행제한·임원해임권고·경고·주의 등 다른 행정조치의 경우도 상징적인 의미일 뿐 실질적인 제재효과는 미흡하다는 점이다.

따라서 이와 같은 문제점을 해결하고 공시제도의 실효성을 확보하기 위하여 위반자에 대한 금전적 제재로서 과징금을 도입한 것이고, 그 최고한도도 처음 5억원에서 2001년 4월에 20억원으로 상향되었으며, 부과대상도 2002년 2월부터 증권회사의 대주주와의 거래제한 위반 등 자산운용의 건전성 위반의 경우에까지 확대되었다. 나아가 2007년 7월부터는 이러한 업자의 자산운용의 건전성 위반에 대한 과징금 부과범위에 선물업자가 포함되었고, 자본시장법에 계승되면서 증권회사 및 선물업자뿐만 아니라 자산운용업자 등 모든 금융투자업자의 자산운용의 건전성 위반에 대한 과징금 부과로 범위를 확대되었으며 이것을 공시의무 위반의 경우로부터 분리하여 별도 조항을 만든 것이다.

국내외적으로 자본시장 규제에 대한 과징금 제도의 실효성이 인정되면서 이러한 추

세에 따라, 2012년 5월의 자본시장법 개정에서는 금융투자업자에 대한 과징금 부과비율을 기존 위반금액의 20%에서 40%로 2배 인상함으로써 규제의 실효성 확보와 관련하여 과징금 제도에 대한 의존도를 강화하였다. 또한 지난 2013년 5월 개정에서는 투자은행의 활성화를 위하여 일반 증권회사에 비해 기업금융 관련 업무를 원활히 수행할 수 있도록 기업대출 업무를 영위하는 종합금융투자사업자를 도입하면서, 종합금융투자사업자의 신용공여규제 위반행위에 대해서도 과징금을 부과할 수 있는 근거를 마련하였다.

Ⅱ. 과징금의 법적 성격

과징금의 법적 성격은 과징금부과의 요건이 무엇이냐와 과징금부과나 금액산정에 있어서의 재량 여부에 따라 부당이득환수설과 행정제재벌설로 나누어 볼 수 있다.[1] 부당이득환수설은 과징금 부과대상은 법위반으로 인한 부당이득의 발생을 전제로 하고 과징금의 산정은 이러한 부당이득에 해당하는 금액이므로 반드시 부과·징수되어야 하며 과징금부과나 금액산정에 있어 재량이 인정되지 않는다는 견해이다.

반면에 행정제재벌설은 과징금부과대상은 부당이득의 발생유무와는 관계없이 법위반 자체만으로 충분하고 과징금의 산정은 법위반에 대한 제재적 효과를 거둘 수 있는 방법이면 되고 주로 법위반기간 동안 발생한 금액에 일정비율을 곱한 금액으로 한다는 견해이다.

공정거래법상 과징금에 대한 헌법재판소의 입장을 보면, 행정상의 제재금으로서의 기본적 성격에 부당이득환수적 요소도 부가되어 있는 것으로 보고 있어 위 두 견해의 절충설적 입장이라고 볼 수 있는 반면,[2] 대법원의 입장은 "과징금 부과는 원칙적으로 법위반행위에 의하여 얻은 불법적인 경제적 이익을 박탈하기 위하여 부과하는 것"이라고 판시[3]하여 부당이득환수설에 가깝다.

구증권법상 과징금은 공개기업의 공시의무 위반이나 금융투자업자의 대주주등과의 거래제한 위반을 대상으로 하므로 반드시 부당이익을 전제로 하지 않고 일일평균거래금액이나 위반한 대주주와의 거래금액 등을 기준으로 하여 법위반 정도에 따라 가중·감경하는 시스템이므로 행정제재벌설에 가깝다고 볼 수 있지만 위반행위로 인해 취득한 이익의 규모를 필수적으로 고려하도록 하고 있어 공정거래법상 과징금에 대한 헌법재판소의 입장처럼 절충설적 입법태도라고 보는 게 적절할 것이다.

---

1) 금융감독원, 「증권거래법상의 과징금제도」, 2003. 11, 4쪽.
2) 헌재 2003. 7. 24. 2001헌가25.
3) 대법원 2004. 10. 27. 선고 2002두6842 판결.

Ⅲ. 금융투자업자 관련 과징금 부과액 산정

1. 과징금 부과대상

자본시장법은 대주주의 사금고화를 막고 경영건전성을 유지하기 위해 금융투자업자에 대해 대주주 또는 특수관계인과의 거래를 제한하고(법 34조), 최근에는 종합금융투자사업자(prime broker)인 금융투자업자의 신용공여업무 허용으로 인한 부작용을 방지하기 위하여 기업·투자자·계열회사에 대한 신용공여를 제한하고 있으며(법 77조의3), 이를 위반한 금융투자업자에 대해 과징금을 부과할 수 있도록 하였다(법 428조).

과징금 부과대상은 금융투자업자(겸영금융투자업자[1]는 제외됨)가 대주주 등과의 거래제한을 위반하거나, 또는 종합금융투자사업자인 금융투자업자가 신용공여 규제를 위반한 경우이다. 먼저 금융투자업자의 대주주 등과의 거래제한 내용으로는, ① 금융투자업자가 자신의 대주주가 발행한 증권을 소유하거나, ② 계열회사가 발행한 주식, 채권 및 약속어음(사업자금조달용인 경우에 한함)을 대통령령으로 정하는 허용비율(자기자본의 8%)을 초과하여 소유하거나, 또는 ③ 금융투자업자가 대주주(특수관계인을 포함)에 대하여 신용공여를 하는 것이 금지되어 있다.[2] 한편 종합금융투자사업자에 대한 신용공여 규제로는, 기업에 대한 신용공여 및 증권관련 금전융자 또는 증권대여의 방법으로 행하는 투자자에 대한 신용공여의 총 합계액이 자기자본의 100%를 초과할 수 없으며, 기업에 대한 신용공여시 동일법인 및 그 법인과 신용위험을 공유하는 자에 대해서는 자기자본의 25%를 초과할 수 없으며, 계열회사에 대한 신용공여나 계열회사가 운용하는 전문사모집합투자기구에 대한 전담중개업무 제공이 금지되어 있다.

유의할 점은 금융투자업자에 대한 업무정지처분에 갈음하여 과징금을 부과할 수 있

1) 은행, 보험사, 산업은행 등 특수은행, 증권금융, 종금사, 주택금융공사 등을 말한다(법 22조).

2) 이러한 금지행위에는 예외(법 34조 1항)가 인정되는데 첫째, 담보권 실행 등 권리행사를 위한 경우, 둘째, 법이 허용한 안정조작이나 시장조성의 경우, 셋째, 기타 건전성을 해하지 않는 범위에서 금융투자업의 효율적 수행을 위해 대통령령으로 정하는 경우이다. 여기서 세 번째인 금융투자업의 효율적 수행을 위해 대통령령으로 정하는 경우란 (ⅰ) 대주주 변경에 따라 기 소유증권이 대주주발행 증권이 되는 경우, (ⅱ) 인수행위로 대주주의 발행증권을 취득하는 경우, (ⅲ) 사채보증업무 취급 금융기관이 원리금 지급을 보증한 대주주발행 사채를 취득하는 경우, (ⅳ) 대주주가 설립한 특수법인의 특수채를 취득하는 경우, (ⅴ) 기타 경영건전성을 해하지 아니하는 경우로서 금융위가 고시하는 대주주발행 증권을 소유하는 경우, (ⅵ) 계열회사 변경에 따라 기소유 주식·채권·약속어음(이하 "주식등")이 계열회사 발행 주식등이 되는 경우, (ⅶ) 위 (ⅱ)~(ⅴ)의 사유로 계열회사발행 주식등을 취득하는 경우, (ⅷ) 금융위가 정하여 고시하는 출자로 계열회사발행 주식을 취득하는 경우, (ⅸ) 금융위가 정하여 고시하는 차익거래나 투자위험 회피를 위한 거래(헤지거래) 목적으로 계열회사발행 주식등을 소유하는 경우, (ⅹ) 자기자본의 변동이나 특수관계인발행 주식등의 가격변동으로 인해 계열회사발행 주식등의 소유허용비율(8%)을 초과하는 경우, 해외집합투자기구를 설립하기 위해 자기자본의 30% 이내에서 금융위의 확인을 받아 계열회사발행 주식을 취득하는 경우, (ⅺ) 기타 경영건전성을 해하지 아니하는 경우로서 금융위가 고시하는 계열회사발행 주식등을 소유하는 경우를 말한다. 한편, 법 제34조 제 2 항의 경우에도 금융투자업자의 대주주에 대한 신용공여행위를 금지하면서 일정한 예외를 인정하고 있는데, 그 구체적인 내용은 법 시행령 제38조 제 2 항에 규정되어 있다.

도록 근거를 마련했다는 점이다. 금융소비자의 불편을 감안하여 은행법상 금융기관에 대한 영업정지에 갈음하여 과징금을 도입하자는 의견[1)]이 있었는데 동일한 취지에서 투자자의 편익을 최대한 높이고자 도입한 것이다.

2. 과징금 산정기준

금융투자업자가 대주주 등과의 거래제한을 위반하거나 신용공여제한을 위반한 경우 그 위반금액의 40% 이내에서 과징금을 부과할 수 있는데, 이 위반금액이 과징금 부과의 기준금액이 된다. 대주주 발행증권을 소유한 경우에는 취득금액, 특수관계인 발행증권을 소유한 경우에는 허용비율을 초과한 취득금액, 대주주·특수관계인에 대한 신용공여를 한 경우에는 신용공여액, 그리고 종합금융투자사업자에 의한 기업·투자자에 대한 신용공여의 경우에는 허용금액을 초과한 신용공여액, 계열회사에 대한 신용공여의 경우에는 신용공여액이 각각 과징금 부과의 기준금액이 된다. 구체적인 과징금의 산정기준은 「금융기관 제재 및 검사에 관한 규정」에서 정하고 있는데 그 내용을 간략히 요약하면 다음과 같다.

과징금 산정방식을 보면, 먼저 과징금 부과의 기초가 되는 기준금액을 정하고, 이어서 기준금액에 법정 최고부과비율(40%)을 곱하여 법정부과한도액을 산정하며, 법정부과한도액에 기준금액에 따라 적용되는 기본부과율을 곱하여 기본과징금을 산정한 후에, 이에 대해 가중·감경사유에 따라 기본과징금을 조정하고, 마지막으로 기타 위반자의 특수한 사정, 금융시장 및 경제여건 등을 고려하여 최종적으로 부과할 부과과징금을 결정하게 된다. 유의할 점은 위반행위가 일정기간 지속된 경우에는 그 기간 중 위반금액의 최고액을 기준금액으로 한다는 점이고, 기본과징금은 아래 표와 같이 법정부과한도액에 단계별 기본부과율을 각각 곱한 금액을 합산하여 산정한다는 것이다.

[기본과징금의 산정]

법정부과한도액	기본부과율
2억원 이하(1단계)	× 7/10
2억원 초과 20억원 이하(2단계)	× 7/20
20억원 초과 200억원 이하(3단계)	× 7/40
200억원 초과 2천억원 이하(4단계)	× 7/80
2천억원 초과(5단계)	× 7/160

1) 한국증권법학회, 「금융규제법상 과징금제도 개편방안」, 연구용역보고서, 2004. 4, 84-85쪽 참조.

[기본과징금의 산정례]

법정부과한도액	기본과징금
2억원 이하	법정부과한도액 × 7/10
2억원 초과 20억원 이하	2억원 × 7/10 + (법정부과한도액 − 2억원) × 7/20
20억원 초과 200억원 이하	2억원 × 7/10 + 18억원 × 7/20 + (법정부과한도액 − 20억원) × 7/40
200억원 초과 2천억원 이하	2억원 × 7/10 + 18억원 × 7/20 + 180억원 × 7/40 + (법정부과한도액 − 200억원) × 7/80
2천억원 초과	2억원 × 7/10 + 18억원 × 7/20 + 180억원 × 7/40 + 1,800억원 × 7/80 + (법정부과한도액 − 2,000억원) × 7/160

가중 및 감경사유에 의한 기본과징금의 조정은 기본과징금에 각 가중비율을 곱한 금액의 합에서 각 감경비율을 곱한 금액의 합을 차감하여 조정금액을 산정하고 그 금액을 기본과징금에 가감하는 방법으로 한다. 유의할 점은 조정금액은 기본과징금의 50%를 초과할 수 없고, 조정된 과징금은 당연히 법정부과한도액 기타 법에서 정한 한도액을 초과할 수 없다는 점이다.

가중사유에는 ① 위반행위의 기간이 2일 이상인 경우, ② 최근 3년 이내에 금융위원회로부터 과징금 부과처분을 받은 사실이 있는 경우, ③ 위반행위로 인하여 경제적 또는 다른 이득을 취하는 경우 또는 금융기관·금융거래자에게 중대한 손실을 입히거나 금융시장의 신용질서가 크게 훼손된 경우, ④ 위반행위로 인하여 취득한 부당이득액이 기본과징금보다 큰 경우가 있다.

한편, 법 시행령 제379조 제 1 항 제 3 호에 의하면, 위반행위의 내용이 중요하지 아니하다고 인정되는 경우, 위반행위에 대하여 지체 없이 시정한 경우, 그리고 위반행위로 인한 투자자의 피해를 배상한 경우에는 과징금을 감면하도록 하였는바, 이러한 내용을 반영하여 금융위 규정에서는 감경사유, 감액사유, 감면사유로 구체화하고 있다. 먼저 감경사유로 ① 형식적으로는 법규위반에 해당되나 금융산업 및 금융기관의 신용 훼손 또는 손실 우려가 없는 경우로서 위반행위의 동기 및 발생원인 등을 고려할 때 법규의 본질적 취지에 반하지 않는 경우, ② 위반행위를 감독기관이 인지하기 전에 스스로 시정 또는 치유한 경우, ③ 위반행위를 감독기관이 인지하기 전에 자진하여 신고하는 등 검사에 적극적으로 협조한 경우, ④ 동일 또는 유사한 위반행위의 방지를 위한 자체감사 또는 내부통제 시스템을 갖추어 시행하는 등 상당한 주의 및 감독을 한 것으로 인정되는 경우, ⑤ 훈장·포장·정부표창 등의 공적이 있거나 감독기관으로부터 경영실태평가를 1등급으로 평가받은 경우, 그리고 ⑥ 중대하지 않은 과실에 의하여 위반행위를 한 사실이 객관적으로 명백하거나 상당한 주의를 기울인 경우를 명시하였다. 또한, 위반행위로 인한 투자자의 피해를 배상한 경우에는 그 배상액 범위 내에서 과징금을 감액할 수 있고, 금융위나 금감원으로부터 경영개선권고·경영개선요구 조치를 받거나 위반자의 자산·자기자본 등 재무상황에 비추어 위반자가 과징금을 부담할 능력이 현저히 부족하다고 객관적으로 인정되는 등의 사정[1)]으로 과징금 부과가 법위반의 방지 또는 제재목적 달성에 필요한 범위를 벗어나 현저하게 과중하다고 인정되는 경우, 금융산업의 전반적인 사정 또는 여건의 변화로 위반자의 과징금 납부가 사실상 불가능하다고 인정되는 등의 사정으로 과징금의 징수가 사실상 불가능하다고 인정되는 경우, 동일한 위반행위에 대하여 형벌·과징금·과태료 등 실효성 있는 제재조치를 이미 받은 경우 등에 해당하면 그 제재에 상응하는 과징금을 감면할 수 있다.[2)] 이외에도 고의나 중대한 과실이 아닌 사소한 부주의나 오류로 인한 위반행위로서 금융기관 또는 금융소비자에 미치는 영향이 없거나 미미한 경우에는 견책·주의 또는 시정조치 등으로 갈음할 수 있다.[3)]

또한, 위반행위가 1년 이상 지속되거나 3회 이상 반복적으로 이루어진 경우, 부당이익의 규모가 1억원 이상인 경우, 그리고 위반행위가 내부자거래 및 시세조종 등 불공정거래와 관련이 있는 경우에는 법정최고액의 50% 이상을 최저과징금으로 부과하여야 한다.

법정최고액의 개념과 관련하여, 구증권법상 증권회사 관련 과징금의 법정부과한도액이 10억원을 초과할 수 없다는 문구[4)]로 인해 법정최고액은 10억원이라고 해석할 여지가 있었지만 자본시장법은 10억원의 한도를 삭제함으로써 이러한 해석의 여지를 제거하였다. 또한 법 시행령 제379조 제 2 항에서 증권신고서나 공개매수신고서 미제출로 인한 과징금 부과의 경우 법정최고액은 실제 모집·매출가액이나 공개매수총액을 기준으로 한다는 문구를 볼 때도 법정최고액은 앞에서 설명한 법정부과한도액을 의미하는 것이 분명할 것이다.[5)]

---

1) 이와 같이 금융위규정에서 피규제자의 과징금 부담능력을 감면사유로 고려할 수 있는가에 대하여는 법령상 명시되지 않은 내용을 정한 것으로 위임의 법리를 벗어났다는 반론이 충분히 가능하므로 법령상 명시하도록 입법적 개선을 고려할 필요가 있다.

2) 형벌의 경우에는 과징금과는 입법목적과 취지가 다르므로 중복제재로 볼 수 없고, 과태료는 과징금과 겹치는 경우가 거의 없기 때문에 실익이 없는데도 이들을 면제사유로 규정한 것은 헌법상의 비례원칙에 따른 과잉제재 논란을 피하기 위한 것으로 보인다.

3) 그러나 법 제428조 및 제429조(4항은 제외함)의 경우에 과징금 부과대상자에게 고의 또는 중대한 과실이 없는 한 과징금부과의 대상이 되지 않는다(법 430조 1항).

4) 구증권법 제206조의11(과징금) ⑥ 금융위원회는 증권회사가 제54조의3 제 1 항 제 1 호·제 2 호 또는 제 4 호를 위반한 때에는 당해 증권회사에 대하여 그 위반금액(제54조의3 제 1 항 제 1 호의 경우에는 취득금액, 제 2 호의 경우에는 금전대여 또는 신용공여액, 제 4 호의 경우에는 비율을 초과하는 취득금액을 말한다)의 100분의 10(10억원을 초과하는 경우에는 10억원)을 초과하지 아니하는 범위 안에서 과징금을 부과할 수 있다.

5) 실제로 금융감독원 실무책자에서도 법정최고액은 기준금액에 기준율을 곱한 것이라고 기술하여 동일한 입장을 보이고 있다(금융감독원, 전게서(2003. 11), 52쪽).

Ⅳ. 불공정거래에 대한 과징금 부과 필요성

우리나라에서는 내부자거래나 시세조종 등과 같은 불공정거래 규제의 실효성 확보 방안에 대한 논의가 급증하면서, 그 일환으로서 금전적 제재수단인 과징금 제도의 도입 필요성 여부에 대한 논의가 진행되어 왔다. 지난 2011년 자본시장법 개정안(2011. 7. 27. 공고)상의 과징금 제도 도입방안이나, 2013년 금융위·법무부 등이 중심이 되어 발표한 "주가조작 등 불공정거래 근절 종합대책(2013. 4. 18. 발표)"과 그에 이어 발의된 각종 법률안상의 과징금 제도 도입방안을 보면, 이들은 모두 불공정거래 영역에 대해서도 과징금제도의 도입 필요성을 주장하고 있다는 점에서는 공통적이지만, 그 구체적인 도입방안은 매우 상이한 모습을 보이고 있다.

불공정거래에 대해서 자본시장법은 형사처벌 이외에도 손해배상을 위한 민사책임과 일부 행정적 제재수단을 마련하고 있으나, 실제로 불공정거래에 관한 재재수단은 형사처벌 중심으로 운영되고 있다. 형사적 제재로는 10년 이하의 징역 또는 그 위반행위로 얻은 이익 또는 회피한 손실액의 1배~3배에 상당하는 벌금을 부과할 수 있으며, 이러한 부당이득액의 3배에 해당하는 금액이 5억원 이하인 경우에는 5억원까지 벌금을 부과할 수 있다. 민사적 제재로서 불공정거래로 피해를 입은 투자자는 불공정거래 행위자에 대하여 손해배상을 청구할 수 있다. 이에 비해 과징금과 같은 행정적 제재수단은 불공정거래 규제 영역에는 아직 도입되어 있지 않다.

그러나 금융감독 당국에 의하여 불공정거래 혐의가 인정된 사건 중에서 형사처벌을 받는 비중이 낮아, 불공정거래 규제의 실효성이 떨어진다. 형사처벌을 하려면 죄형법정주의에 따라 범죄 구성요건에 대한 높은 수준의 증명이 요구되는데, 증거확보가 어려워 검찰수사 후 기소되더라도 상당수가 집행유예 이하의 판결이 선고되는 등 처벌이 미약하다. 이러한 현상이 지속될 경우 주로 형사적 제재에 의존하고 있는 불공정거래 규제의 집행체계는 실효성이 약화되어 그 억제기능을 상실할 수 있으며, 불공정거래 발생의 유인을 시장에 제공하는 결과를 초래할 수도 있다.

한편, 금융감독 당국은 불공정거래에 대해 검찰이첩 이외에는 별다른 제재수단을 가지고 있지 않다. 그 결과 불공정거래의 위반정도가 경미한 사안인 경우에는 형사고발을 하기 어려우므로 적절한 조치나 별다른 제재 없이 사건을 종결하게 된다. 그나마 금융투자업자나 그 임직원의 위법행위인 경우에는 경고, 영업정지 등의 일정한 행정제재조치를 취할 수 있지만, 일반투자자의 불공정거래에 대해서는 형사처벌이 유일한 제재수단이다.

민사적 제재 역시, 피해투자자가 손해를 구제받으려면, 불공정거래 발생 사실을 인지하여 민사 손해배상청구소송을 제기하고 배상청구에 필요한 증명책임을 부담하여야 하는데, 일반투자자들이 불공정거래 발생 사실을 인지하기도, 손해증명에 필요한 증거를 확보하기도 어렵기 때문에 민사적 구제수단의 활용도는 그다지 높지 않다.

따라서 비교적 경미한 불공정거래 사안에 대해서도 제재할 수 있도록, 징역이나 형벌과 같은 형사벌 이외에 탄력적이고 효과적인 운영이 가능한 금전적 제재수단의 도입이 요구된다. 형사벌이 불가능하더라도 규제의 필요성이 인정되는 경우에는, 행정기관이 과징금으로 규율할 수 있도록 허용함으로써, 불공정거래에 대한 규제의 실효성을 확보할 수 있을 것이다. 시세조종행위 등과 같은 경제적 성격의 행위에 대해서는 금전적인 제재수단이 효과적인데, 벌금형 제도는 형사절차를 요구한다는 점에서 합리적 의심의 정도를 넘어서는(beyond reasonable doubt) 엄격한 증명이 요구되는 등 여러 한계를 가지고 있으므로 좀더 융통성 있는 금전적 제재수단을 마련할 필요성이 있다고 본다.[1)]

미국, 일본, 영국 등 외국 사례를 살펴보면, 이들 국가들은 금융감독 당국에게 불공정거래행위에 대해서도 효과적으로 대응할 수 있는 제재수단을 부여함으로써 투자자 보호 및 자본시장의 공정성을 확보하고 있음을 알 수 있다. 미국의 경우, 1984년 미 연방의회는 내부자거래 제재법(Insider Trading Sanctions Act)을 제정하여 SEC에게 내부자거래규제 위반자가 얻은 이익 혹은 회피한 손실에 대해 3배까지의 민사제재금(civil penalty) 부과를 법원에 청구할 수 있는 권한을 부여하고, 한편으로는 내부자거래로 얻은 부당이득 및 최고 50만달러(현재는 77.5만달러) 중에서 큰 금액의 범위 내에서 SEC가 직접 민사제재금을 부과할 수 있는 권한을 부여하였다. 이러한 조치에도 불구하고 여전히 SEC가 불공정거래에 대처할 수 있는 제재수단이 미흡하다고 지적되자, 1990년대에는 증권관계법 집행의 실효성을 높이기 위해서 내부자거래에 국한되지 아니하고 '연방증권관계법을 위반한 불공정거래 전반'에도 민사제재금을 부과할 수 있도록 1990년 증권개혁법(The Securities Enforcement Remedies and Penny Stock Reform Act)을 제정하여 SEC가 불공정거래에 대처할 수 있는 수단을 대폭 강화하였다. 미국의 경우 동일한 행위에 대하여 민사제재금과 형벌을 병존적으로 부과하는 것이 가능하며, 다만 민사제재금의 액수를 결정함에 있어서 벌금과 몰수 등 형사벌의 상황을 고려하고 있다.[2)] 민사제재금과 형사벌을 병과하는 것이 이중처벌(double jeopardy)의 위험에 해당되지 않는다는 연방대법원의 판례가 확립되어 있다(Hudson v. US, 522 U.S. 93(1997)).

영국의 경우 금융서비스 및 시장법(Financial Services and Markets Act 2000 : FSMA)이 제정되기 이전에는 내부자거래와 시세조종에 대하여 형사적 제재만을 하였으나, FSMA에서 시장질서를 교란시키는 다양한 유형의 불공정거래들을 '시장질서 교란행위'(market abuse)[3)]라

1) 자본시장연구원, 「자본시장 불공정거래 관련 과징금 제도 도입시 구체적 운영방안」, 학술연구용역보고서, 2013. 12, 9-20쪽 참조.

2) 자본시장연구원, 상게서, 57-67쪽 참조.

3) '시장질서 교란행위'는 내부자거래나 시세조종과 별개의 개념이 아니라, 이들을 포함하여 현실에서 다양하게 행해지는 각종 불공정거래를 포함하는 보다 포괄적인 개념이다.

는 개념으로 수용하여 민사적 제재 및 행정적 제재조치도 가능하도록 하였다. 불공정거래에 대한 제재수단은 ① FSMA 제397조 및 1993년 형사재판법(Criminal Justice Act 1993) Part Ⅴ(insider dealing)에 근거하여 그 위반행위(offence)에 해당하는 시세조종이나 내부자거래에 대해 형사벌을 부과할 수 있는 경우와, ② FSMA 제118조에서 규정하는 시장질서 교란행위(market abuse)에 해당하는 행위에 대해서는 금전적 제재(financial penalty)가 가능한 경우로 이원화되어 있다.[1)]

일본의 과징금 제도는 증권거래에 관한 집행수단을 다양화하기 위해서 2004년에 증권거래법 개정을 통해 도입되었으며, 그 실효성이 인정됨에 따라 점차 적용대상 범위가 확대되고 있다. 먼저 2004년 도입 당시는 ① 발행공시서류의 허위기재, ② 풍설의 유포·위계거래, ③ 변동조작형 시세조종, ④ 내부자거래(insider trading)에 한정되어 있었으나, 2005년 증권거래법 개정시 ⑤ 계속 공시서류의 허위기재가 추가되었고, 2008년 금융상품거래법 개정에서는 적용범위를 ⑥ 발행공시서류·계속공시서류의 미제출, ⑦ 공개매수신고서·대량보유보고서의 허위기재 또는 미제출, ⑧ 가장·통정거래, 안정조작으로 확대되었다. 금융상품거래법상 대부분의 불공정거래 유형에 대해서는 형사처벌과 과징금을 모두 병과할 수 있지만, 부정행위(157조), 폭행·협박(158조), 표시에 의한 시세조종(159조 2항 2호·3호) 등 3가지 불공정거래 유형에 대해서는 형사처벌만 허용되고 과징금의 부과는 인정되지 않는다.[2)]

따라서 우리의 경우도 불공정거래행위에 대한 제재수단으로 과징금 제도를 도입하여 자본시장에서의 각종 불공정거래행위를 차단하여 시장의 투명성과 공정성을 강화할 필요가 있다고 본다. 다만, 제도 도입 및 운용시의 부작용을 최소화하기 위하여 여러 가지 사전 검토 및 원활한 추진작업이 필요할 것인데, 기본적으로 규제의 실효성을 확보할 수 있어야 하고, 헌법 등과의 법체계적 정합성이 유지되어야 하며, 글로벌 스탠더드(global standard)를 수용하여야 하고, 마지막으로는 과징금 제도의 도입에 따른 적법절차 요청을 수용하여야 하면서, 다음과 같은 사항을 고려하여야 할 것이다. 첫째, 외국의 과징금제도 도입 및 운용 실태, 그 성과 등에 대한 면밀한 분석이 필요할 것이다. 둘째, 부과 대상자가 주로 개인이므로 부당이득금액의 산정·부과·징수 및 체납관리체계의 점검, 재산 도피시 대응수단 등 제도 도입시의 부작용 등도 검토해야 할 것이다. 셋째, 제도 도입 과정에서 이중처벌·과잉제재의 우려, 검찰과의 관할권 문제, 형벌과의 관계정립, 형벌과 과징금의 조정방안, 권한남용의 소지 등을 충분히 고려하여 최적의 방안을 마련해야 할 것이다. 넷째, 새로운 불공정거래 유형으로서 시장질서 교란행위 개념을 도입할 것인지, 도입한다면 기존 불공정거래 유형과의 관계를 어떻게 설정할 것인지 등에 대한

1) 자본시장연구원, 전게서(2013. 12), 98-109쪽 참조.

2) 상게서, 72-91쪽 참조.

검토가 요구된다. 다섯째, 과징금의 부당이득환수적 성격과 행정제재적인 성격을 감안한 과징금 산정기준을 마련하고 징수된 과징금을 피해투자자 구제나 제보자 포상재원 등으로 활용하는 방안에 대해서도 검토가 필요하다.

[과징금, 벌금 및 과태료제도 비교]

구 분	과 징 금	벌 금	과 태 료
성 질	의무이행 확보수단	의무위반에 대한 벌 (형벌)	의무위반에 대한 벌 (질서벌)
부과주체	행정청	법원	법원(원칙), 행정청
부과조건	고의·중과실(원칙)	고의(원칙)	고의·과실
기준금액	위반행위의 내용·기간·위반회수 및 취득한 이익의 규모	위반행위의 동기와 그 결과(가벌성 정도)	위반행위의 동기와 그 결과(가벌성 정도)
불 복	행정심판(행정쟁송법) 또는 행정소송	관할법원 (비송사건절차법)	관할법원 (비송사건절차법)

제429조(공시위반에 대한 과징금)

① 금융위원회는 제125조 제1항 각 호의 어느 하나에 해당하는 자가 다음 각 호의 어느 하나에 해당하는 경우에는 증권신고서상의 모집가액 또는 매출가액의 100분의 3(20억원을 초과하는 경우에는 20억원)을 초과하지 아니하는 범위에서 과징금을 부과할 수 있다.

1. 제119조, 제122조 또는 제123조에 따른 신고서·설명서, 그 밖의 제출서류 중 중요사항에 관하여 거짓의 기재 또는 표시를 하거나 중요사항을 기재 또는 표시하지 아니한 때
2. 제119조, 제122조 또는 제123조에 따른 신고서·설명서, 그 밖의 제출서류를 제출하지 아니한 때

② 금융위원회는 제142조 제1항 각 호의 어느 하나에 해당하는 자가 다음 각 호의 어느 하나에 해당하는 경우에는 공개매수신고서에 기재된 공개매수예정총액의 100분의 3(20억원을 초과하는 경우에는 20억원)을 초과하지 아니하는 범위에서 과징금을 부과할 수 있다. 이 경우 공개매수예정총액은 공개매수할 주식등의 수량을 공개매수가격으로 곱하여 산정한 금액으로 한다.

1. 제134조, 제136조 또는 제137조에 따른 신고서·설명서, 그 밖의 제출서류 또는 공고 중 중요사항에 관하여 거짓의 기재 또는 표시를 하거나 중요사항을 기재 또는 표시하지 아니한 때
2. 제134조, 제136조 또는 제137조에 따른 신고서·설명서, 그 밖의 제출서류를 제출하지 아니하거나 공고하여야 할 사항을 공고하지 아니한 때

③ 금융위원회는 제159조 제1항, 제160조 또는 제161조 제1항에 따라 사업보고서 제출대상 법인이 다음 각 호의 어느 하나에 해당하는 경우에는 직전 사업연도 중에 증권시장(다자간매매체결회사에서의 거래를 포함한다. 이하 이 항에서 같다)에서 형성된 그 법인이 발행한 주식(그 주식

과 관련된 증권예탁증권을 포함한다. 이하 이 항에서 같다)의 일일평균거래금액의 100분의 10(20억원을 초과하거나 그 법인이 발행한 주식이 증권시장에서 거래되지 아니한 경우에는 20억원)을 초과하지 아니하는 범위에서 과징금을 부과할 수 있다.

1. 제159조 제1항, 제160조 또는 제161조 제1항에 따른 사업보고서등 중 중요사항에 관하여 거짓의 기재 또는 표시를 하거나 중요사항을 기재 또는 표시하지 아니한 때
2. 제159조 제1항, 제160조 또는 제161조 제1항에 따른 사업보고서등을 제출하지 아니한 때

④ 금융위원회는 제147조 제1항에 따라 보고를 하여야 할 자가 다음 각 호의 어느 하나에 해당하는 경우에는 같은 항에 따른 주권상장법인이 발행한 주식의 시가총액(대통령령으로 정하는 방법에 따라 산정된 금액으로 한다)의 10만분의 1(5억원을 초과하는 경우에는 5억원)을 초과하지 아니하는 범위에서 과징금을 부과할 수 있다.

1. 제147조 제1항·제3항 또는 제4항을 위반하여 보고를 하지 아니한 경우
2. 제147조에 따른 보고서류 또는 제151조 제2항에 따른 정정보고서 중 대통령령으로 정하는 중요한 사항에 관하여 거짓의 기재 또는 표시를 하거나 중요한 사항을 기재 또는 표시하지 아니한 경우

⑤ 제1항부터 제4항까지의 규정에 따른 과징금은 각 해당 규정의 위반행위가 있었던 때부터 5년이 경과하면 이를 부과하여서는 아니 된다.

Ⅰ. 본조의 취지

본조는 공시규제의 실효성을 제고하기 위해 1999년 4월부터 시행되었다. 기존의 벌금형은 한도가 낮아서 억제효과가 미흡하고, 징역형은 공시의무 이행강제수단으로 적절치 못하며, 민사상 손해배상청구도 증명곤란 등으로 활용도가 낮고, 경고·주의 등 행정제재도 실질적인 제재효과가 미약하다는 문제점을 해결할 필요가 있었기 때문이다. 그리고 증권거래법을 개정하여 2001년 4월부터는 과징금의 최고한도를 5억원에서 20억원으로 상향조정하였고, 2001년 9월부터는 증권신고서와 공개매수신고서 공시의무위반에 한하여 다른 공시의무위반이 해당 기업만 부과대상으로 하는 것과는 차별하여 대표이사에게까지 부과할 수 있도록 강화하였다.[1] 2013년 5월 자본시장법 개정에서는 주식대량보유 보고제도(5% rule)를 위반하는 경우에도 과징금을 부과할 수 있는 근거를 마련하였다.

1) 금융감독원, 전게서(2003. 11), 4쪽.

Ⅱ. 과징금 부과대상 공시위반과 법정부과한도

법 제429조에서는 과징금 부과대상이 되는 공시위반행위와 그 법정최고부과한도를 규정하고 있다. 첫째, 금융위는 증권신고서, 정정신고서, 투자설명서, 기타 발행공시 서류 중 중요사항의 거짓기재·표시, 중요사항의 기재누락, 이들 서류의 미제출의 경우에 모집·매출가액의 3%(20억원 초과시 20억원) 이내에서 과징금을 부과할 수 있다. 신고인뿐만 아니라, 이사, 업무집행지시자로서 증권신고서의 작성을 지시하거나 집행한 자, 공인회계사·감정인·신용평가업자·변호사·변리사·세무사, 자기의견이 기재되는 것에 동의하고 확인한 자, 인수인·주선인, 투자설명서를 작성·교부한 자, 매출인 등이 부과대상자가 된다. 증권신고서나 공개매수신고서 등 공시 위반행위와 관련된 신고자(신고서 미제출의 경우 신고의무자를 의미하고, 매출신고의 경우 매출되는 당해 증권의 소유자를 포함함)가 법인인 경우에는 당해 법인, 이사 또는 당해 법인과 이사에 대하여 과징금을 부과한다. 이 경우 이사는 특별한 사정이 없는 한 대표이사로 본다.

둘째, 공개매수신고서, 공개매수설명서, 기타 공개매수 관련 서류나 공고 중 중요사항에 거짓기재·표시, 기재누락, 이들 서류의 미제출·미공지의 경우에는 공개매수예정총액의 3%(20억원 초과시 20억원) 이내에서 과징금을 부과할 수 있다. 신고인(특별관계자 포함, 신고인이 법인인 경우 이사 포함)과 그 대리인, 설명서 작성자와 그 대리인이 부과대상자가 된다. 이 때 공개매수예정총액은 공개매수할 주식등의 수량에 공개매수가격을 곱하여 산정한 금액으로 한다.

셋째, 사업보고서 제출대상법인이 사업보고서, 반기보고서, 분기보고서, 주요사항보고서의 중요사항에 거짓기재·표시, 기재누락, 이들 서류의 미제출의 경우에는 직전 사업연도 중에 증권시장에서 형성된 당해 법인 발행주식의 일일평균거래금액의 10%(20억원 초과시 또는 증권시장에서 거래되지 않는 경우에는 20억원) 이내에서 과징금을 부과할 수 있다. 다자간매매체결회사에서의 거래도 장내거래로 보아 증권시장의 거래에 포함된다.

넷째, 주식대량보유 보고제도(5% rule)를 위반하면 주권상장법인이 발행한 주식의 시가총액의 0.001%(5억원 초과시 5억원) 이내에서 과징금을 부과할 수 있다. 주권상장법인의 주식등을 대량보유(5% 이상)하게 되거나 보유주식등이 1% 이상 변동되거나, 보유목적이나 보유주식에 관한 주요계약내용이 변경되었음에도 불구하고 금융위나 거래소에 보고하지 않거나, 혹은 보고서류나 정정보고서 중 중요사항에 관하여 거짓 기재·표시 또는 기재누락이 있으면 과징금 부과사유가 된다.

[자본시장법상 과징금 부과 기준금액 및 법정부과한도]

과징금 조항	위반행위	기준금액	부과비율
제34조· 제77조의3 위반 (제428조)	대주주 발행증권의 소유(제34조)	취득금액	40%
	특수관계인 발행증권 소유(제34조)	허용비율을 초과한 취득금액	
	대주주, 특수관계인에 대한 신용공여(제34조)	신용공여액	
	기업, 투자자에 대한 신용공여(제77조의3)	허용금액을 초과한 신용공여액	
	계열회사에 대한 신용공여(제77조의3)	신용공여액	
공시의무 위반 (제429조)	증권신고서 등 위반	모집·매출가액	3% (20억 이내)
	공개매수신고 등에 관한 위반	공개매수총액	3% (20억 이내)
	정기·중요사항보고서 등 위반	1일평균거래금액	10% (20억 이내)
	주식대량보유보고 위반	시가총액	0.001% (5억 이내)

Ⅲ. 금융투자업자 관련 과징금과의 비교

공시위반 관련 과징금제도와 금융투자업자 관련 과징금제도는 유사하게 운영되고 있지만 각각의 특성을 반영하여 약간의 차이점을 보이고 있다. 먼저, 금융투자업자 관련 과징금은 앞에서 본 바와 같이 영업정지에 갈음하여 부과할 수도 있지만, 공시위반 관련 과징금에 있어서는 금융소비자에게 불편을 끼치는 문제가 발생하지 않으므로 그러한 제도가 없다. 또한, 공시위반 관련 과징금은 국민의 법적 안정성 보장을 위하여 실권제도를 신설하였으나, 금융투자업자 관련 과징금에는 그러한 실권제도가 없다. 또한, 공시위반 관련 과징금의 법정부과한도액(법정최고액)에는 20억원 또는 5억원이라는 상한선이 있어 기준금액인 일일평균거래금액이 아무리 많더라도 최종 산정한 부과액이 20억원을 넘을 수 없는 반면, 금융투자업자 관련 법정부과한도액에는 상한선이 없으므로 위반금액이 얼마나 많든 간에 그 금액의 40%까지 부과가 가능하다.[1)]

1) 구증권법상 증권회사 관련 과징금부과의 경우에는 10억원의 상한선이 있었으나 부당이득환수라는 과징금 본래의 성격, 업자의 자산운용 건전성 위반이 시장에 미치는 부정적인 영향 등을 고려하여 상향 조정할 필요가 있다는 견해(한국증권법학회, 전게서(2004. 4), 97-98쪽 참조)를 전폭적으로 수용하여 폐지한 것으로 보인다.

Ⅵ. 공시위반 관련 과징금 부과액 산정

1. 과징금 부과액 산정절차

① 과징금 부과의 기초가 되는 기준금액을 정하고, ② 이렇게 정해진 기준금액에 부과비율을 곱하여 기본과징금을 산정한다. ③ 최저부과액 사유에 해당되는 경우에는 법정최고액의 50%(주요사항보고에 대한 공시 위반행위의 경우에는 10%) 이상을 기본과징금으로 하고, ④ 위반자에게 감경사유가 있는 경우에는 기본과징금에서 감경금액을 차감한 금액을 부과과징금으로 하고, 면제사유가 있는 경우에는 과징금 부과를 면제한다. ⑤ 산출한 부과과징금이 법정한도를 초과하는 경우에는 법정한도액을 부과한다(자본시장 조사업무규정 [별표 2]).

2. 기준금액과 기본과징금의 산정

(1) 증권신고서 위반사항(법 429조 1항)

기준금액은 실제로 이루어진 모집·매출가액으로 한다. 다만, 기업개선작업·화의 등의 원인으로 출자전환한 경우의 그 출자전환된 금액은 제외한다. 기본과징금은 기준금액에 부과비율을 곱하여 산정한다.

(2) 공개매수신고서 위반사항(법 429조 2항)

기준금액은 실제로 이루어진 공개매수총액으로 한다. 기본과징금은 기준금액에 부과비율을 곱하여 산정한다.

(3) 주요사항보고서 위반사항(법 429조 3항)

기준금액은 제출의무 발생일(거짓기재·기재누락의 경우 제출일) 전후 각각 15거래일간 증권시장에서 형성된 당해 법인이 발행한 주식의 일일평균거래금액으로 한다. 다만, 당해 법인이 발행한 주식이 당해 기간 동안 증권시장에서 거래되지 아니하거나 일일평균거래금액이 10억원 미만인 경우에는 10억원으로 한다. 기본과징금은 기준금액에 부과비율을 곱하여 산정한다.

(4) 정기보고서 위반사항(법 429조 3항)

기준금액은 당해 사업보고서를 제출하여야 하는 날이 속하는 사업연도의 직전 사업연도(반기보고서의 경우에는 직전 반기, 분기보고서의 경우에는 직전 분기를 말함) 기간 중 증권시장에서 형성된 당해 법인이 발행한 주식의 일일평균거래금액으로 한다. 다만, 당해 법인이 발행한 주식이 당해 기간 동안 증권시장에서 거래되지 아니하거나 일일평균거래금액이 10억원 미만인 경우에는 10억원으로 한다. 기본과징금은 기준금액에 부과비율을 곱하여 산정한다.

(5) 주식대량보유보고 위반사항(법 429조 4항)

기준금액은 보고기한일(미보고의 경우) 또는 보고일(허위기재의 경우)의 다음 영업일의 시가총액으로 한다. 다만, 매매거래정지 등으로 해당하는 시가총액이 없을 때에는 당해 법인의 대차대조표에 계상되어 있는 자산의 합계액에서 부채의 합계액을 공제하여 얻은 금액을 시가총액으로 한다. 기본과징금은 기준금액에 부과비율을 곱하여 산정한다.

3. 부과비율의 산정

부과비율은 위반행위의 중요도 및 감안사유에 따라 산정한다. 위반행위의 중요도는 계량적 위반사항(재무제표에 표시되는 수치의 오류와 부정)과 비계량적 위반사항으로 구분하여 판단하며, 하나의 공시서류에 계량적 위반사항과 비계량적 위반사항이 동시에 있는 경우에는 각각의 중요도를 판단한 후에 그 중에서 중한 중요도를 적용한다. 한편 감안사유는 상향조정사유와 하향조정사유로 구분된다. 상향조정사유에는 위반행위를 은폐·축소하기 위해 허위자료를 제출하거나 자료제출을 거부한 사실이 있는 경우 등이, 하향조정사유에는 위반행위에 고의가 없는 경우, 자진신고하거나 조사과정에 적극 협조한 경우, 부도발생 등이 규정되어 있다.

(1) 증권신고서, 공개매수신고서, 주요사항보고서 등 위반사항

위반행위의 중요도 / 감안사유	상	중	하
상향조정사유 발생	100분의 3	100분의 2.4	100분의 1.8
해당사항 없음	100분의 2.4	100분의 1.8	100분의 1.2
하향조정사유 발생	100분의 1.8	100분의 1.2	100분의 0.6

(2) 정기보고서 위반사항

위반행위의 중요도 / 감안사유	상	중	하
상향조정 사유 발생	100분의 10	100분의 8	100분의 6
해당사항 없음	100분의 8	100분의 6	100분의 4
하향조정 사유 발생	100분의 6	100분의 4	100분의 2

(3) 주식대량보유보고 위반사항

위반행위의 중요도 / 감안사유	상	중	하
상향조정사유 발생	100,000분의 1	100,000분의 0.8	100,000분의 0.6
해당사항 없음	100,000분의 0.8	100,000분의 0.6	100,000분의 0.4
하향조정사유 발생	100,000분의 0.6	100,000분의 0.4	100,000분의 0.2

4. 과징금의 감면

위반자가 이미 제출하였거나 같은 시기에 제출한 다른 신고서 등에 의하여 투자자가 진실한 내용을 알 수 있는 경우에는 당해 기본과징금의 50%를 감경한다(다만, 법 429조 4항 위반의 경우에는 제외). 법 제429조 제3항의 위반행위를 지체 없이 시정한 경우에는 당해 기본과징금에서 시정일수 구간별 감경비율을 곱한 금액을 감경한다.

위반행위로 인한 투자자의 피해를 배상한 경우에는 그 배상액 범위 내에서 기본과징금을 감경한다(다만, 법 429조 4항 위반의 경우에는 제외). 동일한 위반행위에 대하여 법원, 검찰 기타 다른 행정기관으로부터 형벌, 과태료, 과징금 등의 형태로 제재조치를 이미 받은 경우에는 제재금액 등을 고려하여 이 기준에 따른 과징금을 감면할 수 있다.

5. 최저부과액

위반행위가 ① 최종 위반시로부터 2년 이내에 법 제429조 제1항부터 제3항까지에서 규정하는 동일한 종류의 위반행위가 3회 이상 발생한 경우, ② 당해 위반행위로 인하여 취득한 부당이득액이 1억원 이상인 경우, ③ 위반행위가 내부자거래 또는 시세조종 등 불공정거래행위와 관련이 있는 경우에는 법정최고액의 50% 이상을 과징금으로 부과한다(다만, 법 429조 4항 위반의 경우에는 제외).

V. 실권제도의 도입

공시위반 관련 과징금제도에는 위반행위가 발생한 시점으로부터 5년[1)]이 경과하면 부과권한을 행사할 수 없도록 실권제도를 도입하였다. 이것은 행정청이 과징금 부과처분을 행사할 수 있음에도 장기간 이를 방치하는 경우 실권의 법리를 적용하여 더 이상 권한행사를 못하게 함으로써 피규제자인 국민의 법적 안정성을 보장할 필요가 있었고, 학

1) 2013년 5월 자본시장법 개정에 의해 실권에 소요되는 기간이 종전의 3년에서 5년으로 연장되었다.

설이나 판례도 이러한 실권의 법리를 행정처분 등 공법관계에도 적용하여야 한다는 입장이었기 때문이다. 외국사례를 보면, 영국 통합금융규제법에서 위법사실을 인지한 후 2년이 경과하면 제재처분을 할 수 없음을 명시하였고, 독일의 경우 경쟁제한방지법에서 동 권한의 행사기간이 3년으로 제한되어 있다.[1] 국내사례로서 공정거래법에서 과징금 등 행정처분의 행사기간을 조사개시의 경우는 조사개시일로부터 5년, 조사를 개시하지 않은 경우는 위반행위 종료일로부터 7년으로 명시하고 있다.[2]

Ⅵ. 공시위반 관련 과징금체계의 문제점

과징금 제도는 구증권법에 도입된 이후 위반자에게 가장 직접적이고 신속한 제재가 가능하다는 점에서 과징금이 공시위반에 대한 행정제재 수단으로서 가장 큰 역할을 수행하여 왔으나, 공시위반에 대한 과징금 부과율 및 건당(또는 연간) 과징금 부과금액의 감소추세, 부과과징금에 대한 피부과자의 납부 해태 등으로 공시위반에 대한 감독당국의 미온적 대처 논란 및 과징금의 실효성 여부에 대한 비판이 존재하였다.

또한, 법상 과징금의 부과객체가 증권신고서 및 공개매수신고서를 제외하고는 개인이 아닌 법인에 한정되어 더 많은 공시위반을 방지하기 위한 예방적 효과가 있는지에 대한 의문이 있다. 이것은 과징금의 절대금액이 적은 데서 비롯된 것이 아니라 실질적인 위법행위자인 대표이사 등 개인에 대한 직접적인 과징금의 부과 근거가 미흡한 데에 근본적인 원인이 있다. 더구나, 법상 공시의무 주체가 기업이므로 증권신고서 및 공개매수신고서의 허위기재의 경우에 한하여 대표이사 등에게 과징금을 부과하더라도 기업의 과징금 산정에 종속되는 구조[3]이므로 대표이사 등 개인에 대한 독자적인 제재수단이라고 보기 어렵다.

이러한 종속적 구조로 인해 대표이사가 최대주주를 겸임하고 있는 상장법인의 경우 대부분 1인의 지배 하에 공시 및 자금 거래 등이 이루어짐에도 그 과징금 등 행정제재 책임은 법인만 부담하고 실질 위법행위자인 대표이사의 처벌에 대하여는 관대해지는 현

1) 한국증권법학회, 전게서(2004. 4), 101-102쪽 참조.

2) 제49조(위반행위의 인지·신고등) ④ 공정거래위원회는 다음 각 호의 기간이 경과한 경우에는 이 법 위반행위에 대하여 이 법에 따른 시정조치를 명하지 아니하거나 과징금을 부과하지 아니한다. 다만, 법원의 판결에 따라 시정조치 또는 과징금부과처분이 취소된 경우로서 그 판결이유에 따라 새로운 처분을 하는 경우에는 그러하지 아니하다.
1. 공정거래위원회가 이 법 위반행위에 대하여 조사를 개시한 경우 조사개시일부터 5년
2. 공정거래위원회가 이 법 위반행위에 대하여 조사를 개시하지 아니한 경우 해당 위반행위의 종료일부터 7년

3) 과징금 부과기준에 따르면 신고자(해당 법인) 외의 자(허위기재를 한 대표이사 등)에 대한 과징금 산정은 법인에 대한 과징금 부과를 전제로 하고 있어서, 법인에 대한 과징금 부과가 없으면 대표이사 등에 대해서도 과징금을 부과할 수 없게 된다.

상이 발생한다. 실무상 법인에 대한 과징금을 부과하고 대표이사 등에게는 별도의 책임을 묻지 않는 것이 관행화되고 있다는 점도 과징금의 실효성에 대한 논란을 더욱 가중시키는 요인이 되고 있다.

따라서 실질적인 위반행위자인 대표이사 등 개인에 대하여 법인과 상관없이 직접적으로 과징금을 부과할 수 있는 근거가 필요하다는 견해가 대두되고 있다. 실제로도 법인에 대한 과징금은 실질 위반행위자인 대표이사 등에게 도덕적 해이를 조장할 뿐이므로, 오히려 소액의 과징금이더라도 개인에 대한 직접적 과징금이 더 효과적일 수 있다. 나아가 미국과 같이 증권신고서 등에 영향을 미칠 수 있는 상법상 업무집행관여자를 포함한 기업경영 등에 지배적 지위에 있는 자(controlling persons)에 대하여도 부실공시로 인한 책임으로 물어야 한다는 주장까지 나오고 있다.[1)]

제430조(과징금의 부과)

① 제428조 및 제429조(제 4 항은 제외한다)에 따른 과징금의 부과는 과징금부과대상자에게 각 해당 규정의 위반행위에 대하여 고의 또는 중대한 과실이 있는 경우에 한한다.

② 금융위원회는 제428조 및 제429조에 따라 과징금을 부과하는 경우에는 대통령령으로 정하는 기준에 따라 다음 각 호의 사항을 고려하여야 한다.

1. 위반행위의 내용 및 정도
2. 위반행위의 기간 및 횟수
3. 위반행위로 인하여 취득한 이익의 규모
4. 업무정지기간(제428조 제 2 항에 따라 과징금을 부과하는 경우만 해당한다)

③ 금융위원회는 이 법을 위반한 법인이 합병을 하는 경우 그 법인이 행한 위반행위는 합병 후 존속하거나 합병에 의하여 신설된 법인이 행한 행위로 보아 과징금을 부과·징수할 수 있다.

④ 과징금의 부과에 관하여 필요한 사항은 대통령령으로 정한다.

시행령 제380조(과징금의 부과절차) ① 금융위원회는 과징금을 부과하는 경우에는 금융위원회가 정하여 고시하는 방법에 따라 그 위반행위의 종별과 해당 과징금의 금액을 명시하여 이를 납부할 것을 서면으로 통지하여야 한다.
② 제 1 항에 따라 통지를 받은 자는 통지를 받은 날부터 60일 이내에 금융위원회가 정하여 고시하는 수납기관에 과징금을 납부하여야 한다.

Ⅰ. 본조의 취지	Ⅱ. 과징금 부과요건

1) 한국증권법학회, 전게서(2004. 4), 72-76쪽 참조.

Ⅰ. 본조의 취지

본조는 과징금 부과대상이 되기 위한 주관적 요건, 부과금액 산정시 고려하여야 할 사항, 위반 법인의 합병에 따른 조직변경시 부과대상자의 변경 및 서면에 의한 납부통지 등 과징금 부과에 관한 근거를 정하고 있다.

Ⅱ. 과징금 부과요건

1. 과징금 부과요건

자본시장법은 원칙적으로 공정거래법과는 달리 과징금 부과를 위해서는 위반행위자가 고의 또는 중과실의 주관적 요건을 충족할 것을 요구함으로써 단순한 착오 등 경과실에 의한 공시위반 등의 경우에까지 과징금을 부과하지는 못하도록 하고 있다. 다만, 2013년 5월 자본시장법 개정에서 제147조 제 1 항에 규정된 주식등의 대량보유 보고의무를 위반한 경우에 대해서는 경과실이 있는 경우에도 과징금을 부과할 수 있도록 예외를 인정하였다. 이러한 주관적 요건에 관해 판례[1]는 '페이지원(주)의 유가증권 모집시 신고서 미제출 사건'에서 "이 사건 모집의 청약자인 의사들이 발행공시규정상 청약권유대상자 산정시 제외되는 자에 해당하지 아니함이 명백함에도 불구하고, 페이지원이 이 사건 유가증권 발행 당시 유가증권의 신고서를 만연히 제출하지 않은 이상, 페이지원에게 위 위반행위에 대하여 고의 또는 중과실이 있다"고 한 점을 볼 때, 중과실은 '의무위반사실을 인식할 수 있었음에도 불구하고 현저한 부주의로 인식하지 못한 경우'라고 볼 수 있다.[2]

다만, 고의와 중과실 간에 부과금액 산정시 차등해야 하는가의 문제가 있는데, 2005년 과징금 부과기준 개선시에는 양자가 부정적인 영향력은 동일하다는 이유로 차등을 없앴다가, 2007년 11월 「증권·선물조사업무규정」을 개정하면서 중과실이면서 공시위반 전력이 없는 경우에는 과징금을 하향조정할 수 있도록 다시 차등하는 등 일관성이 없었기 때문에 명확한 기준 정립이 필요하였다. 물론 고의와 중과실을 구별하기 어렵다는 실무상 어려움은 이해하지만 과징금이 행정제재벌인 성격이 있다는 점, 위반행위의 내용 등 객관적 요소에 따라서도 금액을 가감한다는 점, 위반행위 동기인 고의와 중과실 간에 주관적 위법성의 측면에서 차이가 있다는 점 등을 고려할 때 양자 간에 차등하는 것이 합리적일 것이다. 과징금 부과비율 산정에서 기술한 바와 같이, 위반행위에 대한 고의가 없는 경우에는 감안사유 중에서 하향조정사유에 해당하여 고의에 비해 상대적으로 경미

1) 서울고등법원 2003. 7. 11. 선고 2003누140 판결.
2) 금융감독원, 전게서(2003. 11), 11-12쪽.

한 비율이 적용되고 있다(자본시장조사 업무규정 [별표 2] 4. 다. 감안사유 판단기준).

2. 과징금 부과시 고려사항

과징금 부과시에는 위반행위의 내용 및 정도, 위반행위의 기간 및 횟수, 위반행위로 인하여 취득한 이익의 규모 등을 고려하여 과징금을 산정할 수 있다. 앞에서 본 바와 같이 「금융기관 검사 및 제재에 관한 규정」과 「자본시장조사 업무규정」에서 법정부과한도액을 통한 기본과징금의 산정단계와 가중·감경사유를 통한 기본과징금 조정단계에서 이러한 요소를 고려하고 있다. 이 외에도 「금융기관 검사 및 제재에 관한 규정」 [별표 2]의 과징금 부과기준 2. 관련 금융기관에 대한 과징금 산정방식을 보면, 최종적으로 부과할 부과과징금 결정시에 위반자의 특수한 사정, 금융시장 및 경제여건 등을 고려하도록 하여 법에서 정한 고려사항보다 포괄적인 사항들을 고려할 수 있도록 하였다. 다만, 이에 대한 법적 근거 논란을 피하기 위해서는 피조치자의 부담능력 등 주관적 요소도 과징금 부과시 고려됨을 명확하게 입법화할 필요가 있을 것이다.

3. 합병에 따른 부과대상자 변경 및 과징금 부과절차

위반행위를 한 법인이 합병을 하는 경우 합병 후 존속하거나 신설되는 법인이 위반행위로 인한 책임을 승계하게 되므로 과징금의 부과·징수대상자가 된다.[1]

한편, 구체적인 과징금 부과는 금융위의 「금융기관 검사 및 제재에 관한 규정」과 「자본시장조사 업무규정」에서 정하는 절차에 따라야 하고, 위반행위의 종별, 부과금액 등 납부에 필요한 사항을 명시한 서면으로 통지하여야 한다. 부과대상자는 통지받은 날부터 60일 이내에 금융위가 지정한 수납기관에 납부하여야 한다. 만약 이러한 납부기한을 위반하는 때에는 가산금이나 체납처분 등의 불이익을 받게 된다.

---

1) 이에 비해 회사분할 전 위반행위를 이유로 한 신설회사에 대한 과징금 부과 여부 사건(대법원 2007. 11. 29. 선고 2006두18928 판결[시정조치등 취소])에서, 회사분할의 경우에는 분할 전 위반행위를 이유로 신설회사에 대하여 과징금을 부과하는 것이 허용되지 않는다고 판시하였다. “상법은 회사분할에 있어서 분할되는 회사의 채권자를 보호하기 위하여, 분할로 인하여 설립되는 신설회사와 존속회사는 분할 전의 회사채무에 관하여 연대책임을 지는 것을 원칙으로 하고 있으나(제530조의9 제1항), 한편으로는 회사분할에 있어서 당사자들의 회사분할 목적에 따른 자산 및 채무 배정의 자유를 보장하기 위하여 소정의 특별의결 정족수에 따른 결의를 거친 경우에는 신설회사가 분할되는 회사의 채무 중에서 출자한 재산에 관한 채무만을 부담할 것을 정할 수 있다고 규정하고 있고(제530조의9 제2항), 신설회사 또는 존속회사는 분할하는 회사의 권리와 의무를 분할계획서가 정하는 바에 따라서 승계하도록 규정하고 있다(제530조의10). 그런데 이때 신설회사 또는 존속회사가 승계하는 것은 분할하는 회사의 권리와 의무라 할 것인 바, 분할하는 회사의 분할 전 법 위반행위를 이유로 과징금이 부과되기 전까지는 단순한 사실행위만 존재할 뿐 그 과징금과 관련하여 분할하는 회사에게 승계의 대상이 되는 어떠한 의무가 있다고 할 수 없고, 특별한 규정이 없는 한 신설회사에 대하여 분할하는 회사의 분할 전 법 위반행위를 이유로 과징금을 부과하는 것은 허용되지 않는다.”

제431조(의견제출)

① 금융위원회는 과징금을 부과하기 전에 미리 당사자 또는 이해관계인 등에게 의견을 제출할 기회를 주어야 한다.

② 제 1 항에 따른 당사자 또는 이해관계인 등은 금융위원회의 회의에 출석하여 의견을 진술하거나 필요한 자료를 제출할 수 있다.

③ 당사자 또는 이해관계인 등은 제 2 항에 따른 의견 진술 등을 하는 경우 변호인의 도움을 받거나 그를 대리인으로 지정할 수 있다.

Ⅰ. 본조의 취지

행정청이 불이익한 처분을 하기 전에 상대방에게 변명할 기회를 제공해야 한다는 적법절차 원리(Due Process)를 반영하여 행정절차법상 의견청취절차 중 하나인 의견제출조항을 명시한 것이다. 행정절차법은 이외에도 청문, 공청회를 의견청취절차로 정하고 있다.[1)]

자본시장법은 행정청인 금융위에 의하여 운영되는 과징금 제도를 적법절차 원리에 부합하도록 하기 위하여 다양한 절차적 규정을 두고 있으나, 대심구조의 미채택 등 외국에 비해 준사법적 절차요건은 취약한 편이다. 즉 미국·일본의 SEC나 금융청과 달리 금융위가 과징금을 부과하는 경우 적법절차의 요청에 따라 운영하는 준사법적 절차인 대심제도는 도입되어 있지 않다. 우리 공정거래법도 위원회의 심의는 피심인과 심사관을 회의에 출석하도록 하여 대심구조하에서 사실관계 등을 확인하도록 함으로써, 과징금 부과의 법적 정당성을 확보하고 있다.

Ⅱ. 의견제출 기회보장

금융위는 과징금을 부과하기 전에 미리 당사자(부과대상자) 또는 부과대상자가 기업인 경우 그 대표이사, 주주 등 이해관계인 등에게 자본시장조사심의회 등 과징금을 심사하는 절차에 참여하여 의견을 제출하거나 서면, 구술 또는 정보통신망을 이용하여 의견제출을 할 수 있도록 하여야 한다. 다만, 당사자 등이 의견제출의 기회를 포기한다는 뜻을 명백히 표시한 경우, 검찰고발 등을 하는 경우, 공공의 안전 또는 복리를 위하여 긴급히 조치할 필요가 있는 경우 및 당해 조치의 성질상 의견청취가 현저히 곤란하거나 명백히 불필요하다고 인정될 만한 상당한 이유가 있는 경우에는 의견청취를 아니할 수

1) 이에 관한 자세한 사항은 법 제423조에 대한 설명 참조.

있다.[1)]

또한, 당사자 등이 정당한 이유 없이 의견제출기한 내에 의견제출을 하지 아니한 경우에는 의견이 없는 것으로 본다(조사업무규정 37조).

제432조(이의신청)

① 제428조 및 제429조에 따른 과징금 부과처분에 대하여 불복하는 자는 그 처분의 고지를 받은 날부터 30일 이내에 그 사유를 갖추어 금융위원회에 이의를 신청할 수 있다.

② 금융위원회는 제1항에 따른 이의신청에 대하여 60일 이내에 결정을 하여야 한다. 다만, 부득이한 사정으로 그 기간 이내에 결정을 할 수 없을 경우에는 30일의 범위에서 그 기간을 연장할 수 있다.

Ⅰ. 본조의 취지	Ⅱ. 이의신청절차

Ⅰ. 본조의 취지

행정청의 처분이 위법하거나 부당하다고 인정되는 경우에 과징금 부과대상자가 처분을 한 행정청을 상대로 이의신청을 할 수 있도록 하는 불복절차제도를 명시한 것이다. 이의신청은 임의적인 권리구제수단이므로 이것을 거칠 것인가에 대하여 선택권을 가지므로 이의신청에 의하지 않고 보다 강력한 불복절차인 행정쟁송을 제기할 수 있다. 이의신청은 이렇게 권리구제수단인 동시에 처분을 한 행정청에게 자신이 내린 제재조치가 적법·타당했는지에 대한 자기반성과 통제의 기회를 제공한다[2)]는 점에서 행정청의 입장에서도 순기능을 가진 제도라고 할 수 있다.[3)]

Ⅱ. 이의신청절차

과징금 부과처분에 대하여 불복하는 부과대상자는 그 처분의 고지 즉 납부통지를 받은 날부터 30일 이내에 위법·부당하다고 인정되는 불복사유를 적시하여 이의신청을 할 수 있다. 금융위는 이의신청을 받은 경우 60일 이내에 결정을 해야 하되, 부득이한 사정으로 그 기간 이내에 결정을 할 수 없을 경우에는 연장사유, 처리예정기한 등을 문서로 신청자에게 통지함으로써 30일의 범위에서 그 기간을 연장할 수 있다(조사업무규정 39조).

1) 행정절차법상 의견청취의 예외사유(22조 4항)를 도입한 것이다.

2) 한국증권법학회, 「제재절차의 법적 정합성 및 권리구제 개선방안」, 50-51쪽 참조.

3) 이에 관한 자세한 사항은 법 제425조 참조.

공시위반의 경우 이의신청에 대한 결정기간이 구증권법상 30일이었지만 형평성 문제와 충분한 숙려기간을 부여하고자 60일로 연장된 것이다.

이의신청에 대한 금융위의 결정에 대하여 불복하는 경우에는, 행정심판법에 따라 행정심판을 청구할 수 있다(행정심판법 3조). 행정심판의 결과에 불복하는 경우에는 다시 행정소송을 제기할 수 있으며, 임의적 선택사항인 행정심판을 거치지 않고 바로 행정소송을 제기할 수도 있다(행정소송법 57조).

제433조(과징금납부기한의 연장 및 분할납부)

① 금융위원회는 과징금을 부과 받은 자(이하 "과징금납부의무자"라 한다)가 다음 각 호의 어느 하나에 해당하는 사유로 과징금의 전액을 일시에 납부하기가 어렵다고 인정되는 경우에는 그 납부기한을 연장하거나 분할납부하게 할 수 있다. 이 경우 필요하다고 인정되는 때에는 담보를 제공하게 할 수 있다.

1. 재해 또는 도난 등으로 재산에 현저한 손실을 입은 경우
2. 사업여건의 악화로 사업이 중대한 위기에 처한 경우
3. 과징금의 일시납부에 따라 자금사정에 현저한 어려움이 예상되는 경우
4. 그 밖에 제 1 호부터 제 3 호까지의 사유에 준하는 사유가 있는 경우

② 과징금납부의무자가 제 1 항에 따른 과징금납부기한의 연장을 받거나 분할납부를 하고자 하는 경우에는 그 납부기한의 10일 전까지 금융위원회에 신청하여야 한다.

③ 금융위원회는 제 1 항에 따라 납부기한이 연장되거나 분할납부가 허용된 과징금납부의무자가 다음 각 호의 어느 하나에 해당하게 된 경우에는 그 납부기한의 연장 또는 분할납부결정을 취소하고 과징금을 일시에 징수할 수 있다.

1. 분할납부 결정된 과징금을 그 납부기한 내에 납부하지 아니한 경우
2. 담보의 변경, 그 밖에 담보보전에 필요한 금융위원회의 명령을 이행하지 아니한 경우
3. 강제집행, 경매의 개시, 파산선고, 법인의 해산, 국세 또는 지방세의 체납처분을 받는 등 과징금의 전부 또는 나머지를 징수할 수 없다고 인정되는 경우
4. 그 밖에 제 1 호부터 제 3 호까지의 사유에 준하는 사유가 있는 경우

④ 제 1 항부터 제 3 항까지의 규정에 따른 과징금납부기한의 연장, 분할납부 또는 담보 등에 관하여 필요한 사항은 대통령령으로 정한다.

시행령 제**381**조(납부기한 연장과 분할납부) ① 법 제433조 제 1 항부터 제 3 항까지의 규정에 따른 납부기한의 연장은 그 납부기한의 다음 날부터 1년을 초과할 수 없다.
② 법 제433조 제 1 항부터 제 3 항까지의 규정에 따른 분할납부를 하게 하는 경우에는 각 분할된 납부기한 간의 간격은 6개월 이내로 하며, 분할 횟수는 3회 이내로 한다.
③ 제 1 항 및 제 2 항에 따른 납부기한의 연장이나 분할납부의 신청은 금융위원회가 정하여 고시하는 바에 따른다.

Ⅰ. 본조의 취지

납부의무자가 경제적 손실, 자금사정 악화 등 부득이한 사정으로 납부기한 내에 과징금 납부가 어려운 경우에 그 기한을 연장하거나 분할하여 납부할 수 있도록 함으로써 피규제자에게 편익을 제공하고 실효성 있는 징수수단이 되게 하려는 것이다.

Ⅱ. 납부기한 연장 및 분할납부

1. 납부기한 연장 및 분할납부의 사유 및 절차

금융위원회는 과징금 부과처분을 받은 납부의무자가 일정한 부득이한 사유로 과징금의 전액을 일시에 납부하기가 어렵다고 인정하는 경우에는 납부기한을 연장하거나 분할납부하게 할 수 있다. 여기서 납부기한을 연장하거나 분할납부할 수 있는 사유란 (i) 재해 또는 도난 등으로 재산에 현저한 손실을 입은 경우, (ii) 사업여건의 악화로 사업이 중대한 위기에 처한 경우, (iii) 과징금의 일시납부에 따라 자금사정에 현저한 어려움이 예상되는 경우, (iv) 기타 (i)~(iii)에 준하는 사유가 있는 경우를 말한다. 이 경우 이행을 확보할 목적 등 필요한 경우에는 담보를 제공하게 할 수 있다. 납부기한의 연장은 그 납부기한의 다음 날부터 1년을 초과할 수 없고, 분할납부를 하게 하는 경우에는 각 분할된 납부기한 간의 간격은 6개월 이내로 하며, 분할 회수는 3회 이내로 제한된다.

과징금 납부의무자가 납부기한의 연장을 받거나 분할납부를 하려면 납부기한의 10일 전까지 금융위에 신청해야 한다. 그리고 법령에서 정한 사항 외의 납부기한의 연장이나 분할납부의 신청에 관한 사항은 금융위원회가 정한다.

2. 납부기한 연장 및 분할납부의 취소

납부기한이 연장되거나 분할납부가 허용된 납부의무자가 납부불이행 등 사정변경이 발생한 경우 금융위원회는 그 납부기한의 연장 또는 분할납부 결정을 취소하고 과징금을 일시에 징수할 수 있다. 이렇게 취소가 가능한 사유로는 (i) 분할납부 결정된 과징금을 그 납부기한 내에 납부하지 아니한 경우, (ii) 담보의 변경, 그 밖에 담보보전에 필요한 금융위원회의 명령을 이행하지 아니한 경우, (iii) 강제집행, 경매의 개시, 파산선고, 법인의 해산, 국세 또는 지방세의 체납처분을 받는 등 과징금의 전부 또는 나머지를 징수할 수 없다고 인정되는 경우, (iv) 기타 (i)~(iii)에 준하는 사유가 있는 경우가 명시되어 있다.

제434조(과징금의 징수 및 체납처분)

① 금융위원회는 과징금납부의무자가 납부기한 내에 과징금을 납부하지 아니한 경우에는 납부기한의 다음 날부터 납부한 날의 전일까지의 기간에 대하여 대통령령으로 정하는 가산금을 징수할 수 있다.

② 금융위원회는 과징금납부의무자가 납부기한 내에 과징금을 납부하지 아니한 경우에는 기간을 정하여 독촉을 하고, 그 지정한 기간 이내에 과징금 및 제 1 항에 따른 가산금을 납부하지 아니한 경우에는 국세체납처분의 예에 따라 징수할 수 있다.

③ 금융위원회는 제 1 항 및 제 2 항에 따른 과징금 및 가산금의 징수 또는 체납처분에 관한 업무를 국세청장에게 위탁할 수 있다.

④ 제 1 항부터 제 3 항까지의 규정 외에 과징금 또는 가산금의 징수에 관하여 필요한 사항은 대통령령으로 정한다.

시행령 제**382**조(가산금) 법 제434조 제 1 항에서 "대통령령으로 정하는 가산금"이란 체납된 과징금액에 연 100분의 6을 적용하여 계산한 금액을 말한다. 이 경우 가산금을 징수하는 기간은 60개월을 초과하지 못한다.

제**383**조(체납처분의 위탁) ① 금융위원회는 법 제434조 제 3 항에 따라 체납처분에 관한 업무를 국세청장에게 위탁하는 경우에는 다음 각 호의 서류를 첨부한 서면으로 하여야 한다.
1. 금융위원회의 의결서
2. 세입징수결의서 및 고지서
3. 납부독촉장

② 국세청장은 제 1 항에 따라 체납처분 업무를 위탁받은 경우에는 다음 각 호의 어느 하나에 해당하는 사유가 발생한 날부터 30일 이내에 다음 각 호의 어느 하나에 해당하는 사항을 금융위원회에 서면으로 통보하여야 한다.
1. 체납처분에 관한 업무가 끝난 경우 : 그 업무종료의 일시, 그 밖에 필요한 사항
2. 금융위원회로부터 진행상황에 대한 통보요청이 있는 경우 : 그 진행상황

Ⅰ. 본조의 취지

과징금 부과처분을 받은 자가 납부를 불이행하는 경우에 가산금, 국세체납처분 등의 불이익을 가함으로써 이행을 강제할 수 있도록 근거를 마련한 것이다.

Ⅱ. 징수 및 체납처분 절차

금융위는 과징금 납부의무자가 납부기한 내에 과징금을 납부하지 아니한 경우에는 납부기한의 다음 날부터 납부한 날의 전일까지의 기간에 대하여 체납된 과징금액에 연

6%를 적용하여 계산한 금액을 가산금으로 징수할 수 있다. 이 경우 가산금을 징수하는 기간은 60개월을 초과하지 못한다.

또한, 납부기한 내에 과징금을 납부하지 아니한 납부의무자에게 기간을 정하여 독촉을 할 수 있고, 만약에 그 지정한 기간 이내에 과징금과 가산금을 납부하지 아니한 경우에는 국세체납처분의 예에 따라 징수할 수 있다. 금융위원회는 이러한 과징금 및 가산금의 징수 또는 체납처분에 관한 업무를 국세청장에게 위탁할 수 있다. 이 중에서 금융위원회가 체납처분에 관한 업무를 국세청장에게 위탁하는 경우에는 금융위원회의 의결서, 세입징수결의서 및 고지서, 그리고 납부독촉장을 첨부한 서면으로 하여야 한다. 체납처분 업무를 위탁받은 국세청장은 체납처분에 관한 업무가 끝난 경우에는 그 업무종료의 일시, 그 밖에 필요한 사항을, 금융위원회로부터 진행상황에 대한 통보요청이 있는 경우에는 그 진행상황을, 각 사유발생일로부터 30일 이내에 금융위원회에 서면으로 통보하여야 한다.

Ⅲ. 체납처분 위탁기관에 대한 논쟁

자본시장법은 구증권법과 마찬가지로 체납처분 업무를 위탁할 수 있는 기관을 국세청장으로 하였는데, 과징금 도입당시 이에 대하여 금융감독원장으로 하는 것이 타당하다는 재경위 전문위원의 검토보고서가 나옴으로써 의견이 대립되는 모습을 보였다. 검토보고서가 드는 이유는 금융감독원이 금융감독위원회(현 금융위원회)의 집행기관이므로 거기에 위탁하는 것이 합리적이라는 단순한 논리로 보인다.[1] 그러나 체납처분 업무를 인력 내지 전문성 부족 등의 이유로 위탁하는 것이라면 국세청과 같은 징수전문기관에 위탁하는 것이 보다 합리적이고 효율적인 것이지 단순히 집행기관이라는 논리만으로는 설득력이 떨어질 것이다. 물론 징수업무에 관한 인력 내지 전문성이 충분히 확보된다는 것을 전제로 한다면 금융감독원에 대한 위탁도 고려할 수 있을 것이다.

제434조의2(과오납금의 환급)

① 금융위원회는 과징금 납부의무자가 이의신청의 재결 또는 법원의 판결 등의 사유로 과징금 과오납금의 환급을 청구하는 경우에는 지체 없이 환급하여야 하며, 과징금 납부의무자의 청구가 없어도 금융위원회가 확인한 과오납금은 환급하여야 한다.

② 금융위원회는 제1항에 따라 과오납금을 환급하는 경우 환급받을 자가 금융위원회에 납부하여야 하는 과징금이 있으면 환급하는 금액을 과징금에 충당할 수 있다.

---

1) 재정경제위원회 전문위원, "증권거래법중개정법률안(정부제출) 검토보고," 1998. 12, 45쪽.

제434조의3(환급가산금)

금융위원회는 제434조의2 제 1 항에 따라 과징금을 환급하는 경우에는 과징금을 납부한 날부터 환급한 날까지의 기간에 대하여 대통령령으로 정하는 가산금 이율을 적용하여 환급가산금을 환급받을 자에게 지급하여야 한다.

제434조의4(결손처분)

금융위원회는 과징금 납부의무자에게 다음 각 호의 어느 하나에 해당하는 사유가 있으면 결손처분을 할 수 있다.

1. 체납처분이 끝나고 체납액에 충당된 배분금액이 체납액에 미치지 못하는 경우
2. 징수금 등의 징수권에 대한 소멸시효가 완성된 경우
3. 체납자의 행방이 분명하지 아니하거나 재산이 없다는 것이 판명된 경우
4. 체납처분의 목적물인 총재산의 추산가액이 체납처분 비용에 충당하면 남을 여지가 없음이 확인된 경우
5. 체납처분의 목적물인 총재산이 징수금 등보다 우선하는 국세, 지방세, 전세권·질권·저당권 및 「동산·채권 등의 담보에 관한 법률」에 따른 담보권으로 담보된 채권 등의 변제에 충당하면 남을 여지가 없음이 확인된 경우
6. 그 밖에 징수할 가망이 없는 경우로서 대통령령으로 정하는 사유에 해당하는 경우

시행령 **제383조의2**(환급가산금의 이율) 법 제434조의3에서 "대통령령으로 정하는 가산금 이율"이란 금융기관의 정기예금 이자율을 고려하여 금융위원회가 정하여 고시하는 이율을 말한다.

제383조의3(결손처분) 법 제434조의4 제 6 호에서 "대통령령으로 정하는 사유"란 다음 각 호의 어느 하나에 해당하는 경우를 말한다.

1. 「채무자 회생 및 파산에 관한 법률」 제251조에 따라 면책된 경우
2. 불가피한 사유로 환수가 불가능하다고 인정되는 경우로서 금융위원회가 정하여 고시하는 경우

Ⅰ. 본조의 취지

과징금의 과오납부시 환급금·환급가산금(환급금에 대한 이자)의 지급, 과징금의 결손처분 등에 대한 근거를 마련함으로써 과징금을 환급받는 자에 대해 편익을 제공[1)]하고 과징금 미수납액의 누적에 따른 행정력 낭비를 방지하고자 공정거래법을 참조하여 새롭게 신설된 것이다.

1) 구증권법에서는 환급가산금에 대한 지급근거가 없어 환급받을 자는 금융위를 상대로 별도의 부당이득 반환청구의 소를 제기해야 하는 실정이었다.

Ⅱ. 과오납금의 환급

금융위는 과징금 납부의무자가 이의신청 재결 또는 법원의 판결 등의 사유로 과징금 과오납금의 환급을 청구하는 경우에는 지체 없이 환급하여야 하며, 과징금 납부의무자의 청구가 없어도 금융위원회가 확인한 과오납금은 직권으로 환급하여야 한다. 다만, 과오납금을 환급하는 경우에 환급받을 자가 금융위에 납부하여야 할 과징금이 있으면 그 환급금을 과징금에 충당할 수 있다.

한편, 금융위는 과징금을 환급하는 경우에는 과징금을 납부한 날부터 환급한 날까지의 기간에 대하여 금융기관의 정기예금 이자율을 고려하여 금융위원회가 정하는 이율을 가산금 이율로 적용하여 환급가산금을 환급받을 자에게 지급하여야 한다.

Ⅲ. 과징금의 결손처분

금융위는 과징금 납부의무자에게 일정한 사유가 있으면 결손처분을 할 수 있다. 여기서 일정한 사유란 (i) 체납처분이 끝나고 체납액에 충당된 배분금액이 체납액에 미치지 못하는 경우, (ii) 징수금 등의 징수권에 대한 소멸시효가 완성된 경우, (iii) 체납자의 행방이 분명하지 아니하거나 재산이 없다는 것이 판명된 경우, (iv) 체납처분의 목적물인 총재산의 추산가액이 체납처분 비용에 충당하면 남을 여지가 없음이 확인된 경우, (v) 체납처분의 목적물인 총재산이 징수금 등보다 우선하는 국세, 지방세, 전세권·질권·저당권 및 「동산·채권 등의 담보에 관한 법률」에 따른 담보권으로 담보된 채권 등의 변제에 충당하면 남을 여지가 없음이 확인된 경우, (vi) 기타 징수할 가망이 없는 경우로서 「채무자 회생 및 파산에 관한 법률」 제251조[1])에 따라 면책되거나 금융위가 정하는 불가피한 사유로 환수가 불가능하다고 인정되는 경우를 말한다.

[초판: 성희활, 개정판: 정윤모]

1) 제251조(회생채권 등의 면책 등) 회생계획인가의 결정이 있는 때에는 회생계획이나 이 법의 규정에 의하여 인정된 권리를 제외하고는 채무자는 모든 회생채권과 회생담보권에 관하여 그 책임을 면하며, 주주·지분권자의 권리와 채무자의 재산상에 있던 모든 담보권은 소멸한다. 다만, 제140조 제1항의 청구권은 그러하지 아니하다.

자본시장과
금융투자업에 관한 법률

| 제 9 편 보 칙

보 칙

법령의 총칙과 실체 규정에 규정하기에는 적합하지 않은 절차적·기술적·보충적인 사항에 대한 규정을 '보칙 규정'이라 한다. 일반적으로 보칙에서 정하는 내용으로는 수수료, 출입검사와 질문, 청문 절차, 손실보상, 손해배상, 관계 행정기관과의 협조·협의, 위임·위탁, 유사명칭의 사용금지, 벌칙 적용에 있어서의 공무원 의제 등이 있다. 이러한 보칙 규정은 법령을 장으로 구분하여 규정하는 경우에는 실체 규정과 벌칙 규정 사이에 위치하고, 장의 구분이 없는 비교적 간단한 법령에서도 실체적 규정과 벌칙과의 사이에 배치하는 것이 적정하다.[1)]

자본시장법도 제9편 보칙은 자본시장법의 주요내용을 구성하는 8개편(제1편 총칙, 제2편 금융투자업, 제3편 증권의 발행 및 유통, 제4편 불공정거래의 규제, 제5편 집합투자기구, 제6편 금융투자업관계기관, 제7편 거래소, 제8편 감독 및 처분) 중 특정 편에 포함시키기 어려운 내용들을 모아 놓고 있다. 자본시장법 제435조와 같이 자본시장법 전반의 위반행위에 대한 금융위원회에의 신고 규정과 같이 주로 자본시장법 전반에 걸쳐 규율이 필요한 내용이라든가, 자본시장법 제440조 또는 제441조 등과 같은 조직법적 규정이 대표적인 예이다.

제435조(위법행위의 신고 및 신고자 보호)

① 누구든지 제4편의 불공정거래행위, 그 밖에 이 법의 위반행위를 알게 되었거나 이를 강요 또는 제의받은 경우에는 금융위원회(제172조부터 제174조까지, 제176조, 제178조 및 제180조를 위반한 사항인 경우에는 증권선물위원회를 말한다. 이하 이 조에서 같다)에 신고 또는 제보할 수 있다.

② 금융위원회는 제1항에 따른 신고 또는 제보를 받은 경우에는 이를 신속하게 처리하고, 그 처리결과를 신고자 또는 제보자(이하 이 조에서 "신고자등"이라 한다)에게 통지하여야 한다.

③ 삭제

④ 금융위원회는 제1항에 따라 신고 또는 제보를 받은 경우 신고자등의 신분 등에 관한 비밀을 유지하여야 한다.

⑤ 신고자등이 소속된 기관·단체 또는 회사는 그 신고자등에 대하여 그 신고 또는 제보와 관련하여 직접 또는 간접적인 방법으로 불리한 대우를 하여서는 아니 된다.

⑥ 신고자등이 신고의 내용이 거짓이라는 사실을 알았거나 알 수 있었음에도 불구하고 신고한 경

1) 법제처 법제교육포털, 「법령입안심사기준」－제2편 제3장 보칙규정.

우에는 이 법의 보호를 받지 못한다.

⑦ 금융위원회는 신고자등에 대하여 포상금을 지급할 수 있다.

⑧ 제1항부터 제7항까지에 규정한 사항 외에 신고의 방법 및 처리, 신고자등에 대한 통지방법, 신고자등의 보호와 포상금 지급 등에 관한 사항은 대통령령으로 정한다.

Ⅰ. 본조의 취지

본조는 자본시장에서의 불공정거래와 금융투자업과 관련된 불법행위에 대하여 누구든지 금융위원회(미공개중요정보 이용행위 금지 위반 등 이 법 제4편 불공정거래 규제를 위반한 경우에는 증권선물위원회)에 신고 또는 제보할 수 있도록 함으로써, 자본시장에서의 불법행위를 사후적으로 적발하는 것이 용이하도록 함과 동시에 사전적으로 그러한 행위가 이루어질 유인을 줄이기 위한 목적으로 입법되었다. 동 조항은 당초 구증권법 제188조의6에 규정되어 있던 것을 이관한 것으로 그 과정에서 그간 법집행과정에서 지적되어오던 일부 미비점에 대한 보완이 이루어졌다.

Ⅱ. 신 고

1. 신고 또는 제보를 할 수 있는 자

신고 또는 제보를 할 수 있는 자(이하 '신고자등')의 자격에는 제한이 없다. 누구든지 이 법의 위반행위를 알게 되었거나 이를 강요 또는 제의받았다면 동 조항에 따라 금융위원회(또는 증권선물위원회)에 신고 또는 제보를 할 수 있다. 따라서 불공정거래행위 또는 금융투자업관련 불법행위를 행한 자가 속한 기관·단체 또는 회사의 내부자(whistleblower)가 아닌 자, 즉 고객 등 제3자도 동 불법행위에 대하여 금융위원회(또는 증권선물위원회)에 신고 또는 제보를 할 수 있다. 이 점에 대해서는 구증권법 제188조의6[1])에서도 마찬가지로 이해되고 있었는데 동법에서는 이러한 점을 명확하게 하기 위하여 이 법에서는 "누구든

1) 구증권법 제188조의6(불공정거래행위의 신고 등) ① 이 절의 불공정거래행위 등 이 법의 위반행위를 알게 되었거나 이를 강요 또는 제의받은 자가 대통령령이 정하는 바에 따라 증권선물위원회에 이를 신고 또는 제보하는 경우 신고 또는 제보를 받은 자는 신고 또는 제보자(이하 이 조에서 "신고자등"이라 한다)의 신분 등에 관한 비밀을 유지하여야 한다.
② 신고자등에 대하여 그 소속기관 및 소속회사는 그 신고 또는 제보와 관련하여 직접 또는 간접적인 방법으로 불이익한 대우를 하여서는 아니 된다.
③ 증권선물위원회는 대통령령이 정하는 바에 따라 신고자등에 대하여 포상금을 지급할 수 있다.

지"라는 문구를 삽입하였다. 미국 1934년법 제21A조(e)항의 규정과 달리, 동법은 금융위원회 소속 공무원, 금융감독원 임직원 또는 자율규제기관 임직원이 동 조항에 따라 신고 또는 제보를 함으로써 그에 따르는 법률적 효과(신분의 보호, 포상금의 지급, 결과의 통지 등)를 향유할 수 있는지 여부에 대하여 명시하고 있지 않다. 그러나 이와 같은 자들은 불법행위를 감시하는 업무를 주 업무로 하고 그러한 업무에 행하는 것이 의무화되어 있다는 점을 감안할 때 동 조항에 따른 신고자등에 포함되지 않는다고 보는 것이 타당할 것이다.

2. 신고의 접수, 결과통보 등 처리

금융위원회는 신고 또는 제보를 받은 경우 이를 신속하게 처리하고, 처리 결과를 신고자등에 대하여 문서로서 통지하여야 한다(자본시장법 435조 2항). 이 조항은 구증권법에는 존재하지 않았던 것으로서, 그 동안 동 제도를 운영함에 있어 실제로 발생했던 민원들을 바탕으로 제도를 개선한 것이다. 이를 통해 신고자등이 신고 또는 제보 후에 처하게 되는 불확실한 지위가 보다 신속하게 해소될 것으로 기대할 수 있다.

금융위원회는 금융감독원장에게 '신고 또는 제보의 접수', '신고·제보에 따른 처리 및 문서통지'를 위탁하고 있다(법 438조 4항).

Ⅲ. 신고자의 보호

1. 금융위원회의 비밀 유지

신고 또는 제보를 받은 금융위원회(또는 증권선물위원회)는 신고자등의 신분등에 관하여 비밀을 유지할 의무가 있다(법 435조 4항). 불리한 대우 금지의무(법 435조 5항)와 더불어 신고자등을 보호함으로써 신고 또는 제보가 보다 원활하게 이루어지도록 하기 위한 것이다. 구증권법 제188조의6은 신고 또는 제보를 받은 자에게 비밀유지의무를 부과하고 있었는데 반해 자본시장법은 금융위원회(또는 증권선물위원회)에게 비밀유지의무를 부과하여 기관 차원의 의무로 전환하였다. 비밀유지의무를 위반한 자는 5년 이하의 징역 또는 2억원 이하의 벌금에 처할 수 있다(법 444조 29호). 이는 구증권법상의 형벌(5년 이하의 징역 또는 3천만원 이하의 벌금)에 비해 벌금이 보다 강화된 것이다.

2. 신고자등이 소속된 기관·단체 또는 회사의 불리한 대우 금지의무

기관·단체 또는 회사의 내부자에 의한 불법행위의 신고 또는 제보를 장려하기 위하여 신고 또는 제보가 이루어진 후에 그 소속 기관·단체 또는 회사가 신고 또는 제보와 관련하여 신고자등에 대하여 불리한 대우를 하여서는 아니 된다(법 435조 5항). 불리한 대우 금지의무를 위반할 경우 5천만원 이하의 과태료를 부과할 수 있다(법 449조 1항 49호). 구증권법에서는 1천만원 이하의 과태료를 부과하도록 하고 있었는데, 과태료 금액을 상향조정하였다.

제436조(전자문서에 의한 신고 등)

① 이 법에 따라 금융위원회, 증권선물위원회, 금융감독원장, 거래소, 협회 또는 예탁결제원에 신고서·보고서, 그 밖의 서류 또는 자료 등을 제출하는 경우에는 전자문서의 방법으로 할 수 있다.

② 제1항의 전자문서에 의한 신고 등의 방법 및 절차, 그 밖에 필요한 사항은 대통령령으로 정한다.

Ⅰ. 본조의 취지	Ⅱ. 방법 및 절차 등

Ⅰ. 본조의 취지

본조는 이 법의 규정에 따른 다양한 신고서·보고서, 그 밖의 서류 또는 자료의 제출이 전자문서의 방법으로 이루어질 수 있도록 하여, 신고자등의 편의를 제공하고 행정 능률을 향상시키며 자본시장에서의 정보유통을 활성화하기 위한 것이다. 이 규정은 구증권법 제194조의2를 이관한 것으로서, 과거 신고·보고 등의 의무를 규정하면서 전자문서에 의한 신고가 가능한지 여부에 대하여 규정하고 있지 않았던 구선물법, 구간투법 등 자본시장 관련 법률상 법적 미비를 해소하는 기능을 하게 된다. 아울러 본조는 구증권법 시행령 제84조의30이 법률상 위임규정 없이 전자문서에 의한 신고와 관련하여 신고등의 방법 및 절차, 그 밖에 필요한 사항을 정하고 있었던 점을 감안하여 제2항에서 위임 규정을 마련하였다.

Ⅱ. 방법 및 절차 등

전자문서에 의한 신고는 「정보통신망 이용촉진 및 정보보호 등에 관한 법률」의 규정에 의한 정보통신망을 이용한 신고를 말한다. 전자문서란 컴퓨터 등 정보처리능력을 가진 장치에 의하여 전자적인 형태로 작성되어 송·수신 또는 저장된 문서형식의 자료로서 표준화된 것을 말한다. 이에 따라 현재 운영되고 있는 대표적인 전자문서에 의한 신고·보고시스템은 금융감독원의 DART 전자공시시스템과 한국증권선물거래소의 KIND를 들 수 있다. 전자문서에 의한 신고 또는 보고 등은 전자문서의 수취기관이 신고·보고시스템을 운용하고 신고 또는 보고자 등이 이 시스템에 정보를 입력하는 방식으로 운용되는 것을 상정하고 있으므로 동법 시행령에서는 각 시스템의 운용기관이 전자문서의 표준서식, 방법, 절차 등에 대하여 정하게 된다. 전자문서의 효력 및 도달시기 등 전자문서에 관한 사항은 「정보통신망 이용촉진 및 정보보호 등에 관한 법률」에서 정한 바에 따른다.

제437조(외국금융투자감독기관과의 정보교환 등)

① 금융위원회는 외국의 금융투자업 감독기관(이하 이 조에서 "외국금융투자감독기관"이라 한다)과 정보교환을 할 수 있다. 〈개정 2008. 2. 29〉

② 금융위원회(제172조부터 제174조까지, 제176조, 제178조 및 제180조를 위반한 사항인 경우에는 증권선물위원회를 말한다. 이하 이 조에서 같다)는 외국금융투자감독기관이 이 법 또는 이 법에 상응하는 외국의 법령을 위반한 행위에 대하여 목적·범위 등을 밝혀 이 법에서 정하는 방법에 따른 조사 또는 검사를 요청하는 경우 이에 협조할 수 있다. 이 경우 금융위원회는 상호주의 원칙에 따라 조사 또는 검사자료를 외국금융투자감독기관에 제공하거나 이를 제공받을 수 있다. 〈개정 2008. 2. 29, 2009. 2. 3〉

③ 금융위원회는 다음 각 호의 요건을 모두 충족하는 경우에만 제2항 후단에 따라 외국금융투자감독기관에 조사 또는 검사자료를 제공할 수 있다. 〈개정 2008. 2. 29, 2009. 2. 3〉

1. 외국금융투자감독기관에 제공된 조사 또는 검사자료가 제공된 목적 외의 다른 용도로 사용되지 아니할 것
2. 조사 또는 검사자료 및 그 제공사실의 비밀이 유지될 것. 다만, 조사 또는 검사자료가 제공된 목적 범위에서 이 법에 상응하는 외국 법령의 위반과 관련된 처분, 재판 또는 그에 상응하는 절차에 사용되는 경우에는 그러하지 아니하다.
3. 삭제 〈2009. 2. 3〉

④ 거래소는 외국 거래소와 정보교환을 할 수 있다. 이 경우 거래소는 미리 금융위원회와 협의하여야 한다. 다만, 일반인에게 공개된 정보를 교환하는 경우, 그 밖에 대통령령으로 정하는 경우에는 금융위원회와 협의를 하지 아니할 수 있다. 〈개정 2008. 2. 29, 2009. 2. 3〉

⑤ 거래소가 제4항에 따라 정보교환을 하는 경우에는 제2항을 준용한다. 이 경우 제2항 중 "금융위원회"를 각각 "거래소"로 보며, "외국금융투자감독기관"을 각각 "외국 거래소"로, "조사 또는 검사"는 각각 "심리 또는 감리"로 본다. 〈신설 2008. 2. 29, 2009. 2. 3〉

Ⅰ. 본조의 취지

이 조항은 금융위원회(또는 거래소)와 외국의 금융투자업 감독기관(또는 외국 거래소) 사이의 정보교환 또는 외국 금융투자업 감독기관(또는 외국 거래소)의 요청에 따른 금융위원회의 조사 또는 검사(거래소의 경우 심리 또는 감리) 등에 대하여 법률상 근거를 둠과 동시에 일정한 제한을 두어 국민의 권익을 보호하기 위한 것이다.

Ⅱ. 정보교환의 제한

본조는 제 1 항에 금융위원회의 정보교환에 관한 법적 근거를 두고, 조사 또는 검사자료 제공의 법적 근거를 제 2 항에 규정한 후 제 3 항에서 그 한계를 설정하고 있다. 그리고 거래소의 정보교환에 관한 법적 근거를 본조 제 4 항에 둔 후, 제 4 항 단서와 제 5 항에서 그 한계를 설정하고 있다.

Ⅲ. 조사 또는 검사자료의 제공의 제한

본조 제 2 항은 외국의 금융투자업 감독기관이 목적·범위 등을 밝혀 조사 또는 검사를 요청하는 경우 금융위원회가 이에 협조할 수 있도록 하고 이 경우 금융위원회는 상호주의 원칙에 따라 조사 또는 검사자료를 외국의 금융투자업 감독기관에 제공하거나 이를 제공받을 수 있도록 하고 있다. 본조 제 3 항은 조사 또는 검사자료의 제공에 대하여 추가적인 법적 한계를 정하고 있다.

1. 적용대상 자료

본조 제 2 항과 제 3 항의 적용을 받는 자료는 조사 또는 검사자료에 한정된다. 따라서 조사 또는 검사자료가 아닌 그 밖의 자료는 본조 제 1 항 규정에 따라 자유롭게 외국의 금융투자업 감독기관과 교환할 수 있다.

2. 외국의 금융투자업 감독기관의 조사 또는 검사의 요청에 대한 협조

본조 제 2 항은 외국의 금융투자업 감독기관이 '이 법 또는 이 법에 상응하는 외국의 법령을 위반한 행위'에 대하여 목적·범위를 밝혀 조사 또는 검사를 요청하는 경우에 이에 협조할 수 있도록 하고 있으므로, 외국의 금융투자업 감독기관이 자국의 금융관련 법령 위반사건에 대하여 국내 거주자를 상대로 조사 또는 검사를 요청하는 경우에도 이에 협조할 수 있을 것이다.

3. 조사 또는 검사자료 제공의 한계

(1) 상호주의 원칙

본조 제 2 항 후단은 금융위원회가 조사 또는 검사자료를 외국의 금융투자업 감독기관에 제공할 수 있도록 하되, 상호주의 원칙을 적용하도록 하고 있다. 여기서 상호주의 원칙이란 외국의 금융투자업 감독기관이 금융위원회에 조사 또는 검사자료를 제공할 수 있는 경우에만, 금융위원회도 그 외국의 금융투자업 감독기관에게 조사 또는 검사자료를 제공할 수 있도록 하는 것을 말한다.

(2) 비밀유지 등 제한

본조 제 2 항 후단에 따라 상호주의 원칙을 만족하여 조사 또는 검사자료를 제공할 수 있는 경우에도, 제 3 항은 추가적인 조건을 요구하고 있다. 금융위원회는 외국의 금융투자업 감독기관이 제공된 조사 또는 검사자료가 제공된 목적 외의 다른 용도로 사용되지 않고, 조사 또는 검사자료 및 그 제공사실의 비밀이 유지되는 경우에만 외국의 금융투자업 감독기관에 조사 또는 검사자료를 제공할 수 있다.

4. 거래소의 감리 또는 심리자료에의 준용

앞서 설명한 금융위원회의 조사 또는 검사자료에 대한 규정은 거래소의 심리 또는 감리자료에도 동일하게 적용된다.

제438조(권한의 위임 또는 위탁)

① 삭제 〈2008. 2. 29〉

② 금융위원회는 이 법에 따른 권한의 일부를 대통령령으로 정하는 바에 따라 증권선물위원회에 위임할 수 있다. 〈개정 2008. 2. 29〉

③ 금융위원회는 이 법에 따른 권한의 일부를 대통령령으로 정하는 바에 따라 거래소 또는 협회에 위탁할 수 있다. 〈개정 2008. 2. 29〉

④ 금융위원회 또는 증권선물위원회는 이 법에 따른 권한의 일부를 대통령령으로 정하는 바에 따라 금융감독원장에게 위탁할 수 있다. 〈개정 2008. 2. 29〉

본조는 금융위원회(또는 증권선물위원회)의 권한의 일부를 행정조직의 내부기관 또는 외부기관에 위임 또는 위탁할 수 있는 법적 근거를 마련하기 위한 것이다.

제439조(증권선물위원회의 심의)

금융위원회는 다음 각 호의 어느 하나에 해당하는 경우에는 미리 증권선물위원회의 심의를 거쳐야 한다. 〈개정 2008. 2. 29, 2009. 2. 3, 2013. 5. 28〉

1. 다음 각 목의 어느 하나에 해당하는 사항을 정하는 경우
   가. 제131조 제 1 항, 제132조, 제146조 제 1 항 전단 및 제 2 항, 제151조 제 1 항 전단 및 제 2 항, 제158조 제 1 항 전단 및 제 2 항, 제164조 제 1 항 전단 및 제 2 항에 따른 조사·조치의 절차 및 기준
   나. 제165조의16에 따른 재무관리기준
   다. 제426조 제 5 항에 따른 금융위원회의 조사·조치의 절차 및 기준
2. 다음 각 목의 어느 하나에 해당하는 조치·명령 등을 하는 경우
   가. 제132조, 제146조 제 2 항, 제151조 제 2 항, 제158조 제 2 항, 제164조 제 2 항 및 제165조의18에 따른 조치
   나. 제165조의15제 1 항 제 2 호에 따른 의결권 없는 주식 발행의 인정
   다. 제167조 제 2 항에 따른 주식소유비율 한도의 승인
   라. 제416조에 따른 명령
   마. 제426조 제 5 항에 따른 조사결과에 따른 조치
   바. 제428조 및 제429조에 따른 과징금부과처분
   사. 제449조 제 3 항에 따른 과태료부과처분
3. 그 밖에 금융위원회가 증권선물위원회의 심의가 필요하다고 정하여 고시하는 사항

Ⅰ. 본조의 취지

본조는 이 법에 따라 금융위원회가 조사 또는 조치를 하기 위한 절차 및 기준을 정하거나, 이 법에 따라 금융위원회가 조치·명령·승인·처분 등을 하는 경우 사전에 증권선물위원회의 심의를 거치도록 하여 이러한 절차·기준이나 조치·명령·승인·처분 등이 적정하게 이루어지도록 하기 위한 것이다. 이 규정은 구증권법 제206조의5와 구선물법 제95조의2를 이관한 것이다.

Ⅱ. 증권선물위원회의 심의 대상

1. 조사·조치의 절차 및 기준

증권신고의 신고인 등 관계인에 대한 조사·조치(법 131조, 132조), 공개매수자 등 공개매수의 관계인에 대한 조사·조치(법 146조), 주식등의 대량보유 보고자 등 대량보유보고

관계인에 대한 조사·조치(법 151조), 의결권권유자 등 의결권권유의 관계인에 대한 조사·조치(법 158조), 사업보고서 제출대상법인 등 사업보고서 제출의 관계인에 대한 조사·조치(법 164조) 등 자본시장법상 모든 조사에 대하여 금융위원회가 그 절차 및 기준을 마련하는 경우에 증권선물위원회의 심의를 거쳐야 한다.

2. 조치·명령 등

이 규정은 조사·조치의 절차 및 기준을 마련하는 경우뿐만 아니라, 금융위원회가 증권신고와 관련한 조치(법 132조), 공개매수와 관련한 조치(법 146조), 주식등의 대량보유보고와 관련한 조치(법 151조), 의결권 권유와 관련한 조치(법 158조), 사업보고서 제출과 관련한 조치(법 164조), 공공적 법인이 발행한 주식의 소유비율 한도의 승인법 167조), 금융투자업자에 대한 일반적 조치명령(법 416조), 과징금부과처분(법 428조, 429조), 과태료부과처분(법 제449조)을 하는 경우 등에도 증권선물위원회의 심의를 거쳐야 한다.

이처럼 법률에서 직접 정하고 있는 사항 이외에도 금융위원회가 필요하다고 인정하여 고시하는 사항의 경우에는 증권선물위원회의 심의대상으로 할 수 있다(법 439조 3항).

제440조(금융감독원장에 대한 지시·감독 등)

① 금융위원회 또는 증권선물위원회는 이 법에 의한 권한을 행사하는 데에 필요하다고 인정되는 경우에는 금융감독원장에 대하여 지시·감독 및 업무집행방법의 변경, 그 밖에 감독상 필요한 조치를 명할 수 있다. 〈개정 2008. 2. 29〉

② 금융감독원은 이 법에 따라 금융위원회 또는 증권선물위원회의 지시·감독을 받아 다음 각 호의 사항에 관한 업무를 행한다. 〈개정 2008. 2. 29, 2013. 5. 28〉

1. 증권신고서에 관한 사항
2. 증권의 공개매수에 관한 사항
3. 이 법에 따라 금융감독원장의 검사를 받아야 하는 기관의 검사에 관한 사항
4. 상장법인의 관리에 관한 사항
5. 상장법인의 기업분석 및 기업내용의 신고에 관한 사항
6. 거래소시장(다자간매매체결회사에서의 거래를 포함한다) 외에서의 증권 및 장외파생상품의 매매의 감독에 관한 사항
7. 정부로부터 위탁받은 업무
8. 그 밖에 이 법에 따라 부여된 업무
9. 제 1 호부터 제 8 호까지의 업무에 부수되는 업무

본조는 제 1 항에서 금융감독원에 대한 상급기관인 금융위원회와 증권선물위원회가 금융감독원장에 대하여 지시·감독 등 필요한 조치를 할 수 있도록 하는 근거를 마련함

과 동시에, 제 2 항에서 금융투자업 및 자본시장과 관련한 금융감독원의 업무범위를 설정하기 위한 것이다. 이 규정은 구증권법 제206조의6 및 제206조의7과 구선물법 제95조의3 및 제95조의4를 통합하여 이관한 것이다.

본조 제 1 항의 경우 과거 금융감독위원회 위원장이 금융감독원장을 겸임하던 시기에는 큰 의미를 가지지 못하였으나, 금융위원회 위원장과 금융감독원장이 분리된 현재 상황에서는 양기관간 효과적인 업무분장 측면에서 상당한 의미를 가지게 된다. 이 규정은 금융위원회(또는 증권선물위원회)가 자본시장법상 최종적 권한을 가지고 있음을 명시하였고 금융감독원장에 대하여 지시·감독뿐만 아니라 업무집행 방법의 변경 등 필요한 광범위한 조치를 할 수 있도록 하고 있다.

제441조(금융투자상품 매매의 제한 등)

제63조 및 제383조 제 1 항은 다음 각 호의 자에게 준용한다.

1. 금융위원회의 위원 및 소속 공무원
2. 증권선물위원회의 위원
3. 금융감독원의 원장·부원장·부원장보·감사 및 소속 직원

Ⅰ. 본조의 취지	Ⅱ. 제한의 내용

Ⅰ. 본조의 취지

이 규정은 자본시장 및 금융투자업 관련 금융감독업무를 담당하는 자의 금융투자상품 매매를 제한함으로써 업무와 관련한 이해상충 소지(감독정보를 이용한 사적 이익 추구)를 억제하기 위한 목적에서 도입된 것이다. 과거에 구선물법 제95조의6에 선물거래 및 선물업 감독에 한하여 유사한 규정이 있었던 것을 전체 자본시장 및 금융투자업 감독과 관련된 의무로 확대하였다.

Ⅱ. 제한의 내용

1. 대 상 자

금융투자상품의 매매거래가 제한되는 대상자는 금융위원회의 위원 및 소속공무원 전체와 증권선물위원회 위원 전체 및 금융감독원 소속원 전체(원장·부원장·부원장보·감사·소속 직원)이다.

2. 제한 방식

금융감독을 담당하는 자에 대한 제한은 금융투자상품의 매매제한과 직무와 관련하여 알게 된 비밀의 누설 또는 이용 금지로 구성된다. 금융투자상품의 매매제한은 금융투자업자의 임직원의 금융투자상품 매매제한(법 63조)과 동일하다. 따라서 자세한 내용은 법 제63조에 대한 설명을 참조하기 바란다.

직무와 관련하여 알게 된 비밀의 누설 또는 이용 금지의무는 거래소 임직원에 대한 제한(법 383조 1항)과 동일하다. 따라서 금융감독을 담당하고 있는 자뿐만 아니라 과거 금융감독을 담당했었으나 현재는 담당하고 있지 않는 자에게도 위 의무가 부과된다.

제442조(분담금)

① 금융위원회에 증권신고서를 제출하는 발행인(그 증권이 투자신탁의 수익증권인 경우에는 투자신탁을 말하며, 투자익명조합의 지분증권인 경우에는 투자익명조합을 말한다)은 금융감독원의 운영경비의 일부를 분담하여야 한다.

② 제 1 항에 따른 분담금의 분담요율·한도, 그 밖에 분담금의 납부에 관하여 필요한 사항은 대통령령으로 정한다.

이 규정은 무자본특수법인인 금융감독원의 운영경비 중 일부를 충당하기 위하여 증권신고서를 제출하는 발행인으로 하여금 금융감독원에 분담금을 납부하도록 하기 위한 것으로서 구증권법 제206조의8 규정을 이관한 것이다. 구증권법에 비하여 달라진 것은, 구증권법에서는 증권법에 따라 검사를 받는 금융기관도 분담금을 납부하도록 규정하였으나, 동 규정이 「금융위원회의 설치 등에 관한 법률」 제47조에서 규정하고 있는 감독분담금의 규정과 중복된다는 점을 감안하여 감독분담금 규정은 삭제하고 증권발행과 관련한 분담금(발행분담금) 규정만 남긴 것이다.

[초판: 최원진, 개정판: 이환기]

자본시장과
금융투자업에 관한 법률

| 제10편 벌 칙

○ 前注

Ⅰ. 총　　설

1. 벌칙의 개요

자본시장법은 제10편 벌칙의 장에서 법의 목적을 달성하기 위한 다양한 작위·부작위의무를 위반한 행위에 대하여 형벌인 징역·벌금과 행정질서벌인 과태료를 부과하는 근거규정을 두고 있다. 이것은 다양한 작위·부작위 의무위반행위에 대하여 행정청(금융위원회 또는 증권선물위원회)의 과징금 부과 및 각종 행정제재조치(불이익 처분) 이외에도, 형벌 및 과태료의 부과를 통하여 간접적으로 그 의무이행을 담보하고 행정법규의 실효성을 확보하기 위한 것이다.[1] 자본시장법상 형벌 및 과태료는 행정벌에 해당한다.

2. 행 정 벌

행정벌은 행정법상의 각종 의무위반행위에 대하여 형법 제41조에서 정하는 형의 종류에 해당하는 형을 부과하는 행정형벌과 과태료를 부과하는 행정질서벌이 있다. 행정형벌과 행정질서벌은 다같이 행정법령 위반에 대한 제재라는 점에서 같다 하더라도 행정형벌은 그 행정법규 위반이 직접적으로 행정목적과 사회공익을 침해하는 경우에 과하여지는 것이고, 행정질서벌인 과태료는 직접적으로 행정목적이나 사회공익을 침해하는데 까지는 이르지 않고 다만 간접적으로 행정상의 질서에 장해를 줄 위험성이 있는 정도의 단순한 의무태만에 대한 제재이다.[2]

행정법상 의무위반행위에 대하여 형벌을 부과할 것인지, 과태료를 부과할 것인지에 대한 문제는 입법재량의 문제이다.[3]

---

1) 불이익처분과 행정형벌 및 행정질서벌(과태료)의 가장 큰 차이점은 부과주체, 부과절차 및 불복수단에 있다. 즉, 불이익처분은 부과주체가 해당 행정청(자본시장법에서는 금융위원회)이고, 행정절차법(과징금의 경우 그 특별규정인 자본시장법 적용)에 따라 부과되며, 부과대상자가 불복하더라도 행정청의 불이익처분 자체의 효력이나 그 집행 등에 영향을 주지 아니한다(행정소송법 23조 1항 등 참조). 행정형벌은 검사의 공소제기, 법원의 판결 등 형사소송절차가 적용된다. 행정질서벌인 과태료는 일차적으로 행정청이 부과하지만, 부과절차는 질서위반행위규제법에 따르고, 행정청의 과태료 부과 통지에 대해 당사자가 이의제기를 하면 행정청의 과태료 부과처분은 그 효력이 상실되며(질서위반행위규제법 20조 2항), 그 이후에는 법원이 비송사건절차에 따라 재판 후 검찰이 집행한다.

2) 대법원 1969. 7. 29. 선고 69마400 결정.

3) 헌재 1998. 5. 28. 96헌바83 : 과태료는 행정의 실효성 확보수단의 하나로 행정상의 질서유지를 위한 행정질서벌이며, 행정법규위반이 직접적으로 행정목적이나 사회공익을 침해하는 데까지는 이르지 않고, 간접적으로 행정상의 질서에 장애를 줄 위험성이 있는 정도의 단순한 의무태만에 대한 제재로서

종래, 행정질서벌로서 과태료는 형벌이 아니므로 형법총칙이 적용되지는 않는다는 것이 통설과 판례의 태도였다.[1] 그러나 2008. 6. 22.부터 과태료 부과대상이 되는 행위의 성립요건과 과태료의 부과·징수 및 재판에 관한 사항을 규정하고 있는 질서위반행위규제법이 시행됨에 따라 그 의미는 상당히 반감되었다(이에 대한 자세한 사항은 후술하는 질서위반행위규제법 참조).

3. 자본시장법상 형벌과 과태료

자본시장법은 타 금융관련법의 입법례에 맞추어 행정벌을 형벌 4단계, 과태료 2단계로 단순화하였다. 이 과정에서 벌금 등 재산형의 수준을 자유형의 수준에 맞추어 상향조정하고 과태료도 상향조정하였다.

또한, 외국금융투자업자 국내지점의 자산보유 및 파산시 채무의 우선변제 의무(법 446조 10호), 투자권유시 설명확인의무의 위반법 449조 1항 21호) 등 금융투자업자의 영업행위 규제의 신설에 따른 벌칙을 신설하였고, 투자권유대행인제도(법 445조 8호 등)나 증권의 발행 및 유통 규제(법 449조 1항 39호 등)의 신설에 따라 벌칙을 신설하였다.

한편, 법무부의 「벌금형의 과태료 전환 등 추진방안(2005. 3)」에 따라 유사명칭 사용금지 위반사항(법 제449조 1항 44호)이나, 의결권 관련 서류·장부의 작성 및 비치(공시)의무 위반사항(법 449조 1항 32호 등), 단순한 보고 불이행 및 보고서 부실기재 사항(법 449조 1항 13호 등) 등에 대해서는 기존 벌금형을 과태료로 전환하였다. 그 밖에 구증권법상 발행인 등록의무 폐지에 따른 벌칙이 폐지되었고, 금융투자업의 통합에 따라 형평성을 실현하기 위해 벌칙이 정비되었다.

과하여지는 것이다. 그리고 어떤 행정법규위반의 행위에 대하여 이를 단지 간접적으로 행정상의 질서에 장애를 줄 위험성이 있음에 불과한 경우로 보아 행정질서벌인 과태료를 과할 것인지 아니면 직접적으로 행정목적과 공익을 침해한 행위로 보아 행정형벌을 과할 것인지는 기본적으로 입법권자가 제반사정을 고려하여 결정할 입법재량에 속하는 문제라 할 수 있다.

1) ① 대법원 2000. 8. 24. 선고 2000마1350 결정 : 과태료의 제재는 범죄에 대한 형벌이 아니므로 그 성질상 처음부터 공소시효(형사소송법 제249조)나 형의 시효(형법 제78조)에 상당하는 것은 있을 수 없고, 이에 상당하는 규정도 없으므로 일단 한번 과태료에 처해질 위반행위를 한 자는 그 처벌을 면할 수 없는 것이며, 예산회계법 제96조 제1항은 "금전의 급부를 목적으로 하는 국가의 권리로서 시효에 관하여 다른 법률에 규정이 없는 것은 5년간 행사하지 아니할 때에는 시효로 인하여 소멸한다"고 규정하고 있으므로 과태료결정 후 징수의 시효, 즉 과태료 재판의 효력이 소멸하는 시효에 관하여는 국가의 금전채권으로서 예산회계법에 의하여 그 기간은 5년이라고 할 것이지만, 위반행위자에 대한 과태료의 처벌권을 국가의 금전채권과 동일하게 볼 수는 없으므로 예산회계법 제96조에서 정해진 국가의 금전채권에 관한 소멸시효의 규정이 과태료의 처벌권에 적용되거나 준용되지는 않는다.
② 대법원 2000. 5. 26. 선고 98두5972 판결 : 과태료와 같은 행정질서벌은 행정질서유지를 위한 의무의 위반이라는 객관적 사실에 대하여 과하는 제재이므로 반드시 현실적인 행위자가 아니라도 법령상 책임자로 규정된 자에게 부과되고 원칙적으로 위반자의 고의·과실을 요하지 아니하나, 위반자가 그 의무를 알지 못하는 것이 무리가 아니었다고 할 수 있어 그것을 정당시할 수 있는 사정이 있을 때 또는 그 의무의 이행을 그 당사자에게 기대하는 것이 무리라고 하는 사정이 있을 때 등 그 의무 해태를 탓할 수 없는 정당한 사유가 있는 때에는 이를 부과할 수 없다.

4. 벌칙규정, 양벌규정 및 과태료규정의 적용대상자

(1) 벌칙규정(법 443조 내지 446조)의 적용대상자

자본시장법은 금지규정이 '누구든지 …'로 규정되어 수범자가 한정되어 있지 않은 경우와 금지규정이 '투자매매업자는 …' 등으로 규정되어(예를 들어, 법 71조의 경우 '투자매매업자 또는 투자중개업자는 … '로 규정되어 있다) 수범자가 투자매매업자 등으로 한정되는 경우로 분류할 수 있다.

금지규정이 '누구든지 …'로 규정되어 있는 경우 및 금지규정이 '투자매매업자는 …' 등으로 규정되어 있는 경우 모두 실제 행위자는 적용대상자이다. 다만, 금지규정이 '투자매매업자는 …' 등으로 규정되어 있는 경우에 있어 실제 행위자가 적용대상자가 되는 것은 양벌규정에 의해 벌칙규정의 적용대상자 범위가 실제 행위자까지 확대됨에 따른 결론이라는 차이가 있을 뿐이다.[1] 한편, 투자매매업자 등 금지규정의 주체인 법인이 벌칙규정의 적용대상자에 포함되는지 여부에 관하여는 논란의 여지가 있다.[2]

(2) 양벌규정(법 448조)의 적용대상자

양벌규정의 적용대상자는 법인의 대표자나 법인 또는 개인의 대리인, 사용인, 그 밖의 종업원이 그 법인 또는 개인의 업무에 관하여 법 제443조부터 제446조까지의 어느

1) 대법원 2004. 5. 14. 선고 2004도74 판결 : 양벌규정의 취지는 그 행위자나 사업자 법인 쌍방을 모두 처벌하려는 데에 있으므로, 양벌규정에 의하여 사업자가 아닌 행위자도 사업자에 대한 벌칙규정의 적용대상이 된다.

2) 대법원 1994. 5. 24. 선고 94도660 판결은 구 산업안전보건법 제23조 제 2 항(사업주는 굴착·채석·하역·벌목·운송·조작·운반·해체·중량물 취급 기타 작업에 있어 불량한 작업, 방법 등에 기인하여 발생하는 위험을 방지하기 위하여 필요한 조치를 하여야 한다.)과 관련하여 "이른바 시공관리계약의 형태로 공사를 도급받은 수급인인 건설회사 소속 직원들이 공사현장에서 작업에 종사하였다면 그 건설회사는 산업안전보건법 제23조 제 2 항 소정의 '사업주'에 해당하고, 수급인인 건설회사의 대표이사는 위 '사업주'에 해당하지 아니한다."고 판시한 반면, 대법원 1995. 1.12. 선고 93도3509 판결은 도시계획법 제 5 조 제 2 항(도시계획사업의 시행자가 제 1 항의 규정에 의하여 타인이 점유하는 토지에 출입하고자 할 때에는 시장 또는 군수의 허가를 받아 출입할 날의 3일전에 당해 토지의 소유자 또는 점유자나 관리인에게 그 일시와 장소를 통지하여야 한다.)과 관련하여 "택지개발촉진법 제10조 제 1 항, 도시계획법 제 5 조 제 2 항은 시행자의 타인 토지 출입에 관한 근거규정으로서 같은 법 제92조 제 3 호의 적용대상을 시행자에 한정하는 것으로 보아야 할 논거가 될 수 없고, 택지개발촉진법 제 7 조는 시행자를 국가·지방자치단체·한국토지개발공사 또는 대한주택공사 중에서 지정하도록 규정하고, 도시계획법 제23조는 특별한 규정이 없는 경우 시장·군수가 도시계획사업의 시행자가 되도록 규정하고 있어 위 벌칙규정이 그와 같은 시행자의 출입행위 등을 처벌하기 위한 조항으로 보기 어려운 점, 위 벌칙규정위반죄에 대하여는 징역형과 벌금형이 선택형으로 규정되어 있으며, 도시계획법 제93조는 법인의 대표자, 법인 또는 개인의 대리인·사용인 기타의 종업원이 위반행위를 하였을 때에는 그 행위자를 처벌하는 외에 그 법인 또는 개인에 대하여도 그 벌금형을 과하도록 규정하고 있는 점 등을 종합하여 보면, 위 벌칙규정의 적용대상은 택지개발촉진법 제10조 제 1 항에 정한 시행자의 업무를 행하는 자로서 그 업무를 위하여 위반행위를 한 행위자이고, 그 행위자가 시행자와 도시계획법 제93조에서 정하는 관계에 있을 경우 시행자는 그 양벌규정에 의하여 처벌하도록 하는 취지라고 봄이 상당하다."고 판시하고 있어 자본시장법상 금지규정의 주체가 투자매매업자 등 법인인 경우, 그 법인이 벌칙규정의 적용대상자에 해당하는지 여부는 향후 판례의 태도를 주목할 필요가 있다.

하나에 해당하는 위반행위를 한 경우에 있어 '그 법인 또는 개인'이다.

위 (1), (2) 내용에서 볼 수 있듯이 양벌규정은 벌칙규정의 적용대상자를 실제 행위자까지 확대하는 근거로 사용됨과 동시에 법인의 처벌근거로 사용되는 이중적 기능을 수행하고 있다(이에 대한 자세한 사항은 후술하는 양벌규정 부분 참조).

(3) 과태료규정(법 449조)의 적용대상자

과태료규정은 금지규정의 주체가 적용대상자이다. 금융투자업자의 임직원이 법 제63조 제1항을 위반하여 같은 항 제2호부터 제4호까지의 방법에 따르지 아니하고 자기의 계산으로 금융투자상품을 매매한 경우, 그 금융투자업자의 임직원이 과태료규정(법 449조 1항 28호)의 적용대상자이고, 투자매매업자가 법 제71조 제7호를 위반하여 불건전 영업행위를 한 경우, 그 투자매매업자가 과태료규정(법 449조 1항 29호)의 적용대상자이다.

제443조(벌칙)

① 다음 각 호의 어느 하나에 해당하는 자는 10년 이하의 징역 또는 그 위반행위로 얻은 이익 또는 회피한 손실액의 1배 이상 3배 이하에 상당하는 벌금에 처한다. 다만, 그 위반행위로 얻은 이익 또는 회피한 손실액의 3배에 해당하는 금액이 5억원 이하인 경우에는 벌금의 상한액을 5억원으로 한다.

1. 제174조 제1항을 위반하여 상장법인의 업무 등과 관련된 미공개중요정보를 특정증권등의 매매, 그 밖의 거래에 이용하거나 타인에게 이용하게 한 자
2. 제174조 제2항을 위반하여 주식등에 대한 공개매수의 실시 또는 중지에 관한 미공개정보를 그 주식등과 관련된 특정증권등의 매매, 그 밖의 거래에 이용하거나 타인에게 이용하게 한 자
3. 제174조 제3항을 위반하여 주식등의 대량취득·처분의 실시 또는 중지에 관한 미공개정보를 그 주식등과 관련된 특정증권등의 매매, 그 밖의 거래에 이용하거나 타인에게 이용하게 한 자
4. 제176조 제1항을 위반하여 상장증권 또는 장내파생상품의 매매에 관하여 그 매매가 성황을 이루고 있는 듯이 잘못 알게 하거나, 그 밖에 타인에게 그릇된 판단을 하게 할 목적으로 같은 항 각 호의 어느 하나에 해당하는 행위를 한 자
5. 제176조 제2항을 위반하여 상장증권 또는 장내파생상품의 매매를 유인할 목적으로 같은 항 각 호의 어느 하나에 해당하는 행위를 한 자
6. 제176조 제3항을 위반하여 상장증권 또는 장내파생상품의 시세를 고정시키거나 안정시킬 목적으로 그 증권 또는 장내파생상품에 관한 일련의 매매 또는 그 위탁이나 수탁을 한 자
7. 증권 또는 파생상품에 관한 매매등과 관련하여 제176조 제4항 각 호의 어느 하나에 해당하는 행위를 한 자
8. 금융투자상품의 매매(증권의 경우 모집·사모·매출을 포함한다), 그 밖의 거래와 관련하여 제178조 제1항 각 호의 어느 하나에 해당하는 행위를 한 자
9. 제178조 제2항을 위반하여 금융투자상품의 매매(증권의 경우 모집·사모·매출을 포함한다),

그 밖의 거래를 할 목적이나 그 시세의 변동을 도모할 목적으로 풍문의 유포, 위계의 사용, 폭행 또는 협박을 한 자

② 제 1 항 각 호의 위반행위로 얻은 이익 또는 회피한 손실액이 5억원 이상인 경우에는 제 1 항의 징역을 다음 각 호의 구분에 따라 가중한다.

1. 이익 또는 회피한 손실액이 50억원 이상인 경우에는 무기 또는 5년 이상의 징역에 처한다.
2. 이익 또는 회피한 손실액이 5억원 이상 50억원 미만인 경우에는 3년 이상의 유기징역에 처한다.

③ 제 1 항 또는 제 2 항에 따라 징역에 처하는 경우에는 10년 이하의 자격정지를 병과(竝科)할 수 있다.

Ⅰ. 본조의 취지

본조는 자본시장법상 불공정거래행위에 대한 형벌을 규정하고 있다. 불공정거래행위는 자본시장법을 위반하는 다른 어떠한 행위보다 투자자들에게 막대한 피해를 끼칠 뿐만 아니라 자본시장의 공정성과 건전성, 효율성을 심각하게 해침으로써 자본시장 본연의 기능을 상실시켜 결과적으로 국민경제의 발전을 저해하는 중대한 범죄 행위이다.

구증권법과 구선물법은 그 제정 당시부터 시세조종 등 불공정거래행위에 대하여 형벌을 규정한 이래, 2002년 각 법률의 개정을 통해 그 법정형을 특정경제범죄 가중처벌 등에 관한 법률과 동일하게 대폭 강화하였고(2002. 4. 27. 법률 제6695호, 2002. 8. 26. 법률 제6707호), 자본시장법도 이러한 강화된 형벌을 그대로 받아들였다.[1)]

1) 불공정거래행위에 대한 형벌의 강화는 미국과 일본에서도 마찬가지이다. 미국의 경우 Sarbanes-Oxley Act of 2002를 통해 미국 1934년법 §32(a)를 개정하면서 증권사기 및 내부자거래에 대한 징역형을 20년 이하로, 벌금형을 개인의 경우 $5백만, 법인의 경우 $25백만으로 강화하였으며 증권사기행위에 동시에 적용하였던 일반 형법상의 우편 또는 통신사기(Mail or wire fraud) 행위가 금융기관을 포함하는 경우에는 그 징역형을 30년 이하로 강화하였다(18. U.S.C. §1314, 1343 참조). 증권사기행위에 대한 미국의 형사제재에 대한 자세한 사항은 Alan R. Palmiter, Securities Regulation, ASPEN(Third Edition), 2005, p. 451 이하 참조. 일본의 경우 부정거래행위나 시세조종에 대해서는 징역형의 경우 10년 이하, 벌금형의 경우 개인 1천만円 이하(재산상 이익을 얻을 목적인 경우에는 3천만円), 법인(양벌규정) 7억円 이하로(日金商法 197조 1항 5호·2항, 207조 1항 1호 참조), 내부자거래에 대해서는 징역형의 경우 5년 이하, 벌금형의 경우 개인 500만円 이하, 법인(양벌규정) 5억円 이하로 강화하였다(日金商法 197조의2 13호, 207조 1항 2호 참조). 한편, 불공정거래행위에 해당하는 재산은 몰수 또는 추징할 수 있도록 규정하고 있고(日金商法 198조의2), 풍설유포 또는 위계를 사용하여 시세를 변동시킨 자, 시세조종행위자, 내부자거래행위자에 대해서는 과징금도 부과할 수 있도록 규정하고 있다(日金商法 173조 내지 175조 참조).

이후 자본시장법은 2013. 5. 28. 개정을 통해 미공개중요정보 이용행위 금지(법 174조), 시세조종행위 등의 금지(자본시장법 176조), 부정거래행위 등의 금지(법 178조)를 위반한 자에게 부정거래행위 등으로 얻은 이익 또는 회피한 손실액 1배 이상 3배 이하에 상당하는 금액의 벌금에 처할 수 있도록 벌금형의 하한선을 마련하였다(2013. 5. 28. 법률 제11845호).

Ⅱ. 벌칙규정의 적용대상자

본조 제1항 각 호에서는 본조 벌칙규정의 적용대상자인 불공정거래행위자들을 열거하고 있다. 구증권법이나 구선물법과는 달리 구성요건적 행위를 자세히 규정하여 죄형법정주의에 좀더 충실하고자 하였다. 일본과는 달리 불공정거래행위, 즉 내부자거래나 시세조종 또는 부정거래행위 등의 행위자들 사이에 형벌 수준은 차이가 없다.

Ⅲ. 형법총칙의 적용

본조에 따라 형사처벌의 대상이 되는 범죄로서 불공정거래행위가 성립하기 위해서는 구성요건에 해당하는 위법하고 책임 있는 행위여야 한다. 이러한 의미에서 형법총칙의 규정은 불공정거래행위에 대하여도 원칙적으로 그대로 적용된다.

1. 적용범위

불공정거래행위에 대하여도 형법의 적용범위에 관한 형법 제2조 내지 제7조가 적용된다. 예를 들어, 내국인이 국내에서 상장법인의 업무 등과 관련된 미공개중요정보를 알고 해외시장에 상장된 증권예탁증권의 매매거래에 이용하는 경우 본조가 적용된다. 마찬가지로, 외국인이 국외에서 주식 등의 공개매수나 대량 취득·처분에 관한 미공개중요정보를 알고 국내 증권시장에 상장된 특정증권 등의 매매거래에 이용하는 경우에도 본조가 적용된다. 나아가, 자본시장법은 국외에서 이루어진 행위로서 그 효과가 국내에 미치는 경우에도 적용되므로(법 2조), 외국인이 국외에서 미공개중요정보를 알고 이를 국외에서 이용하거나, 외국인이 국외에서 금융투자상품의 매매, 그 밖의 거래와 관련하여 거짓 표시를 한 경우라도 그 효과가 국내에 미치는 경우에는 본조가 적용된다고 봄이 타당하다.

2. 미 수 범

미수란 범죄의 실행에 착수하여 행위를 종료하지 못하였거나 결과가 발생하지 아니한 때를 말한다(형법 25조 1항). 미수범은 이에 대한 처벌규정이 있는 경우에 한하여 처벌

한다(형법 29조).

본조는 미수범에 대한 처벌규정이 없으므로, 불공정거래행위에 대한 미수범은 처벌할 수 없다. 예를 들어, 내부자가 미공개중요정보를 1차 정보수령자에게 제공하였으나, 1차 정보수령자가 해당 정보를 특정증권 등의 매매, 그 밖의 거래에 이용하지 아니한 때에는 내부자를 법 제443조 제1항 제1호로 처벌할 수 없다. 마찬가지로, 내부자가 미공개중요정보를 알고 특정증권 등의 매매주문을 하였으나 체결되지 아니한 경우 또는 체결되기 전에 해당 내부자가 해당 주문을 취소한 경우에는 기수에 이르렀다고 볼 수 없으므로 처벌할 수 없다.1)

그러나 내부자거래와는 달리, 가장매매, 통정매매, 현실거래에 의한 시세조종 등의 행위에 있어서는 그러한 매매주문을 위탁하는 행위 자체로 처벌이 가능하므로 비록 수탁자가 해당 주문을 받고 호가를 제시하지 아니하거나, 행위자가 해당 주문을 취소하더라도 시세조종행위의 기수범으로 처벌대상이 된다. 이러한 의미에서 시세조종 행위에 있어서는 사실상 미수범을 처벌하는 것과 동일한 효과를 가진다.

부정거래행위 등에 있어서는 행위자가 반드시 금융투자상품의 매매 그 밖의 거래를 할 필요는 없고, 금전 등 재산상의 이익을 얻을 것까지 필요로 하지 아니하며 반드시 투자자에게 오해를 유발케 하여야 할 것까지 요구하지 않는다. 따라서 부정거래행위 등은 행위자가 부정한 수단, 계획, 기교를 사용하거나 거짓 기재 또는 표시 등을 한 때에 곧바로 기수가 된다.

다만, 스캘핑(scalping) 행위와 같이 분석보고서 등을 통해 매수추천을 한 행위 자체를 위계로 볼 수 없고, 자기가 매도할 것이라는 사실을 숨기고 매수추천을 한 후 가격 상승 또는 거래량의 증가를 틈타 보유 중인 상장증권 또는 장내파생상품을 매도한 때에만 위계가 성립될 수 있다는 점에서 이 경우의 기수시점은 매도계약이 체결된 시점으로 보아야 할 것이다.

3. 공　　범

(1) 불공정거래행위와 공범

불공정거래행위에 대해서도 형법총칙 제2장 제3절의 공범에 관한 규정은 그대로 적용된다. 넓은 의미에서 공범이란 두 사람 이상이 협력하여 구성요건적 행위를 실현하는 경우를 말한다. 이러한 공범에는 공동정범(형법 30조), 교사범(형법 31조), 종범(형법 32조) 및 간접정범(형법 34조)이 있다. 아울러 공범관계에서는 신분관계에 따라 범죄의 성립과 형의

1) 내부자거래의 기수시점에 관하여는 특정증권 등의 매매, 그 밖의 거래에 이용하여야 하므로 매매대금 및 특정증권 등의 인수도까지는 아니더라도 해당 매매계약의 체결, 즉 의사표시의 합치까지는 도달하여야 한다고 본다. 같은 뜻: 服部秀一, 「インサイダー取引規制のすべて」, 商事法務研究會, 平成 13년 7월 9일, 300쪽 참조.

경중이 달라진다(형법 33조).

(2) 내부자거래와 공범

내부자거래에 있어서도 공동정범이 성립할 수 있다. 예를 들어, 내부자인 법인의 어느 임직원이 미공개중요정보를 알게 된 후 이를 다른 임직원에게 전달하여 다른 임직원이 해당 정보를 가지고 법인의 계산으로 특정증권 등의 매매거래에 이용하는 경우 공동정범이 성립한다.

또한 내부자거래는 신분범이므로, 신분관계가 없는 자가 신분자(내부자)의 미공개중요정보 이용행위에 가담한 때에도 공범관계가 성립한다. 예를 들어, 신분관계가 없는 자가 신분자(내부자)의 미공개중요정보 이용행위를 위한 자금을 제공하거나, 계좌를 개설하여 준 경우 또는 매매주문을 실행하는 경우, 내부자의 미공개중요정보 이용행위를 교사하는 경우, 그 신분관계가 없는 자는 내부자의 공범으로서 처벌된다. 그리고 신분자(내부자)가 비신분자를 이용하거나 신분 있는 고의 없는 자를 도구로 이용하여 미공개중요정보 이용행위를 하는 경우 간접정범으로 처벌된다. 예를 들어, 법인의 대표이사가 직무상 미공개중요정보를 알게 된 후 이를 모르는 부하 직원에게 특정증권 등의 매매거래를 지시하는 경우, 해당 대표이사는 미공개중요정보 이용행위의 간접정범에 해당될 것이다.[1] 그러나 비신분자가 신분자를 이용하여 내부자거래의 간접정범이 될 수는 없다.[2]

한편 제2차 정보수령자가 제1차 정보수령자로부터 제1차 정보수령 후에 미공개내부정보를 전달받은 후에 이용한 행위가 일반적인 형법 총칙상의 공모, 교사, 방조에 해당된다고 하더라도 제2차 정보수령자를 제1차 정보수령자의 공범으로서 처벌할 수는 없다고 할 것이나,[3] 1차 정보수령자가 1차로 정보를 받은 단계에서 그 정보를 거래에 막바로 이용하는 행위에 2차 정보수령자가 공동가담하였다면 그 2차 정보수령자를 1차 정보수령자의 공범으로 처벌할 수 있다.[4]

1) 服部秀一, 상게서, 305쪽 참조.

2) 서울서부지법 2007. 5. 29. 선고 2007노470 판결 : 형법 제34조 제1항에서 정한 간접정범은 단독정범의 일종이므로 특별한 처벌규정이 없는 한 신분이 없는 자가 신분이 있는 자를 이용하여 신분범의 간접정범이 될 수 없다.

3) 대법원 2002. 1. 25. 선고 2000도90 판결 : 구증권법 제188조의2 제1항의 금지행위 중의 하나인 내부자로부터 미공개 내부정보를 수령한 제1차 정보수령자가 다른 사람에게 유가증권의 매매 기타 거래와 관련하여 당해 정보를 이용하게 하는 행위에 있어서는 제1차 정보수령자로부터 당해 정보를 전달받는 제2차 정보수령자의 존재가 반드시 필요하고, 제2차 정보수령자가 제1차 정보수령자와의 의사합치 하에 그로부터 미공개 내부정보를 전달받아 유가증권의 매매 기타 거래와 관련하여 당해 정보를 이용하는 행위가 당연히 예상되는바, 그와 같이 제1차 정보수령자가 미공개 내부정보를 다른 사람에게 이용하게 하는 구증권법 제188조의2 제1항 위반죄가 성립하는 데 당연히 예상될 뿐만 아니라, 그 범죄의 성립에 없어서는 아니 되는 제2차 정보수령자의 그와 같은 관여행위에 관하여 이를 처벌하는 규정이 없는 이상 그 입법취지에 비추어 제2차 정보수령자가 제1차 정보수령자로부터 제1차 정보수령 후에 미공개 내부정보를 전달받은 후에 이용한 행위가 일반적인 형법 총칙상의 공모, 교사, 방조에 해당된다고 하더라도 제2차 정보수령자를 제1차 정보수령자의 공범으로서 처벌할 수는 없다.

4) 대법원 2009. 12. 10. 선고 2008도6953 판결 : 미공개 내부정보의 1차 정보수령자가 그 내부정보를 피

(3) 시세조종과 공범

시세조종행위는 단독정범 형태로 이루어지는 경우는 매우 드물고 대부분 공범 형태로 이루어진다.

1) 공동정범

2인 이상이 범죄에 공동 가공하는 공범관계에서 공모는 법률상 어떤 정형을 요구하는 것이 아니고, 2인 이상이 공모하여 어느 범죄에 공동 가공하여 그 범죄를 실현하려는 의사의 결합만 있으면 되는 것으로서, 비록 전체의 모의과정이 없었다고 하더라도 수인 사이에 순차적으로 또는 암묵적으로 상통하여 그 의사의 결합이 이루어지면 공모관계가 성립하고, 이러한 공모가 이루어진 이상 실행행위에 직접 관여하지 아니한 자라도 다른 공모자의 행위에 대하여 공동정범으로서의 형사책임을 진다.[1)]

포괄일죄의 일부에 공모공동정범으로 가담한 자는 비록 그가 그때에 이미 이루어진 종전의 범행을 알았다 하여도 그 가담 이후의 범행에 대해서만 공모공동정범으로서 책임을 지는 것이 원칙이다.[2)] 이는 형법상의 추인 또는 사후고의를 인정할 수 없고, 선행자에 의하여 단독으로 행하여진 결과에 대하여는 후행자의 행위지배를 인정할 수 없다는 점이 그 근거가 될 것이다. 그러나 허위매수주문, 통정매매 등에 의한 시세조종행위의 경우, 이는 불공정거래행위에 해당하는 수개의 행위를 단일하고 계속된 범의 하에서 일정기간 계속하여 반복한 범행이라 할 것이고, 주가조작이 행하여진 전체기간의 중간에 범죄에 개입한 자라고 하더라도, 여러 사정을 고려할 때 선행자의 행위를 인식하고 이를 이용하려는 의사의 연락이 있었고(공동가공의 의사의 존재), 선행자의 선행행위로 만들어진 상황을 이용하면서(공동가공의 행위의 존재) 실행에 참가한 것이라면, 전체기간 동안의 시세조종행위로 인한 책임을 져야 한다.[3)]

고인에게 전달하자 피고인이 그 정보를 이용하여 특정 회사의 주식을 매매한 후 그 수익을 분배하자고 제안하였고 1차 정보수령자가 이를 승낙하여 범행을 공모한 후 그에 따라 주식을 매매한 사안에서, 비록 1차 정보수령자가 주식거래를 직접 실행한 바 없다 하더라도 공범인 피고인의 주식거래행위를 이용하여 자신의 범행의사를 실행에 옮긴 것으로 보아야 할 것이고, 여기에 주식 매수자금 대부분을 자신이 제공한 점, 주식매매를 통해 얻은 매매차익의 60% 정도가 자신에게 귀속된 점 등의 사정까지 종합해 보면, 피고인과 1차 정보수령자의 위 주식거래는 1차 정보수령자가 1차로 정보를 받은 단계에서 그 정보를 거래에 막바로 이용한 행위에 해당하고, 피고인은 1차 정보수령자의 위와 같은 행위에 공동 가담한 것으로 보아야 한다고 한 사례.

1) 대법원 2002. 7. 26. 선고 2001도4947 판결; 대법원 2004. 5. 28. 선고 2004도1465 판결.

2) 대법원 1982. 6. 8. 선고 82도884 판결; 대법원 2005. 1. 28. 선고 2004도6805 판결 등 참조.

3) 서울고등법원 2004. 2. 9. 선고 2003노3094 판결 : 피고인은 2002. 6.경 상피고인 甲, 乙을 만나 그들부터 A회사 주식에 대한 시세조종행위를 통해 주식가격을 끌어올리려고 한다는 사실을 들어서 잘 알면서 같은 해 6. 26.부터 B증권 지점에서 자신이 관리하던 공소외 丙 등 10여 명 명의의 증권계좌를 이용하여 상피고인 甲, 乙이 시키는 대로 A회사 주식 시세조종을 위한 매매주문을 한 사실을 인정할 수 있으므로, 구증권법 위반죄의 범행이 가지는 특성에 비추어 피고인으로서도 전체 기간 동안의 시세조종 행위로 인한 책임을 져야 한다는 사례.

한편, 포괄일죄의 관계에 있는 범행의 일부를 실행한 후 공범관계에서 이탈하였으나 다른 공범자에 의하여 나머지 범행이 이루어진 경우, 그 이탈자는 자신이 관여하지 않은 부분에 대하여도 공범으로서의 책임을 부담한다.[1] 따라서 甲과 乙이 C사 주식의 물량을 통제한 상태에서 주가조작을 통하여 시세를 고가로 형성한 후 매집한 주식을 팔아 이익을 취득하기로 공모하고 C사 주식의 상장일부터 일정 기간까지 통정매매행위를 하여 주가를 높게 형성시킨 다음에 묶어 두었던 물량을 풀어 이익을 취득한 후 시세조종행위를 중단하였으나, 그 후에도 乙은 주가가 하락하자 甲과 논의 없이 고가매수주문행위를 하여 주가하락을 저지하려고 하였다면, 통정매매행위와 고가매수주문행위는 포괄일죄의 관계에 있으므로, 甲이 다른 공범인 乙의 범죄실행을 저지하지 않은 이상, 甲은 乙이 행한 행위에 대하여도 공범으로서의 책임을 부담한다.

2) 방 조 범

형법상 방조행위는 정범이 범행을 한다는 정을 알면서 그 실행행위를 용이하게 하는 직접·간접의 모든 행위를 가리킨다.[2]

시세조종행위를 알면서도 그 행위자를 돕기 위해 시세조종자금이나 사무실 또는 계좌[3]를 제공한 경우, 사채업자가 시세조종의 정을 알면서도 시세조종 행위자가 제공하는 주식을 담보로 해당 시세조종 행위자에게 자금을 대출하여 주어 그의 행위를 돕는 한편, 시세조종으로 얻은 부당이득을 환수하는데 편의를 보아준 경우,[4] 시세조종행위를 방조한 것으로 인정될 수 있다.

Ⅳ. 이익 또는 손실액에 관하여

1. '위반행위로 얻은 이익 또는 회피한 손실액' 확정의 필요성

불공정거래행위자에 대하여는 10년 이하의 징역 또는 그 위반행위로 얻은 이익 또는 회피한 손실액의 1배 이상 3배 이하에 상당하는 벌금에 처하고(법 443조 1항), 위반행위

1) 대법원 2011. 1. 13. 선고 2010도9927 판결 : 피고인이 B 투자금융회사에 입사하여 다른 공범들과 특정회사 주식의 시세조정 주문을 내기로 공모한 다음 시세조정행위의 일부를 실행한 후 甲 회사로부터 해고를 당하여 공범관계로부터 이탈하였고, 다른 공범들이 그 이후의 나머지 시세조정행위를 계속한 사안에서, 피고인이 다른 공범들의 범죄실행을 저지하지 않은 이상 그 이후 나머지 공범들이 행한 시세조정행위에 대하여도 죄책을 부담함에도, 피고인이 해고되어 B 회사를 퇴사함으로써 기존의 공모관계에서 이탈하였다는 사정만으로 피고인이 이미 실행한 시세조정행위에 대한 기능적 행위지배가 해소되었다고 보아 그 이후의 각 구증권법 위반의 공소사실에 대하여 무죄를 선고한 원심판결에 공모공동정범에 관한 법리오해의 위법이 있다고 한 사례.

2) 대법원 2011. 12. 8. 선고 2010도9500 판결 등 참조.

3) 대법원 2007. 3. 30. 선고 2007도877 : 피고인 甲이 피고인 乙의 시세조종 사실을 알면서 6억원이 입금되어 있는 丙, 丁 명의의 증권계좌를 피고인 乙에게 전달하여 준 사안.

4) 서울중앙지방법원 2003. 4. 10. 선고 2002고합1086 판결.

로 얻은 이익 또는 회피한 손실액이 5억원 이상인 경우 특정경제범죄 가중처벌 등에 관한 법률과 동일하게 징역형을 가중하고 있다(법 443조 2항). 즉 위반행위로 얻은 이익 또는 회피한 손실액은 벌금형의 상·하한을 설정할 뿐만 아니라 가중처벌을 위한 구성요건이다. 이와 같은 벌금형의 상·하한 설정 및 가중처벌규정 적용을 위하여 위반행위로 얻은 이익 또는 회피한 손실액을 확정하여야 할 필요가 있다.[1]

2. '위반행위로 얻은 이익 또는 회피한 손실액'의 의미 및 산정방법

법 제443조에서 규정하고 있는 '위반행위로 얻은 이익'은 당해 위반행위로 인하여 행위자가 얻은 이익을 의미한다.[2] 위반행위와 관련된 거래로 인한 이익을 말하는 것으로서 위반행위로 인하여 발생한 위험과 인과관계가 인정되는 것을 말한다.[3]

그리고 여러 사람이 공동으로 시세조종 등 불공정거래 범행을 저지른 경우 범행으로 인한 이익은 범행에 가담한 공범 전체가 취득한 이익을 말하는 것일 뿐, 범행에 가담하지 아니한 제 3 자에게 귀속되는 이익은 여기에 포함되지 아니한다.[4] 법인의 대표자 등이 그 법인의 기관으로서 그 법인의 업무에 관하여 법 제443조에 정한 위반행위를 한 경우에는 그 위반행위로 인하여 법인이 얻은 이익도 법인의 대표자 등의 위반행위로 얻은 이익에 포함된다.[5]

통상적인 경우에는 위반행위와 관련된 거래로 인한 총수입에서 거래를 위한 총비용을 공제한 차액을 산정하는 방법으로 인과관계가 인정되는 이익을 산출할 수 있지만, 구체적인 사안에서 위반행위로 얻은 이익의 가액을 위와 같은 방법으로 인정하는 것이 부당하다고 볼만한 사정이 있는 경우에는, 사기적 부정거래행위를 근절하려는 법 제443조의 입법 취지와 형사법의 대원칙인 책임주의를 염두에 두고 위반행위의 동기, 경위, 태양, 기간, 제 3 자 개입 여부, 증권시장 상황 및 그 밖에 주가에 중대한 영향을 미칠 수 있는 제반 요소들을 전체적·종합적으로 고려하여 인과관계가 인정되는 이익을 산정해야 한다.[6]

3. 포괄일죄의 경우

시세조종행위에 해당하는 수개의 행위를 단일하고 계속된 범의 하에서 일정기간 계속하여 반복하여 행하여 그 각 행위가 포괄하여 일죄를 이루는 경우, 그 시세조종행위로

---

1) 대법원 2001. 1. 19. 선고 2000도5352 판결.
2) 대법원 2011. 7. 14. 선고 2011도3180 판결.
3) 대법원 2011. 10. 27. 선고 2011도8109 판결.
4) 대법원 2011. 7. 14. 선고 2011도3180 판결.
5) 대법원 2011. 12. 22. 선고 2011도12041 판결.
6) 대법원 2011. 10. 27. 선고 2011도8109 판결.

얻은 이익은 그 기간 동안 행하여진 모든 거래를 통하여 산정을 하여야 할 것이고, 어느 기간 동안에 단일한 범의 하에서 시세조종행위를 한 후 그와 다른 범의 하에서 별도의 시세조종행위를 행하여 각 범행이 경합범의 관계에 있는 경우에는 시세조종행위로 얻은 이익은 각 범행별로 따로 산정을 하여야 할 것이다.

이와 관련하여 발행시장과 유통시장이 연계된 시세조종에서 총매수금액의 산정에서 신주취득의 경우 매수가격 산정을 어떻게 할 것인지 문제된다. 대법원은 "처음부터 구조조정과 관련한 제3자 배정방식의 신주발행 및 청약자모집을 의미하는 '발행시장' 부분과 구조조정 완료 후 확보한 신주 및 이를 담보로 취득한 자금 등을 이용하여 주가를 조작하는 것을 의미하는 '유통시장' 부분을 연계시켜 시세조종하기로 계획하였고 그 전체적인 계획 하에 구주 매집과 신주발행 단계를 포함한 시세조종을 한 사안에서 시세조종으로 인한 이익을 산정하기 위한 신주의 매수가격은 신주의 발행가로 보아야 할 것이다"라고 판시한 바 있다.[1]

4. 위헌 여부

'위반행위로 얻은 이익'을 기준으로 하여 벌금형의 상한을 정한 벌칙규정이 과잉처벌에 해당되는 것은 아닌지가 문제될 수 있는데, 헌법재판소는 구증권법 제207조의2와 관련하여 "주식을 비롯한 유가증권의 시장가격은 어느 특정 요인에 의해 형성되는 것이 아니고 당해회사의 재정상태나 사업현황, 경제상황의 변화, 풍문 등 매우 다양한 요인에 의해 영향을 받는다는 점을 고려하면 미공개정보를 이용하거나 유가증권의 시세를 인위적으로 조종하는 행위를 하여 그 거래에서 이익을 얻은 경우 이것이 모두 시세조종행위나 미공개정보이용행위에 의한 것이라고 말할 수는 없다. 하지만 형사책임이란 측면에서 볼 때 일반적으로 시세조종행위 등 법이 금지한 행위가 개입된 거래에서 그 행위자가 얻은 이익 즉 시세차익이 많으면 많을수록 그 위반행위에 대한 비난가능성은 그만큼 높아진다고 할 수 있기 때문에 위반행위로 얻은 시세차익의 많고 적음이 그러한 위반행위를 한 자에 대한 형사책임의 경중을 결정하는 중요한 요소가 될 수 있음을 부인할 수 없다. 이 사건 규정은 위반행위자와의 거래에서 그 상대방이 입은 손해에 대한 배상책임의 범위를 정하기 위한 조항이 아니고, 위반행위자가 얻은 이익 중에서 위반행위와 직접적인 인과관계가 있는 이익액을 박탈하거나 환수하려는 조항도 아니다. 이 사건 규정은 유가증권시장의 공정한 질서를 해치는 행위에 대한 제재인 형사처벌의 법정형에 관한 것으로서 이 사건 규정이 적용되는 시세조종행위나 미공개정보이용행위와 같은 범죄의 주된 보호법익은 개인적 법익이 아닌 유가증권시장의 공정한 거래질서라는 사회적 법익이다. 따라서 유가증권시장의 공정성을 저해하는 행위를 효과적으로 규제하고 그에 대한 처벌의

1) 대법원 2004. 5. 28. 선고 2004도1465 판결.

실효성을 확보하기 위하여 이 사건 규정이 벌금형의 상한이 변동되는 연동제를 채택함에 있어서 위반행위와 직접적인 인과관계가 있는 이익액 즉 위반행위자나 피해자 개인의 부당이득액이나 손해액만을 그 변동의 요건으로 삼아야 할 필연성이 인정되지 않을 뿐만 아니라, 위반행위자가 받게 될 최종적인 형사책임(형량)은 법정형의 범위 내에서 구체적인 법관의 양형에 의하여 결정되는 것이지 위반행위로 얻은 이익액 자체가 곧바로 위반행위자에 대한 형량으로 되는 것이 아니다. 더구나 이 사건 규정에 의한 법정형의 가중은 벌금형의 상한의 가중에 그치고 있으므로, 구체적 사안에서 나타날 수 있는 법정형의 차이로 인한 불합리한 점은 개개의 사건에서 여러 양형인자를 고려한 법관의 적절한 양형에 의하여 합리적인 방향으로 얼마든지 조절이 가능하다. 또한 법정형을 규정함에 있어 행위자의 책임의 경중에 영향을 줄 수 있는 다양한 요인을 모두 반영할 수는 없는 일이고 그렇게 하는 것이 가능하지도 않다. 따라서 이 사건 규정이 위반행위자의 책임의 경중에 영향을 줄 수 있는 여러 요인 중에서 경중을 가리는 기준으로서 합리적이라고 인정되는 요인인 시세차익을 기준으로 법정형의 범위를 정한 것을 가리켜 책임원칙에 반한다고 단정할 수는 없다. 위와 같은 사정을 종합하여 볼 때, 위반행위와 직접적인 인과관계가 있는 이익에 한정하지 않고 위반행위가 개입된 거래에서 얻은 시세차익을 기준으로 벌금형의 상한이 가중되도록 한 이 사건 규정은 비록 시세차익의 많고 적음이 그 죄의 경중을 가늠하는 유일한 기준은 아니라 할지라도 가장 중요하고 합리적인 기준이 될 수 있음에 비추어 그 정당성을 수긍할 수 있다. 따라서 이 사건 규정을 가리켜 형벌체계의 균형을 상실하였거나 책임원칙에 반하는 과잉처벌이라고 할 수는 없다"고 판시하였다.[1)]

Ⅴ. 죄수(罪數)

1. 서　　설

죄수란 죄의 수(1죄, 수죄)를 말하는 것으로, 1개의 행위가 수죄에 해당하는 경우(상상적 경합범)도 있고, 수개의 행위가 1죄에 해당하는 경우(포괄일죄)도 있다. 죄수는 범죄의 구성요소인 객관적 요소와 주관적 요소를 고려함과 동시에 각 범죄의 성질 및 보호법익 등도 참작하여 정한다. 동일한 범죄사실이라도 죄수를 어떻게 판단하느냐에 따라 기판력의 범위, 공사시실 특정의 정도, 기수시기 등이 달라지므로, 죄수 판단은 중요하다.

특히 '위반행위로 얻은 이익 또는 회피한 손실액'의 규모에 따라 가중처벌되는 범죄인 불공정거래행위에서는 실체적 경합범인지 포괄일죄인지에 따라 가중처벌되는 벌칙규정의 적용 여부가 결정된다. '위반행위로 얻은 이익 또는 회피한 손실액'은 단순일죄 혹은 포괄일죄에서의 '위반행위로 얻은 이익 또는 회피한 손실액'을 의미하고, 경합범으로

1) 헌재 2003. 9. 25. 2002헌바69.

처벌될 수죄에서의 '위반행위로 얻은 이익 또는 회피한 손실액'을 합산한 금액을 말하는 것이 아니다.

2. 경 합 범

불공정거래행위에 대해서도 형법총칙 제 2 장 제 5 절의 경합범에 관한 규정이 적용된다.

동일 죄명에 해당하는 수개의 행위 혹은 연속된 행위함에 있어 범의의 단일성과 계속성이 인정되지 아니하거나 범행방법이 동일하지 않은 경우에는 각 범행은 실체적 경합범에 해당한다.[1]

허위 작성·공시된 재무제표를 이용한 사기적 부정거래로 인한 자본시장법 위반죄는 허위 재무제표 작성·공시로 인한 주식회사의 외부감사에 관한 법률 위반죄와는 구성요건적 행위의 내용이나 보호법익이 전혀 다르므로, 이들 죄가 상상적 경합관계에 있다거나 전자가 후자의 불가벌적 사후행위에 해당한다고 볼 수 없다.[2]

그 밖에 거짓 표시나 누락 행위가 투자자(또는 거래 상대방)에게 오해를 유발하게 하여 그가 증권의 매매 그 밖에 거래를 함으로써 행위자가 재산상의 이익을 취득하였다면 부정거래행위 등에 해당할 뿐만 아니라 형법상의 사기죄에도 해당될 수 있다.

한편, 법 제178조의 부정거래행위 등에 관한 금지규정은 법 제174조의 미공개중요정보이용 금지규정이나 법 제176조의 시세조종 금지규정과의 관계에 있어서 일반 조항의 의미를 가진다. 따라서 내부자가 대량취득 정보가 공개되기 전에 행한 선행매매(front-running)는 법 제174조 제 3 항이 적용되고 법 제178조는 법조경합관계에 있으며, 상장증권 또는 장내파생상품의 매매거래를 유인할 목적으로 그 증권 또는 장내파생상품의 매매를 함에 있어서 중요한 사실에 관하여 거짓 표시를 하는 경우에도 법 제176조 제 2 항 제 3 호가 적용되고 법 제178조는 법조경합관계에 있다고 봄이 타당하다.[3]

1) 대법원 2005. 9. 30. 선고 2005도4051 판결.

2) 대법원 2013. 1. 24. 선고 2012도10629 판결.

3) 법 제178조는 기존 구증권법 제188조의4 제 4 항의 규정보다 매우 광범위하게 규정하고 있는 바, 이는 투자자 보호를 위해 자본시장에서의 금융투자상품 거래의 공정성과 건전성을 확보하기 위한 포괄적 사기행위 등 금지규정(일명 catch-all조항)으로서의 역할을 부여하기 위한 것임이 입법자의 의도인 것으로 확인된다(금융감독원, "금융투자상품에 대한 불공정거래 규제," 2008. 12, 71쪽 참조). 그렇다면, 법 제174조의 내부자거래 또는 법 제176조의 시세조종행위로 규율되지 아니하지만 사기적인 행위, 예를 들어 비상장법인의 주식에 대한 내부자거래나 시세조종적 행위(거짓 시세 유포 행위) 등에 대해서는 법 제178조가 적용될 것임은 당연하다고 할 것이다. 그런데, 법 제174조의 문언상 또는 대법원 판결(대법원 2002. 1. 25. 선고 2000도90 판결)의 태도에 비추어 볼 때 2차 정보수령자(3차 정보수령자 이하도 마찬가지일 것이다. 이하 같다)는 법 제174조의 미공개중요정보 이용행위의 금지대상이 아니다. 그러나 2차 정보수령자는 위 대법원 판결이 논거로 삼고 있는 바와 같이 단순히 풍문 수준으로 변질된 정보를 취득하는 것이 아니다. 만약, 풍문 수준으로 변질된 정보를 취득한 자라면 그는 2차 정보수령자가 아니라고 해야 옳을 것이다. 내부자로부터 전달된 미공개중요정보를 1차 정보수령자가 2차 정보수령자에게 동일하게 전달하거나 또는 적어도 해당 정보원이 내부자임을 알리면서 미공개중요

3. 포괄일죄

동일 죄명에 해당하는 수개의 행위를 단일하고 계속된 범의 하에 일정기간 계속하여 행하고 그 피해법익도 동일한 경우에는 이들 각 행위를 통틀어 포괄일죄로 처단하여야 한다.[1)]

상장증권인 주식을 대량으로 매집하여 그 시세를 조종하려는 단일하고 계속된 목적과 범의 하에, 상장증권의 매매거래에 관하여 그 거래가 성황을 이루고 있는 듯이 잘못 알게 하거나 그 밖에 타인으로 하여금 그릇된 판단을 하게 할 목적으로 주식의 통정매수, 증권시장에서의 직전가(전일 종가) 및 상대호가 대비 고가매수주문하는 방법으로 매매거래를 유인하여 주가를 상승시킬 목적으로 주식시세를 상승시키는 매매거래, 상장증권의 매매거래에 관하여 그 거래가 성황을 이루고 있는 듯이 잘못 알게 하여 매수세를 유인하여 주가를 상승시킬 목적으로 주식에 대한 대량의 허위매수주문 등의 불공정거래행위를 하였다면, 이는 법 제176조 각 항에서 정하고 있는 시세조종행위에 해당하는 수개의 행위를 단일하고 계속된 범의 하에서 일정기간 계속하여 반복한 범행이라 할 것이다. 그리고 이 범죄의 보호법익은 증권시장에서의 증권 거래의 공정성 및 유통의 원활성 확보라는 사회적 법익이고 각각의 증권 소유자나 발행자 등 개개인의 재산적 법익은 직접적인 보호법익이 아닌 점에 비추어 볼 때 위 각 범행의 피해법익의 동일성도 인정되므로, 위 각 행위는 모두 포괄하여 시세조종행위의 일죄가 성립된다고 할 것이다.[2)]

그리고 시세조종행위와 부정거래행위 등의 금지를 규정하고 있는 법 제176조와 제178조의 보호법익은 주식 등 거래의 공정성 및 유통의 원활성 확보라는 사회적 법익이고 주식 소유자 등 개개인의 재산적 법익은 직접적인 보호법익이 아니므로, 주식시세조종 등의 목적으로 법 제176조와 제178조에 해당하는 수개의 행위를 단일하고 계속된 범의 아래 일정기간 계속하여 반복한 경우, 법 제176조와 제178조에서 정한 시세조종행위 및 부정거래행위 금지 위반의 포괄일죄가 성립한다.[3)]

정보의 개괄적 사항을 전달하였을 경우 2차 정보수령자는 증권 등의 가격 또는 가치에 영향을 미칠 수 있는 미공개된 중요한 정보를 1차 정보수령자(3차 정보수령자의 경우 2차 정보수령자)로부터 전해 듣고 이를 이용하여 특정증권 등의 매매거래에 이를 이용한 자로서 처벌받아야 마땅한 자이다. 미국이 정보수령자의 차수를 불문하고 포괄적 사기금지 규정인 10(b)를 적용하고 있다는 점도 이러한 취지이다. 자본시장법이 제178조를 포괄적 반사기조항으로 규정하고 있는 이상, 2차 정보수령자의 미공개중요정보 이용행위는 금융투자상품의 매매 그 밖의 거래와 관련하여 부정한 수단, 계획 또는 기교를 사용하는 행위 또는 금융투자상품의 매매 그 밖의 거래 목적의 위계사용 행위에 해당된다고 봄이 타당한 것으로 생각된다.

1) 대법원 1996. 4. 23. 선고 96도417 판결.

2) 대법원 2002. 7. 26. 선고 2001도4947 판결.

3) 대법원 2011. 10. 27. 선고 2011도8109 판결.

Ⅵ. 몰수·추징 보전명령

범죄수익은닉의 규제 및 처벌 등에 관한 법률에서는 불공정거래 행위를 중대범죄로 규정하고 있다.[1] 이에 따라 불공정거래행위에 대하여는 (기소전) 몰수보전명령이나 (기소전) 추징보전명령이 가능하고,[2] 실제로 기소전 추징보전명령이 발효된 사례도 있다.[3]

Ⅶ. 자격정지의 병과

본조 제 3 항에서는 불공정거래행위자에 대하여 제 1 항 또는 제 2 항에 따라 징역형에 처하는 경우 자격정지형을 병과할 수 있도록 규정하고 있다. 구증권법과 구선물법이 불공정거래 규제 강화차원에서 자격정지형 병과규정을 각 신설한 것(2002. 4. 27. 법률 제6695호, 2002. 8. 26. 법률 제6707호)을 그대로 받아들였다. 자격정지의 기산점은 징역형의 집행을 종료하거나 면제된 날부터이다(형법 44조 2항).

제444조(벌칙)

다음 각 호의 어느 하나에 해당하는 자는 5년 이하의 징역 또는 2억원 이하의 벌금에 처한다. 〈개정 2009. 2. 3, 2013. 4. 5, 2013. 5. 28〉

1. 제11조를 위반하여 금융투자업인가(변경인가를 포함한다)를 받지 아니하고 금융투자업(투자자문업 및 투자일임업을 제외한다)을 영위한 자
2. 거짓, 그 밖의 부정한 방법으로 제12조에 따른 금융투자업인가(변경인가를 포함한다)를 받은 자
3. 제34조 제 1 항을 위반하여 같은 항 제 1 호 또는 제 2 호에 해당하는 행위를 한 자
4. 제34조 제 2 항을 위반하여 신용공여를 한 금융투자업자와 그로부터 신용공여를 받은 자
5. 제35조(제350조에서 준용하는 경우를 포함한다)를 위반하여 대주주(그의 특수관계인을 포함한다) 자신의 이익을 얻을 목적으로 같은 조 각 호의 어느 하나에 해당하는 행위를 한 자
6. 제42조 제10항, 제52조 제 6 항 및 제304조에서 준용하는 「금융실명거래 및 비밀보장에 관한 법률」 제 4 조 제 1 항 또는 제 3 항부터 제 5 항까지의 규정을 위반하여 거래정보등을 제삼자에게 제공하거나 누설한 자와 이를 요구한 자
7. 제70조를 위반하여 투자자로부터 예탁받은 재산으로 금융투자상품의 매매를 한 자
8. 제71조(제 7 호를 제외한다), 제85조(제 8 호를 제외한다), 제98조 제 1 항(제101조 제 4 항에

---

1) 범죄수익은닉의 규제 및 처벌 등에 관한 법률 제 2 조 제 1 호, [별표] 제10호. 한편 법 제445조 제42호(거래소 임직원 등의 직무상 비밀 누설 또는 이용죄)도 중대범죄에 해당한다.

2) 범죄수익은닉의 규제 및 처벌 등에 관한 법률 제12조, 마약류 불법거래 방지에 관한 특례법 제33조, 제34조, 제52조, 제53조 참조.

3) 2007년에 있었던 코스닥상장법인인 루보 주가조작 사건에서 검찰은 2007년 4월경 기소전 추징보전명령을 하였다.

서 준용하는 경우를 포함한다) · 제 2 항(제10호를 제외한다) 또는 제108조(제 9 호를 제외한다)를 위반하여 각 해당 조항 각 호의 어느 하나에 해당하는 행위를 한 자

8의2. 제77조의3제 4 항 · 제 5 항(제77조의3제 6 항에 해당하는 경우는 제외한다)에 위반하여 신용공여를 한 자

8의3. 제77조의3제 6 항의 기간 이내에 한도에 적합하도록 하지 아니한 자

8의4. 제77조의3제 7 항을 위반하여 신용공여를 한 종합금융투자사업자와 그로부터 신용공여를 받은 자

9. 제81조 제 1 항을 위반하여 집합투자재산을 운용함에 있어서 같은 항 각 호의 어느 하나에 해당하는 행위를 한 자

10. 제84조 제 1 항을 위반하여 집합투자재산을 운용함에 있어서 이해관계인과 거래행위를 한 자

11. 제87조 제 2 항부터 제 5 항(제186조 제 2 항에서 준용하는 경우를 포함한다)까지 또는 제112조 제 2 항부터 제 5 항까지의 규정을 위반하여 의결권을 행사한 자

12. 제119조(제 5 항을 제외한다)를 위반하여 증권을 모집 또는 매출한 자

13. 다음 각 목의 어느 하나에 해당하는 서류 중 중요사항에 관하여 거짓의 기재 또는 표시를 하거나 중요사항을 기재 또는 표시하지 아니한 자 및 그 중요사항에 관하여 거짓의 기재 또는 표시가 있거나 중요사항의 기재 또는 표시가 누락되어 있는 사실을 알고도 제119조 제 5 항 또는 제159조 제 7 항(제160조 후단 또는 제161조 제 1 항 각 호 외의 부분 후단에서 준용하는 경우를 포함한다)에 따른 서명을 한 자와 그 사실을 알고도 이를 진실 또는 정확하다고 증명하여 그 뜻을 기재한 공인회계사 · 감정인 또는 신용평가를 전문으로 하는 자
    가. 제119조에 따른 증권신고서 또는 일괄신고추가서류
    나. 제122조에 따른 정정신고서
    다. 제123조에 따른 투자설명서(집합투자증권의 경우 제124조 제 2 항 제 3 호에 따른 간이투자설명서를 포함한다)
    라. 제159조에 따른 사업보고서
    마. 제160조에 따른 반기보고서 또는 분기보고서
    바. 제161조에 따른 주요사항보고서
    사. 제164조 제 2 항에 따른 정정명령에 따라 제출하는 사업보고서등

14. 제122조 제 3 항을 위반하여 정정신고서를 제출하지 아니한 자

15. 다음 각 목의 어느 하나에 해당하는 공고 또는 서류 중 중요사항에 관하여 거짓의 기재 또는 표시를 하거나 중요사항을 기재 또는 표시하지 아니한 자
    가. 제134조에 따른 공개매수공고 또는 공개매수신고서
    나. 제136조에 따른 정정신고서 또는 공고
    다. 제137조 제 1 항에 따른 공개매수설명서

16. 제134조 제 1 항 또는 제136조 제 5 항을 위반하여 공고를 하지 아니한 자

17. 제134조 제 2 항을 위반하여 공개매수신고서를 제출하지 아니한 자

18. 제147조에 따른 보고서류 또는 제151조 제 2 항에 따른 정정보고서 중 대통령령으로 정하는 중요한 사항(이하 이 호에서 "중요한 사항"이라 한다)에 관하여 거짓의 기재 또는 표시를

하거나 중요한 사항을 기재 또는 표시하지 아니한 자
19. 제154조에 따른 위임장 용지 및 참고서류 또는 제156조에 따른 정정서류 중 의결권피권유자의 의결권 위임 여부 판단에 중대한 영향을 미칠 수 있는 사항(이하 이 호에서 "의결권 위임 관련 중요사항"이라 한다)에 관하여 거짓의 기재 또는 표시를 하거나 의결권 위임 관련 중요사항을 기재 또는 표시하지 아니한 자
19의2. 제246조 제 5 항·제 6 항을 위반하여 거래한 자
20. 제250조 제 1 항 또는 제251조 제 1 항을 위반하여 집합투자업을 영위한 자
21. 제280조 제 1 항을 위반하여 투자매매업자 또는 투자중개업자를 통하지 아니하고 외국 집합투자증권을 국내에서 판매한 자
21의2. 제323조의2를 위반하여 금융투자상품거래청산업인가(변경인가를 포함한다)를 받지 아니하고 금융투자상품거래청산업무를 영위한 자
21의3. 거짓, 그 밖의 부정한 방법으로 제323조의3에 따른 금융투자상품거래청산업인가(변경인가를 포함한다)를 받은 자
22. 제323조의21, 제335조의2, 제355조 제 1 항 또는 제360조 제 1 항을 위반하여 인가를 받지 아니하고 해당 업무를 영위한 자
23. 거짓, 그 밖의 부정한 방법으로 제324조 제 1 항, 제335조의3제 1 항, 제355조 제 1 항 또는 제360조 제 1 항에 따른 인가를 받은 자
24. 제335조 제 1 항, 제354조 제 1 항, 제359조 제 1 항 또는 제364조 제 1 항에 따라 인가가 취소된 후 그 취소된 업무를 영위한 자
25. 제343조 제 1 항을 위반하여 신용공여를 한 종합금융회사와 그로부터 신용공여를 받은 자
26. 제357조 제 1 항을 위반하여 금융투자업을 영위한 자
27. 제373조를 위반하여 거래소허가(변경허가를 포함한다)를 받지 아니하고 금융투자상품시장을 개설하거나 운영한 자
27의2. 거짓, 그 밖의 부정한 방법으로 제373조의2에 따른 거래소허가(변경허가를 포함한다)를 받은 자
28. 제420조 제 1 항에 따라 금융투자업인가가 취소된 후 그 취소된 업무를 영위한 자
29. 제435조 제 4 항을 위반하여 신고자등의 신분 등에 관한 비밀을 누설한 자

Ⅰ. 본조의 취지

본조는 무인가 금융투자업(투자일임업 및 투자자문업 제외) 영위행위, 금융투자업자의 대주주에 대한 신용공여제한 위반행위나 집합투자업자의 집합투자재산운용제한 위반행위 등 중요 영업행위규제를 위반하는 행위, 자본시장법상 근간이 되는 공시의무 위반행위(거짓 기재 또는 누락 행위 포함) 등에 대한 형벌을 규정하고 있다.

이는 금융투자업자의 적격성을 유지하고 영업행위의 건전성을 확보하며 자본시장 자체의 완전공시주의 실현을 통해 궁극적으로 투자자를 보호하기 위해 필요한 명령·금지규범의 실효성을 확보하기 위한 것이다.

본조에서 정한 죄 중에서 무인가 금융투자업 영위행위와 같이 계속범의 성격을 가지는 범죄행위의 경우 공소시효는 그 위반행위가 계속되는 한 진행되지 아니한다.[1] 다만, 미신고 증권의 모집 또는 매출행위는 미신고 그 자체로 범죄행위가 종료하는 상태범이라고 할 것이므로 공소시효는 증권의 모집 또는 매출행위의 종료시점부터 기산된다고 할 것이다.

Ⅱ. 벌칙규정의 적용대상자 등

본조 벌칙규정의 대상자는 무인가 금융투자업 영위 행위자 등 금융투자업 인가관련 위반행위자, 금융투자업자로서의 대주주에 대한 신용공여 제한 등 중요 영업행위규제 위반행위자, 증권신고서나 공개매수신고서를 제출하지 아니하거나 증권신고서 등 각종 공시서류의 중요사항의 거짓 표시나 기재 누락 행위자, 불법 시장개설행위자, 불공정거래 행위신고자등의 신분 등에 대한 비밀 누설행위자 등이다. 그리고 대법원은 "자본시장법 제360조 제 1 항, 제 2 항, 제444조 제22호 및 자본시장법 시행령 제348조 제 1 항의 규정 내용에 비추어 보면, 자본시장법 제360조 제 1 항에서 정한 단기금융업무를 영위하기 위해서는 일정한 자격을 갖춘 금융기관이 금융위원회의 인가를 받아야 하고, 금융기관이든 금융기관이 아닌 개인이나 기업이든 금융위원회의 인가를 받지 아니하고 단기금융업무를 영위한 경우에는 자본시장법 제444조 제22호에 따라 처벌을 받는다고 보아야 한다." 고 판시한 바 있다.[2] 이들에 대한 형벌은 5년 이하의 징역 또는 2억원 이하의 벌금이다.

제445조(벌칙)

다음 각 호의 어느 하나에 해당하는 자는 3년 이하의 징역 또는 1억원 이하의 벌금에 처한다. 〈개정 2008. 2. 29, 2009. 2. 3, 2013. 4. 5, 2013. 5. 28〉

1. 제17조를 위반하여 금융투자업등록(변경등록을 포함한다)을 하지 아니하고 투자자문업 또는 투자일임업을 영위한 자
2. 거짓, 그 밖의 부정한 방법으로 제18조에 따른 금융투자업등록(변경등록을 포함한다)을 한 자
3. 제39조를 위반하여 자기의 명의를 대여하여 타인에게 금융투자업을 영위하게 한 자
4. 제45조 제 1 항을 위반하여 같은 항 각 호의 어느 하나에 해당하는 행위를 한 자

---

1) 대법원 2006. 9. 22. 선고 2004도4751 판결.
2) 대법원 2012. 3. 29. 선고 2011도17097 판결.

5. 제45조 제 2 항을 위반하여 같은 항 각 호의 어느 하나에 해당하는 행위를 한 자
6. 제49조(제52조 제 6 항에서 준용하는 경우를 포함한다)를 위반하여 같은 조 제 1 호 또는 제 2 호에 해당하는 행위를 한 자
7. 제51조 제 2 항을 위반하여 등록 전에 투자권유를 한 자
8. 제52조 제 1 항을 위반하여 투자권유대행인 외의 자에게 투자권유를 대행하게 한 자
9. 제54조(제42조 제10항, 제52조 제 6 항, 제199조 제 5 항, 제255조, 제260조, 제265조, 제289조, 제304조, 제328조 또는 제367조에서 준용하는 경우를 포함한다)를 위반하여 직무상 알게 된 정보로서 외부에 공개되지 아니한 정보를 자기 또는 제삼자의 이익을 위하여 이용한 자
10. 제55조(제42조 제10항 또는 제52조 제 6 항에서 준용하는 경우를 포함한다)를 위반하여 같은 조 각 호의 어느 하나에 해당하는 행위를 한 자
11. 제60조 제 1 항(제255조, 제260조 또는 제265조에서 준용하는 경우를 포함한다) 또는 제187조 제 1 항을 위반하여 자료를 기록·유지하지 아니한 자
12. 제63조 제 1 항 제 1 호(제289조, 제304조, 제323조의17, 제328조, 제335조의14, 제367조, 제383조 제 3 항 또는 제441조에서 준용하는 경우를 포함한다)를 위반하여 같은 호에 규정된 방법에 따르지 아니하고 금융투자상품을 매매한 자
13. 제76조 제 3 항을 위반하여 집합투자증권을 판매하거나 판매를 위한 광고를 한 자

13의2. 거짓, 그 밖의 부정한 방법으로 제77조의2제 1 항에 따른 종합금융투자사업자의 지정을 받은 자

13의3. 제77조의2에 따라 금융위원회로부터 종합금융투자사업자의 지정을 받지 아니하고 전담중개업무 또는 제77조의3제 3 항 각 호의 어느 하나에 해당하는 업무를 영위한 자

14. 제80조 제 3 항 전단을 위반하여 투자신탁재산별로 미리 정하여진 자산배분명세에 따라 취득·처분 등의 결과를 배분하지 아니한 자
15. 제87조 제 6 항(제186조 제 2 항에서 준용하는 경우를 포함한다)에 따른 명령을 위반하여 주식을 처분하지 아니한 자
16. 제104조 제 2 항을 위반하여 신탁재산을 고유재산으로 취득한 자
17. 삭제 〈2009. 2. 3〉
18. 제114조 제 3 항 또는 제240조 제 3 항을 위반하여 회계감사를 받지 아니한 자
19. 제133조 제 3 항 또는 제140조를 위반하여 공개매수에 의하지 아니하고 주식등의 매수등을 한 자
20. 제147조 제 1 항·제 3 항 또는 제 4 항을 위반하여 보고를 하지 아니한 자
21. 제152조 제 1 항 또는 제 3 항을 위반하여 의결권 대리행사의 권유를 한 자
22. 제169조 제 1 항을 위반하여 회계감사를 받지 아니한 자

22의2. 제173조의2 제 2 항을 위반하여 파생상품시장에서의 시세에 영향을 미칠 수 있는 정보를 누설하거나, 장내파생상품 및 그 기초자산의 매매나 그 밖의 거래에 이용하거나, 타인으로 하여금 이용하게 한 자

23. 제182조 제 1 항을 위반하여 집합투자기구를 등록하지 아니한 자
24. 거짓, 그 밖의 부정한 방법으로 제182조 제 1 항·제 8 항(제279조 제 3 항에서 준용하는 경

우를 포함한다) 또는 제279조 제1항에 따른 등록이나 변경등록을 한 자
24의2. 제246조 제7항을 위반하여 정보를 이용한 자
25. 제247조 제1항을 위반하여 철회·변경 또는 시정을 요구하지 아니한 자
26. 제250조 제3항(제251조 제2항 또는 제341조 제1항에서 준용하는 경우를 포함한다)을 위반하여 같은 항 각 호의 어느 하나에 해당하는 행위를 한 자
27. 제250조 제4항(제251조 제2항에서 준용하는 경우를 포함한다) 또는 제5항(제251조 제2항 또는 제341조 제1항에서 준용하는 경우를 포함한다)을 위반하여 집합투자재산에 관한 정보를 자기가 운용하는 투자신탁재산의 운용이나 자기가 판매하는 집합투자증권의 판매를 위하여 이용한 자
28. 제250조 제6항(제251조 제2항 또는 제341조 제1항에서 준용하는 경우를 포함한다)을 위반하여 같은 항 각 호의 어느 하나에 해당하는 행위를 한 자
29. 제253조 제1항에 따라 등록이 취소된 후 그 취소된 업무를 영위한 자
30. 제254조 제1항을 위반하여 등록을 하지 아니하고 해당 업무를 영위한 자
31. 거짓, 그 밖의 부정한 방법으로 제254조 제1항에 따른 등록을 한 자
32. 제257조 제1항에 따라 등록이 취소된 후 그 취소된 업무를 영위한 자
32의2. 제272조의2제1항을 위반하여 등록을 하지 아니하고 해당 업무를 영위한 자
32의3. 거짓, 그 밖의 부정한 방법으로 제272조의2제1항에 따른 등록을 한 자
33. 제279조 제1항에 따른 등록을 하지 아니하고 외국 집합투자증권을 판매한 자
34. 제282조 제1항에 따라 등록이 취소된 후 그 취소된 외국 집합투자기구의 외국 집합투자증권을 판매한 자
35. 제298조를 위반하여 계좌 간의 대체로 결제하는 업무를 영위하거나 국내에서 증권예탁증권을 발행하는 업무를 영위한 자
36. 제301조 제5항, 제323조의9 제3항, 제327조 제3항 또는 제383조 제2항(제78조 제6항에서 준용하는 경우를 포함한다)을 위반하여 자금의 공여, 손익의 분배, 그 밖에 영업에 관하여 특별한 이해관계를 가진 자
37. 제335조 제2항, 제354조 제2항, 제359조 제2항 또는 제364조 제2항에 따른 업무의 정지기간 중 업무를 영위한 자
37의2. 제335조의11 제6항을 위반하여 직무상 알게 된 요청인의 비밀을 누설하거나 이용한 자
37의3. 제335조의11 제7항 제1호를 위반하여 신용평가회사와 특수한 관계에 있는 자와 관련된 신용평가를 한 자
37의4. 제335조의11제7항 제2호를 위반하여 신용평가 과정에서 신용평가회사 또는 그 계열회사의 상품이나 서비스를 구매하거나 이용하도록 강요한 자
38. 제339조 제1항(제357조 제2항 또는 제361조에서 준용하는 경우를 포함한다)을 위반하여 인가를 받지 아니하고 업무를 폐지하거나 해산한 자
39. 제365조 제1항을 위반하여 등록을 하지 아니하고 해당 업무를 영위한 자
40. 거짓, 그 밖의 부정한 방법으로 제365조 제1항에 따른 등록을 한 자
41. 제369조 제1항에 따라 등록이 취소된 후 그 취소된 업무를 영위한 자

42. 제383조 제1항(제78조 제6항, 제323조의17 및 제441조에서 준용하는 경우를 포함한다)을 위반하여 비밀을 누설하거나 이용한 자
43. 제394조 제1항을 위반하여 공동기금을 적립하지 아니한 자
44. 제402조 제7항을 위반하여 비밀을 누설하거나 이용한 자
45. 제417조 제1항(제335조의14에서 준용하는 경우를 포함한다)을 위반하여 승인을 받지 아니하고 같은 항 각 호(겸영금융투자업자의 경우에는 제4호부터 제7호까지에 한한다)의 어느 하나에 해당하는 행위를 한 자
46. 제420조 제1항에 따라 금융투자업등록이 취소된 후 그 취소된 업무를 영위한 자
47. 제420조 제3항에 따른 인가받은 업무의 정지기간 중 그 정지된 업무를 영위한 자
48. 제426조 제2항에 따른 금융위원회(제172조부터 제174조까지, 제176조, 제178조 및 제180조를 위반한 사항인 경우에는 증권선물위원회를 말한다)의 요구에 불응한 자

Ⅰ. 본조의 취지

본조는 무등록 금융투자업(투자일임업 및 투자자문업) 영위 행위, 정보교류차단의무 위반, 부당권유금지 위반이나 투자권유 관련 의무 위반 등 각종 영업행위 규제 위반 행위, 주식등 대량보유상황보고의무 위반 등 공시의무 위반행위 등에 대한 형벌을 규정하고 있다.

본조도 법 제444조와 마찬가지로 금융투자업자의 적격성을 유지하고 영업행위의 건전성을 확보하며 자본시장 자체의 완전공시주의 실현을 통해 궁극적으로 투자자를 보호하기 위해 필요한 명령·금지규범의 실효성을 확보하기 위한 것이다. 다만, 법 제444조보다 투자자보호 측면에서 위법성이 상대적으로 약한 행위들을 규정하고 있다.

주의할 점은 각종 공시서류의 거짓 기재나 중요사항 누락행위는 법 제444조가 적용된다는 것이다. 예를 들어, 주식등 대량보유상황보고서의 제출의무 위반은 본조가 적용되지만 해당 보고서 내용 중 중요한 사항의 거짓 기재나 표시 또는 누락행위에 대해서는 법 제444조가 적용된다.

Ⅱ. 벌칙규정의 적용대상자 등

본조 벌칙규정의 대상자는 무등록 금융투자업자 등 금융투자업 등록 관련 위반행위자, 정보교류차단행위 위반자 등 각종 영업행위 규제 관련 위반자, 5%보고의무 위반자 등 사후보고(공시)의무 관련 위반자, 그 밖에 금융위원회나 증권선물위원회 조사요구에 불응한 자 등이다. 이들에 대한 형벌은 3년 이하의 징역 또는 1억원 이하의 벌금이다.

제446조(벌칙)

다음 각 호의 어느 하나에 해당하는 자는 1년 이하의 징역 또는 3천만원 이하의 벌금에 처한다. 〈개정 2008. 2. 29, 2009. 2. 3, 2010. 3. 12, 2013. 4. 5, 2013. 5. 28, 2013. 8. 13〉

1. 제23조 제1항(제335조의8 제1항 및 제350조에서 준용하는 경우를 포함한다)을 위반하여 승인을 받지 아니하고 주식을 취득하여 대주주가 된 자
2. 제23조 제2항(제335조의8 제1항 및 제350조에서 준용하는 경우를 포함한다)에 따른 처분명령을 위반하여 주식을 처분하지 아니한 자
3. 제38조를 위반하여 상호 중에 금융투자, 증권, 파생, 선물, 집합투자, 투자신탁, 자산운용, 투자자문, 투자일임 또는 신탁이라는 문자를 사용한 자
4. 제42조 제1항 단서(제255조에서 준용하는 경우를 포함한다)를 위반하여 업무를 위탁하거나, 같은 조 제5항(제255조에서 준용하는 경우를 포함한다)을 위반하여 업무를 재위탁한 자
5. 제43조 제2항에 따른 위탁계약의 취소명령 또는 변경명령을 위반한 자
6. 제52조 제2항을 위반하여 같은 항 각 호의 어느 하나에 해당하는 행위를 한 자
7. 제53조 제2항에 따라 투자권유대행인등록이 취소된 후 투자권유대행업무를 영위하거나, 같은 조 같은 항에 따른 투자권유대행업무의 정지기간 중 투자권유대행업무를 영위한 자
8. 제57조 제1항부터 제4항까지를 위반하여 투자광고를 한 자
9. 제65조 제2항을 위반하여 자산을 국내에 두지 아니한 자
10. 제65조 제3항을 위반하여 자산을 국내에 주소나 거소가 있는 자에 대한 채무의 변제에 우선 충당하지 아니한 자
11. 제66조를 위반하여 사전에 자기가 투자매매업자인지 투자중개업자인지를 밝히지 아니하고 금융투자상품의 매매에 관한 청약 또는 주문을 받은 자
12. 제67조를 위반하여 금융투자상품을 매매한 자
13. 삭제 〈2013. 5. 28〉
14. 제88조 또는 제280조 제2항을 위반하여 자산운용보고서를 제공하지 아니한 자 또는 거짓으로 작성하거나 그 기재사항을 누락하고 작성하여 제공한 자
15. 제89조(제186조 제2항에서 준용하는 경우를 포함한다)를 위반하여 공시를 하지 아니하거나 거짓으로 공시한 자
16. 제91조 제1항(제186조 제2항에서 준용하는 경우를 포함한다)·제113조 제1항 또는 제280조 제3항을 위반하여 열람이나 교부 청구를 거절한 자
17. 제95조 제2항(제117조에서 준용하는 경우를 포함한다) 또는 제116조 제3항에 따른 명령을 위반한 자
18. 제103조 제1항 또는 제4항을 위반하여 재산을 수탁한 자
19. 제105조 제1항부터 제3항까지의 규정을 위반하여 신탁재산을 운용한 자

19의2. 정당한 이유 없이 제119조의2 또는 제161조의2에 따른 연결재무제표 작성대상법인의 자료제출 요구 및 조사를 거부·방해·기피한 자

20. 제121조를 위반하여 증권에 관한 취득 또는 매수의 청약에 대한 승낙을 한 자
21. 제123조 제1항, 제137조 제1항 또는 제153조를 위반하여 투자설명서(집합투자증권의 경

우 제124조 제 2 항 제 3 호에 따른 간이투자설명서를 포함한다), 공개매수설명서 또는 위임장 용지 및 참고서류를 제출하지 아니한 자

22. 제124조 제 1 항을 위반하여 투자설명서(집합투자증권의 경우 제124조 제 2 항 제 3 호에 따른 간이투자설명서를 포함한다)를 미리 교부하지 아니하고 증권을 취득하게 하거나 매도한 자
23. 제124조 제 2 항을 위반하여 같은 항 각 호의 어느 하나에 해당하는 방법에 따르지 아니하고 청약의 권유 등을 한 자
24. 제132조, 제146조 제 2 항, 제151조 제 2 항, 제158조 제 2 항 또는 제164조 제 2 항에 따른 금융위원회의 처분을 위반한 자
25. 제137조 제 3 항을 위반하여 공개매수설명서를 미리 교부하지 아니하고 주식등을 매수한 자
26. 제145조, 제150조 제 1 항·제 3 항, 제167조 제 3 항 또는 제168조 제 3 항에 따른 처분명령 또는 시정명령을 위반한 자
27. 제156조 제 3 항 후단을 위반하여 정정서류를 제출하지 아니한 자
28. 제159조, 제160조 또는 제161조 제 1 항을 위반하여 사업보고서·반기보고서·분기보고서나 주요사항보고서를 제출하지 아니한 자
29. 제167조 제 1 항을 위반하여 주식을 소유한 자
30. 제169조 제 2 항(같은 조 제 3 항 후단에서 준용하는 경우를 포함한다)에 따른 자료의 제출 또는 보고명령이나 조치를 위반한 자
31. 제173조 제 1 항을 위반하여 보고를 하지 아니하거나 거짓으로 보고한 자
32. 제192조 제 1 항을 위반하여 승인을 받지 아니하고 투자신탁을 해지한 자
33. 거짓, 그 밖의 부정한 방법으로 제192조 제 1 항에 따른 승인을 받은 자
34. 제192조 제 2 항, 제202조 제 1 항(제211조 제 2 항, 제216조 제 3 항, 제217조의6 제 2 항에서 준용하는 경우를 포함한다), 제221조 제 1 항(제227조 제 3 항에서 준용하는 경우를 포함한다)을 위반하여 투자신탁을 해지하지 아니하거나 투자회사등을 해산하지 아니한 자
35. 제235조 제 4 항 또는 제 5 항을 위반하여 환매대금을 지급하거나 지급하지 아니한 자
36. 제238조 제 7 항 또는 제280조 제 4 항을 위반하여 기준가격을 공고·게시하지 아니하거나 거짓으로 공고·게시한 자
37. 제246조 제 2 항을 위반하여 집합투자재산을 구분하여 관리하지 아니한 자
38. 제246조 제 3 항을 위반하여 예탁하지 아니한 자
39. 제246조 제 4 항을 위반하여 집합투자업자의 지시를 각각의 집합투자기구별로 이행하지 아니한 자
40. 제248조 제 1 항을 위반하여 자산보관·관리보고서를 투자자에게 제공하지 아니하거나 거짓으로 작성하여 제공한 자
41. 제249조 제 2 항을 위반하여 집합투자증권을 타인에게 양도한 자

41의2. 제249조의2 제 6 항 또는 제 7 항을 위반하여 보고를 하지 아니하거나 거짓으로 보고한 자

42. 제253조 제 2 항, 제257조 제 2 항 또는 제369조 제 2 항에 따른 업무의 정지기간 중 업무를 영위한 자
43. 제268조 제 3 항을 위반하여 등록을 하지 아니하고 해당 업무를 영위한 자

44. 거짓, 그 밖의 부정한 방법으로 제268조에 따른 등록(변경등록을 포함한다)을 한 자
45. 제270조 제3항·제4항(제271조 제5항에서 준용하는 경우를 포함한다)·제5항 또는 제278조의3 제2항·제6항을 위반하여 운용한 자 또는 지분증권등을 소유하지 아니하거나 처분한 자
46. 제270조 제6항(제271조 제5항에서 준용하는 경우를 포함한다)을 위반하여 이미 취득한 다른 회사의 지분증권 전부를 처분하지 아니한 자
46의2. 제270조 제6항 및 제9항을 위반하여 보고를 하지 아니하거나 거짓으로 보고한 자
47. 제272조 제6항을 위반하여 같은 항 제1호부터 제3호까지의 어느 하나에 해당하는 행위를 한 자
48. 제273조 제1항을 위반하여 출자한 지분을 타인에게 양도한 자
49. 제274조 제1항(제271조 제5항에서 준용하는 경우를 포함한다)을 위반하여 지분증권을 처분하지 아니하거나, 같은 조 제2항(제271조 제5항에서 준용하는 경우를 포함한다)을 위반하여 지분증권을 취득한 자
50. 삭제 〈2009. 6. 9〉
51. 제276조 제2항을 위반하여 보고를 하지 아니하거나 거짓으로 보고한 자
52. 제278조 제1항에 따라 등록이 취소된 후 그 취소된 업무를 영위한 자
53. 제309조 제3항 또는 제310조 제1항을 위반하여 예탁자계좌부 또는 투자자계좌부를 작성·비치하지 아니하거나 거짓으로 작성한 자
53의2. 제323조의16제1항을 위반하여 거래정보를 보관·관리하지 아니한 자
53의3. 제323조의16제2항을 위반하여 거래정보를 보고하지 아니하거나 거짓으로 보고한 자
54. 제338조 또는 제356조를 위반하여 "종합금융회사," "자금중개" 또는 이와 유사한 명칭을 사용한 자
55. 제342조 제1항부터 제4항(제361조에서 준용하는 경우를 포함한다)까지 또는 제345조 제3항을 위반하여 신용공여를 한 자
56. 제344조를 위반하여 증권에 투자한 자
57. 제345조 제1항을 위반하여 같은 항 각 호의 어느 하나에 해당하는 행위를 한 자
58. 제345조 제2항을 위반하여 의결권을 행사한 자
59. 제345조 제4항에 따른 조치를 이행하지 아니한 자
60. 제346조를 위반하여 지급준비자산을 보유하지 아니한 자
61. 제347조 제1항 또는 제2항을 위반하여 부동산을 취득하거나 소유한 자
62. 제347조 제3항을 위반하여 부동산을 처분하지 아니한 자
63. 제420조 제3항에 따른 등록된 업무의 정지기간 중 그 정지된 업무를 영위한 자

Ⅰ. 본조의 취지

본조는 금융투자업자의 대주주변경 승인의무 위반행위, 금융투자업 업무위탁 관련 위반 등 각종 영업행위 관련 규제 위반행위, 투자설명서·공개매수설명서·사업보고서·반기보고서·분기보고서·주요사항보고서나 임원·주요주주의 특정증권 등 소유상황보고서 등 각종 공시의무 위반행위에 대한 형벌을 규정하고 있다.

본조도 법 제444조 및 제445조와 마찬가지로 금융투자업자의 적격성을 유지하고 영업행위의 건전성을 확보하며 자본시장 자체의 완전공시주의 실현을 통해 궁극적으로 투자자를 보호하기 위해 필요한 명령·금지규범의 실효성을 확보하기 위한 것이고 다만, 법 제444조 및 제445조보다는 그 위법성이 좀더 약한 것들을 규정하고 있다.

Ⅱ. 벌칙규정의 적용대상자 등

본조에 따른 형벌의 적용대상자는 승인을 얻지 아니하고 금융투자업자의 주식을 취득하여 대주주가 된 자, 금융투자업무 위탁관련 위반 등 각종 영업행위 규제 위반자, 임원·주요주주의 특정증권 등 소유상황보고의무 위반자 등 각종 공시의무 위반자 등이다. 이들에 대한 형벌은 1년 이하의 징역 또는 3천만원 이하의 벌금이다.

제447조(징역과 벌금의 병과)

① 제443조부터 제446조까지의 규정에 해당하는 죄를 범한 자에게는 징역과 벌금을 병과할 수 있다.

② 제443조 제2항에 따라 가중처벌을 받는 자에게 제1항에 따라 벌금형을 병과하는 경우에는 그 위반행위로 얻은 이익 또는 회피손실액의 1배 이상 3배 이하에 상당하는 벌금에 처한다. 〈개정 2013. 5. 28〉

Ⅰ. 본조의 취지

법 제443조부터 제446조까지는 징역형과 벌금형을 선택적으로 부과할 수 있도록 규정하고 있으나, 본조 제1항은 징역형과 벌금형을 선택적으로 부과할 수 있을 뿐만 아니라 경우에 따라서는 이를 병과함으로써 형의 위하적 효력을 확대시킬 수 있도록 하였다.

아울러, 본조 제2항은 법 제443조 제2항에 따라 가중처벌을 받는 자의 경우 해당 조항에는 벌금형에 대한 근거 규정이 없으므로, 벌금형을 병과할 때에는 법 제443조 제1항 본문과 같이 위반행위로 얻은 이익 또는 회피한 손실액의 1배 이상 3배 이하에 상당하는 벌금에 처할 수 있도록 규정하고 있다.

따라서 행위자가 법 제443조 제2항의 가중처벌규정에 해당하는 불공정거래행위를 한 경우 법 제448조 양벌규정만 가지고는 법인이나 개인에 대한 벌금형의 부과근거가 불명확하지만, 본조 제2항에 따라 법인이나 개인에 대하여도 위반행위로 얻은 이익 또는 회피한 손실액의 1배 이상 3배 이하에 상당하는 벌금형을 부과할 수 있다.

第448條(양벌규정)

법인(단체를 포함한다. 이하 이 조에서 같다)의 대표자나 법인 또는 개인의 대리인, 사용인, 그 밖의 종업원이 그 법인 또는 개인의 업무에 관하여 제443조부터 제446조까지의 어느 하나에 해당하는 위반행위를 하면 그 행위자를 벌하는 외에 그 법인 또는 개인에게도 해당 조문의 벌금형을 과한다. 다만, 법인 또는 개인이 그 위반행위를 방지하기 위하여 해당 업무에 관하여 상당한 주의와 감독을 게을리하지 아니한 경우에는 그러하지 아니하다.

Ⅰ. 본조의 취지

본조는 법인의 대표자나 법인 또는 개인의 대리인, 사용인, 그 밖의 종업원이 그 법인 또는 개인의 업무를 수행하는 과정에서 자본시장법을 위반하는 행위를 한 경우 그 행위자를 벌하는 외에 그 법인 또는 개인에게도 벌금형을 부과하도록 규정하고 있다.

벌칙규정 내지 금지규정에서 적용대상자를 한정하고 있는 경우에는 직접 위반행위를 한 행위자를 벌칙 본조를 적용하여 처벌할 수 없는바, 양벌규정은 벌칙규정의 실효성을 확보하기 위하여 그 적용대상자를 당해 업무를 실제로 집행하는 자에게까지 확장하는 것으로서, 행위자의 처벌규정임과 동시에 그 위반행위의 귀속주체에 대한 처벌규정이다. 따라서 양벌규정은 부수형법상의 '수범자 영역'을 확장시켜 '형벌의 공백'을 메워주는 '충전물'로서도 의의가 있다.[1)]

---

1) 「대법원판례해설」 제86호, '12. 산업안전보건법에 따라 사업주에 대하여 안전상의 조치의무위반을 다하지 않은 책임을 묻기 위한 요건(808-829쪽)' 참조.

즉 본조는 행위자가 해당 업무집행과 관련하여 벌칙규정을 위반한 경우, 양벌규정에 의하여 행위자도 법인에 대한 벌칙규정의 적용대상이 됨에 따라 행위자에 대한 처벌근거임과 동시에 그 위반행위의 이익귀속주체인 법인에 대한 처벌근거가 된다.[1]

Ⅱ. 양벌규정의 적용대상자

양벌규정의 적용대상자는 법인의 대표자나 법인 또는 개인의 대리인, 사용인, 그 밖의 종업원이 그 법인 또는 개인의 업무에 관하여 법 제443조부터 제446조까지의 어느 하나에 해당하는 위반행위를 한 경우에 있어 '그 법인 또는 개인'이다.

Ⅲ. 종업원 등의 범위

'대표자, 대리인, 사용인 그 밖의 종업원'에 해당하는지 여부는 직책이나 명칭, 위임·고용계약의 사법상 효력 등 형식적인 기준에 의하여 판단할 것이 아니라 그가 일정한 권한을 가지고 실제로 본인을 위하여 행위를 하였느냐는 실질적인 관점에서 판단하여야 한다.[2] 그리고 법인의 종업원에는 법인과 정식의 고용계약이 체결되어 근무하는 자뿐만 아니라 그 법인의 대리인, 사용인 등이 자기의 보조자로서 사용하고 있으면서 직접 또는 간접으로 법인의 통제·감독 하에 있는 자도 포함한다.[3]

Ⅳ. 업무관련성

업무와 무관한 종업원 등의 위법행위에 대하여 법인 또는 개인에게 형사책임을 과하는 것은 책임주의에 반하므로, 양벌규정에 의하여 법인 또는 개인이 그 종업원 등의 위반행위로 형사처벌을 받더라도 기본적으로 종업원 등의 행위가 법인 또는 개인의 업무와 관련되어 있어야 한다. 이에 본조는 그 적용범위를 종업원 등이 그 법인 또는 개인의 업무에 관하여 위법행위를 행한 경우로 한정하고 있다.

업무관련성이 인정되기 위해서는 객관적으로 법인의 업무를 위하여 하는 것으로 인정할 수 있는 행위가 있어야 하고, 주관적으로는 종업원 등이 법인의 업무를 위하여 한다는 의사를 가지고 행위함을 요하며, 이러한 요건을 판단함에 있어서는 법인의 적법한 업무의 범위, 종업원 등의 직책이나 직위, 종업원 등의 범법행위와 법인의 적법한 업무

1) 대법원 1999. 7. 15. 선고 95도2870 전원합의체 판결 다수의견.
2) 서울중앙지방법원 2008. 2. 1. 선고 2007고합71, 1272(병합) 판결.
3) 대법원 1993. 5. 14. 선고 93도344 판결.

사이의 관련성, 종업원 등이 행한 범법행위의 동기와 사후처리, 종업원 등의 범법행위에 대한 법인의 인식여부 또는 관여정도, 종업원 등이 범법행위에 사용한 자금의 출처와 그로 인한 손익의 귀속여하 등 여러 사정을 심리하여 결정하여야 할 것이다.[1)]

Ⅴ. 양벌규정의 예외

법인이 종업원 등에 대하여 상당한 주의와 감독을 하였음에도 불구하고 법인에게 무과실책임을 지운다면 이는 책임주의 원칙에 반한다.[2)] 이에 자본시장법은 법인이 종업원 등의 위반행위를 방지하기 하기 위하여 해당 업무에 관하여 상당한 주의와 감독을 게을리하지 아니한 경우에는 그 법인을 양벌규정에 의하여 처벌할 수 없도록 단서조항을 추가하였다.

구체적인 사안에서 법인이 상당한 주의 또는 감독을 게을리하였는지 여부는 당해 위반행위와 관련된 모든 사정, 즉 당해 법률의 입법취지, 처벌조항 위반으로 예상되는 법익 침해의 정도, 그 위반행위에 관하여 양벌규정을 마련한 취지 등은 물론 위반행위의 구체적 모습과 그로 인하여 실제 야기된 피해 또는 결과의 정도, 법인의 영업 규모 및 행위자에 대한 감독가능성 또는 구체적인 지휘·감독 관계, 법인이 위반행위 방지를 위하여 실제 행한 조치 등을 전체적으로 종합하여 판단하여야 한다.[3)]

제449조(과태료)

① 다음 각 호의 어느 하나에 해당하는 자에 대하여는 5천만원 이하의 과태료를 부과한다. 〈개정 2009. 2. 3, 2010. 3. 12, 2013. 4. 5, 2013. 5. 28〉

1. 제25조 제1항(제350조에서 준용하는 경우를 포함한다)을 위반하여 같은 항에 규정된 사외이사 선임의무를 이행하지 아니한 자
2. 제25조 제2항 전단(제350조에서 준용하는 경우를 포함한다)을 위반하여 사외이사후보추천위원회를 설치하지 아니한 자
3. 제25조 제2항 후단(제350조에서 준용하는 경우를 포함한다)을 위반하여 사외이사가 총 위원

1) 대법원 1983. 3. 22. 선고 80도1591 판결; 대법원 2006. 6. 15. 선고 2004도1639 판결.
2) 헌법재판소는 구증권법 제215조 중 “법인의 대리인·사용인 기타 종업원이 그 법인의 업무에 관하여 제207조의3의 위반행위를 한 때에는 그 법인에 대하여도 해당 조의 벌금형을 과한다.”는 부분에 대하여 “종업원 등의 범죄행위에 관하여 비난할 근거가 되는 법인의 의사결정 및 행위구조, 즉 종업원 등이 저지른 행위의 결과에 대한 법인의 독자적인 책임에 관하여 전혀 규정하지 않은 채, 단순히 법인이 고용한 종업원 등이 업무에 관하여 범죄행위를 하였다는 이유만으로 법인에 대하여 형사처벌을 과하고 있는바, 이는 다른 사람의 범죄에 대하여 그 책임 유무를 묻지 않고 형벌을 부과함으로써 법치국가의 원리 및 죄형법정주의로부터 도출되는 책임주의원칙에 반한다.”고 판시하였다(헌재 2013. 6. 27. 2013헌가10).
3) 대법원 2010. 9. 9. 선고 2008도7834 판결.

의 2분의 1 이상이 되도록 사외이사후보추천위원회를 구성하지 아니한 자
4. 제25조 제4항(제350조에서 준용하는 경우를 포함한다)에 따라 사외이사를 선임하지 아니한 자
5. 제25조 제6항(제350조에서 준용하는 경우를 포함한다)을 위반하여 사외이사를 두지 아니한 자
6. 제26조 제1항(제350조에서 준용하는 경우를 포함한다)을 위반하여 감사위원회를 설치하지 아니한 자
7. 제26조 제2항(제350조에서 준용하는 경우를 포함한다)을 위반하여 같은 항 각 호의 요건을 모두 충족하는 감사위원회를 설치하지 아니한 자
8. 제26조 제4항(제350조에서 준용하는 경우를 포함한다)을 위반하여 같은 조 제2항의 감사위원회 구성요건에 합치되도록 하지 아니한 자
9. 제28조 제1항(제350조에서 준용하는 경우를 포함한다)을 위반하여 내부통제기준을 정하지 아니한 자
10. 제28조 제2항(제350조에서 준용하는 경우를 포함한다)을 위반하여 준법감시인을 두지 아니한 자
11. 제28조 제3항(제335조의8제5항 및 제350조에서 준용하는 경우를 포함한다)을 위반하여 이사회 결의를 거치지 아니하고 준법감시인을 임면한 자
12. 제28조 제5항(제350조에서 준용하는 경우를 포함한다)을 위반하여 같은 항 각 호의 어느 하나에 해당하는 업무를 수행하는 직무를 담당하거나 담당하게 한 자
13. 제33조 제1항(제335조의14, 제350조, 제357조 제2항 또는 제361조에서 준용하는 경우를 포함한다)을 위반하여 업무보고서를 제출하지 아니하거나 거짓으로 작성하여 제출한 자
14. 제33조 제2항(제350조, 제357조 제2항 또는 제361조에서 준용하는 경우를 포함한다)을 위반하여 공시서류를 비치 또는 공시하지 아니하거나 거짓으로 작성하여 비치 또는 공시한 자
15. 제33조 제3항(제350조, 제357조 제2항 또는 제361조에서 준용하는 경우를 포함한다)을 위반하여 보고 또는 공시를 하지 아니하거나 거짓으로 보고 또는 공시한 자
15의2. 제33조 제4항(제350조, 제357조 제2항 또는 제361조에서 준용하는 경우를 포함한다)을 위반하여 보고서를 제출하지 아니하거나 거짓으로 작성하여 제출한 자
16. 제34조 제3항을 위반하여 이사회 결의를 거치지 아니한 자
17. 제34조 제4항 또는 제5항을 위반하여 보고 또는 공시를 하지 아니하거나 거짓으로 보고 또는 공시한 자
18. 제34조 제6항 또는 제36조(제350조에서 준용하는 경우를 포함한다)에 따른 자료의 제출명령을 위반한 자
19. 제40조 후단 또는 제41조 제1항을 위반하여 신고를 하지 아니한 자
20. 제43조 제1항, 제53조 제1항, 제131조 제1항, 제146조 제1항, 제151조 제1항, 제158조 제1항, 제164조 제1항, 제321조 또는 제419조 제1항(제252조 제2항, 제256조 제2항, 제261조 제2항, 제266조 제2항, 제281조 제2항, 제292조, 제306조, 제323조의19, 제334조 및 제335조의14, 제353조, 제358조, 제363조, 제368조 또는 제371조에서 준용하는 경우를 포함한다)에 따른 검사·조사 또는 확인을 거부·방해 또는 기피한 자

21. 제47조 제 2 항(제52조 제 6 항에서 준용하는 경우를 포함한다)을 위반하여 확인을 받지 아니한 자
22. 제49조(제52조 제 6 항에서 준용하는 경우를 포함한다)를 위반하여 같은 조 제 3 호부터 제 5 호까지의 어느 하나에 해당하는 행위를 한 자
23. 제50조 제 1 항에 따른 투자권유준칙 또는 제52조 제 4 항에 따른 투자권유대행기준을 정하지 아니한 자
24. 제56조 제 1 항을 위반하여 신고를 하지 아니하고 약관을 제정 또는 변경한 자
25. 거짓, 그 밖의 부정한 방법으로 제56조 제 1 항에 따른 신고를 한 자

25의2. 제57조 제 6 항을 위반하여 투자광고를 한 자

26. 제59조 제 1 항을 위반하여 투자자에게 계약서류를 제공하지 아니한 자
27. 제62조 제 1 항을 위반하여 공고 또는 통지를 하지 아니한 자
28. 제63조 제 1 항(제289조, 제304조, 제328조, 제367조, 제383조 제 3 항 또는 제441조에서 준용하는 경우를 포함한다)을 위반하여 같은 항 제 2 호부터 제 4 호까지의 방법에 따르지 아니하고 자기의 계산으로 금융투자상품을 매매한 자

28의2. 제68조 제 1 항부터 제 5 항까지의 규정을 위반하여 각 해당 조항의 의무를 이행하지 아니한 자

29. 제71조(제 7 호에 한한다), 제85조(제 8 호에 한한다), 제98조 제 2 항(제10호에 한한다) 또는 제108조(제 9 호에 한한다)를 위반하여 각 해당 조항의 해당 호에 해당하는 행위를 한 자
30. 제76조 제 4 항부터 제 6 항까지의 규정을 위반하여 판매수수료나 판매보수를 받은 자

30의2. 제77조의3 제 2 항을 위반하여 같은 항 각 호의 사항을 포함하는 계약을 체결하지 아니한 자

31. 제86조를 위반하여 성과보수를 받은 자
32. 제87조 제 7 항(제186조 제 2 항에서 준용하는 경우를 포함한다)을 위반하여 기록·유지하지 아니한 자
33. 제87조 제 8 항(제186조 제 2 항에서 준용하는 경우를 포함한다) 또는 제112조 제 7 항을 위반하여 공시를 하지 아니하거나 거짓으로 공시한 자
34. 제90조 제 1 항(제186조 제 2 항에서 준용하는 경우를 포함한다) 또는 제 2 항(제186조 제 2 항에서 준용하는 경우를 포함한다)을 위반하여 영업보고서나 결산서류를 제출하지 아니하거나 거짓으로 작성하여 제출한 자

34의2. 제98조의2를 위반하여 성과보수를 받은 자

35. 제114조 제 1 항 또는 제240조 제 1 항을 위반하여 회계처리를 한 자
36. 제130조에 따른 조치를 하지 아니한 자
37. 제135조, 제136조 제 6 항, 제139조 제 3 항 또는 제148조를 위반하여 신고서 또는 보고서의 사본을 송부하지 아니한 자
38. 제135조, 제136조 제 6 항 또는 제139조 제 3 항에 따른 신고서 사본이나 제148조에 따른 보고서 사본에 신고서 또는 보고서에 기재된 내용과 다른 내용을 표시하거나 그 내용을 누락하여 송부한 자
39. 제180조를 위반하여 상장증권에 대하여 공매도를 하거나 그 위탁 또는 수탁을 한 자

40. 제182조 제 8 항(제279조 제 3 항에서 준용하는 경우를 포함한다)에 따른 변경등록을 하지 아니한 자
41. 제183조 제 2 항을 위반하여 명칭을 사용한 자
41의2. 제249조 제 6 항을 위반하여 보고를 하지 아니하거나 거짓으로 보고한 자
42. 제250조 제 7 항, 제251조 제 3 항 또는 제341조 제 2 항을 위반하여 임원을 두지 아니하거나 임직원에게 겸직하게 한 자
43. 제250조 제 7 항, 제251조 제 3 항 또는 제341조 제 2 항을 위반하여 이해상충방지체계를 갖추지 아니한 자
44. 제284조, 제295조, 제323조의8, 제325조, 제335조의7 또는 제379조를 위반하여 명칭을 사용한 자
44의2. 제335조의8 제 2 항을 위반하여 신용평가내부통제기준을 정하지 아니한 자
44의3. 제335조의8 제 3 항을 위반하여 준법감시인을 두지 아니한 자
44의4. 제335조의8 제 4 항을 위반하여 같은 항 각 호의 어느 하나에 해당하는 업무를 수행하는 직무를 담당하거나 담당하게 한 자
44의5. 제335조의12제 1 항 또는 제 2 항을 위반하여 금융위원회가 정하여 고시하는 서류 또는 신용평가서를 제출하지 아니하거나 거짓으로 작성하여 제출한 자
45. 제343조 제 2 항을 위반하여 이사회 결의를 거치지 아니한 자
46. 제343조 제 3 항 또는 제 4 항에 따른 보고 또는 공시를 하지 아니하거나 거짓으로 보고 또는 공시한 자
47. 제343조 제 8 항에 따른 자료의 제출명령을 위반한 자
48. 거짓, 그 밖의 부정한 방법으로 제370조 제 1 항에 따른 허가를 받은 자
49. 제435조 제 5 항을 위반하여 신고자등에게 불리한 대우를 한 자

② 다음 각 호의 어느 하나에 해당하는 자에 대하여는 1천만원 이하의 과태료를 부과한다. 〈개정 2009. 2. 3, 2013. 5. 28〉

1. 제23조 제 4 항을 위반하여 보고를 하지 아니하거나 거짓으로 보고한 자
2. 제50조 제 2 항을 위반하여 공시를 하지 아니하거나 거짓으로 공시한 자
3. 제52조 제 3 항을 위반하여 같은 항 각 호의 어느 하나에 해당하는 사항을 미리 투자자에게 알리지 아니한 자 또는 표지를 게시하지 아니하거나 증표를 내보이지 아니한 자
4. 제56조 제 1 항 각 호 외의 부분 단서에 따른 보고를 하지 아니하거나 거짓으로 보고한 자
5. 제73조를 위반하여 매매명세를 통지하지 아니하거나 거짓으로 통지한 자
6. 제101조 제 1 항에 따른 신고를 하지 아니하고 유사투자자문업을 영위한 자
7. 제128조 또는 제143조를 위반하여 보고서를 제출하지 아니하거나 거짓으로 작성하여 제출한 자
8. 제131조 제 1 항, 제146조 제 1 항, 제151조 제 1 항, 제158조 제 1 항, 제164조 제 1 항 또는 제419조 제 5 항(제43조 제 1 항 후단, 제53조 제 1 항 후단, 제252조 제 2 항, 제256조 제 2 항, 제261조 제 2 항, 제266조 제 2 항, 제281조 제 2 항, 제292조, 제306조, 제334조, 제335조의14, 제353조, 제358조, 제363조, 제368조 또는 제371조에서 준용하는 경우를 포함한다)에 따른 보고 또는 자료의 제출명령이나 증인의 출석, 증언 및 의견의 진술 요구에

불응한 자
8의2. 제152조의2 제2항을 위반하여 발행인이 아닌 의결권권유자의 요구에 응하지 아니한 자
8의3. 제173조의2 제1항에 따른 보고를 하지 아니하거나 거짓으로 보고한 자
9. 제190조 제7항(제201조 제3항, 제210조 제3항, 제215조 제4항, 제217조의5 제4항, 제220조 제4항 또는 제226조 제4항에서 준용하는 경우를 포함한다)을 위반하여 연기수익자총회 등을 소집하지 아니한 자
10. 제272조 제7항을 위반하여 행위준칙을 제정하지 아니한 자 또는 보고를 하지 아니하거나 거짓으로 보고한 자
11. 제310조 제2항을 위반하여 예탁하지 아니한 자
12. 제310조 제3항을 위반하여 증권등을 구분하여 보관하지 아니한 자
13. 삭제 〈2013. 5. 28〉
14. 제314조 제6항, 제315조 제3항부터 제6항까지 또는 제319조 제3항·제4항을 위반하여 통지나 통보를 하지 아니한 자
15. 제316조 제1항 또는 제319조 제5항을 위반하여 실질주주명부 또는 실질수익자명부를 작성·비치하지 아니하거나 거짓으로 작성한 자
16. 제323조 제1항 또는 제2항에 따른 통지를 하지 아니하거나 거짓으로 통지한 자
17. 제339조 제2항(제357조 제2항 또는 제361조에서 준용하는 경우를 포함한다)을 위반하여 보고를 하지 아니하거나 거짓으로 보고한 자 또는 신고를 하지 아니하고 같은 항 제3호에 해당하는 행위를 한 자
18. 제348조(제357조 제2항에서 준용하는 경우를 포함한다)에 따른 승인을 받지 아니하고 다른 영리법인의 상시적인 업무에 종사한 자
18의2. 제416조 단서(제335조의14에서 준용하는 경우를 포함한다)에 따른 조치명령을 위반한 자
19. 제418조(제335조의14 및 제350조에서 준용하는 경우를 포함한다)를 위반하여 보고를 하지 아니하거나 거짓으로 보고한 자

③ 제1항 및 제2항에 따른 과태료는 대통령령으로 정하는 방법 및 절차에 따라 금융위원회가 부과·징수한다. 〈개정 2008. 2. 29〉
④ 삭제 〈2009. 2. 3〉
⑤ 삭제 〈2009. 2. 3〉
⑥ 삭제 〈2009. 2. 3〉

Ⅰ. 본조의 취지

본조는 자본시장법상의 각종 의무위반행위에 대한 과태료 부과를 위한 근거규정이다. 종래에는 객관적인 위반사실만 있으면 그 위반행위자의 고의·과실이 없어도 과태료를 부과할 수 있었으나, 「질서위반행위규제법」이 제정·시행됨에 따라 본조에 따른 의무위반행위에 대하여도 책임주의 원칙이 도입되었다.

Ⅱ. 질서위반행위규제법의 적용

각종 법률상 의무의 효율적인 이행을 확보하고 국민의 권리와 이익을 보호하기 위하여 질서위반행위의 성립요건과 과태료의 부과·징수 및 재판 등에 관한 사항을 규정하기 위하여 2007. 12. 21. 질서위반행위규제법이 제정되어, 2008. 6. 22.부터 시행되고 있다.

이 법상 질서위반행위란 법률(지방자치단체의 조례를 포함)상의 의무를 위반하여 과태료를 부과하는 행위를 말한다(질서위반행위규제법 2조 1호). 따라서 본조에서 정한 의무위반행위도 질서위반행위에 해당한다. 그러나 본조에서 정한 의무위반행위의 객관적 사실이 있다 하더라도, 고의 또는 과실이 없거나[1] 위법성의 착오에 대한 정당한 이유가 있는 경우, 14세 미만이나 심신상실자에게는 과태료를 부과할 수 없다(질서위반행위규제법 7조 내지 10조).

그리고 질서위반행위가 종료된 날(다수인이 질서위반행위에 가담한 경우에는 최종행위가 종료된 날)부터 5년이 경과한 경우에는 해당 질서위반행위에 대하여 과태료를 부과할 수 없고(질서위반행위규제법 19조), 과태료는 행정청의 과태료 부과처분이나 법원의 과태료 재판이 확정된 후 5년간 징수하지 아니하거나 집행하지 아니하면 시효로 소멸한다(질서위반행위규제법 15조). 종전에는 질서위반행위 이후 과태료 부과시에 법률이 변경되어 법정 과태료가 상향되면 신법을 적용하여 왔으나, 질서위반행위규제법은 이러한 경우 구법을 적용하도록 명문화하여 행위시법주의를 도입하였다(질서위반행위규제법 3조).

---

1) 대법원 2011. 7. 14. 선고 2011마364 결정, 수원지방법원 2011. 10. 11. 선고 2011라983 결정 : 대법원은 "주거용으로 토지거래허가를 받아 매수한 토지지분을 허가받은 목적대로 이용하지 않은 채 방치하였다는 이유로 과태료 처분을 받은 자가 토지거래허가를 받은 직후 주거용 건물을 신축하려고 하였으나 허가 당시 도로사용승낙을 하여 주었던 인근 토지 소유자가 태도를 바꿔 차량 출입을 방해함으로써 착공에 이르지 못하였을 뿐이므로 자신에게 책임이 없다고 주장한 사안에서, 이는 제3자의 방해로 토지를 이용할 수 없었을 뿐 의도적으로 허가 목적에 따른 이용을 회피한 것이 아니라는 취지로 질서위반행위규제법 제7조에 따라 고의나 과실을 부인하는 것으로 이해될 여지가 있음에도, 위 주장이 과태료 부과에 아무런 장애가 되지 않는다고 보아 이에 대한 심리와 판단에 나아가지 않은 채 위 주장을 배척한 원심판단에는 법리오해의 위법이 있다"고 판시하면서 원심판결을 파기하였고, 파기 후 환송심은 토지거래허가 취득후 허가 목적대로 이용하지 않은 국토계획법 위반행위에 대하여 고의·과실 없음을 근거로 과태료 부과처분을 취소하였다.

그 밖에 이 법상 과태료 부과에 대한 이의제기기간을 60일로 확대하고(질서위반행위규제법 20조), 당사자가 이의제기에 이유가 있어 과태료를 부과할 필요가 없는 것으로 인정되는 경우에는 행정청이 관할법원에 통보하지 아니하고 과태료를 부과하지 아니할 수 있다(질서위반행위규제법 21조).[1]

Ⅲ. 과태료규정의 부과대상자

금융투자업자의 사외이사 선임 등 자본시장법이 요구하는 내부통제장치 설치의무를 위반한 자, 금융투자업자의 각종 보고의무를 위반한 자, 금융감독원의 검사·조사 또는 확인을 거부·방해 또는 기피한 자, 성과보수제한 규정을 위반한 자, 공매도금지의무를 위반한 자 등에 대해서는 5천만원 이하의 과태료를 부과한다.

투자자문업자 및 투자일임업자의 대주주변경 보고의무 위반자, 금융투자상품의 매매명세 통지의무 위반자, 유사투자자문업 영위자 또는 상호변경 등 금융투자업자의 보고의무 위반 등에 대해서는 1천만원 이하의 과태료를 부과한다.

Ⅳ. 과태료의 부과·징수절차

본조 제 3 항은 과태료는 대통령령으로 정하는 방법 및 절차에 따라 금융위원회가 부과·징수하도록 규정하고 있고, 과태료의 부과·징수절차는 질서위반행위규제법에 의한다(질서위반행위규제법 5조).

Ⅴ. 중복적용 문제

헌법재판소와 대법원은 형사처벌과 과태료 부과처분이 중복되더라도 이중처벌에 해당하지 않고, 일사부재리에 반하지 않는다고 한다.

이에 관하여 헌법재판소는 "헌법 제13조 제 1 항이 정한 이중처벌금지의 원칙은 동일한 범죄행위에 대하여 국가가 형벌권을 거듭 행사할 수 없도록 함으로써 국민의 기본권 특히 신체의 자유를 보장하기 위한 것이므로, 그 처벌은 원칙으로 범죄에 대한 국가의 형벌권 실행으로서의 과벌을 의미하는 것이고, 국가가 행하는 일체의 제재나 불이익처분을 모두 그에 포함된다고 할 수는 없다"고 하고,[2] 대법원은 "형사소송법 제326조 제

1) 그 밖에 질서위반행위규제법의 자세한 내용에 대하여는 법무부, 「질서위반행위규제법 해설」, 2012. 12 참조.
2) 헌재 1994. 6. 30. 92헌바38.

1 호에 의하면 확정판결이 있는 때에는 판결로써 면소의 선고를 하도록 규정되어 있는바, 이는 확정판결의 일사부재리의 효력에 기하여 동일성이 인정되는 범죄사실에 대한 재소를 금지하는 데에 그 취지가 있는 것이므로, 여기에서 말하는 확정판결에는 정식재판에서 선고된 유죄판결과 무죄의 판결 및 면소의 판결뿐만 아니라, 확정판결과 동일한 효력이 있는 약식명령이나 즉결심판 등이 모두 포함되는 것이지만, 행정벌에 지나지 않는 과태료의 부과처분은 위 확정판결의 범주에 속하지 않는다고 할 것이다"라고 판시하고 있다.[1)]

[초판: 이진호, 개정판: 이환기]

1) 대법원 1992. 2. 11. 선고 91도2536 판결.

사항색인

개정판

자본시장법 [주석서 Ⅱ]

초판 발행 2009년 10월 20일
개정판 발행 2015년 8월 10일
중판 발행 2022년 3월 10일

편 자 (사) 한국증권법학회
발행인 안종만 · 안상준

편 집 김선민
기획/마케팅 조성호
표지디자인 이수빈
제 작 고철민 · 조영환

발행처 (주) 박영사
서울특별시 금천구 가산디지털2로 53, 210호(가산동, 한라시그마밸리)
등록 1959. 3. 11. 제300-1959-1호(倫)
전 화 02)733-6771
f a x 02)736-4818
e-mail pys@pybook.co.kr
homepage www.pybook.co.kr
ISBN 979-11-303-2767-9 94360
979-11-303-2765-5 (세트)

정 가 66,000원